ISBN 978-0-331-22856-4
PIBN 11034487

FB &c Ltd, Dalton House, 60 Windsor Avenue, London, SW19 2RR.
Company number 08720141. Registered in England and Wales.

For support please visit www.forgottenbooks.com

Stenographische Berichte

über

die Verhandlungen

des

Deutschen Reichstags.

4. Legislaturperiode. II. Session 1879.

53

Zweiter Band.

Von der Dreiunddreißigsten Sitzung am 3. April bis zur Sechszigsten Sitzung am 16. Juni 1879.

Von Seite 831 bis 1676.

(Sprechregister und Uebersicht der Geschäftsthätigkeit befinden sich am Schlusse des III. Bandes, S. 2367 u. ff.)

Berlin 1879.

Verlag der Buchdruckerei der „Norddeutschen Allgemeinen Zeitung" (Pindter).

Berlin, Wilhelmstraße 32.

Inhaltsverzeichniß.

Seite

Einundvierzigste Sitzung
am 9. Mai.

Zweiundvierzigste Sitzung
am 10. Mai.

Dreiundvierzigste Sitzung
am 12. Mai.

Vierundvierzigste Sitzung
am 14. Mai.

Fünfundvierzigste Sitzung
am 15. Mai.

Seite

Sechsundvierzigste Sitzung
am 16. Mai.

Siebenundvierzigste Sitzung
am 17. Mai.

Achtundvierzigste Sitzung
am 19. Mai.

Neunundvierzigste Sitzung
am 20. Mai.

Fünfzigste Sitzung
am 21. Mai.

Einundfünfzigste Sitzung
am 23. Mai.

Seite

Zweiundfünfzigste Sitzung

am 24. Mai.

Dreiundfünfzigste Sitzung

am 26. Mai.

Vierundfünfzigste Sitzung

am 27. Mai.

Fünfundfünfzigste Sitzung

am 28. Mai.

Seite

Sechsundfünfzigste Sitzung

am 9. Juni.

Siebenundfünfzigste Sitzung

am 10. Juni.

Achtundfünfzigste Sitzung

am 13. Juni.

Neunundfünfzigste Sitzung

am 14. Juni.

Sechszigste Sitzung

am 16. Juni.

33. Sitzung

am Donnerstag, den 3. April 1879.

Die Sitzung wird um 12 Uhr 25 Minuten durch den Präsidenten Dr. von Forckenbeck eröffnet.

Präsident: Die Sitzung ist eröffnet.

Das Protokoll der letzten Sitzung liegt zur Einsicht auf dem Bureau vor.

Ich habe Urlaub ertheilt dem Herrn Abgeordneten von Batocki für zwei Tage wegen dringender Geschäfte.

Entschuldigt sind für heute: der Herr Abgeordnete Dr. Bähr (Kassel) wegen Unwohlseins; — der Herr Abgeordnete Dr. von Schlieckmann für den ersten Theil der Sitzung wegen dringender Dienstgeschäfte.

Ich ersuche den Herrn Schriftführer, das Resultat der Wahl zur Kommission zur Vorberathung der Gesetzentwürfe, betreffend die Wuchergesetze, und deren Konstituirung zu verlesen.

Schriftführer Abgeordneter Dr. **Blum:** In die Kommission zur Vorberathung der von dem Abgeordneten Reichensperger (Olpe) und den Abgeordneten von Kleist-Retzow, von Flottwell und Freiherr von Marschall vorgelegten Gesetzentwürfe, betreffend den Wucher, sind gewählt:

von der 1. Abtheilung die Herren Reichensperger (Olpe), Freiherr von Ow (Landshut), Graf von Waldburg-Zeil;
von der 2. Abtheilung die Herren Hauck, Graf von Grote, Senestrey;
von der 3. Abtheilung die Herren Freiherr von Landsberg-Steinfurt, Schlutow, Streit;
von der 4. Abtheilung die Herren von Kleist-Retzow, von Flottwell, von Goßler;
von der 5. Abtheilung die Herren Kiefer, Dr. Sommer, Trautmann;
von der 6. Abtheilung die Herren Fürst zu Hohenlohe-Langenburg, von Geß, Dr. von Schwarze;
von der 7. Abtheilung die Herren Freund, Dr. Marquardsen, Dr. Dreyer.

Die Kommission hat sich konstituirt und gewählt:
zum Vorsitzenden den Abgeordneten Dr. von Schwarze,
zu dessen Stellvertreter den Abgeordneten Dr. Marquardsen,
zum Schriftführer den Abgeordneten Trautmann,
zu dessen Stellvertreter den Abgeordneten Senestrey.

Präsident: Als Kommissarien des Bundesraths werden der heutigen Sitzung beiwohnen:
bei der Berathung des Gesetzentwurfs über die Konsulargerichtsbarkeit:
der Konsul Herr Dr. Krauel und
der Regierungsrath Herr Gutbrod.

Wir treten in die Tagesordnung ein.

Erster Gegenstand der Tagesordnung ist:

Fortsetzung der zweiten Berathung des Gesetzentwurfs wegen Abänderung des Gesetzes vom 10. Juni 1869, betreffend die Wechselstempelsteuer (Nr. 83 der Drucksachen),

und

Beschlußfassung über die bereits vorgetragenen Petitionen (Nr. 102 der Drucksachen).

Die Berathung war vertagt worden bei der Diskussion des Art. I § 2.

Ich eröffne diese Berathung wiederum hiermit und ertheile das Wort dem Herrn Abgeordneten Melbeck.

Abgeordneter **Melbeck:** Meine Herren, nach dem Gesetz vom 10. Juni 1869 war es die Absicht, $^1/_2$ pro Mille als Wechselstempelsteuer zu erheben, das entspricht nämlich $^1/_2$ pro Mille gleich 5 Pfennige per 100 Mark. Die Vorlage, die uns jetzt beschäftigt, hält dieses Prinzip auch jetzt aufrecht, wie das in den Motiven ausdrücklich bemerkt ist. Der § 2 der Vorlage steht nun aber mit diesem Prinzip im direkten Widerspruch. Die Vorlage verlangt von Summen bis 100 Mark 10 Pfennige, also $^1/_{10}$ Prozent (das Doppelte), und bis 1000 Mark eine Abstufung von 200 zu 200 Mark, ferner über 1000 Mark eine Abstufung von 1000 zu 1000.

Es ist nun bereits von anderen Rednern in der gestrigen Sitzung hervorgehoben worden, zu welchen großen Unzuträglichkeiten im Verkehr und zu welchen Umgehungen des Gesetzes eine solche Skala, wie sie in der Regierungsvorlage vorgeschlagen ist, führen würde. Ich glaube, daß in solchen Abstufungen, wie sie die Vorlage verlangt, insbesondere eine Ueberbürdung des kleinen Handelsstandes herbeigeführt werden wird.

Mein Antrag hat nun die Tendenz, das Prinzip des Gesetzes, nämlich $^1/_2$ pro Mille, gleich $^1/_{20}$ Prozent, rein zum Ausdruck zu bringen. Ich schlage deshalb vor, eine Skala von 100 zu 100 mit je 5 Pfennige; das ist also ein Satz von $^1/_2$ pro Mille. Ich befinde mich hierbei in Uebereinstimmung mit den Anträgen einer großen Anzahl von Handelskammern aus allen Provinzen des Reichs. Die Darstellung, welche gestern der Herr Referent der Petitionskommission uns diesfalls gemacht hat, hat Sie von diesen Anträgen der Handelskammern und den von ihnen geltend gemachten durchschlagenden Gründen in Kenntniß gesetzt.

Der Herr Abgeordnete Zimmermann hat gestern behauptet, daß bei einer Skala von 5 Pfennigen eine Zerlegung der höheren Wechsel in Wechsel von 100 Mark zu besorgen sei. Ich glaube, meine Herren, das beruht auf einem Irrthum. Es ist nicht möglich, daß bei höheren Summen eine solche Zerlegung stattfindet, weil genau dieselbe Steuer, nämlich $^1/_{20}$ per Mille bezahlt werden müßte.

Durch die Skala, wie ich sie vorgeschlagen habe, würde nun eine große Vereinfachung des Verkehrs erreicht; es würde gegenüber den Bestimmungen der Vorlage erreicht eine Vermeidung der Zerlegung der Wechselsummen in kleinere Beträge, wozu die Regierungsvorlage geradezu provozirt.

Ich empfehle daher die Annahme meines Antrags. Da nun mein Antrag identisch ist mit dem Antrag des Herrn Abgeordneten Möring, so ziehe ich zu Gunsten seines Prinzipalantrags meinen Antrag im Interesse der Vereinfachung der Abstimmung hiermit zurück.

Präsident: Der Herr Abgeordnete Möring hat das Wort.

Abgeordneter **Möring**: Meine Herren, es ist schon in der ersten Berathung von einem der Herren Redner ausgesprochen worden, daß in den Motiven des Gesetzentwurfs stehe, die Regierung habe mit nichten beabsichtigt, eine Erhöhung der Wechselstempelsteuer herbeizuführen.

Dies würde nun, wie auch schon von demselben Redner hervorgehoben ist, in dem Fall nicht zutreffen, wenn die Abstufung über 1000 Mark von 1000 zu 1000 Mark eine obligatorische wäre. Da sie es nicht ist, so führt dies, wie schon von verschiedenen Seiten ausgeführt worden ist, selbstverständlich dazu, daß die 1000 Mark übersteigenden Wechsel in Bruchtheile zerlegt werden, wodurch keine Mehreinnahme für die Reichskasse, sondern nur eine Belästigung des Verkehrs erreicht wird.

Wir haben hier nun die Petitionen der Handelskammern vortragen hören. Alle gehen dahin, daß diese Abstufung von 1000 zu 1000 aus den schon angeführten Gründen wegfallen müsse, und die Ansichten der verschiedenen Handelskammern differiren nur in der Frage, ob es am richtigsten sei, die Abstufung zu greifen von 100 zu 100 Mark oder von 200 zu 200 Mark.

Eine Sache, die eine Rolle spielt bei der Entscheidung der Frage, ist die von manchen Seiten hervorgehobene Mindereinnahme des Reichs. Ich glaube, daß eine wesentliche Mindereinnahme keineswegs dadurch herbeigeführt wird, wenn man die Abstufung von 100 zu 100 Mark greift. Bei einer Bruttoeinnahme von rund 7 Millionen Mark an Wechselstempelsteuer wird man, glaube ich, schwerlich behaupten können, daß eine Abstufung bei einer gewissen Anzahl von Wechseln oder eine Mindereinnahme bei einer gewissen Anzahl von Wechseln um 5 Pfennige einen erheblichen Ausfall herbeiführen könne.

Ich halte — und deswegen habe ich meinen prinzipalen Antrag dahin gerichtet — die Abstufung von 100 Mark zu 100 Mark für die richtigste, weil sie dem Dezimalsystem — das wird nicht bestritten werden können — am rationellsten entspricht, weil sie zum zweiten die einfachste Berechnungsart ist, die man finden kann, zum dritten, weil am wenigsten Versehen durch sie herbeigeführt werden, und zum vierten, weil, wenn am wenigsten Versehen herbeigeführt werden, auch die geringsten Strafen gegen unabsichtliche Vergehen gegen das Gesetz auszusprechen sind, was jedem erwünscht erscheinen muß.

Wenn ferner gesagt ist, daß bei der Abstufung von 100 zu 100 Mark die Stempelmarken so bedeutend vermehrt werden müssen, so bestreite ich das. Sie brauchen bei der Abstufung von 100 zu 100 Mark gegen die Abstufung von 200 zu 200 Mark nur um eine Marke, nämlich um die Fünfpfennigmarke, vermehrt zu werden.

Ich will das hohe Haus mit Wiederholungen — und alles, was ich jetzt sagen könnte, würde doch nur Wiederholung dessen sein, was schon gesagt ist — nicht ermüden. Ich bitte das hohe Haus prinzipaliter um Annahme meines prinzipalen Antrags, eventualiter, wenn das Haus diesem Antrag nicht beizustimmen geneigt sein sollte, um Annahme meines eventuellen Antrags, der die Abstufung von 200 zu 200 Mark bezweckt.

Präsident: Der Herr Abgeordnete Dr. Bamberger hat das Wort.

Abgeordneter Dr. **Bamberger**: Meine Herren, ich halte es nicht für nöthig, den Anträgen, die über den meinigen hinausgehen, Widerspruch zu leisten. Das wird ja von Seiten der Regierungsbank besorgt werden, soweit es möglich ist. Ich fühle mich also auch nicht veranlaßt, zu motiviren, warum ich mich nicht den Anträgen anschließe, welche theils von 5 zu 5 Pfennig abstufen wollen, theils über 2000 hinaus auch die Gliederung nach 100 oder 200 Mark in infinitum durchzuführen beabsichtigen. Ich beschränke mich blos darauf, besonders in Hinweisung auf das, was ich in der ersten Lesung gesagt habe, heute dem Hause zu empfehlen, daß es einen ganz bescheidenen Antrag eventuell annehmen möge, der nur eine einzige neue Stufe einführt zu den Vorschlägen der Regierung, indem er zwischen 1000 und 2000 Mark ein Zwischenglied von 1500 Mark schiebt. Wie ich schon bei der ersten Lesung bemerkt habe, glaube ich, daß der Fiskus selbst die besten Geschäfte dabei machen wird. Während ich nämlich voraussetze, daß über 2000 Mark bei 3000 und 4000 Mark, wo ja die Progression im umgekehrten Sinn abschwächend wirken würde, Niemand oder nicht leicht Jemand sich veranlaßt fühlen wird, um einer Abgabe von 30 bis 40 Pfennig zu entgehen, mehrere Wechselformulare auszuschreiben, so habe ich nach meinem Eindruck entschieden die Ueberzeugung, daß bei der Stufe zwischen 1000 und 1500 Mark das in der Regel nicht passiren wird, daß man lieber zu 1000 Mark noch einen kleinen Wechsel hinzufügt, um nicht 50 Pfennig mehr, sondern einen kleinen Bruchtheil an Steuer zu zahlen. Ich glaube deshalb im gemeinsamen Interesse der Geschäfte wie des Fiskus meinen Antrag empfehlen zu müssen.

Präsident: Der Herr Kommissarius des Bundesraths hat das Wort.

Kommissarius des Bundesraths kaiserlicher Geheimer Oberregierungsrath **Aschenborn**: Meine Herren, ich kann Ihnen nur die Ablehnung sammtlicher Anträge empfehlen. Die Bedenken, welche theils im Schooße dieser hohen Versammlung, theils in den zahlreich eingegangenen Petitionen gegen den Vorschlag der Regierung gemacht worden sind, laufen im wesentlichen darauf hinaus, daß die Intervalle zu weit gegriffen seien. Es soll unbillig sein, daß ein Wechsel von 201 Mark einen eben so hohen Stempel bezahlt, wie ein Wechsel von 400 Mark, ein Wechsel von 1001 Mark einen eben so hohen Stempel wie einer von 2000 Mark u. s. w. Es soll darin ein gewisser Widerspruch liegen gegen den Grundgedanken des Wechselstempelgesetzes, nach welchem die Steuer $1/2$ pro Mille betragen soll, und es wird endlich darauf hingewiesen, daß es leicht sei, in den höheren Stufen die Steuer zu vermindern, indem man mehrere Wechsel ausstellt. Meines Erachtens sind diese Bedenken nicht begründet. Wollte man das Prinzip, daß die Wechselsteuer $1/2$ pro Mille tragen soll, strikte durchführen, so müßte man schießlich die Abstufung nach einzelnen Pfennigen des Stempels bemessen. Immer wird es also darauf ankommen, angemessene Stufen zu finden, welche einerseits den Verkehr nicht belästigen und sich leicht handhaben lassen und andrerseits doch auch das Interesse der Staatskasse nicht gefährden. In beiden Beziehungen glaubt die Regierungsvorlage das Richtige getroffen zu haben. Ich darf zunächst daran erinnern, daß nach dem bestehenden Wechselstempelrecht die Abstufung schon von 300 zu 300 Mark erfolgt, ohne irgend welche Klagen über die Weite dieser Intervalle hervorzurufen.

Es ist ferner daran zu erinnern, daß die Vorlage in den niederen Stufen bis zu 1000 Mark dem Verkehr ohnehin eine sehr erhebliche Erleichterung zuwendet, indem sie statt wie bisher von 300 zu 300 Mark nur in Stufen von 200 Mark fortschreitet. Ich möchte Sie bitten, den Ausfall, welcher dadurch an Steuern erwachsen wird, nicht zu unterschätzen; es ist ja sehr schwer, sich ein zutreffendes Bild von dem Resultat der Maßregel zu machen. Wenn man annehmen dürfte, daß zu jedem Wechsel der Regel nach nur eine Marke verwendet wird, so würden nach dem Markenverkauf etwa 35 Prozent der ganzen Steuer auf Wechsel unter 1000 Mark fallen, also auf diejenigen Stufen, für welche durch die Ihnen jetzt gemachte Vorlage eine sehr wesentliche Erleichterung herbeigeführt wird. Ob dieser Ausfall auch nur annähernd gedeckt werden wird dadurch, daß für die höheren Stufen nunmehr ein Fortschreiten von 1000 zu 1000 Mark in Aussicht genommen ist, steht doch sehr dahin: denn das ist allerdings zu befürchten, daß ein kleinlicher Geist es nicht unterlassen wird, sich durch Zerlegung der Wechselsummen in kleinere Beträge der Steuer möglichst zu entziehen. Daß dies aber in einem solchen Umfang geschehen sollte, um die Annahme der Steuerstufen von tausend zu tausend Mark zu widerrathen, möchte ich nicht glauben. Es spricht dafür die Erfahrung in anderen Ländern, und das ist ein Umstand, der weiter für die Regierungsvorlage eintritt. Vergleicht man nämlich die Wechselstempeltarife im Auslande, auf welche merkwürdigerweise in den Petitionen des Handelsstandes durchaus nicht hingewiesen ist, so ergibt sich ganz übereinstimmend die Thatsache, daß für die unteren Stufen geringere Intervalle, für die hoheren Intervalle von 1000 Mark oder mehr bestehen. Ein Schwanken in dieser Beziehung findet sich nur, das muß ich dem Herrn Abgeordneten Bamberger zugeben, hinsichtlich der Stufe zwischen 1000 und 2000 Mark, wo in einigen Ländern noch Zwischenstufen eingefügt sind.

Meine Herren, wenn man die 50 bis 60 Petitionen, die Ihnen vorliegen, durchgeht und bis zur Ermüdung die monotone Wiederholung dieser an sich doch ziemlich simplen Betrachtungen, daß das Dezimalsystem durchgeführt werden müsse und dergleichen liest, so kommt man unwillkürlich auf den Gedanken, daß die Hauptsache dabei verschwiegen sei. Meinestheils bekenne ich mich zu der Ueberzeugung, daß bei der ganzen Agitation, die von dem Handelsstande ins Leben gerufen worden ist, es sich mindestens nicht immer darum handelte, den Wechselstempeltarif unserem Dezimalsystem besser anzupassen, sondern ebenso sehr darum, eine Steuererleichterung zu gewinnen, durchzuschmuggeln. Dies auszusprechen hat man sich wohl gescheut in einem Momente, wo die Steuerkraft aller Reichsangehörigen in höherem Maße in Anspruch genommen werden soll, zumal es sich hier um eine Steuer handelt, die in keiner Beziehung als eine drückende bezeichnet werden kann. Auch hier wieder das auffallende Sichverschließen gegen die analogen Einrichtungen des Auslands, obwohl doch bei dem kosmopolitischen Wesen des Handelsverkehrs es nahe genug gelegen hätte, diese in Vergleich zu ziehen.

Wenn man auf die Wechselstempeltarife anderer Länder einen Blick wirft, so ergibt sich, daß Deutschland zu denjenigen Ländern gehört, welche den niedrigsten Wechselstempel erheben, daß aber eine ganze Reihe von Ländern höhere Steuern in Anspruch nehmen. Ich bemerke in dieser Beziehung, daß ein gleich niedriger Wechselstempel, nämlich $\frac{1}{2}$ pro Mille, nur noch in England und Belgien erhoben wird; dagegen ist der Steuersatz höher in Frankreich, wo er $1\frac{1}{2}$ pro Mille beträgt, in Oesterreich $\frac{2}{3}$ pro Mille, — immer der Durchschnittssatz angenommen, da die Abstufung nicht überall ganz korrekt durchgeführt ist — in Rußland $\frac{3}{4}$, in Italien $\frac{3}{5}$ pro Mille. Nur in einem Lande ist er niedriger, das ist Dänemark, mit einer Wechselsteuer von $\frac{1}{6}$ pro Mille.

Der Vorwurf, daß es auf eine Steuererleichterung abgesehen sei, trifft den Antrag Bamberger nicht in gleichem Maße; im Gegentheil finde ich mich mit dem geehrten Herrn Abgeordneten insofern auf demselben Boden, als es auch meines Erachtens darauf ankommt, den Punkt ausfindig zu machen für das Einsetzen der höheren Steuerstufe, von welchem aus es nicht mehr die Regel bilden wird, daß der Wechselaussteller, um den höheren Steuersatz zu umgehen, mehrere Wechsel zu kleineren Beträgen ausstellen wird. Es kommt nur darauf an, diese Stufe richtig zu fixiren. Zwingende Gründe lassen sich für die eine oder die andere Ansicht nach der Natur der Sache nicht beibringen, vielmehr muß man die Wahrscheinlichkeiten gegen einander abwägen. Der Herr Abgeordnete ist nach seiner Sachkunde und nach Mittheilung von der Ansicht seiner Freunde dafür, daß noch eine Stufe von 1500 Mark eingestellt wird. Die Regierungsvorlage hat eine solche nicht eingesetzt im Hinblick auf die zahlreichen außerdeutschen Länder, in welchen diese Stufe fehlt und aus welchen Klagen, daß dadurch zu Mißständen Veranlassung gegeben worden sei, nicht bekannt geworden sind. Für die Regierungsvorlage kommt außerdem in Betracht, daß nach dem Vorschlage des Herrn Abgeordneten Bamberger immerhin ein weiterer Ausfall an dem Steuerertrag zu erwarten ist. Ich möchte deshalb den Herrn Abgeordneten bei der sachlichen Uebereinstimmung, in der wir uns befinden, geradehin bitten, doch in Erwägung zu nehmen, ob er nicht seinen Vorschlag fallen lassen könnte. Verwirklicht sich in der That seine Befürchtung, was ich nicht glaube, so ist es leicht möglich, dem durch spätere Einfügung einer Stufe von 1500 Mark abzuhelfen. Sehr schwer wird es aber sein, bei der Energie, mit der der Handelsstand solche Veränderungen zu bekämpfen pflegt, und bei dem kameradschaftlichen Geist, der in allen Handelskammern herrscht, wenn Sie erst eine Zwischenstufe von 1500 Mark hergestellt haben, einen etwaigen nennenswerthen Steuerausfall, den die Reichskasse nicht ertragen könnte, durch Beseitigung dieser Stufe aus der Welt zu schaffen.

Präsident: Der Herr Abgeordnete Grad hat das Wort.

Abgeordneter **Grad**: Meine Herren, auch die Handelskammern des Elsasses haben dem Herrn Reichskanzler Petitionen eingereicht, um, bei Abänderung des Gesetzes vom 10. Juni 1869 betreffend die Wechselstempelsteuer, den Betrag einer Stempelabgabe von 5 Pfennigen für je 100 Mark zu empfehlen. Wenn nach dem uns vorliegenden Entwurf die Abgabe bei Summen unter 1000 Mark zu 10 Pfennigen festgestellt werden mag, so ist anzunehmen, daß auch bei Summen über 1000 Mark der verhältnißmäßige Satz nicht erhöht sein soll. Eine Erhöhung der Stempelabgabe erscheint schon deshalb als unzweckmäßig, weil die Geschäftslage eine gedrückte ist und nicht gestattet, die Steuerlast zu erhöhen.

Es hat mich sehr gefreut, bei Gelegenheit der letzten Debatten über Elsaß-Lothringen das warme Interesse des Reichstags für das Reichsland wahrzunehmen. Der Ausdruck dieser Sympathie hat in meiner Heimat Wiederhall gefunden. Ich kann aber die Behauptungen derjenigen Redner, welche sich über den Wohlstand und das Aufblühen Elsaß-Lothringens unter deutscher Herrschaft aussprachen, nicht beistimmen. Allein, meine Herren, ich will heute unsere wirthschaftliche Lage nicht weiter besprechen. Ich empfehle Ihnen, hinsichtlich der Wechselstempelsteuer dem Vorschlage unserer Handelskammern, die Stempelabgaben im Satze von 5 Pfennigen für jede Stufe von 100 Mark, beizustimmen.

Präsident: Der Herr Abgeordnete Mosle hat das Wort.

Abgeordneter **Mosle**: Meine Herren, ich möchte auch meinerseits bitten, dem Antrag des Herrn Abgeordneten Möring zuzustimmen und den Betrag auf 5 Pfennige pro 100 Mark festzustellen. Weder der Herr Vertreter der Regierungen, noch irgend einer der Redner aus dem Hause hat in Abrede gestellt, daß es stets die Absicht gewesen ist, den Wechselstempel mit einem Satze von $\frac{1}{2}$ pro Mille zu erheben.

Dieser Satz kommt bei dem Antrag, den der Abgeordnete Möring in erster Linie stellt, am reinsten zum Ausdruck; es hat mich nur gewundert, daß er diesen Wortlaut gewählt und nicht einfach gesagt hat: die Stempelabgabe beträgt $1/2$ pro Mille, wobei jedes angebrochene Hundert für voll berechnet wird; dann würde das Prinzip noch weit mehr zum Ausdruck gekommen sein.

Die Einwendungen, welche gemacht sind, sowohl seitens des Herrn Abgeordneten Bamberger als auch seitens des Herrn Regierungskommissars, stimmen überein mit den Motiven, die dem Gesetz beigegeben sind, sie bewegen sich im Interesse des Fiskus und wollen nur zu Gunsten des Ertrags einer prinziplosen Abstufung das Wort reden; sie wollen etwas mehr aus der Stempelabgabe herausklemmen als bei Einhaltung des reinen Prinzips sich ergeben wird. Nun hat aber noch niemals irgend jemand die Forderung aufgestellt, daß ein bestimmt abgegrenzter Ertrag aus der Wechselstempelsteuer sich ergeben müsse, im Gegentheil, es ist gesagt worden: das Prinzip ist $1/2$ pro Mille, und an diesem Prinzip muß meiner Ansicht nach festgehalten werden.

Die Gründe, welche der Herr Regierungskommissar hier entwickelt hat und die theilweise auch in den Motiven angeführt sind, sind meiner Meinung nach durchaus nicht stichhaltig. So ist z. B. in den Motiven gesagt, es erfordere eine andere Abstufung eine größere Menge gestempelter Blankets. Soviel ich weiß, werden überhaupt keine Wechselblankets mehr gestempelt, nachdem wir die Marken haben, die einfach aufgeklebt werden. Das Stempeln der Blankets ist eine unnütze Mühe, es ist weit einfacher, sich der Marken zu bedienen. Wenn es sich aber wirklich so verhält, daß die Regierung wünscht, aus dem Wechselstempel mehr Geld für die Staatskasse zu ziehen, als $1/2$ pro Mille ergeben würde, dann gibt es ganz andere Mittel, die viel hübscher sind, wie diese Abstufung, die eigentlich gar nichts für sich hat, als daß sie ein bischen mehr eindringt.

Ich werde mir erlauben, einzelne Mittel vorzuschlagen. Ich habe schon im vorigen Jahr bei Gelegenheit der Wechselstempelbebatte dieselben dem Herrn Regierungkommissar privatim mitgetheilt; es ist nicht darauf reagirt worden, und ich halte mich daher verpflichtet, es hier öffentlich zu wiederholen. Wenn der Herr Regierungskommissar aber sagt, daß in den Eingaben der Handelskammern nicht gesagt sei, daß in anderen Ländern ein höherer Wechselstempel erhoben werde als in Deutschland, so verlangt er etwas zu viel, denn die Handelskammern fühlen sich dazu nicht berufen, sie setzten auch voraus, das wüßte die Regierung. Dann betrachten auch die Handelskammern für Deutschland nicht als maßgebend, was in anderen Ländern existirt, sondern nur das, was hier in Deutschland richtig und angemessen für Handel und Verkehr ist.

Meine Herren, wenn die Regierung verlegen ist und mehr Geld aus dem Wechselstempel haben will, so schlage ich vor, ändern Sie das Gesetz an einer anderen Stelle. Das Wechselstempelsteuergesetz hat nämlich die Bestimmung, daß Wechsel vom Auslande auf das Ausland, auch wenn sie in Deutschland die Hände wechseln, nicht gestempelt zu werden brauchen; dagegen muß ein Wechsel gestempelt werden, wenn er von Deutschland auf das Ausland gezogen wird, es liegt darin eine große Bevorzugung des Auslandes dem nationalen Geschäft gegenüber, und es ist auch diese Bestimmung in das Stempelsteuergesetz nur hineingekommen, weil in Preußen die Bestimmung früher vorhanden war, während in den Hansestädten, wo man sehr gut weiß, was dem Handel nützlich ist und frommt, und was er tragen kann, eine derartige Bestimmung früher nicht bestanden hat. Wir, in den Hansestädten, haben immer bei Wechseln auf das Ausland vom Auslande, wenn sie in Deutschland begeben wurden, den Stempel bezahlt und das ist auch richtig.

Es hat diese Sache noch einen weiteren Nachtheil. Wenn vom Auslande auf das Ausland — wir wollen einmal sagen von Shanghai auf London trassirt wird durch einen sogenannten Domizilwechsel, der dahin lautet, daß Shanghai über Bremen auf London trassirt, also Bremen, zahlbar London, so muß dieser Wechsel nach einer kürzlich erlassenen Auslegung des Bundesraths den Stempel tragen; trassirt dagegen das chinaer Haus für Rechnung des Hamburger oder Bremer Hauses auf London, so braucht der Wechsel nicht gestempelt zu werden, auch wenn er ein und mehrere Male in Deutschland umgesetzt wird. Darin liegt eine unbegründete große Bevorzugung des Auslands.

Auch etwas Weiteres, was ich nicht verschweigen kann, resultirt aus dem Umstande, daß Wechsel vom Auslande auf das Ausland, auch wenn sie die Hände wechseln, in Deutschland stempelfrei sind. Wenn nämlich ein deutsches Haus, einerlei Berliner, Hamburger oder Bremer, in die Lage kommt, auf London große Beträge trassiren zu müssen, um sie in Deutschland zu begeben, so liegt die Verleitung sehr nahe, und man ist ihr auch schon anheim gefallen, daß man solche Wechsel nicht von Hamburg oder Bremen oder Berlin datirt, sondern an der Nordsee von Helgoland und in Berlin von Basel, also der Aussteller des Wechsels simulirt das Ausland, er schreibt einfach auf den Wechsel „Basel, den so und so vielten," dann setzt er einen x Namen darunter und nachher indossirt er den Wechsel mit seiner Firma; dann ist der Wechsel ebenso gut, als wenn er ihn richtig ausgestellt hätte, er spart aber den Stempel durch Simulirung eines auswärtigen Ausstellungsplatzes.

Es ist mir verschiedentlich an unserer Börse in Bremen, die doch noch einigermaßen auf Anständigkeit Rücksicht nimmt, von Kaufleuten gesagt worden, es ist uns unangenehm, solche Wechsel z. B. von Berlin zu bekommen, die von Basel datirt sind, und von denen man weiß, daß das Basel nur simulirt ist, um sich der Stempelsteuer zu entziehen. Wenn ich alles dies nicht schon früher öffentlich gesagt und hervorgehoben habe, daß es richtig sein würde, diese Wechsel vom Ausland auf das Ausland dem Stempel zu unterwerfen, es früher vielmehr lediglich privatim dem Herrn Regierungskommissar gesagt habe, so habe ich es deshalb gethan, weil ich als Vertreter einer Handelsstadt mich sehr schwer entschließe, derartig für eine Mehrbesteuerung zu sprechen, denn es gibt immer viele Wähler, die mir das verdenken. Aber ich habe mich trotzdem dazu entschlossen, weil die Regierung so begierig ist, aus dem Wechselstempel mehr Geld zu haben, und uns daher diese Landkarte von Abstufungen hier vorlegt, während ganz einfach der Satz $1/2$ pro Mille betragen sollte. Ich will nur gesagt haben, wie die Regierung sich helfen kann, und es ihr überlassen, was sie mit Rücksicht auf meine Bemerkungen an der Wechselstempelgesetzgebung ändern will; ich bitte aber den Antrag Möring anzunehmen, er ist nach meiner Ansicht der allein richtige.

Präsident: Der Herr Präsident des Reichskanzleramts Staatsminister Hofmann hat das Wort.

Präsident des Reichskanzleramts Staatsminister **Hofmann:** Meine Herren, der Herr Vorredner hat den Regierungen die Absicht zugetraut, daß sie bei dem vorliegenden Gesetzentwurf eine wesentliche Erhöhung der Wechselstempelsteuer erreichen wollen. Der Gesetzentwurf selbst widerspricht dieser Annahme. Es war die Absicht der verbündeten Regierungen keineswegs, bei dieser Gelegenheit höhere Einnahmen aus der Wechselstempelsteuer herbeizuführen, sie haben nur insofern das fiskalische Interesse des Reichs beachten zu müssen geglaubt, als aus dem vorliegenden Gesetz keine wesentliche Verminderung des Ertrags der Wechselstempelsteuer hervorgehen soll.

Die Gesichtspunkte, die der Herr Vorredner weiter hervorgehoben hat, sind zum großen Theil sehr beachtenswerth und sind der Aufmerksamkeit der verbündeten Regierungen auch nicht entgangen. Wenn es sich um eine Revision des ganzen Wechselstempelsteuergesetzes handelte, so würden ohne Zweifel auch die von dem Herrn Vorredner erwähnten Bestimmungen einer Durchsicht und einer Abänderung unterworfen worden sein. Bei dem vorliegenden Gesetz aber handelt es sich nur darum, die Sätze der Wechselstempelsteuer mit unserer jetzigen Münzwährung in Einklang zu bringen und dabei von der bisherigen Grundlage möglichst wenig abzuweichen. Die verbündeten Regierungen haben absichtlich sich diese Beschränkung auferlegt und weitergehende Gesichtspunkte, wie solche bei einer umfassenden Revision des Wechselstempelsteuergesetzes in Betracht kommen würden, nicht zur Geltung gebracht.

Meine Herren, über die Höhe der Wechselstempelsteuer ist bisher eine begründete Klage meines Erachtens nicht laut geworden. Man hat nicht behaupten können, daß der Wechselstempel, wie er jetzt normirt ist, zu einer ungerechtfertigten Belastung des Wechselverkehrs führe; im Gegentheil ist, wie ich glaube, mit Recht behauptet worden, daß im Vergleich zu der Besteuerung des Immobiliarverkehrs, wie solche nach der Landesgesetzgebung zur Zeit besteht, der Wechselstempel als eine Besteuerung des Mobiliarverkehrs sehr gering sei. Die verbündeten Regierungen hatten deshalb keinen Anlaß, bei dem vorliegenden Gesetzentwurf Bedacht darauf zu nehmen, daß etwa der Wechselstempel ermäßigt werde, eine Ermäßigung, die selbstverständlich nur den Erfolg haben könnte, daß das, was an dem Ertrag dieser Steuer ausfällt, durch irgend welche andere Steuern, eventuell auf dem Wege der Matrikularumlagen gedeckt werden müßte. Zu einer solchen Ueberwälzung von Lasten, die bisher auf dem Wechselverkehr ruhten, auf irgend ein anderes Steuerobjekt, hatten, wie bemerkt, die verbündeten Regierungen keinen Anlaß. Auch die Lage der Reichsfinanzen konnte sie nicht bestimmen, bei Gelegenheit dieser Novelle eine Verminderung des Ertrags der Wechselstempelsteuer herbeizuführen. Es handelte sich für die verbündeten Regierungen einfach darum, die Reform vorzunehmen, aber ohne Schaden für die Reichsfinanzen. Diesem Gedanken sind die verbündeten Regierungen treu geblieben, während alle Abänderungsanträge, die hier gestellt sind, mehr oder weniger von diesem Gesichtspunkt abweichen, am weitesten der primäre Antrag Möring, welcher durchweg die kleinen Stufen von 100 Mark mit 5 Pfennigen Steuer einführen will; am nächsten steht der Regierungsvorlage der Antrag Bamberger, dazwischen bewegen sich die Anträge Zimmermann und der Eventualantrag Möring. Die Sache liegt so: je größer die Stufen, desto vortheilhafter für den Reichsfiskus, je kleiner Sie die Stufen nehmen, um so weniger beträgt die Steuer. Wenn Sie mit 100 Mark abstufen, so ist die nothwendige Folge, daß für die Reichskasse ein erheblicher Ausfall entsteht. Der Antrag Möring, welchen der Herr Vorredner als den konsequentesten bezeichnete, erscheint mir so nachtheilig für die Reichsfinanzen, daß ich nicht glaube, daß die verbündeten Regierungen darauf eingehen werden. Der Antrag des Herrn Abgeordneten Zimmermann ist aus demselben Grunde bedenklich, und ich möchte das hohe Haus bitten, auch den Antrag des Herrn Abgeordneten Bamberger zu verwerfen.

Es war, wenn ich das noch erwähnen darf, dem Bundesrath anfänglich von dem betreffenden Ausschuß ein anderer Vorschlag gemacht, der den Wechselverkehr etwas ungünstiger behandelte. Der Ausschußantrag wurde bekannt; darauf erhob sich ein Sturm von Petitionen aus den Handelskammern, darauf hat der Bundesrath beschlossen, den geäußerten Wünschen so weit entgegenzukommen, als er überhaupt im fiskalischen Interesse glaubte, gehen zu dürfen, und ich meine, das hohe Hans sollte nicht ohne sehr dringende Gründe von einer im Bundesrath wiederholt und reiflich erwogenen Vorlage abweichen. Ich möchte das hohe Haus bitten, alle Abänderungsanträge abzulehnen und den Entwurf, wie er vorliegt, einfach zu genehmigen.

Präsident: Der Herr Abgeordnete Dr. Zimmermann hat das Wort.

Abgeordneter Dr. **Zimmermann:** Meine Herren, bereits gestern habe ich mir erlaubt, darauf hinzudeuten, daß eine Erhöhung der Wechselstempelabgabe mit der Verlage der verbündeten Regierungen nicht gemeint ist. Zum Beweise gestatte ich mir, Ihnen die speziellen Sätze vorzuführen, die nachweisen, wie innerhalb der ersten tausend Mark entschieden Ermäßigungen eintreten, und damit allerdings an der rechten Stelle, nämlich bei den kleineren Beträgen. Ich betrachtete das als ein Motiv für die Ansicht, die ich geltend zu machen suche, daß es nicht zweckmäßig und nothwendig ist, auf eine Herabsetzung von 5 Pfennig zu gehen. Mein Antrag steht ja dem Vorschlag der verbündeten Regierungen am nächsten, und ich habe auch aus den Aeußerungen der Herren Vertreter des Bundesraths kein spezielles Bedenken gegen meinen Vorschlag vernommen, ich habe nur die Aeußerung gehört: der Vorschlag des Abgeordneten Zimmermann scheint bedenklich. Nun erlaube ich mir, darauf hinzuweisen, daß doch nur in der Abweisung meines Antrags von dem Entwurf das Bedenkliche enthalten sein kann; denn in den übrigen vom Herrn Kommissar bemängelten Punkten stehe ich den Vorschlägen der betreffenden geehrten Herren Antragsteller entgegen.

Hierbei will ich nur in Parenthese einschalten, daß einer der geehrten Herren meine Anträge wohl mißverstanden hat, indem er bei mir die Möglichkeit vorausgesetzt hat, als ob ich bei der ersten Stufe eine Stufe von 100 Mark und 5 Pfennigen zulassen will. Das ist nicht der Fall; ich will einfach für je 200 Mark durchweg 10 Pfennig. Die Differenz aber, in der ich mich den verbündeten Regierungen gegenüber befinde, besteht einfach darin, daß ich nicht den Sprung der Stempelsteuer von 1000 zu 1000 für korrekt halte, weil nach demselben nun bei dem geringsten Betrag über 1000, also z. B. für 10 Mark, noch einmal der volle Mehrbetrag von 50 Pfennigen als Stempelsteuer verlangt wird. Jedes Gesetz soll ja in gewisser Weise ein Prinzip der Gerechtigkeit vertreten, und ein Prinzip wäre dann gar nicht mehr zu erkennen, wenn man sagt: 1010 Mark eine Mark und 200 Mark nur 10 Pfennige. Also, meine Herren, der Unterschied meines Antrags ist in der That im Prinzip nicht bedeutend; ich finde nur eine Ungerechtigkeit darin, daß man für den geringsten Mehrbetrag nun den vollen Stempelbetrag von 1000 Mark nehmen will. Die Absicht der verbündeten Regierungen bei ihrem Vorschlag ist dahin angedeutet, sich dadurch eine Mehreinnahme zu verschaffen; allein deshalb darf die Kongruenz des Gesetzes doch nicht leiden, die in dem Prinzip der gerechten Vertheilung in dem Gesetz doch gewahrt sein muß.

Aber, meine Herren, es ist noch ein anderes Bedenken und ein wirklich praktisches Bedenken, was mich veranlaßt, Sie zu bitten, bei meinem Vorschlag, von 10 Pfennig zu 10 Pfennig für jede 200 über 1000 hinaus, zu bleiben, und danach keine andere Abstufung als von 200 zu 200 Mark zuzulassen. Ein ferneres Bedenken besteht in folgender, der kaufmännischen Welt sehr wohl bekannten Thatsache, daß bei höheren Wechselbeträgen, wenn es sich um deren Verkauf handelt, die Provision häufig nur ¼ pro Mille ausmacht. Sie belasten aber den kleinsten Mehrbetrag über Tausend mit ½ pro Mille, das Ganze also mit beinahe 1 pro Mille, deshald ist der Vorschlag des Entwurfs nicht so unschuldig, wie er aussieht, hierdei ganz abgesehen davon, daß, wenn ich den Standpunkt der verbündeten Regierungen in der That annehmen wollte, eine Mehreinnahme zu schaffen, ich durchaus bezweifle, daß sie diesen Zweck erreichen würde. Sie werden zu diesem Zweck gar nicht gelangen, weil einfach es niemand verboten ist, statt 1000 mit irgend einem kleinen Mehrbetrag in einer Summe auszuschreiben, den Betrag in 2 Apoints von je 1000 und dem Mehrbetrag auszustellen. Dadurch würde nur eine Mehrkonsumtion der Stempelemission und doppeltes Material erwachsen, ähnlich dem Verfahren, wie es früher bei der Briefpost war, wo die

Post mehrere Briefe billiger beförderte, als einen. Das wäre das Prinzip, was jenem Nothbehelf zu Grunde liegen würde. Ich bitte Sie also, meinem Antrag wegen seiner Einfachheit die Zustimmung zu geben. Für den Satz von 5 sind so viele praktische Gründe angeführt worden, meine Herren, die nehme ich für die Zahl 10 noch mehr und mit größerer Berechtigung in Anspruch, wenn ich von 10 zu 10 steige als von 5 zu 10 und 15 und so fort. Die Einfachheit im Geschäftsverkehr ist wesentlich und mein Antrag gewährt diese Einfachheit, auch um vor Versehen und Strafen zu schützen.

Meine verehrten Herren, es liegt ein eventueller Antrag des Herrn Kollegen Möring vor, der sich mit dem meinigen deckt, es könnte scheinen, als ob zwei Abstimmungen nöthig würden. Ich habe schon bei meinem früheren Vortrag mir darauf hinzuweisen erlaubt, daß es mir auf die Fassung nicht ankommt, wenn ich nur den Sinn gewahrt sehe. Also bin ich sehr gern bereit, meinen Antrag mit dem eventuellen Antrag des Herrn Kollegen Möring zu vereinigen, um dadurch eine Vereinfachung in der Abstimmung herbeizuführen. Ich bitte Sie, meinem Antrag beizutreten.

Präsident: Der Herr Abgeordnete Dr. Delbrück hat das Wort.

Abgeordneter Dr. **Delbrück**: Meine Herren, sowohl die verbündeten Regierungen, wie diejenigen Mitglieder des Reichstages, welche Abänderungsvorschläge gestellt haben, sind davon ausgegangen, daß es sich im vorliegenden Fall nicht handle um eine Erhöhung oder Ermäßigung der Wechselstempelsteuer, sondern nur um eine Anpassung der Steuersätze an die neue Währung.

Es würde, wenn wir in einer finanziellen Lage wären, welche es gestattete, wenn auch vielleicht nicht mit besonderem Vergnügen doch ohne großen Schmerz, auf Einnahmen, die bisher aus der Stempelsteuer geflossen sind, bis auf einen gewissen Betrag zu verzichten, wenn, sage ich, die Lage derart wäre, so würden nach meiner Ueberzeugung allerdings die Gründe ganz ausschlaggebend sein, die der Herr Abgeordnete für Hamburg zu Gunsten seines Amendements vorgebracht hat. Es läßt sich gar nicht bestreiten, daß dieses Amendement das Prinzip des Wechselstempelsteuergesetzes in der klarsten und einfachsten Weise durchführt. Nun, meine Herren, ist aber die Lage keineswegs so, wie ich sie eben gezeichnet habe. Wir wissen alle, daß wir nicht nur nicht im Stande sind, auf Einnahmen zu verzichten, die uns zustehen oder Einnahmen verringern zu lassen, auf die wir bisher in einem gewissen Betrage zu rechnen hatten, sondern umgekehrt wird unsere Aufgabe nach unserer Wiederversammlung nach Ostern wesentlich die sein, für sehr erhebliche Mehreinnahmen auf andere Weise zu sorgen. Bei einer solchen Lage der Sache ist es nach meiner Ansicht durchaus nicht gerathen, mit dem Ertrage einer dem Reiche zustehenden Steuer Experimente zu treiben, und es ist meines Erachtens völlig zweifellos, daß mit den Abänderungsanträgen sowohl des Herrn Abgeordneten Möring als des Herrn Abgeordneten Zimmermann solche Experimente gemacht werden.

In Bezug auf die Frage, ob durch eine so oder so geartete andere Gestaltung der Steuer ein Ausfall von fühlbarem Betrage entsteht, in Bezug auf diese Frage bekenne ich, und ich glaube, es sollte das auch der Standpunkt des Reichstags sein, daß die verbündeten Regierungen mehr in der Lage sind, dieselben zu beurtheilen als wir. Ich habe auch von dem Herrn Abgeordneten für Hamburg bei Begründung seines Amendements nur die Ueberzeugung aussprechen hören, daß eine wesentliche Verminderung der Steuer nicht eintreten werde. Ich könnte vielleicht diese Ueberzeugung persönlich theilen; aber auch selbst in diesem Fall würde ich mich kaum entschließen, gegenüber der von der Regierung gehegten entgegenstehenden Ueberzeugung für das Amendement des Herrn Abgeordneten für Hamburg zu stimmen. Es ergibt sich ohne weiteres aus der Vorlage und aus den Motiven, daß für die kleineren Wechsel unter 1000 Mark eine nicht unerhebliche Ermäßigung eintritt, also ein nicht ganz unerheblicher Einnahmeausfall. Ich halte es für vollkommen richtig, daß die verbündeten Regierungen gesucht haben, in der Abstufung der Steuern für die höheren Wechselbeträge für diese Ermäßigung eine Kompensation zu finden. Ich würde es geradezu nicht verstanden haben, wenn sie der Finanzlage des Reichs gegenüber einen anderen Weg eingeschlagen hätten.

Es wird nun allerdings gesagt, daß durch die Theilung der Wechsel die Absicht, vermöge der Besteuerung der Beträge über 1000 Mark den Ausfall zu decken, vereitelt werden wird. Ich bin durchaus nicht in der Lage, dem absolut zu widersprechen, ich glaube aber, daß im großen Verkehr und bei großen Wechselbeträgen seine solche Besorgniß nicht platzgreifen könne. Darum will ich aber keineswegs verkennen, daß die Stufe von 1000 Mark etwas niedrig sei, und nach meiner Ansicht hat der Herr Abgeordnete für Bingen ganz richtig gehandelt, indem er für die Wechsel von 1000 und 2000 Mark eine Zwischenstufe gemacht hat. Ich kann Ihnen meinerseits aus diesen Gründen nur empfehlen, die Vorlage der verbündeten Regierungen mit dem Amendement des Herrn Abgeordneten Dr. Bamberger anzunehmen.

Präsident: Der Herr Abgeordnete Kopfer hat das Wort.

Abgeordneter **Kopfer**: Meine Herren, gestatten Sie mir als Mitunterzeichner des Antrags des Herrn Abgeordneten Möring nur einige Worte.

Der Grundsatz der Gleichheit vor dem Gesetz ist ein solcher, daß Sie ihn gewiß alle mit mir theilen. Wenn man ein Prinzip aufgestellt hat, so muß man es auch und zwar gleichmäßig durchführen. Es ist nun das Prinzip aufgestellt, 50 Pfennige von 1000 Mark, also 5 Pfennige von 100 Mark Wechselstempel zu erheben. Dieses Prinzip soll aber nur so durchgeführt werden, daß bis zur Summe von 1000 Mark Abstufungen von 200 zu 200 Mark mit Erhöhung von je 10 Pfennigen Stempel stattfinden soll. In den höheren Wechselsummen wird das Prinzip verlassen. Das nenne ich eine Ungleichheit vor dem Gesetze, der ich niemals meine Zustimmung würde geben können.

Von Seiten der Regierungsvertreter wird nun geltend gemacht, sie könnten von dem angenommenen neuen Steuersatz, daß von 1000 bis 2000 und weiter die Wechselstempelsteuer je um 50 Pfennig steigen müsse, deshalb nicht abgehen, weil sie sonst einen Ausfall in der Wechselsteuereinnahme erleiden würden. Meine Herren, das bestreite ich aus dem einfachen Grunde, weil es gar keinem Zweifel unterliegt, daß die Geschäftswelt, wenn sie Wechsel, welche die Summe von 1000 Mark überschreiten, auszuschreiben hat, einen Wechsel von 1000 Mark und den Rest in einem zweiten, dritten u. s. w. Wechsel ausschreibt. Also der Zweck, der erreicht werden soll, daß von 1000 zu 1000 abgestuft werden soll, um eine höhere Einnahme zu erhalten, wird nicht erreicht. Es wird nur erreicht, meine Herren, daß wir wieder zu einem Zustande kommen, dessen sich der Abgeordnete Melbeck, der sich vorhin so warm für die Sache ausgesprochen hat, sehr gut noch erinnern wird, daß der Unfug wieder einreißt, welcher zu jener Zeit existirte, als die Wechsel unter 50 Thaler frei vom Stempel waren. Meine Herren, wer diesen Unfug gekannt hat, wird sich einen Begriff machen können, welche Belästigung und welche Unzuträglichkeiten das im öffentlichen Verkehr herbeiführte und denselben Zustand werden wir für die Folge haben, wenn die Abstufung von 1000 zu 1000 stattfinden soll. Es wird kein Kaufmann darüber im Zweifel sein, daß er lieber 2 oder 3 Wechsel schreibt, wenn die Summe sich innerhalb der Grenzen von

1 bis 2000 Mark u. s. w. bewegt und dadurch den Wechselstempel um 50, 60 oder 70 Pfennig vermindert, als einige Wechselformulare und ein paar Tropfen Tinte zu sparen. Der Zweck der Regierung, eine höhere Einnahme zu erzielen, wird nicht erreicht, wenn die Bestimmung so bleibt, wie sie hier im Gesetz vorgeschlagen ist, es entsteht vielmehr nur eine Belästigung der Geschäftswelt. Aber wie ich schon im Eingang meiner Rede gesagt habe, ich kann mir unmöglich denken, daß man hier eine Ungleichheit vor dem Gesetz schaffen will, und die würde geschaffen, wenn man in der Weise vorginge, wie die Gesetzesvorlage konstruirt ist. Ich schließe mich daher in erster Reihe dem Antrage des Abgeordneten Möring an, der der Gerechtigkeit entspricht, und das Prinzip, ½ pro Mille Wechselstempelsteuer zu erheben, konsequent durchgeführt wissen will, so daß von 100 Mark 5 Pfennige und regelrecht von 100 zu 100 Mark 5 Pfennige weiter zu erheben sind. Sollte der Antrag nicht angenommen werden, so schließe ich mich eventuell dem zweiten Antrag des Abgeordneten Möring an, den ich auch mit unterstützt habe, damit die Sache wenigstens in erträglicher Weise geordnet wird.

Präsident: Der Herr Abgeordnete Mosle hat das Wort.

Abgeordneter **Mosle**: Meine Herren, der Herr Präsident des Reichskanzleramts hat mir den Vorwurf gemacht, ich hätte der Regierung imputirt, sie wolle einen größeren Steuerbetrag aus dem Wechselstempel ziehen als bisher. Das habe ich meiner Ansicht nach nicht gethan, und wenn es so geschienen hat, so muß ich mich unzweckmäßig ausgedrückt haben. Ich habe ganz bestimmt ausgeführt, daß die Regierung nach den Motiven und den Ausführungen des Herrn Regierungskommissars die Absicht kundgegeben habe, denselben Betrag wie früher an Gefällen aus der Stempelsteuer zu ziehen, und daß ich es für unrichtig hielte, dies durch die vorgeschlagene Art der Abstufung zu erreichen. Nun ist für diese Ansicht der Regierung eine sehr gewichtige Stimme in dem Herrn Abgeordneten Delbrück laut geworden, der Herr Abgeordnete hat betont, daß das Reich in seinen Finanzen derartig beschränkt sei, daß es eine Einbuße nicht ertragen könne. Meine Herren, ganz ähnlich wie mit dem Reiche steht es mit den Finanzen auch unter den Kaufleuten und Bürgern des Reichs, welche diesen Stempel zu bezahlen haben. Aber nicht lediglich aus diesem Grunde, sondern weil ich die Skala für verkehrt erkenne, halte ich es für richtig, daß es besser ist für die Finanzen auf andere Weise zu sorgen, von anderer Seite für Deckung des Ausfalls der Steuer zu sorgen und ihn auszugleichen. Weder vom Herrn Abgeordneten Dr. Delbrück noch vom Regierungstische ist auch nur andeutungsweise gesagt worden, welches der „fühlbare Betrag" sein werde, der ausfalle, wenn der Reichstag einen Antrag wie den des Herrn Abgeordneten Möring annehme, und die Herren haben es wohlweislich unterlassen, sie können es gar nicht sagen. Es ist sogar zweifelhaft, ob überhaupt ein Ausfall eintreten wird. Wenn das eintritt, was der Abgeordnete Kopfer soeben hervorgehoben hat, daß nämlich bei Annahme der Regierungsvorlage Wechsel auf 1099 Mark dutzendweise den Verkehr belästigen würden, so wird kein höherer Ertrag durch das Verlassen des Prinzips erzielt, als wenn man das Prinzip festhält, ½ pro Mille zu erheben. Ich glaube, meine Herren, die Sache ist durchaus nicht so schlimm, wie angenommen wird, und wenn sich ergeben sollte, daß der Ertrag des Stempels nach dem Antrag Möring wirklich 6 Pfennige ergibt, so werden wir ja geneigt sein, in einer anderen Weise unserer Finanzlage wegen der Regierung entgegenzukommen. Die Finanzzollvorlagen, welche wir in großer Anzahl in der nächsten Zeit zu erwarten haben, werden uns Gelegenheit geben, darunter das Nöthige zu finden, welches geeignet ist, den hier präsumirten kleinen Ausfall zu decken. Ich empfehle Ihnen nach wie vor den Antrag des Herrn Abgeordneten Möring; sollte aber die Majorität nicht dafür sein, dann erkläre ich mich wieder für den Antrag der Regierung, ich gebe diesem vor dem Antrag des Herrn Abgeordneten Bamberger den Vorzug, und zwar deshalb, weil das weitläufige Rezept der Regierung doch noch ein bischen einfacher ist als das des Herrn Abgeordneten Bamberger und Genossen.

Präsident: Es ist ein Schlußantrag eingereicht von dem Herrn Abgeordneten Clauswitz.

Ich ersuche diejenigen Herren, welche den Schlußantrag unterstützen wollen, sich zu erheben.

(Geschieht.)

Die Unterstützung reicht aus.

Ich ersuche diejenigen Herren, welche den Schluß der Diskussion beschließen wollen, stehen zu bleiben respektive aufzustehen.

(Geschieht.)

Das ist die Mehrheit; die Diskussion ist geschlossen.

Zur persönlichen Bemerkung hat das Wort der Herr Abgeordnete Möring.

Abgeordneter **Möring**: Meine Herren, es ist hier vom Regierungstische abseiten des Herrn Vertreters der Bundesregierungen Aschenborn ein Ausdruck gefallen, den ich gerne rektifiziren möchte. Der Vertreter der Bundesregierungen hat gesagt: diejenigen, welche die Abstufung von 100 zu 100 Mark herbeizuführen suchten, hätten dabei unausgesprochen die Absicht, eine Steuerermäßigung durchschmuggeln zu wollen. Ich überlasse dieses Wort der Kritik des Hauses.

(Sehr gut!)

Präsident: Meine Herren, wir kommen zur Abstimmnng. Ich würde vorschlagen, abzustimmen, nachdem der Antrag Melbeck zu Gunsten des prinzipalen Antrags Möring zurückgezogen ist, zuvörderst über den Antrag Möring. Wird der Antrag Möring angenommen, so fällt die Abstimmung über den Antrag Zimmermann-Möring — das ist der eventuelle Antrag Möring — und es fällt auch die Abstimmung über den Antrag des Herrn Abgeordneten Dr. Bamberger, sowie auch die Abstimmung über § 2 der Vorlage der verbündeten Regierungen. Wird der prinzipale Antrag Möring abgelehnt, so schlage ich vor, abzustimmen über den eventuellen Antrag Möring, den ich jetzt den Antrag Möring-Zimmermann nenne — der Herr Abgeordnete Zimmermann hat sich damit einverstanden erklärt, daß die Wortfassung des Antrags Möring, da der Antrag dasselbe bedeutet wie der seinige, zur Abstimmung gebracht werde. Wird der Antrag Möring-Zimmermann, der also in der Fassung des eventuellen Antrags Möring zur Abstimmung kommt, angenommen, so fällt die Abstimmung über das Amendement des Herrn Abgeordneten Dr. Bamberger und auch die Abstimmung über § 2 der Vorlage der verbündeten Regierungen. Wird auch das eventuelle Amendement Zimmermann-Möring abgelehnt, so wird abgestimmt über den Antrag des Herrn Abgeordneten Dr. Bamberger und sodann über den § 2, wie er sich nach der Vorabstimmung über das Amendement Bamberger herausstellt.

Gegen die Fragestellung wird Widerspruch nicht erhoben; es wird also so, wie vorgeschlagen ist, abgestimmt.

Ich ersuche den Herrn Schriftführer demnach, zuvörderst den prinzipalen Antrag Möring zu verlesen.

Schriftführer Abgeordneter Dr. **Blum**:

Der Reichstag wolle beschließen:

Art. I § 2 wie folgt zu fassen:

Die Stempelabgabe beträgt:

von einer Summe bis 100 Mark einschließlich 0,05 Mark.

und von jeden ferneren 100 Mark der Summe $0_{,05}$ Mark mehr, dergestalt, daß jedes angefangene Hundert für voll gerechnet wird.

Präsident: Ich ersuche diejenigen Herren, welche den eben verlesenen Antrag annehmen wollen, sich zu erheben.

(Geschieht.)

Das Büreau ist einstimmig der Meinung, daß die Minderheit steht; der Antrag ist abgelehnt.

Es kommt jetzt der eventuelle Antrag Möring, also der Antrag Möring-Zimmermann in der Fassung des eventuellen Antrags Möring, zur Abstimmung.

Ich ersuche, denselben zu verlesen.

Schriftführer Abgeordneter Dr. **Blum**:

Der Reichstag wolle beschließen:

Artikel I § 2 wie folgt zu fassen:

Die Stempelabgabe beträgt:

von einer Summe bis 200 Mark einschließlich $0_{,10}$ Mark

und von jeden ferneren 200 Mark der Summe $0_{,10}$ Mark mehr, dergestalt, daß jede angefangene zweihundert Mark für voll gerechnet werden.

Präsident: Ich ersuche diejenigen Herren, welche diesen eben verlesenen Antrag annehmen wollen, sich zu erheben.

(Geschieht.)

Meine Herren, wir bitten um die Gegenprobe. Ich ersuche diejenigen Herren, aufzustehen, welche den Antrag nicht annehmen wollen.

(Geschieht.)

Meine Herren, das Büreau bleibt zweifelhaft; wir müssen daher zählen.

Ich ersuche diejenigen Herren, welche das Amendement Möring-Zimmermann annehmen wollen, — indem ich die Herren bitte, den Saal zu verlassen, — durch die Thür rechts von mir, durch die Thür „Ja" wiederum in den Saal zu treten, — und diejenigen Herren, welche das Amendement nicht annehmen wollen, ersuche ich, durch die Thür links von mir wiederum in den Saal zu treten.

Ich ersuche die Herren Schriftführer Dr. Blum und Bernards, an der Thür „Nein", — und die Herren Schriftführer Thilo und Freiherrn von Minnigerode, an der Thür „Ja" die Zählung zu übernehmen.

(Die Abgeordneten verlassen den Saal.)

Die Saaldiener werden angewiesen, die sämmtlichen Thüren des Saales mit Ausnahme der beiden Abstimmungsthüren zu schließen.

(Geschieht. — Auf das Zeichen der Glocke des Präsidenten treten die Abgeordneten durch die Abstimmungsthüren wieder in den Saal ein. Die Zählung erfolgt.)

Die Abstimmung ist geschlossen. Die Thüren des Saales sind wiederum zu öffnen.

(Geschieht.)

Ich bitte nunmehr das Büreau, abzustimmen.

Schriftführer Abgeordneter **Bernards**: Ja!

Schriftführer Abgeordneter Dr. **Blum**: Ja!

Schriftführer Abgeordneter Freiherr **von Minnigerode**: Nein!

Schriftführer Abgeordneter **Thilo**: Ja!

Präsident: Nein!

(Pause.)

Das Resultat der Abstimmung ist folgendes. Mit **Ja**, also für den Antrag, haben gestimmt 101 Mitglieder; mit **Nein**, also gegen den Antrag, gestimmt haben 107 Mitglieder. Es ist also der Antrag verworfen.

Wir gehen jetzt über zur Abstimmung über den Antrag des Herrn Abgeordneten Dr. Bamberger.

Ich ersuche den Herrn Schriftführer, den Antrag des Herrn Abgeordneten Dr. Bamberger zu verlesen, und ersuche die Mitglieder, Platz zu nehmen, damit die Abstimmung kontrolirt werden kann.

Schriftführer Abgeordneter Dr. **Blum**:

Der Reichstag wolle beschließen:

in Artikel I § 2 hinter die Worte:

von einer Summe über 800 Mark bis 1000 Mark $0_{,50}$ Mark

zu setzen:

von einer Summe von 1000 Mark bis 1500 Mark $0_{,75}$ Mark,

von einer Summe von 1500 Mark bis 2000 Mark $1_{,00}$ Mark.

Präsident: Ich ersuche diejenigen Herren, welche den eben verlesenen Antrag annehmen wollen, sich zu erheben.

(Geschieht.)

Meine Herren, das Büreau ist wieder zweifelhaft; wir bitten um die Gegenprobe. Ich ersuche diejenigen Herren aufzustehen, welche den Antrag nicht annehmen wollen.

(Geschieht.)

Meine Herren, das Büreau bleibt zweifelhaft, wir müssen wiederum zählen.

Ich ersuche diejenigen Mitglieder, welche den Antrag annehmen wollen, durch die Thür rechts von mir, durch die „Ja"-Thür, — und diejenigen Herren, welche den Antrag nicht annehmen wollen, durch die Thür links von mir, durch die Thür „Nein" wiederum in den Saal zu treten, — indem ich die Mitglieder bitte, den Saal zu verlassen.

Ich ersuche die Herren Schriftführer Dr. Blum und Bernards, an der Thür „Nein", — die Herren Schriftführer Freiherr von Minnigerode und Thilo, an der Thür „Ja" die Zählung zu übernehmen.

(Die Abgeordneten verlassen den Saal.)

Die Diener des Saales werden angewiesen, sämmtliche Thüren des Saales mit Ausnahme der beiden Abstimmungsthüren zu schließen.

(Geschieht. — Auf das Zeichen der Glocke des Präsidenten treten die Abgeordneten durch die Abstimmungsthüren in den Saal ein. Die Zählung erfolgt.)

Die Abstimmung ist geschossen. Die Thüren sind wieder zu öffnen.

(Geschieht.)

Ich bitte das Büreau abzustimmen.

Schriftführer Abgeordneter Dr. **Blum**: Ja!

Schriftführer Abgeordneter **Bernards**: Nein!

Schriftführer Abgeordneter Freiherr **von Minnigerode**: Ja!

Schriftführer Abgeordneter **Thilo**: Ja!

Präsident: Ja!

(Pause.)

Das Resultat der Abstimmung ist folgendes: Mit **Ja** haben gestimmt 101 Mitglieder, mit **Nein** 114 Mitglieder; der Antrag ist also verworfen.

Wir kommen jetzt zu der Abstimmung über § 2 der Vorlage der verbündeten Regierungen, welcher unverändert geblieben ist. Ich bitte den Herrn Schriftführer, den § 2 zu verlesen.

Schriftführer Abgeordneter Dr. **Blum**:

§. 2.

Die Stempelabgabe beträgt:

von einer Summe von 200 Mark und weniger $0_{,10}$ Mark,

von einer Summe über 200 Mark bis 400 Mark $0_{,20}$ Mark,

von einer Summe über 400 Mark bis 600 Mark $0_{,30}$ Mark,

von einer Summe über 600 Mark bis 800 Mark $0_{,40}$ Mark,

von einer Summe über 800 Mark bis 1000 Mark $0_{,50}$ Mark

und von jedem ferneren 1000 Mark der Summe $0_{,50}$ Mark mehr, dergestalt, daß jedes angefangene Tausend für voll gerechnet wird.

Präsident: Ich ersuche diejenigen Herren, welche den eben verlesenen Paragraphen annehmen wollen, sich zu erheben.

(Geschieht.)

Das ist eine bedeutende Majorität; der § 2 ist angenommen.

Ich eröffne die Diskussion über § 3. — Das Wort wird nicht gewünscht; ich schließe die Diskussion und konstatire, daß der § 3 in zweiter Berathung angenommen worden ist, und kann wohl ebenso konstatiren, daß die Einleitungsworte des Art. I in zweiter Berathung angenommen worden sind, da sie nicht angefochten worden sind. — Ich konstatire das hiermit.

Ich eröffne die Diskussion über Art. II. — Das Wort wird nicht genommen; ich schließe die Diskussion, und da eine Abstimmung nicht verlangt ist, so konstatire ich die Annahme des Art. II in zweiter Berathung.

Ich eröffne die Diskussion über Einleitung und Ueberschrift des Gesetzes, — schließe dieselbe und konstatire, daß Einleitung und Ueberschrift des Gesetzes in zweiter Berathung des Gesetzes angenommen sind.

Es liegt vor der Antrag des Herrn Abgeordneten Dr. Zimmermann in Nr. 111 II auf Erlaß einer Resolution. Ich stelle den Antrag hiermit zur Diskussion und ertheile das Wort dem Herrn Abgeordneten Dr. Zimmermann.

Abgeordneter Dr. **Zimmermann**: Meine Herren, schon gestern habe ich Veranlassung genommen, darauf hinzudeuten, daß sich die Geschäftswelt in hohem Maße darin beschwert fühlt, daß die Anordnung, wie eine Wechselstempelmarke korrekt verwendet werden muß, zu außerordentlich viel Schwierigkeiten und Weitläufigkeiten und unnöthigen Belästigungen Veranlassung gibt.

Meine Herren, Sie werden sich erinnern, daß durch das Gesetz vom 10. Juni 1869 vorgeschrieben ist, daß der Bundesrath die Bestimmungen zu erlassen hat, wie der Wechselstempel zu verwenden sei. Der Bundesrath hat in Ausführung jenes Gesetzes nach dieser Richtung hin Bestimmungen erlassen. Schon damals wurden Beschwerden laut über die Einzelheiten und Belästigungen, die in diesen Bestimmungen lagen, und der Bundesrath sah sich in der Lage, von neuem Bestimmungen zu treffen und von einigen dieser früheren Anordnungen zu abstrahiren, d. h. Erleichterungen eintreten zu lassen, auf der anderen Seite aber doch wieder etwas hinzufügen. Im ganzen aber, meine Herren, haben diese Bestimmungen doch das Resultat gehabt, daß die Geschäftswelt kaum in der Lage ist, sie richtig und vollständig zu verstehen, am allerwenigsten praktisch sie im Moment korrekt anzuwenden.

Ich habe mir bereits erlaubt, meine Herren, anzuführen, daß der Gegenstand Objekt einer Literatur geworden ist, um die Betreffenden auf den richtigen Weg zu leiten. Dieses kleine Buch hier (Redner zeigt das betreffende Buch) handelt lediglich über die in Rede stehende Frage — es ist von einem Beamten der Reichsbank (Herrn Hartung) zum Nutzen und Frommen der Geschäftswelt publizirt — und lehrt die Kunst, wie es zu vermeiden ist, in hohe Strafe zu verfallen, einfach weil in der Art und Weise, wie die Stempelmarke verwendet wird, irgend ein Versehen begangen ist. Die Sache ist deshalb wichtig, weil die hohe Strafe des funfzigfachen des Wechselstempelbetrags nicht bloß denjenigen trifft, der absichtlich das Gesetz verletzt, sondern zugleich als eine Strafe für eine formelle Gesetzesverletzung angesehen wird, sodaß derjenige, der den korrekten Stempel an und für sich verwendet hat, der aber ein geringes Versehen gegen diese Verwendungsvorschriften des Bundesraths sich hat zu Schulden kommen lassen, der vollständigen fünfzigfachen Stempelstrafe verfallen ist. Wenn man also annimmt, daß hier von einem rein formalen Versehen die Rede ist, so scheint sich doch mit Nothwendigkeit der Gedanke aufzudrängen, daß man dem, der so leicht einer Strafe ausgesetzt ist, weil er ohne sein Wissen und Willen ein Versehen begeht, die Vorschriften so einfach wie möglich gibt. Ich werde mir erlauben, meine Herren, Ihnen näher nachzuweisen, daß diese Einfachheit den Vorschriften des Bundesraths nicht beiwohnt, und daß daraus sich die Nothwendigkeit ergibt, den Gegenstand in Erwägung zu ziehen.

Meine Herren, ich bin nicht sehr weitgehend in meinen Wünschen; mein Antrag ist, wie Sie wohl gelesen haben werden, durchaus milder und einfacher Natur; er lautet dahin:

Der Reichstag wolle beschließen:

den Herrn Reichskanzler zu ersuchen:

eine Vereinfachung der von dem Bundesrathe auf Grund des Gesetzes vom 10. Juni 1869 erlassenen Vorschriften über die Art und Weise der Verwendung der Wechselstempelmarken herbeizuführen.

Also ich komme durchaus nicht mit positiven Vorschlägen. Ich werde mir nur erlauben, nachzuweisen, inwieweit diese Vorschriften für den Geschäftsmann zu sehr in ein Detail gehen und wie sich daraus die Nothwendigkeit ergibt, eine Erleichterung eintreten zu lassen, ganz abgesehen von dem Standpunkt, daß für ein kleines formelles Versehen für die auf dem Wechsel stehenden Personen die fünfzigfache Strafe als eine rein formelle Strafe begründet wird.

Meine Herren, die Vorschriften sind sehr zahlreich. Dem Sinne nach ist die einfache Bedeutung der Vorschriften nur die, daß die Stempelmarke insoweit gekennzeichnet wird, daß sie als Stempel für den betreffenden Wechsel und den Wechselbetrag richtig verwendet und kassirt erscheint. Das ist der Zweck der Wechselstempelverwendung und der Zweck der Vorschriften, die dazu dienen sollen.

Diese Vorschriften aber gehen in der That zu weit. Sie schreiben vor, und dagegen will ich kein Bedenken erheben, es soll das Datum des Tages der Kassation auf der Stempelmarke, sowie die Anfangsbuchstaben dessen, dem die Verpflichtung obliegt, den Wechselstempel zu kassiren, vermerkt werden; für diese Anfangsbuchstaben kann der Betheiligte auch die Anfangsbuchstaben der Firma nehmen, auch seinen vollen Namen oder den vollen Namen der Firma setzen. Wenn man das nun auch sorgfältig gethan hat, so ist man dennoch zehn, zwanzigmal dem Gesetz verfallen und zwar aus folgenden Gründen.

Es sind im Detail Vorschriften gegeben, er soll den Wechselstempel am oberen Rande aufleben. Meine Herren, darüber sind ungeheuer gelehrte Diskussionen geführt worden, was es heißt: „am oberen Rande". Diese Bestimmung ist in den bundesräthlichen Vorschriften schon dahin qualifizirt worden, daß kein derartiger Raum bleiben darf, daß etwa noch ein, wenn auch nur Blankoindossament hingeschrieben werden kann, aber die Frage, ob das ein oder zwei Linien, ein Zentimeter oder 1/2 Zentimeter oder wie viel Millimeter sein soll, ist Gegenstand staatsanwaltlicher Erörterung, sogar Gegenstand der Rechtsprechung geworden. Es heißt dann: es dürfen keine römischen Ziffern gebraucht werden, es dürfen keinerlei Abkürzungen gebraucht werden, die alltäglich sind, daß man also zum Beispiel statt Oktober, November, Dezember 8, 9, 10 und dann „ber" schreibt, es muß also mit arabischen Ziffern geschrieben werden. Weiter heißt es: „es müssen deutliche Schriftzeichen sein." Ja, meine Herren, daß Jemand bei Dokumenten, bei Verträgen und notariellen Verhandlungen, überhaupt im Geschäftsleben deutlich schreibt, das ist ein natürliches, selbstverständliches Erforderniß. Wenn man aber hier das besonders vorschreibt, so legt man dem auch eine besondere Bedeutung bei, und das ist nach gewissen Richtungen hin meines Erachtens sogar bedenklich. Soll jemand seine geschäftsmäßige Handschrift, die Art und Weise, wie er wirklich seinen Namen schreibt, deshalb ändern? Gerade damit wäre die Möglichkeit gegeben, daß man einer Fälschung nicht auf die Spur kommen könnte, wenn man überall auf genaue Ausführung bestehen wollte; abgesehen vom vieldeutigen Begriff einer deutlichen Schrift. Dann bestimmt eine fernere Vorschrift: die Marke soll auf einer leeren Stelle angebracht werden. Es ist vorgekommen, daß der Wechselstempel ein Wort in einer kleinen Ecke bedeckt hat, er war sonst vollständig ordnungsmäßig kassirt, dennoch ist die volle Strafe erkannt worden lediglich aus diesem formellen Grunde.

Ich glaube, daß dies hinreicht, Sie zu überzeugen, daß die Detailvorschriften zu weit gehen und daß man mit Recht das Ansuchen an die verbündeten Regierungen und speziell an den Herrn Reichskanzler zu stellen hat, die Geschäftswelt von einer großen Belästigung zu befreien. Ich habe noch bei der früheren Veranlassung, als ich den Gegenstand in Anregung brachte, Ihnen eigentlich ein recht drastisches Beispiel angeführt, wodurch die Nothwendigkeit einer Revision in der That unläugbar dargethan wird. Sie erinnern sich, daß darüber, was das Wort „oben" bedeutet, selbst die Staatsanwaltschaft im Zweifel war, daß der Betreffende in zwei Instanzen zu Strafe verurtheilt wurde, obgleich er den Stempel in der That vollständig vorschriftsmäßig verwendet hatte, ein Beweis also, daß die Vorschriften gewiß nicht klar und einfach sind, das geheime Obertribunal hat ja auch die Entscheidungen der beiden Vorinstanzen richtig gestellt; aber wollen wir denn bei dem Wechselgeschäft nur die Chance offen halten, daß solche Fragen erst durch drei Instanzen richtig gestellt werden, wenn wir die Möglichkeit haben, daß die verbündeten Regierungen uns von solchem Formale befreien können, zumal es ein formales Vergehen bleiben wird? Wenn ich es dahin bringen könnte, daß man von der Handlung als von einem formalen Vergehen ganz absieht, so würde mir das viel lieber sein, ich will aber meinen Antrag darauf beschränken, eine Erleichterung der bestehenden Vorschriften in Aussicht zu nehmen.

Es wird häufig und auch heute noch auf die fremde Gesetzgebung hingewiesen, auf das Land, wo gewiß das Wechselgeschäft unbestritten in einem großen Umfange betrieben wird und wo das fiskalische Interesse auch nicht in den Hintergrund tritt. — Nun, meine Herren, ich will nicht hoffen, daß bei der strengen Handhabung dieser peinlichen Vorschriften etwa das fiskalische Interesse im Hintergrunde vorwiegt, wenn man aber den äußeren Anschein der Sache verfolgt, so kann man sich beinahe diesen Gedanken nicht verschließen. Ich möchte zur Bestätigung dieser Auffassung nur die Thatsache anführen, daß große Bankhäuser eigene Konten halten, wo die betreffenden Ausgaben gebucht werden, die streng prüfen, ob ein bei ihnen vorkommender Wechsel der Berichtigung bedarf, um diese Strafen möglichst zu vermeiden, lieber zweimal zahlen, und daß diese Konten sich auf Tausende belaufen. Einem solchen Uebelstande muß abgeholfen werden.

Ich erlaubte mir auf das englische Recht hinzudeuten. Gestatten Sie mir darauf zurückzugehen und Ihnen zu sagen, wie dieser Gegenstand in England gehandhabt wird: einmal wird in England die Sache in diesem Umfang als ein formales Vergehen nicht behandelt, das ist schon ein sehr wesentlicher Unterschied, denn die Vorschriften über das Kassiren des Wechselstempels lauten einfach so: der Betreffende hat die Anfangsbuchstaben seiner Firma oder seines Namens, seine Firma oder seinen Namen voll quer über die Stempelmarke zu schreiben mit dem betreffenden korrekten richtigen Datum der Verwendung. Hat er diese Bedingung erfüllt, dann ist der Wechselstempel gehörig kassirt, und auf solche kleine Formalitäten, ob etwa ein Buchstabe darunter steht, ob der Mann eine römische oder arabische Ziffer gebraucht hat, ob er „Oktober" „8ber" geschrieben hat, auf alle diese Umstände kommt es nicht an. Ja, meine Herren, das Gesetz läßt sogar dem Betreffenden frei, den Nachweis zu führen, daß der Wechselstempel zu gehöriger Zeit ordnungsmäßig auf dem Wechsel verwendet worden ist, wenn etwa durch ein Versehen der eine oder andere jener Punkte nicht erfüllt sein sollte.

Meine Herren, es ist eine allgemeine Klage in der Geschäftswelt über die Belästigung, die durch solche Detailbestimmungen herbeigeführt wird. Ich empfehle die Sache recht dringend Ihrer Aufmerksamkeit und bitte Sie, meinem Antrag, der eben nur dahin geht, eine Erleichterung in Aussicht zu nehmen, Ihre Zustimmung zu geben.

Präsident: Ich eröffne die Diskussion.

Der Herr Kommissarius des Bundesraths hat das Wort.

Kommissarius des Bundesraths kaiserlicher Geheimer Oberregierungsrath **Aschenborn:** Meine Herren, der Herr Abgeordnete Zimmermann hat Ihnen vorgeschlagen, den Herrn Reichskanzler zu ersuchen, eine Vereinfachung der von dem Bundesrath auf Grund des Gesetzes vom 10. Juni 1869 erlassenen Vorschriften über die Kassation der Stempelmarke herbeizuführen. Der Herr Abgeordnete erachtet es als einen Vorzug seines Antrags, daß er sich darauf beschränkt hat, diesen Weg anzugeben, aber der Regierung freie Hand gelassen hat, ihrerseits über die Art, in welcher die Vereinfachung stattzufinden habe, zu befinden. Er wird mir verzeihen, wenn ich das gerade für einen Mangel seines Antrags halte und Sie bitte, aus diesem Grunde ihn nicht anzunehmen. Ginge der Antrag etwa dahin, zu erwägen, ob eine Vereinfachung thunlich sei, so möchte er den Anschauungen der Regierung eher entsprechen. Er wäre dann allerdings überflüssig; denn von der Finanzverwaltung wird ohnehin beabsichtigt, durch eine Umfrage bei den mit der Beaufsichtigung des Stempelwesens zunächst betrauten Landesregierungen festzustellen, ob und welche Mißstände sich in dieser Richtung ergeben haben.

Die Klagen über die Formalitäten, welche durch die Kassationsvorschriften dem mit Wechselstempel verkehrenden Publikum auferlegt werden, sind so alt, wie diese Vorschriften selbst. Indeß haben sie doch in der neueren Zeit einen wesentlich anderen Charakter angenommen. Während sie früher dahin gingen, daß die Vorschriften als solche unklar gefaßt seien und zu Bedenken in jedem einzelnen Falle Anlaß gäben, wird jetzt, nachdem im Jahre 1873 der Bundesrath zu einer Revision der Vorschriften geschritten ist und eine andere Redaktion derselben emanirt hat, mehr darüber geklagt, daß überhaupt solche Formalitäten zu beobachten sind, und man sich nicht damit begnüge, wenn die Stempelmarke bona fide von dem einzelnen Steuerpflichtigen verwendet ist.

Es gibt nun zunächst für die überwiegende Mehrzahl

aller Fälle ein sehr einfaches Mittel, alle Beschwerden zu vermeiden, wenn nur das Publikum davon Gebrauch machen wollte, nämlich durch die Verwendung von Blankets. Es lassen sich für alle Wechselbeträge bis zu 6000 Mark inklusive Blankets verwenden, und doch geschieht die wirkliche Verwendung nur in einem ganz verschwindenden Maße.

Man wird ferner darauf hinweisen dürfen, daß gegründete Beschwerden auch ihre Abhilfe finden durch einen weiteren Beschluß des Bundesraths vom 2. Juli 1873, kraft dessen die Hauptsteuerämter befugt sind, von Anklageverhandlungen abzusehen bei Beträgen, in welchen der Wechselstempel 3 Mark nicht übersteigt, sofern anzunehmen ist, daß es sich nur um ein Versehen bei der Entwerthung der Marken und nicht um eine beabsichtigte Steuerhinterziehung handelt. Dadurch sind alle Fälle, in welchen es sich um einen Wechsel unter 6000 Mark handelt, von belästigenden Verfolgungen seitens der fiskalischen Behörden von vornherein ausgeschlossen.

Ganz bestimmte Vorschriften über die Kassation zu geben, davon wird man niemals absehen können. Die Erfahrung hat gezeigt, daß der Wechselstempel in sehr weitgehendem Maße defraudirt wird. Es hat sich das namentlich herausgestellt, als nach Erweiterung des norddeutschen Bundes zum deutschen Reich an die Stelle der früheren Bundesstempelmarken die neuen Reichsstempelmarken traten und man die alten Marken einzog. Es sind da eine Menge Wechsel zum Vorschein gekommen, die mit Reichsstempelmarken versehen waren, obwohl nach dem Datum der Ausstellung sich ergab, daß sie rechtzeitig nur mit Bundesstempelmarken versteuert werden konnten.

Mit einer Lockerung der Vorschriften wird man also außerordentlich vorsichtig sein müssen. Die Vorschläge nach dieser Richtung hin, auch die vom Herrn Abgeordneten Zimmermann gegebenen, sind für die Verwaltung nicht neu, ihre Ausführung würde aber zu erheblichen Unzuträglichkeiten führen.

Ich will dies nur an einem Beispiel nachweisen, dem einzigen positiven Vorschlage, der in den 50 bis 60 Ihnen vorliegenden Petitionen in dieser Beziehung gemacht worden ist, nämlich in der Petition der Handelskammer von Münster. Diese Handelskammer schlägt vor, die Stempelmarken auf der Vorderseite des Wechsels anzubringen und durch Durchschreiben der Namensunterschrift des Ausstellers respektive Akzeptanten ihn zu entwerthen. Nun gut. Wie aber, wenn nicht der Aussteller oder Akzeptant, sondern ein Indossant den Wechsel versteuern und die Marken auf die Vorderseite aufkleben muß, ohne daß dort ausreichend Platz ist. Denken Sie an Summen, wie sie mir z. B. in der Praxis vorgekommen sind, als es sich um die Einziehung der französischen Kontribution handelte, um Wechselsummen z. B. von 1 Million Thaler. Die Seehandlung stellte damals den Antrag, es möchte ihr gestattet werden, bei der großen Menge erforderlicher Stempelmarken, welche auf dem Wechsel keinen Platz fänden, ihr die Kassation der Marken zu erlassen und die Entrichtung der Steuer in anderer Weise zu gestatten. Mit Rücksicht auf das Gesetz mußte dies abgelehnt werden und auf die Anhängung von Allongen verwiesen werden. Das wäre aber unmöglich, wenn die Marken auf der Schauseite des Wechsels angebracht werden müßten. Denken Sie weiter den Fall, daß der Aussteller oder Akzeptant seinen Namen quer über die Marke schreibt, die nur mit einem lösbaren Klebestoff auf dem Wechsel festsitzt, und die Marke löst sich demnächst ab. Was wird nun aus dem Wechsel? Er hat seine Wechseleigenschaft verloren. Ich möchte deshalb bitten, zu bedenken, daß es höchst mißlich sein würde, zu dieser Frage schon jetzt Stellung zu nehmen. Das würde aber geschehen, wenn der Reichstag den Antrag des Herrn Abgeordneten Zimmermann annähme und dadurch die Regierung aufforderte, eine Vereinfachung der Vorschriften auf alle Fälle vorzunehmen.

Ich bitte deshalb, dieser Resolution die Zustimmung zu versagen. Die Regierung wird ohnedem darauf Bedacht nehmen, die etwa thunlichen Vereinfachungen eintreten zu lassen.

Präsident: Der Herr Abgeordnete Dr. Zimmermann hat das Wort.

Abgeordneter Dr. **Zimmermann:** Meine Herren, der gesammte Inhalt der Antwort des Herrn Bundeskommissars ist für mich gar nicht so sehr ungünstig wie es scheinen könnte. Es handelt sich also für mich nur um die Aenderung des Antrags in der Form wie der Herr Vertreter der Bundesregierungen es eben räthlich findet; ich sehe keine hinreichende Veranlassung, weshalb ich mich diesen Andeutungen verschließen sollte, in dieser Auffassung ändere ich meinen Antrag hiermit im Sinne der Aeußerungen des Herrn Vertreters der Bundesregierungen dahin ab:

den Herrn Reichskanzler zu ersuchen:
eine Vereinfachung u. s. w. in Erwägung zu ziehen.

In dieser Form finde ich das Wesentliche, wie der Herr Vertreter die Möglichkeit voraussetzte, den Gegenstand in Erwägung genommen zu sehen.

Mein Hauptzweck ist der, diese Prüfung herbeizuführen. Hat seiner Zeit eine solche Prüfung das ersprießliche Resultat nicht, sieht die Handelswelt, daß Erleichterungen und Korrektiven an gedachter Stelle nicht angeregt erscheinen, so wird ja diese Tribüne zur weiteren Erörterung der Sache allerdings hoffentlich noch offen stehen.

Ich will mir zum Schlusse nur gestatten, auf eine einzelne Bemerkung des Herrn Bundeskommissars einzugehen, obgleich ich es einigermaßen für zweifelhaft halte, ob es angemessen ist, in diesem Stadium auf solche spezielle Diskussionen vor Ihnen einzutreten; aber einige Bedenken gestatten Sie mir doch zur Sprache zu bringen. Ich habe allerdings einen bestimmten Antrag, wenn auch nicht gestellt, doch angedeutet, nämlich den, daß die Bundesregierungen den Weg der englischen Gesetzgebung hier in Erwägung ziehen mögen, welche doch auch ein großes, bedeutendes praktisches Feld hat, vielleicht ein noch größeres als das des deutschen Wechselverkehrs, wenn Sie die allseitigen Handelsbeziehungen Englands in Erwägung nehmen, und dort finden sie allerdings die bestimmte Regel, den Stempel auf der Vorderseite zu befestigen und aufzukleben, wo ein adhäsiver Stempel überhaupt anwendbar ist. Ich bemerke übrigens, daß der Gegenstand in England in dem allgemeinen Gesetz über die Stempelsteuer geordnet ist; falls jemand ein Wechselformular nimmt, worauf der Wechselstempel keinen Platz hat, so ist das seine Schuld. Wenn die Geschäftswelt aber weiß, daß die gesetzliche Vorschrift einmal so ist, so würde sich der Handel und die Industrie dieser Vorschrift dahin akkomodiren, daß sie nur solche Formulare nimmt, die zu dem gedachten Zwecke brauchbar sind. Wenn einmal ein Wechsel von einer Million vorkommt, so ist das wohl nicht maßgebend, meine Herren, auf solche Sätze ist unsere Gesetzgebung nicht basirt und für einen solchen Fall müßte die Kassirung des Wechselstempels auf eine leichtere Art stattfinden, als daß man etwa eine große Quantität Stempelmarken verwendet.

Ich erlaube mir daher, ohne heut auf weitere Details einzugehen, Sie zu bitten, folgender Resolution Ihre Zustimmung zu geben:

den Herrn Reichskanzler zu ersuchen:
eine Vereinfachung der von dem Bundesrath auf Grund des Gesetzes vom 10. Juni 1869 erlassenen Vorschriften über die Art und Weise der Verwendung der Wechselstempelmarken in Erwägung zu ziehen.

Präsident: Das Wort wird nicht weiter gewünscht; ich schließe die Diskussion. Wir kommen zur Abstimmung.

Der Herr Abgeordnete hat soeben selbst seinen Antrag verlesen; derselbe lautet jetzt:

Der Reichstag wolle beschließen:

den Herrn Reichkanzler zu ersuchen:

eine Vereinfachung der von dem Bundesrath auf Grund des Gesetzes vom 10. Juni 1869 erlassenen Vorschriften über die Art und Weise der Verwendung der Wechselstempelmarken in Erwägung zu ziehen.

Ich ersuche diejenigen Herren, welche diesen Antrag annehmen wollen, sich zu erheben.

(Geschieht.)

Das ist die Mehrheit; der Antrag ist angenommen.

Meine Herren, die Beschlußfassung über die Petitionen, über welche schon berichtet ist, behalte ich der dritten Berathung vor; denn dann wird erst ein definitiver Beschluß vorliegen.

Wir gehen daher, nachdem Nr. 1 der Tagesordnung erledigt ist, über zu Nr. 2 der Tagesordnung:

erste Berathung des Gesetzentwurfs über die Konsulargerichtsbarkeit (Nr. 70 der Drucksachen).

Ich eröffne diese erste Berathung hiermit, also die Generaldiskussion über das Gesetz, und ertheile das Wort dem Herrn Staatssekretär Dr. Friedberg.

Bevollmächtigter zum Bundesrath im Reichsjustizamt Staatssekretär Dr. **Friedberg**: Meine Herren, bei der Nothwendigkeit, mit der Ihnen noch zustehenden Zeit möglichst haushälterisch umzugehen, werde ich dasjenige, was ich zur ersten Berathung des Ihnen vorliegenden Gesetzentwurfs zu sagen habe, in einige wenige knappe Sätze zusammenfassen.

Der Entwurf verdankt seine Entstehung den großen deutschen Justizgesetzen, die mit dem 1. Oktober dieses Jahres ins Leben treten werden, und die eine Aenderung der Gesetzgebung über die Konsulargerichtsbarkeit mit unabweisbarer Nothwendigkeit bedingen. Denn die Konsulargerichtsbarkeit beruht zur Zeit auf der preußischen Gesetzgebung über den Zivilprozeß und Strafprozeß; beide Gesetzgebungen verschwinden am 1. Oktober 1879, es muß also etwas neues geschaffen werden, damit von jenem Tage an die Konsulargerichte weiter fungiren können. Die Aufgabe dieses Gesetzes besteht nun in nichts anderem, als darin: die Konsulargerichtsbarkeit den am 1. Oktober neu eintretenden Gesetzen anzupassen. Das ist der den ganzen Gesetzentwurf beherrschende und ihn durchdringende Gedanke.

Ueber die Einzelheiten desselben darf ich nur umsomehr augenblicklich schweigen, als ich ja nach einer Bemerkung, die der Herr Präsident bei der Feststellung der gestrigen Tagesordnung machte, voraussetzen darf, daß der Gesetzentwurf nicht hier im Plenum berathen, sondern an eine Kommission wird verwiesen werden. In dieser wird sich dann Zeit und Raum finden, alle nothwendigen Diskussionen an die einzelnen Bestimmungen anzuknüpfen, die dazu Anlaß bieten möchten.

Nur über zwei Punkte wollen Sie mir schon jetzt eine Bemerkung erlauben, weil diese von prinzipieller Wichtigkeit sind; das ist einmal die Regelung des Instanzenzuges, und zweitens die den Konsuln beigelegte Berechtigung, Verordnungen mit Strafverordnungen zu erlassen. Zur Zeit regelt sich bekanntlich der Instanzenzug dahin, daß, nachdem in erster Instanz vom Konsul entschieden ist, die zweite Instanz an ein preußisches Gericht, nach Stettin, geht, und daß, wo eine dritte Instanz zulässig ist, diese jetzt noch an das Reichsoberhandelsgericht geht, demnächst an das Reichsgericht gehen wird. Als nun der vorliegende Gesetzentwurf aufgestellt wurde, da war es ein natürlicher Wunsch, den Instanzenzug womöglich derart zu reguliren, daß die erste und zweite Instanz in den Ländern der Konsulargerichtsbarkeit selbst etablirt werden möchte, und nur die dritte Instanz an das Reichsgericht gelegt würde. Man überzeugte sich aber und namentlich durch die Mittheilungen vom auswärtigen Amt, welches an der Aufstellung dieses Entwurfs vom ersten Augenblick an den wesentlichsten Antheil genommen hat, man überzeugte sich, sage ich, insbesondere durch die Mittheilungen von denjenigen Herren im auswärtigen Amt, welche selber längere Jahre in den Konsulaten verschiedener Länder, namentlich auch in den ostasiatischen Theilen gewirkt hatten, daß es unmöglich sei, eine erste und zweite Instanz in den Ländern mit Konsulargerichtsbarkeit selbst zu schaffen. Von vielen anderen Gründen abgesehen darf ich nur als den einen anführen, die ungeheure Entfernung von einem Konsulargericht zum andern, und doch nur so hätte man den Instanzenzug reguliren können, schon diese Entfernung machte es zur Unmöglichkeit, zwei Instanzen in den fernern Ländern selbst zu schaffen. So ist es gekommen, daß der Gesetzentwurf — übrigens in Uebereinstimmung mit Gesetzen vieler anderer Länder — sich auf eine Instanz im fremden Lande beschränkt und die Berufun an das Reichsgericht gehen läßt.

Der zweite Punkt ist das den Konsuln beigelegte Verordnungsrecht. Dieses Verordnungsrecht ist an sich nicht ein neues, denn das zur Zeit bestehende Gesetz enthält es bereits. Es geht aber in der Befugniß zur Strafandrohung nur bis 10 Thaler, während der vorliegende Entwurf dem Konsul ein Recht zu Verordnungen mit einer Strafandrohung bis zu 150 Mark zubilligt. Nun ist keinen Augenblick zu verkennen, daß die Beilegung einer solchen vel-quasi Gesetzgebungsgewalt an die Konsuln, nicht ohne Bedenken ist. Aber, meine Herren, ohne ein solches Recht können die Konsuln die Polizeigerichtsbarkeit nicht wirksam ausüben, und wir müssen ihnen darum die Möglichkeit geben, größere Strafen als ihnen jetzt zusteht, anzudrohen. Nach den uns gemachten Mittheilungen ist, namentlich in den ostasiatischen Ländern, der Werth des Geldes ein so durchaus anderer wie bei uns, daß eine kleine Strafe dort meist ohne Wirkung ist, und daß vielfach die davon Betroffenen lieber die kleine Strafe erlegen, als daß sie sich überhaupt auf das Verfahren vor den Konsuln einlassen. Uebrigens ist dieses Strafverordnungsrecht namentlich gerade in den mehrfach erwähnten ostasiatischen Ländern bei den Konsulaten der andern Regierungen um vieles ausgedehnter, und aus der Ihnen mitgetheilten Anlage werden Sie ersehen, daß namentlich die englischen Konsuln ein außerordentlich weiter gehendes Recht zu Strafandrohungen haben, als wir den Konsuln im Entwurf beilegen wollen. Ich darf darum wohl hoffen, daß dieses an sich allerdings anfechtbare Verordnungsrecht hier um so weniger bei Ihnen Anstand finden wird, als es ja wohl hier als im allgemeinen anerkannte Wahrheit ausgesprochen werden darf, daß der deutsche Konsulatkörper überall ein solcher ist, daß ihm das höchste Vertrauen geschenkt werden kann und geschenkt wird.

Darf ich noch an den ersterwähnten Punkt, den Instanzenzug, eine Bemerkung anknüpfen, so ist es folgende. Wir legten einen großen Werth darauf, bei der Rechtsmittellehre zunächst frei von der Anomalie zu werden, daß das Oberlandesgericht eines Partikularstaates die Appellationsinstanz bilde; denn wir gingen davon aus, daß in einem Gesetz über eine Reichsgerichtsbarkeit es sich nicht zieme, uns an einen Partikularstaat anlehnen zu müssen und gewissermaßen, wenn ich so sagen darf, bei diesem ein Anlehen zu machen; das, was die Reichsgerichtsbarkeit verlangt, muß auch mit unseren eigenen Organen geleistet und geschaffen werden können! — Somit kann ich den Gesetzentwurf nur Ihrer wohlwollenden Annahme empfehlen.

(Bravo!)

Präsident: Der Herr Abgeordnete Dr. Wolffson hat das Wort.

Abgeordneter Dr. Wolffson: Meine Herren, der Herr Vertreter der Bundesregierung hat Ihnen den wesentlichen Charakter dieses Gesetzes geschildert. Es kann über die Frage, ob ein Bedürfniß zu einem solchen Gesetz vorhanden ist, überall kein Zweifel sein. Auch darüber, glaube ich, wird man einverstanden sein müssen, daß der eingeschlagene Weg im großen und ganzen nur Billigung finden kann. Dagegen hat der geehrte Herr Vorredner schon auf diejenigen Fragen aufmerksam gemacht, die das ganz besondere Interesse des Hauses in Anspruch zu nehmen verdienen: es ist das meinerseits die Frage des Instanzenzugs und andererseits die Frage der Befugniß des Konsuls, Polizeiverordnungen zu erlassen. Meine Herren, es liegt in der Natur der Sache, daß bei den hier in Rede stehenden Verhältnissen von Garantien so vollständiger Art, wie wir sie im eigenen Vaterlande den Rechtsuchenden und Rechtbedürftigen geben können, absolut nicht die Rede sein kann. Man wird die Ansprüche in dieser Beziehung außerordentlich beschränken müssen, aber um so mehr, meine Herren, werden wir ins Auge fassen müssen, ob die Beschränkung in dem Umfang, wie vorgeschlagen wird, wirklich durch das Bedürfniß geboten ist und nicht an der einen oder der anderen Seite Aushilfe getroffen werden kann. Es ist durchaus nicht meine Meinung, in dieser Beziehung eine der Vorlage der Regierungen entgegenstehende Ansicht auszusprechen, ich wünsche nur Ihre Aufmerksamkeit darauf zu richten, und will Ihnen einige Beispiele hierfür geben. Der Konsul in einem der bezeichneten Staaten hat das Recht, Polizeiverordnungen zu erlassen, derselbe Konsul hat die Jurisdiktion und zwar allein die Jurisdiktion in Bezug auf Ueberschreitungen der von ihm selbst erlassenen Verordnungen, er hat diese Jurisdiktion auch nicht nur bloß allein, sondern definitiv und mit Ausschluß jeder Berufung. Meine Herren, das ist etwas sehr exorbitantes, wozu man sich nur entschließen kann, wenn man von der Ueberzeugung getragen und durchdrungen ist, daß ein anderer Ausweg absolut nicht vorhanden ist. Wenn wir ferner das Verhältniß unseres Strafprozesses zur Strafprozeßgewalt der Konsulargerichte betrachten, so liegt auch hier ein bemerkenswerther Bruch des Systems darin. Diese Konsulargerichte geben in ihrer Zusammensetzung keine andere Garantie als unsere Schöffengerichte. Bei unseren Schöffengerichten findet nach der Strafprozeßordnung eine Berufung statt, hier, meine Herren, soll nur eine Revision stattfinden. Die thatsächliche Feststellung dieser Schöffengerichte, wie ich sie bezeichnen kann, ist unumstößlich nach der Vorlage eine Bestimmung, die mir gleichfalls erhebliche Bedenken erregt.

Meine Herren, wenn ich vollkommen damit einverstanden bin, daß das Gesetz sich auf richtigen Grundlagen bewegt, dem Bedürfnisse entspricht und den richtigen Weg im großen ganzen einschlägt, so handelt es sich allerdings nur um Detailfragen, die noch zur Sprache kommen können, und um Detailfragen nicht von so großer Ausdehnung, daß es durchaus nothwendig wäre, die Vorlage in eine Kommission zu verweisen. Dennoch glaube ich, meine Herren, daß mit Rücksicht auf die großen und hervorragenden Arbeiten, die uns nach Ostern erwarten, es wünschenswerth ist, das Haus von jedem Detail soweit möglich zu entlasten und das hat meine politischen Freunde und mich bewogen, Ihnen vorzuschlagen den Entwurf zur Prüfung an eine Kommission zu verweisen. Wir schlagen Ihnen ferner vor, diese Kommission nicht, wie es nach diesen einleitenden Worten eigentlich angemessen erscheinen möchte, aus 14, sondern aus 21 Personen bestehen zu lassen und zwar im Hinblick auf die uns weiter erwartenden insofern verwandten Beschäftigungen, daß sie gleichfalls in das Gebiet der juristischen Technik hineinschlagen. Ich verweise namentlich auf das uns bereits mitgetheilte aber noch nicht zur Verhandlung gelangte Gesetz über die actio paulliana, die Anfechtung außerhalb des Konkurses, die sich durchaus eignen würden, an dieselbe Kommission verwiesen zu werden. Ich empfehle Ihnen deshalb, meine Herren, die Verweisung dieser Vorlage an eine Kommission von 21 Mitgliedern.

Präsident: Der Herr Abgeordnete Dr. Zimmermann hat das Wort.

Abgeordneter Dr. Zimmermann: Meine Herren, der Herr Bundeskommissar sowohl wie der verehrte Herr Vorredner haben Ihnen die Grundzüge dieses Gesetzes bereits vorgetragen. Ich habe daher keine Veranlassung darauf zurückzukommen und ich will mich auf ein paar Punkte beschränken, indem ich gleich vorweg erkläre, daß ich mich dem Antrage auf Verweisung an eine Kommission von 21 Mitgliedern vollständig anschließe.

Der wesentliche Inhalt dieser wichtigen Vorlage ist wie erwähnt ein zweifacher; erstens die Befugniß der Konsuln, Polizeiverordnungen zu erlassen. Die Bedenken, die hierbei zur Sprache kommen werden, sind zwar bereits erwähnt. Allerdings müßte aber hier noch besonders der Umstand ins Auge gefaßt werden, daß diese Polizeiverordnungen nach der Intention dieser Vorlage vor ihrer Emanation gar keiner Revision unterliegen, sondern sofort Rechtskraft erlangen. Es soll zwar über solche Polizeiverordnungen dem Herrn Reichskanzler Anzeige gemacht werden. Das ist aber lediglich eine Instruktionsvorschrift, keine Gesetzesvorbedingung. Es wird das auch ein Punkt sein, der Ihrer Erwägung unterliegen muß.

Dann knüpft sich an das Kriminalverfahren wie an das Zivilverfahren, welches in der dem Konsul zugewiesenen Gerichtsbarkeit enthalten ist, die Frage, wie es denn mit der Anklage, mit der Staatsanwaltschaft, der Vertheidigung und der Anwaltschaft sich verhält. Auch in diesen Richtungen ergeben sich noch verschiedene Gesichtspunkte, die ins klare gesetzt werden müssen. Ich will Sie mit eingehenden Erörterungen nicht aufhalten.

Aber, meine Herren, noch andere generelle Gesichtspunkte sind zu erwägen. Ich begrüße zunächst die Vorlage als Ausführung eines Wunsches, den der Reichstag bereits im Jahre 1867 als einen dringenden ausgesprochen hat, der aber seine natürliche Verzögerung bis jetzt in dem Umstand gefunden hat, daß man unsere allgemeine deutsche Gerichtsorganisation erst abwarten und dann das Gesetz in den entsprechenden Rahmen hineinpassen wollte; ich glaube, dieser Grund der Verzögerung ist wohl als ein gerechtfertigter anzusehen.

Die Einführung der fremden Gerichtsbarkeit auf fremde Territorien ist ja eine wesentliche und hauptsächliche internationale Frage, sie wird die reiflichste Erwägung verdienen, damit Kollisionen auf internationalem Gebiet sorgfältig vermieden werden. Ich erinnere nur daran, daß im Jahr 1874 ein Bestreben vorhanden war, in Egypten diese auswärtige Konsulargerichtsbarkeit zu beseitigen oder zu beschränken, worauf ja auch der hohe Reichstag und die verbündeten Regierungen reagirt haben.

In der Vorlage finden wir nun als Grundlagen zur Einführung solcher internationalen Gesetze angeführt: Herkommen und internationale Verträge. Nun, meine Herren, dieses Fundament des Herkommens wird, wie ich glaube, eine sehr sorgfältige Prüfung verdienen, wer die Frage feststellt und entscheidet, was das Herkommen ist, und wie weit man nicht hier von der Voraussetzung auszugehen hat, daß es überall nur mit vollständiger Zustimmung der fremden Macht zu geschehen hat. Ich stimme indessen der Ansicht bei, daß wir hier in Detaildiskussionen nicht einzutreten haben, und erachte es nur für nothwendig, diesen Gesichtspunkt anzuregen.

Zunächst müssen ja die Konsule überhaupt, wenn sie gewisse Aktionen in einem fremden Staat nehmen sollen, vor allen Dingen von ihrem eigenen Staat die gesetzliche Befugniß haben, überhaupt diese Aktionen zu nehmen, und aus diesem Gesichtspunkt, meine Herren, erlaube ich mir hier einen Gegenstand zur Sprache zu bringen, nicht in der Absicht, darüber eine Diskussion hervorzurufen, sondern in der Absicht, dadurch, daß ich ihn erwähne, an der geeigneten Stelle eine Erwägung vielleicht herbeizuführen, ohne in die Nothwendigkeit zu kommen, mich auf bestimmte Anträge einzulassen.

In der angedeuteten Beziehung existirt ein Verfahren, was in seinem Resultat in Bezug auf die Amtsthätigkeit auswärtiger Konsuln im deutschen Reich, besonders solcher Konsuln, die das englische Rechtsgebiet vertreten, in der Weise gehandhabt wird, daß der deutsche Staatsbürger gegen den Ausländer in entschiedensten Nachtheil tritt, und muß ich um Ihre Geduld bitten, daß ich die Sache etwas näher begründe.

(Unruhe.)

Durch spezielle Parlamentsakte, insbesondere durch die Parlamentsakte von den Jahren 1825 und 1855 ist den englischen Konsuln die Befugniß gegeben, Notarakte aufzunehmen und in den gesetzlich vorgeschriebenen Fällen eidesstattliche Versicherungen entgegenzunehmen und Eidesabnahmen auszuführen, und zwar ist das für den internationalen Verkehr ein außerordentlich wichtiges Verfahren. Es findet Anwendung in allen Ländern des englischen Rechtsgebiets im Zivilprozeß, wie Konkursverfahren, bei Nachsuchung von Patenten, bei Nachsuchung von Musterschutz, auch da, wo Versicherungssummen auf Polizen von auswärtigen Versicherungsgesellschaften zu realisiren sind. Bei allen diesen gesetzlich genau präzisirten Veranlassungen tritt oft die Nothwendigkeit hervor, dem betreffenden Gericht oder der betheiligten Behörde gewisse Thatsachen prima facie zu bescheinigen und die englischen Gesetze schreiben die bestimmten Fälle vor, wo der betreffende die Thatsache durch eine solche bestimmte eidliche Erklärung der betreffenden Behörde in erster Linie klar legen muß, womit ein vielleicht weitläufiges oder gar unmögliches anderweites Beweisverfahren vermieden wird.

Nun brauche ich ja nicht auszuführen, daß der internationale Verkehr zwischen Deutschland und den englischen Rechtsgebieten ein sehr mannigfacher ist, daß daher sehr häufig Fälle vorkommen, wo von dieser Rechtsform Gebrauch gemacht werden muß. Nun steht die Sache praktisch so, daß, wenn ein Engländer oder ein Ausländer diese Form zu gebrauchen hat, so nimmt der Konsul das unbedingt an, und das angedeutete Verfahren findet unbeanstandet Anwendung, ist aber Gegner ein Deutscher oder handelt es sich vielmehr überhaupt um einen deutschen Staatsbürger, so ist es vorgekommen, daß der englische Konsul solchem deutschen Staatsbürger gegenüber sich weigert, insbesondere die nach den ausländischen Gesetzen erforderliche Eidesleistung abzunehmen. Natürlich entsteht die Frage, woher ein solches verschiedenartiges Verfahren kommt. Hier ist zunächst zu bemerken, daß die englische Gesetzgebung in den erwähnten Statuten durchaus keine Ausnahme macht, vielmehr ausdrücklich bestimmt, daß jede Person von dieser rechtlichen Befugniß Gebrauch machen kann, sei es ein Fremder oder ein Engländer.

Meine Herren, in früheren Zeiten — und da erinnere ich an das Herkommen, auch das Herkommen war bis auf die neuere Zeit unbeanstandet — ist irgend ein Unterschied zwischen Deutschen und Fremden nicht hervorgetreten. Ich erinnere mich sehr wohl der Zeit, wo der frühere englische Generalkonsul hier in Berlin nie Anstand nahm, den Deutschen wie den Fremden in gleicher Weise zu behandeln, und ich weiß auch nicht, daß derselbe irgend welche Bedenken gefunden hatte. Gegenwärtig aber ist der deutsche Unterthan zu seinem Nachtheil verhindert, von diesen Rechtsformen Gebrauch zu machen, und zwar auf Grund einer Auffassung seitens der deutschen Regierung, und das ist der Punkt, wo ich wünsche, daß meine Bemerkungen vielleicht eine freundliche Erwägung finden mögen. Den Einwand den man macht, und weshalb man ein Bedenken trägt, den Konsul auch für den deutschen Staatsbürger dieselbe Befugniß ausüben zu lassen, gründet man auf zwei Umstände: einmal darauf, es sei ein Eingriff in die Hoheitsrechte des Staats. Meine Herren, das würde wohl nicht ohne weiteres zuzugeben sein. Es handelt sich nämlich lediglich um solche Akte, die absolut im Auslande schweben, also hier im Inlande durchaus keinen rechtlichen Effekt haben sollen oder beanspruchen. Der zweite Einwand, der erhoben wird, ist ähnlicher konsequenter Natur, indem man sagt, die Betreffenden können vor ein deutsches Gericht gehen und dort den Akt vollziehen. Meine Herren, die Schwierigkeiten aber und die Formalitäten, die vor dem deutschen Gerichte entstehen, sind so große, daß ich nicht einen hinreichenden Grund erkennen kann, weshalb man da dem Ausländer einen wesentlich erleichternden Vorzug dem Inländer gegenüber gewähren will. Meine Herren, erwägen Sie gütigst, daß es sich allein um englische Dokumente handelt! Das Gericht würde also zunächst eine legalisirte Uebersetzung von einem vereidigten Translateur verlangen müssen, dann würde das deutsche Gericht das Protokoll gewiß nicht in englischer Sprache aufnehmen, es muß auch wieder ins Englische übersetzt werden und die Richtigkeit der Uebersetzung nachgewiesen werden. Dann muß die Verhandlung mit der Unterschrift und dem Siegel des Präsidenten des Gerichts versehen werden, die Unterschrift und das Siegel des Präsidenten des Gerichts müssen durch den Präsidenten des Oberlandesgerichts legalisirt werden, die Unterschrift und das Sie el des Präsidenten des Oberlandesgerichts muß legalisirt werden durch den Justizminister, die Unterschrift des Justizministers muß legalisirt werden durch den Minister der auswärtigen Angelegenheiten, und die Unterschrift des Ministers der auswärtigen Angelegenheiten muß durch den englischen Gesandten legalisirt werden. Alle diese Formalitäten braucht der Ausländer nicht durchzumachen.

Meine Herren, ich will Sie nicht weiter mit der Sache aufhalten; ich glaube, ich habe mich verständlich gemacht, und ich hoffe, daß der Gegenstand, den ich berührt habe, an der geeigneten Stelle eine freundliche, geeignete Berücksichtigung finden wird.

Präsident: Der Herr Abgeordnete Dr. von Schwarze hat das Wort.

Abgeordneter Dr. **von Schwarze:** Meine Herren, ich möchte Ihnen vorschlagen, die Kommission nur aus 14 Mitgliedern bestehen zu lassen. Die Fragen, die in dem Entwurf uns vorgelegt sind, sind rein technischer Natur, und da sollte ich glauben, daß 14 Juristen im Stande sein werden, die Sache zu Stande zu bringen, so daß wir den großen Aufwand von Mitgliedern für diese Kommission nicht brauchen. Ich beantrage daher, die Kommission nur aus 14 Mitgliedern bestehen zu lassen.

Präsident: Der Herr Abgeordnete Freiherr von Maltzahn-Gültz hat das Wort.

Abgeordneter Freiherr **von Maltzahn-Gültz:** Der Herr Abgeordnete Dr. Zimmermann hat daran Anstand genommen, wenn ich seine Ausführungen richtig aufgefaßt habe, daß der § 1 die Einrichtung der Konsulargerichtsbarkeit nicht auf solche Länder beschränkt, in welchen dieselbe durch Staatsvertrag gestattet ist. Er ist der Meinung, daß es noch erst der Prüfung bedürfe, ob es zulässig sei, dieselbe auch auf solche Länder auszudehnen, wo sie nur durch Herkommen berechtigt ist. Dem gegenüber möchte ich darauf aufmerksam machen, daß diese Bestimmung einfach eine Reproduktion des zur Zeit geltenden Rechts ist, und daß, wenn ich die Sache richtig auffasse, bei dem Ausdruck „Herkommen“ vor allem an solche Länder zu denken ist, in welchen eine Staatsgewalt, mit welcher man kontrahiren, einen Staatsvertrag abschließen könnte, nicht vorhanden ist. Ich glaube also, daß das Haus diese Bestimmung wohl unbeanstandet bestehen lassen wird.

Nicht dies ist aber der Grund, weshalb ich mir das Wort erbeten habe, sondern weil ich, einverstanden mit dem Vorschlage, den Gesetzentwurf in einer Kommission weiter vorzuberathen, doch gegen die Art, wie der erste Herr Redner aus dem Hause sich diese Kommission dachte und wie auch der letzte Herr Redner sie sich gedacht hat, Verwahrung einlegen möchte. Ich glaube, dieser Gegenstand ist nicht derartig, daß es wünschenswerth sein würde, die zu wählende Kommission nur aus Juristen zusammenzusetzen. Ich halte es für bringend wünschenswerth, daß hierbei auch solche Elemente in der Kommission vertreten sind, welche, ohne Juristen von Fach zu sein, mit den Verhältnissen in den außerdeutschen Ländern vertraut sind, und aus diesem Grunde scheint es mir einestheils fraglich, ob wir später andere Gesetzentwürfe, auf die vorhin hingewiesen war, dieser selben Kommission werden überweisen können; jedenfalls aber möchte ich bitten, diese Kommission nur so zusammenzusetzen, wie sie für diesen Gesetzentwurf paßt, und da glaube ich, abweichend von dem letzten Herrn Redner, daß wir doch zweckmäßiger thun würden, die Zahl auf 21, als auf 14 zu normiren.

Präsident: Das Wort wird nicht weiter gewünscht; ich schließe die erste Berathung.

Zur persönlichen Bemerkung hat das Wort der Herr Abgeordnete Dr. Zimmermann.

Abgeordneter Dr. **Zimmermann:** Ich wollte nur darauf aufmerksam machen, daß der geehrte Herr Vorredner meine Aeußerung mißverstanden hat; ich verweise auf den stenographischen Bericht.

Präsident: Meine Herren, ich habe die Frage zu stellen, ob der Entwurf an eine Kommission verwiesen werden soll. Es ist genannt eine Kommission von 21 Mitgliedern, es ist genannt eine Kommission von 14 Mitgliedern; daß der Gesetzentwurf an eine Kommission überhaupt gehen solle, ist von keiner Seite in Abrede gestellt worden. Ich würde daher die Frage über die Kommission von 21 Mitgliedern zuerst zur Abstimmung bringen; wird die Kommission von 21 Mitgliedern verworfen, so würde ich annehmen, daß der Gesetzentwurf an eine Kommission von 14 Mitgliedern zur weiteren Vorberathung gehen soll.

Gegen die Fragestellung wird Widerspruch nicht erhoben; wir stimmen also so ab.

Ich ersuche diejenigen Mitglieder, welche den Gesetzentwurf zur weiteren Vorberathung an eine Kommission von 21 Mitgliedern verweisen wollen, sich zu erheben.

(Geschieht.)

Das ist die Mehrheit; der Gesetzentwurf geht an eine Kommission von 21 Mitgliedern.

Meine Herren, ich erlaube mir jetzt den Vorschlag, die Nr. 10 der Tagesordnung vor den übrigen Nummern, also vor den Nummern, die auf die Nr. 3 folgen, zu erledigen. Der Herr Berichterstatter über die Nr. 10 hat mir nämlich angezeigt, daß er verhindert ist, bis zum Schluß der Sitzung beizuwohnen, daß er sich vorher schon entfernen muß. Ich glaube, daß es sich daher empfiehlt, diese Sache jetzt zu erledigen, da sie uns auch hoffentlich nicht lange in Anspruch nehmen wird.

Das Haus ist mit dieser Aenderung der Tagesordnung einverstanden; wir gehen daher jetzt über zu der Nr. 10 der Tagesordnung:

mündlicher Bericht der 6. Abtheilung, betreffend die Wahl des Abgeordneten Prinzen Radziwill (Beuthen) im 5. Wahlkreis des Regierungsbezirks Oppeln (Kreise Beuthen und Tarnowitz) — (Nr. 105 der Drucksachen),

und ich ersuche den Herrn Berichterstatter, seinen Bericht zu erstatten.

Berichterstatter ist der Herr Abgeordnete Richter (Meißen).

Berichterstatter Abgeordneter **Richter** (Meißen): Meine Herren, über die Wahl im 5. Wahlkreis des Regierungsbezirks Oppeln (Kreise Beuthen und Tarnowitz) sind folgende Angaben zu machen. Bei der Wahl sind abgegeben worden 23 319 Stimmen, davon sind 74 Stimmen als ungiltig abzuziehen gewesen, so daß 23 245 giltige Stimmen übrig geblieben sind. Davon haben erhalten der Prinz Radziwill (Beuthen) 12 973 und der Graf Henckel von Donnersmarck 10 262, zersplittert sind 10 Stimmen. Die absolute Majorität beträgt 11 623, und es hat somit der Prinz Radziwill (Beuthen) über die absolute Majorität 1350 Stimmen erhalten.

Bei der Zusammenrechnung der Stimmen nun sind hier und da einige kleine Unregelmäßigkeiten vorgekommen, und es sind von der Abtheilung und den beiden Referenten derselben die Stimmen genau aufgerechnet worden, die infolge dieser Unregelmäßigkeiten in Betracht zu ziehen waren, wo Stimmzettel mit Unrecht für ungiltig erklärt worden sind und dergleichen mehr, und es hat sich ergeben, daß diese Stimmen auf das Resultat der Wahl ohne allen Einfluß sind; denn es würden dann 18 Stimmen dem Prinzen Radziwill abzuziehen sein und 17 Stimmen ihm zuzulegen sein, es würden dem Herrn Grafen Henckel von Donnersmarck eine Stimme zuzurechnen und 7 Stimmen abzurechnen sein. Das sind Zahlen, die gegenüber der Ziffer von 1350 Stimmen über die absolute Majorität nicht in die Wagschaale fallen können.

Es ist daher nach allen diesen angestellten Berechnungen die Abtheilung zu dem einstimmigen Beschluß gekommen, der Ihnen in Nr. 105 der Drucksachen unter 1 vorgelegt worden ist, indem die Abtheilung den Reichstag ersucht, er wolle beschließen:

> die Wahl des Prinzen Edmund Radziwill für den 5. Wahlkreis des Regierungsbezirks Oppeln (Kreise Beuthen und Tarnowitz) für giltig zu erklären.

Nun sind aber zu dieser Wahl eine Anzahl von Schriftstücken eingegangen, die sich allerdings nicht als Proteste gegen die Giltigkeit der Wahl darstellen, sondern als Beschwerden über das Wahlverfahren, und die sämmtlich von der Partei des Gewählten ausgegangen sind. Weil nun in diesen Schriftstücken von keiner Seite gegen die Wahl ein Protest erhoben ist, weil die Partei des Gewählten die Schriftstücke selbst hierher gesandt hat, so ist natürlich die Abtheilung auch nicht in der Lage gewesen, dieselben als Proteste ansehen zu können, und sie hat deshalb nach der bisherigen Praxis auch keine Veranlassung gehabt, die Wahlakten an die Wahlprüfungskommission abzugeben, sondern sie war in der Lage, die Schriftstücke selbst zu untersuchen und daraus die Schlüsse zu ziehen und die Anträge zu formuliren, die dem hohen Hause unter Nr. 105 der Drucksachen zur Berathung und Beschlußfassung vorliegen.

Bei der Untersuchung dieser Schriftstücke machte es sich nothwendig, dieselben in zwei Gruppen zu bringen. Zuerst in solche, die ganz unerheblich sind. Es liegen hier eine Reihe von Beschwerden vor, in denen Arbeiter aussagen, daß andere Arbeiter ihnen die Zettel aus der Hand herausgerissen und ihnen andere Zettel in die Hand gedrückt haben, daß es dabei zu etwas stürmischen Auftritten zwischen den Arbeitern selbst gekommen ist; es wird aber nicht nachgewiesen, daß die Vorgesetzten oder Behörden irgend welchen Einfluß dabei gehabt haben; nur einmal wird ein Polizist erwähnt, ohne daß indeß klar hervorgeht, welche Rolle derselbe dabei gespielt hat.

In anderen Theilen des Bezirks hat man von der einen Seite während der Wahl eine Kontrolliste führen wollen, um die säumigen Wähler noch vor Schluß des Wahlakts herbeirufen zu können; das ist nicht geduldet worden. Man hat sich telegraphisch an die Regierungsbehörde gewendet und die Regierungsbehörde hat zurücktelegraphirt, daß die Wahlhandlung eine öffentliche sei und die Beschwerde deshalb nicht als begründet angesehen werden könne.

Dann wird behauptet, daß bei der Wahl die Zettel von dem Wahlvorsteher beim Hineinlegen in die Urne einmal senkrecht, einmal wagerecht gehalten seien, um damit gewisse telegraphische Zeichen zu geben, nach welcher Richtung er der Meinung wäre, daß der betreffende gestimmt habe, und man schließt darans auf eine Beschränkung der Wahlfreiheit.

Endlich ist noch ein Protest eingegangen, daß auch von der anderen Seite versucht worden ist, eine Kontrole der Wähler auszuüben, und daß man auch von gegnerischer Seite das gleiche Verfahren nicht geduldet hat, so daß sich die Vorgänge, wenn ich auch nicht sagen kann, kompensiren, aber doch nahezu aufwiegen.

Auf alle diese Vorgänge, bei denen irgend welche amtliche Organe, weder der Wahlkommissarius, noch sonst Jemand, der bei der Wahl offiziell betheiligt ist, auch nicht den mindesten Antheil haben, sondern wo das Publikum sich unter einander kontrolirt und dabei vielleicht nicht ganz korrekt gehandelt hat, hat die Abtheilung keinen Werth gelegt und auch nicht legen zu sollen geglaubt.

Anders freilich, meine Herren, ist es aber mit denjenigen Vorgängen, die in dem Wahllokal vorgekommen sind, wo die Vorgesetzten der Wähler sich thatsächlich eingemischt haben, ja, wo nach Befinden die Behörden Einfluß auf die Wahl ausgeübt und Maßregeln ergriffen haben, um in ihrem Sinne die Wahl zu beeinflussen und dem Grafen Henckel von Donnersmarck die Stimmen zu sichern. Da ist zunächst eine Beschwerde des Pfarrers Paul. Diese Beschwerde lautet — ich will das dem hohen Hause doch vorlesen, da es nur ein kurzer Absatz ist —:

> Der königliche Landrath Barchewitz in Tarnowitz hatte etwa 3 Wochen vor der Wahl (6. Juli) die Amtsvorsteher, Gemeindeschreiber, Ortsvorsteher, Lehrer u. s. w. zu einer „instruktiven" Besprechung vorgeladen. Dabei hielt er eine Rede voll von Drohungen gegen alle, welche etwa nicht dem „reichstreuen" Kandidaten die Stimme geben würden. Es wurden einzelne Gemeinden genannt, die bei früheren Wahlen entschieden für das „Zentrum" gestimmt hatten; es wurde diesen Gemeinden gedroht, daß sie bei derartiger Abstimmung nichts aus den Frei-Kux-Geldern für ihre Schulen zu hoffen hätten. (Naklo, Miltutschütz).
>
> Zugleich wurde fleißig auf die Omnipotenz eines Landraths hingewiesen.
>
> Den Lehrern wurde erklärt, es sei nicht genug, nur einen Zettel für den Regierungskandidaten abzugeben, sondern entschieden in die Agitation einzutreten, widrigenfalls er — der Herr Landrath — dafür sorgen werde, daß ein solcher Lehrer aus dem Amte entfernt würde.
>
> Die Gensdarmen sind vom Landrath bei ihrer Gehaltserhebung aufmerksam gemacht worden, daß sie alles aufzubieten haben, um dem „reichsfreundlichen" Kandidaten zum Siege zu verhelfen.

Meine Herren, der Petent ist ein Geistlicher und er beruft sich auf Zeugen, die er in diesem Schriftstück namhaft macht, und unter solchen Umständen hat die Abtheilung geglaubt — ich brauche ja nichts weiter dem, was ich vorgelesen habe, erläuternd hinzuzufügen — an den Herrn Reichskanzler das Ersuchen richten zu sollen, über die Beschwerden eine Erörterung anzustellen und das Resultat derselben bei passender Gelegenheit zur Kenntniß des Hauses zu bringen.

Ein weiterer Punkt, der ebenfalls in der Abtheilung Veranlassung gab, um das gleiche Ersuchen an den Herrn Reichskanzler zu richten, ist der Inhalt eines Protokolls von dem Herrn Bürgermeister a. D. Schabon mit Unterschrift einer Anzahl von Leuten, die das bezeugen wollen. Er erklärt, auf der Florentinengrube bei Beuthen O.-Schl., wo zirka 40 bis 50 Bergleute beschäftigt seien, habe man an dem Wahltag und zu der Zeit, wo die Wahl vorgenommen werden sollte, aus dem Schacht die Leitern ausgehoben und die Leute nicht aus der Grube herausgelassen, auch die Leitern nicht eher hineingesetzt, als bis die Wahl vorüber war und die Leute nicht mehr im Stande waren, ihr Wahlrecht auszuüben. Das Protokoll nennt hier die Leute, die sich dessen schuldig gemacht haben, und wir haben sie auch in unserem Antrag sub b bezeichnet; im Protokoll werden auch die Zeugen genannt, die sich bereit erklärt haben, die Wahrheit dieses Sachverhalts vor Gericht zu bestätigen.

Gleichzeitig ist aber in diesem Protokoll noch eines anderen Vorgangs gedacht, der ebenfalls der Abtheilung Veranlassung gegeben hat, den schon früher berührten Antrag zu stellen. Es sind nämlich 100 Bergleute, die auf der Helenegrube bei Scharley beschäftigt gewesen sind, in das Wahllokal gekommen, und man hat nun dort die Bergleute alle einzeln antreten lassen nach dem Alphabet, und der Bergmann Alexa aus Radzionkau, der hier als Hauptbeschwerdeführer auftritt, ist, weil sein Name mit A anfängt, der erste gewesen. Diese Bergleute sind einzeln zwischen den Polizeidiener und den Gensdarm gestellt und so nach dem Wahllokal geführt worden, sie haben dort ihre Stimmzettel abgegeben und sind dann wieder in derselben Weise aus dem Wahllokal herausgebracht, und zwar die ganze Reihe von 100 Bergleuten nacheinander. Es sind auch in diesem Protokoll eine Anzahl von Unterschriften, welche erklären, auch diese Aussage bezeugen zu wollen.

Auch diesen Vorgang glaubte die Abtheilung nicht ungerügt vorübergehen zu lassen, sondern auch hier den Herrn Reichskanzler zu ersuchen, Erhebungen und eventuell Verfügungen zu erlassen und davon dem Hause Mittheilung zu machen.

Das ist, meine Herren, das, was ich als Referent der Abtheilung dem hohen Hause vorzutragen habe; ich habe die Bitte hinzuzufügen, den Antrag der Abtheilung anzunehmen.

Präsident: Ich eröffne die Diskussion. — Das Wort wird nicht gewünscht; ich schließe die Diskussion. Der Herr Berichterstatter wünscht nicht nochmals das Wort.

Meine Herren, beiden Anträgen sub 1 und 2 ist nicht widersprochen worden; ich konstatire daher, wenn nicht noch eine besondere Abstimmung verlangt wird — ohne besondere Abstimmung: erstens, daß die Wahl des Prinzen Edmund Radziwill für den 5. Wahlkreis des Regierungsbezirks Oppeln für giltig erklärt worden ist, — sie ist für giltig erklärt, — zweitens, daß der Antrag sub 2 Nr. 105 der Drucksachen angenommen ist. — Der Antrag ist angenommen.

Wir gehen jetzt über zum dritten Gegenstand der Tagesordnung:

Bericht der Wahlprüfungskommission über die Wahl im 5. Düsseldorfer Wahlkreis — Land- und Stadtkreis Essen (Nr. 57 der Drucksachen).

Berichterstatter ist der Herr Abgeordnete Dr. von Schliedmann, er wird aber vertreten von dem Herrn Abgeordneten Dr. Mayer (Donauwörth).

Die Anträge der Wahlprüfungskommission befinden sich auf Seite 1 der Drucksachen Nr. 57.

Der Herr Berichterstatter nimmt zum Eingange, wie ich

voraussetze, nicht das Wort; ich eröffne demnach die Diskussion über die Anträge der Wahlprüfungskommission.

Der Herr Abgeordnete Dr. Völk hat das Wort.

Abgeordneter Dr. Völk: Ich kann, meine Herren, diese Wahl doch nicht vorübergehen lassen, ohne einige Bemerkungen zu machen über die Gründe, welche in dem Bericht angeführt worden sind, und aus denen der Schluß gezogen wird, daß die Wahl für giltig zu erklären sei.

Ich folge den Ausführungen der Wahlprüfungskommission insoweit, als ich annehme, daß, wenn gegen das Wahlreglement diejenigen Mitglieder des Wahlvorstands, bezüglich derer die Anwesenheit bei der Wahlhandlung vorgeschrieben ist, nicht anwesend sind, daraus eine Nichtigkeit des betreffenden Wahlakts folgt, und ich kann nicht damit einverstanden sein, daß erst nachzuweisen wäre, daß während der Zeit der Abwesenheit derselben besondere Fälschungen vorgekommen seien. Das wird beinahe niemals nachzuweisen sein, und wenn bei Wahlen bestimmte Formen vorgeschrieben sind, so kann man zwar allerdings unterscheiden zwischen wesentlichen und unwesentlichen Formen, allein, wenn man einmal darauf kommt, daß eine Form eine wesentliche ist, so muß man auch die Folge der Nichtigkeit des betreffenden Akts daran anknüpfen. Wenn nun im Wahlreglement vorgeschrieben ist, daß zum mindesten der Wahlvorsteher oder der Protokollführer und zwei Beisitzer, also jedenfalls drei Mitglieder des Wahlvorstands, anwesend sein müssen, so folgt daraus, wenn diese Vorschrift nicht eingehalten wird und wenn, wie im vorliegenden Fall behauptet wird, sie sogar eine Stunde lang nicht eingehalten wird, daß eine wesentliche Förmlichkeit verletzt worden ist, es ergibt sich somit die Nichtigkeit des betreffenden Wahlakts.

Soweit ist die Wahlprüfungskommission mit meiner Auffassung einverstanden. Nun fragt es sich aber: was ist für ein Schluß aus der Nichtigkeit des Wahlakts in dem betreffenden Wahlbezirk zu ziehen? Die Wahlprüfungskommission sagt: wir müssen nach gewissen Gründen der Wahrscheinlichkeit annehmen, daß Fälschungen doch nicht vorgekommen sind, und es ist uns wahrscheinlich, daß die Wahlstimmen, wie sie abgegeben worden sind, approximativ doch das richtige Resultat darstellen. Ich muß mich gegen diesen Grundsatz erklären, meine Herren, ich muß sagen: wenn einmal aus formalen Gründen in einem Wahlbezirk die Nichtigkeit überhaupt ausgesprochen werden muß, so kann ich nicht mehr aus Gründen der Wahrscheinlichkeit annehmen, daß so und so viele Wähler so und so gestimmt haben, sondern ich muß mich in den Fall hineindenken, daß ich gar nicht mehr weiß, wieviel Wähler und wie sie gestimmt haben, und ich kann nur dann zur Giltigkeit der Wahl kommen, wenn ich den ungünstigsten Fall annehme, daß sämmtliche berechtigte Wähler in dem betreffenden Bezirk gewählt und daß diese sämmtlichen Wähler in dem betreffenden Bezirk den Kandidaten nicht gewählt haben, um dessen Wahl es sich handelt, denn sonst habe ich die richtige Folge und die richtige Konsequenz nicht gezogen.

Was für ein Resultat erhalten Sie, meine Herren, wenn Sie der Argumentation der Wahlprüfungskommission folgen? Die Wahlprüfungskommission sagt in ihren Motiven, man dürfe jene Art der Berechnung, von der ich eben gesprochen habe, nicht anwenden, sondern es müsse der Wahlbezirk, dessen Wahl für richtig zu erachten sei, einfach aus dem gesammten Wahlresultat ausfallen. Meine Herren, das ist nicht auffallend, wenn man einen derartigen Wahlbezirk ausfallen läßt, man hat noch immer eine sehr ansehnliche Stimmenzahl, und es putzt sich noch ganz stattlich auf, wenn man nach dem Ausfall eines solchen Wahlbezirks noch 10-, 12- bis 14 000 Stimmen oder etwas mehr oder weniger hat. Aber die Konsequenz ist die: wenn aus demselben Grunde ein zweiter, ein dritter, ein vierter, ein sechster und ein zehnter Bezirk ausfällt, was wollen Sie dann thun? Wollen Sie so viel Bezirke, wenn einmal die Unregelmäßigkeit in Bezug auf die Hütung der Wahlurne ungerügt vorübergehen sollte, — können Sie 12 und 15 und 20 Bezirke ausfallen lassen? Sie zählen sie einfach nicht, und am Ende käme ein Residuum heraus, welches weniger als die Hälfte der Wähler überhaupt oder ein Drittel oder ein Viertel darstellte, und nach dem Grundsatz der Wahlprüfungskommission müßten Sie, nach dem Grundsatze des Wegfallenlassens, des Ausfallens, ein Wahlresultat billigen und eine Wahl für giltig erklären, bei der nachgewiesenermaßen, nachdem die übrigen ausgefallen wären, vielleicht nur ein Viertel oder Fünftel der Wähler überhaupt herangezogen worden wäre! Nein, meine Herren, wenn in einem Wahlbezirk so prozedirt worden ist, daß, wie ich mit der Wahlprüfungskommission annehme, der Wahlakt ein nichtiger ist, so können Sie nur in dem Falle, wenn Sie den möglichst ungünstigen Fall annehmen, und dann noch Stimmenmehrheit vorhanden ist, mit gutem Gewissen sagen: es ist nicht von Einfluß; denn es mögen sämmtliche Wähler gestimmt und sämmtliche Wähler gegen den Kandidaten gestimmt haben, er ist dennoch gewählt. Wenn Sie aber bei dieser Berechnung dahin kommen, daß, wenn sämmtliche Wähler gestimmt haben und sämmtliche Wähler gegen den Kandidaten gestimmt haben, dann der Kandidat nicht gewählt ist, die absolute Stimmenmehrheit nicht mehr hat — und das rechnet Ihnen die Wahlprüfungskommission im vorliegenden Falle selbst aus —, dann können Sie nicht mehr sagen: zweifellos ist der gewählt, sondern Sie können allenfalls nur sagen: ja, in einem Orte wie Essen würde, wenn Fälschungen vorgekommen wären, das an den Tag gekommen sein, nnd es ist nicht wahrscheinlich, daß diese oder jene Wähler gerade gegen Stötzel gestimmt hätten, denn wir haben keine Anhaltspunkte dafür.

Ich halte dafür, hochgeehrte Herren, daß wir in Bezug auf die Wahlprüfungen gewisse formale Grundsätze streng festhalten müssen, und daß wir es nicht darauf ankommen lassen dürfen, ob uns der Zufall oder eine gewisse Wahrscheinlichkeit Beweise für Fälschungen an die Hand gibt. Das ist der Grund, warum ich nicht für den Antrag der Wahlprüfungskommission stimmen kann.

Ich bin zweifelhaft darüber, ob ein Antrag auf Ungiltigkeitserklärung zu stellen ist oder ob dadurch, daß man gegen die Giltigkeitserklärung stimmt, die Wahl für ungiltig erklärt ist. Meines Wissens ist die letztere Praxis bisher beobachtet worden. Ich werde daher gegen die Giltigkeitserklärung der Wahl stimmen und lade Sie ein, dasselbe zu thun. Man muß nicht zugeben, meine Herren, daß die Wahlurne stundenlang beliebig verlassen wird. Die Wahlurne ist ein so heiliges Objekt, daß in Bezug auf die Hütung derselben die allerstrengsten Formalitäten eingehalten werden müssen, wenn es nicht zu einem Usus und zu einer Praxis kommen soll, welche nun und nimmer zu billigen sind.

(Beifall.)

Präsident: Der Herr Abgeordnete Dr. Nieper hat das Wort.

Abgeordneter Dr. **Nieper:** Meine Herren, ich möchte doch für den Antrag der Kommission eintreten. Der Herr Kollege Völk hat sich einverstanden erklärt mit der Ansicht der Majorität in Beziehung auf die Giltigkeit der Wahlhandlung in Essen dahin, daß die nicht gehörige Besetzung des Wahlvorstandes während einer Stunde der Wahlhandlung diese ungiltig macht.

Was aber nun die Frage anbetrifft, welche Konsequenzen die Annullirung des Wahlakts auf die ganze Wahl hat, so liegt im Bericht eine doppelte Berechnung vor, nach deren einer der gewählte Abgeordnete die Majorität nicht behalten hätte, während er nach der anderen die Majorität behalten hat. Die letztere Art der Berechnung ist von der Wahlprüfungskommission als die richtige angenommen. Ueber die Frage, wie in einem solchen Falle zu rechnen ist, haben in früherer Zeit die verschiedensten Meinungen bestanden; es ist auf die verschiedenste Weise gerechnet worden, man hat entweder nur alle Wahlstimmen, die abgegeben wurden, in Berechnung gezogen, oder auch diejenigen, die hätten abgegeben werden können. Wir haben bei verschiedenen Gelegenheiten Anlaß gehabt, die Frage zu diskutiren in der Wahlprüfungskommission, ob nicht ein allgemeines Prinzip hinsichtlich der Berechnung in solchen Fällen festzustellen wäre. Wir haben unsere Phantasie angestrengt, um die möglicherweise vorkommenden Fälle zu ermitteln. Wir sind aber zu der entschiedenen Ueberzeugung gelangt, daß der Fall zu verschiedenartig sei, um unter ein allgemeines Prinzip gebeugt werden zu können. — Es ist neulich in einer Verhandlung über eine andere Wahl gesagt worden, daß die Wahlprüfungskommission nach bestimmten allgemeinen Prinzipien entscheiden müsse. Das ist auch ohne Zweifel richtig, aber doch nur möglich, sofern die vorkommenden Fälle gleich sind. Je mehr Fälle ich indessen kennen gelernt habe, desto mehr habe ich mich überzeugt, daß die vorkommenden Fälle verschiedene sind und deßhalb jeder einzelne Fall konkret aufgefaßt werden muß. Von diesem Standpunkt aus haben wir diesen Fall beurtheilt. Wir haben uns die Frage vorgelegt, ob es möglich war, daß während der Mittagszeit, während die Wahlurne nicht besetzt gewesen ist, alle diejenigen Wähler, welche nicht abgestimmt haben, hätten erscheinen können, und zwar um nicht für den Gewählten, sondern für den Gegner Stimmen abzugeben. Wir haben uns sagen müssen, daß ein solches Resultat ganz und gar undenkbar ist. Eine Wahlbeeinflussung liegt hier nun nicht vor, nur eine Unregelmäßigkeit. Es fehlt daher an der formellen Giltigkeit der Feststellung des Wahlergebnisses und in solchem Falle ist die natürliche Folge die Entscheidung, daß die nicht genügend ermittelten Stimmen als unsichere von dem Gesammtresultate abzuziehen, beziehungsweise jedem derjenigen Kandidaten, welcher Stimmen erhalten hat, die auf ihn abgegebenen Stimmen abzusetzen sind. Es tritt mithin dasselbe Verfahren ein, wie hinsichtlich aller ungiltigen Stimmen, welche immer von dem Gesammtresultate abgerechnet werden.

Meine Herren, ich wiederhole, je länger ich in der Wahlprüfungskommission bin und je ernstlicher ich mich mit den vorkommenden Streitfragen beschäftige, um so mehr komme ich zu der Ueberzeugung, daß die Wahlprüfungskommission vermeiden muß, schon jetzt allgemeine Prinzipien für ihre Entscheidungen aufzustellen. Sie wird in jedem einzelnen Fall, in welchem sie die Erklärung der Giltigkeit oder Ungiltigkeit einer Wahl beantragt, genau die Gründe dafür nebst der Berechnung dem Reichstag vorlegen. Der Reichstag wird darnach immer eine Kontrole über das Verfahren der Kommission üben können und, wie ich hoffe, auch die Ueberzeugung gewinnen, daß es richtiger ist, aus der Entscheidung der einzelnen Fälle allmählich eine feste Praxis hervorgehen zu lassen, als prinzipiellen Formalismus zu betreiben. Ich glaube, wenn je ein Fall geeignet ist, diese Ansicht zu bestätigen, so ist es dieser, bei einem Abgeordneten, der mit so großer Stimmenzahl gewählt ist, daß die Berechnung, wogegen die Kommission sich entschieden hat, in keiner Weise als gerechtfertigt angesehen werden könnte.

Präsident: Es ist ein schriftlicher Antrag von dem Herrn Abgeordneten Dr. Völk eingereicht worden. Ich ersuche den Herrn Schriftführer, denselben zu verlesen.

Schriftführer Abgeordneter Dr. **Blum:** Der Antrag lautet:

> Der Reichstag wolle beschließen, statt Nr. 1 des Kommissionsantrags die Wahl des Abgeordneten Stötzel im fünften Düsseldorfer Wahlbezirk zu beanstanden und den Herrn Reichskanzler zu ersuchen, Erhebungen über die im Protokoll unter Ziffer 5 behaupteten Thatsachen zu veranlassen.
>
> Dr. Völk.

Präsident: Ich ersuche diejenigen Herren, welche den Antrag unterstützen wollen, sich zu erheben.

(Geschieht.)

Die Unterstützung reicht aus.

Der Herr Abgeordnete Dr. Lasker hat das Wort.

Abgeordneter Dr. **Lasker:** Ich schließe mich den Ausführungen des Herrn Abgeordneten Rieper an und bitte Sie, den Antrag des Herrn Abgeordneten Völk abzulehnen.

Auch ich würde mit dem Herrn Abgeordneten Völk und gewiß auch mit der großen Mehrheit des hohen Hauses sehr gern dahin streben, daß wir feste und unbeugsame Rechtsprinzipien erhalten, nach denen geurtheilt werden könne, und wo dies immer möglich ist, wünsche ich die Feststellung solcher Prinzipien, damit der einzelne Fall uns entzogen und ausgeschlossen werde eine verschiedenartige Entscheidung je nach den Parteistandpunkten oder nach der besonderen Lage. Aber es gibt Dinge, die sich in feste Regeln nicht hineinzwängen lassen, und ein solcher Fall liegt hier vor.

Wenn ich den Bericht richtig verstehe, so hat während einer Stunde des Tages, nach der Behauptung der Protesterheber, eine formell ungültige Besetzung des Wahlvorstandes stattgefunden. Gewählt kann werden im Laufe von 8 Stunden. Es ist nicht behauptet, daß von irgend einer Seite eine gesetzwidrige Wahlbeeinflussung stattgefunden habe, und es liegt nicht der geringste Verdacht vor, daß etwa diese Stunde benutzt worden wäre, um herankommende Wähler wegzuschicken und in der Zwischenzeit alles zu gunsten des später gewählten Kandidaten einzurichten. Wir würden, wenn wir einen solchen Beschluß fassen, einem theoretischen Gedanken zu Liebe etwas als vorhanden annehmen, was kein Mensch mit uns als logisch wird betrachten können, und so in Widerspruch dürfen wir uns nicht setzen, wenn wir als Richter zu handeln haben, und so dürfen wir uns auch nicht in Widerspruch setzen hier im Parlamente. Auch ich bin der Meinung, daß bestimmte Formalien als essentiell zu betrachten sind, und soweit sie in diesem Falle nicht beobachtet sind für die Stunde zwischen 12 und 1 Uhr, ist zuzugeben, daß wegen der Fehler in der Formation des Wahlvorstandes keine giltige Wahlzeit abgehalten worden ist. In Ermangelung aber jeden Verdachtsgrundes, daß diese eine ausfallende Stunde so große Wirkungen hervorgebracht hätte, wie der Antrag Völk als möglich voraussetzt, bin ich der Meinung, daß unsere Wahlprüfungskommission richtig entschieden hat. In diesem Falle liegt kein Grund vor, sämmtliche Wahlberechtigten des Bezirks gegen den gewählten Abgeordneten in Berechnung zu bringen, und aus diesem Grunde bin ich dafür, daß wir heute schon die Wahl für giltig erklären.

Präsident: Das Wort wird nicht weiter gewünscht; es liegt aber auch ein Schlußantrag vor. Ich schließe die Diskussion.

Der Herr Berichterstatter hat das Wort.

Berichterstatter Abgeordneter Dr. **Mayer** (Donauwörth): Meine Herren, die Wahlprüfungskommission ist im Laufe ihrer bereits mehrjährigen Thätigkeit dahin gekommen, daß sie, wenn allgemeine Grundsätze verletzt worden sind, nicht aus einer grauen Theorie heraus Wahlen für giltig oder ungiltig erklärt, sondern sie hat durch ihre Erfahrung die Ueberzeugung gewonnen, daß jeder Fall in seiner konkreten Gestaltung zu beurtheilen ist. In dem hier gegebenen Fall würde es nun unbenkbar sein anzunehmen, daß während einer Stunde alle Wähler erschienen seien und ihre Stimmen dem Gegenkandidaten gegeben hätten. Es liegt überall kein Anhaltspunkt vor, dies anzunehmen. Die Folge ist, daß wegen Verletzung einer wesentlichen Form die ganze Wahlhandlung in diesem Wahlbezirk für nichtig zu erklären ist, und daß demzufolge alle Stimmen sowohl von der Gesammtzahl als auch von der Zahl, die auf den proklamirten Abgeordneten gefallen sind, abzuziehen sind. Wenn aber nach diesem Abzuge der gewählte Proklamirte noch die absolute Majorität hat, die sich nach dem Abzug ergibt, so ist er giltig gewählt. Das ist hier in dem Falle gegeben, und mit Rücksicht auf die Umstände des gegebenen Falles, mit Rücksicht auf die Natur der Sache hat daher die Wahlprüfungskommission nur zu dem Resultat gelangen können, diese Wahl für giltig zu erklären, und ich empfehle Ihnen daher die Annahme dieses Antrages.

(Bravo!)

Vizepräsident Freiherr **Schenk von Stauffenberg**: Meine Herren, ich werde zunächst abstimmen lassen über den Antrag des Herrn Abgeordneten Dr. Völk, der dahin geht, die Wahl zu beanstanden. Wird dieser Antrag angenommen, so fällt damit der Antrag sub Nr. 1 in dem Berichte der Wahlprüfungskommission. Die Anträge zu Nr. 2 und 3 stehen hiermit nicht in Berührung, und über die werde ich noch getrennt abstimmen lassen. Wenn der Antrag des Herrn Abgeordneten Dr. Völk abgelehnt wird, würden wir über die Giltigkeit oder Ungiltigkeit der Wahl nach dem Antrage der Wahlprüfungskommission abstimmen, und zwar in positiver Form.

Widerspruch gegen diese Fragestellung wird nicht erhoben; sie gilt als genehmigt.

Ich bitte den Antrag des Herrn Abgeordneten Dr. Völk zu verlesen.

Schriftführer Abgeordneter Dr. **Blum**:

Der Reichstag wolle beschließen:

statt Nr. 1 des Kommissionsantrags die Wahl des Abgeordneten Stötzel im 5. Düsseldorfer Wahlbezirk zu beanstanden und den Herrn Reichskanzler zu ersuchen, Erhebungen über die im Protokoll unter Ziffer 5 behaupteten Thatsachen zu veranlassen.

Vizepräsident Freiherr **Schenk von Stauffenberg**: Ich bitte nun diejenigen Herren, welche den eben verlesenen Antrag des Herrn Abgeordneten Dr. Völk annehmen wollen, sich zu erheben.

(Geschieht.)

Das ist die Minderheit; der Antrag ist abgelehnt, und wir stimmen nun über die Giltigkeit der Wahl ab.

Ich bitte diejenigen Herren, welche nach dem Antrage der Wahlprüfungskommission die Wahl des Abgeordneten Stötzel im 5. Düsseldorfer Wahlkreise für giltig erklären wollen, sich zu erheben.

(Geschieht.)

Das ist die große Mehrheit des Hauses; die Wahl ist für giltig erklärt.

Ich möchte nun anheimstellen, ob über Nr. 2 und 3 eine gesonderte Abstimmung verlangt wird.

(Nein!)

Das ist nicht der Fall; ich nehme an, daß das Haus den Anträgen der Wahlprüfungskommission beitritt.

Wir gehen über zum nächsten Gegenstand der Tagesordnung:

mündlicher Bericht der Wahlprüfungskommission über die Wahl des Abgeordneten Grafen von Kwilecki im 2. Wahlkreis des Regierungsbezirks Posen (Nr. 58 I der Drucksachen).

Berichterstatter ist der Herr Abgeordnete von Schöning.

Zur Geschäftsordnung hat das Wort der Herr Abgeordnete Dr. Marquardsen.

Abgeordneter Dr. **Marquardsen**: Ich bitte, diese Wahl abzusetzen, weil der Herr Berichterstatter nicht anwesend ist und eine Vertretung durch den Korreferenten hier nicht gut möglich ist.

Vizepräsident Freiherr **Schenk von Stauffenberg**: Meine Herren, es wird beantragt, diesen Gegenstand hier abzusetzen, weil der Herr Berichterstatter nicht anwesend ist. Ich nehme an, daß Widerspruch nicht erfolgt, und wir gehen über zum nächsten Gegenstand der Tagesordnung:

mündlicher Bericht der Wahlprüfungskommission über die Wahl des Abgeordneten Dr. **Schmalz im 2. Wahlkreis des Regierungsbezirks Gumbinnen** (Nr. 58. II der Drucksachen).

Berichterstatter ist der Herr Abgeordnete Lentz.

Ich eröffne die Diskussion. Das Wort hat der Herr Berichterstatter.

Berichterstatter Abgeordneter **Lentz**: Meine Herren, die Wahlsache, über welche ich Ihnen Bericht zu erstatten habe, liegt sehr einfach. Im 2. Wahlkreis des Regierungsbezirks Gumbinnen wurde der Landrath Dr. Schmalz in Pillkallen mit einer absoluten Majorität von 1273 Stimmen gewählt, er hat die Wahl rechtzeitig angenommen und seine Wählbarkeit ist notorisch. Es ist gegen diese Wahl rechtzeitig ein Protest eingekommen. Aus den Wahlakten ist nur zu bemerken zunächst, daß im Wahlbezirk 4 des Kreises Ragnit, wo nach dem Wahlprotokoll 16 Stimmen auf Häbler und 3 Stimmen auf Schmalz gefallen sind, in den Wahllisten nur 2 Wähler als solche bemerkt sind, die ihre Stimme abgegeben haben. Es ist ferner aus den Wahlakten zu bemerken, daß im Wahlbezirk 92 des Kreises Ragnit, wo nach dem Wahlprotokoll 16 Stimmen auf Schmalz und 12 Stimmen auf Häbler fielen, hier in den Wahlakten bei dem Wahlprotokoll die Wahlliste fehlt. Es sind beide Mängel zwar wesentlicher Natur, aber im vorliegenden Fall auf das Endresultat der Wahl jedenfalls ohne Einfluß, man mag rechnen wie man will, weil beide Wahlbezirke im Ganzen nur etwa 100 Wahlberechtigte zählen.

Der Wahlprotest nun, der gegen die Wahl eingekommen ist, ist unterschrieben von 3 Namen: Kuhr, Meyhöffer, ein dritter Namen ist unleserlich — und es steht in demselben, daß der Protest gegen die Giltigkeit der Wahl im Namen und im Auftrag des fortschrittlichen Wahlvereins in Pillkallen ergehe. Sie bemerken sodann:

Die Unterzeichneten halten die im Auftrage des Herrn Ministers des Innern geschehene Bekanntmachung des Herrn Landraths Schmalz im hiesigen Kreisblatt Nr. 57, worin die Wünsche und die Absichten der Regierung niedergelegt worden sind, für eine amtliche Beeinflussung der Wahl in so starkem Grade, daß wohl anzunehmen ist, ohne diese Beeinflussung wäre die Wahl anders ausgefallen.

Es liegt dem Protest die Nr. 57 des Pillkaller Kreisblattes an. Hier heißt es:

Im Auftrage des Herrn Ministers des Innern bringe ich Nachstehendes zur Kenntniß der Kreiseingesessenen.

Pillkallen, den 15. Juni 1878.

Der Landrath.

Sodann heißt es weiter:

Die Absichten und Wünsche der Regierung Angesichts der Wahlen sind jüngst in der Provinzialkorrespondenz dargelegt worden, die hauptsächlichen Sätze dieser Kundgebung lauten wie folgt. —

Es folgt dann ein Auszug aus dem bekannten Artikel

der Provinzialkorrespondenz; es wird wohl nicht nöthig sein, daß ich den Inhalt desselben weiter mittheile, da alle zur Genüge mit demselben vertraut sein werden.

Die Wahlprüfungskommission hat nun nicht der Ansicht des Protestes sein können, daß in der Bekanntmachung dieses Auszuges aus der Provinzialkorrespondenz eine unbefugte unzulässige Wahlbeeinflußung liege. Nach ihrer Ansicht ist das nicht der Fall, weil in dem Artikel keine bestimmte Person empfohlen, sondern nur ganz objektiv die Ansicht der Regierungen in Bezug auf Wahlen im Allgemeinen kundgegeben wird, was der Regierung vollkommen freistehen muß. Ich beantrage daher im Auftrage der Wahlprüfungskommission, die Giltigkeit der Wahl des Herrn Abgeordneten Dr. Schmalz auszusprechen.

Vizepräsident Freiherr Schenk von Stauffenberg: Es nimmt niemand weiter das Wort; ich schließe die Diskussion, und wir stimmen ab über den Antrag der Wahlprüfungskommission; er lautet:

Der Reichstag wolle beschließen:
die Wahl des Abgeordneten Dr. Schmalz im 2. Wahlkreis des Regierungsbezirks Gumbinnen für giltig zu erklären.

Ich bitte diejenigen Herren, welche dem eben verlesenen Antrage beistimmen wollen, sich zu erheben.

(Geschieht.)

Das ist die Majorität; der Antrag der Wahlprüfungskommission ist angenommen.

Wir gehen über zum nächsten Gegenstand der Tagesordnung:

Bericht der Wahlprüfungskommission über die Reichstagswahl im 5. Wahlkreis des Großherzogthums Mecklenburg-Schwerin (Nr. 60 der Drucksachen).

Der Antrag der Wahlprüfungskommission geht dahin, die Wahl für giltig zu erklären.

Ich eröffne die Diskussion. Der Herr Referent verzichtet. — Es nimmt niemand das Wort; ich schließe die Diskussion und wir kommen zur Abstimmung.

Eine Verlesung des Antrags der Wahlprüfungskommission, welchen Sie auf Seite 4 des betreffenden Berichts gedruckt finden, wird nicht verlangt; ich bitte also diejenigen Herren, welche den ersten Antrag der Wahlprüfungskommission, der dahin geht, die Wahl des Abgeordneten Baumgarten für giltig zu erklären, und den zweiten Antrag derselben annehmen wollen, sich zu erheben.

(Geschieht.)

Das ist die Mehrheit; der Antrag der Wahlprüfungskommission ist angenommen.

Wir gehen über zum nächsten Gegenstand der Tagesordnung:

Bericht der Wahlprüfungskommission über die Wahl im 1. Wahlkreis des Königreichs Württemberg (Nr. 74 der Drucksachen).

Ich eröffne die Diskussion; der Herr Referent verzichtet auf das Wort. — Es nimmt niemand weiter das Wort; ich schließe die Diskussion.

Der Antrag der Wahlprüfungskommission geht dahin:
die Wahl des Abgeordneten von Hölder im 1. Wahlkreis des Königreichs Württemberg für giltig zu erklären.

Ich bitte diejenigen Herren, welche dem eben verlesenen Antrag zustimmen wollen, sich zu erheben.

(Geschieht.)

Das ist die Mehrheit; der Antrag der Wahlprüfungskommission ist angenommen.

Wir gehen über zum siebenten Gegenstand der Tagesordnung:

mündlicher Bericht der 1. Abtheilung, betreffend die Wahl des Abgeordneten Dr. Wendel im 6. Wahlkreis des Regierungsbezirks Potsdam (Nr. 75 der Drucksachen).

Berichterstatter ist der Herr Abgeordnete Graf von Frankenberg.

Der Herr Berichterstatter scheint nicht anwesend zu sein. Ich möchte mir die Frage erlauben, ob ein anderer Berichterstatter aus der Abtheilung das Referat übernehmen kann.

(Pause.)

Das scheint nicht der Fall zu sein, und ich möchte auch hier mir den Vorschlag zu machen erlauben, daß wir einstweilen diesen Gegenstand aussetzen. — Das Haus stimmt dem bei.

Wir gehen über zum nächsten Gegenstand

Bericht der Wahlprüfungskommission über die Reichstagswahl im 1. Wahlkreis des Regierungsbezirks Königsberg (Nr. 89 der Drucksachen).

Ich eröffne die Diskussion. Der Herr Referent verzichtet. — Es nimmt niemand das Wort; ich schließe die Diskussion.

Der Antrag der Wahlprüfungskommission geht dahin:
Der Reichstag wolle beschließen:
die Wahl des Abgeordneten Generalfeldmarschall Grafen Moltke im 1. Wahlkreis des Regierungsbezirks Königsberg für giltig zu erklären.

Ich ersuche diejenigen Herren, welche dem eben verlesenen Antrag beitreten wollen, sich zu erheben.

(Geschieht.)

Das ist die Mehrheit; der Antrag ist angenommen.

Wir gehen über zum nächsten Gegenstand der Tagesordnung.

Bericht der Wahlprüfungskommission über die Reichstagswahl im 13. Wahlkreis des Großherzogthums Baden (Nr. 104 der Drucksachen).

Ich eröffne die Diskussion. Der Herr Referent verzichtet. — Es nimmt niemand weiter das Wort; ich schließe die Diskussion.

Wir kommen zur Abstimmung.

Der Antrag lautet:

Der Reichstag wolle beschließen:
1. die Wahl des Abgeordneten Kiefer im 13. Wahlkreis des Großherzogthums Baden zu beanstanden;
2. den Herrn Reichskanzler unter Mittheilung des Protestes und der Wahlakten zu ersuchen, über die in diesem Berichte unter 2, 3, 4b und 5 bezeichneten Behauptungen des Protestes die erforderlichen Erhebungen im Verwaltungswege zu veranlassen.

Ich werde zunächst über diesen Antrag der Wahlprüfungskommission abstimmen lassen. Wird derselbe abgelehnt, dann werde ich über die Giltigkeit der Wahl selbst das Votum des Hauses erholen.

Gegen diese Art und Weise der Fragestellung erhebt sich ein Widerspruch nicht.

Ich ersuche nunmehr diejenigen Herren, welche den eben verlesenen Antrag der Wahlprüfungskommission annehmen wollen, sich zu erheben.

(Geschieht.)

Das ist die Mehrheit; der Antrag der Wahlprüfungskommission ist angenommen.

Wir kommen nun zu Nr. 11 der Tagesordnung:

mündlicher Bericht der 1. Abtheilung, betreffend die Wahl des Abgeordneten Bauer im 2. Wahl-

kreis der Freien Stadt Hamburg (Nr. 106 der Drucksachen).

Ich eröffne die Diskussion. Das Wort hat der Herr Referent.

Berichterstatter Abgeordnete **von Leuthe**: Meine Herren, im zweiten Wahlkreise der freien Stadt Hamburg ist der Herr Abgeordnete Bauer gewählt und proklamirt. Die Wahl ist schon in der vorigen Session von der ersten Abtheilung geprüft, und ist dabei nichts zu erinnern gefunden hinsichtlich der Giltigkeit, und ist darauf die Wahl eben als giltig hier schon im Reichstage zur Kenntniß gebracht. Die Abtheilung hatte indessen eine Ausstellung zu machen hinsichtlich des Verfahrens bei Abgabe der Stimmen in einem Wahlbezirke. Das ist die Veranlassung gewesen, daß in dieser Session die Sache wieder vor die Abtheilung zur Beschlußfassung gekommen ist.

Die erste Abtheilung, an die zufällig diese Sache auch jetzt wiederum gekommen ist, stellt Ihnen den Antrag, der gedruckt Ihnen vorliegt:

> Der Reichstag wolle beschließen:
> das von dem Wahlvorsteher im 57. Wahlbezirke beobachtete Verfahren: die abgegebenen Stimmzettel vor dem Hineinlegen in die Wahlurne äußerlich zu kennzeichnen, zur Kenntniß des Herrn Reichskanzlers zu bringen, mit dem Ersuchen, zu veranlassen, daß ein solches Verfahren für die Zukunft nicht wieder eintrete.

Es war nämlich von einem gewissen Herrn Ulfers namens eines Arbeiterwahlkomitees unter Benennung von Zeugen über die behaupteten Thatsachen zu Protokoll gegeben, daß der Wahlvorstand in diesem 57. Bezirke unberechtigter Weise die abgegebenen Stimmzettel, bevor sie in die Wahlurne gelegt wurden, durch einen Strich mit der Bleifeder kenntlich gemacht habe, und zwar nicht bei sämmtlichen abgegebenen Stimmen, wohl aber bei einer größeren Anzahl. Es ist darauf Bericht erfordert von dem Wahlvorsteher und in dem Berichte war dann auch eingeräumt, daß eine solche Kennzeichnung stattgefunden hätte, aber nicht bei einzelnen oder bei einer großen Anzahl von Stimmzetteln, sondern bei allen Stimmzetteln, und dieses Verfahren sei beobachtet, nachdem er, der Wahlvorsteher, vorher mit den Beisitzern darüber Beschluß gefaßt hätte, er halte dieses Verfahren für durchaus zulässig, indem nach § 10 des Wahlgesetzes und § 15 des Wahlreglements es nur darauf ankomme, daß der Zettel bei der Uebergabe an den Wahlvorsteher ohne äußerliche Kennzeichnung sei. Dann beruft er sich auf § 15, Schlußsatz des Wahlreglements, wonach dem Wahlvorsteher ausdrücklich zur Pflicht gemacht sei, darauf zu achten, daß nicht doppelte Zettel abgegeben würden, während hinsichtlich der Mittel, durch die er sich dagegen sichern wolle, nichts vorgeschrieben sei. Also, folgert er, hätte er dies auf die Weise bewerkstelligen dürfen, daß er die abgegebenen Zettel kenntlich gemacht hätte. Endlich behauptet er, überhaupt sei ein solches Verfahren nicht verboten, folglich erlaubt. Daß dieses Verfahren zweckmäßig sei, habe sich nun selbst im vorliegenden Fall bewährt, indem ein Zettel mehr vorgefunden sei, als wie Wahlstimmen abgegeben seien. Da hätte man jetzt gleich sehen können, welches der Zettel gewesen, der doppelt abgegeben worden. Ueberhaupt sei er veranlaßt zu diesem Verfahren, weil für die Gemeindewahlen in der Stadt Hamburg die Vorschrift bestände, die Stimmzettel vor Hineinlegung in die Urne abzustempeln. Er behauptet also, daß das von ihm beobachtete Verfahren durchaus zulässig gewesen. Die Abtheilung ist nun, eben weil diese Behauptung ausdrücklich aufgestellt ist, der Ansicht gewesen, daß der Reichstag sich darüber aussprechen müsse, damit nicht ein solches Verfahren in Zukunft wieder vorkomme, und daß solches nicht zulässig sein könne, darüber ist die Abtheilung auch mit großer Majorität sich schlüssig geworden.

Es ist nämlich durchaus unrichtig, daß nach den Vorschriften des Wahlgesetzes und des Wahlreglements es nur darauf ankommen soll, daß die Wahlzettel ohne Kennzeichen seien, bis sie in die Hände des Vorstehers kommen. Davon steht kein Wort in jenen Vorschriften. Im Wahlgesetz heißt es:

> Das Wahlrecht wird in Person durch verdeckte, in eine Wahlurne niederzulegende Stimmzettel ohne Unterschrift ausgeübt. Die Stimmzettel müssen von weißem Papier und dürfen mit keinem äußeren Kennzeichen versehen sein.

Es ist hier also in dem ersten Satz von Stimmzetteln die Rede, die in die Wahlurne niedergelegt werden müssen, und unmittelbar hinterher steht: sie dürfen mit keinem äußeren Kennzeichen versehen sein. Woher also der Schluß, daß es genügt, wenn sie in der vorgeschriebenen Beschaffenheit in die Hände des Wahlvorstehers gelangt seien? Ebenso enthält das Wahlreglement in § 18 die Vorschrift, wie es bei Eröffnung der Wahlzettel gehalten werden soll, wonach dann über die Giltigkeit der Wahlvorstand zu entscheiden hat. Dann folgt im § 19, also unmittelbar hinterher, dieselbe Bestimmung, die im § 15 steht, daß ungiltig sind die Stimmzettel, die mit einem äußeren Kennzeichen versehen sind. Wenn nun schon vorher, im § 15, gesagt ist, daß der Wahlvorsteher darauf zu achten habe, daß die Zettel mit keinem äußeren Kennzeichen versehen werden, so soll damit bewirkt werden, daß der Wahlvorsteher dafür sorgt, daß die Zettel in der geeigneten Beschaffenheit vor den Wahlvorstand kommen, welcher die Prüfung, der Giltigkeit vorzunehmen hat, aber es kann unmöglich daraus gefolgert werden, daß sie nachher mit Kennzeichen versehen werden könnten.

Durchschlagend aber ist gewiß die Betrachtung, daß, wenn man eine solche Kennzeichnung durch den Wahlvorsteher erlaubt, jedem Unfug, möchte ich sagen, Thor und Thür geöffnet ist. Wenn es darauf ankommt zu ermitteln, welche Stimme von gewissen Personen abgegeben ist, so brauchte ja nur derjenige, der die Zettel kennzeichnet, sich mit Bleistift ein gewisses Zeichen zu machen, ein Häkchen, mehrere Häkchen, und er würde dadurch die Stimmen erkennen können, dadurch würde offenbar das Wahlgeheimniß, was ja in unserer Reichsverfassung ausdrücklich garantirt ist, auf das eminenteste verletzt werden. Dagegen können solche geringeren Vortheile, wie sie der Wahlvorsteher anführt, daß dadurch ermöglicht würde, die doppelt abgegebenen Zettel zu erkennen nicht in Betracht kommen. Es kann dazu ja auch vieles geschehen, wenn z. B. die Wahlvorsteher die Zettel gehörig zusammendrücken, und besonders kann in Hamburg etwas geschehen, wenn dort die Wahlurnen besser eingerichtet werden. Ich habe nämlich vergessen anzuführen, daß der Wahlvorsteher sich darauf beruft, daß die Wahlurnen dort so schlecht eingerichtet werden, daß Wahlzettel vollständig in einander geschoben werden.

Ich empfehle Ihnen also den Antrag der Abtheilung zur Annahme.

Vizepräsident Freiherr **Schenk von Stauffenberg**: Es nimmt niemand das Wort; ich kann also die Diskussion schließen. Wir kommen zur Abstimmung. Ich weiß nicht, ob das Haus die nochmalige Verlesung des Antrags verlangt?

(Wird lebhaft verneint.)

Die Verlesung wird nicht nochmals verlangt, und bitte ich also diejenigen Herren, welche dem Antrage der 1. Abtheilung zustimmen wollen, sich zu erheben.

(Geschieht.)

Das ist die Majorität; der Antrag der 1. Abtheilung ist angenommen.

Wir gehen über zu dem nächsten Gegenstand der Tagesordnung, dem

Bericht der Wahlprüfungskommission über die Wahl im 5. Wahlkreis des Großherzogthums Hessen (Nr. 107 der Drucksachen).

Zur Geschäftsordnung hat das Wort der Herr Abgeordnete Dr. Marquardsen.

Abgeordneter Dr. **Marquardsen**: Wie ich höre, meine Herren, wird sich an diesem Bericht eine Debatte knüpfen, und da der Herr Berichterstatter nicht anwesend ist — er hat abreisen müssen —, so würde ich auch hier den Antrag an das Haus zu stellen mir erlauben, diese Nummer von der Tagesordnung abzusetzen.

Vizepräsident Freiherr **Schenk von Stauffenberg**: Der Herr Berichterstatter ist nicht anwesend, wie wir hören, und es ist deshalb der Antrag gestellt, diese Nummer abzusetzen. Ich möchte konstatiren, ob sich dagegen ein Widerspruch erhebt. — Das ist nicht der Fall; die Nummer ist von der Tagesordnung abgesetzt.

Wir gehen über zur nächsten Nummer der Tagesordnung:

Bericht der Wahlprüfungskommission über die Reichstagswahl im Herzogthum Sachsen-Altenburg (Nr. 108 der Drucksachen).

Berichterstatter ist der Herr Abgeordnete Hall.

Ich eröffne die Diskussion. Der Herr Referent verzichtet. — Es nimmt niemand weiter das Wort; ich schließe die Diskussion, und wir kommen zur Abstimmung.

Der Antrag der Wahlprüfungskommission lautet:

Der Reichstag wolle beschließen:

1. die Wahl des Landraths Findeisen im Reichstagswahlkreise des Herzogthums Sachsen-Altenburg für giltig zu erklären;
2. den Protest sammt den Wahlakten dem Herrn Reichskanzler zur Feststellung der ad 1, 2, 3, 4, 5, 7 und 8 aufgestellten Behauptungen und eventuellen weiteren Veranlassung zu überreichen.

Ich ersuche diejenigen Herren, welche dem eben verlesenen Antrag der Wahlprüfungskommission zustimmen, sich zu erheben.

(Geschieht.)

Das ist die Mehrheit; der Antrag der Wahlprüfungskommission ist angenommen.

Wir gehen über zum letzten Gegenstand der Tagesordnung.

Bericht der Wahlprüfungskommission über die Wahl im 8. Wahlkreis des Regierungsbezirks Kassel (Nr. 121 der Drucksachen).

Auch hier ist, wie ich höre, der Herr Berichterstatter nicht . . . . .

(Abgeordneter Mayer [Donauwörth]: hier! — Große Heiterkeit.)

Ich eröffne die Diskussion — und höre, daß der Herr Berichterstatter Mayer verzichtet.

(Erneute Heiterkeit.)

Es meldet sich niemand zum Wort; ich kann die Diskussion schließen.

Ich bitte, den Antrag der Wahlprüfungskommission zu verlesen.

Schriftführer Abgeordneter Dr. **Blum**:

Der Reichstag wolle beschließen:

1. die Wahl des Rechtsanwalts Dr. Hermann Weigel für giltig zu erklären,
2. den Herrn Reichskanzler zu ersuchen, bezüglich der im Proteste unter Ziffer 1, 2, 3, 10, 11, 12 behaupteten Thatsachen auf dem Verwaltungswege die geeigneten Erhebungen und weiteren Verfügungen zu veranlassen.

Vizepräsident Freiherr **Schenk von Stauffenberg**: Ich bitte diejenigen Herren, welche dem eben verlesenen Antrage der Wahlprüfungskommission zustimmen wollen, sich zu erheben.

(Geschieht.)

Das ist die Mehrheit, der Antrag der Wahlprüfungskommission ist angenommen und damit die heutige Tagesordnung erledigt.

(Präsident Dr. von Forckenbeck übernimmt den Vorsitz.)

Präsident: Meine Herren, nachdem die heutige Tagesordnung erledigt ist, liegt im Augenblick an Material für eine Plenarsitzung nur noch vor:

1. die erste Berathung des Gesetzentwurfs, betreffend die Anfechtungen von Rechtshandlungen eines Schuldners außerhalb des Konkursverfahrens (Nr. 115 der Drucksachen);

dann:

2. die dritte Berathung des Gesetzentwurfs, betreffend den Verkehr mit Nahrungsmitteln, Genußmitteln und Gebrauchsgegenständen auf Grund der Zusammenstellung in Nr. 125 der Drucksachen;

dann, wenn die dritte Berathung schon für morgen zugelassen würde,

3. die dritte Berathung des Gesetzentwurfs wegen Abänderung des Gesetzes vom 10. Juni 1869, betreffend die Wechselstempelsteuer (Nr. 83 der Drucksachen);

ferner:

4. der mündliche Bericht der 4. Abtheilung über die Erledigung des Reichstagsbeschlusses vom 7. Oktober 1878, betreffend die Wahl des Abgeordneten von Below im 1. Wahlkreis des Regierungsbezirks Köslin (Nr. 124 der Drucksachen),

und

5. der zweite Bericht der Kommission für Petitionen (Nr. 109 der Drucksachen).

Die übrigen Sachen befinden sich noch in der Vorberathung der Kommissionen. Außerdem werden heut Abend noch einzelne Berichte der Wahlprüfungskommission vertheilt werden. Der ganze Stoff würde kaum eine Plenarsitzung ausfüllen, und mit Rücksicht darauf halte ich es nicht mehr für gerathen, noch vor Ostern eine Sitzung abzuhalten.

Ich würde also vorschlagen, morgen keine Sitzung zu halten und überhaupt vor Ostern keine Plenarsitzung mehr zu halten, — unter einer Voraussetzung, meine Herren: daß Sie gestatten, daß heute Nachmittag nach Schluß der Plenarsitzung die Abtheilungen noch die Kommission von 21 Mitgliedern für das Vogelschutzgesetz wählen. Es ist das eine Abweichung von der Geschäftsordnung, wenn die Abtheilungen zusammenberufen werden, ohne daß es vorher auf der Tagesordnung proklamirt ist; aber ich hoffe, daß niemand aus dem Hause widerspricht und ich daher annehmen kann, daß ich die Abtheilungen zur Wahl dieser Kommission von 21 Mitgliedern zur Vorberathung des Vogelschutzgesetzes berufen darf unmittelbar nach dem Schluß der heutigen Plenarsitzung. — Es wird nicht widersprochen; ich konstatire . . . .

Der Herr Abgeordnete Windthorst hat das Wort zur Geschäftsordnung.

Abgeordneter **Windthorst**: Soll die Kommission sich nicht noch konstituiren?

Präsident: Die Abtheilungen treten zusammen, um die

Kommission zu wählen, und die Gewählten treten dann zusammen, um die Kommission zu konstituiren, und zwar in Zimmer Nr. 3, wie ich noch ergänzend mittheile.

Ich stelle also fest, daß wir vor Ostern keine Plenarsitzung mehr halten, daß die Abtheilungen die Kommission für das Vogelschutzgesetz jetzt nach der Plenarsitzung wählen und die Kommission sich sofort im Zimmer Nr. 3 konstituirt.

Es fragt sich nun, meine Herren, wann wir unsere Sitzungen nach Ostern wieder beginnen. Ich hatte die Absicht, Ihnen vorzuschlagen, schon am 23. dieses Monats eine Sitzung zu halten; es ist mir aber von verschiedenen Seiten des Hauses im Laufe der heutigen Sitzung der dringende Wunsch vorgetragen worden, die Sitzung noch um einige Tage zu verschieben, und ich würde deshalb mit Rücksicht auf diese Wünsche von verschiedenen Seiten des Hauses, und weil es für den Fortgang der Geschäfte doch nicht von erheblichem Einfluß ist, vorschlagen, die nächste Plenarsitzung am 28. April Mittags 12 Uhr abzuhalten. Dann muß ich aber eine volle Tagesordnung für diese Sitzung am Montag den 28. April vorschlagen, und mit Rücksicht darauf schlage ich Ihnen vor, auf die Tagesordnung zu setzen:

1. sämmtliche Berichte der Wahlprüfungskommission, soweit wie sie noch nicht erledigt sind, auch diejenigen Berichte, welche erst heute Abend vertheilt werden;
2. erste Berathung des Entwurfs eines Gesetzes, betreffend die Anfechtungen von Rechtshandlungen eines Schuldners außerhalb des Konkursverfahrens (Nr. 115 der Drucksachen);
3. dritte Berathung des Gesetzentwurfs, betreffend den Verkehr mit Nahrungsmitteln, Genußmitteln und Gebrauchsgegenständen (Nr. 7 und 125 der Drucksachen);
4. Dritte Berathung des Gesetzentwurfs wegen Abänderung des Gesetzes vom 10. Juni 1869, betreffend die Wechselstempelsteuer (Nr 83 der Drucksachen), und
   Beschlußfassung über die bereits vorgetragenen Petitionen, betreffend die Abänderung des Gesetzes vom 10. Juni 1869 über die Wechselstempelsteuer (Nr. 102 der Drucksachen);
5. mündlicher Bericht der 4. Abtheilung über die Erledigung des Reichstagsbeschlusses vom 7. Oktober 1878, betreffend die Wahl des Abgeordneten von Below im 1. Wahlkreis des Regierungsbezirks Köslin (Nr. 124 der Drucksachen);
6. zweiter Bericht der Kommission für Petitionen (Nr. 109 der Drucksachen).

Meine Herren, sollten inzwischen Vorlagen seitens der verbündeten Regierungen eingehen, so habe ich angeordnet, daß dieselben sofort gedruckt und den Mitgliedern in die Heimat nachgeschickt werden, daß also auch während der Ferien die Vorlagen vom Reichstagsbüreau sofort vertheilt werden.

Widerspruch gegen meine Vorschläge wird nicht . . .

Der Herr Abgeordnete Fürst zu Hohenlohe-Langenburg hat das Wort.

Abgeordneter **Fürst zu Hohenlohe-Langenburg:** Ich möchte den Herrn Präsidenten bitten, seinen ersten Vorschlag aufrecht zu erhalten und auf den 23. April die nächste Sitzung anzusetzen.

(Oh! oh! Unruhe.)

Ich erachte es im Interesse der Arbeiten selbst von höchster Wichtigkeit, daß der Reichstag nicht zu weit in den Sommer hinein tagt.

(Sehr richtig! rechts.)

Wir wissen, wie unangenehm es jedem von uns fällt, bis in die heiße Jahreszeit hinein hier in Berlin ausharren und unsere schwierigen Arbeiten verrichten zu müssen, und jeden Tag, den wir im Monat April gewinnen, brauchen wir nicht im Juni zuzusetzen. Ich mache auch darauf aufmerksam, daß eine ganze Reihe von Arbeiten außer denen, die uns noch zukommen werden, noch vorliegt, welche wir in den ersten Tagen erledigen könnten, was weniger gut angängig wäre, wenn die nächste Sitzung so spät hinausgezogen wird.

Weiter möchte ich darauf hinweisen, daß verschiedene Landtage ihre Arbeiten nicht haben vollenden können wegen des Zusammentritts des Reichstags. Unter diesen Arbeiten befinden sich auch solche, welche sich auf die Ausführung der Justizgesetze beziehen und daher vor dem 1. Oktober erledigt werden müssen. Auch mit Rücksicht hierauf möchte ich das Haus bitten, sobald wie möglich die nächste Sitzung anzuberaumen, damit diese Arbeiten der Landtage nicht so spät hinausgeschoben werden, und deshalb beantrage ich, die nächste Sitzung auf den 23. April statt auf den 28. April anzusetzen.

(Bravo! rechts.)

Präsident: Meine Herren, wir müssen darüber entscheiden, ob die nächste Sitzung am 23. oder am 28. April stattfinden soll. Die Tagesordnung halte ich für jeden der beiden Tage fest.

Ich ersuche diejenigen Herren, welche am 23. April Mittags 12 Uhr die nächste Sitzung abhalten wollen, sich zu erheben.

(Geschieht.)

Das ist die Minderheit; es bleibt also bei der Sitzung am 28. April Mittags 12 Uhr.

Ich schließe die Sitzung.

(Schluß der Sitzung 4 Uhr.)

Druck und Verlag der Buchdruckerei der Nordd. Allgem. Zeitung. Pindter.
Berlin, Wilhelmstraße 32.

34. Sitzung

am Montag, den 28. April 1879.

Die Sitzung wird um 12 Uhr 22 Minuten durch den Präsidenten Dr. von Forckenbeck eröffnet.

Präsident: Die Sitzung ist eröffnet.

Das Protokoll der letzten Sitzung liegt zur Einsicht auf dem Büreau offen.

Seit der letzten Plenarsitzung sind in das Haus eingetreten und zugelooft worden:

der 3. Abtheilung der Herr Abgeordnete Dr. Braun (Glogau),

der 4. Abtheilung der Herr Abgeordnete Freytag,

der 5. Abtheilung der Herr Abgeordnete Freiherr von Wackerbarth.

Ich habe Urlaub ertheilt: dem Herrn Abgeordneten von Geß für vier Tage, dem Herrn Abgeordneten Werner (Liegnitz) bis zum 1. Mai, dem Herrn Abgeordneten Dr. Jäger (Reuß) für acht Tage, dem Herrn Abgeordneten Bernards für diese Woche, dem Herrn Abgeordneten Freiherrn von Buddenbrock für acht Tage, dem Herrn Abgeordneten Freiherrn von Schorlemer-Alst für acht Tage, dem Herrn Abgeordneten Dr. Oetker für acht Tage, dem Herrn Abgeordneten Meier (Schaumburg-Lippe) für acht Tage, dem Herrn Abgeordneten von Heim für drei Tage, — dem letzten wegen Krankheit in der Familie, den übrigen Herren wegen Krankheit; — dem Herrn Abgeordneten Witte (Schweidnitz) bis zum 4. Mai, dem Herrn Abgeordneten Graf von Pleffen für acht Tage wegen Familienverhältnisse; — dem Herrn Abgeordneten Eysoldt für drei Tage, dem Herrn Abgeordneten Dr. Weigel für acht Tage wegen dringender Geschäfte; — dem Herrn Abgeordneten Dr. Sommer bis zum 3. Mai wegen unaufschiebbarer Amtsgeschäfte; — dem Herrn Abgeordneten von Below für acht Tage wegen Erkrankung auf der Herreise; — dem Herrn Abgeordneten Fürsten zu Hohenlohe-Langenburg für vier Tage wegen dringender Geschäfte.

Es suchen Urlaub nach: der Herr Abgeordnete Hoffmann für zwölf Tage zur Beendigung einer Brunnenkur; — der Herr Abgeordnete Dr. Hänel für vierzehn Tage wegen unaufschiebbarer Berufsgeschäfte; — der Herr Abgeordnete Graf von Preysing für drei Wochen wegen Familienverhältnisse; — der Herr Abgeordnete Dr. Rückert (Meiningen) für drei Wochen zur Führung der Präsidialgeschäfte des Meininger Landtags; — der Herr Abgeordnete von Unruh (Magdeburg) auf vier Wochen und der Herr Abgeordnete Bracke ebenfalls auf vier Wochen; beide wegen Krankheit. — Widerspruch gegen die Urlaubsgesuche wird nicht erhoben; sie sind bewilligt.

Entschuldigt sind für heute: der Herr Abgeordnete Dr. von Schwarze wegen dringender Geschäfte und der Herr Abgeordnete Görz wegen eines Todesfalls in der Familie; — für heute und morgen: der Herr Abgeordnete Feustel wegen Geschäfte, der Herr Abgeordnete Dr. Thilenius wegen Krankheit in der Familie; — der Herr Abgeordnete von Kardorff für heute, der Herr Abgeordnete Grütering für heute, der Herr Abgeordnete Fürst von Czartoryski, der Herr Abgeordnete von Jagow und der Herr Abgeordnete von Gerlach für heute und die nächsten Tage wegen Krankheit; — der Herr Abgeordnete von Seydewitz wegen Geschäfte.

Der Herr Abgeordnete von Knobloch legt mit dem folgenden Schreiben sein Mandat als Abgeordneter nieder:

Adl. Bärwalde, den 24. April 1879.

Euer Hochwohlgeboren erlaube ich mir ganz ergebenst anzuzeigen, daß ich wirthschaftlicher Verhältnisse wegen mein Mandat als Reichstagsabgeordneter für den 2. Königsberger Wahlkreis (Labiau-Wehlau) hiermit niederlege.

Meine Herren, ich werde von der erfolgten Mandatsniederlegung dem Herrn Reichskanzler Nachricht geben, damit die Neuwahl veranlaßt wird.

Ich ersuche den Herrn Schriftführer, das Resultat der Kommissionswahl zur Vorberathung des Gesetzentwurfs, betreffend den Schutz nützlicher Vögel, zu verlesen.

Schriftführer Abgeordneter Dr. **Blum**: In die Kommission zur Vorberathung des Gesetzentwurfs, betreffend den Schutz nützlicher Vögel, sind gewählt:

von der 1. Abtheilung die Herren Freiherr von Schorlemer-Alst, Graf von Schönborn-Wiesentheid, Graf von Sanrma;

von der 2. Abtheilung die Herren Freiherr von Dalwigk-Lichtenfels, Freiherr von Aretin (Illertissen), von Schalscha;

von der 3. Abtheilung die Herren Römer (Hildesheim), Graf von Flemming, von Benda;

von der 4. Abtheilung die Herren Freiherr von Mirbach, Graf Udo zu Stolberg-Wernigerode, von Jagow;

von der 5. Abtheilung die Herren Dr. Friedenthal, Fürst zu Hohenlohe-Langenburg, Richter (Meißen);

von der 6. Abtheilung die Herren Süs, Streit, Haerle;

von der 7. Abtheilung die Herren Tölke, Bieler (Frankenhain), Knoch.

Die Kommission hat sich konstituirt und gewählt:

zum Vorsitzenden den Abgeordneten Freiherrn von Schorlemer-Alst,

zu dessen Stellvertreter den Abgeordneten Grafen Udo zu Stolberg-Wernigerode,
zum Schriftführer den Abgeordneten Römer (Hildesheim),
zu dessen Stellvertreter den Abgeordneten Grafen von Schönborn-Wiesentheid.

Präsident: Inzwischen sind folgende Vorlagen bei mir eingegangen:

1. Gesetzentwurf, betreffend das Pfandrecht an Eisenbahnen und die Zwangsvollstreckung in dieselben;
2. Gesetzentwurf, betreffend den Zolltarif des deutschen Zollgebiets;
3. Entwurf eines Gesetzes wegen Erhebung der Brausteuer;
4. Entwurf eines Gesetzes, betreffend die Erhöhung der Brausteuer;
5. Entwurf eines Gesetzes, betreffend die Besteuerung des Tabaks;
6. Entwurf eines Gesetzes, betreffend die Erhebung einer Nachsteuer vom Tabak und von Tabaksfabrikaten;
7. Denkschrift über die Ausführung der Anleihegesetze vom 27. Januar 1875, 3. Januar 1876, 3. Januar, 10., 21. und 23. Mai 1877, ferner vom 29. April, 8. Mai und 12. Juni 1878.

Alle diese Vorlagen sind bereits gedruckt und den Mitgliedern während der Ferien in die Heimat nachgesendet worden.

Es ist folgendes Schreiben des Herrn Reichskanzlers eingegangen — ich ersuche dasselbe zu verlesen.

Schriftführer Abgeordneter Dr. Blum:

Berlin, den 3. April 1879.

Der königlich preußische Herr Justizminister hat mittelst des anliegenden Schreibens vom 27. März d. J. mir den ebenfalls beigefügten Bericht des Staatsanwalts bei dem hiesigen königlichen Stadtgericht vom 25. März d. J. zugehen lassen, in welchem die Einholung der Genehmigung des Reichstags zur strafrechtlichen Verfolgung des Reichstagsabgeordneten Hasselmann wegen Zuwiderhandlung gegen §§ 24, 25 des Gesetzes vom 21. Oktober 1878 (Reichsgesetzblatt S. 356) in Antrag gebracht wird.

Euer Hochwohlgeboren beehre ich mich ganz ergebenst zu ersuchen, eine Beschlußfassung des Reichstags darüber gefälligst herbeiführen zu wollen.

Der Reichskanzler.
von Bismarck.

Präsident: Meine Herren, nach allen Präzedentien sind Anträge dieser Art immer zur Berichterstattung an die Geschäftsordnungskommission, zuvörderst gegangen. Ich schlage dasselbe Verfahren auch hier vor. — Es wird demselben nicht widersprochen; es geht also das Schreiben zur Berichterstattung an die Geschäftsordnungskommission.

Es ist ferner ein Schreiben des Herrn Reichskanzlers eingegangen, betreffend die Ernennung von Bevollmächtigten zum Bundesrath. Ich ersuche dasselbe zu verlesen.

Schriftführer Abgeordneter Dr. Blum:

Berlin, den 25. April 1879.

Seine Majestät der Kaiser haben mittelst Allerhöchsten Erlasses vom 16. d. Mts.

den Geheimen Oberregierungsrath und vortragenden Rath im Reichseisenbahnamt Kräfft,
den Geheimen Regierungsrath und vortragenden Rath im Reichskanzleramt für Elsaß-Lothringen Dr. Schulz und
den Geheimen Regierungsrath und vortragenden Rath im königlich preußischen Ministerium der öffentlichen Arbeiten Fleck

zu stellvertretenden Bevollmächtigten zum Bundesrath zu ernennen geruht.

Euer Hochwohlgeboren beehre ich mich ganz ergebenst zu ersuchen, dem Reichstage, von diesen Ernennungen Mittheilung machen zu wollen.

Der Reichskanzler.
In Vertretung:
Hofmann.

Präsident: Als Kommissarien des Bundesraths werden der heutigen Sitzung beiwohnen:

bei der Berathung des Gesetzentwurfs, betreffend die Anfechtung von Rechtshandlungen eines Schuldners außerhalb des Konkursverfahrens,
die Geheimen Regierungsräthe Herren Dr. Hagens und Dr. Eccius.

Wir treten in die Tagesordnung ein.

Erster Gegenstand der Tagesordnung ist:

mündlicher Bericht der Wahlprüfungskommission über die Wahl des Abgeordneten Grafen von Kwilecki im 2. Wahlkreis des Regierungsbezirks Posen (Nr. 58 sub a der Drucksachen).

Berichterstatter ist der Herr Abgeordnete von Schöning. Ich ersuche denselben, seinen Bericht zu erstatten.

Berichterstatter Abgeordneter **von Schöning:** In dem aus den landräthlichen Kreisen Birnbaum, Samter und Obornik bestehenden zweiten Posener Reichswahlkreise haben von 28 232 wahlberechtigten Personen 22 362 das Wahlrecht ausgeübt. Die örtlichen Wahlvorstände haben 54 Stimmzettel für ungiltig erklärt, es bleiben somit 22 308 giltige Stimmen und beträgt die absolute Majorität 11 155 Stimmen. Von diesen haben erhalten Graf Kwilecki 11 334, der Landrath von Wilamowitz-Möllendorf 10 292, der Präsident a. D. von Rönne 272 und verschiedene Personen 7 Stimmen. Graf Kwilecki ist als gewählt proklamirt, hat die Wahl rechtzeitig angenommen und Nachweis der Wählbarkeit erbracht.

Gegen die Wahl ist ein beim Reichstag am 8. September, also rechtzeitig präsentirter Protest eingegangen, und sind in Folge dessen die Wahlakten von der 7. Abtheilung an die Wahlprüfungskommission abgegeben worden. Die Wahlprüfungskommission hat die Wahlakten des Näheren geprüft, und hat sich dabei Folgendes ergeben.

In den Wahlbezirken Kulm, Nikostowo, Eichquast und Mokrz sind zusammen 38 Stimmzettel, mit polnischen Schriftzügen geschrieben und auf den Grafen Stephan von Kwilecki auf Dobrojewo lautend, von dem örtlichen Wahlvorstande auf Grund des § 19 sub 2 und 3 des Wahlreglements für ungiltig erklärt. Die Wahlermittlungskommission hat bei Feststellung des Wahlresultats sich dahin ausgesprochen, daß diese Zettel für giltig zu erachten sind. Die Wahlprüfungskommission nimmt dies gleichfalls an, der Name des Gewählten ist unzweifelhaft zu erkennen.

Sodann ist von der Wahlvermittlungskommission erinnert worden, daß in mehreren Wahlbezirken neben dem Wahlvorsteher und dem Protokollführer nur zwei Beisitzer fungirt haben, und es hat die Wahlermittelungskommission angenommen, daß diese Wahlakte nicht für giltig zu erachten seien. Die Wahlprüfungskommission ist dagegen der Meinung, die Wahlen seien giltig, weil weder behauptet noch aus den Verhandlungen zu entnehmen ist, daß zu irgend einer Zeit weniger als drei Personen den örtlichen Wahlvorstand gebildet haben.

Was nun den Protest anlangt, so lautet derselbe folgendermaßen:

„Gegen die Giltigkeit der Wahl im Kreise Obornik-

Samter-Birnbaum, Regierungsbezirk Posen, wird protestirt, weil in der Stadt Obornik gesetzwidrige Wahlbeeinflussungen stattgefunden haben.

Unter anderm hat der Stadtdiener Frieske Wahlzettel in höherem Auftrage bei den Einwohnern vertheilt und für die eine Partei agitirt.

Beweis: Der Kaufmann und Stadtverordnetenvorsteher F. W. Rakowski zu Obornik.

Es wird beantragt: die Wahl für ungiltig zu erklären."

Ihre Wahlprüfungskommission erachtet diesen Protest für unbegründet. Es ist nur die allgemeine Behauptung aufgestellt, es sei für eine Partei agitirt.

Präsident: Ich bitte um Ruhe, meine Herren; es ist kaum möglich, den Herrn Berichterstatter zu verstehen, wenn eine so laute Privatunterhaltung im Hause geführt wird.

Berichterstatter Abgeordneter **von Schöning:** Es ist nicht zu ersehen, für wen der Stadtdiener Frieske Wahlzettel vertheilt hat und in wessen Auftrag das geschehen ist. Das Vertheilen von Stimmzetteln durch einen Stadtdiener ist keine gesetzwidrige Wahlbeeinflussung. Die Wahlprüfungskommission erachtet deshalb diesen Protest für unbegründet.

Endlich sind unter dem 11. Oktober bei dem Reichstag zwei Beschwerden eingegangen, welche von dem Herrn Reichstagsabgeordneten von Kurnatowski übergeben worden sind. Darnach sollen Ungehörigkeiten bei der Wahl in Mokrz vorgekommen sein. Es soll insbesondere der Wahlvorsteher Mandel Wähler mit Schimpfworten traktirt haben, und es sollen Wählern an der Wahlurne Stimmzettel geöffnet und nicht abgenommen sein, weil sie nicht deutsch geschrieben waren. Die Beschwerde ist am 11. Oktober, also zu spät bei dem Reichstag eingegangen; sie würde, wenn sie überhaupt Berücksichtigung verdiente, auf das Wahlresultat keinen Einfluß haben, da in dem ganzen Bezirk nur 47 wahlberechtigte Personen vorhanden sind, von denen 26 ihre Stimmzettel abgegeben haben.

Die Wahlprüfungskommission erachtet auch diese Beschwerde für einflußlos und beantragt, die Wahl des Herrn Grafen von Kwilecki im 2. Posener Wahlbezirk für giltig zu erklären.

Präsident: Ich eröffne die Diskussion, — schließe dieselbe, da niemand das Wort ergreift. Der Herr Berichterstatter verzichtet wohl auf die nochmalige Ergreifung des Worts.

Wir kommen zur Abstimmung.

Es wird dem Antrage der Wahlprüfungskommission nicht widersprochen, eine Abstimmung wird nicht verlangt; ich konstatire daher, daß der Antrag der Wahlprüfungskommission:

Der Reichstag wolle beschließen:

die Wahl des Abgeordneten Grafen von Kwilecki im 2. Wahlkreis des Regierungsbezirks Posen für giltig zu erklären,

angenommen ist, vom Reichstag die Wahl für giltig erklärt worden ist.

Wir gehen über zum zweiten Gegenstand der Tagesordnung:

mündlicher Bericht der 1. Abtheilung, betreffend die Wahl des Abgeordneten Dr. Mendel im 6. Wahlkreis des Regierungsbezirks Potsdam (Nr. 75 der Drucksachen).

Berichterstatter ist der Herr Abgeordnete Graf von Frankenberg; ich ersuche denselben, seinen Bericht zu erstatten.

(Pause.)

Der Herr Berichterstatter bittet, diese Nummer vorläufig zurückzustellen. — Das Haus widerspricht nicht; es ist diesem Antrag stattgegeben worden.

Wir gehen zu Nr. 3 über:

Bericht der Wahlprüfungskommission über die Wahl im 5. Wahlkreis des Großherzogthums Hessen (Nr. 107 der Drucksachen).

Berichterstatter ist der Herr Abgeordnete von Geß.

Der Herr Abgeordnete von Geß hat Urlaub nachgesucht, und der Reichstag hat heut diesen Urlaub ertheilt. Es ist also der Berichterstatter nicht zur Stelle. Der Vorsitzende der Wahlprüfungskommission ist auch nicht zur Stelle. Ich schlage daher dem Hause vor, die Sache von der Tagesordnung abzusetzen, und behalte mir vor, sie zur Tagesordnung einer der nächsten Sitzungen zu bringen. — Das Haus tritt diesem Vorschlag bei.

Wir gehen über zum vierten Gegenstand der Tagesordnung:

mündlicher Bericht der 4. Abtheilung über die Erledigung des Reichstagsbeschlusses vom 7. Oktober 1878, betreffend die Wahl des Abgeordneten von Below im 1. Wahlkreis des Regierungsbezirks Köslin (Nr. 124 der Drucksachen). —

Berichterstatter ist der Herr Abgeordnete Dr. Mayer (Donauwörth). Ich ertheile ihm zur Erstattung seines Berichts das Wort.

Berichterstatter Abgeordneter Dr. **Mayer** (Donauwörth): Meine Herren, im 1. Wahlkreis des Regierungsbezirks Köslin ist der Herr von Below mit überwiegender Majorität gewählt, und seine Wahl ist auch schon längst als giltig erklärt. Es handelt sich nur um das Ergebniß einer veranlaßten Untersuchung. Es befindet sich nämlich in den Wahlakten ein Schriftstück folgenden Inhalts:

Bei der heute stattgefundenen Wahl eines Reichstagsabgeordneten hat der Wahlvorsteher des Wahlbezirks Klein-Massow, Wrensen und Koppenow die Wahlhandlung insofern nicht vorschriftsmäßig abgehalten, als er mich das Wahllokal gar nicht betreten ließ, mir den Wahlzettel vielmehr vor der Thür des Wahllokals abnahm, und ich somit nicht weiß, was aus meinem Wahlzettel geworden ist. Dasselbe geschah mit den Wahlzetteln des Futtermeisters ....

und nun kommen einige Namen.

Weil nun in diesem Schriftstück eine Ungesetzlichkeit, möglicherweise sogar ein strafrechtlicher Reat angezeigt ist, hat der Reichstag in seiner Sitzung vom 7. Oktober 1878 auf Antrag der betreffenden Abtheilung beschlossen:

das Schriftstück dem Herrn Reichskanzler mit dem Ersuchen zu überweisen, den Sachverhalt untersuchen zu lassen und über das Resultat dem Reichstag seiner Zeit Mittheilung zu machen.

Es ist nun eine Untersuchung durchgeführt worden, und das Resultat ist folgendes.

Das Wahllokal befand sich in dem Wohnhause des Wahlvorstehers, und zwar in einem Zimmer zu ebener Erde; die Wähler hatten durch eine Veranda einzutreten, welche mit dem Wahllokal in unmittelbarer Verbindung steht. Zwischen der Veranda und dem Wahllokal befindet sich eine Glasthür, welche offen stand; die Wähler mußten aus der Veranda einige Stufen hinaufsteigen, um in das Zimmer zu gelangen. Bei einigen Wählern ist es nun vorgekommen, daß sie durch die Veranda eingetreten, auf der Schwelle des Zimmers stehen blieben und nicht an den Wahltisch hintraten. Am Wahltisch saßen die Beisitzer und der Protokollführer, und der Wahlvorsteher stand neben dem Tisch, und wenn diese bezeichneten Wähler nicht an den Tisch hintraten, so ist es vorgekommen, daß der Wahlvorsteher von seinem Platz aus ihnen einige Schritte entgegenkam und ihnen die Zettel abnahm. Es ist aber gar kein Anhaltspunkt dafür gegeben, daß der Wahlvorsteher diese Zettel beseitigt hat, vielmehr ergiebt sich aus den Zeugenaussagen und aus der Uebereinstimmung der Abstimmungsvermerke in der Wählerliste mit der Zahl der abgegebenen Stimmen, daß sämmtliche Zettel, also auch diese, welche der Wahlvorsteher an der Schwelle den Wählern abgenommen hatte, richtig in die Urne gelegt worden sind.

Es ist daher nach dem Erachten der Abtheilung gar kein Grund gegeben zu irgend einer weiteren Amtshandlung, wenn auch nicht verkannt werden kann, daß nach § 15 des Wahlreglements es korrekter ist, daß der Wähler an den Wahltisch hintritt, und daß nicht der Wahlvorsteher ihm einige Schritte entgegengeht und an der Schwelle des Zimmers den Wahlzettel abnimmt. Die Abtheilung ist daher der Ansicht, daß nach dieser Untersuchung die Sache für erledigt zu betrachten sein dürfte, und beantragt

Der Reichstag wolle beschließen:
die Beschwerde vom 30. Juli 1878 durch die gepflogene Untersuchung als erledigt zu erklären.

Präsident: Ich eröffne die Diskussion. — Auch hier wird das Wort nicht genommen; ich schließe die Diskussion und konstatire die Annahme des Antrags der 4. Abtheilung, dem nicht widersprochen und über den eine Abstimmung nicht verlangt ist. Der Antrag ist angenommen.

Wir gehen über zu Nr. 5 der Tagesordnung:

Bericht der Wahlprüfungskommission über die Wahl im 2. Königsberger Wahlkreis — Kreise Labiau und Wehlau (Nr. 123 der Drucksachen).

Es betrifft dies die Wahl des Abgeordneten von Knobloch. Inzwischen ist von dem Herrn Abgeordneten von Knobloch das Mandat niedergelegt worden; der erste Antrag der Wahlprüfungskommission,

die Wahl des Abgeordneten von Knobloch-Bärwalde im 2. Königsberger Wahlkreis für ungiltig zu erklären,

ist daher an und für sich erledigt.

Ich bin zweifelhaft, ob das auch mit dem zweiten Antrag der Fall ist, der dahin geht:

den Herrn Reichskanzler unter Mittheilung der Wahlakten zu ersuchen, wegen der im Wahlbezirk Reipen und im Dorf Damerau vorgekommenen Versäumniß die geeignete Verfügung zu erwirken.

Der Herr Berichterstatter verzichtet auf das Wort.

Ich eröffne die Diskussion über den Antrag sub 2. — Das Wort wird nicht genommen; ich schließe die Diskussion und erkläre die Annahme des Antrags sub 2 des Berichts Nr. 123 der Drucksachen, über den eine Abstimmung nicht verlangt ist, und dem im Reichstag nicht widersprochen worden ist.

Meine Herren, wir kehren jetzt zurück zu Nr. 2 der Tagesordnung:

mündlicher Bericht der 1. Abtheilung, betreffend die Wahl des Herrn Abgeordneten Dr. Mendel im 6. Wahlkreis des Regierungsbezirks Potsdam (Nr. 75 der Drucksachen).

Der Herr Berichterstatter, Abgeordneter Graf von Frankenberg hat das Wort.

Berichterstatter Abgeordneter Graf **von Frankenberg:** Im sechsten Wahlkreis des Regierungsbezirks Potsdam ist gewählt der Herr Dr. Meudel. Gegen die Giltigkeit der Wahl ist ein Protest eingelaufen, welcher aber als verspätet von der Abtheilung zurückgewiesen werden mußte. Ein zweiter Protest richtet sich nicht gegen die Giltigkeit der Wahl des Dr. Mendel, sondern gegen Wahlbeeinflussungen seitens der konservativen Gegenpartei zu Gunsten ihres Kandidaten, des Amtmanns Jungk. Die Abtheilung hat den Protest, der sich auf 11 Puutte bezieht, geprüft und hat die vorliegenden Punkte 4, 4a, 5, 7, 8, 9 und 10 dem hohen Hause als zu einer Untersuchung geeignet bezeichnet. Diese Punkte sind folgende:

Nr. 4.

In Franz. Buchholz hat der dortige Amtsvorsteher Schultze dem Schwertfeger Ludwig von dort das Vertheilen von Stimmzetteln vor dem Wahllokal am 30. Juli verwehren wollen und ihm dazu einen Amtsdiener und einen Gendarm an die Seite gestellt.

Die Abtheilung hat geglaubt, hierüber eine Untersuchung eintreten lassen zu sollen.

Nr. 4a.

Dasselbe ist dem Sattlermeister Hohle zu Friedrichsfelde vonseiten des dortigen Gendarmen widerfahren. Zeugen sind die genannten Betroffenen (Ludwig und Hohle).

Nr. 5.

In Birkenwerder hat der Wahlvorsteher, Gemeindevorsteher Iden, die ihm übergebenen Stimmzettel zwischen den Fingern gerieben (er hatte vorher geäußert, daß er wegen Verschiedenheit des Papiers die konservativen Stimmzettel herausfühlen könne), trotz des Protestes eines Anwesenden; und ferner die Stimmzettel von der Seite aufgepustet und besehen, angeblich, um zu sehen, ob es auch nicht zwei Zettel seien. (Zeuge der Mühlenbesitzer Schweizer daselbst.)

Auch hierüber hat die Abtheilung geglaubt Untersuchung eintreten lassen zu sollen.

Nr. 7.

In Erkner hat der Amtsdiener Meschewsky in Dienstuniform die Vertheilung der konservativen Wahlaufrufe besorgt. Ferner

Nr. 8.

In Erkner ist ein konservatives Flugblatt, das folgendermaßen lautete, ausgegeben worden:

„Zweite Wilhelmsspende. Haus für Haus sind in diesen Tagen die Aufrufe für die Wilhelmsspende ergangen, um die Freude und den Dank gegen Gott zum Ausdruck zu bringen, daß das Leben des kaiserlichen Greises gerettet wurde. Die ausgesprochene Absicht war, Seiner Majestät eine Freude zu bereiten. Außer dieser ersten Wilhelmsspende gibt es aber noch eine zweite. Wir wählen keinen Fortschrittsmann, der die Regierung Seiner Majestät in dieser schweren Zeit durch Flugblätter verleumbet, denn solche Verleumbungen bekümmern das Herz unseres Kaisers und verbittern ihm die Freude."

Dieses Flugblatt ist von dem Gemeindevorsteher Catholy amtlich außer dem Wahlaufruf durch Aushang im Gemeindekasten publizirt.

Die Abtheilung hat geglaubt, auch hierüber Untersuchung verlangen zu müssen.

Punkt 9 lautet:

Im ersten, zweiten und dritten Haidedistrikte (35., 37. und 38. Wahlbezirk) haben sich beim Oeffnen der Wahlurne mit Nummern versehene Stimmzettel (sämmtlich auf den Namen des konservativen Kandidaten Amtmann Jungk lautend) vorgefunden.

Es wird behauptet, daß diese numerirten Stimmzettel nach Aussage von glaubwürdigen Zeugen, von dem königlichen Bahnmeister Wilke auf Station Erkner an die Bahnarbeiter vertheilt worden wären, mit dem Bemerken, daß, wer den Zettel nicht in die Wahlurne bringe, seiner Arbeit verlustig gehe, auch unter gleicher Androhung vor Vertheilung anderer Stimmzettel gewarnt.

Endlich der letzte und zehnte Punkt. Der Direktor Riese aus Rummelsburg hatte bei Alt-Landsberg ein Haus mit geräumigen Zimmern zur Abhaltung einer Wahlverhandlung gemiethet und die Versammlung berufen und hat sie bei dem zuständigen Amtsvorsteher Buchholtz in Neuenhagen angemeldet. Dieser erwiderte:

> Die Bescheinigung der u. s. w. Anmeldung kann nicht ertheilt werden, weil die inneren Räume des qu. Hauses nicht dazu geeignet sind, größere Menschenmassen in sich aufzunehmen, und daher bei der völlig isolirten Lage desselben unmittelbar an der stark frequentirten Chaussee Gefahr für die öffentliche Sicherheit und Ordnung zu befürchten steht.

Als hierauf nach einer, bei der Regierung und dem Minister des Innern eingereichten Beschwerde des pp. Riese die königliche Regierung den Amtsvorsteher Buchholtz angewiesen hatte, die Bescheinigung der Anmeldung zu ertheilen, schrieb derselbe folgendes an den pp. Riese:

> Euer Wohlgeboren erwidere ich auf das gefl. Schreiben vom gestrigen Tage, daß ich Ihnen wiederholt bescheinige, daß, wie dies bereits aus meinem früheren Schreiben hervorgeht, Sie eine Versammlung angemeldet haben. Ganz unabhängig davon untersage ich wiederholt und auf das Bestimmteste die Benutzung dieses kleinen Lokals zur Abhaltung der Versammlung. Ich lasse jedenfalls neben dem Abgeordneten der Obrigkeit nicht mehr als sechs Personen zu und lasse bei entstehender Störung im Hause oder außerhalb desselben die Versammlung unter allen Umständen und erforderlichen Falles mit Waffengewalt auflösen.

Natürlich war hiernach eine Besammlung nicht möglich. Die Räume des Hanses sind nach Ansicht des Direktor Riese wie auch des Dr. Mendel aus Pankow und vieler anderer zu der qu. Versammlung vollständig genügend; und es habe nicht der geringste Anlaß zur Befürchtung einer Störung der öffentlichen Ruhe und Ordnung vorgelegen.

Die Abtheilung habe auch diesen Punkt für wichtig genug gehalten, um eine Untersuchung und eventuell eine nöthige Rektifikation durch den Reichskanzler beantragen zu sollen, und ich bitte das hohe Haus, sämmtliche Anträge der Abtheilung annehmen zu wollen.

Präsident: Die Diskussion ist eröffnet — und, da niemand das Wort nimmt, auch geschlossen. Zu den Anträgen der Abtheilung wird eine Abstimmung nicht verlangt; ich konstatire daher die Annahme der Anträge der Abtheilung.

Wir gehen über zu Nr. 6 der Tagesordnung:

Bericht der Wahlprüfungskommission über die Wahl im 10. schleswig-holsteinischen Wahlkreis (Nr. 126 der Drucksachen).

Berichterstatter ist der Herr Abgeordnete von Forcade de Biaix. Der Antrag befindet sich auf Seite 3.

Der Herr Berichterstatter verzichtet auf das Wort.

Ich eröffne die Diskussion über die Anträge der Abtheilung. — Das Wort wird nicht genommen; ich schließe die Diskussion und da den Anträgen der Abtheilungen Nr. 1, Nr. 2, Nr. 3 von keiner Seite im Reichstag widersprochen worden ist, auch eine Abstimmung über diese Anträge nicht verlangt ist und auch in diesem Augenblick nicht verlangt wird, stelle ich hiermit fest, daß die Anträge der Wahlprüfungskommission Nr. 126 der Drucksachen, Seite 3, Nr. 1, 2, 3 vom Reichstag angenommen und Beschluß des Reichstags geworden sind.

Wir gehen daher über zu Nr. 7 der Tagesordnung:

erste Berathung des Gesetzentwurfs, betreffend die Anfechtung von Rechtshandlungen eines Schuldners außerhalb des Konkursverfahrens (Nr. 115 der Drucksachen).

Ich eröffne die erste Berathung und ertheile das Wort dem Herrn Staatssekretär Dr. Friedberg.

Bevollmächtigter zum Bundesrath Staatssekretär im Justizamt Dr. **Friedberg**: Der Gesetzentwurf, betreffend die Anfechtung von Rechtshandlungen eines Schuldners außerhalb des Konkurses gehört wiederum, wie schon mehrere der Gesetzentwürfe, mit welchen Sie in dieser Session befaßt worden sind, zu jenen ergänzenden Gesetzen, die nothwendig sind, damit die am 1. Oktober d. J. ins Leben tretenden Justizgesetze mit voller Wirkung funktioniren können.

Freilich ist der Gesetzentwurf nicht in dem Sinn nothwendig, wie beispielsweise die Gebührenordnung es war, und der Gesetzentwurf über die Konsulargerichtsbarkeit ist, denn ich muß anerkennen, daß es möglich wäre, die Disparität auf diesem Gebiete wegen Anfechtung von Rechtshandlungen außerhalb des Konkursverfahrens durch spezielle Partikulargesetzgebungen zu erledigen. Aber, meine Herren, wenn die Partikulargesetzgebung der einzelnen deutschen Staaten den Versuch macht, diese Disparität durch eine eigene Gesetzgebung auszugleichen, so entsteht die Gefahr, daß damit doch nicht jene Gleichmäßigkeit hergestellt werden kann, die zu wünschen ist, sondern daß die Regelung dann in dem einen Staate anders erfolgt, als vielleicht schon im Nachbarstaate. Da der Verkehr sich nicht in den Grenzen einzelner Staaten hält, sondern über dieselben hinausgeht, so erscheint es als die einzig richtige Lösung, wenn die Reichsgesetzgebung es unternimmt, diese Frage nach gleichmäßigen Grundsätzen für alle Länder des deutschen Reichs zu regeln. Das will der Gesetzentwurf erreichen — und Sie werden darüber zu beschließen haben, ob der Weg, den er zu diesem Ziel eingeschlagen hat, ein richtiger ist. An sich darf die Reichsgesetzgebung sich dieser Aufgabe nicht entziehen, und es ist dies um so nothwendiger, weil einzelne Partikularstaaten sich der Regelung der Frage bei Einführung der Reichsjustizgesetzgebung enthalten haben, und zwar, weil sie das Vertrauen hatten, daß der Reichstag mit der Reichsgesetzgebung die Sache allgemein regeln würde. Ich darf hier wohl anführen, daß beispielsweise der größte Bundesstaat, Preußen, es unterlassen hat, in seine Einführungsgesetzgebung die Frage über die Anfechtung von Rechtshandlungen außerhalb des Konkurses mithineinzuziehen, weil er aber mit Recht darauf vertraute, daß die Reichsgesetzgebung sich der Aufgabe nicht entziehen würde. Sollte jetzt dieses Gesetz hier nicht zu Stande kommen, dann würde also beispielsweise in Preußen eine sehr große und vielleicht schwer fühlbare Lücke in der Gesetzgebung und damit in der Rechtsübung entstehen. Andere Staaten haben bereits die Frage in Angriff genommen, aber auf die Entwürfe hin, die mir darüber bekannt geworden sind, kann ich bestätigen, daß der eine Staat die Regelung so versucht hat, der andere anders, und daß also dasjenige, was hier mit dem Reichsgesetze erstrebt wird, ein einheitliches Recht auf diesem Gebiete zu schaffen, auf dem Wege der Partikulargesetzgebung nicht erreicht werden kann. Darum kann ich dem hohen Hanse auch nur dringend empfehlen, den Gesetzentwurf wenn irgend möglich hier zu Stande zu bringen. In welcher Form Sie ihn berathen und beschließen wollen, das steht ja nicht zu meinem Urtheil. Mögen Sie aber nun den Gesetzentwurf im Plenum berathen oder an eine Kommission verweisen — denn das erkenne ich an, er ist nicht ohne sehr große Schwierigkeiten — so werden wir schon zu einem Abschluß und auch da zu einer vielleicht besseren Gestaltung des Gesetzentwurfs kommen, wo Aenderungen Ihren Anschauungen gemäß befürwortet werden sollten.

Präsident: Der Herr Abgeordnete Dr. Mayer (Donauwörth) hat das Wort.

Abgeordneter Dr. **Mayer** (Donauwörth): Meine Herren, ich habe mir das Wort erbeten, um meinem Erstaunen Ausdruck zu geben über die Art und Weise, wie von Seiten des Reichsjustizamtes in dieser Angelegenheit gegenüber den Landesgesetzgebungen insbesondere der bayerischen vorgegangen worden ist. Die Konkursordnung, welche am 1. Oktober dieses Jahres in Kraft treten soll, enthält nur Bestimmungen über die Anfechtbarkeit von Rechtshandlungen des Gemeinschuldners, welche vor Eröffnung des Konkurses vorgenommen worden sind; jedoch keine Bestimmungen über die Anfechtbarkeit von Rechtshandlungen außerhalb des Konkurses. Es wurde aber bereits in den Motiven zur Konkursordnung darauf hingedeutet, wie wünschenswerth es sei, daß die Anfechtbarkeit von Rechtshandlungen sowohl innerhalb als auch außerhalb des Konkurses bezüglich der Anfechtungsgründe in einer übereinstimmenden Weise geregelt werde. Dieses Bedürfniß einer übereinstimmenden Regelung läßt sich auch nicht in Abrede stellen. Es würde ein Mißstand sein, wenn die Anfechtungsgründe für Rechtshandlungen außerhalb des Konkurses anders geordnet wären, als wie innerhalb des Konkurses, so weit nicht die Natur des Konkurses abweichende Bestimmungen nothwendig macht. Es konnte aber die Frage aufgeworfen werden, ob die Herstellung dieser Uebereinstimmung auf dem Wege der Reichsgesetzgebung oder auf dem Wege der Landesgesetzgebungen vorzunehmen sei, und hier ist nun in den Motiven zur Konkursordnung die Herstellung dieser Uebereinstimmung den Landesgesetzgebungen überlassen worden. In den Motiven zur Konkursordnung auf Seite 95 heißt es ausdrücklich:

> Allerdings wäre es wünschenswerth, daß auch außerhalb des Konkurses dieselben Grundsätze über die Anfechtung von Rechtshandlungen bestehen; daraus folgt aber nur, daß die einzelnen Landesgesetzgebungen in der Anfechtbarkeit von Rechtshandlungen außerhalb des Konkurses die nothwendige Uebereinstimmung mit den für den Konkurs gegebenen Grundsätzen zu erzielen haben würden.

Nachdem also in den Motiven zur Konkursordnung die Uebereinstimmung den Landesgesetzgebungen anheimgegeben worden war, hat die bayerische Staatsregierung in Anbetracht, in Befolgung dieser Hinweisung auf die Landesgesetzgebung auch in dem Ausführungsgesetze zur Zivilprozeßordnung und zur Konkursordnung eine Reihe von Bestimmungen aufgenommen über die Anfechtbarkeit von Rechtshandlungen außerhalb des Konkurses. Sie hat diesen Gesetzentwurf dem bayerischen Landtage vorgelegt. Der Gesetzentwurf ist in dem speziell dazu niedergesetzten Gesetzgebungsausschusse des bayerischen Landestags sorgsam berathen worden, und es wurde zuletzt im Februar d. J. ein Einverständniß zwischen der Kammer der Abgeordneten, der Kammer der Reichsräthe und der königlichen bayerischen Staatsregierung erzielt, und es wurde dann vonseiten der bayerischen Staatsregierung der fertig gestellte Gesetzentwurf Sr. Majestät dem König] zur Sanktion vorgelegt. Es mußte daher in allen denjenigen, welche an der bayerischen Gesetzgebung betheiligt waren, und ich erwähne zu meiner Legitimation, daß ich Referent über dieses Ausführungsgesetz war im Plenum, ich sage, es mußte ein sehr gerechtes Erstaunen hervorrufen, als wir später in den Zeitungen lasen und dann von dieser Gesetzesvorlage offiziell in Kenntniß gesetzt wurden, daß vom Reichsjustizamt ein Entwurf über ein zu erlassendes Reichsgesetz ausgearbeitet wurde. Wenn dieses Reichsgesetz erlassen ist, dann ist die Landesgesetzgebung über diesen Gegenstand ausgeschlossen, also die ganze Berathung und Fertigstellung der bayerischen Gesetzgebung über diesen Gegenstand resultatlos und ist förmlich unnütz gewesen. Es ist nun für mich unglaublich, daß die bayerische Staatsregierung, insbesondere das bayerische Justizministerium dem bayerischen Landtage einen Gesetzentwurf über diesen Gegenstand vorgelegt, ihn gänzlich durchberathen und ihn Seiner Majestät dem König von Bayern zur Sanktion unterbreitet hätte, wenn es Kenntniß davon gehabt hätte, daß über den nämlichen Gegenstand ein Reichsgesetz in Berlin vom Reichsjustizamt vorgelegt würde, ich sage, der Gedanke ist völlig ausgeschlossen. Das bayerische Justizministerium ist daher nicht in Kenntniß gesetzt worden. Dagegen das Reichsjustizamt hat die genaueste Kenntniß gehabt von dem Gesetzgebungswerke über diesen Gegenstand in Bayern, denn es mußten ja alle Entwürfe der Ausführungsgesetze zum Justizgesetz von den einzelnen Landesregierungen dem Reichsjustizamt mitgetheilt werden, was nicht blos notorisch ist, sondern auch aus den Motiven zum gegenwärtigen Gesetze hervorgeht, in welchen mehrmals auf den bayerischen Entwurf verwiesen ist.

Es hat das Reichsjustizamt aber nicht bloß Kenntniß gehabt von dem bayerischen Entwurfe, sondern es ist der bayerische Entwurf auch einer genauen Kontrole im Reichsjustizamt unterworfen worden, was ich daraus entnehme, daß im bayerischen Gesetzgebungsausschusse bei einem Gegenstand der rheinpfälzischen Gesetzgebung von einem bayerischen Ministerialkommissar ein Abänderungsvorschlag mit der Hinweisung auf eine Anregung des Reichsjustizamts motivirt worden ist. Das Reichsjustizamt hat aber das bayerische Justizministerium, wie ich aus diesen Umständen entnehmen muß, vollständig in Unkenntniß über dasjenige gelassen, was hier in Berlin ausgearbeitet wurde. Die Sache steht also nun so, daß das bayerische Ausführungsgesetz, welches mit der königl. Sanktion vom 23. Februar d. J. versehen und im Gesetzblatt des Königreichs Bayern Nr. 9 d. d. 15. März d. J. promulgirt worden ist, und das am 1. Oktober d. J. in Kraft tritt, in seinen die actio Paulliana betreffenden Pharagraphen schon, ehe es in Kraft tritt, außer Kraft gesetzt wird, und ich kann nicht umhin, dieses Verfahren seitens des Reichsjustizamts als sehr befremdend und für Bayern sehr verletzend anzusehen. Den Württembergern scheint es auch nicht anders gegangen zu sein, denn ich habe die Verhandlungen des württembergischen Landtags über das Ausführungsgesetz vor mir liegen. Ich ersehe, daß auch dort von der Staatsregierung ein Gesetzentwurf dem Landtage vorgelegt, von einer Kommission behandelt und schließlich im Plenum zur Verbescheidung gekommen ist. Die bayerische und württembergische Regierung scheinen daher auch keine sehr große Freude an diesem Reichsgesetzentwurf gehabt zu haben, denn in der Augsburger Abendzeitung vom Donnerstag, den 10. April d. J. lese ich, — der Herr Präsident wird erlauben, daß ich diese paar Zeilen vorlese:

> Aus Berlin. Aus dem Protokoll der Bundesrathssitzung vom 27. März ist zu ersehen, daß zu dem von dem Justizausschuß überreichten Berichte zu dem Gesetzentwurf betreffend die Anfechtungen von Rechtshandlungen eines Schuldners außerhalb das Konkursverfahrens, der Vertreter Sachsens, von Nostiz, den Präjudizialantrag stelle, den Gesetzentwurf zur Zeit nicht weiter zu verfolgen. Dieser Antrag wurde abgelehnt. Der bayerische Bundesrathsbevollmächtigte erklärte, daß er mit Rücksicht auf die Lage der bayerischen Landesgesetzgebung gegen das ganze Gesetz habe stimmen müssen; Württemberg schloß sich dieser Erklärung an.

Ich hätte gerne aus den Protokollen des Bundesraths die nähere Motivirung dieser Abstimmungen ersehen und habe mich daher an die Bibliothek des Reichstags gewendet, um diese Protokolle zur Einsicht zu bekommen, sie sind aber nicht in der Bibliothek vorhanden und sind den Mitgliedern des Reichstags überhaupt gar nicht zugänglich. Ich möchte daher bitten, daß vom Herrn Staatssekretär Dr. Friedberg mir und dem ganzen Hause ein näherer Aufschluß gegeben werde aus den Abstimmungen und aus den Verhandlungen des hohen Bundesraths, überhaupt über das Vorgehen des Reichsjustizamts gegenüber den einzelnen hierbei betheiligten Landesgesetzgebungen.

(Bravo! im Zentrum.)

Präsident: Der Herr Staatssekretär Dr. Friedberg hat das Wort.

Bevollmächtigter zum Bundesrath Staatssekretär im Reichsjustizamt Dr. **Friedberg**: Dem Antrage des Herrn Vorredners will ich sehr gerne entsprechen, obgleich es wohl an sich nicht ganz herkömmlich ist, über die Abstimmungen des Bundesraths hier gewissermaßen offizielle Erklärungen abzugeben. Ich nehme aber keinen Augenblick Anstand dem Herrn Vorredner und damit dem Hause zu bestätigen, daß allerdings bei der schließlichen Abstimmung über den vorliegenden Gesetzentwurf die königlich baierische und die königlich württembergische Regierung gegen den Gesetzentwurf gestimmt haben, und zwar weil sie glaubten, daß für ihre Lande das Bedürfniß bereits durch die eigene Gesetzgebung befriedigt sei. Diesen Stimmen gegenüber haben aber die übrigen Bundesmitglieder und damit die Mehrheit des Bundesraths beschlossen, den Gesetzentwurf, wie er Ihnen jetzt vorliegt, dem Reichstag zur Beschlußfassung vorzulegen.

Ich darf nur auf die Entstehung des Gesetzentwurfes zurückgreifen, um den Vorwurf zurückzuweisen, der, wenn auch in milder Form, doch immerhin sachlich dem Reichsjustizamt gegenüber erhoben worden ist, als ob dieser Gesetzentwurf ohne Noth und wider die Wünsche der deutschen Regierungen aufgestellt, durch die gesetzgeberischen Vorstadien durchgetrieben und jetzt zu Ihrer Beschlußnahme gebracht worden sei.

Der Herr Vorredner hat bereits dargelegt, wie schon bei der Feststellung der Konkursordnung die Frage, wie man die Anfechtungen außerhalb des Konkurses zu behandeln haben werde, erörtert worden ist, und daß damals allseitig anerkannt worden ist, es werde ein Gesetz nöthig sein, welches die Anfechtungen außerhalb des Konkurses mit denen innerhalb des Konkurses gleichstelle. Da war es nun später nicht das Reichsjustizamt, sondern eine deutsche Regierung, welche sich an das Reichsjustizamt mit der Frage und Bitte wendete, ob es nicht richtig sein möchte, den Gegenstand nicht den Partikulargesetzgebungen zu überlassen, sondern denselben im Wege der Reichsgesetzgebung zu regeln.

Auf diese äußere Veranlassung hin richtete das Reichsjustizamt im Mai 1877 an sämmtliche deutsche Regierungen ein Schreiben, in dem dargelegt wurde, daß die Frage reichsgesetzlicher Regelung bei dem Reichsjustizamt angeregt worden sei, und daß das Reichsjustizamt sich der Meinung zuneige, es würde allerdings richtiger sein, die Frage im Wege der Reichsgesetzgebung zu regeln, als sie der Partikulargesetzgebung zu überlassen. In diesem Schreiben bat das Reichsjustizamt sämmtliche deutsche Regierungen, es möchte ihnen gefallen, dem Reichsjustizamt die entsprechenden Materialien zu übersenden, um darauf hin prüfen zu können, ob wirklich der Weg der Reichsgesetzgebung beschritten werden solle.

Ein solches Schreiben ist, wie an alle anderen Regierungen, so auch an die königlich bayerische Regierung und die königlich württembergische Regierung ergangen. — Ich darf vielleicht auch, um von der königlich bayerischen und württembergischen Regierung den Vorwurf abzuwenden, als ob sie nicht mit der erforderlichen Rücksicht gegen ihre partikulargesetzgebenden Gewalten vorgegangen wären, weiter mittheilen, was die erstere Regierung geantwortet hat; — es sind nur wenige Worte, die ich verlesen darf; sie lauten:

> Laut jenseitiger schätzbarster Zuschrift vom 23. präs. 28. vorigen Monats Nr. 1830 wird die Bezeichnung der gesetzlichen Bestimmungen, durch welche im Gebiete des Königreiches Bayern die Anfechtung von Rechtshandlungen zahlungsunfähiger Schuldner außerhalb des Konkurses geregelt ist, und in Ermangelung gesetzlicher Bestimmungen die Mittheilung gewünscht, ob und inwieweit die bayerische Gerichtspraxis die Anfechtung einer Befriedigung oder Sicherstellung einzelner Gläubiger zuläßt.
>
> Diesem Wunsche entsprechend hat das unterfertigte königliche Staatsministerium der Justiz die anruhende Zusammenstellung ausarbeiten lassen und beehrt man sich dieselbe in 6 Abdrücken ganz ergebenst einzusenden.

Und nun folgt eine sehr ausführliche Denkschrift, die über den bayerischen Rechtszustand auf diesem Gebiete Kunde gibt. Aehnlich haben es die anderen Regierungen gemacht, keine der Regierungen aber richtete an das Reichsjustizamt den Wunsch, es möchte doch die Inangriffnahme dieser Gesetzgebung ganz und gar unterlassen. Umgekehrt ging von anderen Staaten der ausdrückliche Wunsch ein, man möchte doch die Frage ja reichsgesetzlich regeln, und wie ich schon in meinen einleitenden Worten bemerkt habe, war es insbesondere auch der große preußische Bundesstaat, der in der Erwartung und der Zuversicht, daß die Frage im Reich zum Austrag kommen würde, in seiner Partikulargesetzgebung davon absah, eine Bestimmung in seinen Einführungsgesetzen zu treffen.

Nun ist das richtig: nachdem ich einmal an die Aufstellung des Gesetzentwurfs gegangen war, habe ich nun nicht wieder die einzelnen Regierungen gefragt, ob auch jede mit der Aufstellung des sogar theilweise vorher mitgetheilten Gesetzentwurfs zufrieden sei, und ich hatte dazu um so weniger Anlaß, als ja der Gesetzentwurf in den Bundesrath eingebracht werden mußte und dort der Ort war, in dem die Einzelnregierungen ihre Stellung zu dem Gesetzentwurfe nehmen konnten. Da hat allerdings nun schon im Justizausschuß die königlich bayerische Regierung, die inzwischen mit ihrer Gesetzgebung vorgegangen war — und der Herr Vorredner hat uns ja erklärt, daß er selbst Referent in der dortigen gesetzgebenden Versammlung sei, — weil sie einen Gesetzentwurf zustande gebracht habe, der für Bayern, gleicherweise in Württemberg, das Bedürfniß befriedigte, wie später im Plenum, gegen den Entwurf gestimmt. Aber, meine Herren, wenn es sich fragt, ob eine Gesetzgebungsfrage einheitlich im deutschen Reiche zu regeln sei, dann meine ich, ist es doch in der That nicht entscheidend, ob eine oder die andere, wenn auch sehr wichtige Regierung es inzwischen vorgezogen hat, die Frage, so gut es eben ging, im Wege der Landesgesetzgebung für sein Rechtsgebiet zum Austrag zu bringen.

Sie in Bayern, in Württemberg beklagen sich darüber, daß nun, wenn das Reichsgesetz wird, was Ihnen im Entwurf vorgelegt ist, daß damit Ihre Landesgesetzgebung auf diesem Gebiete aufhöre. Das ist richtig, es ist doch aber verfassungsmäßig und in der That etwas nicht so sehr Ungeheuerliches! Denn „Reichsrecht bricht Landrecht“, und wenn das Reich diesen Gesetzentwurf annimmt, dann müssen diejenigen Staaten, die eine andere Gesetzgebung haben, sich eben dem Reichsrechte unterwerfen.

Der Herr Redner hat nur die eine Seite hervorgehoben, das „Verletzende“ — so glaube ich, war der Ausdruck, den Sie brauchten —, das für eine Regierung darin liege, wenn sie ein eben fertig gewordenes Gesetz nun wieder verschwinden sehen müsse, weil die Reichsgesetzgebung dazwischen getreten sei. Nun haben Sie aber auch die Güte, einmal den Revers der Medaille anzusehen! Was werden diejenigen Staaten sagen, die im Vertrauen, daß die Reichsregierung vorgehen werde, ihrerseits nicht vorgegangen sind, die nicht so vorsorglich auf dem Gebiete gewesen sind wie die bayerische und die württembergische Regierung? — Was werden diese Regierungen sagen, wenn sie eine Lücke in ihrer Gesetzgebung finden? Und da meine ich, sollte in bundesfreundlicher Weise auch von denjenigen Abgeordneten, deren Regierungen inzwischen eine gesetzliche Bestimmung getroffen haben, der reichsgesetzlichen Regulirung nicht entgegen getreten werden, namentlich aber darf ich hoffen, daß in dem hohen Hause die Meinung, als ob gegen irgend welche deutsche Regierung von Seiten der deutschen Justizverwaltung nicht mit der nöthigen Rücksicht vorgegangen wäre, nach dem, was ich Ihnen über die historische Entstehung dieses Entwurfs mitgetheilt habe, nicht Boden gewinnen wird.

Präsident: Der Herr Abgeordnete Dr. Bähr (Kassel) hat das Wort.

Abgeordneter Dr. **Bähr** (Cassel): Meine Herren, indem ich die landesrechtlichen Schmerzen, die sich für einzelne unserer Herren Kollegen an die Einbringung dieses Gesetzentwurfs zu knüpfen scheinen, ihrer besonderen Erörterung überlasse, kann ich vom allgemeinen Standpunkt aus nur erklären, daß ich den Erlaß eines solchen Gesetzes für durchaus wünschenswerth und nützlich halte. Nach den Erfahrungen, die ich als Richter, und ich glaube, sehr viele Richter zu machen Gelegenheit gehabt, haben die betrüglichen Veräußerungen im Lauf der letzten Jahrzehnte erheblich zugenommen. Allerdings bietet der Gesetzentwurf ganz außerordentliche Schwierigkeiten, und ich könnte ja versucht sein, schon manche einzelne Fragen hier zu berühren. Ich thue das aber nicht, will mich vielmehr auf die Besprechung eines einzelnen Punktes beschränken, da ich es für wünschenswerth halte, die Kommission, die voraussichtlich diesen Entwurf zu bearbeiten haben wird, schon jetzt auf diesen Punkt aufmerksam zu machen. Es ist das ein Punkt, den auch schon die Regierungsmotive berühren und zwar in den Motiven zu § 3. Es wird dort gesagt: daß man gewisse Rechtsgeschäfte, welche ein erst vor wenigen Monaten erlassenes englisches Gesetz mit in seine Bestimmungen gezogen, in diesen Entwurf mit hineinzuziehen nicht für angemessen gehalten habe. Es sind das Mobiliarveräußerungen des Schuldners, bei welchen der Schuldner selbst im Besitz der veräußerten Mobilien belassen wird. Ich möchte doch anheimgeben, ob es nicht rathsam sei, auch Geschäfte dieser Art mit unter die Bestimmungen dieses Gesetzes zu ziehen, mindestens in denjenigen Fällen, wo eine solche Veräußerung verbunden ist mit der Verabredung des Rückverkaufs dieser Mobilien an den Veräußerer. Meine Herren, seitdem durch ein preußisches Gesetz die Hypothekenbestellung an Mobilien für ungiltig erklärt ist, ist in den neupreußischen Provinzen, wenigstens in denjenigen Theilen, wo ich näher bekannt bin, es geradezu üblich geworden, Rechtsgeschäfte dieser Art abzuschließen. Es wird die Exekution in Mobilien versucht; dann tritt ein Dritter auf, produzirt einen schriftlichen Vertrag, worin der Besitzer diese Mobilien ihm verkauft und übergeben hat, aber zugleich die Belassung des Veräußerers im Besitz und außerdem ausbedungen ist, daß der Veräußerer innerhalb eines gewissen Zeitraums für eine bestimmte Summe diese Mobilien wieder nach Belieben zurückerwerben kann. Meine Herren, dies ist ein Rechtsgeschäft, welches so recht eigentlich darauf hinausgeht, das Verbot der Hypothekenbestellung an Mobilien zu umgehen, und welches also die Sicherung des Mobiliarkredits, welcher durch dieses Verbot erzielt werden sollte, geradezu paralysirt. Die Ungiltigkeit der Hypothekenbestellung an Mobilien liegt auch unserer Konkursordnung zu Grunde, denn sie erkennt keinen Vorzug an aus einer solchen Hypothekbestellung. Insofern dienen also diese Geschäfte dazu, um, wenn ich mich so ausdrücken darf, auch ein Loch in unsere Konkursordnung zu machen. Ich glaube deshalb, daß ein deutsches Gesetz, welches gegen die betrügliche Veräußerung vorgehen will, nicht wohlthut, diese Verhältnisse außer Acht zu lassen, und ich möchte wenigstens darauf aufmerksam machen, daß man bei der Berathung des Gesetzes im Einzelnen auch diese Dinge näher in Betracht zieht, da es einen geradezu dringend gewordenen Schaden betrifft.

Präsident: Der Herr Abgeordnete von Schmid (Württemberg) hat das Wort.

Abgeordneter **von Schmid** (Württemberg): Meine Herren, ich verkenne durchaus nicht die Nothwendigkeit, daß das materielle Recht in Absicht auf die sogenannte actio pauliana innerhalb und außerhalb des Konkurses identisch sein muß; ich verkenne diese Nothwendigkeit um so weniger, als es eine notorische Thatsache ist, daß im deutschen Reichsgebiet über diese wichtige Materie so ganz verschiedene Rechtsbestimmungen bestehen, ja daß zum Theil nur die Praxis über diese hochwichtige Materie die Entscheidung gegeben hat, auch bin ich der Meinung und stimme hierin dem Herrn Präsidenten des Reichsjustizamts bei, daß es ein Bedürfniß ist, diese Frage für das deutsche Reich legislativ einheitlich zu reguliren. Auch steht mir fest, daß das Gewicht der Gründe, welche der Herr Präsident des Reichsjustizamts angeführt hat, für die derzeitige sofortige reichsgesetzliche Regelung dieser Materie ein sehr erhebliches ist. Wenn ich nun aber auf der andern Seite erwäge, daß bei der Emanation der Konkursordnung der Landesgesetzgebung jedenfalls das Recht vorbehalten wurde, diesen Gegenstand für sich eben noch zu ordnen, so möchte ich zu meinem Theil vor allem den allerdings in der Rede des Herrn Präsidenten des Reichsjustizamts nicht einmal recht anklingenden Vorwurf zurückweisen, als ob die einzelnen Staaten, vornehmlich Bayern und Württemberg, wenn sie nun zu ihrem Theile diese Materie durch ihre Landesgesetzgebung normirt haben, irgend welcher Vorwurf des Partikularismus treffen könnte; — diesen Gedanken weise ich a limine zurück.

Es entsteht aber auf der anderen Seite die Frage, nachdem einmal die Thatsache der bereits erfolgten legislativen Normirung in den genannten Staaten vorliegt, ob der Gesetzentwurf, wie er jetzt hier eingebracht ist, eigentlich zur Zeit eine Nothwendigkeit sei, ob er zur Zeit ein auch nur dringendes Bedürfniß befriedigt. Meine Herren, ich muß in dieser Beziehung einen neuen Gesichtspunkt vorzutragen mir erlauben. Es ist ja das ganze Gebiet des deutschen Privatrechts Gegenstand künftiger Kodifikation. Diese Kodifikation mag noch längere Zeit auf sich warten lassen, darüber kann ja unter uns eine Meinungsverschiedenheit nicht bestehen, aber immerhin wird es sich fragen, ob nicht dieser Moment hätte abgewartet werden können und dürfen. Es ist in den Motiven zum Gesetzentwurfe sowohl darauf hingewiesen, als auch wurde von dem Herrn Präsidenten des Reichsjustizamts hier betont, wie eben die partikulare Gesetzgebung, als sie diese Materie in der letzten Zeit normirt habe, nicht unerhebliche Divergenzen gewissermaßen sich habe zu Schulden kommen lassen. Meine Herren, es läßt sich nicht leugnen, daß diese Thatsache besteht, aber ich möchte der Meinung sein, als ob die Verschiedenheiten in der Gesetzgebung zwischen Bayern und Württemberg z. B. nicht der Art wären, namentlich den Grundsätzen der Konkursordnung gegenüber, daß sie zu erheblichen Schwierigkeiten in der Ausführung führen könnte. Dagegen läßt sich allerdings das nicht ganz leugnen, daß gegenüber den verschiedenen Rechtsgebieten der übrigen Länder des deutschen Reichs diese Schwierigkeiten und Unebenheiten theilweise von nicht unerheblicher Art sind; immerhin aber sollte ich der Meinung sein, ob nicht die Kommission, an welche wohl das hohe Haus diese intrikate Materie zur weiteren Berathung überweisen dürfte, die von mir angeregte Frage einer dilatorischen Behandlung dieses Gegenstandes mit Rücksicht auf den Moment der Kodifikation des gesammten deutschen privaten Rechts in Erwägung nehmen sollte.

Ein Punkt aber muß noch speziell ins Auge gefaßt werden, und dieser Punkt, meine Herren, ist mehr politischer Art. Wenn man nämlich das allgemeine Motiv, welches hier in den Erläuterungen zu dem Gesetzentwurf angeführt ist, wonach die Verschiedenheit der Gesetzgebungen der einzelnen Staaten in einer bestimmten Rechtsmaterie gewissermaßen schon jetzt und vor der allgemeinen Kodifikation ein zureichender Entscheidungsgrund für die Erlassung eines Reichsgesetzes werden könnte, so wäre die Reichsgesetzgebung in der Lage, auch noch in so mancher anderen Rechtsmaterie eigentlich zu ihrem Theile schon jetzt in die Rechtsgebiete der Einzelstaaten einzugreifen. Ich bin zwar nicht der Meinung, als ob von

Seiten der Reichsregierung dieser Standpunkt getheilt würde; ich wollte nur konstatiren, daß die Möglichkeit einer solchen Schlußfolgerung an sich gegeben wäre, und hiergegen möchte ich zu meinem Theil, wohl auch im Sinne mehrerer Herren Kollegen aus meiner engeren Heimath, mich aussprechen.

Wollen Sie nun gefälligst diese neuen Gesichtspunkte noch erwägen, sei es nun, daß die Frage in zweiter Lesung sofort im Plenum zur Entscheidung kommt, sei es, daß der Gesetzentwurf an eine Kommission verwiesen würde.

Präsident: Der Herr Abgeordnete Dr. Wolffson hat das Wort.

Abgeordneter Dr. **Wolffson:** Meine Herren, ich halte eigentlich die Frage, ob dieser Gegenstand sich für eine reichsgesetzliche Regelung eignet, für ziemlich ausgemacht; die Konkursordnung hat einmal auf diesem Gebiet materielles Recht geschaffen und es wäre ein eigenthümlicher Zustand, wenn sich das materielle Recht, außerhalb des Konkurses für dieselben Fragen nicht auf das engste anschlösse an das materielle Recht, wie es innerhalb des Konkurses gehandhabt werden soll. Es ist allerdings nicht ausgeschlossen, daß die Partikulargesetzgebung diese Lücke ausfüllt, aber ein innerer Grund dafür liegt nicht vor, im Gegentheil, jede Ueberlassung der Materien an die Partikulargesetzgebung wird dahin führen, daß sich dieser Theil der Gesetzgebung in selbstständiger Weise entwickelt. Ich weise nur darauf hin, daß, wenn der Gegenstand durch die Partikulargesetzgebung geordnet wird, für einzelne Länder die Materie der Einwirkung des Reichsgerichts entzogen wird, während es doch offenbar wünschenswerth ist, daß in gleichmäßiger Weise gerade wie im Konkurse auch außerhalb des Konkurses die Sachen im ganzen deutschen Reich behandelt werden. Das materielle Recht ist im wesentlichen für diesen Gesetzentwurf schon durch die Bestimmung der Konkursordnung gegeben und darum glaube ich, daß der Vorschlag des Herrn Kollegen Bähr kein solcher ist, der auf Berücksichtigung hoffen darf, weil wir damit ein ganz neues Moment in die Anfechtung außerhalb des Konkurses hineintragen würden, das wir bei der Anfechtung innerhalb des Konkurses nicht kennen. Wie sollen sich die Dinge gestalten, wenn das Moment, das Herr Kollege Bähr hervorgehoben hat, dazu führt, daß eine Anfechtung stattfindet, wenn der Konkurs nicht eintritt, daß diese Anfechtung aber ausgeschlossen wird in dem Augenblick, wo der Konkurs eintritt? So glaube ich also, daß die materielle Grundlage des Gesetzes gegeben ist. Darauf wird sich auch kaum die Arbeit der Kommission beziehen, an die Sie eventuell den Gesetzentwurf verweisen werden, sondern die Arbeit der Kommission wird in der Betrachtung derjenigen technischen Fragen bestehen, die die Einreihung dieses materiellen Rechts in das Verfahren außerhalb des Konkurses erfordert. Da kommen vorzugsweise drei Fragen in Betracht: erstens, ob es richtig ist, die Anfechtbarkeit außerhalb des Konkurses abhängig zu machen von der fruchtlos vollstreckten Exekution, oder ob es nicht vielleicht richtiger ist, sie an die Ableistung des Offenbarungseides zu knüpfen. Die zweite Frage würde die sein: wie stellt sich der Anfechtungskläger, der seinen Prozeß geführt hat, zu den anderen Anfechtungsklägern, die später ebenfalls aus eigenem Rechte dieselbe Anfechtung vornehmen? Und die dritte Frage, die mir erhebliche Schwierigkeiten zu bereiten scheint, ist die Frage: wie stellt sich der Anfechtungskläger zum Konkursverwalter, wenn vor vollendetem Anfechtungsverfahren der Konkurs eintritt? Das sind Fragen, die in der That außerordentlich technische Schwierigkeiten bereiten und eine gründliche Erwägung, wie ich glaube, in kleinerem Kreise erfordern und die sich wohl kaum zu einer erschöpfenden Behandlung im Plenum eignen würde.

Ich bin deshalb der Ansicht, meine Herren, daß die Vorlage an eine Kommission verwiesen werden muß; ich erlaube mir aber zurückzuweisen auf eine Bemerkung, die ich bei einer anderen Gelegenheit hier im Reichstage zu machen mir die Freiheit genommen habe. Als wir die erste Lesung des Gesetzes über die Konsulargerichtsbarkeit vornahmen, erlaubte ich mir den Vorschlag zu machen, diesen Gesetzentwurf an eine Kommission von 21 Mitgliedern zu verweisen, und zwar mit der speziellen Hervorhebung, daß diese 21 Mitglieder für dieses spezielle Gesetz zu viel sein würden, daß aber in Aussicht zu nehmen sei, andere bevorstehende Justizgesetze in diese Kommission zu verweisen, und ich wies namentlich auf dieses Gesetz hin, das uns schon vorgelegt war. Wenn ich nicht irre, ist damals von anderer Seite der Vorschlag gemacht worden, die Zahl auf 14 zu beschränken; der Reichstag hat sich für 21 entschieden und, glaube ich, damit im Voraus das Präjudiz ausgesprochen, daß er geneigt sein würde, diese Vorlage an dieselbe Kommission zurückzuverweisen.

Die Materien beider Gesetze haben allerdings keine Verwandtschaft mit einander, die Verwandtschaft besteht einzig und allein darin, daß beide Gesetze eine Konsequenz unserer Justizgesetze sind und beide juristische Kräfte erfordern, und wenn wir im Allgemeinen auch eine copia juris consultorum haben, würde das Vertheilen der Juristen in eine so große Zahl von Kommissionen, wie sie sonst einzusetzen wäre, am Ende so weit führen, daß wir an einem Mangel leiden würden. Anschließend also an dasjenige, was ich bei der ersten Lesung des Gesetzes über die Konsulargerichtsbarkeit geäußert habe, erlaube ich mir den Vorschlag, diesen Gesetzentwurf an die für das Gesetz über die Konsulargerichtsbarkeit niedergesetzte Kommission zu verweisen.

Präsident: Der Herr Abgeordnete Dr. Mayer (Donauwörth) hat das Wort.

Abgeordneter Dr. **Mayer** (Donauwörth): Meine Herren, nur ein paar Worte. Meine Beschwerde ist durch die Erklärung des Herrn Staatssekretärs nicht vollständig gehoben, ich bin nicht vollständig befriedigt, denn meine Beschwerde ging nicht sowohl dahin, daß der Gesetzentwurf vom Reichsjustizamt dem Reichstag vorgelegt werde, sondern die Beschwerde besteht darin, daß, nachdem zuvor die Materie an die Landesgesetzgebungen verwiesen worden war und die bayerische Staatsregierung diesen Weg betreten hatte, das Reichsjustizamt von seinem Vorhaben einer reichsgesetzlichen Vorlage der bayerischen Staatsregierung und durch diese der bayerischen Landesvertretung nicht zur rechten Zeit Mittheilung gemacht hat, so zwar, daß die Gesetzesvorlage in Bayern hätte zurückgenommen werden können. Es wäre uns die Beschämung erspart worden, daß wir in Bayern uns monatelang mit einem Gesetzgebungswerk beschäftigen, und daß hier im Reich etwas vorbereitet wird, was unsere ganze bayerische Gesetzgebung nutzlos macht.

Präsident: Der Herr Abgeordnete Freiherr von Maltzahn-Gültz hat das Wort.

Abgeordneter Freiherr von **Maltzahn-Gültz:** Nur einen formellen Punkt möchte ich erwähnen. Der vorletzte Herr Redner hat daran erinnert, daß er bei der ersten Lesung des Gesetzes über die Konsulargerichtsbarkeit beantragt habe, die für dieses Gesetz einzusetzende Kommission auf 21 Mitglieder zu normiren mit der bestimmten Absicht, derselben Kommission auch dieses Gesetz demnächst zu überweisen. Auch von meiner Seite ist die Normirung der Zahl jener Kommission auf 21 Mitglieder damals beantragt worden, ich habe aber ausdrücklich dagegen Verwahrung eingelegt, daß dies deshalb geschehe, um derselben Kommission auch dieses Gesetz, welches in keinem inneren Konnex mit dem andern steht, zu überweisen. Ich möchte daher den Herrn Präsidenten bitten, bei der Abstimmung demnächst die Frage, ob, wenn dies Gesetz überhaupt an eine Kommission gehen soll, dies die Kommission für das Konsulargerichtsgesetz sein soll, besonders zur Entscheidung zu bringen.

Präsident: Das Wort wird nicht weiter gewünscht; ich schließe die erste Berathung.

Meine Herren, ich werde fragen: soll das Gesetz zur weiteren Vorberathung an die Kommission für die Konsulargerichtsbarkeit überwiesen werden? Wird dies angenommen, so ist die Frage der Kommission damit entschieden; wird es verneint, so werde ich fragen: soll das Gesetz an eine besondere Kommission, die ich wohl auf 21 Mitglieder normiren darf, verwiesen werden? Wird auch diese Frage eventuell verneint, so werden wir ohne weitere Vorberathung in einer der nächsten Sitzungen in die zweite Berathung des Gesetzes eintreten.

Widerspruch gegen die Fragestellung wird nicht erhoben; es wird also so, wie ich vorgeschlagen habe, abgestimmt.

Ich ersuche demnach diejenigen Herren, welche das Gesetz zur weiteren Vorberathung an die Kommission für die Konsulargerichtsbarkeit verweisen wollen, sich zu erheben.

(Geschieht.)

Meine Herren, das Büreau ist zweifelhaft; wir bitten um die Gegenprobe. Ich ersuche diejenigen Herren, aufzustehen, welche das Gesetz **nicht** an diese Kommission für die Konsulargerichtsbarkeit verweisen wollen.

(Geschieht.)

Das Büreau ist einstimmig in der Ueberzeugung, daß jetzt die Minderheit steht; es ist also die Verweisung an die Kommission von 21 Mitgliedern für die Konsulargerichtsbarkeit beschlossen. Das Gesetz geht also an diese Kommission.

Wir gehen jetzt über zum 8. Gegenstand der Tagesordnung:

> **dritte Berathung des Gesetzentwurfs, betreffend den Verkehr mit Nahrungsmitteln, Genußmitteln und Gebrauchsgegenständen,** auf Grund der Zusammenstellung der in zweiter Berathung gefaßten Beschlüsse (Nr. 125 der Drucksachen).

Zur Geschäftsordnung hat das Wort der Herr Abgeordnete Dr. Zimmermann.

Abgeordneter Dr. **Zimmermann:** Meine Herren, bei der hohen Wichtigkeit des Gegenstandes und da mehrere Verbesserungsanträge noch zur dritten Lesung eingebracht sind, und bei der bedenklichen Anzahl der Mitglieder, die im Hause anwesend sind, beantrage ich, diesen Gegenstand von der heutigen Tagesordnung abzusetzen, eventuell müßte ich darauf antragen, daß konstatirt werde, ob das Haus beschlußfähig ist.

Präsident: Ich bemerke, daß allerdings noch im Augenblick schriftliche Anträge eingegangen sind, deren Druck ich verfügt habe; der Druck ist aber noch nicht erfolgt. Ich will das bloß thatsächlich feststellen. Sodann fragt es sich, ob die Frage der Beschlußfähigkeit jetzt schon zum Austrag gebracht werden muß. Der betreffende § 54 der Geschäftsordnung lautet:

> Unmittelbar vor der Abstimmung ist die Frage zu verlesen.
>
> Ist vor einer Abstimmung — —

und vor einer solchen Abstimmung stehen wir allerdings, denn ich muß die Frage zur Abstimmung bringen, ob der Gegenstand von der heutigen Tagesordnung abgesetzt werden soll —

> Ist vor einer Abstimmung in Folge einer darüber gemachten Bemerkung der Präsident oder einer der fungirenden Schriftführer zweifelhaft, ob eine beschlußfähige Anzahl von Mitgliedern anwesend sei, so erfolgt der Namensaufruf.
>
> Erklärt dagegen auf die erhobene Bemerkung oder den von einem Mitgliede gestellten Antrag auf Auszählung des Hauses der Präsident, daß kein Mitglied des Büreaus über die Anwesenheit der beschlußfähigen Anzahl zweifelhaft sei, so sind damit Bemerkung und Antrag erledigt.

Meine Herren, **kein** Mitglied des Büreaus zweifelt an dem Vorhandensein einer beschlußfähigen Anzahl der Mitglieder des Hauses; es wird also der Namensaufruf nicht vorgenommen werden.

Dagegen werde ich jetzt die Frage zur Abstimmung bringen, ob der Gegenstand von der Tagesordnung abgesetzt werden soll.

Ich ersuche diejenigen Herren, welche die Nr. 8 der Tagesordnung:

> dritte Berathung des Gesetzentwurfs, betreffend den Verkehr mit Nahrungsmitteln, Genußmitteln und Gebrauchsgegenständen, auf Grund der Zusammenstellung der in zweiter Berathung gefaßten Beschlüsse (Nr. 125 der Drucksachen),

von der heutigen Tagesordnung absetzen wollen, sich zu erheben.

(Geschieht.)

Das ist die Minderheit, meine Herren. Wir treten also in die dritte Berathung ein, und ich eröffne zuvörderst demnach die Generaldiskussion über das Gesetz.

Das Wort hat der Herr Abgeordnete Dr. Harnier.

Abgeordneter Dr. **Harnier:** Meine Herren, in zweiter Berathung hat der Gesetzentwurf zwei Abänderungen von einiger Erheblichkeit erhalten. Die erste Abänderung bezieht sich auf die Zuständigkeitsfrage der Polizeibehörden. Der Vorschlag der verbündeten Regierungen, die Beamten der Gesundheitspolizei im ganzen deutschen Reich für Polizeibeamte im Sinne dieses Gesetzes zu erklären, hat die Billigung des Reichstages nicht gefunden. Damit hat, wie ich glaube, der § 4 der Regierungsvorlage eigentlich seine legislatorische Bedeutung und Berechtigung verloren. Die allgemeine Bemerkung glaube ich in der Generaldiskussion nur hieran knüpfen zu dürfen, daß in der That es nunmehr doppelt Aufgabe der Einzelstaaten, der Regierungen der Bundesstaaten sein wird, an die Stelle der hier beabsichtigten Beamten im Wege der Partikulargesetzgebung die nöthigen und geeigneten Beamten zu bestimmen und zu bezeichnen, welche zur gedeihlichen Ausführung dieses wichtigen Gesetzes überhaupt erforderlich sind. Meine Herren, wenn dieses geschieht — und ich hoffe, es wird geschehen, da die Sache doch von großer Wichtigkeit für sämmtliche Bundesstaaten ist — so will ich in der Erwartung und im Vertrauen, daß dies geschieht, der Abweisung des fraglichen Vorschlags der Regierungen weiter keine Thränen nachweinen und will nicht versuchen, den Reichstag zu einer abweichenden Ansicht in diesem Punkt in dritter Lesung zu bestimmen.

Die andere Aenderung, die die zweite Lesung zur Folge gehabt hatte, betrifft den § 10. Ich glaube, meine Herren, daß durch die Aenderung, die der Reichstag beschlossen hat, das Gesetz im allgemeinen viel mehr Freunde gewonnen hat, als es vorher hatte. Zahlreiche Stimmen, die mir zugegangen sind, sowohl von juristischer Seite, als namentlich auch aus den Kreisen der betheiligten Gewerbtreibenden, finden die Beunruhigung beseitigt, welche durch den früheren Versuch, den Begriff des Verfälschens im Gesetz zu definiren, erregt worden war.

Meine Herren, ich beschränke mich, nachdem ich aufgefordert war, das Wort zur Generaldiskussion zu ergreifen, auf diese wenigen Bemerkungen und hoffe, daß die Spezialdiskussion im wesentlichen die Resultate der zweiten Lesung bestätigen werde, wobei ich mir allerdings vorbehalten möchte, zum § 4 nochmals die Erwägung anzuregen, ob derselbe überhaupt in der nunmehrigen Fassung und zwar auch unter

Hinzufügung des von Herrn Abgeordneten Ruppert beantragten Zusatzes einen gesetzlichen Inhalt und Existenzberechtigung im Gesetze haben würde.

Präsident: Der Herr Abgeordnete Dr. Zimmermann hat das Wort.

Abgeordneter Dr. **Zimmermann:** Meine Herren, wenn ich vorhin den Antrag gestellt habe, den Gegenstand bei seiner großen Wichtigkeit womöglich von der Tagesordnung abzusetzen, bin ich indirekt doch genöthigt, vor Ihnen diesen Antrag zu motiviren, und zwar mit der Begründung der Bedenken, die ich unbedingt gegen diese Gesetzesvorlage geltend zu machen gehabt hätte. Dazu gehört zunächst die Aenderung, welche in der zweiten Lesung betreffs derjenigen Beamten, die zur Handhabung resp. Ausführung des Gesetzes designirt sind, stattgefunden hat. Ich muß bekennen, daß ich mich nicht von den Zweifeln habe befreien können, die darans entstehen, daß nunmehr an Stelle der von der Regierung vorgeschlagenen Gesundheitsbeamten die Polizeibeamten im allgemeinen gesetzt sind, und daß bei verschiedenartiger Auffassung der Polizeibefugnisse in verschiedenen Staaten die Ausführung sehr verschiedenartig sein kann.

Ich würde deshalb bei Betrachtung dieser Seite der Frage es vorgezogen haben, daß diejenigen Beamten, die dieser Aufgabe zu genügen haben, doch von gewisser Qualifikation sein müßten, und daß daher meines Erachtens in der Regierungsvorlage sehr richtig in Aussicht genommen war, daß den einzelnen Staaten überlassen war und oblag, die zu dieser Aufgabe qualifizirten Beamten zu bezeichnen; wie der Wortlaut jetzt in dritter Lesung sich darstellt, ist noch nicht einmal klar gemacht, ob der Beamte als Privatkäufer oder als Beamter in das Geschäft hineintritt, um auf Grund dieses Gesetzes Akte vorzunehmen. Er hat zwar den Gegenstand zu bezahlen, aber dazu hätte es keines Gesetzes bedurft; daß ein Beamter in ein Geschäft hineingeht und sich einen Gegenstand gegen baare Zahlung kauft, das kann nicht wohl beschränkt werden, dazu war in der That kein Gesetz erforderlich. Aber eine gewisse Sicherstellung der betheiligten Personen, daß sie nämlich wissen, mit welcher Art von Beamten sie zu thun haben und in welcher Lage sie sich befinden, hätte ich für durchaus nothwendig gehalten und diese Ansicht würde Ausdruck gefunden haben in der Bezeichnung Gesundheitsbeamte, welche die einzelnen Regierungen demnächst als solche zu bezeichnen haben.

Ein anderer Umstand, den ich gewünscht hätte, daß er Ihre Aufmerksamkeit gefunden hätte, ist der folgende; es ist das gewissermaßen eine Präventivmaßregel, die ich mir erlaubt haben würde Ihnen vorzuschlagen, deren eingehende Erörterung jetzt durch die Geschäftslage nicht mehr möglich ist, daher zur Vorberathung in gehöriger Form keine Aussicht hat. Ich will aber doch dringend auf diese Präventivbestimmung aufmerksam machen, weil sie wohl noch von denjenigen Faktoren in Betracht gezogen werden kann, welche das Gesetz späterhin zur Ausführung zu bringen haben, ich meine nämlich eine Vorschrift betreffend den Geschäftsbetrieb derjenigen Industriellen, welche überhaupt giftige Stoffe zubereiten und in Verkehr bringen. Nach dieser Richtung hin wäre es wünschenswerth, wenn wir, wie ich mir erlauben möchte vorzuschlagen, zu Maßregeln kommen könnten, wonach diejenigen Fabrikanten, welche giftige Stoffe, namentlich Farben für den Verkehr zubereiten und in Verkauf bringen, gezwungen würden, diese Stoffe, insbesondere Farben nur als solche ausdrücklich als giftig bezeichnete in den Handel kommen zu lassen.

Meine Herren, mit solchen Präventivvorschriften werden Sie eine große Reihe von möglichen Gesetzübertretungen vorweg abschneiden, und aus diesem Gesichtspunkte hätte ich sehr gewünscht, daß diese Vorschläge noch in weitere Erwägung gezogen würden; allein ich muß mich bescheiden, da ja das Gesetz in sich eine gewisse Elastizität hat, in den Ausführungsbestimmungen das Nothwendige noch aufzunehmen; man kann wohl zugeben, daß vielleicht in dem § 5 und zwar in dem ersten Abschnitt die Möglichkeit liegt, daß bei der kaiserlichen Verordnung oder bei sonstigen Ausführungsbestimmungen überhaupt der von mir empfohlene Gesichtspunkt eine praktische Berücksichtigung findet.

Endlich, meine Herren, und das ist für mich das Hauptbedenken, was ich gegen dieses Gesetz habe, was ich mir auch schon früher erlaubt habe, Ihnen vorzuführen, der Mangel an Mitteln, durch welche Sie festzustellen suchen sollten, was überhaupt im angegebenen Fall Verfälschung ist. Andere Gesetzgebungen haben in dieser Beziehung von den hier in Aussicht genommenen Wegen verschiedene eingeschlagen, sie haben bestimmte Gegenstände des täglichen Verkehrs abgesondert zur Erörterung gezogen, sie haben dann spezielle Verfälschungen bestimmter Lebensmittel, z. B. der Brodstoffe festgestellt und lediglich dann solches, und dann über die Art der Herstellung von Gebäck, über die ungehörige Beimischung gefährlicher oder gesundheitswidriger Stoffe Anordnungen und Strafvorschriften getroffen. Wir dagegen haben hier versucht, mit einem allgemeinen Gesetz das ganze Gebiet des menschlichen Verkehrs zu beherrschen, und ich meine, das Gesetz hat damit nicht bloß einerseits eine gefährliche Bahn betreten, sondern andererseits in sich noch nicht den geeigneten Weg zu seiner Ausführung überhaupt betreten. Hieran knüpft sich ein anderes wesentliches Bedenken, daß wir in der That keine Institution haben, ja überhaupt keine gesetzliche Organisation geschaffen haben, wie effektiv festgestellt, und was eigentlich strafbare Verfälschung in den einzelnen Fällen ist. Wenn Sie sich das reiche Gebiet des Verkehrs einigermaßen vor Augen führen, die reiche Literatur in Deutschland, Frankreich und England über die Waarenkunde, so werden Sie sehr leicht finden, wie schwer zu beherrschen und wie umfangreich dieser Gegenstand ist, besonders wenn wir dabei ins Auge fassen, daß wir auf keinem einzelnen Gebiet mit einem abgeschlossenen Gegenstande zu thun haben, sondern mit der fortschreitenden Entwickelung auf allen Gebieten der Gewerbe und der Industrie und des Handels nicht bloß im Inlande, sondern in seinen Beziehungen zu dem gesammten Auslande. Meine Herren, dies sind die Hauptgründe, weshalb ich Bedenken tragen werde, mich für das Gesetz überhaupt zu entscheiden.

Wie sehr irrig dergleichen Auffassungen über den Begriff der Verfälschung sind, dafür zum Beweise gestatten Sie mir, nur ein einziges aber höchst merkwürdiges Beispiel zum Schlusse anzuführen, welches uns in hohem Maße bedenklich machen sollte: an b e a c h t u n g s w e r t h e r S t e l l e hat eine namhafte Stimme die Behauptung aufgestellt, daß die Vermischung von Roggen geringerer Qualität und besserer Qualität, wie sie zur Brodbereitung stattfindet, eine Verfälschung sein soll! Sie sehen, meine Herren, darans, wie leicht man auf irrige Wege gerathen kann.

Ich hielt es für nothwendig, meine abweichende Meinung hier zu konstatiren, und ich muß mir deshalb vorbehalten, gegen das Gesetz zu stimmen.

Präsident: Zur Generaldiskussion wird das Wort nicht weiter gewünscht; ich schließe die Generaldiskussion.

Wir treten in die Spezialberathung ein.

Ich eröffne die Diskussion über § 1 der Beschlüsse zweiter Berathung.

Das Wort wird nicht genommen; ich schließe die Diskussion. Eine Abstimmung wird ebenfalls nicht verlangt; ich kann daher wohl konstatiren, daß § 1 der Beschlüsse zweiter Berathung auch in dritter Berathung angenommen ist. § 1 ist angenommen.

Ich eröffne die Diskussion über § 2 der Beschlüsse zweiter Berathung.

Auch hier wird das Wort nicht genommen; ich schließe die Diskussion.

Zur Geschäftsordnung hat das Wort der Herr Abgeordnete Dr. Zimmermann.

Abgeordneter Dr. **Zimmermann**: Meine Herren, so leid es mir thut, so befinde ich mich in der unangenehmen Pflicht, meinerseits noch einmal darauf aufmerksam zu machen, daß meines Erachtens das hohe Haus nicht beschlußfähig ist.

(Unruhe.)

Präsident: Meine Herren, ich nehme an, daß der Herr Redner eben, indem er gesagt hat, er befände sich in der unangenehmen Lage, nochmals seine Meinung dahin aussprechen zu müssen, das Haus sei nicht beschlußfähig, nicht einen Tadel gegen das Gesammtpräsidium hat aussprechen wollen in Betreff des Votums, welches es früher abgegeben hat, nämlich, daß das Haus damals in beschlußfähiger Anzahl versammelt gewesen sei.

Der Herr Redner gibt seine Uebereinstimmung mit dieser Konstatirung mir gegenüber zu erkennen.

Zur Geschäftsordnung hat das Wort der Herr Abgeordnete Dr. Zimmermann.

Abgeordneter Dr. **Zimmermann**: Ich stimme der Auffassung des Herrn Präsidenten aus voller Ueberzeugung bei.

Präsident: Meine Herren, es fragt sich nun, ob jetzt das Haus in beschlußfähiger Anzahl versammelt sei.

Meine Herren, das Büreau ist jetzt nicht einig, ob das Haus in beschlußfähiger Anzahl vorhanden ist; im Gegentheil, es wird von mehreren Seiten auch im Büreau bezweifelt, und es bleibt daher nichts übrig, als den Namensaufruf vorzunehmen.

Ich ersuche die Herren Schriftführer, den Namensaufruf vorzunehmen, und ich ersuche die Mitglieder, beim Namensaufruf laut mit „hier“ zu antworten.

Der Namensaufruf beginnt mit dem Buchstaben M.

(Der Namensaufruf wird vollzogen.)

Anwesend sind:

Ackermann. Freiherr von Aretin (Ingolstadt). Freiherr von Aretin (Illertissen). Dr. Bähr (Kassel). Baer (Offenburg). Dr. Bamberger. von Batocki. Bauer. Dr. Baumgarten. von Behr-Schmoldow. Graf von Behr-Behrenhoff. von Benda. von Bennigsen. Dr. Beseler. Graf Bethusy-Huc. Bieler (Frankenhain). Graf von Bismarck. Dr. Graf von Bissingen-Nippenburg. Dr. Blum. von Bockum-Dolffs. Bode. Dr. Böttcher (Waldeck). von Bötticher (Flensburg). Dr. Braun (Glogau). Dr. Brüning. Bürten. Dr. Buhl. Dr. von Bunsen. von Busse. Carl Fürst zu Carolath. Clauswitz. von Colmar. von Cranach. Dr. von Cuny. Dr. Delbrück. Dernburg. von Dewitz. Dieden. Dietze. Dr. Dreyer. Dr. Falk. Findeisen. Graf von Flemming. von Flottwell. Flügge. von Forcade de Biaix. Dr. von Forckenbeck. Freiherr zu Frankenstein. Graf von Frankenberg. Dr. Frege. Freytag. Dr. Friedenthal. Fritzsche. Graf von Fugger-Kirchberg. Dr. Gareis. Gerwig. Dr. Gneist. Dr. von Grävenitz. von Grand-Ry. Dr. Groß. Grützner. Günther (Sachsen). Dr. Günther (Nürnberg). Haerle. Hamm. Dr. Hammacher. Dr. Harnier. Fürst von Hatzfeldt-Trachenberg. von Helldorff-Bedra. von Helldorff-Rünstedt. Hermes. Holtzmann. Horn. Jäger (Nordhausen). Jordan. Kablé. Katz. von Kehler. Klein. von Kleist-Retzow. Graf von Kleist-Schmenzin. Klotz. Dr. Klügmann. von Knapp. Knoch. Kochann. von König. Kopfer. Krafft. Kreutz. Kuntzen. Landmann. Lang. Laporte. Dr. Lasker. von Lenthe. Lentz. Freiherr von Lerchenfeld. von Levetzow. Liebknecht. Löwe (Berlin). Dr. Löwe (Bochum). Dr. Lucius. von Ludwig. von Lüderitz. Lüders. Dr. Majunke. Freiherr von Maltzahn-Gültz. Freiherr von Manteuffel. Dr. Marquardsen. Freiherr von Marschall. Maurer. Dr. Mayer (Donauwörth). Melbeck. Dr. Mendel. Merz. Freiherr von Minnigerode. Möring. Mosle. Dr. Moufang. Dr. Müller (Sangerhausen). von Neumann. Dr. Nieper. Dechelhäuser. Dr. von Ohlen. Freiherr von Ow (Freudenstadt). Pabst. Dr. Perger. Freiherr von Pfetten. Pflüger. Graf von Praschma. von Puttkamer (Fraustadt). von Puttkamer (Lübben). Freiherr Nordeck zur Rabenau. von Ravenstein. von Reden. Reich. Dr. Reichensperger (Krefeld). Reinecke. Dr. Rentzsch. Richter (Hagen). Richter (Kattowitz). Richter (Meißen). Rickert (Danzig). Römer (Hildesheim). Römer (Württemberg). Dr. Roggemann. Dr. Rudolphi. Ruppert. Saro. Graf von Saurma-Jeltsch. Dr. von Schauß. von Schenck-Flechtingen. Dr. von Schlieckmann. Schlutow. von Schmid (Württemberg). Schmiedel. Schneegans. von Schöning. Dr. Schulze-Delitzsch. von Schwendler. Senestrey. Servaes. von Seydewitz. von Simpson-Georgenburg. Freiherr von Soden. Sonnemann. Staelin. Staudy. Freiherr Schenk von Stauffenberg. Dr. Stephani. Theodor Graf zu Stolberg-Wernigerode. Udo Graf zu Stolberg-Wernigerode. Strecker. Streit. Struve. Stumm. Thilo. Tölke. Dr. von Treitschke. Freiherr von Varnbüler. Dr. Völk. Vowinckel. Dr. Wachs. Freiherr von Wackerbarth. von Waldow-Reitzenstein. von Wedell-Malchow. Wichmann. Wiemer. Dr. Wiggers (Güstrow). Wiggers (Parchim). Windthorst. Dr. Witte (Mecklenburg). Wöllmer. Dr. Wolffson. Wulfshein. Dr. Zimmermann. Dr. Zinn.

Krank sind:

von Below. Bernards. Dr. Boretius. Bracke. Freiherr von Buddenbrock. Fürst von Czartoryski. Dr. Franz. von Gerlach. von Geß. Dr. Jäger (Reuß). von Jagow. Meier (Schaumburg-Lippe). Dr. Oetker. Schlieper. Freiherr von Schorlemer-Alst. Dr. Schröder (Friedberg). von Unruh (Magdeburg). Werner (Liegnitz).

Beurlaubt sind:

Eysoldt. Dr. Hänel. von Heim. Hoffmann. Fürst zu Hohenlohe-Langenburg. Graf von Plessen. Graf von Preysing. Dr. Rückert (Meiningen). Dr. Sommer. Freiherr von Tettau. Dr. Weigel. Witte (Schweidnitz).

Entschuldigt sind:

Graf von Bernstorff. Feustel. Görz. von Goßler. Grütering. von Kardorff. Menken. Graf von Moltke. von Puttkamer (Löwenberg). Dr. von Schwarze. Dr. Thilenius. Dr. Wehrenpfennig.

Ohne Entschuldigung fehlen:

von Adelebsen. von Alten-Linden. Arbinger. Graf von Arnim-Boitzenburg. Baron von Arnswaldt. Graf Ballestrem. Bebel. Becker. Bender. Berger. von Bethmann-Hollweg (Ober-Barnim). von Bethmann-Hollweg (Wirsitz). Bezanson. Dr. Bock. Freiherr von Bodman. von Bönninghausen. Bolza. Borowski. von Brand. Braun (Hersfeld). von Bredow. Freiherr von und zu Brenken. Brückl. Dr. Brüel. Büchner. von Bühler (Oehringen). Büsing. Graf von Chamaré. von Czarlinski. Freiherr von Dalwigk-Lichtenfels. Datzl. Graf zu Dohna-Finckenstein. Dollfus. ten Doornkaat-Koolman. Graf von Droste. Freiherr von Ende. Dr. von Feder. Fichtner. Forkel. Franssen. Freund. Freiherr von Fürth. Graf von Galen. Germain. Gielen. von Gordon. Grad. Graf von Grote. Gnerber. Haanen. Freiherr von Hafenbrädl. Hall. Hasselmann. Hauck. Heckmann-Stintzy. Freiherr von Heereman. Heilig. Dr. Freiherr von Hertling. Hilf. von Hölder. Fürst von Hohenlohe-Schillingsfürst. Graf von Holstein. Graf von Hompesch. Freiherr von Horneck-Weinheim. Jaunez. Dr. von Jazdzewski. von Kalkstein. Dr. Karsten. Kayser. von Kesseler. Kiefer. Dr. von Komierowski. Dr. Kraetzer. Krüger. von Kurnatowski. Graf von Kwilecki. Freiherr von Landsberg-Steinfurt. Lender. Leonhard. Dr. Lieber. Dr. Lindner. Dr. Lingens. List. Lorette. Graf von Luxburg. Magdzinski.

Dr. Maier (Hohenzollern). Marcard. Martin. Dr. Merkle. Dr. Meyer (Schleswig). Michalski. von Miller (Weilheim). Freiherr von Mirbach. Müller (Gotha). von Müller (Osnabrück). Müller (Pleß). Graf von Nayhauß-Cormons. Dr. von Niegolewski. North. von der Osten. Freiherr von Ow (Landshut). Dr. Peterssen. Pfähler. Pfafferott. Fürst von Pleß. Dr. Pohlmann. von Puttkamer (Schlawe). Dr. Rack. Fürst Radziwill (Adelnau). Prinz Radziwill (Beuthen). Herzog von Ratibor. Reichensperger (Olpe). Reichert. Reinders. Reinhardt. Graf von Rittberg. Rußwurm. von Saucken-Tarputschen. von Schalscha. von Schenck-Kawenczyn. Schenk (Köln). Dr. Schmalz. Schmidt (Zweibrücken). Schmitt-Batiston. Schön. Graf von Schönborn-Wiesentheid. Schröder (Lippstadt). Schwarz. von Sczaniecki. Graf von Siegakowski. Dr. Simonis. Stegemann. Stellter. Dr. Stöckl. Stötzel. Graf zu Stolberg-Stolberg (Neustadt). Süs. Trautmann. Triller. von Turno. Uhden. Freiherr von Unruhe-Bomst. Vahlteich. Vopel. Dr. von Waenker. Graf von Waldburg-Zeil. Freiherr von Wendt. von Werner (Eßlingen). Dr. Westermayer. Winterer. von Woedtke. Graf von Zoltowski. Freiherr von Zu-Rhein.

Präsident: Der Namensaufruf hat ergeben, daß 199 Mitglieder anwesend sind;

(große Heiterkeit)

das Haus ist somit in beschlußfähiger Anzahl versammelt.

(Bravo!)

Wir kommen zur Abstimmung über § 2 der Beschlüsse zweiter Berathung. Die Verlesung wird uns wohl erlassen?

(Ja!)

Ich ersuche diejenigen Herren, welche den § 2 der Beschlüsse zweiter Berathung nunmehr auch in dritter Berathung annehmen wollen, sich zu erheben.

(Geschieht.)

Das ist die Mehrheit; der § 2 ist angenommen.

Wir gehen über zu § 3 der Beschlüsse zweiter Berathung. — Das Wort wird nicht genommen; ich schließe die Diskussion. Wir kommen zur Abstimmung über § 3 der Beschlüsse zweiter Berathung. Auch hier nehme ich an, daß uns die Verlesung erlassen wird. Ich ersuche diejenigen Herren, welche den § 3 der Beschlüsse zweiter Berathung auch in dritter Berathung genehmigen wollen, sich zu erheben.

(Geschieht.)

Das ist die Mehrheit; der § 3 der Beschlüsse zweiter Berathung ist auch in dritter Berathung genehmigt.

Wir gehen über zu § 4.

Zu § 4 liegt vor der Antrag des Herrn Abgeordneten Ruppert:

Der Reichstag wolle beschließen:

zu § 4 nachfolgenden Zusatz anzunehmen:

Landesrechtliche Bestimmungen, welche der Polizei weitergehende Befugnisse als die in §§ 2 und 3 bezeichneten geben, bleiben unberührt.

Das Amendement ist bereits hinreichend unterstützt und steht mit zur Diskussion.

Der Herr Abgeordnete Ruppert hat das Wort.

Abgeordneter **Ruppert**: Meine Herren, die Anträge, welche ich heute Ihnen zu unterbreiten mir erlaubt habe, hatte ich bereits in der zweiten Lesung gestellt; ich bin aber damals an den Klippen der Geschäftsordnung mit denselben gescheitert.

Die wohlwollende Aufnahme, welche diese Anträge in der zweiten Lesung von mehreren Seiten, insbesondere auch von der Vertretung der hohen Bundesregierungen gefunden haben, ermuthigen mich, sie heute zu reproduziren, und ich hoffe, daß Sie ihnen heute Ihre Zustimmung geben werden. Meine beiden Anträge sind ja eigentlich nur formeller Natur, indem sie lediglich Grundsätze, welche in den Motiven zum Gesetz bereits Anerkennung gefunden haben, in den Text des Gesetzes aufgenommen wissen wollen. Die Annahme der beiden Anträge ist deshalb wichtig, weil dadurch über die Tragweite des Gesetzes gegenüber dem Landesrechte vollständige Klarheit für Jedermann, insbesondere auch für den Laien, geschaffen werden soll. Meine Herren, der Geschäftsmann hat die Motive des Gesetzes und die Reichstagsverhandlungen nur selten zur Hand und zur Verfügung; er schöpft seine Gesetzesinterpretation aus dem Gesetz selbst; er muß daher wünschen, daß alle wichtigen Bestimmungen im Gesetz selbst sich finden.

Anlangend nun den zu § 4 gestellten Zusatz, so ist derselbe wörtlich dem allgemeinen Theil der Motive zum Gesetzentwurf entnommen; ich weise auf Seite 11 in fine der Drucksache Nr. 7 hin. Mein Antrag ist aber nun auch an derjenigen Stelle angebracht, welche in der zweiten Lesung als die richtige, namentlich vom Regierungstische aus bezeichnet wurde. Dieser mein Antrag rechtfertigt sich aber materiell durch die Fassung des § 1 des Gesetzes, wonach nämlich die dort aufgeführten Gegenstände der Polizeibeaufsichtigung nach Maßgabe dieses Gesetzes unterliegen. Wer die Motive des Gesetzes nicht zur Hand hat, kann, ja muß zu der Folgerung gelangen, daß weitergehende Befugnisse der Polizei als die in den §§ 2 und 3 aufgeführten durch das Inslebentreten dieses Gesetzes aufgehoben sein sollen, und da solche weitergehende Befugnisse in der That in manchen Landesgesetzgebungen, insbesondere in Bayern, bestehen, so können sich Schwierigkeiten, ja Widersetzungen ergeben, auf welche man es nicht ankommen lassen sollte.

Mein Antrag beabsichtigt nun, derartigen Folgerungen und unangenehmen Vorkommnissen vorzubeugen, und da derselbe auch mit den Intentionen des Gesetzes sowohl als der Motive vollkommen im Einklang sich befindet, so glaube ich mich der Hoffnung hingeben zu können, daß das hohe Haus diesen meinen Antrag zum Beschluß erheben wird.

Präsident: Der Herr Abgeordnete Dr. Harnier hat das Wort.

Abgeordneter Dr. **Harnier**: Meine Herren, mit dem geehrten Herrn Antragsteller bin ich zunächst darüber einverstanden, daß der Inhalt des von ihm in ergänzter Form vorgeschlagenen § 4 sachlich durchaus unbedenklich ist, denn es werden darin nur einige meiner Ansicht nach ganz zweifellose Rechtsgrundsätze ausgesprochen. Nach der eigenen Begründung, die der Herr Antragsteller eben vorgetragen hat, hat er auch einen selbstständigen legislativen Inhalt des § 4 nicht behauptet, sondern denselben eigentlich nur auf das didaktische Gebiet verwiesen. Meine Herren, Sie können die Probe machen: denken Sie sich, daß das Gesetz ohne den § 4 zu Stande gekommen ist, und fragen Sie, ob denn irgendwo in der ganzen Anwendbarkeit des Gesetzes eine Aenderung eingetreten sein würde, im Vergleich mit dem Fall, daß der § 4 darin stände. Der geehrte Herr hat nun die Ansicht entwickelt, daß Mindereingeweihten der Paragraph nicht verständlich sei. Ja, meine Herren, allerdings muß man beim Lesen eines Gesetzes immer einen gewissen Grad von Verständniß voraussetzen, ich möchte mir aber darauf aufmerksam zu machen erlauben, wie viele Mißverständnisse und Bedenken später das Lesen des Gesetzes machen wird, wenn Sie den § 4, der keinen substantiellen Inhalt hat, sondern nur allgemeine Rechtssätze publizirt, in dem Gesetze stehen lassen, dann werden sich gar manche Juristen die Köpfe zerbrechen, und sie werden erst klar werden durch ein Zurückgreifen auf unsere Debatten und da entdecken, daß die Regierung im § 4 wirklich einen Gesetzesvorschlag gemacht hatte, und daß sodann in der zweiten Lesung der Herr Abgeordnete Ruppert in sehr richtiger taktischer Weise diesen Vorschlag nicht durch bloße Verneinung, sondern durch Aufstellung eines Gegenvorschlags bekämpft hat. Wenn man nun soweit gekommen ist, dann kommt man auf die Erklärung, wie es hätte geschehen können, daß ein solcher Paragraph gegen die Uebung in der Ausarbeitung und gegen die Sprachweise der Gesetze aufgenommen ist. Es hat etwas recht Bedenkliches, solche selbstverständliche Sätze hier aufzunehmen, während sie in anderen Gesetzen häufig als selbstverständlich nicht aufgenommen sind; denn deren ausnahmsweise Aufnahme ist geeignet, gerade bei Rechtsverständigen Zweifel zu erwecken. Ich glaube, es ist korrekter, wenn wir hier den § 4 als inhaltslos vollständig ablehnen. Ich werde gegen den Paragraphen stimmen, wird er aber angenommen, so wird meines Erachtens daraus irgend ein Bedenken gegen das Gesetz selbst freilich in keiner Weise abgeleitet werden können.

Präsident: Der Herr Abgeordnete Ruppert hat das Wort.

Abgeordneter **Ruppert**: Meine Herren, ich bitte Sie den § 4 in der bisherigen Fassung beizubehalten. Ich habe seiner Zeit die Regierungsvorlage und den Ausschußbeschluß einerseits aus geschäftlichen und praktischen Gründen bekämpft und andererseits auch aus Gründen der Kompetenz. Meine politischen Freunde und ich sind durchaus nicht überzeugt, daß die Reichsgesetzgebung aus der betreffenden Bestimmung § 4 Ziffer 15 der Reichsverfassung das Recht herleiten kann, in die Organisation der Behörden auf diesem Gebiet einzugreifen; es ist dortselbst der Reichsgesetzgebung lediglich überlassen, Maßregeln auf dem Gebiete der Medizinal- und Veterinärpolizei zu erlassen. Hieraus ist aber meines Erachtens noch nicht zu folgern, daß, wenn solche Maßregeln getroffen werden, alsdann zugleich auch die Behörden hierzu den betreffenden Ländern geschaffen werden können; es lag also meinem damaligen Antrage auch eine rechtliche Seite zu Grunde. Ich hätte durchaus nichts zu erinnern und würde fern davon geblieben sein, einen § 4 des Inhalts, wie er sich hier nun vorfindet, zu beantragen, wenn die Geschichte dieses Gesetzes eine andere wäre, als sie wirklich ist. In dem ursprünglichen § 4 aber, wie er aus der Kommission hervorgegangen ist, fanden sich eben Vorschläge über Organisation der Polizeibehörden, und nachdem diese Vorschläge einmal gemacht waren, so legten meine politischen Freunde und ich Gewicht darauf, daß die Zweifel, welche wir in Bezug auf die Kompetenz des Reichs haben, in vollständiger Weise auch beseitigt werden. Aus diesem Grunde bitte ich auch, den betreffenden Paragraphen aufrecht zu erhalten.

Wenn ich dann weiter noch bemerke, daß mein heutiger Zusatzantrag ganz wohl sich mit dem § 4 vereinbart, und gewissermaßen die Existenz des früheren Beschlusses voraussetzt, so möchte ich doch andererseits auch noch betonen: selbstverständlich ist eigentlich nichts, namentlich dann, wenn eben eine verschiedene Auslegung möglich ist. Der Herr Abgeordnete Harnier hat es für mißlich gefunden, daß unter Umständen der Richter auf die Gesetzesmotive zurückgehen muß. Ich finde es aber noch mißlicher, wenn der Laie, über den durch das Gesetz verfügt wird, in die Lage kommt, erst sich in dem reichhaltigen Material der Reichstagsverhandlungen, der Motive u. s. w. umzusehen, um über den Sinn und die Bedeutung irgend einer Vorschrift klar zu werden. Indem ich darauf aufmerksam mache, bitte ich also sowohl den § 4 nach zweiter Lesung aufrecht zu erhalten, als auch den Zusatz hierzu anzunehmen.

Präsident: Das Wort wird nicht weiter gewünscht; ich schließe die Diskussion, wir kommen zur Abstimmung.

Ich schlage vor, abzustimmen über das Amendement Ruppert zu § 4, sodann über § 4 der Beschlüsse zweiter Berathung, wie er sich nach der Vorabstimmung über das Amendement gestaltet haben wird.

Gegen die Fragestellung wird Widerspruch nicht erhoben.

Ich ersuche daher den Herrn Schriftführer, zuvörderst das Amendement Ruppert zu verlesen.

Schriftführer Abgeordneter Dr. **Blum**:

Der Reichstag wolle beschließen:

zu § 4 nachfolgenden Zusatz anzunehmen:

Landesrechtliche Bestimmungen, welche der Polizei weitergehende Befugnisse als die in §§ 2 und 3 bezeichneten geben, bleiben unberührt.

Präsident: Ich ersuche diejenigen Herren, welche den eben verlesenen Antrag annehmen wollen, sich zu erheben.

(Geschieht.)

Das Büreau ist einstimmig der Meinung, daß die Mehrheit steht; der Zusatzantrag ist angenommen.

Ich ersuche nunmehr den Herrn Schriftführer, den § 4 mit dem eben angenommenen Zusatzantrag zu verlesen.

Schriftführer Abgeordneter Dr. **Blum**:

§ 4.

Die Zuständigkeit der Behörden und Beamten zu den in §§ 2 und 3 bezeichneten Maßnahmen richtet sich nach den einschlägigen landesrechtlichen Bestimmungen.

Landesrechtliche Bestimmungen, welche der Polizei weitergehende Befugnisse als die in §§ 2 und 3 bezeichneten geben, bleiben unberührt.

Präsident: Ich ersuche diejenigen Herren, welche den eben verlesenen § 4 nunmehr annehmen wollen, sich zu erheben.

(Geschieht.)

Das ist die Mehrheit; der § 4 ist angenommen.

Ich eröffne die Diskussion über § 5 der Beschlüsse zweiter Berathung. — Das Wort wird nicht gewünscht; ich schließe die Diskussion, und da eine Abstimmung nicht verlangt wird, so konstatire ich, daß § 5 der Beschlüsse zweiter Berathung auch in dritter Berathung genehmigt worden ist.

Ich eröffne die Diskussion über § 6. — Auch hier wird das Wort nicht gewünscht; ich schließe die Diskussion. Auch hier wird eine Abstimmung nicht verlangt; ich konstatire, daß § 6 auch in dritter Berathung genehmigt ist.

Ich eröffne die Diskussion über § 7 der Beschlüsse zweiter Berathung. — Das Wort wird auch hier nicht begehrt; ich schließe die Diskussion. Ich konstatire, daß § 7 nach den Beschlüssen der zweiten Berathung auch in der dritten genehmigt ist.

Ich eröffne die Diskussion über § 8 und über das zu diesem § 8 vorliegende Amendement Ruppert.

Das Wort hat der Herr Abgeordnete Ruppert.

Abgeordneter **Ruppert**: Meine Herren, ich habe den Antrag zu § 8 eigentlich schon bei dem Zusatz zu § 4 motivirt. Ich bitte Sie, in meinem Antrage, für das Wort „landesgesetzlich“ das Wort „landesrechtlich“ zu wählen, und zwar aus folgenden Gründen: „Eine landesgesetzliche Vorschrift“ wird häufig nur da als vorhanden angenommen, wo die gesetzgebenden Faktoren die Zustimmung zu derselben gegeben haben. Die in § 5 und 6 bezeichneten Gegenstände werden aber in vielen Gesetzgebungen oder nach vielen Verfassungen nicht auf dem Wege der Gesetzgebung, sondern auf dem Wege von Polizeivorschriften normirt; insbesondere werden in Bayern Vorschriften der in § 5 und 6 bezeichneten Art in Folge der im Polizeistrafgesetzbuch hierzu gegebenen Ermächtigung von den Ober- und Ortspolizeibehörden erlassen. Die

Gesetzesvorlage will nun nach den Motiven allerdings auch diejenigen Polizeivorschriften, welche nach den jeweiligen Landesverfassungen rechtsgiltig sind, hier mitinbegriffen haben. Für Jedermann klar und deutlich wird das aber nur dann, wenn Sie, wie ich beantrage, ein Wort wählen, welches die beschränkende Auslegung nicht zuläßt, die man dem Wort „landesgesetzlich“ geben kann. Es ist auch bereits im § 4 das Wort „landesrechtlich“ gebraucht. Es ist in dem Entwurf eines Gesetzes für den Schutz nützlicher Vögel das Wort „landesrechtlich“ gewählt. Meine Herren, ich halte es nicht für gut, daß in einem und demselben Gesetze und in mehreren Gesetzen, die in derselben Zeit erlassen werden, für ein und dieselbe Sache verschiedene Ausdrücke gebraucht werden; es können dann gerade hieraus in der Auslegung Folgerungen gezogen werden, welche nicht in der Intention des Gesetzes und des Gesetzgebers liegen.

Indem ich nun bitte, in Konsequenz mit dem im § 4 gebrauchten Ausdruck auch hier das Wort „landesrechtlich“ zu setzen, glaube ich, daß man hiermit mißbräuchlichen Auslegungen vorzubeugen vermag — und gerade bei diesem in das Leben so tief einschneidenden Gesetze ist es gewiß wünschenswerth, Unklarheiten, welche im Vollzuge die Sache erschweren könnten, von vornherein fern zu halten. — Ich bitte Sie also auch diesem weiteren Antrage Ihre Zustimmung zu ertheilen.

Präsident: Das Wort wird nicht weiter gewünscht; ich schließe die Diskussion. Wir kommen zur Abstimmung, und ich schlage Ihnen vor, abzustimmen über das Amendement Ruppert und sodann über § 8, wie er sich nach der Vorabstimmung über das Amendement Ruppert herausgestellt hat.

Ich ersuche den Herrn Schriftführer, den Antrag zu verlesen.

Schriftführer Abgeordneter Dr. **Blum**:

Der Reichstag wolle beschließen:

in § 8 Alinea 2 statt des Wortes „Landesgesetzliche“ zu setzen: „Landesrechtliche“.

Präsident: Ich ersuche diejenigen Herren, welche das eben verlesene Amendement annehmen wollen, aufzustehen.

(Geschieht.)

Das ist die Mehrheit; das Amendement ist angenommen.

Ich ersuche den Herrn Schriftführer, nunmehr § 8 mit dem angenommenen Amendement zu verlesen.

Schriftführer Abgeordneter Dr. **Blum**:

§ 8.

Wer den auf Grund der §§ 5, 6 erlassenen Verordnungen zuwiderhandelt, wird mit Geldstrafe bis zu einhundertfünfzig Mark oder mit Haft bestraft.

Landesrechtliche Vorschriften dürfen eine höhere Strafe nicht androhen.

Präsident: Ich ersuche diejenigen Herren, welche den eben verlesenen Paragraphen nunmehr annehmen wollen, sich zu erheben.

(Geschieht.)

Das ist die Mehrheit; der Paragraph ist angenommen.

Ich eröffne die Diskussion über § 9. — Das Wort wird nicht genommen; die Diskussion ist geschlossen. Da eine Abstimmung über den § 9 nicht verlangt wird, so konstatire ich die Annahme des § 9 in der dritten Berathung.

Ich eröffne die Diskussion über § 10.

Zu demselben liegt ein noch nicht gedrucktes Amendement der Herren Abgeordneten Dr. Braun und Dr. Schulze-Delitzsch vor, welches hinreichend unterstützt ist. Ich ersuche den Herrn Schriftführer, dasselbe zu verlesen.

Schriftführer Abgeordneter Dr. **Blum**:

Der Reichstag wolle beschließen:

den § 10 Nr. 1 der Regierungsvorlage und der Beschlüsse zweiter Berathung dahin zu fassen:

„wer zum Zweck der Täuschung im Handel und Verkehr Nahrungs- oder Genußmittel nachmacht oder dadurch verfälscht, daß er dieselben mittelst Entnehmens oder Zusetzens von Stoffen verschlechtert, oder den bestehenden Handels- und Geschäftsgebräuchen zuwider mit dem Schein einer besseren Beschaffenheit versieht“;

Präsident: Das Amendement steht sonach mit zur Diskussion.

Der Herr Abgeordnete Dr. Braun hat das Wort.

Abgeordneter Dr. **Braun**: Meine Herren, der Antrag, den ich hier gestellt habe in Gemeinschaft mit meinem Freunde, dem Herrn Abgeordneten Dr. Schulze (Delitzsch), ist für Sie ein alter Bekannter. Er ist schon bei der zweiten Lesung zur Sprache gebracht worden und auch im vorigen Jahre sowohl in den Kommissionsverhandlungen als auch in der Generaldebatte über den betreffenden Gesetzentwurf ausführlich erörtert worden. Ich glaube daher, mich kurz fassen zu können. Diesmal hat das hohe Haus in zweiter Lesung beschlossen, zu sagen:

„Wer zum Zwecke der Täuschung im Handel und Verkehr Nahrungs- und Genußmittel nachmacht oder verfälscht“,

und ich muß allerdings zugeben, daß diese Fassung des Gedankens eine glückliche ist, aber nur insofern, als sie kurz ist, und auch hübsch redigirt, das gebe ich bereitwillig zu; aber, meine Herren, sie scheint mir doch eine große Gefahr zu bergen insoweit, als nicht jeder das in demselben Sinne versteht, und es in der That auch in einem ganz anderen Sinne verstanden werden kann, als wir es verstehen. Deshalb möchte ich Ihnen vorschlagen, zurückzukehren zu den Kommissionsbeschlüssen der vorigen Berathung, als wir uns zum ersten Male mit diesem Gesetze beschäftigten, welcher Beschluß mit großer Mehrheit in der Kommission angenommen worden ist und also sagt:

„dadurch verfälscht, daß er dieselben (nämlich die Nahrungs- und Genußmittel) mittelst Entnehmens oder Zusetzens von Stoffen verschlechtert oder (und nun kommen die Worte, worauf ich das Hauptgewicht lege) den bestehenden Handels- oder Geschäftsgebräuchen zuwider mit dem Scheine einer besseren Beschaffenheit versieht.“

Darüber, meine Herren, sind wir alle einig, daß es sich bei diesem Gesetzentwurfe um eine sehr schwierige Materie handelt und daß der Gesetzentwurf, so nützlich er nach der einen Seite vielleicht wirken mag, doch auch nach der anderen Seite ohne Zweifel große Gefahren des Mißbrauches birgt,

(sehr richtig!)

so daß es zweifelhaft sein kann, ob der Nutzen größer ist oder die Gefahr. Soweit es nun aber in unserer Macht liegt, die Gefahren abzuwenden, sollten wir das doch nicht unterlassen. Ich weiß nicht, was man sagen will gegen die Worte „den bestehenden Handels- oder Geschäftsgebräuchen zuwider“; sie stimmen vollständig überein mit unserer übrigen Gesetzgebung. Sie finden ja in unserm Handelsgesetzbuch und in anderen Gesetzen stets die Verweisung auf die bestehenden Handels- oder Geschäftsgebräuche. Was man darunter zu verstehen hat, daß weiß jeder, und wenn der Richter darüber Zweifel hat, ob das als bestehender Geschäftsgebrauch zu betrachten ist, so kann er ja die kompetenten Behörden und Stellen im Lande, wie Handelskammern, Handelsgerichte u. s. w. fragen. Er wird also nicht in die Verlegenheit kommen, nicht zu wissen, wo er aus und ein soll. Daß aber eine Verweisung auf die bestehenden Handels- und Geschäftsgebräuche nothwendig sei, will ich Ihnen an ein paar kleinen Beispielen erörtern, indem ich mich auch hier auf das absolut Nothwendige beschränke. Wenn Sie diese Worte nicht einfügen, wenn Sie also sagen, es wird bestraft, wer Waaren mit dem Schein einer besseren Beschaffenheit versieht oder feilhält, so strafen Sie möglicherweise Dinge, die wir alle für erlaubt halten und die jeder solide Kaufmann für erlaubt hält. Ich habe Ihnen das Beispiel ja schon angeführt. Sie wissen, was Hochheimer ist, ohne Zweifel; ich meine Hochheimer Wein, um mich deutlich auszudrücken. Nun ist dicht daneben eine andere Gemarkung, die heißt Wiker. Der Wein von Wiker wird aller unter dem Titel Hochheimer verkauft, weil der Ort Wiker in der Welt unbekannt ist. Nun, meine Herren, werden Sie doch nicht den, der auf Wikerer Wein schreibt „Hochheimer", bestrafen wollen, denn das ist nicht wider den bestehenden Handelsgebrauch. Wenn Sie aber den Zusatz nicht machen, so wird ihn der Richter vielleicht strafen, unzweifelhaft ist er nach dem Antrage Bähr nicht daran gehindert. Das sind Feinheiten des Handelsverkehrs, für die der Richter manchmal unzugänglich ist, wenn der Gesetzgeber es nicht mit deutlichen Worten sagt. Warum soll aber der Gesetzgeber es dem Richter nicht sagen? Ich habe keine Gründe dagegen vernommen, als diejenigen, welche der Herr Kommissarius des Bundesraths, der Herr Geheime Oberregierungsrath Dr. Mayer bei der zweiten Lesung geltend gemacht hat. Er hat gesagt, natürlich sollen die Handels- und Geschäftsgebräuche allerdings berücksichtigt werden, das will auch der Entwurf, aber nur die soliden Handels- und Geschäftsgebräuche. Ja, meine Herren, das ist ganz richtig, der Richter kann aber sehr wohl erfahren, was solide Handels- und Geschäftsgebräuche sind, und nicht jede Benutzung einer Bezeichnung, die nicht ganz korrekt ist, ist deshalb schon etwas unsolides. Also, ich komme zu meinem Beispiel zurück, wenn der Wein von Wiker bezeichnet wird als Hochheimer, so ist das bekannt in aller Welt, d. h., es wissen es diejenigen Leute, die es angeht und überhaupt etwas davon verstehen. Ob aber gerade ein jeder Richter im großen dentschen Reich das auch weiß, das ist mir außerordentlich zweifelhaft. Er wird einfach sagen: „Das ist nicht das, was darauf steht, es ist eine Täuschung, eine falsche Bezeichnung, und deswegen wollen wir es bestrafen, es steht so mit deutlichen Worten im Gesetz", wird der Richter sagen. Nun, meine Herren, wenn Sie aber das so machen, so berauben Sie unsere Weinproduktion, unsern Weinhandel eines erlaubten Geschäftsgebrauches, den alle übrigen Weinproduzenten und Weinhändler in ganz Europa für sich benutzen dürfen. Es ist Ihnen ja wohl die Nomenklatur des Weins von Bordeaux bekannt. Die Weine sind sehr streng klassifizirt, die Namen sind auch den Orten, wo der betreffende Wein wächst, entnommen. — Man hält dort sehr streng auf Ordnung, aber das gilt allgemein für erlaubt, daß, wenn einmal die Kreszenz ausnahmsweise die Natur verändert hat, dann der Name gebraucht wird, der dieser speziellen Kreszenz dieses Jahres entspricht. Das thun die Franzosen. In Frankreich ist es erlaubt, und die Franzosen thun es auch in Deutschland, uud in Deutschland können Sie sie nicht bestrafen. Wollen Sie nun einen Schutzzoll zu Gunsten des Auslandes einführen, wollen Sie dem ausländischen Geschäftstreibenden das erlauben, was Sie dem inländischen verbieten? Ja, dann wird der Zweck, Handel und Gewerbe und die Landwirthschaft, wozu der Weinbau doch auch gehört, zu heben, gewiß nicht erreicht werden. Gönnen Sie unsern inländischen Produzenten und unserm inländischen Handel doch dasselbe, was man dem ausländischen Handel gönnt und was Sie demselben nicht verbieten können.

Ich habe also gezeigt erstens, daß dieser Zusatz dem Verkehr nützlich ist, zweitens, daß er der Rechtsauffassung durchaus nicht schadet, daß er dem Zwecke, den Sie mit dem Gesetze verfolgen, nicht entgegentritt, und drittens, daß die einzige Einwendung, die dagegen gemacht worden ist, seitens des Herrn Kommissarius des Bundesraths, hinfällig ist, indem, wenn man von Handels- und Geschäftsgebräuchen spricht, man natürlich nur solide Handels- und Geschäftsgebräuche meint, d. h. solche, die unter ehrenwerthen Kaufleuten zulässig sind, und das werden Sie wohl gewiß nicht unterdrücken wollen. Ich empfehle Ihnen also den Antrag, der im „übrigen" mit dem Wortlaut des Regierungsentwurfs übereinstimmt.

Präsident: Der Herr Abgeordnete Baer (Offenburg) hat das Wort.

Abgeordneter **Baer** (Offenburg): Meine Herren, in dem nämlichen persönlichen Zusammenhang, in welchem mein geehrter Herr Nachbar zur Geschichte seines Antrages steht, stehe ich zur Geschichte des Beschlusses zweiter Lesung und ich hielt mich deshalb legitimirt, heute das Wort zu ergreifen, um für die Beschlüsse zweiter Lesung einzutreten. Ich glaube, meine Herren, daß das Mittel, was mein geehrter Herr Nachbar zur Verbesserung Ihres früheren Beschlusses vorschlägt, nicht viel helfen wird. Mein Herr Nachbar anerkennt an unserem Beschluß die Kürze und die Klarheit und ich glaube, er sagte auch, er sei elegant gefaßt; er vermißte aber irgend eine Vorkehr, die es unmöglich macht, daß ein unvernünftiger, oder das Gesetz nicht richtig anwendender Richter damit zu Unzuträglichkeiten kommt; auch fürchtet er eine unrichtige Anwendung. Meine Herren, wenn der Thatbestand, den wir geschaffen haben in § 10, nicht ausreicht, den Richter zu belehren, so wird er durch den Antrag Braun nicht viel klüger, denn alle Einwendungen, die Sie gegen meinen Vorschlag machen, können Sie alle auch gegen den Antrag Braun machen. Unser Beschluß hat den großen Vorzug, daß er die Richter anweist, den Begriff der Fälschung an der Hand des Strafgesetzbuchs selbst aufzufinden. Das Strafgesetzbuch ist ihm bekannt, das muß ihm bekannt sein, er ist der berufene Ausleger desselben, das Strafgesetzbuch sagt, was Fälschung ist, beziehungsweise es ist aus der Analogie der sonstigen Fälschung zu verstehen, was der Herr Abgeordnete Braun hineingelegt haben will. Ich habe früher schon ausgeführt, daß jede das Wesen der Sache alterirende Wahrheitsentstellung, sei es, um etwas Besseres für Schlechteres oder Schlechteres für Besseres auszugeben, unter den Fälschungsbegriff fällt. Ich habe es deshalb nicht für nothwendig gehalten, die von der Reichsregierung vorgeschlagene Definition, die ich sonst nicht für inkorrekt hielt, hier anzunehmen und zwar hauptsächlich deshalb nicht, weil ich fürchtete, der Richter könne sehr leicht zu der Ansicht verleitet werden, daß man bei der Fälschung von Lebensmitteln noch minutiöser das Wort Fälschung auffaßt, als sonst im Strafgesetzbuch, daß man auch unwesentliche Wahrheitsentstellungen (die z. B. zur Verschönerung einer Sache dienen) mit hereinziehen kann. Aus diesem Grunde hatte ich seiner Zeit beantragt, es lieber bei der Definition, welche aus dem Strafgesetzbuch selbst sich ergibt, zu belassen. Sollte ich aber, meine Herren, den Antrag Braun annehmen, so würde ich dieser Befürchtung, welche ich gegenüber dem Regierungsentwurf hegte, nicht ausweichen können, denn er hätte den Regierungsentwurf nur nach einer Richtung verbessert, nach welcher der Regierungsentwurf schlechterdings keiner Verbesserung bedürftig war. Der Abgeordnete Braun verlangt zu dem Schein einer besseren Beschaffenheit, daß es den Geschäfts- und Handelsgebräuchen zuwider sei, und will den Fall ausgeschlossen haben, wo schon die Usage einen andern Schein der Sache zu geben berechtigt ist. Meine Herren, wozu bedarf ich dieses Beisatzes, es ist ja doch nur dann die Versehung mit dem Schein einer besseren Beschaffenheit strafbar, wenn sie zum Zwecke der rechtswidrigen Täuschung des Publikums geschieht. Wo aber Usagen vorhanden sind, wo jeder zu erkennen vermag, daß mit diesem Namen die Sache noch nicht getroffen ist, sondern eine verschiedene Sache auch mit diesem Namen bezeichnet werden kann, daß ein Speziesbegriff vielleicht auf ein ganzes Genus ausgedehnt wird, und es dem Publikum bekannt ist, daß dies vollständiger Gebrauch ist, da wird der Fälschungsbegriff auch im Sinne der ursprünglichen Regierungsvorlage nicht zutreffen können.

Der Herr Abgeordnete Braun hat nun auch nicht erklärt, was eigentlich unter Geschäftsgebräuchen zu verstehen ist, und es gibt ganz verschiedene Geschäftsgebräuche; es gibt Gebräuche, die nur den Geschäftskundigen bekannt sind; es gibt Geschäftskniffe,

(Heiterkeit, sehr gut!)

unredliche Geschäftsgebräuche, von denen das Publikum nichts weiß. Nun, haben wir den Antrag Braun genehmigt, dann kann er sich auf den Geschäftsgebrauch stützen!

(Heiterkeit.)

Nun, meine Herren, glaube ich, daß, bevor der Herr Abgeordnete Braun in den Thatbestand selbst etwas aufnimmt, was die Redlichkeit der Geschäftsgebräuche näher signalisirt, er durch seine Unterscheibung, durch seine Verbesserung des Regierungsvorschlags eher eine Verschlimmerung desselben in das Gesetz hineinträgt.

Ich bedarf aber der ursprünglichen Regierungsvorlage auch nicht; ich bedarf hier keiner Definition des Fälschungsbegriffs. Die Fälschung ist als Begriff dem Richter bekannt, das hat unser früherer Beschluß in Erwägung gezogen; das war der Grund unseres früheren Beschlusses, und ich bitte Sie, trauen Sie dem Richter so viel gesunden Menschenverstand zu, daß er endlich weiß, was Fälschung von Lebensmitteln ist, und beharren Sie bei Ihrem früheren Beschlusse!

(Bravo! links.)

Präsident: Der Herr Abgeordnete Windthorst hat das Wort.

Abgeordneter **Windthorst:** Meine Herren, ich traue den deutschen Richtern viel Menschenverstand zu, und würde sehr unrecht handeln, wenn ich das nicht thäte. Aber ich glaube, daß man dem Verstande auch die nöthige Regel geben muß, nach welcher er zu arbeiten hat, und diese Regel muß im Gesetz zu finden sein. Wenn der Kollege Dr. Braun dies Gesetz klarer zu machen sucht, so kämpft er also nicht gegen den gesunden Menschenverstand und es ist, glaube ich, die Appellation an den gesunden Sinn der Richter, welcher von dem verehrten Herrn, der zuletzt sprach, deshalb einigermaßen fest ins Auge zu fassen, weil es ja leicht geschieht, daß man bei Gesetzen, wo man das Richtige nicht treffen kann, sagt, der gesunde Menschenverstand der Richter wird das Richtige schon finden. Wenn der gesunde Menschenverstand im allgemeinen genügte, brauchten wir vielleicht gar keine Gesetze.

(Heiterkeit.)

Es ist aber das Unglück, daß der gesunde Menschenverstand so manchmal fehlt oder getrübt ist. Ich bin mit dem Beschluß der vorigen Sitzung nicht einverstanden; ich halte dafür, daß der allgemeine Ausdruck „verfälscht" gar nicht genügt und daß darunter Fälle fallen können, welche absolut nichts Verfängliches enthalten. Der Kollege Braun hat nur solche Fälle konstruirt. Wir können deren mehrere konstruiren. Ich glaube aber, daß ich auch dem Kollegen Braun nicht ganz zustimmen darf; denn die Bezeichnung, daß es den Haudels- und Fabrikationsgebräuchen zuwider sein müsse, ist, glaube ich, nicht zulässig;

(sehr richtig! links.)

denn es würde dadurch der Mißbrauch, der in diesen Verhältnissen liegt, nicht getroffen. Der Kollege hat das auch gefühlt, er hat ausdrücklich gesagt: es versteht sich, daß die fraglichen Gebräuche solide sein müßten; aber hic haeret. Was ist solid, was nicht? Deshalb kann man das Gesetz nicht so hinstellen, wie der verehrte Herr Dr. Braun es versucht hat.

Ich habe das vorige Mal den Versuch gemacht, die Sachen zu bessern dadurch, daß ich verlangte, man sollte nur solche Veränderungen strafbar erklären, wodurch die Substanz *verschlechtert* würde, man sollte, um dieses auszudrücken, hinter dem Worte „verschlechtert" in dem Regierungsentwurf § 10 ein Punktum machen. Ich bin auch heute noch der Meinung, daß das ein Auskunftsmittel wäre, welches eine Klarheit in die Dinge bringt.

Wenn man die Sache so generell stellt, wie sie jetzt gestellt ist, so ist es unzweifelhaft, daß die Jurisprudenz die Sache nicht in Ordnung bringen wird, wir werden die allerverschiedensten Urtheile haben.

Uebrigens kann der Kollege Braun sich darin beruhigen: einen Schutzzoll gegen den Bordeauxwein würde man auch mit dem vorigen Beschluß nicht schaffen, davor schützt § 10 Nr. 2. Denn, wenn unsere Weinhändler, wissend, daß in irgend welcher Weise in Bordeaux Fälschungen vorgenommen werden, den Wein verkaufen, so werden sie nach § 10 Nr. 2 angesehen. Dieser Gesichtspunkt des Kollegen Dr. Braun ist also fehlsam. Ich muß deshalb erklären: ich stimme weder für den vorigen Beschluß noch für den Antrag Braun. Ich würde meinestheils bereit sein, für § 10 der Regierungsvorlage zu stimmen, wenn man hinter „verschlechtert" Punktum macht. Ich habe den Antrag nicht aufgenommen, weil er das vorige Mal nicht poutirte. Mir wird es lieb sein, wenn man alles in diesem Paragraphen ablehnte und dann zu nochmaliger Berathung in einer Kommission gelangte, denn von diesem Paragraphen hängt es in der That ab, ob das Gesetz ein nützliches ist oder nicht. Wird lediglich der allgemeine Begriff von Verfälschung hingestellt und das weitere den Richtern überlassen, so bin ich überzeugt, daß das eine verschiedene Rechtsprechung hervorrufen und vielfach eine Bestrafung herbeiführen wird, wo die Bestrafung nicht zulässig ist.

Man hat mir entgegengehalten: wenn man hinter dem Worte „verschlechtert" ein Punktum macht, also rein es auf das „verschlechtert" stellt, so würde die andere Seite nicht getroffen. Ich glaube aber, daß das getroffen wird, was zu treffen wichtig und nothwendig ist und ich gebe deshalb anheim, ob man in diesem Sinne, wie ich es gethan habe, votiren will. Ich wiederhole übrigens: das, was der Kollege Braun will, genügt nicht und was das vorige Mal beschlossen worden ist, genügt noch weniger.

Präsident: Der Herr Kommissarius des Bundesraths hat das Wort.

Kommissarius des Bundesraths kaiserlicher Geheimer Oberregierungsrath Dr. **Meyer:** Meine Herren, der Entwurf machte den Versuch, den Begriff „Verfälschung" zu definiren. Ihr in zweiter Berathung gefaßter Beschluß giebt es auf, eine solche Definition in das Gesetz aufzunehmen. Ich will die Diskussion darüber nicht erneuern, ob ein solcher Versuch zu machen oder aber zu unterlassen sei, ich habe Sie nur zu bitten, daß Sie *den Versuch* der Definition, der in dem Antrage der Herren Abgeordneten Braun und Genossen enthalten ist, nicht machen. Denn, meine Herren, — und in der Beziehung nehme ich auf die Motive Bezug. Wenn Sie die Worte „den bestehenden Handels- und Geschäftsgebräuchen zuwider" in die Fassung des Regierungsentwurfs einschalten, so thun Sie etwas, was nach der einen Seite *unnöthig* und nach der andern Seite *sehr bedenklich* ist. *Unnöthig*, weil die wirklich soliden Geschäftsgebräuche durch die Fassung des Gesetzes bereits hinreichend geschützt sind. Sie sind dadurch geschützt, daß das

Gesetz zum Thatbestand des Vergehens verlangt, daß die Handlung „zum Zweck der Täuschung im Handel und Verkehr" begangen sei, und Sie werden, wenn ein wirklich solider, in der Sache begründeter Geschäftsgebrauch vorliegt, niemals einen Richter finden, der dieses Moment des Thatbestandes für festgestellt erachtet. Aber bedenklich sind die Worte aus den Gründen, die bereits der Herr Abgeordnete Baer (Offenburg) andeutete. Sie machen damit eine Thür auf, durch welche nicht bloß die soliden Geschäftsgebräuche hindurchgehen werden, sondern auch eine große Anzahl unsolider, für welche der Herr Abgeordnete Baer (Offenburg) bereits einen sehr drastischen Ausdruck gewählt hat.

Aus diesen Gründen bitte ich Sie, den Antrag Braun und Genossen jedenfalls abzulehnen.

Präsident: Der Herr Abgeordnete Dr. Schulze-Delitzsch hat das Wort.

Abgeordneter Dr. **Schulze-Delitzsch**: Meine Herren, ich kann den eben angehörten Ausführungen, die wir ja zum Theil schon in der zweiten Lesung angedeutet fanden, durchaus nicht beitreten. Zunächst mache ich dagegen geltend, daß es in keiner Weise gerechtfertigt ist, daß, wenn das Gesetz Handels- und Geschäftsgebräuche überhaupt zuläßt, es ganz bequem sein wird, auch die unsoliden Geschäftsgebräuche einzuschmuggeln. Ja, meine Herren, soll denn das etwa bloß dem Belieben des Angeklagten überlassen sein, wird der denn befugt sein, durch seine Behauptung festzustellen, was Handels- und Geschäftsgebräuche sind? Wir haben doch Sachverständige in unseren Handelskammern, die darüber zu urtheilen vermögen. Ja, wenn da irgend jemand kommt und behauptet bei einem Falle, der auf Täuschung abzielt, es sei Handels- und Geschäftsgebrauch, so wird sich der Ankläger, der ihm doch gegenübersteht, wie Richter doch nicht dabei beruhigen, sondern es wird ihre Sache sein, sich von kompetenter Seite die Versicherung zu verschaffen, was von der Sache zu halten ist, und in unseren Handels- und Gewerbekammern wird sich die Instanz finden, welche beurtheilt, was ein solider Handels- und Geschäftsgebrauch ist, und zu diesen Instanzen müssen wir das Zutrauen haben, daß sie unsoliden Geschäfts- und Handelsgebräuchen das Wort nicht reden werden. Ueberlassen Sie das dem Richter nicht, ich möchte das im Interesse des Richters selbst ihm nicht überlassen wissen; Sie machen ihn damit zum Sachverständigen, das greift in das Urtheil ein und ist dem Richter nicht zugänglich. Bei einzelnen Fällen mag sich die Sache leicht begreifen lassen, wo die Täuschung offen zu Tage tritt, andere Fälle können aber sehr verwickelt sein! Und so gut, wie Sie den Richter mit sachverständigen Gutachten unterstützen müssen, wenn in einigen Fällen der Täuschung es z. B. auf chemische Analysen ankommt, so müssen Sie ihn auch unterstützen durch Berufung einer Instanz, die befähigt ist zu beurtheilen, was Handels- und Geschäftsgebräuche sind, auf die er dann rekurriren kann. Es ist gar nicht so leicht, wie die Herren hier sagen, wie namentlich der Herr Regierungskommissar sagt, in jedem Falle zu sagen: hier ist eine Täuschung vorhanden. Nein, meine Herren, ich gehöre zu den alten preußischen Richtern, die sich sehr ungern in ihr freies Urtheil haben eingreifen lassen. Ich möchte ein solches Urtheil ohne die erwähnte Feststellung nicht fällen, ich würde unbedingt in meinem eigenen Interesse als Richter beantragen: ich will festgestellt wissen durch Leute, die es verstehen müssen: was ist Handels- und Geschäftsgebrauch — also aus der Praxis heraus die Entscheidung! Das ist viel würdiger und viel besser, um die Integrität des Richterstandes zu erhalten, als wenn man dem Richter Dinge anvertraut, die außerhalb seiner Sphäre liegen, über die er nicht im Stande ist, beim besten, redlichsten Willen ein Urtheil zu fällen. Ich wiederhole dabei: wenn von Geschäfts- und Handelsgebräuchen überhaupt im Gesetz die Rede ist, so können da nur solide gemeint sein. Dies aber festzustellen, was solide Handelsgebräuche sind, das muß sich aus dem Prozeß pro und contra herausstellen. Wir haben einen Ankläger und einen Angeklagten; mag der Angeklagte irgend etwas behaupten und beibringen, für einen behaupteten Handelsbrauch, damit ist die Sache nicht abgemacht, es sind Leute da, die ein kompetentes Urtheil herbeiführen können, und so eine vollkommen gesunde Grundlage für den Richterspruch. Ich halte das Amendement durchaus aufrecht.

Präsident: Der Herr Abgeordnete Dr. **Braun** hat das Wort.

Abgeordneter Dr. **Braun**: Meine Herren, ich glaube, daß das verehrliche Mitglied für Meppen seinen Intentionen am besten dadurch entsprechen würde, wenn er eine getrennte Abstimmung beantragte über unseren Antrag, nämlich eine gesonderte Abstimmung über die Worte, „oder daß sie dieselbe mit dem Schein einer besseren Beschaffenheit versieht." Werden die Worte gestrichen, so hat er ja seinen Zweck erreicht, und wenn er den Antrag nicht stellt, so würde ich ihn eventuell selber stellen, obgleich es mir lieber wäre, wenn er als Urheber des Gedankens auch seine Gedanken zu vertreten geneigt sein würde, wobei ich mir nur das kleine Amendement erlauben will, daß dann hinter „verschlechtert" nicht ein Punkt, sondern ein Semikolon stehen müßte. Diese Gelegenheit will ich denn auch benutzen, um in redaktioneller Beziehung weiter noch hervorzuheben, daß, wenn unser Antrag angenommen würde, natürlich in Nr. 2 die Worte „im Sinne der Nr. 1" wieder eingeschaltet werden müßten.

Was die Entgegnung des Herrn Abgeordneten Windthorst anlangt, und die Ausstellungen, die er an meinem Antrage gemacht hat, so vermißt er das Wort „solide". Ja, meine Herren, ich glaube, es würde seltsam aussehen, wenn wir sagen wollten „soliden Geschäftsgebräuchen entgegen"; das versteht sich ja doch alles vollkommen von selbst und ich glaube, daß sich also der Herr Abgeordnete Windthorst in diesem Punkte vollständig beruhigen kann.

Für entschieden unrichtig halte ich das, was er über den Bordeauxwein gesagt hat. Die Leute in Bordeaux werden von unserem Gesetze nicht getroffen, sie sind vollkommen frei, und wenn sie also z. B. Lafitte mit irgend einer anderen Bezeichnung versehen und ihn hierher verkaufen, dann kann ihnen kein Mensch etwas thun; dann wird man allerdings vielleicht den unglücklichen Menschen, der den Wein gekauft hat und wieder verkauft hier in Deutschland, den wird man kujoniren, aber man wird ihm gewiß nicht beweisen können, daß er *gewußt* hat, daß diese Bezeichnung eine unrichtige war. Also kujoniren Sie unsere eigenen Leute und die des Auslandes begünstigen Sie. Das ist die Wirkung, wenn Sie den Beschluß so lassen, wie er in der zweiten Lesung gefaßt worden ist.

Außerdem aber, meine Herren, denken Sie doch an den direkten Bezug. Ich weiß hier in Berlin Hunderte von Menschen, die ihren Bordeaux direkt beziehen. Wie ist es denn da? Da darf der Franzose auch das thun, was der Einheimische nicht thun darf, und es wäre schlimm, wenn man sagen müßte, der französische Gesetzgeber ist klüger als der deutsche, er kennt Handel und Gewerbe besser als der deutsche und er weiß die Interessen des Handels und Gewerbes besser zu ermitteln, besser zu pflegen, besser zu schützen, als der deutsche Gesetzgeber, der alles seinem vermeintlichen Prinzip opfert, ohne auf die Modifikationen des konkreten Lebens irgend welche Rücksicht zu nehmen.

Was nun meinen verehrten Freund und Nachbar Baer (Offenburg) anlangt, so hat seine Philippika auf mich allerdings einen vollständig niederschmetternden Eindruck gemacht,

(Heiterkeit)

und zwar nur deshalb, weil er in der ersten Kommissionsberathung der eifrigste Freund und Befürworter meines Antrags war, der sich in der Zwischenzeit gar nicht geändert hat; es ist wirklich der nämliche. Damals sprach er mit demselben Eifer für den Antrag, mit welchem er gegenwärtig dagegen spricht. Ich bin überzeugt, daß das diesmal so gut aus voller Ueberzeugung geschieht als damals, aber es ist doch immerhin ein Beweis, daß der Herr Abgeordnete Baer (Offenburg) in solchen Dingen nicht vollkommen unfehlbar ist, sondern daß man die Sache sich auch von der anderen Seite zu betrachten alle Ursache hat. Wenn er sagte: da würde die „Kniffik" begünstigt — ja, meine Herren, steht in meinem Antrage etwas von „Kniffik"? Es steht von „Handels- und Geschäftsgebräuchen" darin, aber das Wort „Kniffik" ist mir vollkommen unbekannt, ich würde es also deshalb schon nicht gebrauchen, am allerwenigsten aber gehört es in ein legislatives Opus hinein. Was solide Handels- und Geschäftsgebräuche sind — ja, meine Herren, wenn der Richter das nicht weiß — und er kann ja nicht alles wissen —, dann wird er diejenigen Leute fragen, die es verstehen, er wird die Handelskammern fragen u. s. w. Unser Handelsgesetzbuch verweist ja auch den Richter fortwährend auf die Handelsgebräuche, und wenn der Richter sie nicht kennt, dann fragt er diejenigen, die sie kennen; — und warum soll er es nicht thun? Wenn er sich dem Urtheil der Chemiker und Apotheker unterwerfen muß, dann kann er doch wenigstens auch das anhören, was die Leute sagen, die das Geschäft wirklich verstehen; er kann hören, was die Weinbauern sagen, die das ja auch gründlich verstehen, und wenn er die Weinbauern fragt, dann würden sie ihm sagen, daß, wenn jemand einen guten östricher Wein verkauft als Johannisberger oder Steinberger, daß dann kein Mensch von seinen Standesgenossen ihn deshalb für einen Fälscher halten wird, und die Leute, die etwas vom Wein verstehen, auch nicht. Aber, meine Herren, bedenken Sie doch, daß bei weitem die Mehrzahl der Menschen vom Wein überhaupt nichts versteht!

(Sehr richtig! — Heiterkeit.)

Ja, ich glaube, dieses Argument ist in seiner thatsächlichen Grundlage nicht zu bestreiten; auch gegenüber dem Richter nicht. Also sagen Sie doch deutlich, und ohne Umschweife dem Richter: „Wenn Du im Zweifel bist, so verurtheile nicht unbedingt, — sage nicht unbedingt, das ist eine Täuschung; sondern frage zuvor diejenigen Leute, die das besser verstehen." Das Gesetz ist hervorgegangen aus den Bestrebungen von Juristen, von Naturforschern, von Chemikern und Medizinern. Gut, ich gebe ihnen ihr Recht, aber wenn diese Herren Handel und Gewerbe und Landwirthschaft und Weinbau und alles das im vermeintlichen Interesse der Wissenschaft beschränken wollen, so daß wir nicht mehr im Stande sind, mit dem Auslande zu konkurriren, dann, meine Herren, bitte ich Sie, gönnen Sie gegenüber der Wissenschaft, die nicht immer die wahre Wissenschaft ist, doch auch dem wirklichen konkreten wirthschaftlichen Leben einige Berücksichtigung, und machen Sie unsern produktiven Klassen nicht dasjenige unmöglich, was in allen übrigen Ländern Europas ihnen erlaubt und für ihre Thätigkeit nöthig ist. Glauben Sie auch nicht, daß das Strafgesetz ausreicht für diese Distinktion, denn wenn es vollkommen ausreichend wäre, so hätten wir dieses Gesetz überhaupt gar nicht zu machen brauchen, dann hätte man einfach auf das Strafgesetzbuch verweisen können. Es ist aber gerade bei diesem Gesetz, bei der Neuheit und Schwierigkeit der Materie, bei den eigenthümlichen Schwankungen, die sich in solchen Sachen der öffentlichen Meinung zu bemächtigen pflegen, vollkommen indizirt, wie ja auch der Herr Abgeordnete Windthorst anerkannt hat, daß man dem Richter den richtigen Fingerzeig gibt, damit er wenigstens weiß, was der Gesetzgeber gewollt hat.

Der Herr Abgeordnete Baer schien mir vorwerfen zu wollen, ich wollte den Richter „klüger" machen, als er ist. Nein, meine Herren, das will ich nicht, das kann ich auch gar nicht. Ich habe überhaupt so große Zweifel an der Klugheit des Richters nicht, wie sie der Herr Abgeordnete Baer zu haben scheint.

(Zuruf.)

Ja, wenn Sie davon sprechen, man solle den Richter „klüger" machen, dann müssen Sie ihn doch für „dumm" halten, denn einen klugen Menschen braucht man doch nicht klug zu machen.

(Heiterkeit.)

Ich aber bin der Meinung, meine Herren, daß der Richter von dem Gesetzgeber verlangen kann, — und namentlich der kluge Richter wird es verlangen — daß der Gesetzgeber ihm, dem Richter, mit deutlichen Worten sagt, was er will und was er nicht will. Im Interesse dieser Deutlichkeit haben wir unsern Antrag gestellt.

Präsident: Der Herr Abgeordnete Löwe (Berlin) hat das Wort.

Abgeordneter **Löwe** (Berlin): Meine Herren, ich glaube auch, daß das hohe Haus bei der Diskussion, die jetzt stattfindet, die Ueberzeugung gewinnen wird, daß mit Rücksicht auf eine Reihe von Industriezweigen man nicht wird umhin können, die Bestimmung des Paragraphen in der Weise zu fassen, wie die Herrn Kollegen Braun und Schulze vorgeschlagen haben, die vor allen Dingen dahin geht, daß die den bestehenden Handels- und Geschäftsgebräuchen zuwider mit dem Schein einer besseren Qualität versehenen Nahrungsmittel in Verkehr gebrachten Fabrikate unter Strafe gestellt werden können. Es handelt sich, meine Herren, in einem Falle, den ich mir anzuführen erlauben will, um einen großen Industriezweig, dessen ganze Existenz durch das Gesetz bedroht ist, wenn ihm nicht in diesem Paragraphen Schutz geschaffen wird. Das ist die große Chokoladen-Industrie. Es ist bei der Einbringung des Gesetzes in den Motiven eine Definition von dem gegeben worden, was eventuell die Behörde, die hier zu entscheiden hat, unter Chokolade verstehen soll, die derjenigen Praxis, die nicht bloß in Deutschland, sondern überall maßgebend ist, auf das Entschiedenste widerspricht. Der Gesetzgeber war der Meinung, als er die Motive ausarbeitete, daß Chokolade ein Produkt sei, das lediglich aus Kakao unter einem Zusatz von Zucker und Gewürzen bestehen dürfe. Unsere ganze Chokoladenindustrie, meine Herren, arbeitet aber Chokolade aus Kakao und Gewürzen unter einem Zusatz von Mehl. Dieses Mehl ist natürlicher Weise durchaus nicht gesundheitsgefährlich, die Preise stehen aber gegenüber dem ausländischen Fabrikat so, daß auch Mehl verwandt werden muß und daß verbotenen Falles unsere ganze Industrie lahm gelegt würde, wie es Herr Kollege Braun in Bezug auf den Weinimport ausgeführt hat, weil wir dem ausländischen Produzenten nichts anhaben können, wenn er das Fabrikat so einbringt, wie es geschäftsüblich ist.

Also, meine Herren, Sie müssen auch aus dem Grunde, um den wichtigen Industriezweig, den ich eben genannt habe, nicht unmöglich zu machen und ihn nicht gegen den ausländischen Import niederzulegen, eine solche Bestimmung in das Gesetz aufnehmen, welche zuläßt, daß nach den bestehenden reellen, soliden Geschäftsgebräuchen verfahren wird. Nehmen Sie eine derartige Bestimmung nicht auf, so wird ein Gesetz, wie es vorliegt, nur dazu führen, einen wichtigen Industriezweig, wie es die Chokoladenindustrie ist, zu ruiniren.

Präsident: Der Herr Abgeordnete Dr. Reichensperger (Krefeld) hat das Wort.

Abgeordneter Dr. **Reichensperger** (Krefeld): Meine Herren, ich kann mir nicht denken, daß irgend ein Richter einen Chokoladenfabrikanten für einen Verfälscher erklären wird, welcher nicht mehr Mehl in die Chokolade thut, die er bereitet, als von allen Chokoladenfabrikanten regelmäßig und herkömmlich hineingethan wird. Ich meine, ein Richter wäre weniger als klug, wenn er sagte: wenn auch nach allen Regeln des Gewerbes und nach dem Herkommen in die Chokolade etwas Mehl gethan wird, so erkläre ich den Chokoladenfabrikanten doch für einen Verfälscher, weil er nicht bloß Kakao zur Herstellung seiner Waare genommen hat. Meine Herren, ich glaube wirklich, derartige Beispiele können hier außer Betracht bleiben.

Herr Braun hat sich seinerseits auf ein Gebiet begeben, auf welchem er jedenfalls besser orientirt ist, als ich; dennoch glaube ich, ihn beruhigen zu können. Meines Erachtens geht seine Befürchtung viel zu weit. Ich kann meinerseits mir auch hier nicht vorstellen, daß, wenn z. B. auf einer Flasche — ich bleibe mit Herrn Braun beim Weine — Graacher steht, der Wein aber nicht bei Graach, sondern etwa eine Stunde weiter davon gewachsen ist, oder ferner Pisporter zu Zeltinger etikettirt wird, — das sind ja gewöhnliche Bezeichnungen — daß dann der Verkäufer solchen unrichtig bezeichneten Weines unter den hier vorliegenden Artikel fällt. Ich bitte den Herrn Braun, den Artikel sich etwas näher anzusehen; es heißt da: „wer zum Zwecke der Täuschung im Handel und Verkehr Nahrungs- oder Genußmittel nachmacht oder verfälscht.“ Derjenige, der auf ein Etikett schreibt „Rüdesheimer Berg“, während der Wein in der Ebene von Rüdesheim gewachsen ist, macht doch den Rüdesheimer-Bergwein nicht nach; oder verfälscht etwa den Rüdesheimer Berg? Er bezeichnet den Wein doch nur in einer verkehrten Weise, er macht ihn aber, wie gesagt nicht nach. Es müssen denn gewisse Ingredienzen in den Rüdesheimer von der Ebene gethan werden, welche demselben den Schein geben sollten, als wäre er am Berge von Rüdesheim gewachsen. Letzteres ist nun aber bei dem Beispiel des Herrn Braun nicht der Fall, von „Nachmachen“ oder „Verfälschen“ kann da also schlechterdings die Rede nicht sein. Ich bin der Ansicht, daß diese Bestimmung der Nr. 1 weit eher dahin führen könnte, daß gewisse, durch Zuthaten zurechtgemachte Weine vom Richter mit Unrecht nicht unter dem Artikel subsumirt werden, als daß in solchen Fällen, wie Herr Braun und Herr Schulze-Delitzsch sie uns vorführen, eine Verurtheilung wegen Nachmachung oder Verfälschung erfolgt. Ich besorge eher, daß, wenn z. B. Wein gallisirt oder chaptalisirt wird, man sagen könnte, derselbe sei nicht nachgemacht und auch nicht verfälscht. Indeß hat die Diskussion bei der zweiten Lesung ergeben, daß unter den Rednern darüber Einverständniß herrschte, daß in den bezeichneten Fällen ganz wohl von einem „Nachmachen“ des echten Weins, des Naturweins die Rede sein kann. Unter Umständen ist es übrigens klar, daß ein förmlicher, gewöhnlicher Betrug vorliegt, wenn Wein oder irgend eine Waare unter einer falschen Bezeichnung verkauft wird. Derjenige, welcher namentlich im Großen handelt, wird sich auch schon durch einen Vertrag sichern; er wird eine Garantie für die richtige Bezeichnung der Waare verlangen, oder ein ausdrückliches Versprechen, daß der betreffende Wein, um bei diesem Beispiel zu bleiben, wirklich an dem Orte gewachsen ist, von welchem er seine Bezeichnung trägt. Alsdann ist der Käufer garantirt durch seinen Vertrag.

Ich bin weiter der Ansicht, daß, wenn wir den Ausdruck „Geschäftsgebräuche“ wieder in das Gesetz aufnehmen, wir dadurch gar manches sanktioniren, was wir durch dies Gesetz zurückweisen wollen. Es gibt eben eine Menge von Geschäftsgebräuchen, die sich allmählich eingeschlichen haben, vielleicht längst schon bestehende Geschäftsgebräuche, die aber darum keine löblichen Gebräuche sind; es muß solchen Gebräuchen endlich entgegen getreten werden. Wenn das Handelsgesetzbuch auf Handels- und Geschäftsgebräuche verweist, so handelt es sich in der Regel um bestimmte konkrete Fragen, in Bezug auf welche ein allen loyalen Handelsleuten der betreffenden Branche nicht zweifelhaft erscheinender Gebrauch obwaltet. Hier befinden wir uns einer so vagen, schwankenden, vielgestaltigen Materie gegenüber, daß in vielen Fällen von irgendwie allgemein feststehenden Handels- und Geschäftsgebräuchen nicht die Rede sein kann. Ich bin überzeugt, daß Experten sehr oft ebensowenig einen festen Boden unter sich finden würden, wie es Seitens des Herrn Brann vom Richter angenommen wird. Nehmen Sie z. B. den Fall, welcher vom Herrn Abgeordneten Brann vorgebracht worden ist; fragen Sie Handelsleute, ob es dem Geschäftsgebrauch zuwider oder gemäß ist, wenn jemand statt Zeltinger Graachewein auf die Etikette setzt, und den Wein als solchen verkauft. Da möchte ich wissen, welches Handelsgericht oder welche Handelskammer darüber eine Entscheidung treffen, ob solches Verfahren einem Geschäftsgebrauch entspricht. Der Richter muß aber nach dem konkreten Falle vor allem ermessen, ob eine betrügerische Absicht vorgelegen hat, ob der „Zweck der Täuschung“ obwaltete; das aber wird der Richter gewiß durchschnittlich am besten können. Allmählich wird sich eine Praxis bilden, und ich glaube, wir können uns in Betreff des Schlußergebnisses doch wohl auf das Oberhandelsgericht einigermaßen verlassen. Es steht allerdings noch ein langes Schwanken in dieser Beziehung zu erwarten, diesem Schwanken aber wird durch den Vorschlag des Herrn Abgeordneten Braun keinesfalls früher ein Ziel gesetzt werden.

Präsident: Der Herr Abgeordnete Dr. Buhl hat das Wort.

Abgeordneter Dr. **Buhl**: Meine Herren, ich habe mir bei der zweiten Lesung auszuführen erlaubt, daß zwischen dem heutigen Antrage Brann und dem Beschlusse der zweiten Lesung der Unterschied in meinen Augen kein großer sei. Ich nahm damals als selbstverständlich an, daß auch durch den Antrag Baer die Definition, die in dem §. 10 versucht wurde, nicht beseitigt werde, weil sie unrichtig ist, sondern daß man sie einfach dem Richter überlassen wollte. Ich mußte auch damals anerkennen, daß der Zusatz der Herren Abgeordneten Schulze-Delitzsch und Braun in Bezug auf die Geschäftsgebräuche eine gewisse Berechtigung darin habe, daß sich infolge des Nahrungsmittelgesetzes wirklich in den Geschäftskreisen eine Unruhe zeigte über die Wirkung des Gesetzes, die es zweckmäßig erscheinen ließ, die Leute zu beruhigen. Da ich annehmen mußte, daß die betreffenden Geschäftsgebräuche nur gute und reelle sein dürften, konnte ich auch von meiner rigoristischen Stellung aus mich mit dem betreffenden Antrage befreunden. Heute habe ich aber die Besorgniß, daß infolge des Antrags Windthorst, den betreffenden Absatz zu theilen, der Nachsatz: „oder den bestehenden Handels- und Geschäftsgebräuchen zuwider mit dem Schein einer besseren Beschaffenheit versieht“ gestrichen wird. Meine Herren, wenn wir diesen Nachsatz streichen, und die Täuschung bloß dann noch annehmen, wenn die betreffenden Gegenstände durch Entnehmen oder Zusetzen von Stoffen verschlechtert werden, dann schaffen wir durch diese ganz einseitige Definition des Wortes „täuschen“ einen ganz neuen Rechtszustand, und da muß ich Ihnen sagen, daß z. B. wir Weinbauern vor einem derartigen Antrage die allerlebhafteste Besorgniß hegen. Denn durch diesen Antrag wird es einfach so liegen, daß, wenn man in Zukunft aus Wasser und Zucker und einigen anderen Zuthaten „Wein“ herstellt, man dieses ungestraft thun und dieses so hergestellte Getränk ungestraft auch als Wein verkaufen darf; denn man kann nicht behaupten, daß Wasser durch Zusatz von Zucker und Alkohol und Glycerin und einigen anderen Stoffen verschlechtert worden sei. Diese ganze Kategorie von Fälschungen wird ausdrücklich durch diesen Antrag der gesetzlichen Bestrafung entzogen, und die Konsequenz unseres heutigen Vorgehens wird die sein, daß auch in anderen Beziehungen die Täuschung speziell mit Lebensmitteln einen ganz anderen Begriff bekommt.

Ich will deshalb eine bestimmte Stellung zu dem Beschluß der zweiten Lesung in dem heutigen Antrag Braun-Schulze-Delitzsch nicht einnehmen, ich würde Sie aber dringend bitten, dem Herrn Abgeordneten Windthorst nicht zu folgen und nicht den zweiten Theil des Antrags zu streichen und dadurch wirklich einen vollständig neuen Rechtszustand zu schaffen, der in weiten betheiligten Kreisen außerordentlich schwer empfunden wird.

(Sehr gut! links.)

Präsident: Der Herr Abgeordnete Windthorst hat das Wort.

Abgeordneter **Windthorst**: Meine Herren, ich glaube aus den letzten Aeußerungen zu entnehmen, daß in der That doch mein Antrag absolut mißverstanden ist. Wenn ich Wasser und Zucker zusammenmenge, so habe ich keinen Wein durch Zusetzen oder Abnehmen geändert, dann habe ich eben ein Gemisch gemacht, bei welchem gar nicht von Wein die Rede ist. Das ist mithin eine durchaus falsche Anschauung, und das beweiset mir, daß die ganze Materie so liegt, daß sie in der That nicht reif ist, um in Beziehung auf dieselbe Strafgesetze zu machen. Es ist uns vorher erzählt worden, früher sei eine Beunruhigung in betheiligten Kreisen gewesen. Nach dem Beschluß der zweiten Lesung sei Ruhe eingetreten. Ich muß gestehen, eine solche Ruhe kann nur eingetreten sein bei solchen Leuten, die den Beschluß der zweiten Lesung gar nicht verstehen. Diejenigen, welche meinen, es sei bedenklich, Beschlüsse zu fassen wie die Regierung sie vorgelegt hat, müssen doch wissen, daß das, was die Regierung vorgelegt hat, das vorigemal nicht beseitigt ist, sondern daß, wenn eine Täuschung in der Weise geschieht, wie die Regierungsvorlage voraussetzt, auch nach dem Beschluß zweiter Lesung ganz unzweifelhaft eine Bestrafung erfolgt. Ich wiederhole darum, es ist undenkbar, daß durch die Beschlüsse der vorigen Berathung eine Beruhigung eingetreten sei, es wäre denn bei solchen, die denken, wir sehen jetzt wenigstens die Gefahr der Sache nicht, wir wollen es dem Richter überlassen, der wird das richtige schon finden. Solche Leute können sich beruhigen; die aber, welche klare Augen haben, können sich nicht beruhigen, denn sie sehen den Richter auf einem weiten Meere, wo es ihm durchaus an sicheren Anhaltspunkten fehlt, und ich bin deshalb der Ansicht, daß wir ein Kriterium finden müssen, und dieses Kriterium finde ich für meinen Theil darin, daß, wenn die Veränderungen der betreffenden Nahrungsmittel so sind, daß sie verschlechtert werden, man sie mit Kriminalstrafen belegen will. Daraus folgt noch nicht, daß andere Aenderungen gebilligt werden. Nein, sie werden nur nicht mit Kriminalstrafen belegt, und das sollte man sich wohl vergegenwärtigen. Ich habe die Ueberzeugung, daß, wenn die Beschlüsse der vorigen Berathung aufrecht erhalten werden, beinahe kein Weinhändler in der Welt ist, der nicht vor das Kriminalgericht gestellt werden könnte, und ich komme deshalb dahin, den Herrn Präsidenten zu bitten, da der Herr Kollege Brann es gewünscht hat, bei der Abstimmung so zu verfahren, daß die Worte „oder daß er dieselben mit dem Scheine einer bessern Beschaffenheit versieht" separat zur Abstimmung zu bringen, und dann einfach den Antrag Braun, so daß damit meinem Gedanken Gerechtigkeit zu Theil wird.

Was dann das betrifft, was der Herr Kollege Braun in Beziehung auf die Bordeauxweine bemerkt hat, so mache ich darauf aufmerksam, daß in Frankreich allerdings sehr scharfe Bestimmungen in Beziehung auf die Fälschungen bestehen, und ich glaube, mich bei diesen Bestimmungen beruhigen zu können, daß bei denjenigen, die direkt Bordeauxwein beziehen, der etwa gefälscht ist, insofern ein Schutz wäre, daß, wenn einer, der Bordeauxwein gefälscht hat, innerhalb deutscher Grenzen betroffen wird, wir ihn jeden Augenblick vor den Strafrichter stellen können.

Präsident: Es ist von drei Seiten der Schluß der Diskussion beantragt worden: von dem Herrn Abgeordneten von Waldow, von den Herren Abgeordneten Dr. Beseler und von Bernuth, von den Herren Abgeordneten Melbeck, von Neumann und von Helldorff.

Ich ersuche diejenigen Herren, welche den Schlußantrag unterstützen wollen, sich zu erheben.

(Geschieht.)

Die Unterstützung reicht aus.

Ich ersuche jetzt diejenigen Herren aufzustehen, respektive stehen zu bleiben, welche die Diskussion schließen wollen.

(Geschieht.)

Das ist die Mehrheit; die Diskussion ist geschlossen.

Zu einer persönlichen Bemerkung hat das Wort der Herr Abgeordnete Baer (Offenburg).

Abgeordneter **Baer** (Offenburg): Meine Herren, der Herr Abgeordnete Brann hat mir zur Last gelegt, daß ich in der vorjährigen Kommission für seinen Antrag gestimmt habe. Ja, er glaubte sogar, daß ich dafür gesprochen habe. Das letztere ist möglich; ich erinnere mich aber nicht. Gestimmt habe ich allerdings damals für seinen Antrag. Ich glaube aber, das nicht als einen Vorwurf erkennen zu müssen. Ich habe dem Abgeordneten Braun, meinem geehrten Nachbar und Freund, nur ein Beispiel gegeben, das ich ihm zur Nachahmung empfehle; nämlich: ich habe mich einer besseren Einsicht nicht verschlossen.

(Heiterkeit.)

Präsident: Der Herr Abgeordnete Dr. Braun hat das Wort zu einer persönlichen Bemerkung.

Abgeordneter Dr. **Braun**: Ich will nur bemerken, daß ich durchaus nicht die Absicht hatte, meinem verehrten Freund irgend einen Vorwurf zu machen; ich habe nur die hohe Autorität seiner Person für mich anziehen wollen.

Präsident: Wir kommen zur Abstimmung.

Ich schlage vor, abzustimmen über den Antrag Windthorst, also zu fragen, ob für den Fall der Annahme des Amendements Dr. Braun in demselben die Worte „oder den bestehenden Handels- oder Geschäftsbräuchen zuwider mit dem Schein einer besseren Beschaffenheit versieht", dem Antrag des Herrn Abgeordneten Windthorst auf Streichung entgegen, beibehalten werden sollen. — Wenn ich den Herrn Abgeordneten Windthorst richtig verstanden habe, so hat er in dieser Art die Fragestellung beantragt. — Sodann kommt die Abstimmung über den Antrag Dr. Braun, wie er nach dieser Vorabstimmung sich herausstellt, und dann die Abstimmung über den § 10 der Beschlüsse der zweiten Berathung, wie er nach diesen Vorabstimmungen sich herausstellt.

Ich bemerke, meine Herren, daß das Amendement Dr. Braun jetzt gedruckt vorliegt, die Abstimmung also eine definitive ist. Bei Beginn der Berathung lag das Amendement noch nicht gedruckt vor.

Gegen die Fragestellung wird ein Widerspruch nicht erhoben; es wird also so abgestimmt, wie ich vorgeschlagen habe.

Ich ersuche demnach zuvörderst diejenigen Herren, welche, entgegen dem Antrag des Herrn Abgeordneten Windthorst auf Streichung, für den Fall der Annahme des Antrags Dr. Braun in demselben die Worte „oder den bestehenden Handels- oder Geschäftsgebräuchen zuwider mit dem Schein einer besseren Beschaffenheit versieht" beibehalten wollen, sich zu erheben.

(Geschieht.)

Das ist die Majorität; die Worte sind beibehalten.

Wir kommen zur Abstimmung über den Antrag der

Herren Abgeordneten Dr. Braun und Dr. Schulze-Delitzsch. Ich ersuche den Herrn Schriftführer, den Antrag, welcher unverändert ist, zu verlesen.

Schriftführer Abgeordneter Dr. **Blum**:

Der Reichstag wolle beschließen,

den § 10 Nr. 1 der Regierungsvorlage und der Beschlüsse zweiter Lesung dahin zu fassen:

„wer zum Zwecke der Täuschung im Handel und Verkehr Nahrungs- oder Genußmittel nachmacht oder dadurch verfälscht, daß er dieselben mittelst Entnehmens oder Zusetzens von Stoffen verschlechtert oder den bestehenden Handels- oder Geschäftsgebräuchen zuwider mit dem Schein einer besseren Beschaffenheit versieht".

Präsident: Ich ersuche diejenigen Herren, welche den eben verlesenen Antrag annehmen wollen, sich zu erheben.

(Geschieht.)

Das ist die Minderheit; der Antrag ist abgelehnt.

Es kommt jetzt der § 10 der Beschlüsse zweiter Berathung unverändert zur Abstimmung.

Ich ersuche diejenigen Herren, welche den § 10 der Beschlüsse zweiter Berathung, — dessen Verlesung, da er unverändert geblieben ist, uns wohl erlassen wird, — auch in dritter Berathung annehmen wollen, sich zu erheben.

(Geschieht.)

Das ist eine erhebliche Majorität; es ist der § 10 angenommen.

Ich eröffne die Diskussion über § 11. — Hier wird das Wort nicht gewünscht; ich schließe die Diskussion. Ich konstatire die Annahme des § 11 auch in dritter Berathung, da eine Abstimmung nicht verlangt wird.

Ich eröffne die Diskussion über § 12. Zu demselben liegt das Amendement des Herrn Abgeordneten Dr. Dreyer vor:

in § 12 den letzten Absatz zu streichen.

Das Amendement enthält nur einen Antrag auf Theilung der Frage und bedarf daher nach meiner Ueberzeugung nicht der Unterstützung, steht aber mit zur Diskussion.

Der Herr Abgeordnete Dr. Dreyer hat das Wort.

Abgeordneter Dr. **Dreyer**: Meine Herren, der Herr Abgeordnete für Offenburg hat bei der zweiten Lesung beantragt, in Ziffer 2 des § 12 die Worte einzuschieben „und mit Verschweigung dieser Eigenschaft". Er hat dabei bezweckt, daß die angedrohten schweren Strafen nur denjenigen Verkäufer von gesundheitsgefährlichen Waaren treffen sollen, welcher diese Eigenschaft verschweigt. Er hat es gethan insbesondere im Hinblick auf § 324 des Strafgesetzbuches. Der Antrag wurde abgelehnt, und ich sehe nun, daß das Gesetz, soweit es einen polizeilichen Charakter hat, die Bedeutung hat, daß schlechthin mit Gefängniß, und zwar bis zu 5 Jahren, neben welcher Strafe auf Verlust der bürgerlichen Ehrenrechte erkannt werden kann, bestraft wird nicht nur derjenige, welcher Waaren, Genußmittel oder andere hier bezeichnete Gegenstände herstellt, sondern auch derjenige, welcher solche Gegenstände verkauft oder sonst in den Verkehr bringt und zwar, meine Herren, ohne Rücksicht darauf, ob er diese Eigenschaft dem Käufer sagt oder nicht. Ich dächte nun, daß dem polizeilichen Zweck des Gesetzes hiermit weitaus Genüge geleistet sei, daß damit erreicht wird, was der Herr Regierungskommissar gewollt hat und meines Erachtens auch, was der Berichterstatter der Kommission gewollt hat, nämlich ein Verbot, es soll nichts derartiges hergestellt, es soll nichts derartiges verkauft werden, gleichviel ob dem Käufer diese Eigenschaft gesagt wird oder nicht.

Nun hat aber, meine Herren, das Gesetz im letzten Abschnitt des § 12 und im § 13 sich weiter noch begeben auf das Gebiet des eigentlichen Kriminalrechts. Es sollen nämlich Strafbestimmungen erlassen werden, für die durch Fahrlässigkeit herbeigeführten schweren Folgen der vorsätzlichen Uebertretung dieser Polizeivorschriften. Das Gesetz ahmt in dieser Weise eine Reihe von Bestimmungen des Strafgesetzbuchs nach, wo es sich handelt um Körperverletzung, wenn durch eine Handlung die Tödtung verursacht wird, um Nothzucht, Raub, Freiheitsbeschädigung u. s. w., insbesondere ahmt es den § 324 nach, auf den ich noch zu reden kommen werde. Ich bin nun der Meinung, einmal daß es im höchsten Grade bedenklich ist, bei einem Polizeigesetz zugleich wieder eine Kodifikation zu versuchen, die meines Erachtens in das Strafgesetzbuch gehört. Wir haben zu bestimmen, welche Strafe denjenigen treffen soll, der schuld ist an einer Körperverletzung, der schuld ist an einer Tödtung. Wenn wir einmal den Weg betreten, daß wir an ein Polizeigesetz zugleich solche Bestimmungen anreihen, welche in das Kriminalrecht gehören, so ist dieser Art Gesetzgebung gar kein Ende. Vergleichen Sie § 366 und 367 des Strafgesetzbuchs, und Sie werden kaum eine dieser Uebertretungen finden, sie sind sehr schwieriger Natur. Ich verweise z. B. auf § 367 Ziffer 3, 4 und 5, wo von solchen die Rede ist, die ohne polizeiliche Erlaubniß giftige Arzneien zubereiten. Ueberall könnten Sie Anhängsel machen, und, meine Herren, wir werden dann bestrafen, wenn diese vorsätzliche Uebertretung der polizeilichen Vorschrift einen schädlichen Erfolg für die Gesundheit oder gar das Leben hat. Ja, meine Herren, wenn wir soweit Fürsorge treffen wollen, dann können wir schließlich noch weiter gehen, wir können in diesem Polizeigesetze neben den kriminalrechtlichen noch die zivilrechtlichen Folgen anreihen und eine Art Haftpflichtgesetz in das Polizeigesetz hineinbringen. Ich glaube also, daß es im allgemeinen sehr bedenklich ist, in der Weise ein Polizeigesetz zu machen.

Was nun hier im besonderen vorliegt, so glaube ich, daß der Versuch hier nicht geglückt ist, wenn man auf die Vorbilder sieht, die hier offenbar vorgeschwebt haben. Wir sehen bei den Fassungen „durch die Handlung", daß überall, wo diese Fassung im Strafgesetzbuch gebraucht wird, wir ganz nett und klar wissen, was ist die Handlung. Im Fall des § 267 wissen wir, daß die Handlung eine unzüchtige ist; in § 321 wissen wir, daß es sich um Aussetzung handelt; ebenso wissen wir, in § 329 ist es das Giftbeibringen. Ich frage, was ist hier „durch die Handlung". „Durch die Handlung" kann sein das Herstellen, es kann sein der Verkauf, das Feilhalten oder in den Verkehr bringen. Denken Sie sich den Fall, daß der A. eine gesundheitbeschädigende Waare, sei es ein Genußmittel oder ein Gegenstand, der unter Ziffer 2 fällt, herstellt, verkauft an den Grossisten B., der Grossist B. an C., und der C — ich will gleich das Beispiel vervollständigen —, mit Angabe der giftigen Eigenschaft an den X., der macht Mißbrauch, indem er z. B. Tapeten, hergestellt aus Schweinfurter Grün, in einem Schlafzimmer verwendet, und es wird dadurch der Tod eines Menschen herbeigeführt. Was ist da die Handlung, durch welche der Tod herbeigeführt wird? Man hat sich vorhin über die Geistesgaben der Richter ausgesprochen, es ist nun ganz leicht möglich, daß man sagt, — und bekanntlich gehört ja die Lehre vom Kausalnexus zu den schwierigsten —: hätte der A. die Waare nicht hergestellt und hätte sie der B. nicht verkauft, so wäre der Tod nicht eingetreten und man käme am Ende dazu, die ganze Gesellschaft lebenslänglich ins Zuchthaus zu sperren. Ich glaube, daß hier dieser Thatbestand nicht so nett, klar und einfach vorliegt, wie in den Vorbildern des Strafgesetzbuchs, denen er nachgeahmt worden ist.

Ich bin aber auch weiter der Meinung, meine Herren, und darauf lege ich alles Gewicht, daß hier Strafandrohungen enthalten sind, die, wenn der Antrag des Herrn Kollegen

Baer abgelehnt worden ist, alles Maß der Gerechtigkeit überschreitet. Sie können bis zu lebenslänglichem Zuchthaus denjenigen bestrafen, der eine Waare, die mit giftigen Stoffen hergestellt ist, verkauft, obgleich er dem Käufer das gesagt hat. Sie haben in dem § 324 des Strafgesetzbuchs für diesen Fall diese schwere Strafe nur dann, wenn es geschehen ist mit Verschweigung der Eigenschaft, und das, meine ich, entspricht allein der Gerechtigkeit. Diese Strafandrohung ist ungefähr die gleiche, die nach dem § 229 für denjenigen gilt, der vorsätzlich Gift beibringt, sie ist die gleiche, die für den Räuber gilt, der durch Verletzung sein Opfer tödtet, wie für den Brandstifter, der durch die Brandstiftung ein Menschenleben opfert. Das halte ich, meine Herren, gegen alle Grundsätze der Gerechtigkeit, daß man hier, wo vielleicht nur der Mißbrauch des Käufers den schädlichen Erfolg herbeigeführt hat, mit so schweren Strafen vorgeht. Ich kann mir diese schwere Strafandrohung nur psychologisch erklären; ich kann mir die Abweichung von dem Prinzip des § 324, wo es auf die Verschweigung ankommt, nur dadurch erklären, daß man jagt, seither hat man das Fälschen zugelassen, die Fälschung von Nahrungs- und Genußmitteln hat überhand genommen, und jetzt muß mit rücksichtsloser Strenge vorgegangen werden. Meine Herren, solche psychologischen Motive halte ich nicht für zutreffend, um danach ein Gesetz gut zu machen.

Ich glaube, meine Herren, daß unser Strafrecht durchaus hinreicht, denjenigen zur Verantwortung zu ziehen, durch dessen vorsätzliche Uebertretung dieser Polizeivorschrift der schwere Erfolg herbeigeführt worden ist. Wir haben besondere Bestimmungen für die fahrlässige Tödtung, besondere Bestimmungen für aus Fahrlässigkeit herbeigeführte Körperverletzung, und wir haben endlich die von mir schon wiederholt erwähnte Bestimmung des § 324 unseres Strafgesetzbuches, die meines Erachtens vollständig hinreicht. Ich glaube daher mit meinem Antrag auf Streichung dieses kriminalistischen Theils — so möchte ich ihn bezeichnen — einmal dem Gesetz den polizeilichen Charakter zu wahren, zweitens es davor zu behüten, daß mit einer durch nichts gerechtfertigten Strenge vorgegangen wird, mit einer Strenge, die in Widerspruch steht mit dem § 324, ich glaube zu verhüten, daß wir einen kriminalischen Thatbestand im Polizeigesetz schaffen, der nebenhergeht neben dem Thatbestand im Strafgesetzbuch. Ich glaube, daß wir dann einen Unterschied zwischen „Zerstören" und „Beschädigen" nicht mehr brauchen. Für das Herstellen von Gegenständen, die geeignet sind zu beschädigen, reichen die schwereren Strafandrohungen im § 12 aus, die, wie ich bereits erwähnt habe, bis zu 5 Jahren Zuchthaus gehen, und, „wenn der Stoff geeignet ist, die Gesundheit zu zerstören", so ist dieser Fall genügend vorgesehen in dem § 324 des Strafgesetzbuchs.

Ich bitte Sie daher, meine Anträge anzunehmen.

Präsident: Meine Herren, ich möchte auch § 13, dessen Streichung der Herr Abgeordnete ebenfalls beantragt und bereits auch motivirt hat, mit zur Diskussion stellen. — Es wird nicht widersprochen; es ist also auch die Diskussion über § 13 eröffnet.

Der Herr Kommissarius des Bundesraths hat das Wort.

Kommissarius des Bundesraths kaiserlicher Geheimer Oberregierungsrath Dr. Meyer: Meine Herren, der Herr Vorredner ist bei seinen Ausführungen davon ausgegangen, daß hier ein Polizeigesetz vorliege und es deswegen angezeigt sei, jeder strafrechtlichen Bestimmung sich in diesem Gesetz zu enthalten. Er ist auf diesen Grundsatz bei seinen Ausführungen wiederholt zurückgekommen. Ich bestreite ihm diesen Grundsatz von vornherein.

(Sehr richtig!)

Dies Gesetz enthält Bestimmungen, welche ich polizeiliche nennen kann; aber es enthält nicht bloß Bestimmungen dieser Art.

(Sehr richtig!)

Und wenn Sie nur den § 10 ansehen, den Sie in dritter Berathung soeben angenommen haben, so müssen Sie ohne weiteres zugeben, daß der § 10 ein echtes Strafgesetz ist und nichts anderes als dies. Die Behauptung also, daß wir es mit einem Polizeigesetz zu thun haben, fällt meines Erachtens von vornherein in sich zusammen, und damit fallen auch alle Konsequenzen, welche aus diesem Prinzip gezogen werden.

Auch diejenige Erklärung, welche der Herr Vorredner für die §§ 12, 13 versucht hat, — ich glaube, er nannte sie die psychologische Erklärung, möchte ich ablehnen. Ich möchte Sie einladen, sich die Begründung anzusehen, die in den Motiven steht und die wenigstens mit der Psychologie nichts zu thun hat. Dort ist ausdrücklich ausgeführt, daß diese Bestimmungen der §§ 12, 13 sich an § 324 des Strafgesetzbuchs anlehnen.

Es ist da ausführlich auseinandergesetzt, warum in vier Beziehungen der Thatbestand des § 324 ausgedehnt worden ist. Der § 324, der den Anhalt geboten hat, bestimmt:

> Wer vorsätzlich Gegenstände, welche zum öffentlichen Verkauf oder Verbrauch bestimmt sind, vergiftet oder denselben Stoffe beimischt, von denen ihm bekannt ist, daß sie die menschliche Gesundheit zu zerstören geeignet sind, u. s. w.

Die Motive führen nun aus, es sei kein Grund, warum man hier nur von solchen Stoffen reden solle, die die Gesundheit zu *zerstören* geeignet sind; man wolle auch die Stoffe treffen, die sie zu *beschädigen* geeignet sind. Die Motive führen zweitens aus, es sei nicht einzusehen, warum man nur die Gegenstände, welche zum *öffentlichen* Gebrauch bestimmt sind, treffen soll, und nicht auch diejenigen, die zum Privatverkauf, etwa im Wege des Hausirens, bestimmt sind.

Sie führen drittens aus, es sei nicht ersichtlich, warum der Akzent gelegt werde auf die *Beimischung* von giftigen Stoffen; warum nicht überhaupt darauf, daß Gegenstände in einer solchen Art nicht hergestellt werden dürfen, in welcher hergestellt sie der menschlichen Gesundheit schädlich werden können.

Der Paragraph fährt weiter fort:

> ingleichen, wer solche vergiftete oder mit gefährlichen Stoffen vermischte Sachen wissentlich und mit Verschweigung dieser Eigenschaft verkauft, feil hält oder sonst in Verkehr bringt.

Die Motive führen aus, es sei kein Grund, warum man auf den Umstand, ob die gesundheitsgefährliche Eigenschaft verschwiegen wird oder nicht, einen besonderen Akzent legt. Sie sagen, bei Dingen, die der Gesundheit gefährlich sind, könne doch dieses Verschweigen oder nicht Verschweigen nicht von Bedeutung sein. Sie führen aus, diese Bestimmung würde den Zwischenhändler, welcher der Natur der Sache nach den Konsumenten die gesundheitsgefährliche Eigenschaft des Gegenstandes verschweigt, *strafbar* machen und würde den Fabrikanten und den Grossisten, der sie dem Zwischenhändler mittheilt, *straffrei* machen.

Meine Herren, das sind die Gründe, aus denen der Thatbestand des § 324 ausgedehnt ist. Wenn man nun hier gar kein Strafgesetz machen wollte, dann könnte ich die Konsequenz begreifen, die §§ 12 und 13 zu streichen, und es bei der Bestimmung des Strafgesetzbuchs bewenden zu lassen. Aber das scheint mir vollkommen unbegreiflich, wie man dazu kommt, den § 12 im wesentlichen stehen zu lassen und § 13 zu streichen. Was kommt denn jetzt heraus? Dann haben Sie folgende Konsequenzen: wenn jemand Sachen herstellt in einer Weise, daß sie die Gesundheit zu *beschädigen* geeignet sind, dann gilt § 12, daraus folgt, daß es *gleichgiltig* ist, ob die gesundheitsgefährliche Eigenschaft verschwiegen worden ist oder nicht. Wenn es sich aber um einen Stoff handelt, der die Gesundheit zu **zerstören** geeignet ist, dann soll es nach dem Herrn Vorredner bei dem Strafgesetzbuch sein Bewenden behalten, d. h. **es kommt wesentlich darauf an**, ob diese Eigenschaft verschwiegen ist oder nicht. Ich frage Sie, ob das nicht nothwendig eine Diskrepanz ist, die in dem Rechtsleben kaum erträglich genannt werden kann.

Nehmen Sie einen praktischen Fall. Es ist jetzt allgemein bekannt, daß Fleisch, welches Trichinen enthält, die Gesundheit mindestens beschädigt. Die Sachverständigen sagen, unter Umständen, je nach der Stärke des Gehalts an Trichinen, könne das Stück Fleisch die Gesundheit nur beschädigen oder aber sie zerstören; es komme auf den einzelnen Fall an, ob das eine oder das andere anzunehmen sei. Was kommt nun heraus, wenn Sie das Amendement des Herrn Vorredners annehmen? In dem einen Falle, wo das Fleisch nicht so stark mit Trichinen besetzt ist, daß es die Gesundheit zerstöre, sondern sie nur beschädigt, ist es gleichgiltig, ob die gesundheitsgefährliche Eigenschaft verschwiegen wurde oder nicht; im anderen Falle, wo ein Stück Fleisch so stark mit Trichinen besetzt ist, daß es die Gesundheit nothwendig zerstören muß, ist der Umstand erheblich, ob die Eigenschaft des Fleisches den Betreffenden mitgetheilt ist oder nicht. Ich frage Sie: wo liegt hier ein innerer Grund für diese Unterscheidung? Ich wiederhole: wenn Sie auf den Weg der Vorlage eingehen, d. h. für die Nahrungs- und Genußmittel und für die im Gesetze genannten Gebrauchsgegenstände den Thatbestand des § 324, so wie er vorgeschlagen worden ist, ausdehnen wollen, so ist meines Erachtens eine Trennung der beiden §§ 12 und 13 nicht möglich, dann müssen Sie den Grundgedanken des § 12 und des § 13 annehmen: aut — aut, entweder — oder.

Nun komme ich noch auf einen Punkt. Der Herr Vorredner, welcher ja bei seiner Theorie des Polizeigesetzes stehen bleibt, die ich schon bekämpft, sagt nun: wenn er auch den § 12 in seinem ganzen Inhalte annehme, könne er doch die Strafschärfung nicht zugeben, welche im Falle eines besonders unglücklichen Erfolgs eintreten soll. Auch diese Strafschärfung im Falle eines unglücklichen Erfolgs ist aber im Grundgedanken dem § 324 entnommen, und ich kann dem Herrn Vorredner nicht zugeben, daß diese Strafschärfungen ganz unerhörte sind. Das Strafmaß, welches der härtere § 13 enthält, ist dasselbe Strafmaß, welches sich in § 324 schon findet. Und in § 12 ist für den milderen Fall eine geringere Strafschärfung vorgeschlagen. Das ist alles, um was es sich handelt.

Nun kann man ja darüber streiten, ob man die Strafe im Fall eines unglücklichen Erfolges überhaupt schärfen will. Wenn aber das Strafgesetzbuch in dem Grund legenden § 324 dieses Prinzip schon angenommen hat, so glaube ich wird es korrekt sein, es in dem schwereren wie in dem leichteren Falle ebenfalls beizubehalten. Ueber Strafmaße ist ja eine prinzipielle Diskussion nicht zu führen, über 10, 8 und 6 Jahre kann man ja nicht prinzipiell debattiren. Wenn Sie aber in dem schwereren Falle des § 13, die Strafe des § 324 unverändert behalten, so wird es sich doch jedenfalls rechtfertigen, auch im leichteren Falle des § 12 bei einem unglücklichen Erfolge eine Strafschärfung eintreten zu lassen. Ob Ihnen die Strafschärfung, die Ihnen der Entwurf vorschlägt, zu hart scheint, stelle ich anheim, zu erwägen. Ich glaube, daß sie der Sachlage in der That entspricht. Denn, wenn z. B. ein Fleischer ein Stück mit Trichinen besetztes Fleisch, wissend, daß Trichinen darin sind, verkauft, und jemand dadurch eine schwere Körperverletzung erleidet, dann scheint mir in der That eine Zuchthausstrafe von 1 bis 5 Jahren gar nicht zu hart zu sein.

(Sehr richtig!)

Ich wiederhole, über Strafmaße kann man nicht prinzipiell diskutiren, aber ich glaube, daß die Straferhöhung, welche in dem § 12 vorgeschlagen ist, keine zu hohe ist, und ich glaube, daß die Straferhöhung, welche in § 13 vorgeschlagen ist, sich schon deswegen der Diskussion entzieht, weil sie mit der des § 324 übereinstimmt.

Präsident: Der Herr Abgeordnete Dr. Lasker hat das Wort.

Abgeordneter Dr. **Lasker:** In einem Punkt kann ich dem Herrn Vertreter der Regierung folgen; es wird am besten sein, und ich werde danach stimmen, den § 12 gänzlich zu streichen und ebenso den § 13 ganz zu streichen. Ich halte die Erweiterung, welche jetzt in diesem Gesetz als spezielle Art der Bestrafung gegeben wird, für keine glückliche; es ist nicht rathsam, einzelne Fälle besonderen Strafgesetzen zu unterwerfen und der allgemeinen Regel des Strafgesetzbuchs zu entziehen. Wenn der Herr Regierungsvertreter den Gedanken ausdrückt, daß das Wegstreichen des § 12 und des § 13 der Regierung genehmer wäre, als der Antrag des Herrn Abgeordneten Dreyer, so freue ich mich, wenigstens eventuell einen Berührungspunkt mit dem Vertreter der Regierung zu haben. Aber gestatten Sie mir, meine Herren, hervorzuheben, daß der Herr Vertreter der Regierung diejenigen Schwierigkeiten, welche durch dieses Gesetz entstehen, nicht in gleicher Weise beredt entwickelt hat, wie die Bedenken gegen den Antrag Dreyer.

Dieses Gesetz enthält nach dem Vorschlag der Regierung und unserem Beschluß zweiter Lesung folgende Bestimmung. Wenn jemand die hier bezeichnete Handlung gethan hat, und der Gegenstand dieser Handlung ist nicht einer von diesen Gegenständen, mit denen dieses Gesetz sich beschäftigt, so wird er nach einem anderen Strafgesetz beurtheilt, als wie, wenn dieselbe Handlung sich bezieht auf einen Gegenstand, der in diesem Gesetze behandelt wird. Z. B., wer einen Plumpenstengel herstellt aus solchen Stoffen, wie er hier geschildert ist, und dadurch eine Beschädigung herbeigeführt wird, kann straflos ausgehen oder er verfällt einer geringeren Strafe. Wenn es sich nun aber um einen Kochtopf handelt oder was sonst unter die Hausgeräthschaften fällt, so wird er unter sonst gleichen Verhältnissen von der schwereren Strafe dieses Gesetzes betroffen. Darin liegt kein gesetzgeberischer Sinn, an sich gleiche Fälle so abweichend zu behandeln.

Der Herr Abgeordnete Dreyer erklärt: soweit es sich lediglich um Gefängnißstrafe handelt und wir uns demgemäß noch innerhalb des Gebiets bewegen, welches als das der Polizeigesetzgebung bezeichnet werden könnte, wenn auch nicht gerade im technischen Sinn des Worts, so doch der Sache nach, wolle er sich nicht entgegenstellen, daß die Definition ausgedehnt und Gefängnißstrafe eintrete, auch in solchen Fällen, in denen bei anderen Gegenständen keine Strafe eintreten würde; wenn es sich aber um die schweren Verbrechen handelt, die im Absatz 2 des § 12, der eine Strafe bis zu 5 Jahren Zuchthaus androht, und wie im § 13, der Strafe bis zu lebenslänglichem Zuchthaus androht, wolle er auf eine Abweichung von der allgemeinen Strafgesetzgebung nicht mehr eingehen. Wo liegt hier die Unlogik? Tritt ein Untersuchungsfall ein, in welchem es sich um Anfertigung oder Verkauf eines Gegenstandes handelt, der geeignet war, die Gesundheit zu zerstören, so wird der Angeschuldigte zwar nicht bestraft werden können aus dem § 13 dieses Gesetzes wegen des schwereren Verbrechens, er wird aber nicht straflos ausgehen, wenn Sie den § 12 annehmen, weil in jeder Gesundheitszerstörung auch eine Gesundheitsschädigung liegt, und der Angeschuldigte wird nicht den Einwand machen können, er müsse freigesprochen werden, weil der Gegenstand nicht bloß die Gesundheit zu beschädigen, sondern auch zu zerstören geeignet sei. Es wird also nach dem Antrage Dreyer ein Unterschied gemacht werden in den Fällen, welche das Gesetz als mit geringeren Strafen zu belegen ansieht und nicht unter die Kategorie der Verbrechen bringt, wird eine spezielle Gesetzgebung gemacht, die über das gewöhnliche polizeiliche Maß hinausgeht; — meiner Meinung auch nicht nothwendig. Aber wenn der deutsche Reichstag so weit gehen will, würde ich doch bringend warnen, den zweiten Schritt mitzumachen und selbst bei den schwersten Verbrechen hier eine Spezialgesetzgebung zu geben, die in ihrer Definiton in wesentlichen Punkten von der Definition des allgemeinen Strafrechts abweicht.

Meine Herren, es ist nicht zu empfehlen, daß wir statt gemeinsame große Grundsätze zu finden in Betreff der Handlungen, welche der bürgerlichen Gesellschaft schädlich sind, uns in Detailirungen und Spezialgesetzgebungen zersplittern. Welcher Unterschied besteht denn für den Beschädigten, ob er durch einen Gegenstand des häuslichen Gebrauchs oder einen Gegenstand des Gebrauchs bei Feldarbeit zu einer Beschädigung gekommen ist? Der Beschädigte ist in gleicher Weise von dem Uebel getroffen und auch die gesellschaftliche Ordnung hat ein ungefähr gleiches Interesse gegen beide Arten der Beschädigung geschützt zu sein. Der Hauptzweck des Gesetzes besteht darin, daß wir für das Reich einheitliche Normen gewinnen. Wenn wir überhaupt mit dem § 9 abgeschlossen hätten, würden wir den guten Gedanken des Gesetzes bereits verwirklicht haben; was darüber hinausgeht und insbesondere die Spezialstrafgesetzgebung halte ich vom Uebel.

Es ist eine große Zahl von Mitgliedern gegen das Gesetz gestimmt; ich möchte nun, meine Herren, daß Sie, und das schon aus gesetzgeberischer Politik, nicht durch Annahme der §§ 12 und 13 nach dem Vorschlage der Regierung und dem Beschlusse der Kommission, welche ungemeine Härten enthalten, nicht die Zahl der Gegner noch vermehren und vielleicht bei der Schlußabstimmung das Gesetz selbst gefährden. Auch aus dieser Rücksicht würde ich Ihnen den Antrag Dreyer zur Annahme empfehlen, obwohl ich wenigstens relativ mit dem Herrn Regierungskommissar darin übereinstimme, daß die gänzliche Wegstreichung der §§ 12 und 13 aus dem Gesetz noch eine weitere Verbesserung wäre.

Präsident: Der Herr Abgeordnete Stauby hat das Wort.

Abgeordneter **Stauby**: Meine Herren, auch ich bin der Ansicht, daß wir den Gedanken dieses Gesetzes vollständig verleugnen würden, wenn wir dem Antrage Dreyer Folge leisten würden, noch viel mehr aber allerdings in konsequenterer Weise würden wir das thun, wenn wir mit dem Herrn Abgeordneten Lasker die §§ 12 und 13 des Gesetzes streichen wollten. Meine Herren, wir müssen uns doch vergegenwärtigen, daß wir neue strafrechtliche Bestimmungen treffen wollen zum Schutze des Verkehrs mit Nahrungsmitteln und mit gewissen Gebrauchsgegenständen. Wenn wir den Thatbestand neuer Vergehen und neuer Verbrechen schaffen, so werden wir auch den allgemeinen strafrechtlichen Grundsätzen folgen müssen, die der Herr Abgeordnete Dreyer vorhin selbst dahin präzisirt hat, daß, wenn durch ein Vergehen oder Verbrechen ein besonders schlimmer Erfolg hervorgebracht ist, dann auch eine besonders schwere Strafe eintritt. Der Herr Abgeordnete Dr. Dreyer hat bei der Begründung seines Antrags es ausdrücklich hervorgehoben, daß das Strafgesetzbuch diesen Standpunkt befolgt, ich glaube also darauf nicht weiter eingehen zu sollen. Nun, meine Herren, ist der Zweck dieses Gesetzes, und wir haben uns in zweiter Lesung damit einverstanden erklärt, auch der, daß wir nicht nur denjenigen bestrafen wollen, der unmittelbar in den öffentlichen Verkehr solche Nahrungs- und Gebrauchsgegenstände hineinbringt, welche geeignet sind, die menschliche Gesundheit zu schädigen respektive, wie der § 13 sagt, zu zerstören. Wir wollen auch den unter Strafe stellen, der solche Gegenstände bewußt anfertigt, und das hohe Haus wird sich erinnern, daß gerade in dieser Beziehung bei der zweiten Lesung eine ziemlich eingehende und lebhafte Debatte, unter anderm zwischen dem Herrn Abgeordneten Baer (Offenburg) und mir stattgefunden hat.

Was würde nun die Folge sein, wenn wir dem Antrag Dreyer folgten? Einmal Inkonsequenz des Gesetzes und ferner die traurige Folge, daß der Detailist, welcher Gebrauchsgegenstände und Nahrungsmittel in den Verkehr bringt, die geeignet sind, die Gesundheit zu schädigen, ungleich schlechter steht als derjenige, welcher solche Ge enstände anfertigt — und das geschieht ja gewöhnlich im großen. Meine Herren, wenn Sie den Detailisten, der das Unglück hat, Jemand an seiner Gesundheit derartig zu schädigen, daß er schließlich erliegt, nach allgemeinen Rechtsnormen unter allen Umständen mit Zuchthausstrafe bedrohen lassen, dann werden Sie es auch bei demjenigen thun können und müssen, der überhaupt diese Gegenstände anfertigt. Und, meine Herren, sollten Sie es bezüglich des § 13 wirklich zu hart finden, daß derjenige, der vorsätzlich Gegenstände anfertigt oder in den öffentlichen Gebrauch bringt, welche geeignet sind, die Gesundheit zu zerstören, mit Zuchthaus bestraft wird? Ich glaube nicht, und ich meine auch, daß, wenn der Tod eines Menschen hervorgerufen wird durch einen solchen Gegenstand, dann vor allem derjenige verantwortlich gemacht werden muß, der den Gegenstand angefertigt hat. Ich möchte also bitten, den Antrag Dreyer abzulehnen.

Präsident: Ich zeige an, daß noch folgender schriftliche Antrag eingegangen ist, — ich ersuche den Herrn Schriftführer, denselben zu verlesen.

Schriftführer Abgeordneter Dr. **Blum**:

Der Reichstag wolle beschließen:

im Fall der Ablehnung des Antrags Dreyer auf Streichung in § 12 Ziffer 2 zwischen die Worte „wer wissentlich" und die Worte „solche Gegenstände verkauft", folgende Worte einzuschalten:

„und mit Verschweigung dieser Eigenschaft".

Gestellt von dem Abgeordneten Baer (Offenburg), unterstützt von 30 Mitgliedern.

Präsident: Der Herr Kommissarius des Bundesraths hat das Wort.

Kommissarius des Bundesraths kaiserlicher Geheimer Oberregierungsrath Dr. **Meyer**: Meine Herren, dem Herrn Abgeordneten Dr. Lasker möchte ich nur folgendes entgegnen: Ich glaube zu der Auffassung keine Veranlassung gegeben zu haben, daß der Strich der ganzen §§ 12 und 13 irgendwie der Intention der verbündeten Regierungen entsprechen würde. Die Vorlage steht auf dem Standpunkt, daß in der That der Schutz bei den Nahrungs- und Genußmitteln sowie bei gewissen Gebrauchsgegenständen weiter greifen muß, als bei denjenigen Gegenständen, durch welche man, um bei dem Beispiele des Herrn Abgeordneten Dr. Lasker zu bleiben, sich etwa bei der Feldarbeit beschädigen kann. Es ist eben bei diesen Dingen ein weitergehender Schutz nothwendig. Ich habe daher bringend zu bitten, die §§ 12 und 13 anzunehmen.

Was ferner den soeben verlesenen Antrag anlangt, so ist er bereits in der zweiten Berathung zur Erörterung gekommen. Ich will nur noch daran erinnern, daß, wenn Sie in Nr. 2 diese Einschaltung machen wollen, alsdann zwischen der Nr. 1 und der Nr. 2 ein Unterschied entstehen würde, diese Verschweigung der gesundheitsgefährlichen Eigenschaft wäre in dem einen Fall — Nr. 1 — gleichgiltig, in dem andern Falle — Nr. 2 — rechtlich erheblich. Ich glaube, daß kein Grund vorliegt, in dieser Beziehung die beiden Fälle zu unterscheiden.

Präsident: Der Herr Abgeordnete Baer (Offenburg) hat das Wort.

Abgeordneter **Baer** (Offenburg): Wie der Herr Vertreter der Reichsregierung bereits bemerkt hat, habe ich nur denselben Antrag, den ich bereits in der zweiten Lesung zu stellen die Ehre hatte, hier wiederholt. Ich möchte dem Antrage Dreyer jetzt den Vorrang geben, indem es mir genehmer wäre, wenn jetzt dieser Antrag im hohen Hause zur Annahme gelangte; er scheint mir den Zwecken, die ich zu verfolgen beabsichtige, mehr zu entsprechen als mein eigener damals gestellter und heute wiederholter Antrag. Sollte aber diese Absicht durch Annahme des Antrages Dreyer nicht erreicht werden können, so verlange ich durch Wiedereinbringung meines Antrags das Minus.

Der Unterschied zwischen dem Antrag Dreyer und meinem Antrage besteht darin, daß ich an den Thatbestand im § 12 Ziffer 2 eine wesentliche Voraussetzung anknüpfe: die Verschweigung der schädlichen Eigenschaften: der Antrag Dreyer bezweckt eine solche Voraussetzung an dieser Stelle nicht; er verlangt nur, wenn eine weitere Voraussetzung eingetreten ist, nämlich ein schädlicher Erfolg, daß dann nicht die Bestimmung des Schlußsatzes eintritt, sondern daß überhaupt die Androhung der Zuchthausstrafe für das ganze Vergehen des § 12 nicht eintritt. Nach meinem Antrage hingegen würde diese Androhung immerhin noch in Kraft bleiben, dieselbe würde nur auch hier an die Voraussetzung der Verschweigung geknüpft sein.

Ich erlaube mir zunächst, mich gegen einen Einwand zu wahren, der mir von Seiten der Regierungsbank gemacht worden ist. Der Herr Regierungsvertreter hat erklärt, es liege bei meinem Antrage zwischen Ziffer 1 und 2 des § 12 ein Unterschied: „ich verlange nicht, daß bei Nahrungs- und Genußmitteln die Eigenschaften verschwiegen werden, sondern nur bei den in Ziffer 2 genannten Gebrauchsgegenständen, Spielwaaren, Tapeten, Petroleum u. s. w.“ Meine Herren, ich muß diesen Einwand entschieden zurückweisen. Ich habe das früher in der zweiten Lesung begründet, warum ich in Ziffer 1 die Verschweigung nicht zum Thatbestande nothwendig habe, dort wird ausdrücklich verlangt, daß die Gegenstände, deren Genuß die menschliche Gesundheit zu schädigen geeignet ist, als Nahrungs- oder Genußmittel verkauft werden, und ich habe bereits in der zweiten Lesung nachzuweisen versucht, daß, wer etwas als Nahrungs- oder Genußmittel verkauft, dadurch die Eigenschaft als eine gesundheitsschädigende von vornherein nothwendigerweise verschweigt; von dem Augenblick an, wo der Gegenstand als gesundheitsschädlich angegeben oder ausgegeben wird, hört er auf, ein Nahrungs- oder Genußmittel zu sein, hat nicht einmal den Namen eines solchen mehr.

Sonst, meine Herren, habe ich einen Haupteinwand, der mir von Seiten der Regierungsbank gemacht worden ist, daß man ja überhaupt den Verkehr mit solchen Gegenständen durchaus verbieten solle, daß man gar nicht auf die Absicht, auf den Dolus besonderes Gewicht lege als auf die objektive Schädlichkeit, — den habe ich schon mit der Bemerkung antizipirend zu beseitigen versucht, wenn man dies thut, so könne man es mit einer geringeren Strafandrohung thun, als mit der im Gesetz verlangten, und auf diesem Wege komme ich nun zu dem Antrage 11.

Der Antrag Dreyer läßt die Bestrafung zu auch für den Fall, daß die schädliche Eigenschaft nicht verschwiegen ist, er stellt es durchweg unter das Strafgesetz, aber er sucht zu verhindern, daß die Zuchthausstrafe für eine Handlung eintreten kann, die nicht die Strafwürdigkeit eines Verbrechens in sich schließt, und von dieser Seite aus betrachtet, kann ich mich mit dem Antrag Dreyer vollständig vereinigen. Ich muß Sie wirklich darauf aufmerksam machen, daß hier Handlungen unter das Strafgesetzbuch gestellt werden, die ihrer Natur nach gar kein Verbrechen enthalten können; der Verkauf unter ausdrücklicher Angabe der Schädlichkeit der Sache, der Verkauf zu einem für die Gesundheit vollständig indifferenten Gebrauch, der kann hier zum Thatbestand eines Verbrechens werden; wo, frage ich, liegt hier jene objektive und subjektive Strafwürdigkeit, welche die Zuchthausstrafe rechtfertigt? Es ist die Größe der objektiven Gefahr ausgeschlossen durch die Bekanntgebung der Eigenschaft der Sache als eine zur Beschädigung der Gesundheit geeignete; ebenfalls ist gerade durch diesen Umstand die Rechtswürdigkeit der Gesinnung hier ausgeschlossen; und dennoch wollen Sie eine Zuchthausstrafe eintreten lassen! Ich muß deshalb meine Bitte wiederholen, genehmigen Sie in erster Reihe den Antrag Dreyer, der für mich den weiteren Vorzug gegenüber meinem eigenen Antrag — der allerdings eine genauere thatbeständliche Bezeichnung enthält — in sich birgt, daß wir, was insbesondere auch gegenüber dem § 13 gilt, dieses Spezialgesetz nicht zum Gegenstand einer Vermehrung unserer Verbrechensstrafen machen und zwar derjenigen Verbrechensstrafen, die schon im Reichsstrafgesetzbuch vorgesehen sind. Es gibt ja Gelegenheitsgesetze, bei denen neue Verbrechen behandelt werden müssen, weil sie vorher gar nicht bekannt gewesen sind; hier handelt es sich aber um Verbrechen, deren Thatbestand das Strafgesetzbuch bereits normirt hat. Sie setzen neben den Thatbestand im Reichsstrafgesetz einen anderen Thatbestand. Sie setzen den Richter in Verlegenheit, in dem einzelnen Falle zu unterscheiden, welcher Thatbestand eigentlich jetzt der zutreffende sei; sie verhindern oft einzelne Faktoren der Gesetzgebung, die Bestimmung des Strafgesetzbuchs bei Erlassung einer solchen neuen Strafbestimmung als Ausgangspunkt sich vor Augen zu halten, und setzen vielmehr die Möglichkeit, daß man hier nach individuellen Regungen große Strafen ausspricht. Solche Gefahren sind nicht vorhanden, wenn Sie diese Revision im Reichsstrafgesetzbuch selbst vornehmen. Hier hat man stets das Strafgesetzbuch vor sich als Grundlage der Abänderungen; man ist sich stets bewußt, inwieweit man das bestehende Strafgesetzbuch ändert. Ich will nun nicht behaupten, daß diejenigen Herren, welche diese Strafbestimmung vorgeschlagen haben, dieses Bewußtsein nicht gehabt hätten, oder daß die Kommission, wenigstens der juristische Theil derselben, sich dessen nicht bewußt gewesen sei; bei einer zum größeren Theil aus Nichtjuristen zusammengesetzten Versammlung wird aber die Harmonie des Strafgesetzbuchs bei Gelegenheitsgesetzen viel weniger respektirt. Im Interesse der Harmonie des Strafgesetzbuchs schon bitte ich Sie, abgesehen von den bereits entwickelten Gründen, deshalb den Antrag Dreyer, welcher die Behandlung der Verbrechensstrafen aus dem Rahmen dieses Gesetzes überhaupt ausschließt, eventuell meinen Antrag gefälligst anzunehmen.

Präsident: Der Herr Abgeordnete Dr. Dreyer hat das Wort.

Abgeordneter Dr. **Dreyer:** Ich will mich nur kurz gegen zwei Mißverständnisse vertheidigen. Das eine ging aus von dem Herrn Vertreter der Bundesregierungen. Ich halte nämlich meine Behauptung, daß wir es hier nicht mit einem eigentlichen Strafgesetz zu thun haben, vollständig aufrecht. Dem Zwecke nach ist das Gesetz ein polizeiliches, und man kann ihm den individuellen Charakter durch den § 10, auf welchen der Herr Regierungskommissar aufmerksam gemacht hat, nicht geben.

Der zweite Einwand ist der, daß eine Systemlosigkeit eintreten würde, wenn mein Antrag angenommen würde. Das finde ich nicht, weil ich unterscheide zwischen polizeilichen Zwecken und dem kriminellen Recht. Wenn der § 12 bis zum letzten Absatz stehen bleibt, so sind auch diejenigen Handlungen, namentlich auch das Herstellen und Feilhalten gesundheitsschädlicher Gegenstände mit Strafe schwerer Natur bedroht, und ich glaube also dem Verbot ist hier der genügende Nachdruck gegeben, und da dasjenige, was die Gesundheit zu zerstören geeignet ist, auch geeignet ist, dieselbe zu beschädigen, so wird man innerhalb des Rahmens bis zu 5 Jahren Gefängniß wohl annehmen können, daß man dem, der einen solchen Stoff hergestellt hat, eine schwerere Strafe auferlegt, als dem, der denselben nur weiter vertrieben hat. Dagegen sage ich, was eigentlich dem Kriminalrecht angehört, nämlich Herbeiführung einer Körperverletzung oder des Todes eines Menschen, soll nur bestraft werden nach dem allgemeinen Strafgesetzbuch und da ist keine Lücke. Ich habe ausdrücklich gesagt, daß wir im Strafgesetzbuch Bestimmungen über fahrlässige Tödtung und Körperverletzung haben, daß wir den § 324 haben. Und dann will ich noch bemerken, daß der Herr Vertreter der verbündeten Regierungen meine Hauptbedenken nicht widerlegt hat, nämlich, und ich wiederhole es nochmals, daß der kriminalistische Thatbestand, der mit den Worten: „Ist durch die Handlung ꝛc." erfordert ist, meines Erachtens ein ganz vager ist und auch keineswegs auf gleicher Linie mit dem von mir angeführten Paragraphen des Strafgesetzbuchs gestellt werden kann, der den gleichen Thatbestand enthält; ich will das gebrauchte Beispiel nicht wiederholen.

Was sodann den Einwurf des Herrn Abgeordneten Stauby betrifft, so hat er mich insofern mißverstanden: „ich habe nicht allgemein zugegeben, daß einer jeden bolosen Uebertretung eines Gesetzes auch zugleich eine Strafe angereiht werden müßte für den Fall einer dadurch herbeigeführten schweren Folge; ich habe nur auf Beispiele des Strafgesetzbuchs hingewiesen, indem ich annahm, sie haben den Herren Redaktoren dieses vorliegenden Gesetzes vorgeschwebt. Ebenso ist es mir unverständlich, wenn der Herr Abgeordnete Stauby meint, ich wollte den Detaillisten schützen. Der Detaillist fällt da ganz heraus. Wenn er strafbar ist, weil er verkauft, ist er nach § 12 strafbar, und was kriminalrechtlich geschieht, wenn Körperverletzung oder Tödtung eintritt, so ist das eine andere Strafe, die nach den Grundsätzen des Strafgesetzbuchs ihre Entscheidung zu erfahren hat. Ich glaube, daß die Begründung meines Amendements in keiner Weise eine Widerlegung erfahren hat.

Präsident: Es ist der Schluß der Diskussion beantragt durch den Herrn Abgeordneten von Waldow, — es wünscht auch niemand weiter das Wort; ich schließe daher die Diskussion.

Zur persönlichen Bemerkung hat das Wort der Herr Abgeordnete Stauby.

Abgeordneter **Stauby**: Ich habe auf die eben von dem Herrn Abgeordneten Dr. Dreyer gehörten Worte nur zu erwidern, daß ich nicht gesagt habe, er wolle den Detaillisten schützen; im Gegentheil habe ich gesagt, daß seine Anträge ihn benachtheiligen würden.

Präsident: Meine Herren, ich würde vorschlagen, abzustimmen zuvörderst, um dem Antrag des Herrn Abgeordneten Dr. Dreyer auf Streichung gerecht zu werden, über den letzten Absatz des § 12. Ich würde also fragen: soll, entgegen dem Antrag Dreyer auf Streichung, für den Fall der Annahme des § 12 der letzte Absatz:

Ist durch die Handlung eine schwere Körperverletzung oder der Tod eines Menschen verursacht worden, so tritt Zuchthausstrafe bis zu fünf Jahre ein, —

beibehalten werden? Wird die Beibehaltung beschlossen, aber auch nur dann, so tritt der Antrag Baer (Offenburg) hervor, welcher in dem § 12 Nr. 2 die Worte „und mit Verschweigung dieser Eigenschaft" eingeschoben haben will. Es folgt also dann, falls der Antrag auf Streichung des letzten Absatzes des § 12 abgelehnt ist, die Abstimmung über dieses Amendement. — Das Amendement liegt nur schriftlich vor, und es muß daher, falls es angenommen werden sollte, in der nächsten Sitzung nochmals über dasselbe abgestimmt werden. — Nach dieser Vorabstimmung folgt die Abstimmung über den § 12, wie er alsdann lautet, und dann die Abstimmung über § 13, — da auch über § 13 die Diskussion eröffnet war, — dessen Streichung der Herr Abgeordnete Dr. Dreyer ebenfalls beantragt hat.

Gegen die Fragestellung wird Widerspruch nicht erhoben; es wird also so, wie ich vorgeschlagen habe, abgestimmt.

Ich ersuche demnach zuvörderst diejenigen Herren, welche für den Fall der Annahme des § 12, entgegen dem Antrag des Herrn Abgeordneten Dr. Dreyer auf Streichung, den letzten Absatz des § 12, welcher lautet:

Ist durch die Handlung eine schwere Körperverletzung oder der Tod eines Menschen verursacht worden, so tritt Zuchthausstrafe bis zu fünf Jahren ein, —

beibehalten wollen, sich zu erheben.

(Geschieht.)

Das Büreau ist zweifelhaft; ich bitte um die Gegenprobe. Diejenigen Herren, welche denselben streichen wollen, ersuche ich, sich zu erheben.

(Geschieht.)

Das Büreau ist jetzt der Ueberzeugung, daß die Minderheit steht; es sind also die Worte des letzten Absatzes beibehalten worden.

Wir kommen somit zur Abstimmung über das Amendement Baer (Offenburg). Ich ersuche den Herrn Schriftführer, dasselbe zu verlesen.

Schriftführer Abgeordneter Dr. **Blum**:

Der Reichstag wolle beschließen:

in § 12 Ziffer 2 zwischen die Worte „wer wissentlich" und die Worte „solche Gegenstände verkauft" folgende Worte einzusetzen:

„und mit Verschweigung dieser Eigenschaft".

Ich ersuche diejenigen Herren, welche dieses Amendement annehmen wollen, sich zu erheben.

(Geschieht.)

Das Büreau ist einstimmig der Meinung, daß die Minderheit steht; das Amendement ist also abgelehnt, und es ist demnach § 12 unverändert geblieben.

Ich muß jetzt § 12 zur Abstimmung bringen. Sie werden mir wohl die Verlesung des unveränderten § 12 erlassen.

(Zustimmung.)

Das Haus ist damit einverstanden.

Ich ersuche diejenigen Herren, welche § 12 annehmen wollen, sich zu erheben.

(Geschieht.)

Das Büreau ist einstimmig der Meinung, daß die Mehrheit steht; § 12 ist somit angenommen.

Wir kommen nun zur Abstimmung über § 13.

Ich nehme an, daß auch die Verlesung des § 13 mir erlassen wird.

(Zustimmung.)

Ich ersuche diejenigen Herren, welche § 13 annehmen wollen, sich zu erheben.

(Geschieht.)

Das ist die Mehrheit; § 13 ist angenommen.

Meine Herren, es wird mir jetzt ein Vertagungsantrag überreicht

(oh! oh!)

von dem Herrn Abgeordneten Freiherrn zu Franckenstein.

Ich ersuche diejenigen Herren, welche den Vertagungsantrag unterstützen wollen, sich zu erheben.

(Geschieht.)

Die Unterstützung reicht aus.

Nunmehr ersuche ich diejenigen Herren, aufzustehen, respektive stehen zu bleiben, welche die Vertagung beschließen wollen.

(Geschieht.)

Das ist die Minderheit; wir gehen also in der Berathung weiter.

Ich eröffne die Diskussion über § 14 und über den Antrag des Herrn Abgeordneten Dreyer zu § 14, — wenn der Antrag durch die früheren Entscheidungen nicht weggefallen sein sollte.

(Pause.)

Der Antrag wird zurückgezogen; es liegt also nur § 14 zur Berathung vor.

Das Wort wird nicht gewünscht; ich schließe die Diskussion. Da eine Abstimmung nicht verlangt und Widerspruch nicht erhoben wird, so konstatire ich die Annahme des § 14 nach den Beschlüssen der zweiten Berathung.

Ich eröffne die Diskussion über § 15. Auch hier ist der Antrag des Herrn Abgeordneten Dreyer meiner Ueberzeugung nach erledigt.

(Pause.)

Der Antrag wird zurückgezogen.

Das Wort wird nicht weiter genommen; ich schließe die Diskussion. Es wird auch hier eine Abstimmung nicht verlangt; ich konstatire die Annahme des § 15 nach den Beschlüssen der zweiten Berathung.

Es kommt sodann der § 16. — Das Wort wird nicht genommen; ich schließe die Diskussion über § 16 und konstatire auch hier die Annahme des § 16 nach den Beschlüssen der zweiten Berathung.

Ich eröffne die Diskussion über § 17. — Auch hier wird das Wort nicht genommen; ich schließe die Diskussion. Ich konstatire auch hier die Annahme des § 17 nach den Beschlüssen der zweiten Berathung.

Ich eröffne die Diskussion über Einleitung und Ueberschrift des Gesetzes. — Auch hier wird das Wort nicht genommen; ich darf wohl konstatiren, daß sie auch in dritter Berathung angenommen sind. Ich konstatire das hiermit.

Meine Herren, es sind zu §§ 4 und 8 des Gesetzes Abänderungsanträge angenommen worden; ich kann daher im Augenblicke noch nicht die definitive Abstimmung über das Gesetz vornehmen. Es muß zuerst noch die Zusammenstellung gedruckt werden, und kann erst dann in der nächsten Sitzung über das Ganze des Gesetzes abgestimmt werden. So schreibt es die Geschäftsordnung vor.

Ich darf wohl annehmen, meine Herren, daß jetzt das hohe Haus mit Rücksicht auf die vorgerückte Stunde sich vertagen will.

(Zustimmung.)

Ich nehme die Akklamation für Zustimmung an und nehme daher an, daß das hohe Haus sich vertagt hat.

Meine Herren, ich schlage Ihnen vor, die nächste Plenarsitzung am Mittwoch Vormittag 11 Uhr abzuhalten, und proponire als Tagesordnung für diese Plenarsitzung am Mittwoch dieser Woche, Vormittags 11 Uhr:

1. die Abstimmung über das heute im einzelnen angenommene Gesetz, betreffend den Verkehr mit Nahrungsmitteln 2c., auf Grund der Zusammenstellung, welche vertheilt werden wird;
2. dritte Berathung des Gesetzentwurfs wegen Abänderung des Gesetzes vom 10. Juni 1869, betreffend die Wechselstempelsteuer, auf Grund der in zweiter Berathung unverändert angenommenen Vorlage (Nr. 83 der Drucksachen) und Beschlußfassung über die bereits vorgetragenen Petitionen und die anderen Petitionen, welche bei dieser dritten Berathung noch vorgetragen werden, die ich mit auf die Tagesordnung setze;
3. erste Berathung des Gesetzentwurfs, betreffend das Pfandrecht an Eisenbahnen und die Zwangsvollstreckung in dieselben (Nr. 130 der Drucksachen);
4. zweite Berathung des Entwurfs einer Gebührenordnung für Rechtsanwälte, auf Grund des mündlichen Berichts der 6. Kommission (Nr. 137 der Drucksachen).

Meine Herren, ich halte mich für verpflichtet, schon heute anzuführen, daß ich am Schlusse der Sitzung am Mittwoch, wenn sie nämlich nach meinem Vorschlage genehmigt wird, Ihnen vorschlagen werde, am Donnerstag wiederum eine Plenarsitzung zu halten und auf die Tagesordnung derselben zu setzen:

die erste Berathung des Gesetzentwurfs, betreffend den Zolltarif;

die erste Berathung der Gesetzentwürfe, betreffend die Erhebung der Brausteuer und betreffend die Erhöhung der Brausteuer, und

die erste Berathung der Gesetzentwürfe, betreffend die Besteuerung des Tabaks und betreffend die Erhebung einer Nachsteuer vom Tabak und von Tabakfabrikaten.

(Heiterkeit.)

Meine Herren, die Frage, wann diese ersten Berathungen stattfinden sollen, und ob diese ersten Berathungen am Donnerstag auf die Tagesordnung gesetzt werden sollen, kann natürlich erst am Mittwoch entschieden werden; für jetzt handelt es sich nur um die Tagesordnung für die nächste Sitzung.

Der Herr Abgeordnete Richter (Hagen) hat das Wort zur Tagesordnung.

Abgeordneter **Richter** (Hagen): Ich möchte bitten, die dritte Lesung des Wechselstempelsteuergesetzes noch nicht vorzunehmen. Bekanntlich handelt es sich um eine einzige Frage rein finanzieller Natur, ob wir das Risiko einer Mindereinnahme von 500 000 Mark bei etwas verändertem Tarif auf uns nehmen wollen. Nun scheint es mir doch unrichtig gegenüber allen anderen Steuervorlagen, eine solche einzelne Frage vorab zur Erledigung zu bringen. Ich meine, man sollte die dritte Lesung des Wechselstempelsteuergesetzes nicht bereits jetzt vornehmen, sondern erst dann, wenn wir wissen, was die anderen Vorlagen bringen. Ich möchte daher bitten, diese Frage von der Tagesordnung von Mittwoch auszuscheiden.

Da der Herr Präsident die erste Berathung der Zolltarifvorlagen zur Sprache gebracht hat, so werden Sie in Anschluß daran wohl eine vorläufige Bemerkung aus der Mitte des Hauses gestatten. Meine Herren, wir sind in Bezug auf diese Verhandlung in einer etwas eigenthümlichen Lage. Vor Beginn der Ferien wurde allseitig gesagt, daß wir sofort in den Besitz der Vorlagen kommen würden, und daß wir Muße hätten, in den Ferien die Vorlagen ausreichend nach allen Richtungen zu studiren. Es wurde das ausdrücklich verkündigt, daß man die Ferien mit Rücksicht darauf bemessen habe. Unmittelbar nachdem der Reichstag auseinander gegangen war, ist er von Seiten der Presse des Herrn Reichskanzlers den gehäßigsten Vorwürfen ausgesetzt worden, daß die Ferien für diesen Zweck zu lange bemessen wären, und daß ein kürzerer Zeitraum genügt haben würde.

(Ruf: Geschäftsordnung!)

Nun sind die Vorlagen aber uns nicht, wie wir erwarten konnten, sofort, sondern sehr viel später zugegangen. Die Motive zu dem Zolltarif haben selbst wir Berliner erst am Sonnabend vor acht Tagen bekommen. Das Tabaksteuergesetz und das Branntweinsteuergesetz erst Anfangs voriger Woche. Meine Herren, ich schätze, daß ich auch das ungefähre Durchschnittsmaß der Arbeitskraft besitze, — ich muß sagen, ich bin nicht im Stande gewesen, diese Vorlagen auch nur durchzulesen. — Ich weiß nicht, wie weit man das allseitig für nöthig hält für die erste Berathung;

(oh! oh!)

aber ich muß doch auch sagen, daß selbst, um zu beurtheilen, welche Geschäftsbehandlung die richtigste ist, es kaum möglich ist, zu einer sichern Klarheit zu gelangen. Ich habe heute im Hause mit verschiedenen Seiten, mit Freihändlern und Schutzzöllnern mich darüber unterhalten und überall gefunden, daß man darüber noch sehr unsicher ist, wie geschäftlich diese Vorlage zu behandeln ist, und deshalb möchte ich meinerseits eine Anregung geben, ob nicht mindestens noch ein Tag gewonnen werden könnte, indem statt Donnerstag vielleicht erst für Freitag der Finanzzolltarif in Aussicht genommen wird.

Präsident: Meine Herren, ich wiederhole, daß die Frage, ob die Tagesordnung, die ich für Donnerstag proponirt habe, angenommen werden soll, nicht heute, sondern erst am Mittwoch zu Ende der Sitzung entschieden werden kann. Ich habe aber den Herrn Abgeordneten Richter in seinen desfallsigen Ausführungen, da ich einmal diese Frage zur Sprache gebracht habe, nicht behindert. Ich will nur bemerken, daß von Seiten des Büreaus die Sachen augenblicklich, wie sie eingegangen sind, auch vertheilt worden sind. Die Motive zur Zolltarifvorlage sind nach der amtlichen Registratur am 16. April — Mittwoch — Abends vollständig hier eingegangen, und wenn ich nicht irre, sind die Motive am 18. April, nachdem sie inzwischen gedruckt waren, an die Mitglieder vertheilt und versandt worden. Das Büreau hat so korrekt und schleunig gehandelt, wie gehandelt werden konnte.

Meine Herren, was die Frage anbelangt, ob das Wechselstempelsteuergesetz auf der Tagesordnung der Mittwochsitzung bleiben soll oder nicht, so mache ich nur auf einen Umstand aufmerksam. Nach den Beschlüssen der zweiten Berathung, wie sie liegen, ist der Einführungstermin dieses Gesetzes auf den 1. Juli d. J. angenommen, und wenn die Vorlage von der Tagesordnung abgesetzt wird, und zwar so weit abgesetzt wird, wie es meiner Ansicht nach der Herr Abgeordnete Richter bezweckt, müßte der Einführungstermin geändert werden. Ich stelle natürlich in dieser Beziehung die Entscheidung dem hohen Hause anheim.

Der Herr Abgeordnete Richter hat noch das Wort.

Abgeordneter **Richter** (Hagen): Ich möchte bemerken, daß innere Gründe nicht vorhanden sind, warum das Wechselstempelsteuergesetz schon am 1. Juli in Kraft treten soll. Mir scheint, daß, wenn man vor großen finanziellen Fragen steht, man andere nicht eher lösen soll, als bis die andern Fragen, die auf die Finanzlage von Einfluß sein können, vorher bis zu einer gewissen Klarheit gebracht worden sind.

Präsident: Meine Herren, ich bitte Platz zu nehmen, damit wir diese Frage entscheiden; nachdem in den Beschlüssen der zweiten Lesung der 1. Juli festgestellt worden ist, kann ich meinerseits in dieser Beziehung von meinem Vorschlage nicht Abstand nehmen.

Ich ersuche demnach diejenigen Herren, welche nach dem Antrag des Herrn Abgeordneten Richter das Wechselstempelsteuergesetz von der Tagesordnung des Mittwoch absetzen wollen, sich zu erheben.

(Geschieht.)

Das ist die Minderheit; es bleibt also bei der vorgeschlagenen Tagesordnung.

Ich schließe die Sitzung.

(Schluß der Sitzung 5 Uhr 25 Minuten.)

Druck und Verlag der Buchdruckerei der Nordd. Allgem. Zeitung. Pindter.
Berlin, Wilhelmstraße 32.

35. Sitzung

am Mittwoch, den 30. April 1879.

Seite

Die Sitzung wird um 11 Uhr 35 Minuten durch den Präsidenten Dr. von Forckenbeck eröffnet.

Präsident: Die Sitzung ist eröffnet.

Das Protokoll der letzten Sitzung liegt zur Einsicht auf dem Büreau offen.

Seit der letzten Plenarsitzung sind in das Haus eingetreten und zugeloost worden:

der 6. Abtheilung der Herr Abgeordnete Hauck,
der 7. Abtheilung der Herr Abgeordnete Martin,
der 1. Abtheilung der Herr Abgeordnete Schenk (Köln).

Kraft meiner Befugniß habe ich Urlaub ertheilt: dem Herrn Abgeordneten von Woedtke für heute und morgen, dem Herrn Abgeordneten Dr. von Grävenitz für drei Tage, beiden Herren wegen Familienangelegenheiten; — ferner dem Herrn Abgeordneten Dr. Franz für zwei Tage, dem Herrn Abgeordneten Schlieper für drei Tage, dem Herrn Abgeordneten Forkel bis Ende dieser Woche, wegen Krankheit; — dem Herrn Abgeordneten Dr. Boretius für acht Tage wegen Krankheit in der Familie; — dem Herrn Abgeordneten Freiherrn von Tettau für sechs Tage wegen dringender Berufsgeschäfte.

Es suchen Urlaub nach: der Herr Abgeordnete Graf von Holstein für drei Wochen, der Herr Abgeordnete Schröder (Friedberg) für vier Wochen und der Herr Abgeordnete Reinders bis zum 1. Juni cr., wegen Krankheit. — Ein Widerspruch gegen die Bewilligung dieser Urlaubsgesuche wird nicht erhoben; sie sind bewilligt.

Entschuldigt ist für heute, und zwar wegen Unwohlseins, der Herr Abgeordnete Freiherr Schenk von Stauffenberg.

Ich ersuche den Herrn Schriftführer, das Resultat der Wahlen in die Kommission zur Vorberathung des Gesetzentwurfs über die Konsulargerichtsbarkeit zu verlesen.

Schriftführer Abgeordneter Graf **von Kleist-Schmenzin**: In die Kommission zur Vorberathung des Gesetzentwurfs über die Konsulargerichtsbarkeit sind gewählt:

von der 1. Abtheilung die Herren Römer (Württemberg), Dr. Gareis, Dr. von Ohlen;
von der 2. Abtheilung die Herren von Reden, Dr. Wolffson, Laporte;
von der 3. Abtheilung die Herren von Schwendler, von Knapp, Thilo;
von der 4. Abtheilung die Herren Freiherr von Wendt, Klotz, Dr. Zimmermann;
von der 5. Abtheilung die Herren Dr. Mayer (Donauwörth), Dr. Bock, Freiherr von und zu Bodman;
von der 6. Abtheilung die Herren Freytag, Graf von Fugger-Kirchberg, von Grand-Ry;
von der 7. Abtheilung die Herren Freiherr von Maltzahn, von Batocki, Theodor Graf zu Stolberg-Wernigerode.

Die Kommission hat sich konstituirt und gewählt:

zum Vorsitzenden den Abgeordneten von Schwendler,
zu dessen Stellvertreter den Abgeordneten Dr. Mayer (Donauwörth),
zum Schriftführer den Abgeordneten Dr. Gareis,
zu dessen Stellvertreter den Abgeordneten von Batocki.

Präsident: An Vorlagen sind ferner eingegangen:

Zusammenstellung der von den betheiligten Regierungen und Verwaltungen fernerweit aufgestellten Liquidationen über die auf Grund des Art. V Ziffer 1 bis 7 des Gesetzes vom 8. Juli 1872 aus der französischen Kriegskostenentschädigung zu ersetzenden Beträge;

ferner:

Entwurf eines Gesetzes, betreffend den Uebergang von Geschäften auf das Reichsgericht.

Es ist ein Schreiben des Herrn Schriftführers Abgeordneten Freiherrn von Minnigerode eingegangen; ich ersuche den Herrn Schriftführer, dasselbe zu verlesen.

Schriftführer Abgeordneter Graf **von Kleist-Schmenzin**:

Euer Hochwohlgeboren beehre ich mich nachstehendes Gesuch zu weiterer gefälliger Veranlassung zu unterbreiten.

Durch vielfache Privatgeschäfte zu wiederholten kürzeren Abwesenheiten für die nächsten Wochen veranlaßt, ist es mir nicht möglich, das mir übertragene Amt eines Schriftführers mit der Regelmäßigkeit und Gewissenhaftigkeit zu verwalten, wie die Natur dieses Amts es erfordert. Ich gestatte mir deshalb, im Hinweis auf meine persönlichen Verhältnisse die Bitte auszusprechen, der Reichstag wolle genehmigen, daß ich von dem Amt als Schriftführer zurücktrete.

Freiherr von Minnigerode.

Präsident: Meine Herren, der § 11 der Geschäftsordnung bestimmt in seinem zweiten Alinea:

Die Wahl der Schriftführer geschieht für die Dauer jeder Session, jedoch kann der Gewählte nach Ablauf von 4 Wochen zurücktreten.

Der Herr Abgeordnete Freiherr von Minnigerode bekleidet seit länger als 4 Wochen das Amt eines Schriftführers; er ist daher berechtigt, auch ohne Zustimmung des Reichstags sein Amt niederzulegen. Ich nehme die Niederlegung als erfolgt an, und es muß nun der Reichstag in der nächsten Sitzung einen Schriftführer nach den Bestimmungen des § 10 unserer Geschäftsordnung wählen.

Als Kommissarien des Bundesraths werden der heutigen Sitzung beiwohnen:

bei der Berathung des Gesetzentwurfs, betreffend das Pfandrecht an Eisenbahnen und die Zwangsvollstreckung in dieselben:

die Geheimen Regierungsräthe Herren Dr. Hagens und Dr. Eccius.

Wir treten in die **Tagesordnung** ein.

Erster Gegenstand der Tagesordnung ist:

Abstimmung über den Gesetzentwurf, betreffend den Verkehr mit Nahrungsmitteln, Genußmitteln und Gebrauchsgegenständen (Nr. 141 der Drucksachen).

In der eben bezeichneten Drucksache liegt das Gesetz, wie es aus den Beschlüssen dritter Berathung hervorgegangen ist, nunmehr vor.

Ich veranlasse nun die Gesammtabstimmung über das Gesetz.

Ich ersuche diejenigen Herren, welche das Gesetz, betreffend den Verkehr mit Nahrungsmitteln, Genußmitteln und Gebrauchsgegenständen, wie es nach den Beschlüssen des Reichstags in dritter Berathung nunmehr in der Drucksache Nr. 141 vorliegt, definitiv und im ganzen annehmen wollen, sich zu erheben.

(Geschieht.)

Das ist eine erhebliche Majorität; das Gesetz ist angenommen.

Wir gehen über zu dem zweiten Gegenstand der Tagesordnung:

dritte Berathung des Gesetzentwurfs wegen Abänderung des Gesetzes vom 10. Juni 1869, betreffend die Wechselstempelsteuer, auf Grund der in zweiter Berathung unverändert angenommenen Vorlage (Nr. 83 der Drucksachen)

und

Beschlußfassung über die bereits vorgetragenen, sowie über die inzwischen noch eingegangenen Petitionen, betreffend die Abänderung des Gesetzes vom 10. Juni 1869 über die Wechselstempelsteuer (Nr. 102 der Drucksachen).

Ich eröffne diese dritte Berathung, zunächst die Generaldiskussion über das Gesetz und ertheile zuvörderst das Wort zur Erstattung des Berichts über die inzwischen eingegangenen Petitionen dem Herrn Berichterstatter der Petitionskommission, dem Herrn Abgeordneten Dr. Klügmann. Derselbe hat das Wort.

Berichterstatter Abgeordneter Dr. **Klügmann**: Meine Herren, nachdem die Verhandlung über die gegenwärtige Vorlage in zweiter Lesung stattgefunden hat, sind noch eine Reihe von Petitionen eingegangen, über die ich beauftragt bin, Ihnen Bericht zu erstatten. In den sämmtlichen Petitionen wird zunächst darauf hingewiesen, daß die vorgeschlagene Abstufung der Steuer für die Wechsel über 1000 Mark eine durchschnittliche Steuererhöhung herbeiführen würde, die weder beabsichtigt sein könne, noch an sich gerechtfertigt erscheine. Durch die Abstufung der Steuer nach tausenden des Wechselbetrages werde unzweifelhaft eine Zerlegung aller größeren Appoints in kleinere Wechselbeträge erfolgen, die den Verkehr belästigen, dem Handelsstand aber die Möglichkeit eröffnen, eine etwa beabsichtigte Steuererhöhung von sich abzuwenden.

Von den neu eingegangenen Petitionen empfehlen die Handelskammern von Köln, Trier, Koblenz, Stettin, Heilbronn, Heidenheim, Chemnitz, Thorn, Gießen und Osnabrück eine durchgängige Abstufung des Steuersatzes auf 10 Pfg. von je 200 Mark, die Handelskammer von Hanau einen Steuersatz auf 5 Pfg. von je 100 Mark, und außerdem einen einzigen Steuersatz von 10 Pfg. für alle diejenigen Wechsel, welche spätestens 10 Tage nach der Ausstellung zahlbar sind. Die Handelskammern von Köln, Trier und Thorn beantragen eventuell, die für Wechsel von mehr als 1000 Mark vorgesehene Skala erst bei Wechseln von dem Betrage von mehr als 3000 Mark an eintreten zu lassen.

Außerdem wird in mehreren Petitionen, wie schon früher geschehen ist, die Vereinfachung der Vorschriften über die Kassirung der Stempelmarken von neuem beantragt. Die Handelskammer von Koblenz hebt endlich als wünschenswerth noch hervor, daß für die Berechnung der Abgabe von nicht in Reichswährung ausgedrückten Wechselsummen eine allgemeine Mittelwährung festgesetzt werden möchte, mit Ausnahme etwa der russischen und österreichischen Wechsel.

Der Antrag, den ich Ihnen entgegenzubringen habe, geht dahin, die Ihnen vorgetragenen Petitionen als durch die Beschlußfassung des Hauses über die Regierungsvorlage für erledigt erklären zu wollen.

Präsident: Zur Generaldiskussion wird das Wort nicht gewünscht; ich schließe also die Generaldiskussion.

Ich eröffne die Spezialdiskussion über Art. I und dessen §§ 2 und 3.

Der Herr Abgeordnete Grütering hat das Wort.

Abgeordneter **Grütering**: Meine Herren, ich habe mir erlaubt, zur dritten Lesung einen Antrag unter Nr. 145 der Drucksachen einzubringen, und bezwecke damit, daß das, was durch die Anträge Möring und Melbeck in zweiter Lesung für alle Wechsel erreicht werden sollte, eine Prägravation einzelner Wechselklassen in der Besteuerung zu vermeiden, nach Ablehnung dieser Anträge wenigstens für die kleinen Wechsel bis zu 1000 Mark einschließlich, welche bisher die stärkste Prägravation erlitten haben, erreicht werde. Es hat bei der vorigen Berathung von keiner Seite bestritten werden können, daß es bei Festhaltung des Prinzips, ½ pro Mille Wechselstempelsteuer zu erheben, nach unserer jetzigen Geldwährung das einfachste, gerechteste und richtigste ist, den Wechsel mit 5 Pfennigen für jedes angefangene 100 Mark seines Betrages zu besteuern.

Dem entgegen ist von Seiten des Herrn Regierungskommissars geltend gemacht, daß erstens dieser Besteuerungsmodus über den Zweck des jetzigen Gesetzes hinausgeht, indem er eine beträchtliche Steuerermäßigung involvire, zweitens daß eine erhebliche Einbuße an dem Ertrage der Steuer die Folge davon sein würde. Der erste Grund ist meines Erachtens nicht zutreffend, der Zweck des vorliegenden Gesetzes ist allerdings nicht der, eine Ermäßigung der Wechselstempelsteuer herbeizuführen, sondern lediglich die richtige und gerechte Besteuerungsart einzuführen, welche sich dadurch ergiebt, daß das Wechselstempelsteuergesetz von 1869 unter Wahrung seines Prinzips mit unserer jetzigen Geldwährung in Einklang gebracht wird. Das Ergebniß ist aber gerade der Satz von 5 Pfennigen pro 100 Mark. Es ist nehmlich unrichtig, wenn der Herr Regierungskommissar behauptet hat, daß es sich bei der Umformung des Wechselstempelsteuergesetzes um eine wirkliche Schaffung der Stufen handelt 300, 200 oder 100 Mark, es ergibt vielmehr der Zweck des Gesetzes, daß, während bei der früheren Thalerwährung der Einheitssatz von 100 Thalern angenommen wurde, jetzt bei der Markwährung der Einheitssatz von 100 Mark sich ohne allen Zweifel ergeben muß. Bei dem damaligen Einheitssatz von 100 Thalern mit 1½ Groschen Steuer konnte es allerdings nicht zweifelhaft sein, daß, um die kleinen Wechsel nicht allzu exorbitant durch die Steuer zu prägraviren, eine in das System nicht passende Vorstufe von 50 Thalern eingefügt werden mußte, die Umsetzung in die Markwährung und die Annahme des natürlichen Einheitssatzes von 100 Mark mit je 5 Pfennig Steuer macht dagegen eine Abweichung von dem gegebenen Einheitssatze unnöthig.

Es dürfte hiernach unzweifelhaft sein, daß der Besteuerungsmodus, von jedem angefangenen hundert Mark Wechselbetrag 5 Pfennig Wechselstempelsteuer zu erheben, lediglich die einfache Konsequenz der Umschreibung des Wechselstempelsteuergesetzes von 1869 in die jetzige Markwährung ist. Der erste gegen den Besteuerungsmodus von 5 Pfennig für je 100 Mark erhobene Grund ist also nicht zutreffend. Dagegen habe ich allerdings nicht verkennen können, der zweite Grund, der aus dem durch diesen Besteuerungsmodus hervorgehenden Mindererertrag der Wechselstempelsteuer hergeleitet wurde, nicht unbeachtet gelassen werden kann.

Da ich nun nach dem Verlauf der Verhandlung in der zweiten Lesung nicht erwarten kann, daß die vollständige Durchführung des genannten Besteuerungsmodus, wie sie von dem Herrn Abgeordneten Melbeck damals vorgeschlagen ist, mit Rücksicht auf die zu erwartende Mindereinnahme die Annahme des hohen Hauses finde, habe ich geglaubt, mich dem Regierungsentwurf in der Beziehung nähern zu sollen, daß ich die größeren Wechsel über 1000 Mark gleich der Regierungsvorlage behandeln, dagegen aber für alle Wechsel bis zu 1000 Mark inklusive einen Stempelsteuersatz von 5 Pfennig für jede angefangenen 100 Mark vorgeschlagen habe.

Es ist meines Erachtens dies eine ausgleichende Gerechtigkeit gegenüber der bisherigen Behandlung der kleinen Wechsel, welche bis jetzt eine sehr starke Prägravation an Wechselstempel zu tragen gehabt haben, indem bisher von den Wechseln bis zu 1000 Mark 0,64 pro Mille Stempelsteuer erhoben worden sind, während die Wechselstempelsteuer bei den Wechseln über 1000 Mark nicht über 0,52 pro Mille sich erhob. Es ist meines Erachtens jetzt nach 10 jähriger Wirksamkeit des Wechselstempelsteuergesetzes, während welcher die kleinen Wechsel eine so bedeutende Ueberbürdung an Wechselstempelsteuern gegenüber den großen Wechseln getragen haben, an der Zeit, falls wegen finanzieller Gründe eine gleiche Besteuerung aller Wechsel nicht eintreten kann, einen Ausgleich nach der umgekehrten Seite hin eintreten zu lassen, daß die großen Wechsel im Verhältniß zu den kleinen höher besteuert werden, und ich muß in dieser Beziehung bemerken, daß die vorgeschlagene Erhöhung für die großen Wechsel den Betrag dessen, was früher die kleinen zu tragen hatten, noch lange nicht erreicht, indem die Steuer für die großen Wechsel sich höchstens auf 0,588 pro Mille stellen würde, während früher die kleinen Wechsel, wie ich schon gesagt habe, 0,64 pro Mille aufzubringen hatten.

Es wird eine bedeutende Einbuße an finanziellen Erträgnissen durch Annahme dieses meines Vorschlages auch in keiner Weise erfolgen, da die kleinen Differenzen, welche durch die Entlastung und Erleichterung der kleinen Wechsel eintreten, durch die höheren Erträge bei größeren Wechseln jedenfalls wieder gedeckt würden, wenn man auch annehmen muß, daß bei den nächst höheren Wechseln von 1000—3000 Mark vielleicht manche sich finden werden, welche durch Zerlegung der Wechsel den höheren Satz, der bei Wechseln über 1000 Mark gefordert wird, zu vermeiden suchen. Bei der Höhe dieser Wechsel wird auch die Zerlegung derselben für den Handel keine so bedeutende Schwierigkeiten oder Unannehmlichkeiten haben, daß darin ein Grund gegen meinen Vorschlag gefunden werden könnte, da Wechsel von 6, 7, 800 Mark doch immer schon bedeutende Beträge bilden, welche den Wechselverkehr nicht unnütz belasten. Ich möchte Sie deshalb bitten, meine Herren, daß Sie der ausgleichenden Gerechtigkeit hier Rechnung tragen und meinen Antrag annehmen. Namentlich möchte ich den Herrn Kollegen Dr. Zimmermann bitten, der in der vorigen Berathung sich so geringschätzig über die Erleichterung, die für die kleineren Wechsel vorgeschlagen war, ausgesprochen hat, doch zu bedenken, ob es eine größere Gerechtigkeit ist, wenn ein Wechsel von 100 Mark mit 1 pro Mille besteuert wird, oder wenn ein Wechsel von 1010 Mark mit beinahe 1 pro Mille besteuert wird. Das letztere hat ihm eingeleuchtet, das erstere scheint ihm aber entgangen zu sein.

Ich möchte auch noch darauf hinweisen, daß bei der früheren Berathung des Wechselstempelsteuergesetzes im norddeutschen Reichstag seine politischen Freunde gerade für die Ermäßigung des Wechselstempelbetrages für die kleineren Wechsel von 33⅓ Thlr. auf ½ Groschen und von 66⅔ Thlr. auf 1 Groschen sehr warm eingetreten sind, und diesen Antrag, nachdem er in der zweiten Lesung gefallen war, auch in der dritten Lesung noch wiederholt haben. Ich bitte also, meine Herren, im Interesse des Kleinhandels und des Kleingewerbes, für welche die Ersparniß an Wechselstempelsteuer, welche in meinem Vorschlage liegt, nicht unbedeutend ist, meinen Antrag anzunehmen.

Präsident: Der Herr Abgeordnete Dr. Zimmermann hat das Wort.

Abgeordneter Dr. **Zimmermann:** Meine Herren, obgleich die Sache eigentlich sehr einfach erscheint, so ist sie doch jetzt in der dritten Lesung etwas komplizirt geworden, weil wir zwei neue Anträge vor uns sehen und zwar zunächst denjenigen, den der verehrte Herr Vorredner vertheidigt hat, der also von der Regierungsvorlage darin abweicht, daß er noch einen kleineren Satz mit 5 Pf. pro Hundert eingeführt zu sehen wünscht. Sie haben dann den Antrag des Herrn Kollegen Dr. Bamberger, der eine neue Abstufung will, der zwar in dem ersten Tausend bei der Abstufung bleibt, die die verbündeten Regierungen vorschlagen, in dem zweiten Tausend aber einen anderen Satz annimmt, einen Satz von 500 und damit einen ganz neuen Wechselstempelsatz von 75 Pf. einführt. Wenn sie sich aber wirklich —

Präsident: Ich möchte mir erlauben, den Herrn Redner auf einen Augenblick zu unterbrechen. Ich sehe eben, daß die Anträge der Herren Abgeordneten Dr. Zimmermann und Möring für die dritte Lesung noch nicht unterstützt sind, ebenso der Antrag des Herrn Abgeordneten Dr. Bamberger. Ich muß, ehe der Herr Redner seinen Antrag motivirt, die Unterstützungsfrage gemäß der Geschäftsordnung stellen.

Ich ersuche demnach diejenigen Herren, welche den Antrag der Herren Abgeordneten Dr. Zimmermann und Möring Nr. 131 der Drucksachen unterstützen wollen, sich zu erheben.

(Geschieht.)

Die Unterstützung reicht aus.

Ich ersuche nunmehr diejenigen Herren, welche den Antrag Dr. Bamberger unterstützen wollen, sich zu erheben.

(Geschieht.)

Die Unterstützung reicht aus.

Es stehen also beide Anträge zur Diskussion.

Ich ersuche den Herrn Redner, den Herrn Abgeordneten Dr. Zimmermann, fortzufahren.

Abgeordneter Dr. **Zimmermann:** Meine Herren, es liegen Ihnen also vor zunächst der Antrag des Herrn Kollegen Grütering, der von dem bisherigen Vorschlage darin abweicht, daß er einen neuen kleinen Stempelsatz von 5 Pfennige vorschlägt, dann der Antrag des Herrn Kollegen Bamberger, der in der zweiten Stufe d. h. über Beträge von 1000 Mark hinaus, eine neue Stufe einführt, die in der Stufenfolge der ersten 1000 Mark gar nicht enthalten ist, indem derselbe den Satz von 500 Mark einführt und dafür einen Stempelsatz von 75 Pfennige beantragt. Sollten Sie aber wirklich den Antrag des Herrn Kollegen Bamberger annehmen, so erlaube ich mir, Sie darauf aufmerksam zu machen, daß derselbe gar nicht vollständig ist, weil er uns darüber im Ungewissen sein läßt, was der Fall sein soll, wenn der Wechselbetrag 2000 Mark übersteigt, z. B. falls der Wechselbetrag 2500 Mark wäre. Eine desfallsige Ergänzung ließe sich wohl leicht nachholen, aber es muß doch darauf aufmerksam gemacht werden.

Mein Antrag, meine Herren, ist einfach in dem Satze enthalten: je 200 Mark — 10 Pfennig; und, meine Herren, ich habe mir schon erlaubt, darauf aufmerksam zu machen, daß ich den Hauptwerth dieses Antrags darin finde, daß er klar, einfach und deutlich ist. Die kaufmännische Welt legt darauf ein sehr großes Gewicht, die Sätze einfach und klar zu haben, besonders hier in dieser Materie, weil selbst ein kleines formelles Versehen den fünfzigfachen Betrag des Stempelbetrages als Strafe nach sich führen würde, wobei es gar nicht darauf ankommt, ob ein absichtliches Hinterziehen des Stempelbetrages stattgefunden hat, sondern das geringste Versehen, der kleinste Irrthum eines Kommis, der den Wechsel vielleicht auszuschreiben und den Stempel zu besorgen hat, also den gehörigen Stempel zu wählen hat und sich vergreift, in einer von den verschiedenen Marken, 5, 15 oder 25 Pfennig- u. s. w. Stempel, wie er sie vor sich liegen hat. In dieser Mannigfaltigkeit liegt für den Geschäftsmann eine große Gefahr. Von anderer Seite ist hervorgehoben worden, man müsse doch die geringeren Beträge auch geringer belasten. Meine Herren, es ist mir außerordentlich zweifelhaft, ob wir der ganz kleinen Geschäftswelt damit einen Gefallen erweisen, ihnen dieses Wechselgeschäft zu erleichtern, indem wir bestimmen, daß für Beträge bis 100 Mark nur 5 Pfennig Wechselstempel statt 10 Pfennig verwendet werden. Ich weiß nicht, ob der Unterschied ein großes Hinderniß für denjenigen sein wird, der überhaupt die Absicht hat, sich Kredit dadurch zu verschaffen, daß er einen Wechsel auf 100 Mark ausstellt und einen 10 Pfennigstempel verwendet. Nach den Erkundigungen, die ich in den betheiligten Kreisen eingezogen habe, wo es sich im Wesentlichen um mindere Summen handelt, habe ich die klare und entschiedene Antwort erhalten, es sei zu einem Stempelsatz von 5 Pfennigen kein Bedürfniß vorhanden. Wenn sich der kleine Geschäftsmann erst dadurch Kredit verschafft, daß er 50 oder 60 Mark in einem Wechsel ausschreibt, so entsteht für ihn eine Gefahr, die in den Erfolg viel eingreifender ist, als wenn der Anspruch wie eine gewöhnliche Schuld behandelt wird, wenn der Geschäftsverkehr nicht darauf basirt, daß man diesem kleinen Manne Kredit ohne diese Förmlichkeit gibt, so ist ein Wechsel doppelt gefährlich.

Wie erwähnt, meine Herren, ich habe in weiten Kreisen der hier Betheiligten gerade über diesen Punkt Informationen zu erlangen gesucht, und die entschiedene Antwort erhalten, daß zu einem 5 Pfennigsatz gar kein Bedürfniß vorhanden ist. Die kaufmännische Welt hat in der That dazu kein Bedürfniß, und die Bedenken, die ich mir erlaubt habe, Ihnen gegen die Vorschläge der Regierung vorzuführen, beziehen sich nach meinem Vorschlage nur auf einen einzigen Punkt, auf den Satz nämlich, daß die Regierung uns vorschlägt, sofern der Wechselbetrag im geringsten über 1000 Mark geht, sofort den vollen Stempelbetrag von vollen 1000 Mark zu erheben. Nun, meine Herren, ist vorhin von einer ausgleichenden Gerechtigkeit die Rede gewesen. Ich muß gestehen, der verehrte Herr hat bei diesem Punkte die ausgleichende Gerechtigkeit nicht so recht zum Ausdruck gebracht, und ich kann sie wirklich nicht sehen. Ich finde die ausgleichende Gerechtigkeit gewiß aber darin, daß Sie einen bestimmten, klaren Stempelsatz aussprechen, der insbesondere nicht dazu geeignet ist, zu Kunstgriffen zu verleiten.

Meine Herren, die verbündeten Regierungen hoffen, durch diese Vorlage eine größere Einnahme zu erzielen. Ja, auf dem korrekten Geschäftswege ist dieses Ziel nicht erreichbar; denn, meine Herren, jeder Bankier, jeder Geschäftsmann wird seinem Kommis einfach sagen, schreiben Sie zwei Wechsel aus; ob er zwei Formulare ausschreibt, wenn er Massen von Formularen vor sich hat, macht in der That gar keinen Unterschied; hieraus folgt, daß die Regierung ihren Zweck darin gar nicht erreichen wird, wenn derselbe gerechtfertigt wäre.

Auf der andern Seite, meine Herren, wenn die Frage angeregt wird, ob man nicht in den niedern Sätzen eine Berücksichtigung der Ermäßigung des Stempels eintreten lassen soll, so muß ich bemerken und Sie nochmals darauf aufmerksam machen, daß die Vorlage der verbündeten Regierungen diesen Punkt berücksichtigt, denn nach dem bisherigen Stempeltarif mußten für 200 Mark 15 Pfennige verwendet werden, nach dem jetzigen Tarif sind nur 10 Pfennige erforderlich; es ist also der Rücksicht wirklich Rechnung getragen, daß bei den niedern Beträgen eine Entlastung eintritt, wenn darauf Werth gelegt wird. Meine Herren, die Steigerung von 50 Pfennigen für einen Betrag von nur einer Mark über 1000 Mark ist in keiner Weise gerechtfertigt. Die Regierung würde gar nicht einmal auf klarem Wege zu ihrem Ziele kommen, wenn sie glaubt, daß sie dadurch mehr erlangen würde, obgleich man für diesen Fall uns hätte genaue statistische Erhebungen vorlegen müssen, um zu ermessen, wieweit die Wünsche der Regierung gehen und welche Erwartungen sie hegt, nach welchen Grundsätzen sie zu ihrer Auffassung gelangt, denn geschäftlich lasse] diese Erwartung sich nicht nachweisen. Ich habe noch heute aus der Mitte dieser heutigen Versammlung Herren gehört, die mir freiwillig ihre Ansichten darbrachten, daß die Geschäftswelt großen Werth darauf legt, daß der ausschließliche Wunsch dahin geht, daß das Gesetz so einfach wie möglich ist, um der Gefahr von Strafen zu entgehen, einer bloß formellen schweren Strafe, des fünfzigfachen Betrags. Meine Herren, ich bitte Sie, nehmen Sie meinen Antrag an, der sich in den zwei Worten ausdrückt: je 200 Mark 10 Pfennige.

Präsident: Der Herr Abgeordnete Melbeck hat das Wort.

Abgeordneter **Melbeck:** Meine Herren, ich bedaure, daß der Herr Abgeordnete Möring seinen Antrag, welchen er in zweiter Lesung stellte, jetzt nicht wiederholt hat. Es ist derselbe Antrag, den ich meinerseits ebenfalls gestellt hatte und den ich zu Gunsten des Möring'schen Antrags im Interesse der Vereinfachung der Abstimmung zurückzog. Aber nach dem Erfolg der Berathung in zweiter Lesung nehme ich nicht an, daß ein solcher Antrag zuletzt in dritter Lesung Aussicht auf Erfolg haben würde. Ich habe ihn deshalb nicht erneuert, obgleich ich nach wie vor der Ueberzeugung bin, daß das Prinzip des Gesetzes, nämlich die Feststellung: ½ pro mille durch eine Steigerung von 100 zu 100 Mark mit je 5 Pfennigen am meisten zum Ausdruck gebracht wird, obgleich ich der festen Ueberzeugung bin, daß bei einer solchen prinzipiellen Durchführung der Steuersätze gerade der kleine Handelsstand am wenigsten in die Verlegenheiten gerathen wird, die der Herr Abgeordnete Zimmermann uns soeben richtig geschildert hat.

Unter den drei Anträgen, welche jetzt vorliegen, meine Herren, ist der Antrag Zimmermann-Möring derjenige, welcher den Anforderungen, die ich eben bezeichnete, am meisten entspricht, ich werde deshalb für ihn stimmen. Der Antrag des Herrn Abgeordneten Grütering ist mir zwar bezüglich der Summe bis zu 1000 Mark ganz sympathisch, weil er die Steigerung enthält, die in dem Antrage Möring und in dem meinigen in zweiter Lesung vorgeschlagen wurde. Indessen verläßt er in seinem zweiten Theil bei der Steigerung von 1000 zu 1000 das Prinzip des Gesetzes so sehr, daß es mir unmöglich ist, für diesen Antrag zu stimmen. Und wenn der Herr Abgeordnete Grütering anführt, daß das gewissermaßen eine ausgleichende Gerechtigkeit sei, daß man für die nächsten 10 Jahre (so ungefähr verstehe ich seine Argumentation) die höheren Summen höher besteuere als die niedrigen Summen, welche bis jetzt seit 10 Jahren dem bisherigen Tarif gemäß höher steuerten, so muß ich sagen, daß das doch eine eigenthümliche Art der ausgleichenden Gerechtigkeit ist, und ich glaube nicht, daß man letztere in solcher Weise ausüben darf.

Der dritte Antrag, Dr. Bamberger, ist auch in zweiter Lesung gestellt worden und nicht zur Annahme gelangt. Ich glaube, daß bei der Unbestimmtheit dieses Antrags, die der Herr Abgeordnete Zimmermann bereits hervorhob, nämlich, ob sich über die Steigerung in den folgenden Tausenden auch ein Zwischensatz von 500 wiederholen soll, — ich glaube, daß schon wegen dieser Unbestimmtheit der Antrag nicht angenommen werden kann.

Der vorliegenden Frage scheint man von mehreren Seiten keine besondere Wichtigkeit beizulegen; aber wer mitten im Handelsstand lebt, der wird die Ueberzeugung mit mir theilen, daß es dringende Nothwendigkeit ist im Interesse des großen Verkehrs, so einfach wie möglich die Sätze zu normiren, um gerade den kleineren Handelsstand nicht in die Lage zu bringen, die enormen Strafen sich auferlegen lassen zu müssen, welche das Gesetz im übrigen ja mit Recht androht.

Ich bitte Sie daher, den Antrag Zimmermann-Möring anzunehmen, falls der Antrag Grütering sich nicht dahin modifiziren ließe, daß man das gleiche Prinzip auch für die folgende Tausenden zur Anwendung bringt.

Präsident: Der Herr Abgeordnete Dr. Harnier hat das Wort.

Abgeordneter Dr. **Harnier:** Meine Herren, mein verehrter Freund und regelmäßiger Nachbar, Herr Abgeordneter Dr. Bamberger, hat denselben Antrag, den er zur zweiten Lesung gestellt hatte, zur dritten Lesung wiederholt, und da der Herr Antragsteller im Augenblick zu erscheinen verhindert ist, übernehme ich die Pflicht, diesen Antrag, der jetzt schon von zwei Seiten der Undeutlichkeit geziehen ist, ich darf sagen: gegen ein von zwei Seiten geäußertes Mißverständniß, hier in Schutz zu nehmen.

Der Herr Abgeordnete Dr. Bamberger glaubte diesen Antrag wiederholt stellen zu müssen, weil die Abstimmung in der zweiten Lesung vielfach den Eindruck gemacht hat, daß bei dessen nur mit knapper Majorität stattgefundenen Ablehnung gewisse Zufälligkeiten obgewaltet haben. Er hat den Antrag wiederholt, ganz wie er in zweiter Lesung gestellt ist. Damals haben die Herren doch nirgends eine Undeutlichkeit darin gefunden, und wenn sie die Güte haben wollen, den Antrag zu vergleichen mit dem Text des Gesetzes, so werden Sie ohne Zweifel sich überzeugen müssen, daß der Herr Abgeordnete Dr. Bamberger nicht etwa beantragt hat, die beiden Schlußzeilen des § 2 zu streichen. Wenn das geschehen wäre, so würde allerdings eine Undeutlichkeit oder Lücke in seinem Antrag sein. Da aber diese beiden Zeilen des § 2 nach dem Antrag Dr. Bamberger stehen bleiben sollten, so kann in der That nicht der mindeste Zweifel darüber sein, daß danach von jedem ferneren Tausend die Summe von 0,50 Mark mehr erhoben werden soll. Ich glaube also, die verehrten Herren werden sich überzeugen, daß dieser den Antrag gemachte Vorwurf auf Mißverständniß beruht.

Meine Herren, zu einer weiteren sachlichen Begründung des Antrages finde ich keine Veranlassung. Ich glaube, er ist in zweiter Lesung hier gründlich erörtert worden und ich erlaube mir nur noch kurz einige Gründe anzuführen, weshalb ich diesem Antrag auch vor dem neuen Antrag des Herrn Abgeordneten Grütering und Genossen entschieden den Vorzug gebe.

Meine Herren, die Absicht des letzteren Antrags, den kleinen Wechselverkehr zu erleichtern dadurch, daß die Stempelbeträge von 5 zu 5 Pf. bis zum Wechselbetrag von 100 Mark steigen, ist ja eine sehr humane; aber ich glaube, meine Herren, auch wer nicht der Ansicht ist, daß man die Uebelstände des Wucherwesens durch Beschränkung der Wechselfähigkeit bekämpfen könne und solle, wird doch erhebliche Bedenken tragen, die ausgedehnte und vielfach mißbräuchliche und ungeeignete Anwendung des Wechsels in dem Verkehr mit ganz kleinen Wechselbeträgen noch weiter zu begünstigen und durch Herabsetzung der Stempeltaxe zu vermehren. Ohnehin aber stehen diesem Antrag, wie mir scheint, wohlbegründete finanzielle Bedenken entgegen, indem derselbe nicht ohne erheblichen Ausfall in den Reichseinnahmen zu realisiren sein würde.

Meine Herren, ich habe also im Namen meines abwesenden Freundes, des Herrn Abgeordneten Dr. Bamberger, Ihnen die Annahme dessen Antrags zu empfehlen.

Präsident: Der Herr Kommissarius des Bundesraths Geheimrath Aschenborn hat das Wort.

Kommissarius des Bundesraths kaiserlicher Geheimer Oberregierungsrath **Aschenborn:** Meine Herren, nach den eingehenden Erörterungen der Frage in zweiter Berathung habe ich das Wort jetzt hauptsächlich erbeten, weil aus meinem Schweigen gefolgert werden könnte, daß der Bundesrath seine Ihnen damals dargelegte Stellung zur Sache geändert habe. Das ist jedoch keineswegs der Fall.

Der Ihnen vorgelegte Entwurf enthält eine Verbesserung des gegenwärtigen Rechtszustandes nicht nur insofern, als er die Skala, nach welcher der Wechselstempel zu entrichten ist, mit der Reichswährung und mit den Tarifen unserer Nachbarländer mehr in Uebereinstimmung bringt, sondern ein weiterer Vorzug desselben besteht darin, daß er die Steuer gerechter vertheilt, indem er den Kleinverkehr entlastet und dafür allerdings eine bescheidene Kompensation in einer um weniges stärkeren Heranziehung des Großhandels sucht. In welchem Maße diese Entlastung erreicht wird, davon kann man sich ein Bild machen, wenn man erwägt, daß mindestens die Hälfte aller Wechsel, die überhaupt in Deutschland umlaufen, über Beträge bis zu 1000 Mark einschließlich lauten. Es ist ja sehr schwer, ein sicheres Urtheil darüber zu gewinnen, welche Wechselappoints vorzugsweise im Umlaufen sich befinden und welchen Prozentsatz des Gesammtumlaufs die einzelnen Beträge darstellen.

Meine Schlüsse gründen sich auf die Ergebnisse aus dem Verkauf der Wechselstempelmarken. Nach Maßgabe desselben werden durchschnittlich mehr als $^{11}/_{15}$ solcher Marken verkauft, mit denen Wechsel bis zu 1000 Mark einschließlich versteuert werden, und es werden ferner von den Blankets sogar mehr als $^{9}/_{11}$ solcher Blankets verkauft, die ausreichen für Wechsel bis zu 1000 Mark. Hierbei verkenne ich nicht, daß in sehr vielen Fällen zwei und mehr Marken zur Entwerthung eines und desselben Wechsels verwendet werden. Angesichts der angegebenen Bruchtheile von $^{11}/_{15}$ und $^{9}/_{11}$ des Gesammtumsatzes einzelner Wechselstempelmaterialien werden Sie die Annahme, daß mindestens die Hälfte der Wechsel über Beträge von 1000 Mark und weniger lauten, nicht für übertrieben halten. Von allen diesen kleinen Wechseln nehmen nun $^{9}/_{20}$ an der in dem Gesetzentwurf gebotenen Steuererleichterung Theil, während nur $^{4}/_{20}$ ein geringes Mehr von fünf Pfennigen, und $^{7}/_{20}$ den gleichen Steuersatz, wie bisher, zu entrichten hat.

Diese Steuererleichterung noch weiter auszudehnen auf Wechsel über höhere Beträge als 1000 Mark, ist meines Erachtens durch wirthschaftliche Rücksichten nicht geboten und wäre um so bedenklicher, als man gerade auf dem Gebiet des Wechselstempelwesens nur mit der größten Vorsicht vorgehen kann, da der Wechselstempel in einem dauernden Rückgang begriffen ist. Während noch im Jahre 1873 die Eingänge aus dem Wechselstempel pro Kopf der Bevölkerung 19 Pfennige betrugen, sind sie allmählig bis auf 14 Pfennige pro Kopf in dem eben abgeschlossenen Etatsjahr gesunken. Forscht man nach den Ursachen dieses Rückganges, so wäre es meines Erachtens verfehlt, sie allein in dem Darniederliegen von Handel und Gewerbe zu suchen. Ebenso einflußreich ist dabei ein anderer bleibender Faktor, nämlich die größere Pflege, welche unsere Banken, und besonders die Reichsbank, der Entwickelung des Giroverkehrs seit einigen Jahren zuwenden. Daß der Giroverkehr in vielen Fällen geeignet ist, die Ausstellung von Wechseln entbehrlich zu machen, unterliegt keinem Zweifel. Nun hat sich aber bei der Reichsbank der Giroverkehr vom Jahre 1873 bis zum Jahre 1878 von 3¼ Milliarden auf 27¼ Milliarden gehoben. Diese Thatsache bleibt erstaunlich, auch wenn man berücksichtigt, daß sich inzwischen die Umwandlung der preußischen Bank in die Reichsbank vollzogen hat und dadurch ein weiterer Verkehr der Reichsbank eröffnet worden ist. So erfreulich nun dieser Fortschritt auf wirthschaftlichem Gebiete ist, so läßt sich doch auf der anderen Seite nicht verkennen, daß gerade durch die geschickte Benutzung der Mittel, welche der Giroverkehr zur Tilgung von Schuldverbindlichkeiten bietet, der Großhandel insofern eine gegen früher verminderte Steuerlast zu tragen hat, als nicht mehr in demselben Umfange wie sonst die Geschäfte in die Formen des Wechsels gegossen werden und dadurch der Steuerpflicht unterliegen. Dem gegenüber kann es nicht unbillig erscheinen, wenn in dem geringen Maße, wie der Gesetzentwurf es Ihnen vorschlägt, der Verkehr mit großen Wechseln zu einer höheren Steuer herangezogen wird. Ob diese Mehrbelastung genügen wird, den Ausfall zu decken, welchen die Steuerermäßigung für einen Theil der Wechsel unter 1000 Mark zur Folge haben muß, — auf Plusmacherei ist es bei dem neuen Tarif ja überhaupt nicht abgesehen — steht noch sehr dahin.

Ich möchte Sie hiernach bitten, Ihre in der zweiten Berathung gefaßten Beschlüsse aufrecht zu erhalten und unter Ablehnung aller Anträge den Regierungsvorschlag anzunehmen. Soll ich diese einzelnen Anträge noch kurz charakterisiren, so bedarf es wohl kaum der Bemerkung, daß der Antrag Bamberger dem Regierungsvorschlage am nächsten stehen und daß von den beiden anderen Anträgen dem Antrag, welchen der Herr Abgeordnete Grütering gestellt hat, der Vorzug zu geben sein möchte. Welche Stellung der Bundesrath einnehmen wird, falls Sie sich dennoch für einen dieser Anträge entschieden, vermag ich nicht zu sagen.

Präsident: Es ist der Schluß der Diskussion beantragt worden von dem Herrn Abgeordneten Freiherrn von Manteuffel.

Ich ersuche diejenigen Herren, welche den Antrag unterstützen wollen, sich zu erheben.

(Geschieht.)

Die Unterstützung reicht aus.

Nunmehr ersuche ich diejenigen Herren, aufzustehen, respektive stehen zu bleiben, welche die Diskussion schließen wollen.

(Geschieht.)

Das ist die Mehrheit; die Diskussion ist geschlossen.

Wir kommen zur Abstimmung.

Meine Herren, ich will Ihnen vorschlagen, die Einleitungsworte des Art. I von den §§. 2 und 3 zu trennen und besonders zur Abstimmung zu bringen.

Zum § 2 liegen vor: der Antrag Zimmermann-Möring, der Antrag Dr. Bamberger und der Antrag Grütering. Ich schlage vor, zuerst abzustimmen über den Antrag der Herren Abgeordneten Dr. Zimmermann und Möring. Wird er angenommen, so ist der Art. I § 2 der Regierungsvorlage, sowie alle anderen Amendements beseitigt; wird er abgelehnt, so schlage ich vor, abzustimmen über den Antrag des Herrn Abgeordneten Grütering: Art. I § 2 wie folgt zu fassen rc. Wird der Antrag angenommen, so ist das Amendement Bamberger und die Vorlage der Regierung ebenfalls beseitigt; wird er abgelehnt, so schlage ich vor abzustimmen über das Amendement Dr. Bamberger und dann über § 2 der Vorlage der verbündeten Regierungen, wie er sich durch die Vorabstimmung über das Amendement Bamberger herausgestellt hat.

Dann schlage ich vor abzustimmen über § 3, und dann über die Einleitungsworte des Art. I; einer besonderen Abstimmung über das Ganze wird es dann nicht mehr bedürfen.

Zur Fragestellung hat das Wort der Herr Abgeordnete Grütering.

Abgeordneter **Grütering:** Der Herr Abgeordnete Melbeck hat, wenn ich nicht irre, gewünscht, daß mein Antrag getheilt zur Abstimmung kommen möge, nämlich derjenige Theil besonders, der sich beschränkt auf die Worte „die Stempelabgabe beträgt für jede angefangenen 100 Mark 0,05 Mark." Ich trete diesem Antrage bei und habe nichts dagegen, wenn über diesen Satz meines Antrages besonders abgestimmt wird.

Präsident: Meine Herren, nach meiner Auffassung, wie ich die Sache in diesem Augenblick übersehen kann, kommen wir durch eine getrennte Abstimmung über diesen Antrag in eine eigenthümliche Lage. Es heißt da:

Der Reichstag wolle beschließen:

Art. I §. 2 wie folgt zu fassen:

Die Stempelabgabe beträgt:

von einer Summe bis zu 1000 Mark einschließlich für jede angefangene 100 Mark $0{,}05$ Mark,

was nun kommt, das würde wegbleiben. Ich halte mich für verpflichtet, darauf aufmerksam zu machen, daß nach der Fassung, wenn bloß der erste Theil angenommen wird, jede Bestimmung fehlen würde, wie die Stempelabgaben bei den Beträgen über 1000 Mark sein sollen,

(sehr richtig!)

und ich kann im Interesse der Geschäftsordnung nicht zulassen, daß nachträglich der Antrag noch anders gefaßt wird; denn es liegt der Antrag gedruckt vor: „den Art. I § 2 wie folgt zu fassen". Der Antrag Grütering verändert also den ganzen § 2, und es kann daher auf die Theilung dieses Antrags nicht eingegangen werden.

Der Herr Abgeordnete Grütering hat das Wort zur Fragestellung.

Abgeordneter **Grütering:** Ich wollte nur bemerken, daß ich dem Wunsche des Herrn Abgeordneten Melbeck entgegenkommen und mich nicht ablehnend demselben gegenüber verhalten wollte. Ich habe natürlich nach den Ausführungen des Herrn Präsidenten keinen Grund, selbst noch auf Theilung des Antrags zu bestehen.

Präsident: Meine Herren, wenn niemand die Theilung des Antrags verlangt, wie sie von dem Herrn Abgeordneten Melbeck beantragt ist und wie sie meiner Ueberzeugung nach nicht zulässig ist, so sehe ich diese Frage der Theilung für erledigt an.

Der Herr Abgeordnete Melbeck hat das Wort zur Geschäftsordnung.

Abgeordneter **Melbeck:** Ich habe keinen positiven Antrag nach der Richtung hin gestellt, daß der Antrag des Herrn Abgeordneten Grütering getheilt werden soll.

Präsident: Meine Herren, dann bleibt es lediglich bei der Fragestellung, wie ich sie vorhin vorgeschlagen habe. Ich wiederhole nochmals: es wird abgestimmt zuerst über das Amendement Zimmermann-Möring; die Annahme desselben beseitigt die Anträge der Herren Abgeordneten Grütering und Dr. Bamberger sowie die Vorlage der verbündeten Regierungen zum § 2. Falls das Amendement Zimmermann-Möring abgelehnt wird, wird abgestimmt über das Amendement Grütering, dessen Annahme die Wirkung hat, daß der Antrag des Herrn Abgeordneten Dr. Bamberger und der § 2 der Vorlage der verbündeten Regierungen beseitigt wird. Wird das Amendement abgelehnt, so stimmen wir ab zuvörderst über das Amendement Bamberger und dann über § 2 der Vorlage der verbündeten Regierungen, wie er sich nach der Vorabstimmung herausgestellt hat; dann kommt die Abstimmung über den § 3, und dann die Abstimmung über die Einleitungsworte.

Der Herr Abgeordnete Dr. Zimmermann hat das Wort zur Fragestellung.

Abgeordneter Dr. Zimmermann: Es scheint mir so, als ob der Antrag, 5 Pfennig pro 100 Mark anzunehmen, etwas weiter geht als der meinige, und daß er deshalb zuerst zur Abstimmung kommen muß, und dann der Antrag, auf je 200 Mark 10 Pfennige zu fixiren. Ich gebe das der Erwägung des Herrn Präsidenten anheim.

Präsident: Meine Herren, ich habe diese Frage ganz genau erwogen, ich habe in dieser Beziehung Erkundigungen eingezogen. Der Antrag Zimmermann entfernt sich weiter von der Vorlage der verbündeten Regierungen, fiskalisch, als der Antrag Grütering, wenn man den Antrag Grütering als ein Ganzes auffaßt mit seinem zweiten Theil, und aus diesem Grunde habe ich den Antrag Zimmermann zuerst in die Fragestellung genommen.

Der Herr Abgeordnete Dr. Hammacher hat das Wort zur Fragestellung.

Abgeordneter Dr. Hammacher: Der Herr Präsident hat darin vollständig Recht, daß man darüber verschiedener Ansicht sein kann, ob der Antrag Grütering oder der Antrag Zimmermann sich am weitesten von der Regierungsvorlage entfernt; deshalb liegt in dieser Frage nicht die Entscheidung über die Priorität. Ich glaube aber, es spricht ein anderer Grund dafür, nach dem Antrage des Herrn Kollegen Zimmermann zu verfahren, der nämlich, daß dadurch das Votum einzelner Mitglieder des Hauses am wenigsten präjudizirt wird. Es werden sehr viele Mitglieder des Hauses im Falle der Ablehnung des Antrages Grütering für den Antrag Zimmermann stimmen, während, wenn der Antrag Zimmermann zuerst zur Abstimmung kommt, diejenigen die für den Antrag Grütering stimmen wollen, gegen den Antrag Zimmermann stimmen würden. Da es nun mindestens zweifelhaft ist, welcher von beiden Anträgen sich am weitesten von der Regierungsvorlage entfernt, sollte nach meiner Meinung dieser praktische Gesichtspunkt maßgebend sein, um zunächst über den Antrag Grütering abzustimmen.

Präsident: Meine Herren, ich glaube, dasjenige, was der Herr Abgeordnete Hammacher bei der von mir vorgeschlagenen Fragestellung fürchtet, würde ebenso auch eintreten, wenn der Antrag Grütering zuerst zur Abstimmung käme. Sodann aber, meine Herren, ist es ein altes Herkommen des Hauses bei der Fragestellung, daß diejenigen Anträge zuerst zur Abstimmung gebracht werden, welche sich am weitesten von der Regierungsvorlage entfernen, und ich möchte das Haus bitten, bei seinem alten Herkommen in dieser Beziehung stehen zu bleiben.

Ich muß aber den Einwand wegen der Fragestellung durch Abstimmung zur Entscheidung bringen, und ersuche demnach diejenigen Herren, welche zuerst über den Antrag Grütering abstimmen wollen, sich zu erheben.

(Geschieht.)

Das ist die Minderheit; es bleibt bei der von mir formulirten Fragestellung.

Ich ersuche den Herrn Schriftführer, das Amendement Zimmermann-Möring zu verlesen.

Schriftführer Abgeordneter Freiherr von Soden:
Der Reichstag wolle beschließen:
Art. I § 2 dahin zu fassen:
Die Stempelabgabe beträgt:
von einer Summe bis 200 Mark einschließlich 0,10 Mark und von jeden ferneren 200 Mark der Summe 0,10 Mark mehr, dergestalt, daß jede angefangenen zweihundert Mark für voll gerechnet werden.

Präsident: Ich ersuche diejenigen Herren, sich zu erheben, welche den eben verlesenen Antrag annehmen wollen.

(Geschieht.)

Das ist die Minderheit; der Antrag ist abgelehnt.

Wir kommen jetzt zur Abstimmung über den Antrag Grütering; ich ersuche, denselben zu verlesen.

Schriftführer Abgeordneter Freiherr von Soden:
Der Reichstag wolle beschließen:
Art. I § 2, wie folgt, zu fassen:
Die Stempelabgabe beträgt:
von einer Summe bis zu 1000 Mark einschließlich für jede angefangenen 100 Mark 0,05 Mark und von jeden ferneren 1000 Mark der Summe 0,50 Mark mehr, dergestalt, daß jedes angefangene Tausend für voll gerechnet wird.

Präsident: Ich ersuche diejenigen Herren, welche den eben verlesenen Antrag annehmen wollen, sich zu erheben.

(Geschieht.)

Auch das ist die Minderheit; der Antrag ist abgelehnt.

Ich ersuche nunmehr um die Verlesung des Antrags Bamberger.

Schriftführer Abgeordneter Freiherr von Soden:
Der Reichstag wolle beschließen:
in Artikel I § 2 hinter die Worte:
„von einer Summe über 800 Mark bis 1000 Mark: 0,80 Mark"
zu setzen:
„von einer Summe von 1000 Mark bis 1500 Mark: 0,15 Mark,
von einer Summe von 1500 Mark bis 2000 Mark: 1,00 Mark."

Präsident: Ich ersuche diejenigen Herren, welche den eben verlesenen Abänderungsantrag annehmen wollen, sich zu erheben.

(Geschieht.)

Auch das ist die Minderheit; auch dieser Antrag ist abgelehnt.

Es kommt nunmehr § 2, der unverändert geblieben ist, zur Abstimmung. Vielleicht erläßt uns das Haus die Verlesung desselben?

(Zustimmung.)

Ich ersuche diejenigen Herren, welche nunmehr den unveränderten § 2 der Vorlage annehmen wollen, sich zu erheben.

(Geschieht.)

Das ist eine erhebliche Majorität; der § 2 ist angenommen.

Es kommt nun die Abstimmung über § 3. Ich ersuche diejenigen Herren, welche § 3 der Vorlage im Art. I annehmen wollen, sich zu erheben.

(Geschieht.)

Das ist die Mehrheit; der § 3 ist ebenfalls angenommen.

Ich kann jetzt wohl konstatiren, daß die Einleitungsworte des Art. I, die nirgends angefochten werden, angenommen sind. — Ich konstatire das, da eine Abstimmung nicht verlangt wird, ohne weitere Abstimmung.

Ich eröffne die Diskussion über Art. II. — Das Wort wird nicht gewünscht; ich schließe die Diskussion und konstatire auch hier, ohne eine weitere Abstimmung, die nicht verlangt ist, die Annahme des Art. II.

Ich eröffne sodann die Diskussion über Einleitung und Ueberschrift des Gesetzes. — Es wird das Wort nicht gewünscht; ich schließe die Diskussion. Einleitung und Ueberschrift des Gesetzes sind angenommen.

Wir können jetzt sofort die Abstimmung über das Ganze des Gesetzes vornehmen, da dasselbe in seinen einzelnen Artikeln unverändert angenommen ist.

Ich ersuche diejenigen Herren, welche den Gesetzentwurf wegen Abänderung des Gesetzes vom 10. Juni 1869, betreffend die Wechselstempelsteuer, nunmehr definitiv und im ganzen annehmen wollen, sich zu erheben.

(Geschieht.)

Das ist eine erhebliche Majorität; das Gesetz ist angenommen.

Ich kann jetzt wohl noch konstatiren, daß die Petitionen, über welche Bericht erstattet worden ist, nach dem Antrag der Petitionskommission nunmehr durch die gefaßten Beschlüsse erledigt sind. — Ich konstatire das.

Wir gehen über zur folgenden Nummer der Tagesordnung:

erste Berathung des Gesetzentwurfs, betreffend das Pfandrecht an Eisenbahnen und die Zwangsvollstreckung in dieselben (Nr. 130 der Drucksachen).

Ich eröffne diese erste Berathung hiermit und ertheile das Wort dem Herrn Bevollmächtigten zum Bundesrath Staatssekretär Dr. Friedberg.

Bevollmächtigter zum Bundesrath Staatssekretär im Reichsjustizamt Dr. **Friedberg**: Meine Herren, wenn ich es für meine Aufgabe halten wollte, den vorliegenden Gesetzentwurf, betreffend das Pfandrecht an Eisenbahnen und die Zwangsvollstreckung in dieselben, mit einer Darlegung seines Inhalts und seiner Motivirung einzuleiten, so würde ich, glaube ich, damit etwas sehr Unersprießliches und jedenfalls Ueberflüssiges thun. Denn diese Darlegung könnte doch wesentlich nichts Anderes sein als eine gedrängte Wiedergabe des Inhalts des Gesetzentwurfs und der Art, wie die gedruckten Motive denselben zu rechtfertigen suchen. Beides aber, Gesetzentwurf und Motive, ist in Ihren Händen, und wenn ich versuchen wollte, das auch immerhin in gedrängter Kürze wiederzugeben, so würde die Wiedergabe dessen schlechter sein müssen wie das, was Ihnen gedruckt vorliegt. Ich darf daher wohl auf Ihre Billigung, mindestens auf Ihre Nachsicht rechnen, wenn ich mich damit begnüge, eben auf die gedruckte Vorlage zu verweisen und zu vertrauen, daß das Studium dieser Vorlage jedem von Ihnen genügend gewesen ist, um sich ein Urtheil zu bilden, so weit solches für die erste Lesung ausreichend ist: ob der Gesetzentwurf zu billigen oder zu verwerfen sei.

Ich würde glauben, schon mit diesen wenigen Worten schließen zu können, wenn nicht die Berathung, die vorgestern über einen anderen Gesetzentwurf hier stattgefunden hat, mir Veranlassung gäbe, doch noch einige Worte daran anzuschließen. Bei dem Gesetzentwurf über die Anfechtung von Rechtshandlungen wurde neben dem Vorwurf, daß es überhaupt besser gewesen wäre, diesen Gesetzentwurf der Partikulargesetzgebung zu überlassen, auch der ganz allgemeine Vorwurf erhoben, die Reichsregierung thue überhaupt nicht gut, derartige Disciplinen in den Kreis ihrer Thätigkeit zu ziehen, sondern sie würde besser thun, wenn sie warten wollte, bis das allgemeine deutsche Gesetzbuch zu Stande gekommen wäre. Meine Herren, wie sehr jeder von uns auch in diesem Hause es herbeisehnt, daß dieses deutsche Gesetzbuch uns bald bescheert sein möge, und wie sehr an dieser Aufgabe mit den besten Kräften, die wir ja im deutschen Reiche zu finden wußten, und mit wie großer Hingebung daran gearbeitet wird, so dürfen wir uns doch darüber nicht täuschen, daß trotz aller Hingebung es noch einer Reihe von Jahren bedürfen wird, bevor wir dieses deutsche Gesetzbuch in unserer Gesetzsammlung werden lesen können. Wollten wir nun mit jeder Zivilgesetzgebung bis zum Eintritt jenes Augenblickes warten, dann dürften wir auch nicht da die bessernde Hand anlegen, wo ein dringendes praktisches Bedürfniß es verlangt, wenn auch allerdings sporadisch, mit irgend einer Reform vorzugehen. Ein solches Bedürfniß liegt auf diesem Gebiete des Pfandrechts an Eisenbahnen ebenso vor, wie bei dem Gesetzentwurf über die Anfechtung von Rechtshandlungen außerhalb des Konkurses und bei dem die Pfandbriefe betreffenden Gesetzentwurfe. Der letztere und der vorliegende Entwurf sind gewissermaßen Geschwisterkinder.

Wie groß nun auch die Aufgaben sind, die gerade diese Diät an das hohe Haus stellt, wie sehr ein Gesetzentwurf der vorliegenden Art jenen großen Aufgaben gegenüber als geringfügig erscheinen mag, so möchte ich darum doch nicht die Bitte unterdrücken, daß Sie sich durch jene größeren Aufgaben nicht dem vorliegenden Gesetzentwurf möchten abwendig machen lassen; denn, wenn Sie ihn Ihren Berathungen unterziehen, so hoffe ich, daß es auch gelingen wird, denselben zur Annahme zu bringen.

Meine Herren, der Reichstag selbst ist es gewesen, der, als er das Einführungsgesetz zur Konkursordnung annahm, den Wunsch und die Voraussetzung ausgesprochen hat, daß vor dem Inslebentreten jener Konkursordnung auch die hier vorliegende Disziplin geregelt werden möchte. Die verbündeten Regierungen haben somit nichts anderes gethan, als, indem sie diesen Entwurf aufstellten, einen aus dem Schoße des Reichstags hervorgegangenen Wunsch zu erfüllen, und wenn Sie nun ernst an die Berathung des Entwurfs gehen, so dürfen wir hoffen, daß nach der Voraussetzung, die Sie bei der Konkursordnung ausgesprochen haben, jener Wunsch schon in dieser Diät in Erfüllung gehen wird. Darum empfehle ich den Entwurf zur Berathung, die ihrer Natur nach wohl in einer Kommission wird stattfinden müssen; denn der Gegenstand ist nicht minder schwierig, als der, der in den vorher genannten Gesetzentwürfen behandelt worden ist.

(Bravo!)

Präsident: Der Herr Abgeordnete von Knapp hat das Wort.

Abgeordneter **von Knapp**: Meine Herren, man würde wohl irren, wenn man das uns vorgelegte Gesetz als im engeren Zusammenhang stehend ansehen wollte mit der großen Aufgabe der weiteren reichsgesetzlichen Entwickelung der Bestimmungen der Reichsverfassung über das Eisenbahnwesen, dieser großen Aufgabe, die unserer ja noch wartet, und an welche gerade diejenigen, die dem Eisenbahnwesen beruflich näher stehen, gewiß nicht leichten Herzens seiner Zeit herantreten werden. Meine Herren, der Gesetzentwurf ist, wie gesagt, nicht ein Eisenbahngesetz; er ist vorwiegend oder fast ausschließlich ein Justizgesetz; er beruht nicht auf der Gesetzgebungsbefugniß des Reichs in Sachen des Eisenbahnwesens, sondern er beruht auf der gesetzgeberischen Befugniß des Reichs über das bürgerliche Recht. Er trifft deshalb auch nicht auf die Schranke seiner Geltung, die ihm als einem Eisenbahngesetz die bekannte Ausnahmestellung des zweitgrößten deutschen Staates im Gebiet des Eisenbahnwesens stecken würde, und es kann daher der Gesetzentwurf in seinem letzten Paragraphen, im § 67, Geltung beanspruchen, wie es dort ausdrücklich heißt, im ganzen Umfang des Reichs.

Aber, meine Herren, in anderer Beziehung ist allerdings der Geltungsbereich des Gesetzentwurfs ein engbegrenzter nicht sowohl in Bezug auf die Bedeutung der Interessen, denen er dienen soll, als vielmehr in Bezug auf die Zahl der Rechtspersönlichkeiten, die von demselben Gebrauch zu machen in der Lage sind. Es sind, meine Herren, ja nur 50 bis 60 deutsche Privateisenbahngesellschaften, welche die Kreditwürdigkeit ihrer Obligationen, ihrer Schuldverschreibungen durch diesen Gesetzentwurf zu erhöhen hoffen, und auch von diesen 50 oder 60 ist ja wohl ein Theil kaum dabei interessirt, denn ein Theil der deutschen Eisenbahnobligationen genießt die Staatsgarantie und gründet sich seine Sicherheit wohl mehr auf diese Garantie, als auf die finanziellen Verhältnisse der betreffenden Bahngesellschaften selbst. Auch ist ja, wie wir uns nach der heutigen Zeitströmung auf dem Gebiet des Eisenbahnwesens wohl sagen können, kaum zu erwarten, daß der Kreis dieser Rechtspersönlichkeiten, nämlich der Kreis der deutschen Privateisenbahngesellschaften, sich wohl in künftiger Zeit noch wesentlich erweitern werde.

Meine Herren, wenn ich gesagt habe, es sei die Bedeutung dieses Gesetzes auf die Privateisenbahngesellschaften beschränkt, so ist das im eigentlichen Sinne allerdings nicht ganz richtig; denn er schließt ja die Staatsbahnen keineswegs von seiner Anwendung aus. Allein, wenn auch wohl zuzugeben ist, daß sich Fälle denken lassen, in welchen ein Staat es vielleicht in seinem Interesse oder im Interesse seiner Gläubiger finden kann, den in Bahnen angelegten Theil seiner Staatsschuld im Wege der Verpfändung eben auf dieses Bahneigenthum zu fundiren, so ist doch auf der anderen Seite nicht zu verkennen, daß dieser Fall sehr selten sein wird, und man erkennt auch aus einer Reihe von Bestimmungen des Gesetzentwurfs, daß derselbe eigentlich eine Anwendung seiner Bestimmung über Verpfändung und Zwangsvollstreckung auf Staatsbahnen selbst kaum für denkbar hält und kaum in den Kreis der Eventualitäten zieht, für die er zu sorgen unternimmt. Es gibt im Grund nur eine einzige Bestimmung des Entwurfs, nämlich die Bestimmung des Art. 26, der die Beschlagnahme und die Zwangsvollstreckung in rollendes Material ausländischer Bahnen auf deutschen Schienen ausschließt, welche unmittelbar für die Staatsbahn praktisch sein wird. Ja, es hat z. B. der Entwurf sogar Bestimmungen, die geradezu ihre Anwendbarkeit auf Staatsbahnen ausschließen, Bestimmungen, über deren Zweckmäßigkeit man vielleicht streiten könnte. Das Gesetz ist also in diesem Sinne ein Spezialgesetz; es sucht einerseits im Anschluß an die bereits vorhandene Reichsprozeßgesetzgebung diese zu ergänzen, und zwar auf einem Gebiete, das seither der Landesgesetzgebung vorbehalten bleiben sollte. Auf der andern Seite greift der Gesetzentwurf ein Stück des künftigen Zivilrechts heraus, und diesem gewissermaßen vor.

Meine Herren, die Bedenken und Schwierigkeiten, die hieraus entstehen, finden sich schon in den Motiven dargelegt und auch der Herr Staatssekretär des Reichsjustizamts hat vorhin diese Bedenken zu beseitigen und zu widerlegen gesucht. Diese Bedenken liegen ja darin, daß der Gesetzentwurf eine Reihe von Voraussetzungen, welche er eigentlich aus der Gesammtheit des Zivilrechts zu entnehmen hätte, sich erst schaffen muß, weil er sie nicht vorfindet, weil dieses Reichszivilrecht noch nicht vorhanden ist.

Ich bin mit den Motiven und mit dem Herrn Staatssekretär des Reichsjustizamts darin vollständig einverstanden, daß diese Bedenken zurücktreten müssen vor dem praktischen Bedürfniß, welches zu diesem Gesetze Anlaß gegeben hat, und welches ja auch Anlaß gegeben hat zu der aus dem Reichstage selbst vor wenigen Jahren hervorgegangenen Anregung zur reichsgesetzlichen Regelung dieser Materie. Ich füge freilich bei, daß das Vorhandensein eines solchen Bedürfnisses, welches bis jetzt allerdings nur in wenigen Fällen in bestimmter Weise hervorgetreten ist — meines Wissens existiren nur zwei Fälle, in welchen der Konkurs über eine deutsche Eisenbahngesellschaft auszubrechen gedroht hat beziehungsweise ausgebrochen ist — ich sage das vorhandene Bedürfniß ist an sich wohl keine erfreuliche Thatsache, aber wir werden uns dessen getrösten dürfen, daß bei der im allgemeinen zwar nicht glänzenden aber keineswegs verzweifelten Lage unserer deutschen Eisenbahngesellschaften, diese Fälle sich sobald nicht wiederholen und vermehren werden. Auch in einem anderen Betracht bin ich geneigt, über diese Bedenken hinwegzusehen, ja ich glaube, sie verschwinden fast ganz, wenn man den Entwurf sich näher ansieht. Ich glaube, man kann diesem Entwurf das Zeugniß geben, daß auch die von mir vorhin erwähnten Voraussetzungen, die er sich erst schaffen muß, in einer so glücklichen Weise hergestellt sind, daß insbesondere der neue und eigenthümliche Rechtsbegriff der Eisenbahneinheit in so scharfen Umrissen herausgebildet ist, und daß auch die Grundzüge des Hypothekensystems, welche dem Entwurf über das Pfandrecht an Eisenbahnen zu Grunde liegen, der heutigen Entwickelung dieses Rechtsinstituts so entsprechend sind, daß man wohl wird sagen können, es sei der Entwurf eine werthvolle Vorarbeit für das zukünftige Zivilrecht, welche seiner Zeit sich in die Gesammtheit des Systems ohne Zwang und ohne wesentliche Aenderungen einfügen wird.

Meine Herren, ich beschränke mich auf diese Bemerkungen, da ja der Gegenstand doch von den großen Fragen des Tages, welche uns heute vollauf beschäftigen, ziemlich weit abliegt. Ich glaube, mit dem Antrag schließen zu sollen, daß dieser Entwurf, wie ja auch der Herr Staatssekretär im Reichsjustizamte vorhin schon in Aussicht genommen hat, an eine Kommission zu verweisen sei, und es kann in dieser Beziehung sich vielleicht nur fragen, ob nicht die von Ihnen in den letzten Wochen mit einer Reihe ähnlicher Gesetze betraute Kommission, die XIV. Kommission, damit zu befassen, oder ob eine besondere Kommission, etwa von 21 Mitgliedern, für die Berathung dieses Gesetzentwurfs zu wählen sei. Ich meinerseits möchte mich für die letztere Alternative aussprechen.

Präsident: Das Wort wird nicht weiter gewünscht; ich schließe die erste Berathung.

Ich habe demnach die Frage an das hohe Haus zu richten, ob der Gesetzentwurf zur weiteren Vorberathung an eine Kommission verwiesen werden soll. Es frägt sich dann eventualiter, an welche Kommission. Wir haben schon früher eine Kommission gebildet zur Vorberathung des Gesetzentwurfs, betreffend das Faustpfandrecht für Pfandbriefe und ähnliche Schuldverschreibungen. Es frägt sich, ob es nicht vielleicht gerathen sei, eventualiter dieser Kommission auch dieses Gesetz zu überweisen. Es ist zwar, so viel ich vernommen habe, ein besonderer Antrag in dieser Beziehung im Laufe der Diskussion nicht gestellt worden; wenn aber eine Kommission beschlossen werden sollte, so glaube ich, wenn nicht widersprochen wird, annehmen zu können, daß es diese Kommission sein soll, daß wir also nicht noch einmal wählen.

(Zustimmung.)

Es wird dieser eventuellen Annahme, wie ich hiermit ausspreche, nicht widersprochen, und ich ersuche demnach diejenigen Herren, welche dem Entwurf eines Gesetzes, betreffend das Pfandrecht an Eisenbahnen und die Zwangsvollstreckung in dieselben, einer Kommission zur Vorberathung überweisen wollen, sich zu erheben.

(Geschieht.)

Das ist die Mehrheit; der Gesetzentwurf ist zur weiteren Vorberathung an die vorher von mir bezeichnete Kommission überwiesen worden.

Wir treten jetzt, meine Herren, ein in die letzte Nummer der Tagesordnung:

zweite Berathung des Entwurfs einer Gebührenordnung für Rechtsanwälte, auf Grund des mündlichen Berichts der 6. Kommission (Nr. 137 der Drucksachen).

Berichterstatter ist der Herr Abgeordnete Laporte. Ich frage, ob er zum Eingang der zweiten Berathung Bericht erstatten will.

Ich ertheile ihm zu diesem Zweck das Wort.

Berichterstatter Abgeordneter **Laporte**: Meine Herren, die Kommission, welche niedergesetzt ist von Ihnen zur Vorberathung eines Entwurfs einer Gebührenordnung für Rechtsanwälte, hat in 13 Sitzungen und zwei Lesungen die Aufgabe, die ihr gestellt war, zu lösen versucht. Es ist eine Subkommission eingesetzt worden, wesentlich zur Vorberathung der Tariffrage, welche sich im § 9 des Gesetzes vorfindet.

Ich kann im Allgemeinen bemerken, daß über den Grundgedanken des Entwurfs, der wesentlich, wie Ihnen bekannt ist, beruht auf Annahme des Pauschsystems und zwar in engster Anlehnung an das im vorigen Jahre beschlossene Gerichtskostengesetz, in der Kommission allseitiges Einverständniß geherrscht hat, daß auch im übrigen die ganze Anlage und Ausführung des Entwurfs auf wesentliche und große Bedenken, die bei der Mehrheit der Kommission Beifall gefunden hätten, nicht gestoßen ist, so daß, abgesehen von einzelnen wenigen, wie ich glaube, sagen zu können, nicht prinzipiellen Aenderungen der Entwurf, so wie er von den verbündeten Regierungen vorgelegt worden ist, auch in der Kommission akzeptirt worden ist. Dieses ist der Grund, weshalb die Kommission, folgend dem Vorgange beim Gerichtskostengesetze, absehen zu dürfen glaubte von einem schriftlichen Berichte, und sich beschränkt hat nach dem früheren Vorgange auf die Erstattung eines mündlichen Berichts. Es wird mir gestattet sein, kurz die wenigen Aenderungen, wovon ich gesprochen habe, hier schon eingangs zu berühren.

Zunächst springt als eine dieser Aenderungen, — wenn Sie sie hauptsächliche Anderungen nennen wollen, würde ich das akzeptiren, — die bei § 9 hervor, wo nämlich eine geringe Erhöhung der von der Regierung vorgeschlagenen Tarifsätze vorgenommen ist, und zwar in den Werthklassen 3 und 4 eine Erhöhung der ursprünglichen Sätze um je 1 Mark, in der Werthklasse 5 um 2 Mark, in den Werthklassen 6 bis 8 um je 3 Mark und in den übrigen Werthklassen 9 bis 18 um je 4 Mark. Indem die Komission diese Aenderungen beschloß, glaubte sie, vielseitig hervorgetretenen Wünschen, und zwar innerhalb der äußersten Greinzen der Mäßigung und Billigkeit, die sie einhalten zu müssen glaubte, nachkommen zu sollen. Daß diese so erhöhten Sätze weit zurückbleiben hinter denjenigen, was aus den Kreisen der Standesgenossen, und zwar nicht bloß der Anwaltschaft, sondern auch der Richter für nothwendig und angemessen erachtet ist, darüber, meine Herren, liegen eine Menge von Zeugnissen vor, und ich werde noch Gelegenheit haben, gleich, indem ich die zu diesem Gesetzentwurf beim Reichstag eingegangenen Petitionen hier anzuschließen gedenke, darüber näheres mitzutheilen.

Die zweite Aenderung von Gewicht, welche die Kommission glaubte vornehmen zu müssen, ist die Einschiebung des § 94a, der die Forderung eines Extrahonorars den Anwälten in außergewöhnlichen Fällen gestattet. Es steht diese Vorschrift neben der Bestimmung des Regierungsentwurfs, wonach dem Anwalt gestattet ist, durch Vertrag sich sein Honorar mit der Partei zu fixiren. Eine Art von Korrelat für den Fall, wo kein Vertrag vorliegt, und wo das Außerordentliche der Bemühung, die hat eintreten müssen, die gewöhnliche Honorirung unangemessen erscheinen läßt. Indem die Kommission diese Bestimmung aufnahm, erblickte sie darin ein nothwendiges Korrektiv gegenüber der festen Taxe, wie sie im § 9 als Regel aufgestellt ist und von der behauptet werden darf, daß sie nur die Durchschnittsfälle trifft, daß aber außergewöhnliche Fälle nicht füglich darunter begriffen werden können. Wenn unter solchen Umständen durch die besondere Belegenheit des Falles, es sich als unthunlich erweist, einen Honorarvertrag abzuschließen, sei es, daß im Verlauf der Sache sich erst die Schwierigkeit des Falles zeigt, sei es, daß aus diesem Grunde oder überhaupt es dem Gefühl des Anwalts widerspricht, seiner Partei gegenübrr mit dem Verlangen auf Abschluß eines Honorarvertrages vorzutreten, für solche Fälle, meine Herren, hat übrigens unter allen diejenigen Kautelen für eine gerechte und maßvolle Ausübung, mit welchen das Vertragsrecht des Anwalts überhaupt nach den Intentionen der verbündeten Regierungen umgeben ist, hier Vorsorge getroffen werden sollen. Das sind die beiden hauptsächlicheren Punkte, die die Kommission Ihnen vorschlägt, und die Sie in der gedruckten Zusammenstellung näher ausgeführt finden.

Als von minderem Gewichte erlaube ich mir, zu erwähnen, einmal die Ausdehnnng der Vergütung für Schreibgebühren, welche in der Weise beabsichtigt ist, daß, während die Regierungsvorlage nur die Anträge u. s. w. bei Gericht oder für den Gegner nach § 75 — den Anwälten unter der Rubrik: „Auslagen" vergütet wissen will, die Kommission eine weitere Vergütung, namentlich auch für die Korrespondenz als nöthig erachtet. Sie ging dabei von der Ansicht aus, daß es nicht wünschenswerth sei, durch Abschneibnng der Vergütung der nothwendigen Auslage für die Korrespondenz die letztere selbst unzweckmäßig zu beschränken.

Der letzte Punkt, der vielleicht hier noch anzuführen wäre, obgleich er mir sehr den Charakter eines Ausnahmefalls zu haben und daher ohne erhebliches praktisches Gewicht zu sein scheint, ist die Anrechnung der Prozeßgebühr des Wechsel- und Urkundenprozesses auf das nachfolgende Ordinarium, wie sie der Entwurf vorschreibt. Dies steht im Widerspruch mit dem Gerichtskostengesetz und entspricht nicht überall der Billigkeit, weshalb diese Vorschrift von der Kommission gestrichen worden ist.

Was weiter, meine Herren, in der Zusammenstellung als abweichend vom Regierungsentwurf hervortritt, glaube ich, hier in diesem Zusammenhang übergehen zu dürfen, es sind nach meiner Meinung nur kleine, mehr technische Einzelheiten und redaktionelle Veränderungen.

Außerdem finden Sie in der Anlage der gedruckten Zusammenstellung nach dem Vorgang bei dem Gerichtskostengesetz einen Nachweis über einzelne Punkte, wobei auf Wunsch der Kommission das Einverständniß mit den Vertretern der verbündeten Regierungen für den Zweck der richtigen Auslegung des Gesetzentwurfs konstatirt worden ist.

Uebergehend zu den Petitionen, die zu diesem Gegenstand eingegangen sind, darf ich auf pag. 1 und 2 der Zusammenstellung Bezug nehmen, und hervorheben, daß dieselben bei der Berathung in der Kommission berücksichtigt sind. Ich glaube mich auch insofern hier über die Petitionen kurz fassen zu können, weil entweder der Inhalt derselben noch bei den einzelnen Bestimmungen zur Sprache kommen wird, oder aber, sofern allseitiges Einverständniß herrschen wird, ein näheres Eingehen darauf nicht mehr von Interesse ist. Ich will mir nur erlauben, die Petitionen kurz nach Gruppen geordnet, zu denen sie ihrem Inhalt nach gehören, anzuführen. Petitionen sind eingegangen für eine Erhöhung der Taxe überhaupt (§ 9) außer den bekannten Desiderien des Anwalltags, der neulich hier versammelt gewesen ist, vom Verein der oberhessischen Anwälte, von den Anwaltskammern zu Hannover, Hildesheim, Göttingen, Osnabrück, Lüneburg, Aurich. Für eine Erhöhung der Taxen für die Appellationsinstanzen treten ein die Anwälte bei den Appellgerichten Zelle, Greifswald, Bromberg, Köln, Kolmar.

Für Erhöhung der Beweisgebühr, wie sie der Entwurf vorsieht, verwendet sich der Advokatenverein zu Lübeck.

Für eine Erhöhung der Gebühr im Wechsel- und Urkundenprozesse, die auf sechs Zehntheile der gewöhnlichen Gebühr im Entwurf normirt ist, verwendet sich die Petition (II, 896) des Rechtsanwalts Aßmy.

Für eine Erhöhung in den unteren Werthklassen 2 bis 4, mit Rücksicht auf die Praxis bei den Amtsgerichten und das gedeihliche Fortbestehen der Anwaltschaft bei den Amtsgerichten, tritt der Rechtsanwalt Sommer ein (II, 1092).

Ferner für die Schreibgebühren und deren Berücksichtigung in größerem Umfang, als dies der Entwurf vorschlägt plaidiren die oberhessischen Anwälte und Lübeck, welches letztere diese Frage eventuell landesgesetzlich geregelt wissen will.

Außerdem enthält die Lübecker Petition auch noch einen Wunsch in Betreff der schwurgerichtlichen Taxe; nicht ein fester Satz, wie der Entwurf ihn aufstellt, sondern ein Satz je nach der Schwierigkeit der Fälle weiter oder enger abzumessen, soll danach eingeführt werden.

Hiermit ist die Reihe der Petitionen für Erhöhung der Taxe abgeschlossen. Erst nachträglich haben sich Stimmen vernehmen lassen, welche sich **gegen** die Höhe der Taxsätze aussprechen. Diese Stimmen sind zurückzuführen auf das Organ der Handelskammer zu Kassel, die, nachdem die Kommissionsberathung geschlossen und der Bericht schon vertheilt war, in einer Eingabe an den Reichstag die Gebührensätze, und zwar nicht bloß in der von der Kommission gegriffenen geringen Erhöhung, sondern auch in der von der Regierung angenommenen Höhe bemängelt. Dieser Petition haben sich die Handelskammern von Thorn, Halle, Osnabrück, Wesel, Sonnenberg, Kottbus, Siegen, Calv, Sorau, Lennep angeschlossen.

Ueber die Höhe der Taxe im Konkurse beschwert sich außerdem die Handelskammer zu Sorau.

Eine zweite Hauptgruppe von Petitionen wendet sich gegen die im Entwurf der verbündeten Regierungen aufgestellte **Vertragsfreiheit** neben der Taxe. — Den Reigen führt hier die Handelskammer zu Reichenbach-Waldenburg, mit der im wesentlichen übereinstimmend die Handelskammern von Minden, Gießen, Kassel, Iserlohn, Memel, Düsseldorf und Mühlhausen sich aussprechen, indem sie die Gründe, welche auch in den Motiven der Regierung als rationes dubitandi bereits Aufnahme gefunden haben, wieder vorführen und daraus ihr Konklusum gegen die betreffende Bestimmung des Entwurfs ableiten.

Die Handelskammer zu Krefeld erklärt sich gegen den § 93, wie er von den verbündeten Regierungen aufgestellt ist, wesentlich wegen der zu großen Allgemeinheit der Bestimmung. Sie will aber ein Extrahonorar in schwierigen Fällen nach dem Vorgang der rheinischen Praxis gelten lassen.

Unbedingt für die Vertragsfreiheit und das Extrahonorar spricht sich die Handels- und Gewerbekammer zu Planen aus.

Von den Anwälten hat sich speziell der Advokatenverein zu Lübeck für eine freiere Behandlung der Honorarfrage und Aufnahme entsprechender Bestimmungen in den Entwurf ausgesprochen.

Angesichts dieser Sachlage, bei so vielen sich widerstreitenden Wünschen und Interessen der Betheiligten und des Publikums, ist die Kommission sich der Schwierigkeit wohl bewußt gewesen, deren Lösung ihr mit der Vorbereitung dieses Entwurfs oblag. Es ist ja bekannt, meine Herren, daß wir, indem wir diesen Gesetzentwurf zum Abschluß bringen, den Schlußstein einfügen in die große Reihe der Gesetze, welche die Gerichtsverfassung zum 1. Oktober dieses Jahres vorbereiten und einführen helfen sollen.

Was speziell den hier vorliegenden Entwurf anbelangt, so wissen Sie, daß der Standpunkt von der Regierung selbst dahin ausdrücklich präzisirt ist, daß wir wegen der Neuheit der Verhältnisse, denen wir gegenüber stehen, wegen der Unmöglichkeit, diesen neuen Verhältnissen schon jetzt so zu sagen das statistische, zahlenmäßig feste Gesicht abzugewinnen, ein sehr schwieriges, fast unlösbares Problem vor uns haben, ein **Experiment**, wie die Motive selbst es nennen, von dem erst durch die Erfahrung der nächsten Jahre gezeigt werden kann, in wie weit dabei das Richtige getroffen ist. Das Experiment, meine Herren — davon bin ich überzeugt und darf hierfür wohl auf die allgemeine Zustimmung hier rechnen — wird mit diesem Gesetzentwurf zu machen sein, nicht in vili corpore, sondern es wird gemacht an einem wesentlichen Gliede der neuen Gerichtsorganisation, die, nachdem sie mit schwerer Mühe so weit vorbereitet ist, jetzt zum Segen des Vaterlands ins Leben treten soll. Auf der Erhaltung eines tüchtigen und ehrenhaften Anwaltstands beruht zweifellos in erster Linie die gedeihliche Entfaltung der neuen Ordnung der Rechtspflege, bei der Alle gleichermaßen interessirt sind. Die Wünsche des Anwaltstands verdienten deshalb gewiß die höchste Beachtung. Sind wir mit unseren Vorschlägen hinter denselben zurückgeblieben, ich kann sagen, weit zurückgeblieben, wenn ich namentlich den Anwaltstag als Repräsentanten dieser Wünsche mir vorstelle, dann, meine Herren, haben wir das lediglich gethan, um das Gesetz und die einheitliche Gerichtsverfassung für ganz Deutschland überhaupt nicht zu gefährden; wir haben es gethan in der Hoffnung, der in der ersten Lesung von Seiten des Herrn Staatssekretärs Dr. Friedberg Ausdruck gegeben wurde, daß wir um so mehr Chance haben würden, mit unseren so gemäßigten Vorschlägen den Beifall sowohl bei den verbündeten Regierungen wie in diesem Hause zu finden.

Wir haben aber zu gleicher Zeit die Hoffnung gehegt, daß das Opfer, welches zweifellos mit der neuen Ordnung der Dinge auch der Anwaltschaft — und ich glaube der für die Interessen des Vaterlands und ihres Berufs allezeit opferbereiten Anwaltschaft nicht in letzter Linie — auferlegt wird, von ihr nicht allzuschwer befunden werden möge. Wenn es sich aber wider Erwarten dennoch herausstellen sollte, daß wir Zustände vorbereitet hätten, die unhaltbar wären für das Gedeihen der Anwaltschaft, so wissen wir, daß wir demnächst jeden Augenblick in der Lage sind, gerade wie bei dem Gerichtskostengesetz die bessernde Hand eventuell anzulegen, und werden dazu gewiß alle bereit sein.

Ich hoffe, meine Herren, daß Sie diesen Anschauungen, aus denen die Anträge der Kommission hervorgegangen sind, Ihren Beifall nicht versagen werden.

(Bravo!)

Präsident: Ich eröffne die Diskussion über § 1. — Das Wort wird nicht gewünscht; ich schließe die Diskussion. Der Herr Berichterstatter wünscht nicht nochmals das Wort, und da eine Abstimmung nicht verlangt wird, so konstatire ich die Annahme des § 1 nach den Beschlüssen der Kommission, indentisch mit der Vorlage der verbündeten Regierungen.

Ich eröffne die Diskussion über § 2. — Der Herr Berichterstatter hat das Wort.

Berichterstatter, Abgeordneter **Laporte:** Zu § 2 habe ich nur zu bemerken, meine Herren, daß die Aenderung der Kommission wesentlich nur redaktionell ist, ein Versuch, dasjenige, was der § 2 des Entwurfs will, klarer auszudrücken.

Präsident: Das Wort wird nicht weiter genommen; ich schließe die Diskussion über § 2. Eine Abstimmung wird nicht verlangt; ich konstatire die Annahme des § 2 und zwar nach der Fassung der Kommission.

Ich eröffne die Diskussion über § 3, — § 4, — § 5, — § 6, — § 7, — § 8. — Es wird das Wort nicht gewünscht, eine Abstimmung nicht verlangt; ich konstatire die Annahme der §§ 3, 4, 5, 6, 7, 8, in zweiter Berathung.

In dem ersten Abschnitt ist die Ueberschrift „**Allgemeine Bestimmungen**" ebenfalls nicht angefochten; sie ist in der zweiten Berathung genehmigt.

Wir gehen über zu § 9. — Zu demselben liegt vor

das Amendement der Herren Abgeordneten Dr. Bähr (Kassel) und Reichensperger (Olpe) Nr. 144 I.

Ich eröffne die Diskussion über § 9, und damit zu gleicher Zeit steht dieses bezeichnete Amendement zur Diskussion.

Wünscht der Herr Berichterstatter das Wort?

(Derselbe verzichtet.)

Der Herr Berichterstatter verzichtet auf das Wort.

Dann ertheile ich das Wort dem Herrn Abgeordneten Pfafferott.

Abgeordneter **Pfafferott**: Meine Herren, ich hatte angenommen, es würde der Antrag des Herrn Abgeordneten Baehr zunächst begründet werden, und mir vorgenommen, gegen diesen Antrag zu sprechen. Nachdem mir bei Beginn der Debatte das Wort ertheilt ist, will ich meinen Standpunkt, den ich zu der Vorlage einnehme und welchen ich in der Kommission vertreten habe, auch in dem hohen Hause zum Ausdruck bringen.

Meine Herren, ich bin der Meinung, daß die neue Gerichtsorganisation und die neue Anwaltsordnung eine Vertheuerung der Prozesse mit Nothwendigkeit zur Folge haben. Meine Herren, wir haben schon ein Gerichtskostengesetz —, ich meine, daß der Tarif dieses Gesetzes keineswegs gering bemessen ist —, wir haben die Gebühren für die Gerichtsvollzieher normirt, desgleichen für die Zeugen und für die Sachverständigen; alles nicht niedrig, meine Herren. Soweit hätten wir das Gebäude unter Dach. Jetzt kommen wir zu der nothwendigen Gebührenordnung für Rechtsanwälte, und mit einem Male kommt — während wir die früheren genannten Gesetze hier en bloc angenommen haben — in dem hohen Hause der Gedanke und bricht sich Bahn: mein Gott! die Prozesse werden zu theuer, das Publikum kann solche Kosten nicht zahlen; das geht nicht an, — und den Ausfall soll nun der Anwaltsstand tragen. Meine Herren, ich fasse die Situation sehr ernst auf. Ich bin der Meinung, und ich glaube, niemand hier in dem großen Hause wird mir widersprechen, daß der Anwaltsstand für eine befriedigende Justizpflege nach dem 1. Oktober ein ebenso wichtiger Faktor ist, wie der Richterstand. Nun bin ich ferner der Ueberzeugung, daß wir einen Anwaltsstand, wie wir ihn wünschen müssen, billig nicht haben können; wir können ihn um deswillen nicht billig haben, weil wir im wesentlichen die freie Advokatur gesetzlich fixirt haben.

Nun, meine Herren, gefährden Sie die ganze neue Justizorganisation nicht dadurch, daß Sie die Gebührenskala für Anwälte zu niedrig greifen. Wenn ich, wie ich das auch in der von Ihnen niedergesetzten Kommission gethan hätte, für die Majoritätsbeschlüsse der Kommission hier im allgemeinen eintrete, so will ich Ihnen ganz offen zugeben, daß ich mich mit einem Abstrich in den höheren Werthklassen einverstanden erklären könnte; aber, meine Herren, in den Werthklassen 1 bis 14, da meine ich, ist ein Abstrich absolut unzulässig, denn in diesem Rahmen liegen, und da glaube ich nicht zu hoch zu greifen, 90 Prozent aller Prozesse. Es wird nun da von einer Seite gesagt, es seien noch mehr; ich will auch das zugeben, obgleich 90 Prozent mir für meine Beweisführung genügen.

Dann, meine Herren, will ich aber rücksichtlich dieser ersten 14 Werthklassen noch besonders betonen, daß mir die 5 ersten Werthklassen, so wie sie von der Kommission erhöht worden, meiner Ueberzeugung nach noch zu niedrig gegriffen sind. Ich habe bei Berathung des Gerichtsverfassungsgesetzes mir bereits erlaubt, auszuführen, daß ich die auskömmliche Situation der sogenannten Amtsgerichtsanwälte sowohl für den Anwaltsstand selbst, als auch für eine gedeihliche Entwickelung des so wichtigen Instituts der Amtsgerichte von der größten Wichtigkeit halte.

Jetzt, meine Herren, noch ein paar Worte im Interesse des rechtsuchenden Publikums. Da heißt es, die Prozeßführung muß nicht zu viel Geld kosten; — aber ich meine doch, meine Herren, daß das rechtsuchende Publikum in erster Linie das höchste Interesse daran hat, daß wir tüchtige und zuverlässige Anwälte haben. Meine Herren, tüchtige und zuverlässige Anwälte werden wir nimmermehr haben, wenn wir dem Anwaltstand nicht auskömmliche Einnahmen durch eine entsprechende Gebührenordnung ermöglichen.

Erwägen Sie nun noch, meine Herren, daß durch die unbegrenzt ausgedehnte Anwendbarkeit des Mandatsverfahrens, wie ich meine, annähernd 50 Prozent aller Prozesse für die Anwälte künftig wegfallen. Das Mandatsverfahren wird von den Parteien selbst betrieben werden, und hierdurch, meine Herren, werden also für die Hälfte aller Prozesse dem rechtsuchenden Publikum die höheren Kosten ganz erspart. Nehmen Sie die Behauptung meinerseits entgegen, meine Herren, daß der Vollprozeß, das heißt ein solcher Prozeß, in welchem eine Beweisaufnahme und Beweisausführung statt hat, und wo die Regel ein dreifacher Pauschsatz ist, daß ein solcher Vollprozeß auch nach den Beschlüssen der Kommission schlechter bezahlt wird, als solches nach unserem hannoverschen Tarif der Fall ist. Nehmen Sie ferner die Meinung meinerseits entgegen, daß ich den hannoverschen Tarif für einen solchen erkenne, der nicht zu hoch ist, den Anwälten aber eine auskömmliche Situation schafft. Wenn Sie dabei erwägen, daß die Kontumazialprozesse durch das Mandatsverfahren, wie ich vorhin schon bemerkt habe, zumeist in Wegfall kommen werden, so glaube ich, meine Herren, daß es recht wohlgethan ist, jedenfalls nicht in den ersten 14 Werthklassen eine Herabsetzung der Gebührensätze, wie solche nach den Beschlüssen der Kommission sich stellen, zu beschließen.

Ich möchte diese kurze Rede schließen mit folgender Betrachtung. Ich glaube nicht, daß wir gut daran thun, jeden Prozeß anzusehen und zu betrachten als ein Geschäft. Ich theile diese rein materielle Auffassung nicht, ich meine, wir müssen uns wenigstens, wenn wir uns auch nicht verschließen können, daß das Objekt des Prozesses mit in Berücksichtigung gezogen werden muß für die Findung des Anwaltshonorars, dem Gedanken nicht verschließen, daß es auch eine ideale Auffassung des Rechts gibt, welche gleiche Berücksichtigung verdient. Ich erinnere an Iherings „Kampf um das Recht."

Meine Herren, ich bitte Sie, in erster Linie die Beschlüsse, wie sie die von Ihnen eingesetzte Kommission in ihrer Mehrheit zum § 9 gefaßt hat, zu akzeptiren. Sollten Sie einen Abstrich belieben, so ersuche ich Sie dringend, diesen Abstrich nicht zu beschließen in den ersten 14 Werthklassen.

Präsident: Der Herr Abgeordnete Dr. Bähr (Kassel) hat das Wort.

Abgeordneter Dr. **Bähr** (Kassel): Meine Herren, der Herr Vorredner hat gewiß darin Recht, daß in dem vorliegenden Gesetz eine sehr wesentliche praktische Bedeutung des neuen Prozeßverfahrens recht eigentlich hervortritt, nämlich eine enorme Vertheuerung der Prozesse. Dieselbe liegt allerdings theilweise auch schon in den bereits erlassenen Gesetzen über die Gerichtskosten, die Gerichtsvollziehung u. s. w. Aber die Erhöhung der Kosten in jenen Gesetzen ist lange nicht von der Bedeutung, wie die in dem vorliegenden.

Wenn ich von einer Vertheuerung der Kosten rede, so habe ich zur Vergleichung allerdings zunächst nur die preußischen Kosten im Auge; ich hatte mich aber dazu für berechtigt, nicht allein deshalb, weil Preußen den größten Bestandtheil von Deutschland ausmacht, sondern auch, weil, wie Jeder, der das preußische Kostenwesen kennt, anerkennen wird, dasselbe in seinen Grundlagen, namentlich in der allmählichen Steigerung der Sätze, gut und gerecht geordnet ist, und ferner, weil man gewiß nicht behaupten kann, daß die preußischen Kosten, — zumal nach der Erhöhung der Anwaltsgebühren vor vier Jahren, — zu gering seien; im Gegentheil, sie sind ganz erheblich hoch. Sollten in einzelnen Theilen Deutschlands noch höhere Kosten bestehen, so sind das eben traurige Zustände, die wir keine Veranlassung haben in das deutsche Reich hinüberzunehmen.

Meine Herren, ich muß von vornherein erklären, daß die Reichsregierung, oder vielmehr das Reichsjustizamt, nicht von der Absicht ausgegangen ist, eine solche Vertheuerung der Prozesse herbeizuführen. Es ist ja notorisch und durch öffentliche Blätter bekannt geworden, daß ursprünglich das Reichsjustizamt einen Entwurf ausgearbeitet hatte, der lange nicht so hohe Sätze enthielt, wie die jetzt dem Entwurf zu Grunde liegenden. Ich werde auf den Inhalt dieses Entwurfs noch später näher zurückkommen. Erst von einer Anwaltkommission, welcher jener Entwurf zur Begutachtung vorgelegen hat, hat sich die Reichsregierung drängen lassen, die Sätze so hoch zu stellen, wie sie jetzt in dem Gesetzentwurf enthalten sind.

Meine Herren, ich würde mich verpflichtet halten, Ihnen hier Zahlen in größerem Umfange vorzuführen, wenn ich nicht dessen überhoben wäre durch eine Petition, welche Ihnen vor kurzem zugegangen ist von der Handelskammer in Kassel, der mehrere Berechnungen beigefügt sind. Aus diesen Berechnungen, deren Grundlagen zum Theil aus den Anlagen der Regierungsvorlage selbst entnommen sind, ergibt sich, in welchem Maße die Anwaltsgebühren steigen. Man kann dieses Maß nach einer ungefähren Berechnung auf 40 Prozent veranschlagen. Diese Erhöhung tritt aber erst in das rechte Licht, wenn man erwägt, daß erst im Jahre 1875 die *preußischen Anwaltskosten durchweg um 25 Prozent erhöht sind*, und zwar, wie ich später ausführen werde, *ohne jeden inneren Gruud.* Und nun will die Kommission diese von der Regierung vorgeschlagenen Kosten noch erhöhen um einen Betrag, der nach sachverständiger Berechnung etwa 14 Prozent beträgt. Rechnet man diese Erhöhungen zusammen aus, so würde die jetzt von der Kommission vorgelegte Skala im Vergleich mit denjenigen Kosten, die die Anwälte bis zum Jahre 1875 bezogen haben, um etwa 90 Prozent höher sein,

(hört! hört!)

also beinahe das doppelte erreichen. Wie hoch sich aber die *Prozeßkosten* dadurch stellen, meine Herren, das ergibt sich aus der zweiten jener Petition beigefügten Berechnung. Ich will die einzelnen Zahlen hier nicht reproduziren, ich will nur sagen, in einer großen Anzahl von Prozessen — ich glaube, daß es mindestens die Hälfte sein wird, — wird ebensoviel an Kosten aufgezehrt, als das Streitobjekt beträgt, und das halte ich für ein ungeheures Uebermaß. — Wenn ich in meinen Angaben und Berechnungen irren sollte, so möchte ich einen der Herren Regierungskommissarien, die das Material gewiß vollkommen beherrschen, bitten, mich zu berichtigen; ich will ja nichts unrichtiges anführen und will mich jeder Berichtigung gern unterwerfen.

Meine Herren, daß der Prozeß mit Kosten belastet werden muß, liegt ja in der Natur der Sache, nicht allein um des finanziellen Interesses des Staats willen und des Justizpersonals willen, sondern auch zur Vermeidung böswilligen und leichtfertigen Prozessirens. Lägen nun die Dinge so, daß man von jedem, der einen Prozeß verliert, sagen könnte, er wäre ein böswilliger und leichtfertiger Prozeßführer, dann könnten ja meinetwegen die Kosten so hoch sein wie die hier vorgeschlagenen. Aber so liegen ja die Dinge im wirklichen Leben nicht! Unzählige Prozesse werden an die Leute gebracht, ohne daß ihnen irgend ein Verschulden zur Last fällt. Die Schwäche unserer Rechtszustände, die Lücken und Zweifel unserer Gesetze, unvorhergesehene Umstände, welche ganz eigenthümliche Konstellationen herbeiführen, alle diese Momente führen dahin, daß Menschen in Prozesse gerathen, ich möchte sagen, sie wissen nicht wie. Ebensowenig läßt sich auch sagen, daß derjenige, welcher nun einen Prozeß verliert, immer ein schlechter Mensch sei, der mit so hohen Kosten bestraft werden müßte. Unzählige Prozesse gehen verloren ohne wesentliches Verschulden der Partei. Wie viele Prozesse gibt es nicht, in welchen die Entscheidung, man kann sagen, an einem Haare hängt, die Instanzen widersprechen einander, in demselben Gerichtshof — die höchste Instanz nicht ausgenommen — ist die größte Meinungsverschiedenheit und die Entscheidung wird oft mit einer Stimme Mehrheit getroffen, während die Minderheit eben so entschieden dafür eintritt, daß der andere Theil Recht habe. Kann man da sagen, daß der unterliegende Theil ein frivoler Prozeßführer sei? Und wie viel Prozesse gehen verloren durch irgend einen Zufall, einen geringen Fehler, sei es der Partei, sei es des Anwalts. Jeder, der einen Prozeß anfängt, muß sich deshalb sagen, daß er ein Lotteriespiel spiele; denn auch der im besten Recht Befindliche riskirt, daß er den Prozeß verlieren kann. Und selbst wo dem formellen Recht entsprechend entschieden ist, ist derjenige, welcher unterliegt, noch lange nicht immer der auch moralisch im Unrecht befindliche! Wenn man alle solche Verhältnisse betrachtet, dann erscheint die Verurtheilung in so maßlose Prozeßkosten als eine Grausamkeit gegen die Rechtsuchenden. Und wenn man glaubt, mit diesen großen Kosten Prozesse zu verhüten, so tritt auf der anderen Seite doch dagegen ein, daß man auch viele berechtigte Ansprüche unterdrückt, weil die Betheiligten gar nicht mehr den Muth haben, solchen Kosten gegenüber einen Prozeß zu erheben. Es wäre traurig, meine Herren, wenn wir uns im deutschen Reich sagen müßten, daß die Möglichkeit, sein Recht vor Gericht zu verfolgen, zu einem Luxusartikel geworden sei, den nur noch die Reichen und Wohlhabenden sich erlauben dürften.

Meine Herren, nun betrachtet man die Sache von einem anderen Standpunkt, nämlich von dem der Anwälte. Die Anwälte sagen: wenn wir nicht so große Kosten bekommen, können wir nicht leben; das neue Prozeßverfahren nimmt uns eine Anzahl Prozesse, die wir bisher gehabt haben; es legt uns auch Lasten auf, die wir bisher nicht gekannt, und deshalb müssen die Kosten so erhöht werden.

Meine Herren, ich erkenne von vornherein bereitwillig an, daß es die Pflicht der Gesetzgebung ist, die Kosten so hoch zu stellen, daß ein *beschäftigter Anwalt ein reichliches und anständiges Auskommen hat.* Was dazu gehört, meine Herren, darüber kann man freilich streiten. Nun aber möchte ich Sie zunächst fragen: haben denn unsere Anwälte bisher nicht im allgemeinen ihr gutes Auskommen gehabt? Sie kennen ja doch wohl gewiß in Ihrer Heimath eine mehr oder minder große Anzahl von Anwälten, ich glaube, Sie haben alle die Ueberzeugung gewonnen, daß diese Herren mit den bisherigen Kosten — ich spreche zwar von Preußen, aber ich glaube, es bezieht sich dies auch auf andere Länder — haben leben können, selbst vor dem Jahre 1875. Nun hat man im Jahre 1875, wie ich bereits erwähnt habe, sämmtliche Kosten der preußischen Anwälte um 25 Prozent erhöht. Man hat als Grund angeführt: „die Geldentwerthung.“ Dieser Grund war offenbar unstichhaltig. Da ja die Kosten der Anwälte überall nach dem Werthe des Streitobjekts angesetzt werden, so erhöhten sich die Kosten von selbst. Wenn über ein Haus prozessirt wurde, welches früher 5 000 Thaler werth war und es hat jetzt den Werth von 8 000 Thaler, so wurden jetzt die Kosten nach dem Werthbetrage von 8 000 Thaler angesetzt, und ebenso bei Verträgen. Durch die großen Summen, die in Deutschland einliefen, waren viel größere Beträge in Handel und Wandel flüssig geworden, was naturgemäß die Folge hatte, daß auch über größere Beträge prozessirt wurde. Die Veränderung des Geldwerths trug also in Beziehung auf die Anwaltsgebühren die Korrektur in sich selbst. Ich habe in der That damals geglaubt, daß zwei andere Gründe in Wahrheit maßgebend seien für die Erhöhung, einmal daß — eine traurige Folge der Gründerperiode — die Befürchtung wachgerufen war, daß sich nicht mehr genügende Personen für den Justiz- und Anwaltsdienst finden würden, daß man deshalb durch die Erhöhung der Gebühren die jungen Leute veranlassen wollte, dem Justizdienst treu zu bleiben. Meine Herren, diese Befürchtung hat sich längst erledigt; wir haben wieder junge Juristen genug, und die Befürchtung, daß sehr viele sich der Industrie zuwenden möchten, ist wohl im Augenblick nicht vorhanden. Als einen weiteren Grund habe ich unterstellt, man wolle schon im Voraus diejenige Kostenvermehrung antezipiren, die etwa durch das neue Verfahren geboten würde, um nicht auf das neue Verfahren das Odium einer solchen Kostenvermehrung zu wälzen. Darin habe ich mich nun allerdings getäuscht. Man behandelt jetzt die damalige Erhöhung nur als eine Vorstufe, um zu einer noch viel größeren Erhöhung leichter emporzuspringen. Daß aber, meine Herren, unsere Anwälte, wenn sie genügend beschäftigt sind, einen ganz guten Verdienst haben, dafür hat noch neulich der Herr Abgeordnete Lasker ein gewiß glaubhaftes Zeugniß abgelegt. Er hat die Erhöhung des Gehalts für die Mitglieder des Reichsgerichts damit motivirt, daß dann einem Anwalt um so eher zugemuthet werden könne, als Richter in das Reichsgericht einzutreten, da ein solcher Anwalt ohnehin schon bei einem solchen Eintritt — also bei einem Gehalt von 10 respektive 12 000 Mark — eine beträchtliche Einbuße in seinem Einkommen erleide.

Was nun die Verluste der Anwälte betrifft, so muß ich zunächst bemerken: wenn die Prozesse durch dieses Verfahren wirklich sich mindern sollten, so kann ich nicht eine Verpflichtung des Staates anerkennen, dafür den Anwälten eine Entschädigung zu leisten. Ich habe gehört, daß ein Satz in der Petition der Handelskammer zu Kassel, worin es heißt:

> Sollten die Anwälte in dem neuen Verfahren weniger Prozesse zu führen haben und deshalb nicht ein so reiches Einkommen haben, so müssen sie, wenn sie nicht zufrieden sind, ihrem Beruf entsagen und einen anderen wählen —

daß dieser Satz in den betreffenden Kreisen eine sehr große Aufregung hervorgerufen hat. Ich begreife aber nicht, wie man die Berechtigung dieses Satzes bestreiten kann. Wenn es nun wirklich gelänge, unsere Prozesse zu vermindern, etwa auf die Hälfte herabzuführen, wäre es dann unsere Pflicht, fortwährend doch so viele Anwälte wie bisher zu erhalten und zwar dadurch, daß wir diese Herren für die übrig bleibende Hälfte der Prozesse doppelt honorirten? Meine Herren, ich kann nicht anerkennen, daß die Anwälte gewissermaßen auf den gegenwärtigen Bestand der Prozesse ein wohl erworbenes Recht haben, so daß sie gewissermaßen für wegfallende Prozesse expropriirt und entschädigt werden müßten! Aber, meine Herren, die Dinge liegen ja auch gar nicht so. Man hat sich darauf berufen, daß durch das Mandatsverfahren die Prozesse vermindert würden, man hat gesagt; durch die Wechselprozesse würden Gebühreneinnahmen verloren gehen, weil sie jetzt geringer als die gewöhnlichen Prozesse honorirt werden sollen. Aber diesen Verlusten der Anwälte stehen so **zahlreiche Vortheile in der neuen Prozeßordnung gegenüber**, daß diese Vortheile jene Verluste bei weitem überragen. Die unbedingte Verpflichtung der Gegenpartei, die Kosten des Anwalts zu ersetzen, welche bisher, in Preußen wenigstens, für Bagatellverfahren nicht stattfand, ist ein höchst vortheilhafter Grundsatz für den Anwalt. Der Anwaltszwang, der in allen größeren Sachen stattfindet, während man bisher in der ersten Instanz Prozesse auch ohne Anwalt betreiben konnte, ist ein ungeheurer Gewinn für die Anwälte. Eine Menge Sachen, die bisher auf einseitigen Antrag erledigt waren durch Klageabweisung, durch Abweisung eines formell nicht begründeten Rechtsmittels, werden jetzt alle in zweiseitiger Verhandlung durchgeführt und auch folgeweise als ganzer Prozeß honorirt; ob zum Vortheil des Publikums, will ich dahingestellt sein lassen, jedenfalls aber zum erheblichen Vortheil der Anwälte, welche nur zu zweien in solchen Sachen verhandeln. Die Steigerung der Gebühr ohne Grenze der Höhe der Werthsumme, während bisher die Gebühr in jeder Instanz nur bis zu einem gewissen Maße steigen konnte, früher bis zu 100 Thaler, jetzt 125 Thaler; die Bezahlung der Anwälte für ihre Offizialthätigkeit durch den Staat; die Erhöhung der Gebühren für Legalisirung von Schriften, welche wesentlich gegen früher erhöht sind; endlich die Berechtigung der Anwälte, in eigenen Prozessen die **ganzen** Kosten zu liquidiren, während sie bisher nur die **Hälfte** zu liquidiren berechtigt waren: das alles sind Grundsätze, die so ausnehmend zum Vortheil der Anwälte gereichen, daß man glauben möchte, der ganze neue Prozeß sei nur zum Vortheil der Anwälte eingeführt, und daß ich vor allem nicht verstehe, wie man sagen kann, die Anwälte litten durch den neuen Prozeß Schaden. Was gelten denn gegen diese Vortheile die paar Verluste durch das Mandatsverfahren oder durch die geringen Kosten des Wechselprozesses, ganz abgesehen davon, daß der Wechselprozeß, welcher auf den dringenden Wunsch des Handelsstandes in den Gebühren erniedrigt werden sollte, nach den jetzigen Anträgen der Kommission **ungefähr geradeso hoch kommt, als wie er jetzt ist!**

Meine Herren, wenn man dann sagt, der neue Prozeß lade den Anwälten so große Lasten auf, so halte ich dieses theilweise für unrichtig, theilweise für übertrieben. Meine Herren, ich möchte zunächst darauf aufmerksam machen, daß ja dieser ganze Mündlichkeitsprozeß vorzugsweise dadurch in Deutschland zur Einführung gekommen ist, daß die Anwälte derjenigen Landestheile, in welchen dieser Prozeß besteht, also die Rheinländer und die Hannoveraner, diesen Prozeß dringend empfohlen haben. Auf den Juristentagen und bei anderen Gelegenheiten waren sie ja die begeisterten Lobredner. Läßt sich denn nun unterstellen, daß ein so von den Anwälten protegirter Prozeß die Anwälte mit so schweren Lasten belege? Meine Herren, diejenigen Belastungen, welche die selbstständige Prozeßführung durch den Anwalt mit sich bringt, das sind Folgen der **Machtstellung**, die man den Anwälten in diesem Prozeß gegeben hat. Meine Herren, in diesen Mündlichkeitsverfahren nimmt ja der Richter eine völlig zurückgesetzte, ich möchte sagen, klägliche Stellung ein; er sitzt apathisch auf seinem Richterstuhl und wartet, bis ihn die Anwälte durch ihr Plaidoyer gewissermaßen zu einem Ausspruch elektrisiren; dann gibt er diesen Ausspruch von sich, um sofort wieder in seine frühere Apathie zu verfallen. Das nennt man, „dem Richter die Reinheit seines Berufes wiedergeben". Die Anwälte aber sind es, die den ganzen Prozeß machen, es steht in ihrer Wahl, wie der Prozeß geleitet wird; sie können Schriften wechseln oder nicht; sie können in die Schriften hineinschreiben, was sie wollen, Rechtsnachtheile sind dafür nicht vorgeschrieben, Fristen sind dabei nicht zu wahren; sie können die Schriften dem Gericht vorlegen oder nicht. Ist Termin zur Verhandlung angesetzt, so können sie plädiren oder auch nicht plädiren; thun sie es nicht, so geht das Gericht wieder nach Hause und wartet, bis es den Anwälten zu plädiren beliebt. Auch selbst wenn die Instanz beinahe zu Ende ist, kann jeder Anwalt wieder neue Vertheidigungsmittel vorbringen, und dann geht der Prozeß darüber von neuem an. Das alles ist für die Anwälte so vortheilhaft, daß man auch in der Beziehung glauben möchte, der Prozeß wäre so recht eigentlich zur Annehmlichkeit der Anwälte zurecht gemacht. Das einzige, was man vom Anwalt verlangt, ist, daß er, wenn er mündlich verhandelt, alles dasjenige vorbringt, was er zur Beurtheilung gebracht haben will. Meine Herren, in dieser Beziehung ist nun zunächst zwischen den Bagatellsachen des bisherigen preußischen Prozesses und dem untergerichtlichen Verfahren des neuen Prozesses ein Unterschied kaum zu erkennen. Auch bei dem bisherigen Bagatellverfahren mußte der Anwalt die Sache mündlich führen, und der Prozeß ist wesentlich ganz derselbe. Und doch will man gerade für die

Bagatellsachen des neuen Prozesses die Gebühren so ungeheuer erhöhen. Aber auch in dem preußischen Prozeß für die wichtigeren Sachen konnte ja der Anwalt nicht blindlings in den Verhandlungstermin hineingehen; wenn er pflichtmäßig handeln wollte, so mußte er präparirt sein, er mußte im Stande sein, das Referat des Richters zu ergänzen, zu berichtigen, erläuternde Ausführungen zu machen u. s. w. Das haben auch die Anwälte, soweit ich sie kenne, gethan. Wenn es aber Anwälte gibt, die es anders gemacht, die den Termin abhielten, ohne von der Sache etwas zu wissen, und dann lediglich submittirten: so können diese Anwälte doch gewiß nicht das Musterbild für das Verdienst abgeben, welches einem Anwalt gebührt. Nun soll im neuen Verfahren der Anwalt allerdings nicht bloß den Vortrag des Richters kontroliren und ergänzen, sondern von vornherein den Vortrag der Sache übernehmen. Meine Herren, daß darin eine gewisse Erschwerung liegt, ist ja unverkennbar. Man darf eben die Sache nur nicht übertrieben auffassen. Ich habe selbst jahrelang solche Vorträge der Anwälte und zwar von recht guten Anwällen gehört, und weiß, was die Sache zu bedeuten hat. Man muß nur nicht glauben, daß bei einem solchen Plaidoyer der Anwalt jedesmal eine ciceronianische Rede hält; es werden die Sachen sehr nüchtern und geschäftlich behandelt. Der Anwalt trägt die Sache ungefähr so vor, wie bisher der Richter und ich kann aus eigener Erfahrung sagen, daß man sich dabei nicht vor Anstrengung zu zerreißen braucht. Diejenige Anwälte, welche die vorausgehenden Schriften sorgfältig bearbeitet haben, werden dazu keine besondere Mühe haben und können diese Schriften für ihren Vortrag benutzen; diejenigen, welche das nicht gethan haben, werden allerdings von diesem Vortrage größere Mühe haben; aber sie haben diese Mühe auch an den Schriften erspart, und das gleicht sich ungefähr aus. An diesen Sachvortrag werden sich dann die Rechtsausführungen knüpfen, ungefähr so wie sie bisher waren, je nach der Individualität des Anwalts mehr oder minder befriedigend. Wenn man nun aber glaubt, als ob durch dieses Verfahren ein ganz anderer Geist in die Sache hineinbringe, so ist das, meine Herren, sicher eine Täuschung. Man kann durch die Einzwängung in eine bloße äußere Form dem Menschen keinen Geist einflößen. Dinge und Menschen bleiben dieselben, und diese durchdringen schließlich auch die Form. Diejenigen Richter und Anwälte, die bisher das Verfahren geistlos betrieben haben, werden sich in gleicher Weise auch mit dem neuen Verfahren abzufinden wissen. Schon die Nothwendigkeit, eine große Masse von Sachen zu erledigen, wird dahin führen, daß man gegenseitig Konnivenz übt. Und nach kurzer Zeit wird voraussichtlich bei der großen Mehrzahl der Gerichte der mündliche Verhandlungstermin ungefähr derselbe sein, was der jetzige Termin mit halber Mündlichkeit ist. Wenn ich nun also auch annehme, daß durch diese mündliche Verhandlung dem Anwalte eine etwas größere Last auferlegt wird, als bisher, so kann ich doch nicht anerkennen, daß diese Belastung eine solche wäre, daß sie einer so enormen Erhöhung der Gebühren, wie sie hier beantragt wird, irgendwie entspräche. — Daß das mündliche Verfahren nicht nothwendig so große Gebühren fordert, dafür führe ich auch noch das Beispiel von Hannover an. Vielleicht wird von anderer Seite widersprochen und gesagt werden, in Hannover hätten die Anwälte bedeutend größere Gebühren für ihre Thätigkeit bezogen. Meine Herren, das hannoveranische System beruht auf anderer Grundlage, es ist kein Pauschalsystem, und so ist es allerdings schwer, eine genaue Vergleichung vorzunehmen. Ich beziehe mich aber in dieser Beziehung auf ein gewiß klassisches Zeugniß. Zu den Motiven des preußischen Gesetzentwurfs von 1875, durch welche die Anwaltskosten in Preußen und zwar auch die der hannöverschen Anwälte um 25 Prozent erhöht wurden, kam folgender Passus vor:

> Rücksichtlich der Provinz Hannover ist hierbei zu bemerken, daß die dortigen Gebühren in ihrem Gesammtresultat den nach Maßgabe des Gesetzes vom 12. Mai 1851 zu erhebenden Gebühren nicht gleichkommen.

Dieses Gesetz mit Motiven wurde aber von dem preußischen Herrn Justizminister Dr. Leonhardt vorgelegt, und da nun Herr Dr. Leonhardt gewiß die hannoverschen Verhältnisse genau kennt, so glaube ich, ist es ein unwiderlegliches Zeugniß für den Stand der Gebühren in Hannover; wobei ich aber gerne zugebe, daß es vielleicht für einzelne Anwälte möglich gewesen ist, die Prozesse so zu leiten, daß sie weit höhere Gebühren bezogen haben. Auch das muß ich noch erwähnen, daß auch die rheinischen Gebühren, wenn ich recht unterrichtet bin, nicht so hoch sind wie die unseres Entwurfs. Auch hier ist die Vergleichung wegen Verschiedenheit des Systems schwierig; aber ich glaube, nicht falsch unterrichtet zu sein, wenn ich unterstelle, daß der Unterschied mindestens 10 Prozent beträgt.

Aber, meine Herren, wenn man frägt, was gezahlt werden soll, so sind dabei doch immer Zwei ins Auge zu fassen: nicht allein derjenige, der die Bezahlung empfangen soll, sondern auch derjenige, der sie leisten soll; und da möchte ich Sie fragen, meine Herren, wollen Sie denn wirklich so hohe Prozeßkosten zahlen? Sie, meine Herren, sind es ja, welche bei der Sache betheiligt sind. Wir, die Juristen, sind nicht betheiligt, wir hüten uns so viel wie irgend möglich vor Prozessen. Wir Richter haben nur ein allgemein menschliches Interesse bei der Sache. Ich will nicht leugnen, daß dies menschliche Interesse für einen Richter, der sich ein menschliches Herz bewahrt hat, allerdings sehr erheblich ist; denn es ist furchtbar schmerzlich, jahraus jahrein einen Beruf zu üben, bei dem man durch das Gesetz genöthigt ist, so tief in das Fleisch des Volkes einzuschneiden. Ertödtet man diese Empfindung in den Richtern, so werden Sie erleben, daß die Rechtsprechung immer mehr zu einem traurigen und grausamen Handwerk herabsinkt, bei dem man sich unwillkührlich frägt, ob es nicht in der That verständiger wäre, statt mit Aufwendung solcher Mittel eine richterliche Entscheidung von vielleicht sehr zweifelhaftem Werthe zu erkaufen, über die streitig gewordenen Rechtsfragen zu würfeln! Aber, meine Herren, das unmittelbare, pekuniäre Interesse das haben Sie an der Sache, Sie, die Gewerbetreibenden, die Gutsbesitzer, die Kaufleute; denn von Ihnen werden diese Kosten gefordert, wenn Sie das Schicksal haben, in einen Prozeß zu verfallen. Und glauben Sie denn, daß so hohe Kosten nicht auch auf unseren Kredit Einfluß haben? Ich würde z. B. jeden Kapitalisten rathen, künftig sein Geld nicht mehr auf Privathypotheken auszuleihen, denn warum soll er sich in Verhältnisse hineinbringen, wo er riskirt, vor die Gerichte gehen und solche Kosten bezahlen zu müssen. Und wenn nun auch Sie, meine Herren, die Sie in diesem Hause sitzen und zu den wohlhabenden Klassen gehören, wenn auch Sie keine Bedenken tragen, solche Kosten zu bezahlen, können Sie denn auch den kleinen Leuten dasselbe zumuthen?

(Sehr richtig!)

Wissen Sie denn nicht, daß auch das Schicksal, Prozesse führen zu müssen, gerade auf der minder wohlhabenden Klasse der Bevölkerung lastet, als der minder einsichtigen, der minder vorsichtigen, der minder berathenen? Wissen Sie nicht — Sie haben es ja neulich selbst in diesem Hause so lebhaft geschildert — wie in unserem Volke Wucherer und Güterschlächter umhergehen, die den geringen Beamten, den kleinen Bürger, den einfachen Bauer in Rechtshändel verflechten, die nachher zu den traurigsten Prozessen führen? Und meinen Sie, daß jene Blutsauger den Prozeß immer verlieren? Nein, sie wissen die Schwächen des Rechtes so abzulauern, daß sie meistens den Prozeß gewinnen; und wollen Sie, wenn nun ein solcher unglücklicher Mensch, um sich wo möglich noch zu retten, den letzten Verzweiflungskampf ohne Erfolg gekämpft hat, ihm den Gerichtsvollzieher ins Haus zu schicken und ihm für Kosten eben so viel abnehmen lassen, wie ihm schon durch den Prozeß selbst verloren geht, so daß er um so sicherer zu Grunde geht? — Meine Herren, es ist in der That eigenthümlich, wenn es sich um eine neue Steuer handelt zu Gunsten des Staates, die die einzelnen vielleicht nur gering belastet, so hält man das für einen Gegenstand von sehr großer Wichtigkeit. Bei einem Gesetze der vorliegenden Art aber, welches nicht minder tief eingreift, aber noch viel schmerzlicher berührt, weil es sporadisch nur Einzelne trifft, hält man dies für eine verhältnißmäßig unbedeutende Sache.

Meine Herren, auf einem anderen Standpunkt befindet sich freilich die verehrliche Kommission. Sie will die Gebühren des Entwurfs nicht ermäßigen, sondern noch erheblich erhöhen. Ich kann aber doch nicht umhin zu bemerken, daß die Kommission für eine völlig allseitige Würdigung der Sache eine nicht ganz glückliche Zusammensetzung gehabt hat. Es ist der Wunsch des Herrn Kollegen Witte, daß auch Laien in der Kommission vertreten sein möchten, als diejenigen, welche vorzugsweise die Prozesse zu führen haben, leider nicht in Erfüllung gegangen. Die Kommission hat aus lauter Juristen bestanden, darunter zur Hälfte aus Anwälten.

(Widerspruch.)

— Ja wohl! Die Kommission bestand aus 21 Mitgliedern, darunter sind zehn, also die Hälfte, Anwälte gewesen.

(Widerspruch.)

Die Hälfte läßt sich freilich genau von 21 nicht ziehen.

(Heiterkeit.)

Ich bestreite ja nicht im mindesten, daß die Sachkunde und Erfahrung dieser Herren ein nützliches und werthvolles Moment ist, das keinesfalls außer Acht zu lassen ist, aber ich möchte fast glauben, daß der Einfluß dieser Herren, hinter denen noch, wie wir vom Referenten gehört haben, die große Macht der Anwaltsversammlungen und der Anwaltskammern gestanden hat, etwas zu viel auf die ganze Behandlung der Sache eingewirkt hat. Ich schließe das namentlich auch aus dem Umstande, daß alle Aenderungen des Entwurfs nur zu Gunsten der Anwälte getroffen sind, keine einzige zu Gunsten des prozeßführenden Publikums. Meine Herren, ich möchte deshalb Sie doch bitten, die Kommissionsbeschlüsse mehr als Wünsche des Anwaltstandes zu betrachten, und ihnen nicht einen entscheidenden judiziären Charakter beizumessen.

Meine Herren, der Kollege Reichensperger (der leider, wie ich höre, durch Unwohlsein verhindert ist, hier zu sein) und ich, wir legen Ihnen einen Antrag vor, der allerdings die Gebührenskala des Regierungsentwurfs noch mindert. Meine Herren, wir haben eine Zusammenstellung auf der zweiten Seite abdrucken lassen, welche Ihnen klarstellt, wie sich unsere Anträge zu den bisherigen Gebührensätzen des preußischen Prozesses gestalten. Wenn Sie die beiden letzten Kolumnen unserer Zusammenstellung vergleichen, finden Sie in der vorletzten diejenigen Sätze, auf welche die Einheitsgebühr reduzirt werden müßte, wenn sie den preußischen bisherigen Kosten entsprechen sollte. Sie sehen, daß unsere Anträge, die in der letzten Spalte verzeichnet sind, schon sehr erheblich über diese Sätze hinausgehen, z. B. also unter Klasse 6 sind die preußischen Gebühren $9,_{38}$, wir beantragen 12, in der Klasse 7 sind die preußischen Gebühren $12,_{63}$, wir beantragen 15 u. s. w. Schon diese Erhöhung ist gar nicht gering. Rechnen Sie noch dazu die 25 Prozent, die erst vor vier Jahren die preußischen Anwälte als ein reines don gratuit erhalten haben, so reicht diese Erhöhung vollkommen aus, um die vermehrte Mühwaltung der Anwälte vollauf zu lohnen. Wir haben übrigens für diesen unseren Antrag noch eine sehr bemerkenswerthe Grundlage. Meine Herren, ich habe vorhin schon erwähnt, daß das Reichsjustizamt ursprünglich einen Entwurf mit geringern Sätzen ausgearbeitet hatte, und einer Anwaltskommission vorlegen ließ, auf deren Betreiben dann die Sätze erst erhöht wurden. Meine Herren, unsere Anträge sind die Sätze der ursprünglichen Arbeit des Reichsjustizamts, von der Sie nicht annehmen können, daß es ohne gründliche Erwägung aufgestellt sei. Nur haben wir in den letzten Klassen von der 11. Klasse an die Sätze noch um einige Mark erhöht, so daß uns keines Falls der Vorwurf gemacht werden kann, wir hätten die Gebühren nicht ausgiebig bemessen. Ich empfehle Ihnen deshalb unseren Antrag.

Meine Herren, in einem Stande, der so abgeschlossen ist, wie der Juristenstand, bildet sich leicht eine gewisse Standesrichtung aus, und es ist für den Einzelnen außerordentlich schwer, sich dieser Richtung zu entziehen. Ich glaube auch vollkommen der Versicherung der Herren in der Kommission, daß sie von ihrem subjektiven Standpunkte aus geglaubt haben, bei Stellung ihrer Anträge noch „maßvoll" zu verfahren. Es sind ja bekanntlich so extreme Wünsche und Begehren im Anwaltsstande laut geworden, daß danach allerdings die Kommissionsanträge noch gering sind. Meine Herren, wer es nun wagt, einer solchen Richtung entgegenzutreten, der hat in der Regel einen recht schweren Stand. Von denjenigen, für welche er kämpft, von den Recht suchenden, von dem Volke, wird er nicht verstanden, weil sie in die Verhältnisse nicht tief genug hineinblicken; von seinen eigenen Fachgenossen aber wird er gar leicht geschmäht und verketzert. Ich habe z. B. die Ueberzeugung, daß das, was ich hier heute geredet habe, in einem Theil der Presse, wo nicht ganz unterdrückt, so doch in sehr häßlicher Entstellung wiedergegeben wird. Das hat mich aber nicht abgehalten, hier meine Ueberzeugung auszusprechen. Es handelt sich um einen durchaus nicht unbedeutenden, sondern höchst wichtigen Punkt für unsere ganze Justizpflege. Meine Herren, die ganze Freiheit des Rechtswegs wird illusorisch, wenn die Prozeßführung so hoch mit Kosten belastet wird, daß das Prozeßführen zum Unsinn würde. Meine Herren, ich weiß nicht, wie Ihr Beschluß ausfallen wird — das glaube ich aber sagen zu können, im Sinne unseres deutschen Volks liegt es nicht, dem Prozesse solche Kosten aufzuerlegen. Denn unser Volk will nicht eine solche Unterdrückung in seinen heiligsten Interessen durch den Juristenstand.

(Bravo!)

Präsident: Der Herr Abgeordnete Windthorst hat das Wort.

Abgeordneter **Windthorst:** Meine Herren, ich glaube, es ist wichtig, daß wir diese Angelegenheit etwas nüchterner ansehen, als der verehrte Herr Redner, der eben gesprochen hat.

(Sehr gut!)

Er hat gesagt, es sei sehr leicht, daß sich in gewissen juristischen Kreisen besondere Anschauungen festsetzen und daß aus diesen Anschauungen heraus dann argumentirt wird. Ich möchte den verehrten Herrn bitten, bei sich Nachfrage zu halten, ob er nicht in die Schlinge, die er andern gelegt hat, selbst gefallen ist.

(Sehr gut!)

Meine Herren, ich bin ganz der Meinung, daß es wünschenswerth ist, daß der Prozeß ein möglichst billiger sei. Mein Ideal würde sein, daß die Rechtsprechung unentgeltlich wäre,

(sehr gut!)

und daß, wie in der altrömischen Zeit, die Advokaten sich eine Klientel schaffen auf ihre Kosten und nicht auf Kosten der Klientel.

(Heiterkeit. Sehr gut!)

Inzwischen, meine Herren, wir sind von diesem idealen Standpunkt leider recht weit entfernt und es wären die Vorträge des geehrten Herrn hier und respektive im preußischen Abgeordnetenhause wohl an der Zeit gewesen, als die Gerichtsgebührengesetze festgesetzt und als die Richtergehälter festgesetzt wurden.

(Sehr wahr!)

Denn darüber wird man doch nicht zweifeln, daß namentlich durch die Gerichtskosten eine außerordentliche Vertheuerung des Prozesses eintreten wird, und es ist die ausgesprochene Meinung gewesen, daß die Gerichtskosten in der angenommenen Höhe bemessen werden, um finanzielle Vortheile zu haben, nicht im Interesse der Justizpflege. Damals ist ein Widerspruch nicht erfolgt, ich habe für diese Gerichtskostengesetze nicht stimmen können. Ich bemerke, daß, wenn ich heute mit einem Male einen solchen Eifer höre, ich diesen damals zu meinem Bedauern vermißt habe. Jetzt will man den Prozeß billiger machen auf Kosten der Advokatur. Man meint ihn billig gemacht zu haben, wenn man den Tarif möglichst herabsetzt. Nach meinem Dafürhalten ist das ein gründlicher Irrthum.

Hier sind zunächst Vergleichungen angestellt zwischen dem, was bisher war, und zwischen dem, was demnächst kommen soll. Ich behaupte, diese Vergleichungen sind mit Grund gar nicht zu machen, und in allem, was uns gedruckt vorliegt und was uns heute vorgetragen ist, liegen die sicheren Merkmale und Materialien nicht vor, eine solche Vergleichung zu ermöglichen. Die Vergleichungen sind gemacht zwischen den preußischen Verhältnissen und zwischen den jetzt proponirten. Was in Bayern existirt, was in Württemberg existirt, was im Elsaß existirt, was am Rhein existirt, was in Hannover existirt, das ist mehr oder minder absolut außer Acht gelassen, und ich sage nach den Mittheilungen, die ich mir verschafft habe, daß in Bayern und Württemberg die hier proponirte Gebühr hinter dem zurückbleibt, was jetzt besteht, und eben hat mir ein sehr sachkundiger Mann aus Elsaß gesagt, daß dort die von der Kommission vorgeschlagene Gebührenordnung gar nicht würde berücksichtigt werden können. Es seien dort die Honorare, die gezahlt würden, erheblich größere. Vom Rhein kann ich im allgemeinen nicht urtheilen. Ich kann nur sagen, daß, seitdem ich in Berlin bin, ich wiederholt in dem Fall gewesen bin, aus dem Rheinlande gefragt zu werden, ob ein gewisses Honorar, was verlangt worden, zu hoch sei. Da bin ich erstaunt gewesen, wie dort bezahlt wird gegen das, was z. B. in Hannover der Fall war.

Was Hannover betrifft, so bin ich der Ansicht, daß auch da eine volle Vergleichung nicht möglich ist, weil in Hannover das Pauschalsystem nicht existirt und also andere Grundlagen für die Berechnungen sind. Es würde sonst allerdings das Verfahren in Hannover Analogien darbieten, weil wohl kaum ein anderer Prozeß so nahe dem neuen ist, wie der hannöversche.

Hieraus folgt für mich, daß wir auch in Hannover unter allen Umständen einigermaßen im unklaren uns befinden und sichere Konklusionen garnicht machen können, weil uns die Voraussetzungen nicht vollständig vorliegen. Es wird erst die Erfahrung zeigen, wie die Sache sich gestalten wird. Ich glaube nicht zu irren, und die Mittheilungen, die mir in meiner Heimatsprovinz gemacht sind, bestätigen das, daß die hannöversche Taxe nicht erreicht wird von dem, was die Kommission vorgeschlagen hat, und ich behaupte, daß die Honorirung der Advokaten in Hannover eine Beschwerde von genereller Natur meines Wissens nicht herbeigeführt hat.

Uebrigens ist ganz außer Acht gelassen, daß die Advokatur in eine ganz neue Lage kommt und daß insbesondere die preußische Advokatur mit ihren Einnahmeverhältnissen hier gar nicht zur Vergleichung genommen werden kann. Die preußische Advokatur ist eine geschlossene. Es ist an jedem Gerichte nur eine bestimmte Zahl, an die man gewiesen ist. Das ist ein Vortheil und eine Lage, welche absolut nicht eine Vergleichung dann mehr zuläßt, wenn die Advokatur eine freie geworden.

(Ganz richtig!)

Außerdem frage ich jeden, der den Betrieb kennt, ob nicht die Haupteinnahmen der preußischen Advokatur bestehen aus der Arbeit, die in den Schreibstuben gemacht wird, die von den Referendarien, die zur Hilfeleistung herangezogen sind, gemacht wird, und ob damit im Verhältniß steht die eigene Thätigkeit des Anwalts, der mehr nur den Gesammtbetrieb seiner Fabrik, wenn ich so sagen soll, zu beobachten hat.

(Heiterkeit.)

Bei dem mündlichen Verfahren werden diese Herren sehen, daß dieser große Gewinn aus fremder Arbeit wegfällt, und daß sie selbst in die Bresche treten müssen mit ihrer ganzen Kraft.

Darum will es mir scheinen, daß man diese Vergleiche gar nicht wird machen können.

Die freie Advokatur führt in ihrer Konsequenz eigentlich dahin, gar keine Taxe zu haben, sondern jeder, der befähigt ist, Advokatengeschäfte zu treiben, sagt: ich bin zur Uebernahme derselben bereit gegen die und die Vergütung, und man geht dann zu dem, den man für den tüchtigsten, vielleicht auch zu dem, den man für den billigsten hält. Diese Konsequenz will ich meinestheils nicht ziehen, ich will nur sagen: das ist eigentlich die Konsequenz der freien Advokatur, ich kann sie nicht ziehen, denn ich muß eine Regel haben, nach welcher der Ersatz der Kosten festgestellt wird, ich muß eine Regel haben, welche, wenn ungebührliche Forderungen entstehen, ein Maß gibt für die Reduktion, und darum ist eine Taxe nothwendig.

Inzwischen in den Ländern des rein mündlichen Verfahrens sehen wir doch, daß die Konsequenz, die ich bezeichnete, in gewisser Weise gezogen ist. In England, in Frankreich, in Belgien, in Elsaß-Lothringen ist es gar nicht zweifelhaft, daß die Advokaten wesentlich auf Honorirung und nicht auf Taxgebühr stehen. Es gibt in England und Frankreich nicht für die Advokaten Taxen, wohl für die Avoués. In England kommt der Advokat gar nicht in den Fall, die Frage der Honorirung zu besprechen. Der Attorney, der dem Advokaten die Akten schickt, der ihm den Prozeß gibt, schreibt auf die Papiere, die er schickt, respektive auf den Auftrag gleich das Honorar, und die Engländer wissen alle sehr genau, — das ist eben im Volksleben hergebracht, — daß man nur gegen ordentliche Bezahlung ordentliche Arbeit hat. In Frankreich haben die Advokaten, wiederhole ich, ebenfalls keine Taxen, nur die Avoués. Die Advokaten werden honorirt und es würde auch einem französischen Advokaten schwerlich einfallen, eine Klage wegen des Honorars erheben zu wollen. Es ist eben in das ganze Volksleben dort die Honorirung so hineingetragen, wie es in Deutschland vielfach bei den Aerzten der Fall ist, welche bei der Honorirung unendlich viel besser stehen, als bei der Taxe, wenn sie darnach arbeiten sollten.

Nun fragt es sich: wie hoch soll nun die Taxe gestellt werden, die ich allerdings für nothwendig erachte. Die Frage ist — ich wiederhole es — kaum mit irgend welcher Sicherheit zu beantworten, weil nur die Erfahrung das richtige Maß bezeichnen kann, und der Tarif, der hier vorgeschlagen ist von der Regierung, von der Kommission, von dem Herrn Abgeordneten Baehr, wird immer nur ein Experiment sein, welches erst in seiner Anwendung sich bewähren oder nicht bewähren wird, und es kann deshalb sehr in Frage kommen, ob man, mag man nun diesen oder jenen Tarif beschließen, nicht sagen sollte: er ist auf fünf Jahre gestellt, nach fünf Jahren wird er revidirt.

Dann behaupte ich meinestheils: ein guter, ein reichlich bezahlter Advokatenstand wird die Prozesse besser führen, wird besser vor Prozessen schützen, als ein schlecht bezahlter. Der Herr Abgeordnete Baehr hat, wahrscheinlich an meine Freunde sich besonders wendend, hingewiesen auf die Wucherer, die man bekämpfen wolle, und scheint damit andeuten zu wollen, daß es auch in der Advokatur Wucherer gebe, ich weiß sonst nicht, wozu die Anführung dienen sollte, —

(Zuruf)

und wenn der Herr Kollege das jetzt verneint, so, sage ich, hat er etwas ganz Ueberflüssiges gesagt. — Nach meiner Erfahrung ist nichts bedenklicher, als eine Reihe intelligenter Männer, wie die Advokaten es zu sein pflegen, auf sehr geringe Verdienste zu stellen, denn dann hilft ihnen die Intelligenz sehr leicht, Wege zu finden, welche zwar guten Verdienst, aber nicht rechten Verdienst abwerfen, und ich habe kein Bedenken, zu sagen, daß nach meiner Erfahrung in Hannover, nachdem dort das mündliche Verfahren eingeführt und eine reichliche Taxe gegeben ist, der Advokatenstand sich um 50% gehoben hat, und daß das Publikum sich in Folge dessen auch um so viel besser steht. Das ist auch eine Seite, die man wohl beachten soll. Ich glaube, bei der Taxe, wie sie hier entworfen ist, werden einige sehr talentvolle Leute sich vielleicht eine Einnahme verschaffen können, auch etwas mehr, als ein Reichsrichter an Gehalt bezieht; die große Zahl derselben aber wird das nicht thun, das Gros der Advokaten, namentlich in den altpreußischen Provinzen, wird sich von vornherein dahin einrichten müssen, daß seine Einnahme eine viel unbedeutendere sein wird, als bisher. Ich könnte mich darin nur dann irren, wenn die neu zu ernennenden Amtsrichter ihre Pflicht nicht erfüllen; erfüllen diese ihre Pflicht, so wird bei einer sehr großen Zahl von Sachen, namentlich in Folge des Mandatsprozesses, die Thätigkeit des Advokaten beseitigt werden, und ich bedaure meinestheils nichts mehr, als daß so große Amtsgerichte gemacht worden sind, wie sie gemacht sind. Ich würde sonst glauben, daß ein Amtsrichter, der seine Sachen mit Ruhe behandeln kann, jeglichen Advokaten an seinem Gericht auf die Dauer verscheuchen wird, und das würde ich für einen Segen halten, denn die Advokaten sollen nach meiner Meinung besser nur da sein, wo eigentlich ihre Thätigkeit beginnt, bei den ordentlichen Prozessen, bei den Kollegialgerichten, bei den Landgerichten. Von diesem Standpunkt aus würde ich meinestheils ganz gern gesehen haben; wenn man den Tarif der Regierung gelassen, man würde dann, wenn es sich als nothwendig herausstellt, eine Erhöhung haben eintreten lassen können.

Es ist eine Erhöhung von der Kommission beantragt; ich möchte nicht behaupten, daß sie unrichtig, ich kann auch nicht behaupten, daß sie richtig ist. Der Herr Berichterstatter hat die Richtigkeit der einzelnen Positionen oder die Nothwendigkeit der Erhöhung nicht gerechtfertigt, und der verehrte Kollege, der eine Herabminderung unter den Regierungsvorschlag beantragt hat, hat keine seiner Positionen im Einzelnen gerechtfertigt, er hat nur allgemeine Gesichtspunkte aufgestellt, ich will damit nicht behaupten, daß der eine oder der andere das Richtige getroffen hat. Ich würde, wie gesagt, geglaubt haben, es sei richtiger gewesen bei der Regierungsvorlage zu bleiben, um nicht die ärgerliche Diskussion herbeizuführen, in deren Anfange wir stehen und von der ich allerdings und zu meinem Bedauern fürchte, daß sie dem neu entstehenden Prozeß- oder dem neuen Gerichtsverfahren einen unangenehmen Beigeschmack auf den Weg geben wird. Nun ist es mir aber nicht zweifelhaft, daß einer der Gründe, welche die Regierung in ihren Vorschlägen gehabt hat, ein unzutreffender ist; das ist nämlich der, daß sie sagt, oder wenigstens zu verstehen gibt, daß die Kommission der Advokaten, welche gefragt worden sei, — es sind aus den verschiedenen deutschen Ländern Advokaten zur Begutachtung herangezogen worden — diese Taxe als die richtige angesehen, so daß es nun den Anschein gewinnt, als ob die Reichstagskommission ihrerseits gegenüber diesen kommissarischen Aeußerungen der Advokaten höher gegangen ist. Das ist ein Satz, der auch mir entgegengetragen ist, von dem ich aber hier konstatire, daß er irrig ist. Die Advokaten, die hier — sie sind ja in der Vorlage genannt — als Kommission gefragt worden sind, haben fast überall noch höhere Sätze beantragt, als jetzt die Kommission. Es folgt indessen nicht ganz viel daraus, ich habe es nur angeführt, weil es besonders betont ist mir gegenüber, denn es ist ja nicht zu beweisen, daß diese Advokaten, die gefragt sind, also diese Kommission das Richtige getroffen hat, ebensowenig wie zu beweisen ist, daß die Kommission, oder der Abgeordnete Bähr oder die Regierung das Richtige getroffen haben. Muß ich mich nun entscheiden, so sage ich: wir haben die Kommission mit Vertrauen gewählt, es sind die verschiedensten Elemente darin vertreten gewesen; sie haben das Ganze übersehen, sie haben namentlich auch das Verhältniß der Taxe zu den übrigen Bestimmungen verglichen und insbesondere verglichen, was die Taxe bedeutet gegenüber den Honorarverträgen und der Selbsttaxirung, und so habe ich hier auch weiter keinen Grund, der Arbeit dieser unserer Vertrauensmänner entgegenzutreten. Will man das aber doch thun, will man unserer Kommission nicht folgen, so würde es mir richtiger erscheinen, daß nach Maßgabe der heutigen Erörterung man die Angelegenheit nochmals in Beziehung auf den Tarif an die Kommission zurückweist, damit sie dieselbe nochmals prüfe. Wenn ich in der Kommission z. B. säße, würde ich geneigt sein, die untere Klasse bis zu 1000 Thaler entschieden da stehen zu lassen, wo die Regierung war, würde aber allerdings von 1000 Thaler ab noch höher gehen, denn man muß bei der Taxirung unter allen Umständen sich das klar halten, daß man nur das Ganze betrachten kann, daß man nicht einzelne Positionen herausziehen kann, denn der Gehalt des Advokaten stellt sich zusammen aus der ganzen Reihe der Prozesse und nicht aus den einzelnen Positionen, die hier in Frage sind. Man kann ja nachweisen, daß bei einer Summe, wie die erste Klasse sie enthält, verhältnißmäßig die Kosten sehr hoch sein können, aber ich frage den Herrn Kollegen Bähr, kann er denn nicht finden, daß man dem Advokaten auch recht viel zumuthet, wenn er für eine Mark einen Prozeß führen soll, der jahrelang dauern kann, oder der in seiner Behandlung unendlich viel schwieriger ist, als einer über 1000 Thaler. Ja, ich behaupte, nach meiner Erfahrung sind in der Regel die Gegenstände kleiner Natur schwieriger zu behandeln, als die großen, und zwar deshalb, weil bei den großen man in der Regel Leute vor sich hat, die Dokumente u. s. w. zur rechten Zeit für ihre Verhältnisse zu ordnen wissen, während der kleine Mann das nicht kann. Also für eine Mark drei, vier Termine wahrnehmen, das ist doch eine starke Zumuthung. Man muß, wenn man das eine hervorhebt, auch das andere nicht unterlassen.

Meine Herren, ich meine, man sollte die Sache noch einmal in die Kommission weisen, um nach den Gesichtspunkten, die in der Diskussion heute hervorgetreten sind, den Tarif noch einmal zu prüfen. Will man das nicht, dann bleibt für mich heute nichts übrig, als für die Kommission zu stimmen und eventuell für die Regierungsvorlage. Für die Abänderungen des Herrn Kollegen Bähr stimme ich unter keinen Umständen, er hat sie nur damit motivirt, daß er meint, der Prozeß müsse billiger sein. Soll er billiger sein, dann fange man bei den Gerichtsgebühren an! Davor aber warne ich Sie, meine Herren, machen Sie keine Taxen, die ein Advokatenproletariat schaffen! Das würde der größte Ruin des deutschen Volks sein.

Vizepräsident Dr. **Lucius**: Der Herr Kommissarius des Bundesraths hat das Wort.

Kommissar des Bundesraths königlich preußischer Geheimer Oberjustizrath **Kurlbaum** II: Meine Herren, ich glaube, mit der Versicherung beginnen zu dürfen, daß seitens der verbündeten Regierungen dasselbe angestrebt wird, wie von der Kommission, nämlich den Advokatenstand mit solchen Gebühren auszustatten, daß damit die materielle Grundlage für einen gesunden, kräftigen Stand gegeben wird. Wir sind nur verschiedener Meinung über die Wege, auf dem dieses Resultat erzielt werden soll.

Der Herr Abgeordnete Windthorst ist soeben zurückgegangen auf die erste Bewilligung der Kosten für den Prozeß der Gerichtskosten. Es ist allerdings richtig, daß dabei wesentlich finanzielle Gründe mitsprechen, und gegenüber dem Finanzzustande des Reichs wie der Einzelstaaten hat auch der Reichstag dies für angemessen erklärt. Der Rückblick, der dabei auf die Richtergehälter geworfen ist, trifft schon weniger zu; ich glaube nicht, daß dieselben irgendwie zu hoch bemessen sind, und das Haus hat ja zuletzt noch selbst bei den Gehältern der Reichsrichter dieselben aus eigenem Antrieb erhöht.

Ebensowenig ist es begründet, was der Herr Abgeordnete Windthorst sagt: wir wollten jetzt den Prozeß billiger machen auf Kosten der Anwälte. Nicht im mindesten ist das der Gedanke gewesen, sondern wir sind ganz objektiv vorgegangen, um uns zu fragen: welche Beträge müssen wir ansetzen, um das vorgesteckte Ziel zu erreichen und das Interesse des Anwaltstandes mit dem des Publikums zu verbinden? Allerdings sind die verbündeten Regierungen sich dabei sehr stark der Pflicht bewußt gewesen, daß sie auch das Interesse des Publikums zu wahren haben und das umsomehr, als der Anwaltstand sich in der Lage befunden hat und auch davon Gebrauch gemacht hat, sein Interesse auf das allernachdrücklichste geltend zu machen.

Bei der Berechnung der Gebühren nun sind die verbündeten Regierungen allerdings ausgegangen von einer Vergleichung mit dem preußischen Tarif. Es lag das zunächst deshalb schon am nächsten, weil die Gebührenordnung sich im System der Erhebung anschloß an das in Preußen bestehende, und das hat gewiß eine ziemlich große Berechtigung, da der Geltungsbereich dieses Systems, abgesehen von denjenigen Staaten, in denen etwas ähnliches eingeführt ist, die Hälfte von Deutschland umfaßt. Es sind daraus einzelne Vorwürfe abgeleitet, daß man andere Arten und andere Systeme der Gebührenerhebung ganz außer Acht gelassen habe, so namentlich das elsässische. Nun, meine Herren, bei der Vergleichung mit dem elsässischen System in der sogenannten Vorkommission hat sich das auffällige Resultat ergeben, daß der Anwalt, der aus dem Elsaß den Verhandlungen beigewohnt hat, im einzelnen Fall ganz erstaunt war, daß so viel höhere Gebühren liquidirt werden können, als er herausgerechnet hatte nach dem elsässischen System.

(Zuruf: Anwalt, nicht Advokat!)

— Es war ein Advokatanwalt, der uns das mitgetheilt hat, der dabei gegenwärtig war und in den einzelnen Fällen das bestätigt hat.

Der Herr Abgeordnete Windhorst hat ebenso gesagt, daß er erstaunt gewesen wäre, über die Geringfügigkeit der einzelnen Honorare, die ihm aus der Rheinprovinz mitgetheilt wären.

(Abgeordneter Windthorst: Ueber die Höhe!)

— Ich habe vorhin verstanden, daß Sie erstaunt gewesen wären über die Geringfügigkeit; dann bitte ich also um Entschuldigung.

Der Vergleich mit der hannoverschen Gebührenordnung ist auch gezogen und versucht — und es sind darüber manche Versuche namentlich von seiten Hannovers selbst gemacht worden, um nachzuweisen, daß die Gebühren erheblich höher wären. Es wird dies wohl zugegeben werden können, daß die hannöverschen Anwälte im Stande sind, für die einzelnen Prozesse mehr zu liquidiren. Aber lassen Sie uns auch die Grundlage prüfen, auf der dies geschehen ist. Da stellte sich denn heraus, das bei dieser Berechnung, die für die hannoversche Taxe ein höheres Resultat ergab, eine geradezu wundersame Entwickelung des Prozeßverfahrens zu Grunde gelegt war. Die Herren aus Hannover, welche die Berechnung stellten, legten als das Normale einen Prozeß zu Grunde, bei dem acht Termine stattfanden und jeder fungirende Anwalt seinerseits fünf Schriftsätze vorlegte, also acht Termine und fünf Schriftsätze. Ich glaube nicht, daß wir das als das Normale anzusehen haben, namentlich auch nicht nach dem zukünftigen Prozeß.

Der Vergleich mit den preußischen Gebühren ist nun auf verschiedene Weise angestellt worden. Man hat einmal berechnet nach den Geschäftsübersichten, die ja in Preußen vorliegen, wieviel Anwaltsgebühren für die wirklich verhandelten Prozesse in einem Jahre zu liquidiren gewesen sind nach dem bisherigen und nach dem neuen Tarif, und man hat auf der anderen Seite verglichen die einzelnen Positionen in der Weise, daß man fragte: was würde bei der bestimmten Entwicklung des Einzelprozesses zu liquidiren sein nach dem alten Tarif und was nach dem neuen? Durch die Kombination dieser Berechnungen ist man zu dem Resultat gekommen, daß schon nach der ersten Berechnung der Tarif, wie er vorgelegt ist, eine erhebliche Erhöhung enthält gegen früher. Was dabei aber für Irrthümer mit untergelaufen, wie dabei die Vereinfachung des Verfahrens nicht berücksichtigt ist, darauf erlaube ich mir nachher zurückzukommen. Vergleicht man aber, wie stark die verschiedene Art der Gebührenerhebung in dem einzelnen Prozeß wirkt, so erlaube ich mir als Beispiel für die starke Erhöhung nur folgendes anzuführen.

Viele der Herren haben sich darüber beklagt, daß in dem Urkundenprozeß die Gebühren herabgesetzt sind und nur $^6/_{10}$ des ordentlichen Satzes erhoben werden sollen, und nichtsdestoweniger, meine Herren, obgleich diese Herabsetzung auf $^6/_{10}$ erfolgt, wird in Zukunft der Anwalt in den Fällen des Kontumazialurtels im Wechselprozeß mehr liquidiren als bisher.

(Hört! Hört!)

Ich glaube, es ist das ein schlagendes Beispiel dafür, wie stark die Erhöhung ist.

Man hat sich mehrfach hier berufen auf diese Vorkommission, an der Anwälte theilgenommen haben. Die Anwälte hielten in jener Kommission allerdings höhere Sätze, als sie demnächst in dem von den verbündeten Regierungen vorgelegten Entwurf angenommen sind, für angemessen. Es waren aber dabei noch manche andere Momente sehr in Frage, und zu diesen fraglichen Momenten gehörte namentlich das: ob diese Gebühren vollständig die Vergütung des Anwalts erschöpfen sollten oder nicht; es war dabei in Frage, ob überhaupt die Anwälte eine besondere Schreibgebühr zu fordern haben sollten. Es hing diese Frage mit dem System zusammen, inwieweit man nur Pauschgebühren gestatten sollte oder Einzelgebühren daneben, und damals war, wie gesagt, diese Frage noch keineswegs entschieden, als die Anwälte in dieser Weise ihren Tarif aufstellten. Das wird man auch nicht annehmen können, daß die Wünsche, die von dort ausgesprochen waren, unbedingt maßgebend sein sollten für die verbündeten Regierungen. Ich glaube insbesondere, daß es immer etwas gefährliches hat, ausgezeichnete Anwälte mit sehr guter Praxis darüber zu befragen, was denn ein Anwalt für sich beanspruchen könne, um eine seiner wirklichen Würde nach entsprechende Lebensstellung einzunehmen. Ich glaube, gerade diese Anwälte sind am ersten geneigt, in den Fehler zu verfallen, daß sie die Stellung minder wohlhabender Leute nicht genügend berücksichtigen.

Nachdem wir nun also festgestellt hatten, daß der vor-

gelegte Tarif eine ziemlich bedeutende Erhöhung des preußischen Tarifs enthielte, glaubten wir damit das richtige getroffen zu haben, selbst mit Berücksichtigung des Umstandes, daß in der That der neue Prozeß stärkere Ansprüche macht an die Anwälte, als der bisherige. Ich will aber doch auch mir einige Bemerkungen gestatten, um die stärkere Inanspruchnahme der Anwälte auf das richtige Maß zurückzuführen. Der Herr Abgeordnete Windthorst hat Ihnen das so darzustellen versucht, als wenn der altpreußische Anwalt nur der Vorsteher der Fabrik wäre, in der andere Leute die Fabrikarbeit besorgen und er nur die Oberaufsicht darüber führt. Das ist ein Bild, welches für die große Mehrzahl unserer Anwälte durchaus nicht zutrifft, die große Mehrzahl der Anwälte muß alle Prozesse selbst arbeiten; die Referendarien, die der Herr Abgeordnete Windthorst erwähnt hat, leisten meist den Anwälten gar keine Hilfe, und anderer rechtskundiger Hilfe wird der Anwalt sich nur in größeren Orten, wie Berlin, bedienen können; in Berlin ist es allerdings möglich, daß die Anwälte mit fremder Hilfe eine große Zahl Arbeit mehr bewältigen können, als da, wo sie selbst informirt sein müssen, da können sie nicht mehr sagen, ich habe nichts mehr anzuführen, um dann nach Hause zu gehen, das fällt allerdings dort fort, ich glaube aber auch mit Recht.

Nun haben wir also den Maßstab angelegt daran, was ein Anwalt einzunehmen hat, wenn er so mäßig beschäftigt ist, daß er für seinen Beruf allerdings genügend in Anspruch genommen wird, immer aber noch genug freie Zeit behält, um das, was er nothwendigerweise nicht nur durch die Praxis hinzulernen muß, noch hinzulernen zu könenn. Die Anforderungen gehen allerdings zum Theil erheblich weiter, es wird ja zum Theil verlangt, daß man den Tarif so hoch stellen soll, daß auch diejenigen Anwälte, die in dieser Weise nicht beschäftigt sind, ihr volles und würdiges Auskommen haben. Ich glaube aber in der That, meine Herren, dafür brauchen wir nicht zu sorgen und können wir nicht sorgen; es ist jetzt schon bei geschlossener Advokatur unmöglich, allen Anwälten ein vollständig ausreichendes Einkommen zu garantiren, noch viel weniger wird dieser Erfolg erzielt werden können bei freier Advokatur, es wird unter allen Umständen eine Anzahl von Anwälten wenig, vielleicht gar nicht beschäftigt sein, das ist eine ganz unvermeidliche Folge davon, daß das Publikum die freie Wahl hat, sich einen Auwalt auszusuchen, der ihm gefällt.

Sie haben dann, meine Herren, sich besonders interessirt für die Anwälte bei den Amtsgerichten und rücksichtlich dieser eine besondere Erhöhung der Gebühren gefordert. Meine Herren, das ist ein zweischneidiges Schwert. Wenn die Gebühren bei den Amtsgerichten zu hoch siud für die kleinen Sachen, dann bedient sich das Publikum der Anwälte gar nicht, und da, wo es sich ihrer bedienen muß, weil die prozeßführende Partei außerhalb ihren Wohnsitz hat, da wird sie sich dadurch eben ganz außerordentlich gedrückt fühlen oder Winkeladvokaten in die Hände fallen.

(Sehr richtig!)

Ich glaube, wir sind unter allen Umständen ganz außer Stande, diejenigen Anwälte, die sich am Sitz von Amtsgerichten niederlassen wollen, durch die bloße Prozeßpraxis genügend zu ernähren, ich glaube aber auch nicht, daß sie darauf allein angewiesen siud, sondern daß die Anwälte, die in kleineren Städten wohnen, fern vom Landgericht, eben eine hervorragende Thätigkeit in der konsultativen Praxis haben, weil der Verkehr mit den entscheidenden Gerichten und deren Anwälten naturgemäß erschwert ist, und mit Zuhilfenahme dieser konsultativen Praxis werden sie, obgleich die Gebühren für Prozesse, die vor den Amtsgerichten zur Verhandlung kommen, verhältnißmäßig niedriger sind, nichtsdestoweniger an zahlreichen Amtsgerichtssitzen Anwälte sich halten können, wenn überhaupt erst das Bedürfniß an den Landgerichten selbst gedeckt ist, was in der nicht allzufernen Zukunft wohl erwartet werden kann.

Wie übrigens die Meinungen darüber auseinandergehen, wie der Tarif zu gestalten sei, das hat der Herr Abgeordnete Windthorst eben auch gezeigt. Während von einem seiner speziellen Landsleute, dem Herrn Abgeordneten Pfafferott, gesagt ist, daß die Gebühren der Amtsgerichtsanwälte besonders erhöht werden müßten, also für die kleineren Sachen, hat der Herr Abgeordnete Windthorst gerade umgekehrt gesagt, bis zu 3000 Mark würde er den Tarif bestehen lassen, und gerade nur die höheren Sachen verdienten eine Erhöhung. Ich glaube, zwischen diesen beiden Meinungen haben wir doch das richtige getroffen, indem wir im Verhältniß zu dem Werth der Gegenstände die Gebühren bestimmten. Das Verhältniß zu dem Werth drückt eben am richtigsten aus, was die Vertretung in der Sache für die Partei werth ist.

Nun muß ich ja zugeben, daß alle diese Berechnungen höchst unsichere sind, es laufen eine ganze Masse Fehler mit unter, die man kennt, und sicherlich noch eine ganze Masse Fehler, die man nicht kennt. Wenn wir uns aber an die preußische Taxe angelehnt haben, so können wir zunächst sagen, der preußische Anwaltsstand befindet sich im allgemeinen in einer günstigen Lage, und wenn er nur fernerhin so beschäftigt ist, wie die Anwälte selbst bei den kleineren Gerichten sind, so finden sie noch vollständig ausreichendes Brot. Wir halten aber die Gesetzgebung durchaus nicht für verpflichtet, dafür zu sorgen, daß, wenn sich die Arbeit der Anwälte vermindert, sie nichtsdestoweniger ebensoviel bekommen, wie zuvor. Wenn wir uns allseitig bemüht haben, in der Zivilprozeßordnung, insbesondere das Verfahren zu erleichtern und leichtere Formen für die Beitreibung unstreitiger Forderungen herbeizuführen, dann haben wir das nicht gethan, um die Arbeit der Anwälte zu erleichtern, damit sie bei weniger Arbeit noch ebensoviel verdienen wie bisher, sondern wir haben es gethan, um die Bevölkerung zu erleichtern, und die wird nur erleichtert, wenn ihr die Prozesse gleichzeitig weniger kosten.

Es ist aber, das gebe ich zu, der ganze Tarif ein Experiment. Das Experiment ist aber nicht bloß von Bedeutung für die Kosten, es fragt sich nicht bloß: werden die Anwälte mit diesem Tarif auskömmlich ihr Brot haben oder nicht? sondern der Tarif ist auch von der größten Bedeutung für die Bildung des Anwaltsstandes selbst. Es ist gesagt worden, daß ein gut honorirter Anwaltsstand die Interessen des Publikums besser wahrnimmt, als ein schlecht honorirter. Ich stimme dem volländig bei, daß ein Anwalt, der sich, wenn man so sagen darf, in einer gesättigten Lebensstellung befindet, viel besser darauf bedacht sein kann, ohne alle Nebenrücksichten das Interesse seiner Mandanten wahrzunehmen, und daß für ihn die Versuchung viel ferner liegt, irgend etwas unrechtes zu thun oder sich mit einer Sache zu befassen, die auch nur den Schein des Unrechts auf ihn werfen könnte. Das ist aber keineswegs damit erreicht, meine Herren, daß wir den Tarif höher setzen. Durch die Erhöhung des Tarifs führen wir meines Erachteus ganz besonders stark das Erwerbselement in den Anwaltsberuf ein. Es ist ja naturgemäß gar nicht davon zu trennen, aber ich glaube, aus dem Anwaltsstand selbst heraus wird es als unzweifelhaft anerkannt, daß der Anwaltsstand nicht bloß ein Erwerbsstand ist, sondern ein wesentliches Glied in der Organisation der Rechtspflege, und wenn diese Richtung auf den Erwerb immer mehr in den Anwaltsstand hineingetragen wird, so verliert er meines Erachtens an innerer Würde, und jemehr Sie die Gebühren erhöhen, um so größer wird natürlich der Anreiz für junge Juristen, sich dem Anwaltsstand zu widmen, selbst Jurisprudenz zu studiren, wenn so glänzende Aussichten sich eröffnen, und, meine Herren, wenn wir damit veranlassen, daß eine große Zahl von jungen Leuten sich zum juristischen Studium wenden, wissen wir noch gar nicht, welche Leute wir bekommen.

(Sehr richtig!)

Nun kommt dazu, bei jeder Organisation der Advokatur, bei der Organisation der Advokatur als einer freien insbesondere, werden wir immer eine gewisse Quote, die wenig oder gar nicht beschäftigt ist, haben, wenn wir eine so große Vermehrung der Anwälte erzielen, wie sie unzweifelhaft eintritt, sowie wir die Gebühren über das richtige Maß hinaus erhöhen, dann natürlich fällt auf die Quote der unbeschäftigten Anwälte eine viel größere Zahl, und wir sind alle darin einverstanden, daß wir mit unbeschäftigten Anwälten nur Unglück schaffen; die Gefahr wird also dadurch größer.

Nun ist anerkannt von ziemlich allen Seiten, daß es sich um ein Experiment handle. Nun frage ich, meine Herren, wie muß man im vorliegenden Falle experimentiren? Ich meine, man muß umgekehrt verfahren, wie bei dem Gerichtskostengesetze. Dort handelte es sich, Ausfälle an Finanzen zu verhüten, und wenn ein Ausfall eingetreten war, war er unwiderbringlich eingetreten, für die Zeit wenigstens. Wenn wir jetzt umgekehrt oder vielmehr in gleicher Weise wie dort, nur im Erfolge ist es umgekehrt, in gleicher Weise verfahren wollten, so daß wir sagten, wir wollten höhere Gebühren als Versuch und wir behalten uns vor, zurückzukehren, wie bei den Finanzen, so haben wir mit diesen höheren Gebühren eine größere Anzahl von Existenzen gegründet, die aus der Welt zu schaffen, meine Herren, Sie den allerschwersten Stand haben werden,

(Rufe: Hört! Hört!)

und ich glaube, Sie werden von allen Seiten die größten Bedenken dagegen vernehmen. Man wird sagen, und zwar mit vollem Recht: vorher auf diese Gebührenordnung hin widmeten sie sich diesem Beruf, und jetzt streicht man die Gebühren und vernichtet ihre Existenz. Meine Herren, auf diesen Weg möchte ich mich nicht begeben, ich bin überzeugt, daß wir damit nicht durchkommen.

(Sehr richtig!)

Wir können dagegen mit mäßigen Gebühren anfangen, von denen ich überzeugt bin und glaube, daß alle überzeugt sind, daß kein Anwalt dabei zu Grunde geht — es ist möglich, das muß ich zugeben, daß er sich dabei etwas schlechter steht als bisher, es ist möglich, daß wo eine übermäßig große Anzahl von Anwälten jetzt vorhanden ist, einzelne Anwälte, die bisher ein kümmerliches Dasein fristeten, keines mehr zu fristen haben, meine Herren, ich glaube, um dieser geringen Gefahr willen dürfen wir uns nicht der Gefahr aussetzen, daß wir eine ganze Menge von Anwälten aufstellen, die wir in Zukunft nicht erhalten können.

Ich bitte daher dringend, die Regierungsvorlage bei diesem Paragraphen wieder herzustellen.

(Bravo! rechts.)

Vizepräsident Dr. **Lucius**: Der Herr Abgeordnete von Goßler hat das Wort.

Abgeordneter **von Goßler**: Meine Herren, der Standpunkt, welchen meine politischen Freunde und ich zu dieser Sache einnehmen, ist in kurzen Worten dahin zu präzisiren, daß wir in der Mehrzahl zweifellos für die Regierungsvorlage stimmen werden, und wohl auch in der Mehrzahl für den Antrag der Herren Abgeordneten Baehr und Reichensperger. Es ist nicht leicht, nach dem Regierungskommissar, der im Wesentlichen die Angriffe, welche gegen den Standpunkt des Herrn Abgeordneten Baehr und der Regierungsvorlage erhoben worden sind, zu widerlegen versucht hat, ungefähr den gleichen Weg zu betreten, aber immerhin bleibt es doch nicht ohne Interesse, daß man möglichst vom Laienstandpunkt aus an diese Frage herantritt und diese Frage, anscheinend eine so spezifisch juristische Frage, zu entscheiden sich bemüht. —

Die allgemeinen Gesichtspunkte, welche bei Bemessung beziehungsweise Erhöhung der Gebühren der Anwälte zu beachten sind, sind meines Erachtens von allen Rednern gleichmäßig gewürdigt worden und in den Prämissen stehe ich mit dem Herrn Abgeordneten Windthorst im Wesentlichen auf demselben Standpunkt, nur in den Schlußfolgen aus den Prämissen weiche ich von ihm ab. Ueberall steht fest, erstens, daß nach der neuen Gerichtsverfassung, nach der neuen Prozeßordnung der Anwalt, wenigstens vom altpreußischen Standpunkt, weniger zu leisten im Stande ist, und zweitens, daß es im Interesse der Rechtspflege des Staats überhaupt liegt, daß durch ein auskömmliches Einkommen die Integrität des Anwaltsstands gesichert ist. Schon in den Motiven, meine Herren, wo dieser Standpunkt sich klar angedeutet findet, ist auf diese beiden Momente hingewiesen und sind auf sie weitere Schlüsse gebaut worden. Ich glaube nun, daß bei allen den Berathungen, die wir angestellt haben, namentlich auch in dem Material, das man uns zugeführt hat, sei es vom Anwaltstag, sei es von einzelnen Anwälten und Vereinen, zu viel Gewicht gelegt ist auf den Gesichtspunkt, als ob der Advokat in der That aus dem Prozeß allein sein Einkommen beziehe. Für uns Altpreußen trifft dieser Gesichtspunkt unter allen Umständen nicht zu, denn bei uns ist es, abgesehen von einzelnen Obergerichten, kaum möglich, daß ein Anwalt aus den Prozessen sein Einkommen gewinnt. Der Anwalt ist bei uns der Berather des Volks, er ist sein Patron, er ist der Träger aller Rechtsangelegenheiten des Publikums.

Meine Herren, noch ein Punkt, der noch nicht in den Debatten, soweit ich denselben zu folgen bemüht gewesen bin, hervorgehoben ist, ein Punkt, welcher mir, der ich dem Advokatenstand nicht ganz ferne gestanden bin, immer von besonderer Wichtigkeit erschienen ist, das ist, nach dem Inkrafttreten der Anwaltsordnung die Möglichkeit, sich zu assoziiren, hierdurch eröffnet sich meines Erachtens für Advokaten in größeren Städten ein außerordentlich weites Gebiet erhöhter Thätigkeit und auch erhöhten Erwerbs dadurch, daß sich zwei verschiedene Anwälte mit verschiedenen Gaben, der eine vielleicht ausgestattet mit körperlicher Gesundheit und der Fähigkeit, in Terminen zu plaidiren, der andere, ausgestattet mehr mit der Gabe, mit dem Publikum zu verkehren, die Prozesse einzuleiten, Schriftsätze zu entwerfen, das Notariat zu leiten u. s. w.

Was nun die Sicherung eines auskömmlichen Einkommens betrifft, so sind wir alle darin einig, daß es gar nicht möglich ist, irgend wie einen arithmetischen Beweis zu führen, daß dieser oder jener Tarif der richtige sei, aber alle die Arbeiten, welche wir selbst unternommen haben oder die wir empfangen haben, bewegen sich mehr oder weniger in dem Gedanken des numerus clausus der Anwaltschaft. Wie ich aus den Verhandlungen des Anwaltstags, denen ich beigewohnt habe und deren Protokolle ich in den letzten Tagen noch einmal mit dem größten Interesse durchgelesen habe, anzuführen in der Lage bin, so begegnen sich alle Vorschläge auch dieser Versammlung, soweit sie überhaupt auf einen Tarif hinauslaufen, in dem Gesichtspunkt, daß dasselbe Quantum, welches bisher verdient wurde, künftig wieder verdient werden muß, und um das möglich zu machen, man die Tarife erhöhen muß. Alles, was auf solche Annahmen gebaut ist, erscheint mir unsicher und trügerisch. Wir können z. B. nicht dem folgen, was für den Anwaltstag hinsichtlich gewisser Tarifklassen maßgebend war, ob am Landgerichte Koblenz z. B. 14, wie jetzt, oder vielleicht 22, wie künftig, Anwälte sind. Auf die Zahl der Anwälte fehlt es uns künftig an jeder Einwirkung. Man muß sich vergegenwärtigen, wenn man eine Erhöhung für erwünscht oder nothwendig hält und eine entsprechende Remunerirung des Anwaltstands im allgemeinen Interesse für angezeigt erachtet, man muß sich vergegenwärtigen: wie stellt sich der Gebührenentwurf in Beziehung auf die Vergangenheit, welche Momente sind im Entwurfe vorhanden, welche eine Erhöhung nach sich ziehen, oder welche werden zur Verminderung führen? Im allgemeinen sind auch nach dieser Richtung die Motive vollständig. Es ist bekannt, daß gegenüber dem altpreußischen System, welches immerhin am meisten geeignet ist, mit dem Entwurf in Parallele gestellt zu werden, eine Minderung eingetreten ist auf dem Boden des Mandatverfahrens bei Beträgen von 150 bis 300 Mark und auf dem Gebiet des Wechsel- und Urkundenprozesses. Aber, meine Herren, dem gegenüber steht doch eine ganz außerordentliche Anzahl von Momenten, welche eine wesentliche Erhöhung der Gebühren ziffermäßig, wie auch in Folge der ganzen Komplikation unseres neuen Prozeßverfahrens herbeiführen müssen. Nicht allein, daß überall, wie der Herr Regierungskommissarius ausgeführt hat, eine recht erhebliche Erhöhung gegen die preußischen Gebühren von 1875 eingetreten ist, so brauchen wir ja nur den Zivilprozeß vor allen Dingen aufzuschlagen. Welches komplizirte Verfahren tritt da ein gegenüber unseren früheren altpreußischen Verhältnissen und wie wächst mit jedem Schritt für den Anwalt die Aussicht, neue Gebühren mit fünf Zehntheilen, sechs Zehntheilen und allen möglichen Bruchtheilen zu liquidiren. Ich erinnere nur an die Urtheile über Inzidenzklagen, Widerklagen, an die Zwischenurtheile, Theilurtheile, — alles Sachen, von denen wir im Großen und Ganzen bisher keinen rechten Begriff gehabt haben.

(Sehr richtig!)

Meine Herren, es ist noch eine andere Frage von Erheblichkeit für diejenigen, welche auf dem Boden des Strafprozesses Umschau gehalten haben — es ist der Punkt, daß unter allen Umständen jetzt zur Zahlung der Kosten für den freigesprochenen Angeklagten der Staat seinen Geldbeutel ziehen muß. Der Staat ist verpflichtet, für den freigesprochenen Angeklagten die Anwaltsgebühren zu tragen, oder vielmehr sie direkt dem Anwalt zu zahlen. Auf das Konkursgebiet will ich gar nicht eingehen; denn da sind Erhöhungen eingetreten, die mir höchst unsympathisch sind, und ich kann für die Kommission nur das gute Zeugniß ablegen, sie hat mit einer gewissen Reserve den Entwurf in dieser Hinsicht angenommen, man war indeß nicht im Stande, einen Gegenentwurf zu bilden; aber das steht fest, daß, wenn die Dividenden einigermaßen gering sind, ungefähr 7 Prozent betragen, dieselben durch die Anwaltsgebühren vollständig absorbirt werden.

Meine Herren, in der Beziehung stimme ich mit dem Herrn Regierungskommissar überein, und auch mit dem Herrn Abgeordneten Windthorst, mit der Tarifirung müssen wir versuchen, müssen wir experimentiren, aber das ist doch jedenfalls unmöglich, daß wir von oben nach unten experimentiren. Unsere ganze Entwicklung, in Preußen, Braunschweig, Hannover und, wie die Länder alle heißen, ist immer dahin gegangen, daß von unten nach oben gegangen worden ist, und einen anderen Weg einzuschlagen, halte ich für absolut unmöglich. Ich will auf die Stellung, welche die sogenannte Anwaltskommission vor Aufstellung des Regierungsentwurfs eingenommen, nicht eingehen, aber es hat der Herr Referent bereits in seinem einleitenden Vortrage auf den Anwaltstag Bezug genommen, und weil ich Zuhörer und Leser der Verhandlungen gewesen bin, möchte ich — denn das ist charakteristisch — eine Stelle vorlesen. Der beredteste Vertheidiger der demnächstigen Beschlüsse des Anwaltstages, ein Advokat vom Rhein, ließ sich, zur Begründung seines nachher angenommenen Antrages über die Weise der Erhöhung der Gebühren in den sogenannten Mittelsätzen des Tarifs, so aus: „Der vorgelegte Entwurf mag wohl dafür genügen, um einer angemessenen Anzahl von Anwälten ein Durchschnittseinkommen zu geben, dem will ich nicht widersprechen; aber, meine Herren, das genügt nicht, denn es liegt in der Einrichtung der Anwaltschaft, als nothwendige Konsequenz der Einrichtung selbst, daß immer ein großer Theil der Anwälte nur die Hälfte des Durchschnittseinkommens hat.“ Nun knüpft er an an den bekannten Ausspruch des preußischen Herrn Justizministers im preußischen Abgeordnetenhause, wonach 1/3 der Anwälte ein Einkommen über dem Durchschnitt, 1/3 ein Durchschnittseinkommen und das letzte Drittel nur ein Einkommen unter dem Durchschnitt hat. Nachdem der Redner dies angeführt, fährt er fort: es kann gewiß nicht die Absicht sein, weder des Reichstags, noch überhaupt irgend Jemandes, daß 1/3 der Anwälte ein absolut unauskömmliches Einkommen hat, und daraus folgert er denn, daß man Maßregeln ergreifen müsse, um dieses eine Drittel, welches mit einem unauskömmlichen Einkommen behaftet ist, durch Erhöhung des Tarifs, in eine sichere Lebensstellung zu bringen. Meine Herren, gegen eine solche Auffassung wende ich mich auf das allerbestimmteste; wir sind nicht in der Lage und nicht berufen, dieses unauskömmlich dotirte Drittheil zu schützen. Wir begeben uns auf ein ganz schrankenloses Gebiet; wir schaffen eine Kette ohne Ende; denn, wenn wir dies letzte Drittel jetzt sichern, dann treten, in der Hoffnung auf eine auskömmliche Lebensstellung, immer neue Elemente in die Anwaltschaft ein und niemals kommen wir in einen Zustand, wo ein gewisses Gleichgewicht zwischen Angebot und Nachfrage herrscht. Diese Fragen sind, seitdem wir die freie Advokatur haben, überhaupt nicht mehr zu lösen.

Meine Herren, nun muß ich einen etwas heiklen Punkt, den der Herr Regierungskommissar schon angeregt hat, auch meinerseits andeuten. Ich möchte nicht, daß der Gedanke, daß die Anwaltschaft eine sichere Quelle reichen Erwerbs sei, zu sehr in den Vordergrund gestellt würde. Wir, die wir die Bewegung auf dem Gebiete der preußischen Rechtspflege in der neueren Zeit kennen, wissen, daß wir alle Veranlassung haben, vorsichtig und aufmerksam zu sein, daß nicht Elemente hineinkommen, die aus dem alten Rahmen unseres preußischen ehrenhaften Juristenstandes herausfallen,

(sehr gut!)

und wenn man hineingeht in diese Materie, so kann man nicht verkennen, daß einmal die Auffassung besteht, daß der Niedergang der wirthschaftlichen Verhältnisse im Gewerbe und Handel der Rechtspflege diese neuen Elemente zuführt; zweitens, daß aber auch das goldene Bild der freien Advokatur mit der lockenden Aussicht auf einen hohen Erwerb einen unwiderstehlichen Anreiz gewährt. Mehr will ich hierüber im Augenblick nicht sagen.

Meine Herren, alles dies sind ja immer, man mag sich drehen und wenden wie man will, immer mehr oder weniger juristische, technische Ausführungen, aber wir müssen doch auf das Publikum als solches einen Blick werfen. Wenn wir der ganzen Entstehungsgeschichte des Entwurfs nachgehen, so sind zwei glänzende Punkte dem Publikum vorgehalten worden, um ihm klar zu machen, daß es gut thut, wenn es die Anwälte reichlich bezahlt. Das ist einmal, daß das Publikum nach Einführung der Justizorganisation in der Lage ist, frei seine Advokaten auszuwählen, und zweitens, daß es seinen eigenen Vortheil wahrnimmt, wenn es mit einem Anwalt zu thun hat, der über Nahrungssorgen erhaben ist. Was die Freiheit der Auswahl anbetrifft, so stehe ich, als aus einer östlichen Provinz gebürtig, dieser Frage, wie die Herren aus meinen Bemerkungen zur Rechtsanwaltsordnung vielleicht wissen, sehr skeptisch gegenüber. Die Freiheit der Auswahl hört für uns auf, alle Anwälte, die wir jetzt in Ostpreußen haben, genügen künftig kaum, um an den Landgerichtssitzen die Angelegenheiten des prozeßführenden Publikums zu besorgen, und das, was wir heut als Segen begrüßen, daß wir in allen Kreisen Anwälte haben, hört für uns vollständig auf, nachdem die Gerichtsverfassung einmal durchgeführt sein wird.

Meine Herren, ich will doch einmal fragen, wenn wir uns immer die Nahrungs- und Erwerbsverhältnisse der Anwälte vorstellen, ob wir nicht auch nachsehen müssen, wie es mit den Nahrungsverhältnissen derer steht, welche zahlen.

(Sehr richtig!)

Ich will nicht daran erinnern, daß es auch andere Persönlichkeiten gibt, die, sei es mehr, sei es weniger als die Anwälte dem Publikum am Herzen liegen müssen, — ich will nur hinweisen auf die evangelischen Geistlichen, die in vielen Gegenden unseres Vaterlandes ein sehr kümmerliches Brod haben,

(Ruf: die Katholiken haben gar nichts!)

— Sie können nachher über andere Kategorien sprechen, ich möchte nur auf diese Kategorie exemplifiziren. —

Ich will auch nicht anknüpfen an die Vorangriffe, welche die Zusammensetzung der Kommission erfahren hat; diese theile ich nicht; wir mögen eine Kommission wählen, wie wir wollen, wir würden immer auf Persönlichkeiten gekommen sein, die mehr oder weniger im Gedankenkreise der neuen Justizorganisation sich bewegen. Ich hätte aber dringend gewünscht, daß das Publikum, die Laien, welche draußen stehen, welche für andere Fragen sich so warm interessiren, mit der hier vorliegenden Frage sich eingehender beschäftigt hätten; es ist und bleibt ein Irrthum, der auch durch die meisten Blätter gegangen ist, es sei das gegenwärtige ein rein juristisch-technisches, ein nur von Juristen zu behandelndes Gesetz. Die Form ist zweifellos eine rein juristisch-technische und sogar eine sehr schwierige, aber das Objekt des Gesetzes ist doch das Publikum selbst und sein Geldbeutel.

Nun, meine Herren, wollen wir uns einmal vergegenwärtigen — denn ich habe Fühlung mit meinem Wahlkreise und mit den Reichsangehörigen, die weit im Osten und weit vom Sitz des Reichstages entfernt wohnen —, wie eigentlich diese Fernwohnenden sich zur ganzen Frage stellen, zur Frage der Justizorganisation und zu allem, was damit zusammenhängt. Die Folge der Einführung aller Justizgesetze mit dem 1. Oktober ist eine außerordentliche Erschwerung für das Publikum, Recht zu nehmen; die Kreisgerichte verschwinden, an die Stelle von ungefähr 5, 6 Kreisgerichten tritt ein Landgericht, Anwälte sind nicht mehr außerhalb der Landgerichtssitze vorhanden; das Verfahren mit dem Hervortreten der Anwälte, mit dem Zurücktreten der Richter und mit dem Eintreten der Gerichtsvollzieher, das sind alles Sachen, für welche wir kein Verständniß nach den gegenwärtigen Verhältnissen haben, und nachdem das Gericht künftig weniger leistet, müssen wir an Gebühren 1/6 mehr gegen früher zahlen und der Anwalt, der allerdings mehr leistet, soll 1/3 bis 2/3 mehr an Gebühren als seither erhalten. Das Publikum hat Keinen mehr hinter sich, auf den es zurückgreifen kann, der Anwalt kann sich noch an das Publikum halten, aber das Publikum hat nichts mehr, an das es Ansprüche zu erheben im Stande ist. Wenn ich mir das alles überdenke, so sind wir von dem Ideal, welches ich noch im Herzen trage, unserm altbewährten preußischen Ideal, welchem auch der Herr Abgeordnete Windthorst nicht abgeneigt ist — der billigen und prompten Justizpflege —, sehr weit abgekommen. Was die Promptheit anbelangt, so ist zu charakteristisch, um die Sache nicht zu wiederholen, — wir sprechen über die Justizgesetze vor Einführung der neuen Organisation wohl zum letzten Male, der Herr Regierungskommissar hat es zwar auch schon angedeutet — die Eingabe der hannoverschen Anwälte, der Anwälte aus dem Lande, wo bereits das Verfahren besteht, welches, wie der Herr Abgeordnete Windthorst bekundet, am meisten sich unserm neuen Verfahren nähert. Da haben wir nun nicht ohne Ueberraschung vernommen, daß die Herren die kolossalen Gebühren, welche sie beziehen, dadurch erhalten, daß sie in erster Instanz, wenn es sich um eine kontradiktorische Beweisaufnahme handelt, drei Schriftsätze erster Gattung, einen Schriftsatz zweiter Gattung und einen Schriftsatz dritter Gattung, macht fünf Schriftsätze, anfertigen und fünf Termine erster Gattung, 3 Termine dritter Gattung, macht 8, abhalten. Wenn ich mit diesem Ideale vergleiche unsern so vielfach angegriffenen altpreußischen Prozeß, wo es eigentlich einem Anwalt gar nicht möglich ist, mehr als zwei Schriftsätze zu machen, nicht möglich, mehr als zwei, höchstens drei Termine wahrzunehmen, dann habe ich den Eindruck, daß wir eigentlich in unserer Dunkelheit nicht richtig gewürdigt worden sind.

(Heiterkeit.)

Ich will noch eins hinzufügen. Die Prokuradauer für solche Prozesse in erster Instanz beträgt nach hannöverscher Auskunft acht Monate und alle Anwälte aus allen altpreußischen Kreisen werden bezeugen, daß solches unmöglich nach dem bisherigen preußischen Durchschnitt gewesen ist, daß eine achtmonatliche Dauer für eine gewöhnliche Sache erster Instanz eigentlich so gut wie gar nicht vorkommt.

Meine Herren, wie die Sache nun einmal liegt, muß meines Erachtens das Publikum den Bissen hinunterschlucken, den wir ihm jetzt mit diesem Gesetz darbieten; aber wir haben Veranlassung, dafür zu sorgen, und es ist meine Ueberzeugung, daß wir es mit gutem Gewissen thun können, daß der Bissen nicht zu groß wird. Ich glaube, daß wir berechtigt sind, dem Anwaltsstande gegenüber es zu thun, daß wir dem Publikum gegenüber aber dazu die Pflicht haben.

Vizepräsident Dr. **Lucius**: Der Herr Abgeordnete Bieler (Frankenhain) hat das Wort.

Abgeordneter **Bieler** (Frankenhain): Meine Herren, der Herr Abgeordnete für Kassel hat an uns den Appell gerichtet, bei dieser Frage die Interessen des Publikums zu wahren. Der letzte Herr Redner hat sich auch damit beschäftigt. Gestatten Sie mir, als ein Theil des Publikums dem Herrn Kollegen Bähr zu sagen, wie ich die Interessen des Publikums in dieser Frage auffasse. Die Juristen und Fachleute sind nicht einig über den Effekt der Gebührenordnung. Die aus dem Osten, die altpreußischen, glauben, die Gebührenordnung wird zu hoch sein; die aus dem Westen, aus dem Süden sind der Meinung, sie sei noch sehr niedrig. Kassel nehme ich dabei aus, das hat eine exzeptionelle Stellung. Ich habe mich bemüht, aus den Justizgesetzen mir ein eigenes Urtheil zu bilden und danach, und aus den Privatmittheilungen, die mir meine Freunde besonders aus dem hannöverschen gemacht haben, die mir am besten dazu legitimirt zu sein scheinen, bin ich zu der Ueberzeugung gekommen, daß die vorgelegten Gebühren nicht zu hoch sind. Habe ich aber diese Ueberzeugung, so muß ich mich im Interesse der Bewohner der weit entfernt gelegenen Ortschaften und der kleinen Städte entschieden für den Kommissionsvorschlag erklären.

Meine Herren, das Gerichtsverfassungsgesetz nimmt uns im Osten, — ich bin Landsmann des Herrn Vorredners — viele lieb gewordene alte Gewohnheiten. Wir haben sie willig auf dem Altar der Justizeinheit dargebracht; wir haben aber gehofft, daß wir auch manche Vortheile durch die neue Organisation haben werden. Ich für meinen Theil habe vor allen Dingen geglaubt, daß die Einführung der Amtsgerichte einen sehr großen Vortheil für uns bringen wird. Leider muß ich konstatiren, daß die preußische Büreaukratie es verstanden hat, ich glaube sagen zu können gegen den Sinn des Gesetzes, diese Institution einzuführen und daß von dem Vortheil, den wir für die Bevölkerung aus dieser Institution hofften, nicht viel übrig geblieben ist; denn mit geringen Ausnahmen sind die sämmtlichen Amtsrichter bei uns in die Kreisstädte versetzt

(hört, hört!)

und auf dem Lande nicht vertheilt worden. Um so wichtiger halte ich es, Bezug nehmend auf die Aeußerung, die vorhin der Herr Kollege Windthorst von der segensreichen Thätigkeit des Amtsrichters gemacht, um so wichtiger halte ich es, daß wir in nicht zu weiter Entfernung einen tüchtigen zuverlässigen Rechtsanwalt haben.

Meine Herren, der Herr Kollege Windthorst hat von der konsultativen Praxis der Rechtsanwälte gesprochen, die wir viel benutzen würden. Bei uns im Westen haben wir die neue Kreisordnung, die neuen Verwaltungsgesetze. Meine Herren, wir brauchen durchaus in diesen Fragen sehr häufig nöthig den Rath der Rechtsanwälte, und doppelt müssen wir dafür bedacht sein, daß solche Leute auch in diese von Natur und Klima nicht so begünstigten Orte hinziehen. Das können wir nicht anders, als wenn wir sie auskömmlich dotiren. In Folge dessen werde ich, um unserer Bevölkerung einen tüchtigen Anwaltsstand zu verschaffen, in erster Linie für den Kommissionsantrag, eventuell für die Regierungsvorlage stimmen, und bitte Sie dasselbe zu thun.

Vizepräsident Dr. **Lucius**: Der Herr Abgeordnete Dr. Marquardsen hat das Wort.

Abgeordneter Dr. **Marquardsen**: Meine Herren, ich freue mich sehr über das Zeugniß, welches aus dem Laienstande soeben mein Freund Bieler zu Gunsten des Ihnen vorgelegten Entwurfs abgelegt hat, und ich möchte mit ihm an erster Stelle Sie bitten, einen alten Satz des Hauses auch in unserer endlichen Abstimmung zu befolgen, nämlich im Zweifelsfalle für unsere Kommission zu stimmen.

Ich habe nicht gefunden, daß der Widerstand, der durch den Mund des Herrn Regierungskommissars gegen die unwesentlichen Abänderungen der Kommission erhoben worden ist, sich so schwer angezeigt hat, daß zu befürchten wäre, es würde etwa das Schicksal der Vorlage in Zweifel gerathen, wenn wir, wie ich meine, diese billigen Abänderungen der Kommission ebenfalls annehmen.

Besonders erfreut hat mich nun in der heutigen Debatte, daß der verehrte Herr Kollege Windthorst, wie ich meine, in so schlagender und überzeugender Weise der großen Anklageakte entgegengetreten ist, welche der verehrte Herr Kollege Bähr gegen die Begehrlichkeit des Advokatenstandes erhoben hat. Wenn ich dabei in Betracht nehme, daß in der Presse, theilweise auch in Eingaben an den Reichstag bezüglich des ganzen Standes der Advokaten ein Ton wieder angeschlagen worden ist, als wenn wir uns in den Zeiten befänden, wo z. B. die Advokatenbilder eines Ifflandischen Schauspiels oder Trauerspiels gang und gäbe waren, so muß ich gestehen, würde ich schon deshalb auch einen großen Werth darauf legen, wenn das Haus durch seine Beschlußfassung darthäte, daß es diese Auffassung in keiner Weise theilt.

Bezüglich der finanziellen Frage war ja ein Einverständniß zwischen dem Herrn Kollegen Pfafferott und dem Herrn Kollegen Bähr darüber vorhanden, daß man sowohl einen unabhängigen, finanziell gut gestellten Richterstand, als einen ebenso situirten Anwaltstand für die neue Organisation und das neue Verfahren brauche, und in diesem Punkte stimme ich mit den beiden Herren überein. Es war freilich der einzige Punkt, in dem sie sonst mit einander übereinstimmten. Ein tüchtiger Anwaltstand, ein tüchtiger Richterstand, finanziell möglichst unabhängig gestellt, sind in der That die beiden Säulen, die wir uns bei der Ausarbeitung des großen Justizwerks als die Träger desselben gedacht haben.

Es hat der Herr Regierungskommissar allerdings die Andeutung gemacht, als wenn durch eine gute Dotirung der Advokaten der Erwerbstrieb bei ihnen zu stark in die Entwickelung kommen würde. Ich muß sagen, es schien mir dies etwas mehr spitz- als scharfsinnig ausgeführt zu sein. Ich sollte meinen, das Erwerbselement würde um so stärker hervortreten, je schlechter Sie die Advokaten stellen, je mehr Sie sie in die Lage bringen, die Noth des Lebens durch die Praxis, die sich ein Advokat erwerben kann, bekämpfen zu müssen.

Wenn dann seitens des verehrten Herrn Regierungskommissars bezüglich des Zeugnisses aus Elsaß-Lothringen hervorgehoben worden ist, daß sich der betreffende Advokatanwalt gewundert habe über die Höhe der Sätze, welche in Altdeutschland als zulässig erscheinen, so möchte ich darauf doch erwidern: es scheint mir hier außer Acht gelassen zu sein, daß ja zum großen Theil die Bestimmungen im Reichslande ursprünglich für solche Akte gemacht sind, welche von Nichtstudirten, nicht akademisch gebildeten Quasibeamten vorgenommen werden müssen, es sind dies die Taxen für die Avoués, wenn ich auch weiß, daß jetzt in Elsaß-Lothringen die Stellung der Avoués mit der Advokatur verbunden ist. Es sind dies doch an sich Geschäfte für Leute einer anderen Lebensstellung, als wir uns die akademisch gebildeten deutschen Rechtsanwalte vorstellen.

Ein weiteres Element ist dann auch das, was gewiß auch der Herr Regierungskommissar nicht wird bestreiten wollen, daß vielfach in Elsaß-Lothringen, ja sogar in der Regel außerordentliche Honorare von den Klienten ihren Advokaten bezahlt werden. Es bleibt durchaus nicht der Regel nach dort bei der gesetzlich fixirten Summe, sondern die Leute, die als Advokaten zugleich Vertrauensmänner der großen Handlungshäuser und gut situirten Gutsbesitzer u. dgl. sind, die bekommen als Honorar viel mehr, als der gewöhnliche Satz ausmacht.

Weshalb ich mich zum Worte in dieser Frage gemeldet habe, auch nach den überzeugenden Ausführungen des Herrn Kollegen Windthorst, ist namentlich auch der Umstand gewesen, daß ich in der Kommission, welche das Gerichtskostengesetz berieth, mich dafür eingesetzt habe, es soll nicht geschehen, daß die höheren Bestimmungen der Gerichtskosten an den Anwälten gleichsam gerächt würden. Die Herren, welche der Kommission angehörten, werden sich erinnern, daß wir unter allerlei schwierigen Verhältnissen es dahin gebracht haben, die Gesetze mit der Regierung zu vereinbaren, welche dann durch das Haus ja en bloc angenommen wurden, daß eine Hauptschwierigkeit darin lag, daß seitens der Anwälte geltend gemacht wurde, man würde schließlich das Leder der Anwälte nehmen für die Riemen der Gerichtskostenorganisation. Dagegen habe ich mich lebhaft ausgesprochen und erfülle also nur ein gegebenes Wort, wenn ich hier dagegen plaidire, daß, weil die Gerichtskosten dem Einen oder dem Anderen zu hoch erscheinen, die Anwälte darunter leiden sollen, den Anwälten weniger gegeben werden soll, als wenn die Forderung, welche die Kommission in sehr maßvoller Weise als Erhöhung zu den Aufstellungen des Regierungsentwurfs eingebracht hat, noch zu hoch wäre.

Dann möchte ich — und da ich dem Anwaltsstand nicht angehöre, so spreche ich um so unbefangener und ohne Furcht, daß ich hier mißverstanden werden könnte — das Zeugniß aussprechen, daß nach mir zugekommenen, wie ich glaube zuverlässigen Informationen, bei dem Satze, wie die Kommission die einzelnen Bestimmungen getroffen hat, der beschäftigte Anwalt ungefähr dasselbe einnehmen wird, wie bis jetzt durchschnittlich der Rechtsanwalt in Bayern verdient. Und als einer aus dem Publikum sage ich, daß wir in Bayern die Ueberzeugung haben, daß unsere bayerischen Anwälte nicht zu hoch gestellt sind; ich habe noch keine Klage darüber gehört. Die traurigen Zustände, von denen der Herr Abgeordnete Bähr gesprochen hat, die in anderen deutschen Staaten sein möchten, kennen wir in Bayern nicht.

Da ich einmal von Bayern rede, lassen Sie mich auch noch ein weiteres Zeugniß ablegen, nämlich daß der Herr Abgeordnete Windthorst ganz recht hat, wenn er sagt, es werde der neue Prozeß in ganz anderer Weise die unmittelbare persönliche Thätigkeit des einzelnen Anwalts in Anspruch nehmen, als dies früher der Fall gewesen ist. Meine Herren, wir haben auch in Bayern vor 1871 das schriftliche Verfahren gehabt, und wir wissen, daß damals oft vier bis sechs sogenannte Konzipienten auf der Schreibstube des Advokaten saßen und Tausende und über Tausende verdienen halfen, ja, vielleicht kann man wohl sagen, fast allein verdienten. Ein solches Verfahren ist nicht mehr möglich, dies wissen wir aus der Praxis des neuen Prozesses, die jetzt acht Jahre hinter uns liegt. Hier heißt es, selbst ist der Mann, und was er nicht selber verdient, bekommt er nicht.

Ich glaube also, daß in dieser Richtung wir nicht zu befürchten haben, daß die Anwälte zu hoch bezahlt werden, wenn Sie die Kommissionsvorschläge annehmen. Wenn ich bitte, daß Sie bei diesen bleiben und eine anständige Bezahlung der Mühewaltung entsprechend den Rechtsanwälten zukommen lassen, so habe ich noch einen weitern Grund dafür. Ich möchte nämlich nicht, daß die Verträge einreißen, ich möchte nicht, daß der Anwaltsstand durch zu niedrige Taxen gedrängt wird, in jedem einzelnen Falle mit seinen Klienten einen Vertrag über das Honorar zu machen. Ich denke zu hoch von dem Anwaltsstand, als daß ich meine, ein solches Verhältniß sei richtig. Es muß die Regel in den Taxen ausgesprochen werden; für außerordentliche Fälle bin ich vollkommen einverstanden, daß weiteres geschehen muß, aber Sie dürfen die Sache nicht umkehren und es zur Regel machen, daß der Rechtsanwalt den ihm wirklich gebührenden Lohn erst in Folge eines Kontraktes mit den Klienten sich verschafft. Meine Herren, ich will bei der vorgerückten Stunde und da, ich wiederhole es, die Rede des Herrn Abgeordneten Windthorst mir vollständig zu genügen scheint, um die Vorschläge der Kommission zu vertreten, Sie nicht weiter aufhalten.

Was die Auseinandersetzungen des Herrn Kollegen Bähr anlangt, so will ich resümirend nur sagen, mir macht es den Eindruck, als ob der Abgeordnete Bähr von unserer Auffassung abweiche wegen einer großen Abneigung gegen das neue Verfahren, ein Verfahren, das er vielleicht doch nicht in dem Maße kennt, wie diejenigen, die Jahrelang nach demselben thätig gewesen sind oder die Sache unmittelbar vor ihrer Thür gehabt haben. In Folge davon, daß er eine nicht gar zu freundliche Gesinnung gegen das neue Recht hegt, ist er dazu gekommen, in, wie ich meine, maßloser Weise Mißstände hier vorzuführen, die entweder gar nicht, oder nicht in dem Umfange vorhanden sind. Er hat sich dadurch auch verleiten lassen, zu argumentiren aus einer Prozeßgesetzgebung, die eine Vergleichung, wie er sie vornimmt, gar nicht rechtfertigt, nämlich mit der altpreußischen Judikatur. Auch das, was der Herr Regierungskommissar und der Herr Abgeordnete von Goßler gesagt haben, hat mich nicht überzeugt, denn ich scheue mich nicht, zu sagen, hier vergleicht man Dinge mit einander, die vollständig mit einander unvergleichbar sind. Um nur eins hier anzuführen: Sie haben bei den preußischen Rechtsanwälten eine große Zahl, welche auch alle notarielle Thätigkeit übt; es gibt aber einen großen Theil in Deutschland, wo dieses gesetzlich ausgeschlossen ist, wo die notarielle Thätigkeit eine ganz andere ist. Da haben wir, die wir nicht dem preußischen Staate angehören und die preußischen Zustände nicht für maßgebend halten können, auch zu verlangen, daß man bei dieser Gesetzgebung, die das ganze deutsche Reich in sich begreift, auch etwas Rücksicht nimmt auf diejenigen Länder, welche bisher andere Verhältnisse hatten. Wir haben bisher einen würdigen und anständigen Anwaltsstand gehabt und ich wünsche, daß wir ihn auch behalten, und ich glaube nicht, daß die Anforderungen Ihrer Kommission zu weit gehen, so daß Sie getrost und ruhig sich dafür erklären können, wie ich es thun werde.

Abgeordneter Dr. **Reichensperger** (Krefeld): Ich bitte ums Wort!

Vizepräsident Dr. **Lucius**: Das Wort hat der Herr Kommissarius der verbündeten Regierungen Geheimer Oberjustizrath Kurlbaum.

Kommissarius des Bundesraths königlich preußischer Geheimer Oberjustizrath **Kurlbaum** II: Meine Herren, ich will nicht weiter in die sachliche Debatte des Gegenstandes eingehen, soviel Grund mir auch der Herr Vorredner durch seine Ausführungen gegeben hat. Ich will nur der einen Bemerkung entgegentreten, ich hätte mich meinerseits nicht so entschieden gegen die Annahme der Kommissionsvorschläge erklärt, daß daraus zu besorgen wäre, das Zustandekommen des Gesetzes würde gefährdet. Sie werden Alle es vollkommen begreiflich finden, daß das Wort „unannehmbar“ in diesem Stadium der Verhandlung vom Regierungstisch nicht fällt, aber seien Sie nichts desto weniger überzeugt von der völlig ernsten Absicht der verbündeten Regierungen, daß Ihre Vorschläge angenommen werden.

Vizepräsident Dr. **Lucius**: Es liegen Anträge vor auf Schluß der Diskussion von den Herren Abgeordneten Berger und Uhden.

Ich bitte diejenigen Herren, die den Schlußantrag unterstützen wollen, sich zu erheben.

(Geschieht.)

Die Unterstützung reicht aus.

Ich bitte diejenigen Herren, die jetzt den Schluß annehmen wollen, sich zu erheben oder stehen zu bleiben.

(Geschieht.)

Das ist die Mehrheit; der Schluß ist angenommen.

Zu einer persönlichen Bemerkung hat das Wort der Herr Abgeordnete Dr. Bähr (Kassel).

Abgeordneter Dr. **Bähr** (Kassel): Meine Herren, der Herr Abgeordnete Windthorst hat gesagt, ich hätte, wenn ich die Prozeßkosten verringern wolle, dabei Bedacht nehmen sollen auf die Verringerung der Gerichtskosten und bei der Erhöhung der Richtergehälter. Meine Herren, bei den Gerichtskosten bin ich innerhalb der Kommission, wo ich thätig war, bemüht gewesen, sie geringer zu gestalten, wenngleich ich durchaus nicht auf dem idealen Standpunkt stehe, den der Herr Abgeordnete Windthorst bezeichnete, daß der Prozeß womöglich kostenlos sein müsse. Was aber die Richtergehälter betrifft, so möchte ich Jeden auffordern, der mir nachweisen kann, daß ich mich bei einer Erhöhung eines Richtergehalts jemals betheiligt habe, dies zu thun. Es widerspricht meinen Anschauungen und Grundsätzen, bei irgend einer Frage mich zu betheiligen, *bei der ich auch nur im entferntesten als pekuniär interessirt gelten könnte.*

Dann hat der Herr Abgeordnete Windthorst mir eine Aeußerung in den Mund gelegt, ich hätte angedeutet, daß unter den Anwälten Wucherer seien. Ich wünschte doch, daß der Herr Abgeordnete Windthorst, ehe er eine solche häßliche Aeußerung einem Kollegen in den Mund legt, genauer hörte, was derselbe sagt. Ich habe geschildert, wie hoch die Prozeßkosten auf die kleinen Leute drücken; ich habe daran erinnert, daß die kleinen Leute von Güterschlächtern und Wucherern in Rechtshändel und Prozesse verstrickt werden, in denen sie meist unterliegen, und ich habe die Frage gestellt, ob man denn diesen Leuten, die schon so unglücklich daran seien, noch eben so viel an Prozeßkosten abnehmen wolle, wie sie schon durch den Prozeß verlieren. Wie man diese meine Aeußerung irgendwie dafür deuten könne, daß man das Wort „Wucherer“ mit den Anwälten in Beziehung bringe, ist mir ganz unbegreiflich; und jene Unterstellung ist daher eine aus der Luft gegriffene.

Vizepräsident Dr. **Lucius**: Der Herr Referent hat das Wort.

Berichterstatter Abgeordneter **Laporte**: Erlauben Sie, meine Herren, daß ich, anknüpfend an dasjenige, was ich Eingangs zu der vorliegenden Frage schon vorgetragen habe, jetzt noch einmal den Standpunkt der Kommission gegenüber einzelnen Bemerkungen, die hier gefallen sind, wahrnehme.

Es ist aus meinen Einleitungsworten hervorgegangen, daß bei der etwas höheren Normirung des Tarifs die Kommission nicht der Meinung war, daß es möglich sei, für ihren Vorschlag etwas wie einen mathematischen Beweis antreten zu können für die Richtigkeit und Nothwendigkeit der höheren Sätze; es ist aber von der Kommission gemeint, daß aus überwiegenden Gründen eine mäßige Erhöhung, wie sie in den proponirten Ziffern liegt, eintreten müsse.

An dieser Stelle hätte ich nun zunächst ein Wort zu sagen darüber, was hier von verschiedenen Seiten über das Vermissen des Laienelements mit einer gewissen Wendung auf die Komposition der Kommission gesagt worden ist.

Ich glaube, meine Herren, Sie werden aus den Kommissionsvorschlägen, unbefangen urtheilend, die Ueberzeugung haben entnehmen müssen, daß die Kommission mit größter Mäßigung, kaum über den Rahmen der Regierungsvorlage hinausgehend, vorgegangen ist. Einen einseitigen Interessenstandpunkt, sei es zu Gunsten der Anwaltschaft, sei es zu Gunsten des Publikums, konnte sie gegenüber der hochbedeutsamen legislativen Aufgabe, um deren gerechte Lösung es sich hier handelt, überall nicht einnehmen. Von diesem Standpunkt aus, meine Herren, ist sachlich für die Erhöhung des Tarifs in der Kommission geltend gemacht, zunächst, daß es überhaupt unmöglich sei, irgend einen Satz des Tarifs seiner Höhe nach zutreffend zu motiviren. Auch das, was hier in dieser Beziehung heute vorgebracht ist, — darüber lassen die Motive des Entwurfs gar keinen Zweifel — ist in Wahrheit keine Motivirung. Aber indem wir von der Regierung darauf hingeleitet wurden, die in Preußen geltenden Sätze als Vergleichspunkte näher ins Auge zu fassen, haben wir uns sagen müssen, daß ein unbedingt entscheidendes Gewicht, am wenigsten in der Art, wie dies heute in dem Vortrage des Herrn Abgeordneten Bähr geschehen ist, jenen preußischen Sätzen nicht beizulegen sei. Die Mehrheit der Kommission berücksichtigte dabei erstens den gewissermaßen monopolisirten Stand der bisherigen preußischen Rechtsanwaltschaft mit seiner besonderen Stellung und bedeutsamen Folgen für die pekuniäre Lage der letzteren, welche in dem neuen Verfahren in Wegfall komme. Zweitens, die bisherige Verbindung des Notariats mit der Rechtsanwaltschaft als besondere Einnahmequelle, welche bei der Ausübung der Advokatur im neueren Sinne nicht im früheren Umfang, wenn überhaupt, aufrecht zu erhalten sein werde. Endlich die Grundverschiedenheit zwischen dem bisherigen preußischen und dem neuen deutschen Prozeßverfahren nach den Seiten hin, wie dies schon heute anderweitig näher charakterisirt worden und die ich nicht zu wiederholen brauche. Diese Punkte mußten die Kommission nothwendig dahin führen, über Preußen und preußische Rechtszustände hinaus weiter zu blicken, um Anhaltspunkte für eine richtig bemessene Taxe zu gewinnen. Und da, meine Herren, haben wir sowohl von Bayern als von Hannover und Hessen her ein glaubhaftes Zeugniß und Gewähr dafür erhalten, daß mit den Vorschlägen der Kommission, auch wenn sie nicht allen vielleicht wohl berechtigten Wünschen der Anwaltschaft gerecht werden, dennoch ein Zustand geschaffen werde, der annähernd dasjenige erreiche, was den momentanen Verhältnissen entsprechend sei.

In dieser Beziehung, meine Herren, darf ich auf dasjenige Bezug nehmen, was für Hannover Herr Abgeordneter Windthorst, für Bayern Herr Kollege Dr. Marquardsen völlig zutreffend und durchaus im Einklang mit demjenigen, was darüber in der Kommission verhandelt ist, hier ausgeführt haben.

Nur ein Wort der Abwehr will ich noch wegen desjenigen sagen, was über die vielen Termine und Schriftsätze im hannoverschen Prozeßverfahren hier wiederholt und nicht ohne eine gewisse Bedeutung hervorgehoben ist. Die desfallsigen Angaben der Petition der hannoverschen Rechtsanwälte beziehen sich einzig und allein auf das kontradiktorische Verfahren mit vollständiger Beweisaufnahme, woraus sich meines Erachtens sowohl die Vielheit prozessualer Maßnahmen als auch die längere Zeitdauer zur Genüge erklären. In dieser Beziehung wird es nach dem neuen Prozeß wohl nicht anders werden.

Hiermit ist aber wohl jeder Verdacht, als sei die Grundlage der hannoverschen Berechnung dem thatsächlichen Verhältnissen nicht entsprechend oder mit Rücksicht auf eine günstigere Berechnungsweise für die neue Taxordnung aufgestellt worden, beseitigt.

Es ist dann, meine Herren, in der Kommission ein Hauptnachdruck darauf gelegt, daß, indem wir den festen Tarif einrichteten, wir dem wollten vorbeugen, daß nicht der Vertrag über das Honorar zur Regel würde, was bei einer zu niedrigen Taxe leicht eintreten kann? Ich glaube, es wird nicht nöthig sein, dies näher auszuführen. Uebrigens ist ja der Unterschied zwischen der Taxe des Entwurfs und der Kommission so gering, daß die weittragenden Ausführungen, welche wir von Seiten des Herrn Vertreters der Bundesregierungen soeben gehört haben, ihre Spitze fast gegen beide Vorschläge des Entwurfs und der Kommission zu richten scheinen. So hat es denn auf mich einen wesentlich ironischen Eindruck gemacht, wenn davon die Rede war, die Erwerbslust des Anwaltstandes würde zu sehr gesteigert und seine Würde litte darunter. Wir haben in der Kommission uns ausdrücklich vergegenwärtigt, daß der Anwaltstand stets bereit gewesen ist, Opfer zu übernehmen im allgemeinen Interesse und für seinen Beruf, und von diesem Standpunkt aus haben wir geglaubt, daß wir die Opfer nicht größer machen dürften als durchaus nothwendig, und das war der wesentliche Grund für die Erhöhung, welche beantragt ist.

Noch eine Aeußerung des Herrn Vertreters der verbündeten Regierungen möchte ich thatsächlich richtig stellen.

(Hört, hört!)

Danach sollen nach dem Regierungsvorschlag für den Wechsel- und Urkundenprozeß höhere Sätze herauskommen, als nach der seitherigen preußischen Taxe zugestanden haben. Diese Behauptung ist thatsächlich unrichtig; die preußische Gebühr ist gegenwärtig höher und soll gerade im Entwurf herabgesetzt werden. Meine Herren, ich glaube, Sie werden gut thun, wenn Sie dem Kommissionsvorschlage folgen, der jedenfalls die Schwere des Uebergangs einigermaßen lindert. Daß Sie unter die Vorschläge der Regierung heruntergehen würden, das, glaube ich, scheint auch in diesem Hause wenig Anklang zu finden. Vom Standpunkte der Kommission aus kann ich davor nur dringend warnen, weil Sie dadurch nach meiner Meinung gegen ein hochwichtiges Institut einen verhängnißvollen Schlag führen würden.

Vizepräsident Dr. **Lucius**: Wir kommen zur Abstimmung. Zu Absatz 2 liegt ein Antrag vor von den Abgeordneten Dr. Bähr und Reichensperger. Ich werde mir vorzuschlagen erlauben, in folgender Reihenfolge abzustimmen: zuerst über den Antrag der Abgeordneten Dr. Bähr und Reichensperger. Wird dieser angenommen, so ist die Abstimmung über den Absatz 2 der Kommissionsbeschlüsse wie der Regierungsvorlage ausgeschlossen. Wird der Antrag abgelehnt, so würden wir abstimmen über den Absatz in der Form der Kommissionsbeschlüsse; wird er angenommen, so wird eine weitere Abstimmung nicht erforderlich sein; wird er abgelehnt, so würden wir abstimmen über den Absatz in der Fassung der Regierungsvorlage. Sodann würden wir abstimmen über den § 9 in der Form, welche er durch die Vorabstimmung gewonnen hat.

Der Herr Abgeordnete Dr. Bähr (Kassel) hat das Wort zur Fragestellung.

Abgeordneter Dr. **Bähr** (Kassel): Ich möchte anheimgeben, ob es nicht richtiger wäre, so zu verfahren, wie man überhaupt bei Summenabstimmungen zu verfahren pflegt, zunächst über den weitestgehenden Antrag der Kommission, dann über die Regierungsvorlage, dann über meinen Antrag abzustimmen.

Vizepräsident Dr. **Lucius**: Ich erlaube mir, zu bemerken, daß über den weiteren Grad der Entfernung von der Regierungsvorlage es schwierig ist, sich zu verständigen, da nach beiden Richtungen hin Abweichungen sind. Der Vorschlag des Herrn Abgeordneten Dr. Bähr würde wohl dem Verfahren entsprechen, welches bei Budgetabstimmungen stattfindet, indem dort über die höhere Summe zuerst abgestimmt wird. Nach der Praxis des Hauses aber, glaube ich, würde zuerst abzustimmen sein über den Antrag Bähr, da er sich ebenso weit von der Regierungsvorlage entfernt, wie der Kommissionsbeschluß. Indessen wenn es beantragt wird, werde ich eine Abstimmung des hohen Hauses darüber herbeiführen.

(Abgeordneter Dr. Bähr (Kassel): Ich verzichte.)

Zur Fragestellung hat das Wort der Herr Abgeordnete Windthorst.

Abgeordneter **Windthorst**: Ich kann ja nicht verkennen, daß die Präposition des Herrn Präsidenten der Regel, die hier befolgt ist, entspricht, aber es scheint mir, daß es sich hier wie bei Budgetfragen verhält, da man eine größere und eine geringere Summe hat, und da ist es am natürlichsten, bei der größeren anzufangen, um allmählich zu der geringeren herabzugehen, und ich beantrage deshalb, in dieser Weise abzustimmen; widersprechend ist es keiner Bestimmung.

Vizepräsident Dr. **Lucius**: Ich werde die Frage über die Reihenfolge, die von der Majorität des hohen Hauses beliebt wird, zur Abstimmung stellen. Ich würde also bitten, daß diejenigen Herren, welche in der von mir vorgeschlagenen Reihenfolge, wonach zuerst über den Antrag Dr. Bähr, sodann über die Kommissionsbeschlüsse, sodann über die Regierungsvorlage abgestimmt wird, vorgehen wollen, sich erheben.

(Geschieht.)

Das ist die Mehrheit; wir stimmen so ab.

Ich bitte nunmehr diejenigen Herren, welche, entsprechend den Anträgen der Herren Abgeordneten Dr. Bähr und Reichensperger, wie sie auf Nr. 144 der Drucksachen verzeichnet sind, den Absatz 2 annehmen wollen, sich zu erheben.

(Geschieht.)

Das ist die Minderheit; der Antrag ist abgelehnt.

Ich bitte diejenigen Herren, die gemäß den Vorschlägen der Kommission den Absatz 2 annehmen wollen, sich zu erheben.

(Geschieht.)

Das Büreau ist zweifelhaft; ich bitte um die Gegenprobe und bitte diejenigen Herren, die das nicht wollen, sich zu erheben.

(Geschieht.)

Das Büreau bleibt zweifelhaft; wir müssen zählen.

Ich ersuche die Herren Mitglieder, den Saal zu verlassen, und bitte diejenigen Herren, die dem Absatz 2 in der Fassung der Kommissionsbeschlüsse zustimmen wollen, sich durch die Thür mit „Ja" wieder in den Saal zu begeben, — diejenigen Herren, die das nicht wollen, durch die Thür, welche mit „Nein" bezeichnet ist.

Ich bitte die beiden Herren Schriftführer zu meiner Rechten, sich an die Thür mit „Ja" zu begeben, und die Herren Schriftführer zu meiner Linken, an die Thür mit „Nein".

(Die Mitglieder verlassen den Saal.)

Ich weise die Diener des Hauses an, die Thüren des Saales zu schließen.

(Geschieht.)

Ich bitte die Herren Schriftführer, die Herren Mitglieder wieder eintreten zu lassen.

(Die Zählung erfolgt.)

Vizepräsident Dr. **Lucius**: Ich weise die Diener des Saales an, die Thüren des Saales wieder zu öffnen.

(Geschieht.)

Ich bitte nunmehr das Büreau, abzustimmen.

Schriftführer Abgeordneter **Thilo**: Nein!

Schriftführer Abgeordneter Dr. **Blum**: Ja!

Schriftführer Abgeordneter Graf **von Kleist-Schmenzin**: Nein!

Schriftführer Abgeordneter Freiherr **von Soden**: Nein!

Vizepräsident Dr. **Lucius**: Nein!

(Pause.)

Das Resultat der Zählung ist, daß 126 Mitglieder mit Nein und 96 mit Ja abgestimmt haben; es ist somit der Antrag der Kommission abgelehnt, und wir kommen nunmehr zur Abstimmung über die Regierungsvorlage.

Ich bitte diejenigen Herren, die den Absatz 2 in der Fassung der Regierungsvorlage annehmen wollen, sich zu erheben.

(Geschieht.)

Das ist die große Mehrheit; der Absatz 2 ist in dieser Form angenommen.

Wir stimmen nunmehr ab über § 9, wie er sich nach der Vorabstimmung gestellt hat, und ich bitte diejenigen Herren, die dem zustimmen wollen, sich zu erheben.

(Geschieht.)

Das ist die Mehrheit; § 9 ist angenommen.

Ich eröffne die Diskussion über § 10, zu dem das Wort nicht begehrt wird. — Ich schließe die Diskussion und erkläre denselben für angenommen, da eine Abstimmung nicht verlangt wird.

Ich eröffne die Diskussion über § 11, — § 12. — Ich schließe die Diskussion. Eine Abstimmung wird nicht verlangt; ich erkläre die §§ 11 und 12 in der unveränderten Fassung für angenommen.

Es wird vom Herrn Abgeordneten Windthorst die Vertagung der Sitzung beantragt. Ich bitte diejenigen Herren, welche den Vertagungsantrag unterstützen wollen, sich zu erheben.

(Geschieht.)

Die Unterstützung reicht aus.

Ich bitte diejenigen Herren, die die Vertagung beschließen wollen, sich zu erheben.

(Geschieht.)

Das ist die Minderheit; der Vertagungsantrag ist abgelehnt.

Ich eröffne die Diskussion über § 13 und frage, ob der Herr Referent das Wort verlangt.

(Wird bejaht.)

Der Herr Referent hat das Wort.

Berichterstatter Abgeordneter **Laporte**: Ich wollte nur mittheilen, meine Herren, daß die Veränderung „demselben“ redaktionellen Grund hat.

Vizepräsident Dr. **Lucius**: Das Wort wird nicht weiter begehrt, und bitte ich diejenigen Herren, welche dem § 13 in der Fassung der Kommissionsbeschlüsse zustimmen wollen, sich zu erheben.

(Geschieht.)

Das ist die Mehrheit; § 13 ist angenommen.

Ich eröffne die Diskussion über § 14, — 15, — 16, — 17, — 18, — 19. — Ich schließe dieselbe, da das Wort nicht verlangt wird. Ich erkläre, da eine Abstimmung nicht gefordert wird, sämmtliche Paragraphen für angenommen.

Ich eröffne die Diskussion über § 20.

Ich frage, ob der Herr Referent das Wort verlangt.

(Wird bejaht.)

Der Herr Referent hat das Wort.

Berichterstatter Abgeordneter **Laporte**: Meine Herren, ich habe dasselbe zu erklären, wie bei dem früheren Paragraphen, daß nämlich die Veränderung nur der Klarstellung wegen geschehen ist.

Vizepräsident Dr. **Lucius**: Ich schließe die Diskussion und bitte diejenigen Herren, welche dem § 20 in der Fassung der Kommissionsbeschlüsse zustimmen wollen, sich zu erheben.

(Geschieht.)

Das ist die Mehrheit; der § 20 ist in der Fassung der Kommissionsvorschläge angenommen.

Ich eröffne die Diskussion über § 21, — schließe dieselbe, da niemand das Wort begehrt, und erkläre, wenn eine Abstimmung nicht verlangt wird, den § 21 in der Fassung der Kommissionsbeschlüsse für angenommen, und werde dasselbe in der Folge konstatiren, wenn das Wort nicht verlangt wird, noch eine Abstimmung begehrt wird.

Ich eröffne die Diskussion über § 22, — schließe sie und erkläre den § 22 für angenommen.

§ 23. — Der Herr Berichterstatter hat das Wort.

Berichterstatter Abgeordneter **Laporte**: Meine Herren, die Aenderung, die hier zu bemerken ist, besteht in der Streichung der Ziffer 2 im ersten Alinea sub Ziffer 1. Der Wegfall der Ziffer 2 bezielt eine Streichung des sogenannten Entmündigungsverfahrens, welches als nicht in die niedrigen Sätze des Paragraphen gehörig von der Kommission erachtet worden und deshalb hier weggelassen ist.

Vizepräsident Dr. **Lucius**: Zum § 23 wird das Wort nicht mehr genommen; ich schließe die Diskussion und erkläre den Paragraphen in der Fassung der Kommissionsvorschläge für angenommen.

Ich eröffne die Diskussion über § 24, — § 25, — § 26, — § 27. — Ich schließe die Diskussion über diese Paragraphen und erkläre diese sämmtlichen Paragraphen in der Fassung der Kommissionsbeschlüsse für angenommen.

Ich eröffne die Diskussion über § 28 und ertheile das Wort dem Herrn Abgeordneten Thilo.

Abgeordneter **Thilo**: Meine Herren, es thut mir leid, daß ich in dieser vorgerückten Stunde noch das Wort nehmen muß. Es scheint mir aber in den Beschlüssen der Kommission, betreffend die Gebühren für Rechtsanwälte, eine Unbilligkeit zu liegen, nämlich in dem Beschlusse, daß die Worte im § 28 der Regierungsvorlage:

> der Rechtsanwalt muß sich jedoch die Prozeßgebühr des Urkunden- oder Wechselprozesses auf die gleiche Gebühr des ordentlichen Verfahrens anrechnen,

gestrichen werden sollen, sodaß ich deren Beseitigung anstreben muß. Ich will mit wenigen Worten, soweit es mir möglich ist, darlegen, worin diese Unbilligkeit besteht. Es ist Ihnen gewiß bekannt, daß auf Grund eines Wechsels geklagt werden kann, ohne daß eben auf eine anderweite Schuldforderung zurückgegangen zu werden braucht. Der Wechsel selbst bildet das Fundament des Anspruchs und des Prozesses. Ebenso kann überhaupt im Urkundenprozesse ein Anspruch auf Zahlung von Geld oder Leistung einer bestimmten Quantität anderer vertretbaren Sachen geltend gemacht werden, der Prozeß selbst wickelt sich in einer einfachen raschen Weise ab, nur muß der Beweis über sämmtliche zur Begründung des Anspruchs erforderliche Thatsachen geführt werden durch Urkunden, welche in Urschrift oder Abschrift der Klage beigelegt werden. In dem Augenblicke, wo der Beweis über einen Rechtsanspruch nicht völlig geführt werden kann durch eine Urkunde, ist der Kläger im Laufe des Prozesses berechtigt — ebenso, wenn eine durch Urkunden begründete Einwendung entgegengesetzt wird, die nicht sofort durch die klägerischen Urkunden widerlegt erscheinen — zu sagen, ich stehe vom Urkundenprozeß ab und will, daß der Prozeß im ordentlichen Verfahren weiter geführt werde. Der Rechtsstreit ist dann nicht im Urkunden- oder Wechselprozeß mehr anhängig, sondern er wird in dem ordentlichen Verfahren fortgesetzt. In derselben Art kann aber auch der Richter den Rechtsstreit zum ordentlichen Prozeß verweisen, wenn er dem auf Grund der Urkunden vorläufig verurtheilten Verklagten seine Rechte vorbehält. Nun ist es im § 19 bestimmt, daß der Rechtsanwalt, der den Urkunden- resp. Wechselprozeß geführt hat, sechs Zehntheile jener Gebühren bekommt, die im § 13 aufgeführt sind, erstens die Prozeßgebühr einschließlich der Information im Urkunden- und Wechselprozeß, zweitens, wenn kontradiktorisch verhandelt worden ist, die Gebühr für die kontradiktorische Verhandlung, und, ist es zu einer Beweisaufnahme gekommen, auch noch die Beweisgebühr. Nun denken Sie sich den Fall, es wird der Prozeß, der in Urkunden- und Wechselprozeß geführt worden ist, umgeleitet in einem ordentlichen Prozeß, daß der Prozeß also demnächst weiter fortgeht, da sagt die Regierungsvorlage, der Anwalt soll sich die eine Gebühr, nur die Prozeßgebühr des Urkunden- oder Wechselprozesses, die also die Information und den Geschäftsbetrieb umfaßte, die $^6/_{10}$ der vollen Gebühren beträgt, anrechnen lassen auf die Prozeßgebühr des Hauptprozesses. Mir scheint dies vollkommen billig. Wie kommt die Partei dazu, zweimal die Prozeßgebühren für die Information zu zahlen, während die Information nur einmal dagewesen ist; die Information in Urkunden- und Wechselprozessen ist allerdings auf diesen beschränkt gewesen. Da aber der Rechtsstreit anhängig bleibt und demnächst der Prozeß nur neu geleitet wird, so ist der Anwalt durch die Erhöhung der Prozeßgebühr um $^4/_{10}$ für eine etwaige weitere Information voll entschädigt; er bekommt dann die ganze Prozeßgebühr, er muß sich aber $^6/_{10}$ aus dem Vorprozeß anrechnen lassen, die er schon bekommen hat, und er bekommt noch $^4/_{10}$ weitere Prozeßgebühr für den ordentlichen Prozeß. Es scheint mir das, meine Herren, ich weiß nicht, ob ich mich vollständig klar ausgedrückt habe, so vollständig in der Billigkeit zu liegen, daß ich Sie nur bitten kann, den Beschluß Ihrer Kommission abzulehnen, und die Regierungsvorlage bei § 28 anzunehmen, dadurch wird eben das Verhältniß wieder so richtig gestellt, wie es den Anforderungen der Rechtsanwälte und der Parteien nur entsprechen kann.

(Bravo!)

Vizepräsident Dr. **Lucius**: Ein Antrag auf Vertagung ist eingereicht vom Herrn Abgeordneten Dr. Bähr (Kassel).

Ich bitte diejenigen Herren, welche den Antrag auf Vertagung unterstützen wollen, sich zu erheben.

(Geschieht.)

Die Unterstützung reicht aus. Ich bitte nun diejenigen Herren, welche die Vertagung beschließen wollen, sich zu erheben, oder stehen zu bleiben.

(Geschieht.)

Die Abstimmung ist zweifelhaft; die Vertagung ist abgelehnt. Das Wort hat der Herr Kommissar des Bundesraths.

(Abgeordneter Dr. Lasker: Ich bitte ums Wort zur Geschäftsordnung.)

Ich habe bereits das Wort dem Herrn Kommissar des Bundesraths ertheilt.

(Derselbe verzichtet vorläufig.)

Dann ertheile ich das Wort zur Geschäftsordnung dem Herrn Abgeordneten Dr. Lasker.

Abgeordneter Dr. **Lasker**: Meines Wissens ist dies nicht die Regel des Hauses, daß, wenn die Abstimmung zweifelhaft ist, die Vertagung als abgelehnt gilt, sondern es wird die Gegenprobe gemacht.

(Widerspruch.)

Vizepräsident Dr. **Lucius**: Ich erlaube mir zu konstatiren, daß nach der einstimmigen Meinung des Büreaus die von mir eben befolgte Praxis die übliche des Hauses ist.

Das Wort hat der Herr Kommissar des Bundesraths Geheimer Oberregierungsrath Dr. Meyer.

Kommissarius des Bundesraths kaiserlicher Geheimer Oberregierungsrath Dr. **Meyer**: Meine Herren, ich bitte nur für wenige Worte um Ihr Gehör. Die Frage ist nicht von großer Tragweite, sie ist namentlich von keiner großen pekuniären Tragweite für die Anwälte, ich bitte Sie aber dringend, den Antrag des Herrn Abgeordneten Thilo anzunehmen, weil er in der That die ratio des Gesetzes für sich hat.

Das Verfahren im ordentlichen Prozeß, welches sich an den Urkunden- und Wechselprozeß unmittelbar anschließt, ist kein neues Verfahren, sondern es ist das alte. Wie die Prozeßordnung sagt, bleibt der Rechtsstreit im ordentlichen Verfahren anhängig. Es frägt sich nur, ob der Anwalt, der für das Erheben des Einwandes die erforderliche Information bekommen hat, im ordentlichen Verfahren nicht etwa eine besondere Verhandlungsgebühr bekommen soll (die wird ja zugestanden), sondern eine besondere neue Prozeßgebühr bekommen soll. Hierfür fehlt es vom Standpunkte der Regierungsvorlage aus an jedem ersichtlichen Grunde. Ich bitte Sie daher, den Antrag des Herrn Abgeordneten Thilo anzunehmen.

Vizepräsident Dr. **Lucius**: Der Antrag auf Vertagung ist erneuert von dem Herrn Abgeordneten Windthorst.

Ich bitte diejenigen, welche den Vertagungsantrag unterstützen wollen, sich zu erheben.

(Geschieht.)

Die Unterstützung reicht aus.

Ich bitte nunmehr diejenigen Herren, welche die Vertagung beschließen wollen, aufzustehen oder stehen zu bleiben.

(Geschieht.)

Das Büreau ist einig, daß jetzt die Mehrheit steht; der Vertagungsantrag ist angenommen.

(Präsident Dr. von Forckenbeck übernimmt den Vorsitz.)

Präsident: Meine Herren, ich würde vorschlagen, die nächste Plenarsitzung morgen Mittag 12 Uhr abzuhalten, und proponire als Tagesordnung für diese Sitzung:

1. Wahl eines Schriftführers;
2. Fortsetzung der zweiten Berathung des Entwurfs einer Gebührenordnung für Rechtsanwälte, auf Grund des mündlichen Berichts der 6. Kommission (Nr. 137 der Drucksachen);

sodann:

3. erste Berathung des Gesetzentwurfs, betreffend den Zolltarif des deutschen Zollgebietes (Nr. 132 der Drucksachen);
4. erste Berathung des Gesetzentwurfs wegen Erhebung der Brausteuer (Nr. 135 der Drucksachen sub I);
5. erste Berathung des Entwurfs eines Gesetzes, betreffend die Erhöhung der Brausteuer (Nr. 135 der Drucksachen sub II);
6. erste Berathung des Gesetzentwurfs, betreffend die Besteuerung die Tabaks (Nr. 136 der Drucksachen sub I);
7. erste Berathung des Entwurfs eines Gesetzes, betreffend die Erhebung einer Nachsteuer vom Tabak und von Tabakfabrikaten (Nr. 136 der Drucksachen sub II).

Meine Herren, für die Gegenstände, welche in der Tagesordnung, die ich proponirt habe, der zweiten Berathung des Entwurfs der Gebührenordnung für Rechtsanwälte folgen, sind sehr zahlreiche Petitionen eingegangen, Petitionen, wie sie in dieser Zahl wohl selten oder überhaupt noch nicht dem Reichstag vorgelegen haben. Die Petitionskommission hat deshalb beschlossen, einen besonderen vorläufigen Bericht über diese Petitionen zu erstatten, und zwar geordnet einerseits nach den Positionen des Tarifs und andererseits wiederum nach den einzelnen Gesetzen, also in Bezug auf die Tabaksteuervorlage und respektive Brausteuervorlage, mit einer nur kurzen Angabe des Inhalts, so daß man den Inhalt der Petitionen übersehen kann. Dieser Bericht der Petitionskommission wird in den nächsten Tagen gedruckt an die Mitglieder vertheilt werden; bis morgen kann er allerdings, so viel ich die Arbeit übersehen kann, nicht fertig gestellt werden.

Der Herr Abgeordnete Rickert (Danzig) hat das Wort zur Tagesordnung.

Abgeordneter **Rickert** (Danzig): Meine Herren, schon bei der Feststellung der letzten Tagesordnung ist von dem Herrn Kollegen Richter an den Herrn Präsidenten die Bitte gerichtet worden, am Donnerstag noch nicht mit der ersten Berathung der Zolltarif- und Steuervorlagen zu beginnen. Der Begründung, die vorgestern der Herr Abgeordnete Richter gegeben hat, möchte ich noch ferner hinzufügen, daß die Fraktionen unter sich noch in wichtigen Besprechungen begriffen sind, die gestern nicht haben zu Ende geführt werden können. Ich würde daher an den Herrn Präsidenten die Bitte zu richten mir erlauben, morgen keine Sitzung abzuhalten und morgen den Fraktionen den ganzen Tag für diese wichtigen Besprechungen freizugeben.

Meine Herren, das Material, welches mit den Zoll- und Steuervorlagen uns überwiesen worden, ist in der That so umfangreich, daß selbst bei einer großen Arbeitskraft man nicht im Stande gewesen ist, alle Details mit der gesammten Statistik ernstlich durchzustudiren. Ich würde doch bitten, wenigstens vor Anfang der Berathung uns die nöthige Zeit zu lassen. Ich darf wohl nicht die Versicherung hinzufügen, daß diejenigen, die das wollen, nicht die Absicht haben, eine Verschleppung in dieser wichtigen Angelegenheit herbeizuführen. Die Zeit aber, die nothwendig ist, wünschen wir uns allerdings gegeben zu sehen.

Ich möchte daher den Herrn Präsidenten bitten, morgen ganz frei zu geben und frühestens Freitag die erste Berathung der Zoll- und Steuervorlage zu beginnen.

Präsident: Der Herr Abgeordnete von Kleist-Retzow hat das Wort.

Abgeordneter **von Kleist-Retzow:** Meine verehrten Herren, ich halte das allerdings nicht für sehr angenehm, daß eine so wichtige Diskussion, wie die über den Zolltarif, nach den letzten Verhandlungen über diese Gebührenordnung stattfindet, die auch erst um 12 Uhr beginnen sollen, so daß diese Diskussion vielleicht etwa um 2 Uhr beginnen würde. Ich möchte deshalb vorschlagen, daß die Gebührenordnung, wodurch gewiß gar keine Zeit verloren geht, etwa morgen beendigt würde, oder der Herr Präsident vielleicht die eine oder andere kleine Sache hinzustellte, und daß dann diese größeren Sachen am Freitag von Anfang an die Tagesordnung ausmachten.

Präsident: Meine Herren, an Stoff ist außer den Berathungen, welche ich schon vorgeschlagen habe, so wenig vorhanden, daß ich eine andere Tagesordnung gar nicht konstruiren kann.

Ich habe angenommen, daß die Berathung der Gebührentaxe nicht eine zu lange Zeit noch in Anspruch nehmen würde, daß sie vielleicht in der Zeit von einer halben Stunde respektive einer Stunde erledigt sein könnte. Es kann möglich sein, daß ich mich täusche. Ueber die inneren Verhältnisse der Berathungen der verschiedenen Parteien des Hauses bin ich ja nicht unterrichtet; liegen sie so, wie sie der Herr Abgeordnete Rickert vortrug, so muß ich anerkennen, daß darin wohl ein Grund läge, die Sitzung erst am Freitag abzuhalten. Ich meinestheils kann es aber nicht vorschlagen; mir sind die Verhältnisse nicht bekannt, und ich kann nichts weiter thun, als die Frage zur Abstimmung des Hauses zu stellen. Ich würde dann aber, wenn die Sitzung am Freitag beliebt werden sollte, vorschlagen, nicht um 12 Uhr, sondern um 11 Uhr anzufangen

(Zurufe: um 10 Uhr!)

— auch um 10 Uhr. — Meine Herren, ich werde dann erst fragen, an welchem Tage die Sitzung sein soll, und wenn der Tag festgestellt ist, werde ich fragen, zu welcher Stunde die Sitzung beginnen soll, und dann werde ich auch noch den Einwand des Herrn Abgeordneten von Kleist-Retzow zur Abstimmung bringen, wonach er, wenn ich richtig verstanden habe, die Gebührentaxe nicht vor den anderen Gegenständen erledigt haben will.

(Abgeordneter von Kleist-Retzow: Ich nehme meinen Widerspruch zurück.)

Der Herr Abgeordnete Schröder (Lippstadt) hat das Wort zur Geschäftsordnung.

Abgeordneter **Schröder** (Lippstadt): Ich möchte das hohe Haus bitten, dem Vorschlage des Herrn Präsidenten pure beizutreten.

Nach meiner Anschauung von der Gebührenordnung wird die Debatte über den Rest derselben nur noch sehr wenig Zeit in Anspruch nehmen. Es ist die Frage über den Vertrag, die vielleicht noch eine kurze Diskussion herbeiführen könnte, und es wird, glaube ich, dazu beitragen, die Wahrscheinlichkeit für eine sehr kurze Berathung des Restes der Gebührenordnung zu erhöhen, wenn hinter ihr her die Zolltariffrage auf der Tagesordnung steht.

(Lachen links.)

Aus diesen Gründen möchte ich bitten, dem Vorschlag des Herrn Präsidenten pure beizutreten. Wir verlieren sonst einen ganzen Tag.

Präsident: Der Herr Abgeordnete Richter (Hagen) hat das Wort.

Abgeordneter **Richter** (Hagen): Ich weiß nicht, ob das ein sachgemäßer Vorschlag ist, eine Berathung, die man an zweiter Stelle auf die Tagesordnung setzt, gewissermaßen als Druckmittel zu benutzen, damit der Gegenstand um so rascher erörtert wird.

(Sehr richtig! links.)

Ich kann nicht annehmen, daß der Herr Vorredner in der Ansicht seiner Partei spricht; denn ich habe bisher immer gefunden, daß gerade die Zentrumspartei, wenn irgend eine Ueberstürzung der Berathung stattfinden sollte, auch wenn sie selbst vielleicht ein anderes Interesse hat, sich dagegen mit aller Entschiedenheit im Interesse des parlamentarischen Ansehens verwahrte.

Ich weiß in der That nicht, meine Herren, was es für einen Zweck haben soll, eine erste Berathung irgendwie rascher anzufangen, als es von allen Seiten gewünscht wird. Der ersten Berathung folgt der Beschluß über die sachgemäße Behandlung; machen Sie darin einen Fehler, so wird das weit mehr die folgende Berathung hinausziehen, als durch eine Verzögerung der ersten Berathung um einen Tag. Ich habe bisher mich im Hause zu unterrichten gesucht, wie weit die Vorbesprechungen über die Behandlung der Sache fortgeschritten sind, ich habe gerade gefunden, daß die Zentrumspartei ihrerseits in der Hinsicht noch keinen Beschluß gefaßt hat, und es doch auch wünschenswerth wäre, daß, wenn die einzelnen Parteien Beschlüsse gefaßt haben, auch diese Fraktion Gelegenheit hat, noch über die Sache zu konferiren.

Präsident: Der Herr Abgeordnete Windthorst hat das Wort.

Abgeordneter **Windthorst:** Meine Herren, ich spreche nicht namens meiner Fraktion, denn ich habe sie nicht gehört, ich spreche für mich, und für mich muß ich erklären, daß, wenn ein erheblicher Theil des Hauses den Wunsch ausspricht, einen Tag Frist zu haben, der andere Theil nicht gut und zweckmäßig handelt, dem entgegenzutreten. Ich trete dem Antrage des Kollegen Rickert bei und bitte den Herrn Präsidenten, morgen in einer späteren Stunde dem Hause Gelegenheit zu geben, die Anwaltsgebührenordnung zu erledigen. Daß sie so kurz erledigt wird, glaube ich nicht, denn, wenn ich voraussetze, daß, wie über § 9, über den Honorarvertrag diskutirt werden wird, so kann es recht nett zwei niedliche Stunden dauern.

(Heiterkeit.)

Also um 2 Uhr!

Präsident: Der Herr Abgeordnete Schröder (Lippstadt) hat das Wort.

Abgeordneter **Schröder** (Lippstadt): Meine Herren, ich glaube, das Haus wird wohl durchgefühlt haben, wie sehr zu Unrecht in salbungsvoller und beinahe leidenschaftlicher Weise der Herr Abgeordnete Richter meine wenigen Worte hier interpretirt hat.

(Oho! — Unruhe.)

Meine Herren, wenn das ein Schatten ist, den die Diskussion der Tarifvorlage vor sich herwirft, dann sollte es mir sehr leid thun für den ganzen Charakter der Berathung.

Ich habe einfach konstatirt, daß meiner Meinung nach sehr wenig Diskussion über die Rechtsanwaltsgebührenordnung noch vorkommen werde. Ich bedaure natürlich, mich darin im Widerspruch mit der Ansicht des Herrn Abgeordneten Windthorst zu befinden, aber das war nun einmal meine Meinung. Ich bin sogar der Ansicht, daß es nichts schadete, wenn über den Rest der Rechtsanwaltsgebührenordnung weiter gar nicht debattirt würde.

Dann habe ich ferner konstatirt, daß diese meine Meinung von dem thatsächlichen Verlauf der weiteren

Debatte über die Rechtsanwaltsgebührenordnung nicht im Wege stände der Umstand, daß nachher die Tarifvorlage auf der Tagesordnung wäre. Ich habe mit keinem Worte gesagt und auch gar nicht daran gedacht die Absicht zu haben, durch dieses Hintansetzen der Tarifvorlage, was der Herr Präsident beliebt hat, etwa ein Durchdrücken der Rechtsanwaltsgebührenordnung herbeiführen oder begünstigen zu wollen. Die ganze Situation ist nicht der Art, um das einigermaßen verständlicher Weise auch nur voraussetzen zu können.

Präsident: Der Herr Abgeordnete Richter (Hagen) hat das Wort.

Abgeordneter **Richter** (Hagen): Ich freue mich, daß ich mich in meiner Voraussetzung nicht geirrt habe, da der Herr Abgeordnete Windthorst ebenfalls den Grundsatz bethätigt hat, daß, wenn nur irgend ein erheblicher Theil des Hauses bei einer solchen Frage die spätere Berathung wünscht, es gewissermaßen eine Anstandspflicht der Majorität ist, dem nachzukommen. Es freut mich also auch konstatiren zu können, daß der Herr Abgeordnete Schröder nur seiner individuellen Ansicht hier Ausdruck gegeben hat.

Wenn die Diskussion zwischen ihm und mir einen Schatten geworfen hat, so hat sie nur auf ihn selbst einen Schatten geworfen.

(Heiterkeit.)

Präsident: Meine Herren, wir kommen zur Abstimmung.

Ich glaube zuvörderst die Frage stellen zu müssen: soll morgen eine Plenarsitzung stattfinden? Wenn diese Frage verneint wird, dann würde ich mir vorbehalten, die Tagesordnung für die Sitzung, die dann am Freitag stattfinden würde, noch besonders zu proklamiren. Ich glaube, es läßt sich die Sache nicht eher entscheiden, als bis festgestellt ist, an welchem Tage die nächste Plenarsitzung stattfinden soll.

Ich ersuche diejenigen Mitglieder, welche morgen eine Plenarsitzung abhalten wollen, sich zu erheben.

(Geschieht.)

Das ist die Minderheit; die nächste Plenarsitzung findet also am Freitag statt, und ich würde vorschlagen, die nächste Plenarsitzung am Freitag um 11 Uhr abzuhalten, und proponire als Tagesordnung:

1. die Wahl eines Schriftführers;
2. die Fortsetzung der zweiten Berathung des Entwurfs einer Gebührenordnung für Rechtsanwälte, auf Grund des mündlichen Berichts der 6. Kommission (Nr. 137 der Drucksachen);
3. den Rest der Tagesordnung, wie ich vorher proklamirt habe, nämlich die Tarif- und Steuervorlagen.

Jetzt ist ein Widerspruch nicht mehr vorhanden; es findet also mit dieser Tagesordnung die nächste Plenarsitzung Freitag Vormittag 11 Uhr statt.

Ich schließe die Sitzung.

(Schluß der Sitzung 4 Uhr 20 Minuten.)

Druck und Verlag der Buchdruckerei der Nordd. Allgem. Zeitung. Pindter.
Berlin, Wilhelmstraße 32.

36. Sitzung

am Freitag, den 2. Mai 1879.

Die Sitzung wird um 11 Uhr 30 Minuten durch den Präsidenten Dr. von Forckenbeck eröffnet.

Präsident: Die Sitzung ist eröffnet.

Das Protokoll der letzten Sitzung liegt zur Einsicht auf dem Büreau offen.

Seit der letzten Plenarsitzung sind in das Haus eingetreten und zugeloost worden:

der 2. Abtheilung der Herr Abgeordnete Dollfus,
der 3. Abtheilung der Herr Abgeordnete Dr. von Feder,
der 4. Abtheilung der Herr Abgeordnete Werner (Liegnitz).

Es ist ein Schreiben des Herrn Abgeordneten Merz eingegangen; ich ersuche den Herrn Schriftführer, dasselbe zu verlesen.

Schriftführer Abgeordneter **Eysoldt**:

Der ergebenst Unterzeichnete bittet aus der Petitionskommission entlassen zu werden, da seine Geschäfte ihn vielfach abhalten, der übernommenen Verpflichtung, den Arbeiten der Kommission regelmäßig beizuwohnen, in Zukunft nach Wunsch gerecht zu werden.

Mit vorzüglichster Hochachtung
ganz ergebenst
C. A. Merz.

Berlin, den 30. April 1879.

Präsident: Meine Herren, nach § 28 unserer Geschäftsordnung Alinea 2 kann jedes Mitglied der Petitionskommission nach achtwöchentlicher Amtsführung seinen Ersatz durch Neuwahl in Anspruch nehmen; in dieser Beziehung ist das Gesuch gerechtfertigt, und es muß demselben nach der Geschäftsordnung stattgegeben werden. Es ist demnach von der 7. Abtheilung, auf Veranlassung ihres Vorsitzenden, ein neues Mitglied für die Petitionskommission zu wählen. Ich ersuche den Herrn Vorsitzenden der 7. Abtheilung, die Wahl zu veranlassen.

Es ist ferner eingegangen ein Schreiben des Herrn Abgeordneten Dr. Bähr; ich ersuche den Herrn Schriftführer, dasselbe zu verlesen.

Schriftführer Abgeordneter Freiherr **von Soden**:

Euer Hochwohlgeboren beehre ich mich anzuzeigen, daß — während ich bisher als königlich preußischer Obertribunalsrath fungirte — ich durch ein Reskript Seiner Majestät des Kaisers vom 23. April d. J. vom 1. Oktober 1879 ab zum Reichsgerichtsrath ernannt bin.

Es wird hiernach die Frage entstehen, ob und von welchem Zeitpunkt an der Absatz 2 des Artikels 21 der deutschen Reichsverfassung auf mich Anwendung finde. Selbstverständlich muß ich diese Frage der Entscheidung des hohen Reichstags anheimstellen, und bitte ich, diese Entscheidung zu veranlassen.

Da indessen diese Frage jedenfalls zweifelhaft ist, ich auch persönlich der Ansicht bin, daß die Anwendung jenes Artikels auf mich erst mit dem 1. Oktober l. J. als dem Zeitpunkt, mit welchem ich in das neu geschaffene Amt eines Reichsgerichtsraths eintrete, stattfinden kann — eine Ansicht, welche dem Vernehmen nach auch von der Reichsregierung getheilt wird —, so halte ich mich für ebenso berechtigt als verpflichtet, bis auf weiteres auch fernerhin mich an den Verhandlungen des gegenwärtigen Reichstags zu betheiligen.

Mit größter Hochachtung zeichnet
Euer Hochwohlgeboren
ergebenster
Bähr.

Berlin, den 1. Mai 1879.

Präsident: In allen ähnlichen Fällen ist vor der Berathung im Plenum zuvörderst der Bericht der Geschäftsordnungskommission eingefordert worden. Ich erlaube mir daher auch hier den Vorschlag zu machen, das Schreiben an die Geschäftsordnungskommission zur Berichterstattung für das Plenum zu verweisen.

(Pause.)

Es wird aus dem Hause nicht widersprochen; ich erkläre meinen desfallsigen Vorschlag für angenommen: das Schreiben geht an die Kommission für die Geschäftsordnung zur Berichterstattung.

Als Kommissarien des Bundesraths werden der heutigen Sitzung beiwohnen:

1. bei der Berathung des Gesetzentwurfs, betreffend den Zolltarif des deutschen Zollgebiets:
   der kaiserliche Geheime Regierungsrath Herr Tiedemann,
   der kaiserliche Geheime Regierungsrath Herr Burchard,
   der königlich preußische Geheime Oberregierungsrath Herr Rothe,
   der königlich bayerische Ministerialrath Herr Mayr und
   der königlich sächsische Geheime Regierungsrath Herr Böttcher;
2. bei der Berathung der Entwürfe,
   a) eines Gesetzes, betreffend die Erhöhung der Brausteuer,
   b) eines Gesetzes wegen Erhebung der Brausteuer:
   der Oberzollrath Herr Boccius und
   der königlich preußische Geheime Finanzrath Herr Pochhammer;

3. bei der Berathung der Gesetzentwürfe, betreffend die Besteuerung des Tabaks und die Erhebung einer Nachsteuer vom Tabak und von Tabakfabrikaten:
der Geheime Regierungsrath Herr Burchard,
der Obersteuerinspektor Herr Klein und
der Provinzialsteuerdirektor Herr Schomer.

Wir treten in die Tagesordnung ein.

Erster Gegenstand der Tagesordnung ist:

Wahl eines Schriftführers.

Zur Geschäftsordnung hat das Wort der Herr Abgeordnete Freiherr zu Frankenstein.

Abgeordneter Freiherr **zu Frankenstein**: Ich beantrage, den Herrn Abgeordneten Wichmann per Akklamation zum Schriftführer zu wählen.

Präsident: Meine Herren, der Antrag auf Wahl per Akklamation ist nur zulässig, wenn von keinem Mitgliede des Hauses widersprochen wird. Ich frage, ob ein solcher Widerspruch erhoben wird.

(Pause.)

Das ist nicht der Fall; ich erkläre also die Wahl per acclamationem für zulässig.

Ich frage ferner: soll der Herr Abgeordnete Wichmann zum Schriftführer per acclamationem gewählt werden? — Es wird von keiner Seite widersprochen; ich erkläre also den Herrn Abgeordneten Wichmann zum Schriftführer gewählt. Der Herr Abgeordnete Wichmann ist als Schriftführer gewählt worden, und es wäre damit die Nr. 1 der Tagesordnung erledigt.

Wir gehen über zu Nr. 2 der Tagesordnung:

Fortsetzung der zweiten Berathung des Entwurfs einer Gebührenordnung für Rechtsanwälte, auf Grund des mündlichen Berichts der 6. Kommission (Nr. 137 der Drucksachen).

Die Berathung wird mit dem § 28 fortgesetzt.

Die Diskussion war nur vertagt worden. Ich eröffne die Diskussion wiederum über den § 28 und über das zu diesem Paragraphen vorliegende Amendement des Herrn Abgeordneten Thilo.

(Pause.)

Das Wort wird aber nicht gewünscht; ich schließe die Diskussion.

Der Herr Berichterstatter hat das Wort.

Berichterstatter Abgeordneter **Laporte**: Meine Herren, es handelt sich bei dem § 28 um eine mehr technische Einzelheit, wie ich in meinem Eingangsbericht verschiedene Punkte, die hier im Entwurf von der Kommission abändernd Ihnen vorgelegt worden sind, zu bezeichnen mir erlaubt habe. Es ist diese Einzelheit ohne große praktische Bedeutung. Nichtsdestoweniger glaube ich, daß es angezeigt ist, bei dem Vorschlage der Kommission stehen zu bleiben. Ich kann mich nicht davon überzeugen, daß die dagegen vorgeführten Gründe zutreffend sind. Es handelt sich um die Frage, ob die Prozeßgebühr, welche der Anwalt zu beziehen hat für den Wechsel- und Urkundenprozeß, anzurechnen ist auf ein nachfolgendes Ordinarium. Man hat die Verbindung hervorgehoben, welche diese beiden an und für sich als getrennt zu denkende Verfahrungsweisen haben. In dieser Beziehung ist geltend gemacht worden einmal diejenige Verbindung, welche sich aus der Prozeßordnung ergibt, und zweitens diejenige Verbindung, welche materiell in Beziehung auf die bezüglichen Instruktionen des Anwalts beim Wechsel- und Urkundenprozeß auf der einen Seite und dem Ordinarium auf der anderen Seite herantritt.

Was den ersten Punkt anlangt, die Zivilprozeßordnung, so ist ja nicht zu leugnen, daß nach den §§ 559 und 563 ein gewisser Zusammenhang der beiden Verfahrungsweisen statuirt worden ist; auf der andern Seite ergibt sich im zweiten Absatz des § 560 der Zivilprozeßordnung für den Fall, daß ein Urkunden- oder Wechselprozeß für unstatthaft erklärt wird, und von dem Gericht in Folge dessen eine Abweisung erfolgt, wo dann das nachfolgende Ordinarium sich von dem vorhergehenden procedere nothwendig abscheidet, und es gar keinem Zweifel unterliegt, daß, wie die beiden Verfahren selbstständig nebeneinander stehen, so auch die Gebührenbezüge unabhängig nebeneinander hergehen.

Den anderen Punkt, die Instruktion des Anwalts anlangend, erlaube ich mir nur darauf hinzuweisen, daß eine Instruktionsertheilung z. B. für den Wechselprozeß nothwendig eine andere ist, wie für das Ordinarium. Die Instruktion für den Wechselprozeß richtet sich auf die Wechselurkunde, und was damit zusammenhängt, den Protest 2c. Dagegen ist die Frage der Valuta von den Verhandlungen im Wechselprozeß durchweg unabhängig. Es kann keinem Zweifel unterliegen, daß für das Ordinarium diese letztere Frage eine gesonderte Instruktion, also eine gesonderte Bemühung des Anwalts bedingt, und daß eine besondere Vergütung ihm dafür zuzugestehen ist. Endlich, meine Herren, und diesen Punkt halte ich besonders sowohl als indirekte Unterstützung dessen, was ich mir vorzutragen erlaubte, wie auch als Argument gegen den gestellten Antrag in das Gewicht fallend, will ich darauf hinweisen, daß das Gerichtskostengesetz, welches wir im vorigen Jahre beschlossen haben, die Sonderung beider Prozeßarten als besondere Rechtsstreite akzeptirt hat, und wenn also der Fiskus die besonderen Kosten sich in beiden Fällen berechnet, so glaube ich, werden Sie den Satz anerkennen wollen, daß, was dem Fiskus recht, dem Anwalte billig ist.

(Sehr richtig!)

Ich möchte Sie daher bitten, bei dem Kommissionsvorschlage stehen zu bleiben.

Präsident: Wir kommen zur Abstimmung.

Meine Herren, ich schlage Ihnen vor, abzustimmen zuvörderst über den Zusatzantrag des Herrn Abgeordneten Thilo, sodann über den § 28 der Kommission, wie er sich nach der Vorabstimmung herausstellt. Wird der § 28 in dieser oder jener Fassung angenommen, so ist die Vorlage der verbündeten Regierungen beseitigt. Sollte aber § 28 in dieser oder jener Fassung abgelehnt werden, so werden wir eine Abstimmung über die Vorlage der verbündeten Regierungen extrahiren müssen.

Widerspruch gegen die Fragestellung wird nicht erhoben; es wird also so, wie ich vorgeschlagen, abgestimmt.

Ich ersuche den Herrn Schriftführer, zuvörderst den Zusatzantrag zu verlesen.

Schriftführer Abgeordneter Freiherr **von Soden**:

Der Reichstag wolle beschließen:

in § 28 die gestrichenen Worte der Regierungsvorlage:

Der Rechtsanwalt muß sich jedoch die Prozeßgebühren des Urkunden- oder Wechselprozesses auf die gleichen Gebühren des ordentlichen Verfahrens anrechnen, —

wiederherzustellen.

Präsident: Ich ersuche diejenigen Herren, welche den eben verlesenen Antrag annehmen wollen, sich zu erheben.

(Geschieht.)

Meine Herren, das Büreau ist nicht einig; wir bitten um die Gegenprobe. Ich ersuche diejenigen Herren, aufzustehen, welche den Zusatzantrag nicht annehmen wollen.

(Geschieht.)

Meine Herren, das Büreau bleibt zweifelhaft; wir müssen daher zählen.

Ich ersuche die Herren, den Saal zu verlassen, und diejenigen, welche den Zusatzantrag annehmen wollen, durch die Thür rechts von mir, durch die Thür „Ja", wieder in den Saal einzutreten, — und diejenigen Herren, welche den Zusatzantrag nicht annehmen wollen, durch die Thür links von mir, durch die Thür „Nein", wieder in den Saal zu treten.

Ich ersuche die Herren Schriftführer Wichmann und Freiherr von Soden, an der Thür „Nein", — und die Herren Schriftführer Graf von Kleist-Schmenzin und Eysoldt, an der Thür „Ja" die Zählung zu übernehmen.

(Die Mitglieder verlassen den Saal.)

Sämmtliche Thüren des Saales mit Ausnahme der beiden Abstimmungsthüren sind zu schließen.

(Geschieht. — Glocke. Die Zählung erfolgt.)

Die Abstimmung ist geschlossen. Die Thüren des Saales sind wieder zu öffnen.

(Geschieht.)

Ich ersuche das Büreau, abzustimmen.

Schriftführer Abgeordneter **Wichmann**: Ja!

Schriftführer Abgeordneter Freiherr **von Soden**: Ja!

Schriftführer Abgeordneter **Graf von Kleist-Schmenzin**: Ja!

Schriftführer Abgeordneter **Eysoldt**: Nein!

Präsident: Nein!

(Pause.)

Das Resultat der Abstimmung ist folgendes. Bei der Abstimmung haben sich betheiligt 232 Mitglieder; es haben mit Ja gestimmt 132, mit Nein 100 Mitglieder. Der Zusatzantrag ist also angenommen.

Ich ersuche den Herrn Schriftführer, nunmehr den § 28 mit dem Zusatz zu verlesen.

Schriftführer Abgeordneter Freiherr **von Soden**:

§ 28.

Das ordentliche Verfahren, welches nach der Abstandnahme vom Urkunden- oder Wechselprozesse, sowie nach dem mit Vorbehalt in demselben erlassenen Urtheil anhängig bleibt (Zivilprozeßordnung §§ 559, 563), gilt für die Berechnung der Gebühren des Rechtsanwalts als besonderer Rechtsstreit; der Rechtsanwalt muß sich jedoch die Prozeßgebühr des Urkunden- oder Wechselprozesses auf die gleiche Gebühr des ordentlichen Verfahrens anrechnen.

Präsident: Ich ersuche diejenigen Herren, welche den eben verlesenen § 28 annehmen wollen, sich zu erheben.

(Geschieht.)

Das ist die Mehrheit; § 28 ist angenommen.

Ich eröffne die Diskussion über § 29; — ich schließe sie, da niemand das Wort verlangt, und konstatire die Annahme des § 29, da eine besondere Abstimmung über denselben nicht verlangt wird, nach dem Vorschlage der Kommission.

Ich eröffne die Diskussion über § 30. — Der Herr Berichterstatter verzichtet auf das Wort. Ich schließe die Diskussion. Widerspruch wird nicht erhoben, eine Abstimmung nicht verlangt; ich konstatire die Annahme des § 30 nach den Beschlüssen der Kommission.

§ 31, — 32, — 33, — 34, — 35, — 36. — Ueberall wird das Wort nicht gewünscht, eine Abstimmung nicht verlangt; die §§ 31, 32, 33, 34, 35, 36 sind angenommen.

§. 37. — Der Herr Berichterstatter verzichtet auf das Wort. — Das Wort wird auch sonst nicht gewünscht; ich schließe die Diskussion. Eine Abstimmung wird nicht verlangt; ich konstatire die Annahme des § 37 nach den Beschlüssen der Kommission.

§ 38, — § 39, — § 40. — Das Wort wird nicht genommen, eine Abstimmung nicht verlangt; die §§ 38, 39 und 40 sind angenommen.

§ 41. — Der Herr Berichterstatter verzichtet auf das Wort. — Das Wort wird auch sonst nicht genommen; die Diskussion ist geschlossen. § 41, über welchen eine Abstimmung nicht provozirt ist, ist nach den Beschlüssen der Kommission angenommen.

§ 42. — Das Wort wird nicht genommen. Der Herr Berichterstatter verzichtet auf das Wort. Ich konstatire die Annahme des § 42.

§ 43. Amendement Thilo. — Ich eröffne die Diskussion über § 43 und über das Amendement Thilo.

Der Herr Abgeordnete Thilo hat das Wort.

Abgeordneter **Thilo**: Meine Herren, das von mir zu § 43 gestellte Amendement hat eine mehr redaktionelle als sachliche Bedeutung. Die Beweisaufnahme ist nämlich nach § 13 Nr. 4 nur da gebührenpflichtig, wenn sie nicht bloß in Vorlegung der in den Händen des Beweisführers oder des Gegners befindlichen Urkunden besteht, jede andere Beweisaufnahme ist zu Gunsten des Rechtsanwalts, der die Partei dabei vertritt, gebührenpflichtig. Wenn in dem von der Kommission gemachten Zusatz zu § 43 nur von der Beweisaufnahme die Rede ist, kann ohne Bezugnahme auf jenes Zitat § 13 Nr. 4 angenommen werden, daß auch die Beweisaufnahme durch Vorlegung der in den Händen der Parteien befindlichen Urkunden gebührenpflichtig sein soll; das aber hat die Kommission zur Vorberathung der Gebührenordnung nicht gewollt. Es ist außerdem im § 22 in ähnlicher Weise verfahren worden, denn dort ist bei der Beweisgebühr dieses Zitat wirklich hinzugefügt worden. Ich bitte deshalb, daß Sie meinen Antrag annehmen, der, wie ich glaube, mindestens zur Klarstellung nützlich ist. Ich glaube, der Herr Referent wird das, was ich angeführt habe, als richtig bestätigen.

Präsident: Der Herr Kommissarius des Bundesraths Geheimrath Kienitz hat das Wort.

Kommissarius des Bundesraths kaiserlicher Geheimer Regierungsrath **Kienitz**: Die Ausführungen, die wir eben gehört haben, sind überzeugend, ich kann nur bitten, den Antrag des Herrn Abgeordneten Thilo anzunehmen.

Präsident: Das Wort wird nicht weiter gewünscht; die Diskussion ist geschlossen.

Der Herr Berichterstatter hat das Wort.

Berichterstatter Abgeordneter **Laporte**: Ich habe nur zu bemerken, daß dieser Punkt nicht ausdrücklich in der Kommission zur Sprache gekommen ist; ich habe aber durchaus keinen Zweifel, daß ich im Sinne sämmtlicher Kommissionsmitglieder spreche, wenn ich erkläre, daß das, was Herr Kollege Thilo vorher ausführte, und was er mit seinem Antrage bezweckt, durchaus den Intentionen entspricht, die bei der Aufnahme der betreffenden Bestimmung in diesen Paragraphen obgewaltet haben.

Präsident: Meine Herren, wir kommen zur Abstimmung. Ich schlage Ihnen vor, abzustimmen über das Amendement Thilo und sodann über den § 43 der Kommission, wie er dann lauten wird, eventuell über § 43 der Vorlage der verbündeten Regierungen.

Gegen die Fragestellung wird nichts eingewendet; ich werde, wie ich vorgeschlagen, abstimmen lassen.

Eine Verlesung des Amendements Thilo wird uns wohl erlassen.

(Zustimmung.)

Ich ersuche diejenigen Herren, die das Amendement Thilo annehmen wollen, sich zu erheben.

(Geschieht.)

Das ist die Mehrheit; der Antrag Thilo ist angenommen.

Wir kommen jetzt zur Abstimmung über den § 43 mit dem angenommenen Amendement Thilo. Auch hier wird uns wohl die Verlesung erlassen.

(Zustimmung.)

Ich ersuche diejenigen Herren, welche den § 43 der Kommission mit dem angenommenen Amendement Thilo annehmen wollen, sich zu erheben.

(Geschieht.)

Auch das ist die Mehrheit; der § 43 ist in dieser Gestalt nach den Beschlüssen der Kommission angenommen und damit § 43 der Vorlage der verbündeten Regierungen beseitigt.

§ 44. — Das Wort wird nicht gewünscht, eine Abstimmung nicht verlangt; ich konstatire die Annahme des § 44.

§ 45. — Ich frage, ob der Herr Berichterstatter das Wort wünscht. — Der Herr Berichterstatter verzichtet. Das Wort wird auch sonst nicht genommen; ich schließe die Diskussion. Eine Abstimmung wird nicht verlangt; ich konstatire, daß § 45 nach den Beschlüssen der Kommission angenommen ist.

§ 45a. — Der Herr Berichterstatter verzichtet auf das Wort. Auch sonst wird aus dem Hause das Wort nicht genommen, eine Abstimmung wird nicht verlangt; ich konstatire, daß § 45a nach den Beschlüssen der Kommission angenommen ist.

§ 46. — Das Wort wird nicht genommen; § 46 ist nach den Beschlüssen der Kommission angenommen.

§ 47. — Auch hier wird das Wort nicht genommen, eine Abstimmung nicht verlangt; § 47 ist nach den Beschlüssen der Kommission angenommen.

§ 48. — Das Wort wird nicht genommen, eine Abstimmung nicht verlangt; ich konstatire die Annahme des § 48 nach den Beschlüssen der Kommission.

§ 49. — Auch hier wird das Wort nicht genommen, eine Abstimmung wird nicht provozirt; § 49 ist angenommen.

§ 50. — Das Wort wird nicht gewünscht, eine Abstimmung auch nicht beantragt; ich konstatire die Annahme des § 50 nach den Beschlüssen der Kommission.

§ 51. — Das Wort wird nicht gewünscht; § 51 ist angenommen.

Die Ueberschrift des zweiten Abschnitts, Gebühren in bürgerlichen Rechtsstreitigkeiten, wird auch nicht angefochten; ist genehmigt.

§ 52, — 53, — 54, — 55, — 56, — 57, — 58, — 59, — 60, — 61. — Ueberall wird das Wort nicht gewünscht, eine Abstimmung nicht provozirt; die §§ 52 bis inklusive 61 sind in zweiter Berathung angenommen.

Ebenso wird die Ueberschrift des dritten Abschnittes, Gebühren im Konkursverfahren, nicht angefochten; sie ist genehmigt.

§ 62, — 63, — 64, — 65, — 66. — Niemand nimmt das Wort, auch eine Abstimmung wird nicht provozirt; ich konstatire die Annahme der §§ 62 bis inklusive 66.

§ 67. — Das Wort wird nicht gewünscht, eine Abstimmung nicht verlangt; § 67 ist nach den Beschlüssen der Kommission angenommen.

§ 68, — 69, — 70, — 71, — 72, — 73, — 74. — Niemand nimmt das Wort. Auch hier wird eine Abstimmung nicht provozirt; die §§ 68 bis inklusive 74 sind nach den Beschlüssen der Kommission angenommen.

Ueberschrift des vierten Abschnittes, Gebühren in Strafsachen. — Die Ueberschrift wird nicht angefochten; sie ist genehmigt.

§ 75. Amendement Thilo Nr. 146 3 der Drucksachen.

Der Herr Abgeordnete Thilo hat das Wort zur Geschäftsordnung.

Abgeordneter Thilo: Mit Rücksicht auf den gestern gefaßten Beschluß zu § 9 ziehe ich meinen gestellten Antrag zurück.

Präsident: Der Herr Staatssekretär Dr. Friedberg hat das Wort.

Bevollmächtigter zum Bundesrath Staatssekretär im Reichsjustizamt Dr. **Friedberg:** Meine Herren, die Aenderung, welche Ihre Kommission zu § 75 vorgeschlagen hat, erregte bei den verbündeten Regierungen die erheblichsten Bedenken, und es war der Wunsch derselben, daß es gelingen möge, diese Aenderung hier wieder beseitigen zu können. Dieser Wunsch mag vielleicht auch jetzt noch nicht ganz aufgegeben sein, aber ich glaube es hier aussprechen zu dürfen, daß er seinen Hauptgrund jetzt verloren hat,

(hört! hört!)

nachdem Sie in § 9 den Tarif der Regierungsvorlage wiederhergestellt haben.

Wenn ich nun auch nicht in der Lage bin, Ihnen bereits eine bindende Erklärung namens der verbündeten Regierungen abgeben zu können, so glaube ich doch zu der Erklärung wohl berechtigt zu sein, daß wenigstens, so viel an mir ist, der Versuch gemacht werden soll, falls die hohe Versammlung dem Beschlusse ihrer Kommission zustimmen sollte, auch in dem Bundesrathe die Zustimmung zu diesem Beschlusse zu erwirken.

Ich kann daraus nur die Entscheidung dem hohen Hause anheimgeben.

Präsident: Das Wort wird nicht weiter gewünscht; ich schließe die Diskussion.

Der Herr Berichterstatter hat das Wort.

Berichterstatter Abgeordneter **Laporte:** Nach der Erklärung, meine Herren, die Sie soeben vom Tische der verbündeten Regierungen vernommen haben, dürfte es wohl keinem Zweifel unterliegen, daß der Vorschlag der Kommission zu § 75 auch Ihre Billigung finden wird. Es ist dieser Vorschlag, wie ich glaube, wohlbegründet. Um in das einzelne nicht einzugehen, darf ich nur das hervorheben, daß die Kommission beabsichtigt hat, ganz unabhängig von der Frage der Verbesserung im Gebührenbezug der Anwaltschaft hier dafür Vorsorge zu treffen, daß nicht durch Ausschluß insbesondere der Korrespondenz von der zu vergütenden Schreibgebühr eine Verringerung desjenigen Verkehrs, welcher zwischen Partei und Anwalt im Interesse des Prozesses absolut nothwendig ist, eintrete. Wesentlich aus diesem Grunde hat die Kommission geglaubt, Ihnen den Vorschlag bei § 75 machen zu müssen.

Präsident: Wir kommen zur Abstimmung.

Das Amendement Thilo ist zurückgezogen. Ich schlage vor, abzustimmen über § 75 nach den Beschlüssen der Kommission, eventualiter über § 75 der Vorlage der verbündeten Regierungen.

Der proponirten Fragestellung wird nicht widersprochen; es wird so abgestimmt.

Die Verlesung des § 75 wird uns wohl erlassen.

(Zustimmung.)

Ich ersuche diejenigen Herren, welche § 75 nach den Beschlüssen der Kommission annehmen wollen, sich zu erheben.

(Geschieht.)

Das ist die Mehrheit; der § 75 ist nach den Beschlüssen der Kommission angenommen und damit § 75 der Vorlage der verbündeten Regierungen beseitigt.

§ 76. — Das Wort wird nicht genommen, eine Abstimmung nicht beantragt; ich konstatire die Annahme des § 76.

§ 77. — Das Wort wird nicht genommen; § 77 ist nach den Beschlüssen der Kommission angenommen.

§ 78. — Das Wort wird nicht genommen; ich konstatire die Annahme des § 78 nach den Beschlüssen der Kommission.

§ 79, — 80, — 81, — 82. — Ueberall wird das Wort nicht gewünscht; §§ 79, 80, 81, 82 sind in zweiter Berathung angenommen.

Ebenso die nicht angefochtene Ueberschrift: Fünfter Abschnitt, Auslagen.

Wir gehen über zu § 83, — § 84, — § 85. — Ich frage, ob das Wort gewünscht wird. — Es ist nicht der Fall. Es wird auch eine Abstimmung nicht beantragt; §§ 83, 84, 85 sind in zweiter Berathung angenommen.

Ebenso die Ueberschrift: Sechster Abschnitt, Einforderung von Gebühren und Auslagen.

Wir gehen über zum siebenten Abschnitt, Schlußbestimmungen.

§ 86 nach der Vorlage der verbündeten Regierungen, dessen Streichung die Kommission beantragt. Ich frage, ob der Herr Berichterstatter das Wort nimmt. — Der Herr Berichterstatter verzichtet auf das Wort. Es wird auch sonst das Wort nicht verlangt; wir kommen zur Abstimmung. Ich muß eigentlich den § 86 noch zur Abstimmung bringen, — aber dem Antrage auf Streichung ist im Hause nicht widersprochen worden; ich glaube daher, es bedarf einer Abstimmung nicht. — Ich konstatire, daß der Antrag der Kommission auf Streichung angenommen, § 86 nach der Vorlage der verbündeten Regierungen also abgelehnt ist.

§ 87. — Das Wort wird nicht gewünscht; ich konstatire die Annahme des § 87.

§ 88. — Das Wort wird nicht genommen; § 88 ist in zweiter Berathung angenommen und zwar nach den Beschlüssen der Kommission.

§ 89. — Das Wort wird nicht gewünscht; § 89 ist nach den Beschlüssen der Kommission angenommen.

§ 90. — Das Wort wird nicht gewünscht; § 90 ist nach den Beschlüssen der Kommission angenommen.

§ 91, — § 92. — Auch hier wird das Wort nicht gewünscht; §§ 91 und 92 sind angenommen.

§ 93. Antrag der Herren Abgeordneten Dr. Bähr (Kassel) und Reichensperger (Olpe) Nr. 144 II. — Ich eröffne die Diskussion auch über dieses Amendement.

Der Herr Berichterstatter hat das Wort.

Berichterstatter Abgeordneter Laporte: Ich habe, meine Herren, bei diesem Paragraphen vorläufig nur zu erklären, daß abgesehen von einer, wie mir scheint, nicht sehr erheblichen Abweichung die Kommission es lediglich bei dem Vorschlage der verbündeten Regierungen, wie er in § 93 und im ersten Alinea des § 94 enthalten ist, belassen hat. Eine Abweichung besteht nur darin, daß, während nach dem Vorschlage der verbündeten Regierungen festgestellt werden soll durch ein Gutachten des Vorstandes der Anwaltskammer, daß die Grenze der Mäßigung in dem Vertrage des Anwalts mit seiner Partei überschritten sei, die Kommission geglaubt hat, diese Frage nicht an das Gutachten oder richtiger den Spruch der Anwaltskammer binden zu sollen, sondern dem Gericht auch über diese Frage und zwar nach vorher eingeholtem Gutachten, der Anwaltskammer die Entscheidung zu lassen, so daß also in dieser Beziehung die Kautel, welche für die Angemessenheit des Vertrages im Sinne der verbündeten Regierungen nothwendig war, kommissionsseitig eher noch verstärkt worden ist.

Präsident: Der Herr Abgeordnete Dr. Reichensperger (Krefeld) hat das Wort.

Abgeordneter Dr. **Reichensperger** (Krefeld): Meine Herren, insoweit hier die Regierungsvorlage dem Entwurf der Kommission gegenübersteht, würde ich mich für den Entwurf der Kommission entscheiden. Ich bin aber der Ansicht, daß weder der eine, noch der andere Vorschlag zur Annahme sich eignet; ich werde daher prinzipaliter meinerseits gegen beide stimmen und zwar, um dies gleich hier beiläufig zu bemerken, nicht bloß gegen den § 93, sondern auch gegen die beiden folgenden mit demselben im wesentlichen Zusammenhange stehenden Paragraphen.

Meine Herren, bei der vorgestrigen Debatte hat sich meines Erachtens gezeigt, daß hier im Hause und insbesondere bei einigen Herren, welche das Wort geführt haben, irrige Begriffe über das Honorarwesen in den Ländern des französischen Rechts, welches ja hier in Frage steht, obwalten. Zu diesen Ländern rechne ich auch Holland, welches im wesentlichen die französische Prozeßgesetzgebung bei sich eingeführt hat. Insbesondere aber werde ich den Landestheil ins Auge fassen, in welchem ich durch eine vieljährige Praxis als Richter orientirt zu sein glaube. Gestatten Sie mir — es ist das nothwendig, um jene irrigen Vorstellungen zu berichtigen — auch etwas eingehender über diese Honorarfrage in den gedachten Ländern mich auszusprechen.

In Frankreich und auf unserem linken Rheinufer besteht die freie Advokatur, d. h. Jeder, der das betreffende Examen gemacht hat, kann nach Belieben in dem Bezirk eines Appellationsgerichtshofs sich niederlassen und praktiziren. Insofern besteht dort also vollkommen freie Advokatur. Dagegen ist die prinzipiell von der Advokatur getrennte Anwaltschaft nicht eine freie. Bei jedem Tribunal, im Rheinlande bei jedem Landgerichte und bei jedem Appellhofe gibt es eine bestimmte Anzahl seitens der Regierung ernannter Anwälte; diese Anwälte brauchen in Frankreich die höheren Studien und die höheren Examina nicht gemacht zu haben. Die Gebührentaxen, welche in den gedachten Ländern gesetzlich bestehen, beziehen sich nur auf die Anwälte. Der Anwalt ist derjenige, welcher die Prozeßurakte macht, den Gang des Prozesses mittelst seiner Anträge leitet, beziehungsweise demselben folgt. Hinter ihm oder über ihm steht der Advokat als eigentlicher Jurist. Derselbe hat im Grunde nach dem Geiste der französischen Gesetzgebung nur die Rechtsausführungen zu besorgen, er ertheilt überdies der Partei, beziehungsweise dem Anwalt, juristischen Rath und plaidirt. So also hat man dort einerseits eine gezwungene, eine in einen festen Rahmen eingeschlossene Anwaltschaft und daneben eine freie Advokatur. Für den Advokaten bestehen gesetzliche Taxen nicht, der Advokat als solcher ist auf eine gesetzlich abgestufte Gebühr für sein Plaidoyer und eventuell auf ein Honorar angewiesen — ich bitte, dies im Auge zu behalten.

Nun hat es sich aber in den Rheinlanden so gestaltet, daß der Anwalt dieselben Examina gemacht, dieselbe Qualifikation haben müßte wie die Advokaten, so daß also der Anwalt zugleich den Advokaten in sich schließt. Der Advokat wird bei uns zu Lande zum Anwalt ernannt und dann besorgt er sowohl die Geschäfte des Advokaten, wie die des Anwalts; er hat aber, wenn der Prozeß oder die Instanz zu Ende ist, abgesehen von dem Plaidoyer, nur als Anwalt zu liquidiren. Die Sache ist für Nichtjuristen vielleicht etwas komplizirt; es ergibt sich aber daraus, daß für den, in *einer* Person verbündeten Advokatanwalt, wie er bei uns im Rheinlande bereits besteht und wie er nach diesem Gesetz auch fernerhin allgemein bestehen wird, durchweg nur die gesetzlichen Taxen maßgebend sind. Für die sehr große Mehrzahl der Prozesse wird dann auch nur auf Grund der Taxe, welche vor einigen Jahren für die Rheinprovinz erhöht worden ist, liquidirt und Seitens der Parteien bezahlt. Ist ein Prozeß weitläufig, schwierig, von besonderer Bedeutung, die Partei auch so wohlhabend, daß sie ein Mehr füglich tragen kann, so verlangt der Advokatanwalt — so will ich nur den Rechtsbeistand nennen — ein Honorar; aber es gilt in sämmtlichen Ländern des französischen Rechts und insbesondere in der Rheinprovinz der Satz, daß niemals ein Advokatanwalt im *Voraus* sich ein bestimmtes Honorar ausbedingen darf. Es ist dies geradezu verboten, man sieht es als gegen die Delikatesse gehend an, wenn im Voraus der Advokatanwalt dem seinen Beistand Nachsuchenden erklärt: „Ich führe Deinen Prozeß nicht, wenn Du mir nicht außer der Taxe noch diese oder jene Summe zu bezahlen versprichst." Sofern konstatirt werden sollte — es ist dies nur sehr selten während meiner amtlichen Praxis vorgekommen —, daß ein Advokatanwalt nichtsdestoweniger sich im Voraus vertragsmäßig ein bestimmtes Honorar zusichern ließ, verfällt er der Disziplinirung. Man geht dort eben von der Ansicht aus, es vertrage sich nicht recht mit der höheren Ehrenhaftigkeit — die dortigen Anschauungen haben sich so gebildet, meine Herren, ich will nicht behaupten, daß sie *unbedingt* maßgebend seien — es vertrage sich jedenfalls nicht mit der Delikatesse, wie solche einem Advokaten eigen sein müsse, mit einem Geldgeschäft, zu welchem er in eigenem Interesse seinen Klienten zu veranlassen suche, für denselben einen Prozeß zu beginnen. Es erschüttert das zudem nothwendig das Vertrauen, welches der Klient zu dem Vertheidiger seiner Sache vor Gericht haben muß, es degradirt solches Handeln — dahin gehen nun einmal die dortigen Anschauungen, wiederhole ich — den Advokaten sowohl in den Augen seines Klienten, als in den Augen des Publikums, wenn er im Voraus den Rechtsuchenden sagen wollte: „so und so viel muß ich von Dir haben, sonst kanust Du Deiner Wege gehen." Aehnliches würde man von einem Arzte sagen, welcher, zu einem Kranken gerufen, demselben sagte: „ehe ich Deinen Puls fühle, muß ich wissen, daß ich so und so viel von Dir bekomme, ich mag Dich kuriren oder nicht kuriren."

Ganz ähnlich, meine Herrren, sieht man, wie gesagt, die Sache bei uns zu Lande gegenüber den Advokaten an. Zur Erläuterung dessen, will ich ein Bespiel anführen. Es hat vor einer Reihe von Jahren am Appellhofe in Köln ein großer Prozeß geschwebt, ein Gründerprozeß, vor der eigentlichen Gründerperiode, worin ein gewisser Marquis eine Hauptrolle spielte. Der Prozeß ist wohl durch ganz Deutschland bekannt geworden und hat viel von sich reden machen. In diesem Prozeß haben bei einem Senat des Appellhofs, wenn ich nicht irre, mindestens 4 Wochen die Plaidoyers gedauert, so verwickelt war derselbe, so viele Advokaten mußten darin auftreten. Natürlich konnten diese Advokaten während jener ganzen Zeit alle ihre anderen Sachen nicht führen. Der Prozeß war, wie gesagt, überaus komplizirt, und obgleich sehr reiche Leute dabei als Parteien waren, große Bankiers 2c., so hat doch meines Wissens keiner dieser Advokaten im Voraus ein bestimmtes Honorar sich ausbedungen. Als der Prozeß am Appellhofe zu Ende war, wurden die Honorare freiwillig gegeben, vielleicht auch von einzelnen Advokaten auf Anfrage normirt. Einer derselben bekam von einer sehr reichen Partei ein Honorar, ich weiß nicht mehr von wie viel Louisd'ors, es war jedenfalls eine an sich nicht unbedeutende Summe; er war damit nicht zufrieden, er war der Ansicht, er habe mehr eingebüßt und mehr verdient. Die Sache kam vor den Disziplinarrath der Advokatur, weil die betreffende Partei nicht ein Mehreres bezahlen wollte; sie glaubte genug angeboten zu haben. Der Disziplinarrath trat auf die Seite des Advokaten; darauf kam die Sache an den Appellhof; auch dieser sprach dem Advokaten das Mehr, welches er forderte, zu; dieser aber hielt es nicht für recht ehrenhaft, das ihm zugesprochene Mehr an sich zu nehmen; er ließ dafür im Dome eine Statue errichten; er wollte eben nicht auf dem *Prozeßwege* das Mehr erstreiten, was er billigerweise fordern zu können geglaubt hatte. Ich erzähle die Geschichte, um Ihnen an einem Beispiele zu zeigen, wie peinlich, möchte ich sagen, bei uns am Rhein die Advokaten, im Großen und Ganzen, gegenüber ihren Klienten in Bezug auf die Honorarfrage verfahren.

Es ist ganz richtig, was in der vorgestrigen Sitzung angeführt worden ist, daß nämlich in Frankreich, Holland und Belgien das Honorarwesen trotzdem, was ich eben gesagt habe, eine beklagenswerthe Ausdehnung gewonnen hat. Aber, meine Herren, man verfährt dort doch immer so, wie ich es angeführt habe; man läßt sich nicht auf Gruud eines *vorherigen Vertrages* honoriren. Da die in Rede stehende Sache im Falle der Kontestation an die Disziplinarkammern der Advokaten gehen, so mag man dort allerdings geneigt sein, in *wichtigen* Sachen *große Honorare* zuzubilligen; eine Hand wäscht da, wie man sagt, die andere; soweit geht die Delikatesse nicht, daß man das Geschäft sich wechselseitig verderben will. So sind denn große Honorare allerdings in jenen Läudern nichts Seltenes; aber nur wenn es sich um große Sachen unter vermögenden Parteien handelt, und immer wird nur erst nach dem *Schlusse* der Instanz über das Honorar verhandelt.

Nun aber bemerke ich, daß die Unsitte der großen Honorarzahlung an hervorragende Advokaten — und solche fordern sie in der Regel; die gewöhnlichen Advokaten sind froh, wenn sie eine größere Anzahl Prozesse zu führen haben, und wollen nicht in den Geruch des Theuerseins kommen — diese Unsitte, sage ich, hat sich am Rhein jedenfalls nicht eingebürgert; am Rhein, das kann ich versichern, sind bis jetzt im Großen und Ganzen sowohl die Advokaten mit dem bestehenden Zustande einverstanden gewesen, sie haben sich wohl dabei befunden, als auch das Publikum, ich wenigstens habe durchweg nie aus dem Publikum während meines langen Lebens weitgehende Klagen über die dortige Praxis bezüglich der Honorare vernommen. Demnach bin ich denn allerdings auf Grund meiner speziellen Lebensanschauung und meiner Erfahrung der Ansicht, daß wir nicht wohl daran thun, sowohl dem Publikum als den Anwälten gegenüber, wenn wir sie auf den Weg weisen, der in der Vorlage der Regierung sowohl als in dem Entwurf der Kommission vorgezeichnet ist; ich kann es nicht billigen, wenn wir, mit einem Worte, die Anwälte veranlassen, gewissermaßen an diejenigen, die bei ihnen Rechtshilfe suchen, die Frage zu stellen: wie viel Geld bekomme ich von Dir, mag ich nun Deinen Prozeß verlieren oder gewinnen? Ich bemerke noch, daß in der Rheinprovinz der Regel nach nur seitens desjenigen Advokaten ein Honorar gefordert wird, der den Prozeß *gewonnen* hat, so daß das Honorar gewissermaßen mit einem sogenannten Palmarium zusammenfällt; selten, nur ausnahmsweise, wird von dem unterliegenden Theil Honorar gefordert, es begnügt sich der Advokat mit der Taxe, die ihm vom Richter nach Maßgabe des Gesetzes festgestellt wird: Afflictis non est addenda afflictio. Daß derjenige, der seinen Prozeß *verloren* hat, auch noch *seinem* Advokaten ein bedeutendes Honorar zu zahlen haben soll, ist doch eine gar harte Situation für ihn, und werden denn bei uns am Rhein die Klienten in Zivilsachen nur sehr ausnahmsweise in dieselbe versetzt.

Meine Herren, die Sprüche oder die Worte „Angebot und Nachfrage", „freie Konkurrenz", haben, wie Ihnen Allen bekannt ist, ihre Zauberkraft so ziemlich eingebüßt. Hier kann aber auch von Angebot und Nachfrage und freier Konkurrenz, wenn man überhaupt diese kaufmännischen Ausdrücke auf das in Rede stehende Gebiet übertragen wissen will, thatsächlich wohl nicht die Rede sein. Für besonders wichtige Sachen gibt es in der Regel — das werden alle die Herren, die irgendwie auf dem fraglichen Gebiet sich umgethan haben, bestätigen — nur wenige Advokaten, welche dann jede Partei für sich haben will. Nun, meine Herren, werden die drei, vier Advokaten solcher Art entweder sich untereinander verständigen oder sie werden doch nicht leicht sich einander abbieten wollen. Denken Sie sich die Lage, wenn von einem Klienten ein Advokat meinetwegen eine besondere Vergütung von 500 Mark fordert, dieser die Forderung zu hoch findet, zu einem zweiten Advokaten geht und denselben fragt, für wie viel er es thun wolle; erklärt dieser dann z. B. 300 Mark für schon genügend, so blamirt er seinen Kollegen oder er bringt sich in den Geruch, daß er seinen Kollegen das Geschäft verderbe. In der Regel wird demnach jede Partei, die an einen Advokateu, der nun einmal ihr Vertrauen hat, sich wendet, genöthigt sein, dasjenige zuzusagen, was der fordert. Es kommt noch hinzu, daß nach der Vorlage das Abkommen schriftlich getroffen werden soll. Meine Herren, nach der neuen Prozeßgesetzgebung wird in Bezug auf fast alle Summen, die prozessualistisch in Frage kommen können, der Zeugenbeweis zugelassen. Hier also soll nur ein schriftlicher Beweis Geltung haben. Dagegen habe ich an und für sich nichts; ich bin im Gegentheil der Ansicht, daß jene neue Prozeßbestimmung gar sehr zu beklagen ist. Aber, meine Herren, wenn man gerade hier ausnahmsweise einen schriftlichen Beweis verlangt, so muß das frappiren. Es ergiebt sich daraus, daß hier der Gesetzgeber dem einen oder dem andern Theile nicht traut. Wer redigirt denn aber das Schriftstück? Doch gewiß immer nur der Advokat; derselbe legt also seinem angehenden Klienten eine Schrift von vorneherein vor und verlangt, daß derselbe das unterschreibe, anderenfalls könne er ihm nicht helfen. So ist denn der Klient schlechterdings von vornherein dem Anwalt in die Hände geliefert, lediglich seiner Diskretion überantwortet. Geht er zu einem zweiten, so fordert derselbe entweder eine gleiche Summe, oder es tritt der zuvor gedachte Fall ein. Daß wissentlich ein Anwalt nicht weniger verlangt, als der andere, zuerst Befragte, bringt schon das kollegialische Verhältniß mit sich.

Diese Momente, meine Herren, wie ich sie eben ganz allgemein angeführt habe, werden es Ihnen mindestens erklärlich machen, daß ich den Vorschlägen, um welche es sich hier handelt, mit entschiedenster Antipathie gegenüberstehe. Es hat mich übrigens gefreut, bei der vorgestrigen Debatte selbst aus dem Munde des Herrn Abgeordneten Marquardsen, der, meines Wissens, im Gebiete des französischen Rechts nicht als Jurist thätig war, zu hören, daß das ganze Vertragswesen, wie es hier entwickelt sei, ihm durchaus nicht zusage; diese Aeußerung des Herrn Marquardsen hat mich sehr beruhigt und mich in meiner Anschauungsweise bestärkt. Ich glaube, meine Herren, daß Sie weder den Anwälten einen Dienst erweisen, noch auch dem Publikum, wenn Sie auf den hier in Vorschlag gebrachten Weg sich begeben.

Meine Herren, es ist vorgestern hier gesagt worden, die damals votirten Taxen seien Durchschnittstaxen, was ja ganz richtig ist, und es ist hinzugefügt worden, kleinere Sachen machten nicht ganz selten mehr Umstände, sie böten mehr Schwierigkeiten dar, seien zeitraubender als hochwerthige Sachen. Das stimmt auch mit meiner Erfahrung in der Rechtspflege; es gibt große Sachen, das heißt Sachen, bei welchen es sich um sehr erhebliche Summen handelt, die ihrer Natur und ihrer Behandlung nach sehr einfach sind. Wenn nun nach der Taxe, wie sie uns hier vorliegt, bei großen streitigen Summen der Anwalt schon hunderte von Mark zu fordern berechtigt ist — es geht die Taxe ja sogar bis zu 900 Mark — etwa 300 bis 500 Mark, würde es dann nicht die Billigkeit erheischen, daß der Anwalt seinen Klienten gegenüber sagt, der Rechtsstreit befasse zwar sehr viel, er sei aber rechtlich so einfacher Natur, daß er unmöglich die gesetzliche Gebühr in Anspruch nehmen könne, er verdiene dieselbe nicht? Ich glaube aber, kein Anwalt wird sich dazu herbeilassen, so zu verfahren, ein jeder wird für die juristisch einfachsten Sachen, bei welchen es sich um große Summen handelt, die Taxe von so und soviel hundert Mark sich ausbitten, wenn er sie auch, so zu sagen, im Handumdrehen gewonnen hat. Wenn der Anwalt in solchen Fällen seine Durchschnittstaxe bezieht, und man kann doch wohl sagen, daß im großen und ganzen genommen die von uns votirte Taxe reichlicher bemessen ist, als es bisher in Preußen und am Rhein war, so muß die gesetzliche Gebühr im allgemeinen vollkommen ausreichen. Ich gebe aber zu, daß es Fälle geben kann, — ich habe selbst zuvor einen solchen angeführt — wo man es billiger Weise einem Anwalt nicht zumuthen kann, sich mit der Taxe zu begnügen, weil er zuviel Zeit verwenden und andere Sachen vernachlässigen mußte; dann soll ein Honorar bewilligt werden. In solchem Falle bin ich aber der festen Ansicht, daß das Honorar erst am Schlusse der Instanz zu fordern und zu bewilligen ist und daß, wenn man sich nicht über den Betrag einigt, an die Anwaltskammer gegangen werden soll, in letzter Instanz endlich nicht den gewöhnlichen Prozeßweg beschreiten, wie er hier in Aussicht gestellt ist, sondern wie es in Frankreich und bei uns der Fall ist, an das höchste Gericht, d. h. an das Oberlandesgericht sich zu wenden hat. Letzteres hat einen sehr guten Grund; denken Sie sich die Lage, in welcher die Anwälte gegenüber den Richtern sich befinden, vor denen sie tagtäglich plaidiren. Es ist eine sehr mißliche Sache, diesen Richtern die Entscheidung darüber in die Haud zu legen, wieviel an Extravergütung ein Anwalt bekommen soll. Es entstehen da Mißverhältnisse mancherlei Art, auf die ich nicht näher eingehen will. Darin liegt der Grund, weshalb, wie ich glaube, in den Ländern französischen Rechts nicht an die Tribunale oder Landgerichte, sondern an die Appellhöfe die schließliche Entscheidung über Honorarfragen devolvirt ist. Es beruht diese Anordnung zugleich auf der Hochachtung, welche man in jenen Ländern für den Advokatenstand, für die „noble profession de l'advocatie“, wie es technisch heißt, hegt; man will über den Advokaten, welchem seine Honoraransprüche bestritten werden, wenn auf der einen Seite der Klient und auf der andern Seite die Anwaltskammer steht, das gewöhnliche Gericht, vor welchem alle Tage dieser Advokat plaidirt, als letzten Richter nicht hinstellen, sondern den Appellhof, der erhaben über alle die Reibungen ist, welche im gewöhnlichen Geschäftsgange nur zu leicht das Verhältniß zwischen Richter und Advokaten trüben. Ich bin der Ansicht, daß diese Art der Auffassung dem Advokatenstande, ich möchte sagen, einen gewissen lustre verleiht. Man erhebt ihn dadurch über den Verdacht der Geldmacherei, und das halte ich für außerordentlich wichtig. Sobald das Publikum sich gewöhnt, in seinen Vertheidigern vor Gericht nur den Geldmacher oder doch vorzugsweise den Geldmacher zu erkennen, sinkt seine Achtung vor denselben. Ich will nicht meine Vermuthung aussprechen, welche Art von Leuten sich mehr und mehr in die Advokatur drängen würden, wenn der Gelderwerb im Vordergrund steht. Es werden jedenfalls, das befürchte ich, solche sein, die in Geldfragen nichts weniger als übermäßig delikat sind.

(Sehr gut!)

Das ist der gelindeste Ausdruck, dessen ich mich bedienen kann. Das aber würde ich im Interesse des Advokatenstandes, den ich während meiner langen richterlichen Laufbahn in hohem Maße schätzen gelernt habe, sehr beklagen. Auch das Publikum würde schlecht dabei fahren. Jedenfalls würde bei uns zu Lande seine Achtung vor dem Advokatenstande dadurch eine Einbuße erleiden.

(Sehr richtig!)

Es ist ja möglich, meine Herren, daß hier in Altpreußen oder in anderen Ländern, wo die Verhältnisse nicht bestehen, von welchen ich gesprochen habe, die Lebensanschauungen anderer Art sind. Ich mache niemandem einen Vorwurf daraus, wenn er anderer Meinung ist, als ich es bin. Aber ich glaube, wenn man eine so lange Erfahrung nicht bloß in einer einzelnen Provinz, sondern in einem so großen Länderkomplex für sich hat, dann kann man wenigstens kühn das aufstellen, wofür ich hier das Wort genommen habe.

Meine Herren, Sie wissen, wie sehr man namentlich in Frankreich Veränderungen zugethan ist. Julius Cäsar hat es schon als besonders veränderlich charakterisirt. Sie wissen, wie viele Umwälzungen über Frankreich gekommen sind; aber das Wesen dessen, was ich Ihnen hier dargelegt habe, ist in Frankreich niemals angefochten worden, bei keiner Regierungsveränderung, bei keiner Frontveränderung der Parteien. Es ergibt sich doch wohl hieraus, daß das dortige System eine besondere Gewähr durch die so lange Beibehaltung desselben bekommen hat. Ich würde es auf das tiefste beklagen, wenn von dem meinerseits bezeichneten Wege abgewichen werden sollte.

Ich bin also, um mich zu resümiren, der Ansicht, daß dem Anwalt für besonders schwierige Sachen allerdings ein Honorar neben seiner Taxe zugebilligt werden soll. Ich würde zunächst, sofern der Anwalt mit dem Klienten sich nicht einigt, die Anwaltskammer zum Richter darüber bestellen, und in letzter Instanz nicht das gewöhnliche Gericht, sondern den höchsten Gerichtshof der Provinz, um diese Fragen immer in einer gewissen Höhe zu erhalten, um sie in jeder Beziehung würdig behandeln zu lassen. Darnach, meine Herren, muß ich denn gegen die von mir bezeichneten, sämmtlichen Paragraphen stimmen.

Sie werden mit Recht fragen, was ich denn an deren Stelle gesetzt sehen will? Ich habe aber jetzt noch keinen positiven Antrag gestellt, weil ich den drei ineinander verflochtenen Paragraphen gegenüber eine einfache Formel, welche Aussicht auf Annahme hat, noch nicht vorschlagen konnte. Ich will erst den Ausgang dieser Debatte die Abstimmung über die drei vorliegenden Paragraphen abwarten, um zu sehen, ob irgend welche Chance für einen Antrag in dem Sinne, wie ich ihn eben bezeichnet habe, vorhanden ist, oder wie weit ich in meinem Antrage wohl gehen kann. Ich behalte mir demnach vor, bei der dritten Lesung einen meinen Grundanschauungen entsprechenden Antrag zu stellen.

Ich bitte Sie, meine Herren, doch ja den Ehrenpunkt, die Delikatesse im Anwaltsstande möglichst sicher zu stellen; es ist das eine wesentliche Sache, besonders in unserer Zeit, die so übermäßig auf den materiellen Erwerb, auf das Geldmachen ausgeht. Ich bitte, halten Sie wenigstens den so ehrenwerthen Stand der Anwälte erhaben über einen jeden Geldschacher, wenn der Ausdruck nicht zu stark ist. Ich bitte Sie, meine Herren, stimmen Sie gegen diesen und die zwei nachfolgenden Paragraphen. Es wird, wenn wir sie abgeworfen haben, sehr leicht sein, in der dritten Lesung eine einfache Formel zu finden, die an die Stelle der gedachten Paragraphen hereinzusetzen sein wird.

(Bravo!)

Präsident: Meine Herren, ich glaube jetzt die Diskussion über § 93, das Amendement Bähr-Reichensperger, § 94 der Regierungsvorlage, § 94a und § 94b mit dem vom Herrn Abgeordneten Thilo gestellten Antrage auf Streichung, was sich ja von selbst versteht, mit einander verbinden zu müssen. — Da dem nicht widersprochen wird, stelle ich diese sämmtlichen Paragraphen — §§ 93, 94 der Vorlage der verbündeten Regierungen, 94a und 94b — hiermit zur Diskussion und ertheile das Wort dem Herrn Abgeordneten Thilo.

Abgeordneter **Thilo:** Meine Herren, ich habe den Antrag gestellt, § 94a zu streichen. Derselbe ist ein Produkt der Berathung der Kommission für Vorberathung des Gebührengesetzes und erscheint mir sehr bedenklich. Das Gebührengesetz geht bei der Fixirung des Anspruchs des Rechtsanwalts davon aus, daß die Regel für die Gebührenberechnung das Pauschquantum sein soll, das in der Skala, die in § 9 angegeben ist, enthalten ist.

Es hat außerdem § 93, über welche der Herr Kollege Reichensperger gesprochen hat, den Grundsatz, daß zweitens auch ein erhöhter Gebührenanspruch dadurch entstehen kann, daß der Rechtsanwalt vorher, bevor er einen Prozeß übernimmt, der Partei sagt: die Mühwaltung, die der Prozeß in Anspruch nimmt, ist zu groß, ich kann ihn nicht übernehmen für den im Gesetz fixirten Betrag, und in Folge dessen, wenn die Partei damit einverstanden sich erklärt, ein Vertrag zwischen dem Rechtsanwalt, der die Vertretung übernehmen soll, und der Partei geschlossen wird über die Höhe der Gebühren.

Ich bin mit beidem einverstanden, halte aber damit die Regelung dieser Sache für völlig erschöpft. Ihre Kommission ist aber weiter gegangen und hat drittens im § 94a beschlossen, nicht bloß die gesetzliche Taxe, nicht bloß der Vertrag sollen eine Grundlage abgeben für den Gebührenanspruch des Rechtsanwalts, sondern ohne daß die Partei etwas konzedirt hat, ohne daß mit der Partei etwas abgemacht ist, soll der Rechtsanwalt in außergewöhnlichen Fällen berechtigt sein, nachträglich zu kommen und zu sagen, neben meinen gesetzlichen Gebühren verlange ich eine außerordentliche Vergütung.

In diesem Beschlusse, meine Herren, sehe ich eine so bedenkliche Bestimmung, bedenklich nicht bloß für die prozeßführende Partei und die Verfolgung von Rechtsansprüchen überhaupt, daß ich eben Sie bitten muß, diese Bestimmung zu streichen. Es ist Grundsatz bei jedem verständigen Manne, der wohlüberlegt seine Geschäfte führen will, bevor er einen Prozeß anfängt, sich darüber zu vergewissern, wie hoch ihm der Prozeß zu stehen kommen wird für den Fall, daß er ihn verliert; denn das ist ja doch bekannt, und die Erfahrung lehrt es, daß der beste und sicherste Prozeß durch ein Versehen des Anwalts, ja auch durch ein Versehen des Richters verloren gehen kann. Jetzt nach den Vorschlägen, die die Regierung macht, ist die Berechnung ganz einfach; man nimmt bloß das Gebührengesetz vor, dann kann man sich das selbst leicht nach der Skala berechnen, oder man hat einen Vertrag vorher geschlossen, dann weiß man es auch. Aber, meine Herren, den Prozeß verlieren oder auch gewinnen und die Prozeßkosten nicht erstattet bekommen und noch eine Rechnung vom Anwalt bekommen, der sagt, der Prozeß ist für mich ein außergewöhnlicher Fall gewesen und ich verlange eine außerordentliche Vergütung, — das, meine Herren, geht doch sicher zu weit und Sie gefährden das Publikum aufs höchste. Ich bin weit davon entfernt, zu glauben und zu behaupten, daß dieser Anspruch auf außerordentliche Vergütung die Regel sein wird, ich weiß, unser Advokatenstand — unsere Erfahrungen sind ja sehr glückliche — ist ein höchst solider, verständiger und gewissenhafter; aber wir gehen einem Zustande entgegen, der freien Advokatur, von der wir noch nicht wissen, welches Material sie uns zuführen wird, und auf dessen Sichtung die Justizverwaltung keinen Einfluß hat. Ich meine, der Fall wird nicht oft vorkommen, aber, meine Herren, nach verlorenem Prozeß eine Rechnung hinterher noch zugeschickt bekommen, welche unter dem Titel einer außerordentlichen Vergütung, weil es ein außerordentlicher Fall gewesen ist, den gesetzlichen Gebührensatz übersteigt, das scheint mir hart und auch prozeßpolitisch nicht gerechtfertigt, wie ich noch später zeigen werde.

Die vorgeschlagene Bestimmung hat aber auch noch weitere Bedenken. Was ist ein außergewöhnlicher Fall, der zu einer Extravergütung den Anspruch gibt? Ist der Fall an sich, das Materielle des Anspruchs, oder in einem Strafprozeß der Straffall als außerordentlicher Fall gemeint? das kann ich nicht glauben, aber dem Wortlaute nach ist die Auslegung möglich; oder ist ein Fall gemeint, der die Aufwendung einer ganz besonderen Mühe seitens des Rechtsanwalts erfordert? Letzteres wird in dem Falle gemeint sein, aber Sie werden mir doch zugeben müssen, daß dem Wortlaute nach auch jene Auslegung möglich ist. Wie aber, selbst wenn wir annehmen, daß die außerordentliche Mühe entscheidend ist? Sie werden mir auch hierin Recht geben müssen, daß das nach den Personen verschieden ist; der eine Rechtsanwalt beherrscht die in Frage kommende Rechtsmaterie vollständig und braucht keine großen Studien über dieselbe zu machen, dem anderen Rechtsanwalt ist die Materie fremd und er muß sich erst hineinarbeiten, z. B. bei einem Lehnsprozesse. In diesem Falle wird jedenfalls eine Ungleichheit geschaffen. Der Anwalt, der weniger gelehrt, weniger erfahren ist, kann nach dem Wortlaute des Gesetzes höhere Gebührenansprüche machen, als der gelehrte und erfahrene Rechtsanwalt. Und nun gar im Strafprozeß!

(Zuruf.)

Es wird mir eben hier zugerufen, auf den Strafprozeß beziehe sich die vorgeschlagene Bestimmung nicht. Jawohl, Herr Kollege, wenn in diesem § 94a von „dem als Vertheidiger bestellten Rechtsanwalt die Rede ist, der eine außerordentliche Vergütung nicht verlangen kann", so bezieht sich der Paragraph natürlich auf den Strafprozeß mit.

Meine Herren, ich glaube, wir nützen aber auch dem Rechtsanwalt durch eine solche Bestimmung nicht. Die große Masse der Rechtsanwälte wird eine solche Bestimmung gar nicht dankbar hinnehmen; denn sie werden, wie ich überzeugt bin, im großen und ganzen einen Gebrauch davon nicht machen; aber sie ist doch geeignet, das Publikum von Anstellung von Prozessen zum Schaden der Rechtsanwaltschaft abzuschrecken. Die wenigen Fälle, in denen es vorkommen wird, daß der Anwalt außerordentliche Mühe auf den Prozeß verwenden muß, werden durch die Pauschalgebühren gedeckt; denn das System der Pauschalgebühren hat den Zweck, da die Gebühren gleich hoch sind nach dem Objekt, ob die Mühe groß oder klein ist, durch die leichteren Fälle, die weniger Mühe machen, auch die schwereren zu decken, und das ist bekannt, daß die Zahl der leichteren Prozesse, die weniger Mühe machen, die überwiegend größere ist. Das System der Pauschalgebühren ist das der ausgleichenden Gerechtigkeit. Die Sache hat aber noch eine weitere bedenkliche Seite. Wir in Altpreußen kennen die Aufstellung solcher außerordentlicher Liquidationen gar nicht und werden uns absolut daran nicht gewöhnen. Ich bin überzeugt, der Baner auf dem Lande, der Gutsbesitzer wird erschrecken, wenn man ihm neben den gesetzlichen Gebühren noch eine außerordentliche Extragebühr abverlangen wird. Wozu würde das führen? Es würde führen zum Prozeß; denn auch dies ist in dem Vorschlage der Kommission vorgesehen; will die Partei nicht bezahlen, so kann der Rechtsanwalt sie demnächst auch noch verklagen. Es entsteht also aus dem alten noch ein neuer Prozeß, wenn die Partei die außerordentliche Vergütung nicht bezahlen will. Außerdem aber führt es zur Verbitterung, zur Heruntersetzung der Stellung des Anwalts, wenn er demnächst mit seinem Klienten Prozeß über die außerordentliche Gebühr führt.

Ich bitte Sie daher, meinen Antrag auf Streichung des § 94a anzunehmen. Thun Sie das, meine Herren, so müssen Sie dann in den § 94b natürlich die Bestimmung, welche dort in Bezug auf die außerordentliche Vergütung getroffen ist, auch streichen. Ich stelle deshalb einen Antrag zu dem § 94b, daß in dem Falle, daß mein Antrag der Streichung des § 94a angenommen wird, dann dem § 94b folgende Fassung gegeben werde:

> Für das Verhältniß des Auftraggebers oder des Rechtsanwalts zu dem Erstattungspflichtigen kommt die vertragsmäßige Festsetzung der Gebühren nicht in Betracht,

d. h., es kommt nur noch die gesetzliche Gebühr in Betracht. Ich bitte Sie, meine beiden Anträge anzunehmen. — Ich überreiche den Antrag.

Präsident: Der Herr Abgeordnete Windthorst hat das Wort.

Abgeordneter **Windthorst:** Meine Herren, die Herren Richter hier im Hause geben sich eine ganz besondere Mühe, die Advokatur in die möglichst schmalsten Grenzen einzuengen, und thun das aus den allerverschiedensten Motiven. Ich meinestheils kann diesen Herren nicht folgen, und es liegt das vielleicht darin, daß die Herren, die bis jetzt gegen die Advokaten aufgetreten sind, die Mühseligkeit und Arbeit eines Advokaten niemals selbst gekostet haben.

(Sehr richtig! rechts.)

Wir haben bei dem § 9 eine Taxe angenommen, wie die Regierung sie vorgelegt hat. Ich komme darauf nicht zurück, mache aber darauf aufmerksam, daß sowohl diejenigen Advokaten aus den verschiedenen deutschen Länderu, welche von der Regierung befragt worden sind, als unsere Kommission diesen Tarif für ausreichend nicht gehalten haben. Die Regierung hat ihrerseits den Tarif, den sie vorgelegt hat und den wir angenommen haben, auch nicht für genügend erachtet. Hätte sie das, hätte die Regierung geglaubt, mit dem von ihr vorgelegten Tarif sei das Richtige absolut getroffen, dann hätte sie diesen Tarif als einen unumstößlich feststehenden und für alle Fälle allein giltigen hinstellen müssen. Das hat sie aber nicht gethan, sie hat gefühlt, daß dieser für die gewöhnlichen Sachen bemessene Tarif für außergewöhnliche Fälle nicht zutrifft, und hat deshalb gestattet in ihrer Vorlage, daß der Advokat einen schriftlichen Vertrag schließt, worin er die Selbstschätzung seiner Arbeit für diesen Fall vornimmt unter Konsens der Partei. Damit hat sie ein Mittel gegeben, dann, wenn der Tarif nicht ausreicht, dem Advokaten das Nöthige für seine Mühwaltung zuzuwenden.

Dieses Auskunftsmittel ist nicht neu in der deutschen Gesetzgebung. Die Motive geben die Gesetze an, in welchen auch bisher schon für solche Fälle ein Vertrag zulässig war. Er war zulässig in Preußen nach dem Gesetz von 1851, er war zulässig in vielen anderen deutschen Staaten, insbesondere auch in Braunschweig und Hannover, wo ein Prozeß existirt, der dem jetzt einzuführenden oder in Thätigkeit zu setzenden am meisten gleicht.

Der Herr Kollege Reichensperger hat geglaubt, die Abschließung eines solchen Vertrages habe etwas Ehrenrühriges, und hat uns aufgefordert, unter allen Umständen dafür zu sorgen, daß das Ehrgefühl der Advokaten nicht geschädigt werde. Dieser Aufforderung muß ich meinen ganzen Beifall schenken. Ich glaube allerdings mit ihm, daß nichts bedenklicher sein würde, als Maßregeln, welche das Ehrgefühl der Advokaten verletzen. Indessen meine ich doch, daß wir das Ehrgefühl der Advokaten nicht erhöhen, wenn wir in der Art, wie es bisher geschehen ist, über die Gebührentaxe debattiren. Die Frage, ob der Abschluß eines solchen Vertrages ehrenrührig sei, wird sich nach der in den betreffenden Landestheilen geltenden Sitte richten. Es ist die Zulässigkeit des Vertragsabschlusses gar kein neuer Gedanke. Bis zu 100 Dukaten hin kannte man schon ein Abkommen im römischen Rechte, und in den Ländern, die ich zitirt habe, ist er in neuerer Zeit ausdrücklich sanktionirt; und was die Länder des französischen Rechts betrifft, so ist noch jetzt maßgebend, entweder gesetzlich oder durch die Praxis, dasjenige, was in dem Dekret vom 14. Dezember 1810 ausgesprochen worden ist. Dieses Dekret sagt: voulons que les avocats taxent eux-mêmes leurs honoraires avec discrétion qu'on doit attendre de leurs ministère. Es ist also in den Ländern des französischen Rechts besonders auch am Rhein den Advokaten selbst und allein die Taxe, die sie machen wollen, überlassen. Es ist das auch eine richtige Konsequenz der freien Advokatur, die eben in diesen Ländern gilt. Ich habe das schon bei dem § 9 näher auszuführen versucht. Diese Selbstabschätzung scheint in Frankreich nicht einmal mehr, weil die Ordonnanz in gewisser Weise aufgehoben ist, einer festen Kontrolle unterworfen, dagegen ist es allerdings richtig, daß in Rheinland und Belgien noch jetzt der Vorstand der Advokaten diejenigen Ermäßigungen eintreten läßt, welche etwa nothwendig erscheinen. Das Nähere über diese Sache können die Herren in den Motiven Seite 103 und 104 lesen. Allerdings ist, weil dieser Grundsatz in den Ländern des französischen Rechts gilt, dort die Vertragsabschließung nicht vorgekommen, und man hat in dem Mittel, selbst zu schätzen, genügende Sicherheit für eine ausreichende Vergütung gefunden.

Hätte nun der Kollege Reichensperger, der den Vertrag verwirft, diesen Grundsatz des Dekrets von 1810, welcher in den Rheinprovinzen gesetzliche Kraft hat, hier aufgestellt, mithin für den § 94 a gestimmt, wie er von der Kommission vorgeschlagen ist, dann würde ich ihn begreifen. Das aber hat der verehrte Herr Kollege nicht gethan, er streicht alles, verweiset uns auf ein Unbestimmtes in dritter Berathung, und wir kommen, wenn wir seinem Rathe folgen wollen, dahin, daß die Taxe, die im § 9 steht, die allein maßgebende sein würde. Ein solches Verfahren scheint mir durchaus unzulässig zu sein. Die beiden Herren Thilo und Reichensperger stehen sich absolut entgegen. Der Abgeordnete Thilo will den Vertrag allein, der Abgeordnete Reichensperger will den Vertrag nicht, sondern ein noch unbestimmtes Etwas. Ich meine, daß wir darum wohl thun, wenigstens in der zweiten Berathung etwas klar und bestimmt definirtes anzunehmen, und sollten die Herren dann im Stande sein, bei der dritten Berathung uns einen besseren Gedanken zu bringen, so werden wir dann sehr geneigt sein, diesen besseren Gedanken zu akzeptiren; so lange dieser bessere Gedanke aber nicht vorliegt, gebe ich das, was gegeben ist, nicht auf. Nach dem Gange, welchen die Diskussion genommen, scheint es mir fast, und wir werden das ja noch näher hören, daß der Herr Kollege Thilo im wesentlichen die Anschauungen der verbündeten Regierungen wiedergibt. Ich muß deshalb erwarten, daß die Bundesregierungen durch ihre Organe den uns selbst vorgelegten Honorarvertrag vertheidigen werden, und ich will hören, was sie gegen den § 94 einzuwenden haben. Ich will übrigens das Geheimniß der Auschauungen des Kollegen Thilo hier unverholen darlegen, ich liebe eben offene Karten. Man denkt, daß man allerdings der Taxe des § 9 gegenüber den Advokaten einen gewissen Trost hinhalten muß. Diesen Trost zeigt man in dem Vertrage, man erwartet aber im voraus, daß die Abschließung eines solchen Vertrags große Schwierigkeiten hat nach allen Richtungen hin, die ich nicht erörtern will; daß der Vertrag also in der Regel nicht vorkommen wird, und es dann bei der Taxe bleibt. Man erwartet dagegen, daß, wenn man auf das mehr französische System des § 94 kommt, welches mehr dem Dekret von 1810 entspricht, die Advokaten nach beendigtem Prozesse öfter eine erhöhte Honorirung in Anspruch nehmen werden. Man will offenbar diese Selbsttaxirung beseitigen, um das andere schwer zu Erreichende, den Vertrag, bestehen zu lassen, und das in seiner Wirksamkeit nicht Bedeutende; also zugeben. Ich bin der Ansicht, daß man, nachdem man den § 9, so wie geschehen, gefaßt hat, hier um so mehr und um so nothwendiger bei demjenigen bleiben muß, was die Kommission beschlossen hat. Ich mache aber kein Hehl daraus, daß, wenn ich absolut nur die Wahl zwischen Vertrag und Selbsttaxe habe, ich den Vertrag aufgebe und den § 94 annehme. Wie die Dinge liegen, scheint mir aber das richtigste und den verschiedensten Rechtssystemen am meisten entsprechend zu sein, wenn wir mit der Kommission beides hinstellen. In den Ländern, wo bisher schon der Vertrag zulässig war und vielleicht in Uebung gekommen ist, bleibt es bei dieser Gewohnheit; in den Ländern, wo die Selbsttaxirung nach dem Dekret von 1810 stattfindet, wird der § 94 angewendet, und es ist vollständig zulässig, es bei diesem bisherigen Zustande des Systems der Honorirung zu belassen. Alles Honorirungswesen kann durch Gesetze nicht völlig richtig geordnet werden, es beruht eben auf der Sitte, und die wird, wenn wir beides akzeptiren, in allen Ländern möglichst gewahrt. Daher empfehle ich Ihnen, beide Wege einer sicheren Honorirung anzunehmen und sich nicht durch irgend welche Gunst oder Ungunst gegen die Advokatur bestimmen zu lassen. Ich bemerke aber ausdrücklich noch für die Laien, daß diese höhere Taxe, die, bei dem Vertrage und der Selbsttaxirung in Frage, niemals Gegenstand des Ersatzes von dem unterliegenden Theil ist.

Vizepräsident Dr. **Lucius**: Es ist mir ein neuer Antrag handschriftlich überreicht; ich bitte den Herrn Schriftführer, denselben zu verlesen.

Schriftführer Abgeordneter **Eysoldt**:

Der Reichstag wolle beschließen:
statt der §§ 93 bis 94 b zu setzen:

§ 93.

In Sachen von hervorragender Schwierigkeit steht nach dem Schluß der Instanz dem Anwalt eine besondere Vergütung zu. Im Falle der Nichteinigung über diese Vergütung entscheidet in erster Instanz der Vorstand der Anwaltskammer, in letzter Instanz das Oberlandesgericht.

Dr. Reichensperger (Krefeld).

Vizepräsident Dr. **Lucius**: Zur Geschäftsordnung hat das Wort der Herr Abgeordnete Dr. Lasker.

Abgeordneter Dr. **Lasker**: Meine Herren, zu diesem wichtigsten Punkte des ganzen Gesetzes wird uns jetzt ein handschriftlicher Antrag eingebracht, während eine sehr bedeutsame Diskussion uns erwartet. Ich glaube, meine Herren, daß es rathsam sein wird, wie ich in erster Linie vorschlage, mit dem handschriftlichen Antrage die Sache an die Kommission zurückzuverweisen, oder, wie ich in zweiter Linie vorschlagen würde, wenn Sie den ersten Antrag ablehnen sollten, den Gegenstand von der heutigen Tagesordnung abzusetzen.

Vizepräsident Dr. **Lucius**: Ich werde den Antrag des Herrn Abgeordneten Dr. Lasker, der dahin geht, die §§ 93 ff. nebst den dazu gestellten Anträgen an die Kommission zurückzuverweisen, zunächst zur Diskussion und zur Abstimmung stellen.

Es wünscht niemand darüber das Wort.

Ich bitte diejenigen Herren, die, entsprechend dem Antrag des Herrn Abgeordneten Dr. Lasker, die §§ 93 ff. nebst den dazu gestellten Anträgen an die Kommision, welche die Vorlage in Vorberathung gehabt hat, zurückverweisen wollen, sich zu erheben.

(Geschieht.)

Das Büreau ist einstimmig der Ansicht, daß die Mehrheit steht; der Antrag ist angenommen und die Vorlage an die Kommission zurückverwiesen.

Meine Herren wir gehen über zum nächsten Gegenstand der Tagesordnung:

erste Berathung des Gesetzentwurfs, betreffend den Zolltarif des deutschen Zollgebiets (Nr. 132 der Drucksachen).

Ich eröffne die Generaldiskussion über die Vorlage.

(Präsident Dr. von Forckenbeck übernimmt den Vorsitz.)

Präsident: Meine Herren, ich behalte mir vor, eine besondere erste Berathung über die nachfolgenden Gegenstände der Tagesordnung, wie sich das von selbst versteht, — in der vielleicht Nr. 4 und 5 und Nr. 6 und 7 werden zusammengefaßt werden können, — zu eröffnen. Ich werde aber in der bevorstehenden ersten Berathung auch nicht hindern, und ich glaube nicht im Stande zu sein, es zu hindern, daß finanziell, soweit die finanzielle Seite der Sache hervortritt, wenigstens die Nummern 4 bis 7 gestreift werden; aber nicht weiter.

Wir treten also in die erste Berathung ein, und ertheile ich das Wort dem Herrn Reichskanzler.

Reichskanzler Fürst von Bismarck: Wenn die verbündeten Regierungen durch ihre Vorlagen und durch die Motive dazu die Debatte eröffnet, das erste Wort gesprochen haben und die Erwiderung darauf erwarten dürfen, so ist es mir doch nach der Stellung, welche ich zu diesen Vorlagen von Hause aus genommen habe, ein Bedürfniß, auch diese Stellung persönlich mit wenigen einleitenden Worten zu rechtfertigen und meine Auffassung der Gesammtvorlagen, ihrer Motivirung und ihrer Nothwendigkeit in kurzem vor Ihnen darzulegen.

Das Bedürfniß einer Finanzreform in Deutschland ist ja ein altes und nicht bloß seit der Zeit vorhandenes und lebendiges, seit wir mit dem Worte Deutschland wieder einen staatlichen Begriff verbinden, sondern es war meines Erachtens lange vor 1866, es war seit 1848 vielleicht in allen Landestheilen, namentlich aber in dem größten Bundesstaat, in Preußen, lebhaft empfunden.

Unsere Finanzgesetzgebung, ich spreche nicht von der wirthschaftlichen, hat seit den Jahren 1818 und 1824, in Preußen wenigstens — ich kann, wenn ich von den einzelnen Reichsländern und ihrer Beziehung zur Reichsfinanz spreche, hier nur über meine engere Heimat mit Sicherheit urtheilen — in Preußen also, sage ich, hat diese Gesetzgebung, vom finanziellen Standpunkt beurtheilt, geruht; die Gesetze, die seit 1824 mit Ausnahme der untergeordneten in Preußen erschienen sind, waren mehr von politischer als finanzieller Tragweite; ich rechne dahin die Einkommensteuer, die im Jahre 1851 eingeführt wurde und die einem, wie ich gern zugestehe, berechtigten Verlangen entsprach, die größeren Vermögen in höherem Maße als bei der alten Klassensteuer heranzuziehen. Es kam dann 1861 die Grundsteuer und die Gebäudesteuer, im übrigen aber ist meines Wissens vom preußischen Finanzministerium eine Initiative zu irgend einer finanziellen Reform der seit 1824 gültigen Situation nicht ausgegangen, auch keine mißlungene. Es erklärt sich das ja durch das Verhältniß, in welchem die Staaten zum Zollverein standen, und durch die Lage der Zollvereinsverhandlungen während des größten Theils dieser Epoche, wenigstens bis zu Anfang der fünfziger Jahre; der Zollverein, der den Schlüssel zu den indirekten Steuern besaß, war eine lösbare Schöpfung, die sich auf dauernde Steuerverfassungen nicht wohl einrichten konnte, da alle 12 Jahre ihre Existenz in Frage gestellt wurde, und dieser mehr äußerliche Umstand rechtfertigt logisch die Thatsache, daß die Ausbildung unseres indirekten Steuerwesens im Vergleich mit anderen europäischen Ländern in dieser Zeit wesentlich zurückgeblieben ist.

Ich bitte, die wirthschaftliche Seite der Sache und die finanzielle hierbei nicht zu konfundiren, ich habe zunächst bloß die finanzielle in Aussicht.

Eine Möglichkeit, auch die indirekten Steuern in der Weise zu pflegen, wie es in anderen Staaten geschieht, trat erst ein mit der Schöpfung des norddeutschen Bundes, des Zollvereinsparlaments, resp. des deutschen Reichs.

Wenn ich für meine Person nicht damals der Aufgabe einer finanziellen Reform näher getreten bin, so kann ich außer den Abhaltungen, die für mich in politischen Geschäften und auch zum Theil in der mangelnden Gesundheit lagen, dafür anführen, daß ich es nicht als eine Aufgabe betrachtete, die in erster Linie dem Reichskanzler obläge, eine finanzielle Reform anzubahnen; es hat sich die Praxis auch parallel mit dieser Auffassung bewegt, indem Sie sich erinnern, daß der erste Versuch einer finanziellen Reform, bei dessen Anregung ich betheiligt war, sich entwickelte in dem sogenannten Steuerbouquet des königlichen preußischen Finanzministers Freiherrn von der Heydt, der selbst und persönlich für die Sache eintrat; seine Vorlage wurde abgelehnt hauptsächlich mit der Motivirung, daß einzelne Finanzmaßregeln dem Lande nicht nützlich wären, sondern daß es nothwendig sei, eine volle durchgreifende Reform an Haupt und Gliedern in den Finanzen vorzunehmen. Aehnlich sind demnächst einzelne Vorlagen des Nachfolgers des Ministers von der Heydt, des Ministers Camphausen mit ähnlichen Gründen bekämpft worden. Für mich war, wenn ich der Sache persönlich nahe treten sollte, eine Vorbedingung die, daß ich mit den Finanzministern der einzelnen, wenigstens der größeren, Bundesstaaten und namentlich mit dem Preußens über die Hauptprinzipien der vorzunehmenden Reform mich im Einklang befände, da ich nicht vorgehen wollte auf die Gefahr hin, die Stimmen meiner preußischen Kollegen nicht hinter mir zu haben. Dies war bis vor einem Jahr nicht vollständig der Fall, und soweit es prinzipiell der Fall war, war doch eine Einigung in concreto nicht zu erreichen. Nachdem diese für mich unerläßliche Vorbedingung hergestellt war, bin ich einem Geschäft näher getreten, von dem andere noch mehr wie ich überzeugt waren, daß es mir persönlich eigentlich nicht oblag. Ich habe mich dabei, je mehr ich mich hineinarbeitete, von der Nothwendigkeit der Reform nur um so voller überzeugt und namentlich von ihrer Dringlichkeit.

Der heutige Zustand der deutschen Gesammtfinanzen, worunter ich nicht bloß die Reichsfinanzen, sondern die Gesammtheit der Finanzen des Reichs und der einzelnen Länder verstehe — denn bei dem organischen Zusammenhang derselben lassen sie sich nicht getrennt behandeln und betrachten — ist derart, daß er meines Erachtens auf das dringlichste zu einer baldigen und schleunigen Reform auffordert. Das erste Motiv, welches mich in meiner politischen Stellung als Reichskanzler nöthigt, für die Reform einzutreten, ist das Bedürfniß der finanziellen Selbstständigkeit des Reichs. Dieses Bedürfniß ist bei der Herstellung der Reichsverfassung schon anerkannt worden. Die Reichsverfassung setzt voraus, daß der Zustand der Matrikularbeiträge ein vorübergehender sein werde, welcher so lange dauern solle, bis Reichssteuern eingeführt wären. Es wird für denjenigen, der in dieser beschäftigten Zeit Muße dazu gewinnt, gewiß erfreulich sein, die Verhandlungen nachzulesen, die in dem verfassunggebenden Reichstage darüber gepflogen wurden, und namentlich die sehr eindringliche und überzeugende Rede, die Herr Miquel damals gegen die Matrikularumlagen hielt. Ich gehe nicht so weit wie er in seinen Bezeichnungen; er nannte damals die Matrikularumlagen — die Umlagen, wie er sich kurz ausdrückte — gleichbedeutend mit der finanziellen Anarchie in ganz Deutschland. Das möchte ich nicht in diesem Wortlaut unterschreiben, aber gewiß ist, daß es für das Reich unerwünscht ist, ein lästiger Kostgänger bei den Einzelstaaten zu sein, ein mahnender Gläubiger, während es der freigebige Versorger der Einzelstaaten sein könnte bei richtiger Benutzung der Quellen, zu welchen die Schlüssel durch die Verfassung in die Hände des Reichs gelegt, bisher aber nicht benutzt worden sind.

Diesem Zustand muß, glaube ich, ein Ende gemacht werden, denn die Matrikularumlage ist ungleich und ungerecht in ihrer Vertheilung, wie damals Herr Miquel sagte; 30- oder, wie er sagte, 100 000 Bewohner von Thüringen oder Waldeck können nicht ebensoviel bezahlen an Matrikularbeiträgen, wie 30- oder 100 000 Bewohner von Bremen oder Hamburg. Die Konsolidation des Reichs, der wir ja alle zustreben, wird gefördert, wenn die Matrikularbeiträge durch Reichssteuern ersetzt werden; sie würde auch nicht verlieren, wenn diese

Steuern so reichlich ausfallen, daß die Einzelstaaten vom Reich empfangen, anstatt daß sie sie bisher in einer nicht immer berechenbaren und für sie unbequemen Weise zu geben hatten.

Ein zweites Motiv, weshalb mir der gegenwärtige Zustand der Aenderung nothwendig bedürftig erscheint, liegt in der Frage: ist die Last, die im staatlichen und Reichsinteresse nothwendig aufgebracht werden muß, in derjenigen Form aufgelegt, in welcher sie am leichtesten zu tragen wäre, oder ist sie es nicht. Diese Frage muß ich nach meiner Ueberzeugung, und wie Sie aus der Vorlage ersehen werden, wird sie von den verbündeten Regierungen in ihrer Allgemeinheit absolut verneint. Wir erstreben überhaupt nicht einen höheren Ertrag, eine höhere finanzielle Einnahme, insoweit nicht der Reichstag und die Landtage die Nothwendigkeit mit uns erkennen und Ausgaben votiren, zu deren Deckung die Mittel beschafft werden müssen. An sich wüßte ich nicht, was das Reich mit einem Ueberschuß an Geldern anfangen sollte; wir haben es gehabt an den Milliarden und sind bei der Verwendung derselben in eine gewisse Verlegenheit gerathen.

Dieseu Zustand aber künstlich auf Kosten der Steuerpflichtigen zu erzeugen, indem wir in jedem Jahre mehr einnehmen wie ausgeben, kann einer vernünftigen Staatsverwaltung an sich nicht zugemuthet werden. Der Verdacht, der in dieser Beziehung stellenweise in der Presse ausgesprochen wird, ist ungerecht, und ich kann sagen absurd. Wir verlangen nicht mehr, als wir jetzt haben und als wir nach Ihrem und der Landtage Votum mehr haben sollen, wir wünschen aber, daß das, was nach Ihrem und der Landtage Votum nothwendig aufgebracht werden muß, in der Form aufgebracht werde, in welcher es für die Kontribualen am leichtesten zu tragen ist. Die verbündeten Regierungen sind der Ueberzeugung, daß in dieser Beziehung die bei uns vermöge der Verhältnisse, die ich vorhin nannte, im Zollverein so lange vernachlässigte Quelle der indirekten Steuern diejenige ist, welche das Tragen der Last, der wir uns in irgend einer Weise unterziehen müssen, am meisten erleichtern kann. Ich werfe also dem jetzigen Zustande vor, daß er zu viel von den direkten Steuern verlangt, zu wenig von den indirekten, und ich strebe danach, direkte Steuern abzuschaffen und das Einkommen, was sie gewähren, durch indirekte Steuern zu ersetzen. Wenn ich auch hier nur mein näheres Heimatland, Preußen, in das Ange fassen kann, zweifle ich doch nicht, daß in den meisten, vielleicht in allen Bundesstaaten ähnliche Verhältnisse stattfinden werden. Die Belastung der direkten Steuern hat meines Erachtens in Preußen eine Höhe erreicht, mit Hilfe der Zuschläge, die für die Provinz, den Kreis, die Gemeinde erfordert werden, daß diese Höhe nicht fortbestehen kann und daß, wo irgendwie wegen Ausdehnung der Selbstverwaltung oder aus anderen Gründen größere Kosten erforderlich sind, diese nach jetzigem System nicht aufgebracht werden können. Ich kann ja über das, was ich in Preußen erstrebe, kein bestimmtes Programm aufstellen, ich kann nur sagen, für welches Programm ich meinen Einfluß in Preußen, soweit er reicht — und er ist geringer, als die Meisten annehmen — geltend machen werde. Wir bezahlen in Preußen an Grundsteuer bisher etwa 40 Millionen Mark, an Gebäudesteuer in diesem Augenblick — es pflegt ja bei ihr von Zeit zu Zeit eine Erhöhung einzutreten — ich weiß nicht, ob wir 21 Millionen jetzt schon bezahlen oder bezahlen sollen. Die Erhöhung dieser Gebäudesteuer schwebt über den Besitzern der städtischen und ländlichen Gebäude fortschreitend, sowie früher vor der Kontingentirung die Klassensteuer; diese beiden Posten schon, zusammen etwa 60 Millionen, wären, meines Erachtens, der Provinz, dem Kreis und der Gemeinde zu überweisen, und diese dadurch von der Nothwendigkeit zu entbinden, in der sie sich befinden, gerade zu dieser Steuer nnd anderen ähnlichen Zuschläge zu zahlen, die in den einzelnen Gemeinden mehrere hundert Prozent betragen. Ich will nicht von Berechnungen sprechen, die mir vorliegen, nach welchen die städtischen Budgets einzelner Städte, und zwar der 170 größten Städte, zusammen von 100 Prozent respektive bis über 2000 Prozent der direkten Steuern aufzubringen haben. Ich vermuthe, daß darin manche Lasten sein werden, wie der Ankauf von Gas- und Wasserleitungen, die eigentlich nicht zu den Steuern gehören; immer aber ist gewiß, daß die Zuschlagsteuern in einzelnen Gemeinden 4- bis 500 Prozent betragen, in städtischen Gemeinden. Da ist eine Erleichterung meines Erachtens ganz unabweislich, und wenn man die genannten beiden Staatssteuern, zu denen sie Zuschläge zahlen, überweist, so würde man ungefähr 60 Millionen Mark überweisen, während die Zuschläge, die sie bisher bezahlen, 58 betragen, was sie aber nicht hindert, daß sie außerdem noch Kommunalsteuern im Gesammtbetrage, zu diesen zugerechnet, von 139 Millionen aufbringen, und daß dabei, wie ich glaube, die 26 Millionen, die für Kreis- und Provinzsteuern in den östlichen Provinzen gezahlt werden, noch nicht mit eingerechnet sind, daß also noch lange nicht eine Kostenfreistellung der Gemeinden stattfindet, aber doch eine wesentliche Sublevation.

Dann glaube ich, daß, immer nur von Preußen und denjenigen, die gleiche Steuern mit Preußen haben, gesprochen, daß die Klassensteuer mit ihren 42 Millionen gänzlich in Wegfall kommen soll, soweit sie vom Staate erhoben wird. Wollen einzelne Gemeinden sie für sich erheben, so ist das ihre Sache; aber ich könnte unter Umständen sogar für ein Gesetz stimmen, welches den Gemeinden das untersagt; denn ich halte diese direkte Steuer, auf Klassen gelegt, welche überhaupt mit der Noth des Lebens nach ihrer Vermögenslage zu kämpfen haben, Klassen bis zu 1000 Thaler Einkommen, wobei diese 1000 Thaler Einkommen nicht der Arbeiter hat, der in Kleidung und Wohnung nicht genirt ist, sondern es muß dafür Steuer zahlen, der mit diesen 1000 Thalern Einkommen seine Stellung schon schwer aufrecht erhalten kann, — diese Art direkter Steuer, die nach mehr oder weniger Willkür des Veranlagenden von jemand erhoben wird, die er bezahlen muß, nicht nach seiner Bequemlichkeit, sondern zu einem bestimmten Termin, wo die Exekution, wo die ganze Schmach der Exekution vor den Nachbarn vor seinen Augen steht, wenn er sie nicht zahlt, eine Steuer, die mehr als irgend eine andere denjenigen, die die Erregung der Unzufriedenheit mit den bestehenden Verhältnissen sich zu ihrer Aufgabe stellten, zum Mittel und Hebel diente, diese Steuer sollte meines Erachtens vollständig wegfallen; am allermeisten in großen Städten wegfallen, wo man sie für die vielvermißte Mahl- und Schlachtsteuer eingeführt hat.

Ich stimme, wobei ich von Hause aus erklären muß, daß ich für dieses Detail der Zustimmung der preußischen Kollegen nicht sicher bin und auch nicht sage, ich stehe und falle mit diesem Programm, sondern ich sage, es ist ein Ziel, nach dem ich strebe, und für das ich die Zustimmung meiner preußischen Kollegen zu gewinnen suchen werde.

Mir ist in den westlichen europäischen Staaten eine ähnliche Steuer wie die Klassensteuer, eine direkte Steuer auf diese vermögenslosen und zum Theil mit den Schwierigkeiten der Zeit in übler Lage kämpfenden Klassen der Staatsbürger nicht bekannt; nur in Rußland ist mir in Erinnerung die Kopfsteuer, die, wie mir vorschwebt, 112 oder 118 Millionen Rubel jährlich beträgt, also nächst der Branntweinsteuer der stärkste Posten des russischen Einnahmebudgets, eine Steuer, die pro Kopf zwischen 1 Rubel 18 Kopeken und 2 Rubel variirt, diese Steuer, die einzige, die mir in ähnlicher Weise bekannt ist, und wo die Sicherheit, mit der sie eingeht, doch nur dadurch verbürgt ist, daß jede Gemeinde solidarisch verantwortlich ist für die Steuerquote, die auf sie fällt, wie auf die gesammten, der Gemeinde angehörigen Individuen, und daß die Gemeinde ausgepfändet wird vom Staate, wenn die Steuer nicht bezahlt wird, daher ist die Steuer kleine verhältnißmäßig sicher eingehende; nichtsdestoweniger habe ich, ich weiß nicht, ob aus Zeitungen, aber jedenfalls aus den mir zugänglichen Berichten die Nachricht, daß die russischen Finanzmänner diese direkten Steuer für hart halten, die einzige, die sie haben, und damit umgehen, sie durch indirekte Steuern zu ersetzen. Ein Staat wie Rußland, der augenblicklich nach den schweren Kriegen, die er geführt hat, in keiner glänzenden Finanzlage sein kann, trägt doch seinerseits dem Unterschiede zwischen direkten und indirekten Steuern soweit Rechnung, daß er es sich zur Aufgabe stellt, die einzige große direkte Steuer, die er noch heute hat, und die auf dem Volke lastet, zu beseitigen. Ich halte die Klassensteuer für eine Steuer, die abgeschafft werden sollte. Die Einkommensteuer, die mit ihr in Verbindung steht, sollte meines Erachtens in der Weise revidirt werden, daß sie einen geringeren Ertrag gibt wie jetzt. Sie gibt jetzt, soviel ich mich erinnere, zirka 31 Millionen Mark, und die Richtung, in der ich ihren Ertrag herabsetzen möchte, ist folgende:

Von dem Einkommen, welches aufhört, klassensteuerpflichtig zu sein, von 1000 bis zu einem Einkommen von 2000 Thaler, — ich bitte um Entschuldigung, wenn ich der Kürze und Verständlichkeit wegen noch in Thalern, noch nicht in Mark rede —, also zwischen 1 und 2000 Thaler Einkommen sollte meines Erachtens nur fundirtes Einkommen eine Steuer bezahlen. Ich nenne fundirtes Einkommen dasjenige, was erblich übertragbar ist, dasjenige, was aus dem Besitz von zinstragenden Papieren, oder Kapitalien, oder aus Landgütern und Grundbesitz hervorgeht, und ich möchte dann noch einen Unterschied zwischen verpachteten und selbstbewirthschafteten Grundbesitzen machen, der das Einkommen von Pacht bezieht, und nebenher noch ein Geschäft betreiben kann, also günstiger gestellt ist, als derjenige, der im Schweiße seines Angesichts paterna rura bearbeitet. Für die beizubehaltenden Kategorien der Einkommensteuer über 2000 Thaler ist meines Erachtens derselbe Unterschind festzuhalten, aber nicht so, daß das täglich zu erwerbende und zu gewinnende Einkommen ganz steuerfrei bleibt, sobald es über 2000 Thaler beträgt, daß es aber jedenfalls einen geringeren Satz bezahlt, als der jetzige, und jedenfalls ein geringerer Satz als das fundirte Einkommen.

Wer als Kaufmann, als Industrieller, als Handwerker sich ein Einkommen durch tägliche Arbeit verdient, der Gefahr laufen kann, daß es ihm morgen verringert wird, welches sich nicht auf seine Kinder übertragen läßt, ist ungerecht besteuert, wenn gerade soviel vom Manne bezahlt werden soll, wie von dem, der bloß die Scheere zu nehmen und die Coupons abzuschneiden, oder bloß eine Quittung zu schreiben braucht für den Pächter, der ihm das Pachtgeld bezahlt. Ich bin deshalb der Meinung, daß die Steuer für das nicht fundirte Einkommen heruntergesetzt werden sollte, ich bin ferner der Ansicht, daß ein Staatsbeamter eine staatliche Einkommensteuer nicht bezahlen darf. Es ist das eine unlogische Auflage, die mir als solche schon erschien, wie ich mich erinnere, in der Zeit, wie sie gemacht wurde. Ich kann sie nur identifiziren mit der direkten Steuer, die der Staat etwa auf die Kupons seiner eigenen Schulden legen würde. Er schuldet dem Beamten das Gehalt, zieht ihm aber unter dem Vorwande, der Staatssteuer — ich spreche nicht von der Gemeindesteuer, es ist der Beamte in einer anderen Lage einer Gemeinde gegenüber, aber — vom Staate finde ich es als ein unrichtiges Verfahren, daß er dem Beamten einen Theil des Gehalts als Steuer für den Finanzminister wieder abzieht. Etweder der Beamte ist ausreichend bezahlt, was ich von den wenigsten bei uns sagen kann, oder er ist nicht in dem Fall; oder er ist zu hoch bezahlt. In dem Fall, daß er zu hoch bezahlt ist, mag man ihm einen Theil des Gehalts entziehen; ist er ausreichend bezahlt, so ist es gut, ist er aber nicht ausreichend bezahlt, so ist es eine außerordentliche Härte, ihm durch die Steuer noch einen Theil des Gehalts zu verkürzen.

Ich bin in diesem Theile meines Vortrags etwas weitläufiger geworden, weil ich den Eindruck gewonnen habe, daß über die Absichten der Reichsregierung — ich bin ja nicht die Reichsregierung, es gibt nur Reichsregierungen — der Reichsregierungen nach dieser Richtung, nach der Richtung der Verwendung dessen, was einkommen könnte, dessen, was durch das Hinwegfallen der Matrikularbeiträge flüssig werden würde, daß darüber die verschiedensten und wunderlichsten Meinungen bestehen. Es wird jedem Staate überlassen sein können, mit seinem Landtage darüber sich zu einigen, was er mit den disponibel werdenden Einnahmepositionen zu machen hat, in dem Falle, daß er keine Matrikularbeiträge mehr bezahlt, in dem noch günstigeren von mir erhofften und erstrebten Falle, daß das Reich in der Lage sein wird, aus seinen indirekten Einnahmequellen noch an die einzelnen Staaten herauszuzahlen; also, was der einzelne Staat mit seiner Quote anfängt, wird er mit seinem Landtage abzumachen haben. Ich habe beispielsweise dargelegt, was mir, da ich zugleich preußischer Minister bin, in Bezug auf Preußen vorschwebt. Ich will nicht sagen, daß es sofort und glatt zu geschehen hätte, aber worauf ich meine Bestrebungen in Preußen richten werde, ohne daß meine Wünsche gerade absolut, schnell und vollständig befriedigt werden müssen, ich arbeite nach der Seite hin.

Ich komme dann auf einen anderen Mangel, an dem meines Erachtens die Erhebung unseres Einkommens leidet, und ich muß mich leider auch da mehr auf die preußischen Verhältnisse einschränken, da die Verhältnisse im ganzen Reich zu ungleichartig sind; indessen das, was für Preußen gültig sein wird, hat mutatis mutandis auch in allen nördlichen Staaten Geltung, die der preußischen Gesetzgebung seit längerer Zeit parallel gegangen sind, vielleicht auch in den südlichen. Es ist das die ungleiche Vertheilung der Last, wie sie jetzt vorhanden ist, zwischen unbeweglichem und beweglichem Vermögen. Der ländliche und der städtische Grundbesitz sind durch die Art, wie heut zu Tage die finanziellen Bedürfnisse in Preußen erhoben werden, wesentlich prägravirt im Vergleich mit dem beweglichen Besitz. Die Steuern, die ich vorher anführte als neu eingeführt, zu denen die Grundsteuer kaum gehört, denn die Grundsteuer hat seit dem Jahre 1861 für den Staat kaum eine Erhöhung erlitten, sie ist anders vertheilt worden, die Erhöhung ist wenigstens verhältnißmäßig geringfügig, diese Steuern treffen ja mit ihrem Hauptgewicht den Grundbesitz.

In den Reden, die wir avant la lettre hier über die Fragen gehört haben, die uns heute beschäftigen, und in den Artikeln der Zeitungen, ist ja sehr viel von der Nothwendigkeit wohlfeilen Getreides und wohlfeiler Nahrungsmittel die Rede. Ich weiß nun nicht, ob es gerade ein Mittel gewesen ist, diese Wohlfeilheit herbeizuführen, wenn man den inländischen Getreideproduzenten mit einer Grundsteuer belegte, die zehn Prozent des Reinertrages nominell, ich will sagen, in Wirklichkeit nur 5 Prozent des damaligen höheren Reinertrags, aber da, wo eine Verschuldung auch nur bis zur Hälfte ist, ein Fall, der leider bei uns sehr häufig ist in großen und kleinen Besitzungen, doch 10 Prozent beträgt.

Derselbe Landwirth, der diese Grundsteuer bezahlt und sie abrechnen muß von dem Ertrag des von ihm zu Markt gebrachten Getreides, der hat außerdem nun noch für die landwirthschaftlichen Gebäude, die er braucht, eine Gebäudesteuer zu zahlen, in der eine gewisse Schraube liegt, die alle Jahre wächst, und ich weiß nicht, wie hoch noch wachsen wird, wenn sie nicht kontingentirt wird, und wo meiner Erfahrung nach unter Vorwänden, die ich mir nicht aneignen möchte, — Zunahme der Nutzung bei Zurückgang der ganzen Landwirthschaft — fast in jedem Jahr Erhöhungen vorkommen.

Dieselbe Gebäudesteuer schlägt also nochmals denselben

Rohproduzenten, der durch die Grundsteuer betroffen ist. Dann kommt die Einkommensteuer, die ohne Rücksicht darauf, daß sein Einkommen aus Grund und Boden durch die Grundsteuer schon einmal und durch die Gebäudesteuer zum zweiten Mal besteuert worden ist, ihn noch durch die Einkommensteuer für dasselbe Einkommen aus den Gebäuden belastet, die wesentlich nur das Handwerkszeug zur Benutzung des Grundes und Bodens sind, für den er auch bereits steuert. Es ist dies nicht nur eine doppelte Steuer, es ist eine dreifache Besteuerung desselben Einkommens.

Die Besteuerung, soweit sie in der Grundsteuer liegt, beläuft sich also auf 5 Prozent bei einem schuldenfreien Gute, auf 10 Prozent bei einem Gute, was zur Hälfte verschuldet ist. Die Gebäudesteuer beträgt etwas über die Hälfte der Grundsteuer; sie ist auf 21 000 000 Mark gewachsen. Man kann also annehmen, daß auch sie, wenn nicht ganz den halben Betrag der Grundsteuer, doch mindestens 2 bis 5 Prozent auch von dem Ertrage des Getreidebaues vorweg nimmt, soweit sie auf landwirthschaftlichen Gebäuden beruht. Die Einkommensteuer nimmt sicher ihre 3 Prozent davon. Sie haben also, wenn Sie das addiren, in der Minimalposition, die ich angenommen habe, eine Belastung der inländischen Getreideproduktion von 5, von 2 und von 3, macht 10, für den unverschuldeten Grundbesitz. Ist er zur Hälfte verschuldet, so steigt diese Belastung auf gegen 20 Prozent, und die Verschuldungen, die vorhanden sind, wollen Sie doch den Leuten nicht so hoch anrechnen und nicht als Ergebniß der Verschwendung. Sie können zurückgehen auf die Entstehung der meisten Schulden. Wenn sie nicht aus Gütertheilung entstanden sind, sowohl wie bei den Bauern-, wie bei den Rittergütern, so haben sie zum größten Theil ihren Ursprung in den Verwüstungen, denen Norddeutschland und namentlich das nordöstliche Deutschland in den französischen Kriegen im Anfang dieses Jahrhunderts ausgesetzt gewesen ist, und in der allgemeinen Rathlosigkeit und Noth, die über die Besitzer der östlichen Landestheile geriethen, als ihnen durch die Ablösungsgesetze, jene vernünftigen Gesetze, aber für den Augenblick schwer drückenden, die vorhandenen Arbeitskräfte entzogen wurden, sie neue nicht bekamen und hatten kein Kapital! Also man kann die vorhandene Verschuldung mehr dem politischen Gange zurechnen, den Bestrebungen, die Preußen für die Stellung, die es hat und die schließlich zur Konsolidirung des gesammten Deutschlands geführt hat und dem gesammten Deutschland zu Gute gekommen ist, verfolgt hat. Für diese selbe Aufgabe ist der an und für sich kümmerliche Grundbesitz der östlichen Provinzen vielfach im Feuer der Verschuldung gewesen. Ich überlasse das den Statistikern, — ich bin kein Freund von statistischen Zahlen, weil ich den Glauben an sie bei näherem Studium verloren habe, —

(sehr richtig!)

aber ich überlasse es den Statistikern zu erwägen, wie es sich auf den Scheffel Roggen ausrechnen läßt diese zirka 10 bis 20 Prozent an Staatssteuern, die der Grundbesitz vorweg zu tragen hat im Vergleich mit dem beweglichen Einkommen, welches seinerseits nur 3 Prozent Einkommensteuer bezahlt. Rechnen Sie zu beiden noch dazu die kommunalen, Kreis- und provinzialen Zuschläge, Sie werden mir zugeben, daß 100 pCt. Zuschlag günstige Verhältnisse sind und daß diese Zuschläge in den ackerbautreibenden Provinzen vorzugsweise auf der Landwirthschaft ruhen, so haben Sie für die einheimische Landwirthschaft eine Besteuerung der Getreideproduktion, die zwischen 20, 30, ja selbst mehr Prozent variirt, und dem gegenüber findet die Einfuhr alles ausländischen Getreides unverzollt statt. Wenn es wirklich ein Glück einer Nation ist, vor allen Dingen wohlfeiles Getreide zu haben, und wenn das rechtzeitig erkannt wäre, etwa im Jahre 1861, wie die Grundsteuer eingeführt wurde, so sollte man annehmen, daß man damals anstatt der Grundsteuer eher eine Prämie auf den Getreidebau im Lande gezahlt hätte und, wenn man keine Prämie zahlte, es doch im höchsten Interesse der öffentlichen Ernährung gefunden hätte, daß der inländische Getreidebau mindestens steuerfrei wäre, damit er recht wohlfeil den Konsumenten versorgen könne. Statt dessen ist kein Gewerbe im ganzen Lande so hoch besteuert, wie die Landwirthschaft. Bringen Sie die Landwirthschaft heute herunter auf die Gewerbesteuer, auf die durchschnittliche Steuer jedes anderen Gewerbes und Sie werden sie um mindestens drei Viertel dessen, was sie heute trägt, erleichtern müssen, vielleicht um sehr viel mehr.

In allen anderen Produktionen ist die erste Aufgabe des Gesetzgebers auch schon früher immer gewesen, den inländischen Produzenten etwas besser zu behandeln als den fremden. In den landwirthschaftlichen Produkten ist es gerade umgekehrt. Es ist vielleicht der Glaube an die Unerschöpflichkeit der Bodenrente, daß der Boden immer noch etwas bringt, weil nur ein Mann, der ihn selbst im Schweiße seines Angesichts bebaut hat, die Grenzen kennt, in denen der Boden noch rentirt. Es ist vielleicht auch das Gefühl, daß die Repräsentanten und Interessenten der Landwirthschaft hauptsächlich die wenigen Besitzer von Latifundien seien, die man hier in Berlin unter Umständen, sei es im Reichstag, sei es bei Borchardt oder sonst zu sehen bekommt,

(Heiterkeit)

und die, weil sie reiche Leute sind, auch noch reiche Leute im allgemeinen Nothstande bleiben, daß das die Repräsentanten der Landwirthschaft wären.

Meine Herren, es giebt in ganz Preußen nur 15 000 Rittergüter, und wenn ich annehme, daß davon 3—4000 wohlhabenden Leuten gehören, so ist es recht viel. Es giebt aber in Preußen allein und im Reiche noch mehrere Millionen Grundeigenthümer. Die statistischen Nachrichten sind so widersprechend, so ungenau und, wie mir scheint, so absichtlich und tendenziös gruppirt,

(sehr richtig! rechts)

daß es sehr schwer wäre, die Zahl der Grundeigenthümer genau herauszufinden, aber auf 3 bis 4 Millionen belaufen sie sich ganz sicher. Diese Grundeigenthümer haben ihre Angehörigen und das Wohl und Wehe dieser Masse der Bevölkerung, mögen Sie sie auf $^2/_3$ oder $^3/_4$ der Nation veranschlagen, auch darüber hat die Statistik keine Sicherheit, ist es, das meines Erachtens vom Gesetzgeber Gerechtigkeit und gleiche Behandlung mit den übrigen Gewerben verlangt.

Es ist ferner ein vierter Vorwurf, den ich der augenblicklichen Gesetzgebung mache, und das ist ja einer der gewichtigsten, der uns vielleicht in unseren Diskussionen mehr beschäftigen wird, wie die rein finanzielle Seite der Sache; das ist derjenige, daß die jetzige Veranlagung unserer indirekten Steuern, der einheimischen, vaterländischen Arbeit und Produktion nicht das Maß von Schutz gewährt, was ihr gewährt werden kann, ohne die allgemeinen Interessen zu gefährden.

Ich lasse mich hier auf einen Streit zwischen Schutzzoll und Freihandel überhaupt nicht ein. Bisher sind wir noch alle Schutzzöllner gewesen, auch die größten Freihändler, die unter uns sind, denn keiner hat bisher noch weiter heruntergehen wollen, als der heute zu Recht bestehende Tarif, und dieser Tarif ist noch immer ein mäßig schutzzöllnerischer,

(sehr richtig! links)

und mäßig und schutzzöllnerisch ist auch die Vorlage, die wir Ihnen machen. Einen mäßigen Schutz der einheimischen Arbeit verlangen wir. Wir sind weit entfernt von irgend einem System der Prohibition, wie es in den meisten Nachbarländern stattfindet, wie es in unserm früheren Hauptabnehmer Amerika stattfindet, Zölle von 60—80 Prozent ad valorem im Durchschnitt. Alles das, was wir Ihnen geben als Schutzzoll, bleibt innerhalb der Grenze der finanziellen Besteuerung, mit Ausnahme derjenigen, wo das Unterlassen eines höheren Schutzes erhebliche augenblickliche Nachtheile für zahlreiche Klassen unserer Mitbürger nach sich ziehen würde. Es ist kein tendenziöser Schutztarif, den wir Ihnen vorschlagen, es ist kein prohibitiver, es ist nicht einmal die volle Rückkehr zu dem Maß von Schutzzoll, was wir im Jahr 1864 besaßen. Die vergleichenden Uebersichten der Tarife von 1864 und von heute sind in Ihren Händen, und Sie werden wahrscheinlich gleich mir überrascht sein beim ersten Anblick, wenn Sie die Höhe des Abhanges sehen, den wir allmählich herabgegangen sind, daß wir das gethan haben und daß ich es mitgethan habe, obschon die Neigung, mich nun in specie für die Gesetzgebung verantwortlich zu machen auf diesem Gebiete, eine stark tendenziöse ist, die ich vollständig ablehnen könnte; ich bin aber nicht schüchtern genug, um irgend eine Verantwortlichkeit, die mir nach dem Buchstaben des Gesetzes obliegt, abzulehnen. Ich glaube auch, die Strömung für minderen Schutz — ich will nicht sagen, für Freihandel, denn so weit ist noch keiner von uns gegangen und kein Staat, vollen Freihandel, lediglich Finanz- und Konsumtionszölle ohne jeglichen Schutz der Industrie zu wollen, so weit ist noch niemand gegangen —, aber die Strömung für allmähliche Verringerung der Schutzzölle war um die 60er Jahre höher unter Führung des damals leitenden Staates in Europa, unter Führung Frankreichs, war eine so starke, daß man wohl glauben konnte, sie werde sich konsolidiren und werde außer England und Frankreich noch andere Staaten mit in ihren Strom ziehen, daß man wohl Bedenken haben konnte, dieser Strömung zu widerstreben, die einem Ziel näher führt, das an sich, wenn es erreichbar wäre in seiner Idealistik, ja ein sehr hohes wäre, daß jedem Lande die Entfaltung der Kräfte, die ihm eigenthümlich sind, überlassen werden könnte, und alle Grenzen offen sein müßten denjenigen Produkten, die anderswo brauchbarer und besser hergestellt werden könnten, wie bei uns. Das ist ein Ideal, was deutscher, ehrlicher Schwärmerei ganz würdig ist. Es mag auch erreichbar sein in zukünftigen Zeiten, und ich verstehe deshalb vollkommen, daß man Bedenken hatte, einer Strömung, die dem entgegenführte, Opposition zu machen. Ich kann noch weiter hinzufügen, daß die Ueberzeugung von der Zukunft, welche diesen Bestrebungen blühte, meiner Erinnerung nach in den sechziger Jahren eine so starke war, daß jeder Versuch der Regierung, damals ihr entgegenzutreten, mißlungen wäre. Wir wären in keinem Parlament, in keinem Reichstag, so lange wir ihn hatten, in keinem Landtag damit durchgekommen, wenn wir im Jahre 1861 eine Schutzzollpolitik, eine mehr schützende Politik als die damalige hätten betreiben wollen, und ich erinnere Sie, mit welcher Freudigkeit von großen Majoritäten damals die Herabminderungen der Zölle aufgenommen sind. Sie können den Regierungen daraus, wenn sie den Versuch gemacht haben, ob die Ideale sich verwirklichen, ob man ihnen näher kommen könne, keinen Vorwurf machen. Keine deutsche Regierung konnte darauf rechnen, daß alle übrigen in kurzer Zeit hinter ihr abschwenken würden. Die einzige ist noch England und das wird auch nicht lange dauern; aber Frankreich, Amerika haben diese Linie vollständig verlassen, Oesterreich, anstatt seine Schutzzölle zu mindern, hat sie erhöht, Rußland hat dasselbe gethan, nicht bloß durch die Goldwährung, sondern auch in anderer Beziehung. Also allein die Düpe, einer ehrlichen Ueberzeugung zu sein, kann man Deutschland auf die Dauer nicht zumuthen. Wir sind bisher durch die weitgeöffneten Thore unserer Einfuhr die Ablagerungsstätte aller Ueberproduktion des Auslandes geworden.

(Sehr richtig! rechts.)

Bei uns können sie einstweilen alles deponiren; und es hat, wenn es erst in Deutschland ist, immer einen etwas höheren Werth als im Ursprungslande; wenigstens so denken die Leute, und die Masse der Ueberführung Deutschlands mit der Ueberproduktion anderer Länder ist es, was unsere Preise und den Entwicklungsgang unserer Industrie, die Belebung unserer wirthschaftlichen Verhältnisse meines Erachtens am allermeisten drückt. Schließen wir unsere Thüren einmal, errichten wir die etwas höhere Barriere, die wir Ihnen hier vorschlagen, und sehen wir zu, daß wir mindestens den deutschen Markt, das Absatzgebiet, auf dem die deutsche Gutmüthigkeit vom Auslande jetzt ausgebeutet wird, der deutschen Industrie erhalten. Die Frage eines großen Exporthandels ist immer eine außerordentlich prekäre; neue Länder zu entdecken gibt es nicht mehr, der Erdball ist umschifft, und wir können kauffähige Nationen von irgend welcher erheblichen Ausdehnung, an die wir exportiren können, nicht mehr finden. Der Weg der Handelsverträge ist ja unter Umständen ein sehr günstiger; es fragt sich nur bei jedem Vertrage: qui trompe-t-on ici? — wer wird übervortheilt? Einer in der Regel, und man kommt erst nach einer Anzahl von Jahren dahinter, wer es eigentlich ist. Ich erinnere nicht an unsere Verträge, sondern nur an die, die zwischen Frankreich und England bestehen, wo beide sich auch gegenseitige Täuschung vorwerfen, aber ich erinnere daran, daß unsere Staatsmaschine in steuerlicher Beziehung viel weniger in der Hand der Regierung liegt, um die Intentionen des Landes gegen den Vertrag und trotz des Vertrags so zu fördern, wie es in den meisten unserer Nachbarländer der Fall ist. Unsere ganze Steuererhebung und Verwaltung ist publici juris, und es kann eine erlaubte oder unerlaubte Abweichung von den Vertragsbestimmungen bei uns niemals stattfinden, während bei unseren Nachbarn die Thätigkeit des Beamten — Frankreich nicht ausgenommen, und Frankreich steht doch unseren Verhältnissen am nächsten, — eine solche bleibt, daß dort die Vortheile des Vertrags durch die administrative Einwirkung mehr erschwert werden könne, als es bei uns je der Fall sein wird, dem anderen Kontrahenten die Ausbeutung des Vertrags zu erschweren. Aber jeder Handelsvertrag ist ja immer ein erfreuliches Zeichen der Freundschaft; in der Völkerwirthschaft kommt es bloß darauf an, was darin steht. Handelsverträge an sich sind gar nichts, sie können so übel sein wie möglich, es kommt darauf an, was darin steht und können wir es erreichen, daß uns ein Staat mehr abkauft als wir ihm, so werde ich, wenn das nicht ein großes Derangement in unsere inneren Angelegenheiten und unsere jetzige Produktionslage bringt, einem solchen Vertrage gewiß nicht entgegentreten. Ob wir bei den Verträgen Vortheile gehabt haben oder nicht, ist eine Sache, die sich jeder sicheren Berechnung entzieht. Thatsache ist, daß wir uns in leidenden Zuständen befinden, und zwar meiner Ueberzeugung nach mehr, wie irgend eins unserer schutzzöllnerischen Nachbarländer. Wenn die Gefahr des Schutzzolls so groß wäre, wie sie von den begeisterten Freihandelanhängern geschildert wird, müßte Frankreich längst seit Colbert ein ruinirtes, ein verarmtes Land sein vermöge der Theorien, nach denen es lebt. Nichtsdestoweniger sehen wir, daß Frankreich dieselbe drückende Lage, in der sich die zivilisirte Welt befindet, mit mehr Leichtigkeit erträgt, daß es, wenn wir sein Budget ansehen, was um 1½ Milliarden seit 1871 gewachsen ist nicht bloß durch Schulden, leistungsfähiger geblieben ist als Deutschland, und die Klagen über das Darniederliegen der Geschäfte sind weniger groß.

Wir sehen dasselbe bei unseren östlichen Nachbarn Oesterreich und Rußland, wir sehen namentlich Rußland prosperiren, hauptsächlich, glaube ich, vom deutschen Gelde.

(Sehr richtig! rechts.)

Nach den amtlichen Nachrichten, die mir vorliegen, ist in

dem westlichen Rußland, was hauptsächlich beim Korn- und Holzverkauf nach Deutschland interessirt ist, die Prosperität nie in dem Maße vorhanden gewesen wie heute, wo das übrige Europa leidet. Ich habe Verwandte und Bekannte dort viele, mir sind Beispiele genannt worden von dem ungeheuerlichen Steigen des Bodenwerths, so daß in manchen Fällen der frühere Kaufpreis von vor 20 Jahren die jetzigen Revenüen ungefähr bildet, sobald eine Eisenbahn in der Nähe liegt, sobald ein mäßiger Holzbestand ist oder sobald große fruchtbare Steppen in der Nähe sind, die ausgebeutet werden können durch den Eisenbahntransport. Die Einlagen in den Sparkassen, die Einlagen in der Bank im westlichen Rußland, die Abschlüsse der dortigen Fabriken, — mir sind von großen Fabriken Abschlüsse bekannt mit 35 Prozent und 10 Prozent Reservezurücklage, von russischen Industrien, — ja, das ist eine geschützte Industrie, die Valuta ist niedrig und doch leistungsfähig in dem Lande, wo sie ist, und das deutsche Geld für Korn und Holz fließt in einem Maße zu, wie es nie geahnt worden ist. Kurz und gut, das sonst verrufene Polen, das Rußland, welches einen schweren und kostspieligen Krieg geführt hat und in seinen Finanzen nicht vollständig geordnet ist, schreitet fort in der Wohlhabenheit — ich glaube, auf Kosten des deutschen Produzenten und in Wirkung unserer Gesetzgebung, ich glaube es. In allen diesen Fragen halte ich von der Wissenschaft gerade so wenig wie in irgend einer anderen Beurtheilung organischer Bildungen. Unsere Chirurgie hat seit 2000 Jahren glänzende Fortschritte gemacht; die ärztliche Wissenschaft in Bezug auf die inneren Verhältnisse des Körpers, in die das menschliche Auge nicht hineinsehen kann, hat keine gemacht, wir stehen demselben Räthsel heute gegenüber wie früher. So ist es auch mit der organischen Bildung der Staaten. Die abstrakten Lehren der Wissenschaft lassen mich in dieser Beziehung vollständig kalt, ich urtheile nach der Erfahrung, die wir erleben. Ich sehe, daß die Länder, die sich schützen, prosperiren, ich sehe, daß die Länder, die offen sind, zurückgehen, und das große mächtige England, der starke Kämpfer, der, nachdem er seine Muskel gestärkt hatte, auf den Markt hinaustrat und sagte: wer will mit mir kämpfen? ich bin zu jedem bereit, — auch dieses geht zum Schutzzoll allmählich zurück und wird in wenigen Jahren bei ihm angekommen sein, um sich wenigstens den englischen Markt zu bewahren.

Nach meinem Gefühl sind wir, seitdem wir unsere Tarife zu tief heruntergesetzt haben, — eine Schuld, von der ich, wie gesagt, mich nicht eximire — in einen Verblutungsprozeß begriffen, der durch die verrufene Milliardenzahl um ein paar Jahre aufgehalten ist, der ohne diese Milliarden aber wahrscheinlich schon vor 5 Jahren soweit gekommen wäre wie heute. Angesichts dieser Sachlage, wie ich sie beurtheile, liegt kein Grund vor, persönliche Empfindlichkeit in eine Sache einzumischen, die wir, wenn wir ehrlich sein wollen, Alle nicht beherrschen; so wenig wie die Frage des menschlichen inneren Körpers, von der ich sprach, so wenig, behaupte ich, gibt es einen, der mit unfehlbarer Gewißheit sagen könnte, dies ist die Folge der und der wirthschaftlichen Maßregel. Deshalb möchte ich bitten, jede persönliche Empfindlichkeit in diesen Fragen aus dem Spiel zu lassen, und ebenso die politische Seite; die Frage, die vorliegt, ist keine politische, sondern eine rein wirthschaftliche Frage. Wir wollen sehen, wie wir dem deutschen Körper wieder Blut, wie wir ihm die Kraft der regelmäßigen Zirkulation des Blutes wieder zuführen können, aber meine dringende Bitte geht dahin, alle Fragen der politischen Parteien, alle Fragen der Fraktionstaktik von dieser allgemein deutschen reinen Interessenfrage fern zu halten. Und wenn wir dem deutschen Volke etwas zu geben haben, so sage ich: bis dat qui cito dat, und qui non cito dat, der schädigt unsere ganze Volkswohlfahrt in hohem Grade. Ich glaube, daß diese Ueberzeugung die Verhandlungen des hohen Hauses beherrschen sollte, daß das deutsche Volk vor allen Dingen Gewißheit über seine wirthschaftliche Zukunft verlangt, und daß selbst eine schnelle Ablehnung dessen, was Sie nicht wollen, immer, auch in der Meinung der Regierung, noch günstiger ist, als ein Hinziehen der Ungewißheit, in der niemand weiß, wie die Zukunft sich gestalten wird.

(Lebhaftes Bravo.)

Präsident: Der Herr Abgeordnete Dr. Delbrück hat das Wort.

Abgeordneter Dr. **Delbrück:** Meine Herren, in der vorliegenden Diskussion hat, glaube ich, jeder Redner des Hauses die Pflicht, sich eine große Beschränkung aufzulegen. Das Gebiet, auf das sich die uns gemachten Vorlagen erstrecken, ist so umfassend, es berührt so viele finanzielle und wirthschaftliche Interessen, daß, wenn ein einzelner es unternehmen wollte, dieses ganze Gebiet hier zu behandeln, und wenn er auch die Kräfte dazu hätte, er einen Mißbrauch mit der Zeit und der Geduld des Hauses treiben würde. Ich werde mich deshalb auf den Zolltarif beschränken, ich werde auch bei dem Zolltarif absehen von der eigentlich finanziellen Seite, ich werde über die eigentlichen Finanzartikel nicht sprechen, und ich kann das um so eher unterlassen, als ich, wie wohl niemanden im Hause überraschen wird, in Beziehung auf die Finanzartikel, soweit die Erhöhung der Zölle nothwendig ist, um die einzelnen Staaten von den Matrikularbeiträgen zu entlasten, der Vorlage nicht die mindeste Schwierigkeit bereite. Aber auch in Beziehung auf den eigentlichen wirthschaftlichen Theil des Tarifs glaube ich mich noch weiter beschränken zu müssen. Es sind in dem vorliegenden Tarif einige Objekte enthalten, welche bereits lange, ehe uns die Vorlage gemacht war, die öffentliche Aufmerksamkeit und das allgemeine Interesse in dem Maße in Anspruch genommen haben, daß bei einer Generaldiskussion, welche vorzugsweise dazu dienen soll, die Gesammtheit der Vorlage in das richtige Licht zu stellen, auf eine besondere Besprechung dieser Gegenstände verzichtet werden kann; ich rechne zu diesen Gegenständen Eisen, Getreide, Holz und Vieh.

Mit dieser Beschränkung will ich auf den Tarif eingehen und, wie ich versichern zu können glaube, ohne jede politische Voreingenommenheit und ferner ohne jede persönliche Empfindlichkeit. Ich bemerke auch von vornherein, anknüpfend an die letzten Worte des Herrn Reichskanzlers, daß auch ich entschieden wünsche, daß die durch den neuen Zolltarifgesetzentwurf angeregten Fragen, welche die gesammte Industrie auf das lebhafteste berühren, welche auf eine Menge nicht bloß neuer Unternehmungen, sondern Fortführung bestehender Geschäfte durch die Ungewißheit, die sich daran knüpft, von dem hemmendsten Einfluß sind, so rasch als möglich entschieden werden. Auch ich habe die Ueberzeugung, daß in dieser Frage nichts ungünstiger wäre, als die Versumpfung.

Meine Herren, der vorliegende Entwurf, wenn man ihn vergleicht mit der stufenweisen Entwicklung, die der deutsche Tarif erfahren hat, läßt sich zunächst im allgemeinen dahin charakterisiren, daß er mit einigen aber im ganzen nicht sehr umfassenden Ausnahmen die Gesetzgebung, welche im Jahre 1873, im Jahre 1870 und im Jahre 1868 durch das Zollparlament und den Reichstag in Bezug auf den Tarif ausgeführt ist, aufhebt. Das Gesetz von 1873 beschränkte sich, von einigen unbedeutenden Artikeln abgesehen, auf das Eisen. Das Gesetz vom Jahre 1870 behandelte an, wenn ich so sagen soll, großen selbstständigen Objekten: Vieh, Eisen und Kaffee. Die übrigen sehr zahlreichen Tarifänderungen, welche im Jahre 1870 vorgenommen wurden, waren weniger prinzipieller als vielmehr praktischer Natur. Es war damals der leitende Gesichtspunkt, den Zolltarif von allen denjenigen Positionen zu entlasten, bei denen eine geringe Einfuhr und infolgedessen eine geringe Einnahme stattfand. Dieser Gesichtspunkt, und nicht eine Neigung zum Freihandel, war es, der die verbündeten Regierungen dahin führte, die Zollbefreiung einer großen Menge von Gegenständen vorzuschlagen, ein Vorschlag, welcher von dem Zollparlament angenommen wurde. Meine Herren, was diese Gegenstände anlangt, die zum großen Theil, soweit sie zollbefreit waren, aus der gegenwärtigen Vorlage verschwunden sind, so will ich bekennen, daß wenn man keinen besonderen Werth mehr darauf legt, den Verkehr und die Zollmanipulation durch eine möglichste Vereinfachung des Tarifes zu erleichtern und zu entlasten, es am Ende vitale Interessen nicht sind, die dabei in Frage kommen. Die Zolltarifänderung, welche im Jahre 1868 eintrat, war bedingt durch den Handelsvertrag mit Oesterreich. Der Handelsvertrag mit Oesterreich, soweit er ein Tarifvertrag war, hat bekanntlich aufgehört, und im Prinzip genommen, würde ich auch dagegen einen Einspruch nicht erheben, wenn wir, nachdem Oesterreich die uns gemachten Zugeständnisse zurückgenommen hat, auch die an Oesterreich gemachten Zugeständnisse zurücknehmen, wohlgemerkt, soweit unser eigenes wohlverstandenes Interesse es zuläßt.

(Sehr richtig! links.)

Ich komme nun auf dasjenige, was der vorgelegte Entwurf ändert an dem Tarif von 1865, und das ist in meinen Augen der eigentliche Kernpunkt der Aenderung.

(Sehr richtig!)

Wenn ich nach dem bei diesen Aenderungen leitenden Gesichtspunkte frage, so ist mir unwillkürlich wieder eine Aufforderung in den Sinn gekommen, die der Herr Abgeordnete für Cannstatt in einer früheren Session des Reichstags in ausführlicher Rede über den Zolltarif entwickelt hat. Er führte aus, daß der bestehende Tarif sich historisch, also unsystematisch und unlogisch entwickelt hat; er erkannte an, es hätte ja nicht anders sein können; als Aufgabe eines neuen Tarifs unter den jetzigen Verhältnissen und sobald man freie Hand habe, bezeichnet er die Herstellung eines logischen und systematischen Tarifes.

(Sehr richtig! links.)

Ich habe im vorliegenden Entwurf die Ausführung dieses Gedankens bis zu einem gewissen Grade wiedergefunden; bis zu welchem Grade, wird sich vielleicht ergeben, wenn ich die Einzelheiten näher besprochen habe. Aber ich habe dabei zugleich eines gefunden: wenn man bestehende reale Verhältnisse logisch und systematisch neugestalten will, so kommt man, vielleicht ganz unwillkürlich, aber sehr leicht, dahin, das, was sich irrationell, unlogisch und unsystematisch entwickelt hat und nicht in den systematisch-logischen Rahmen paßt, zu ignoriren,

(sehr richtig!)

es als etwas anzusehen, dem, wenn auch nicht die Existenzberechtigung fehlt, doch die Berechtigung fehlt, sich der Durchführung des logischen Gedankens zu widersetzen. Diese Konsequenz habe ich allerdings in einer großen Menge Einzelheiten des Tarifs wiedererkannt, und ich kann nicht anders, als die Ueberzeugung aussprechen, daß in Bezug auf eine große Anzahl unserer wichtigsten Industrien die realen Verhältnisse und Interessen der Logik und Systematik zum Opfer gefallen sind.

(Hört, hört! — Sehr wahr! links.)

Ich werde es im einzelnen näher nachzuweisen versuchen; ich folge dabei, weil es die bequemste Gruppirung ist, der Reihenfolge des Tarifs und beginne deshalb mit der Baumwolle.

Es ist nicht zu leugnen, daß das System der Baumwollgarnzölle, wie es der vorliegende Entwurf aufstellt, in hohem Grade logisch und systematisch ist, es wird angefangen mit dem einfachen Faden, der nach seiner Feinheit in 5 Klassen zerfällt; es kommt dann der doublirte Faden, nach seiner Feinheit, ebenfalls in 5 Klassen, es kommt der gefärbte und gebleichte, ebenfalls in 5 Klassen, und dann kommen wieder 3 Klassen für Zwirn, Nähfaden und Dochte. Es wird diese Klassifikation und ihre Nothwendigkeit gestützt auf das Resultat der stattgefundenen Enquete. Jeder von uns, meine Herren, welcher die Verhandlungen dieser Enquete gelesen hat, wird mit großem Zuwachs an Kenntnissen und mit der Ueberzeugung daraus geschieden sein, daß diese Enquete in der That ungemein geeignet gewesen ist, die wirkliche Sachlage ans Licht zu stellen, soweit das eben bei solchen Dingen überhaupt möglich ist. Der Bericht der Enquetekommission faßt diese Ergebnisse in einer, so weit ich beurtheilen kann, ungemein vollständigen und objektiven Weise zusammen; es ist ihm aber, wie ja das allen solchen Schriftstücken begegnen kann, begegnet, daß er nun doch auf die verschiedenste Weise verstanden wird. Ich habe aus dem Ergebniß der Enquete nur die Ueberzeugung entnehmen können, daß gut angelegte und geleitete Spinnereien, die gehörig finanzirt waren, sich bis zum Jahre 1877 jedenfalls in einer gedeihlichen Entwickelung befunden haben, und erst seit dem Jahre 1877, also später, wie sehr viele andere Gewerbszweige, angefangen haben, unter dem Druck der allgemeinen europäischen Kalamität zu leiden. Ich habe ferner daraus gelesen, daß eine dauernde Verschiebung der Konkurrenzverhältnisse zu Ungunsten der deutschen Spinnereien nicht eingetreten ist, und daß die unzweifelhaft eingetretene Verminderung der Rentabilität in ganz allgemeinen Verhältnissen ihren Ursprung hat. Ich würde schon aus dieser Ueberzeugung vor der Annahme der Baumwollgarnzölle in dem vorliegenden Entwurfe warnen müssen. Indessen es ist dies keineswegs der für mich entscheidende Grund. Der für mich entscheidende Grund ist die Rückwirkung, welche die vorgeschlagenen Zölle auf eine Reihe der wichtigsten deutschen Industriezweige ausüben würden.

(Sehr richtig!)

Es liegen Ihnen, meine Herren, Petitionen in dieser Richtung vor aus einer Reihe der erheblichsten Industriebezirke Deutschlands. Ich erinnere zunächst an die Petition der Krefelder Handelskammer, deren Bezirk bekanntlich den Sitz der Fabrikation halbseidener Waaren bildet, Waaren, die mit Seide und Baumwolle gemischt sind; ferner der Buntweberei aus dem Gladbacher Bezirke, der Strumpfwirkerei aus dem sächsischen Erzgebirge, der Corsetweberei aus Württemberg. Aus allen diesen Industriebezirken, welche zusammen eine Menge von etwa 140—150 000 Arbeitern beschäftigen, wird übereinstimmend bezeugt, daß der Export, auf welchen diese Industrie für ihre Existenz ganz unbedingt angewiesen sind, im höchsten Grade bedroht sein würde, wenn die vorgeschlagenen Zölle in Wirksamkeit treten sollten. Ich richte dabei Ihre Aufmerksamkeit besonders auf die Strumpfwirkerei in Sachsen. Es ist dies ein Industriezweig, dem es gelungen ist, selbst noch in Amerika sich einen erheblichen Absatz zu erhalten. Selbst die amerikanischen Prohibitivzölle haben nicht vermocht, die sächsischen Strumpfwaaren auszuschließen. Die Ausfuhr nach Amerika hatte noch im letzten Jahre einen Werth von 15 Millionen Mark. Die Gesammtproduktion wird auf 45 Millionen Mark geschätzt, wovon $^{1}/_{3}$ exportirt werden. Die Württemberger Corsetweberei, welche für ihre Fabrikation ebensowenig wie die sächsische Strumpfwirkerei der ausländischen Garne entbehren kann, setzt ihre Fabrikate eigentlich ausschließlich in das Ausland ab. Auch sie sieht, und, wie ich glaube, mit Recht, ihre Existenz im höchsten Grade bedroht durch die Erhöhung der Zölle. Die Krefelder Halbseidenindustrie, bekanntlich eine der bedeutendsten, die in Preußen existiren, ist seit langen Jahren ganz überwiegend auf die Ausfuhr angewiesen, und endlich die Gladbacher Buntweberei, welche nicht in dem Maße auf die Ausfuhr angewiesen ist, wie die Halbseidenindustrie, kann auch für ihr Bestehen die

Ausfuhr nicht entbehren. In den Motiven des Entwurfs wird auch nicht verkannt, daß die Interessen der exportirenden Industrien nicht unbeachtet bleiben dürfen. Die Motive kommen indessen aus drei Gründen über jedes Bedenken in dieser Beziehung hinweg. Erstens konstatiren sie, daß die Vertreter der Baumwollenweberei in der Enquete selbst gegen die Erhöhung der Garnzölle nichts einzuwenden gehabt hatten; zweitens führen sie an, daß gar nicht hätte nachgewiesen werden können, daß irgend ein erheblicher Preisaufschlag auf die Waare fallen würde, wenn die Garnzölle erhöht würden, und endlich berufen sie sich auf das Beispiel von Frankreich, welches zeige, daß bei hohen Garnzöllen, noch höheren, wie hier vorgeschlagen, ein ungemein großer Export stattfinden könne. Meine Herren, was den ersten Punkt betrifft, so ist zu bemerken, daß bei Gelegenheit der Enqnete, wie bei jeder ähnlichen Gelegenheit früher geschehen ist, gewisse Koalitionen sich bilden, welche sich verständigen über das, womit sie sich einverstanden erklären wollen. Nach dem, was ich in der neuesten Zeit gehört habe, ist die Koalition, die sich damals zwischen den Spinnern und Webern bildete, in völliger Auflösung.

(Hört!)

Es wird nun ein besonderer Werth gelegt, und nach dieser Seite nehme ich die Auflösung der Koalition nicht als bevorstehend an, daß die Elsässer Weber, die das System der hohen Garnzölle ja seit langen Jahren kennen, mit der Erhöhung der Garnzölle sich einverstanden erklären. Meine Herren, ich finde das sehr begreiflich; so weit es sich dabei um die Versorgung des inländischen Marktes mit kurrenten Waaren handelt, sehen die Elsässer Weber ihre Interessen völlig gewahrt durch die Erhöhung der Gewebezölle. Ich komme nachher noch darauf zurück. Im übrigen hat die Force der elsäßischen Weberei, soweit sie den Export betrifft, stets in den feinen Geschmackgenres gelegen. In diesen haben sie zur französischen Zeit, und werden sie zur deutschen Zeit, sobald die Mode ihnen wieder günstig ist, Ausfuhrgeschäfte machen, die Zölle mögen sein, welche sie wollen. Sie sind dafür eminent eingerichtet, und haben ihre alten Traditionen eines sehr guten Geschmacks. Ich lege also auf den ersten Grund keinen Werth. Der zweite Grund, daß man nicht hätte ausrechnen können für das einzelne Stück, daß der irgendwie erheblich wäre, geht doch etwas zu weit. Wenn man sich vergegenwärtigt, wie augenblicklich die Konkurrenzverhältnisse zwischen den verschiedenen Nationen auf neutralen Märkten liegen, so weiß man, daß der kleinste Preisunterschied den Ausschlag für den einen und den andern gibt. Ich will gar nicht bestreiten, daß es einzelne Artikel gibt unter denen, die ich hier erwähnt habe, die auch bei einer Erhöhung der Garnzölle, wie sie vorgeschlagen wird, noch würden exportirt werden können; dagegen bin ich fest überzeugt und behaupte, daß bei einer sehr großen Zahl der hier in Rede stehenden Waaren die Exportfähigkeit bei Zöllen, wie sie hier vorgeschlagen werden, vollständig aufhört.

Nun kommt der dritte Grund, die Exemplifikation auf Frankreich, und dies ist ein Punkt, der in der That sehr interessant ist. Es ist in den Motiven angeführt, daß, dem Gewicht nach, der französische Export von Baumwollenwaaren im Jahre 1877 257 000 Zentner gegen 300 000 Zentner deutschen Exports betragen hat. Die Quelle, auf die dabei Bezug genommen ist für die Zahlen, hat mir hier nicht zu Gebote gestanden; ich habe aus den französischen offiziellen Kommerzialnachweisungen der Jahre 1874 bis 77 die Quantitäten, die aus dem freien Verkehr Frankreichs, in dem commerce spécial ausgegangen sind, extrahirt und komme dabei auf eine andere Zahl. Ich würde indessen auf diese Differenz der Zahlen gar kein besonderes Gewicht legen, und wenn es sich hier um eine kleine Differenz in den Zahlen handelte, würde ich die Sache nicht erwähnt haben; indessen die Motive haben eine Kleinigkeit bei diesen Zahlen unbeachtet gelassen, die die allergrößte Beachtung verdient, und wenn sie beachtet wird, diesen Zahlen ein vollständig anderes Gesicht gibt. Es ist nämlich in Frankreich hergebracht, daß diejenigen französischen Waaren, die nach Algier verschifft werden, unter der französischen Ausfuhr angeschrieben werden. Nun gehen diese Waaren in Algier zollfrei ein und was besonders die Gewebe betrifft und hauptsächlich die baumwollenen Waaren, so gilt in Algier der französische Zolltarif; also jede fremde Waare, die nach Algier kommt, zahlt genau so viel Zoll, wie wenn sie nach Frankreich kommt. Es würde also, wenn wir die Ausfuhr nach Algier als französische Ausfuhr rechnen wollten, das ungefähr so sein, wie wenn wir Waaren, die aus dem westlichen Deutschland den Rhein hinab über niederländische Häfen nach Ostseehäfen gehen, als Ausfuhr anschreiben wollten. Nun zeigt sich das merkwürdige Verhältniß, daß jahraus jahrein — es sind in den 4 Jahren, auf die meine Zahlen sich beziehen, nur sehr kleine Schwankungen — von der Gesammtausfuhr der französischen Baumwollenwaaren, so weit sie nach dem Gewicht angeschrieben ist, über 45 Prozent nach Algier geht.

(Hört! hört!)

Es bleiben daher von dem als Ausfuhr aus Frankreich nachgewiesenen Waaren nicht ganz 55 Prozent übrig, die nach freien Märkten gehen, die also wirklich als Ausfuhr in unserem Sinne gerechnet werden können. Danach stellt sich nun die Sache so, daß die Ausfuhr Frankreichs, wie sie angeschrieben ist in diesen Jahren, ungefähr jährlich 200 000 Zentner betragen hat, daß davon zwischen 80 und 90 000 Zentner auf Algerien kommen, und daß die ganze Ausfuhr Frankreichs, soweit sie nach dem Gewicht eingeschrieben ist, nach dritten Märkten, nach neutralen Märkten, sich auf etwas über 100 000 Zentner beschränkt. Ich habe gesagt, daß dies die Zahlen sind für die nach dem Gewicht angeschriebene Ausfuhr. Es sind außerdem nach dem Werth angeschrieben Waaren jahraus jahrein für etwa 2½ Millionen Franken Werth. Von diesen Waaren besteht die Hälfte etwa aus sehr theuren Gegenständen, das sind Spitzen und Tülle. Die andere Hälfte sind nicht benannte Waaren. Reduziren Sie diese 2½ Millionen Franken auf Gewicht, wie Sie wollen, auf 5000 Zentner, ich glaube, das ist das höchste, aber auch selbst auf 10 000 Zentner, so bekommen Sie eine Ausfuhr Frankreichs, die eine wirkliche Ausfuhr ist und nicht eine Ueberschiffung in dasselbe Zollgebiet, von etwa 110 000 Zentner jährlich, also eine so kleine Ausfuhr, wie sie der Zollverein und Deutschland, so lange sie bestehen, niemals gehabt hat.

(Hört, hört! links.)

Aber, meine Herren, die Sache hat auch noch eine andere Seite. Wir wollen doch auch einmal nach der Einfuhr fragen. Da bin ich nun leider nicht im Staude, Gewichte anzugeben. Die französischen Einfuhrzölle für Baumwollenwaaren werden ganz überwiegend nach dem Werthe erhoben, und ich kann deshalb nur Werthzahlen angeben. Im Durchschnitt der drei Jahre 1875, 1876 und 1877 hat die verzollte Einfuhr in Frankreich einen Waarenwerth repräsentirt von 76 100 000 Franks oder rund 61 Millionen Mark. Unsere verzollte Einfuhr von Baumwollenwaaren berechnet sich nach den Schätzungen des statistischen Amts in demselben Durchschnitt auf 15 771 000 Zentner, also auf etwa den vierten Theil der französischen Einfuhr. Die Werthangaben Frankreichs halte ich im ganzen für richtig, da ja der Zoll nach den Werthdeklarationen erhoben wird. Die Werthangaben unseres statistischen Amts sind mit sehr großer Sorgfalt aufgestellt, eine gleiche Richtigkeit nehmen sie vielleicht nicht in Anspruch. Wollen Sie statt der 15 Millionen Mark 20 Millionen Mark setzen, so habe ich auch nichts dagegen.

Also, meine Herren, was haben Sie in Ihrem gelobten

Lande Frankreich bei den hohen französischen Baumwollengarnzöllen gegenüber den niedrigen deutschen Baumwollengarnzöllen? Eine drei mal so große Einfuhr, als sie in Deutschland stattfindet, und ein Drittel der Ausfuhr, als sie aus Deutschland erfolgt.

(Hört, hört! links.)

Das ist das Ergebniß der hohen Garnzölle in Frankreich.

Ich will nun noch, ehe ich die Garne verlasse, auf einen Nebenpunkt aufmerksam machen, nämlich, daß bei unseren Verkehrsgewohnheiten die Erhebung der Staffelzölle sehr große Schwierigkeit darbieten würde. Die meisten besseren Garne werden für die Weberei bei uns gar nicht in Bündeln bezogen, worin sehr leicht die Garnnummer festzustellen ist, sondern in fertigen nach der Fadenzahl bestimmten Ketten, und da sind die Sachverständigen, die Fabrikanten selbst, die das beziehen, nicht sicher, ob sie sich nicht in drei bis vier Nummern irren können.

Meine Herren, ich komme nun zu den Gewebezöllen. Die Vorlage hat im Ganzen das System des bestehenden Tarifs beibehalten. Sie hat aber zwei wesentliche Ausnahmen gemacht. Im bestehenden Tarife sind rohe und gebleichte Baumwollgewebe demselben Zollsatze unterworfen. Diese Bestimmung ist verlassen. Die rohen Gewebe sind von den gebleichten getrennt und die gebleichten in den höheren Zollsatz übernommen worden. Es wird das motivirt erstens aus dem Umstand, daß gebleichte Gewebe eine höhere veredelte Waare sind, als rohe, und ferner, daß schlesische Bleicher über die Gleichstellung der rohen und gebleichten Gewebe Klage geführt haben.

Meine Herren, das erste Argument ist unbedingt zuzugeben. Wir haben, als wir den Tarif vom Jahre 1865 machten, das auch gesagt. Die Sache ist damals auch, wenigstens im preußischen Abgeordnetenhause ausführlich erörtert worden, es ist schließlich aber anerkannt, daß der Stand der Bleicherei bei uns ein solcher sei, der es durchaus nicht nöthig mache, einen Unterschied zwischen gebleichten und rohen Geweben zu machen. Wenn nun dem gegenüber auf Klagen schlesischer Bleichereibesitzer Bezug genommen wird, — ja, meine Herren, in diesen traurigen Zeiten, wer klagt da nicht. Nun aber die Sache liegt wohl noch anders.

Die Enquetekommission hat in ihrem Bericht ein Resumé gegeben derjenigen Waaren, welche unter den bestehenden Zöllen noch in größeren Mengen eingeführt werden können. Da kommen zuerst feine Shirtings vor, spanish cloth. Der Zollsatz ist jetzt für diese Waaren schon 15½ Prozent, also doch ein recht ansehnlicher Zollsatz, er ist ja in Frankreich für dieselben Waaren nicht höher. Aber es kam darauf an, diese Einfuhr doch auch noch auszuschließen. Der Zoll für diese Waaren soll verdoppelt, also auf 30 Prozent gestellt werden. Meine Herren, wenn es sich hierbei bloß um eine Waare für den Konsumenten handelte, so würde ich kein Wort darüber verlieren. Wenn man vom Interesse des Konsumenten jetzt spricht, so begegnet man immer einem mitleidigen Lächeln.

(Sehr richtig!)

Aber so ist es nicht. In demselben Enqueteberichte wird bezeugt, daß diese Waaren wenig in die Hände des Publikums kommen, sie sind Material erstens für die sächsische Weißstickerei und zweitens für die Konfektion, also wieder für zwei Industriezweige, welche keineswegs bloß für die deutschen Konsumenten arbeiten, sondern welche im ganz eminenten Sinne zugleich für die Ausfuhr arbeiten.

Der zweite Artikel erheblicherer Art, der erhöht ist, sind die rohen englischen Gardinen. Es wird da angeführt, die englischen Gardinen, sogenannte curtain nets würden augenblicklich von der Mode begünstigt, was richtig ist, und machten den sächsischen Gardinenstoffen Konkurrenz, deshalb müssen sie höher belegt werden. Nun, meine Herren, zunächst ist gleichzeitig konstatirt, daß dieser Stoff roh für Sachsen eingeführt wird, um da weiter veredelt zu werden, und ferner, wenn ein solcher Stoff einmal Mode geworden ist — es ist ja in der Regel eine sehr vorübergehende Mode — so wird er durch höhere Zölle nicht ausgeschlossen, wenn sich einmal die Mode darauf wirft, wird er auch zu den höheren Zöllen eingeführt und für die sächsische Gardinenfabrikation erwächst aus dem höheren Zoll kein Vortheil. Beiläufig will ich nicht unerwähnt lassen, daß auch die Berliner Tapisseriemanufaktur durch die Erhöhung für Gaze erheblich betroffen wird. Nach meiner Meinung ist zu einer Erhöhung der Baumwollgarnzölle, so weit sie nicht als Konsequenz einer Erhöhung der Grenzzölle sich darstellen, unter jetzigen Verkehrsverhältnissen keine Veranlassung.

Bevor ich den Baumwollartikel verlasse, möchte ich noch einen verhältnißmäßig kleinen Gegenstand erwähnen, der aber für die Interessen unserer Küsten von Wichtigkeit ist. Wir haben, ich weiß nicht bei welcher von den verschiedenen Tarifrevisionen, baumwollene Fischernetze auf 3 Mark pro 100 Kilo herabgesetzt, sehr wohl wissend, daß wir damit eine gründliche Inkonsequenz begehen, indem wir das Netz, also das Produkt des Garns, niedriger besteuerten als das Garn. Wir haben es aber gethan, weil wir die Ueberzeugung hatten, daß die Einführung dieser baumwollenen Fischernetze eine sehr große Wohlthat für die Fischerei an der Nordsee und Ostsee war. Nun hat sich, so viel ich weiß, seitdem, oder war sie schon vorher etablirt, — genug es besteht im Zollverein in Deutschland, in Itzehoe, eine Fabrik, welche diese Fischernetze fabrizirt; sie muß für diese Fabrikation ausländisches Garn beziehen, und man hat ihr die Existenz dadurch ermöglicht, daß man sie dieses ausländische Garn unverzollt unter Kontrole verarbeiten läßt und nachher nur den Zoll für fertige Netze erhebt. Ich bemerke dabei, daß unter diesen Verhältnissen die Itzehoer Fabrik recht gute Geschäfte macht, Geschäfte, denen nur der Umstand entgegensteht, daß trotz dieser Erleichterung, welche sie genießt, die baumwollenen Netze immer noch etwas theurer sind als die landesüblichen Netze, und deshalb ihre Einführung bei den Fischern, die ja am Gewohnten hängen und nicht gern eine Ausgabe machen, deren absolute Nothwendigkeit sie nicht einsehen, noch immer nicht recht Eingang finden will. Der vorliegende Tarif schlägt Ihnen vor, den Satz für die Fischernetze auf 12 Mark, d. h. bis zum niedrigsten Satz der Baumwollgarne zu erhöhen. Die Itzehoer Fabrik würde, wenn man von ihr den Baumwollengarnzoll erheben wollte, ebensowenig in Zukunft bestehen können, wie sie in der Vergangenheit bestanden hätte, wenn man den Zoll erhoben hätte, denn sie gebraucht für ihre Fabrikation Garne, die viel höher belegt sind als mit 12 Mark. Man wird also, wenn man diese Fabrik erhalten will, — daß man sie vernichten will, kann ich nicht annehmen — diejenige Operation vornehmen müssen, die man jetzt vornimmt, nur mit dem Unterschiede, daß diese Netze statt mit 3 Mark künftig mit 12 Mark belegt werden, daß also mit anderen Worten, ohne irgend ein Interesse für die inländische Fabrikation, ohne ein irgend ins Gewicht fallendes finanzielles Interesse — Sie sehen aus den Vorlagen, wie minim die Einfuhr dieser Fischernetze ist, — daß trotz alledem die Verwendung dieser Netze, die alle Welt als nützlich anerkennt, erschwert werden soll.

Ich kann nun einen großen Sprung machen auf das Glas. Zunächst handelt es sich um das grüne Hohlglas, also das ordinäre Flaschenglas, das jetzt zollfrei ist und künftig mit einem Eingangszoll von 3 Mark belegt werden soll. Die Motive erkennen an, daß die Ausfuhr in diesem Artikel zehnmal so groß ist, wie die Einfuhr, aber es heißt, daß ein Fabrikant von grünen Flaschen aus Sachsen oder Schlesien — ich weiß nicht — sein Etablissement nach Oesterreich verlegen will, wo früher die Flaschen zollfrei waren und jetzt einem Zoll unterliegen, daß er jetzt für Oesterreich Flaschen fabriziren will, und daß er von Oesterreich aus, wenn wir die Zollfreiheit beibehalten, die Flaschen zu uns importiren wird. Meine Herren, wenn eine Industrie, die das Zehnfache von dem ausführt, was eingeführt wird, zittern soll vor der Absicht eines solchen Flaschenfabrikanten, der sein Etablissement nach Böhmen verlegen will, — meine Herren, wenn ich das glaubte, dann müßte ich eine recht schlechte Vorstellung von dieser Industrie haben. Dieses ordinäre Glas ist ja, soweit es in Deutschland eingeht, eigentlich Grenzverkehrs-Artikel; wo die Glashütten, die jenseits der Grenze liegen, näher sind als die diesseitigen, wird das Glas vom Auslande bezogen werden. Ich will aber auch hier nicht theoretisiren, sondern mich berufen auf eine Petition, die dem Reichstage vorliegt und die eine, wenn Sie wollen, kleinliche Konsequenz des vorgeschlagenen Satzes darstellt. In Harburg ist ein Mineralwasserfabrikant, der Geschäfte nach Hamburg macht, umgekehrt gibt es in Hamburg Mineralwasserfabrikanten, die Geschäfte nach Harburg machen. Das Geschäft dabei geht so, wie überall: die gefüllten Flaschen werden hingeschickt, die leeren Flaschen kommen wieder zurück. Das war bis jetzt ein ganz mögliches Geschäft. Später wird der Harburger Sodawasserfabrikant für die zu ihm zurückkehrenden Flaschen drei Mark bezahlen, dagegen, weil Mineralwasser in Flaschen zollfrei eingeht, bezahlt der Hamburger Sodawasserfabrikant, der seine Waare nach Harburg schickt, nichts. Ich erkenne an, es ist kleinlich, dieses Beispiel, aber dergleichen Dinge können sich unter auderen Formen unzählig wiederholen.

Nnn ist eine zweite Erhöhung vorgesehen für weißes Hohlglas und Tafel- und Fensterglas. Ich will von dem weißen Hohlglas hier nicht sprechen, dagegen habe ich gegen die Erhöhung für Fensterglas die wesentlichsten Bedenken. Es soll ein Zoll erhoben werden von 8 Mark und zwar als Ausnahme von der allgemeinen Regel brutto, das macht in der That $9,_{20}$ bis $10,_{40}$ Mark netto und bei einem Preise von etwa 36 Mark über 25 Prozent vom Werth. Meine Herren, das Fensterglas ist ein Artikel, der als Barometer für die Zivilisation eine gewisse Aehnlichkeit mit der Seife hat, die ja als solcher vielfach erwähnt ist. Wo man in kleinen Häusern auch in armen Gegenden Fensterglas findet, da ist eine gewisse Behaglichkeit eingezogen. Wollen Sie dies erschweren? Ich mache Sie darauf aufmerksam, daß die Mehrzahl der Fensterglashütten im Westen Deutschlands liegt und daß der Osten Deutschlands, der an sich in der That nicht in der Lage ist, für solche Artikel, wenn sie auch wirklich zur Nothdurft des Lebens gehören, gerade überflüssige Ausgaben zu machen, sich der Natur der Sache nach viel wohlfeiler auf dem Seewege von anderswo versorgt, als aus den Tafelglashütten in Westdeutschland.

In Bezug auf das geschliffene Spiegelglas will ich nur auf eins aufmerksam machen. Unter den Satz von 24 Mark, der dafür vorgeschlagen ist, ist zugleich begriffen das geschliffene Tafelglas, was bisher 16 Mark zu zahlen hatte. Es ist also eine Ungenauigkeit, wenn in den Motiven gesagt ist, daß der neue Zollsatz dem bisherigen entspräche. Aber dieser neue Zollsatz soll auch brutto erhoben werden statt netto, wie es heißt im Interesse der Zollabfertigung und der Zollpflichtigen; durch die Bruttoverzollung erhöht sich der Satz von 24 Mark auf 29 Mark. Daß dies nun im Interesse der Zollpflichtigen liegen sollte, das möchte ich bezweifeln.

Glasknöpfe, Glasperlen, Glasschmelz und Glaskorallen sollen nach dem Vorschlage demjenigen Regime entzogen werden, welchem sie in Folge des Vertrags mit Oesterreich von 1868 unterlagen. Hier komme ich, meine Herren, auf einen Punkt, wo ich von dem vorhin von mir erklärten Einverständniß mit der Zurückziehung der Zugeständnisse an Oesterreich eine Ausnahme zu machen habe. Meine Herren, es kommt bei allen Handelsvertragsverhandlungen vor, daß man einen Artikel findet, bei dem man selbst im eigenen Interesse eine Zollermäßigung wünscht und wo es ganz ungemein gelegen ist, wenn der andere Theil auf eine Zollermäßigung für diesen Artikel auch Werth legt; dann verkauft man etwas, was man lediglich für sich selbst thut. So ist es mit diesen Artikeln. Es trifft deshalb nicht zu, daß, wie die Motive sagen, nach Erlöschen des österreichischen Vertrags kein Hinderniß mehr besteht, diese Gegenstände einem ihren Werth mehr entsprechenden Zoll zu unterstellen.

Meine Herren, diese Glasperlen u. s. w. bilden ein sehr wichtiges Material für die Posamentierwaarenfabrikation. Es liegt Ihnen eine Petition vor aus Berlin und aus dem sächsischen Erzgebirge, im letzteren von 579 Firmen unterzeichnet, welche darstellt, daß die Exportfähigkeit der Posamentierwaarenfabrikation — und diese Fabrikation ist ganz überwiegend auf den Export angewiesen — im höchsten Grade durch die Zollerhöhung gefährdet werden würde. Es berechnet sich der Zoll, der in Zukunft erhoben werden soll, für die billigste Sorte so, daß er eine Vertheuerung um 30 Prozent herbeiführt, bei den mittelguten eine Vertheuerung um 16 Prozent. In Deutschlaud werden diese Gegenstände nicht fabrizirt, sie werden bezogen — sowohl von den Franzosen, die unsere Konkurrenten in der Passementerie sind, wie von uns — aus Venedig, das sind die feinen Sachen, oder aus Böhmen, das sind die ordinären Sachen. Die finanzielle Bedeutung der Gegenstände ist unerheblich. Wollen Sie der Logik wegen, weil diese Waaren, da sie gefärbt sind, eigentlich in die Klasse für gefärbtes Glas gehören, wollen Sie dieser Logik wegen eine blühende Industrie gefährden?

Ich bin mit dem Glas noch nicht zu Ende. Es kommt auch eine Zollerhöhung in Vorschlag für Milch- und Alabasterglas von 4 auf 30 Mark; dies wird motivirt dadurch, daß dies eine Luxuswaare ist und daß die Zollerhöhung zugleich dem Schutz der inländischen Industrie dient. Meine Herren, es liegt Ihuen vor eine Petition der Berliner Lampenfabrikanten. Nach dieser Petition, die sehr eingehende Berechnungen enthält, beträgt der Werth des ordinären glatten Alabasterglases für 100 Kilogramm 45 Mark, also 7 ½ Thaler für den Zentner. Nun, meine Herren, ich überlasse es Ihuen, ob eine Waare, die 7 ½ Thaler der Zentner kostet, eine Luxuswaare ist. Es sind das die Füße für gewöhnliche Petroleumlampen, die Sie auch in kleinen Haushaltungen finden, ein Material, was sich dadurch empfiehlt, daß es sehr reinlich ist und sich leicht putzen läßt. Im Inlande wird das Alabasterglas nur in ungenügender Menge und in ungenügender Qualität fabrizirt, die hiesige Fabrikation bezieht etwa ⅙ aus dem Inlande, ⅚ aus Böhmen. Anch diese Fabrikation arbeitet in erheblichem Maße für den Export, und sie macht mit vollem Recht darauf aufmerksam, daß, wenn ihr der Bezug dieses Alabasterglases unmöglich gemacht werden würde, sich alsdann sofort die Lampenfabrikation an den Sitz des Alabasterglases, nach Böhmen begeben würde und von da aus den Export treiben, der bis dahin von Berlin aus betrieben ist.

In der nächsten Position, Haare, schlägt der Tarifentwurf einen Zoll von 100 Mark für Menschenhaare vor. Meine Herren, ich erkenne von vornherein an, das ist ein reiner Finanzzoll; die Produktion von Menschenhaaren zu schützen kann Niemandem einfallen.

(Heiterkeit.)

Ich erkenne ferner an, daß ich diesen Finanzzoll für vollständig gerecht halten würde, schon weil vielleicht die nach meiner Ansicht sehr wenig ästhetischen Chignons etwas leiden würden; aber so einfach liegt die Sache doch nicht. Unter der Regie der Zollfreiheit der Haare hat sich in Wetzlar ein großes Geschäft gebildet, welches daranf beruht, daß die rohen Haare in den Haar produzirenden Ländern — das ist Oesterreich-Ungarn, Rußland und Skandinavien — massenweise gekauft werden, sie werden in Wetzlar sortirt und entweder als rohe Haare, oder auch schon verarbeitet, auffrisirt ausgeführt. Diese Industrie, die ich gar nicht für eine besonders große ausgeben will, wird durch einen Eingangszoll von 100 Mark, wie sich von selbst versteht, unmöglich; sie exportirt bescheiden, aber doch nicht ohne Bedeutung nach England, selbst nach Frankreich und Amerika. Es erklärt sich hieraus auch der geringe Ausgang von Menschenhaaren, der angegeben ist in den Motiven, gegen den Eingang, denn es geht eben eine Menge der eingehenden Haare in bereits zubereitetem Zustande wieder aus.

Ich komme auf die Holzwaaren. Die Motive begründen die Erhöhung der Zölle für Holzwaaren wesentlich aus der Absicht der Einführung eines Zolles für Holz, und diese Prämisse vorausgesetzt, ist gegen die Mehrzahl dieser Erhöhungen nichts einzuwenden. Nun aber, meine Herren, — und ich glaube, das ist nicht logisch — geht die Vorlage dahin, daß auch Waaren, die mit dem Holz gar nichts gemein haben, die also auch unter der Erhöhung des Holzzolles nicht im mindesten leiden können, doch einen höheren Zoll zahlen sollen; das sind — und da komme ich wieder auf die württembergische Korsetfabrikation — Fischbeinstäbe und Hornstäbe; auf die hat offenbar der Holzzoll gar keinen Einfluß. Sie stehen aber einmal in der Position, welche des Holzzolles wegen erhöht ist, und — mitgefangen, mitgehangen — sie sollen nun auch noch den erhöhten Holzzoll tragen.

(Heiterkeit.)

Ich habe bei Gelegenheit dieser Kategorie eine sehr wichtige allgemeine Bemerkung zu machen. In dem bestehenden Tarife, und zwar nicht bloß in dem Tarif von 1865, sondern in allen seinen Vorgängern ist der Gedanke festgehalten, daß es im Interesse des Handels und der Zollabfertigung gleichmäßig liege, zusammengesetzte Waaren, also Waaren aus verschiedenen Materialien, sofern sie zu dem gehören, was man im gewöhnlichen Leben, nicht in der Sprache des Tarifs, grobe kurze Waaren nennt, demselben Zollsatz zu unterwerfen; mit anderen Worten es überflüssig zu machen, daß man sich, wenn man eine Bürste hat, den Kopf darüber zerbricht: ist das eine Waare aus Borsten oder eine Waare aus Holz (wegen des Griffs)? Daß, wenn man ein Messer hat mit einem hölzernen Griff, man ebenso der Erwägung überhoben ist: ist das eine Eisenwaare oder eine Holzwaare? Aus diesem Grunde sind konsequent die Zölle für feine Bleiwaaren, feine Bürstenwaaren, feine Eisenwaaren, feine Glaswaaren, feine Holzwaaren, feine Kupferwaaren, feine Messingwaaren, feine Pappwaaren, feine Strohwaaren, feine Thonwaaren, feine Zinnwaaren und feine Zinkwaaren, obgleich sie unter ganz verschiedenen Nummern des Tarifs stehen, einem und demselben Zollsatz unterworfen worden. Diese Gleichmäßigkeit des Zollsatzes schloß alle die Streitigkeiten und Erörterungen aus, die sich an die eigentliche Natur einer zusammengesetzten Waare knüpfen konnten. Ich will beiläufig bemerken, daß Oesterreich in seinem Tarif dieses Prinzip unseres Tarifs adoptirt und auch beibehalten hat. Dieses System wird nun durchbrochen; es ist zunächst schon durchbrochen bei Glas und wird ferner durchbrochen bei Holz, es wird sodann noch weiter durchbrochen bei Kupfer und bei den Thonwaaren. Ich will nicht in Abrede stellen, daß, wenn es unerläßlich ist, aus einem überwiegenden wirthschaftlichen oder finanziellen Interesse eine solche Durchbrechung dieses Prinzips vorzunehmen, man das thun muß; aber dieses Prinzip ist so wesentlich wichtig für den Handel, wie für die Zollabfertigung, daß man es nicht verlassen sollte ohne eine ganz dringende Nothwendigkeit. Nun muß ich bekennen: die feinen Holzwaaren, welche jetzt 24 Mark geben, auf 30 Mark zu erhöhen, bloß weil beim Holz eine Eingangsabgabe erhoben werden soll, welche, berechnet auf diese feinen Holzwaaren, von einer ganz verschwindenden Bedeutung ist, das halte ich nicht für nöthig; ich halte es für einen ganz entschiedenen Rückgang, der nur durch die Logik motivirt werden kann,

(Heiterkeit)

wenn man dieses bisherige System unseres Tarifs verläßt.

Bei dieser Position ist nun aber noch eine andere sehr wesentliche Aenderung eingetreten. Es werden nach dem bestehenden Tarif als Holzwaaren behandelt auch Waaren aus Elfenbein, Perlmutter, Bernstein, Gagat und Jet. Diese Waaren sind aus den feinen Holzwaaren ausgeschieden, und zu den kurzen Waaren übernommen worden, wodurch der Zoll, den sie zu zahlen haben, verfünffacht wird, von 24 Mark auf 120 Mark. Motivirt wird diese Aenderung dadurch, daß er heißt:

> Diese Gegenstände stellen theils feine Nippestischsachen, theils Schmuckgegenstände dar.

Soweit sie das sind, stehen sie schon nach dem bestehenden Tarif unter den kurzen Waaren. Aber sie sind es nicht, auch nur im entferntesten kleinsten Theile. Meine Herren, Sie kennen Messer mit Elfenbeingriffen, Sie kennen die Zigarrenspitzen von Bernstein, Sie kennen die gewöhnlichen Perlmutterknöpfe, die man an Unterkleidern trägt, — sind das Nippestischwaaren oder Schmuckgegenstände?

(Große Heiterkeit.)

Von der Position Maschinen will ich nur einen Punkt herausgreifen. Es sind das die kupfernen Druckwalzen für die Kattundruckerei, die jetzt zollfrei sind. Die Motive erkennen an, daß die Fortdauer der Zollfreiheit aus industriellen Kreisen dringend gewünscht wird, weil der Bedarf im Inland nicht gedeckt werden könne, auch das Aufkommen einer desfallsigen Industrie vorerst nicht zu erwarten sei. Die Motive haben sich dadurch nicht bestimmen lassen die Zollfreiheit bestehen zu lassen, sie sind der Meinung, bei dem verhältnißmäßig hohen Werth der Waare erscheint es sachlich gerechtfertigt, wenn diese Walzen, wie vor der Geltung des französischen Handelsvertrags, nach Maßgabe des Materials, aus welchem sie bestehen, als Maschinentheile verzollt werden.

Meine Herren, es liegt dem Reichstage eine Anzahl von Petitionen von Druckereibesitzern vor; es steht fest, daß diese Druckwalzen nur aus England bezogen werden können, sie unterliegen daher auch in Frankreich nur einem niedrigen Zoll. Was nun aber das Argument aus dem Zustande vor Abschluß des Vertrags mit Frankreich betrifft, so ist es vollständig unrichtig. Allerdings waren nach dem Wortlaut des Tarifs die Kupferdruckwalzen dem Zoll von groben Kupferwaaren unterworfen, aber sämmtliche betheiligte Zollvereinsregierungen, welche, wie ich glaube, das Interesse der Industrie besser würdigten, wie die Motive,

(hört! hört!)

ließen diese Kupferwalzen auf privative Rechnung entweder zollfrei oder zur allgemeinen Eingangsabgabe ein. Auch vor dem französischen Zolltarif ist nicht eine einzige Kupferwalze tarifmäßig verzollt worden; das steht jetzt erst der Industrie bevor.

In der Position Kautschuk und Guttapercha sowie Waaren daraus sind Erhöhungen eingetreten, insbesondere für den Hartgummi und für die Hartgummiwaaren. Eine spezielle Motivirung finde ich nicht, wohl aber liegen dem Reichstag zwei Petitionen vor von zwei der größten Hartgummifabrikanten in Deutschland, die bezeugen, beide übereinstimmend — es ist keine Kollektivpetition, sondern es sind getrennte Petitionen —, daß eine Einfuhr von Hartgummiwaaren nach Deutschland gar nicht stattfindet, sondern im Gegentheil diese Fabrikanten einen großen Theil ihrer Fabrikate nach dem Auslande absetzen; sie bitten dringend, sie mit dieser Zollerhöhung, die ihnen zugedacht ist, zu verschonen, zum wesentlichen aus dem Grunde, weil sie fürchten, dieses gute Beispiel möchte an anderen Grenzen Nachahmung finden.

(Sehr richtig! links.)

Beim Artikel Kupfer sind für sämmtliche Kupferwaaren Zollerhöhungen vorgeschlagen.

Als ich den Entwurf in die Hände bekam, damals noch ohne Begleitung der Motive, glaubte ich annehmen zu dürfen, daß die Zollerhöhungen für Kupferwaaren auf einem Redaktionsversehen beruhen. Es war durch die Presse bekannt geworden, daß es anfangs in der Absicht gelegen hatte, das Rohkupfer einem Zoll zu unterwerfen, und die Erhöhungen der Zölle für Kupferwaaren, die vorgeschlagen sind, entsprechen ungefähr der Zollerhöhung, welche durch die Auflegung eines Zolls für Rohkupfer gerechtfertigt wäre. Ich nahm also an, daß man es übersehen hätte, nachdem die Absicht, einen Eingangszoll von Rohkupfer zu erheben, aufgegeben war, die Zollsätze entsprechend zu korrigiren. Aus den Motiven habe ich nun gesehen, daß das nicht der Fall gewesen ist. Die Motive erkennen an, daß die Ausfuhr von Kupferwaaren aller Art die Einfuhr von solchen beträchtlich übersteigt, daß ein Bedürfniß nach verstärktem Zollschutz für solche Waaren also kaum vorliegt; mit Rücksicht jedoch auf den verhältnißmäßig hohen Werth sowohl des Rohmaterials als der daraus gefertigten Waaren, gegenüber dem Werth anderer Metalle und der daraus gefertigten Waaren, wird eine Zollerhöhung für richtig befunden. Meine Herren, es liegt hier anerkanntermaßen ein industrielles Bedürfniß nicht vor. Die Zollerhöhungen, die vorgeschlagen sind, sind nicht sehr beträchtlich, was ich anerkenne, deshalb aber auch finanziell von keiner Bedeutung. Wollen Sie nun bloß deshalb, weil Kupfer als Material mehr werth ist, wie Blei oder Eisen oder Zinn, wollen Sie deshalb diese Waaren höher besteuern?

Eine wesentliche Veränderung ist sodann in der Klassifikation der Kupferwaaren vor sich gegangen. Die feinen Kupferwaaren unterliegen jetzt einem Zollsatz von 24 Mark, dem allgemeinen Zollsatze, dessen ich vorhin erwähnte. Sie sollen in Zukunft in zwei Kategorien zerfallen, feine und ganz feine. Die letztere Kategorie soll umfassen feine, insbesondere Luxusgegenstände aus Alfenide, Britanniametall, Bronze, Neusilber, Tombach und ähnlichen Legirungen, und feine vernirte Messingwaaren. Meine Herren, die unmittelbar folgende Position ist die der kurzen Waaren, und da kommt eigentlich dasselbe vor, es kommen vernirte Messingwaaren auch da vor. Ich halte es für vollständig unmöglich, in der Zollabfertigung die neue Kategorie der feinsten Kupfer- und Messingwaaren auseinander zu halten von der folgenden Kategorie der kurzen Waaren.

Ich komme auf die Leinenwaaren und zwar zunächst auf Packleinwand und Segeltuch. Dieser Artikel ist von großem Interesse. Die Packleinwand wird bekanntlich jetzt vorzugsweise aus Jute fabrizirt, und sie unterlag bisher einem Eingangszollsatze von 4 Mark für 100 Kilo. Der Begriff „Packleinwand" war dahin definirt, daß es ein grobes Gewebe sein müsse mit nicht mehr als 23 Kettenfäden auf 2 Centimeter. Unter diesem Zollsatz sind, wie anzuerkennen ist, sehr große Quantitäten ausländischer Packleinwand eingeführt. Die Vorlage schlägt Ihnen vor, erstens den Zoll auf Packleinwand um 1 Mark zu erhöhen, zweitens den Begriff Packleinwand dahin zu ändern, daß in Zukunft nur solche Waare dahin gerechnet werden soll, welche unter 17 Fäden in Kette und Schuß zusammen auf 4 Quadratcentimeter enthält. Meine Herren, ich habe nicht daran gedacht, eine Petition mitzubringen, welche in anschaulichster Weise darstellt, welche Gewebe künftig als Packleinwand verzollt werden sollen, es sind das nämlich solche Gewebe, in die man überhaupt nichts packen kann,

(Heiterkeit)

die so lose sind, daß mit Ausnahme sehr großer Gegenstände alles durchfällt, Getreide würde durchfallen, von Mehl will ich gar nicht reden. Es würde also richtiger die Position so zu fassen sein, daß man statt Packleinwand sagte Tapezierleinwand. Die Gewebe, die unter diesen Begriff fallen, gehören zur Tapezierleinwand. Die eigentliche Packleinwand also, die man jetzt verwendet für Getreidesäcke, Mehlsäcke, Zuckersäcke, Salzsäcke, und die deshalb für die Herren Landwirthe nicht ohne Interesse ist, würde erhöht werden im Zoll von 4 auf 10 Mark. Ein sogenannter $3\frac{1}{2}$-Scheffelsack wiegt etwa $2\frac{1}{3}$ Pfund, und es würde also solcher $3\frac{1}{2}$-Scheffelsack, der den Herren vielleicht geläufig ist, 7—8 Pfennig mehr kosten. Motivirt kann diese Erhöhung des Zolls allerdings dadurch werden, daß sehr viel vom Ausland eingeht, das ist gar keine Frage; aber es fragt sich nun, was ist dann das überwiegende Interesse? Ist es das Interesse der größeren Gewerbe, welche jeden Tag im Jahr Säcke zur Verpackung ihrer Waaren gebrauchen, oder ist es das Interesse, die Weberei von Jute zu Packleinwand in Deutschland in größerem Umfange wie bisher einheimisch zu machen? Ich für meinen Theil bin nicht zweifelhaft, daß das erstere Interesse das überwiegende ist. Es handelt sich hierbei um ein in seiner Wichtigkeit gar nicht zu unterschätzendes Material für einen ganz ansehnlichen Theil der Güterbewegung im Inlande.

Diese Veränderung der Klassifikation der Jute hat nun aber auch eine weitere, nach meiner Ansicht nicht erfreuliche Folge gehabt, die, daß nun alle übrigen Leinenwaarenzölle auch abgestuft sind nach der Fadenzahl des Gewebes. Es würde dazu, wenn man bei der alten Begriffsbestimmung für Packleinwand geblieben wäre, gar keine Veranlassung vorgelegen haben. Jetzt hat man der Konsequenz wegen sich genöthigt gesehen, so zu verfahren, und es ist dadurch dahin gekommen, die Zollerhöhung und diese Dichtigkeitszölle zu übertragen auf einen Artikel, der eine Zollerhöhung auch unter der Voraussetzung der Annahme der Garnzölle absolut nicht bedarf. Das ist die gebleichte Leinwand. Es ist von keiner Seite die Nothwendigkeit einer Zollerhöhung für gebleichte Leinwand unter der Voraussetzung von Garnzöllen, wie sie hier vorgeschlagen werden, behauptet worden. Dagegen hat umgekehrt diese Erhöhung des Zolls für gebleichte Leinwand eine sehr bedenkliche Rückwirkung auf die Wäschekonfektion. Die Berliner Wäschekonfektion braucht etwa 25 000 Stück Irischen Leinens, und zwar deshalb, weil, trotz der ausgezeichneten Leistungen der Bielefelder Bleicher, diesen es nicht möglich ist, diejenige Weiße herzustellen, welche in Irland erreicht wird. Das liegt durchaus nicht daran, daß sie zu wenig geschützt wären, das liegt auch nicht daran, daß sie technisch nicht vollkommen arbeiteten, sondern es liegt, wenigstens ist dies die allgemeine Ansicht, an klimatischen Einflüssen, die Irland hat, und Bielefeld nicht hat.

Ich bitte um Verzeihung, wenn ich noch mit einem Worte auf einen Artikel, welchen die Position: Packleinwand mitenthält, zurückkomme. Es steht da nämlich Packleinwand, und Segeltuch. Soweit ich die Enquete habe verfolgen können, ist für die Nothwendigkeit einer Zollerhöhung für Segeltuch nichts angeführt worden. Der nach meinem Wissen größte Segeltuchfabrikant Deutschlands war in der Enquetekommission und hat, soviel ich habe ersehen können, eine Zollerhöhung nicht für nothwendig gehalten. Trotzdem wird der Zoll auf Segeltuch um eine Mark erhöht bloß deshalb, weil der für die Packleinwand erhöht werden soll, Segeltuch und Packleinwand stehen jetzt unter einer Position, also rückt das Segeltuch auch auf.

In der großen Reihe der unter Pos. 25 Materialwaaren fallenden Waaren nehme ich nur eine heraus, nämlich den Reis, und zwar da auch lediglich im Interesse einer Exportindustrie. Es besteht eine sehr bedeutende Reisstärkefabrik in Salzuffeln. Diese Fabrik kann mit dem inländischen Markte sich nicht begnügen, sie muß nach dem Auslande exportiren, und es wurde früher ihr gestattet, Reis zollfrei einzuführen, unter Kontrolle zu verarbeiten und die daraus dargestellte Stärke auszuführen, ohne einen Zoll von dem Reis, der zur Darstellung gedient hatte, zu bezahlen. Später fand man es für richtig, diese nicht ganz unbedenkliche Ausnahme von den allgemeinen Bestimmungen zu beseitigen und den Reis zur Stärkefabrikation unter Kontrolle zollfrei einzulassen. Der Reis zur Stärkefabrikation unter Kontrolle soll in Zukunft einem Zoll unterliegen, und zwar, wie es scheint, deshalb, weil man der Ansicht ist, daß, wenn von Weizen ein Eingangszoll erhoben werden soll, wenn also von dem für die Stärkefabrikation bestimmten Weizen ein Zoll zu entrichten ist, es unrichtig sein würde, von dem zur Stärkefabrikation bestimmten Reis einen Zoll nicht zu erheben, also ein konkurrirendes Fabrikat in seinem Material zu belasten, ein anderes zu befreien. Ich glaube nicht, daß diese Rücksicht entscheidend sein kann und zwar deshalb, weil die Reisstärke an sich so erheblich theurer ist wie die Weizenstärke, daß eine wirkliche Konkurrenz in dem Sinne, wie sie bei der Erwägung, die ich eben anführte, gedacht ist, zwischen beiden Artikeln nicht stattfindet. Es würde sonst auch dieselbe Anomalie in Bezug auf die Kartoffelstärke vorhanden sein, denn die Kartoffeln bleiben ja zollfrei.

Bei der Position Papier treten nach Lage der dem Reichstag vorliegenden Petitionen eigenthümliche Verhältnisse auf. Es liegt dem Reichstag eine Petition vor, welche anfängt:

> Trotz der wirksamen Vertretung, deren sich die Interessen unseres Industriezweiges bei der Zolltarifkommission zu erfreuen hatten, ist unsere letzte Hoffnung zu Schanden geworden, die Aufhebung des Lumpenausfuhrzolls ist rückgängig gemacht worden. Aus taktischen Gründen, heißt es in den Berichten unseres Vertreters, hat man in der Tarifkommission davon absehen zu müssen geglaubt, den beregten Zoll aufzunehmen.

Diese Petenten sind, abgesehen davon, daß sie darüber klagen, daß kein Lumpenausfuhrzoll erhoben werden soll, sonst mit den Zöllen einverstanden. Nun liegen aber Petitionen vor von Buntpapierfabrikanten, Luxuspapierfabrikanten, Kunstdruckanstalten und von Gold- und Silberpapierfabrikanten, die auf das dringendste bitten, man möchte sie mit der ihnen zugedachten Zollerhöhung verschonen. Sie haben dieselbe Erwägung dabei, wie die Hartgummifabrikanten; sie sagen, Konkurrenz aus dem Auslande haben wir gar nicht, wir exportiren sehr viel, und wir haben das dringendste Interesse, daß unsere Nachbarn, die jetzt diesen Artikel noch billig behandeln, nicht von uns veranlaßt werden, ihn unbillig zu behandeln. Ihr Petitum geht darauf hinaus, und ich glaube, das wäre auch das richtigste gewesen, die Positionen d, e und f des vorliegenden Entwurfs in eine einzige Position zu 8 Mark zu verschmelzen. Auf eine andere Seite der Papierzölle werde ich später zurückkommen.

Ich komme nun zu einem der wichtigsten Gegenstände, die ich bisher noch besprochen habe, es ist das die Seide.

Nach dem jetzigen Tarif wird von aller ungefärbten Seide, sei das nun die natürliche Organsin oder Trame, sei es die Floretseide, gesponnene oder gezwirnte, sei es Seidenzwirn, kein Zoll erhoben. Nach dem Entwurf soll diese Zollfreiheit beschränkt werden auf die natürliche Seide, abgehaspelt oder filirt, Organsin und Trame, und es soll die gesponnene und gezwirnte Floretseide einem Zoll von 12 Mark, der Zwirn aus roher Seide einem Zoll von 48 Mark unterliegen. Es wird diese Erhöhung motivirt damit, daß die fernere Zollbefreiung dieses Artikels unzulässig wäre, nachdem Baumwolle, Leinen- und Wollgarne mit Zöllen belegt sind und weil die Floretseidenspinnerei mit 40 000 Spindeln vertreten ist.

Das erste Motiv ist ja logisch richtig. Es ist logisch unrichtig, gesponnene Seide freizulassen, wenn man gesponnene Baumwolle mit Zoll belegt. Das zweite Motiv ist thatsächlich insoweit begründet, für die Spindelzahl kann ich nicht einstehen, daß fünf Seidenspinnereien in Deutschland vorhanden sind, zwei in Baden und drei im Elsaß.

Nun aber, meine Herren, mit dieser Erhöhung, einmal motivirt durch das Prinzip, das andere mal motivirt durch das Interesse von fünf Spinnereien, würden Sie den Bestand einer zweiten sehr großen preußischen und deutschen Industrie gefährden, nämlich der Sammetindustrie auf dem linken Rheinufer. Es liegt dem Reichstag eine Petition von 40 Firmen des Gladbacher Bezirks vor. Diese Petition bezeugt, daß von allen augenblicklich beschäftigten Stücksammetstühlen ein Zehntel Seide und neun Zehntel Chappe verarbeitet; — Chappe, das ist die gesponnene Seide. Es sind vielleicht, meine Herren, unter Ihnen einige, die diese großartige Industrie kennen, eine Industrie, auf die wir alle stolz gewesen sind, auf deren Förderung im Wege der Einwirkung auf die auswärtigen Regierungen wir jahrelang und nicht ohne Erfolg bedacht gewesen sind. Diese Industrie konkurrirt mit Frankreich, mit England, mit Oesterreich, mit Italien, indem sie in diesen Ländern selbst ihr Fabrikat verkauft. Mehr glaube ich, wird nicht gesagt zu werden brauchen. Die konkurrirenden Länder haben das Material, um das es sich handelt, zollfrei. Die Franzosen haben allerdings einen Zoll auf dieser Seide, indessen bei ihrer eigenen Seidenproduktion und der auf diese Produktion natürlich begründeten Spinnerei hat der Zoll für sie keinen Einfluß. Eine zweite Industrie, die ganz ebenso und vielleicht in noch stärkerem Maße von der Zollerhöhung betroffen würde, ist die Posamentierwaarenfabrikation, von der ich vorhin schon bei Gelegenheit des Glases gesprochen habe. Diese Industrie bedarf absolut der Chappeseide; sie kann sie in der nöthigen Qualität und Menge aus den deutschen Fabriken nicht beziehen; sie würde durch den beabsichtigten Zoll auf das empfindlichste getroffen werden. Schon jetzt kämpft diese Posamentierwaarenindustrie auf allen Märkten der Welt mit der französischen. Der Kampf ist sehr schwer. Wenn ihr einmal die Glasperlen und auf der anderen Seite die Chappeseide vertheuert wird, so wird sie diesen Kampf einstellen. Dem gegenüber kommen nach meiner Ueberzeugung weder die Logik noch das Interesse der fünf Spinnereien in Betracht. Zwei von diesen fünf Spinnereien sind errichtet unter der Herrschaft des bestehenden Systems, d. h. um mich richtig auszudrücken, zu einer Zeit, wo diese Artikel, um die es sich handelt, 15 Silbergroschen Eingangsabgabe gaben, d. i. was den Schutz betrifft, genau dasselbe wie Zollfreiheit. Die drei anderen, die elsässischen sind allerdings unter günstigeren Verhältnissen aufgewachsen. Wenn ich indessen mich darüber zu entscheiden habe, die große rheinische Sammetindustrie, die große Berliner und Erzgebirgische Posamentierwaarenindustrie zu gefährden, oder die drei elsässischen Spinnereien etwas leiden zu lassen, so bin ich zweiffellos, wie ich mich entscheide.

Der Zoll für gezwirnte Seide ist noch mehr erhöht wie der für die Chappeseide. In den Motiven wird erwähnt:

> Zwirn zahlte früher 8, später sogar 11 Thaler Zoll und wurde erst durch den französischen Handelsvertrag vom Zoll befreit.

Das ist nicht ganz richtig. Dieser Artikel wurde im Jahre 1859 von 11 Thaler auf ½ Thaler im Zolle heruntergesetzt, also den übrigen Seiden gleichgesetzt. Das geschah nicht aus irgend einem freihändlerischen Streben, sondern einfach und allein deshalb — und die Erfahrung würde man jetzt wieder machen — weil es technisch ganz unausführbar ist, zwischen gezwirnter Seide oder Seidenzwirn und anderer Seide einen greifbaren Unterschied festzustellen. Alle Kriterien für die Zwirnung, die bei anderen Garnen zu treffen, treffen bei der Seide nicht zu. Die einfache Organsinseide ist schon gezwirnte Seide.

Die gefärbte Seide soll ebenfalls im Zoll erhöht werden in Konsequenz der Zollerhöhung für andere gefärbte Garne.

Meine Herren, auch hier möchte ich mich gegen diese Konsequenz verwahren. Als wir den Zoll für gefärbte Seide im Jahr 1865 herabsetzten, hat sich namentlich hier in Berlin, dem Sitze der eigentlichen großen Seidenfärberei, keine einzige Stimme dagegen erhoben, es war den Betheiligten völlig gleichgiltig, ob der Zoll 4 Thaler, 8 Thaler oder 10 Thaler war. Dagegen ist es keineswegs gleichgiltig für die eben erwähnten Industrien, besonders für die Posamentierwaarenfabrikation. Die Lyoner haben einmal eine ganz besondere Fertigkeit, gewisse Sorten schwarze Seide zu färben. Das Lustre, was sie diesen Seiden zu geben wissen, das wissen ihnen die deutschen Färber nicht zu geben, so viel sie sich auch Mühe darum gegeben, und wenn die Passementerien nicht das schwarze Lustre haben, werden sie einfach nicht gekauft. Es ist für die Passementeriewaarenfabrikation eine Nothwendigkeit, — eine Nothwendigkeit, die ihr unangenehm ist, aber eine Nothwendigkeit, diese Waaren aus Lyon zu beziehen. Auch diese Erhöhung würde diese Industrie auf das schwerste treffen.

Ich will nur eine Bemerkung in Beziehung auf die bei der Position Steine und Steinwaaren vorkommenden Artikel machen. Nicht in Bezug auf die Schieferplatten, obgleich die Petition der Dachschieferfabrikanten, die dem Reichstag vorliegt, dazu viel Material bieten würde, denn sie geht eigentlich darauf hinaus, daß die Schieferbedachung umkehren muß, man darf künftig nicht große Platten nehmen, sondern nur kleine Platten, —

(Heiterkeit)

sondern in Bezug auf einen Artikel, den ich nicht unerwähnt lassen möchte, das sind die Edelsteine, Korallen, bearbeitet, und Perlen ohne Fassung. Die waren bisher zollfrei; sie werden jetzt einem Zoll unterworfen. Ich will gegen diesen Zoll nicht plaidiren, ich will nur darauf aufmerksam machen, daß er nie erhoben wird.

(Hört!)

Die Versendung der Edelsteine und Perlen geschieht nicht ballenweise, sie werden nicht beim Zollamt revidirt, sondern sie geschieht in deklarirten Briefen. Ein deklarirter Brief muß naturnothwendig, d. h. nach den postalischen Vorschriften innerhalb eines Gewichts von 250 Gramm bleiben. In dem Zollgesetz, durch welches der Tarif eingeführt wird, ist bestimmt, daß mit der Post eingehende Gegenstände bis zu 250 Gramm frei sind; also ist durch den Paragraphen im Gesetz dafür gesorgt, daß der Zoll für Edelsteine nicht zur Wahrheit wird.

Meine Herren, ich komme nun zu einem Artikel, der vielleicht anfangs Ihre Heiterkeit erregen wird, der aber eine Wichtigkeit hat, die wenigstens in den Motiven keine Andeutung findet, das sind die Eier. So lange Deutschland besteht, ist ein Zoll für Eier nie erhoben; er wird in Vorschlag gebracht mit Rücksicht auf die Zollsätze, welche für die übrigen landwirthschaftlichen Produkte angenommen sind: „aus dieser Rücksicht empfiehlt es sich auch, die Eier von Geflügel in ähnlicher, den Werthverhältnissen entsprechender Weise zu tarifiren.“ Es wird dann weiter ausgeführt, daß der Eingang von Eiern ziemlich bedeutend ist. Meine Herren, die Motive scheinen davon auszugehen, daß alle Eier, welche in Deutschland eingehen, gegessen werden, daß sie für den Tafelgenuß bestimmt sind. Wäre das der Fall, so würde ich Sie mit diesem Artikel nicht belästigen, so käme es wieder auf die Konsumentenfrage, von der ich nicht rede. Aber das ist durchaus nicht der Fall, die Eier sind ein ungemein wichtiges Fabrikmaterial, und ich bin fest überzeugt, — Zahlen kann man nicht angeben — daß der ganz überwiegende Theil der Eier, die in Deutschland eingehen, gar niemals zum Frühstück verwendet werden. Die Eier sind Material zunächst, um zwei Dinge daraus darzustellen: das sogenannte Albumin, das ist getrocknetes Eiweiß, und das Eigelb — mucilage jaune. — Das Albumin ist ein ganz außerordentlich wichtiger Artikel für die Weißgerberei, für die Zeugdruckerei und für die Fabrikation von Albuminpapier für Photographen; für ähnliche Zwecke dient auch das Eigelb. Nun, meine Herren, sehen Sie sich einmal die Konsequenzen an! Nach den Ermittelungen, die ich habe anstellen können, beträgt der Zoll, der 3 Mark für 100 Kilo ist, natürlich brutto, und ganz mit Recht, da etwa 22 Prozent Tara sind, ungefähr 4 Mark, also für 100 Stück etwa 19 bis 20 Pfennige. Nun braucht man 1 Kilogramm, um ein trockenes Albumin darzustellen, — es gibt auch flüssigen Eiweißstoff — Eier, die ungefähr 20 bis 25 Mark Zoll bezahlen würden. Das Albumin selbst ist aber zollfrei,

(Hört! hört!)

das steht unter Position 5, das ist zollfrei. Bei dem Eigelb stellt es sich etwas anders, da ist das Produkt von 100 Eiern, welche etwa 5 Kilogramm wiegen, etwa 1,54 Kilogramm schwer. Nun meine Herren, die Motive sprechen sich darüber nicht aus. Ich nehme an, wäre man darauf aufmerksam geworden, so würde man es korrigirt haben, indem man einen angemessenen Zoll auf Albumin gelegt hätte.

(Heiterkeit.)

Indessen ich glaube nicht, daß der Reichstag das wollen wird. Es ist das Albumin in der That ein für verschiedene Industrien unentbehrlicher Gegenstand, und ich möchte da Ihre Aufmerksamkeit auf eine Fabrikation lenken, die zwar nicht weltumfassend ist, die aber effektiv den ganzen Weltmarkt beherrscht, das ist die Fabrikation von Albuminpapier für Photographen. Es ist Thatsache, daß die ganze Welt von Deutschland mit diesem Papier versorgt wird, und es ist eine höchst eigenthümliche Fabrikation: das rohe Papier wird aus Frankreich bezogen, ein guter Theil der Eier, woraus das Albumin gemacht wird, kommt aus Italien, hier wird das Albuminpapier hergestellt und das geht dann durch die ganze Welt. Diese Industrie wird schon nicht unerheblich geschädigt dadurch, daß das Papier, welches sie aus Frankreich beziehen muß, von 6 auf 10 Mark erhöht wird; wenn ihr nun außerdem, sei es durch den Zoll auf Eier, oder durch den Zoll auf Eier in Kombination mit dem Zoll auf Albumin, auch das andere Material ungemein vertheuert wird, ja, dann wird sie fertig sein und das Geschäft andern überlassen müssen.

Es zeigt das, wie sehr man vorsichtig sein muß, bei einem Artikel, der einmal zollfrei ist, so lange Deutschland besteht, plötzlich eine Aenderung vorzunehmen. Es ist sehr schwer, sich gleich klar zu machen, welche Tragweite das hat.

Meine Herren, ich will Ihre Geduld nur noch für einen Gegenstand in Anspruch nehmen, der allerdings zu den wichtigsten im ganzen Tarif gehört, das ist Wolle. Der Entwurf schlägt vor: für gekämmte Wolle, die jetzt zollfrei ist, 2 Mark, für Garn, mit Ausnahme des englischen harten Kammgarns, einen Zoll für rohes, einfaches Garn von 8 Mark, für rohes doublirtes Garn 10 Mark, gebleicht und gefärbt einfach 12 Mark, gebleicht und gefärbt, mehrfach 30 Mark. Meine Herren, das rohe Wollengarn, einfach und doublirt, hat in Preußen seit 70 Jahren, im Zollverein, so lange er besteht, dem Eingangszoll von $1/2$ Thaler unterlegen, welchem es auch jetzt noch unterliegt. Bei diesem Zoll soll es nun freilich hinsichtlich des englischen Westgarns bleiben, das weiche Kammgarn und das Streichgarn sollen den von mir angeführten Zöllen unterliegen. Meine Herren, wenn man eine so fundamentale Aenderung in der Besteuerung eines so wichtigen Gegenstandes in Vorschlag bringt, wie das Wollengarn, eine Aenderung, die sich absolut entfernt von dem Zustande, wie er, wie gesagt, seit 70 Jahren in Preußen, seit beinahe 50 Jahren im übrigen Deutschland besteht, so darf man erwarten, doch ausreichende Gründe dafür zu bekommen. Was sagen nun die Motive?

Sie führen einmal an die Anträge, die in dem sogenannten autonomen Tarif gestellt sind; sie erwähnen ferner die Eingangszölle, die in Frankreich, Oesterreich und Belgien erhoben werden und in der Schweiz erhoben werden sollen; sie erwähnen dann die Menge der Einfuhr und schließen: „Unter diesen Umständen erschien eine Erhöhung des Zolls für Wollengarne angemessen."

Meine Herren, die Anträge, die in dem autonomen Tarif niedergelegt sind, würden ja sehr interessant sein, wenn hier wenigstens die Motive mit angeführt wären, es würde interessant sein, die Motive zu sehen, aus denen der Entwurf abgewichen ist von den Vorschlägen des autonomen Tarifs. Von alledem erfahren wir nichts. Die Verweisung auf Oesterreich, Frankreich und Belgien ist nach meiner Ansicht durchaus nicht zutreffend, denn dort bestehen diese hohen Wollgarnzölle schon seit sehr langen Zeiten, seit 50 und mehr Jahren. Bei uns ist gar nichts Aehnliches der Fall. Wie es der Schweiz mit ihrem noch nicht eingeführten Zoll gehen wird, das wissen wir noch nicht und die Zolltarifverhältnisse in der Schweiz liegen so absolut verschieden von den unsrigen, daß wir überhaupt daraus kein hinlängliches Argument entnehmen können.

Was bleibt nun übrig? Ich zweifle gar nicht, die Verfasser der Motive haben die Spindelzahl für Wollgarne gekannt. Es hat ja eine gewerbstatistische Aufnahme 1875 stattgefunden, die Ergebnisse dieser Aufnahme sind längst abgeschlossen, gewiß besitzt das statistische Amt die Zahlen über die im Jahr 1875 vorhandenen Spindeln, es hätte in 24 oder in 48 Stunden dieselben mittheilen können, man hätte dann vergleichen können die verschiedenen gewerbstatistischen Aufnahmen und sich ein Bild machen können, wie die Industrie sich entwickelt hat. Ich zweifle nicht, daß man dies bei der Ausarbeitung der Motive gehabt hat, aber warum hat man es uns nicht mitgetheilt? Warum hat man uns nicht ferner mitgetheilt die Ermittelungen, die, wie ich voraussetze, bei den großen Hauptämtern angestellt sind, wie sich ungefähr das Verhältniß der Verzollung gestellt hat zwischen dem englischen Weftgarn, das künftig auch noch die 3 Mark bezahlen soll wie früher, und den anderen Garnen? Auch davon wird nichts gesagt. Für uns ist es ja ungemein schwer, in solchen Fragen das Material zu beschaffen. Mir ist schließlich nichts übrig geblieben als folgendes. Wenn man das in den Jahren 1860—64 eingegangene Garn vergleicht mit dem in den Jahren 1873—77 eingegangenen, so ergibt sich eine Zunahme von etwa 34 Prozent. Ich habe schon bei einer früheren Gelegenheit hier im Hause ausgeführt, daß bei der Wollverarbeitung zwischen den Jahren 1864 bis 1877 eine Zunahme von 36 Prozent eingetreten ist. Ich kann wenigstens aus diesen Zahlen keinen Grund ersehen, um anzunehmen, daß unsere Streichgarnspinnerei, einer unserer ältesten und blühendsten Industriezweige, daß unsere Kammgarnspinnerei so zurückgegangen sei, um plötzlich einer so erheblichen Zollerhöhung zu bedürfen.

Nun, meine Herren, kommt aber dabei in Betracht, daß hier sehr erhebliche, in den Interessen der Gewebeindustrie liegende Gründe der Zollerhöhung entgegenstehen. Es liegt dem Reichstage eine Petition vor der Strumpfwaarenfabrikanten in Apolda, die einen Umsatz von 8 bis 10 Millionen Mark haben, wovon sie wenigstens $^1/_3$ exportiren. Die protestiren auf das lebhafteste gegen eine Zollerhöhung, weil sie die fremden Garne brauchen. Es liegt uns vor eine Petition aus Berlin, in der ausgeführt wird, daß verschiedene Zweige der Berliner Wollindustrie — das sind wollene und halbwollene Stoffe für Herren- und Damenkonfektion, wollene Shawls und Tücher, wollene Fantasiewaaren, Tapisseriewolle, Strickwolle — jährlich gegen 8 700 000 Kilogramm Wollengarn brauchen, von denen $2^1/_2$ Millionen aus dem Auslande bezogen werden, daß ihre Gesammtproduktion sich auf etwa 67 Millionen Mark beläuft, von denen stark die Hälfte exportirt wird, daß sie nahe an 30 000 Arbeiter beschäftigen. Diese Industrie bedarf für gewisse Genres des ausländischen Garns, sie würde durch eine Zollerhöhung auf das empfindlichste beeinträchtigt, und ich glaube doch nicht, meine Herren, daß man solchen Interessen gegenüber sich begnügen kann damit, historisch zu erwähnen, was in dem autonomen Tarif gestanden hat, was die Zollsätze in Frankreich, Oesterreich und Belgien sind und endlich die Einfuhrmengen, die wir ja Alle kennen.

Ich komme nun endlich auf die Wollenwaaren selbst. Es ist da eine wesentliche Veränderung in den Klassifikationsmerkmalen vorgeschlagen. Ueber diese Veränderung in den Klassifikationsmerkmalen mich auszusprechen, muß ich Anstand nehmen, es ist das eine ganz ungemein schwierige Frage. Ich erkenne an, daß das System, was bisher gegolten hat, auf die Dauer nicht haltbar ist, ich kann also das Bedürfniß einer Aenderung dieses Systems nicht bestreiten, ich bin aber auch wiederum begreiflicherweise nicht in der Lage, das neue System, welches sich bestimmt nach der Dicke des Gewebes, zu befürworten, namentlich, weil aus dem Kreise der Interessenten zahlreiche Anfechtungen kommen, die theils darauf beruhen, daß bei Anwendung dieses Systems geringwerthige Waaren sehr hoch, theils darauf beruhen, daß hochwerthige Waaren sehr gering besteuert sein würden. Ich glaube nun das, daß, wenn von einer Erhöhung der Garnzölle abgesehen wird, irgend ein Grund zur Erhöhung der Gewebezölle bei der Wolle nicht vorliegt. Wir haben eine ganz ansehnliche Einfuhr von Wollenwaaren, aber vergessen Sie dabei nicht, meine Herren, daß von diesen eingeführten Wollenwaaren nicht ganz unerhebliche Mengen in Form von Konfektionen wieder hinausgehen, also Wollenwaaren, von denen die Reichskasse einen Zoll bezieht, und die nachher im Auslande als Konfektion, als Kleidungsstücke abgesetzt werden. In den Sitzen der niederlausitzschen Tuchindustrie, Kottbus, Sommerfeld, ist man mit dem bestehenden Zustande vollkommen zufrieden; man verlangt gar keine Zollerhöhung. Also auch in dieser Beziehung halte ich die gemachten Vorschläge nicht für gerechtfertigt.

Meine Herren, ich schließe hiermit. Ich habe es mir zur Aufgabe gestellt, Ihnen zu zeigen, daß bei dem vorliegenden Entwurf sehr große und wichtige bestehende Interessen der Industrie keine Berücksichtigung gefunden haben, daß zum Besten einer zukünftigen Entwicklung gewisse Industriezweige, einer Entwicklung, für die kein Mensch eine Garantie geben kann, daß zum Besten dieser nicht unmöglichen, aber nur *möglichen* zukünftigen Entwicklung große, reale, bestehende Interessen geopfert werden sollen.

(Sehr gut! links.)

Ich glaube deshalb, daß der Reichstag nicht in der Lage ist, leichten Herzens in die Votirung dieser Vorlage einzutreten.

(Lebhaftes Bravo.)

Präsident: Der Herr Abgeordnete Reichensperger (Olpe) beantragt die Vertagung der Sitzung. Ich ersuche diejenigen Herren, welche den Vertagungsantrag unterstützen wollen, sich zu erheben.

(Geschieht.)

Die Unterstützung reicht aus.

Ich ersuche diejenigen Herren, welche die Vertagung beschließen wollen, stehen zu bleiben respektive sich zu erheben.

(Geschieht.)

Das ist die Mehrheit; die Vertagung ist beschlossen.

Meine Herren, ich schlage vor, die nächste Plenarsitzung morgen Vormittag 11 Uhr abzuhalten, und proponire als Tagesordnung dieselbe Tagesordnung wie heute, so weit wie sie heute nicht erledigt worden ist. Wir beginnen mit der Fortsetzung der heutigen Diskussion.

Widerspruch dagegen wird nicht erhoben; es findet also die nächste Plenarsitzung morgen Vormittag 11 Uhr statt.

Ich schließe die Sitzung.

(Schluß der Sitzung 4 Uhr 10 Minuten.)

Berichtigungen

zum stenographischen Bericht der 35. Sitzung.

S. 886 Sp. 2 Z. 16 von unten ist statt „wirkliche" zu lesen: „willkürliche", und hinter „handelt" einzuschalten: „von".

S. 887 Sp. 1 Z. 6 ist vor „der" einzuschalten: „daß".

Druck und Verlag der Buchdruckerei der Nordd. Allgem. Zeitung. Pindter.
Berlin, Wilhelmstraße 32.

37. Sitzung

am Sonnabend, den 3. Mai 1879.

Die Sitzung wird um 11 Uhr 35 Minuten durch den Präsidenten Dr. von Forckenbeck eröffnet.

Präsident: Die Sitzung ist eröffnet.

Das Protokoll der letzten Sitzung liegt zur Einsicht auf dem Büreau offen.

Ich habe Urlaub ertheilt: dem Herrn Abgeordneten Vopel für heute und Montag wegen dringender Geschäfte; — dem Herrn Abgeordneten Freiherrn von Unruhe-Bomst für drei Tage wegen eines Familienfestes; — dem Herrn Abgeordneten Grafen von Nayhauß-Cormons für drei Tage wegen unaufschiebbarer Familienangelegenheiten; — dem Herrn Abgeordneten Reich für den 5. und 6. d. M. zur Beiwohnung des Walpurgislandtags der sächsischen Lausitz.

Die Wahl des Herrn Abgeordneten von Jagow für den 1. Potsdamer Wahlkreis ist von der 5. Abtheilung geprüft und für giltig erklärt worden.

Es sind zwei Schreiben, des Herrn Abgeordneten von Forcade de Biaix und des Herrn Abgeordneten Dr. Dreyer, in Betreff ihrer Ernennung zu Reichsgerichtsräthen eingegangen in denen die Frage erörtert wird, ob trotz dieser Ernennung das Mandat fortdauert oder nicht. Ich schlage vor, diese beiden Schreiben, wie das gestrige Schreiben des Herrn Abgeordneten Dr Bähr (Kassel), zuvörderst der Geschäftsordnungskommission zur Berichterstattung zu überweisen. — Dem wird nicht widersprochen; es gehen also die Schreiben an die Geschäftsordnungskommission.

Wir treten in die Tagesordnung ein.

Erster Gegenstand der Tagesordnung ist:

Fortsetzung der ersten Berathung des Gesetzentwurfs, betreffend den Zolltarif des deutschen Zollgebiets (Nr. 132 der Drucksachen).

Die Berathung war gestern vertagt worden.

Ich eröffne daher die erste Berathung des Gesetzentwurfs wiederum hiermit und ertheile das Wort dem Herrn Abgeordneten Reichensperger (Olpe).

(Pause.)

Meine Herren, ich bitte um Ruhe!

Der Herr Abgeordnete Reichensperger (Olpe) hat das Wort.

Abgeordneter **Reichensperger** (Olpe): Meine Herren, es würde ja an sich eine sehr schwierige Aufgabe für mich sein, wenn ich einen Vorredner, wie Herr Dr. Delbrück es ist, hier nach allen Seiten zu bekämpfen hätte. Der genannte Herr besitzt ja eine hohe Autorität auf dem zollpolitischen Gebiete und verfügt über Erfahrungen und Materialien, die mir nicht gegeben sind. Ich kann zu meiner Selbstberuhigung aber sagen, daß der geehrte Herr mir jene Aufgabe nicht erschwert, sondern in hohem Grade erleichtert hat, indem er über diejenigen Fragen, über welche ich mich gedrungen fühle, mich hier auszusprechen, sich vollständig ausgeschwiegen hat, — nämlich über die Frage der großen Prinzipien, welche einem Zolltarife zu Grunde gelegt werden müssen, namentlich über den hier brennend hervorgetretenen Gegensatz zwischen unserer bisherigen passiven Freihandelspolitik und dem jetzt zu inaugurirenden System des aktiven Schutzzolles mit autonomem deutschem Tarif. Der Herr Vorredner hat sich über diese Frage gar nicht ausgesprochen und ich möchte hoffen und wünschen, aus dieser Thatsache den Schluß ziehen zu dürfen, daß er wenigstens nicht unmittelbar nnd unbedingt unter der Fahne der Herren Bamberger und Richter zu kämpfen gesonnen ist, sondern vielmehr nur beabsichtigt, wohlerwogene Zollpositionen zu erzielen. Er hat zu dem Ende eine ganze Reihe von einzelnen Artikeln hier kritisirt, und ich bin sehr begierig, wie die Herren von der Regierungsbank, oder von anderen Seiten des Hauses alle diese Bedenken zu beseitigen im Stande sein werden. Er hat allerdings vorzugsweise unbedeutende Positionen hier erörtert, wozu ich natürlich nicht seine Bemerkungen über die Garnzollpositionen gerechnet wissen will. Ich halte diese auch für so bedeutend, wie nur immer möglich. Ich bin aber zugleich der Meinung, daß diese Erörterungen jetzt von mir nicht erörtert werden können, und daß sie überhaupt in der Generaldebatte ihre berechtigte Stellung nicht zu suchen und zu finden haben. Denn alle diese Bemerkungen müssen nothwendig bei der Spezialdebatte wiederholt werden, sonst können sie ja gar keinen Effekt haben.

Ich meine, es würde sich hieraus schon ergeben, daß ich mich auf diese Detailfragen nicht einzulassen habe; es will mir vielmehr vorkommen, als sei diese ganze Auseinandersetzung des Herrn Dr. Delbrück weit weniger für diesen Reichstag gemacht worden, als vielmehr für die Außenwelt, um von vornherein das System des Zolltarifs, wie es uns vorgelegt ist, recht kräftig zu diskreditiren, — und das, meine Herren, scheint mir allerdings theilweise nicht mißlungen zu sein. Anders aber dagegen steht die Sache denjenigen Herren gegenüber, die als die Matadore des Freihandels seit Wochen uns mit ihren Vorträgen beehrt haben. Diese Herren, die der Herr Reichskanzler die avant la lettre Redner genannt hat, haben noch, bevor die wirklichen Tarifvorschläge und Gesetzesanträge uns vorlagen, sich sehr abfällig über das ganze System ausgesprochen, und mit möglichster Energie die Grundsätze des passiven Freihandels, wie er bei uns durch den französischen Handelsvertrag von 1865 inaugurirt worden ist, vertheidigt und vertreten. Sie haben jeden Gedanken an eine Umkehr zum aktiven Schutzzollsystem von sich gewiesen. Ich, meine Herren, kann nicht leugnen, daß diese Reden, mit denen ich ja nicht sympathisiren konnte, auf mich dennoch einen erfreulichen Eindruck insofern gemacht haben, als sie mir einen Beweis dafür zu liefern schienen, daß die Herren selbst an einem Siege ihrer Sache von vornherein absolut verzweifeln,

(sehr richtig!)

und daß sie gar nicht mehr daran gedacht haben, gegnerische Stimmen zu gewinnen, daß sie vielmehr nach dem provozirenden Tone, den sie überall eingeschlagen haben, diese Hoffnung von vornherein aufgegeben haben. Denn wenn dem nicht so wäre, dann bin ich der Meinung, daß jene Herren des guten deutschen Sprichworts vom Tropfen Honig und dem Fasse Essig gedacht hätten. Sie haben schwerlich Stimmen gewonnen durch ihre Angriffe auf Persönlichkeiten, durch ihre Angriffe sogar auf die Urtheilsfähigkeit der Schutzzöllner, durch ihre emphatische Verweisung, auf die sogenannte Interessenjagd, die inaugurirt worden sei. Nun, meine Herren, um Interessen handelt es sich hier allerdings; aber um die Interessen der Gesammtheit.

(Sehr richtig!)

Diese Interessen sollen und müssen sich zusammen setzen aus den Interessen aller einzelnen, eben aller, und die Interessen der einzelnen sind nicht der Hauptpunkt, auf den es ankommt, wenigstens für meine Freunde und mich zweifellos nicht, sondern nur in so fern als diese Einzelinteressen mit den gemeinsamen Interessen zusammenfallen. Das Bedenklichste in diesen freihändlerischen Auseinandersetzungen ist für mich aber gewesen, daß diese Herren meiner Auffassung nach diese ganze große Angelegenheit überhaupt nur mit dem Auge des Weltbürgers betrachtet und beurtheilt haben,

(sehr wahr!)

nicht aber mit dem Auge der selbstbewußten Deutschen und des deutschen Volksvertreters. Darauf aber kommt es, meines Erachtens, bei unserer Angelegenheit vor allem an. Denn, meine Herren, das steht doch wohl zweifellos fest, daß das deutsche Volk und das deutsche Reich nicht bloß auf politischem Gebiete, sondern auch auf dem wirthschaftlichen Gebiete selbst eigene, direkte Interessen zu verfolgen und zu vertreten hat, also auch solche Interessen, die sich durchaus gegensätzlich verhalten zu den Interessen aller anderen Länder, die uns umgeben, die sich schützen, mit denen wir Handelsverträge zu schließen suchen, in welchen wir ja möglichst günstige Bedingungen zu erlangen suchen. Diese Eine Thatsache, die auch den Freihändlern sympathisch ist, beweist doch in klarster Weise, daß auch in ihren Augen ein sehr wesentlicher Unterschied darin besteht, wie wir von unseren Nachbarn behandelt werden, — ob wir ihnen allein die Thüren unseres Marktes öffnen und ob wir uns gefallen lassen sollen, daß diese Herren Nachbarn uns die Thüre ihres Marktes vor der Nase zuschlagen. Ich bin also der Meinung, daß diese ganze Angelegenheit nicht vom kosmopolitischen Standpunkte zu betrachten ist, was, wie schon gesagt, auch alle unsere Nachbarn nicht thun, sondern daß wir unsern konkreten deutschen Interessenstandpunkt wahrzunehmen haben. Wenn übrigens diese Freihandelsdoktrin prinzipiell so richtig wäre, wie sie meiner Ueberzeugung nach falsch und im innersten Widerspruch mit dem Begriff der Solidarität jeder einzelnen Staatsgesellschaft ist, — wenn, sage ich, diese Freihandelsdoktrin innerlich richtig wäre, dann verstehe ich immerhin nicht, wie diese Herren es sich gefallen lassen können und wollen, daß wir bloß die passive Handelsfreiheit haben sollen, uns die aktive aber im Auslande versagen lassen.

(Sehr richtig!)

Ja, meine Herren, ich bin der Meinung, daß die Herren Freihändler auch ihrerseits dahin wirken müßten, uns diese wirkliche oder vermeintliche Wohlthat des unbedingten Freihandelssystem zu Theil werden zu lassen, — ja daß sie uns helfen müßten, diese Wohlthat vom Auslande zu erzwingen, und zwar, meine Herren, da natürlich hierbei niemand an Waffengewalt denken wird, bleibt dann nur der einzig mögliche indirekte Zwang übrig, indem auch wir durch unsern autonomen Tarif den Nachbarn den Wunsch einflößen, ihrerseits uns Konzessionen zu machen, die, wie gesagt, auf dem Wege der Handelsverträge nur durch gegenseitige Nachgiebigkeit und gegenseitige Opfer erlangt werden können, die wir aber nicht mehr bieten können, wenn wir von vornherein die passive Handelsfreiheit proklamiren, also keine Gegenleistungen darzubringen vermögen, da wir alles schon im Sinne der Außenwelt bei uns eingerichtet haben.

Ich, meine Herren, bin der Meinung, daß diese ganze Angelegenheit von so unendlicher innerer Schwierigkeit ist, daß es wahrlich nicht nöthig sein sollte, dieselbe noch durch doktrinelle Anschauungen zu erschweren. Nach meinem Dafürhalten ist die Aufstellung eines richtigen Zolltarifs eine der schwierigsten Aufgaben, die überhaupt an den praktischen Staatsmann herantreten können, —

(sehr wahr!)

schwieriger in meinen Augen, als selbst die Aufstellung eines Strafgesetzbuchs und Zivilgesetzbuchs. Denn, meine Herren, dieser Zolltarif soll und muß nothwendig das ganze Wirthschaftsleben einer Nation bedingen und beherrschen, also die Grundlagen unserer Gesellschaft. Diese Angelegenheit und ihre Regulirung wird aber in enormem Grade noch dadurch erschwert, daß wir immerhin zugleich unsere Exportfähigkeit, worauf die Herren Freihändler so ausschließliches Gewicht legen, im Auge behalten müssen. Das ist ja selbstverständlich, daß wir an einen geschlossenen Handelsstaat von Fichte oder von Thünen nicht denken können und dürfen. Denn wir sind mit absoluter Nothwendigkeit auch auf ausländische Bezüge angewiesen, hinsichtlich der Kolonialwaaren und anderer Dinge. Also wir müssen gleichzeitig auch diese Frage im Auge behalten.

Dieser Bedarf kann ja doch offenbar unsererseits nur gedeckt werden durch Export, auf die Dauer wenigstens gewiß nicht durch Geld, — und dieser Export kann nur in Rohprodukten oder in Manufakturwaaren bestehen.

Nun, meine Herren, uns auf die Rohproduktenausfuhr zu verweisen, wird doch sicherlich auch keinem Freihändler einfallen; denn damit wäre ja der Rückgang unserer Staatsgesellschaft in die Urform des Gesellschaftslebens, in den reinen Agrikulturstaat besiegelt. Das kann und will niemand, damit würde Verarmung, Entvölkerung, Niedergang von Macht und Ansehen des betreffenden Volkes in unbedingtem Zusammenhang stehen. Es kann also nur geschehen durch die Entwickelung unseres Industrielebens, und dafür wollen und sollen wir sorgen, damit wir nicht ausschließlich vom Auslande ausgebeutet werden.

Ich meine, als abschreckendes Beispiel stände (ich weiß nicht ob heute noch, jedenfalls aber vor nicht langen Jahren, wo ich mich etwas mehr mit der Materie beschäftigt habe) das Land Portugal vor unseren Augen.

(Sehr richtig!)

Ich meine, es ist so, daß seit dem vorigen Jahrhundert in Folge des berüchtigten Methuenvertrages, ganz Portugal in die Abhängigkeit, in die Ausbeutung der englischen Handels- und Geldmacht gebracht wurde, — und das, meine Herren, wollen wir nicht. Wir wollen und müssen die Existenzfähigkeit der deutschen Industrie sichern, auch dann, wenn dies nur vermittelst schwerer Opfer geschehen kann. Diese Opfer müssen gebracht werden, wenn und inwiefern die uns umgebenden Nachbarn auf den einzelnen Gebieten eine Superiorität über unsere Verhältnisse besitzen, also unsere Konkurrenz ausschließen. Diese Uebermacht besteht aber nach den verschiedensten Richtungen hin, theils in dem niedrigen Zinsfuß anderer Länder, theils in günstigeren klimatischen oder Bodenverhältnissen, in den vereinigten Kohlen- und Erzlagern, in den ausgedehntesten und bequemsten Kommunikationsmitteln zu Wasser, im Fluß und zur See, in Handels- und Kolonialmacht, an die wir ja gar nicht denken können.

Nun, meine Herren, daß wir mit den betreffenden Ländern in denjenigen Branchen, in welchen wir uns in der Inferiorität befinden, nicht frei konkurriren können, weder auf dem deutschen, noch auf dem fremden Markt, ist doch unzweifelhaft. Aber, meine Herren, auch in denjenigen Branchen, in welchen wir eine natürliche Superiorität haben, in welchen wir also bessere oder wohlfeilere Waaren liefern können, — auch in diesen haben wir gar keine Garantie für unsere Existenzfähigkeit. Wenn das Ausland sich die Freiheit nimmt, wie es das thut, diese unseren besseren und wohlfeileren Erzeugnisse durch seine Zollmaßregeln zu vertheuern oder auszuschließen, so bleibt ein Zustand der Dinge übrig, der in der That schließlich zur bloßen Ausfuhr von Rohprodukten führen würde, die allerdings von unseren immer reicher gewordenen Nachbarn gern werden angenommen werden. Mir genügt aber diese Perspektive nicht.

Also diese Freihandelsanschauung im allgemeinen und gar ohne Reziprozität von Seiten des Auslandes ist unhaltbar; sie ist selbst unhaltbar, wenn Reziprozität besteht und wenn unsere Produktionsverhältnisse derart beschaffen sind, daß wir in den betreffenden erheblichen Produktionsbranchen nicht frei konkurriren können. Es kommt mir in der That gerade so vor, wie wenn Jemand von Friedenspolitik sprechen und die Konsequenzen dieser Friedenspolitik ziehen wollte, ohne Rücksicht darauf zu nehmen, was denn der Nachbar dazu denkt und thut. Ja, meine Herren, wir können doch wahrlich nicht allein Friedenspolitik treiben, wir können uns nicht allein darauf einrichten, — und so meine ich, können wir uns auch auf das passive Freihandelssystem nicht einlassen. Es kommt also darauf an, auch die Rücksichten auf das Ausland niemals aus den Augen zu verlieren.

Man nennt das alles „Freihandel" oder „Handelsfreiheit" und das Wort „Freiheit" spielt denn auch hier eine ominöse Rolle. Allein ich habe die Meinung, daß der sogenannte deutsche Michel trotz seiner bekannten Gutmüthigkeit längst dieses Wortspiels müde geworden ist,

(Bravo! Sehr richtig!)

und daß er endlich fordert, daß ihm eine wirkliche gleichberechtigte Freiheit mit allen anderen gewährt werde, und daß anderenfalls wir unsere Geschäfte in unserem Sinne autonom gestalten.

Weil dem so ist, meine Herren, darum ist nach meiner Anschauung der Dinge die letzte Thronrede mit so allgemeinem Jubel vom deutschen Volke aufgenommen worden. In dieser Thronrede ist unumwunden erklärt, daß zurückgekehrt werden müsse zu den bewährten Grundsätzen des alten Zollvereins, — daß die Zollpolitik, die seit dem französischen Handelsvertrage von 1865 bei uns zur Geltung gekommen, schlechte Erfolge erzielt hat.

Das, meine Herren, ist die Ueberzeugung der Mehrheit der deutschen Nation; den unerträglichen Druck, der daraus hervorgegangen ist, will das deutsche Volk nicht länger tragen. Es fordert, daß den uns umgebenden schutzzöllnerischen Staaten gegenüber, also Frankreich, Oesterreich, Belgien gegenüber, auch Italien gegenüber, wenn man das als Nachbarvolk nennen will, und meine Herren, außerdem gegenüber dem zwar freihändlerischen, aber übermächtigen England ebenfalls Vorsorge getroffen werde, daß unsere Industrie bestehen kann.

Mir will es scheinen, daß der einfachste und nützlichste Ausgangspunkt für die Betrachtung unserer Sachlage gerade darin besteht, daß man einen Augenblick auf England und seiner Geschichte verweilt. Ich denke, daß Jeder, der überhaupt in dieser Angelegenheit mitsprechen will, weiß, daß die jetzige englische Uebermacht erwachsen ist aus seinem ursprünglich absolutem Prohibitivsystem, das allmählich in ein Protektionssystem und schließlich in ein Freihandelssystem umgewandelt worden ist. England hat seine Emanzipation von der damaligen Uebermacht Hollands und Belgiens durch seine Navigationsakte und durch sein Prohibitivsystem errungen.

(Sehr richtig! rechts.)

Es hat große Opfer desfalls gebracht, es hat aber eine Schifffahrt, eine Seeherrschaft und eine Industrieherrschaft errungen, die wahrlich respektabel genug dasteht und zur Nachahmung auffordert. In England ist ja bekanntlich das Freihandelssystem zuerst aufgetreten. Die englischen Staatsmänner haben sich aber wohl gehütet, es sofort in praktische Wahrheit zu übersetzen.

(Zuruf links: Zuerst? Das ist nicht richtig!)

— Nun, oder es ist wenigstens sehr erheblich durch Adam Smith vertreten worden. Ich will nicht streiten, ob und in wie weit Sie an das Merkantilsystem oder an ein anderes, oder an Turgot oder an Colbert denken. Das Eine steht fest, daß in England diese Prinzipien in sehr autoritativer Weise zur Geltung gebracht worden sind, aber wie gesagt, die praktische Politik hat nichts davon wissen wollen. Noch in den dreißiger Jahren hat der englische Minister Huskisson auf das Andringen der Herren Freihändler geantwortet, dieses Freihandelsystem sei eine sehr schöne, vortreffliche Sache, aber augenblicklich für England nicht zu gebrauchen, — es sei ein trefflicher Ausfuhrartikel nach anderen Ländern,

(hört!)

— die möchten Gebrauch davon machen, England danke noch dafür. Das war der Standpunkt, den Huskisson damals eingenommen hat, obschon er theoretisch ein Freihändler gewesen ist. Erst zu der Zeit, wo England geglaubt hat, den ganzen Weltmarkt zu beherrschen, da ist es freihändlerisch geworden, und das bejubelt man in Deutschland als einen Sieg des Prinzips, während es nichts anderes ist, als ein Sieg der Thatsachen, die auf Grund des Protektions- und Prohibitivsystems gegründet worden sind. Ich möchte die Herren Freihändler in der That fragen, ob sie etwa diese ihre Grundsätze, die sie auf dem internationalen Gebiete geltend machen wollen, etwa auch in ihrem Privatleben gelten lassen, — ob sie etwa Dritten gegenüber, die in ihrem Hause größere Rechte ausüben wollen, als vice versa ihnen gewährt wird, das gestatten, oder ob sie denen nicht ein recht praktisches Kollegium über die Prinzipien der ausgleichenden Gerechtigkeit halten, ob sie nicht das Hausrecht ihnen gegenüber geltend machen werden. Ich denke, auf dem internationalen Boden ist das noch unendlich nothwendiger, denn da, meine Herren, hört die Gemüthlichkeit auf, die jeder einzelne in seinem Privatleben üben kann, — auf internationalem Gebiete sind wir unsern Mitbürgern ganz etwas anderes schuldig.

Ich, meine Herren, weiß ja sehr wohl, daß die Perspektive, die ich als aus dem passiven Freihandelssystem der Gegenwart hervorgehend bezeichne, thatsächlich bei uns Gottlob noch nicht eingetreten ist. Die tausendfachen Nothrufe, die aus den Kreisen unserer Industrie hervorbringen, beweisen ja, daß diese Industrie in der That noch besteht. Wäre das nicht, so würde Grabesstille herrschen; aber diese Nothrufe beweisen weiterhin das Eine, daß unsere Industrie durchdrungen ist von der Ueberzeugung, daß sie sich in einem Existenzkampf befindet, der leicht zu einem Todeskampfe werden kann. Um nun noch einmal auf die englischen Präzedenzien zurückzukommen, so muß ich daran erinnern, daß auch andere Länder und Völker, namentlich der praktisch nüchterne Amerikaner des Nordens aus diesem englischen Vorgange etwas gelernt hat. Diese Amerikaner des Nordens haben auf Grund der Genesis der englischen Uebermacht auch bei sich ein sehr strammes Protektionssystem eingeführt, um ihre Industrie selbstständig zu begründen. Da hieß es denn freilich, wie es ja die Schule lehrt: das seien Treibhauspflanzen, die auf diesem Wege des Schutzes begründet werden würden. Gut, meine Herren, diese Treibhauspflanze hat aber ein Wachsthum entwickelt, hat einen so mächtigen Baum hervorgehen lassen, daß unter dessen Schatten bereits das stolze England anfängt, nach Schutz zu rufen. Ja, meine Herren, ich habe eine Reihe Stimmen gelesen aus den englischen und andern Blättern, wonach viele alte Freihändler dort bereits laut genug nach Schutzzoll gegenüber denjenigen Produkten, in welchen die Amerikaner die handgreifliche Uebermacht, die Superiorität gewonnen haben, rufen, nicht bloß auf dem Gebiete der Landwirthschaft, wo das wohlfeile, ja fast kostenlose amerikanische Getreide gefährlich wird, wo also Bruder Jonathan dem englischen Gutsbesitzer nicht mehr gemüthlich gegenübersteht, sondern auch in Industriebranchen, wo ähnliche Erscheinungen hervorgetreten sind, wenn ich nicht irre, in der Tuchbranche. Nun, meine Herren, diese amerikanische Treibhauspflanze hat diesen Effekt gehabt und Lord Beaconsfield hat unlängst erklärt, daß er sich recht ernstlich mit dieser Frage der Landwirthschaft beschäftige. Weiter, meine Herren, wir wissen alle, daß in den englischen Kolonien, wo also auch englisches Blut und englische Einsicht und englische Sachkenntniß besteht, in den englischen Kolonien von Kanada und Australien das Schutzzollsystem längst eingeführt ist.

(Sehr richtig.)

In dieser Weise scheint es mir denn, daß in der That die gemeine Uebereinstimmung der Kultusvölker, grundsätzlich auch England, für die Nothwendigkeit eines gewissen Schutzzollsystems besteht natürlich nicht für alles Denkbare und Undenkbare — nicht etwa für Baumwollenplantagen und Gewürzplantagen, die ja einer auch in Deutschland anlegen könnte, — wohl aber für alle schutzwürdigen und schutzbedürftigen Branchen unseres wirthschaftlichen Lebens. Hier soll nun auf einmal der Vorschlag zur Rückkehr zu derartigen Prinzipien ein Attentat auf die Majestät der Schule und der Doktrin sein! Ja, meine Herren, wenn wirklich dieses System theoretisch und prinzipiell, meinetwegen philosophisch so begründet wäre, wie dies innerlich nicht ist, dann würde ich nur die Eine Antwort zu geben haben, die Friedrich II. seiner Zeit gegeben hat, wo er sagte: wenn er eine Provinz züchtigen wollte, so würde er sie durch Philosophen regieren lassen!

(Heiterkeit.)

Aber die Herren Gegner sagen nun, die Misere, welche ja unleugbar bestehe, sei keine spezifische deutsche Kalamität, sondern diese sei ganz allgemeiner Natur, sie finde sich im schutzzöllnerischen Frankreich, in Amerika, in Rußland ebenso, wie in dem freihändlerischen England, — darum sagt man, könnten wir den französischen Handelsvertrag von 1865 und unsere passive Freihandelspolitik nicht dafür verantwortlich machen. Aber ich meine, der angegebene Vordersatz widerlegt schon jede Zulässigkeit der Bezugnahme auf diesen Handelsvertrag als solchen. Es ist ja klar und gewiß, daß, wenn wirklich diese Kalamität eine allgemeine ist, dieselbe nicht einem einzelnen Akte, also auch nicht dem französischen Handelsvertrage zur Last gelegt werden kann. Es sind nur sekundäre Schäden, die in Folge dieser passiven Handelsfreiheit bei uns eingetreten sind und unsere Lage nur noch drückender gemacht haben, als sie an und für sich schon ist. Es liegt die Ursache einfach darin, daß in dem letzten Jahrzehnt, also auch namentlich seit dem französischen Handelsvertrage, jene auri sacra fames, von der schon die Alten zu sprechen gewußt haben, in allen unseren Kulturländern eine übertriebene Herrschaft erlangt hat, und daß namentlich die Großindustrie eine Uebertreibung sich hat zu Schulden kommen lassen, die nothwendig zum Verderben des Einzelnen und zum Ruine des Ganzen führen mußte.

(Sehr richtig!)

Also diese Thatsache ist richtig, aber — und ich will Ihnen den Schlußreim schon darauf geben, Sie werden sehen, daß ich nicht gegen mich kämpfe, sondern für mich. — Ich will speziell noch darauf hinweisen, wie es in einer bestimmten Branche in Deutschland beschaffen ist, — das ist die Maschinenbauindustrie, von der lese ich, daß dieselbe während der Gründerperiode in einer Ausdehnung eingerichtet worden ist, daß sie auf eine jährliche Leistung von 2000 und mehr Lokomotiven eingerichtet sei, während der deutsche Bedarf an Lokomotiven etwa ein Zehntel von diesem Betrag ausmacht. Nun, meine Herren, wird kein Mensch uns zutrauen, durch ein Schutzzollsystem diese Superfötation schützen zu wollen. Das kann uns natürlich nicht einfallen, wohl aber, daß wir mindestens diejenigen Lokomotiven, die in Deutschland nothwendig sind, aus unserer Industrie nehmen und nicht wegen einiger paar Dollars Minderkosten aus dem Ausland beziehen, während man unsere Arbeitskraft brach liegen läßt.

(Zuruf links.)

Ich verstehe nicht deutlich —

(Wiederholter Zuruf links)

also nicht. — Ich meine also, daß wir nach dieser Seite uns keiner Täuschung hingeben dürfen. Es handelt sich für mich nicht davon, alle diese Verschuldungen der Großindustrie straflos zu stellen durch irgend welchen Schutzzoll.

Allein, meine Herren, ich kann doch nicht umhin, bei dieser Gelegenheit meine Ueberzeugung dahin auszusprechen, daß auch einen großen Theil der Mitschuld auf diesem Gebiete unsere eigene Gesetzgebung trifft, namentlich unsere Aktiengesetzgebung.

(Sehr richtig! im Zentrum.)

Ohne dieses sogenannte liberale Aktiengesetz würden diese Mißstände überhaupt bei uns nicht haben eintreten können.

(Sehr richtig! im Zentrum. — Widerspruch und Zuruf links.)

Nnn, meine Herren, in dem bezeichneten Maße würden diese Schäden niemals haben eintreten können. Ich will Sie (nach links) fragen, ob Sie etwa der Meinung sind, daß in Deutschland eine so übertriebene Gründung von Maschinenbauwerkstätten hätte vorgenommen werden können, wenn die erforderlichen Kapitalien von den betreffenden einzelnen Unternehmern hätten hergegeben werden sollen. Ich bin der Meinung, Sie sagen Nein. Möglich ist das nur geworden dadurch, daß man die erforderlichen Kapitalien tropfenweise zusammengelockt hat durch die kleinen Aktien von so und so viel 100 Thalern, indem man den Aktionären vorgeschwindelt hat, sie würden enorme Dividenden erreichen.

(Sehr richtig! im Zentrum.)

Wenn ich den Einwand richtig aufgefaßt habe, den mir der Herr Kollege Rickert entgegengehalten hat durch das Wort „Oesterreich“ — so sollte das wohl heißen, daß auch in Oesterreich ähnliche Mißstände vorhanden sind, und daß sie dort nicht die Folge und der Fehler des Gesetzes seien, sondern in der Verwaltung, in der übermäßigen Konzessionirung liegen, wodurch natürlich dasselbe Ziel erreicht werden kann, was bei uns durch die frei erklärte Gründung von Aktiengesellschaften herbeigeführt wird. Also das verkenne ich nicht, daß auf dem Wege schlechter Verwaltung ebenso schlechte Resultate hervorgerufen werden können. Nun, meine Herren, diese unsere Gründungen sind im wesentlichen — ich glaube, daß die Herren von der liberalen Partei auch der Meinung sind, der Name Lasker wenigstens steht mit in dieser Reihe — diese Gründungen sind in der That ja nur gemacht worden, um Gründergewinn und Tantieme für die Direktoren und Verwaltungsräthe zu schaffen.

Weiter, meine Herren, ist noch für ein Zweites wiederum unser Aktiengesetz absolut verantwortlich. Darüber kann ich sprechen aus amtlicher Wissenschaft, aus der Bearbeitung der betreffenden Gründerprozesse. Unser Gesetz ist nämlich verantwortlich dafür, daß die strafrechtliche Verantwortlichkeit jener Verwaltungsräthe kaum zu effektuiren ist.

(Sehr richtig!)

Es liegt dies darin, daß nur der strafrechtliche Dolus, nicht aber auch die innerlich äquivalente culpa lata strafbar ist. Ich habe diese Fälle zum Entsetzen des Gerichtshofs vor mir sich entwickeln sehen. Die Herren Verwaltungsräthe bankerott gewordener Aktiengesellschaften erklärten da, sie hätten allerdings mit einer ungemessenen Nachlässigkeit gehandelt, sie hätten ein blindes und stummes Vertrauen diesem oder jenem Direktor geschenkt, — sie hätten gar nichts gethan von Dem, was ihre gesetzliche Pflicht war, aber sie hätten nur kulpos, nicht dolos gehandelt, — und sie sind freigesprochen worden!

(Hört! hört!)

Da denke ich, meine Herren, wird wohl auch ein Einsehen genommen werden.

Ich freue mich einstweilen, daß der Bundesrath wenigstens die Umkehr angetreten hat in der Frage des Zolltarifs. Es ist das meiner Meinung nach weniger aus der Erkenntniß der Sache, als aus äußeren zwingenden Gründen geschehen, kraft der Nothwendigkeit der Selbsterhaltung des deutschen Gewerbslebens und zweitens kraft des Wunsches, die Finanzen des Reichs besser zu stellen, als sie bisheran stehen.

Nun, meine Herren, für mich und meine Freunde ist diese Verquickung zweier, so weit auseinander liegender Momente eine sehr unerwünschte; wir sind der Meinung, daß das zwei ganz aparte Schüsseln seien, und wir sind namentlich der Meinung, daß von einer Mehrbelastung des deutschen Volks nicht die Rede sein kann und soll, und zwar darum nicht, weil unserer Anschauung nach die Gesetzgebung bisheran schon dieses deutsche Volk als viel zu reich angesehen und behandelt hat, als es wirklich ist.

(Sehr gut!)

Wir sind leider kein überreiches Volk, wir müssen uns darum nach der Decke strecken, d. h. nur dahin trachten, eine Umwandlung der finanziellen Belastung des Volkes herbeizuführen, nicht aber eine Mehrbelastung. Diese Frage der nothwendigen Ausgaben für das Reich und eventuell der Beträge, die von den Einzelstaaten gefordert werden müssen, ist aber in der Wirklichkeit doch erst für das Jahr 1881 nach Ablauf des Septennats festzustellen, und da wird es sich fragen, ob Deutschland noch länger will und kann diese großen Ausgaben tragen, —

(sehr gut!)

ob dies absolut geboten ist, denn die absolute Noth muß ja berücksichtigt werden. Dann entsteht die ernste Frage, ob und inwieweit diese absolute Noth besteht, — dann wird man erst die Frage nach etwaiger Mehrbelastung ins Auge fassen können und dürfen.

Allerdings sind meine Freunde, wenigstens wenn ich es recht verstehe, ihrer Mehrzahl nach der Meinung, daß eine gewisse Ermäßigung der Matrikularbeiträge wünschenswerth sei, wenn und in wiefern diese Ermäßigung durch indirekte Steuern statt der bestehenden und allzu drückenden direkten Steuern herbeigeführt werden kann, was gestern der Herr Reichskanzler ja etwas sehr stark, vielleicht etwas zu stark charakterisirt hat. Wir halten diese indirekte Besteuerung für besser und folgen dabei nur unserer alten Tradition und unserm Programm, — und ich kann zu meiner Freude zugleich konstatiren, daß in letzter Zeit auch die Herren von der nationalliberalen Partei nach dieser Seite hin ein Einsehen gewonnen haben. Sie waren früher absolut gegen das System der indirekten Besteuerung,

(sehr richtig! rechts)

bloß die Einkommensteuer war für sie eine gute und gerechte.

(Widerspruch links.)

— Ja, meine Herren, das ist mir im preußischen Landtage zu den wiederholtesten Malen entgegengehalten worden. Die Einkommensteuer galt als das Ideal aller Steuern!

Nun, meine Herren, zu meiner großen Befriedigung hat der preußische Landtag in seiner letzten Session unter voller Einstimmung der Herren von der nationalliberalen Partei resolvirt, daß diejenigen Ersparungen, die bei den Matrikularbeiträgen für Preußen sich herausstellen möchten, vorzugsweise bei der Einkommensteuer abgesetzt werden möchten. Wie gesagt, ich freue mich dessen, ich bin weit davon entfernt, einen Vorwurf daraus zu machen.

Allein, meine Herren, wenn nun überhaupt erhebliche Mehreinnahmen für das Reich vom Reichstag bewilligt werden sollen, dann halte ich es für das absolute Gebot, was an diesen Reichstag herantritt, als Vertreter des Rechts und der Interessen des deutschen Volks, auch alle diejenigen verfassungsmäßigen Garantien zu fordern, die eine wahre und wirksame Thätigkeit des Reichstags und eine gehörige Influenz auf die Reichsregierung, selbst in sich schließen. Das, meine Herren, ist eine Forderung, die prinzipell gar nicht gerechtfertigt zu werden braucht. Wir können uns dessen nicht entschlagen, unser Einnahmebewilligungsrecht zu wahren. Das müssen wir thun, wir dürfen uns nicht auf unser Ausgabebewilligungsrecht beschränken. Denn, meine Herren, wir haben in einer fünfjährigen Konfliktszeit die Erfahrung gemacht, was es mit diesem bloßen Ausgabebewilligungsrecht auf sich hat. Und, meine Herren, wenn die Frage recht schwer sein mag, wie denn diese verfassungsmäßigen Garantien gewonnen werden sollen, dann sage ich, daß es zunächst Sache des hohen Bundesraths ist, dieselben zu bezeichnen, da er ja neue selbstständige Einnahmen für das Reich fordert. Der Bundesrath muß darum die Möglichkeit der Erfüllung dieser Bedingungen zeigen: er muß selbst angeben, auf welchem Wege er denn meint, daß diese nothwendigen Garantien gegeben werden. Jedenfalls wird hoffentlich der Reichstag nicht verfehlen, auch seinerseits in dieser Beziehung mitzusprechen. Soviel vor der Haud über die Finanzvorlagen.

Ich bin, wie gesagt, der Meinung, daß uns die Beurtheilung des Zolltarifs, den ich glaube zum Hauptgegenstand meiner Erörterung machen zu sollen, in hohem Grade dadurch erleichtert wird, daß uns der alte Zollvereinstarif ja vorliegt, und daß wir da einen gesunden Anhaltspunkt haben, nicht als ob sklavisch diesem gefolgt werden könnte, da ja nach vielen Beziehungen hin sehr große Aenderungen im wirthschaftlichen Leben eingetreten sind. Wohl aber meine ich, daß diese Grundsätze des Zollvereins im allgemeinen wieder aufgenommen werden sollten, und zwar darum, weil diese Zollpolitik im großen und ganzen sehr erfreuliche Resultate aufzuweisen hat. Dieser alte Zolltarif hat eine deutsche Gewerbsamkeit ermöglicht, welche zu jener Ansammlung von Kapitalien geführt hat, mittelst deren wir heute im Stande sind, unsere passive Unterbilanz theilweise zu bezahlen. Ich weiß nicht, wie hoch diese Unterbilanz ist, ob die Rechnung von Engel sollte wahr sein können, die von 12 bis 1500 Millionen Mark jährlicher Unterbilanz spricht. Ich glaube nicht, daß das die Wahrheit ist, aber, meine Herren, daß wir uns in einer Unterbilanz befinden, das möchte ich doch nach den Symptomen, die überall hervortreten, annehmen, und ich glaube auch, die Herren Gegner bezweifeln im Grunde nicht, daß wir augenblicklich uns nicht in der günstigen Situation der Oberbilanz befinden. Ich sage, daß wir diese unsere Unterbilanz, wie Banquiers, welche die Sache zu verstehen behaupten, mir angegeben, nur decken können durch die Kupons unserer früher aufgehäuften und in Amerika, Oesterreich und Rußland angelegten Kapitalien; ohne diesen Rückgriff würden wir gar nicht zurecht kommen können. Ob das Angegebene wahr ist, kann ich nicht beurtheilen. Ich schenke dieser Auseinandersetzung Glauben, bin aber natürlich als Laie jeder Gegenbelehrung zugänglich.

Nun aber sagen gerade unsere Gegner, das jetzt beantragte Zollsystem stelle sich im Gegensatz zu diesen guten bewährten Traditionen des alten Zollvereins, — dieser alte Zollverein sei nichts weniger als schutzzöllnerisch, er sei wesentlich finanzzöllnerisch gewesen. Das ist, meines Erachtens, die Behauptung, die hier fort und fort aufgestellt wird. Ich sage einfach darauf, daß diejenigen Herren, die so sprechen, die wirkliche Geschichte der Entwicklung und die gesetzlichen Grundlagen dieses Zollvereins gar nicht kennen, die Gesetze entweder nicht gelesen oder vergessen haben, denn das direkte Gegentheil ist wahr. Dieser Zollverein beruht im wesentlichen anerkanntermaßen, so daß ich es gar nicht mehr zu beweisen brauche, auf dem preußischen Gesetz vom 26. Mai 1818, welches später weiter geführt und entwickelt worden ist. In diesem Gesetz ist wörtlich gesagt: „Die Zölle sollen durch eine angemessene Besteuerung des äußeren Handels und des Verbrauchs fremder Waaren die inländische Gewerksamkeit schützen und dem Staat das Einkommen sichern, welches Handel und Luxus ohne Erschwerung des Verkehrs gewähren können." Ich sollte doch meinen, man könnte nicht deutlicher die Schutzzollpolitik proklamiren, als es in diesen Worten geschehen ist. Die Sache entsprach aber auch diesen Worten. Der Schutzzoll ist normaliter auf 10 Prozent vom Werthe fixirt worden, und dieser Normalsatz ist im wesentlichen auch bei den wechselnden Strömungen und Gegenströmungen der späteren Zeiten in den Tarifen von 1833 und 1842 aufrecht erhalten worden. Ja, meine Herren, die Baumwollenwaaren und die Eisenwaaren sind erhöht worden auf $12\frac{1}{2}$ bis 20 Prozent.

Nun, meine Herren, ich sage, daß dieses System, welches sich selbst als ein schutzzöllnerisches erklärt, erst verlassen worden ist durch den französischen Handelsvertrag von 1865. In Bezug auf diesen französischen Handelsvertrag haben meine Freunde und ich schon bei Berathung desselben von Anfang an die Besorgniß ausgesprochen, daß derselbe überhaupt nicht aus wirthschaftlichen, sondern aus politischen Gründen zu Stande gebracht worden sei. Damals wurde das natürlich mit Indignation zurückgewiesen; man bejubelte den neuen Freihandel! — den passiven natürlich, der uns durch diesen Vertrag bescheert worden ist. Vor wenig Wochen hat nun der Herr Reichskanzler die Güte gehabt, zu erklären, daß diese Annahme eine vollberechtigte gewesen sei, und er kann und muß es wissen; er wird also ganz gewiß die Wahrheit sagen. Der innere Gehalt dieser Anerkennung ist ebenso gewiß der, daß man durch diesen französischen Handelsvertrag es vor allem Oesterreich unmöglich machen wollte, in den deutschen Zollverein einzutreten, und daß man außerdem auch die preußische Hegemonie in Deutschland womöglich ohne Widerspruch Frankreichs verwirklichen wollte.

Ich, meine Herren, will kein Wort darüber verlieren, ob und in wie weit eine solche Zollpolitik gerechtfertigt sein konnte. Ich thue es deshalb schon nicht, halte es auch nicht für nöthig, weil in den Regierungsmotiven selbst auf Seite 11 gesagt ist, ausdrücklich anerkannt wird, daß die wirthschaftlichen Einrichtungen eines Landes nicht der Politik untergeordnet werden dürfen. Nun, meine Herren, das ist ja eine Sache für sich, das liegt alles hinter uns. Es steht Gottlob! fest, daß heute wenigstens auf den bösen oder guten Willen eines Napoleon III., ja einer französischen Republik keine Rücksicht mehr genommen zu werden braucht, und daß wir unsere wirthschaftliche Politik nach unseren Bedürfnissen einrichten können und müssen.

(Bravo!)

Meine Herren, das weitere, was sich an diesen französischen Handelsvertrag anschließt, und was ich deshalb hier vortragen zu müssen glaube, weil mit diesem französischen Handelsvertrag geradezu eine Abgötterei bei uns getrieben worden, ist nicht minder bedenklich. Dieser französische Handelsvertrag ist zu Stande gekommen ohne jede vorherige Rücksprache mit unseren industriellen Kreisen, mit unseren Handelskammern, ja ohne jede Rücksprache mit den anderen deutschen Regierungen. Er ist niedergeschrieben worden von einigen preußischen Geheimräthen respektive französischen Geheimräthen, und er ist in Deutschland nur zur Annahme gebracht worden kraft der preußischen Drohung, den Zollverein überhaupt zu sprengen, wenn man nicht diesen französischen Handelsvertrag annehmen wolle.

(Sehr wahr, sehr richtig!)

Nun, meine Herren, zwischen diese Scylla und Charybdis gestellt, war überhaupt die Wahl nicht schwer, da mußte man unter das Joch hindurchgehen, — denn den Zollverein konnte man unmöglich mehr zerstören lassen, da er eine Lebensbedingung unseres deutschen wirthschaftlichen Lebens geworden war. Und wie steht es nun mit dem Inhalt dieses Vertrages, den man ja heute in seinen Sätzen nicht zu verlassen räth. In diesem französischen Handelsvertrage hat allerdings die französische Regierung einige Absetzungen gemacht in ihren fast prohibitiven Protektionssätzen, für den Zollverein oder Preußen sind dagegen die ohnehin sehr mäßigen Zollsätze noch weiter ermäßigt worden und der hohe Reichstag hat für gut gefunden, 1873 und 1875 verschiedene schwache Reste auch noch in Kauf zu geben und über Bord zu werfen. Nun hat Frankreich bei sich die Werthverzollung festgestellt, bei uns wird dagegen nur Gewichtszoll gezahlt. Wir haben damals schon darauf hingewiesen, daß das nothwendig eine Beeinträchtigung unserer Interessen sein müsse, da es klar sei, daß mit jeder inneren Wertherhöhung der französischen Waaren, die über unsere Grenzen eingehen, der Gewichtszoll derselbe bleibt, während jede Werthvermehrung unserer Exportwaaren immer höher besteuert wird. Nebenbei haben die französischen Behörden noch das Recht erhalten, gegen einen Zuschlag von 5 Prozent ihrerseits die angemeldeten Waaren an sich zu nehmen, sodaß unsere Industriellen nothwendig sehr hohe Preise angeben mußten, um nicht in die Lage zu kommen, ihre Waaren konfiszirt zu sehen und dann ihre Verpflichtungen gegen die Besteller nicht erfüllen zu können. Aber die weitere Folge von dieser verschiedenen Behandlung der Zollabfertigung ist die gewesen, daß Frankreich uns an seinen Grenzen nur 5 Eingangsstraßen geöffnet hat kraft der einfachen Bemerkung, es könnten Werthzölle nur bei dem Hauptzollämtern festgestellt werden, es sei dies nicht auch an den kleineren Nebenämtern möglich. Die französischen Waaren dagegen sind über unsere deutsche Grenze gelassen worden auf jeder Zollstraße, wo sich nur eine Waage befand. Damit ist die Sache abgemacht worden, und das ist unsere schöne beneidenswerthe Lage nach dem bejubelten französischen Handelsvertrage.

Aber, meine Herren, wenn man noch zweifeln wollte, ob wir bloß Schaden oder auch Hohn erfahren haben, dann muß ich noch an den damaligen französischen Schifffahrtsvertrag erinnern, der mir vom Anfang an die Röthe der Scham ins Gesicht getrieben hat. In diesem Schifffahrtsvertrage ist bestimmt, daß französische Schiffe in den deutschen Häfen die Rechte der höchst privilegirten Personen unbedingt und vorbehaltlos haben sollten, während die deutschen Schiffe diese Rechte nur dann haben, wenn sie keinen Zwischenhandel getrieben, wenn sie keine Zwischenhäfen zur Annahme oder Ausgabe von Waaren besucht, also auf alle diese meines Erachtens sehr erheblichen Vortheile des Zwischenhandels Verzicht geleistet hatten. Das, meine Herren, ist der französische Handelsvertrag, um den es sich hier handelt, — ich danke dafür!

(Bravo, Bravo!)

Aber, meine Herren, es sagen uns ja nun unsere Gegner, daß nach diesem Handelsvertrag sich in unserer Industrie und Gewerbsamkeit ein sehr großer Aufschwung gezeigt habe. Die Thatsache ist vollkommen richtig und sie würde schlagend sein, wenn nur das eine wahr wäre, daß post hoc et propter hoc identische Begriffe wären. Dann wäre das ein recht schlagendes Argument. Allein dieser Satz ist schon an und für sich falsch, überdies wird die Konsequenz, die man aus diesem Aufschwunge zum Vortheil dieses Handelsvertrages macht, auch positiv widerlegt durch die Erfahrungen, die in allen anderen Ländern damals gemacht worden sind. Denn in allen diesen Ländern, sowohl im hochschutzzöllnerischen Amerika, wie im minder schutzzöllnerischen Frankreich, in Oesterreich und Rußland, sowie auch im freihändlerischen England, hat nach 1865 ein gleicher, theilweise größerer Aufschwung stattgehabt, wie dies auch Fürst Bismarck in eminenten Sinne von Rußland auf Grund dessen schutzzöllnerischen Einrichtung bekundet hat.

(Zwischenrufe links: Im Gegentheil!)

Allerdings, facta loquuntur.

Also, meine Herren, diese Thatsache des Aufschwungs unter den allerverschiedenartigsten Voraussetzungen scheint nur zu beweisen, daß man dessen Segnungen nicht dem bezeichneten Handelsvertrag zuschreiben kann. Die wirklichen Gründe scheinen mir auf der Hand zu liegen und jedermann bekannt zu sein; sie liegen in der ganz außerordentlichen Entwickelung des Kommunikationswesens,

(sehr richtig!)

sowie in der unendlichen Vermehrung der Maschinenkräfte, theilweise auch in dem Goldstrome, der in jenen Zeiten von Kalifornien aus über die Welt hingegangen ist. Jedenfalls war die Ursache des deutschen Aufschwunges nicht dem französischen Handelsvertrag als solchem zuzuschreiben, sondern man kann höchstens sagen, er hat nicht gehindert, daß ein solcher Aufschwung eingetreten ist, wie wir ihn thatsächlich vor uns sehen.

Dann heißt es weiter, es sei aber doch eine ganz vortrefflich Sache, wenn das Ausland uns mit wohlfeileren Waaren versorgt, als wir sie selber beschaffen können. Ja, meine Herren, das hat eine gewisse Seite der Wahrheit, aber distinguendum. Diese wohlfeilen Waaren müssen auch bezahlt werden, geschenkt wird nichts, — und es frägt sich, wie man bezahlen kann oder soll, ob eventuell blos mit Rohprodukten oder mit Manufakturwaaren, und endlich, ob diese Manufakturwaaren bei uns eine gesicherte Existenz haben, auch dann noch, wenn wir unseren Markt dem Auslande schutzlos preisgeben. Nun möchte ich nach der Seite hin nur einmal fragen, was man zu einem Familienvater sagen würde — und ich spreche gern von der Familie, weil sie nach meiner Ueberzeugung der Ausgangspunkt der Betrachtung ist, indem das Staatswesen, die große Gesellschaft eine makrokosmische Familie ist und sein muß — ich frage, was man wohl zu einem Familienvater sagen würde, der vom freihändlerischen Standpunkte aus zu seiner Frau sagte: sie solle und brauche nicht weiter zu spinnen, zu stricken, zu flicken, die Söhne brauchten nicht weiter die kleinen Reparaturen am Ackergeräth und am Dache vorzunehmen, — das alles würde ja besser und in kürzester Zeit, also nach allgemeinen Begriffen wohlfeiler von Dritten gemacht werden. Ja, meine Herren, ich weiß nicht, ob jedes Gericht einen solchen Vater interdiziren würde, — aber daß man ihn als vernünftig nicht qualifiziren würde, ist gewiß, wenn dieser Familienvater nicht in der Lage wäre, seinen Familienangehörigen eine andere, eine nützlichere und werthvollere Beschäftigung zu gewähren,

(sehr richtig!)

darum allein handelt es sich.

Ich bin auch der Meinung, daß man lieber wohlfeile, als theure Waaren von gleicher Güte zu kaufen hat; aber für ein Gesammtwesen, für eine Familie handelt es sich darum, wie man die Gegenleistung aufbringen kann. Nun frägt es sich doch, ob etwa für unser deutsches Wirthschaftsleben solche nützlicheren Beschäftigungen zu finden seien, als in denjenigen Industriebranchen, die bei uns leiden und die allmählich unterdrückt werden können. Das, meine Herren, wäre ja möglich, aber dann rufe nicht bloß ich, sondern es ruft die Mehrheit der Nation die Herren Freihändler auf, doch endlich die Gewogenheit zu haben, uns diese rentableren Erwerbszweige zu bezeichnen; sie würden ja Bürgerkronen damit verdienen, wenn sie uns nur sagen könnten, wie wir bei ungeschütztem Markte auf diesem oder jenem Gebiete fruchtbar konkurriren könnten, selbst dann, wenn das Ausland Schutzzölle hat, während wir die passive Handelsfreiheit proklamiren.

Allein, meine Herren, mit der Wohlfeilheit der Waaren, die uns das Ausland bringt, hat es auch seine ganz eigene Bewandtniß. Diese Waaren sind bei uns nur so lange wohlfeil, als unsere deutsche Industrie noch nicht vollständig ruinirt ist.

(Sehr richtig!)

Ich möchte die Herren aus den Ostseeländern, die mit Jubel die Aufhebung der letzten Mark Zoll auf Eisen begrüßt haben, daran erinnern, daß es eine Zeit gegeben hat, wo das englische Eisen mit 130 Schillingen bezahlt werden mußte, während der Preis nachher auf 37 heruntergedrückt worden ist. Wodurch? durch die Konkurrenz des deutschen Eisens. Lassen Sie diese Konkurrenz wiederum ausgehen, — lassen Sie nur immer mehr deutsche Hochöfen ausblasen, noch immer weitere 100 000 Arbeiter brodlos gemacht werden, — und die Herren in den Ostseeprovinzen werden sich wundern, welche Preise sie dann zu zahlen haben!

(Sehr richtig!)

Allein, meine Herren, ich gehe noch einen Schritt weiter; — ich sage, das Eisen müssen wir selbst produziren, auch wenn wir es auf die Dauer nicht so wohlfeil leisten können, wie das Ausland.

(Sehr richtig!)

Ich meine, der alte Arndt, der da sagte, „der Gott, der Eisen wachsen ließ, der wollte keine Knechte," der hat dabei vorausgesetzt und erfordert, daß wir selbsteigen unsere Eisenschätze heben, daß wir unser Eisen schmelzen, strecken und verarbeiten, und uns nicht auf die Versorgung durch das Ausland verlassen dürfen.

(Sehr richtig!)

Denn, meine Herren, dieses Ausland und seine Versorgung könnte uns möglicher Weise zu unrechter Zeit verlassen, im Frieden nicht bloß, sondern ganz besonders auch im Kriege. Diese Eisenproduktion ist eben eine Existenzbedingung jeder großen Nation und unsere Eisenschätze sollen und müssen wir selber heben.

Dann heißt es endlich noch, jeder Schutzzoll sei an und für sich nur ein künstliches Reizmittel und als solches schon verurtheilt.

Nun, meine Herren, was die Künstlichkeit dieses Reizmittels anlangt, so habe ich darüber meine eigenen Gedanken. Ich bin der Meinung, daß es das allernatürlichste Ding von der Welt ist, daß jede Staatsgesellschaft prüft, welche Interessen für sie vitale sind, und ob und in wieweit sie nach der Seite hin ihre eigenen Verhältnisse mit schützenden Marken umgeben muß, d. h. mit Geldmarken so gut, wie mit anderen Marken, — wie weit also in dieser Beziehung gegangen werden muß. Ich appellire aber sodann auch an die Herren Freihändler für ihre eigene werthe Person; ich frage, ob sie denn nicht für sich selber, wenn sie sich krank und leidend fühlen, künstliche Reizmittel anwenden. Ich glaube, sie thun es alle Tage, und ich frage nun noch weiter, ob sie nicht der Meinung sind, daß der wirthschaftliche Organismus in Deutschland auch krank sei, also ebenfalls solcher Reiz- oder Heilmittel bedürfe? Mit dem Worte „Reizmittel" ist also in der Sache schlechterdings nichts gethan.

Die Herren Gegner bestreiten nun natürlich den ganzen Zusammenhang von Ursache und Wirkung, wie ich ihn glaubte darlegen zu müssen. Sie sagen ganz einfach, die Ueberproduktion, die in der Gründerzeit in Deutschland etablirt worden ist, sei schuld an allem Elend, — es komme also nur darauf an, die erforderliche Selbstbeschränkung eintreten zu lassen; dann werde alles schön und gut sein. Nun, meine Herren, ich bleibe einen Augenblick wieder bei der Eisenindustrie stehen. Was würde hier die weitere Selbstbeschränkung der deutschen Eisenproduktion bedeuten, hinsichtlich deren ich hoffentlich aus den richtigen Quellen entnommen habe, daß bereits ein Drittel des deutschen Eisenbedarfs aus dem Ausland bezogen wird. So glaube ich wenigstens gelesen zu haben, in Quellen, die mir zuverlässig zu sein scheinen. Ich meine desfalls, daß, wenn wir noch weiter fortgehen wollten in der Beschränkung unserer Eisenproduktion, sofort jede Lücke durch englisches Eisen ersetzt werden würde, wenn wir ihm zugleich unsere Marken schutzlos offen halten, daß also für unsere deutsche Eisenindustrie durch eine solche Selbstbeschränkung der Erfolg einer Erstarkung nicht erwartet werden kann und darf.

Endlich heißt es noch, die Exportfähigkeit der inländischen Waaren leide dadurch, daß dieselben mit Schutzzöllen umgeben werden. Ich, meine Herren, möchte zunächst meinen und zwar diesmal mit Adam Smith, daß überhaupt die Frage des Exports unendlich unterordnet ist gegen die Frage des inneren Handels, —

(sehr richtig!)

daß um das Zehnfache die Interessen des letzteren die Interessen des ersteren überragen. Allein, wir sind einmal auf eine gewisse Exportfähigkeit angewiesen, und ich schlage daher diesen Punkt allerdings nicht gering an. Ich erinnere aber daran, daß die Thatsachen wiederum gar nicht dafür sprechen, daß die Exportfähigkeit durch schutzzöllnerische Einrichtungen leide. Ich habe wiederum gelesen, — ich bin ja keine Autorität, sondern ein Laie in dieser Frage, ich kann darum nur nach solchen Autoritäten suchen nnd greifen, die für mich diesen Charakter zu verdienen scheinen. Wie gesagt, ich lese in verschiedenen Berichten, daß der Export des schutzzöllnerischen Frankreichs seit 1871 nach Italien um ein Drittel gestiegen ist,

(Zuruf)

während der englische Export nach Italien, obwohl es freihändlerisch ist, abgenommen hat. Wie gesagt, das sind Thatsachen, für welche ich keinen Bürgschaftseid leisten kann; ich stelle sie hin, wie sie mir zugänglich waren; wenn sie zweifelhaft sein sollten, werde ich jeder Belehrung desfalls zugänglich sein. Ich glaube aber nicht, daß die Sache bezweifelt werden kann und zwar um so weniger, weil ich ein noch viel unwiderlegbareres, Jedem von uns zugängliches Beweismittel an der Hand habe für den von mir aufgestellten Satz. Das ist die Existenz des neuen Reichslandes Elsaß-Lothringen. Da wissen wir doch Alle, daß dieses Land von dem protektionistischen Frankreich in sehr blühendem Industriezustande an das deutsche Reich gekommen ist, und wir wissen weiter, daß Elsaß-Lothringen seitdem in der Industrie zurückgegangen ist, so daß viele und erhebliche Etablissements in der Eisenbranche so gut, wie in der Textilbranche in das schutzzöllnerische Frankreich übergesiedelt sind, um dort ihre Existenz und zugleich ihre Exportfähigkeit zu retten. Das letztere geschieht, wie mir mitgetheilt wird, in der allereinfachsten Weise dadurch, daß die Existenz dieser Etablissements in Frankreich durch den innern Bedarf gedeckt ist. Die Generalkosten sind dadurch aufgebracht und es können diese Etablissements darum wohlfeiler aus Frankreich ihre Eisenwaaren nach Deutschland liefern, als sie dies thun könnten, wenn sie in Deutschland selbst residirten. Das, denke ich, ist doch schlagend und schlimm genug.

Nun endlich, meine Herren, habe ich Ihnen noch eine Thatsache vorzuführen, von der ich erstaunt bin, daß sie, obgleich meine Freunde und ich zu wiederholten male darauf hingewiesen haben, schlechterdings von den Gegnern ignorirt wird, — daß sie immer stumm und taub daran vorbeigehen. Das ist die Thatsache, daß unsere deutsche Gesetzgebung in humaner Weise die Frauen- und Kinderarbeit beschränkt, also die wohlfeilere Produktionsart gesetzlich erschwert oder verhindert. Nichtsdestoweniger soll nicht die Rede davon sein müssen, daß wir dieser unserer Industrie schützend zu Hülfe zu kommen hätten gegenüber der ausländischen Industrie, die nicht unter so strengen, das heißt unter so humanen Gesetzen steht, namentlich nicht in Belgien. In England und Frankreich sind ja ähnliche Bestimmungen, nur glaube ich, nicht so humane wie bei uns; jedenfalls bestehen sie in Belgien nicht. Aber, meine Herren, wir lassen trotzdem unsere deutschen Etablissements — ich kann speziell von der rheinischen Spinnerei und von der rheinischen Glasfabrikation sprechen, wo diese Frauen- und Kinderarbeit entscheidend ist, — wir lassen diese deutschen Etablissements zu Grunde gehen, weil der Ausländer gesetzlich befugt ist, wohlfeilere Produktionsmittel anzuwenden. Ich, meine Herren, möchte mir nur die Frage erlauben, was man etwa dazu sagen wollte, wenn irgend eine Gesetzgebung der Welt, ich will die deutsche nennen, obschon es die ja unmöglich ist, — wenn, sage ich, die deutsche Gesetzgebung bestimmen wollte, dieser und jener Bergwerksbesitzer oder Fabrikinhaber dürfe die Frauen- und Kinderarbeit nicht anwenden, wohl aber sein Nachbar. Nun, meine Herren, würde man nicht die Hände über den Kopf zusammenschlagen über eine so widersinnige Bestimmung, die den einen geradezu mitunter drückt, den andern in der unerhörtesten Weise bereichert? Allein, meine Herren, diese Sachlage wäre noch eine weit weniger verkehrte als diejenige, die wirklich bei uns besteht. Denn in dem von mir gesetzten Falle würde der Vortheil, der Gewinn doch einem der deutschen Unternehmer verbleiben. Wie es aber jetzt steht, wird dieser ganze Vortheil dem ausländischen Unternehmer zugeführt.

(Sehr gut!)

Ich weiß in der That nicht, wie man einen solchen Gesichtspunkt ignoriren kann; — wie es möglich ist, das Schutzzollsystem prinzipiell zu verwerfen ohne jede Rücksicht auf die besonderen Verhältnisse in dem eigenen Vaterlande.

Meine Herren, zum Schluß will ich noch das Wort „Rübenzucker" nennen, um Sie darauf hinzuweisen, was ans einem richtigen Schutzzoll werden kann. Das Wort Rübenzuckerindustrie muß sein Recht auch bei dieser unserer Frage geltend machen. Der Zollverein hat ja diese Industrie, die man ja damals auch eine Treibhauspflanze nannte, ermöglicht durch eine sehr ungleiche Besteuerung des Kolonialzuckers gegenüber dem inländischen Zucker. Diese inländische Zuckerindustrie hat ihre Kraft entwickelt; sie ist, soviel ich weiß, jetzt ziemlich in der Besteuerung mit dem Zoll auf Kolonialzucker gleichgestellt. Wenn ich nicht irre, genießt sie nur noch ein Benefiz von 2½ Silbergroschen. Dieser Schutzzoll hat uns eine Industrie geschaffen, die lebensfähig ist und Segen über weite Provinzen verbreitet, und die zweitens unsere Zuckerpreise niedrig hält, während wir anderenfalls sehr hohe Zuckerpreise bezahlen müßten, wie das früher der Fall war, wenn diese konkurrirende deutsche Industrie nicht da wäre.

(Sehr gut!)

Das, meine Herren, sind die Standpunkte, die Gründe, von denen aus ich erkläre, daß ich die Vorlage des Tarifgesetzes im Prinzip akzeptire, natürlich vorbehaltlich genauer Erörterung der einzelnen Positionen und der Berücksichtigung aller Bedenken, wie wir sie ja gestern gehört haben, wahrscheinlich auch noch weiter hören werden. Nach dieser Seite hin sind meine Freunde und ich gewiß jeder Belehrung zugänglich.

Wir wollen nur ein gesundes Schutzzollsystem, — wir wollen nur kreditwürdige und kreditbedürftige Industriezweige schützen. Das aber halten wir für unsere Pflicht; wir sind der Meinung, daß wir berufen sind, die Wirthschaftsinteressen **Deutschlands** im Gegensatz zu denen der gesammten Außenwelt zu **fordern** und wo sie uns entgegengetragen werden, zu **fördern**.

(Lebhaftes Bravo.)

Präsident: Der Herr Abgeordnete Dr. Bamberger hat das Wort.

(Derselbe erhebt sich, um das Wort zu nehmen. — Zurufe: Tribüne!)

Meine Herren, der Herr Redner hat das Recht, vom Platz zu sprechen; ich muß ihn darin schützen.

Abgeordneter Dr. **Bamberger**: Meine Herren, der Herr Vorredner hat die Kontroverse von Freihandel und Schutzzoll beinahe ausschließlich zum Gegenstand seiner Auseinandersetzungen gemacht, während das, was uns heute beschäftigt, selbst für mich, der ich doch aus der Behandlung dieser Frage seit langer Zeit einen Theil meines Lebensberufs gemacht habe, die Aufgabe viel weiter und tiefer greift, als blos die alten bekannten Gegensätze des freien Austauschs und des Protektionismus hier vor der deutschen Nation zur Entscheidung zu bringen. Ich glaube allerdings, wenn wir ausschließlich diese Aufgabe zu lösen hätten, so wäre es für uns schon an Belastung genug, um das wenige an Zeit zu erschöpfen, was uns jetzt vergönnt ist, um über alle die Probleme zu entscheiden, welche, wie man behauptet, so auf die Nation drücken, daß auf alle Fälle mit Ja oder Nein ein Ende gemacht werden muß, — ich sage, die Probleme der Handelspolitik allein würden nach dem Umfange, den Sie aus der eben gehörten Auseinandersetzung wie aus der gestrigen Rede des Abgeordneten Delbrück entnehmen können, schon genügen, um unsere ganze Aufmerksamkeit und Arbeitskraft und ich setze hinzu Verantwortlichkeit in Anspruch zu nehmen. Allein die Dinge sind dahin gekommen, daß selbst diese Lebensfrage nur einen Theil und selbst für mich nur vielleicht den geringeren Theil des Problems bildet, vor den die neue Politik des Reichskanzlers uns gestellt hat.

Es ist eine eigenthümliche Erfahrung, die wir machen, wie plötzlich sich die allgemeinen Anschauungsweisen der großen Politik selbst bei den größten Staatsmännern ändern können, wie rasch ihnen die öffentliche Meinung darin folgt. Die Herren werden sich ja erinnern, daß noch vor kurzem, vielleicht vor Jahresfrist, es allgemein für ausgemacht galt: die deutsche Gesetzgebung hätte eigentlich zu viel gearbeitet, wir hätten der Neuerungen zu viele herbeigeführt, eine gewisse Erschütterung in unserem Gemeinwesen sei die Folge des Umstands, daß wir uns mit einer Art furia der Schaffung neuer Gesetze überlassen hätten, und aus dem Munde des Mannes, der jetzt den ungeheueren Anstoß zur Umkehr in der Gesetzgebung gibt, habe ich selbst sagen hören, wir hätten doch einstweilen genug gethan in Schaffung neuer Gesetze und sollten auch unseren Nachkommen etwas zu thun überlassen. Plötzlich ist das Bild verändert und wir hören in einem aufwärts steigenden Tone immer die Aufgaben vermehren, welche der deutschen Nation in grundstürzender Abänderung ihrer ganzen ökonomischen, finanziellen und Steuergesetzgebungen gestellt werden sollen und welche hier nicht blos gestellt werden, sondern welche auch in einer unmöglichen Frist gelöst werden sollen.

Die Frage, welche eigentlich die Grundlage der Generaldiskussion bildet, die Frage der Geschäftsbehandlung ist bis jetzt noch von keinem Redner berührt worden. Soll ich meine Stellung zu ihr charakterisiren und zugleich meine Stellung zu den Sachen selbst, so werde ich antworten: die Frage, ob wir Plenarberathung für einzelne Theile dieser sämmtlichen Vorlagen verfügen oder ob wir sie in einzelne oder in eine Kommission verweisen sollen, ist eine, für die ich mich nicht interessire, denn ich bin von vornherein überzeugt, wie wir es auch anstellen und wenn wir uns noch so sehr anstrengen, wenn wir mit der größten Gewissenhaftigkeit und mit dem größten Eifer arbeiten: eine genügende Lösung und Prüfung dieser Fragen werden wir in der uns gegebenen Zeit nicht leisten können.

(Sehr richtig! — Widerspruch.)

Und wenn ich in dem Zweifel darüber, was hier zu thun sei, deshalb eine Entscheidung zu treffen habe, so ziehe ich die Plenarberathung vor. Mir ist es noch lieber, es zeigt sich hier unter den Augen Deutschlands und auch für das Gefühl eines jeden der Herren Kollegen im Reichstag die Unmöglichkeit, allen den hier in Anspruch genommenen und herbeigezogenen Interessen nicht theoretisch, sondern sachlich gerecht zu werden, als wir verweisen die Dinge an eine Kommission oder an mehrere Kommissionen, die auch mit zehnfacher Anstrengung es nicht werden dahin bringen können, alle diese Fragen zu prüfen.

Meine Herren, der Herr Abgeordnete Reichensperger hat, ich muß sagen, entgegen meiner Erwartung, die ganze Kontroverse zwischen Schutzzoll und Freihandel hier wieder vorgebracht.

(Zuruf im Zentrum.)

— Ich mache es Ihnen ja nicht zum Vorwurf, ich konstatire es nur. — Ich von meiner Seite hatte nicht die Absicht, diese Frage heute hier zum Austrag zu bringen, und ich kann mich ja darin auf eine Autorität stützen, die Ihnen, meine Herren vom Zentrum, wenigstens seit dem neuen Tarif sehr viel sympathischer geworden ist, als Sie Ihnen früher war, ich meine auf den heutigen Reichskanzler, der auch gestern sich dahin aussprach, daß wir die Kontroverse, ob Schutzzoll, ob Freihandel, füglich diesmal bei Seite lassen können. Und ich glaube, meine Herren, er hat darin sehr Recht, aus dem einfachen Grunde, weil in dieser fundamentalen Frage heute noch Jemanden zu einer neuen Ueberzeugung bekehren zu wollen, wirklich einen Anspruch erheben heißt, den ich wenigstens nicht vertreten kann. Entweder man hat sich mit diesen Dingen seit langer Zeit eingehend beschäftigt, dann wird, nachdem nun seit 6 Monaten ununterbrochen dieses Thema auf der Tagesordnung des deutschen Volks und auch aller andern Nationen gestanden hat, Niemand mehr zu überreden sein, der sachlich geprüft hat; oder man hat sich mit den Dingen nicht abgegeben, dann wird man sich eben nach Parteistellungen, Parteiströmungen, nach allgemeinen Eindrücken, die man empfangen hat, entscheiden. Und Sie werden das nicht für ein dialektisches Kunststück erklären, sondern für den Ausdruck einer unbestreitbaren Wahrheit, wenn ich sage, es wäre ganz vergeblich, diese Probleme heute noch einmal durch die ganze Reihe der Doktrinen durchdiskutiren zu wollen. Ja, ich habe sogar diesen Standpunkt eingenommen, längst ehe wir so weit gekommen waren, als wir heute gediehen sind. Schon vor Jahren habe ich es immer gesagt: das sind Fragen des Studiums und der fortgesetzten Prüfung und Forschung, über die man in der Wissenschaft, in der Literatur streiten, die man an einzelnen Erscheinungen im Parlament illustriren kann, über die aber Vorträge und grundsätzliche Deduktionen zum Besten zu geben der Aufgabe einer politischen Versammlung nicht entspricht. Im Augenblick ist die Mehrheit eher schutzzöllnerisch gesinnt. Ich habe das, seitdem wir zusammengekommen sind, immer zugegeben unter Verwahrung meiner Gesinnungsgenossen, die behaupteten, ich gebe zu leicht die Situation preis, weil ich kein Mann der Illusionen bin. Ich weiß nicht bloß, daß jetzt die schutzzöllnerischen Anschauungen namentlich in Deutschland viel mehr als in allen anderen Ländern überhand genommen haben, sondern ich weiß auch sehr gut, aus welchen Gründen sie so stark zugenommen haben, und wir haben uns über diese Frage so oft unterhalten, daß ich Sie auch damit nicht länger aufhalten will. Für mich, meine Herren, gibt es in den beiden großen Problemen, vor die uns die Anträge und Vorschläge der verbündeten Regierungen gestellt haben, ein Charakteristisches, das ist: es soll auf die mannigfaltigste und reichlichst zusammengesetzte Weise Geld gezogen werden aus den Vorräthen der Nation, um damit gewisse Abtheilungen, gewisse Schichten, gewisse Interessen der Nation zu befriedigen, und das alles aus dem Grunde, daß man erklärt, die Nation sei jetzt in einem leidenden Zustande, d. h., es mangele ihr an den nothwendigen Finanzkräften. Das gemeinsame aller Probleme, vor die man uns gestellt hat, ist eben das, daß auf der einen Seite behauptet wird, wir seien in großer Noth, es fehle uns an den Hilfsquellen unserer Existenz und daß man damit anfängt, sei es im Wege der Zollpolitik, sei es im Wege der Steuerpolitik, die Taschen der Steuerzahler in viel höherer Weise als früher in Anspruch zu nehmen.

(Sehr richtig!)

Und weil man das rechtfertigen muß, so muß man sich natürlich auch eine Erklärung dazu verschaffen, wie es denn möglich wäre, das Volk so zu beglücken, indem man ihm aus seiner eigenen Tasche, die doch, wie man behauptet, zu leer ist, Geld nimmt, um es von neuem zu vertheilen, und da ist man nun auf die verschiedensten Erklärungen verfallen, die theils als Steuerpolitik vom Reichskanzler vertreten werden, theils als Zollpolitik von dem Reichskanzler und verschiedenen Partei- und Gesinnungsgenossen, die er im Reichstag hat.

Was die Finanzpolitik betrifft, so muß ich gestehen, daß ich hier die Erklärung noch viel ungenügender finde, als in der Tarifpolitik. Der Herr Reichskanzler hat uns am 15. Dezember mit einem Briefe überrascht, in dem er seine Anschauungen über Steuer- und Finanzpolitik niedergelegt. Ich glaubte damals, da dieser Brief nur ganz aphoristisch einzelne Prinzipien andeutete, wir würden, wenn es zu ernsten Auseinandersetzungen käme, gewiß eine nähere Erklärung, eine ergänzende Erläuterung darüber empfangen, wie es denn gemacht werden soll, daß auf der einen Seite eine Erleichterung in dem weitesten Maßstabe vorgenommen werden solle und daß auf der anderen Seite die gerade jetzt nothleidenden Finanzkräfte des Volks stärker in Anspruch genommen werden. Ich gestehe, daß ich gestern eine große Enttäuschung in dieser Beziehung erlebt habe; die Rede des Herrn Reichskanzlers hat mir an Motiven und Erklärungen für seine neue Politik absolut nichts neues gebracht gegen das, was in seinen kurzen aphoristischen Erklärungen bereits angedeutet war. Das aber, worin er sich noch mehr als in dem Früheren ergangen hat, besteht hauptsächlich nur in Verheißungen und Versprechungen für künftige Beglückungen, die aus seiner Politik entstehen sollen.

(Sehr richtig! links.)

Das finanzielle System, das uns gestern vorgetragen ist, besteht ganz einfach in einem praktischen Theil, der darauf hinausgeht, indirekte Steuern auf alle Weise aus dem deutschen Volke herauszuziehen, und in einem theoretischen Theil, der sich darauf zuspitzt, mit ganz wenigen Ausnahmen sämmtlichen Angehörigen des deutschen Volks zu verheißen, sie würden aus diesen dem Volk selbst entnommenen Steuern neue ungeheure Reichthümer zur Vertheilung erhalten. Das Maß, in dem sich diese Verheißungen ausgedehnt haben, hat für mich in der That etwas Erschreckendes, nicht weil ich meine, daß es möglich sein wird, so viel Geld aus den Taschen der Steuerzahler zu ziehen, um auch wieder die fabelhaften Summen, die wir gestern vor unseren Augen defiliren sahen, auszutheilen, sondern weil ich darin die Verfolgung und Stabilirung einer Politik sehe, die für das neue deutsche Reich gerade unter den jetzigen Weltverhältnissen meines Erachtens eine äußerst verhängnißvolle ist. Meine Herren, ich spreche das Wort nicht leichtsinnig aus; ich werde nicht das Lächeln meiner Herren Kollegen hervorzurufen mich aussetzen, wenn ich davon spreche, daß der Weg, den der Herr Reichskanzler mit dieser seiner neuen Steuerpolitik betritt, für mich persönlich deshalb etwas besonders Betrübendes hat, weil ich ja an ganz bescheidener Stelle bis jetzt das Glück hatte, im großen und ganzen mit der Politik des Herrn Reichskanzlers zu marschiren und, soweit es dem guten Willen möglich war, in einzelnen Materien mich an der unter seiner Führung geschaffenen Gesetzgebung zu betheiligen. Für das deutsche Volk wie für den Herrn-Reichskanzler ist das gleichgiltig; wenn ich es anführe, so thue ich es nur, um anzudeuten, daß ich nicht leicht zu der Ueberzeugung gekommen bin und daß, wenn ich mich ihr nicht verschließen kann, es bloß deshalb geschieht, weil die Beweise sich allmählich auf das unwiderleglichste häufen, daß der Herr Reichskanzler auf ein Gebiet von Finanzprojekten tritt, die vor allen Dingen dazu angethan sind, Hoffnungen zu erregen, die im Volk nicht befriedigt werden können. Und, meine Herren, in einer Zeit, wo die ganze Welt von sozialistischen Bestrebungen durchwühlt ist und wo, wie wir selbst behaupten, Deutschland der Fokus dieser sozialistischen Bestrebungen geworden ist, scheint es mir doppelt bedenklich, auf solche Weise das Gebiet der Hoffnungen zu erweitern, namentlich, wenn es gerade in der Weise geschieht, daß der Staat sich zum Dispensator der Güterverteilung macht, welche den Wählern in Aussicht gestellt wird. Ich weiß nicht, ob der Herr Reichskanzler über die Wirkungen des Sozialistengesetzes bereits so beruhigt ist, daß er in der That glaubt, die Keime des sozialistischen Wesens seien in Deutschland unterdrückt und man könne mit Ideen — ich will nicht sagen spielen — mit Ideen verkehren, die eine innere Verwandtschaftsbeziehung zur Sozialdemokratie haben, ohne dem gefährlichen Feinde Nahrung zu geben.

(Sehr richtig!)

Was mich betrifft, so habe ich zwar für das Sozialistengesetz mit gestimmt, aber ich habe damit nie den Gedanken verbunden, daß alles Gewinn dabei wäre, und ich habe es immer für eine der bedenklichsten Seite des Gesetzes angesehen, daß es sehr geeignet ist, uns Täuschungen Preis zu geben über den wahren Stand der Dinge in den Massen. Jetzt genießen wir einer gewissen, behaglichen Gemüthsruhe, weil Verwaltung und Polizei dafür sorgen, daß jede Aeußerung, die irgendwie beunruhigend sein könnte, sofort unterdrückt werde. Sie bedient sich der ihr gegebenen Vollmachten in der ausgiebigsten Weise und wir leben in dem schönen Gefühl, daß unter uns nichts vorgeht, weil wir davon weder hören, noch sehen. Ich glaube, daß gerade mit diesem Zustand eine besondere Gefahr verbunden ist, und ich glaube deshalb, daß solche Auseinandersetzungen, die Entwickelung solcher Pläne, wie wir sie gestern aus dem Mund des Herrn Reichskanzlers vernommen haben, nicht mit der Vorsicht entworfen und vor dem Lande ausgesprochen waren, wie es diesen Zuständen entspricht. Wenn ich bedenke, meine Herren, daß der Herr Reichskanzler immer ein heftiger Gegner der sogenannten Diäten, Tagegelder, der Parlamentarier gewesen ist, weil er die Abwesenheit der Verlockung dieser geringen Tagegelder für eine Garantie der Stabilität des konservativen Geistes dieser Versammlung hielt, so muß ich in der That mich fragen, wie es mit diesem Standpunkt vereinbar sein kann, daß das System der bestechenden Versprechungen für die Wähler in dem allgemeinen Wahlrecht in einem Maße ausgeübt wird, wie es vielleicht selbst unter Napoleon III. in Frankreich nie angewendet worden ist.

(Hört, hört!)

Meine Herren, ich weiß es und habe es Ihnen bereits gesagt, ich gebe mich keinen Illusionen preis über den Strom, der uns jetzt davon trägt, und ich bilde mir wahrlich nicht ein, daß meine schwachen Kräfte und die Leistungen meiner Freunde im Staude sein werden, das zu verhindern, was der Reichskanzler in so mächtigem Bunde jetzt herbeizuführen anstrebt.

Wenn ich mich von seiner Politik, von dem Wege seiner inneren Politik, die allerdings seit dem Abgang des Ministers Delbrück mir schon bedenklich schien und immer bedenklicher wurde, trenne, so kann ich ihm allerdings die Bewunderung nicht versagen, daß er seine Operationen mit einer Geschicklichkeit, einer Energie durchgeführt hat, die vielleicht alles dasjenige noch weit hinter sich läßt, was er in früher politischer Kombination geleistet hat. Wenn ich bedenke, daß vor sechs Monaten noch, meine Herren, die öffentliche Meinung in Deutschland kaum erwartete, vor die völlige Umkehr unserer Handels- und Zollpolitik gestellt zu werden, und daß im Handumdrehen nun ein unwiderstehlicher Sturm durch die Wähler und auch durch den größten Theil dieses Hauses entfesselt worden ist, so muß ich sagen, ich bewundere mehr als je die politische Geschicklichkeit des Mannes, der an der Spitze der deutschen Nation steht, — ich bedaure nur, daß die Geschicklichkeit, die die Glorie und das Glück der deutschen Nation begründete, als es sich darum handelte, auswärtige Politik zu machen und Deutschland nach außen abzurunden, daß die jetzt ihre Spitze nach innen kehrt und die verschiedenen Parteien, die in gleich ehrlichem Bewußtsein und gutem Glauben für das Wohl des deutschen Volks bestrebt sind, nun, sobald sie der Politik des Kanzlers entgegenstehen, in derselben Weise durch politische Kombination sich unterwirft, wie es in dem äußeren Kampf geschehen ist.

Es beweist mir das, daß die großen Gaben, die unseren Staatsmann charakterisiren, auf dem Gebiet der äußeren Politik liegen, und für mich ist es eben das Bedenkliche in den Wegen, die wir heute wandeln, daß die Methode dieser äußeren Politik und ihre Zwecke vielleicht auch jetzt auf so zarten, delikaten, empfindlichen Gebieten, wie die der ökonomischen Verfassung der Nation, angewandt werden sollen. Ich kann mir ja sehr gut denken, wie verführerisch es für einen Mann von solchen Erfolgen und von solcher Begabung ist, nun sich auch auf das System der protektionistischen Handelspolitik zu stellen, weil es das System der raschen, sichtbaren Wirkung ist. Wenn ich heute solche Zölle mache, daß ein neuer Betriebszweig entsteht oder daß ein bestehender sich mehr entfaltet, so geht das vor Aller Augen vor, und es kann der Schöpfer einer solchen Politik vielleicht eine zeitlang in der schönen Ueberzeugung leben, daß er in der That seinen Landsleuten nützlich gewesen sei. Ganz anders verhält es sich mit denjenigen Zweigen der inneren Ernährung, welche vernichtet werden, die sind in tausend Adern zerstreut, leben in tausend kleinen Existenzen, denen es unendlich schwer wird, nur ihre Rechte geltend zu machen und zu zeigen, wie sehr sie verletzt worden sind. Das ist für mich die Erklärung des Phänomens vor allen Dingen, daß der Herr Reichskanzler jetzt einen zollpolitischen Weg betreten hat, der von seiner Vergangenheit, er möge sagen was er wolle, sich so gänzlich scheidet. Der Herr Reichskanzler hat uns verschiedene Erklärungen gegeben über die Gründe, die ihn seiner Zeit bestimmt hätten, die Politik der Verträge einzugehen, und die ihn jetzt bestimmen, den entgegengesetzten Weg einzuschlagen; ganz deutlich hat er uns noch nicht sehen lassen, wo eigentlich die wirkliche Wahrheit liegt. Einmal hat er uns in einer früheren Auseinandersetzung gesagt, es seien vortragende Räthe und Minister, die influirt hätten auf seine Handelspolitik, ein andermal hat, wie der Herr Vorredner soeben wieder andeutete, die Erklärung dahin gelautet, daß er eigentlich indifferent gewesen sei in Fragen der Handelspolitik, daß er sich aber der damaligen Strömung angepaßt habe, weil sie ihm zu seinem allgemeinen politischen Programm gepaßt hat. Ich glaube, der Herr Reichskanzler hat sich mit dieser Auslegung ein wenig selbst verleumdet, ich glaube nicht, daß er den Machiavellismus so weit zu treiben im Staude gewesen wäre, ich glaube nicht, daß ihm sein Gewissen erlaubt hat, das zu thun, daß er mit Bewußtsein die ganze ökonomische Politik seines Landes einem äußern politischen Erfolg geopfert hätte. Ich glaube, wie gesagt, er schildert sich zu schlimm, wenn er uns andeutet, er könne ausschließlich auf diese Weise in seinem Thun bestimmt worden sein. Die Wahrheit ist für mich die, daß der Herr Reichskanzler zu jener Zeit in einer politischen Richtung sich bewegte, welche überhaupt progressiver Natur war, daß er seine Politik stützte auf die progressiven und liberalen Elemente der deutschen Nation, und daß von selbst ihm diese die Idee eingaben, welche damals im deutschen Volke lebte, daß er bona fide damals Freihändler war und sich zur Praxis dieser Idee bekannte, nicht obgleich sie ihm widerstrebte, sondern weil sie zugleich seinem inneren Gefühl und seiner allgemeinen Politik diente. Wenn es jetzt mit ihm anders geworden ist, so kommt es eben daher, daß er wahrscheinlich mit festen Gedanken und Studien über diese Dinge sich vor dem nicht beschäftigt hatte, und da er seit dem Jahre 1864 damit beschäftigt war, das große deutsche Reich zu gründen, Kriege zu führen und unsere Stellung allen Nationen gegenüber zu sichern, so kann man ihm auch nicht verargen, wenn er sich nicht besonders damit abgegeben hat, diese feinen Fragen in der Zwischenzeit nach allen Seiten hin zu prüfen. So ist es ihm jetzt nicht schwer geworden, eine Umkehr in der Handelspolitik zu wollen, und es wird ihm umsoweniger schwer als er mit Hilfe derselben sein finanzpolitisches Ideal durchzuführen Aussicht hat. Der Herr Reichskanzler hat zur Durchführung seiner Ideen früher behauptet, daß er sich vorstelle, er müsse ohne Vorurtheil sich der verschiedenen Elemente des Parlaments bedienen, um seine Ziele zu erreichen, und er nannte damals die drei Kompagnien, die rechte Seite und einen Theil der linken Seite des Hauses. Nun, meine Herren, die eigentliche Bedeutung der neuesten Politik besteht darin, daß zu diesen drei Kompagnien eine vierte gekommen ist; diese vierte sind die Herren vom Zentrum, und seitdem wir die Erklärungen der Zweihundertvier gelesen haben, in denen das Zentrum die Majorität ausmacht, so ist für mich gar kein Zweifel, daß das Zentrum von jetzt an die Kerntruppe des Herrn Reichskanzlers sein wird.

(Große Heiterkeit.)

Die Rede, welche Herr Reichensperger heute gehalten, hat mich vollständig darin bestärkt. Was er über die Finanzzölle gesagt hat, war so nebenbei bemerkt, daß ich es jedenfalls für seine Auffassungsweise als einen untergeordneten Theil der Politik betrachte, und daß ich auch fest überzeugt bin, wir werden am schließlichen Ausgange der Dinge sehen, daß in der Finanzpolitik die Herren ein gütiges Einsehen haben werden in Anbetracht dessen, daß in Sachen der Zollpolitik der Herr Reichskanzler ihre Prinzipien adoptirt. Ich will nicht mißverstanden in dieser Beziehung sein; ich bin ganz fern von dem Gedanken zu glauben, daß das Zentrum bereit sei, seine moralischen, religiösen Anschauungen für die Tarifpolitik zu opfern. Ich habe diese Erklärung gar nicht nöthig, sie existirt für mich, in ehrlicher Wahrheit gesagt, nicht. Das Zentrum ist immer in seiner Majorität schutzzöllnerisch gesinnt gewesen, es vertritt hauptsächlich Landstriche, in denen die schutzzöllnerische Gesinnung stark überwiegt und, nehmen Sie es mir nicht übel, (zum Zentrum) wenn ich noch hinzusetze, Ihre ganze politische Anschauung überhaupt entspricht einer Handelspolitik und einer ökonomischen Politik, die mehr rückwärts gewendet ist als vorwärts, weit mehr!

(Große Heiterkeit.)

Sie werden also zugeben, daß ich mit voller Loyalität

anerkenne: ich sehe überhaupt bis jetzt nicht ein, daß Sie zum Herrn Reichskanzler übergegangen wären; im Gegentheil, ich habe die Empfindung, daß der Herr Reichskanzler zu Ihnen übergegangen ist.

(Heiterkeit.)

Meine Herren, was nun die Projekte des Herrn Reichskanzlers betrifft, so muß ich, da doch seine Politik der Eckstein der ganzen neuen Schöpfung sein wird, noch einen Augenblick darauf zurückkommen, obwohl meine Herren Kollegen, die preußische Staatsangehörige und Mitglieder des preußischen Landtags sind, diese Frage noch mehr ex professo behandeln werden, als mir möglich ist. Aber die persönliche Politik des Herrn Reichskanzlers spielt in der heutigen Wendung unserer ganzen inneren Gestaltung eine so hervorragende Rolle, daß jeder berechtigt ist, auch auf den Gebieten, die nicht zu seiner Spezialität gehören, sie seiner Betrachtung zu unterziehen. Ehe ich nun noch ein Wort über diese Finanzpolitik sage, möge mir erlaubt sein, noch einen Gedanken hier einfließen zu lassen.

Der Herr Reichskanzler hat sich an mehreren Stellen seiner gestrigen Rede, die ich ausführlich nachzulesen inzwischen leider nicht die Zeit gehabt habe, die mir aber doch so ziemlich aus dem Hören in Erinnerung ist, dagegen verwahrt, daß die neue Politik des deutschen Reichs ausschließlich seinen Namen trage, seine eigene Politik sei; er hat sich mehrmals darauf zurückbezogen, daß die von ihm uns jetzt vorgelegten Beschlüsse das Werk des Bundesraths, das Werk der verbündeten Regierungen, mithin als gemeinsamer Gedanke anzunehmen seien. Ein andermal hat er einfließen lassen, er sei nicht schüchtern, Verantwortlichkeiten zu übernehmen, und das wird ihm jeder gern einräumen. Ich muß mich deswegen umsomehr wundern, daß er hier so schüchtern war, verhüllen — ich will nicht ungerecht sein — sich selbst verbergen zu wollen; daß er ganz allein den Wendepunkt in unserer inneren Politik herbeigeführt hat. Wenn es gut ist, was jetzt unternommen wird, wird sich die Dankbarkeit und die Erinnerung daran ausschließlich an den Namen Bismarck knüpfen, wenn es Verhängniß sein sollte, wie ich befürchte, so wird der Name Bismarck auch die Verantwortung dafür zu tragen haben.

(Hört, hört! rechts.)

Er ganz allein, er konnte es unternehmen die Stimmung der Nation und die Disposition des Reichstags so zu wenden, wie es geschehen ist. Meine Herren, ich ironisire nicht gern den Bundesrath nach dem Grundsatze, den man ja hier auch oft proklamirt hat, daß man den Schwachen schützen solle.

(Heiterkeit.)

Der Bundesrath hat in dieser Gesetzgebung wahrlich von großer Selbstständigkeit, glaube ich, nach seinem eigenen Empfinden nicht viel aufzuweisen.

(Heiterkeit. — Sehr richtig! links.)

Und wenn ich bloß Unitarier wäre, wie man mir manchmal nachgesagt hat,

(hört, hört!)

so könnte ich mich freuen,

(sehr wahr! links)

daß mit der jetzt angewandten Methode die Angelegenheiten des Reichs zu behandeln ein Weg eingeschlagen ist, der die sämmtlichen verbündeten Regierungen und ihr Organ den Bundesrath so zu sagen nullifizirt hat.

(Hört, hört! — Sehr richtig! links.)

Meine Herren, ich bin aber nicht so überzeugt von der alleinseeligmachenden Wirkung meiner unitarischen Ueberzeugung, daß ich glaube, es ist gut eine Macht im deutschen Reiche zu haben, die ganz allein in so wichtigen Dingen die Stimme der Nation und die Entschließung der Regierung bestimmt und ich bin auch nicht Unitarier genug, um zu wünschen, daß die Weiterentwickelung und konzentrirte Durchführung der Einheit der Nation damit gemacht werde, daß man sie ökonomisch aufs tiefste schädigt,

(Widerspruch rechts)

und meiner Ansicht nach auch in ihrer moralischen Existenzweise eine bedeutende Bresche macht.

(Widerspruch rechts.)

Meine Herren, der Herr Reichskanzler stützt sein System der Finanzreform wesentlich auf den von ihm schon oft wiederholten Satz, daß die indirekten Steuern die allein seeligmachenden seien. Mich wundert in allen diesen Dingen die absolute Sicherheit, mit der der Herr Reichskanzler alle ihm entgegenstehenden Meinungen ignorirt, — eine Erwägung von Gegengründen habe ich bis jetzt niemals in seinem Exposee gehört und alle Maßregeln, die ergriffen worden sind, charakterisiren sich auch dahin, daß die Motive für alles, was man uns vorschlägt, so hinterher gesucht werden, wie man sie etwa plausibel der Nation im Reichstag vortragen kann, etwa wie ein Komponist die Ouvertüre erst schreibt, wenn er mit seiner Oper fertig ist. So wird uns auch mit absoluter Sicherheit vorgetragen, daß die indirekten Steuern allein dazu angethan seien, eine Nation in die richtigen Finanzverhältnisse zu bringen, und es wird dabei zugleich in einer Weise übertrieben, daß in Deutschland keine indirekten Steuern und nur direkte oder meistens direkte bestehen; es werden die Verhältnisse der anderen Nationen auch in der Weise dargestellt, die der Wirklichkeit durchaus nicht entsprechen.

(Hört, hört!)

Dem sei aber wie ihm wolle: das Hauptargument des Herrn Reichskanzlers ist immer das, „wir müssen den armen Mann erleichtern." Das ist die Thesis, von welcher er immer ausgeht, und der Beweis wird immer damit geführt, nicht etwa, daß man dem armen Mann weniger Geld abnimmt, sondern damit, daß man es in einer Weise thut, welche es weniger fühlbar macht. Diese Weisheit hat er aus dem Lande der Generalpächter, auf das er uns einmal warnend hinwies, genommen, aus Frankreich, wo allerdings das System der indirekten Steuern durch Verpachtung an einzelne Erheber namentlich bei der Salzsteuer im vorigen Jahrhundert in der erschreckendsten Weise ausgeübt wurde, und mehrmals zu den wildesten Empörungen bis in das vorige Jahrhundert in einzelnen Provinzen geführt hat. In Frankreich hat man die Weisheit der indirekten Steuern charakterisirt mit dem Satze: il faut tondre la brebis, sans la faire crier, — man muß das Schaf scheeren, ohne es schreien zu machen. Das ist die eigentliche Weisheit, welche in dem Satze gipfelt, daß man den Hauptnachdruck auf die indirekten Steuern legt.

(Sehr richtig!)

Wenn es sich darum handelt, einem Volke möglichst viel Ersparnisse zu entziehen, ohne daß es merkt, wie sie ihm genommen werden, dann ist die Vergötterung der indirekten Steuern allerdings vollkommen berechtigt; wenn es sich aber darum handelt, einem Volke nicht mehr zu nehmen, als nöthig ist, und nicht mehr als es weiß, dann ist wenigstens eine mäßige Ponderirung zwischen beiden Systemen von Steuern von vornherein geboten.

Der Herr Reichskanzler sagt, das Drückende der direkten Steuern sei eben, daß sie zu einem bestimmten Momente von dem Staatsangehörigen eine bestimmte Geldleistung verlangen. Er denkt an die Monats- oder Quartalstermine, zu denen der Steuererheber einzutreten pflegt; wenn er aber Steuern auf die nothwendigsten Bedürfnisse des Lebens legt, so glaubt er wirklich es gebe keinen bestimmten Moment, in welchem der Steuerzahler diese Leistung an den Staat entrichten muß? Ja, meine Herren, die Wahrheit ist die: bei der direkten Steuer muß der Kontribuent alle Monate oder alle drei Monate unweigerlich seine Kontribution entrichten; wenn er aber sein Brod und sein Petroleum versteuern muß, dann muß er jeden Morgen und jeden Abend unweigerlich seine Steuer entrichten,

(sehr richtig!)

oder er kann nicht existiren. Es gibt freilich verschiedene Weisen, diese Steuer zu entrichten; er kann z. B. seine Steuer auf Brod auch damit entrichten, daß er weniger oder schlechteres Brod ißt als früher. Wenn man aber glaubt, daß das keine Steuerentrichtung sei, so hat man eine wunderliche Vorstellung von der Einrichtung der menschlichen Oekonomie, und ebenso kann er auch die Steuer auf Petroleum ersparen, indem er vielleicht im Dunkeln bleibt und nicht arbeitet, und wenn man ihm dann demonstrirt, er habe die Steuer erspart, so wird er ebenfalls im Rechte sein, zu sagen, diese Art, Steuer zu ersparen, ist vielleicht die schlechteste von allen.

Meine Herren, dies ist aber nur eine der untergeordneten Seiten in der Mangelhaftigkeit der Bismarckischen Argumentation. Viel bedeutsamer ist die Sache gegenüber der Fülle der Versprechungen, die über uns ausgegossen werden, und bei denen absolut jede Erklärung dafür fehlt, woher denn die künftigen Einnahmen gezogen werden sollen. Es ist so vielen Schichten der Nation eine künftige Zuwendung versprochen, daß ich mich frage: wer bleibt nun übrig, um alles das zu zahlen? Was haben wir nicht alles gehört? Zunächst wird die Klassensteuer abgeschafft, nach der Klassensteuer wird auch die Grundsteuer abgeschafft, oder wenigstens für den Staat indifferent erklärt. Dann kommt hinzu die Abschaffung der Einkommensteuer für alle Leute, welche 3—6000 Mark Einkommen haben. Dann, meine Herren, kommt noch hinzu eine Herabsetzung der Einkommensteuer derer, die, wie der Herr Reichskanzler sich ausdrückte, kein fundirtes Kapital, kein fundirtes Vermögen haben, und es bleibt schließlich übrig nur eine Anzahl Einwohner des deutschen Reichs, welche über 6000 Mark fundirten Einkommens haben, diese sollen nun die Last dieser vielen Millionen zu tragen haben, die in Zukunft für das deutsche Volk als Gnadengeschenk bestimmt sind. Wie man sich das in Zahlen übersetzen soll, ist für mich ein Räthsel und ich habe es vergeblich erwartet, ich habe mit der größten Spannung dem gestrigen Tag entgegengesehen, der mir die Lösung dieses Räthsels bringen sollte, der mich aber nicht um einen Schrit darin voran gebracht hat. Ja, meine Herren, noch eins ist zu diesem reichen Segen von Versprechungen hinzugekommen, das sind die Beamten, die früher nur gestreift worden sind. Es ist eigenthümlich, daß in heutiger Zeit grade auch schon eine Erhöhung der Beamtengehälter nach der einen Seite ihrer Befreiung von Steuern mit in das Programm in feurigen Buchstaben aufgenommen worden ist, in einer Zeit, in der man doch, ohne ungerecht oder parteiisch zu sein, sagen kann, niemand ist durch die Evolution der Zeit besser gestellt worden, als die Beamten.

Meine Herren, wir haben die Beamten und Offiziere in der Zeit der aufsteigenden Periode, sowohl im Reiche, als beinahe in allen Einzelstaaten wesentlich erhöht zu einer Zeit, wo der Geldwerth bedeutend geringer war als jetzt, und jetzt haben wir die allgemeine Klage beständig nur darüber zu hören, daß das Geld im Werthe gestiegen sei, daß die Preise gefallen seien, und nun als Krönung des Gebäudes, welches sich auf die Noth der jetzigen Zeit, auf die Wohlfeilheit der Dinge und auf die eingetretene Theuerung des Geldes stützt, wird es für nöthig erklärt, den Beamten und Offizieren, und den Angehörigen der Armee, die durch ihre Situation einen ganz enormen Vorsprung vor allen Leuten mit variabelem Einkommen haben, auch noch eine Erhöhung in Aussicht zu stellen, immer aus den unsichtbaren Hülfsmitteln, die die gestrige Rede nicht enthüllt hat.

Meine Herren, das Programm des Herrn Reichskanzlers enthält einen zweiten Punkt, der für mich noch charakteristischer für die Wendung in seiner Politik ist, ich meine die wesentliche Betonung dessen, was man agrarische Anschauungen allmählich zu nennen sich gewöhnt hat. Es ist ja schwer, eine zutreffende Definition dieser Tendenz zu geben. Früher war sie hier im Hause nur ganz schwach vertreten und außer dem Hause von einer Partei, die hier im Hause sehr wenig beliebt war, ja sogar deren Führer in der Journalistik mit dem Reichskanzler vor wenig Jahren noch auf das härteste zusammentrafen, die zu seinen Verläumdern gehörten, so sehr, daß er sie wegen Angriffen in der Presse verfolgen lassen mußte, und die deshalb außer Landes gingen. Wie weit die Grundsätze dieser agrarischen Journalistik vertreten sind in der Nation, mag dahingestellt sein, die Sachen haben sich vielleicht modifizirt; jedenfalls nehme ich doch an, daß ihre Ansichten hier im Hause durchaus nicht vertreten sind; aber ich meine, die Ausgangspunkte der ersten agrarischen Bewegungen waren innig im Zusammenhange ebenfalls mit der sozialistischen Bewegung, und einer ihrer Hauptvertreter, Herr Dr. Rudolf Meyer, der jetzt ebenfalls im Ausland weilt, war eigentlich derjenige, der in sich beide Anschauungen verkörperte, daß auf der einen Seite eine soziale Reform nach allgemein sozialistischen Grundsätzen im deutschen Reiche nöthig sei, und daß sie besonders basirt werden müßte auf eine Veränderung des Verhältnisses des Grundbesitzes zum beweglichen Besitze. Jetzt natürlich hat sich eine Scheidung vollzogen, ich nehme an, daß sozialistische Elemente in der agrarischen Partei, nachdem sie reichsfähig geworden ist, nicht mehr vertreten sind, obgleich in Blättern draußen auch noch Spuren dieser Solidarität zu erkennen sind. Für den, der in der gestrigen Rede des Herrn Reichskanzlers ein starkes agrarisches Element entdecken konnte, ist es immerhin höchst merkwürdig und höchst bezeichnend und ich muß sagen, nicht ohne Warnung, daß historisch die Entwickelung dieser Partei auf jene sozialistisch-agrarische Vorstellung zurückgreift,

(Widerspruch rechts; sehr richtig! links)

und ich brauche nur daran zu erinnern, daß für denjenigen, der in der Literatur dieser Bewegung einigermaßen beschlagen ist, wie in Reichstagsreden früherer Sessionen, so auch in der gestrigen Rede des Herrn Reichskanzlers wieder ganz deutlich Anklänge an die Schriften und die Darstellungen jener sozialistischen Agrarier zu finden waren. Ich habe gestern nicht bloß Lassallesche, sondern auch Rodbertussche Anschauungen ganz deutlich in der Rede des Herrn Reichskanzlers konstatirt und das darf uns ja nicht wundern, nachdem er selbst vor einiger Zeit uns erklärt hat, er sei nicht ohne Empfänglichkeit für Vorschläge von Produktivassoziationen mit Staatsunterstützung. Da er in jener wichtigen Rede damals gewiß den Satz nicht ohne Vorbedacht eingeflochten hat, war ich auch ganz darauf gefaßt, in seinem neuen Programm eine starke Beimischung sozialistischer Elemente zu finden, und für mich, meine Herren, ist es kein Zweifel, daß auf die Durchführung des heutigen Programms, so wie es beschlossen ist, noch eine Reihe von andern Maßregeln folgen wird, die den eben von mir geschilderten Charakter noch viel schärfer an sich tragen als vorher. Ein Mann, wie Fürst Bismarck mit seiner starken Spürkraft für das, was der öffentlichen Meinung schmeichelt und ihr Beistimmung abgewinnt, wird, nachdem er eine Zollgesetzgebung gemacht hat, die, meine Herren — ich sage das ohne jemand irgendwie zu nahe treten zu wollen, aber nicht bloß als meine Ueberzeugung, sondern als die Ueberzeugung der ganzen wissenschaftlichen Richtung, zu der ich mich bekenne — eine Zollpolitik, die wesentlich im Interesse der höheren reicheren Klassen der Nation ist,

(Widerspruch rechts. Zuruf.)

— wem das neu ist, der hat sich nie um die Sache gekümmert —

(sehr wahr! links)

— ich sage, wer diese Zollpolitik verfolgt und Fürst Bismarck ist, der wird, sobald ihre Wirkungen zu Tage treten, nicht umhin können, wieder ein Gegengewicht nach unten zu suchen, um, nachdem er einmal dafür eingetreten sein wird, daß die Staatsweisheit im Stande ist, mit Allwissenheit in das Getriebe der Ernährung und der Geschäftigkeit der Nation einzugreifen durch die Zollgesetzgebung, wird er sich verpflichtet und ermuthigt fühlen, auch in der Theilung der Vermögen; in der Eintheilung von Einkommen und Besitz in sozialistischem Sinne einen Schritt wagen zu wollen. Ich erkläre, daß, wenn wir das erleben, ich wenigstens nicht zu denen gehören will, die man Ueberraschte nennen kann. Und, meine Herren, wir haben es ja gestern in einzelnen Auseinandersetzungen schon ganz deutlich erkennen können. Der Herr Reichskanzler will die Einkommensteuer wesentlich basiren auf das große kapitalistische Vermögen. Ich hätte dagegen garnichts, wenn ein Reich, das bereits 540 000 000 Ausgaben und außerdem die Budgets aller anderen Staaten zu bestreiten hat, hoffen könnte, auch wenn es die Einkünfte sämmtlicher Reiche für sich in Anspruch nähme, damit seine Budgetkosten zu decken. Da das aber nicht denkbar ist, — darin wird mir wohl jeder der Anwesenden beistimmen, — so ist offenbar hier auch bereits eine Illusion mit eingelaufen, wie sie in den sozialistischen Theorien liegt. Man stellt sich vor, daß das Vermögen der Nation wesentlich konzentrirt sei in den oberen 10 000 und daß, wenn man nur diese zur richtigen Steuerkontribution bringen könnte, dann allen Schmerzen abgeholfen sei. Freilich steht später das Zollsystem des Herrn Reichskanzlers mit dieser Theorie im allerschreiendsten Widerspruch, aber so lange er von der Frage der direkten Steuern spricht, bewegt er sich eben auf der Voraussetzung, daß man wenige sehr Reiche auf solche Weise besteuern könne, daß damit die ganze Masse der Nation auf das empfindbarste erleichtert wird; um so merkwürdiger, meine Herren, in einem Lande, das, wie auch der Herr Vorredner mit Recht hervorgehoben hat, nicht zu den mit Glücksgütern vorzugsweise gesegneten unter den Nationen gerechnet werden kann.

Die Länder, die man uns vorführt, England und Frankreich, sind jedenfalls darin besser betheiligt. Bei ihnen würde eine bloße Belastung der obersten Klassen vielmehr aufbringen, als bei uns, wo die bescheidenen Vermögen vorherrschen.

Wenn übrigens der Herr Reichskanzler in ein künftiges System der Besteuerung, von dem wir ja jetzt nur noch die verführerischen Schattenrisse sehen, ohne irgend etwas anderes kennen zu lernen, wenn er in das eine Gliederung einführen will, welche einen Unterschied macht zwischen Vermögen, die nicht von dem Erwerb abhängen, sondern von den Zinsen der Kapitalien, so ist das ein sehr diskutirbarer Standpunkt, und ich bin ganz bereit, auf die Erörterung dieser Frage einzugehen. Es ist auch gar nichts neues, es besteht etwas der Art bereits in einigen deutschen Staaten, wie z. B. im Großherzogthum Baden und in Bayern, ein Unterschied zwischen der Einkommensteuer, die von dem jährlichen Erwerb des Kontribuabeln bezahlt wird und von der Steuer, die etwa aus einem Vermögen an Staatspapieren oder sonstigen rentbaren Gegenständen erhoben wird. Auch in Holland ist diese Frage im Augenblick auf der Tagesordnung; aber, meine Herren, eine kleine Verbesserung eine kleine Konzession im Sinne der Gerechtigkeit kann man allerdings von allen solchen Reformen, wenn sie gutgeheißen werden, erwarten. Einen Segen voll von Erfüllungen die der Herr Reichskanzler in Aussicht stellt, wenn er davon spricht, daß alle mittleren und unteren Klassen erleichtert werden und noch eine freigebigere Versorgung der Einzelstaaten, der Kommunen eintreten soll, eine solche Erwerbung von einer derartigen Reform der Einkommensteuer auszusprechen, das muß ich für absolut chimärisch erklären.

Meine Herren, der Herr Reichskanzler hat in seiner Diskussion über diese Frage sich dann hineinbegeben in die Frage über die Rentabilität des Grund und des Bodens und hat sie im Zusammenhang gebracht mit den vorgeschlagenen Getreidezöllen. Merkwürdiger Weise hat er die Probleme der höheren und niedrigeren Bodenrente zusammengeworfen mit der Frage, wie hoch oder wie niedrig die Getreidepreise eines Landes sich stellen, zwei Dinge, die an sich nur äußerst mittelbar zusammenhängen. Wenn der Herr Reichskanzler durch Erlassung von Steuern den Werth des Bodens erhöht, so wird das eine Verbesserung in der Lage des Bodenbesitzers allerdings herbeiführen, gerade so gut, wie wenn früher Lehnsverpflichtungen, Zehnten- oder Robottverpflichtungen oder Servituten, die auf einem Landgute lasteten, aufgehoben wurden, der Totalwerth des Bodens um die kapitalisirte Erleichterung stieg. Das wird die Folge eines solchen Erlasses von Grundsteuern sein, aber eine Veränderung der Getreidepreise, meine Herren, hängt gar nicht damit zusammen, denn ein Land, das wie Deutschland den zehnten Theil seiner Getreidebedürfnisse vom Auslande bezieht und das, weil es nach dem Wunsche des Herrn Abgeordneten Reichensperger, mit dem ich darin übereinstimme, bestimmt ist, immer mehr Industrieland zu werden, auch nicht im geringsten erwarten darf, in diesen Verhältnissen eine Aenderung herbeigeführt zu sehen, — ein solches Land kann sich doch wahrlich nicht einbilden, daß das Verhältniß von Bodenrente zu Kapital den Preis des Getreides bestimmen wird, denn der Preis seines Getreides hängt von dem Preise des Getreides auf dem Weltmarkt ab. Meine Herren, die moderne Zivilisation, die sich darin charakterisirt, Sie mögen sagen, was Sie wollen, Sie mögen es Kosmopolitismus nennen, wenn man die neugeschaffenen Werthverhältnisse richtig würdigt, das wird mich immer dazu bestimmen, die Dinge anders zu sehen als sie wirklich sind: die neugestaltete Welt beruht darauf, daß der entfernteste Kontinent mit seiner größeren Leistungsfähigkeit hereingezogen wird in den Kreis der Bedürfnisse der zivilisirten Nationen und das erste Resultat dieser Aenderung, die wir selbst mit herbeigeführt haben, alle miteinander, zu der wir alle beigetragen haben, das ist, daß die Versorgung mit Nahrungsmitteln für die Nationen auch durch den ganzen Weltverkehr geschieht und immer mehr geschehen wird, und wer sich einbildet, daß er durch Steuerveränderungen hierin etwas ändern kann, der begeht einen Irrthum, bei dem ich wirklich nicht mehr nachfühlen kann, wie man sich in der Verkennung der Verhältnisse so weit von der Thatsache wegtreiben lassen mag.

Hat uns der Herr Reichskanzler nicht selbst gesagt, daß, seitdem die Eisenbahnen nach Rußland gehen, ein unerwarteter Segen sich in den russischen Hinterländern entfaltet hat, die nun das Getreide über Europa ausschütten. Nun, meine Herren, glaubt er vielleicht, daß es in der Entwickelung der Welt liege, daß diese Eisenbahnen nicht in Rußland gebaut werden sollen, oder daß, wenn sie gebaut sind, sie nicht dazu dienen sollen, die Produkte dieses Landes weiter zu tragen nach den Gegenden, wo sie mehr Werth haben, als zu Hause, wo sie auf dem Halme verfaulen könnten. Ich begreife wirklich nicht, wie man sich so verschließen kann

(Lachen rechts)

den alleraugenfälligsten Verhältnissen, um zu behaupten, die Ernährung der Nationen, namentlich derer mit hochentwickelter Industrie, sei denkbar mit Abstraktion von allen Zuständen, welche das Eisenbahnsystem, das Dampfbootsystem, das ganze Verkehrssystem, das Kolonisationssystem der neueren Welt geschaffen hat. Meine Herren, wir haben selbst überall geholfen, dieses Getreide herbeizuführen: wir haben den Amerikanern unser Geld geborgt, selbst von Reichswegen, für die Eisenbahnen, wir haben Rußland unser Geld geborgt für die Eisenbahnen, die Invaliden haben ihr Geld angelegt in Rußland in Fonds, die dazu bestimmt wurden, um Eisenbahnen zu bauen, und wenn diese Eisenbahnen uns jetzt Getreide zuführen, so wundern Sie sich darüber, daß wir den Wohlstand jenes Landes verbessern und den Vorrath von Getreide bei uns vermehren. Aber ich habe es schon in einer früheren Auseinandersetzung gesagt, daß ich bereit bin, die Frage der Grundsteuer, wenn Sie wollen, sogar die Frage des Grund- und Bodenbesitzes in ihrem weitesten Umfange in den Bereich der gesetzlichen Untersuchung zu ziehen; ob das für ganz Deutschland nöthig sei oder bloß für einzelne Abtheilungen des deutschen Reiches, namentlich für den Norden, das kann ja dahingestellt bleiben, denn wir stehen in diesem Augenblick noch nicht vor der konkreten Erfüllung dieser Aufgabe. Will man aber behaupten, es sei durch die Verschiebung der historischen Verhältnisse allmählich eine solche Ungerechtigkeit und Unzuträglichkeit eingerissen, die die Gemeinsamkeit als solche auszubessern verpflichtet sei, so muß ich erklären, eine gesetzliche Prüfung als solche kann nicht bloß nebenbei als ein Argument, als ein Motiv in einer ganz heterogenen Materie dienen, wie es die Zollgesetzgebung ist. Ich fürchte, es ist mit den Ansprüchen auf radikale Abänderung der Grund- und Bodenverhältnisse, da wo sie leiden, doch nicht ganz so beschaffen, wie man uns darstellt. Ich will gar nicht bestreiten, daß eine Art von Noth in engerem oder weiterem Sinne auf diesem Revier existirt; ja, meine Herren, ich gestehe sogar ohne Ueberwindung zu, viel mehr bin ich von der Wahrscheinlichkeit einer solchen Noth in den Agrikulturverhältnissen durchdrungen als in der Industrie,

(sehr richtig! links)

und ich bin viel eher geneigt, die Verhältnisse des Grund und Bodens, wie sie durch die moderne Entwickelung geworden sind, in Prüfung zu ziehen, als die Verhältnisse der Industrie, aus dem einfachen Grunde, meine Herren, daß die Industrie mit dem Jahrhundert marschirt und stärker geworden ist, der Grund und Boden aber von dem Jahrhundert überflügelt, zurückgeblieben und schwächer geworden ist.

(Oho!)

Aber, meine Herren, es mögen nun Ueberschuldungen im großen Maß existiren mit oder ohne Schulden des Einzelnen, viel hat doch auch die eigenthümliche Beschaffenheit der siebenjährigen Periode, hinter der wir stehen, dazu beigetragen, hiet Mißstände herbeizuführen. Ehe ich darauf eingehen könnte festzustellen, daß hier eine Noth vorhanden wäre, die in der That die Mitwirkung und das Opfer der Gesammtheit herauszufordern berechtigt wäre, müßte ich mir doch Klarheit darüber verschaffen, wie das Verhältniß des Ertrages der Rente zum Kapital in Wirklichkeit im Durchschnitt beschaffen ist. Dadurch aber, daß sehr viele Güter mit Schulden belastet sind, allein könnte ich mich nicht bestimmen lassen, denn, wenn solche Schulden auch durch unabwendbare Verhängnisse herbeigeführt worden sind, so beweist das doch nicht, daß diese Verhängnisse derart sind, daß der Staat die Verpflichtung hätte, sie zu beseitigen. Sollte sich aber gar herausstellen, daß z. B. in dem Preise der Güter und des Grund und Bodens eine unverhältnißmäßige Steigerung in der abgelaufenen Periode stattgefunden hat, namentlich im Anschluß an die Steigerung der Preise der mobilen Werthe, so würde ich mich doch zu fragen haben: hat wirklich die Gegenwart einzustehen für Preisbewegungen, die, sei es in der Nothwendigkeit, sei es in den Illusionen einer vergangenen Periode gelegen haben? Meine Herren, diejenigen, die namentlich mit den Grund- und Bodenverhältnissen unserer östlichen Provinzen vertraut sind, wollen erzählen, daß in den Jahren 1870 bis 73, 74, 75 vielfach eine eben so starke Steigerung beim Ankauf in den Güterpreisen stattgefunden habe, als in den Häuserkäufen und in den Käufen von Eisenmaterial.

(Widerspruch.)

Diejenigen, die als Notare und Anwälte dabei fungirt haben, und ich habe mich, da ich selbst mit diesen Verhältnissen vertraut zu sein nicht den Anspruch nehmen kann, sorgfältig bei solchen erfahreneren Leuten erkundigt und sie haben mir als das Resultat ihrer Wahrnehmungen mitgetheilt, daß es ihnen vorgekommen ist, im Laufe weniger Jahre dasselbe Gut mit 10, 20, 40, ja mit 100 Prozent mehr zu verkaufen, als sie es vor wenigen Jahren gekauft hatten. Meine Herren, wenn das der Fall ist, dann allerdings könnte doch die Industrie, — denn einer muß doch die Kosten bestreiten — die diese Kosten bestreiten müßte, fragen: warum soll die Mehrsteigerung der Preise, die in der Periode begründet lag, von mir getragen werden?

Aber, meine Herren, außer dieser zufälligen Konjunktur, die hier eingegriffen hat, liegt noch eine kulturhistorische Erscheinung vor, gegen die wir uns auch nicht blind machen können und gegen die wir nicht ankämpfen können, das ist das Zurückgehen der Bodenrente überhaupt in allen Kulturstaaten. Das ist ja eine Erscheinung, die ganz unvermeidlich mit der Entwickelung einer industriellen und pekuniären Reichthumssteigerung verbunden ist. Der Grund und Boden ist das sicherste und das ehrenvollste Besitzthum, und überall wird er am niedrigsten verzinst für denjenigen, der ihn schuldfrei erwirbt und als festes Besitzthum auf seine Nachkommen überliefern will. Es ist deshalb eine konstante Erscheinung, daß der Güterbesitz zu dem vornehmsten, weil wenig rentabel in allen zivilisirten Ländern gehört, ich meine den **großen** Güterbesitz. Und nun fragt es sich: sind nicht vielleicht in einzelnen Theilen von Deutschland mit den Einkünften der Güter noch Vorstellungen und Ueberlieferungen verbunden, die zu dieser Evolution einer modernen Zeit, in der wir allerdings Industriestaat geworden sind, nicht mehr passen? Ich behaupte, das ist ganz entschieden der Fall. Wenn ich höre, — der Herr Reichskanzler hat ja selbst darauf angespielt, — daß viele dieser Güter mit Hypotheken belastet werden, die doch wahrscheinlich in der Mehrzahl eher über 5 Prozent als unter 5 Prozent zu zahlen haben, so muß ich mich fragen: geht man denn in den Provinzen, wo man große Güter kauft und sie mit solchen Hypotheken für die Hälfte oder drei Viertel ihres Werthes belastet, überhaupt von der Anschauung aus, daß es haltbar sei, bei progressiver Entwickelung der Industrie und des Mobiliarreichthums eines Landes noch dem Bodenwerth die privilegirte Stellung zu sichern, daß er, wie früher 5 oder mehr Prozent den Besitzer eines großen Areals geben muß? Meine Herren, wenn man sich dieser Erwartung preisgibt, so ist man allerdings abermals in einer Täuschung befangen, die, sie mag nun angenehm oder unangenehm sein, jedenfalls sich als Täuschung im Laufe der Zeit erweisen muß.

Noch stärker, als dies bei dem Bodenbesitz hervortritt, tritt es ja hervor in dem Waldbesitz. Bekanntlich ist die Frage der Holzverzollung in ihrer Verbindung mit dem Waldbesitz einer der Knotenpunkte der ganzen Tarifrevision. Sie ist immer im Vordergrund und wird vielfach als ein Hauptagens bei der Hervorrufung dieser Reform angesehen. Nun, meine Herren, ich weiß nicht, wie man in Deutschland denkt, daß ein großer Waldbesitz sich verzinsen muß; aber das weiß ich, daß in Frankreich oder Belgien, wer einen Wald als Privatmann besitzt, sich 1 Prozent als Rente darauf rechnet und höchstens 1¼ Prozent und es als den größten Luxus des zu sichernden Reichthums ansieht, daß er sein Kapital in Waldbesitz niederlegt. Meine Herren, wenn wir auf diese Weise einmal unsere Voraussetzungen rektifiziren wollten, so würden wir vielleicht zu Verständigungen kommen, die das Problem der

Gerechtigkeit, die hier zu befriedigen ist, nicht mehr so steil uns gegenüberstellen würde, wie es jetzt nach den Schilderungen, die wir von dem Herrn Reichskanzler empfangen, den Anschein nimmt, als wenn vollständig eine Heilung herbeizuführen wäre, die die früheren Verhältnisse wiederherstellen und im reichen Maße wieder Rechnungen ausgleichen müßte, welche nicht einzelne Zufälligkeiten, sondern der große Gang der Zeit herbeigeführt haben.

Am wunderlichsten hat mich eins berührt in den Auseinandersetzungen des Herrn Reichskanzlers über die Verhältnisse des Grund und Bodens. Er hat namentlich appellirt an das Mitgefühl des deutschen Reichstags für die armen östlichen Provinzen. Meine Herren, auf diesem Boden wird er immer ein williges Ohr bei jedem Deutschen finden. Aber wie befremdend muß es sein, wenn der Appell für die Bedürfnisse der östlichen und nordöstlichen Provinzen sich in derselben Gesellschaft befindet wie ein Zoll- und Handelssystem, von dem sämmtliche östliche Provinzen behaupten, daß es ihre Existenz an der tiefsten Wurzel bedrohe.

(Sehr wahr! links.)

Zu den unendlich vielen, fast räthselhaften Widersprüchen, in denen die Tarifpolitik des Herrn Reichskanzlers sich bewegt, gehört mit vor allen Dingen, daß er den ganzen Verkehr, die Schifffahrt, die Naturalprodukte, von denen die Ostseestädte leben, zu zerstören bereit ist und daß er nichtsdestoweniger für eine Erhebung von Steuern, die künftig als Grundsteuererlaß in ihren Ueberschüssen verwendet werden sollen, unsere Sympathie für diese Ostseeprovinzen in Anspruch nimmt. Meine Herren, die Ostseeprovinzen sind derselben Ansicht, die gestern der Herr Abgeordnete Delbrück so gründlich motivirt hat, daß es viel wichtiger ist, das, was existirt, nicht umzubringen, als das umzubringen, was existirt, in der Hoffnung auf künftigen Gewinn, der an einem entfernten Horizont im Nebel schwimmt, und wenn man den Ostseeprovinzen vorwirft, daß sie ihre Interessen nicht verstehen, so bin ich ein solcher Theoretiker, daß ich glaube, die Einwohner der Ostseeprovinzen wissen besser als die Verfasser von Motiven eines Gesetzentwurfs, was ihren Interessen frommt.

(Sehr richtig! links.)

Meine Herren, der Herr Reichskanzler hat, indem er sich von seiner Finanzpolitik zur Zollpolitik hinüberbegab, wie schon erwähnt, die große Frage der widerstreitenden Prinzipien beseitigt, er hat aber in einer mich allerdings überraschenden Harmlosigkeit von dem Schutzzoll so gesprochen, als sei man allseitig darüber einig, daß die Schutzzollpolitik, das Schützen der nationalen Industrie, wie er es nennt, das einzig richtige sei. Er hat sich dabei, wie es ja bei seiner Geschicklichkeit sehr leicht zu begreifen ist, eines Kaptivirungsmittels bedient, das ich in seiner Substanz sehr willkommen heiße, er hat gesagt: Schutzzöllner sind wir ja Alle. Ich bitte um Entschuldigung, wir sind nicht Alle Schutzzöllner! Aber diejenigen, welche Gegner der neuen Tarifpolitik sind, sind praktische Leute, welche sich auf dem Boden der gegebenen Verhältnisse bewegen.

(Aha! rechts.)

Wenn Sie (nach rechts), statt bloß unartikulirte Interjektionen entgegenzusetzen, mir im Gegentheil beweisen wollen, daß die Gegner der heutigen Tarifpolitik nicht die gegebene Gesetzgebung heute vertreten, so werde ich Ihnen nicht nur dankbar sein, sondern ich bin auch bereit, mich Ihnen intellektuell zu unterwerfen. Ich bin bis jetzt der Ansicht gewesen, daß der Herr Abgeordnete Delbrück, meine Wenigkeit und Andere, die ich zu unseren Gesinnungsgenossen zähle — und ich glaube, entgegen dem, was der Herr Abgeordnete Reichensperger uns vorhin gesagt hat, ohne Furcht vor Widerspruch sagen zu können, daß in allen essentiellen Dingen die Ansichten des Herrn Abgeordneten Delbrück sich mit den unsrigen decken, — wir sind der Ueberzeugung, daß wir seit Jahren wie heute den status quo vertheidigen, wiewohl allerdings ein Theil der öffentlichen Meinung, weil wir in einer namenlosen Weise angegriffen und verketzert worden sind, nicht auf die Idee kommen kann, daß wir eigentlich die Vertreter der gegenwärtigen Gesetzgebung seien, sondern wir sonderbarer Weise erscheinen müssen wie Anstürmer, die sich einer unglaublichen und ketzerischen Neuerung schuldig machen.

Meine Herren, der Herr Reichskanzler hat also zugegeben, daß diese Gegensätze jetzt nicht mehr diskutirt werden sollen, er konnte aber natürlich nicht umhin, doch zu sagen, worin seine jetzigen Gegner sündigten, und er hat es mit einem Wort charakterisirt, indem er aussprach, die Erklärung dafür, daß es dennoch Menschen gibt, die für den Freihandel eintreten, liege an unserem vielberufenen deutschen Idealismus. Meine Herren, Sie haben gestern einem solchen Marquis Posa von Idealisten in der Gestalt des Herrn Abgeordneter Delbrück zwei Stunden lang angehört,

(Heiterkeit. Sehr gut!)

und haben ermessen können, wie sehr die Freihändler, die sich sehr gern unter seiner Fahne schaaren und die nicht weiter zu gehen verlangen als er, auf dem Boden des bloßen Theoretisirens stehen, und wie die praktische Erfahrung und Sachkenntniß auf Seiten der Regierung ist.

(Sehr gut! Heiterkeit. Ruf: und die Logik!)

Meine Herren, ich will dem Herrn Abgeordneten Delbrück nicht in das Detail seiner Auseinandersetzungen folgen, aber ich kann nicht umhin, ihm meinen Dank auszusprechen für den eminenten Dienst, den er gestern einer Sache geleistet hat, die vielleicht für den Augenblick besiegt werden kann, die aber sicher dereinst als Siegerin wieder aus einem längeren Kampf hervorgehen wird.

Einige unserer Kollegen haben vielleicht seine Rede dahin bemängelt, und mir sind so einzelne Auslassungen zu Ohren gekommen, auch heute, glaube ich, hat der Herr Abgeordnete Reichensperger in einem ähnlichen Sinne sich ausgesprochen, — daß eigentlich die Auseinandersetzungen des Herrn Delbrück mehr in die Spezialdiskussion gehörten. Nun, meine Herren, ich bin ganz entgegengesetzter Meinung. Wenn der Herr Abgeordnete Delbrück gestern sich damit begnügt hätte zu sagen: die Arbeiten der Tarifkommission sind ohne einen Schatten von genügender Vorbereitung, ohne einen Schatten von zulänglicher Kenntniß der gegebenen Verhältnisse und ohne ein wahres Gefühl für die Industrie, die besteht und kämpft in unserer Nation, gemacht worden, so hätten die Gegner das wahrscheinlich für eine allgemeine Phrase gehalten.

(Sehr gut! links.)

Statt dessen hat er entsagungsvoll wie ein Mann, der einer guten Sache ergeben ist, sich dafür geopfert, ein ganz trockenes Material mit einer Nüchternheit, daß es war, wie wenn die Dinge selbst redeten, Ihnen der Reihe nach im Einzelnen vorgeführt. Glauben Sie nur nicht, meine Herren, daß er das Sündenregister der Tarifkommission Ihnen in der gestrigen zweistündigen Rede erschöpft hat! Meine Herren, Sie würden sich gewaltig täuschen, wenn wir erst einmal in die Details kommen, dann werden Sie den pot aux roses entdecken.

(Heiterkeit.)

Nein, meine Herren, er hat Ihuen gewissermaßen aus der Vogelperspektive eine kurze Empfindung dafür beibringen wollen, in welcher Weise die vitalsten Interessen des deutschen Volkes von denen wahrgenommen werden, die behaupten, sie seien κατ᾽ ἐξοχὴν berufen, die nationale Industrie zu schützen, und wir, die wir ihrem Begnnen uns widersetzen, hätten kein Herz für die deutsche Nation und für die deutsche Industrie. Meine Herren, ich erkläre Ihnen ein für allemal, jene Behauptung, die da sagt, daß die Höhe des Verständnisses und die Weite des Herzens für die Interessen der Nation nach der Höhe der Zölle bemessen würde, die man bewilligen will, hat auf mich auch keinen anderen Eindruck als den einer komischen Wirkung.

Nun, meine Herren, ich will auf die Details, die der Abgeordnete Delbrück vorgeführt hat, heute gar nicht weiter zurückkommen, aber einige allgemeine Gesichtspunkte kann ich nicht unterlassen, gerade weil er sie im Interesse seiner Aufgabe geopfert hat, noch zu betonen. Hier steht im Vordergrund derjenige Gesichtspunkt, der die Frage lösen soll, ob es möglich sei, gleichzeitig Agrikulturzölle und Industriezölle zu stabiliren. Der Herr Abgeordnete Reichensperger hat sich zum Vorkämpfer der Industrie erklärt, und auf diesem Weg folge ich ihm denn auch auf meine Art; aber ich habe ihn nicht darüber sich aussprechen hören, wie er sich das denkt, wie man gleichzeitig die Ernährungsverhältnisse der Industrie erschweren, gleichzeitig sich zu einem höheren Industriestandpunkte aufarbeiten und durch Agrikulturzölle die Bedingungen des Arbeitslohns und der Konkurrenz auf dem Weltmarkt der Industrie erschweren kann, das ist eine Lücke in seiner Auseinandersetzung gewesen die ich einem seiner Nachfolger zu ergänzen empfehle, einstweilen will ich ihm nur sagen, der beredteste und noch am meisten verehrte Vertheidiger eines Systems nationaler Industrie war der lebhafteste Gegner von Getreideschutzzöllen zu einer Zeit, wo die deutsche Nation noch lange nicht auf das Ausland angewiesen war für die Befriedigung des Bedürfnisses an Getreide, das war Friedrich List, der in seinem Werk, aus dem ich auch einmal in jungen Jahren schutzzöllnerische Lehren gezogen habe — sich auf das kategorischste dagegen ausspricht, daß eine Nation, die ihre Industrie entwickeln will, sich mit Getreidezöllen umgebe.

Ein anderer Gesichtspunkt, der heute nur gestreift worden ist, der aber eine Zeit lang im Vordergrund aller Kontroversen stand, ist der der Kampfzölle. Wir leben so schnell und die Projekte des Herrn Reichskanzlers schieben sich so rasch eines nach dem andern voran, daß wir beinahe im folgenden Monat schon vergessen, was wir eigentlich im vorherigen über die Dinge gedacht haben. So sind bei uns ursprünglich die Zollreformen eingeführt worden unter der Flagge der Kampfzölle. Ja, meine Herren, als seiner Zeit zum ersten Mal die Idee des Kampfzolles gesetzgeberisch verwerthet werden sollte, bei dem Vorschlage der Retorsionszölle für Eisen, da war es ganz allein dieser Gesichtspunkt, der dem Reichstag empfohlen wurde, und der Vorschlag fiel deshalb, weil damals die Majorität des Reichstags, die allerdings seitdem sehr verändert ist, jenen Kampfzoll nicht wollte, weil sie einsah, es sollte nur ein Rückschritt zur eigentlichen Schutzzollpolitik gemacht werden. So wenig war vor einem Jahre oder vor einer zweijährigen Frist noch an eine eigentliche Schutzzollpolitik zu denken. Heute ist beinahe, wie ich annehmen muß, das System der Kampfzölle schon verlassen, denn es spielt in den Motiven und in den Reden, die wir hören, kaum noch eine Rolle, aber das hindert nicht, daß doch noch im Publikum, welches ja heute zum Nachdrängen stark aufgerufen wird, der Vorwand des Kampfzolls seinen Einfluß ausübt. Meine Herren, das Prinzip der Kampfzölle praktisch, vernünftig von Fall zu Fall angewendet, widerspricht, wie auch schon mehrfach bemerkt worden ist, auch dem Freihändler nicht; der Herr Abgeordnete Delbrück hat seiner Zeit, als er noch die Bank der Regierung zierte, sich dahin ausgesprochen, daß er Oesterreich gegenüber wohl geneigt sei, hier und da auch das Kampfmittel zu ergreifen, und wo im einzelnen Falle eine solche Idee verwerthet werden kann, werden Sie uns alle zur Erwägung bereit finden. Aber, meine Herren, ein Kampfzollsystem einzuführen ohne jede Wahl und ohne jede Untersuchung auf Gegenstände, bei deren Beschränkung wir eigentlich unser Volk selbst viel mehr schädigen, als wir dem andern drohen, und dann bei Dingen, bei denen wir keine Hoffnung haben, etwas durchzusetzen, das ist ein Kampfzollsystem, auf das weder ein Schutzzöllner, noch ein Freihändler eingehen sollte. Und wenn man im allgemeinen die Umkehr des Tarifsystems, die Erhöhung und Einführung von Zöllen, die früher nicht bestanden haben, motivirt mit dem Bedürfniß nach Kampfzöllen, so muß ich einen solchen Standpunkt ebenfalls als einen ganz unhaltbaren charakterisiren.

Ich will bei diesem Punkt gleich jenen § 5 einflechten, der ja eine so große Rolle in unserer künftigen Gesetzgebung spielen soll, von dem bis jetzt auch noch nicht die Rede gewesen ist. Der § 5 gibt dem Bundesrath die Vollmacht, in gewissen Fällen unsere Zölle um das doppelte zu erhöhen. Meine Herren, ich weiß nicht ob dieser Paragraph Aussicht hat, im Reichstag, wie er steht, angenommen zu werden. Bis jetzt hat man behauptet, der Reichstag werde auf diesen Vorschlag nicht eingehen. Aber nach dem berühmten Diktum des Herrn Abgeordneten Windthorst, daß man nichts mehr für unmöglich erklären solle, habe ich mich doch vor die Möglichkeit gestellt, daß auch dieser § 5, wenn ihn anders der Herr Reichskanzler zur Bedingung der Schutzzölle macht, die man einzuheimsen wünscht, ebenfalls vom Reichstag mit verschluckt werden wird. Wir werden dann eine Zollgesetzgebung haben, die eigentlich nur einen einzelnen Artikel zu haben braucht, das ist der: der Reichskanzler kann jeden Tag die Zölle im deutschen Reich gegenüber allen anderen Ländern in beliebiger Höhe und auf jeden beliebigen Artikel bestimmen. Es wäre das vielleicht ein Paragraph, der in seiner Weise besser wäre, wie das ganze jetzige Zollgesetz, denn er würde dem Reichskanzler das Gefühl der intensivsten Verantwortlichkeit, das auf ihm ruht, zum Bewußtsein bringen, und ich habe meinerseits die feste Ueberzeugung, wenn er allein, ohne Gutheißung eines Bundesraths und eines Reichstags, einen Zolltarif zu machen gehabt hätte, so hätte er sich die Sache viel gründlicher überlegt, als es geschehen ist. Aber, meine Herren, dieser Vorschlag des § 5 geht auch, trotzdem er verschiedene Analogien anruft, über alles hinaus, was jemals da gewesen ist. Man hat die Schweiz, man hat Frankreich zitirt. Meine Herren, die Schweiz hat etwas, was dem Schein nach ähnlich lautet wie bei uns, es behält aber der Gesetzgebung die Entscheidung vor, und dann hat die Schweiz selbst so niedrige Zölle, daß auch die Verdoppelung noch einen geringen Ansatz macht. Was Frankreich betrifft, meine Herren, so muß ich zunächst ein Faktum berichtigen, was sich in das uns überlieferte Material eingeschlichen hat. Man gibt uns als französisches Zolltarifprojekt das vom 9. Februar 1877. Merkwürdigerweise ist aber im Januar 1878 bereits ein anderes Zollprojekt von Frankreich ausgearbeitet worden, und das findet sich in dem Material, das man uns überliefert hat, nicht vor. Wenn man wußte, daß ein solches neues Projekt seit dem Jaunar 1878 bestand, so hätte es meiner Ansicht nach einer ganz beiläufigen Motivirung bedurft, warum man uns das Projekt von 1877 unterbreitet und nicht das von 1878. Was die Bestimmung betrifft über die Retorsionen, welche in diesem französischen Projekt vorgesehen sind, so setzen sie nicht, wie in dem von 1877, voraus, daß ein anderer Staat in seinen Zöllen auf Fabrikate schon 15 Prozent mehr verlangt als Frankreich, sondern sie beginnen eventuell Retorsionen erst bei 20 Prozent in das Auge zu fassen, was die Verhältnisse einigermaßen ändert, wiewohl sie den Grund darin haben, daß der 1878er Tarif selbst in vielen seinen Positionen gegen 1877 wesentlich von Frankreich erhöht worden ist.

Und das führt mich gerade auf eine damit verwandte Frage, das ist die Kontagiosität von Schutzzoll und Freihandel. Wir hören jetzt immer mit derselben Bestimmtheit und Sicherheit, die unsere Gegner charakterisirt, behaupten: bekanntlich habe der Freihandel nie Propaganda gemacht, man müsse also darauf verzichten, ein System anzunehmen, mit dem man stets isolirt gewesen sei und es stets bleiben werde. Ich sage ein System von Freihandel, — wiewohl ich mit dem Herrn Reichskanzler einig bin, daß wir Freihandel durchaus nicht haben — es wäre an sich nicht wunderbar, wenn der Schutzzoll ansteckend wirkte und der Freihandel nicht, denn der Schutzzoll ist eine Krankheit,

(Heiterkeit.)

und Krankheit kann ansteckend sein, Gesundheit aber ist nicht ansteckend.

(Heiterkeit.)

Aber, meine Herren, es ist nicht einmal richtig, daß die Handelsfreiheit nicht selbst für sich Propaganda macht. Hat nicht der Herr Reichskanzler selbst in seiner gestrigen Rede, als er uns die vierte Art erklären wollte, durch welche er zu den Verträgen von 1865 gekommen wäre, erläutert, es sei damals eine solche Strömung gewesen, daß selbst ein Mann, wie Bismarck, ihr nicht widerstehen konnte?

Meine Herren, im selben Athem, in dem man das Argument vorbringt, daß der Freihandel nicht als Beispiel für andere wirkt, in demselben Athem erzählt man uns, man habe die ganze Periode von 1865 bis 1879 durchgemacht, weil man in jenen Zeiten der allgemeinen Meinung mit ihrer Weiterverbreitung nicht hätte widerstehen können. Ich glaube, gegenüber so schlagenden Argumenten kann ich auf jede andere Beweisführung verzichten.

Es steckt aber in dieser Frage, meine Herren, vom Kampfzoll und Retorsionen eine Möglichkeit, die man nicht scharf genug ins Auge faßt. Wir gehen bis jetzt leicht darüber hinaus, daß unser Beispiel dahin wirken könne, bei den anderen Nationen eine Gegenwirkung hervorzurufen, für die wahrlich unsere Industrie, die der Herr Abgeordnete Reichensperger so zart ans Herz drückt, nicht gleichgiltig sein kann.

Bis jetzt spielen wir ein wenig mit diesem Feuer, wie wir überhaupt in einer Periode der bloßen Luftgebilde uns befinden, in der sich noch nichts verdichtet und zur Wirkung niedergeschlagen hat. Aber wir haben schon einige Beispiele erlebt. Man führt uns an, daß der österreichische Handelsvertrag darum gescheitert sei, weil Oesterreich auf unseren Freihandel gebaut habe. Wenn Sie die Verhandlungen des österreichischen Reichstags lesen, werden Sie darin die pertinente Ausführung von Abgeordneten lesen, die sagen, richten wir uns nur auf den Schutzzoll, denn es ist bekanut, daß der deutsche Reichskanzler ebenfalls auf den Schutzzoll losgeht — ich bin bereit, die Stellen vorzulegen, in welchem z. B. der Abgeordnete Neuwirth und andere führende Redner in ökonomischen Fragen im österreichischen Reichstage sich so ausgesprochen haben.

Ein weiteres Beispiel haben Sie gerade jetzt in Frankreich. Das Tarifprojekt von 1878 bringt schon wesentlich mehr Schutzzoll, als das von 1877 enthielt, und neuerdings hören wir, daß eine Anzahl Körperschaften in Frankreich bereits zusammengekommen sind, um zu verlangen, daß man keinen Tarif festsetze, ehe Deutschland mit seinem Schutzzollsystem vor die Welt getreten sei.

Meine Herren, der einfache Effekt unserer gegenwärtigen Tarifreaktion geht darauf hinaus, daß jedes Volk auf das andere wartet, gewissermaßen ihm aus Höflichkeit den Vortritt läßt, sagend: Messieurs les Anglais, tirez les premiers, — jeder läßt den anderen seinen Schutzzoll machen und setzt hinterher einen noch stärkern darauf.

Auch in England geht man bereits mit einem solchen Gedanken um. Ob etwas Wahres daran ist oder nicht, muß ich dahingestellt sein lassen. Wenn ich aber so hohen Werth auf den Zuckerexport legte, wie mancher meiner Gegner, so würde ich mir schon die Frage aufwerfen, ob nicht die Retorsion auf Zuckerzölle, wie sie bereits im englischen Unterhause in Anregung gekommen ist, ebenfalls im Gefolge der deutschen Zollpolitik an mich herantreten könnte. Eigenthümlich und befremdend ist jedenfalls die Art und Weise, wie über die Revanchepolitik in Schutzzollfragen bei uns gesprochen wird; denn es gilt jetzt für eine Art von Triumph für Deutschland, wenn andere Staaten recht schutzzöllnerisch werden und sich verschließen. So wahr ist dies, daß, wenn wirklich die Frage der Interessen einmal auf einen gewissen Glühpunkt gekommen ist, selbst die allerinteressirtesten ihre sachlichen Interessen vergessen und eine Frage der Eigenliebe daraus machen. Als eine Rede hier angeschlagen war, im Foyer des Reichstags, in welcher verkündet wurde, daß Lord Beaconsfield eine Aera des Schutzzolls für England vorausgesagt habe, da gings wie Jubel durch die Reihen unserer Schutzzöllner, und es wurde erzählt, daß man am Abend in einer politischen Soirée, — es war an einem Sonnabend, — sich unendlich gefreut habe über diesen Triumph der Schutzzollpolitik.

Meine Herren, was die Folge sein würde, wenn auch England solche Politik triebe, wie wir sie inauguriren, das mögen die Herren Oekonomen, die nach England exportiren, und auch unsere Industriellen, die gar nicht unwesentlich nach England ausführen, sich klar zu machen suchen, und sie werden etwas kühler über das Glück sprechen, das sie mit ihrer Propaganda im Ausland machen.

Meine Herren, die Frage, wie unser Tarif verfaßt, zu seinem Resultat gebracht worden ist, haben Sie gestern aus einer detailirten Darstellung würdigen können. Ich muß aber doch auf die Entstehung desselben noch einen Augenblick zurückgreifen, weil mein Verhältniß zur ganzen Sache sich in nichts so sehr charakterisirt als darin, daß ich die lebhafteste Ueberzeugung habe, diese Dinge sind jetzt im deutschen Reiche nicht mit der Empfindung der enormen Wichtigkeit, die sie haben, der Verantwortlichkeit, die eine solche Reform auferlegt, gemacht worden. Meine Herren, wenn ich prinzipiell gar nicht auf einer anderen Seite stände, wie die verbündeten Regierungen und der Herr Reichskanzler, so würde ich mich doch gerade so entschieden dagegen wehren, daß unsere Tarifreform in Verbindung mit den fünf- und sechsfach schwierigen finanziellen Aufgaben, die unser warten, jetzt in der Weise überstürzt werden — „überstürzt" ist eigentlich noch viel zu gelinde gesagt — wie es unvermeidlich der Fall sein muß, wenn Sie diesen Tarif in gegenwärtiger Session annehmen.

Meine Herren, ich behaupte, wenn wir ganz allein die Frage der Tabakbesteuerung hätten gründlich, sowie Sie und die großen damit verbundenen Interessen des Landes es verlangen, lösen wollen, so hätten wir für die zwei Monate Zeit, die uns noch gegeben sind, reichlich Arbeit. Und nun wird uns diese Arbeit in Verbindung mit der Brausteuer, mit dem ganzen übrigen Steuersystem, mit den Finanzzöllen, mit den konstitutionellen Fragen in einen Topf geworfen und das alles soll in der Frist von wenigen Wochen ausgereift werden, nachdem, wie ich behaupte, und wie Sie gestern ermessen konnten, die Vorbereitung eine unbeschreiblich unzulängliche gewesen ist.

Meine Herren, der Gang der Vorbereitungen war der, daß zunächst für ganz bestimmte Zwecke eine Untersuchung eingeleitet werden sollte. Mein Standpunkt ist allerdings der, daß es nicht nöthig gewesen wäre, solche Untersuchungen einzuleiten, weil überhaupt eine Zollerhöhung nicht berechtigt ist. Aber der Wahrheit muß ich auch das konzediren, daß die meisten meiner Fraktionsgenossen sich auf dem Standpunkt befinden, man hätte Recht, die Eisen- und Textilindustrie auf den konkreten Fall zu untersuchen und darnach zu prüfen, ob nicht etwas zu reformiren sei. So möge denn immerhin diese Voraussetzung gelten.

Nun sind beide Kommissionen zu verschiedenen Ergebnissen gekommen.

Meine Herren, die Kommission für die Textilindustrie ist zu einer Konklusion gelangt, von der ein jeder, der sie gesehen hat, auch die meisten ihrer Theilnehmer nicht einen

Augenblick zu zweifeln wagten, daß die vorgeschlagenen Zollerhöhungen absolut durch die Lage nicht angezeigt sind,

(sehr richtig!)

und nichtsdestoweniger kommt die Vorlage der Regierung zu dem Resultate, daß das entgegengesetzte geschehen müsse von dem, was die so viel gepriesene Enqnete an den Tag gebracht hat; um nur in einem Worte es zusammen zu fassen, selbst die Enquete erkennt an, daß das Verhältniß dieser Industrie, die jetzt einen neuen Schutz erhalten soll, bis zum Jahre 1877 nicht besonders beklagenswerth war. Meine Herren, wie stark mußte diese Industrie sein, wenn sie trotz aller schweren Prüfungen der Zeit, in der beispielsweise die großen Arbeitseinstellungen in England, die ganz Lancashire betrafen, eintraten, in der in Lille große Verlegenheiten für die französische Industrie entstanden, wie stark muß die Industrie sein, wenn sie erst 1877 anfängt zu empfinden, daß die ganze zivilisirte Welt an einer noch nie dagewesenen Krisis erkrankt ist. Meine Herren, dieses Resultat wird verschwiegen und dafür bekommen wir in diesen Motiven einige Betrachtungen, welche nichts weniger geben, als das Spiegelbild dessen, was die Enquete geleistet hat. Meine Herren, ein vorzüglicher Mann, der weit erhaben ist über den Verdacht irgend welcher Parteipolitik, irgend welcher Animosität, einer der wärmsten Anhänger der deutschen Reichspolitik und ein gemäßigter Kaufmann, wie es ja dieser Standpunkt von selbst mit sich bringt, der Geheime Kommerzienrath Heimendahl, hat als Präsident der Handelskammer zu Krefeld ein Opus ausgearbeitet im Namen seiner Handelskammer, das in seiner Weise ebenso beredt ist durch die Aufführung einer trockenen Thatsache, wie es gestern die Rede des Herrn Abgeordneten Delbrück für so viele Thatsachen gewesen ist. Er hat unter dem Titel „Kritik der Motive der Zollvorlage" nichts gethan, als auf Bogenformat auf der einen Seite die Aeußerungen drucken zu lassen, welche die Enquetekommission wirklich gethan hat, und dem gegenüber hat er die Aussprüche auf die andere Seite gesetzt, welche die Tarifkommission als Aussprüche der Enquete uns überliefert hat.

(Hört!)

Meine Herren, wenn Sie diese beiden Gegensätze ganz einfach lesen, so werden Sie mich der Mühe überheben zu sagen, wie man das Vorgehen der Tarifkommission charakterisiren müsse, die hier verschwiegen hat, was die Enquetekommission sagte und gesagt hat, was die Enquetekommission nicht gesagt hat. Diese Kritik des Vorgehens der Tarifkommission ist in ihrer Weise ein so vernichtendes Urtheil über die Grundlage alles dessen, was uns als Beurtheilungsmaterial für den folgenschweren Ausspruch, den wir jetzt thun sollen, unterbreitet wird, daß dies allein genügen würde, um zu sagen, auf Grund eines solchen Vorverfahrens sind wir nicht in der Lage vorzugehen.

Aber wenn man so die Wahrheit der Thatsache aus der Baumwollenenquete ignorirt hat, so ist man weniger sparsam gewesen mit den Konklusionen der Eisenindustrie. Die Eisenindustrieenquete war — durch eine glückliche Fügung des Himmels, will ich sagen, um allen Streit zu beseitigen — so zusammengesetzt, daß sie wirklich auf die Resultate hinauskam, die den Erwartungen derer entsprachen, welche einen hohen Schutzzoll für alle Sorten des Eisens wünschten. Da hat man sich der korrekten Wiedergabe beflissen, aber auch nicht ganz; denn es wäre aus den Akten leicht zu erweisen, daß in einem ersten Berichte, der im Schoße der Eisenenquete gemacht worden war, die Dinge nicht so scharf aufgetragen sind, als es in einer zweiten Redaktion geschah, die auf den ersten Text hier und da Blümchen oder eine feine Verzierung aufgetragen und so namentlich in der Angabe der Preise, welche als Gestehungspreise für die Industrie und als Kaufpreise auf dem Markt in der Enquete festzustellen waren. Ein erster Entwurf hatte sowohl die Herstellungskosten niedriger, als die Verkaufspreise höher angeführt, als sie in dem definitiven Elaborat zu Tage kommen.

Meine Herren, nachdem nun auf diese Weise verfahren war, daß die richtigen Ergebnisse der Baumwollenenquete beseitigt und in einem unrichtigen Lichte dargestellt, die der Eisenenquete aber acceptabel waren, hat man beide nicht dem Lande und den darauf angewiesenen Reichstagsabgeordneten überliefert, sondern man hat sie auf Befehl des Herrn Reichskanzlers zwei Monate unter Schloß und Riegel gehalten, die Baumwollenenquete wahrscheinlich, damit man nicht sehe, wie gut sie geführt ist, und die Eisenenquete, damit man nicht sehe, wie schlecht sie geführt sei. In beiden Fällen hat man uns erst, als wir in die Ferien gingen, zu gleicher Zeit mit Stößen anderer Vorlagen, dieses äußerst interessante Material überlassen, von dem behauptet wird, daß es allein maßgebend sei für die Entschließungen, die wir zu fassen haben. Und dabei sollen wir doch jeden Augenblick erinnert werden an Beispiele, die uns andere Länder in ihrer Zollpolitik geben. Meine Herren, in Frankreich haben der Reihe nach zahlreiche Enquetekommissionen getagt, aber es war immer stehender Gebrauch, daß an folgenden Tagen die Verhandlungen summarisch im Moniteur standen und nach wenigen Wochen das ganze authentische Protokoll im Buchhandel für jeden zu haben war; und weit entfernt, den ganzen Gang dieser Reform in der Weise zu überstürzen, wie wir es thun, ist Frankreich mit der größten Bedächtigkeit vorgegangen. Und, meine Herren, das ist um so bezeichnender, als es sich in Frankreich nicht um eine Umkehr handelt. Frankreich steht vor der Frage, ob es in der bestehenden Schutzzollpolitik einige Verschärfungen eintreten lassen, Deutschland steht vor der Frage, ob es eine gänzliche Umkehr herbeiführen soll. Nichts destoweniger dauern die Berathungen und Untersuchungen in Frankreich seit dem 7. April 1875 und sind bis heute noch nicht ausgetragen und in den verschiedenen Stadien sind theils Enquetekommissionen von Sachverständigen, theils aus den gesetzgebenden Körperschaften, aus dem Senat und aus der Assemblée berufen worden: am 9. Februar 1876, am 23. März 1876, am 9. Februar 1877, 24. November 1877, 2. Januar 1878, und zuletzt am 3. April 1878 begann abermals eine neue Prüfung. Meine Herren, Frankreich ist länger bewandert in der Behandlung der Zollpolitik als Deutschland, es ist das Vaterland des Colbertschen Merkantilsystems, und vier Jahre lang arbeitet man jetzt nur an der Vorprüfung einiger Veränderungen des Tarifs; wir aber sollen in einer Frist von zwei Monaten ohne jede ernste Vorberathung hineingehen in die Veränderung unseres ganzen Zollwesens, unseres ganzen Handelssystems.

Als Motiv dafür, daß wir leichten Herzens hier vorgehen könnten, werden uns die bekannten Gründe angeführt, daß die Ausländer den Zoll bezahlen, oder daß er so klein sei, daß er nicht gefühlt werde, oder daß wir es unserer Selbsterhaltung schuldig wären, uns auf unsere eigene Produktion zu stützen. Meine Herren, die Frage des nationalen Selbstgefühls und der nationalen Selbsterhaltung spielt in diesen Dingen merkwürdiger Weise jetzt auch noch eine Rolle, obwohl jeder bei einiger Betrachtung finden muß, daß sie gänzlich veraltet sind.

Der Herr Abgeordnete Reichensperger hat z. B. exemplifizirt darauf, daß eine Nation, — und er hat natürlich da, wie überall, wo es sich um Schutzzoll handelte, einen poetischen Aufschwung genommen, —

(Heiterkeit)

daß die Nation sich doch wenigstens ihr eigenes Eisen bauen und erzeugen müsse. Nun möchte ich dem Herrn Abgeordneten Reichensperger nur eine Bemerkung machen; ein großer Theil des Eisens, das für uns am unentbehrlichsten ist, nämlich des Erzes, das verbraucht wird in den Hütten von Krupp, also direkt für unsere nationale Vertheidigung, kommt aus Bilbao in Spanien, und diese ganze Fabrikation könnte nicht marschiren ohne dieses Erz; es ist deshalb auch wohlweislich zollfrei gelassen. Wenn es aber grundsätzliche Bedingung ist für eine Nation, daß sie ihr Eisen selbst erzeugen müsse, so ist Herr Krupp und alle, die Eisenerze frei hereinlassen, ein großer Verbrecher an dem nationalen Wohl und dem nationalen Selbstbewußtsein.

Das zeigt Ihnen aber, meine Herren, daß man in diesen Dingen nicht so nach einfachen schematischen Aussprüchen verfahren kann, am wenigsten, wenn man nur die Geduld hat, zu vergleichen, wie sich die verschiedenen Behauptungen einander gegenseitig aufheben.

So spielt z. B. in der Eisenenquete eine große Rolle die Frage des Lohnes der Arbeiter und der Seefrachten gerade für Eisen und Erz. Ueberall heißt es bei den Aussagen derer, welche die Erhöhung der Zölle verlangen: „wir können mit England nicht konkurriren, einmal, weil der Arbeiter besser ernährt wird, ein andermal, weil die Engländer viel billigere Frachten haben." Gleichzeitig, meine Herrren, beabsichtigen wir jetzt eine Zollreform, von der die sachkundigsten Bewohner aller Hafenstädte behaupten, sie werde unsere ganze Schifffahrt und Rhederei auf das Tiefste schädigen. Wie sich diese Dinge zusammenreimen, das ist ebenfalls ein Räthsel, das ich nicht zu lösen wage. Aber allerdings, es gibt jetzt eine Methode, mit der man jeden Einwurf gegen die Begünstigung Einzelner damit zu entkräften sucht, daß man vorschlägt, nun noch eine neue Begünstigung für andere eintreten zu lassen; das ist eigentlich der Grundcharakter der ganzen Prozedur, die heute im Zuge ist. Verlangt jemand, daß man ihm den Zoll nicht höher hinaufsetze für das Halbfabrikat, das er für das Ausland bearbeitet, so antwortet man ihm: Sei ruhig mein Lieber, du bekommst einen neuen Zoll für das was du im Inlande verkaufst! Also Zoll mit Zoll kurirt, — wie ja so vielfach schon die medizinischen Bilder hier angerufen worden sind. Der Herr Reichskanzler that es gestern, der Herr Abgeordnete Reichensperger folgte heute, wie in allem, so auch darin seinen Spuren,

(große Heiterkeit)

und hat uns auch mit medizinischen Gleichnissen belehrt.

Ja, meine Herrn, diese Vergleichung hat nur einen Fehler. Der Herr Reichskanzler sagt: bekanntlich versteht ja die Medizin nicht viel von der inneren Beschaffenheit des menschlichen Körpers. Zu einem großen Theil ist ja die neuere Medizin dieser Ansicht und deswegen hütet sich dieselbe sehr wohl, vorschnell einzugreifen in diesen menschlichen Körper mit bedenklichen Heilmitteln, aber gerade umgekehrt kuriren der Herr Abgeordnete Reichensperger und alle, die mit ihm den neuen Zolltarif machen, jetzt stets Krankheit und Gesundheit durch neue Krankheiten, indem sie für einen schon an sich schädlichen Zoll noch einen neuen herbeiholen.

Ich will Ihnen z. B., meine Herren, nur eins vorführen. Die Kleineisenindustrie kann fremdes Eisen nicht entbehren, sie hat theils schwedisches, theils schottisches Eisen zu gewissen Dingen nothwendig. Man setzt ihr den Zoll hinauf und entschädigt sie, wie man hier ihr vorschlägt, mit einem neuen Zolle auf die fertige Waare. Nun kann aber dieser neue Zoll ihr vorerst für das, was ihr außerordentlich wichtig und unentbehrlich ist, für die Ausfuhr gar nichts helfen und sie ist gezwungen, entweder diesen Zoll auf den einheimischen Konsumenten abzuwälzen oder sich auf andere Weise durchzubringen. Was geschieht nun? Man verhindert die Ausfuhr dadurch, daß man die Innenfabrikation durch den Zoll auf das Material vertheuert, auf der anderen Seite verhindert man die Einfuhr dadurch ebenfalls, da man keine fremden fertigen Waaren hereinläßt. Es wird also hier vollständig, gleichsam an einem Paradigma für die Wirkung des Schutzzolls, gezeigt, wie die Tendenz ist, alle gemeinsamen Austauschverhältnisse zwischen einem Lande und dem anderen durchzuschneiden. Der Deutsche, der nach England exportirt, kann nicht mehr nach England exportiren und der Engländer, der nach Deutschland importirte, kann nicht mehr nach Deutschland importiren. Sie kommen, Sie mögen wollen oder nicht, wirklich zum geschlossenen Handelsstaat und heben die ganze Grundrichtung der gegenwärtigen Welt auf.

Sie haben auch endlich vernommen, daß der Abgeordnete Reichensperger sogar noch auf dem Standpunkte steht, daß er mit Handelsbilanzen rechnet. Meine Herren, selbst die Verfasser der Motive haben das nicht mehr gewagt und die haben doch viel riskirt.

(Heiterkeit.)

Meine Herren, das Problem der Handelsbilanz ist wirklich zu den Todten geworfen, aus dem einfachen Grunde, daß man sich längst gesagt hat: so viel ist gewiß, die Engländer, Russen und Amerikaner, sie mögen es noch so schlimm mit uns meinen, schenken thun sie uns nichts; so verzweifelt boshaft, daß sie uns ihr Getreide und Eisen umsonst geben, sind sie nicht! Es ist also vorauszusetzen, daß wir ihnen an Stelle dieses Imports etwas verkaufen müssen.

Nun gibt der Herr Abgeordnete Reichensperger selbst zu, wir sind kein Agrikulturstaat mehr und es wäre ein Unglück, wenn wir wieder ein Agrikulturstaat würden. Wenn wir die Dinge bezahlen, so müssen wir mit Industrieprodukten bezahlen. Er hat nun freilich eine andere Ansicht, er meint, wir bezahlen Alles bloß mit den Koupons unserer fremden Renten. Ja, meine Herren, wenn wir den Ueberschuß, der nach den statistischen Angaben jetzt, glaube ich, zwischen 11 und 1200 Millionen jährlich varirt, den Ueberschuß anscheinbarer Einfuhr gegen die Ausfuhr bloß mit abgeschnittenen Koupons von amerikanischen, französischen une österreichischen Papieren bezahlen könnten, dann wären wir nicht eine der wenigst reichen, sondern eine der reichsten Nationen der Welt, und am allerwenigsten hätten wir Grund uns zu beklagen über eine Handelspolitik, die uns dazu gebracht hätte, so viel fremdes Kapital einzuziehen, daß die bloßen Ziusen desselben genügen würden, alle unsere Bezüge von fremdem Rohmaterial und Fabrikate aus allen Welttheilen damit zu bestreiten. Nein, meine Herren, die Wahrheit ist, daß wir für beinah alles, was wir beziehen, wieder exportiren, und wenn der Herr Abgeodrnete Reichensperger sich von Jemandem hat erzählen lassen, daß wir viel mehr Eisen importiren als exportiren,

(Heiterkeit)

so empfehle ich ihm, diesem Freunde in Zukunft auf die Finger zu sehen, ehe er sich Material zu einer Rede geben läßt. Denn es ist bekannt, daß wir Eisenfabrikat exportiren per saldo und nicht importiren. Aber zu den Hilfsmitteln, die man uns empfiehlt, um das Uebel, das die Zölle unserer Exportindustrie erwiesenermaßen zufügen müssen, zu kuriren, gehört außer der Rache, die an den inländischen Bedürfnissen genommen wird, noch die Vergütung, das System der Bonifikationen, der Exportvergütungen.

Meine Herren, ich habe seit dem Jahre 1868, als ich zuerst im Zollparlament und dann im deutschen Reichstag zu sitzen die Ehre hatte, immer von Zeit zu Zeit große Reden und besonders von der schutzzöllnerischen Seite über das Unwesen der Exportbonifikationen hören müssen. Es wurde beinah manchmal so dargestellt, als läge solche Immoralität in dem Verfahren der Exportbonifikationen, daß wir eigentlich einen casus belli daraus machen sollten, und ich erinnere mich noch ganz deutlich der Zeiten, wo die nationale Fiber angeregt wurde, daß wir uns ein System der Exportbonifikationen nicht gefallen lassen sollten, wie es beispielsweise Frankreich gegen uns praktizirte. Nun, meine Herren, wenn Sie einigermaßen gestern der Darstellung des Herrn Abgeordneten Delbrück gefolgt sind, so werden Sie sich jedenfalls der Ueberzeugung nicht haben verschließen können, daß, wenn Sie noch so sehr unseren inneren Konsumenten, der ja preisgegeben ist, wie derselbe Herr Redner richtig bemerkt hat, der eigentlich nicht mehr Zweck des Lebens ist, sondern nur der Produzent ist der eigentliche Zweck des Lebens, — wenn Sie den noch so sehr mit Zöllen belasten, Sie dennoch eine unübersehbare Reihe von Exportbonifikationen einführen müßten, um nur das alleroberflächlichste des Schadens, den unsere inländische Industrie bei ihrem Export durch die Zölle erleidet, wieder auszugleichen. Daß Sie es nicht ganz können, werden wir Ihnen, wenn wir auf die Spezialartikel kommen, zeigen, es es ist rein unmöglich; alle gemischten Gewebe zum Beispiel entziehen sich dem System von Exportbonifikation, und daraus besteht der größte Theil unserer Ausfuhr an Webewaaren.

Aber die Sache hat eine andere Wirkung. Sie schaden gerade mit einem solchen komplizirten System von Exportvergütungen, wie es uns ohne Zweifel vorgeführt werden wird, der inländischen Produktion der Rohstoffe. Das will ich Ihnen an einem Beispiel ganz deutlich machen. Jetzt verbraucht unsere Eisenindustrie für einen großen Theil des Exports inländisches Eisen. So wie aber die Exportbonifikation auf diejenigen Waaren eingeführt wird, die beispielsweise schottisches oder englisches Eisen verarbeiten, so wird schon das Geschäft daraus einen solchen Vortheil zu ziehen wissen, daß die, die früher deutsches Eisen verarbeitet hatten, sich bemühen werden, in Zukunft schottisches oder englisches Eisen zu verarbeiten.

(Sehr richtig! links.)

Wir brauchen da bloß an frühere Vorgänge uns zu erinnern, wie z. B. die französischen Hüttenbesitzer sich am meisten über die Wirkung der Exportbonifikation beklagten, weil so viel deutsches Roheisen zu ihnen hereinkomme, während es ohne diese Bonifikation viel weniger möglich wäre, ihnen diese Konkurrenz zu machen. So schlägt ein falsches System sich selbst auf allen Wegen und Stegen. Und wenn Sie dann schließlich uns wirklich glauben bange zu machen damit, daß Sie die Vertheidiger des gesunden Menschenverstandes, welcher im freien Austausch des Verkehrs repräsentirt ist, als Vaterlandsverräther hinstellen, so antworten wir Ihnen ganz einfach: diejenigen, welche verlangen, daß von deutschen Staaten und deutschen Käufern, sei es von Eisenbahnverwaltungen oder von Privaten, höhere Preise mittelst der Zölle gezahlt werden, damit das Ausland billigere Materialien kaufen kann, die subventioniren ganz einfach fremde Staaten.

(Sehr richtig! links.)

Wenn wir heute Schienen nach einem Nachbarlande führen für 110 Mark per Tonne, die der deutsche Staat den Produzenten aus dem Säckel der Steuerzahler mit 150 Mark bezahlt, so thun wir nichts anderes, als daß wir dem fremden Laude mit dem Schweiß der Steuerzahler, der gestern in der Rede des Herrn Reichskanzlers eine so große Rolle gespielt hat, Schienen bezahlen, auf denen vielleicht künftig Truppen befördert werden, die uns angreifen.

(Sehr richtig! links.)

Das ist die nationale Politik, welche der Schutzzoll treibt.

Meine Herren, ich will Ihre Zeit, obwohl ich noch außerordentlich viel gegen alles, was der Reihe nach vorgebracht worden, zu sagen hätte, nicht länger in Anspruch nehmen. Auf einen Punkt muß ich aber noch hindeuten, das ist, daß die Folge der Herstellung von hohen Schutzzöllen auch die Wiederherstellung dessen sein wird, was man die Koalition der Industriellen genannt hat, was früher eine große Rolle gespielt hat, noch jetzt sich so einigermaßen erhält und von dem wir, wenn wir zur Spezialdiskussion kommen werden, auch noch viel zu sagen haben werden. Die wenigen Weißblechfabrikanten z. B., 6 an der Zahl, die früher Deutschland beherrschten, weil sie unter sich die Preise fixirten, weil hinter den Zollmauern der deutsche Blechkonsument ihnen die Waare abkaufen mußte, sind ihrer Sache schon so sicher, daß sie ihre Koalition wieder ins Werk gesetzt haben;. nachdem die Zolltarifvorlage publizirt worden ist, haben die Weißblechfabrikanten beschlossen, ihre Preise heraufzusetzen und vertheilen unter sich die Rollen und die Gebiete, auf denen ein jeder das Monopol und das Bannrecht des Verkaufs haben soll. Eine bedeutende Industrie, die auch hier in Berlin vertreten ist, die Fabrikation von Blechwaaren, namentlich zur Verpackung, die besonders nach dem Norden eine sehr starke Verbindung hat, wird dadurch auf das stärkste geschädigt, indem das Rohmaterial ihr durch den Zoll um 11 bis 12 Prozent etwa vertheuert wird.

Meine Herren, zu den verschiedenen Systemen, bei denen immer ein Fehler durch einen anderen korrigirt werden soll, gehört schließlich noch eins, das ich nicht mit Stillschweigen übergehen darf, das ist das, welches die Seestädte betrifft. Als vor einiger Zeit hier im Reichstag die Möglichkeit nur leise berührt wurde, daß die Seestädte vielleicht durch einen Flaggenzoll oder durch eine andere besondere Begünstigung wieder schadlos gehalten werden könnten mittelst neuer Belästigungen des Verkehrs, wodurch sie sich ihrerseits wieder an der Gesammtheit rächen könnten, wies ihn der allerkompetenteste Vertreter der Seestädte weit von sich ab,

(Ruf: Herr Mosle?)

Herr Meier — nicht Herr Mosle, Herr Meier!

(Heiterkeit.)

Seitdem, meine Herren, wie die Dinge jetzt schnell gehen, hat auch dieser Gedanke wieder Fortschritte gemacht und zuletzt hat er sich entpuppt in einer Form, die, trotzdem ich glaubte, es sei keine Ueberraschung mehr möglich, mir eine neue Ueberraschung bot, nämlich in einem Brief des Herrn Reichskanzlers an unseren Kollegen Mosle, in dem es ihm gelingt, zu allen Unterscheidungen, die bereits gemacht worden sind, in der Verschiedenheit unter den Gegensätzen der deutschen Interessen auch noch eine Unterscheidung zu machen zwischen Handel und Schifffahrt. Wenn je das Wort, daß das Wort „unmöglich“ aus dem Diktionär eines großen Staatsmannes gestrichen werden sollte, sich bewährt hat, so ist es hier, denn mir ist es unerfindlich, wie man zwischen Handel und Schifffahrt einen Gegensatz hervorrufen kann, man müßte denn an die Kriegsmarine oder die Fischerei denken, und ich bin begierig zu hören, ob der Herr Abgeordnete Mosle, wenn er Vertreter dieser neuen Kurmethode für die Seestädte ist, diesen Krieg zwischen Handel und Schifffahrt sich wird gefallen lassen.

Zu diesen Kuren gehört auch noch eine andere, die jetzt bereits anfängt zu spuken, das ist die Kolonialpolitik. Meine Herren, es ist wirklich, als wenn aus der Rüstkammer aller alten Scharteken, welche die verschiedenen Nationen seit einem halben Jahrhundert zur Zeit gestellt hatten, gar nichts verschont bleiben sollte. Mir ist es manchmal zu Muthe, als wollten wir der Welt zeigen, daß die deutsche Nation in diesem Jahrhundert nur in ihre Bücher vertieft gewesen wäre und Krieg geführt hätte, daß sie für den Weltverkehr geschlafen hätte, während die andern Nationen ihre Erfahrungen auf dem Gebiete der Handels- und Zollpolitik gemacht haben, und sollten wir nun anfangen, alle falschen Experimente an unsrem Leibe wieder zu versuchen, als dürften die Erfahrungen der andern uns nichts nützen, z. B. diejenigen, welche die Franzosen aus ihrer Kolonial- und Schifffahrtspolitik gemacht haben. Sind nicht auch die Engländer von ihrer Kolonialpolitik zurückgekommen? Daß sie viel mehr einschränkend als erweiternd darin vorzugehen haben, ist auch die Ueberzeugung ihrer besten Staatsmänner in den letzten Jahrzehnten gewesen.

Ich frage: wozu sollen wir denn diese Kolonien gründen, wenn wir nichts hereinbringen sollen aus denselben? Die Kolonien werden doch ziemlich jungfräuliches Land sein und sie werden uns Waaren anbieten, die als „Ablagerungsgebiet" den deutschen Markt suchen, wodurch das Unglück sich noch vergrößert, unter dem wir leiden sollen, und zwar mit großen Kosten infolge der Vermehrung der Marine, der Subventionirung von Dampferlinien u. s. w. Mein Freund, der Abgeordnete Dr. Witte, hat zwar vorgeschlagen, daß wir die Ausstellung von Sidney mit Geld unterstützen sollen, aber wenn wir auf unserer jetzigen Politik beharren, dann weiß ich nicht, warum wir nach Australien verkaufen sollen, denn Australien wird uns Wolle dafür geben und es ist ja bereits für ein Unglück erklärt worden, daß Australien die Wolle nach Europa bringt. Ich möchte also vorschlagen, daß wir lieber das Geld sparen, wenn wir uns doch mit einer chinesischen Mauer einzuschließen suchen, auf daß wir nicht Gefahr laufen, irgend etwas aus dem Auslande zu beziehen.

Schließlich, meine Herren, hat der Herr Reichskanzler, weil er weiß, wie man einen guten Schluß der Rede herbeiführt, der möglichst großer Beifall aus möglichst verschiedenen Theilen gezollt werden kann, auch den Satz ans Ende gestellt, den ich oft habe anführen hören, nämlich: welcher Meinung man auch sei, nur ein rasches Ende! Man möge doch rasch fertig machen, lieber schnell und falsch als lange zögern. Da man so viel die medizinische Regel angerufen hat in dieser Frage, so darf ich wohl auch an die Medizin erinnern, in der es eine Prozedur gibt, welche man die Euthanasie nennt, nach der man den Kranken so schnell wie es erlaubt und möglich ist, durch allerhand Mittel vom Leben zum Tode zu bringen sucht, wenn man ihn nicht mehr zu retten weiß. Dieses Mittel wird nun der deutschen Industrie, deren Lebensfähigkeit Sie gestern haben schildern hören, anempfohlen. Dem kann ich nicht beistimmen. Ich glaube zwar, sehr groß sind die Uebel, welche die gegenwärtige Tarifvorlage über das deutsche Reich heraufbeschworen hat; unmöglich wird es sein, was immer auch entschieden werde, in Zukunft die wachgerufene Gier der Interessen, die mit einer ungeheuren Kunst von allen Seiten angefacht worden ist, wieder zu beschwichtigen. Aber noch viel größer doch wäre das Unglück, wenn wir jetzt uns nicht einmal besännen, um zu prüfen, wie der Herr Abgeordnete Delbrück sagt, ob wir nicht unendlich viel zerstören für Ungewisses, das wir erst hervorzaubern wollen? Ich sage, das Unglück, noch etwas zu zögern, um diese Sache noch einmal näher zu untersuchen, als es von der Tarifkommission und dem Bundesrath geschehen ist, und den letzten Entschluß zu vertagen, ist lange nicht so groß, als das Unglück der Zerstörung, die wir in dem ganzen Wohlstand und namentlich in der Industrie der deutschen Nation hervorrufen, wenn wir die Vorlagen der Hauptsache nach annehmen. Meine Herren, es ist von der anderen Seite hergebracht gewesen, bei jeder kleinen Zollbefreiung zu protestiren und zu behaupten: mit der geplanten Veränderung würde die vom Zoll befreite Industrie für immer und auf alle Zeiten hin ruinirt. Ich werde mich trotz der ungeheueren Gefahr, die ich über dem deutschen Vaterlande schweben sehe, nicht der Uebertreibung schuldig machen, daß ich sage: Sie werden durch den Zolltarif, den Sie jetzt einführen, den ganzen Wohlstand der deutschen Nation ruiniren. Nein, meine Herren, die Nationen sind glücklicher Weise von Natur so geschaffen, daß sie viel aushalten können, das deutsche Vaterland wird auch die Zollpolitik des Fürsten Bismarck überleben. Aber wie es auch ausgehe, dafür glaube ich wenigstens haben sorgen zu müssen, daß ich und viele andere in Zukunft sagen können: wir waschen unsere Hände in Unschuld, und die Zeit wird lehren, wer wahrhaft für das Wohl der deutschen Nation hat sorgen wollen, die, welche ohne jegliche Vorbereitung und ohne jede Prüfung der sachlichen Verhältnisse nach bloßen Schlagwörtern eine grundstürzende Veränderung im Handumdrehen herbeiführen, oder die, welche warnen, daß man auf dem gesetzlichen Boden der Gegenwart stehen bleibe, bis man Zeit gefunden hat, unter besseren Umständen und in richtigerer Würdigung die Verhältnisse zu prüfen.

(Lebhaftes Bravo links. Zischen rechts.)

Vizepräsident Dr. **Lucius**: Der Herr Bevollmächtigte zum Bundesrath Staatsminister Hobrecht hat das Wort.

Bevollmächtigter zum Bundesrath für das Königreich Preußen Staats- und Finanzminister **Hobrecht**: Meine Herren, der Herr Abgeordnete Bamberger hat sich in der zweiten Stunde seiner Rede ausschließlich auf die Frage des Tarifs beschränkt, und ich will die Beantwortung der Angriffe, die er gegen die Vorlagen der verbündeten Regierungen erhoben hat, anderen Berufeneren überlassen. Ich habe aber die Empfindung, daß eine Anklage gegen den zu meinem Bedauern abwesenden Reichskanzler, die sich durch den ganzen ersten Theil seiner Ausführungen zog, von dieser Stelle nicht ohne ein Wort der Erwiderung gelassen werden darf. Es thut mir nur leid, daß es mir schwer werden wird, einer so durchdachten und in der Form so ausgearbeiteten Auseinandersetzung in genügender Weise zu erwidern.

Meine Herren, die Anklage, die sich durch den ganzen ersten Theil zog, lautete, daß die gestrige Motivirung und Einführung der Vorlagen der verbündeten Regierungen hinauslief auf eine sozialistische Agitation, welche gerade die Elemente stärkt und fördert, gegen die das Sozialistengesetz gerichtet ist, für welches der Herr Abgeordnete, wie er erwähnte, selbst mitgestimmt hat.

Meine Herren, ich halte eine solche Anklage für sehr bedenklich; ich glaube, daß in diesem Vorwurf sehr viel mehr Agitatorisches liegt, als in der angeblichen Agitation, die dem Reichskanzler vorgeworfen wird,

(sehr richtig! rechts)

denn es liegt ihr eine Verschiebung und Verdrehung des Begriffs, des Wesens der Sozialdemokratie, gegen die angekämpft worden ist und gegen die wir staatlicherseits ankämpfen, zu Grunde, die ich für höchst gefährlich halte.

Was wir bekämpfen und bekämpft haben, ist nicht eine wirthschaftliche Irrlehre. Meine Herren, darin hatten die Sozialdemokraten vollkommen Recht, daß die wirthschaftliche Irrlehre durch polizeiliche Maßregeln oder durch irgend welche Gesetze nicht zu beseitigen ist. Was wir mit dem Sozialistengesetze bekämpft haben, liegt auf einem ganz anderen Gebiet. Es ist unmöglich, daß ein Volk, welches kein Opfer und keine Anstrengungen scheut, um Schulen zu gründen, in denen die Kinder herangezogen werden sollen zur Arbeitslust, zur Bescheidenheit, zur Dankbarkeit, zur Gottesfurcht, — daß ein solches Volk in sich eine geschlossene Gesellschaft dulden kann, welche den Schutz der Gesetze in Anspruch nimmt, um ganz offen in der heranwachsenden Jugend das zu zerstören, was mühsam Gegenstand der Erziehung der Kinder gewesen ist.

Das ist der Sinn, in dem ich als Mitglied des preußischen Staatsministeriums für ein Gesetz gegen diese bestimmt organisirte Verbindung gestimmt habe, nicht weil es sich um die Bekämpfung wirthschaftlicher Irrthümer handelte; die sind ja eigentlich im Grunde nichts anderes als in mehr oder minder veränderter Gestalt der alte Wunschzettel, mit dem die Menschheit sich plagt, seit Adam grub und Eva spann, der sich immer in neuer Gestalt wiederfindet. Es ist unrecht, und, wie ich glaube, gefährlich — denn es ist eine Protektion der Sozialdemokratie — wenn man den Gegensatz zwischen Schutzzoll und Freihandel, oder wie Sie es nennen wollen, in Verbindung bringen will mit dem Kampf gegen die Sozialdemokratie.

(Sehr richtig! rechts.)

Das, was wir dort bekämpfen, ist nicht ein wirthschaftlicher Irrthum, sondern es ist eine ethische Verwilderung.

Ich will auf dieses Thema, so interessant es ist, nicht weiter eingehen, obgleich es vielleicht dazu dienen könnte, um eine Reihe von ganz eigenthümlichen Irrthümern nachzuweisen, die die exklusive — ich will mich des Ausdruckes bedienen — Manchesterpartei, in der Begründung ihrer wirthschaftlichen Sätze sich hat zu Schulden kommen lassen; denn wenn sie den Vorwurf macht, daß es die Protektion, die Fürsorge des Staats sei, die in ihrem Zuweitgehen gerade die Entwickelung der Sozialdemokratie hervorgerufen habe, so wird man, glaube ich, mit größerem Recht sagen können, daß durch nichts diese Richtung so sehr gefördert worden ist als durch die Uebertreibung der Theorie des help yourself! „Brichst Du zusammen, kannst Dir nicht mehr helfen, — da ist das Arbeitshaus!" das ist die Lösung!

Ich muß auf eine andere Seite des dem Reichskanzler gemachten Vorwurfs kommen: Es ist ihm vorgeworfen, „agitatorische Versprechungen," Steuererleichterungen und Erlasse speziell für Preußen in Aussicht gestellt zu haben, einen Wechsel ausgestellt zu haben, den Niemand werde akzeptiren können, und ich habe umsomehr Anlaß darüber zu sprechen, weil bei Gelegenheit der Berathung des letzten Etats im preußischen Abgeordnetenhause, ich den Umfang der Reformen und Aenderungen in unserem Steuersystem, den ich für zulässig und wünschenswerth hielt, meinerseits angegeben habe, der nicht so weit geht wie die Ziele, die der Herr Reichskanzler sich gestellt hat. Nun, meine Herren, bitte ich Sie im Gedächtniß zu behalten, daß der Herr Reichskanzler ausdrücklich erklärte, er wolle nur die Richtung bezeichnen, nach der hin er seinen Einfluß geltend zu machen beabsichtige, und daß er ausdrücklich hinzufügte, er spräche in diesem Punkte lediglich für sich und nicht auf Grund einer Vereinbarung mit dem preußischen Staatsministerium oder mit dem preußischen Finanzminister. Die Frage aber, ob das preußische Staatsministerium gerade bis zu dieser Grenze zustimmen würde — eine Frage übrigens, in Bezug auf deren Lösung ich durchaus keine Besorgniß habe — die Frage, ob ich willens bin, die Verantwortung für eine Umgestaltung unserer direkten Steuern zu übernehmen, die weiter geht als das, was ich im preußischen Abgeordnetenhause erklärt habe, das ist eine Frage, die hier an dieser Stelle nicht zum Austrag gebracht werden kann; es ist aber auch eine Frage, deren Beantwortung für den deutschen Reichstag nur in einem Fall interessant wäre, nämlich in dem Fall, wenn aus einer Berechnung des Bedürfnisses, wie sie sich ergibt bei Zugrundelegung des Reformprogramms, wie ich es angegeben hatte, etwa eine geringere Summe herauskommen sollte als diejenige, welche in den dem Reichstag gemachten Vorlagen gefordert wird. Dann hätten Sie in der That ein Interesse, diese bis jetzt doch nur theoretische Frage, diese Frage der Zukunftspolitik jetzt entschieden zu sehen. Ich glaube Ihnen aber sehr leicht beweisen zu können, daß dieser Fall nicht vorliegt. Ich muß schon ein paar Zahlen anführen, aber ich werde mich möglichst kurz fassen.

Das Bedürfniß nach einer Vermehrung der Einnahmen im Reich hat einen doppelten Grund, es ist ein zwiefaches. Es handelt sich darum, ein wirklich vorhandenes Defizit zu decken, es handelt sich darum, die Mittel zu gewinnen, um gewisse Steuerreformen durchzuführen. Meine Herren, ich kann es mir erlassen, auf diese Ziele näher einzugehen. Wenn in irgend einem Punkt, so war in diesem Punkt die Auseinandersetzung des Herrn Vorredners falsch, daß es sich hierbei um etwas so plötzlich und ganz willkürlich durch die Person des Herrn Reichskanzlers Hervorgerufenes handle. Es handelt sich um ein Ziel, mit dem sich die Majorität des Reichstags schon vor Jahr und Tag einverstanden erklärt hat. Werden die preußischen Verhältnisse zu Grunde gelegt, so stellt sich heraus, daß das zu deckende Defizit freilich darum nicht genau feststeht, weil wir alle darüber einig sind, daß der Betrag, der in dem laufenden Etat als Defizit erscheint, nicht als ein dauernder wird angesehen werden können. Ich möchte mich aber doch dahin aussprechen, und glaube, daß die Mehrzahl der hier anwesenden preußischen Mitglieder des Reichstags mir zustimmen werde, daß der Betrag, den Preußen an reinen Matrikularbeiträgen zahlt, ungefähr gleich sein wird dem Betrage seines dauernden Defizits.

(Ruf links: Nein!)

Das ist mindestens die Ueberzeugung, zu der ich gekommen bin. Ich habe diese Ueberzeugung schon vor einem Jahre gehabt. Ich habe dafür die Zustimmung sehr erfahrener Beiräthe, ich finde eine Bestätigung in der steigenden Anmeldung neuer Forderungen — denn es liegt ja ein wesentliches Moment in den steigenden Bedürfnissen — und ich habe eine Bestätigung in den Erfahrungen des eben abgeschlossenen Jahres. Leider ist der Abschluß noch nicht vollständig fertig, es läßt sich aber schon übersehen, daß diesmal die Rechnung des vergangenen Jahres nicht nur mit keinem Ueberschuß, selbst nicht mit dem kleinsten, sondern mit einem Defizit von wahrscheinlich 12 oder 13 Millionen enden wird;

(hört! rechts)

die Zahl der ununterbrochen herantretenden angemeldeten neuen Bedürfnisse ist eine solche, daß ich nicht wage, das dauernde Defizit wesentlich niedriger anzunehmen, als den Betrag, den Preußen an Matrikularbeiträgen zahlt.

Nun, meine Herren, lassen Sie mich — ich will nur bekanntes wiederholen — wiederholen, was im preußischen Landtage als Ziel einer Steuerreform hingestellt wurde, wenn auch nicht mit Zustimmung, so doch ohne einen nennenswerthen Widerspruch, ja zum Theil wenigstens mit Zustimmung des Abgeordnetenhauses: Die Ueberweisung der Hälfte der Grund- und Gebäudesteuer an die kommunalen Verbände verlangt einen Beitrag von 33 Millionen, die Summe, welche ich damals genannt habe für eine Reform der Klassen- und Einkommensteuer, kann ich aus dem Kopf nicht genauer angeben, ich glaube, sie war näher an 30 als an 20 Millionen, ich will aber den niedrigsten Betrag annehmen, also 20 Millionen, so sind das 53 Millionen, und wenn Sie die damals angegebene Summe von 3 Millionen zur Korrektur der Gewerbesteuer hinzunehmen, so wären das 56 Millionen; dazu den Betrag — den ich für das Defizit auf 44 Millionen angebe — ergibt ein Gesammtbedürfniß für Preußen von 100 Millionen und zwar auf Grund der, wie ich meine, nicht zu weit gezogenen Grenzen einer Steuerreform, wie ich sie damals als dringend wünschenswerth bezeichnet habe. Einer solchen Summe würde für das ganze Reich entsprechen die Beschaffung von 166 oder 167 Millionen Mark, die im Reich aufgebracht werden müßten, wenn das Bedürfniß eben durch Mittel des Reichs gedeckt werden soll.

Zu dem ganz gleichen Resultat führt eine andere Berechnung, die darum von Bedeutung ist, weil sie gar nicht auf preußischen Zuständen fußt. Bei der Berathung der versammelten Finanzminister in Heidelberg wurde seitens der Vertreter der süddeutschen Staaten hervorgehoben (es wurde namentlich, ich weiß es mit Bestimmtheit, von bayrischer Seite hervorgehoben), es würde nicht genügen, wenn durch die im Reich aufgebrachten Mittel Bayern und Württemberg nur einen Ersatz für die reinen Matrikularbeiträge erhielten. Eine wirkliche Ordnung und eine gesunde Gestaltung der Finanzverhältnisse in den süddeutschen Staaten sei nur zu erwarten, wenn sie befreit würden nicht nur von den eigentlichen Matrikularbeiträgen, sondern auch von den Aversen. Die Averse betragen in Bayern etwas über 10 Millionen, sein Matrikularbeitrag ist approximativ 9 Millionen oder etwas über 9 Millionen, beide Summen zusammen werden gegen 20 Millionen Mark ergeben.

Meine Herren, eine Vermehrung der indirekten Einnahmen des Reichs, die einen Betrag liefert, der, auf die einzelnen Staaten nach der Bevölkerungszahl vertheilt, Bayern diese 20 Millionen zuweist, kommt fast auf dieselbe Höhe, wie ich sie zuvor genannt habe, auf 167 Millionen. Die Frage ist: ist diese Summe geringer als das, was nach den eingebrachten Vorlagen der verbündeten Regierungen, wenn alles angenommen wurde, d. h. wenn alles unverändert bewilligt wurde, sich ergibt? Ich meine, das wird niemand behaupten. Rechnen Sie die Mehreinnahme aus Tabak auf 46 Millionen, die aus Bier auf 18 Millionen, so sind das zusammen 64 Millionen. Ich glaube, es wird mir kaum widersprochen werden, wenn ich sage, die sanguinischste Berechnung der Erträge aus dem vorgelegten Zolltarif wird nicht dahin führen, daß man eine Mehreinnahme von über 100 Millionen Mark aus den Zöllen zu erwarten hat. Da die Schätzungen sehr auseinanderlaufen, so will ich sie nicht weiter anführen.

Meine Herren, es ist ja gar kein Zweifel, daß in dem Nachweis des Bedürfnisses die weitaus schwierigste Seite der Frage liegt. Die Schwierigkeit liegt nun einmal in unserem gegebenen Verfassungszustand; sie liegt, wie schon wiederholt angeführt worden, darin, daß es verschiedene Körperschaften sind, von denen die eine zu bewilligen und die andere über die Verwendung zu bestimmen hat. Und über diese Schwierigkeit kommen wir durch kein Kunststück hinweg. Stehen wir uns so gegenüber wie prozeßführende Advokaten, wo jeder Theil keinen Skrupel hat, Dinge, die ihm bekannt sind, ins Nichtwissen zu stellen in der Hoffnung, daß der andere Theil ungeschickt operirt oder kein Beweismaterial nicht zur Hand hat, so wäre es ganz hoffnungslos, diese Schwierigkeit beseitigen zu wollen. Aber gehen wir von der gemeinsamen Ueberzeugung aus, und ich meine, das ist nicht willkürlich vorausgesetzt, sondern liegt in der Kontinuität unserer Verhandlungen; — gehen wir von der Ueberzeugung aus, daß diese in unserer besonderen deutschen Reichs- und Landesverfassung liegende Schwierigkeit nicht zum Hemmschuh und dauernden Hinderniß einer gesunden, finanziellen Entwicklung werden darf, ja, dann meine Herren, wird das Vorhandensein des Bedürfnisses in der Höhe, wie behauptet worden, nicht bestritten werden können.

(Bravo! rechts.)

Vizepräsident Dr. **Lucius**: Der Herr Abgeordnete Richter (Hagen) hat das Wort zur Geschäftsordnung.

Abgeordneter **Richter** (Hagen): Meine Herren, nach dem Gebrauche des Hauses werden uns die stenographischen Berichte der heutigen Sitzung erst am Dienstag Abend zugängig werden. Ich möchte das Präsidium bitten, doch vielleicht eine Ausnahme insofern zu machen, daß es Vorkehrung treffe, uns die eben gehörte Rede des Herrn Finanzministers Hobrecht, insbesondere denjenigen Theil, worin er erklärt, die Wechsel des Herrn Reichskanzlers in Bezug auf die Steuererlasse in Preußen nicht akzeptiren zu können, schon früher dem Wortlaute nach zugängig zu machen.

Vizepräsident Dr. **Lucius**: Ich kann darauf nur antworten, daß das Präsidium das Seinige zur thunlichsten Beschleunigung der Drucklegung thun wird. Ob die Vertheilung vor Dienstag möglich ist, wird dabei immer zweifelhaft sein.

Das Wort hat der Herr Abgeordnete Freiherr von Minnigerode.

Abgeordneter Freiherr **von Minnigerode**: Auch ich muß für mich das gute Recht der Generaldebatte in Anspruch nehmen, die Materie wenigstens in ihren Hauptgesichtspunkten zu berühren, wenn ich mich auch bemühen werde, gegenüber dem Herrn Redner aus dem Hause, der vor mir gesprochen hat, mich möglichst zu beschränken und mich eng anzuschließen an den Entwurf selbst, der freilich an sich reichhaltig genug ist.

Ich möchte mich zunächst auch auf das Gebiet begeben, daß der preußische Herr Finanzminister eben berührt hat, das Gebiet also der finanzpolitischen Gesichtspunkte, und ich thue das um so lieber, abgesehen von dem unmittelbaren Anschluß an die Ausführungen des Herrn Ministers, deshalb, weil es ein stilleres Wasser ist, wo sich die Meinungen eher ausgleichen, als auf dem bewegten Meere der verschiedenen Strömungen in der Zollpolitik, und weil ich ausdrücklich auf diesem Gebiete vorweg erklären kann, daß ich vollständig legitimirt bin, im Auftrag und in Uebereinstimmung mit meinen Freunden ins Gesammt mich hier auszusprechen.

Es ist freilich für mich in der unmittelbaren Folge auf das, was der Herr Minister so eben erklärt hat, mißlich, eine bestimmte Stellung dem gegenüber zu nehmen und eine bestimmte Kritik an das zu legen, was derselbe im Augenblick geäußert hat, weil es bei der Schnelligkeit des Hörens kaum möglich ist, derartigen Zahlengruppirungen gegenüber sich ein richtiges Urtheil zu bilden, und das wird mir wohl erlassen bleiben, auch der Abkürzung unserer heutigen Verhandlungen wegen. Hervorheben muß ich aber, daß ich einigermaßen überrascht gewesen bin, noch heut durch den Herrn Abgeordneten Reichensperger hier gewissermaßen in der Richtung die Angelegenheit in Frage gestellt zu sehen, ob überhaupt dringende, und wie wir überzeugt sind, äußerst dringende Momente vorliegen, um nun endlich an die eigentliche Steuerreform im Reich heranzutreten.

Die Etatsberathung für das laufende Wirthschaftsjahr liegt erst wenige Wochen hinter uns. Trotz aller Bemühungen, trotz der äußersten Beschränkung in den Ausgaben, trotzdem, daß wir Operationen gemacht haben, die sich wohl in der Form nicht wiederholen lassen, indem wir Fonds wie der Reichsinvalidenfonds in neuer Weise für unsere Finanzen nutzbar gemacht haben, ist das Resultat doch gewesen — das muß vor dem Lande ausgesprochen werden, damit man uns von der Rechten nicht, wie man häufig bisher beliebt hat, einen gewissen Fanatismus für neue Steuern imputire, — das Resultat ist gewesen, daß trotz aller Anstrengung diesmal wiederum die Matrikularbeiträge um 3 Millionen gewachsen sind, nachdem sie im vorigen Jahre bereits die Höhe von 87 Millionen erreicht hatten. Das ist der eine Gesichtspunkt. Freilich das Reich selbst empfindet bekanntlich nicht eine derartige Mehrbelastung in erster Linie, da die einzelnen Staaten laut der Reichsverfassung gezwungen sind, einzutreten; aber, meine Herren, ich muß auch im besonderen hervorheben — und was ich speziell aussprechen will, bezieht sich freilich auf Preußen, das mir in seinen Finanzverhältnissen im Einzelnen geläufig ist, es trifft aber auch zum großen Theil nicht minder alle übrigen Bundesstaaten. — Viel mehr als das Reich äußerlich, kranken die einzelnen Länder. Wenn man das preußische Budget, wie wir es in der laufenden Finanzperiode vereinbart haben, durchblättert, so wird man erstaunt sein, über die Höhe der Anleihe von 68 Millionen, eine Anleihe, die noch mit 10 Millionen in das Ordinarium hineinreicht, und zwar in ein Ordinarium, zu dem wir wohl, wenn wir eine strenge Kritik üben wollen, noch einen Theil des Extraordinarium hinzurechnen könnten. Man muß sich nicht vorstellen, daß das Extraordinarium vielleicht besonders hoch gegriffen sei, sondern es ist das umgekehrte Verhältniß, was obwaltet. Trotzdem muß ich hier konstatiren, daß wir in Preußen gezwungen gewesen sind, 10 Millionen des Ordinariums durch Anleihe zu decken. Das ist beredt genug, um jede weitere Ausführung und Folgerung, die man daran knüpfen könnte, unnöthig zu machen. Und ein ähnliches ungünstiges Verhältniß waltet in der Hauptsache in dem größten Theile der übrigen deutschen Einzelbudgets ob. Es mag ja hart sein, und deshalb habe ich mich auch verpflichtet gehalten, trotz dieser späten Stunde mit wenigen Zahlen die Nothwendigkeit, mit neuen Steuern im Reiche zu prozediren, hier zu erweisen. Es mag hart sein, in dem Augenblick, wo der einzelne auf das Empfindlichste leidet, wo in dieser Zeit der Noth auch die Familien schwer gedrückt sind, gerade jetzt gezwungen zu sein, auch für den öffentlichen Steuersäckel einzutreten; aber mit bloßen Negationen ist da nichts geändert, und wer es wohl meint, wer wie diese Versammlung bemüht gewesen ist, die Ausgaben des Reichs auf ein Minimum herabzusetzen, muß offen und mit gutem Gewissen vor dem Lande erklären: wir kennen kein anderes Mittel, [illegible] im Stande wäre, uns über dieses Dilemma hinwegzuhelfen. Mit bloßen Negationen ist nichts zu ändern. Bei dieser Sachlage habe ich nun hervorzuheben, daß meine Freunde, indem sie anerkennen, welch großes finanzielles Bedürfniß in den Einzelstaaten und im Reiche obwaltet, bereit sind, in der Hauptsache die Finanzpolitik der Regierungen zu fördern, daß sie es als richtig anerkennen, wie nur eine wesentliche Ausnutzung der indirekten Besteuerung, in Form einer Neubesteuerung, oder einer Mehrbesteuerung von Massenkonsumartikeln geeignet ist, uns die nothwendigen Einnahmen zu verschaffen. Der Herr Präsident wird gestatten, da meine Worte in einem engen Zusammenhange zu den Vorlagen stehen, die heute insgesammt sich auf der Tagesordnung befinden, der Herr Präsident wird es gestatten, daß ich zusammenfassend im Sinne meiner Freunde mich für eine ziemlich energische Besteuerung des Tabaks ausspreche, wie sie geplant wird, freilich mit dem Vorbehalt der Kritik im einzelnen, und ferner mit der Reservation gegenüber einer Gefahr, die bei diesem Artikel sehr nahe liegt, nämlich der, daß der inländische Tabaksbau dadurch wesentlich beeinträchtigt und in seiner Produktion gehindert oder gar vernichtet werden kann. Wenn eine derartige hohe Besteuerung, wie sie jetzt in Aussicht genommen wird, mit Rücksicht auf den Tabaksbau nicht möglich sein sollte, dann wird freilich nach der Ueberzeugung meiner Freunde nichts anders möglich sein, als in Form der Brausteuererhöhung den ausfallenden Theil dieser Mittel zu ergänzen. Daß wir uns weiter in der Hauptsache für den Tarif in seinen Finanzzollpositionen erklären, folgt aus unserem allgemeinen finanzpolitischen Standpunkte, und daß wir demgemäß eine höhere Besteuerung des Kaffee, Thee und eine Neubesteuerung des Petroleum akzeptiren, brauche ich deshalb nicht weiter zu motiviren.

Meine Herren, ich hätte gern, da auch der Herr Abgeordnete Reichensperger dasselbe Thema berührt hat, etwas eingehender den *Punkt der konstitutionellen Garantien berührt*. Ich muß mich aber im Augenblick auf das äußerste Minimum beschränken, um wenigstens unsern Standpunkt überhaupt bezeichnen zu können. Uns ist überhaupt nicht recht verständlich, weshalb man gerade jetzt plötzlich nach neuen konstitutionellen Garantien ruft, denn wir vermögen nicht einzusehen, in welcher Weise die Verhältnisse sich geändert haben sollen. Der Hergang ist einfach folgender. Wir, die Mitglieder des Reichstags, bewilligen zunächst die Ausgaben verfassungsmäßig, und nachdem wir das gethan haben, sind wir meiner Ueberzeugung nach eo ipso verpflichtet, auch die für dieselben nöthigen Einnahmen zu bewilligen, wir würden uns sonst mit unsern eigenen Beschlüssen in Widerspruch setzen. Der Schwerpunkt der Steuerbewilligung liegt entschieden bei der Art und Weise, wie wir unser Budget gestalten, in der Ausgabebewilligung; an dieser wird nun auch nach Einführung neuer Steuern nichts geändert, im Gegentheil, es handelt sich nur darum, in welcher neuen Form die Einnahmemittel beschafft werden sollen, und ich vermag in der That den Grund, weshalb man in diesem Punkt eine besondere Empfindlichkeit haben will, nur darin zu suchen, daß man eine nach meiner Meinung nicht zutreffende Parallele mit den preußischen Verhältnissen zieht, wo bekanntlich der Art. 109 für den Fall, daß überhaupt kein Budget zu Staude kommt, der Regierung besondere Vollmachten gibt und sie autorisirt, auch ohne Budget die bestehenden Steuern weiter zu erheben. Davon ist im Reiche überhaupt keine Rede. Ein derartiges formelles Recht würde der Regierung im Reiche in einer budgetlosen Zeit nicht zur Seite stehen, und ich begreife daher nicht, weshalb man nach neuen Kautelen für den Reichstag suchen will. Aber selbst, wenn es geboten erschiene, nach dieser Richtung hin neue Kautelen zu finden, so ist es nach der Art und Weise, wie die Presse bis jetzt dieses Thema behandelt hat, ebenso auch nach der Art und Weise, wie man andeutungsweise hier im Hause sich hat vernehmen lassen, kaum recht verständlich, wie die Sache praktisch durchgeführt werden könnte.

(Zuruf von links.)

— Wenn die Herren uns das erst später sagen wollen, so kann ich zur Zeit nur hervorheben: wenn wirklich z. B. die Idee des jährlich zu bewilligenden Kaffeezolls durchgeführt werden sollte, so liegt auf der Hand und ist auch seitens konservativer Blätter dem Projekt gegenüber schon ausgeführt worden — vorausgesetzt, daß man hierbei sich nicht nur einer Phrase bedient, sondern daß man sich wirklich der Chance aussetzt, den Kaffeezoll zeitweise herunterzusetzen und ihn nach Bedürfniß dann einfach wieder zu erhöhen —, daß die einfache Konsequenz davon eine kaufmännische Spekulation auf diesem Gebiet wäre, die nicht beabsichtigt sein kann. Ich bin deshalb in der Lage, keine Nothwendigkeit, eine Aenderung in der Ausgabenbewilligung eintreten zu lassen, anzuerkennen, und selbst, wenn eine solche Nothwendigkeit prinzipiell anzuerkennen wäre, so ist die Form der Ausführung zur Zeit schwer begreiflich.

Wenn ich nun auf die *eigentliche Zollpolitik*, wie sie uns im Entwurf vorliegt, näher eingehe, so muß ich freilich von vornherein einschränkend bemerken, daß ich nicht autorisirt bin, für meine Freunde insgesammt in dieser Beziehung mich auszusprechen, sondern nur für eine erhebliche Mehrheit derselben. Die Grundauffassung der zeitigen Verhältnisse auf unserem Standpunkt wäre kurz dahin zu präzisiren: wir wollen keine einseitige Freihandelsentwickelung, wir sind zu einer neuen Prüfung dieser Frage gedrängt worden vor allem durch die Krisis des Erwerbslebens, wie sie sich heute schwer lastend und andauernd nicht mehr leugnen läßt. Wir sind aber andererseits weit davon entfernt, uns einem Prohibitivsystem zuzuneigen, das uns die Wohlthaten entziehen würde, die das Ausland für unsere Produktion und Industrie bieten kann.

Ich habe in Bezug auf die Interessen der Industrie mich nur in aller Kürze zu äußern, und das um so mehr, als der Herr Abgeordnete Reichensperger dieses Thema heute bereits ausführlich behandelt hat. Was uns auf diesem Gebiete speziell veranlassen würde, neue Formen zu statuiren und neue Garantien zu bewilligen, ist vor allem die Erkenntniß, daß allerdings die Reziprozität zwischen den Nationen, zwischen unseren Nachbarn und uns nicht in dem Maße eingetreten ist, wie wir hoffen mußten, und wenn uns zugerufen wird, wenn ihr dieses System inaugurirt, so wird Deutschland einen *Zollkrieg* mit allen Nationen bekommen, so behaupte ich demgegenüber, nach meiner Kenntniß der Sachlage, und ohne dieses Kraftwort selbst gebrauchen zu wollen, daß wir *mindestens in gespannten Verhältnissen* mit unseren Nachbarn heute schon stehen. Zum Beweise braucht nur die Schutzzollpolitik Nordamerikas hervorgehoben werden, das Steigen der schutzzöllnerischen Bestrebungen in Frankreich nur angedeutet zu werden. Was aber vor allen als der Hauptpunkt der neuen Bewegung, als ein Wendepunkt unerfreulichster Art erscheint, ist der autonome Tarif, wie ihn auch Oesterreich eingeführt hat.

Meine Herren, ich habe bis jetzt möglichst geeilt, um nun wenigstens Ihre längere Aufmerksamkeit für ein Thema zu erbitten, das mir besonders am Herzen liegt. Ich habe eben von der Industrie gesprochen; ich möchte jetzt Ihre Aufmerksamkeit auf die Landwirthschaft richten, und hierbei spreche ich für meine Person offen aus: so sehr wie ich vielleicht vor 3, 4 Jahren noch aus allgemeinen theoretischen Gesichtspunkten geneigt gewesen bin, ziemlich freihändlerisch zu denken, so sehr haben mich später die thatsächlich eintretenden Verhältnisse auf diesem Gebiet und diese zunächst veranlaßt, der Prüfung der Frage näher zu treten und mich davon zu überzeugen, daß mit der glatten Freihandelstheorie doch nicht zu prozediren ist. Sie gestatten mir dies kurz auszuführen.

Ich spreche jetzt, um recht verstanden zu werden, von der Landwirthschaft im engeren Sinne, also von der Landwirthschaft, die kein großes industrielles Nebengewerbe in sich selbst betreibt, von der Landwirthschaft, die ebensowenig im unmittelbaren örtlichen Zusammenhang mit der Industrie steht, also von der Landwirthschaft, wie sie z. B. in den großen Provinzen des Nordens und Ostens, die mir vor allem genauer bekannt sind, die vorherrschende ist. Diese Landwirthschaft befindet sich seit den letzten Jahren in einer wesentlich veränderten Lage; sie bietet ein trauriges Bild und zwar ganz einfach, weil die alten Voraussetzungen nicht mehr zutreffen und demgemäß die Bilanz eine ganz andere geworden ist.

Ich will vorweg noch darauf hindeuten, was der Herr Reichskanzler gestern schon angeführt hat, daß wir Landwirthe noch kritischer jetzt dadurch gestellt sind, daß gerade in den letzten 10 Jahren etwa eine nicht unwesentliche Erhöhung der Ausgaben durch Steuern und Lasten mannigfacher Art stattgefunden hat, Ausgaben, die wir heute nicht mehr im Stande sind, einfach rückgängig zu machen, und daß daneben dieses Mißverhältniß dadurch noch vermehrt wird, daß die Einnahmen in jüngerer Zeit nicht mehr in dem Maße wie früher fließen wollen, weil die Preise mannigfacher landwirthschaftlicher Produkte wesentlich heruntergegangen sind.

Das ist das einfache Sachverhältniß, und wenn man sich wundert, daß der Landwirth plötzlich schutzzöllnerische Umwandlungen bekommt, so möchte ich von vornherein doch darauf aufmerksam machen, daß die leichte Kritik, wie man sie vielleicht bei einer krankhaften Entwickelung einzelner Industriebranchen beliebt hat, für die Landwirthschaft doch nicht in dem Maße zutrifft.

Wenn man bei der Industrie gesprochen hat von einem gewissen Gründfieber, von einer daran sich knüpfenden Ueberspekulation, — auch der Herr Abgeordnete Bamberger hat sich, wenn auch reservirt, ähnlich über die Landwirhschaft ausgedrückt, — so ist mir nicht bekannt, daß in den letzten 10—12 Jahren die Preise für den Grundbesitz im großen wesentlich gestiegen sind. Das mögen einzelne, besonders begünstigte, gesuchte Punkte gewesen sein, vielleicht in der Mark Brandenburg einzelne von wenigen reichen Leuten gesuchte Landgüter, aber im allgemeinen sind die Preise der Landgüter nach meiner Kenntniß im Norden und Osten in den letzten 10 Jahren ziemlich dieselben geblieben. Also von einem plötzlichen krankhaften Aufschwunge, von einer Spekulation, die nachher sich nicht bewahrheitet hätte, von einer Gründerepidemie in dem Sinne wie bei industriellen Unternehmungen, kann hier nicht die Rede sein.

Ein zweites Moment, das man oft geneigt ist, der Industrie zum Vorwurf zu machen, die Ueberproduktion, ist — der Herr Abgeordnete Bamberger selbst hat die Thatsachen schon hervorgehoben — dadurch für die Landwirthschaft nicht zutreffend, daß wir thatsächlich in Bezug auf die landwirthschaftlichen Produkte heute wesentlich mehr importiren, wie exportiren. Daraus folgt, daß, selbst zugestanden, daß für einzelne Kategorien der Industrie diese Vorwürfe maßgebend wären, die landwirthschaftlichen Verhältnisse wesentlich anders liegen, um so mehr, da in der That die ungeheuere Naturalproduktion des außerdeutschen Ostens und auch des überseeischen Westens uns mit einer erdrückenden Masse von Produkten auf dem Weltmarkt jetzt überschüttet hat, gegen die wir mit unseren Produktionskosten, mit unseren gegebenen wirthschaftlichen Einrichtungen in keiner Weise aufkommen können. Ich möchte hier nur noch ein Beispiel anführen, nicht in landwirthschaftlicher Parallele mit dem Lande, das ich hervorhebe, aber als Beispiel in Bezug auf die allgemeinen Verhältnisse, um damit zu erläutern, wie es sehr wohl denkbar ist, daß man dasselbe produziren kann und doch unter wesentlich günstigeren oder ungünstigeren Verhältnissen gezwungen ist, dies zu thun, und wie ich behaupte unter für die deutsche Landwirthschaft wesentlich ungünstigeren Verhältnisse gegenüber den Steuer- und den allgemeinen Produktionsverhältnissen des russischen Ostens und des fernen Westens.

Als ich im Jahre 1870 in den Reihen unserer Armee in Frankreich stand, da fiel es mir, da ich ja unsere norddeutschen Verhältnisse genau kenne, da fiel es mir scharf in die Augen, wie schon durch die Art und Weise des Lebens, durch die klimatischen Verhältnisse, der französische Arbeiter bedeutend billiger sich zu erhalten vermag, als es im Norden unsere Leute vermögen. Wenn Sie erwägen, was derartige klimatische Verhältnisse, wie sie dort in dem garnicht entfernten Nachbarstaat, bei den Vortheilen des günstigeren Klimas stattfinden, an Veränderungen hervortreten lassen, — ich will blos die Hauptpunkte der Familienexistenz, geringe Heizung im Winter, leichte Kleidung, leichte Ernährung anführen — so springt klar in die Augen, wie sich bei ähnlichen Verhältnissen von einer glatten Konkurrenz einfach nicht reden läßt.

Nun hat man uns vielfach entgegengehalten: wenn es so nicht mehr geht, mit der Landwirthschaft, dann versucht es doch in anderer Form, ihr versteht das Ding wohl nicht recht? Laßt euren Getreidebau, produzirt Vieh, fabrizirt Butter, kurz führt einen intelligenten Betrieb ein! Meine Herren, daß geschieht auch nach Kräften, das ist bereits geschehen, aber auch in diesen Produktionsbranchen, beim Vieh, bei der Butter haben wir schon heute dieselbe erdrückende Konkurrenz des Auslandes wie auf dem Gebiet der Getreideproduktion.

Nach meiner Ueberzeugnng liegt hier ein ungleicher Kampf vor, ein Kampf, der nicht ein Kampf des Augenblicks ist, der vor allem nichts Zufälliges hat und der nicht ein schnell vorübergehender sein wird. Wenn ich die Konsequenz aus den vorhandenen thatsächlichen Verhältnissen ziehen soll, wenn sie so bleiben, wie sie heute sind und wenn nichts geschieht, so wäre einfach zu erklären: die deutsche Landwirthschaft kann mindestens in einem Theile der Landschaften und Provinzen, in dem sie getrieben wird, um einen kaufmännischen Ausdruck zu gebrauchen, der aber bezeichnend ist: einfach liquidiren.

Nun, meine Herren, das sind denn doch Konsequenzen, die man vielleicht bei einzelnen Industriezweigen mit schwerem Herzen zu ziehen gezwungen sein kann; wie man das aber gegenüber der Landwirthschaft aussprechen kann, die, ich will es einmal knapp greifen, in mindestens sechs bis acht nördlichen Landschaften und Provinzen das Fundament der ganzen Existenz, der ganzen Wohlhabenheit in Stadt und Land ist, das ist mir unfaßlich. Wenn Sie die Fortdauer dieser ungünstigen Bilanzen sich vorstellen, die keine zufälligen sind, sondern die darin beruhen, ich wiederhole es, daß wir bei dem landwirthschaftlichen Gewerbe unsere Ausgaben den ganzen Gang unserer Wirthschaft nicht wesentlich beschränken können und unsere Einnahmen durch den Preisrückgang für die Produkte wesentlich verkürzt sehen, so ist die einfache Folge einmal zunächst eine schwindende Steuerfähigkeit, weiter die Unmöglichkeit für den Landmann mannigfache Aufwendungen wie bisher zu machen, die nun auch dem Städter, der Industrie wie dem Gewerbe nicht mehr zu Gute kommen, der Umsatz verringert sich und alle übrigen Erwerbsklassen in derartigen landwirthschaftlichen Provinzen leiden gleichmäßig mit. Ferner als Konsequenz, der Besitzwechsel, da natürlich bei dauernd ungünstigen Bilanzen die Verschuldung wächst und den derzeitigen Stelleninhaber zwingt, sein Gut, sein Gütchen, seine Stelle zu verlassen, und — worauf ich auch ausdrücklich aufmerksam machen möchte: es ist nicht bloß der Gutsbesitzer, sondern auch der Hypothekengläubiger, der schließlich in seiner Sicherheit an dem früher rentirenden Grundstücke bedroht sein könnte. Wenn man nun auch eine gewisse mitleidige Theilnahme für diese Verhältnisse haben mag, so tritt man den daraus sich ergebenden Forderungen einfach damit noch entgegen: was da zu machen sei, man könne doch nicht die Folgerung ziehen, dem Konsumenten die nothwendigen Lebensmittel zu beschränken und zu vertheuern! Meine Herren, eine billigere Phrase wie diese hat wohl selten die Welt beglückt.

(Sehr richtig! rechts.)

Wer empfindet es denn, daß wir heute z. B. spottbillige Preise für unsere Brodfrüchte haben, spottbillige Preise, von denen schließlich mit Schmerzen der Landwirth nur weiß — aber nicht der Städter zu seinem Vortheil, wie Manchem habe ich schon auf seine allgemeinen Klagen ironisch erwidert: Ihr habt doch wenigstens das billige Brod jetzt. In den Städten, in Berlin, schütteln sie mit dem Kopf und sagen: wir merken nichts davon.

(Zuruf links.)

— Da der Herr Abgeordnete Rickert meint, daß der Bäcker den Profit habe, so brauche ich bloß an die Konsequenzen der Aufhebung von Mahl- und Schlachtsteuer zu erinnern, um auf diesem Gebiet genügende Andeutungen zu machen, die ich nicht weiter ausführen will. Aber erlauben Sie mir, Ihnen noch ein spezielles Exempel hier vorzuführen, denn bestimmt gegriffene Zahlen werden am leichtesten behalten und illustriren am besten. Nehmen Sie einen Zoll auf Getreide an, also einen Zoll, „der, wie die Schule sagt, die nothwendigsten Nahrungsmittel unerschwinglich macht," und gestatten Sie mir, Ihnen folgendes Exempel zu machen. Im Allgemeinen ist anzuerkennen, daß aus 80 Pfund Roggen etwa 63 Pfund Mehl produzirt werden, die Kleie ungerechnet, und daß aus diesen 63 Pfund Mehl etwa 90 Pfund Brod gebacken werden. Nehmen Sie nun an, daß also, wie die Vorlage will, der Zentner Roggen mit 25 Pfennige besteuert wird, so ergibt das auf das Pfund ausgebackenes Brod eine Steuerlast von $0{,}_{22}$ Pfennig, also noch nicht $^1/_4$ Pfennig; und selbst wenn ein Satz von 50 Pfennig pro Zentner also von einer Mark pro 100 Kilo beansprucht werden sollte, so resultirt dadurch immer nur eine Besteuerung des Pfundes Brod von $0{,}_{44}$ Pfennig oder von noch nicht $^1/_2$ Pfennig.

Da auch mir die kleine Agitationsschrift, ich darf sie wohl so bezeichnen, zugekommen ist, welche der geehrte Herr, der vor mir aus dem Hause sprach, seinen rheinischen Wählern unterbreitet hat, so möchte ich nur einzelne Schlagworte hervorheben, die in dieser Schrift enthalten sind und sie mit der Landwirthschaft in besondere Beziehung bringen. Es wird zunächst im allgemeinen angedeutet, als sollte hier ein ganz neues System, etwas Unerhörtes inaugurirt werden, und von dem Getreidezoll wird, allerdings nur aphoristisch, aber doch so gesprochen, als ob auch bei diesem etwas ganz Seltsames vorläge. Ich erinnere dem gegenüber daran, daß wir bereits von 1828—1856 einen Zoll von 5 Silbergroschen für alle Getreidegattungen gehabt haben und von 1857 bis 1865 wenigstens noch einen Zoll von 2 Silbergroschen für den Scheffel Weizen und von $^1/_2$ Silbergroschen für den Scheffel aller übrigen Getreidegattungen. Also etwas Unerhörtes wäre es am Ende doch nicht, wenn man nun wieder einen Weg beträte, den man prinzipiell erst seit 1865 verlassen hat, den wir aber von 1828—1856, also beinah 30 Jahre lang mit dem viel höheren Satz von 5 Silbergroschen pro Scheffel verfolgt haben.

Weiter sagt die von mir angezogene Broschüre: „Was uns der Schutzzoll bringt": der Schutzzoll wäre bloß eine „Belohnung für schlechte Wirthschafter". Ich führe ausdrücklich diese Wendung an, um zu beweisen, daß diese ganzen Auffassungen über Schutzzoll, wie sie der Industrie gegenüber als Polemik benutzt werden, für die landwirthschaftliche Bewegung nicht passen, denn wie kann da allgemein von schlechter Wirthschaft die Rede sein? Denken Sie doch nicht an lauter Getreidewirthschaften; wir haben daneben große Viehstände, große Milchereien, und auf allen diesen Gebieten nicht minder, wohin schließlich der Landwirth gedrängt wird von der Sorge, daß der Körnerbau nicht mehr im Stande sei, ihn über Wasser zu erhalten, begegnet ihm das Ausland mit erdrückender Konkurrenz. Kann man da von einer Belohnung schlechter Bewirthschaftung reden?

Weiter heißt es in der Schrift, wohin solle das führen, wenn man auf Regierungskosten etwa, wo es sich darum handle, „ein Unglück im Geschäft" beseitigen wolle. Da muß ich freilich anerkennen, „ein Unglück im Geschäft" liegt vor, nur daß es nicht ein einzelnes Geschäft ist, sondern ein Geschäft, auf dem der Wohlstand und die Existenz ganzer großer Provinzen beruht! Und wenn dann schließlich gesagt ist, speziell auf den Getreidezoll Bezug nehmend, es wäre nur ein Aufruf an den Eigennutz des Landmanns, so würde ich das unterschreiben können, wenn Eigennutz und Selbsterhaltung Synonyma wären; ich bin im Gegentheil der Meinung und ich will wünschen, daß meine düsteren Anschauungen auf diesem landwirthschaftlichen Gebiete sich nicht so erfüllen mögen, wie meine düsteren Anschauungen auf dem finanzwirthschaftlichen Gebiete, wie ich sie vor 4, 5 Jahren schon in diesen Räumen ausgesprochen habe, heute schon sich nur zu sehr bewährt haben und eingetroffen sind, ich bin der Meinung — nach meiner innigsten Ueberzeugung, wir Landwirthe können und sollen uns an einer Theorie nicht verbluten, und wenn die Wirthschaftsphilosophie sich in ihrer Tonne unbekümmert und behaglich sonnen mag, die Nation will leben!

Meine Herren, ich bin veranlaßt, noch ein Parallele hier hereinzuziehen, welche vielfach in der Presse beliebt wird und die sehr leicht zu Mißverständnissen Veranlassung geben kann. Man identifizirt nämlich unsere Wünsche und Bestrebungen mit der Art und Weise, wie damals die Bestrebung für Aufrechterhaltung der Kornzölle in England sich vollzogen hat. Nach meiner Meinung in absolut zutreffender Weise. Einmal sagt man, hier wie in England wäre bei Einführung oder Aufrechterhaltung von Getreidezöllen unbedingt nur der Großgrundbesitzer im Vortheil; meine Herren, davon kann gar nicht die Rede sein. Wir haben bei uns einen so verschiedentlich abgestuften Besitz, daß jeder, der überhaupt noch Getreide auf den Markt bringt, und auch die wirthschaftlichen Kategorie, die wir Bauern nennen, nimmt zu einem wesentlichen Theil ihre Einnahmen mit aus dem Marktverkauf des Getreides, daß allen diesen Kategorien des größeren und kleineren Besitzes der etwaige Schutz zu Gute kommen würde.

Ich möchte noch eine andere Parallele, die von den englischen Kornzöllen hergenommen wird, hier zurückweisen, nämlich die, als ob die Dinge so harmlos verlaufen würden, wenn man nun einfach auch auf unsere Klagen nicht einginge, wie man die Kornzölle in England seinerzeit abgeschafft hat. Meine Herren, die Landwirthschaft spielt in unserem vaterländischen Haushalt eine ganz andere Rolle, wie die englische Landwirthschaft daheim. Die englische Landwirthschaft ist bekanntlich in der Hauptsache in den Händen einzelner weniger, reichen Grundbesitzer, während bei uns Gott Lob, wie ich eben erwähnt habe, eine große Abstufung, innerhalb der Besitzverhältnisse stattfindet. Außerdem ist eben diese Landwirthschaft in ihrem ganzen Umfange nicht etwa etwas nebensächliches, sondern, wie ich nur wiederholen kann, nach meiner Schätzung für 6, 7, 8 der nördlichen und östlichen Provinzen Deutschlands das Fundament der ganzen

Wohlhabenheit überhaupt, während, wenn Sie die Parallele ziehen, zwischen der Zahl der Engländer, die in der Stadt und die auf dem Lande leben einerseits, mit der Zahl derjenigen Personen, welche in Deutschland auf dem Lande leben und die in der Stadt ihr Brod suchen andererseits, in Deutschland wohl 2/3 auf dem Lande und höchstens 1/3 in der Stadt arbeiten und schaffen, während in England sich etwa gerade das umgekehrte Verhältniß herausstellen wird. Also nach beiden angedeuteten Richtungen ist ein derartiger Vergleich mit den Kornzöllen in England und der Bewegung, die schließlich bei uns siegreich durchdringen wird, in keiner Weise zutreffend.

Ich möchte wenigstens einzelne Punkte des Tarifs noch im allgemeinen, ohne mich mit den Sätzen selbst wesentlich zu befassen, kurz streifen. Da muß ich freilich vorweg hervorheben, daß viele meiner Freunde wie ich das Gefühl haben, als ob das Verhältniß des Schutzes zwischen der Landwirthschaft und der Industrie, wie er nach dem Entwurf gewährt werden soll, kein ganz ausgeglichener ist. Wenn man die Zölle naturgemäß, wie wir das auch in einer Zuschrift, die uns geworden ist, sehr anschaulich berechnet finden nach dem Maßstab ad valorem taxirt, so ist vorweg wohl anzuerkennen, daß die Eisenbranche wesentlich und die Textilindustrie nicht unwesentlich mit höheren Zollsätzen bedacht ist, als in ihren sehr verschiedenen Sätzen die Landwirthschaft aufzuweisen hat. Ein großer Theil der Landwirthe und zwar nicht bloß aus dem Norden und Osten, von dem ich meist im Besonderen gesprochen habe, weil mir dort die Verhältnisse genauer bekannt sind, sondern auch Landwirthe in Württemberg und Bayern sind deshalb der Meinung, daß es angemessen wäre, den Schutz der landwirthschaftlichen Produkte zu erhöhen vor allem der Art, daß Roggen, das Produkt des ärmeren Bodens, mit dem Zollsatz von einer Mark für 100 Kilo ebenso wie Weizen belegt wird. Von einem durchschlagenden Effekte uns so gewährten Schutzes kann freilich trotzdem nicht die Rede sein, das ist ja auch rechnungsmäßig leicht klar zu legen. Ich von meinem Standpunkt aus würde aber Werth darauf legen, auch diese mäßige Erhöhung durchgesetzt zu sehen, weil ich damit das entscheidende Prinzip anerkannt sehe: auch die deutsche Landwirthschaft, allein auf ihre eigenen Füße gestellt, ist zur Zeit der Konkurrenz des Auslandes nicht gewachsen und bedarf eines Schutzes.

Meine Herren, unterschätzen Sie die Bewegung in der Landwirthschaft nicht. Es ist die Natur des landwirthschaftlichen Gewerbes und die Natur der Landwirthe, daß alle derartige Anschauungen in diesen Kreisen sehr langsam sich entwickeln, daß eine Koalirung, ein Zusammenstehen für gemeinschaftliche Interessen sich nur sehr langsam vollzieht, aber je langsamer die Bewegung ansetzt, um so nachhaltiger wird sie sein, und in gewisser Beziehung, wenn man die Zahl derjenigen im Geiste umfaßt, die mit dem Wohl und Wehe der deutschen Landwirthschaft in Land und Stadt unweigerlich verknüpft sind, kann man mit Recht sagen: die deutsche Landwirthschaft ist ein Riese, ein Riese, dessen volle Macht vielleicht viele Herren in diesem Saale sich heute noch nicht träumen lassen. Ich finde es deshalb sehr bedenklich, wenn man vielfach seitens der liberalen Partei sich immer noch einseitig mit dem Freihandel identifizirt, und die Folgen werden nicht ausbleiben, es müßte sonst fein, daß auch auf diesem Gebiet ein ebenso schneller Umschwung einträte, wie er in liberalen Kreisen auf dem Gebiet der Wuchergesetzgebung zu meinem Erstaunen seit wenigen Wochen und Monaten sich vollzogen hat.

Meine Herren, nun habe ich, da ich gerade in Westpreußen gewählt und in Ostpreußen ansässig bin, noch auf ein Moment hinzudeuten, das uns für die Zukunft beschäftigen wird, das ich aber wenigstens Ihrer Beurtheilung bei Zeiten unterbreiten möchte.

Meine ganzen bisherigen Ausführungen haben für die Herren, die mir gefolgt sind, entschieden nicht den Charakter tragen können und sollen, daß ich für einzelne Distrikte gesprochen habe, sondern insgesammt und mich hauptsächlich bemüht habe, die Interessen der Landwirthschaft hervorzuheben.

Ich bin aber verpflichtet, hier zu erklären, daß speziell die Gegend, der ich angehöre, zu dieser Frage theilweise etwas anders steht. Ich unterscheide sehr wohl zwischen den Interessen des lokalen Wahlkreises und der Provinz, in der ich gewählt bin, und zwischen den Interessen, die ich hier als Repräsentant der Nation zu vertreten habe; diese letzteren haben mich bis jetzt geleitet. Gestatten Sie mir nun, in einem kurzen Nachsatz auch den Lokalinteressen von Ost- und und Westpreußen noch Ausdruck zu geben und vor Allem hierauf bezüglich zwei Punkte zu erwähnen.

Wir erkennen an, meine Herren, daß bei der eigenthümlichen geographischen Lage der östlichen Provinzen der Schutz für die Landwirthschaft, wie er hier in Aussicht genommen ist, denselben nicht in dem gleichen Maße zu Gute kommen würde als in dem eigentlichen Stamm und Kern deutschen Landes. Wir Ost- und Westpreußen sind deshalb der Meinung, daß man einmal den bedeutenden Getreideimport, wie er aus Rußland stattfindet und befruchtend auf Königsberg und Danzig wirkt und so indirekt auch dem ganzen Lande Segen bringt, — daß man diesen großen Import, der in der Gestalt der Durchfuhr sich darstellt, nicht beschränken solle, sondern daß Mittel und Wege gefunden werden müssen, um absolut sicher zu stellen, daß diese Durchfuhr nach wie vor unabhängig von dem Zollsystem, wie es hier geplant wird, erfolgen kann. Das ist der eine Gedanke.

Der zweite Gedanke ist der: Wir liegen im Osten von den Zentren der Industrie in Deutschland so weit ab, daß bei einer wesentlichen Besteuerung z. B. des Roheisens bei uns gerade das Umgekehrte erreicht würde, als diejenigen im allgemeinen, die auf dem Boden der Vorlage stehen, erreichen wollen. Wenn man also uns mit gleichem Maße messen will, wenn man auch bei uns im Osten, wie es im übrigen erreicht werden soll, eine kräftige selbstständige nationale Industrie hier auf dem Gebiet des Eisens, groß ziehen will, so muß man uns im äußersten Osten durch die freie Einfuhr des Roheisens die Mittel und Vorbedingungen zu einer derartigen Lokalindustrie bieten und erhalten.

Das sind die beiden Gesichtspunkte, die ich nach Rücksprache mit den Herren aus denselben Gegenden gezwungen bin, hier vorweg auszusprechen.

(Zuruf.)

— Meine Herren, ich höre hier das geflügelte Wort „Provinzialtarif". Formell ist es nicht unberechtigt; und ich erkenne das um so lieber an, als es aus dem Kreise meiner Freunde, von Rechts, kommt! Aber sachlich kann man die Frage damit nicht einfach beseitigen; ich würde mir vielmehr erlauben, den widersprechenden Herren einfach eine Karte unseres deutschen Vaterlands einzuhändigen, woraus sie sich überzeugen mögen, wie gleich einem lang ausgereckten Flügel zu unserem Bedauern, weil wir so wesentlich abgetrennt von manchen wirthschaftlichen gemeinschaftlichen Interessen sind, diese beiden Provinzen nach dem Nordosten hineinreichen, also eine geographische Sonderstellung naturgemäß für sich in Anspruch nehmen müssen.

Wenn ich nun noch zum Schluß über die geschäftliche Behandlung mich äußern darf, so hatten wir, ich glaube darin in der Hauptsache auch im Sinne meiner Freunde zu sprechen, den Wunsch gehabt, daß der Tarif prinzipiell im Plenum durchberathen würde, und demgemäß war ursprünglich in Aussicht genommen, nur die Positionen, die wirklich technische Schwierigkeiten im engeren Sinne bieten mögen, in eine Kommissionsbehandlung zu nehmen.

Wir waren zu dieser Absicht geleitet einmal durch den Wunsch, die Sitzungsperiode so möglichst abgekürzt zu sehen und nicht bis spät in den Juni hinein hierbleiben zu müssen, ein Monat auch hier nicht übermäßig angenehm, selbst wenn wir zugestehen wollen, daß unser Reichstagsgebäude in der Leipzigerstraße nach der Schattenseite liegt.

Außerdem — ich spreche es der Wahrheit gemäß hier offen aus — verhehlten wir uns nicht, daß gerade bei Kommissionsabstimmungen bisweilen doch nicht die richtigen Majoritäten, wie sie sich im Hause heransbilden, zum Vorschein kommen, und daß dadurch oft vorzeitig Animositäten erzeugt werden, die für den Gang der Sache verhängnißvoll sein können. Heute liegt freilich nicht mehr res integra vor, heute stehen wir bereits dem Wunsch einer großen Anzahl von Mitgliedern des Hauses gegenüber, die zum Theil geneigt sind, auch uns entgegenzukommen, die zum Theil aber gegnerische Wege gehen wollen. Wir sind deshalb vor allem veranlaßt, der Bestrebung, die der Antrag Löwe ausspricht, der den Herren bekannt sein wird, uns anzuschließen, da durch diesen Antrag wenigstens das vermieden bleibt, dessen Eintritt wir für eine große Schwierigkeit und Gefahr halten mußten: nämlich eine besondere Finanzkommission. Also, ich glaube mich im Sinn meiner Freunde auszusprechen, wenn ich schon jetzt erkläre, daß wir, ich vermuthe wohl alle, uns im Sinne des Antrags Loewe über die geschäftliche Behandlung der Vorlage demnächst bei der Abstimmung schlüssig machen werden.

Meine Herren, auch unter meinen Freunden — ob nun der Einzelne mehr der Zollpolitik, wie sie hier beabsichtigt wird, zuneigen oder ihr ferner und kritischer gegenüberstehen mag — ist ja das gern zugestanden, daß man auf dem Gebiet der Zollentwicklung, sie mag nun so oder anders erfolgen, etwas dauerndes nicht zu Stande zu bringen vermag, denn es ist die Natur der Dinge, daß sich die wirthschaftlichen Verhältnisse im In- und Auslande ändern und verschieben, daß neuen Klagen und Ansprüchen gegenüber demnächst auch eine neue Remedur eintreten muß, aber das Eine wenigstens möchten wir als bleibenden Erfolg unserer zeitigen Verhandlungen zu Stande gebracht sehen: eine dauernde Rekreation und Kräftigung der Reichsfinanzen! In diesem Bestreben sind alle meine Freunde einig.

(Bravo! rechts.)

Vizepräsident Dr. **Lucius**: Es liegt ein Antrag auf Vertagung vor von dem Herrn Abgeordneten Baer (Offenburg). Ich bitte diejenigen Herren, welche den Vertagungsantrag unterstützen wollen, sich zu erheben.

(Geschieht.)

Die Unterstützung reicht aus.

Ich bitte nunmehr diejenigen Herren, aufzustehen oder stehen zu bleiben, die die Vertagung annehmen wollen.

(Geschieht.)

Das ist die Mehrheit; der Vertagungsantrag ist angenommen.

(Präsident Dr. von Forckenbeck übernimmt den Vorsitz.)

Präsident: Zu einer persönlichen Bemerkung hat das Wort der Herr Abgeordnete Dr. Bamberger.

Abgeordneter Dr. **Bamberger**: Ich habe nur zu berichtigen, daß in der Rede des Herrn Finanzministers für Preußen ein Wort, das ich gesprochen habe, so aufgefaßt ist, als hätte ich von sozialdemokratischem Gehalt der schutzzöllnerischen Vorlage gesprochen. Ich habe mich in diesem Zusammenhang des Wortes „sozialdemokratisch" absichtlich nicht bedient, sondern nur von „sozialistisch" gesprochen,

(oh, oh! rechts)

und nur in dem Sinne — — meine Herren, wenn Sie den Unterschied gleichgültig finden, so gebe ich ihnen das frei — ich sage, ich habe nur von sozialistischem Gehalt gesprochen, und zwar hauptsächlich in dem Sinne, daß durch die Art, wie für diese Vorlage Propaganda gemacht werde, in solche ländlichen Gebiete, in denen bis jetzt eitle Hoffnungen nicht erregt worden waren, neue chimärische Hoffnungen getragen werden.

Präsident: Meine Herren, ich schlage Ihnen vor, die nächste Plenarsitzung Montag nächster Woche, Vormittags 11 Uhr, abzuhalten, und proponire als Tagesordnung den Rest der heutigen Tagesordnung.

Widerspruch wird nicht erhoben; es findet also die nächste Plenarsitzung Montag Vormittag 11 Uhr statt.

Ich schließe die Sitzung.

(Schluß der Sitzung 4 Uhr 25 Minuten.)

Druck und Verlag der Buchdruckerei der Nordd. Allgem. Zeitung. Pindter.
Berlin, Wilhelmstraße 32.

38. Sitzung

am Montag, den 5. Mai 1879.

Die Sitzung wird um 11 Uhr 30 Minuten durch den Präsidenten Dr. von Forckenbeck eröffnet.

Präsident: Die Sitzung ist eröffnet.

Das Protokoll der letzten Sitzung liegt zur Einsicht auf dem Büreau offen.

Seit der letzten Plenarsitzung sind eingetreten und zugelost:

der 5. Abtheilung der Herr Abgeordnete Dahl;

der 6. Abtheilung der Herr Abgeordnete von Reden (Celle).

Ich habe Urlaub ertheilt: dem Herrn Abgeordneten von Ludwig für acht Tage wegen dringender Geschäfte.

Entschuldigt ist für heute: der Herr Abgeordnete Freiherr von Buddenbrock wegen Krankheit.

In die Kommission für die Petitionen ist an Stelle des aus derselben geschiedenen Abgeordneten Merz von der 7. Abtheilung der Abgeordnete Reich gewählt worden.

An neuen Vorlagen sind eingegangen:

Entwurf eines Gesetzes, betreffend die Vertheilung der Matrikularbeiträge für das Etatsjahr 1879/80;

Entwurf eines Gesetzes, betreffend die Erwerbung der königlich preußischen Staatsdruckerei für das Reich und die Feststellung eines Nachtrags zum Reichshaushaltsetat für das Etatsjahr 1879/80;

Entwurf eines Gesetzes, betreffend die Feststellung eines Nachtrags zum Reichshaushaltsetat für das Etatsjahr 1879/80;

Entwurf eines Gesetzes, betreffend die Abänderung einiger Bestimmungen der Gewerbeordnung.

Es sind zwei Schreiben eingegangen, von dem Herrn Abgeordneten Dr. von Grävenitz und von dem Herrn Abgeordneten Saro. Der Herr Abgeordnete Dr. von Grävenitz zeigt seine Ernennung zum Reichsgerichtsrath an, und der Herr Abgeordnete Saro zeigt seine Ernennung zum Oberstaatsanwalt bei dem Oberlandsgericht zu Königsberg an. Beide werfen die Frage auf, ob ungeachtet dieser Ernennung ihr Mandat als Abgeordneter fortbaure. Ich schlage vor, beide Schreiben, wie frühere Schreiben, der Geschäftsordnungskommission zur Berichterstattung zu überweisen. — Es wird dem nicht widersprochen; die Schreiben gehen an die Geschäftsordnungskommission.

Wir treten in die Tagesordnung ein.

Erster Gegenstand der Tagesordnung ist

Fortsetzung der ersten Berathung des Gesetzentwurfs, betreffend den Zolltarif des deutschen Zollgebiets (Nr. 132 der Drucksachen).

Die erste Berathung ist in der letzten Sitzung vertagt worden. Ich eröffne diese erste Berathung wiederum hiermit und ertheile das Wort dem Herrn Abgeordneten Richter (Hagen).

Abgeordneter **Richter** (Hagen): Meine Herren, der Herr Reichskanzler meinte am Schluß seiner Rede, daß das Reich sich in einem Verblutungsprozeß befinde, daß wir Blut verloren hätten, daß man müsse die Zirkulation des Blutes wieder kräftigen und regelmäßiger machen. Allerdings ich halte diese Bemerkung nicht bloß bildlich, sondern in der Wirklichkeit in einer gewissen Beziehung für richtig. Es ist in den letzten 20 Jahren in Europa und in Amerika zuviel Blut auf den Schlachtfeldern geflossen, als daß der wirthschaftliche Körper diesen Verlust nicht gefühlt haben, sich in seiner Zirkulation gehemmt sehen sollte. Nach Berechnungen, die kürzlich gemacht wurden, haben in den letzten 25 Jahren in Europa und in Amerika $2\frac{1}{2}$ Millionen Menschen durch die Kugel auf den Schlachtfeldern ihren Tod gefunden. 70 Milliarden sind an Kriegskosten aufgezehrt worden, und schwerer noch als die unmittelbaren Wirkungen einer solchen fortgesetzten Kriegsperiode fallen ins Gewicht die Störungen für Handel, Verkehr und Gewerbe. Wenn der Krieg bevorsteht, stocken die Geschäfte; ist er beendigt, je glücklicher der Friedensschluß ist, desto mehr steigern sich die Hoffnungen der Unternehmer bis zum Schwindel hinauf, und auf den Schwindel folgt dann wieder in Wellenbewegung ein Rückschlag, und bringt neue Verluste für das wirthschaftliche Leben als Folge der Ueberproduktion in der Gründerzeit hervor. Wie klein faßt doch der Herr Abgeordnete Reichensperger diese wirthschaftlichen Bewegungen in ihren Ursachen auf, wenn er die Gründer- und Schwindelzeit wesentlich zurückführt auf das neue Aktiengesetz, das im Jahre 1870, soviel ich weiß, ohne Widerspruch eines der Herren aus dem Zentrum erlassen worden ist. Nein, meine Herren, wäre das Aktiengesetz nicht gewesen, jenes Bestreben, leicht und mühelos unter allen Umständen reich zu werden, hätte sich in anderer Form desto mehr Geltung verschafft, wäre die Form auch nur die gewesen einer Aktienkommanditgesellschaft oder was sonst. Gerade wo wir kein Aktiengesetz gemacht haben, im Eisenbahnwesen, ist am schlimmsten gegründet worden und als man in Privatkreisen damit fertig war, hat der Staat in übertriebener Weise neue Eisenbahnanlagen begründet und dadurch weitere Verluste dem Nationalvermögen hinzugefügt.

Die Wirthschaft der Völker ist jetzt derart solidarisch mit einander verbunden, daß der Krieg in einem Lande zurückwirkt auch auf solche Länder, die unmittelbar nicht davon betroffen werden. Fragen wir doch unsere Geschäftsleute, wie sie gelitten haben unter den Störungen des letzten russisch-orientalischen Krieges, der uns unmittelbar weiter nichts anging. Zum Krieg kommen die Kosten des bewaffneten Friedens, kommt der Unterhalt so großer stehender Heere. Der Herr Reichskanzler hat von den Milliarden gesprochen, die uns in der Verblutung aufgehalten hätten. Meine Herren, von den Milliarden, die wir von Frankreich nebst Zinsen bekommen haben, ist mehr als $\frac{3}{4}$ verwendet worden für militärische Zwecke, sei es für Erstattuug der Kriegskosten, sei es zu Fonds, deren Einnahmen auch wieder zu militärischen Kosten und Zwecken verwendet werden. Ich will in diesem Augenblick keine auswärtige Politik treiben, nicht die Militärfrage erörtern, aber darüber kann doch auf allen Seiten kein Zweifel sein, wer es verstände, aus dieser Kriegsperiode in Europa wieder eine dauernde und stetigere Friedensperiode zu machen, wer es verstände, die Kosten des bewaffneten

Friedens zu vermindern, der würde in der That dem Verblutungsprozeß, in dem wir uns befinden sollen, Einhalt thun, der würde in der That dazu beitragen, neues Blut dem Körper zuzuführen, die Zirkulation lebendig zu erhalten. Der Tarif, auf den jetzt alles zurückgeführt werden soll, der würde dann ohne viel Aufhebens schon von selbst sich erledigen. Es geht mit solchen das wirthschaftliche Leben der Völker störenden und verheerenden Erscheinungen gerade wie mit epidemischen Krankheiten, die in gewissen Perioden Landschaften erfassen. Als uns jüngst die Pestgefahr nahe rückte, wurden jene Erzählungen wieder lebendig aus der Zeit, da einzelne Städte und Ortschaften von dieser furchtbaren Krankheit heimgesucht wurden. Man erzählt, wie diese auf die Gemüther einwirkte, der Anblick der Verheerung bisherige Anschauungen veränderte. Die besten Aerzte, die bisher als Sachverständige gegolten haben, das Vertrauen genossen haben, werden alsdann zurückgesetzt; von der Medizin wird in solchen Zeiten erklärt, als sei sie keine Wissenschaft mehr; man greift um so lieber zu den Nichtmedizinern, als man ihnen eine besondere Unbefangenheit dann zur Heilung der Krankheit zutraut.

(Heiterkeit.)

Verdächtigungen sind an der Tagesordnung; einzelne patriotische Männer hat man in diesen Zeiten verfolgt; man hat geglaubt, sie seien bestochen, sie verständen es, durch eine Salbe, die sie auf Kirchenstühlen oder auf den Straßen verbreiteten, die Pestkrankheit hervorzurufen.

Aehnliches sehen wir heute, wenn man es unternimmt, die patriotisch verdienten Männer zu verdächtigen, als seien sie von England gekauft worden, um in Deutschland Tarife hervorzubringen, die all dieses Unheil verschulden.

Besonders gern nimmt man in solchen Zeiten seine Zuflucht für Heilung der Krankheit zu Männern, die im Rufe besonderer Frömmigkeit stehen; und auch dies ist eine verwandte Erscheinung, daß in diesem Augenblick gerade diejenige Partei, für deren Zusammensetzung, für deren Bestrebungen wesentlich über den irdischen, wirthschaftlichen liegende religiöse Gesichtspunkte maßgebend sind, daß diejenige Partei, die die meisten geistlichen Herren in ihrer Mitte zählt, die Führung der deutschen Wirthschaftspolitik übernommen hat.

(Große Heiterkeit.)

Meine Herren, in solch einer Zeit, wo man die Medizin nicht mehr für eine Wissenschaft ansieht, wo man höchstens noch auf Chirurgie etwas gibt, da entsteht jenes Bestreben, nicht den inneren Organismus zu studiren, sondern mit Feuer und mit Eisen zu heilen. Da entsteht das Bestreben, durch scharfe Verbände, die man anlegt an den Körper, und gerade dann, wenn man die Zirkulation des Blutes darin schon matter wirken sieht, die Krankheit zu heilen.

Sehen wir jetzt nicht diese Erscheinung überall bei uns? Sind nicht nach allen Richtungen hin Gesetze in Vorbereitung, wirthschaftliche Gesetze, die um diesen Körper, dessen matten Blutumlauf man schon beklagt, nun wieder neue Einschnürungen nach dieser oder jener Richtung legen sollen, mögen es nun Polizeigesetze sein, mögen es nun Zollgesetze sein? Nichts ist gerade schädlicher, wie derartige Heilmittel in solch einer Zeit; nichts ist weniger geeignet, neues Blut herbeizuführen, um das Vorhandene rascher zirkuliren zu lassen, wie eine solche Aufrichtung von Schranken!

Danken wir es dem Himmel, daß diese Kriegsperiode, die wir jetzt durchlebt haben in den letzten Dezennien, gerade zusammengetroffen ist mit einer Gesetzgebung, die wirthschaftlich die Kräfte entfesselt hat, die den internationalen Verkehr belebt und die es allein ermöglich hat, daß wir in der That nicht noch viel schlimmeren Verblutungen durch fortgesetzte Kriege zugeführt sind!

(Sehr richtig! links.)

Danken wir es der Fügung, daß gerade in dieser Zeit das Verkehrswesen, das Eisenbahnwesen einen solchen Aufschwung genommen hat, daß es jene raschere Zirkulation im wirthschaftlichen Körper der Nation wieder herbeiführte und dadurch paralysirte die stockende hemmende schädigende Wirkung fortgesetzter Kriege!

Es ist ja richtig, die Schutzzollbewegung tritt auch in anderen Staaten hervor; aber worin hat es seinen Grund? Knüpft nicht überall die Schutzzollagitation an an vorher stattgehabte große Kriege? ist es nicht in Amerika so gewesen? ist es nicht in Frankreich so gewesen? Die Finanzen der Staaten sind erschüttert; man will neue Zölle auflegen; da schmeichelt sich sehr leicht für den Finanzminister unter den Finanzzöllnern auch der Schutzzöllner ein. Die Völker sind einander durch Krieg entfremdet worden, der Handel und Verkehr liegt darnieder. In solchem Zustande empfindet jeder die Konkurrenz des anderen weit schärfer, es braucht kein Ausländer zu sein, es kann auch ein bloßes Wanderlager sein oder etwas Aehnliches. Viel eher ist man disponirt, die Hülfe des Staates anzurufen, um den ihm unbequemen Konkurrenten fern zu halten.

Wenn andere Staaten so verfahren, die unglücklich Krieg geführt haben, denen die Kriege Milliarden von Staatsschulden hinterlassen haben, ist das für uns ein Grund, um dem Zuge zu folgen? Weil alles falsche Maßregeln ergreift, soll der gute Michel auch, der Zeitströmung folgend, Maßregeln ergreifen, die für ihn am allerwenigsten passen?

Meine Herren, wir sind ein Land, das auf einer ganz anderen und höheren Stufe steht, als diejenigen Länder, die man zum Vergleich anruft. Wir sind soweit entwickelt, daß unsere Ausfuhr in Fabrikaten besteht in einem großen Theile, daß hier bei den Fabrikaten die Ausfuhr die Einfuhr mehr als um das Doppelte, mehr als das Dreifache übersteigt. Was würde denn sein, wenn der geschlossene Handelsstaat sich verwirklichte, wenn die 300 Millionen Fabrikate, die jetzt eingeführt werden, dann allerdings vielleicht theilweise im Lande gemacht werden könnten, aber nicht mehr im Lande hergestellt werden könnten, jene 800 bis 900 Millionen Mark Werthfabrikate, die wir ausführen? Dann würden wir für 5 — 600 Millionen Werthfabrikate im Lande in der That weniger herstellen können. Zur Entschädigung würde man uns vorführen, daß wir mehr Rohprodukte, mehr Halbfabrikate und dergleichen beschaffen. Wenn dies sein würde, wäre es dann möglich bei dieser Richtung der Volkswirthschaft ebensoviel Kapital, ebensoviel Arbeiter und ebenso lohnend zu beschäftigen?

Nein, meine Herren, wir würden in unserer Entwickelung zurückgehen, es würde nichts übrigbleiben, als daß das Kapital, die Arbeiter, die dann nicht mehr lohnende Arbeit finden können, auswanderten und so die Bilanz in Rückwirkung dieser Handelspolitik wiederherstellte.

Nun, meine Herren, man nennt unsere Exportindustrie, den Export unserer Fabrikate prekär. Die Petitionen, die jetzt von allen Seiten unter Protest einlaufen und rufen um Wahrung der Exportindustrie, finden ihren Handel und ihr Geschäft nichts weniger als prekär. Nein, meine Herren, je weiter das Absatzgebiet ist, desto weniger prekär ist es, je enger, desto prekärer, je größer das Absatzgebiet desto mehr übertragen sich die einzelnen Strömungen, desto mehr erscheint im Ganzen der Gang der Geschäfte gesichert.

Wenn die Völker sich von einander mehr und mehr auf sich selbst zurückziehen, wenn jeder mehr für sich das produzirt, was er konsumirt — wir sind genöthigt von der Entwickelungsstufe, die wir schon erreicht haben, herunterzusteigen, während für diejenigen Völker, auf die man hinweist, Oesterreich und Rußland, die nicht einen Mehrexport in Fabrikaten haben, der Schaden weit geringer, sie haben nur weniger Aussicht in der Kultur hinaufzusteigen. Sodann ist ein Eingriff der Zollpolitik in den Export von Fabrikaten weit störender, weit weniger zum Heile, als wenn andere Völker ihr Exportgeschäft in Rohstoffen und Halbfabrikaten schädigen. Dort jener Massenexport von Fungibilien läßt sich leicht übertragen nach einer anderen Richtung, nach einem anderen Lande, aber jener Export in Fabrikaten hat eine ganz individuelle Natur, läßt sich nicht in der Weise aus einem Lande in das andere übertragen, und sind die Wege einmal verloren gegangen, so sind sie nicht so leicht später wiederzufinden. Betrachten wir doch unsere Lage. Man sagt, es werde in Deutschland zu viel gehandelt, die Produktion trete davor zurück. Nun, meine Herren, ein Land wie Deutschland, mitten im Herzen Europas, mitten zwischen anderen Ländern liegend, in einer Weise, wie kein anderes, das ist von der Natur auf den Güteraustausch mehr angewiesen, es kann sich jedenfalls nicht mehr abschließen als irgend ein anderes. Was ist denn unsere Einfuhr im Verhältniß zur Ausfuhr anderes, als ein großer Veredlungsverkehr im erweiterten Sinn des Wortes? Zerstören Sie das eine, so zerstört man das andere, so zerstört man das Leben, das überhaupt im Herzen Europas nur in dieser Weise pulsiren kann. Sind wir denn etwa in Deutschland ein einheitliches Wirthschaftsgebiet? Nein, meine Herren, viel weniger, wie irgend ein anderes Land. Jene Ostseeprovinzen, die heute erschreckt vor dem Zolltarif stehen, stehen den Ländern im Norden, England, Norwegen und Schweden, wirthschaftlich in Bezug auf den Absatz ihrer Produkte, in Beziehung auf den Bezug ihrer Konsumtionsartikel viel näher als den Ländern im Westen. Sie haben dort ihre Handelsbeziehungen mit dem Auslande, während es uns vielfach im Westen näher liegt, zu tauschen mit ausländischen Distrikten im Westen. Indem man gleichwohl versucht, gewissermaßen dem Gedanken des geschlossenen Handelsstaats näher zu treten, schädigt man nach beiden Richtungen die natürlichen Bedingungen unserer Entwicklung.

Meine Herren, man sagt, man wolle uns im Zolltarif ja nur auf den Standpunkt von 1864 zurückführen. Ich will nicht untersuchen, ob der Tarif nicht noch weiter zurückgeht als der Standpunkt von 1864. Aber, meine Herren, darf man denn, während wir heute in Deutschland nicht mehr auf dem Standpunkt der Entwicklung von 1864 stehen, auf den Zolltarif von 1864 zurückgehen? Ist nicht jeder Zolltarif nur zu verstehen an der Hand seiner Zeit?

(Sehr richtig! links.)

Damals hatten wir einen Ausfuhrwerth in Deutschland im Ganzen von 1000 Millionen Mark, heute ist der Werth der deutschen Ausfuhr das Vierfache. Damals hatten wir nur für zwei Milliarden Eisenbahnen in Deutschland, heute haben wir für acht Milliarden Eisenbahnen in Deutschland gebaut. Meine Herren, paßt derselbe Zolltarif für ein Land mit zwei Milliarden für Eisenbahnen und für ein Land mit 8 Milliarden für Eisenbahnen? Nein, meine Herren, dieses System hat nur einen einzigen Vorgang in der Geschichte. Wir fühlen uns sehr erheitert, wenn man uns erzählt, daß, als der Kurfürst von Hessen im Jahre 1815 seinem Lande zurückgegeben wurde, er die Restaurationspolitik so weit trieb, daß er alle seine staatlichen Beziehungen wieder unmittelbar anknüpfen wollte an den Tag, wo er 1806 oder 1807 das Land verlassen hatte; jeder Beamte, und wenn der Offizier inzwischen General geworden war, wurde zurückgeführt auf das Gehalt, was er bezogen hatte, als der Kurfürst das Land verlassen hatte.

(Heiterkeit.)

Das ist der Vorgang, den man allein zum Beleg anführen kann für diese Restaurationspolitik in der Weise, wie sie jetzt betrieben wird, daß man ganz ignorirt, was sich alles an der Hand der Zollverträge von damals im Lande entwickelt hat, was alles im Vertrauen auf diesen Tarif geschaffen worden ist, daß der Export sich vervierfacht hat, daß unsere Eisenbahnen sich vervierfacht haben, alles dies ist nicht vorhanden, es wird einfach vom grünen Tisch — und niemals ist ein Tarif mehr vom grünen Tisch bearbeitet worden —

(sehr richtig! links)

abgeschrieben, was in dem alten Zolltarif gestanden hat.

Meine Herren, der Herr Abgeordnete Reichensperger hat den Gott angerufen, der Eisen wachsen ließ. Nun, meine Herren, der Gott hat niemals mehr Eisen in Deutschland wachsen lassen, als seitdem der Zoll auf Eisen ermäßigt und zuletzt aufgehoben wurde. Weiß denn der Herr Abgeordnete Reichensperger nicht, daß in der Periode 1861/64 nach der amtlichen Statistik, die uns überreicht worden ist, die Eisenkonsumtion in Deutschland 44 Pfund pro Kopf der Bevölkerung betrug, während sie im Jahre 1877 92 Pfund betrug.

(Hört! hört!)

Während wir in der Periode von 1861/64 von unserem geringen Eisenkonsum nur 87 Prozent durch inländische Produktion befriedigen konnten, befriedigen wir heute von unserem um das Doppelte gestiegenen Eisenkonsum nicht nur ganz durch unsere Eisenproduktion, sondern unsere Eisenproduktion beträgt 114 Prozent unseres Eisenkonsums.

(Hört! hört!)

Und wenn man spricht von allen den Hunderttausenden von Arbeitern, die entlassen seien in Folge der Zolltarife, weiß denn der Herr Abgeordnete Reichensperger nicht, daß wir jetzt 1877 nach der amtlichen Statistik mehr Arbeiter in Hochöfen, in Puddelwerken und Hütten beschäftigen, als wir noch in den Jahren 1869/71 beschäftigt haben? Dabei ist ganz abgesehen von dem neu hinzugekommenen Elsaß-Lothringen und den anderen neuen Theilen des Zollvereins.

Der Herr Abgeordnete Reichensperger hat gesprochen von den Lokomotiven. Die Lokomotive hat ja auch jüngst in einer Rede des Herrn von Kardorff an einer andern Stelle eine große Rolle gespielt — nun, ich weiß nicht, warum man gerade sich die Lokomotive ausgesucht hat! Unsere Einfuhrstatistik von 1878 zeigt Ihnen, daß wir an Zentnerzahl das vierfache an Lokomotiven ausführen als einführen. Wir produziren in Deutschland nicht nur soviel Lokomotiven als wir brauchen, sondern noch mehr darüber hinaus. Was ist in Bezug auf die Lokomotive gerade die Folge dieser Handelspolitik? Weiter nichts als daß die inländischen Lokomotivenfabrikanten in den Stand gesetzt werden, dem Ausland ihre Lokomotiven billiger zu verkaufen, als dem Inland.

(Sehr richtig!)

Jetzt hat die thatsächliche Konnivenz der Behörden in der Zurückweisung auswärtiger Submittenten ein solches Verhältniß geschaffen; der Zoll soll diesem Verhältniß die rechtliche Sicherheit geben, daß es auch dann fortbesteht, wenn sich die Verhältnisse gebessert haben, die Lokomotivenpreise ohnehin noch steigen. Hier vor mir liegt das Material, um Ihnen nachzuweisen, daß die Berliner Maschinen-Aktiengesellschaft, vormals Schwartzkopff, noch vor einigen Wochen Lokomotiven an die Warschau-Wiener Bahn für 8500 Mark billiger verkauft hat, als sie ganz ähnliche Lokomotiven verkauft hat an eine inländische, an die Oberschlesische Bahn.

(Hört!)

Hören Sie, an die Oberschlesische Bahn! Ihnen in Oberschlesien vertheuert man so das Verfahren Ihres Holzes und Ihrer Kohlen um $^{1}/_{5}$.

(Zuruf rechts.)

Das also die Zollpolitik, die Herr Reichensperger befürwortet; um $^{1}/_{5}$ verkauft diese Gesellschaft in das Ausland billiger, und wie macht sich das? Weil die Lokomotivfabrikanten am 18. April 1877 einen Koalitionsvertrag geschlossen haben, worin diese untereinander bei 10 000 Mark Konventionalstrafe verpflichtet werden,

(hört!)

irgendwie billiger zu liefern, als derjenige, dem die Leitung der Koalition die bestimmte Submission im Inlande zugewiesen hat. Nur nach außen wird die Konkurrenz geführt, die Produktion für das Ausland ist frei. Es handelt sich also ganz allein darum, ob wir sollen in dieser Weise subventioniren mit der nationalen Arbeit des Inlandes nicht unsere nationale Konsumtion, unsere nationale Verkehrsentwickelung, sondern gerade die auswärtigen Entwickelungen. Da ist es freilich erklärlich, wenn man in Rußland so billig Eisenbahnen bauen kann, — bei den Schienen liegt die Sache ja ebenso, — daß dort die Güter so steigen in ihrem Werth, weil das Eisenbahnnetz sich so sehr verdichtet. Dann ist es freilich erklärlich, wenn man in dieser Weise die Eisenbahnen billig herstellen kann, daß Rußland und Oesterreich-Ungarn uns so billig das Getreide auf den Eisenbahnen zuführen können. Das empfinden die Herren unangenehm, dann wird wieder die Gesetzgebung angerufen, weil das Ausland das Getreide so billig zu uns fährt, einen höheren Tarif für die Eisenbahnen zu machen oder einen Zoll dazwischen zu legen. So dreht sich die Wirthschaftspolitik immer im Kreise, indem sie immer eine Medizin verschreibt zur Heilung des Uebels, das sie selbst hervorruft.

Man spricht heute von der Eisenindustrie, als ob dieselbe, so sehr man sonst über die Nothwendigkeit von Zöllen im Zweifel sein könnte, einverstanden sei mit der neuen Politik, als ob die Erhöhung der Eisenzölle eine ganz unzweifelhaft richtige Politik sei. Mit nichten, meine Herren! Die Hochofenbesitzer, die Puddel- und Hüttenwerke und die Maschinenfabriken verlangen allerdings die Einführung des Zolls; aber gibt es nicht noch eine andere Eisenindustrie, eine Kleineiseninindustrie, die vorzugsweise dem Kleinbetriebe dient, die davon nichts wissen will, die gerade geschädigt wird in ihren Interessen durch die Erhöhung des Eisenzolls? Bei der Weiterverarbeitung der Eisenindustrie sind eben so viel, nämlich 155 000 Menschen in Deutschland beschäftigt in Betrieben von fünf oder weniger Arbeitern, wie in den großen Betrieben. In diesem kleinen Betrieb fällt vorzugsweise die Kleineiseninindustrie, die man nicht deshalb, sondern weil es sich um Kleineisenzeug handelt, so nennt. Diese Kleineiseninindustriellen aus meinem Wahlkreise sind es auch, die sich hierher wenden, und verlangen, daß wir auf die Zollerhöhung nicht eingehen; nicht, weil ich ihr Abgeordneter bin, — nein, meine Herren, der frühere Abgeordnete für Hagen, Herr von Vincke, hat ebenso diese Kleineisenindustriellen des Kreises Hagen gegen Zollerhöhungen vertreten, wie ich es zu thun für meine Pflicht halte, gerade deshalb für meine Pflicht halte, weil es sich hier durchweg um Kleinbetriebe handelt, weil die 8000 Menschen, die im Kreise Hagen beschäftigt sind, vorzugsweise kleine Meister sind, die mit wenig Gesellen arbeiten, weil das die alte urwüchsige Industrie ist, die in jener Gegend von jeher bestanden hat, die entstanden ist ohne jeden Zoll, die zu Anfang dieses Jahrhunderts dem Auslande sich gegenüber konkurrenzfähig bewiesen hat, weil es jene Industrie ist, in der zwar keine Aktiengesellschaften gegründet werden, die aber deshalb um so lebensfähiger ist und die von dem Gründungsschwindel und allen diesen Dingen nicht ergriffen ist. Das sind jene gesunden Industriezweige der Schlosser, Schmiede, der Klempner, der Nagelfabrikanten u. s. w., die hier aufs äußerste beeinträchtigt werden. Man hat freilich Herrn von Wedell-Malchow in der Enquetekommission eine Art Vorwurf daraus gemacht, daß er seinen Schmied so gut stellt und es zuläßt, daß dieser Schmied den Vortheil der Zollfreiheit genießt, ohne sonst in seinen Bezügen verkürzt zu werden. Aber, meine Herren, hat denn dieser Schmied nicht ein größeres Recht auf den natürlichen Bezug seines Eisens als jene Aktionäre und Großindustriellen auf eine Eisenvertheuerung durch Zoll?

Ich brauche nicht weit zu gehen in meinem Wahlkreise, dann komme ich nach Schwelm; dort sitzen viele meiner politischen Gegner, aber jetzt rufen auch sie mich an, sie zu schützen, weil man ihre Band- und Litzenfabrikation zu vernichten droht durch die Vertheuerung der englischen Baumwollengarne, die sie nicht anderswoher beziehen können. Auch das ist Hausindustrie, auch das ist wesentlich Kleinindustrie. Ebenso sehen Sie die Webeindustrie des Wupperthals gegen die Zölle protestiren. Sehen Sie doch den ganzen Niederrhein an, gehen Sie auf das Land, überall dort finden Sie Industrie. Der Meister hat sein kleines Kapital, seinen Webstuhl, sein kleines Besitzthum; geht das Geschäft schlecht, dann baut er um so eifriger auf seinem kleinen Besitz Gemüse oder andere Lebensmittel und sucht so seinen Ausfall zu decken. In dieser Industrie am Rhein gibt es keine großen Fabrikräume, da ist nicht der krasse Gegensatz zwischen dem Großkapitalisten und den Arbeitern, wie ihn die Großindustrie mit sich bringt. Herr Bamberger irrt sich vollständig in der Geographie, wenn er meint, daß die Wahlkreise der Herren aus dem Zentrum so vorzugsweise am Schutzzoll interessirt sind. Das ist ja richtig, dort gebehrden sich jetzt die Schutzzöllner so, als wären sie allein auf der Welt, aber es ist durchaus nicht wahr, daß die Wahlkreise jener Herren — ich kenne meine Heimat am Niederrhein besser — mit dem Schutzzoll verwachsen sind. Ich kenne Herrn Reichensperger (Krefeld) als einen viel zu vorsichtigen, behutsamen Mann, die Herren aus dem Zentrum berücksichtigen ja stets die Interessen ihrer Wahlkreise, er wird es sich noch sehr überlegen, ehe er aus den Theorien seines Bruders Peter

(Heiterkeit)

für den Wahlkreis Krefeld Konsequenzen zieht, die nach der Auffassung sowohl der Zentrumspartei als der anderen Parteien in jenen Gegenden diese Seidenindustrie am Niederrhein, am linken Rheinufer ihrem Ruin entgegenführen müssen. Dem steht nichts auf der anderen Seite gegenüber, als die Interessen der Baumwollspinnerei, die in ganz Deutschland nicht so viele Arbeiter beschäftigt, als diese allein am Seidengeschäft betheiligte Industrie des Rheinlandes. Ja, in jener neulichen Versammlung unter Führung des Schaaffhausenschen Bankvereins waren allerdings in Köln Industrielle versammelt, deren Name auch in Gründungen vielfach vorkommt.

(Zuruf.)

— Ich kenne auch die neue Depesche, — gestern waren im Gegensatz zu jener anderen Versammlung 3000 andere Industrielle in Elberfeld versammelt, um aus Rheinland und Westfalen zu protestiren, und darunter auch aus den Wahlkreisen des Zentrums gegen die Zollpolitik, und welche bitten, daß man an der bisherigen Zollpolitik festhalten solle. Und es ist nicht bloß am Rhein so; kommen nicht von allen Seiten die Klagen? Aus dem Erzgebirge, aus Apolda, aus Thüringen, aus den Gegenden, überall führt man den Nachweis, wie große Industriezweige wesentlich in ihren ganzen Interessen für das Inland und im Exportgeschäft geschädigt werden.

Meine Herren, noch Eins. Man hat gesprochen von der Beschäftigung von Frauen und Kindern. Wo ist mehr die Beschäftigung der Frauen interessirt und wo finden die Frauen einen natürlicheren Erwerb als gerade in einer Hausindustrie, wie sie bei der Wäschefabrikation und bei den Wollwaaren stattfindet? Lesen Sie doch die Eingabe der Berliner Wollwaarenfabrikanten, worin gesagt ist, — bei der Industrie scheint man es auch als selbstverständlich anzusehen, daß ihr der Schutzzoll helfen soll — daß diese in Berlin 16 000 weibliche Arbeiter beschäftigt, nicht in Fabriken, sondern zu Hause, für

Fantasieartikel, Wollwaaren, Konfektionsartikel für Damen und Herren, daß die Hälfte von dem, was die fleißige Hand produzirt, ins Ausland geht, und daß ihr Geschäft gefährdet wird, wenn man ihnen zu Gunsten der Spinnerei ihr Halbmaterial vertheuert.

Ist es z. B. anders in Bielefeld, wo die Hälfte der Wäschefabrikation Ausfuhr ist, wo 2000 Nähmaschinen arbeiten und 2500 weibliche Arbeiter in der Hausindustrie beschäftigt sind? Da gründet man Vereine, protegirt sie zu Vermehrung der Erwerbsfähigkeit des weiblichen Geschlechts, macht Versuche, die Kreise dieser Erwerbsfähigkeit zu erweitern, — darf man dem gegenüber eine solche Politik einschlagen, die gerade die Erwerbsfähigkeit des weiblichen Geschlechts vermindert und nach der Seite des Exportgeschäfts zahllose Existenzen, die in der Hausindustrie ihr Brod finden, gefährdet?

(Zuruf.)

Allerdings, Baumwollenspinnerein beschäftigen auch Frauen und Kinder. Aber wer jemals in der Nähe von Baumwollspinnereien gewohnt hat, der weiß, was für soziale Mißstände mit sich bringt gerade diese Art der Großindustrie, mit ihrer Beschäftigung der Frauen und Kinder; haben wir nun irgend ein Interesse zu Gunsten der großen Baumwollspinnereien und ihrer Art, Frauen und Kinder zu beschäftigen, die natürlichen Kreise für die Erwerbsthätigkeit des weiblichen Geschlechts zu schädigen und einzuengen.

Meine Herren, wessen Interesse steht aber auch mehr gegenüber dieser Zollpolitik neben der Kleinindustrie, der Hausindustrie, als das Interesse des deutschen Handwerkers? Die 200 000 Schneiderwerkstätten, die wir in Deutschland haben, was bringen Sie ihnen durch diesen Zolltarif? Vertheuerung aller ihrer Stoffe, Werkzeuge und Materialien. Wo liegt aber für sie der Vortheil? Aus dem Auslande kommen nicht 6 000 Zentner Kleider herein, gerade so viel wie wir für Putzmacherei und Schneiderei brauchen, um Muster auch aus dem Auslande zu bekommen, um sich auch die Vorzüge des Auslandes anzueignen; zu solchen Vertheuerungen kommt nun die Schädigung der Ausfuhrinteressen; die Ausfuhr an Kleidern übersteigt aber das Vielfache der Einfuhr, denn die deutschen Kleider gehen weithin in das Ausland. Erkundigen Sie sich dort, wo Mittelpunkte dieses Geschäfts sind. Ebenso ist es mit deu Schuhmachern. Die kommen ja jetzt auch mit ihren Vorstellungen an uns; man vertheuert ihnen die Maschinen, das Leder; hat etwa dagegen das deutsche Schuhmacherhandwerk irgend einen Gewinn von der Erschwerung der Einfuhr? Es kommt nichts herüber, was als Preis bestimmend für deutsche Waare angeführt werden kann, dagegen geht aber desto mehr deutsche Schuhmacherarbeit hinaus. Was soll ich noch anführen? — Die Böttcher, denen man grade das Holz vertheuert, was sie vorzugsweise verarbeiten; — die Buchbinder, die auch große Exportgeschäfte betreiben und die wesentlich geschädigt werden; — die Juweliere, sie kommen aus Hanau zu uns und sagen: nichts weniger ist zu unseren Gunsten wie Zollerhöhungen, wir wollen, daß das bestehen bleibt, was jetzt ist. Es sind ja Herren, die sich hier vorzugsweise rühmen, sich der Interessen des Handwerks anzunehmen, sie schlagen vor, wieder veraltete Rechtsformen einzuführen, die nicht mehr passen, die das Handwerk nicht bessern können, die es nur schädigen. Nein, meine Herren, hier sind wirklich wahrhafte Handwerkerinteressen zu vertreten, hier ist überall deutsches Handwerk, das im harten Kampfe liegt mit der Großindustrie. Ich bin der letzte, der etwa künstlich die Konkurrenz der Großindustrie und des Großkapitals nieder halten will im Interesse des Handwerks, aber noch vielweniger will ich künstlich die Interessen der Großindustrie und des Großkapitals fördern dadurch, daß hier das deutsche Handwerk, das wir noch haben, verkümmert wird durch diese Art von Zöllen.

(Sehr wahr!)

Alle jene Erwerbszweige, von denen ich gesprochen, das ist wahrhaft nationale Arbeit, das sind ächt nationale Arbeitszweige, die sind natürlich gewachsen auf unserem Boden, und darum haben wir uns darin den Weltmarkt erobert. Deutscher Fleiß, deutsche Genügsamkeit, die sind es gewesen, die diesen Zweigen des Handwerks, der Hausindustrie und der Kleinindustrie die Weltmärkte geöffnet haben und ihre Waaren herausgeführt haben. Das soll als prekär hingestellt werden, was zu den besten Grundlagen unserer industriellen Entwicklung gehört.

Meine Herren, man spricht davon, daß die Interessen der Arbeiter durch Schutzzoll gefördert werden. Ist es wahr, ist es auch nur wahr in Bezug auf die Industriezweige: Hochöfen, Puddelöfen, Baumwollenspinnereien, deren Interessen immer hier vorangestellt werden? Nein, meine Herren! Es wird fast zur Entschuldigung gesagt überall in den Motiven, man habe die inländische Ueberproduktion nicht vermindern können, weil das Ausland durch seine Konkurrenz gezwungen hätte, sie auf einer gewissen Höhe zu halten trotz der schlechten Zeiten. Was folgt daraus? daß, wenn jener Stachel des Auslandes ausfällt, man die innere Produktion dann einschränkt, daß man im Innern dann noch mehr Arbeiter entläßt. Der Vortheil des Arbeitgebers hängt nur dann mit der Größe des Absatzes zusammen, wenn die freie Konkurrenz besteht. Nehmen Sie die freie Konkurrenz fort, so sucht der Arbeitgeber seinen Vortheil in den höheren Preisen und erzielt ihn selbst bei geringerer Produktion, selbst bei geringerem Absatz. Je höher die Preise sind — und höhere Preise wollen ja die Herren durch den Zolltarif — je geringer ist doch überall die Konsumtion und je geringer die Nachfrage, um so weniger Gelegenheit, Arbeiter zu beschäftigen. Gerade umgekehrt, die Arbeiter haben zu erwarten, daß, indem es möglich wird, höhere Preise zu erzielen durch jene Koalitionen die Arbeit vermindert wird. Ohne das Mittel der Arbeitseinstellung würden die Koalitionen ja schon von vornherein keine Bedeutung haben. Und auch abgesehen von den besonderen durch Schutzzölle geschützten Industriezweigen muß die Vertheuerung auf die Konsumtion einschränkend wirken; je mehr man aber für etwas ausgeben muß, um so weniger hat man übrig für etwas anderes, je weniger dadurch Nachfrage nach anderen Artikeln entsteht, desto weniger ist Gelegenheit für diese andern Zweige, Arbeiter zu beschäftigen. Also auch in dieser Beziehung muß diese Politik zur Arbeitsentlassung führen, und diese entlassenen Arbeiter werden dann wieder auch auf den Lohn in den Zweigen drücken, die durch die Zollpolitik angeblich in erster Reihe geschützt sind.

Und dann noch eins, wenn wirklich die Löhne steigen, hat da nicht der Arbeitgeber die Möglichkeit, von auswärts Arbeiter hinzuzuziehen und durch die freie Konkurrenz der Arbeiter unter sich die Löhne wieder niederzudrücken? Wenn einmal Schutzzoll, dann auch Schutzzoll auf ausländische Arbeiter! Wenn dann die Preise der Arbeitslöhne steigen, dann darf man nicht Arbeiter aus Schweden, aus Polen oder aus Italien zuziehen, um in freier Konkurrenz die inneren Löhne zu drücken.

(Zuruf von der Linken.)

— Allerdings ganz logisch, Herr Fritzsche. — Erinnern Sie sich jenes Krawalls auf dem Alexanderplatz! Die Berliner Arbeiter sahen nicht muthig drein; ich weiß nicht waren es Italiener oder Polen, die dort arbeiteten,

(Zuruf rechts: Schlesier!)

die die Berliner Kanalisationsröhren legten. Nun, meine Herren, da wurde die Polizei aufgeboten im Namen der freien Konkurrenz, hier wird nun die Gesetzesmacht aufgeboten zu Gunsten der Kapitalisten, um die freie Konkurrenz auszuschließen. Wenn man Berlin verhindert, seine Kanalröhren aus dem Auslande zu beziehen, so billig wie es will, so können mit demselben Recht auch die Arbeiter verlangen, daß man nicht Arbeiter zum Legen der Kanalröhren aus dem Auslande bezieht, um ihnen dadurch ihre Löhne herabzudrücken.

(Sehr richtig! links.)

Ich gebe das insbesondere dem Herrn Abgeordneten Mosle zu bedenken; vielleicht findet er im Verein mit dem Herrn Reichskanzler ein Mittel, um nach dieser Seite auch sein System zu ändern.

Meine Herren, nun sagt man: Ja, aber die armen Kapitalisten, sie sind doch wirklich jetzt in schlechter Lage, sie verzinsen ihr Kapital schlecht, — ich will nicht für alle Zweige Untersuchungen anstellen, ich spreche nur vom allgemeinen — aber warum verzinsen sie es nicht? — Infolge jener großen Kapitalsanlagen, infolge jener großen Gründungen und Schwindeleien. Der Herr Abgeordnete Reichensperger bedauert, daß zu jener Zeit nicht ein Paragraph bestanden hätte in einem Gesetz, das dieses verhindert hätte. Vielleicht kommt es daher, weil er vorzugsweise Jurist ist, er kennt nur Strafen, die juristischer Natur sind. Wir kennen auch eine sittlich berechtigte Strafe, die nicht juristischer, sondern wirthschaftlicher Natur ist, so z. B. ist, was jene Herren jetzt zu wenig einnehmen, die Strafe für das, was sie damals in den Gründerjahren verschuldet haben.

(Sehr richtig!)

Meine Herren, durch einen Paragraphen hätten Sie niemals das verhindert und eine Gesetzesstrafe vermag das nicht auszugleichen, was jene gethan haben. Aber hüten Sie sich, diese wirthschaftliche Verantwortlichkeit, diese wirthschaftliche Strafe durch den Schutzzolltarif von jenen Klassen abzunehmen, die damals gegründet und geschwindelt haben, das ist die schlimmste Prämie, die gezahlt werden kann auf die Wiederholung solcher Dinge.

Meine Herren, es ist ganz richtig, daß wenn in gewissen Industriezweigen die Konjunktur sich wieder bessert, dann, weil man den Schutzzoll hat und die ausländische Konkurrenz nicht an der Konjunktur theilnimmt, zwar vielleicht die Arbeitslöhne steigen, wobei man dann, wie in jenen Jahren, von der Landwirthschaft aus Ostpreußen mit allen Mitteln die Arbeiter nach dem Westen, nach Essen, Bochum und Mülheim zieht für hohen Lohn; und wenn aber dann die Konjunktur sich verschlechtert, so kommt infolge der inländischen Monopolswirthschaft ein starker Rückgang, und dann stößt die Industrie die Arbeiter aus dahin, woher sie gekommen sind, und diese befinden sich dann in sehr viel schlechteren Verhältnissen als vor dem.

Meine Herren, das ist es nicht, das dem Arbeiter frommt, dieser rasche Auf- und Niedergang der Löhne ist nicht sein Heil. Vieles, was sich jetzt an Uebelständen in wirthschaftlichen Kreisen zeigt, schiebt man auf neuere wirthschaftliche Gesetze, obwohl es darin seine Wurzel hat, daß die Löhne so rasch erst hinauf und dann wieder hinunter gegangen sind. Was im Interesse des Arbeiters liegt, ist langsame aber stetig steigende Lohnerhöhung. Für solche ist das Freihandelssystem ein Hebel, indem es einmal ein rapides Hinaufgehen bei guten Konjunkturen einschränkt durch ausländische Konkurrenz, und wie ich vorhin gesagt habe, bei schlechter Konjunktur ein allzu tiefes Sinken hindert, indem die inländische Industrie fortarbeiten und die Arbeiter beschäftigen muß, weil sie die Konkurrenz des Auslandes dazu zwingt, indem diese sonst um so mehr eingeführt haben würde. So liegt in dem Freihandelsprinzip ein Hebel, ein gesunder Regulator für das Heben und Steigen der Arbeitslöhne.

Meine Herren, nach all den angeführten Richtungen also ist die Schutzzollpolitik dem Interesse der Arbeiter schädlich. Auf wen fällt die Vertheuerung der Lebensmittel, alle jene Erschwerungen des Bezugs der gewöhnlichen Lebensbedürfnisse stärker als auf die arbeitenden Klassen? Der Herr Reichskanzler, meine Herren, hat davon gesprochen, wie hart es sei, daß jemand, wenn er Schulden auf seinem Gute hat, eben so viel Grundsteuer bezahlt, als ein anderer. Er hätte noch viel eher davon sprechen können, wie hart es für jemand, der eine sehr starke Familie hat, ist, daß er nach des Kanzlers System der Verbrauchsabgaben an indirekten Steuern weit mehr zahlen muß, wie jemand, der eine weniger große Familie aber viel mehr Vermögen hat. Das ist aber bei den indirekten Steuern überall der Fall, im Gegensatz zu den direkten. Das ist die Kehrseite dieses Systems. Das Plus an Verbrauchsabgaben bei starker Familie kann nicht abgewälzt werden auf die Löhne etwa, wie der Herr Reichskanzler bei einer anderen Gelegenheit meinte; denn ob jemand viel oder wenig Kinder hat, der Arbeitgeber zahlt ihm deshalb nicht mehr Lohn. Dazu übernimmt man noch in einer solcher Zeit, wie der jetzigen es, Zölle zu legen auf unentbehrliche Lebensbedürfnisse, da unternimmt man es, Zölle zu legen auf Brod und Fleisch! Man hat in den Motiven es damit entschuldigt, daß man auf Ochsen einen Zoll legt, weil man sagte, daß diese Ochsen doch nur vorzugsweise oder fast ausschließlich, heißt es, in den wohlhabenderen, bemittelteren Klassen verzehrt werden. Liest man nun aber etwas weiter und kommt zu den Schweinen, so findet man den Umstand in den Motiven ausdrücklich angemerkt, daß das Schweinefleisch und das, was mit dem Schweine zusammenhängt, vorzugsweise in den unbemittelten Klassen verzehrt wird. Das hindert jedoch diese Zollpolitik nicht, auf das Schmalz beispielsweise einen doppelt so hohen Zoll nach dem Werth zu legen als auf die Ochsen, welche angeblich nur von den wohlhabenderen Klassen verzehrt werden.

Das ist also auch ein Beispiel von der Logik dieses Systems. Wie sieht es aber mit dem Fleischverbrauch aus gerade in dieser Zeit? Es fiel mir eine statistische Notiz der Stadt Berlin in die Hände, die auf den Fleischkonsum in Berlin im ersten Vierteljahr dieses Jahres im Vergleich zum vorigen Jahre sich bezieht. Daraus können Sie ersehen, daß in Berlin verzehrt worden sind im ersten Quartal dieses Jahres gegen das Vorjahr weniger 2066 Ochsen, das ist der neunte Theil des Konsums des vorigen Jahres; ferner 18 167 Schafe weniger, das ist ein noch stärkerer Heruntergang gegen das vorige Jahr und endlich 114 296 Schweine, gegen das Vorjahr 9811 mehr. Die Statistik schließt:

> Es ist somit im ersten Quartal d. J. ein wesentlicher Minderverbrauch an Ochsen, Kühen, Kälbern, Schafen und nur ein Mehrverbrauch an Schweinen zu konstatiren, eine Thatsache, welche auf die Ernährungsverhältnisse unserer Bevölkerung ein um so traurigeres Licht wirft,
>
> (Hört!)
>
> als die Bevölkerungsziffer Berlins am 30. März v. J. 1 024 650 und am 29. März d. J. 1 055 392 Köpfe betrug. Trotz einer Vermehrung der Einwohnerzahl um 30 742 Personen hat der Fleischkonsum bedeutend abgenommen."

Meine Herren, wir sehen also, daß bei dem Verzehren von Ochsenfleisch jetzt immer mehr Klassen ausscheiden, die sich unter besseren Verhältnissen das noch haben bieten können, daß sie nun zu häufigerem Genusse von Schweinefleisch übergehen. Und trotzdem hält man sich für berechtigt, in einen solchen Tarif jetzt gerade einen Zoll auf Schmalz, Speck, Schweine in erhöhtem Maße zu legen, gerade in solcher Zeit, wo ohnehin der Konsum so erheblich zurückgegangen ist!

Wer hat denn den Nutzen davon, von diesem Zollsystem? Man spricht von den Landwirthen. Sind es etwa die kleinen Landwirthe, wie wir sie namentlich auch im Westen kennen? Nein, meine Herren! Der Mann, der neben seinem Hause ein bischen Gemüsegarten oder Kartoffelland hat und einen Futterplatz für seine Kuh? Was hat der von Ihrem Zollsystem?

Sein Gemüse, seine Milch, seine Kartoffel können Sie ihm durch keinen Zolltarif schützen und werden es auch nicht. Der Schwerpunkt liegt in dem Kornzoll, wie Sie sagen. Der Herr Reichskanzler meint, die Zahl unserer Besitzer sei statistisch nicht festzustellen. So viel wissen wir doch, daß die Zahl der Besitzer unter 30 Morgen in Preußen, wo verhältnißmäßig der größere Besitz stärker ist, 80 Prozent beträgt, und daß die Zahl im Westen, in der Rheinprovinz sogar 96 Prozent beträgt, daß also dort nur 4 Prozent der Besitzer in der Lage sind über 30 Morgen zu wirthschaften, eine Ziffer, die bisher als diejenige bezeichnet worden ist, wo es erst möglich ist mehr Korn zu produziren, als die Haushaltung gebraucht, wo also erst der Nutzen anfängt.

Meine Herren, der Herr Reichskanzler hat gesprochen von den Pächtern, die im Schweiß ihres Angesichts den Boden bewirthschaften. Kommt etwa der Kornzoll zu gute diesen Pächtern? Nein, meine Herren, je höher die Preise infolge der Kornzölle steigen, desto höher wird sich bei Erneuerung des Pachtvertrags in der Regel die Pacht steigern. Die Erhöhung des Kornzolles kommt nur zu gute der Grundrente, also auch denjenigen, die die Landwirthschaft nur betreiben, wie der Herr Reichskanzler meinte, indem sie unter die Pachtquittung ihre Unterschrift geben. Meine Herren, man hat über die steigende Grundrente in Rußland gesprochen. Nun, allerdings die Aufschließung neuer Eisenbahnen hat ja die Preise des Grund und Bodens ganz erheblich gesteigert. Es ist aber bei uns genau dasselbe geschehen, nur etwas früher.

Nicht zu dem Zwecke der heutigen Debatte, sondern schon vor Wochen theilte mir ein ostpreußischer Landwirth mit, wie vor der Eröffnung der Ostbahn der Preis der Ochsen zwischen 20 bis 30 Thaler, ein Jahr nachher 50 bis 80 Thaler gewesen sei, ein Pferd zur Arbeit 25 bis 40 und ein Jahr nachher 60 bis 90 Thaler gekostet habe, ein Zentner Getreidetransport vom Süden der Provinz nach Königsberg früher 16 Silbergroschen, und dabei nur möglich im Winter oder bei trocknem Sommer, dagegen jetzt auf der Eisenbahn 2½ bis 3 Silbergroschen. Die Periode der Aufschließung der Landwirthschaft durch die Eisenbahn war bei uns die Periode der Steigerung der Grundrente. Da haben sich die Grundbesitzer sehr wohl die freie Konkurrenz der Konsumenten durch die Eisenbahn gefallen lassen, in der größeren Verwerthung der Produkte, und der Steigerung der Grundrente. Heute noch läßt man sich die freie Konkurrenz der Konsumenten und selbst der ausländischen Konsumenten sehr wohl gefallen. Daß diese freie Konkurrenz den Konsumenten die Ausfuhr erleichtert, wird im Interesse der Hochhaltung der Preise im Innern, bei der Kartoffel, dem Branntwein und dem Zucker sehr gern gesehen. Aber kann man das eine ohne das andere frei zu lassen, die Ausfuhr frei lassen, ohne frei zu lassen die Konkurrenz der Produzenten bei der Zufuhr ihrer Produkte? Weil jetzt weitere Produktionskreise als im Inlande, durch das Eisenbahnnetz aufgeschlossen werden, kann jene steigende Bewegung in der Erhöhung der Grundrente, und des Werthes ihrer Güter nicht in der Weise fortgehen, wie bisher. Sie wird allerdings auch fernerhin insoweit fortgehen, wenn man sich nur angelegen sein lassen will, die veränderten Wirthschaftsverhältnisse der Betriebsweise der Güter mehr anzupassen. Wir wollen nur nicht mit dem Kornzolle eine Prämie setzen auf einen Getreidebau, wie er nach dem amtlichen Bericht des Herrn landwirthschaftlichen Ministers ausgeführt ist, in solchem Umfang wirthschaftlich nicht mehr zeitgemäß, und im letzten Grunde nur zum Nachtheil des Grundbesitzes selbst gefördert werden kann.

Wir haben es erlebt, daß gegenüber den steigenden Güterpreisen eine Unzufriedenheit oft entstanden ist; man sagte, wenn jemand ein kurz vorher erworbenes Gut zu hohem Preise wieder verkaufte und sich als Rentier in die Stadt zurückzog, man sagte, daß das wirthschaftlich nicht gerechtfertigt sei, während bei mühevoller Arbeit ein ganzes Leben nicht hinreiche, um so viel zu erwerben. Darauf haben wir erwidert, den Mann hat das Risiko der Konjunktur getragen, die Konjunktur ist ihm günstig gewesen, und er hat den Vortheil davon gehabt. Wäre es anders gekommen, dann hätten wir ihn auch nicht unterstützt. Den Vortheil der Konjunktur wollen die Grundbesitzer ziehen, aber den Nachtheil der Konjunktur, daß jetzt das Steigen nicht mehr so fort geht, daß andere Verhältnisse platzgreifen, das wollen sie nicht tragen, da wird die Staatshilfe angerufen, da sollen Schutzzölle gemacht werden. Meine Herren, bedenken Sie, was das heißt.

Das Privateigenthum hat nur so lange sittliche und wirthschaftliche Berechtigung, als es das Risiko trägt, und in dem Augenblick, wo das Privateigenthum an Grund und Boden ablehnt, auch das Risiko der Konjunktur zu tragen, verliert es überhaupt sittliche und wirthschaftliche Berechtigung. Ein Eigenthum als Monopol darf nur in der Hand des Staates sein, das Privateigenthum, das ich wahrlich sehr hoch halte als Grund der wirthschaftlichen Ordnung, verträgt sich nicht mit dem Monopol, verträgt sich nur mit der freien Konkurrenz aller Eigenthümer miteinander, aller Produzenten. Meine Herren, wir haben in Berlin oft in der Gründerzeit in Kreisen, die nichts weniger als sozialistisch sind — selbst in die Geheimen Räthe hinaufreichen — bei dem plötzlichen Steigen des Häuserwerthes, gegenüber dem mühelosen Reichwerden — dadurch die Idee vertheidigt, ob es überhaupt nicht an der Zeit wäre, das Privateigenthum an Grund und Boden in den Städten aufzuheben, ja ich erinnere mich der Zeit noch ganz gut. Ja, meine Herren, heute denkt keiner mehr an solches, heute hat sich die Sache in den Städten umgekehrt, heute ist der Miethswerth unter anderer Konjunktur gesunken. Wer aber gibt unsern berliner Hausbesitzern etwas dafür, daß die Grundrente weniger werth ist, daß die Miethe gesunken ist — will sich Herr Mosle vielleicht anheischig machen, mit dem Herrn Reichskanzler darüber zu sprechen, ob nicht eine surtaxe auf diejenigen gelegt werde, die auf dem Lande wohnen und dadurch das Steigen der Miethspreise in Berlin verhindern?

(Heiterkeit.)

Meine Herren, für die Hausbesitzer in Städten haben wir nur die höher veranlagte Gebäudesteuer bekommen, die der Herr Reichskanzler sehr beklagt, obwohl seine Regierung es gewesen ist, die die Ermäßigung derselben uns gegenüber, die wir sie erstrebten, abgelehnt hat. Und dann, meine Herren, bei dem Forstbesitz, kann man da denn davon sprechen, daß hier derjenige, der im Schweiße seines Angesichts seinen Besitz bewirthschaftet, einen Vortheil von den Zöllen hat? Nein, meine Herren, der Holzhauer und der Förster haben von den Holzzöllen nichts.

(Rufe: Oho!)

Nein, meine Herren, der Zoll bewirkt eine Steigerung der Grundrente, das kommt schon jenen Herren zu Gute, die, wie der Herr Reichskanzler meint, im Reichstage und bei Borchardt in großer Anzahl sitzen und sich von der eigenen Bewirthschaftung nichts reservirt haben, als vielleicht die Bewirthschaftung der Jagd, der sie vielleicht im Schweiße des Angesichts obliegen.

(Heiterkeit.)

Meine Herren, hier stellt sich das Verhältniß also noch schärfer. Einer ganz kleinen Minderheit durch Glücksgüter begünstigt, sogar vielfach durch die Erstgeburt, zu deren Gunsten sollen wir eine Zollerhöhung vornehmen, die in ihren Wirkungen zurückfällt auf das ganze übrige Land und auf die Landwirthschaft selbst, die doch auch ihr Bau- und Nutzholz braucht und in vielen Provinzen gar nicht in der Lage ist, das nöthige Holz selbst zu ziehen. Ueberhaupt wenn die Herren Landwirthe erst anfangen werden, genau zu rechnen, dann werden sie finden, daß bei manchem, was ihnen hier als landwirthschaftlicher Zoll vorgeführt wird und sehr bestechend wirkt, die Landwirthschaft, statt dafür interessirt zu sein, einzig die Kosten dieses Zolles zu tragen habe. Darüber werden wir uns ja noch in der Spezialdiskussion auseinandersetzen. Ich kann es den Herren von der Landwirthschaft nicht übel nehmen, namentlich wenn sie die Tabelle der Prozentsätze zu dem Werthe vergleichen, daß sie sich so ungefähr vorkommen, wie jemand, der für ein Linsengericht sehr wichtige Grundsätze und Prinzipien, die er bisher vertreten hat und in seinem Interesse vertreten hat, aufgeben soll. Ich finde es sehr natürlich, daß schon jetzt sich das bewahrheitet, was ich vor einigen Wochen vorhergesagt habe: Diejenigen Kreise, die man durch die Agitation für die Kornzölle wachgerufen hat, die Geister, die man angerufen hat, lassen sich jetzt nicht mit 25 Pfennig nach Hause schicken.

(Heiterkeit.)

Hier bewahrheitet sich das, was der Herr Abgeordnete von Moltke bei der Sozialistendebatte bemerkt hat, daß die sozialistischen Führer bei ihren Agitationen von ihren Hintermännern weiter gedrängt würden als sie selbst wollten. Wir werden nun warten, ob solche Anträge auf Erhöhung der Kornzölle — Aussicht haben sie doch wohl nicht — ob die hervortreten werden.

(Rufe: Ja!)

Ja, meine Herren, dann zeigt sich das jetzt schon, wie richtig ich vorhergesagt habe, daß die Dinge kommen. Meine Herren, ich merke mir übrigens das den Herren gegenüber an, diese Agitation ist auch nicht auf dem Boden der Landwirthschaft gewachsen. Die Schutzzollagitation ist auf dem Boden der industriellen Kreise erwachsen und dann an den Reichskanzler herangetreten. Die landwirthschaftliche Agitation ist wesentlich von oben in die Kreise der Landwirthe erst hereingetragen worden.

(Bewegung.)

Meine Herren, und dazu hat Dienste geleistet nicht etwa der deutsche Landwirthschaftsrath, nein, meine Herren, diese Versammlung, wesentlich aus Hochkonservativen und dem Herrn Reichskanzler persönlich gewiß sehr ergebenen Männern zusammengesetzt, die Spitze der landwirthschaftlichen Vereinsorganisation hat sich außerordentlich kühl verhalten. Es hätte nicht viel daran gefehlt, wenige Stimmen, man hätte ausdrücklich die Getreidezölle zurückgewiesen mit einem Protest, aber so unhöflich ist man nicht gewesen; man hat ganz kühl sich dazu verhalten; man schweigt sich noch heute darüber aus.

Wer die Agitation trägt, das ist jener Agitatorenklub, der unter dem stolzen Namen „Kongreß deutscher Landwirthe"

(Bewegung)

versucht, dem Landwirthschaftsrath die Landwirthschaftsvereine aus den Händen zu nehmen und nun jedem einzelnen landwirthschaftlichen Verein die Adressen zugeschickt hat und die Postkarte mit dem Formular der Zustimmungsadresse an den Reichskanzler, die er herbeiwünscht. Allerdings haben die Herren Landräthe nachgeholfen, soweit sie konnten.

Die Landwirthschaft in ihrer großen Gesammtheit, die selbstständigen Landwirthe, die selbstständig denkenden Landwirthe stehen nach meiner Ueberzeugung noch heute zu dieser Frage zum mindesten äußerst kühl. Täusche ich mich nicht, auch den Herren auf der rechten Seite, die selbst Großgrundbesitzer sind, denen ist bei dieser Getreidezollfrage und der ganzen Zollfrage garnicht so wohl zu Muth, wie es vielleicht Manchem scheinen könnte.

(Heiterkeit. Sehr richtig!)

Nein, meine Herren, ich taxire die Herren viel höher, als es vielleicht manchem in diesem Augenblicke scheint. Ich bin der Meinung, daß, so sehr die Herren es vielleicht gern haben, wenn hier sonst viele Steuern bewilligt werden, ich glaube, mancher würde dem Himmel danken, wenn der Herr Reichskanzler die Prüfung an ihm vorübergehen ließe und der ganze Zolltarif, in dem landwirthschaftlichen wie in dem industriellen Theil, hier gar nicht erst zur Abstimmung käme. Ja, meine Herren, das Auftreten des Herrn von Minnigerode, die Art, wie er versucht, gewisse Grundsätze mit den Vorlagen in Einklang zu bringen, einen Kompromiß zu schließen auf Handelsfreiheit bis Stolpemünde hin,

(Heiterkeit)

die scheint mir in der That das beste Zeugniß für die innere Bedrängniß, in der sich die Herren unter einander befinden.

(Große Heiterkeit.)

Selbstständig ist die Agitation erwachsen in den Kreisen der Industrie; aber hat sie in der That die ganzen Kreise der Industrie erfaßt?

Man spricht immer vom Zentralverband der Industriellen. Auf den autonomen Tarif des Zentralverbandes der Industriellen beruft sich der Zolltarif in seinen Motiven alle Augenblicke. Nun, meine Herren, was ist denn der Zentralverband der Industriellen? Ich habe hier die schutzzöllnerische Korrespondenz, die die große Parade schildert, die der Zentralverband im Februar 1878 hier abhielt, als auch der Geheime Rath Tiedemann seinen Toast auf die Manen von Friedrich List ausbrachte.

(Große Heiterkeit.)

Da ist von dieser Seite eine Statistik aufgemacht: es haben 679 Personen an dieser Versammlung Theil genommen. Von ihrer Bedeutung heißt es: es war die Textilindustrie am zahlreichsten vertreten einschließlich in diesem ihrem Nebengewerbe, — es sind meist Spinnereien, — es waren 272. Dann kommt Eisen, Stahl und Maschinenbau, — natürlich auch nur Großindustrie, — mit 160. Das sind also $^2/_3$ dieses Zollverbandes gewesen. Dann kommt noch die chemische Industrie mit 22, Bergbau- und Glasindustrie mit je 12, Papier mit 6 Personen. Dann kommt noch ein Titel Handel und Landwirthschaft im allgemeinen 30 bis 40.

(Heiterkeit. Sehr gut! links.)

Dazu kommen, heißt es dort, noch einige Oel-, Porzellan-, Spiritus- und andere Fabriken. Das ist die ganze Gesellschaft,

(Heiterkeit)

und diese Gesellschaft maßt sich an, einen Tarif in der Weise aufzustellen für Industriezweige, die keinem der Herren einen Auftrag dazu gegeben haben, um die keiner gefragt ist, die maßen sich an, Schutzzölle für Industriezweige vorzuschlagen, die sie gar nichts angehen, die sie niemals angehört haben und mit denen sie gar nichts zu thun haben. An diesem Zentralverbande, an diesem Tarife ist gar nichts autonom, wie die Willkür der Verfasser, der Herren Beuthner und Grothe, mit der sie die Sache abgefaßt haben.

(Heiterkeit.)

Ja, meine Herren, die eigentliche Industrie, die kleine Industrie, die Hausindustrie, alle anderen Zweige der Großindustrie, die gar nicht dabei vertreten waren, kommen erst jetzt an uns. Da lesen Sie doch die Proteste, die so zahlreich eingehen, daß man sie beim besten Willen gar nicht mehr bemeistern kann!

Es hat bisher die Industrie nicht geglaubt, daß diese Sache überhaupt möglich sei, sie hat es erst dann geglaubt, als sie schwarz auf weiß den neuen Tarif las. Nun kommt sie an uns, halb voll Zorn, halb voll Verwunderung, daß so etwas überhaupt in Deutschland möglich ist. Sind das etwa Leute, die in ihren Eingaben sich Phrasen über Freihandel und Schutzzoll von erkauften Generalsekretären schreiben lassen? Nein, meine Herren, hier spricht man selbst, nicht durch den Verwaltungsrath wie in Aktiengesellschaften, hier kommen die Leute selbst, Leute, die mit ihren Zahlen klar darlegen, wie unendlich sie geschädigt und ruinirt werden. Meine Herren, ich weiß mich gar nicht mehr zu lassen vor Deputationen und Zuschriften von Leuten, nicht solchen, die um Schutzzoll bitten, sondern um Schutz gegen ihre Abgeordneten,

(Heiterkeit.)

Leute, die mir bisher politisch ganz fern gestanden haben, die, indem sie hereinkommen, sagen: Wir sind bisher Ihr Gegner gewesen, aber schützen Sie uns gegen die Abgeordneten, die wir uns selbst gewählt haben im vorigen Sommer, als wir glaubten, es ginge gegen die Sozialdemokratie allein, die wir gewählt haben. Sie sehen nun, was sie mit ihrer Wahl angeregt haben.

Meine Herren, der Herr Reichensperger sagt: ja dieser Tarif von 1864 der ist von Geheimräthen gemacht. Meine Herren, ist etwa dieser neue Tarif nicht von Geheimräthen gemacht,

(Heiterkeit)

von solchen Geheimräthen, die es verstanden haben, ihre Sachkenntniß in Zollvereinssachen so lange geheim zu halten aller Welt, bis der Herr Reichskanzler sie selbst in die Tarifkommission berufen hat?

(Heiterkeit.)

Der Tarif ist ohne technischen Beirath geschrieben. Man hat doch die Handelskammern gefragt. Haben die Handelskammern nicht im Jahre 1876 eine umfassende Enquete veranlaßt über die Wirkungen der Handelsverträge?

Der Herr Minister Hofmann hat uns noch im vorigen Frühjahr auseinandergesetzt, daß diese Erhebung die eigentliche Enquete sei, die Alles überflüssig mache, er hat noch im vorigen Oktober im Kaiserhof bei einem Essen des Handelstages, in einem Toaste die deutschen Handelskammern beglückwünscht, daß sie solche Arbeit vollbracht hätten, danach hätten die Regierungen ihre Instruktionen geschrieben bei den Handelsverträgen, diese Enquete sei das eigentliche Material, aus dem man schöpfen müsse, um die Tarife zu konstruiren. Diese Enquete finden Sie nirgends erwähnt, in den Motiven zum Tarif habe ich sie bis jetzt nicht gefunden, vielleicht haben die Verfasser die Enquete überhaupt nicht gelesen. Es ist nur immer die Rede von dem „Zentralverband der Industriellen", die ihren autonomen Tarif gemacht haben. Meine Herren, ich weiß nicht, ob der Herr Reichensperger mit seinem Vorwurfe auf die Geheimräthe nur eine gewisse moderne Schule von Geheimräthen meint. Meint er mit den Geheimräthen unseren altpreußischen Beamtenstand, dann trete ich für diese Geheimräthe ein. Meine Herren, dieses altpreußische Beamtenthum, das hat längst, bevor es einen Reichstag und einen Landtag gab, verstanden, durch seine Sachkenntniß, Uneigennützigkeit und Gemeinsinn die allgemeinen Interessen in Preußen und in Deutschland zu schützen gegen das Heranstürmen von Sonderinteressen und gegen das Unterordnen des allgemeinen Interesses unter das einzelne Parteiinteresse.

(Bravo! links.)

Meine Herren, dieses alte preußische Beamtenthum, das ist ein Fundament gewesen zu Preußens Größe und es sind Geheimräthe gewesen, die oft sogar ohne technischen Beirath allerdings jene Gesetze geschrieben haben, die in Preußen den Bauernstand befreit haben, den kleinen Mann, die Handel und Gewerbe wirthschaftlich entfesselt haben, die es ermöglicht haben, daß Preußen das geworden ist, was es heute ist.

(Bravo! links.)

Und, meine Herren, wir freuen uns, einen solchen Geheimrath, gerade denjenigen Geheimrath, der 1864 am meisten mitgewirkt hat und der dabei gewesen ist bei allen Tariffestsetzungen von 1850 an, hier in unserer Mitte zu sehen. Meine Herren, wir sehen in dem Abgeordneten Delbrück keinen politischen Führer, wir sehen in ihm keinen Parteimann; wir wissen sehr wohl, daß uns Herr Delbrück politisch so fremd, zum Theil gegnerisch als Abgeordneter gegenübersteht, wie er mir und uns als Minister gegenüber gestanden hat. Der Politiker Delbrück ist kein anderer hier in diesem Hause, in unseren Augen, als er jemals gewesen ist, aber er ist überhaupt kein anderer; was dieser Abgeordnete vertheidigt, das ist die Arbeit seines Lebens, die er hier gegen die Zerstörung vertheidigt.

(Bravo! links.)

Meine Herren, — das ist jener preußische Beamtenstand, der nicht, wenn er das Amt verläßt und die Uniform auszieht, sich nun entledigt glaubt der Theilnahme an den öffentlichen Angelegenheiten, sondern der eintritt, auch außer dem Amt für das, was er im Amt geschaffen hat. Das ist jener altpreußische Beamtenstand, für den das Amt nicht Selbstzweck gewesen ist,

(sehr gut! links)

sondern für den das Amt Mittel zum Zweck gewesen ist, um das, was er im öffentlichen Interesse seiner Ueberzeugung nach für richtig hielt, zum Heile des Allgemeinen zu verfolgen.

(Bravo! links.)

Und, meine Herren, in einer solchen Zeit wissen wir das ganz besonders zu schätzen, gleichgiltig, ob wir einer andern oder derselben politischen Richtung wie Herr Delbrück angehören, in einer solchen Zeit, wo leider, sage ich, in Deutschland anfangen im öffentlichen Leben die Männer seltener zu werden, wo anfängt in weiten Kreisen des Volkes sich ein Servilismus breit zu machen,

(sehr wahr! links.)

der die Ueberzeugung preisgiebt, unter dem strengen Auge des Reichskanzlers ihm zu Füßen liegt und sich noch spreizt in seinem Renegatenthum.

(Bravo! links; Unruhe rechts.)

Was Herr Delbrück hier vertheidigt, das sind die Traditionen des preußischen Beamtenthums, die zugleich sind die Traditionen des preußischen Staates überhaupt. Nichts ist falscher, als diese Politik zurückzuführen auf die Traditionen unseres Landes, auf die Traditionen unseres alten Preußens. Lesen Sie doch die damaligen Verhandlungen, jetzt sind ja gerade in den letzten Jahren aus dem geheimen Archiv die Aktenstück zum Theil veröffentlicht worden. Von jener Zeit, wo Preußen voran war mit seinem Tarif von 1818 allen Staaten Europas, selbst England, wo Preußen die Spitze nahm in der Ausbildung eines direkten Steuersystems vor allen anderen Staaten Europas, — lesen Sie, wie ernsthaft jene Männer es beriethen damals im Staatsrath, daß es nothwendig sei, das System der Akzise und der Konsumtionsabgaben, das heißt, das alte System der indirekten Steuern, zu dem man nun jetzt zurückkommen will, zu mildern, es aufzuheben im Interesse des Aermeren und um den Wohlhabenderen, den Reicheren höher zu belasten, als es bisher der Fall war, entsprechend zu belasten seinen wirklichen Kräften. Das war jene große Zeit, die vor ganz Europa zuerst die allgemeine Wehrpflicht schuf und die zu gleicher Zeit schuf die allgemeine direkte Steuerpflicht der Bürger. Auf diesen beiden Fundamenten hat dieses Preußen, dieses von Natur so arme Land die schwere Rüstung für ganz Deutschland allein tragen können, bis zu der Zeit, wo das deutsche Reich entstanden ist. Mit den direkten Steuern haben wir günstige und ungünstige Zeiten ertragen können, wie wir es nicht auf andere Weise hätten ermöglichen können. Das ist das Fundament unseres Staatslebens, durch welches Preußen und Deutschland entstanden ist und an diesem soll man uns nicht rütteln und nicht rühren wollen im Namen der Vertheidigung des preußischen Staates.

(Bravo!)

Es ist sehr offen gesprochen von dem Herrn Reichskanzler, wenn er sagt, er wolle eine nationale wirthschaftliche Politik herbeiführen und doch wieder umgekehrt hinweist auf das Bild anderer Länder, auf Frankreich, auf England, sogar auf Rußland. Rußland, sagt der Herr Reichskanzler, sei das Ideal seiner Pläne,

(Heiterkeit, Widerspruch rechts)

russische Zustände.

(Oho!)

Ja, meine Herren, warum haben Sie nicht gerufen, als der Herr Reichskanzler das sagte,

(Heiterkeit)

nimmt sich denn dasselbe ganz anders aus, wenn ich es sage? ist es denn nicht wahr, daß er uns die russischen Zustände . . . . .

(Unruhe, Ruf: nein!)

Lesen Sie doch dieses nach — ich habe nicht umsonst gebeten, den Druck der stenographischen Berichte zu beschleunigen der Art, daß das Alle nachlesen können, was der Herr Reichskanzler hier gesagt hat. — Hat er denn nicht gesagt, indem er den Reichthum und das Wachsthum in Rußland schilderte — soviel ich weiß, ist übrigens der Werth an Grund und Boden in Rußland nicht durch die Kornzölle erhöht — hat er nicht gesagt, daß das Zustände sind, denen er nacheifert?

(Widerspruch rechts.)

Er sagt, in Rußland ist man ja auch dabei, jetzt die Kopfsteuer abzuschaffen, Rußland geht es gut, trotz der Kriege — er hat nicht gesagt durch die Kriege, obgleich mich auch das nicht gewundert haben würde — ich weiß nicht, ob Rußland dabei ist, die Kopfsteuer abzuschaffen, es ist mir bestritten worden, aber, meine Herren, wenn Rußland sich damit beschäftigt, so ist meine Ueberzeugung dafür die, daß es das russische Staatswesen nicht mehr wagen kann, direkte Steuern von allen seinen Leuten im Lande zu erheben, weil es es nicht mehr wagen kann, weil es in Rußland immer mehr, in immer weiteren Kreisen zum Bewußtsein kommt, daß ein solches absolutistisches Staatswesen auch nicht die direkten Steuern werth ist, die man jetzt bezahlt. Nein, meine Herren, nur der freie Staat kann direkte Steuern erheben, nur ein selbstbewußtes, seine staatlichen Einrichtungen schützendes Volk ist allerdings in der Lage, direkte Steuern zu bezahlen.

Meine Herren, der Herr Reichskanzler hat davon gesprochen, der Grundbesitz sei wesentlich deshalb so verschuldet, weil er noch zu tragen habe an der Last der französischen Kriege am Anfange dieses Jahrhunderts. Ich will das statistisch nicht so genau untersuchen, viele Leute hatten damals noch gar kein Recht zum Grundbesitz, aber, meine Herren, es läge ihm noch weit näher, zu untersuchen, bevor er ein solches direktes Steuersystem einführen will, dasjenige, welches andere weitere und größere Klassen gelitten haben unter den Lasten der letzten Kriege. Mir sind in den letzten Tagen viele Papiere aus anderen Gründen durch die Hände gegangen von kleinen Leuten aus dem Volke; ich bin erstaunt und erschrocken gewesen zu sehen, wie kleine Geschäfte, kleine Erwerbsverhältnisse haben zurückkommen können wegen der Unterbrechung durch den Krieg, durch das in vielen Fällen dreimalige Einberufen zur Fahne während dieser Kriege. Da ist mir zuerst durch die Ansicht solcher Papiere klar geworden, mit wie furchtbar schweren Opfern unser Volk das deutsche Reich und die deutsche Einheit erkämpft hat, und da, meine Herren, sage ich, ehe man dazu schreitet, gerade in diesem Augenblick auf diese Klassen, die arbeitenden Klassen vorzugsweise, und in solchem Umfange die Steuerlast mittelst eines solchen Systems von Verbrauchsabgaben zu werfen, da in der That sollte man sich doch dreimal und nach mehrfach besinnen, wohin das führt.

Ich will nur eins hervorheben. Wie häßlich ist ein Zoll, wie der Petroleumzoll? Meine Herren, wir haben eine Salzsteuer; alle waren wir einverstanden, sie abzuschaffen, diese Vertheuerung des Petroleums ist mindestens ebenso irrationell wie die Salzsteuer. In meinen Angen ist sie irrationeller. Der Reichstag hat es abgelehnt, den Petroleumzoll einzuführen, als er ihm geboten wurde als Entgelt für anderweite Zollbefreiungen, und jetzt sollte sich ein deutscher Reichstag bereit finden, der den Petroleumzoll noch zu anderen Steuern zubewilligt, der, während auf Brot und Fleisch Steuern gelegt werden, auch noch den Petroleumzoll dazu gibt, das Petroleum versteuert, die Quelle des Lichts, des Fleißes und der Bildung?

(Heiterkeit rechts.)

Ja, meine Herren, wenn der Herr Reichskanzler von dem Mann spricht, der im Schweiße seines Angesichts arbeitet, von der Noth der verschuldeten Grundbesitzer, da lachen Sie nicht, das finden Sie richtig. Nun gestatten Sie mir auch einmal von anderen Kreisen zu sprechen, als von denen der Herr Reichskanzler gesprochen hat. Die Motive zum Tarif selbst berechnen es ja, daß ein Viertel weniger Licht in Deutschland sein wird durch die Vertheuerung des Petroleums, wenn der Zoll durchgeht. Ich will jetzt darüber nicht weiter sprechen, ich will es nur andeuten. Allerdings, meine Herren, in der Rede des Herrn Reichskanzlers habe ich von all denjenigen Steuern, die eingeführt werden sollen, überhaupt nichts gehört. Der Herr Reichskanzler sprach nur von den Steuern, die erlassen werden sollen, der Herr Reichskanzler hat eigentlich mehr preußisch als deutsch gesprochen, er hat eigentlich gesprochen wie ein preußischer Finanzminister. Ich weiß nicht, ob das bloß deshalb war, weil in dessen Ressort gerade die zu erlassenden Steuern fallen, während in das Ressort des Herrn Reichskanzlers eigentlich die neu einzuführenden Steuern fallen und es da näher gelegen hätte, über die letzteren sich auszusprechen. Ich muß gestehen, der Herr Reichskanzler hat es verstanden, auch mich einen Augenblick zu bezaubern, ich vergaß ganz, welche Vorlage wir vor uns haben, ich sah den Zauberkünstler vor mir, wie er aus seinem Hute, niemand weiß woher es kommt, hervorzaubert alle möglichen Gegenstände, die er jedem Staube, jedem Beruf zuwirft, und zuletzt, als alle glauben, der Hut wäre erschöpft, da flog noch ein Bouquet in den zweiten Rang den Beamten zu, das Versprechen, sie sollten keine Einkommensteuer bezahlen, vermuthlich um sie vergessen zu machen, wie unlogisch es doch ist, daß man gerade den Beamten in demselben Augenblicke mit den Verbrauchsteuern und Zöllen die Lebensmittel vertheuert, ohne ihnen gleichzeitig das Gehalt zu erhöhen.

Eins fiel mir in Erinnerung, als ich die Rede des Herrn Reichskanzlers hörte. Ich habe einmal in der Milliardenzeit hier davon gesprochen, es wäre nun doch wohl angebracht, die Salzsteuer zur Hälfte zu erlassen. Da trat der Herr Reichskanzler mir gegenüber auf und hielt mir eine Rede, die ich Ihnen vorlesen möchte, weil sie gerade so passend ist, daß ich sie jetzt dem Herrn Reichskanzler zurückgeben und sie ihm vorhalten möchte. Er sagte:

> Ob es mit der politischen Verantwortlichkeit, die ich jedem in diesem Saal in demselben Maß, wie ich sie fühle, wünsche, verträglich ist, dem Wähler die

Annehmlichkeit zu sagen, daß er eigentlich zu viel Steuer bezahle,

(hört! hört! links)

dieses Moment so sehr in den Vordergrund zu stellen und sich nicht zu fragen, welche Folgen für die Gesammtheit daraus entstehen, dafür die Verantwortkeit der Regierung zu überlassen, das gebe ich Ihnen anheim zu bedenken. Ich glaube, meine Herren, daß die Schmeichelei dem Wähler gegenüber, daß die Schmeichelei den unteren Klassen gegenüber von manchen Seiten übertrieben wird, und daß Sie dort mit Versprechungen freigebig sind, die Sie nicht halten können,

(hört! hört! links.)

weder hier, noch wenn Sie an meiner Stelle stehen.
So der Herr Reichskanzler am 1. Mai 1872.

Nun denken Sie doch, wie wirkt dies weiter im Land? Da hat das Teltower Kreisblatt die Rede des Herrn Reichskanzlers als Extrablatt gestern verbreitet, unter den Fittigen des preußischen Adlers ist Folgendes ausgesprochen:

Die nachstehende Rede des Fürsten Bismarck haben wir der durch dieselbe dem ganzen Lande gebrachten frohen Botschaft wegen . . .

— die Uebersetzung wahrscheinlich von Evangelium —

unsern Lesern nicht bis zum Erscheinen der nächsten Nummer unseres Blattes vorenthalten zu dürfen geglaubt und widmen denselben daher das vorliegende Extrablatt.

Es folgt die Rede des Herrn Reichskanzlers, alle Versprechungen von Steuererlassen dreifach so groß gedruckt wie das Uebrige.

(Heiterkeit.)

Den kleinen Vorbehalt des Kanzlers, daß dies in Preußen nicht so vollständig maßgebend zu sein brauchte, habe ich überhaupt nicht abgedruckt gefunden.

Ja, meine Herren, für wie dumm muß man den Bauern halten, wenn man mit solchen Kreisblättern auf ihn zu wirken sucht! Ich muß sagen, in meinem Wahlkreise wirkt man auf die Landleute, mit denen ich zu thun gehabt habe, so am allerwenigsten. Wenn man an jemand in der Politik herantritt und ihm so schöne Versprechungen macht, ihm so die Hand drückt, wenn man von ihren Schulden spricht, von allem, was sie drückt, dann werden bei mir zu Lande die Leute erst recht bedenklich, sie halten dann am ersten die Taschen zu, sie denken, sie sollen etwas geben; sie denken aber nicht daran, daß sie etwas bekommen.

Wenn aber der Eindruck ein entgegengesetzter wäre, für wie schlecht müssen die Wähler uns Abgeordnete halten, wenn sie wirklich glauben, daß alles das ihnen beschеert werden könnte! Für wie schlecht müssen sie die Abgeordneten halten, die noch dagegen reden, daß der Herr Reichskanzler solche Wohlthaten dem Lande spenden will! Dann wäre es doch in der That ein Verbrechen, auch nur durch längere Reden es aufzuhalten, daß sich das alles verwirklicht!

(Sehr richtig! rechts.)

— Ja, wenn es sich nur verwirklicht!

(Heiterkeit! links.)

Meine Herren, Herr Hobrecht hat dem Abgeordneten Bamberger gegenüber bemerkt, daß es ungerechtfertigt sei, der Regierung vorzuwerfen, daß sie den Sozialismus direkt oder indirekt mit solchen Vergehen begünstigt; er hat gesagt: was wir am Sozialismus bekämpfen, ist die Methode. Nun, meine Herren, wir bekämpfen nicht bloß die Methode der Sozialisten, sondern wir bekämpfen ihre wirthschaftlichen Grundsätze, weil wir ebenso dagegen sind, daß das allgemeine Interesse zum besonderen Vortheil der sogenannten Arbeiterklassen ausgebeutet wird, wie wir dagegen sind, daß das allgemeine Interesse zum Vortheil gewisser Kreise des Großkapitals ausgebeutet werde. Wir bekämpfen die Methode nicht minder. Herr Hobrecht meinte, die tadelnswerthe Methode der Sozialisten bestände darin, daß sie der Verbreitung von Gottesfurcht, von Bescheidenheit, von Arbeitslust entgegenwirken. Nun, meine Herren, die Gottesfurcht lasse ich aus dem Spiel, aber ich frage Sie: war die Rede des Herrn Reichskanzlers geeignet, Bescheidenheit und Arbeitslust zu verbreiten? War sie geeignet, die Ansprüche an den Staat, die Ansprüche auf Steuererlaß in bescheidenen Grenzen zu halten? War das Versprechen von Staatshilfe dazu, daß Alles besser werden solle durch den Zolltarif, geeignet, die Arbeitslust, die Selbstthätigkeit, die Energie in den Produktionskreisen wachzurufen? Und was die Hauptsache ist: der Herr Reichskanzler hat gezeigt, was er wohl gern geben möchte, er hat aber nicht verstanden, nachzuweisen, woher er es nimmt, dasjenige, woraus er es geben kann. Meine Herren, das hat mich sehr lebhaft an Ferdinand Lassalle erinnert. Ferdinand Lassale in seinen Schriften versprach hundert Millionen den Arbeitern an Kapital, aber er wies nicht nach, wo er die hundert Millionen nehmen wollte; er sagte, ich will ja bloß die Richtung angeben, für das Detail bin ich nicht verantwortlich, das wird sich ja nachher finden, es handelt sich bloß darum, zu zeigen, welch schöne Sachen ich Ihnen alle gern geben möchte. Daß der Eindruck nicht bloß bei mir war, möge Ihnen folgender Umstand beweisen: zufällig — ich glaube keine Indiskretion zu begehen — stand in meiner Nähe ein sozialistischer Kollege, der, obgleich ich nicht Vertrauensmann der Sozialisten bin, sich nicht enthalten konnte, als der Herr Reichskanzler geendet hatte, mir zu bemerken: wenn so hier ein Anderer als der Herr Reichskanzler gesprochen hätte! Meine Herren, ich fand diese Bemerkung sehr treffend, und nachher ist mir diese Frage auch von anderen nichtsozialistischen Kollegen noch vielfach aufgeworfen worden. Nun, ich habe mich damit versöhnt, weil gestern Herr Hobrecht geredet hat, ich erkenne es hoch an, daß er in dieser Weise gesprochen hat, wie er gesprochen hat. Er bezeichnete geradezu die Rede des Kanzlers als Zukunftsmusik,

(hört! hört!)

als Zukunftsmusik, das mögen die Steuerzahler im Lande sich merken, hier handelt es sich nur um Zukunftsmusik. Ich mache noch viel schönere Musik, wenn ich will, wie der Herr Reichskanzler.

(Große Heiterkeit.)

Meine Herren, ich bin gar nicht so, daß ich etwa Leute, die über 2000 Thlr. Einkommen haben oder 1000 bis 2000 Thlr. fundirtes Einkommen — das sind ja die Klassen, die anscheinend künftig alle Steuern zu tragen haben werden — daß ich die für so glücklich halte; ich bin der Meinung, auch die haben mitunter noch viele Schulden, auch da ist noch viel zu wünschen übrig; nach meiner Meinung wäre es noch besser, wenn diese auch keine Steuer zu zahlen hätten. Ich bin nämlich nicht der Meinung, daß das Steuerzahlen an und für sich etwas Gutes ist, sondern jede Steuer ist in meinen Augen etwas Nichtgutes, und wenn ich Zukunftsmusik machen will, dann sage ich, in meiner Zukunft müssen alle Steuern abgeschafft werden.

(Heiterkeit.)

Nun möge der Herr Reichskanzler mit seiner Zukunftsmusik vor den Wählern mit mir konkurriren. Es kommt nur darauf an, ob man Steuern abschaffen kann, ohne neue einzuführen. Davon hat aber der Herr Reichskanzler gar nicht gesprochen, nein, meine Herren, er hat soviel Steuern abgeschafft, die er selbst mit den Steuern nicht ersetzen kann, die er vor uns hier einführen will. Herr

Hobrecht, auch wenn er nicht Minister wäre und sich nicht verantwortlich fühlte, der würde schon als einfacher, gewissenhafter Beamter gar nicht anders die Erklärung des Herrn Reichskanzlers desavouiren und rektifiziren, als er es gethan hat. Worin liegt das Verdienst der Hobrechtschen Rede? Meine Herren, nicht darin liegt der Hauptwerth, daß er sagte, er mache soweit nicht mit, er wolle nur die Klassensteuer zur Hälfte ihres Ertrages ermäßigen, er wolle nur die Grund- und Gebäudesteuer in ihrem halben Ertrage überweisen, ...

Präsident: Ich muß den Herrn Redner unterbrechen. Ich glaube, er hat soeben die Grenze des parlamentarisch Zulässigen überschritten, wenn er sagte, der Herr Finanzminister Hobrecht sei verpflichtet gewesen als einfacher gewissenhafter Beamter, das zu korrigiren, was der Herr Reichskanzler hier gesagt hat. Ich halte das nicht für zulässig, denn es ist dadurch der Rede des Herrn Reichskanzlers ein Charakter gegeben, der ihr in diesem Hause doch nicht gegeben werden darf.

(Sehr wahr! rechts.)

Abgeordneter **Richter** (Hagen): Herr Präsident, ich glaube, daß, wenn Sie meine Ausführung gestattet hätten zunächst zu Ende zu führen, Sie die Ueberzeugung gewonnen hätten, daß mir in diesem Augenblick nichts ferner gelegen hat, als irgendwie in dieser Weise einen Angriff oder eine Ueberschreitung der parlamentarischen Grenze zu erlauben. Ich will bloß — das werde ich jetzt noch näher nachweisen — anführen, daß jemand, der verantwortlich ist für die Finanzen und infolgedessen nothwendig ein schärferes Verantwortlichkeitsbewußtsein für die Ausführung hat, daß, wenn er nach seinem Wissen die Ueberzeugung hat, daß das unrichtig ist, er nicht schweigen darf, sondern sein Wissen dem Wissen des Herrn Reichskanzlers entgegensetzen muß. Nicht die Gewissenlosigkeit, sondern das Entgegensetzen der besseren Kenntniß des Herrn Finanzministers der geringeren Kenntniß des Herrn Reichskanzlers, das habe ich hervorgehoben. Ich glaube, Herr Präsident, in diesem Zusammenhang — ich habe in der That keinen anderen gehabt — würde mich der Vorwurf weniger treffen können, daß ich irgendwie die Absicht gehabt habe, die Grenzen der parlamentarischen Freiheit zu überschreiten.

Meine Herren, ich sage, jener Werth in der Rede des Herrn Hobrecht liegt nicht darin, daß er gesagt hat: ich mache so weit das Programm nicht mit. Nein, meine Herren, ich zweifle gar nicht, daß der Herr Reichskanzler, wenn er mit Herrn Hobrecht so weit gegangen ist, als die Herren zusammen nach ihrem Programm gehen, dann für den weiteren Theil ihres Weges leicht einen anderen Finanzminister finden kann, der ihm das Weitere ausführt. Diese Personenfrage bleibt für mich außer Betracht.

Der Schwerpunkt der Auseinandersetzung des Herrn Hobrecht liegt darin, daß er sagt: das, was der Kanzler hier ausgeführt hat, ist überhaupt nicht ausführbar mit den neuen Steuern, die hier vorliegen, während man aus der Rede des Herrn Reichskanzlers den Eindruck haben mußte: diese neuen Steuern sollen all das Glück bringen.

(Zurufe rechts: Nein!)

Jedenfalls ist nur ganz in Parenthese hinzugefügt: „für das einzelne bin ich nicht verantwortlich, ich bin ja in Preußen nicht so mächtig." Dieser Vorbehalt tritt ganz zurück. Das Verdienst des Herrn Hobrecht ist es, das gerade wieder sehr scharf in den Vordergrund gerückt zu haben. Meine Herren, der Herr Reichskanzler braucht für seine Pläne: Abschaffung der ganzen Klassensteuer, Ueberweisung der Grund- und Gebäudesteuer an die Kommunen, Revision der Einkommensteuer, nicht bloß 166 Millionen, nicht bloß 200 Millionen, sondern rechnungsmäßig noch eine viel höhere Summe. Nun liegen gar keine Pläne vor, woher das Geld geschaffen werden soll; eben darum haben auch die ganzen Auseinandersetzungen des Herrn Reichskanzlers einen praktischen Werth gar nicht. Herr Hobrecht sagte: ich schätze überhaupt den Ertrag der hier vorliegenden Steuern nur auf 100 Millionen,

(Zurufe)

— nein 100 Millionen. Während der Herr Reichskanzler so sprach, als ob diese Erträge nun dazu verwandt werden sollten, um Steuern zu erlassen, hält es Herr Hobrecht für seine Pflicht, zu bemerken, daß wir Defizit haben, daß Ausgaben gedeckt werden sollen, daß diese Ausgaben beständig sein werden, daß dazu in Preußen 44 Millionen erforderlich sind, — macht für das Reich 70 Millionen; er zieht also ein ganz anderes Moment in den Vordergrund: Daß von den 100 Millionen überhaupt nur 100 minus 70, also nur 30 Millionen zu Steuererlassen nach seiner Auffassung verfügbar sind. Von den 30 übrigen Millionen kommen 16 Millionen auf Preußen. Nach der Rechnung des Herrn Hobrecht also ist alles das, was aus diesen Vorlagen für Preußen fließt, 16 Millionen; das ist nur ein Sechstel von dem, was ausreichen würde zur Aufhebung der Klassensteuer und zur Uebertragung der Grund- und Gebäudesteuer an die Kommunen.

(Zuruf: 166 Millionen!)

Nein, er hat folgendermaßen gerechnet: 46 Millionen Tabaksteuerplus — da stimme ich ganz mit ihm überein —, 18 Millionen Brausteuerplus — stimme ich auch überein —, und nun hat er gerechnet 36 Millionen Tarif.

(Zurufe: 100 Millionen!)

— Ich werde gleich darauf kommen. Ich habe eben darum gewünscht, damit wir uns heut nicht darüber zu streiten hätten, daß uns der stenographische Bericht zugänglich gemacht würde. — Nun, meine Herren, er würde also nach dieser Rechnung überhaupt nur ein Sechstel in Preußen verfügbar haben zum Erlaß der Klassensteuer, zur Uebertragung der Grund- und Gebäudesteuer, — von der Einkommensteuerrevision u. dgl. nicht zu sprechen.

Also, meine Herren, in welchem Mißverhältnisse liegen diese großen, weitgehenden Versprechungen des Herrn Reichskanzlers gegenüber dem, was der Herr Minister Hobrecht erklärt hat, was er mit allen diesen hier geforderten Steuern nur in bescheidenem Umfang ausführen kann, und deshalb, meine Herren, aus diesem Grunde möchte ich bitten, daß nun im Teltower Kreise und sonst wo ein zweites Extrablatt verbreitet würde mit der Rede des Herrn Ministers Hobrecht, welche keine Zukunftsmusik macht, sondern nur dasjenige, was überhaupt praktisch diskutirt werden kann, in engem Rahmen dargestellt und den Wählern vor Augen geführt hat. Ich glaube, dann wird allerdings etwas ruhigeres Blut den beiden Reden gegenüber eintreten, und man wird die Sache nicht so überschwenglich ansehen, wie man sonst leicht geneigt ist, wenn man bloß die Rede des Herrn Reichskanzlers gehört hat.

Meine Herren, ich bin nun der Meinung, daß der Herr Minister Hobrecht allerdings richtig schätzt, wenn er die Kraft bemißt mit dem, was er mit den neuen Einnahmen machen kann, daß er nur den Ertrag der neuen Einnahmen unterschätzt. Ich schätze den Ertrag dieser neuen Einnahmen nicht auf 100 Millionen, sondern im ganzen auf 166 Millionen,

(Zuruf: Hobrecht auch!)

so, wenn das nachher der Fall ist, so stimme ich in dieser Beziehung überein sowohl in Begrenzung der Pläne des Herrn Reichskanzlers auf Schutzzoll als auch in der Berechnung des Ertrages. Ich habe bereits von Anfang an in der Presse diese Ansicht vertreten, daß 166 Millionen — genau diese Ziffer — der Ertrag ist, der aus all diesen Vorlagen sich ergibt. Meine Herren, wir haben damit eine rechnungsmäßige Grundlage gewonnen, die von der größten Bedeutung ist.

Nun, meine Herren, es kommen dann von den 166

Millionen 46 Millionen auf den Tabak, 18 Millionen auf die Brausteuer und 100 oder 101 Millionen auf den Ertrag des Zolltarifs, und von den 101 Millionen als Ertrag des Zolltarifs fallen — in der Schätzung werde ich und der Herr Minister Hobrecht auch nicht auseinander gehen — 30 bis 36 Millionen auf Petroleum- und Finanzzölle, es bleibt ungefähr der Betrag von 65 Millionen übrig als Ertrag der Schutzzölle. Darauf möchte ich ganz besonders die Herren vom Zentrum aufmerksam machen. Die Herren haben gesagt, sie würden nicht so weit gehen, so viel zu bewilligen, daß der Betrag den Matrikularbeiträgen gleichkommt, sie wollten, so habe ich verstanden, die Matrikularbeiträge zum guten Theil erhalten wissen. Meine Herren, die Matrikularbeiträge, — wenn man die Aversen außer Betracht läßt, und das muß man ja, die Aversen können ebenso gut unter dem Titel Verbrauchssteuer stehen wie unter den Martrikularbeiträgen — betragen 65 Millionen Mark. Es ist also möglich, allein mit Schutzzöllen die ganzen Martikularbeiträgen zu beseitigen, und ich glaube, wenn die Herren die Frage ernst nehmen, die die Martrikularbeiträge, nicht beseitigen wollen, sie der Bewilligung von Schutzzöllen nach allen Richtungen schon aus finanziellem Interesse sehr erhebliche Grenzen ziehen müssen.

Meine Herren, der Herr Abgeordnete Reichensperger hat das scharf betont, daß Schutzzölle und Finanzzölle für sie ganz besondere, aparte Gerichte sind. Nun, meine Herren, dann möchte ich doch auch rathen, diese aparten Gerichte nicht auf demselben Teller vorbereiten zu lassen,

(sehr richtig!)

sie nicht in ein und dieselbe Kommission zur Vorberathung zu bringen, denn es könnte sehr leicht kommen, daß auf demselben Teller die beiden Gerichte in eins zusammenlaufen und daß man aus Versehen Finanzzölle bewilligt, wo man glaubt, Schutzzölle zu bewilligen, zumal die größten Sachverständigen kaum in jedem Falle das zu unterscheiden im Staude sind.

(Ruf: O ja!)

Meine Herren, das ist der Grund, warum ich Ihnen vorschlage mit anderen Freunden, warum wir vorschlagen, die finanziellen Artikel, damit sie nicht in den großen Streit zwischen Schutzzoll und Freihandel hineingeflochten werden, in einer besonderen Kommission und separatim einer Erörterung zu unterziehen. Ich möchte nun aber nach der anderen Seite bemerken, daß wir doch auch Vorsorge zu treffen haben, daß der Herr Reichskanzler nicht etwa mit Hilfe der Schutzzöllner die Schutzzölle und mit Hilfe der Freihändler oder eines Theiles derselben nachher die Finanzzölle bewilligt erhält. Meine Herren, ich sollte doch meinen, niemand wird Finanzzölle bewilligen wollen, bloß weil sie an sich schön sind; wenn der Herr Reichskanzler Aussicht hat, Schutzzölle zu bekommen und Geld daraus, so kann er ja doch auf die Finanzzölle dann um so eher verzichten; denn man kann doch als Freihändler dem Herrn Reichskanzler nicht etwas bewilligen, bloß um seinerseits auch etwas zu bewilligen und nicht unfreundlicher in der Bewilligung zu sein als die Schutzzöllner. Ich meine, gerade vom freihändlerischen Standpunkt, wenn wir der Meinung sind, daß durch die Schutzzollpolitik die Fundamente unserer wirthschaftlichen Kreise erschüttert und die Leistungsfähigkeit des Volkes geschwächt wird, so müssen wir uns als Freihändler doch sagen, daß, wenn die Schutzzölle bewilligt sind, wir dann noch viel weniger in der Lage sind, Finanzzölle zu bewilligen, wenn wir auch vorher vielleicht in dieser Lage gewesen wären.

Nach meiner Meinung ist dem Herrn Reichskanzler das Geld die Hauptsache.

(Heiterkeit.)

Er ist auch so offen, das zu sagen, und diese Offenheit habe ich immer anerkannt. Der Herr Reichskanzler hat neulich gemeint, solche Freihändler hätte es doch nie gegeben in dieser Versammlung, die alle Zölle, alle Schutzzölle hätten abschaffen wollen. Meine Herren, es gab zwei solche Freihändler, das war der Herr Reichskanzler und Dr. Lucius.

(Heiterkeit.)

Die sind so radikal gewesen im November 1875 und wollten alle Schutzzölle, die bestanden, abschaffen. Der Herr Dr. Lucius als nächster Redner hinter dem Reichskanzler sagte: nun wollen wir von der freikonservativen Seite mit den Freihändlern uns in Verbindung setzen, um dieses radikale freihändlerische Programm auszuführen.

Damals sind wir Freihändler nicht so schlechte Menschen gewesen von unserem Standpunkt aus und haben ein so radikales Programm durchführen wollen. Wir haben das abgelehnt, der Geldfrage, der politischen Frage und der Steuerfrage die Freihandelsfrage unterzuordnen. Jetzt wird die Sache anders versucht. Jetzt wendet sich der Herr Reichskanzler und läßt seinen Finanzfragen die Schutzzollfrage Vorspanndienste leisten. Das ist nach meiner Ueberzeugung die gegenwärtige Stellung des Herrn Reichskanzlers. Er ist noch heute gar nicht ein so schlimmer Schutzzöllner, wie es den Anschein hat, er hat neulich noch offen gesagt: ich habe den einen Weg nicht gangbar gefunden, darum gehe ich den anderen. Wie wäre es auch sonst zu erklären, daß in demselben Augenblick, in dem er durch den Zolltarif den internationalen Austausch der Fabrikate, namentlich der hochwerthigen Fabrikate, unterbricht, derselbe Reichskanzler Weltpostverträge, neue Tarifverträge über Postpakete mit den Niederlanden und Oesterreich-Ungarn abschließt, die jedenfalls für Fabrikate von hohem Werth und geringem Gewicht die Wirkung einer Neutralisirung der Schutzzollpolitik nothwendig zur Folge haben.

Wir unsererseits stehen diesem ganzen Plane durchaus negativ gegenüber, wir sind nicht abgeneigt zu einer Steuerreform, aber wir sehen hier nichts von Steuerreform. Es ist mir gesagt worden, daß der einzige Artikel, der eine Ermäßigung erfährt in den Vorlagen des Herrn Reichskanzlers, blausaures Kali wäre. Es ist mir bisher aber nicht einmal gelungen sicher festzustellen, ob dieser Genuß den Steuerzahlern in der That wohlfeiler gemacht werden soll durch diese Vorlage.

(Heiterkeit.)

Jedenfalls ist sonst von Steuererlassen in diesen Vorlagen nichts zu merken. Unter Steuerreform verstehe ich aber immer nicht bloß Steuererhöhungen sondern auch Steuerermäßigungen. Auf der anderen Seite ist für uns, das habe ich schon wiederholt auseinander gesetzt, und ich brauche es wohl nur mit zwei Worten zu sagen, eine Steuerreform nicht denkbar ohne Heranziehung der Branntweinsteuer, am wenigsten eine Erhöhung der Brausteuer, die ohne Branntweinsteuer nur eine Prämie auf den Branntweingenuß wäre.

(Sehr richtig!)

Für uns ist eine Reform nicht denkbar ohne Reform der Rübensteuer, um dem Verfall dieser Steuer entgegen zu treten, um dieselbe wieder auf eine rationelle Grundlage zu basiren. Es gibt für uns keine Reform der Tabaksteuer als in Verbindung mit diesen Steuerreformen und auf einer mäßigen Grundlage, die nicht zerstörend in diese große Industrie hineingreift. Gerade in dem Augenblick, wo man vom Schutz der nationalen Industrie spricht, halte ich es nicht für gerechtfertigt, eine selbstständig gewachsene, wirklich nationale Industrie in diesem Umfang mit einer großen Steuer zu belegen. Indessen, meine Herren, Sie kennen unseren Standpunkt zur Genüge. Meine Fraktionsgenossen sind einstimmig in der Verwerfung der Tabaksteuervorlage in dieser oder ähnlicher Gestalt, sie sind einstimmig in der Verwerfung der Brausteuer, einstimmig in der Verwerfung der Petroleumsteuer, einstimmig in der Verwerfung jedes Zolls auf Getreide, Vieh und andere unentbehrliche Lebensmittel. Damit leugnen wir überhaupt die Grundlagen, auf denen diese Zölle und Steuern projektirt sind, und wenn es dem Abgeordneten Bamberger neulich gelungen ist, das Haus in Kompagnien einzutheilen, wollen wir uns gern bescheiden, daß wir mit diesem unserem Standpunkte sehr irregulärer Natur sind und uns in keine Kompagnie würden einreihen lassen. Für uns gibt es in Bezug auf diese Grundlage auch keinerlei Kompromiß, keinerlei Verständigung. Wir halten dieses System für ein durchaus falsches, das wir bekämpfen müssen und, wenn es durchdringen sollte, suchen müßten, sobald als möglich wieder aus der Welt zu schaffen. Wir würden in jedem Kompromiß nur eine Befestigung, eine Etappe zum weiteren Vordringen in anderer Richtung erblicken, eine Schwächung, ein Moment, welches in der Folge die Nachtheile und Gefahren dieses Systems geringer erscheinen lassen könnte, als sie in Wirklichkeit sind. Meine Herren, und doch liegt, so ausführlich ich auch diese Steuerfrage, diese Finanzfrage entwickeln müßte, um den Standpunkt meiner Partei Ihuen klar zu machen, nach meiner Ueberzeugung, gestatten Sie mir das zum Schluß anzuführen, in diesen Fragen nicht das eigentlich bedeutende und bestimmende für den Herrn Reichskanzler, es ist im letzten Grunde nicht die Steuerfrage, im letzten Grunde nicht die Zollfrage, es ist die **Machtfrage**, welche ihn bestimmt. Denn Geld ist Macht, und mit dem Geld wird die Machtfrage entschieden. Die Machtfrage gegenüber dem Reichstage, die Machtfrage gegenüber den Einzelstaaten, die ist es, die wir in ihrer Bedeutung uns nicht herunterdrücken lassen wollen. Ich bedauere, daß der Herr Abgeordnete Reichensperger ebensowohl wie der Herr Reichskanzler gemeint hat, das politische Moment müsse hierbei zurücktreten. Nein, meine Herren, man konn diese Vorlage nur verstehen, wenn man auch die politischen Momente mit in Betracht zieht. Meine Herren, niemand weiß mehr die Macht zu schätzen und mit der Machtfrage zu rechnen als der Herr Reichskanzler. Auf dem auswärtigen Gebiete ist es seine geschickte Behandlung der Machtfrage, der Machtverhältnisse, die ihm große Erfolge zugeführt hat. Das ist nur sein Fehler, daß er diese Machtfrage, diese Behandlungsweise, die auf auswärtigem Gebiete seine Vorzüge, seine Erfolge sicher stellt, auf die inneren politischen Fragen in einer Weise überträgt, wie es nicht richtig ist. Der Herr Reichskanzler schließt bei auswärtigen Verhältnissen bald mit einem Staate Freundschaft, bald steht er ihm als Gegner gegenüber. Ebenso sehen wir ihn verfahren, indem er überall die Machtfrage im Innern voranstellt, je nachdem die augenblicklichen Machtverhältnisse im Innern es ihm räthlich erscheinen lassen, empfängt er einen Führer der Sozialisten wie seinen Gutsnachbar, und wenn nachher das Volk der Ueberredungsgabe eines solchen Führers nicht denjenigen Widerstand entgegensetzt, wie er selbst im Verkehr mit demselben, bietet er alle Staatsmacht auf, um diese Verführten zu verfolgen. Der Herr Reichskanzler bietet gegen eine andere Partei erst die ganze Staatsmacht auf. Durch Gegensätze, welche sich daran knüpfen, wird das Volk in seinem innersten Leben bewegt und ergriffen, und später verhandelt er wieder nach derselben Richtung in einer Weise, als ob es sich um eine Machtfrage handelt, die im Wege diplomatischen Ausgleichs wie auswärtige Fragen beseitigt werden kann. Bald erhebt des Kanzlers Presse die Führer einer andern Partei, als die besten, gesinnungstüchtigsten Männer in den Himmel, bald erlaubt sich des Kanziers Presse nun dieselben Männer als von Aemterjägerei oder von irgend welcher egoistischer Gesinnung beseelt darzustellen. Der Reichskanzler wechselt mit den Freundschaften und Gegnerschaften, ehe man sich es versieht, dazwischen liegt eine gewisse dilatorische Behandlungsweise; von Benedetti an gerechnet, sind eine große Reihe großer Staatsmänner im inneren und äußeren Staatsleben dilatorisch von ihm behandelt worden. Augenblicklich scheint Herr Windthorst (Meppen), wenn ich die Sache recht begreife, von ihm dilatorisch behandelt zu werden.

(Heiterkeit.)

Dieses Voranstellen der Machtfrage, welche in dieser Weise überall hervortritt, ist für ihn bestimmend, die Steuer- und Finanzfrage überall zu benutzen zur Kürzung der politischen Bedeutung des Reichstags und der Einzelstaaten. Dem Reichstage gegenüber tritt das scharf hervor im § 5; es soll uns dort zugemuthet werden, daß wir dem Kanzler die Vollmacht geben, Zollkriege zu führen. Während bei politischen Kriegen doch immer das Geldbewilligungsrecht eine Mitwirkung hat, sollen wir dem Reichskanzler hier von vornherein die Vollmacht geben, ohne unsere Mitwirkung auf Kosten der internationalen Beziehungen der dabei betheiligten Industrie Kriege zu führen. Ich spreche darüber nicht weiter, weil ich überzeugt bin, daß der Reichstag sich darauf nicht einlassen wird, ich möchte aber doch bitten, dadurch, daß diese Frage vorgeschoben wird, den praktischen Blick nicht ableuken zu lassen von der noch weit praktischeren Frage der Stellung des Reichstags selbst in Bezug auf die Bewilligung des Geldes. Meine Herren, der Herr Präsident — ich glaube, ich darf das erwähnen — hat in einer vor seinen Wählern gehaltenen Rede mit Recht im vorigen Jahre hervorgehoben, daß diese Frage der Geldbewilligung eine Frage ist von politischer Bedeutung, nicht bloß eine freiheitliche Frage, daß der Reichstag wirklich diese Machtbefugniß haben muß im Interesse der Entwickelung des Reiches selber, daß er die bescheidenen Rechte, die er hat, auch behalten muß. Nun, meine Herren, wo ist hier in dieser Vorlage irgendwo nur mit einem Worte die Rede von der Erhaltung unseres Geldbewilligungsrechts. Der Reichskanzler scheint es entweder als selbstverständlich anzusehen, daß nun das Geldbewilligungsrecht in Wegfall kommt, oder er hält es derart für ein Internum des Reichstags, wie den Büreauetat des Reichstags, bei welchem die Regierung auch keine Stellung einzunehmen hat. Meine Herren, wir sind der Meinung, daß in dem Maße, wie die Einnahmen sich vermehren, indem mehr Steuern bewilligt werden, daß in diesem Maße auch dem Reichstage mehr Rechte eingeräumt werden müssen, da schon dadurch das gegenwärtige Machtverhältniß verschoben wird. Selbst Herr Camphausen hat noch im vorigen Jahre hervorgehoben, nach seiner Ansicht könne der Reichstag nicht auf die Matrikularbeiträge im konstitutionellen Interesse verzichten, denselben Standpunkt hat der Herr Abgeordnete Reichensperger eingenommen. Ich bemerke noch eins, meine Herren, wenn neue Steuern aufgeschüttet werden, deren Ertrag sich nicht mit vollständiger Sicherheit berechnen läßt, wo niemand sagen kann, wie schwer sie drücken, muß gegenüber diesen neuen Steuern der Reichstag ein direktes Steuerbewilligungsrecht haben, das ihn in den Stand setzt, wenn er später findet, diese Steuer trage mehr ein, als er damals geschätzt hat, oder diese Steuern drücken stärker auf die Bürger, als er angenommen habe, unmittelbar und nach seinem freien Ermessen diese Steuern erlassen zu können und wieder eine geringere Belastung der Steuerzahler herbeizuführen.

Diese Machtfrage, diese politische Seite gilt aber nicht bloß dem Reichstage gegenüber; sie kommt auch den Einzelstaaten gegenüber in Betracht. Das Budgetrecht des Bundesraths, dessen Einnahmebewilligungsrecht, das ja auch in Frage steht, das liegt mir nicht am Herzen; dafür mögen die Herren selber sorgen!

Aber, meine Herren, anders stellt sich das Verhältniß zu den Einzelstaaten selbst. Der Herr Reichskanzler sagt, es soll ferner nicht mehr das Reich der lästige Kostgänger sein, der mahnende Gläubiger der Einzelstaaten sein; das Reich soll auf eigene Füße gestellt werden.

Nnn, meine Herren, kann man gegenüber den 166 Millionen,

die 101 Millionen Ueberschüsse an die Einzelstaaten bedeuten, nicht ebenso sagen, daß dann die Gefahr entsteht, daß der Einzelstaat ein lästiger Kostgänger, ein mahnender Gläubiger des Reichs wird, daß in eine noch ungünstigere Stellung der Einzelstaat versetzt werden soll, als diejenige, von der man den Reichstag befreien will.

Der Herr Reichskanzler bedauert es, daß die Thüringer soviel bezahlen, wie die Hanseaten. Wenn der Herr Reichskanzler die Ueberschüsse vertheilt, wird dasselbe ungünstige Verhältniß nach der Kopfzahl eintreten; oder weiß er einen besseren Maßstab, dann könnten wir ihn auch für die Matrikularbeiträge einführen.

Der Herr Reichskanzler zitirt einen Ausspruch von der Anarchie des Budgets der Einzelstaaten, das die Matrikularbeiträge hervorbringen. Wenn der Herr Reichskanzler die Ueberschüsse an die Einzelstaaten gibt, dann wird die Anarchie, wenn sie jetzt wirklich vorhanden ist, erhalten; sie wird dann nur, statt auf dem Ausgabekonto, auf dem Einnahmekonto der Einzelstaaten erscheinen.

In dem Maß, wie die Einzelstaaten den Schlüssel zu ihrem Steuersäckel verlieren, die Steuern in den Einzelstaaten mit dem direkten Steuersystem zurücktreten, in dem Maß vermindern sich auch die parlamentarischen Befugnisse der Einzelstaaten, die Einzellandtage treten in ihrer Bedeutung zurück: das mag den Finanzministern der Einzelstaaten vielleicht genehm sein, sie mögen sich in diesem Augenblick lieber mit dem Reichskanzler abfinden, als mit ihren parlamentarischen Körperschaften; aber ich bitte Sie, zu bedenken, daß diese Entwickelung sich vollzieht nicht nur unter der Verminderung des parlamentarischen Einflusses der Einzellandtage, sondern unter der Verminderung des Ansehens und der Bedeutung der Einzelstaaten überhaupt. Wir halten die Einzelstaaten, die Mittelstaaten, für ein nothwendiges Fundament des Bundesstaats, des staatlichen Wesens, wie es jetzt in Deutschland besteht und wie es erhalten werden muß. Mit einem Worte, die politische Richtung dieser Vorlagen kennzeichnet sich darin, daß sie in Bezug auf die parlamentarischen Machtbefugnisse in der Richtung des Absolutismus liegen und in Bezug auf das Verhältniß zu den Einzelstaaten in der Richtung des Einheitsstaats. Ich sage nicht, diese Vorlagen sind der absolutistische Einheitsstaat; aber ich sage, diese Vorlagen in ihrer Gesammtheit nach ihrer politischen Bedeutung liegen in der Richtung zu dem absolutistischen Einheitsstaate. Meine Herren, eine solche Entwickelung wollen wir nicht in Deutschland; einer solchen Entwickelung wollen wir uns mit allen Kräften entgegenstellen; wir wissen, daß wir für uns allein schwach sind. Aber, meine Herren, wir bitten diejenigen, die mit uns in der Hauptsache auf demselben Standpunkte stehen, sich in dieser ernsten Stunde der Gefahr mit uns zusammenzuschließen, Kleines, was uns trennte, das, was in der Vergangenheit uns trennte, außer Acht zu lassen, wie wir es thun wollen, und sich mit uns zu verbinden in dieser ernsten Stunde des Vaterlandes zur Vertheidigung dessen, was uns gemeinsam ist.

Meine Herren, keine Freiheit ist einem Volke jemals geschenkt worden. Jede Freiheit, die von oben gegeben wurde, sie mußte entweder im Kampfe behauptet oder im Kampfe wieder errungen werden. Die wirthschaftliche Freiheit hat keine Sicherheit ohne politische Freiheit, das erfahren wir jetzt, und die politische findet ihre Sicherheit nur in der wirthschaftlichen Freiheit.

Mag es sein, daß wir im Augenblicke zurückgedrängt werden, Einzelnes verlieren — harren wir aus, so wird, so wahr dieses deutsche Reich eine Zukunft hat, schließlich der Sieg doch unser bleiben.

(Lebhaftes Bravo links. Zischen rechts.)

Präsident: Der Herr Bevollmächtigte zum Bundesrath Finanzminister Hobrecht hat das Wort.

Bevollmächtigter zum Bundesrath für das Königreich Preußen Staats- und Finanzminister **Hobrecht**: Meine Herren, ich glaube zwar nicht, daß viele das, was ich am Sonnabend in Erwiderung auf die Rede des Herrn Abgeordneten Bamberger gesprochen habe, in Wirklichkeit so verstanden haben ....

(Zuruf: Lauter! — Ruhe!)

Präsident: Meine Herren, ich bitte um Ruhe; ich glaube, dann wird der Herr Finanzminister verstanden werden.

Bevollmächtiger zum Bundesrath für das Königreich Preußen Staats- und Finanzminister **Hobrecht**: Ich glaube, ich habe ziemlich laut gesprochen.

Meine Herren, ich wiederhole, ich glaube nicht, daß viele das, was ich am Sonnabend gesprochen habe, in Wirklichkeit so verstanden haben, wie es der letzte Herr Redner in einer von seinem Standpunkte aus vielleicht ganz richtigen und geschickten Fechtertaktik sofort auslegte, und ich würde es nicht für nöthig gehalten haben, darauf zu erwidern, wenn er diese Auslegung nicht heute des Breiteren wiederholt hätte.

Der Herr Abgeordnete Bamberger hatte das, was kurz vorher der Herr Reichskanzler in Bezug auf die Richtung einer Umgestaltung in unserer direkten Steuerverfassung ausgeführt hatte, angegriffen und darin unerfüllbare Verheißungen erblickt. Ich hatte besonderen Anlaß darauf zu erwidern, weil ich vor wenigen Monaten über denselben Gegenstand das, was mir nothwendig schien, im Abgeordnetenhause, im preußischen Landtage, auseinandergesetzt hatte. Ich habe nachgewiesen, daß es nicht nöthig sei, eine nähere Auseinandersetzung darüber eintreten zu lassen, ob mit der Reform soweit gegangen werden solle, als es von mir bezeichnet war, oder ob weiter zu gehen nöthig sei, weil auch in den engsten Grenzen diese Reform Mittel erforderte, die durch die jetzt Ihnen gemachten Vorlagen nur knapp gedeckt werden können. Ich habe das darum hervorgehoben, weil es mir darauf ankam, daß namentlich auch diejenigen preußischen Mitglieder des Reichstags, welche im wesentlichen mit den Zielen einer Steuerreform, wie sie im preußischen Landtage erörtert worden ist, einverstanden waren, nicht die Besorgniß haben möchten, es würden hier Mittel verlangt, die noch weit über das Ziel hinausgehen, sondern daß auch in diesen Grenzen die Mittel eben nur ausreichen; weil ich wünschte, daß diese Mitglieder des Reichstages, denen es wirklich darauf ankommt, die Schwierigkeiten zu beseitigen, die der dringend nothwendigen Reform entgegenstehen, und denen bei dieser Aufgabe nicht die Machtfrage, wie dem letzten Herrn Redner, im Vordergrunde steht, daß die im Staube wären, ohne Bedenken anzuerkennen, daß hier nichts über das Bedürfniß hinaus gefordert wird.

Die weiteren Zahlenausführungen des letzten Herrn Redners will ich nicht widerlegen.

Ich glaube, Sie werden aus dem stenographischen Berichte ersehen, daß sie nicht ganz übereinstimmen mit dem, was ich gesagt habe.

Präsident: Der Herr Kommissarius des Bundesraths Geheimrath Tiedemann hat das Wort.

Kommissarius des Bundesraths kaiserlicher Geheimer Regierungsrath **Tiedemann**: Meine Herren, es kann nicht meine Aufgabe sein, alle die Unrichtigkeiten zu widerlegen, die in einer sorgfältig ausgearbeiteten und wohldurchdachten, ich glaube, fast dreistündigen Rede des Herrn Abgeordneten Richter vorgebracht worden sind. Ich möchte aber doch glauben, daß es nothwendig ist, einigen von ihm berührten Wendungen direkt einen Widerspruch vom Tische des Bundesraths aus entgegenzusetzen. Es hat sich ein ganzer Theil der Deduktionen des Herrn Abgeordneten Richter in dem Gedanken bewegt, die vorgeschlagenen Zölle seien im Interesse des **Großkapitals**, im Interesse des **Großgrundbesitzes**, sie drückten den kleinen Mann, sie drückten die Bauern. Ich glaube, diese Behauptung, mit solcher Emphase ausgesprochen und in das Land hineingeschleudert, kann, wenn sie unerwidert bliebe, an einigen Stellen Eindruck machen. Diesen Eindruck möchte ich von vornherein verwischen, und deshalb bitte ich um Ihre Nachsicht für wenige Minuten.

Meine Herren, in einem Lande, in dem von 7 Millionen Censiten ungefähr 2 Millionen Censiten nicht ein Einkommen von 140 Thalern haben und deswegen steuerfrei belassen werden müssen, in einem Lande, wo von den Steuerzahlern vielleicht nur 150 000 vorhanden sind, die über 1000 Thaler Einkommen haben und in dieser Höhe besteuert sind, da ist es gerade Aufgabe der Staatsregierung, dafür zu sorgen, daß den Vielen, es mögen ja 90 Prozent der Bevölkerung sein, welche von ihrer Hände Arbeit leben, ihre Arbeit nicht erschwert wird, im Gegentheil, daß ihnen Raum geschoffen wird für dieselbe. Das, meine Herren, ist eins der Leitmotive gewesen, was die verbündeten Regierungen veranlaßt hat, in die Zollreform einzutreten, und ich glaube, bei der Spezialdiskussion, der ich heute nicht vorgreifen will, wird sich Gelegenheit genug finden, das im Einzelnen nachzuweisen. Für heute möchte ich nur den Herrn Abgeordneten Richter bitten, der sich viel darauf zugute thut, die Verhältnisse Rheinlands und Westfalens genau zu kennen, — sich doch einmal in seinen Wahlkreis zu begeben oder in den benachbarten Kreis, den er vor Jahren — glücklicherweise nicht lange — als Landrath verwaltet hat,

(Heiterkeit, Unruhe)

und sich dort einmal umzusehen, wie es mit den einzelnen Gemeinden steht. Ich will Ihnen nur ein paar Thatsachen vorführen. Sie werden z. B. finden, daß das Armenbudget der Stadt Dortmund gestiegen ist von 93 000 Mark im Jahre 1874 auf 221 000 Mark im Jahre 1878.

(Hört! hört! rechts.)

In ähnlicher Weise sind die Armenbudgets aller Gemeinden Rheinlands und Westfalens, die ich kenne, gestiegen. Nun sagen die Herren von der Freihandelspartei: nun ja, wir müssen die Sache gehen lassen, wie sie geht, wir dürfen in keiner Weise weder fördernd, noch hindernd in das gewerbliche Leben eingreifen. Das läuft schließlich auf den Satz hinaus: laß sie betteln gehen, wenn sie hungrig sind! Es ist das eine Theorie, die, gelinde gesagt, doch ihre sehr bedenklichen Seiten hat.

Nun, meine Herren, heißt es: das Großkapital wird geschützt, der Arbeiter wird geschädigt; der Großgrundbesitzer wird geschützt, der kleine Grundbesitzer wird geschädigt. Ja, liegen denn die Verhältnisse in der That so? Wer ist heutzutage am meisten in Noth, — der Großgrundbesitz oder der kleine Grundbesitz? Ich glaube, jeder, der mit den landwirthschaftlichen Verhältnissen auch nur annähernd vertraut ist, wird antworten müssen: der Bauer leidet am allermeisten heutzutage, und es ist gerade Aufgabe der Regierung, dem vorzubeugen, daß dieser alte Bauernstand ruinirt wird. Ich habe hier ein Verzeichniß der Subhastationen aus den letzten zwanzig Jahren, ich glaube, sie geben ein Bild von den Verhältnissen, wie sie bei uns liegen.

In den Jahren 1854 bis 56 betrug die Summe der Subhastationen im Jahresdurchschnitt bei Rittergütern 22 und bei bäuerlichen Gütern 678,

(Zuruf: wo?)

im ganzen preußischen Staat. Zehn Jahre später, also in den Jahren 1864 bis 1866, war die Zahl der subhastirten Rittergüter im Jahresdurchschnitt auf 42, also ungefähr auf das Doppelte gestiegen, die Zahl der bäuerlichen Güter aber auf 3101.

(Hört! hört!)

Mit dem Jahre 1867 schließt diese Liste ab, ich kann daher zu meinem Bedauern nicht mittheilen, wie viel Rittergüter und wie viel bäuerliche Güter seit jener Zeit subhastirt sind. Dagegen habe ich eine zweite Liste, welche mit dem Jahre 1868 anfängt und eine Zusammenstellung aller Subhastationen sowohl der städtischen wie der ländlichen enthält — für die ganze preußische Monarchie. Ans dieser Zusammenstellung läßt sich allerdings nicht entnehmen, in welchem Fall die Subhastationen nach den verschiedenen Kategorien vorgekommen sind, indessen liefert eine separate Zusammenstellung, die für den Bezirk des Appellationsgerichts Frankfurt aufgestellt worden ist, doch ungefähr einen Maßstab für die Unterscheidung ländlicher und städtischer Subhastationen. Der Appellationsgerichtsbezirk Frankfurt enthält, den Stadt- und Landkreis Frankfurt umfassend, eine Seelenzahl von 124 000, davon fallen auf die Stadt 101 000 Seelen. In Frankfurt werden die städtischen Subhastationen vom Fiskalat und auf dem Lande von dem Justizamte geregelt; und hier kann man sehen, wie das Verhältniß ist. Es sind im Jahre 1877 95 Güter vom Fiskalat und 30 vom Landjustizamt subhastirt worden, das ergibt ein Verhältniß, was der Bevölkerungszahl von Stadt und Land entspricht. Wenn wir dieses Verhältniß auf die übrigen Bezirke anwenden und rechnen also die Hälfte — 52 Prozent der Bevölkerung ist doch wohl als Landbevölkerung zu bezeichnen — rechnen wir also die Hälfte auf die Landbezirke, so bekommen wir folgendes Resultat. In den Jahren 1874 bis 76 sind subhastirt worden in Summa 43 138, im Jahresdurchschnitt 14 329 Güter; rechnen wir also die Hälfte, zirka 7000, im Jahre 1877 sind subhastirt worden 20 406, rechnen wir also die Hälfte 10 000 ergiebt sich, daß im Laufe von 20 Jahren die Zahl der Subhastationen der ländlichen Grundstücke von 678 bis auf 10,000 gewachsen ist.

Nun hat der Herr Abgeordnete Richter denselben Gedanken, den der Herr Abgeordnete Bamberger vorgestern entwickelte, von neuem erörtert. Er hat gesagt, es wäre ein wahrer Segen gewesen, daß gerade zur Zeit unserer politischen Umgestaltung der Verkehr entfesselt, der internationale Verkehr geschaffen worden sei, daß die Eisenbahnen in dieser Weise sich ausgedehnt hätten. Er hat es als ein großes Glück gepriesen, daß jetzt die Kornkammern Rußlands und Rumäniens Deutschland mit Nahrungsmitteln versorgen können. Meine Herren, die Eisenbahnen sind in der letzten Zeit so fortgeschritten, daß sich die Kornkammern Rußlands in direkte Verbindung gesetzt haben mit dem **Spessart** und trotzdem herrscht im Spessart die Hungersnoth. Sollten wir nun sagen können: **obgleich** diese Eisenbahnen gebaut sind, **obgleich** der internationale Verkehr entfesselt ist, herrscht die Hungersnoth im Spessart? oder sollte es nicht zutreffender sein, zu sagen, die Hungersnoth herrscht, **weil** diese Voraussetzungen stattfinden.

Wie haben sich die dortigen Verhältnisse gestaltet? Für den unglücklichen Bewohner des Spessart ist es gleichgültig, ob das Getreide 10,15 oder 20 Mark kostet, er hat kein Geld, die eine oder die andere Summe zu zahlen, und warum hat er kein Geld? Weil er keinen Absatz für seine Produkte gehabt hat, weil ihm, wenn er seine Produkte zu Markte brachte, gesagt wurde: ich präsentire Dir das fünffache Quantum in russischem Korn, was Du mir präsentirst und willst Du das Deinige los sein, so fordere 15 bis 20 Prozent weniger als bisher. Er ist in die Lage gekommen, seine Produkte unverkauft wieder nach Hause zu nehmen. Er hat kein Geld, infolge dessen hat sich sein Areal von Jahr zu Jahr verschlechtert, die Produktionsfähigkeit hat abgenommen, er hat kein Vieh, und in Folge dessen keinen Dünger.

Es kommt hinzu für den Spessart, um kein Mißverständniß aufkommen zu lassen, daß die Ueberschwemmung mit fremdem Holz den Wald entwerthet und dadurch die Bewohner, welche sich vom Holzfällen und Kohlenbrennen nähren, brodlos gemacht hat, das Spessarter Holz ist nicht mehr auf dem gewöhnlichen Markt verkäuflich infolge der fremden Konkurrenz.

Meine Herren, ich wollte die wenigen Thatsachen anführen, um keinen Abend ins Land gehen zu lassen, ohne daß der Behauptung des Herrn Abgeordneten Richter widersprochen würde, daß die neue Tarifvorlage gegen die Armen gerichtet sei.

Ich erlaube mir noch, ein paar kleine Bemerkungen daran anzuknüpfen. Einmal wollte ich noch ein Mißverständniß beseitigen. Herr Abgeordneter Richter behauptete, der Herr Reichskanzler habe gesagt, Rußland wäre das Ideal seiner wirthschaftlichen Grundsätze. Ich muß bekennen, ich habe davon nichts gehört. Was der Herr Reichskanzler gesagt hat, meine Herren, war ungefähr Folgendes. Er wies darauf hin, wie Rußland trotz eines schweren, kostspieligen Krieges, der Menschen, Geld und Kredit gekostet, in der Lage sei, Aufwendungen zu machen, besonders für seine Armee (durch die Vermehrung der vierten Bataillone, der sechszehn Reservedivisionen, wenn ich nicht irre u. s. w.), während wir in Deutschland fortwährend nach Erleichterung unserer Lasten seufzen. Er hat diese Thatsache angeführt, um zu beweisen, daß die außerordentliche Produktionsfähigkeit Rußlands so stark ist, daß sie Hindernisse überwinden kann, wie sie ein langer Krieg von selbst bringt, daß es deshalb auch keine Hindernisse zu scheuen braucht, um Deutschland mit seiner Konkurrenz zu erdrücken.

Wenn endlich der Herr Abgeordnete Richter noch auf die Frage des Steuererlasses zurückgekommen ist und bemängelt hat, daß in Teltow die Rede des Herrn Reichskanzlers angeschlagen sei, so begreife ich, daß ihm das verdrießlich ist, denn, meine Herren, seit Monaten ist in allen Zeitungen, in allen Flugblättern, die von dem Herrn Abgeordneten Richter ausgehen, immer gesagt worden, der Herr Reichskanzler wolle eine Mehrbelastung des Volkes herbeiführen, er wolle uns so und so viel Millionen Steuern mehr auferlegen. Gerade der Herr Abgeordnete Richter hat immer bestritten, daß es sich irgendwie um Erlasse von Steuern handelt; darum begreife ich, daß ihm das Verbreiten der Rede des Herrn Reichskanzlers sehr unangenehm ist.

Wenn der Herr Abgeordnete Richter zu Anfang seiner Rede mit Emphase darauf hingewiesen hat, daß wir einen großen Blutverlust durch Kriege gehabt haben, und damit einen Hieb geführt hat gegen den von ihm so sehr perhorreszirten Militarismus, so möchte ich ihm antworten und damit meine Rede schließen: ich glaube, das Blut, was auf den Schlachtfeldern vergossen ist, ist nicht umsonst geflossen. Wir haben dadurch unsere nationale Einheit bekommen, wir sind ein mächtiger Staat geworden. Worauf es jetzt ankommt, das ist: daß wir dem Körper, der auf diesen Schlachtfeldern zum Heil der Nation Blut verloren hat, Gelegenheit geben, seine produktiven Kräfte aufs neue zu entfalten, zu üben. Wenn das geschieht, glaube ich, wird das Blut, was geflossen ist, sich sehr rasch wieder ersetzen und der Körper wird nicht geschwächt, sondern gekräftigt sein.

(Bravo!)

Vizepräsident Dr. **Lucius**: Der Herr Abgeordnete von Kardorff hat das Wort.

Abgeordneter **von Kardorff**: Meine Herren, der erste Redner aus diesem Hause, der Herr Abgeordnete Delbrück, sprach den Wunsch aus, daß alle Redner, die über die Tarifvorlage sprächen, sich eine möglichste Beschränkung auferlegen möchten. So viel ich bis jetzt habe beobachten können, sind die Herren Abgeordneten Bamberger und Richter, die wirthschaftlichen Freunde des Herrn Delbrück, die jeder zwei bis drei Stunden gesprochen haben, diesem Wunsche am allerwenigsten nachgekommen. Ich werde meinerseits versuchen, diejenigen Bemerkungen, die ich zu machen habe, möglichst kurz zu fassen, um das Haus nicht in einen Zustand der Ermüdung zu versetzen, der sich unzweifelhaft einstellt, wenn Reden in der Länge gehalten werden, wie wir sie bis jetzt gehört haben.

Ich muß gleichwohl auf die Rede des Herrn Abgeordneten Richter in ihrem ganzen Umfange wenigstens mit einigen Blicken eingehen.

Der Herr Abgeordnete Richter begann damit, daß er darauf hinwies, daß die große Krisis, die jetzt in der ganzen Welt herrscht, hervorgerufen sei wesentlich durch die schweren Kriege, welche in allen Welttheilen geführt seien. Meine Herren, das ist ein Gesichtspunkt, dessen bedingte Wahrheit man ja anerkennen muß. Es ist gewiß zu einem Theile richtig, daß die große Krisis aus diesen Gründen mit hervorgerufen ist. Aber damit hat der Herr Abgeordnete Richter es doch lange nicht erklärt, daß diese Krisis in Frankreich, welches ungleich schwerer durch den Krieg gelitten hat als Deutschland, weit leichter überwunden ist, daß diese Krisis in Rußland, welches an einer mangelhaften Valuta leidet, welches einen schweren und sehr kostspieligen Krieg geführt und keine Milliarden bezahlt bekommen hat, sehr viel eher überwunden ist als bei uns.

Der Herr Abgeordnete Richter ist weiter auf eine andere Ursache der Krisis zurückgekommen. Er hat seinerseits angefangen von der Ueberspekulation zu sprechen, die eine Folge der Milliardenzeit gewesen. Es gibt mir das und auch das, was der Herr Abgeordnete Reichensperger gestern über das Aktiengesetz gesagt hat, Gelegenheit, meinerseits eine persönliche Bemerkung gegen den Herrn Abgeordneten Richter zu machen.

Der Herr Abgeordnete Richter glaubte, als wir uns neulich über die Eisendifferentialtarife unterhielten, eine Aeußerung von mir so auffassen zu sollen, als ob ich ihm hätte imputiren wollen ein Geldinteresse an den Privateisenbahnen. Ich würde gern kein Bedenken getragen haben, dies sofort zu rektifiziren durch eine persönliche Bemerkung, indem ich meinerseits gern die Erklärung abgebe, daß es mir nicht in den Sinn gekommen ist, ihm einen derartigen Vorwurf machen zu wollen, daß ich vom Gegentheil überzeugt bin und daß es überhaupt in meinen parlamentarischen Gewohnheiten nicht liegt, in Ermangelung sachlicher Gründe meine Gegner mit persönlichem Schmutz zu bewerfen, wenn nicht der Herr Abgeordnete Richter seinerseits eine Bemerkung hinzugefügt hätte, direkt gegen mich gerichtet. Er sagte nämlich: diejenigen, welche sich jetzt am meisten über die schwere Krisis beklagen, gehören mit zu denjenigen, welche sie hervorgerufen haben durch Betheiligungen an schwindelhaften Unternehmungen in der Gründerzeit. Ich hätte das gar nicht auf mich bezogen, wenn er nicht hinterher ausdrücklich meinen Namen genannt und mich als einen solchen bezeichnet hätte. Ich darf dem gegenüber wohl darauf hinweisen, daß alle diejenigen wirthschaftlichen Unternehmungen, bei denen ich betheiligt bin, sich als durchaus solide, gut geleitete und rentabele bewährt haben, trotz der schweren Zeit, die wir jetzt durchzumachen gehabt haben. Der Herr Abgeordnete Richter mag mir doch einmal nachweisen, wo ich irgendwie einen schwindelhaften Prospekt unterzeichnet hätte, — er kann nur gedacht haben an eine Eisenbahn, die ich ins Leben gerufen habe, und selbst diese Eisenbahn ist die einzige von allen, welche gegründet sind nach dem Jahre 1870, welche die Hoffnungen, die auf sie gesetzt worden sind, nicht nur erfüllt, sondern sie vielleicht noch übertrifft. Ich glaube, der Herr Abgeordnete Richter hätte sich auch das eine sagen können, daß, wenn es nach den jahrelangen politischen Wahlkämpfen jemals gelungen wäre, mir nachzuweisen, daß ich meine persönlichen Interessen voran gesetzt hätte, ich wahrscheinlich nicht vor Ihnen stehen würde; es ist mir umgekehrt aber immer der Gegenbeweis gelungen, daß ich in jedem einzelnen Falle meine persönlichen Interessen willig zum Opfer gebracht habe den gemeinnützigen Interessen und den Interessen der betreffenden Unternehmungen.

Sie werden mir nicht übelnehmen, wenn ich diese etwas ausführlichere persönliche Bemerkung gemacht habe. Wenn man sich ein jahrelanges Beschimpfen so hat gefallen lassen müssen wie ich, so ist es nothwendig etwas darauf zu erwidern. Ich will nicht die Unregelmäßigkeiten vertheidigen, die vorgekommen sind bei dieser Eisenbahngründung, an der ich mich betheiligt habe, aber ich glaube heute doch mit einiger Genugthuung auf das Resultat dieser meiner Betheiligung hinweisen zu dürfen. Meine Herren, es kann keinem Zweifel unterliegen, daß die Ueberspekulation, wie sie hervorgerufen ist in der Milliardenzeit, ja in der That in ihren Folgen dazu beigetragen hat, die Krisis sehr zu erschweren und heftiger zu machen, als sie vielleicht ohne diese Erscheinnng geworden wäre, aber, meine Herren, das sollen sich doch auch diejenigen Herren sagen, welche über diese Zeit immer sprechen, daß vielleicht nichts mehr dazu beigetragen hat, die Geschäftsunlust zu stärken, die Unlust aller, sich in irgend welche industrielle Unternehmungen einzulassen, zu bekräftigen, als diejenige Art von Makel, den man auf alle die zu werfen gesucht hat, die sich jemals an industriellen Unternehmungen betheiligt haben. Sie können sich auch denken, daß an mich die Versuchung nahe genug getreten ist, mich gänzlich frei zu machen von industriellen Unternehmungen, schon meiner Position im Reichstage gegenüber, aber sie werden auch anerkennen müssen, daß man solche Unternehmungen nicht in so schweren Zeiten verläßt, wie wir sie jetzt durchgemacht haben.

Der Herr Abgeordnete Reichensperger ist auf das Aktiengesetz zurückgekommen und hat dabei eine Meinung geäußert, von der ich meinerseits abweiche. Ich stimme darin mit dem Herrn Abgeordneten Richter überein, daß ich nicht glaube, daß durch irgend welchen Paragraphen des Aktiengesetzes irgend ein Wandel geschaffen werden könnte, daß ein Schutz oder eine Garantie geschaffen werden könnte gegen die Mißbräuche, die zu Tage getreten sind; ich sehe die Sache ganz anders an. Nach meiner Meinung war das Aktiengesetz an sich ein sehr schwerer Fehler, und ich scheue mich nicht, mich dazu zu bekennen, weil ich diesen Fehler im Reichstage mit begangen habe; es war deshalb ein schwerer Fehler, weil der Staat seinem Münzregal gegenüber es niemals verantworten darf, die Emission von lettres-au-porteur ganz in freie Hand zu geben; lettres-au-porteur nehmen den Charakter des Papiergeldes an, und das ist der Grund, weshalb der Staat dieselben nicht freigeben darf, wie wir es gethan haben. Alle die Uebelstände, welche hervortreten bei einer Emission von unfundirtem Papiergeld, alle die Uebelstände treten hervor, wenn lettres-au-porteur ausgegeben werden, welche von zweifelhaftem Werthe sind; so wohlthätig lettres-au-porteur als Vermehrung der Umlaufsmittel wirken, wenn sie gut und solide sind, so verhängnißvoll ist ihre Wirkung, so bald sie von zweifelhaftem Werthe fiud. Ich habe diese Wahrheit früher nicht gekannt, und ich erinnere mich deutlich, daß ein Mann, vor dem ich in wirthschaftlichen Dingen einen hohen Respekt habe, der frühere Finanzminister von der Heydt, mir lange, ehe ich in das Parlament trat, vor 20 Jahren, darüber eine Vorlesung hielt, mir die Gefahr auseinanderzusetzen suchte, welche eine Ueberlastung des Geldmarktes mit werthlosen lettres-au-porteur haben könnte, ich damals den Herrn für sehr weit zurück in der Kultur hielt. Ich war damals noch ein fester Anhänger des laisser-faire-Systems. Die Gefahr schien mir so gering zu sein, daß ich mir gar nicht zu erklären vermochte, wie ein so gescheidter Herr derartige Ansichten mir gegenüber äußern konnte. Meine Herren, ich habe seit jener Zeit etwas zugelernt, und wenn erwidert wird: ja, das Konzessionswesen hat sich aber doch gar nicht bewährt, unter den Konzessionen haben die lettres-au-porteur — wir haben es bei den Eisenbahnkonzessionen gesehen, in Oesterreich hat man es bei allen Konzessionen gesehen — in demselben Maße den Markt überfluthet, so ist das kein stichhaltiger Grund. Das Konzessionswesen kann doch gebessert werden, es können größere Garantien für dasselbe geschaffen werden, als wir sie in Preußen dadurch gehabt haben, daß es in dem Belieben eines Ministers oder auch des Staatsministers lag, eine solche Konzession zu gewähren. Ich erinnere doch daran, daß man jetzt unter anderem Selbstverwaltungsbehörden hat, die sehr wohl geeignet sind, wirthschaftliche Gutachten abzugeben über Solidität und Rentabilität irgend welcher solcher Unternehmungen. Meiner Ueberzeugung nach wird der Staat aus dem Gesichtspunkt, den ich vorhin erwähnt habe, bei der freien Emission der lettres-au-porteur im Münzregal beeinträchtigt, und wird deshalb zum Konzessionswesen zurückgreifen müssen, nicht aus dem Grunde, den Herr Delbrück neulich geäußert hat, indem er das geflügelte Wort sprach: der Staat habe nicht die Verpflichtung, die Dummen davor zu warnen, ihr Geld zu verlieren, sondern weil der Staat die Schwankungen in den Werthverhältnissen, die durch eine zu starke Emission von Aktien und lettres-au-porteur hervorgerufen werden können, ebenso wenig leiden darf wie eine zu starke Emission von unfundirtem Papiergelde.

Meine Herren, der Herr Abgeordnete Richter hat damit fortgefahren, auseinanderzusetzen, wir in Deutschland wären bis jetzt doch eigentlich in einer wirthschaftlich sehr guten Lage gewesen, weil wir im Stande gewesen wären, unseren Export größtentheils zu bewirken in Fabrikaten und nur Rohprodukte eingeführt hätten. Ja, meine Herren, wenn nur die Probe auf das Exempel stimmte! Wenn diese Lage eine so glückliche gewesen wäre, dann ach, hätte wahrlich doch die Handelsbilanz, auf die der Herr Abgeordnete Richter auch Bezug genommen hat in gewissem Sinne, anders aussehen müssen, als sie in der That aussieht. Denn das, glaube ich, wird heute niemand leugnen, daß wir seit 1865 in einer immer ungünstiger sich darstellenden Handelsbilanz uns bewegten. Er legt so sehr großen Werth auf den Export. Ich kann nur immer wieder auf den Mann zurückkommen, dem die Nationalökonomie als Wissenschaft ihre Existenz verdankt, auf Adam Smith. Adam Smith legt seinerseits den allergeringsten Werth auf den Exporthandel von allen Beschäftigungen; er weist den inneren Verkehr einen vierundzwanzigfach größeren Nutzen für das Land zu, als dem äußeren Handel. Und wenn ich die Wahl habe, den Dingen zu folgen, die Herr Richter hier vorgebracht hat, oder denjenigen Wahrheiten, die Adam Smith in seinen welthistorischen Werken niedergelegt hat, so folge ich vorläufig doch lieber noch dem Adam Smith. Er hat ferner gemeint, wenn wir dazu übergehen wollten, von dieser Art des Exports uns fortzubewegen und weniger zu exportiren und uns gegen Rohstoffe abzusperren, so würden wir in unserer gesammten wirthschaftlichen Entwicklung zurückgehen; er faßt das so auf, daß das der höchste Gipfel wirthschaftlicher Entwicklung ist, wenn ein Land nur Fabrikate exportirt, Rohstoffe einführt. Meine Herren, ich halte diese ganze Theorie für eine unrichtige. Es kommt in der That nicht allein auf die Höhe der wirthschaftlichen Entwicklung an, sondern auf die Gesundheit der sozialen Entwicklung. Und nun vergleichen Sie die großen Zugeständnisse, die Lord Beaconsfield jetzt in seiner Rede bezüglich der sozialen Entwicklung in England gemacht hat, mit demjenigen, was uns möglicherweise in unserer deutschen Landwirthschaft bevorstehen könnte, wenn wir nicht die Maßregeln ergreifen, die uns vor dem verhängnißvollen Gleiten bewahren könnten, in das die englischen sozialen Zustände gerathen sind. Ich vermag nur zu wiederholen, daß es in England sehr wenige selbstständige Grundeigenthümer gibt, daß in keinem Lande so große Latifundien sich befinden, daß der Gegensatz zwischen arm und reich in keinem Lande schärfer hervortritt, daß die Unterjochung der Arbeiter in keinem Lande weiter gediehen ist, wie in England. Sie sehen alle Strikes zu Ungunsten der Arbeiter ausschlagen, trotz der liberalen Gesetzgebung, die in England herrscht, und Sie sehen, daß auch die Wohlfeilheit der Lebensmittel, auf die viele Herren so großes Gewicht legen, nicht im Stande ist, die Lage der Arbeiter in Glasgow und Liverpool zu verbessern und sie zu schützen vor dem Hungern und Frieren, trotzdem die Lebensmittel dort so billig sind, weil sie eben nicht in der Lage sind, die nothwendigsten Lebensbedürfnisse sich kaufen zu können.

Weiter, meine Herren, frage ich, ist das den Tarifarbeiten gegenüber, wie sie uns vorliegen, nicht das non plus ultra der Uebertreibung, wenn der Herr Abgeordnete Richter (Hagen) diese Tarifsvorlage bezeichnet als Rückkehr noch hinter den Zolltarif vom Jahre 1865; gerade das Gegentheil ist doch der Fall, und das weiß jeder, der sich mit dem Tarif einigermaßen beschäftigt. Er weiß, daß dieser Tarif längst nicht erreicht diejenigen Sätze, die wir im Jahre 1865 aufgaben, als wir den freihändlerischen Tarif im französischen Handelsvertrage annahmen, daß seine Sätze vielmehr sich in der Mitte bewegen zwischen den schutzzöllnerischen von 1865 und den freihändlerischen nachher. Wie kann man also davon sprechen, daß diese Sätze weit hinter die des Jahres 1865 zurückkehren? Ich habe im Gegentheil den Eindruck gehabt, daß die freihändlerische Presse sehr enttäuscht war über diesen Tarif; sie hatte, schien es, gehofft, daß der Tarif so extravagante Forderungen enthalten würde, daß sie aus diesen sehr extravaganten Forderungen hätte die Gelegenheit nehmen können, den ganzen Tarif zu Falle zu bringen, und diese Enttäuschung hat ihren mehrfachen Ausdruck gefunden.

(Abgeordneter Rickert (Danzig): Wo denn?)

— In der Presse. Ich kann Ihnen, Herr Rickert, die betreffenden Blätter nachweisen, wenn Ihnen besonders daran liegt.

(Abgeordneter Rickert (Danzig): Ja, gewiß!)

Der Herr Vorredner ist sodann übergegangen speziell auf die Eisenfrage. Meine Herren, da wir nach dem Vorschlag, der von Herrn Abgeordneten Dr. Löwe eingebracht worden und der sich gedruckt in unseren Händen befindet, die gesammte Position Eisen hier im Plenum verhandeln wollen, muß ich mir vorbehalten auf diesen Theil der Rede bei der speziellen Diskussion im Plenum zu erwidern; nur eins will ich sagen, er hat mit großer Emphase sich erklärt gegen die Koalition unserer Eisenwerke, die sich bei Submissionen gezeigt hätte. Meine Herren, wenn Sie die Güte haben wollen, das einzusehen, was ich bei Gelegenheit der Aufhebung der Eisenzölle gesagt habe, werden Sie sehen, daß ich ähnliche Zustände vorausgesagt habe. Der Herr Abgeordnete Wehrenpfennig, glaube ich, war es, der behauptete, daß Preußen naturgemäß für Staatszwecke nur von den eigenen Eisenwerken kaufen dürfe und ich habe darauf aufmerksam gemacht, daß das zu etwas viel verderblicherem und schlimmerem führe, als die geringen Zollsätze, die wir damals aufgaben. Ich wünsche und hoffe in der That, daß, wenn wir die Zollsätze einigermaßen ausreichend normirt haben, bei Submissionen die Gebote der ausländischen Werke ebenso wieder zugelassen werden wie die der deutschen. Ich will überdem darauf aufmerksam machen, daß es England nicht einfällt, so zu verfahren, die Engländer schließen entweder grundsätzlich fremde Werke von der Submission aus oder wenn sie durch die freihändlerische Presse aufmerksam gemacht werden, daß es himmelschreiend wäre so zu verfahren, bestimmen sie den Termin einer Submission etwa für indische Schienen so kurz, daß die hiesigen Werke es sich gar nicht überlegen können, wie hoch sich die Frachtkosten stellen und folglich nicht in der Lage sind, ein Gebot abzugeben.

Meine Herren, ich komme auf die weiteren Ausführungen des Herrn Abgeordneten Richter noch speziell zurück, die sich auf das Handwerk bezogen. Er stellt nämlich den ganzen Tarif so dar, als ob dieser Tarif überhaupt nur dem Großkapital zu gute käme und der Landwirthschaft, obwohl er das für sehr zweifelhaft hinstellt, ob die Landwirthschaft überhaupt einen Vortheil davon hat. Meine Herren, ich verdanke einem Freunde von mir, Herrn Lohren in Potsdam, von dem ich lebhaft bedauere, daß er nicht Mitglied des Reichstags ist, darauf aufmerksam gemacht worden zu sein, inwieweit und in welchem Maße dieser Tarif gerade für die Bedürfnisse des Handwerks und der Kleinindustrie sorgt. Ich muß mir doch gestatten, die betreffenden Positionen einmal in Ihr Gedächtniß zurückzurufen. Sie finden in dem Tarif die Positionen für die Bürstenbinder und Siebmacher, die Perückenmacher, die Böttcher, Drechsler, Tischler, Wagner, Korbflechter (in Position 13), die Instrumentenmacher und Maschinenfabrikanten (in Position 15), die Kupferschmiede und Gelbgießer (in Position 19), die Uhrmacher, Goldarbeiter, Juweliere, Optiker, Schirmfabrikanten u. s. w. (Pos. 20), die Hutmacher (Pos. 35), die Zinngießer, Klempner (Pos. 42 und 43). Diese finden Sie alle in ihrer Arbeit durch den Tarif geschützt und zwar in so weit geschützt gegenüber dem vorherigen Zustande, daß vorher alle groben Waaren in diesen Fächern vollig zollfrei eingingen, sie waren völlig vogelfrei, und mit einem hohen Zoll versehen nur die sogenannten veredelten Arbeiten waren, und als solche wurden angesehen: polirte, lackirte, gebeizte, gefärbte, bemalte, bedruckte, gepolsterte u. s. w. Meine Herren, es war sehr natürlich, daß auf diese Weise sich ein sehr lebhafter Import von groben Waaren bildete, und daß dieselben hier nichts weiter als polirt, lackirt oder sonst wie veredelt wurden, um sie dann in den Verkehr zu bringen, während die deutsche Nation sehr wohl in der Lage ist und es dem hiesigen Arbeitsmarkte sehr zu gute kommen wird, wenn alle diese Waaren in toto hier gemacht werden und die Preise werden in keiner Weise vertheuert werden, da die Waaren, wie sie an den Markt gelangen, doch einen ganz anderen Werth haben als in rohem Zustande.

Also, meine Herren, wenn ich das bezüglich des Kleingewerbes und des Handwerkes hervorheben zu müssen geglaubt habe, so möchte ich doch auch der Meinung sein, daß gerade die Rede des Herrn Abgeordneten Delbrück nach meiner Auffassung das glänzendste Zeugniß für die Arbeiten der Tarifkommission abgibt.

(Heiterkeit.)

— Jawohl, meine Herren! Wenn weiter keine Fehler in dem Tarife sind, wenn das die größten Fehler sind, die der Herr Abgeordnete Delbrück hervorgehoben hat, dann ist es eine Arbeit, die besser ist, als jemals eine Tarifkommission sie geleistet hat.

(Heiterkeit und Widerspruch.)

Meine Herren, es ist der Vorwurf gemacht worden, diese Tarifkommission habe doch mit sehr großer Uebereilung gearbeitet und die Sachen seien nicht genügend erwogen worden. Ja, meine Herren, wer ist denn daran schuld? Sind es nicht wir gewesen, die schon längst vor einem Jahre den Antrag gestellt haben auf eine allgemeine Untersuchung der Lage der vaterländischen Industrie durch eine Enquete, und wer ist es gewesen, der diese Enquete zu Wasser gemacht hat? Das sind jene Herren gewesen, welche eine solche Enquete nicht wollten, weil sie sich vor deren Ergebniß fürchteten, weil sie fürchteten, es könnten ihre freihändlerischen Theorien dadurch mit einem Schlage über den Haufen geworfen werden. Deshalb sind sie gerade jetzt am wenigsten berechtigt, sich darüber zu beklagen, daß die Tarifkommission einen fehlerhaften Tarif ausgearbeitet habe. Wenn Fehler darin sind, so tragen sie hierfür die Verantwortlichkeit mehr als die Tarifkommission. Uebrigens werden wir ja diejenigen Branchen, in denen wirklich die Bestimmung der Tarife eine sehr schwierige ist und eine sorgfältige Abwägung verlangt, nach dem Antrag Löwe, wie Sie sehen, der Kommission überweisen, und ich denke, der sachverständige Rath des Herrn Abgeordneten Delbrück wird dieser Kommission auch nicht fehlen, und so werden wir alles pro und contra erwägen können, ob die Sätze richtig gegriffen sind oder nicht. Das muß ich allerdings gestehen: das Beispiel, welches der Herr Abgeordnete Delbrück vorgeführt hat, wenn er der hiesigen Konfektionsgeschäfte mit irischen Leinen erwähnte, um zu beweisen, daß keine Leinenzölle nothwendig seien, das Beispiel hat mir nicht imponirt. Wer sich den Luxus irischen Leinens gestatten will, mag das Leinen theurer bezahlen, und den Konfektionsarbeiterinnen, die hier beschäftigt werden, stehen die tausende gegenüber, die in der Leinenindustrie sonst lohnende Beschäftigung finden können. Der Herr Abgeordnete Richter ist beiläufig doch in seinen Ausführungen unter Umständen zu wirklich sehr merkwürdigen Resultaten gekommen, unter anderem zu dem: je höher die Preise, desto niedriger die Arbeitslöhne. Das führt er ausdrücklich aus, denn er sagt, wenn die Preise hohe werden, wird die Konsumtion eingeschränkt, folglich fallen die Arbeitslöhne. Ich frage, ob das mit den Erfahrungen stimmt, die wir in den letzten Jahren und überhaupt in der Welt gemacht haben: wenn die Preise steigen, steigen regelmäßig die Arbeitslöhne mit, und gerade bezüglich der Berliner Arbeiter, auf die der Herr Abgeordnete Richter so sehr pointirt hat, möchte ich fragen, wie es denn mit ihnen steht. Er sagt, wir wollen eine blühende Exportindustrie in den Textilbranchen, in Wollenwaaren nicht stören. Ja, meine Herren, hat er sich denn nach den Arbeitslöhnen umgesehen, die hier in Berlin in dieser Industrie bezahlt werden, und hält er diesen Zustand für sehr glücklich, daß die Töchter aus den gebildeten Ständen, um dem Hunger zu entgehen, für diese Geschäfte arbeiten, und von ihnen einen Arbeitslohn bekommen, den man wirklich sich schämt zu nennen? Wenn die Zustände so sind, dann, meine Herren, liegt es auf der Hand, daß wir ein Recht haben zu fragen: wird eine Aenderung und Besserung des Zustandes nicht eintreten, wenn man sucht die Konsumtionsfähigkeit und den Arbeitsmarkt des Landes zu stärken? Es ist ja sehr natürlich, daß wenn ein Kranker, der jahrelang gelegen hat, mit seinem Arzte nicht mehr zufrieden ist, der ihn bis dahin behandelt hat, und nach einer anderen ärztlichen Hilfe sich umsieht, daß dann der Arzt oder die Aerzte, die bisher den Kranken behandelt haben, sehr geneigt sind, ihre Nachfolger für Quacksalber zu halten, und von vornherein anzunehmen, sie können nichts besseres leisten. Wir können das toto die im Leben erfahren.

Aber, meine Herren, wir haben doch einiges Recht zu verlangen, nachdem Sie so lange praktizirt haben am Körper des deutschen Reichs und nicht mit günstigem Erfolge, daß versucht werde, ob nicht die Methode besser ist, welche wir vorschlagen, da namentlich für diese Methode wir uns berufen können auf die Erfahrungen, die in allen Ländern gemacht worden sind, denn solche Freihändler, wie in Deutschland, hat es überhaupt noch nirgends gegeben, hat es in der Weltgeschichte nicht gegeben. Selbst England, fragen Sie einen Engländer, ob er geneigt ist, seinen Spirituszoll abzuschaffen? Es denkt kein Mensch daran, er wird Ihnen sagen, wir produziren den Spiritus um soviel theurer, deshalb müssen wir an Spiritus Schutzzoll heben. Der Herr Reichskanzler hat gesagt, es gäbe keinen Freihändler bei uns. Es ist das eines von den wenigen in den Ausführungen des Herrn Reichskanzlers mit denen ich nicht übereinstimmen kann. Ich habe ein gutes Gedächtniß und erinnere mich sehr wohl der Zeit, wo man unmittelbar nach Aufhebung des Eisenzolls kategorisch seitens der Seestädte die Aufhebung der Garnzölle und aller Schutzzölle überhaupt gefordert hat, und wo diese Forderung in großen Tagesblättern wiederholt wurde. Also, meine Herren, die radikalen Freihändler waren bei uns so stark vertreten wie nirgend sonst auf der Welt. Bezüglich der Arbeitslöhne hat der Herr Abgeordnete Richter auch noch eine eigenthümliche Theorie vorgetragen. Er hat ausgeführt, nur beim Freihandel könne der Arbeitslohn stabil sein. Ich verweise wieder auf das praktische Exempel Englands. In keinem Lande sind die Schwankungen der Arbeitslöhne größer als in England, und in keinem Lande die Arbeitslöhne stabiler, wie im schutzzöllnerischen Frankreich.

Meine Herren, ebensowenig wie ich schon auf den Eisenzoll eingegangen bin, wird es mir heute einfallen, auf die Getreidezölle einzugehen. Diese werden wir im Plenum berathen und da wird Zeit sein, die Ausführungen zu widerlegen, die wir heute vom Abgeordneten Richter gehört haben. Wenn er aber gemeint hat, es spreche sich hier im Reichstag geradezu ein Servilismus gegen den Herrn Reichskanzler aus, in der Unterstützung seiner Steuerprojekte, wenn er gemeint hat, in Preußen sei es doch nur die Fortschrittspartei gewesen, die die Traditionen des preußischen Beamtenthums aufrecht erhalten habe, die basirten auf der allgemeinen Wehrpflicht und auf direkten Steuern, so möchte ich ihn immer wieder und wieder daran erinnern, daß die Fortschrittspartei es war, die kurz vor 1870 noch einen Antrag auf Abrüstung stellte, daß die Fortschrittspartei es also war, welche damals uns in politische Zustände versetzt haben würde, die für unsere wirthschaftliche Entwickelung noch viel nachtheiliger gewesen wären, als selbst das Freihandelssystem, das wir seit 1865 haben erdulden müssen. Herr Richter hält den Petroleumzoll für sehr häßlich. Ja, da sind die Geschmäcke verschieden, ich halte ihn für sehr hübsch. Wenn er ihn aber so häßlich findet, so möchte er seine Beredtsamkeit doch gegen die Magistrate derjenigen Städte anwenden, welche den städtischen Bewohnern das Licht vertheuern durch den Zoll, den sie durch ihre Gasanstalten erheben. Sie haben eine große Menge von Städten, in welchen das Gas nicht zu den Selbstkostenpreisen an die Bewohner gegeben wird, sondern wo die Stadt noch einen erheblichen Zoll von den einzelnen Konsumenten erhebt. Wenn Sie das so lange ruhig angesehen haben, werden Sie auch die Argumente, welche Herr Richter gegen den Petroleumzoll vorgebracht hat, nicht als sehr stichhaltig ansehen können.

Wenn er nun im allgemeinen auf das Gesammtprojekt des Herrn Reichskanzlers zurückgekommen ist, so hat das nicht fehlen können; das liegt ja in der Natur des Herrn Richter, daß er den Herrn Reichskanzler in seinem ganzen Bestreben hat darstellen müssen als einen Ausbund von Macchiavellismus, wenn ich mich so ausdrücken darf; einmal kenntnißlos bezüglich der wirthschaftlichen Bedürfnisse des Landes, dann begierig seine Macht durch alle möglichen Mittel, auch durch unerfüllbare Versprechen zu erweitern. Ja, meine Herren, darum handelt sich eben der Streit, ob diese Zusagen und Versprechungen erfüllbar sind oder nicht. Ich glaube, vorläufig wird das Land noch eher geneigt sein den Zusicherungen des Herrn Reichskanzlers Glauben zu schenken, wenn er versichert, daß seine Bestrebungen in der Richtung liegen, die direkten Steuern in möglichst hohem Maße zu entlasten, als denen des Herrn Richter, der seinerseits versichert, darauf ist es gar nicht abgesehen, sondern die Regierung denkt nur daran, euch mit neuen Steuern zu belasten. Wenigstens habe ich nicht gefunden, daß die Fortschrittspartei mit ihrem Wahlaufruf: 200 Millionen u. s. w. damals im Lande besonderes Glück gehabt hätte.

(Sehr richtig!)

Meine Herren, auch bezüglich des Steuerbewilligungsrechts bin ich ganz verschiedener Meinung mit Herrn Richter. Nach meiner Meinung wird alles das, was der Reichstag in seinem Steuerbewilligungsrecht anfgibt, wie er es offenbar jedesmal thut, sobald er die Erhöhung einer indirekten Steuer bewilligt, die er nicht wieder in der Lage ist zurückschrauben zu können, ich meine, alles was der Reichstag hier aufgibt, wird in dem verstärkten Steuerbewilligungsrechte des Landtags wieder gewonnen, denn sobald die Bedürfnisse dort über das hinausragen, was vom Reichstage den Landtagen an indirekten Steuern zugeführt werden kann, so tritt das Bewilligungsrecht des Landtags in demjenigen Maße ein, das vereinbart ist durch die dankenswerthe Intervention unseres jetzigen Herrn preußischen Finanzministers. Beides, meine Herren, wird sich schwer vereinigen lassen, hier ein Steuerbewilligungsrecht für dieselbe Sache zu schaffen, für die man es im Landtage besitzen will. Ich lege nun meinestheils den größeren Werth auf diejenige Uebertragung des Steuerbewilligungsrechts auf den Landtag, wie sie ja jetzt erfolgen soll. Dies wird zur Folge haben, daß künftig der Abgeordnete immer in der Lage ist, zu überlegen und sich zu sagen, jedes Bedürfniß, welches Du bewilligst, hat zur unmittelbaren Folge eine quotenweise Erhöhung der direkten Steuern. Das wird der Erfolg im Landtage sein, und wird auch, wie ich hoffe, im Landtage ein Antrieb sein zur Sparsamkeit, wie ich sie dringend wünsche, und eben so hier im Reichstage. Denn, wenn hier im Reichstage eine Bestimmung darüber getroffen sein wird, die ich in gewissem Sinne im Einverständniß mit meinen politischen Freunden für nothwendig erachte, eine Bestimmung darüber, daß die budgetmäßigen Ueberschüsse der Reichskasse an die Einzelstaaten zur Vertheilung kommen, so werden die Abgeordneten aller Einzelstaaten alle Veranlassung haben, darüber zu wachen, daß dieser Ueberschuß in regelmäßiger Höhe an die Einzelstaaten abgeführt wird. Nach beiden Richtungen meine ich also, daß dem Steuerbewilligungsrecht und der wirthschaftlichen Sparsamkeit nicht entgegengetreten wird durch die Art der Regelung, wie sie der Herr Reichskanzler im Gegensatz zu dem Herrn Abgeordneten Richter beabsichtigt.

Meine Herren, nun hat der Herr Abgeordnete Richter ebenso, wie der Herr Abgeordnete Bamberger als etwas himmelschreiendes bezeichnet den Art. 5, wonach also die Regierung das Recht haben soll, Zölle gegenüber denjenigen Staaten zu erhöhen, die entweder deutsche Waaren mit höheren Zöllen belegen als die Waaren anderer Nationen oder für einzelne Artikel besonders hohe Zölle erheben. Ich glaube, wenn ich den Herrn Abgeordneten Bamberger recht verstanden habe, so hat er auch gemeint, in Oesterreich bestände etwas ähnliches, aber lange nicht in demselben Maße. Mir scheint, in Oesterreich besteht das, was wir hier bewilligen sollen, in höherem Maße. In Oesterreich tritt nämlich die Folge des Zuschlags von 20 bis 30 Prozent eo ipso ein, während hier die Regierung immer in der Hand haben will, zu erwägen, ob sie den andern Nationen gegenüber wirklich diejenige Erhöhung eintreten lassen soll, die an und für sich gefordert wird. Ich glaube also, hier ist etwas milderes gefordert.

Dagegen würde ich meinestheils nichts einzuwenden haben, daß eine nachträgliche parlamentarische Kontrole der Ausübung dieses Rechtes erfolgt und auch dem Reichstag die Initiative gewährt wird, eventualiter eine solche Maßregel zur Aufhebung bringen zu können. Ich glaube ebenso wie man bei Handelsverträgen im ganzen und großen niemals hat voraussetzen können, daß der Reichstag einen einmal geschlossenen Handelsvertrag nicht genehmigen würde, ebensowenig kann man befürchten, daß der Reichstag mit einem Rechte Mißbrauch treiben würde, welches mir als die nothwendige Kompletirung des § 5 erscheint.

Meine Herren, Sie werden es mir nicht verdenken können, wenn ich persönlich doch mit einer gewissen Genugthuung darauf hinsehe, daß die finanzwirthschaftlichen und volkswirthschaftlichen Ideen, für welche ich seit 10 Jahren unablässig kämpfe, in dem Maße zum Durchbruch gekommen sind, wie sie es heute sind. Ich erinnere mich sehr wohl der Zeit, wo der größte Theil des Hauses mich als weit hinter meiner Zeit zurückgeblieben ansah, als ich davon sprach, daß die indirekten Steuern bei uns gegenüber den direkten vermehrt werden müßten. Die Zeiten haben sich geändert. Heute wird allgemein anerkannt, daß die Vermehrung der indirekten Steuern bei uns ein Bedürfniß ist, wenn auch über das Maß dieser Vermehrung die Meinungen auseinandergehen.

Nun, meine Herren, wie es mit der Freihandelsrichtung heute steht, das werden Sie selbst am besten zu beurtheilen vermögen. Ich gestehe, daß ich doch nicht ohne eine gewisse Befriedigung es ansehe, daß diejenigen Ideen, welche ich auch in dieser Richtung seit Jahren vertreten habe, jetzt in dem Herrn Reichskanzler einen mächtigen Bundesgenossen gefunden haben und daß der größte Theil der Mitglieder dieses Hauses diesen Ideen sich mehr oder weniger zuneigt.

Meine Herren, wenn aber alles, was wir in der Handelspolitik machen, — und es sind ernsthafte und schwere Schritte, ich gebe darin dem Herrn Abgeordneten Delbrück vollständig recht, — zum Nutzen gereichen soll, wenn die Bahnen, in die wir jetzt einlenken, von dauerndem Segen für unser Vaterland begleitet sein sollen, dann habe ich allerdings eine Voraussetzung, das ist die Voraussetzung, daß wir bei uns zu einer Institution kommen, die sich in Frankreich außerordentlich bewährt hat in dem conseil supérieur. Wir behandeln jetzt getrennt die Interessen der Handelsvertreter in den Handelskammern, die Interessen der Gewerbe in gewissen Gewerbevereinen, die Interessen der Landwirthschaft werden vertreten durch den Landwirthschaftsrath, das Oekonomiekollegium oder auch nicht vertreten unter Umständen,

(Heiterkeit, Bravo!)

alles aber getrennt. In Frankreich ist dadurch, daß alle diese Interessen nicht vollständig büreaukratisch, sondern nur unter Leitung des Staates selbstverwaltend vereinigt sind, herbeigeführt, daß keine dieser Interessen eine einseitige Bevorzugung in Anspruch nehmen darf. Eine solche Behörde hat sich nach den Erfahrungen, die wir jetzt in Bezug auf die Statistik gemacht haben, für um so nothwendiger herausgestellt. Die Herren werden mir zugeben: das, was wir an statistischem Material besitzen über unsere gesammte Gewerbethätigkeit im Lande, außerordentlich dürftig und zerstreut in allen möglichen Bibliotheken und Ressorts ist, im preußischen Handelsministerium, im landwirthschaftlichen Ministerium, überall zerstreut, vielleicht auch im statistischen Büreau. Es ist nothwendig, meiner Ueberzeugung nach, daß ein Ort geschaffen wird, worin eine gemeinschaftliche Sammlung solcher statistischer Niederlegungen möglich ist und wahrhaft im Interesse des Landes.

Meine Herren, der Herr Abgeordnete Richter hat ungefähr mit dem Appell geschlossen: die Gewährung dieses Tarifs wäre der erste Spatenstich zu dem Grabe der Freiheit in Deutschland. Ich möchte ihn doch daran erinnern, daß andere Länder die umgekehrte Erfahrung gemacht haben, daß also in den vereinigten Staaten die eigentlich freiheitliche Partei des Landes, die republikanische, erst die Arbeiten des Landes durch den Schutz der nationalen Arbeit gekräftigt hat, daß also dort das Schutzzollsystem keineswegs zum Untergang der Freiheit geführt hat, ebensowenig wie irgend wo sonst; gerade umgekehrt liegt es, Sie werden überall, wo das Schutzzollsystem, ein gemäßigtes protektionistisches System gilt, die Tendenz in den Ländern beobachten können, nach einer gleichmäßigen Vertheilung des Besitzes und nirgend nach den Latifundien, wie sie unter dem Freihandelsystem zu Tage getreten sind, unter anderen in England.

Also, meine Herren, ich darf mit der Hoffnung schließen, daß wir durch das Beschließen dieses Zolltarifs einen Segen für unser Vaterland schaffen und keine Gefahr für dasselbe in politischer Beziehung herbeiführen.

(Beifall rechts.)

Vizepräsident Dr. **Lucius**: Der Herr Abgeordnete Oechelhäuser hat das Wort.

Abgeordneter **Oechelhäuser**: Meine Herren, auch ich werde mich in der Behandlung der vorliegenden Fragen außerordentlich einschränken.

Ich werde zunächst das, was ich zu sagen habe, damit eröffnen, daß ich mein Glaubensbekenntniß in Bezug auf die ganze große Frage, anstatt es am Schluß zu entwickeln, vorausschicke.

Ich stehe in dieser Frage auf einem vermittelnden Standpunkt, der ungefähr die Mitte zwischen dem hält, was Herr von Kardorff, und dem, was heute Morgen der Herr Abgeordnete Richter ausgeführt hat. In Bezug auf die Finanzreform, in Bezug auf die Nothwendigkeit, das Reich selbstständig zu machen und die direkten Steuern der Einzelstaaten zu ermäßigen, befinde ich mich vollständig auf dem Standpunkte des Fürsten Reichskanzlers, und was die Verwendungen dieser Ueberschüsse für den preußischen Staat betrifft, so ist das eine Angelegenheit, die mich hier nichts angeht, und die ich also auch nicht weiter berühren will. Ich stehe demnächst auch auf dem Standpunkte der Tabaksteuervorlage, wenn ich auch für die Nachsteuer und die Lizenssteuer wohl nicht stimmen werde. Was die Brausteuer betrifft, so glaube ich, daß es in der That etwas verfrüht ist, daß wir uns heute darüber aussprechen, indem ich fest überzeugt bin, daß bei der großen Arbeitslast, die uns erdrückt, die Brausteuer in diesem Jahre nicht zur Erledigung kommen, sondern im nächsten Jahre hoffentlich in Gemeinschaft mit einer Konsumsteuer für Branntwein wieder erscheinen wird.

Ich habe ferner in Bezug auf die Finanzzölle, welche dem Tarif angehören, ebenfalls im allgemeinen mein Einverständniß zu dokumentiren; dagegen hört dieses Einverständniß im Wesentlichen auf, wo das Gebiet der wirthschaftlichen Zölle beginnt. Ich stehe ganz entschieden auf dem Standpunkte der Nothstandzölle, wie sie das Programm des Fürsten Reichskanzlers vom 15. Dezember entwickelt hat. Aber ebenso entschieden bin ich gegen die, ich möchte wohl sagen bodenlosen Uebertreibungen, die der Varnbülersche Tarif uns vorführt. Ich bin entschieden gegen Getreide-, Vieh- und Holzzölle und ebenso entschieden gegen § 5 des Zollgesetzes, der uns die Kampfzölle bringen will.

Indem ich, meine Herren, mich möglichst kurz in der Sache fasse, glaube ich, daß ein Punkt hier nothwendig berührt werden muß, der eigentlich den Kern- und Angelpunkt der ganzen Sache bildet, der aber doch in der Diskussion eigentlich nur gestreift worden ist, und in den Motiven gar keine Rücksicht und Erwähnung findet. Es ist nämlich dies etwas, meine Herren, welches die Motive gar nicht kennen, daß wir nämlich zwischen 1870 und jetzt eine große handelspolitische Krisis gehabt haben. Die Motive erwähnen nur, daß das Jahr 1865 ein Wendepunkt unserer Zollpolitik gewesen sei. Ich bestreite zunächst diesen Ausdruck „Wendepunkt". Der Tarif von 1865 war eine bedeutende Etappe in der Entwickelung unseres Tarifwesens, — ein Wendepunkt war er nicht. Wenn aber, meine Herren, die Behauptung aufgestellt ist, daß wir seit 1865 in unserer wirthschaftlichen Entwickelung zurückgegangen seien, dann glaube ich, daß es die Aufgabe des Herrn von Kardorff, oder die Aufgabe der Motive gewesen wäre, uns statistische Belege und Zahlen und irgend einen Anhalt für diese Behauptung zu liefern. Ich will es hier unternehmen, aus den Zeiten vor und nach 1865 ein Bild über die Wirksamkeit dieser sogenannten Wendung zu entrollen, aus dem Sie entnehmen sollen, daß ganz genau das gerade Gegentheil von dem, was von jener Seite behauptet wird, das Richtige ist, daß das Jahr 1865 nicht eine Etappe des Rückgangs der wirthschaftlichen Entwickelung, sondern des beschleunigten wirthschaftlichen Fortschritts gewesen ist.

Ich muß zu dem Behuf zurückgehen auf das Jahr 1865. Der Tarif von 1865 involvirte in einer Beziehung eine Erhöhung vieler Zollsätze; es war nämlich der bedeutend niedrigere Vertragstarif mit Oesterreich vom Jahre 1853 aufgehoben und durch höhere Zölle, die dann in den allgemeinen Tarif übergingen, ersetzt worden. Dagegen waren diese in Beziehung zu Oesterreich höheren Zölle bedeutend niedriger als die früheren Zölle des Tarifs von 1860, so daß der Tarif vom Jahre 1865 allerdings eine ganz bedeutende Herabsetzung der Zölle von 1860 ausdrückt. Diese Herabsetzung wurde durch die abermalige bedeutende Herabsetzung von 1868, die ebenfalls den vertragsmäßigen Zolltarif mit Oesterreich verallgemeinerte, und dann durch die weiteren unternommenen Herabsetzungen von 1870 vervollständigt, so daß man allerdings sagen kann, daß diese drei handelspolitischen Maßregeln zusammengenommen einen so bedeutungsvollen — nicht Wendepunkt, aber Fortschritt in der bisherigen Entwicklung darstellen, wie noch niemals seit Beginn des Zollvereins in einer so kurzen Periode zusammengedrängt worden ist.

Ich glaube nun, meine Herren, daß, wenn Jemand davon sprechen will, wie es die Motive ganz schüchtern andeuten, daß die jetzige Noth hervorgegangen sei aus dem Tarif von 1865, aus der „Wendung", die damals erfolgt sei, so ist er verpflichtet, zunächst auf die friedlichen, die ruhigen Jahre, die dem Jahre 1865 folgten, jene fünf bis sechs Jahre, wo die handelspolitischen Maßregeln sich in normaler Wirksamkeit entfalten konnten, einen Blick zu werfen. Es wäre die Aufgabe der Motive, oder der Herren gewesen, welche die Tarifvorlage vertheidigen, zu beweisen, daß ein Rückschritt stattgefunden habe, nicht meine Aufgabe, zu beweisen, daß ein entschiedener Fortschritt stattgefunden hat. Ich will in dieser vorgeschrittenen Zeit aus einer Spezialstatistik, die jedem zur Verfügung steht, nur wenige Zahlen anführen, die beweisen werden, wie jene Behauptungen des Rückgangs vollständig falsch sind. Ich sehe zunächst von der Baumwolleenindustrie ab; denn ich und gewiß der größte Theil des Hauses wissen etwas davon, daß wir von 1861—1865 eine heftige Krisis in der Baumwollindustrie gehabt haben, nur die Motive zum Tarif wissen nichts davon. Ich lasse also die Baumwolle hier fort, denn es ist klar, daß von 1860—1865, wo der amerikanische Bürgerkrieg wüthete, die Baumwollindustrie zurückgehen mußte, während von 1865—1871 wiederein bedeutender Aufschwung, ungefähr bis zum früheren Niveau, eintrat. Wenn ich die Statistik fälschen wollte, so würde ich diesen Aufschwung hier verwerthen können, indessen das sind nicht die richtigen Mittel, um die gute Sache zu vertheidigen. Ich will nur die Ein- und Ausfuhrverhältnisse der Hauptartikel der Industrie in den Jahren 1860, 1865 und 1870 mit einander vergleichen. Bei dem Blei stieg die Mehreinfuhr (d. h. also Ueberschuß der Einfuhr über die Ausfuhr) von 1860 auf 1865 von 245 000 auf 385 000 Zentner, von 1865 auf 1870 aber, obgleich der frühere Zoll aufgehoben wurde, von 385 000 auf 471 000 Zentner. Beim Eisen wissen Sie, daß eine Mehreinfuhr von Roheisen stets stattfand. Diese Mehreinfuhr war von 1860—1865 um 1 248 000 Zentner gestiegen; von 1865—1870 hingegen, obgleich der Zoll von 10 auf 5 Silbergroschen herabgesetzt wurde, fiel diese Mehreinfuhr von 1 248 000 auf 988 000 Zentner. Die übrigen Eisenfabrikate und Waaren hatten stets eine Mehrausfuhr; sie betrug im Jahre 1860 28 000 Zentner und stieg bis 1865 auf 376 000 Zentner; im Jahre 1870 aber war sie gestiegen von 376 000 auf 1 368 000, obgleich die sämmtlichen Zölle auf die Eisenwaaren und Eisenfabrikate inzwischen etwa um die Hälfte ermäßigt worden waren.

(Hört!)

In Glas hatten wir im Jahre 1860 eine Mehrausfuhr von 25 000 Zentnern; diese verwandelten sich im Jahre 1865 in eine Mehreinfuhr von 7000 Zentnern, obgleich aber die Tarifsätze inzwischen von 3 und 6 Thaler auf 20 Silbergroschen und 2 Thaler 20 Silbergroschen ermäßigt wurden, verwandelte sich die Mehreinfuhr von 7000 Zentnern in eine Mehrausfuhr von 126 000 Zentnern.

Bei den Kurzwaaren, worin wir stets Ueberschuß der Ausfuhr über die Einfuhr hatten, betrug diese Mehreinfuhr im Jahre 1860 135 000 Zentner und 1865 164 000 Zentner; sie stieg ferner im Jahre 1870 auf 371 000 Zentner, obgleich eine Herabsetzung des Zolls von 50 und 100 Thalern auf 15 und 50 Thaler erfolgt war. — Beim Leinengarn hat eine Mehreinfuhr stetig stattgefunden, als Folge der in dem österreichischen Vertrage bezüglich dieses Artikels gemachten Zugeständnisse. Die Mehreinfuhr betrug im Jahre 1860 108 000 Zentner und stieg im Jahre 1865 auf 148 000 Zentner; im Jahre 1870 betrug sie 179 000 Zentner, war also ungefähr in demselben Verhältniß gestiegen, wie in der Zeit von 1860—1865.

Beim Papier stieg die Mehreinfuhr von 1860—1865 von 82 000 auf 149 000 Zentner und im Jahre 1870, obgleich eine Herabsetzung von 1 Thaler auf 2/3 respektive von 5 auf 1 Thaler stattgefunden hatte, von 149 000 auf 202 000 Zentner.

In der Fayence und im Porzellan hatten wir im Jahre 1860 eine Mehrausfuhr von 63 000 Zentnern; sie stieg bis 1865 auf 87 000 Zentner; von 1865—1870 aber, obgleich eine Zollherabsetzung von 5 Thalern auf 1 2/3 Thaler respektive von 50 auf 4 Thaler vorgenommen wurde, von 87 000 auf 149 000 Zentner.

In Wollengarn hatten wir 1860 eine Mehreinfuhr von 117 000 Zentnern; dieselbe stieg im Jahre 1865 auf 205 000 Zentner, war dagegen im Jahre 1870 wieder auf 191 000 Zentner gefallen. In Wollenwaaren hatten wir stets eine Mehrausfuhr; diese stieg von 200 000 im Jahre 1860 auf 214 000 Zentner im Jahre 1865 und demnächst auf 242 000 Zentner im Jahre 1870, obgleich inzwischen die Zollsätze von 20 und 50 auf 10 und 30 Thaler ermäßigt wurden.

Im ganzen, meine Herren, sind es hier 56 Positionen, die ich ausgezogen habe, und sie umfassen unsere ganze Industrie; es sind nur diejenigen Positionen weggelassen, worin nur ein unbedeutender Import oder Export stattfindet. In unserer ganzen Industrie von Ganz- und Halbfabrikaten fand im Jahre 1860, wenn Sie die Totalsumme nehmen, eine Mehreinfuhr von 1 251 000 Zentnern statt. Diese Mehreinfuhr stieg bis zum Jahre 1865 unter dem früheren Tarif von 1 251 000 auf 1 860 000 Zentner; im Jahre 1870 dagegen, obgleich die erfolgte Herabsetzung von 1865 bis 70 ungefähr die halben Zollsätze ausmachte, war jene Mehreinfuhr von 1 860 000 Zentnern in eine Mehrausfuhr von 489 000 Zentnern verwandelt.

(Hört!)

Die Einfuhr, um uns in Prozenten auszudrücken, war in den Jahren 1860 auf 1865 um 39 Prozent gestiegen. In den Jahren 1865—1870 stieg sie nur um 26 Prozent. Die Ausfuhr war dagegen von 1860—1865 um 35 Prozent gestiegen, und trotz der erwähnten bedeutenden Zollherabsetzungen stieg sie von 1865—1870 von 35 Prozent auf 85 Prozent.

Das, meine Herren, sind Zahlen, denen Sie, glaube ich, die Würdigung nicht versagen können, um so weniger, als ich mit den Jahren 1865—1870 die ungünstigste Periode zur Vergleichung heranziehe, die denkbar ist. Zunächst hatten wir in der Periode von 1860—1865 nur den unbedeutenden und Europa nicht beunruhigenden schleswig-holsteinischen Krieg. Seit 1865 dagegen brachen von allen Seiten die Beunruhigungen herein. Wir hatten zuerst 1866 den Krieg mit Oesterreich. Wir hatten ferner in den Jahren 1867 und 1868 die luxemburgischen Verwicklungen und überhaupt die allgemeinen Befürchtungen bezüglich der Politik Napoleons, wodurch der Gang der Geschäfte beeinträchtigt wurde und namentlich neue Unternehmungen verhindert wurden. Im Jahre 1870 begann dann der große Krieg mit Frankreich und in Folge dessen traten natürlich nicht bloß im ganzen wirthschaftlichen Leben große Hemmungen ein, sondern die Ausfuhr nach Frankreich hörte gänzlich auf und bereitete überdies die Furcht vor der französischen Blokade auch unserer Ausfuhr nach anderen Ländern große Hindernisse. Außerdem waren in der Zwischenzeit von 1865 auf 1870 Schleswig-Holstein und Mecklenburg dem Zollverein beigetreten; die ganze Ausfuhr dorthin, die 1865 noch als Ausfuhr in der Statistik figurirte, kam später nicht mehr in Betracht. Sie werden mir also zugeben, daß ich mit dem Jahre 1870 das ungünstigste Jahr für meine Vergleichung gewählt habe, welches denkbar ist. Ebenso berechtigt wäre ich gewesen, das Jahr 1871 zu wählen, in welchem ein starker Aufschwung, aber noch keineswegs ein ungesunder Schwindel herrschte; ich habe dies aber nicht gethan, um in jener Vergleichung dem Jahre 1870 seine volle, für die Erfolge der Tarifpolitik von 1865 ausschlaggebende Bedeutung zu sichern.

Nun bin ich nicht der Ansicht und trete den Uebertreibungen, die von Seiten beider volkswirthschaftlichen Parteien gemacht werden, entgegen, daß man ohne weiteres die Zollherabsetzungen, mit den volkswirthschaftlichen Resultaten, die sich in den betreffenden Perioden ergeben haben, in das Verhältniß von Ursache zu Wirkung bringt. Aber, meine Herren, ich glaube, Sie werden mir zugeben, daß, wenn sich in eine Periode von fünf Jahren Zollherabsetzungen zusammendrängen von so einschneidender Natur, die durchschnittlich vielleicht die steuerfreie Einfuhr von 50 auf 85 Prozent heraufbrachte, — daß dann kein loyaler Gegner berechtigt ist zu sagen, die Zollpolitik, die in diesen fünf Jahren befolgt worden ist, habe zu den erzielten glänzenden Resultaten nicht mitgewirkt, habe sogar schädlich gewirkt. Jeder muß vielmehr anerkennen, wie das ruhige und friedliche Wirken der Zollpolitik von 1865 bis 1870 ein erfreuliches, und das Jahr 1865 keine Etappe der Umkehr, sondern nur des rascheren Fortschritts gewesen ist.

Nun weiß ich allerdings und will einem etwaigen Einwande begegnen, daß aus den bloßen statistischen Zahlen über die Ein- und Ausfuhr sich noch nichts bestimmtes über die Blüthe der Industrie sagen läßt, denn sonst könnten wir ja die heutigen Zahlen der Ein- und Ausfuhr hervorheben und daraus deduziren, daß wir uns in ganz glänzenden Verhältnissen befänden. Ich weiß, wie dabei ein wesentlicher Faktor mitspricht, ob nämlich Arbeitskräfte und Kapital lohnend beschäftigt gewesen sind. Aber die Erörterung dieser Frage kommt zu gleichen Resultaten, wie ich vorhin durch die Statistik belegt habe. Ich erinnere Sie an die Verhandlungen des Zollparlaments im Jahre 1870. In diesem Jahre sah sich nur ein einziger Industriezweig, die Baumwolleninduftrie, nicht infolge der Handelspolitik, sondern des amerikanischen Krieges, in ihrer Entwickelung gründlich gestört; sie war zwar im Begriff sich zu retabliren, aber war noch nicht dahin gelangt. Damals äußerte der Abgeordnete von Sybel, der mit dem Herrn Abgeordneten Stumm in gemäßigter Weise die Schutzzollpartei vertrat, „daß der Nothschrei der Baumwolleninduftrie eine isolirte Erscheinung sei; im Uebrigen gehe die große Strömung in den industriellen Kreisen nicht auf Zollerhöhungen, sondern auf schrittweise Ermäßigungen; 1860 habe die Schutzzollpartei heftigen Widerstand geleistet; 1870 habe sie diese Basis vollständig akzeptirt." Und der Regierungskommissar eröffnete diese Debatte mit den Worten:

> Der Aufschwung, den Verkehr und Industrie in den letzten Jahren

— also vor 1870 —

> genommen haben, verheißt eine rasche Verwirklichung der Vortheile, welche die erleichternde Tarifreform hervorruft. Die öffentliche Meinung hat sich mit der Tarifreform so sehr befreundet, daß eine Verzögerung derselben lediglich einen für den Unter-

nehmungsgeist nachtheiligen Zustand der Ungewißheit hervorbringen würde.

Es ist in der That, meine Herren, kein glänzenderes Zeugniß für die Wirksamkeit der Tarife von 1865, von 1868 auszustellen, als es in diesen Verhandlungen des Zollparlaments von 1870 liegt.

Auch die weiteren bedeutenderen Ermäßigungen, die damals, 1870, vorgeschlagen wurden, wurden von den Herren, die die Schutzzollpartei hauptsächlich vertraten, akzeptirt und nur der einzige Punkt des Roheisenzolls fand Widerstand und wurde durch Kompromiß erledigt. Ich erwähne speziell die bedeutende Herabsetzung des Zolls auf Eisenwaaren und Eisenfabrikate im Jahre 1870, welche keinen Widerspruch von Seiten des Herrn Abgeordneten Stumm und der speziellen Vertreter dieses Industriezweigs gefunden hat.

Noch einen Umstand hebe ich hervor, der von entscheidender Bedeutung ist. Sie wissen, daß im Jahre 1860 und später die Verhandlungen über die Handelsverträge schwebten und daß bei den Handelskammern, namentlich der Fabrikdistrikte, eine heillose Angst vor diesen Handelsverträgen bestand; man dachte mit Furcht und Zittern an die Wirkung derselben. Im Laufe der folgenden Jahre hat sich jene Angst vollständig abgeschwächt und verloren, so daß nicht eine einzige Handelskammer im Jahre 1870 mehr war, die gegen die Vertragspolitik opponirte und nicht anerkannt hätte, daß diese Handelsverträge und die auf dem Boden derselben stattgefundenen autonomen Tarifermäßigungen zum Heil des Ganzen gewesen seien.

Wenn aber noch ein Beweis nöthig scheint, so ist es der, daß im Jahre 1870 der ganze alte Zwiespalt zwischen Freihändlern und Schutzzöllnern verschwunden war; er war vollständig eingeschlafen, und wenn auch die alten Organisationen der Form nach noch bestanden, im wesentlichen fand kein Streit mehr statt. Das, meine Herren, sind die wahren Erfolge der Zollpolitik des Jahres 1865.

Ich hielt für nothwendig, dies alles hier speziell hervorzuheben, meine Herren, weil eine bodenlose Vermischung der Zollpolitik von 1865 mit der nun beginnenden Krisis stattfindet, und ich glaube, es wäre die erste Aufgabe der Motive zum Zolltarif gewesen, nachzuweisen, was in unserem gegenwärtigen Nothstand Schuld der Krise ist und was möglicherweise Schuld unserer Tarifgesetzgebung sein könne. Ich trete damit in möglichster Kürze in die Erörterung unserer wirthschaftlichen Krisis und der Aenderungen ein, welche sie auf unserem wirthschaftlichen Gebiet hervorgebracht hat.

Zunächst, meine Herren, wird ein entsetzlicher Mißbrauch von beiden Seiten damit getrieben, wenn man die wirthschaftlichen Krisen unmittelbar als Wirkung und Ursache mit dem herrschenden handelspolitischen System zusammenbringt. Kein gründlicher Kenner der Handelsgeschichte kann solche Behauptungen aufstellen. Wir haben die Krisen in Amerika zu Zeiten gehabt, wo dort die südliche Partei, die demokratischen und Freihändler am Ruder waren, und sehen sie jetzt wieder, vielleicht nur in höherem Grade auftreten, wo das Land unter dem Schutztarif steht. Wir haben es im schutzzöllnerischen Frankreich, im freihändlerischen England, wir haben bei uns Krisen. Niemand wird verkennen, wie das Tarifsystem hierbei unter Umständen einen wesentlichen Einfluß haben mag; so nehme ich allerdings an, daß diese enormen Zollerhöhungen von 1864 in Amerika, die bis 80 Prozent des Werthes und höher stiegen, einen Einfluß auf die dortige Krisis gehabt haben müssen und an der Herbeiführung derselben wesentlich mitgewirkt haben. Das wird Niemand leugnen; aber es ist nicht ausreichend, eine Krise vollständig zu erklären.

Der allgemeine Entstehungsgrund der Krisen liegt einfach darin, daß durch die Theilung der Arbeit und die Einschiebung des Geldes der unmittelbare Austausch der Güter in zwei selbstständige Operationen zerlegt wird. Es sind also Verkauf und Kauf getrennt; die Spekulation verrechnet sich nun, die Vorausberechnung des möglichen Umfangs der Konsumtion oder Produktion täuscht sich, und wenn nun Ereignisse politischer Natur, Unruhen, Mißernten, Finanzkrisen und dergleichen dazutreten, so ist mit einem Male die Krise da. Wir waren im Jahre 1870 in einer außerordentlich gesunden wirthschaftlichen Lage; als sich aber nun der Sieg an unsere Fahnen geheftet hatte, entwickelte sich eine Stimmung, die sehr gefährlich auf volkswirthschaftlichem Gebiet werden kann, nämlich der Optimismus. Der Gewerbefleiß war noch vor Kurzem gehemmt gewesen, durch die Furcht vor Napoleons Plänen; jetzt sahen sich die Leute frei, sie sahen lange Jahre der Ruhe vor sich, und es begann sich nun an allen Ecken und Enden zu regen. — Man überschätzte dabei den Einfluß der Milliarden; man übersah, daß dieselben zum Theil zum Ersatz für Verlorenes und zum anderen und größten Theil in einer Art und Weise angewandt werden mußten, die nicht reproduktiv war, die also die wirthschaftliche Arbeit der Nation wenig fördern konnte.

Es traten dann zu den allgemeinen noch spezielle Ursachen hinzu; denn solche konnten es nur sein, welche die Krise zu dieser Höhe zu treiben vermochten. Ich finde diese speziellen Ursachen in erster Instanz ebenfalls wie mehrere Redner vor mir im Aktienwesen. Herr von Kardorff ist mir allerdings in Bezug auf seine lettres au porteur nicht ganz klar geworden; ich glaube aber, daß im Hintergrunde ein Gedanken steckt, der mit dem meinigen übereinstimmt. Ich bin der Meinung, daß nicht unser Aktiengesetz von 1870 allein, sondern daß die ganze Aktienströmung seit den 60er Jahren zu unserer Krise beigetragen hat. Seit etwa zwanzig Jahren sind in allen Ländern, in England, Frankreich, Belgien u. s. w. die Aktiengesetze in sogenanntem liberalem Sinne modifizirt worden, und es ist daraus eine Bewegung auf wirthschaftlichem Gebiet hervorgegangen, die man früher nicht gekannt hat. Wenn Jemand früher ein industrielles Unternehmen vorhatte, so überlegte er sich es gut; denn er wußte von vornherein, daß er sein Geld darin festlegte, daß er dasselbe nicht mehr ohne Schaden herausziehen könne, wie z. B. aus einem Landgute. Er konnte also seinen dauernden Nutzen nur im Geschäft selbst suchen. Das Aktienwesen dagegen fügte einen ganz neuen Industriezweig hinzu, das Gründen von Geschäften, und dies ist die Ursache geworden, daß nun eine bedeutend verstärkte Strömung des Kapitals nach den Richtungen stattfand, welche die Aktiengesellschaften auszubeuten pflegen. Ich glaube, daß die Aktienspekulation eine der Ursachen ist, welche die Krise bei uns wesentlich verschärft haben, und welche die Mitschuld an der gedrückten Lage tragen, welche sich fast über die ganze Welt verbreitet hat.

Es kommt aber noch ein zweites Moment hinzu, und das sind die Banknoten. Ich will Sie nicht mit einer Vorlesung über die Schädlichkeit der ungedeckten Banknoten unterhalten. Aber wenn Sie bedenken, daß in diesem Ueberfluß an Zirkulationsmitteln, den die französischen Milliarden schafften, und wo alle deutschen Banken ihre Notenemissionen bis zum äußersten ausdehnten, daß damals die preußische Bank in den Jahren 1872 und 73 mitten in diesen kolossalen Schwindel hinein die Ausgabe ungedeckter Noten auf den siebenfachen Betrag ihres Aktienkapitals erhöhte, dann werden Sie mir zugeben, wie dies ein wesentliches Moment sein konnte, jenen Schwindel zu verschärfen. Es kam hinzu, daß die Herstellung der Eisenbahnen, des zerstörten Kriegsmaterials u. s. w. nicht bloß außerordentliche Kräfte und Mittel in Anspruch nahmen, sondern die Regierung es auch für gut fand, trotzdem Arbeitslöhne und Materialienpreise auf das Doppelte und Dreifache gestiegen waren, eine Menge von Eisenbahnen zu bauen, was man lieber hätte verschieben sollen. Leider folgte eine große Menge von Privatgesellschaften diesem Beispiel, und aus all diesen Ursachen kam es, daß im Jahre 1873 die Haussekrisis eine Höhe erreichte, wo schließlich jede Berechnung aufhörte. Der Rückschlag konnte natürlich nicht lange auf sich warten lassen; als die Spekulation stockte, als die Arbeiter, verführt durch die hohen Löhne, strikten, oder in ihren Arbeitsleistungen nachließen, als in den übertrieben ausgedehnten Industriezweigen die Nachfrage sich rasch verminderte, — da ging es bald ebenso schnell bergunter, wie vorher bergauf, und diesem Verguntergehen leisteten wieder die Aktiengesellschaften den schlimmsten Dienst, um die Krisis recht zu verschärfen. Wenn aber der Herr Abgeordnete von Kardorff darauf hinweist, daß Frankreichs wirthschaftliches Leben sich in besseren Verhältnissen wie wir befände, so liegt für jeden, der sehen will, die Ursache klar vor. Es liegt daran, daß Frankreich eine solche Haussekrisis, eine solche Schwindelperiode nicht gehabt hat, und deshalb auch ein Umschlag nach unten, unter dem wir jetzt leiden, dort nicht eintreten konnte. Das ist die einfache Erklärung, weshalb in Frankreich die Krise so viel milder verläuft und nur eine solche ist, wie sie durch eine Einschränkung der Konsumtion aller Stände hervorgebracht wird, aber keine Krise wie die, in der wir hier leben.

Nun, meine Herren, frage ich Sie: was hat die Handelspolitik in dieser Krise für eine Rolle gespielt? Könnten Sie dabei der Tarifgesetzgebung von 1865, 1868 und 1870 die mindeste Schuld beimessen? Nahmen nicht die Preiserhöhungen aller Waaren Dimensionen an, wobei die kleinen Zollsätze vollständig verschwanden? In dem Programm jener Periode, wenn es sich um Gründungen von Gesellschaften in solchen Industrien handelte, die man früher als schutzzollbedürftig ansah, fand die Möglichkeit einer Herabsetzung der Zölle gar keine Erwähnung, nicht einmal in der Eisenindustrie, wo doch zu jener Zeit das Damoklesschwert der vollständigen Zollaufhebung über ihrem Haupte schwebte. Ich glaube hiernach mit vollem Recht behaupten zu dürfen, daß an dieser ganzen kritischen Bewegung, nach oben wie nach unten, der Tarifgesetzgebung von 1865 nicht die mindeste Schuld zugeschrieben werden kann.

Nun haben wir aber die Veränderungen zu betrachten, die von 1870 an während der Krisis auf handelspolitischem Gebiete vorgekommen sind, und zwar erstens die inneren und zweitens die äußeren. Im Inneren beschränken sich diese Bewegungen auf die Zollherabsetzungen von 1873, denen im Jahre 1877 die letzte vollständige Aufhebung des Roheisenzolls folgte. Ich habe bei einer anderen Gelegenheit mich bereits ausgesprochen, wie ich jene Maßregel beklage und zwar aus den verschiedensten Gründen. Einer dieser Gründe: Es ist damit namentlich das Eisen herausgerissen worden aus dem allgemeinen Niveau der Schutzverhältnisse, auf denen der Tarif seit 1818 beruht hatte. Ferner nahm man eine solche wesentlich einschneidende Tarifänderung zu einer Zeit vor, wo sich die etwaigen Veränderungen in den Produktionsbedingungen des In- und Auslandes gar nicht übersehen ließen. Daß man damals eine solche Veränderung des Tarifs vorgenommen hat, davon tragen wir jetzt die Folgen. Denn Sie sehen jetzt, wo wir vor einer Nothwendigkeit stehen, die ich vollständig anerkenne, nämlich die Eisenzölle wieder zurückzurufen, daß, um auch ein medizinisches Bild zu gebrauchen, dies Wiedereinrenken in frühere Zustände, eine Operation ist, wobei alle Gelenke krachen. Meiner Ansicht nach ist es überhaupt immer ein Fehler, wenn man einen Zoll aufhebt, ohne die absolute Gewißheit zu haben, daß er auch für immer aufgehoben bleiben kann.

Wir haben aber noch eines anderen Ereignisses von wirthschaftlicher Bedeutung zu erwähnen: des Zutritts von Elsaß-Lothringen. Es ist ganz klar, daß Elsaß-Lothringen durch diese gewaltsame Umkehr seiner Verkehrsrichtungen geschädigt, und ebenso, daß unsere Baumwollindustrie durch diesen plötzlichen Zutritt eines hochentwickelten und quantitativ sehr ausgedehnten Industriebezirks in Mitleidenschaft gezogen werden mußte.

Es handelt sich aber hierbei ebenso, wie auf dem Gebiet der Eisenindustrie, immer nur um die Nothwendigkeit vereinzelter Zoll- und Tarifmaßregeln, wodurch Abhilfe geschafft werden kann und wahrscheinlich auch wird. Aber niemals können diese beiden Momente Veranlassung sein, unser ganzes Tarifsystem wieder zurückzuschrauben und das System von 1865 in die Acht zu erklären; insbesondere, was Elsaß-Lothringen betrifft, so können wir alle Folgen von Sedan nicht auf dem Gebiet der Handelspolitik ausgleichen wollen.

Was nun die äußeren Aenderungen in der Handelspolitik betrifft, so werden dieselben als außerordentlich eingreifend in den Motiven dargestellt. Zunächst Amerika. Wir haben gewiß im Interesse unseres Exports sehr zu beklagen, daß Amerika so hohe Zölle eingeführt hat. Indessen dieser amerikanische Tarif datirt von 1864, bestand also schon, ehe die Reform von 1865 ihren Anfang nahm, und bereits während der Verhandlungen von 1870 und 1873, wo die fortgesetzten Zollherabsetzungen fast widerspruchslos durchgingen, hatte sich dessen hemmender Einfluß auf die deutsche Industrie entwickelt. Ich nenne insbesondere die Wolleninindustrie, die unter der direkten Einwirkung der amerikanischen Zollsätze leidend wurde und erst seit einem Jahre wieder in etwas bessere Verhältnisse eingerückt ist. Was die übrigen Länder betrifft, meine Herren, so ist Rußland in Betracht zu ziehen. Neuern Datums ist dort nur, daß Rußland sich seine Zölle in Gold bezahlen läßt, und zwar von dem 1. Januar 1877 ab. Und was den österreichischen Handelsvertrag von 1879, der erst seit dem 1. Januar d. J. in Kraft trat, betrifft, so wird niemand, der die Verhältnisse kennt, behaupten können, daß die Nachtheile, die für uns aus dieser Aufhebung erwachsen, so bedeutend sein können, daß hieraus in irgend einer Weise eine allgemeine Tarifreform gerechtfertigt werden könnte.

Es kann aber auch, meine Herren, gesagt werden, man gestehe zu, daß die Zollpolitik von 1865/70 keinen Einfluß gehabt habe auf die Herbeiführung der Krisis; aber man könne durch Zollpolitik, im Sinne der Zollerhöhung, die Krise heilen. Es kann ferner behauptet werden, daß, wenn auch die neueren Veränderungen in der Zollpolitik auswärtiger Staaten uns an sich nicht vollständig berechtigen, unser ganzes Zollsystem zurückzuschrauben, so wäre doch eine gesammte Erhöhung unserer Zölle im Stande die Schädigungen durch die Schutzzölle des Auslands, in Verbindung mit dem Nothstande, auszugleichen. Diese beiden Behauptungen werden ganz dogmatisch hingestellt; man geht geradezu so weit, Nothstand und Zollerhöhung in unmittelbare Verbindung zu bringen, als wenn sich dies von selbst verstände; man stellt gleichsam den als einen geistesbeschränkten Menschen hin, der nicht in das Dogma einstimmt: „wenn das Ausland seinen Zoll erhöht, können wir uns nicht retten, den Nachtheil nicht ausgleichen, als wenn wir sie ebenfalls erhöhen". Untersucht man aber die Sache genauer, so sieht sie sich ganz anders an.

Fragen Sie sich nämlich, wie kann man die Industrie befriedigen durch Zollerhöhungen, so muß man zuerst ins Auge fassen, was denn unsere Hauptexport- und Importartikel sind. Die hauptsächlichsten Importartikel aber sind Rohstoffe und Halbfabrikate; zur Ausführung gelangen meist nur Ganzfabrikate. Nun will ich zugeben, daß in Zeiten der Krisis, wenn man Ganzfabrikate mit einem höheren Zoll trifft, dies eine vermehrte Wertherzeugung zu Gunsten des inneren Arbeitsmarkts zur Folge haben kann, da in Krisen ein Theil der Arbeitskräfte und Kapitalien feiern. Aber diese Einwirkung wäre eine zu geringfügige. Denn erstens dient auch eine große Anzahl von solchen fertigen Waaren, wiederum alsdann auch die Halbfabrikate anderer Industrie zur Veredelung oder Weiterverbreitung und würden diese also in demselben schädlichen Grade betroffen und in der Arbeitsfähigkeit beschränkt, als jene inländischen Fabriken, denen wir die betreffenden Artikel durch die Erhöhung zugewiesen haben, Nutzen davon ziehen. Ferner sind diese

Kategorien von Einfuhrartikeln zum großen Theil solche, die auch bei Erhöhung der Zölle noch eingeführt werden; es sind Gegenstände, die wir entweder gar nicht fertigen, weil wir im ganzen unsere Rechnung nicht dabei finden, es sind Gegenstände der Mode, der Farbe, des Geschmacks u. s. w., so daß nach Abzug dieser fortbestehenden Einfuhren, die Wirksamkeit der Zollerhöhung auf fertige Waaren eine zu geringfügige bleibt, um unserer Industrie wesentlich dadurch aufhelfen zu können. Sie sehen ja auch, daß alle Agitationen sich nur auf Zollerhöhungen für Rohstoffe und Halbfabrikate richten, wobei aber der Konflikt zu Tage tritt, daß sie, wenn nicht mit äußerster Sorgfalt erwogen, unseren Export gerade so viel verringern, als sie den Absatz auf dem inneren Markt fördern.

Wenn Sie aber das Ausland treffen wollen durch Zollerhöhungen, so könnten Sie, weil wir im wesentlichen nur Rohstoffe und Halbfabrikate einführen, dies auch nur auf diesen Gebieten thun; dann tritt aber wieder derselbe Konflikt zwischen Ausdehnung des inneren Marktes und Verringerung der Exportindustrie ein, dessen ich eben erwähnte. Wir sind also gar nicht im Stande bei der Natur, unserer Hauptexportartikel durch Erhöhungen unserer Zölle in irgend wesentlichem Grade den Nachtheil, den uns die Erhöhung ausländischer Zölle zugefügt hat, wieder zu paralysiren. Es kann sogar der Fall eintreten, so parador es klingen mag, daß, wenn fremde Staaten durch erhöhte Zollsätze unsere Ausfuhr von fertigen Waaren verkümmert haben, wir gewisse Zollsätze auf Rohstoffe und Halbfabrikate sogar herabsetzen sollten, wenn solche nämlich die Ursache einer Vertheuerung der inländischen Produktion sein sollten. Denn nur durch billigere Produktion können wir im wesentlichen auf dem Weltmarkte einen Ersatz für das suchen, was wir durch Zollerhöhungen des Auslandes verloren haben. So sieht, beim Licht betrachtet, das Dogma aus, daß Zollerhöhungen anderer Staaten nothwendig die Erhöhung unserer eigenen Zölle im Gefolge haben müßten.

Meine Herren, es ist gewiß traurig, daß wir uns hier sagen müssen, die Mittel, die der Staat in der Hand hat, um die große Noth zu mildern, sind nur ganz ungenügende. Es ist gewiß keiner in diesem hohen Hause, dem nicht das Herz bei dem Gedanken blutet, daß wir so wenig für Linderung der Noth thun können; aber ich glaube, es ist immerhin besser, die Wahrheit zu sagen, als uns in Täuschungen einzuwiegen und unter dem Eindruck falscher Strömungen Maßregeln zu ergreifen, die den Hauptvortheil, den wir aus dieser Krisis in die Zukunft mit hinübernehmen, daß wir nämlich unsere gesammte Industrie exportfähig gestellt haben, auch noch verkümmern.

Was übrigens diese Exportfähigkeit betrifft, so möchte ich Herrn von Kardorff bitten, seine Studien im Adam Smith doch noch weiter fortzusetzen. Ich muß sagen, daß er Aussprüchen desselben über die Bedeutung des Exporthandels im Vergleich zum Austausch im Innern der Zollgebiete eine Deutung gegeben hat, daß, wenn Adam Smith sie hören könnte, er sich im Grabe umdrehen würde.

(Heiterkeit.)

Wenn Adam Smith sagt, daß der innere Verkehr, daß diese zahllose Menge innerer wirthschaftlicher Transaktionen dreißigmal — meinetwegen hundertmal — die Bedeutung des ausländischen Verkehrs in der Reichthumsvermehrung überwiegt, so ist dies ganz selbstverständlich. Dies bedeutet aber doch nicht, daß er, der Vater der Bekämpfung aller Zollrestriktionen, er, der der Erste, angerathen hat, alle Waaren zollfrei einzulassen, um dadurch die Produktionen eines Landes auf dem Weltmarkt konkurrenzfähig zu machen, — daß Smith auf den Export keinen Werth gelegt haben soll, er, der gerade den höchsten Werth darauf legte, durch Zollfreiheit alle Produkte so billig herzustellen, daß sie nicht auf den eigenen Markt beschränkt bleiben müßten, sondern überall hin ausgeführt werden könnten! Ich möchte Herrn von Kardorff das Studium eines anderen Ausspruches von Adam Smith empfehlen, auf dem im wesentlichen der Unterschied zwischen den Bestrebungen der Schutzzöllner und Freihändler beruht; er sagt: Es wäre viel besser, Produktionskosten zu ermäßigen, als Verkaufspreise zu erhöhen. Darin gipfelt am Ende die ganze Verschiedenheit der Ansichten, die uns von einander trennt. Sie auf dieser Seite (rechts) glauben alles Heil in der Erhöhung der Verkaufspreise zu finden, wir in der Ermäßigung der Produktionskosten; nicht in einer Ermäßigung, die Nothstände hervorbringt, sondern in der naturgemäßen Herabminderung, die dadurch hervorgebracht wird, daß man kauft, wo man es am billigsten haben kann und welche den wirtschaftlichen Kräften überall freies Spiel läßt.

Ich komme nun mit einigen Worten, meine Herren, zu dem Tarif, obgleich meine allgemeinen Ansichten hierüber schon in dem Bisherigen ausgesprochen sind. Ich will in den Ausführungen des Herrn Abgeordneten Delbrück hier nicht fortfahren, obgleich ich im Besitze eines sehr interessanten Aktenstückes bin, einer Kritik von Seiten eines hochgestellten und bedeutenden Mannes, der eine eminente Kenntniß in der Zolltechnik besitzt und den Tarif insbesondere auch vom Standpunkt unserer Beziehungen zum Ausland beleuchtet. Wenn ich Ihnen dessen Kritik vortragen würde, so möchten die Ausführungen des Herrn Abgeordneten Dr. Delbrück noch eine recht hübsche Erweiterung erfahren, und ich glaube, daß sie so weit anschwellen würden, daß selbst die Genügsamkeit des Herrn von Kardorff nicht mehr Stich hielte.

Meine Ansicht über den Tarifentwurf ist einfach die, daß er auf unrichtigen Voraussetzungen fußt und auf unrichtige Ziele lossteuert. Er fußt auf der in den Motiven niedergelegten unrichtigen Voraussetzung, daß die wirthschaftlichen Machtverhältnisse zwischen In- und Ausland sich verändert hätten. Ich bestreite das. Es werden jetzt stets die Eisenbahnen gleichsam als ein nationales Unglück herangezogen. Wir hören, daß die Eisenbahnen die Noth im Spessart verschuldet haben. Die Eisenbahn führt natürlich alles Ausländische billiger heran; aber daß unsere inländischen Produkte dadurch billiger ins Ausland verfrachtet werden, daß die stattgehabte Exportsteigerung nur mit Hilfe der Eisenbahnen und der Schifffahrt möglich war, dies wird vollständig übersehen. Ich leugne auf das entschiedenste, daß in Amerika, Rußland, England u. s. w. im großen und ganzen Veränderungen der wirthschaftlichen Machtverhältnisse vorgegangen sein sollen, die unsere wirthschaftliche Produktion im wesentlichen ungünstiger gestaltet hätten, wie früher. Auch die Zollpolitik des Auslandes weist nicht so wesentliche Aenderungen auf. Es treten augenblicklich nur solche Veränderungen der Konkurrenzverhältnisse hervor, wie sie Krisen und schlimme Handelslagen mit sich bringen. Der Landwirthschaft gegenüber gebe ich es insbesondere zu, daß sie durch die Krisis hart bedrängt wird; allein es fehlen zugleich die Anhaltspunkte zur Beurtheilung, was schlechte Konjunktur und was eine reale Verschiebung der früheren Konkurrenzverhältnisse sein möchte. Es ist in den Motiven ferner darauf gefußt worden, daß unsere Zollherabsetzungen 1865—70 die Voraussetzung gehabt hätten, daß alle anderen Staaten damit folgen würden. Meine Herren, das ist absolut falsch; Sie können solches mit keinem Worte beweisen, im Gegentheil hat am 3. Mai 1870 der damalige Vertreter der Regierung im Zollparlamente ausdrücklich hervorgehoben, daß unsere Zollmaßregeln vollständig unabhängig seien von den jetzigen und künftigen Zolltarifsfluktuationen anderer Staaten. Die ganzen handelspolitischen Maßregeln jener Jahre trugen durchaus einen autonomen Charakter, und das einzig objektiv Richtige, was ich in der kurzen Einleitung zu den Motiven gefunden habe, ist, daß gesagt wird, daß 1865 die Zollherabsetzungen nur durch die Verknüpfung mit den Handelsverträgen durchführbar gewesen wären, indem man für autonome Herabsetzungen im Zollverein nicht auf die erforderliche Einstimmigkeit rechnen durfte, während eine Zustimmung zu Handelsverträgen leichter zu erwarten war. Die Tarife von 1865—70 sind, wie ich bei Gelegenheit noch näher auseinander setzen werde, lediglich als eine Fortsetzung der Prinzipien von 1818 anzusehen. Meine Herren, Sie können unsere Zollsätze jetzt nicht zurückschrauben auf einen Tarif, der 1865 im Vergleich zu 1860 als ein Fortschritt in der Richtung des freien Verkehrs erschienen ist und jetzt das Gegentheil darstellen würde. Sie sehen es z. B. aus der Schwierigkeit, welche die eine Herabsetzung der Position Roheisen gebracht hat, welche unendliche vergrößerte Schwierigkeiten es haben würde, alle die früheren Erhöhungen wieder einzuführen. Es ist unendlich leichter, einen Schritt im Wege des freieren Verkehrs zu thun, als einen Schritt rückwärts. Mit dem Fortschritt im freien Verkehr ist es ähnlich wie mit dem Sperrrade im Maschinenwesen; man kann dasselbe vorwärts drehen, aber wenn man es rückwärts drehen will, fallen die Sperrhebel ein. Das sind die Kräfte und die Kapitalien und die Richtungen, welche sich den Zollherabsetzungen assimilirt und auf dieser neuen Grundlage aufgebaut hatten.

Nnn ist, meine Herren, dieser Tarif in den Einleitungen zu den Motiven mit Ausdrücken charakterisirt worden, die ich etwas mit Zahlen beleuchten möchte. Die Einleitung sagt wörtlich: „Der einheimischen industriellen Produktion will da, wo ein dringendes Bedürfniß nachgewiesen ist, ein etwas höherer Zoll als bisher gewährt werden". Das klingt ganz unschuldig gesagt und in solcher Beschränkung unterschreibe auch ich einen neuen Tarif. Wenn es sich damit wirklich so verhielte, wie die Einleitung zu den Motiven sagt, dann wäre kein Streit zwischen uns. Ich will aber mit einigen Zahlen vorführen, wie es sich damit wirklich verhält, und will namentlich dem Herrn von Kardorff entgegentreten, wenn derselbe behauptet, die vorgeschlagenen Erhöhungen gingen noch bei Weitem nicht auf den Tarif von 1865 zurück. Meine Herren, in vielen Sätzen ist allerdings nicht darauf zurückgegangen worden, aber grade in den wichtigsten Sätzen, z. B. für Baumwollengarn, Wollengarn, Leinengarn, verschiedene Glas- und Thonwaaren, Getreide, Holz, Vieh u. s. w., also gerade in vielen der allerwichtigsten Sätze, ist man weit über die Sätze von 1865 hinausgegangen. Wie es sich überhaupt im allgemeinen mit dem Grad der vorgeschlagenen Erhöhung verhält, also über das jetzige und künftige Niveau der Zollsätze, darüber werde ich mir erlauben, ein Paar Zahlen beizubringen. In der Zusammenstellung der verschiedenen Waarenkategorien, die an uns vertheilt worden sind, finden wir zunächst 14 Finanzartikel, die bisher ebenfalls alle besteuert waren; nämlich Kaffee, Gewürze, Reis, Thee, Weine u. s. w., nur der Tabak ist ausgeschlossen, diese 14 Artikel bezahlten früher im arithmetischen Mittel 26 Mark pro Zentner, künftig bezahlen sie 38 Mark, gleich 48 Prozent Erhöhung. Ich meinerseits habe gegen die Erhöhungen absolut nichts einzuwenden. Es kommen nun die Verzehrungsgegenstände, zuerst die Rohprodukte der Landwirthschaft, Getreide, Mühlenfabrikate, Obst, Vieh, Fleisch u. s. w. Dies sind 26 Artikel, davon waren 18 ganz steuerfrei ausgegangen; der Durchschnittssatz dieser 26 Artikel war $3,_4$ und wird jetzt derselbe erhöht auf $8,_1$ oder um 139 Prozent und dies bei den Verzehrungsgegenständen, bei den nothwendigsten Artikeln für Erhaltung des menschlichen Lebens. Nun kommen die Rohstoffe und Halbfabrikate, zunächst ohne die Garne; es sind dies die sämmtlichen Metalle, Roheisen, und Eisenfabrikate, Kupfer, Zink, Droguen, Oele, Leder u. s. w. dies sind 40 Artikel, von denen jetzt 31 zollfrei eingehen und die nun alle verzollt werden sollen. Sie bezahlten früher im arithmetischen Mittel $1,_8$ und künftig $5,_4$ Mark per Zentner, es ist dies also eine Erhöhung von 199 Prozent gerade auf die wichtigsten Artikel der Industrie, die Rohstoffe und Halbfabrikate. In Garnen haben Sie 32 Positionen; davon waren bisher 3 zollfrei. Sie zahlten bisher durchschnittlich 13, künftig zahlen sie 22 Mark pro Zentner, also eine Erhöhung um 79 Prozent. Nnn kommen die fertigen Waaren, die Gewebe, dies sind 28 Positionen, wovon auch jetzt nur eine steuerfrei eingeht. Sie zahlten früher 57, künftig 109 Mark pro Zentner, also eine Erhöhung von 109 Prozent. Bei den übrigen Manufakturwaaren, Metallwaaren, Maschinen, Holzwaaren, Thonwaaren, Glas, Porzellan, Papier, Lederwaaren u. s. w. sind es 51 Artikel; davon sind gegenwärtig 19 ganz zollfrei. Sie bezahlten bisher durchschnittlich $10,_4$, künftig bezahlen sie $19,_7$ Mark pro Zentner, also eine Erhöhung von 90 Prozent. Im Großen und Ganzen sind es 191 Artikel, wovon 72 bisher ganz unbesteuert waren. Sie bezahlten durchschnittlich 16 Mark und sollen nach dem neuen Tarif $32,_2$ Mark Prozent zahlen, also eine durchschnitliche Erhöhung des arithmetischen Mittels in diesen wichtigsten Positionen um 101 Prozent. Diese Zahlen geben ganz im allgemeinen ein Bild, in welchem Sinn diese unschuldig klingenden Worte der Motive: „daß der heimischen industriellen Produktion, wo ein dringendes Bedürfniß nachgewiesen sei, ein etwas höherer Schutz als bisher gewährt werden soll," zu verstehen sind. Das exorbitanteste sind jedenfalls die Kategorien der Rohstoffe, die um 139 und der Halbfabrikate, die um 199 Prozent resp. 70 Prozent erhöht worden sind. Es ist damit bewiesen die vollständige Rücksichtslosigkeit auf die Interessen der Exportindustrie. Ich will annehmen, daß die Herren, welche den Tarif entworfen haben, wie auch viele von uns, die Bedeutung unseres Exports, die vitalen Interessen, die bei diesen Sätzen auf dem Spiele stehen, in ihrem ganzen Umfange nicht gekannt haben, und wenn die zahllosen Adressen, die jetzt gegen die Erhöhungen einlaufen, ihnen früher bekannt gewesen wären, so würden sie wohl eine ebenso billige Rücksicht darauf genommen haben als auf die früher eingelaufenen Anträge auf Zollerhöhungen. Wenn aber die Motive rückwärts einen Tadel auf die Finanzpolitik der Aera vom Jahre 1865—70, also auf den damaligen Vertreter der Regierung, den Herrn Minister Delbrück, werfen, daß er überhaupt auf den Export mehr Rücksicht genommen habe, als auf die Versorgung des inländischen Marktes, so ist das ein mir unfaßlicher Widerspruch. Denn wenn man eine Waare exportfähig für den Weltmarkt macht, so ist sie selbstverständlich überwiegend konkurrenzfähig auf dem inneren Markt.

Nun, meine Herren, wollte der Herr Reichskanzler in seinem Schreiben vom 15. Dezember noch die allgemeine Zollpflichtigkeit wieder einführen. Davon ist in den Motiven nicht die Rede; das Prinzip selbst wird dort gar nicht berührt. Es ist auch keine Frage, daß das Prinzip durchaus undurchführbar war: aber in einigen Zahlen möchte ich doch nachweisen, wieviel davon im Tarifentwurf noch geblieben ist. Wir besitzen in der Anlage zum Schreiben des Reichskanzlers vom 15. Dezember ein Verzeichniß von 264 Positionen bisher steuerfreier Gegenstände. Von diesen steuerfreien Gegenständen, die einen Werth von 2853 Millionen hatten, sind auch jetzt, nach dem neuen Tarif, freigelassen werden 1515 Millionen, zollpflichtig dagegen gemacht für 1338 Millionen; es ist also fast die Hälfte wieder zollpflichtig geworden. Zieht man die Zollherabsetzung von 1873 auf Eisen u. s. w. zunächst ab, indem zuzugeben ist, daß dieselben redressirt werden müssen, so bleiben noch 1301 Millionen, die bisher frei waren und zollpflichtig werden sollen. Dem Gewicht nach betragen diese 101 Millionen Zentner, die bisher zollfrei waren und nun zollpflichtig werden. Während wir 1877 nur gegen 15 Millionen Zentner steuerpflichtiger Gegenstände importirten, so treten künftig diese 101 Millionen hinzu, so daß sich die steuerpflichtige Einfuhr um fast das siebenfache steigert. Von diesen 1301 Millionen Werthen, die also der Steuer künftig unterworfen werden sollen, kommen nun

1057 Millionen auf Getreide, Vieh und Holz. Nach Abzug dessen bleiben dann nur 244 Millionen, und wenn darunter auch einzelne Gegenstände sind, die dringend von der Steuer zu befreien wären, so ist das doch kein Gegenstand mehr von so übergroßer Bedeutung.

Die Holz-, Getreide- und Viehzölle sind es aber, wodurch der Erisapfel in diese Versammlung und das Land hineingeworfen wird. Ich werde auf anderen Gebieten, wo es sich um Nothstandszölle, wo es sich um vereinzelte Maßnahmen gegen das Ausland handelt, um auf dessen größere Gefügigkeit möglicherweise einzuwirken, wahrhaftig meine Zustimmung nicht versagen. Aber auf dem Gebiete der Getreide-, Vieh- und Holzzölle kenne ich keine Transaktion. Ich will der speziellen Debatte nicht vorgreifen, welche Gründe vorführen wird, die meiner Ansicht nach so mächtig sind, daß sie auch bei solchen, die in dieser Beziehung schon ihr Urtheil festgestellt zu haben glauben, vielleicht nicht ganz ohne Eindruck bleiben werden. — Ich werde aber schon aus zwei Gründen nie für diese Zölle, auch nicht im kleinsten Betrag, stimmen. Der eine Grund ist, daß, wenn für indirekte Besteuerung eingetreten wird, um so fester darauf gehalten werden sollte, eine untere Grenze nicht zu überschreiten, die Grenze der nothwendigsten Bedürfnisse.

(Sehr richtig!)

Und der zweite Grund ist der, daß mit diesen Getreide-, Vieh- und Holzzöllen ein ewiger Zankapfel in unser politisches Leben hineingeworfen wird, daß daran eine Summe von Verdächtigungen von Aufreizungen zum Klassenhaß sich knüpfen wird, deren Bedeutung hundertmal hinausgehen würde selbst über die wirkliche materielle Tragweite dieser Zölle.

Ich komme nun zum Schluß noch mit einem Wort auf den **Kampfzoll**. Art. 5 will in dieser Beziehung ein neues System inauguriren. Den ersten Theil jenes Artikels, der davon handelt, daß wir eine differenzielle Benachtheiligung des Auslandes in gleicher Weise zurückweisen sollen, unterschreibe ich vollständig und bedaure nur, daß bei stattfindenden derartigen Benachtheiligungen nicht bereits etwas ähnliches geschehen ist. Wenn Rußland z. B. von unserer Kohlenausfuhr dorthin einen bedeutenden Zoll erhebt, während es englische Kohle auf der Seegrenze frei einführen läßt, so weiß ich allerdings nicht, warum nicht in irgend einer Weise hier auf Remedur hingewirkt werden sollte. Aber was die eigentlichen Kampfzölle an und für sich betrifft, die sich gegen die autonome Tarifregulirung dritter Staaten richten sollen, so ist das eines von den Dingen, mit denen viel in Worten herumgefochten wird und die in Wirklichkeit doch gar nicht zur Durchführung gelangen. Es ist in der That traurig für uns, daß wir, die an der Spitze der volkswirthschaftlichen Kultur der ganzen Welt marschirt sind, daß wir uns aus dem neuen schweizerischen Zolltarif unsere handelspolitische Weisheit und Taktik herholen müssen!

Wenn im neuen schweizerischen Tarife steht, daß die Schweiz künftig mit Zollaufschlag von doppelter Höhe andere Staaten mit höheren Tarifsätzen treffen will, so kommt mir das vor, als wenn ein Kind sich der Waffen des Riesen Goliath bemächtigt. Was im Schweizer Zolltarif geradezu lächerlich ist, würde allerdings in einem Zollgesetz Deutschlands nicht auch lächerlich sein. Aber der Kampfzoll ist auch für uns eine Waffe, die wir nicht brauchen werden oder die, wenn wir sie brauchen, sich als eine zweischneidige Waffe erweisen muß, die uns hundert mal mehr selbst verwunden wird, als wie wir damit andere verwunden können.

Daß wir sie schon aus zolltechnischen Rücksichten nicht anwenden **können**, will ich Ihnen gleich aus einer Stelle der Motive beweisen, die höchst wahrscheinlich zu einer Zeit redigirt worden ist, wo Art. 5 des Zollgesetzes noch nicht in Frage war. An dieser Stelle, wo die Rede davon ist, daß man das amerikanische Leder nicht unterscheiden und deshalb nicht differentiell besteuern könne, ist gesagt, „daß durch die Forderung von Ursprungszeugnissen der eigentliche Zweck einer solchen Maßregel, also amerikanisches Leder höher zu besteuern, nicht erfüllt werden könne, vielmehr nur der direkte Import der überseeischen Länder vermieden und ein unreeller Verkehr insofern begünstigt werde, als durch die Benutzung von Zwischenhändlern die Ursprungszeugnisse in den benachbarten Ländern sich unschwer erlangen ließen.“

Dieser eine zolltechnische Punkt kommt nicht bloß gegen Amerika, sondern auch gegen alle anderen Länder zur Sprache, mit einziger Ausnahme von Oesterreich, gegen welches wir eine Grenze haben, die, wie sich in den Vertragsjahren 1853—65 gezeigt hat, differentielle Behandlungen zuläßt. Gegen keinen andern Staat sind aus Rücksicht auf die geographische Lage Kampfzölle möglich, weder Amerika gegenüber, weil die Waaren dann durch Belgien oder Holland, weder Frankreich gegenüber, weil sie durch Belgien, Holland oder die Schweiz dann eingeführt werden, und wir dadurch nur ein System fortlaufender Fälschungen inauguriren würden.

Auch hiervon abgesehen, meine Herren, ist es eben wieder die allgemeine Lage, in der wir uns befinden, die uns die Anwendung von Kampfzollsystemen vollständig unmöglich macht. Der Kampfzoll muß ein solcher sein, daß er auf den Gegner wirkt, um ihn gefügig zu machen und daß er andererseits uns nicht wesentlich schadet, wenn er bestehen bleibt, Zölle, die, indem sie bleiben, uns einen dauernden großen Schaden zufügen, unsern Export beeinträchtigen, uns auf dem Weltmarkt unkonkurrenzfähig machen, müssen von vornherein vom Kampfzollsystem ausgeschlossen bleiben, da ihre Anwendung außerhalb aller vernünftigen Möglichkeit liegt. Nun, meine Herren, sind aber die Artikel, die wir einführen, fast alles Rohstoffe und Halbfabrikate und was wir ausführen, sind Ganzfabrikate. Ein anderer Staat kann uns wohl außerordentlich leicht durch Retorsion schaden, — nehmen Sie z. B. Rußland an, welches unsere Stahlschienen und Lokomotiven leicht mit höheren Zollsätzen treffen kann, ohne daß es ihm selbst schadet, weil ihm England und Belgien zu denselben Preisen dieselben Fabrikate liefern. Wir aber können keine Rohstoffe aus dritten Ländern besteuern, ohne unsere ganze innere Produktion zu vertheuern. Der Umstand also, daß wir ein im wesentlichen Rohstoffe und Halbfabrikate importirendes und Ganzfabrikate exportirendes Land sind, macht es uns absolut unmöglich, von der Waffe der Kampfzölle einen irgend wesentlichen und umfangreichen Gebrauch machen zu können, jedenfalls keinen solchen Gebrauch, von dem irgend ein wesentlicher Erfolg zu hoffen wäre. Gehen wir zu den speziellen Ländern über, — was können wir z. B. Amerika gegenüber thun, um es zu Zollherabsetzungen zu zwingen; welche Artikel haben wir hierfür zur Disposition eines Kampfes, außer solchen, deren wir nothwendig für unsere Industrie bedürfen? Sie wollen doch z. B. nicht auf Baumwolle einen Zoll gelegt haben? Gehen Sie nach Rußland, Sie werden überall finden, daß wir durch die Rücksichten auf die Lage unserer Erwerbsthätigkeiten vollständig gebunden sind. Und was Oesterreich betrifft, das einzige Land, wo Kampfzölle zolltechnisch anwendbar wären, so bleibt dies ganz außer Frage; denn die österreichischen Zölle sind nicht in so hohem Grade erhöht worden, daß der Artikel 5 darauf passen würde. Ich glaube auch, daß wir einem Lande wie Oesterreich gegenüber in keiner Weise daran denken würden, jemals Zollkriege herauf zu beschwören, und im auswärtigen Amte sind die Stellen der Motive sicherlich nicht redigirt, daß Politik und Handelspolitik nichts mit einander zu thun hätten, daß wir also mit einem Staate in einen zollpolitischen Krieg eintreten könnten, mit dem wir in politischer Freundschaft leben und fortleben wollen. Ich glaube also nicht an die Möglichkeit einer Anwendung des Systems der Kampfzölle und überlasse mich der Hoffnung, daß ein solcher Schaden uns nicht durch derartige Versuche zugefügt werden wird.

Zu der Frage übrigens, ob das bisherige System der Verträge, die man ja durch Kampfzölle erzwingen will, jemals wieder zu einer solchen Bedeutung kommen werde als bisher, möchte ich noch Eins bemerken. Wenn ich in die Geschichte dieser Verträge eingehe, wenn ich die Vortheile, die sie gebracht haben, gegen die Nachtheile abwäge, die die ihre Wiederaufhebung bedingte, so möchte allerdings, wie ich schon bei einer früheren Gelegenheit andeutete, zu untersuchen sein, ob nicht besser an Stelle des Systems der Verträge von Staat zu Staat, Verträge von weiterem Umfang zu treten hätten, welche, wenn auch zunächst nur auf Befreiung der Rohstoffe beschränkt, jedenfalls ganz andere Garantien der Dauer in sich trügen.

Ich schließe damit, meine Herren, daß ich offen anerkenne, wie die Strömung der öffentlichen Meinung, die Strömung auch in diesem hohen Hause gegen uns ist. Aber, meine Herren, es gilt im ganzen geistigen Gebiete als Regel, die ganze Weltgeschichte zeigt es, daß sich überall die Meinungen der Völker ruhig und stetig an der Hand der Erfahrungen auf dem Boden der Geschichte fortbilden. Es gibt keinen Beweis aus der Geschichte, daß eine Umkehr der öffentlichen Meinung plötzlich stattgefunden habe und dabei von Dauer gewesen sei. Wenn solch eine Umkehr der Meinungen plötzlich, aus Anlaß von Krisen oder ungewöhnlichen Ereignissen hervortritt, so ist sie nur bestimmt, bei der Rückkehr normaler Verhältnisse wieder den früheren, normal entwickelten Ansichten Platz zu machen, und diese Rückkehr, meine Herren, wollen wir denn ruhig abwarten. Es ist aber meiner Ansicht nach eine Ehrenpflicht für uns, die Fahne von 1818 hoch zu halten. Es war nicht, wie Herr Reichensperger sagt, England, nicht Huskisson, der mit dem System des freien Verkehrs voranging, — Huskisson, den er aus den dreißiger Jahren von jenseits des Grabes sprechen läßt, während er bekanntlich 1829 gestorben ist, — sondern es sind im Jahre 1818 unsere großen Finanzmänner und Volkswirthe gewesen, die jenes System inaugurirt haben. Dies System und die auf seinem Boden stattgehabte sechzigjährige Entwickelung haben wir hoch zu halten und dieser Fahne, nicht der Fahne des Herrn Abgeordneten Reichensperger zu folgen, selbst wenn neben seiner Fahne noch ein Kreuz getragen wird.

(Unruhe im Zentrum.)

Ich hege aber noch die Hoffnung, daß eine Verständigung aus unseren Kämpfen hervorgehen kann, sehe aber die einzige Möglichkeit darin, daß man von der einen Seite die Holz-, Getreide- und Viehzölle fallen läßt und auf der andern Seite die Revision des Tarifs sich auf die wirklichen Nothstandsschutzzölle, zu deren Verwirklichung ich mit Freuden die Hand bieten würde, beschränkt. Wenn aber der Ausgleich nicht erfolgt, dann müssen wir den Dingen ruhig ihren Lauf lassen; dann werden wir aber leider die höchsten Errungenschaften wieder einbüßen, die uns die Krisis gebracht hat, daß wir nämlich dadurch exportfähig geworden sind, billiger arbeiten gelernt, neue Verkehrswege aufgesucht und eingeleitet haben; gerade diese Vortheile, die uns in späteren Zeiten zugute kommen und uns einen Theil der jetzigen Opfer des Nothstands wieder einbringen könnten, würden wir durch die Einführung der jetzigen Tarifvorlage verlieren. Ich hoffe immer noch, daß der Geist, der bisher in der Leitung unserer Wirthschaftspolitik lebendig war, mächtig genug sein wird, um uns vor Schritten zu bewahren, die meiner Ansicht nach als ein materielles Unglück für Deutschland zu betrachten wären.

(Bravo! links.)

Präsident: Es ist die Vertagung der Sitzung beantragt von dem Herrn Abgeordneten von Waldow. Ich ersuche diejenigen Herren, welche den Vertagungsantrag unterstützen wollen, sich zu erheben.

(Geschieht.)

Die Unterstützung reicht aus.

Nunmehr ersuche ich diejenigen Herren, aufzustehen, welche die Vertagung beschließen wollen.

(Geschieht.)

Das ist die Mehrheit; die Vertagung ist beschlossen.

Meine Herren, ich schlage vor, die nächste Plenarsitzung morgen Mittag um 11 Uhr abzuhalten mit der Tagesordnung:

Rest der heutigen Tagesordnung.

Zur Geschäftsordnung hat der Herr Abgeordnete Windthorst das Wort.

Abgeordneter **Windthorst:** Ich bitte den Herrn Präsidenten, die Sitzung auf 10 Uhr anzusetzen.

Präsident: Ich bin damit einverstanden, daß die Sitzung auf 10 Uhr angesetzt werde.

Zur Geschäftsordnung hat das Wort der Herr Abgeordnete Büchner.

Abgeordneter **Büchner:** Es ist heute ein Antrag vertheilt worden unter Nr. 149, unterschrieben von Dr. Löwe, bei dem ich auch meinen Namen mit angeführt finde. Ich muß dagegen protestiren, indem ich weder meine Unterschrift ertheilt noch meine Zustimmung zu dieser Unterschrift gegeben habe, und muß ich deshalb voraussetzen, daß da ein Irrthum untergelaufen ist. Ich möchte mich aber gegen diesen Irrthum verwahren, als ob ich mit meiner Unterschrift bei diesem Antrag betheiligt wäre.

Präsident: Es findet also die nächste Plenarsitzung morgen Vormittag um 10 Uhr statt.

(Vielseitiger Ruf: 11 Uhr!)

Dann bitte ich Platz zu nehmen, meine Herren; wir müssen die Frage durch Abstimmung entscheiden.

Ich werde die Frage so stellen, ob die Sitzung nach dem Antrag Windthorst um 10 Uhr beginnen soll, weil das die Abweichung von der Regel ist; wenn dieser Antrag verworfen wird, so nehme ich an, daß der Beginn der Sitzung um 11 Uhr genehmigt ist.

Diejenigen Herren also, welche wollen, daß die Sitzung um 10 Uhr beginnen solle, bitte ich, sich zu erheben.

(Geschieht.)

Meine Herren, das ist die Mehrheit; die Sitzung beginnt morgen um 10 Uhr.

Ich bemerke, nachdem ich schon die Tagesordnung verkündigt hatte, hat sich der Herr Abgeordnete Richter (Hagen) zu einer persönlichen Bemerkung gemeldet. Da ich die Tagesordnung schon verkündigt hatte, hielt ich mich nicht mehr für berechtigt, ihm jetzt noch das Wort zur persönlichen Bemerkung zu geben. Ich behalte ihm aber das Wort zur persönlichen Bemerkung bis zur nächsten Plenarsitzung vor.

(Ruf: Jetzt gleich!)

Ich schließe die Sitzung.

(Abgeordneter von Kardorff: Ich bitte ums Wort zur Geschäftsordnung!)

Ich habe die Sitzung geschlossen.

(Schluß der Sitzung 4 Uhr.)

Druck und Verlag der Buchdruckerei der Nordd. Allgem. Zeitung. Pindter.
Berlin, Wilhelmstraße 32.

39. Sitzung

am Dienstag, den 6. Mai 1879.

Die Sitzung wird um 10 Uhr 35 Minuten durch den Präsidenten Dr. von Forckenbeck eröffnet.

Präsident: Die Sitzung ist eröffnet.

Das Protokoll der letzten Sitzung liegt zur Einsicht auf dem Büreau offen.

Ich habe Urlaub ertheilt: dem Herrn Abgeordneten Dr. Gareis für acht Tage wegen dringender Geschäfte.

Es ist ein Schreiben des Herrn Abgeordneten von Geß eingegangen, welcher anzeigt, daß er zum Reichsgerichtsrath vom 1. Oktober an ernannt sei, und dem Reichstag die Entscheidung anheimstellt, ob sein Mandat als Abgeordneter fortdauert. Wenn nicht widersprochen wird, geht auch dieses Schreiben an die Geschäftsordnungskommission zur Berichterstattung. — Es wird so verfahren.

Wir treten in die Tagesordnung ein.

Erster Gegenstand derselben ist:

Fortsetzung der ersten Berathung des Gesetzentwurfs, betreffend den Zolltarif des deutschen Zollgebiets (Nr. 132 der Drucksachen).

Ich eröffne die vertagte erste Berathung wiederum hiermit und ertheile das Wort dem Herrn Kommissarius des Bundesraths Ministerialrath Mayr.

Kommissarius des Bundesraths königlich bayerischer Ministerialrath Dr. **Mayr**: Meine Herren, Sie werden es den Mitgliedern und den Kommissarien des Bundesraths nicht verdenken, wenn sie in der Generaldiskussion nicht schon auf alle Bemängelungen der einzelnen Positionen des Zolltarifs eingehen, und wenn sie der Ansicht sind, daß dies zweckmäßig in ausgiebigem Maße bei der Spezialdiskussion stattfinden wird. Dagegen eröffnet sich uns die Pflicht, einiges zu sagen über die allgemeinen Entgegnungen, welche gegen die vorgeschlagene Zollreform vorgebracht worden sind.

Dabei scheint mir nach der gegenwärtigen Lage der Diskussion minder Veranlassung gegeben zu sein, in eingehender Weise den finanzpolitischen Gesichtspunkt zu berücksichtigen. Wir haben zwar den Herrn Abgeordneten Richter den Standpunkt der reinen Negation vertreten hören in Bezug auf die Vorlagen der verbündeten Regierungen. Derselbe will weder den neuen Zolltarif, noch will er die Tabaksteuererhöhung, noch eine Brausteuererhöhung. Allein an der Basis, meine Herren, auf welcher dieser radikale Standpunkt die Negation meines Erachtens allein vertheidigt werden könnte, scheint es mir denn doch zu fehlen. Mir scheint der Nachweis zu mangeln, daß die Defizits in den verschiedenen deutschen Staaten nicht vorhanden sind, welche doch thatsächlich gegeben sind, und mir scheint der weitere eventuelle Nachweis zu fehlen, wie dann in anderer Weise, wenn es nicht nach den Vorlagen der verbündeten Regierungen geschehen soll, dafür gesagt werden soll, daß diese Defizits in den einzelnen Staaten gedeckt werden. Sie wollen doch nicht das Defizit in den einzelnen Staaten permanent erklären. Meine Herren, wenn irgend jemand verhältnißmäßig ruhig vom finanzpolitischen Standpunkt aus der Entwicklung der Dinge zusehen kann, so scheint mir das der Herr Reichskanzler zu sein. Viel ängstlicher, meine Herren, müssen die verschiedenen Herren Finanzminister der deutschen Staaten sein. Nicht bloß in Preußen ist das der Fall, das ist ebenso ganz anderswo, es ist namentlich auch in Bayern, was mir besonders nahe liegt, ebenso der Fall. Unser Finanzminister, Herr von Riedel, hat ausdrücklich in einer Rede im bayerischen Landtag die Reichstagsabgeordneten, die im Begriffe waren, hierher zu gehen, aufgefordert, daß sie für ausgiebige Mehrung der eigenen Einnahmen des Reichs stimmen und damit beitragen möchten, das Defizit im bayerischen Staatshaushalt zu beseitigen.

Meine Herren, eingehender zu behandeln scheinen mir die Bemerkungen, welche vom wirthschaftspolitischen Standpunkt im allgemeinen gegen die Vorlage der verbündeten Regierungen vorgebracht worden sind. Da muß ich zunächst bemerken, meine Herren, daß mir ein gewisser Widerspruch vorzuliegen scheint, wenn von jener Seite des Hauses (links) mit großer Entschiedenheit zuerst behauptet wird, die Theorie der Handelsbilanz habe keine Berechtigung, und wenn dann doch bei jeder Gelegenheit auf die Abgleichung von Einfuhr und Ausfuhr und auf die Qualität in der Zusammensetzung von Einfuhr und Ausfuhr zahlenmäßig ein so ganz außerordentliches Gewicht gelegt wird, überdies bitte ich Sie denn doch namentlich mit Rücksicht auf die letzte Rede des Herrn Abgeordneten Oechelhäuser zu bedenken, daß ein großer Theil der Deduktionen, die da scheinbar auf exakten und sicheren Zahlennachweisen ruhen, in Wahrheit nur eine sehr schwache Grundlage hat. Meine Herren, wie steht denn die Sache bezüglich unserer Handelsstatistik? Wir sind über die Menge und den Werth der Einfuhr ziemlich genau unterrichtet; wir sind mangelhaft unterrichtet über die Menge der Ausfuhr; wir sind aber ganz ungenügend unterrichtet über den Werth der Ausfuhr, und dieser variable Werth der Ausfuhr gerade im Gegensatz zur Einfuhr wird ganz außerordentlich in allen Diskussionen, die wir hier hören, unterschätzt. Auf dieser, wie Sie sehen, namentlich nach einer Seite hin sehr mangelhaften Handelsstatistik baut sich nun eine Behauptung auf, welche schon in verschiedenen Reden von jener Seite des Hauses (links) in den letzten Tagen durchgeklungen ist, die aber einen entschiedenen Ausdruck in der letzten Rede des Herrn Abgeordneten Oechelhäuser gefunden hat, eine Behauptung, meine Herren, die auf den ersten Augenblick in ihrer Konsequenz sehr viel Bestechendes hat, die aber doch thatsächlich unbegründet ist. Meine Herren, die Behauptung möchte ich dahin zusammenfassen: „Wir führen Rohstoffe und Halbfabrikate ein, und wir führen Ganzfabrikate aus!“ Meine Herren, die Konsequenz einer solchen Behauptung, in schematischer Reinheit durchgeführt, beweist allerdings zweierlei mit einem Schlage. Wenn es wahr wäre, was in dieser Behauptung gesagt ist, dann würde sich daraus ergeben, daß wir eigentliche Industriezölle nicht versuchen dürfen, nicht versuchen können, weil wir uns damit nur Halbfabrikate vertheuern würden, und daß wir Zölle auf Rohstoffe und namentlich auf solche Rohstoffe, welche der Ernährung der Bevölkerung dienen, wieder nicht haben dürfen, weil wir damit wieder unsere Industrie, wie man meint, vertheuern würden.

Nun, meine Herren, noch etwas weiteres wird erreicht.

Es wird auch sofort auf das Gebiet der Kampfzölle die Nutzanwendung davon gemacht. Es wird uns gesagt, ihr könnt dem handelspolitischen Nachbar, wenn er auch noch so unpassend gegen uns sich benimmt, wenn er auch noch so viel Schwierigkeiten und Beschwerden durch seine Zölle verursacht, ihr könnt ihm doch nicht nahe kommen und ihr schadet euch selbst am Ende wieder mehr, — kurz und gut, in der Konsequenz dieser Behauptung kommen wir zu dem Resultat, daß wir zu einer vollständigen handelspolitischen Ohnmacht hier gerade in Deutschland, und allein in Deutschland auf dem ganzen Kontinent verurtheilt werden.

(Sehr richtig! rechts.)

Aber glücklicherweise, meine Herren, ist schon die ganze Behauptung nicht richtig, abgesehen davon daß, wenn sie auch richtig wäre, die Schlußfolgerungen, die daraus gezogen werden, wesentlich modifizirt werden müßten. Meine Herren, Sie verzeihen, das etwas näher darzulegen. Ich sage, die Behauptung ist nicht richtig, und ich leite dies ein mit der Frage, was ist denn überhaupt ein Rohstoff? Meine Herren, Thatsache ist, daß wir eigentlich in der Regel viel zu eng und viel zu unvorsichtig mit dem Begriff der „Rohstoffe" umgehen. Wir beantworten diese Frage viel zu einseitig nur vom Standpunkt der Industrie im engeren Sinne, stellen wir uns aber auf einen höheren, auf einen allgemeineren Standpunkt, beantworten wir die Frage vom Standpunkt der allgemeinen Volkswirthschaft, dann, meine Herren, sind die Dinge, die man jetzt so gemüthlich und schlechthin unter die Rohstoffe verweist, dann sind diese vielfach schon ein fertiges Fabrikat im wirthschaftlichen Sinne, das heißt, um nicht bloß mit Wörtern zu reden, dann sind es vielfach Produkte, in denen viel Arbeit und viel Kapital steckt, und es sind Produkte, die außerdem zum größten Theile nicht erst weiter industriell verarbeitet, sondern als solche verbraucht werden. Meine Herren, in diesem Sinne ist das Getreide kein Rohstoff in dem nur der Stoff an sich Bedeutung für die Volkswirthschaft hätte, sondern in dem Getreide, was zu uns hereinkommt steckt zugleich recht viel fremde Arbeit und viel fremdes Kapital, Werthe, die füglich von uns hätten aufgebracht werden können. Meine Herren, ich verwahre mich dagegen, daß man diesen Ausdruck Rohstoff, das Wort allein für genügend erachtet, um darauf hin die Möglichkeit der Zollbelegung dieser Artikel als unzulässig anzustellen. Meine Herren, unter diesem Gesichtspunkte, daß in den importirten sogenannten Rohstoffen wirklich recht viel Arbeit steckt, welche keine nationale Arbeit ist, erscheint es denn doch gewiß von sehr schwer wiegender Bedeutung, wenn Sie bedenken, daß nach der neuesten Handelsstatistik des statistischen Amts vom Jahre 1877 nicht weniger als 717 Millionen Mark an Getreide- und Mehlfabrikaten in dem freien Verkehr des deutschen Zollgebiets eingegangen sind.

(Hört!)

Nicht bloß, um der Stoffe willen interessirt uns diese Summe, sondern um der Summe von Arbeit und Kapital, die dafür aufgebracht sind und theilweise uns entzogen sind. Ich bin nun aber geneigt, um die Probe wegen der angeführten Behauptungen zu machen, mich selbst einmal auf den exklusiven, viel zu engen industriellen Standpunkt zu stellen. Meine Herren, ich frage mich, wie steht es mit der Einfuhr der sogenannten Rohstoffe, Halbfabrikate und Fabrikate von diesem Standpunkte aus? Wenn wir wirklich nur die industriellen Ganzfabrikate als solche gelten lassen, ist es denn wahr, daß so verschwindend wenige Ganzfabrikate bei der Einfuhr bleiben, wie man das nach den gestrigen Auseinandersetzungen wohl hätte vermeinen mögen. Meine Herren, ich habe eine Berechnung in der Richtung am gestrigen Abend angestellt aus der neuesten Handelsstatistik des statistischen Amts für das Jahr 1877 und habe gefunden, daß 649 Millionen — Sie können auch 650 Millionen sagen — an Werth sind, welche in wesentlich industriellen Ganzfabrikaten unter der Einfuhr in den freien Verkehr des Zollgebiets des deutschen Reichs sich befinden. Meine Herren, sind diese 650 Millionen Mark vielleicht unbedeutend? Ist das eine geringe Summe in unserem Gesammtverkehr? Sie haben freilich nicht die Verpflichtung, mir diese Pauschalsumme ohne Weiteres zu glauben. Ich würde Ihnen und mir einen großen Dienst der Bequemlichkeit erweisen, wenn ich darauf verzichten würde, die Summe zu spezifiziren; aber, meine Herren, dazu bin ich zu gewissenhaft, ich werde sie spezifiziren.

Diese 650 Millionen Mark setzen sich zusammen aus folgenden Hauptgruppen, wobei ich bemerken will, daß geringe untergeordnete Positionen einfach weggelassen sind und daß im übrigen abgerundete Zahlen in unserem beiderseitigen Interesse in der Aufstellung Platz gefunden haben.

Ich finde hier zunächst Mehl und Mühlenfabrikate — Mühlen„industrie" werden Sie doch als solche gelten lassen — 74 Millionen, Bier, Branntwein und Essig 10 Millionen, raffinirten Zucker 5 Millionen, Konfitüren und eingemachte Konsumtibilien 5 Millionen, Tabakfabrikate 14 Millionen, zubereitetes Fleisch, Fleischextrakte und Schmalz 53 Millionen, Butter und Käse 27 Millionen, Stein-, Thon- und Glaswaaren 16 Millionen, Eisenbahnschienen — doch auch ein fertiges Fabrikat — 11 Millionen, Metallwaaren 31 Millionen, Ganzfabrikate der Gruppe Droguen, Chemikalien, Zünd- und Farbwaaren 70 Millionen, Oel 46 Millionen, Leim, Seife u. s. w. 7 Millionen, Leder 14 Millionen, Leder-, Rauch- und Filzwaaren 20 Millionen, Seiler-, Webe-, Wirkwaaren und Kleider 143 Millionen,

(hört, hört! rechts)

Kautschuk- und Wachswaaren 7 Millionen, Papier- und Pappwaaren 7 Millionen, Holz-, Schnitz- und Flechtwaaren 17 Millionen, Maschinen, Fahrzeuge und Apparate 49 Millionen, Schmuck- und Kunstgegenstände 14 Millionen, Bücher u. s. w. 9 Millionen, im Ganzen 649 Millionen, Eingang in den freien Verkehr zum Verbrauch im Zollgebiet des deutschen Reichs. Dabei, meine Herren, sind die Halbfabrikate im weitesten Sinne weggelassen; es ist gar nicht berücksichtigt z. B. die ganze Gruppe der Rohmetalle, die ganze Gruppe der bearbeiteten Rohmetalle, mit Ausnahme der Schienen, die aber thatsächlich ein fertiges Fabrikat sind, die ganze Gruppe der Garne und Zwirne. Es ist also ausschließlich vom Standpunkt des industriellen Ganzfabrikats ausgegangen, und doch, meine Herren, macht bei in dieser Weise eingeschränkte Einfuhr von Ganzfabrikaten, wenn Sie die Nahrungsmittel bei Seite lassen, volle 30 Prozent der ganzen Einfuhr in den freien Verkehr.

Meine Herren, wenn ich das anführe, so geschieht es zur Widerlegung der angeführten Behauptungen; ich selbst stelle mich nicht auf den Standpunkt, daß man nur ein Interesse zu haben braucht für jene Industrie, die Ganzfabrikate erzeugt. Ich meine, auch Deutschland kann sehr wohl daran gelegen sein, die Industrie der Halbfabrikate mehr zu fördern. Aber das lasse ich jetzt bei Seite, weil das Gewicht meiner Behauptungen in der Negation liegen soll dessen, was wir gestern gehört haben.

Meine Herren, unter diesen Umständen werden Sie wohl auch finden, daß es doch nicht so schwer ist, mit Kampfzöllen nach § 5 des Gesetzes unsere Nachbarn zu treffen auf den verschiedensten Gebieten, wie es nach Lage der Dinge möglich und zweckmäßig ist, und daß wir uns nicht in der handelspolitischen Ohnmacht befinden, die uns nicht gestattet, unsere Nachbarn ähnlich zu behandeln, wie sie uns mit großer Vorliebe behandeln.

Noch eins, meine Herren, möchte ich hervorheben. Wenn die Ein- und Ausfuhrzahlen abgewogen werden, da behandeln Sie volkswirthschaftlich die Zentner der Einfuhr ebenso wie die Zentner der Ausfuhr, ohne zu bedenken, daß unser ganzes bisheriges Zollsystem darauf angelegt war, in der

Ausfuhr das billige, wenig werthige, in der Einfuhr dagegen das hochwerthige Fabrikat zu prämiiren. Meine Herren, der Werth der Ausfuhr und selbst jener der Einfuhr läßt sich überhaupt durch Schätzung allein, wie sie das statistische Amt vornimmt, exakt gar nicht bestimmen, darin steckt nach meiner moralischen Ueberzeugung in der Regel ein viel höherer Werth, als derjenige, welcher uns regelmäßig nachgewiesen wird, während in unserer Ausfuhr kraft der Einrichtung unseres bisherigen Zollsystems gerade die Artikel, die einer gewissen Werthlosigkeit sich erfreuen, in besonderem Maße vertreten sind.

Meine Herren, ich kann nicht umhin, im Anschluß an diese thatsächlichen Ausführungen doch auch noch in Kürze der Fragen zu gedenken, welche sich auf die Exportindustrie beziehen. Soweit hierbei technische Erwägungen zollgesetzlicher Natur in Frage kommen, wird Ihnen meines Wissens von anderer Seite eine Ausführung gemacht werden. Gestatten Sie mir, hier die Sache vom allgemeinen volkswirthschaftlichen Gesichtspunkt zu betrachten.

Es ist von der rechten Seite dieses Hauses gestern gesagt worden, die Exportindustrie sei eine prekäre Industrie, man habe viel größeres Gewicht auf die Industrie für heimischen Verbrauch zu legen, denn mit der Exportindustrie stehe es doch immer sehr gefährlich. Sofort ist von der anderen Seite des Hauses erwidert worden: O nein! durchaus nicht, diese Exportindustrie, diese Hausindustrie ist ganz urwüchsig, die ist festgewurzelt, das ist ein mächtiger Baum im Walde unserer deutschen Industrie.

Meine Herren, ich will dieser Meinung mich zuneigen, aber wenn das richtig ist, kann denn dann die so vielfach ganz geringe Vertheuerung, die durch die Zölle von Rohstoffen oder Halbfabrikanten herbeigeführt wird, diesen mächtigen Baum sofort entwurzeln? Gibt es nicht andere Vorgänge, die hier viel nachtheiliger wirken, als das durch die Zollbelegung der Halbfabrikate und Rohstoffe der Fall sein kann? Jede Veränderung der Lohnsätze im Auslande, jede Veränderung der Verkehrsverhältnisse, jede Eröffnung neuer Eisenbahnen und neuer Dampferlinien in anderen Ländern, können die Exportindustrie viel mehr beeinträchtigen! Wenn unsere deutsche Exportindustrie so fest fundirt ist, dann wird sie durch die vielfach sehr geringe Zollerhöhung, um die es sich handelt, nur wenig getroffen, soweit sich die Sache hier im Allgemeinen in der Generaldiskussion betrachten läßt; wo im Einzelnen sich etwa spezielle Mißstände herausstellen sollten, wird das in entsprechender Weise bei der Spezialdiskussion zur Kenntniß gebracht werden, und Sie dürfen wohl glauben, meine Herren, daß die verbündeten Regierungen für die Exportindustrie nicht minder ein warmes Interesse haben, als ihr von jener Seite des Hauses (links) entgegengetragen wird.

Meine Herren, aber vor Einem muß ich denn doch warnen, als ob wir alles Heil und Glück nur darin finden dürften, daß wir in Deutschland mit möglichst billigen Stoffen möglichst billig für die ganze Welt arbeiten. Meine Herren, dieses Aschenbrödel der Nationen, das seine Arbeit so miserabel als möglich bezahlt erhält, dieses Aschenbrödel wollen wir nicht ferner sein!

(Bravo! rechts.)

Meine Herren, es sind Ihnen gestern verschiedene Autoritäten zitirt worden, ich will Ihnen auch einmal eine zitiren. Es ist das ein Nationalökonom Deutschlands, dessen Ruf anerkannt feststeht und den ich mit Freuden meinen Lehrer und väterlichen Freund nenne. Es ist der bayerische Staatsrath von Hermann, dem Niemand, der ihn kennt, etwa ideale Fantasterei vorwerfen wird, sondern der gerade durch die volle Nüchternheit seiner Gedanken den Platz in der Wissenschaft einnimmt, den er für Jahrhunderte errungen hat.

Was sagt dieser Mann über die Manie des möglichst billig Arbeitens für die ganze Welt? Meine Herren, er hat darüber ganz eigenthümliche Gedanken, die ich Ihnen leider nicht vollständig vortragen kann, weil ich Ihre Geduld zu lange in Anspruch nehmen müßte, einige kurze Sätze aber sind doch vielleicht von Interesse. Hermann sagt:

> Ein Land, das keine andere Aufgabe der Nationalwirthschaft kennt, als allen seinen Bedarf möglichst wohlfeil zu beziehen, für das gibt es keine Nationalehre.

(Hört! hört!)

> Wie frech auch das Ausland seine Schiffe und Waaren zurückweist und belastet, —

belastet wird ja unsere Ausfuhr doch wohl —

> jede Beschränkung des Zugangs fremder Schiffe, jede Belastung der fremden Waaren bringt einen ökonomischen Schaden, gegen den die Schaube politischer Mißachtung nicht in Rechnung kommt. Ein Land —

das ist ganz besonders hier einschlagend —

> ein Land, das auf Kosten seiner Arbeiter —

sagt Hermann weiter — um die Hungerlöhne derselben, füge ich bei —

> Wohlfeilheit der Ausfuhrwaaren erzwingt und so dieselben theilweise unentgeltlich gibt, verfährt ganz wie der Staat, welcher Güterausfuhr durch Ausfuhrprämien aus der Staatskasse oder auf Kosten der Steuerpflichtigen möglich macht.

Nicht für Andere wollen wir ferner unser Herzblut zu billigen Preisen hergeben.

Ich werde noch auf eine andere Bemerkung eingehen. Es ist von dem Herrn Abgeordneten Oechelhäuser bemängelt worden, daß in den Motiven, in dem allgemeinen Theil derselben die Rede sei von einer Verschiebung ökonomischer Machtverhältnisse der Nationen und bemerkt worden, daß das nicht richtig sei. Ich muß gestehen, ich bin einigermaßen überrascht, das von jener Seite des Hauses zu hören. Es ist denn doch sowohl hier in verschiedenen Reden und noch häufiger in der Presse und in Broschüren uns so außerordentlich genau vorgeführt worden, wie gerade Deutschland seinen ökonomischen Charakter wesentlich geändert habe, wie wir z. B. jetzt ein vorzugsweise getreideeinführendes Land seien, während wir früher ein getreideausführendes Land gewesen seien; haben wir uns also in unserer ökonomischen Machtstellung nicht geändert? — Meine Herren, wie steht es denn mit der Industrie? Früher, noch vor wenigen Jahrzehnten war die Industrie im großen Ganzen mehr das Privilegium einiger weniger europäischer Länder, nun haben aber die anderen Völker, die bis dahin von Europa allein die Industrieprodukte bezogen, nach und nach auch etwas Technik gelernt und gefunden, daß sie mancherlei Dinge auch treiben könnten, die früher ein europäisches Privilegium waren. Das Wort „Amerika" genügt, um Ihnen die Richtigkeit des Gesagten zu beweisen. Also, meine Herren, diesseits wie jenseits, bei uns, wie bei anderen Nationen sind großartige Verschiebungen eingetreten, und ganz besonders durch die Entwickelung der Verkehrsanstalten. Daß die Entwickelung der Verkehrsanstalten eine totale Umwälzung in vielen Beziehungen, namentlich in der Industrie und auch in der Land- und Forstwirthschaft herbeigeführt hat, daß dadurch eine wesentliche Verschiebung der ökonomischen Machtstellung eingetreten ist, das scheint mir doch unzweifelhaft.

(Sehr richtig!)

Und zum Schluß noch Eins. Es ist ferner gesagt worden, es sei nicht wahr, daß man im Jahre 1865 bei der Reform des Zolltarifs ausdrücklich erwartet habe, daß nun die anderen Nationen diesem guten Beispiele folgen. Meine Herren, das sagen auch die Motive nicht, die Motive sagen nur, daß die inzwischen eingetretenen Erfahrungen es herausgestellt haben, daß die damalige Politik sich nur als eine haltbare erweisen würde unter der Voraussetzung, daß auch die anderen Völker diesem Beispiele folgen. Meine Herren, die Motive sind weit entfernt, denjenigen, die damals die Leiter der deutschen Handelspolitik waren, aus ihrem damaligen Vorgehen schweren Vorwurf machen zu wollen. Aber, meine Herren, was wir jetzt verlangen, ist, daß man nicht einer Aktion zu Liebe, die in der Vergangenheit liegt, daß man nicht aus Doktrinarismus mit Rücksicht auf die damalige Strömung sich der Einsicht in die wesentlichen Veränderungen der realen Verhältnisse verschließe.

(Sehr richtig! rechts.)

Damit, meine Herren, schließe ich meine Bemerkungen.

(Lebhaftes Bravo rechts.)

Präsident: Der Herr Abgeordnete Dr. Löwe (Bochum) hat das Wort.

Abgeordneter Dr. **Löwe** (Bochum): Meine Herren, die ausgezeichnete Rede, die wir soeben vom Bundesrathstisch gehört haben, erleichtert mir die Aufgabe, die ich mir gestellt, ganz außerordentlich, diese Vorlage im ganzen und großen, abgesehen von Veränderungen, die darin vorgenommen werden müssen, vor Ihnen zu vertheidigen.

Wir sind in einer parlamentarisch sehr bedrängten Lage, und glauben Sie mir nur, daß ich nicht weniger diese Bedrängniß fühle, als einer unter Ihnen. Wir sind in der Bedrängniß, daß wir die Fragen der Handelspolitik, die nun mal von Jahr zu Jahr stärker sich aufdrängen, die in der Noth der Zeit eine immer schärfere Betonung finden, und die nun um so unabweislicher sich darstellen, weil wir die Entscheidung über dieselben so lange verschoben haben. Jetzt ist es nun dazu gekommen, daß die finanziellpolitischen Fragen hinzugefügt sind und unsere Lage der Art geworden ist, daß wir nicht ein Mal mehr so weit Herren der Situation sind, um diese beiden Aufgaben auseinanderzuhalten und jede für sich zu lösen, wie das noch vor zwei Jahren, als wir uns zum letzten Mal mit dem Eisenzoll beschäftigten, sehr gut möglich war. So sehr nun aber die Verbindung dieser Fragen die Lösung auch erschwert, so wird eine ruhige Betrachtung der Verhältnisse doch zeigen, auch denjenigen, die gegen die Einzelheiten dieser Vorlage sind, daß die Lösung in dieser Form nicht unmöglich ist.

Wir sind hier doch schon in dem einen Hauptpunkt zu einem gewissen gemeinsamen Einverständniß gekommen, daß doch Alle zugestehen, — mit Ausnahme des Herrn Kollegen Richter — es sei wünschenswerth, das Reich in eine mehr selbstständige finanzielle Stellung zu bringen, also in eine ganz andere, als es sie bis dahin gehabt hat. Ich gestehe ganz offen, entgegen den Erklärungen, die von verschiedenen Stellen und Seiten gekommen sind in Bezug auf die Veränderung der Reichsfinanzen, für mich sind politische Gründe vorzugsweise entscheidend, diese Veränderung zu wollen und zwar sie jetzt zu wollen. Es sind politische Gründe, Gründe für die Einheit, Stärke und Macht des Reichs, die mich dabei bestimmten, und die Erfahrungen der letzten Jahre, die Veränderung jetzt vorzunehmen. Wir konnten früher uns noch mit der Hoffnung abfinden, daß wir die weitere konstitutionelle Entwicklung der Reichsverfassung, die Frage der Reichsministerien, der Ministerverantwortlichkeit mit den finanziellen Fragen verbinden könnten und so diese neue Entwickelung herbeiführen. Aber wohl nicht bloß mich, sondern viele hier in diesem Hause haben die Verhandlungen, die bei Gelegenheit des Stellvertretungsgesetzes geführt sind, davon überzeugt, daß wir auf dem Wege die volle Ministerverantwortlichkeit mit Reichsministerien nicht zu erlangen vermögen, daß wir uns, wie die Dinge im Hause sind, vorläufig damit begnügen müssen, diese Art der Ministerverantwortlichkeit, wie sie das Stellvertretungsgesetz gibt, anzunehmen. Das Haus hat ja damals mit großer Majorität das Gesetz denn auch angenommen. Wir haben ja bis jetzt sehr wenig davon gesehen, und von Erfolg in obigem Sinne gar nichts. Aber das ist mit politischen Institutionen sehr häufig so, daß die erste Wirkung nicht besonders groß ist. Politische Institutionen sind häufig nur Kanäle, die erst dann, wenn das Bedürfniß eintritt und der Strom hineintreibt, ihre wahre Bedeutung und ihre Macht erweisen. Im Augenblick scheint kein Bedürfniß, wenigstens in den Regierungskreisen, für solche Einrichtungen zu sein, wenigstens keine, die Stellvertretungseinrichtung zu einer wirklich-politischen Institution auszubilden. Ich zweifle aber nicht daran, selbst wenn ich nicht die Hoffnung hätte, daß noch andere Momente dazu führen werden, den Konstitutionalismus auch im Reiche zur weiteren Ausbildung zu bringen, daß die ersten ernsten Verlegenheiten der Regierung oder Wandlungen in Personen dahin führen werden, dem Stellvertretungsgesetz, das bis jetzt geringe Bedeutung gehabt hat, eine große Tragweite zu geben. Darauf warten können wir aber nicht und andere wichtige Aufgaben der Reichspolitik darum unerfüllt lassen.

Was nun die finanzielle Lage des Reichs betrifft, so glaube ich, daß wir das Reich in die Lage bringen sollen, aus seinen eigenen Mitteln zu leben und es nicht ferner auf die Mittel, welche die Einzelstaaten zahlen, anweisen. Damit werden wir zugleich die Einzelstaaten entlasten und ihnen die Möglichkeit gewähren, den Kreisen und Gemeinden ihre häufig drückende Lage zu erleichtern. Sie hören aus meinen Worten, daß ich fern von jeder Ueberschwänglichkeit bin, welche Fülle von Mitteln mit diesem Gesetz erreicht werden kann. Ich habe bei dieser ganzen Verhandlung immer sehr bestimmt das Gefühl, als ob wir uns darüber unterhielten und stritten, wie das Fell des Bären vertheilt werden soll, der doch noch gar nicht erlegt ist. Ich kann sogar hinzufügen, daß ich, wenn ich das Fell, das dargeboten wird, näher betrachte, doch finde, daß es viel kleiner ausfallen wird, als die meisten sich vorgestellt haben.

Wir sind gezwungen, diese finanzielle Reform hier in diesem Hause für das Reich zu beginnen und vorzunehmen aus dem einfachen Grunde, weil das Reich allein die Schlüssel zu den indirekten Steuern hat und haben soll, und weil wir den Gemeinden, die Noth leiden, nicht gestatten dürfen, daß sie die indirekte Besteuerung fortsetzen oder von Neuem einführen. Wir können ihnen aber auch nicht rathen, wenigstens vielen westlichen Gemeinden nicht, ihre direkte Steuerkraft noch mehr anzuspannen. Dazu kommt, wir können es uns nicht verhehlen, daß die Ansprüche an die Gemeinden wenigstens nach der preußischen Gesetzgebung noch immer wachsen werden. Die drei Momente das Unterrichtswesen, also die Schulen, dann die Krankenpflege und die Ausgaben für die Gesundheitspflege der Kommunen in Verbindung mit den Straßen und Kommunikationen, die bei der höher gebildeten Bevölkerung ganz außerordentlich schnell wachsen, schneller wie die Bevölkerung selbst, schneller besonders, wie die Wohlhabenheit und Steuerkraft der Bevölkerung, diese drei Aufgaben zwingen uns, an die Entlastung der Kommunen zu denken, und wie gesagt, es ist nur das Reich, das diese Entlastung mit der Vermehrung seiner eigenen Einnahmen herbeiführen kann.

Nun bin ich nicht ein solcher Partisan für die indirekten Steuern, daß ich damit alle direkten abschaffen möchte. Ich sehe vielmehr mit Stolz, welche Summen von direkten Steuern in Deutschland und speziell in Preußen aufgebracht werden konnten: ich sehe es deshalb mit Stolz, weil darin ein bedeutendes Element wahrer Staatsmacht liegt, denn es beweist, daß auch für die schlimmsten Zeiten dem Staate immer noch Hilfsmittel in den direkten Steuern zur Verfügung stehen, wenn alles Andere versagte.

Aber, meine Herren, daß wir doch auch wirklich an die Grenze der Belastung der direkten Auflagen gekommen sind, außer in einem außerordentlichen Nothstande, wird sich niemand verhehlen können. Am wenigsten kann man daran denken, dem Reiche zuzumuthen, seinerseits noch neue direkte Steuern aufzulegen. Alle Föderativstaaten gehen auf das Ziel zu, oder haben sich schon so eingerichtet, daß der Gesammtstaat lediglich aus indirekten Steuern erhalten wird, und wenn Amerika heute seine ungeheure Schuldenlast mit solchen außerordentlichen Opfern so schnell als möglich wieder zu tilgen sucht, so geschieht das, weil man im Gesammtstaate, sobald es eben Menschen möglich ist, wieder dazu kommen will, lediglich aus den indirekten Abgaben, und zwar aus den Zöllen, die an der Grenze erhoben werden, ihr Budget zu speisen, darin sind dort alle Parteien einig. Die Schweiz hat ihre Einnahmen wesentlich aus den Grenzzöllen. Wenn das schon in den republikanischen Föderativstaaten eine Aufgabe der Klugheit ist, so ist es in monarchischen Föderativstaaten nicht bloß eine Aufgabe der Klugheit, sondern eine absolute Nothwendigkeit, weil das Gegentheil die dauernde Abhängigkeit von den Einzelstaaten, der Anfang des Selbstmordes sein würde. ebenso, wenn wir direkte Steuern von Reichswegen in den einzelnen Staaten erheben wollen. Also das Reich muß sich finanziell unabhängig machen. Jetzt stehen wir nun, sobald man das zugestanden hat, vor der Frage, mit welchen Mitteln soll das Reich diese finanzielle Unabhängigkeit erwerben, und da komplizirt sie sich schon mit der handelspolitischen Frage. Wir haben von dem Herrn Abgeordneten Bamberger, von dem Herrn Abgeordneten Richter, selbst von dem so gemäßigten Herrn Abgeordneten Oechelhäuser gehört, es sei jetzt eine große schutzzöllnerische Bewegung, und der Herr Abgeordnete Bamberger hat selbst gemeint, ja, was konnte unser Freihandelbeispiel helfen, soweit wir ihn ausgeführt haben, der Schutzzoll sei eben eine Krankheit, und Krankheit sei ansteckend; die Gesundheit stecke eben nicht an. Ich fürchte mich, auf die medizinischen Bilder einzugehen, die hier in einer so großen Zahl in dieser Debatte schon gebraucht sind, aber das, gestatten Sie mir doch, diesem Ausspruch entgegen zu treten. Gott sei Dank, so grausam ist die Natur nicht, daß nicht die Atmosphäre der Gesundheit auf ihre Umgebung einen ebenso belebenden erfrischenden, stärkenden Eindruck machte als umgekehrt die Atmosphäre des Kranken, ganz abgesehen von einer Ansteckung. Leben Sie einmal in einem Krankenhause und fühlen Sie dann Ihre Nerven, ob Sie finden, daß die Atmosphäre der Kranken, selbst wenn gar keine Ansteckung da ist, denjenigen Eindruck auf Sie macht, als wenn Sie mit jungen, kräftigen, blühenden, heiteren Menschen verkehren. Ihre Kräfte wachsen in dem innigen Verkehr mit den Gesunden, aber freilich nur dann, wenn ein sympathisches Band Sie mit einander verknüpft. Da liegt es nun aber, um zu unserem Thema zurückzukehren, daß unser Beispiel auf unsere Nachbarn nicht wirkt. Haben wir denn mit unseren Nachbarn das sympathische Band, das eine Verbindung herstellt, in welcher die gegenseitigen Gefühle wahr empfunden werden? Konnten wir erwarten den sympathischen Einfluß auf dieselben zu üben, der eine Gegenseitigkeit hervorruft? Nein, meine Herren, diese Sympathie hat uns immer gefehlt, und sie wird uns noch lange fehlen. Früher wurden wir mit einem hochmüthigen Mitleid betrachtet. Alle hatten sich so gewöhnt, auf uns herabzusehen, und wenn es sich um Interessen handelte, uns mit Füßen häufig zu treten. Jetzt sind sie voll Zorn, daß das nicht mehr geht. Auch der schwächste unter ihnen, sieht mit Groll auf uns, weil ihm durch unsere jetzige Stellung einer entzogen ist, von dem er geglaubt hat, daß er unter ihm stehe. Es erinnert mich das immer an die soziale Erscheinung in Amerika, der Irländer, in Amerika, die ein Bild davon bietet, welchen Haß die Erhebung eines Volkes, einer Race bei demjenigen hervorruft, der den andern auf einem Standpunkt unter dem seinigen geglaubt hatte, weil er einer anderen Race angehört, nicht germanisch ist, weil er eine Reihe von Eigenschaften besitzt, die ihn nicht gerade in die gute Gesellschaft aus den niederen Klassen hineinführen, sozial sehr niedrig. Er war aber der Gehässigste gegen die Neger, als die Neger befreit werden sollten. Diese armen Neger, über denen er bisher stand, wurden ihm entzogen und als bei einer Gelegenheit, wo in der für die Nordstaaten schlimmsten Periode des Krieges die Wehrpflicht eingeführt werden sollte, ein Aufstand in Newyork entstand, da stürmte die Masse der aufständischen Irländer nicht das Rathhaus, um den Beamten zu erschlagen, der die Konskription ausschreiben wollte, nein, man stürmte ein Waisenhaus von Negerkindern, zündete es an, trieb die armen Würmer auf die Straße und erschlug sie. Meine Herren, ich weiß ja, der Vergleich trifft in vieler Beziehung nicht zu, aber der Vorgang beweist doch, wie sehr jedes Reich es wünscht, jemanden unter sich zu haben. Weil wir zu unserem und zu Europas Unglück auch heute noch mit diesem Gefühl zu kämpfen haben, bin ich gegen die Zumuthung, auch ferner das gute Beispiel zu geben, das wir gegeben haben und noch geben sollen, sehr mißtrauisch, und habe über das, was ich in der Rede des Herrn Abgeordneten Bamberger gehört habe, daß das gute Beispiel unsererseits doch nicht ohne Einfluß sein könnte, mein Erstaunen nicht unterdrücken können; denn er hat selbst eine lange Reihe von Jahren im Auslande gelebt, und er wird ohne Zweifel noch besser wissen aus seiner französischen Gesellschaft, wie ich weiß aus der amerikanisch- englischen und französischen Gesellschaft, in der ich überall liebe Freunde habe, also gar nicht durch üble Erfahrungen gegen Individuen erbittert bin, daß unser Verhalten immer nur so von oben herunter angesehen worden ist, so daß wir gar keinen Einfluß mit unserem Beispiel auf die öffentliche Meinung haben können. Paßt ihnen etwas, was wir thun, so sind wir vielleicht die Dummen, die ausgebeutet werden müssen, paßt es ihnen nicht, so sind wir schändliche Menschen, die aller Zivilisation, den Forderungen der Gerechtigkeit oder sonst etwas in das Gesicht schlagen. Das wird noch lange so bleiben und mit diesem Gefühl müssen wir um so sorgfältiger rechnen, als wir es garnicht theilen. Also gegen den Gedanken, daß wir mit unserem Beispiel, mit unserer Rücksichtnahme auf die Interessen anderer handeln sollen, weil wir damit allen Fortschritt bei den andern befördern könnten, daß wir etwas anderes als die allgemeinen Grundsätze der Gerechtigkeit und unser Interesse bei unsern Handlungen in Erwägung ziehen sollten, dagegen muß ich mich auf das Bestimmteste erklären, besonders aber in der Operation, die wir jetzt vornehmen wollen, in unserer Zollpolitik. Deshalb bin ich für § 5 des Gesetzes unter der Voraussetzung, daß, da der Tarif Theil eines Gesetzes ist, dessen Aenderungen, die vorgenommen werden, wiederum durch Gesetzgebung zu Theilen eines Gesetzes gemacht werden, daß also die von der Regierung nach Anweisung des § 5 vorgenommenen Maßregeln von dem demnächst zusammentretenden Reichstag genehmigt werden.

Meine Herren, was nun die Finanzen an sich betrifft, so ist eine Frage in der Presse vielfach besprochen worden, die ich nicht mit Schweigen umgehen will, an die ich aber mit um so größerem Unbehagen herantrete, weil sie jetzt in der allgemeinen Diskussion noch gar nicht berührt worden ist. Das ist die Frage, wie das Recht, das der Reichstag bis jetzt mit der Bewilligung der Matrikularbeiträge gehabt hat, bei der neuen Form, wo diese Bewilligung fortfallen soll, erhalten bleiben könne. Ich trete, wie Sie sich leicht denken können, mit einer besonderen Schüchternheit an die Erörterung dieser Frage heran, weil ich nicht so glücklich bin, einer engeren politischen Vereinigung anzugehören, also nicht im Stande gewesen bin, Stimmungen und Meinungen zu erforschen. Aber ich finde die ganze Sache gar nicht so bedenklich, ja gefahrvoll, wie sie von manchen Seiten dargestellt wird. Bei gegenseitigem gutem Willen, das heißt, beim guten Willen der Staatsregierung und bei dem guten Willen von Seiten der Majorität, die diesen natürlichen Anspruch auf Erhaltung eines vorhandenen Rechts erhebt, sehe ich keine unüberwindliche Schwierigkeit, die Sache in Ordnung zu bringen. Ich bin aus den angedeuteten Gründen fern davon, bestimmte Vorschläge zu machen, aber ich meine, der Punkt, auf den wir sehen müssen, ist der, daß wir hier im Reiche nicht ein großes Reservoir bilden, in welchem Gelder aufgehäuft bleiben, die im Augenblicke nicht benützt werden und die dann dahin führen könnten, daß überhaupt mehr ausgegeben wird, ja daß sogar eine schlechte Verwendung dabei eintreten könnte. Ich denke mir die Sache so, daß aus dem Ertrage der indirekten Steuern wir das bewilligen für Ausgaben, die wir, wie bisher, nach sorgfältiger Prüfung für recht erkannt haben, und daß durch Gesetz oder sonst wie festgesetzt wird, daß das, was nicht durch Bewilligung der Reichsregierung zur Verfügung gestellt ist, den Einzelstaaten überlassen ist. Dann haben die Einzelstaaten ein eben so großes Interesse, die Ausgaben so knapp als möglich zu halten, und den Reichstag dabei zu unterstützen, um so viel als möglich zu erhalten, wie sie es jetzt haben, um so wenig als möglich zu zahlen. Dabei mag man noch eine kleine Reserve machen, um das Reich für die Ausgaben sicher zu stellen, wenn das die Einrichtung erleichtern sollte. Aber in dieser oder einer ähnlichen Form halte ich die Sache für ganz gut ausführbar, natürlich in der richtigen Form der Gesetzgebung. Ich habe die Beruhigung gehabt, wenigstens eine Stimme in der Presse in einem ähnlichen Sinne zu hören. Wenn ich nicht irre, so erkenne ich in den Artikeln die Feder eines alten Freundes, dessen Konstitutionalismus und dessen nationale Gesinnung nicht in Frage gezogen werden kann, den wir früher hier das Glück gehabt haben, als Kollegen zu haben, und dem schwäbischen Merkur, der diese Arbeit brachte, sehr nahe steht. Dort ist, wie gesagt, ein ähnlicher Gedanke ausgesprochen, wie ich ihn soeben zur weitern Verarbeitung vorgelegt habe. Denn, wie ich schon bemerkt habe, ich bin nicht in der Lage, irgend bestimmt formulirte Vorschläge zu machen.

Was nun die handelspolitische Seite der Vorlage angeht, so muß ich mich zuerst gegen den Gedanken wenden, als ob lediglich die Schutzzollpartei in ihrem alten Bestande und verstärkt durch die Noth der Zeit, die ganze geistige Bewegung gemacht habe. Vor allen Dingen muß ich aber sagen, so hoch ich die Macht des Herrn Reichskanzlers schätze, so hoch wie ich ihn stelle in der Bedeutung seines Einflusses, diese wunderbaren Uebertreibungen, die wir in den letzten Tagen darüber gehört haben, als ob er alles gemacht hätte, als ob alles nur so arrangirt worden sei, ohne daß im Volk die Empfindung davon gewesen sei, das begreife ich nicht, ja das muß ich im Interesse der Klarheit der ganzen Lage auf das bestimmteste bestreiten. Er hat, glaube ich, wieder gezeigt für Freund und Feind, daß er das rechte Wort zur rechten Zeit zu sprechen versteht, schlimm genug, daß wir die rechte Zeit versäumt haben und das rechte Wort nicht haben finden können. Aber weil uns das nicht gelungen ist, dürfen wir nun doch nicht sagen, das alles sei nur geschickte Mache und habe keine innere Bedeutung für Stimmung und Meinung des Volks.

Nein, meine Herren, neben der Schutzzollbewegung — und diejenigen, welche sich ernstlich mit dieser geistigen Bewegung hier und in anderen Ländern beschäftigt haben, werden es mir zugeben — neben der Schutzzollbewegung ist eine sehr ernste, tiefgehende und nüchterne Kritik ausgeübt über die Ursachen der jetzigen so unerhört lang andauernden Geschäftskrise in der ganzen Welt, und ganz besonders auch über die Zustände, die wir durch die letzten Verträge, also durch den Cobdenvertrag mit Frankreich, mit unserem Anschluß und mit Oesterreich geschaffen haben, in Verbindung mit der außerordentlichen Vermehrung unserer Kommunikationsmittel, die sich auch gerade in dieser Zeit entwickelt haben. Diese Erörterungen haben doch zu ernsten Bedenken in dem Sinne geführt, ob die Gesellschaft und die Staaten recht thun, diese ganze Bewegung leidend auf sich wirken zu lassen, als ob in Bezug auf ihre Interessen die allgemeine Lage sich nicht verändert habe. Was z. B. die Kommunikationsmittel und ihre Wirkung auf die wirthschaftliche Lage der Gesammtheit betrifft, so sagen die Herren, die alles so weiter gehen lassen wollen, zu ihren Gegnern: Was, ihr Reaktionäre, ihr wollt zurückgehen auf die vergangene Zeit, möchtet Eisenbahnen und Dampfkraft am liebsten wieder abschaffen, ihr wollt nicht anerkennen, was die Eisenbahnen und die Dampfschiffe uns leisten, und seht nur die kleinen Störungen, welche jede Veränderung mit sich bringt und nicht die großen Vortheile, die es gebracht hat. Ja, meine Herren, niemand wird daran denken, zu sagen, wie der Herr Abgeordnete Bamberger in bitterm Unmuth meinte, lieber keine Eisenbahn in Rußland gebaut zu sehen, lieber das Getreide auf dem Halm dort verfaulen als es zu uns kommen zu lassen. Nein, meine Herren, ich freue mich sehr über die Eisenbahnen und über die Entwicklung derselben, aber ich will sie so benutzen, wie es unser Interesse — d. h. das der Gesammtheit verlangt,

(Bravo!)

ich will die Dinge uns nicht über den Hals kommen lassen, wie es anderen gefällt, sondern nur so, wie wir sie richtig verwenden und verwerthen können. Deshalb glaube ich, daß der Staat Pflichten in dieser Beziehung erfüllen muß, die er bis jetzt vernachlässigt hat, und gerade in dieser Beziehung ist eine Wandlung in der öffentlichen Meinung langsam und ohne großes Geräusch zuerst eingetreten, die sich jetzt ausspricht und darin liegt der große Unterschied, der gegen früher eingetreten ist.

Gerade in Bezug auf die Kommunikationsmittel darf das die Freihändler um so weniger befremden, als es in der alten Schule der Freihändler immer ein feststehender Satz war, daß außer dem Zoll, wenn einer da war, und ohne Zoll schon ausreichender Schutz für die einheimische Produktion gegeben durch die Entfernungen, durch die Kosten und den Zeitverlust, welche die Entfernungen machen. Der Herr Abgeordnete Richter hat diesen Punkt gestern gestreift, als er auf die Lage unserer Küstengebiete zu sprechen kam, und dann hinzugefügt, wir sind eigentlich kein geschlossenes Handelsgebiet, denn Ostpreußen, unsere Küsten, die stehen England, Schweden, Norwegen viel näher als sie dem Binnenlande stehen. Meine Herren, dann gibt es nirgendwo in der Welt ein geschlossenes, oder vielmehr zusammengehöriges Handelsgebiet, das mag geographisch der Fall sein, aber staatlich ist es sicher nicht der Fall. Ich bin auch der letzte, der ihm aus solcher Aeußerung einen Vorwurf macht, weil ich weiß, er spricht aus dem Gemüthe vieler, indem er solche Betrachtungen anstellt und zu solchen Schlüssen kommt. Aber dieses Gefühl des Mangels der Zusammengehörigkeit, ist doch für den Staat ein höchst bedenklicher Zustand. Wir müssen doch im staatlichen wie im sittlichen Interesse darauf halten, daß das Wohl des einen und sein Weh, mit aller Bestimmtheit früh oder spät das Wohl und Weh des anderen wird, weil unser Schicksal einmal verbunden ist und wir auch wirklich zusammengehören. Dieses Gefühl der Gemeinsamkeit und Zusammengehörigkeit müssen wir uns doch vor allen Dingen erhalten.

(Sehr richtig!)

Ich erkenne gern an, daß die Ostprovinzen gelitten haben unter dem früheren Zollsystem und ich wage nicht zu bestreiten, daß, wenn sie für sich ganz allein wären, sie heute ein anderes Zollsystem machen würden, als das ist, daß wir gehabt, haben und haben werden. Ich habe immer, so lange ich im parlamentarischen Leben bin, immer den Akzent darauf gelegt. Wir sind diesen Provinzen eine gewisse Entschädigung schuldig, wir müssen deshalb von Staatswegen, eher etwas für sie, als für andere thun. Ich, der früher ein Gegner von Staatsbahnen war, habe damals doch schon für Staatsbahnen im Osten in Preußen und Pommern gestimmt, ja ich kann sagen, mein nächster politischer und auch handelspolitischer Freund, mein Freund Berger, hat mit ganz besonderem Nachdruck und Ausdauer und ich habe ihn herzlich dabei unterstützt, soweit ich konnte, sich des Baues der Eisenbahnen von Staatswegen in den Ostprovinzen immer angenommen. Die sehr schwierig durchzusetzende Bahn nach Memel ist wesentlich das Verdienst meines Freundes: Gutta cavat lapidem, immer und bei jeder Gelegenheit kam er mit diesem Vorschlage und so wurde derselbe endlich trotz großer Abneigung aller Finanzpolitiker durchgesetzt. Es war das Gefühl der nationalen Zusammengehörigkeit, auf das wir bei unseren Bestrebungen verharrten und dieses Gefühl hat ihn auch durchsetzen machen.

Meine Herren, abgesehen von dieser Betrachtung der Stellung und des Verhaltens des Staats zu den Eisenbahnen geht durch die Zeit noch ein anderer Zug der Kritik, wie ich sagte, der Kritik der Handelsverträge und ihrer Folgen. Das vorläufige Resultat dieser Kritik ist nicht bei uns bloß, sondern ebenso in England das, daß man sich fragt: Sind wir nicht zu weit gegangen im Interesse des freien Verkehrs den Interessen der Gesammtheit der Nation gegenüber, haben wir nicht vielleicht damit die sicheren Grundlagen unserer wirthschaftlichen Zustände und ihrer gesunden Entwicklung erschüttert, indem wir unseren eigenen Markt dem Auslande preisgegeben haben, ohne auf Gegenseitigkeit in irgend einer Form zu sehen und statt dessen unseren Blick vorzugsweise auf den Weltmarkt gerichtet haben. Hat nicht die Spekulation auf dem Weltmarkt in Verbindung mit dem Oeffnen der Grenzen wesentlich zu der Ueberproduktion geführt, die wir überall und in allen Zweigen beklagen? Der Herr Abgeordnete Richter hat gestern gemeint, der Weltmarkt ließe sich viel sicherer überschauen, als der kleine Einzelmarkt. Ja, wenn er sich bloß die Zahlen gruppirt, die für den Weltmarkt täglich die Telegraphen von allen Seiten bringen, so ist das richtig. Wenn er aber, wie der Produzent es muß, sich genau unterrichten will, von den Bedürfnissen seines Konsumenten, von dessen Wünschen und Ansprüchen, von dessen Zahlungsfähigkeit, dann ist der Weltmarkt ganz außerordentlich schwer zu übersehen, und diese Spekulation auf das Unbestimmte trug sicher einen wesentlichen Theil der Schuld an der Ueberproduktion. Ich nehme keinen Anstand, diese Leidenschaft für den Weltmarkt, bloß ins ferne Blaue zu blicken, ohne genügende Unterlage für das unmittelbare Urtheil für eine Art, — entschuldigen Sie den Ausdruck, Größenwahn zu erklären, der einen großen Theil der Geschäftswelt in dem letzten Jahrzehnt in allen Ländern ergriffen hat.

(Sehr richtig!)

Meine Herren, wir sehen ja unter unseren Augen eine andere solche Krankheitserscheinung, die ich auch nur mit diesem Namen belegen kann, d. i. die Leidenschaft der Eisenbahnverwaltungen für den durchgehenden Verkehr. Wenn der durchgehende Verkehr auf der Bahn die Summe von so und so vielen hunderten oder gar tausenden von Millionen Kilogramm und von so und so viel Millionen Achskilometern erreicht oder auch nur erreichen kann, so wirken die Millionen mit einer berauschenden Kraft auf die Gefühle und Gedanken der Eisenbahnleute und wahrlich nicht bloß der Privateisenbahnleute, ebenso der staatlichen, — die staatlichen Direktoren haben ganz dieselben Empfindungen, denn bloße Gewinnsucht ist gar nicht das Entscheidende, — daß sie die wirklichen Interessen der Landestheile und der Bevölkerung, auf deren Grund und Boden die Eisenbahn gebaut ist, mehr oder weniger dabei aus den Angen verlieren. Sie sagen auch wohl den Klagen dieser Landestheile gegenüber über Bevorzugung des Fremden gegenüber dem Einheimischen, d. h. des durchgehenden Verkehrs gegenüber dem Lokalverkehr: beklagt euch nicht, daß wir billiger fahren im durchgehenden Verkehr. Dadurch, daß wir unsere Betriebsmittel so vollständig ausbreiten, alle Mittel immer vollständig in Betrieb setzen können, sind wir im Stande, für den inneren Verkehr doch noch mehr zu thun, als wir ohne den durchgehenden Verkehr zu thun vermöchten.

Meine Heren, ich erkenne die Richtigkeit dieses Argumentes bis auf einen gewissen Grad an, und bin bereit, bei vorkommender Gelegenheit darauf auch ein großes Gewicht zu legen. Ich möchte aber die Herren, die das Interesse der Eisenbahnen mit diesem Argument vertreten, daran erinnern, und daß man bei seiner Benutzung sehr aufmerksam und vorsichtig sein muß, daß es ein gefährliches Argument ist. Ich kenne dasselbe schon aus einem anderen Kreise. Es sind die Industriellen, die sagen: Wenn wir Massenproduktion haben, so sind wir im Staude, nach dem Auslande billiger zu verkaufen und es dem Inlande doch noch billiger zu geben, als wir es ohne die Massenproduktion vermöchten. Es ist wahr, in dieser Argumentation liegt ein Kern von Wahrheit, und die Erfahrungen gerade der letzten Zeit beweisen, daß die Eisenbahnen ihrerseits das für die Industrie anerkennen. Immerhin ist es aber doch gefährlich, solche Argumentationen ausschließlich als Grundlage einer ganzen wirthschaftlichen Politik in Eisenbahnen wie in Zollsachen zu machen, und bei den Eisenbahnen geschieht es noch häufiger als Seitens der Industrie. Die Erfahrung der letzten Jahre liegt eben in unserer Zollerfahrung mit dem Preise des Eisenbahnbedarfs. Noch gestern hat man sich lebhaft darüber beklagt; der Abgeordnete Bamberger hat es am Sonnabend gethan, daß den inländischen Eisenbahnen das Eisen theurer verkauft würde, als es nach außen den fremden verkauft würde. Es sind dabei Preise angegeben, auf die ich weiter nicht eingehen will, die heute viel niedriger stehen, als zu der Zeit, als die Herren die Notiz aufnahmen, um 20 bis 25 Prozent niedriger. Aber das ist ja gleichgültig für den Fall.

Meine Herren, die Thatsache ist richtig. Wer hat denn aber damit begonnen, dem einheimischen Produzenten einen etwas höheren Preis zu bewilligen, als der Fremde ihm abforbert? Wer hat denn angefangen, die Schienen von heimischen Produzenten theurer zu nehmen? Ist das etwa auch hier von oben herunter befohlen, da man ja zu glauben scheint, daß auf dem wirthschaftlichen Gebiete jetzt alles hier von oben gemacht wird? Nein, meine Herren, es sind die Privateisenbahnen gewesen, es ist ein Mann gewesen von einem eminenten Schlagsinn in allen wirthschaftlichen Dingen, ein Mann, der die Krone aller Eisenbahndirektionen in Geschicklichkeit der Verwaltung ist, der den Anfang gemacht hat. Es ist niemand geringeres, als Mevissen von der rheinischen Eisenbahn gewesen, der sagte: wir haben ein größeres Interesse daran, unsere Leute hier in guter Thätigkeit und Betrieb zu erhalten, als die paar Mark werth sind, die wir bei dem Bezug aus dem Auslande an dem etwas billigeren Eisen gewinnen können, dazu kommen ohne Zweifel noch Betrachtungen, die rein geschäftlich dem Einheimischen ceteris paritas den Vorzug vor dem Fremden geben. Mit den hiesigen wickelt sich das Geschäft leichter und bequemer ab, man kann es zurückstellen, ohne auf große Schwierigkeiten zu stoßen. Wenn wir es mit dem Auslande haben, so macht das häufig lange Zänkereien, große Schwierigkeiten. Entscheidend war aber außerdem der Grund, daß die Eisenbahn es in eigenem Interesse faud, die Industrie selbst mit einem anscheinenden Opfer in einem guten wirthschaftlichen Staude zu erhalten. Erst später ist der Staat gekommen, sehr lange nachher erst, und ist sehr vorsichtig und zurückhaltend in seinen Einwirkungen auf die Eisenbahnen darin gewesen.

Ich habe hier an dieser Stelle schon vor zwei Jahren, als wir über die Eisenfragen debattirten und ich Ihuen vorschlug, den sehr niedrigen Zoll, der bis dahin bestand, fortbestehen zu lassen, Ihuen die Frage vorgelegt, ob das ein gesunder natürlicher Zustand ist, wenn Private wie der Staat in eigenem Interesse die Zollfreiheit des Eisens zurückweisen, ja, ob es unter diesen Verhältnissen, ganz abgesehen von den wirthschaftlichen, im Interesse der Reichsfinanzen nicht viel besser sei, daß, statt daß da dem Einheimischen ein höherer Preis gegeben würde, von dem Fremden ein Zoll genommen werden würde, der wenigstens der Allgemeinheit noch zu Statten käme. Denn das muß ich sagen: wenn ein angemessener Zoll wieder eingeführt wird, würde ich eine solche Praxis nicht weiter billigen können.

Es ist eine grausame Kritik des bestehenden gesetzlichen Zustandes, aber eine Kritik, die nicht von dem Staate in erster Linie aus denselben allgemeinen Rücksichten ausgeübt ist, die ihn jetzt zur Zollreform geführt haben, sondern eine Kritik, die von den Privateisenbahngesellschaften im wohlverstandenen eigenen Interesse ausgeübt ist.

Der Gedanke, daß wir unseren Markt zu oft zu leicht preisgegeben haben, ohne einen ähnlichen Vortheil bei einem anderen Staat zu finden, geht ja auch durch die gegenwärtige Debatte, sofern man in irgend einer Form an eine Abänderung unseres Tarifs denkt. Ich bin nun überzeugt, daß, wenn Sie vorurtheilsfrei alle diese Dinge und Verhältnisse ansehen, so werden Sie finden, daß angesichts der großen Veränderungen, die in der Bewegung des Handels stattgefunden haben, angesichts der großen Annäherung, die durch unsere Kommunikationsmittel stattgefunden hat, angesichts der Haltung unserer Nachbarn, von denen die meisten ihre Zölle erhöht und keiner uns auf unserem freihändlerischen Wege gefolgt ist und angesichts der industriellen Krisis, die bei uns so große Noth hervorgerufen und bei unseren Konkurrenten auch Ausnahmszustände für die Produktion geschaffen hat, eine Revision des Zolltarifs nothwendig ist. Was nun die Zollsätze, die vorgeschlagen sind, betrifft, so sind sie meist geringer als vor 10 Jahren, häufig wesentlich geringer und meist sehr mäßig gegriffen. Darum sage ich nicht, daß sie überall richtig gegriffen sind, sondern überlasse das der Spezialdiskussion. Ich glaube, wenn ich auch die Kritik, die der Herr Abgeordnete Delbrück daran geübt hat, in vielen Punkten für zutreffend halte, nichtsdestoweniger, daß man im großen und ganzen sagen kann: die Sätze in diesem Tarife sind den Verhältnissen angemessen.

Ich komme nun noch auf einzelne spezielle Dinge, und zwar auf die, von denen ich weiß, daß sie gerade der Stein des Anstoßes für viele sind, die sonst der Zollreform im ganzen geneigt sind, und auch, weil ich keinen Zweifel über meine Stellung dazu lassen will, das ist Eisen, Getreide, Vieh und Holz. Aber das Eisen kann ich mir für die Spezialdiskussion ersparen, um so mehr, als meine Stellung zur Eisenzollfrage Ihnen ja bekannt ist. Aber Getreide, Vieh und Holz sind gerade die drei bestrittensten Punkte. Im Anfang war, als man von dem Gedanken hörte, Getreidezölle einzuführen, der Ruf in der Presse, daß dadurch eine ungeheure Umwälzung in unseren Ernährungsverhältnissen stattfinden würde, daß eine bedenkliche Störung in der Ernährung des Volkes eintreten würde, ganz allgemein. Man identifizirte Getreide und Brod unbesehens vollständig und übertrug alle Sorgen, die man über den Preis des Getreides nach Einführug des Zolles haben könnte, unbesehen auf das Brod, wie das ja in vielen Petitionen, die uns darüber zugekommen sind, noch heute sichtbar ist. Ein großer Theil der Bewegung ist still geworden, es wird wenig mehr davon gesprochen, — entweder weil dieser Ruf keinen besonders sympathischen Empfang im Volk gefunden hat oder weil man sich denn doch nach weiterer Ueberlegung überzeugt hat, diese ungeheure Vertheuerung des Getreides, die man, um sie recht greifbar zu machen, unter einem Mikroskop mit 52facher Vergrößerung angesehen hat, kann bei der Bewegung des Handels und der verschiedenen Seiten, von denen die Einfuhr kommt, unmöglich stattfinden. Wir führen das Getreide eben von allen Seiten ein, und der Zoll hat doch nur die Bedeutung, als ob es 8—10 Meilen weiter gefahren sei, als es früher gefahren ist, und wenn der Kaufmann sich den Punkt bestimmt, von wo er beziehen will, so wird der Zoll natürlich mit in Rechnung gestellt werden müssen. Ich verschweige keinen Augenblick, daß es eine Störung des Handels ist, daß der Handel darunter leiden wird. Aber auch nach dieser Seite kann in mehrfacher Weise Erleichterung geschaffen werden, was wieder in die Spezialdiskussion zu verlegen ist. Was nun die Ernährung des Volkes betrifft, so bin ich doch überzeugt, die beiden Faktoren, die den Preis des Getreides im Innern bestimmen, sind der Weltmarkt und die eigene Ernte, und die Preise wechseln im Innern des Marktes je nach der Entfernung von der Einfuhrstelle und von der Hauptproduktionsstelle. Nun sind auch die Steuersätze so weit niedrig gegriffen, daß es schwer sein wird, mit ihnen den Beweis anzutreten, daß bei dem Verhältniß der vegetabilischen Nahrungsmittel zu einander jede Zwischenhand im Geschäft den Steueraufschlag noch verstärkt. Wenn Sie annehmen, daß es nicht wie bei der Mahl- und Schlachtsteuer ist, wo es keine Ergänzung für den Verbrauch gab, aber doch in einem viel geringeren Grade als es bei den 70 Prozent der ländlichen Bevölkerung der Fall ist, die ja an dieser Steuer mit theilnehmen werden, so werden Sie finden bei jedem Preisverzeichniß des Getreides, daß die Differenz des Preises zwischen der ersten und dritten Qualität dreimal so groß ist, als der Betrag der vorgeschlagenen Steuer. Ja, Sie werden finden, daß sich meistens in derselben Qualität zwischen höchstem und niedrigstem Preis eine größere Differenz zeigt, als die Steuer beträgt, die davon entnommen werden soll. Die Verschiebungen in den Preisen der Qualitäten, die dabei möglich sind, werden den Betrag der Steuer in dem Preise bald nicht mehr erkennen lassen.

Nun, meine Herren, hat man aber ganz schnell Getreide und Brod identisch genommen, aber in demselben Athem erklärt man, daß es eine schändliche Benachtheiligung des gesammten Publikums sei, was der Müller nähme und was ganz besonders der Bäcker für einen Gewinn nähme. Den ganzen Betrag der Mahlsteuer sollen sie in die Tasche stecken. Es wird dabei eine Verdächtigung gegen das ganze Bäckergewerbe geübt, die um so gefährlicher ist, als es in der That schwer ist, derselben entgegenzutreten. Denn ich klage die Behörden an, Staatsbehörden wie Kommunalbehörden, daß sie in dieser wichtigen Angelegenheit sich über den Preis, den das Brod eigentlich kostet, gar nicht zu unterrichten im Stande sind, daß keine Einrichtungen für diesen Verkehr in den meisten Städten getroffen sind, die irgend eine Kontrole über den Preis möglich machen. So lange man das Brod nach einem fixen Preise bei wechselndem Gewicht kauft und es dem Käufer überläßt, zu murren, daß das Brod heute wieder recht klein ist, oder sich zu freuen, daß es heute groß ist, so lange wird man eine Kontrole über den Preis des Brodes nicht haben. — Noch heute wissen die Städte, die die Mahlsteuer abgeschafft haben, durchaus nicht, ob das Brod billiger oder ob es theuerer geworden ist. Nun, meine Herren, ich kann einigermaßen, soweit es einem Privatmanne möglich ist, diesen Mangel ergänzen. Das Brod, besonders der Hauptartikel für die Ernährung, das Roggenbrod, ist billiger und besser durch die Abschaffung der Mahlsteuer geworden, es ist billiger geworden, wie gesagt, selbst im Roggenbrod, obgleich die Steuer auf Roggen unbedeutend war, freilich immer noch einmal so hoch, als die jetzt für das ganze Brod vorgeschlagene, aber es ist besonders viel besser geworden, und diese Besserung der Qualität hat darin ihren Grund, daß die große Steuer auf Weizen abgeschafft ist, so daß eine Mischung mit Weizenmehl, vielleicht einer untergeordneten Qualität Weizenmehl — Sie sehen immer, wie sich dies Geschiebe in dem Preise und in der Benutzung der Mittel herstellt — geschäftlich um der Konkurrenz willen zweckmäßi erscheint. Wenn man sich nun bei dieser Frage mit den alten Zeiten der Hungersnoth beschäftigt, so ist es doch sogleich klar, daß derartige Nothzustände nur eintreten könnten bei schlechtem und mangelhaftem Verkehr, wie ihn eben die frühere Zeit nur kannte. Ich bin zufällig nahe befreundet gewesen mit einem Manne, der im Jahre 1817 das erste Schiff mit Roggen von Riga nach der Mündung der Weser brachte und nun von da die Weser aufwärts fuhr, um den darbenden Gemeinden, der hungernden, ja, sterbenden Bevölkerung dieses unentbehrliche Nahrungsmittel zuzuführen. Ja, seine Last fing erst recht an, als er das Schiff schon in Bremen hatte. Wie schwer war es, es die Weser heraufzubringen, an den einzelnen Punkten die Verbindungen zu vermitteln und zu vertheilen. Wochen, Monate lang ist er auf der Axe gewesen, um dieses schwierige Geschäft durchzusetzen. Nehmen Sie dazu, daß fast 14 Tage vergingen, ehe sein Brief, den er abgehen ließ, in die Hände des Adressaten kam, desjenigen, der den darin enthaltenen Auftrag ausführen sollte. Wochen lang, nachdem er sich zu dem Geschäft entschlossen, hatte er keine Ahnung, ob der Auftrag ausgeführt werde oder nicht; endlich bekommt er nach langer Zeit die Nachricht, jetzt ist das Schiff fertig und geht ab, und nun ging es, dem Winde preisgegeben, ob schnell, ob langsam, mit seiner Fahrzeit gar nicht zu berechnen, bis es nach längerer Zeit glücklich an der Mündung der Weser ankam. Heute, meine Herren, heute geht der Telegraph nach Newjork, nach Philadelphia, Chicago, Cincinnati und St. Louis, von Pesth und Odessa gar nicht zu sprechen, und heute Abend haben Sie noch die Nachricht, ob Sie die Waare bekommen können und zu welcher Zeit Sie dieselben erhalten werden, wenn Sie in diesem Augenblick den Auftrag ertheilen. Ich habe öfter als einmal die Gelegenheit gehabt, die Schnelligkeit zu bewundern und die Erledigung zu beobachten, mit der solche Geschäfte sich vollzogen. Wenn Mittags hier ein Telegramm nach Amerika abgegangen war, und dort, weil dort die Sonne 5½ Stunde später aufgeht, noch zur Bankzeit die Sache erledigt werden konnte und wieder ein Telegramm aufgegeben war, so kam an demselben Abend noch die Antwort hier an, an demselben Tage, an welchem Sie sich zu dem Geschäft entschließen, können Sie also wissen, was Sie haben können, wo Sie es am billigsten und von wo am schnellsten. Nicht ich zuerst mache darauf aufmerksam, daß diese Schnelligkeit, dieser Blitz, mit der die Handelsoperationen geführt werden, ein wesentliches Moment in der Zollpolitik ist, daß dadurch ein Theil des Schutzes, den die Entfernung gewährt hat, beseitigt ist. Einer der edelsten Menschen, der Dichter Bryant, der in seiner Eigenschaft als Redakteur der Evening-post in Newyork die Fahne des Freihandels führte, gerade wie ihn der Herr Reichskanzler so gut bezeichnet hat, als die des Idealismus, der die allgemeine Verbrüderung schon vorweg nehmen will, er hat es immer offen erklärt, daß selbst durch den unterseeischen Telegraphen die Zoll- und Tarifverhältnisse wesentlich beeinflußt würden und daß man nicht so ohne alle Rücksicht darauf dieselben ordnen dürfe.

Ich bestreite also, daß das Getreide in seinem Gesammtpreise im Lande durch diesen Zoll vertheuert wird, warne aber auf der andern Seite auch davor, diese Zölle noch erhöhen zu wollen. Denn das kann sich niemand verhehlen, daß, wenn der Gedanke, daß das Brod im allgemeinen vertheuert würde, Platz greift, dieser Gedanke ein sehr gefährlicher wäre. Der böte dann wirklich der sozialistischen Agitation Stoff dar, während wir jetzt lediglich durch die Nachlässigkeit der Behörden eine sozialistische Agitation haben bei dem unlösbaren Zweifel über den eigentlichen Preis, denn das gierige Auge des Hungrigen sieht das Brod sehr klein, während es dem Satten sehr groß vorkommt. Wenn die Behörden es versäumen, diese Maßregel zu treffen, daß dem Publikum voller Einblick gewährt wird in den Preis, den es für das Brod bezahlt, so werden Sie bei irgend einer Gelegenheit, wo eine Theuerung oder eine Unruhe ist, ohne Zweifel einmal den Bäckern wieder bezahlen müssen, was ihnen durch einen Tummulthaufen zerstört worden ist. Denn das ist eine Erfahrung, die man ohne Zweifel auch in den alten Akten verzeichnet finden kann. Als wir das letzte Jahr die große Theuerung gehabt haben und die Brodkrawalle epidemisch waren, 1846 und 1847, hat sich herausgestellt, daß Städte, die das Brod nach dem Gewicht verkaufen und nicht nach dem fixen Preise, vor Brottumulten viel sicherer gewesen sind und gar keine erlebt haben im Gegensatz zu denen, die das Brot immer nur nach dem Augenschein haben verkaufen lassen.

Was nun den Brotpreis anbelangt, soweit er von dem Getreidezolle beeinflußt werden kann, so ist die Preisdifferenz zwischen Getreide und Brot, eine so schwankende, daß der Getreidezoll dabei gar nicht ins Gewicht fällt. Denn das ist ja das Charakteristische in Bezug auf die Gleichgiltigkeit und Bequemlichkeit des Publikums, daß es gar nicht daran denkt, wissen zu wollen, wie viel es für sein Brot zahlt, daß das Gewicht desselben Brotes bei demselben Bäcker sogar ganz außerordentlich schwankend ist, und zwar bei demselben Getreidepreise, ja schwankend von einem Tage zum anderen. Ich wiege mein Brot seit einer Reihe von Jahren täglich, ein Weißbrot, das schrecklich theuer ist, das gestehe ich zu, weil Weißbrot als Luxus gilt, aber es ist jetzt immerhin doch um 20 Prozent billiger geworden als es zur Zeit der Mahlsteuer war. Zur Zeit der Mahlsteuer bekam ich 20 bis 22 Loth für 2½ Silbergroschen, jetzt bekomme ich 27 bis 28 Loth für 2½ Silbergroschen; und mehr noch, es ist auch viel besser geworden. Aber Schwankungen von 6 bis 8 Prozent kommen immer von einem Tage zum anderen vor.

Die Frage mit dem Viehzoll liegt anders. Wir haben die allgemeine Klage, daß unsere Grenze so mangelhaft bewacht ist und daß wir jährlich trotz der großen Kosten der Bewachung noch die Rinderpest im Lande haben, für deren Tilgung das Reich jährlich Millionen ausgibt. Sollte das Reich nicht aus diesem Verkehr eine mäßige Entschädigung entnehmen können. Nnn sind alle Kenner der Grenzverhältnisse immer der Meinung gewesen, daß die Schranken respektive die Kontrolle durch das Aufsichtspersonal viel besser durchgeführt werden könnte, wenn die Zollbehörden bei dieser Aufsicht betheiligt wären. Die Zollbehörden haben die bessere Sachkenntniß der Beaufsichtigung, die viel wirksamer wird, wenn eine Steuerabfertigung damit verbunden ist. Nun nehmen Sie auf der anderen Seite die ungeheuren wirthschaftlichen Störungen, die eintreten, wenn eine Seuche ausbricht im Innern des Landes. Wir haben ja ein hartes grausames Gesetz dafür, Beschränkungen der Freiheit der Bevölkerung ganzer Ortschaften und die größten wirthschaftlichen Störungen werden dadurch herbeigeführt, Störungen, die in gar keinem Verhältniß zu der Belastung durch den Zoll an der Grenze stehen. Die Preissteigerungen, wenn eine solche Kalamität eintritt, die in dem Preise des Fleisches stattfindet, sind so bedeutend, daß der Zoll dagegen verschwindet. Wir haben ja diese Erfahrung erst im letzten Jahre gemacht. Nnn, meine Herren, wenn wir die Hoffnung haben könnten, mit dieser Verzollung und Betheiligung der Grenzbehörden eine einzige dieser Epidemien, die sich mit Blitzesschnelle, möchte ich sagen, über die weitesten Landschaften erstreckten, in der man einen Ochsen verfolgen kann, von der russischen Grenze bis an den Rhein, den er in wenigen Tagen erreicht hat, wo er krank wird, und den Ort verseucht, — wenn wir eine einzige Epidemie damit abwenden können, so ist der Einfluß, den der Viehzoll auf den Preis des Fleisches haben könnte, ausgeglichen und der Preis des Fleisches für weite Kreise ist sicher nicht dadurch gesteigert.

Meine Herren, ich setze voraus, daß das Gesetz noch einen Unterschied machen wird zwischen fettem Schlachtvieh und magerem Vieh, was wohl ohne besondere Schwierigkeit geschehen kann.

Was das Holz betrifft, so sind hier recht bedenkliche Meinungen aufgetreten, als wenn der Wald nur ein Luxus des Reichen wäre. Wir wissen, daß wir für die Erhaltung der Fruchtbarkeit ganzer Landstriche und für die Gesundheit der Menschen einer gewissen Summe Waldbestandes bedürfen.

Der Staat erkennt das mit der Bestimmtheit, daß er sogar eine Beschränkung in der Benutzung und Verwandlung dieses Eigenthums darauf gelegt hat.

Ich finde den Holzzoll bedeutend, und ich muß sagen, ich bin noch gar nicht klar darüber, ob ich diesen Betrag bewilligen soll. Aber daß nicht bloß der Besitz des Waldes eine Ehrensache für den Genießenden ist, sondern daß es eine Ehrenpflicht ist, die er für die Gesammtheit miterfüllt, indem er den Wald erhält, das ist doch unzweifelhaft. Meine Herren, Sie haben das schreckliche Beispiel von Szegedin jetzt erst erlebt. Woran ist Szegedin zu Grunde gegangen? An der Devastation der Wälder auf dem Gebirge, von dem die Theiß entspringt; sie ist ungeberdig, unkontrolirbar geworden, seitdem man ihren Quellen und Nebenflüssen den Wald genommen hat. Das Abholzen ganzer Wälder hat uns das billige Holz geliefert. Wir haben dasselbe Beispiel der Folgen der Entwaldung in Frankreich gesehen. Wir geben uns die größte Mühe, wieder aufzuforsten. Nun weiß ich freilich nicht, ob nicht in gewissen Kreisen viel Wald zusammengedrängt ist, so daß er dort eine Minderung erfahren könnte, daß wir aber im großen und ganzen in Deutschland nicht zu viel Wald haben, davon bin ich überzeugt.

Ich komme nun zum Schluß zu der geschäftlichen Behandlung, die ich Ihnen vorgeschlagen habe. Ich habe Ihnen im Verein mit einer großen Zahl von Mitgliedern, die mir die Ehre erwiesen haben, diesen Antrag zu unterzeichnen, vorgeschlagen, daß eine Reihe von Artikeln im Plenum und eine andere Reihe in den Kommissionen behandelt werden soll.

Meine Herren, die Auswahl für die Plenarbehandlung ist derartig gewesen, daß die wichtigsten Streitobjekte, die aber auch schon in der öffentlichen Meinung durchdiskutirt sind wie Eisen, Getreide u. s. w., im Plenum behandelt werden sollen, neben anderen, deren Prüfung weniger allgemeine Bedeutung hat und für die auch keine großen technischen Vorkenntnisse nöthig sind, um regelmäßig geprüft zu werden.

Dagegen haben wir vorgeschlagen, eine gewisse Reihe von Artikeln in Kommissionen zu behandeln, bei denen die handels- und zollpolitische Bedeutung im Vordergrunde steht und die zu ihrer Beurtheilung einer näheren Prüfung bedürfen, und außerdem die Hauptfinanzartikel, solche, die als spezielle Finanzzölle betrachtet werden.

Ich habe nachträglich gehört, daß mein Vorschlag deshalb so sehr bemängelt ist, weil er die Hauptfinanzartikel mithineinnimmt. Ich habe nicht ermitteln können, welcher andere Plan in dieser Beziehung vorliegt. Ich spreche auch mit Befangenheit in diesem Augenblick darüber, weil ich darüber gar nicht näher unterrichtet bin; vielmehr nur in der persönlichen Unterhaltung, wo mir Vorwürfe wegen dieses Vorschlags gemacht wurden, bin ich darüber unterrichtet. Ich habe nun gehört, daß man eine besondere Finanzkommission hat errichten wollen. In diesem Falle freue ich mich, daß ich den anderen Weg gegangen bin, denn ich glaube, daß wir erst in den Sachen selbst uns klar machen müssen, was wir überhaupt bewilligen können, und dann uns die Frage vorlegen: wie viel kommt denn heraus, und welche Einrichtungen sind mit Rücksicht auf den Betrag für die Disposition darüber am zweckmäßigsten.

Sie haben aus den Aeußerungen des Herrn Finanzministers entnommen, daß diese Berechnung gar nicht so leicht anzustellen ist. Ich glaube, daß wir in der Kommission und in der Plenarberathung uns erst vorläufig darüber schlüssig machen müssen, was wir in den einzelnen Punkten bewilligen wollen, und dann zwischen der zweiten und dritten Lesung uns darüber klar werden, wie wir zu den Dingen im Ganzen stehen.

Meine Herren, ich glaube, wenn diese Vorlage im ganzen und großen, wenn auch in einzelnen Punkten wesentlich verändert, angenommen wird, daß damit die große Noth unserer Zeit erleichtert und unsere Industrie in ihrem Bestande erhalten werden wird; denn zu meiner Freude scheinen wir doch jetzt darin einstimmig geworden zu sein, daß unsere Industrie es wohl verdient, in ihrer Größe und Macht erhalten zu werden. Wenn ich die Stimmung betrachte, wie sie heute ist, wenn von der Industrie die Rede ist, von ihrer Leistungsfähigkeit, wenn ich sie vergleiche mit der, als von Philadelphia herüber das Wort erscholl „billig und schlecht"! als alle diejenigen, die die Anforderungen der Industrie und gegen die Zollpolitik der Regierung überhaupt waren, nur riefen: Da seht ihr ja, die Industrie selbst ist schuld, billig und schlecht ist sie, — heute habe ich die Freude und gestern und vorgestern, daß von allen Seiten die Macht unserer Industrie, die Leistungsfähigkeit, die Größe des Exports gerühmt wird, ja sie wird jetzt gerade von der Seite, die das „billig und schlecht" am lautesten gerufen, für so stark erklärt, daß sie jede Konkurrenz auszuhalten, ja, jedem Lande Konkurrenz zu bieten vermag. Wir sind auch darin einig, diesen Zustand unserer Industrie zu erhalten, wenn wir auch über die neue Zollpolitik verschiedener Meinung sind. Immer ist es aber schon ein großer Gewinn, daß Mißachtung des eignen, der wir so leicht verfallen, jetzt gar nicht mehr zur Sprache kommt. Dann, meine Herren, hoffe ich, wenn dieser Tarif zu Stande kommt, daß der Erfolg erweisen wird, daß wir ein gutes Werk gethan haben. Mit Sicherheit, was aber auch der Erfolg davon sein möge, glaube ich behaupten zu können, daß eine gewisse Ruhe und Befriedigung in die Gemüther derjenigen Gegenden gerade kommen wird, die durch die zollpolitischen Fragen am tiefsten aufgeregt wurden, und ist denselben diese Ruhe noch um so mehr zu wünschen, als es zum großen Theil dieselben sind, welche der kirchenpolitische Kampf gerade am meisten verwüstet hat. Und mit diesem Resultat würde ich vorläufig als Politiker schon ganz zufrieden sein.

(Lebhaftes Bravo.)

Präsident: Der Herr Abgeordnete Freiherr von Maltzahn-Gültz hat das Wort.

Abgeordneter Freiherr **von Maltzahn-Gültz:** Meine Herren, wenn ich mir bei dieser Frage ebenfalls — ich hoffe für nicht allzulange Zeit — Ihre Aufmerksamkeit erbitte, so will ich von vornherein bemerken, daß ich in meinen gesammten Ausführungen mich auf den Zolltarif beschränken, auf die Tabaks- und Brausteuervorlagen nicht eingehen werde. Ich brauche wohl nicht ausdrücklich zu erklären, daß, wenn ich hier spreche, dies nicht im Namen meiner politischen Freunde geschieht; es ist ja hinreichend bekannt, daß die meisten Fraktionen dieses Hauses in diesen wirthschaftlichen Fragen nicht als geschlossene Körperschaften auftreten, und ich kann auch nicht gerade sagen, daß ich diesen Umstand für einen beklagenswerthen halte, ich meine, es ist recht gut, wenn bei einer Vorlage von der Wichtigkeit, wie die gegenwärtige, es auch einmal klargestellt wird, daß, wie das Land selbst, so auch der Reichstag sich nicht etwa aus einer gewissen Zahl sich gegeneinander abschließender Klubs zusammensetzt, sondern daß die Ansichten auf allen Seiten sich berühren und in einander übergehen. Sie werden im Verlaufe meiner Ausführungen zu erkennen Gelegenheit haben, daß ich in manchen Punkten auch von dem abweiche, was mein Freund, der Herr Abgeordnete von Minnigerode, Ihnen vor einigen Tagen hier von dieser Stelle vorgetragen hat; in einer Beziehung aber stimme ich freilich mit ihm und ich glaube sagen zu können, mit meinen sämmtlichen politischen Freunden vollständig überein, darin nämlich, daß wir das Bedürfniß der Vermehrung der eigenen Einnahmen des Reichs vollkommen anerkennen, und daß wir die Mittel für die Befriedigung dieses Bedürfnisses auf dem Gebiete der indirekten Besteuerung suchen. Das ist ein Standpunkt, meine Herren, der von unserer Seite ja seit Jahren entschieden vertreten ist, und ich entsinne mich sehr wohl der Zeit, wo wir für diesen Gedanken nur auf der rechten Seite des Hauses Entgegenkommen und Verständniß, auf der linken, wenn mein Gedächtniß nicht ganz trügt, nur Abweisung fanden. Heute ist die Sache allerdings anders, der Gedanke hat heute auch in den Reihen der Herren Abgeordneten zu meiner Linken sehr viel Freunde und Anhänger, und wenn man das glauben wollte, was in einem Theil ihrer Presse jetzt ausgesprochen wird, so müßte man die eigentlichen Väter dieses Gedankens auf ihrer Seite suchen. Meine Erinnerung steht dem indeß entgegen. Indessen, meine Herren, auf die Vergangenheit will ich nicht eingehen; es freut mich, wenn die Entwickelung der Thatsachen uns hier auf denselben Boden geführt hat, und ich will über die Vergangenheit nicht mit Ihnen rechten.

Soweit es sich also in dem vorliegenden Tarif nur um die Frage der Finanzzölle handelt, stehe ich auf dem Boden des Tarifs; was aber den übrigen Inhalt anbelangt, so bin ich von demselben in keiner Weise erfreut und ich glaube fast, daß, wenn diese Sinnesänderung in den Reihen der nationalliberalen Partei, die meiner Meinung nach vorgegangen ist, einige Jahre früher erfolgt wäre, so wäre uns jetzt die üble Zumuthung erspart worden, die nothwendige Stärkung der finanziellen Stellung des Reichs erkaufen zu müssen mit einer Reihe von Zugeständnissen, die meiner Meinung nach dem Wohle des Landes schädlich sind.

(Hört! links.)

Wenn man früher von einer Reform unseres Zollwesens sprach, um die Einnahmen des Reichs zu erhöhen, so hatte man gewöhnlich im Auge das Herausgreifen einzelner Positionen unseres Zolltarifs, welche finanziell besonders einträglich sind. Man ist von diesem Wege in der Vorlage, die uns jetzt von den verbündeten Regierungen gemacht worden ist, abgewichen und hat eine generelle Revision, eine neue Redaktion des gesammten Zolltarifs vorgenommen. Wie die Dinge sich einmal entwickelt haben, kann ich diesem Verfahren an und für sich einen Tadel nicht gegenüberstellen. Ich kann es allerdings nicht als dem Interesse des Landes entsprechend halten, wenn die Entwickelung unseres Zollwesens überhaupt auf dem Gebiet der autonomen Gesetzgebung allein gesucht werden soll. Ich stehe nicht auf dem Standpunkt, welchen uns der Herr Reichskanzler neulich entwickelt hat, daß es sich bei dem Abschluß von Handelsverträgen meistens oder fast nur um die Frage handle: qui trompe donc ici? Ich glaube, daß Handelsverträge der Regel nach zum Vortheil der beiden Kontrahenten ausschlagen werden, wenn sie verständig abgeschlossen werden.

(Bravo! links.)

Ich wünsche deshalb auch eine weitere Ausbildung unserer Zollgesetzgebung auf dem Wege der Handelsverträge für die Zukunft, muß aber allerdings anerkennen, daß, wie im gegenwärtigen Moment die Sache liegt, ich nicht tadeln kann, wenn die Reichsregierung uns jetzt eine vollständig neue Redaktion unseres Tarifs im Wege der Gesetzgebung vorschlägt; ich glaube nicht, daß es angezeigt ist, diesen Gedanken noch spezieller auszuführen.

In Betreff nun der Ziele, welche durch die Reform unseres Zolltarifs zu errreichen sein möchten, ist nach meiner Beobachtung seit dem Augenblick, wo die generelle Revision desselben auf der Tagesordnung erschien, eine bedeutsame Wendung und Umwandlung eingetreten, welche sich in den für die Oeffentlichkeit bestimmten Schlagworten — das Wort ohne üble Nebenbedeutung verstanden — nicht undeutlich ausspricht. Von dem Gedanken freilich, diese Reform auf den finanziellen Gesichtspunkt zu beschränken, ist man gleich anfangs zurückgekommen. Man ist von Seiten der Regierungen gleich anfangs in ein Bündniß eingetreten mit denjenigen schutzzöllnerischen Ideen und Bestrebungen, welche einmal in einem großen Theil unseres Vaterlandes vorhanden waren. Möglich, daß man auch — vielleicht um des Widerspruchs willen der Herren auf dieser Seite des Hauses (links) — es nicht für möglich gehalten hat, den finanziellen Zweck anders als durch eine Allianz mit diesen wirthschaftlichen Bestrebungen zu erreichen; möglich, daß man sich selber — und der Herr Reichskanzler hat uns dies ja von sich selbst bekundet — mehr und mehr von der Berechtigung der schutzzöllnerischen Ideen sich überzeugt hat. Thatsache ist, daß von dem Augenblick an, wo mit der Reform unseres Zollwesens Ernst gemacht wurde, die Zollreform mehr und mehr einen schutzzöllnerischen Charakter erhalten hat. Thatsache ist auch, daß gleichzeitig im Lande eine Agitation entstanden ist und sich auf Kreise, die derartigen Ideen bisher vollständig fern und ablehnend gegenüberstanden, erstreckt hat, eine Agitation, welche meiner Meinung weder der Form noch dem Inhalt nach dem Wohl des Landes entsprach.

(Hört! hört!)

Die Folge der Entwickelung sehen wir vor uns in dem Wettlaufe der verschiedenen Gewerbe des Landes nach möglichst hohem Schutz der eigenen Arbeit, mögen alle übrigen darüber zu Grunde gehen, welcher sich ausspricht in der Fülle von Petitionen, die von allen Seiten und eines jeden Inhalts Ihnen vorliegen. Die Folge haben wir vor uns in diesem Tarif mit seinen gegen den bisherigen Zustand wesentlich erhöhten Schutzzollbestimmungen.

Als nun diese ganze Bewegung ihren Anfang nahm, da hieß das Stichwort: „Schutz der nationalen Arbeit", meine Herren, ein Wort, wohl geeignet, der Sache, welche sich damit bezeichnet, Anhänger zu gewinnen. Ist es doch, als ob in dem Worte „deutsch", in dem Worte „national" in unserer Zeit ein ganz eigener Zauber liege,

(Gottlob! rechts.)

ein Zauber, unter dem ich selbst, ich bekenne es gern, vollkommen stehe, ein Zauber, welcher die Herzen gewinnt und vielleicht nicht selten den Verstand gefangen nimmt.

(Sehr richtig! links.)

Sobald man aber der praktischen Verwirklichung dieses Gedankens näher trat, zeigte sich, daß er in dieser Ausdehnung nicht ausführbar sei, daß man bei der Ausführung ihn einschränken müßte. Schon die Thronrede spricht nur noch von der Pflicht, dahin zu wirken, „daß wenigstens der deutsche Markt der Nationalproduktion insoweit erhalten werde, als dies mit unserem gesammten Interesse verträglich ist", und ebenso haben wir neulich aus dem Munde des Herrn Reichskanzlers diesen Gedanken betonen hören, daß dem deutschen Markt die nationale Produktion zu erhalten sei. Schon hier war aus dem Gebiet der zu schützenden nationalen Arbeit alle diejenige Arbeit ausgeschieden, welche sich nicht direkt mit dem Hervorbringen marktgängiger Waaren für den inländischen Markt beschäftigt. Es war damit ausgeschieden unser gesammter Export- und Durchfuhrhandel, es waren ausgeschieden die für den Export arbeitenden Produktionsgewerbe und die große Zahl derjenigen Personen überhaupt, deren Arbeit mit der nationalen Produktion — es war das Wort „Produktion" an Stelle des Wortes „Arbeit" getreten — nicht in direktem Zusammenhang steht. Aber auch in dieser Einschränkung zeigte sich der Gedanke noch nicht als ausführbar. Die allgemeinen Eingangsabgaben, welche neben dem finanziellen Zweck auch bestimmt waren, diesen Gedanken, wenn auch, ich möchte sagen in roher Form zum Ausdruck zu bringen, ist, wie Ihnen Allen bekannt, in der Vorlage nicht mehr zu erkennen. Es genügt an die große Zahl der Rohstoffe zu erinnern, welche der Tarif frei läßt, obwohl sie im Lande erzeugt werden. Ich will nicht an das Gewerbe der Montanindustrie dabei erinnern, sondern an das Gebiet der Landwirthschaft, wo die Wolle frei geblieben ist, obwohl, wenn Sie die Landwirthschaft durch Schutzzoll schützen wollen, für die Landwirthschaft der östlichen

Provinzen es keinen wirksameren Schutzzoll gibt, als einen festen Zoll auf Wolle. Und ist denn unter den Gewerben, welche der Tarif nun wirklich zu schützen bestimmt ist, Sonne und Licht auch nur einigermaßen gleich vertheilt? Ich will nicht auf die zum Theil wunderlichen Konsequenzen zurückkommen, welche der Herr Abgeordnete für Jena uns vor einigen Tagen in seiner Rede vorgeführt hat; ich will aber doch daran erinnern, daß, wenn die Herren die Zusammenstellung der verschiedenen Zollsätze nach dem Werthe der Waaren, welche in Ihren Händen ist, zur Hand nehmen, eine Zusammenstellung, welche freilich eine Privatarbeit ist, im großen und ganzen aber die Werthsätze richtig wiedergeben wird, daß Sie dort finden werden, daß der Ackerbau bis höchstens 7 Prozent des Werthes seiner Produkte, der Waldbau bis etwa 4 Prozent seiner Produkte geschützt ist, während sich der Eisenzoll zwischen 10 und 20 Prozent, der Baumwollzoll zwischen 8 Prozent und 40 Prozent des Werthes der Waaren bewegt, der Zoll der Wollwaaren sogar bis auf 68 Prozent steigt. Was ist also aus dem beabsichtigten Schutz der nationalen Arbeit geworden? Es ist darans geworden ein Schutz einzelner herausgegriffener Industriezweige nach verschiedenem Maßstab, und so, daß die Landwirthschaft überall an die letzte Stelle gerückt ist.

(Sehr wahr!)

Diese Entwicklung der Dinge, meine Herren, ist mir in keiner Weise überraschend, sie ist meiner Meinung nach nichts als die logische Konsequenz eines falschen Gedankens, die Aufstellung eines undurchführbaren Problems.

Meine Herren, es ist unmöglich, die gesammte deutsche Arbeit gleichmäßig durch Zölle zu schützen. Es ist nicht wahr, daß der inländische Markt für die gesammte inländische Produktion aller Gewerbe und aller Gegenden die richtige natürliche Basis ihres Absatzes bilden kann; es ist nicht wahr, daß der inländische Markt für den Einkauf unserer Bedürfnisse für alle Gegenden unseres Vaterlands die naturgemäße Basis bildet. Mit aller Theorie von der nationalen Arbeit können Sie die Thatsache nicht aus der Welt schaffen, daß die wirthschaftlichen Interessen der verschiedenen Theile unseres Vaterlands auseinandergehen, daß das deutsche Reich nicht ein so einheitliches Wirthschaftsgebiet ist, daß Sie es ganz auf sich stellen, daß Sie seine Beziehungen zum Ausland unterbinden könnten, ohne dem Lande selbst zu schaden. Ich bezweifle sehr, meine Herren, ob irgend wo auf der Welt ein so isolirter Staat existirt, daß es das Wohl dieses Staates rechtfertigen könnte, ihn in seinen wirthschaftlichen Beziehungen vom Auslande zu isoliren, gegen außen abzuschließen. Für einen Staat aber, wie das deutsche Reich, mit einer Küste von Memel bis Emden, giebt es meiner Meinung nach nichts falscheres, als eine konsequent durchgeführte Schutzzollpolitik. Alle die weiten Landstriche an unseren Küsten sind nun einmal durch die Natur mit ihren wirthschaftlichen Interessen auf die See und auf den überseeischen Verkehr hingewiesen. Uns liegt, darin muß ich dem Herrn Abgeordneten Löwe entschieden widersprechen, thatsächlich Schweden und England näher als Augsburg und Saarbrücken, und zwar nicht nur geographisch, sondern unseren wirthschaftlichen Interessen nach näher. Und wenn der Herr Abgeordnete Löwe uns dem gegenüber darauf hingewiesen hat, daß dies allerdings eine geographische Wahrheit sei, daß aber dem der Umstand gegenüberstehe, daß die Küstengebiete des Ostens und Nordens zum Deutschen Reiche gehören, und daß demzufolge sie mitleiben müßten, wenn andere Theile des Landes litten, so erwidere ich ihm: ich bitte ihn diesen Spieß umzukehren und uns nicht leiden zu lassen, um auf unsere Kosten anderen Theilen des Landes Vortheile zuzuführen.

(Sehr gut!)

Also, meine Herren, ich behaupte, unsere Küstenländer sind auf den überseeischen Verkehr hingewiesen, und es ist wahrlich nicht das schlechteste Stück nationaler Arbeit, welches im Laufe der Jahrhunderte sich damit beschäftigt hat, diese überseeischen Beziehungen auszubauen, dies Geschenk der Natur, das wir in dem freien Meere haben, uns dienstbar zu machen.

(Sehr gut!)

Also, meine Herren, verargen Sie uns nicht zu sehr, wenn wir auch heute noch an unserem freien Meere hängen, verargen Sie es uns nicht, wenn wir dem neuen Evangelium, daß alles wirthschaftliche Heil vom Inlande komme, noch nicht völlig zustimmen, verargen Sie mir es nicht, meine Herren, wenn ich mich zu der Höhe der nationalen Gesinnung noch nicht habe aufschwingen können, daß ich es für einen wirthschaftlichen Verrath am Vaterlande halte, wenn ich mir eine amerikanische Mähmaschine, wenn ich mir eine englische Lokomobile kaufe, wenn ich mir ein Haus aus schwedischem Holze baue, weil ich diese Dinge vermöge des freien Meeres billiger und vielleicht besser bekommen kann, als aus dem Inlande.

Aber, meine Herren, die Sache hat in Deutschland noch eine andere Seite. Jene Küstenländer, von denen ich eben sprach, und deren Interessen mir, weil ich ihnen angehöre, ja besonders nahe stehn, entbehren fast ganz einer einheimischen Industrie, und ich glaube, selbst diejenigen Herren, welche sich am meisten goldene Berge von diesem Schutzzolltarif und von späteren höheren Schutzzolltarifen versprechen, werden kaum behaupten, daß dadurch in Pommern, in Preußen und Mecklenburg eine sehr erheblich blühende Industrie geschaffen werden kann. Unsere Judnstrie ist vielmehr durchweg in gewissen binnenländischen Distrikten zusammengedrängt, und zwar in solchen Distrikten, welche, einzig die See ausgenommen, in allen übrigen Beziehungen weitaus vor unsern Küstenländern bevorzugt sind. Sie haben ein besseres Klima, sie haben vielfach einen ertragsreicheren Boden, sie haben unterirdische Schätze, sie haben eine dichtere Bevölkerung, sie haben dichter und besser ausgebaute Verkehrsstraßen, kurz sie sind reicher, leistungsfähiger, als die Küstenprovinzen.

Nun glaube ich nicht, daß mir das bestritten werden kann, daß jeder Industrieschutzzoll zunächst und am stärksten auf diejenigen Distrikte drückt, welche bisher ihren Bedarf aus dem Auslande bezogen haben. Ist dies wahr, so wird in Deutschland jedes System, welches auf einen hohen Schutz der inländischen Industrie ausgeht, führen zu einer Mehrbelastung der ärmeren Landestheile zu Gunsten der reicheren.

(Sehr richtig!)

Und da, wie ich vorhin durch Zahlen glaube nachgewiesen zu haben, der vorliegende Zoll der Industrie einen weit höheren Schutz zudenkt als der Landwirthschaft, so wird auch *dieser* Tarif solche Wirkung haben.

Nun haben diese ärmeren Landestheile ja eine solche Mehrbelastung zu Gunsten der Industrie, zu Gunsten einer Industrie, von der sie doch höchstens einen sehr mittelbaren Vortheil, mitunter sogar Nachtheil gehabt hat, — ich erinnere daran, daß vielfach behauptet wurde, in den günstigsten Jahren der Industrie seien die Arbeitskräfte aus den östlichen Provinzen in die Industriegegend gezogen worden, ob das Wahrheit ist, weiß ich nicht — also ich sage zu Gunsten dieser Industrie haben die ärmeren Landestheile eine Reihe von Jahren diese Mehrbelastung ertragen. Durch die Gesetzgebung der letzten Jahre sind sie von dieser Last theilweise befreit worden. Ist es wirklich geboten, diese Befreiung jetzt rückgängig zu machen? Man sagt uns: ja, unsere Industrie liegt darnieder, sie muß vor dem Untergange geschützt werden; ja meine Herren, liegt die Landwirthschaft der östlichen Provinzen etwa nicht darnieder? Wie weit das Argument des Darniederliegens der Industrie zutrifft, werden wir ja bei jeder einzelnen Position des Tarifs, welcher einen Schutzzoll enthält, zu prüfen haben. Ich gestehe, daß bei Durchsicht der Motive und der Berichte der Enquetekommissionen mir vielfach der Beweis für diese Behauptung nicht erbracht zu sein schien. Ich bin häufig folgender Deduktion begegnet. Dieser oder jener Produktionszweig wird in der und der Ausdehnung betrieben, er beschäftigt so und so viel Arbeiter, unter der Ungunst der Zeitverhältnisse hat er sich bereits etwas einschränken müssen, er steht in Gefahr noch weiter eingeschränkt zu werden, er muß durch Schutzzoll erhalten werden. Ich frage, ist diese Erhaltung so wichtig, daß sie auch auf Kosten der ärmeren Theile des Landes geschehen muß? Oder es heißt: „die vaterländische Industrie ist bei der Mannichfaltigkeit ihrer Produktion im Stande, vollständig den inländischen Bedarf von diesem oder jenem Gegenstand im Inland zu produziren. Infolge der Verkehrsverhältnisse und der Verkehrsstraßen ist sie bisher nicht im Staude, dieses oder jenes Gebiet, vornehmlich die Küstenländer, für sich in Besitz zu nehmen, also muß der Zoll helfen. Ich frage, ist es wirklich ein richtiges Mittel zur Bereicherung des ganzen Landes, wenn eine solche Erweiterung der vorhandenen industriellen Produktion des Inlandes dadurch ermöglicht wird, daß man den Landwirth im Osten zwingt, theurer zu kaufen? Auf der dritten Seite des Berichts der Eisenenquete findet sich folgender Satz — ich bitte den Herrn Präsidenten um die Erlaubniß, ihn verlesen zu dürfen:

> Nur wenige durch ihre natürlichen Produktionsbedingungen in hervorragender Weise begünstigte deutsche Werke (der Eisenindustrie) sind in der Lage, bei Anrechnung der erforderlichen Amortisation ihrer Anlagen durch ihre Produktion die auf die letzteren verwendeten Kapitalien landesüblich zu verzinsen und darüber hinaus einen Gewinn zu ergeben. Eine beschränkte Zahl der Werke erreicht gerade die Verzinsung, die große Mehrzahl arbeitet ohne finanziellen Erfolg oder geradezu mit direktem Verlust.

Meine Herren, dieser Satz ist ein rechter Beweis dafür, wie verschiedenartig die geschäftlichen Betriebsergebnisse je nach der Buchung sich darstellen. Wenn die deutsche Landwirthschaft nur dasjenige als Gewinn berechnen wollte, was sie bei Anrechnung der erforderlichen Amortisation ihrer Anlagen durch ihre Produktion über die landesübliche Verzinsung des auf diese Produktion verwandten Kapitals hinaus erzielt, so, glaube ich, würden ganz wunderliche Resultate erscheinen.

(Sehr richtig.)

Meine Herren, ich habe mir das Exempel für meinen eigenen Grundbesitz gemacht, ich habe dabei nicht etwa den Werth des Grundbesitzes selbst amortisirt, und habe dieselben Amortisationssätze angewandt, welche ich in den Berichten der Eisenenquetekommission bei den industriellen Etablissements angewendet gesehen habe, ich habe zehn Jahre mit guten Erträgen genommen. Dabei bin ich zu dem Resultat gekommen, daß ich nicht annähernd die auf meine Produktion angewendeten Kapitalien landesüblich verzinst habe, daß ich alle diese Jahre geradezu mit direktem Verlust gearbeitet habe (ich habe nämlich ungefähr zu 1,7 Prozent verzinst), während ich bisher glaubte ein ganz gutes Geschäft gemacht zu haben.

(Heiterkeit.)

Nun wird uns aber gesagt, meine Herren, ja früher, wenn wir Freihandelspolitik trieben, so haben wir geglaubt, daß der Freihandel auf Gegenseitigkeit beruhen würde, in dieser Erwartung sind wir getäuscht, unsere Nachbarn verschließen sich gegen uns, das ändert die Sache, jetzt müssen wir unsere Politik ändern. Dem halte ich zunächst entgegen, daß wir heute noch keinen freihändlerischen Tarif haben, der Herr Reichskanzler hat es uns ja selbst gesagt, der heutige Tarif sei ein mäßig schutzzöllnerischer und der neue sei angeblich auch nichts anderes. Ich frage aber weiter, wenn man uns auf drei Seiten unsere Grenzen von Seiten unserer Nachbarn zuschließt, ist es das richtige Heilmittel, daß wir die vierte Grenze auch noch zumachen? Ist es richtig, als Heilmittel, daß wir unsere Konsumenten dafür strafen, daß das Ausland seine Konsumenten zwingt, theurer zu kaufen? Und richtet sich dann die Spitze dieser Tarifvorschläge gegen diejenigen Staaten, welche uns durch Verschließung unserer Grenzen schaden? Richtet sie sich gegen Oesterreich, gegen Rußland? Glauben Sie wirklich, die 25 Pfennige Roggenzoll gegen Rußland wären ein wirksames Mittel?

(Hört! links.)

Die Spitze der sämmtlichen eigentlichen schutzzöllnerischen Positionen richtet sich gegen England, und wie, wenn uns England antwortet? Werden da nicht unsere Küstenländer wieder geschädigt werden? Und sind die Interessen desjenigen Theils unserer Industrie, der seiner ganzen Anlage nach für den Export arbeitet, etwa keiner Beachtung werth? Meine Herren, sehen Sie doch die Menge der Petitionen an, welche aus diesen Kreisen uns zugehen und die, um den alten Gerichtsausdruck hier einmal anzuwenden, Zeter und Mordio über diesen Tarif schreien

(Heiterkeit)

und die größtentheils sehr sorgfältig und gut gearbeitet sind. Ich glaube, meine Herren, wir werden zu der Ueberzeugung kommen, daß die Interessen, die sich hier rühren, sehr wohl einer Beachtung werth sind, auch wenn sie mit ihrem Ruf natürlich erst jetzt hervortreten, nachdem die Sätze des Tarifs bekannt geworden sind, welche der Ruf der anderen geschützten Industrien hervorgerufen hat.

Ein Theil unserer Industrie hofft freilich gerade durch den neuen Tarif seine Exportfähigkeit zu steigern. Es ist ja bekannt, daß schon jetzt ein Theil unserer Industrie — ich erinnere an das drastische Beispiel, welches der Herr Abgeordnete Richter neulich von der Lokomotive uns vorgeführt hat, — schon jetzt dem Ausland seine Produkte wesentlich billiger verkauft als dem Inland. Der Bericht der Eisenenquete nennt das folgendermaßen: Er bezeichnet dies als „die Nothwendigkeit, durch forcirten Export dem Auslande jene Produkte zuzuführen, welche vermöge der Einwirkung der ausländischen Konkurrenz im Inlande nicht mehr abgesetzt werden können."

(Heiterkeit.)

Meine Herren, dies ist ein Satz, der ist werth aufbewahrt zu werden. Ich kann mir nicht helfen, ich weiß eine kürzere Bezeichnung für diese Sache; die heißt: Ausbeutung des inländischen Markts zu Gunsten des Exports.

(Sehr richtig! links.)

Dieses Verfahren, welches vom Standpunkt des Interesses der betreffenden Landestheile ja vollständig berechtig ist, wird auch nicht aufhören, wenn der angeblich jetzt nach dem Berichte der Eisenenquete dabei beabsichtigte Zweck erreicht ist, daß nämlich ein höherer Zollschutz eingeführt ist; denn, meine Herren, Sie finden in den Berichten der Sachverständigen mehrfach die Behauptung, sie könnten gegen Amerika auf unserem Markte um deswillen nicht konkurriren, weil Amerika auf seinem inneren Markt durch Zölle so geschützt sei, daß es dort so theuer verkaufe, daß es hier auf unserem Markte zu jedem Preise verkaufen könne. Es wird diese, wie ich es nenne, Ausbeutung des inländischen Markts zu Gunsten des Exports also in Zukunft vielleicht in verstärktem Maße noch eintreten.

Das sind nun freilich alles Deduktionen von dem Staudpunkt des Konsumenten, und wir haben mehrfach gehört, daß vor der heutigen Zeitströmung und namentlich hier im Hause derartige Deduktionen nicht gerade viel Gnade finden. Es wird uns immer gesagt: ja, was! der einzelne Konsument fühlt den Zoll ja kaum; er ist so unbedeutend, er vertheilt sich in soviel Kanäle, daß der Einzelne nicht davon gedrückt wird. Ja, meine Herren, der Druck selbst, wird die Deduktion, daß Sie ihn nicht zahlenmäßig nachweisen können, nicht aus der Welt schaffen.

(Sehr richtig!)

Und so ganz unbedeutend ist er doch auch nicht, wenn ich erwäge, daß beispielsweise die Belastung, welche allein durch den Eisenzoll auf den deutschen Ackerbau gelegt wird bei Zugrundelegung der durch die Enquete festgestellten Thatsache, daß der durchschnittliche Verbrauch von Eisen im Jahre in Deutschland auf 100 Morgen etwa 3 Zentner betrüge, — daß da allein bei dem Eisen die vorgeschlagene Erhöhung in meinem heimathlichen Kreise einer Erhöhung der Grundsteuer um 6 Prozent,

(Hört, hört!)

in einem benachbartem Kreise mit ärmerem Boden einer Erhöhung der Grundsteuer um 7 Prozent gleichkomme, und dieses ist doch nur einer von den vielen vorgeschlagenen Zöllen.

Aber, wie etwa nun, meine Herren? Gleichen die Kornzölle nicht diesen ganzen Schaden aus? Ersetzen die Kornzölle nicht den industrielosen Küstenländern vollständig und überreichlich den Schaden, den sie durch erhöhte Industriezölle erleiden? Es wird dies ja von den Freunden dieses Theils der Vorlage entschieden behauptet. Ich sage aber: Nein, meine Herren, auch mit den Kornzöllen wird der Schaden nicht annähernd aufgewogen, den eine konsequent getriebene Schutzzollpolitik unseren Küstenländern bringt.

(Ganz richtig!)

Die Küstenländer sind einmal von der Natur dazu bestimmt, die Beziehungen zum Ausland zu pflegen, und wenn Sie diese Gunst der natürlichen Lage negiren, wenn Sie durch positive Maßregeln der Gesetzgebung den Versuch machen, unsere wirthschaftliche Front umzukehren, uns mit verkehrter Front nach dem Inland zu richten, so werden wir immer die Geschädigten sein, menschliche Macht ist dagegen machtlos.

Und dann, meine Herren, das Mittel selbst ist doch auch nichts weniger als unbedenklich. Ich will auf die Frage der Kornzölle, die uns ja des Längeren noch beschäftigen werden, hier nicht genauer eingehen, ich bekenne aber, daß ich den in einer uns zugegangenen Broschüre ausgeführten Gedanken, daß die Kornzölle sich dem Ideal einer Abgabe näherten, wie sie nicht sein soll, nicht für sehr unrichtig halten kann.

(Heiterkeit.)

Ich bin also ein ganz entschiedener Gegner der Kornzölle.

(Bravo! links.)

Soweit gehe ich nun aber allerdings nicht und darin differire ich von den meisten Herren auf dieser Seite (links) des Hauses, daß ich mich unter allen Umständen verpflichten könnte, gegen Kornzölle zu stimmen. Das glaube ich allerdings, daß unsere Landwirthschaft mit ihrem Rufe nach Kornzöllen, den sie ja leider zum großen Theile erhebt — ich muß dies leider anerkennen, daß sie mit diesem Rufe sich selbst am meisten geschadet hat.

(Hört!)

— Denn die erhöhten Industriezölle, vor deren Forderung wir stehen, wären sicher nicht durchzusetzen gewesen, wenn es nicht gelungen wäre durch die Lockspeise der Kornzölle

(Bewegung.)

einen Theil unserer Landwirthschaft auf diese Seite mit hinüberzuziehen. Daß dabei die Herren Landwirthe schließlich selbst doch die Geprellten sein werden, nicht absichtlich natürlich,

(Heiterkeit.)

sondern durch die Macht der Thatsachen, davon bin ich nicht nur überzeugt, sondern diese Ueberzeugung gewinnt in den Kreisen der Betheiligten jetzt auch schon mehr und mehr an Umfang, nachdem sie eben das Prozentverhältniß der vorgeschlagenen Zollsätze zu dem Werthe der betroffenen Waaren kennen gelernt und dabei gefunden haben, daß die Kornzölle selbst sich in einer solchen Höhe bewegen, daß man zweifelhaft sein kann, ob ein Zoll in dieser Höhe überhaupt noch als schützend angesehen werden kann. Denn darüber ist ja — beiläufig gesagt — kein Zweifel, daß ein Finanzzoll bei einer bestimmten Erhöhung in einen Schutzzoll umschlägt. Wo diese Grenze ist, das ist eine Frage, die ebenso schwer zu beantworten ist, wie die bekannte Frage, an der unsere Kinder sich abquälen, wie viel Körner zu einem Haufen gehören.

Aber, meine Herren, wir werden nicht vor die nackte Frage gestellt werden, ob wir Kornzölle für zweckmäßig halten und ob wir Kornzölle beschließen sollen oder nicht, sondern für uns wird die Frage so lauten, ob, wenn Industrieschutzzölle in der und der Höhe nicht zu vermeiden sind, wir es dann zurückweisen wollen,

(Hört! hört!)

daß der Versuch gemacht werde, durch einen Korn- und Viehzoll einigermaßen die Landwirthschaft ebenfalls zu begünstigen, und den Schaden der hohen Industriezölle dadurch bis zu einem gewissen Grade auszugleichen. Wenn die Frage so gestellt wird, so fürchte ich, daß ich vielleicht in die Lage werde kommen können,

(Heiterkeit.)

beim Beibehalten höherer Industriezölle nothgedrungen und ungern für Kornzölle stimmen zu müssen.

(Aha! links.)

Denn davon bin ich allerdings überzeugt, daß ein jeder, auch der kleinste Zoll schließlich im Preise der Waare sich ausdrückt. Die Deduktionen hiergegen haben mich nicht überzeugen können. Wenn ich aber wirklich für Kornzölle stimmen sollte, so geschieht dies in der ganz bestimmten Hoffnung, daß, wenn später die Agitation gegen diese „Vertheuerung der nothwendigsten Lebensmittel des Volks", die zweifellos eintreten wird, anfängt und die Kornzölle wieder fortschafft, daß sie dann bei dieser Gelegenheit einen Theil der Schutzzölle der Industrien ebenfalls mit fortschwemmen wird.

Nun, meine Herren, der Hoffnung kann ich mich ja nicht hingeben, daß es meiner Beredtsamkeit, oder daß es überhaupt der Beredtsamkeit derjenigen Herren, welche meiner Ansicht nahe stehen, gelingen werde, den ganzen Tarif umzugestalten, uns von dem ersten Schritt rückwärts, den wir zu thun im Begriff sind, vollständig zurückzuhalten. Gegen eins aber möchte ich in jedem Fall heute hier von vornherein Verwahrung einlegen, und ich freue mich in dieser Beziehung auch auf Seiten meines wirthschaftlichen Gegners, des letzten Herrn Vorredners, dem gleichen Gedanken begegnet zu sein.

Meine Herren, wenn Sie die Neuordnung unseres Tarif- und Steuerwesens ins Werk gesetzt haben, dann wird, das hoffe ich mit Sicherheit, auch eine Besserung des wirthschaftlichen Zustandes eintreten. Sie wird eintreten, weil einestheils wir überhaupt, wie ich glaube, dem niedrigsten Niveau nahe gekommen sind, sie wird ferner eintreten, weil, mag die Entscheidung über all diese Fragen ausfallen, wie sie wolle, die einfache Thatsache, daß die Fragen entschieden sind, eine Beruhigung des Landes herbeiführen wird und das Gewerbe, welches augenblicklich nicht zum geringsten Theil durch die Ungewißheit geschädigt ist, zu erneuten Anstrengungen anspornen wird. Diese Besserung wird aber eintreten, mag der Tarif, den Sie beschließen, mehr oder weniger schutzzöllnerisch, mehr oder weniger freihändlerisch sein. Ich lege von dieser Stelle aus ausdrücklich Verwahrung dagegen ein, daß, wenn eine solche Besserung der Zustände eintreten sollte, man uns etwa dann sagen wollte, es sei dies eine Folge der schutzzöllnerischen Bestimmungen dieses Tarifs gewesen.

(Sehr richtig! links.)

Ich glaube, daß ich mit dieser Bemerkung meine Ausführungen schließen kann, indem ich meine Stellung zu der Sache selbst kurz dahin resumire, daß ich sage: so weit es sich um Finanzfragen handelt, stehe ich auf dem Boden des Tarifs; so weit es sich um einen ersten Schritt rückwärts in der Richtung des Schutzzolls handelt, heißt es für mich: principiis obsta, sero medicina paratur.

(Bravo! links.)

Präsident: Der Herr Abgeordnete Freiherr von Varnbüler hat das Wort.

Abgeordneter Freiherr **von Varnbüler:** Meine Herren, ich bin kein Freund der Generaldiskussionen, und eine lange parlamentarische Erfahrung hat mich gelehrt, daß man durch die Generaldiskussionen die Gegensätze viel mehr zuspitzt, als ausgleicht. Ich würde daher am liebsten das Wort in der Generaldiskussion nicht ergriffen haben, zumal ich mich in einer Art von Zollübersättigung befinde.

(Heiterkeit.)

Wenn ich es dennoch thue, so geschieht es wegen der ganz besonderen persönlichen Stellung, in welcher ich mich der Vorlage gegenüber befinde. Sodann bin ich veranlaßt wegen der Angriffe auf den Tarif, denselben theils entgegenzutreten. Zunächst habe ich den Abgeordneten von Cannstadt, welcher mir sehr nahe befreundet ist, zu vertreten, gegen den Herrn Abgeordneten von Jena, ich werde ihm zwar in seinen kritischen Gängen durch den Tarif nicht vollständig folgen, werde aber doch genöthigt sein, einige thatsächliche Berichtigungen festzustellen. Derselbe hat dem Zolltarif, wie er Ihnen vorliegt, den Vorwurf gemacht, daß er zu sehr einer systematischen Logik huldige. Ich könnte diesen Vorwurf freudig annehmen, insofern derselbe seinen mächtigen Schild den Angriffen des Abgeordneten Dr. Bamberger entgegenhält, welcher dem Entwurf Kopflosigkeit, Gedankenlosigkeit, Mangel an Logik vorgeworfen hat; allein, sowie der Herr Abgeordnete von Jena die Logik des Zolltarifs bezeichnet hat, so war sie wenigstens nicht beabsichtigt. Es ist in keiner Weise der Satz, welchen ich im April 1877 aufgestellt habe, so zu verstehen, daß Ein Prinzip den Zolltarif in allen seinen einzelnen Positionen zu beherrschen habe, sondern ich habe nur gesagt, der Zolltarif soll befreit werden von den unwillkürlichen Einflüssen, welchen die Genesis des alten Zolltarifs auf denselben geübt hat, befreit werden z. B. von den Konzessionen, die man ja nach 12 Jahren dem Wunsche, den Zollverein zu erneuern, den einzelnen Widerstrebenden gemacht hat, von den Konzessionen, welche man dem liberalen Veto der einzelnen Staaten machen mußte. Darin liegt aber noch keineswegs der Satz, daß es nun die Aufgabe eines Zolltarifes sei, ohne Rücksicht auf gegebene Verhältnisse, auf geschichtlich gewordene Industrien, die einzelnen Sätze zu bestimmen, und wenn der Herr Dr. Delbrück z. B. die Sätze auf das Garn der Baumwolle vergleichen will mit den Sätzen auf die Wollengarne und auf die Leinengarne, so wird er ganz andere Prozentsätze finden, den Einen verglichen mit dem Andern. Das ist doch nichts anderes, als eine Berücksichtigung der gegebenen Verhältnisse.

Ich gehe nun über auf die Vorwürfe, welche der Herr Abgeordnete Delbrück gemacht hat einzelnen Tarifpositionen. Wir werden uns ja bei der Spezialdiskussion, bei den einzelnen Positionen begegnen und es wird da Gelegenheit geben, jede einzelne seiner Anfechtungen zu prüfen; vielleicht wird die eine oder die andere sich als vollkommen begründet darstellen, einige Punkte kann ich aber doch heute schon nicht unbeantwortet lassen.

Der Herr Dr. Delbrück hat mit ganz besonderem Glück den Zoll auf die Eier angegriffen. Die Eier sollen der Rohstoff sein für die Photographie, und wenn wirklich der Eierzoll das Kunstgewerbe des Lichts beschränken sollte und wenn wirklich durch diesen Zoll Deutschland um die Ehre käme, dem Kunstgewerbe des Lichts das Substrat besonders billig und gut zu liefern, so würde ich, ein Freund des Lichts, gewiß meine Zustimmung zu diesem Zoll nicht gegeben haben. Wie verhält es sich aber damit? Deutschland importirt 765 000 Zentner Eier. Von diesen Eiern wird der Eiweißstoff verwendet technisch zur Präparation des photographischen Papiers, das Albumin für die anderen technischen Zwecke wird gewonnen in den Schlachthäusern, es werden also die anderen Gewerbe davon nicht berührt. Nun werden in Deutschland nach sehr sicheren Erhebungen, die ich gemacht habe, 20,000 Rieß photographischen Papiers hergestellt. Man braucht zu einem Rieß photographischen Papiers 360 Eier; 1000 Eier machen einen Zentner. Wenn Sie nun diese Faktoren zu Grunde legen, — ich bitte Sie, mir genau nachzurechnen, — so bekommen Sie zur Fabrikation des albuminirten photograpischen Papiers einen Bedarf von 7 200 Zentner von den 765 000 Zentnern, die importirt werden,

(hört! hört!)

es ist also noch nicht 1 Prozent. Ich kann deshalb die Herren alle darüber beruhigen, daß der Frühstückstisch, auf welchen die importirten Eier kommen sollen, nach wie vor garnirt bleiben wird; es werden immer noch über 700 000 Zentner für den Frühstückstisch übrig bleiben.

Aber dieser Umstand allein ist noch nicht entscheidend. Ein Rieß photographisches Papier ist nach den Erhebungen, die ich gemacht habe, durchschnittlich 150 Mark werth; 360 Eier, ungefähr der dritte Theil eines Zentners, zahlen 50 Pf. Zoll, das macht noch nicht $^1/_3$ Prozent; also wird auch das photographische Papier gewiß nicht vertheuert werden.

Man könnte vielleicht sagen, diese ganze Eierfrage sei eine untergeordnete. So ganz untergeordnet ist sie nicht, denn wenn ich 765 000 Zentner importire und der Zentner 1,50 Mark zahlt, so repräsentirt das immerhin ungefähr eine Million Einnahme. So reich sind wir denn doch in Deutschland nicht, daß wir eine Million als gar nichts zu betrachten hätten.

Ich gehe nun über auf die Floretseide. Daß wir auf die Floretseide einen Zoll gelegt haben, wurde ganz besonders erschwerend hervorgehoben. Es wurde gesagt, die Floretseide werde in Deutschland gar nicht produzirt, es bedürfe Krefeld einer großen Menge Floretseide und wenn man diese mit einem Zoll belege, so belaste man die Krefelder Industrie, ohne daß Deutschland in der Lage sei, dasjenige, was man ihr entzogen habe, zu leisten. Wie verhält es sich nun aber damit? Es verhält sich damit folgendermaßen. Deutschland hat elf Fabriken, in welchen Floretseide gemacht wird, davon sind sieben im Elsaß und vier in Baden; diese haben zusammen 40 000 Spindeln. Eine andere Angabe, die mir gemacht worden ist, ist 51 000, ich nehme die niedere. Diese 40 000 Spindeln produziren 320 000 Kilo Floretseide. Von diesen gehen 100 000 nicht auf die Gewebe, sondern sind zu Nähfäden bestimmt, bleiben 220 000. Der Gesammtbedarf von Krefeld ist 150 000, also kann man doch nicht behaupten, daß Krefeld seine Floretseide verliere, wenn man einen Zoll auf dieselbe lege. Dabei habe ich zu bemerken, daß wir einen Zoll von 12 Mark auf 100 Kilogramm legen, und daß die 100 Kilogramm 3600 Mark werth sind, daß also $^1/_3$ Prozent Zoll darauf gelegt wird, während die Italiener einen Exportzoll von nahezu 9 Mark auf den Zentner Rohseide legen und dadurch die Produktion der Floretseide in Deutschland erschweren.

Es wird sich ja bei der Spezialdiskussion ergeben, ob dieser Satz auf Floretseide aufrecht erhalten wird oder nicht; ich habe diese Thatsachen nur anführen wollen zum Beweise dafür, daß die Tarifkommission auch ihre Gedanken gehabt hat, indem sie diese Sätze angesetzt hat.

Sodann die Menschenhaare. Die interessiren mich speziell gar nicht besonders. Der Herr Abgeordnete Delbrück hat ausdrücklich ausgesprochen, daß dieser Satz offenbar ein Finanzzoll sei. Er soll ein solcher sein, das gebe ich ja vollständig zu, und die Kommission hat gedacht, wenn man von den Deutschen eine Abgabe erhebe, so erhebe man sie doch am allerzweckmäßigsten von denjenigen, welche Chignons und Perrücken tragen.

(Heiterkeit.)

Nun ist allerdings da eine Industrie in Wetzlar aufgetaucht, welche dadurch sehr gefährdet sein soll. Ja, meine Herren, das mag ja möglich sein, allein ich habe doch daran zu erinnern, daß nach meinen Erhebungen der Zentner Menschenhaare mindestens 3000 Mark werth ist und daß es sich um einen Zoll von 100 Mark auf den Doppelzentner handelt. Sie sehen, daß es sich um keinen hohen Zoll handelt und daß die Wetzlarer Industrie Chignons und Perrücken ganz ruhig weiter fabriziren kann, denn sie wird sich nicht geniren, gerade in dieser Industrie eine ziemlich hohe Provision zu erheben. Ich bin im Zweifel, ob ich die Beispiele noch weiter ausdehnen soll; ich werde mich begnügen, noch einige Worte über die Baumwolle zu sagen.

Man hat die Baumwollzölle angegriffen deshalb, weil sie die Gewebe so sehr beeinträchtigen und damit eine mächtige Industrie der Baumwollengewebe gefährden. Es ist ja nicht zu leugnen, daß die Spinnereien und Webereien in einem gewissen Gegensatz stehen, es wird sich nur fragen, wie scharf der Gegensatz ist, wenn ich annehme, daß die Sätze, wie sie im Tarif stehen, angenommen werden. Für diesen Fall habe ich mir sehr genaue Berechnungen machen lassen, wie die Zölle wirken müßten auf die Gewebe und auf die Wirkwaaren, und da hat sich denn herausgestellt, daß die höchste Einwirkung etwas über 1 Prozent ist, und daß sie durchschnittlich unter $\frac{1}{2}$ Prozent steht, daß z. B. bei den Wirkwaaren namentlich, die so sehr betont werden, das halbe Prozent noch nicht erreicht wird.

(Hört! hört!)

Um Ihnen anschaulich zu machen, wie 1 Prozent wirkt, so führe ich ausdrücklich an, daß 1 Prozent auf den Meter Baumwollenzeug ungefähr 0,6 Pfennige, d. h. $\frac{6}{10}$ Pfennig, das ist z. B. auf ein Paar baumwollene Hosen, wie sie der Arbeiter trägt, $\frac{2}{3}$ Pfennig ausmacht. Sie werden doch, glaube ich, aus diesen Zahlen zu entnehmen in der Lage sein, daß damit der arme Mann noch nicht sehr geschädigt ist. Soviel in Betreff der Einwendungen gegen die Beispiele, die Herr Dr. Delbrück angeführt hat.

Nun gehe ich mit besonderer Befriedigung über auf einen Punkt, in welchem ich mich in vollständiger Uebereinstimmung mit ihm befinde. Er hat nämlich nicht allein in seiner letzten Rede hier, sondern schon im Jahre 1875 und später im Februar 1879 ausdrücklich ausgesprochen, daß die Position, welche man in der Zollpolitik Deutschlands im Jahre 1868 Oesterreich gegenüber eingenommen habe, durchaus umgestaltet sei dadurch, daß Oesterreich nun einen höheren Zolltarif angenommen habe, daß man also, nachdem Oesterreich die Erwartungen nicht erfüllt habe, welche man im Jahre 1868 von demselben gehabt habe, Deutschland vollständig in der Lage sei, für sich selbst auch zu sorgen. Ich akzeptire das und ziehe daraus die Folgerung, daß es nun an der Zeit ist, unseren Zolltarif zu revidiren. Allein ich ziehe nun allerdings die Konsequenzen etwas weiter als der Herr Dr. Delbrück. Die Argumentation desselben gründet sich doch darauf, daß die Disparität des respektiven Tarifs ein Grund sei für Deutschland, seinen Tarif zu verändern beziehungsweise zu erhöhen. Nun aber entsteht diese Disparität nicht allein durch den österreichischen Zolltarif, sondern außer dem österreichischen Zolltarif haben wir auch den nordamerikanischen, haben wir den in Aussicht gestellten französischen, haben wir die Goldzölle, die Rußland erhebt, sehen also überall das Niveau der Zölle gestiegen. Zu dieser Disparität hat aber wesentlich beigetragen, daß seit 1868 wir nicht auf dem Standpunkt von 1868 geblieben sind, sondern daß wir sehr wesentlich herunter gegangen sind, und je höher man auf der einen Seite steigt und auf der anderen Seite fällt, desto weiter kommt man auseinander,

(sehr wahr!)

und deshalb deduzire ich aus dem freudig akzeptirten Satze des Herrn Dr. Delbrück, daß wir wegen der veränderten Zollpolitik Oesterreichs und des Auslandes überhaupt auch unsere Zollpolitik verändern müssen; zugleich ziehe ich den Schluß, daß es jetzt an der Zeit und geboten sei, an die Revision unserer Tarife zu denken. Lägen diese inneren Gründe nicht vor, so müßten wir dazu geführt worden sein durch die wirklich klägliche Rolle, welche unsere Unterhändler in Wien gespielt haben.

(Sehr richtig!)

Ich erinnere an die bezügliche Denkschrift, die uns übergeben ist; ich habe darans wieder die traurige Erfahrung gemacht, daß der arme Mann in der Regel viel weniger gilt als der reiche. Weil wir unseren Zolltarif herabgesetzt und entblättert hatten, weil der Reichstag in seiner damaligen Majorität ausgesprochen hat: das sei noch lange nicht genug, — darum wurden unsere Unterhändler in Wien ausgelacht, und deshalb müssen diejenigen, die nun ganz besonders auf Handelsverträge Werth legen, die es für durchaus geboten halten, das Band nicht abzureißen, welches die Handelsverträge geknüpft hat, ganz besonders veranlaßt sein, einen Zolltarif zu machen, mit dem man in Wien gehörig auftreten kann. Ich glaube deshalb, daß die Opportunität der jetzigen Tarifrevision zur Genüge nachgewiesen ist, und freue mich, wie gesagt, außerordentlich, daß von dem mächtigen Gegner das ausdrücklich anerkannt worden ist.

Nun ist dem Tarif, der ganzen Operation, welche wir vorzunehmen haben, vorgeworfen worden, daß sie zu eilig und darum zu oberflächlich geschehen sei. Ja, meine Herren, wer hat denn mehr empfunden als die Kommission und ganz besonders als deren Vorsitzender, wie bedauerlich es war, daß sie nicht mehr Zeit hatte für ihre Arbeit, daß sie nicht weitere Erhebungen zur Beantwortung der wichtigsten Fragen machen konnte? Aber, meine Herren, wer hat uns denn in diese Zwangslage gebracht? Haben denn nicht wir, die verschiedenen Schutzzöllner — zu denen ich schon seit 50 Jahren gehöre — haben nicht wir schon 1875 bei der bekannten Novelle daran erinnert: die Zollverträge werden ablaufen, und wir müssen uns vorsehen, daß wir dann genau wissen, was wir in unserer Zollpolitik zu thun haben? Haben wir das nicht immer gesagt? Habe ich nicht im Namen von 143 Mitgliedern dieses Hauses im April 1877 den Antrag gestellt, ganz gründlich unsere wirthschaftlichen Verhältnisse zu untersuchen?

(Sehr richtig!)

Hat nicht die Industrie, hat nicht die Landwirthschaft diesen Antrag unterstützt? Und wer war es denn, der sich dem widersetzt hat? War es denn nicht gerade die Partei des Herrn Bamberger und Genossen, die das verhindert haben, waren es nicht diese, die den Antrag auf eine Enquete verhindert haben? Also wahrlich doch **uns** kann man den Vorwurf nicht machen, wenn die Zeit so beschränkt war, wenn man nicht früher anfangen konnte. Allein die Beschränkung der Zeit liegt auch nicht allein an dem späten Anfangen, sondern auch in der Nothwendigkeit, daß in diesem Jahre die Arbeit abgeschlossen werden müßte; und in diesem Jahre muß sie abgeschlossen werden; denn wenn die Nothwendigkeit einen autonomen Tarif oder einen Handelsvertrag auf anderer Basis zu gründen nicht vorläge, so hätten wir alle doch ganz gewiß den provisorischen Handelsvertrag mit Oesterreich nicht abgeschlossen.

(Sehr richtig!)

Dieser Handelsvertrag mit Oesterreich läuft mit dem 1. Januar 1880 ab.

Meine Herren, die kurze Zeit, die uns zugemessen war, war aber nicht einmal die größte Schwierigkeit. Die größte Schwierigkeit lag nach meiner Beobachtung erstens darin, daß wir eine Statistik haben, die nicht brauchbar ist,

(Hört, hört! — Sehr richtig!)

die in einzelnen Beziehungen ausgezeichnetes leistet, in anderen aber nicht, und eine Statistik, die nicht in allem sicher ist, ist schlimmer als gar keine. Das ist die eine Schwierigkeit. Die andere Schwierigkeit, und zwar die größere liegt darin, daß die Gegensätze sich nicht auf Verschiedenheit der Meinungen gegründet haben, sondern auf die Leidenschaft der Interessen.

(Sehr richtig!)

Nie in meinem Leben habe ich den Satz mehr bestätigt gefunden, den Alexander von Humboldt einmal aussprach, daß der Mensch beherrscht werde durch seine Verhältnisse. Die Verhältnisse, d. h. die Interessen haben die Meinungen unklar gemacht und haben ein solches Zusammenprallen der Meinungen herbeigeführt, daß man schließlich in diesem Sturm sehr viel Mühe hatte, das Richtige zu finden.

Wenn etwa die Herren Männer der Schule sich einbilden wollen, sie allein, die kein unmittelbares Interesse haben, seien in philosophischer Ruhe mitten in diesem Kampf gestanden, so muß ich dem doch entschieden widersprechen. Das beweisen ihre Blätter und die Heftigkeit, mit der dieser Kampf von ihnen geführt worden ist. Ich erinnere mich unwillkürlich daran, daß man eben einen wohlgepflegten Schatz mit besonderer Vorliebe vertheidigt. Ich erinnere mich, es fällt mir das in diesem Augenblicke ein, an einen Ausruf eines schwäbischen Professors des Reichsstaatsrechts, welcher im Jahre 1806, als das heilige römische Reich aufgehoben wurde, ausrief: O weh, mein Reichsstaatsrecht!

(Heiterkeit. — Sehr gut!)

Ich komme nun zu dem Tarife selbst. Man ist überhaupt geneigt, und die Deutschen sind es ganz besonders, wo möglich in alle Dinge, auch wenn sie noch so speziell sind, ein System zu bringen, und so hat man gemeint, man müsse bei dem Tarif unterscheiden zwischen Finanzzöllen und Schutzzöllen. Meine Herren, wenn Sie jeden Finanzzoll ansehen ohne Ausnahme, so ist immer auch noch ein kleines Stück Schutzzoll daran.

Es wird mir da von dem Herrn Abgeordneten Pflüger widersprochen. Ich will ihm dafür das unzweifelhafteste Beispiel anführen, welches aber nicht mein eigener Gedanke ist, das ist der Kaffeezoll. Es ist behauptet worden, der Kaffeezoll sei der reinste Finanzzoll, und da wurde nun gesagt, er schütze die Zichorie.

(Heiterkeit.)

Rein finanziell, das heißt, rein zur Füllung der Reichskasse wird nur eine Kategorie von Zöllen künftig sein, das sind nämlich die Zölle auf diejenigen Waaren, welche bisher frei eingegangen sind; diese werden nun rein finanziell werden, in welchem Maße, lasse ich dahingestellt. Der Schutzzoll aber ist nach meiner Auffassung das Gegentheil eines Finanzzolles, denn wenn er richtig gedreht ist, so vermindert er die Einnahmen, statt sie zu erhöhen.

(Sehr wahr!)

Ich weiß nun nicht, meine Herren, ob es zweckmäßig ist, die finanzielle Wirkung des Tarifes zu besprechen.

(Rufe: ja!)

Es entzieht sich ja einer genauen Berechnung, wieviel der Tarif, wenn man ihn sich heute angenommen denkt, wohl der Reichskasse eintragen werde, mittelst aller Positionen, die er enthält. Ich habe mir die Mühe gegeben, eine Rechnung anzustellen und habe diese Rechnung von anderen auch prüfen lassen. Ich bin in der Maximalsumme auf 58 Millionen gekommen, in der Minimalsumme auf 45; über 58 aber werden wir einschließlich der Finanzzölle, d. h. der sogenannten Heidelberger Artikel, nach meiner Ueberzeugung nicht kommen.

(Ruf: ohne Tabak!)

Der Tabak ist ja nicht im Tarif und die Brausteuer auch nicht. Ich sage nur, der Tarif, wie er Ihnen vorliegt, in dem Tarif aber ist die Tabaksteuer nicht. Ob diese Ziffern richtig sind oder nicht, weiß ich nicht und kann nur sagen, daß ich sie genau festzustellen gesucht habe. So viel steht nun aber danach mir wenigstens fest, daß der Tarif an und für sich für das Einnahmeverwilligungsrecht des Reichstags nicht von entscheidendem Einflusse ist, denn er wird jedenfalls weit unter dem Betrage der Matrikularumlagen stehen bleiben.

(Hört!)

Ich begnüge mich mit diesen kurzen Andeutungen, um Ihnen den finanziellen Standpunkt, so wie er sich durch den Tarif allein feststellt, darzulegen.

Meine Herren, nun möchte ich den Zolltarif etwas charakterisiren.

Es hat ja der Redner, der heute vom Bundesrathstisch sehr sachkundig gesprochen hat, Ihnen nachgewiesen, daß es eigentlich keine Rohstoffe und keine Halbfabrikate gebe, daß an jedem Rohstoffe etwas Arbeit sei, und dann füge ich hinzu, daß es beinahe gar kein Halbfabrikat gibt, welches nicht zugleich selbst unabhängig angewendet wird, und daher in dieser Eigenschaft ein vollständiges Fabrikat ist. Z. B. Garne werden verwoben, werden aber auch als solche verwendet. So ist es mit dem Eisen, es werden einzelne Artikel für sich, aber auch als Hilfsartikel verwendet. Also die Unterscheidung zwischen Rohstoff und Halb- und Ganzfabrikat ist eigentlich eine willkürliche. Nichtsdestoweniger hat man mit diesem Begriffe zu rechnen. Die Kommission hat beinahe ausnahmslos dasjenige, was wir im gewöhnlichen Sprachgebrauch Rohstoff nennen, vom Zoll freigelassen. Es könnte nur ein Artikel sein, wo man das bestreiten könnte, das ist bei der Holzborke. Ich bin ganz geneigt, die Borke als Rohstoff nach dem gewöhnlichen Sprachgebrauche zu betrachten. Hier war entscheidend, daß man gesagt hat, in einem Lande, wo die Gesetzgebung zum allgemeinen Wohl aus klimatischen, überhaupt aus Wohlfahrtsgründen, den Eigenthümer ausnahmsweise so beschränkt, wie es beim Waldbesitze ist, in einem solchen Falle ist die Gesetzgebung verpflichtet, diesen Waldbesitzer gegen eine solche Konkurrenz zu schützen, welche unter dieser Beschränkung in ihren ökonomischen Verhältnissen nicht leidet,

(sehr richtig!)

den Waldeigenthümer zu schützen in Deutschland, weil er seinen Wald nicht devastiren darf, gegen diejenigen Waldbesitzer in Croatien, Slavonien, Galizien und Rußland, welche nach Belieben ihre Wälder aushauen können, das war für mich das entscheidende Kriterium, die Holzborke mit einem kleinen Zolle zu belegen.

Nun kommen die Halbfabrikate, ich nenne beispielsweise die Garne, welche ein Halbfabrikat bildet. Das ist in der Zollgesetzbung der schwierigste Punkt, denn, indem man ein Halbfabrikat belastet, das ist, indem man ein Fabrikat in unvollendetem Zustand mit einem Zoll belegt, erschwert man bis zu einem gewissen Grad demjenigen, welcher dieses Fabrikat zu verwenden hat, dessen Anwendung, das ist ganz unzweifelhaft. Wenn wir sämmtliche gewesene und bestehende Tarife der ganzen Welt untersuchen, so kommen wir stets auf eine gewisse Anzahl von Widersprüchen, auf eine gewisse Zahl von Fälle, wo das richtige Maß nicht gefunden und nicht getroffen ist. Sie finden derartige Fälle in Menge in dem alten Tarif, und ich bezweifle nicht im mindesten, daß sich solche Fälle auch im neuen finden werden. Ich für meine Person spreche es ganz ausdrücklich aus, daß ich sehr geneigt bin, besseren Aufklärungen in einzelnen Fällen zu folgen, und daß mir namentlich sehr werthvoll sein werden die großen Erfahrungen des Herrn Dr. Delbrück in dieser Sache, und daß deshalb der grundsätzliche Widerspruch sich nicht wiederholen wird bei der Berathung der einzelnen Fragen. Aber es ist selbstverständlich, daß man je nach dem Standpunkt, auf welchem man steht, zu verschiedenen Resultaten kommt. Wenn man davon ausgeht, daß die Aufgabe einer Zollpolitik sei, die Theilung der Arbeit zwischen den einzelnen Nationen als Grundsatz aufzustellen, wenn man davon ausgeht, daß das Spinnen Sache der Engländer und das Weben Sache der Deutschen ist — ich spreche von den äußersten Extremen, — so kommt man natürlich auf ganz andere Resultate bei Ermessung der Garnzölle, als wenn man davon ausgeht, daß es die Aufgabe der Nation sei, das Gesammtgebiet der Industrie zusammenzufassen und wo möglich dahin zu bringen, daß diese Nation mit den einzelnen Zweigen ihrer Industrie selbstständig dastehe und damit ein abgerundetes Ganze bilde.

(Sehr richtig!)

Geht man von diesem Standpunkt aus, und auf diesem Standpunkt stehe ich, so kommt man natürlich bei der Bemessung des Zolles auf die Halbfabrikate auf andere Konsequenzen als derjenige, welcher jene Theilung der Arbeit will; darum eben, ich wiederhole es, verschließe ich durchaus nicht mein Ohr einer besseren Belehrung im einzelnen Fall.

Nun, meine Herren, komme ich zum Niveau des Tarifs, das ist ja eigentlich der Kernpunkt der Frage, die Frage nämlich, wie hoch sind die Positionen zu stellen, wie hoch sind die Sätze zu greifen. Ich möchte dieses Niveau eigentlich vergleichen mit dem Pegelstand eines Gewässers, und ich möchte diesen Pegelstand so stellen, daß die fremde Waare nicht absolut ausgeschlossen ist aus unserem Vaterland, daß es ihr aber nicht gar so bequem wird, uns zu überfluthen, daß es ihr überdies nicht so außerordentlich bequem dadurch gemacht werde, daß die fremde Waare in ihren Frachtverhältnissen viel besser bedacht ist, als die inländische.

(Hört! hört!)

Also Grundsatz für mich ist, es soll der Tarif so hoch bemessen werden, daß die inländische Industrie gegen die überwiegenden Vortheile des Auslandes soweit geschützt ist, daß sie noch immer ankämpfen muß gegen diese Konkurrenz, daß sie nicht getragen wird von dem Bewußtsein des amtlichen Schutzes, daß sie aber dagegen vertheidigt wird mittelst Differentialtarife und ganz besonderer Ueberlegenheit bevorzugter fremder Industrie überschwemmt und ertränkt zu werden, das ganz besonders auch dann im Fall, wenn unsere Waaren absolut verhindert sind, in andere Staaten zu gelangen, dadurch verhindert, daß diese viel höhere Zollsätze haben als wir oder daß sie Sätze haben, wo wir gar keine haben, wie z. B. bei Eisen.

Dem Satze des Zollschutzes steht der Satz der Freihändler gegenüber, man habe stets da zu kaufen, wo man am wohlfeilsten kauft. Dieser Satz ist nicht sowohl unrichtig als einseitig, und es wäre mir nicht schwer, demselben die großen Nachtheile nachzuweisen, die er für Deutschland haben muß und damit zu widerlegen, allein da ich die Aufmerksamkeit des hohen Hauses nicht zu lange in Anspruch nehmen will, so berufe ich mich in dieser Beziehung auf die ganz klassische Ausführung eines unserer Mitglieder, des Herrn Abgeordneten Dr. Reichensperger, der diese Frage hier auf das allerbeste ausgeführt hat. Ich würde es für unrecht halten, hier dasjenige zu wiederholen, was er uns bereits auseinandergesetzt hat.

Ein anderer Punkt ist der Export, und wie ich glaube, ist gerade der Export der Angelpunkt der ganzen Zollpolitik. Es entsteht also die Frage, ist der Export dasjenige, was eine Nation in erster Linie anzustreben hat, ich betone, in erster Linie, und in diesem Sinne verneine ich die Frage. Ich glaube, die Aufgabe ist: in erster Linie muß eine Nation ihre Industrie stützen auf den inländischen Markt.

(Sehr richtig!)

Nur diejenige Industrie ist gesund, welche den inländischen Markt beherrscht; es ist das meine innigste Ueberzeugung vom theoretischen Standpunkt aus, sie ist mir aber zur Gewißheit geworden durch die Beobachtung, die ich vielfach mit den Industrieen gemacht habe. Diejenige Industrie, welche nur mit dem Ausland zu verkehren hat, hat den Nachtheil eines fieberhaften Zustandes.

(Sehr richtig!)

Im Ausland kennt man die Verhältnisse nie ganz genau; man weiß nicht genau, mit wem man es zu thun hat; man kennt die Gesetzgebung nicht ganz genau; man kennt die Gerichte nicht genau, welche die Forderungen zu exequiren haben; man ist ausgesetzt all den unbekannten Schwankungen der Konkurrenz. Wenn ich Waare nach Südamerika schicke, so weiß ich ja nicht, wem ich da begegne, kurz die ganze Exportindustrie ist viel mehr spekulativer Art als produzirender Art.

(Sehr richtig!)

Das, meine Herren, gilt im allgemeinen von dem Export, das gilt aber in doppelter und dreifacher Beziehung von dem deutschen Export. Wir dürfen uns in der Beziehung keine Illusionen machen; wir sind politisch vielleicht heute die mächtigste Nation der Welt, wir sind aber auf dem ausländischen Markt, wie es heut schon einmal gesagt worden ist, ich weiß nicht von wem, eine Art von Aschenbrödel,

(sehr richtig!)

der Engländer tritt auf den fremden Markt auf entweder in seinen Kolonien oder gestützt auf sein altes Renommé, gestützt auf seine außerordentlich mächtige Flotte, gestützt auch theilweise auf seine persönliche Brutalität.

(Große Heiterkeit.)

Der Franzose hat den Nimbus der Eleganz für sich. Ja, viele Leute bilden sich ein, wenn sie nur etwas Französisches oder Pariserisches haben, so seien sie ganz außerordentlich gut bedient; der Franzose beherrscht die Mode und ist deshalb außerordentlich übermächtig. Wir müssen uns auf dem fremden Markt erst einbürgern und haben jedenfalls die Unterstützungen nicht, die diese zwei Nationen haben. Der Satz, den ich aufgestellt habe, daß der innere Markt die eigentliche gesunde Grundlage der Industrie sei, wird merkwürdiger Weise dadurch bestätigt, daß, wenn man genau untersucht, die geschützteren Industrien immer am meisten exportiren.

(Sehr richtig!)

Wenn Sie die deutsche Ausfuhrtabelle durchgehen, so finden

Sie, daß gerade diejenige Industrieen, welche relativ den höchsten Zoll haben, auch am meisten exportiren,

(Sehr richtig!)

das würde denn doch dafür sprechen, daß die Erhöhung eines Zolls nicht identisch ist mit der Beeinträchtigung des Exports.

Sehr interessant ist mir gewesen eine Mittheilung, die ich bekommen habe in Betreff Nordamerikas. In Nordamerika hat ja bekanntlich erst Ende der sechsziger Jahre das Schutzzollsystem seinen Einzug gemacht. Dasselbe wird doch erst im Jahre 1870 angefangen haben zu wirken. Nun, meine Herren, da finden Sie folgende sehr interessante Thatsachen: die Tragfähigkeit der aus Nordamerika exportirenden fremden Schiffe in Tons ausgedrückt, hat im Jahre 1870 betragen: 6000000 Tons rund und im Jahre 1876 9000000, der Import im Jahre 1870 hat auch 6 000 000 rund betragen und im Jahre 1876 auch ungefähr, nicht ganz 9 000 000. Das beweist denn doch, meine, Herren, ganz im großen, daß selbst ein Schutzzollsystem solch extremer Art wie das amerikanische, den Handel, den Aus- und Einfuhrhandel, namentlich aber den Ausfuhrhandel in keiner Weise beeinträchtigt.

Das sind die wirthschaftlichen Gesichtspunkte, die ich Ihnen vorführen zu sollen glaubte, um das Prinzip der Vorlage, welche Sie zu berathen haben, zu vertheidigen, ich kann aber nicht unterlassen, Ihnen auch noch eine Seite hervorzuheben.

Mein unmittelbarer Herr Vorredner hat zwar gesagt, das Wort „national", der Ruf „national" belebe jeden Deutschen auf das Allerinnigste und man sollte deswegen glauben, wenn dem wirklich so wäre, — die Folgerung hat er allerdings nicht gezogen — so wäre etwas, irgend eine Zngabe, um diesen nationalen Sinn, dieses nationale Gefühl zu heben, nicht mehr nöthig. Ich bin nicht so optimistisch in Betreff dieses Nationalgefühls und freue mich deswegen stets, wenn neue Hebel angesetzt werden, um dasselbe noch weiter zu heben. Ich glaube, meine Herren, es dient nichts so sehr dazu, das Gefühl der Nationalität zu heben, zu stärken, als eine nationale in sich selbst abgeschlossene Industrie,

(sehr wahr!)

nicht allein im Innern, sondern auch dem Auslande gegenüber. Das Ausland wird sehen, daß Deutschland seiner Nationalität sich bewußt ist, wenn es nun auch eine Gesetzgebung macht, durch welche es die Arbeit seines Volks, seiner Nation schützt. Wir Deutsche, meine Herren, sind in dieser Beziehung viel schlimmer daran, als andere, denn wir Deutschen haben in unserem Geschmacke noch gar nichts deutsches.

(Heiterkeit. — Sehr richtig!)

Es gibt ja, meine Herren, eine deutsche Redensart, die das auf das allerentschiedenste ausdrückt, auf eine beschämende Weise ausdrückt, wenn man etwas heruntersetzen will, so sagt man: es ist nicht weit her. Das zeigt doch ganz deutlich, daß der Deutsche geneigt ist, das Fremde höher zu achten als das Eigene, und das ist ja leider der Fall. Es wird ja ein Franzose, es wird ja ein Engländer sich doch sehr schwer entschließen, etwas deutsches zu kaufen, wenn er es nur annähernd so gut in England oder Frankreich haben kann. Wir aber, leider auch unsere Frauen, sind stets sehr geneigt, etwas sehr schön zu finden, wenn es nur von Paris kommt. Um so mehr bedarf daher die Industrie eines äußeren gesetzlichen Schutzes. Ja, meine Herren, dieser gesetzliche Schutz ist noch lange keine sozialistische Bewegung, Agitation, wie sie Herr Dr. Bamberger genannt hat. Ich verstehe den Kampf mit dem Sozialismus nicht dahin, daß wir nicht die Pflicht haben sollten, dem deutschen Arbeiter so viel Arbeit zu schaffen, als wir es vermögen.

(Sehr richtig!)

Ich habe für die Gesetze gegen die Sozialisten gestimmt, weil ich die Bewegung für eine ungesetzliche, destruktive gehalten habe; aber darum liegt mir die Arbeit des deutschen Arbeiters nicht weniger am Herzen als irgend einem anderen; das ist einfach unsere Pflicht, und wenn wir von Staatswegen darauf hinwirken, so agitiren wir nicht sozialistisch, sondern wir erfüllen nur eine Pflicht der Humanität.

(Sehr wahr!)

Meine Herren, ich schließe. Ich schließe mit dem Satz, den ein berühmter französischer Staatsmann und Nationalökonom ausgesprochen hat, Thiers, der im Jahr 1870 gesagt hat, — ich sage nur ein Wort aus französisch in deutsch —: wir wollen der deutschen Nation Arbeit schaffen, sie ihr erhalten, wo sie welche besitzt.

(Bravo!)

Präsident: Der Herr Abgeordnete Sonnemann hat das Wort.

Abgeordneter **Sonnemann**: Meine Herren, ich werde mich in diesem vorgerückten Stadium der Debatte auf das allernothwendigste beschränken und mir namentlich zur Aufgabe machen, dem geehrten Vorredner auf einzelne seiner Ausführungen zu erwidern. Ich will nur kurz bemerken, um meinen allgemeinen Standpunkt zu kennzeichnen, daß ich in dem, was die politische Seite der uns vorliegenden Frage und die Finanzzölle betrifft, und auch prinzipiell, was die Schutzzölle betrifft, vollständig auf dem Standpunkt stehe, den der Herr Abgeordnete Richter in seiner meisterhaften Rede gestern hier vertreten hat, und will in dieser Beziehung kein Wort hinzufügen, um Sie nicht länger aufhalten zu müssen. Ich gehe daher sofort zu den Bemerkungen des Herrn Vorredners über.

Meine Herren, der Herr Vorredner hat sich zunächst gegen den Herrn Abgeordneten Delbrück gewendet und hat einige seiner Ausführungen bemängelt. Er hat sehr lange bei Positionen verweilt, wie Eier, Floretseide, Menschenhaare. Meine Herren, ich werde auf diese Positionen jetzt nicht eingehen; ich glaube, es wird gut sein, wenn ich auf die Hauptfrage etwas mehr Gewicht lege, über die nach meiner Ansicht der Herr Vorredner verhältnißmäßig sehr kurz hinweggegangen ist, ich meine namentlich den Artikel Baumwolle. Ehe ich aber darauf komme, will ich noch mit wenigen Worten einige andere Punkte, die er angeführt hat, berühren. Der Herr Vorredner hat von den Verhandlungen mit Oesterreich gesprochen und hat daraus gefolgert, daß wir wegen des provisorischen Vertrags mit Oesterreich und überhaupt wegen der Lage unserer Handelsverträge zu einer so großen Eile gedrängt seien und daß das der Hauptgrund sei, warum wir jetzt so über Hals und Kopf einen neuen Tarif berathen müßten. Er sprach von der kläglichen Rolle, die unsere Unterhändler in Wien gespielt haben. Meine Herren, ich möchte die Frage aufwerfen, ob die Rolle unserer Unterhändler nicht etwas weniger kläglich gewesen wäre, wenn sie in vielen Beziehungen andere Instruktionen gehabt hätten und ob sie, wenn unsere Zollpolitik eine freisinnigere gewesen wäre, in Wien nicht mehr hätten ausrichten können, wie sie ausgerichtet haben. Ich kann die Nothwendigkeit der ungeheuren Eile absolut nicht einsehen; Frankreich ist in derselben Lage wie wir, in Betreff seines Verhältnisses zu Italien sogar in einer schwierigeren Lage, in Betreff seines Verhältnißes zu England in der gleichen. Dennoch hat Frankreich, nachdem am 21. Januar 1878 ein zweiter Tarif aufgestellt worden ist, nachdem eine Enquete über die ganze Industrie veranstaltet war, erst jetzt den Handelsvertrag mit England wieder auf 6 Monate verlängert, nur um Zeit zu gewinnen, die Sache sorgfältig und gründlich zu überlegen. In Frankreich werden wahrscheinlich im ganzen 2 Jahre vergehen, ehe der neue Tarif zum Abschluß gekommen sein wird, bei uns soll es in ebenso viel Monaten vor sich gehen.

Was nun den Artikel betrifft, über den ich hauptsächlich mir zu sprechen vorgenommen habe, Baumwolle, so kann ich vieles von dem, was der Herr Vorredner in seinen allgemeinen Auseinandersetzungen gesagt hat, zugeben. Auch ich lege ein großes Gewicht auf die Gewinnung und Erhaltung des inneren Marktes, und ich räume ein, daß bei so großen Industrien der innere Markt hauptsächlich ins Gewicht fällt neben der Exportindustrie. Allein, meine Herren, es fragt sich ob alles das, was der Herr Vorredner gesagt hat, irgendwie auf die große Baumwollenindustrie paßt, wie sie bei uns liegt; ob wir nicht in dieser Industrie viel weiter vorgeschrittener sind, als er annimmt; ob wir nicht nur den inneren Markt befriedigen, sondern auch nach dem Auslande so viel absetzen, daß wir dafür sorgen müssen, den gesammten Bestand unserer Industrie zu erhalten, statt uns gegen das Ausland abzuschließen. Ich wiederhole, es wundert mich, daß der Herr Vorredner gerade über die Baumwollenindustrie so schnell hinweggegangen ist, nachdem von Seiten des Herrn Abgeordneten Delbrück, allerdings in sehr vorsichtiger und maßvoller Weise der Motivenbericht, zu dessen Urhebern ich ja den Herrn Vorredner rechnen muß, ziemlich scharf angegriffen worden ist. Herr Dr. Delbrück hat namentlich hervorgehoben, daß der Motivenbericht in gar keinem rechten Einklang steht mit dem Resultat der im Reiche veranstalteten Enquete. Noch viel stärker sind diese Unterschiede hervorgehoben in einem, von verschiedenen Rednern bereits erwähnten Aktenstück, ich meine das Gutachten der Krefelder Handelskammer. Wir verhandeln jetzt vier Tage über diese Vorlage. Nun sind in diesem Gutachten der Krefelder Handelskammer äußerst scharfe Anklagen erhoben worden, sodaß man wohl hätte erwarten dürfen, es werde von Seiten des Herrn Verfassers der Motive eine eingehende Erwiderung erfolgen. Das ist bis jetzt nicht geschehen. Ich will hinzufügen, daß der Verfasser des Gutachtens der Krefelder Handelskammer noch lange nicht das Schärfste gesagt hat, was über diesen Motivenbericht sich sagen läßt. Der Verfasser ist ja bekannt, er ist selbst Mitglied dieser Enquetenkommission gewesen, kennt also die Dinge sehr genau. Er hat sich aber als Mitglied der Handelskammer nicht über das Gebiet seiner speziellen lokalen Industrie hinausbegeben wollen.

Werfe ich nun einen Blick auf die beiden uns vorliegenden Aktenstücke, auf den Motivenbericht und den Bericht der Baumwollenenquetekommission, so muß ich sagen, daß mir selten noch zwei widerspruchsvollere Aktenstücke, die von derselben Regierung nahezu gleichzeitig ausgegeben worden sind, zu Gesicht gekommen sind. Wenn der Herr Abgeordnete Bamberger neulich seine Verwunderung darüber ausgesprochen hat, daß man den Enquetenbericht zwei Monate lang sequestrirt hat, so ist es für mich keinem Zweifel unterworfen gewesen, nachdem ich einmal den Bericht durchgesehen hatte, daß man ihn einfach sequestrirt hat, — ich kann es wenigstens nicht anders auffassen, — um dem Reichstage nicht die genügende Zeit zu lassen, bis zur Berathung der Tarifvorlage diese beiden Aktenstücke gründlich zu prüfen und zu vergleichen.

(Sehr wahr! links.)

Ich könnte Ihnen eine Reihe von Beweisen für meine Behauptung anführen, will mich aber auf das allernothwendigste beschränken, weil mir nur eine sehr kurze Spanne Zeit gelassen ist. Es heißt z. B. in dem Motivenbericht:

„Bei der Spinnerei sind die Ursachen des gewerblichen Rückgangs zweifellos schon älteren Datums."

Also nicht bloß in den letzten Jahren sei ein Rückgang eingetreten, sondern bereits in früheren Jahren. Der Enqueteberícht ergibt dagegen als Resultat der Ermittelungen folgendes:

> Als das Gesammtergebniß der Ermittelungen dürfte sich hiernach annehmen lassen, daß, abgesehen von der mehr oder minder günstigen Gelegenheit einzelner Fälle ernstliche Schwierigkeiten in der Spinnerei etwa mit Anfang des Jahres 1877 hervorgetreten sind.

Die Enquete hat also gerade das Gegentheil von dem ergeben, was in den Motiven als Resultat derselben mitgetheilt worden ist.

Zweitens sagt der Motivenbericht, daß die Feinspinnerei fortwährend zurückgegangen sei, namentlich seit der Annexion des Elsaß. Das steht auf Seite 16. In dem Enqueteberícht steht ungefähr das Gegentheil; es steht da, daß die Feinspinnerei im Elsaß zurückgegangen ist seit 1859 und zwar in ungefähr gleichmäßig abstufender Folge bis 1877. Es sind hier die Ziffern angeführt von 1859, 1867, 1872 und 1877 und es geht aus denselben hervor, daß die gröberen Nummern fortwährend gestiegen und die feineren Nummern fortwährend zurückgegangen sind. Das steht in dem Enquetebericht; der Motivenbericht weiß davon nichts.

Es steht weiter in dem Enqueteberícht, daß ganz dieselben Erscheinungen zu Tage getreten sind in der Schweiz, in Frankreich und in England, und es werden auch die Gründe dafür angegeben; sie liegen in der Mode und in dem billigen Preise des Rohstoffs. Es ist also der Rückgang der Feinspinnerei absolut keine Erscheinung, die Deutschland allein betrifft.

Weiter steht in dem Enqueteberícht, daß die ganze Baumwollenspinnerei, soweit sie Feinspinnerei ist, (über Nr. 72) im Jahre 1877 nur 1,83 Prozent des Gesammterzeugnisses ausgemacht hat. Und wegen diesen 1,83 Prozent, also noch nicht 2 Prozent der Produktion, sollen wir das ganze Zollsystem umstürzen. Die Quantität der erzeugten Garne ist im Elsaß selbst nicht einmal bezüglich der Feinspinnerei zurückgegangen, sondern nur das Prozentverhältniß. Die Quantität ist ungefähr die nämliche wie vor einer Reihe von Jahren.

Drittens wird in dem Motivenbericht wiederholt von dem großen Import von Baumwollengarn gesprochen. Es werden, um dies zu beweisen, einige Jahreszahlen zusammengestellt, die sehr sorgfältig ausgewählt sind; ein spitzfindiger Advokat, der eine Streitschrift verfaßt, hätte sie nicht sorgfältiger auswählen können. Ein solches Verfahren aber scheint mir nicht zulässig für einen von der Regierung ausgehenden Bericht, in welchem derselbe sich wie ein Richter über die Parteien stellen soll. Es ist da ausgewählt das Jahr 1846, in dem wir zufällig eine ungewöhnlich hohe Baumwollengarneinfuhr gehabt haben; im folgenden Jahr 1847 war sie schon auf die Hälfte gesunken. Dann ist ausgewählt das Jahr 1864, mitten in der Baumwollenkrisis, wo überhaupt wenig Baumwolle nach Europa gebracht worden ist. In Wirklichkeit verhält es sich mit der Einfuhr so: das deutsche Reich führte im Jahre 1877 genau ebensoviel Baumwollengarne ein als im Jahre 1838, also vor 40 Jahren, eingeführt wurden, das ist zirka 350 000 Zentner; seitdem ist aber unsere innere Produktion von 148 000 auf rund 2 Millionen Zentner gestiegen.

So steht es mit dem Verhältniß der Einfuhr gegen eigene Produktion. Wenn ich weiter den Enquetenbericht unbefangen prüfe, so finde ich folgendes Resultat. Die ganze Einfuhr von Baumwollengarnen betrug 1877 350 000 Zentner; davon kommen etwa 150 000 auf solche Spezialitäten, die wir niemals entbehren können, weil der Konsum in Deutschland nicht so groß ist als in England, welches nach vielen Welttheilen diese verschiedenen Sorten exportirt. Bei dem Rest von 200 000 Zentnern handelt es sich nicht um eine Tariffrage, sondern um eine Frachtfrage. Dieses ist von Seiten der süddeutschen Spinner und der Elberfelder und

Reichenberger Weber in der Enquete bestätigt worden. Daß dies richtig ist, will ich an der einen Thatsache beweisen, daß Süddeutschland links des Mains noch nicht 2 Prozent englischen Garns verarbeitet, weil die Frachtverhältnisse dort anders liegen, weil die Spinnereien den Webereien näher gelegen sind.

Der Herr Vorredner hat allerdings von den Frachtverhältnissen gesprochen; in dem Motivenbericht steht aber nichts davon, und es hätte absolut da hineingehört. Diese Frachtverhältnisse liegen leider, wie ich anerkennen muß, so ungünstig, daß mehrere süddeutsche Spinner, die in Württemberg und in Bayern wohnen, ausgesagt haben, sie müßten ihr Garn von Bayern und Württemberg über Straßburg nach Norddeutschland schicken, um einigermaßen konkurriren zu können, weil die elsässischen Bahnen noch etwas billiger fahren als die anderen deutschen Bahnen.

Ja, meine Herren, diesem Uebelstande, meine ich, könnte man viel leichter abhelfen, als durch eine Zollerhöhung. Man hat ja neulich so billige Ausnahmetarife für Kohlen geschaffen, welche die schlesische Kohle an die Ostsee bringen, damit sie dort gegen die englische konkurrire; ich meine, wenn man die Frachttarife für Baumwollgarne etwas heruntersetzte, wenn man hierdurch, wie in England, die Spinnereien näher an die Webereien rückte, — in dieser Beziehung bin ich auch Egoist, und trete für den Schutz der nationalen Arbeit ein —, so würde man die 200 000 Zentner sehr bald aus deutschen Spinnereien beziehen; ebenso könnte man die Industrie unterstützen, wenn man ein klein wenig von den billigen Kohlentarifen nach Nordosten auch den süddeutschen Industriellen zukommen ließe. Hier liegen die Schwierigkeiten der süddeutschen Produktion, und es bestätigt sich so recht sehr, was mein verehrter Freund, der Präsident von Steinbeis in seinem neulichen Schreiben gesagt hat: „man könnte mit ganz kleinen Beträgen zehnmal mehr für die Industrie thun, als mit Schutzzöllen."

Weiter, meine Herren, lese ich in dem Motivenbericht folgendes:

> Die Kommission erachtet es durch die Thatsache, daß Englands Spinnerei unerachtet der Zoll- und Verkaufsspesen fortdauernd auf dem deutschen Markte konkurrirt, hinlänglich bewiesen, daß ihr Produktionsvortheile zu statten kommen, welche die deutsche Spinnerei im ganzen und großen auch nach langjährigem Bestande noch nicht zu erreichen oder auszugleichen vermocht hat.

Meine Herren, das steht allerdings in dem Enquetenbericht, aber es steht gleich dahinter, daß neuerdings die englische Konkurrenz sich auf dem deutschen Markte nicht in einer Erhöhung der Garneinfuhr fühlbar gemacht hat, und gerade dieser Satz, der das Urtheil der Kommissien wiedergibt, ist in den Motiven gar nicht erwähnt.

Dann ist in dem Motivenbericht von den Vortheilen gesprochen, die Amerika auf den neutralen Märkten hat. Es ist das gewissermaßen so dargestellt, als exportire Amerika nach neutralen Märkten viele Baumwollenwaaren, und der Herr Vorredner hat auch wieder von dem großen Export Amerikas gesprochen. Diese Dinge werden aber enorm übertrieben. Amerika, welches einen Export hatte im Jahre 1877/1878 von 2800 Millionen Mark, hat darunter nur für 300 Millionen Industrieerzeugnisse überhaupt ausgeführt, also noch nicht ³/₈ soviel Industrieerzeugnisse wie wir exportiren, obwohl Amerika naturgemäß die großen Märkte in Japan, in China, in Südamerika und in Mittelamerika hat. Trotzdem hat es nur für 300 Millionen Mark fabrizirte Waaren ausgeführt, und in der Baumwollenindustrie sind es nur 46 Millionen Mark, während wir das Dreifache an Baumwollenfabrikaten exportiren. In der Enquete kommt häufig vor, daß der amerikanische Export für uns gar nicht in Betracht komme, in den Motiven finde ich nichts davon.

Nun ist weiter gesagt in Betreff der Webereien, daß die Mehrzahl der süddeutschen Weber sich auch für eine Erhöhung der Garnzölle ausgesprochen habe. Ich habe sehr genau in der Enquete nachgeforscht; es sind nur zwei süddeutsche Weber, die nicht gleichzeitig Spinner sind, vernommen worden; der eine ist Herr Nieh aus Augsburg, der zweite ist ein Weber aus dem Wahlkreis des Herrn von Varnbüler, aus Cannstatt. Der erste hat ausgesagt, er verarbeite nie englische Garne; der zweite hat ausgesagt, daß in keinem Fall eine Erhöhung unter Nr. 40 beschlossen werden dürfe, wenn nicht eine Schädigung der Industrie eintreten solle. Weiter ist dann in den Motiven im allgemeinen von der Weberei gesagt: „für die Erhöhung der Garnzölle spricht vor allem der Umstand, daß bedeutende Gruppen von Weberinteressenten sich selbst für eine Erhöhung der Garnzölle ausgesprochen haben. Meine Herren, sehe ich nun den Bericht der Enquetekommission an, so finde ich folgendes: Ich finde außer den von mir erwähnten Süddeutschen, daß sich 3 Weber für eine Erhöhung der Garnzölle ausgesprochen haben und 26 dagegen.

(Hört! hört!)

Das sind die bedeutenden Gruppen der Weber, die sich für die Erhöhung der Garnzölle ausgesprochen haben. Ich meine, meine Herren, die Grundlage aller derartigen Verhandlungen, mag man Schutzzöllner oder Freihändler sein, müsse doch die sein, daß auf Grund der wirklich ermittelten Thatsachen vorgegangen wird. Für die Regierungen muß die Enquete als die alleinige Grundlage ihrer Entschließungen betrachtet werden. Hier sehen wir aber, daß man subjektive Ansichten diesen Thatsachen unterschiebt.

Noch will ich einen wichtigen Punkt erwähnen. Ueber die Rentabilität der Spinnereien geht der Motivenbericht ganz hinweg, dem Enqueteberich mangelte es an eingehendem Material. Ich muß sagen, ich habe dem Enqueteberichte nichts vorzuwerfen, es ist gewiß eine sehr unparteiische und sorgfältige Arbeit, allein eins muß ich doch aussetzen. Wenn sich die Herren erkundigen wollten über die Dividenden der Spinnereien, so hätten sie darüber leicht Auskunft erhalten können, ich z. B. hätte sie ihnen verschaffen können. Es ist in dem Enqueteberichte gesagt, es sei bedauerlich, daß so wenig Mittheilungen der Spinnereien über ihren Gewinn eingegangen wären. Ich habe eine Zusammenstellung über 18 Spinnereien und Webereien nach dem Frankfurter „Aktionär" gemacht; dieser geht zurück bis auf das Jahr 1856; ich habe sie metallographiren lassen und werde sie nachher an diejenigen, die sich dafür interessiren, vertheilen. Aus dieser Zusammenstellung geht zur vollsten Evidenz hervor, daß die Spinnereien in Deutschland nicht so nothleidend sind, wie man sie von verschiedenen Seiten hinstellt. Die allererste in der Zusammenstellung ist dem Alphabete nach die Augsburger Baumwollenspinnerei und Weberei, diese hat im Jahre 1856 15 Prozent Dividende gegeben, die Dividende geht dann auf 14, 17½, 15 Prozent. Nun kommt die Zollherabsetzung von 1865. Sofort nach der Zollherabsetzung steigt die Dividende auf 22½ und steht in den beiden folgenden Jahren auf 17½ und 20; dann geht die Dividende weiter auf 10½, 25, 17, 15, bis sie 1877 auf 7 heruntergeht. Wenn das ein Nothstand ist, dann weiß ich nicht, in welcher Lage relativ viele andere Geschäfte in Deutschland sich im Augenblick befinden.

(Sehr gut! links.)

Wenn Sie diese Tabelle durchsehen, so finden Sie auch einige darunter, die verhältnißmäßig viel weniger Dividende gebracht haben; es sind das solche, die irrationell angelegt und betrieben worden sind. Ich kann Ihnen eine solche aus meiner unmittelbaren Heimat bei Frankfurt anführen, die Oberurseler Spinnerei, die 1856 gegründet wurde von Leuten, die wenig von der Spinnerei verstanden, in einer Gegend, die überhaupt keinen rechten Boden für eine Spinnerei abgab, und die von einem Manne geleitet wurde, der niemals vorher in einer Spinnerei thätig war. Daß solche Spinnereien nicht reüssiren, versteht sich von selbst, aber im ganzen geht für mich aus dieser Tabelle bis zur Evidenz hervor, daß von einer Nothlage der Spinner bis 1877 absolut keine Rede sein kann; ja im Jahre 1877 finde ich immer noch Dividenden von 10 %, 13 %, 8 3/4, 11 2/3,

(Zuruf)

— in der Augsburger Baumwollenspinnerei

(Zuruf: Senkelbach!)

— die ist nicht dabei.

Sie sehen, meine Herren, daß also dieser Nothstand nicht so groß ist, und es wundert mich sehr, daß ein so unterrichtetes Mitglied der Enquetekommission, wie der Spinnereidirektor Haßler aus Augsburg, dem alle diese Ziffern weit ausgedehnter als mir zu Gebote standen, einen Bericht unterzeichnen konnte, in welchem es heißt: wir konnten zu unserem Bedauern diese Dinge nicht erfahren. Ich kann mir aber sehr gut erklären, warum man sie nicht erfahren hat.

Es geht aus dem, was ich Ihnen jetzt mitgetheilt habe, hervor, daß ein Nothstand, speziell für die deutsche Spinnerei, vor 1877 nicht bestanden hat, und wenn er von da ab bestanden hat, so ist das ganz dasselbe wie in England und Frankreich auch. Ich habe hier eine Liste vor mir von 40 Spinnereien in der Gegend von Manchester. Diese Spinnereien zahlen vierteljährliche Dividenden. Von diesen 40 Spinnereien hat nun im vierten Quartal 1877 nur eine einzige 1 1/2 Prozent Dividende gegeben, die übrigen 39 gar nichts, und das sind alles Spinnereien, die kurz vorher in den Jahren 1875 und 1876 noch sehr hohe Dividenden gegeben haben. Wer die Liste einsehen will, dem steht sie zur Verfügung. Es geht daraus unzweifelhaft hervor, daß die Nothlage der Spinnerei eine allgemeine ist. Sie bestand auch gleichzeitig in Amerika, wo viele Spinnereien ihre Arbeit einstellen mußten, in England, in Frankreich, von wo die Berichte ebenso ungünstig lauten als aus Deutschland.

Nun wird, wenn alles andere nicht mehr verfängt, speziell Elsaß-Lothringen angeführt; es wird behauptet, daß wir wegen der Annexion Elsaß-Lothringens, wegen der großen Zahl von Spindeln, die seit 1871 hinzugetreten seien, die Zölle erhöhen müßten. Ich habe mich auch darüber sehr genau erkundigt und war schon in Elsaß-Lothringen, um von den Industrien Einsicht zu nehmen zu der Zeit, als man mir in den offiziösen Blättern Vorwürfe machte, ich treibe dort politische Agitationen. Ich war nur hingegangen, um mich über diese Verhältnisse zu erkundigen. Die Lage der elsaß-lothringischen Spinnereien war trotz der plötzlichen Vermehrung der Spindelzahl im deutschen Reich in den Jahren 1872 bis 1875 auffallend günstig. Es hat sich dieser Uebergang in einer Weise vollzogen, wie Niemand erwarten konnte. Das ist zum Theil eine Folge des analogen Aufschwungs unserer Verhältnisse der großen Kauflust, die allgemein herrschte. Leider hat das wieder insofern eine Schattenseite gehabt, als die elsässischen Industriellen zum großen Theil geglaubt haben, sie brauchen nicht viele Schritte zu thun, um sich den deutschen Markt zu erobern und sie haben von der Zeit, die ein Industrieller immer aufwenden muß, um sich bei solchen radikalen Aenderungen des Marktes zu orientiren, sehr viel versäumt. Diejenigen elsässischen Industriellen, welche das nicht versäumt haben, die sofort in Deutschland sich umgesehen, sich auf die deutschen Verhältnisse eingerichtet haben, prosperiren heute noch größtentheils. Ich könnte Ihnen einige nennen, die heute noch gute Geschäfte machen, weil sie frühzeitig gewußt haben, ihre Produktion nach unseren Bedürfnissen umzugestalten. Nun ist eins merkwürdig, was mir auch schon vor Jahren aufgefallen ist und durch die Enquete bestätigt wird. Trotz des hohen Schutzes, den die elsässische Industrie in Frankreich bis 1871 genoß, ist sie technisch nicht so außerordentlich leistungsfähig, als man nach so langer indirekte Staats-Unterstützung wie sie im Schutzzolle liegt, annehmen sollte. In dem Enqueteberichte ist das ausgesprochen, indem es heißt: die Elsässer Sachverständigen haben ausgesagt „daß die süddeutsche Industrie durch günstigere Produktionsbedingungen, Wasserkräfte, billigere Löhne u. s. w. im Vortheil sei." Die Elsässer sagen also, die Altdeutschen produziren billiger, und warum? Ich glaube, weil unsere Industrie durch verhältnißmäßig geringere Zölle mehr abgehärtet und auf die eigene Kraft angewiesen ist, dies haben einzelne deutsche Spinner, besonders Herr Otto, ausdrücklich in der Enquete bestätigt. Jetzt fängt die elsässische Industrie an, sich mehr um uns zu kümmern, und ich bin überzeugt, bei der großen Geschicklichkeit der dortigen Industriellen in Bezug auf den Geschmack ihrer Fabrikate — ich sage nicht, in Bezug auf die technische Vollendung ihrer Einrichtungen, sondern auf den Geschmack — werden sie es ja leicht möglich machen, nicht nur in Deutschland, sondern auch überall, wohin ein Export von Baumwollfabrikaten stattfindet, wenn das Geschäft im allgemeinen mehr Leben gewinnt, wieder einen ausgedehnten Markt zu finden.

Noch Eins, Herr Straub, der als Führer der Schutzzöllner bekannt ist, hat ausgesagt, er habe sich an die Elsässer gewendet, um das, was hauptsächlich nach seiner Meinung den Preisdruck auf Gewebe verschuldete, um die Ueberproduktion zu beseitigen. Die deutschen Weber sind ihnen entgegengekommen; sie wollten auf eine Koalition eingehen, um die Produktion der Weberei herunterzusetzen; allein die Elsässer sind nicht darauf eingegangen, sie haben die Gelegenheit, die ihnen von süddeutschen Konkurrenten geboten wurde, um die gemeinsame Produktion herunterzusetzen, von der Hand gewiesen. Das sollte jetzt nicht unbeachtet bleiben. Es wird ferner von den sehr schönen Wohlfahrtseinrichtungen im Elsaß so viel gesprochen. Ich muß anerkennen, diese Wohlfahrtseinrichtungen haben mich und Jeden der sie kennen gelernt, mit der höchsten Achtung erfüllt. Kein Zweifel, die Elsässer haben in dieser Beziehung großes geleistet. Auf der anderen Seite muß ausgesprochen werden, daß an der Spitze jener Wohlfahrtseinrichtungen unser verehrtes Mitglied steht, welches seiner Zeit eine große Thätigkeit für das Zustandekommen des Handelsvertrags zwischen Frankreich und England vom Jahr 1860 entwickelte; es sind also nicht gerade die Schutzzöllner, die ausschließlich solche Unternehmungen ins Leben gerufen haben, es ist unser verehrtes Mitglied Herr Jean Dollfus, ein alter Freihändler. Andererseits muß ausgesprochen werden, daß in Deutschland, wo man unter viel niedrigern Zöllen steht, gerade in der Spinnerei von H. Staub z. B. verhältnißmäßig ebenso ausgezeichnete Wohlfahrtseinrichtungen getroffen wurden, so daß also die Zölle hier nicht maßgebend sind. Ich glaube überhaupt, meine Herren, daß solche Wohlfahrtseinrichtungen nicht allein im Interesse der Arbeiter liegen, sondern auch im Interesse der Arbeitgeber. Jeder Arbeitgeber, der solche Wohlfahrtseinrichtungen schafft, wird bessere Leistungen erzielen und einen besseren Arbeiterstand heranziehen. Wenn wir nach alle dem unsere gefährdete Baumwollenindustrie der Gefahr aussetzen würden, nicht mehr konkurriren zu können, weil einige elsässische Etablissements momentan leiden, so würden wir handeln wie ein Vater, der seine Kinder erster Ehe benachtheiligt, um den Kindern zweiter Ehe Vortheile zuzuwenden.

Außerdem müßte ich noch bemerken, daß die Herren, die sich so sehr bei uns als Schutzzöllner geriren, nämlich die Elsässer es nicht immer sind, wenn sie in Frankreich sprechen. Unser verehrter Kollege Herr Grad, der bei uns Schutzzöllner ist, ist in Frankreich Freihändler. Er sucht seinen Einfluß geltend zu machen, um für eine Herabsetzung der Zölle zu wirken. Ich habe hier einen Brief von ihm vor mir an den Economiste français, worin er den französischen Spinnern auseinanderzusetzen sucht, daß die Forderungen, die man in der dortigen Enquete gestellt hat, namentlich von Seite der Herren Claude, Pouyer-Quertier zu hoch seien, und daß die Garnzölle, die in Frankreich zur Zeit bestehen, vollständig ausreichen. Unter anderem bemerkt er, daß der Zoll von 20 Franks = 16 Mark ausreichend hoch genug für gewisse Nummern in Frankreich sei; dennoch fordert man gerade für die nämliche Garnnummer in Deutschland 18 Mark.

(Ruf: unrichtig!)

Ich bitte mich zu widerlegen, wenn ich eine unrichtige Angabe gemacht.

Auch hat Herr Grad ausgerechnet, daß die elsäßischen Spinnereien im Vergleich zu den französischen durch den Zollunterschied bei 1 600 000 Spindeln um jährlich 7 200 000 Franks im Nachtheil seien. Diese Ziffer gibt uns Gelegenheit zu ermitteln, wie groß für uns, wenn wir den Garnzoll, so wie es gewünscht wird, erhöhen, die Prämie sein würde, die wir den Herren Spinnern per Jahr zu bezahlen hätten. Wir produziren mehr als dreimal so viel Garn als die Elsäßer allein. Ich berechne, daß wir nach diesen Ziffern mindestens 25 bis 30 Millionen an den Spinner als Schutzzollprämie jährlich bezahlen würden.

Noch will ich anführen, daß in Frankreich die Dinge eben so liegen wie bei uns. Es hat in Frankreich auch eine Enquete stattgefunden, und diese Enquete hat ganz ähnliche Resultate ergeben, wie bei uns. Sie hat auch den Beweis geliefert, daß die Erhöhung der Garnzölle nicht im Interesse der Gesammtindustrie sei, was auch von Herrn Grad bestätigt wird, für Frankreich allerdings, aber nicht für Deutschland. Es hat weiter die französische Enquete das Resultat ergeben, daß man von den hier so viel gerühmten Werthzöllen in Frankreich voraussichtlich zu den Gewichtszöllen übergehen wird. Es hat sich die große Mehrheit der französischen Handelskammern für Gewichtszölle erklärt und gegen die Werthzölle, ein Beweis, daß man mit den Werthzöllen schlimme Erfahrungen gemacht hat. Ferner führe ich an als einen Beweis dafür, daß die Rückzölle, die von verschiedenen Seiten als Mittel zur Erhaltung des Exportes empfohlen werden, (allerdings haben wir heute vom Bundesrathstische aus ein Zitat aus von Hermann gehört, welcher ebenfalls die Rückzölle verdammt), daß man in Frankreich alle Rückzölle für Textilwaaren seit 1865 aufgegeben hat, weil man gesehen hat, daß man damit nur Gratifikationen in die Taschen der Industriellen bezahlt.

Ich resumire mich dahin, daß alles, was der Herr Abgeordnete für Cannstadt und Vorsitzender der Tarifkommission in Betreff des inneren und auswärtigen Marktes, in Betreff eines mächtigen Schutzzolles und eines nicht zu hohen Schutzzolles gesagt hat, generell richtig sein mag, aber ich behaupte, daß alles das auf unsere Verhältnisse bezüglich der Baumwollindustrie absolut nicht paßt. Wir sind schon längst aus dem Stadium herausgetreten, in welchem eine Nation als Aschenbrödel, als Ablagerungsstätte hingestellt werden kann. Wir haben eine bedeutende Industrie, die fast den ganzen inneren Markt beherrscht, und die außerordentlich viel exportirt. Es hat dies die Berliner Petition so schön zusammengestellt. Wir sehen dort, daß wir im ganzen an Textilfabrikaten im letzten Jahr 272 000 Zeutner eingeführt und 928 000 Zentner ausgeführt haben. Gegen diese Ziffern ist mit schutzzöllnerischen Phrasen nicht aufzukommen. Wenn, wie ich ja einräume, wir in einigen Garnsorten gegen England im Nachtheil sind, so wird sich das ausgleichen dadurch, daß bei uns die Weberei, wie mir scheint, viel zu hoch geschützt ist, und daß eine Vereinigung von Spinnern und Webern, wie sie in Süddeutschland fast überall besteht, einen großen Theil der Nachtheile ausgleicht, welche in dem theilweise höheren Garnpreise liegen. Auch ist in der Enquete vielfach ausgesagt worden, daß das Garn vielfach nur in Spulen bezogen werden kann, die sich zum Beziehen aus England nicht eignen.

In Betreff der Weberei hören wir ganz merkwürdige Dinge in den Motiven. Im Enqueteberícht steht, daß der größte Theil der Weber gegen die Zollerhöhung auf Garn ist, und auch für seine eigenen Erzeugnisse gar keine Zollerhöhung verlangt, weil die Weberei Produkte meist bis zu 20—25 Prozent geschützt sind. In den Motiven heißt es in dieser Beziehung:

> „Die auswärtige Konkurrenz ist für den inländischen Markt in den Massenartikeln des Verbrauchs auch nach dem Anerkenntnisse der Weber ohne Bedentung."

Und an einer andern Stelle:

> „In Bezug auf die Massenprodukte der Weberei wird von keiner Seite eine Erhöhung der bestehenden Zollsätze für nothwendig erachtet."

Die eigenthümliche Konsequenz davon ist, daß man den Zoll auf diese Artikel um 33⅓ Prozent zu erhöhen vorschlägt. Wie reimt sich das nun zusammen, daß kein Mensch eine Zollerhöhung verlangt, und man dennoch den Zoll um 33⅓ Prozent erhöht?

Ich habe vorhin etwas anzuführen vergessen, was ich einschalten möchte. Das Mitglied für Elsaß-Lothringen, welches in der Enquetekommission gewesen ist, Herr Schlumberger, hat sich in einem Briefe, den Sie auf der letzten Seite des Enqueteberichts finden, schmollend zurückgezogen. Herr Schlumberger hat gesehen, daß bei dieser Enquete für seine Tendenzen nicht viel herauskommen würde. Allerdings konnte er nicht darauf rechnen, daß es den Herren der Tarifkommission doch möglich sein würde, aus diesem Enquetematerial noch den vorliegenden Motivenbericht herauszuputzen. Wenn er das gewußt hätte, würde er sich vielleicht nicht schmollend zurückgezogen, und diesen Brief nicht geschrieben haben.

Meine Herren, ich komme also zu dem Resultat, daß wir alle Ursache haben, unsere schwer bedrohte Webereiindustrie zu schützen. Ich halte mich für verpflichtet, für den Schutz derselben einzutreten. Wenn aber der Herr Abgeordnete für Cannstatt sagt, auf das Stück Baumwollwaare komme nur so und so viel Zoll mehr, so kann ich mich auf solche Berechnungen nicht einlassen, weil auf dem Weltmarkt jedes Prozent entscheidend ist, und in der heutigen Zeit, wo die eine Nation so scharf mit der andern konkurrirt, man die Industrie mit keiner unnöthigen Mehrausgabe belasten darf: das einzige Mittel auf dem Weltmarkt zu konkurriren, ist die beste Waare zum billigsten Preise zu liefern, und das können wir nicht erreichen, wenn wir die Halbfabrikate so sehr belasten.

Meine Herren, diejenigen Industriellen, welche um eine Erhöhung des Schutzzolles bitten, sind in der Tarifkommission genugsam vertreten gewesen, sie sind mehr als genügend gehört worden. Beachten Sie doch auch die vielen und zahlreichen Stimmen aus der Textilindustrie, welche sagen, sie können nicht bestehen bei diesen Zollvorschlägen; beachten Sie die Stimmen aus Berlin, Chemnitz, Göttingen, Cannstatt, Buchholz, Crimmitschau, Werdau, Göppingen, Elberfeld, Barmen, Crefeld, Gladbach, Rheydt 2c., das sind alte eingesessene Industrien, die für den inländischen und ausländischen Markt arbeiten; geben Sie deren Interessen nicht den schutzzöllnerischen Spinnern preis, die noch lange nicht so schlimm gestellt sind, als viele andere Industrien und die Landwirthschaft. Ich habe vorgestern an einer Versammlung in Elberfeld theilgenommen, wo 2500 solcher Industriellen aus Rheinland und Westfalen versammelt waren, die einstimmig und mit Entschiedenheit gegen diesen neuen Tarif für Baumwollen-, Leinen- und Wollgarne sich aussprachen. Diese Männer setzten ihre Hoffnung darauf, daß der Reichstag auch ihre Stimme beachten werde. Ich muß angesichts dieser Sachlage noch Eins bemerken. Daß das Zentrum im Prinzip sich mehr dem Schutzzoll zuneigt, will ich nicht diskutiren, ich kann ja bei der kurz gemessenen Zeit die Debatte nicht nochmals auf dieses Gebiet bringen. Wenn man aber die Dinge in Rheinland und Westfalen ansieht, und sieht in Cöln auf dem Gürzenich Herren vom Zentrum neben solchen aufmarschiren, die in der Gründerzeit die schlimmsten Unternehmungen in die Welt setzten, und in Elberfeld die solide Mittel- und Kleinindustrie dagegen, so kann man sich darüber nur verwundern. Ich habe daher immer noch Hoffnung, daß die Herren vom Zentrum nicht genügend informirt sind, und daß sie, wenn besser informirt, wenigstens mit uns für das niedrigste Maß der vorgeschlagenen Erhöhungen stimmen werden. Das Zentrum ist schon oft gegen die Großindustrie für die Interessen der Kleinindustrie eingetreten.

Meine Herren, ich habe mir speziell diese Seite der Frage zum Studium gemacht, und da sich eine Menge von Ziffern, zu schwer dem Gedächtnisse einprägt, so habe ich einen anderen Modus gewählt, um Ihnen Gelegenheit zur Vergleichung zwischen Groß- und Kleinindustrie zu geben. Ich habe hier 3 Tabellen, von denen die eine die Textilindustrie betrifft, die andere die Eisenindustrie und die dritte die Lederindustrie. Ich werde mir erlauben diese Tabellen zirkuliren zu lassen. Sie werden daraus Folgendes ersehen. Auf der Tafel über die Eisenindustrie steht auf der einen Seite in Quadraten ausgedrückt, die Zahl der Arbeiter, welche in der Rohstoffgewinnung beschäftigt sind, daneben die Zahl der Arbeiter, welche in der Eisenverarbeitung in Betrieben der verschiedensten Art beschäftigt sind.

Wir haben in der Eisenindustrie in Gruben 25 000 Arbeiter und bei der Gewinnung von Roheisen und Stahl 112 274 Arbeiter; dagegen sind in der Maschinen- und Werkzeugfabrikation 253 000 Arbeiter; Kleineisenarbeiter, also Schlosser, Schmiede rc. 354 000 Arbeiter; die Gesammtzahl der Arbeiter beträgt 608 000 gegen 137 000 in der Großindustrie. Wenn Sie nun rasch übersehen wollen, wie das Verhältniß ist zwischen der Kleinindustrie und Großindustrie, so bitte ich Sie diese Quadrate zu vergleichen, sie sind mathematisch genau aufgezeichnet.

(Heiterkeit!)

Die zweite Tafel zeigt dasselbe von der Lederindustrie. Wir haben in der Gerberei, auf die ich selbst in der Einzelberathung noch sehr eingehend zurückkommen werde, 41 000 Arbeiter, dagegen sind Buchbinder 31 000, Riemer 59 900, Schuhmacher 373 000; die Gesammtzahl der Arbeiter bei der Lederindustrie beträgt 465 000. Diese stehen gegen 41 000, das Verhältniß zwischen der Großindustrie und Kleinindustrie in Quadraten ausgedrückt nimmt sich so aus.

(Heiterkeit.)

Die dritte Tafel betrifft die Spinnerei. Diese ist eingetheilt in Seidenspinner, Flachsspinner, Baumwollenspinner, Wollspinner. Die Gesammtzahl der Arbeiter in Spinnereien beträgt 193 000 in allen Textilbranchen zusammen. Dagegen finden wir bei der Konfektionsbranche 530 911 Arbeiter, in der Weberei 540 000 Arbeiter und zusammen in der Verarbeitung der Gewebe 1 071 000 Arbeiter gegen 193 000 Spinner. Meine Herren, das Interesse dieser Leute bitte ich Sie doch auch zu berücksichtigen, und dies können Sie durch hohe Schutzzölle nach meiner Ueberzeugung und nach der Erfahrung, die man in anderen Ländern gemacht hat, niemals erreichen. Gerade in Amerika, dem Eldorado der Schutzzöllner, kommen die Arbeiter im Verhältniß zu den theueren Lebensbedürfnissen am schlechtesten weg. Es hat sich gerade über das Verhältniß der Klein- und Großindustrie ein Mitglied des Zentrums, dessen Andenken wir alle verehren, wie verschieden unsere Ansichten auch sonst sein mochten, Herr von Mallinckrodt, in der Sitzung vom 20. Juni 1873 ausgesprochen. Er sagte damals bei Gelegenheit der Eisenbebatte, „bereichern Sie nicht eine Klasse der Gesellschaft auf Kosten vieler anderer." Ich hoffe also, trotz der bestimmten Erklärung des **Herrn** Abgeordneten Dr. Reichensperger für Schutzzoll im allgemeinen, daß, wenn man in die Details eintreten wird, wir auf die Unterstützung der Herren, die es sich stets zur Aufgabe gemacht haben, für das Handwerk gegenüber der mächtigen Großindustrie einzutreten, rechnen können, und ich will damit schließen, mich noch auf ein anderes glücklicherweise unter uns weilendes Mitglied des Zentrums zu berufen, welches hier im Jahre 1873 am 23. Juni folgende Worte gesprochen hat:

> Endlich aber vertraue ich der freiheitlichen Richtung im Handelssystem mehr, meine Herren; ich bin überzeugt, dasselbe ist stetig im Fortschritt, und jeder Versuch, dasselbe dauernd zur Umkehr zu bewegen, wird jämmerlich scheitern.

Meine Herren, der diese Worte gesprochen, ist unser verehrter Kollege Herr Abgeordneter Windthorst,

(große Heiterkeit)

und ich hoffe es mit ihm, daß der Versuch, der jetzt gemacht wird, um unsere vorhandene und verhältnißmäßig noch gut prosperirende Industrie zu Gunsten etwa künftig zu schaffender Industrien zu schädigen, ich hoffe, daß dieser Versuch, wenn er auch vorübergehend vielleicht einigen Erfolg haben sollte, doch schließlich an dem gesunden Sinn des deutschen Volks scheitern wird.

(Bravo! links.)

Präsident: Der Herr Abgeordnete von Bennigsen hat das Wort.

Abgeordneter **von Bennigsen**: Meine Herren, ich glaube keinen Widerspruch von Ihnen zu erfahren, wenn ich behaupte, daß die Tarif- und Steuervorlagen, welche jetzt uns beschäftigen, an den Reichstag die schwierigste und verantwortlichste Aufgabe stellen, mit welcher wir überhaupt seit der Schaffung des deutschen Reichs befaßt worden sind. Diese Aufgabe wird dadurch noch besonders erschwert, als nicht etwa bloß in der Partei, zu der ich persönlich gehöre, sondern im Grunde im ganzen Reichstag die Fragen und Gegensätze, welche sich an diese Vorlagen knüpfen, sich in keiner Weise decken mit den politischen Gegensätzen, auf Grundlage deren die Parteien im Reichstag konstituirt sind. Dadurch wird es erforderlich werden, daß, je bedeutender und wichtiger die einzelnen Fragen sind, sich Verbindungen und Koalitionen, Gegenverbindungen und Gegenkoalitionen bilden zur Lösung derselben, gesunde und ungesunde, natürliche und unnatürliche.

Das hat nothwendig zur Folge, daß von vornherein mit keiner einigermaßen sicheren Zuversicht festzustellen ist, wie schließlich das Schicksal der Vorlage in sehr wichtigen Punkten sein wird. Es hat weiter die Folge, und diese ist für den Reichstag eine besonders bedenkliche, daß durch die ganz neue Gruppirung und Verschiebung der Verhältnisse im Reichstag und der Mehrheit des Reichstags, die doch in vieler Hinsicht sehr wünschenswerthe Resistenzkraft des Reichstags gegenüber dem Andringen eines sehr bestimmten und einheitlichen Willens außerordentlich abgeschwächt wird.

(Sehr richtig! links.)

Meine Herren, auf der anderen Seite ist es in der That auch eine ganz ungewöhnliche Situation, daß Vorlagen dieses Inhalts und dieser Gestalt an uns kommen, welche mit den Intentionen, die noch vor verhältnißmäßig gar nicht langer Zeit bei der Reichsregierung, speziell bei dem hervorragendsten Leiter der Reichspolitik herrschten, nicht im Einklang sind. Ich will nicht einmal soweit zurückgehen, wenigstens nicht näher darauf eingehen, welche Politik der Herr Reichskanzler noch im Jahr 1875 bezüglich der Zoll- und Finanzfragen proklamirt hat. Damals hat er sich im wesentlichen auf den Standpunkt des sogenannten englischen Systems gestellt: wenige Zollartikel, möglichste Freiheit des Eingangs, eine Anzahl von wichtigen und großen Finanzartikeln, die ein sehr bedeutendes Erträgniß abwerfen.

In verhältnißmäßig rascher Zeitfolge haben sich diese Intentionen geändert. Es erschien der Brief im Dezember vorigen Jahres, der auch noch etwas wesentlich anderes hinstellte, als das zu erreichende, zu erstrebende Ziel, wie der Inhalt der Vorlagen, welche uns jetzt gemacht sind.

Damals war keineswegs von einem Schutz im Allgemeinen auf dem ganzen Gebiete der Industrie, der Gewerbe und der Landwirthschaft die Rede. Damals wurde in erster Linie das Finanzbedürfniß des Reichs hervorgekehrt. Es wurde zur Deckung desselben eine allgemeine Eingangsabgabe und ebenfalls wieder ein bedeutendes Einkommen aus bestimmten großen Finanzartikeln in Aussicht genommen. Daneben allerdings wurde für bestimmte nothleidende Industrien, also für solche, wo das Bedürfniß eines größeren als des jetzt vorhandenen Schutzes sich als nothwendig herausstellte, auch ein höherer Zollschutz in Aussicht gestellt.

Meine Herren, es wurden nun Kommissionen niedergesetzt, um die Vorlagen an den Reichstag auszuarbeiten und während der Arbeiten dieser Kommissionen hat sich nun das System des Reichskanzlers noch wesentlich geändert, also in verhältnißmäßig sehr kurzer Zeitfolge kommen nach veränderten Intentionen Vorlagen an uns, wo offenbar die Meinungen innerhalb der Vertreter der verbündeten Regierungen und des Kanzlers sehr abweichende im einzelnen nicht bloß gewesen sein können, sondern gewesen sein müssen, wo die Meinungen des Kanzlers sich wesentlich anders im Laufe dieser Monate herausgestellt haben. Daraus geht nothwendig hervor, daß eine stetige Art der Behandlung und Instruktion für die Prüfung der Thatsachen und die Bearbeitung derselben in einer bestimmten Richtung gar nicht möglich war, wie sie sonst hätte sein sollen, wenn man seit vorigem Jahre einen ganz bestimmten Plan auf bestimmten Grundlagen festgehalten hätte.

Meine Herren, diese Lage ist in der That eine ganz außerordentlich schwierige, und wenn ich trotzdem keineswegs die Hoffnung aufgebe, daß das Resultat unserer Arbeiten an der Hand dieser Vorlagen im großen und ganzen ein für Deutschland mehr heilsames als verderbliches sein kann, so entnehme ich diese Zuversicht darans, daß hier im Reichstage Sachkunde, Unbefangenheit und Patriotismus immer genug vorhanden gewesen sind und sich geltend gemacht haben, um auch gegen eine so schwierige Aufgabe daran nicht von vornherein scheitern zu müssen, auch hier noch einen gemeinsamen Boden zu gewinnen, der auch künftig für die deutsche Arbeit, für den deutschen Gewerbefleiß und für die Entwickelung des deutschen Wohlstandes den geeigneten Spielraum liefern kann.

Meine Herren, es kann nicht meine Absicht sein, in der Generaldiskussion, die schon mehrere Tage gedauert hat, in so später Stunde einzugehen auf viele Einzelheiten, überhaupt nur alle wichtigsten Punkte zu berühren. Ich muß mich darauf beschränken, einige wesentliche Gesichtspunkte, die mir von besonderer Bedeutung erscheinen, etwas näher zu berühren und im ganzen den Standpunkt zu charakterisiren, auf dem ich gegenüber diesen Vorlagen stehe und wie ich glaube eine größere Zahl meiner näheren politischen Freunde, obgleich ich mit Bedauern in diesen Tagen gesehen habe, daß sich mit vielen meiner politischen Freunde — anders geht es aber den meisten von Ihnen im Reichstag auch nicht — eine starke Meinungsverschiedenheit hervorgetreten ist.

Meine Herren, ich und viele meiner näheren Freunde zählen uns weder zu den Schutzzöllnern noch zu den Freihändlern im eigentlichen Sinne. Wir halten es gar nicht für die Aufgabe der Gesetzgebung, von solchen bestimmten, rein doktrinären Standpunkten aus

(sehr richtig!)

unter allen Umständen gleichmäßige Normen mit denselben Grundlagen für eine Nation auf den wirthschaftlichen Gebieten ordnen zu lassen.

(Sehr richtig!)

Das sind die Aufgaben von Lehrern der Wissenschaft, das sind die Aufgaben von denjenigen, die für bestimmte Richtungen Propaganda machen wollen. Die Gesetzgebungen großer Reiche haben die Verpflichtung an der Hand der wirthschaftlichen Verhältnisse, wie sie im großen Zusammenhange und auf den einzelnen wirthschaftlichen Gebiete sich im Lande befinden, die Thatsachen und Bedürfnisse zu erkennen, zu fixiren und danach die gesetzlichen Normen zu treffen; diese Normen aufzustellen, nicht allein angesichts der Verhältnisse im eigenen Lande, sondern zugleich mit Rücksicht auf Verhältnisse, wie sie sich in den Ländern befinden, mit denen Deutschland vorzugsweise im wirthschaftlichen Verkehr steht. Meine Herren, daraus folgt ganz nothwendig, daß die Behandlung solcher Aufgaben vom legislatorischen Standpunkt aus, von demjenigen Standpunkt aus, den als den allein-praktischen Regierung und Gesetzgebung festhalten sollten, eine wechselnde sein kann je nach dem Wechsel der wirthschaftlichen Verhältnisse und der Bedürfnisse, wie sie in den einzelnen Perioden hervortreten.

(Zuruf links: Und den Ansichten des Kanzlers!)

— Wenn Sie glauben, daß die Ansichten des Kanzlers einen erheblichen Einfluß haben auf meine Meinung, Herr Richter, so muß ich das zurückweisen,

(Bravo!)

als eine Bemerkung, die ich wirklich von Ihnen am allerwenigsten hätte erwarten sollen. Die Unabhängigkeit meiner Meinung zu zeigen, dazu habe ich genug Gelegenheit gehabt und namentlich im vorigen Jahre noch, in eklatanter Weise. —

(Zuruf links.)

Vizepräsident Dr. **Lucius**: Ich muß bitten, den Herrn Redner nicht zu unterbrechen.

(Abgeordneter Richter [Hagen]: Ich habe das mit keinem Worte gesagt.)

Ich darf die Diskussion nicht in ein Zwiegespräch auflösen lassen, sondern habe die Geschäftsordnung aufrecht zu erhalten und wiederhole das Ersuchen, den Herrn Abgeordneten in seiner Rede nicht zu unterbrechen.

Abgeordneter **von Bennigsen**: Das, was ich also habe sagen wollen, ist ganz etwas anderes, als Herr Richter meinte, der, wie ich aus seinem letzten Zuruf höre, seine Aeußerung nicht gegen mich persönlich gerichtet haben will.

Meine Herren, es ist hier schon von verschiedenen Seiten hervorgehoben worden, den Umstand kann man in seiner Bedeutung nicht verkennen, — in einer Zeit, wo die europäischen Völker, mit denen wir hauptsächlich in wirthschaftlichem Verkehr stehen, sich in ihrer Zoll- und wirthschaftlichen Gesetzgebung auf sich zurückziehen, wo sie darauf verzichten, Verträge abzuschließen mit anderen Ländern, speziell Verträge abzuschließen mit Deutschland, so muß man bei der Behandlung dieser Zollfragen, bei der gesetzlichem Normirung der Zollsätze nothwendig zu anderen Resultaten kommen. So weit kann auch ein entschiedener Freihändler noch mitgehen, falls er nicht einfach ein Schulsystem einführen und konsequent übertragen will auf die Gesetzgebung seines Landes. Haben wir eine Zeit, in der wir Verträge abschließen können, hoffen wir, daß nach der Richtung größerer Verkehrsfreiheit Verträge noch weiter abgeschlossen werden und daß der Inhalt der Verträge sich ausdehnt, — dann können wir bei der Normirung der Zollsätze viel weiter nach unten gehen, weil wir damit größere allgemeine Zwecke, die eine größere Verkehrsfreiheit fördern, und gleichzeitig auch Gegenkonzessionen von anderen Staaten erlangen. Meine Herren, in diesem Augenblick ist aber, einerlei aus welchen Gründen, doch wohl so viel zweifellos, daß für eine Reihe von Jahren der Abschluß von Handelsverträgen nicht zu erhoffen ist. Nun ist allerdings die Ansicht hervorgetreten, ich habe sie auch in den bisherigen Erörterungen gehört von Seiten der Herren Abgeordneten Richter und Bamberger, daß die Haltung Deutschlands, Aeußerungen der verbündeten Regierungen, speziell des Kanzlers, daß schutzzöllnerische Agitationen in Deutschland nachtheilig eingewirkt haben auf die Intentionen und Gesetzgebungen anderer Länder, speziell Oesterreichs und Frankreichs; daß wir also dadurch unsererseits diese schutzzöllnerische Richtung in anderen Ländern befördert hätten und das noch mehr thun würden, wenn wir diesen Tarif, so wie er da ist, oder, auch wie ich hoffe, mit mäßigsten Sätzen demnächst beschließen wollten. Meine Herren, ich möchte doch glauben, daß da den verehrten Herren, speziell auch meinem Freunde Bamberger, einige Verwirrung in der Chronologie untergelaufen ist. Das, was bestimmte Richtungen in Deutschland agitatorisch erstrebt haben, das kann doch zunächst nicht maßgebend sein für Entschließungen anderer Länder, ist es auch nicht gewesen. Das, was allein von wirklich entscheidender Bedeutung sein kann, das sind die gesetzgeberischen Akte in Deutschland. — Fragen wir also einmal: was ist geschehen, nachdem der Handelsvertrag mit Frankreich im Jahre 1865 ins Leben getreten war, und der mit Oesterreich im Jahre 1868? Was ist während der Herrschaft dieser Verträge noch geschehen im Jahre 1870, 1873 und 1877? Haben wir nicht, — und das sind die Thatsachen, die wirklich entscheidenden Thatsachen unserer Gesetzgebung — haben wir nicht in diesen Jahren und ohne Gegenleistungen anderer Staaten, speziell Frankreichs und Oesterreichs — haben wir da nicht noch ganz bedeutend in der Richtung des Freihandels Zollsätze ermäßigt?

Und, meine Herren, wenn ich von den Vorgängern von 1870 auf 73 auch weniger sprechen will, was ist denn geschehen in dem Jahre, welches nur kurze Zeit hinter uns zurückliegt, im Jahre 1876 auf 77? Meine Herren, wir haben in einer Zeit, wo eine der größten Industriebranchen in Deutschland, die Eisenindustrie, bereits mehrere Jahre einer schweren Krisis ausgesetzt war, da haben wir die letzten Eisenfabrikatzölle, die noch bestanden, aufgehoben. Meine Herren, das ist eine Thatsache, eine freihändlerische Thatsache, von so radikaler rücksichtsloser Bedeutung, der letzte Akt der deutschen Zollgesetzgebung, der wenige Jahre erst zurückliegt. Meine Herren, an diesem Vorgehen sind wir, wenn ich so sagen soll, alle schuld, vor allen Dingen aber die verbündeten Regierungen.

(Hört, hört!)

Ich habe selbst mit Freunden, ich könnte einzelne nennen, die mehr der schutzzöllnerischen Richtung angehören, damals im Laufe des Jahres 1876 während der Reichstagsverhandlungen darüber gesprochen, daß, wenn die Regierungen angesichts des Nothstandes der Eisenindustrie eine Vorlage uns machen würden, die darauf hinzielte, die bevorstehende Aufhebung der Eisenzölle auf eine Reihe von Jahren oder selbst auf unbestimmte Zeit hinauszuschieben, so würde ich diese Anträge unterstützen. Meine Herren, hätten wir damals im Reichstage, und hier rede ich auch zu den entschiedenen Freihändlern, vorausgesehen, was die Aufhebung der Eisenzölle für eine Wirkung haben würde auf die ganze Konstellation der wirthschaftlichen Interessenbewegung, wahrlich, dann sage ich, würde man gewiß einen solchen Schritt unterlassen haben. Es sind gewiß viele unter uns, selbst solche, die den freihändlerischen Standpunkt vertreten, welche großes darum geben würden, wenn dieser Schritt von damals, von 1876 auf 77 ungeschehen gemacht werden könnte.

Meine Herren, hätten wir die Eisenzölle am 1. Januar 1877 nicht aufgehoben, wie wäre wohl die ganze industrielle Bewegung entstanden, des Zentralverbandes der deutschen Industrie, die Koalition der Industriellen mit den Agrariern, der außerordentliche Einfluß, den diese Interessen und Gruppirungen allmählich auf die Regierung gewonnen haben.

Meine Herren, haben etwa diese gesetzgeberischen Vorgänge, die bis in das Jahr 1877 hineinreichen, einen freihändlerischen Einfluß geäußert auf andere Länder, namentlich auf Oesterreich und Frankreich? Meine Herren, vor einigen Tagen hat der Herr Abgeordnete Bamberger von den Entwürfen gesprochen, die noch nicht Gesetz geworden sind, von denen allerdings das vom Jahre 1878, was ich auch nicht begreife, durch die Regierungsvorlagen nicht zu unserer Kenntniß gekommen ist — das sind die projets de loi in Frankreich vom Jahre 1877 und 78. Meine Herren, der erste französische Entwurf, und das ist doch sehr charakteristisch, ist eingebracht worden im Februar 1877, unmittelbar in Anschluß an die Aufhebung der Eisenzölle in Deutschland, und der Herr Abgeordnete Bamberger hat mit Recht hervorgehoben, daß dieser Entwurf von 1877 weiter geht in schutzzöllnerischer Richtung als die bestehende französische Gesetzgebung, und der vom Januar 1878 wiederum weiter als der vom Jahre 1877. Aehnlich, wenn auch nicht ganz so stark, sind die Dinge in Oesterreich verlaufen, und doch konnte man sich damals weder auf eine in Aussicht gestellte schutzzöllnerische Politik des Kanzlers, noch auf eine Gesetzgebung nach dieser Richtung hin berufen, vielmehr und im Gegentheil ist die Handelspolitik durch den Reichskanzler in einer freihändlerischen Richtung geführt bis ins Jahr 1878 hinein, und damals war durchaus von dem Reichskanzler noch kein abweichendes Programm aufgestellt worden.

(Zuruf: damals war noch Delbrück!),

Die Entlassung eines einzelnen Ministers, die überdies aus dem Jahr 1876 datirt, von der niemand von uns mit Bestimmtheit sagen kann, wie der Zusammenhang im ganzen und im einzelnen gewesen ist, mag allerdings bezeichnen, daß in wichtigen Fragen die Richtung auf dem wirthschaftlichen Gebiet, welche der Minister Delbrück vertreten hat, nicht hat festgehalten werden sollen. Aber einen solchen Uebergang zu einem anderen Zollsystem, wie die Herren Abgeordneten Bamberger und Richter geglaubt haben aus der Entlassung Delbrücks entnehmen zu können, konnte das Ausland doch sicher nicht voraussetzen. Denn bei der ganzen Natur des Kanzlers und bei der Art und Weise, wie die Reichsregierung vorgeht, würde man schwerlich, wenn ein solcher Entschluß vorhanden gewesen wäre, von 1876 bis 79 gewartet haben, um auch nur das, was jetzt geschehen soll, in Szene zu setzen.

Also die französische und ebensowenig die österreichische Regierung haben sich durch unsere freihändlerische Politik, wenn sie auch noch so rücksichtslos gewesen ist, im Jahre 1877 nicht leiten lassen, sie haben sich in keiner Weise bestärken lassen in freihändlerischer Richtung, sondern sie sind schutzzöllnerisch vorgegangen nach den Interessen ihres eigenen Landes, so wie sie dieselben beurtheilen.

Nun hat vor einigen Tagen der Herr Abgeordnete Bamberger auf ein Verhältniß aufmerksam gemacht, welches auch in den Motiven erwähnt ist, das sind die Maßregeln — ich will einmal sagen: die militärischen Rüstungen und die Waffen — welche sich Frankreich in diesen Entwürfen versichert. Hier bedaure ich, behaupten zu müssen, daß diese Darstellung Bambergers — ich will nicht sagen unrichtig ist, aber doch unvollständig. Es ist mir so erschienen, als ob in Hinsicht der Kampfmaßregeln nach den Mittheilungen des Abgeordneten Bamberger der französische Entwurf von 1878 etwas geringeres verlangt als der Entwurf von 1877. Das ist aber keineswegs der Fall. Allerdings ist es richtig, die vorgesehenen Maßregeln der Surtaxen auf die Importe aus anderen Ländern, sollen nach dem Entwurf von 1878 eintreten, wenn mehr als 20 Prozent des Werths auf die französischen Waaren in den betreffenden Ländern beim Eingang Zoll gelegt sind, während der Entwurf von 1877 nur einen Satz von 15 Prozent angenommen hatte. Der Herr Abgeordnete Bamberger hat damit ganz richtig in Verbindung gebracht, daß in dem zweiten Entwurf den Forderungen der Schutzzöllner in Frankreich mehr nachgegeben ist als in dem ersten Entwurf. Was der Herr Abgeordnete Bamberger aber nicht erwähnt hat, ist, daß die Maßregel — die Kampfmaßregel, um sie so zu bezeichnen — ungemein verschärft ist. Denn während der Entwurf von 1877 das, was er an Surtaxe aufschlagen wollte, begrenzte auf 20 Prozent, enthält der Entwurf von 1878 einen Satz von 50 Prozent. Meine Herren, das ist allerdings noch nicht der Satz, wie er in der Schweiz vorgesehen ist, aber jedenfalls ist man in dieser Zeit in Frankreich hinsichtlich der Kampfmaßregeln, die man für nothwendig gehalten hat, um sich zu schützen, noch weiter gegangen, als in dem Entwurf von 1877. Außerdem aber ist, was der Herr Abgeordnete Bamberger sehr genau kennt, besser als ich, ja auch der Annex an den beiden Gesetzen noch ein anderes vollständiges System von Schutzmaßregeln durch surtaxes d'entrepot für dasjenige, was aus außereuropäischen Ländern kommt und in Frankreich nicht direkt eingeführt wird, und ebenso auch was aus europäischen Ländern auf indirektem Wege kommt. Das sind alles Maßregeln, von denen wir zum Theil gar nichts keunen, von denen ich auch nicht viel erwarte, ich führe sie nur an in diesem Zusammenhange, nicht um sie für uns zu empfehlen, sondern um zu zeigen, daß die Franzosen, indem sie ihre Schutzzölle erhöhen, gleichzeitig auch ihre Kampfmaßregeln verschärfen wollen.

Was im übrigen Nordamerika und Rußland anbetrifft, so sind die Schutzzollsysteme in diesen Ländern noch weit stärkere. Der bestehende nordamerikanische Schutzzolltarif stammt aus der Zeit des Bürgerkrieges. Jedenfalls hatten also die Amerikaner, wenn sie wieder einlenken wollten in die freihändlerische Richtung, Zeit genug in diesen 13, 14 Jahren. Auch da ist noch wenig Hoffnung, daß sich die Verhältnisse ändern.

Nun komme ich zu der Konklusion: geholfen hat unser freihändlerisches Beispiel nichts, wir werden gezwungen, uns auf uns selbst zurückzuziehen. Wir werden allerdings die Vorsicht gebrauchen, unsere Maßregeln so einzurichten, daß wir uns nicht selbst schädigen, aber wir werden berücksichtigen müssen, daß ein autonomer Tarif, den zu machen wir gezwungen sind, etwas anderes ist als ein Konventionaltarif, den wir uns für die Zukunft vorbehalten. Es wird ja doch einmal nach Jahren die Zeit kommen, wo wir wieder Zollverträge mit anderen Ländern abschließen, wo dann an der Hand von Gegenleistungen die Sätze ermäßigt werden können, die wir jetzt feststellen.

Meine Herren, es ist sehr viel die Rede davon gewesen, daß wir mit dem jetzigen Tarif die bewährten Traditionen Preußens und des Zollvereins verließen, daß wir eine radikale Umänderung eintreten ließen, so radikal, sagt mein Freund Oechelhäuser, wie er historisch sich ähnliches nicht zu erinnern weiß. Amerika hat er aber vergessen. Er hat zwar die amerikanischen Krisen erwähnt, er hat gesagt, die Krisen hätten bestanden unter dem Freihandels- und unter dem Schutzzollsystem; Zollsysteme haben allerdings einen Einfluß darauf, aber andere Umstände wirken auch dabei entscheidend mit. Davor möge uns aber der Himmel bewahren, daß wir jemals in Deutschland in solchen Gegensätzen uns bewegen und zu solchen Extremen übergehen, wie in Amerika wiederholt geschehen ist. Davon enthält auch diese Vorlage kaum eine Spur.

Meine Herren, es ist vollkommen richtig, wir haben seit 1818 in Preußen und im Zollverein ein System, man mag es nun einen sehr mäßigen Freihandel oder ein sehr mäßiges Schutzzollsystem nennen, auf den Namen kommt in der That nichts an, — was sich entwickelt hat nach der Richtung der Freiheit des Verkehrs, des inneren und äußeren, mit dem Schutz, den man für die inländischen Fabrikationszweige nothwendig erachtet hat. Das ist so vorsichtig vorwärts gegangen bis auf eine kurze Unterbrechung in schutzzöllnerischer Richtung in den vierziger Jahren. Später erfolgte ein bedeutender Sprung in freihändlerischer Richtung, allerdings an der Hand des französischen Vertrages, 1864 auf 65.

Was ist nun das Charakteristische der Tarifvorlage? Daß sie einen erheblichen Theil nicht bloß der Maßregeln von 1870, 73 und 77, sondern auch einen erheblichen Theil der Herabminderung der Zölle von 1865 zurücknimmt. Das ist ganz zweifellos; insofern sind die Ausführungen des Herrn Oechelhäuser ganz unwiderleglich. Aber wenn, wie ich vielleicht irrthümlich aufgefaßt habe, von Herrn Oechelhäuser und anderen Herren, behauptet werden soll, daß die Vorlage, selbst wenn sie in allen Sätzen angenommen wird, was ich aber keineswegs denke, auch noch stärkeren Schutz verlangt als die Gesetzgebung, wie sie bestand vor dem Jahr 1865, so ist eine solche Behauptung eine unrichtige.

Meine Herren, nehmen Sie die wichtigsten Industriezweige durch — hier steht ein Freihändler mir gegenüber, der die Verhältnisse genau kennt und mir zunickt — nehmen Sie die wichtigsten Industriezweige durch, die Zollsätze bleiben in den Hauptbranchen, abgesehen von einzelnen wichtigen Punkten der Textilindustrie, von den Sätzen von 1864 noch immer weit zurück; erreichen sie nur in einigen wenigen Punkten.

Meine Herren, und da kommt man eben auf das Gebiet, und ich glaube, hier wird schließlich in der Hauptsache der Kampf geführt werden: das ist die alte Frage zwischen Spinnern und Webern und was damit zusammenhängt, und die alte Frage zwischen den Industrien für Ganzfabrikate und Halbfabrikate, zwischen der Industrie, die für den inneren Konsum arbeitet, und der exportirenden Industrie. Hier liegt die wichtige und schwierige Aufgabe, wo man, es ist ja anders nicht möglich, einen Ausgleich der Interessen wird finden müssen, so schwierig es sein mag, wo ich z. B. auch nicht glaube, daß die Linie, wie sie in der Vorlage gezogen ist hinsichtlich der Spinner und Weber, richtig erscheint, obgleich ich mir zur Zeit vorbehalten muß, daß ich im Einzelnen noch näher prüfe in der Kommission oder sonst an der Hand von zugänglichem Material. Aber da, meine Herren, liegt die eigentliche Aufgabe. Diese Aufgabe ist auch eine weit allgemeinere, als etwa bloß hinsichtlich der Interessengegensätze der Spinner und Weber. Diese Frage kehrt überall da wieder, wo Halbfabrikate verarbeitet werden von einer deutschen Industrie, die in blühendem Zustand sich befindet, exportirt, und wo ihr Material im Interesse einer Industrie von Halbfabrikaten durch die Vorlage vertheuert werden soll.

Meine Herren, diese Frage hat ja in Deutschland gespielt lange vor 1865, wenn man so will, ist sie entschieden 1865 und namentlich in den Verträgen und Tarifen von 1865 und nachher — ich will es einmal kraß ausdrücken — zu Gunsten der Weber gegen die Spinner, zu Gunsten der exportirenden Industrie gegenüber der Industrie von Halbfabrikaten.

Meine Herren, zugleich spielt da hinein ein gewisser Gegensatz zwischen Süddeutschland und Norddeutschland, und ein bekannter süddeutscher schutzzöllnerischer Führer aus der früheren Zeit, der damals besiegt war, ist heute derjenige, welcher versucht, diese Spinner und was damit zusammenhängt, zum Siege zu führen gegen erheblichere norddeutsche Interessen, gegen eine große, viele Arbeiter beschäftigende, blühende, exportirende Industrie. Unterstützt wird der Kampf dadurch, daß Elsaß-Lothringen dem deutschen Reich gewonnen ist, er wird also geführt auf einer erweiterten günstigeren Grundlage.

Meine Herren, da sage ich von vornherein, soweit ich die

Sache vorläufig übersehen kann, ich glaube, daß ein gewisser mäßiger Schutz eingeführt werden kann für die Spinner. Ich halte es für möglich, daß man an der Hand dieses Verhältnisses, welches ähnlich wiederkehrt auch bei anderen Industrien, sich zum ersten Mal näher mit der Frage beschäftigt wegen der Rückvergütung. Aber auf diesem Gebiet — ich will mich eingehend heute darüber nicht aussprechen — aber auf diesem Gebiet, wie es einzelne Eingaben bezeugen, z. B. von Krefeld, stößt man auf die größten Schwierigkeiten, da wo man mit gemischten Geweben zu thun hat während man, wenn nur ein Stoff verarbeitet wird, die Identität feststellen kann und die Maßregel einer Rückvergütung leichter durchführen kann, abgesehen allerdings von den Bedenken anderer Natur des Herrn Abgeordneten Bamberger. Bei gemischten Geweben scheint es beinahe gar nicht möglich zu sein; man wird also wahrscheinlich vor die Frage gestellt werden, ob man nicht die vorgeschlagenen Zollerhöhungen, um eine bedeutende Exportindustrie, welche Massen von Arbeitern guten Lohn zahlt, nicht absolut zu schädigen, erheblich wird heruntersetzen müssen. Daß die Garne aber im Allgemeinen eine Erhöhung des Zolls ertragen können, das haben wir gesehen aus den Eingaben der Handelskammern von Gladbach und Krefeld. Daß das vorgeschlagene System der Staffelung ein vortheilhafteres ist, haben dieselben in ihren Eingaben zugegeben. Ich nehme auch an, daß die in den Eingaben zugestandenen Erhöhungen der Grenzzölle noch nicht die äußerste Grenze bilden, wenn die Weber das selbst vorschlagen.

Es ist jetzt Mode geworden, daß man von der Exportindustrie mit einer gewissen Geringschätzung spricht; das habe ich freilich niemals verstanden. Es ist ja vollkommen richtig, daß wir unseren inneren Markt sicherer beherrschen. Fremde Fabrikate fernzuhalten, das haben wir in der Hand. In fremden Ländern ist das nicht der Fall. Die Gefahr laufen wir immer, daß wir einmal ein Land, wohin wir bedeutend exportiren, verlieren, daß auf einmal der Export aufhört, weil uns durch die fremde Zollgesetzgebung die Thür zugeschlossen wird. Wir haben diese traurige Erfahrung gemacht durch den amerikanischen Tarif und mit uns andere europäische Länder. Aber, meine Herren, das kann uns doch niemals dahin führen, daß wir nun die außerordentliche Bedeutung der Exportindustrie unterschätzen, und leichten Herzens über wichtige Interessen hinweggehen. Meine Herren, Deutschland wird unter allen Umständen, mögen Sie selbst die Einfuhr der Halbfabrikate vom schutzzöllnerischen Standpunkt noch so sehr glauben beschränken zu können, indem Sie diese Industrie künftig immer mehr groß ziehen — Deutschland wird unter allen Umständen kolossale Massen mit kolossalen Werthbeträgen an Rohprodukten einführen müssen, nicht allein Kolonialwaaren, Baumwolle, nein, auch aus europäischen Ländern ganz bedeutende Massen und Werthe von Erzen, Rohprodukten, Getreide u. s. w. Womit sollen wir diese Waaren bezahlen, wie soll es möglich sein, wenn wir nicht eine blühende Exportindustrie besitzen und erhalten, wenn wir durch unsere Maßregeln leichtsinnigerweise es dahin bringen, daß diese Industrien gefährdet oder gar zerstört werden? Das ist ein Interesse, was in seiner Art je nach dem Umfang und nach den Zahlen, mit denen man zu thun hat, geringer und größer sein kann, aber unter allen Umständen so bedeutend, daß wir alle Ursache haben, hier vorsichtig und schonend vorzugehen.

Ich habe noch ein paar Worte zu sagen zu dem, was der Herr Abgeordnete von Maltzahn hinsichtlich der Frage des Freihandels und des Schutzzolls erwähnt hat. Die Rede des Herrn von Maltzahn wurde von mehreren meiner freihändlerischen Freunde in meiner Nähe anfangs mit großem Beifall aufgenommen. Es war eine sehr frische Darstellung der Thatsachen, der freihändlerische Standpunkt wurde ganz vortrefflich vertreten, aber schließlich ließ der Beifall nach, denn schließlich ist Herr von Maltzahn von einem ganz anderen Ausgangspunkt auf Umwegen doch bei der Vorlage angelangt, angelangt bei den landwirthschaftlichen Zöllen und bei den Schutzzöllen, wenn er auch für letztere eine Ermäßigung für wünschenswerth hielt. Nun kann ich nicht unterlassen, einiges darauf zu erwidern. Will man diejenigen Ausführungen, wie sie der Herr Abgeordnete von Maltzahn gemacht hat hinsichtlich der Interessen der Provinzen Pommern und Preußen, buchstäblich nehmen, als Richtschnur seiner Handlungen, sie konsequent ausdehnen und verfolgen, so führt das zur Auflösung und Zersetzung jedes großen Staatswesens.

(Sehr richtig!)

Meine Herren, so können und dürfen wir nicht rechnen; so hat auch der Patriotismus, der vorzugsweise in schweren Zeiten sich in diesen Provinzen gezeigt hat, niemals gerechnet. Unser Reich und der preußische Staat bilden eine Verbindung auf Vortheil und Nachtheil, auf Freud und Leid; daß der eine Theil nur Nutzen hat und der andere nur Opfer bringt, ist von vornherein ausgeschlossen. In einer solchen Verbindung sind Opfer auf der einen und Vortheile auf der anderen Seite fortwährend verknüpft, und die Aufgabe der Gesetzgebung und Verwaltung ist es, daß dies in ein angemessenes Verhältniß gebracht wird.

Und nun bitte ich Herrn von Maltzahn, welcher sagt, wer darf uns hindern, daß wir billig einkaufen in England oder sonst im Ausland, wenn auch die deutsche Industrie zum Theil darunter leidet, — ich bitte ihn, die eine Frage mir zu beantworten, — Pommern und Preußen sind Provinzen ohne erhebliche Industrie, wesentlich Landwirthschaft treibend, Handel und Schifffahrt; Landwirthschaft vielfach unter ungünstigen Voraussetzungen, indem der Boden theilweise ein sehr leichter ist —, nun bitte ich Herrn von Maltzahn, die Frage zu beantworten: werden diesen Provinzen aus den übrigen Theilen des Reiches und Preußens keine Opfer gebracht? Wie würden diese Provinzen wohl aussehen, wenn sie ein selbstständiges Staatswesen sich einrichten wollten mit der ganzen Grundlage der Heeresverfassung, der Verwaltung, des Unterrichts, der Justiz, und sie sollten das alles bestreiten aus denjenigen Mitteln, die ihnen die Provinzen allein gewähren? Meine Herren, wo würden sie wohl bleiben hinsichtlich der Bedürfnisse der großen Verkehrszüge? Wie ist es denn früher in Preußen gewesen? Es ist zum Theil Klage darüber geführt, daß für Eisenbahnen, für Chausseen in diesen Provinzen aus Staatsmitteln zu viel verwendet werde. Mit Unrecht, dafür haben die ganzen Staaten zu sorgen, ganz zurückbleiben darf kein Theil hinsichtlich der Eisenbahnen und Chausseen; aber gekostet hat es dem Staate Preußen sehr viel, und was namentlich die Eisenbahnen betrifft, so figuriren ja in unserem Budget kolossale Summen, die der Staat Preußen jährlich zuschießen muß zu diesen Eisenbahnen in den Provinzen Pommern und Preußen, sei es, daß er sie in Verwaltung genommen, sei es, daß er eine Zinsgarantie übernommen hat. Und ich wollte wohl sehen, wenn die Rechnung aufgemacht würde — es ist mir nicht möglich, diese Rechnung im Augenblick aufzumachen und ich beabsichtige es auch gar nicht, zu thun, — aber wenn eine derartige Rechnung versucht würde; das geringe Plus, was wegen der Schutzzölle, wie sie hier in Frage sind, dort die Landwirthe mehr bezahlen müßten, würde nicht entfernt im Verhältniß zu den großen Opfern stehen, die der Staat Preußen bringt, bringen muß und gern bringt, wenn es nothwendig ist für diese Provinzen.

Meine Herren, ich komme jetzt zu einer anderen Frage, wo Sie mir gestatten wollen, meine Meinung offen auszusprechen, das ist die Frage der landwirthschaftlichen Zölle. Mein Freund, der Herr Abgeordnete Oechelhäuser, hat mit großer Entschiedenheit und prinzipiell erklärt, daß er die vorgeschlagenen landwirthschaftlichen Zölle, namentlich auf Getreide und Vieh, nicht annehmen könne. Ich habe übrigens seine Auffassung nicht so interpretirt, daß, wenn er bei diesen

Artikeln überstimmt wird, er den ganzen Tarif ablehnt. Aber er für seine Person erklärt sich grundsätzlich dagegen und hat auch Gründe dafür angeführt, weshalb er sich für diese Zölle nicht erklären kann. Nun muß ich sagen, meine Herren, — ich bitte mir zu gestatten, daß ich hierbei für mich und, wie ich glaube, für eine Anzahl meiner Freunde spreche, obgleich ich hinsichtlich dieses Punktes von manchem meiner Freunde abweiche, — ich kann die landwirthschaftlichen Zölle in der Gestalt, wie sie hier vorgeschlagen sind, und mit den Sätzen, keineswegs für etwas so ungeheuerliches und verderbliches ansehen, wie es vielfach dargestellt wird.

(Hört, hört!)

Meine Herren, ich muß allerdings mehrere Momente ausscheiden. Ich gebe zu, wenn die Verwaltung und, soweit nöthig, die Gesetzgebung, nicht mit großer Vorsicht verfährt, nachdem landwirthschaftliche Zölle auf Getreide — und ähnlich ist es bei dem Holz — eingeführt sein sollten, daß da Handel und Verkehr der Seeplätze in den Ostseeprovinzen, speziell in den Provinzen Ost- und Westpreußen, in eine große Bedrängniß kommen können. Wenn es nicht gelingt, künftig eine Einrichtung zu treffen, wonach Getreide und ebenso Holz, wenn es aus Rußland hereinkommt, und der Zoll entweder bezahlt oder notirt ist, daß dieses Getreide, falls es nicht in der Provinz bleiben, sondern dann zunächst wieder exportirt werden soll, diesen Zoll nicht bezahlt oder wieder zurückerhält, dann würde ein schweres Unrecht gegen diese Handelsplätze geschehen.

(Sehr richtig!)

und ich bin der Meinung, es muß Mittel geben — und ich bin gern bereit, die Hand dazu zu bieten, wenn eine gesetzliche Vorschrift dazu erforderlich ist — wodurch der ganze Handel möglichst wenig gestört, die Identität bei Getreide oder Holz nicht festgehalten wird, Mischungen und sonstige Operationen mit diesen Waaren in Niederlagen gestattet werden, so daß mit einem Worte für den durchgehenden Verkehr ohne Feststellung der Identität ermöglicht wird, daß Zölle nicht gezahlt oder erstattet werden. Ich habe gefragt, weil ich mit diesen Verhältnissen weniger bekannt bin, wie es gehalten wurde in früherer Zeit, wo Getreidezölle auch bestanden haben und zwar höhere wie jetzt vorgeschlagen worden ist, und habe mir sagen lassen, daß damals im Verwaltungswege die erwähnten Erleichterungen und Befreiungen erfolgt sind. Ich möchte Werth darauf legen, daß wir in der weiteren Diskussion eine beruhigende Erklärung der Regierung erhalten, woraus wir namentlich auch sehen können, ob irgend eine Hilfe im Wege der Gesetzgebung nöthig ist. Das, meine Herren, scheide ich aus und sage, die Benachtheiligungen des Handels und der Seeplätze können bis zu einem gewissen Grade kurirt oder wenigstens die Belästigung sehr eingeschränkt werden. Die Verpflichtung hierzu hat die preußische Regierung. Das ist ganz zweifellos und das muß man den Vertretern dieser Handelsplätze zugestehn, es handelt sich nicht bloß um lokale Interessen, z. B. von Königsberg und Danzig und hat auch nicht etwa bloß fiskalisches Interesse. Es ist in Frage ein Interesse für ganze Provinzen; denn wenn Handelsplätze von solcher Bedeutung erheblich leiden und zurückgehen, so würde das den Rückgang des Wohlstandes in diesen Provinzen bis zu einem gewissen Grade nothwendig mit sich führen.

Meine Herren, was die Sache selbst anbelangt, so muß ich sagen, wenn im Zusammenhang der ganzen Vorlage diese Sätze beschlossen werden sollen, um eben für die Landwirthschaft etwas zu einer Ausgleichung zu thun in dem Augenblick, wo man für eine große Zahl von Industriezweigen die Schutzzölle erhöht, so sind diese Sätze an und für sich — das muß auch der entschiedenste Gegner von ihnen einräumen — nicht hoch gegriffen. Die einzige Ausnahme bildet vielleicht der Haferzoll. Dieser Zoll ist im Verhältniß zum Werth unverhältnißmäßig hoch normirt, nämlich auf 7 Prozent, während der Zoll beim Weizen 5 Prozent, beim Roggen $3\frac{1}{2}$ Prozent des Werths beträgt. Diesen Satz würden wir wohl auf die Hälfte erniedrigen.

Aehnlich ist es mit den Viehzöllen. Wir haben Viehzölle gehabt noch bis zum Jahre 70, bis zum Jahre 65 stimmten die Sätze nicht ganz bei jeder Viehart mit den vorgeschlagenen überein, aber die Herren, welche sich mit der Frage näher beschäftigt haben, werden nicht bestreiten, daß im großen und ganzen dieselben Sätze erhoben werden sollen, wie vor dem Jahre 1865, welche dann im Jahre 1865 und dann im Jahre 1868 weiter heruntergesetzt wurden, während seit 1870 kein Viehzoll bei uns erhoben wird.

Meine Herren, beim Getreide hat man Sätze vorgeschlagen, die erheblich niedriger sind, wie dasjenige, was 30 Jahr lang in Preußen und im Zollverein bestanden hat, von 1825 bis 1856. Die Zölle, wie sie später bestanden haben, waren allerdings erheblich niedriger, bei Weizen um $2\frac{1}{2}$ Groschen und bei anderen Getreidearten 6 bis 7 Pfennig. Seit 1865 sind sie ganz beseitigt.

(Widerspruch.)

Nun, sagt der Herr Abgeordnete Lasker, das war ganz anders. Das ist insoweit ganz richtig, das war die Zeit, wo wir mehr Getreideexport wie Import hatten. Aber, meine Herren, das wird nicht hindern und hat nicht gehindert, daß in bestimmten Gegenden, speziell in deutschen Gegenden, welche den kornerzeugenden Ländern benachbart sind, wie z. B. Oesterreich und Rußland, damals eine bedeutende Einfuhr stattgefunden hat und nicht bloß eine Durchfuhr; also eine Wirkung auf das Ergebniß der Ernte auch für den inländischen Konsum. Das hat dazu geführt, daß mehrmals, weil eben der Einfluß dieser Zölle auf die Getreidepreise zu erheblich erschien, die Zölle suspendirt worden sind. Im Augenblick will ich auf die Frage nicht näher eingehen. Ich sage nur, man kann zur Annahme dieser geringen Zollsätze kommen, einmal um, was vielleicht in der Absicht der Regierung liegt, einzelne Dinge in der Hand zu behalten gegenüber Rußland und Oesterreich, auf der anderen Seite, um eine gewisse Ausgleichung herbeizuführen für die Landwirthschaft, wenn die industriellen Schutzzölle erhöht werden. Man kann endlich diese landwirthschaftlichen Zölle einführen und man will es möglicherweise thun, weil man davon ausgeht, daß die Landwirthschaft im allgemeinen in einer sehr gedrückten Lage sich befindet.

(Hört! hört!)

Nun, meine Herren, bei diesen Zöllen, glaube ich, wie gesagt, daß manche von meinen Freunden für dieselben sind unter bestimmten, bereits erwähnten Voraussetzungen.

Diese Zollsätze hat man in Verbindung gebracht mit den Kornzöllen in England, man hat sie in Verbindung gebracht mit der kolossalen Agitation und der Aufregung, die für Abschaffung der Kornzölle dort bestanden hat. Ja, meine Herren, wenn man das thut, rechnet man etwas zu sehr auf die nicht völlig genügende Sachkenntniß dessen, der so etwas hört oder liest.

(Sehr richtig!)

Was waren die Kornzölle in England? Meine Herren, in England hat man bekanntlich seit 1828 eine sogenannte gleitende Skala gehabt. Diese gleitende Skala von 1828 bis 1842 enthielt je nach dem wechselnden Getreidepreise bis zu 5 Mark pro Zentner Weizen. Im Jahre 1842 wurde die gleitende Skala geändert und ging herunter bis pro maximo 4 Mark, sie wurde wieder geändert 1846—49 und ging herunter bis 2 Mark pro Maximo für den Zentner Weizen. 1849 sind die Kornzölle abgeschafft worden. Meine Herren, diese Sätze von 2 bis 5 Mark für Weizen, das ist das englische Brodkorn, stellen Sie dieselben neben den Satz von 25 Pfennig für Roggen, das ist das deutsche Brodkorn, so werden Sie zu der Ueberzeugung kommen müssen, daß das Dinge sind, die man ernsthaft gar nicht mit einander vergleichen kann. Wenn man die englischen Zustände in Analogie bringen will, mache ich noch auf eins aufmerksam. In England sind 1849 die Kornzölle gefallen; ein jeder weiß, daß dies in England vorher zu großer Konvulsion geführt hatte. Es ist lange Jahre seitens der Industrie ein Kampf geführt worden gegen die Interessen des Großgrundbesitzes, gegen die Landinteressen, man hat mit Recht die Interessen der Arbeiter und der Konsumenten aufgerufen, um die Kornzölle abzuschaffen. Es ist dies nur möglich gewesen dadurch, daß der damals bedeutendste, praktischste Staatsmann seine ganzen politischen Verbindungen, seinen Widerstand aufgab und an die Spitze der Bewegung für Abschaffung der Kornzölle trat, Sir Robert Peel. Nachdem der ganze schwere Kampf siegreich durchgeführt, und die Kornzölle abgeschafft waren, was blieb bestehen? Es blieb für Weizen zwanzig Jahre, bis 1869, eine Eingangsabgabe von 1 Schilling pro Quarter bestehen. Das ist, wenn man es überträgt, 20, genauer 19, also rund 20 Pfennige für den Zentner, nach Abschaffung der Kornzölle auf Weizen unter einer so kolossalen Bewegung. In England hat niemand diese 20 oder 19 Pfennig auf den Zentner Weizen für einen Kornzoll gehalten, für einen Zoll, der die Landwirthschaft schützen oder für einen Zoll, der die Konsumenten schädigen könnte, sondern für eine Abgabe, die für die Finanzen einen kleinen Ertrag lieferte. Man hat sie zwanzig Jahre lang bestehen lassen und die Abgabe 1869 abgeschafft, ähnlich wie andere Zölle von geringem Finanzwerth. Meine Herren, es wird also die Analogie von England unmöglich passen. Es ist damit sehr wenig bewiesen, im Gegentheil läßt sich das daraus anführen, daß man diese Abgabe von 20 Pfennigen in England für etwas ungefährliches und gleichgiltiges ansah. Nun ist noch angeführt worden das allgemeine Interesse und die heutige Bedrängniß der Landwirthschaft. Meine Herren, wenn dieses allgemeine Interesse mit einem wirklichen Schutzzoll für die Landwirthschaft in Verbindung gebracht wird, so muß das allerdings im höchsten Grade bedenklich sein. Ich kann wohl sagen, wie ich heute hier in der Sitzung einen Brief gelesen habe des Herrn Reichskanzlers, der diesen Gesichtspunkt und diese Richtung besonders hervorkehrt, die Worte können möglicher Weise verschieden interpretirt werden; aber nach meiner Auffassung tritt doch im ganzen die Richtung auf eine wesentliche Erhöhung der Kornzölle deutlich hervor. Dieser Brief, an den Herrn von Thüngen geschrieben, hat geradezu die Schutzbedürftigkeit oder die Absicht eines ernsthaften Schutzes der Landwirthschaft durch Kornzölle aufgestellt. Dadurch wird die Sache im hohen Grade bedenklich. Glauben Sie, meine Herren, daß es möglich ist, in Deutschland Kornzölle auf die Dauer einzuführen, die eine ganz wesentliche Vertheuerung der Lebensmittelpreise herbeiführen, daß solche Zölle schlechte Ernte einmal oder zweimal abhalten würden, glauben Sie, daß solche Kornzölle irgend eine politische Komplikation überstehen würden? Nein, meine Herren, ein wirklicher Schutzzoll auf Getreide, wenn Sie ihn einführen wollten, wäre von vornherein zum Tode verurtheilt, und es würde nur auf die Umstände und Gelegenheit ankommen, einige Jahre früher oder später, wann das Todesurtheil vollzogen würde. Der Schutz, der darin für die Landwirthschaft liegen soll, ist eine reine Illusion, meine Herren, also deshalb, wenn man von der schwierigen Lage der Landwirthschaft spricht und von den Maßregeln, die man ergreifen muß, dem abzuhelfen, kommt man auf ein ganz anderes Gebiet. Meine Herren, ich will nun gar kein Hehl darans machen, daß auch ich und gewiß viele hier im Hanse und auch unter meinen Freunden die Lage der deutschen Landwirthschaft im allgemeinen für außerordentlich schwierig ansehen. Meine Herren, soviel ist ja ganz klar, je näher uns durch die Dampfschifffahrtsverbindungen und durch Eisenbahnen diejenigen Länder gerückt sind, welche Getreide erheblich billiger produziren können als wir, desto gefährlicher ist die Konkurrenz für unsere Landwirthe, und das ist etwas, was in der letzten Generation seitens Amerika und in den letzten zehn Jahren seitens Rußland herbeigeführt worden ist.

Es hat also der deutsche Landwirth gegen eine Konkurrenz zu kämpfen, die er früher in dem Maße gar nicht gekannt hat. Meine Herren, ich glaube also, daß es nothwendig ist für jeden denkenden Staatsmann, für jeden Politiker, für die Gesetzgebung und Verwaltung sich mit der Frage ernsthaft zu beschäftigen, ist hier wirklich ein Verhängniß, gegen das man nicht ankommen kann, oder sind Uebelstände anzuerkennen, gegen die man mit Mitteln vorgehen muß, die man bis dahin nicht für nöthig gehalten hat.

Meine Herren, da kommen wir in der That auf ein ganz anderes Gebiet, und ich glaube, daß ohne Beschädigung anderer Interessen der Landwirthschaft bis zu einem gewissen Grade geholfen werden kann. Meine Herren, die Kornpreise, wie wir sie in diesem Jahre haben, sind außerordentlich niedrig, der Durchschnittspreis der letzten sechs Jahre ist noch erheblich höher, aber es kann sein, daß ähnliche niedrige Preise öfter wiederkommen und anhalten, und da ist die Gefahr nicht gering, daß nicht etwa bloß demjenigen, der mit Kapitalien sich ein Gut kauft, es nicht gelingt, mit angemessenem Zinsertrage dasselbe zu bewirthschaften, sondern daß auch der Bauer, der mit Frau und Kind arbeitet in der Land- und Hauswirthschaft, dasjenige, was er nothwendig braucht, namentlich auf leichtem Boden schwer bei solchen Preisen gewinnt.

(Sehr wahr!)

Meine Herren, wenn das der Fall ist, wird man allerdings einzelnen gesetzgeberischen Maßregeln, mit denen man sich schon seit einigen Jahren, aber mehr theoretisch, beschäftigt hat, näher treten müssen. Meine Herren, wir haben eine Statistik gehört von dem Herrn Kommissarius der Regierung, die aber leider nicht sehr viel beweisend war.

(Heiterkeit.)

Die Zahl der Subhastationen, auf die es gerade für die Landwirthschaft ankam, war in den letzten zehn Jahren aus der Statistik nicht zu ersehen und die Analogie, daß für die landwirthschaftlichen und städtischen Subhastationen in ihrem Zahlenverhältniß für Preußen oder gar für das Reich maßgebend sei, wie die in Frankfurt und Umgebung, meine Herren, das nehmen Sie mir nicht übel, wenn Sie von Berlin und Hamburg und einigen anderen größeren Städten absehen, so sind die Frankfurter die exzeptionellsten Verhältnisse, die bestehen. In der nächsten Umgebung von Frankfurt a. M. existirt ein Bauernstand, wie in vielen deutschen Gegenden überhaupt nicht. Das sind Verhältnisse, die man analog statistisch gar nicht übertragen kann. Ich bedauere, daß uns hier die Statistik vollständig im Stich läßt. Man wird, wenn die Regierung, und zwar mit Recht, einen größeren Werth legt auf die Untersuchung der gefährlichen Lage der Landwirthschaft der Statistik neue Aufträge geben müssen, damit wir später mit bestimmteren Thatsachen rechnen können als heute. Bei dieser Gelegenheit möchte ich erwähnen, daß es mir vom Standpunkte der verbündeten Regierungen unbegreiflich erscheint, weshalb wir die Vorlage wegen der sogenannten statistischen Gebühr noch nicht bekommen. Wir wissen weder, wie viel die Einfuhr noch die Durchfuhr in den letzten Jahren betragen hat. Alle Untersuchungen, und das hat uns auch bei einer bekannten Schrift wieder ein hervorragendes Mitglied dieses Hauses bestätigt, sind immer auf unsichere Angaben gemacht, weil sich Einfuhr und Ausfuhr in den letzten Jahren nicht bestimmt nachweisen lassen.

In dieser Hinsicht ist es wünschenswerth, wenn unsere Statistik, und soweit es nöthig, durch die Gesetzgebung vervollständigt wird. Meine Herren, an der Hand statistischer Zahlen wissen wir also zwar nicht, wie es mit den Subhastationen in den letzten Jahren ausgesehen hat, aber soviel kann man dreist behaupten, daß viele von uns nach den Erfahrungen, die sie gemacht und die wir gehört haben, allerdings in mehr oder weniger lokalen Erscheinungen zu der Ueberzeugung kommen, daß in den letzten Jahren in manchen Gegenden Deutschlands die Situation der Landwirthe zurückgegangen ist. Ich habe z. B. aus vielen Erfahrungen in einzelnen Gegenden meiner Provinz darüber keinen Zweifel. Nun sage ich — und das Argument, was in den Motiven gebraucht ist, vielfach auch in der Presse seitens der sogenannten agrarischen Partei, kann man nicht ganz widerlegen, — wenn wir einen wirklichen Schutz für Korn nicht zngeben wollen, dann ist es für uns doch nicht gleichgiltig, zu sehen, daß der deutsche Landwirth an der Hand unseres Steuersystems unter ganz anderen und viel ungünstigeren Umständen produzirt, als die Länder, mit deren bei uns importirtem Getreide er konkurrirt.

(Sehr richtig!)

Meine Herren, man wird niemals dahin kommen können, daß man aus solchen Gründen unser Steuersystem etwa anschließt an das Steuersystem anderer Länder, z. B. von Rußland, wo ein rationelles Steuersystem noch gar nicht entwickelt ist. Aber wenn viele bislang schon und auch meine Freunde der Ansicht gewesen sind, daß ein richtiges Verhältniß bei der direkten Besteuerung in unserer preußischen Gesetzgebung, von der ich zunächst spreche, weil ich sie am besten kenne, nicht vorhanden ist, hinsichtlich der Einnahmen aus dem Grundbesitz zu den Einnahmen aus dem Kapital u. s. w.,

(sehr richtig! hört! hört!)

wenn wir, nicht bloß die Regierungen und die Konservativen, nein, in den letzten und frühern Sessionen im Abgeordnetenhause auch die Liberalen, sich mit der Frage beschäftigt haben, daß in dieser Hinsicht eine Aenderung und Besserung eintreten soll im berechtigten Interesse der Landwirthe, so, sage ich, sind diese Vorlagen ein Grund mehr, um solchen Fragen sobald als möglich praktisch näher zu treten. Es sind verschiedene Fragen, die aufgeworfen werden können, die eine, die in einem Beschlusse des Abgeordnetenhauses niedergelegt ist, daß man einen Theil der Grund- und Häusersteuer übertrage auf die Kommunen und Kommunalverbände und somit die Landwirthe erleichtere hinsichtlich mancher kommunaler Abgaben, die vorzugsweise auf die Landwirthe fallen.

Die andere Frage ist auch schon angeregt; sie ist aber mehr im Hintergrunde geblieben, ob es richtig sei, daß das aus dem Grund- und Häuserbesitz fließende Einkommen mit demselben Satz noch einmal zur Einkommen- und Klassensteuer herangezogen wird, wie das Einkommen aus anderen Quellen, die eine Spezialsteuer wie die Grund- und Gebäudesteuer ihrerseits nicht tragen, wobei die Frage hinsichtlich der Gewerbesteuer ganz dieselbe sein wird, wie hinsichtlich der Grund- und Gebäudesteuer.

Meine Herren, ich erwähne diese Dinge, weil ich glaube, daß hinsichtlich der Reform der Besteuerung etwas ganz erhebliches geschehen kann für die Landwirthschaft, wo wirklich eine nachhaltig rationelle Erleichterung einträte, von der niemand wünschen wird, daß sie später dem Landwirth wieder entzogen wird.

Aehnliche Untersuchungen werden, obgleich sie weniger vorbereitet sind, angestellt werden können auf anderen Gebieten. Man wird hinsichtlich der Kreditgesetzgebung für die Landwirthschaft noch manches thun können. Wir haben in dem letzten Jahre im preußischen Landtage in dieser Richtung Gesetze erlassen, deren Wirkungen wir noch erwarten. Dann ist es meiner Meinung nach, wenn wir uns demnächst beschäftigen werden mit dem Zivilrecht, die Frage auch nicht ganz zu übergehen, ob es nicht möglich ist, namentlich hinsichtlich des bäuerlichen Besitzes, bei dem Erbrecht

(hört, hört! Bravo! rechts)

eine andere Einrichtung zu treffen.

Meine Herren, der Herr Abgeordnete Richter scheint hiergegen einen lebhaften Widerspruch geltend machen zu wollen; ich erinnere aber den Herrn Abgeordneten Richter daran, daß im Abgeordnetenhause vor einer Reihe von Jahren, ich weiß nicht, ob mit seiner Zustimmung, aber mit einer großen Mehrheit, unter Zustimmung der gesammten liberalen Parteien, ein Gesetz angenommen ist, welches das Erbrecht in der Provinz Hannover für den bäuerlichen Besitz in der bestimmten Ansicht der Befestigung des bäuerlichen Besitzes ganz wesentlich verändert hat.

(Sehr richtig!)

In diesem Gesetz ist ein Vorzng von einem Drittel des Werths des Hofs und durch die Art, wie das Gesetz im übrigen geregelt worden ist, noch etwas mehr als ein Drittel für den Erben des Grundbesitzes festgestellt. Das ist durch das preußische Abgeordnetenhaus in großer Mehrheit beschlossen worden. Ich kann sagen, und freue mich das behaupten zu können, weil ich einen wesentlichen Antheil an dieser Maßregel in Hannover habe, daß dieselbe so gewirkt hat, daß die betreffenden bäuerlichen Besitzer in sehr großer Zahl, jetzt schon zwei Drittel, in ganz Hannover von diesem Gesetz Gebrauch gemacht haben, d. h. sich in die Rollen bei den Gerichten haben eintragen lassen, so daß bei allen diesen Höfen, unter voller Wahrung der freien Disposition des Eigenthums unter Lebenden und von Todeswegen in subsidium das erwähnte bevorzugte Erbrecht des Anerben eintritt. In den benachbarten Gegenden, in Oldenburg und Westfalen, hat man sich mit dieser Frage gleichfalls bereits beschäftigt. Ich glaube, daß wir in wenigen Jahren darauf zurückkommen werden bei dem deutschen Zivilgesetz. Nur auf dem Weg der anderweiten Gesetzgebung, nicht auf dem Weg der Schutzzölle kann etwas dauerndes für die Landwirthschaft geschehen, soweit man wirklich einen Nothstand für die Landwirthschaft glaubt anerkennen zu sollen.

Nun, meine Herren, gestatten Sie mir, daß ich noch eingehe auf die Frage, zu der ich eigentlich vorzugsweise meinen Freunden gegenüber mich verpflichtet habe, das Wort zu nehmen. Das ist die Frage: wo ist eigentlich das finanzielle Bedürfniß? in welchem Umfange ist es anzuerkennen und wie werden sich die Verhältnisse später gestalten? Wie werden namentlich die verfassungsmäßigen Rechte des Reichstags gewahrt werden, auch der einzelnen Länder, wenn wir Vorlagen, wie diese, mit so bedeutenden Mehrerträgnissen annehmen?

Meine Herren, im vorigen Jahre haben der Herr Abgeordnete von Stauffenberg, Lasker, ich und andere diese Frage schon erörtert und insofern ist eine Uebereinstimmung der Meinungen hervorgetreten, daß auf dem Wege der stärkeren Heranziehung der indirekten Steuern durch die Reichsgesetzgebung eine Erleichterung herbeigeführt werden muß, indem die Matrikularbeiträge, sei es ganz, sei es zum großen Theile beseitigt werden und dadurch eine bessere Gestaltung der Finanzen in den einzelnen Ländern möglich wird. Der Herr Abgeordnete von Stauffenberg und ich, mehr wie der Herr Abgeordnete Lasker, sind herangekommen an diese Frage von den Bedürfnissen, von der Nothwendigkeit der Ordnung der Finanzen in den einzelnen Ländern und zu bestimmten Ergebnissen gelangt, dazu, daß die Matrikularbeiträge ganz oder doch in der Hauptsache beseitigt werden müssen, damit überhaupt eine Ordnung geschaffen werden kann in den Finanzen der einzelnen Länder und auch Erleichterungen noch herbeigeführt werden für die Kommunen, deren Zustände Herr von Stauffenberg- für Bayern in sehr drastischer Weise in ihrer großen Finanznoth geschildert hat.

Meine Herren, die Summen, von denen man damals ausging, von denen ich wenigstens ausgegangen bin, das war der Betrag der Matrikularbeiträge, wie er damals im Etat war, also eine Summe von etwa 80 bis 90 Millionen, je nachdem die Vorschläge angenommen oder abgeändert worden sind. Dieselben Summen sind gelegentlich erwähnt in einem Vortrage von Lasker, wohl aber mehr in dem Sinne, daß das die äußerste Grenze sein soll; ich habe den Vortrag nochmals nachgelesen, er scheint mir diese Bedeutung zu haben. Nun haben sich seit dem vorigen Jahre die Finanzverhältnisse in den einzelnen deutschen Ländern nach meiner Auffassung — und ich glaube, Sie werden das nicht bestreiten können — noch wesentlich verschlechtert, mindestens in Preußen. Aehnlich, wie mir bezeugt ist von Freunden in Württemberg, Sachsen, Bayern, in Bayern soll die Lage allerdings nicht ganz so ungünstig sein. Daß die kleinen Länder schon lange sich in einer bösen Finanzlage befinden, darüber ist nichts zu sagen.

In Preußen hatte man noch in dem Jahre 1877 auf 78 im Rechnungsabschluß einen, wenn auch nur geringen Ueberschuß. Wie sieht es aber aus in dem Etat, den wir jetzt festgestellt haben im letzten preußischen Landtage für das Jahr 1879/80? In diesem Jahre haben wir es mit einer bedeutenden Deckungsanleihe zu thun. Sie stellt allerdings meiner Meinung nach das Defizit nicht richtig dar, denn es werden ganz ungewöhnlich große extraordinäre Bauten gemacht, so daß das Extraordinarium regelmäßig ein geringeres sein wird. Die Rechnung darüber, was das Defizit dieses Etats ist und der zu erwartenden künftigen, mag eine verschiedene sein. Aber ich glaube allerdings, daß die Summen, wie sie im Etat, vorläufig im preußischen Etat, mit 41 Millionen für die Matrikularbeiträge ausgeworfen sind, daß das ungefähr das dauernde preußische Defizit etwas darüber oder darunter, ausmacht. Ich möchte glauben, daß ich mit dem Abg. Rickert in dieser Berechnung ziemlich übereinstimme. Dieses Defizit ist nach der Vorlage, wie wir sie heute Morgen gedruckt vertheilt erhalten haben, inzwischen noch etwas größer geworden, indem da nicht eine Summe von 41—42, die im preußischen Landtag angenommen war, sondern von 44 Millionen für 1879/80 an preußischen Matrikularbeiträgen ausgeworfen ist nach der Abrechnung, die man inzwischen gemacht hat. Nun, meine Herren, ich will einmal hierbei stehen bleiben. Wenn wir davon ausgehen, daß die 90 Millionen, die an Matrikularbeiträgen stehen in dem jetzigen Etat des Reichs für 1879/80, wenn die beseitigt werden, was hat das zur Wirkung für Preußen? In Preußen würden dann nicht bloß die Matrikularbeiträge wegfallen, sondern wenn man diese Summen, wozu aber noch besondere gesetzliche Einrichtungen im Reiche getroffen werden müssen, wenn man die überschießende Summe vertheilt, so würde für Preußen der Betrag von 10 bis 11 Millionen übrig bleiben, weil allerdings, wie der Herr Abgeordnete Richter, wenn ich nicht irre in der Kommission, ja gelegentlich auch im Plenum ganz richtig darauf hingewiesen hat, daß in den 90 Millionen, die als Matrikularbeitrag in dem Reichsetat figurirten, eine ganz erhebliche Summe steckt in solchen Zahlungen, welche die süddeutschen Länder, Bayern und die andern machen müssen, weil sie nicht an der Brau- und Biersteuergemeinschaft theilnehmen und zum Theil auch aus Post und Telegraphie besondere Einnahmen haben. Es ist also hier, wenn man die ganzen Matrikularbeiträge beseitigt, wie sie jetzt im Etat figuriren mit ruud 90 Millionen, so ist allerdings für die Einzelstaaten, für Preußen namentlich, schon eine Summe von 10—11 Millionen Mark außer den ersparten Matrikularbeiträgen zur Vertheilung übrig.

Nun, meine Herren, was die preußischen Finanzverhältnisse anlangt, so ist schon seit Jahren, und unter meinen Freunden am entschiedensten, die Ansicht vertreten, daß das System der direkten Steuern, wie wir es haben, einer Reform bedarf und daß gelegentlich dieser Aenderungen auch erhebliche Erleichterungen herbeigeführt werden können. Es ist ferner, worauf ich vorhin schon hingewiesen habe, der Wunsch hervorgetreten und auch in einem Beschluß niedergelegt, daß die Grund- und Gebäudesteuer theilweise auf die Kommunen übertragen werde. Meine Herren, wir haben im vorigen Jahre, als es sich damals um eine einzelne Steuervorlage gehandelt hat, gesagt: die Vorlage, die uns schon aus anderen Gründen nicht annehmbar erscheint, ist auch deshalb nicht genügend, weil wir an der Hand der Vermehrung der indirekten Steuern zugleich eine Reform und Erleichterung der direkten Steuern in den Einzelstaaten herbeiführen wollen. Dazu brauchen wir größere Erträge, dazu wird in Folge der inzwischen bedeutend verschlechterten Finanzlage Preußens auch ein Betrag von 90 Millionen an Vermehrung der indirekten Reichssteuern noch nicht vollständig genügen.

Nun komme ich in dieser Beziehung auf Aeußerungen des Herrn Reichskanzlers, zu denen ich mich doch verpflichtet halte Stellung zu nehmen. Der Herr Reichskanzler hat in seiner ausführlichen Rede, die er bei Einleitung der Diskussion gehalten hat, wenn ich es mal grundsätzlich bezeichnen soll, eigentlich den Standpunkt vertreten, daß die direkten Steuern, wenn nicht ganz, aber doch in der Hauptsache beseitigt werden und an deren Stelle indirekte Steuern treten sollen, welche nothwendige Vermehrung der indirekten Steuern er zum Theil in diesen Vorlagen erblickt. Der Herr Reichskanzler hat darauf hingewiesen, daß ein solches System, wie wir es bei der Einkommen- und Klassensteuer haben, abgesehen etwa von Rußland, nirgends in Europa existirt, daß also auch gar kein Grund sei, ein solches System bei uns beizubehalten. Meine Herren, ich will gleich etwas näher auf die englischen Verhältnisse eingehen. — Aber in Frankreich, und das ist doch sehr merkwürdig, ist in diesem Augenblicke, wo wir bei uns bemüht sind, ein richtiges Verhältniß herzustellen zwischen direkten und indirekten Steuern, indem wir die indirekten Steuern stärker anspannen, in Frankreich, in dem das direkte Steuersystem ungenügend entwickelt ist und das indirekte überwuchert, ist eine nicht unbedeutende Bewegung vorhanden, auf Vermehrung direkter Steuern. Man sagt dort, die unteren und die mittleren Klassen werden durch das französische Steuersystem zu sehr bedrückt und die reicheren und wohlhabenderen Klassen tragen so wenig bei zu den öffentlichen Lasten, daß es nothwendig sein wird, in Frankreich das System der direkten Steuern zu erweitern; einer der einflußreichsten Männer in Frankreich, Herr Gambetta, gehört zu denjenigen, die eine solche Ergänzung der direkten Steuern wünschen. Also in demselben Augenblick, wo man in Frankreich glaubt, daß eine einseitige Ausbildung des indirekten Steuersystems für ein Land nicht zuträglich sei, daß man dadurch die unteren Klassen zu Gunsten der oberen zu stark belaste, in dem Augenblick sollten wir ein bewährtes direktes Steuersystem nicht etwa bloß bessern, modifiziren, sondern der wesentlichen Grundlage nach abschaffen? Der Herr Reichskanzler hat sich darauf berufen, daß nirgends, abgesehen von Rußland, etwas existirt, wie eine solche Klassen- und Einkommensteuer. Meine Herren, ich behaupte, daß eine derartige Einrichtung im wesentlichen in England besteht. Dabei muß man allerdings berücksichtigen, daß die englischen Geldverhältnisse nicht dieselben sind, wie bei uns, daß 1000 Thaler in England nicht so viel sind, als sie bei uns sind, weil das englische Land viel reicher ist. Der Herr Reichskanzler sagt: die Klassensteuer, also bis 1000 Thaler soll ganz abgeschafft werden; die Einkommensteuer von 1000 bis 2000 Thaler soll nur herangezogen werden, soweit fundirtes Vermögen vorhanden ist. Ueber 2000 Thaler soll auch das unfundirte Vermögen erleichtert werden. Ich müßte mich sehr irren, wenn ich nicht schon in einem früheren Stadium eine Erklärung des Herrn Reichskanzlers vernommen habe, wonach die Einkommen bis 2000 Thaler ganz steuerfrei gelassen werden sollen. Nun, meine Herren, wie sind denn die Verhältnisse in Preußen, wer würde nach diesem Plan eine direkte Steuer überhaupt noch bezahlen? Meine Herren, wir haben in Preußen — es kann doch wirklich nicht schaden, wenn man auf die Zahlen eingeht und es ist auch ein Appell an unsere Bescheidenheit in Beziehung auf unsere Steuerprojekte — in Preußen haben wir ein Viertel der Bevölkerung, die so wenig Einkommen besitzen, daß sie überhaupt zur Klassensteuer nicht herangezogen werden können, weil sie den Satz von 420 Mark Einkommen nicht erreichen. Es sind 25 Prozent und ein Bruchtheil, also ungefähr ¼. Dann haben wir fast ¾, genauer 71 bis 72 Prozent, die beschrieben werden in Preußen zur Klassensteuer, weil sich ihr Einkommen bewegt in den Grenzen von 140 bis 1000 Thaler und der Rest, rund 2⅓ Prozent, sage nur 2⅓ Prozent der Bevölkerung ist in der Lage, zur Einkommensteuer beschrieben zu werden. Meine Herren, diese Letzteren sind nach den Listen, die das statistische Bureau aufgemacht hat, die uns mitgetheilt sind im vorigen Landtage in Preußen, 167,000 Personen.

Meine Herren, wenn man nun von diesen 167 000 noch diejenigen im wesentlichen mit der Einkommensteuer verschonen wollte, welche 1—2000 Thaler bezahlen, was würde dann übrig bleiben? dann würden etwa nur 48,000 Personen übrig bleiben. Meine Herren, diese Zahl ist so gering, daß dann die Einkommen- und Klassensteuer im wesentlichen beseitigt ist, wenn ein Steuersystem auf eine so geringe Zahl von Personen basirt ist, und der Ertrag daraus nur noch ein sehr untergeordneter bleibt, da die Einkommensteuer im ganzen 31 Millionen beträgt. Meine Herren, wenn nun also, wie der Herr Reichskanzler will, die Grund- und Gebäudesteuer vollständig an die Kommunen übertragen werden, die Klassensteuer aufgehoben wird und die Einkommensteuer so eingeschränkt wird, daß von ihr nur etwas unwesentliches übrig bleibt, wenn in diesem Zusammenhange die Gewerbesteuer keinen Platz mehr hat, dann ist mit einem Worte die ganze Grundlage des preußischen direkten Steuersystems beseitigt.

Der Herr Reichskanzler ist übrigens insofern vorsichtig gewesen, er hat sein Steuersystem nur hingestellt als ein Ziel, er hat auch hervorgehoben, daß eine volle Uebereinstimmung mit seinen Kollegen nicht vorhanden sei, und der Herr Finanzminister für Preußen hat schon Gelegenheit genommen, in gewisser Weise dies Projekt des Herrn Reichskanzlers einzuschränken.

Wenn wir damit die Verhältnisse in England vergleichen, wie vorsichtig sind dagegen die reichen Engländer. In England ist die Einkommensteuer eingeführt seit dem Jahre 1843, man hat seit damals in fünf Klassen eine Einkommensbesteuerung vorgenommen: Grundbesitzer, Pächter, Gewerbetreibende, Bedienstete, Rentenempfänger und hat gesagt, wir wollen, weil unsere Mittel es uns erlauben, alle Einkommen bis zu hundert und fünfzig Pfund frei lassen, das sind nach unserem Gelde ungefähr tausend Thaler; wenn man aber die englischen und die deutschen Vermögensverhältnisse mit einander vergleicht, freilich eine andere Summe, denn tausend Thaler in England sind weit weniger als tausend Thaler bei uns. Nun, die Einkommensteuer besteht in England heute noch. Die Engländer, die ein außerordentlich stark entwickeltes System der Konsumtionsabgaben, der Finanzzölle auf gewisse Artikel besitzen, haben es doch bis heute seit 1843 nicht für möglich gehalten, die income-tax wieder abzuschaffen, obschon die income-tax in England unpopulär ist. Sie haben die Abschaffung aber trotz ihrer anderweiten kolossalen Mittel nicht für möglich gehalten, und das ist auch sehr erklärlich, wenn man die Summe des Ertrages berücksichtigt. Ich habe im Gothaischen Kalender nachgesehen, und da habe ich den rechnungsmäßigen Ertrag für 1877 mit 5,900,000 Pfund angegeben gefunden; das sind in runder Summe 120 Millionen Mark. Soviel beträgt dort die Einkommensteuer.

(Zuruf: 170 Millionen!)

— Nein, 120.

Nun, meine Herren, die Engländer, die also seit dem Jahre 1843 die Einkommensteuer eingeführt haben, sie heute noch besitzen, sie immer entwicklungsfähiger gefunden haben in ihren Erträgnissen — was haben sie gethan? sind sie nachher etwa weiter gegangen hinsichtlich der Befreiung von 150 Pfund Sterling? Nein, meine Herren, im Gegentheil; nachdem die Einkommensteuer zehn Jahre lang bestanden hat, ist es zweckmäßig erschienen, die Grenze der Befreiung von 150 Pfund Sterling herunterzusetzen auf 100 Pfund Sterling, und, soweit ich auf unserer Bibliothek habe nachsehen können, besteht dies Verhältniß noch heute so, das letzte will ich nicht bestimmt behaupten; jedenfalls hat es bestanden bis Mitte der siebziger Jahre. Daneben hat man eine Erleichterung eintreten lassen bei denjenigen, die zwischen 100 und 300 Pfund Sterling Einnahmen haben, diese bezahlen einen etwas niedrigeren Satz. Man hat es also nicht einmal für möglich gehalten, den ursprünglichen Satz von 150 Pfund Sterling Befreiung aufrecht zu erhalten, man ist unter denselben zurückgegangen, geschweige daß man zu solchen Sätzen gekommen ist, wie der Herr Reichskanzler glaubt, in Deutschland ein Einkommen von 1000 oder gar 2000 Thalern dauernd steuerfrei zu lassen.

Meine Herren, ich bin gewiß sehr geneigt, hinsichtlich der Steuersätze in Preußen bedeutende Verbesserungen einzuführen, ich bin namentlich sehr geneigt — und das halte ich sogar für nothwendig, wenn man große Beträge an indirekten Steuern den unteren Klassen neu auflegt —, daß eine erhebliche Erleichterung in der Klassensteuer eingeführt wird. Aber, meine Herren, auch da möchte ich bitten, daß man mit Vorsicht vorgeht, um ein geordnetes Finanzsystem nicht zu gefährden. Man muß wohl berücksichtigen, um welche große Summen es sich handelt. Wollen Sie z. B. mit den Mitteln, die Preußen durch die Annahme der Vorlage bekommt, in den nächsten Jahren, die untersten beiden Stufen der Klassensteuer frei lassen, die bis zu 300 Thaler Einkommen gehen, so brauchen Sie 14½ Millionen Mark. Das ist gar keine gleichgiltige Summe. Wollen Sie noch weiter gehen und die Stufen bis zu 400 Thaler Einkommen frei lassen, so brauchen Sie dazu 21 Millionen Mark. Sie sehen also, — es ist ja naturgemäß, daß in diesen unteren Klassen die große Mehrzahl der Steuernden sich befindet, — mit welchen schwierigen Verhältnissen man zu thun hat, wie vorsichtig man sein muß, um zu einem Ziele zu gelangen, um welche bedeutende Summen es sich handelt. Ich kann also bei der Art und Weise, wie es von dem Herrn Reichskanzler hingestellt ist, allerdings nur vorläufig, als sein Ziel, nicht glauben, daß der preußische Landtag und auch der preußische Finanzminister sich in der Lage befinden würden, die Steuerreform für die direkten Steuern in dieser angedeuteten Weise durchzuführen.

Nun, meine Herren, komme ich zuletzt zu der Frage, die ja für den Reichstag eine nicht unwesentliche Bedeutung hat. Wenn wir so bedeutende Summen durch die Zollreform bewilligen, — Summen, die möglicherweise die Matrikularsummen des jetzigen Etats von 90 Millionen überschreiten — wenn man dazu kommt, dann sind meiner Meinung nach doch diejenigen Rechte genau zu untersuchen, die der Reichstag jetzt hat, und es ist meiner Meinung nach in dieser Beziehung — das werden Sie uns auf der liberalen Seite nicht zumuthen, das werden die Herren vom Zentrum nicht wollen, und können Sie auf der konservativen Seite nicht verantworten, daß man in demselben Augenblick, wo man so bedeutende Summen, wie ich sie erwähnt habe, neu bewilligt, die Rechte, welche der Reichstag hinsichtlich der verfassungsmäßigen Bewilligung der Einnahmen hat, verringert. Nein, meine Herren, im Gegentheil, wenn man so bedeutende Summen neu bewilligt, dann kann vielmehr die Frage entstehen, ob nicht ein größerer Einfluß des Reichstags zu erstreben ist, wo man so große Opfer dem Lande neu auferlegt.

Nun, meine Herren, was das Einnahmebewilligungsrecht

im Reich anlangt, so existirt ein solches Recht in dem Sinne, wie es in vielen Verfassungen enthalten ist, nicht. Denn die indirekten Zölle und Steuern beruhen auf Gesetz, sie werden in den Etat eingestellt auf Grund gesetzlicher Verpflichtung und entziehen sich insofern der jährlichen Bewilligung; es ist nur die betreffende Zahl einzurücken, die dem zu erwartenden Erträgniß entspricht. Wir haben aber das Recht, meine Herren, die Matrikularbeiträge zu bewilligen. Nachdem wir die Ausgaben bewilligt haben, ergeben sich nicht etwa die Matrikularbeiträge von selbst, so daß der Reichskanzler sie ausschreiben kann, — nein, die Matrikularbeiträge können nur erhoben werden, soweit wie sie wirklich mit Zustimmung des Reichstags und Bundesraths in den Etat des einzelnen Jahres eingesetzt sind.

Nun appellire ich an alle Diejenigen, die mit mir in den letzten Jahren an den Arbeiten der Budgetkommission theilgenommen haben, ob nicht gerade dieses Bewilligungsrecht der Matrikularbeiträge dem Reichstage einen wesentlichen Einfluß gestattet hat auf die Einrichtung eines sparsamen Haushalts,

(sehr richtig! links)

eine Einwirkung, die wirklich nicht unbedeutend gewesen ist, wenn man die Vorlagen der verbündeten Regierungen an Ausgaben in den letzten sechs Jahren mit demjenigen vergleicht, was schließlich wirklich im Etat Gesetz geworden ist. Die ersparten Matrikularbeiträge dieser Jahre sind ja früher berechnet auf 80 bis 90 Millionen.

Meine Herren, die Möglichkeit der Einwirkung darauf haben wir gewonnen durch das Recht, welches wir hatten, die Matrikularbeiträge zu bewilligen, obgleich das ein Steuerbewilligungsrecht im eigentlichen Sinne nicht ist. Aber durch die Befugniß, die Matrikularbeiträge im Etat zu bewilligen, ist die Möglichkeit gegeben, eine solche Einwirkung, die sehr segensreich und nützlich gewesen ist, durch den Reichstag ausüben zu lassen, weil natürlich jedes Mitglied aus jedem Lande sich die Frage vorlegt: wieviel Matrikularbeiträge kann dein Land überhaupt tragen, welche Wirkung hat die Höhe derselben, kannst du nicht daran etwas sparen?

Nun, meine Herren, wenn wir jetzt große Summen bewilligen, auch viel niedriger noch, als sie gefordert sind, werden ja die Matrikularbeiträge wegfallen; vielleicht wird etwas Erhebliches übrig bleiben, über dessen Vertheilung man noch besonders gesetzlich disponiren muß. Es muß also ein Weg gefunden werden, und ich behaupte geradezu, daß eine Mehrheit hier im Reichstage nicht für die Geldbewilligung zu erlangen ist, wenn nicht ein solcher Weg gefunden ist, der unsere Rechte sichert. Ich kann mir auch nicht denken, daß eine solche Absicht auf ernste Schwierigkeiten stoßen sollte, so begründet ist der Anspruch. Man muß also etwas finden, was die Gerechtsame des Reichstags nicht schlechter und unwirksamer stellt, als sie jetzt sind. Man kann sogar weiter gehen und bei der Gelegenheit — es ist dies kein unbilliges Verlangen — versuchen, ob es nicht in Uebereinstimmung mit der Regierung möglich ist, noch wirksamere Rechte des Reichstags herbeizuführen. Das ist gewiß im einzelnen in der Generaldiskussion nicht zu erledigen. Ich führe nur im allgemeinen an, dafür gibt es verschiedene Wege: man kann eine Anzahl von Steuern und Zöllen aussondern und in dem Etat einer jährlichen Bewilligung unterwerfen, man kann eine Anzahl Steuern und Zölle aussondern und sie vorweg den einzelnen Ländern überweisen, während die Matrikularbeiträge bestehen bleiben, man kann diese beiden Wege in angemessener Form kombiniren. Ich habe dieses nur andeutungsweise erwähnt, ich habe aber diesen legitimen Anspruch des Reichstags mit der größten Bestimmtheit im Anfange der Diskussion hervorkehren wollen, und bezweifle nicht, daß darüber eine Verständigung unter uns und mit den verbündeten Regierungen erreicht werden wird.

Meine Freunde und ich hätten nun gewünscht, daß diese Frage und ebenso die Frage des Bedürfnisses und mit welchen Artikeln und Summen dieses Finanzbedürfniß zu decken ist, einer besonderen Kommission überwiesen werde. Ob damit aber auch eine andere Kommission oder die Tarifkommission betraut werden wird durch die Mehrheit, sorgfältig geprüft werden muß die Sache. Am besten, wie gesagt, in einer besonderen Kommission; ist das nicht die Absicht der Mehrheit, so muß die Tarifkommission diese Arbeit übernehmen, obgleich ich fürchte, daß im Sturm der Zollinteressen diese Fragen in der Tarifkommission zu weit zurückgedrängt werden.

Wenn es gelingt, daß wir auch die konstitutionellen Gerechtsame des Reichstages in angemessener Form sichern und wirksam behaupten, mindestens so wie sie bislang gewesen sind, wird allerdings der Erfolg dieser Reichstagsverhandlungen voraussichtlich der sein, daß eine bedeutende Summe an neuen Mitteln bewilligt und dadurch die Möglichkeit gegeben wird, nicht blos Ordnung, sondern auch Verbesserungen in den Finanzen der einzelnen deutschen Länder herbeizuführen, was ich nicht blos für wünschenswerth, sondern für absolut nothwendig halte.

Meine Herren, ich glaube, daß ich mich in der Generaldiskussion auf diese Aeußerungen beschränken kann, sie haben ja leider Ihre Geduld schon zu lange in Anspruch genommen.

Ich resümire mich also dahin. Ich bin bereit, eine mäßige Erhöhung von verschiedenen Schutzzöllen eintreten zu lassen, wo immer das Bedürfniß für dieselben in der Kommission und im Hause nachgewiesen wird und wo nicht auf der anderen Seite nachgewiesen werden kann, daß erheblichere Interessen damit geschädigt werden. Ich bin daneben bereit, Finanzzölle zu bewilligen in dem Umfange, wie es erforderlich ist, um Ordnung und Verbesserungen in den Finanzen der einzelnen Länder herbeizuführen.

Wenn ich das beiläufig erwähnen darf, so bin ich auch bereit, im Allgemeinen die Tabaksvorlage zu bewilligen, wenn dasjenige beseitigt wird aus der Vorlage, was mir ein zu starker Eingriff und eine zu starke Schädigung des ganzen Tabaksgewerbes zu sein scheint.

Was die Biersteuervorlage anlangt, so bin ich mit dem Herrn Abgeordneten Oechelhäuser ganz einverstanden, diese Frage ist in der That nicht so eilig, es wird ohne sie kaum möglich sein, sie in dieser Session neben der Tarif- und die Tabaksfrage zu erledigen. Die Biersteuervorlage können wir ganz gut auf das nächste Jahr verschieben, und ich mache kein Hehl daraus, daß ich glaube, wenn man an die Erhöhung der Biersteuer herangehen will, kann und darf man sie nur beschließen im Zusammenhange mit der Branntweinsteuer, denn das Bier vertheuern, heißt nur auf den größeren Genuß des Branntweins hinwirken, wenn nicht gleichzeitig eine entsprechende Vertheuerung des Branntweins eintritt. Was im übrigen die aufgeworfene Frage anlangt, ob es wünschenswerth ist, diese ganzen Vorlagen, weil in vieler Hinsicht nicht vollständig vorbereitet, für die nächste Session zu vertagen, also gewissermaßen diesmal nur Vorarbeiten zu liefern, eine Auffassung, die namentlich der Herr Abgeordnete Bamberger von seinem Standpunkt aus vertreten hat, so kann ich mich in dieser Hinsicht nur demjenigen anschließen, was sowohl der Herr Abgeordnete Delbrück als der Herr Abgeordnete Oechelhäuser gesagt haben. Der Herr Abgeordnete Delbrück, der in der ganzen Auffassung des Tarifs mit dem Herrn Abgeordneten Bamberger einverstanden sein mag, hat sich hier durchaus abweichend erklärt; er hat gesagt, die ganze Lage der Industrie verlangt nothwendig eine baldige Lösung, er ist also ebenso wie ich der Meinung, daß ein Vertagen der Lösung größere wirthschaftliche Gefahren hervorrufen kann, als wenn man in einzelnen Punkten sich vergreift, weil die Vorbereitungen nicht genügend sind. Also mit dem Vorbehalt, daß ich hoffe, daß diese Vorlagen aus der Berathung des Plenums oder der Kommissionen noch wesentlich verbessert hervorgehen werden, erkläre ich mich dafür, daß wir in der Hauptsache auf der Grundlage der gemachten Vorlagen in diesem Jahre zum Abschluß kommen. Ich wiederhole, ich kann die Sache nicht so tragisch ansehen, ich habe die Auffassung, daß auch in diesem Hause mit einer verhältnißmäßig großen Objektivität und Ruhe und von denjenigen, die sich in ihren Tendenzen am meisten verletzt sehen, schon jetzt mit großer Resignation die Fragen behandelt worden sind. Ich behaupte, daß die unbefangene und sachverständige Prüfung, die wir eintreten lassen wollen im Plenum und in den Kommissionen, noch einen Abschluß zu Wege bringen wird, von dem man in späteren Jahren wird sagen können: die Befürchtungen und Hoffnungen, die man an die Vorlage geknüpft hat, sind in dem Maße nicht eingetroffen, wie man vermuthete. Ich halte es nicht für ausgeschlossen, daß auf Grundlage der neuen Zollsätze der finanziellen Ordnung im Reich und der Verbesserung der Steuerverhältnisse in den Einzelländern ein Boden geschaffen wird für unsere wirthschaftliche Thätigkeit, noch günstiger als der, welcher jetzt vorhanden ist.

(Lebhaftes Bravo!)

Vizepräsident Dr. **Lucius**: Es ist ein Vertagungsantrag überreicht von den Herren Abgeordneten Freiherr zu Franckenstein und Baer (Offenburg). Ich bitte diejenigen Herren, welche den Vertagungsantrag unterstützen wollen, sich zu erheben.

(Geschieht.)

Ich bitte diejenigen Herren, die den Vertagungsantrag annehmen wollen, stehen zu bleiben oder sich zu erheben.

(Geschieht.)

Das ist die Mehrheit; der Vertagungsantrag ist angenommen.

Zu einer persönlichen Bemerkung hat das Wort der Herr Abgeordnete Richter (Hagen).

Abgeordneter **Richter** (Hagen): Meine Herren, der Herr Abgeordnete von Bennigsen hat eine Zwischenbemerkung von mir unrichtig verstanden. Obwohl er sie zum Theil selbst korrigirte, so liegt mir doch daran, sie völlig richtig zu stellen. Als der Herr Abgeordnete von Bennigsen bemerkte, man könne das Zollsystem wechseln, entweder wegen der wechselnden Bedürfnisse des Inlandes, oder wegen der wechselnden Verhältnisse des Auslandes, rief ich dazwischen: oder wegen der wechselnden Ansichten des Kanzlers! Das bezog sich aber nicht auf Herrn von Bennigsen, dem ich einen Wechsel seiner Ansichten unterschieben wolle, sondern ich wollte damit die Vorlage als auf den wechselnden Ansichten des Kanzlers beruhend hinstellen. Herr von Bennigsen hat ganz Recht, wenn er bemerkte, daß ich keine Veranlassung habe, ihm einen Wechsel der Ansichten vorzuwerfen, da mir bekannt sein muß, da ich mich mit den Sachen immer beschäftigt habe, daß er von jeher der schutzzöllnerischen Richtung, wenn auch einer gemäßigten, angehört habe.

Nun wollte ich noch eine Bemerkung machen, die an sich ja weniger wichtig ist und die sich auf die gestrige Sitzung bezieht.

Der Geheimrath Tiedemann hat ohne jeden Zusammenhang mit der Sache selbst durch einen persönlichen Angriff gegen mich das wenige, was er sachlich vorgebracht hat, zu würzen gesucht. Er hat, indem er auf die gewerblichen Verhältnisse in gewissen Kreisen zu sprechen kam, die gar nicht mit der Sache in Zusammenhang stehenden Bemerkungen eingeflochten: darunter sei auch ein Kreis, in dem ich mal das Landrathsamt verwaltet hätte, zum Glück des Kreises nur ganz kurze Zeit. Meine Herren, der Eindruck im Hause — und das ist mir vielfach versichert worden — muß ein solcher gewesen sein, als ob mich bei der Verwaltung des Landrathsamts irgend ein Versehen, ein Verschulden getroffen hätte, das vielleicht die Ursache davon gewesen sei, warum man mich nach kurzer Zeit wieder daraus entfernt hätte. Das lag um so näher, als gerade Herr Geheimrath Tiedemann denselben Kreis später als Landrath viele Jahre verwaltet hat. Wie ist nun das Sachverhältniß? Vor 18 Jahren, als blutjunger 23jähriger Referendar, wurde ich beauftragt, während der vierwöchentlichen Hochzeitsreise eines Landraths diesen zu vertreten.

(Hört, hört!)

Nun, ich glaube, ihn so gut, nicht besser und nicht schlechter vertreten zu haben, als jeder gut erzogene preußische Referendar das in solchen Fällen thut. Mir ist gar nichts bemerkenswerthes aus der Zeit meiner kurzen Regierungsperiode

(Heiterkeit.)

in der Erinnerung geblieben als daß in der Kreishauptstadt auf meine Anregung einige Straßenlaternen hinzugekommen sind, und daß an einem Abhange ein Geländer angebracht ist.

(Heiterkeit.)

Wenn Herr Geheimrath Tiedemann sonst noch Gravirendes aus dieser Zeit

(Heiterkeit)

gegen mich anzuführen hat, dann fordere ich ihn ausdrücklich auf, diese Thatsachen hier anzuführen. Meine Herren, wenn ich nicht damals mit mehr Takt als Referendar im Landrathsamt debütirt hätte, als Herr Geheimrath Tiedemann gestern als Regierungskommissar, so zweifle ich, ob das Regierungskollegium mir bei der Präsentation zum Staatsexamen das Zeugniß ertheilt hätte, daß die ordnungs- und sachgemäße Wahrnehmung dieses Kommissoriums ein Grund sei, mich zu den höheren Staatsämtern zu präsentiren.

(Sehr gut!)

Meine Herren, im übrigen ist ja dieser Vorgang sehr unbedeutend, aber doch charakteristisch ist es, daß so ganz vom Zanne gebrochen vom Regierungstisch her ein Regierungskommissar Behauptungen aufstellt, die an die Verletzung der Amtsehre heranreichen; ich möchte der Geschäftsordnungskommission anheimgeben, ob sie diesen Vorfall bei der weiteren Prüfung der Frage der Ungebühr nicht als schätzbares Material behandeln will.

(Sehr gut! Große Heiterkeit.)

Vizepräsident Dr. **Lucius**: Zu einer persönlichen Bemerkung hat das Wort der Herr Kommissarius des Bundesraths Geheimrath Tiedemann.

Kommissarius des Bundesraths kaiserlicher Geheimer Regierungsrath **Tiedemann**: Meine Herren, ich bin doch etwas erstaunt über die Zartheit der Empfindung persönlichen Angriffen gegenüber auf Seiten des Herrn Abgeordneten Richter. Ich meine, wenn Jemand Veranlassung hätte, doch nicht allzu diffizil dabei zu sein, so ist es Herr Richter.

(Unruhe. Rufe: Persönlich!)

Herr Abgeordneter Richter hat gestern in seiner Rede auch vollständig ohne weitern Zusammenhang und ohne daß es irgendwie zur sachlichen Begründung nothwendig gewesen wäre gegen mich ein paar Angriffe gerichtet, die es sicherlich entschuldbar erscheinen lassen möchten, wenn mir in meiner Antwort, die ganz unvorbereitet war, eine kleine persönliche Animosität untergelaufen wäre. Aber auch das bestreite ich. Ich habe mit keiner Silbe gesagt, daß der Herr Abgeordnete Richter die Verwaltung des Kreises habe aufgeben müssen, weil ihm irgend etwas vorzuwerfen sei oder daß dies ein Glück für den Kreis gewesen, sondern ich habe die Sache ganz allgemein aufgefaßt. Bei der großen Befähigung des Herrn Abgeordneten Richter stände er, wäre er dort geblieben als

Landrath, vielleicht ja jetzt an einer anderen Stelle, vielleicht an der meinigen, und das könnte ich doch für kein Glück halten.

(Große andauernde Unruhe. — Glocke des Präsidenten.)

Im übrigen bin ich nicht angewiesen, vom Herrn Abgeordneten Richter für mein Auftreten im Reichstag eine Instruktion zu erholen und glaube in der That, daß nicht er es zu beurtheilen hat, inwieweit ich als Vertreter der verbündeten Regierungen von dem mir verfassungsmäßig zustehenden Rechte der Redefreiheit Gebrauch gemacht habe.

Vizepräsident Dr. **Lucius**: Zu einer persönlichen Bemerkung hat das Wort der Herr Abgeordnete Dr. Delbrück.

Abgeordneter Dr. **Delbrück**: Der Herr Abgeordnete für Cannstatt hat in seiner Rede gesagt, daß ich bei meiner neulichen Auseinandersetzung behauptet habe, es wäre eine Floretspinnerei in Deutschland nicht vorhanden. Ich habe das Gegentheil gethan, ich habe aus den Motiven die dort angegebene Anzahl von Spindeln angeführt und habe die Anzahl der mir bekannten Spinnereien genannt.

Vizepräsident Dr. **Lucius**: Zu einer persönlichen Bemerkung hat das Wort der Herr Abgeordnete Grad.

Abgeordneter **Grad**: Meine Herren, der Herr Abgeordnete Sonnemann hat in seiner Rede mir vorgeworfen,

(Rufe: lauter!)

ich hätte in verschiedenen Publikationen in Frankreich eine Herabsetzung der Baumwollzölle vorgeschlagen, wogegen ich in Deutschland eine Erhöhung derselben anstrebe. Diese Aeußerung des Herrn Abgeordneten Sonnemann ist absolut unrichtig, und behalte ich mir vor, dieselbe im Detail zu widerlegen, sobald mir Gelegenheit gegeben wird, die Bedürfnisse der elsässischen Industrie hier darzulegen. Für heute erkläre ich nur, das habe ich behauptet und behaupte es noch, Elsaß-Lothringen und seine Industrie haben in Deutschland denselben Schutz nothwendig, welchen sie in Frankreich hatten und zwar mit solchen Sätzen, wo die Werthe der Gegenstände mehr in Rücksicht genommen werden, wo die Zollsätze, welche für die feineren Produkte und die, welche in Deutschland Absatz finden, gelten, in demselben Verhältniß geschützt werden wie die gemeinen.

Vizepräsident Dr. **Lucius**: Der letzte Theil der Bemerkung war wohl kaum mehr persönlicher Natur.

Zu einer persönlichen Bemerkung hat das Wort der Herr Abgeordnete Sonnemann.

Abgeordneter **Sonnemann**: Wenn der Herr Abgeordnete Grad gehört hätte, daß ich nicht von einer Herabsetzung, sondern von einer Nichterhöhung gesprochen habe, würde er wohl seine persönliche Bemerkung nicht gemacht haben, denn dadurch wird sie hinfällig.

Vizepräsident Dr. **Lucius**: Ich darf wohl konstatiren, daß durch die persönliche Bemerkung des Herrn Regierungskommissars der eben angenommene Vertagungsantrag nicht alterirt worden ist.

(Zustimmung.)

(Präsident Dr. von Forckenbeck übernimmt den Vorsitz.)

Präsident: Meine Herren, ich würde vorschlagen, die nächste Plenarsitzung übermorgen Vormittag 10 Uhr anzuberaumen, und proponire als Tagesordnung den Rest der heutigen Tagesordnung.

Ich schließe die Sitzung.

(Schluß der Sitzung 4 Uhr 15 Minuten.)

Druck und Verlag der Buchdruckerei der Nordd. Allgem. Zeitung. Pindter.
Berlin, Wilhelmstraße 32.

40. Sitzung

am Donnerstag, den 8. Mai 1879.

Die Sitzung wird um 10 Uhr 35 Minuten durch den Präsidenten Dr. von Forckenbeck eröffnet.

Präsident: Die Sitzung ist eröffnet.

Das Protokoll der letzten Sitzung liegt zur Einsicht auf dem Büreau offen.

Seit der letzten Plenarsitzung ist eingetreten und zugelooft worden:

der 7. Abtheilung der Herr Abgeordnete Brückl.

Ich habe Urlaub ertheilt: dem Herrn Abgeordneten Hoitzmann für drei Tage, dem Herrn Abgeordneten Grafen von Flemming für acht Tage, dem Herrn Abgeordneten von der Osten bis zum 13. dieses Monats, dem Herrn Abgeordneten von Brand bis zum 14. dieses Monats und dem Herrn Abgeordneten Bebel für drei Tage, — wegen dringender Geschäfte.

Entschuldigt sind für heute: der Herr Abgeordnete Dr. von Schwarze wegen dringender Geschäfte; — der Herr Abgeordnete Dr. Hammacher zur Beiwohnung einer Sitzung der Reichsschuldenkommission.

Als Vorlage ist ferner eingegangen:

das zu London am 29. März 1879 unterzeichnete Uebereinkommen zwischen dem deutschen Reich und Großbritannien, betreffend das Eintreten des deutschen Reichs an Stelle Preußens in den Vertrag vom 20. Dezember 1841 wegen Unterdrückung des Handels mit afrikanischen Negern.

Wir treten in die Tagesordnung ein.

Erster Gegenstand der Tagesordnung ist:

Fortsetzung der ersten Berathung des Gesetzentwurfs, betreffend den Zolltarif des deutschen Zollgebiets (Nr. 132 der Drucksachen).

Die erste Berathung war vertagt worden.

Ich eröffne die erste Berathung wiederum hiermit und ertheile das Wort dem Herrn Kommissarius des Bundesraths Geheimrath Burchard.

Kommissarius des Bundesraths kaiserlicher Geheimer Regierungsrath **Burchard**: Meine Herren, der Herr Abgeordnete Dr. Delbrück hat am ersten Tage der Generaldiskussion einige Vorwürfe gegen den Zolltarif erhoben, welche im wesentlichen die innere Struktur, die Gestaltung des Entwurfs betreffen. Naturgemäß mußte er ja von diesen Entwürfen hinübergreifen auf das Gebiet der einzelnen Positionen, und die verbündeten Regierungen waren davon ausgegangen, daß sie ihrerseits besser thun würden, wenn sie diese Einzelfragen da beantworten und berücksichtigen würden, wo sie ja naturgemäß ihren Platz finden, nämlich innerhalb der Spezialdiskussion. Sie hatten gehofft, daß es möglich sein würde, innerhalb dieser Diskussion eingehend zu zeigen, daß die Vorlagen nicht frei von Unrichtigkeiten seien, — das haben sie ja nie behauptet —, daß sie im allgemeinen aber doch bei der Aufstellung des Entwurfs mit Sachkenntniß und Umsicht vorgegangen wären. Von dieser Ansicht sind die verbündeten Regierungen inzwischen zurückgekommen und zwar deshalb, weil sie einerseits gesehen, daß diese Anschuldigungen und Einwendungen nicht bloß in der Presse, sondern auch hier im hohen Hause als Grundlage benutzt worden sind für sehr weitgehende Beschuldigungen gegen den Zolltarifentwurf. Ich will auf die Aeußerungen der Presse hier nicht weiter eingehen, ich glaube aber doch erwähnen zu müssen, was in dieser Beziehung im allgemeinen in diesem hohen Hause von den Gegnern des Tarifs geltend gemacht worden ist.

Man hat den verbündeten Regierungen den Vorwurf gemacht, daß sie bei der Ausarbeitung der Vorlage ohne eine Spur von Sachkenntniß vorgegangen seien, daß alle Sachkenntniß auf Seiten der Gegner des Entwurfs stehe und das Gegentheil auf Seiten der Regierung. Meine Herren, das sind sehr schwerwiegende Anschuldigungen, und die Regierung hat es als ihre Aufgabe anerkannt, auf diese Behauptungen schon innerhalb des Rahmens der Generaldiskussion einiges zu erwidern. Sie haben ja gehört, daß der Herr Abgeordnete von Varnbüler in der letzten Sitzung bereits Veranlassung genommen hat, den Standpunkt der Tarifkommission, der ja im wesentlichen der der verbündeten Regierungen ist,

(hört! hört! links)

zu rechtfertigen gegen diese Anschuldigungen. Er hat einzelne Punkte aus der Rede des Herrn Abgeordneten Delbrück näher beleuchtet; wie weit es ihm gelungen ist, bei diesen Auseinandersetzungen diese Einwendungen zu entkräften, welche gegen die Tarifkommission erhoben sind, das unterliegt ja Ihrer Beurtheilung. Ich erkenne es jedoch von diesem Platz aus als meine Aufgabe an, auf die übrigen Punkte wenigstens kursorisch einzugehen, welche der Herr Abgeordnete Delbrück zum Gegenstand seiner Angriffe gemacht hat. Ich bitte dabei von vornherein um Entschuldigung, wenn ich Ihre Zeit etwas länger in Anspruch nehme, als ich gewollt habe, es wird sich indessen dadurch die Spezialdebatte nicht unwesentlich verkürzen.

Meine Herren, um meinerseits innerhalb der gezogenen Grenzen zu bleiben, halte ich mich im wesentlichen an die Reihenfolge, die der Herr Abgeordnete Delbrück eingeschlagen hat bei seinen Vorwürfen, und auch im wesentlichen an den Text des stenographischen Protokolls.

Zunächst beleuchtet der Herr Abgeordnete das Gebiet der Baumwollenzölle, er erhebt Einwendungen gegen die Garnzölle, die ich hier nicht weiter berühren will, weil sie schon von Seiten des Herrn Abgeordneten von Varnbüler erörtert sind, er kommt aber schließlich auf die baumwollenen Fischernetze zu sprechen und glaubt in dem Vorschlage der verbündeten Regierungen, welcher diesen Gegenstand betrifft, eine Grundlage für seine Vorwürfe zu finden.

Ich schicke voraus, daß baumwollene Fischernetze — es wird das wohl noch weiter in der Spezialdiskussion vorkommen — bisher einem Zoll von 3 Mark unterliegen und daß sie nach dem Vorschlage mit 12 Mark belegt werden sollen; daß die Zölle für rohes Baumwollengarn, welche bisher gleichmäßig auf 12 Mark festgestellt worden sind, in Zukunft abgestuft werden sollen, daß sie eine Skala einnehmen sollen zwischen 12 und 39 Mark, daß sie also einer sehr erheblichen Erhöhung unterliegen sollen. Der Herr Abgeordnete Delbrück hat nun des Näheren berichtet von einer Fabrik in Itzehoe, er hat gesagt, die Fabrik existire unter sehr erschwerenden Verhältnissen und könne überhaupt nur mit dem Auslande konkurriren, weil man ihr in der Zollabfertigung Erleichterungen gewähre, weil man es ihr möglich mache, nicht das Rohmaterial zu besteuern, sondern das Fabrikat. Man hätte nun erwarten sollen, daß der Schluß der Ausführung gewesen wäre: „Die Existenzfähigkeit dieser Fabrik wird in Frage gestellt, wenn eine Erhöhung des Zolls auf baumwollene Fischernetze eintritt.“ Dieser Schluß ist aber mit nichten gezogen worden, dabei bleibt diese Itzehoer Fabrik so ziemlich außer Betracht; es wird nur gesagt, sie könne nicht weiter existiren, wenn ihr nicht dieselben Zollerleichterungen anch fernerhin gewährt werden.

Nun, meine Herren, es ist keineswegs beabsichtigt, in der formalen Zollabfertigung irgendwie Erschwerungen eintreten zu lassen, in der Einleitung zu den Motiven ist ausdrücklich ausgesprochen worden, daß die verbündeten Regierungen es als ihre Aufgabe ansehen, in dieser Beziehung jede mögliche Erleichterung eintreten zu lassen. Also davon kann gar nicht die Rede sein. Was ist nun also die Wirkung der Erhöhung des Zolls für Fischernetze, die der Herr Abgeordnete Delbrück als ganz besonders gefährlich und bedenklich bezeichnet? Meine Herren, diejenige, daß den armen Fischern der Preis für die baumwollenen Netze vertheuert werden soll, das ist allerdings richtig, daß ausländische Waaren im Inlande anch theurer werden, wenn sie mit einem höheren Zoll belegt werden; aber das tritt bei baumwollenen Netzen in einem solchen Grade ein, daß auch fernerhin eine Zollbegünstigung der baumwollenen Fischernetze resultiren wird. Ich werde Ihnen das zu beweisen suchen.

Zu den baumwollenen Fischernetzen werden, wie der Herr Abgeordnete Delbrück selber zugegeben hat, nicht die niedrigsten Garnsorten verwendet, sondern die mittleren. Ich will sehr niedrig greifen, aber ich glaube annehmen zu dürfen, daß solche Sorten verwendet werden, welche nach den Vorschlägen der verbündeten Regierungen mindestens 24 Mark Zoll zu tragen haben. Ist das richtig, dann erhöht sich der Zoll für die baumwollenen Garne um 12 Mark, der Zoll aber, welcher auf den Fischernetzen selbst ruht, um 9 Mark, also schon um einen erheblich geringeren Betrag.

Meine Herren, die Angelegenheit gewinnt noch ein ganz anderes Gewand, wenn man den Werth bedenkt, welchen die Fischernetze einerseits und die baumwollenen Garne andererseits haben. Diese Sorten baumwollener Garne sind verhältnißmäßig minderwerthig; man kann den Werth nicht ganz genau angeben, aber wenn man erwägt, daß der Durchschnittspreis aller Garne 200 Mark beträgt, wird man nicht zu niedrig greifen, wenn man annimmt, daß 100 Mark der Preis derjenigen Sorten ist, welche zur Herstellung der baumwollenen Fischernetze verwandt werden.

Fragt man nun, in welchem Prozentverhältnisse zu dem Werth der Waare die Erhöhung des Zolles auf diese Garne und Fischernetze steht, so findet man ganz einfach, daß der Zoll für diese baumwollenen Garnsorten erhöht werden soll um 12 Prozent und der Zoll für die Fischernetze um 2 Prozent.

Meine Herren, das ist meines Erachtens doch eine sehr weitgehende Begünstigung der armen Fischer, und ich glaube, daß, indem diese Zölle vorgeschlagen sind, die richtige Mitte getroffen worden ist. Ich nehme an, wenn die Erhöhung des Garnzolls vorgeschlagen wäre, daneben aber der jetzige Satz für Fischernetze, mit Recht ein Vorwurf zu erheben sein würde.

Ich gehe nun zu einem weiteren Vorwurf, den der Herr Abgeordnete Delbrück der Tarifkommission gemacht hat. Meine Herren, der Herr Redner hat ja selber zugestanden, daß der Einwurf finanziell und auch sonst im allgemeinen von geringer Bedeutung sei, er hat aber gerade an diesem Einwurf zu zeigen versucht, wie wenig Ueberlegung den Vorschlägen zu Grunde läge. Es sind das die Flaschen von grünem Hohlglas. Ich darf vorausschicken, daß dieses Glas bisher zollfrei war, und nach den Vorschlägen mit einem Eingangszoll von 3 Mark belegt werden soll. Der Herr Abgeordnete erzählte nun, daß in Harburg eine Fabrik existirt, die sich mit der Herstellung von Selterswasser beschäftigt, und daß der Hauptbetrieb der Fabrik darin bestände, daß sie die gefüllten Selterswasserflaschen nach Hamburg ausführt und die leeren Flaschen — ich spreche immer von grünem Hohlglas — zurückbezieht. Der Verkehr sei jetzt möglich, solange überhaupt Zollfreiheit für grünes Hohlglas bestehe, er wäre aber unmöglich, wenn diese leeren Flaschen bei der Rückkehr einen Zoll von 3 Mark zu tragen haben.

Das würde die Wirkung sein, die sich der Herr Abgeordnete Delbrück vorstellt. Ich verkenne nicht, wenn dieser Vorwurf sachlich begründet wäre, dann würde er allerdings im Stande sein, die verbündeten Regierungen einigermaßen bloßzustellen. Ich nehme aber keinen Anstand zu erklären, daß der Vorwurf sachlich nicht begründet ist. Es existiren neben den einzelnen Positionen des jetzigen Tarifs Vorbemerkungen, diese Vorbemerkungen geben Regeln an, die sich über das ganze Tarifgebiet erstrecken. In diesen Vorbemerkungen ist nun gesagt unter Nr. 6, daß, wenn Fässer, Säcke und dergleichen, die gefüllt mit einem Gegenstande in das Ausland gegangen sind, leer zurückkommen, und man nicht zweifelhaft ist ihre über Identität, daß dann diese Gegenstände allgemein Zollfreiheit genießen, ohne Rücksicht darauf, aus welchen Substanzen sie hergestellt sind. In dem amtlichen Waarenverzeichniß, welches ja die authentische Interpretation des Tarifs enthält, ist gesagt, daß Flaschen unter diese Bestimmung fallen; die nothwendige Folge des Tarifs, wie er jetzt liegt, ist also die, daß grüne Selterswasserflaschen, wenn sie in dieser Weise leer zurückkommen, unter allen Umständen, auch wenn sie als Waare zollpflichtig sind, zollfrei eingehen. Ich begnüge mich zu konstatiren, daß dieser Vorwurf in der That ganz unzutreffend ist.

Ich gehe nun über auf die Position „Maschinen“, deren der Herr Abgeordnete Delbrück Erwähnung gethan hat, und zwar insbesondere auf die kupferen Druckwalzen. Ich möchte vorausschicken, daß solche Druckwalzen für die Kattundruckerei vor dem französischen Handelsvertrage einem sehr erheblichen Eingangszoll unterlagen. Durch den französischen Handelsvertrag und in Folge desselben ist vom 1. Juli 1865 ab der Zoll auf diese Gegenstände wesentlich ermäßigt worden, die Sache steht in dem französischen Handelsvertrage. Im Jahre 1870 gingen die verbündeten Regierungen autonom dazu über, den Zoll aufzuheben und ausdrücklich in den Zolltarif einzustellen: „Druckwalzen für Kattundruckereien sind zollfrei.“ Der Zolltarifentwurf, wie er Ihnen vorliegt, hat diese letztere Bestimmung beseitigt; die Folge wird die sein, daß die Druckwalzen angesehen werden als das, was sie wirklich sind, nämlich als Maschinentheile, und daß sie dem Zoll unterworfen werden, der auf Maschinen allgemein ruht. Meine Herren, diese Waare macht der Herr Abgeordnete Delbrück zum Gegenstand eines Angriffs. Er sagt:

> Meine Herren, es liegt dem Reichstage eine Anzahl von Petitionen von Druckereibesitzern vor; es steht fest, daß diese Druckwalzen nur aus England bezogen werden können, sie unterliegen daher auch in Frankreich nur einem niedrigen Zoll. Was nun aber das Argument aus dem Zustande vor Abschluß des Vertrags mit Frankreich betrifft, so ist es vollständig unrichtig. Allerdings waren nach dem Wortlaut des Tarifs die Kupferdruckwalzen dem Zoll von groben Kupferwaaren unterworfen, aber sämmtliche betheiligte Zollvereinsregierungen, welche, wie ich glaube, das Interesse der Industrie besser würdigten, wie die Motive, ließen diese Kupferwalzen auf privative Rechnung entweder zollfrei oder zur all-

gemeinen Eingangsabgabe ein. Auch vor dem französischen Zolltarif ist nicht eine einzige Kupferwalze tarifmäßig verzollt worden; das steht jetzt erst der Industrie bevor..

Meine Herren, ich will nicht an Einzelnheiten Betrachtungen anknüpfen, ich halte das nicht für eine richtige Ausdrucksweise, daß vor 1865 nicht eine einzige Kupferwalze tarifmäßig verzollt worden sei. Meiner Meinung nach sind sie alle tarifmäßig verzollt, es ist nur der Zustand eingetreten, daß die Regierungen den Ertrag des Eingangszolls auf ihr Konto übernahmen; verzollt sind sie allerdings nicht auf Rechnung der Druckereibesitzer, sondern auf Rechnung der Einzelstaaten.

Ich möchte nun anknüpfen an das, was zu Anfang der angeführten Worte gesagt ist, diese Druckwalzen könnten nur aus England bezogen werden. Ein Blick auf die Statistik lehrt, daß die Druckwalzen ganz vorzugsweise aus Frankreich und der Schweiz bezogen werden und in zweiter Linie erst aus England. Es heißt ferner: „sie unterliegen daher auch in Frankreich nur einem niedrigen Zoll.“ Meine Herren, nach dem jetzigen Zolltarif von Frankreich unterliegen sie einem Zoll von 15 Franks = 12 Mark per 100 Kilogramm. Vorgeschlagen ist Ihnen für Kupferwalzen 8 Mark, also auch viel weniger, als im französischen Tarif steht; aber auch im Rahmen des französischen Tarifs selber ist der Zoll für diese Walzen ein keineswegs niedriger.

Was nun die weiteren Ausführungen betrifft, so ist es ja richtig, daß früher ein Zustand existirte, in dem die Zollvereinsregierungen, und zwar jede für sich, in der Lage waren, Erleichterungen nach der Richtung eintreten zu lassen, daß Gegenstände, die gegenüber der Gemeinschaft zollpflichtig waren, in eizelnen Staaten freigelassen werden konnten. Man ging natürlich dabei nicht über das Bedürfniß hinaus; es hat ja früher auch ein Zoll auf die Maschinen allgemein bestanden. Diesem Zustande ist inzwischen ein Ende gemacht worden; wir haben jetzt den geltenden allgemeinen Zolltarif und sind der Ansicht, daß die verbündeten Regierungen in ihrer Totalität im Stande sein werden, die Bedürfnisse des Verkehrs zu erkennen und Erleichterungen eintreten zu lassen, wo sie am Platze sind. Ich habe nun den Nachweis nicht finden können dafür, daß früher in allen möglichen Fällen Erleichterungen der bezeichneten Art eingetreten seien; ich bin aber sehr gern gewärtig, wenn mir der Nachweis erbracht wird, ihn anzuerkennen. Zunächst erkläre ich diese Thatsache für nicht erwiesen.

Aber auch abgesehen hiervon, die Tarifkommission ist nicht leichtsinnig vorgegangen bei Festsetzung dieser Zollpositionen. Sie hat, bevor sie die Frage entschied, sich mit zuverlässigen und bedeutenden Fabrikanten und zwar Kattundruckern in Verbindung gesetzt. Es lagen ja Anträge vor, welche eine sehr bedeutende Zollbelastung dieser Druckwalzen vorschlugen; es sollten 16 und 24 Mark Zoll davon erhoben werden. Diesen Zoll festzusetzen, nahm die Kommission begreiflich Anstand, und sie glaubte den besten Weg einzuschlagen, wenn sie mit einigen der hervorragendsten Industriellen ins Benehmen trat. Diese sind gefragt worden — ich kann sie namentlich bezeichnen — und haben sich dahin geäußert: wir wollen keine Ausnahmestellung, wir wollen den Zoll tragen, der auf Maschinentheilen allgemein ruht, wie jeder andere. Das sind Aeußerungen der Gewerbtreibenden selbst. Meine Herren, wenn man hierüber hinaus hätte Zollfreiheit bewilligen wollen, dann hätte man ja geradezu Geschenke ausgetheilt. Die kupfernen Walzen sind hervorragend hochwerthige Artikel. Ich möchte nur darauf hinweisen, daß der Zoll von 8 Mark, wie er jetzt vorgeschlagen ist, einen Werthprozentsatz repräsentirt für die ungravirten Druckwalzen von 4 Prozent, für die gravirten von 2 bis 3 Prozent.

Meine Herren, ich habe noch einige andere Punkte, namentlich Kupfer und Kratze Waaren, auf die ich eingehen könnte, indessen will ich Ihre Zeit mit diesen Gegenständen nicht zu sehr in Anspruch nehmen. Sie werden sich selbst ein Urtheil darüber bilden können, ob alle diese Anschuldigungen, welche in so zahlreicher und erheblicher Weise gegen die Arbeiten der verbündeten Regierungen erhoben worden sind, wirklich thatsächlich zutreffend und begründet sind. Ich muß Ihnen das Urtheil darüber überlassen, glaube aber doch namens der verbündeten Regierungen darauf hinweisen zu sollen: der Vorwurf, daß der Tarifkommission und den verbündeten Regierungen jede Sachkenntniß abgegangen sei, wird durch diese Anführungen nicht bestätigt.

(Bravo! rechts.)

Meine Herren, ich gehe nun zu einem weiteren Gegenstand über — es führen mich darauf meine letzten Worte —, nämlich zu einem Felde, was ich sehr ungern betrete, das Feld der Rekriminationen, der Vorwürfe. Ich würde dieses Gebiet nicht betreten, wenn nicht so erhebliche Vorwürfe gegen die verbündeten Regierungen auch in sachlicher und technischer Beziehung erhoben worden wären. Ich möchte Ihnen deshalb nur an einem Beispiele zeigen, wie schwierig es ist, auf dem Gebiet des Tarifwesens vergleichende Uebersichten irrthumsfrei herzustellen. Als der Zolltarifentwurf erschienen war, machte sich ganz naturgemäß der „Verein zur Förderung der Handelsfreiheit“ zur Aufgabe, möglichst schnell diesen Tarifentwurf in seinem Text abzudrucken und eine Gegenüberstellung derjenigen Zollsätze zu machen, die jetzt bestehen. Meine Herren, es ist dies gewiß eine sehr verdienstliche Arbeit gewesen, und ich setze voraus, daß sie in Ihrer aller Hände ist, jedenfalls ist sie im Lande sehr weit verbreitet, sie ist ja auch im ganzen außerordentlich dienlich, und auch von mir oft benutzt worden. Eine nähere Prüfung dieser Gegenüberstellung hat nun ergeben, daß doch ziemlich beträchtliche Fehler in der Gegenüberstellung enthalten sind und zwar nicht im Abdruck, sondern in der Heranziehung der Vergleichungspunkte.. Ich will diese Irrthümer nicht alle einzeln anführen, ich gehe nur auf zwei oder drei ein, weil sie in der That lediglich bestehen in ziffermäßigen Unrichtigkeiten. Es ist auf Seite 25 dieses Heftes, — es ist Heft 3 der Blätter und Heft 6 der Mittheilungen des „Vereins zur Förderung der Handelsfreiheit“ — als Vergleichungssatz angezogen: „Telegraphenkabel theils frei theils 16 Mark.“ Meine Herren, es ist unrichtig, es muß heißen statt 16 Mark „24 Mark.“ Es ist auf Seite 32 bei der Anmerkung zu Nummer 25 c: Hefe aller Art, gesagt worden: „alter Zollsatz 3 Mark“, es muß heißen: „42 Mark“.

(Rufe: Oh, oh! Heiterkeit.)

Es ist ferner bei der Position Pelzwaaren auf Seite 38 bei Mützen, Handschuhen, gefütterten Decken, Pelzausfütterungen, — nebenbei gesagt, keiner unwesentlichen Position, — angeführt: „alter Zoll 66 Mark;“ es muß heißen: „132 Mark.“

(Heiterkeit.)

Meine Herren, ich beschränke mich auf diese Auswahl; ich verkenne nicht, daß dieser Verein für Handelsfreiheit unter sehr sachkundiger Leitung steht, ich betone auch, daß jeder, der diese Blätter gelesen und geprüft hat, zu der Ueberzeugung gelangen muß, daß sie von sachkundiger Seite aufgestellt sind, denn ohne Sachkunde läßt sich derartiges überhaupt nicht aufstellen. Wenn es gleichwohl bei einer verhältnißmäßig so kleinen Arbeit nicht möglich gewesen ist, so weit gehende Unrichtigkeiten zu vermeiden, so möchte ich doch bitten, meine Herren, nicht an jeden kleinen Zahlenverstoß, der in einer größeren Ausarbeitung etwa vorkommt, so weit gehenden Anstoß zu nehmen, wie es vielleicht geschehen ist. Die verbündeten Regierungen sind keineswegs der Ansicht, daß sie etwas absolut korrektes geliefert haben; es ist überhaupt auf diesem Gebiete wohl kaum etwas derartiges je geliefert worden und namentlich nicht bei der gebotenen Beschleunigung, aber sie nehmen in Anspruch, daß sie mit Ernst und Hingebung an diese Sache getreten sind, und sie sind gern bereit, Verbesserungsanträgen, wenn sie als solche erkannt sind, zuzustimmen; aber andererseits möchten sie bitten, Anträge zu unterlassen, die in der That nicht zum Nutzen führen können.

Meine Herren, ich möchte nun auf einen Punkt noch eingehen, der ja im Laufe der Debatte wiederholt berührt worden ist und worüber auf Aeußerungen der verbündeten Regierungen provozirt worden ist, es ist das nämlich, die Frage der Ausfuhr. Meine Herren, es ist eine sehr schwierige Frage und es ist ja naturgemäß, daß, wenn man dazu übergeht, Zollerhöhungen vorzuschlagen und neue Zollsätze einzuführen, daß man sich fragen muß, ist es nun auch möglich, an der Hand der bisherigen gesetzlichen Bestimmungen ein solches Gesetz ins Leben treten zu lassen.

Meine Herren, die verbündeten Regierungen haben diese Frage nicht außer Betracht gelassen; die Einleitung zu den Motiven sagt ja, daß sie es als einen Hauptzielpunkt ihrer ganzen Reform ansehen, den Export lebensfähig zu erhalten. Wenn gleichwohl von dieser Stelle aus diese Frage nicht in nähere Betrachtung gezogen worden ist, und namentlich auch die Motive diese Frage nicht eingehend behandeln, so erklärt sich das aus der Gestaltung unserer Zollgesetzgebung. Meine Herren, wir haben zur Zeit einen Zolltarif; wenn Sie ihn durchsehen, so werden Sie finden, daß er in keiner Richtung Vorschriften über den Veredelungsverkehr, über die Durchfuhr, über die Form der Ausführung und dergleichen gibt. Sie finden kein Wort von dem im Tarif; in der That ist er seiner ganzen Anlage nach lediglich eine Erhebungsrolle, er soll das Maß der materiellen Zollbelastungen festsetzen, festsetzen, wie hoch die Waaren bei der Einfuhr mit Zoll belegt werden sollen. Daneben hat aber zu allen Zeiten bestanden eine Zollgesetzgebung, die sich beschäftigt, die Formen zu regeln, unter denen eine solche Zollbelastung ausführbar sei, und in denen die einzelnen Sätze zu erheben seien. Diese beiden Seiten der Zollgesetzgebung sind bisher nicht miteinander verquickt worden. Man hat die Tarifsätze gesetzlich festgesetzt und sich dabei dem Vertrauen hingegeben, daß nach Maßgabe der Erhebungsrolle die Formen vereinbart werden würden, unter denen die Erleichterung in der Ausfuhr, Durchfuhr oder im Veredelungsverkehr stattzufinden hätte.

Als die verbündeten Regierungen an die Aufgabe herantraten, den Zolltarif einer Revision zu unterziehen, da mußten sie sich sagen, daß das eine sehr schwere Aufgabe sei, und mit Rücksicht auf das gebotene Zeitmaß mußten sie davon Abstand nehmen, eingehend zu erwägen, inwieweit auf allen anderen Gebieten der Gesetzgebung eine Aenderung der gesetzlichen Vorschriften als Folge der Aenderung der Tarifgesetzgebung geboten sei. Nichtsdestoweniger haben sie es doch für ihre Aufgabe erkannt, auch die Frage in Erwägung zu ziehen, ob es möglich sein würde, mit den Bestimmungen des Vereinszollgesetzes vom 1. Juli 1869 auszukommen, nach der Richtung hin auszukommen, daß es möglich sein würde, bei dem Fortbestehen dieser Bestimmungen auch den Exportverkehr in angemessener Weise fortbestehen zu lassen.

Meine Herren, diese Frage ist eingehend erwogen worden, und die verbündeten Regierungen sind zu der Auffassung gelangt, daß es zunächst nicht ihre Aufgabe sei, nicht ihre Pflicht, eine Erweiterung derjenigen gesetzlichen Schranken in Antrag zu bringen, welche in dem Vereinszollgesetz in der bezeichneten Richtung gezogen worden sind.

Ich darf mir erlauben, auf die Sache noch etwas näher einzugehen. Beim Export kommen ja gewiß in erster Linie in Frage alle jene Gegenstände, welche aus dem Ausland eingeführt werden, das Vereinsgebiet transitiren und das Vereinsgebiet wieder verlassen sollen, sei es nun in veredelter Form, d. h. in anderer Gestalt, als sie eingeführt worden sind, sei es in einem Transit, d. h. in derselben Form, in welcher sie eingeführt worden sind. Nun finden Sie, wenn Sie die Vereinszollgesetzgebung betrachten, daß das Prinzip, das bei diesem Verkehr ins Auge zu fassen ist, klar ausgesprochen ist. Es ist bisher auf diesem Gebiet der Gesetzgebung zu allen Zeiten und in jeder Beziehung der Grundsatz als Prinzip festgehalten worden, daß man auf der Durchfuhr eine Vertauschung der Waaren nicht gestatten wollte, daß man nicht gestatten wollte, daß ausländische Waaren nach der Einführung vertauscht werden mit inländischer Produktion, und daß diese inländische Produktion hinausgeht mit Anspruch auf Zollrückvergütung oder mit der Befugniß, dagegen Rohmaterialien zollfrei einzuführen. Meine Herren, auf diesem Grundsatz beruht die jetzige Zollgesetzgebung, und man hat diesen als solchen immer beobachtet. Die verbündeten Regierungen sind auch im allgemeinen nicht geneigt, jedenfalls sehen sie es zur Zeit nicht als ihre Aufgabe an, eine Erweiterung dieser gesetzlichen Grenzen eintreten zu lassen.

Neben jenem Prinzip laufen nun aber die Formen, in welchen sich der Veredlungs- oder Durchfuhrverkehr zu vollziehen hat. Bisher hat man ausnahmslos, sei es den verbündeten Regierungen, sei es den Zollvereinsregierungen, das Vertrauen geschenkt, daß, wenn die Gesetzgebung die leitenden Grundsätze zeigt, wenn sie ihnen die Grenzen anweist, innerhalb deren sich die Vollzugsvorschriften zu halten haben, die Verwaltung im Staude sein und auch den Willen haben würde, innerhalb der gesetzlichen Schranken, die ja gezogen werden müssen, für jede Form, unter denen dieses Prinzip in die Wirklichkeit übersetzt werden kann, den richtigen Weg zu finden. Es sind deshalb auch neben diesem Prinzip hergegangen alle diejenigen Ausführungsbestimmungen, welche den Veredlungsverkehr, den Durchgangsverkehr oder den Export betreffen. Es handelt sich dabei in erster Linie um die äußeren Formen, in denen die Identität der Waare zollamtlich festzuhalten, zu kontroliren sei, daß eine solche Vertauschung der Waaren nicht stattfinden kann. Die Formen, unter denen diese Identitätskontrole ins Leben gerufen wurde, sind sehr mannigfaltiger Natur, sie sind es auch zur Zeit gewesen, als Holz- und Getreidezölle bestanden haben. Man kann die Identität kontroliren durch Siegelverschluß, amtliche Begleitung und durch allgemeine Aufsicht, man kann aber auch noch viel weiter gehen, man kann die Identitätskontrole durch denjenigen selbst, der zur kontroliren ist, also vorwiegend durch Buchführung stattfinden lassen. Alles das ist möglich im Rahmen der gesetzlichen Grenzen, welche das Vereinszollgesetz vom 1. Juli 1869 anweist. Bisher ist es zu allen Zeiten und auch in der Zeit von 1861 bis 1865 die Ansicht der verbündeten Regierungen gewesen, eingehend zu fragen, was der Verkehr im einzelnen verlangt, in welchem Sinn kann eine Erleichterung der Identitätskontrole stattfinden kann, und es ist allen berechtigten Wünschen der Industrie und des Handels, soweit mir bekannt, in dieser Beziehung Rechnung getragen worden. Weiter zu gehen im Prinzip nehmen aber die verbündeten Regierungen zur Zeit nicht in Absicht; sie meinen, daß dies ein an sich ungerechtfertigtes Verlangen sei, und sie meinen, daß es auch finanziell zu den größten Bedenken Anlaß geben werde, daß es uns zugleich auf eine Bahn führen werde, deren Ende nicht abzusehen wäre, wenn man an dem prinzipiellen Grundsatz allgemein rütteln, wenn man an die Stelle des Prinzips der Identität gesetzlich das Prinzip des Aequivalents setzen wollte. Meine Herren, in keinem Lande der Welt existirt ein solcher Grundsatz allgemein, auch nicht in Frankreich. Sie wissen alle, ich will auf diesen Gegenstand nicht eingehen, daß die titres d'acquits-à-caution in Frankreich ausgebildet sind, aber nur in vereinzelten Verkehrsgegenständen. Meine Herren, es ist sehr schwer, ja unmöglich, den Gegenstand in der Generaldiskussion näher zu erörtern; ich will deshalb nur darauf hinweisen, daß das System überhaupt nicht rein ausgebildet ist, daß es aber am meisten ausgebildet ist auf Gießereiroheisen, daß es einigermaßen ausgebildet ist auf anderen Gebieten der Eisenproduktion, daß es aber insbesondere nur in wesentlich beschränktem Grade auf dem Gebiet der Mühlenfabrikate gilt. Ich möchte allerdings hier nicht weiter auf den Gegenstand eingehen ich behaupte aber, daß der allgemeine Grundsatz in der Gesetzgebung aufrecht erhalten worden ist, und daß, wenn man nun in unserer Gesetzgebung verkünden würde, man gebe das Prinzip der Identität auf, man gehe zum Prinzip des Aequivalents über, man damit einen Schritt thun würde, dessen Folgen man meines Erachtens nicht übersehen könnte. Welche Folge würde er haben — ich möchte nur auf die finanzielle Folge eingehen — wenn man gestattet, daß bei der Durchfuhr eine Vertauschung der ausländischen mit der inländischen Waare stattfände? Die Folge würde sein, daß der Eingangszoll, jedenfalls aber die finanziellen Erträge in entsprechendem Maße herabgesetzt sein würden. Der Gegenstand wird noch auf Spezialgebiete zur näheren Erörterung kommen. Innerhalb der Textilindustrie würde so gut wie kein Eingangszoll für Garn mehr erhoben werden, wenn man gestattete, daß gewebte Waare mit der Berechtigung der zollfreien Einfuhr eines Aequivalents von Garn ausgeführt würde. Meine Herren, die verbündeten Regierungen sind deshalb im allgemeinen nicht geneigt, die Grundsätze der Gesetzgebung vom 1. Juli 1869 zu verlassen und das Prinzip der Identität mit dem des Aequivalents zu vertauschen. Sie erachten es als ihre Aufgabe, jede Erleichterung des Exports zu gewähren, welche innerhalb des gesetzlichen Rahmens möglich ist, sie werden deshalb auch in der Identitätskontrole jede Erleichterung, die mit dem allgemeinen Interesse vereinbar ist, eintreten lassen, aber sie sind im allgemeinen abgeneigt, das erwähnte gesetzliche Prinzip zu verlassen, und ich bitte das hohe Haus, sie in diesem Punkte zu unterstützen.

Präsident: Der Herr Abgeordnete Dr. Lasker hat das Wort.

Abgeordneter Dr. **Lasker**: Meine Herren, wenn es sonst üblich ist, in der Debatte zunächst anzuknüpfen an den letzten Redner, und etwa zu widerlegen, was in seinen Ausführungen nicht zusagendes vorgekommen ist, so sind wir drüben dem Regierungstische gegenüber in einer unangenehmen Lage. Die meisten Reden dieser Herren pflegen körperlich gerichtet zu sein an die rechte Seite dieses Hauses, zu denen, welche für die Regierungspläne kaum überführt zu werden brauchen, während wir nur sehr wenig davon verstehen, und so ist es mir heute gegangen. Ich habe nur von einem Freunde gehört, daß eine Anzahl von Druckfehlern, oder auch wirkliche Zahlenfehlern, drei im Ganzen, in der Nachweisung des Vereins für Freihandel gerügt worden seien, und daß dies den ersten Theil der Rede des Herrn Regierungskommissars gebildet habe. Vielleicht wird ein späterer Redner, der mehr Glück im Hören gehabt hat, auf diesen Gegenstand zurückkommen.

Vom zweiten Theil der Rede habe ich wenigstens den leitenden Gedanken gehört. Der Herr Vertreter der Regierungen hat den Satz bekämpft, daß bei der Ausfuhr nicht der Nachweis der Identität sollte festgestellt werden, sondern daß der Nachweis der Qualität genügen solle zur Erstattung des Eingangszolles,

(Widerspruch)

— dagegen gekämpft, habe ich gesagt, er will die Identität festgehalten haben.

(Zustimmung.)

Man kämpft gegen das, was man nicht haben will. Dies war aber ein Kampf gegen eine hier nicht vertretene Ansicht; eine einzelne Andeutung des Herrn Abgeordneten von Bennigsen ausgenommen, der uns in Bezug auf das Getreide, wenn ich ihn recht verstanden habe, das Prinzip der Qualität statt der Identität wollte eingeführt wissen, und es spricht, glaube ich, zu Gunsten dieser Ansicht, daß auch früher, als es noch Getreidezölle in unserem Zolltarif gab, gerade bei diesem Artikel der Versteuerung nicht der Nachweis der Identität für die Rückerstattung festgehalten wurde. Der Herr Regierungskommissarius verneint dies, eine ebenso große Autorität wie der Herr Regierungskommissarius bestätigt es; ich meine eine Autorität, die in der Vergangenheit wurzelt. Dagegen habe ich nicht gehört, daß der Herr Abgeordnete von Bennigsen dieses System hätte ausdehnen wollen auf andere Waarenqualitäten; bei den Geweben hat er ausdrücklich erklärt, hier werde sich die Rückvergütung kaum realisiren lassen, weil die Identität nachzuweisen oder die Quantität zu berechnen nicht gut möglich wäre. Vergessen Sie aber nicht, meine Herren, daß Herr von Bennigsen das Pladoyer für erleichterte Rückvergütung als intimer Freund der Regierungsvorlage geführt hat, um die Härten abzuschwächen, welche sonst bei einzelnen Zöllen hervortreten würden. Mit der Richtung dieses Strebens wenigstens erkläre ich von vornherein mich einverstanden, weil ich bereit bin, in der unparteiischsten und unbefangensten Weise in die Prüfung der einzelnen Tarifposten einzutreten, und selbst wenn mir das Ganze nicht gefällt, will ich doch Korrekturen im einzelnen herbeiführen, welche unserem Handel zu Gute kommen, und ich werde auch eventuell mitzuwirken suchen, soviel Unheil von der heimischen Industrie abzuhalten, als innerhalb des Tarifs möglich ist; nöthigenfalls auf dem Wege der Exzeption. So werde ich mich zur Frage der Rückvergütung stellen.

Soviel, meine Herren, zu den Ausführungen des unmittelbar mir vorangegangenen Redners, während mich etwas ganz anderes auf die Tribüne führt, wie Sie sich leicht bei dieser wichtigen Angelegenheit denken können.

Es wird im Hause nicht befremden, daß zwei so lange nebeneinandergehende Parteigenossen dennoch bei dieser Frage Ausführungen für ihre Person machen und im Gegensatz zu einander erscheinen, selbst wenn der Gegensatz so grell sein sollte, wie in der vortrefflichen Rede des Herrn von Maltzahn-Gültz zur Rede seines Parteigenossen Herrn von Minnigerode; mit dem Unterschiede vielleicht zwischen dem Herrn von Maltzahn und mir in Bezug auf die Parteigenossen, daß ich zuletzt bei dem Resultate nicht ankommen werde, übereinzustimmen mit meinem Gegner, sondern daß ich die Konsequenz meiner Zwischenansicht ziehen werde, und ich werde mir hierbei erlauben, auch die logischen Konsequenzen anzuerkennen, welche bei der Behandlung der wirthschaftlichen Angelegenheiten neuerdings in Mißkredit gekommen sind.

Ein solcher Gegensatz stellt sich bei mir sofort dar, wenn ich die Entwickelung in diesen wirthschaftlichen Sachen geschichtlich überblicke. Fürchten Sie nicht, meine Herren, daß ich sehr weit geschichtlich zurückgehe, ich will mir den Vorwurf des Wissens nicht zuziehen, ich meine bloß der geschichtlichen Entwickelung aus neuester Zeit, welche mir sich anders darstellt, als Herrn Abgeordneten von Bennigsen. Er hat in Gemeinschaft mit einigen anderen Rednern der Majorität die Sache so dargestellt, als ob die frühere Majorität des Reichstags durch einige sehr erhebliche Fehler, insbesondere auf Antrieb solcher Mitglieder, welche das System des Freihandels vertreten, die wirthschaftliche Entwickelung Deutschlands in neuerer Zeit kompromittirt hätte, und die Folgen dieser Fehler müßten wir jetzt tragen. Dabei hat Herr von Bennigsen insofern der Wahrheit die Ehre gegeben, als er erklärte, er wollte nicht weiter erörtern, durch welche Schuld dieser Fehler gemacht worden wäre, weil dies in Bezug auf die zukünftige oder gegenwärtige Politik gleichgiltig wäre. Nein, meine Herren, so leicht kann ich doch über die Frage der Schuld nicht hinweggehen. Wird einer Regierung und einigen Abgeordneten des Hauses nachgewiesen, daß sie Jahre hindurch Fehler auf Fehler gehäuft haben, nach ihrem eigenen Geständniß, sei es durch mangelnde Einsicht, sei es, daß sie für andere politische Dinge abgezogen gewesen, so folgt doch daraus, daß ich nunmehr einen doppelt so schlüssigen Beweis fordern muß, wenn ich jetzt ihrer Leitung nach der entgegengesetzten Richtung folgen soll.

(Sehr richtig! links.)

Wenn irgend etwas aus der Geschichte zu lernen ist und man nicht bloß Geschichte wie man einen Roman liest, so muß man doch mindestens aus ihrer Lehre die Warnung übernehmen, nicht unbedingt auf die Worte des Meisters zu schwören, wenn dieser Meister nach seinem eigenen Geständniß bereits dargethan hat, daß er in demselben Zweige der Politik schwere Fehler gemacht hat.

(Sehr gut! links.)

Als schwerster Verstoß gegen die Handelspolitik der neueren Zeit wird die Herabsetzung und Aufhebung der Eisenzölle gerügt. Von wem, meine Herren, ging der Vorschlag auf Veränderung der Eisenzölle aus? Von der Regierung!

(Zuruf: rechts!)

— Verzeihen Sie, die Gesetzesvorlage kam von der Regierung, und, wie Sie sich erinnern werden, die Reichstagsmehrheit hat diese Regierungsvorschläge zu einem großen Theil ermäßigt und zwar in ihrem Gesammtresultat so ermäßigt, daß diejenigen, welche den Schutzzoll vertreten, vergleichungsweise zufrieden waren und die Ermäßigung in der Regierungsvorlage vorzogen. Also die Mehrheit des Reichstags war das ermäßigende Element.

Und wenn Sie der Wahrheit gemäß die Frage beantworten, wem zu Gunsten wurden die Eisenzölle aufgehoben oder ermäßigt? Zu Gunsten der Landwirthschaft! Dies war das Hauptargument der Regierung und ausschlaggebend im Hause. Es war also keineswegs die Freihandelspartei dabei entscheidend, sondern dieselbe jetzt blühende und meiner Meinung nach etwas übermäßig strotzende agrarische Partei, der zu Liebe man damals die Eisenzölle theils beseitigte, theils erheblich verminderte.

(Sehr wahr! links.)

Daß diejenigen, die zufällig auch in ihren theoretischen Anschauungen übereinstimmten, dieses akzeptirten, können Sie ihnen doch nicht verargen; denn so sehr feindlich können Sie der Theorie nicht sein, daß Sie glauben, man müsse gegen seine theoretische Ansicht Politik machen, um ein guter Politiker zu sein.

Der zweite Vorwurf ist: jetzt habe die Industrie angefangen, gegen diese selbstmörderische Politik zu reagiren; aber die Freihandelsmänner hätten es nicht dazu kommen lassen, eine wirkliche Untersuchung anzustellen, auf den Nothschrei zu hören. Meine Herren, ich glaube, Sie werden auch nach meiner heutigen Rede mich nicht zu den Freihandelsmännern par excellence oder zu den Theoretikern auf diesem Gebiete zählen; aber das wahrheitsgemäße Zeugniß muß ich doch ablegen, daß, wenn die Anträge auf die Enqueten, wenn die Anträge auf Ermäßigung im Hause gar keinen Anklang gefunden haben und abgewiesen worden sind, der Hauptgrund war, weil die Regierung sie bekämpfte und weil die Regierung keine entschiedene Stellung nahm. Hier sitzt noch derselbe Finanz- und Handelsminister, der den Antrag auf Veranstaltung einer allgemeinen Enquete, — Herr Delbrück war damals nicht mehr im Amte, — zurückwies und sie durchaus für schädlich erklärte. Herr Minister Hofmann wird wahrscheinlich dies bestätigen. Ob er noch heute dieser Ansicht ist, weiß ich freilich nicht.

(Heiterkeit.)

In Uebereinstimmung mit der Regierung wurde der Antrag auf Enquete zurückgewiesen, und ich betone dabei den großen Unterschied zwischen einem Regierungskommissarius, der instruirt wird, so zu sprechen, wie die Regierungen durch seinen Mund sprechen wollen, und einem Minister, der doch immerhin eine selbstständige politische Persönlichkeit ist und nichts zu vertreten übernimmt, was er nicht als Regierungspolitik selbst anerkennt. Sicherlich nicht bloß die reinen Freihändler, die in ebenso geringer Zahl hier im Hause vertreten sind, wie die ganz absoluten Schutzzöllner — haben die Entscheidung bewirkt, sondern ein sehr großer Theil des Hauses hat hierin sich leiten lassen, sobald sie nur eine Spur von Leitung auf Seiten der Regierung erblickte. Ich persönlich bin heute noch der Meinung, daß die Einsetzung einer allgemeinen Enquete über Industriezölle nur geheißen hätte, die vordringlichsten und rührigsten Industrien herbeizurufen, um die Gesetzgebung zu Schritten zu bewegen, die ihren Interessen günstig scheinen mochten. Dagegen haben wir der Regierung die Wege gewiesen zum Theil und zum Theil sind wir ihr gefolgt, Spezialenqueten einzusetzen für drei der allerwichtigsten Industriezweige, bei denen wir glaubten, hier ließe sich eine objektiv sachliche Untersuchung bewirken. Wir haben befördert oder bestätigt die Enquete für Baumwolle, die Enquete für Eisen und die Enquete für Tabak. Zwei dieser Enqueten sind so vortrefflich ausgefallen, daß das Lob ganz allgemein und die Anerkennung auch ihnen zu Theil geworden ist. Aber was hat die Enquete über Baumwolle geholfen? Nichts weiter, als daß einzelne Motive in mißverständlicher Weise herübergenommen worden sind in die Regierungsmotive, so daß es den Eindruck macht, als ob die Enquete das Gegentheil von dem feststelle, als was sie thatsächlich festgestellt hat.

(Sehr wahr! links.)

Einen größeren Erfolg hatte diese vortreffliche Enquete nicht. Ueber das Eisen enthalte ich mich jeder Bemerkung, weil ich in keiner Weise mich den Vorwürfen anschließen will, daß dieselbe parteiisch geführt worden sei; ich will dieses Urtheil nicht abgeben und kann es nicht.

Dies, meine Herren, war der hauptsächlichste Fehler; die Regierung ließ das Haus ohne jede Leitung, machte schwächliche Versuche, oder stellte sich kämpfend auf die Seite der bisherigen Politik und wies die entgegengesetzten Ansprüche zurück, unter der Vertretung desjenigen Ministers, der noch in diesem Augenblick an erster Stelle die Regierung vertritt. Da können Sie in der That nicht der Mehrheit des Hauses und umsoweniger einzelnen Anhängern des absoluten Freihandels den Vorwurf machen, daß sie für den Nothschrei der Industrie kein Gehör gehabt hätten. Und wie trug es sich zu in dem speziellen Falle des Eisenzolls? Hat denn die Regierung auch nur einen ernsten Versuch gemacht, die Eisenzölle auf ihrer eigenen Grundlage zu lösen? Ich muß bestätigen, was der Herr Abgeordnete von Bennigsen gesagt hat, daß bei einem großen Theile der Mitglieder dieses Hauses — und Herr von Bennigsen weiß, daß auch ich zu denen gehört habe, — bei einem großen Theile der Mitglieder dieses Hauses maßgebend gewesen ist, an diese Sache nicht früher heranzutreten, als bis die Regierung die Leitung übernehmen würde, weil wir Tariferhöhungen aus der Mitte des Hauses für das allergefährlichste halten. Und der Nothschrei? Uns haben die Eiseninteressenten die Noth in lebhaften Farben geschildert, und nicht nur die unmittelbaren Bergwerksbesitzer, sondern auch der Kaufmannsstand ist ihm beigetreten; denn die Börse hat sich gerade bei dem Eisen verbunden mit den Bergwerksbesitzern. Ich versichere Ihnen, meine Herren, daß ich persönlich mir die größte Mühe gegeben habe, herauszufinden, ob in der That der Nothstand ein solcher wäre, wie er dargestellt wurde, und andererseits auch, ob ihm mit der Herstellung der früheren Zölle abgeholfen werden könnte. Wenn ich mich hiervon überzeugt hätte, so hätte ich die Regierung gedrängt, daß sie die Sache in die Hand nähme. Es sitzen aber Zeugen in diesem Hanse, Leiter der 204, die mir bezeugen können, daß in den Besprechungen, die ich mit ihnen darüber hatte, sachverständig sie mir die Antwort gaben, sie müßten zugestehen, der Zoll könnte der Eisenindustrie aus der gegenwärtigen Noth nicht helfen, aber sie wollten die Wiederherstellung zur moralischen Ermunterung dieses Industriezweiges. Vielleicht wird einer der Abgeordneten sich selbst melden und Zeugniß ablegen, daß ich diese Unterhaltung mit ihm geführt habe. Ich habe auch direkt bei Interessenten angefragt und habe dieselbe Antwort erhalten; andere Interessenten sagten anderes. Ein werthes Mitglied dieses Hauses hat mir eine Tabelle aufgemacht, wouach 1/3 den Schutz nicht brauche, 1/3 mit dem Schutz sich würde erhalten können und 1/3 verloren gehen mit oder ohne Schutz. Wenn ich aus der Mitte der Interessenten, der Führer dieser Bestrebungen, gehört habe, es handelte sich bloß um eine moralische Aktion, so werden Sie mir zugeben, daß kein Mitglied den Muth haben könnte, hier die Zollerhöhung anzuregen. Und was die Verbindung des Handelsstandes betrifft, eines neuen Elements, worauf diese Bewegung sich viel zugute that, was dieses Zeugniß anscheinend aus fremdem Lager anlangt, da muß man sehr vorsichtig sein wegen solcher Zeugnisse, sei es, daß man sie außerhalb, sei es, daß man sie innerhalb dieses Hauses hört. Die Börse ist nämlich eine ganz eigenthümliche Art von Bergwerksbesitzer, indem sie bewegliche Antheile in ihrem Kasten liegen hat und gar nicht interessirt dafür ist, daß die Industrie nachdrücklich gehoben werde, sondern für ausreichende Börsentage; denn ihr ist der natürliche Zweck der Börse, aus ihren Werthen so viel zu gewinnen, als sie kann. Ich will ein Beispiel aus unserer Mitte nehmen. Die Diskontogesellschaft, unzweifelhaft ein sehr großes Banquierhaus, war plötzlich eine ungemeine Stütze der Schutzzöllner. Nun wird mir glaubhaft versichert, und das Mitglied dieses Hauses, welches mir dies versichert, hat ausdrücklich erklärt, daß es die Verantwortlichkeit für diese Thatsache auf sich nehme, daß zur Zeit die Diskontogesellschaft 15 Millionen Mark eines bestimmten Bergwerks, Dortmunder Union, in ihrem Kasten habe. Wenn Sie nun den Börsenkurszettel durchsehen, um wieviel schon bei der ersten ernsten Aussicht auf Erhöhung der Eisenzölle, solche Werthpapiere in die Höhe gegangen sind, so glaube ich, wohl nicht zu viel zu sagen, daß, wenn die Vorschläge der Tarifkommission durchgehen, auf 10 Prozent Kurssteigerung wohl zu rechnen ist; ich weiß nicht, ob anhaltend, oder vorübergehend, aber für genug Zeit, daß die Papiere in andere Hände gebracht werden können, immerhin ergibt sich eine Differenz von 1 500 000 Mark bei diesem einzelnen Posteu. Nun finde ich das ganz loyal, daß die Diskontogesellschaft ihre eigenen Geschäfte im Auge hat und so viel bei uns durchzusetzen sucht, als sie durchsetzen kann, daß sie aber ein unparteiischer Zeuge bei dieser Bewegung wäre, wird niemand zugeben. Und wenn Verwaltungsmitglieder solcher Gesellschaften Mitglieder dieses Hauses sind und dafür eintreten,

(hört!)

so muß ich wenigstens erklären, daß dies für mich ein vollgiltiger Beweis noch nicht ist.

Sie sehen also, welch erheblichen Unterschied dies macht, ob die Regierung in solchen Dingen die Leitung in die Hand nimmt, oder ob das öffentliche Geschrei aus angeblich unparteiischen Quellen an uns herankommt.

Die Bewegung ist bei den Eisenzöllen nicht stehen geblieben. Ein in dieser Bewegung besonders hervorragender Mann, der berufsmäßig das Interesse der Eisenindustrie vertritt, versuchte mich zu überzeugen, wie nützlich es wäre, die Eisenfrage zu erledigen. Er erklärte: befriedige Reichstag und Regierung unser Interesse für sich allein, so hören wir auf, uns zu interessiren für die übrigen Schutzzollbestrebungen; thun sie dies nicht, — das Mitglied dieses Hauses, welches mir diese Mittheilung gemacht hat, kann mich kontroliren, — so bleibt uns nichts weiter übrig, wir müssen uns mit den übrigen Schutzzöllnern verbinden, und es entsteht eine allgemeine Schutzzollverbindung, die Ihnen über den Kopf geht. Ich antwortete darauf, dies kann kein entscheidender Grund für mich sein. Aber erfüllt hat sich die Thatsache, und die Schutzzollbewegung ist herangewachsen, hat immer größere Dimensionen angenommen, während die Regierung immer noch im Hintergrund blieb, einige schwächliche Anläufe, irgend etwas zu thun, wechselten mit Schritten, die hin- und herschwankten, mit äußerlicher Bekämpfung der Bestrebungen aus der Mitte der Industrie. So wuchs die allgemeine Schutzzollbewegung heran. Und heute noch, mit wie vielen ehrenwerthen Mitgliedern des Hauses habe ich gesprochen, jeder von Ihnen wird es gewiß offen bekennen, die erklärt haben, niemals würde ihnen einfallen, landwirthschaftliche Zölle für sich zu geben, aber Eisenzölle waren nicht zu erreichen ohne landwirthschaftliche Zölle, und wie ich hinzusetze: Handel ist Handel, man muß auch landwirthschaftliche Zölle mit in den Kauf nehmen. Zum Trost haben sie freilich auch gesagt, viel haben diese Zölle nicht auf sich, die Landwirthschaft werde ja doch nur abgefunden; ich habe aber die Ueberzeugung, daß andere Herren, ich will nicht sagen dieselben, der Landwirthschaft demonstrirt haben, daß sie den Löwenantheil davontrage.

(Widerspruch rechts.)

— Ich behaupte dies nicht als meine Ansicht, ich spreche von solchen Eisenzöllnern, welche den Beistand der landwirthschaftlichen Mitglieder zu gewinnen streben. Was sagte doch neulich der Herr Reichskanzler, daß es sich bei Handelsverträgen nur darum handele — ich will das nicht deutsch ausdrücken, wovon er den französischen Ausdruck gebraucht hat. So ähnlich geht es zu bei Abmachungen und Verständigungen, wie sie jetzt stattfinden, mit Ausschluß einzelner Mitglieder, welche das Glück haben, die Eiseninteressen und die landwirthschaftlichen Interessen in ihrer Person zu vereinigen.

(Große Heiterkeit.)

Wir erkennen alle an, daß bei dieser Gelegenheit Interessen vertreten werden, der Herr Reichskanzler hat sogar aufgefordert, uns nichts anderem zuzuwenden, als der Vertretung von Interessen, und ich glaube nirgend anzustoßen, wenn ich charakterisire, daß solche Mitglieder in dem Hause sind. Ich denke, ganz Oberschlesien fällt in diese Kategorie der Verbindung von landwirthschaftlichen Interessen und von Interessen der Montanindustrie, das sind ja bekannte Thatsachen. Sollen wir denn verheimlichen, was in der That die Triebfedern sind zu den Bestrebungen der Mitglieder dieses Hauses?

(Zuruf.)

— Nein, meine Herren, ich habe nicht gesagt, daß irgend Wer persönliche Interessen vertrete, für seine Person eintrete, sondern ich habe gesagt, Mitglieder vertreten die Interessen —

(Zuruf)

— ja, dann weiß ich wirklich nicht mehr, was eigentlich vertreten wird, wenn bei diesem Anlaß nicht die Interessen vertreten werden sollen.

Also, die Ausdehnung des Schutzzolles auf andere Industrien bildete ein zweites Stadium in der Bewegung. Aber es wechseln die Stadien in so ungemeiner Schnelligkeit, daß der nächste Tag den vorigen überholt. Als der Brief vom 15. Dezember 1878 erschien, damals erkannten selbst solche an, die heute eifrige Anhänger der jetzigen Ausführung des Planes sind, daß der Brief eine ganz neue Situation eröffnete, in die man nicht mehr folgen könnte. Ich kann bezeugen von Mitgliedern, welche lezt eifrige Förderer des Plans sind, daß sie zur Zeit der Ansicht waren, es würde sich ein Kompromiß über dies Programm nicht herbeiführen lassen. In diesem Programm stand zum Theil viel weniger, als in dem Tarifentwurf der Regierung angenommen ist, zum Theil viel mehr. Das Programm betont zunächst die finanziellen Erfolge, als den ersten und letzten Ausgangspunkt, es verlangt allgemeine Besteuerung mit einigen wenigen Ausnahmen, Besteuerung auch des Durchgangs, wenigstens als Kampfmittel gegen andere Staaten, mit denen Handelsverträge abgeschlossen werden sollten, es verlangt endlich ganz mäßige Besteuerung, und für die Schutzzölle im wesentlichen kaum eine Erhöhung über die jetzigen Tarifsätze in Beziehung auf diejenigen Gegenstände, welche in dem Tarif bereits besteuert sind; im Brief findet sich die sehr zurückhaltende Bemerkung, daß vielleicht ab und zu noch eine kleine Erhöhung vorgenommen werden dürfte, aber dem System nach sollte über die jetzigen Schutzzollsätze der Höhe nach nicht hinausgegangen werden. Was bringt dagegen der Tarifentwurf? Der Tarif hat zum Theil jenes Programm durchgerissen, zum Theil aber bei weitem überboten; den Hauptgedanken, von welchem der Brief des Herrn Reichskanzlers ausging, sämmtliche Artikel der Industrien oder vielmehr der nationalen Arbeit gleichmäßig zu schützen, um darin die ausgleichende Gerechtigkeit zu finden, hat der Tarif aufgegeben.

(Widerspruch rechts.)

— Gewiß, meine Herren, wie beispielsweise zu erkennen an einem Hauptartikel, den ich bloß zu nennen brauche, um Sie zu überzeugen, in der freien Einfuhr der Wolle ist der Gedanke des Herrn Reichskanzlers ganz aufgegeben; ein ungemein wichtiger Artikel und sehr zu Buch schlagend. Noch viele andere Artikel könnte ich bezeichnen. Ich sage dies zum Lobe der Tarifkommission, daß sie sich nicht gebunden hat an dieses die Industrie sehr schädigende Programm des Herrn Reichskanzlers.

Aber auf der anderen Seite werden Sie auch zugeben, meine Herren, daß von der Andeutung in dem Briefe, nicht wesentlich hinauszugehen über die Besteuerungshöhe für solche Artikel, die in dem jetzigen Tarif bereits steuerbar gemacht sind, sehr weit abgewichen worden ist, in einzelnen Industriezweigen wahrhaft geschwelgt worden ist in dem Schutze, der ihnen zu Theil werden soll. Ich gebe zu, in vielen Rubriken ist eine mäßigende Hand zu erkennen, wie ich denn auch aus der vortrefflichen Rede des Herrn von Varnbüler die Ueberzeugung geschöpft habe, daß, soweit der allgemeine Wille und der Gedanke des Herrn geht, er sehr gern die Hand bieten wird, in vielen Artikeln die Steuersätze zu ermäßigen und die nachgewiesenen Ungerechtigkeiten noch jetzt aus dem Tarif wegzuschaffen.

Aber, meine Herren, dem Tarif kann ich den Vorwurf nicht ersparen — und es ist ja dies zum Theil zugestanden — ich kann ihm den Vorwurf nicht ersparen, daß er mit mangelnder Sachkunde abgefaßt worden ist, und ich stütze mich hierbei nicht allein auf die Rede, die wir aus dem Munde des Herrn Abgeordneten Delbrück gehört haben, die nur in einzelnen Punkten berichtigt sein mag durch die Reden der Herren von der anderen Seite, aber nur in unbedeutenden Punkten. Der Widerleger sucht sich eben solche Gegenstände heraus, welche seine Gegenargumente wirksam machen, er wählt weniger nach der Wichtigkeit des Inhalts.

(Zuruf rechts: Auch der Angreifer!)

— Auch der Angreifer, ganz recht: mit dem Unterschied in diesem Fall, daß aus dem großen Bouquet des Herrn Abgeordneten Delbrück Herr von Varnbüler einige wenige Punkte, ich glaube drei, zur Berichtigung für die Generaldebatte herausgegriffen hat.

Aber noch reichhaltiger sind die Petitionen, die ich, so weit es die Zeit gestattet hat, bis jetzt zum Theil durchgesehen habe; ich werde, sobald die Generaldebatte abgeschlossen sein wird, es für meine Gewissenspflicht, wie auch für die Gewissenspflicht eines jeden Mitgliedes dieses Hauses halten, diese Petitionen eingehend zu studiren;

(sehr richtig!)

sie enthalten ein reiches Material, von welchem die Regierungsvorlage, wie die Motive nachweisen, entweder keine Kenntniß oder, wenn sie Kenntniß gehabt hat, uns verschwiegen hat, und ich wähle lieber die erste Alternative der mangelnden Kenntniß. Ich sage, meine Herren, die Motive der Regierungsvorlage zeigen, daß mit einer Nichtkenntniß der Sache in den meisten Dingen gehandelt worden ist, gegen welche die heutigen kleinen Scherze des Herrn Regierungskommissarius über einzelne Versehen in einem Nachweis des Freihandelsvereins tief in den Hintergrund treten. Der Herr Abgeordnete Delbrück wird gewiß übereinstimmen, wenn ich sage, daß er sehr unvollständig in seinen Ausstellungen gegen den Tarif gewesen ist, soweit es sich um die Zahl der Beschwerden handelt. Noch heute Morgen, ehe ich hier in das Haus eingetreten bin, ist mir eine neue Petition zugegangen, die nachweist, daß eine Industrie, welche die Vorlage schützen will, durch dieselbe geschädigt wurde; das sind Kratzenwaaren. Ich werde mich aber auf die einzelnen Artikel nicht weiter einlassen, jeder Tag bringt Neues!

Die Regierungsvertreter haben solche Mängel zugestanden, — und zwar hebe ich als den in dieser Hinsicht besten Vertreter der Regierung in dem Herrn Abgeordneten von Varnbüler heraus, denn wir haben vom Regierungstisch wohl nicht die bedeutendste Rede in dieser Debatte gehört, sondern vom Herrn von Varnbüler, — Herr von Varnbüler also hat zugestanden, die Kenntniß habe gefehlt in vielen Dingen; aber wem, sagt er wiederum, gereicht dies zum Vorwurf? Den Freihändlern, welche die allgemeine Enquete nicht zugegeben haben! Meine Herren, die Regierung hat ja die Enquete bekämpft, also fällt diese Schuld auch auf die Regierung, und demgemäß lautet das Plaidoyer: „ich Regierung habe mir nicht die Gelegenheit gegeben, bessere Kenntniß in den einzelnen Dingen zu erlangen, indem ich die Enquete zurückgewiesen habe; jetzt aber muß ich ein Gesetz zu Stande bringen, und da ist es nicht meine Schuld, wenn ich uninformirt ohne Sachkenntniß das Gesetz entwerfe."

Aber, meine Herren, was ist denn dies für ein Argument, selbst wenn diese Seite des Hauses (links) an der nicht genügenden Vorbereitung Schuld gehabt hätte? Ich spreche kurzweg von dieser Seite, weil Sie sich die Freihändler auf derselben sitzend denken, während wir erfahren haben, daß bedeutende Vertreter auch auf der anderen Seite des Hauses sitzen.

Ich frage, meine Herren, was wäre dies für eine Entschuldigung: „weil uns bisher nicht die Zeit gegeben ist, uns gründlich zu informiren, deshalb müssen wir jetzt die wirthschaftlichen Verhältnisse ohne Kenntniß der Thatsachen ordnen!" Das heißt ja wirklich das Land büßen lassen für einen Fehler, von dem die Regierung behauptet, einzelne Mitglieder des Hauses hätten ihn herbeigeführt, von dem ich aber nachgewiesen habe, daß die Regierung selbst ihn moralisch bewirkt habe.

(Sehr richtig! links.)

Darauf wird nun geantwortet, ein Tarif müsse gemacht werden und in dieser Session zu Stande kommen. Man beruft sich hierbei auf die Autorität des Herrn Delbrück, aber ich glaube, Herr Delbrück war der Meinung, daß wir mit allen unseren Kräften arbeiten müssen, so lange die Zeit hierfür nothwendig ist, um in den einzelnen Punkten uns besser zu informiren und einen richtigen Tarif zu Stande zu bringen, auch wenn die Grundlage des Schutzzollsystems aufrecht erhalten bleibt. Daß aber Herr Delbrück gemeint hätte, dieser Tarif müsse angenommen werden, selbst wenn er innerhalb seines eigenen Systems tödtliche Positionen für einzelne

Industrien bringt, einen solchen Gedanken glaube ich einem so praktischen Mann, wie Herrn Delbrück, nicht zuschreiben zu können. Das wäre die blassesle Theorie, welche je dem Reichstag zugemuthet worden! Nein, unsere Pflicht ist es, uns so viel Zeit zu nehmen, nöthigen Falls mit Aufopferung unserer Erholungszeit für diesen Sommer, um in sachlicher Berathung die einzelnen Positionen durchzugehen. Das Volk hat diese Forderung an die Regierung gestellt, die Tarifkommission hat den Auftrag bekommen, diese Forderung nicht zu beachten, und sie hat nach dem Zugeständniß ihres hauptsächlichen Vertreters einen Tarif zu Staube gebracht, bei dem sich in vielen Punkten Sachunkenntniß gezeigt hat, — über das Maß wird gestritten.

(Widerspruch.)

— Ich sage, die Zeit, die Sachkenntniß zu gewinnen, war nicht gegeben; das ist doch gewiß zugestanden.

Jetzt wendet sich das Volk an das Haus und verlangt, daß dieses sich die Zeit gönne. Haben Sie nicht selbst gesagt, daß die wirthschaftlichen Fragen unabhängig von politischen Erwägungen behandelt werden sollen, und es wäre doch gewiß keine wirthschaftliche, sondern eine rein politische Erwägung, wenn wir erklärten: in 8 Wochen müßte der Tarif fertig sein! Ich glaube, das Haus wird in seiner großen Mehrheit darüber einig sein, daß wir uns die sorgfältigste Mühe geben müssen, nachzuholen, wozu die Regierungsvorlage keine Zeit gehabt hat, sich gehörig vorzubereiten, und wenn das Haus darin einig sein wird, so gestatten Sie mir, daß ich hier einschalte, wieviel die Presse werth ist, welche die Regierungsintentionen zu vertreten vorgab, als sie dem Hause zumuthete, und die entgegengesetzte Ansicht mit den größten Vorwürfen belegte, daß der Tarif in großer Eile, sogar im Plenum erledigt werden sollte. Eine Zeit lang galt als politische Parole: alles im Plenum! Gibt es noch einen Menschen, der dieses jetzt noch fordern würde?

Nun, meine Herren, hat dieser Tarif ein neu ausgearbeitetes System von landwirthschaftlichen Zöllen gebracht. Die Debatte dreht sich merkwürdiger Weise immer nur um Kornzölle, und dies bringt den Eindruck hervor, als ob hier der Schwerpunkt der landwirthschaftlichen Zölle zu suchen wäre. Ich erkenne aber nur aus einem ideellen Grunde die überragende Wichtigkeit der Kornzölle an, weil der Gegenstand die Natur der landwirthschaftlichen Zölle als Besteuerung der nothwendigsten Lebensmittel charakterisirt, und es giebt hier wie überall eine Fahne, die nach und nach sich zur Ehrenfahne ausbildet; deswegen wird die Frage der landwirthschaftlichen Zölle an den Getreidezöllen hüben und drüben im Volke am besten verstanden.

Aber sehr bedeutend und vielleicht ihrem Inhalte nach für die Landwirthschaft viel bedeutender noch sind andere Zölle, wie auf Holz, mit denen die Forstwirthe abgefunden werden, auf Vieh, geschlachtetes Fleisch, Fette. - So will ich als Beispiel hervorheben, daß der Vorschlag, Schmalz und Fette, auch gereinigte, mit einem schweren Zoll zu belegen, eines der allernothwendigsten Lebensbedürfnisse trifft, welches als Nahrungsmittel fast ausschließlich von armen Lenten gebraucht wird, und daß es sich bei diesem einen Posten, wie ich glaube, um einen finanziellen Ertrag von 6 bis 7 Millionen handelt; — und dazu gerechnet die Vertheuerung, die durch diesen Schutzzoll entstehen soll und unzweifelhaft entstehen wird.

(Widerspruch rechts.)

Sie sind doch nicht der Meinung, daß der Händler bloß um Gotteswillen die Steuer auslegt und nicht an diesem schwer aufzubringenden Handelskapital gleichfalls einen erheblichen Gewinn machen will? Unbestreitbar wird der Konsument dieses Artikels viel mehr bezahlen, als was an Zöllen erhoben wird, wenn der Zollsatz auch nicht prohibitiv wirkt. Ueber diese Wirkung der Steuer will ich an dieser Stelle nicht sprechen. Diese gewissermaßen durch die Spalten laufenden Zölle werden uns in der Spezialdiskussion sehr ernst beschäftigen, ehe Sie sich entscheiden werden, solche Lebensbedürfnisse schwer zu belasten, welche mit Gewißheit und fast ausschließlicher Gewißheit die in ihrer Erwerbsfähigkeit niedrigsten Volksklassen treffen.

Ich kehre zurück zu den Kornzöllen. Wer nun der Meinung war, daß die Kornzölle, weil sie nur von geringfügigem Betrage wären, als Austausch hergegeben werden könnten für industrielle Zölle, obschon jene Zölle in sich nicht rationell wären, oder wer überhaupt der Meinung war, daß man bei so kleinen Beträgen allenfalls ein Ange zudrücken könnte, oder daß man der Landwirthschaft helfen könnte, ohne das Volk zu drücken, und wie diese schwer zu konstruirenden Formen noch anders sich gestalten mögen, der muß nun die völlig neue Situation würdigen, und zwar heute noch würdigen, ehe er seine erste Entscheidung trifft, welche der Briefwechsel zwischen Herrn von Thüngen und dem Herrn Reichskanzler eröffnet hat.

(Sehr richtig!)

Dieser Briefwechsel hat alles überholt, was bisher irgendwie als wirthschaftliche Politik der Regierung gedacht worden ist.

(Sehr wahr!)

Es ist die einfache unbedingte Annahme des Agrarierprogramms, und zwar nicht etwa des landwirthschaftlichen Interesses in seiner berechtigten Bedeutung, sondern des Agrarierprogramms in seiner agitatorischen Bedeutung.

(Sehr wahr!)

Schon der Name von Thüngen gibt Bürgschaft dafür, aber auch der Inhalt beider Briefe. Und, meine Herren, wenn diese Koalition, die viele unnatürlich nennen, zwischen den Industriellen und Landwirthen wirklich sich verhält, unter verschiedenen Namen, der eine will Ausgleichszölle, der andere will Rachezölle; eine wohlwollende Partei der Landwirthschaft erklärt, wir wollen der Industrie Zölle geben und wollen dafür unseren Antheil in landwirthschaftlichen Zöllen als Kompensation nehmen; eine andere dem ganzen Programm abgeneigte Partei erklärt, wir wollen die Zölle der Industrie nicht geben, wenn sie aber dieselben gegen uns erhält, wollen wir mit landwirthschaftlichen Zöllen Rache nehmen, — wenn diese vielgestaltige Koalition in dieser Session nicht brüchig wird und bis zum Ende der Tarifberathung ihre bisherigen Grundlagen behält, so kann man für jetzt mit Recht sagen, in dem heutigen Stadium der Verhandlungen haben die Industriellen in Bezug auf die Kornzölle gesiegt über die Landwirthe, die Landwirthe sind abgefunden mit etwas, was nicht äquivalent ist; aber in der nächsten Session, seien Sie ganz versichert, werden die Landwirthe sich schon in den Vordergrund drängen mit dem mächtigen Schutz des Herrn Reichskanzlers, der den Wechsel, ich weiß nicht von welcher Solvenz, den Herr von Thüngen gezogen, selbst indossirt hat. Mit einem solchen Indossament und mit der Wandelfähigkeit in der öffentlichen Gesinnung, sobald der Reichskanzler ein Programm aufgemacht hat,

(sehr wahr! links)

können Sie ganz zufrieden sein, daß vielleicht schon in der nächsten Session die Frage aufgeworfen wird: Wo bleibt der Rest unserer Rechnung? Und wer schützt Sie dann dagegen, daß Sie nicht dieselbe gewaltige Strömung ebenso wie hente dem einen mit schwerem, dem andern — wie ich in der Debatte wahrgenommen habe — mit leichtem Herzen den Uebergang zu den neuen Anschauungen vorbereitet?

(Sehr wahr! links.)

Und, meine Herren, hier komme ich zu dem schwereu Inhalt

dieser wirthschaftlichen Bewegung. Der Herr Abgeordnete von Bennigsen hat uns gemahnt, die Sache nicht tragisch zu nehmen. Es ist das ein Ausdruck, der, wenn ich nicht irre, zum ersten Mal von dem Herrn Reichskanzler gebraucht worden ist und dann der Reihe nach bis tief nach der linken Seite gelegentlichen Gebrauch gefunden hat. Wenn man das „Tragischnehmen" in der gewöhnlichen Bedeutung versteht, daß man einen Untergang sich damit verbunden denkt, dann glaubt ja kein Mensch in dieser Versammlung hieran; wie ich, haben gewiß Alle die Ueberzeugung, die deutsche Nation ist mit gesetzgeberischen Fehlern fürs erste nicht zu tödten.

(Große Heiterkeit; sehr wahr!)

Also in diesem Sinne tragisch nehme ich es nicht. Aber wenn die Aufforderung, es nicht zu nehmen, die Bedeutung hat, die jetzige Wendung nicht tragisch für eine bedeutungsvolle Krisis in unserm öffentlichen Leben zu betrachten, so erwidere ich: wer nicht in diesem Sinne die Angelegenheit betrachtet, der sieht viel zu sehr auf die Einzelheiten, als auf den Inhalt des ganzen und was die nothwendige Folge davon sein muß.

(Sehr richtig! links.)

Sehen Sie denn nicht, daß Sie einen Krieg eröffnen, von dem wir geglaubt haben, daß wir glücklicher Weise in Preußen ihn schon geschlossen haben, nämlich einen prinzipiellen Krieg zwischen der Landwirthschaft auf der einen Seite und der Industrie und den Städten auf der anderen Seite?

(Sehr wahr! links.)

Ist denn das nicht die Formel dafür?

(Ruf rechts: Nein!)

— Herr von Kardorff verneint. Ich bezweifle nicht, daß sein Wille ein guter sein wird, diesen schweren Bruch, den Sie zu vollziehen, wenigstens mit dem ersten Schritte zu vollziehen im Begriff sind, später wieder zu heilen. Ich rechne auf die patriotische Mitwirkung aller Herren, die in diesem Augenblick das bewirken, was ich für unheilvoll halte. Aber ich muß sagen, ich als Unparteiischer, unparteiisch nach meiner Lebensstellung, nach meiner Vertretung hier im Hause — denn aus meinem Wahlkreise habe ich Zuschriften bekommen für das agrarische Programm, für das Programm des Landwirthschaftsraths, für den Protest gegen alle landwirthschaftlichen Zölle, für industrielle Schutzzölle, gegen industrielle Zölle, daß, wenn ich nur einem Theil genügen wollte, ich ganz unbedingt von drei oder vier anderen Theilen desselben Wahlkreises in den Bann gethan sein würde; ich bin also unparteiisch in diesem Sinne und auch meiner Lebensstellung nach und habe bis jetzt, was ich auch betone, noch niemals in Zollangelegenheiten öffentlich das Wort genommen,

(Widerspruch rechts)

außer wo es sich um Finanzzölle handelte.

(Zuruf: Eisenzölle!)

— Dies ist meiner Erinnerung entgangen; doch gewiß nur, um einen Kompromiß herbeizuführen, das ist wohl möglich, weil mir daran lag, politisch zu vermitteln, was Sie mir übrigens auf beiden Seiten zur Zeit gedankt haben, selbst Herr Stumm, der hier anwesend ist, auf den ich mich in dieser Beziehung berufen kann. Ich sage also, als Unparteiischer komme ich zu dem Urtheil, daß Sie mit dem Zolltarif, wie Sie ihn jetzt beginnen, einen unheilvollen Bruch einleiten und Wunden aufreißen, von denen wir geglaubt haben, daß sie gänzlich geheilt wären. Und die Bewegung wird nicht auf wirthschaftlichem Gebiet stehen bleiben, das bilde sich niemand ein; ganz nothwendig werden auch auf politischem Gebiet sich die Folgen äußern, wenn Sie einen solchen Gegensatz schaffen. Und wer die Natur des Gegensatzes bestreiten wollte, sehe sich doch die Petitionen an; die Gegenpetitionen gegen die landwirthschaftlichen Zölle kommen allermeist aus den Städten her, als ein städtisches Interesse, weil diese sich besonders benachtheiligt sehen. Sie können nun sagen, Sie seien berechtigt, den Bruch herbeizuführen, und diejenigen, die überzeugt sind, daß die Landwirthschaft dieser Unterstützung bedarf, können erklären, daß die Städte nun eine zeitlang herhalten müssen, um der Landwirthschaft aufzuhelfen; gerade wie der Herr Abgeordnete Löwe in einer Bemerkung zur Rede des Herrn Abgeordneten von Maltzahn-Gültz sich äußerte: bis jetzt hätten die westlichen Provinzen gelitten zu Gunsten der östlichen, jetzt sei es Zeit, daß die östlichen Provinzen einmal leiden zu Gunsten der westlichen.

(Hört, hört!)

Man kann zu solchen Betrachtungen kommen und sie noch für ethisch halten, aber, meine Herren, die Thatsache können Sie nicht ableugnen, daß ein solcher Bruch eingeleitet wird, und wenn Sie auf die Vorbereitungen sehen, welche getroffen werden, um einen allgemeinen Städtetag einzuberufen, der ausschließlich mit den landwirthschaftlichen Zöllen sich beschäftigen soll, so werden Sie mir zugeben, den Gegensatz haben wir bereits. Ich verlange nicht, daß dieses Eindruck mache auf diejenigen, die behaupten, das Lebensinteresse der Landwirthschaft verlange und dränge dahin, einen solchen Einschnitt zu machen, aber wie man solches thun kann im Wege des Kompromisses, wie diejenigen es mit leichtem Herzen thun können, welche die Sache an sich nicht für nothwendig halten, lediglich um zur Ruhe zu kommen, das begreife ich nicht. In der That ist die unerwartete Ruhe nur scheinbar. Nach dem Briefwechsel zwischen Herrn von Thüngen und von Bismarck — meine Herren, Sie kennen ja die Macht des Herrn von Bismarck, und wenn er öffentlich ein solches Programm aufstellt, und heute ist es schon gedruckt im Staatsanzeiger,

(Bewegung)

so spielt er mit solchen Dingen nicht, pflegt sie auch nicht als bloß theoretische Ueberzeugung, sondern er weiß zur geeigneten Zeit dafür einzutreten, selbst wenn es ihm viele Arbeit kostet, seine Kollegen umzustimmen und, sofern er sie nicht umstimmen kann, zu wechseln.

(Bewegung.)

Von Seiten der Agrarier wird die Bewegung erst recht angefacht werden zur Erhöhung der landwirthschaftlichen Zölle; wir haben ja in dem vom Herrn Fürsten Reichskanzler akzeptirten Briefe des Herrn von Thüngen gelesen, daß die Landwirthschaft sehr schwer benachtheiligt werde bei dem Tarif, wie ihn die Regierung vorgeschlagen hat; also ist von dieser Seite keine Ruhe zu erwarten. Auf der anderen Seite sehen sich die Städte jetzt schon benachtheiligt, also auch von dieser Seite keine Ruhe, und von der Industrie wird der Theil, welcher jetzt mit Schutzzoll gesättigt wird, befriedigt sein, sich ruhig verhalten und nicht in den Kampf einmischen, aber der andere Theil, die jetzt benachtheiligten Industrien, werden auf Seite der Städte stehen gegen den jetzigen Tarif und besonders auch gegen die landwirthschaftlichen Zölle. Und die Aussicht auf eine solche Zukunft sollte man nicht „tragisch nehmen", sondern wie eine Angelegenheit untergeordneten Ranges betrachten?

Meine Herren, ich halte mit dem Herrn Abgeordneten von Bennigsen gleichfalls die Analogie, die gezogen worden ist zwischen dem Kornzoll in England und unserem Kornzoll, für unzutreffend, in den Einzelheiten besteht kaum eine Aehnlichkeit. Aber man darf nicht die Zustände fremder Länder und nicht die Geschichte fremder Länder studiren, um sie so unmittelbar anzuwenden, wie etwa eine technische im praktischen Leben, aber ihren Geist muß man erkennen lernen. Die Kornzölle waren in England seit langer Zeit hergebracht in der Entwickelung der dortigen Zustände und im heftigsten und bewußten Gegensatz zwischen Land und Stadt; das flache Land auf der einen Seite, die Städte und die Industrie auf der anderen Seite. So lange es in England keine große Industrie gab, überwog das ländliche Interesse alleinherrschend; die Vertreter desselben waren im Besitz des Unterhauses, des Oberhauses und der Regierung. Als aber die Industrie mächtiger wurde, die Städte heranwuchsen, begann der Kampf, der endete mit der völligen Ausgleichung der beiden Interessen und mit der Ausfüllung der Kluft zwischen Stadt und Land. Dies war das Ende der Kornzölle und dies die Bedeutung der Bewegung, daß Stadt und Land nicht mehr den großen Gegensatz bilden sollten, der sich bis dahin am erkennbarsten in den Kornzöllen ausdrückte. Und wenn beim Abschluß dieser großen Bewegung 19 Pfennige Rekognitionszoll für die Einführung eines Zentners Weizen stehen blieb, darf dies in Vergleich gesetzt werden mit dem Vorschlag, 50 Pfennige auf den Zentner Weizen und anderer Getreidearten und 25 Pfennige für Roggen und Gerste neu aufzuerlegen? Daß dort ein kleiner Rest von einem großen Uebel übrig blieb, und daß hier in schärferer Form, ein neues Uebel beginnen soll, diese Verschiedenheiten lassen sich nicht in Vergleich setzen. Die bloße Zusammenstellung der Zahlen ist eine äußere, aber keine geschichtliche und logische Betrachtung. Wenn zwei am Ende desselben Berges sind, so befinden sie sich nicht in derselben Lage, wenn der eine den Weg hinauf zu gehen im Begriff ist, und der andere von der Spitze des Berges herkommt; und um dieses Bild ins Wirkliche zu übersetzen: In England ist eingetreten, was eintreten mußte; bei irgend einer untergeordneten Gelegenheit wurden die 19 Pfennige weggestrichen, und hier hören wir bereits den Tritt derjenigen, die nachkommen und eine Erhöhung der Kornzölle haben wollen, und unter denen kein Geringerer ist als Fürst Bismarck. Wo läge eine Aehnlichkeit zwischen diesen verschiedenartigen Verhältnissen? Darum sind die Kornzölle nicht allein eine Ehrenfahne, — ich meine für diejenigen, die gegen dieselben streiten, das immer vorausgesetzt — sondern sie sind außerdem eine ungemein praktische Frage für die zukünftige Entwickelung.

(Sehr wahr!)

Die Wahrheit aber zwingt mich, hervorzuheben, daß neben den Kornzöllen die anderen landwirthschaftlichen Zölle, wie z. B. auf geschlachtetes Fleisch, auf Fett, wo schon etwas mehr geschwelgt worden ist im Schutze, große Beachtung verdienen. Bei diesen Artikeln habe ich die Hoffnung noch nicht aufgegeben, daß sie eine gründliche Revision erfahren werden.

Und nun, meine Herren, verstehe ich die Zustimmung derjenigen, die ein System eingeleitet wünschen, durch welches alle Arbeit geschützt werde und demgemäß auch die Landwirthschaft. Sie beginnen diese Entwickelung mit der guten und offenen Absicht, nicht allein die industrielle Arbeit, sondern auch die landwirthschaftliche Arbeit, überhaupt jede Arbeit zu schützen. Wenn dagegen der Herr Abgeordnete von Bennigsen erklärt hat, und hierin stimme ich vollständig mit ihm überein, daß es nach seiner Anschauungsweise eine Unmöglichkeit wäre, das landwirthschaftliche Gewerbe durch Schutzzölle zu schützen — ich glaube, ich habe ihn richtig verstanden, ich habe leider die Rede nicht nachlesen gekonnt, weil der stenographische Bericht noch nicht vorlag, — ich frage, wenn er dieses erklärt hat, wozu dann und mit welcher Berechtigung sollen landwirthschaftliche Zölle gegeben werden? Haben sie als Schutzzölle keine Bedeutung, dann bleibt ihre Bedeutung nur noch als Finanzzölle bestehen, und daß sie als solche ein unwürdiger Artikel sind, dafür glaube ich mit Herrn von Bennigsen nicht verschiedener Meinung zu sein. Selbstverständlich wenn das Land in äußerster Noth wäre, und es müßte alles besteuert werden, dann stimmte ich auch für Besteuerung der nothwendigsten Lebensmittel, an letzter Stelle. Wie man aber gleichzeitig eine höhere Besteuerung des Bieres ablehnen und die Kornzölle als eine finanzielle Maßregel in den Vordergrund stellen kann, das begreife ich nicht, sofern es eine finanzielle Maßregel sein soll, während ich allerdings anerkenne, daß Schutzzölle nicht in Rechnung zu stellen sind in Beziehung auf die finanziellen Ergebnisse mit anderen rein finanziellen Bestrebungen, weil hierfür andere Absichten maßgebend sind. Aber ich bin der Ansicht des Herrn Abgeordneten von Bennigsen, ohne ein theoretischer Freihändler zu sein, so wenig wie er dies oder das Gegentheil ist; er hat sogar die Theorie als völlig ungeeignet und für die Gesetzgebung unmaßgebend erklärt; — auch ich glaube, die Landwirthschaft ist nicht für Schutzzölle geeignet in dem Sinn, daß sie großgezogen werde, um später ein selbstständiges Gewerbe zu sein.

Meine Herren, ich stehe keineswegs den Schutzzöllen theoretisch gegenüber, daß sie absolut nicht zu gestatten wären; ich bekenne mich nicht zu der Theorie, daß jede Industrie fertig ins Leben treten müsse in demjenigen Lande, in welchem sie getrieben werden soll. Ich erkenne an, daß mit sehr großen Opfern gewisse Industrien und Arbeitszweige großgezogen werden können. Das haben wir ja selbst bei dem Zucker mit Erfolg gethan. Der Herr Abgeordnete Reichensperger hat dies schon erwähnt. Wir haben jahrelang unzählige Millionen gezahlt, um die Zuckerindustrie groß zu ziehen. Beiläufig gesagt, die Landwirthschaft, die sich so sehr beschwert, daß für sie nichts geschehe, sollte doch nicht außer Acht lassen die ungezählten Millionen, die wir für das Großziehen der Zuckerproduktion zu ihrem Nutzen, zur Verbesserung der Bodenerträgnisse und zur Erhöhung des Viehstandes gezahlt haben.

(Sehr richtig!)

Meine Herren, ist das zu bestreiten, daß die Landwirthschaft dabei erheblich interessirt war? Natürlich nicht ausschließlich die Landwirthschaft; dies ist die Wirkung einer guten Politik, daß, während man nach der einen Seite leistet, man dem ganzen gleichzeitig leistet. Die schweren Zuckerzölle haben sehr vieles für Industrie und Landwirthschaft gemeinschaftlich gethan. Aber eine Voraussetzung für die Berechtigung des Schutzzolles habe ich mit dem Herrn Abgeordneten von Bennigsen gemeinschaftlich, — und ich bin sehr erfreut, wo ich in der Rede, die er vorgestern gehalten hat, gemeinsame Punkte mit ihm finde, — die Voraussetzung, daß die zu schützende Industrie bisher noch nicht Gelegenheit gehabt hat, sich zu entfalten, und daß sie mit hoher Wahrscheinlichkeit in absehbarer Zeit ein bedeutend überwiegendes Resultat herbeiführen werde, nur dann kann ich mich zum Schutzzoll entschließen. Meine Herren, was haben die Interessenten selbst plädirt, als es sich um Abschaffung des Eisenzolls handelte? Damals wurde auch von den Führern der jetzigen 204 erklärt, sie wollten die Eisenzölle nur so lange aufrecht erhalten, bis die Industrie groß genug gezogen sein würde; dann wollten sie selbst die Krücke wegwerfen. Auf dieser Grundlage kam das Kompromiß zu Stande. Ich denke an die Herren Stumm, Hammacher, und eine Anzahl von Personen, die in gleichem Maße und mit gleicher Autorität hervorzutreten verdienen. Bei einer solchen Beschaffenheit der Industrie kann der Schutzzoll seine Berechtigung haben; aber daß eine Industrie nur sollte gehalten werden können durch den Schutz, obschon sie eine ererbte jahrhundertealte Industrie ist, hiergegen stimme ich mit dem Herrn Abgeordneten von Bennigsen überein, daß jeder Versuch vergeblich wäre. Wer jetzt den ihm klein scheinenden Zoll zugesteht, wird von der unteren zur höheren Position gedrängt werden und zuletzt die Waffen strecken müssen.

(Zuruf: Differentialtarife!)

— Differentialtarife! Ich stehe in der Untersuchung der Unbilligkeit, welche etwa der Landwirthschaft und der heimischen Industrie zugefügt wird, ganz auf Ihrer Seite. Ich habe das ja schon oft ausgesprochen, wie Sie überhaupt erfahren werden und wohl auch schon erfahren haben, daß ich für diejenigen Interessen der Landwirthe, die ich für solche halte, mit denen man wirklich und ohne Ungerechtigkeit helfen kann, soweit Menschenkräfte es vermögen, Ihnen sehr gern Beistand leiste; nur den verkehrten Weg will ich nicht mitmachen, der, statt zu helfen, eine ungemeine Kluft in der gesammten Politik eröffnet, auch in unserer Wirthschaftspolitik, ohne die Beruhigung zu bringen, welcher zu Liebe manche von Ihnen jetzt große Opfer bringen wollen.

Der Herr Reichskanzler hat eine Rechnung aufgemacht, weshalb der Landwirthschaft geholfen worden, weshalb sie Zölle bekommen und sonst noch in der Finanzpolitik begünstigt werden müsse. In seiner Rede am Freitag bei Eröffnung der Generaldebatte hat der Herr Reichskanzler eine ganz neue Situation geschaffen und Gesichtspunkte eröffnet, die weit hinaus gingen über das, was der Brief vom 15. Dezember enthielt, aber auch dieser für uns neue Standpunkt war bereits überholt durch den vorgestern erst bekannt gewordenen Briefwechsel mit Herrn von Thüngen. In dem Brief vom 15. Dezember 1878 wird wesentlich gefordert, es soll der Landwirthschaft soviel zugewendet werden, damit ihre Prägravation durch heimische Steuern im Kreise der Produkte ausgeglichen werde. In der Eröffnungsrede verlangte der Herr Reichskanzler die Kombination beider Momente: erstens soll ein Schutzzoll der Landwirthschaft gewährt werden; und zweitens sollen sämmtliche Steuern, die sie besonders treffen, von ihr genommen werden. Zu dem zweiten Zweck sollen andere Zölle bewilligt werden. Ich bedaure aufrichtig, daß die preußischen Finanzen zum Schwerpunkte gemacht worden sind für die Finanzgesetzgebung, die uns jetzt geboten wird. Ich bin überhaupt der Meinung, daß eine Reichspolitik, welche einen Einzelstaat herausgreift, um diesen zum Maßstabe der Geldbewilligung zu nehmen, und zur Beurtheilung nicht nur des Geldbedürfnisses, sondern auch der Reformbedürftigkeit im einzelnen, weit abführt von einer wirklichen nationalen Politik und in Wahrheit eine partikulare Politik ist.

(Sehr richtig!)

Aber, meine Herren, wir müssen doch darauf eingehen. Preußen ist ein zu wichtiger Faktor, und persönlich ist der Herr Reichskanzler ein zu wichtiger Faktor in der Regierungspolitik, als daß wir etwa nicht auf dem von ihm betretenen Wege bis zu einem gewissen Punkt folgen müßten.

Indem ich in diesen Theil der Debatte eintrete, muß ich alle, die Sie nicht aus Preußen sind, aber auch die Mitglieder aus Preußen dringend warnen, als objektiv zutreffend demjenigen Glauben zu schenken, was der Herr Reichskanzler über die Besteuerungsverhältnisse der Landwirthschaft in seiner Rede vom Freitag dargelegt hat.

(Hört!)

Meine Herren, ganz unbewußt, wie ich vorausschicke, — aber größere Uebertreibung wegen Ueberbürdung als in dieser Rede habe ich noch niemals auch nur aus dem Munde eines Abgeordneten gehört, weder im Reichstag noch im Landtag.

(Heiterkeit.)

Ich kann nicht in das ganze Gebiet folgen, denn dann wäre ich schon in der preußischen Debatte, aber der Herr Reichskanzler erklärte es, und wenn dieser Zustand in der That in Preußen wäre, so hätten wir bloß das eine Wunder, wie nicht die Landwirthschaft schon längst über und über bankerott wäre.

(Zuruf.)

— Nein, meine Herren, Sie haben auch in dieser Beziehung nicht allem so unbedingtes Zutrauen zu schenken, was hier mitgetheilt wird.

(Zuruf.)

Man sieht nur einen kleinen Kreis, und mit Vorliebe einen Kreis, der günstige Beispiele darbietet. Eben jetzt, heute früh — das will ich episodisch nur sagen; Sie haben von den ungeheuren Subhastationen gehört, welche bei den bäuerlichen Grundstücken vorkommen sollen, und besonders nehme ich an, in den östlichen Provinzen soll der Verfall am stärksten an den Subhastationen sich zeigen. Auf die große Zahl der Subhastationen hat ein Herr Regierungskommissarius seine ganze Rede gegründet; ich glaube, es war der Herr Regierungskommissarius Thiedemann. Nun hat mir heute, als ich in das Haus kam, ein Mitglied dieses Hauses ganz authentisch die Liste aus seinem Kreise gegeben; aus einem östlichen Bezirke, in welchem sich nun darstellt, daß die Subhastationen und zwar bei einer ländlichen Bevölkerung von 35 000 und einer städtischen Bevölkerung von 32 000 Einwohnern sich von 1873 bis 1878 so verhalten — die Mittheilung ist authentisch — in städtischen Grundstücken: 1873 16, 1874 15, 1875 29, 1876 33, 1877 41, 1878 57; — beim ländlichen Grundbesitz: 1873 27, 1874 29, 1875 52, 1876 42, 1877 33, 1878 28.

(Hört, hört!)

Ich sage nicht, daß dieser Kreis ein normaler sei, sondern man sieht, welchen Unterschied es gibt, je nachdem man die Kreise aussucht.

(Zuruf.)

— Es ist der Liegnitzer Kreis. Was ich damit eben beweisen will, das besteht darin, daß man die Beschaffenheit und Verhältnisse der einzelnen Kreise genau untersuchen, den ländlichen und städtischen Grundbesitz gegeneinander stellen muß, und meist unter Berücksichtigung sehr vieler Faktoren bekommen wir ein annähernd richtiges Bild von der wirklichen Lage im Lande, nicht aber, wenn wir ein paar Massenzahlen aus dem Munde eines Redners hören.

(Sehr richtig!)

Ich benutze die Lage des einzelnen Kreises nicht als Gegenbeweis, ich wollte nur an einem Beispiel zeigen, wie man in diesen Dingen vorsichtig sein muß. Beiläufig, meine Herren, weiß ich aus meiner eigenen Erfahrung und zwar durch Nachfrage bei dem ländlichen Grundbesitz meines Wahlkreises, wo die Bedingungen nicht durchweg die günstigsten sind, daß in mehreren Distrikten die Spareinlagen der Landleute bis zum vorigen Jahre nicht allein nicht abgenommen, sondern zugenommen haben; Merkmale, die auf Wohlstand schließen lassen, — ich spreche nicht von diesem Jahre — mindestens nicht auf sehr gesunkenen Wohlstand. Ich sage auch nicht, daß die Erfahrung aus einzelnen Distrikten maßgebend ist, sondern es ist verschieden in dem großen deutschen Reich, und es ist schwarz gefärbt, wenn man jetzt die Landwirthschaft Deutschlands durchweg in einer so kläglichen Rolle darstellt, wie man es jetzt thut. Indessen dies war episodisch und wenn mir nicht die Bemerkung zugerufen worden wäre, wäre ich gar nicht auf die Sache gekommen.

Der Herr Reichskanzler hat nun ausgerechnet, daß im Minimum die Landwirthschaft Preußens an staatlichen Steuern 10 Prozent zahle und mit den Zuschlägen in den Gemeinden im Minimum 20 Prozent ihres wirklichen Reinertrags, nicht etwa des fiktiven Grundsteuerreinertrags, und wenn ein Besitzer zur Hälfte verschuldet ist, so ergibt diese Rechnung 40 Prozent des wirklichen Reinertrags, und, meine Herren, der Herr Reichskanzler hat hinzugefügt, daß die Verschuldung bis zur Hälfte nichts Ungewöhnliches sei. Aber, meine Herren, wenn die Belastung so enorm wäre, glauben Sie wirklich, daß irgend ein Zweig des gewerblichen Betriebs bestehen könnte, der 40 Prozent vom Reinertrag an Steuern zu zahlen hätte.

(Zuruf.)

Die Rechnung ist nicht richtig, das will ich in Zahlen nachweisen, nur wollte ich dies zuvor im Großen zeigen, weil ich voraussetzte, jeder Mensch würde sagen, das ist nicht möglich. Ich will zuerst die Gebäudesteuer nehmen, und sofort dem Herrn von Kardorff zugestehen, daß ich das wirksamste Beispiel wähle; da ich nicht alles gleich ausführlich vortragen kann, nehme ich das wirksamste Beispiel, um daran zu zeigen, wie wenig zuverlässig und zu verwerthen für die Gesetzgebung die Angaben des Herrn Reichskanzlers aus seinem eigenen Heimatlande Preußen waren. Der Herr Reichskanzler schätzt die Gebäudesteuer auf dem Lande 2 bis 5 Prozent, und er setzt noch hinzu, und ich erwähne dies, damit die Zahl nicht als zufällig aus dem Munde gekommen erscheine: so wie der Landwirth ein neues landwirthschaftliches Gebäude, das er zu seinem Betriebe gebrauche, neu errichte, müsse er eine neue Steuer bezahlen; die wachse immer fort, sei unglücklicher Weise nicht kontingentirt.

Nun stellt sich heraus, daß der Herr Reichskanzler die Gesetze seines Landes in diesem sehr wichtigen Punkte, welchen er zur Grundlage seiner Finanz- und wirthschaftlichen Politik macht, nicht kennt;

(hört, hört! sehr wahr! links)

denn im Gebäudesteuergesetz ist ganz ausdrücklich, wie weise Gesetzgeber dies thun, vorgesehen: landwirthschaftliche Gebäude sind frei von jeder Gebäudesteuer!

(Hört, hört! Zuruf rechts.)

— Verzeihen Sie, ich komme darauf, es ist nicht gut, einen Redner zu früh zu unterbrechen, weil der Angriff sich zu einem Triumph für den Redner verwandeln kann.

(Heiterkeit.)

Ich komme bald zu den Wohnungen, zunächst spreche ich von dem landwirthschaftlichen Gewerbe. Wir haben alle den Eindruck gehabt, daß der Herr Reichskanzler von den hierfür nothwendigen Gebäuden gesprochen hat. Es wurde von den Millionen Grundbesitzern gesprochen; auch dies ist abgeschnitten, daß er nur den armen schweißtriefenden Tagearbeiter im Auge gehabt hätte. — Jetzt also von den Wohnungen; wie hoch wird die Wohnung auf dem Lande versteuert? Sind Sie der Meinung, daß irgend ein Bauer oder irgend ein wirthschaftlicher Großgutbesitzer, — ich rede nicht von denjenigen, die große Schlösser sich hin bauen, die nicht im Verhältniß stehen zu dem Areal, das sie besitzen, was leider auch ein sehr großes Item spielt im Verfall der Landwirthschaft,

(sehr richtig! links)

das übermäßige Leben vieler Großgutbesitzer, — ich will es von dem kleineren Mann nicht in gleichem Grade sagen, ich weiß es nicht, ich höre aber, daß in neuerer Zeit das böse Beispiel leider auch auf den Bauerbesitz nachtheilig zu wirken anfängt; —

(sehr richtig! von verschiedenen Seiten des Hauses)

an Gebäudesteuer sind im ganzen 4 Prozent zu bezahlen von dem Miethswerth der Wohnung. Wenn also jemand 2 Prozent von seinem wirklichen Reinertrag — d. i. die niedrigste Ziffer des Herrn Reichskanzlers gewesen — für die landwirthschaftliche Wohnung auf dem Lande zu rechnen hätte, so müßte er genau die Hälfte des wirklichen Reinertrags für die Wohnungen ausgeben; das können Sie nicht bestreiten. Hat dies auch nur eine Spur von Wahrscheinlichkeit?

(Zuruf rechts.)

Die Rechnung ist richtig, sie ist einfach; man kann nur einfache Rechnungen im Plenum brauchen, damit sich alle überzeugen sollen.

Nun, meine Herren, in Städten rechnet man, daß der 6. oder 7. Theil des Einkommens in größeren Städten für die Wohnungen ausgegeben werden soll.

(Zuruf: der fünfte!)

— Sobald der Miethszins sich dem 5. Theil des Einkommens nähert, wie in Berlin, so ist dies schon eine schlimme Wohnungsfrage, zuweilen Wohnungsnoth.

Nun rechnen Sie, meine Herren, nach auf dem Lande, den wie vielten Theil von seinem Reinertrag jemand für Wohnung auszugeben pflegt, und wenn Sie auf $1/2$ Prozent Gebäudesteuer kommen, so sind schon die Kosten der Wohnungen sehr hoch gegriffen.

(Sehr richtig!)

Nun hören Sie vom Herrn Reichskanzler, daß der Landwirth 2 bis 5 Prozent zu zahlen habe für Gebäudesteuer, und dies multiplizirt sich mit den Gemeindesteuern auf 4 bis 10, und dies multiplizirt sich, wenn der Grundbesitzer zur Hälfte des Gutswerthes verschuldet ist, auf 8 bis 20. Läßt sich dies zur Grundlage Ihrer Politik machen für eine Finanzreform in Preußen?

Nun, meine Herren, komme ich zur Grundsteuer. Der Herr Reichskanzler berechnet sie mit 5 Prozent des wirklichen Reinertrags, und diese beeinträchtige das landwirthschafliche Gewerbe. Der Herr Reichskanzler hat selbst zugestanden, daß im Jahre 1861 in Preußen die Grundsteuer nicht erhöht, sondern in ihrer früheren Höhe erhalten worden ist, und daß die ganze Reform darin bestanden hat, daß die Ungleichheiten in den einzelnen Provinzen und der einzelnen Provinzen gegeneinander ausgeglichen worden sind. Da ist denn manchen abgenommen worden, anderen zugelegt. Man hatte aber damals die Grundsteuer so sehr aufgefaßt als eine Kapitalangelegenheit, die im Kaufwerthe der Grundstücke stecke, daß sämmtlichen Besitzern, denen die Steuerbefreiung genommen oder denen in Folge der Ausgleichung eine erhöhte Steuer auferlegt wurde, wenn sie einen Rechtstitel hatten, das volle Kapital mit dem zwanzigfachen Werthe als Entschädigung gegeben wurde, wenn sie keinen Rechtstitel hatten, zwei Drittheil des gesammten Kapitals, $13\frac{1}{3}$ Prozent.

(Zuruf.)

— Ganz richtig. Sie werden gleich sehen, daß ich nicht, was zwischen uns Differenzpunkt sein mag, durch Rechnungen benutzen will.

Man hat sich folgendes gesagt: diejenigen, die den Nachlaß erhielten, hatten einen Gewinn, sie hatten Grundstücke bereits gekauft unter Abzug dieser Lasten, aber man verlangte nicht, daß sie allein die Entschädigung aufbringen sollten, die Entschädigung sollte das ganze Volk aufbringen für diejenigen, welche nun eine Entwerthung ihrer Grundstücke erlitten und demgemäß, da sie in Folge der erhöhten Stener fortan einen geringeren Kaufwerth hatten. Was würden wir jetzt thun, wenn wir diese Grundsteuer den jetzigen Inhabern, welche, als sie die Grundstücke erwarben, die Lasten von dem Ertragswerth und abgezogen am Kaufpreise ausgeglichen haben? Sie würden ihnen einfach mit Kapital aushelfen!

(Sehr wahr! links.)

Nun habe ich ja nichts dagegen, wenn man 40 Millionen jährliche Einnahmen in Preußen nehmen könnte, eine hübsche Summe, die Bedeutung einer Milliarde Kapital, nach der Analogie der französischen Verhältnisse zur Zeit der Restauration, — diese Milliarde dem Grundbesitz schenkte. Aber meine Herren, das ganze Volk muß dann diese Milliarde bezahlen, um einer nothleidenden Industrie mit Kapital aufzuhelfen. Ob dies zu thun ist oder nicht, das lassen Sie in Preußen erwägen, Sie werden mir aber zugeben, daß dies eine Grundlage einer Finanzreform im deutschen Reiche nicht sein kann. Und wie wollen Sie die Gelder dafür aufbringen? Diese Gelder sollen bezahlt werden in

Zöllen auf Korn, in Zöllen auf Fett, Petroleum u. s. w., in Zöllen auf den nothwendigsten Lebensbedürfnissen, von denen die Spezialdebatte zeigen wird, daß sie mit relativ verstärkter Macht gerade die ärmeren Klassen treffen. Solche Steuern sollen jetzt neu eingeführt, erhöht und gegeben werden, damit der nothleidende Grundbesitz eine Milliarde erhalte.

(Hört!)

Glauben Sie nicht, daß, wenn dem Volke nach und nach wird klar gemacht werden, was diese Politik ihrem Inhalte nach bedeutet, glauben Sie nicht, daß dann auch verstanden werden wird, es ist eine Finanzpolitik der Besitzer gegen die Nichtbesitzer.

(Sehr wahr! — Bewegung.)

Meine Herren, das dritte Item war die Einkommensteuer. Der Herr Reichskanzler berechnet, daß der Landbesitzer 3 Prozent Einkommensteuer zu zahlen habe; diese 3 Prozent werden, bei Verschuldung bis zur Hälfte, 6 Prozent, und bei 100 Prozent Zuschlag der Gemeinden, 12 Prozent. Das würde voraussetzen, daß jeder Landbesitzer und zwar in seinem landwirthschaftlichen Eigenthum mindestens 3000 Mark jährlich Reinertrag hat. Der Herr Reichskanzler hat ausdrücklich erklärt, diese 3 Prozent werden vom Landbesitzer im landwirthschaftlichen Gewerbe genommen, das sind also 3000 Mark jährlich, wenn sie auf 3 Prozent kommen sollen.

Nun, meine Herren, ist die Grenze bei uns gezogen für diejenigen, welche nach der Kreisordnung vom Dezember 1872 zur Kategorie der Großgrundbesitzer gehören, mit 75 Thaler Steuerreinertrag jährlich Grund- und Gebäudesteuer zusammen. Die Gebäudesteuer ist allerdings ein Minimum, vielleicht 1/2 Prozent; der Herr Reichskanzler nahm an 2 bis 5 Prozent, ich denke, wir schätzen 1/2 Prozent vielleicht richtig. Dieser Satz bedeutet — ich lasse die Gebäudesteuer ganz außer Rechnung — eine Einnahme, 5 Prozent als Grundlage genommen und die 225 Mark mit 20 multiplizirt, von 1500 Thalern oder 4500 Mark jährlich. Das ist die Grenze für die der Zahl nach wenigen Großgrundbesitzer, und dabei ist im Gesetz noch die Ermächtigung, daß für die östlichen Provinzen die Grenze für den Großgrundbesitz bei 50 Thaler oder 150 Mark Steuerreinertrag abgesteckt werden kann, was ganz genau wäre 1000 Thaler oder 3000 Mark Einkommen. Stellen Sie sich vor, wie viele wohl von den Millionen bäuerlicher Grundbesitzer ein Einkommen haben aus ihrem Grundbesitz von 3000 Mark jährlich, Steuereinkommen. Eine verschwindend kleine Anzahl.

(Zuruf rechts: Klassensteuer!)

— Mich wundert, daß ein so hoher Verwaltungsbeamter nicht bemerkt, was ich im Nachsatz sagen will. Der Herr Reichskanzler hat ausgerechnet 3 Prozent Einkommensteuer als normale Belastung; Sie wissen wahrscheinlich, daß die Klassensteuer weniger Prozente gibt, als die Einkommensteuer. Dies ist Ihnen nicht unbekannt; Sie wirken ja mit bei der Veranlagung, Sie brauchen nur die Sätze der Klassensteuer für den Durchschnittt zu Grunde zu legen, um zu berechnen, daß der Steuersatz etwa bei 1 Prozent anfängt und im Durchschnitt noch nicht 2 Prozent erreicht. Ich will aber die einzelnen Zahlen nicht verfolgen, weil man sich in Einzelheiten irren kann, und weil dann der Gegner auf die kleinen Rechenfehler eingeht und nicht auf die Hauptsache. Gewiß ist, der kleine Grundbesitz, der wirklich im Schweiße des Angesichts arbeitet, — denn jetzt muß man nur bei jeder Politik denjenigen vorführen, der im Schweiß des Angesichts arbeitet, —

(Heiterkeit)

dieser bleibt im Durchschnitt unter den 3 Prozent. Sie sehen, was die Rechnung zu bedeuten hat von den 20 Prozent, die sich zusammenstellen bei halb verschuldetem Grundbesitz, oder von 10 Prozent im Minimum, welche der Landwirth von seinem landwirthschaftlichen Gewerbe allein als Steuern an den Staat zu zahlen habe. 5 Prozent davon sind eingerechnet im Kaufpreis gewesen und werden überall abgerechnet; ob sie erlassen werden sollen, darüber lasse ich mich heute nicht aus, aber jeder heutige Besitzer hat sich diese 5 Prozent bereits in den Kaufpreis eingerechnet; die Gebäudesteuer, welche mit 2 Prozent bis 5 Prozent berechnet war, reduzirt sich auf 1/2 Prozent, und die 3 Prozent Einkommensteuer reduziren sich bei dem bei weitem größten Theil des Grundbesitzes auf viel weniger, auf das Maß, was Ihnen technisch ausgerechnet werden mag in der Kommission. Sie sehen aus den Erklärungen, die Ihnen von dem Regierungstisch abgegeben sind von dem höchsten Staatsbeamten, unter Mitteilungen aus seinem eigenen Lande, unter Benutzung der eigenen Gesetze, wie wenig zuverlässig die sind, um darauf diese Steuerpolitik im Reiche zu begründen, und gewiß nicht in 8 Wochen, wie Sie mir zugeben werden, alle diese Dinge zu erörtern. Es folgt ein weiterer Beweis daraus, wie sehr der Reichstag in die Irre gehen würde, wenn er die Finanzpolitik und das Finanzsystem der Einzelstaaten übernehmen und dieses mit einem Strich lösen würde. Ich sage nicht, daß nicht das Reich helfend eintreten muß, Schritt für Schritt, sobald in einzelnen Ländern gewisse Bedürfnisse als unabweisbar bereits dargethan und dort genehmigt sind.

(Zuruf rechts.)

— Glauben Sie nicht, daß ich just gerade das dummste sagen werde, Herr von Minnigerode. Ich sage also nicht, daß nicht Schritt für Schritt und besonnen weiter gegangen werden muß, aber ich zeige Ihnen, wie irre Sie gehen würden, wenn Sie in die Grundsätze der Einzelstaaten eingriffen, um hier für diese eine Finanzreform in einem Zeitraum von, ich weiß nicht — acht Wochen in der Verbindung mit dem Tarif zu vollziehen, um diejenigen Pläne vorzubereiten, welche der Reichskanzler Ihnen vorzeichnet. Aus Bayern habe ich gehört, ich kann aber irren, daß dort die landwirthschaftlichen Verhältnisse und die Belastung durch die Grundsteuer nicht analog wie in Preußen liegen, daß dort die Besteuerungsgrundsätze seit 1818 noch unverändert geblieben sind, — es ist mir so gesagt worden, ich kann aber irren — daß das wesentliche, was dort gebraucht wird, eine innere Reform der Ausgleichung der Landwirthschaft unter einander sei. Aber es wird mir soeben von einer Autorität zugerufen, es sei dies unrichtig; was ich gesagt, wird mir von einer anderen Autorität versichert; Sie sehen also, indem ich auf die Verhältnisse eines anderen Staates übergehe, in eine wie unzuverlässige Lage ich in dieser Beziehung gerathe, ebenso wie der Herr Reichskanzler Preußen gegenüber.

(Heiterkeit.)

Nun, meine Herren, komme ich zu dem Finanzprogramm. Drei Modifikationen sind in der Debatte hervorgetreten. Der Herr Reichskanzler erklärt, er wolle die direkten Steuern bis auf eine Kleinigkeit, — für alle 3 Programme bilden die Verhältnisse Preußens die Grundlage, — er wolle die direkten Steuern aufheben, bis auf einen Betrag, der, wenn ich nicht sehr irre, von den 156 Millionen, die wir in Preußen jetzt erheben, 10 oder 15 Millionen übrig lassen würde; denn in Gerechtigkeit würden wir, wenn wir die übrigen direkten Steuern aufheben, auch die Gewerbesteuer und die Eisenbahnsteuer beseitigen müssen. Also 140 Millionen sind für den preußischen Antheil nöthig, um die direkten Steuern aufzuheben und durch indirekte zu ersetzen.

Dazu kommt das Defizit, welches die Regierung auf über 40 Millionen schätzt, und es stellt sich dann heraus eine Verrechnung von im ganzen, ich glaube, näher zu 300 als zu

200 Millionen, wahrscheinlich über die 250 Millionen hinaus, und dabei sind die Erhöhungen der Beamtengehälter nicht in Betracht gezogen; in dem Betrag ist nur der Erlaß der Staatseinkommensteuer berechnet. Zur Verwirklichung des Programms muß im Reich eine Ueberschußwirthschaft eingeleitet werden. Der Herr Reichskanzler ist nicht ganz überzeugt, daß seine Kollegen im preußischen Ministerium mit ihm einverstanden seien, aber er wolle sich bemühen für diese Politik, er wolle sie ausführen, nicht sofort, aber das sei das Ziel und die jetzige Bewilligung der Anfang. Da der Herr Reichskanzler ein solches Programm nicht öffentlich aufstellt, ohne es auch wirklich mit seinem ganzen Nachdruck vertheidigen zu wollen, so sehen Sie, daß wir nicht zu einer abschließenden Bewegung in diesem Tarif kommen werden; wenn alles und alles bewilligt wird, so ist nach einer Schätzung des Herrn Hobrecht nicht über 166 Millionen zu rechnen, sehr wahrscheinlich werde die Summe, welche die jetzigen in allen Punkten bewilligten Gesetze ergeben, unter diesem Betrage bleiben. Demgemäß sind mindestens 100, wahrscheinlich über 120 Millionen zur Ausführung des Plans noch rückständig, und dabei hat dann das Reich von diesen neuen Steuern noch nicht einen einzigen Pfennig für sich erhalten.

(Sehr richtig!)

Ob das Reich bei dieser Fülle von Steuern sagen wird, diese große Fülle überweise ich jetzt den Einzelstaaten, ich behelfe mich knapp so, wie ich bin, lasse ich dahin gestellt. Sie sehen, wohin diese Finanzpolitik führt. Herr Hobrecht, dessen offene, schlichte Erklärung ich gern anerkenne, der sich so große Mühe gegeben hat, um gewisse Hindernisse in Preußen zu beseitigen, wofür wir, alle Parteien im Reichstag, ihm dankbar sind, erklärt, — wenn ich das viel kritisirte Wort „Zukunftsmusik“ weglasse, welches er auch im stenographischen Bericht weggelassen hat,

(Heiterkeit)

— und mit Recht scheint mir, daß ein solcher Ausdruck einem Redner leicht in den Mund kommen kann und nicht auf die Goldwaage gelegt werden darf, — Herr Hobrecht sagt im wesentlichen: der Herr Reichskanzler habe seine Politik für sich entwickelt, er, der preußische Finanzminister, habe die Verantwortlichkeit für diese Politik noch nicht übernommen. Auch er entwickelt eine Ueberschußpolitik im Reich und er legt zu Grunde Deckung des Defizits und andere Reformen in Preußen, für welche er vom Reich 166 Millionen fordert; mit dieser Summe sei er nun zufrieden. Herr Hobrecht, der in dieser Session die Politik des Reichskanzlers durchsetzen soll, hat in diesem Hause gar keine andere Aufgabe zu erfüllen; die weitere Politik, wie der Herr Reichskanzler ferner durchbringen werde mit seinem Mehrbedarf von über 100 oder 120 Millionen und mit der gänzlichen Vernichtung der direkten Steuer, während Herr Hobrecht diese nur stark modifiziren will, — die weitere Politik braucht von der Regierung nicht in dieser Session erörtert zu werden. Aber Sie werden mir zugeben, daß wir hier die Absichten des Herrn Reichskanzlers gerade so wie in den wirthschaftlichen Angelegenheiten, so auch in finanziellen Angelegenheiten im Auge behalten müssen als das, was in Zukunft kommen soll. Herr von Bennigsen entwickelt ein drittes Programm. Auch er will Ueberschußpolitik treiben, er billigt die Grundsätze der Regierungsvorlagen im großen und ganzen, wird bei den Schutzzöllen so viel ermäßigen, als das Interesse erfordern wird; er will aber nur 90 Millionen geben. Wie die Politik des preußischen Herrn Finanzministers mit den 90 Millionen sich abfinden soll, weiß ich nicht. Wichtig ist, festzustellen, daß Herr von Bennigsen helfen wird, eine Anzahl von Finanzzöllen zu entfernen, sofern sie nach seiner Rechnung nicht nothwendig sein werden, die 90 Millionen zu erfüllen, welche er sich als Grenze der Bewilligung zieht.

Jedoch der Herr Reichskanzler als der verantwortliche und mächtigste Vertreter der Regierung hat ganz deutlich, und zwar nicht bloß für Preußen, sondern als Nachfolge für das ganze Deutschland, die Politik aufgestellt: Aufhebung der direkten Steuer und Ersatz durch indirekte Steuern — bis auf ein Minimum, welches dann noch wie ein ethisches Moment in der Steuerlast ersichtlich sein wird für die Meistbesitzenden; ich weiß nicht, wie viele Tausende die Einkommensteuer vom ethischen Standpunkt zahlen sollen. Wollen wir diese Politik, dann gehen wir auf den jetzigen Reformplan ein, wollen wir diese Politik nicht, dann können wir auch den Reformplan nicht annehmen, gleichviel, ob uns von der Regierung erklärt wird, es sei ein erster Schritt, oder ob Sie von einem anderen Vertreter der Regierung hören, für heute könne er sich noch nicht erklären, ob sein Plan die definitive Reform sei. Herr Hobrecht hat selbst für sich das Definitivum noch nicht zugesagt, er kann es auch nicht dem Herrn Reichskanzler gegenüber, aber er sagt: ich will mich auf das andere nicht einlassen. Der Herr Reichskanzler aber hat offen davon gesprochen und er macht eine große Propaganda im Volke mit dieser Politik.

(Widerspruch rechts.)

— Gewiß, meine Herren, denn daß Sie auch im Hause die Majorität bekommen können, darüber bin ich nicht im Zweifel; es ist bloß die Frage, wer von uns bei der Majorität bleiben soll, denn es ist nicht immer Aufgabe des Politikers, bei der Majorität zu sein,

(sehr richtig! links)

zuweilen muß er auch in der Minderheit sich zu bescheiden verstehen. — In dieser Sachlage ist doch die Frage ziemlich einfach gestellt. Wer die Politik des Herrn Reichskanzlers nicht mitmacht, der kann sein Programm nicht annehmen, noch auf Grund desselben haudeln. Ich gehöre zu denen, weil ich ein größeres Unglück nicht kennen würde, als wenn es gelingen sollte, in Deutschland die direkten Steuern zu unterdrücken und zu ersetzen durch indirekte Steuern. Meine Herren, beim Aufheben der Steuern sind wir alle gern dabei, das hat Herr Richter schon gesagt und jedermann im Hause sagt dies. Aber wenn ich mir die Frage vorlege, ob ich Zölle auf Petroleum, auf Bier, auf Schmalz, auf diese nothwendigsten Lebensbedürfnisse lege, damit der Grundbesitz und der Vermögende entlastet werde von direkten Steuern — meine Herren, ich will den sehen, der den Muth hätte, ein solches Programm anzunehmen. Es scheint mir beinahe, als ob die Unterdrückung der unteren populären Bewegung unsere Empfindlichkeit für Fragen dieser Art etwas abgestumpft hat, wenn man glaubt, mit solcher Politik auch in Zukunft durchkommen und sie in Deutschland erhalten zu können; mit Steuern, welche die untersten Volksklassen immer relativ am stärksten belasten müssen, denn sonst bringen sie ja nicht viel, mit solchen, die einen Zuschlag im Verkehr durchaus nothwendig machen, mit solchen, die eine Einschränkung der Konsumtion durchaus herbeiführen müssen, alles dies zugestanden, um die besitzenden Klassen von der direkten Besteuerung vollständig zu entlasten. Ich behaupte, kein zivilisirtes Land der Welt hat in moderner Zeit eine solche Politik getrieben, bewußt sie einleitend, wenn sie sie nicht überkommen hat als ein Uebel aus vergangenen Zeiten.

(Sehr wahr! links. Ruf rechts: Blech!)

— Blech! sagt da einer der Herren, aber ich glaube, daß dies wohl sich nicht anders aus der Geschichte erweisen wird, als wie ich eben gesagt habe. Daß die Beispiele für eine solche Politik aus fremden Ländern, insbesondere der Hinweis

Englands auf einen thatsächlichen Irrthum beruht, ist anderweitig bereits mit Zahlen nachgewiesen von dem glänzendsten Vertheidiger der Regierungsvorlage. Bei wirklicher Kenntniß der auswärtigen Verhältnisse werden Sie nicht so schroff meine Behauptung zurückweisen, daß keine zivilisirte Nation in moderner Zeit eine solche Politik einleiten würde.

Ich habe eine Zusammenstellung gelesen, einen Anhang an die Regierungsvorlage über dasjenige, was die einzelnen Staaten an Zöllen bezahlen, und daraus soll bewiesen werden, wie sehr Deutschland in dieser Hinsicht gegen die übrigen zivilisirten Staaten zurückstehe, und der geringe Betrag der indirekten Steuern ist in der That als ein geringerer Standpunkt der Zivilisation bezeichnet worden.

Das deutsche Reich bringt auf 2,83, Oesterreich-Ungarn 1,24, Frankreich 4,38, Italien 2,37, Rußland 2,63, Groß-Britannien 12,30, und die Vereinigten Staaten 16,34 Mark an Zöllen für jeden Einwohner.

Meine Herren, sobald Sie nur diesen Tarif nach Inhalt der Regierungsvorlage bewilligen, dann haben Sie an solchen Steuern die meisten Staaten, darunter Frankreich schon überholt, und es ist doch nicht zu übersehen, daß Frankreich 5 Milliarden hat zahlen müssen, als es seine Intraden aus den Eingängen in den 70er Jahren so stark erhöht hat, und daß wir 5 Milliarden empfangen haben.

Aber, meine Herren, in Betreff der indirekten Steuern ist ein ganz anderer wichtiger Rechnungsfaktor außer Betracht gelassen. Wenn Sie von indirekten Steuern sprechen, die Großbritannien, wenn Sie von indirekten Steuern sprechen, die Amerika aufbringt, so haben Sie eine indirekte Steuer in Deutschland ganz vergessen, die aber meiner Meinung nach die lästigste und am schwersten drückende ist. Durch die Geldwirthschaft sind Sie nämlich dazu gekommen, die Naturalleistungen gering zu veranschlagen. Die 350 000 der arbeitsfähigsten Männer, die wir jahraus, jahrein zum Heeresdienst stellen für die Vertheidigung, sind im Vergleich mit England und Amerika ganz übersehen. Diesen Betrag — ich will jetzt nur von Geldwerth sprechen, ich habe keinen Grund, sie als Blutsteuer zu bezeichnen, oder in ihrer tiefen wirthschaftlichen Bedeutung zu würdigen, weil mir jemand zurufen könnte: „Blech" —

(Heiterkeit)

mit weiteren Gedankengängen muß man vorsichtig sein — also in Geld berechnet, da würde ich glauben sehr gering zu veranschlagen und nicht zu hoch die Naturalleistungen auf 70 Millionen Thaler jährlich, ungefähr 200 Thaler für den Arbeitswerth eines rüstigen Mannes

(Widerspruch rechts)

— ich glaube wirklich, daß die rüstigen Männer, die gestellt zu werden pflegen, auch in der Landwirthschaft nicht für 200 Thaler gewonnen werden können; was die Großgutsbesitzer unter Anrechnung naturaliter leisten, wird eine Rechnung von 200 Thalern und mehr herausgebracht; ich habe die Rechnungen aus den östlichen Provinzen in Händen gehabt.

Also in der niedrigsten Rechnungsziffer kommen Sie weit über 200 Millionen Mark jährlich indirekter Steuern allein in diesem einzelnen Posten, abgesehen von dem Mehrwerth der Betriebe derjenigen, die nicht auf der untersten Arbeitsstufe stehen. Dann haben wir diese Staaten ein gutes Stück schon eingeholt, und jedenfalls brauchen wir uns über Mangel an indirekten Steuern nicht sehr zu beklagen. So lange dieser Zustand vorhält, ist für indirekte Steuern gesorgt und auch dafür, daß die breiten Massen des Volks ihren reichlichsten Antheil an derselben tragen, und deswegen bin ich erstaunt, wie plötzlich beinahe eine Bewilligungslust für indirekte Steuern sich eingestellt hat.

Man beruft sich auf England und Amerika, auf solche Staaten, die unter ganz anderen Verhältnissen leben. Ich behaupte nicht, daß die Steuerverhältnisse in England oder Amerika besser wären, ich bin zu einer solchen Darlegung nicht genügend vorbereitet, ich will nur zeigen, wie solche Vergleiche, die beim Hören häufig wie große Gesichtspunkte klingen, keinen Halt haben. In England, will ich beiläufig sagen, ist der Grundbesitz weit mehr belastet, insbesondere mit dem, was dort Kommunalsteuern sind, als es hier der Fall ist, da Sie wissen, daß fast sämmtliche Steuern dieser Art, oder doch der größte Theil derselben vorwiegend auf den Grundbesitz angewiesen ist.

Bei einer solchen Lage sind wir gewiß nicht berechtigt, die indirekten Steuern zur Grundlage unser Staatswirthschaft zu machen und die direkten Steuern aus der Welt zu schaffen. Ich lasse einstweilen ganz außer Betracht, was gethan werden kann zur Ausgleichung innerhalb der einzelnen Staaten, auch hierfür will ich nur ein illustrirendes Beispiel geben. Wenn aufgezählt wird, daß Preußen 3 Prozent an Einkommensteuer zu bezahlen hat, so ist es in ganz Preußen ein offenes Geheimniß, daß wohl die Hälfte dieser Steuer nicht entrichtet wird.

(Ruf: Sehr wahr! die Landwirthe nicht!)

— Verzeihen Sie, auch die Landwirthe, auch auf sie ist hingewiesen,

(Ruf rechts: Kuponsabschneider!)

— ich gebe zu, viele Kuponsabschneider sind darunter; ich bin nicht ganz sicher, ob nicht eine große Anzahl von Landwirthen gleichfalls Kupons abschneidet, ich sehe aber so viel Mitglieder von Verwaltungsräthen in einzelnen industriellen Betrieben, welche Landwirthe sind, daß ich annehmen muß, da diese nach den statutarischen Bestimmungen der Gesellschaften im Besitz von Aktien sein müssen und Kupons abschneiden. Es ist aber mit einem solchen hingeworfenen Worte gar nichts gethan als vielleicht nur, daß der Redner nicht weiß, was er im Augenblick antworten soll; meine Angabe ist nicht erschüttert. Es ist anerkannt, daß die Hälfte Einkommensteuer in gewissen Gegenden nicht bezahlt wird, und wenn ich überhaupt für die Steuerbefreiung der Beamten in Preußen bin und nicht dem Prinzip folge, wonach diese Steuerbefreiung aufgehoben werden soll, so ist es deswegen, weil der Beamte von seinem wirklichen Einkommen die Steuer bezahlen muß, während ganz überwiegend viel weniger bezahlt wird, als das wirkliche Einkommen beträgt. Gewisse Gemeinden haben die Naivität, nach einem anderen Maßstab die Gemeindesteuer zu veranschlagen und nach einem anderen Maßstab die Steuern für den Staat. Daran, meine Herren, werden Sie erkennen, was das bedeutet, daß man 300, 500 und 2000 Prozent der Staatssteuern in einzelnen Kommunen erhebt; das sind ungewisse Faktoren, weil man nicht weiß, wieviel das Simplum ist. Nun war ich immer ein Vertreter der Meinung in Preußen, daß man die Einkommensteuer so reformiren müsse, daß man durch die wirkliche Zuziehung der Steuertüchtigen die Mittel gewinnt, um die Steueruntüchtigen zu entlasten. Ich darf hier nicht diskutiren, wie man in Preußen eine solche Reform vollziehen kann, aber wenn Sie indirekte Steuern haben wollen, um die überbürdeten Klassen zu entlasten, so heißt das einfach, für die besitzenden Klassen die Ungleichheit der Einkommensteuer beibehalten.

Ich will Erhaltung der direkten Steuern neben den indirekten Steuern, weil dadurch allein eine Ermäßigung herbeigeführt werden kann zwischen den Besitzenden und Nichtbesitzenden.

(Zuruf: theoretisch.)

— Meine Herren, hören Sie nur weiter . . . .

Präsident: Ich bitte, den Herrn Redner nicht durch Zurufe zu unterbrechen. Die Zurufe kann ich weder der Person noch dem Inhalt nach kontroliren, und ich erkläre offen, wenn ich den Zuruf „Blech" verstanden hätte und die Person hätte konstatiren können, ich den Ausdruck durch einen Ordnungsruf gerügt haben würde.

Abgeordneter Dr. **Lasker**: Also der Herr Abgeordnete von Kardorff ist schon bei der Meinung angekommen, daß, die Berechtigung direkter Steuern zu behaupten, theoretisch sei. Ich sage, ich will die direkten Steuern nicht vernichten lassen; theoretisch würde ich in einer Zukunft dafür sein, daß zur Grundlage gemacht werde eine organisch wohl durchdachte und ausgebildete Steuer vom Einkommen. Aber ich bin nicht solcher Theoretiker, um zu sagen, jetzt müsse man sich an diese Arbeit machen, während mir die Faktoren fehlen, sondern ich lasse die indirekten Steuern zu und erkenne an, daß gegenwärtig das Bedürfniß noch vorhanden ist, die indirekten Steuern beizubehalten, aber niemals gehe ich so weit, Deutschland durch den Ueberfluß an indirekten Steuern dazu zu zwingen, die Ausgaben entweder bedeutend zu steigern, oder die direkten Steuern zu vernichten, ich würde das für einen Rückfall in längst überwundene Zustände halten, ich würde glauben, daß wir lange vor den großen Finanzreformen Friedrich Wilhelm III. in Preußen ankommen würden.

Meine Herren, mein Programm will ich ganz einfach entwickeln. Ich bin der Meinung, daß wir für jetzt nicht daran denken dürfen, eine Ueberschußfinanzpolitik im Reiche zu entwickeln. Jede Ueberschußpolitik, die wir treiben, wird dazu führen, nicht etwa schon, daß diese Bewilligungen an die Einzelstaaten abgeführt werden, sondern zunächst, daß das Reich seine eigenen Ausgaben nach dem Maße der reichen Einnahmen revidirt.

(Sehr richtig!)

Das Militärseptennat geht zu Ende; es wird dann eine Revision der Militärausgaben eintreten. Nun werden Sie mich immer dabei finden, die nothwendigen Ausgaben für das Militär zu bewilligen, soweit sie erwiesen sind. Aber es sind doch verschiedene Methoden, wenn erst das Geld als Ueberschußverwaltung bewilligt ist, und man dann die Ausgaben prüft, oder wenn ich erst die Ausgaben als nothwendig mir erwiesen und dann die Einnahmen zuzuweisen habe. Hierin besonders zeigt die Ueberschußverwaltung eine ihrer schwachen Seiten. Alle diejenigen, welche die Aufhebung der direkten Steuern, deren Vernichtung in Deutschland haben wollen, mögen sie einleiten in der Hoffnung, daß sie die Gelder dann in den Einzelstaaten dazu erhalten werden; wer aber den Zweck nicht will, kann die Mittel nicht bewilligen. Daß wir, meine Herren, nicht zu Ende sind in diesem Jahre mit den Steuergesetzen, ist ja ganz klar. Die Landwirthschaft wird, wie ich hoffe, nicht gleich in dieser Session mit ihren Mehrforderungen durchdringen; die Todten reiten freilich schnell, und es ist nicht unmöglich, daß schon in dieser Session eine Erhöhung Anklang findet. Wenn dies aber nicht der Fall ist, so kommt die Landwirthschaft im nächsten Jahr. Und dann die Biersteuer; sie ist nur provisorisch von Herrn von Bennigsen zurückgewiesen, und Bier ist ein guter besteuerbarer Artikel; wenn Sie Fett und Schmalz mit Steuer belegt haben, dann weiß ich nicht, was für Bier plaidirt werden soll. Ferner ist bereits erwähnt, daß das bewegliche Vermögen nicht so wie das unbewegliche versteuert ist, und Sie werden gewiß die Börsensteuern nicht ruhen lassen und mich hierin auf Ihrer Seite (rechts) finden,

(Bravo! rechts)

und ich werde unbefangen in die fernere Frage eintreten, ob es rathsam ist, die einheimischen Werthpapiere mit Stempel zu belegen, die auswärtigen ohne Stempel zu lassen. Ebenso bin ich der Meinung, und ich stimme hierin mit Herrn Bennigsen überein, daß Bier und Branntwein Arm in Arm spazieren müssen,

(Heiterkeit)

aus wirthschaftlichen Gründen nicht minder, als aus finanziellen. Nach meinem Plane würden Industrie und Gewerbe durch Freilassung des zu gewerblichen Zwecken dienenden Spiritus gewinnen, und eine viel größere Steuer aus dem Ertrage des trinkbaren Spiritus erzielt werden.

(Bravo. Sehr gut!)

Hier sind Mehreinnahmen der Zukunft. Sie werden hingedrängt werden, entweder die nützlichsten Sachen unberührt stehen zu lassen, weil sie sich in diesem Jahre mit Steuern, zum Theil mit schlechten Steuern, übersättigt haben, oder Sie werden Summen bekommen, von denen Sie nicht wissen, was damit anfangen, es sei denn zu Luxusausgaben oder zur Vernichtung der direkten Steuern; Sie werden dahin gedrängt.

Gestatten Sie mir dagegen die Entwicklung meiner Ansicht. Abgesehen von allen politischen Streitigkeiten, und wenn ich in Minorität kommen sollte, daß ich mich selbst als in einem äußersten Punkt der Opposition bezeichnen müßte, werde ich niemals dem Staat die nothwendigen Ausgaben versagen, die er im Augenblick braucht, weil er eine Unterbilanzwirthschaft führt. Ich habe es abgelehnt, irgend eine politische Erwägung in die Beurtheilung dieser Frage hineinzuführen. Ich werde, weil ich den politischen Gedanken anerkenne, daß das Reich auf eigenen Einnahmen stehen soll, und eine Gefahr erst sehe, wenn die Ueberwirthschaft anfängt, bis dahin mitgehen, die Matrikularbeiträge zu ersetzen, sofern wir passende Steuern dafür finden; unpassende Steuern werde ich nicht geben. Ich werde nicht mitwirken, eine Ueberschußwirthschaft einzuführen, die in umgekehrter Richtung mit allen Nachtheilen der Matrikularbeiträge behaftet ist. Sowie die Finanzen der einzelnen Staaten jetzt verwirrt werden, indem die Verwaltungen nicht wissen, wie viel sie im nächsten Jahr Matrikularbeiträge zu leisten haben, geradeso wird die Finanzwirthschaft verwirrt, wenn Sie dieselbe auf die Ueberschüsse anweisen, die das Reich abführt, ohne daß die Verwaltung wissen kann, wie groß die Ueberschüsse sein werden.

(Ganz richtig!)

Und mit der Ueberschußpolitik beginnen Sie die Steuern ungleich zu vertheilen und gewissen einzelnen Ländern bestimmte Vorzugsprämien zu geben aus den gemeinschaftlichen Steuern, wobei es vorkommen kann, daß der arme Nordosten beisteuern muß, um eine Ueberschußprämie an süddeutsche Staaten abzugeben.

(Widerspruch.)

— Beim Kaffee wenigstens werden Sie zugeben, Herr von Kardorff, wenn Sie die Zahlen ansehen, was etwa Pommern, Schlesien und die anderen östlichen Provinzen an Bayern zu leisten hätten, während Bayern seine Biersteuer für sich allein behält und nichts von seinem Ueberschuß abgibt. Sie sehen, meine Herren, wohin wir mit der Ueberschußwirthschaft kommen. Bis zur Höhe der Matrikularbeiträge will ich gehen, soweit passende Steuern gefunden werden, aber erlassen Sie mir Namensmatrikularbeiträge für Matrikularbeiträge zu nehmen. Wenn Sie Wein mit Branntwein bezeichnen, wird er kein Branntwein, und wenn Sie Branntwein mit der Etiquette Wein beschreiben, so ist es kein Wein. Die Zahlungen der Aversen aus den einzelnen Staaten stehen zufällig unter der Rubrik Matrikularbeiträge. Sie materiell einzuschließen und nach diesem zufälligen Moment zu bemessen, was das Reich brauche, um auf eigenen Füßen zu stehen, ist ganz unhaltbar. Was Bayern uns zu zahlen hat für Bier, Württemberg für die Post, können wir doch nicht Matrikularbeiträge nennen, und wenn das Reich noch so große Ueberschüsse hat, wird es diese Aversen einfordern müssen; diese werden Sie nicht abschaffen, also auch nicht ersetzen können. Die Matrikularbeiträge betragen in diesem Jahre 65 Millionen oder etwas mehr. Ich werde überhaupt auf die Prüfung dieser Zahlen ganz unbefangen eingehen und werde anerkennen, was zum Ersatz nothwendig ist. Glücklicherweise fällt fast in allen Staaten Deutschlands das Defizit innerhalb der Matrikularbeiträge, und es kann nicht die Rede davon sein, daß die Finanzwirthschaft der einzelnen Staaten, Württemberg vielleicht ausgenommen, davon berührt wird; in der überwiegenden Mehrzahl der Staaten, auch in Preußen, fallen die Matrikularbeiträge innerhalb der Matrikularbeiträge, die ersetzt werden sollen, so daß von einem Defizit nicht nicht mehr die Rede sein wird.

Wenn dann in den schlechtesten Zeiten die Etats der einzelnen Staaten sich balanziren, und wenn wir ferner anerkennen für die Zukunft, daß grundsätzlich die selbstständige Wirthschaft des Reichs aufrecht erhalten werden soll, scheint mir dies eine Lösung für die einzelnen Staaten, wie selbst der fiskalischste Finanzminister sie vor kurzem noch nicht erwarten durfte als Resultat in dieser Session des Reichstags. Aus dem Mund des preußischen Herrn Finanzministers habe ich noch vor einigen Monaten gehört, daß er nicht hoffte, die Bewilligung bis zum Wegfall der gesammten Matrikularbeiträge zu erlangen. Dies geschah in einem früheren Stadium der Verhandlung, als die Verhandlungen geführt wurden über die Vorsorgen, die in Preußen getroffen werden sollten, um die Frage der preußischen konstitutionellen Rechte dort in Ordnung zu bringen. Jetzt werden gewiß die Ansichten weit gesteigert sein. Aber wenn man jeden Finanzminister fragt, ob er wirklich die Hoffnung gehabt habe, daß die Matrikularbeiträge mit einem Schlage, in einer Session, gelöscht würden, wird er nicht anders als so antworten können. Von einzelnen Staaten weiß ich, daß lediglich durch Erlaß der Matrikularbeiträge ein solcher Ueberfluß in den dortigen Finanzen entsteht, daß die Finanzminister schon in Bedenken verfallen, mit welchen unproduktiven Ausgaben man sie bestürmen würde.

In den Einzelheiten der Finanzvorschläge hege ich den lebhaftesten Wunsch, die Tabaksteuergesetzgebung in diesem Jahre zum wirklichen Abschluß zu bringen, und unter wirklichem Abschluß verstehe ich nicht etwa, daß die möglichst geringen Sätze erreicht werden, sondern daß diejenigen Sätze maßvoll gegriffen werden, welche den Tabak das tragen lassen, was er tragen kann, ohne in seinem industriellen Effekt schwer geschädigt zu werden. Ich will mich auf die Summe nicht näher einlassen. Der Wunsch nach einer endgiltigen Lösung wird mich leiten.

Vom Tarif sehe ich nach den Konstellationen dieses Hauses voraus, daß es mir nicht gelingen wird, diejenigen Posten auszustreichen, welche wegfallen müssen, wenn ich ihm sollte zustimmen können. Ich fürchte sehr, daß selbst bei der unbefangensten Beurtheilung der einzelnen Zölle, der einzelnen Industrien und ihrer Nothwendigkeiten, zuletzt ein Tarif zu Stande kommen wird, der mich prinzipiell scheiden wird von der Annahme, wie ich bei allen landwirthschaftlichen Zöllen ohne weiteres dieses erkläre, namentlich so weit sie die untersten Volksklassen vorwiegend oder relativ allzu stark belasten. Indessen so viel Theoretiker bin ich nicht, daß ich Steuern, die ich nicht bewilligt habe, nicht mitrechnen sollte, sondern sie werden nothwendigerweise in Betracht kommen müssen. Dagegen hoffe ich bis jetzt noch, vielleicht nicht ohne Erfolg, mich dahin bestreben zu können, mindestens die nach unten zu schwer belastenden Finanzzölle aus unserem Tarif wegzustreichen, sobald erwiesen sein wird, daß ein Bedürfniß nicht vorhanden ist, es wäre denn, daß man auf die Vernichtung der direkten Steuern losgehen wollte. Wer dies thun will, der gönne sich doch wenigstens ein Jahr Zeit, um diesen großen Gedanken zu überlegen, um seiner Wirkung nachzuforschen. Der Schlüssel zu den Finanzzöllen geht Ihnen nicht verloren. Es ist durchans keine Eile, schon in diesem Jahre Steuern zu bewilligen, damit dieser Plan ausgeführt werden kann, und ich habe sehr die Hoffnung, daß Sie bei den reinen Finanzzöllen z. B. bei dem Zuschlag zum Kaffee, zum Petroleum, wo ein Streit über die Natur des Zolles nicht mehr sein kann, daß Sie wenigstens bei Bewilligung solcher Zölle das Bedürfniß nach dem von mir entwickelten Programme als ein Maximum werden gelten lassen, um den Tarif von solchen Bewilligungen rein zu halten.

Im Prinzip hat der Herr Abgeordnete von Bennigsen bereits ausgedrückt, daß alle Bewilligungen abhängen von den konstitutionellen Rechten. Ich werde mir sehr gratuliren, wenn ich ebenso, wie über diesen Grundsatz, über die Schärfe, über die Wärme, mit der dieser Grundsatz hier vertheidigt worden ist, ebenso über die Modalität mit Herrn von Bennigsen übereinstimmen werde; aber für mich will ich die Grenze bereits bezeichnen. Bei den konstitutionellen Garantien sehe ich auf die Wirklichkeit, nicht auf den Schein, und ich bin weiter der Meinung, daß Scheingarantien schlimmer sind, als gar keine,

(sehr richtig!)

so daß mir unter Umständen Modalitäten vorgeschlagen werden können, von denen ich von vornherein erkläre, die sind für mich nichts, und es ist besser, wir geben die Diktatur — nein, so will ich nicht sagen, das ist zu viel — wir geben die Einnahmebewilligung der Regierung ganz preis und ziehen uns auf die Ausgabebewilligung zurück — nicht daß ich diese Ansicht theile, sondern wenn die Majorität mir dieses auferlegte, — als wenn wir Scheingarantien bekommen. Scheingarantie ist für mich jede Manipulation, die im wesentlichen bloß eine Rechnungsmanipulation wäre, wie viel nach dem Ende eines Wirthschaftsjahres das Reich von den erhobenen Einnahmen herauszuzahlen hätte an die einzelnen Staaten. Das ist kein Einnahmebewilligungsrecht, sondern eine Ausgabeverpflichtung. Dies aber ist ein sehr wesentlicher Unterschied, ob Sie das Reich zu einer Ausgabe verpflichten, oder ob Sie das Einnahmebewilligungsrecht dem Reichstage geben. Ich will dies illustriren. In Preußen gibt es eine sehr bindende Ausgabeverpflichtung: alle überschüssigen Einnahmen, welche von uns nicht zu den Ausgaben des Jahres verbraucht werden, müssen zur Staatsschuldentilgung ausgegeben werden; ein Ausgabeverpflichtungsrecht ohne Zweifel, sofern wir diesem nicht unsere Zustimmung geben, daß der Ueberschuß anderweit verwendet werde, aber niemals haben wir dies für eine konstitutionelle Garantie gehalten, die an das Einnahmebewilligungsrecht heranreicht. Unter dem Einnahmebewilligungsrecht verstehe ich, daß die Volksvertretung mit der Regierung gemeinschaftlich zu bemessen hat, wie viel Ausgaben nothwendig sind, und der Reichstag in der Lage ist, als Faktor für sich die Einnahmen nach den Ausgaben zu bemessen, und die nach dem Voranschlag ersichtlichen Einnahmenüberschüsse durch Erlasse wieder in die Taschen des Volks zuführt. Dies ist klar und glatt das Einnahmebewilligungsrecht. Wird mir etwas gegeben, was gleichwerthig ist, wie dieses, so werden Sie mich unter den ersten finden, die dies mit Freuden anerkennen. Mir liegt nicht daran, Hindernisse in den Weg zu werfen, mir liegt vielmehr daran, die Bahn zu ebnen, daß die Finanzverwaltung des Reichs selbstständig werde. Aber Sie müssen an dem Einnahmebewilligungsrecht jetzt um so mehr festhalten, als Sie nur auf diesem Weg die Bilanz sichern können. Ich habe es für eine erhebliche Gefahr gehalten, und ich glaube viele mit mir, wenn mehr bewilligt wird, als die Bedürfnisse des Reiches sind, weil diese Mehrbewilligung aus einer Belastung des Volkes entnommen werden muß, die wir an sich nicht gerade billigen würden. Nun wird von allen Seiten zugestanden, daß eine eigentliche Schätzung der Einkünfte aus den Tarif sich nicht bewirken läßt, und wenn im nächsten Jahre viel mehr Einnahmen sich ergeben, als wir berechnet hatten und bewilligen gewollt, so müssen wir es doch in der Hand haben, diese Einnahmen wieder ermäßigen zu können. Ob die Aussicht begründet ist, hier solche Mitwirkende zu finden, die uns nicht bloß im Anfange mit ihren Wünschen begleiten, sondern auch, wenn über die Votirung des ganzen Gesetzes mit Ja oder Nein zu entscheiden ist, kann ich heute nicht beurtheilen. Ich werde unter denen sein; für welche das Ja und Nein bestimmt werden wird durch das Maß der Bewilligungen, welche das Reich braucht, und ich schließe heute meine Betrachtungen über die Modalitäten des Einnahmebewilligungsrechts nicht ab, nachdem ich die Grundsätze entwickelt habe, nach welchen allein ein solches Recht mir gegeben erscheint.

Meine Herren, ich muß darauf zurückkommen, was ich zu Anfang gesagt habe. Ich kenne in meinem politischen Leben, wenn ich absehe von den großen Ereignissen idealer Natur, da für mich das Ideal oft noch schwerer wiegt, als die materiellen Interessen.

(Zuruf: Auch für uns!)

— Bei vielen; ich habe nur aus Bescheidenheit mich auf mich beschränkt, weil es heutzutage ein gewisser Vorwurf ist, sich Idealen hinzugeben. — Ich sage, wenn ich von jenen idealen Wendepunkten absehe, so tritt soeben für die praktische Politik, für die wirthschaftliche und auch für die politische ein bedeutender Wendepunkt ein, von dem ich meine, daß ein jeder einzelne genau erwägen und sich vorsehen muß, bis er sich zuletzt entscheidet; denn es handelt sich nicht um Verhandlungen mit Gegnern, sondern um eine freundschaftliche Verständigung unter Kameraden. Die Entscheidung wird unmöglich ohne Rückwirkung bleiben, denn es kommen schon jetzt große Prinzipien in Frage. Erfreulich ist für mich die Wahrnehmung, daß der Reichsgedanke, an der Hand der wirthschaftlichen und materiellen Interessen, in solchen Kreisen großen Anklang findet, in denen man sich früher kühler verhalten hat. Es ist für mich wirklich eine patriotische Freude und ein Trost, daß insbesondere die Partei, welche in dem Fürst Reichskanzler das größte Hinderniß gesehen, die ihm aufs äußerste entgegen gestanden, persönlich und sachlich ihm näher gerückt ist. Wenn ich sonst nicht immer den Satz Hegels von der List der Idee bestätigt gesehen habe, so findet er heute seine Verwirklichung. Wo die nationale Idee im glänzenden Gewande nicht durchzubringen vermochte, zieht sie den Sack der materiellen Interessen an und gewinnt Genossen, wo sie früher solche nicht gehabt hat. Und wenn aus dieser jetzigen Kombination nur dieses eine hervorgeht, daß eine große und achtungswerthe Partei im Hause, aktiv und passiv, den Reichsdingen nicht mehr so schroff gegenübersteht, sondern schon daran gedacht werden kann, aus ihren Elementen in Zukunft einen Theil der Mehrheit herzuholen, — ich spreche von der Zukunft, nicht daß es jetzt gleich sein müßte —

(Heiterkeit)

wenn jetzt die Waageschaalen ziemlich gleich sind, ob in Zukunft eine liberal-konservative oder eine konservativ-zentrale Mehrheit in diesem Hause sich bilden werde, so ist schon der Umstand, daß diese Frage aufgeworfen werden darf, ein Gewinn für das Reich, indem dies ein Sieg ist des Reichsgedankens über schroffe Parteistellnng hinweg, und so werde ich, wie es auch immer ausfallen mag, im gewissen Sinne eine patriotische Tröstung finden in dem, was gegenwärtig vorgeht. Aber, meine Herren, ich wünsche, daß das Reich nicht durch solche Schritte, die ich für fehlerhaft halte, zu diesen Erfolgen komme, sondern in der That durch wohlerwogene, wohldurchdachte Pläne, von denen ich meine, daß sie auch wirthschaftlich und politisch zum Heile des Landes gereichen.

Ich gebe für viele Dinge jetzt die Hoffnung auf, für die ich in früheren Stadien durch Kenntniß in meiner unmittelbaren Umgebung die Hoffnung noch nicht aufgegeben hatte, aber immerhin bleibt noch ein guter Kern, wenn wir wenigstens dabei stehen bleiben, in dieser Session lediglich in Betracht zu ziehen: was ist unmittelbares Bedürfniß des Reichs, was ist unmittelbares Bedürfniß in den Einzelstaaten? Schränken wir uns auf dieses Maß ein, erwägen wir dies Bedürfniß aufs genaueste und bewilligen wir dies in einer solchen Weise, daß nicht eine starke Minorität übrig bleibe, welche bedauern muß, daß mit der Ordnung der Finanzen die verfassungsmäßigen Rechte der deutschen Volksvertretung und dadurch wichtige Hilfsmittel der öffentlichen Entwicklung abgemindert werden. Bleiben Sie innerhalb dieser Grenze, so sage ich: schwer bedauerlich ist, was auf wirthschaftlichem Gebiet vorgeht, aber es ist wenigstens nicht Alles verloren. Werden aber beide Seiten preisgegeben, dann ist für die unmittelbare Gegenwart, ich will nicht sagen Alles verloren, da die deutsche Nation kräftig genug ist, solche Mißstände zu überleben, aber ein gefährlicher Rückschritt in der nationalen Entwicklung ist gethan.

(Bravo! links.)

Präsident: Zur Geschäftsordnung ertheile ich das Wort dem Herrn Abgeordneten Richter.

Abgeordneter **Richter** (Hagen): Würde es nicht vielleicht im Interesse der folgenden Verhandlung zweckmäßig sein, wenn das Büreau konstatiren ließe, ob in der That die Aeußerung über die Zukunftsmusik des Herrn Reichskanzlers von dem Herrn Minister Hobrecht nachträglich aus dem stenographischen Bericht wegkorrigirt worden ist?

Präsident: Meine Herren, es existirt ja eine besondere Abtheilung des Gesammtvorstandes, welche die stenographischen Berichte kontrolirt, und ich glaube, wir können dieser Abtheilung des Gesammtvorstandes auch die Kontrole über die stenographischen Berichte überlassen, — das Haus braucht nicht mit derselben befaßt zu werden.

(Zustimmung.)

Ich werde übrigens dieser Abtheilung den Auftrag geben, die Sache zu untersuchen.

Das Wort hat der Herr Abgeordnete Windthorst. — Der Herr Abgeordnete Windthorst verzichtet vielleicht augenblicklich auf das Wort. Ich hatte übersehen, dem Herrn Präsidenten des Reichskanzleramts das Wort zu ertheilen, dem ich es ja verfassungsmäßig zu jeder Zeit geben muß, und der mich vorher darum gebeten hatte.

(Abgeordneter Windthorst: Mit Vergnügen.)

Der Herr Abgeordnete Windthorst verzichtet auf das Wort.

Der Herr Präsident des Reichskanzleramts hat das Wort.

Bevollmächtigter zum Bundesrath Präsident des Reichskanzleramts Staatsminister **Hofmann**: Ich bin dem Abgeordneten Windthorst sehr dankbar, daß er jetzt auf das Wort verzichtet, ich hatte mich übrigens schon vor dem Schlusse der Rede des Herrn Abgeordneten Lasker zum Wort gemeldet.

Meine Herren, der bisherige Gang der Verhandlung hat, wie ich glaube, zu der Erwartung berechtigt, daß es gelingen wird, über die Zolltarifvorlage zu einer Verständigung zwischen den verbündeten Regierungen und der Mehrheit dieses hohen Hauses zu gelangen. Ich glaube, daß diese Zuversicht auch durch die Rede des Herrn Abgeordneten Lasker nicht erschüttert worden ist, und ich glaube es nicht bloß deshalb, weil der Herr Abgeordnete Lasker selbst sich als den Vertreter einer Minorität gerirt hat, sondern ich baue diese Zuversicht vielmehr auf den Inhalt seiner Rede.

Meine Herren, in Zeiten, wie diejenige, in der wir jetzt leben, wo eine große Umgestaltung der Gesetzgebung auf finanzpolitischem und volkswirthschaftlichem Gebiet eine Nothwendigkeit ist, wo alle Verhältnisse dahin drängen, eine Reform zu beschließen, in solchen Zeiten, meine Herren, trägt derjenige den Sieg davon, der mit einem positiven Reformprogramm auftritt. Was der Herr Abgeordnete Lasker vorgetragen hat, war im wesentlichen eine negative Kritik des positiven Programms, welches die verbündeten Regierungen Ihnen vorgelegt haben, und dessen Grundzüge der Herr Reichskanzler bei der Eröffnung der allgemeinen Berathung vor Ihnen entwickelt hat.

Der Herr Abgeordnete Lasker verhält sich zu diesem Programm, wie ich bemerkt habe, im wesentlichen negativ. Er sagt: ich will allerdings die Selbstständigmachung des Reichs auf finanziellem Gebiet, aber ohne „Ueberschußpolitik" und nur soweit, daß gerade die Matrikularbeiträge im strengen Sinne, im Betrage von etwa 65 000 000 Mark wegfallen. Meine Herren, damit negirt der Herr Abgeordnete Lasker jede weitergehende Reform des deutschen Steuersystems, und doch waren, wie ich meine, die verbündeten Regierungen mit dem Reichstag schon in den letzten Sessionen darüber einverstanden, daß die Beseitigung der Matrikularbeiträge nicht das letzte Ziel der als nothwendig erkannten Reform sein könne. Nein, meine Herren, die Beseitigung der Matrikularbeiträge, so wichtig sie in politischer Hinsicht für das Reich sein mag, sie ist doch nur das äußere Merkmal für den Weg, den die Gesetzgebung gehen muß, um eine Reform des Steuersystems in Deutschland überhaupt herbeizuführen.

Der eigentliche Kernpunkt des Reformbedürfnisses liegt darin, daß wir in der Entwickelung unserer indirekten Steuern zurückgeblieben sind, daß wir durch unsere politische Lage genöthigt waren, die finanziellen Bedürfnisse der Staaten durch einseitige Entwickelung des direkten Steuersystems zu befriedigen, daß sich daraus ein Mißverhältniß zwischen indirekten und direkten Steuern herausgebildet hat, und daß wir dies Mißverhältniß ändern müssen. Dazu aber, meine Herren, brauchen die Einzelstaaten mehr Geld, als wir ihnen zuwenden können, wenn wir nur die Matrikularbeiträge beseitigen.

Wenn wir uns hierauf beschränkten, so würde also für Preußen gerade nur das bestehende Defizit gedeckt sein; aber zu irgend einer Reform im preußischen Steuersystem wären keine Mittel vorhanden, und bei anderen Staaten liegt es meines Wissens sogar so, daß nicht einmal das Defizit gedeckt sein würde.

Der Herr Abgeordnete Lasker hat gesagt: glücklicherweise bewegen sich die Defizits der Einzelstaaten innerhalb der Grenzen, die eingehalten werden, wenn wir nur die Matrikularbeiträge beseitigen. Ich weiß nicht, aus welchen Quellen der Herr Abgeordnete Lasker diese Meinung schöpft. Nach meinem Wissen ist beispielsweise für Bayern dem Defizit noch nicht gesteuert, wenn Sie nur die Matrikularbeiträge in dem strengen Sinne des Worts beseitigen.

Also, meine Herren, in dieser Richtung, was die Reform des Steuersystems betrifft, hat der Herr Abgeordnete Lasker sich negativ verhalten, und ich will dabei nur noch statistisch erwähnen, daß seine Annahme, als ob bei uns die Einnahmen aus den Zöllen bereits einen entsprechenden Ertrag lieferten, nicht richtig ist.

Seit der Gründung des Zollvereins haben sich die Erträgnisse der Zölle um höchstens 20 Prozent vermehrt. Sie betrugen auf den Kopf der Bevölkerung in der ersten Zollvereinsperiode vom Jahre 1834 bis 1841 durchschnittlich 2¼ Mark; für das Etatsjahr 1877/78 haben sie betragen 2 Mark 69 Pfennige. Es ist das also eine Steigerung von nahezu 20 Prozent. Die Regierungsausgaben aber haben seit jener Zeit um mehr als 100 Prozent zugenommen. Sie sehen hieraus, wie die Behauptung wohl gerechtfertigt ist, daß wir in der finanziellen Entwickelung unseres Zollsystems zurückgeblieben sind, und daß es sich hier darum handelt, ein Versäumniß nachzuholen.

Meine Herren, vollständig negativ hat sich auch, soweit ich es auffassen konnte, der Herr Abgeordnete Lasker verhalten gegenüber der volkswirthschaftlichen Seite der Ihnen vorgeschlagenen Reform. Er hat auf diesem Gebiete, so weit ich ihm folgen konnte, irgend einen positiven Gedanken nicht entwickelt. Er hat sich auf Einzelheiten nicht näher eingelassen, er hat selbst in seiner Kritik, wo es auf Einzelheiten angekommen wäre, die Sache nicht gründlich erörtert, und das mag ja wohl daher kommen, daß er den Herrn Regierungskommissar, der heute zuerst sprach und der, soweit ich es beurtheilen konnte, ein ziemlich verständliches Organ besitzt, von seinem Platz aus nicht verstehen konnte. Ich meine, der Herr Abgeordnete Lasker hätte, wenn er den Regierungskommissar wirklich nicht verstanden hat, dann es auch unterlassen sollen, eine Kritik in der Weise zu üben, wie er es gethan hat. Er sprach, wenn meine Notizen richtig sind, von „kleinen Scherzen", die der Regierungskommissar sich erlaubt habe. Meine Herren, vor einiger Zeit hat der Herr Abgeordnete Lasker auch mir vorgeworfen, daß ich nicht mit genügendem Ernst irgend eine Frage, die aus dem Hause gekommen war, beantwortet habe. Ich möchte den Herrn Abgeordneten Lasker, der ja schon öfter gewissermaßen moralische Lektionen hier ertheilt hat und das mit Vorliebe der Regierung gegenüber thut, dringend ersuchen, auch einmal von meiner Seite eine ganz bescheidene moralische Lektion anzunehmen.

(Heiterkeit. — Bravo! rechts.)

Es ist nicht schön, wenn ein Mann, der eine große Ueberlegenheit gegenüber Vertretern der Regierung besitzt oder zu besitzen glaubt,

(Heiterkeit)

diese Ueberlegenheit in gar zu scharfer und empfindlicher Weise geltend macht. Ich glaube, es liegt wirklich im Interesse einer ruhigen, objektiven Behandlung der Dinge, wenn der Herr Abgeordnete Lasker vielleicht in Zukunft die Güte haben will, von seiner Ueberlegenheit, die ich ja in mancher Beziehung anerkenne, nicht den verletzenden Gebrauch zu machen, den er gewöhnlich zu machen pflegt.

(Bravo! rechts.)

Vielleicht würde der Herr Abgeordnete Lasker, wenn er sich etwas weniger von diesem Gefühl der Ueberlegenheit beherrschen ließe, auch es heut unterlassen haben, dem Herrn Reichskanzler vorzuwerfen, daß er die preußische Gebäudesteuergesetzgebung nicht kenne. Ich glaube, der Herr Reichskanzler hat, als er von dem Prozentsatz sprach, mit welchem die Gebäudesteuer das Einkommen des ländlichen Grundbesitzers belastet, sehr wohl gewußt, welche landwirthschaftliche Gebäude der Steuer unterworfen sind, und welche nicht.

Meine Herren, der Herr Abgeordnete Lasker hat bei seiner Kritik des Zolltarifentwurfs Bezug genommen auf die Menge Petitionen, die dem hohen Hause vorliegen. Er hat die Absicht geäußert, diese Petitionen gründlich zu studiren und danach sich sein Urtheil zu bilden über die einzelnen Positionen des Tarifs. Ich kann ja selbstverständlich diese Absicht des Herrn Abgeordneten Lasker nur vollständig würdigen und halte sie für durchaus richtig, aber ich möchte ihm eine gewisse Vorsicht bei dem Studium dieser Petitionen empfehlen. Ich möchte ihm empfehlen, zunächst die Petitionen aus seinem eigenen Wahlkreise zu studiren, von denen er uns erzählt hat, daß sie sich einander vollständig widersprechen; er sagte uns selbst, daß er Petitionen aus seinem Wahlkreise für Getreidezölle und gegen Getreidezölle, für Erhöhung der Industriezölle und dagegen empfangen habe. Meine Herren, wenn man die Petitionen richtig würdigen will, so muß man vor allen Dingen sich vergegenwärtigen, daß alle die Zweige der deutschen Erwerbsthätigkeit, die mit dem Tarif zufrieden sind, natürlich keine Ursache haben, Petitionen an den Reichstag zu richten. Sie dürfen also aus der Zahl der Petitionen nicht etwa darauf schließen, wie sich das Verhältniß der Zufriedenen zu den Unzufriedenen unter den deutschen Landwirthen oder Industriellen gestaltet. Die Petitionen, die dem Reichstag vorliegen, und die in der Regel auch den verbündeten Regierungen mitgetheilt werden, gehen zum Theil dahin, daß sie einen höheren Schutz verlangen, als er im Tarifentwurf gewährt wird. Ich glaube, auf diese Petitionen wird der Herr Abgeordnete Lasker schön von selbst keinen allzu großen Werth legen. Andere Eingaben von solchen Industriezweigen, die geschützt werden sollen, verwahren sich gegen den ihnen zugedachten Schutz, weil sie fürchten, daß nun andere Nationen ähnliche Schutzzölle bei sich einführen. Meine Herren, ich glaube, die Frage, welche Rückwirkung unser Tarif etwa auf die Tarifbildung anderer Nationen haben wird, läßt sich nicht nach einzelnen Industriezweigen beurtheilen. Wenn wir auch auf solche Gegenstände, die von uns mehr ausgeführt als eingeführt werden, gleichwohl einen Schutzzoll oder vielmehr einen Finanzzoll, wie ich ihn lieber nennen will, legen, dann folgt daraus noch keineswegs, daß andere Staaten, die verhältnißmäßig geringes Interesse an ihrem Export desselben Artikels nach Deutschland haben, durch unser Vorgehen zu einer Gegenmaßregel veranlaßt werden. Die Schwierigkeit der ganzen zollpolitischen Frage liegt, wie sich das niemand verhehlen kann, in der Verschiedenartigkeit der inländischen Interessen. Wir haben einen Interessenkampf zwischen verschiedenen Landestheilen, ich meine zwischen den Küstenstrichen und dem Binnenlande, wir haben einen Interessenkampf zwischen Konsumenten und Produzenten, zwischen Landwirthschaft, Haudel und Schifffahrt auf der einen und der Industrie auf der andern Seite. Wir haben innerhalb der Industrie selbst den Interessenkampf, den ich kurz bezeichnen will als den Kampf zwischen Spinnern und Webern. Meine Herren, wenn man alle die Petitionen, die von dem einen oder anderen Standpunkt aus gegen die Vorlage gerichtet sind, als vollkommen begründet ansehen will, so wird man zuletzt nicht wissen, wie denn aus diesem Labyrinth widerstreitender Interessen herauszukommen ist. Aber, meine Herren, ich hoffe und ich hege die feste Zuversicht, daß es im Laufe der Spezialberathung gelingen wird, den Faden zu finden, der aus diesem Labyrinth herausführt, und ich darf mir vielleicht erlauben, diesen Faden zu bezeichnen. Es ist der Gedanke, daß wir Deutsche, wie wir auf dem politischen Gebiet eine Einheit geworden sind, auch auf dem wirthschaftlichen Gebiet eine Einheit werden müssen, daß wir den wirthschaftlichen Partikularismus, der ja auch hier in dem Hause seine Vertretung gefunden hat, ebenso überwinden müssen, wie wir den politischen Partikularismus zum Heil der Nation überwunden haben. Wenn man diesen Gedanken zu Grunde legt, so, glaube ich, wird es nicht schwer sein, die leitenden Gesichtspunkte zu finden, nach denen die verschiedenen Interessen auszugleichen sind. Meine Herren, ich unterschätze gewiß nicht die Bedeutung des auswärtigen Handels für Deutschland, ich weiß sehr wohl, daß wir darauf angewiesen sind, aus dem Auslande Rohstoffe nicht bloß zu unserer Ernährung, sondern auch zum Zweck der Fabrikation zu beziehen. Ich weiß sehr wohl, daß wir exportiren müssen, einmal schon, um unsern Import zu bezahlen, dann aber auch, um überhaupt von unserer Arbeit den größten Ertrag, der möglich ist, zu erzielen. Indessen, meine Herren, bei aller Hochschätzung des Werthes, den der Handel für Deutschland hat, behaupte ich doch, und ich glaube, darin werde ich auf Ihre Zustimmung zählen können, der Haudel kann nicht allein, auch nicht einmal vorzugsweise als die Quelle des Wohlstandes der deutschen Nation bezeichnet werden.

(Sehr richtig! rechts.)

Wir sind angewiesen, um wohlstehend zu sein, um reicher zu werden, auf den Ertrag unserer Arbeit, auf den Ertrag einer recht harten Arbeit. Unser Boden, unser Klima sind nicht von der Art, daß wir mit wenig Arbeit viel ernten können. Wenn das aber der Fall ist, wenn ich darin Recht habe, daß die eigentliche Quelle unseres nationalen Wohlstaudes in unserer Produktion, d. h. in der Arbeit liegt, die wir auf die Erzeugnisse unseres Bodens und auf solche Erzeugnisse verwenden, die wir in rohem Zustande von auswärts einführen, wenn das richtig ist, dann muß auch das Bestreben der deutschen Zoll- und Handelspolitik in erster Linie darauf gerichtet sein, die innere Produktion zu heben. Erst dann, wenn wir im ganzen mehr Werthe produziren als konsumiren, erst dann kann der Export dieses Ueberschusses und seine Verwerthung im Ausland als ein volkswirthschaftlicher Vortheil für uns in Betracht kommen. Wir werden reicher in demselben Maße, in welchem der Gesammtwerth unserer Produktion den Gesammtwerth unserer Konsumtion übersteigt, und in welchem wir den Ueberschuß unserer Produktion lohnend im Ausland absetzen. Sie sehen also, daß ich den Exporthandel keineswegs gering schätze, und das haben auch die verbündeten Regierungen niemals gethan. Ich wüßte auch nicht, warum wir beispielsweise die Artikel wegen der Meistbegünstigung für uns in die Handelsverträge aufnähmen; warum wir gerade jetzt dem Reichstag eine Ausgabe von 200 000 Mark für Wahrnehmung unserer Interessen bei der Ausstellung in Sidney vorschlügen, wenn wir nicht auf den Export unserer Industrieerzeugnisse einen hohen Werth legten. In dritter Linie, meine Herren, steht für mich erst der billige Einkauf. Freilich ist es ein Vortheil für die Nation, wenn sie doch einmal von außen kaufen muß, daß sie es billig thue. Aber das Billig-Einkaufen kann für uns nicht als eine Quelle des Nationalwohlstands betrachtet werden, nnd deshalb meine ich, wir müssen bei der Abmessung der Zollsätze immer in erster Linie darauf Rücksicht nehmen, wie wir den Gesammtbetrag unserer inneren Produktion steigern und dann erst, wie wir den Interessen des Export- und Importhandels gerecht werden. Die ganze Schwierigkeit der Frage ruht in der Höhe der Zollsätze und in den Kontroversen, die sich an den Unterschied zwischen Finanzzoll und Schutzzoll anknüpfen. Dieser Unterschied, mit welchem ja auch die geschäftliche Behandlung der Vorlage einigermaßen zusammenhängt, und alle die von mir berührten Gegensätze zeigen sich erst bei der Abmessung der Höhe der Zollsätze. Man kann nicht sagen, daß es gewisse Artikel gibt, die, wenn sie mit dem Zoll belastet werden, nothwendig einen Finanzzoll tragen, und andere, die unter allen Umständen einen Schutzzoll tragen. Man kann ein System von Finanzzöllen haben, welches, wie in England, auf wenige Artikel beschränkt ist, und man kann ein System von Finanzzöllen haben, wie die Schweiz, worin sämmtliche Einfuhrartikel mit Finanzzöllen belastet sind. Erst dann wird der Gegensatz zwischen Finanzzöllen und Schutzzöllen wirksam, wenn die Höhe des Zolles so gesteigert, und dadurch die Einfuhr so geschmälert wird, daß die Erträgnisse des Zolls abnehmen. Meine Herren, ich glaube, das ist die Grenze, die wir für den Schutzzoll einhalten sollen. Wenn wir von diesem Standpunkt ausgehen, so bin ich fest überzeugt, wird es zu einer Verständigung über die Spezialitäten des Tarifs kommen, zu einer Verständigung, die für die künftige Entwickelung der Wohlfahrt der Nation von Segen sein wird. Wenn dieser Fall eintritt, wenn in Folge der Zolltarifsreform, welche wir hier vereinbaren, Handel und Wandel wieder anfangen, sich zu heben, wenn die Erwerbsthätigkeit in allen Berufszweigen wieder auflebt, dann wollen wir den Gegnern dieser Reform gern den Triumph gönnen, zu sagen, „nicht weil, sondern obgleich!"

(Lebhaftes Bravo rechts.)

Präsident: Der Herr Reichskanzler hat das Wort.

Reichskanzler Fürst **von Bismarck**: Ich hatte heute früh noch nicht die Absicht, in der allgemeinen Debatte wiederum das Wort zu ergreifen, weil meine Ueberzeugung, und ich glaube, auch die der Mehrzahl der Zuhörer, durch die Gegengründe, die gegen meine Darlegungen seitdem angeführt worden sind, nicht erschüttert war; die meisten derselben bestanden, wie ich das gewohnt bin, weniger in einer

Kritik der Sache, als in argumentis ad hominem, in Demonstrationen gegen meine Person,

(ah! ah!)

und es ist mir das ja ziemlich gleichgiltig. — Ja, meine Herren, an dieser Stelle, von welcher das „ah“ ausgeht, sind diese Demonstrationen zu Hause, und es veranlaßt mich dies, nochmals Akt davon zu nehmen, damit man weiß, von woher dergleichen kommt, und daß von dort aus die sachlichen Diskussionen mit oratorischen Ausschmückungen betrieben werden, die den Frieden und die Verständigung zu fördern nicht geeignet sind, es ist das gerade in der Gegend der Fall, wo diese Interjektionen mich eben unterbrochen haben, und ich sage also, ich hätte darauf so sehr viel Werth nicht gelegt, weil ich es der öffentlichen Meinung besser selbst überlasse, ob sie über meinen Verstand und meinen Charakter günstiger denken will oder nicht, und ob sie ihr Urtheil über mich von meinen politischen Gegnern entnehmen will oder nicht. Ich bin ja, wie Sie wissen, leider in der Presse und zwar von verschiedenen Parteien einem solchen Maße von groben Ehrenkränkungen, von lügenhaften Verleumdungen ausgesetzt gewesen, daß ich in der Beziehung doch ziemlich abgehärtet bin, und hier im Reichstag, auch dort, wo die Herren unruhig werden, kommt ja dergleichen nicht vor, aber natürlich, die mildere, wohlwollende Kritik, der ich hier unterzogen werde im Vergleich zu der Presse, gegen die bin ich ziemlich abgehärtet. Ich würde also auch darauf nicht reagirt haben, wenn ich nicht heute, ohne die Absicht herzukommen, benachrichtigt worden wäre, daß der Herr Abgeordnete Lasker über mich verschiedene Bemerkungen gemacht hat mit der Gesinnung für mich, die ich kenne und zu schätzen weiß, die aber doch ein Maß voll Verstimmung mir gegenüber zeigt, welches ich gern mildern möchte, wenn es mir gelingt. Ich kann sonst nach dem Maß der Verstimmung, welches aus der Haltung des Herrn Lasker spricht, immer einen günstigen Barometerstand für meine Politik und für die Politik, die ich glaube im Namen des Reichs verfolgen zu sollen, entnehmen, und insofern könnte mich das Symptom ja beruhigen, wenn nicht meine persönliche Vorliebe für einen so langjährigen Gegner, von dem ich schließlich sagen kann nach jenem französischen alten Liede: on se rapelle avec plaisir des coups de poing qu'on s'est donnés, mich das Bedürfniß empfinden ließe, seine Meinung in einigen Beziehungen richtig zu stellen.

Der Herr Abgeordnete hat, wenn die Notizen, die ich bekommen habe, richtig sind, gesagt: mein Schriftwechsel mit dem Baron von Thüngen habe alles überholt, was bisher an agrarischen Extravaganzen geleistet sei. Liegt darin nicht eine kleine rhetorische Extravaganz eher als die agrarische, die mir vorgeworfen wird? Ich habe mich zu dem Schreiben nicht bloß berechtigt, sondern auch verpflichtet gehalten. Die Nation hat das Recht zu wissen, wie ich über die einzelnen Fragen denke, und ich freue mich, wenn die Kenntniß hiervon eine möglichst öffentliche und verbreitete wird, denn ich habe darüber nichts zu verbergen. Ich habe mich ausgesprochen gegenüber den sehr scharf akzentuirten Klagen des Baron von Thüngen über die Vernachlässigung der landeswirthschaftlichen Interessen in der Tariffrage, um ihm nachzuweisen, daß ich unter Umständen eine höhere Verzollung der landwirthschaftlichen Produkte gewünscht hätte, — in Bezug auf das Getreide nicht viel höher, denn der Zoll für Getreide, namentlich für die Getreidegattung, die am meisten als Nahrungsmittel dient, für den Roggen, soll meiner Meinung nach kein Schutzzoll, sondern ein Finanzzoll sein, und er wird gerade so gut vom Auslande gezahlt werden, wie heute die Mainzer Lederfabrikanten sich beschweren, daß sie jetzt für ihren Import in Spanien einen Zoll bezahlen müssen, von dem sie früher frei gewesen sind, und beim Getreide noch viel mehr, weil wir eine so außerordentliche Konkurrenz für den Import von wohlfeilem Getreide nach Deutschland haben. Indessen, das gehört ja in die Spezialdebatte, über die Getreidezölle. Wenn ich einen Korrespondenten, der zu mir im Namen von 11 000 kleinen Grundbesitzern spricht, Rede stehe und ihm Auskunft gebe über die Motive, die mich geleitet haben, so ist dergleichen früher doch von niemand angefochten worden, und ich glaube, der Herr Abgeordnete Lasker als Jurist sollte doch auch wissen, daß man kein Urtheil ohne Gründe gibt. Früher hat man es immer am Minister zu schätzen gewußt, wenn er nicht zugeknöpft war und seine Meinung offen aussprach in Betreff der Interessen des Landes, auf deren Wohl und Wehe er irgend einen Einfluß haben könnte, und ich sollte meinen, man sollte das an mir schätzen, anstatt es als eine „agrarische Extravaganz“ zu bezeichnen, als einen „Krieg“ zwischen Landwirthschaft und Industrie, zwischen Land und Stadt. Ja, das sieht doch noch anders aus! Man nennt gern jeden Kampf Krieg, der einem unangenehm ist. Es handelt sich hier um eine Rivalität der Interessen und um ein Ringen der Interessen mit einander, noch lange nicht um Krieg, es bleibt zwischen Landsleuten, und der Bürgerkrieg, der der Phantasie des Herrn Lasker vorschwebt, ist nicht da.

Wenn ich es nun mir zur Aufgabe stelle, in diesem Kampf der Interessen der Seite, die bisher meines Erachtens unterlegen hat, der Seite der Landwirthschaft und des Grundbesitzes — ich bitte das Herrn Lasker wohl zu erwägen, ich habe neulich fast nie von der Landwirthschaft, ich habe vorwiegend von städtischem und ländlichem Grundbesitz gesprochen, und der städtische Häuserbesitz leidet unter den Kalamitäten der Steuer, auf die ich nachher zurückkomme, ebenso wie der ländliche — wenn sich da ein Minister findet, der seinerseits für den Theil, der bisher in diesem Kampf zurückgedrängt wird, der unterlegen hat, der Ambos gewesen ist seit funfzig Jahren und sich nun einmal gegen die Hämmer sträubt, wenn für den ein Minister eintritt, sollte man das dankend anerkennen und nicht sagen, ich triebe die Finanzpolitik eines Besitzers. Ja, ich kann dem Herrn Abgeordneten Lasker ebenso gut sagen, er treibt die Finanzpolitik eines Besitzlosen; er gehört zu denjenigen Herren, die ja bei der Herstellung unserer Gesetze in allen Stadien der Gesetzmachung die Majorität bilden, von denen die Schrift sagt: sie säen nicht, sie ernten nicht, sie weben nicht, sie spinnen nicht, und doch sind sie gekleidet — ich will nicht sagen wie, aber jedenfalls sind sie gekleidet.

(Heiterkeit.)

Die Herren, die unsere Sonne nicht wärmt, die unser Regen nicht naß macht, wenn sie nicht zufällig ohne Regenschirm ausgegangen sind, die die Mehrheit bei uns in der Gesetzgebung bilden, die weder Industrie, noch Landwirthschaft, noch ein Gewerbe treiben, es sei denn, daß sie sich damit vollständig beschäftigt fühlen, das Volk nach verschiedenen Richtungen hin zu vertreten, und daß sie das das ganze Jahr lang thun, die verlieren leicht den Blick und das Mitgefühl für diejenigen Interessen, die ein Minister, der auch Besitz hat, also auch zu der misera contribuens plebs gehört, der auch regiert wird und fühlt, wie die Gesetze dem Regierten thun — wenn der offen auszusprechen sich nicht scheut, wenn er wahrnimmt, so sollte er doch vor dergleichen Andeutungen gesichert sein, daß er hier die Finanzpolitik des Besitzenden vielleicht im eigenen Interesse triebe.

Ich habe in der Beziehung in der Presse ziemlich grobe Andeutungen gelesen, auf die ich nicht zurückkommen will, auf die zurückzukommen unter meiner Würde ist. Aber ich möchte doch die Herren bitten, sich das klar zu machen, daß die Nichtbesitzer, Nichtindustriellen, Nichtlandwirthe in den ministeriellen Stadien nothwendig die Mehrheit bilden, und daß die Gesetze von Hause aus die Farbe der Theorie und des Büreaus in ihren Vorlagen nur dann nicht haben, wenn einigermaßen Erfahrung im praktischen Leben bei dem, der sie macht, damit verbunden ist. Sie werden mir auch zugeben, daß in den gesetzgebenden Versammlungen Deutschlands die Zahl derjenigen, die keinen Besitz, kein Gewerbe, keine Industrie haben, welche sie beschäftigt, auf welche sie angewiesen werden, also die Zahl derselben, die vom Gehalt, vom Honorar, von der Presse, von der Advokatur leben, kurz und gut der Gelehrtenstand, ohne eine Stellung im Nährstande, irgend eine Art von Lehrstand, daß der die Majorität bildet. In dieser Stellung möchte ich dem Herrn Abgeordneten Lasker und denjenigen, welche neben ihm durch ihre überlegene Beredtsamkeit, durch den Einfluß auf ihre Kollegen diese Majoritäten zu leiten gewohnt sind und welche sich diesem Geschäft das ganze Jahr hindurch theils in der Presse, theils in parlamentarischen Leistungen, zum Danke des Vaterlands, widmen, denen möchte ich doch auch ans Herz legen, daß noblesse oblige. Wer auf diese Weise jahrelang im Besitz der Macht in den Fraktionen gewesen ist, der muß auch an den denken, der als Amboß dient, wenn der Hammer der Gesetzgebung fällt, und das vermisse ich bei dem Herrn Abgeordneten Lasker, wenn er sagt, ich hätte einen Krieg zwischen der „Landwirthschaft und Industrie“ eröffnet. Daß der besteht, ist hoffentlich nicht mehr wahr, ich hoffe, beide sehen endlich ein, daß es ihr Interesse ist, zusammenzugehen. Aber zwischen Land und Stadt, das ist auch nicht in dem Maße richtig. Der Kampf, den ich nicht eröffnet habe, aber in dem ich seit Jahren mitkämpfe, soviel ich kann, soviel mir meine Geschäfte und — was ich doch auch bei den Betrachtungen, daß ich nicht früher mit dergleichen Vorlagen gekommen wäre, zu erwägen bitte — soviel mir Krankheit, Krankheit, die ich im Dienst erworben habe, dazu Zeit läßt, ist der Kampf für Reformen.

Der Herr Abgeordnete Lasker hat dann nach meinen Notizen gesagt: größere Uebertreibungen, wie der Herr Reichskanzler in seiner Rede über die Steuerüberbürdungen gemacht hat, habe er nie aus dem Munde eines Abgeordneten gehört. Der Herr Abgeordnete Lasker übertreibt gewiß nie, und was mir so vorschwebt als etwas rhetorisch stark aufgetragen, das sind gewiß keine Uebertreibungen gewesen, die meinen sollen aber noch größer sein als alle, die wir gehört. Nun, wenn sie so groß sind, daß keine andere heranreicht, dann müßte doch irgend eine Zahl, irgend ein Satz mir nachgewiesen sein, in dem ich übertrieben hätte. Ich habe mich auf dem Gebiete der Ziffern bewegt, und derjenigen Ziffern, die für jeden zugänglich sind, die in dem Gesetz liegen; ich habe gesagt: die Grundsteuer beträgt nach der Absicht des Gesetzes 10 Prozent. Ist das eine Uebertreibung? Nein, es ist der klarste Inhalt des Gesetzes. Ich habe gesagt, ich will sie in Wirklichkeit da, wo das Gut schuldenfrei ist, auf 5 Prozent herabsetzen. Ist das eine Uebertreibung? Im Gegentheil, es ist eine sehr schüchterne bescheidene Veranschlagung, und die schuldenfreien Güter sind bei uns leider selten. Ich habe bestimmte Sätze von der Gebäudesteuer genannt, auf die ich nachher komme, ich habe die Einkommensteuer genannt, ich bin durch ein schlichtes Additionsexempel nicht auf die Ziffer, die der Herr Abgeordnete ex propriis mir leiht, nämlich auf 40 Prozent Steuern, gekommen, sondern ich habe gesagt 20 bis 30 Prozent. Kann mir der Herr Abgeordnete auch nur einen Bruchtheil einer Zahl invalidiren, so wollte ich zugeben, ich hätte um diesen Bruchtheil übertrieben. Er kann das nicht, und ich kann ihm also sagen, ich habe nie ähnliche Uebertreibungen wie die seinen, aus dem Munde eines Abgeordneten gehört.

Ich verlasse diesen Gegenstand lieber, um innerhalb der parlamentarischen Grenzen zu bleiben.

Er fragt: ist es möglich, daß ein Gewerbebetrieb bestehen kann bei einer Besteuerung von 40 Prozent? Ich freue mich, daß er in seiner weiten juristischen und gesetzgeberischen Praxis nie einen Gewerbebetrieb kennen gelernt hat, der höher belastet ist, auch nicht über 40 Prozent seiner Revenuen an Zinsen zu zahlen gehabt hat, aber wenn er sich ein klein wenig innerhalb der Thore von Berlin und außerhalb im ganzen Lande umsehen wollte, so, glaube ich, würde er diejenigen, die 60 Prozent ihrer Einnahme und noch mehr an Zinsen bezahlen und dabei doch in ihrem Erwerb bestehen, in großer Menge finden. Wie kommt ein so feiner Kenner der Menschen und unseres Landes dazu, zu sagen: bei 40 Prozent ist es gar nicht möglich, zu bestehen. Ich erinnere daran, daß die mehr oder weniger amtlichen Erhebungen, die in Frankreich über die Belastung des Grundbesitzes stattgefunden haben, zu der Ziffer geführt haben, daß in Frankreich das ländliche Grundeigenthum 44 Prozent seines Einkommens zu den öffentlichen Lasten beizusteuern habe, daß das städtische Grundeigenthum mit 14 Prozent besteuert sei, und daß das bewegliche Eigenthum keine 4 Prozent zahle. So stellen sich die Verhältnisse in Frankreich; so schlimm stellen sie sich bei uns nicht überall. Aber wenn der Herr Abgeordnete Lasker sagt, bei 40 Prozent Belastung könne kein Gewerbe bestehen, so kennt er das Geschäft nicht, wenigstens dieses nicht, und wenn er mir unterschiebt, ich hätte von 40 Prozent gesprochen, so täuscht ihn sein Ohr oder Gedächtniß; er hätte aber die Rede schon lesen können. Ich habe von 20 bis 30 Prozent gesprochen und kann das um so eher behaupten, als ich das Rechenexempel hier wiederholen könnte. Wenn man so etwas öffentlich hier vor dem Lande sagt, dann sollte man auch von Seiten eines Abgeordneten, der öffentlich zum Volk spricht und mit der weitschallenden Stimme, die dem Herrn Abgeordneten Lasker in seiner Stellung eigen ist, wohl davor gesichert sein, daß der erste Beamte des Reichs und des Staats in dieser Weise dem Volke dargestellt wird als einer, der in leichtfertiger Weise Unwahrheiten sagt und sich vor keiner Uebertreibung fürchtet. Dabei ist dieser Vorwurf hingestellt ohne eine Spur, ohne einen Versuch von Beweis.

Der Herr Abgeordnete hat mir ferner vorgeworfen, ich kennte die Gesetzgebung des Landes nicht. Wenn man mir hier vorwirft, ich kennte die Gesetzgebung meines Landes nicht, so weiß ja jeder Mensch, daß ich nicht jedes Gesetz kennen kann; aber der Vorwurf hier von einem Abgeordneten in öffentlicher Rede und von dem Vertreter der öffentlichen Gerechtigkeit, als welchen sich der Abgeordnete Lasker so oft gezeigt hat, indem er sein Zensoramt dem Ministerium gegenüber geübt hat, — dieser öffentliche Vorwurf hier: er kennt die Gesetze nicht, der heißt doch: er weiß nicht so viel von den Gesetzen, wie er seiner Stellung nach wissen müßte. Das ist doch eine Art, mich in der öffentlichen Meinung herunterzudrücken, in meinem Fleiß, in meiner Gewissenhaftigkeit, mit der ich mich auf amtliche Sachen vorbereite, die, glaube ich, der Herr Abgeordnete, wenn er für mich ebenso viel Gerechtigkeit noch übrig hätte, — nicht, wie für sich selbst, aber für seine Fraktionsgenossen, dann nicht versuchen würde. Ich halte es nicht nützlich, die höchste Behörde auf diese Weise und in einem so schonungslosen Tone, selbst dann, wenn man Recht zu haben glaubt, vor dem Lande gewissermaßen öffentlich an den Pranger zu stellen und seinen ganzen Triumph darin zu suchen, jemanden, der einmal, brauchbar oder unbrauchbar, wie er sein mag, die Geschäfte des Landes trägt, und den der Herr Abgeordnete keine Hoffnung hat, jetzt zu beseitigen oder durch einen besseren zu ersetzen, den auf diese Weise — ich will keinen unhöflichen Ausdruck gebrauchen — —

(Heiterkeit)

— sonst würde ich ihn sagen. Ich halte es nicht für richtig, auf diese Weise in der öffentlichen Meinung ein schlechteres Urtheil über die leitenden Staatsmänner hervorzurufen, als an und für sich bei einer ruhigen und rechtlichen Prüfung sich vertheidigen läßt, und namentlich bei der hohen Empfindlichkeit, die der Herr Abgeordnete Lasker gegen jede Meinungsverschiedenheit sogar jederzeit hat, — schaudernd habe ich es selbst erlebt. Ich möchte ihn bitten, etwas mehr auch die Empfindlichkeit anderer zu schonen — ich sehe ja von meiner amtlichen Stellung vollständig ab und stelle diejenige des Herrn Abgeordneten Lasker vollkommen ebenso hoch und mit Vergnügen höher als die meinige. Aber beobachten wir doch die Form der Höflichkeit, die wir beobachten, sobald wir uns auf der Straße oder an einem dritten Ort begegnen; nehmen wir nicht an, daß wo wir öffentlich und vor dem Lande reden, wir uns von dieser Sitte dispensiren dürfen, und daß das die Sache fördert oder die persönlichen Beziehungen unter uns oder selbst das Ansehen dessen, der es thut.

(Bravo! Bravo!)

Der Herr Abgeordnete sagt also, „ich kennte die Gesetze des Laudes nicht, landwirthschaftliche Gebäude sind frei." Darauf sage ich, daß für ihn kein geringerer Vorwurf ist als der Mangel an Gesetzeskenntniß, er kennt die Landwirthschaft nicht und weiß nicht, was ein landwirthschaftliches Gebäude ist. Ich habe eine Liste hier meiner Gebäudesteuer auf einem pommerschen Gut. Da sind 149 Positionen besteuerter landwirthschaftlicher Gebäude aufgeführt, dereu Steuern zusammen um etwa 20 Prozent erhöht worden sind in diesem Jahre, und deshalb wird mir die Liste eingereicht.

Ich will, da wir doch weiter mit dem Herrn Abgeordneten zu diskutiren haben, in dieser Sache ihm mitthe l, was ungefähr ein landwirthschaftliches Gebäude ist. Beispielsweise das Wohnhaus eines Rieselmeisters. Er wird mir zugeben, das gehört zur Landwirthschaft, oder z. B. ein Zieglerwohnhaus.

(Rufe: Wohnhaus! das gehört nicht dazu.)

— Gut, dann will ich es streichen, bleiben immer noch 148. Dann z. B. ein Tagelöhnerwohnhaus.

(Rufe: Wohnhaus!)

— Ich verstehe nicht — ich will einen Augenblick schweigen, wenn Sie sich dann aussprechen wollen. —

Präsident: Ich bitte um Ruhe. Ich bitte, die Unterbrechungen zu unterlassen.

Reichskanzler **Fürst von Bismarck**: Es wäre mir sehr interessant zu wissen, was Sie sagten, aber es war nicht artikulirt genug, um es zu verstehen. Ich nehme selbst auf die unbilligsten Wünsche Rücksicht. Es kommen dann 10 bis 12 landwirthschaftliche Tagelöhnerhäuser und andere, das sind bei weitem die meisten der 148, es kommen Gebäude mit Stall, die höher zahlen als die anderen, aber alle landwirthschaftliche Arbeiter und Pächter. Ich will Sie mit den Einzelheiten nicht ermüden, die Liste steht zu jedermanns Ansicht. Ich frage: ist die Wohnung eines ländlichen Arbeiters, den man nothwendig zum Begriff der Landwirthschaft braucht, ein landwirthschaftliches Gebäude oder nicht? ist es eine Besteuerung der Landwirthschaft, wenn solche Gebäude, sobald ein Stall dabei ist, höher besteuert werden? ist es eine Besteuerung der Landwirthschaft, wenn eine Erhöhung der Besteuerung wegen der Größe des Hofraums eintritt, die doch nur für den techuischen Betrieb der Landwirthschaft gewählt wird, und auf dem eine Menge Sachen vorgehen? Also ich glaube, die Beschuldigung der Unwissenheit in Bezug auf die Gesetzgebung trifft mich hier nicht. Wenn der Herr Abgeordnete Lasker in Betreff der Unwissenheit auf dem Gebiet der Landwirthschaft und der Lage der Landwirthschaft, über die er mit Sicherheit spricht, sich ebenso ausweisen kann, so soll es mir lieb sein. Er hat ferner gesagt, kein Baner zahle eine Einkommensteuer. Das trifft meine Rede nicht. Ich habe die Einkommensteuer, weil sie von Reichen bezahlt wird, beibehalten wollen, ich will nur die Klassensteuer abschaffen, und in dem Maße, in welchem wir Ersatz durch die indirekten Steuern dafür bekommen werden. Ich hoffe, mich darüber auch später, wenn der Zeitpunkt gekommen sein wird, und ich noch Minister sein sollte, mit meinem preußischen Kollegen zu verständigen. Ich bin und bleibe der Ueberzeugung, daß die Klassensteuer gar nicht bestehen sollte, daß sie abgeschafft werden sollte im ganzen Umfange, und daß wir uns bemühen sollten, indirekte Steuern zu dem hohen Belauf zu finden, daß wir im Stande sind, die Klassensteuer zu erlassen. Der Herr Abgeordnete sagt nun, die Klassensteuer betrage nicht drei Prozent, das habe ich auch nicht behauptet. Ich habe von der Einkommensteuer gesprochen. Ob sie in ihren höchsten Positionen so sehr viel darunter ist, weiß ich doch nicht. Ich habe die Liste nicht im Kopfe, wie viel jemand Klassensteuer bezahlt, der 1000 Thaler Einkommen hat, also die höchste Klassensteuer.

(Ruf: 24 Thaler!)

Wenn es 24 Thaler sind, so sind 24 Thaler vom Tausend nach meiner Rechnung fast 2½ Prozent; das ist also doch so sehr weit von 3 Prozent, die ich nicht nannte, nicht entfernt, weiter aber von 1 bis 2 Prozent, die der Herr Abgeordnete Lasker anführte, um diese Steuerbelastung herunter zu drücken und nachzuweisen, daß sie eine Belastung nicht ist. Auch hier schützen mich die Ziffern gegen den Vorwurf der Uebertreibung.

„Die ganze Rechnung des Reichskanzlers ist irrig und unzuverlässig." Meine Herren, diese Behauptung ist einfach eine unrichtige, eine falsche, die der Herr Abgeordnete macht. Meine Darstellung ist nicht irrig. Ich bitte, mir den Irrthum nachzuweisen. Und „unzuverlässig", das bedauere ich, daß das hier so hingegangen ist. Wenn jemand hier vom Regierungstische einen Abgeordneten unzuverlässig nennen wollte, ich glaube, es würde sofort die vielbestrittene Frage der präsidialen Disziplin entgegentreten.

(Rufe: oh, oh!)

Ich muß dagegen protestiren, daß mir der Vorwurf der Unzulässigkeit gemacht wird. Es ist das ein geradezu beleidigender Vorwurf. Unzuverlässig, d. h. man kann auf seine Angaben kein Gewicht legen. Ich verwahre mich gegen diesen Vorwurf und werde meinerseits dieses Wort nicht als in den parlamentarischen Sprachgebrauch übergegangen ansehen und nicht gegen andere damit operiren.

Der Reichstag dürfte also nach der Meinung des Herrn Abgeordneten Lasker auf keine Reform eingehen, welche auf so schwacher Basis steht, wie er es von meiner Zuverlässigkeit scheint anzunehmen. Ich hoffe aber, der Reichstag wird der Führerschaft des Herrn Lasker nicht folgen.

Da ich einmal das Wort habe, so kann ich nicht umhin, es zu benützen, um einem Vorurtheil zu widersprechen, welches namentlich hier aus dem Mund eines sachlich sonst sehr wohlinformirten und gewiß zuverlässigen Abgeordneten, des Herrn Oechelhäuser, zu Tage trat. Die Herren werden sich erinnern — ich hatte damals leider auf dem hiesigen Standpunkt ihn nicht recht verstehen können, sonst würde ich ihm gleich die Bemerkung gemacht haben, daß er in Bezug auf den geschichtlichen Theil seines Rückblickes sich im Irrthum befinde. — Der Herr Abgeordnete schloß damit, daß er sagte, er wolle der Fahne von 1818 folgen, und sah in dieser Fahne eine Vertretung des Freihandels, eine Vertretung der großen Finanzmänner, welche in der früheren Geschichte, sagen wir Preußens oder des Zollvereins, von hervorragendem Namen sind. Der Herr Abgeordnete befindet sich ohne Zweifel im Irrthum in Bezug auf die Jahreszahl. Ich kann aber eine Jahreszahl, die seiner Auffassung entspräche, überhaupt nicht finden. Die Herren Freihändler müssen von dem Gedanken, daß der Ruhm unserer Vorfahren es verlange, daß wir Freihändler werden, sich losreißen. Es ist das nicht der Fall. Im Jahre 1818 war preußischer Finanzminister ein Ehrenmann, glaube ich, aber kein berühmter

Gesetzgeber auf dem Gebiet der Finanzen, es war Herr von Klewitz, und wie die Zölle im Jahre 1818 waren, dafür habe ich eine Liste mitgebracht. Wenn das das Ideal ist, was dem Herrn Abgeordneten Oechelhäuser vorschwebte, so kann ich ihm dahin doch nicht folgen, er geht mir im Schutzzoll zu weit.

(Heiterkeit.)

Ich habe hier eine übersichtliche Liste, von der ich bedaure, daß sie nicht mehr gelesen wird und ich will, um Sie nicht zu ermüden, und wenn dies der Fall sein sollte, bitte ich, überzeugt zu sein, daß die Ermüdung eine gegenseitige ist und daß ich auch meinen Antheil tragen muß; aber hier also von 1818 bis 1821 waren beispielsweise die vier letzten Baumwollenpositionen, die in dem von uns vorgeschlagenen Tarif 40, 60, 100 und 125 Mark betragen, 142, 183, 183, 183,

(hört!)

es war ferner das Blei mit 3½ Prozent besteuert und es ist jetzt frei, Bleiwaaren, die jetzt 12 Mark tragen sollen, waren damals mit 73 Mark bezahlt, feine Bürstenwaaren, welche jetzt und künftig mit 12 Mark besteuert sind, wurden mit 73 Mark besteuert. Ich übergehe das meiste und ziehe nur die interessanteren Positionen heraus. Es waren die letzten und höchsten Positionen Eisenwaaren, jetzt und künftig 30, und 1818 waren es 73 Mark; feine Stahl- und Eisenwaaren jetzt 12 Mark, 1818 73 Mark, geschliffene und gefirnißte jetzt 3 Mark, damals 19 Mark, und grobe Eisen- und Stahlwaaren ebenso 19 Mark pro Zentner, Hohlglas jetzt $1_{,80}$, damals $3_{,25}$, wobei ich zu dem Beispiele meines geehrten persönlichen und, wie ich überhaupt bin, auch in der Hauptsache politischen Freundes Delbrück noch bemerke, daß die Einfuhr leerer Flaschen und gefüllter Flaschen doch nicht in einem großen Gegensatz steht; wenn man die leeren Flaschen, die man zollfrei einbringen will, füllen, korken und nachher den Kork bezahlen wollte, — das ist eine ziemlich theure Manipulation — und die gefüllten Flaschen wieder entkorken und spülen wollte, es würde dann mehr herauskommen, als der Zoll beträgt. Auf weißes Glas, rohes und geschliffenes, betrug die Steuer 1818 $16_{,75}$ und jetzt 12 Mark, dann Brennholz, was jetzt steuerfrei ist, zahlte damals 25 Pfennig. Seide und Floretseide jetzt 450 und 220, damals beide $513_{,35}$, Leder aller Art jetzt 12, damals 24, Handschuhe jetzt 50, damals 238, Wein und Most jetzt 12, damals $47_{,70}$ Mark. Meine Herren, ich will Sie nicht ermüden, ein jeder kann ja den Tarif nachlesen, ich will bloß den historischen Irrthum bekämpfen, als wollten wir jetzt höhere Sätze erstreben, als früher stattgefunden haben. Das Jahr 1818 ist meiner Ueberzeugung nach auch in den Augen des Herrn Oechelhäuser entlarvt, ich glaube nicht, daß man es in freihändlerischer Beziehung anziehen kann. Wenn ich nun aber weiter gehe, die eigentliche wirksame Zeit des Zollvereins, unter welchem wir uns 40 Jahre einer ziemlich ungetrübten Prosperität, trotz schwerer innerer Wirren im Jahre 1848, doch im großen und ganzen erfreut haben, so waren auch damals die Zölle bei weitem höhere, als die wir Ihnen jetzt vorschlagen. Für diese höheren Zölle stand eine Anzahl bedeutender Finanzmänner ein, und meines Wissens auch die einzigen, die wir seit langer Zeit gehabt haben. Es waren das — in erster Linie will ich den ältesten, ich glaube er hielt auch am längsten aus, von ihnen nennen —, es war Rother, dann Maßen und Motz, die beiden M; 1817 war es von Klewitz, 1825, 1830, 1834 waren es Herr von Motz und Maßen und Graf Alvensleben. Zwischen und mit ihnen war Rother thätig, der großen Einfluß auf die Gestaltung gehabt hat und eben auch kein Fachmann war. Sie kennen sein Herkommen, er war Regimentsschreiber und wurde zur Stelle ausgehoben auf dem Wege der Kantonalpflicht, und es war kein Gelehrter, wie sie heute die Gesetzgebung beherrschen. Motz war Landrath und auch kein Fachmann. Dann aber von 1842 an ist eine Zahl von Namen, bei der, glaube ich, ein finanzieller Reformer sein Herz bei keinem wird erwärmen können. Es ist zuerst Bodelschwingh; dann ein Finanzmann, der ein sehr ausgezeichneter Oberpräsident und Minister war, der in Finanzgesetzen keine feste Spur hinterlassen hat, wenn auch sonst in vielen Dingen: Herr von Flottwell; dann Düsberg, Hansemann, Bonin, dann ein Mann von Geiste: Kühn, der aber schon anfing, die Finanzwirthschaft politisch zu betreiben. Meiner Ueberzeugung nach trieb er sie nicht mehr sachlich, sondern es war schon eine Politik nach einer bestimmten Richtung darin, der ordnete er die Finanzen bis zu einem gewissen Grade unter. Dann kommen die Herren Rabe, von Bodelschwingh, von der Heydt, Camphausen, Hobrecht. Nun, meine Herren, wo da in der Vergangenheit dieser feierliche Appell an die Fahne des freien Verkehrs sich anknüpfen soll, weiß ich nicht, wenn Sie nicht gerade die eigentlichen Zollvereinsstifter von 1824 meinen, und die Schutzzölle dieser Zollvereinsstifter reichen ja bis zum Jahre 1864, sie haben sich von 1822 bis 64 immer auf schützender Höhe erhalten, in Baumwollenwaaren auf 138 und auf 150 in der höchsten Position, und jetzt waren wir in der bei 78 angekommen und streben auf 125, also lange nicht so hoch, wie in der Hauptzeit des Prosperismus des Zollvereins. Die Erinnerung an den Zollverein spricht also für unsere Reform. Wir wollen die alte Zollvereinspolitik, die ruhmreiche und wirksame Zollvereinspolitik, wieder in ihre alten Rechte einsetzen, und ich hoffe von ihr denselben Segen, den das Land lange Jahre hindurch von ihr gehabt hat.

Ich habe in der ganzen Debatte die Erwähnung eines Gebietes vermißt, ohne welches der Zolltarif doch keine Selbstständigkeit, keine Sicherheit und keine Wirkung hat, das ist die Frage der Eisenbahntarife. Sie liegt ja nicht hier in diesem Gesetze, sie schwebt auf einem anderen Gebiete, aber sie sollte wo möglich auch gleichzeitig gelöst werden, denn es ist ganz unmöglich, eine Zollpolitik unabhängig von der Eisenbahnfrachtpolitik zu treiben.

(Sehr wahr!)

So lange die Tendenz unserer Eisenbahnen gewesen ist, uns alles, was Einfuhr ist, wohlfeiler hereinzufahren, als sie das, was Ausfuhr ist, herausfahren, so lange ist sie ein Gegenzoll gegen unseren Zolltarif, steht uns als Einfuhrprämie gegenüber, die beispielsweise im Getreide, wie ich mich — der Herr Abgeordnete Dr. Lasker wird sich daran erinnern — in dem Briefe an Herrn von Thüngen geäußert habe, sehr häufig das Doppelte, manchmal das drei- und vierfache des Zolles betragen kann. So lange wir diesen Krebsschaden unserer Produktion haben, daß jede Ausfuhr von uns nach höheren Tarifen gefahren wird als die Einfuhr, daß jedes deutsche, einheimische, nationale Gut theurer gefahren wird als das ausländische, so lange wir davon nicht erlöst werden, kann in Massengütern kein Grenztarif helfen, werden wir ohnmächtig bleiben gegen eine Macht, welche in die Hand einzelner Gesellschaften oder in die Hand einzelner Zweige der Staatsverwaltung gelegt ist und gelegt war. Zu meiner großen Freude hat in Preußen in der Eisenbahnpolitik eine Umkehr seit Jahr und Tag schon stattgefunden, in den übrigen Staatsbahnen der verbündeten Staaten hoffe ich, daß diese bald geschehen wird, wenn auch bisher der Thaler, der aus Eisenbahnenrevenuen kommt, noch einen höheren Werth zu haben scheint wie derjenige, der aus anderen Finanzquellen herrührt. Vielleicht sind die Eisenbahnminister in den Einzelstaaten mächtiger als die Finanzminister, ich weiß nicht, woran das liegt, manche dieser Länder fahren zum Schaden, namentlich in ihren Forsten fahren sie ertragslos und sind genöthigt, darnach den in den Staatsforsten ausfallenden Betrag durch, wie es jetzt liegt, direkte Steuern von den Unterthanen wieder einzuziehen.

Mir ist neuerlich schon die Klage vorgekommen, daß

eine sächsische Papierfabrik eine Lieferung für ein englisches Journal an Papier hat. Das Journal ist, wenn ich nicht irre, der Globe, eines der großen Massenjournale, und das Quantum ist täglich so groß, daß diese Fabrik eines eisenbahnbesitzenden Landes nun in der Lage ist, sich darüber zu beschweren, daß sie jedes ausländische Produkt wohlfeiler ins Land hineingefahren bekommen könnte als ihr auszuführendes Papier nach der Seegrenze, und ich glaube, wenn diese Beschwerden, daß die Ausfuhr bei uns zu theuer gefahren wird, allgemeiner verlauten, werden wir Abhilfe finden; ich habe mich deshalb absichtlich bemüht, den Beschwerden soviel Oeffentlichkeit, wie möglich, zu geben.

Ich kann meine Auseinandersetzung damit schließen, daß ich an dem ganzen Programm festhalte, wenn ich auch einzelne Positionen anders gewünscht hätte, und davon ist ja auch in meiner Korrespondenz mit Herrn von Thüngen die Rede. Aber wir haben zu einer Vorlage nur dadurch kommen können, daß wir kompromittirten, daß der eine in diesem, der andere in jenem nachgab. Ich bereue das auch nicht. Mir liegt nicht an Einzelheiten; mir liegt es an der Gesammtheit, und dieselbe Erwägung, denselben Gesichtspunkt möchte ich auch den Herren Abgeordneten empfehlen, die vielleicht mit dreiviertel der Vorlage einverstanden sind, dann aber etwas haben, wo sie persönlich anderer Meinung sind, mitunter vielleicht ganz isolirt in ihrer Fraktion stehen.

Die Möglichkeit, daß jeder einzelne sich eine Vorlage genau nach seiner persönlichen Einsicht über das, was nach seiner Ueberzeugung das beste wäre, bildet, liegt nicht vor, nicht einmal in der einflußreichen amtlichen Stellung, deren ich mich erfreue, noch viel weniger in der Stellung eines einzelnen Abgeordneten, und die Stimme desjenigen, der nicht für die Vorlage stimmt, weil sie ihm zu einem Achtel nicht gefällt, geht gerade so gut verloren und fällt in das Lager der Gegner, wie die, welche dagegen stimmen, weil ihnen das ganze System und die ganzen Zielpunkte nicht gefallen.

Ich möchte deshalb auch in dieser Richtung zu Einigkeit ermahnen; und möge der einzelne, der mit dem größeren Theile der Vorlagen einverstanden ist, es doch machen, wie ich, und dem übrigen nicht so genau ins Gesicht sehen und sich sagen: „das Beste ist des Guten Feind.“

Ich kann auch nicht alles haben, was ich erstrebe, ich frage nur, ist das, was gebracht wird, in seiner Gesammtheit, in seiner Gesammtwirkung besser, als das Bestehende?

Wenn ich es allein machen könnte, wenn ich allein die Majorität des Bundesraths in mir trüge, würde ich vielleicht manches anders gemacht haben, aber ich muß es eben so nehmen, wie es vorliegt.

Ich kann also damit schließen, daß ich meine Stellung zu der Sache in keiner Weise, namentlich nicht durch mich persönlich treffende Argumente, aber auch nicht durch die vorgebrachten sachlichen erschüttert finde und daß ich nach wie vor an den Zwecken festhalte, die ich aufstellte: das Reich selbstständiger zu stellen, die Gemeinden zu erleichtern, den zu hochbesteuerten Grundbesitz durch indirekte Steuern zu erleichtern, zu diesem Behufe die Abschaffung der Klassensteuer, ich wiederhole es, in ihrem vollen Umfange zu erstreben, und demnächst als den letzten und nicht den geringsten Zweck: der einheimischen nationalen Arbeit und Produktion im Felde sowohl wie in der Stadt und in der Industrie sowohl wie in der Landwirthschaft den Schutz zu gewähren, den wir leisten können, ohne unsere Gesammtheit in wichtigen Interessen zu schädigen.

(Bravo! rechts. Zischen links.)

Präsident: Der Herr Abgeordnete Windthorst hat das Wort.

Abgeordneter **Windthorst**: Meine Herren, es ist nach dem Zwischenfall, den die heutige Diskussion erfahren hat, einigermaßen schwer, an den Ideengang der Diskussion anzuknüpfen, der vor demselben bestand. Inzwischen werde ich es doch versuchen, so kurz und so knapp, wie es geschehen kann.

Im allgemeinen haben die Abgeordneten Reichensperger, von Varnbüler und zu meiner großen Befriedigung in recht vielen Punkten auch der Abgeordnete von Bennigsen dasjenige gesagt, was ich in der Generaldiskussion beizubringen hatte. Ich werde mich selbstverständlich beschränken, und das, was diese verehrten Herren gesagt haben, nicht wiederholen oder doch nur streifen, soweit es nothwendig ist, mich verständlich zu machen. Vielleicht hätte ich sogar ganz auf das Wort verzichtet, aber es sind im Laufe der Diskussion hier in Beziehung auf mich persönlich, ganz insbesondere aber in Beziehung auf die Stellung der Zentrumsfraktion Aeußerungen gefallen, die mich zwingen, damit weder hier im Hause noch auswärts Mißverständnisse entstehen, auf diese Bemerkungen einzugehen, was ich sonst gern vermieden hätte, da es an sich zur Sache nicht gehört, mit der wir uns beschäftigen.

Zunächst hat der Herr Abgeordnete Richter geklagt, ich gehöre zu den Staatsmännern, mit welchen der Herr Reichskanzler jetzt dilatorisch verhandle.

(Heiterkeit links.)

Ich habe dem verehrten Herrn darauf zu erwidern, daß ich mich weder für einen Staatsmann ausgebe, noch aber diese Behauptung akzeptiren kann. Der Herr Reichskanzler verhandelt mit mir überhaupt nicht und am wenigsten in dieser Sache. Damit fällt also diese ganze Anführung weg.

Dann hat der verehrte Herr Kollege Bamberger und nach ihm Herr Sonnemann eine Aeußerung hervorgesucht, die ich ihm Jahre 1873 gemacht habe, und welche dem Sinne nach dahin lautet, daß ich glaube, es werde die freiheitliche Entwickelung auf dem Handelsgebiete dauernd nicht gehemmt werden können. Die Herren scheinen zu glauben, daß dieses Zitat mich erschrecken könnte gegenüber der Stellung, die ich heute einnehme. Nein, meine Herren, ich halte diese Aeußerung vollständig aufrecht, aber ich bin der Ansicht, daß es auf diesem Gebiete überhaupt absolut theoretisch in sich abgeschlossene Grundsätze nicht gibt, daß es vielmehr bei der Handelspolitik und bei der Zollpolitik ankommt auf die jeweiligen Umstände und Verhältnisse,

(sehr richtig!)

und daß, wenn man die Handelspolitik und den Zolltarif einrichten will nach einem abstrakten Begriffe, man unter allen Umständen fehlgreift.

(Sehr richtig!)

Ich bin der Meinung, daß bei der Entwicklung der Verhältnisse unter den Völkern, bei den zunehmenden Berührungspunkten zwischen den Völkern, bei den sich entwickelnden Verkehrsverhältnissen nothwendig von selbst der Gedanke des freien Handels sich immer wieder Bahn brechen wird. Aber, meine Herren, es wird jeder, der die Geschichte der Handelspolitik und der Tarife studirt, finden, daß die stetige Entwickelung zu diesem freiheitlichen System sehr oft Unterbrechungen erleidet, um dann nachher wieder aufgenommen zu werden. Solche Unterbrechungen treten dann besonders ein, wenn große Erschütterungen stattgefunden haben, wenn große Kriege geführt sind, die wirthschaftlichen Verhältnisse in Folge dessen einen Stillstand finden, und es nothwendig wird, durch einen Schutz die Wiederkräftigung der Wirthschaft herbeizuführen. Nach meinem Dafürhalten sind wir in einem solchen Stadium, und darum bin ich heute dafür, einen mäßigen Schutz für unsere Industrie zu schaffen, damit sie wieder erstarken und den Wettkampf mit anderen Nationen dann wieder aufnehmen kann, wenn man unter den anderen Nationen selbst auch zu dieser freihändlerischen Anschauung zurückkehrt. Aber darüber sollten wir uns nicht täuschen, — es haben das schon viele Redner vor mir gesagt — daß, wenn alle Nationen rund um uns schutzzöllnerische Tendenzen verfolgen, wir allein unsere Thore nicht öffnen können vor der Ueberschwemmung der Waaren, die unsere eigene Industrie verrichten müßte, sei es die Industrie im engeren Sinne, sei es die Industrie, welche in der Landwirthschaft geführt wird.

(Bravo!)

Meine Herren, ich habe sehr sorgfältig jedes Wort gewogen, was von den Herren gesprochen ist, die den Freihandel hier vertreten, aber diese letzte Seite ist immer übergangen worden. Keiner hat es versucht, nachzuweisen, daß ein Staat allein Freihandel treiben kann, wenn die anderen Schutzzoll treiben, und diesen Satz wünsche ich erst bewiesen zu haben, ehe ich eine Kritik dessen, was jetzt beabsichtigt wird, zulassen kann. In diesem Sinne also halte ich die mir entgegen gehaltene Aeußerung vollkommen aufrecht, und es hat mich nur gefreut, daß die Herren so sorgfältig in meinen Reden nachlesen, vielleicht haben sie bei der Gelegenheit auch sonst noch etwas gelernt.

(Große Heiterkeit.)

Dann, meine Herren, ist insbesondere die Zentrumsfraktion wegen ihrer gegenwärtigen Haltung angegriffen worden. Der Herr Abgeordnete Richter meinte, wir hätten ideale Ziele, wir hätten geistige, geistliche Ziele und wir hätten in unserer Mitte eine große Zahl von Geistlichen, es wundere ihn deshalb, daß wir uns an die Spitze wirthschaftlicher Bewegungen stellen wollen. Zunächst leugne ich, daß wir uns irgendwie an die Spitze wirthschaftlicher Bewegungen stellen wollen. Wir nehmen die ganz bescheidene Stellung ein, daß wir mitwirken zu den Interessen unseres Landes auf jenem Gebiete, leugnen aber allerdings nicht, daß die idealen Güter uns noch höher stehen, als die des zeitlichen Daseins.

(Bravo! im Zentrum.)

Wenn der Herr Abgeordnete Richter glaubt, daß die Geistlichen unter uns nicht geeignete Organe seien, so sage ich dem verehrten Herrn, daß gerade diese unsere Mitglieder es sind, welche uns mehr als andere Parteien in steter Fühlung erhalten mit den Anschauungen und Bedürfnissen des Volkes, in dessen Mitte sie leben, dessen Freuden und Leiden sie theilen müssen,

(sehr wahr! im Zentrum)

und darum ist es von so großer Wichtigkeit, sie zu haben, und wir können uns die Kritik des verehrten Herrn gern gefallen lassen. Ich kann Ihnen nur sagen, daß gerade von diesem Herrn mir die werthvollsten Materialien zur Begründung meiner Anschauungen gegeben worden sind.

Dann hat der verehrte Kollege Bamberger geglaubt, es wäre die Zentrumsfraktion hier in dieser Sache von besonderer Bedeutung, und hat die Güte gehabt, uns zu bezeugen, daß wir nicht erst von gestern her diese Politik vertreten, die wir nun zu vertheidigen haben. Ich bin dem verehrten Herrn recht dankbar, daß er in voller Loyalität dieses Anerkenntniß gegeben hat. Wenn diese unsere Politik nach seinem Zeugnisse stets von uns befolgt ist, dann wird man wohl nicht glauben, daß sie irgend wie von Verhandlungen mit Regierungsorganen beeinflußt sei. Wir haben vielmehr diese Politik vertreten, als die Regierung noch gegen uns stand in diesem Punkt. Meine Herren, von uns ist zunächst aufmerksam gemacht worden, vor Jahren schon, auf die materielle Noth des Volks, wir haben eine Umkehr in der Wirthschaftspolitik schon damals verlangt, wir wurden aber auf das entschiedenste zurückgewiesen von den verehrten Herren, die uns jetzt gegenüberstehen, von einem Theile derselben wenigstens, — andere haben sich zu uns bekehrt — insbesondere auch von dem Herrn Minister Camphausen, der niemals einen Nothstand anerkennen wollte, er glaubte, es seien nur alles vorübergehende Handelskonjunkturen, es würde das alles recht bald schon sich bessern, — es hat sich bis heute noch nicht gebessert. Wir haben deshalb auf unserer Seite wiederholt die Fortdauer des Eisenzolls beantragt, welcher damals noch existirte, auch das ist an den verehrten Herren gescheitert und an der Passivität der Regierung, ja, ich muß sagen, auch an der Passivität des Herrn Reichskanzlers, der wohl zugeben wollte, wenn es angenommen würde, daß unser Antrag durchzuführen wäre, der aber das Wort dafür zu ergreifen damals noch Anstand nahm.

Endlich ist die Erklärung der 204 wesentlich von uns getragen, und diese Erklärung datirt von früher als die Wendung der Regierung. Wir sind deshalb, ich wiederhole es, voll berechtigt in der Priorität, und es wird uns niemand vorwerfen, daß das, was wir immer erstrebten, was wir in unserem Wahlprogramm publizirten, was wir vor dem ganzen deutschen Volke bei den Wahlen vertheidigt haben, daß wir uns das nicht von anderer Seite oktroyiren lassen.

Dann hat der verehrte Herr Abgeordnete Bamberger, nachdem er uns dieses Zeugniß ertheilt, was durch die von mir angegebenen Thatsachen bekräftigt ist, geglaubt, er könne uns als die besten Kerntruppen des Herrn Reichskanzlers bezeichnen. Ich weiß nicht, ob dieser Ausdruck seine Spitze wendet gegen den Herrn Reichskanzler oder gegen uns, — vielleicht gegen beide?

(Heiterkeit.)

Ich kann dem verehrten Herrn erwidern, ich wollte, daß er die Wahrheit gesprochen, denn es könnte uns nichts angenehmer sein, als stets an der Seite des Herrn Reichskanzlers zu fechten.

Aber, meine Herren, die Freunde des Herrn Kollegen Bamberger können sich ganz beruhigen: wenn sie nicht selbst ihre Stellung zum Herrn Reichskanzler verderben, was anscheinend im Werke ist, —

(Heiterkeit)

wir werden unsererseits schwerlich in die Lage kommen, ihren Platz einzunehmen. So lange der Jammer des christlichen Volks fortdauert, so lange die Beschwerden der Kirchen nicht gehoben sind, — Beschwerden, welche diesen Herbst von der Synode für die evangelische Kirche werden formulirt werden und von uns wiederholt formulirt worden sind, — wenn unsere Bischöfe im Auslande gehalten werden, über tausend Pfarreien vakant sind, wenn die Verrichtung des Gebets und des Gottesdienstes und die Spendung der Sakramente mit Strafe bedroht und verfolgt wird: dann, meine Herren, werden Sie begreifen, daß wir solchen Unternehmungen gegenüber die Position inne halten müssen, welche wir bisher eingenommen haben, und das wird mit derselben Energie geschehen, wie es bisher geschehen ist, bis zu dem Zeitpunkte, wo Abhilfe geschaffen ist.

Meine Herren, das schließt nicht aus, daß wir mit Befriedigung sehen, daß ein Gebiet vorliegt, auf welchem wir theilweise wenigstens den Herrn Reichskanzler mit aller Energie unterstützen können. Ich hoffe, daß der Herr Reichskanzler daraus entnehmen wird, wie wenig es richtig war, uns als Gegner des Reichs zu betrachten. Wir freuen uns aufrichtig über das Schwinden jedes Differenzpunktes, welcher zwischen der Regierung und uns besteht, aber so sehr groß diese Freude auch ist, wenn eine derartige Differenz verschwindet, so sind wir nicht sanguinisch genug, zu glauben, daß wir nun bereits in der Lage wären, der Regierung absolut und überall Unterstützung zu gewähren. Wir können nichts unterstützen, was uns die heiligsten und theuersten Interessen vernichtet!

(Bravo! im Zentrum.)

Meine Herren, ich gebe auch die Hoffnung nicht auf, daß der günstige Umstand, daß in dieser Sache wir theilweise die Regierung unterstützen können, den Herrn Reichskanzler veranlassen wird, in Bezug auf unsere Beschwerden nochmals gründliche Umschau zu halten, und ich hoffe, daß der Herr Reichskanzler nach dieser Umschau sich entschließen wird, sich von den Büreaus ebenso zu emanzipiren in kirchlich-geistlichen Dingen, wie er sich in wirthschaftlichen Dingen emanzipirt hat.

(Bravo! im Zentrum.)

Das ist die Stellung der Zentrumsfraktion, wie sie sie immer eingenommen hat. Sie ist keine Partei, die Opposition macht quand même oder à outrance; sie unterstützt die Regierung immer da, wo es ihrer Ueberzeugung entspricht, sie unterstützt die Regierung selbst dann, wenn es ihrer Ueberzeugung nicht ganz entspricht, **wenn es sich um wesentliche Grundlagen des Staats handelt. Sie wird niemals ihre besonderen Beschwerden, ihre besonderen Zwecke verfolgen, wenn es sich handelt um den Thron, um das Vaterland und um die vitalsten Interessen der gesammten Nation.**

(Ruf links: Sozialistengesetz!)

— Was das Sozialistengesetz betrifft, so ist grade da nach meiner Ueberzeugung die Zentrumsfraktion auf dem allein richtigen Wege gewesen, und sie bereut es auch heute nicht; die Folge wird es lehren. Für Freund und Feind erkläre ich: wir sind heute, was wir gestern waren, und wir werden morgen sein, was wir heute sind!

Was nun die Sache selbst betrifft, so scheiden sich die Vorlagen, die wir haben, in zwei streng von einander zu haltende Gegenstände: in die, welche die wirthschaftlichen Fragen behandeln und das wirthschaftliche Gebiet regeln, und diejenigen, welche wesentlich bestimmt sind, die finanziellen Verhältnisse zu ordnen.

Was die wirthschaftliche Zollgesetzgebung betrifft, so ist die große Majorität meiner Freunde mit mir entschlossen, die Vorlagen der Regierung wesentlich zu unterstützen. Daraus folgt nicht, daß nicht bei dieser oder jener Position des Tarifs eine Modifikation beantragt oder unterstützt werden wird. Ich stehe da ganz auf den Erklärungen, die der Abgeordnete von Varnbüler gegeben hat.

Wenn der Kollege Lasker nun heute gerade gegen diesen wirthschaftlichen Theil der Vorlagen ganz besonders sich erklärt hat, so glaube ich, daß der größte Theil seiner Ausführungen eigentlich in die heutige Debatte nicht gehörte, daß diese Ausführungen vielmehr bei den einzelnen Positionen des Tarifs die Erledigung finden werden. Er hat aber auch versucht, die omissa oder commissa seiner Freunde zu rechtfertigen gegenüber den Schritten, die von uns geschehen sind, um die wirthschaftliche Reform herbeizuführen. Er hat gemeint, der Antrag auf Enquete, welche wir unterstützten, sei deshalb von ihm und seinen Freunden nicht unterstützt, weil der Antrag von der Regierung nicht ausgegangen, sondern vielmehr bekämpft sei.

Nun, meine Herren, ist es mir interessant, zu hören, daß man richtige Maßregeln deshalb nicht unternehmen will, weil sie die Regierung unterlassen hat. Ich habe gemeint, daß es die Aufgabe des Parlaments sei, da, wo die Regierung eine Unthätigkeit zeigt, die unzweckmäßig ist, die Thätigkeit hervorzurufen, und wenn an sich der Antrag ein richtiger gewesen, so hätte der Herr Kollege nicht ablehnend sein sollen. Er hat dann allerdings gemeint, die Enquete würde sehr leicht einen Streit der verschiedenen Interessen herbeigeführt haben. — Sicher aber nicht mehr, als jetzt hervorgetreten ist, und wenn man überall in den Tarif hineinsteigen wollte, so wäre klar zu sehen, daß alle Interessen wach gerufen werden würden. Das ist also ein Grund nicht gewesen; der Grund war der, weil die Herren absolut nicht glauben wollten, daß die ganze Industrie, und auch die landwirthschaftliche, darniederliege, und weil es allerdings bequemer ist, die Augen zuzumachen, als ein Uebel voll und ganz zu erkennen, welches man selbst mit geschaffen hat.

Dann hat der verehrte Herr gemeint, auch die Ablehnung der Anträge auf Beibehaltung der Eisenzölle habe von ihnen nicht befürwortet werden können, weil die Regierung sie nicht gestellt. Der Herr Abgeordnete von Bennigsen hat vorgestern zu meiner nicht geringen Befriedigung ausdrücklich anerkannt, daß dieses Verhalten in der Eisenzollfrage verhängnißvoll geworden und wahrscheinlich jetzt von einem großen Theil auch seiner Freunde bedauert wird. Ich für meinen Theil bin nicht zweifelhaft darüber, daß diese Ablehnung ein wesentlicher Grund gewesen ist zu der überwältigenden Bewegung im Lande auf Schutzzoll, der wir uns jetzt gegenüber sehen und der wir uns auf keinem Fall werden entziehen können. Ich denke, daß dieses Anerkenntniß des Herrn von Bennigsen einigermaßen uns rechtfertigen wird gegenüber den herben Angriffen, denen wir damals ausgesetzt gewesen sind.

Dann, meine Herren, hat der Kollege Lasker ganz besonders die Frage der Kornzölle hervorgehoben. Ich begreife das, denn das ist für ihn allerdings der Punkt, wo er am ersten noch die populären Anschauungen für sich gewinnen kann.

(Sehr gut!)

Aber ich mache den Kollegen aufmerksam, daß doch diese Popularität der Bekämpfung der Kornzölle wesentlich sich gründet auf die Anschauungen eines allerdings großen Theils der Bevölkerung in den großen Städten, nicht in den kleinen Städten.

(Sehr wahr!)

Die kleineren Städte wissen wegen ihres täglichen Verkehrs und wegen ihrer unmittelbaren Berührung mit den letzten Ausläufen des Handels und Verkehrs, daß es ihnen nicht gut geht, wenn der Landmann nichts bezahlen kann,

(sehr richtig!)

und ich habe die Ueberzeugung, wenn auf dem angekündigten Städtetage außer den großen Städten auch diese kleinen Städte kommen, so werden sie die großen wahrscheinlich niederschreien.

(Heiterkeit.)

Meine Herren, auch in den großen Städten würde man, wenn man nicht so sehr dort in den theoretischen Erörterungen sich festritte, sich klar machen müssen, daß das Darniederliegen des Geschäfts wesentlich daher rührt, weil keine Käufer da sind,

(bravo!)

und diese Käufer können Sie nur schaffen, wenn Sie den Leuten Gelegenheit geben, mit Erfolg und Verdienst zu arbeiten,

(sehr richtig!)

und dieses werden sie nicht können, wenn sie nicht geschützt sind gegen die übermäßige Konkurrenz des Auslandes.

(Sehr wahr! rechts.)

Es ist gesagt worden, der Nationalökonom List, obwohl ein starker Schutzzöllner, habe sich doch niemals für Kornzölle erklären wollen. Nun, meine Herren, ich weiß nicht, was List, wenn er heute lebte, sagen würde; denn wir dürfen doch nicht vergessen, daß seit der Zeit sich Konkurrenzen entwickelt haben, die zu seiner Zeit gar nicht existirten. Sehen Sie doch hin nach der großen Entwickelung des Kornmarktes in Amerika, der täglich stärker wird; sehen Sie hin nach der Entwickelung des Kornbaues in Rußland, auch in Oesterreich, und Sie werden sich dann überzeugen, daß dort ein solches Maß von Produktion ist, daß es nothwendig für die dortigen Produzenten ist, einen auswärtigen Markt zu finden, und sie werden naturgemäß uns zum Objekt dieses Marktes machen, und damit unsere Landwirthschaft wesentlich schädigen. Ich habe die Ueberzeugung, daß der Zoll, der hier vorgeschlagen ist, wesentlich von diesen Ländern getragen wird, weil sie bei der großen Produktion, in der sie sich befinden, nothwendig unseren Markt sich bewahren müssen, und jedenfalls wird das, was von uns noch zu tragen sein wird, nicht einen solchen Umfang haben, daß die Lebensmittel wesentlich dadurch erhöht würden. Ich habe über diese Frage mit einem recht intelligenten Arbeiter gesprochen. Der sagt: Ja wohl, es ist für uns von äußerster Wichtigkeit, daß wir billig kaufen, aber noch wichtiger ist es, daß wir überhaupt kaufen können,

(sehr richtig!)

und das können wir nicht eher, als bis wieder in die Industrie und in die Landwirthschaft ein stärkeres Leben kommt, und das ist ohne einen Schutz gegen das Ausland nicht zu erreichen.

(Sehr wahr! rechts.)

Aber ich will annehmen, es wäre diese Bewegung nicht vollständig begründet, es wäre eine Illusion, der sich die Bevölkerung hingibt, so sage ich doch, eine Volksvertretung kann sich einem so mächtigen Impulse, wie er durch das Land geht, nicht entziehen. Wir haben zu sorgen, daß dieser Impuls nicht zu extravaganten Bestimmungen führt, aber vollständig entziehen können wir uns dem Impulse nicht. Und dies führt mich nun zu der Frage, ob, wie der Herr Kollege Lasker behauptet, in der That die Landwirthschaft gegenüber der Industrie in diesem Zolltarif zu sehr vernachlässigt ist. Ein abschließendes Urtheil will ich darüber in diesem Augenblick nicht aussprechen, aber ich mache aufmerksam darauf, daß die Landwirthschaft zunächst die Vortheile haben wird, welche die Hebung der Industrie mit sich bringt. Die Industrie gehörig entwickelt, bildet die Käufer der Produkte der Landwirthschaft, und beim Zuwachs der Käufer werden die Preise von selbst steigen. Ja, es gibt sogar Leute, welche glauben, daß durch die Entwicklung der Industrie allein der Landwirthschaft schon geholfen wäre. Ich will aber meine Deduktion nicht dahin ausführen, daß ich nun sage, man will der Landwirthschaft keinerlei Schutz geben, ich sage nur, daß in der Förderung der Industrie große Vortheile für die Landwirthschaft erwachsen, und wenn man das eine sagt, soll man das andere nicht verschweigen.

Dazu kommt aber, meine Herren, nicht allein dieser Zoll auf Korn zum Nutzen der Landwirthschaft. Viel wichtiger ist ohne Zweifel der Zoll auf Fleisch, und es könnte sehr wohl in Frage kommen, ob man den Zoll auf Korn nicht fallen ließe und dafür die Fleischzölle erhöhte. Die letzteren aber — darüber kann ich mich nicht täuschen — können wir gegenüber den neuen Entwickelungen aus Amerika nicht entbehren, wenn wir nicht die Viehzucht in unserem eigenen Lande ruiniren wollen. Sie alle wissen, meine Herren, daß seit einigen Jahren in Amerika ein Export von lebenden und geschlachteten Thieren sich entwickelt hat, der täglich größere Dimensionen annimmt. In den Gegenden, in denen ich insbesondere bekannt bin, z. B. in meinem eigenen Wahlbezirk, ist es klar, daß die dort schwunghaft betriebene Viehzucht schon jetzt erheblich leidet unter der enormen Einfuhr amerikanischen Fleisches. Jeder aber, der diese Verhältnisse etwas aufmerksamer betrachtet, wird sich davon überzeugen, und das trifft gerade in jenen Gegenden besonders den kleinen Mann. Der kleine Mann, der ein gutes Theil von dem Gelde, das er braucht, aus der Fettung des Viehes, insbesondere aus der Fettung des Schweines, hat, wird diese Gelegenheit zum Gelderwerb verlieren, wenn das Fleisch aus Amerika in gleichem Maß eingeführt werden kann, wie bisher. Diese neuen Erscheinungen bringen mich zu der Meinung, daß wir der Landwirthschaft den Schutz geben sollen, der hier vorgeschlagen ist; daß damit der Landwirthschaft allein schon völlig geholfen ist, glaube ich meinestheils freilich nicht. Es wird ohne Zweifel in der Besteuerung überhaupt eine Reform eintreten müssen. Es wird namentlich die Doppelsteuer, die der Landwirth zahlt, zu beseitigen sein, — ob auch noch durch andere gesetzliche Maßregeln, das will ich heute nicht erörtern. Der Herr Kollege von Bennigsen hat gestern auf das Erbrecht hingewiesen. Ich bin in diesen Erbschaftsanschauungen ihm sehr nahe stehend, ja ich gehe über ihn hinaus, denn ich bin allerdings der Meinung, daß diese absolute Theilbarkeit des Grundbesitzes auf die Dauer nicht fortbestehen kann.

(Sehr richtig!)

Es liegt das aber, glaube ich, etwas weit ab von dem Felde, auf dem wir hier arbeiten, und will ich eine Diskussion über diese Frage deshalb weder weiter anregen noch fortsetzen. Ich will nur sagen, daß auch meinen Freunden und mir vollkommen klar ist, wie wir mit der äußersten Sorgfalt bedacht sein müssen, die Verhältnisse der Landbevölkerung zu verbessern, nachdem so viel geschehen ist für die Städtebevölkerung und für das Kapital.

(Bravo! Sehr richtig!)

Daß in dieser Richtung auch in der Eisenbahntarifirung Aenderungen einzutreten haben, unterliegt einem Zweifel nicht. Wie die herbeizuführen, das ist auch heute nicht Gegenstand der Erörterung, und ich gehe deshalb der Versuchung, die der Herr Reichskanzler gegeben hat, aus dem Wege, erwartend, daß die Regierungen uns das Nöthige in dieser Hinsicht vorlegen. Wir werden dann unsere Anschauungen auch über diesen Punkt des Näheren entwickeln.

Meine Herren, mir scheint es deshalb, daß man wohl berechtigt ist, zu sagen, es ist zweckmäßig und den Verhältnissen entsprechend, im allgemeinen die Tendenz des Zolltarifes anzuerkennen, vorbehaltlich derjenigen Aenderungen, welche die sorgfältige Revision im einzelnen ergeben wird. Daß diese Revision eine sorgfältige sein müsse, versteht sich ganz von selbst, und ich glaube, es ist niemand in dem Hause, welcher dieselbe beanstandet hat. Sorgfältig aber muß nicht heißen: hinausschieben in das Ungewisse.

(Sehr richtig!)

Es muß nach meiner Ueberzeugung ein Schluß in die Dinge gebracht werden,

(sehr wahr!)

denn wie jetzt die Verhältnisse im Lande sind, so wird unzweifelhaft das wirthschaftliche Interesse auf das empfindlichste geschädigt durch die Ungewißheit, in der wir uns befinden. Das Bedürfniß für diesen Theil der Vorlage liegt eben darin, daß es nothwendig geworden ist, für die Industrie und Landwirthschaft gegenüber der übermäßigen Konkurrenz Schutz zu gewähren. In diesem Theile bedarf deshalb für mich die Vorlage eines Nachweises des Bedürfnisses weiter nicht, immer vorbehaltlich einzelner Positionen.

Ich komme jetzt zum zweiten Theil der Vorlage, zu demjenigen, welcher bestimmt ist, die Reichsfinanzen zu vermehren, auf den Theil der sogenannten Finanzzölle, welche sich ausdrücken in denjenigen Artikeln, über die man sich in Heidelberg geeinigt hätte, und in der Brau- und Tabaksteuer, die ja wohl auch dazu gehören. Meine Herren, bei diesem Theile liegt das Bedürfniß der Bewilligung ohne weiteres nicht vor, es muß dasselbe vielmehr nachgewiesen werden. Wenn eine Volksvertretung neue Steuern, direkte oder indirekte, bewilligen soll, so muß klar und bestimmt das Bedürfniß an sich und das Maß des Bedürfnisses nachgewiesen werden. Nun erkenne ich meinerseits an, daß das Bedürfniß gedeckt werden muß, welches durch den Betrag des Defizits in den einzelnen Staaten sich ausspricht, denn eine Wirthschaft, welche Defizits durch Anleihen deckt und die dadurch geschaffenen neuen Bedürfnisse wieder durch Anleihen deckt, muß nothwendig zum Bankerutt führen, und darum hat es keinen Zweifel, daß es zweckmäßig und unsere Pflicht ist, für diejenigen Mittel zu sorgen, die dieses Defizit decken. Wie hoch dieses Defizit ist, liegt nicht vollständig vor. Der Herr Finanzminister von Preußen, der nach meiner Ansicht sich ein großes Verdienst dadurch erwirbt, daß er klar und bestimmt und knapp erklärt, was er hat, hat uns gesagt, das Defizit in Preußen beträgt soviel, wie die Matrikularbeiträge, die auf Preußen entfallen, also 44 Millionen. Die anderen Staaten haben eine ähnliche feste Erklärung uns nicht gegeben, und ich bin zu meinem Bedauern in der Lage, konstatiren zu müssen, daß die Finanzminister der übrigen Staaten nicht hier zu sein scheinen, ich dächte, sie hätten Anlaß gehabt, auch ihrerseits ihr Defizit zu bezeichnen und die Höhe dessen, was darum von ihnen vom Reiche verlangt wird. Es ist erstaunlich, daß diese Herren so wenig hier erscheinen, so wenig an unseren Diskussionen Theil nehmen. Nach meinem Dafürhalten können dadurch die Interessen ihrer Staaten nur wesentlich beeinträchtigt werden.

Die Einen haben nun gesagt, in allen Staaten wird durch den Wegfall der Matrikularbeiträge, die auf sie entfallen, das Defizit gedeckt. Der Herr Präsident des Reichskanzleramts hat rücksichtlich einiger Staaten das Gegentheil behauptet. Welche Staaten es sind, habe ich nicht vernommen. Im großen ganzen muß ich aber die erste Behauptung als richtig ansehen nach dem Ergebniß der Nachfrage, die ich bei Abgeordneten aus diesen verschiedenen Ländern gehalten habe, und so komme ich denn dahin, zu sagen, ich nehme an, daß das Bedürfniß nachgewiesen ist, den Betrag der Matrikularbeiträge aufzubringen, und insofern würde ich mich einer Einnahmevermehrung des Reichs unter keinen Umständen widersetzen. Nun entsteht die Frage: wird durch die Bewilligung der wirthschaftlichen Zölle, um sie so zu nennen, der Zweck erreicht, den ich bezeichnet habe, das Defizitbedürfniß zu decken? Leider ist diese Frage unbeantwortet geblieben. Die Motive geben nur ganz vage Aeußerungen her. Bei diesen Angaben kann ich mich nicht beruhigen, und ich muß hoffen und erwarten, daß die verbündeten Regierungen im Stande sein werden, uns in der Kommissionsberathung respektive hier einen motivirten Anschlag darüber vorzulegen, was diese Steuern im ganzen und einzelnen muthmaßlich betragen werden.

(Zuruf: Finanzkommission!)

— Darum nicht Finanzkommission, sondern Kommission, denn man kann diese Prüfung in der einen Kommission so gut wie in der anderen vornehmen, man braucht sie darum nicht mit dem Epitheton „Finanz" zu belegen. — Reicht der Betrag, den diese sogenannten Schutzzölle bringen, nicht aus, dann, meine Herren, werden wir wenigstens einige Finanzzölle bewilligen müssen in dem Umfange, in welchem es nothwendig ist, um den Zweck zu erreichen. Daß ich da, um auch diese Frage zum Schlusse zu bringen, am liebsten eine mäßige Erhöhung des Tabakzolles oder der Tabaksteuer bewillige, brauche ich nicht zu sagen; und wäre dies nicht zu erreichen, dann erst würde ich auf andere Finanzzölle mich einlassen.

Die verbündeten Regierungen wollen aber nicht damit sich begnügen, diejenigen Mittel zu bekommen, welche ich als die nachgewiesenen Bedürfnisse deckend bezeichnet habe, sie wollen aus den indirekten Einnahmen und aus der Vermehrung derselben die Mittel entnehmen, welche erforderlich sind, um in den einzelnen Ländern eine Steuerreform vorzunehmen. Ich nehme nicht Anstand, zu erklären, daß ich in der Tendenz, die direkten Steuern in indirekte zu verwandeln oder durch Einführung indirekter Steuern die direkten zu vermindern, mit dem Herrn Reichskanzler einverstanden bin. Es ist nun ungemein schwer, diese Tendenz, diesen Zweck zu erreichen. Der Finanzminister von Preußen hat die Hauptschwierigkeit bereits bezeichnet; sie liegt darin, daß die Bewilligung der direkten Steuern in andern Körpern liegt, als im Reichstage. Läge die Bewilligung der direkten Steuern, also auch die Umwandlung derselben einfach in der Hand des Reichstags, nun dann, wäre nichts leichter, als diese Umwandlung herbeizuführen, indem man einfach sagt, für die hier bewilligte indirekte Steuer und deren Ertrag fällt der und der Betrag der und der zu bestimmenden direkten Steuer fort. Es ginge dann eben Zug um Zug und einem solchen Prozedere würde ich mit großem Vergnügen beitreten. Diese Sachlage liegt nicht indeß vor und wir können eine andere nicht schaffen, und nun entsteht die Frage: haben wir, wenn wir ein Mehr bewilligen, als für das angegebene Bedürfniß erforderlich ist, sonstige Sicherung, daß dieses Mehr wirklich zur Umwandlung der direkten Steuern gebraucht wird, daß also unter keinen Umständen eine Mehrbelastung des Volkes eintritt? Meine Herren, diese Sicherung habe ich in aller Weise zu erreichen gesucht, ich kann sie aber bis heute nicht finden. Meine Herren, vielleicht liegt der Umstand, daß ich diese Sicherung nicht finden kann, darin, daß ich dem Reichstage und den Landtagen der Einzelstaaten nicht völlig vertraue, aber dies Mißtrauen ist leider gerechtfertigt durch die Natur der Dinge und die Erfahrungen, die ich gemacht habe. Keine Regierungsform ist theurer, als die konstitutionelle,

(sehr richtig!)

weil kein einziger Mann ganz allein mit seinem Kopfe einsteht für die Ausgaben, die gemacht werden. Das Zusammenwirken so vieler Faktoren vertheilt die Verantwortlichkeit in einem Maße, daß es schließlich eigentlich keinen mehr trifft, und das Zusammenwirken so vieler Faktoren erzeugt an allen Ecken bei jedem verschiedenen Faktor neue Ansprüche, und der eine Faktor bewilligt die Ansprüche des anderen, um nur der Mitwirkung dieses gewiß zu sein. Daher sehen wir es, daß fortwährend die Ausgaben in einem so enormen Umfange gesteigert sind.

Ich habe darum nicht die Sicherheit, daß, wenn ich hier mehr, als zur Deckung des Bedürfnisses, wie ich es anerkannt habe, nothwendig ist, bewillige, dieses Mehr an die Einzelstaaten kommt. Meine Herren, alles, was wir hier z. B. für den Staat Preußen uns erwerben, muß, wenn es von hier nach dem Dönhofsplatz transportirt wird, nothwendig das Kriegsministerium passiren.

(Große Heiterkeit.)

Und, meine Herren, das Kriegsministerium, fürchte ich, wird einen schweren Transitzoll verlangen,

(sehr gut!)

und deshalb kann es, ja sehr leicht sein, daß von dem angeblichen Ueberschuß bis an den Dönhofsplatz nicht viel gelangt.

(Heiterkeit.)

Wer sichert es für mich, daß ein solcher Transit nicht erhoben wird?

Wenn die verbündeten Regierungen kategorisch und bestimmt unter Zuhilfenahme einer Kabinetsordre, wie bei ähnlicher Gelegenheit im preußischen Landtag geschehen ist, die Versicherung geben, daß das Mehr, was von den hier beantragten Steuern herauskommen sollte, unter keinen Umständen für den Militäretat verwendet werden soll, dann würde ich rücksichtlich des Reichstages vielleicht beruhigt sein. Aber nun kommen wir mit dem kleinen oder großen Packet, was wir hier erwerben, an den Dönhofsplatz, und es handelt sich dort um die Bewilligung. Meine Herren, wird dort dieses Geld die Verwendung finden, welche wir hier als diejenige bezeichnen, zu welcher die Steuern genommen werden sollen? Meine Herren, ich bedauere auch hier meine Zweifel ausdrücken zu müssen. Es gibt — und der Herr Finanzminister für Preußen würde mir leicht noch viel suppeditiren können von den Anforderungen, die bereits an ihn gestellt sind und die er mit seiner Energie zurückgewiesen hat — es gibt dort unter anderem zwei Positionen, die mich ängstlich machen. Die eine Position ist etwa 10 bis 12 Millionen für ein neues Unterrichtsgesetz.

(Bewegung. Zuruf links: 30!)

Der Kollege Rickert sagt, es würden gar 30; ja, ich rechnete in Thalern.

(Große Heiterkeit.)

Meine Herren, ich gestehe Ihnen offen zu meinem Bedauern, freilich aus den Händen, aus denen uns jetzt ein Unterrichtsgesetz gereicht werden könnte, kann ich keins akzeptiren,

(Sehr gut! im Zentrum.)

ich verwerfe es, obwohl ich es noch nicht kenne,

(große Heiterkeit)

weil ich weiß, unter welchen Tendenzen es gearbeitet wird,

(sehr gut!)

und ich will hier aus dem Mark des Volkes keine Einnahmen schaffen, welche für ein Unterrichtsgesetz verwendet werden dürften, welches nach meiner Ansicht das Volk in den Fundamenten erschüttern wird.

Das ist aber eine ganz kleine Position. Eine ganz andere Position von gar nicht zu messender Bedeutung ist die Position für Verstaatlichung der Eisenbahnen, so heißt jetzt der Ankauf von Privatbahnen. Meine Herren, ich will in diesem Augenblick über die Frage, wie weit es angemessen ist, die Eisenbahnen zu verstaatlichen, eine Schlußansicht nicht äußern, es wird früh genug sein, wenn die desfallsigen Fragen an uns herantreten; aber das sehe ich voraus, daß jedenfalls der Ankauf eines erheblichen Theils bewilligt werden wird aus allerlei Gründen, die ich hier nicht gern vortrage, und dann wird eine erhebliche Ausgabe sein, und was wir hier bewilligen zur Umänderung der direkten Steuern in indirekte, wird gar leicht sich für diese Dinge verflüchtigen. Ist es möglich von Seiten der Regierung Erklärungen bindender Natur zu geben, daß zu solchen Positionen das Geld nicht verwendet werden soll, dann freilich werden meine Bedenken geringer sein. Aber, meine Herren, mir sind in den Erklärungen des Herru Reichskanzlers und in den eigenen Beschlüssen und Resolutionen des Abgeordnetenhauses immer die paar Worte sehr bedenklich erschienen, welche sagten, daß die Ueberschüsse, „so weit sie nicht durch anderweitige gesetzliche Bestimmungen ihre Verwendung finden," zu diesem und jenem Zwecke verwendet werden sollen.

Diese Sicherungen, meine Herren, sind es, welche ich suche und von denen ich glaube, daß sie gefunden werden müssen, ehe wir uns überhaupt einlassen können auf die Bewilligung von Finanzzöllen, die weiter reichen, als zur Deckung des Defizits. Ob solche Sicherungen gegeben werden, darüber muß ich weiteres erwarten. Von den Regierungen ist in der Hinsicht bis jetzt nichts gesagt. Diese Kautelen sind für mich — ich gestehe es offen — unendlich viel wichtiger, als die sogenannten konstitutionellen Garantien.

(Hört, hört! links. Sehr gut! rechts.)

Damit sage ich übrigens meinestheils nicht, daß ich, wenn wir so weit gingen und kämen, daß die Matrikularbeiträge wegfielen, nicht anderweite Sicherung dafür haben müßten, daß der Reichstag eine Macht bleibt. Eine Volksvertretung ohne Bewilligungsrecht für die Einnahmen und für die Ausgaben ist im Grunde machtlos, und machtlos darf sich der Reichstag unter keinen Umständen machen. Worin diese konstitutionellen Garantien zu finden sind, darüber gehen ja die Ansichten noch recht weit auseinander, man kann sich die allerverschiedensten Formen denken, man kann daran denken, daß gewisse Steuern quotisirt und daß alle Jahre gewisse Quoten bewilligt werden. Welche Steuern sich dazu eignen, darüber ist wiederum Streit. Man kann die Garantie auch darin mit finden, daß man die etwaigen Ueberschüsse, die hier gemacht werden, ohne weiteres an die Einzelstaaten abgibt und auf diese Weise die Matrikularbeiträge im Reiche vollständig bestehen läßt, also das Bewilligungsrecht der Einnahmen ganz in der Art, wie es jetzt existirt, nur daß die Einzelstaaten die Mittel haben, das hier bewilligte dann zu bezahlen. Dies scheint auch gar so unnatürlich nicht, denn wie liegen die Dinge? Wir haben durch die Reichsverfassung den Einzelstaaten das Recht, indirekte Steuern aufzuerlegen, entzogen, was ist natürlicher, als daß sie an uns kommen und sagen: mit dem, was wir haben, können wir nicht mehr auskommen, ihr müßt uns indirekte Steuern geben, und daß der Reichstag oder das Reich erwidert: wir wollen einen solchen Betrag an indirekten Steuern ausschreiben, wir wollen sie einnehmen und verwalten, und sie werden vertheilt genau so, wie es zur Zeit des Zollvereins war; alle Staaten haben ihr Geld, und das Reich hat von ihnen das zurück zu empfangen, was es zu haben nöthig hat, um seine Bedürfnisse zu befriedigen. Diese Form gefällt mir viel besser als jegliche andere, und ich glaube auch, daß mit einer solchen Form der föderative Charakter des Reichs besser bewahrt und am besten zum Ausdruck gebracht wird. Denn darüber dürfen wir uns nicht täuschen, meine Herren, wir stehen bei diesen Fragen gegenüber einem Schritte, der den Einheitsstaat vollendet, und darum sind die proponirten Maßregeln für mich von so eminenter Bedeutung und Tragweite, und auch mit Rücksicht auf diese Erwägungen bedaure ich die Abwesenheit der Finanzminister der übrigen Staaten, es wäre denn, daß sie diesen Theil ihrer Vernichtung selbst nicht anzusehen Lust haben.

(Heiterkeit.)

Daraus geht ungefähr hervor, wie ich mich zu diesen indirekten Steuern stellen werde, und ich glaube, daß auch meine Freunde diesen Standpunkt ihrer großen Mehrheit nach theilen, wenn zwar in Beziehung auf die wirthschaftlichen Zölle auch bei uns Meinungsverschiedenheiten existiren, und also dasjenige, was ich rücksichtlich dieser gesagt habe, nicht als Meinung aller meiner politischen Freunde angesehen werden kann. Meine Herren, es würde von Interesse sein, noch eingehender über alles das zu reden, was insbesondere von dem Kollegen Lasker vorgebracht ist. Es wird aber noch eine fernere Gelegenheit geben, wo man das nachholen kann; nur darauf möchte ich noch mit zwei Worten kommen, daß ich mich weder heut noch überhaupt einlassen werde auf die großen Entwickelungen, welche gemacht sind über die Steuereform der einzelnen Länder. Ich habe Ihuen schon gesagt, daß ich nicht glaube, daß überhaupt viel zu diesem Zwecke übrig bleiben wird, daß also der Streit, wie die Steuern in den einzelnen Staaten zu reformiren, ein theoretischer ist, auf den es hier wirklich wenig ankommt. Dann bin ich allerdings auch der Meinuung, daß wir neben den indirekten die direkten Steuern nicht ganz entbehren können, obwohl das unzweifelhaft ist, daß, wenn wir mehr als bisher indirekte Steuern einführen, es nothwendig wird, für die unteren Klassen eine Erleichterung in den direkten Steuern eintreten zu lassen. Damit entfällt ein großer Theil der Erörterungen, die hier von dem Kollegen Lasker und auch sonst in diesen Tagen gehört sind, es würde also das mit in diese Erörterung aufnehmen in der That eine Erörterung ohne Ende sein, und die Herren aus den anderen deutschen Ländern würden uns das, glaube ich, mit Recht verübeln. Der Kollege Lasker hat selbst gesagt, man solle sich nicht in die preußischen Erörterungen einlassen, und doch hat er es auch mehr als ein anderer gethan. Ich verdenke ihm das nicht, denn naturgemäß war die Verhandlung dahin geleitet; ich will es aber nicht fortsetzen.

Für heute schließe ich diesen Theil meiner Erörterungen mit dem Wunsche, daß es gelingen möge, auch in Beziehung auf die Finanzzölle eine angemessene Verständigung herbeizuführen. Die Bedingungen einer solchen Verständigung habe ich bezeichnet.

Es bleibt mir jetzt nur noch übrig, mit zwei Worten auf die geschäftliche Behandlung der Sache zu kommen. Es liegen in der Hinsicht drei Anträge vor, der Antrag Löwe, welcher die Tarifvorlage ganz an eine Kommission von 28 Mitgliedern bringen will, der Antrag Rickert, welcher einen Theil der Tarifvorlage an die Brauereikommission bringen will, der Antrag Benda, welcher für die sogenannten Finanzzölle eine eigene Kommission bilden will. Meine Herren, hätte ich die Rede des Abgeordneten von Bennigsen früher gehört, so wäre vielleicht die Möglichkeit gewesen, eine Verständigung rücksichtlich dieser Kommissionsfragen herbeizuführen, indeß jetzt glaube ich doch, unbedingt stehen bleiben zu müssen bei dem, was der Kollege Löwe vorgeschlagen hat. Es ist dieser Vorschlag das Produkt eingehendster Erwägungen eines großen Theils dieses Hauses, und ich glaube, daß die Erwägungen, welche zu diesem Produkt geführt haben, auch zutreffend waren und sind. In der Tarifkommission wird man zwei Aufgaben haben. Man wird die Aufgabe haben, zu prüfen, ob der für jede Position vorgeschlagene Zoll zutreffend ist; man wird aber außerdem fragen müssen: was wird er einbringen? und wenn man das Resultat gezogen hat, dann wird man wissen, wie hoch der Betrag sich beläuft, und eine besondere Kommission für die Finanzzölle würde doch immer zu der Tarifkommission gehen müssen, um sich das nöthige Material zu holen, weil ohne die Kenntnisse der Tarifkommission sie gar nicht im Stande wäre, die Finanzfragen zu erledigen und zu erörtern. Das führt naturgemäß dazu, die ganze Tarifvorlage an eine Kommission zu weisen und zwar um so mehr, als es schwer gewesen wäre, die Fragen: wo sind Finanzzölle? wo sind Schutzzölle? mit Schärfe zu trennen. Die Herren haben allerdings eine Trennung versucht, aber gelungen ist sie nicht, und vollständig ist sie jedenfalls nicht. Darum, meine ich, man sollte es bei dieser einen Kommission belassen. Es wird freilich gefürchtet, daß bei der Masse des Details dann die Finanzfrage zurücktreten wird. Das fürchte ich meines Theils aber gar nicht, im Gegentheil, ich bin überzeugt, daß diejenigen, die diesen Tarif berathen und sich nun überzeugen, wie die neue Last ist, die aufgelegt wird, geneigt sein werden, geneigter als andere, die nicht daran Theil genommen haben, um in den übrigen Bewilligungen möglichst sparsam zu sein. Die Frage der Tabakskommission lasse ich zur Zeit noch außer Betracht, die Frage der Brauereikommission desgleichen, wir werden ja darauf bei den übrigen Vorlagen zurückkommen.

Ich schließe mit dem Wunsche, den alle Redner ausgesprochen haben, daß es uns gelingen möge, dieses schwierigste Werk, welches nach der Schaffung des deutschen Reichs dem Reichstag vorgelegt ist, zum Heile des deutschen Reichs zu erledigen!

(Bravo!)

Präsident: Meine Herren, ehe ich weiter das Wort ertheile, sehe ich mich genöthigt, noch auf eine Aeußerung des Herrn Reichskanzlers zurückzukommen, und zwar aus einem doppelten Grunde. Einmal wünsche ich, daß bei den wichtigen Debatten, die wir führen, persönliche Empfindlichkeit so viel wie möglich aus dem Reichstag verbannt werde, — persönliche Empfindlichkeit sowohl von seiten der Bundesrathsmitglieder als persönliche Empfindlichkeit von seiten der Herren Abgeordneten. Es liegt mir ja nach meiner Ueberzeugung ob, sowohl die Bundesrathsmitglieder gegen persönliche Angriffe und Beleidigungen von seiten der Herren Abgeordneten, als auch auf der anderen Seite die Herren Abgeordneten gegen persönliche Angriffe und Beleidigungen von seiten des Bundesrathstisches zu schützen und in dieser Beziehung in jeder Weise die Würde der Verhandlungen aufrecht zu erhalten.

(Bravo!)

Ich will also, meine Herren, durch diese meine Bemerkung diese persönlichen Empfindlichkeiten im Reichstage zurückdrängen, weil ich glaube, daß wir die schwere Aufgabe der gegenwärtigen Diskussion nur dann zum Heil des Vaterlandes lösen werden, wenn dieses geschieht, und wenn wir uns möglichst nur mit der Sache beschäftigen.

(Sehr richtig!)

Sodann, meine Herren, liegt es mir auch ob, einen Vorwurf gegen die Geschäftsführung des Präsidiums zu widerlegen. Der Herr Reichskanzler hat gesagt, der Herr Abgeordnete Lasker habe ihn beleidigt und zwar beleidigt dadurch, daß er ihm „Unzuverlässigkeit" vorgeworfen habe. Meine Herren, es war mir im Augenblick nicht möglich, diese Frage zu prüfen. Es ist ja möglich, daß ich eine solche Aeußerung überhöre; es ist dies namentlich dann möglich, wenn, wie in dieser Debatte, der Präsident fortwährend mit der Frage der Wortertheilung übermäßig beschäftigt und in Anspruch genommen ist.

(Sehr richtig!)

Ich habe es außerdem für meine Pflicht erachtet, meinerseits die möglichste Objektivität und Ruhe diesem Vorwurf gegenüber zu beobachten, und ich nahm mir daher gleich vor, die unkorrigirten stenographischen Berichte selbst zu prüfen. Ich erinnerte mich aber anderseits von vornherein ganz bestimmt der Aeußerung, daß der Herr Abgeordnete Lasker bei Beginn der betreffenden Ausführungen gesagt hatte, einmal: er spreche hiermit ausdrücklich aus, daß die Angabe oder die Uebertreibung nur unbewußt geschehen, und dann, daß er gewarnt hat, die **objektive** Richtigkeit der gemachten Angaben ohne weiteres anzunehmen.

Meine Herren, ich habe den stenographischen Bericht nachgesehen, und an der Spitze der Ausführungen des Herrn Abgeordneten Lasker, die sich mit den Angaben des Herrn Reichskanzlers beschäftigen, sagt er ausdrücklich:

> Ich muß alle, die Sie nicht aus Preußen sind, aber auch die Mitglieder aus Preußen dringend warnen, als objektiv zutreffend demjenigen Glauben zu schenken,

— als **objektiv** zutreffend, —

> was der Herr Reichskanzler über die Besteuerungsverhältnisse in der Landwirthschaft in seiner Rede vom Freitag dargelegt hat.

Er fügt dann gleich hinterher hinzu:

> Meine Herren, ganz unbewußt, wie ich vorausschicke, — aber größere Uebertreibung wegen Ueberbürdung als in dieser Rede 2c. — — habe ich nicht gehört.

Er konstatirt also von vornherein bei Beginn seiner Ausführungen die bona fides des Herrn Reichskanzlers und weist eine persönliche Unzuverlässigkeit oder Uebertreibung in dieser Beziehung ganz entschieden zurück.

Ich habe dann, meine Herren, ferner geprüft, ob das Wort „unzuverlässig" überhaupt gebraucht worden ist. Das Wort „unzuverlässig" ist überhaupt **nicht** gebraucht, es ist nicht gebraucht in Bezug auf die Ausführungen des Herrn Reichskanzlers, es ist am wenigsten gebraucht worden in Bezug auf die Person des Herrn Reichskanzlers; zweimal nur, nachdem allerdings, wie ich einräume, sachliche, sehr scharfe sachliche Deduktionen von dem Herrn Abgeordneten Dr. Lasker geführt worden sind, kommt der Ausdruck in seiner Rede vor: „Sie sehen also, meine Herren, wie wenig zuverlässig die Angaben 2c. — — sind."

(Bewegung.)

Meine Herren, ich kann nicht anerkennen, daß in diesen Worten eine Beleidigung des Herrn Reichskanzlers liegt. Sind die Ausführungen scharf gewesen, vielleicht sehr scharf, so kann ich das nicht hindern, ich würde dann die Pflicht verletzen, auch die Redefreiheit und die sachlichen Ausführungen hier zu schützen.

(Bravo! links.)

Ich wiederhole aber zum Schluß die dringende Bitte sowohl an die Herren Abgeordneten als an die Mitglieder des Bundesraths, doch alle persönlichen Angriffe aus dieser Debatte wegzulassen und lediglich die Sache, die ja doch schon so schwer wiegt, in Betracht zu ziehen; dann wird es vielleicht möglich sein, sie zu einer glücklichen Lösung für unser Vaterland zu führen.

(Bravo!)

Der Herr Reichskanzler hat das Wort.

Reichskanzler Fürst von Bismarck: Ich danke dem Herrn Präsidenten für diese Richtigstellung, die ja, wenn ich einen nicht zutreffenden Text vor mir gehabt hätte, mich weniger träfe als meinen Gewährsmann, der ihn mir geliefert hat. Indessen habe ich doch daraus entnommen, daß thatsächlich im Ganzen die Sache so lag, wie ich voraussetzte, und ich achte das Urtheil des Herrn Präsidenten darüber. Ich bin meinerseits Präsident des Bundesraths und spreche als solcher in Ihrer Mitte. Ich habe mein eigenes Urtheil und habe meinen Aeußerungen weder etwas hinzuzufügen noch etwas davon zurückzunehmen.

(Bravo! rechts. Bewegung.)

Präsident: Der Herr Abgeordnete Dr. Lasker hat das Wort zur Geschäftsordnung.

Abgeordneter Dr. Lasker: Meine Herren, ich muß besorgen, daß der Herr Reichskanzler zu lange hier würde aufgehalten werden bis zum Schluß der Debatten, wenn die persönlichen Bemerkungen stattfinden. Ich frage deshalb, ob der Herr Präsident mir gestatten würde, in der Reihe der Redner zu einer kurzen Bemerkung, die thatsächlich nur eine persönliche sein würde, das Wort zu nehmen.

Präsident: Ich bedaure, meine Herren, daß ich die Geschäftsordnung aufrecht erhalten muß. Die Geschäftsordnung sagt ausdrücklich, daß persönliche Bemerkungen nur am Schlusse der Debatte oder im Falle der Vertagung zulässig sind. Ich kann eine Ausnahme nicht statuiren und muß in der Sache weiter das Wort geben.

(Bravo!)

Der Herr Abgeordnete Mosle hat das Wort.

Abgeordneter Mosle: Meine Herren, es wird mir einigermaßen schwer werden, nach diesem Sturme Ihre Aufmerksamkeit noch weiter zu fesseln, ich bin aber Seemann oder wenigstens ein Mann von der See, und der soll sich auch vor dem Sturm nicht fürchten, wenn er nicht zu schlimm wird. Ich bitte also, soviel es Ihnen möglich ist, mir noch einen Augenblick zuzuhören.

Meine Herren, seit der Berathung der Verfassung des deutschen Reichs haben meiner Ansicht nach dem Reichstage nicht so wichtige Vorlagen vorgelegen wie die, die uns heute nun schon am fünften Tage beschäftigen. Ich bin auch der Meinung, daß der Einfluß dieser Gesetze auf die Reichsverfassung sich bethätigen wird, und daß z. B. der § 34 der Reichsverfassung aus derselben verschwinden kann, wenn diese Gesetze im Reichstage durchberathen und zwischen Reichstag und Bundesrath vereinbart und beschlossen sind. Meine Herren, es handelt sich nicht allein um die definitive Feststellung des Reichshaushalts mit starker Rückwirkung auf die Einzelstaaten, sondern es handelt sich auch um die Inaugurirung einer neuen Zoll- und Wirthschaftspolitik, welche auf lange Zeit die Interessen der deutschen Reichsbürger in dieser Beziehung regeln soll, es wird kaum möglich sein, in der Generaldebatte diese Sache eingehend zu erschöpfen.

(Zwischenruf.)

— Ich bitte den Herrn Abgeordneten Richter, einige Rücksicht zu nehmen, es ist ganz unmöglich zu sprechen, wenn Sie sich laut unterhalten.

Ich möchte aber eben nur einige Punkte, die mir besonders von Wichtigkeit sind, hervorheben, zunächst in Betreff der Reichsfinanzen. Darüber scheint Einverständniß zu herrschen, daß das Reich unabhängig und auf eigene Füße gestellt werden soll durch indirekte Steuern, nur über das Maß und über die konstitutionelle Frage herrscht noch einige Meinungsverschiedenheit.

Meine Herren, was das Maß anbetrifft, so finde ich mich nicht veranlaßt, mich darüber auszulassen; ich bin im ganzen und großen geneigt, die preußische Wehklage, die wir so oft hier vom Regierungstisch und aus der Mitte des Hauses gehört haben, zu befriedigen und werde mich da bereit finden lassen, weitgehenden Wünschen entgegen zu kommen. Was die konstitutionelle Frage betrifft, so ist angeregt worden, die wegfallenden Matrikularbeiträge dadurch zu ersetzen, daß man einen Theil der Zölle auf Stapelartikel zu einem schwankenden Pendel machen will. Diese Idee muß ich im Interesse von Handel und Verkehr perhorresziren. In dem Augenblick, wo Sie daran gehen, den Zoll auf Kaffee und einige andere Artikel davon abhängen zu lassen, ob Reichstag und Regierung sich einigen, von demselben Augenblick an schädigen Sie den Handel und Verkehr in derselben Weise, wie die armen Tabakinteressenten nun schon seit drei Jahren geschädigt sind, so stark nämlich, daß diese Herren schon dazu gekommen sind, als oberste und erste Forderung in ihren Petitionen zu sagen: macht nur ein Ende mit der Gesetzgebung, damit wir endlich wissen, woran wir sind!

Meine Herren, ich bin auch der Meinung, daß bei jeder Zollvorlage vor allen Dingen darauf zu sehen ist, daß dieselbe einen stabilen Charakter bekommt; denn gar nichts kann Handel und Industrie so wenig vertragen als Unsicherheit und Schwankungen in dieser Beziehung; dadurch wird sowohl der Handel wie die Industrie und die Schifffahrt auf die Dauer ruinirt. Ich meinerseits begrüße daher auch sehr, daß unter den Vorlagen in Betreff der Tabaksteuer und des Tabakzolls auch eine Vorlage wegen der Lizenzfrage ist. Es ist nothwendig, daß diese Vorlage genau erwogen und beschlossen wird. Es wird sich dazu bei der Spezialdebatte noch Gelegenheit finden; ich will hier nur erwähnen, daß die Entscheidung über die Lizenzsteuer zusammenhängt mit der Entscheidung über die Frage, ob Monopol oder nicht Monopol, und daß sie deshalb eine sehr große Tragweite hat; der Reichstag darf doch nicht übersehen, es ist dies eine sehr wichtige Frage.

Meine Herren, ich komme nun zu der wirthschaftlichen Frage. Seit 1865 haben wir in hervorragendem Maße freihändlerische wirthschaftliche Zollpolitik getrieben; jetzt soll das gerade Gegentheil eintreten, und ich bin entschlossen, dieses Gegentheil mitzumachen. Ich halte mich daher für verpflichtet, ein Wort darüber zu sagen, wie ich dazu gekommen bin, nun auf diese Weise mein Schiff beizubrehen, und es hart unterm Winde über der anderen Bug zu legen. Meine Herren, das kommt daher: das Fahrwasser, in welchem ich jetzt segle, habe ich schon lange gesucht, ich habe nur nicht hineingelangen können, ohne vorher alle meine Schulregeln als unnützen Ballast über Bord zu werfen. Die internationale Strömung, in der bisher die zollvereinische Gesetzgebung mit mir gefahren ist, kann nicht mehr benutzt werden, ohne die nationale Wohlfahrt sehr wesentlich zu schädigen, und sobald ich das gesehen und bemerkt habe, sobald das mir klar geworden ist nach und nach und mit immer steigender Ueberzeugung, habe ich keinen Augenblick gezaudert, mein Steuer quer vor diese verrätherische Strömung zu legen, und finde nun, daß mein Schiff unter der Flagge „Schutz der nationalen Arbeit" ganz flott und handlich zu Wasser liegt.

Meine Herren, es wird mir eingewendet, Deutschland sei ein produzirendes und nicht ein konsumirendes Land. Ich theile die Ansicht, ich glaube, daß Deutschland nicht so arm ist, daß es mehr konsumirt, als es produzirt. Aber, meine Herren, es ist noch lange nicht so weit in dieser Beziehung wie Frankreich und England, und wenn Sie mir nun beweisen können, daß in Frankreich und England oder in einem anderen großen Staate unter gleichen Verhältnissen wie bei uns die Produktionskraft des Landes sich lediglich durch die Anwendung des Freihandelssystems gehoben hat, dann werde ich mein Segel streichen; wenn Sie dies nicht können, muß ich die Herren Freihändler bitten, die ihrigen zu streichen. Jedenfalls aber dürfen Sie mir nicht von Fleiß, Tüchtigkeit und Solidität sprechen; ohne diese ist weder unter dem freihändlerischen Regime, noch unter einem schutzzöllnerischen Regime jemals ein Erfolg erzielt worden. Das ist schon verschiedentlich hervorgehoben, es kann aber nicht genug gesagt werden, weil es eine große Liebhaberei ist, zu sagen, daß die schutzzöllnerische Theorie den heiligen Schlendrian, wie der Herr Abgeordnete Bamberger sagt, förbere &c. Unter dem schutzzöllnerischen Regime muß gerade so hart und nachdrücklich gearbeitet werden, und wenn sie nach Frankreich und Amerika gehen, werden Sie sehen, daß die Leute dort ebenso viel arbeiten wie wir, und daß sie dort besseres erlangt haben, wie wir, das ist Ihnen ja bekannt.

Meine Herren, es wird dann noch weiter gesagt, die Schutzzölle schädigen den Export, die Ausfuhr der deutschen Industriewaaren; das ist mir von allem am wenigsten erklärlich. Der Ausfuhrhandel mit deutschen Industrieerzeugnissen hängt nicht vom deutschen Zolltarif ab, sondern hängt ab von dem Zolltarif und anderen Verhältnissen der Länder, nach welchen exportirt wird, und nicht allein vom Zolltarif dieser Länder, sondern sehr wesentlich von den Kursverhältnissen, die in diesen Ländern den Marktwerth regeln. So ist z. B. in Japan und China eine Kursdifferenz von 15 Prozent, in Brasilien eine Kursdifferenz von 30 Prozent diesen Augenblick der entscheidende Faktor. Diese Faktoren wirken viel wesentlicher auf die Rentabilität des deutschen Exportes ein als der deutsche Zolltarif. Ich bin sehr viel zusammen gekommen mit Industriellen, welche Export treiben, habe aber gefunden, daß sie durch die Bank Schutzzöllner sind. Die Herren wissen doch am besten, was ihnen nützt und wo ihr Interesse liegt. Diese Herren beschränken sich darauf, zu wünschen, daß die deutsche Regierung sich insofern des deutschen Interesses im Ausland annehme, als sie in fremden Ländern danach trachtet, einen Einfluß auf diese fremden Zolltarife zu gewinnen und unseren Gesandtschaften einen oder mehrere fachmännische Beigeordnete zugesellt, welche sich über die Bedürfnisse des deutschen Handelsstandes informiren.

Meine Herren, außerdem muß diese Exportindustrie geschützt werden durch eine Ausdehnung des Vereblungsverfahrens, durch eine Ausdehnung der Rückgabe beim Export und durch eine ähnliche Einrichtung wie in Frankreich, die acquits-à-caution. Ich will nicht sagen, daß dieselbe Einrichtung getroffen werden muß, ich habe auch gefunden, daß in der Vorlage dem Bundesrath schon sehr freie Hand gegeben wird, dergleichen einzurichten, und ich hoffe, daß es gelingen wird, in der Kommission diese freie Hand, die dem Bundesrath gegeben ist, für den Uebergang ganz besonders noch auszudehnen, um so zu ermöglichen, daß die Schäden, die ja immer eintreten werden, wenn man von dem einen System in das andere springt, gemildert werden bei denjenigen Industrien, bei welchen sie sich besonders fühlbar machen. Allerdings werden die Herren Zollbeamten etwas mehr und geschickter arbeiten müssen, als es bisher der Fall gewesen ist, aber das erscheint mir auch durchaus wünschenswerth.

Nun, meine Herren, ganz ähnlich wie mit dieser Ausfuhrvergütung, mit den titres d'aquits-à-caution, der Ausfuhrprämie und dem Veredelungsverfahren liegt es mit einem anderen Schutzzoll, dem ich in letzterer Zeit das Wort geredet habe, mit dem Zuschlagszoll gegen indirekten Import von Kolonialwaaren. Der Zuschlagszoll gegen indirekten Import von Kolonialwaaren ist gerade so wie andere Erleichterungen, die der Industrie gewährt werden für den Handel und Schifffahrt, die logische Konsequenz des Schutzzollsystems. Das wird allenthalben anerkannt. Man hält nur für unmöglich, daß diese Sache eingeführt werden kann, man behauptet, es wäre eine Nachahmung Frankreichs, während das nicht im allermindesten der Fall ist, denn schon im Jahre 1848 hat das deutsche Reich danach getrachtet, dergleichen Zuschlagszölle einzuführen, und Amerika hat sie viel länger wie Frankreich. Mit diesen Zuschlagszöllen vertrete ich durchaus nicht lediglich das Interesse meines Wahlkreises, sondern in hervorragendem Maße das gesammte nationale Interesse, den Schutz der nationalen Arbeit auf dem Gebiete des Seehandels.

Es ist vollständig unrichtig, wenn behauptet wird, ich wolle den Verkehr auf dem Rheinstrom lahm legen. Ebenso unrichtig ist es, wenn man behauptet, ich wolle dem Verkehr der Ostseestädte zu nahe treten.

Nein, meine Herren, die Rücksicht auf den Verkehr, der dort herrscht, und das Bestreben, diesen Verkehr bedeutend zu heben, nehme ich im allerhöchsten Grade in Anspruch und wünsche und hoffe, daß gerade nach dieser Richtung die segensreichsten Wirkungen der Zuschlagszölle sich bewahrheiten mögen.

Meine Herren, die Geschäfte des überseeischen Handels werden jetzt ganz anders gemacht wie früher. Der Telegraph regiert in einer Weise den Seehandel, wie wahrscheinlich die wenigsten von Ihnen sich davon eine Vorstellung machen werden. Als z. B. neulich gelegentlich der Aeußerungen des Herrn von Kardorff und der Erwiderung des Herrn Abgeordneten für Schaumburg-Lippe in der Presse behauptet wurde, in Bremen würden jährlich 1 Million Zentner Baumwolle eingeführt und ausgeführt, ist das dem Buchstaben nach richtig; aber von dieser Million Zentner, meine Herren, ist über 3/4 also 750 000 Zentner nichts weiter als reine Spedition.

(Hört!)

Diese 750 000 Zentner werden zum größten Theile per Telegraph von deutschen Baumwolleninbustriellen im Innern theils schon in Amerika, theils in England, theils in Holland und Bremen schwimmend gekauft, und kommen auf diese Weise nur durch Bremen durch. Das beweist Ihnen, daß, wenn der deutsche Baumwolleninbustrielle mitten in Deutschland diese überseeischen Geschäfte machen kann, daß dann der Rheinländer, in den großen Rheinhandelsstädten Köln, Mannheim und Wesel diese Geschäfte gerade so gut machen könne, wie sie bisher in Rotterdam und Antwerpen gemacht worden sind, und führen Sie die Zuschlagszölle ein, so wird die erste Wirkung die sein, daß Amsterdam, Rotterdam, Antwerpen in das Verhältniß zu den Rheinstädten treten, daß sie nur deren Speditionsplätze werden. Meine Herren, die Holländer, Belgier und Engländer wissen auch recht gut, wie wichtig diese Frage für sie ist. Sie haben das viel rascher eingesehen, wie unser deutsches Publikum. Sie brauchen nur zu beachten, wie diese Herren schreien, wie Belgien schon droht, mit Frankreich in einen französischen Zollverein einzutreten. Das sind bloß Drohungen, das werden die Belgier bleiben lassen, denn Frankreich ist für Belgien nicht das Hinterland. Wichtig und ausschlaggebend ist für Belgien ganz allein das einzige Hinterland was sie haben, Deutschland. Deswegen, meine Herren, protestire ich dagegen, wenn mir zugemuthet wird, ich vertrete hier ein spezifisch Bremisches Interesse. Ich stehe ganz entschieden auf dem nationalen Standpunkt, so entschieden, daß sogar alle Seestädte dagegen protestiren, diese Maßregel eingeführt zu sehen.

Meine Herren, es ist wirklich wahr, man hats mir nicht geschrieben, aber es ist gedruckt, wir haben eine Petition, unterschrieben auch von sämmtlichen norddeutschen Seehäfen, bekommen, gerade gestern. Nachdem die Seestädte darin gesagt haben, sie wünschen, daß keine Schutzzölle bewilligt werden, daß keine Holzzölle bewilligt werden, keine Getreidezölle, keine Eisenzölle bewilligt werden, sagen sie zweitens:

> Aber auch jedem Versuche, durch Flaggengelder, Zollzuschläge auf indirektem Import und ähnliche Maßregeln der deutschen Rhederei zu Hilfe zu kommen, möge der Reichstag die verfassungsmäßige Zustimmung versagen.

Ich mache Herrn Dr. Bamberger aufmerksam, daß hier vom Handel keine Rede ist, sondern nur vom Rhedereiinteresse. Das ist unterschrieben von sämmtlichen ostfriesischen Handelskammern, von denen Bremens, Hamburgs und allen Ostseeplätzen. Einen Ort, woher die Petition gekommen ist, finde ich nicht auf der Petition, ich sehe aber, daß sie in Danzig gedruckt ist.

Meine Herren, nun muß ich Ihnen doch erklären, wie es zusammenhängt, daß auf diese Weise die Handelskammern gegen eine Einrichtung, wie ich sie empfehle, und die so sehr in ihrem Interesse ist, agitiren. Meine Herren, das ist nicht zu leugnen, daß das spezifische Interesse der Seestädte, wenn sie ganz allein auf der Welt wären, gegen Zölle ist. Das liegt darin, daß sie möglichst viele Rohstoffe und auch möglichst viele Manufakturwaaren und Fabrikate an sich heranziehen und an das Hinterland zu verkaufen suchen müssen, dadurch mehren sich ihre Gewinnchancen. Wenn nur das Hinterland stark genug bleibt, ihnen alles abzukaufen, was sie heranschleppen, so kann den Seestädten nichts besseres passiren, als wenn überhaupt keine Zölle existiren. Ich erinnere mich gehört zu haben, daß nach der französischen Zeit, als die Franzosen von Bremen abzogen, und eine allgemeine Illumination stattfand, ein Kaufmann ein großes Transparent aushing des Inhalts:

> Hebt nur Tarif und Zölle auf,
> Und laßt dem Handel seinen Lauf!

Das ist für die Seestädte das Beste, aber es ist nicht das Beste für das Hinterland, und weil es nicht das Beste für das Hinterland ist, so ist es im Verlaufe der Dinge und auf die Dauer auch nicht das Beste für die Seestädte, denn die Seestädte müssen von dem Hinterland leben, und leben ganz allein von der Arbeit und dem Verdienst, der ihnen von dem Hinterlande gegeben wird.

(Sehr richtig!)

Meine Herren, ich befürworte also, ich wiederhole das, hier kein spezifisch Bremisches Desiderium, sondern ein nationaldeutsches Desideratum, welches in hervorragendem Maße der ganzen Nation zu Gute kommen wird. Ich mache keinen Antrag, ich bin überzeugt, der Bundesrath muß diesen Antrag selbst bringen, denn er gehört zu dem ganzen Systeme, und ich warte ganz ruhig, bis ein Antrag vom Bundesrath gebracht wird. Nun könnte ich im übrigen, wie der Herr Abgeordnete Windthorst am Anfang seiner Rede es gethan hat, mich darauf beschränken zu sagen: was ich sonst zu sagen habe, ist schon von meinem Vorredner gesagt. Ich will deshalb auch nur kursorisch auf einiges zurückkommen. Zunächst hatte ich mir vorgenommen, gegen die Ausführung des Abgeordneten Delbrück einiges zu sagen; ich hatte mir den Zoll auf Flaschen notirt, das ist mir vorabgenommen durch die Ausführungen des Herrn Regierungskomissars Burchard. Meine Herren, ich gehöre nicht zu denen, welche glauben, daß die Liste der Fehler, die gemacht worden sind, welche der Herr Abgeordnete Delbrück in petto hat, schon erschöpft sei mit dem, was der Herr Abgeordnete gesagt hat, aber ich gehöre auch nicht zu denjenigen, welche glauben, daß alles, was er gesagt hat, ein Evangelium ist. Aus den Ausführungen des Herrn von Varnbühler und des Herrn Regierungskommissars, der heute gesprochen hat, ist deutlich hervorgegangen, daß sehr viele von den Monita, die der Herr Abgeordnete vorgetragen hat nicht hieb- und stichfest sind, und ich glaube, wenn man sie näher betrachtet, bleibt von den anderen auch nicht viel übrig.

(Widerspruch.)

Das ist meine Ueberzeugung; daß Andere eine andere Ueberzeugung haben, haben sie schon des breiteren dargethan, das weiß ich. Meine Herren, die Mängel der Vorlage sind verschiedentlich betont worden, ich muß sagen, ich mag nicht glauben, daß diese Mängel ganz besonders auch dadurch entstanden sind, daß einige Mitglieder der Tarifkommission Vertreter einzelner Staaten und partikularer Interessen von vorn herein, sich mit der ganzen Maßregel, die berathen werden sollte, in Opposition gesetzt haben. Wenn das der Fall wäre, so würde nicht zu verwundern sein, daß manche Mängel in der Vorlage vorhanden sind. Die Mängel, die vorhanden sind, wird es hoffentlich gelingen in der Kommissionsberathung und im Plenum wieder heraus zu bringen; daß für alle Vorlagen, welche der Bundesrath uns bringt, es kein Vortheil ist, daß dieselben fast immer die Spur des partikularen Interesses eines oder des anderen Einzelstaates an sich tragen, das wird wohl niemand bestreiten, das ist kein Vortheil und keine Förderung der Sache, aber ein Umstand, mit dem wir uns wohl eine zeitlang noch abfinden, den wir uns noch länger werden gefallen lassen müssen. Nun, meine Herren, hätte ich noch verschiedene Bemerkungen gegen die Herren Abgeordneten Dr. Lasker und Dr. Bamberger zu machen. Ich will mich auf Herrn Dr. Bamberger beschränken und auf Beantwortung seiner Frage, ob ich einen Unterschied zwischen Handel und Schifffahrt zugeben kann. Meine Herren, der Herr Dr. Bamberger zog einen Brief des Herrn Reichskanzlers an, von dem er behauptet, er wäre an mich geschrieben. Das ist zunächst nicht richtig. Der Herr Abgeordnete hat die Glocken läuten hören, wußte aber nicht, wo sie hingen, trotzdem hat er sich gestattet, in öffentlicher Sitzung darüber zu sprechen. Ich will kein Urtheil darüber fällen, wie das zu qualifiziren ist; dann fragte der Herr Abgeordnete Bamberger, ob ich den Unterschied, welchen der Herr Reichskanzler zwischen Handel und Schifffahrt gemacht habe, anerkenne, mir gefallen lasse? Ich habe das Stenogramm nachgelesen, ehe es korrigirt war, und finde jetzt im gedruckten Exemplar, daß der Dr. Bamberger an mich die Frage gerichtet haben will, ob ich zugeben könne, daß ein Krieg zwischen Handel und Schifffahrt existire.

Ich muß dem Abgeordneten Bamberger bemerken, daß ich die Bemerkung gehört habe, daß er nicht von Krieg, sondern von einem Unterschied gesprochen, und daß ein Unterschied zwischen Handel und Schifffahrt allerdings existirt. Wenn sich Herr Dr. Bamberger davon überzeugen will, braucht er nur die Geschichte der englischen Navigationsakte durchzulesen, da wird er herausfinden, daß der Handel Bestimmungen der Navigationsakte forderte, um sich gegen die Rheder zu schützen, daß andererseits die Rheder Bestimmungen in der Navigationsakte durchzusetzen suchten, um sich gegen den Handel mit allen Schiffen und dergleichen zu schützen, und der Unterschied existirt also allerdings. Die Herren Dr. Bamberger und Dr. Lasker haben sich auch neulich noch mit der Meinungsverschiedenheit beschäftigt, die leider zwischen mir und meinem Mitbürger, den Herrn Abgeordneten für Schaumburg-Lippe existirt. Herr Dr. Bamberger spricht im superlativsten Superlativ vom allerkompetentesten Vertreter aller Seestädte, und Herr Dr. Lasker hat ihn unterstützt, indem er ruft: „Mosle!" Ich möchte die Herren bitten, die Meinungsverschiedenheit, die zwischen mir und meinem verehrten Kollegen besteht, uns selbst zu überlassen, das können wir allein ausmachen; dazu brauchen wir niemand, der weiter schürt, überhaupt glaube ich, daß dieselbe nicht so weit her ist und wenn sie größere Dimensionen angenommen hat, wie mir lieb ist, so sind es gerade diese Schürer, welche die Hauptschuld daran tragen.

Nun, meine Herren, schließlich muß ich noch zurückkommen auf eine ganz besondere Tendenz, welche diese Vorlage, welche den Schutz der nationalen Arbeit zum Zweck hat, auszeichnet. Es ist eine deutsche Unart, eine sehr schlechte Angewohnheit, daß wir alles Fremde bewundern und besser finden als Einheimisches. Es liegt das an unseren Mangel an Nationalstolz; mit dem Nationalstolz meine ich nicht den sächsischen Stolz oder den Bremischen oder den bayerischen Stolz, die sind im Uebermaß vorhanden, sondern ich meine den wirklichen deutschen nationalen Stolz, und Sie werden sehen, daß derselbe auch befördert wird, wenn diese Vorlagen erst Gesetzeskraft erhalten haben.

Ich erwarte, meine Herren, auch von dieser Vorlage, daß aus unserem Handelsgebiete, aus unserem Handel und Verkehr und allen geschäftlichen Beziehungen und Leistungen auch zwei Tendenzen mehr und mehr verschwinden werden, die sich jetzt da breit machen und eingefilzt haben. Einmal ist das eine gewisse internationale Tendenz und andererseits auch der semitische Geist, den Sie gar nicht wegleugnen können.

(Unruhe.)

Ja, meine Herren, ich erwarte, daß, wenn diese Vorlagen Gesetz geworden sind, daß dann die Landwirthschaft und die Schifffahrt, der Handel und die Industrie sich die Hand reichen und erkennen werden, daß ihr gemeinsames Interesse darin liegt, die gemeinsame deutsche nationale Arbeit zu fördern und zu heben.

(Bravo!)

Ja, meine Herren, und wenn wir das gethan haben, dann kann auch die Industrie sicher sein, daß das Anathema, welches über das Meer herüber in Folge der jetzigen Aera gegen die deutsche Industrie geschleudert worden ist: „billig und schlecht", daß dieses sich dann verwandeln wird in wenigen Jahren — es wird kein halbes Dutzend Jahre brauchen — wenn wir nach einem halben Dutzend Jahren, also im Juni 1885, hier in der deutschen Kaiserstadt eine Weltausstellung machen, dann wird man der deutschen Industrie nicht mehr zurufen „billig und schlecht", sondern es wird heißen „preiswerth und gut!"

(Bravo rechts; Zischen links.)

Präsident: Meine Herren, es liegt von zwei Seiten ein Schlußantrag vor:

Ich beantrage den Schluß der Diskussion.

Freiherr von Lerchenfeld.

und:

Antrag auf Schluß.

Freiherr von Manteuffel.

Gleichzeitig liegt ein Vertagungsantrag vor von dem Herrn Abgeordneten Rickert (Danzig.)

Ich folge der konstanten Praxis des Hauses, die nur einmal durch ein Versehen durchbrochen worden ist, indem ich zuvörderst den Vertagungsantrag zur Erledigung bringe. Wird er angenommen, so fällt der Schlußantrag; wird er abgelehnt, so kommt der Schlußantrag zur Erledigung.

Ich ersuche zuvörderst diejenigen Herren, welche den Antrag des Herrn Abgeordneten Rickert (Danzig) auf Vertagung unterstützen wollen, sich zu erheben.

(Geschieht.)

Die Unterstützung reicht aus.

Nunmehr ersuche ich diejenigen Herren, aufzustehen respektive stehen zu bleiben, welche die Vertagung der Sitzung beschließen wollen.

(Geschieht.)

Das Büreau ist einstimmig in der Ueberzeugung, daß das die Mehrheit ist; die Vertagung ist beschlossen.

Zu einer persönlichen Bemerkung hat das Wort der Herr Abgeordnete Dr. Lasker.

Abgeordneter Dr. **Lasker**: Meine Herren, es ist nicht meine Schuld, daß die persönliche Bemerkung in Abwesenheit des Herrn Reichskanzlers gemacht werden muß. Ich habe vorhin mit einem ausdrücklichen Antrag zur Geschäftsordnung gebeten, in der Reihenfolge der Redner zum Worte verstattet zu werden, damit der Herr Reichskanzler nicht gezwungen sei, bis zum Schlusse hier zu bleiben, sofern er von der persönlichen Bemerkung Notiz nehmen wollte. Ich habe nach der Geschäftsordnung nicht zum Worte kommen können. Der Herr Reichskanzler war bis zur Vertagung hier anwesend und hat sich unmittelbar bei der Annahme des Vertagungsantrages von hier entfernt. Ein Theil meiner beabsichtigten Bemerkungen verliert insofern an Interesse, als sie unmittelbar an den Herrn Reichskanzler gerichtet gewesen wären, während ich vor dem Hause nur zu wiederholen brauche, welcher Vorgang stattgefunden hat.

Ich glaube zu meinem Bedauern, daß sich heute ein Vorgang wiederholt hat, der früher schon einmal im Reichstag sich zugetragen, daß dem Herrn Reichskanzler über eine Rede Notizen gegeben worden sind, welche mindestens den formellen Gang dieser Rede gänzlich unrichtig wiedergegeben haben;

(hört! hört! links)

und ich gestehe, daß diese Art der Diskussion, die auf Grund solcher unsorgfältigen Notizen geführt wird und zu so bedeutenden Eruptionen führt, wie diesmal der Fall gewesen, im Interesse unserer Verhandlungen im höchsten Grade zu bedauern ist.

(Sehr richtig! links.)

Wenn Sie würdigen, in welcher Weise der Abschluß dieser Kontroverse vorhin hier stattgefunden hat, so meine ich, daß der Notizengeber dem Lande schlechte Dienste geleistet hat!

(Bravo! links.)

Der Herr Reichskanzler hat auf Grund dieser Notizen erklärt, ich hätte ihm Vorwürfe gemacht in Beziehung auf seine Angaben über Belastung des Grund und Bodens und hätte nicht einmal versucht, meine Entgegnung an Zahlen darzuthun oder seine Zahlen zu bemängeln. Wie es möglich war, so irreleitende Notizen dem Herrn Reichskanzler zu geben, ist mir unbegreiflich. Ich habe geglaubt, die Geduld des Hauses allzulange in Anspruch genommen zu haben, indem ich an den Zahlen meine Kritik übte, um, wenigstens soweit ich es vermochte, den Beweis zu bringen, weshalb die Zahlen des Herrn Reichskanzlers nicht zutreffend wären; und nun höre ich, ich hätte nicht einmal den Versuch gemacht, meine Rektifikation zu begründen; und das ist nicht einmal bis jetzt widerrufen. Der Notizengeber hat es nicht einmal für nothwendig erachtet, dem Herrn Reichskanzler zu erklären, daß er hierin einen Irrthum durch Unvollständigkeit und durch unrichtige Wiedergabe gemacht habe.

Alsdann ist dem Herrn Reichskanzler mitgetheilt worden, ich hätte ihn für unzuverlässig erklärt. Meine Herren, nicht allein, was der Herr Präsident mitgetheilt hat, sondern mein Wille, — den Wortlaut kann ich nicht kontroliren, weil ich die Stenogramme nicht vor mir habe, — war kein anderer, als auszudrücken, daß die Angaben und Zahlen des Herrn Reichskanzlers in Beziehung auf die Belastung des Grund und Bodens durch Steuern; wenn ich nicht irre, habe ich noch vorangeschickt „irrthümlich und unzuverlässig" seien. Daß es aber nicht mehr gestattet sein sollte, in der Debatte Zahlen und Angaben für unzuverlässig zu erklären, kann ich, und wie ich glaube, niemand, der mit den öffentlichen Verhandlungen vertraut ist, in keiner Weise annehmen, als eine Grundlage für die öffentlichen Verhandlungen!

(Sehr richtig!)

Hat doch der Herr Reichskanzler neulich sogar erklärt, daß amtliche statistische Angaben deswegen unzuverlässig wären, weil sie tendenziös gruppirt wären!

(sehr richtig!)

und bei der Empfindlichkeit des Herrn Reichskanzlers, daß auch niemand außer dem Hause beleidigt werden soll, muß ich annehmen, daß, wenn er derartige Worte gebraucht, er sie nicht für beleidigend hält, während er sie gebraucht; aber er hält sie für beleidigend, wenn sie aus der Mitte des Hauses kommen.

Alsdann hat der Herr Reichskanzler erklärt, ich hätte von ihm gesagt, es wäre das extravaganteste Agrarierthum, was er entwickelt hätte. Wenn ich nicht irre, wenigstens habe ich nur die Absicht gehabt zu sagen, daß Herr von Thüngen in seinem Briefe das extravaganteste Agrarierthum dargethan habe,

(sehr richtig!)

und daß ich es bedauerte, daß der Herr Reichskanzler durch seine Zustimmung das Akzept auf einen Wechsel gesetzt habe, dessen eigenen Werth ich nicht zu beurtheilen wüßte.

(Ganz richtig! links.)

Ich wundere mich, daß der Herr Notizenmacher, der den Ideengang entweder überhört oder nicht richtig verstanden hat, den Herrn Reichskanzler verleitet, einen Punkt als Angriff aufzunehmen, der es in der Form in keiner Weise war. Alsdann hat der Herr Reichskanzler mir noch vorgeworfen, ich hätte in Beziehung auf die Gebäudesteuer, — in welcher Weise der Berichterstatter falsche Notizen gegeben hat oder unrichtige, will ich damit darthun, — ich hätte in der Gebäudesteuer gar keine Kenntniß von den landwirthschaftlichen Sachen gezeigt, indem ich nicht berücksichtigt hätte, daß die Wohngebäude versteuert werden müssen. Ich habe aber ausdrücklich gesagt, daß die Wohngebäude ausgenommen sind, und als mir zugerufen wurde, die Tagelöhnerhäuser werden auch versteuert, so habe ich noch ausdrücklich erklärt, ich spreche von den Millionen von Bauern, von denen der Herr Reichskanzler als übermäßig belastet gesprochen hat, bei denen natürlich nicht die wirthschaftlichen Gebäude von der Art, wie der Herr Reichskanzler sie aufgezählt hat, als eine normale Gebäudesteuer in Betrachtung gezogen werden können.

Der Herr Reichskanzler hat eine Anzahl von Bemerkungen über mich gemacht, die, wenn er die Grundsätze der Höflichkeit auf beiden Seiten gleich abmessen wollte, mindestens in den Räumen dieses Hauses — außerhalb habe ich ja keine Herrschaft darüber, auch erhebe ich keinen Anspruch irgend welcher Art — so glaube ich, daß er doch nicht dazu gekommen wäre, derartige Bemerkungen gegen die Person zu machen, sofern es ihm erwünscht ist, daß die Debatten sachlich geführt und nicht durch heftige, wechselseitige Anschuldigungen getrübt werden. Indessen hierin will ich der Mahnung des Herrn Präsidenten folgen und nicht Bemerkungen darüber machen, wie der Herr Reichskanzler in die innersten persönlichen und privaten Angelegenheiten eines Abgeordneten glaubt hineingreifen zu dürfen ohne Kenntniß dieser Verhältnisse. Denn ich nehme an, daß der Herr Reichskanzler, wenn er nicht anderweitige Erkundigungen angestellt hat, meine persönlichen Verhältnisse nicht kennt, wie er sie in der That auch thatsächlich falsch dargestellt hat, übersehen hat, was ich im Privatleben zu leisten habe und was ich etwa besitze.

Daß ich dem Herrn Reichskanzler keine Mittheilung gemacht habe, versichere ich dem Hause, die bezüglichen Angaben dürfen also nicht als authentisch betrachtet werden. Ich will aber über diese sowohl, wie über jede andere Reflexion eingehender Bemerkungen mich enthalten, weil, wie ich fürchte, diese der Natur der Sache nach noch schärfer ausfallen müßten, als zu denen sich der Herr Reichskanzler auf Grund unrichtiger Berichte mir gegenüber berechtigt geglaubt hat.

Wenn aber der Herr Reichskanzler einen Punkt politisch hier hervorgehoben hat, meine Empfindlichkeit rühre vielleicht daher, daß ich nicht mehr die Herrschaft in der Fraktion üben könnte und dadurch die Herrschaft im Hause, so versichere ich dem Herrn Reichskanzler, daß er von meinem Charakter auch nicht die geringste Spur von Kenntniß hat. Ich will ihm übrigens — alle meine Parteigenossen werden mir dies bezeugen — aus meinem vergangenen politischen Leben erklären, daß ich innerhalb meiner Fraktion derjenige war, der öfter Opfer zu bringen hatte, als dem Opfer gebracht worden sind,

(sehr richtig!)

und daß dies niemals auch nur mit dem Schatten einer Kränkung mich erfüllt hat, wie ich denn thatsächlich überall, auch da, wo ich überstimme werde, als letzten Wunsche habe, daß die getroffenen Anordnungen zum Segen des Reiches gereichen mögen.

(Bravo!)

Meine Herren, ich glaube, daß ich in dieser Beziehung nicht die Grenzen überschritten haben werde, von denen ich glaube, daß sie uns dadurch gezogen werden, daß wir uns nicht in wechselseitigen persönlichen, heftigen Ausdrücken überbieten und dadurch der Debatte einen ganz anderen Charakter geben, als sie haben soll.

(Zuruf: persönlich!)

Ich darf von mir versichern, meine Herren, daß mir eine Absicht, unmittelbar und persönlich etwas kränkendes dem Herrn Reichskanzler zu sagen, vollständig fern gelegen hat und jeder Zeit fern liegt, und hätte ich einen Ausdruck gebraucht, der in Wirklichkeit ihm zu nahe getreten wäre und nicht bloß objektiv den Inhalt meiner Anschauungen erläutert hätte, so wäre ich sofort bereit gewesen, offen dies zu modifiziren.

(Bravo!)

Präsident: Zu einer persönlichen Bemerkung hat das Wort der Herr Abgeordnete Dr. Delbrück.

Abgeordneter Dr. **Delbrück:** Meine Herren, die Einwendungen, welche der erste Herr Redner, der heute vom Bundesrathstische gesprochen hat, gegen einzelnes von dem von mir neulich Vorgetragenen erhoben hat, kann ich im Rahmen einer persönlichen Bemerkung nicht widerlegen. Ebensowenig halte ich es im Interesse der Diskussion des Hauses liegend, wenn ich in der Generaldiskussion zur Erledigung dieser drei Punkte noch das Wort nehme. Ich behalte mir vor — und werde das nicht vergessen — bei der Spezialdiskussion das Nöthige beizufügen.

Präsident: Zu einer persönlichen Bemerkung hat das Wort der Herr Abgeordnete Dr. Löwe (Bochum).

Abgeordneter Dr. **Löwe** (Bochum): Der Herr Abgeordnete Lasker hat heute in der Debatte die Diskontogesellschaft mit ihren Geschäften erwähnt und dabei die Unparteilichkeit derjenigen Mitglieder, die Mitglieder des Verwaltungsraths der Diskontogesellschaft und zugleich Mitglieder dieses Hauses sind, in Zweifel gezogen in Bezug auf die Unparteilichkeit ihrer Vertretung der jetzt vorliegenden Tarifvorlage, und zwar besonders des Eisenzolles. Ich bin seit Kürzem Mitglied des Verwaltungsraths der Diskontogesellschaft und habe die Ehre gehabt, erst vor zwei Tagen vor Ihnen die Tarifvorlage zu vertheidigen. Ich bin deshalb gezwungen, diese Aeußerung auf mich zu beziehen, und kann dem Herrn Lasker nur das antworten, was er soeben dem Herrn Reichskanzler geantwortet hat, daß es im höchsten Grade zu beklagen ist, wenn man in die innersten Motive der Personen für ihre Handlungen schlimme Verdächtigungen unterlegt ohne den geringsten Beweis.

(Bravo!)

Ich habe eine zuverlässige Niederschrift eingesehen, was er gesagt hat, nehme aber jedes Wort zurück, wenn der Herr Abgeordnete Lasker behaupten kann, er habe das nicht gesagt.

Meine Herren, was nun speziell die Eisenzollfrage betrifft, von der er sagte, daß mit der Bewilligung der Zölle die Aktien der Diskontogesellschaft steigen würden, oder die Aktien der Dortmunder Union steigen würden, und daß deshalb meine Unparteilichkeit zu bezweifeln, so spreche ich davon kein Wort. Daß ich aber seit Jahren schon hier die Eisenzollfrage vertreten habe, das wissen Sie alle. Ich habe sie vertreten aus genauer Kenntniß der Lage der Eisenindustrie, und diese persönliche Kenntniß ist dieselbe gewesen, und mein materielles Interesse zu der Eisenfrage ist genau dasselbe gewesen zu der Zeit, als ich hier in diesem Hause für die Erniedrigung der damaligen Zölle gestimmt habe, wie zu der Zeit, wo ich für die Erhaltung eines mäßigen Zolls eingetreten bin. Meine Herren, in dem Augenblick, wo hier in diesem Hause die wichtigsten materiellen Interessen verhandelt werden, halte ich es im höchsten Grade für gefährlich; für die ganze Entwickelung der politischen Institutionen, wie für den moralischen Charakter der Nation, gegen jeden, der mit irgend einem Geschäft in Verbindung steht, so beiläufig Verdächtigungen hinzuwerfen.

Ich spreche kein Wort von alter Bekanntschaft, von langer politischer Genossenschaft, wo man doch sonst wohl erst Beweise gegen einen Mann haben sollte, ehe man ihn aus bloßer Konjektur verdächtigt, das hat für das Hans kein Interesse, aber das andere war ich verpflichtet zu sagen.

(Bravo!)

Präsident: Zu einer persönlichen Bemerkung hat das Wort der Herr Abgeordnete Dr. Lasker.

Abgeordneter Dr. **Lasker:** Ich habe den stenographischen Bericht nicht vor mir, und habe nicht gelesen, was ich an dieser Stelle gesagt habe. Ich kann nur sagen, was ich habe sagen *wollen*.

(Unruhe rechts.)

Ich nehme nichts zurück von dem, was ich habe sagen wollen; ich habe erklärt, in welcher Weise in der Vergangenheit es erschwert worden, selbst aus der Verbindung des Handelsstandes mit den Bergwerksbesitzern sich ein klares und unparteiisches Bild zu schaffen, und ich habe entwickelt, in welcher Weise die Börse zusammenhängt mit dem Bergwerksbesitz und seinen unmittelbaren Interessen, und ich habe ferner hinzugefügt, daß diejenigen, die bei einem solchen Geschäft betheiligt wären, dadurch in ihren Anschauungen zur Vertretung bestimmter Interessen kommen, und ich habe ferner, ich weiß nicht, ob an dieser oder einer anderen Stelle, auf einen Zuruf erklärt, daß ich annehme, es sei in diesem Hause gebilligt, bei dieser Vorlage Interessen zu vertreten, und ich habe ausdrücklich hinzugefügt, daß ich darunter persönliche Interessen des Betreffenden nicht meine.

(Unruhe.)

Insoweit glaube ich mit vollster Bestimmtheit mich dessen zu erinnern, was ich gesagt habe; so habe ich es mit vollständigster Sicherheit in meiner Erinnerung. Anderes habe ich jedenfalls nicht sagen wollen, am allerwenigsten aber, daß irgend welche persönliche Interessen bestimmend gewesen wären für das Votum in diesem Hause. Wenn der Herr Abgeordnete Löwe befriedigt ist mit dieser Erklärung, wie ich aus seinem Zuruf entnehme, so bin ich darüber sehr erfreut. Ich bin völlig sicher, daß ich dies gemeint habe, nur kann ich die Form nicht reproduziren, in der ich es vorhin vorgebracht habe.

Präsident: Ich würde vorschlagen, die nächste Sitzung morgen früh um 10 Uhr abzuhalten. Ich bedaure, die Fortsetzung der heutigen Verhandlung wenigstens für die erste Stunde der morgigen Sitzung unterbrechen zu müssen; es ist dies meiner Ansicht nach unbedingt nach der Lage der Geschäfte nothwendig, und ich würde daher als ersten Gegenstand auf die Tagesordnung setzen:

erste und zweite Berathung des Entwurfs eines Gesetzes, betreffend die Vertheilung der Matrikularbeiträge für das Jahr 1879/80 (Nr. 151 der Drucksachen);

als zweiten Gegenstand:

erste und zweite Berathung des Gesetzentwurfs, betreffend die Erwerbung der Staatsdruckerei für das Reich und die Feststellung eines Nachtrags zum Reichshaushaltsetat für das Etatsjahr 1879/80 (Nr. 152 der Drucksachen);

ferner:

erste und zweite Berathung des Gesetzentwurfs, betreffend die Feststellung eines Nachtrags zum Reichshaushaltsetat für das Etatsjahr 1879/80 (Nr. 153 der Drucksachen),

und schließlich:

Fortsetzung der heute abgebrochenen Diskussion und Rest der heutigen Tagesordnung.

Widerspruch gegen diese Tagesordnung wird nicht erhoben; es wird die nächste Plenarsitzung mit dieser Tagesordnung morgen Vormittag um 10 Uhr stattfinden.

Ich schließe die Sitzung.

(Schluß der Sitzung 4 Uhr 40 Minuten.)

Druck und Verlag der Buchdruckerei der Nordd. Allgem. Zeitung. Pindter.
Berlin, Wilhelmstraße 32.

41. Sitzung

am Freitag, den 9. Mai 1879.

Die Sitzung wird um 10 Uhr 40 Minuten durch den Präsidenten Dr. von Forckenbeck eröffnet.

Präsident: Die Sitzung ist eröffnet.

Das Protokoll der letzten Sitzung liegt zur Einsicht auf dem Büreau offen.

Es liegt mir die traurige Pflicht ob, dem Hause eine Trauernachricht zu verkünden. Der Abgeordnete Dr. Hermann Schmalz, Mitglied des konstituirenden Reichstags sowie des deutschen Reichstags seit der ersten Session der vierten Legislaturperiode 1878 für den zweiten Wahlkreis des Regierungsbezirks Gumbinnen, — Kreise Ragnit, Pilkallen — ist am 6. d. Mts. nach einer gestern erstatteten Anzeige verstorben. Ich ersuche die Mitglieder des Reichstags, zu Ehren des Andenkens des Verstorbenen sich von ihren Plätzen zu erheben.

(Der Reichstag erhebt sich.)

Ich habe Urlaub ertheilt: dem Herrn Abgeordneten Freiherrn von Maltzahn-Gültz für heute und morgen wegen einer nothwendigen Geschäftsreise, — dem Herrn Abgeordneten Dr. Hammacher für vier Tage wegen dringender Familienangelegenheiten.

Es sucht Urlaub nach der Herr Abgeordnete Leonhard für vierzehn Tage wegen Unwohlseins. — Es wird dem Urlaubsgesuch nicht widersprochen; es ist bewilligt.

Entschuldigt für heute ist der Herr Abgeordnete Ackermann wegen einer dringlichen Reise.

Als Kommissarien des Bundesraths werden der heutigen Sitzung beiwohnen:

bei der Berathung des Gesetzentwurfs, betreffend die Erwerbung der preußischen Staatsdruckerei für das Reich,

der Geheime Oberregierungsrath Herr Aschenborn,
der Geheime Regierungsrath Herr Lieber,
der Geheime Oberpostrath Herr Dr. Fischer und
der Geheime Oberpostrath Herr Sachse;

bei der Berathung des Gesetzentwurfs, betreffend die Feststellung eines Nachtrags zum Reichshaushaltsetat für das Etatsjahr 1879/80,

der Geheime Oberregierungsrath Herr Nieberding und
der Geheime Oberregierungsrath Herr Schultz.

Der Herr Abgeordnete Dr. Roggemann zeigt seine Ernennung zum Mitglied des Landgerichts zu Oldenburg mit dem Titel Landgerichtsrath vom 1. Oktober d. J. an dem Reichstag an. Ich schlage vor auch dieses Schreiben, wie die früheren ähnlichen Schreiben, der Geschäftsordnungskommission zur Berichterstattung zu überweisen. — Es wird dem nicht widersprochen; der Vorschlag ist angenommen.

Wir treten in die Tagesordnung ein.

Erster Gegenstand der Tagesordnung ist:

erste und zweite Berathung des Entwurfs eines Gesetzes, betreffend die Vertheilung der Matrikularbeiträge für das Etatsjahr 1879/80 (Nr. 151 der Drucksachen).

Ich eröffne die erste Berathung. — Das Wort wird nicht genommen; ich schließe die erste Berathung und ersuche diejenigen Herren, welche den Gesetzentwurf zur weiteren Vorberathung in eine Kommission verweisen wollen, sich zu erheben.

(Pause.)

Es erhebt sich niemand; die Verweisung an eine Kommission ist abgelehnt, und wir treten sofort in die zweite Berathung ein.

Ich eröffne die Spezialdiskussion über den Text des Gesetzes. — Das Wort wird nicht genommen; ich schließe die Diskussion. Da eine Abstimmung nicht verlangt ist, so konstatire ich die Annahme des Textes des Gesetzes.

Ich eröffne die Diskussion über Ueberschrift und Einleitung des Gesetzes. — Auch hier wird das Wort nicht genommen; ich konstatire die Annahme der Einleitung und Ueberschrift in zweiter Berathung.

Damit wäre der erste Gegenstand der Tagesordnung erledigt.

Wir gehen über zum zweiten Gegenstand der Tagesordnung:

erste und zweite Berathung des Entwurfs eines Gesetzes, betreffend die Erwerbung der königlich preußischen Staatsdruckerei für das Reich und die Feststellung eines Nachtrags zum Reichshaushaltsetat für das Etatsjahr 1879/80 (Nr. 152 der Drucksachen).

Ich eröffne die erste Berathung und sonach die Generaldiskussion über das Gesetz und ertheile das Wort dem Herrn Abgeordneten Dr. Zimmermann.

Abgeordneter Dr. **Zimmermann:** Meine Herren, es ist einigermaßen schwierig, Ihre Aufmerksamkeit auf einen Gegenstand zu lenken, der in seiner äußeren Erscheinung ja nicht die umfangreiche Bedeutung der Vorlagen hat, die Sie jetzt im hohen Maße beschäftigen. Dennoch will ich mir gestatten, zu dem vorliegenden Entwurf einige Bemerkungen zu machen, um wo möglich Ihre Aufmerksamkeit auf Ausführungen in der begleitenden Denkschrift zu richten, die mir doch wesentlich bedenklich erscheinen, und ich möchte deshalb gleich von vornherein den Antrag stellen, bei den erheblichen Konsequenzen, die sich aus dieser Vorlage entwickeln können, heute nicht in die zweite Lesung einzutreten. Es sind in der That verschiedene Momente, die, wie ich glaube, einer näheren Erwägung bedürfen und die wahrscheinlich auch zu bestimmten Anträgen führen werden.

Meine Herren, die Frage, nach welchen Richtungen und bei welchen Vorlagen etwa Ersparnisse in Aussicht zu nehmen sind, diese Frage ist trotz der umfangreichen Diskussion der

Vorlagen, die Ihnen die Erhöhung von Steuern und Zöllen so ans Herz legen, etwas in den Hintergrund getreten, und es möchte deshalb wohl gerathen sein, aus diesem Gesichtspunkt der möglichen Ersparniß die Konsequenzen einer jeden Vorlage genauer zu prüfen, um da vielleicht den Hebel anzusetzen, aus gewissen Schwierigkeiten herauszukommen, nämlich der fortwährenden Steigerung des deutschen Reichshaushaltsetats eine Schranke zu setzen, eines Etats, der in den wenigen Jahren der Existenz des Reichs um mehr als 50 Prozent gestiegen ist, wo man also in der That ernstlichst zu erwägen hat, doch einmal eine bestimmte Grenze zu ziehen.

Meine Herren, der Entwurf schlägt Ihnen vor, die preußische Staatsdruckerei zu erwerben und damit eine Feststellung eines Nachtrags zum Reichshaushaltsetat des Etatsjahrs 1879/80 zu verbinden. Der Gegenstand ist in seinem Hauptprinzip bereits vor dem preußischen Abgeordnetenhaus verhandelt worden und hat ja dort in dem wesentlichen Ziel eine Annahme gefunden. Aber, meine Herren, der eigentliche Zweck der wirklichen Vereinigung dieser beiden bedeutenden technischen Institute kann nicht erreicht werden, weil die inneren technischen Einrichtungen beider fundamental verschieden sind. Deshalb steht Ihnen auch fortgesetzt in Aussicht, daß Sie erneuerte Ausgaben in der Sache zu bewilligen haben werden. Ich hätte gewünscht, daß uns mehr Zeit bliebe, diese Vorlage einer eingehenden Berathung zu unterziehen und vielleicht zu untersuchen, ob es nicht minderkostspielige Wege gibt, um die letzten Zwecke, die die deutsche Reichsregierung bei dieser Sache im Auge hat, zu erreichen. Ich muß aber von dieser meiner Absicht nach der Geschäftslage des Hauses abstrahiren und mich nur darauf beschränken, für heute Sie zu bitten, die zweite Lesung von der Tagesordnung abzusetzen.

Das Hauptbedenken, meine Herren, was ich gegen diese Vorlage glaube geltend machen zu müssen, ist die Gefahr, daß hier eine Staatsindustrie in einem bedeutenden Umfang sich in eine gefährliche Konkurrenz mit der Privatindustrie setzen will.

Daß eine eigentliche Vereinigung dieser beiden technischen Institute zu einheitlicher Leitung auch von den verbündeten Regierungen wenigstens für jetzt nicht für ausführbar anerkannt ist, geht aus der erwähnten Denkschrift hervor, worin angedeutet ist, daß vorläufig vorerst noch die beiden Institute räumlich von einander getrennt bleiben. Das ist aber die nothwendige Folge der Thatsache, daß eben die technischen Systeme von einander ganz abweichend sind, daher eine getrennte Verwaltung und damit erhöhte Kosten erfordern.

Der andere Punkt aber, meine Herren, den ich für den hauptsächlich gefährlichen halte, welchen Sie einer reiflichen Prüfung unterziehen sollten, ist die Konkurrenz mit der Privatindustrie, welche in der Denkschrift angedeutet und die so kurz und doch so inhaltsreich ist. In dieser Denkschrift wird präzisirt, was eigentlich die Aufgabe dieser vereinigten Institute in Bezug auf die Reichsregierung sein soll. Es wird gesagt:

> die künftige Reichsdruckerei ist in erster Linie zu unmittelbaren Zwecken des Reichs und der einzelnen Bundesstaaten bestimmt.

Es ist das schon eine sehr vage Bestimmung, weil ja auch darin schon die Möglichkeit liegt, die berechtigte Privatindustrie durch ihre Konkurrenz zu beschränken; nun heißt es aber weiter:

> Sie soll indessen auch ermächtigt sein, Arbeiten von städtischen 2c. Behörden, Korporationen, sowie solche Arbeiten zu übernehmen, deren technische Herstellung in Deutschland nur mit den der Reichsdruckerei eigenthümlichen Verfahrungsweisen und Hilfsmitteln erreichbar ist.

Auch damit wird der Industrie entschieden zu nahe getreten.

Endlich, meine Herren, kommt der weitgehendste, der Schlußsatz, der Ihre vollste Aufmerksamkeit erfordert:

> Ferner soll die Reichsdruckerei die Befugniß erhalten, auch von Privatpersonen Werke, deren Verbreitung wissenschaftliche oder Kunstinteressen wesentlich zu fördern geeignet sind, ausnahmsweise zum Druck anzunehmen.

Meine Herren, hiermit ist die freie vollständige Konkurrenz mit der Privatindustrie proklamirt. Ich bitte Sie deshalb aus den verschiedenen Ihnen vorgeführten Gesichtspunkten, die zweite Lesung von der heutigen Tagesordnung abzusetzen, da ich keine Aussicht habe, für meinen Antrag, welchen ich für den zweckmäßigsten halte, einen Beifall zu finden, nämlich, eine kleine Kommission von solchen Mitgliedern dieses hohen Hauses zu ernennen, die den hier zur Erwägung kommenden technischen Fragen näher stehen.

Da ich nun keine Hoffnung habe, daß ein solcher Antrag angenommen wird, so bitte ich Sie, wenigstens für heute die zweite Lesung des Gegenstandes abzusetzen von der Tagesordnung, insbesondere auch, da erst gestern zur späten Stunde beschlossen wurde, den Gegenstand überhaupt heute in erster Linie auf die Tagesordnung zu setzen, endlich auch die Vorlage neben so wichtigen, umfangreichen anderen Sachen erst kurze Zeit in unseren Händen ist und Ihre Aufmerksamkeit im vollsten Maße anderweit in Anspruch genommen wurde, bitte ich Sie meinem Antrag beizustimmen, die zweite Lesung für heute abzusetzen; ich würde dann mir vorbehalten, bestimmt formulirte Anträge nach der Richtung einzubringen, ebenso betreffs des Nachtrags des Etats eine eingehendere Behandlung in Ansicht zu nehmen. In den künftigen Etats, meine Herren, werden die Schwierigkeiten noch schärfer zu Tage treten, wenn nicht jetzt eine genauere Erwägung desselben beliebt wird, es würde dann sicherlich die Gelegenheit auch mangeln, bereits entschiedene Fragen in nähere Erörterung zu ziehen. So möchte ich endlich darauf aufmerksam machen, was bedeutungsvoll in dem kleinen Schlußsätzchen jener Denkschrift angedeutet ist;

> Mit der Leitung der Reichsdruckerei ist bis auf Weiteres der Generalpostmeister beauftragt.

Ich möchte wohl eine Berücksichtigung der technischen Autoritäten in der Leitungsfrage präziser ausgedrückt sehen, als das in jenem Schlußsatz und in der Vorlage geschehen ist. Der Herr Generalpostmeister hat ja ein schönes weites Gebiet, ja das ganze Weltgebiet für die Entwicklung seiner ersprießlichen Thätigkeit, daß ich selbstverständlich voraussetze, daß man den technischen Leiter nicht zurücksetzen kann.

Wie aber diese technische Leitung eingerichtet werden soll, meine Herren, darüber müßte uns eigentlich eine motivirtere Vorlage gemacht werden, als wir sie seitens der verbündeten Regierungen vor uns haben. Ich bitte Sie also, die zweite Lesung von der heutigen Tagesordnung abzusetzen.

Präsident: Der Herr Generalpostmeister hat das Wort.

Bevollmächtigter zum Bundesrath Generalpostmeister Dr. **Stephan:** Meine Herren, schon bei den Verhandlungen, die dem Gesetz vom 23. Mai 1877, betreffend den Erwerb der geheimen Oberhofbuchdruckerei für das Reich vorangingen, ist von mehreren Seiten als Endziel ganz bewußt ins Auge gefaßt worden die Erwerbung der königlich preußischen Staatsdruckerei und die Verschmelzung der beiden Institute, die sich als eine ganz natürliche Maßregel darstellt, weil sie durch die gegenseitige Konkurrenz sich ja lediglich abschwächen können. Es sind in Folge der damaligen Verhandlungen in diesem hohen Hause sofort mit der königlich preußischen Staatsregierung Unterhandlungen zum Zweck der Erwerbung der preußischen Staatsdruckerei angeknüpft worden, und sie sind, Dank dem Entgegenkommen der königlich preußischen Staatsregierung, welches in einem Maße stattgefunden hat, wie es sich nur irgend mit der Wahrung der preußischen Staatsinteressen vereinigt, zu einem erfolgreichen Ziele gebracht worden. Die Angelegenheit hat bereits dem preußischen Landtag vorgelegen. Es ist bei den dortigen Verhandlungen, in denen der Abgeordnete Rickert als Berichterstatter der Budgetkommission in der 47. Sitzung des Abgeordnetenhauses vom 8. Februar 1879 berichtet hat, allseitig die Zweckmäßigkeit dieser Erwerbung anerkannt worden. Jetzt kann es sich also nur um die Modalitäten und den Finanzpunkt handeln. In dieser Beziehung sind die verbündeten Regierungen bei der gegenwärtigen Vorlage bemüht gewesen, sie Ihnen möglichst spezialisirt und doch thunlichst durchsichtig, — diese beiden Anforderungen widersprechen sich in gewissem Maße und es ist nicht immer leicht, sie zu vereinigen — vorzulegen. Es ist in allen früheren Stadien der Verhandlungen, welche diese Angelegenheit betroffen haben, anerkannt worden, daß sie finanziell für das Reich besonders günstig liegt, und die besten Beweise dafür sind die Zweifel, die in der Budgetkommission und in der Sitzung des preußischen Landtags erhoben worden sind, ob die Entschädigungssumme, die das Reich an Preußen zahlen wird, genüge, um die Vortheile auszugleichen, die Preußen bisher aus der Staatsdruckerei bezogen hat.

Es verhält sich die Sache, wenn ich auf die Ziffern eingehe, folgendermaßen: Der Kaufpreis für die Deckersche Druckerei, abgesehen von den Grundstücken, soweit sie nicht für Zwecke der Druckerei in Anspruch genommen werden, beläuft sich auf 2,058,000 Mark. Die Erwerbung und Einrichtung der preußischen Staatsdruckerei und die Verschmelzung der beiden Institute wird nach der gegenwärtigen Vorlage 4,873,000 Mark rund betragen. Es ergibt sich also ein Anlagekapital von 6,931,000 Mark. Der Ueberschuß, der im Etat steht — in dieser Beziehung möchte ich dem geehrten Herrn Vorredner bemerken, daß er die Anforderung, die er gestellt hat, in Bezug auf einen spezialisirten Etat der Druckerei, in der gegenwärtigen Gesetzesvorlage erfüllt findet — beläuft sich auf die Summe von 1,105,440 Mark; gegenüber einem Kapital von 6,931,000 Mark macht das eine Verzinsung von 16 Prozent. Nun, meine Herren, ich glaube, daß das Reich wohl selten ein so gutes finanzielles Geschäft gemacht hat, wie dies nach der Vorlage sich darstellt.

Der Herr Vorredner hat dann noch den Punkt der Konkurrenz mit der Privatindustrie zur Sprache gebracht. Bekanntlich haben über denselben Gegenstand bei den Verhandlungen im Jahre 1877 auch hier Erörterungen stattgefunden. Unsere Privatindustrie auf dem Gebiet des Buchdruckergewerbes oder, wie man wohl nicht mit Unrecht sagt, der Buchdruckerkunst, erfreut sich einer hohen Anerkennung in allen Kreisen der Nation, und es ist das gegenwärtige Geschlecht auf diesem Gebiet gewiß nicht zurückgeblieben hinter den Verpflichtungen, welche die Tradition dem deutschen Erfindungsgeist und Gewerbefleiß, gerade auf dem Gebiet der Buchdruckerkunst auferlegt: die Nation, aus der Guttenberg hervorgegangen ist, und die vor etwa 70 Jahren die ersten Schnellpressen gebaut hat, kann gewiß mit Stolz auf die jetzige Entwicklung der Buchdruckerkunst blicken. Es kann uns bei diesen Anschauungen nicht einfallen, mit der preußischen Staatsdruckerei und der Hofbuchdruckerei diesem Gewerbe irgend wie Konkurrenz machen zu wollen, und insbesondere kann ich auch hervorheben, daß es gar nicht in der Absicht liegt, die bestehende Dezentralisation, umfassende Lieferung von Postdrucksachen, welche jetzt in einzelnen Provinzen hergestellt werden, wieder aufzuheben, und in ihrem Gesammtumfang in der künftigen Reichsdruckerei zu zentralisiren. In dieser Beziehung dürfen Sie keine Besorgniß hegen, im Gegentheil glaube ich, daß die Reichsdruckerei gerade der Privatindustrie nützen wird, durch Anstellung von Versuchen, durch Aufstellung von Mustern, so daß sie gewissermaßen als eine Versuchsstation auf dem Gebiet dieses technischen Gewerbes dienen wird, in Fällen, wo die Mittel des Einzelnen nicht hinreichen, kostspielige Versuche anzustellen.

Endlich möchte ich bemerken, daß das Embargo, welches der Reichstag in dem § 1 des Gesetzes vom 23. Mai 1877 auf das Deckersche Grundstück gelegt hat: daß über die dauernde Verwendung desselben nicht eher verfügt werden dürfe, als bis die Frage wegen des Bauplatzes für den Reichstag entschieden sei, in keiner Weise durch die Vorlage berührt wird.

Nach allem diesen möchte ich Sie bitten, da die Angelegenheit klar und übersichtlich liegt, den Antrag des Herrn Vorredners abzulehnen, und in die zweite Berathung einzutreten.

Präsident: Der Herr Abgeordnete von Benda hat das Wort.

Abgeordneter von **Benda:** Meine Herren, ich würde doch Bedenken tragen, den Gesetzentwurf zurückzulegen, einestheils deswegen, weil es sich um eine unzweifelhaft zweckmäßige Einrichtung der Vereinigung beider Institute handelt, anderntheils weil die Punktationen über den Erwerb beider Grundstücke, die in Aussicht genommen sind, nur bis zum 15. Mai, also nur noch 6 Tage giltig sind, und dann möglicherweise das Geschäft hinfällig wird. Dagegen will ich zugestehen, daß es unserer Gewohnheit nicht entspricht, und etwas bedenklich ist, bei einem Gesetzentwurf, der den Ankauf und die Einrichtung dieser Grundstücke im Auge hat, gleichzeitig den ganzen Entwurf des Etats mit hinunterzuschlucken. Ich glaube, diese beiden Gesichtspunkte lassen sich mit dem, was seitens des Herrn Vorredners gesagt worden ist, sehr leicht vereinigen, wenn wir die §§ 1, 2, 3 und 6 annehmen, die §§ 4 und 5, die den Etat enthalten, ablehnen und der Regierung anheimgeben, eine besondere Vorlage darüber vorzulegen, die demnächst der kommissarischen Prüfung unterliegen kann. Ich halte es nicht für richtig in diesem Stadium, den Ankauf der Grundstücke, die Einichtung, überhaupt die sehr zweckmäßige Organisation der Sache aufzuhalten. Ich bitte, in der zweiten Lesung damit fortzufahren, und meinem Vorschlag entsprechend die §§ 4 und 5 heute abzulehnen. Es ist Zeit genug, daß wir den Etat kommissarisch prüfen, und die Regierung hat voraussichtlich auch keine große Arbeit, die Sache in dieser Weise zu erledigen.

Präsident: Der Herr Generalpostmeister hat das Wort.

Bevollmächtigter zum Bundesrath Generalpostmeister Dr. **Stephan:** Meine Herren, so gern ich bereit wäre, auf diesen Vorschlag einzugehen, der ja manches für sich hat, möchte ich Sie doch bitten, davon Abstand zu nehmen.

Zuerst kommt der Gesichtspunkt in Betracht, den der Herr Abgeordnete von Benda ganz richtig hervorgehoben hat, daß ein peremptorischer Termin auf den 15. Mai ansteht, bis wohin die Grundstücke erworben sein müssen. Man kann mit Sicherheit voraussehen, daß die Forderungen der Besitzer der Gebäude sich steigern werden, wenn dieser Termin nicht inne gehalten würde. Wie man nun den Gesetzentwurf in zwei Theile zerlegen, den einen genehmigen kann und den andern nicht, ohne den Termin zu gefährden, ist mir noch nicht vollkommen klar. Was den Etat betrifft, so scheinen sachliche Gründe nicht vorzuliegen, um ihn erst an eine Kommission zu verweisen, und ihn für eine spätere Berathung zurückzustellen. Der jetzige Etat stellt sich lediglich dar als eine Verschmelzung des hier bereits im Reichstag durchberathenen Etats für die geheime Oberhofbuchdruckerei und des im preußischen Landtag festgestellten Etats der königlich preußischen Staatsdruckerei. Es ist also lediglich eine kalkulatorische Operation, und es walten nach meiner Auffassung keine sachliche Bedenken ob, in die Berathung der §§ 4 und 5 einzutreten. Ich möchte also bitten, entsprechend der Tagesordnung, bei der Vorlage zu verbleiben, und die zweite Berathung heute im Plenum zu erledigen.

Präsident: Der Herr Abgeordnete Dr. Zimmermann hat das Wort.

Abgeordneter Dr. **Zimmermann**: Ich bedaure außerordentlich, daß ich mich den gegentheiligen Ausführungen nicht anschließen kann. Der Gedanke der Konkurrenz der Privatindustrie, ist klar und deutlich in der Denkschrift niedergelegt; er erfordert die genaueste Prüfung. Es ist die Staatsindustrie gerade ein Gebiet, wo die Privatindustrie Ihren Schutz erwartet, und der Einwand, daß durch eingehende Berathung die ganze Angelegenheit so wesentlich verzögert wird, dem kann ich nicht beipflichten. Ich habe ja demselben schon Rechnung getragen, indem ich auf die Kommission, die gewissermaßen durch technische Mitglieder dieses Hauses, als das allein richtige Mittel einer sorgfältigen Erwägung, zu bilden sein würde, verzichtet habe, aber den Gedanken, daß wir wenigstens diesen Etat auf alle Fälle nochmals einer genauen Prüfung unterziehen, kann ich nicht aufgeben. Meine verehrten Herren, Sie haben ja hier eine bedeutende Summe von Zahlen seitens des Herrn Generalpostmeisters anführen hören, ich glaube auch, und habe darüber gar keinen Zweifel, daß der Herr Generalpostmeister von den Grundlagen dieser Zahlen vollkommen durchdrungen ist, auf der anderen Seite aber, meine Herren, frägt es sich doch darum, wie diese Zahlen entstehen, wie sie zusammengesetzt sind. Gerade bei allen technischen Fragen gibt es für die verschiedenen Grundlagen einen sehr großen Kreis von einander abweichender Auffassungen, wir haben unzählige Fälle, wo Druckarbeiten u. s. w. in einer Weise taxirt werden, wo auf der anderen Seite Techniker zu ganz entgegengesetzten Resultaten in der Gewinnberechnung kommen, wie sie besonders von öffentlichen Instituten aufgestellt wird. Die summarischen Zahlen sind daher nicht genügend. Es kommt vielmehr ganz darauf an, unter welchen Grundlagen man die Ziffern aufstellt, von welchem Gesichtspunkt man bei solchen Grundlagen ausgeht, und deshalb, meine Herren, können Sie sich einer Prüfung der Details der großen Summe durchaus nicht entziehen. Ich will keine Verzögerung in der Sache herbeiführen und würde dem Herrn Präsidenten gewiß gerne anheimgeben, die zweite Lesung sobald als möglich anzusetzen, nur um Gelegenheit zu geben, daß bestimmt formulirte Anträge Ihnen unterbreitet werden können, die dann in einer halben Stunde erledigt werden können. Dadurch kann in der Sache keine Verzögerung entstehen, eventuell aber muß ich mich den Ausführungen des Herrn Kollegen von Benda anschließen, denn wenn ich das Ganze nicht bekommen kann, muß ich sehen, daß ich erhalte, was ich überhaupt erreichen kann. Meine Herren, die speziellere Prüfung des Etats wird Ihnen Veranlassung geben, auf die angedeuteten verschiedenen Gesichtspunkte näher einzugehen, und der Zweck, die Ausführung der Idee im Großen, wird dadurch ganz und gar nicht beeinträchtigt. Ich will ja der Ausführung des Hauptgedanken keine Hindernisse in den Weg legen, ich wünsche nur eine Prüfung der finanziellen Behandlung der Sache und eine sorgfältige Prüfung der Bestimmung, wonach die Reichsdruckerei die Befugniß erhalten soll, auch von Privatpersonen Werke, deren Verbreitung wissenschaftliche oder Kunstinteressen wesentlich zu fördern geeignet sind, ausnahmsweise zum Druck anzunehmen. Das ist ein Satz, der mir zu weit geht, und ich fühle mich daher verpflichtet, ganz bestimmt formulirte Anträge Ihnen in irgend einer Form zu unterbreiten, damit hier die Privatindustrie nicht in hohem Maße geschädigt wird, die ja in ihrer Bedeutung vom Herrn Generalpostmeister so außerordentlich gewürdigt wird. Ich erlaube mir, meinen Antrag zu wiederholen, die zweite Lesung von der heutigen Tagesordnung abzusetzen; ich glaube, das wird zur Verkürzung der Sache dienen, und mag die zweite Lesung an einem der nächsten Tage stattfinden.

Präsident: Der Herr Abgeordnete Dr. Stephani hat das Wort.

Abgeordneter Dr. **Stephani**: Meine Herren, ich bedauere, der Ansicht meines verehrten Freundes von Benda nicht beitreten zu können. Ich empfehle Ihnen vielmehr ebenfalls, für heute die zweite Lesung abzusetzen. Es ist mir leid, daß die Fristbestimmung bezüglich des Ankaufs des Grundstücks, die am 15. d. Mts. abschließt, uns in diese Zwangslage versetzt, man kann aber unmöglich bei der Wichtigkeit der Sache dieser Zwangslage so weit nachgeben, daß etwa eine eingehende weitere Prüfung dadurch ausgeschlossen wird. Meine Herren, die ganze Angelegenheit scheint mir allerdings so zu sein, daß wir auf der schiefen Bahn der Begründung von Staatsindustrie bereits Fortschritte gemacht haben, und ich bin für meinen Theil nicht geneigt, auf dieser schiefen Bahn zu folgen. Dazu ist die finanzielle Prüfung der Frage derart, daß sie doch noch etwas mehr Zeit erfordert als wir jetzt der Sache haben widmen können. Es ist mir bis jetzt noch sehr fraglich, wie z. B. die Preisberechnung, die seitens der königlich preußischen Regierung gestellt worden ist, sich begründen läßt, bei welcher z. B. der der preußischen Regierung entgehende Gewinn kapitalisirt, vom Reiche an Preußen gezahlt werden soll mit einer sehr hohen Summe. Diese Berechnung ist mir schon etwas unklar. Außerdem aber ist mir auch höchst unklar, wie es in der That abgesehen von den geschäftlichen Bedürfnissen, daß das Reich seine Drucksachen in eigener Druckerei herstellen könne, mit dem Preise steht, den das Reich zu zahlen hat. Jetzt ist allerdings eine hohe Rente ausgerechnet, aber die hohe Rente läßt sich ja sehr leicht machen, wenn das Reich der Druckerei sehr hohe Preise bezahlt, die nicht durch die Konkurrenz der Privatindustrie haben ermäßigt werden können. Es ist dann weiter nichts, als das Reich zahlt hohe Druckkosten und schafft sich dadurch scheinbar eine hohe Rente von seiner eigenen industriellen Anlage, eine hohe Rente, für welche eine Bilanz in der finanziellen Berechnung nicht vorliegt; denn es figurirt in derselben die Verzinsung eines Anlagekapitals gar nicht.

Wir müssen anerkennen, daß die letzten Tage, seit die Vorlage eingegangen ist, alle Mitglieder in einer Weise mit anderen Dingen und Geschäften in Anspruch genommen haben, daß es nicht möglich war, dieser Angelegenheit eingehende Aufmerksamkeit zu widmen, und aus diesem Grunde, bei der großen Tragweite der Sache, die es für das finanzielle Interesse des Reichs hat und für die Privatinteressen, empfehle ich, heute in die zweite Berathung nicht einzutreten. Mir würde es viel richtiger erscheinen, wenn eine gründliche finanzielle Prüfung durch die Etatskommission erfolgen könnte, an welche die Angelegenheit zu verweisen wäre.

Aus diesem Grunde werde ich dem Antrag des Herrn Abgeordneten Zimmermann beistimmen, die zweite Lesung abzusetzen.

Präsident: Der Herr Generalpostmeister hat das Wort.

Bevollmächtigter zum Bundesrath Generalpostmeister Dr. **Stephan**: Meine Herren, der Herr Vorredner hat einen Hauptakzent daranf gelegt, daß wir uns auf einer Bahn zur Beförderung des Staatsgewerbebetriebs befänden. Erlauben Sie mir, hierauf mit einigen Worten zu antworten.

Diese Frage, die ich in Beziehung auf die Druckerei als entschieden betrachte, hätte erörtert werden müssen, als es sich um die Begründung der königlich preußischen Staatsdruckerei handelte, ich glaube im Jahre 1854, und als es sich um die Erwerbung der Deckerschen Buchdruckerei für das Reich handelte. Die Körperschaften, welche berufen gewesen sind, sich darüber auszusprechen, haben in beiden Fällen diese Frage zu Gunsten der Errichtung einer Druckerei des Staats entschieden.

Den sachlichen Gründen, welche hierfür anzuführen sind, wohnt denn auch eine erhebliche Bedeutung bei. Es handelt sich vor allen Dingen um die Herstellung der Werthpapiere, der Dokumente über die Staatsanleihen, der Reichsbankbillets, der Post- und Telegraphiefreimarken, der Postkarten, der Wechselstempelmarken und ähnlicher Werthzeichen, die zuverlässig und zweckmäßig nur in einem Institut geschehen kann, das unter der Leitung und unter der Kontrole der Reichsgewalt beziehungsweise der betreffenden Staatsgewalt steht.

Dazu tritt ein anderes nicht minder wichtiges Moment, meine Herren, dasselbe begreift diejenigen Sachen, welche geheim gehalten werden müssen. Ich will hier nur an Mobilmachungspläne und dergleichen erinnern, an die umfassenden Drucksachen, welche für das königliche Kriegsministerium, die Marine u. s. w. in der Reichsdruckerei hergestellt werden.

Endlich kommt ein dritter Punkt in Betracht. Es ist die Zeit noch nicht so lange her, daß verschiedene Privatdruckereien vollständig lahm gelegt wurden durch die Strikes der Arbeiter. Wenn nun gerade in gefährlichen Zeiten, wo es von der größten Wichtigkeit sein kann, Verordnungen der Zentralgewalt sofort in alle Provinzen im Wege der Veröffentlichung gelangen zu lassen, also durch den Reichsanzeiger, durch das Reichsgesetzblatt u. s. w., die Arbeiter der Privatdruckereien striken, dann kann auf diese Weise die Regierungsmaschine und gerade in bedenklichen Momenten behindert werden. Es ist das ein Punkt, den ich Sie bitten möchte, sehr zu beherzigen. Nur im Wege des Bestehens einer Staatsanstalt kann man den Schwierigkeiten, die hieraus entstehen können, vorbeugen.

Diese Gründe sind denn auch für die meisten anderen Staaten in Europa entscheidend gewesen, ähnliche Institute sich zu gründen: in Petersburg, in Wien die Nationaldruckerei, welche durch ihre rühmlichen Leistungen sich einen weit über die Grenzen Europas hinausgehenden Namen erworben hat; ferner in Frankreich die Imprimerie nationale, die ich Gelegenheit gehabt, im vorigen Jahre zu besichtigen und welche ausgezeichnete Einrichtungen aufzuweisen hat; in Lissabon eine ebenfalls vorzüglich eingerichtete Staatsdruckerei; in den Vereinigten Staaten von Amerika, zu Washington eine Staatsdruckerei mit dem Vorrecht, daß sämmtliche Behörden der Zentralgewalt der Union ihre Drucksachen ausschließlich bei ihr herstellen lassen.

Aus allen diesen Gründen halte ich es für sehr wichtig, daß eine Staatsdruckerei für das Reich errichtet werde. Es ist damit ein Uebergang zum staatlichen Gewerbebetrieb ja in keiner Weise, wie meine früheren Ausführungen beweisen dürften, verbunden. Das zur Widerlegung dieses ersten Punktes.

Was dann die finanzielle Seite betrifft, die der Herr Vorredner nochmals hervorgehoben hat, so bin ich allerdings in der Lage, ihm nochmals darauf zu erwidern, daß der jetzige Etat in seinen Geldpunkten lediglich eine Zusammenstellung ist aus dem hier bereits berathenen Etat der geheimen Oberhofbuchdruckerei und aus dem Etat der preußischen Staatsdruckerei; daß ferner in der Budgetkommission des königlich preußischen Abgeordnetenhauses genaue Prüfung über die Geldansätze stattgefunden haben und daß man da sehr zweifelhaft darüber war, wie auch der Vortrag des Herrn Abgeordneten Rickert ergibt, ob das Geschäft für Preußen überhaupt ein finanziell günstiges sei. Man neigte sich weit eher zu der Auffassung hin, daß es für Preußen ein ungünstiges sei.

Aus allen diesen Gründen, meine Herren, da die Frage mir doch vollkommen klar zu liegen scheint, da wir ferner unter dem Zwang eines auf den 15. Mai anberaumten Termins stehen, mit welchem alle beabsichtigten Grunderwerbungen und damit auch der Plan überhaupt fällt, möchte ich Sie bitten, entgegen den gehörten Stimmen, bei der Tagesordnung zu verbleiben, die das Präsidium Ihnen vorgeschlagen hat, und demnach in die zweite Berathung eintreten.

Präsident: Der Herr Abgeordnete von Benda hat das Wort.

Abgeordneter **von Benda:** Meine Herren, die Thatsache, welche der Herr Generalpostmeister anführte, ist richtig. Die Angelegenheit ist im preußischen Staat in der Budgetkommission und im Plenum reiflich geprüft worden. Das setzt mich über die Bedenken wesentlich hinweg, welche hier in bezug auf die ersten drei Paragraphen erhoben worden sind. Herr Kollege Stephani wird sich aber bei weiterer Erwägung überzeugen, daß der wesentlichste Theil seiner Bedenken, insbesondere die Frage über die Privatindustrie, welche mit der Staatsindustrie verbunden werden soll, Erledigung finden wird bei Prüfung des Etats, von dem ich selber beantragt habe, daß er abgesetzt und der kommissarischen Berathung übertragen werden möge; indem wir uns heute entschließen, die ersten drei Paragraphen und § 6 anzunehmen, dagegen § 4 und 5 abzulehnen, in der Absicht, über welche die Regierung selber sich nicht täuschen wird, daß sie demnächst eine besondere Vorlage mache, die wir demnächst der kommissarischen Berathung übergeben.

Ich bitte daher in die zweite Berathung einzutreten.

Präsident: Der Herr Generalpostmeister hat das Wort.

Bevollmächtigter zum Bundesrath Generalpostmeister Dr. **Stephan:** Meine Herren, ich würde dem geehrten Herrn Vorredner sehr dankbar sein, wenn er mir ein klares Bild davon zu verschaffen in der Lage gewesen wäre, wie die Sache geschäftlich behandelt werden solle, wenn Sie jetzt zwei Paragraphen aus dem Gesetz herausreißen. Das ganze Gesetz kann doch nur in seiner Gesammtheit behandelt werden. Und ist die Möglichkeit vorhanden — wir haben heute den neunten — noch bis zum funfzehnten, wenn zwei Paragraphen der kommissarischen Berathung überwiesen werden bloß wegen des Etats, der lediglich kalkulatorischen, keinen sachlichen Charakter hat — ist dann die Möglichkeit noch vorhanden, zur rechten Zeit das Gesetz fertig zu machen? Ich vermag diese Möglichkeit meinerseits nicht anzunehmen und möchte doch bitten, mit Rücksicht auf diese Lage von dem Antrag Abstand zu nehmen.

Präsident: Der Herr Abgeordnete von Benda hat das Wort.

Abgeordneter **von Benda:** Meine Herren, die §§ 1, 2, 3 und 6 enthalten ein vollkommen abgeschlossenes Gesetz, welches den Ankauf genehmigt, also die Bedenken wegen des 15. Mai beseitigt. Dagegen enthält § 4 und 5 ebenfalls einen vollkommen selbstständig zu behandelnden Gesetzentwurf, welchen, wie ich glaube, wenn auch der Herr Generalpostmeister in diesem Augenblick vollständig informirt sein wird, wir heute zu berathen und zu beschließen nicht im Stande sind, von dem ich daher glaube, wir handeln im Interesse der Regierung selber, wenn wir die Sache so machen, wie ich vorgeschlagen habe.

Präsident: Soeben ist mir ein schriftlicher Antrag eingereicht worden von dem Herrn Abgeordneten Dr. Stephani:

> die zweite Berathung für heute abzusetzen und die Vorberathung einer Kommission von 7 Mitgliedern zu überweisen.

Der Herr Abgeordnete Dr. Stephani hat das Wort.

Abgeordneter Dr. **Stephani:** Meine Herren, Herr von Benda erreicht ja seinen Zweck, daß der Antrag, für den die Frist am 15. Mai abläuft, ermöglicht werde, doch nicht, wie soeben vom Tisch des Bundesraths ausgeführt worden ist. Das kann ja so wie so nicht geschehen, sowie wir heute die zweite Lesung absetzen, und deshalb empfehle ich wiederholt, daß wir nicht weiter eingehen, sondern eine kommissionelle Berathung vorausgehen lassen, sei es in der Etatkommission, sei es in einer besonderen Kommission. Ich habe, einer Anregung von anderer Seite folgend, vorgezogen, die große Etatkommission mit der Angelegenheit nicht zu behelligen, sondern empfehle, eine kleinere Kommission von 7 Mitgliedern damit zu beauftragen. Aber wenn Sie heute definitiv beschließen oder irgendwie einen weitern Schritt thun in der Beantwortung der Frage, ob wir das Grundstück kaufen sollen oder nicht, — dann täuschen wir uns doch nicht, so wie wir das Grundstück gekauft haben, so ist der erste Schritt geschehen, den wir vor zwei Jahren mit dem Ankauf des Deckerschen Grundstücks gethan haben, und wir gehen weiter auf der schiefen Bahn, die ich meinestheils vermeiden wollte, daß wir nicht eintreten in die Gründung solcher Staatsindustrien. Deshalb empfehle ich nochmals, eine kommissionelle Berathung eintreten zu lassen, und habe meinestheils vorgeschlagen eine kleine Kommission von 7 Mitgliedern. Würde die Etatkommission vorgezogen, so würde ich dagegen nichts einzuwenden haben.

Präsident: Der Herr Abgeordnete Mosle hat das Wort.

Abgeordneter **Mosle:** Meine Herren, ich bin der Ansicht, daß der erste Schritt in dieser Angelegenheit bereits früher gethan ist und daß es uns nichts hilft, darauf wieder zurückzukommen.

Sodann irrt sich der Kollege Stephani, wenn er annimmt, daß Herr von Benda die Absetzung der zweiten Berathung beantragt hat. Im Gegentheil, Herr von Benda hat beantragt, in die zweite Berathung einzutreten und die Ermächtigung zum Ankauf auszusprechen. Ich würde bereit sein, auch heute schon das ganze Gesetz zu votiren, ich bin aber der Ansicht, daß die Bedenken, welche Herr von Benda ausgesprochen hat, wohl zu berücksichtigen sind, und glaube, daß auf diese Weise am besten und raschesten die Sache erledigt wird, wenn wir nach dem Antrag Benda § 1, 2, 3 und 6 auch in zweiter Berathung annehmen und dadurch der Regierung die Möglichkeit geben, den Ankauf perfekt zu machen.

Präsident: Das Wort wird nicht weiter gewünscht; ich schließe die erste Berathung.

Meine Herren, ich glaube, zwei Fragen stellen zu müssen; die erste Frage ist die: soll nach dem Antrage Stephani die weitere Berathung einer Kommission von 7 Mitgliedern überwiesen werden? — eine andere Kommission ist nicht beantragt. — Wird die Frage verworfen, so muß ich die zweite Frage stellen: soll die Sache von der heutigen Tagesordnung abgesetzt werden? Wird auch diese Frage verworfen, so treten wir sofort in die zweite Berathung ein. — Mit dieser Fragestellung ist das Haus einverstanden.

Zur Geschäftsordnung hat das Wort der Herr Abgeordnete von Kleist-Retzow.

Abgeordneter von **Kleist-Retzow:** Ich würde vorschlagen, für den Fall, daß die Sache in die Kommission kommen soll, statt einer Kommission von 7 Mitgliedern, eine solche von 14 Mitgliedern zu wählen; in erster Linie wünsche ich allerdings, daß jetzt die Sache durchberathen wird.

Präsident: Dann kann ich wohl annehmen, daß der Herr Abgeordnete Dr. Stephani mit dem Vorschlag einer Kommission von 14 Mitgliedern einverstanden ist.

(Zustimmung.)

Ich ersuche diejenigen Herren, welche die Vorlage einer Kommission von 14 Mitgliedern zur Vorberathung überweisen wollen, sich zu erheben.

(Geschieht.)

Das Büreau ist nicht einig, meine Herren; wir bitten um die Gegenprobe. Diejenigen, welche den Antrag auf Verweisung an eine Kommission von 14 Mitgliedern **nicht** annehmen wollen, bitte ich, sich zu erheben.

(Geschieht.)

Meine Herren, trotz aller Bemühungen kann eine Einigung im Büreau nicht zu Stande kommen; wir müssen daher zählen.

Ich ersuche die Herren, den Saal zu verlassen, und ersuche diejenigen Mitglieder, welche die Angelegenheit zur Vorberathung an eine Kommission von 14 Mitgliedern verweisen wollen, durch die Thür rechts von mir, durch die Thür „Ja", wieder in den Saal zu treten, — und diejenigen, welche eine Kommission von 14 Mitgliedern **nicht** annehmen wollen, durch die Thür „Nein" wieder in den Saal zu treten.

Ich ersuche die Herren Schriftführer Abgeordneten Graf Kleist und Wichmann, an der Thür „Ja", — die Herren Schriftführer Abgeordneten Dr. Blum und Bernards, an der Thür „Nein" die Zählung zu übernehmen.

(Die Mitglieder verlassen den Saal.)

Die Thüren des Saales, mit Ausnahme der beiden Abstimmungsthüren, sind zu schließen.

(Geschieht. Die Zählung erfolgt.)

Die Abstimmung ist geschlossen. Die Thüren des Saales sind wieder zu öffnen.

(Geschieht.)

Ich ersuche nun das Büreau, abzustimmen.

Schriftführer Abgeordneter **Bernards:** Ja!

Schriftführer Abgeordneter Dr. **Blum:** Ja!

Schriftführer Abgeordneter **Wichmann:** Nein!

Schriftführer Abgeordneter Graf von **Kleist-Schmenzin:** Nein!

Präsident: Nein!

(Pause.)

Das Resultat der Zählung ist folgendes. Anwesend im Hause waren überhaupt 200 Mitglieder;

(Heiterkeit)

von denselben haben mit **Nein** gestimmt 114, mit **Ja** 86 Mitglieder. Es ist also die Kommission verworfen worden.

Wir kommen jetzt zur Abstimmung über die Frage, ob die zweite Berathung von der heutigen Tagesordnung abgesetzt werden soll, — nach dem Antrag Zimmermann.

Ich ersuche die Herren, Platz zu nehmen, damit wir die Abstimmung kontroliren können.

Ich ersuche diejenigen Herren, welche die zweite Berathung des Gesetzes von der heutigen Tagesordnung absetzen wollen, sich zu erheben.

(Geschieht.)

Das Büreau ist einig in der Meinung, daß die Minderheit steht; die Absetzung von der heutigen Tagesordnung ist abgelehnt. Wir treten daher sofort in die **zweite Berathung** ein.

Ich eröffne die Spezialdiskussion über § 1. — Das Wort wird nicht weiter gewünscht; ich schließe die Spezialdiskussion über § 1, und da eine Abstimmung nicht verlangt ist, — auch im Augenblick nicht verlangt wird, so konstatire ich die Annahme des § 1 in zweiter Berathung.

Ich eröffne die Diskussion über § 2, — über § 3. — Auch hier wird das Wort nicht gewünscht; ich schließe die Spezialdiskussion über § 2 und § 3, und da eine Abstimmung nicht verlangt und Widerspruch nicht erhoben ist, — auch im Augenblick eine Abstimmung nicht verlangt wird, so konstatire ich die Annahme der §§ 2 und 3 in zweiter Berathung.

Ich eröffne die Diskussion über § 4. — Das Wort wird nicht gewünscht; ich schließe die Diskussion.

Wir kommen zur Abstimmung; ich glaube hier eine Abstimmung vornehmen zu müssen.

(Zustimmung.)

Die Verlesung des § 4 wird uns wohl erlassen. —

Ich ersuche diejenigen Herren, welche den § 4 der Vorlage annehmen wollen, sich zu erheben.

(Geschieht.)

Meine Herren, wir bitten um die Gegenprobe. Ich ersuche diejenigen Herren, welche den § 4 **nicht** annehmen wollen, sich zu erheben.

(Geschieht.)

Das Büreau ist einstimmig der Meinung, daß die Mehrheit steht; der § 4 ist abgelehnt.

Ich eröffne die Diskussion über § 5. — Ich nehme an, daß § 5, nachdem § 4 gefallen ist, für die zweite Berathung ebenfalls gefallen ist; denn § 5 lautet:

Die aus den Bestimmungen des § 4 sich ergebende Aenderung in der Feststellung und Vertheilung der Matrikularbeiträge wird durch besonderes Gesetz geregelt.

§ 4 ist aber gefallen. — Dem wird nicht widersprochen; ich konstatire, daß § 5 abgelehnt ist.

§ 6. — Das Wort wird nicht gewünscht; ich konstatire die Annahme des § 6 in zweiter Berathung.

Einleitung und Ueberschrift des Gesetzes. — Meine Herren, ich konstatire daß nach den gefaßten Beschlüssen die Ueberschrift des Gesetzes:

Entwurf eines Gesetzes, betreffend die Erwerbung der königlich preußischen Staatsdruckerei für das Reich und die Feststellung eines Nachtrags zum Reichshaushaltsetat für das Etatsjahr 1879/80,

jetzt von selbst geändert werden muß; es muß vorläufig wenigstens — heißen:

Entwurf eines Gesetzes, betreffend die Erwerbung der königlich preußischen Staatsdruckerei für das Reich.

Die anderen Worte fallen in Konsequenz der gefaßten Beschlüsse fort. — Dem wird nicht widersprochen; mit dieser Maßnahme sind Einleitung und Ueberschrift des Gesetzes in zweiter Berathung genehmigt, und ist damit die zweite Berathung erledigt.

Wir gehen über zum dritten Gegenstand der Tagesordnung:

erste und zweite Berathung des Entwurfs eines Gesetzes, betreffend die Feststellung eines Nachtrags zum Reichshaushaltsetat für das Etatsjahr 1879/80 (Nr. 153 der Drucksachen).

Ich eröffne die **erste** Berathung und ertheile das Wort dem Herrn Abgeordneten Dr. Braun (Glogau).

Abgeordneter Dr. **Braun** (Glogau): Meine Herren, ich habe bezüglich dieses Gegenstandes einige Bedenken, die ich dem hohen Hause vortragen möchte. Wenn die Theorie des Herrn Staatsministers Hofmann, die uns derselbe gestern vorgetragen hat, richtig ist, und wenn er stark genug sein sollte, diese Theorie zu verwirklichen, dann müßten wir also zuerst so viel produziren, als wir konsumiren, und wenn dann ein Ueberschuß käme, so dürften wir dann erst exportiren. Wir produziren nun im gegenwärtigen Augenblick nicht alles, was wir konsumiren, dieser Fall wird auch in der nächsten Zukunft absolut nicht eintreten, folglich dürfen wir nach dieser offiziellen Theorie überhaupt gar nichts exportiren, und es hat gar keinen Zweck, daß wir nach Sydney gehen, um dort einen Markt zu finden. Wenn aber nun Herr Staatsminister Hofmann nicht stark genug ist, seine Theorie zu verwirklichen, — und ich glaube, daß das der Fall ist, daß er dazu die Macht nicht hat, denn eine Nation, die exportirt, muß auch importiren und umgekehrt, man handelt nicht bloß Waare um Geld, sondern man tauscht Waare gegen Waare um, es kann also der Export ohne Import nicht existiren, — wenn also das richtig ist, so müssen wir gewärtigen, daß von uns im Austausch für die Waaren, die wir in Australien absetzen, in irgend welcher anderen Gestalt und Form aus Australien dortige Produkte in das deutsche Reich importirt werden, es wird also abermals sicher der so sehr gehaßte Import vermehrt. Wir exportiren etwa Klaviere und Wollengewebe und dergleichen, und Australien wird uns rohe Wolle schicken und sonstige Rohstoffe, und die werden dann hier, wenn die offizielle Theorie richtig ist, abermals das „Elend“ vermehren. Die offizielle Theorie steht also in direktem Widerspruch mit den offiziellen Anforderungen dieser Summen für die Ausstellung in Sydney. Ich glaube aber, daß die Thatsachen stärker sein werden, als die Theorien, und insoweit will ich dieses Bedenken vorerst unterdrücken. Ich habe aber auch andere Bedenken: in der Kundgebung, welche der zum Kommissarius für die Ausstellung ernannte Professor Reuleaux erlassen hat, heißt es, es sollen nur „Kunstgegenstände“, und nur „gute“ Waaren, und nur von „reellen“ Häusern zugelassen werden, und darüber habe Herr Reuleaux oder eine Kommission zu urtheilen. Nun, meine Herren, das sind doch außerordentlich schwankende Ausdrücke! Was sind denn „gute“ Waaren? Versteht man darunter Waaren erster Qualität? — Ja, für die wird in Australien gerade kein großer Markt sein; ich vermuthe, daß dort mehr ein Markt für Mittelwaaren ist, die aber „preiswürdig“ sein müßten, man sollte also das Wort „gut“ mit „preiswürdig“ vertauschen, dann hätte ich nichts dagegen. Wenn man aber in Australien nichts ausstellt und nichts dorthin exportiren will als „Kunstgegenstände“, etwa Nachahmungen des Hermes von Olympia und dergleichen, so wird man sich in der Spekulation irren. Wenn man ferner nur Waaren Primaqualität hinschicken will, wird man auch eine falsche Spekulation machen; und nun gar will diese Kommission oder dieser Kommissarius darüber urtheilen, was „reelle“ Häuser sind und was nicht! Eine Firma also, die sich zur Ausstellung anmeldet und zurückgewiesen wird, wird gleichsam gebrandmarkt als ein „**nicht reelles**“ Haus!

(Sehr wahr!)

Wie kann denn darüber der Herr Professor Reuleaux oder irgend welche Kommission urtheilen? Das scheint mir denn doch eine Auffassung der Sache zu sein, die vollständig im Widerspruch steht mit den Aufgaben, die durch diese Bewilligung verfolgt werden sollen.

Wenn nun also der Herr Professor Reuleaux oder seine Kommission einen Fabrikanten, der ausstellen will, zurückweisen, indem sie ihm sagen, deine Waare ist kein Kunstwerk, oder deine Waare ist kein Erzeugniß erster Qualität, oder du bist nicht reell, — ja, meine Herren, das brauchen sich doch diese Herren nicht gefallen zu lassen, und wer will denn diese Fabrikanten hindern, daß sie ohne den Reichskommissarius ausstellen? Die australischen Aussteller sind

Privatleute, es ist nicht eine Behörde dort, die haben ihre Aufrufe an die Industriellen Deutschlands schlechtweg gerichtet, nicht an diejenigen Industriellen, die sich unter den Fittigen des Herrn Professor Reuleaux versammeln; wer also ohne Unterstützung aus Reichsmitteln ausstellen will, der darf doch nun auch daran nicht verhindert werden. Jedenfalls hat man darüber nicht hier, sondern in Sydney zu befinden. Ueber alle diese rationes dubitandi möchte ich mir Auskunft erbitten von dem Herrn Vertreter des Bundesraths oder der Reichsregierung.

Sehen Sie, meine Herren, es herrscht unter den Industriellen gerade keine übermäßige Vorliebe, sich dem Urtheil des Herrn Professor Reuleaux zu unterwerfen; sie würden sich eher dem Urtheil eines Industriellen oder Kaufmanns unterwerfen. Es wird also jedenfalls gut sein, daß die Reichsregierung auch einen solchen Kommissarius ernennt, welcher dem Kreise der Industriellen und der Kaufleute entnommen ist und die betreffenden technischen Kenntnisse und namentlich Kenntniß der Waaren und des australischen Marktes hat, was ich von dem Herrn Professor Reuleaux nicht vermuthe; denn das liegt ja außerhalb seines Berufs. Er beklagt sich, wie ich höre, auch selber darüber, daß er garnicht von Ausstellern in Anspruch genommen werde. Ja, meine Herren, was soll er den Ausstellern sagen? War er in Australien? Kennt er Australien? Kennt er den dortigen Markt? Hat er die nöthige Waarenkunde? Das sind alles Dinge, die ich aufs äußerste bezweifle, und so sehr ich den Herrn Reuleaux als Professor schätze, so habe ich doch noch nicht vernommen, daß er als Ausstellungskommissarius ein besonderes Glück gehabt hat. Ich möchte mich gern darüber auslassen, allein ich will mich auf das allernothwendigste beschränken, da wir nicht die Ehre haben, Herrn Professor Reuleaux in unserer Mitte zu sehen; er war ja auf dem Wege, hat dann aber einen xenophontischen Rückzug über Langensalza und Mühlhausen genommen.

(Heiterkeit.)

Da er also nicht in unserer Mitte ist, und ich von Abwesenden nur gutes spreche, will ich nur an eine notorische Thatsache erinnern, nämlich daran, daß Herr Professor Reuleaux die deutsche Industrie auf das empfindlichste diskreditirt hat durch sein berühmtes Wort „billig und schlecht". Ich halte es für meine Pflicht, einmal darauf aufmerksam zu machen, wie sehr man durch unbegründete Kritiken die deutsche Industrie schädigt; viel mehr, als man jemals durch alle Schutzzölle der Welt wieder gut machen kann.

(Sehr wahr! links.)

Wenn man fortwährend die Industrie nicht aufmuntert, sondern entmuthigt oder „heruntermuntert", wenn man hier und an anderen Orten — wir haben das auch dieser Tage hier von einem Kommissarius gehört und auch von einem Abgeordneten, daß man sie schlechtweg „Aschenbrödel" nennt — wenn man sagt: wir sind leistungsunfähig, wir können nicht konkurriren, was wir machen ist billig und schlecht, — dann wundert man sich noch, wenn niemand etwas von uns kaufen will.

(Sehr richtig! links.)

Das Urtheil, das der Herr Professor Reuleaux aus Anlaß der deutschen Ausstellung in Philadelphia ausgesprochen hat, ist, wenn man es generalisirt, ein so unüberlegtes und ein so ungerechtes, daß ich wünschen muß, daß noch ein Kommissarius ernannt wird, der den Herrn Professor Reuleaux kontrolirt und berichtigt, wenn er etwa wieder solche Aussprüche thun sollte.

Meine Herren, wenn Sie einen Begriff haben wollen von der Leistungsfähigkeit der deutschen Industrie, so gehen Sie doch nur in die Berliner Gewerbeausstellung. Das ist nicht das ganze große deutsche Reich, das ist eine einzige deutsche Stadt, allerdings eine Stadt, die sich durch Intelligenz und Willenskraft auszeichnet. Da können Sie sehen, daß die deutsche Industrie nicht „billig und schlecht" ist, daß sie wohl zuweilen „billig" ist, aber niemals „schlecht" ist,

(Widerspruch rechts)

und daß die dort ausgestellten Waaren durch Güte und Solidität, durch alle Eigenschaften der Qualität und durch die Preiswürdigkeit hinreichend im Stande sind, sich sehen zu lassen und konkurriren zu können in allen kultivirten Ländern der Welt. Und das, meine Herren, was man hier in Berlin geschaffen hat, hat man ohne einen Reichskommissar gemacht, man hat es sogar gemacht ohne Mitwirkung der preußischen Staatsbehörden, man hat es gemacht „aus eigener Kraft", vollkommen aus eigener Kraft; das hat der Chef der Ausstellungskommission, Herr Kühnemann, mit berechtigter Genugthuung konstatirt, und viele, ich glaube, die Mehrheit derjenigen, welche diese glänzende und ehrenvolle Ausstellung bewerkstelligt haben, haben ihm, Herrn Kühnemann, zugestimmt mit dem Stoßseufzer: „Gott schütze uns vor dem Schutz, vor der Konkurrenz wollen wir uns selber beschützen."

Präsident: Der Herr Abgeordnete Dr. Witte (Mecklenburg) hat das Wort.

Abgeordneter Dr. **Witte** (Mecklenburg): Meine Herren, die Bemerkungen, welche der Herr Abgeordnete Braun soeben über den Gegenstand, welcher uns beschäftigt, gemacht hat, bezogen sich auf zweierlei. Einmal bezogen sie sich darauf, daß die Vorlage ohne Zweifel einen Gegenstand betrifft, welcher eine Stärkung unserer Exportindustrie in erster Linie auf die Tagesordnung stellt und befördern will, und daß diese Richtung unserer Industrie im Widerspruch stehe mit den Anschauungen, welche bei Gelegenheit der letzten Debatten vom Regierungstisch und von anderen Seiten über das Wesen der Exportindustrie überhaupt gefallen sind. Ich kann allerdings nicht leugnen, daß diese eigenthümlichen volkswirthschaftlichen Anschauungen, welche über das Wesen der Exportindustrie überhaupt von verschiedenen Seiten ausgesprochen und laut geworden sind, mich allerdings auch in eine gewisse Muthlosigkeit hätten versetzen können, wenn ich nicht eben wüßte, was wir alle wissen, daß die Thatsachen stärker sind als irgend welche Theorien; ich meine, daß auch die Anschauung, daß die Exportindustrie nicht zu betonen sei, weil neue Länder für unsere Industrie nicht mehr zu entdecken seien, in dem vorliegenden speziellen Fall gerade eine Widerlegung finden. Australien ist in der That für unsere Industrie als ein verhältnißmäßig neues Land zu betrachten, welches für uns durch die Anstrengungen unserer Industrie und die Leistungen derselben gewonnen werden soll. Haben wir auch indirekte Beziehungen aus Australien von Seite unserer Industrie vielfach gehabt, so hat doch fast jede direkte Verbindung unserer Industrie dorthin bis jetzt gefehlt. Aus diesem Grunde schien es besonders wünschenswerth zu sein, bei dieser Gelegenheit eine Unterstützung des ganzen Unternehmens durch das Reich selbst und eine offizielle Vertretung des Reichs herbeizuführen. Ich bin nicht der Meinung, welche von anderer Seite ausgesprochen ist, daß das Wesen der Exportindustrie darin bestände, daß unter den Industriellen, wenn diese sich solcher Richtung ganz besonders hingeben, eine Spekulationsunruhe fort und fort herrscht, welche sie verzehrt. und noch weniger habe ich die Exportindustrie angesehen, wie ebenfalls von einer Seite höchst verwunderlich ausgesprochen ist, als eine Art von Größenwahnsinn in unserer Industrie.

(Hört! Hört!)

Meine Herren, glaubt denn jemand hier im Hause, daß die Exportindustrie gleichsam losgelöst dastehen könne von dem heimischen Boden, daß eine Exportindustrie entstehen könne selbstständig für sich, ohne daß eine gesunde starke heimische Industrie den eigentlichen Grund derselben bildet? Meine Herren, ich muß sagen, wer Anschauungen dieser Art ausspricht, hat von dem Wesen der Industrie überhaupt keinen Begriff. Ich hoffe also, wie es bereits zur Thatsache geworden ist, aus den verschiedensten und leistungsfähigsten Kreisen unserer Industrie in Deutschland die Bedeutung der Wichtigkeit der Ausstellung in Australien anerkannt zu sehen und erwarte, daß von dieser Ausstellung her eine neue Periode eines tüchtigen, umfassenden und dauernden Aufschwungs unserer Exportindustrie nach jenen entfernten Gegenden hin datiren werde.

Die weiteren Bemerkungen meines verehrten Freundes, des Herrn Abgeordneten Dr. Braun, bezogen sich auf die eigentlich technische Leitung der Ausstellung, so weit sie von der Reichsregierung selbst angeordnet und festgestellt wird.

Meine Herren, ich habe nicht die Absicht mich in irgend welche persönlichen Bemerkungen einzulassen. Ich bin aber ebenfalls der Meinung, daß der bekannte Ausspruch, welcher vom Herrn Abgeordneten Dr. Brann angezogen worden ist, seiner Zeit viel besser unterblieben wäre; daß berücksichtigt worden wäre, in wie unvollständigem Grade und Umfang bei der ungeheueren Entfernung der Ausstellung in Philadelphia die Vertretung der deutschen Industrie hat ausfallen müssen, und daß die Ausstellung der deutschen Industrie in einem im höchsten Grade beschränkten Maße keine Ursache dazu abgibt, ein nach so vielen Seiten vernichtendes und besonders im Ausland schädlich wirkendes Urtheil über unsere Gesammtindustrie abzugeben. Ich bin deshalb der Meinung und habe besonders den Wunsch, daß dem Herrn Ausstellungskommissar, wer er auch sein möge, wenn er, wie ich annehme, gerade aus den Beamtenkreisen genommen wird, ein tüchtiger praktisch-erfahrener, kaufmännischer Beirath gegeben wird, mit dem vereint allein die vorliegende Aufgabe vollständig gelöst werden kann, der den richtigen umfassenden Blick über die wirthschaftlichen Verhältnisse des Landes hat, in welches er geschickt wurde, und der im Stande ist, den deutschen Industriellen nach allen Seiten hin den Beirath an Ort und Stelle zu geben und den Rath ferner in Zukunft hier zu geben, durch welchen die großen Anstrengungen, welche gemacht werden müssen, in der That auch ein gedeihliches, für die Dauer berechnetes Resultat ermöglichen.

Ich bitte das hohe Haus, den Antrag der Reichsregierung, soweit er sich auf die Unterstützung der Ausstellungen in Australien, zunächst in Sydney bezieht, anzunehmen. Ich bin der Meinung, daß die Ausstellung in Sydney gerade der Reichsregierung wie den Ausstellern das nöthige Material geben wird, um sich über die Unterstützung der Ausstellung in Melbourne im nächsten Jahre zu entscheiden.

Präsident: Der Herr Präsident des Reichskanzleramts Staatsminister Hofmann hat das Wort.

Präsident des Reichskanzleramts Staatsminister **Hofmann**: Meine Herren, der Herr Abgeordnete Braun hat den kurzen Bemerkungen, die ich gestern über die Gesichtspunkte, welche bei der Festsetzung der Zollsätze im Tarifentwurf nach meiner Ansicht maßgebend sein sollen, gemacht habe, eine viel zu große Ehre angethan, wenn er sie im Eingang seines Vortrags als „offizielle Theorie" bezeichnet hat. Meine Herren, Theorien werden überhaupt nicht offiziell aufgestellt, und wenn der Herr Abgeordnete Braun meine gestrigen Bemerkungen aufmerksam gehört oder gelesen hätte, so würde er gefunden haben, daß ich eben nur von den Gesichtspunkten sprach, die bei der Bemessung der Zollsätze aufgestellt werden sollen, um zwischen den verschiedenen widerstreitenden Interessen den richtigen Ausgleich zu finden. Ich habe in diesem Zusammenhang gesagt, daß ich glaube, die Sorge für die Hebung der inneren Produktion sei wichtiger, als die Sorge für den Export. Ich habe aber gleichzeitig bemerkt, daß ich den Exporthandel, welcher der Nation einen gewinnreichen Absatz ihrer Arbeitserzeugnisse schafft, keineswegs gering schätze. Ich habe gerade das Beispiel der Anforderung für die Sydneyausstellung angeführt, um darzuthun, daß die verbündeten Regierungen auf den deutschen Exporthandel, auf die Ausfuhr unserer Industrieerzeugnisse den allergrößten Werth legen. Ich weiß also nicht, wie der Herr Abgeordnete Braun irgendwie einen Widerspruch entdecken konnte zwischen dem, was ich gestern gesagt habe, und der Vorlage, über die wir heute berathen.

Der Herr Abgeordnete Braun hat ferner Anstoß daran genommen, daß nach einer Bekanntmachung des Geheimen Raths Reuleaux, der zum Ausstellungskommissär für Sydney designirt ist, eine Prüfung der Gegenstände stattfinden soll, die zur Ausstellung zugelassen werden sollen. Meine Herren, wenn einmal das deutsche Reich sich der Ausstellung überhaupt annimmt — ob es das thun soll, darüber haben Sie ja zu befinden — wenn es aber das thut, dann, glaube ich, liegt auch die Verpflichtung vor, dafür zu sorgen, daß die Ausstellung selbst der deutschen Industrie und dem deutschen Handel zum Vortheil gereiche, und das, meine Herren, ist nicht möglich, wenn nicht eine Sichtung der Ausstellungsgegenstände eintritt. Andere Länder, ich nenne Frankreich, wissen in der Beziehung ihr Interesse sehr wohl zu wahren. Die französische Regierung hat eine Unterstützung der französischen Betheiligung an der Sydneyer Ausstellung ebenfalls beschlossen und bereits ins Werk gesetzt, und es wird in Frankreich kein Stück zur Ausstellung zugelassen, das nicht vorher geprüft ist. Die Franzosen wissen sehr wohl, warum sie es thun, und ich glaube, wir haben alle Ursache ihnen in dieser Beziehung nachzufolgen. Wenn der Herr Abgeordnete Braun sagte, es könne niemandem verwehrt werden, seine Sachen nach Sydney zu schicken, auch ohne Prüfung, weil die Ausstellung ein Privatunternehmen sei, so muß ich der letzten Behauptung widersprechen. Die Ausstellung in Sydney war anfangs allerdings ein Privatunternehmen; sie ist aber seit Januar des Jahres ein offizielles Regierungsunternehmen. Es wird dem deutschen Reich ein Raum zur Verfügung gestellt, und ich glaube nicht, daß das Komité der Ausstellung jemanden zur Ausstellung zulassen wird, der nicht von unserem Ausstellungskommissar akkreditirt ist. Wenn ein Industrieller trotzdem auf eigene Kosten und ohne irgend welche Unterstützung des Reichs in Anspruch zu nehmen, seine Sache nach Sydney schicken will, so mag er es immerhin thun. Diejenigen aber, die von der Unterstützung des Reichs Gebrauch machen wollen, werden sich eben auch der Prüfung unterwerfen, und ich glaube, meine Herren, die meisten der Aussteller werden dies gerne thun, in dem Bewußtsein, daß sie die Prüfung bestehen werden.

Der Herr Abgeordnete Braun hat die Wahl des Ausstellungskommissars für Sydney getadelt. Meine Herren, das bekannte geflügelte Wort „billig und schlecht" hat ja seiner Zeit in Deutschland und auch außerhalb Deutschlands einen außerordentlichen Eindruck hervorgebracht, einen Eindruck, von dem, wie ich glaube, der Urheber selbst im hohen Maße überrascht war. Herr Reuleaux hat dieses Wort gebraucht in einem Feuilletonartikel der „Nationalzeitung"; er schrieb damals eine Reihe solcher Artikel, die in völlig feuilletonistischer Weise Beschreibungen der Philadelphiaausstellung enthielten. Ich bin überzeugt, daß Herr Reuleaux niemals daran gedacht hat, mit diesen Worten ein abschließendes Urtheil über die Leistungen der gesammten deutschen Industrie zu fällen. Er hat einfach aus dem Eindruck heraus geschrieben, den ihm die Art und Weise machte, wie die deutsche Industrie in Philadelphia vertreten war. Das Urtheil bezog sich auf das Bild, welches die deutsche Ausstellung in Philadelphia darbot und betraf auch hier nicht alle Industriezweige. Der Ausspruch „billig und schlecht" ist nicht unbedingt und unbeschränkt erfolgt, sondern es war — was man aber jetzt vollständig vergessen hat — in demselben Artikel zugleich gesagt, daß eine Reihe von deutschen Industriezweigen in Philadelphia durchaus tüchtig und würdig vertreten seien. Der Ausdruck „billig und schlecht" bezog sich nur auf bestimmte, von Reuleaux bezeichnete in Philadelphia schlecht vertretene Industriezweige. Nach und nach, und mit einer merkwürdigen Gewalt hat dies Wort in der öffentlichen Meinung einen Umfang bekommen und eine Auslegung gefunden, die weit über die Absicht des Verfassers hinausgehen. Meine Herren, daß dem so war, daß das Reuleaux'sche Urtheil einen solchen Wiederhall gefunden hat, kommt daher, weil es in der That für einen Theil unserer Industrie, und nicht allein der deutschen Industrie, sondern auch für gewisse Industriezweige anderer Länder bezeichnend war. Wenn nun derselbe Mann, der dieses Urtheil gefällt hat, — ein Urtheil, das in der Beschränkung, in der es gefällt worden ist, richtig war — wenn derselbe Mann ausersehen ist, die Ausstellung in Sydney namens des Reichs zu leiten, so beweist das gerade, daß die Reichsregierung Vertrauen zur Tüchtigkeit der deutschen Industrie hat. Der Name Reuleaux wird vielleicht Einzelne abhalten, die Ausstellung zu beschicken. Meine Herren, das ist kein Nachtheil; aber diejenigen, die die Prüfung auch durch einen so kompetenten scharfen Kritiker nicht scheuen, werden dann auch in Sydney eine würdige und für Deutschland nützliche Repräsentation der deutschen Industrie gewähren. Ich glaube, daß mit der Wahl dieses Mannes gezeigt ist, daß in Deutschland ein offenes freies Urtheil ertragen werden kann. Und, meine Herren, ein Land, in dem man das kann, ist in Wahrheit eher zu beneiden, als zu bedauern. Die Art und Weise, wie die Prüfung stattfinden wird, ist jetzt noch nicht geregelt, ich kann darüber Ihnen keine Mittheilung machen, wahrscheinlich wird bei der Kürze der Zeit die Prüfung nur eine sehr summarische sein können, aber schon der Name Reuleaux an der Spitze der deutschen Betheiligung hat vielleicht manche schlechte Waare schon zurückgehalten, auch ehe sie nur einer Prüfung sich unterzieht. Meine Herren, ich möchte bitten, die hier geforderte Summe zu bewilligen, und ich glaube, die Veranstaltungen, welche die Reichsregierung zu treffen beabsichtigt, werden dazu dienen, daß die Verwendung der Summe der deutschen Industrie zum Vortheil gereicht.

(Bravo!)

Präsident: Der Herr Abgeordnete Dr. Reichensperger (Krefeld) hat das Wort.

Abgeordneter Dr. **Reichensperger** (Krefeld): Meine Herren, ich bin meinerseits gesonnen, gegen die Bewilligung der geforderten Summe zu stimmen. Um gleich an das soeben vom Regierungstisch aus Gehörte anzuknüpfen, stimme ich im allgemeinen dem von dem Herrn Abgeordneten Braun Ausgeführten bei. Mir will es fast scheinen, als ob man diese Gelegenheit ergriffe, um dem Herrn Geheimen Rath Reuleaux Gelegenheit zu geben, von Australien aus statt: „billig und schlecht" „herrlich und billig" zu rufen und dadurch die Sünde, die er früher von Philadelphia aus begangen hat, wieder gut zu machen. Ich hatte an dem Ausspruch, gleich nachdem ich Kenntniß davon bekommen hatte, nur auszusetzen, daß er nicht lautete: „schlecht und theuer"; denn alles, was schlecht ist, ist durchweg theuer, wenigstens zu theuer. Daß jener Ausspruch einen solchen Anklang, nicht bloß außerhalb Deutschlands, sondern auch innerhalb unseres Vaterlandes gefunden hat, zeigt doch, wie mir scheint, daß derselbe nicht bloß auf die genannte Ausstellung, sondern in Bezug auf die industrielle Produktion Deutschlands so ziemlich Anwendung finden konnte. Ich will das aber nicht weiter erörtern, von ganzem Herzen wünsche ich, daß die Zeitfolge ergeben möge, der Ausspruch wäre, wenn nicht ein unberechtigter, so doch ein nutzbringender gewesen.

Was nun die Sache selbst betrifft, so haben die Bundesregierungen selbst ein gewisses Bedenken nicht unterdrücken können. Es ist dieses Bedenken in der vorliegenden Motivirung in folgender Weise ausgesprochen:

> Nach den bisher auf den Industrieausstellungen gemachten Erfahrungen erscheint es zweifelhaft, ob der Nutzen derselben mit dem Kostenaufwande, welcher den Ausstellern und den sich betheiligenden Staaten erwächst, im Verhältniß steht. Die geringe Bevölkerung Australiens läßt diese Zweifel in vorliegendem Falle noch begründeter erscheinen.

Es folgen dann Gründe gegen diese Ausführung; die Bundesregierung ist der Meinung, daß diese ihre Gegengründe überwiegen. Mir scheint das nicht der Fall zu sein. Meine Herren, mehrere von Ihnen erinnern sich vielleicht noch der Debatte, welche hier vor einigen Jahren aus Anlaß einer ähnlichen Bewilligung für die schon gedachte nordamerikanische Ausstellung stattgefunden hat. Ich meinerseits erinnere mich noch sehr wohl, wie damals vom Tische der Bundesregierung aus, und zwar, wenn ich nicht sehr irre, durch den Herrn Abgeordneten Delbrück ausgesprochen worden ist, man habe sich seitens der Regierung nun einmal so weit in die Sache begeben, daß man nicht mehr zurück könne, seine Ansicht sei aber, daß man in Zukunft von solchen Ausstellungen fern zu bleiben habe, insbesondere sprach er sich dahin aus, daß mit **seiner** Zustimmung niemals eine solche Ausstellung in Berlin Platz greifen werde.

(Hört, hört! im Zentrum.)

Ich erinnere mich dessen, wie gesagt, sehr genau. Demgemäß hat man denn auch die Pariser Ausstellung nicht beschickt und mir will es scheinen, als ob es doch einen etwas kuriosen Beigeschmack habe, wenn man jetzt offiziell eine so weit entlegene Ausstellung beschickt, während man der Ausstellung im Zentrum der zivilisirten Welt aus dem Wege gegangen ist, — was ich übrigens von meinem Standpunkte aus nicht table. Ich bin überzeugt, daß solches Beschicken ebenso gedeutet, meinetwegen mißdeutet wird, wie der Ausspruch, welchen Herr Reuleaux von Philadelphia aus gethan hat und der, wie gesagt, allerwärts ein so lautes Echo geweckt hat.

Meine Herren, wie sehr ich auch der Ansicht bin, daß lokale, provinziale Ausstellungen ihr Gutes haben, so entschieden bin ich der Meinung, daß von den Weltausstellungen wenig Heil für uns zu erwarten ist. Die Regierung hat ja selbst, wie zuvor bemerkt, ihrerseits schon in gleicher Art sich ausgesprochen. So sage ich denn jedenfalls nichts paradoxes. Die sanguinischen Hoffnungen, welche man auf die Weltausstellungen gesetzt hat, und welche der Herr Abgeordnete Witte noch zu hegen scheint, sind außerordentlich herabgemindert worden im Laufe der Zeit, und zwar, wie mir scheint, mit vollem Rechte. Meine Herren, in den Weltausstellungen konkurrirt natürlich alles mit dem **Besten**, was es zu Stande bringen kann; wenigstens thun diejenigen Staaten es, die ihr Interesse verstehen; sie bieten alles auf, um diesem ihrem Interesse zu dienen.

Was beweist dies aber für die **allgemeine** Produktion in irgend einem Lande? Mit großem Aufwande von Geld, Zeit und Mühe kann man immer und überall etwas vortreffliches produziren. Dadurch wird aber ein Volk keineswegs konkurrenzfähig auf dem Weltmarkt. Da handelt es sich nicht um einzelne Prachtstücke, die in den Zeitungen ausposaunt werden, sondern es handelt sich um den großen Durchschnitt der Produktion; dieser Unterschied in der **Massen**produktion erscheint auf den Weltausstellungen niemals. Darum gewähren sie keinen Maßstab für dasjenige, was eine Nation auf den betreffenden Gebieten zu leisten vermag. Meine Herren, auch das ist ein Irrthum, wenn man glaubt, es könne so gar viel in den Weltausstellungen seitens der Gewerbtreibenden gelernt werden. Von diesem Gesichtspunkte aus hat man in Paris und London Arbeiter von allen Seiten her in die Ausstellung geführt: man hat ihnen Erleichterungen verschafft, damit sie die Ausstellungen besuchen können.

Meine Herren, man kann in diesen Ausstellungen allerdings sehen, was gemacht wird, man kann aber nicht sehen, wie es gemacht wird, und das ist eine Hauptsache; noch weniger aber kann man es da machen lernen; und das fällt noch schwerer ins Gewicht.

Die so praktischen Engländer haben das sehr wohl gefühlt. Nach der ersten Pariser Ausstellung sind sie inne geworden, daß die Franzosen sie in manchen Beziehungen überflügelten. Damit war ihnen aber nicht geholfen, daß sie das wußten. Sie fragten sich, wie sie dazu kommen könnten, mit den Franzosen zu wetteifern, sie zu überflügeln? Sie haben einfach eine ziemliche Anzahl Arbeiter um jeden Preis aus den betreffenden Werkstätten zu sich herübergezogen, und durch diese Arbeiter sind sie in die Lage gekommen, mit den Franzosen in Bezug auf die betreffenden Artikel konkurriren zu können.

Meine Herren, das bloße Ansehen und Bewundern führt, meines Erachtens, zu nichts. Die Weltausstellungen haben auch noch das schlimme, daß eine ganze Menge von schaulustigen, vergnügungssüchtigen Menschen sie besuchen, die besser daran thäten, das Geld, was sie auf diese Wanderungen verwenden, zur Hebung der inländischen Produktion herzugeben. Ich glaube, damit würden sie ihrem Vaterlande einen besseren Dienst leisten, als indem sie schaarenweise nach Paris oder nach einer sonstigen Hauptstadt fahren, um mit denselben sachlichen Kenntnissen zurückzukommen, mit welchen sie hingezogen sind.

Meine Herren, wenn man der Industrie aufhelfen will, namentlich der Kunstindustrie, dann muß man es vorzugsweise im eigenen Lande, und zwar durch Gründung von Meisterschulen thun. Man muß die betreffenden Arbeiter mittels langer, strenger Arbeit in den bewährten Meisterwerkstätten unterrichten. Bei uns zu Lande geschieht in dieser Beziehung — ich will nicht sagen das Gegentheil, aber gewiß nicht das Rechte.

Was die Bundesregierungen noch besonders sich zu Herzen nehmen sollten, wäre, die Möglichkeit herbeizuführen, daß unsere Kunstindustrie mit der auswärtigen in Bezug auf Besteuerung und Verzollung korkurriren kann. Den Herren ist vielleicht eine Denkschrift zu Gesicht gekommen, welche von München ausgegangen ist, worin bittere Klage geführt wird, daß, während Kunstindustrieerzeugnisse der verschiedensten Art in Frankreich nach dem Werthe verzollt werden, dieselben ausländischen Erzeugnisse beim Ueberschreiten unserer Grenze nach dem Gewichte verzollt werden, ein Umstand, der es geradezu unmöglich macht, daß unsere betreffenden Kunstindustrieerzeugnisse mit denen des Auslaudes, insbesondere Frankreichs konkurriren können. Leider finde ich diesen Gewichtzoll auch in dem gegenwärtig uns vorgelegten Tarif wieder beibehalten, ebenso wie, gleichfalls zu meinem lebhaften Bedauern, der Gewichtszoll auch beim Tabak beibehalten ist. Meine Herren, ich glaube, unsere Regierungen thäten besser, nach dieser Richtung hin als auf Sydney ihr Augenmerk zu richten. Ich kann mir nicht denken, daß von Sydney her unsere Industrie, überhaupt unsere Waarenproduktion ein sonderliches Heil erwachsen wird. Das Ganze wird sich wohl wieder auf Zeitungsartikel reduziren, worin hier gelobt und dort getadelt wird. Im großen ganzen wird sich wohl dasselbe wieder begeben, was sich in Folge der ersten Londoner Ausstellung im Jahre 1851 begeben hat. Ein sonderlicher Aufschwung wird von Sydney her unserer Industrie nicht zu Theil werden.

Ich glaube, meine Herren, wir thun gut, die hier geforderte, allerdings verhältnißmäßig geringe Summe nicht zu bewilligen, schon um in dieser Beziehung einen zweiten Präzedenzfall zu statuiren. Wenn man deutscherseits nicht nach Paris gegangen ist, um dort unsere Produktion auszustellen, dann soll man umsomehr von Sydney meines Erachtens fern bleiben.

Präsident: Der Herr Abgeordnete Löwe (Berlin) hat das Wort.

Abgeordeter **Löwe** (Berlin): Meine Herren, die Beschickung der Ausstellung in Sydney hat für mich das größte Interesse, aus zwei verschiedenen Gesichtspunkten.

Der eine Punkt, der hier angedeutet worden und, wie ich glaube, zum ersten Mal im Parlament ausführlich besprochen worden ist, gibt mir Veranlassung, nicht in meiner Stellung als zu irgend einer Partei gehörig, sondern als Fachmann mir einige Worte über diese Kritik, die der Reuleaux'sche Ausspruch erfahren hat, hier zu äußern.

Meine Herren, ich gestehe selbst zu, daß dieses geflügelte Wort seiner Zeit einen Eindruck gemacht hat, der weit über die Grenzen dessen hinausgegangen ist, was Herr Reuleaux selbst damit beabsichtigt hat, und ich glaube außerdem, daß dieser Ausspruch im Auslande nicht wesentlich dazu beigetragen hat, das Vertrauen zu unseren industriellen Erzeugnissen zu erhöhen. Ich anerkenne also damit, daß, wenn auch gegen den Willen des Herrn Reuleaux, der Eindruck dieser Aeußerung fast mehr geschadet haben wird als genützt. Aber, meine Herren, ich muß doch fragen: hat er überhaupt nichts genützt und war er absolut unberechtigt? Und in diesen beiden Punkten muß ich mich gegen diejenigen Ausführungen erklären, die heute hier im Hanse gemacht worden sind. Zuerst, meine Herren, muß ich auf die Entstehung der Ausstellung in Philadelphia zurückgehen. Sie gleicht in etwas der Entstehung unserer Betheiligung an der Ausstellung in Sydney. Wir waren aber für die Ausstellung in Philadelphia noch weniger vorbereitet, noch mehr überstürzt. Wenn man an eine Konkurrenz geht, meine Herren, mit einer technisch so hoch entwickelten Nation, wie die nordamerikanische es ist, so glaube ich, kann man es nur thun nach der gründlichsten Prüfung aller Mittel, mit denen man in den Kampf zieht, nicht in einer Ueberstürzung und Ueberhastung, die demjenigen, der dort als Vertreter der Gesammtheit fungiren soll, nicht die geringste Garantie für das gibt, was er hinter sich hat. Es ist notorisch, daß die Betheiligung an der Ausstellung in Philadelphia eine so überstürzte und unüberlegte gewesen ist, daß der größte Theil unserer bedeutendsten Industriellen, die wirklich leistungsfähig sind, so leistungsfähig, daß kein ausländischer Industrieller das bezweifeln wird, sich von vornherein grundsätzlich von jener Industrieausstellung zurückgehalten haben. Die Folge davon ist gewesen, daß eine große Menge verhältnißmäßig weniger leistungsfähiger Firmen sich betheiligt haben, die weder im Auslande noch im Inlande hätten konkurriren und haben konkurriren können. Nun versetzen Sie sich in die Situation des Reichskommissars für eine solche Ausstellung gegenüber seinen Kollegen aus andern Nationen. Da ist es nicht zu verwundern, wenn er erröthet, und wenn ihm dann in der Erregung ein scharfes Wort entschlüpft. Unsere Ausstellung in Philadelphia war schlecht, das hat aber nicht der Ausstellungskommissar verschuldet und nicht unsere deutsche Industrie, sondern die unglückliche Art und Weise des Zustandekommens der Betheiligung an der Ausstellung. Nnn, meiner Meinung nach hat man sich an der Ausstellung in Philadelphia betheiligt aus politischen Gründen zum Schaden der Industrie. Ebenso, meine Herren, hat man sich an der Ausstellung in Paris nicht betheiligt aus politischen Gründen zum Schaden der Industrie. Wir mußten nach Paris gehen, wenn wir die Schlappe gut machen wollten, die wir in Philadelphia erlitten. Der Herr Abgeordnete Braun hat sehr richtig darauf hingewiesen, daß das, was Berlin geleistet hat mit seiner jetzigen Gewerbeausstellung, aus eigener Initiative geschehen ist ohne Staatshilfe. Sehen

Sie sich nun die Ausstellung draußen an, so werden Sie gestehen, daß fast alle, die draußen so Tüchtiges geleistet haben, nicht in Philadelphia gewesen sind, aber bereit gewesen wären, nach Paris zu gehen. Nun, bei der Ausstellung da draußen, die aus eigenen Mitteln zu Stande gekommen ist, ohne büreaukratische Maßregeln, — und glauben Sie, daß jeder dort aufgenommen ist? Gott bewahre! es ist ein freies Komitee zusammengetreten und hat sachgemäß geprüft, und es ist nur zugelassen worden, wer tüchtige Leistungen aufzuweisen hat. Damit erwidere ich auch dem Herrn Abgeordneten Reichensperger; es handelt sich bei der Prüfung um das, was gut ist oder nicht, nicht darum, ob Prachtstücke, Meisterstücke nur ausgestellt werden sollen. Jeder vernünftige Industrielle wird das absolut verwerfen, weil das gar keinen Werth für die Industrie und den betreffenden Industriellen haben kann. Aber das ist ein großer Unterschied, ob man sich den betreffenden Industriellen in Bezug auf seine regelmäßige dauernde Leistungsfähigkeit während einer langen Reihe von Jahren ansieht, oder nur darauf, ob das spezielle Stück, welches er gerade geliefert hat, außergewöhnlich gut ist. Nun will der Herr Reichskommissar, von dem ich übrigens konstatiren will, daß er nicht nur ein gelehrter Professor, sondern auch ein vorzüglicher Techniker ist, im Verein mit den Handelskammern (da die kurze Zeit nicht dazu ausgereicht hat, ein besonderes sachverständiges Komitee zu bilden) in Bezug auf den allgemeinen Kredit, den irgend eine Firma wegen ihrer langjährigen Thätigkeit genießt, prüfen, ob die betreffenden Anmelder zugelassen werden können. Dazu ist er außerdem auch durch räumliche Rücksichten gezwungen. Wir können, da die Sache sich so spät hinausgeschoben hat, nicht mit aller Welt dort ausstellen, sondern nur eine beschränkte Zahl Firmen dort zulassen. Man sagt, es sollen nur 300 zugelassen werden. Wie wollen Sie, wenn sich 3000 melden, anders die Prüfung vornehmen, als vom sachlichen Standpunkt aus? Wollen Sie etwa eine Verloosung anstellen? Das geht doch nicht; es ist also am zweckmäßigsten, wenn der Reichskommissar unter Zuhilfenahme der Handelskammern prüft, wer das Renommee genießt, gut und reell zu arbeiten, und der wird vorzugsweise zugelassen.

Bei dieser Gelegenheit möchte ich auf eins aufmerksam machen. Ich glaube, daß der Reichstag und die deutsche Industrie in Bezug auf die Förderung der Angelegenheit dem Verein für Handelsgeographie, der hier in Berlin domizilirt und die Sache lebhaft betrieben hat, zu vielem Danke verpflichtet ist. Die Reichsregierung hat meiner unmaßgeblichen Meinung nach bei diesem Punkt auch nicht so rechtzeitig eingesehen, daß wir ein bestimmtes, dringendes Interesse haben nach Sydney zu gehen, und der handels-geographische Verein hat sich wohl verdient gemacht, und ich bin ihm sehr dankbar dafür, daß er noch im letzten Stadium die Regierung veranlaßt hat, die Mittel dafür zu gewähren, um uns in Sydney gut repräsentiren zu lassen, und ich bin überzengt, es wird auch zum Wohl der Entwickelung unserer Industrie beitragen.

Aber dieser eine Grund war für mich nicht allein maßgebend in meiner Entscheidung zur Zustimmung zu der Vorlage der Reichsregierung. Ich muß allerdings konstatiren, daß, wenn ich mir das Verhältniß der Reichsregierung zur Beschickung der Ausstellung in Sydney ansehe, ich zu der Meinung kommen muß, daß eine richtige Konsequenz in Bezug auf ihre allgemeine Handels- und Zollpolitik in dieser Beschickung von Sydney nicht zu finden ist. Meine Herren, wenn wir darauf rechnen sollen, daß wir von dieser Ausstellung wirklich Vortheile erzielen, so ist das doch nur denkbar auf dem Wege, daß unsere Verkehrsverhältnisse und unsere Beziehung zu anderen Nationen auf möglichst freier Basis organisirt werden. Nnn denken Sie sich, die Zollpolitik, die wir jetzt einschlagen, hat ja nur dann Aussicht, daß sie sich auf eine gewisse Reihe von Jahren erträglich durcharbeitet, wenn wir das Glück haben, daß England nicht den Schritt nachthut, den wir vorthun, in dem allgemeinen Rückzug auf der Bahn des freien Handelsverkehrs zwischen den Nationen. Aber von demselben Augenblick an, wo England dasselbe thut, was wir heute thun, — sobald es seine Thore zumacht, nicht bloß die des Mutterlandes, sondern auch der Kolonien,

(Zuruf)

(nein, diese hält ihre Thore offen), in demselben Augenblicke, wo England seine Thore schließt, werden wir selbst bei dem größten Erfolge unserer Aussteller mit unseren Produkten zu Hause bleiben können, denn wir werden nicht mehr Aussicht haben, sie zu exportiren.

(Sehr richtig!)

Nun aber, meine Herren, um noch auf einen Ausspruch zurückzukommen, den mein verehrter Freund, der Herr Abgeordnete für Bochum gestern gemacht hat, — unsere Exportindustrie ist durchaus kein Größenwahn der betheiligten Industriellen; wenn wir unsere Exportindustrie nicht hätten, wenn wir nicht in der Lage wären, für unsere guten und preiswürdigen Fabrikate im Auslande Absatz zu finden, so würden viele Tausende unserer Arbeiter brodlos sein.

(Sehr wahr!)

Daher ist unser größtes Interesse, dahin zu wirken, daß unsere Industrie und deren Produkte im Ausland eingeführt werden, und wir verlangen keinen anderen Schutz von der Reichsregierung, als daß sie unsere Verkehrswege freimache. Deshalb danke ich auch der Reichsregierung dafür, daß sie Veranlassung genommen hat, den Weg hier speziell zu beschreiten, den sie aber auch beschreiten sollte im großen und ganzen. Sie stellt hier die Verkehrsmittel her, daß es jedem Industriellen leicht gemacht wird, an der Beschickung der Ausstellung sich zu betheiligen; das Beispiel im großen nachgemacht, wird auch die schreiendsten Nothstände in unserer Industrie heben. Nun sage ich: daß man im Ausland ja verhältnißmäßig so wenig Vertrauen zu unserer Industrie hat, woher kommt das? In unserer Industrie ist alles gesund in Bezug auf Leistungsfähigkeit; wenn das Ausland trotzdem Angst hat vor unseren Leistungen, so mögen die Industriellen sich bei sich selbst bedanken, welche das Geschrei erhoben haben, daß unsere Industrie zu Grunde gehe, so daß es kein Wunder ist, wenn dies beim Ausland sein Echo findet. Wenn wir in der Lage sind, praktisch zu beweisen, was wir leisten können, um dadurch, wozu an diesem entlegenen Punkt der Welt sich jetzt Gelegenheit finden wird, das Urtheil zu rektifiziren, und wenn unsere Verhältnisse nicht den verhängnißvollen Weg gehen, der jetzt eingeschlagen werden zu sollen scheint, wenn wir vielmehr in der Lage bleiben, mit den Nachbarnationen frei verkehren zu können, dann wird sich auch im allgemeinen die Kalamität wieder ausgleichen, die jetzt noch unser Land drückt. Aber wir dürfen nicht den Weg gehen des Vorurtheils, der gestern hier eingeschlagen zu werden versucht wurde von dem Herrn Abgeordneten für Bremen; meine Herren, ich kann mir keine anderen Handelsbeziehungen denken, als internationale, und ich begreife gar nicht, wie der Herr Abgeordnete darin ein Verbrechen gesehen hat; oder verwechselt er diese internationalen Handelsbeziehungen mit anderen internationalen Hirngespinnsten, die ihm vorgeschwebt haben? Auf einen anderen Ausdruck, den er gleichzeitig gebraucht hat, paßt allerdings das Reuleauxsche Wort

(sehr richtig!)

und nur das allein: billig und schlecht.

Ich sehe die Kritik, die der Abgeordnete Braun ausgeübt hat, aus demselben Gesichtspunkt an, ich stehe auf demselben Standpunkt, den er einnimmt; er will auch, daß wir aus eigener freier Kraft, ohne Hinderniß, aber auch ohne

Schutz unserer Industrie helfen sollen, er macht bloß seine Kritik von dem gewiß gerechtfertigten gesunden Standpunkt aus, daß er sagt: in dem Augenblick, wo das Reich auf dem ganzen Gebiet der Zollbewegung rückwärts kommandirt, da ist es eine Anomalie, auf einem isolirten Punkt mit Energie vorwärts gehen zu wollen. Die Berechtigung dieser Argumentation erkenne ich an, aber in dem Vertrauen auf unsere Industrie und in der Hoffnung darauf, daß die Dinge viel besser gehen werden als unsere Gegner es planen, bin ich dafür, daß die Industrieausstellung beschickt werde und wir der Vorlage zustimmen.

(Bravo!)

Präsident: Es ist der Schluß der ersten Berathung beantragt von dem Herrn Abgeordneten von Puttkamer (Lübben) und von dem Herrn Abgeordneten Büsing. Ich ersuche diejenigen Herren, welche den Schlußantrag unterstützen wollen, sich zu erheben.

(Geschieht.)

(Abgeordneter Schröder [Lippstadt] bittet um das Wort.)

Die Unterstützung reicht aus.

Nunmehr ersuche ich diejenigen Herren, aufzustehen respektive stehen zu bleiben, welche den Schluß der Diskussion beschließen wollen.

(Geschieht.)

Das ist die Mehrheit; die erste Berathung ist geschlossen.

Zur persönlichen Bemerkung hat das Wort der Herr Abgeordnete Dr. Braun (Glogau).

Abgeordneter Dr. **Braun** (Glogau): Ich habe nur zwei ganz kurze Bemerkungen zu machen.

Der Herr Staatsminister Hofmann meint, ich habe seine Aeußerung in der letzten Sitzung mißverstanden. Ich bin dann wenigstens nicht der Einzige, der sie mißverstanden hat, denn in der ganzen Presse ist sie gerade so wiedergegeben . . .

Präsident: Ich muß den Herrn Redner doch unterbrechen. Ich glaube nicht, daß das eine persönliche Bemerkung ist.

Abgeordneter Dr. **Braun** (Glogau): Ich lege einen großen Werth darauf nicht.

(Heiterkeit.)

Dann aber hat der Herr Staatsminister Hofmann seinerseits mich mißverstanden — und das ist doch persönlich, hoffe ich.

(Heiterkeit.)

Er hat nämlich behauptet, ich habe gegen das Prinzip der Sichtung der auszustellenden Gegenstände überhaupt gesprochen. Das ist durchaus nicht der Fall. Meine Kritik bezog sich auf das Ausschreiben, welches bloß Kunstwerke und gute Waaren oder Waaren I. Klasse zulassen will, und außerdem habe ich die Frage aufgeworfen, ob auch ungesichtete Gegenstände zur Ausstellung zugelassen werden. Ich muß also darauf zurückkommen, wenn die Sichtung an und für sich nach Maßgabe der Lage der Dinge, wie sie mein verehrter Freund Loewe dargestellt hat, eine Nothwendigkeit ist, dann meinetwegen! aber nicht so, wie man es jetzt eingeleitet hat.

Präsident: Ich muß die Frage an das Haus richten, ob die Vorlage zur weiteren Vorberathung an eine Kommission verwiesen werden soll. Ich ersuche diejenigen Herren, welche die Verweisung an eine Kommission beschließen wollen, sich zu erheben.

(Geschieht.)

Das ist jedenfalls die Minderheit; die Verweisung an eine Kommission ist abgelehnt. Wir treten daher sofort in die zweite Berathung ein.

Ich eröffne die Spezialdiskussion über § 1.

Der Herr Abgeordnete Schröder (Lippstadt) hat das Wort.

Abgeordneter **Schröder** (Lippstadt): Meine Herren, als für die Ausstellung in Philadelphia nachträglich noch eine Forderung gemacht wurde für einen Pavillon, habe ich Veranlassung genommen, mich gegen die Vorlage auszusprechen, und damals, viele Monate vor dem Reuleaux'schen Bericht, das Prognostikum der deutschen Ausstellung gestellt, daß die Sache in Philadelphia schlecht gehen würde. Ich freue mich, daß Herr Löwe (Berlin) im Hause dies hier heute bestätigt hat. Ich habe mich natürlich damals nicht freuen können, daß meine Voraussetzungen eintrafen, aber ich muß doch die Thatsache konstatiren, daß das Urtheil des Professors Reuleaux fast genau dasselbe war, was ich sechs Monate vorher vorausgesagt hatte. Meine Herren, es steht aber doch dieses geflügelte Wort: „billig und schlecht!" nicht allein da, es ist immerhin nur die Abstraktion von einer ganzen Menge einzelner Bemerkungen und Beurtheilungen. Für Herrn Professor Reuleaux wäre es ja viel angenehmer gewesen, etwas gutes sagen zu können, und wenn es irgend möglich gewesen wäre, hätte er dieses herbe Urtheil sicherlich nicht gefällt. Um so dankbarer, meine Herren, müssen wir Herrn Professor Reuleaux sein, weil es so unbequem ist, in solchen Dingen die Wahrheit zu sagen;

(sehr wahr! rechts)

— und damals vielleicht noch viel unbequemer als heute, wo das glücklicherweise etwas leichter geworden. Aber, meine Herren, bedenken Sie doch, wie stand die Sache damals? Damals hörten Sie von nichts als von deutscher Güterbewegung, deutscher Industrie, deutscher Wissenschaft, deutscher Kultur, deutscher Aufklärung &c. und das alles sollte in aller Welt das Beste sein! Meine Herren, Nichts war dringender nothwendig, als ein kalter Wasserstrahl auf diese Stimmung, die im Volke und unter den Industriellen genährt wurde. Denn niemand spreizte sich mehr mit diesen Phrasen, als die berechtigten Vertreter der Oberflächlichkeit. Wenn die Berliner Ausstellung — wir haben leider so viel zu thun, daß ich noch nicht hingekommen bin,

(Heiterkeit)

aber sie wird von allen Seiten gerühmt — wenn, sage ich, die heutige Berliner Ausstellung etwas leistet, so hat sie es zum guten Theil mit zu verdanken den Wirkungen des Reuleaux'schen Worts,

(oho!)

und dessen Beherzigung — und wenn ich heute im bedauerlichen Gegensatz zu meinem Freunde Reichensperger für die Bewilligung stimmen kann, während ich damals gegen Philadelphia stimmen mußte, so liegt es daran, daß ich voraussetze und zum Theil weiß, daß dieses Reuleaux'sche Wort seine Wirkung zur Verbesserung der Industrie gethan hat.

Ich will die Debatte nicht ausdehnen; ich habe damals genügend Details angegeben. Ich schließe mit dem Wunsch, daß Sie jetzt diese Forderung der Regierung bewilligen und des Glaubens sein mögen, daß Herr Professor Reuleaux schon verstehen wird — einer kann ja nicht alles wissen — sich seinen Generalstab zu bilden, wenn und soweit er einen nöthig hat.

Noch möchte ich darauf aufmerksam machen bei § 1, ehe Sie die Bewilligung aussprechen, daß § 2 sich auf § 4 des Gesetzes bezieht, den wir vorhin abgelehnt haben. Ich wollte nicht unterlassen, das jetzt schon zu bemerken.

Präsident: Ich kann dem Herrn Abgeordneten bemerken, daß schon ein Abänderungsantrag in dieser Beziehung eingereicht ist und bei der Diskussion über § 2 zur Berathung gestellt werden wird.

Der Herr Abgeordnete Sonnemann hat das Wort.

Abgeordneter **Sonnemann**: Meine Herren, ich bin fest überzeugt, daß das Diktum des Herru Reuleaux nicht den Eindruck gemacht haben würde, welchen es wirklich gemacht hat, wenn nicht damals unsere Industrie in Folge der furchtbaren Preissteigerung des Materials und der Löhne in einer schwankenden Lage gewesen wäre: nicht etwa, weil das, was in Philadelphia geleistet wurde, nicht entsprechend war, hat das Wort Reuleaux so großes Aufsehen gemacht, sondern infolge der momentan ungesunden Lage unserer Industrie überhaupt. Ich will es offen aussprechen, daß, wenn auch das Wort des Herru Reuleaux Schaden angerichtet hat, doch der Nutzen, den es gebracht, ein ganz überwiegender gewesen ist, weil es uns über unsere Lage aufgeklärt und angespornt hat, in dieser Beziehung bin ich mit dem letzten Herrn Redner vollständig einverstanden.

Wenn der Herr Abgeordnete Reichensperger sich im allgemeinen gegen Ausstellungen ausspricht und glaubt, daß wir auf denselben seit 1851 nichts gelernt hätten, möchte ich ihn doch auffordern, nachzusehen, welche Ausfuhr wir 1851 und welche Ausfuhr wir heute haben; er würde einen sehr bedeutenden Unterschied finden. Wir haben aus meiner Heimat gerade bei der letzten Pariser Ausstellung, die zu meinem großen Bedauern von Deutschland nicht beschickt worden ist, 24 Arbeiter nach Paris geschickt, wir haben dieselben nicht so aufs Geradewohl hingeschickt, sondern sehr sorgfältig ausgewählt. Die Expedition stand unter Führung eines sachkundigen Architekten, der den Leuten nicht nur die Ausstellung gezeigt, sondern sie auch in die Werkstätten, wo er die Erlaubniß erhielt, eingeführt hat. Ich kann Ihnen nur sagen, daß wir mit dieser Sendung einen günstigen Erfolg erzielt haben, der sich z. B. in einem Geschäftszweige, in der Buchbinderei, bereits thatsächlich erweist; sicher ist, das diejenigen, welche wir hingeschickt haben, außerordentlich viel gelernt haben.

In einem Punkte kann ich mich mit dem Herrn Abgeordneten Reichensperger einverstanden erklären. Musterwerkstätten können der Industrie allerdings viel nützen, allein man kann das Eine thun und braucht das Andere nicht zu lassen. Dagegen bin ich doch wieder vollständig abweichender Meinung, wenn Herr Reichensperger meint, daß der Kunstindustrie durch Schutzzölle aufgeholfen werden könnte. Man kann Eisenschienen und Baumwollengarne durch Schutzzoll von dem Auslande abhalten und dadurch der inneren Industrie Prämien zuweisen, allein wie der Kunstindustrie mit Schutzzoll geholfen werden kann, das ist mir ganz unerklärlich. Unsere großen Vorfahren auf dem Gebiet der Kunstindustrie, ein Jamnitzer und Hans Mielich würden sich im Grabe herumdrehen, wenn sie erführen, daß ihre Nachkommen der Kunstindustrie mit Schutzzöllen aufhelfen wollen. Es zirkulirt hier eine Petition aus München von dem dortigen Kunstgewerbeverein. Ich muß sagen, daß ich diese Petition bedaure, erstens, weil sie sich auf einen schutzzöllnerischen Standpunkt stellt, und zweitens, weil sie falsche Thatsachen enthält.

(Unruhe, Widerspruch!)

Ich habe nur auf das geantwortet, was der Herr Abgeordnete Reichensperger vorhin gesagt hat: Die Petition beruht auf unrichtigen Voraussetzungen, und es kann der Kunstindustrie überhaupt mit Schutzzöllen nicht geholfen werden. Ich bedaure bezüglich der Ausstellung in Sydney nur eins, nämlich, daß wir wieder etwas zu spät angefangen haben. Es hat der Herr Minister Hofmann bei der Interpellation über die Angelegenheit, bei der ich nicht anwesend war, wenn ich recht unterrichtet bin, gesagt, daß wir ganz in derselben Lage seien wie Frankreich, daß Frankreich auch erst jetzt die Sache in die Hand genommen habe. Ich habe aber schon im Februar gelesen, daß in Frankreich zwei vom Staat eingesetzte Kommissionen bestanden, eine für Industrie und eine für die Kunst, und habe weiter gelesen, daß aus Oesterreich Anfangs Mai ein Schiff mit Ausstellungsgegenständen abgehe; wir sind daher allerdings mit der Sache etwas spät gekommen, allein ich hoffe, daß wir das durch Energie einbringen; und ich habe zu dem Herrn Professor Reuleaux in dieser Beziehung volles Vertrauen. Wünschen möchte ich allerdings, daß ihm noch eine tüchtige Kraft zur Seite gestellt würde, die vertraut ist mit den Bedürfnissen der Kunstindustrie und der kleineren Industrien, wie wir sie in Deutschland so vielseitig haben. Da wir dieser Tage gelesen haben, daß die württembergische Regierung den Präsidenten von Steinbeiß zum württembergischen Ausstellungskommissar ernannt hat, so würde ich sehr wünschen, daß dieser erfahrene Mann als zweiter Reichskommissar dem Herrn Professor Reuleaux an die Seite gestellt würde.

Präsident: Der Herr Abgeordnete Dr. Braun (Glogau) hat das Wort.

Abgeordneter Dr. **Braun** (Glogau): Meine Herren, ich will mich kurz fassen. Ich habe behauptet, daß, wenn man das Wort „billig und schlecht" auf die deutsche Industrie überhaupt anwendet, daß das ein ungerechtes Urtheil sei. In Philadelphia bin ich nicht gewesen, ich kann also nicht beurtheilen, inwiefern die dort ausgestellten Produkte der deutschen Industrie schlecht oder gut waren. Allerdings muß ich anerkennen, daß sich hier wieder der Satz bewährt: magna ingenia conspirant.

(Heiterkeit.)

Herr Professor Reuleaux und Herr Abgeordneter Schröder (Lippstadt) sagen dasselbe, es ist nur ein kleiner Unterschied, und das ist der: Herr Schröder (Lippstadt) hat prophezeit, Herr Professor Reuleaux hat nicht prophezeit, Herr Schröder (Lippstadt) hat es nicht gesehen, Herr Reuleaux hat es gesehen, im übrigen stimmen sie überein.

(Heiterkeit.)

Ich kann nicht eingehen auf die weiteren Betrachtungen des Herrn Abgeordneten Schröder (Lippstadt); sie scheinen mir mit dem Gegenstand in keinem unmittelbaren Konnex zu stehen; ich kann namentlich mich nicht einlassen auf eine Deduktion über „die berechtigten Vertreter der Oberflächlichkeit." Wer das ist, weiß ich nicht. Die „Oberflächlichkeit" hat überhaupt keine „Berechtigung" vertreten zu sein, und sie kann also auch keinen berechtigten Vertreter haben. Das, was ich mit meinen Bemerkungen über Herrn Professor Reuleaux bezweckt habe, war durchaus nicht, ihn des bösen Glaubens zu zeihen, und in der Hinsicht hätte ihn der Herr Staatsminister Hofmann nicht zu vertheidigen brauchen; ich glaube, daß er im guten Glauben gehandelt, daß er aber das Gewicht seiner Worte, namentlich aber in seiner amtlichen Stellung als Reichskommissar, nicht zur Genüge erwogen hat, und was ich in dieser Beziehung gesagt habe, darin habe ich gar nichts ab- und nichts zuzuthun.

Alle die Ausführungen, die wir vernommen haben, lassen sich, glaube ich, dahin zusammenfassen, daß es im höchsten Grade wünschenswerth wäre, daß noch ein anderer Reichskommissarius ernannt wird, der geeignet ist, die Persönlichkeit des Herrn Reuleaux zu ergänzen; und wenn in dieser Richtung der Name des Herrn Ministers von Steinbeiß in Stuttgart gefallen ist, so weiß ich zwar, daß derselbe bei Herru von Varnbühler und anderen württembergischen Abgeordneten im Augenblick ein wenig mißliebig ist, aber daß

er der richtige Mann für diese Stellung wäre, das, glaube ich, können auch diese Herren nicht bestreiten.

(Beifall und Zustimmung.)

Präsident: Der Herr Abgeordnete von Miller (Weilheim) hat das Wort.

Abgeordneter von Miller (Weilheim): Meine Herren, ich glaube nicht, daß jetzt der Moment gegeben ist, mit dem Herrn Abgeordneten Sonnemann bezüglich der Denkschrift, welche der Münchener Kunstgewerbeverein an die Zolltarifkommission abgehen ließ, weiter zu diskutiren und sie zu vertheidigen; ich hoffe, es wird sich hierzu noch Gelegenheit finden.

Es ist heute soviel von dem geflügelten Wort des Herrn Professors Reuleaux gesprochen worden, daß ich mir wohl gestatten darf, auch noch darauf zurückzukommen. Dasselbe kam nach München in dem Moment, wo wir im Jahre 1876 die Resultate einer langjährigen mühsamen Arbeit dem deutschen Volke, die deutsche Arbeit der Welt zeigten, und was wir in München hörten von den Zünften, den Lehrern und Künstlern, welche diese Ausstellung besuchten, war des Lobes voll. Daß wir zwar noch nicht daran sind, unseren Vätern gleich zu sein, daß unsere Werke den Vergleich mit den Werken unserer Väter auszuhalten vermögen, die wir zum Muster da aufgestellt hatten, das wissen wir wohl und erkennen es an, aber daß wir in unserem Streben doch schon Erfolge erreicht haben, das ist uns von niemandem im Jahre 1876 abgesprochen worden. Da kam plötzlich das Wort: billig und schlecht ist die deutsche Arbeit, über den Ozean. Niemand konnte dies empfindlicher treffen, als jene kunstbeflissenen Handwerker und jene Künstler, welche da eifrig mitgeholfen haben, das deutsche Handwerk zu heben, als wie gerade sie damals in München. Wenn nach der Anschauung, die hier zum öfteren ausgesprochen worden ist, dieser Schnitt in unser eigen Fleisch ein sehr gesunder war, dann möchte der Schnitt noch gesunder sein, den soeben der Herr Kollege Reichensperger ausgesprochen hat: theuer und schlecht! Meine Herren, solche Vorwürfe verdient unsere Mühe und Plage nicht. Wir wissen, daß wir noch nicht erreichen können und vielleicht auch nicht erreichen werden, was wir wollen und was wir wünschen; aber das wissen wir, daß wir uns ehrlich plagen und diese Plage Unterstützung und keine Vorwürfe verdient.

(Bravo!)

Was nun die Ausstellung, wofür die 200 000 Mark projektirt, und die wir bewilligen sollen, betrifft, so kann ich der Anschauung des Herrn Kollegen Braun nicht beistimmen, daß wir nicht eine sorgfältige Prüfung der Arbeiten, die wir hinschicken wollen, vorzunehmen haben. Wenn je die deutsche Industrie von den großen Ausstellungen, vom Jahre 1851 beginnend, den Nutzen nicht gezogen hat, den sie hätte ziehen können, so ist daran schuld, weil man bei uns immer unterlassen hat, erst zu prüfen, ob die Produkte, die wir in die Welt hinausschicken, auch den deutschen Geschmack und das deutsche Können repräsentiren. Je sorgfältiger wir diese Prüfung vornehmen, desto besser wird es für den Erfolg der deutschen Industrie sein, und es ist eine ganz falsche Anschauung, wenn man glaubt, der strebsame Handwerker lasse sich durch ein strenges Urtheil abhalten, fortzuschaffen, fortzustreben, nein es ist ein Sporn, das zu bessern, was er noch nicht gut gemacht, für diejenigen nämlich, die da werth sind, daß man sie von Staatswegen unterstützt, für die strebsamen, diejenigen Meister aber, die sich durch ein strenges Urtheil abhalten lassen, fortzuarbeiten, das sind nicht die Soldaten, die wir zu unserem Kampfe gebrauchen. Wenn ich nun sage, es ist gut für uns, wenn ein strenges Urtheil bei jeder Ausstellung vorausgeht, so begrüße ich den Herrn Reuleaux, weil ich ihn als einen strengen Richter kennen gelernt habe, er soll dahin, weil er strenge ist, das thut uns gut.

Ich freue mich, daß im Vorübergehen der Herr Kollege Reichensperger die Wunde, die Ursache aufgedeckt, ja ich muß sagen, die Schmach gekennzeichnet hat, warum wir billig und schlecht arbeiten müssen, wir scheuen uns in Deutschland der Bequemlichkeit unserer Zollbeamten zu Liebe, die einzig richtige, die einzig wahre, die einzig fördernde Zolleinrichtung anzunehmen, wir verzollen — wahrhaft eigenthümlich — unsere gestickten Kleider nach dem Zentner. Der Herr Abgeordnete Reichensperger hat ferner mit voller Kenntniß den Hauptschaden, warum wir mit unseren guten Arbeiten nicht exportiren können, gekennzeichnet, weil wir uns nicht dazu bequemen können, den richtigen Zoll herzustellen, der allein das trifft, was wir zu treffen haben, wenn unsere Industrie unterstützt und gefördert werden soll.

Was den Werth der Ausstellungen im allgemeinen betrifft, so meine ich, der ich so ziemlich alle Ausstellungen besucht und eine Ausstellung einmal geleitet habe, mir doch ein Urtheil gebildet zu haben. Lernen kann jeder, der da lernen will; wie kann ich mein Schaffen, meine Arbeit beurtheilen, wenn ich nicht weiß, wie andere arbeiten, und nicht allein lernt man in den Ausstellungen, was man noch nicht kann, man lernt auch das, was man kann. Das ist von großem Werth,

(sehr gut!)

weil es dem Arbeiter das Selbstvertrauen gibt.

(Bravo! rechts.)

Ich bin muthig von der Pariser Ausstellung heimgekommen, nicht gedemüthigt, weil ich gesehen, daß wir Deutsche in manchen Dingen vielleicht weiter sind, wie die Franzosen, obwohl wir nie den hundertsten Theil jener Unterstützungen sowohl von den Regierungen als dem Volke erhalten haben.

Was uns abgeht, meine Herren, ist nicht, daß wir etwas machen können, sondern uns fehlt, daß wir das Gemachte nicht verkaufen können,

(sehr richtig!)

das Gutgemachte bringen wir nicht an den Mann, und wenn Sie sich bemühen, einen strebsamen, fleißigen, geschickten Handwerker zu bestimmen, eine schöne Arbeit zu machen, kann er das nur thun mit großen Opfern, weil er höchstens ein oder zwei Exemplare verkauft, während die Franzosen durch ihr ausgebildetes System dasselbe zu Tausenden von Exemplaren verwerthen. Also verkaufen können wir nicht, machen können wir aber so gut wie andere Völker, was man von uns will und wünscht, und darum begrüße ich die Ausstellung von Sydney: sie ist nicht dazu da, daß wir dort lernen; wir werden unsere Arbeiter nicht nach Sydney schicken, wir werden uns dort nichts holen, was wir noch zu lernen hätten, wir werden nur mit großem Interesse hören, wer da alles vertreten ist, und ich glaube, wir werden uns gewiß nicht zu schämen brauchen, über den Bericht deutscher Arbeit, wenn eine gute Auswahl getroffen wird; aber einen neuen Weg der deutschen Industrie zu öffnen, das ist, glaube ich, jedes Opfers des Reiches werth, und es stehen diese 200 000 Mark in gar keinem Verhältniß zu dem ungeheuern Werth, wenn man dadurch den ersten Fuß auf ein neues Territorium setzen kann, um Absatz für die Produktion der Deutschen zu finden.

(Bravo!)

Meine Herren, ich wünsche auch, daß wir uns selbst helfen sollen, und nicht immer die Hilfe des Staats beanspruchen. Es ist allesbesser, fester, was sich aus dem Handwerkerstand selbst herausgebildet hat. Ich stimme daher auch dem Herrn Kollegen Reichensperger bei, mit dem ich in so vielen Dingen sympathisire, nur nicht darin, daß er unser gegenwärtiges Streben aus lauter Liebe für unsere Väter gar nicht mehr sieht.

(Heiterkeit.)

Aber ich stimme ihm darin bei, diese Schulen, die wir errichten für die Kunstindustrie, alle diese Museen, wo wir die Vorbilder für unsere Werke sammeln, daß dies alles werthlos ist, wenn Sie dem Handwerker nicht die Möglichkeit geben, für seine Mühe auch einen materiellen Lohn zu erlangen. Das ist die Aufgabe, die unser Zollgesetz haben wird, und das ist auch eine Aufgabe dieser Ausstellung, die ich nach Möglichkeit befürworten möchte aus voller innerer Ueberzeugung, weil ich glaube, wenn auch nicht vielen, so wird sie einigen den Weg öffnen zu einer neuen Absatzquelle. Ich würde die Staatshilfe nicht in Anspruch nehmen, ja ich halte alles das, wie ich gesagt habe, für besser, was man aus sich selber macht; aber eine Ausstellung in Australien zu beschicken, das können Sie einem deutschen Industriellen, der nicht weiß, was mit seinen Produkten dort geschehen wird, ja unmöglich zumuthen. Für solche Dinge muß der Staat, muß die Hilfe des Reichs eintreten, und wenn das Reich diese Hilfe seinen Handwerkern, seinem Gewerbestande gewährt, so hat es das Geld vielleicht am besten angewendet von allen den Positionen, die wir hier bewilligt haben.

(Bravo!)

Präsident: Es ist der Schluß der Diskussion beantragt von dem Herrn Abgeordneten Dr. Klügmann. Es hat sich auch niemand weiter mehr zum Wort gemeldet; ich schließe die Diskussion.

Zur persönlichen Bemerknng hat das Wort der Herr Abgeordnete Dr. Reichensperger (Krefeld.)

Abgeordneter Dr. **Reichensperger** (Krefeld): Meine Herren, ich habe mich gegen ein zweifaches Mißverständniß und gegen einen Vorwurf zu rechtfertigen, was ja wohl in den Rahmen einer persönlichen Bemerkung gehört.

Zunächst hat mich der Herr Abgeordnete Sonnemann durchaus mißverstanden, wenn er meint, ich hoffe den Aufschwung der Industrie vom Schutzzoll. Ich habe nichts derartiges gesagt; ich habe vielmehr nur bemerkt, daß es eine zu mißbilligende Taktik sei, wenn wir unsererseits den Franzosen gegenüber Gewichtszölle gelten ließen, während sie Werthzölle gegen uns etablirt haben. Dabei bleibe ich.

Der Herr Abgeordnete von Miller hat mich nicht richtig verstanden. Er meinte, ich hätte von unserer Produktion auf dem Gebiete der Industrie und des Kunstgewerbes im allgemeinen gesagt, sie sei theuer und schlecht. Er bezeichnete das als einen tiefen Einschnitt in unser Fleisch. Das habe ich auch nicht gesagt; ich habe vielmehr gesagt, wenn der Ausspruch von Reuleaux „schlecht und billig" in Bezug auf das „schlecht" begründet sei, so hätte derselbe lauten müssen „schlecht und theuer", denn alles Schlechte sei theuer, jedenfalls zu theuer.

Endlich hat Herr von Miller mir den Vorwurf gemacht, aus Bewunderung für die Werke unserer Vorfahren erkenne ich nichts von dem an, was die Gegenwart leistet. Diesen Vorwurf muß ich noch einfach von mir ablehnen; eine nähere Begründung dieser meiner Ablehnung würde der Herr Präsident mir schwerlich gestatten.

Präsident: Wir kommen zur Abstimmung.

Die Verlesung des § 1 wird uns wohl erlassen.

(Zustimmung.)

Das ist der Fall.

Ich ersuche diejenigen Herren, welche den § 1 des Gesetzes annehmen wollen, sich zu erheben.

(Geschieht.)

Das ist eine sehr erhebliche Majorität; der § 1 ist angenommen.

Ich eröffne die Diskussion über § 2, zu dem ein schriftlicher Antrag von dem Herrn Abgeordneten von Bernuth eingegangen ist, — ich bitte denselben zu verlesen.

Schriftführer Abgeordneter Dr. **Blum:**

Der Reichstag wolle beschließen

den § 2 zu fassen wie folgt:

Die Mittel zur Bestreitung dieses Mehrbedarfs sind, so weit dieselben nicht durch die Mehrerträgnisse bei den außer den Matrikularbeiträgen zur Reichskasse fließenden regelmäßigen Einnahmen Deckung finden, durch Beiträge der einzelnen Bundesstaaten nach Maßgabe ihrer Bevölkerung aufzubringen.

von Bernuth.

Präsident: Der Herr Abgeordnete von Bernuth hat das Wort.

Abgeordneter **von Bernuth:** Meine Herren, die Bestimmung, die in der Vorlage § 2 über die Deckungsmittel getroffen ist, steht, sowie schon der Herr Abgeordnete Schröder (Lippstadt) andeutete, in genauer Verbindung mit § 4 des heute berathenen Gesetzes über die Erwerbung der preußischen Staatsdruckerei. Nachdem der § 4 abgelehnt ist, ist es unerläßlich, daß eine Aenderung in dem § 2, der uns in diesem Augenblick beschäftigt, getroffen werde, dies bezweckt der eben verlesene Antrag, bei welchem zum Vorbilde gedient haben Vorgänge, die in ähnlichen Fällen in früheren Jahren stattgefunden haben. Ich glaube, die Annahme des Abänderungsantrags empfehlen zu können.

Präsident: Das Wort wird nicht weiter gewünscht; ich schließe die Diskussion.

Meine Herren, ehe ich zur Abstimmung über den von dem Herrn Abgeordneten von Bernuth eingebrachten Antrag übergehe, kann ich wohl konstatiren, daß derselbe für die zweite Berathung nicht einer nochmaligen Abstimmung unterzogen werden darf. Sollte er angenommen werden, wird er ja immer noch in der dritten Lesung zur wiederholten Berathung und Abstimmung gestellt. — Das Haus ist mit dieser Voraussetzung einverstanden; wir können daher abstimmen.

Dem Antrage des Herrn Abgeordneten von Bernuth ist nicht widersprochen, es ist auch eine Abstimmung über denselben nicht verlangt, der § 2 ist im Augenblick nach dem früher gefaßten Beschlusse, eine Unmöglichkeit geworden: ich kann daher, wenn eine Abstimmung nicht verlangt wird, wohl ohne eine solche Abstimmung konstatiren, daß der Antrag des Herrn Abgeordneten von Bernuth angenommen worden ist. — Ich konstatire die Annahme hiermit; es ist daher § 2 in dieser Fassung angenommen.

Ich eröffne die Diskussion über Einleitung und Ueberschrift des Gesetzes. — Das Wort wird nicht genommen; ich schließe die Diskussion. Ich konstatire, daß Einleitung und Ueberschrift des Gesetzes ebenfalls in zweiter Berathung angenommen worden sind.

Damit wäre auch der dritte Gegenstand der Tagesordnung erledigt, und wir gehen jetzt über zur

Fortsetzung der ersten Berathung des Gesetzentwurfs, betreffend den Zolltarif des deutschen Zollgebiets (Nr. 132 der Drucksachen),

Die Berathung war gestern vertagt worden.

Ich eröffne die erste Berathung wiederum hiermit und ertheile das Wort dem Herrn Grafen zu Stolberg (Rastenburg). — Ich bitte um Entschuldigung, — ein Bevollmächtigter zum Bundesrath hatte sich gemeldet, und die Meldung war übersehen worden.

Ich ertheile das Wort, da der Herr Abgeordnete damit einverstanden ist, dem Herrn Bevollmächtigten zum Bundesrath, Minister von Nostitz-Wallwitz.

Bevollmächtigter zum Bundesrath für das Königreich Sachsen Wirklicher Geheimer Rath außerordentlicher Gesandter und bevollmächtigter Minister **von Nostitz Wallwitz**: Meine Herren, ich fühle mich nicht berufen, die Generaldebatte durch Widerlegung der Angriffe zu verlängern, welche die Vorlage der verbündeten Regierungen im Laufe derselben erfahren hat, alle diese Dinge werden in der Kommissionsberathung in der zweiten Lesung noch ausführlich erörtert werden; dagegen sind im Laufe der Debatte eine Reihe von Angriffen ziemlich herber Art gegen die verbündeten Regierungen, und insbesondere auch gegen die Regierungen der deutschen Mittelstaaten aus dem Hause erhoben worden, und ich möchte diese Angriffe nicht ganz unbeantwortet lassen, ehe die Generaldebatte geschlossen wird.

Es hat zunächst der Herr Abgeordnete Bamberger den verbündeten Regierungen und ihrem Organe, dem Bundesrath den Vorwurf gemacht, daß dieselben bei der Berathung der Zolltarifvorlage einen argen Mangel an Selbstständigkeit bewiesen, daß sie sich selbst nullifizirt haben. Ich weiß nicht, ob ich gegen den ersten Vorwurf noch nöthig habe, die verbündeten Regierungen in Schutz zu nehmen, nachdem der bekannte Brief des Herrn Reichskanzlers an den Freiherrn von Thüngen durch die Zeitungen veröffentlicht worden ist. Jedenfalls würde der Vorwurf doch nur dann begründet sein, wenn die verbündeten Regierungen in ihrer Mehrheit mit den Ansichten des Herrn Reichskanzlers in Bezug auf die bei den gegenwärtigen Verhältnissen im deutschen Reiche einzuhaltenden Zollpolitik sich im Widerspruch befunden hätten und wenn sie mit den Vorschlägen der Tarifkommission im großen und ganzen nicht einverstanden gewesen wären.

Wenn der Herr Abgeordnete Bamberger den Bundesregierungen einen Vorwurf daraus machen will, daß bei der Feststellung des Tarifentwurfs, welcher Ihnen gegenwärtig vorliegt, ein beschleunigtes Verfahren beobachtet worden ist, so wäre es ja gewiß wünschenswerth gewesen, zu diesem Behufe mehr Zeit übrig zu haben. Es ist auch möglich, daß dann einzelne Fehlgriffe vermieden worden wären, die vorgekommen sein mögen. Ebenso will ich nicht in Abrede stellen, daß die eine oder andere Regierung dieses und jenes anders gewünscht haben würde, wie ich glaube, daß in Bezug auf die weiteren Ziele, welche der Herr Reichskanzler in seiner neulichen Rede hier im Hause entwickelt hat, die eine und andere Regierung ihre eigenen Vorbehalte machen wird. Indessen, meine Herren, waren, wenn nicht sämmtliche Regierungen, so doch die große Mehrzahl derselben mit dem Herrn Reichskanzler darin einverstanden, daß es dringend nöthig sei, eine Entscheidung über die deutsche Zollpolitik so rasch als möglich herbeizuführen, und daß es unzuläsig gewesen sein würde, diese Entscheidung bis zum nächsten Jahre, bis zum Wiederzusammentritt des Reichstags zu vertagen.

Einen weiteren Vorwurf hat der Herr Abgeordnete Richter den verbündeten Regierungen und speziell den Regierungen der deutschen Mittelstaaten gemacht, und zwar hat er diesem Vorwurf in der ersten Lesung des Reichshaushaltsetats einen sehr schnöden Ausdruck gegeben.

(Ruf: Schnöde?)

— Der Herr Abgeordnete Richter —

(Ruf: Schnöde?)

— Schnöde!

(Heiterkeit.)

— Meine Herren, der Herr Abgeordnete Richter scheint Zweifel zu haben, ob der Ausdruck „schnöde" parlamentarisch sei. Der Herr Abgeordnete Richter hat den verbündeten Regierungen vorgeworfen, daß sie für Geld ihre Machtstellung im deutschen Bundesrath aufzugeben gemeint seien. Meine Herren, wenn dies parlamentarisch ist, ist der Ausdruck „schnöde" auch parlamentarisch.

(Lebhaftes Bravo rechts.)

— Also, sage ich, der Herr Abgeordnete Richter hat den verbündeten Regierungen und speziell den Regierungen der deutschen Mittelstaaten einen Vorwurf daraus gemacht, daß sie für Beseitigung der Matrikularbeiträge eintreten. Ja, meine Herren, dieser Vorwurf beruht meines Erachtens doch auf etwas schwachen Gründen. Ich bitte Sie einmal den Art. 70 der Reichsverfassung anzusehen. Nach Art. 70 der Reichsverfassung sind die durch die eigenen Einnahmen des Reichs nicht gedeckten Mittel zur Bestreitung der Ausgaben des Reichs von den einzelnen Bundesstaaten im Wege der Matrikularbeiträge einzuschießen. Hieraus folgt, daß, sobald der Ausgabeetat bewilligt ist, sobald feststeht, welche Einnahmen aus den Finanzquellen des Reiches in die Reichskasse fließen werden, der Fehlbedarf unweigerlich von den einzelnen Staaten aufzubringen ist. Es hat in dieser Beziehung nach der Auffassung des Bundesraths der Reichskanzler und die Reichsfinanzverwaltung einen unbedingten Anspruch an die Kassen der Einzelstaaten. Ich stehe nicht an, hier auszusprechen, daß, sobald die Ausgaben festgestellt waren, sobald die Einnahmeetats festgestellt waren, und für den Bundesrath die Ueberzeugung konstatirt war, daß höhere Einnahmen nicht der Reichskasse zufließen würden, — ich sage, wenn das der Fall war, so ist im Bundesrath die Einstellung der Matrikularbeiträge in den Reichshaushaltsetat jederzeit nur als eine Form und Rechnungssache angesehen worden.

Nun hat allerdings der Herr Abgeordnete von Bennigsen am Dienstag ausgeführt, daß kraft des dem Reichstag zustehenden Rechtes, die Matrikularbeiträge in den Etat einzustellen, es dem Reichstage gelungen sei, die Matrikularbeiträge in erheblichem Maße im Laufe der letzten Jahre abzumindern.

Zunächst möchte ich bemerken, daß die Erzielung dieses günstigen Ergebnisses zum großen Theile nur dem Umstand zu verdanken ist, daß theils vorhandene Bestände aufgezehrt, theils Ausgaben, welche aus laufenden Mitteln bestritten werden sollten, auf Anleihen verwiesen, theils endlich Ausgaben auf spätere Jahre zurückgestellt worden sind.

(Sehr richtig! rechts.)

Der eigentlichen Abstriche von Ausgaben waren verhältnißmäßig wenige, und mir scheint, es liegt hier doch eigentlich eine Verwechselung der Begriffe vor, wenn man sagt, daß diese Abstriche erfolgt sind, weil der Reichstag und der Bundesrath das Recht hatten, die Matrikularbeiträge in den Etat einzustellen. Mir scheint, diese Abstriche sind lediglich deshalb bewirkt worden, weil dem Reichstage das Recht zustand, die Ausgaben zu bewilligen.

(Sehr richtig! rechts.)

Nun, meine Herren, kann ich doch nicht annehmen und ich glaube auch, daß niemand hier im Hause und am allerwenigsten Herr von Bennigsen die Ansicht hegt, daß die Vertreter der verbündeten Regierungen und die Budgetkommission künftig die Ausgabenetats einer weniger strengen, weniger gewissenhaften Prüfung unterwerfen sollen, wenn wirklich alle Matrikularbeiträge durch die von ihnen erwarteten Bewilligungen beseitigt werden sollten, wenn es möglicherweise, ich sage mit gutem Bedacht möglicherweise, sich darum handeln sollte, Einnahmeüberschüsse oder überhaupt Einnahmen zu Gunsten der Einzelstaaten zu erzielen. Ich kann wenigstens versichern, daß die Finanzminister der Einzelstaaten ebenso lebhafte Genugthuung empfinden würden, wenn es künftig dem Reichstag gelingen sollte, ihnen die Mittel zur Herabsetzung der Landessteuern zu verschaffen, gleichviel ob dies durch die Herabminderung der Matrikularbeiträge oder durch Erzielung von

Einnahmen zu Gunsten der Einzelstaaten herbeigeführt werden sollte.

Im allgemeinen kann ich mich aber des Eindrucks nicht ganz erwehren, daß der von dem Abgeordneten Richter so lebhaft verfochtene Standpunkt, die Betonung der Machtstellung denn doch einigermaßen auf der Ansicht beruht, daß zwischen dem Reich und den Einzelstaaten, zwischen den Regierungen und den Regierten ein unlösbarer Gegensatz besteht. Ich bin nun allerdings in dieser Beziehung durchaus anderer Ansicht als der Herr Abgeordnete Richter. Ich bin der Ansicht, was finanziell dem Reiche frommt, frommt im Schlußeffekt auch den Einzelstaaten.

(Sehr richtig! rechts.)

Ebensowenig kann ich zugeben, daß die deutschen Fürsten und die von ihnen erwählten Rathgeber andere Interessen haben, andere Interessen verfolgen können als die gewählten Vertreter des Volks hier in diesem Saale.

(Lebhafter Beifall rechts.)

Daß hier über diese Interessen, über die Mittel, die Wohlfahrt des Reichs zu fördern, verschiedene Ansichten bestehen und immerfort bestehen werden, ja, meine Herren das beruht in den menschlichen Verhältnissen; das beweist ja auch der deutsche Reichstag selbst.

Endlich habe ich mich noch zu einer Aeußerung des Herrn Abgeordneten Windthorst zu wenden. Der Herr Abgeordnete Windthorst sprach gestern sein Bedauern darüber aus, daß die Finanzminister der größeren deutschen Staaten nicht der Generaldebatte beiwohnten, um Auskunft geben zu können über die finanziellen Verhältnisse ihrer Staaten. Zur Beruhigung des Herrn Abgeordneten Windthorst will ich bemerken, daß die von ihm gewünschte Auskunft in der Kommission, in welcher meiner Ueberzeugung nach allein sie wirklich gegeben werden kann, mit Darlegung des vollen Materials gegeben werden wird.

Im übrigen aber scheint es mir, als ob die Herren Finanzminister in der Generaldiskussion, so lange sie auch gewährt hat, viel neues nicht gehört haben würden,

(Heiterkeit)

und sich unangenehme Dinge sagen zu lassen, ja, meine Herren, das ist nicht Jedermanns Sache. Ich möchte wohl annehmen, daß die Herren Finanzminister, wenn sie aus der Generaldebatte weggeblieben sind, der Ansicht gewesen sind, daß sie zu Hause in Wahrung ihres eigentlichen Berufs nützlichere Dinge leisten konnten.

(Sehr gut! Bravo! rechts.)

Präsident: Ich sehe mich doch genöthigt, dem Herrn Bevollmächtigten des Bundesraths zu erklären, daß ich den Ausdruck „schnöde", auf eine Rede eines Reichstagsmitgliedes angewendet, für nicht parlamentarisch erachte. Hat das Reichstagsmitglied sich in einer anderen Sitzung vergessen, so wäre es meiner Ueberzeugung nach damals an der Zeit und nach parlamentarischen Regeln geboten gewesen, die Entscheidung des Präsidenten in Anrufung zu bringen.

(Sehr wahr!)

Der Herr Bevollmächtigte zum Bundesrath hat das Wort.

Bevollmächtigter zum Bundesrath für das Königreich Sachsen, Wirklicher Geheimer Rath, außerordentlicher Gesandter und bevollmächtigter Minister **von Nostitz Wallwitz**: Ich habe allerdings nicht geglaubt, daß es Sache der Bevollmächtigten zum Bundesrath sei, den Herrn Präsidenten darauf aufmerksam zu machen, wenn ein Ausdruck, welchen ein Reichstagsabgeordneter in Bezug auf die verbündeten Regierungen fallen läßt, seiner Ansicht nach die Grenzen des parlamentarischen Anstands überschreitet.

(Sehr gut! Bravo! rechts.)

Präsident: Der Herr Abgeordnete Graf zu Stolberg (Rastenburg) hat das Wort.

Abgeordneter Graf **zu Stolberg** (Rastenburg): Meine Herren, wenn ich zu so später Zeit am 6. Tage unserer Verhandlungen zum Wort komme, so werden Sie mir gewiß dankbar dafür sein, wenn ich mich so kurz als möglich fasse.

(Sehr wahr!)

Der Schwerpunkt der Verhandlungen liegt überhaupt nicht in der Generaldebatte, sondern in der Spezialdiskussion. Nicht dadurch werden wir den gesunkenen Wohlstand des Volks heben, daß wir hier tagelang um nationalökonomische Probleme uns streiten, sondern dadurch, daß wir einen Tarif votiren mit zweckmäßigen, den Bedürfnissen des Landes entsprechenden Positionen. Ich werde mich daher beschränken auf eine Widerlegung derjenigen Einwendungen, die hier in erster Linie gegen den Entwurf vorgebracht sind. Gegen die Ausführungen meines Freundes Herrn von Maltzahn-Gültz wende ich mich um deswillen nicht, weil ich die Hoffung habe, daß ich mit ihm im Votum schließlich übereinstimmen werde. Ich bin aber in diesen Dingen so sehr Realist, daß ich auf die Abstimmung in der dritten Lesung ein viel größeres Gewicht lege, als auf die vorher gehaltenen Reden.

Meine Herren, der Herr Abgeordnete Richter ist in der Hauptsache ja bereits genügend widerlegt worden durch denjenigen Regierungskommissarius, der am darauf folgenden Tage gesprochen hat. Ich muß aber doch auf einige Punkte noch näher eingehen.

Der Herr Abgeordnete Richter hat die Unzahl von Petitionen ins Feld geführt, die gegen den Tarif gerichtet sind. Meine Herren, ich bin bemüht gewesen, so viel mir das möglich war, diese Petitionen durchzulesen, ich muß allerdings bekennen, zuletzt ist es mir nicht mehr mit Allen gelungen. Diese Petitionen gehen ja von den verschiedensten Gesichtspunkten aus, indessen, ich möchte Sie doch darauf aufmerksam machen, eins haben sie alle oder wenigstens fast alle gemeinsam. Sie gehen aus von Industrien, die bereits heute einen vollkommen ausreichenden Zollschutz genießen, von Industrien, die im Vergleich zu den anderen, durch unsere bisherige Zollgesetzgebung entschieden begünstigt sind, und diese Industrien wollen nun nicht, daß neben ihnen auch noch andere sich eines äquivalenten Zollschutzes erfreuen. Meine Herren, gerade die Ungleichheit des bisherigen Tarifs ist aber das, was wir am meisten bekämpft haben und unter dieser Ungleichheit litt wieder am meisten die Landwirthschaft. Ich komme da auf die Ausführungen des Herrn Abgeordneten von Bennigsen und des Herru Abgeordneten Dr. Windthorst in Bezug auf die Aufhebung der Eisenzölle.

Der Herr Abgeordnete von Bennigsen hat hervorgehoben und der Herr Abgeordnete Dr. Windthorst hat das bestätigt, daß viele von denen, die in jener Zeit für die Aufhebung der Eisenzölle gestimmt haben, wohl nicht recht gewußt haben, was sie thaten, sich über die weiteren Folgen ihrer Handlungsweise nicht recht klar gewesen sein mögen. Meine Herren, die Eisenzölle sind beseitigt worden durch eine Koalition von liberalen Freihändlern und von Agrariern. Nun mag es ja sein, daß von fetten der liberalen Freihändler manche vielleicht nicht übersehen haben, welches die Folgen dieser Maßregeln sein würden: soviel kann ich Ihnen aber sagen, daß wir von agrarischer Seite sehr genau wußten, was wir thaten. Wir sagten uns, die Eisenzölle sind diejenigen, unter denen die Landwirthschaft am meisten zu leiden hat; beseitigen wir daher in erster Linie die Eisenzölle, dann wird sich ja zeigen, was die Folge sein wird. Bewährt sich das Prinzip des Freihandels, dann werden wir natürlich mit Beseitigung der Eisenzölle nicht zufrieden sein, sondern dann werden wir die Garnzölle bekämpfen u. s. w., bis wir bei dem englischen Tarif angekommen sind. Bewährt sich die Sache nicht, beweisen uns die Thatsachen, daß die freihändlerische Doktrin nicht richtig ist, dann werden wir umkehren müssen. Dann befinden wir uns aber in der Lage, daß, wenn wir der Industrie neue Zölle bewilligen sollen, wir auch Zölle für uns in Anspruch nehmen können.

Ich glaube, daß der Erfolg dieser Politik uns zur Seite gestanden hat. Es ist dadurch die Koalition zwischen Industrie und Landwirthschaft zu Stande gekommen, die ich nicht für eine unnatürliche halte, die ich im Gegentheil für segensreich halte, von der ich segensreiche Folgen erwarte, nicht bloß auf dem handelspolitischen Gebiet, sondern auch auf anderen Gebieten. Der Herr Abgeordnete Richter hat sodann mit einem eigenthümlichen Argument die Vieh- und Fleischzölle bekämpft. Er hat uns darauf hingewiesen, im ersten Quartal d. J. habe der Fleischkonsum in Berlin abgenommen, und nun sei es doch sehr bedenklich, jetzt gerade Fleischzölle einzuführen. Ja, dies Argument spricht doch entschieden gegen den Herrn Abgeordneten Richter. Der Fleischkonsum hat abgenommen beim Freihandel, beim billigen Fleisch, aus dem einfachen Grunde, weil die Leute keine Arbeit hatten,

(sehr richtig! rechts)

und das ist für mich gerade ein Beweis, daß wir das System ändern müssen. Meine Herren, Sie gehen dabei immer von einer falschen Ansicht aus, Sie verwechseln den Arbeiter mit dem Rentier. Der Rentier ißt und trinkt zuerst, und dann schneidet er von seinen Coupons so viel ab, als er zur Bezahlung braucht; der Arbeiter muß erst arbeiten, um das bezahlen zu können, was er nachher ißt und trinkt.

(Sehr gut! rechts.)

Der Herr Abgeordnete Richter hat sodann darauf hingewiesen, daß durch diese Zölle nicht bloß die Arbeiter, sondern auch deren Familien betroffen würden. Das ist richtig; wenn das aber richtig ist, dann fordere ich den Herrn Abgeordneten Richter auf, nun seinerseits entschieden für einen hohen Tabakszoll einzutreten und zwar für das Tabaksmonopol. Meine Herren, der Tabakzoll ist derjenige, mit dem man lediglich den männlichen kräftigen, arbeitsfähigen Theil der Bevölkerung trifft, und bei dem Tabaksmonopol hat man es außerdem in der Hand, den Reichen verhältnißmäßig mehr heranzuziehen oder wenigstens verhältnißmäßig ebenso heranzuziehen wie den Armen, was man bei einer anderen Form der Tabaksbesteuerung nicht kann. Daher ist und bleibt meiner Auffassung nach das Tabaksmonopol, man mag sonst darüber sagen, was man will, das Ideal einer Konsumtionssteuer.

Der Herr Abgeordnete Richter faßt schließlich das Programm seiner Freunde dahin zusammen, daß er sagt, wir sind unabhängige, charakterfeste Männer, wir sind entschlossen, möge kommen, was da wolle, wir sagen zu allem nein. Ja, meine Herren, ich glaube, das wird die Folge haben, daß die Nation Ihnen auch einmal nein sagt.

Ich wende mich nun zu den Herrn Abgeordneten Dr. Bamberger, der als die Seele der Freihandelspartei in Deutschland zu betrachten ist. Ich sehe ihn zu meinem Bedauern nicht an seinem Platz. — Ich komme da zunächst zu seinen Ausführungen über die direkten Steuern. Der Herr Abgeordnete Bamberger hat gesagt, es sei ja doch eigentlich gar nicht erwiesen, warum indirekte Steuern vortheilhafter wären, als direkte; man sage das immer so, aber einen Grund wisse man darüber nicht anzugeben. Er hat dann des näheren ausgeführt, es komme auf dasselbe heraus, ob man durch indirekte Besteuerung dem Arbeiter jeden Tag einen Silbergroschen nehme, oder ihm am Ende des Monats einen Thaler nehme. Ja, meine Herren, das ist nicht egal. Der Herr Abgeordnete Bamberger geht dabei wieder von dem Gesichtspunkt aus, der für Leute maßgebend ist, die sich in einer so guten Situation befinden, daß sie bei dem Banquier ein laufendes Konto haben. Für die gut situirte Klasse ist es allerdings, das gebe ich Herrn Bamberger zu, vollkommen gleichgiltig, ob er jeden Tag einen Thaler oder am Ende des Monats 30 Thaler, oder am Ende des Jahres 365 Thaler zu zahlen hat. Für den Arbeiter aber ist das nicht gleichgiltig. Es handelt sich um den Unterschied von Baarwirthschaft und Wirthschaft auf Kredit, und dieser Unterschied ist für den Arbeiter von großer Tragweite.

Meine Herren, wenn Sie den Arbeiter zwingen, vermittelst der indirekten Steuer jeden Tag einen Groschen zu bezahlen, so bleibt sein Budget im Gleichgewicht, er hat zwar am Ende der Woche und des Monats sich vielleicht nichts gespart, er hat aber keine Steuer mehr abzuführen; thun Sie das aber nicht, so gibt der Arbeiter den einen Groschen für den Tag doch aus, er geht ins Wirthshaus und bringt ihn dort unter, und wenn dann der Monatsschluß herankommt, dann kommt die Steuerquittung und der Mann kann sie nicht bezahlen, dann fängt das Elend an und endigt natürlich damit, daß er Sozialdemokrat wird. Nach meiner Meinung liegt darin ein ganz gewaltiger Unterschied; durch das System der indirekten Besteuerung erziehen Sie den Arbeiter, ohne daß er selbst es merkt, zur Ordentlichkeit und Sparsamkeit, durch das System der direkten Besteuerung erleichtern Sie ihm einen unordentlichen, verschwenderischen Lebenswandel.

(Heiterkeit links.)

Meine Herren, der Herr Abgeordnete Bamberger scheint dafür kein Verständniß zu haben, er hat immer nur einen Sinn für die todten Werthe an und für sich, aber er übersieht dabei die Hauptsache, die persönliche Stellung und die sittlichen Beziehungen der einzelnen Menschen zu den todten Werthen.

Der Herr Abgeordnete Bamberger hat sodann in Bezug auf den Grundbesitz behauptet, in jedem kultivirten und zivilisirten Staat müßte die Grundrente fallen; das bestreite ich auf das allerentschiedenste. Wenn die Grundrente in einem Staate fällt, so befindet er sich nicht im aufsteigen, sondern im Niedergang. Ich kann auch das Beispiel von Frankreich, das er angeführt hat, nicht als zutreffend anerkennen. Ich habe mich im Jahre 1870/71 ziemlich viel auf dem Lande in Frankreich bewegen müssen und habe so viel ich konnte mich erkundigt nach den Preisen der Grundstücke und nach dem Ertragswerth, und da habe ich gefunden, daß dort die Grundstücke sich auf 3—4 Prozent verzinsen. Ja, meine Herren, wenn wir unsere Grundstücke, die wir gekauft haben, nur annähernd mit 3—4 Prozent verzinsen könnten, so würden wir sehr zufrieden sein. Nun gibt es allerdings Zustände, bei denen die Grundrente sinkt, dann ist aber meiner Ansicht nach immer der Verfall des Staats im Anzuge. Wir haben es gesehen in der Geschichte, in jener Zeit des römischen Reichs, als Italien aufhörte Korn zu produziren, als die großen Kornlieferungen aus Afrika kamen, und die Folge war die Devastation in Italien, an der viele Landstriche noch heute leiden.

Der Herr Abgeordnete Bamberger wendet sich sodann gegen die Agrarier, — er hat das schon in mehreren Reden auch jetzt im März gethan, er hat dabei angeführt, wahrscheinlich um uns bei dem Fürsten Bismarck in einen möglichst ungünstigen Ruf zu bringen, einer unserer journalistischen Führer befinde sich noch heutzutage wegen Bismarckbeleidigung im Ausland. Er hat eine derartige Bemerkung schon im März gemacht, ich habe ihm damals darauf nicht geantwortet, weil über die Agrarier so viel falsche Thatsachen verbreitet werden, daß es auf etwas mehr oder weniger nicht ankommt. Da er aber die Sache jetzt wiederholt hat, so muß ich darauf eingehen, um so mehr als er den Namen genannt hat:

Dr. Rudolph Meyer. Ich habe mich nun speziell erkundigt und erkläre hiermit auf's bestimmteste, daß Dr. Rudolph Meyer niemals in Beziehung zu den Agrariern gestanden hat, er war in der konstituirenden Versammlung nicht zugegen, er hat an den späteren Versammlungen nicht Theil genommen, ist dem Verein nicht beigetreten und hat absolut nicht das mindeste damit zu thun.

Der Herr Abgeordnete Bamberger hat sodann geäußert, — er sagte das im März, — die Agrarier seien geschworene Feinde des Liberalismus. Meine Herren, das kann ich nur in bedingtem Maße zugeben. Ich betone ausdrücklich, daß die Agrarier lediglich eine volkswirthschaftliche Partei sind und daß die Agrarier und die agrarische Bewegung als solche mit der Fraktion meiner Freunde nichts zu thun haben. Die Agrarier haben den Liberalismus lediglich bekämpft auf dem wirthschaftlichen Gebiet. Nun werden nach meiner Auffassung unsere neueren wirthschaftlichen Gesetze, über die wir uns beschweren, nicht von einem liberalen Geiste getragen, sondern sie sind lediglich diktirt von dem Interesse des mobilen Geldkapitals, und, meine Herren, daß diese wirthschaftliche Gesetzgebung sich nicht bewährt hat, ich glaube, davon muß man sich doch allgemein überzeugt haben.

Meine Herren, ich bin weit entfernt, alles das gutzuheißen, was von agrarischer Seite je gesagt und je geschrieben ist; daß dabei manche Uebertreibungen unterlaufen, ja, wer wollte das leugnen; aber das muß ich doch sagen, ich halte den Kern der agrarischen Bewegung für einen gesunden und entwicklungsfähigen und er wird sich entwickeln. Wieviel Terrain die agrarische Bewegung bereits gewonnen hat, das ist mir recht deutlich geworden, als ich neulich die Rede des Herrn von Bennigsen hörte. Daß Herr von Bennigsen eintreten würde für das bäuerliche Erbrecht, daran habe ich nicht einen Augenblick gezweifelt; wir kennen ja die Ansichten der Hannoveraner über diesen Punkt. Meine Herren, nehmen Sie mir es nicht übel, wenn ich mich etwas kraß ausdrücke: ich bin der Ansicht, daß jeder Mensch auf dem Gebiet, das er vorzugsweise kennt, das er vollkommen beherrscht, immer zu konservativen Anschauungen kommt. Daß aber der Herr Abgeordnete von Bennigsen mit einer solchen Entschiedenheit für die bedrängten Interessen des Grundbesitzes eingetreten ist, das hat mich allerdings gewundert und wie ich nicht leugnen kann, in hohem Maße erfreut. Wenn wir vor einigen Jahren dieselben Dinge sagten, dann warf man uns vor, wir wären weiter nichts als Vertreter von Interessenpolitik.

(Ruf links: Sehr richtig!)

Wenn Herr von Bennigsen es sagt, dann hat er die öffentliche Meinung auf seiner Seite, und das freut mich;

(Ruf links: O nein!)

— er hat sie auf seiner Seite, ich wollte das nur konstatiren.

Der Herr Abgeordnete Bamberger hat sodann gesagt, er wollte hier nicht das Prinzip vom Freihandel und Schutzzoll diskutiren; er hat es aber doch gethan, denn er sagte: der Freihandel wäre die Gesundheit und der Schutzzoll die Krankheit. Er hat ausgeführt, der gesunde Menschenverstand verlange stets einen unbedingt freien Austausch aller Werthe. Es ist das der Kernpunkt der sogenannten Manchestertheorie, der Satz, daß der unbedingte freie Austausch der Werthe zwischen den einzelnen Individuen und den Nationen stets, und zwar stets für beide Theile vortheilhaft sei. Meine Herren, das ist es gerade, was ich bestreite. Der freie Austausch ist für beide Theile vortheilhaft dann, wenn beide Theile gleich oder annähernd gleich wirthschaftlich stark sind; ist aber einer der beiden Theile schwächer, viel schwächer, so unterliegt er einfach. So ist es zwischen den einzelnen Individuen, so ist es im Kampf mit den Nationen. Der Freihandel ist nur vortheilhaft für den wirthschaftlich stärkeren. Meine Herren, nehmen Sie zwei Individuen an, auf der einen Seite den Wucherer, der Kapital hat, auf der anderen Seite einen Bauer oder einen Handwerker, der kreditbedürftig ist. So lange der gesetzliche Zinsfuß bestand, war eine Art von Gleichgewicht hergestellt, der Schwächere konnte sich wenigstens bis zu einem gewissen Grade vertheidigen; wenn man diese Grenze wegzieht, dann stürzt sich der Wucherer auf den Kreditbedürftigen und bringt ihn um. So liegen die Dinge. Nach der Auffassung des Abgeordneten Bamberger und der Manchesterschule müßten aber beide Theile einen Vortheil haben. Zwischen den Nationen ist es nicht anders. Ich will ein krasses Beispiel anführen und an den Vertrag zwischen England und Portugal erinnern, auf den der Herr Abgeordnete Reichensperger exemplifizirt hat. Portugal hatte eine schwache Industrie, England eine starke. So lange sie sich gegenseitig ausschlossen, war eine Art von Gleichgewicht vorhanden, in dem Augenblick aber, in dem die Schranken fielen, wurde die Industrie in Portugal ruinirt und ein Parlamentsmitglied sagte ganz offen in einer Sitzung einige Jahre darauf, dieser Handelsvertrag wäre etwas vortreffliches, sie hätten in Folge dessen schon so viel Geld aus Portugal geholt, daß leider jetzt nichts mehr zu holen wäre. Ja, nach der Auffassung des Herrn Bamberger müßte dieser Vertrag für beide Theile vortheilhaft gewesen sein.

Herr Bamberger hat dann zum Schluß in halb elegischem, halb drohendem Ton uns die Prophezeihung zugerufen: wir sollten nicht frohlocken, dieser Schutzzoll würde auch nur eine vorübergehende Periode sein, die Nation könne manches aushalten, sie würde auch dieses überstehen, wir würden wieder zum Freihandel übergehen müssen. Meine Herren, dieser Drohung gegenüber habe ich sehr gute Nerven. Mir persönlich ist der Freihandel viel sympathischer, aber nicht nach unserer persönlichen Antipathie oder Sympathie, sondern nach dem Bedürfniß des Landes haben wir solche Dinge zu ordnen!

(Sehr richtig! rechts.)

Wenn nun die Stimme des Herrn Abgeordneten Bamberger in dieser Schutzzollperiode, die vor uns liegt, hier kein Gehör mehr findet, so kann ich ihm nur den Rath geben, er möge seinen Einfluß ausüben in Rußland, England, Frankreich und namentlich in Amerika, um dort die Leute zum Freihandel zu bekehren. Wenn ihm das gelungen sein wird, bin ich ganz damit einverstanden, daß wir wieder zum Freihandel übergehen. Das leugne ich nicht, England gegenüber sind wir zwar mit dem Freihandel im Nachtheil, aber ziehen wir das Gesammtniveau in Betracht, so sind wir Deutsche wirthschaftlich stärker als die große Mehrheit der Nationen; etabliren Sie einen großen allgemeinen Freihandel, dann bin ich überzeugt, daß er in erster Linie England, aber in zweiter Linie uns zu gute kommen wird. So lange aber die anderen Nationen ihre Thüren vor uns verschließen, wird uns nichts anderes übrig bleiben, als daß wir ein gleiches thun.

Ich komme jetzt zum Herrn Abgeordneten Lasker. Die Ziffern, die derselbe angeführt hat, um die Behauptung des Fürsten Bismarck von der Bedrängniß des Grundbesitzes zu widerlegen, kann ich im Augenblick nicht kontroliren, ich habe sie mir kaum aufschreiben können, behalte mir aber eine Widerlegung vor in der Spezialdebatte, wenn der stenographische Bericht uns vorliegen wird. Auf eins muß ich aber doch aufmerksam machen.

Der Herr Abgeordnete Dr. Lasker hat mit Emphase gesprochen von der bevorstehenden Vernichtung der direkten Steuern. Nun muß ich sagen, an und für sich fände ich es erfreulich, wenn wir alle Steuern vernichten könnten; indessen das geht nicht. Wir müssen also suchen, es so zu machen, daß wir sie mit möglichst wenig Unbequemlichkeit tragen können.

Nun liegt nach meiner Auffassung die Sache einfach so, daß wir in Deutschland augenblicklich zu viel direkte und zu wenig indirekte Steuern haben, und dieses Mißverhältniß soll ausgeglichen werden. Wie weit wir darin kommen, darüber wird sich streiten lassen, aber daß durch diese Vorlage kein Mißverhältniß zu Gunsten der indirekten Steuern herbeigeführt werden kann, davon müssen wir doch wohl alle überzeugt sein.

An der ganzen Rede des Herrn Abgeordneten Dr. Lasker ist für mich das bemerkenswertheste, daß er sich in offenbarem Widerspruch befindet mit einem Theil seiner Fraktionsgenossen, er befindet sich im Widerspruch mit Herrn von Bennigsen, er befindet sich bei der Abstimmung in der Minorität, und daraus schließe ich, daß die Entwickelung und Kräftigung des deutschen Reichs einen Schritt vorwärts machen wird!

(Bravo! rechts.)

Meine Herren, ich komme nun zum Schluß, zu den konstitutionellen Garantien. Ich kann dem Herrn von Bennigsen nicht so weit folgen, daß ich einen praktischen Werth auf das Ausgabebewilligungsrecht des Reichstags legte, wie wir es jetzt haben. Darin stimme ich mit dem Herrn Bevollmächtigten des Bundesraths überein, daß wir auch nach Fortfall der Matrikularbeiträge sehr wohl im Stande sein werden, eine sparsame Wirthschaft in unserem deutschen Reich zu führen durch das Ausgabebewilligungsrecht.

Meine Herren, auf einer anderen Seite ist ein anderer Ton angeschlagen worden: der Herr Abgeordnete Richter hat darauf hingewiesen, es handle sich um eine Machtfrage, der Herr Abgeordnete Dr. Lasker hat an das Septennat erinnert, noch ein anderer Abgeordneter hat direkt auf die Konfliktszeit in Preußen hingewiesen. Nun, meine Herren, frage ich Sie, was wäre geschehen, wenn während der Konfliktszeit das preußische Abgeordnetenhaus das Einnahmebewilligungsrecht gehabt hätte! Was wäre geschehen, wenn die Freunde des Herrn Abgeordneten Richter mit ihrer Ansicht durchgedrungen wären, die, als die österreichische Armee bereits mobilisirt an unserer Grenze stand, offen erklärten: diesem Ministerium keinen Groschen! Meine Herren, dann wären die Träume unserer Jugend von deutscher Macht und deutscher Einheit vernichtet worden für immer; zertreten von böhmischen und ungarischen Regimentern.

(Sehr wahr!)

Ja, meine Herren, wenn Sie der Idee der konstitutionellen Garantien bei uns Eingang schaffen wollen, dann hüten Sie sich die Erinnerung an jene Zeiten wach zu rufen.

(Bravo!)

Meine Herren, ich bin nicht beauftragt, im Namen meiner Freunde mich etwa gegen diese konstitutionellen Garantien auszusprechen, ich kann nur soviel sagen: wir erachten als den Schwerpunkt des Budgetrechts das Ausgabebewilligungsrecht, wir sind aber einer weitergehenden konstitutionellen Garantie an und für sich nicht entgegen, wir wollen abwarten, was für Vorschläge man uns in dieser Beziehung machen wird, und werden dann zu diesen Vorschlägen Stellung nehmen. Wir sind aber vor allen Dingen einig in dem Wunsch, daß nicht wieder in diesem Jahre, wie dies im vorigen Jahre geschehen ist, die an und für sich für das deutsche Reich dringend nothwendigen Reformen scheitern an einer Frage, der wir im Grunde genommen nur eine ornamentale Bedeutung beimessen können.

(Bravo!)

Präsident: Der Herr Abgeordnete Rickert (Danzig) hat das Wort.

Abgeordneter **Rickert** (Danzig): Meine Herren, Sie gestatten mir vielleicht am Anfang meiner Ausführungen eine kurze Auseinandersetzung mit einem meiner Fraktionsgenossen. Ich halte mich dazu für verpflichtet, weil ich gerade der Erste bin, der aus unserer Partei zum Wort kommt, nach dem Herrn Abgeordneten Mosle. Der Herr Abgeordnete Mosle hat gestern sehr verächtlich von dem nationalen Bewußtsein oder dem nationalen Sinn der Seestädte gesprochen. Diese Ausführung läßt mich und wie ich hoffe die große Majorität der Bewohner aller Seestädte, auch derjenigen Bewohner von Bremen, die der Herr Abgeordnete Mosle jetzt noch vertritt, sehr kühl, es ist mir ganz gleichgiltig, wie der Herr Abgeordnete Mosle in dieser Beziehung über uns denkt. Dagegen hat der Herr Abgeordnete Mosle am Schluß seiner Ausführungen nach dem Oldenbergischen Bericht — und wie ich und Freunde von mir gehört haben — noch etwas schärfer über die Tendenzen des gegenwärtigen Handels gesprochen, er hat gesagt, daß die gegenwärtigen Gesetze dazu beitragen würden, den internationalen und semitischen Charakter

(Bewegung)

des Handels in Deutschland zu beseitigen.

Meine Herren, wenn der Herr Abgeordnete Mosle es für seine Sache hält, die Beweiskraft für seine Ausführungen aus dieser Tonart herzubahnen, so lehne ich, und ich glaube auch die große Majorität meiner Gesinnungsgenossen, in deren Namen ich zu sprechen hoffe, jede Gemeinschaft mit derartigen Deduktionen ab, und wir müssen sie auf das Entschiedenste zurückweisen. Gerade diese Ausführung veranlaßt mich auch dazu, materiell mit dem Herrn Abgeordneten Mosle von dieser Stelle aus nicht weiter über seine Ansichten zu diskutiren, und ich gehe daher über zu dem, was der Herr Abgeordnete Windthorst gestern in Bezug auf die geschäftliche Behandlung der Vorlage erklärt hat.

Der Herr Abgeordnete Windhorst sagte: wenn er den Inhalt der Rede des Herrn Abgeordneten von Bennigsen früher gekannt hätte, so wäre er ja ganz mit unsern Anträgen einverstanden. Ich habe mir nicht recht entziffern können, was das bedeutet. Was hat er denn aus der Rede des Herrn von Bennigsen herausgelesen? Ich meine, meine Herren, gerade den Ausführungen des Herrn Abgeordneten Windthorst, der zu meiner großen Freude in Finanzfragen sehr vorsichtig ist — und ich hoffe, wir werden ein gut Stück mit ihm zusammengehen können — gerade die Ausführungen des Herrn Abgeordneten Windthorst haben mich davon überzeugt, daß Finanz- und Schutzzollfragen durchaus getrennt werden müssen im Interesse der sachlichen Erledigung der Vorlage. Meine Herren, der Sommer beginnt, — glauben Sie denn, daß es möglich ist, diese wichtigen Fragen, die Fragen der sogenannten konstitutionellen Garantien und die Finanzfragen gleichzeitig und bald zu lösen in einer Kommission, die, Sie mögen sagen, was Sie wollen, doch im großen ganzen beherrscht wird von der Frage, die wir jetzt seit 6 Tagen diskutiren, von der Frage des Schutzes der nationalen Arbeit? Wir wollen, daß diese wichtigen staatsrechtlichen und finanziellen Fragen, die eine Tragweite haben weit hinaus über dieses augenblickliche Aufflackern und über die Illusionen, die sich im Volke jetzt Geltung machen, mit nüchterner objektiver Ruhe und langsam geprüft werden. Das wollten wir Ihnen ermöglichen. Aus diesem Grunde und im Interesse der Beschleunigung der Sache haben wir den Antrag gestellt, die finanz- und staatsrechtlichen Fragen in eine besondere Kommission zu verweisen. Ich glaube, der Herr Abgeordnete Windthorst müßte eigentlich auch unserer Meinung sein.

Der Antrag, den die Herren Abgeordneten von Benda, von Bennigsen und Lasker eingebracht haben, ist im Wesentlichen genau derselbe, wie der Antrag, den ich mir erlaubt habe einzubringen — es steht ja auch mein Name unter dem Antrag Lasker-Bennigsen. — Welchen Sie annehmen, ist uns gleichgiltig. Ich bemerke nur noch, daß meine Parteigenossen in ihrer großen Majorität beiden Anträgen zustimmen werden. Sie haben vollständig die Wahl. Soviel über die geschäftliche Behandlung der Vorlagen.

Ich gehe jetzt auf die Vorlage selbst über und muß mich

da zunächst allerdings sehr kursorisch an einzelnes halten, was gestern in der Diskussion vorgekommen ist.

Der Herr Regierungskommissar, der gestern zuerst gesprochen hat, hat es für nöthig gehalten, eine Privatschrift, die der „Verein zur Förderung der Handelsfreiheit" herausgegeben hat, — den Text des neuen und des alten Tarifs — hier zu kritisiren, und hat es auch glücklich zu Wege gebracht, drei Fehler darin zu finden. Einen Rechenfehler zunächst; es hat nämlich der Herr, der die Veröffentlichung verbreitet hat, wie ich glaube, unter einer augenblicklichen Verwirrung gelitten, unter der auch ich oft leide und, ich glaube, viele unter Ihnen, meine Herren, daß man den Zentner mit 100 Kilogramm verwechselt, er hat in dem Augenblick als er die Rechnung machte, vergessen, durch zwei zu dividiren oder mit zwei zu multipliziren. Die anderen beiden Fehler sind wirklich richtig gemacht, es sind Irrthümer. Was folgt aber daraus für diesen Zolltarif? Uebrigens ist das Werk, welches der Verein herausgegeben hat, so gut und brauchbar, daß der Herr Regierungskommissar selber zu unserer großen Freude es zu seinem Handbuch gemacht hat. Wenn eine Privatgesellschaft thatsächliches Material, welches die Regierung leider uns nicht gegeben hat,

(sehr gut!)

in zwei Tagen mit ihren Privatmitteln hergestellt und veröffentlicht nur im Interesse der Aufklärung des Volks, und es sind drei so kleine Fehler darin, was beweist das? Hat denn der Herr Regierungskommissar sich die Vorlage der verbündeten Regierungen nach dieser Richtung hin angesehen? Meine Herren, es ist mir nicht sehr angenehm, diesen Weg mit dem Herrn Regierungskommissar zu gehen; er mag es aber entschuldigen, wenn ich ihm mit gleichen Waffen diene. Gefallen finde ich darin nicht, das sage ich selber. Die offizielle Vorlage über den neuen und alten Tarif haben wir ungefähr 4 oder 3 Wochen später als die erwähnte Privatarbeit bekommen, und der Verein für Handelsfreiheit hat keine Geheimräthe und Sekretäre zur Disposition, er hat nur einen einzigen Mann, der alles macht, allerdings eine sehr tüchtige und bewährte Kraft. Die Regierung hat die Vergleichung des alten und neuen Tarifs unter 132b uns vorgelegt. Auch in dieser Vorlage haben sich erhebliche Fehler vorgefunden. Wollen Sie die Güte haben, zuerst Seite 17 dieser Vorlage aufzuschlagen; da fehlt bei Holz auffallenderweise eine Bestimmung aus dem Tarif von 1860, die für uns von hohem Werthe ist; die Bestimmung nämlich, nach welcher der Holzzoll in den östlichen Provinzen des preußischen Staats, ferner in den Häfen von Hannover und Oldenburg, mäßiger war, wie in den übrigen Landestheilen. Diese haben die Herren einfach weggelassen; weshalb? Ich weiß es nicht.

Weiter, auf Seite 24, Nr. 20, Kurzwaaren b, da wird angeführt: Waaren ganz oder theilweise aus Bernstein, Elfenbein, Gagat, Jet, Lava, Perlmutter u. s. w., sollen jetzt einen Zollsatz von 120 Mark bezahlen. Ich will das Detail nicht weiter ausführen, sondern nur hervorheben: Waaren aus Bernstein, Elfenbein, Gagat, Jet, Lava, Meerschaum und Perlmutter zahlten nach dem früheren Tarif 24 Mark, sie sollen jetzt nach dem neuen 120 Mark bezahlen. Nirgends aber ist ersichtlich gemacht, daß jetzt der fünffache Betrag an Zoll verlangt wird, wie er früher bestanden hat; nach der Vorlage, denkt man, hätten sie 90 Mark bezahlt. Meine Herren, ist das nicht ein genau ebenso großes, wenn nicht schwereres Versehen als dasjenige, was der Herr Regierungskommissar dem Verein für Handelsfreiheit vorgeworfen hat. Ich meine (zum Regierungstisch gewendet), Sie können Ihre Arbeit, obgleich Sie sehr viel mehr Wochen und Büreaux zur Disposition hatten, in keiner Weise für korrekter ausgeben als die, welche der Verein für Handelsfreiheit gemacht hat.

Weiter hat der Herr Regierungskommissar dem Herrn Abgeordneten Dr. Delbrück auf seine Ausführung verschiedenes erwidert. Ja, meine Herren, ich muß doch sagen, wie der Herr von Kardorff neulich in einem anderen Falle, wenn der Herr Regierungskommissar nichts weiter auszusetzen gehabt hat an den Ausführungen des Herrn Abgeordneten Dr. Delbrück, dann bin ich beruhigt, dann werden die Ansichten des Herrn Abgeordneten Delbrück, wie ich hoffe, zum großen Theil noch in das Gesetz übertragen werden. Z. B. über die Fischernetze haben wir eine lange Ausführung gestern gehört. Der Herr Abgeordnete Delbrück hatte sich darauf beschränkt zu sagen: Sie wollen Anomalien beseitigen, Fischernetze haben früher 1,50 Mark bezahlt, d. h. per 100 Kilogramm 3 Mark — ich werde wohl noch öfter den Fehler machen, daß ich 100 Kilogramm und Zentner verwechsle — sie sollen jetzt 12 Mark bezahlen, weil die Garne, aus denen sie gemacht werden, höheren Zoll zahlen. Der Herr Abgeordnete Delbrück hat ausdrücklich gesagt, die Fabrik ist, wenn Sie so verfahren wollen, wie früher, nicht tangirt, aber die Netze vertheuern Sie. Der Herr Regierungskommissar antwortet darauf: der Herr Abgeordnete Delbrück hätte nicht bewiesen, daß die Fabrik darunter leide. Der Herr Abgeordnete Delbrück hat lediglich gesprochen im Interesse der Fischer, und ich will dem Herrn Regierungskommissar sagen, weshalb wir uns dafür interessiren. Es steht hier in Frage eine Einfuhr im ganzen von etwa 300 bis 400 Zentnern, wie sie aus der amtlichen Statistik sehen. Darüber ist diese lange Rede des Herrn Regierungskommissars gestern gehalten. Die Bundesregierungen haben im Jahre 1873 in den Motiven zum Tarif ausdrücklich gesagt, sie hätten diese Anomalie eingeführt, um den Fischern, insbesondere an der schleswig-holsteinischen Küste, die Anschaffung dieser vorzüglichen Netze zu ermöglichen. Wenn Sie den Satz von 24 Mark — denn so viel Zoll zahlen die Garne für diese Netze — nehmen wollten, ja, dann wären Sie konsequent geblieben, Sie hätten die Logik, die Sie bei Ihrem ganzen System aufrecht zu erhalten wünschen, erfüllt. Sie sind aber nicht logisch und konsequent gewesen, Sie haben statt 24, nur 12 Mark gesetzt, und was wird die Folge sein? Die Sachverständigen sagen, die Fischer werden Abstand nehmen, die Netze sich zu kaufen, und wie früher dieselben zu Hause selbst häkeln. Meine Herren, mir hat ein Kaufmann in Danzig, bei dem ich mich erkundigte, gesagt, daß er mehrere Jahre daran arbeite, diese Netze bei den Fischern einzuführen, und daß es ihm mit Mühe und Noth gelungen sei, weil das Fischergewerbe wie selten eins konservativ ist und am Althergebrachten hängt. Man freue sich aber darüber, daß die Leute die Zeit, die sie sonst zu Netzehäkeln aufwenden müßten, zu einer lohnendern Thätigkeit zu ersparen Gelegenheit hätten, und nun wollen Sie mit einem Strich der Logik zu Liebe diese Vortheile wieder streichen! Ich muß sagen, die Ausführungen des Herrn Regierungskommissars gegenüber dem Herrn Abgeordneten Delbrück haben mich noch mehr davon überzeugt, daß der Herr Abgeordnete Delbrück im Rechte ist, und ich hoffe, die große Majorität des Hauses wird angesichts der 300 — 400 Zentner Einfuhr unsern Fischern nicht die Netze vertheuern, sondern möglich machen, daß sie nach wie vor mit diesen guten Netzen arbeiten. Ich hoffe, auch der Herr Regierungskommissar wird einen erheblichen Einwand vom finanziellen Standpunkt aus nicht machen.

Aber auch mit Rechnenfehlern kann ich dienen. Der Herr Präsident des Reichskanzleramts hat gestern einen wesentlichen gemacht. Er hat gesagt, die Zölle wären nur verhältnißmäßig wenig gewachsen, und er hat darauf eine weitere Deduktion gegründet. In dem Bericht heißt es:

> Seit der Gründung des Zollvereins haben sich die Erträgnisse der Zölle um höchstens 20 Prozent vermehrt; sie betrugen per Kopf der Bevölkerung in der ersten Zollvereinsperiode vom Jahre 1834 bis 1841 durchschnittlich 2¼ Mark; für das Etatsjahr 1877/78 aber 2 Mark 69 Pfennige.

Ja, meine Herren, dem Herrn Präsidenten des Reichskanzleramtes ist hier ein Irrthum unterlaufen, nämlich er hat vergessen, daß die Zuckersteuer, die jetzt auf einem besonderen Titel steht, damals inbegriffen war in diesen Zöllen.

(Hört!)

Damals hatten wir keine Rübenzuckersteuer, welche die Kleinigkeit von 51 Millionen beträgt oder mehr als 1 Mark pro Kopf der Bevölkerung.

Meine Herren, wenn es uns darauf ankäme, Irrthümer und Rechnungsfehler nachzuweisen, so wäre ich in der Lage, Ihnen noch mehr derartiges anzuführen.

Nun will ich noch ein paar Worte sprechen über das, was der Herr Vertreter der mittleren Bundesstaaten gesagt hat. Ich bedauere es, daß er die Sympathien, welche die Thatsache, die durch den Brief des Herrn Reichskanzlers an Herrn von Thüngen bekannt geworden ist, — ich sage, daß er die Sympathien, die bei uns erregt sind, wesentlich bei uns durch seine heutige Deduktion abgeschwächt hat. Meine Herren, der Herr Bevollmächtigte schloß damit, er hätte in der Generaldebatte nicht viel Neues gehört, und er hätte eigentlich besser zu Hause bleiben können. Sehr verbindlich war dies nicht, meine Herren; wenn der Herr Bevollmächtigte aber dies sagt, so könnte ich erwidern, wir hätten nichts dagegen gehabt, wenn er zu Hause geblieben wäre.

(Oh! oh! rechts.)

— Ja, meine Herren, wenn man unsere Debatten nicht zu hören wünscht, so sage ich einfach: nun gut, dann bitte, geniren Sie sich nicht, wir zwingen Sie durchaus nicht. Ich glaube, höflicher kann man doch nicht sein.

(Heiterkeit.)

Ich will doch niemand zwingen, daß er unseren Debatten, die wir im Schweiße unseres Angesichts und nicht zu unserer Privatfreude führen, sondern weil wir glauben, den Interessen des Landes zu dienen, und weil wir diese Pflicht unseren Mandanten gegenüber übernommen haben, beiwohne. Wenn man da sagt, es wäre besser gewesen, ich wäre zu Hause geblieben, so kann ich nur antworten, man möge sich doch diesen Debatten entziehen.

Der Herr Bevollmächtigte hat uns dann vorgeworfen — und der Herr Abgeordnete Graf zu Stolberg hat es heute ebenfalls gesagt — die Betonung der Machtfrage, die in den konstitutionellen Garantien liegt. Meine Herren, wir sprechen nicht gerne viel von Machtfragen, das steht doch aber fest: Rechte, die in der Verfassung des deutschen Reiches stehen, die in dieselbe hineingebracht sind mit Wissen und Willen derjenigen, welche die Verfassung beschlossen haben, die sollte man nicht bei irgend einer beliebigen Gelegenheit stillschweigend zu Grabe tragen. Die Vorlage der verbündeten Regierungen spricht über die konstitutionellen Folgen des Verschwindens der Matrikularbeiträge kein einziges Wort. Die Vorlagen bringen, wie der Herr Abgeordnete Freiherr von Varnbüler sagt, 122, nach der Minimum- und Maximumsberechnung der Bundesregierung 94 bis 164 Millionen Mehreinnahmen, die Matrikularbeiträge verschwinden also jedenfalls, irgend ein anderes Mittel zur Erhaltung unseres Rechts tritt nicht an die Stelle, darüber geht man ganz stillschweigend hinweg. Ja, meine Herren, glaubt man denn wirklich, daß die Vertreter des Volkes das so ohne weiteres hinnehmen werden? Es ist zum Zeugen aufgerufen von der halbamtlichen Provinzialkorrespondenz der Herr Abgeordnete von Bennigsen und auch meine Wenigkeit als Berichterstatter der Budgetkommission des preußischen Abgeordnetenhauses in der letzten Session dafür, daß mit jener bekannten Resolution, die der Herr Finanzminister Hobrecht und die Staatsregierung und auch Seine Majestät der König von Preußen inhaltlich akzeptirt haben, nun die ganze Frage erledigt sei. Das ist unrichtig, der Herr Abgeordnete von Bennigsen hat seinerseits Ihnen seine Meinung darüber bereits gesagt, und ich will mich darauf beschränken, zu erklären, daß ich die Sache nicht für erledigt anzusehen habe. Ja wohl — in Preußen ist sie erledigt; aber ich habe ausdrücklich gesagt, in Reichsangelegenheiten mischten wir uns dort nicht. Die Vertreter des Reichs wären Männer genug, die Rechte, die sie dort hätten, und die finanziellen Rücksichten, die sie auf das Reich zu nehmen hätten, im Reiche selbst zu vertreten. Ich wünschte überhaupt — meine Herren, der Herr Präsident des Reichskanzleramts hat von dem wirthschaftlichen Partikularismus gestern gesprochen, ich werde heute auf diesen Partikularismus am Schlusse meiner Auseinandersetzungen zurückkommen — ich wünschte, die Herren wären nicht so ausschließlich preußisch-partikularistisch in den Finanzfragen, die das Wesentlichste der Vorlage bilden. Ich wünschte, wir träten mit unserem preußischen Partikularismus etwas mehr zurück und ließen den Reichsstandpunkt in Bezug auf die Finanzfragen mehr in den Vordergrund treten.

Ich wiederhole also: das verfassungsmäßige Recht, welches jetzt in der jährlichen Festsetzung der Matrikularbeiträge liegt, werden wir uns mit unserem Willen nicht nehmen lassen, und ich habe zu meiner großen Freude aus den Ausführungen der Herren Abgeordneten Reichensperger und Windthorst vernommen, daß nicht bloß diese Seite (links), sondern auch das Zentrum fest entschlossen ist, über diesen Punkt nicht stillschweigend hinweg gehen zu lassen, sondern dafür einzutreten, daß die Rechte, die wir jetzt haben, wirksam, ganz und ohne Abkürzung uns erhalten bleiben.

(Sehr gut!)

Meine Herren, damit ist der Standpunkt der Majorität dieses Hauses vollständig gekennzeichnet, und ich meine, es war nicht eine richtige Taktik, daß der Herr Graf Stolberg wieder diese Frage pointirt und uns ins Gedächtniß gerufen hat die Zeiten des, wie ich meinen sollte, endlich begrabenen preußischen Konflikts.

(Sehr richtig!)

Meine Herren, diese preußischen Erinnerungen — ich könnte darüber sehr ausführlich mit den Herren verhandeln und manches Wort des Fürsten Bismarck über diese glücklicherweise hinter uns liegende Zeit des Konflikts anführen — dieser preußische Konflikt ist durch die Indemnitätsvorlage beseitigt, es haben sich die Parteien die Hände gereicht und es ist nicht nützlich für die Förderung der Verhandlung, daß diese Frage im Reiche wieder aufgewärmt wird.

(Sehr wahr!)

Meine Herren, ich sollte meinen, es läge im allgemeinen Interesse, derartige Dinge nicht zu berühren, sonst würden wir den Spieß umkehren und zeigen, daß es damals Parteien gegeben hat in Preußen, die nicht mit demselben Eifer, wie wir es wünschen müssen, die verfassungsmäßigen Rechte der Volksvertretung hoch gehalten haben.

Nun, meine Herren, was die konstitutionelle Frage betrifft, so verliere ich kein Wort darüber; die große Majorität des Hauses ist darin einig, und ich neige mich dem von meinem hochverehrten Freunde, dem Abgeordneten von Bennigsen, neulich hier gemachten Vorschlage zu, daß man am zweckmäßigsten die Sache dadurch erledigt, daß man sowohl die Matrikularbeiträge aufrecht erhält, als auch eine oder zwei oder drei von den zu bewilligenden indirekten Steuern entweder zeitweise bewilligt oder quotisirt. Ich glaube, daß man finanztechnisch am besten thut, wenn man diese beiden Methoden mit einander vereinigt.

Da ich gerade von den Matrikularbeiträgen spreche, möchte ich mir erlauben, diesen Gegenstand noch etwas weiter auszuführen. Der Herr Reichskanzler hat neulich sich berufen auf ein Wort meines verehrten Freundes Miquel. Dieses

Wort ist leider ein geflügeltes geworden, und ich habe bisher schon öfter die Absicht gehabt, darüber zu sprechen, da es, so viel ich weiß, hier noch keine Erörterung gefunden hat. Ich möchte es um so mehr thun, als der Kampf um das Bestehen oder Nichtbestehen der Matrikularbeiträge wieder zu einer nationalen Frage gestempelt zu werden scheint. Kollege Miquel, wie der Herr Reichskanzler richtig bemerkt, sagte, 100 000 arme Thüringer müßten soviel bezahlen wie 100 000 reiche Hamburger, das sei ungerecht. Meine Herren, in einer Rede läßt man sich so etwas beiläufig als eine geistreiche und schlagende Wendung für den Augenblick ganz gut gefallen, aber dies Argument allein reicht doch nicht aus. Es gibt eine etwas schiefe Auffassung der wirklichen Sachlage. Richtig wäre die Sache, wenn die 100 000 Hamburger und die 100 000 Thüringer als der wirkliche Durchschnitt sich gegenüber stände. Diese wenigen Bremer und Hamburger heraus zu greifen und den Thüringern entgegen zu stellen, das gibt keine Basis für eine beweiskräftige Deduktion. Hätte man dafür gesagt, die 27 Millionen Preußen zahlen weniger, oder sehr viel mehr wie die Thüringer und die anderen Bewohner der kleinen Staaten, so hätte das Argument eine größere Tragweite gehabt. Man muß diejenigen einander gegenüberstellen, die bei dieser Rechnung etwas bedeuten. Meine Herren, der Steuerkohl wird dadurch nicht gerade sehr fett, ob die 300 000 Hamburger soviel per Kopf der Bevölkerung mehr zahlen oder weniger. Es sind eben nicht richtige Verhältnißziffern. Die große Steuer des Hamburgers hilft dem armen Bürstenbinder in Thüringen und dem Ziegelarbeiter in Lippe nichts. Ich habe den Versuch gemacht, mir rechnungsmäßig es klar zu machen, wie die Matrikularbeiträge wirklich wirken. Ich habe den Staat Preußen zum Vergleich gewählt und gefragt: kann ich einen der kleineren Staaten finden, an dem zu beweisen wäre, wie sich seine Steuerkraft verhält zu der Preußens? Da hat sich einer gefunden in Lippe-Detmold, dem Staat der hier oft erwähnten Ziegelarbeiter. Lippe-Detmold hat eine Steuerverfassung von 1868, nach welcher dort genau dieselbe Klassen- und Einkommensteuer gezahlt wird wie in Preußen. Beide Staaten habe ich verglichen in ihren Steuerleistungen am Anfang der Jahre 1870. Was stellt sich nun heraus? In Preußen zahlte bei 12 vollen Simpeln der Klassen- und Einkommensteuer jeder Bewohner $2^1/_4$ Mark der Steuer und in Lippe-Detmold $2^1/_2$ Mark. Sie sehen also, daß die Leistungsfähigkeit, gemessen an diesem wie mir scheint, relativ zutreffenden Maßstabe der direkten Steuer, ziemlich dieselbe ist. Die 300 000 reichen Hamburger lassen Sie also gefälligst bei Seite, die thun wenig zur Sache. Die Hauptfrage ist die: steht Preußen etwa auf gleichem Niveau in dieser Beziehung wie die anderen Staaten? Diese Frage erwäge man. Wenn man aber die Hamburger und Bremer weiter verfolgt in ihren Leistungen für das Reich, so möchte ich nur ein Moment hervorheben: die Wechselstempelsteuer. Im Jahre 1873 hat Lippe-Detmold 4000 Mark an Wechselstempelsteuer beigetragen, Hamburg 853 000 Mark, Bremen 286 000 Mark, der Staat Sachsen-Weimar 16 249 Mark. Sie sehen also, wir haben schon die Mittel, um den reichen Hamburger und Bremer zur Leistung anzuhalten und Sie wissen, daß es ja im Werke ist, dies noch mehr zu thun. Darüber würde sich vielleicht auch reden lassen. Ich meine also, meine Herren, daß der Streit über die Matrikularbeiträge nach diesen Gesichtspunkten nicht geführt werden kann. Ich glaube, ich bin einer der ersten gewesen hier im Reichstage 1875 oder 1876, der der zu starken Verurtheilung der Matrikularbeiträge entgegen getreten ist. Ich gebe zu, die Matrikularbeiträge gefallen mir auch nicht, aber erst zeigen Sie mir etwas Besseres und so lange Sie dieses Bessere nicht gefunden haben, stehe ich auf den Matrikularbeiträgen fest und hoffe, der Reichstag wird sie sich nicht nehmen lassen trotz aller Ankämpfungen, bevor ein wirksames Ersatzmittel an die Stelle gebracht ist.

Meine Herren, es läge eigentlich nahe, die Finanzfrage noch in weiterm Umfange zu behandeln, aber ich will mich darauf beschränken, da der Herr Abgeordnete Graf zu Stolberg mir heute eine Veranlassung dazu gegeben hat, nur noch einmal auf die Frage der direkten und indirekten Steuer einzugehen. Der Herr Graf zu Stolberg hat in einer Vorbemerkung gesagt, wenn jemand ein Gebiet kennt, ist er immer konservativ. Ich möchte nun fragen in Bezug auf das vorliegende Gebiet: wer ist denn da der Konservative, Herr Graf zu Stolberg oder wir? Ich bin ein Reaktionär gegen den Herrn Grafen zu Stolberg in Zoll- und Steuerfragen. Ich will die alte Fahne, wie mein verehrter Freund Oechelhäuser gesagt hat, nicht verlassen, ich stelle mich unter die alte Tradition, — ich werde den Inhalt derselben nachher noch ein wenig näher berühren. Der Herr Graf zu Stolberg treibt, ich will nicht sagen eine revolutionäre, aber doch zu stark reformatorische Politik in Bezug auf den Zolltarif —

(Zuruf)

das Wort revolutionär soll natürlich nicht eine schlimme Bedeutung haben, ja nicht einmal die des guten Revolutionärs des Herrn Abgeordneten Virchow, — ich sage, er treibt eine so stark reformatorische Politik, daß mir allerdings etwas dabei die Haare zu Berge stehen.

(Große Heiterkeit.)

Nun, meine Herren, ganz weg sind sie doch noch nicht. Ich behaupte also, wir sind hier die Konservativen. Ob Herr Graf zu Stolberg daraus folgern will, daß wir die Sache besser kennen, das überlasse ich ihm; ich bin nicht unbescheiden genug, diese Schlußfolgerung zu ziehen.

Der Herr Abgeordnete Graf zu Stolberg sagt, der Fleischkonsum habe abgenommen bei billigem Fleisch — ergo ein Zoll. Das ist eine eigenthümliche Schlußfolgerung. Ich will dem Herrn Grafen zu Stolberg einmal ein Wort vom alten Fritz — der ist auch ein so altpreußischer Konservativer, ruhmreichen Angedenkens — anführen, das über die Fleischsteuer handelt. Die Regisseure verlangten damals, ich weiß das Jahr nicht genau, ich denke in den sechsziger Jahren, nicht bloß die Beibehaltung der Akzise, — diese ließ er bestehen — sondern auch die Einführung einer höheren Fleischsteuer. Darauf schrieb König Friedrich II.:

> Es ist mir unmöglich, zu dieser Steuer auf fremdes Schlachtvieh meine Einwilligung zu geben, sie ist für den gemeinen Mann zu drückend. Was das Fleisch anbetrifft, so kann man den Verkaufspreis auf 19 Pfennig setzen; aber die Abgabe von 1 Thaler auf jedes Stück fremdes Hornvieh kann nicht stattfinden, und ihr müßt sonst einen akzisbaren Artikel auffinden, bei welchem man sich erholen kann.

(Sehr gut!)

So dachte dieser große Konservative über die Besteuerung des Fleisches.

Wozu aber weiter sollen die indirekten Steuern dienen? Herr Graf zu Stolberg will sie als Erziehungsmittel für die Arbeiter benutzen. Ja, meine Herren, diese Theorie ist mir ebenso neu wie überraschend: „Wenn direkte Steuern bezahlt werden sollen, hat der Arbeiter inzwischen das Geld in die Schenke getragen. Wenn dann der Steuererheber kommt, findet er nichts und kommt der Exekutor. Wird die Abgabe in einer indirekten Steuer ihm tropfenweise abgenommen, dann wird er ein solider und ordentlicher Mann."

Glaubt denn der Herr Graf zu Stolberg wirklich, daß er uns diese Erziehungsmethode für den Arbeiter anempfehlen kann? Wenn der Herr Abgeordnete Bamberger gesagt hätte, es sei nicht gleich, ob ein Arbeiter täglich 1 Silbergroschen indirekt an Steuern bezahlt oder am Schluß des Monats einen Thaler direkt, dann ließe sich darüber reden. Wie wird die Sache aber, — und das hat der Kollege Bamberger wohl nur gesagt, — wenn der Arbeiter täglich fünf Silbergroschen bezahlt an indirekten Steuern oder nur einen Thaler am Ende des Monats an direkten? Meinen Sie denn noch, daß das dem Arbeiter gleich ist? Meinen Sie nicht, daß er sich ein Exempel darüber macht und den Unterschied — es handelt sich natürlich nur um Verhältnißzahlen — zwischen 60 und 12 pro Jahr herausfindet? Es ist neulich in einer pommerschen Zeitung eine Rechnung darüber aufgemacht, was der Arbeiter, wenn man alles rechnet, nach dem Zolltarife pro Jahr mehr zu zahlen haben würde. Diese Rechnung war allerdings erschreckend.

So sind die realen Dinge. Was der Herr Abgeordnete Graf zu Stolberg ausgeführt hat, sind glänzende Theorien, die nicht richtig sind. Wenn der Arbeiter sein Konto am Ende des Jahres aufmacht, und es ist Petroleum, Speck, Häring, Brod und alles so und so viel vertheuert und er einsieht, daß er fünf bis sechs mal soviel bezahlen muß in indirekter, wie er in direkter Steuer zahlen würde, glauben Sie, daß der Arbeiter so viel Lust an der Erhaltung der Unmündigkeit und so viel Furcht vor der Schenke hätte, daß er sagte: gut, nehmt mir den fünf- bis sechsfachen Betrag täglich in nicht merkbaren Portionen ab, nur damit ich das Geld los werde, was ich sonst in die Schenke trage?! Nein, meine Herren, das ist keine Finanzpolitik!

Alle zivilisirten Staaten haben dahin gestrebt, die nothwendigen Nahrungsmittel für das Volk nicht mit Steuern zu belegen. Unbegreiflich ist mir auch, wie die Herren, die sich so sehr für das Prosperiren der Industrie erwärmen, ganz ruhig die Hand, wie ich meine, an die Wurzel legen der Produktionsfähigkeit des Landes. Was heißt denn die Vertheuerung der unentbehrlichen Lebensmittel des Arbeiters anders, als die Produktionsbedingungen unseres Landes erschweren und die Konkurrenzfähigkeit desselben herabdrücken?!

Meine Herren, ich glaube, wenn Sie in Erwägung ziehen, daß fast alle Länder, mit Ausnahme von Frankreich, wo ein ganz kleiner Zoll für Weizen noch besteht, der nicht so hoch ist, wie der, den wir einführen sollen, — daß Oesterreich selbst den Kornzoll aufgehoben hat; wenn Sie bedenken, daß diese Konkurrenten auf die nothwendigen Lebensmittel keine Zölle mehr legen, so müßten Sie dieses Moment doch wohl in Erwägung ziehen, wenn Sie die Entwickelung der Industrie im Auge haben.

Meine Herren, das also ist kein Moment für die direkten Steuern. Aber weiter — kennt der Herr Graf zu Stolberg nicht die Entstehungsgeschichte unserer direkten Steuern? Ich würde ihm empfehlen, einmal die Akten darüber genauer nachzulesen. Der Herr Abgeordnete Graf zu Stolberg vertritt einen ostpreußischen Wahlkreis. Ich will ihm eine Reminiszenz aus Ostpreußen vorführen. Ich habe schon neulich in der Generaldebatte angeführt, daß vor 1806 in Preußen $^2/_3$ der Steuern in indirekten und $^1/_3$ in direkten Steuern erhoben wurden. Nun kam der Krach; die Staatsfinanzen geriethen in die größte Zerrüttung, weil das Volk in seiner Produktions- und Konsumtionsfähigkeit herunter gegangen war; die indirekten Steuern versagten. Was thaten die ostpreußischen Stände der Kreise? Ich denke, es waren auch die Stände der Bezirke, in denen der Herr Graf zu Stolberg gewählt ist, die nach Berlin petitionirt haben, man möchte die, die Lebensmittel des Volkes vertheuernden Steuern abschaffen und eine direkte Steuer nach der Leistungsfähigkeit der Zensiten einführen. Diese anerkennenswerthen Petitionen der ostpreußischen Kreisstände bildeten den Keim für jene glorreiche Steuergesetzgebung, welche wir heute leider noch vertheidigen müssen.

(Sehr richtig! links.)

Meine Herren, aus den Jahren 1806—1810 und dann weiter bis 1820 gingen die denkwürdigen Arbeiten hervor, die nicht bloß unsere direkte Steuergesetzgebung, sondern auch unseren Zolltarif geschaffen haben. Der Herr Reichskanzler hat gestern von den niederen Göttern aus der Zeit des Zolltarifs gesprochen, von dem Finanzminister von Klewitz. Nein, meine Herren, das war nicht der Mann, der dieses und die damit zusammenhängenden Werke geschaffen hat. Es waren andere Männer, Stein, Hardenberg, Wilhelm von Humboldt, Hoffmann —

(Zuruf: Maaßen!)

ja wohl Maaßen, Namen, vor denen wir die größte Hochachtung haben und deren staatswirthschaftliche Grundsätze uns in Fleisch und Blut übergegangen sind. Sie schufen damals jene Gesetze für die direkte Besteuerung, welche noch heute die Grundlage unseres Finanzsystems sind und es hoffentlich bleiben werden trotz der schweren Stürme, die jetzt darüber hinweggehen.

Meine Herren, ich habe Ihnen bei der Budgetdebatte noch einen anderen Nachweis geliefert, nämlich den, daß die direkten Steuern, soweit sie an den Staat gezahlt werden, seit 1820 herabgegangen sind, daß in Preußen pro Kopf der Bevölkerung damals mehr an direkten Steuern an den Staat gezahlt wurde, wie heute, selbst absolut mehr oder ebensoviel, wenn Sie den Geldwerth in Betracht ziehen, natürlich erheblich mehr. Ich habe damals ferner hier hervorgehoben, daß es kein zivilisirtes Land in Europa gebe, welches so wenig an direkten Staatssteuern zahlt wie das preußische. Ich kann von Deutschland nicht sprechen, ich glaube aber es sind in den meisten anderen Staaten die Verhältnisse ebenso.

Nun, meine Herren, was würde denn werden, wenn Sie die ganze Finanzgebahrung des Reichs, der Einzelstaaten und, wie der Herr Reichskanzler gestern gesagt hat, der Kommunen, denen er Erleichterung schaffen will, an die indirekten Steuern des Reiches ketten. Es bleibt eben dasselbe Steuerchaos wie jetzt; die Anarchie würden Sie genau so haben und viel größer. Denken Sie, die Zoll- und Steuererträge gingen in einem Jahre 20 bis 30 Millionen, vielleicht noch mehr zurück, was dann? wer würde dann Hilfe schaffen? Wären Sie dann nicht wieder gezwungen, im Reiche, den Einzelstaaten, bis in die Kommunen hinein, sich auf die direkten Steuern zu stützen? Meine Herren, man möge doch nicht die Erfahrungen vergessen, die man Anfang dieses Jahrhunderts in Preußen gemacht hat; die direkten Steuern sind auch deshalb eingeführt, weil die indirekten den Dienst versagten in der Zeit der Noth. Daran sollte man denken. Wenn der Herr Abgeordnete Graf zu Stolberg uns sagt, die Sache sei doch nicht so ängstlich, diese Vorlage beseitige die direkten Steuern noch nicht,— meine Herren, ich habe mehr Respekt vor der Macht des Herrn Fürsten Reichskanzlers, ich weiß, daß, wenn ein Mann von diesem Schwergewichte ein Programm aufstellt, wie er es uns neulich wieder vorgetragen hat: Beseitigung der Klassensteuer, Beseitigung der klassifizirten Einkommensteuer unter gewissen Modalitäten bis 2000 Thaler, Beseitigung oder Uebertragung der Grund- und Gebäudesteuer und wie konsequenter Weise sich daraus ergibt, Beseitigung der Gewerbesteuer — daß das nicht so harmlos zu nehmen ist. Das ist der Anfang einer großen, tiefgreifenden Bewegung und da nehme ich meine Position am Anfang gerade so wie ich sie zu den Kornzöllen nehmen will, und ich bedaure, daß mein hochverehrter Freund, Herr von Bennigsen hierbei nicht mit uns geht. Ich sage, wie der Herr Abgeordnete Freiherr von Maltzahn: principiis obsta! — Ich will diesen Anfang der Bewegung nicht auf der anderen Seite mitmachen, sondern denjenigen die Durchführung des Werkes allein überlassen, die von demselben in demselben Maße Heil für das Vaterland erwarten, wie wir eine tiefgehende, schwer zu überwindende Schädigung davon fürchten.

Meine Herren, der Herr Abgeordnete Graf zu Stolberg hat gesagt, wir möchten doch dafür sorgen, daß Rußland, Frankreich, Oesterreich und Nordamerika freihändlerische Anschauungen bekämen. Das werden wir nicht erwirken können

und ich fürchte, Sie mit Ihrem Zolltarif auch nicht. Ich will Ihnen nur sagen, daß bei uns, bei allen denjenigen, die die Sachen kennen, die Anschauung über die Wirkung der Getreidezölle besteht, daß Rußland, wenn wir die Kornzölle, wie sie projektirt sind, einführen, sich darüber sehr freuen würde, die russische Regierung und die Kaufleute warten auf jenen Moment. Sie werden kein anderes Resultat davon erleben, als daß wir dann unserem blühenden Handel die Kraft, unserer Arbeiterbevölkerung die Arbeit entziehen, — die Zölle sind allerdings so, das werde ich Ihnen bei der Spezialdiskussion nachweisen, daß der Handel sie nicht tragen kann — und daß man Mittel und Wege finden wird, den ganzen Export nachher über russisches Gebiet zu führen. Das sind die Wirkungen ihres Kampfzolles, andere erfreuliche werden Sie nicht haben.

Nordamerika, meine Herren! Ja, Nordamerika hat sich mit Zollmauern umbaut, das ist wahr, fragen Sie aber doch einmal diejenigen, die die amerikanischen Verhältnisse kennen, was das für Wirkungen für Nordamerika gehabt hat, sind Ihnen denn alle die Thatsachen unbekannt? Ich verweise auf einen vorzüglichen Artikel, der vor einiger Zeit in der „Kreuzzeitung" gestanden hat, in welchem ausgeführt wird, welcher Krach gerade in die Industrie, gerade infolge dieser Zollbarrieren gekommen ist. Amerika hat sich helfen können, aber wodurch? Durch ein Hülfsmittel, was uns leider fehlt. Als über 1 Million Arbeiter infolge des Krachs darbten und nach Arbeit verlangten, da hat die Regiernng jene großen Latifundien eröffnet, die Ihnen jetzt so große Beunruhigung machen, weil sie Ihnen den Preis des Getreides auf dem Weltmarkte herunterdrücken. Dorthin sind hunderttausende von Arbeitern hingegangen, die jetzt von dem Getreidebau leben. Es sind im Jahre 1878 allein 14 Millionen Akres Neuland im Westen und Süden verkauft und geschenkt an 700 000 Ansiedler. Ja, meine Herren, Amerika konnte sich diese Erleichterung verschaffen, wir sind aber leider nicht in der Lage, und wenn in Folge dieser Zollpolitik unsere Produktionsfähigkeit geschwächt wird, so werden Sie nachher doch zurückgreifen auf jene Traditionen, die Sie heute im Stiche lassen.

Ich möchte bei dieser Gelegenheit, da ich von Amerika spreche, eine Bemerkung des Herrn Abgeordneten Windthorst nicht unerwähnt lassen. Derselbe hat auch gesprochen von der Furcht vor dem amerikanischen Getreide. Ich will nicht prophezeien, aber hervorheben möchte ich es doch, daß es sehr tüchtige Kenner der amerikanischen Verhältnisse gibt, welche behaupten, daß Amerika die jetzige Art der Getreideproduktion nicht 5, 6 Jahr mehr betreiben könne. Ich berufe mich dabei auf den ausgezeichneten und interessanten Bericht des Herrn Jackson aus England, eines Mannes, der sein Vergnügen darin findet, Amerika, England und den Kontinent zu bereisen und die volkswirthschaftlichen Verhältnisse, insbesonders die auf den Getreidebau bezüglichen Thatsachen in den einzelnen Ländern kennen zu lernen. Derselbe hat vor kurzem einen sehr instruktiven Aufsatz veröffentlicht, worin er ausführt, daß Amerika an der Grenze seiner Leistungsfähigkeit in Bezug auf den Getreidebau bald angekommen sei. Man treibe dort Raubbau, und trotz der großen Ernte und der Massen, die Amerika jetzt auf unseren Markt wirft, sei der Gewinn, den die Leute dort machen, ein ganz ungenügender, und es werde sehr bald dahin kommen, daß unsere Konkurrenten in der bisherigen Weise im Ackerbau nicht weiter arbeiten können. Es hatte neulich, wenn ich mich recht erinnere, auch die „Kreuzzeitung" darauf hingewiesen, daß man in Amerika schon jetzt damit umgehe, einen anderen Zweig der Landwirthschaft zu kultiviren, den Zuckerrübenbau, weil man sehe, der Getreidebau bezahlt sich nicht mehr, wie man wünschen müsse. Wir werden also von dieser Seite vielleicht eine neue Gefahr zu bestehen haben.

Soviel nun über die Aeußerungen des Herrn Abgeordneten Graf Stolberg. Ich möchte daran nur noch ein paar Worte in Bezug auf das, was der Herr Reichskanzler in Betreff unserer preußischen Steuergesetzgebung gesagt hat, anknüpfen. Der Herr Reichskanzler sagte nämlich, seit dem Jahre 1820 hätten wir keine größere Reform auf diesem Gebiet in Preußen erlebt. Ganz so ist die Sache denn doch nicht; der Herr Reichskanzler hat es ja selbst angeführt, daß wir im Jahre 1851 die klassifizirte Einkommensteuer geschaffen haben, und im Jahre 1861, wie ich sage, **leider** die sogenannte Grundsteuerausgleichung. Nach meiner persönlichen Ueberzeugung ist dieser Beschluß, der ja damals vielleicht für nothwendig gehalten werden konnte im Interesse der Erhaltung unserer Wehrhaftigkeit, die Grundlage der ganzen Agitation, die uns noch Jahre lang vielleicht beschäftigen wird. Das war nach meiner Meinung ein Unrecht, das ausgeübt wurde an dem Grundbesitz. Es hat nicht an Stimmen gefehlt, und auch aus den Reihen unserer Freunde, welche davor gewarnt haben. Ich müßte mich sehr irren, wenn nicht unser verehrter Präsident damals als preußischer Abgeordneter sowohl gegen Grundsteuer als gegen die neue Gebäudesteuer gestimmt hätte.

(Heiterkeit.)

Verzeihen Sie, ich hatte es nicht bemerkt, daß der Herr Vizepräsident hinter mir präsidire, ich meine den Abgeordneten von Forckenbeck, der damals im preußischen Abgeordnetenhause gegen diese beiden Steuern gestimmt hat. Meine Herren, ich erkläre unumwunden, daß ich diese sogenannte Grundsteuerausgleichung für einen großen Fehler halte. Die Erhöhung war übrigens auch nicht ganz unbedeutend, zwischen 20 bis 25 Prozent;

(Zuruf links)

nein in ganz Preußen, Herr Richter hat neulich die Höhe der Steigerung mit 25 Prozent angegeben, es ist etwas weniger, aber ungefähr kommt sie darauf hinaus. Wir haben ferner eine Reform durchgeführt, von der viele nicht gern sprechen, ich möchte aber doch daran erinnern. Auch die Aufhebung der Schlacht- und Mahlsteuer halte ich für eine segensreiche und absolut nothwendige Reform. Ich will darüber jetzt nicht mit Ihnen diskutiren, wir kommen später darauf an der Hand der Motive, die in diesem Punkte klassisch sind, namentlich klassisch in Bezug auf die Preise des Getreides und die Bäcker. Ich meine aber, meine Herren, Sie, die Sie sich jetzt so sehr für die Reform der direkten Steuern aussprechen, wie könnten Sie denn an dieselbe herantreten, wenn wir Ihnen nicht die freie Bahn geschaffen hätten dadurch, daß wir die Schlacht- und Mahlsteuer aufhoben. Keine Reform war in Preußen möglich, denn Sie mußten erst Stadt und Land auf das gleiche Niveau bringen. Früher konnten Sie die Klassensteuer nicht reformiren; fort mußte sie unter allen Umständen, das müssen selbst diejenigen zugeben, welche, wie die Motive sich ausdrücken, die Empfindung haben, daß die Abschaffung der Schlacht- und Mahlsteuer in finanzpolitischer und ich weiß nicht in welcher Beziehung noch, ein schwerer Fehler war. Ich, wie gesagt, habe diese Empfindung nicht.

Meine Herren, wir haben ferner eine Reform durchgeführt, die auch nicht ganz gering anzuschlagen ist, nämlich das Dotationsgesetz. Wir werden auch bei der Spezialdiskussion darüber zu sprechen haben, ob denn nicht mit der Ueberweisung der Dotationen an die Provinzen schon der Anfang gemacht ist mit dem, was diejenigen verlangen, welche jetzt den Grundbesitz für zu belastet darstellen, übrigens eine Meinung, die ich in beschränktem Sinne und nach einer gewissen Richtung hin vollkommen theile.

(Hört! rechts.)

— Ich habe das nie geleugnet. Wenn Sie sich doch einmal der Vergangenheit erinnern wollten! Sie sprechen fortwährend davon, die Interessen des Grundbesitzes zu schützen. Vielleicht denkt Herr von Kardorff noch an die Vorgänge von 1872 und 1873, wo ich die Ehre hatte, — oder waren Sie etwa nicht mehr da? — im preußischen Abgeordnetenhause zu sein, als ich in der Kommission den Antrag stellte, bei Gelegenheit der bekannten Camphausenschen Klassensteuerreform: lassen Sie nur die Klassensteuer wie sie ist, behalten wir doch vorläufig die alten Grundsätze bei, und beginnen wir mit Ueberweisung der Gebäudesteuer an die Kreise, die Grundsteuer zu überweisen lohnte damals noch nicht, weil die disponible Summe zu gering war. Damals baten wir, man möchte das disponible Geld verwenden, um mit der Ueberweisung der Realsteuer den Anfang zu machen. Aber ging die preußische Regierung — und der Herr Reichskanzler war bereits Mitglied dieser preußischen Regierung — darauf ein?

(Zuruf rechts)

— nein! wir haben uns viel bemüht für dieses sogenannte agrarische Programm. Wer aber nicht dafür zu gewinnen war, das war nicht allein die Staatsregierung, sondern auch die Herren von der Rechten haben uns wenigstens theilweise in Stich gelassen, und schließlich kamen wir dahin, daß wir eine sehr schöne Resolution faßten, in der wir die Staatsregierung ersuchten, möglichst Bedacht zu nehmen auf die Ueberweisung der Gebäudesteuer an die Kommunen. Das war der Hergang. Hätten Sie uns mehr geholfen, hätten Sie damals auf die Regierung Ihren Einfluß mehr geltend gemacht, wir hätten diese Fragen gar nicht mehr, wir wären zu einer rationellen Reform gekommen. Welches aber ist der Hauptgrund, warum wir in Preußen zu keiner rationellen Steuerreform gekommen sind? Das war einfach der Mangel jenes beweglichen Faktors im Etat, in dem die Herren jetzt die Machtfrage erkennen wollen. Wenn Sie Finanzminister wären, irgend jemand von Ihnen, meine Herren (rechts), würden Sie es wagen, eine größere Reform der direkten Steuern bei den festen Steuern, wie wir sie jetzt in Preußen haben, vorzuschlagen? Das kann kein Minister, weil er nicht weiß, wie er die etwa entstehenden Ausfälle decken soll.

(Sehr richtig! links.)

Wir haben deshalb damals auch vorgeschlagen: führen Sie die Quotisirung der Klassen- und Einkommensteuer im begrenzten Umfange ein, und dann kommen Sie uns mit einer größeren Reform, dann können wir alle ruhig darauf eingehen, dann werden wir die Grund- und Gebäudesteuer, dann werden wir die Klassen- und Einkommensteuer reformiren können. Da hieß es aber einfach: quod non! An diese Dinge wird nicht mehr gedacht, wie es scheint. Weil Sie sich widersetzt haben, eine konstitutionelle Reform in steuerlicher Beziehung in Preußen einzuführen, darüber, meine Herren, ist Preußen in seiner Steuerreform zurückgeblieben. Das ist der richtige Hergang der Sache. Ich habe auch, als ich dies ausführte als Referent der Budgetkommission, im preußischen Abgeordnetenhause von keiner Seite Widerspruch erfahren, selbst Konservative haben eingeräumt, es sei nothwendig, einen solchen beweglichen Faktor einzuführen, nicht bloß in konstitutioneller, sondern auch in finanztechnischer Beziehung.

Meine Herren, ich komme jetzt mit ein paar Worten — ich will versuchen, so kurz wie möglich zu sein — auf die Tarifvorlage und die damit leider zusammengehängten Finanzmaßregeln.

Der Herr Präsident des Reichskanzleramts hat meinem verehrten Freunde Lasker gesagt, er hätte hier ein rein negatives Programm entwickelt. Ja, meine Herren, ist das Programm negativ, wenn ein Abgeordneter sagt, daß er bis zur Höhe der Matrikularbeiträge Einnahmen bewilligen will? Nennen Sie das ein negatives Programm? Ich weiß nicht, wie der Herr Präsident des Reichskanzleramts das rechtfertigen will. Ich gestehe, ich bin ebenso negativ wie der Herr Abgeordnete Lasker. Ich habe es auch immer anerkannt, daß die Finanzen des Reichs gestärkt werden müssen, daß auch in den Einzelstaaten etwas nothwendig ist; ich bin auch heute bereit, eine sehr beträchtliche Summe an Geld den Bundesregierungen zu bewilligen. Aber, meine Herren, auf Grund einer Tarifvorlage, die sich in direkten Widerspruch setzt mit allen Grundsätzen, die zu der bisherigen Zollpolitik Preußens geführt haben, auf einer solchen Grundlage bin ich nicht im Stande, die Verantwortlichkeit mit zu übernehmen, und ich komme deshalb zu meinem lebhaften Bedauern zu ebensolchem negativen Resultat, — aber das mögen die verantworten, die uns in diese Lage gebracht haben, weil sie Finanz- und Schutzzölle zusammenkoppelten, — ich komme dazu, ein Nein zu einer Vorlage zu sagen, zu deren einem Theil, den Finanzzöllen ich unter anderen Umständen freudig hätte Ja sagen können. Ich werde — und darin stimme ich Herrn Lasker vollkommen bei und ich weiß, daß noch mehrere in unserer Partei so denken — wenn der Tarif so gestaltet bleibt, wie er jetzt ist, wenn Sie insbesondere Korn- und Holzzölle und verschiedene andere erhöhte Schutzzölle darin belassen, mich allerdings verpflichtet halten, beim Endresultat zu sagen: Nein! um diese Finanzpolitik nicht weiter mitzumachen. Das mögen Sie uns aber nicht vorwerfen, das ist lediglich die Folge der Zusammenkoppelung von Dingen, die nicht zusammengehören. Ich habe nicht geglaubt, daß man gezwungen wäre, Finanzpolitik mit Schutzzöllen zu machen,

(sehr richtig! links)

das ist etwas ganz Verschiedenes von dem, wovon bisher stets hier die Rede gewesen ist. Sie sagen ja auch, das soll lediglich zum Schutz der nationalen Arbeit geschehen und nicht im finanziellen Interesse des Landes. Nun, meine Herren, dann trennen Sie doch diese ganz verschiedenen Dinge, dann werden Sie uns nicht mehr negativ finden, sondern positiv. Wir sind bereit, die Mittel zu bewilligen, aber nur auf dem Wege der Finanzzölle.

Der Herr Reichskanzler hat gestern gesagt, daß der Herr Abgeordnete Oechelhäuser, mein verehrter Freund, darin ganz Unrecht hätte, wenn er sagte, daß wir jetzt die alte Fahne verlassen und uns zugemuthet würde, die Grundsätze des Tarifs von 1818 aufzugeben. Herr Oechelhäuser hat gesagt: Jene Grundsätze von 1818 und die sich daran anschließende sechszigjährige Entwickelung. Ich bitte auf das letztere ein Gewicht zu legen.

Nun, meine Herren, der Herr Reichskanzler hat Ihnen die Positionen des Tarifs von 1818 vorgeführt. Ich möchte Ihnen dagegen noch etwas von den Grundsätzen mittheilen, von denen wir sprechen, und die wir aufrecht erhalten wollen. Diese Grundsätze liegen freilich in der alten Gesetzgebung vom Jahre 1808. Ich habe hier vor mir die Instruktion für die Regierungen von Preußen, datirt Königsberg vom 26. Dezember 1808, unterzeichnet: Friedrich Wilhelm, gegengezeichnet Altenstein, Dohna, Schrötter, — sehr wohl bekannte Geschlechter bei uns, auch Träger der Traditionen jener Zeit; darin sind die Grundsätze ausgeführt, die die Grundlage der künftigen Zollpolitik bilden sollen, und die den Regierungen zur Nachachtung empfohlen wurde. Es heißt da in § 50:

> Es ist dem Staat und seinen einzelnen Gliedern immer am zuträglichsten, die Gewerbe jedesmal ihrem natürlichen Gange zu überlassen,

— heute sehr ketzerisch, wenn man das sagen will —

> d. h. keine derselben vorzugsweise durch besondere Unterstützungen zu begünstigen und zu heben, aber auch keine in ihrem Entstehen, ihrem Betriebe und Ausbreiten zu beschränken, insofern das Rechtsprinzip dabei nicht verletzt wird oder sie nicht gegen Religion, gute Sitten und Staatsverfassung anstoßen. — —
>
> Neben dieser Unbeschränktheit bei Erzeugung und Verfeinerung der Produkte ist Leichtigkeit des Verkehrs und Freiheit des Handels sowohl im Innern als mit dem Auslande ein nothwendiges Erforderniß, wenn Industrie, Gewerbefleiß und Wohl-

> stand gedeihen soll, zugleich aber auch das natürlichste, wirksamste und bleibendste Mittel, sie zu befördern.

Meine Herren, das sind die von uns erwähnten Grundsätze. Nnn vergleichen Sie einmal mit diesen die Rede des Herrn Abgeordneten von Varnbüler, der die nach unserer Meinung längst zu den Akten gelegte Gegnerschaft gegen die Arbeitstheilung zwischen den Nationen wieder einführt und als das Ideal unserer zukünftigen Zollpolitik begrüßt! Meine Herren, ich danke für diese Zollpolitik! Die Aufhebung der Arbeitstheilung, von der der Abgeordnete von Varnbüler sich Brot für unsere Arbeiter verspricht, ist nach meiner Meinung die größte Schmälerung unserer nationalen Kraft, die ich mir denken kann, es ist die Rückkehr zu Zuständen, wie wir sie vor einem halben Jahrhundert nicht mehr gehabt haben!

Der Herr Abgeordnete von Varnbüler hat uns einen Ausspruch von Thiers angeführt, der mir sehr gut gefallen hat. „Wir wollen der deutschen Nation Arbeit schaffen und sie ihr erhalten, wo sie welche besitzt.“ Ich werde Ihnen zeigen, wie Sie ihr die Arbeit erhalten, wo sie dieselbe besitzt.

Derselbe Thiers hat auch im Jahre 1834 einmal einen Ausspruch gethan; der heißt so:

> Das Prohibitivsystem, welches darin bestände, eine Nation völlig von anderen abzusondern, um sie selbst alles produziren zu lassen, was zu ihren Bedürfnissen gehört, unter dem Vorwand, dem Ausland den Verkehr der Zufuhr zu entziehen und ihn für sich selbst zu behalten, ein solches unsinniges System ist einfach unmöglich und hat in Wirklichkeit auch nirgends existirt.

Ja, meine Herren, das ist das Prinzip gegen die Arbeitstheilung zwischen den Nationen! An die Aufhebung dieser thatsächlich durchgeführten Arbeitstheilung glauben Sie ja wohl selber nicht, Sie wollen sie wohl auch nicht, wenigstens in dem Maße, wie Sie es nach Ihren Theorien eigentlich müßten.

Jene Grundsätze, die im Jahre 1808 von Altenstein, Stein, Hardenberg proklamirt wurden, hat der damals zu Boden geschlagene preußische Staat durchgeführt, und soweit es anging, in die Praxis übersetzt zu einer Zeit, wo England, das gepriesene Land des Freihandels, noch dem Prohibitivsystem ergeben war, zu einer Zeit, als Frankreich, als Oesterreich und Rußland vor Zollschranken starrten. Damals gab es in Preußen Staatsmänner, kühn genug, diesem verrotteten Zollsystem selbst in jener Zeit den Gedanken des freien Austausches zwischen den Völkern entgegenzusetzen, eine Theorie, welche das Preußen, welches damals auf einer niedrigen Stufe stand, zu dem gebracht hat, wo wir es heute sehen: an der Spitze und Führerschaft Deutschlands.

Meine Herren, ich will Ihnen einen sehr kompetenten Interpreten jener Zollpolitik nennen, denselben Hoffmann, ich glaube die Herren auch auf dieser Seite (rechts) werden ihm ja befreundet sein, es ist das Buch, welches ich vor mir habe, von früher her für Jedermann ein alter Bekannter, der in die Staatsverwaltung eintrat; jeder Referendar hatte seinen Hoffmann gelesen und sich die Grundsätze der preußischen Finanz- und Zollpolitik aus ihm eingeprägt. In einer gewissen Pietät, wenn auch Stein nicht mehr gilt, „ach der seelige Stein“ sagte ein Herr mir, als ich gestern darauf kam, — werden Sie doch Hoffmann immer noch gelten lassen als eine Autorität. Er sagt im Jahre 1840 über die Wirkungen und über die Richtung des Zolltarifs von 1818

> Bei den Berathungen über das Gesetz vom 20. Mai 1818 ward anerkannt, daß die Mitbewerbung des Auslandes der inländischen Gewerbsamkeit selbst in hohem Maße förderlich sei, weil sie den Wetteifer aufregt und kein träges Stillstehen bei dem gewohnten Verfahren gestattet. Gegen die bitteren Klagen der Fabrikanten, welche nach dem Eintritt des freieren Verkehrs ihren unvermeidlichen Untergang —

ganz so wie heute —

> vor Augen zu haben glaubten, hat nun eine zwanzigjährige Erfahrung die Befreiung des Verkehrs von jenen Verboten und verbotähnlichen Besteuerungen glänzend gerechtfertigt. Die Fabrikation hat an Umfang des Betriebes und Vollendung ihrer Erzeugnisse kräftiger als in irgend einem früheren gleich langen Zeitraum zugenommen, und die Fabrikmaterialien werden nun bei weitem häufiger und besser erzeugt, als während jener Sperre. Wenn die Regierung es nöthig fand, Abgaben auf den Eingang fremder Fabrikate und auf den Ausgang inländischer Fabrikmaterialien beizubehalten, so geschah dies doch größtentheils in sehr ermäßigten Sätzen und überhaupt mehr, um die Meinung zu schonen und die Fabrikinhaber nicht zu entmuthigen. Es zeigt sich daher auch ein Bestreben, diese Steuern in dem Maße herabzusetzen, worin die Gewerbsamkeit des Inlandes mehr Vertrauen auf ihre eigene Kraft gewinnt. Wahrscheinlich würde die Regierung hierin schneller fortschreiten, wenn Rücksichten auf Erhaltung

— und ich bitte dies wohl zu beachten —

> gewohnten Einkommens und auf anerzogene Meinungen, deren Macht zwar schon gebrochen, aber noch keineswegs vernichtet ist, nicht gebieterisch Beachtung forderten.

Meine Herren, so sprach Hoffmann sich aus im Jahre 1840 über die Zollpolitik und er setzt nachher auseinander, daß der Zolltarif von 1818 den Fehler gehabt hätte, daß er noch zu wenig kühn gewesen, und namentlich in einem Punkt. In dem Zolltarif von 1818, wenn ich die Sache recht im Kopf habe, sind die Industriezölle allerdings noch hoch, aber die Kornzölle niedriger, als sie uns der neue Zolltarif zumuthet. Nach Hoffmann hätte man mit den Industriezöllen früher aufräumen müssen, denn es kam nun das, was wir eben beginnen. Man gab hohe Industriezölle und schädigte damit die Landwirthschaft, ganz wie jetzt die Sache sein wird; weil die Landwirthschaft sah, daß sie dabei zu kurz kam, forderte sie höhere landwirthschaftliche Zölle und erhielt sie. So geht die Zwickmühle weiter, aber, meine Herren, können Sie denn immer so weiter fortfahren? Schließlich wird der Konsument sein kategorisches Nein sagen und die Anstrengung, die Industrie und die Landwirthschaft zu schützen, ist vergeblich gewesen. Ich meine, meine Herren, wenn das kleine Preußen unter viel ungünstigeren Verhältnissen damals so kühn sein konnte, als selbst noch England vollständig schutzzöllnerisch war, als erste Macht die Bahn zu brechen für das sogenannte Freihändler- oder Manchesterthum, dann sollten wir heute bei einer Industrie, von der der Herr Abgeordnete Löwe mit großem Stolz gesagt hat, daß sie konkurrenzfähig ist jedem Auslande gegenüber, dann sollten wir doch nicht lediglich, damit Courage gewonnen wird für die Industrie, wie der Vorsitzende der Tarifkommission, in Betreff der Eisenindustrie im Abgeordnetenhause uns zugestanden hat, zu derartigen Zollmaßregeln greifen, die allerdings zunächst die Landwirthschaft entschieden schädigen.

Was die Vertreter der Landwirthschaft betrifft, so möchte ich doch noch einmal der Ueberraschung Ausdruck geben, daß wir so feindlich uns jetzt gegenüberstehen. Wie lange ist es denn her, daß die Manchesterleute, die Freihändler, die beliebtesten bei den sogenannten Agrariern — ich meine das Wort im besten Sinne — waren? Es war am 15. Mai 1870, da traten wir hier in Berlin zusammen zu einem Aufruf, ich will nur die Namen darunter nennen: Graf von Lehndorff-Steinort, von Wedemeyer-Schönrade — Sie werden mir zugeben, daß derselbe gewiß ganz unverdächtig ist in wirthschaftlicher

Beziehung — von Behr-Schmoldow, von Forckenbeck, Prince-Smith, meine Wenigkeit u. s. w. Wir erließen einen Aufruf zur Gründung einer freihändlerischen Vereinigung. In demselben heißt es unter Anderem:

„daß die wirthschaftlichen Interessen am gedeihlichsten entwickelt und am gerechtesten geregelt werden durch den freien Austausch; daß die Arbeitstheilung zwischen verschiedenen Ländern den Wohlstand ebenso hebt, wie die Arbeitstheilung zwischen Landesgenossen" u. s. w.

Ja, meine Herren, im Jahre 1873 und noch später, da waren die Herren fast alle in wirthschaftlicher Beziehung mit uns auf der äußersten Linken gegen die Schutzzöllner und wollten auch damals nur Finanzzölle. Eine Thatsache ist bezeichnend, ich führe sie an, weil der Name des Mannes, den es betrifft, öfters genannt ist, und vielleicht noch öfters genannt werden wird, nämlich Herr von Thüngen. Es liegt mir hier ein altes Blatt der „Augsburger Allgemeinen" aus dem Jahre 1873 vor. Darin hat Herr von Thüngen zwei Artikel über die Steuerreform in Bayern geschrieben. Was sagt er darin? Erstens: für eine gute Steuerreform müsse man einige allgemeine Gesichtspunkte aufstellen. Der fünfte seiner Gesichtspunkte war der:

die Steuer darf nicht unentbehrliche Lebensmittel treffen, oder doch nur so unmerklich, daß sie nicht drückend wird.

(Heiterkeit.)

Heute scheint Herr von Thüngen dieses Programm vergessen zu haben. Das Interessanteste aber ist, daß Herr von Thüngen zuletzt zu folgendem Schluß kommt:

Es gibt nur eine direkte Steuer, welche alle diese Forderungen erfüllt, die allgemeine progressive Einkommensteuer nach Prozenten des Reineinkommens.

Meine Herren, das im Jahre 1873, am Schluß des Jahres, am 22. und 23. Dezember.

(Heiterkeit.)

Ich habe neulich schon darauf hingewiesen, auch der Herr Abgeordnete von Minnigerode, der sich so viel mit unserer Vergangenheit beschäftigt hat, scheint nicht Zeit gefunden zu haben, die Reden nachzulesen, in denen er vor ein paar Jahren von dieser Stelle aus Ihnen auch die Einkommensteuer empfohlen hat.

Meine Herren, viele unter Ihnen haben in Zoll- und Steuerfragen diese große Schwenkung gemacht, und nun verlangen Sie von uns, wir sollen auch dieselbe Schwenkung mitmachen und den Sprung von dem Ideale der Einkommensteuer, wie Herr von Thüngen es gehabt hat, und von dem Grundsatz der Verwerfung der Vertheuerung der nothwendigen Lebensbedürfnisse bis zu diesem Tarif mit seinen Korn-, Vieh- und Holzzöllen. Nein, meine Herren, diesen Sprung werden wir nicht mitmachen. Viele Landwirthe allerdings im Lande haben ihre Ansichten geändert — vorläufig; wir wollen abwarten, wie lange es in der Folge dauert. Ich möchte aber doch einmal die Herren bitten, ihre ehrliche Ueberzeugung darüber auszusprechen, ob sie wirklich der Ansicht sind und es ziffernmäßig sich selbst bewiesen haben, daß der Tarif, wie er hier vorliegt, und die Projekte, wie sie in weiter Aussicht schweben — ob sie verwirklicht werden, wissen wir ja noch nicht — im Stande sind, der Landwirthschaft zu helfen. Meine Herren, Sie haben auch früher geklagt, als die Getreidepreise hoch waren: die Landwirthschaft — hieß es — hätte keinen Vortheil von den Preisen, weil die Industrie die Arbeitskräfte entziehe und vertheure u. s. w. Was sagt Herr von Thüngen am 23. Dezember 1873?

Dieser erhöhte Preis

— nämlich des Getreides, damals hatten wir, wie Sie wissen, sehr hohe Preise —

ist aber nicht die Folge eines durch gesteigerte Nachfrage und vermindertes Angebot erhöhten Werthes des Getreides, sondern einfach die Folge des gesunkenen Geldwerths. In gleichem Verhältniß, wie die Körner sind alle übrigen Bedürfnisse im Preise gestiegen, und was der Landwirth durch die höheren Körnerpreise gewinnt, muß er doppelt und dreifach für die fast unerschwinglich gewordenen Arbeitslöhne, für Eisen, Maschinen u. s. w. wieder hingeben.

(Hört, hört!)

Meine Herren, das könnte ich heute auch sagen, jedes Wort unterschreibe ich. Was Herr von Thüngen hier gesagt hat, das wird das Resultat Ihres Zolltarifs sein. Ein Freund von mir hier im Hause — ich will von meinen landwirthschaftlichen Kenntnissen und Besitzverhältnissen nicht sprechen; die Herren lachten mich wohl aus, wenn ich mich ihnen gegenüber als ein Bauer von 500 Morgen Besitz präsentiren möchte, wir werden nicht als vollgiltig angesehen; man geräth zu leicht in den Verdacht, daß, wenn man ein halbes Jahr im Parlament sitzt, zu den „Gelehrten" zu gehören — ich sage also, ein Landwirth unter uns, noch jungfräulich und durch das Parlament noch nicht so korrumpirt, daß er schon zu uns gerechnet werden muß — hat sich die Rechnung gemacht, wie der Zolltarif auf seine Verhältnisse wirken wird. Er hat dabei den zehnjährigen Durchschnitt seiner Einnahmen und Ausgaben genommen, und so gerechnet bei den Einnahmen, als ob der ganze Getreidezoll ihm bei dem Verkauf seines Getreides zu gute käme. Was ist das Resultat? — die Rechnung liegt hier vor mir —, nach diesem zehnjährigen Durchschnitt der Einnahmen und Ausgaben kommt er zu einem Plus der Ausgaben von 200 Mark pro Jahr. — Das sind die Folgen des Zolltarifs, der im Interesse der Landwirthschaft wirken soll. Es ist vollkommen richtig, was der Landwirthschaftsrath sagt: dieser Zolltarif soll nicht im Namen der Landwirthschaft hier sich präsentiren, er ist ein Tarif zum Schutz der nationalen Arbeit, soweit sie in verschiedenen Industrien sich darstellt, nichts anderes, und die Landwirthschaft hat zunächst zu bezahlen. Ob sie das übrige, was man erwartet, bekommen wird? Ich bezweifle es. Wir werden, wenn diese Kornzölle eintreten, von denen Sie ja sagen, daß der Ausländer sie trägt, so daß wir die $2\frac{1}{2}$ Silbergroschen nicht gewinnen vom Zentner Roggen, nur für das Eisen und für die übrigen Bedürfnisse mehr zu bezahlen haben.

(Widerspruch.)

Der Herr Abgeordnete von Kardorff schüttelt mit dem Kopf. Ich wünschte, daß er seine Gutsrechnung in dieser Richtung revidire und mehr Herz für die Landwirthschaft als für die Industrie hätte. Er hat ja für beide große Sympathien, aber er wird es, wenn er nach dieser Richtung rechnet, gewiß zugeben. Ich möchte auch einmal an die Autorität des Herrn landwirthschaftlichen Ministers für Preußen appelliren, ob er, wenn ich ihn auf das Gewissen frage, sagen könnte, daß dieser Tarif wirklich die Landwirthschaft aus ihren gegenwärtigen schlechten Verhältnissen befreit oder auch nur den Anfang dazu macht. Meine Herren, ich behaupte das Gegentheil, und das wird sich erweisen. Die Landwirthschaft hat die Zeche zu bezahlen. Das führte ich schon einmal in der Budgetdebatte aus und wiederhole es jetzt. Ich möchte Sie noch in der letzten Stunde bitten, vereinigen Sie sich mit uns wenigstens dahin und setzen Sie mit uns die Industriezölle so viel wie irgend möglich herab, daß sie uns, die wir für Finanzzölle sind, möglich machen für den Tarif zu stimmen.

Nun, meine Herren, ich will jetzt die allgemeine Diskussion nach dieser Seite nicht noch mehr verlängern und Ihre Geduld weiter in Anspruch nehmen. Ich stimme im übrigen mit einem der Herren Vorredner überein, die allgemeine Diskussion wird uns nicht näher bringen. Sie stellen von der einen Seite Theorien auf, wir stellen von der andern Seite Theorien auf. Wir glauben konservativ zu sein und durch die Praxis bewährte Theorien aufzustellen, Sie glauben auch die Erfahrungen aus anderen Ländern heranziehen zu können. Auch ich meine, das Schwergewicht liege in der Spezialdiskussion. Dort werden wir uns wiedersehen, dort werden wir Punkt für Punkt bei jeder einzelnen Nummer des Tarifs, an der Hand der Statistik, an der Hand der Thatsachen darauf hin zu prüfen haben, ob Sie das Versprechen, welches Sie dem wirthschaftenden Volk gemacht haben, zu erfüllen im Stande sind. Ich sage also: auf Wiedersehen bei der Spezialdiskussion!

Indeß möchte ich, bevor ich schließe, noch einen Punkt berühren, der mich als Vertreter der Ostprovinzen ganz besonders trifft. Meine Herren, seit dem Bekanntwerden des Tarifs ist eine tiefgehende Beunruhigung, wie der Herr Freiherr von Maltzahn-Gülz hier schon hervorgehoben hat, gerade in den Küstenstrichen in den altpreußischen Provinzen entstanden und — es ist ja vielfach derselben Ausdruck gegeben worden. Der Herr Präsident des Reichskanzleramts hatte die Güte, als ich bei der Generaldiskussion über das Budget mir die Interessen dieser Landestheile hervorzuheben erlaubte, und als solche Ihnen anmeldete, die auch den Schutz der nationalen Arbeit, wenn auch in keinem andern Sinne verlangken, als daß man ihnen die Lebensadern, die von der Natur ihnen gegebenen Kräfte nicht unterbinden möchte, ich sage, der Herr Präsident des Reichskanzleramts hatte die Güte, mir in sehr wohlwollender Weise zu antworten und mich zu beruhigen. Ja, meine Herren, ich kann mit dieser Beruhigung nicht zufrieden sein und kann mir nicht versagen, den Vorwurf gegen die Bundesregierungen und insbesondere gegen die preußische Regierung schon in der Generaldiskussion, — und das war eigentlich das Motiv, welches mich bewogen hat, überhaupt das Wort zu nehmen — zu erheben, daß sie, während sie die Industrien und ihre Vertreter gefragt haben und sogar, wie gestern der Herr Regierungskommissar gelegentlich auseinandergesetzt hat, auch bei einigen untergeordneten Industriezweigen in Verbindung mit den Fabrikanten getreten sind, die ganze Ostseeküste und ihre Vertreter, wie es mir scheint, gar nicht gehört hat.

Meine Herren, soll das für uns etwas ermuthigendes haben, wenn die Vertreter der großen Seestädte, die berechtigten Korporationen derselben, Schutz suchen müssen bei dem Vertreter der Hansestädte, dem schneidigen und bewährten Dr. Barth, der sich ihres Interesses angenommen hat, wenn sie ihm das Material geben mußten, welches die Thatsachen und Verhältnisse darstellt und wenn, soweit ich unterrichtet bin, weder die preußische noch die Bundesregierung mit keinem Worte angefragt hat über die Modalitäten bei dem Getreide- und Holzverkehr, wie die Sache sich gestalten müsse, falls dieser Tarif angenommen wird, ohne das Interesse des Handels auf das schwerste zu gefährden. Ja, meine Herren, nennen Sie ein solches Verlangen unberechtigten Partikularismus? So viel sind die altpreußischen Interessen, glaube ich, doch noch werth, daß man ihre Vertreter hört, bevor man eine solche Entscheidung trifft. Die Bitte, die ich damals ausgesprochen habe an den Herrn Präsidenten des Reichskanzleramts, er möchte sich doch in der letzten Stunde in Verbindung setzen mit den Korporationen der Kaufmannschaften. Der Herr Minister von Bülow sagte 1817 in den Motiven zu dem damaligen Zolltarif, der Handel sei die ergibigste Quelle des Volkswohlstandes — er möchte sich in Verbindung setzen mit diesen Korporationen. So weit ich gehört habe, ist das nicht geschehen. Herr von Varnbüler hat als Vorsitzender der Tarifkommission in Stettin und in Danzig angefragt, wie sich die Durchschnittspreise vom Getreide gestellt hätten in verschiedenen Jahren. Das war alles. Es würde mir sehr lieb sein, wenn der Herr Präsident des Reichskanzleramts in der Lage wäre, mich zu berichtigen oder meine auf heute noch erhobene Forderung, daß man bei den vitalen Lebensinteressen, die in Frage stehen, nicht eine Entscheidung treffe, ohne die Techniker, die gehört werden müssen, zu hören, zu berücksichtigen. Ich glaube, der Reichstag wird das Recht und die Verpflichtung haben, von den Bundesregierungen das Votum dieser Techniker zu verlangen, mindestens mit demselben Rechte, wie man den Industriellen das Wort gegeben hat in Bezug auf ihre Interessen.

Meine Herren, die gestrige Erklärung, die der Herr Vertreter der Bundesregierungen abgegeben, daß bei dem Durchgangsverkehr von Getreide, und wie ich annehme, von Holz, die Identität festgehalten werden müsse und daß man das Aequivalent nicht akzeptiren könne, hat bereits — per Telegraph ist sie durch die Zeitungen in meiner Vaterstadt gegangen — eine solche Beunruhigung erregt, daß ich heute schon mehrere Briefe und verschiedene persönliche Anfragen von hierher Gekommenen gehabt habe, was das zu bedeuten habe, und ob man wirklich so leichten Herzens über die Interessen unseres Handels hinweggehen wolle. Zunächst, glaube ich, liegt eine Unrichtigkeit vor! Der Herr Vertreter der Bundesregierungen hat gesagt, es sei immer das Prinzip der Identität aufrecht erhalten worden. Das ist nicht richtig. Ich stelle ihm eine Autorität gegenüber. Ich berufe mich auf den Herrn Abgeordneten Delbrück, er wird mir bestätigen, daß das unrichtig ist, und außerdem haben alle Sachverständigen bei uns in Danzig wenigstens mich auf das positivste versichert, mündlich und schriftlich, daß von 1861 bis 1865 die Identität nicht festgehalten worden ist, sondern daß dort ein einfaches Verfahren Regel gewesen ist, derart, daß der Importeur von Getreide, wenn es über die Grenze kam, den betreffenden Zoll zur Last geschrieben erhielt, daß es in dem Moment, wo er das Getreide erkaufte, ihm abgeschrieben und den Käufern wieder zur Last geschrieben wurde. Wenn diese demnächst den Nachweis führten, daß ein gleiches Quantum Getreide wieder ausging, so wurde der Zoll einfach aus den Büchern gestrichen und derselbe wurde nicht bezahlt. Man hat damals das Getreide mit inländischem gemischt, wie man mischen muß und wie dies lediglich im Interesse der Landwirthschaft liegt.

Wollen Sie die Identität festhalten, der ganze Handel mit Getreide an unserer Ostseeküste ist unmöglich, das ist das Votum der Sachverständigen der Ostseeprovinzen.

Was hat der Herr Vertreter der Regierungen gegen das Aufgeben der Identität gesagt? Das hätte finanzielle Bedenken. Warten Sie einmal, meine Herren, bei der Frage der Rückvergütung werden Sie noch mehr finanzielle Wunder erleben, die finanziellen Bedenken sind dort ganz anderer Art. Das aber hat niemals finanzielle Bedenken gehabt.

Wenn der Herr Abgeordnete von Bennigsen neulich gesagt hat, daß für den Fall, daß man die Identität aufrecht erhalten wollte, man den Ostseeprovinzen ein schweres Unrecht thue, so kann ich ihm nur in vollem Maße beistimmen. Ich hoffe, auch die Majorität des Reichstags wird dieses Unrecht nicht mitmachen, sondern sie wird die Bundesregierungen dazu bestimmen, daß man wenigstens den Handel, der unbeschadet der innern Produktion sich darauf beschränkt, das Getreide und Holz, welches an der russischen Grenze ankommt, zu empfangen, zuzubereiten und dann in das Ausland zu exportiren, der Tausende von Händen auf gute und redliche Weise ernährt, daß man diesen um kleiner finanzieller Bedenken wegen nicht auf das Spiel setze.

Meine Herren, die Bestiumung, die früher gehandhabt wurde, ist gehandhabt worden nicht auf Grnnd des Zollvereinsvertrags vom Jahr 1867, sondern auf Grund des Vertrages von 1825, den wir mit Rußland abgeschlossen haben, und die Regierungen waren damals — das wird mir der Herr Abgeordnete Delbrück aus seiner langjährigen Erfahrung bestätigen, in der That koulant, weil sie wußten, was auf dem Spiel stand.

Ich möchte mir erlauben, an den Herrn Präsidenten des Reichskanzleramts die Bitte zu richten, er möchte heute noch telegraphiren oder schreiben an die Provinzialsteuerdirektionen und fragen, ob es möglich wäre, ob man der Ansicht wäre, nach reiflicher Ueberzeugung und Information an Ort und Stelle, daß mit Aufrechthaltung der Identität der Getreide- und Holzhandel unserer Ostseestädte noch aufrecht erhalten werden könne. Ich bin überzeugt, daß man mit nein antworten wird, wenn man, wie ich zweifle, die Kenntniß von den Dingen hat. Nun hat der Abgeordnete von Bennigsen gesagt, ich weiß nicht, ob er es auch auf das Holz bezogen, man müsse Transitlager schaffen. Beim Holze ist dies unausführbar, wenn Sie nicht eine Bestimmung machen, wonach das Holz auf dem Wasserwege frei eingeht, — so helfen Sie nicht. Ich wünsche sie an sich nicht, weil ich den Holzzoll überhaupt nicht will, und ich hoffe, daß hierbei noch unsere stärkste Position sein wird und wir den Holzzoll vielleicht noch aus der Welt schaffen werden, wenn wir bei der Spezialdiskussion noch sehen, was für Interessen auf dem Spiele stehen. Ich will in Parenthese übrigens eine Bemerkung über die Motive machen, nach denen ein finanzielles Interesse des Staates in Frage sei. Ich habe die Statistik über die Einnahmen aus den preußischen Forsten hier, ich kann damit dienen. Es ist richtig, der preußische Etat ist herunter gegangen in der Isteinnahme aus den preußischen Forsten. Aber, meine Herren, die preußische Isteinnahme war 1871 niedriger als die Veranschlagung für 1879/80. Die Summe für 1878/79, es ist richtig, hat einen Rückgang erfahren gegen die Jahre der Gründerzeit von 1873/75, in welchen die Preise in die Höhe gegangen sind, nicht bloß in dem Forstetat. Diese Zeiten können Sie auch für den Holzhandel, auch mit dem Zoll nicht zurückbringen. Das aber steht fest und ist nachzuweisen, daß die Einnahmen aus den preußischen Forsten stets gewachsen sind, ausgenommen in jener erwähnten Zeit. Der Forstetat gibt heute immer noch eine höhere Einnahme, wie im Jahre 1871. Ich hoffe also, der Holzzoll wird wohl noch nicht so fest im Tarif stehen bleiben. Nun möchte ich aber noch es Ihnen auf einer Karte klar machen, was es hieße, wenn Sie Transitlager machen wollten für Holz in Danzig. Hier ist die Weichsel, und Sie haben hier den Lauf derselben. Hier liegt die Stadt Danzig. Auf dieser ganzen 2 bis 2½ Meilen langen Strecke müßten Sie Transitlager für Holz machen!

(Heiterkeit.)

Ich weiß nicht, wie viel der Herr Finanzminister sich Beamten hierfür schaffen will; ja überhaupt, meine Herren, die Beamtenfrage ist noch nicht erörtert, wie überhaupt die Gegenrechnung in Ausgaben noch nicht gemacht ist, die wir gegen die Einnahmen machen müßten. Ich weiß nicht, ob in dem Brief des Herrn Reichskanzlers vom 15. Dezember vorigen Jahres, oder wo es stand, daß man ziemlich mit derselben Beamtenzahl den Zolltarif würde durchführen können. Sachverständige sagen ganz andere Dinge. Ich will Ihnen nur erzählen, daß in Frankreich, als man einen mäßigen Fortschritt gemacht hat, in den 60er Jahren in Bezug auf die Zollbefreiung, man nach wenig Jahren 8 Prozent an Besoldung für Zollbeamten erspart hat. Und nun will man mit dieser durchgreifenden Veränderung des Zollsystems ohne Vermehrung der Beamten durchkommen! Beiläufig gesagt, das Programm in Betreff der Erhöhung der Beamtengehälter, so klein man auch die Erhöhung darin stellen möge, erfordert auch nicht wenig. Wenn man die preußischen Beamten nimmt, wir haben 72 000, und nur 150 Mark für jeden durchschnittlich zulegt, gewiß eine bescheidene Summe — der Herr Reichskanzler hat ja gesagt, die wenigsten Beamten seien ausreichend besoldet — so macht das eine Summe von 11 bis 12 Millionen, bringen Sie die Reichsbeamten dazu, so haben Sie 20 bis 25 Millionen blos für diese eine Ausgabe; an das Unterrichtsgesetz des Herrn Abgeordneten Dr. Windthorst, an die schönen Kanäle und Eisenbahnen, welche man bei den letzten Wahlen in der Provinzialkorrespondenz in Aussicht gestellt hat, denke ich dabei noch gar nicht. Meine Herren, ich fürchte, die Einnahmen werden sich auf dem Gange von hier zum Dönhofsplatze nicht nur im Kriegsministerium, sondern auch in verschiedenen anderen Ministerien verflüchtigen, und ich würde auch bitten um Garantien, daß die Mehrbewilligung den einzelnen Staaten, an Einnahmen wirklich zur Entlastung von Steuern zu gute kommen.

Doch — es war meine Absicht, den Herrn Präsidenten des Reichskanzleramts, um sein Wohlwollen, und ein warmes Herz für die Interessen des Handels unserer Ostküste zu bitten. Es ist, wie gesagt, bei uns die allgemeine Meinung, daß dieser Handel großentheils vernichtet wird, wenn es bei dem Zolltarifentwurf bleibt und an der Identität festgehalten wird. Ich will nicht weiter von den gegenwärtigen Verhältnissen bei uns sprechen, ich will Ihnen keine Schilderungen machen von der Muthlosigkeit, welche in den Seestädten herrscht, namentlich in Memel, ich könnte Ihnen sehr interessante Briefe darüber vorlesen, ich will nur die eine Thatsache hervorheben, daß in meiner Vaterstadt gegenwärtig 80 Schiffe aufliegen und nicht in Dienst gestellt werden aus verschiedenen Gründen, unter Anderen auch wegen des Schutzes der nationalen Arbeit in Bezug auf die schlesischen Kohlen, über die wir neulich hier sprachen und ferner auch, weil jetzt niemand mehr es wagt, die Kosten der Indienststellung der Schiffe sich zu machen, wegen der Unsicherheit der Zukunft, denn das steht fest, unser Holzhandel ist meist verloren, wenn Sie den Zoll bestehen lassen und den Nachweis der Identität verlangen. Viele unserer Schiffe in Memel und Danzig sind lediglich auf den Holztransport gebaut und unsere Ostseerhederei wird zum großen Theil gebraucht werden müssen, um die Oefen zu heizen, wenn der Holzhandel so behandelt wird, wie es in dem Tarif in Aussicht genommen ist. Meine Herren, das sind keine Uebertreibungen, das sind leider bittere Wahrheiten, die uns auch nicht gefallen.

Es ist gestern von der Denkschrift gesprochen worden, die uns überwiesen ist von 65 Vorständen von Gemeinden und Kaufmannschaften, sowie nautischen Vereinen, und es ist sehr wegwerfend darüber gesprochen worden. Bei der Spezialdiskussion werden wir darauf zurückkommen, ich würde aber den Herren dringend anempfehlen, gerade diese Denkschrift, die, so viel ich weiß, jedem Mitglied des Reichstags zugegangen ist und ebenso die kurze und einfach schlichte Denkschrift der Stadt Memel zu lesen.

Meine Herren, mein hochverehrter Freund, Herr von Bennigsen hat in seiner Rede, in der er anerkannte, daß die petita, welche wir stellen, in gewissem Sinne gerechtfertigt sind, einen patriotischen Appell an die Bewohner der Ostprovinzen gerichtet. Er hat uns in Erinnerung gerufen, daß wir mit dem deutschen Vaterlande verbunden seien zu Freud und Leid. Auch der Herr Präsident des Reichskanzleramts hat an uns appellirt, wir möchten von uns den wirthschaftlichen Partikularismus abstreifen. Ich bin überzeugt, er hat uns damit gemeint und ich würde mich auch keinen Augenblick geniren in dem Sinn Partikularist zu sein, daß ich verlange für diejenigen, die ich vertrete, als ein Bewohner einer von der Natur wenig bedachten Provinz, einer Provinz, die eingekeilt zwischen Rußland und das Meer, die Aufgabe hat Wacht zu halten für den nationalen Gedanken, daß ich — sage ich — das Recht für uns in Anspruch nehme, unsere natürlichen Kräfte nach unserer Lage gebrauchen zu können, daß ich eine Zollgesetzgebung verlange, welche dieser armen in der äußersten Ecke des Vaterlandes liegenden Provinz die Existenzfähigkeit nicht nimmt.

Ich hoffe auch, die Majorität wird ein Ohr und Sinn für diese Forderung haben, wenn wir an die Spezialberathung kommen.

Meine Herren, ich glaube auch, ohne unbescheiden zu sein, daran erinnern zu dürfen, daß die Ostprovinzen und namentlich die beiden Provinzen Preußen aus der Geschichte ihre Berechtigung zu jener Forderung und für das Zeugniß eines jederzeit bereiten Patriotismus herleiten; ich glaube, daß die ersten Jahrzehnte dieses Jahrhunderts dieses Zeugniß vollgültig für die Provinz Preußen ausstellen. Wenn Sie ein heute noch sprechendes Zeugniß haben wollen, so sehen Sie die Etats der Städte nach, die heute noch die Kriegsschulden aus jener Zeit mühsam abarbeiten müssen.

Meine Herren, die Provinzen Preußen und die Ostprovinzen überhaupt sind stets bereit gewesen, ihr partikulares Interesse auf dem Altar des Vaterlandes zu opfern. Haben wir nicht die Schädigung ruhig auf uns genommen, die mit der Entstehung des Zollvereins verknüpft war, haben wir nicht den Zollverein mit Freuden begrüßt, weil darin der Keim des nationalen Staates lag, obwohl wir wußten, daß der Zollverein unsere materiellen Interessen schädigen würde, und, meine Herren, wenn man von blühenden Industrien spricht, die zu schützen sind, so will ich daran erinnern, daß auch bei uns, als wir die Einfuhr des Kolonialzuckers hatten, große Zuckerraffinerien bestanden, die wir auf dem Altar des Vaterlandes haben opfern müssen, im Interesse der inländischen Industrie und des Ackerbaues. Haben wir darüber geklagt? Haben wir geklagt, daß wir seit Dezennien immer die hohen Eisenzölle bezahlen müssen zum Nachtheil unserer Landwirthschaft, obgleich unsere natürliche Lage, wenn wir in deren Gebrauch nicht behindert und beschränkt würden, uns billiger dieses wichtige Material sichert?

Ja noch mehr, meine Herren, haben wir nicht auch ideale Opfer gebracht? Haben wir gemurrt, als es sich darum handelte, eine unserer liebsten Organisationen, unsere altpreußische Justizorganisation, im Interesse der Einheit des Reichs zu opfern?

(Oho! Zuruf im Zentrum: Das haben wir alle gethan!)

Haben wir nicht mit Ihnen gestimmt für die neuen Justizgesetze, obwohl wir wußten, daß unser Richterstand gute, alte Traditionen dadurch aufzugeben gezwungen wurde, und die Bevölkerung langjährige mit dem alten Landrecht geknüpfte Gewohnheiten? Nein, meine Herren, dies Zeugniß verlangen wir von Ihnen! Wir sind allezeit bereit gewesen, Opfer für das Vaterland zu bringen und werden weiter die Wacht halten im Osten für den nationalen Gedanken; aber die Sache hat denn doch auch eine Grenze! Wir wollen auch mit unseren Interessen gehört werden und wenn Sie vom Schutz der nationalen Arbeit sprechen, so verlangen wir auch die Interessen dieser Provinzen berücksichtigt zu sehen. Durch diesen Zolltarif aber wird Handel und Erwerb in den östlichen Provinzen gefährdet, in den Provinzen, in welchen die Wurzeln der Wehrkraft Preußens lagen.

Wir haben materielle und ideale Opfer gebracht; muthen Sie uns nicht mit diesem Tarif Opfer zu, die über unsere Leistungsfähigkeit gehen! Darum bitten wir Sie!

Wenn ich noch ein Wort mir erlauben darf: Sie erwarten von diesen wirthschaftlichen Vorlagen einen Fortschritt der nationalen Einigung! Nein, meine Herren, das möchte ich Ihnen sagen: mit dem Moment, wo dieser Tarif Gesetz geworden ist, ist für uns die Parole des Kampfes gegeben.

(Sehr wahr! links.)

Und wir werden nicht eher aufhören, diesen Tarif anzutasten, bis die Grundsätze von 1808, die wir reklamiren werden, in unserem Gesetz wieder Leben und Fleisch gewonnen haben.

Meine Herren, Ruhe bedeutet dieser Tarif nicht.

(Sehr richtig! links.)

Es ist der Kampf. Wir werden Schritt für Schritt, Position für Position diesen Kampf fortsetzen und, meine Herren, geben Sie sich keinen Illusionen hin, wenn irgend etwas im Stande ist, die nationale Einheit zu trüben, dann ist es dieser erregte Interessenkampf! Zerklüftet wird die Nationalität dadurch, aber nicht einig in ihren Interessen!

Ich würde Sie bitten, daß Sie noch im letzten Moment auch dieses nationale Moment in Betracht ziehen und daß Sie mit uns sich vereinigen, wenigstens so weit es möglich ist, der Theorie „vom Schutz der nationalen Arbeit" die Spitze wieder abzubrechen, daß Sie die Schutzzölle soviel wie möglich vermindern!

(Lebhaftes Bravo links; Zischen rechts.)

Präsident: Der Herr Kommissarius des Bundesraths Geheimrath Burchard hat das Wort.

Kommissarius des Bundesraths kaiserlicher Geheimer Regierungsrath **Burchard:** Meine Herren, Sie werden es verzeihlich finden, wenn ich in so später Stunde doch ein Wort der Erwiderung finde auf das, was seitens des Herrn Vorredners besonders an meine Adresse gerichtet worden ist. Es sind das zunächst Erwiderungen und theilweise Beschuldigungen, die auf die gestrige Diskussion sich bezogen, — auf zwei Gegenstände von allerdings ziemlich minutiöser Natur, einmal auf die Zusammenstellung des Tarifentwurfs und der geltenden Zollsätze, die ausgeht von dem Verein zur Förderung der Handelsfreiheit, eine Privatarbeit, wie ich selbst gesagt habe, und dann auf die Ausstellungen, welche meinerseits gestern gegen die Angriffe und weitgehenden Beschuldigungen gerichtet worden sind, welche sich auf die Bemerkungen des Herrn Dr. Delbrück bezogen.

Was den ersten Punkt anbetrifft, so muß ich leider annehmen, daß der Herr Vorredner, wahrscheinlich weil ich sehr ungünstig stand, als ich sprach, mich gestern nicht ganz richtig verstanden hat.

Er hat gesagt, ich hätte es glücklich zu Wege gebracht, drei Fehler in der Vergleichung zu finden. Meine Herren, ich habe das Gegentheil sagen wollen, und ich glaube, ich habe es auch gesagt. Ich habe ausdrücklich gesagt, die Nachweisung enthält mehr Fehler, aber diese drei Fehler sind Zahlenfehler, Fehler, die sofort kontrolirt werden können, und lediglich aus diesem Grunde habe ich es gewagt, in der Generaldiskussion diese Fehler zur Sprache zu bringen. Ich glaube also, die Schlußfolgerungen, die der Herr Vorredner auf diesen Gesichtspunkt gebaut hat, fallen damit weg. Der Herr Vorredner hat auch gesagt, ich hätte gemeint, ich benutze dieses Buch als Handbuch. Ich habe mich ja naturgemäß in sehr wohlwollender Weise über diese Arbeit ausgesprochen und ich stelle nicht in Abrede, daß ich selbst das Büchlein zur Hand nehme; ich kann das auch ungestraft, denn ich kenne die Fehler und habe sie mir notirt, aber ich möchte doch im allgemeinen warnen, bei der Diskussion, und wenn es sich darum handelt, exakte Zahlenangaben zu machen, dieses Buch zu benutzen.

Der Herr Vorredner hat dann Anlaß genommen, seinerseits wiederum Beschuldigungen vorzubringen gegen die Regierungen. Er zieht in Parallele mit der gedachten Privatarbeit diejenigen Anlagen, welche die verbündeten Regierungen ihrem Tarifentwurfe beigefügt haben, insbesondere die vergleichende Uebersicht in Anlage I zum Tarif. Ich glaube, zunächst bemerken zu müssen, daß ich gestern ausdrücklich erklärt habe: die verbündeten Regierungen nehmen nicht die Unfehlbarkeit für sich in Anspruch; sie sind überzeugt, daß in diesen umfangreichen Arbeiten irgend wie Ungenauigkeiten da vorkommen können, und ich bleibe bei dieser Erklärung auch heute. Ich bin auch allgemein abgeneigt, in dieser Beziehung jetzt auf Details einzugehen, aber ich möchte doch auf den wesentlichen Unterschied hinweisen, der besteht zwischen der Uebersicht in den Motiven und derjenigen Uebersicht, die als

Privatarbeit hingestellt ist. In der letzteren Arbeit ist nirgends gesagt, daß sie mir en bloc im großen und ganzen die Tarifunterschiede klar machen solle. Die Arbeit bezieht sich ferner nur auf die vorgeschlagenen Zollsätze und die jetzt geltenden. Dagegen steht auf der ersten Seite der Anlage I der Vorlage ausdrücklich:

> Zweck dieser Uebersicht ist es, im großen und ganzen —

das ist groß gedruckt —

> die tarifarischen Aenderungen seit 1860 erkennbar zu machen; es ist deshalb die eingetretene Aenderung des Tariftextes stets nur dann angegeben worden, wenn sie eine erhebliche Bedeutung für die Höhe der Zollbelastung hatte.

Meine Herren, alle Einwendungen, die der Herr Vorredner gegen diese Anlage geltend gemacht hat, beziehen sich auf den Text der Tarife und betreffen meines Erachtens minutiöse Gegenstände; es sind zwei bis drei, also jedenfalls nicht mehr, als ich gegen die Privatarbeit erhoben habe. Daß die Zahlen in letzterer falsch sind, hat er selbst ausgesprochen.

Dann möchte ich darauf aufmerksam machen, daß diese Uebersicht in Anlage I sich nicht bloß auf den Tarifentwurf bezieht, sondern auf 3 Tarifperioden, die vorherliegen. Es ist — ich kann das versichern — eine ziemlich umfangreiche Arbeit gewesen und keine leichte, denn 3 Perioden gegen den Vorschlag in Parallele zu stellen, macht erheblich mehr Mühe, als wenn man eine Periode den Vorschlägen gegenüberstellt. Es handelte sich darum, bei jedem Falle zu erwägen: soll hier eine Aenderung des Textes gekennzeichnet werden, oder geht damit die Uebersichtlichkeit verloren, denn die Uebersichtlichkeit war Zweck dieser Nachweisung, es sollte jedem der Herren möglich sein, leicht zu überfliegen, wie sich die Tarifsätze im Laufe der Zeit gestattet haben.

Ich meine also, meine Herren, alle Einwendungen, die der Herr Vorredner in dieser Richtung gegenüber der Vorlage geltend gemacht hat, sind zwar nicht hinfällig, aber meines Erachtens unbedeutend gegenüber den Ausstellungen und Irrthümern, welche ich in der vorhin von mir genannten Arbeit nachgewiesen habe.

Ich möchte nun übergehen zu demjenigen, was der Herr Vorredner gesagt hat in Bezug auf die aufgedrungene Erwiderung, zu welcher ich gestern gegenüber den Beschuldigungen des ersten Tages Anlaß hatte. Der Herr Vorredner hat gesagt, ich hätte in dieser Beziehung nur drei Ausstellungen gefunden. Meine Herren, ich muß wieder mißverstanden worden sein. Ich habe ausdrücklich vorangeschickt, daß ein Theil der Ausstellungen schon vorweg berührt worden wäre, daß ich nicht beabsichtigte, diese wieder zum Gegenstand einer Erörterung zu machen. Ich habe ferner, nachdem ich drei positive Ausstellungen gemacht hatte, gesagt, es wären noch erheblich mehr Gegenausstellungen vorhanden, ich wollte sie aber nicht in der Generaldebatte berühren. Ja, meine Herren, ich habe wirklich Achtung vor dem Zeitmaß der Generaldebatte und beschränke mich auf dasjenige, was ich für wesentlich und absolut nothwendig halte.

Was insbesondere die Fischernetze betrifft, so hat der Herr Vorredner gesagt, ich hätte damit gestern sehr viel Zeit in Anspruch genommen. Ich weiß nicht, ob ich mit meiner Erwiderung mehr Zeit in Anspruch genommen habe, als derjenige Herr, von welchem die Anschuldigungen ausgingen, aber daß ich verhältnißmäßig weniger Zeit in Anspruch genommen habe, als derjenige Herr, der heute meine Ausführungen replicando widerlegt hat, das glaube ich jedenfalls. Doch, meine Herren, ich will über diesen Gegenstand schnell hinweggehen. Ich möchte nur noch im Allgemeinen darauf hinweisen, wie vorsichtig man sein muß mit allgemeinen Behauptungen, namentlich in Bezug auf Tariffragen. Der Herr Vorredner hat Ausführungen gemacht in Bezug auf Ost- und Westpreußen und an allgemeine Empfindungen und Gefühle appellirt. Er hat in ziemlich lebhafter Weise geschildert, was der Landmann in Preußen sagen wird, wie er bedrückt werden wird u. s. w. Er hat gesagt, wenn dem Arbeiter später die Lebensmittel vertheuert sind, wenn er am Schluß des Jahres seine Rechnung aufmacht und sieht, daß in Folge des Zollgesetzes mehr Ausgaben an den gewöhnlichsten Lebensmitteln entstehen, z. B. für Häringe, dann würde der Arbeiter erst zur wahren Erkenntniß kommen. Ja, das hat doch auf Jeden, auf mich wenigstens, den Eindruck gemacht, daß eine Zollerhöhung für Häringe vorgeschlagen ist; daß ist aber nicht der Fall. Häringe sollen in Zukunft so hoch belastet bleiben wie jetzt. Ich möchte also wirklich bitten, in dieser Beziehung die Gegenstände in der Spezialdebatte zu erörtern und nicht in der Generaldebatte so allgemeine Ausführungen zu machen, die meines Erachtens nicht zutreffen, weil die Voraussetzungen nicht zutreffen. Jedoch, meine Herren, es sind ja alle diese Punkte nebensächlich und von untergeordneter Bedeutung,

(sehr richtig! links)

von untergeordneter materieller Bedeutung gegenüber demjenigen, was seitens des Herrn Vorredners mitgetheilt ist in Bezug auf den Export, in Bezug auf die Möglichkeit der Durchfuhr, des Veredlungsverkehrs. Ich gebe zu, daß diese Frage außerordentlich schwierig ist, und daß sie nur gelöst werden kann bei den einzelnen Gegenständen. Ich halte es von vornherein nicht für richtig, wenn man bei der Generaldebatte hintereinander Getreide, Holz, Eisen und andere Gegenstände vornimmt und sich von irgend einem Parteistandpunkt aus über jene Fragen verbreitet in Bezug auf diese Gegenstände. Denn, meine Herren, alle diese Gegenstände, Holz, Getreide, Eisen, die Textilien und wie sie alle heißen mögen, sind nach ihrer Produktion und Konsumtion, nach ihrer Einfuhr und nach ihrer Ausfuhr so sehr von einander verschieden, daß unmöglich dasjenige, was etwa auf den einen anwendbar ist, auch auf den anderen passen kann. Deshalb glaube ich, daß es gut ist, die Frage nicht im Allgemeinen zu behandeln. Sie ist auch, wenigstens so weit Ausnahmen dabei ins Spiel kommen, nirgends generell behandelt worden.

Dann aber möchte ich doch absolut an dem festhalten, was ich gestern in dieser Beziehung gesagt habe, und wenn der Herr Vorredner mir eine Autorität entgegenstellt, so erwarte ich ruhig, daß diese Autorität ihre Behauptungen geltend macht; ich werde dann das Meinige thun, so weit es in meinen Kräften steht, die Angaben zu widerlegen. Ich bleibe bei der Behauptung, daß das gesetzliche Prinzip der Identität bei der Durchfuhr nie und zu keiner Zeit im Zollverein verlassen worden ist. Es hat bestanden im Gesetze vom 23. Januar 1838, es hat bestanden im Gesetz vom 1. Juli 1869, und es besteht noch heute; daran halte ich fest. Meine Herren, es ist ja das keine theoretische oder spitzfindige Behauptung, ich habe mich genau erkundigt bei Personen, die meines Erachtens dem praktischen Leben sehr nahe standen, bei denjenigen Adressen, auf die der Herr Vorredner hinwies, bei den Provinzialsteuerdirektoren, und zwar nicht bei allen, sondern bei denjenigen, welche in Danzig zu der Zeit waren, als die Getreidezölle von 1861—1865 bestanden. Ich glaube, eine bessere Quelle kann es hierfür gar nicht geben. Ich nehme keinen Anstand, und ich glaube, der geehrte Herr wird mir es verzeihen, wenn ich seine Autorität hier in die Wagschale werfe und mich auf sie berufe. Es hat auch damals keinen Grundsatz gegeben, daß irgendwie gestattet wäre, eine Vertauschung der Waaren vorzunehmen in Danzig. Es ist immer daran festgehalten worden, daß derjenige Kaufmann, der es sich zum Geschäfte macht, ausländische Waaren einzuführen und dann an ihre Stelle inländische zu setzen, und nunmehr die inländischen mit dem Anspruch auf Zollerlaß auszuführen, nicht auf dem richtigen

Wege ist. Diesen Anspruch darf er nicht erheben, es steht ihm nicht zu, eine solche Vertauschung vorzunehmen. Das ist das Prinzip gewesen und daran ist festgehalten worden; daneben haben aber auch zu jeder Zeit weitgehende Erleichterungen in den Formen stattgefunden. Es ist also zu jeder Zeit die Ansicht leitend gewesen, die möglichsten Erleichterungen zu gewähren und den Verkehr in keiner Weise zu beschränken; in dieser Absicht sind auch Erleichterungen gestattet worden gerade in Bezug auf das Getreide. Die Spezialien möchte ich hier nicht näher berühren; es ist diese Angelegenheit ja zeitlich eine zurückliegende, über die im wesentlichen Notizen vorhanden sind, die einzusehen sind; ich weiß aber, daß der Verkehr mit Getreide damals in Danzig in sehr umfangreichem Maße bestanden hat, daß in Danzig damals nicht bloß ein Privatlager, sondern mehrere solcher in Flor gewesen sind, und daß es dem Handel möglich gewesen ist, mit dem gesetzlichen Prinzip der Identität seinen Handel und seinen Export ohne wesentliche Beschränkung zu betreiben. Der Herr Vorredner bringt mir dann in seiner Erwiderung den Einwurf, es wäre ja möglich, die Behörden wären damals koulant gewesen. Was heißt denn das? Das heißt, sie trieben das Prinzip nicht auf die Spitze, sie machten den Versuch, das Prinzip mit der Sache zu versöhnen; meine Herren, das haben sie in der That versucht und meines Erachtens auch in Wirklichkeit erreicht.

Dann ist der Herr Vorredner übergegangen auf den Transithandel mit Holz.

Meine Herren, die thatsächlichen Verhältnisse in Bezug auf diesen Gegenstand sind fast noch zweifelhafter, wie das Verhältniß bei dem Getreide. Es hat damals nach der Statistik ein umfangreicher Transithandel in Danzig mit solchen Hölzern, die auf der Weichsel heruntergekommen und in Danzig aufgelagert waren, überhaupt nicht bestanden. Im allgemeinen findet sich, daß das Holz den Eingangszoll entrichtet hat, aus welchen Gründen, das ist eine Sache, über welche uns der Herr Vorredner am besten wird Aufschluß geben können, denn er ist ja, so viel ich weiß, aus jener Gegend. Nach der Statistik ist das Holz in der Regel verzollt worden, aber es hat die Möglichkeit bestanden, in Danzig dem Holz für den Export dieselben Erleichterungen zu gewähren, wie bezüglich des Getreides, und wenn ein thatsächliches Bedürfniß vorgewaltet hat, ein Transitlager für die Durchfuhr und für die Veredlung der Hölzer herzustellen, so hat man es sich überall zur Aufgabe gemacht, den Handel nach Möglichkeit zu begünstigen. Es hat aber natürlich nicht ein Transitlager in Danzig bestanden auf die Länge von $2^1/_2$ Meilen. Ich denke, so wird es auch in Zukunft sein. Man wird also einen Transithandel nicht im großen und ganzen gestatten, sondern jeder Kaufmann wird sein Transitlager bekommen, wie es in dem Regulativ vorgesehen ist. Ich kann deshalb nur dringend bitten, daß Sie an dem Prinzip in dem Sinne festhalten, daß eine allgemeine gesetzliche Aenderung des Prinzips, wie es im Zollgesetz ausdrücklich aufgestellt ist, nicht in Absicht genommen wird, daß es vielmehr nöthig sein wird, bei den einzelnen Waaren besondere Bestimmungen zu treffen, welche die Möglichkeit des Veredelungsverkehrs im Auge haben. Es ist dies eine Frage, die unmöglich jetzt gelöst werden kann, aber ich glaube von Seiten der verbündeten Regierungen in Aussicht stellen zu können, daß sie jeder Erleichterung, so weit mit sie dem Prinzip im allgemeinen vereinbarlich ist, gern zustimmen werden.

(Hört! hört!)

Präsident: Der Herr Kommissarius des Bundesraths Ministerialrath Mayr hat das Wort.

Kommissarius des Bundesraths königlich bayerischer Ministerialrath **Mayr:** Meine Herren, wir akzeptiren hier am Tische des Bundesraths den Ruf „auf Wiedersehen bei der Spezialdiskussion", den der Herr Vorredner erschallen ließ. Ich habe nicht die Absicht, auf alle Einzelheiten einzugehen, die er in seinen Auseinandersetzungen vorgetragen hat; einige Punkte allgemeiner Natur aber verdienen auch hier eine kurze Beleuchtung. Ich widerstehe der Versuchung, in die Studien über direkte und indirekte Steuern einzutreten, die von manchen Seiten an die Diskussion geknüpft worden sind, und ich glaube das umsomehr thun zu können, als glücklicherweise auf diesem Gebiet heute die öffentliche Meinung so durchschlagend einig ist, wenigstens in ihrer großen Mehrheit, daß ich nicht nothwendig habe, die Bedeutung und Nothwendigkeit einer Vermehrung, und zwar einer ansehnlichen Vermehrung der indirekten Steuern Ihnen darzulegen. Auf einen Punkt dagegen, der mir besonderes Interesse erregt hat, werde ich zunächst eingehen, auf die Frage der amerikanischen Getreideproduktion und der Ueberführung des europäischen Marktes mit amerikanischem Getreide.

Ich erinnere mich, schon wiederholt in der Presse gelesen zu haben, dieses amerikanische Getreide sei nicht so gefährlich, man treibe Raubbau in Amerika, das werde in ein paar Jahren vorbei sein. Nein, meine Herren, da täuschen Sie sich ganz gewaltig. Daß Raubbau dort getrieben wird, will ich gern zugeben, und zwar wird er immer weiter nach dem Westen verlegt werden. Aber, meine Herren, glauben Sie, daß die Felder, auf denen der Raubbau betrieben wurde, dann etwa für immer unfruchtbar wären und auf diesen Feldern nichts mehr wüchse? O nein, meine Herren! Ich habe selbst das Vergnügen gehabt, durch solche Distrikte in Nordamerika zu fahren, in denen wahrscheinlich vor einigen Jahren noch Raubbau stattgefunden hat; da wächst auch heute noch ein ganz vorzügliches Getreide, nur wird es in anderer Weise hergestellt als zur Zeit des Raubbaues. Man bebaut nicht mehr einfach den ungedüngten Boden wie in den westlichen Staaten, die man erst aufschließt, nein, man führt eine geordnete mit Viehzucht verbundene Landwirthschaft ein und diese ergibt ganz ausgiebige Produktionsüberschüsse. Meine Herren, von Amerika haben Sie in den nächsten Jahren zu erwarten erstens: andauernde Vermehrung der Getreideproduktion in den westlichen Staaten mit Raubbau und überdies Vermehrung der Produktion auch in den mittleren Staaten; in jeder Beziehung also ist eine Vermehrung des amerikanischen Imports zu erwarten. Uebrigens meine ich, daß diejenigen, die gegen Getreidezölle sprechen, nicht sagen sollten, daß diese amerikanische Kalamität für uns in ein paar Jahren vorbei sein werde. Wenn das wahr wäre, dann sollten wir für ein paar Jahre recht hohe Getreidezölle einführen, damit kein Unglück geschieht; wenn die Gefahr dann vorbei wäre, kann man ruhiger über die Getreidezölle wieder denken.

Es ist der Regierungsvorlage vorgeworfen, daß Finanzzölle und Schutzzölle gleichzeitig vorgebracht seien, und es wird getadelt, daß die Vorlage nach vielen Richtungen gleichzeitig zur Berathung im Hanse beziehungsweise in der Kommission gestellt werden soll. Ja, meine Herren, ist denn der Begriff der Finanz- und der Schutzzölle so einfach, ist es so ungeheuer leicht, das, was man theoretisch bezeichnen kann, auch praktisch an dem Tarif zu handhaben? Meine Herren, gehen Sie erst einmal an die verschiedenen Positionen des Tarifs und sagen Sie bei jeder einzelnen mit voller Ueberzeugung: das ist Schutzzoll! das ist Finanzzoll! Meine Herren, Sie werden niemals dazu kommen. Es gibt z. B. sehr verschiedene Anschauungen über den Eisenzoll, es gibt sehr verschiedene Anschauungen insbesondere über die von dem Herrn Vorredner so sehr betonten Getreide- und Holzzölle. Und, meine Herren, selbst wenn es wahr wäre, selbst wenn sich eine Einigkeit der Anschauungen darüber ergeben könnte, wohin Sie nun die einzelnen von den Zöllen klassifiziren wollen, — würde dann die getrennte Berathung zweckmäßig sein? Ganz gewiß nicht! Zwischen den Zöllen, die Sie rubriziren würden als Finanzzölle, und zwischen den Zöllen, die Sie rubriziren würden als Schutzzölle, würden ganz außerordentlich bedeutende Momente des Zusammenhangs bestehen. Wie können Sie über den Zoll auf Holzwaaren zweckmäßig raisonniren und sich entschließen, wenn Sie über den Zoll auf Holz in einer anderen Kommission berathen!? Wie können Sie über den Zoll auf Mehl zweckmäßig berathen, wenn Sie in einer anderen Kommission über die Zölle auf Getreide verhandeln!? So werden Sie viele Fäden des Zusammenhangs finden, selbst wenn ich zugeben könnte, daß der Begriff des Finanzzolls und des Schutzzolls scharf trennbar wäre, sodaß jedenfalls für die Zwecke der Berathung eine Trennung höchst unzweckmäßig wäre.

Meine Herren, der Herr Vorredner hat Bezug genommen auf eine ganz schätzbare Schrift von Hoffmann. Dieses Buch wird nicht bloß in Norddeutschland, sondern auch in Süddeutschland gelesen, ich mache aber auf Eines aufmerksam. Das Buch datirt, wie der Herr Redner gesagt hat, aus dem Jahre 1850. Ja, meine Herren, wenn Sie mit uns ganz ohne weiteres auf den Tarif jener Zeit zurückgehen wollen, dann würden der Herr Abgeordnete Rickert und ich wahrscheinlich gar nicht so schwer uns vereinbaren. Ich erinnere namentlich daran, daß kurz vor dem Jahre 1850 in den vierziger Jahren gerade in der Zollpolitik eine Strömung zum Durchbruch gekommen war, die in höherem Maße einen Schutz der nationalen Produktion durchzusetzen wußte.

Es ist dann in der Rede des Herrn Abgeordneten Rickert Bezug genommen worden auf eine ältere Aeußerung des Herren von Thüngen, und ist diese Aeußerung benützt worden, um, wie ich glaube, die Anschauung zu erregen, als habe damit Herr von Thüngen, der ja jetzt wiederholt genannt worden ist, eine besondere Sympathie seinerseits für direkte Steuern und natürlich für sehr hohe direkte Steuern ausdrücken wollen. Meine Herren, ich bin zufällig über diesen Sachverhalt ziemlich genau unterrichtet. Man versteht diese Schwärmerei des Herrn von Thüngen aus jener Zeit für eine direkte Steuer, für eine direkte allgemeine Einkommensteuer nur, wenn man weiß, unter welcher Voraussetzung er das verlangt hat. Meine Herren, das hat er unter der Voraussetzung verlangt, daß die ganze dermalige bayerische Grundsteuer — sie ist verhältnißmäßig höher wie in Preußen — einfach aufgehoben wird. Es handelt sich um den Gedanken an eine mäßige Einkommensteuer an Stelle der bedeutenden Grundsteuer, die in Bayern besteht. Das läuft also gewiß nicht darauf hinaus, daß Herr von Thüngen eine besondere Sympathie für Ausbildung der direkten Steuern habe aussprechen wollen. Nein, es war das ein Kampf des Herrn von Thüngen gegen diejenige direkte Steuer, die in Bayern die bedeutendste direkte Steuer nnd das Fundament unserer ganzen direkten Steuern ist, — wir haben ja keine allgemeine Einkommensteuer.

Mit besonderer Emphase hat der Herr Redner verweilt bei den Betrachtungen über die Position Holz und hat insbesondere betont, es sei nicht richtig, daß das Finanzinteresse der einzelnen deutschen Staaten dabei interessirt erscheine. Er hat zu diesem Zweck Bezug genommen auf die Ergebnisse der preußischen Forstverwaltung. Ja, meine Herren, da möchte ich denn doch den Herrn Abgeordneten Rickert zunächst darauf aufmerksam machen, daß wir gar nicht einen Zoll auf alles Holz legen wollen, sondern nur auf Bau- und Nutzholz und nicht auf Brennholz. Meine Herren, Resultate einer Forstverwaltung, die summarisch Brenn-, Bau- und Nutzholz umfassen, sind nicht zu benutzen, wenn über diese Frage diskutirt wird, da müssen Sie nur Rücksicht nehmen auf die Ergebnisse der Staatsforstverwaltung in Bezug auf den Bau- und Nutzholzverschleiß. Hierüber habe ich Beweise aus Bayern und Württemberg vor mir liegen; daraus geht zweierlei hervor: erstens daß außerordentlich viel weniger Nutzholz jetzt in den Staatsforsten geschlagen wird, als früher, weil sich niemand findet, der es kauft, und zweitens, daß viel niedrigere Preise gezahlt werden, nicht bloß niedrigere Preise als in den oft genannten Schwindeljahren, sondern auch als in einer früheren Zeit. Meine Herren, in Bayern war der Durchschnittserlös für einen Festmeter für Bau- und Nutzholz in den Jahren 1864 und 65 15 Mark, jetzt ist er nur mehr 13 Mark.

Meine Herren, dasjenige, was der Herr Abgeordnete Rickert hier angeführt hat, ist deshalb unbrauchbar, weil er Bau-, Nutzholz und Brennholz zusammenwirft. Uebrigens kommt hier noch in Betracht, daß überhaupt die Summen der Erträgnisse der Staatsforsten hier allein nicht maßgebend sind. Sie müssen doch bedenken, meine Herren, daß im Lanfe der Jahre, namentlich im Laufe von Jahrzehnten, in den Staatsforsten, in großen, wie kleinen Forstgebieten vielfach überhaupt der Markt erst erschlossen worden ist, daß da außerdentlich viel Forstgebiete überhaupt erst angefangen haben rentabel zu werden; die Gesammtsumme des Ertrages kann deshalb eine verhältnißmäßig hohe sein, das wirthschaftliche Resultat des Betriebes des einzelnen Besitzthums aber ein sehr miserables.

Und endlich, meine Herren, hat der Herr Abgeordnete Rickert gleichfalls mit großer Emphase geltend gemacht, daß die jetzigen Vorgänge der deutschen Zollpolitik nicht zur Ruhe führen werden, sondern daß sie den Kampf hervorrufen werden. Ja, meine Herren, da frage ich Sie denn doch, was wird die Ruhe mehr fördern, wenn man die Interessen der Mehrheit befriedigt, oder wenn man nur im Auge behält die Interessen der Minderheit? Ich denke doch, wenn Sie den Interessen der Mehrheit gerecht werden, dann wird die Ruhe, von der hier zunächst die Rede war, verhältnißmäßig eine größere sein. Ich will aber nicht mit dieser schroffen Dissonanz schließen, sondern noch eine Betrachtung daran reihen. Meine Herren, wenn die Mehrheit gewinnt bei dem, was sie bekommen soll — und sie wird gewinnen, die Industrie und die Landwirthschaft — dann wird mit dieser Mehrheit auch die Minderheit schließlich mitgewinnen, und, meine Herren, daß die Minderheit eher Aussicht hat etwas zu gewinnen, wenn eine große Mehrheit sich produktiv günstiger gestaltet, als etwa eine Mehrheit zu erwarten hat, daß sie gewinnt, wenn nur eine Minderheit das erhält, was sie wünscht, darüber werden Sie keinen Zweifel haben. Die Furcht vor dem Kampf und vor dem Nichteintreten der Ruhe wird uns deshalb nicht abhalten dürfen, das zu thun, was die nationalen Bedürfnisse der Industrie und der Landwirthschaft erheischen

(Bravo!)

Präsident: Der Herr Bevollmächtigte zum Bundesrath Minister von Nostitz Wallwitz hat das Wort.

Bevollmächtigter zum Bundesrath für das Königreich Sachsen Wirklicher Geheimer Rath außerordentlicher Gesandter und bevollmächtigter Minister **von Nostitz Wallwitz**: Es liegt mir daran, zwei Mißverständnisse zu beseitigen, zu denen einige meiner Bemerkungen Veranlassung gegeben haben. Der Herr Abgeordnete Rickert hat eine von mir gegen den Herrn Abgeordneten Windthorst gerichtete Aeußerung so aufgefaßt, als hätte ich gesagt, daß ich während der Generaldebatte nichts neues gehört und meinerseits hätte zu Hanse bleiben können. Dies habe ich jedenfalls nicht beabsichtigt zu sagen und habe es auch nach dem mir vorliegenden stenographischen Bericht nicht gesagt. Es ist zwar mein Beruf, als Bundesbevollmächtigter den Verhandlungen des Reichstags beizuwohnen, soweit nicht andere Berufsgeschäfte mich daran verhindern, ich glaube aber durch die Ausdauer, mit welcher ich der Debatte diesmal beigewohnt habe, bewiesen zu haben, daß ich den Verhandlungen nicht allein mit großem Interesse gefolgt bin, sondern ich bekenne, daß ich für meine Person dabei auch gelernt und viel gelernt habe. Etwas anderes ist es aber doch, wenn Minister, welche zu Hause ein vollgerütteltes Maß von Arbeit auf ihren Schultern haben, veranlaßt werden sollen, diese Geschäfte hinter sich zu lassen und ihren Aufenthalt auf längere Zeit in Berlin zu nehmen, um den Verhandlungen des Reichstags zu einer Zeit beizuwohnen, wo nach Lage der Dinge weder sächliche Aufklärungen zu geben, noch sachliche Beschlüsse von Seiten der verbündeten Regierungen zu fassen sind.

Das zweite Mißverständniß, welches ich beseitigen möchte, betrifft den von mir in Bezug auf die Aeußerungen des Herru Abgeordneten Richter gebrauchten von dem Herrn Präsidenten als unparlamentarisch bezeichneten Ausdruck. Es ist mir erst nachträglich klar geworden, daß man den Ausdruck: „der Herr Abgeordnete Richter habe seinem gegen die Regierung gerichteten Vorwurf einen schnöden Ausdruck gegeben", so aufgefaßt hat, als wollte ich damit den Herrn Abgeordneten Richter beleidigen. Meine Herren, ich habe den Ausdruck so aufgefaßt und wünsche ihn so verstanden zu wissen, daß ich gesagt habe: „der Herr Abgeordnete Richter hat seinen Vorwurf gegen die Regierung in einer Form gebracht, welche meiner Ansicht nach geeignet war, die Regierung in der öffentlichen Achtung herabzuwürdigen."

Präsident: Meine Herren, jetzt liegt ein Schlußantrag vor von dem Herru Abgeordneten Freiherrn zu Franckenstein. Ich ersuche diejenigen Herren, welche den Schlußantrag unterstützen wollen, sich zu erheben.

(Geschieht.)

Die Unterstützung reicht aus.

Nunmehr ersuche ich diejenigen Herren, aufzustehen, respektive stehen zu bleiben, welche die Diskussion schließen wollen.

(Geschieht.)

Die erste Berathung der Tarifvorlage ist geschlossen, da die Majorität steht.

Zur persönlichen Bemerkung ertheile ich das Wort dem Herrn Abgeordneten Richter (Hagen).

Abgeordneter **Richter** (Hagen): Ich erkenne es gern an, daß der Herr Minister nach seiner letzten Erklärung das Wort „schnöde" nicht auf meine Redeweise bezogen hat, welcher Auffassung der Wortlaut seines Ausdrucks allerdings Raum gab, sondern gemeint hat, ich habe den Regierungen schnöde Motive untergeschoben. Meine Herren, aber auch in dieser Beschränkung war diese Bemerkung nicht zutreffend. Vielleicht hat sich der Herr Minister inzwischen selbst überzeugt, daß in jener zwei Monat zurückliegenden Sitzung vom 28. Februar ein Zuruf aus dem Hause erfolgte, dessen Inhalt im stenographischen Bericht nicht angegeben worden ist. Anknüpfend an diesen mich unterbrechenden Zuruf habe ich konditionell gesagt:

> Ja, meine Herren, wenn Ihnen Ihre Existenz für Geld feil ist, dann ist das Loos der Mittelstaaten efallen.

Ich habe also bloß in konditioneller Form gesprochen und noch dazu veranlaßt durch einen Zuruf aus dem Hanse.

Präsident: Meine Herren, ich glaube meinerseits sagen zu müssen, daß sich die Aeußerung, welche ich gethan habe, nur auf die Worte bezog, wie ich sie aufgefaßt habe, und ich hatte sie in der Alternative aufgefaßt, die der Herr Abgeordnete Richter soeben zuerst bezeichnet hat. Ich glaube, namens des Hauses dem Herrn Bundesrathsbevollmächtigten für die Erklärung, die er abgegeben hat, danken zu müssen, und erkläre, daß nach der Erklärung, welche er gegeben hat, allerdings die Worte, welche ich gesprochen habe, ihre Bedeutung verlieren.

Zur persönlichen Bemerkung hat das Wort der Herr Abgeordnete Mosle.

Abgeordneter **Mosle**: Meine Herren, der Herr Abgeordnete Rickert hat im Anfang seiner Rede sich nach zwei Richtungen hin mit mir beschäftigt. Er hat, indem er an einen Satz anknüpfte, mit dem ich geschlossen habe, sich ausgesprochen, wenn ich gesonnen wäre, meine Beweiskraft aus dieser Tonart herzunehmen, so lehne er jede Gemeinschaft mit derartigen Deduktionen ab. Was den Satz betrifft, den ich ausgesprochen habe, so halte ich denselben aufrecht, werde das aber in einer persönlichen Bemerkung nicht weiter ausführen können. Was die Tonart bei meiner gestrigen Rede anbetrifft, so habe ich dem Herrn Abgeordneten Rickert zu erklären, daß dieselbe sehr stark influenzirt ist von der Lebensart, welche er während meiner Rede entwickelt hat, von dem lauten Gespräch,

(oho! links)

welches er mit dem Herrn Abgeordneten Lasker und anderen in einer Weise geführt hat, daß ich meine Stimme so anstrengen mußte, daß mein Ton noch heute davon influenzirt ist.

(Sehr gut! Heiterkeit.)

Meine Herren, der Herr Abgeordnete Rickert hat alsdann weiter gesagt, ich hätte sehr verächtlich von dem nationalen Sinn der Seestädte gesprochen. Weiter: „diese Ausführung läßt mich, — also den Herrn Abgeordneten Rickert — und, wie ich hoffe, die große Majorität der Bewohner aller Seestädte, also auch derjenigen von Bremen, die Herr Mosle jetzt noch vertritt, sehr kühl; es ist mir ganz gleichgiltig, wie Herr Mosle in dieser Beziehung über uns denkt."

(Ruf links: Sehr richtig!)

Nun, meine Herren, so ganz gleichgiltig muß, was ich sagte, dem Herrn Abgeordneten Rickert doch nicht gewesen sein, sonst würde er doch nicht mit dieser Paraphrase angefangen haben. Ich habe darauf zu bemerken, daß es vollständig unwahr ist, daß ich in verächtlicher Weise von den Seestädten gesprochen habe, es ist das eine der arbiträren Verdrehungen und Unterstellungen, die man sich mir gegenüber letzthin mehrfach erlaubt hat.

(Unruhe.)

Präsident: Ich rufe den Herru Abgeordneten Mosle wegen dieser Worte „Verdrehung und Entstellung" zur Ordnung.

(Bravo!)

Der Herr Abgeordnete Dr. Bamberger hat das Wort zu einer persönlichen Bemerkung.

Abgeordneter Dr. **Bamberger**: Der Herr Abgeordnete Graf zu Stolberg hat gemeint, daß eine Aeußerung, die ich in Beziehung auf den Zusammenhang zwischen agrarischen und sozialistischen Elementen gemacht habe, den Zweck gehabt hätte, eine Trennung zwischen seinen Gesinnungsgenossen und dem Reichskanzler herbeizuführen. Ich muß zuvörderst bemerken, daß, als ich von jenen Dingen sprach, ich mich von vornherein dahin verklauselirte, daß ich von Agrariern und Sozialisten außerhalb des Hauses spreche. Ich muß aber noch hinzusetzen, daß ich wahrlich meine Kräfte nicht so überschätze, um annehmen zu können, es würde mir gelingen, das neu geknüpfte Band zwischen Herrn Reichskanzler einerseits und dem Herrn Grafen Stolberg und seinen Gesinnungsgenossen andererseits zu zerreißen. Ich habe nichts derartiges gesagt. Meine Beweisführung ging dahin, zu zeigen, wie die sozialistisch-agrarischen Anfänge einer Bewegung, die weit zurück datiren, jetzt sich in dem Reichsgedanken verkörpert haben, und damit eine starke Frontveränderung in demselben bekunden. Der Herr Abgeordnete hat mir eine Reihe sachlicher Widerlegungen gewidmet, für die ich ihm dankbar bin, weil das immer ein Beweis von Aufmerksamkeit ist, die man dem Redner schenkt, und geglaubt, einen Zusammenhang zwischen meiner Auffassung von Dingen und meiner persönlichen Lebensstellung finden zu müssen. Das begegnet mir sehr oft und wird mir noch sehr oft begegnen, und es sei mir deshalb erlaubt, darauf zu erwidern: ich bin für die kleinen Stacheln, die den sachlichen Bemerkungen untergelegt werden, nach dem Rath unseres Präsidenten nicht empfindlich, da ich selbst manchmal nach rechts oder links treffe, ich bin aber um so weniger empfindlich dafür, weil ich mir sage: wir kommen hier aus den verschiedensten Stellungen des Lebens zusammen, kennen uns persönlich sehr wenig und mancher, der glaubt, einen Gegner von einer gewissen Individualität vor sich zu haben, weil er ihn so auffaßt nach der Schilderung in Blättern, würde über sich selbst lächeln, wenn er ihn nach seiner wahren Vergangenheit und Gegenwart näher kennen lernte.

Präsident: Zu einer persönlichen Bemerkung hat das Wort der Herr Abgeordnete Rickert (Danzig).

Abgeordneter **Rickert** (Danzig): Meine Herren, Sie werden es wohl natürlich finden, wenn ich aus den von mir angegebenen Gründen ganz darauf verzichte, dem Herrn Abgeordneten Mosle zu antworten.

(Stimme links: Sehr richtig!)

Ich möchte nun dem Herrn Minister von Nostitz-Wallwitz meinen Dank aussprechen, daß er mich darüber belehrt hat, daß ich seine Aeußerung in Bezug auf seine Betheiligung bei unseren Debatten mißverstanden habe, und daß er dieselbe jedenfalls so nicht gemeint hat. Ich freue mich, daß sich dies als Mißverständniß ergeben hat, und nehme daher gern meine darauf bezügliche Bemerkung zurück.

Dann möchte ich dem Herrn Regierungskommissar, der zuerst heute gesprochen, mittheilen, daß ich die Heringe allerdings als einen mir passirten lapsus preisgebe; es bleiben aber immerhin noch die verschiedenen anderen zollpflichtigen Gegenstände, die ziffermäßig genug ins Gewicht fallen.

Präsident: Der Herr Abgeordnete Dr. Lasker hat das Wort zu einer persönlichen Bemerkung.

Abgeordneter Dr. **Lasker**: Ich weiß nicht, warum der Herr Abgeordnete Mosle mich in eine persönliche Bemerkung hineingezogen hat, da ich während des größten Theils seiner Rede — wie ich gleich hinzufüge, nicht tendenziös, sondern lediglich wegen Ermüdung — außerhalb dieses Saales war, und während meiner kurzen Anwesenheit schon wegen Ermüdung keine Neigung gehabt haben würde, mich laut zu unterhalten.

Präsident: Zu einer persönlichen Bemerkung hat das Wort der Herr Abgeordnete Mosle.

Abgeordneter **Mosle**: Ich muß dem Herrn Abgeordneten Dr. Lasker bemerken, daß ich verschiedentlich gestern seine laute Stimme während meiner Rede an mein Ohr habe klingen hören.

(Große Unruhe.)

— Ich bitte, meine Herren, hören Sie, was ich sage! Sie hören bei dem Lärmen wieder nicht, was ich sage.

(Heiterkeit.)

Ich kann es nicht anders nennen als tendenziös, denn als ich auf die Tribüne ging, sagte mir der Herr Abgeordnete Rickert: Sie haben gar nicht das Wort, der Graf Stolberg ist dran.

(Heiterkeit.)

Präsident: Zur Geschäftsordnung hat das Wort der Herr Abgeordnete Magdzinski.

Abgeordneter **Magdzinski**: Meine Herren, ich glaube, es wäre nothwendig gewesen, und ich habe es als meine Pflicht angesehen, bei Gesetzesvorlagen, welche so tief auch unsere materielle Wohlfahrt berühren, auch der Stimmung in denjenigen Landestheilen hier Ausdruck zu geben, die ich und meine Landsleute hier zu vertreten die Ehre haben. Ich konstatire, daß mir durch den Schluß der Diskussion die Gelegenheit dazu genommen worden ist.

Präsident: Meine Herren, wir kommen zur Abstimmung.

Ich bemerke zuvörderst, daß vor dem Schluß der Diskussion der Herr Abgeordnete Rickert seinen Antrag in folgender Weise modifizirt hat. Es heißt dort:

Der Reichstag wolle beschließen:

für den Fall der Annahme des Antrags des Abgeordneten Dr. Löwe (Bochum) denselben wie folgt abzuändern:

1. die ad 3 zu ernennende Kommission aus 28 Mitgliedern bestehen zu lassen.

Diese Worte sollen wegfallen, und es soll bei Nummer 2 heißen:

einer besonderen Kommission zu überweisen:
aus Nr. 25 des Tarifs
die Positionen unter Lit. e bis w,
ferner Nr. 29, Petroleum.

Es liegt außerdem vor der Antrag des Herrn Abgeordneten Dr. Löwe (Bochum) und es liegt vor der Antrag von Benda, von Bennigsen und Dr. Lasker.

Meine Herren, zuvörderst glaube ich die allgemeine Frage, die nach der Geschäftsordnung vorgeschrieben ist, nämlich die Frage, ob die ganze Vorlage an eine Kommission verwiesen werden soll, überhaupt nicht stellen zu dürfen, da in der ganzen ersten Berathung der Antrag, die ganze Vorlage an eine Kommission zu verweisen, nicht erhoben worden ist. Wird es aber von einer Seite beantragt, so muß ich auch diese Frage stellen. — Es wird aber nicht beantragt, und ich kann diese Frage aus der Fragestellung ausscheiden.

Sodann, meine Herren, versteht es sich von selbst, daß von dem vorliegenden Antrag Dr. Löwe und von dem vorliegenden Antrage von Benda, von Bennigsen und Dr. Lasker nur diejenigen Theile in Betracht kommen können, welche sich auf die Vorlage beziehen, über die wir soeben die erste Berathung geschlossen haben. Es scheidet also für die Abstimmung jetzt aus in dem Antrag Dr. Löwe die Nr. 2 und Nr. 3 — es ist das der Antrag Nr. 2, die Vorlage Nr. 136 (die Besteuerung des Tabaks betreffend) einer Kommission von 28 Mitgliedern zu überweisen, und der Antrag Nr. 3, die Vorlage 135 durch eine Kommission von 14 Mitgliedern vorberathen zu lassen. Aus dem Antrag der Herren Abgeordneten von Benda, von Bennigsen, Dr. Lasker scheidet in dieser Beziehung aus die Nr. 2, die Vorlage Nr. 136 (die Besteuerung und Nachbesteuerung des Tabaks betreffend) einer Kommission von 21 Mitgliedern zu überweisen; dagegen bleiben die übrigen Anträge der Herren Abgeordneten von Benda, von Bennigsen und Dr. Lasker als für die gegenwärtige Abstimmung in Betracht zu ziehen übrig.

Nachdem ich auf diese Weise die Vorlagen zur Abstimmung näher definirt habe, schlage ich vor, abzustimmen zuvörderst über den Antrag des Herrn Abgeordneten Rickert (Danzig), der sich als Unterantrag, als Amendement zum Antrag Löwe (Bochum) herausstellt. Der Antrag lautet also — ich will ihn noch einmal verlesen —:

Der Reichstag wolle beschließen,

für den Fall der Annahme des Antrags des Abgeordneten Dr. Löwe (Bochum) denselben wie folgt abzuändern:

einer besonderen Kommission zu überweisen:
aus Nr. 25 des Tarifs die Positionen
e) Wein und Most,
h) Früchte,
i) Gewürze,
k) Heringe,
m) Kaffee,
n) Kaviar,
p) Konfitüren ꝛc.,
t) Salz,
w) Thee;
ferner Nr. 29, Petroleum.

Demnächst schlage ich vor, abzustimmen ungetrennt — so weit er überhaupt in Betracht kommt — über den Antrag des Herrn Abgeordneten Dr. Löwe Nr. 1, wie er nach der Vorabstimmung über das Amendement Rickert (Danzig) dann lauten würde. Ich stelle den Antrag des Herrn Abgeordneten Dr. Löwe voran, weil er die meisten Positionen einer Kommission überweisen will. — Wird der Antrag abgelehnt, so würde ich vorschlagen, abzustimmen über den Antrag der Herren Abgeordneten von Benda, von Bennigsen und Dr. Lasker Nr. 1, 3 und 4 — Nr. 2 scheidet aus —, weil er weniger Positionen einer Kommission, beziehungsweise zwei Kommissionen überweisen will.

Meine Herren, ich werde eben noch darauf aufmerksam gemacht, daß in Nr. 4 des Antrags die Worte „und die Vorlage Nr. 135 (wegen Erhebung und Erhöhung der Brausteuer)“, nämlich „der Berathung im Plenum ohne kommissarische Vorberathung vorzubehalten“, hier auch ausscheiden müssen, weil über die weitere Verhandlung dieser Vorlage erst nach Abschluß der ersten Berathung über dieselbe hier beschlossen werden kann. Ich modifizire das noch in der Fragstellung.

Gegen die Fragstellung wird Widerspruch nicht erhoben; wir werden also abstimmen, wie ich vorgeschlagen habe.

Ich ersuche den Herrn Schriftführer, das Amendement Rickert zu verlesen.

Schriftführer Abgeordneter Dr. **Blum**:
Der Reichstag wolle beschließen:
für den Fall der Annahme des Antrags des Abgeordneten Dr. Löwe (Bochum) denselben wie folgt abzuändern:
einer besonderen Kommission zu überweisen:
aus Nr. 25 des Tarifs die Positionen
e) Wein und Most,
h) Früchte,
i) Gewürze,
k) Heringe,
m) Kaffee,
n) Kaviar,
p) Konfitüren ꝛc.,
t) Salz,
w) Thee;
ferner Nr. 29, Petroleum.

Präsident: Meine Herren, ich bemerke, daß, wenn die besondere Kommission angenommen ist, die Zahl der Mitglieder derselben noch später bestimmt werden muß.

Ich ersuche diejenigen Herren, welche den Antrag, der soeben verlesen worden ist, annehmen wollen, sich zu erheben.

(Geschieht.)

Das Büreau ist einig in der Meinung, daß die Minderheit steht; der Antrag ist abgelehnt.

Ich ersuche den Herrn Schriftführer, nunmehr den Antrag . . .

Abgeordneter **von Benda**: Ich bitte ums Wort zur Geschäftsordnung.

Präsident: In der Abstimmung kann ich doch nicht das Wort zur Geschäftsordnung ertheilen.

Abgeordneter **von Benda**: Ich will den Antrag zurückziehen.

Präsident: Dann bitte ich, nachdem die Abstimmung über den Antrag des Abgeordneten Dr. Löwe erfolgt ist, die jetzt vorliegt, dann die Erklärung abzugeben.

Abgeordneter **von Benda**: Ich dachte, es wäre der meine.

Präsident: Ich ersuche also den Herrn Schriftführer, den Antrag Dr. Löwe (Bochum) zu verlesen.

Schriftführer Abgeordneter Dr. **Blum**:
Der Reichstag wolle beschließen:
aus der Vorlage Nr. 132 (Entwurf eines Gesetzes, betreffend den Zolltarif des deutschen Zollgebiets) einer Kommission von 28 Mitgliedern zur Vorberathung zu überweisen:
die §§ 1—5 des Gesetzentwurfs mit Einleitung und Ueberschrift, und aus dem Tarif
die Positionen Nr. 2, 3, 5, 10, 11, 17, 18, 19, 20, 21, 22, 25, 27, 29, 30, 35, 38, 40, 41, 42, 43;
dagegen die übrigen Positionen des Tarifs ohne kommissarische Vorberathung im Plenum zu behandeln.

Präsident: Ich ersuche diejenigen Herren, welche den eben verlesenen Antrag annehmen wollen, sich zu erheben.

(Geschieht.)

Das Büreau ist einstimmig in der Meinung, daß die Mehrheit steht; der Antrag ist angenommen.

Meine Herren, wir kämen jetzt zu Nr. 2 der Tagesordnung; es ist mir aber ein Vertagungsantrag von dem Herrn Abgeordneten von Bernuth und ein Vertagungsantrag von dem Herrn Abgeordneten Grafen zu Stolberg überreicht worden.

Ich ersuche diejenigen Herren, welche den Vertagungsantrag unterstützen wollen, sich zu erheben.

(Geschieht.)

Die Unterstützung reicht aus.

Nunmehr ersuche ich diejenigen Herren, aufzustehen, respektive stehen zu bleiben, welche die Vertagung beschließen wollen.

(Geschieht.)

Das ist die Mehrheit; die Vertagung ist beschlossen.

Meine Herren, ich würde vorschlagen, die nächste Plenarsitzung morgen früh um 10 Uhr anzuberaumen, und proponire als Tagesordnung:

1. dritte Berathung des Entwurfs eines Gesetzes, betreffend die Vertheilung der Matrikularbeiträge für das Etatsjahr 1879/80, auf Grund der in zweiter Berathung unverändert angenommenen Vorlage (Nr. 151 der Drucksachen);
2. dritte Berathung des Entwurfs eines Gesetzes, betreffend die Erwerbung der königlich preußischen Staatsdruckerei für das Reich, auf Grund der Zusammenstellung in Nr. 162 der Drucksachen;
3. dritte Berathung des Entwurfs eines Gesetzes, betreffend die Feststellung eines Nachtrags zum Reichshaushaltsetat für das Etatsjahr 1879/80, auf Grund der Zusammenstellung in Nr. 163 der Drucksachen.

— Meine Herren, die Zusammenstellungen werden erst heute Abend vertheilt, und wenn Widerspruch auch nur von 15 Mitgliedern erhoben wird, kann ich die Tagesordnung in dieser Beziehung nicht aufrecht erhalten.

Ich proponire dann ferner als Tagesordnung:

4. erste Berathung des Entwurfs eines Gesetzes wegen Erhebung der Brausteuer (Nr. 135 I der Drucksachen);
5. erste Berathung des Entwurfs eines Gesetzes, betreffend die Erhöhung der Brausteuer (Nr. 135 II der Drucksachen);
6. erste Berathung des Entwurfs eines Gesetzes, betreffend die Besteuerung des Tabaks (Nr. 136 I der Drucksachen);
7. erste Berathung des Entwurfs eines Gesetzes, betreffend die Erhebung einer Nachsteuer vom Tabak und von Tabakfabrikaten (Nr. 136 II der Drucksachen).

Widerspruch wird gegen die Tagesordnung nicht erhoben, und findet mit dieser Tagesordnung die nächste Plenarsitzung morgen Vormittag 10 Uhr statt.

Ich schließe die Sitzung.

(Schluß der Sitzung 4 Uhr 10 Minuten.)

Berichtigung

zum stenographischen Bericht der 40. Sitzung.

S. 1071 Sp. 1 Z. 18 von unten ist statt „von der See" zu lesen: „**vor** der See".

Druck und Verlag der Buchdruckerei der Nordd. Allgem. Zeitung. Pindter.
Berlin, Wilhelmstraße 32.

42. Sitzung

am Sonnabend, den 10. Mai 1879.

Seite

Die Sitzung wird um 10 Uhr 45 Minuten durch den Präsidenten Dr. von Forckenbeck eröffnet.

Präsident: Die Sitzung ist eröffnet.

Das Protokoll der letzten Sitzung liegt zur Einsicht auf dem Büreau offen.

Meine Herren, schon wiederum liegt mir die Pflicht ob, dem Reichstage eine sehr schmerzliche und erschütternde Trauernachricht zu verkünden. Der Abgeordnete Dr. Karl Ferdinand Nieper, der gestern noch in diesem Saale an unserer Sitzung theilnahm, der in einer Kommission des Hauses gestern Abend bis 9½ Uhr thätig war, Mitglied aller Sessionen des deutschen Reichstags seit dem Jahre 1871 für den 7. Wahlkreis der Provinz Hannover, ist in der vergangenen Nacht plötzlich verstorben. Ich ersuche die Mitglieder des Hauses, sich zu Ehren des Andenkens des Verstorbenen von den Plätzen zu erheben.

(Der Reichstag erhebt sich.)

Ich habe kraft meiner Befugniß Urlaub ertheilt: dem Herrn Abgeordneten Streit bis zum 16. dieses Monats zur Erledigung dringender Geschäfte, — dem Herrn Abgeordneten Dr. Oetker auf acht Tage wegen fortdauernden Unwohlseins, — dem Herrn Abgeordneten von Batocki für heute und morgen wegen dringender Geschäfte.

Es sucht Urlaub nach für drei Wochen wegen unaufschiebbarer Berufsgeschäfte der Herr Abgeordnete Dr. Thilenius. — Es wird nicht widersprochen; das Urlaubsgesuch ist bewilligt.

Entschuldigt sind für heute: der Herr Abgeordnete Müller (Gotha) wegen Krankheit in der Familie; — der Herr Abgeordnete Freiherr von Unruhe-Bomst wegen einer nothwendigen Reise; — der Herr Abgeordnete Dr. Stephani wegen dringender Geschäfte; — der Herr Abgeordnete von Schenck-Kawenczyn ebenfalls wegen dringender Geschäfte.

Als Kommissarius des Bundesraths wird der heutigen Sitzung beiwohnen:

bei der Berathung des Gesetzentwurfs, betreffend die Vertheilung der Matrikularbeiträge für das Etatsjahr 1879/80,

der Geheime Oberregierungsrath Herr Aschenborn.

Der Herr Abgeordnete Thilo zeigt seine Ernennung zum Präsidenten des in Neiße zu errichtenden Landgerichts vom 1. Oktober dieses Jahres ab dem Reichstag an. Er sagt am Schluß seines Schreibens:

> Ich stelle anheim, die Frage wegen Fortdauer meines Mandats zur Entscheidung des Reichstags hochgeneigtest stellen zu wollen.

Ich schlage vor, dieses Schreiben an die Kommission für die Geschäftsordnung zur Berichterstattung zu verweisen. — Der Reichstag ist damit einverstanden.

Wir treten demnach in die Tagesordnung ein.

Der erste Gegenstand der Tagesordnung ist:

dritte Berathung des Entwurfs eines Gesetzes, betreffend die Vertheilung der Matrikularbeiträge für das Etatsjahr 1879/80, auf Grund der in zweiter Berathung unverändert angenommenen Vorlage (Nr. 151 der Drucksachen).

Ich eröffne die dritte Berathung und zuvörderst die Generaldiskussion über das Gesetz. — Das Wort wird nicht gewünscht; ich schließe die Generaldiskussion.

Wir treten in die Spezialdiskussion ein.

Text der Gesetzes, — Einleitung und Ueberschrift. — Beide werden auch in der dritten Berathung nicht angefochten; sie sind in der dritten Berathung genehmigt.

Wir können sofort über das ganze Gesetz abstimmen.

Ich ersuche diejenigen, welche das Gesetz, betreffend die Vertheilung der Matrikularbeiträge für das Etatsjahr 1879/80, nunmehr definitiv und im ganzen annehmen wollen, sich zu erheben.

(Geschieht.)

Das ist die große Mehrheit; das Gesetz ist angenommen.

Wir gehen über zum zweiten Gegenstand der Tagesordnung:

dritte Berathung des Entwurfs eines Gesetzes, betreffend die Erwerbung der königlich preußischen Staatsdruckerei für das Reich, auf Grund der Zusammenstellung (Nr. 162 der Drucksachen).

Ich eröffne die dritte Berathung, zuvörderst die Generaldiskussion über das Gesetz, und ertheile das Wort dem Herrn Abgeordneten Dr. Zimmermann.

Abgeordneter Dr. **Zimmermann**: Meine Herren, ich bitte nur um die Erlaubniß, einige Worte zur Unterstützung Ihrer jetzigen Beschlüsse heute noch hinzufügen zu dürfen. Sie haben im Reichsgesetz vom 23. Mai 1877, wo der Gegenstand Ihnen zur Beschlußnahme vorlag, beschlossen: die Bestimmungen über den Umfang des Betriebes der Druckerei werden vom nächsten Etatsjahre ab gesetzlich festgestellt. Nun, meine Herren, ist es eine unbestrittene Thatsache, daß die Deckersche Buchdruckerei in hohem Maße Privatgeschäfte betrieben hat. Sie übernahm Drucksachen von Privatpersonen, obwohl sie auch mit amtlichen Drucksachen betraut war; wir finden hier aus amtlichen Quellen konstatirt, daß die Staatsdruckerei ¾ der Arbeiten des Reichs lieferte. Sie ersehen auch, daß die Deckersche Buchdruckerei sich in großem Umfange mit Privatindustrie beschäftigt hat. Dies wird klar, wenn Sie besonders erwägen, daß der Etat der Deckerschen Buchdruckerei eine Einnahme von 1,200,000 Mark aufweist. Hier, meine Herren, finden Sie eine beachtungswerthe Erscheinung, daß der Unterschied des ersten Etats der Deckerschen Buchdruckerei von dem zweiten in der Ausgabe sogar eine Erhöhung um 100,000 Mark in dem letzteren nachweist, allerdings in Ausgaben wie in den Einnahmen. Es scheint mir deshalb erforderlich, daß die Frage, inwieweit Privatindustrie vom Staate getrieben wird, Ihre scharfe Aufmerksamkeit verdient. Da wir bei der geschäftlichen Lage dieses Gegenstandes einigermaßen uns in einer Zwangsposition befinden, weil es sich darum handelt, Kontrakte abzuschließen, dereu Grundlagen vom Reichstag bereits bewilligt sind, so handelt es sich jetzt nur darum, eine Form zu finden, wonach die gegenwärtig angeregte und andere wichtige Fragen erwogen werden können. Diese Form ist Ihnen seitens des verehrten Kollegen von Benda dahin vorgeschlagen, daß Sie im organischen Zusammenhang diejenigen Paragraphen, welche das Materielle bestimmen, annehmen, und nur die Paragraphen, welche die Berichtigung des Etats betreffen, heute absetzen, d. h. in der Form, wie sie von Ihnen beliebt worden ist, sie nicht genehmigen. Dadurch werden die verbündeten Regierungen veranlaßt, eine neue Vorlage über diesen Gegenstand zu machen, wodurch also der Fortgang der Hauptsache im wesentlichen nicht behindert wird; bei der hierbei in Aussicht zu nehmenden Berathung der neuen Vorlage können sodann alle Inzidenzpunkte, die sich auch noch anderweitig ergeben werden, in Erwägung gezogen werden. Ich mache nur noch darauf aufmerksam, daß die Privatindustrie auf das Projekt der Reichsdruckerei längst aufmerksam geworden ist, und daß dieselbe sich bereits in einer Petition gegen das Projekt einer Reichsdruckerei an den Reichstag gewendet hat, und daß die Petition auf Grund Ihrer Beschlüsse für erledigt erklärt worden ist, Beschlüsse, welche damals dahin gefaßt waren, daß der Umfang des Geschäftsbetriebs der Reichsdruckerei durch Gesetz, d. h. durch Ihre Mitwirkung festgestellt werden sollte, und daß bis dahin die Druckerei — unbeschadet vertragsmäßiger Verpflichtungen — nur zu unmittelbaren Zwecken des Reichs und des preußischen Staats, und zwar nur in dem bisherigen Umfange, verwendet werden dürfte.

In der Denkschrift, die dem Etat für 1878/79 beigefügt war, wurde es damals ebenso ausdrücklich betreffs des bisherigen Umfanges der Druckerei ausgesprochen, daß unbeschadet der Erfüllung vertragsmäßiger Verpflichtungen die Reichsdruckerei nur zu unmittelbaren Zwecken des Reichs und des preußischen Staats, und zwar nur in dem bisherigen Umfang, verwendet werden sollte.

Nun, meine Herren, in der neuen Vorlage, die seit heute in dritter Lesung in Ihren Händen ist, — ich möchte mich eines Ausdrucks bedienen, der vielleicht doch nicht ganz unparlamentarisch ist, und den ich bitte mehr bildlich zu nehmen — ist durch eine Hinterthür, ich meine, durch die letzte Seite der Denkschrift jenen Aussprüchen eine ganz andere Auffassung gegeben, die ich mir schon gestern erlaubt habe, als äußerst bedenklich zu präzisiren, wonach der Reichsdruckerei offenbar gestattet sein soll, auch Privatarbeiten zu übernehmen. Es ist das für mich ein Hauptgegenstand meiner Bedenken, weshalb ich bitte, auch heute dem gestrigen Beschlusse beizutreten und an demselben festzuhalten.

Präsident: Der Herr Generalpostmeister hat das Wort.

Bevollmächtigter zum Bundesrath Generalpostmeister Dr. **Stephan**: Meine Herren, ich habe das Wort nur erbeten zu einer kurzen thatsächlichen Berichtigung. Der Herr Vorredner hat angeführt, daß nach den amtlichen Mittheilungen in der königlichen preußischen Staatsdruckerei bisher ³/₄ der Arbeiten für das Reich geliefert worden sind, und er hat ferner gesagt, daß, wenn die Deckersche Druckerei einen so erheblichen Ueberschuß abgeliefert hat, daraus folge, daß die Deckersche Druckerei im weiten Umfange Privatarbeiten verrichtet hat. Hierbei hat der Herr Vorredner völlig übersehen, daß die Deckersche Druckerei für die preußischen Staatsbehörden in großem Umfange Arbeiten verrichtet hat un[d] daß sie nicht allein für die Arbeiten des Reichs da wa[r]. Es kann noch hinzugefügt werden, daß Privatarbeite[n] in der Deckerschen Druckerei in den 2 Jahren, wo si[e] unter der Verwaltung des Generalpostmeisters steht, ne[ben] überhaupt nicht gefertigt worden sind. Es war in dem Gese[tz] von 1877 ja eine bezügliche Bestimmung enthalten, die, wi[e] sich von selbst versteht, gewissenhaft beobachtet worden is[t]. Es sind nur diejenigen Privatarbeiten fortgesetzt worden, di[e] auf frühere Verträge sich gründeten, und es ist dieser Thei[l] der Arbeit ein sehr untergeordneter. Uebrigens ist es nich[t] die Absicht der verbündeten Regierungen gewesen, in dritte[r] Berathung gegen die Beschlüsse des hohen Hauses von geste[rn] sich zu erklären.

Präsident: Das Wort wird nicht weiter gewünsch[t]; ich schließe die Generaldiskussion.

Zur persönlichen Bemerkung hat das Wort der Her[r] Abgeordnete Dr. Zimmermann.

Abgeordneter Dr. **Zimmermann**: Ich weiß mich nic[ht] zu erinnern, von einem Gewinn dieser oder jener Ansta[lt] gesprochen zu haben.

Präsident: Ich eröffne die Spezialdiskussion über § 1 — § 2, — § 3. — Ueberall wird das Wort nicht gewünsch[t]; ich konstatire, daß §§ 1, 2 und 3 auch in dritter Berathun[g] genehmigt sind.

Zur Geschäftsordnung hat der Herr Abgeordnete Kayse[r] das Wort.

Abgeordneter **Kayser**: Ich bezweifle die Beschlußfähig[keit] des Hauses und beantrage deshalb die Auszählun[g] desselben.

Präsident: Meine Herren, der § 54 der Geschäftsord[-] nung bestimmt:

> Unmittelbar vor der Abstimmung ist die Fra[ge] zu verlesen.
>
> Ist vor einer Abstimmung in Folge einer darüb[er] gemachten Bemerkung der Präsident oder einer d[er] fungirenden Schriftführer zweifelhaft, ob eine b[e-] schlußfähige Anzahl von Mitgliedern anwesend s[ei,] so erfolgt der Namensaufruf.
>
> Erklärt dagegen auf die erhobene Bemerkung od[er] den von einem Mitgliede gestellten Antrag auf Au[s-] zählung des Hauses der Präsident, daß kein M[it-] glied des Büreaus über die Anwesenheit der b[e-] schlußfähigen Anzahl zweifelhaft sei, so sind dan[n] Bemerkung und Antrag erledigt.

Wir stehen ohne Zweifel demnächst vor einer A[b-] stimmung und es war daher die Bemerkung, die gema[cht] worden ist, an und für sich zulässig.

(Pause.)

Das Büreau ist ebenfalls zweifelhaft, ob die beschlu[ß-] fähige Anzahl vorhanden ist, und wir müssen daher d[en] Namensaufruf vornehmen.

Ich ersuche die Herren Schriftführer, den Namen[s-] aufruf vorzunehmen. Der Namensaufruf beginnt mit d[em] Buchstaben N.

Ich ersuche die Mitglieder, beim Namensaufruf laut u[nd] deutlich mit „Hier" zu antworten.

(Der Namensaufruf wird vollzogen.)

Mit „Hier" antworten:

von Alten-Linden. Freiherr von Aretin (Ingolstadt). B[...] (Offenburg). Dr. Bamberger. Bauer. Dr. Baumgarten. v[on] Benda. Bender. Bernards. von Bernuth. Dr. Besel[er.] Dr. Graf von Bissingen-Nippenburg. Dr. Blum. Dr. B[...]

Bode. von Bönninghausen Dr. Böttcher (Waldeck). von Bötticher (Flensburg). Bolza. Borowski. von Bredow. Büchner. Bürten. Dr. Buhl. von Busse. von Colmar. Dr. von Cuny. Freiherr von Dalwigk-Lichtenfels. Dr. Delbrück. von Dewitz. Dieden. Dietze. Graf zu Dohna-Finckenstein. Dollfus. ten Doornkaat-Koolman. Dr. Dreyer. Freiherr von Ende. Eysoldt. Dr. Falk. Dr. von Feder. Feustel. Findeisen. von Flottwell. Flügge. von Forcade de Biaix. Dr. von Forckenbeck. Forkel. Freiherr zu Franckenstein. Franssen. Freund. Freytag. Graf von Fugger-Kirchberg. Gerwig. Görz. von Gordon. Dr. von Grävenitz. Dr. Groß. Grützner. Guenther (Sachsen). Dr. Günther (Nürnberg). Haerle. Hamm. Hauck. Hellig. von Heim. von Helldorff-Bedra. von Helldorff-Runstedt. Hermes. Dr. Freiherr von Hertling. von Hölder. Hoffmann. Graf von Hompesch. Horn. Dr. Jäger (Reuß). von Jagow. Jordan. von Kardorff. Katz. von Kesseler. Kiefer. Klein. von Kleist-Retzow. Graf von Kleist-Schmenzin. Klotz. Dr. Klügmann. von Knapp. Knoch. Kochann. von König. Kopfer. Dr. Kraetzer. Krafft. Kreutz. Landmann. Freiherr von Landsberg-Steinfurt. Lender. von Lenthe. Dr. Lingens. Loewe (Berlin). Dr. Lucius. Lüders. Dr. Maier (Hohenzollern). Dr. Majunke. Freiherr von Manteuffel. Marcard. Dr. Marquardsen. Freiherr von Marschall. Martin. Maurer. Dr. Mayer (Donauwörth). Meier (Schaumburg-Lippe). Melbeck. Merz. Dr. Meyer (Schleswig). von Miller (Weilheim). Möring. Mosle. Dr. Moufang. von Müller (Osnabrück). Müller (Pleß). Dr. Müller (Sangerhausen). Graf von Nayhauß-Cormons. von Neumann. Freiherr von Ow (Landshut). Freiherr von Ow (Freudenstadt). Dr. von Ohlen. Pabst. Dr. Perger. Pfähler. Freiherr von Pfetten. Pflüger. Fürst von Pleß. Dr. Pohlmann. von Puttkamer (Löwenberg). von Puttkamer (Lübben). von Puttkamer (Schlawe). Freiherr Nordeck zur Rabenau. Prinz Radziwill (Beuthen). Herzog von Ratibor. von Ravenstein. von Reden (Celle). von Reden (Lüneburg). Reich. Dr. Reichensperger (Krefeld). Reichert. Reinecke. Reinhardt. Richter (Hagen). Richter (Kattowitz). Richter (Meißen). Rickert (Danzig). Graf von Rittberg. Römer (Württemberg). Dr. Rudolphi. Ruppert. Saro. Dr. von Schauß. Dr. von Schliedmann. Schlieper. von Schmid (Württemberg). Schmiedel. Schön. Graf von Schönborn-Wiesentheid. von Schwendler. Senestrey. Servaes. von Seydewitz. Dr. Sommer. Sonnemann. Staelin. Stauby. Stellter. Stötzel. Graf zu Stolberg-Stolberg (Neustadt). Theodor Graf zu Stolberg-Wernigerode. Udo Graf zu Stolberg-Wernigerode. Strecker. Streit. Stumm. Süs. Freiherr von Tettau. Tölke. Trautmann. Uhden. Freiherr von Varnbüler. Dr. Völk. Vopel. Vowinckel. Dr. Wachs. Freiherr von Wackerbarth. Graf von Waldburg-Zeil. von Waldow-Reitzenstein. von Wedell-Malchow. Dr. Wehrenpfennig. Werner (Liegnitz). von Werner (Eßlingen). Wichmann. Dr. Wiggers (Güstrow). Wiggers (Parchim). Windthorst. Dr. Witte (Mecklenburg). von Woedtke. Dr. Wolffson. Dr. Zimmermann. Freiherr von Zu-Rhein.

Krank sind:

von Below. Bracke. Freiherr von Buddenbrock. Fürst von Czartoryski. Haanen. Graf von Holstein. Leonhard. Dr. Oetker. Reinders. Freiherr von Schorlemer-Alst. Dr. Schröder (Friedberg). Freiherr Schenk von Stauffenberg. von Unruh (Magdeburg).

Beurlaubt sind:

Ackermann. von Batocki. Bebel. Dr. Boretius. von Brand. Graf von Flemming. Dr. Hänel. Dr. Hammacher. Holtzmann. von Ludwig. Freiherr von Maltzahn-Gültz. von der Osten. Graf von Plessen. Graf von Preysing. Dr. Rückert (Meiningen). Dr. Thilenius. Dr. Weigel. Witte (Schweidnitz).

Entschuldigt sind:

Freiherr von Aretin (Illertissen). Dr. Bähr (Kassel). von Bennigsen. Berger. Bieler (Frankenhain). von Bockum-Dolffs. Dr. von Bunsen. Dernburg. Dr. Franz. Dr. Frege. Dr. Gareis. Dr. Gneist. Laporte. Dr. Lasker. Menken. Müller (Gotha). Dr. Roggemann. von Schenck-Kawenczyn. Schlutow. Dr. von Schwarze. Freiherr von Soden. Dr. Stephani. Struve. Thilo. Freiherr von Unruhe-Bomst. Dr. Zinn.

Ohne Entschuldigung fehlen:

von Adelebsen. Arbinger. Graf von Arnim-Boitzenburg. Baron von Arnswaldt. Graf Ballestrem. Becker. von Behr-Schmoldow. Graf von Behr-Behrenhoff. Graf von Bernstorff. von Bethmann-Hollweg (Ober-Barnim). von Bethmann-Hollweg (Wirsitz). Graf Bethusy-Huc. Bezanson. Graf von Bismarck. Freiherr von Bodman. Dr. Braun (Glogau). Braun (Hersfeld). Freiherr von und zu Brenken. Brückl. Dr. Brüel. Dr. Brüning. von Bühler (Oehringen). Büsing. Carl Fürst zu Carolath. Graf von Chamaré. Clauswitz. von Cranach. von Czarlinski. Datzl. Graf von Droste. Fichtner. Graf von Frankenberg. Dr. Friedenthal. Fritzsche. Freiherr von Fürth. Graf von Galen. von Gerlach. Germain. von Geß. Gielen. von Goßler. Grad. von Grand-Ry. Graf von Grote. Grütering. Guerber. Freiherr von Hafenbrädl. Hall. Dr. Harnier. Hasselmann. Fürst von Hatzfeldt-Trachenberg. Heckmann-Stintzy. Freiherr von Heereman. Hilf. Fürst von Hohenlohe-Schillingsfürst. Fürst zu Hohenlohe-Langenburg. Freiherr von Horneck-Weinheim. Jäger (Nordhausen). Jaunez. Dr. von Jazdzewski. Kablé. von Kalkstein. Dr. Karsten. von Kehler. Dr. von Komierowski. Krüger. Kuntzen. von Kurnatowski. Graf von Kwilecki. Lang. Lentz. Freiherr von Lerchenfeld. von Levetzow. Dr. Lieber. Liebknecht. Dr. Lindner. List. Dr. Löwe (Bochum). Lorette. von Lüderitz. Graf von Luxburg. Magdzinski. Dr. Mendel. Dr. Merkle. Michalski. Freiherr von Minnigerode. Freiherr von Mirbach. Graf von Moltke. Dr. von Niegolewski. North. Oechelhäuser. Dr. Peterssen. Pfafferott. Graf von Praschma. von Puttkamer (Fraustadt). Dr. Rack. Fürst Radziwill (Adelnau). Reichensperger (Olpe). Dr. Rentzsch. Römer (Hildesheim). Rußwurm. von Saucken-Tarputschen. Graf von Saurma-Jeltsch. von Schalscha. von Schenck-Flechtingen. Schenk (Köln). Schmidt (Zweibrücken). Schmitt-Batiston. Schneegans. von Schöning. Schröder (Lippstadt). Dr. Schulze-Delitzsch. Schwarz. von Sczaniecki. Graf von Sierakowski. Dr. Simonis. von Simpson-Georgenburg. Stegemann. Dr. Stöckl. Dr. von Treitschke. Triller. von Turno. Vahlteich. Dr. von Waenker. Freiherr von Wendt. Dr. Westermayer. Wiemer. Winterer. Wöllmer. Wulfshein. Graf von Zoltowski.

Präsident: Der Namensaufruf hat ergeben, daß 205 Mitglieder anwesend sind; diese 205 Mitglieder haben beim Namensaufruf mit „Hier" geantwortet, wie ich dies von den Mitgliedern erbeten hatte. Außerdem ist mir von den fungirenden Herren Schriftführern angezeigt worden und zwar amtlich angezeigt worden, daß der Herr Abgeordnete Kayser, welcher die Bemerkung machte, daß das Haus wahrscheinlich nicht beschlußfähig sei, und dadurch den Namensaufruf veranlaßte, beim Aufruf seines Namens allerdings nicht im Saale anwesend gewesen sei, darauf aber wieder in den Saal zurückgekehrt und während der Rekapitulation des Alphabetes im Saale anwesend gewesen sei, sich aber nicht beim Büreau gemeldet habe.

(Hört, hört! oh, oh! Bewegung.)

Dieses Verfahren ist amtlich konstatirt, und ich kann nicht unterlassen, es als eine Verletzung der schuldigen Rücksicht gegen das Haus zu bezeichnen.

(Sehr richtig! Bravo!)

Außerdem werde ich Veranlassung nehmen, daß die Geschäftsordnungskommission bei der Revision der Geschäftsordnung auch diesen Fall zur Erwägung zieht.

Zur Geschäftsordnung hat das Wort der Herr Abgeordnete **Kayser**.

Abgeordneter **Kayser**: Ich will bemerken, daß für Niemand, für keinen einzelnen Abgeordneten, in der Geschäftsordnung die Verpflichtung vorhanden ist

(Rufe: Oh, oho!)

beim Namensaufruf mit „hier" zu antworten, und möchte zu meiner Entschuldigung anführen, daß ich die ganze Auszählung deshalb beantragt habe, weil bei allen wirthschaftlichen Debatten im Hause meine Partei vom Herrn Präsidenten nicht zugelassen worden ist.

(Große Bewegung, Glocke des Präsidenten.)

Meine Herren, ich will dann noch zur Geschäftsordnung bemerken, daß es nach § 58 derselben heißt:

> Der Präsident erklärt die Abstimmung für geschlossen, nachdem der namentliche Aufruf sämmtlicher Mitglieder des Reichstags erfolgt und nach Beendigung desselben durch Rekapitulation des Alphabets Gelegenheit zur nachträglichen Abgabe der Stimme gegeben ist.

Ich konstatire also, daß, während die Herren Schriftführer schon zählten, als bereits das Alphabet rekapitulirt war, noch verschiedene Abgeordnete eintraten und ihre Angabe, daß sie anwesend seien, entgegen genommen wurde, und somit ist der § 58 der Geschäftsordnung offenbar verletzt worden.

(Große Bewegung, Glocke des Präsidenten.)

Präsident: Zur Geschäftsordnung hat das Wort der Herr Abgeordnete Windthorst.

Abgeordneter **Windthorst**: Zur Widerlegung des letzten vom Vorredner hingestellten Satzes brauche ich wohl nichts zu sagen; es handelt sich in dem vorgelesenen Paragraphen um Sachabstimmung, von der hier nicht die Rede ist. Es haudelt sich hier um Konstatirung der Frage, wer im Hause anwesend ist oder nicht.

Nun glaube ich, daß die Geschäftsordnung in dieser Hinsicht wirklich gar keine Lücke hat. Das „Hier"-antworten beim Namensaufruf zur Konstatirung der Frage, wer anwesend ist, ist nur ein Beweismittel. Wenn der Augenschein ergibt, daß ein Mitglied da ist, welches nicht „hier" ruft, so versteht es sich, daß der Augenschein ebenfalls als Beweismittel gilt,

(sehr richtig!)

und der betreffende, der nicht geantwortet hat, sei es, weil er nicht hören kann, sei es, weil er eigensinnig ist,

(Heiterkeit)

wird als präsent durch Ansetzung in den Listen aufgeführt, und wir sind nach meiner Ansicht in diesem Augenblick nicht 205, sondern 206.

(Sehr richtig! Heiterkeit.)

Präsident: Es versteht sich von selbst, daß die letzte Bemerkung des Herrn Abgeordneten Windthorst richtig ist.

Auf die Ausführungen des Herrn Abgeordneten Kayser antworte ich einfach, daß ich seine Bemerkungen gegen meine Geschäftsführung hiermit zurückweise. Meiner Ansicht nach ist es eine natürliche Rücksicht auf das Haus, es ist eine Rücksicht, die durch das Herkommen des Hauses geboten ist, wenn sie auch in der Geschäftsordnung nicht ausdrücklich ausgesprochen ist, daß beim Namensaufruf mit „Hier" geantwortet wird, und ich wiederhole noch einmal, es ist eine Verletzung dieser Rücksicht auf das Haus, wenn diesem Rufe in dieser Art nicht Folge geleistet wird, wie es der Herr Abgeordnete Kayser gethan hat.

(Sehr richtig!)

Meine Herren, die Kritik darüber, ob der Herr Abgeordnete zum Wort gelassen ist oder seine Partei zum Worte gelassen ist, ist meiner Ansicht nach eine vollständig ungerechtfertigte, und ich muß sie zurückweisen. Ob ich jemand zum Wort zulasse oder nicht zulasse, hängt nicht von mir allein ab, sondern von dem Beschluß des Hauses, ob Schluß eintreten soll oder nicht, und eine Kritik des gefaßten Beschlusses auf Schluß der Diskussion steht dem Herrn Abgeordneten auch nicht mehr zu. Es ist das auch eine Verletzung der Rücksicht gegen das Haus, wenn er jetzt nachträglich hier diesen Beschluß des Hauses auf Schluß kritisirt.

Ich halte daher meine Bemerkung aufrecht, daß der Herr Abgeordnete Kayser die schuldige Rücksicht gegen das Haus verletzt hat, und ich werde den Fall in der Geschäftsordnungskommission zur Sprache bringen.

(Bravo!)

Meine Herren, wir gehen weiter.

Ich eröffne die Diskussion über § 6. — Das Wort wird nicht genommen; ich konstatire die Annahme des § 6 auch in dritter Berathung.

Ich eröffne die Diskussion über Einleitung und Ueberschrift des Gesetzes.

Der Herr Abgeordnete Dr. Zimmermann hat das Wort.

Abgeordneter Dr. **Zimmermann**: Meine Herren, nach den bisher gefaßten Beschlüssen glaube ich, ist es konsequent, daß die Ueberschrift dieses Gesetzes sich einigermaßen modifizirt, indem der zweite Satz der Ueberschrift nun in Fortfall kommt.

Präsident: Ich erlaube mir, dem Herrn Abgeordneten zu bemerken, daß nach den Beschlüssen der zweiten Berathung auf eine von mir gemachte Bemerkung die Ueberschrift des Gesetzes nur noch lautet:

> Entwurf eines Gesetzes, betreffend die Erwerbung der königlich preußischen Staatsdruckerei für das Reich,

und daß der zweite Satz:

> und die Feststellung eines Nachtrags zum Reichshaushaltsetat für das Etatjahr 1879/80,

der sich in der ursprünglichen Vorlage befand, in Folge der Streichung der §§ 4 und 5 schon aus der Zusammenstellung entfernt worden ist.

Abgeordneter Dr. **Zimmermann**: Ich befinde mich in vollständiger Uebereinstimmung mit dem Herrn Präsidenten.

Präsident: Meine Herren, das Gesetz ist nach den Beschlüssen der zweiten Berathung, wie sie in der Zusammenstellung vorliegen, im einzelnen angenommen worden; wir können daher jetzt wohl gleich zur Abstimmung über das gesammte Gesetz schreiten. — Es wird dem nicht widersprochen. Ich ersuche diejenigen Herren, welche das Gesetz, betreffend die Erwerbung der königlich preußischen Staatsdruckerei für das Reich, nunmehr definitiv und im ganzen annehmen wollen, sich zu erheben.

(Geschieht.)

Das ist die Mehrheit; das Gesetz ist angenommen.

Wir gehen über zu Nr. 3 der Tagesordnung:

dritte Berathung des Entwurfs eines Gesetzes, betreffend die Feststellung eines Nachtrags zum

Reichshaushaltsetat für das Etatsjahr 1879/80, auf Grund der Zusammenstellung (Nr. 163 der Drucksachen).

Ich eröffne die dritte Berathung, sonach zuvörderst die **Generaldiskussion** über das Gesetz.

Der Herr Abgeordnete Mosle hat das Wort.

Abgeordneter **Mosle**: Meine Herren, ich möchte Ihnen nur mit ein paar Worten die Annahme dieses Gesetzes empfehlen, und dabei noch besonders hervorheben, daß meines Erachtens die Ausgaben, welche für derartige Ausstellungen gemacht werden, keineswegs unproduktive sind, daß vielmehr, was die Förderung des Handels und des Exports von deutschen Industrieartikeln anbetrifft, diese Ausstellungen, und nicht minder die Weltausstellungen einen sehr großen Nutzen haben. Dieser Nutzen, meine Herren, entzieht sich vielfach auch den Beobachtungen der sonst sehr gut unterrichteten und sehr wohl dazu berufenen Richter, welche sich in den Ausstellungen umsehen. Sehr vieles von dem, was diese Ausstellungen nützen, vollzieht sich, sozusagen, hinter dem Vorhange. Ein Hauptnutzen liegt darin, daß die Aussteller gegenseitig sehen, was ihre Konkurrenten leisten, daß sie lernen, und ein weiterer Nutzen darin, daß in der Regel besonders große Ausstellungen von Kommissarien der Regierungen aller Länder beschickt sind, daß diese Kommissarien sehr häufig suchen auf diesen Ausstellungen Bedürfnisse ihrer Länder zu befriedigen, indem sie nach dem Muster der Gegenstände, die ausgestellt sind, Aufträge ertheilen. Ich weiß, daß z. B. in der letzten Pariser Ausstellung mehrere überseeische Regierungen sich veranlaßt gesehen haben, Aufträge nach Frankreich zu geben, die ohne die Ausstellung wahrscheinlich nicht nach Frankreich, sondern nach Deutschland gegeben wären. Meine Herren, ich darf indessen annehmen, daß ein Widerspruch gegen die Bewilligung der 200 000 Mark eigentlich nicht vorhanden ist, und ich will Ihnen daher erklären, weshalb ich noch wieder das Wort nehme, und mich dazu hierher auf die Tribüne verfügte.

Bei der gestrigen Debatte hat der Abgeordnete Löwe (Berlin) eine Aeußerung von mir in der Freitagsdebatte herangezogen, — wenn ich nicht irre, ich habe das Stenogramm nicht bekommen und nicht genau gehört, hat der Abgeordnete an mich die Frage gerichtet, ob ich die internationale Tendenz von der Ausstellung in Sydney entfernen wolle. Meine Herren, das zeigt mir wieder, daß die Aeußerung, die ich damals gemacht habe, vielfachen Mißverständnissen unterzogen worden ist, und ich will mir daher gestatten, mit einigen Worten auf dieselbe zurückzukommen, und versuchen die Eindrücke abzuschwächen, die sie anscheinend hervorgerufen hat, die aber nicht in meiner Absicht gelegen haben. Meine Herren, ich halte sachlich aufrecht, was ich habe sagen wollen, und was ich gesagt habe, ich muß aber hervorheben, daß ich am Freitag nur gesprochen habe von Tendenzen, die sich im Handelsbetrieb, und im Handel und Verkehr kundgegeben haben, und deren Verschwinden ich wünschte. Ich hatte vorher vom Mangel an deutschem Nationalstolz gesprochen, und ließ die betreffende Aeußerung dann folgen. Meine Herren, ich war zur Eile gedrängt — nach meiner Disposition wollte ich ausführlicher sein, ich wollte vorher hervorheben, daß vielfach über Mangel an Reellität bei der deutschen Arbeit geklagt werde, daß ein großer Fehler unserer deutschen Industrie darin bestehe, daß sie fremde Etiquetten anwendet, und ihre gute Waare glaubt dadurch besser machen zu können, daß sie dieselbe für französische und englische Waare ausgibt, oder wenigstens dazu verleitet glauben zu machen, daß es so ist, durch die Anwendung fremder Etiquetten. Ich wollte hervorheben, daß die Sucht, reich zu werden, auch aus Handel und Industrie verschwinden müsse. Das waren die Gründe, welche mich veranlaßten zu der Aeußerung, die ich gemacht habe. Ich habe diese Aeußerung lediglich gemacht nicht allein als Mitglied des Reichstags, sondern auch als Mitglied einer Börse, welche auf ihren Ruf hält und welche wünscht, daß nicht mehr mit Recht von den deutschen Börsen so gesprochen werden darf, wie vielfach von ihnen gesprochen worden ist. Eine Herabsetzung einer Religionsgemeinschaft, meine Herren, oder eine persönliche Beleidigung habe ich weder beabsichtigt, noch glaube ich, werden Sie mir zutrauen, daß ich sie beabsichtigt hätte. Meine Aeußerung sollte lediglich eine Mahnung an den deutschen Handel und an die deutsche Industrie sein, auf ihre Ehre zu halten.

Präsident: Der Herr Abgeordnete Dr. Zimmermann hat das Wort.

Abgeordneter Dr. **Zimmermann**: Meine Herren, ich glaube nicht, daß ich nothwendig habe, noch viel zur Unterstützung Ihres gestrigen Beschlusses hinzuzufügen,

(Rufe: Nein!)

nur eine Bemerkung glaube ich, ist derart, daß ich glaube sie Ihnen nicht vorenthalten zu dürfen. Sie bezieht sich auf die viel berührte Beurtheilung der deutschen Industrie als „billig und schlecht“.

(Unruhe.)

Meine Herren, bitte, hören Sie mich erst gütigst an und dann urtheilen Sie! Sie haben die Geschichte dieses Ausdrucks ja so vielfach ventiliren hören, daß ich mich gar nicht wundere, daß Sie kein Verlangen haben, mehr darüber zu hören;

(Rufe: Nein!)

dasjenige aber, was ich dennoch zu sagen habe, bezieht sich auf die Vergangenheit, auf die wirkliche und wahre Entstehung dieses Ausdrucks.

Meine Herren, es existirt in Amerika eine Presse, welche die deutsche Industrie in der That gehörig zu würdigen weiß, unsere amerikanischen Brüder lassen ihr alle Gerechtigkeit widerfahren. Sie haben deshalb auch der Ausstellung in Philadelphia ihre volle Aufmerksamkeit gewidmet und zwar unter andern besonders das „Newyorker Handelsblatt“. Diese amerikanische Presse hat sowohl in deutschen Artikeln wie in Artikeln, die in englischer Sprache, Kritiken über diese Ausstellung gebracht. Nun, meine Herren, ist es ein sonderbarer Zufall, vielleicht werden Sie finden, daß es mehr als Zufall ist, daß in der Nummer vom 26. Mai 1876 im „Newyorker Handelsblatt“, wie im „The Sun“ wohlwollende Berichte über die deutsche Ausstellung enthalten sind. Der Bericht des „Sun“ gibt nun allerdings eine Kritik der gesammten deutschen Ausstellung, lobt den alten deutschen Fleiß, lobt das anerkannte Verdienst der deutschen Industrie auf allen Gebieten und fährt dann fort, es sei zu bedauern, daß eine Betheiligung an der Philadelphia-Ausstellung nicht in ergiebigerer Weise stattgefunden habe. Im ganzen müßte man sagen, fährt das Blatt fort — und nun kommt in Anführungszeichen — im ganzen sei die Ausstellung „ugly and cheap“. Das sind die Ausdrücke, wie sie am 26. Mai 1876 in der amerikanischen Presse erscheinen. Einige Tage darauf, nämlich den 2. Juni 1876, datirt aus Philadelphia ein Bericht des deutschen Kommissars, der augenscheinlich viele Sätze aus jenem Artikel der Presse adoptirt hat und nur das berühmte geflügelte Wort gebraucht hat: „billig und schlecht“. Es drängt sich hier entschieden die Vermuthung auf, daß der Verfasser dieses Briefes über die Ausstellung die Berichte der amerikanischen Zeitungen vor sich gehabt hat und nicht ganz glücklich in der Uebersetzung des englischen Ausdrucks gewesen ist, denn „ugly and cheap“ heißt nicht „billig und schlecht“, sondern vielleicht „unschön“ — „geschmacklos“ — und „billig“. Also haben unsere amerikanischen Brüder doch über die Produkte der deutschen

Industrie ein viel milderes Zeugniß gegeben als unser Kommissar.

(Heiterkeit.)

Meine Herren, ich habe geglaubt, der Gegenstand sei für eine Mittheilung interessant genug, weil sie die Bedeutung des „billig und schlecht" endlich auf ein gewisses richtiges Maß zurückführt.

Im übrigen bitte ich Sie, dem Antrage auf Bewilligung der 200 000 Mark beizustimmen.

Präsident: Das Wort wird nicht weiter gewünscht; ich schließe die Generaldiskussion.

Ich eröffne die Spezialdiskussion über § 1, — schließe dieselbe, da niemand das Wort nimmt, und ersuche diejenigen Herren, welche den § 1 der Beschlüsse zweiter Berathung annehmen wollen, sich zu erheben.

(Geschieht.)

Das ist eine sehr erhebliche Majorität; der § 1 ist angenommen.

Ich eröffne die Diskussion über § 2, — über Einleitung und Ueberschrift des Gesetzes. — Auch diese sind, da die Beschlüsse zweiter Berathung in dritter Berathung nicht angefochten sind, in dritter Berathung ebenfalls angenommen.

Wir können sofort über das Ganze des Gesetzes abstimmen.

Ich ersuche diejenigen Herren, welche das Gesetz, betreffend die Feststellung eines Nachtrags zum Reichshaushaltsetat für das Etatsjahr 1879/80, welches wir soeben im einzelnen angenommen haben, nunmehr definitiv und im ganzen annehmen wollen, sich zu erheben.

(Geschieht.)

Das ist die Mehrheit; das Gesetz ist angenommen.

Wir gehen jetzt über zu Nr. 4 der Tagesordnung.

Meine Herren, ich würde Ihnen vorschlagen, die beiden ersten Berathungen in Nr. 4 und 5 der Tagesordnung: die Berathung des Gesetzentwurfs wegen Erhebung der Brausteuer und die Berathung des Gesetzentwurfs, betreffend die Erhöhung der Brausteuer, — miteinander zu verbinden.

Es wird dem nicht widersprochen, ich eröffne demnach die

> **erste Berathung des Entwurfs eines Gesetzes wegen Erhebung der Brausteuer** (Nr. 135 I der Drucksachen)

und die

> **erste Berathung des Entwurfs eines Gesetzes, betreffend die Erhöhung der Brausteuer** (Nr. 135 II der Drucksachen).

Der Herr Abgeordnete Uhden hat das Wort.

Abgeordneter **Uhden:** Meine Herren, in Anbetracht der Finanzlage des Reichs, die ja in der sechstägigen Debatte des Zolltarifs wiederholt in den Vordergrund getreten ist, in Anbetracht dieser Finanzlage des Reichs sind meine politischen Freunde und ich bereit, im großen und ganzen der Vorlage der verbündeten Regierungen, betreffs des Gesetzes über die Erhebung der Brausteuer, unsere Zustimmung zu ertheilen.

Wir halten es für wünschenswerth und geboten, daß das Reich seine eigenen Einnahmen hat, und ich habe die Ueberzeugung, daß dieses nur im Wege der indirekten Besteuerung respektive der Zölle geschehen kann.

Der zweite Grund, der uns dazu bestimmt, dieses Gesetz mit Sympathie zu begrüßen, ist der Umstand, daß dem Art. 35 der Reichsverfassung in seinem Schlußsatze durch diese Gesetzesvorlage Rechnung getragen wird, insofern es dadurch angebahnt wird, daß die Brausteuer, die bis jetzt nur in der Biersteuergemeinschaft des ehemaligen norddeutschen Bundes erhoben wird, angepaßt werden soll der Brausteuer, wie sie in Bayern, dem größten der deutschen Mittelstaaten, jetzt erhoben wird, daß also hierdurch die Ausführung dieser Verfassungsbestimmung angebahnt wird.

Meine Herren, es ist von jener Seite des Hauses schon wiederholt im Laufe der Finanzdebatten betont worden, von den Herren Abgeordneten Richter, Bennigsen, Lasker, daß diese Frage der Bierbesteuerung nicht anders geregelt werden sollte und könnte, wie in Gemeinschaft mit der Frage der Abänderung der Brantweinbesteuerung. Nun, meine Herren, das sind eigentlich doch sehr verschiedene Materien. Wenn sich die Herren das näher ansehen wollen, so ist es nach meinem Dafürhalten wenigstens technisch nicht gut möglich, diese beiden Fragen gleichmäßig zu behandeln.

Es handelt sich bei der Biersteuerfrage einfach darum, daß die Staaten des ehemaligen norddeutschen Bundes der Steuergemeinschaft ihre Biersteuergesetzgebung akkommodiren der höheren Besteuerung, wie sie in Bayern besteht, umsomehr als die Besteuerung, die bei uns bis jetzt bestanden hat und noch besteht, sich entschieden in den Erfolgen auch in Bezug auf die Leistungen der norddeutschen Bierbrauereien gerade gegenüber Bayern in kein sehr günstiges Licht gestellt hat. Das bayerische Bier ist immer noch das beste, und es ist den norddeutschen Brauereien immer noch nicht gelungen, das bayerische Bier voll und ganz in der Qualität zu ersetzen.

Es wird übrigens bei der Bierbesteuerung immer nur das zu erreichen sein, daß dem Wortlaute des Artikel 35 der Schlußalinea entsprechend eine Uebereinstimmung der Gesetzgebung über die Besteuerung des Bieres respektive des Branntweins herbeigeführt werden kann. Ich halte es nicht für möglich, wenigstens nicht für wahrscheinlich, daß Bayern jemals das Opfer bringen kann, diese Steuer zu einer gemeinsamen Reichssteuer zu machen. Es wird also nur in der Form eine Gemeinsamkeit erreicht werden können, aber nicht in der Materie, denn für Bayern würden Steuerintraden in Frage kommen, die wenigstens vier Mal so hoch sind, wie die Steuerintraden für Bier in Zukunft, wenn dieses Gesetz angenommen wird, im Bereiche der Biersteuergemeinschaft. Bayern wird sich nie dazu entschließen können, diese bedeutende Einnahme, die auf den eigenthümlichen Konsumtionsverhältnissen dieses Landes beruht, einfach in den allgemeinen großen Reichstopf zu werfen.

Anders liegt es mit der Branntweinsteuer. Die Branntweinsteuer ist in den süddeutschen Staaten ja eine Sache, die eigentlich überhaupt erst einer Besteuerung unterworfen werden müßte. Die Besteuerung des Branntweins ist in Süddeutschland eine so niedrige, daß es jetzt nur eines Entgegenkommens dieser süddeutschen Staaten bedarf, um diese Steuer einmal zur einheitlichen Steuer im Reiche zu machen. Darüber ließe sich vielleicht einmal reden, während bei der Biersteuer diese Frage wohl nie ins Leben treten wird, vorläufig wenigstens sehr lange Zeit nicht in Betracht kommen kann, daß Bayern diese Steuer als eine Reichssteuer akzeptiren kann.

Meine Herren, wenn es gewissermaßen hier unserer Seite des Hauses wiederholt von jener Seite vorgehalten ist, als wenn wir diese Branntweinbesteuerung als ein noli me tangere betrachten sollten, woran wir nicht gern rühren möchten — es werden uns da wohl einigermaßen die Privatinteressen und dergleichen suppeditirt. Wenn dies der Fall ist, so möchte ich hiermit nur konstatiren, daß das, wenigstens was meine Anschauung anbelangt, absolut nicht der Fall ist. Eine Reformation der Branntweinbesteuerung halte ich für durchaus nothwendig und geboten, sogar gegenüber der Lage des Brennereigewerbes in der jetzigen Zeit bei den bestehenden Verhältnissen. Es ist von unserer Seite schon wiederholt darauf hingewiesen worden, daß der Spiritus, der zu gewerblichen Zwecken benutzt werden soll, von der Steuer freigegeben werden soll. Es ist wiederholt auch von uns darauf hingewiesen worden, daß eine Besteuerung des

Branntweins, so weit er eben als Getränk in Betracht kommen solle, nicht den Spiritus trifft, welcher in großer Menge gewerblichen Zwecken dient und vielleicht noch bedeutende Industrien in dieser Branche in Deutschland noch auf die Beine bringen kann. Diesen Spiritus, den wollen wir frei haben. Hinsichtlich des Getränks sind wir für eine Erhöhung. Allerdings mögen die Ansichten über die Art einer neuen Branntweinbesteuerung verschieden sein, ich wenigstens von meinem Standpunkt aus sehe in der geplanten Einführung der obligatorischen Fabrikatsteuer den richtigen, glücklichen Griff nicht. Es würde da mehr meinen Sympathien entsprechen, überhaupt der Sachlage, wenn man das Getränk besteuern will, daß die Besteuerung, wie es schon mehrfach geschehen ist, darauf beschränkt wird, den Konsum des Getränkes überhaupt zu besteuern, aber nur nicht den Spiritus, der anderen Zwecken dient. Meine Herren, beide Steuern zusammen in einen Topf zu werfen, beide Steuern gleichzeitig umzuändern, hat doch seine großen Schwierigkeiten, die gerade bei der Branntweinsteuer auf technische Bedenken stoßen werden. Ich möchte also auch den Herren, die das bisher betont haben, anheim geben, daß eine gleichzeitige Behandlung beider Gesetze die Sache nicht fördern würde. Wenn ein Schritt geschehen soll, so muß man bei einem anfangen, und das ist durch die Vorlage der verbündeten Regierungen geschehen. Deshalb glaube ich, daß es das angemessenste sein würde, wenn wir diese eine Steuer hier in Berathung ziehen und sehen, ob wir überhaupt diese Gesetzesvorlage der verbündeten Regierungen zur Annahme bringen oder nicht und somit einen ersten Schritt thun zur Verwirklichung des Art. 35 der Verfassung.

Wenn ich nun im allgemeinen auf die Spezialitäten des Gesetzentwurfs hier übergehe, so muß ich mich von vornherein damit vollständig einverstanden erklären und begrüße diesen Schritt der verbündeten Regierungen, den sie in der Vorlage uns entgegen gethan haben, mit Befriedigung. Es ist sehr zweckmäßig, daß das Bier künftig bei uns nur aus Malz gebraut werden soll und daß nach den Bestimmungen des § 2 des Gesetzes die Surrogate sämmtlich für den Brauprozeß verboten werden sollen. Meine-Herren, im Jahre 1872, als das Gesetz für die Surrogatbesteuerung im Reichstag vorlag, habe ich mir erlaubt, in der Kommission, der ich damals anzugehören die Ehre hatte, schon hervorzuheben, daß die Art der Besteuerung, die Höhe der Steuersätze, die damals von den verbündeten Regierungen vorgeschlagen wurden, und auch die, welche von der Kommission angenommen wurden, — es wurden damals in der Hauptsache die vorgeschlagenen fünf Mark für den Zentner Stärkezucker auf vier Mark reduzirt — also ich sage, daß diese Steuersätze für die Surrogate zu hoch gegriffen waren und daß das Gesetz ähnlich wirken würde, wie ein Verbot, ja, daß es mehr Nachtheil haben würde einem strikten Verbot gegenüber, daß nunmehr in den Brauereien auch offiziell mit diesen verschiedenen Surrogaten operirt werden könnte. Was da noch weiter passiren könnte, weiß ich nicht, es ist aber wiederholt schon hervorgehoben worden, daß das Bier immer schlechter geworden ist, und Surrogate sind so gut wie gar nicht angemeldet worden. Es ist damals in den Motiven zu der damaligen Vorlage zur Begründung der Besteuerung der Surrogate hervorgehoben worden, daß von den hervorragendsten Surrogaten, also Zucker und Syrup, 77 381 Zentner im Jahre 1869 von den Brauereien verbraucht worden wären; es war besonders hervorgehoben, daß diese Zahlen fast durchweg nur auf freiwilligen Angaben der Brauereien beruhen und viele von den Brauereien jede Auskunft verweigert hatten, und die damalige Gesetzgebung keine Handhabe zur Kontrole über die Verwendung von Surrogaten gewähre; daraus müsse angenommen werden, daß in Wirklichkeit die verbrauchte Menge dieser Surrogate erheblich höher wäre und vielleicht auf das doppelte vorgeschlagen werden könne. Meine Herren, von den 77 381 Zentner Stärkezucker und ähnlichen Surrogaten sind in der Wirklichkeit nur etwas über die Hälfte gebraucht, trotzdem die Brauer damals zugestanden haben — wenigstens der Theil der Brauer, der überhaupt eine Auskunft zu geben sich bereit erklärt hat, denn die Motive sagen ja selbst, daß der erheblichere Theil der Brauer all und jede Auskunft zu geben sich geweigert hat — also diese Summe ist in Wirklichkeit so weit herabgesunken, daß nur 46 000 Zentner ungefähr verwendet werden, exklusive des Reis, der ja eine andere Rolle spielt, der eventuell vielleicht auch gebraucht werden kann, wenn es unter dem Namen „Reisbier" geht, — ich weiß nicht, wie die Regierungen darüber denken. Meine Herren, wenn man annimmt, daß nur 46 000 Zentner offiziell verwendet sind, dann fällt der Grund weg, daß, wie es damals in den Motiven hieß, aus volkswirthschaftlichen Gründen die Surrogate zum Brauen zu verbieten sind. Ich weiß, — ich habe die Petitionen ja auch gelesen, die von den Stärkefabrikanten an das hohe Haus gerichtet worden sind — ich weiß, daß diese Stärkezuckerfabriken gewaltig petitioniren, um gotteswillen die Surrogate nicht zu verbieten, denn die Landwirthschaft werde dadurch Schaden leiden, die Stärkezuckerindustrie werde zu Grunde gehen. Gleichzeitig ist auf die beiden Stärkezuckerfabriken in Frankfurt a./O. und Küstrin hingewiesen, es ist gesagt, daß diese beiden Fabriken jährlich 100 000 Wispel Kartoffel verarbeiten, mithin zirka 450 000 Zentner Stärkezucker fabriziren. Was ist das gegen die 46 000 Zentner, die zur Bierbrauerei im Durchschnitt der Jahre seit 1873 verwendet worden sind! Ich glaube, die Herren Stärkeindustriellen im Lande können sich beruhigen, der Stärkezucker wird seine Verwendung finden wie bisher, denn es ist ja authentisch erwiesen, daß die Verwendung, die stattgefunden hat im offiziellen Brauverfahren in keinem nennenswerthen Verhältniß steht zur ganzen Produktion im Lande.

Die Bestimmung in Alinea 2 des § 2:

> Die Zusetzung von Malzsurrogaten, nachdem das Bier die Brauerei verlassen hat, fällt nicht unter dieses Gesetz, —

ist, soviel ich mich habe informiren können, auch eine Bestimmung, die den Brauereibesitzern — ich weiß nicht ob allen — gewissermaßen ein Stein des Anstoßes ist, sie glauben, daß dadurch ein gewisses Mißtrauen im Volk erweckt werden könnte, als ob das etwas ganz gewöhnliches wäre, daß hinterrücks nach dem offiziellen Brauprozeß noch Malzsurrogate verwendet würden, und sie sagen: wir kommen schon an sich soviel in Verdacht der Fabrikation von schlechtem Bier, daß wir wünschen müssen, daß diese üble Meinung nicht noch durch eine derartige Gesetzesbestimmung genährt werde. Die Brauer bestreiten es ja, aber es wird ja vielfach hervorgehoben, daß Quassia und ähnliche Stoffe zur Ersetzung des Bitterstoffs gebraucht werden. Ob es wahr ist, weiß ich nicht, aber es ist eine allgemeine Besorgniß, und deshalb wünschen die Brauer, daß dieser Satz wegfällt. Ob das wünschenswerth ist oder nicht, wird wohl in der Kommission entschieden werden können, da läßt sich über manches reden.

Was die Höhe der Stener anlangt, die in § 3 vorgesehen ist, so stimme ich derselben vollständig bei aus den schon Eingangs entwickelten Gründen.

Die Erhebungsart, welche im folgenden Paragraphen vorgeschrieben ist, ist vom Hektoliter in Aussicht genommen und nicht, wie es eigentlich korrekter wäre, vom Zentner, denn ein Hektoliter Malz ist eine etwas prekäre Sache. Die verbündeten Regierungen schätzen das Gewicht auf 101,8 Pfund und die Brauervereine auf 105,34 Pfund. Wer Recht hat, das weiß ich nicht, aber jedenfalls wäre mit dem Zentner die Besteuerung sicherer. Die Motive führen an, daß man den Bayern nicht zumuthen könne, ihr Braugesetz zu verändern. Darüber ließe sich ja auch in der Kommission sprechen.

Industrie ein viel milderes Zeugniß gegeben als unser Kommissar.

(Heiterkeit.)

Meine Herren, ich habe geglaubt, der Gegenstand sei für eine Mittheilung interessant genug, weil sie die Bedeutung des „billig und schlecht" endlich auf ein gewisses richtiges Maß zurückführt.

Im übrigen bitte ich Sie, dem Antrage auf Bewilligung der 200 000 Mark beizustimmen.

Präsident: Das Wort wird nicht weiter gewünscht; ich schließe die Generaldiskussion.

Ich eröffne die Spezialdiskussion über § 1, — schließe dieselbe, da niemand das Wort nimmt, und ersuche diejenigen Herren, welche den § 1 der Beschlüsse zweiter Berathung annehmen wollen, sich zu erheben.

(Geschieht.)

Das ist eine sehr erhebliche Majorität; der § 1 ist angenommen.

Ich eröffne die Diskussion über § 2, — über Einleitung und Ueberschrift des Gesetzes. — Auch diese sind, da die Beschlüsse zweiter Berathung in dritter Berathung nicht angefochten sind, in dritter Berathung ebenfalls angenommen.

Wir können sofort über das Ganze des Gesetzes abstimmen.

Ich ersuche diejenigen Herren, welche das Gesetz, betreffend die Feststellung eines Nachtrags zum Reichshaushaltsetat für das Etatsjahr 1879/80, welches wir soeben im einzelnen angenommen haben, nunmehr definitiv und im ganzen annehmen wollen, sich zu erheben.

(Geschieht.)

Das ist die Mehrheit; das Gesetz ist angenommen.

Wir gehen jetzt über zu Nr. 4 der Tagesordnung.

Meine Herren, ich würde Ihnen vorschlagen, die beiden ersten Berathungen in Nr. 4 und 5 der Tagesordnung: die Berathung des Gesetzentwurfs wegen Erhebung der Brausteuer und die Berathung des Gesetzentwurfs, betreffend die Erhöhung der Brausteuer, — miteinander zu verbinden.

Es wird dem nicht widersprochen, ich eröffne demnach die

erste Berathung des Entwurfs eines Gesetzes wegen Erhebung der Brausteuer (Nr. 135 I der Drucksachen)

und die

erste Berathung des Entwurfs eines Gesetzes, betreffend die Erhöhung der Brausteuer (Nr. 135 II der Drucksachen).

Der Herr Abgeordnete Uhden hat das Wort.

Abgeordneter **Uhden:** Meine Herren, in Anbetracht der Finanzlage des Reichs, die ja in der sechstägigen Debatte des Zolltarifs wiederholt in den Vordergrund getreten ist, in Anbetracht dieser Finanzlage des Reichs sind meine politischen Freunde und ich bereit, im großen und ganzen der Vorlage der verbündeten Regierungen, betreffs des Gesetzes über die Erhebung der Brausteuer, unsere Zustimmung zu ertheilen.

Wir halten es für wünschenswerth und geboten, daß das Reich seine eigenen Einnahmen hat, und ich habe die Ueberzeugung, daß dieses nur im Wege der indirekten Besteuerung respektive der Zölle geschehen kann.

Der zweite Grund, der uns dazu bestimmt, dieses Gesetz mit Sympathie zu begrüßen, ist der Umstand, daß dem Art. 35 der Reichsverfassung in seinem Schlußsatze durch diese Gesetzesvorlage Rechnung getragen wird, insofern es dadurch angebahnt wird, daß die Brausteuer, die bis jetzt nur in der Biersteuergemeinschaft des ehemaligen norddeutschen Bundes erhoben wird, angepaßt werden soll der Brausteuer, ie sie in Bayern, dem größten der deutsche Mittelstaaten jetzt erhoben wird, daß also hierdurch die Aus führung dief Verfassungsbestimmung angebahnt wird.

Meine)erren, es ist von jener Seite des Hauses scho wiederholt i Lanfe der Finanzdebatten betont worden, vo den Herren Abgeordneten Richter, Bennigsen, Lasker, da diese Frage er Bierbesteuerung nicht anders geregelt werde sollte und kinte, wie in Gemeinschaft mit der Frage d Abänderung er Brantweinbesteuerung. Nun, meine Herre das sind eigntlich doch sehr verschiedene Materien. Wen sich die Hern das näher ansehen wollen, so ist es na meinem Da:rhalten wenigstens technisch nicht gut möglic diese beiden Fragen gleichmäßig zu behandeln.

Es ha elt sich bei der Biersteuerfrage einfach darun daß die St ten des ehemaligen norddeutschen Bundes b Steuergeme schaft ihre Biersteuergesetzgebung akkommodire der höhere Besteuerung, wie sie in Bayern besteh umsomehr s die Besteuerung, die bei uns bis jetzt b standen hat und noch besteht, sich entschieden in den Erfolge auch in Be g auf die Leistungen der norddeutschen Bie brauereien rade gegenüber Bayern in kein sehr günstig Licht gestell hat. Das bayerische Bier ist immer noch da beste, und s ist den norddeutschen Brauereien immer no nicht gelunen, das bayerische Bier voll und ganz in d Qualität zuersetzen.

Es' wird übrigens bei der Bierbesteuerung immer n das zu errchen sein, daß dem Wortlaute des Artikel 35 d Schlußaline entsprechend eine Uebereinstimmung der Gese gebung üb die Besteuerung des Bieres respektive des Brann weins herkgeführt werden kann. Ich halte es nicht fi möglich, rnigstens nicht für wahrscheinlich, daß Bayer jemals das Opfer bringen kann, diese Steuer zu einer g meinsamen Reichssteuer zu machen. Es wird also nur in d Form eine Gemeinsamkeit erreicht werden können, aber nic in der Mterie, denn für Bayern würden Steuerintrade in Frage ommen, die wenigstens vier Mal so hoch sin wie die Steuerintraden für Bier in Zukunft, wenn dies Gesetz angenommen wird, im Bereiche der Biersteuergemei schaft. Bayern wird sich nie dazu entschließen können, die bedeutende innahme, die auf den eigenthümlichen Konsumtion verhältnisse dieses Landes beruht, einfach in den allgemein großen Rehstopf zu werfen.

Ande liegt es mit der Branntweinsteuer. Die Brann weinsteuer ist in den süddeutschen Staaten ja eine Sac die eigentch überhaupt erst einer Besteuerung unterworf werden mßte. Die Besteuerung des Branntweins ist Süddeutscand eine so niedrige, daß es jetzt nur eines E gegenkommns dieser süddeutschen Staaten bedarf, um di Steuer emal zur einheitlichen Steuer im Reiche machen. Darüber ließe sich vielleicht einmal reden, währe bei der Bersteuer diese Frage wohl nie ins Leben tre wird, voriufig wenigstens sehr lange Zeit nicht in Betra kommen kan, daß Bayern diese Steuer als eine Reichsste akzeptiren kann.

Meine Herren, wenn es gewissermaßen hier unserer Se des Haus wiederholt von jener Seite vorgehalten als wenn wir diese Branntweinbesteuerung als ein noli tangere trachten sollten, woran wir nicht gern rüh möchten – es werden uns da wohl einigermaßen die Pri interessen und dergleichen suppeditirt. Wenn dies der Fall so möchte ich hiermit nur konstatiren, daß das, wenigst was meir Anschauung anbelangt, absolut nicht der Fall Eine Refcmation der Branntweinbesteuerung halte ich durchaus nothwendig und geboten, sogar gegenüber Lage de Brennereigewerbes in der jetzigen Zeit den bestenden Verhältnissen. Es ist von unserer S schon wiederholt darauf hingewiesen worden, daß der Spiri der zu gewerblichen Zwecken benutzt werden soll, von Steuer freigegeben werden soll. Es ist wiederholt auch uns daraf hingewiesen worden, daß eine Besteuerung

Branntweins, so weit er eben als Getränk in Betracht kommen solle, nicht den Spiritus trifft, welcher in großer Menge gewerblichen Zwecken dient und vielleicht noch bedeutende Industrien in dieser Branche in Deutschland noch auf die Beine bringen kann. Diesen Spiritus, den wollen wir frei haben. Hinsichtlich des Getränks sind wir für eine Erhöhung. Allerdings mögen die Ansichten über die Art einer neuen Branntweinbesteuerung verschieden sein, ich wenigstens von meinem Standpunkt aus sehe in der geplanten Einführung der obligatorischen Fabrikatsteuer den richtigen, glücklichen Griff nicht. Es würde da mehr meinen Sympathien entsprechen, überhaupt der Sachlage, wenn man das Getränk besteuern will, daß die Besteuerung, wie es schon mehrfach geschehen ist, darauf beschränkt wird, den Konsum des Getränkes überhaupt zu besteuern, aber nur nicht den Spiritus, der anderen Zwecken dient. Meine Herren, beide Steuern zusammen in einen Topf zu werfen, beide Steuern gleichzeitig umzuändern, hat doch seine großen Schwierigkeiten, die gerade bei der Branntweinsteuer auf technische Bedenken stoßen werden. Ich möchte also auch den Herren, die das bisher betont haben, anheim geben, daß eine gleichzeitige Behandlung beider Gesetze die Sache nicht fördern würde. Wenn ein Schritt geschehen soll, so muß man bei einem anfangen, und das ist durch die Vorlage der verbündeter Regierungen geschehen. Deshalb glaube ich, daß es das angemessenste sein würde, wenn wir diese eine Steuer hier in Berathung ziehen und sehen, ob wir überhaupt diese Gesetzesvorlage der verbündeten Regierungen zur Annahme bring. oder nicht und somit einen ersten Schritt thun zur Verwirklichung des Art. 35 der Verfassung.

Wenn ich nun im allgemeinen auf die Spezialitäten des Gesetzentwurfs hier übergehe, so muß ich mich von vornherein damit vollständig einverstanden erklären und begrüße diesen Schritt der verbündeten Regierungen, den sie in der Vorlage uns entgegen gethan haben, mit Befriedigung. Es ist sehr zweckmäßig, daß das Bier künftig bei uns nur aus Malz gebraut werden soll und daß nach den Bestimmungen des § 2 des Gesetzes die Surrogate sämmtlich für den Brauprozeß verboten werden sollen. Meine Herren, im Jahre 1872, als das Gesetz für die Surrogatbesteuerung im Reichstag vorlag, habe ich mir erlaubt, in der Kommission, der ich damals anzugehören die Ehre hatte, schon hervorzuheben, daß die Art der Besteuerung, die Höhe der Steuersätze die damals von den verbündeten Regierungen vorgeschlagen wurden, und auch die, welche von der Kommission angenommen wurden, — es wurden damals in der Hauptsache die vorgeschlagenen fünf Mark für den Zentner Stärkezucker auf vier Mark reduzirt — also ich sage, daß diese Steuersätze für die Surrogate zu hoch gegriffen waren und daß das Gesetz ähnlich wirken würde, wie ein Verbot, ja, daß es mehr Nachtheil haben würde einem strikten Verbot gegenüber, daß nunmehr in den Brauereien auch offiziell mit diesen verschiedenen Surrogaten operirt werden könnte. Was da noch weiter passiren könnte, weiß ich nicht, es ist aber wiederholt schon hervorgehoben worden, daß das Bier immer schlechter geworden ist, und Surrogate sind so gut wie gar nicht angemeldet worden. Es ist damals in den Motiven zu der damaligen Vorlage zur Begründung der Besteuerung der Surrogate hervorgehoben worden, daß von den hervorragendsten Surrogaten, also Zucker und Syrup, 7381 Zentner im Jahre 1869 von den Brauereien verbraucht worden wären; es war besonders hervorgehoben, daß diese Zahlen fast durchgaten sind in der Wirklichkeit nur etwas über die Hälfte gebraucht, trotzdem die Brauer damals zugestanden haben — wenigstens der Theil der Brauer, der überhaupt eine Auskunft zu geben sich bereit erklärt hat, denn die Motive sagen ja selbst, daß der erheblichere Theil der Brauer all und jede Auskunft zu geben sich geweigert hat — also diese Summe ist in Wirklichkeit so weit herabgesunken, daß nur 46 000 Zentner ungefähr verwendet werden, exklusive des Reis, der ja eine andere Rolle spielt, der eventuell vielleicht auch gebraucht werden kann, wenn es unter dem Namen „Reisbier" geht, — ich weiß nicht, wie die Regierungen darüber denken. Meine Herren, wenn man annimmt, daß nur 46 000 Zentner offiziell verwendet sind, dann fällt der Grund weg, daß, wie es damals in den Motiven hieß, aus volkswirthschaftlichen Gründen die Surrogate zum Brauen zu verbieten sind. Ich weiß, — ich habe die Petitionen ja auch gelesen, die von den Stärkefabrikanten an das hohe Haus gerichtet worden sind — ich weiß, daß diese Stärkezuckerfabriken gewaltig petitioniren, um gotteswillen die Surrogate nicht zu verbieten, denn die Landwirthschaft werde dadurch Schaden leiden, die Stärkezuckerindustrie werde zu Grunde gehen. Gleichzeitig ist auf die beiden Stärkezuckerfabriken in Frankfurt a./O. und Küstrin hingewiesen, es ist gesagt, daß diese beiden Fabriken jährlich 100 000 Wispel Kartoffel verarbeiten, mithin zirka 450 000 Zentner Stärkezucker fabriziren. Was ist das gegen die 46 000 Zentner, die zur Bierbrauerei im Durchschnitt der Jahre seit 1873 verwendet worden sind! Ich glaube, die Herren Stärkeindustriellen im Lande können sich beruhigen, der Stärkezucker wird seine Verwendung finden wie bisher, denn es ist ja authentisch erwiesen, daß die Verwendung, die stattgefunden hat im offiziellen Brauverfahren in keinem nennenswerthen Verhältniß steht zur ganzen Produktion im Lande.

Die Bestimmung in Alinea 2 des § 2:

> Die Zusetzung von Malzsurrogaten, nachdem das Bier die Brauerei verlassen hat, fällt nicht unter dieses Gesetz, —

ist, soviel ich mich habe informiren können, auch eine Bestimmung, die den Brauereibesitzern — ich weiß nicht ob allen — gewissermaßen ein Stein des Anstoßes ist, sie glauben, daß dadurch ein gewisses Mißtrauen im Volk erweckt werden könnte, als ob das etwas ganz gewöhnliches wäre, daß hinterrücks nach dem offiziellen Brauprozeß noch Malzsurrogate verwendet würden, und sie sagen: wir kommen schon an sich soviel in Verdacht der Fabrikation von schlechtem Bier, daß wir wünschen müssen, daß diese üble Meinung nicht noch durch eine derartige Gesetzesbestimmung genährt werde. Die Brauer bestreiten es ja, aber es wird ja vielfach hervorgehoben, daß Quassia und ähnliche Stoffe zur Ersetzung des Bitterstoffs gebraucht werden. Ob es wahr ist, weiß ich nicht, aber es ist eine allgemeine Besorgniß, und deshalb wünschen die Brauer, daß dieser Satz wegfällt. Ob das wünschenswerth ist oder nicht, wird wohl in der Kommission entschieden werden, können, da läßt sich über manches reden.

Was die Höhe der Steuer anlangt, die in [illegible] ist, so stimme ich der [illegible] Eingangs entwickelter [illegible]

Die Erhebur[illegible] vorgeschrieben i[illegible]

Zum Schluß muß ich auf zwei Paragraphen aufmerksam machen, die mir und meinen Freunden einige Bedenken erregt haben, die §§ 8 und 17.

Nach § 8 sollen künftig alle zum Malzbrechen geeignete Werkzeuge einer Kontrole unterworfen werden. Ja, meine Herren, solche Werkzeuge, die zum Malzbrechen geeignet sind, hat jetzt schon ein großer Theil der Bauern, und die Bestimmung würde nach meinem Ermessen möglicherweise eine schwere Beeinträchtigung des freien Betriebes der Landwirthschaft involviren, es würde den Steuerbeamten schließlich der Zutritt in jeden Bauerhof freigestellt werden. Die Sache scheint mir sehr bedenklich, andererseits aber auch nicht so wichtig, als daß nicht die verbündeten Regierungen auf diese Bestimmung verzichten könnten.

§ 17 bestimmt, daß die Branntweinbrenner mit steueramtlicher Genehmigung Privatmalzmühlen ohne Meßapparat halten dürfen. Meine Herren, auch das hat Bedenken. In Bayern liegt die Sache anders, da ist speziell das grüne Malz in den Malzaufschlag einbegriffen, in Bayern werden auch die Branntweinbrennereien mit dem Aufschlag besteuert. Das ist bei uns nicht der Fall. Andererseits aber kann das grüne Malz absolut nicht zur Brauerei verwendet werden, es ist anders gewachsen, es wird anders bearbeitet, wenn es grün gequetscht wird, kann man es nicht zum Brauprozeß verwenden. Ob da nicht Erleichterungen für das Brennereigewerbe eintreten können, das will ich vorläufig hier nur andeuten.

Aber höchst bedenklich ist folgende Bestimmung:

> Die Genehmigung für diese Privatmalzmühlen ohne Meßapparat kann verfagt oder entzogen werden; wenn der Inhaber oder sein Vertreter die §§ 28, 29, 30, 34 und 35 verletzt hat.

Aber dann heißt es weiter:

> oder in Bezug auf die Branntweinsteuer wegen Defraudation bestraft ist,

— das lasse ich mir auch noch gefallen; aber wenn es dann heißt:

> wenn er wegen einer Zuwiderhandlung bestraft ist, welche unter die §§ 57 und 58 des Bundesgesetzes von 1868 u. s. w. fällt, —

ja, meine Herren, der § 57 handelt einfach von Kontravention, und der Brennereiinhaber oder sein Vertreter ist nicht einmal im Stande, immer zu kontroliren, daß durch die Leute einmal eine Kontravention gegen irgend ein Steuergesetz begangen wird; wenn das möglich ist, daß in Folge dessen diese Privatmalzmühle dem Brennereibesitzer entzogen werden kann, dann wird eben der Brennereibetrieb inhibirt und geschädigt; wenn durch einen Steuerbeamten der Betrieb suspendirt wird und erst durch eine höhere Instanz Remedur eintritt, so können doch durch eine Unterbrechung von 8 bis 14 Tagen ganz enorme Schäden entstehen. Ich hoffe, daß in der Kommission sich auch hierfür Remedur finden wird.

Das waren meine Bedenken, die ich gegen das Gesetz hatte; ich schließe, indem ich Sie bitte, dem Antrag Löwe zuzustimmen und diese Biersteuervorlage nicht im Hause zu berathen, sondern einer Kommission von 14 Mitgliedern zu überweisen.

(Bravo!)

Präsident: Der Herr Abgeordnete Richter (Hagen) hat das Wort.

Abgeordneter **Richter** (Hagen): Meine Herren, auf das Detail des Herrn Vorredners einzugehen, halte ich im gegenwärtigen Stadium jedenfalls nicht für richtig, es würde mir auch unmöglich sein, weil ich nur den kleinsten Theil der Detailausführungen zu verstehen vermochte. Wenn der Herr Vorredner meint in Bezug auf die Frage der Surrogatverwendung, des Stärkezuckers, es handle sich bloß um ein paar Fabriken, die ihren Betrieb einstellen müßten, — nun, meine Herren, im Zolltarif ist der Vortheil von ein paar Fabriken die Ursache, warum große Industriezweige besteuert werden, während hier durch einen Paragraphen ein paar Fabriken todt gemacht werden würden. Der Herr Vorredner hat mich zitirt. Ich habe allerdings die Behauptung aufgestellt, daß die Branntweinsteuer für die Herren auf der konservativen Seite ein Kräutchen Rührmichnichtan darstellt. Der Herr Vorredner sprach allerdings von einer Reform der Branntweinsteuer, aber er verstand darunter nur die Befreiung des zu gewerblichen Zwecken benutzten Spiritus — worüber sich ja ganz unbefangen reden läßt — also bloß eine Befreiung der Branntweinbrenner, während er die höhere Belastung nicht an der Quelle haben wollte, wo der Branntwein fließt, bei den großen Kartoffelbrennern und den großen Grundbesitzern, sondern die Mehrbelastung den Schankwirthen zuwenden wollte. Ja, meine Herren, der Plan ist ja bekannt und leider findet er in den Regierungskreisen mehr Anklang, als er verdient; es ist der bekannte Gesetzentwurf, der im preußischen Finanzministerium ausgearbeitet ist, der alle Schankwirthe besteuern will mit einer Steuer von 20 bis 120 Mark, je nach der Größe des Orts. Es sollen besteuert werden alle Debitsstellen, welche Branntwein verkaufen in geringeren Portionen als 2 Liter; der Bezug von mehr als 2 Liter würde durch diese Steuer nicht getroffen und es würde also damit eine Prämie darauf gesetzt werden, möglichst viel Branntwein im Hause zu haben in größeren Quantitäten. Es würde aber die Steuer auf den Branntweingenuß nicht allein fallen, jede Konditorei oder jeder Schankwirth müßte die Steuer bezahlen, auch wenn sie bloß gelegentlich ein Glas Punsch oder ein Glas Kognak verabreichen will. Das muß doch jedem klar sein, daß eine solche Steuer nicht bloß auf den verschenkten Branntwein fällt, sondern auf den ganzen Gewerbebetrieb und auf alles das, was in einem solchen Geschäft überhaupt debitirt wird. Es würde eine solche Steuer auch fallen auf das Bier, sobald in einem solchen Geschäft auch Bier verschänkt wird. Da ist dann der Herr Vorredner so freigebig, auf das Bier außer jener Schanksteuer nun noch die erhöhte Brausteuer zu werfen.

Ich würde zur Frage der Brausteuer überhaupt nicht mehr das Wort ergreifen, denn nach den Erklärungen, die hier in der Tarifdebatte gegeben sind, scheint mir diese Brausteuervorlage für diese Session vollständig aussichtslos. Wer sich auf die Physiognomie des Hauses versteht, der, glaube ich, kann aus der augenblicklichen Haltung des Hauses, der großen Kühle, mit der man diese Debatte anhört, schon entnehmen, wie die Ansichten dieses Hauses über diese Vorlage gehen. Aber es kommt mir darauf an, daß diese Vorlage nicht nur für diese Session begraben ist, sondern sie soll nach meinem Wunsch so tief bestattet werden, daß sie auch in der nächsten Session und in den folgenden Jahren nicht wieder an die Oberfläche kommen kann. Deshalb gestatten Sie mir, nach der Richtung hin noch ein paar Worte über die Sache zu sagen. Meine Herren, ich fühle mich um so mehr dazu veranlaßt, als Herr von Bennigsen nur erklärt hat, daß es ja in dieser Session ohnehin an Zeit fehle, man sonst soviel zu thun habe und die Frage für diese Session verschieben möchte. Er hat allerdings hinzugefügt, daß er auch später die Regelung der Brausteuer nicht anders wünscht als in Verbindung mit der Branntweinsteuer.

Wir sind allerdings der Meinung, daß jetzt in dieser Session nichts näher läge, wenn man überhaupt neue Steuern bewilligen will, als eben die Branntweinsteuer zu erhöhen und zu reformiren, die fortgesetzt von Jahr zu Jahr gesunken ist. Aber, meine Herren, wenn die Steuern und Zölle, die uns jetzt hier vorliegen, in dem Umfange, wie es Herr von Bennigsen anscheinend beabsichtigt, obengleich in dem beschränkteren Umfang, wie Herr Windthorst beabsichtigt, durchgehen sollten, dann verwahren wir uns dagegen, daß schon für das nächste Jahr gewissermaßen ein zweites Aufgebot an neuen Zöllen und Steuern unter Vortritt der Branntweinsteuer und

Brausteuer auf Piquet gestellt wird. Meine Herren, alle Steuern müssen aus derselben Tasche bezahlt werden, oder, um in einem Bilde zu bleiben, was dem Gegenstande mehr entspricht, sie fließen aus demselben Faß des Volksvermögens, man mag nun das Loch hier oder da anbohren. Je mehr man bereits jetzt durch die anderen Zölle und Steuern auslaufen läßt, um so weniger bleibt darin, um noch andere Steuern anzubohren. Es kann daher im folgenden Jahre für uns nicht mehr die Rede davon sein, die Branntweinsteuer zu erhöhen, es sei denn, daß die anderen Steuern des Reichs entsprechend wieder aufgegeben oder ermäßigt werden. Meine Herren, ich meine aber auch, daß, wenn man der Meinung wäre, daß die Branntweinsteuer noch späterhin erhöht werden könnte, daraus noch gar nicht folgt, daß dann auch die Brausteuer mit der Branntweinsteuer zu erhöhen ist. Man sagt mit Recht, durch die einseitige Erhöhung der Brausteuer würde eine Prämie auf das Branntweintrinken gesetzt, aber es folgt doch nicht daraus, daß, wenn nun die Branntweinsteuer erhöht wird, die Brausteuer auch mit erhöht wird, sondern ich sage: wenn die Branntweinsteuer einseitig erhöht wird, so würde das eine Prämie sein, nicht Branntwein, sondern statt dessen Bier zu trinken. Wie denkt man sich denn überhaupt solche Leute, die an einen gewissen Branntweingenuß gewöhnt sind? sie werden doch mit der Vertheuerung des Branntweins nicht mit einem Male Wasser trinken, sondern um so eher, wenn man diesen Zweck der Verminderung des Branntweingenusses damit verbindet, davon abstehen, je mehr man auf der anderen Seite ein wohlfeiles gutes Bier dem Branntwein gegenüber stellt. Ein wie großes Missionsfeld das Bier hat, zeigt die Statistik Norddeutschlands deutlich, wo in manchen Provinzen an der Küste oder im Osten das Bier gegen den Branntweingenuß noch in harter Konkurrenz kämpft. Eine zuverlässige Statistik über den Verbrauch haben wir nicht, aber es soll Landestheile geben, z. B. im Posenschen, wo quantitativ der Branntweingenuß heute noch stärker ist, als der Biergenuß.

Nun hat der Herr Vorredner sich darauf bezogen, daß ja der Weg für eine solche Gesetzgebung über Erhöhung der Brausteuer in der Bundesverfassung vorgezeichnet wäre. Nun, in dem betreffenden Passus der Bundesverfassung ist nicht bloß vom Bier, sondern auch vom Branntwein die Rede; da heißt es, daß auch in Bezug auf Branntwein einheitliche Besteuerung zu erstreben ist. Dieser Passus gehört übrigens in das Gebiet der Zukunftsmusik, oder, wie Herr Minister Hobrecht es neulich korrigirt hat, in das Gebiet der Zukunftspolitik. Ich meine überhaupt, daß diese Frage jetzt in ein ganz anderes Stadium gekommen ist, als zur Zeit, da man diese Verfassung gab. Meine Herren, jetzt sind so viele neue Steuern und Zölle für das Reich in Frage, daß sogar von Einzelnen, z. B. von dem Herrn Abgeordneten Windthorst (Meppen) die Frage aufgeworfen ist, ob man nicht von den Steuern, die man jetzt bewilligt hat, abgesehen von der Brausteuer, gewisse Quoten an einzelne Staaten verweist. In einem solchen Stadium wäre nichts verkehrter als Steuern, die einzelne Staaten im Süden haben, ihnen abzunehmen und sie auf das Reich zu übertragen, während man ihnen gleichzeitig Quoten von anderen Steuern überweist, die sie jetzt nicht haben. Da ist doch nichts natürlicher, als daß man Steuern, die noch nicht Reichssteuern sind, den einzelnen Staaten läßt, zumal wenn die Konsumtionsverhältnisse so eigenthümlich liegen, wie in Süddeutschland das der Fall ist. Ueberhaupt glauben Sie doch nicht, daß das Hinderniß der Einheit liegt in der Verschiedenheit der Steuergesetze, nein, wenn man einmal die Reichsbiersteuer als etwas Ideales ansieht in der Richtung der deutschen Einheit, so liegt das Hinderniß darin, daß wir im Norden noch nicht so viel Bier trinken, als in Bayern getrunken wird, daß in Bayern viermal und in Württemberg dreimal soviel konsumirt wird als in Norddeutschland. Erst wenn wir soviel Bier zu trinken gelernt haben — und wir sind zum Theil auf dem besten Wege dazu im Norden — den Bayern in dieser Hinsicht ebenbürtig zu sein, werden jene vielleicht sich erbötig finden, uns in die Brüderschaft in Bezug auf den Steuerertrag aufzunehmen, sonst werden sie sich hüten, bei der Eigenthümlichkeit ihrer Konsumtionsverhältnisse in eine solche Gesellschaft einzutreten.

Gerade, wenn wir jetzt die Brausteuer erhöhen, folgt auf der andern Seite, was man eben beseitigen will, nämlich die Erhöhung der Matrikularbeiträge der süddeutschen Staaten, die sie, nach der Kopfzahl berechnet, zahlen als Aversum im Verhältniß zu demjenigen, was wir dann mehr aus Norddeutschland davon erheben. Es bleibt auch die Zollgrenze im Innern nach wie vor bestehen, ja, sie muß erst recht scharf bewacht werden von unserer Seite, weil wir ein höheres Interesse bekommen, daß nicht bei uns ohne Ertrag für den Norden Bier aus dem Süden einkomme.

Meine Herren, nach der andern Seite steht diese Vorlage in vollkommnem Widerspruch mit dem, was sonst hier vertreten wird. Man sagt, man wolle die Kommunen erleichtern, die seien es, die am meisten litten. Man führt zu Gunsten der neuen Reichssteuern an, es soll durch Verweisung an einzelne Staaten und dann an die Kommunen auf diesem indirekten Wege dahin kommen, von den großen Steuern, die hier bewilligt werden sollen, zuletzt die Kommune zu erleichtern. Ob es dahin kommt, ist mir überaus zweifelhaft.

Meine Herren, nichts läge doch näher, als eine Steuer von reichswegen nicht höher zu belasten, die, wenn man indirekte Abgaben für die Kommunen will, noch am allerehesten für Kommunalzuschläge sich eignen würde, und das ist das Bier. Ich vermisse in der Vorlage der Regierung jede Statistik darüber, inwieweit durch Kommunalzuschläge das Bier schon belastet ist.

Der Herr Reichskanzler hat neulich gesprochen von der Schuld der Grundbesitzer, die aus dem Anfange dieses Jahrhunderts von den französischen Kriegen her noch bestünden. Wir haben in Berlin und in der Kurmark eine kommunale und provinziale Schuld, die in der That aus jener französischen Zeit herrührt, die kurmärkischen Schuldverschreibungen. Für die Verzinsung und Amortisation dieser Schuld tragen wir und auch hier in Berlin einen Zuschlag von fünfzig Pfennigen zu der jetzt bestehenden Brausteuer. Wenn von reichswegen aber die Brausteuer verdoppelt wird, ist es dann noch möglich, frage ich, auch diesen Zuschlag noch zu erheben? Man nimmt also in diesen Landestheilen gerade Mittel fort, um solche alte Schuld zu amortisiren und verzinsen zu können.

Dann, meine Herren, meine ich, daß die jetzige Zeit so ungeeignet ist, wie keine andere, diesen Artikel zu belasten. Es ist die Brauerei ja in einem Aufschwunge im ganzen begriffen in unserem Zeitalter. Meine Herren, haben wir doch darin etwas Geduld! Im Jahre 1869 hat man eine Erhebung der Brausteuer vom Reichstage verlangt um 50 Prozent. Sie wurde abgelehnt. Bereits im Jahre 1873 hatte trotz der Ablehnung die Regierung aus der früheren Brausteuer eine höhere Einnahme, als sie mit den 50 Prozent Zuschlag gehabt hätte, weil der Konsum um so mehr gestiegen ist. Der Konsum ist gestiegen per Kopf von etwa 42 auf 63 Liter. Meine Herren, aber in den letzten Jahren hat das aufgehört, es ist ein Rückschlag eingetreten als Folge der allgemeinen Erwerbs- und Lohnverhältnisse, während, wenn man die Brauerei gewähren läßt, sie von selbst bei ihrer normalen Entwickelung bald erheblich höhere Erträge in Norddeutschland bringen wird, und uns immer mehr ebenbürtig machen wird in Bezug auf diese Einnahmequelle mit den Süddeutschen. Es ist eine Auflage in dieser Zeit, in diesem Jahre, wo das Gewerbe stagnirt, gerade geeignet, das Entgegengesetzte herbeizuführen. Die Regierungsvorlage sagt: ja die Brauer können ja etwas weniger einbrauen, während die Brauer selbst sagen, daß das gerade nach ihren Erfahrungen das Mittel ist, was auf den Konsum am meisten vermindernd einwirkt.

Meine Herren, es mag ja in der Politik richtig sein, wenn Staatsmänner einander dilatorisch behandeln, aber Industriezweige dilatorisch zu behandeln, das scheint mir das allerverkehrteste von der Welt zu sein. Es geht in der That nicht, daß man an einem großen Industriezweige, wie die Brauerei ist, so vorbeigeht und ihn gewissermaßen gleich einem Baum mit einem leichten Axthieb als denjenigen bezeichnet, den man, sei es in diesem Jahre, sei es in einem anderen Jahre schlagen und einbringen will. Eine solche Industrie hat ein bewußtes Leben, sie empfindet das scharf, sie leidet unter einer solchen Beunruhigung auf das äußerste.

Der Herr Abgeordnete Windthorst hat mich in etwas irre gemacht über seine Absichten, weil er so viel von der Brauereikommission, wie er sie nannte, gesprochen hat. Ja, meine Herren, wenn wir, namentlich nachdem wir abgelehnt haben, dieser Kommission noch andere Sachen zuwenden, eine solche Brauerkommission wählen, wie vorgeschlagen wird, was kann eine solche Brauereikommission anders als, um bei dem Bilde zu bleiben, ein solches Gesetz zu brauen und wäre es auch nur auf Lager, damit es im nächsten Jahre dann um so reifer ist, um hier angenommen zu werden. Gegen solche Beunruhigung möchten wir Verwahrung einlegen. Wenn ein solches Gesetz in suspenso bleibt, kann dann wirklich in diesem Gewerbe ein Unternehmer seine Anlage erweitern, kann jemand ein neues Unternehmen gründen; kann er nur erhebliche Betriebsveränderungen vornehmen, gegenüber einem in suspenso bleibenden Gesetz, das vielfach in mancher Richtung eine andere Erhebungsweise vorschlägt? Meine Herren, lesen Sie einmal die Eingabe der Kretschmerinnung in Breslau, wie grob sie die Frage aufwerfen, ob eine solche Behandlung eines solchen Industriezweiges noch als Schutz der nationalen Arbeit bezeichnet werden kann. In der That, es ist die Brauerei eine durchaus nationale Industrie, und das setzt sie wirklich nicht in meinen Augen herunter, daß in dieser Eingabe des Brauerbundes steht:

> Wir verlangen keine Staatshilfe, keinen Schutzzoll, sondern nur Gerechtigkeit.

Es hat schon einmal unser Braugewerbe in Deutschland eine hohe Stufe der Entwickelung erlangt. Zum Unglück für das Braugewerbe traf diese Periode zusammen mit der Zeit, wo die stehenden Heere in Deutschland zuerst in größerem Umfang eingeführt wurden. Da warfen sich die Finanzkünstler gerade auf die Brauerei, es wurden überall Akzise und Konsumtionssteuern eingeführt, und um die Brauer zu entschädigen, gab man Zwang- und Bannrechte den Brauern. So ist die Brauerei wieder zu Grunde gerichtet worden und heruntergekommen. Jetzt ist sie wieder emporgekommen, und das Bier ist selbst auf die Tafel der Großen wieder gelangt. Darum wollen wir jetzt Vorsorge treffen, daß dieser Vorgang sich nicht wiederholt, wir verwahren uns dagegen, daß, sei es durch weitere Belastungen, sei es durch dilatorische Behandlung wieder Unruhe und Störung in ein Gewerbe getragen wird, daß man in der That als eine nationale Industrie bezeichnen kann.

(Bravo!)

Präsident: Der Herr Abgeordnete Richter (Meißen) — — Der Herr Präsident des Reichskanzleramts Staatsminister Hofmann hat das Wort.

Präsident des Reichskanzleramts Staatsminister **Hofmann**: Meine Herren, die verbündeten Regierungen haben die Erhöhung der Biersteuer und die Umwandlung des Biersteuermodus Ihnen nicht bloß aus finanziellen Gründen vorgeschlagen, sondern auch, weil sie in dieser Vorlage einen Schritt auf dem Wege nach einem Ziel sehen, auf welches die Verfassung selbst hinweist, und welches, wie ich glaube, auch der Reichstag als ein zu erstrebendes ansieht, nämlich das Ziel der Herbeiführung der Gemeinschaft der Bier- und Branntweinsteuer zwischen dem Norden und dem Süden Deutschlands. Ich erlaube mir diejenigen Herren, die schon dem verflossenen Reichstage angehört haben, an die Debatten zu erinnern, die in diesem Hause über die Frage der Erhebung einer Uebergangsabgabe von Essig aus dem Süden Deutschlands nach dem Norden Deutschlands stattgefunden haben. Bei jenen Debatten herrschte, wie ich meine, im Hause vollkommenes Einverständniß darüber, daß es wünschenswerth sei, die inneren Zollschranken, die jetzt noch bezüglich des Biers und Branntweins in Deutschland bestehen, zu beseitigen, und daß unsere nationale Wirthschaftspolitik auf dieses Ziel mit Nothwendigkeit hindränge. Es hat mich deshalb einigermaßen überrascht, daß der Herr Abgeordnete Richter heute dieses Ziel nahezu verleugnet hat; er hat ihm wenigstens nicht den Werth beigelegt, daß es irgend wie als Motiv für die gegenwärtige Gesetzvorlage angeführt werden könne. Er hat allerdings dabei auch auf die Schwierigkeiten aufmerksam gemacht, welche der Erreichung dieses Ziels entgegenstehen, und die ich in keiner Weise verkenne. Ich gebe vollständig zu, wenn wir unsere Biersteuergesetzgebung derjenigen der süddeutschen Staaten, namentlich Bayerns annähern, wenn wir sogar sie in vollständige Uebereinstimmung mit jener Gesetzgebung brächten, so wäre damit das Haupthinderniß der Erzielung einer Steuergemeinschaft noch nicht beseitigt. Das Haupthinderniß liegt ja, wie er ganz richtig bemerkt hat, in der Verschiedenheit des Bierkonsums im Süden und Norden, und in dem finanziellen Interesse, welches der Süden und namentlich Bayern hat, einer Gemeinschaft nicht anzugehören. Aber, meine Herren, um überhaupt nur dahin zu gelangen, daß man sich mit Beseitigung dieser Schwierigkeit in ernster Weise beschäftigen kann, dazu gehört vor allen Dingen, daß wir die Gesetzgebung in Uebereinstimmung, in größere Uebereinstimmung bringen, als sie jetzt besteht, erst auf der Grundlage einer gleichmäßigen, wenigstens einer ähnlichen Gesetzgebung, kann man überhaupt daran denken, jene Schwierigkeit, die aus dem finanziellen Interesse hervorgeht, zu bekämpfen. Wir handeln deshalb jedenfalls richtig, wenn wir uns jetzt zu dem ersten und nächsten Schritt entschließen, den wir überhaupt thun können, um zu dem von mir bezeichneten Ziele zu gelangen, d. h. wenn wir die norddeutsche Brausteuer in dem vorgeschlagenen Sinne reformiren. Was dann die Bekämpfung der weiteren Schwierigkeiten betrifft, die aus dem größeren Bierkonsum im Süden und insbesondere in Bayern entspringen, so werden sich dieselben dann wesentlich mindern, wenn die Branntweinsteuergemeinschaft gleichzeitig mit der Biersteuergemeinschaft erstrebt wird, denn in demselben Maße, wie man im Norden mehr Branntwein komsumirt, als in Süddeutschland, und in demselben Maße, wie der Bierkonsum in Süddeutschland größer ist als im Norden, in demselben Maaße wird der finanzielle Ausgleich erleichtert, wenn man beide Steuergemeinschaften gleichzeitig ins Auge faßt. Das hat auch die Verfassung in Art. 35 gethan. Sie spricht, wie der Herr Abgeordnete Richter ganz richtig bemerkt hat, nicht bloß von der Brausteuer, sondern auch von der Branntweinsteuer, aber, meine Herren, in der Hand der Reichsgesetzgebung liegt es doch nur, die Uebereinstimmnng auf dem Gebiete der Biersteuer herbeizuführen, es müßte denn sein, daß wir etwa die norddeutsche Branntweinsteuer auf das Niveau der süddeutschen Branntweinsteuer herabzusetzen geneigt wären, und das will doch auch der Herr Abgeordnete Richter entschieden nicht; er ist ja im Gegentheil für die Erhöhung der norddeutschen Branntweinsteuer.

Ein anderes Bedenken, welches namentlich der Herr Abgeordnete von Bennigsen geltend gemacht hat und welches vielfach im Hause getheilt werden mag, besteht darin, daß man fürchtet, durch die höhere Besteuerung des Biers eine Vermehrung des Branntweinkonsums herbeizuführen. Meine Herren, ich glaube, daß diese Befürchtung nicht begründet ist. Mit der Erhöhung der Biersteuer ist nicht nothwendig eine Vermehrung des Branntweingenusses verbunden. Den Beweis dafür liefert Bayern, wo ja die

Brausteuer so hoch ist, wie wir sie jetzt vorschlagen, und wo gleichwohl der Branntweingenuß im Verhältniß zum Biergenuß weit geringer als in Norddeutschland ist. Aber gesetzt auch, daß die Ihnen vorgeschlagene Erhöhung der Biersteuer eine Vermehrung des Branntweinkonsums zur Folge haben könnte, so stehen doch auf der andern Seite Maßregeln in Aussicht, die diese Wirkung beseitigen werden. Es ist das einmal der Gesetzentwurf, den die verbündeten Regierungen Ihnen schon gebracht haben, der gewisse Abänderungen der Gewerbeordnung bezweckt und insbesondere die Schankkonzessionen beschränken, d. h. von dem Bedürfniß abhängig machen und dadurch den Regierungen ein Mittel geben will, dem übermäßigen Branntweinkonsum entgegenzutreten, indem die Konzessionen für die Schankwirthschaften beschränkt werden. Es kommt aber auch noch weiter hinzu, daß die verbündeten Regierungen schon bei den Berathungen, die im vorigen Jahre in Heidelberg gepflogen worden sind, in der Ueberzeugung einig waren, wie es sich empfehle, eine Besteuerung des Ausschanks von Branntwein einzuführen, allerdings nicht auf dem Wege der Reichsgesetzgebung, sondern im Wege der Landesgesetzgebung, und mithin nicht in der Form einer eigentlichen Branntweinkonsumtionssteuer, denn die würde ja nur vom Reich eingeführt werden können, sondern in Form einer Gewerbesteuer für das Schankgewerbe. Meine Herren, diese Art des Vorgehens hat den Vorzug, daß die Erreichung der wünschenswerthen Uebereinstimmung der Gesetzgebung zwischen Nord- und Süddeutschland dadurch nicht noch mehr erschwert wird. Wenn wir heute die norddeutsche Branntweinsteuer als solche erhöhen wollten, so würden die Schwierigkeiten der Herbeiführung der Steuergemeinschaft sich noch vermehren, denn die Verschiedenheit der Branntweinsteuer im Gebiet der norddeutschen Branntweinsteuergemeinschaft einerseits und in Süddeutschland andererseits würde dadurch noch größer. Durch Erhöhung der norddeutschen Branntweinsteuer würden wir uns mithin von dem Ziel der Vereinigung, das wir, wie ich glaube, stets im Auge behalten sollten, nur noch weiter entfernen. Wenn wir dagegen das Schankgewerbe als solches besteuern, so wird dadurch die Verschiedenheit in der Gesetzgebung über die Branntweinsteuer selbst wenigstens nicht größer, als es jetzt schon der Fall ist. Das, meine Herren, sind — von der Finanzfrage abgesehen — die Gründe, aus welchen, auch ohne eine gleichzeitige Annäherung der Branntweinsteuergesetzgebung zwischen Süd- und Norddeutschland, es sich doch empfiehlt, einstweilen von reichswegen den Schritt auf dem Gebiet der Brausteuer zu thun, welcher uns dem wünschenswerthen Ziel einer vollen Uebereinstimmung der Gesetzgebung und der demnächstigen Steuergemeinschaft mit Süddeutschland näher führt.

Nun hat der Herr Abgeordnete Richter auch noch gesagt, es stimme das ja gar nicht überein mit der Tendenz der verbündeten Regierungen, die Matrikularbeiträge zu beseitigen; denn es würden, so wie wir die Brausteuer erhöhen, die Matrikularbeiträge von Bayern und den übrigen süddeutschen Staaten sich erhöhen. Es hat mich gewundert, wie der Herr Abgeordnete Richter bei dieser Deduktion ganz vergessen konnte, daß er selbst erst vor einigen Tagen uns und zwar mit Recht gesagt hat: die Aversen, die Bayern, Württemberg und Baden für die Brausteuer u. s. w. zahlen, sind gar keine Matrikularbeiträge, — die Herren werden sich dessen wohl erinnern, — das ist etwas ganz anderes! Heute nun glaube ich den Herrn Abgeordneten Richter beim Worte halten und aus seinen eigenen Bemerkungen folgern zu dürfen, daß, wenn die Regierungen die Brausteuer und infolge davon allerdings auch die Aversen für Süddeutschland zu erhöhen vorschlagen, sie keineswegs im Widerspruch sich befinden mit ihrer eigenen Tendenz auf Beseitigung der Matrikularbeiträge. Wir können die Matrikularbeiträge nur dadurch beseitigen, daß wir dem Reiche größere Einnahmen zuführen, und dieser Erfolg wird auch durch die gegenwärtige Vorlage, wenn der hohe Reichstag sie annehmen sollte, erheblich gefördert.

Ich möchte das hohe Haus bitten, sich durch die Bedenken, die von manchen Seiten gegen die Entwürfe geltend gemacht worden sind, nicht abhalten zu lassen, sie schon in dieser Session eingehend zu berathen und demnächst ihnen die Zustimmung zu geben.

Ich schließe mich darin dem Herrn Abgeordneten Richter an, daß ich glaube, eine dilatorische Behandlung der Biersteuerfrage wäre von Nachtheil für das Gewerbe selbst. Es ist besser, die Steuererhöhung, die ohne Zweifel kommen wird, darüber kann sich niemand täuschen, schon jetzt zu beschließen. Sie ist nicht so hoch, daß das Gewerbe darunter wirklich leiden würde, und je früher wir uns dazu entschließen, um so rascher wird der Uebergangszustand mit seinen allerdings großen Unbequemlichkeiten überwunden sein.

Präsident: Der Herr Kommissarius des Bundesraths Oberzollrath Boccius hat das Wort.

Kommissarius des Bundesraths großherzoglich mecklenburgischer Oberzollrath **Boccius:** Meine Herren, ich will mir nur erlauben, einige ganz kurze Bemerkungen bezüglich der Bedenken und Einwände, die gegen die Gesetzentwürfe erhoben sind, vorzutragen.

Der geehrte erste Herr Redner, welcher sich im wesentlichen mit dem Gesetzentwurf einverstanden erklärte, hat in Bezug auf § 2 gesagt, daß der zweite Absatz eine gewisse Mißstimmung bei den Brauern erregt habe. Es ist gewiß nicht die Absicht des Gesetzes, dem Streben entgegenzutreten, daß auch außerhalb der Brauereien der Verbrauch von Surrogaten zur Bierbereitung, zur Bierbearbeitung, wenn ich so sagen soll, gehindert werde. Das liegt aber auf einem anderen Gebiete. Dieser zweite Absatz bezweckt nur, der Steuerbehörde nicht die Verpflichtung aufzuerlegen, ihrerseits die Revision bei den sogenannten Bierverlegern, bei Schenkwirthen und dergleichen vorzunehmen.

Wegen der Malzmühlen, zu denen auch die landwirthschaftlichen Schrotmühlen gehören würden, will ich darauf verweisen, daß nach den Motiven Ausführungsvorschriften dahin gegeben werden sollen, daß Mühlenwerke trotz der Möglichkeit, Malzkörner darauf zu zerkleinern, zu den Malzmühlen dann nicht gerechnet werden sollen, also nicht einer Revision unterstellt werden sollen, wenn nach der Beschaffenheit der Mühle oder der sonstigen Umstände eine Gefahr für die Steuerintraden nicht vorliegt.

Auch in Bezug auf § 17 glaube ich, wird unschwer eine Verständigung zu erreichen sein, in der Richtung, daß gewiß an den Bedenken, die vorgebracht sind, die Gesetzesvorlage nicht scheitern kann.

Der geehrte Herr Abgeordnete Richter hat die Kommunalabgaben erwähnt. In dieser Beziehung liegt allerdings keine Statistik vor, sie ist schwer aufzustellen, ich darf aber das erwähnen, daß in Süddeutschland, speziell Bayern, das Bier als eine sehr ausgiebige Quelle für die Kommunalsteuer betrachtet wird. In Bayern hat man trotz der hohen Staatssteuer auf Bier eine Kommunalsteuer an manchen Orten in einer Höhe, wie wir sie meines Wissens in der norddeutschen Steuergemeinschaft nicht kennen. In München, Regensburg, Würzburg, Bayreuth, Augsburg z. B. besteht ein Zuschlag zum Staatsmalzaufschlag im Betrage von $1,_{03}$ Mark, d. h. also beinahe 50 Prozent der vier Mark betragenden Staatssteuer. In anderen Städten besteht ein Zuschlag von $1,_{25}$ Mark zum Staatsmalzaufschlag, in einer sehr großen Anzahl Städte besteht ein Zuschlag von einer Mark. Trotz dieser hohen Kommunalzuschläge hat sich die Bierproduktion und -Konsumption in Bayern bekanntlich in sehr hohem Maße entwickelt.

Ich darf auch das erwähnen, daß die hohe Besteuerung an und für sich wohl kaum als ein Hinderniß einer tüchtigen Bierproduktion zu betrachten sein dürfte. Es ist ja in Bayern nicht etwa die jetzige hohe Steuer gewissermaßen erst als Krönung des Gebäudes daraufgesetzt, nachdem der Konsum die jetzige Höhe erreicht hatte. Im Jahre 1818 betrug in Bayern die Biersteuer pro Kopf ungefähr 224 Pfennige, die Biersteuer besteht in ihrer jetzigen Höhe in Bayern seit 1811, bestand also damals schon. Unter der Herrschaft dieser hohen Biersteuer hat sich bis 1877 der Steuerbetrag auf 443 Pfennige pro Kopf erhoben. Es repräsentirt das eine Zunahme des Konsums von ungefähr 100 Liter pro Kopf. Es dürfte daraus folgen, daß der Entwicklung des Konsums die hohe Biersteuer nicht entgegensteht, wie das ja auch in England und anderen Ländern nicht der Fall gewesen. Ist das aber so, so dürfte ich auch meinerseits ergebenst empfehlen, auch diese Rücksichten nicht obwalten zu lassen als durchschlagende Gründe gegen die Annahme der Entwürfe der verbündeten Regierungen.

Präsident: Der Herr Abgeordnete Richter (Meißen) hat das Wort.

Abgeordneter **Richter** (Meißen): Meine Herren, ich will bei der Berathung der Vorlage in der Generaldebatte nicht auf die Einzelheiten in den Paragraphen des Gesetzes eingehen, ich will aber auch nicht dem Herrn Abgeordneten Richter (Hagen) auf dem Gebiete folgen, was er betreten hat, indem er ein Gesetz in die Debatte hineinzog, das angeblich bis an den Bundesrath gekommen sein soll, und welches demnach noch nicht dem Hause vorliegen kann und dessen Inhalt sich daher schwerlich schon jetzt zur Diskussion eignen dürfte, sondern ich will mich lediglich und allein auf den Nachweis beschränken, daß die Annahme dieser Vorlage keineswegs die großen Nachtheile hat, die man im Publikum allseitig davon fürchtet.

Ich persönlich, meine Herren, würde es bedauern, wenn diese Brausteuer nach der Absicht des Herrn Abgeordneten Richter (Hagen) so tief begraben wird, daß an ein Aufstehen dieses Brausteuergesetzes in einer längeren Reihe von Jahren schwer zu denken ist, denn es würde damit nach meiner Auffassung die Entwickelung unserer indirekten Steuergesetzgebung, die meine politischen Freunde und ich in jeder Weise wünschen, auf die bedenklichste Art ins Stocken gerathen. Wenn wir nun, meine Herren, die Entwickelung der indirekten Steuergesetzgebung hier bei dieser Gelegenheit abermals in den Vordergrund stellen müssen, so ist die Ursache davon die Finanzlage der Staaten der norddeutschen Brausteuergemeinschaft.

Meine Herren, es ist ja hier im Hause in der letzten sechstägigen Zolldebatte so außerordentlich viel von dem Defizit im preußischen Staatshaushalte gesprochen worden und von den Maßregeln, die etwa zu ergreifen sind. Ich brauche deshalb nicht darauf zurückzukommen, um Ihnen alle die Zahlen noch einmal vorzuführen, ich kann aber nur konstatiren, daß, so viel mir bekannt ist, auch in anderen Staaten der norddeutschen Brausteuergemeinschaft in meiner engeren Heimath, z. B. in Sachsen sich Defizits entwickeln werden im Laufe der gegenwärtigen Finanzperiode, die wahrscheinlich nicht zu beseitigen sein werden, lediglich dadurch, daß man dem sächsischen Staate 4 700 000 Mark Matrikularbeiträge erspart. Wir sind also durchaus nicht in der Lage, Einnahmequellen, die uns aus indirekten Steuern fließen könnten, zu entbehren, wenn wir nicht unsere direkten Steuern auf ein ganz unerträgliches Maß steigern wollen. Nach meiner Berechnung, die ich nur aus den mir zugegangenen Zahlen habe machen können, wird ungefähr, wenn wir in Sachsen nicht die Matrikularbeiträge ersparen können, um das Defizit zu decken, ein Zuschlag von 25 bis 30 Prozent der jetzigen direkten Steuer, die ohnehin schon mit einem Zuschlag von 50 Prozent belastet ist, erforderlich werden, und das würde zu unerträglichen Zuständen führen. Aus diesem Grunde und aus der Finanzlage der Einzelsteuern folgt, daß wir auf dem Wege der indirekten Besteurung vorgehen müssen, und da halte ich auch in Verbindung mit meinen politischen Freunden das Bier für einen Gegenstand, der in dieser Beziehung noch einen Steuerzuschlag verträgt. Stärken wir die Einzelstaaten in ihren Finanzen, beseitigen wir in den Einzelstaaten die finanzielle Noth, so stärken wir damit unmittelbar auch die Kraft des Reichs, denn es wird das Reich sich niemals auf die Einzelstaaten dann mit Kraft stützen können, wenn die Einzelstaaten schwach in ihren Finanzen sind.

(Sehr richtig! rechts.)

Ich möchte daher wohl glauben, daß die finanzielle Lage der Einzelstaaten es erfordern möchte, daß wir uns mit diesem Brausteuergesetz ernstlich beschäftigen.

Das ist aber auch zweitens von der technischen Seite der Sache wünschenswerth. Ich theile das Bedenken des Herrn Abgeordneten Uhden, daß mit der Einführung dieses neuen Brausteuergesetzes eine viel rigorosere Kontrole durch die Steuerbeamten eintreten werde, in dem Maße durchaus nicht und kann mich auf das beziehen, was der Herr Regierungskommissar dem Herrn Abgeordneten Uhden in Betreff der Kontrole der Futtermalzmühlen erwidert hat.

Meine Herren, wir haben in Norddeutschland drei Arten der Brausteuererhebung jetzt noch in Geltung. Bei uns kommen Brauereien vor, die in ihrem Steuerbetrag fixirt sind, und welche nur verpflichtet sind, Buch und Rechnung zu führen. Durch die Kontrole der Behörde über diese Bücher wird dann ein etwa über das Fixum hinausgehender Zuschlag zur Steuer noch nachträglich erhoben. Wir haben ferner das Verfahren der Fälligkeit der Steuer an das Einmaischen, und endlich das Verfahren wie in Bayern, wo die Steuer an den Vermahlungsakt geknüpft wird. In den Motiven zu dem Gesetzentwurf sind die Prozentsätze der Brauereien, welche die eine oder die andere dieser Methoden anwenden, angegeben; 64 Prozent der Brauereien sind fixirt, tragen aber nur 44 Prozent der Steuer; 32 Prozent der Brauereien besteuern das Malz bei dem Einmaischakte, sie tragen 33 Prozent Steuer, und $3{,}_{6}$ Prozent der Brauereien steuern bei der Vermahlung, also das, was der neue Gesetzentwurf vorschlägt. Diese 3 Prozent tragen aber $22{,}_{20}$ Prozent Steuer, sie tragen sonach über den fünften Theil der ganzen Steuer. Aus diesen Zahlen geht ja unleugbar hervor, daß die Steuer nach dem Vermahlungsakt in der großen Hauptsache in den großen Brauereien erhoben wird, und daß die großen Brauereien hauptsächlich diese Form eingeführt haben, um der lästigen Kontrole bei der Erhebung der Steuer nach dem Einmaischmodus überhoben zu sein, und das ist für mich ein Beweis dafür, daß die Kontrole, wie sie die jetzige Brausteuer erfordert, außerordentlich schwieriger ist als das neu vorgeschlagene Verfahren. Ebenso spricht die große Anzahl der kleinen Brauereien, welche die Fixation vorgezogen haben, ebenso wie der Vorgang bei den großen Brauereien, welche das neue Verfahren der Vermahlungssteuer vorgezogen haben, dafür, daß sie auf diese Weise in der Kontrole weniger belastet werden. Wir werden also, meine Herren, nach meiner Auffassung und entgegen der Behauptung, die von technischer Seite gemacht worden ist, durch ein derartiges Gesetz jedenfalls die Kontrole erleichtern; das ist für mich noch ganz besonders deshalb maßgebend, weil ich wünsche, daß, wenn wir irgend wie höhere indirekte Steuern auflegen, wir natürlich auch den Steuerzahlern gegenüber die Verpflichtung haben, die indirekten Steuern so aufzuerlegen, daß deren Einhebung und Kontrole möglichst wenig lästig für das Publikum ist. In Bayern und in Württemberg, meine Herren, hat die Erfahrung zur Genüge gelehrt, daß gerade diese Art der Besteuerung sich vollständig eingelebt hat und daß eine Aenderung dieses Verfahrens noch in keiner Weise als wünschenswerth dort bezeichnet wird. Ich sollte meinen, es würde daher auch bei uns der neue Steuermodus sich einleben, und auch aus diesem Grund, glaube ich, ist die Annahme dieses Gesetzes zu befürworten.

Nun hat man eine Reihe von Einwendungen erhoben gegen dieses Gesetz und ich glaube auf diese noch mit kurzen Worten hinweisen zu sollen.

Was die Einwendung anlangt, die dahin sich richtet, daß man eine Unifizirung der Brau- und Branntweinsteuer anstreben müsse und nicht die Brausteuer allein behandeln könne, so habe ich dem, was vom Ministertisch gesagt worden ist, nichts weiter hinzuzufügen, es ist das hierher gehörige ausführlich von dem Herrn Staatsminister Hofmann auseinandergesetzt worden. Wenn aber von anderer Seite eine derartige Unifizirung der Steuern gefürchtet wird, wenn man glaubt, daß der Schlußsatz des § 35 der Verfassung zur Wahrheit werden könne und sich davor scheut, so, meine Herren, glaube ich, ist der Entwurf nur eine kleine Etappe auf diesem Wege, denn wenn Sie sich die Art und Weise der Besteuerung des Bieres in Süddeutschland ansehen, so sind wir mit dem Gesetzentwurf, wie er hier vorliegt, der Unifizirung außerordentlich wenig nahe gerückt und ich möchte sagen, die Etappe, die hier erreicht ist, ist kaum ein Vierteltagemarsch der Truppe. In Bayern, meine Herren, wird die Steuer nach dem Maß des Malzes erhoben, in Württemberg erhebt man die Steuer nach dem Gewicht des Malzes, in Baden nach dem Rauminhalt des Braukessels und ebenso in Elsaß-Lothringen. Ich werde auch noch Gelegenheit haben zu zeigen, wie außerordentlich verschieden die Steuersätze in jedem dieser Länder sind. Nun aber, meine Herren, ist in Bayern — um den größten Staat herauszugreifen — die Brausteuer das Fundament, auf dem sich die ganze indirekte Besteuerung des Staats überhaupt aufbaut, sie ist der Grundstein der ganzen Besteuerung und man hat sie für so wichtig gehalten, daß, wenn ich nicht ganz irre und meine Nachrichten zuverlässig sind, man einen Theil der bayerischen Staatsschuld zur Verzinsung und Amortisation auf die Brausteuer speziell angewiesen hat. Unter solchen Umständen werden Schwierigkeiten zu beseitigen sein, die wir nicht mit einem male durch die Annahme dieses Gesetzes wegschaffen, und ich glaube, wenn wir hier auch den ersten Schritt in der Richtung thun, den die Verfassung vorschreibt, so ist der Schritt nach meiner Auffassung, wie schon gesagt, ein sehr kleiner.

Nun hat man weiter darauf aufmerksam gemacht, daß man die Brausteuer nicht einseitig reformiren oder erhöhen solle, sondern in Verbindung mit einer Getränksteuer. Ja, meine Herren, da stehen wir vor zwei Fragen.

Zunächst können wir die Brausteuer in Verbindung mit der Getränksteuer derart bringen, daß wir beide möglichst nach demselben Modus erheben — denn darüber wollen wir uns nicht täuschen, meine Herren, daß, wenn wir eine Brausteuer erheben nach irgend einem Maischverfahren oder nach dem Verfahren des Malzbrechens, und wir erheben eine Branntweinsteuer vielleicht nach einem ganz anderen Modus, dann diese Steuern niemals kommensurable Größen bilden werden und diese Besteuerung eine sehr ungleiche sein würde. Man wird, wenn man diese Kombinationen vornehmen wird, auch die Steuer auf ein und dasselbe Prinzip zurückführen müssen, und dieses Prinzip, welches wir ins Auge fassen können, wird ganz nach Wunsch derjenigen Herren, die erst gestern noch mit einer sehr umfangreichen Petition gekommen sind, die Fabrikatsteuer sein. Wenn Sie diese aber einführen wollen, so schädigen Sie damit nach meiner Auffassung und der Auffassung vieler Landwirthe auf das energischste gerade den leichten Boden und Sie können es nur thun, wenn zu gleicher Zeit auch die Fabrikatsteuer für den Zucker eingeführt wird. Nun haben wir aber noch kein Mittel, um die Fabrikatsteuer für den Zucker mit Sicherheit durchzuführen, ja ich behaupte nach den Erfahrungen, die mir zur Seite stehen, daß der Apparat von Siemens und Halske, der für die Fabrikatsteuer von Branntwein eingeführt werden soll, noch keineswegs so vollkommen ist, um mit Sicherheit steuertechnischen Zwecken dienen zu können. Wenn wir die Fabrikatsteuer einführen wollen, dürfen wir also nicht neben der Branntweinsteuer und Zuckersteuer noch die Brausteuer in den Kreis hineinziehen, denn dann müßten wir auch das österreichische Verfahren in der Brausteuer dergestalt adoptiren, daß wir das Steuerobjekt in dem Augenblick besteuern, wo das fertige Fabrikat auf das Kühlschiff gebracht wird, ein Verfahren, was in Oesterreich, wie die Erfahrung gelehrt hat, zu den allerschwierigsten gehört, denn es kommen da sehr komplizirte Berechnungen über die Temperatur und den Gehalt des Bieres zusammen, und namentlich ist die Kontrole über die Menge des Bieres schwierig, da sie durch das Einsenken des Zollmaßstabes nicht so sicher zu bestimmen, daß nicht einige Hektoliter vom Bier zu wenig resp. zu viel besteuert werden.

Unter solchen Umständen, meine Herren, glaube ich, thun wir Unrecht, wenn wir durch Kombiniren der Branntwein-, Zucker- und Brausteuer die Schwierigkeiten, welche hier steuertechnisch vorhanden sind, noch viel mehr kompliziren.

Nun ist ferner — und dies ist die zweite Frage — von der Getränksteuer die Rede gewesen. Ja, wenn Sie eine solche einführen in der Art, daß das Getränk in dem Augenblick versteuert wird, wo der Konsument es in der Gastwirthschaft zum Trinken in Empfang nimmt, so können Sie doch nach meiner Auffassung nicht bei der einfachen Besteuerung von Bier und Branntwein stehen bleiben; dann muß ich die Forderung erheben, daß man auch eine Getränksteuer für den Wein einführt, und daß man das, was jetzt in einzelnen Staaten besteht, über ganz Deutschland ausdehnt. Ich sollte doch meinen, wenn wir Bier und Brantwein mit einer derartigen Getränksteuer belegen, daß wir uns nicht dem entziehen können, auch eine Weinsteuer zu erheben, wenn man sich nicht dem Vorwurf aussetzen will, daß man die wohlhabenden Klassen mit ihrem werthvolleren Getränk steuerfrei läßt, während man die weniger wohlhabenden Klassen zur Steuer heranzieht.

Man hat auch noch rücksichtlich der Konsumenten eingewendet — und der Herr Abgeordnete Richter (Hagen) hat gesagt — daß die Erhöhung der Brausteuer eine Prämie für den Branntweingenuß sei. So liegt nach meiner Auffassung die Sache nicht. Ich gebe gern zu, daß die Erhöhung der Brausteuer zunächst von den Brauern zu tragen ist und daß diese nicht in der Lage sind, die Steuer jetzt auf den Konsumenten abzuwälzen, denn in dem Augenblick, wo der Konsum des Bieres nicht ein steigender, sondern ein stillstehender ist, wird es den Brauereien, wie ich gern zugebe, schwer werden, die Steuer auf den Konsumenten abzuwälzen. In den Zeiten, wo der Konsum des Bieres an sich steigt und sich mehr und mehr ausbreitet, werden auch die Brauer in der Lage sein, die Steuer auf die Konsumenten abzuwälzen. Hätten wir die Steuererhöhung im Jahre 1873 z. B. eingeführt, als die rapide Steigerung in dem Biergenuß stattfand, so bin ich der festen Ueberzeugung, würde es den Brauern gelungen sein, die ganze Steuer auf den Konsumenten abzuwälzen. Heute ist es in dieser Weise nicht möglich, heute gehört dazu Zeit, und die Brauer werden Zeit und Mittel finden, um diese Steuer allmählich den Konsumenten zu übertragen, aber nicht mit einem Schlage, so daß sich nun durch Erhöhung der Preise eine ganze Menge von Menschen, wie der Herr Abgeordnete Richter annimmt, von dem Bierkonsum abwenden und zur Schnapsflasche greifen werden. Dafür spricht aber auch, meine Herren, noch ein anderes Moment. Wenn Sie die Zahlen ansehen, die in den Motiven enthalten sind, so ergibt sich, daß von dem im Inlande erzeugten Bier an Steuern bezahlt wird $0{,}_{94}$ Pfennig in der norddeutschen Brausteuergemeinschaft, $1{,}_{69}$ Pfennig in Bayern, $1{,}_{43}$ Pfennig in Württemberg, $2{,}_{1}$ Pfennig in Baden, $2{,}_{18}$ Pfennig in Elsaß-Lothringen. Die Biersteuer ist sonach am höchsten in Elsaß-Lothringen, dann folgt Baden, dann folgt Bayern, dann Württemberg, und endlich wir in der norddeutschen Brausteuergemeinschaft. Wenn Sie nun vergleichen, wie der Verbrauch von Malz in Bayern, z. B. zu dem Malzverbrauch der norddeutschen Brausteuergemeinschaft steht, so finden Sie, daß wir in Norddeutschland und namentlich je weiter nach Norden einen um so höheren Verbrauch an Malz haben. Die offizielle Statistik sagt, der Verbrauch an Malz sei 47 Pfund auf den Hektoliter Bier in Norddeutschland, mir ist aber von brautechnischer Seite gesagt worden, daß das nicht reiche, man müsse in der norddeutschen Brausteuergemeinschaft mindestens 50 Pfund Malz auf den Hektoliter Bier rechnen. Aus der bayerischen Statistik geht aber hervor, daß man in Bayern 43,5 Pfund Malz für den Hektoliter Bier braucht, man braucht also 7 Pfund weniger als in der norddeutschen Brausteuergemeinschaft. Rechnen Sie nun, daß das Pfund Malz 14 Pfennig kostet, und multipliziren Sie das mit 7, so macht das 98 Pfennig. Nun ist der Mehrbetrag, der dadurch entsteht, daß wir die norddeutsche Brausteuer auf die Höhe der bayerischen Brausteuer bringen, von 84 auf 169, also um 85 Pfennige für das Hektoliter, mithin noch nicht so viel als an Malz erspart werden kann. Es würden die Brauer demnach diese Steuer übertragen können dadurch, daß sie die Biere in derselben Stärke brauen, wie in Süddeutschland, und ich deuke, wir hätten alle die Erfahrung gemacht, daß die in Bayern gebrauten Biere zu denjenigen gehören, welche uns allen ganz vortrefflich schmecken. Wenn das der Fall ist, so glaube ich, kann man nicht schließen: weil wir die Steuer erhöhen, würde die nothwendige Konsequenz davon sein, daß die Brauer schlechteres Bier brauen; sie dürfen nur dieselbe Quantität brauen aus derselben Menge von Malz wie die Süddeutschen und die Wirkung der Erhöhung der Steuer wäre parallelisirt; dazu gehört vor allem, daß sie natürlich auch so ausgezeichnete Materialien verwenden, wie dies der süddeutsche Brauer thut, und wenn wir in Norddeutschland gutes Bier aus guten Materialien gebraut bekommen, dann bin ich überzeugt, hat das Brausteuergesetz auch in dieser Richtung seine Schuldigkeit gethan, indem es dazu beträgt, daß gute Materialien verwendet werden, um eine bessere Qualität von Bier zu erzielen. Ich meine also, man solle sich nicht zu sehr auf die Idee stützen, daß die Konsumenten so außerordentlich geschädigt würden durch ein solches Steuergesetz, und ich gehe deshalb bei diesem Punkte ruhig der Zeit entgegen, wo die Steuergesetze eingeführt sein werden.

Das sind im großen Ganzen die Anschauungen, die ich über dieses Gesetz habe. Meine politischen Freunde und ich haben den Wunsch, daß dieses Gesetz, wenn es auch nicht möglich ist, es in dieser Session, wie wir auch glauben, zu Stande zu bringen, doch wenigstens technisch so vorberathen werde, daß es im nächsten Reichstag mit um so geringeren Schwierigkeiten und Zeitaufwand zur Verabschiedung gelangen kann. Wir werden daher für die Resolution des Herru Abgeordneten Dr. Löwe und Genossen stimmen, die dahin geht, das Brausteuergesetz an eine Kommission von 14 Mitgliedern zu verweisen, und ich bitte das hohe Haus, dasselbe zu thun.

Präsident: Der Herr Abgeordnete von Schmid (Württemberg) hat das Wort.

Abgeordneter **von Schmid** (Württemberg): Meine Herren, ich hätte in dieser Frage das Wort nicht genommen, wenn nicht die durch Art. 35 der Reichsverfassung gewährte Reservatstellung der Südstaaten offen und ausdrücklich in die Diskussion gezogen worden wäre. Es liegt ja in der Natur der Sache, daß wohl die meisten der Abgeordneten aus dem Süden zu dem vorliegenden Gesetzentwurf eine gewisse reservirte Haltung einnehmen; denn einmal legt eine solche auf die Rücksicht auf die Schlußbestimmung des Art. 35 der Reichsverfassung und demnächst auch die Rücksicht einer gewissen Loyalität, sofern es eben schwer sein würde, die Staaten des vormaligen norddeutschen Bundes in der Regelung ihrer Biersteuerfrage zu hindern. Nachdem nun aber von Seiten des Herrn Präsidenten des Reichskanzleramts vornehmlich so offen und entschieden als das Ziel dieser Biersteuerreform die schließliche Fusion, die Union des Getränkesteuersystems zwischen Süden und Norden hingestellt worden ist, kann ich es nicht unterlassen, diejenigen Bemerkungen zu machen, welche eben durch diese Programmerklärung des Herrn Präsidenten des Reichskanzleramts veranlaßt werden.

Meine Herren, es kann zunächst kein Zweifel darüber bestehen, daß dieser Gesetzentwurf für den Fall, daß er zum Gesetz wird, in einer doppelten Beziehung auf die Verhältnisse des Südens in diesem Gebiete einzuwirken geeignet ist. Einmal ist derselbe, und das gestehe ich auch zu meinem Theil offen zu, die erste Etappe zu der Fusion des Getränksteuersystems zwischen Süden und Norden, und wenn auch der geehrte Vorredner bemerkt hat, daß es noch sehr weit von diesem Gesetz bis zu jenem Ziele wäre, so ist dieses Wort zwar wahr, allein der Grundstein zu dieser Fusion wäre mit diesem Gesetze jedenfalls gelegt. Demnächst aber, meine Herren, ist es nicht so ganz unrichtig, was der Herr Kollege Richter bemerkt hat, wouach in Folge eben der Erhöhung der Biersteuer in den Staaten des norddeutschen Buudes die Aversa der süddeutschen Staaten sich ebenfalls steigerten. Das ist schließlich ja gleichgiltig, ob man für diese Aversa den Namen von Matrikularbeiträgen gebraucht, oder ihnen einen anderen gibt; die Hauptsache ist doch die Summe. Dabei aber, meine Herren, anerkenne ich ausdrücklich — und in dieser Beziehung möchte ich das berichtigen, was der Herr Kollege Richter bemerkt hat — daß allerdings schließlich das etatsmäßige Ausgabesoll des deutschen Reichs der entscheidende Faktor in materieller Beziehung ist, und daß es nicht mit Nothwendigkeit sich ergibt, wenn die Brausteuer in dem norddeutschen Staate erhöht wird, daß dann von selbst und ipso facto auch die wirkliche Ausgabensumme der Südstaaten gegenüber dem deutschen Reich um den entsprechenden Betrag wachsen wird.

Wenn nun aber der Herr Präsident des Reichskanzleramts geglaubt hat, die Frage, um die es sich hier wesentlich im Verhältniß von Süd und Nord handelt, sei lediglich nur von finanzieller Bedeutung, dann möchte ich doch der Meinung sein, daß diese Ansicht mir eine etwas zu optimistische zu sein scheint. Meine Herren, es ist zwar richtig, daß nach der Lage der Verhältnisse allerdings in erster Linie und primo loco die Finanzfrage sich darstellt. Es hat der geehrte Herr Kollege Richter schon betont, wie in Bayern vornehmlich eigentlich der dortige Staatshaushalt, wenigstens in Absicht auf die Staatsschuld, wesentlich auf die Biersteuer fundirt ist; in Württemberg ist dies zwar nicht in demselben Maße der Fall, aber immerhin auch bis zu einem sehr erheblichen Grade. Meine Herren, die derzeitige Malzsteuer in Württemberg beträgt die Summe von rund 5 1/2 Millionen. Wenn Sie hiermit vergleichen die Biersteuer in den Staaten des vormaligen norddeutschen Bundes, so springt die Differenz in diesem Zifferverhältniß an und für sich schon in die Augen. Allein damit nun, daß Sie der Form und dem System nach eine Akkomodation zwischen Süd und Nord herbeiführen wollen, ist die finanzielle Frage noch lange nicht aus der Welt geschafft, denn es läßt sich ziffermäßig nachweisen, daß, wenn Sie heute das in Antrag gebrachte Gesetz machen würden, dann doch noch mit Rücksicht auf die totale Verschiedenheit des Konsums zwischen Nord und Süd ein ganz immenser Unterschied in Beziehung auf das Einnahmeverhältniß bestehen würde. Das ginge so weit, daß der Unterschied in Bayern wohl einen Betrag bis zu 10 Millionen ausmachen würde.

Meine Herren, mit der Form also ist es nicht allein gethan, weil eben die nationale Sitte, wenn Sie mir den Ausdruck gestatten, im Wesen der Sache — dem Konsum

— einen so tiefen Unterschied zwischen Nord und Süd begründet, und so lange Sie diese Differenz nicht ausgeglichen **haben werden,** so lange arbeiten Sie mit Ihren Gesetzentwürfen **noch sehr in der** Ferne vom Ziele.

Meine Herren, demnächst kommt aber ein Moment in Betracht, welches fast ebenso schwer wiegt, als der Finanzpunkt, das ist nämlich die volkswirthschaftliche Seite der Frage, welche auf das tiefste in den Verhältnissen des Südens, vornehmlich in Württemberg, aber auch in anderen süddeutschen Staaten begründet ist. Dieses Moment hat der Herr Präsident des Reichskanzleramts eigentlich nicht berührt.

Meine Herren, die Verschiedenheit zwischen Nord und Süd in Absicht auf ihre landwirthschaftlichen Verhältnisse, das ist ein wesentlicher Punkt, welcher der Union und Fusion des Getränkesteuersystems entgegensteht. Ich greife in dieser Beziehung, indem ich weniger Gewicht hier auf die Biersteuer lege, vornehmlich heraus die Branntweinsteuer, und das werden Sie mir selbst zugeben, daß ohne gleichzeitige Uniformirung der Branntweinsteuer die elementarste Voraussetzung zu dem Ziele, welches der Herr Präsident des Reichskanzleramts signalisirt hat, absolut fehlt. Meine Herren, in dieser Beziehung verhält es sich aber nun so. Während Sie im Norden große Branntweinbrennereien haben, dereu steuerliche Behandlung ein ganz anderes System erfordert, finden Sie im Süden meistens kleine Brennereien, welche mit dem kleineren dortigen Wirthschaftsbetriebe verbunden siud, und dieses Verhältniß nun bringt es mit sich, daß die Einführung der norddeutschen Branntweinsteuer, mögen Sie die primären Formen derselben beibehalten oder nicht, auch ohne Rücksicht auf die Höhe der Steuer eine Opposition der Bevölkerung im Süden hervorrufen würde, von der Sie sich kaum eine richtige Vorstellung machen könnten. Meine Herren, ich will hier nicht näher berühren die Klagen der Elsässer in diesem Punkt, aber sie hängen damit wesentlich zusammen.

Ich werde Ihnen nun ein historisches Beispiel als schlagendsten Beleg für die Richtigkeit meiner Behauptung anführen. Im Jahre 1852 wurde in Württemberg hauptsächlich unter der Autorschaft des bekannten Abgeordneten Mohl das norddeutsche Branntweinsteuersystem als Gesetz eingeführt. Sie müssen sich nun vorstellen, daß tausende von kleinen Brennereien in dem Lande bestehen, wie solche überhaupt über Süddeutschland verbreitet sind. Ich kenne z. B. in Württemberg ein Oberamt in der Bodenseegegend mit einer Einwohnerzahl von nicht 30,000 Seelen, wo über 1000 solcher Brennereien bestehen. Fast jeder einzelne Bauer hat hier seine Brennerei und sein ganzer Betrieb, die Aufzucht und Mästung seines Viehs, ruht gerade auf dieser seiner Brennerei. Das ist ein integrirender Bestandtheil der dortigen Wirthschaft. Dadurch nun, daß das norddeutsche Branntweinsteuersystem im Jahre 1852 bei uns eingeführt wurde, war es nicht mehr recht möglich für diese kleinen Brennereien, zu bestehen, und es hat sich in Folge dessen im ganzen Lande eine förmliche Reaktion stärkster Art gegen dieses Gesetz erhoben, so zwar, daß es nothwendig geworden ist, dasselbe nach einer Dauer von 13 Jahren wiederum abzuschaffen; im Jahre 1865 mußte es aufgehoben werden, weil, ich will nicht mehr sagen, die unfreundliche und unsympathische Stimmung des Volkes, sondern weil die Erbitterung in einem Maße sich gesteigert hatte, daß das Festhalten dieses Gesetzes nicht mehr möglich war. Meine Herren, diese Thatsache bitte ich Sie recht sehr, sich zu vergegenwärtigen, wenn man davon spricht, die Fusion des Getränksteuersystems durchzuführen.

Oft aber kommt noch ein weiterer wichtiger Punkt in Betracht. Meine Herren, es fehlen geradezu die elementaren statistischen Voraussetzungen, welche das Verhältniß zwischen Süd und Nord in diesen Beziehungen klar stellen sollten. Es ist auch von Seiten der Reichsregierung wenigstens kein genügendes, wenn ich so sagen darf, statistisches Material vorgelegt worden; ohne daß aber diese Voraussetzung erfüllt ist, ohne daß dieses Material da ist, meine Herren, werden Sie Ihren Zweck jedenfalls bis auf weiteres zu vertagen haben.

Allein es ist damit die Summe derjenigen Gründe, welche in Erwägung zu nehmen wären, noch nicht erschöpft. Meine Herren, mit Recht wurde davon gesprochen, daß eine solche Fusion des Getränkesteuersystems schwer in der Richtung in das Steuergebiet eingreifen müßte, als Sie schließlich eben zur Schanksteuer vorschreiten müßten. Es hat der Herr Kollege Richter mit vollem Rechte darauf hingewiesen, wie die Einführung einer Schankbranntweinsteuer schließlich auch die Einführung einer Weinsteuer zur Folge haben müßte. Das scheint mir etwas so konkret gegebenes zu sein, daß man das wenigstens vom Standpunkte eines rationellen Steuersystems auch auf die Dauer schwer abweisen könnte. Wir haben auch bereits im Süden dieses Steuerverhältniß. Z. B. in Württemberg besteht eine Branntweinschanksteuer mit einem jährlichen Ertrage zirka von 224 000 Mark, während die Weinsteuer mit einem Viertel des Ausschankwerthes sogar 2 1/2 Millionen Mark einbringt. Meine Herren, da hängen also noch ganz andere wirthschaftliche und finanzpolitische Rücksichten mit dieser Frage zusammen und das Ziel, welches so einfach hingestellt worden ist, stellt sich in seinem Schlußeffekt von einer viel erheblicheren Bedeutung dar, als man es prima vista ins Auge fassen zu dürfen glaubt, und unter diesen Gesichtspunkten, meine Herren, erscheint die politische Seite der Frage. Ich scheue mich nicht, das offen auszusprechen. Die Gründe aber, welche bei Abschluß des Versailler Vertrags zur Aufnahme dieser Verfassungsbestimmung führten, haben — das glaube ich klar dargelegt zu haben — an Stärke ihres Gewichtes nicht verloren, sondern sie haben, wie das übrigens näher noch nachgewiesen werden könnte, an diesem Gewichte nur gewonnen.

Meine Herren, es wird deshalb die Frage, ob mit Rücksicht auf jenes signalisirte Ziel dieser Gesetzentwurf zu behandeln ist, diese Frage wird in der Kommission, in welche doch jedenfalls der Gesetzentwurf zu verweisen sein wird, wohl Gegenstand der ernsthaftesten Erwägungen sein müssen. Meine Herren, es ist mir sehr fraglich, ob, abgesehen vom Finanzpunkte, in politischer Beziehung für die Einigkeit des deutschen Reichs und der Nation viel zu gewinnen sein würde, wenn auf der andern Seite durch solche Maßnahmen, dereu Opportunität ich zur Zeit auf das bestimmteste bestreite, in weiten Volksschichten Gefühle wachgerufen würden, wie sie eben nicht ausbleiben könnten. In diesem Sinne glaube ich, wird das ein richtigeres Ziel der Politik sein, was ich mit den Worten aussprechen möchte: in necessariis unitas, in dubiis libertas.

(Bravo!)

Präsident: Der Herr Präsident des Reichskanzleramts hat das Wort.

Präsident des Reichskanzleramts Staatsminister **Hofmann:** Ich möchte nur mit Bezug auf die Schlußworte des Herru Vorredners es als selbstverständlich bezeichnen, daß das von mir hingestellte Ziel sich nur erreichen läßt mit Zustimmung der betheiligten süddeutschen Staaten. Der Herr Vorredner kann, wenn er den Artikel 78 der Verfassung ansieht, darüber ganz beruhigt sein, daß irgend ein Zwang gegenüber den süddeutschen Staaten nicht ausgeübt werden darf, und daß also auch dann erst die Union der Getränkesteuer eintreten kann, wenn die süddeutschen Staaten es in ihrem eigenen Interesse finden, einer solchen Gemeinschaft beizutreten.

(Hört!)

Aber, meine Herren, ich glaube, und daran halte ich fest, es ist die Aufgabe der verbündeten Regierungen und des Reichstags, das Ziel der Gemeinschaft im Ange zu behalten, wenn es auch noch so schwer zu erreichen sein mag, und soweit sie können, die Hindernisse zu beseitigen, die der schließlichen Einigung zwischen Nord- und Süddeutschland in dieser Frage sich entgegenstellen, und ich komme darauf zurück: das erste und einzige, was wir jetzt hier von reichswegen thun können, und wie ich glaube, thun sollen, ist die Umgestaltung der Biersteuer in dem von den Regierungen vorgeschlagenen Sinne. Ob und mit welchen Modifikationen demnächst die gemeinsame Branntweinsteuer in Süddeutschland eingeführt werden wird, das ist allerdings eine Frage der Zukunft. Die Thatsache, die der Herr Vorredner aus Württemberg angeführt hat, die Einführung der norddeutschen Branntweinsteuer in Württemberg im Jahre 1852 und die Wiederabschaffung derselben 1865, war mir sehr wohl bekannt, es ist mir wohl bekannt, daß der gegenwärtige württembergische Herr Finanzminister gerade dadurch in Württemberg sich großen Beifall erworben hat, daß er die Wiederabschaffung der norddeutschen Branntweinsteuer in Württemberg durchgeführt hat. Aber, meine Herren, andererseits steht doch auch die Thatsache fest, daß in Elsaß-Lothringen die norddeutsche Branntweinsteuergesetzgebung eingeführt, und daß es dort gelungen ist, — worüber der Herr Unterstaatssekretair Herzog vor kurzem hier ausführliche Mittheilung gemacht hat, — innerhalb des Rahmens dieser Gesetzgebung auf die örtlichen Bedürfnisse der dortigen Brennereien in einer Weise Rücksicht zu nehmen, welches auch den kleinen Brennereien möglich machte, ihr Leben zu fristen. Aehnliches würde auch für die Brennerei am Bodensee möglich sein. Meine Herren, heute ist es der Bodensee, in den letzt vergangenen Tagen waren es die Interessen der Küstenstädte der Ostsee, welche uns vorgeführt wurden. Meine Herren, wenn wir in Deutschland zu großen Reformen gelangen wollen, dann müssen wir solche mehr oder weniger lokale Interessen zwar zu schonen suchen, aber wir dürfen uns durch dieselben nicht abhalten lassen, im Interesse der Gesammtheit nach unserem großen Ziele zu streben. Ich möchte deshalb wiederholt bitten, daß Sie der Vorlage der verbündeten Regierungen auch von dem von mir angedeuteten Gesichtspunkt aus Ihre Würdigung angedeihen lassen.

Präsident: Der Herr Abgeordnete Uhden hat das Wort.

Abgeordneter **Uhden**: Gestatten Sie mir das Wort zu einer ganz kurzen Berichtigung dem Herrn Abgeordneten Richter (Hagen) gegenüber. Der Herr Abgeordnete Richter (Hagen) muß mich vollständig mißverstanden haben in Bezug auf den Punkt der Surrogatebesteuerung. Der Herr Abgeordnete Richter hob bei Beginn seiner Rede hervor, ich hätte geäußert, diese Besteuerung der Surrogate könnte wohl wegfallen, weil die Stärkezuckerindustrie eine so unbedeutende sei, daß man keine Rücksicht darauf zu nehmen brauche, es handele sich nur um 2 oder 3 Etablissements. Ich habe das Mißverständniß sehr bedauert. Ich habe, wie das Stenogramm mir beweist, um darzuthun, daß die Steuersätze für die Surrogate der Stärkezuckerfabrikation zu hoch gegriffen seien, ausgeführt, daß allein zwei große Etablissements, die in einer uns eingegangenen Petition namhaft gemacht sind, nämlich die Stärkezuckerfabriken in Frankfurt a. O. und Küstrin, zirka 100 000 Wispel Kartoffeln zu Stärke respektive Stärkezucker verarbeiten, daß mithin diese beiden Fabriken allein eine Produktion von 450 000 Zentner Stärkezucker repräsentiren, und ich habe daran die Folgerung geknüpft, daß dies gegenüber der großen Produktion von Stärkezucker, den zirka 46 000 Zentnern, welche überhaupt seit 1873 durchschnittlich in der Biersteuergemeinschaft zur Bierbereitung verwendet worden sind, so wenig sei, daß die Stärkefabrikanten und die Stärkezuckerfabrikanten ohne Sorgen sein und sich der Gewißheit hingeben können, daß, wenn auch das neue Gesetz eingeführt werden wird, dadurch ihre Produktion nicht im geringsten alterirt wird. Das habe ich gesagt, ich habe aber nicht davon gesprochen, daß es eine so unbedeutende Produktion wäre, daß wir sie nicht zu berücksichtigen hätten.

Präsident: Der Herr Abgeordnete Freiherr Nordeck zur Rabenau hat das Wort.

Abgeordneter Freiherr **Nordeck zur Rabenau**: Meine Herren, der Art. 35 der Verfassung in fine sagt:

> Die Bundesstaaten werden jedoch ihr Bestreben darauf richten, eine Uebereinstimmung der Gesetzgebung über die Besteuerung von Branntwein und Bier herbeizuführen.

Meine Herren, nach meiner Auffassung sagt das noch lange nicht, daß die Einnahmen unifizirt und für gemeinschaftliche Rechnung des Reichs erhoben werden sollen, sondern nur das: daß die Gesetzgebung unifizirt werden soll. Die Einnahmen können nicht eher unifizirt werden, ehe man sieht, wie sie sich auf der Basis der gemeinsamen Gesetzgebung stellen. Es ist ganz klar, und wenn niemand bezweifelt, daß in Bayern mehr Bier, bei uns mehr Schnaps getrunken wird, wenn wir also unsere Gesetzgebung in Bezug auf die Besteuerung von Bier und Branntwein unifiziren, ohne zunächst eine Gemeinsamkeit der Einnahmen dadurch im Auge zu haben, so wird genau zu kontrolliren und zu erwägen sein, was Bayern mehr für Bier, was wir mehr für Branntwein einnehmen, und auf dieser Basis, meine Herren, läßt sich nachher leichter zu einer Verständigung und finanziellen Ausgleichung kommen über die Art und Weise, in welchem Umfange diese Einnahmen gemeinsam sein, oder vielleicht praecipua gewährt werden sollen. Will man aber eine gemeinsame Gesetzgebung in dieser Richtung einführen, so kann das nur auf der Basis der Leistungsfähigkeit und Gerechtigkeit geschehen, d. h. einfach auf der Basis der Fabrikatssteuer. Daß das geschieht, und daß bald eine gemeinsame Gesetzgebung auf diesem Prinzip beruhend herbeigeführt wird, hat die Debatte voriges Jahr hier im Hause bei Gelegenheit der verlangten Rückvergütung für zur Essigfabrikation verwandten Branntwein als unumgänglich nöthig gezeigt. Meine Herren, es ist ein eigenthümlicher Zustand, wenn wir im deutschen Reiche noch eine Zollgrenze haben. Der Essig wird fabrizirt aus Branntwein, der in Bayern, Württemberg und Baden entweder keine, oder nur geringe Steuer zahlt, hier im Norden des Reichs wird Essig fabrizirt aus Branntwein, der den vollen Betrag der nordischen Steuer zahlen muß. Natürlich sind unsere norddeutschen Fabrikanten in dem größten Nachtheil, denn eine Rückvergütung ist bis jetzt nicht geleistet worden.

Es war von der Reichsregierung im vorigen Jahre in Aussicht gestellt worden, daß eine solche Rückvergütung gegeben werden sollte, sobald sich herausgestellt habe, daß die Denaturirung des Spiritus zur Essigfabrikation wissenschaftlich festgestellt werden könne. Es ist eine Kommission zu dem Zweck eingesetzt worden, aber das Resultat ist bis jetzt nicht in die Oeffentlichkeit gedrungen. Es würde sehr erwünscht sein, — und für die Essigfabrikanten doppelt erwünscht, — zu hören, ob bald ein befriedigendes Resultat zu erwarten steht. Ich glaube, wenn nicht bald ein solches Resultat zu erwarten steht, daß ein großer Theil unserer norddeutschen Essigfabriken eingehen müsse. Sie werden dagegen, wenn vom Regierungstische aus eine beruhigende Erklärung in dieser Richtung erfolgt, ihr Leben vor der Hand in der Hoffnung auf die zu erwartende Rückvergütung noch nothdürftig fortfristen, wenn zu erwarten steht, daß sie eine Rückvergütung bald zu erwarten haben.

Nach alledem kann ich nur sagen, daß es im höchsten Grade im nationalen Interesse angezeigt erscheint, wenn eine Einheit in der fraglichen Gesetzgebung möglichst bald herbeigeführt wird, ohne zunächst bei dieser Einheit der Gesetzgebung die Gemeinsamkeit der Einnahmen in Aussicht zu nehmen.

Präsident: Das Wort wird nicht weiter gewünscht; es liegen übrigens auch Schlußanträge vor.

Der Herr Präsident des Reichskanzleramts Staatsminister Hofmann hat das Wort.

Präsident des Reichskanzleramts Staatsminister **Hofmann:** Ich bin zu einer Antwort an den Herrn Abgeordneten von Rabenau bereit, soweit sie mir möglich ist.

Der Bericht der Kommission, welche die Frage der Spiritusdenaturirung zu untersuchen hatte, ist mir noch nicht zugekommen. Ich weiß nur, daß die Untersuchung abgeschlossen und der Bericht in Arbeit ist, so daß ich denselben wahrscheinlich in kurzer Frist erhalten werde.

(Abgeordneter von Schmid [Württemberg] bittet ums Wort.)

Präsident: Ich muß zunächst die Schlußanträge zur Erledigung bringen, — die Herren Abgeordneten von Manteuffel und Lüders beantragen den Schluß der Diskussion.

Ich ersuche diejenigen Herren, welche die Schlußanträge unterstützen wollen, sich zu erheben.

(Geschieht.)

Die Unterstützung reicht nicht aus.

Der Herr Abgeordnete von Schmid (Württemberg) hat das Wort.

Abgeordneter **von Schmid** (Württemberg): Meine Herren, gestatten Sie mir nur zwei Worte der Erwiderung auf die Rede des Herrn Präsidenten des Reichskanzleramts. Es ist mir wohl bekannt, daß die süddeutschen Staaten und jeder einzelne derselben in Absicht auf diese verfassungsmäßige Position durch die Verfassung selbst geschützt sind. Aber das ist es eigentlich doch nicht, was hier denn eigentlich den materiellen Inhalt der Diskussion gebildet hat. Es müssen doch den Bestrebungen gegenüber, welche an und für sich in der Reichsverfassung als ein Ziel hingestellt sind, — und in dieser Beziehung kann ich dem Herrn Präsidenten des Reichskanzleramts nicht widersprechen, — von der anderen Seite materielle Gesichtspunkte und Gründe geltend gemacht werden, warum dieses Ziel anzustreben zur Zeit nicht opportun sei. Das habe ich gethan und nichts anderes.

Demnächst hat der Herr Präsident des Reichskanzleramts geglaubt darauf hinweisen zu müssen, es sei in der großen Debatte über den Zolltarif auch ein solcher Gegensatz der Interessen z. B. zwischen der Ostsee und anderen Provinzen des deutschen Reichs hervorgetreten, wie jetzt zwischen der Gegend am Bodensee und dem Norden. Ja, meine Herren, so liegt die Frage aber thatsächlich nicht, sondern dort ist res integra wenigstens in verfassungsmäßiger und rechtlicher Beziehung, während in unserem Fall Art. 35 der Verfassung thatsächlich und im Erfolge ausdrücklich anerkannt hat, daß eine berechtigte Disparität der Interessen zwischen Süd und Nord vorliegt, und in dieser Richtung glaubte ich allerdings jener Erklärung des Herrn Präsidenten des Reichskanzleramts begegnen zu sollen.

Präsident: Es liegt ein Schlußantrag vor. Das Wort wird aber auch nicht weiter gewünscht; die erste Berathung über den Entwurf eines Gesetzes wegen Erhebung der Brausteuer und die erste Berathung über den Entwurf eines Gesetzes, betreffend die Erhöhung der Brausteuer, ist geschlossen.

Meine Herren, es liegt nur der Antrag vor, beide Gesetzentwürfe zur weiteren Vorberathung einer Kommission von 14 Mitgliedern zu überweisen. Ich werde den Antrag zur Abstimmung bringen; wird der Antrag verworfen, so treten wir an einem der nächsten Sitzungstage ohne vorgängige kommissarische Berathung in die zweite Berathung der Gesetzentwürfe ein.

Ich ersuche diejenigen Herren, welche die beiden Gesetzentwürfe, betreffend die Erhebung der Brausteuer, und betreffend die Erhöhung der Brausteuer, zur weiteren Vorberathung einer Kommission überweisen wollen, sich zu erheben.

(Geschieht.)

Das ist die Mehrheit; die Verweisung an eine Kommission von 14 Mitgliedern ist beschlossen.

Wir gehen jetzt über zum ferneren Gegenstande der Tagesordnung:

6. **erste Berathung des Entwurfs eines Gesetzes, betreffend die Besteuerung des Tabaks** (Nr. 136 I der Drucksachen), und
7. **erste Berathung des Entwurfs eines Gesetzes, betreffend die Erhebung einer Nachsteuer vom Tabak und von Tabakfabrikaten** (Nr. 136 II der Drucksachen).

Ich würde vorschlagen, meine Herren, die erste Berathung dieser beiden Gesetze ebenfalls mit einander zu vereinigen. — Das Haus widerspricht dem nicht. Es ist also die erste Berathung über Nr. 6 und 7 der Tagesordnung eröffnet.

Der Herr Finanzminister hat das Wort.

Bevollmächtigter zum Bundesrath für das Königreich Preußen, Staats- und Finanzminister **Hobrecht:** Meine Herren, erlauben Sie mir die Berathung des Tabaksteuergesetzentwurfs mit wenigen Worten einzuleiten. Ich werde dabei nicht vergessen, daß der Versuch, aus der Besteuerung des Tabaks höhere Erträge zu erzielen, den Reichstag schon wiederholt beschäftigt hat und daß auch die allgemeinen Fragen, welche bei der Beurtheilung dieser indirekten Abgabe ebenso wie bei anderen, mit denen Sie beschäftigt sind, schon in der Generaldiskussion der vergangenen Tage ihre Würdigung gefunden haben. Unsere diesjährige Berathung ist gewissermaßen die Fortsetzung der im vergangenen Jahre hier stattgehabten Diskussion, welche abgebrochen wurde, als es sich um die Frage der Wahl des geeignetsten Systems für die Besteuerung handelte.

Sie erinnern sich, daß damals auf den Antrag der verbündeten Regierungen speziell um das Material für die Beurtheilung dieser Frage zu sammeln, eine Enquetekommission eingesetzt worden ist, deren Befugnisse leider mehr, als es unsererseits gewünscht wurde, beschränkt worden ist.

Die praktisch wirklich angewendeten Formen der Besteuerung sind zahlreich, fast so zahlreich, wie die Staaten, in denen der Tabak besteuert wird, aber wenn man von weniger wichtigen, unbedeutenden Unterschieden absieht, lassen sie sich doch in einigen wenigen Hauptformen zusammenfassen; es ist das Monopol, es ist die Fabrikatsteuer, es ist das englische System der reinen Verzollung und es ist die Rohtabaksteuer. Noch eine andere Form, die praktisch meines Wissens nirgend zur Anwendung gekommen ist, aber von einer beachtenswerthen Seite empfohlen und auch zu einem praktisch ausführbaren Gesetzentwurf ausgearbeitet worden ist, hat die Enquetekommission in Berücksichtigung gezogen, es ist das sogenannte Rohtabakmonopol.

Die Gründe für und wider diese einzelnen Formen sind im Generalbericht der Kommission sehr sorgfältig und ausführlich auseinander gesetzt. Der Bericht befindet sich in Ihren Händen. Ich weise nur auf die Hauptgesichtspunkte hin, welche für die verbündeten Regierungen bei ihrer Entschlußfassung entscheidend waren. Die Würdigung dieser Gründe wird ja doch erst in der Spezialdiskussion möglich sein. Dabei ist von vorn herein die in England eingeführte Form ausgeschlossen worden. Das dortige System beruht auf dem vollständigen Verbote des inländischen Tabakbaues, und das ist ein Schritt, den die verbündeten Regierungen in Deutschland am wenigsten thun wollten, denn für ihre Aufgabe war keine Rücksicht so wichtig als die auf die Schonung und Erhaltung des inländischen Tabakbaues, der bei uns so ausgedehnt und blühend ist und der eine so große Zahl fleißiger Menschen besonders gerade in dem kleinsten Grundbesitze ernährt, und gerade die Interessen dieser zu wahren, war eine Hauptrücksicht, die man bei der Wahl der Form der Tabaksteuer verfolgt hat.

Das Rohtabakmonopol hat den Zweck, dem Pflanzer die Auslage der Steuer zu ersparen, indem der Staat die gesammte inländische Kreszenz aufkauft und bei dem Wiederverkauf sich für seine Auslagen, für den Kaufpreis bezahlt macht und zugleich die Steuer in dem Erlöse einzieht. Es wird dabei zugleich der an sich ja sehr löbliche Zweck verfolgt, die Steuer nach dem Werthe der Waare möglichst abzustufen. Nnn hat aber eine eingehende, sorgfältige Prüfung ergeben, daß, wenn der Staat nicht hierbei ganz außerordentlichen Verlusten ausgesetzt werden soll, ihm sehr weitgehende Befugnisse eingeräuut werden müssen. Es schließt sich unerbittlich an das Monopol des Einkaufs und Verkaufs des inländischen Rohtabaks, also an die Uebernahme der Verpflichtung, diese ganze Produktion zu erwerben und wieder zu veräußern, die Nothwendigkeit, auch eine Herrschaft auszuüben auf die Fabrikation. Man ist zu der Ueberzeugung gekommen, daß die Gefahren großer Verluste für den Staat nur abgewendet werden können, wenn mit dem Monopol des Rohtabakhandels auch das Monopol der Fabrikation verbunden wird. Nnn steht aber auch die inländische Produktion in wechselseitiger Abhängigkeit von dem ausländischen Import und es zeigt sich sehr bald, daß auch überdem eine ausgedehnte Herrschaft beansprucht werden muß, und daß vollends, wenn es sich darum handelt, einen Werthzoll zu erheben, eine große Einschränkung des freien Verkehrs nothwendig wird. So ergibt sich also das Resultat, daß bei dieser Form der Besteuerung fast sämmtliche Einschränkungen eingeführt werden müssen, die das reine Monopol lästig machen, dem reinen Monopol Feinde machen, ohne daß man doch die großen Vortheile des vollständigen Monopols zu erreichen im Stande wäre.

Die Fabrikatsteuer, die dritte Form, hat in den nordamerikanischen Freistaaten bekanntlich sehr günstige Resultate in finanzieller Beziehung geliefert und verlangt dabei verhältnißmäßig geringen Aufwand an Kontrolmitteln und an Kosten der Erhebung. Es wurde auf diese Steuerform besonders hingewiesen, als im vergangenen Jahre derselbe Gegenstand hier zur Berathung kam. Die sorgfältigste Prüfung dieser Steuerform, und ob und wie weit sich dieselbe auf Deutschland übertragen läßt, hat einen Hauptbestandtheil der Arbeiten der Tabaksenquetekommission gebildet. Das Ergebniß war auch hier ein negatives. Man gewann die Ueberzeugung, daß mit den bescheidenen und geringen Kontrolmaßregeln, mit denen man sich in Amerika begnügt, die Steuer unter unseren Verhältnissen in Deutschland nicht erhoben werden könne und daß diejenigen Kontrolen, welche, worüber man allgemein einig war, zur Durchführung dieser Steuer in Deutschland unentbehrlich wären, und welche zu diesem Zweck sorgfältig ausgearbeitet worden siud, eine ganz unerträgliche Belästigung des Handels, des Verkehrs und der Fabrikation herbeiführen würden, abgesehen davon, daß die Kosten der Erhebung wesentlich steigen würden. Der Grund für diese Erscheinung ist in der Hauptsache ein sehr einfacher, er liegt darin, daß wir es hier mit einer sehr viel größeren Dichtigkeit der Bevölkerung zu thun haben, besonders gerade in den Distrikten, in denen der Tabak gebaut wird. Dann kommt freilich noch ein zweites Moment hinzn, ein Unterschied in den Gewohnheiten, in den Anschauungen und Charaktereigenschaften beider Bevölkerungen. Der Widerwille, sich einem Steuergesetz und den Härten desselben zu fügen, ist in Amerika bei den einzelnen unverhältnißmäßig geringer, als bei uns.

Wenn nun diese Formen ausgeschlossen sind, dann haudelt es sich um die Entscheidung über das Monopol oder über die Rohtabaksteuer. Beide Formen haben noch einen gemeinsamen Vorzug, vor den anderen voraus, beide haben den Vorzng, daß sie eine Abstufung der Steuerlast nach dem Verhältniß der Leistungsfähigkeit der Konsumenten begünstigen. Sie dienen dieser Absicht freilich auf sehr verschiedenen Wegen. Beim Monopol wird der Zweck dadurch erreicht, daß die Detailpreise der Waare nach Verhältniß der Qualität von der Regierung festgesetzt werden. Die Rohtabaksteuer wiederum ist diejenige Steuerform, welche, soweit es bei einer Abgabe auf Verbrauchsartikel überhaupt möglich ist, den geringsten Eingriff in die Freiheit der Produktion, des Handels, der Fabrikation macht und welche daher dem freien Handel und Verkehr den weitesten Spielraum läßt. Nun liegt es im eigenen Interesse der Fabrikation und des Handels, die Abstufung der Preise der verschiedenen Leistungsfähigkeit, den verschiedenen Ansprüchen und der verschiedenen Kaufkraft des Publikums möglichst anzupassen; es liegt im eigenen Interesse des freien Verkehrs, für den anspruchsvolleren und leistungsfähigeren Theil des konsumirenden Publikums die Preise so hoch wie möglich zu stellen, um für die große Masse der weniger bemittelten, für den anspruchsloseren Theil des Publikums den Absatz möglichst auszudehnen. Dieses Bestreben wird auch nicht beeinträchtigt durch die Nothwendigkeit, die ausgelegte Steuer, selbst wenn sie ganz gleich bemessen ist, wiedererstattet zu erhalten, denn für den Haudel und Verkehr ist es ja ziemlich gleichgiltig, ob die Auslage arithmetisch gleich auf die Waare vertheilt wird oder in verschiedenen Abstufungen; wenn sie nur im ganzen wiedererstattet wird. — Daß es dabei bei der Preisbestimmung im Detail Faktoren gibt, die von einem noch größeren Einfluß sind als die Steuer, ja selbst als der Rohmaterialwerth, dafür gestatten Sie mir einige Zahlen anzuführen.

Es beträgt nämlich nach den genauen und sorgfältigen Ermittelungen der Kommission im Durchschnitt der Jahre 1871—1877 der Materialwerth des Rohtabakverbrauchs im Zollverbande rund 66 Millionen Mark jährlich, Steuer und Zoll haben zusammen jährlich durchschnittlich 14 Millionen betragen, das macht zusammen 80 Millionen Mark. Nach ebenso sorgfältigen Ermittelungen und Zusammenstellungen beträgt die Summe, welche die Konsumtion jährlich in Deutschland zahlt, 223 Millionen Mark, also fast das Dreifache des Rohmaterialwerths und der Abgaben. Ich habe das angeführt, um zu zeigen, in welchem Umfange und Maß der Verkehr und Umsatz im Stande ist, in der Abstufung des Preises auch eine Abstufung der Steuerlast herbeizuführen. Wenn es sich nun um die Entscheidung zwischen Monopol und Rohtabaksteuer handelte, so fiel für das Monopol der Umstand bedeutend ins Gewicht, daß es keine Besteuerungsform gibt, die im Stande ist, bei möglichst gerechter Belastung des konsumirenden Publikums so große Erträge für den Staat zu gewinnen. Ich muß hierbei bemerken, daß das Verlangen der Gegner des Monopols, eine Form zu finden, die es der Zukunft unmöglich macht oder doch unsern Nachkommen erschwert, im Falle des Bedürfnisses auf diese reiche Quelle von Mehreinnahmen zurückzugreifen, unerfüllbar ist; daß eine solche Form gar nicht von uns gewählt werden sollte, auch wenn sie möglich ist; es läßt sich gar nicht in dieser Weise der Zukunft präjudiziren. Das aber ist eine berechtigte Forderung, daß wir jetzt eine Steuerform annehmen, die an sich die Möglichkeit des Fortbestehens hat und für unsere Gegenwart Befriedigung schafft und Ruhe in die Bewegung bringt, deren Nachtheile ja allen hinreichend bekannt sind.

Die verbündeten Regierungen haben sich einstimmg für die Rohtabaksteuer entschieden, und zwar aus verschiedenen Gründen. Abgesehen namentlich von dem Umstande, daß es nicht möglich gewesen ist, besonders bei den beschränkten der Enquetekommission eingeräumten Befugnissen das nöthige Material zur Beurtheilung namentlich des Umfangs der eventuellen Entschädigungspflicht zu beschaffen, ganz abgesehen davon liegt es auf der Hand, daß das Monopol auf längere Zeit hinaus nur geringe und ungenügende Erträge liefern würde.

Wenn man zu dem Resultat kam, zu dem die verbündeten Regierungen gekommen sind, sich zu Gunsten der Rohtabaksteuer zu entscheiden, so konnte es keinem Zweifel unterliegen, den Gesetzentwurf, der dem Reichstage im vergangenen Jahre vorgelegt und sehr sorgfältig ausgearbeitet und durchdacht war, auch der diesjährigen Vorlage zu Grunde zu legen.

Es bedarf dabei einer Erläuterung wohl nur das Verhältniß zwischen dem Zoll und der Steuer. Die Enquetekommission hat drei Sätze des Zolls von 50, 60, 70 Mark für den Zentner als durchführbar und möglich bezeichnet und diesen Sätzen entsprechend Steuersätze für den Zentner inländischen Tabak von 33, 40 und 50 Mark in Vorschlag gebracht.

Wenn sich die verbündeten Regierungen nicht für den höchsten Satz entschieden haben, obwohl sie darüber einig und ich meine auch mit dem Reichstag einig sind, daß der Tabak gerade ein Verbrauchsartikel sei, der sich vor allen anderen zu einer ausgiebigen und starken Besteuerung eignet, und bei dem man kaum eine andere Grenze als die des finanziellen Interesses zu ziehen hätte, — wenn sie sich doch darauf beschränkt haben, Ihnen den Mittelsatz zu empfehlen, so beruht dies einfach auf der Erwägung, daß es sich empfiehlt, den Sprung nicht zu stark zu machen, und zweitens vorzugsweise in der Rücksicht einer möglichsten Schonung des inländischen Tabakbaues. Diese Rücksicht war besonders auch für die Bemessung des Verhältnisses zwischen Zoll und Steuer maßgebend. Das wird freilich bei allersorgfältigster Berathung der hier sich einander gegenüberstehenden Interessen nicht möglich sein mit voller Sicherheit zu verhüten, daß der Einfluß dieser erhöhten Steuer- und Zollsätze, daß der doch nicht möglicherweise zu einer ungeahnten und unbeabsichtigten Ausdehnung des inländischen Tabaksbaues oder zu einer noch viel weniger beabsichtigten Beschränkung desselben führen könnte. Aber diese Möglichkeit und diese Gefahr ist ganz und gar doch nicht auszuschließen, es erübrigt dabei nur, die Wirkung so sorgfältig wie möglich zu beobachten und, wenn es nöthig ist, so zeitig als möglich Korrektur eintreten zu lassen. Jedenfalls sind die verbündeten Regierungen von der Ueberzeugung ausgegangen, daß das jetzt gewählte Verhältniß, soweit es sich übersehen läßt, die Gefahr einer Benachtheiligung der inländischen Pflanzer ausschließt, die Gefahr einer Schädigung ihres gesicherten Absatzes. Abgesehen davon, daß die Steuer für inländischen Tabak nach dem Gewicht im fermentirten Zustande bemessen wird, ist den Interessen des Pflanzers auch noch nach zwei andern Gesichtspunkten hin Rechnung getragen worden. Das ist erstens in den §§ 19 und 20, da sind es die Bestimmungen wegen des Zahlungstermins, die Bestimmungen wegen des Uebergangs der Haftpflicht von dem Pflanzer auf den Käufer, die Bestimmungen wegen des Kreditirens. Die zweite Bestimmung, welche das Interesse des inländischen Pflanzers nach Möglichkeit berücksichtigt, ist die Bestimmung über die Zulässung der Flächensteuer bei dem Tabakbau in geringem Umfange. Bei dieser Flächensteuer ist der Satz niedriger bemessen, als es bei einer richtigen Vergleichung mit der Gewichtssteuer eigentlich der Fall sein sollte.

Es kommt ferner in Betracht von den Aenderungen, die der diesjährige Entwurf gegen den vorjährigen enthält, wesentlich der Zusatz der in Vorschlag gebrachten Lizenzsteuer; die Lizenzgebühr, die, wie Ihnen ja bekannt ist, sich bei den meisten Steuerformen des Auslandes ebenso angewendet findet, hat öffentlich besondere Anfechtungen erfahren, weil man darin nichts anderes hat erblicken wollen, als ein Mittel, um das Monopol einzuführen, wenn man es auch augenblicklich nicht ausspricht. Ich meine aber, bei einer ruhigen Erwägung müssen Sie sich überzeugen, daß diese Rücksicht nicht abhalten könnte, die Lizenzsteuer einzuführen, wenn sie sonst vernünftig ist; denn, wie ich schon vorhin sagte, ich bin der Meinung, daß man weder kann noch darf die Möglichkeit einer künftigen Einführung dieses Steuermodus abschneiden wollen, aber eben so wenig wird, wenn man das Monopol nicht ohnehin einführen wird, ihm dadurch etwa Vorschub geleistet, daß man die Materialien zu einer Berechnung der zu zahlenden Entschädigungen etwas sorgfältiger sammelt. Meine Herren, der Vortheil, der darin liegt, wird für die Frage in Zukunft sicher nicht entscheidend sein. Andererseits aber hat die Lizenzsteuer erstens einen im Verhältniß auch nicht zu unterschätzenden finanziellen Werth, und zweitens einen sehr bedeutenden Werth, insofern eine Kontrole des inländischen Tabakkonsums und dadurch auch eine Sicherheit gegen grobe Defrauden gewährt wird, wie man sie sich auf anderem Wege nicht zu verschaffen im Stande ist.

Die meiste Anfechtung wird, wie ich vermuthe, die dritte wesentliche Veränderung gegen den vorjährigen Entwurf erfahren, das ist die Ihnen vorgeschlagene Nachsteuer. Ich glaube, daß die Behandlung dieser Frage eigentlich eine Diskussion für sich erfordert, und ich will mich auch nur auf wenige allgemeine Bemerkungen beschränken.

Wenn ein Zoll erhöht wird, so ist ja die Spekulation immer darauf gerichtet, den betreffenden Artikel noch zu dem bisherigen niedrigen Satze so viel als möglich einzuführen, und es entsteht daraus der Staatskasse der Nachtheil, daß sie nicht sofort in den vollen Genuß der Eingänge des höheren Zollsatzes tritt. Diesem Nachtheil der Staatskasse steht aber ein Vortheil gegenüber, der durchaus nicht verkannt werden soll, der Vortheil, daß der Uebergang von den bisherigen mäßigeren Preisen zu den höheren Preisen sich allmählich vollzieht ohne harte Stöße. Meine Herren, die Regierungen haben dies keineswegs verkannt, und wenn sie Ihnen in diesem Falle doch vorgeschlagen haben, sich mit der Einführung einer Nachsteuer einverstanden zu erklären, so liegt der Grund darin, daß hier Momente hinzutreten, die bei gewöhnlichen Zollerhöhungen nicht vorliegen. Der eine Umstand ist der, daß in der That die Einführung von niedrig verzolltem Tabak in einem Umfang stattgefunden hat, wie derartige Spekulationen sonst wohl nur selten vorkommen; der zweite Umstand ist die Rücksicht auf den inländischen Tabakbau. Was den ersten Punkt betrifft, so hat die Einfuhr ausländischen Tabaks im Durchschnitt betragen, und zwar, wie ich bemerke, sehr hoch gerechnet — ich kann die Zahl hier im Augenblick nicht finden, sie beträgt 900 000 Zentner und eine Kleinigkeit, ein Unbedeutendes über diese Summe. Nun sind im vergangenen Jahre 406 188 Zentner über diesen Durchschnitt importirt, bis zum Schluß des Jahres 1878, und in diesem Jahre seit dem 1. Januar 535 678 Zentner über die Durchschnittssumme für diese Zeit. Es befinden sich also in diesem Augenblick 941 866 Zentner mehr ausländischen Tabaks in dem Zollverbande, als durchschnittlich um diese Zeit vorhanden ist, d. h. reichlich ein ganzer Jahresbedarf über die Vorräthe, die sonst vorhanden sind. Dieser Vorrath läßt mit Sicherheit erwarten, daß also auf Jahr und Tag hinaus überhaupt von einer Zolleinnahme nicht die Rede sein kann; denn wenn jedenfalls zur Assortirung der Läger und sonst zur Fortführung des Geschäfts immer noch kleinere Beträge eingeführt werden, so wird es doch nur in sehr geringem Umfange geschehen. Es hängt aber die Frage zusammen mit der Ausführung dieses Gesetzes überhaupt, wenn wir in Rücksicht ziehen auch noch den inländischen Tabakbau. Denn, meine Herren, ich glaube zwar nicht — es wäre zuweit gegangen, wenn ich sagte, der inländische Tabakbau träte mit seiner vollen neuen Steuer in Konkurrenz mit dem so gering verzollten ausländischen Tabak, aber daß die Möglichkeit des Absatzes für die nächste Ernte des inländischen Tabaks in hohem Grade beeinträchtigt wird, und daß die Lage des inländischen Tabakbaus in bedeutendem Umfange geschädigt wird durch diese Konkurrenz, daß es meiner Ueberzeugung nach nicht möglich wird, für die diesjährige Kreszenz die volle Steuer zu erheben, wenn man dem jetzt importirten ausländischen Tabak keinen Nachtragszoll auflegt, das scheint auf der Hand zu liegen, und es hat eben die Folge, daß das Gesetz, dessen Annahme wir hoffen, nicht in diesem Jahre zur Wirkung kommt, sondern im nächsten Jahre. Nun gebe ich zu, daß man bei Durchführung der Nachsteuer, die übrigens an sich gar nichts unerhörtes ist — Sie wissen, daß bei den Zollanschlüssen, die früher stattgefunden haben, eine Nachbesteuerung eingetreten ist — ich sage, daß man bei der Durchführung dieser Nachsteuer auf sehr große Schwierigkeiten stößt. Ich verkenne auch nicht, daß sich über manche der Bestimmungen streiten läßt, und gerade in dieser Beziehung will ich die Möglichkeit nicht in Abrede stellen, daß in der kommissarischen Berathung Aenderungen nach der einen oder andern Seite gemacht werden, denen die verbündeten Regierungen gewiß zustimmen werden. Aber im Prinzip sprechen die gewichtigsten Gründe für die Nachsteuer.

Ich will nur noch hinzufügen, daß, als zuerst die Gefahren eines so starken Imports zum Gegenstande unserer Berathung wurden, der Gedanke auftauchte, und er ist in neuester Zeit von sehr beachtenswerther Seite wieder nahe gelegt worden, der Gedanke, durch rasche Feststellung des Ausführungstermins den ausländischen Import nach dem alten niedrigen Satze abzuschneiden. Meine Herren, dieser Gedanke konnte von den verbündeten Regierungen in keiner Weise verwerthet werden, denn dazu waren sie nicht ermächtigt; das durften sie auch in der Hoffnung einer künftigen Indemnität dafür nicht riskiren, dem Tabakhandel zu sagen, wir werden den Antrag stellen, daß von heute ab ein höherer Zoll eingeführt werde, z. B. vom 1. Februar ab, richtet Eure Geschäfte darnach ein! denn da hätte es geschehen müssen, wenn es wirksam sein sollte.

Meine Herren, die Verantwortung hierfür durften die verbündeten Regierungen nicht übernehmen; wenn sie es aber später in Vorschlag gebracht hätten, so wäre damit nur wenig gewonnen worden. Ich glaube aber, daß dieser Vorgang insofern nützlich sein wird, als er dazu führen wird, daß der Reichstag einem Gesetzentwurf seine Zustimmung geben wird, den die verbündeten Regierungen, wie ich vermuthe, in kurzem einbringen werden und der dahin geht, eine kurze Form für die rasche Festsetzung des provisorischen Ausführungstermins zu gewinnen. Für den vorliegenden Fall aber hat der Gedanke sich nicht verwerthen lassen.

Der gesammte Ertrag, den man sich verspricht von der Tabaksteuervorlage, ist, wie Sie wissen, 46 Millionen, und wenn Sie damit in Vergleich ziehen die Summe, die gegenwärtig für Tabak ausgegeben wird, 223 Millionen, so findet im ganzen eine Steigerung der Ausgabe für den Tabakverbrauch von 223 auf 269 Millionen, das heißt um etwa $1/5$ statt. Ich weiß wohl, daß sich dieses Plus nicht vollkommen gleich und in gleichem Verhältniß vertheilt, aber ich habe schon angeführt, daß, soweit eine Abstufung, eine billigere Belastung der ärmeren Bevölkerung möglich ist, auch auf diese gerechnet werden darf.

Auf die Frage des Bedürfnisses der Steuererhöhung gehe ich hier nicht weiter ein, weil ich annehme, daß die, soweit es möglich war, in der allgemeinen und jetzt ja geschlossenen Diskussion über die Tarifvorlage ihre Erledigung gefunden hat. Wer die Möglichkeit einer Reform unserer direkten Steuer auch in dem allerbescheidensten Umfange nicht von vornherein von der Hand weisen, sie nicht hindern will, der wird sich nicht entschlagen können, dieser Erhöhung unserer indirekten Einnahmen seine Zustimmung zu geben.

(Bravo!)

Vizepräsident Dr. **Lucius**: Der Herr Abgeordnete Freiherr von Marschall hat das Wort.

Abgeordneter Freiherr **von Marschall**: Meine Herren, ich will, dem Beispiel des Herrn Finanzministers folgend, nicht auf die allgemeinen finanziellen Gesichtspunkte zurückkommen, die meines Erachtens allerdings genügend erörtert worden sind. Wir müssen hier in erster Reihe feststellen, und *in dieser Beziehung* spreche ich im Namen meiner politischen Freunde, daß der Tabak bei einer Steuerreform unter allen Umständen eine hervorragende Rolle spielen muß, daß eine Steuerreform im Sinne einer größeren Heranziehung der indirekten Steuern und Entlastung von direkten Steuern unmöglich gedacht werden kann ohne eine sehr bedeutende Erhöhung der Tabaksteuer. Meine Herren, es ist vielleicht von gewissem Werthe, wenn ich sage, daß diese Ueberzeugung nunmehr auch in denjenigen Kreisen herrscht, denen aus sehr natürlichen Gründen eine jede Erhöhung der Tabaksteuer ein sehr unwillkommener Gast ist in den Kreisen unserer deutschen Tabakpflanzer, Tabakhändler und Tabakfabrikanten. Alle diese Interessenten sind bereit, dieser Steuerreform Opfer, und zwar schwere und große Opfer zu bringen, sie haben nur einen Wunsch, und den Wunsch theile ich und möchte ihn Ihnen dringend ans Herz legen, den Wunsch nämlich, daß ihre Interessen wenigstens einigermaßen berücksichtigt werden, daß vor allem jetzt etwas definitives geschaffen wird und nicht etwa ein quälender Uebergangszustand zu irgend einem vorschwebenden Steuerideal.

(Sehr gut!)

Meine Herren, wir haben, wie bereits der Herr Finanzminister erwähnt hat, im vorigen Jahre eine Tabaksteuervorlage berathen. Der Herr Finanzminister bezeichnete die heutige Berathung als eine Fortsetzung jener. Ich möchte dringend wünschen, daß sie auch den Schluß der Tabaksteuerberathung auf absehbare Zeit bilden möge. Wir sind ja im gegenwärtigen Augenblick gegenüber der Situation des vorigen Jahres in einer weit günstigeren Lage. Vor allem haben wir nicht zu befürchten, daß jene dramatischen Vorgänge sich wiederholen, die im vorigen Jahre die Gemüther bewegten; wir befinden uns in Mitte einer allgemeinen wirthschaftlichen und Steuerreform, und worauf ich besonderes Gewicht lege, wir haben durch die Enquete ein umfassendes Material zur Prüfung der Frage. Man mag über das Endresultat der Enquete denken, wie man will. Ich stimme dem Herrn Abgeordneten Lasker vollkommen zu, wenn er diese Enquete als eine vortreffliche bezeichnet, und ich hätte nur gewünscht, daß die Regierungsvorlage sich die gründliche Kenntniß, die möglich ist, die gründliche Kenntniß unserer Tabaksverhältnisse, etwas mehr angeeignet hätte, als in den einzelnen Bestimmungen durchleuchtet. Ich rechne hierher besonders die Höhe der Steuer, das Verhältniß des inländischen zum ausländischen Tabak, die Bestimmungen über die Entrichtung und über die Lizenzsteuer und die Nachsteuer. Die Regierungsvorlage scheint mit den Ergebnissen der Enquete nicht zufrieden zu sein, sie wünscht dringend noch mehr zu wissen. Meine Herren, ich bin in der Beziehung, namentlich mit Rücksicht auf den Endzweck, den heute der Herr Finanzminister angab, durchaus nicht wißbegierig, und ich verstehe meine Sehnsucht jedenfalls soweit zu bemeistern, daß ich nicht deshalb für alle Betheiligten so außerordentlich peinliche und schmerzliche *Fortsetzung der Enquete bewilligen möchte, die unter der Firma Lizenzsteuer beantragt ist*. In der That, meine Herren, handelt es sich nach dem Ausspruche des Herrn Finanzministers hier um weiter nichts als um die Fortsetzung der Enquete, die angestellt worden ist, es handelt sich darum, das nachzuholen, was im vorigen Jahre versäumt wurde, versäumt wurde, weil der Reichstag auf einen Beschluß einer solchen Zwangsenquete sich nicht einlassen wollte. Der Hauptwerth der Enquete besteht darin, daß sie ziffernmäßig klar stellt, eine wie hoch bedeutende, wie tief eingreifende wirthschaftliche Maßregel diese Erhöhung der Tabaksteuer ist. Wenn Sie die Berichte der einzelnen Bezirkskommissionen lesen, namentlich über den Tabakbau in der Pfalz und in der Uckermark, die

Fabrikation in Sachsen u. s. w., so tritt Ihnen fast auf jeder Seite die Mahnung entgegen, doch nicht ausschließlich das finanzielle Interesse im Auge zu haben, nicht immer nur den Blick mit einem gewissen Neide nach dem Vorsprung anderer Staaten zu richten, sondern vielmehr die realen Verhältnisse zu betrachten, wie sie sich entwickelt haben unter der gegenwärtigen Versteuerung. Meine Herren, man kann es ja vielleicht vom engen fiskalischen Standpunkte aus beklagen, daß bis jetzt der Tabak sozusagen das Aschenbrödel unserer Steuerkunst gewesen ist, wirthschaftlich hat diese Thatsache uns einen reichen Segen eingebracht, und man sollte sich hüten, diese fiskalische Sünde, wie man es vielleicht nennen kann, durch eine Ueberstürzung wieder gut machen zu wollen, die sich nachträglich als eine sehr gewaltige wirthschaftliche Sünde herausstellen könnte.

(Sehr richtig!)

Sie werden es, meine Herren, einem Abgeordneten, der jener Gegend entstammt, wo auf einem kleinen Theile Deutschlands fast ⅔ alles inländischen Tabaks gebaut wird, gewiß verzeihen, wenn er mit einer besonderen Wärme sich des inländischen Tabakbaues annimmt. Wir haben in den letzten Tagen von Seiten der Regierungsbank und von Seiten vieler Abgeordneten ein so lebhaftes Interesse für die deutsche Landwirthschaft sich bekunden hören, wir sehen, daß von maßgebender Seite der nothleidenden Landwirthschaft thatkräftige Hilfe geleistet werden soll, und da, meine Herren, darf doch auch der deutsche Tabakbau in demselben Augenblick verlangen, daß er mit seinen berechtigten Beschwerden, mit seinen berechtigten Ansprüchen gehört wird, und gewiß um so mehr, weil es sich hier um eine landwirthschaftliche Produktion handelt, die ganz ausschließlich in den Händen des kleineren ärmeren Bauern ist.

(Hört!)

Der Tabakbau, meine Herren, ist die Domäne des kleinen Mannes, selbst das kleinste Grundstück gibt dem Bauer und seiner Familie einen reichen Ertrag und sichert ihm seine Existenz. Der Tabak wird gebaut vielfach auf Boden, auf dem irgend eine andere Handelspflanze nicht mit demselben Erfolge erzielt werden kann. Der Tabakbau gewährt die größte Arbeitsverwerthung des kleinen Mannes, die überhaupt denkbar ist, und wenn Sie die Hand anlegen an den deutschen Tabakbau, dann zerstören Sie den Boden, auf dem in vielen Gegenden unseres deutschen Reichs ein tüchtiger solider, wohlhabender, kleiner Bauernstand erwachsen ist. Ich glaube, meine Herren, in einer Zeit, wo mehr und mehr die Erkenntniß herangereift ist, daß wir die Seßhaftigkeit der Bevölkerung fördern müssen, gegenüber jener Entartung der Freizügigkeit, wie sie sich gebildet hat unter der Herrschaft unseres Unterstützungswohnsitzes, ich glaube, meine Herren, in dieser Zeit sollte man sich hüten, an derartige Verhältnisse, an derartige Zustände die schädigende Axt anzulegen.

(Sehr richtig!)

Sie dürfen, meine Herren, nicht glauben, daß ich deshalb einseitig die Tabakfrage nur erörtern würde, vom Standpunkt des deutschen Tabakbaues. Im Gegentheil, ich hege gleiche Sympathien auch für die deutsche Fabrikation, um so mehr, weil ich aus der Enquete entnommen habe, daß Hunderttausende von Arbeitern ihren Erwerb in der deutschen Tabakfabrikation finden. Es wären keine günstigen Auspizien, unter denen unsere wirthschaftliche Reform, die auf dem Gedanken beruht, die deutsche Arbeit zu schützen, begönne, wenn in demselben Augenblicke eine blühende landwirthschaftliche Produktion und ein blühender Industriezweig der Steuerreform zum Opfer fiele.

Die Enquete hat als das allein mögliche System der Besteuerung des Tabaks die Gewichtsteuer in Vorschlag gebracht. Dieses Resultat war, und ich glaube hier auf keinen Widerspruch zu stoßen, für viele eine Ueberraschung und für sehr viele eine Enttäuschung, denn daß man inländischen und ausländischen Tabak wiegen kann, und daß vom steuertechnischen Standpunkt aus sehr viele Schwierigkeiten schwinden, wenn man einfach den Bauer für die Steuer verantwortlich macht, haben wir auch ohne Enquete gewußt. Es war meines Wissens eben die in die Augen springende Mangelhaftigkeit der Tabakvorlage des vorigen Jahres, daß wir die Enquete für nothwendig gehalten haben, ich will übrigens jetzt, meine Herren, nicht in die Kritik der Enquete in dieser Richtung eingehen. Ich bin dem Herrn Finanzminister sehr dankbar, daß er nochmal die einzelnen Gründe auseinander gesetzt hat, welche die Regierung veranlaßten, zu dem von der Enquete vorgeschlagenen und empfohlenen System zurückzugehen. Ich glaube aber, wenn wir uns jetzt damit beschäftigen wollen, diese Frage zu aprofundiren und darüber zu diskutiren, ob Fabrikatsteuer, Rohtabakmonopol oder nicht, oder wie die verschiedenen Steuerarten alle heißen, so würden wir zu keinem Resultate kommen, und das würde ich selbst noch mehr beklagen, als wenn nicht alle meine Wünsche berücksichtigt werden könnten bei der Errichtung der Steuer. Es kommt im gegenwärtigen Augenblicke in der That nicht mehr allein darauf an, was geschaffen wird, sondern daß etwas dauerndes zu Stande gebracht wird. Wir müssen endlich aus diesem Kreislauf herauskommen, der sich bereits öfters wiederholt hat, aus dem Kreislauf zwischen Tabaksteuerprojekt und Tabaksteuervorlage und der mehr oder weniger solennen Bestattung der Vorlage, wie wir sie im vorigen Jahre erlebt haben. Wenn wir auch diesmal auseinandergingen, ohne die Tabaksteuervorlage erledigt zu haben, so würden wir einen geradezu unerträglichen Zustand für unsere Tabakproduzenten, für unsere Tabakbauern und Fabrikanten schaffen.

(Sehr richtig!)

Bereits die vorjährige unerledigte Steuervorlage hat im Tabakhandel sehr große Verheerungen angerichtet und namentlich waren die Preise, die der Tabakbauer für die Produkte bekam, sehr gering; wenn heute dasselbe sich wiederholt, so fürchte ich, werden unsere Tabakbauern sehr schlimm am Ende dieses Jahres daran sein. Ich bin deshalb der Ansicht, und darin stimmen meine politischen Freunde mit mir überein, daß wir nun mit allem Ernste den Versuch machen müssen, auf dem Boden der Gewichtssteuer irgend etwas Dauerndes zu schaffen, ich möchte nur, was das System der Gewichtssteuer betrifft, dem Herrn Finanzminister einen Einwand machen. Der Herr Finanzminister hält den Tabak nicht nur für ein sehr besteuerbares Objekt, darin stimme ich mit ihm überein, er glaubt auch, daß es überhaupt für die Besteuerung des Tabacks eigentlich keine Grenze gebe. Meine Herren, in dieser Beziehung bin ich anderer Ansicht, wir dürfen nicht aus dem Auge lassen, daß die Rohtabaksteuer eigentlich die allerroheste und primitivste Besteuerung des Tabaks ist und zwar aus dem Grunde, weil das höchstwerthige Objekt mit einer sehr geringen Steuer, das minderwerthige Objekt mit einer außerordentlich hohen Steuer betroffen wird. Nehmen Sie den Zentner Havannatabak, der 900 Mark kostet und Pfälzer Sandgrumpen im Werthe von 15 Mark; — der eine zahlt 60 Mark, die anderen 40. Sie sehen, wie ungleich die Steuer wird, die recht eigentlich eine Progressivsteuer nach unten ist, also eine Steuer, die ein Muster ist, wie eine Steuer nicht sein soll.

Meine Herren, ich will nicht etwa die Frage anregen, ob man den Tabak nach dem Werthe besteuern kann. Ich halte das aus einer Reihe von Gründen für unausführbar. Wenn ich so sehr die theoretische Mangelhaftigkeit der Gewichtssteuer betone, so geschieht dies lediglich aus dem Grunde, um daraus den Schluß zu ziehen, daß man noth=

wendig für eine derartige Steuer sich innerhalb gewisser Grenzen halten muß und daß man insbesondere nicht einen Sprung machen kann, wie er hier vorgeschlagen ist. Der Herr Finanzminister meint allerdings, der Sprung ist kein so starker. Nun, es ist schwer darüber zu diskutiren, was ein starker und was ein nicht starker Sprung ist; ich meine aber, ein Sprung von 2 auf 40 Mark, also eine Erhöhung um 2000 Prozent ist jedenfalls ein starker Sprung. Ich halte ihn für so groß, daß ich ihn für geradezu unmöglich halte, vor allem deshalb, weil der Konsum ihm unmöglich folgen kann.

Die Motive nehmen an, daß der Konsum des Tabaks bei einer solchen Besteuerung etwa um 25 Prozent, also um $1/4$ abnehmen könnte. Schon das würde außerordentlich beklagenswerth sein. Ich halte diese ganze Rechnung der Regierungsvorlage aber für eine sehr oberflächliche und namentlich deshalb, weil es hier nicht allein darauf ankommt, in wie weit der Konsum quantitativ abnimmt, sondern vor allem in wie weit er qualitativ sich verändert;

(sehr richtig!)

und es ist durchaus unmöglich, im gegenwärtigen Augenblicke zu ermessen, welche Wirkung eine solche kolossale Erhöhung der Steuer haben wird und muß, einmal auf das Verhältniß des Konsums der Fabrikate unter einander und namentlich auf das Verhältniß des Konsums inländischen Tabaks zum ausländischen.

Man sagt freilich, in England sei auch eine hohe Tabaksteuer durchgeführt und die trage ja ganz kolossale Summen. Meine Herren, dabei vergißt man vollständig, daß in England lediglich der ausländische Tabak in Betracht kommt und der Handel, dem ja die ganze Welt bezüglich der Auswahl zur Verfügung steht, vollkommen in der Lage ist, sich den Bedürfnissen des Konsums, wie er sich unter der Steuer gebildet hat, anzupassen. Anders bei uns; wir haben es nicht nur mit dem Tabak zu thun, den uns das Ausland bietet durch den Handel, sondern vor allem in erster Reihe mit dem Tabak, den uns die keinen menschlichen Gesetzen unterworfene Natur bietet und den sie uns bietet je nach den klimatischen und Witterungsverhältnissen in einem außerordentlich verschiedenen Werthe. Wenn wir eine Steuer in der Höhe errichten, wie sie von der Regierung vorgeschlagen ist, so habe ich die große Befürchtung, daß schon jetzt alle die minderwerthigen inländischen Produkte werthlos und unverkäuflich sind, wenn aber einmal ein Jahr eintritt, in dem nur sehr minderwerthige Produkte erzielt werden können, daß dann der Bauer überhaupt nicht mehr in der Lage ist, seine Produkte zu verkaufen, und wenn wir durch eine solche Steuer dem Bauer unter irgend welchen Umständen seine Produkte unverkäuflich machen, so führen wir einen Stoß gegen den inländischen Tabakbau, von dem er sich unmöglich erholen kann.

Darum sage ich, es kommt in allererster Reihe nicht sowohl darauf an, daß ein richtiges Verhältniß gefunden wird zwischen der inländischen Steuer und dem ausländischen Zoll. Diese Frage ist hochwichtig; die allerwichtigste und fundamentalste ist aber die, daß wir nicht von vornherein mit dem gewaltigen Sprunge einen Steuersatz für den inländischen Tabak nehmen, der unter Umständen den inländischen Tabak werthlos und unverkäuflich machen könnte. Ich will mich heute nicht auf Zahlen einlassen, das gehört zur Spezialdiskussion. Ich will nur als meine innerste Ueberzeugung aussprechen, daß ich den Satz von 40 Mark für den Zentner inländischen Tabak für überhaupt zu hoch halte und jedenfalls auch heute für zu hoch halte, um ihn sofort einzuführen. Wenn Sie den inländischen Zentner Rohtabak mit 40 Mark belegen, so machen Sie nach meinem Erachten alle Pfälzer und auch die Uckermärker minderwerthige Produkte einfach werthlos und unverkäuflich.

Was das Verhältniß der inländischen Steuer zum Zoll auf die ausländischen Produkte betrifft, so ist die Sache ja vielfach so angesehen werden, als ob es sich ganz einfach um ein Rechenexempel handelte. Ich bin einigermaßen anderer Ansicht. Wir müssen vor allem ins Auge fassen, daß, jemehr wir mit Steuer und Zoll in die Höhe kommen, je größer also der Preisaufschlag auf die einzelnen Produkte ist, um so größer auch die Gefahr ist, daß mehr der ausländische als der inländische Tabak zur Verwendung kommt, und namentlich dann, wenn man berücksichtigt, daß die erhöhte Steuer, die Erhöhung der Tabakfabrikatpreise, eine große Einwirkung auf den Geschmack der Konsumenten haben wird. Schon jetzt sind vielfach Klagen laut geworden, daß der inländische Tabak die Konkurrenz mit dem ausländischen nicht aushalten könne, und doch ist jetzt das Verhältniß ein außerordentlich günstiges: es beträgt jetzt die Steuer auf den inländischen Tabak ungefähr 2 Mark und der Zoll auf ausländischen Rohtabak 12 Mark. Es werden schon jetzt Kentukitabake zu einem fabelhaft billigen Preise eingeführt, zu Preisen von $20_{,32}$ Mark, mit denen unser Schneideguttabak konkurrirt, der einen Durchschnittswerth von 37 Mark hat. Es werden heute schon Zigarrentabake eingeführt, die weitaus billiger sind, als die Zigarrentabake, die wir in Deutschland erzielen. Nehmen wir den Steuersatz von 40 Mark für inländischen und 60 Mark Zoll für ausländischen Tabak, so werden wir zu einem Resultate kommen, daß schließlich nur noch eine minimale Differenz, eine Differenz von 5, 6, höchstens 10 Mark, zu Gunsten des inländischen Tabaks übrig bleibt, und dann liegt die Gefahr nahe bei der außerordentlichen Vertheuerung des Tabaks, daß unser inländischer Tabak nicht mehr konkurriren kann mit dem ausländischen. Meine Herren, ich will nicht auf die Details zur Vorlage eingehen, nur einen sehr wesentlichen Punkt muß ich erörtern, nämlich die Frage, wer für diese Rohtabaksteuer, die den inländischen Tabak treffen soll, haftbar sein soll. Es ist diese Frage von sehr bedeutendem Gewichte und sie gehört in die Generaldebatte, weil ich diese ganze Frage und die Art ihrer Lösung für eine Voraussetzung dafür halte, ob eine Gewichtssteuer durchgeführt werden kann oder nicht. Es wird wesentlich von der Erledigung dieser Frage abhängen, ob diese Gewichtssteuer in der That, wie sie es sein soll, eine Verbrauchssteuer werden wird, oder ob nicht von der Steuer schließlich etwas auf den Schultern desjenigen bleiben wird, der am allerwenigsten diese Steuer tragen kann, nämlich auf den Schultern des Bauern.

Meine Herren, die Vorlage, die uns die verbündeten Regierungen gemacht haben, glaubt, daß es genügend sei, daß die Interessen des Bauern genügend gewahrt seien, wenn man ihn zwar im allgemeinen haftbar mache, dagegen die Steuerpflicht bei dem erstmaligen Kauf auf den ersten Erwerber übergehen lasse. Ich bin anderer Ansicht, meine Herren. Von allen Interessenten, die überhaupt hier in Betracht kommen, ist der Tabakpflanzer ganz entschieden derjenige, der irgend wie eine finanzielle Last, auch wenn sie ihm nur eventuell auferlegt wird, am allerwenigsten tragen kann,

(sehr wahr!)

und je weiter wir eine derartige Steuer von der Konsumtionslinie erheben, um so größer ist die Gefahr, daß bei dem kolossalen Druck, der in Folge der Steuer ausgeübt werden wird auf den Preis des Produkts, schließlich der Bauer einen Theil der Steuer tragen muß, daß ihm ein weitaus geringerer Preis gezahlt wird, als er eigentlich erhalten sollte. Nun hat die Regierungsvorlage eine Frist bestimmt, bis zu welcher die Steuerpflicht auf den Käufer übergehe, die Frist nämlich bis zum 31. März; am 31. März aber soll die Verpflichtung zur Entrichtung der Steuer den Pflanzer treffen. Ich halte diese Bestimmung für undurchführbar und für absolut ruinös für den deutschen Tabakbau. Die Motive sagen hierüber ganz einfach, daß der Pflanzer ja jederzeit in der Lage sei, von dem Käufer sofort die Regelung der Steuer zu verlangen. Meine Herren, wer einigermaßen mit den Verhältnissen bekannt ist, der weiß, daß, seitdem die Welt steht, der Bauer im Kampf mit anderen Interessenten niemals ein entscheidendes Wort sprechen kann und daß, wenn der Bauer dem Händler, dem Makler gegenübersteht, eben der Bauer in der Regel den kürzeren zieht. Der Bauer hat öfters finanzielle Schwierigkeiten, er soll bezahlen und kann nicht bezahlen, er ist wenig koalitionsfähig und er ist nicht immer fähig, den verschiedenen Kunstgriffen auszuweichen, die ihm gegenüber angewendet werden. Nun denken Sie sich die Lage des Pflanzers, er soll seinen Tabak verkaufen, er weiß, daß am 31. März die ganze Steuerpflicht ihn trifft, und die beträgt bei einem Morgen mit 10 Zentner Ertrag 400 Mark. Nun müßte der Händler wahrhaftig ein sehr harmloser, gutmüthiger und uneigennütziger Mann sein, — eine Charakteristik, die, wie ich gehört habe, nicht unbedingt und überall zutrifft,

(Heiterkeit)

wenn er diese Situation des Bauern nicht benutzen sollte, wenn er am 1. Januar etwas um 100 Prozent kaufen sollte, was er Mitte März um 20 Prozent und Ende März um 3 und 1 Prozent, endlich gar geschenkt erhalten kann. Meine Herren, es ist möglich, und ich hoffe es, daß der Bauer sich an die strenge Kontrole gewöhnen wird, die eine jede Erhöhung der Tabaksteuer nothwendig mit sich führen muß; allein die Ueberzeugung habe ich, daß, wenn der deutsche Tabakbauer einmal diese Daumenschraube erprobt hat, die seitens der Händler gegen ihn angewendet wird mit dem 31. März im Hintergrund, er dann auf sein ganzes Lebtag genug hat am Tabakbau und er einfach den Tabakbau einstellen wird.

(Sehr wahr!)

Meine Herren, dann hat der Herr Finanzminister uns gesagt, er habe den Tabakbau schonen wollen. Vor allem kann ich noch keine besondere Schonung darin finden, daß man das englische System nicht annimmt; ich bin dem Herrn Finanzminister sehr dankbar für das Interesse, das er für den deutschen Tabakbau ausgesprochen hat, und ich möchte nur bitten, daß er, wenn seiner Zeit die Vorlage in der Kommission berathen wird, bezüglich der einzelnen Bestimmungen etwas weniger zurückhaltend mit dieser Schonung sein möge, als diese Vorlage. Nun, meine Herren, wird man sagen, die Kritik ist sehr leicht, es ist sehr schwer, etwas besser zu machen; ich gebe zu, daß hier steuertechnische Interessen in Widerspruch kommen mit den Interessen der Wirthschaft, allein daß es unmöglich ist, daß eine Rohtabaksteuer durchgeführt werden kann, ohne daß der Bauer haftbar gemacht wird für die Steuer, das kann ich aus dem Beispiel einer Gesetzgebung beweisen, die zwar in der Regel nicht als Vorbild in finanziellen Dingen betrachtet wird, nämlich aus der türkischen Gesetzgebung.

(Heiterkeit.)

Der § 10 des türkischen Tabaksteuergesetzes spricht nämlich mit dürren Worten aus, daß der Tabakpflanzer nicht zu einer Entrichtung der Steuer verpflichtet ist. Eine derartige Bestimmung möchte ich in unser Gesetz auch aufgenommen wissen, es wird vollkommen genügen, wenn wir, so lange eine Kontrole nothwendig ist, so lange also der Tabak im Besitz des Pflanzers ist, eine Materialkontrole und zu diesem Zwecke eine Kontrolverwiegung des Tabak einführen.

(Sehr richtig!)

Es wird sodann darauf Rücksicht zu nehmen sein, daß steuerfreie Lager errichtet werden, in denen die weitere Behandlung des Tabaks, namentlich die Fermentation durch die Bauern vorgenommen wird. Ich denke, es kann das vielleicht auf genossenschaftlichem Wege geschehen.

Sodann aber müssen wir den 31. März aus dem Gesetz herausbringen, wir müssen festsetzen, daß in erster Reihe der Erwerber zur Entrichtung der Steuer verpflichtet ist, und daß, wenn ausnahmsweise der Bauer seinen Tabak nicht verkaufen kann, er berechtigt ist, denselben in steuerfreien Magazinen unterzubringen.

Ueber die Lizenzsteuer habe ich mich bereits ausgesprochen und komme nun zum Schluß noch auf die sogenannte Nachsteuer.

Das Wort „Nachsteuer" ist ein Wort, meine Herren, welches bis jetzt in unserem Steuerwörterbuch fehlt, und nach dem freundlichen Empfang, der diesem Begriff geworden ist, können wir wohl hoffen, daß er das Bürgerrecht bei uns sich nicht erwerben wird. Ich gebe zu, daß diese Frage eine außerordentlich schwierige ist. Es läßt sich nicht in Abrede stellen, daß die Spekulation die verschiedenen Steuerprojekte benutzt hat, um ganz kolossale Mengen ausländischen Tabak bei uns einzuführen, und daß gegenwärtig alle Magazine mit derartigem Tabak überfüllt sind. Die Motive der Regierung glauben nun, daß es vom fiskalischen Standpunkt abgesehen nothwendig sei, eine Nachsteuer einzuführen, weil sonst der geringe, der kapitalschwache Fabrikant und Händler benachtheiligt werden könnte durch den kapitalkräftigen Fabrikanten und Händler. Meine Herren, ich habe in den letzten Tagen sehr viel gerade mit mittleren und kleineren Fabrikanten über diese Nachsteuer gesprochen und habe da gefunden, daß diese Herren das Interesse, welches die Regierung für sie hegt, sehr anerkennen, dagegen den dringenden Wunsch haben, es möge die Regierung dieses Interesse in anderer Weise bethätigen als durch eine Auflegung von 37 Mark Nachsteuer pro Zentner Tabak. Die Leute haben mir einfach gesagt, — und ich dächte, es liegt auf der Hand, daß es richtig ist, — daß in allererster Reihe bei der Erhebung einer Nachsteuer die kleinen Fabrikanten und Händler Noth leiden müssen, weil sie nicht in der Lage sind, sich die nöthigen Bürgschaften zur Erwirkung einer Kreditirung zu verschaffen und überhaupt nicht in der Lage sind, eine so kolossale finanzielle Belastung zu ertragen. Sodann aber ist es ja natürlich sehr verschieden; man kann durchaus nicht ohne weiteres annehmen, daß die großen Fabrikanten viele Vorräthe haben, die großen Händler auch, und daß die kleinen Fabrikanten und Händler wenig oder gar keine Vorräthe haben. Ich weiß eine Reihe von Fällen, wo sehr große Fabrikanten kein Pfund Tabak mehr haben, als sie zu ihrem gewöhnlichen Fabrikbetriebe gebrauchen, daß dagegen einzelne kleine Fabrikanten und Händler à la hausse engagirt sind.

Ein anderer Gedanke ist ausgesprochen, der mir sehr sympathisch ist und der auch heute von dem Herrn Finanzminister Gewicht gelegt ist, nämlich der Gedanke, es bedürfe einer Ausgleichung in der Richtung, daß man dem inländischen Tabak die Konkurrenz möglich mache mit dem ausländischen Tabak, der gegenwärtig so massenweise bei uns eingeführt ist. Meine Herren, es ist ja in der That ein großes Mißverhältniß, daß der Tabak der nächsten Ernten bereits von einer so kolossalen Steuer betroffen werden soll, während der ausländische Tabak noch massenweise vorhanden ist und zu einem niedrigen Preise verkauft werden kann. Ich befürchte aber, wenn diese Ausgleichung zu Gunsten des inländischen Pflanzers in der Weise getroffen wird, wie die Regierungsvorlage es vorschlägt, daß man dann nicht nur einen sehr wuchtigen Schlag gegen die Fabrikanten und Händler führen, sondern dieser Schlag auch seine sehr bedauerliche Rückwirkung auf den Pflanzer haben wird und haben muß. Betrachten Sie, meine Herren, die nothwendige Wirkung einer Nachversteuerung von 37 Mark. Wir zwingen einen jeden Fabrikanten, sofort, um nicht Geld zu verlieren, die Preise zu erhöhen, und es handelt sich hier vor allem um die gangbarsten Sorten von Tabaksfabrikaten, die gangbarste Sorte Rauchtabak wird durch die Nachsteuer um 100 Prozent vertheuert, und die gangbarsten Zigarren um 30 bis 40 Prozent. Es ist unmöglich, meine Herren, daß der Konsum dieser rapiden überstürzenden Vertheuerung sich sofort anschließt; der Konsum wird momentan kolossal zurückgehen, und dann werden die Fabrikanten gezwungen sein, ihren Betrieb einzustellen, ihre Arbeiter zu entlassen und womöglich ihr Lager, gerade so, wie es da ist, zu räumen, nur um der finanziellen Verpflichtung gerecht zu werdeu, die ihnen durch die Nachsteuer von 37 Mark auferlegt ist. Wenn wir eine Nachsteuer in dieser Höhe einführen, so fürchte ich, es wird Niemand im Laufe der nächsten zwei Jahre da sein, der unserm inländischen Tabakpflanzer seinen Tabak abkauft, und zwar aus dem einfachen Grunde, weil alle Händler und Fabrikanten mit der Abwicklung der Nachsteuer so sehr finanziell engagirt sind, daß sie sich auf weitere Anlagen durchaus nicht einlassen können.

Meine Herren, hier befinden wir uns in einem sehr schwierigen Dilemma, ich dächte aber, es ist nicht allzu schwer, aus demselben herauszukommen. Vor allem ist diese Nachsteuerfrage, wie sie uns jetzt vorliegt, mit allen ihren großen Schwierigkeiten ein weiterer ganz sprechender Beweis dafür, daß die Steuersätze weitaus zu hoch gegriffen sind. Wenn man jahrelang mit Projekten umgeht, wonach die Steuer plötzlich von 2 auf 58 und der Zoll von 12 auf 60 und 70 erhöht werden soll, dann kann man es nicht unbegreiflich finden, daß die Spekulation sich dieses Gegenstandes bemächtigt.

Wenn wir so, wie ich es wünsche und wie ich es als nothwendig dargelegt habe, die Steuersätze niederer fixiren und zwar ganz erheblich niederer, als sie gegenwärtig von der Regierung angenommen sind, dann wird die Nachsteuerfrage sehr viel von ihrer Schwierigkeit und sehr viel von ihrem Gewicht verlieren. Es ist immerhin ja möglich, daß eine Nachsteuer von etwa 10 bis 15 Mark getragen werden kann, während eine solche von 37 Mark unerträglich ist.

Sodann aber, meine Herren, halte ich es für durchaus nothwendig, daß wir bezüglich der Nachsteuer eine Unterscheidung treffen zwischen inländischem und ausländischem Tabak. Wenn wir den ausländischen Tabak nicht höher nachbesteuern, als den inländischen, dann geben wir gerade dem ausländischen Tabak eine Prämie, und dann sind unsere inländischen Tabakpflanzer erst recht übel dran.

So komme ich zu dem Resultat, daß, wenn eine erhebliche Ermäßigung der Steuer stattfindet und dem entsprechend auch die Nachsteuer mäßig berechnet wird, und zwar unter Unterscheidung des inländischen und ausländischen Tabaks, die technisch ganz gut durchführbar ist, wir dann erträgliche Verhältnisse schaffen.

Weitaus wünschenswerther aber würde ich es halten, diese Ausgleichung, die nothwendig wird zu Gunsten des inländischen Tabaks, auf eine andere Weise zu finden. Warum sollen wir die Ausgleichung immer nur durch Belastung des einen finden und warum nicht durch Entlastung des anderen? Die ganze Nachsteuerfrage ist einfach aus der Welt geschafft, wenn wir uns entschließen können, den inländischen Tabakbau insolange, als voraussichlich die Konkurrenz des über die Maßen eingeführten ausländischen Rohtabaks fortdauert, besser zu stellen, ihn entweder gar nicht oder jedenfalls im Verhältniß zu den fixirten Sätzen erheblich niederer zu besteuern.

Wenn wir das thun, dann ist die Nachsteuerfrage aus der Welt geschafft. Ich weiß wohl, daß dieser Anschauung gegenüber von Seiten der Regierungsbank sehr erhebliche fiskalische Einwendungeu gemacht werden. Ich mache demgegenüber nur darauf aufmerksam, daß, wenn wir den inländischen Tabakbau nicht schonen, dann derselbe in ganz kurzer Zeit zu Grunde gehen wird. Die Regierung wird sich außerordentlich wundern, wenn sie am Schluß dieses Jahres Erhebungen darüber anstellt, welche Wirkung dieses Steuerprojekt auf den inländischen Tabakbau gehabt hat. Ich habe die Ueberzeugung, daß nicht viel mehr als 50 Prozent des inländischen Tabaks in diesem Jahre gebaut werden wird, und das hat zum großen Theil seinen Grund in diesem 31. März, den wir im § 19 der Regierungsvorlage haben. Ich glaube überhaupt nicht, daß die Regierung mit dieser Nachsteuer ein sehr brillantes Geschäft machen wird. Ich möchte mir die Frage an den Herrn Regierungskommissar erlauben, wieviel Regimenter von Steuerbeamten man eigentlich auszurüsten gedenkt, um die Lizenzsteuer, die Verwiegung des inländischen Tabaks und die Nachbesteuerung ohne besonderen Schaden für den Fiskus durchzuführen. Man muß doch erwarten, daß von Seiten derjenigen, die der Nachsteuer unterworfen werden, doch auch von der Erleichterung Gebrauch gemacht werden wird, die in einem folgenden Paragraphen gegeben wird, daß 10 Kilo in der Hand des Besitzers frei werden sollen. Ich fürchte, es würde unsere Steuerverwaltung mit unserer Nachsteuer in die sehr unerquickliche Lage versetzt, bei vielen hunderttausenden von Besitzern die allereingehendsten Nachforschungen und Haussuchungen nach Tabak vornehmen zu lassen, und das wird außerordentlich viel Geld kosten, es wird die Betheiligten außerordentlich chikaniren und wird schließlich unserer Steuerverwaltung keine großen Einnahmen bringen.

Meine Herren, ich resümire mich dahin: wir wollen auf dem Boden des Systems, was uns vorgeschlagen ist, den Versuch machen, etwas dauerndes zu schaffen, und das ist nur möglich, wenn wir die inländische Steuer erheblich herabsetzen, entsprechend dem Zoll herabsetzen, aber ein entsprechendes Verhältniß zwischen Steuer und Zoll belassen, wenn wir Umgang nehmen von der Haftbarkeit des Bauers für die inländische Steuer und wenn wir die beiden Gesetzesbestimmungen, die Lizenzsteuer und die Nachsteuer, die erstere womöglich ganz aus der Welt schaffen, bezüglich der letzteren einen Ausgleich in dem Sinne finden, wie ich dies angegeben habe. Ich wiederhole, meine Herren, daß die Erhöhung der Tabaksteuer eine sehr tief eingreifende und hochbedeutsame wirthschaftliche Maßregel ist, und wir dürfen niemals vergessen, daß an dem Wege einer jeden Steuerreform die Warnungstafel angebracht ist: „Schonung unserer wirthschaftlichen Kraft und unserer wirthschaftlichen Verhältnisse.

(Bravo!)

Vizepräsident Dr. **Lucius**: Der Herr Abgeordnete Kiefer hat das Wort.

Abgeordneter **Kiefer**: Meine Herren, glauben Sie nicht, wenn der Zufall es mit sich bringt, daß als zweiter Sprecher über diesen Gegenstand ein Badener auftritt, daß ich irgendwie in anderer Weise als der Herr Vorredner, einen Versuch unternehmen würde, etwa hier eine partikulare badische Landesangelegenheit Ihnen nahe zu legen. Ich glaube aber, es wird gut sein, wenn Sie mehrere Badener hören, weil wir, nach der Natur dieser Frage, ganz besonders in der Lage sind, Ihnen Bericht zu erstatten über die konkreten Verhältnisse, welche man bei der Tabaksteuer nicht aus den Augen verlieren darf. Vom grünen Tisch aus, ohne auf das genaueste eingeweiht zu sein in die positiven Verhältnisse und in die Eigenartigkeit der Landestheile, in denen die Tabakkultur und die Tabakfabrikation stattfindet, würde man unter Umständen ein schlechtes Bild bekommen, und es würde die Vermuthung nahe gelegt sein, daß eine Steuerquelle, welche anerkannt werden soll, nur einen erheblichen Nutzen abwirft für das Reich, wenn man diese Verhältnisse ignorirt. Meine Herren, es ist ganz mit Recht hervorgehoben worden, es wäre hohe Zeit, daß wir in dieser Sache zum Abschluß kommen. Auch ich habe die Meinung, wenn die Schwebe, in der diese ganze Besteuerungsfrage seit Jahren, beinahe seit einem ganzen Jahrzehnt unterhalten wird, noch lange hin fortdauerte, so würden unermeßliche schwere materielle Schädigungen des Vermögens eintreten und auch die Schädigung hoher moralischer Güter würde zu Tage treten, die unter der Bevölkerung des Reichs und vor allem für das Reich und seinen Ruf nur das höchste Bedauern hervorrufen könnten. Lassen Sie mich in einigen Worten Ihnen sagen, in welchen Beziehungen wir von vornherein Alle einig sein werden.

Wenn Sie einfach nur die Aufgabe dahin stellen: wie ist es einzurichten, daß das Reich die möglichst hohen Summen aus der Tabaksteuer erlangt? dann gebe ich unbedingt dem bekannten Vertreter Bayerns hier im Bundesrath Recht, dessen Schriften uns sagten, für diesen Fall solle man zum Monopol schreiten. Wenn also die einfache Aufgabe nur die gewesen wäre, möglichst viel Geld für das Reich unter allen Umständen flüssig zu machen, dann ist eine solche Ernte nur durch das Monopol zu gewinnen. Aber ich glaube dann doch, wer das Monopol allein auf dieses Rechnungsexempel hin einführen wollte, der würde dabei die Rechnung ohne den Wirth machen; der wird auf der Grundlage der Sache eine Verwüstung der Volkswohlfahrt in gewissen Ländern herbeiführen, zur gleichen Zeit, in der die goldenen Aussichten für unsere Finanzen zu Tage gefördert werden sollen; es würde diese Finanzinstitution nur durch die schwersten Opfer, durch die schwersten Erschütterungen des Volkswohlstandes, nicht bloß in Baden, sondern in viel weiteren Kreisen begründet werden können. Wer einen Blick wirft auf die Zahlen der französischen Monopolergebnisse seit 1811, oder auch nur von 1815 bis dahin, der kann ja nicht bezweifeln, daß das Monopol so kolossale Geldsummen abgeworfen hat, daß selbst der Verlust von Elsaß-Lothringen nicht nur keinen Rückgang der Nettoverträge des Monopols in Frankreich darstellt, sondern daß der Gewinn noch größer geworden ist, weil man die Tabakpreise einfach vergrößert hat. Es ist auch mit Recht vom Herru Vorredner in der Kritik über die heutige Vorlage als Fehler bemerkt worden, daß diese Vorlage lediglich nur auf der Gewichtssteuer beruhe, daß sie daher nicht den Werth der Waaren ignorire und daß sie die Gegensätze des Werthes feinerer und geringerer Fabrikate nicht ausgleichen kann. Jeder volkswirthschaftliche Schriftsteller, der Monopolist ist, pflegt hervorzuheben, daß es eine der werthvollsten Seiten des Monopols sei, diese Werthausgleichung zu vollziehen. Ich will auf das aber hier nicht zurückkommen. Aber um so mehr, glaube ich, wird man doch gern verzichten auf diese Eigenartigkeit, die feinere Durchführung dieses Steuersystems in der Belastung nach oben hin, d. h. den Vorzug, auf die größere Feinheit der Waare ein besonderes Schwergewicht der Steuer zu werfen, wenn man auf der anderen Seite, nach unten hin, nur große Verwüstungen als Folgen dieses Systems vor Augen sieht. Ich muß Ihnen namentlich, wenn man von Monopolfragen redet, ins Gedächtniß zurückrufen, mit welcher Eigenartigkeit der Landeskultur und Fabrikation Sie es gerade in Baden zu thun haben. Meine Heren, es ist gewiß nicht Selbstsucht zu nennen, und niemand wird das einem Badener vorwerfen wollen, daß wir bei diesen Dingen so hervorragend betheiligt sind, wenn Sie bedenken, daß allein schon der Tabakbau, die Landwirthschaft des Tabaks, für Baden eine Summe von jährlich 190 420 Zentnern Rohtabak aufweist. Es ist das eine Zusammenstellung, die auf der Ernte des Jahres 1876 beruht. Also wenn selbst Preußen nur 162 000 Zentner aufbringt, und Bayern, der nebst Baden am meisten betheiligte süddeutsche Staat, nur 128 125 Zentner darstellt, so, glaube ich, wird es nicht etwa eine Willkür sein oder gar eine Heimatliebe von unbegründeter Art bedeuten, wenn ich Sie auffordere, Ihre Blicke ganz vorzugsweise auf die badischen Verhältnisse zu werfen. Sie haben hier das eigentliche Terrain sowohl des Landwirths, als eines großen Theils der sich anschließenden Fabrikation. Und lassen Sie mich daher Ihnen die Verhältnisse des badischen Tabakbaues mit einem Worte erläutern, noch mehr als es bereits der Herr Vorredner gethan hat. Er hat in allgemeiner Weise das Urtheil im ganzen gefällt, welches auch ich fälle. Die Bevölkerung der Pfalz, welche Tabakbau treibt, ist durchaus nicht etwa in ähnlicher Weise wie die Landwirthe in Elsaß-Lothringen im Besitz größerer Bauerngüter, noch viel weniger baut sie den Tabak auf Flächen der Großgrundbesitzer und mit Arbeitskräften, die in Ungarn so enorm zur Blüte der Einnahme der Erträgnisse des Monopols geführt haben, als auch Ungarn im Jahre 1851 in den Monopolverband des österreichischen Kaiserstaats eingetreten war.

Nein, meine Herren, es ist der Grundbesitz der badischen Pfalz, auf dem Tabak gepflanzt wird, vorherrschend ein außerordentlich kleines partielles zerstückeltes Grundeigenthum, in welchem die Bevölkerung nicht einmal mit der Tabakkultur allein ausreichen würde, um sich und ihre Familien zu ernähren. Die Folge davon ist eine außerordentlich dichte Bevölkerung, aber auf diesem kleinen zerstückelten Gebiet ernährt sich eine Bevölkerung, welche — ich darf es Ihnen gewiß sagen, ich bin ja kein Pfälzer, also als unparteiischer Beurtheiler berechtigt, es hier zu sagen — durch Fleiß, Intelligenz, Rührigkeit und auch durch Vaterlandsliebe, durch ehrenhafte Gesinnung im allerhöchsten Maße sich auszeichnet. Diese Bevölkerung bearbeitet nicht etwa einen außerordentlich fruchtbaren, glänzend von der Natur ausgestatteten Boden, nein, meine Herren, sie bearbeitet einen sandigen, kargen Boden, auf dem gewinnbringende Kulturen mit anderen Mitteln nicht in dem Maße zu bewirken wären. Diese Bevölkerung kann nicht angesehen werden, wie wenn sie auf reich ausgestatteter Landschaft sich keine Sorge darum zu machen brauchte, ob heute Roggen, Korn oder morgen irgend ein anderes landwirthschaftliches Produkt gebaut wird. Schon in Rheinbayern wäre man im Vergleiche hiermit besser daran; noch günstiger wäre die Lage des elsässischen Gebiets. Man hat in der Presse vielfach gesagt, es habe sich in merkwürdiger Weise die Gesinnung der Landbevölkerung hinsichtlich der Monopolfrage neuestens geändert. Die elsässer Bauern jammerten förmlich darum, das Monopol nach der Weise Frankreichs wieder zu erlangen. Meine Herren, ich bin nach Baden gereist und habe mehrere Versammlungen abgehalten und habe mit hunderten von intelligenten Landwirthen, mit Männern, welche mir die Wahrheit unbedingt sagen, über diese Dinge gesprochen. Ich habe es als die krasseste Unwahrheit kennen gelernt, daß irgendwie der Monopolgeist Fortschritte gemacht habe in unserer badischen Bevölkerung. Man hat dort und da gesucht, vielleicht aus politischen Motiven oder aus anderen Gründen, die Leute glauben zu machen, es werde auch für sie das Monopol die goldenen Berge bringen, die man brauche, um hinüberzuzusehen nach Elsaß-Lothringen, dort sei man glücklich über diese Aussicht, man wolle nichts hören, als nur von der Einführung des Tabakmonopols. Ich sage, es ist nicht wahr, daß die gleiche Gesinnung in der badischen Pfalz existirt. Sie kann nicht existiren. Ich habe Ihnen gezeigt, daß da ein karger Boden bearbeitet wird, ein Boden, bei dem nur durch Intelligenz, Fleiß und besonderes Geschick des Landwirthes es ermöglicht ist, einen wirklich höhern Werth daraus zu ziehen. Mit dieser landwirthschaftlichen Thätigkeit verbindet sich die Hausindustrie. Vergessen Sie ja das Wort Hausindustrie nicht, wenn man vom Monopol redet!

(Bravo!)

Meine Herren, man hat in ganz Frankreich für die Tabakfabrikation jetzt noch 16 Manufakturen. In diesen 16 Manufakturen arbeiten etwa 21 000 Arbeiter. Es sind meistens Frauen, deren man in diesen Manufakturen zu dieser Arbeit sich dort bedient. In Baden allein gibt es, wie ich Ihnen aus einer offiziellen Veröffentlichung mittheilen will, — die Veröffentlichung, auf die ich Bezug uehme, ist eine amtliche des badischen Handelsministers vom Jahre 1874 — 5 Fabriken für Rauch- und Schnupftaback, die je 300 bis 350 Arbeiter beschäftigen, und 185 für Zigarren, so daß unsere Fabrikation mehr als 10 000 Arbeiter beschäftigt. Das ist die eigentliche Fabrikarbeit. Daneben wird aber im Hause, weil man eben über einen äußerst prekären kleinen Grundbesitz verfügt, diese Hausarbeit als ergänzende kunstfertige Arbeit betrieben. Es ist nicht etwa der Hergang der Dinge, daß der Bauer seinen eignen Erwachs gewöhnlich zur Waare verarbeitet. Er bringt ihn dem Händler, dem Fabrikanten und verkauft ihm seinen Erwachs gewöhnlich, wie er aus dem Boden hervorgeht, als Rohstoff. Aber er bekommt vom Händler beziehungsweise vom Fabrikanten jene eigenthümliche Mischung amerikanischen und pfälzer Tabaks, welche nach ihrer Zusammensetzung an sich angethan ist, jenes Produkt zu erzeugen, das man als Zigarre liebt, auf das sich die Nachfrage der Raucher mit Vorliebe richtet, und dieses Produkt wird dann am Abend im Familienkreise von allen Hausgenossen präparirt und die gefertigten Waaren werden wieder mit Gewinn an die Fabrikanten abgegeben. Meine Herren, das ist eine Konkurrenz des Landwirths und der Industrie und zwar einer kunstfertigen Industrie, die man nicht in ein paar Monaten lernt, sondern die vieler Jahre bedurft hat, um durch die geschickte und fleißige Hand der Pfälzer Bevölkerung sich heranzubilden. Diese Industrie könnte im Monopol nicht existiren, sie würde mit einem Strich beseitigt werden. Was sollte das Loos derer sein, wenn sie auch noch fernerhin Tabak bauen, und ihr Boden noch immer die alten Früchte abwirft, wenn sie künftig die Erträgnisse dieser besonders gut bezahlten Hausindustrie entbehren müßten. Sie könnten nicht mehr leben, die Landwirthschaft allein würde nicht ausreichend sein, um sie zu ernähren. Meine Herren, ich liebe nirgends die Uebertreibung, und bei wirthschaftlichen Fragen muß man sich besonders strenge realistisch an den Boden der Thatsachen halten. Allein ich gehe nicht zu weit, wenn ich erkläre, wenn Sie solche Zustände herbeiführten, wenn die pfälzer Bevölkerung, wie sie jetzt da sitzt auf ihrem angeerbten durch Fleiß und geschickte Arbeit einträglich gemachten Grund und Boden und Tabakbau mit Tabakindustrie verbindet, auf einmal ihre Hausindustrie verlieren würde, so müßte sie auswandern, ein großer Theil müßte in Bettelarmuth das Land verlassen. Meine Herren, es hat eine böse Zeit in Deutschland gegeben, die Tage der Raubkriege Ludwigs XIV. Damals hat man in Deutschland und draußen arme, bettelnde Flüchtlinge „Pfälzer" genannt, weil gerade aus diesen Gebieten die meisten dieser traurigen Erscheinungen herkamen. Ich bin weit entfernt, hier einer Uebertreibung mich schuldig zu machen, indem ich sage, es sei möglich, daß unter der Herrschaft des deutschen Reiches irgend einer Provinz Deutschlands ein ähnliches Schicksal bereitet werde. Aber ich möchte Sie doch warnen, möge man daran denken, möge man niemandem in der Pfalz Gelegenheit und Veranlassung geben, diese traurigste Erinnerung einer früheren vaterlandslosen, einer für Deutschland schutzlosen Zeit heraufzubeschwören in den Tagen des Glanzes und der Einheit des Reiches.

Meine Herren, ich hoffe, daß ein derartiger Appell auch bei den Regierungen mehr, als es bis jetzt schon, nach der Initiative des Bundesraths, der Fall war, ein willfähriges Ohr finde. Wir verlangen absolut und unter allen Umständen nichts als Gerechtigkeit. Es soll diese Tabakkultur künftig dem Reich eine der ergiebigsten Einnahmequellen liefern. Es wäre eine Thorheit, und ich würde mich nie für eine derartige Ansicht erheben, wenn irgendwer sagen wollte, weil uns Badenern diese Landwirthschaft und Industrie schon so viel Vortheil gebracht habe, so müßte dieser Besitzstand auch jetzt noch unberührt bleiben. Nein, wir sind langehin schon vor die badische Bevölkerung getreten mit der Erklärung: diese Tabakkultur und Tabakfabrikation muß in einem viel höheren Maße als bisher herangezogen werden zur Besteuerung des Reiches, es muß für das künftige Finanzsystem des Reiches die Tabaksteuer eine der Grundsäulen bilden. Wenn man das sagt und zugibt, so wird man aber doch damit nicht zugleich sagen wollen, es müsse die Besteuerung so ungeschickt wie möglich und so wenig rücksichtsvoll wie möglich eingerichtet werden!

(Heiterkeit.)

Das wäre doch fürwahr ein trauriges Zeichen für die Finanzkunst des Reiches. Deshalb habe ich die Hoffnung, daß wir nicht schließlich auch diesmal unter schallendem Gelächter des Hauses aus der Abstimmung hervorgehen, als im vorigen Jahre für jene Camphausensche Vorlage buchstäblich am Schluß niemand mehr gefunden wurde, der für sie gestimmt hätte. Das möchte ich um keinen Preis. Darin harmonire ich vollständig mit meinem Herrn Kollegen aus Baden, der eben gesprochen hat. Wenn die Regierung freilich an diesen Steuer- und Zollsätzen festhalten wollte, wie der Entwurf sie uns vorschlägt, dann würde das Nein für uns gewiß die einzig mögliche Antwort sein. Es ist durchaus erforderlich, daß eine Summe gefunden werde, welche auch nach unseren Pfälzer Verhältnissen es dieser landwirthschafttreibenden, tabakbautreibenden Bevölkerung möglich macht, dem Reiche auch künftig hin noch ihre Waare zu liefern, und bei bedeutender Steuerabgabe mit ihrem Landbau und ihrer Hausindustrie existiren zu können. Daß diese wichtige Zahl immerhin eine eminent viel höhere Belastung in sich schließt als die gegenwärtige, ist selbstverständlich. Diese ist ja fast lächerlich klein zu nennen, wenn Sie bedenken, daß auf so steuerfähigem Gebiete nur ein Zollsatz von 12 Mark pro Zentner und nur eine Besteuerung des inländischen Tabaks von etwa $2^1/_2$ Mark pro Zentner erhoben wird. Wir müssen also eine Aenderung treffen. Unsere badische und die bayerische Regierung haben im Bundesrathe den Versuch gemacht, die Zahl von 35 zur Besteuerung des inländischen Erwachses durchzusetzen. Sie sind auch mit dieser hohen Zahl unterlegen. Meine Herren, wenn ich nicht hier jenes Verzeichniß vor mir hätte, worin ich sehe, daß im Bundesrath sehr viele Regierungen vertreten sind, von denen es gar nicht möglich ist, daß sie eine genau eingehende Kenntniß haben vom Tabakbau, wenn sie sich nicht veranlaßt finden, dem Studium einzelner ihrer Beamten den Gegenstand zu empfehlen! Sachsen baut rund 38 Zentner Tabak, Württemberg 5621 Zentner, stellen Sie die unserer badischen Produktion von 190 427 Zentner gegenüber, so werden Sie begreifen, wenn man württembergisch partikularistisch dächte, wenn man dächte, je mehr man Steuer im Tabak gefunden, um so besser werde es dem eigenen Lande gehen, dann allerdings lägen die Dinge für Württemberg eminent günstiger als für Baden. Meine Herren, ich glaube, ich beleidige gewiß niemanden, wenn ich annehme, daß dieser eigenthümliche Zustand auf die Fruchtbarkeit, die das Königreich Württemberg in seiner Literatur, seinen Schriftstellern und Volkswirthen über die Tabakfrage in neuerer Zeit bewiesen hat, gar nicht ohne Einfluß gewesen ist.

(Widerspruch.)

Nun, meine Herren, ich könnte Ihnen auch einen badischen Staatsmann und zwar einen vollwichtigen nennen, der einst entschieden der Meinung war, man müsse in Berlin den Gedanken an das Tabakmonopol anregen. Dieser Mann war K. Mathy, nicht nur ein Patriot durch und durch, sondern auch ein staatspolitischer kluger Kopf, und ein Mann von Unerschrockenheit. Dieser Mann sagte mir wiederholt, man müsse das Tabakmonopol als Grundlage der Finanzpolitik des künftigen deutschen Reichs einführen. Allein diese Gespräche fanden statt nach 1866 und vor 1870. Mathy starb ja 1868. Ich erinnere mich noch deutlich seiner Ausführungen, aber wie erklärt sich das? War dieser badische Minister etwa so rücksichtslos, man möchte sagen so roh, daß er gar keinen Blick auf die Zustände in der Pfalz geworfen, und die furchtbaren Wirkungen nicht bedacht hat, die ein solches System dort herbeiführen müßte? Er war damals einfach der Meinung, daß man so rasch und energisch als möglich das Reich durch Aufnahme des Südens in den Nordbund zu begründen bestrebt sein müsse, daß dies aber nur durch einen schweren Krieg mit den Franzosen vollzogen werden könne — und dazu wollte er jene vorbereitende Kriegsrüstung, die sich in den Finanzen vollzieht, darbieten. Das war seine patriotische Meinung. Ich behaupte aber und bin fest überzeugt, er würde mich nicht dementiren, wenn ich sage, daß, was damals 1866 dem badischen Staatsmann als höchst wünschenswerth und zweckmäßig erschien, von ihm heute ganz anders beurtheilt werden würde. Wir sind glücklicherweise heute in der Lage, die Gerechtigkeit im einzelnen, nach Lage der Verhältnisse, eine liebevolle Gerechtigkeit, die sich nach allen Richtungen unter den Genossen desselben Staates geltend macht, hier zu beweisen. Meine Herren, glauben Sie ja nicht, daß ich mich herbeigelassen hätte, in dieser Lebensfrage eine Stadt wie Bremen schädigen zu wollen. Mit einer Surtaxe d'entrepôt würde man freilich auch nur einen schlechten Dienst leisten. In Mannheim habe ich aus dem Munde von Kaufleuten gehört, darin würde man eine die Rücksichtslosigkeit der Monopolpolitik womöglich noch übersteigende Finanzkunst sehen. Nur eine sehr schwere Schädigung unserer Verhältnisse könnte das Ende sein, wenn der Gesetzentwurf unverändert angenommen würde. Aber daneben würde man auch eine Zerstörung weiterer hoher Interessen in der Pfalz herbeiführen, namentlich der Wohlhabenheit, die unsere Kaufleute erworben, wenn man solche Kunstmittel anwendete. Unsere Kaufleute sind vielfach reich geworden — ist denn Reichthum eine Sünde, insbesondere wenn er aus Thätigkeit, aus dem Verstand und der Betriebsamkeit der Bevölkerung hervorgegangen ist? Dieser Reichthum, ja die Wohlhabenheit der fleißigsten Kaufleute Mannheims würde zu Grunde gerichtet sein, wenn ein solches Pflaster für Bremen der Trost bei Einführung des Monopols bilden sollte. Wir wollen auch unsererseits den Tabakhandel Bremens nicht ruiniren, und deshalb sind wir gegen das Monopol, und werden wir stets gegen das Monopol sein. Wir gönnen der Stadt das ihrige, was sie auch nicht unterwegs durch Zufall gefunden, sondern was ihr durch große Intelligenz und durch ihr ausgezeichnetes Verständniß für dieses Gebiet des Handels zu Theil geworden ist. Also, meine Herren, wenn ich hinsichtlich der ganzen Sache zu einem Resumé meiner Anschauung kommen soll, so sage ich heute, diese Vorlage enthält in der That im Ganzen einen Fortschritt, es ist auch die Enquête nicht ohne Frucht an den Männern, die den Gesetzentwurf ausgebarbeitet haben, vorüber gegangen. Allein sie enthält immerhin noch einen Grundmangel. Es ist nicht möglich, daß man die inländische, vaterländische Produktion aufrecht erhält, wenn man sie so belastet, wie dies hier der Fall ist. Das muß ganz erheblich gemindert werden und wenn Sie das nicht thun, haben Sie einfach die Erschütterung des Wohlstandes, in manchen Fällen geradezu die Vernichtung des Wohlstandes dieser landwirthschafttreibenden, tabakbauenden Gegend herbeigeführt, ohne denselben für eine lange Reihe von Jahren durch irgend ein neues Mittel ersetzt zu haben.

Meine Herren, ich könnte Ihnen heute schon richtigere Zahlen nennen. Ich habe hier ein Gutachten von Sachkundigen, worunter namentlich Landwirthe vertreten sind, und diese sind der Meinung, daß man den Satz von 20 Mark für den Zentner inländischen Tabaks gegenüber einem Zollsatz von 50 Mark durchführen könne, ohne daß irgendwie die Fruchtbarkeit der Tabakpflanzung und der Erfolg im Handel und in der Fabrikation dadurch vermindert wird. Wir leben ja gegenwärtig in einer Zeit, in der man vor Allem gleichsam als eine moralische Parole deutscher Politik weithin verkündet: Schutz nach allen Richtungen. Wir wollen der Industrie, so weit sie es verdient, so weit sie nicht Schutz für Schwindelunternehmungen fordert, diesen Schutz gegen die Konkurrenz des Auslandes, soweit er im einzelnen Falle wirklich gerechtfertigt ist, geben. Allein, meine Herren, wenn Sie gleichsam als höchstes, oberstes Gesetz hier die Schutzpflichtigkeit des Staats für alle Ernährungsgebiete des Volkes proklamiren, so dürfen Sie nicht mit einem Male aufhören beim Tabakbau. Geben Sie dann auch unsern Bauern in der Pfalz einen Schutz gegen die Ueberfluthung durch wohlfeilen amerikanischen Tabak. Dieser steht dem pfälzischen Tabak so außerordentlich nahe, daß Sie, wenn der Zollsatz zu niedrig steht, unseren heimathlichen Tabakbau ruiniren, weil er dann keinen Absatz mehr findet.

Nun noch ein Wort. Es ist vorhin von der Lizenzsteuer gesprochen worden. Hierin harmonire ich vollständig mit dem Herrn Vorredner. Ich halte es für unmöglich, daß man eine Steuer, die höchstens 3 000 000 Mark abwirft, so anlegen kann, daß man gleichsam die Buchführung des Kaufmanns zu einem öffentlichen Gut für den Steuerbeamten macht. Das wäre ein zu tiefer Eingriff in das ja nicht willkürliche, sondern nothwendige und darum gerechtfertigte Geheimniß der kaufmännischen Buchführung. Ich sage also, eine so rücksichtslose Verletzung dieses nothwendigen Geschäftsbedürfnisses des Handelsmannes würde meines Erachtens eine der schwersten Schädigungen unter Umständen auf diesem Gebiete hervorrufen können, sie würde vor Allem Erbitterung im Uebermaße erzeugen. Die Lizenzsteuer ist meines Wissens ein russisches Steuerprodukt und ich habe keine große Begierde nach Nachahmung russischer Einrichtungen und Importirung derselben, auch darin nicht. Nur Rußland hat dermalen diese Einrichtung. Ich habe hier das Buch eines Monopolisten vor mir, die Finanzpolitik Lorenz Stein's. Auch er erwähnt der Lizenzsteuer als einer russischen Belastung. Wenn Sie aber eine Parallele mit Rußland ziehen wollen, so lassen Sie sich sagen: Bekanntlich haben die Russen schon längst den Tabak als ein vortreffliches Steuermittel erkannt. Was zieht nun Rußland noch heute an Zoll- und Steuerabgaben vom Tabak? 36,000,000 Francs. Sie entnehmen, das sind keine Summen, die so riesenhoch sind, daß man unwillkürlich an das Monopol erinnert würde. Wir Deutsche brauchen auch nicht die Dimensionen der Monopolerträgnisse. Wenn Sie neben der fiskalischen Rücksicht des Staates auch noch auf den Schutz Rücksicht nehmen wollen für die Landwirthschaft und den kleinen Gutsbesitz einer Bauernschaft, die durchaus nicht sozialdemokratisch angelegt ist, solange man sie in der Möglichkeit hält, diese reelle, solide Industrie des Hauses zugleich mit dem landwirthschaftlichen Betrieb zu besorgen und daraus zwar nicht reich zu werden, aber immerhin genügende Quellen des Wohlstandes zu finden. Wenn Sie diese schonen, werden Sie, meine Herren, in der That Lobreden nicht bloß für die Rücksichtnahme für eine einzelne Provinz ernten, sondern es wird Ihnen das Zeugniß mit Recht gegeben, daß Sie eine weise Finanzpolitik für das ganze Reich geübt haben, eine Finanzpolitik, welche auf die Dauer dem Reich große Summen erzielen wird, die unter Umständen auch später, — allerdings nicht von Jahr zu Jahr oder von Session zu Session, — sich noch steigern können. Im entgegengesetzten Fall würden Sie Verderben säen, was jetzt bei dieser Vorlage, wenn sie wirklich nach ihrem Wortlaut angenommen würde, nicht ausbliebe.

Die Nachsteuer ist, — lassen Sie mich nur noch ein kurzes Wort darüber reden, — eine von jenen Bestimmungen, die auch in Baden großes Aufsehen gemacht haben. Ich selbst wohne in einer Stadt von Kaufleuten und Tabakfabrikanten und habe allerdings noch keinen gehört, der vor der Nachsteuer nicht einen gewaltigen Respekt hätte; aber auf der anderen Seite habe ich doch auch intelligente Landwirthe gesprochen, welche ihrerseits der Meinung waren, daß es für sie auch eine Art von Monopolisirung des Erwerbs durch die Kaufleute bedeute, wenn man so ganz ohne alle Rücksicht bei der Abfassung des Steuergesetzes die Thatsachen, — ich spreche ja nur von den Thatsachen, die wir hier in Betracht ziehen müssen, — von fast 2 Millionen Importen außer Betracht lasse. Wir müssen einige Rücksicht auf diese Dinge nehmen. So fragt der kleine Bauer oder mittlere Fabrikant, wie soll er noch existiren, wenn diese Speicher, diese großen Räume voll und angefüllt sind mit amerikanischen Tabaken, so daß schlechtweg gar keine Aussicht vorhanden ist, in den nächsten Jahren den inländischen Erwachs abzusetzen. Aus dem Munde auch des mehr begüterten Bauern vernimmt man die sorgenvolle Frage, ob er den Tabak, den er künftig pflanze, auf den Mist werfen solle, bis einmal das mit ausländischem Erwachs gefüllte Lager der Großfabrikanten geleert sein werde.

Ich höre dies auch nicht bloß aus dem Munde des Finanzministers, sondern auch des intelligenten kleineren Gewerbetreibenden, — darin differire ich von meinem verehrten Herrn Vorredner, — aus dem Munde des mittleren Fabrikanten, der keine große Massen im Lager hat; denn das liegt ja in dem Gesetz der Nothwendigkeit der Dinge, daß wer ein kleiner Mann ist, überhaupt ein kleines Geschäft betreiben muß, weil er kein großes Vermögen hat. Er spekulirt auch nicht nach so viel tausenden von Zentnern, die Grenze ist hier einfach durch den Kredit und die Natur der Dinge geboten. Aber, meine Herren, das kann Ihnen nicht entgehen, daß in dem Augenblick, wo solch ein Steuergesetz, — Gott verhüte, daß die Zahlen so ganz unverändert bleiben, — hinausginge, so würden an demselben Tage die Vorräthe dieser Kaufleute, dieser Spekulanten, ich will sie im besten Sinne des Wortes so nennen, dieser importirenden Besitzer von so großen Massen plötzlich um das vier- bis fünffache im Preise steigen. Haben sie darauf einen höheren Anspruch? Nein! denn das braucht ihnen wenigstens der Staat unter Umständen nicht zu schenken.

Der Finanzminister behauptet, diese Thatsache sei seine Leistung; das Hinaufschnellen dieser Preise sei plötzlich durch den Staat allein herbeigeführt, und dann soll der Staat, dessen finanzielle Interessen vor allem unserer Obhut anvertraut sind, auch etwas daraus ziehen. 55 Millionen wäre freilich viel, aber es gibt sehr viele Rechner, die 75 Millionen ausrechnen.

Deshalb, sage ich, sind in der That hier die **sozialen** Verhältnisse in Berücksichtigung zu nehmen, welche sich unter Umständen zu einer Daseinsfrage für Viele gestalten. Unglücklicherweise sind unsere kleinen Fabrikanten draußen, die sich nur anlehnen an die größeren Fabriken, in ihrem Geschäftsbetriebe nicht so wohl ausgestattet, daß sie auch die schwierigsten Schädigungen im Kurse der Papiere sorgenfrei ertragen könnten, ohne Furcht bankerott zu werden. Schlimm wäre für sie schon, wenn eine leere Periode des Nichtthuns einträte, ja, noch schlimmer, wenn sie mit rein fruchtlosen Erfolgen arbeiten müßten! Wir müssen bei diesem Gesetze dafür sorgen, daß eine gewisse Annäherung des Vortheils, d. h. der Preise dieser großen Lager mit den Vorräthen der kleineren und mittleren Fabrikanten auch dem Erwachse der kleinen Landwirthe, der kleinen parzellirten Besitzer, die ich Ihnen schon geschildert habe, sich vertrage. Deshalb bin auch ich der Meinung des Herrn Marschall, daß hier einen billigen Ausgleich zu suchen es am besten wäre; — die Summe von 37 Mark ist sehr drückend, obschon sie eigentlich nur mechanisch ausgerechnet ist. Sie ist bloß eine Differenzialzahl, aber nicht die Zahl, von der die Motive reden, offenbar ein kleiner Druckfehler, der stehen geblieben ist, nachdem die Grundzahl der Zölle von 70 auf 60 2c. herabgemindert wurde. Ich bin der Meinung, daß eine so hohe Differenzialzahl, die plötzlich einen so wuchtigen Schlag von 37 Mark per Zentner auf diese großen Vorräthe führen würde, allerdings den Kredit auch der großen Fabrikanten, die bis jetzt viele Arbeiter beschäftigt haben, schwer erschüttern könnte. Meine Meinung ist daher, daß, wenn man hier in der That ein Uebergangsstadium finden sollte, welches Garantie bietet, daß unter den obwaltenden Umständen der Bauer und der kleine und mittlere Fabrikant nicht geschädigt wird durch den Großhändler und Großfabrikanten — wollte man als Schutz den Betrag von 37 Mark annehmen, dann wäre dieser Schutz zu groß; er ginge zu weit und es würde das Entgegengesetzte eintreten, daß der reiche Fabrikant, derjenige, der diese schweren Summen zu zahlen hat, seine Arbeiter entläßt, und, meine Herren, auch das können wir nicht ertragen. Ich brauche hier nicht an das Sozialdemokratengesetz zu erinnern, Sie wollen, daß wir von Innen heraus die Lage unserer Arbeiter verbessern, daß wir Schritt für Schritt für ihre Interessen besorgt seien, — seien Sie es auch hier! Ich kann daher nur sagen: ich werfe eigentlich mehr eine Frage auf, als daß ich die Frage in diesem Augenblick schon beantworten kann. Die Kommission, die diesen Gesetzentwurf zu bearbeiten hat, wird vor allem darauf ihr ernstestes Augenmerk richten müssen, durch eine gewisse Höherwerthung des inländischen Erwachses, sei es durch eine Suspendirung des Gesetzes für unsere Pflanzer auf eine gewisse Zeit, sei es auf eine andere Weise, den eigentlichen Ertrag, den Werth dieser mit der Nachsteuer auf der anderen Seite belasteten Vorräthe so herabzumindern, daß eine Konkurrenz, ein Nebeneinander noch existiren kann. Denn das werden Sie doch natürlich begreiflich finden, daß, wenn Sie den Einen nöthigen 40 oder 35 oder auch nur 30 Mark zu bezahlen, den inländischen Tabakbau, und auf der andern Seite steht ein Mann, der an sich mindestens ebenso werthvolle Tabake zu den allerkleinsten Summen allmählich losschlagen kann und wenn Sie bedenken, daß man ganz gut ein Tabaklager während einer Periode von 10 Jahren erhalten kann — meine Herren, wenn Sie diese Art von Konkurrenz, diesen furchtbaren Riß, diese Summe des Uebergewichts des importirenden Spekulanten über unsere Grundbesitzer eine Art Monopolisirung der Reichen über die minder Kreditfähigen zulassen — und es scheint mir fast, als wenn man in manchen Kreisen unserer hohen Versammlung noch nicht so ganz reiflich über diesen Punkt nachgedacht und die eigentlichen Verhältnisse noch nicht so miteinander in Parallele gestellt hätte — so würde ich um den Preis einer allerdings immerhin erheblichen Bereicherung des Staates sehr leicht entweder eine Arbeiterentlassung auf der einen Seite oder ein vollständiges Todtmachen des kleinen Fabrikanten durch den großen und des Bauern insbesondere durch den Importhandel in Sicht nehmen. Meine Herren, welchen Widerhall würde das finden draußen in der Pfalz oder in anderen Landestheilen? Sie werden selbstverständlich, wo die Fabrikation mehr vorwiegt, eine Art erbitterte Sprache gegen die Nachsteuer hören, wo die Landwirthschaft einen bedeutenden Theil der öffentlichen Zustände bildet, werden Sie eine sehr scharfe zurückweisende Kritik der Gegner des Entwurfs finden. Wir müssen einen gewissen Schutz haben, und ein Theil dieses Schutzes steckt in dieser Nachsteuer. Wir müssen Alles aufbieten, um einen richtigen Ausgleich zu finden, einen Ausgleich, in dem mir allerdings der konkurrirende Finanzminister in der That der am allerwenigsten berechtigte Partizipient wäre. Möge jeder das Seinige thun, so weit es möglich ist, ohne Schädigung des anderen zwischen der Fabrikation des Kleinen und des Mittleren und den Vortheilsabsichten des Kreditfähigen und Reichen, die richtige Linie zu finden.

Meine Herren, so sind diese Dinge gelagert. Ich habe die Ueberzeugung, daß dieses hohe Haus mit strengster Pflichttreue, mit schonender Hand, mit Vorsicht eine derartige Steuerfrage behandeln werde, denn das ist das höchste Gebot nicht bloß mit Rücksicht auf die Bevölkerung, die betheiligt ist, sondern auf die wichtigsten Interessen des Reiches, denn unsere künftige Finanzpolitik soll allerdings in diesem Gebiete eine ihrer stärksten Seiten haben. Lassen sie uns also nicht etwa die Adern des lebenskräftigen Körpers durchschneiden und schließlich einen Leichnam haben, wo es doch unsre Aufgabe wäre, ein gesundes, fortwirkendes Leben übrig zu lassen, ja sogar zu steigern in seiner Fruchtbarkeit und fortdauernd für uns Alle im Reiche große bedeutende Vortheile zu ziehen!

In diesem Sinne, meine Herren, möchte ich Sie bitten, lassen Sie den Geist der Mäßigung und Gerechtigkeit walten, halten Sie auf die Interessen der Finanzen, aber gedenken Sie auch derer, die diese Einnahmen bezahlen müssen.

(Bravo!)

Präsident: Es ist von zwei Seiten die Vertagung der Diskussion und der Sitzung beantragt, von dem Herrn Abgeordneten Baer (Offenburg) und von dem Herrn Abgeordneten Staelin.

Ich ersuche diejenigen Herren, welche den Vertagungsantrag unterstützen wollen, sich zu erheben.

(Geschieht.)

Die Unterstützung reicht aus.

Ich ersuche diejenigen Herren, aufzustehen, respektive stehen zu bleiben, welche die Vertagung beschließen wollen.

(Geschieht.)

Das ist die Mehrheit; die Vertagung ist beschlossen.

Ich würde vorschlagen, die nächste Plenarsitzung am Montag nächster Woche, Vormittag 11 Uhr, abzuhalten. Ich proponire als Tagesordnung:

1. Fortsetzung der ersten Berathung über die Tabaksteuergesetze;
2. erste und zweite Berathung des Entwurfs eines Gesetzes, betreffend den Uebergang von Geschäften an das Reichsgericht (Nr. 143 der Drucksachen);
3. erste und zweite Berathung des Uebereinkommens zwischen dem deutschen Reich nnd Großbritannien, betreffend das Eintreten des deutschen Reichs an Stelle Preußens in den Vertrag vom 20. Dezember 1841 wegen Unterdrückung des Handels mit afrikanischen Negern (Nr. 160 der Drucksachen);
4. Bericht der Wahlprüfungskommission über die Wahl im 5. Wahlkreis des Großherzogthums Hessen (Nr. 107 der Drucksachen);
5. Bericht der Wahlprüfungskommission, betreffend die Wahl im 4. Wahlkreis des Regierungsbezirks Marienwerder (Nr. 158 der Drucksachen);
6. mündlicher Bericht der 3. Abtheilung, betreffend die Wahl des Abgeordneten Mosle im Wahlkreis der freien Stadt Bremen (Nr 161 I der Drucksachen);
7. mündlicher Bericht der 3. Abtheilung, betreffend die Wahl des Abgeordneten Jaunez im 12. Wahlkreis von Elsaß-Lothringen — (Nr. 161 II der Drucksachen);
8. Bericht der Wahlprüfungskommission über die Wahl im 9. Wahlkreis von Elsaß-Lothringen (Nr. 164 der Drucksachen).

Meine Herren, außerdem würde ich die Abtheilungen bitten, am Montag nach dem Schluß der Plenarsitzung zusammenzutreten und zu wählen die Tarifkommission von 28 Mitgliedern und die Kommission für die Brausteuergesetze von 14 Mitgliedern. Ich nehme an, daß bis Montag die Vorbesprechungen und Erwägungen in dieser Beziehung von den verschiedenen Seiten des Hauses abgeschlossen sein können.

Dann, meine Herren, möchte ich doch auf die Lage unserer Geschäfte aufmerksam machen. Es sind gegenwärtig noch in Thätigkeit:

die 1. Kommission für die Geschäftsordnung,
die 2. Kommission für die Petitionen,
die 4. Kommission für die Rechnungen über den Reichshaushalt,
die 5. Kommission für die Wahlprüfungen,
die 6. Kommission zur Vorberathung des Entwurfs einer Gebührenordnung für Rechtsanwälte,
die 8. Kommission zur Vorberathung des Antrags des Abgeordneten Stumm, betreffend die Einführung von Altersversorgungs- und Invalidenkassen für alle Fabrikarbeiter,
die 10. Kommission zur Vorberathung des Antrags der Abgeordneten von Seydewitz und Genossen, betreffend die Abänderung der Gewerbeordnung,
die 11. Kommission zur Vorberathung des Gesetzentwurfs, betreffend das Faustpfandrecht für Pfandbriefe und ähnliche Schuldverschreibungen;
die 12. Kommission zur Vorberathung der von dem Abgeordneten Reichensperger (Olpe) und den Abgeordneten von Kleist-Retzow, von Flottwell und Freiherr von Marschall vorgelegten Gesetzentwürfe, betreffend den Wucher;
die 13. Kommission zur Vorberathung des Gesetzentwurfs, betreffend den Schutz nützlicher Vögel;
die 14. Kommission zur Vorberathung des Gesetzentwurfs über die Konsulargerichtsbarkeit.

Das sind 11 noch in der Arbeit begriffene Kommissionen. Dazu müssen noch gewählt werden nach den Beschlüssen des Hauses, die feststehen, 2 Kommissionen, und eine Kommission steht noch in Aussicht. Das wären also 14 Kommissionen, die arbeiten müssen.

Meine Herren, namentlich mit Rücksicht auf die Arbeiten der Tarifkommission scheint es mir, sobald wir die erste Berathung der Tabaksteuergesetze beendet haben, kaum möglich, alle Tage der Woche Plenarsitzungen zu halten; es wird nothwendig sein, daß eine Vertheilung der Arbeiten zwischen den Kommissionen und dem Plenum eintritt, und meiner Ueberzeugung nach wird dies am besten dahin getroffen werden, daß man in jeder Woche anfangs drei respektive vier Tage, später mehr, nur für das Plenum bestimmt und die Zwischentage, womöglich zwei Tage hinter einander, den Kommissionen und namentlich der Tarifkommission zur Arbeit überläßt. Ich glaube, das wird am besten die Arbeiten fördern. Es wird auch nicht eher möglich sein, die Arbeiten abzuschließen, als bis die Kommissionen für das Plenum berichtet haben. Ich erwähne das nur, um die Aufmerksamkeit des Hauses auf diese Sachlage zu richten, und stelle anheim, mir Vorschläge in dieser Beziehung aus der Mitte des Hauses zu machen, wie am besten die Plenarsitzungen, wenn wir diese erste Berathung geschlossen haben, angesetzt werden.

Zur Geschäftsordnung hat das Wort der Herr Abgeordnete von Benda.

Abgeordneter **von Benda:** Herr Präsident, nach den von verschiedenen Seiten des Hauses eingezogenen Erkundigungen werden wir nach den bisher getroffenen und nach den noch möglichen Dispositionen nicht genügend vorbereitet sein, um am Montag schon dieses sehr wichtige und schwierige Geschäft der Kommissionswahlen zu vollziehen. Ich stelle daher die sehr dringende Bitte, daß die Wahl dieser Kommissionen bis Dienstag ausgesetzt wird.

Präsident: Zur Geschäftsordnung hat das Wort der Herr Abgeordnete Windthorst.

Abgeordneter **Windthorst:** Ich meinestheils würde kein Hinderniß sehen, am Montag zu wählen. Wenn aber einige Fraktionen mit ihren Vorberathungen nicht fertig sind, so möchte ich die in keiner Weise drücken, auf der andern Seite aber bemerken, daß meine Freunde und ich jedenfalls wünschen würden, daß am Dienstag die Wahlen nicht stattfänden. Wir haben eine nothwendige Trauerpflicht zu erfüllen, die uns hindert, hier zu sein. Wenn es nicht anders sein kann, müssen die Wahlen am Mittwoch erfolgen.

Präsident: Meine Herren, wenn die Vorberathungen über die Kommissionswahlen noch nicht abgeschlossen sind, so muß ich allerdings meinen Vorschlag, daß die Abtheilungen Montag zusammentreten, zurücknehmen; ich möchte nur dringend bitten, doch die Vorberathungen so viel wie möglich zu beschleunigen, denn der ganze Fortgang der Geschäfte hängt von der Wahl dieser Kommissionen ab.

(Sehr richtig!)

Sodann, meine Herren, konstatire ich, daß gegen den vorgeschlagenen Tag und die vorgeschlagene Stunde der Sitzung und gegen die vorgeschlagene Tagesordnung Widerspruch nicht erhoben worden ist. Es findet also die nächste Plenarsitzung mit der vorgeschlagenen Tagesordnung Montag Vormittag 11 Uhr statt.

Ich schließe die Sitzung.

(Schluß der Sitzung 4 Uhr.)

Druck und Verlag der Buchdruckerei der Nordd. Allgem. Zeitung. Pindter.
Berlin, Wilhelmstraße 32.

43. Sitzung

am Montag, den 12. Mai 1879.

Die Sitzung wird um 11 Uhr 35 Minuten durch den Präsidenten Dr. von Forckenbeck eröffnet.

Präsident: Die Sitzung ist eröffnet.

Das Protokoll der letzten Sitzung liegt zur Einsicht auf dem Büreau offen.

Seit der letzten Plenarsitzung ist in das Haus eingetreten und zugeloost worden:

der 1. Abtheilung der Herr Abgeordnete Lang.

Ich habe Urlaub ertheilt: dem Herrn Abgeordneten Dr. Günther (Nürnberg) für acht Tage wegen dringender Geschäfte, — für einige Tage, nicht über acht Tage, dem Herrn Abgeordneten Kuntzen wegen Unwohlseins, — dem Herrn Abgeordneten Jäger (Nordhausen) für drei Tage wegen Unwohlseins.

Entschuldigt für heute ist der Herr Abgeordnete von Seydewitz; es sind ferner entschuldigt der Herr Abgeordnete von Puttkamer (Schlawe) und der Herr Abgeordnete Richter (Meißen) für heute und morgen wegen dringender Geschäfte.

Als Kommissarien des Bundesraths werden der heutigen Sitzung beiwohnen:

1. bei der Berathung des Gesetzentwurfs, betreffend den Uebergang von Geschäften auf das Reichsgericht,
   der Geheime Regierungsrath Herr Ittenbach;
2. bei der Berathung des Uebereinkommens zwischen dem deutschen Reich und Großbritannien; betreffend das Eintreten des deutschen Reichs an Stelle Preußens in den Vertrag vom 20. Dezember 1841 wegen Unterdrückung des Handels mit afrikanischen Negern,
   der Geheime Legationsrath Herr Reichardt.

Der Herr Abgeordnete Freiherr von Pfetten zeigt seinen Austritt aus der Petitionskommission an. Derselbe war von der 4. Abtheilung gewählt, und ersuche ich daher die 4. Abtheilung, ein neues Mitglied für die Petitionskommission zu wählen.

Ebenso muß an Stelle des verstorbenen Abgeordneten Dr. Rieper von der 4. Abtheilung ein Mitglied für die Wahlprüfungskommission gewählt werden.

Der Herr Abgeordnete Baer (Offenburg) zeigt an, daß er zum Oberlandesgerichtsrath und zwar vom 1. Oktober d. J. ab ernannt worden sei, und knüpft daran die Frage über die Fortdauer seines Mandats. Ich schlage vor, auch dieses Schreiben, wie die übrigen derartigen Schreiben, an die Geschäftsordnungskommission zur Berichterstattung zu überweisen. — Das Haus widerspricht dem nicht; es wird so verfahren.

Wir treten in die Tagesordnung ein.

Erster Gegenstand der Tagesordnung ist:

> **Fortsetzung der ersten Berathung des Entwurfs eines Gesetzes, betreffend die Besteuerung des Tabaks** (Nr 136 I der Drucksachen),
> und der damit verbundenen
> **ersten Berathung des Entwurfs eines Gesetzes, betreffend die Erhebung einer Nachsteuer vom Tabak und von Tabakfabrikaten** (Nr. 136 II der Drucksachen).

Ich eröffne die vertagte erste Berathung über Nr. 1 und 2 der Tagesordnung wiederum hiermit und ertheile das Wort dem Herrn Abgeordneten von Schmid (Württemberg).

Abgeordneter **von Schmid** (Württemberg): Meine Herren, ich möchte glauben, daß die letzten Samstag gehörten Reden der beiden Herren Abgeordneten aus Baden, von Marschall und Kiefer, deutlich zeigen, wie schwer es ist, in einer so großen Interessenfrage der Versuchung zu widerstehen, einen mehr einseitigen Gesichtspunkt zu stark zu betonen. Dabei anerkenne ich ausdrücklich, daß die betreffenden Herren an sich legitime Interessen vornehmlich des Tabakbaues vertreten haben und vertreten mußten, aber auf der anderen Seite steht soviel fest, daß mit der besonderen Betonung und Hervorhebung eines mehr einseitigen Interessestandpunktes das schwere Problem der Reichssteuerreform nicht gelöst werden kann; denn es müssen die hier sich allerdings vielfältig und stark durchkreuzenden Interessen des Reichsfiskus, der Tabakbranche einschließlich des Tabakbaus, und insbesondere auch der Konsumenten, ihre richtige Vermittelung suchen, und es muß diese richtige Vermittelung auch gefunden werden.

Meine Herren, als ich die Reden der beiden Herren Abgeordneten aus Baden nach ihrem Totaleindrucke mir vergegenwärtigte, blieb für mich, und das scheint auch bei anderen Kollegen der Fall gewesen zu sein, unwillkürlich die Frage übrig, wo bleibt dann das Geld, wenn eine so große und allseitige Abschwächung der Gesetzvorlage in allen wichtigen Theilen sich vollziehen sollte.

(Sehr richtig!)

Auf diesen Standpunkt werden wir uns wohl kaum stellen wollen, wenn wir, wie gesagt, das Problem einer richtigen Ausgleichung aller betheiligten Interessen eben lösen wollen. Soviel, meine Herren, steht fest, daß die Tabakbranche, welche umfaßt einen jährlichen Verbrauch von nahezu 1½ Millionen Zentner, mit einem Verkaufswerthe von 225 bis 250 Millionen, ich sage, daß diese Branche an und für sich geeignet ist, wie kein anderer Artikel, wie kein anderes Steuerobjekt, das Hauptziel der Steuer- und damit auch der Finanzreform im Reiche und in den einzelnen Bundesstaaten zu effektuiren. Daneben kommt in Betracht die weitere Rücksicht, daß eine relative Gleichheit, ein gewisses rationelles System in unsere indirektes Steuersystem gebracht werden muß; denn was sollen wir sagen, wenn aus dem Tabak bis jetzt nur erhoben worden ist rund die Summe von 14 Millionen, während aus der Salzsteuer das 2½fache, 35 Millionen, und aus dem Rübenzucker das Dreifache mit 45 Millionen eingezogen worden ist. Meine Herren, es ist auch ein Postulat der ausgleichenden Gerechtigkeit, diese relative Gleichheit der Steuerquellen in anderer Weise herzustellen. Vom Standpunkt der beiden badischen Abgeordneten aus wird dieses Ziel in keiner Weise erreicht werden, und ich möchte der Meinung sein, daß diese Herren mit der Absicht, welche sie verfolgen, aber schließlich den Interessen, welche sie vornehmlich zu vertreten glauben, keinen besonderen Dienst leisten würden; denn soll die Frage überhaupt auf absehbare Zeit gelöst werden, so muß es sich in einer richtigen Ausgleichung dieser nach allen Seiten engagirten großen Interessen eben vollziehen, sonst kehrt sie wieder, sie erneuert sich unter dem Druck und der Macht der Umstände, das scheint mir ganz sicher zu sein.

(Sehr richtig!)

Meine Herren, nun bin ich in der Lage, mit dem Herrn Abgeordneten Kiefer noch eine besondere kleine Auseinandersetzung zu haben. Wenn derselbe nämlich andeuten zu müssen geglaubt hat, daß sich das Verständniß und die Stellung der einzelnen Regierungen und wohl auch der einzelnen Abgeordneten in dieser Frage nach dem Umfange des Tabakbaues und der Tabakbranche in den einzelnen Bundesstaaten richte, und hierbei ausdrücklich Bezug genommen hat auf das Verhältniß zwischen Württemberg und Baden, so möchte ich doch glauben, daß es wohl richtiger gewesen wäre, wenn der Herr Abgeordnete das freundnachbarliche Verhältniß zwischen Württemberg und Baden nicht in diesem Tone zum Ausdruck gebracht hätte. Hierbei muß ich aber eigens konstatiren, wie man auch in Württemberg diese Frage nicht unter dem spezifisch schwäbischen Interessenstandpunkt auffaßt, sondern daß man auch dort unter dem weiten deutschen Gesichtskreise diese Frage zu erfassen wenigstens ehrlich sich bestrebt hat. Meine Herren, welches ist nun dieser weitere deutsche Gesichtskreis? Der Herr Abgeordnete Kiefer hat geglaubt, er müsse den Geist Matthys zitiren, um gewissermaßen einen Zeugen gegen das Monopol finden zu können. Es ist nun aber so viel richtig und scheint mir nach der objektiven Lage der Dinge kaum bestritten werden zu können, daß, wer schon in den Jahren 1868/1870 mit Rücksicht vornehmlich auf die Finanzlage für das Monopol sich erklärt hat, — daß der unter dem Druck der jetzigen Finanzlage des Reichs und der Einzelstaaten eigentlich dreimal mehr Gründe hätte, sich für das Monopol zu entscheiden. Es scheint mir das die richtige Diagnose zu sein, wobei ich die bessere Kenntniß der Individualität allerdings dem Herrn Abgeordneten Kiefer zuerkennen muß.

Meine Herren, glauben Sie nun nicht, daß ich heute ein Plaidoyer halten werde für das Monopol, ich kenne und schätze die Vorzüge des Monopols, aber es sind mir auch die Hindernisse wohl bekanut, welche der Einführung und Durchführung des Monopols zur Zeit wenigstens mit vollem Schwergewicht entgegenstehen.

(Zuruf: Die Reichstagsmehrheit!)

— Ja, die Reichstagsmehrheit oder vielmehr die Stimmung im Reichstag ist, wie ich dem Herrn Abgeordneten Baer (Offenburg) zugestehe, das Haupthinderniß; dann kommt aber noch ein anderes wesentlich dazu, nämlich daß dasjenige statistische Material, welches ich als beinahe unerläßliche Vorbedingung der Inangriffnahme dieser wichtigen Frage ansehen würde, durch die Enqnete nicht in dem Umfange geliefert worden ist, wie es hätte geliefert werden müssen, und wie es auch geliefert worden wäre, wenn derjenige Gesetzentwurf angenommen worden wäre, welcher damals von dieser rechten Seite des Hauses vorgelegt worden ist. Damit aber, meine Herren, daß Sie den Zwang in Absicht auf die Enquete vollkommen ausgeschlossen haben, haben Sie die Enquete verhindert, dasjenige Material zu liefern, welches gewissermaßen eine unerläßliche Vorbedingung zur vollständigen Kenntniß des Umfangs der Tabakindustrie und des Tabakbaues bildet.

Demnächst aber, meine Herren, möchte ich noch der Meinung sein, und es stimmen hier viele meiner politischen Freunde mit mir überein, daß die Zeit, wo man bestrebt ist, der deutschen Industrie in allen ihren Theilen und nach allen Seiten einen höheren Aufschwung zu verschaffen, logisch und praktisch nicht recht dazu angethan zu sein scheint, bezüglich derjenigen Industrie, welche im deutschen Reiche vornehmlich blüht, gewissermaßen die Aufhebung zu dekretiren. Meine Herren, wir sind objektiv genug, um das anzuerkennen, ich muß aber hier ausdrücklich konstatiren, daß ein größerer Theil meiner politischen Freunde überhaupt prinzipiell und grundsätzlich Gegner des Monopols sind; immerhin aber wird sich die Frage, wieviel aus dem Tabak zu ziehen ist, nach der Tragfähigkeit des Artikels und vornehmlich auch nach dem Umfange des finanziellen Bedürfnisses des Reichs zu bestimmen haben. Ueber die Tragfähigkeit des Artikels habe ich schon vorher die meines Erachtens maßgebenden Gesichtspunkte angegeben.

Nun gestatten Sie mir noch den finanziellen Umfang des Bedürfnisses für das Reich und die Einzelstaaten unter einem weiteren und neuen Gesichtspunkt darzulegen, gewissermaßen zur Ergänzung dessen, was bis jetzt vorgetragen worden ist. Meine Herren, während man im Jahre 1872 noch im deutschen Reiche im ordentlichen Ausgabebudget nur 300 Millionen hatte, so hat sich inzwischen das ordentliche Ausgabebudget um mehr als 100 Millionen gesteigert. Die Einnahmen aber gingen nicht pari passu, hielten nicht gleichen Schritt, sondern sind nur gestiegen um rund 30 Millionen.

Dazu kommt aber wesentlich, daß die Bedürfnisse des Reichs nicht etwa bloß transitorischer, vorübergehender Art sind; sondern nach der Zweckerfüllung derselben mehr bleibender Art zu sein scheinen. Deshalb ist es denn auch gekommen, daß die Etatkonstruktion schon seit mehreren Jahren — das bekenne ich hier offen auch als Mitglied der Budgetkommission — eine ziemlich künstliche war, daß es nur möglich wurde, das Budget unter wesentlich gleich hohen Matrikularbeiträgen dadurch zu balanziren, daß man außerordentliche Mittel und Ueberschüsse zur Verfügung hatte.

Meine Herren, diese Suchmethode ist jetzt mehr zu Ende gekommen, weil jetzt fast alle die Töpfe geleert sind, die früher zur Verfügung gestanden haben. Deshalb ist in der Budgetkommission stets das Bedürfniß hervorgetreten und die Hoffnung, daß wir nur dadurch in normale finanzielle Verhältnisse wieder hineinkommen, wenn eine Steuer- und Finanzreform im großen Stile im Reiche sich vollziehe.

Nun ist es ja aber richtig, daß das Reich an und für sich ein Defizit nicht haben kann. Allein es ist wahr das Wort des Fürsten Bismarck, welches er in seiner großen Eingangsrede ausgesprochen hat, daß die Finanzen des Reichs in einem organischen Zusammenhang mit den Landesfinanzen stehen und umgekehrt, und das nicht etwa bloß in der Richtung, daß die Einzelstaaten das Defizit durch Matrikularbeiträge zu decken haben, sondern vornehmlich auch in der Richtung, — und das bitte ich scharf ins Auge zu fassen — daß das Steuergebiet der Einzelstaaten dadurch, daß das Reich das große und ergiebige Feld der indirekten Steuern fast ganz an sich gezogen hat, wesentlich eingeschränkt ist. Die Einzelstaaten sind gehindert in der Ausbeutung derjenigen Steuerquellen, welche ihnen sonst und früher zur Verfügung gestanden hatten.

Meine Herren, daß ist die tiefere Ursache, aus welcher sich die Schwierigkeit der Finanzlage in den Einzelstaaten zu gutem Theil erklärt. Man hat gefragt, warum werden in dieser Beziehung nicht bestimmte und positive Ziffern gegeben? Meine Herren, man kann im allgemeinen sagen, daß das Defizit, das offene und vielleicht auch latente Defizit in den einzelnen Bundesstaaten mindestens in jedem derselben beträgt die Summe der Matrikularbeiträge. Ich bin in der Lage, Ihnen in Absicht auf Württemberg ganz bestimmte und genaue Ziffern anzugeben. Ich thue das nicht, weil ich glaube, daß die Finanzlage Württembergs ein entscheidender Faktor sein könne für die Richtung der Steuerreform im deutschen Reiche und für ihre Schlußentscheidung, sondern ich glaube, es deshalb thun zu müssen, weil sich in dieser Finanzlage Württembergs gewissermaßen wiederspiegelt mehr oder weniger die Finanzlage aller übrigen deutschen Bundesstaaten.

Meine Herren, wie verhält sich das nun in Württemberg? Das Ausgabebudget ist vom Jahre 1870 bis 1878/79 gestiegen um rund 11½ Millionen. Die vornehmlichen Faktoren dabei sind die Matrikularbeiträge, die Ausgaben für die Eisenbahnen und den Kultetat. Meine Herren, die Einnahmen aber haben sich entfernt nicht in diesem Betrage vermehrt, sondern sind um viele Millionen dagegen zurückgeblieben und zwar in dem Maße, daß das dermalige Defizit auf zwei Etatsjahre — diese Ziffer können Sie als eine sichere annehmen — beträgt rund 15½ Millionen, also im wesentlichen ziemlich genau die Summe der Matrikularbeiträge pro Jahr.

Ja, meine Herren, wie verhält es sich nun mit der Möglichkeit, dieses Defizit durch Steuern zu decken? Hier muß ich Ihnen erklären, daß die direkten Steuern bei uns aus Grund und Boden, Gebäuden, Gewerben und aus Dienst- und Kapitaleinkommen für den Staat beträgt allein die Summe von über 12 Millionen, für die Gemeinden und Korporationen aber — und das bitte ich Sie ins Auge zu fassen auch für die anderen Staaten, indem Sie mutatis mutandis die Ziffern gütigst übertragen wollen — rund die Summe von 13 Millionen, also 2 Prozent fast noch mehr als für den Staat.

Meine Herren, diese Ziffern sind meines Erachtens maßgebend nicht bloß etwa für die württembergischen Zustände, sondern im wesentlichen auch für die Verhältnisse der anderen deutschen Bundesstaaten. Es ist also eine Unmöglichkeit, möchte ich sagen, die direkten Steuern noch zu steigern, und es bleibt nichts anderes übrig, als daß das Defizit in den einzelnen Bundesstaaten bestritten wird durch Aufnahme von *Anleihen*, sei es in dieser oder jener Form.

Meine Herren, auch in Bayern scheint man in einer ähnlichen Lage sich zu befinden, denn schon vor mehreren Jahren wurde dort eine Schuld aufgenommen, ein Anlehen von zirka 12 Millionen zur „*Beschaffung*“ eines sogenannten Betriebsfonds und erst im letzten Etat eine Summe von 8 Millionen zur „*Vermehrung*“ dieses Betriebsfonds; mit anderen Worten im wesentlichen zur Deckung der *laufenden* Ausgaben.

Meine Herren, wenn nun das aber die Lage ist, — und hierfür sprechen die konkreten Ziffern — dann werden wir uns nicht damit abfinden können, daß eben eine verhältnißmäßig nur so kleine Summe aus demjenigen Steuerartikel entnommen wird, welcher nach unserem Erachten der *tragfähigste* ist und bleiben wird.

Meine Herren, nun sind wir alle, meine politischen Freunde und ich, der Meinung, daß unter allen Umständen zu vermeiden wäre eine *dilatorische* Behandlung dieser großen Steuerreformfrage, und zwar aus ganz verschiedenen Gesichtspunkten. Eine dilatorische Behandlung verträgt einmal vor Allem nicht die Finanzlage des Reichs und der einzelnen Staaten, wie ich sie so eben in nuce darzulegen mich bemüht habe. Dann aber ist es die Rücksicht auf die Industrie, sowie den Tabakbau, welche verhindert, daß eine längere Prolongation in Absicht auf die Erledigung dieser Steuerfrage eintritt. Meine Herren, hierin sind auch die Interessenten vollständig einverstanden, denn in ihren verschiedenen Versammlungen und in ihren verschiedenen Beschlüssen haben sie diesen Gesichtspunkt vornehmlich vorangestellt. Auch bekenne ich Ihnen offen, meine Herren, wie es mir wesentlich auch eine finanzpolitische Rücksicht zu sein scheint, welche die endliche Erledigung dieser Frage dringend anräth. Meine Herren, es besteht jetzt eine gewisse starke Strömung für das indirekte Steuersystem und ich zu meinem Theile bin der Ansicht, daß diese Strömung eine berechtigte ist, aber ob diese Strömung eine bleibende sein wird, diese Frage scheint mir eine ziemlich offene zu sein, wobei wir besser thun werden, wenn wir, vorausgesetzt die Ueberzeugung, daß durch Vermehrung der indirekten Steuern die Finanzfrage zu reguliren sei, heute dieses Werk der Reform durchführen, als erst morgen.

Das sind im Wesentlichen die Gründe, welche gegen die dilatorische Behandlung sprechen. Wir müssen das Damoklesschwert beseitigen, welches bis jetzt über der Tabakindustrie geschwebt hat. Ich glaube auch, daß wir nicht wollen können und dürfen, daß in Folge der durch solche Verzögerungen eingetretenen vielseitigen Schädigungen auf den Ruinen der Tabakbranche sich schließlich ein anderes Steuersystem aufbauen würde.

Meine Herren, wenn die Sache aber so liegt, so wird es sich nur darum handeln können, welches System der Besteuerung ist einzuführen. Nachdem das Monopol zur Zeit als nicht opportun ausscheiden muß, bin ich der Meinung, daß das Gewichtssteuersystem das einzige ist, welches sich praktisch eignet. Ueber die Fabrikatssteuer und über das Rohtabakmonopol spreche ich kein Wort. Hierüber hat meines Erachtens der preußische Herr Finanzminister in seiner letzten Rede das Nöthige und Angemessene bemerkt. Das Gewichtssteuersystem aber hat drei Vorzüge, welche uns wohl nöthigen könnten, uns *für* dasselbe zu entscheiden. Einmal schließt es sich an die bisherige Besteuerungsform am nächsten und besten an. Demnächst aber, meine Herren, führt es bloß diejenigen Kontrolmaßregeln in seinem Gefolge, welche überhaupt unerläßig nothwendig sind, und jedenfalls einen viel geringeren Kontrolapparat als jedes andere Steuersystem. Und was die Hauptsache ist — die Gewichtssteuer läßt die *Richtung* und *Entwickelung* nach anderen Seiten und anderen Besteuerungsformen zu, schließt sie jedenfalls nicht aus, während jedes andere System, wenn es je Fiasko machen sollte, nur unter *verheerenden* Wirkungen rückgängig und der Uebergang zu einer anderen Steuerform möglich gemacht würde. Deshalb — aus diesen drei maßgebenden Gesichtspunkten — werden wir uns wohl *für* das Gewichtssteuersystem mehr entscheiden müssen.

Meine Herren, nun fragt es sich aber im Wesentlichen, nach welchen Rücksichten und Richtungen das zu machen ist. Hierbei kommen vor allem in Betracht die *Höhe* der Sätze, das *Differenzverhältniß* derselben und das *Subjekt* der Steuer. Gestatten Sie mir über diese drei Punkte noch eine kurze Ausführung. Der Herr Abgeordnete von Marschall hat bemerkt, daß die Höhe der Sätze eigentlich das Wesentlichste und das Elementarste wäre. Ich bin nun zunächst der Meinung, daß sich die Höhe der Sätze wesentlich bestimmen wird durch die Frage: *welche Summe will man aus dem Tabak erzielen und bis zu welcher Höhe ist dieser Artikel tragfähig?* In dieser Beziehung muß man nun sagen, daß man die Sätze fast mit Bestimmtheit weiß, wenn man zum Beispiel die Summe von 60 Millionen oder 50 Millionen Mark erreichen will. Die Reichsregierung hat bei ihren Sätzen nicht eine oberflächliche Rechnung, wie Herr Freiherr von Marschall gesagt hat, aufgemacht, sondern diese Rechnung scheint mir nach einer sorfältigen Prüfung der Ziffern eine sehr richtige zu sein. Im Gegentheil bin ich der Meinung, daß bei den Sätzen von 60 und 40 Mark, wie das die Regierung vorgeschlagen hat, sich eher ein größerer Betrag ergeben wird, als die Reichsregierung angenommen hat. Meine Herren, sollten Sie nun der Ansicht sein, daß mit einer geringeren Summe auszukommen wäre, sollten Sie der Meinung sein, daß die Summe von 50 Millionen schon reichen würde, dann werden Sie diese Sätze noch reduziren können, Sie werden zurückgehen können jedenfalls auf Sätze bis zu 50 und bis zu 30 Mark. Meine Herren, das steht fest, daß man mit solchen Sätzen jedenfalls noch ein sehr schönes finanzielles Resultat erzielen würde, und ich bin der Meinung, daß die Tabakbranche, Bau und Industrie, diese Sätze auch ertragen könnte, wobei ich allerdings zu konstatiren habe, daß nicht alle meine politischen Freunde diese Ansicht theilen. Meine Herren, ich muß offen bekennen, daß niemand in der Lage ist, mit Bestimmtheit anzugeben, welches Verhältniß eigentlich in Absicht auf die *Differenz* der Sätze zwischen importirtem und im Inland produzirtem

Tabak das richtige ist. Ziffernmäßig kann das niemand mathematisch bestimmen, sondern es ist gewissermaßen mehr Sache des Gefühls, der Intuition, wenn Sie mir diesen Ausdruck gestatten wollen.

Nnn hat die Reichsregierung vorgeschlagen, daß die Differenz 20 Mark bilden soll. Meine Herren, diese 20 Mark haben für mich, möchte ich sagen, eine historische autoritative Bedeutung, Sie erinnern sich, daß im vorigen Jahre in dem von dem Herrn Minister Camphausen vornehmlich vertretenen Gesetzentwurf eigentlich nur der Unterschied mit 12 Mark festgestellt war; dagegen haben die bayerische und badische Regierung, welche insonderheit dazu berufen waren, die Interessen ihrer Länder in dieser Beziehung zu vertreten, geltend gemacht, daß das Verhältniß von $22\frac{1}{2}$ für fermentirten inländischen Tabak, von 42 für ausländischen das richtige wäre. Hier haben Sie also die Ziffer von $19\frac{1}{2}$, so ist von den betreffenden Regierungen selbst diese Differenz als richtig anerkannt worden; ich glaube, wir hätten darauf einiges Gewicht zu legen. Demnächst aber muß ich konstatiren, daß auch die Tabakinteressenten, und namentlich die Tabakfabrikanten auf ihrer Kasseler Konferenz und bei anderen Gelegenheiten, diese Differenzziffer von $19\frac{1}{2}$ also rund 20 als ein richtiges, adäquates Verhältniß bezeichnet haben. Wir haben also hier gewissermaßen ein *sachverständiges* Urtheil für die Richtigkeit dieses Satzes und ich möchte der Meinung sein, daß die Kommission, an die doch diese Vorlage verwiesen wird, diese Thatsache scharf ins Auge fassen möchte. Meine Herren, es stimmt diese Ziffer auch im wesentlichen überein mit den Preisen und Werthverhältnissen, wenigstens im Durchschnitt, zwischen den hier konkurrirenden inländischen und importirten Tabaken, denn Sie können aus dem Enqueteberícht ersehen, wie dieses Werthverhältniß eigentlich in der Ziffer 15 zum Ausdruck gelangt. Wenn man nun als Differenz 20 Mark bestimmte, so begibt man sich bereits ab von dem Preis und Werthverhältniß der *konkurrirenden* Tabake — und darauf kommt es an — zu Gunsten des inländischen Tabakbaues. Meine Herren, ich will aber damit nicht ausgesprochen haben, daß über diese Frage nicht noch näher Grund zu machen wäre und daß diese Frage nicht noch Gegenstand der sorgfältigsten Erwägung in der kommissarischen Berathung werden sollte. Das aber, meine Herren, steht fest, daß, wenn Sie in dieser Frage eine zu große, emense Differenz statuiren, Sie in die Gefahr kommen, daß der inländische Tabakbau zu sehr begünstigt wird im Verhältniß zu dem importirten Tabak, und das hat dann die Wirkung einer *Kollision* der Interessen des Reichsfiskus mit dem Tabakbau. Meine Herren, je mehr sich der inländische Tabakbau ausdehnen würde, um so geringer würden die Einnahmen des Reichs aus der Tabaksteuer sein. Das sind finanzielle Korrelate und Konsequenzen, welche ja luce clarius sind.

Meine Herren, ich möchte der Meinung sein, daß die Feststellung dieses Differenzverhältnisses der Schwerpunkt der ganzen Frage ist und daß gerade deshalb dasselbe die sorgfältigste Behandlung in der Kommission und später noch im Hause erfahren sollte.

Nun muß ich noch auf einen Umstand hinweisen, welcher auch schon in der Generaldiskussion zu betonen sein dürfte. Meine Herren, unter dem importirten Tabak befindet sich ein großes Quantum sogenannten Stengeltabaks, über 100 000 Zentner jedes Jahr, und dieser sogenannte Stengeltabak, welcher vornehmlich zu Rauchtabak hauptsächlich im Süden verbraucht wird, hat einen Werth im Durchschnitt von 12 bis 15 Mark. Es wird deshalb Gegenstand eingehender Erwägung sein müssen, ob nicht zu Gunsten dieser Sorte ein Unterschied zu machen wäre gegenüber den sonstigen Sorten importirten Tabaks. Meine Herren, ich weiß wohl, daß hauptsächlich zwei Hindernisse entgegenstehen, einmal ist es das finanzielle Fazit, dann aber die Kollission zwischen diesem importirteu Stengeltabak und der inländischen Tabakkultur. Meine Herren, es wird sich fragen, ob diese Hindernisse nicht zu beseitigen wären, jedenfalls wäre dies ein Gegenstand, der eine besondere Aufmerksamkeit verlangt.

Meine Herren, es wird sodann noch wesentlich in Betracht zu ziehen sein das Subjekt der Besteuerung. Es ist das ein Punkt, auf welchen namentlich Freiherr von Marschall schon Rücksicht genommen hat, und ich habe die Freude, in dieser Beziehung mit ihm im wesentlichen übereinzustimmen. Meine Herren, in der Vorlage, welche uns der Herr Minister Camphausen seiner Zeit gemacht hat, ist der Frage des Subjekts der Besteuerung zu wenig Rechnung in dem Sinne getragen, daß eben die Steuerleistung im wesentlichen verbleiben sollte bei dem inländischen Tabakbauer, dem inländischen Planteur. Es ist nun aber das ein Moment, welches meines Erachtens fast so schwer wiegt, als die Frage der Höhe der Steuersätze und ihres Differenzverhältnisses. Meine Herren, schon bei der Berathung jenes Camphausenschen Gesetzentwurfs wurde in der Mitte des Hauses diese Frage in der von mir bezeichneten Richtung in die Debatte gezogen und man kann der Reichsregierung gegenüber anerkennen, daß sie in ihrer neuen Vorlage den damals geäußerten Bedenken in einem gewissen Maße Rechnung getragen hat. Ob wir aber hier nicht noch weiter zu gehen haben, das wäre die Frage. Es wird namentlich zur Erwägung stehen, ob nicht geradezu der *Grundsatz* auszusprechen wäre, daß der Tabakbauer *nicht* die Steuer trägt, sondern der *erste* Erwerber des Tabaks. Wenn wir diesen Grundsatz aussprechen, dann verschwindet eine ganze Summe von Bedenken, welche von Seite derjenigen Herren Abgeordneten aus denjenigen Ländern getragen wird, in welchen der Tabakbau vornehmlich zu Hause ist. Ich bin auch der Meinung, daß diese Frage praktisch wesentlich in dem Sinn, wie die betreffenden Herren selbst wollen, zu lösen sein werde. Damit, daß man bloß einen Steuerkredit gewährt, ist es nicht gethan, sondern es kann hier nur geholfen werden, wenn die Steuerpflicht grundsätzlich devolvirt wird.

Uebrigens ist das ein Punkt, welcher einer sehr eingehenden und genauen Erwägung bedarf; dieser Punkt ist mehr technischer Art, und ich bin deshalb der Meinung, daß die Generaldiskussion hier eigentlich nur den Wegweiser aufstellen kann, ohne sich auf die Spezialitäten dieser delikaten, intrikaten Materie des näheren einzulassen.

Meine Herren, meine politischen Freunde und ich stehen also mit wenigen Ausnahmen dem Gesetzentwurf an und für sich nicht gegnerisch gegenüber, wir haben im wesentlichen das Bedürfniß, daß diese Frage der Tabaksteuerreform endlich und womöglich auf eine längere Dauer zur Lösung gebracht wird.

Nun gestatten Sie mir noch einige Worte über die Lizenzsteuer und die Nachsteuer. Die Frage der Lizenzsteuer würde wohl kaum an dieses Haus und vor die Nation getreten sein, wenn der Enqueteberícht diejenigen Ergebnisse geliefert hätte, welche von ihm zu erwarten waren. In dieser Beziehung erlaube ich mir vor allem darauf zu verweisen, was ich schon früher bemerkt habe. Ich möchte fast der Meinung sein, daß die Lizenzsteuer gewissermaßen zufälligen Ursprungs ist, aber das muß konstatirt werden, wie es die *Ergänzung* des Enquetematerials einerseits und die *Kontinuität* dieses Materials andrerseits gewissermaßen gebieterisch verlangt, daß irgend eine Maßnahme in dieser Richtung getroffen wird. Lehnen wir aber die Lizenzsteuer ab, so wird das auf einem anderen Wege — und ich halte solchen für möglich — zu geschehen haben.

Was nun die Lizenzsteuer speziell nach ihrem inneren Inhalt und nach ihrer technischen Seite anbelangt, so findet sie auf unserer Seite sehr wenig Sympathie, das muß ich offen aussprechen. Sie provozirt namentlich dadurch, daß sie die Führung bestimmter Geschäftsbücher und dereu Einsicht durch die Steuerbeamten fordert, eine solche Summe von

Odium, daß man sich vor allem die Frage vorlegen muß: ist die Lizenzsteuer den Haß werth, den sie eigentlich herausfordert? Meine Herren, in finanzieller Beziehung entschieden nicht, denn sie bringt bloß die Summe von ungefähr 3 Millionen; und in Hinsicht auf die übrigen Zielpunkte kann durch andere Maßregeln ein Surrogat für sie gefunden werden. Wir stehen deshalb fast ohne Ausnahme auf dem Standpunkt, der Lizenzsteuer eine besondere Sympathie nicht entgegenzubringen, sondern sind eher geneigt, sie abzulehnen, namentlich auch mit Rücksicht darauf, daß diese Lizenzsteuer eine Art Doppelbesteuerung in sich schließt. Hierbei bemerke ich aber ausdrücklich, daß nur der größere Theil meiner politischen Freunde diesen Standpunkt theilt.

Meine Herren, die eigentlich brennende Frage dieser ganzen gesetzgeberischen Arbeit ist aber die Frage der Nachbesteuerung, sie möchte ich bezeichnen als die crux dieser ganzen Gesetzgebung. Es läßt sich ja nicht leugnen, daß ein übergroßes Quantum von Tabak in den letzten Zeiten eingeführt worden ist, welches weit denjenigen Vorrath übersteigt, den sonst die Fabrikanten sich anzuschaffen beliebten. Seit dem 1. Juli 1877 sind nicht weniger als 3 Millionen Zentner rund importirt worden, während nach einer Durchschnittsberechnung, welche Sie auch in dem Enqueteberícht, sowie in den Motiven der Regierungsvorlage finden, von 1872 bis 78 nur 955 000 Zentner Tabak pro Jahr eingeführt wurden. Wenn man also auch anerkennt das Bedürfniß für 7/4 Jahre, so bleibt immer noch übrig die Summe von zirka 1 200 000 Zentner, welche wohl in der nicht zu bestreitenden Absicht, der künftigen höheren Besteuerung des Tabaks zu begegnen, importirt worden sind. Meine Herren, ich anerkenne ein gewisses legitimes Maß der Vorsicht, Seitens der Fabrikanten, aber es fragt sich, ob dieses Maß auch noch eingehalten ist in diesem Quantum, welches ich schon vorzutragen mir erlaubt habe. Nun ist ja zuzugeben, daß, sowohl wenn Sie die Nachsteuer einführen, als wenn Sie sie ablehnen, gewisse Ungleichheiten und Ungerechtigkeiten entstehen müssen. Es ist schwer zu entscheiden, ob die Summe der Ungleichheiten und Ungerechtigkeiten größer ist, wenn Sie die Nachsteuer unterlassen, als wenn Sie sie einführen, aber gegen eines möchte ich mich hier doch bestimmt aussprechen, zunächst nur für meinen Theil, ein großer Theil meiner politischen Freunde steht auf einem anderen Standpunkt: meine Herren, wenn man sich so sehr auf dem Rechtspunkt, namentlich unter Berufung auf das bekannte Gutachten des Professors Bluntschli stellen und stützen zu dürfen glaubt, so scheint man mir doch ziemlich in der Irre zu sein; die rein zivilistische Auffassung in dieser Steuerfrage, die scheint mir nicht der entscheidende Gesichtspunkt zu sein. Meine Herren, wenn der Staat kraft seines jus eminens eine Steuer für nothwendig hält, so können Sie das nicht an der Hand des Privatkodex behandeln. Es sind denn auch schon Fälle da, wie der preußische Herr Finanzminister selber ausgeführt hat, welche hier gewissermaßen einen Vorgang geben; demnächst aber muß besonders betont werden, daß diese Steuer ja eine Konsumsteuer ist, daß hier der Tabak nur das Mittel zum Steuerzwecke ist. Meine Herren, was eigentlich besteuert wird, ist das Rauchen, und ich kann zwar zugeben, daß die Devolution der Steuer auf das Publikum nicht vollständig zur Zeit gelingen dürfte, das hängt namentlich hier, wie jede Devolution einer Steuer, von der Totalität der Verhältnisse zur Zeit der Einführung der Steuer ab, und hier muß ich zugeben, daß die gegenwartige Zeit sehr schwer dazu angethan wäre, die ganze Steuer, wie sie die Nachsteuer bringen würde, auf die Konsumenten zu devolviren.

(Sehr wahr!)

Meine Herren, es ist auch richtig, daß die Fabrikanten, da sie für den Fall einer so bedeutenden Steuererhöhung den Geschmack des Publikums und das Bedürfniß desselben nicht im voraus diagnostiziren können, in eine große Zwangslage geführt werden, es kann und soll das nicht bestritten werden, und es ist das gerade ein Hauptmotiv, welches gegen die Nachbesteuerung spricht. Eine erhebliche Anzahl meiner politischen Freunde sind denn auch entschieden Gegner der Nachbesteuerung, während ein anderer Theil sich mehr im Prinzip für dieselbe zu entscheiden geneigt ist.

Nun muß ich aber vor Allem bemerken, daß jedenfalls die Sätze dieser Nachbesteuerung mir zu hoch gegriffen zu sein scheinen, übrigens würden sich die Sätze von selbst erniedrigen, wenn Sie die Sätze des Steuerprogramms selbst ermäßigten. Demnächst wäre weiter zu erwägen, ob nicht die Tabakfabrikate aus der Nachbesteuerung auszuscheiden wären, und ob nicht eine ungleiche Behandlung des inländischen und des importirten Tabaks einzutreten hätte.

(Sehr richtig!)

Das sind Gesichtspunkte, welche den Schrecken dieser Nachbesteuerung wesentlich zu mildern geeignet sein dürften. Ich möchte denn auch glauben, daß man schließlich den Boden der Vermittelung in dieser Frage finden dürfte, wobei sich eine allseitige Befriedigung der Interessen darstellen würde. Soviel steht aber fest, daß es höchst bedenklich ist, nicht bloß vom reichsfiskalischen Standpunkte aus gar keine Nachsteuer eintreten zu lassen, denn Sie werden es nicht in der Hand haben, daß, wenn das Gesetz draußen seine Wirkung thut, daß die Fabrikanten, die sich übermäßig vorgesehen haben, schließlich die Preise auch unter dem Druck der Konkurrenz bis zu einem gewissen Grade zu machen im Stande sind, und wenn diese Eventualität eintreten würde, so würde der Reichsfiskus zwar kein Geld bekommen, das Publikum aber hätte doch die Zeche zu bezahlen.

(Sehr richtig!)

Auch diese Eventualität müssen wir in Erwägung ziehen. Im übrigen ist dieser Gegenstand ja wesentlich der Art, daß er die sorgfältigste kommissarische Berathung verlangt.

Einen Punkt aber muß ich noch besonders betonen. Meine Herren, wenn Sie die Nachbesteuerung ablehnen sollten zu Gunsten der Fabrikation, dann bleibt nichts anderes übrig, wenn Sie überhaupt die Konkurrenz- und Verkaufsfähigkeit des inländischen Tabak aufrecht erhalten wollen, daß Sie auch zu Gunsten des inländischen Tabakbaues eine Remedur, eine Ermäßigung, vielleicht sogar den Erlaß des höheren Steuerbetrages auf eine bestimmte Zeit eintreten ließen.

(Sehr richtig!)

Meine Herren, das wird der Hauptpunkt sein, welcher bei der endgiltigen Feststellung des Gesetzes ins Auge zu fassen ist.

Unter allen Umständen, meine Herren, scheint es angemessen zu sein, und das wünschen ja die Herren Fabrikanten selbst, daß in aller Bälde eine Sperrmaßregel in Wirkung tritt. Der preußische Finanzminister hat zwar in seiner Rede geglaubt, die Regierung hätte sich nicht gestatten dürfen, schon früher eine solche Warnungstafel aufzustellen. Ich erlaube mir, in dieser Beziehung anderer Ansicht zu sein, und es ist mir jene Aeußerung vorgekommen wie eine Art Vertheidigung von Seiten des Regierungstisches.

Meine Herren, ich glaube Ihnen nun im wesentlichen diejenigen Gesichtspunkte vorgetragen zu haben, welche bei der steuerlichen Behandlung dieser großen Frage ins Auge zu fassen sind. Im wesentlichen ist auch die große Zahl meiner politischen Freunde mit mir einverstanden und ich möchte nur wünschen und hoffen, daß dieses schwierige Werk der Tabaksteuerreform in der Weise sich vollziehen würde, daß das neue Gesetz tüchtig und geeignet wäre, eine wirklich relative Gleichheit unter den indirekten Steuerquellen des deutschen Reichs herzustellen und in den hauptsächlichsten Fragen der hier engagirten großen Interessen eine allseitige Befriedigung und Vermittelung herbeizuführen.

(Bravo!)

Präsident: Der Herr Abgeordnete Meier (Schaumburg-Lippe) hat das Wort.

Abgeordneter **Meier** (Schaumburg-Lippe): Meine Herren, Sie werden mir gewiß gern gestatten, wenn ich auch die Interessen hier zum Vortrag bringe, die bis jetzt eigentlich noch gar nicht gehört sind, die Interessen der Tabakindustrie, die bei diesem Gesetz in einem ganz enormen Grade betheiligt sind; denn sie soll mit einer Steuererhöhung beglückt werden, die in der That in den ganzen Betrieb sehr eingreifend ist. Wenn ich bei dieser Gelegenheit auch mich berechtigt erachte, das Wort zu nehmen, so will ich diese Berechtigung daher leiten, daß ich schon im Jahre 1868, als das jetzige Gesetz beschlossen wurde, thätig dabei war, daß ich im Jahre 1873 Mitglied der Bundesrathskommission war, die den Gesetzentwurf, wie er im vorigen Jahre, im Jahre 1877/78, dem hohen Hause vorgelegen hat, ausgearbeitet hat. Ich werde allerdings noch weiter darauf zurückkommen, da ich mich in manchen Punkten in der Minorität befand. Ich habe dann später mich noch weiter sehr lebhaft für die Frage interessirt und im Jahre 1877 eine Privatenquete in Amerika in den Haupttabakplätzen abhalten lassen, um mich genau über die Fabrikatsteuer zu informiren.

Gestatten Sie mir nun zunächst, daß ich dem Herrn Finanzminister in seiner Ausführung folge. Er hat die verschiedenen Systeme zunächst berührt und ist dann zu dem Resultat gelangt, daß das Gewichtssteuersystem das richtige sei; er hat allerdings das Monopol nicht ganz abgelehnt, sondern gewissermaßen nur vorläufig von der Tagesordnung abgesetzt. Ich habe also in meiner Ausführung noch damit zu rechnen und das System im Ange zu behalten, eventuell zu bekämpfen; ich will nicht sehr ausführlich darauf eingehen, ich will nur einige wenige Punkte berühren, die unmittelbar aus dem Monopol herzuleiten sind. Frankreich ist ja vor allen anderen das Land des Monopols und hat für den Fiskus höchst brillante Resultate geliefert, aber wie ist dasselbe? Ich glaube, ich habe es auch am Sonnabend verstanden, es würde dem Werth der Waare mehr Rechnung tragen, es würde viel ergiebiger sein, man hat also in der Enquete die Summe der Entschädigung, wenn es eingeführt würde, hoch gegriffen. Obgleich ich ein entschiedener Gegner des Monopols bin, will ich offen und ehrlich gestehen, daß nach meinem Dafürhalten die Summen zu hoch gegriffen sind, aber was das Erträgniß anbetrifft, möchte ich doch darauf hindeuten, wie es sich in Frankreich gestaltet hat. Das Monopol wurde im Jahre 1810 unter Napoleon eingeführt, es wurde eingeführt unter der Annahme, daß das Monopol 80 Millionen Franks liefern würde; diese 80 Millionen Franks hat es erst im Jahre 1845 geliefert; es sind also 35 Jahre vergangen, ehe dieses Erträgniß von 80 Millionen Franks sich ergeben hat; diese 80 Millionen Franks sind ungefähr dasselbe Resultat, wie es uns in diesem jetzt definitiven Steuerantrage vorliegt; 80 Millionen Franks sind gleich 64 Millionen Mark und ich glaube, daß, wenn erst das jetzige Gesetz in seiner normalen Weise operirt, die Steuer wenigstens einen ähnlichen Betrag liefern wird; ich werde mir erlauben, nachher das weiter auszuführen.

Aber man hat gesagt, man erhält einen ganz reinen Tabak, sie sind nicht thener, die Zigarren, es werden die theueren Zigarren so viel mehr belastet. Das Faktum ist, daß die ordinären Sorten des Rauch- und Schnupftabaks und Zigarren 91 Prozent der Steuer liefern, und daß Sie die feinen Havanazigarren in Paris ungefähr zu dem Preise kaufen können, als wenn Sie die feinen Havanazigarren direkt hier beziehen und die Steuer bezahlen, und der Preis in Paris wird nicht viel höher sein als der in Berlin; ich glaube, wenn ich den Beweis liefern sollte, daß ich ihn liefern könnte, das will ich aber nur nebenher erwähnen.

Wenn man sagt, die Regiezigarre ist so viel billiger, so bemerke ich, daß die Zigarre ungefähr die Hälfte der Zigarre wiegt, wie wir sie allenthalben kaufen, wodurch man getäuscht wird. Man sagt, ja sie sind beinahe eben so billig wie in Frankreich die Regiezigarre. Also wenn auch in unserem schnelllebigen Zeitalter keine 35 Jahre vergehen, so würde ich doch die feste Ueberzeugung haben, wollten wir das Monopol einführen, daß es wenigstens 10—20 Jahre danert, ehe wir zu einem finanziellen Resultat kommen würden; wie es jetzt ist.

(Sehr richtig!)

Aber, meine Herren, ich wünsche dringend, daß wir durch unser Votum das Monopol ein für allemal von der Tagesordnung entfernen; denn selbst wenn die Tabakindustrie eine hohe Steuer bezahlen soll, obgleich das ja der gegenwärtigen Tendenz des Reichstags gegenüber der Industrie nicht entspricht; im Gegentheil, wir wollen auf alle Weise die Industrie schützen und nun soll auf einmal die arme Tabakindustrie, die sich ohne Schutz gewissermaßen durch eigene Thätigkeit emporgearbeitet hat,

(sehr richtig!)

die soll nun auf einmal gestraft werden. Ja, diejenigen, die das Monopol wollen, wollen diese Industrie ganz beseitigen, und es sind darunter manche der Herren, die gerade den Schutz der nationalen Arbeit fortwährend im Munde führen.

(Sehr richtig!)

Ich folge dem Herrn Finanzminister und komme zu dem zweiten, zum Rohmaterialsystem. Ja, meine Herren, ich kenne den Tabakhandel sehr genau, aber aufrichtig gesagt, wie das durchgeführt werden soll, habe ich nicht recht begriffen. Beispielsweise, daß der Fiskus zu einem gewissen Preise den ganzen deutschen Tabak kauft, der Staat will ihn wieder verkanfen, er kommt aber auf einmal in eine große Konjunktur, der fremde Tabak ist viel niedriger, dann sitzt der Staat mit seinem Tabak da und muß, wenn er ihn überhaupt los sein will, mit großen Verlusten verkaufen. Als Kaufmann muß ich sagen, es ist mir das ein so verwirrter und unbestimmter Begriff, daß ich mir so etwas gar nicht denken kann. Es scheint auch wirklich nicht sehr ernst genommen zu sein.

Ich komme jetzt zur Fabrikatsteuer. Sie ist in dem Gutachten der Kommission von einer Seite sehr lebhaft und nach meinem Dafürhalten sehr richtig befürwortet worden; man hat aber immer gesagt, es geht nicht, wir können uns mit solcher Kontrolen nicht begnügen, wie man sich in Amerika begnügt, es wird ein Spionirsystem u. s. w. durchgeführt werden, was man in Amerika vielleicht kann, wo man über manches hinwegsieht, was aber bei uns nicht möglich ist. Man hat gesagt, die Verhältnisse sind derartig da, daß sie garnicht auf die hiesigen anwendbar sind. Ja, meine Herren, ich kenne die Verhältnisse in Amerika sehr genau. Ich bin 6 bis 7 Jahre da gewesen; aber noch weiter, wie ich schon erst erwähnte, ich habe bei meiner Privatenquete, die ich durch Zollbeamte, Fabrikanten uud Händler ganz unparteiisch habe anstellen lassen, mich überzeugt, daß es unendlich viel leichter ist, dieselben Kontrolen hier einzuführen, wie sie in Amerika bestehen, mit unendlich viel mehr Sicherheit für das finanzielle Resultat, als in Amerika. Die Fabrikatsteuer ist wegen der großen Strafen, die man in Amerika hierbei festgesetzt hat, auch hier von den Fabrikanten in hohem Grade verhorreszirt worden, obgleich ich jetzt die Satisfaktion habe, daß man von Seite der Fabrikanten, die früher nichts davon wissen wollten, mir jetzt sagt, ja, es wäre doch besser, man hätte die Fabrikatsteuer eingeführt. Sie hat den großen Vorzug, daß man die Steuer erst zu zahlen hat, wenn der Fabrikant seine Waare verkauft, wenn sie wirklich in den Konsum übergeht. Sie würde sich daher ganz genau gekennzeichnet haben als eine wirkliche Konsumtionssteuer. Man hätte den Vortheil gehabt, mit der Steuer im kleinen anzufangen und allmählich, wenn der Tabak es hätte tragen können, den Betrag weiter zu erhöhen, ohne, wie das bei der Gewichtssteuer ist, den ganzen Verkehr in eine solche Unruhe zu versetzen, daß er schwer geschädigt wird. Auch wenn schlechte Konjunkturen sind, so ist jetzt der Fabrikant genöthigt, daß er schwer ein versteuertes Lager zu halten im Stande ist; während, wenn die Fabrikatsteuer gewesen wäre, diese Steuer erst zu bezahlen wäre, wenn das Fabrikat in den Konsum übergeht. Also ich bin jetzt noch der festen Ueberzeugung, daß es bei weitem besser sein würde, wir würden uns mit der Nachsteuer und allen diesen Sachen garnicht beschäftigen, die Frage des Unterschieds zwischen deutschem und fremdem Tabak würde beseitigt worden sein, wenn man meinen Vorschlag angenommen hätte, den ich mir erlaubt habe dem vorigen Reichstag zu unterbreiten, daß man den jetzigen Eingangszoll beibehalten, die Morgensteuer ganz abschaffen sollte, damit die Produktion nicht besteuert würde, und erst, wenn sie in den Konsum überginge, die Steuer wirklich erhoben würde. Aber, meine Herren, trotzdem daß diese meine Ueberzeugung unerschütterlich feststeht, so denke ich nicht daran, irgend Anträge darauf zu richten, sondern vor allen Dingen wird zu erstreben sein, daß wir zu Ende und mit der ganzen Frage zur Ruhe kommen. Ja, etwas weniger gutes, selbst etwas schlechtes ist besser anzunehmen, als die fortwährende Unruhe für Industrie und Handel, um den ganzen Verkehr aufrecht zu erhalten. Sie werden auch finden, daß dies in allen Eingaben mehr oder weniger gesagt ist.

Meine Herren, also komme ich jetzt zur Gewichtssteuer. Der Herr Finanzminister hat gesagt, der Rohtabak koste ungefähr 65 Millionen, die Steuer etwa 15 Millionen sodaß 80 Millionen die wahren Kosten des Rohmaterials wären von ungefähr 225 Millionen Mark, die für Tabak in Deutschland ausgegeben würden, 145 Millionen Mark bliebe ein Rest für den Gewinn von u. s. w. Ich bin überzeugt es ist ein Irrthum in dieser Rechnung und zwar meines Erachtens ein sehr bedeutender. Ich will mir aber nicht erlauben, an der Autorität des Herrn Finanzministers, der uns diese offiziellen Zahlen vorgetragen hat, zu rütteln, sondern mich darin ihm aufschließen und erwähnen, daß in dem Ueberschuß, der also in der Ziffer von 145 Millionen liegt, und alle Fabrikanten stimmen darin überein, daß die ganzen Arbeitslöhne u. s. w. darin begriffen sind, daß diese Arbeitslöhne inklusive Zinsen, Verkehrs- und Transportverhältnissen, und was die Sachen weiter sind, den gleichen Betrag des Preises des Rohmaterials inklusive der Steuer betragen sollen. Ich führe hier nur die Fabrikanten an, ob es etwas mehr oder minder ist, können wir auf sich beruhen lassen. Demnach würden für den Gewinn des Fabrikanten nur 65 Millionen Mark übrig bleiben, und nach dem Berichte, der unserer Vorlage beigefügt ist, sollen sich, wie auf Seite 31 zu lesen ist, 380 000 Personen darin theilen, und es würde ungefähr 180 Mark für die Person betragen, und das soll der enorme Nutzen sein, der bei anderen Gelegenheiten hier hervorgehoben ist, welcher sich für den Fabrikanten herausstellt. Ich glaube, daß die Steuer, wie sie veranlagt ist, zu hoch ist, obgleich, wenn ich nach diesen Ziffern annehme, daß 25 Millionen ausgegeben würden und die neue Mehrsteuer ungefähr 45 Millionen betrüge, dies gerade 20 Prozent wäre, — also wenn ich annehme, daß in Zukunft der gleiche Betrag für den Tabakskonsum ausgegeben wird, daß also die Konsumtion um 20 Prozent abnehmen würde, dies die Konsumtion ist von $1\frac{1}{2}$ Millionen bis 1 600 000 und 1 700 000, wovon ein Drittel deutscher und zwei Drittel fremder Tabak konsumirt wird. Wenn danach sich die Konsumtion bei der erhöhten Steuer um 20 bis 25 Prozent reduzirt, so würde immerhin sich noch ein Gesammtertrag von 65 Millionen als Einnahme ergeben. Damit wir zur Ruhe kommen, würde ich, obgleich ich noch sehr gerne abmindern würde, wenn nicht anders, zu der vorgeschlagenen Ziffer meine Zustimmung ertheilen. Ich habe aber noch ein anderes Motiv, wo ich meine großen Bedenken habe, und gerade im Gegensatz zu dem früheren Herrn Vorredner, daß der Unterschied zwischen fremdem Tabak und deutschem Tabak nicht hoch genug gegriffen sei. Nach meinem Dafürhalten ist er zu hoch gegriffen, und ich würde dringend wünschen, daß, wenn ich auch nicht abmindern will, man gerne den deutschen Tabakpflanzern diesen Vorzug zugestehen will, aber den Tabakbau sehr gern kontingentiren würde, damit nicht der Tabakbau in größerem Maße zunimmt. Die anderen Herren haben uns gesagt, ja, er wird bedeutend abnehmen. Das geehrte Mitglied für Blaubeuren hat gesagt, die Sache sei so eine Art Gefühlssache. Ja, in diesen Sachen mag ich nicht gern nach Gefühlen urtheilen, denn die pflegen, je nachdem man in irgend einer Stimmung ist, zu täuschen oder irre zu leiten.

Ich will mir nun erlauben, einige Zahlen anzuführen; wir haben nämlich einen Vorgang, der uns wirklich Thatsachen gibt, woraus vernünftigerweise die Schlußfolgerung gezogen werden kann, die das beweist, was ich eben gesagt habe, daß nach meinem Dafürhalten der Unterschied zu hoch gegriffen sei. Wie der amerikanische Krieg ausbrach, wodurch die Tabakspreise ganz bedeutend stiegen, da war im Jahre 1861 — im Jahre 1860/61 fing der Krieg bekanntlich an — der Durchschnittspreis von amerikanischem Tabak in Bremen 63,58 Mark, das Quantum des in Deutschland produzirten Tabaks 354 385 Zentner, im Jahre 1862 war der Durchschnittspreis 76 Mark — meine Herren, ich will die Brüche weglassen — und das in Deutschland produzirte Quantum 435 000 Zentner, im Jahre 1863 war der Durchschnittspreis 81 Mark, das produzirte Quantum 682 000 Zentner, im Jahre 1864 72 Mark, Quantum 676 000 Zentner, im Jahre 1865 79 Mark, Quantum 767 000 Zentner, im Jahre 1866 63 Mark, Quantum 663 000 Zentner, 1867 58 Mark, also schon unter dem Preis von 1861 zurück, Produktionsquantum 535 000 Zentner.

Hieraus ergiebt sich, daß mit der Steigung der Preise der fremden Tabake die Tabakkultur in Deutschland ganz bedeutend zugenommen hat, und nehmen Sie die Jahre 1861 und 1865, so hat die Kultur um mehr als 100 Prozent zugenommen, und der Unterschied der Preise betrug 18 Mark. Ich schließe daraus, daß jetzt bei 20 Mark die Tabakkultur ganz bedeutend zunehmen wird, das ist mir ganz unzweifelhaft.

Es kommen aber noch andere Umstände hinzu. Bezüglich der Preise habe ich hier drei Momente hervorgehoben, eins, was ich damals auch in der Kommission geltend machte, die deutschen Tabake in London werden notirt von 6 Pence bis 1 Schilling 4 Pence, oder in Pfennigen ausgedrückt, 50 Pfennig bis $1_{,33}$ Mark. Das sind also, — ich bemerke, daß ich es nicht für alle Tabake hinstellen mochte — nicht sehr große Quantitäten, es sind die allerbesten Qualitäten; es sind zum Theil die ganz hohen gerippten Blätter.

Außer dieser Notirung sind nur noch 3 Sorten auf dem Londoner Markt höher notirt, also ganz auf neutralem Boden, und diese 3 Notirungen sind Havana-, Manilla- und Sumatratabake. Alle anderen Tabake, die nordamerikanischen und Brasiltabake, erreichen keine so hohe Notirung, wie die deutschen Tabake.

Ich habe aber weiter hier eine Notirung, die wir bekommen haben aus Bayern. Da ist notirt gut fermentirter Tabak mit 45 Mark, verhagelter mit 23, erfrorner mit 24 und 25, Sandblätter mit 23 Mark und Rippen mit 12 Mark. Dagegen, meine Herren, will ich Ihnen die Notirung in Bremen für Kentucky-Tabake geben, damit Sie eine Vergleichung haben, wie die Preisverhältnisse zwischen den fremden und deutschen Tabaken sind. In Bremen ist der

Kentucky-Tabak ordinär bis gut ordinär von 20 bis 30 notirt, mittler von 35 bis 45 und feiner von 50 bis 100 Mark.

Die Rippen, die auch das verehrte Mitglied für Blaubeuren hier angeführt hat, werden notirt, die Virginia, die etwas besser sind, von 8 Mark bis 30 Mark, während die Kentuckyrippen nur von 6 Mark bis 10 Mark notirt sind, und ich kann Ihnen aus meiner eigenen Erfahrung sagen, daß tausende von Fässern von diesen Kentuckystengeln, wie wir sie nennen, zu 7 bis 8 Mark verkauft sind, während ganz schlechte Rippen in Speyer mit 12 Mark notirt sind. Daraus werden Sie sehen, daß das Werthverhältniß doch nicht so ist, wie man fürchtet, und wenn man dabei das Werthverhältniß im Ange hat, daß sich daraufhin nicht eine größere Differenz ergeben muß.

Man sagt die Geschmacksrichtung würde eine andere werden. Es ist wahr, daß im allgemeinen bei großen Steuererhöhungen von Konsumtionsartikeln die Steuer natürlich prozentweise niedriger wird bei den besseren Qualitäten und prozentweise viel höher wird bei den schlechteren Qualitäten und billigeren Sorten. Ich muß sagen, ich bin fest überzeugt, daß die große Masse der Leute, die konsumiren, — ich kann allerdings nicht aus eigener Erfahrung sprechen, weil ich keinerlei Tabak konsumire — daß die große Masse der Leute sich gewöhnen wird, die geringeren Qualitäten zu gebrauchen und daß die Konsumtion des deutschen Tabak eher zunehmen als abnehmen wird.

Ich bin also der Ansicht, daß die Differenz zu hoch gegriffen ist, im Gegensatz zu den beiden Rednern aus Baden, daß sie zu niedrig gegriffen ist. Ich würde, wenn ich nicht dringend wünschte, daß überhaupt die Sache zu Staube komme, und im Interesse des ganzen Verkehrs es als durchaus nothwendig bezeichnen müßte, ohne Furcht vor Widerspruch, ich würde beantragen, dies zu kontingentiren, dann würden wir sicher sein, daß aus dem Finanzzoll, den wir hier jetzt vorschlagen und nur vorschlagen, weil der Tabak ein ertragfähiges Finanzobjekt ist, — sonst würde man im gegenwärtigen Augenblick gar nicht daran denken, eine Industrie zu belasten, im Gegentheil, man würde sie eher noch auf andere Weise schützen — so glaube ich doch, daß wir vor allen Dingen dem zustimmen sollten.

Wollen Sie niedrigere Sätze, dann wird sich ganz bestimmt das Verhältniß umkehren: Sie werden viel weniger Finanzerträge haben und Sie werden eine größere inländische Kultur groß ziehen. Sie werden noch mehr den Getreidebau verkümmern, den wir jetzt schützen wollen, weil in der That der Tabakbau doch noch eine sehr erträgliche Sache ist.

Ja, meine Herren, es ist hier von dem Abgeordneten Kiefer gesagt, er erkenne an, was Bremen geleistet hätte, aber er dankte für das Pflaster, was man uns geben wollte in der surtaxe d'entrepôt. Meine Herren, es involvirt gewissermaßen diese Bemerkung, als wenn Bremen für diese surtaxe d'entrepôt wäre. Ich muß aber entschieden Verwahrung dagegen einlegen, daß Bremen dafür ist. Es ist viel zu national gesinnt, als daß es die natürlichen Abgangs- und Zugangswege, die für den Rhein, für den Süden existiren, dadurch erschweren wollte, in der Hoffnung, einen kleinen Gewinn daraus zu erzielen.

(Bravo! Sehr gut! links.)

Ich komme jetzt zur Lizenzsteuer, meine Herren, ich hoffe und bin auch überzeugt, daß die hier im Hause verworfen wird. Vom vorigen Reichstag ist sie ja mit sehr großer, überwiegender Mehrheit verworfen worden. An und für sich ist sie so vexatorisch, so inquisitorisch, so lästig in jeder Beziehung, daß sie nach meinem Dafürhalten garnicht angenommen werden kann. Das Finanzerträgniß — wenn Sie das haben wollen — werden Sie mit viel geringeren Kosten durch eine kleine Erhöhung der Steuer selbst erzielen, obgleich die nach meinem Dafürhalten schon zu hoch ist. Aber, meine Herren, warum ich noch mehr als gegen alles Andere dagegen bin, das ist, daß es die Unruhe in der ganzen Industrie und in allen Kreisen aufrecht erhalten wird und man sagen wird: da lauert doch das Monopol dahinter, — und darum will ich es nicht, und darum, meine Herren, dürfen Sie es nicht annehmen.

Ich komme jetzt zur Nachsteuer. Meine Herren, die Nachsteuer scheint, wenn man sie auf den ersten Blick ansieht, eigentlich nur in der Gerechtigkeit zu liegen, denn es läßt sich nicht leugnen, daß alle Fabrikanten auf diese Nachsteuer spekulirt haben, und es ist so ein natürliches Gefühl: ja, mein Gott, warum sollen wir denn zu Gunsten der Fabrikanten auf diese Einnahme verzichten? Aber die Fabrikanten alle mußten darauf spekuliren, und wenn man gesagt hat, ja das ist eine Begünstigung der großen Fabrikanten, die die Mittel haben, dieses auszulegen u. s. w., so sage ich Ihnen ohne Furcht, von irgend kompetenter Seite widersprochen zu werden, daß die kleinen und mittleren Fabrikanten im Verhältniß zu ihrem Fabrikationsquantum noch viel mehr spekulirt haben, im Verhältniß zu ihren Mitteln viel größere Spekulationen vorgenommen haben als die Großen, und daß diese kleineren und mittleren Fabrikanten, wenn die Nachsteuer eingeführt wird, sämmtlich ihre Zahlungsverbindlichkeiten nicht werden erfüllen können. Die Großen haben Kredit und Mittel, die werden ihre Verpflichtungen erfüllen können, aber ich behaupte nicht zu viel, daß die Hälfte bis $^2/_3$ der Fabrikanten nicht in der Lage sind, ihre Zahlungsverbindlichkeiten so zu erfüllen, wie sie sie übernommen haben. Die Herren werden mich vielleicht fragen: wie ist denn das möglich, woher bekommen sie denn die Mittel, so viel zu haben? Das will ich Ihnen sagen, wir haben in Bremen eine sogenannte zweite Hand, die ungeheuer thätig ist und sich ungeheure Mühe gibt, den importirten Tabak zu verkaufen. Ein kleiner Fabrikant, der vielleicht einen Kredit von 2—3 Fässern hat, empfängt 20 Reisende und nimmt vielleicht von jedem so viel, wie er Kredit hat, und er muß das thun, denn sonst könnte er bei Eintritt der hohen Steuer nicht konkurriren, und so haben es mit einzelnen Ausnahmen fast alle gethan. Führen Sie die Nachsteuer in der Weise ein, geben Sie meinetwegen auch große Erleichterungen, Kredit, so werden jedenfalls allen den Leuten die Mittel entzogen, weil es in das Entrepot gelegt wird, oder die Regierung Hand darauf legt, um Sicherheit für die Steuer zu haben, sie können darüber nicht disponiren und sie müssen auf die eine oder andere Weise Rath schaffen, was sie nicht können, und das wird dahin führen, daß dies der komplete Ruin der Industrie ist. Natürlich der Gedanke, daß man möglicherweise sagen könne, ja, wir wollen erst mal die Industrie ruiniren und auf den Ruinen vielleicht das Monopol aufbauen, das ist ein Gedanke, von dem ich gar nicht für möglich halte, daß er gefaßt werden könne. Ich meine daher, daß es auch für den Fiskus besser wäre; ich will mal weit gehen und sagen, die Tabaksteuer soll für das ganze nächste Jahr auch nicht einen Pfennig einbringen, weil so viel hineingebracht ist und sie alle fortfahren können zu produziren, zu fabriziren und zu verkaufen. Ja, meine Herren, ich bin der Meinung, daß das ein Vortheil für den Fiskus ist, die Preise werden dann allmählich in die Höhe gehen und wenn dann wirklich der Umstand eintritt; daß die Industrie jetzt neue Tabake haben muß, so wird sie dann auch mit den erhöhten Steuern fortfahren, weil dann die Konsumtionspreise auf dem Stand sind, daß sie mit der höheren Steuer fabriziren können, und die Konsumtion wird dann nicht auf einmal auf eine so starke Weise eingeschränkt, als wenn Sie nun die Preise um ungefähr 100, 150 und 200 Prozent erhöhen und jeder sich sagen muß: wie erfülle ich meine Verbindlichkeit in Bezug auf die Nachsteuer? Es muß alle Fabrikation aufhören für den Augenblick, keine Verkäufe können stattfinden, weil die Käufer nicht zahlen können, weil sie zunächst ihre Verpflichtung gegen den Staat erfüllen müssen. Es wird einen Nothstand geben, von dem die Herren, die hier darüber beschließen, sich keinen Begriff machen, wenn die Nachsteuer eingeführt wird. Ich hoffe daher und wünsche dringend, daß die Regierungen sich nicht dagegen sträuben werden, daß die Nachsteuer beseitigt wird.

Indem ich Sie um Nachsicht bitte, meine Herren, daß ich Ihre Geduld so lange in Anspruch genommen habe, will ich damit schließen, womit ich gewissermaßen angefangen habe. Ich halte die Steuer, wie sie hier vorgeschlagen ist, für zu hoch, ich würde sie niedriger wünschen, ich bin aber bereit, ihr zuzustimmen, damit die Sache endlich aus der Welt kommt; aber unter keinen Umständen kann ich für die Lizenz- und Nachsteuer stimmen, aus den Gründen, die ich vorgetragen habe, und halte die Lizenzsteuer für durch und durch verwerflich. Hoffentlich wird die Kommission auf dieses Resultat auch herauskommen, damit wir dann hier vor das Haus treten und sagen können: wir nehmen die Steuer so an! hoffentlich kommt dann wieder Ruhe und Frieden in die ganze Industrie, und hoffentlich wird sie sich dann wieder emporarbeiten können und nach wie vor zu unserer Freude bestehen und gedeihen.

(Bravo!)

Präsident: Der Herr Kommissarius des Bundesraths Geheimrath Schomer hat das Wort.

Kommissarius des Bundesraths königlich preußischer Geheimer Oberfinanzrath **Schomer**: Meine Herren, die beiden letzten Herren Vorredner haben über das System des Gesetzentwurfs, welcher Ihnen vorliegt, eine weitere Auseinandersetzung gehalten. Der erste Herr Redner hat das Tabakmonopol einer näheren Erörterung unterzogen, der letzte Herr Redner die Tabakfabrikatsteuer; sie sind aber beide zu der praktischen Konsequenz gekommen, daß weder das eine noch das andere System und noch weniger irgend ein anderes zur Grundlage der Berathung gemacht werden könnte. Ich verzichte deshalb darauf, näher auf diese Bemerkungen, die über das Monopol und die Fabrikatsteuer gemacht worden sind, einzugehen, ich glaube, man wird für die gegenwärtige Berathung sich an das System, wie es hier vorgelegt ist, zu halten haben.

Da möchte ich mir zunächst erlauben, eine Bemerkung gegen diejenigen Herren Redner, die in der vorigen Sitzung gesprochen haben, zu richten. Die geehrten Herren sind von der Voraussetzung ausgegangen, daß die Vorlage der verbündeten Regierungen die Interessen des Tabakbauers vorzugsweise schlecht behandelt, daß sie nicht genügend Rücksicht auf die Verhältnisse der Pflanzer genommen habe. Meine Herren, die Vorlage der verbündeten Regierungen ist in dieser Beziehung, wie der letzte Herr Redner hervorgehoben hat, weiter gegangen als irgend eine Vorlage, die Ihnen bisher gemacht ist, sie geht namentlich weit hinaus über diejenigen Vorschläge, die die Tabakenquetekommission, die ja auf Ihren Anlaß gearbeitet hat, gemacht hat; sie gewährt eine ganze Reihe Erleichterungen, die diese nicht vorgeschlagen hat. Die Regierungen sind zu diesen weitergehenden Vorschlägen gekommen, — es sind ja viel engere Vorschläge dagewesen — um Einigkeit in dieser Beziehung herzustellen, in dem Bewußtsein, daß damit das Interesse des Pflanzers vollauf gewahrt würde; sie geben ihnen eine Differenz von 20 Mark für den Zentner Tabak, sie haben für den Zentner inländischen Tabak, den sie versteuern, einen Zollschutz von 20 Mark gegenüber dem Zentner ausländischen Tabak. Wenn Sie das Werthverhältniß des Tabaks nehmen, bei dem man häufig für 20 Pfennige ein Pfund, für 20 Mark einen Zentner kauft, so ist das ein Zollschutz von 100 Prozent. Ich glaube, meine Herren, dieser Zollschutz ist genügend, um den inländischen Tabakbau zu erhalten, vielleicht sogar wie der Herr Abgeordnete für Bückeburg ausgeführt hat, um neuen Anreiz zum inländischen Tabakbau zu geben.

Nun ist gesagt, es wäre die Bestimmung besonders hart für den inländischen Tabakpflanzer in Bezug auf die Haftung für die Steuer; dieser arme Mann, der mit seinem Fleiß und mit seiner Intelligenz, wie gesagt ist, den harten, sandigen Boden bearbeite und den Tabak ernte, sei nicht in der Lage, irgend welche Auslagen zu machen, auch nur auf ganz kurze Zeit, dann gehe er zu Grunde. Meine Herren, die verbündeten Regierungen sind der Ansicht und gehen davon aus, daß durch diese Vorschläge der Tabakpflanzer selbst in sehr seltenen Fällen oder nie zur Steuerzahlung herangezogen werden soll.

Wie liegen denn gegenwärtig die Verhältnisse? Nach den angestellten Ermittelungen ist zu der Zeit, auf welche die Fälligkeit der Steuer bestimmt ist, der Pflanzer regelmäßig nicht mehr im Besitz seines Tabaks, er hat ihn schon lange verkauft und mußte dies thun, weil die Zeit heranrückt, in welcher die Fermentation des Tabaks eintritt. Diese Arbeit wird bei den gegenwärtigen Verhältnissen von dem Händler vorgenommen. Der Pflanzer hat seinen Tabak am 31. März schon verkauft, und dann ist die Steuer, welche ja beim ersten Verkauf fällig wird, von dem Händler übernommen.

Außerdem ist Anstoß daran gefunden, daß dieser Termin auf den 31. März festgesetzt ist. Der Termin enthält schon eine weitere Hinausschiebung der Steuerpflicht gegen den bestehenden Zustand. In einer Richtung aber, glaube ich, ist der Sinn dieser Terminfeststellung falsch aufgefaßt. Dieselbe ist als ein Druck gegen den Pflanzer hingestellt. Das soll dieselbe nicht sein, es ist mit keinem Wort gesagt, daß über den 31. März dem Pflanzer nicht kreditirt werden kann. Das ist ausdrücklich in demselben Paragraphen vorbehalten, und wenn Verhältnisse die längere Kreditirung wünschenswerth oder nothwendig machen, so ist das mit keinem Wort im Gesetz ausgeschlossen. Es ist nur eine natürliche Bestimmung, — irgend einen Fälligkeitstermin müssen Sie doch im Gesetz haben.

Meine Herren, der Herr Abgeordnete Freiherr von Marschall hat empfohlen, das türkische Vorbild in dieser Beziehung nachzuahmen, und hat darauf aufmerksam gemacht, daß nach dem türkischen Reglement der Pflanzer für die Steuer nicht haftbar wäre. Meine Herren, diese Anführung ist nicht richtig; haftbar ist der Pflanzer auch in der Türkei, es wird ihm allerdings nichts abverlangt, ehe er den Tabak verkauft; verkauft er ihn aber, ohne daß der Käufer in die Steuerpflicht eintritt, so muß er selbst die Steuer bezahlen und sogar unter Umständen die doppelte als Strafe.

Nun hat der Herr Abgeordnete Freiherr von Marschall solche Zustände für wünschenswerth erachtet. Meine Herren, ein solcher Vorschlag ist von der Regierung nicht gemacht. Es wird sich im Plenum nicht erörtern lassen, weshalb nicht; aber ich möchte warnen, sich in dieser Hinsicht sofort bestimmten Ansichten hinzugeben. Sie würden, um solche Zustände einzuführen, eine Menge Kontrolen und Einrichtungen nöthig haben, deren Kosten in gar keinem Verhältniß stehen zum Ertrag der Steuer und zu der Wohlthat, die Sie dem Pflanzer erzeigen wollen und die die Pflanzer doch schließlich selbst doppelt und dreifach bezahlen müssen.

Ueber die Lizenzsteuer hat mein Herr Chef in seinen einleitenden Worten die Gesichtspunkte bezeichnet, die ihr zu Grunde liegen; ich kann mich auf einzelne wenige Bemerkungen beschränken.

Gegen den Herrn Abgeordneten Freiherrn von Marschall darf ich erwidern, daß mein Herr Chef in der Lizenzsteuer keineswegs eine Fortsetzung der Arbeiten der Enquetekommission erblickt hat, er hat das nicht gesagt, soviel ich gehört habe, er hat andere Gesichtspunkte hervorgehoben, welche die Lizenzsteuer nothwendig machen. Die Lizenzsteuer ist nicht nach dem Vorgange Rußlands, wie gesagt ist, vorgeschlagen, sondern die Lizenzsteuer ist nachgeahmt den Gesetzen fast sämmtlicher Staaten, die einen hohen Ertrag aus der Tabaksteuer ziehen, ohne das Monopol zu haben. Ich darf erwähnen, daß Amerika eine derartige Lizenzsteuer hat, daß Portugal und vor allen Dingen England eine solche hat.

Meine Herren, ich glaube nicht, daß es die verbündeten Regierungen abschrecken würde, eine solche Einrichtung einzuführen, wenn es richtig wäre, daß mit dieser Steuer Rußland allein nachgeahmt werde. Es ist aber keineswegs die Steuer in Rußland allein vorhanden, sondern sie ist, wie erwähnt, ziemlich allgemein eingeführt. Ich glaube daraus auch folgern zu dürfen, daß der Vorwurf, daß die Lizenzsteuer eine Vorbereitung zum Monopol sei, doch kein begründeter ist. Soviel ich weiß, denkt man in England nicht daran, zum Monopol überzugehen, und man hat dort ziemlich dieselben Vorschriften über die Lizenzsteuer, wie sie Ihnen vorgeschlagen werden.

Meine Herren, über die Nachsteuer ist schon viel gesprochen, und ich habe mich gefreut, auf vielen Seiten eine Anerkennung der Gerechtigkeit des Vorschlags zu hören, ich habe aber auch von anderen Seiten vernommen, daß im ganzen auch vielfach Abneigung herrscht, eine Nachsteuer überhaupt oder wenigstens eine Nachsteuer von dieser Höhe zu bewilligen. Ich glaube nicht, daß die Einwendungen dagegen so groß sind, um die Begründung des Vorschlags, den die verbündeten Regierungen gemacht haben, abzuschwächen. Ich will mich an den letzten Herrn Vorredner zunächst anschließen. Er hat die nächste Zukunft so geschildert, als ob ohne Nachsteuer die Verhältnisse sich langsam entwickeln würden, als ob die Fabrikanten ruhig nebeneinander arbeiten würden und sukzessive die Waare vertheuern, und daß das Publikum sich allmählich an die hohen Preise gewöhnen würde. Ja, meine Herren, ich fürchte, die Herren Fabrikanten werden nicht so handeln, ich glaube, — mit Sicherheit kann das niemand voraussehen, — der geschilderte Zustand würde nur dann eintreten, wenn sämmtliche Fabrikanten sich gleichmäßig mit Vorräthen versehen hätten; ich glaube aber nicht, daß dieses in Wirklichkeit der Fall ist; der eine hat mehr spekulirt wie der andere, des einen Vorrath hält länger aus wie der des anderen, dann kann er entweder seine Waare billiger verkaufen, dann ruinirt er seinen Konkurrenten und er bleibt allein auf dem Markt, oder er thut das nicht, dann verkauft er um so theurer und steckt den Verdienst einfach in seine Tasche. Als Finanzobjekt ist die Maßregel eine sehr erhebliche, der Ertrag, den man aus der Nachsteuer ziehen kann, ist ein gar nicht unbedeutender, und es würde ein volles Jahr bis zum Beginn der Wirkung der neuen Steuer vergehen, wenn man auf die Nachsteuer verzichten wollte. Dieses würde aber auch einen anderen als finanziellen Nachtheil zur Folge haben, der bisher gar nicht hervorgehoben ist, es würde nämlich die Rücksicht auf diejenigen Fabrikanten, die für den Export arbeiten, verletzt werden. Es existirt eine solche Industrie in Deutschland und eine nicht unerhebliche Industrie, die Tabak exportirt, speziell exportirt sie nach der Schweiz. Ein solcher Export ist nur möglich, wenn die Fabrikanten die Steuern zurückvergütet bekommen, welche sie für das Material, was sie zur Herstellung der Fabrikate verbrauchen, entrichtet haben. Nach dem Gesetzentwurf ist vorgeschlagen, daß die Rückvergütungssätze neu geregelt werden nach den neuen Steuersätzen, es ist aber gesagt, diese Rückvergütungssätze treten nicht gleich in Kraft, sondern einstweilen bleiben noch die niederen älteren Sätze bestehen und dem Bundesrath bleibt die Bestimmung darüber überlassen, wann die neuen Rückvergütungssätze in Kraft treten. Der Bundesrath ist nun gar nicht in der Lage, die neuen Rückvergütungssätze eher in Kraft treten zu lassen, als bis im wesentlichen die alten Vorräthe aufgearbeitet sind. Ein Fabrikant, welcher sich nicht so lange mit Vorräthen versehen hat, wird deshalb gezwungen sein, seinen Export, für den er eine genügende Vergütung nicht mehr erhält, einstellen zu müssen. Wenn Sie dagegen eine Nachsteuer von der vollen Höhe der Steuer, wie sie Ihnen vorgeschlagen ist, bewilligt haben, dann ist der Bundesrath in der Lage, sagen zu können: gut, jetzt soll die volle Rückvergütung auch sofort eintreten, und es tritt keine Störung des Exports ein. Thun Sie das aber nicht, so geht das eben nicht, und Sie schädigen diese Exportfabrikation ganz entschieden, ebenso wie Sie, glaube ich, dem inländischen Tabakbau die Konkurrenz mit den Händlern, die sich noch mit großen Massen ausländischen Tabaks versehen haben, erschweren.

Präsident: Der Herr Abgeordnete Lender hat das Wort.

Abgeordneter **Lender**: Meine Herren, der geehrte Herr Vorredner, Vertreter der verbündeten Regierungen, hat dem Ausdruck gegeben, was Sie wiederholt in den Motiven verzeichnet finden, daß nicht bloß bei der Auswahl des Systems der Tabakbesteuerung, sondern auch daß bei der Gestaltung der einzelnen gesetzlichen Bestimmungen vorzugsweise die Rücksichtnahme auf die Landwirthschaft obwaltend gewesen sei. Meine Herren, ich bedauere, konstatiren zu müssen, daß in den Gegenden, in denen bisher Tabak gebaut worden ist, diese Auffassung nicht getheilt wird und nicht getheilt werden kann. Im Gegentheil bin ich in der Lage, aus den jüngsten Tagen und zwar aus eigener Erfahrung konstatiren zu können, daß sich bereits in den landwirthschaftlichen Kreisen eine sehr große Verstimmung kundgiebt, eine Verstimmung, die nicht etwa basirt auf eine künstliche Agitation, sondern die sich vielmehr basirt auf die technischen Gutachten der Handelskammer zu Karlsruhe und der landwirthschaftlichen Zentralstelle ebendaselbst. Das Gutachten der Handelskammer zu Karlsruhe sagt, daß der vorliegende Gesetzentwurf einem Verbote des inländischen Tabakbaues gleichkommt, und die Zentralstelle des landwirthschaftlichen Vereins unseres Landes sagt, daß die Höhe der Sätze geradezu unannehmbar wäre, daß damit der inländische Tabakbau vollständig ausgeschlossen sei. Meine Herren, aber gerade die Rücksicht auf die Landwirthschaft ist es, die mich bestimmt, mit aller Entschiedenheit gegen die Vorlage mich auszusprechen. In den Briefen des Herru von Thüngen über die Landwirthschaft in Deutschland ist dieselbe in einem keineswegs erfreulichen Lichte dargestellt, und die Zukunft, welche der Landwirthschaft prognostizirt wird, im Fall dieselbe nicht geschützt wird, erscheint als eine sehr düstere. Man mag nun die Farben auch etwas zu lebhaft aufgetragen finden, aber so viel ist gewiß, daß im Augenblick die Lage der Landwirthschaft in Deutschland eine nicht weniger erfreuliche ist, als die Lage der Industrie und des Handels.

(Sehr richtig!)

Meine Herren, diejenigen unter Ihnen, welche nicht auf dem Lande leben und nicht mit der Landbevölkerung verkehren, machen sich keinen Begriff davon, was in den letzten zwei Jahren infolge ungünstiger Ernten die Bevölkerung auf dem Lande buchstäblich Noth gelitten hat.

Wenn man auch bei dieser Frage, die eine rein volkswirthschaftliche ist, von allen politischen Rücksichtnahmen absehen will, — ein Gedanke darf jedenfalls hier Berücksichtigung finden. Einer meiner geehrten Landsleute hat diesem Gedanken Ausdruck verliehen. Die Landbevölkerung ist bis jetzt derjenige Theil der deutschen Bevölkerung, welcher am meisten für den Bestand unserer heutigen Gesellschaft eintritt,

(Sehr richtig!)

und diese Bevölkerung schwächen, das heißt an dem Bestande unserer heutigen Gesellschaft in Deutschland rütteln.

(Sehr richtig!)

Meine Herren, ich erachte es als dringendes Bedürfniß, die Landwirthschaft zu schützen und namentlich den Tabakbau in denjenigen Gegenden zu erhalten, in denen er in den letzten 25 Jahren aufgekommen ist. Ich habe bereits ein Vierteljahrhundet in einer Gegend zugebracht, in der

Tabak gebaut wird, ich kann bestätigen, was meine geehrten Landsleute angeführt, daß vorherrschend es vielfach nicht die wohlhabenderen, sondern die ärmeren Leute es sind, die Tabak bauen. Die kleineren Leute bauen Tabak, die ihres Ackers viel besser für Kartoffeln und andere Lebensbedürfnisse bedürften; sie bedürften aber des Geldes, um ihre Zinsen zu bezahlen. Sie bauen den Tabak, um mittelst des Geldes ihren Schuldzins, ihren Pachtzins und zugleich die nöthigen Bedürfnisse an Kleidern u. s. w. für den Winter bezahlen zu können.

Nnn, meine Herren, sind alle wesentlichen Bestimmungen des vorliegenden Gesetzentwurfes in keiner Weise geeignet, den Tabakbau irgendwie zu fördern, im Gegentheil, zu schädigen.

Zunächst was die Höhe der Preise angeht, so werden Sie aus den Beschlüssen der Kasseler Versammlung entnommen haben, daß alle Anwesenden darin einig waren, daß auch diese Minimalsätze der Enquetekommission zu hoch gegriffen seien; das einstimmige Urtheil aller Sachverständigen geht dahin, daß bei der Höhe der normirten Preise, die in § 1 und 2 angenommen sind, der Tabakbau Noth leiden müßte, insofern als selbstverständlich der Handel, die Fabrikanten sich einschränken werden in Folge des verminderten Konsums. Der Herr Abgeordnete von Schmid (Württemberg) hat zwar gesagt: „wo bleibt das Geld, wenn man lediglich diesen Gesichtspunkt der Rücksichtnahme auf die Landwirthschaft zur Geltung bringt?“ Er hat in seinem Vortrage meines Erachtens vorzugsweise vom fiskalischen Standpunkte die Frage ins Ange gefaßt, nicht in demselben Grade vom volkswirthschaftlichen Standpunkte aus. Allerdings, wenn er so redet als Finanzmann, daß er sagt, ich brauche so viel Geld, ergo muß ich auf den Tabak so viel auflegen, ist die Rechnung sehr einfach; allein auf der andern Seite wird ein Finanzpolitiker fragen müssen, sind diejenigen, welche ich besteuere, auch im Stande, ohne Nachtheil ihrer Existenz, das zu leisten, was ich anfordere, und in dieser Beziehung geht das Urtheil aller Sachverständigen dahin, daß zur Zeit, im jetzigen Augenblick, unter den gegenwärtigen Verhältnissen die angeforderten Sätze durchaus zu hoch gefordert sind. Es wird durchaus nicht in Abrede gestellt, daß allmählich diese Sätze einer Steigerung fähig sind, daß, wenn, was Gott geben wolle, wir bessere Zeiten und namentlich glückliche Erntejahre bekommen, ansteigend vielleicht in 10 Jahren diese Sätze erreicht werden können, aber im gegenwärtigen Augenblick ist der Uebergang ein zu schroffer. Das Mißverhältniß zwischen der bisherigen Bodenbesteuerung und der jetzt angeforderten Gewichtssteuer ist ein zu großes. Ebenso nachtheilig für den Tabakbau wie die normirte Höhe der Preise ist die statuirte Haftpflicht des Pflanzers. Der Herr Vertreter der verbündeten Regierungen hat zwar gesagt, der Pflanzer wird in den wenigsten Fällen in die Lage kommen, diese Steuer zu bezahlen, denn bis zu dem Tage, an welchem diese Steuer bezahlt werden soll, bis zum 31. März künftigen Jahres, muß er seinen Tabak verkauft haben, er kann gar nicht warten, er braucht das Geld vorher. Das ist ganz richtig, aber eben deswegen, weil er ihn verkaufen muß, so muß er ihn auch um jeden Preis verkaufen, er muß ihn dann unter dem Preise verkaufen, und wenn er ihn unter dem Preise verkaufen muß, sodaß der Tabakbau nicht mehr lohnt, dann wird er den Tabakbau von selbst aufgeben. Und er wird ihn unter dem Preise verkaufen müssen, weil der Tabakfabrikant und der Tabakhändler mit Rücksicht auf die Steuer nicht mehr das Angebot machen werden, welches sie bisher gemacht haben und machen konnten. Es ist allerdings ganz richtig, die wenigsten Leute werden im Stande sein, diese Steuer zu bezahlen. Daran ist gar nicht zu denken; wenn z. B. ein Bauer einen Morgen mit Tabak anpflanzt, und er soll 400 Mark Steuer hinlegen, ehe er den Tabak verkauft, da muß man absolut keine Kenntniß von den realen Verhältnissen haben, wenn man glaubt, daß es viele derartige Bauern gibt. Derartige Bauern gibt es nicht, meine Herren!

(Sehr richtig!)

Was das Verhältniß angeht zwischen der Besteuerung des inländischen Tabaks und dem Zoll des ausländischen Tabaks, so sind wir selbstverständlich in Süddeutschland einer anderen Ansicht als der verehrte Kollege aus Bremen, und in dieser Beziehung konnte auf der Kasseler Versammlung eine Einigung nicht erzielt werden. Allein es ist Ihnen, meine Herren, unter den Druckschriften auch ein Gniachten der Handelskammer von Karlsruhe mitgetheilt worden, und in diesem Gutachten ist an der Hand von Beispielen nachgewiesen, daß der inländische Tabak in Folge der hohen Besteuerung gar nicht mehr konkurrenzfähig wäre mit dem ausländischen Tabak. Es ist an der Hand von Beispielen nachgewiesen, daß in Zukunft die Differenz zwischen dem pur inländischen und ausländischen Material nur noch 6, im günstigsten Falle 16 Pfennige per Pfund betragen würde, und durch die Beimischung von inländischem Material künftig kein Vortheil geboten wird, indem der mit inländischem Material gemichte ausländische Tabak höchstens 6,4 Pfennig per Pfund billiger kommen wird als der pur ausländische. Der inländische wäre dadurch verdrängt, als man sich durch dessen Erwerb noch in weitläufige Steuergeschäfte einlassen müsse gegenüber der einfachen Regulirung des Zolles bei Bezug ausländischen Materials, ohne vom inländischen Produkt ein nennenswerth billigeres Fabrikat herstellen zu können.

Bei der Zigarrenfabrikation stellt sich das Verhältniß für den inländischen Tabak noch ungünstiger, weil bei einer Rechnung von 6 Mille. auf einen Zentner sich der Aufschlag von 48 Mark auf ausländischen Tabak auf 6000 Stück Zigarren vertheilt, was einen Aufschlag von 0,8 Pfennig per Pfund auf eine Zigarre von 5 bis 20 Pfennigen Verkaufswerth gleichkommt, während bei einem Aufschlag von 37 Mark auf inländischen Tabak auf 6000 Stück Zigarren ein Stück im Verkaufswerth von 2 höchstens 3 Pfennigen um 0,61 Pfennig steigt, also auch hier die Besteuerung des inländischen Tabaks mindestens 200 Prozent höher als die des ausländischen Tabaks wäre. Das Publikum würde künftig für eine inländische 2 bis 3 Pfennigzigarre 3 bis 4 Pfennige bezahlen müssen, dagegen für eine rein ausländische Zigarre statt 4 Pfennige 5 kosten, und stellt sich der Aufschlag für jede höhere Preislage und feinere Qualität billiger.

Ein besonderes Mißverhältniß wird sich auch ergeben in Bezug auf den ärmeren und in Bezug auf den reicheren Raucher. Der ärmere Raucher muß künftig 33 bis 50 Prozent mehr bezahlen, der vermöglichere im ungünstigsten Falle 25 Prozent. Je mehr Geld er auf das Stück auslegt, desto kleiner wird das Zuschlagsverhältniß. Bei einer 20 Pennigzigarre zahlt der Reiche nur 5 Prozent mehr, obgleich es umgekehrt sein sollte. Ich bitte Sie, meine Herren, unter Ihren Papieren auch diese Aktenstücke aus Karlsruhe einer kleinen Berücksichtigung werth halten zu wollen. Das sind nun die drei Hauptpunkte, welche den Tabakbau schädigen, die Höhe der Preise, die Haftpflicht der Pflanzer, und dann die Mißverhältnisse in der Besteuerung des inländischen Tabaks und in dem Zoll für ausländischen Tabak. Die Interessen sind aber in dieser Frage solidarisch, und der Herr Abgeordnete Schmidt hat meines Erachtens meinen badener Landsleuten Unrecht gethan, wenn er sie eines einseitigen badischen Standpunkts in dieser Frage beschuldigt. Es handelt sich nicht bloß um den Tabakbau, es handelt sich um den Tabakhandel, auch um die Tabakfabrikation, es handelt sich, wie Ihnen die Motive der verbündeten Regierungen darlegen, auf Seite 31, um eine Zahl von 380 000 Geschäften, die sich auf ganz Deutschland vertheilen, es handelt sich um 100 000 von Interessenten von deutschen Staatsbürgern, die einen in größeren, die anderen in kleineren Vermögensverhältnissen. Wenn nun die Frage eine derartige Aufstellung gewinnt, ist man, glaube ich, nicht berechtigt, von einem einseitigen Standpunkt hier zu reden, um so weniger, als alle Interessenten in Deutschland in den hier konkurrirenden Fragen sich einstimmig ausgesprochen haben, die Landwirthschaft, der Handel und die Industrie haben sich in dieser Frage nach den uns vorliegenden Aktenstücken vollständig solidarisch und harmonisch ausgesprochen; deswegen, was den Handel trifft, das trifft wenigstens indirekt auch den Tabakbau, und deshalb nehme ich Veranlassung mit derselben Entschiedenheit, wie die Herren Vorredner gethan haben, mich gegen die Lizenzsteuer ebenfalls auszusprechen. Bei der Lizenzsteuer schrecken mich nicht so sehr die Kontrolvorschriften, die da gegeben sind und verlangt werden, es schreckt mich auch das Gespenst des Monopols nicht. Vorerst ist kein Reichstag da, der meines Erachtens über Tausende von Vermögen, über Millionen möchte ich sagen von Vermögen, hinweg den Schritt zum Monopol machen will, der erst Tausende ruiniren würde, um angeblich nachher andere wohlhabend zu machen. Und wenn je ein Reichstag kommen sollte, der also ein Monopol schaffen sollte, der etwa nach der Ansicht des Abgeordneten von Schmid blos ausriefe: „Geld, wir brauchen Geld," so würde wohl ein Reichstag sehr bald nachfolgen, der sagen wird, mehr Sparsamkeit und kein Geld mehr. Bei der Lizenzsteuer ist dann noch ein anderes Moment hier in Betracht zu ziehen, nämlich, daß eine doppelte Besteuerung hier eintritt. Diejenigen, die zunächst von der Lizenzsteuer betroffen werden, sind schon durch die Erwerbsteuer getroffen, und diese Erwerbsteuer ist wenigstens bei uns nicht klein, und in Folge des neuen Gesetzes, das wir im Lauf dieses Frühjahrs gemacht haben, werden auch die Erwerbsteuerpflichtigen mit zu den Kommunalabgaben in einer Weise herbeigezogen, daß ihnen ziemlich zur Ader gelassen und für ihren etwaigen Uebermuth schon Vorsorge getroffen ist.

Was die Nachsteuer angeht, so sind allerdings in dieser Frage die Ansichten auseinandergehend. Es gibt eine Richtung in der Landwirthschaft, welche glaubt, daß eine mäßige Nachsteuer im Interesse der Landwirthschaft sei, aber ich glaube doch, daß die Landschaft besser thun wird, wenn sie Arm in Arm mit dem Handel und der Fabrikation auch gegen die Nachsteuer sich ausspricht, denn wenn die Nachsteuer eingefordert wird, dann wird der Fabrikant und der Händler nicht in der Lage sein, in den nächsten Jahren inländischgebauten Tabak kaufen zu können. Der Bauer wird Tabak bauen, er wird aber keinen Abnehmer finden, und wenn der 31. März des folgenden Jahres kommt, wird das Reich vielfach in der Lage sein, Lagerräume beschaffen, den Tabak in demselben verwahren, fermentiten lassen und schließlich selbst den Tabakhändler machen zu müssen. In dieser Beziehung hat sich auch das Gutachten der Handelskammer in Karlsruhe ausgesprochen, daß es glaube, daß die Durchführung dieses Gesetzes nach den in demselben gegebenen Bestimmungen nahezu unmöglich sein werde und daß man sich überzeugen werde, daß, so schön die Gestaltung des Gesetzes sich ausnimmt, es sich doch im praktischen Leben nicht bewähren werde. Nun, meine Herren, es ist von verschiedenen Seiten, bereits von allen Rednern ausgesprochen worden, man ziehe in dieser Frage vor eine entgültige entscheidende Beschlußnahme einer Dilabation. In dieser Beziehung stimme ich vollkommen bei, ich hoffe auch und vertraue zu den Vertretern des Volks und zu den verbündeten Regierungen, die gewiß keine Veranlassung haben, weder die Interessen der Landwirthschaft, noch des Handels, noch der Industrie und am allerwenigsten in der jetzigen Zeit zu schädigen, daß es gelingen wird, auf der Grundlage eines geringeren Steuersatzes und der Entbindung des Pflanzers von der Haftpflicht, daß es gelingen wird unter Beseitigung der Lizenzsteuer und durch einen Ausgleich vielleicht in Bezug auf die Nachsteuer, die verschiedenen Interessen mit einander zu versöhnen. Es wurde mir auch erst diesen Morgen mitgetheilt, daß man an der holländischen Grenze auch einen Nachtheil für den inländischen Handel in sofern befürchte, daß, wenn diese hier angeforderten Sätze der Steuer beibehalten würden, alsdann der Schmuggel im großartigen Maßstab sich der Sache bemächtigen könnte, und zwar bemächtigen könnte zum Nachtheile des deutschen Handels und der deutschen Fabrikation. Daß man darauf gefaßt sein muß, wenn eine unverhältnißmäßige Höhe in der Besteuerung des Tabak eintritt, daß der Schmuggel sich geltend machen wird, das kann man aus der Geschichte der Monopolländer entnehmen. Ich erinnere mich noch ganz gut, zur Zeit, wo Straßburg französisch war, haben die Herren Straßburger vielfach ihre Zigarren in Kehl geholt, weil sie gefunden haben, daß ihre Monopolzigarren doch theuerer und nicht besser seien als unsere deutschen Fabrikate. Ich glaube, daß man also auch darauf Rücksicht nehmen muß. Es hat mich außerordentlich gefreut, daß der Herr Abgeordnete aus Württemberg, der im Anfang so wenig freundnachbarlich gegen uns Badener aufgetreten, doch in wichtigen Punkten schließlich mit uns einig geworden ist, die Einseitigkeit, die er uns vorgeworfen hat, die, glaube ich, könnte ich mit größerem Recht dem Herrn Abgeordneten, wenn ich das wollte, aber ich verzichte darauf, zurückgeben. Ich habe bereits erwähnt, es ist in dem Abgeordneten vorzugsweise der Finanzrath hervorgetreten, und meines Erachtens der Jurist in weitem Hintergrunde zurückgeblieben.

Meine Herren, es ist allerdings eine große Frage, die uns beschäftigt; es sind die Interessen des Tabakbaues, der Tabakindustrie und des Tabakhandels. Es handelt sich um viele hundert Millionen Vermögen; es handelt sich um hunderttausende von Existenzen; es handelt sich um hunderttausende von Arbeitern, die bisher ihr Brod auf eine ehrliche Weise, auf dem Wege des Handels und der Fabrikation gefunden haben. Möge es gelingen, durch gegenseitige Verständigung dem Reiche durch den Tabak das zuzuführen, was im gegenwärtigen Augenblick möglich ist. Aber, meine Herren, fordern Sie im jetzigen Augenblick nicht mehr, als das Volk in all seinen Schichten leisten kann; denn keine Zeit — und darin stimme ich dem Herrn Abgeordneten von Schmid (Württemberg) vollständig bei, — ist weniger geeignet, die Steuerschraube anzulegen, als die jetzige. In keiner Zeit ist der Grundsatz der ausgleichenden Gerechtigkeit mehr geboten gewesen als heute. Möge dieser Grundsatz der ausgleichenden Gerechtigkeit in Betrachtnahme und in Rücksichtnahme auf alle Verhältnisse bei der Kommissionsberathung walten und diese Frage, die nun schon seit vielen Jahren den Handel und die Industrie und den Tabakbau sehr beunruhigt hat, in einer Weise erledigen, daß sie ständig erledigt ist zur Mehrung der Einnahmen des Reiches, aber auch zur Förderung des Tabakbaues, zum Aufblühen und zur Erhaltung unserer Tabakindustrie und unseres Tabakhandels!

(Bravo! im Zentrum.)

Vizepräsident Dr. **Lucius**: Der Herr Abgeordnete Fritzsche hat das Wort.

Abgeordneter **Fritzsche**: Meine Herren, noch niemals ist es mir vorgekommen, daß, wenn die Regierungen neue Steuern verlangten, ein Theil derjenigen, die am meisten davon betroffen werden sollten, sich von vornherein schon darein ergaben, daß sie von vornherein schon zugestanden: wir wollen die Steuern bezahlen; ja, wir wollen sogar möglichst hohe Steuersätze bezahlen. Macht nur, daß die Angelegenheit endlich zum Austrag gebracht werde! — Diese Erscheinung ist jetzt zu Tage getreten und es kann auch wohl niemanden wundern, daß es so gekommen ist, wir haben ja seit langer Zeit gesehen, wie gegen die Tabakindustrie seitens der Regierungen experimentirt worden ist.

Viele der Tabakinteressenten sind der Meinung, daß mit Annahme des Gesetzentwurfs, der uns vorliegt, eine Art Zu-

Hertusburger Friede abgeschlossen werde, d. h., daß der siebenjährige Krieg, der von der Regierung gegen die Tabakindustrie geführt wird, jetzt beendigt sei. Ich bin nicht der Meinung, ich meine vielmehr, daß sich aus diesem siebenjährigen Krieg ein dreißigjähriger Krieg gegen die Tabakindustrie entwickeln werde, weil die Bedürfnisse des Reichs, wie Sie ja alle gehört haben, stets im Zunehmen begriffen sind.

Meine Herren, deshalb ist auch der Standpunkt, den wir einnehmen, von welchem aus wir diese Steuer vollständig verweigern wollen, gewiß der allein richtige. Wir sind der Meinung, daß die Bedürfnisse des Reichs gemindert werden könnten dadurch, daß man an geeigneten Objekten ersparte, z. B. an den Ausgaben für das Militär, welche eine zu große, fast unerträgliche Last sind. Sie kennen ja diesen unseren Standpunkt schon seit langer Zeit. Wir meinen also, daß gerade hieran gespart werden müsse, dann würde man nicht immer mit neuen Steuern die Industrie zu behelligen genöthigt sein. Ich würde die politische Seite der Frage nicht berühren, wenn uns Gelegenheit geboten worden wäre, bei der vorhergehenden Debatte über den Zolltarif unsere Ansicht darüber auszusprechen. Da uns dies jedoch nicht verstattet war, so ist es nothwendig geworden, daß ich jetzt auch in dieser Beziehung unseren Standpunkt kennzeichne.

Wir wissen — und der Herr Abgeordnete Lasker hat es ja neulich auch ausgesprochen —, daß nach Beendigung dieses siebenjährigen Krieges gegen die Tabakindustrie, wie ich die Regierungsexperimente genannt habe, die Beendigung eines anderen Septennats bevorsteht und daß man wünscht, in dem gegebenen Augenblick Ueberfluß in den Kassen des Reichs zu haben, damit alsdann die Pläne, die man mit einer neuen Heeresorganisation hat, ausgeführt werden können. Das ist wohl der eigentliche Grund, weshalb man wieder mit Ueberschüssen in der Reichskasse wirthschaften möchte, und kein anderer. Das macht aber auch erklärlich, warum der Herr Reichskanzler eine so große Vorliebe für die indirekten Steuern hat. Er wünscht, daß die Liebe zu diesem kostspieligen Reich gestärkt werde, ob alsdann die Liebe zu den einzelnen Bundesstaaten und zu den Kommunen darunter leidet oder nicht, das scheint ihm weniger Kummer zu machen. Er hat gesagt, daß es eine üble Stellung für das Reich sei, als Kostgänger bei den Einzelstaaten zu fungiren und darum soll auch einmal das Reich durch Ueberschuß in seinen Kassen aus der Stellung eines Kostgängers zum Kostvater gemacht werden.

(Heiterkeit.)

Jetzt sollen die einzelnen Bundesstaaten beim Reich zur Kost gehen, jetzt sollen auf einmal die zu erwartenden Ueberschüsse an die einzelnen Staaten vertheilt werden, ja selbst die Kommunen sollen ihren Theil bekommen von dem, was im Reichsschatz übrig bleibt. Ja, meine Herren, ich meine, die Einzelstaaten und die Kommunen werden sich nicht besonders mästen können von den Brosamen, die von des Reiches Tische fallen werden. Was die Herren Finanzminister einmal in den Händen haben, das kommt so bald und leicht nicht wieder aus ihren Kassen heraus, und darum ist kaum zu glauben, daß es je in anderer Weise verwendet werden könnte, als in der, zu welchem Zweck sie es zu haben wünschen.

Meine Herren, das ist, wenigstens nach meiner Ansicht, wohl der einzige Grund, weshalb der Herr Reichskanzler die indirekte Besteuerung so sehr ins Herz geschlossen hat, denn das, was er hier als Grund angegeben hat, kann nicht sein eigentlicher Grund sein. Eine Entlastung gerade derjenigen Kategorien der Bevölkerung, die er als vor allen zu entlasten ins Ange gefaßt hat, kann dadurch unmöglich herbeigeführt werden.

Fragen Sie sich doch, meine Herren, wenn die Zölle in der Höhe eingeführt werden, wie es beabsichtigt ist, und wenn auch noch die indirekten Steuern in der geplanten Höhe eingeführt werden, wer bezahlt dann diese Zölle und Steuern eigentlich? Die Arbeiter und vor allen auch die Beamten, welche letztere diejenigen sind, von denen der Herr Reichskanzler gesagt hat: sie säen nicht, sie ernten nicht, sie spinnen nicht und doch gehen sie gut gekleidet.

(Sehr richtig! links.)

Nun, meine Herren, die gute Kleidung wird mit der Zeit etwas fadenscheinig werden, wenn diese projektirte Steuergesetze recht lange existiren. Den eigentlichen Vortheil, finde ich, werden nur die Großindustriellen haben, wenn diese Projekte durchgehen.

Hierbei könnten Sie mir vielleicht den Einwurf machen, daß wir, meine politischen Freunde und ich, ja auch für einen Theil der Erhöhung der Zölle seien. Nnn, wir sind es nur in einigen wenigen ganz ausnahmsweisen Fällen; wir sind nur da, wo wir eine Industrie außerordentlich und ganz zweifellos gefährdet erachten, für eine Erhöhung der Zölle. Aber im allgemeinen lehnen wir die Zolltarifvorlage ab, und dieser Standpunkt wird auch der uns jetzt beschäftigenden Vorlage gegenüber von uns inne gehalten werden. die Anhänglichkeit des Herrn Reichskanzlers an die indirekten Steuern läßt sich aber noch viel besser erklären, wenn man weiß, welche Folgen eigentlich die indirekten Steuern haben. Die indirekte Steuer wird erhoben so, daß derjenige, der sie zahlt, es nicht fühlt, daß er sie zahlt. Für den Augenblick denkt er ja gar nicht daran, wenn er eine Zigarre raucht, wenn er eine Tasse Kaffee oder eine Tasse Thee trinkt, daß er in diesem Augenblicke auch dem Staate ein ganz bedeutendes Opfer bringt. Die einzelnen Staaten aber und Kommunen, die zur Bestreitung ihrer Ausgaben direkte Steuern einführen und erheben müssen, werden verhaßt bei ihren Gemeindemitgliedern, weil bei dieser Form der Steuererhebung im Augenblick der Fälligkeit und vorzüglich, wenn der Steuerexekutor kommt, gefühlt wird, was denn eigentlich der einzelne Staat, resp. die einzelne Kommune zu erhalten kostet. Beim Reiche dagegen wird man das, Dauk der indirekten Steuer, nicht fühlen, da wird so Mancher denken: was ist das Reich doch für eine billige Institution! ich brauche nicht einen Pfennig baares Geld aus meiner Tasche für dasselbe zu zahlen. Dieses Verstecken dessen, was eigentlich eine solche Institution, wie das deutsche Reich ist, kostet, das ist gerade das Allergefährlichste bei der Sache. Wir wünschen gerade darum, daß es nicht so sein soll.

Meine Herren, diese Gründe sind es also hauptsächlich, welche uns gegen die indirekten Steuern überhaupt — und die Tabaksteuer ist ja eine solche — ankämpfen lassen. Es ist aber auch noch die ganz besonders hervortretende Ungerechtigkeit, welche in dieser Tabaksteuer liegt, die uns veranlaßt, uns gegen dieselbe zu wenden. Es ist ja so oft, ich will das nicht des breiteren wiederholen, von unserer Seite gesagt worden und auch von Ihnen zugestanden, wenigstens von der liberalen Seite des Hauses, daß eine ungerechte Belastung der Arbeiter in den indirekten Steuern liegt. Aber in diesem Fall wirkt sie noch um so ungerechter, als gerade die unteren Klassen ganz bedeutend größere Opfer bringen müssen, als diejenigen, welche zu den Besitzenden gehören. Die Tabaksteuer wirkt in dieser ungerechten Weise insofern, als sie gerade den ordinärsten Tabak um 100 bis womöglich 150 Prozent vertheuert, währeud sie die feinen Tabake nicht bis zu einem fünfzigstel Prozent vertheuert, das ist doch gewiß ein gewaltiger Unterschied. Sie ermessen also wohl selber, wie der Unterschied wirken muß, und sehen daraus, wie ungerecht die Steuervertheilung ist, wenn man solche indirekten Steuern einführt. Meine Herren, der Herr Reichskanzler hat in gewisser Beziehung einem Theile der liberalen Partei dieses Hauses gegenüber recht, wenn er die Einführung indirekter Steuern verlangt, weil diese Liberalen, von dem Grundsatz ausgehend: gleiche Rechte, gleiche Pflichten, gleiche Pflichten mit gleicher Belastung verwechseln. Wir Sozialdemokraten stehen auf einem anderen Standpunkt, wir sagen: gleiche Rechte, die Pflichten aber gleich nur im Sinne der Gerechtigkeit, d. h. aufgelegt je nach der Kraft des Einzelnen, die Pflichten erfüllen zu können, das ist ein Grundsatz, dem gegenüber allerdings jede indirekte Steuer verwerflich ist, wo hingegen nach ersterer Auslegung des Grundsatzes gleiche Rechte, gleiche Pflichten, indirekte Steuern als gerechtfertigt erscheinen können. Unser Standpunkt scheint also mir wenigstens der gerechteste zu sein, wenn wir sagen, gleiche Rechte für Alle im Staat, die Pflichten aber bemessen, gleich der Kraft, gleich dem Vermögen des Einzelnen.

Meine Herren, nachdem ich diese wenigen Auseinandersetzungen über die politische Seite der uns beschäftigenden Frage vorausgeschickt habe, möchte ich auch noch die wirthschaftliche Seite derselben beleuchten. Zunächst möchte ich anführen, welche ungeheuren wirthschaftlichen Nachtheile für das gesammte Volksleben sowohl, als auch für die Tabakindustrie insbesondere, die projektirte Steuer mit sich führen muß. Wenn 120 Mark per 100 Kilo, gleich 60 Pf. per Pfund Tabak Steuer erhoben werden soll, so ist das 48 Pf. per Pfund mehr, als seither erhoben wurde, das macht pro Mille Zigarren, wenn man im Durchschnitt 17 Pfund aufs Tausend rechnet, 8 Mark 16 Pf. Bei der Zigarre von zirka 30 Mark Werth würde ein Zuschlag von 8,16 Mark schon fast den dritten Theil seines bisherigen Werthes ausmachen, Sie müssen aber berechnen, daß in dem Augenblick, wo der Fabrikant genöthigt ist, so viel Kapital mehr für jedes einzelne Tausend Zigarren in seinem Geschäft anzulegen, er nun auch einen Kapitalzins für dieses Mehr, welches er hineinsteckt, verlangen muß und außer dem Kapitalzins auch noch eine erhöhte Risikoprämie; das berechne ich auf zirka 15 Prozent brutto und da kommen wir so ziemlich auf 10 Mark, welches das Tausend mehr kosten wird, d. h. es würde sich der Verkaufspreis, den der Fabrikant alsdann fordern müßte, um 10 Mark erhöhen. Der Detailhändler muß nun aber ebebenso gut wie der Fabrikant ein größeres Kapital beim Ankauf seiner Waare verwenden. Es kommt außerdem noch hinzu, daß, wenn die Steuer in der projektirten Höhe eingeführt wird, ganz bestimmt der vierte Theil Tabakfabrikat weniger konsumirt wird als seither; die Lokalitäten aber, die Fabrikant und Kleinhändler gemiethet haben und die auch noch nothwendig sind bei einem geringeren Absatz, müssen in gleicher Höhe verzinst werden als seither; das alles muß auf die zum Verschleiß gebrachten Waaren geschlagen werden, es muß sich darum die einzelne Zigarre um mehr als einen Pfennig, um zirka $1\frac{1}{2}$ Pfennig im Preise erhöhen. Eine solche Erhöhung im Preise um $1\frac{1}{2}$ Pfennig wird aber eine fast vernichtende Wirkung auf die Tabakindustrie ausüben. In einer Zeit, wo die Tabakindustrie schon an und für sich unerhört schlecht geht, wo ein lohnender Absatz so wie so nicht vorhanden ist, wo die Löhne der Arbeiter um 50 Prozent herabgedrückt worden sind, da kommt nun noch ein solches Gesetz! Glauben Sie nicht, meine Herren, daß ich Ihnen da Unwahrheiten berichte; selbst hier in Berlin wurde noch vor einigen Jahren pro Mille ordinaire Zigarren an den Roller 6 Mark und 6,50 Mark bezahlt, und heute zahlt derselbe Fabrikant, der an der Spitze des Fabrikantenvereins steht, seinen Arbeitern nur 3 Mark pro mille Zigarren zu decken. Ja die Noth, das Elend unter den Arbeitern in jetziger Zeit kann nur derjenige recht beurtheilen, der, wie ich, an der Spitze einer ihrer Krankenkassen steht. Wir haben einige Mitgliedschaften, wo wir jetzt bis zu 25 Prozent Krauke in unserer Tabakarbeiterkasse haben. Wir haben während der Geschäftskrise von Jahr zu Jahr Tausende von Mark zugesetzt; ich glaube, wir werden in diesem Jahr wieder wohl gegen 20 000 Mark zusetzen, und wenn die Steuer, wie sic geplant ist, durchgeht, dann bin ich der festen Ueberzeugung, daß unsere Kasse, trotzdem sie im Anfang dieses Jahres noch mit mehr als 30 000 Mark fundirt war, bankerott wird.

Meine Herren, Sie haben vielleicht gehört oder gelesen, daß jetzt durch die Zeitungen eine Notiz gegangen ist, daß jetzt schon die Handwerksburschen an der Straße sterben, verhungert sind, und daß man die Krankheit, der sie erlegen, die Bettlerpest nennt. In dem Augenblick nun, wo diese Steuer eingeführt wird, und es wird nur der zehnte Theil der Fabrikanten, die das Tabakgeschäft betreiben, bankerott, da werden auch 14 000 Arbeiter brodlos, und ich befürchte, der zehnte Theil wird bankerott werden, ob Sie dieses Gesetz annehmen oder nicht; die Kreditverhältnisse sind ja jetzt so erschüttert in der Tabakindustrie, daß eine große Anzahl von Bankerotten unausbleiblich ist. Meine Herren, was soll dann aus den brodlosen Arbeitern werden? Was durch die indirekte Steuer angeblich den Kommunen zu Gute kommt, das können Sie dann nur ruhig als Almosen für diejenigen verwenden, die durch die indirekte Steuer brodlos geworden sind. Die Summe wird nicht allzu klein sein, die für die Leute verwendet werden muß, die dadurch brodlos werden. Glauben Sie nicht, daß ich zu sehr grau in grau schildere. Wenn die Tabaksteuer erhoben wird und vor allen Dingen, wenn die vom Regierungstisch aus so sehr gepriesene Nachsteuer kommt, dann werden die Fabrikanten und Händler das Kapital, diese 60 Millionen Mark circa, welche die Nachsteuer erfordert, nicht aufbringen köunen, oder wenn sie vielleicht mit Hilfe der Wucherer im Stande sind dieselbe aufzubringen, dann gehen unfehlbar eine große Anzahl Bremer Tabakhändler zu Grunde, welche so große Kredite an einzelne Fabrikanten gegeben haben, und Sie wissen, daß ein einziger Bankerott immer das erste Glied zu einer verhängnißvollen Kette von weiteren Bankerotten ist. Welche unsäglichen Nachtheile ein solches Gesetz zur Folge haben muß, das glaube ich muß hiernach jedem klar werden.

Auch wenn die Steuer noch um etwas ermäßigt wird, vielleicht auf den im vorigen Jahre proponirten Satz von 42 Mark, auch dann würde sie noch zu hoch sein, auch dann würden dieselben Folgen eintreten wie jetzt, denn dann werden die Fabrikanten genöthigt sein, einen großen Theil ihrer Formen und Pressen abzuändern, neue Façons einzuführen; neue Mischungen vorzunehmen, — kurz und gut, es wird auch dann eine ganz gewaltige Revolution innerhalb der Geschäfte geben, welche auf Jahre hinaus jeden Gewinn in denselben illusorisch macht.

Diese Umstände fiud es vor allen Dingen, die uns Sozialdemokraten gegen jede Erhöhung der Steuer werden stimmen laffen.

Zum Schutz der deutschen Tabakbauer wurde von Seiten des Herrn Abgeordneten Kiefer gesagt, man möchte den Steuersatz in folgender Weise formuliren: 20 Mark Steuer für inländischen und 50 Mark Zoll für ausländischen Tabak. Würde dem Folge gegeben, dann ist ein Export vollständig unmöglich. Wie kann die Regierung dabei Rückerstattung der Zölle bez. Steuern gewähren? Sie kann nicht die Zigarren untersuchen, ob Pfälzer mit 20 Pfennig oder Brasil mit 50 Pfennig besteuert darin ist. Beim Export von Fabrikaten von ausländischem Tabak müßte dann eine höhere Zollrückerstattung gezahlt werden, als für die von inländischem. Es würde immer daher erst konstatirt werden müssen, ob inländischer oder ausländischer Tabak in der zu exportirenden Waare ist, es ist aber zum großen Theil wohl unmöglich, wie ich Ihnen gestehen muß, eine vollständig richtige Entscheidung darüber zu treffen. Also ein so großer Abstand zwischen Steuer und Zoll für inländischen und ausländischen Tabak könnte nun schon gar nicht bestehen.

Ich war früher für die Nachsteuer, bevor ich neulich in Bremen war; ich meinte, daß die größeren Fabrikauten zum Nachtheil der kleineren ganz bedeutende Massen Tabak angekauft hätten und infolge dessen, wenn die Nachsteuer nicht käme, die kleinen Fabrikanten im Nachtheil seien. Ich habe mich aber leider in Bremen überzeugt, daß nicht nur die großen, sondern auch die kleinen Fabrikanten spekulirt haben und daß einer wie der andere hineinfallen wird, wenn das Gesetz zu Stande kommt.

Mit Einführung der Nachsteuer ist also die vollständige Vernichtung aller kleinen Fabrikanten ausgesprochen, diese können ruhig aus ihrer kleinen Budike herausgehen und der Regierung sagen: wollen Sie so gefällig sein und hier Platz nehmen, ich habe hier nichts mehr zu suchen. Und sie könnten noch froh sein, wenn sie auf diese Weise aus dem Geschäft mit heiler Haut herauskommen könnten.

Die dritte uns in Vorschlag gebrachte Steuer, die Lizenzsteuer, war mir unbekannt, d. h. unbekannt, so lange ich noch nicht gelesen hatte, daß sie eingeführt werden sollte. Als man mir das mittheilte, da glaubte ich, man wolle sich einen schlechten Scherz mit mir machen, ich glaubte nicht, daß es der Regierung wirklich ernst damit sein könne, eine solche Steuer in Deutschland einführen zu wollen. Ich fragte mich im Augenblick, ja, wie soll denn ausgekundschaftet werden, was Händler und Fabrikanten ankaufen, wieviel sie von einander beziehen und was sie wieder verkaufen, das kann doch nur dadurch geschehen, daß auf wirthschaftlichem Gebiete dieselbe Spionage eingeführt wird, wie sie leider auf politischem Gebiete jetzt vorhanden ist. Ja, meine Herren, dazu braucht man aber nicht etwa wie bei der Spionage auf politischem Gebiete Jedweden, der sich anbietet, vielleicht den ersten besten aus dem Militär mit Zivilversorgungsschein verabschiedeten Mann, der sich in dem Dienst der Polizei stellt, nein, dazu gehören Leute, die auch etwas Kenntniß von der Buchführung haben müssen, wenn sie sich davon überzeugen sollen, ob der zu kontrolirende Geschäftsmann etwas unterschlägt. Die Lizenzsteuer würde deshalb kaum soviel aufbringen, als nothwendig wäre, um die Defraudation derselben zu verhindern. Das war es, was mir die ganze Geschichte so komisch vorkommen ließ, daß man, um nur zu wissen, wieviel an Tabakfabrikaten verkauft wird, mehr ausgeben wollte, als man durch diese Steuer vereinnahmt.

Meine Herren, von dieser Seite des Hauses (rechts) glaubt man vielleicht, daß ich bisher übertrieben habe, daß meine Kritik der Vorlage eine ungerechte sei. Sie lieben es vorzüglich, die altpreußische Finanzpolitik hier zu loben, Sie lieben es, Autoritäten aus früheren Zeiten angeführt zu sehen, nun, mit Erlaubniß des Herrn Präsidenten möchte ich Ihnen darum ein Urtheil preußischer Kommissarien, abgegeben im preußischen Abgeordnetenhause, vorlesen. Es war am 15. März 1856, als die preußische Regierung die zu verlesende Erklärung abgab; damals hatte der Abgeordnete Carl und ich weiß nicht, wer noch, eine ähnliche Steuer beantragt, ja, sie waren sogar gewillt, das Tabakmonopol in Preußen einzuführen. Nun hören Sie, die Regierungskommissare sagten:

> Es erhelle aus den vorherigen allgemeinen Bemerkungen, daß die Regierung noch nicht in der Lage sei, sich über irgend einen Besteuerungsmodus bestimmt zu erklären, inzwischen erscheine es erforderlich, einige, jenem Plan entgegenstehende Bedenken anzuführen.
>
> Die Verwaltung der Steuern beruhe vor andern auf Erfahrung, die Vernachlässigung gewisser, aus Erfahrung hervorgegangener Grundsätze räche sich in der Regel in überraschender Weise.
>
> In dieser Beziehung sei zunächst zu beachten, daß der Verbrauch weit verbreiteter Verzehrungsmittel durch Verminderung der Abgaben zunehme und durch deren Erhöhung abnehme. Im Hinblick auf den geringen Tabakverbrauch in England und Frankreich sei bei sehr hohen Abgaben ein Zurückgehen des Verbrauchs im Zollverein auf die Hälfte zu befürchten.

Hören Sie, meine Herren, diese preußischen Kommissare befürchteten ein Zurückgehen auf die Hälfte, wir nehmen nur ein Zurückgehen um ein Viertheil an.

> Jedenfalls sei die Annahme des Herrn Abgeordneten Carl, welcher ein Zurückgehen des Verbrauchs um 1/4 vermuthe, eine sehr mäßige, sodann müsse, wolle man nicht den Verbrauch des inländischen Tabaks unnatürlich begünstigen, ein angemessenes Verhältniß zwischen der auf inländischem Tabak, auf fremdem Rohtabak und fremden Tabakfabrikaten ruhenden Steuer stattfinden. Habe schon bisher, wo inländischer Tabak mit 20 Silbergroschen für den Zentner und fremder Tabak mit 4 Thaler für den Zentner, dieser also nur um 3 Thaler 10 Silbergroschen höher als jener besteuert sei, der Verbrauch des inländischen Tabaks im Verhältniß zum Verbrauch fremden Tabaks zugenommen, so würde es gewiß ganz unzulässig sein, wenn die Differenz zwischen der Abgabe auf fremdem Rohtabak und inländischem Rohtabak sich auf nicht mehr als 6 Thaler belaufe. Ebenso müsse man sich hüten, den Eingangszoll auf fremde Fabrikate übermäßig hoch zu stellen, da sonst die Einnahme von denselben noch mehr als bisher sinken werde. Die Regierung befürchte, daß sich auch mit 10 Prozent der Erhebungskosten eine so hohe Steuer nicht halten lassen werde.

Meine Herren, in dem weiteren, was ich nicht verlesen will, um Ihre Zeit nicht zu sehr in Anspruch zu nehmen, wird nun geschildert, welchen nachtheiligen Einfluß diese Steuer haben müsse. Man weist nach, wie Frankreich vom Jahre 1797 an bis 1811 eine ähnliche Steuer gehabt habe, und welche drakonischen Bestimmungen man damals in Frankreich gehabt habe. Wissen Sie, zu welchem Resultat man in Frankreich trotzdem gekommen ist? Der Regierungsvertreter sagte:

> Trotz dieser drakonischen Strafen und scharfen Kontrole habe die Tabaksteuer in Frankreich kaum 15 Millionen Franken eingebracht, so daß, wenn man den damaligen Verbrauch nur zu 3000 Zentner annehme, fast zwei Drittel der Abgaben defraudirt worden seien.

Bei 3000 Franken Strafe, ich glaube sogar auch Ehrenstrafen und schärfster Kontrole, war es noch möglich, daß 2/3 der Tabaksteuern defraudirt werden konnte! Glauben Sie, daß es bei uns anders sein würde, wenn diese Steuer eingeführt wird? Meinen Sie, daß der Schmuggel nicht zunehmen würde? Ich bin überzeugt, er würde sich vielfach vermehren. Aber in gleichem Maße, wie sich der Schmuggel vermehren würde, in gleichem Maße, wie die Defraudationen gegenüber der Lizenzsteuer zunehmen würden, in gleichem Maße auch müßte alsdann das Heer der Beamten vermehrt werden, die Grenzaufseher aber mindestens verdoppelt werden. Und nunmehr frage ich Sie, welcher große Ueberschuß, der den Einzelstaaten zu gute kommen könnte, sich alsdann wohl ergeben würde. Viel würde davon wahrlich nicht zu sehen sein, es würde vielmehr ein großer Theil nur eben wieder dazu dienen, — nehmen Sie mir den Ausdruck nicht übel — Müssiggänger zu besolden, welche andere Leute allerdings verhindern sollten, den Staat zu betrügen, es jedoch nicht könnten. Der Staat würde aber nicht betrogen werden, wenn man solche Gesetze nicht einführte.

Dieses alles zusammen genommen, berechtigt uns wohl vollständig, uns gegen diese Steuer zu erklären. Es kommt aber noch in Betracht, — ich kann mir nicht helfen, ich muß es vorbringen — daß bis jetzt die Regierungen alles mögliche gethan haben, die Zigarrenindustrie zu schädigen. So oft nun schon von uns, und, was ich dankbar anerkenne, auch von dieser Seite des Hauses (links) gegen die Zuchthausarbeit angekämpft worden ist, niemals noch haben die Regierungen sich bewegen lassen, irgendwie eine Aenderung darin zu schaffen, jetzt nun, wenn vielleicht 14—20 000 Zigarrenarbeiter brodlos werden, werden Sie sehen, die Arbeiter, die im Zuchthaus sitzen, wird das nicht im geringsten berühren. Meine Herren, mancher von den sogenannten freien Arbeitern würde sich glücklich schätzen, wenn er alsdann mit dem tauschen könnte, der im Zuchthaus sitzt, der sich gegen die Gesellschaft vergangen hat, vielleicht durch entehrende Verbrechen. Ja, es ist in Wirklichkeit so; einige Tausend Strafgefangene arbeiten ungestört als Tabakarbeiter in den Strafanstalten, während Tausende von freien Arbeitern jetzt schon brodlos umherlaufen; jene haben wenigstens ein gesundes Obdach, eine Kleidung, die der Gesundheit zuträglich ist, sie haben Licht, sie haben Wärme, Luft, Essen zur Genüge und hunderte von Tabakarbeitern liegen auf der Straße und hungern. Sind denn das Zustände, die man preisen könnte? Gewiß nicht. Und deshalb möchte ich Sie bitten, einem auf Beseitigung der Tabakfabrikation in den Zucht- und Strafanstalten gerichteten Autrag, den wir bei der zweiten Lesung einbringen werden, Ihre Zustimmung zu geben, damit die Regierung endlich einmal wirklich Anstalten treffe, diese so benachtheiligte Industrie in den Strafanstalten zu beseitigen.

Meine Herren, ich habe noch eins zu erwähnen. Als vom Export der Tabakfabrikate die Rede war, rief einer der Herren Kollegen hier im Hanse mir zu, wir hätten auch ganz bedeutenden Schutzzoll innerhalb der Zigarrenindustrie. Es ist wahr, es ist auch ein ziemlich hoher Schutzzoll für sie in Aussicht genommen. Die deutsche Tabakindustrie braucht diesen hohen Schutzzoll aber gar nicht, man möge ihr lieber keinen sogenannten Schutzzoll geben, dafür aber die Steuer erlassen, die sie geben soll, sie wird alsdann gewiß recht gern auf Schutzzoll verzichten.

Das gibt mir aber auch Gelegenheit, auf eine Aeußerung des Herrn Abgeordneten Richter hiermit zu sprechen zu kommen. Sie wissen, daß in der Debatte über den Zolltarif der Herr Abgeordnete Richter die Ausführung machte, daß, wenn die hohen Schutzzölle auf Waaren eingeführt würden, man auch einen Schutzzoll gegen die Einfuhr von Arbeitern haben müsse. Ich rief damals: Sehr richtig! Der Herr Abgeordnete Richter entgegnete darauf: Ja wohl, Herr Fritzsche, das ist sehr logisch, merken Sie sichs nur. Ich habe es mir gemerkt und habe darüber nachgedacht und Folgendes gefunden. Im deutschen Strafgesetzbuch ist vorgesehen, daß derjenige, der unter Vorspiegelung falscher Thatsachen Deutsche zur Auswanderung verleitet, bestraft wird. Ich meine, es könnte auch recht gut eine Bestimmung im Strafgesetzbuch sein, welche diejenigen mit Strafe bedroht, die ausländische Arbeiter unter Vorspiegelungen solcher Thatsachen nach Deutschland locken, oder aus einer Provinz in die andere verkaufen, denn es ist die reine Seelenverkäuferei, die da oft stattfindet. Das wäre besser als ein Schutzzoll auf Einfuhr von Arbeitern. Ein anderer Schutz wäre der, und der würde auch den Tabakarbeitern helfen in ihrer Bedrängniß, jetzt einen Uebergang zu finden, unsere Tabakarbeiter in der schlechten Lage, in die sie hinab gedrückt sind, zu unterstützen, wenn die Gewerbevereinigungen nicht seitens der Regierung so mißhandelt würden. Unser Gewerkverein der Tabakarbeiter hat Tausende von Mark jährlich an seine wandernden Mitglieder gegeben, damit sie nicht betteln mußten. Das hat man als sozialistische Umtriebe bezeichnet, und der Herr Polizeipräsident von Madai hat ihn verboten. Meine Bittschrift an die Reichskommission um Aufhebung dieses Verbots hat auch nichts geholfen. Ja, meine Herren, wenn man die Gewerkschaften durch ein Normalstatut gesetzlich in ihrer Existenz sichert, würde man sehr viel für die Arbeiter gethan haben, und sie zu gleicher Zeit in ihrem Widerstand kräftigen gegen das Einströmen von Arbeitskräften, welche die Arbeitslöhne unter Null herunterdrücken. Ich will meinen, das sind Forderungen, denen auch jeder, der sich liberal nennt, zustimmen könnte.

Nun, ich habe mich jetzt genügend ausgesprochen über das, was ich im Allgemeinen zu sagen hatte, in das Detail kann man ja nicht eingehen bei einer Generaldebatte. Ich will nur noch eins sagen. Wenn wir wirklich das wären, wofür man uns ansieht, dann würden wir fröhlichen Muths dieser Vorlage zustimmen. Meine Herren, wir würden alsdann aus Bosheit für die Vorlage in ihrem ganzen Umfange stimmen. Es hat noch nichts gegeben, was den Staat mehr zu erschüttern, was ihn mehr zu untergraben im Stande ist, was mehr den Umsturz der bestehenden Ordnung herbeizuführen geeignet ist, als die Einführung einer Steuer, welche im Volke so allgemein verhaßt ist wie diese. Ich will nicht an Amerika erinnern, ich will nicht an die Niederlande erinnern u. s. w., ich will Ihnen das eine aber noch sagen, nehmen Sie das Gesetz an und Sie haben ein Untergrabungsgesetz der besten Art angenommen.

Vizepräsident Dr. **Lucius**: Der Herr Abgeordnete Dr. Buhl hat das Wort.

Abgeordneter Dr. **Buhl**: Meine Herren, Sie werden mir gewiß glauben, wenn ich Sie versichere, daß es mir recht schwer wird, für dieses Gesetz und überhaupt für eine höhere Besteuerung des Tabaks mich auszusprechen; denn wenn man, wie ich, Gelegenheit hat, sich in den ganzen einschlägigen Verhältnissen zu orientiren und zu sehen, welche großen rüstigen Lebensinteressen mit dem Bau und der ganzen Industrie zusammenhängen, wenn man auch glaubt, daß, mögen die gesetzlichen Bestimmungen so günstig und so glücklich getroffen werden, wie möglich, es doch nicht gelingen wird, alle die betreffenden Interessen zu schonen, so werden Sie, sage ich mir, glauben, daß es mir als Kenner der Verhältnisse schwer wird, für die Steuervorlage mich auszusprechen. Wenn es trotzdem geschieht, so geschieht es aus dem Gefühle und aus dem Bewußtsein heraus, daß in unserer gegenwärtigen Finanzlage vom Tabak als steuerfähigem Objekt nicht Umgang genommen werden kann.

Meine Herren, ehe ich in weitere Erörterungen eintrete, muß ich mein aufrichtiges und lebhaftes Bedauern aussprechen, daß wir beim Beginn dieser Debatten unsere Grenzen noch nicht geschlossen haben. Ich spreche dieses Bedauern nicht nur in fiskalischem Interesse aus, sondern ich spreche es hauptsächlich deshalb aus, weil ich fürchte, daß das ganze Gelingen des Gesetzes mit davon abhängt, daß nicht zu große Quantitäten von fremden Tabak hereingekommen siud, und daß diese großen Quantitäten nicht zu sehr den kritischen Uebergang, der durch die höhere Besteuerung des Tabaks entsteht, noch mehr erschweren. Meine Herren, die Zahlen, die uns der Herr Minister Hobrecht in der vorigen Sitzung angegeben hat über den fremden Import, haben mich nicht beunruhigt. Ich habe gefürchtet, sie seien noch größer. Bei einer oberflächlichen Rechnung läßt sich übrigens dieser Mehrimport noch um weitere hunderttausend Zentner reduziren; denn der Herr Minister nimmt den durchschnittlichen Import nur auf 900 000 Zentner an, während er nach den Motiven 996 000 Zentner beträgt, sodaß sich der Mehrimport auf 846 000 Zentner vermindert. Ich glaube, daß die Zahlen sich noch weiter reduziren, wenn man die Verhältnisse des Tabakbaues ins Ange faßt. Unser deutscher Tabakbau hat im Durchschnitt der Jahre 1872/73 bis 1876/77 25 000 Hektar betragen; er ist im Jahr 1877/78 und 1878/79 auf 18 000 Hektar zurückgegangen, so daß wir durch diese 7000 ausfallenden Hektare von deutschem Tabak eine weitere Verminderung — und dieser deutsche Tabak muß ja mit in Rechnung gezogen werden, — von zirka 200 000 Zentner konstatiren können, so daß wir also für den Moment, wo der Herr Minister Hobrecht seine Zahlen festgestellt hat, einen Mehrimport über den gewöhnlichen von zirka 700 000 Zentner ins Ange zu fassen haben.

Ich fürchte allerdings, meine Herren, daß dieses günstige Verhältniß sich in diesen Tagen und vielleicht in den nächsten

Tagen weiter verschiebe, und ich muß deshalb den entschiedenen und dringenden Wunsch aussprechen, daß die Schließung der Grenzen, die bis jetzt versäumt worden ist, möglichst bald erfolge, damit wir in der weiteren Berathung des Gesetzes ungehindert fortfahren können.

Meine Herren, wenn wir diese Zahlen ins Auge fassen und auf dem Boden dieser Zahlen an die Nachsteuerfrage herantreten, so sind eine Reihe von großen prinzipiellen Bedenken gegen die Nachsteuer schon ausgesprochen worden, denen ich mich vollständig anschließen kann. Jedenfalls aber wird es absolut nothwendig sein, wenn wir überhaupt auf den Gedanken der Nachsteuer eingehen wollten, eine verschiedene Behandlung von fremdem und deutschem Tabak eintreten zu lassen, obgleich ich wohl weiß, wie sehr durch diese Scheidung die Schwierigkeiten noch vermehrt werden. Meine Herren, ich glaube außerdem, daß die Vorlage so, wie sie ist, in einer Reihe von Detailbestimmungen dem allerlebhaftesten Bedenken begegnen muß; denn bei der Höhe der Beträge, um die es sich handelt, ist die Fusion nicht zulässig, es wären da scharfe Kontrolmaßregeln nothwendig, und wenn die Regierungsvorlage glaubt, daß in 8 Tagen die Fusion abgegeben werden könnte, so muß man die Verhältnisse der Tabakbranche sehr wenig kennen; denn es wurde mir von einem angesehenen Mitgliede der Enquete, der selbst in der Branche steht, versichert, daß er zur Inventur seines Lagers die Zeit von 4 Wochen brauche. Meine Herren, dieser betreffende Händler hat keine Filiale. Die Verhältnisse bei Fabrikanten mit Filialen, mit dadurch komplizirterem Geschäftsbetriebe liegen natürlich noch viel schwieriger, als die von dem betreffenden Händler. Ich glaube, wie gesagt, daß das ganze System der Fusion unzulässig ist, und jedenfalls die Termine anders zu bemessen sind. Meine Herren, Sie finden im Gesetz noch einige Bestimmungen die mir unbegreiflich erscheinen. Sie sehen z. B. als zulässig erklärt, daß Tabak, der nicht nachversteuert ist, verbrannt werden darf, man hat dabei aber nicht vorgesehen, daß beim Tabak ein Eingangszoll schon gezahlt ist, und daß dieser Eingangszoll doch zurückgezahlt werden sollte, Sie sehen die Nachversteuerung gleich hoch gegriffen, auch für die Masse von Ladenhütern die sich in verschiedenen Fabriken anhäufen — kurz, es werden dadurch Härten geschaffen, die ganz unerträglich sind.

Nun hat man als Erleichterung vorgesehen, daß der Tabak in die steuerfreie Lager zurückgebracht werden darf. Ich glaube, daß dieser Ausweg von der Praxis nicht ergriffen werden kann, das Zurückbringen in die steuerfreien Lager würde einfach heißen, den bezahlten Zoll von 12 Mark, mit der Differenz von 2 Mark, die zurück vergütet werden, aufzugeben, es würde heißen, für den schon versteuerten Tabak den bezahlten Zoll zu verlieren und in einem späteren Termin den vollen Zoll wieder zu bezahlen. So wenigstens wurde der betreffende Paragraph der Regierungsvorlage in allen Interessenkreisen verstanden.

Einen schwerwiegenden Einwurf gegen den Erlaß der Nachsteuer hat vorhin der Herr Regierungskommissar gemacht damit, daß er gefragt hat: wie soll es mit der Exportbonifikation für den in der Zwischenzeit für die Ausfuhr fabrizirten Tabak gehalten werden? Da bin ich der Ansicht, daß ein Ausweg dadurch gefunden werden kann, daß derartiger Tabak unter einer steueramtlichen Kontrole fabrizirt wird, und daß man dadurch in der Lage ist, den Nachweis führen zu können, daß zu dieser Fabrikation versteuerter, neu eingeführter Tabak verwendet worden ist, dadurch käme man aus der ganzen Schwierigkeit heraus. Meine Herren, wenn ich so die Schwierigkeit der Nachsteuer gekennzeichnet habe, und wenn ich aussprechen muß, daß ich die Nachsteuer beinahe nicht für durchführbar halte, so bin ich auf der andern Seite wieder sehr bedenklich, ohne Nachsteuer auf die von der Regierung vorgeschlagenen hohen Sätze überzugehen. Ich glaube, daß es da absolut nothwendig ist, einen Uebergang zu finden, und ich würde Ihnen diesen Uebergang dahin vorschlagen, daß wir im Gesetze festsetzen, daß mit einem niederen Zolle angefangen werden soll und dieser niedrige Zoll in einer Reihe von Jahren bis zu einem jetzt schon zu fixirenden Maximum zu erhöhen sei. Meine Herren, ich will Ihnen Zahlen nennen, um Ihnen meinen Vorschlag deutlich zu machen, die Zahlen sind ja nicht verbindlich, da sie von einem einzelnen Abgeordneten ausgehen; wenn wir also im Gesetze fixiren würden, daß für das nächste Jahr 30 Mark erhoben würden, im folgenden 35, dann 40, und 45, wir wollen einmal sagen, bis zu einem Maximum von 50 Mark, so würde die Nachsteuerfrage viel weniger brennend sein, als sie es jetzt ist, denn darin muß ich dem Herrn Regierungskommissar Recht geben, daß es auch mir zweifelhaft ist, ob der Konsument von den Vorräthen, die ohne Nachsteuer blieben, von den großen Beträgen, welche die Spekulation eventuell verdienen würde, Nutzen hätte, ob der Konsument in dieser ganzen Zwischenzeit billiger kauft; aber, meine Herren, es könnte durch ein derartiges System eine Lage geschaffen werden, wo die Berücksichtigung des Konsumenten eine vollständig selbstverständliche wäre, wo sie durch dieses selbst schon bedingt würde. Meine Herren, wenn man einen so wichtigen Erwerbszweig, wie die Tabakindustrie bei uns in Deutschland ist, zu so einem wichtigen und ergiebigen Steuerobjekte machen will, so glaube ich, daß man aus fiskalischem Interesse nicht widerstreben sollte, einen derartigen Uebergang zu schaffen, der es möglich machen würde, daß in einer langsamen Entwicklung sich die verschiedenen betheiligten Branchen an die Verhältnisse gewöhnen, daß wir über die große Revolution in einer verhältnißmäßig friedlichen Weise hinwegkommen. Ich glaube aber auch, daß die Schädigung des fiskalischen Interesses durch diese langsame Einführung des vollen Zollbetrages keine so große ist. Es war im vorigen Jahre in Paris eine Kurve ausgestellt, welche die Abnahme respektive die Wiederzunahme des Tabakkonsums in Frankreich gezeigt hat infolge der großen Preiserhöhung im Jahre 1871. Der Preisnachlaß war damals außerordentlich groß und das Steigen des Konsums war ein so langsames, daß man erst jetzt wieder auf der Höhe des Konsums von 1869 angekommen ist und sie vielleicht um eine Kleinigkeit übersteigt. Ich glaube, daß, wenn wir diesen langsamen Uebergang wählen würden, wir in der Lage wären, einer Verminderung des Tabakkonsums zu begegnen, und dieselbe überhaupt zu beseitigen und dadurch, indem wir eine Verminderung des Konsums vermeiden, würden wir allen Interessentenkreisen einen außerordentlich großen Dienst erweisen. Denn wenn mit einer so großen Steuerschwierigkeit, mit einem so großen Mehrerforderniß von Betriebskapital auch noch gleichzeitig ein bedeutender Nachlaß des Konsums zusammenträfe, würde die Situation in den interessirten Kreisen ganz außerordentlich schwierig.

Meine Herren, der Effekt der vorgeschlagenen Sätze für das Gewerbe spricht sich deutlich in der Zahl aus, daß nach den Erhebungen der Enquete der Durchschnittspreis für Bremer Tabake inklusive des Zolles 66 Mark war und daß die gleiche Quantität von Tabak auf 114 Mark mit einem Schlag erhöht werden soll. Nun, meine Herren, wenn Sie die Verhältnisse unserer Tabakbranche, der Tabakfabrikation, des Handels und überhaupt alle da hinein einschlägigen kennen und überlegen, wie halten Sie es da für möglich, daß diese Industrie in einer verhältnißmäßig kurzen Zeit in der Lage ist, in einer so kolossalen Weise ihre Betriebsmittel zu erhöhen, so daß sie mit einem Schlage für ein Rohprodukt, das bis jetzt pro Zentner 66 Mark gekostet hat, 114 Mark ausgeben kann? Bei dem deutschen Tabak sind die Verhältnisse, wenn auch nicht ganz so kraß, aber doch ähnlich. Ich glaube daher, daß ich jetzt schon bei diesen ersten Betrachtungen das System des Staffelzolles zur Schaffung eines Ueberganges empfehlen soll. Mit dem Staffelzoll Hand in Hand müßte natürlich eine Berücksichtigung des deutschen Tabakbaus gehen, die ja von verschiedenen Rednern in der dankenswerthesten Weise schon anerkannt worden ist. Der Herr Abgeordnete von Schmid hat einen Steuernachlaß für nothwendig erklärt, und sogar der Herr Minister Hobrecht hat gestern geglaubt, daß bei Nichteinführung einer Nachsteuer keine Konkurrenz zwischen deutschem Tabak und fremdem Tabak möglich wäre. Meine Herren, ich bin der Ansicht, daß die Quantitäten von fremdem Tabak, die bei uns eingeführt sind, so bedeutend sind, daß wir gar nicht umhin können werden, wenn wir nicht durch Reichsgesetz verbieten wollen, daß dieses Jahr Tabak gebaut wird, — das wäre die einzige Lösung —, daß wir dahin kommen müssen, daß in diesem Jahr für den inneren Tabak noch die Morgensteuer beibehalten wird, wie sie jetzt üblich ist, und daß wir aus den Zahlen, die uns vorliegen über die Quantität fremden Tabaks, auch uns überlegen, ob für das nächste Jahr noch dem deutschen Tabak eine Begünstigung gegeben werden soll. Wenn ich konkludire, so würden sich also die Verhältnisse so gestalten, daß in diesem Jahr ein Zoll für fremde Tabake von etwa 30 Mark, für deutsche die Morgensteuer zu erheben wäre. Im nächsten Jahr kämen wir vielleicht auf den Satz von 35 Mark für fremden und 8 bis 10 Mark für den inländischen Tabak, und von da an würden wir in der definitiven Grenze zwischen Zoll und Steuer weiter zu marschiren haben.

Meine Herren, wenn ich Ihnen einen jährlichen Aufschlag von 5 Mark vorschlage, so greife ich die Zahl deshalb so nieder, um die Möglichkeit einer zu weit ausgedehnten Steuerspekulation auszuschließen; denn das thue ich mit der vorgeschlagenen Zahl. Wenn Sie den Bremer Durchschnittspreis von 54 Mark annehmen und dazu die 30 Mark Zoll zählen, die ich vorschlage, so haben Sie für diesen Tabak einen Preis von 84 Mark; Sie müssen aber für ein derartiges Handelsunternehmen inklusive Magazinkosten jedenfalls 10 Prozent jährliche Zinsen, Kosten und Spesen rechnen, so daß die jährlichen Zinsen 8 Mark betragen würden und also bei einem Sprunge von 5 Mark jährlich eine Steuerspekulation bloß insoweit bestehen könnte, daß man sich in einem Jahr den Bedarf für die erste Hälfte des folgenden anschafft. Man könnte bei diesem kleinen Sprung zu dem billigeren Steuersatz nicht einmal den ganzen Bedarf für das folgende Jahr decken. Ich glaube Ihnen gezeigt zu haben, daß hier keine Schwierigkeit vorliegt, die mein Projekt unakzeptabel machte.

Meine Herren, gestatten Sie mir nur noch auf einige Schmerzen der Landwirthschaft zurückzukommen, die übrigens im hohen Hause schon von allen Seiten einen freundlichen Widerhall gefunden haben. Ich glaube, daß es eine Nothwendigkeit ist, daß der Landwirth von der Haftpflicht definitiv und auch ganz ausdrücklich befreit werden müsse, und ich hoffe, daß wir an die Stelle dieser Haftpflicht eine einfache Anzeigepflicht setzen können, die in der Materie, im Wollen des Paragraphen wenig ändert und der ganzen Sache draußen in den Interessentenkreisen ein vollständig anderes Gesicht gibt.

Ich glaube aber auch, daß die Kontrolen noch wesentlich erleichtert werden könnten; besonders ist es hier eine große Frage, ob wir die ganze Bestimmung über diejenigen Behörden, die die Verwiegungen u. s. w. vorzunehmen haben, nicht dem Landesrecht überlassen können und dadurch für Süddeutschland die Möglichkeit schaffen können, daß z. B. in Baden die Akzisen, bei uns in der Pfalz bestimmte Steuerbehörden, die sich in den betreffenden Orten befinden, in Gemeinschaft mit dem Bürgermeister diese Verwiegungen und einen Theil der Kontrolmaßregeln übernehmen können; denn wenn wir nicht einen derartigen Ausweg finden, wird sich hauptsächlich die Verwiegung in der Praxis außerordentlich schwer stellen. Sie haben einen großen Theil von tabaktreibenden Gemeinden, in denen die Zeit des Abhängens des Tabaks und der beabsichtigte Verkauf ziemlich in denselben Zeitpunkt zusammentreffen. Wenn Sie da das Getriebe in der Tabakverkaufszeit sehen, so ist es mir nicht gut denkbar, wie man da mit einem Zollbeamten die nöthigen Ueberwachungen ausüben kann, ohne den betreffenden Tabakpflanzern die allerempfindlichsten Schädigungen zuzufügen dadurch, daß man sie vielleicht nicht rechtzeitig verwiegen läßt, daß man sie am rechtzeitigen Verkauf hindert dadurch, daß sie nicht in der ganz richtigen Zeit abhängen können u. s. w.

An dieser Stelle muß ich übrigens noch einen ganz besonderen Wunsch aussprechen, der dahin geht, daß in Bezug auf den Zeitpunkt des Abhängens ein Zwang überhaupt nicht ausgeübt werden darf, sondern dieser festgesetzt werden muß in voller Uebereinstimmung mit den betreffenden Gemeindebehörden.

Nun, meine Herren, ist ja im Gesetzentwurf eine weitere sehr wichtige Erleichterung für den Pflanzer vorhanden, die darin besteht, daß auch ihm Transit- und Theilungslager zugänglich gemacht werden sollen. Ich glaube, meine Herren, daß durch die Verschiebung der Preise das Selbstfermentiren bei den Pflanzern viel häufiger nothwendig sein wird, als es bis jetzt der Fall war. Ich glaube, daß noch in mehr Gegenden, als bisher, es üblich werden wird, daß sich Genossenschaften bilden, die gemeinschaftlich fermentiren, um nicht diesen Terminen, die im Gesetz festgesetzt sind, zu sehr zu verfallen und um bessere Preise abwarten zu können. Ich glaube und wünsche, daß wir bei der Redaktion des Gesetzes noch Bestimmungen hineinbringen, welche die Errichtung derartiger Transitmagazine in einer nahen bequemen Lage für die betreffenden Interessentenkreise noch mehr sichern.

Meine Herren, warum Sie den Termin für die Steuerzahlung auf den 31. März festgesetzt haben, konnte ich auch nach den Ausführungen des heute sprechenden Herrn Regierungskommissars nicht recht begreifen, denn ich mache ihn darauf aufmerksam, daß z. B. im Jahre 1865 der damalige Tabakverkauf bis in den April hinein gedauert hat, daß also da, wenn ein Zahlungstermin wie der vorgesehene gewesen wäre, wir zu den allergrößten Unzuträglichkeiten gekommen wären. Meine Herren, ich glaube, daß dieser Termin so bestimmt werden muß, daß er früher liegt, als bis die ersten Tabake der neuen Ernte herangebracht werden, und ich denke mir deshalb, daß wir etwa auf den 15. August hinauskommen werden.

Meine Herren, wenn Sie alle die Kontrolmaßregeln, die ja im Interesse des Fiskus der Landwirthschaft aufgelegt werden müssen, mit einander ansehen, so werden Sie auch in diesen Kontrolmaßregeln einen Grund finden, daß der Unterschied zwischen Steuer und Zoll erhöht werden muß. Denn eine Reihe von diesen Kontrolmaßregeln, besonders wenn der Tabak zu Wagen gefahren werden muß, ohne verkauft zu sein, mit all den Verlusten, die damit verbunden sind, kosten den Bauern so viel Geld, daß diese Kosten ihm ganz speziell durch eine höhere Differenz zwischen Steuer und Zoll ausgeglichen werden müssen.

Wenn der Herr Kollege Meier vorhin so liebenswürdig war, uns auch noch die Kontingentirung des Tabakbaues zuzumuthen, so kann ich nur annehmen, daß der Herr Kollege Meier nicht recht weiß, worin diese Kontingentirung besteht. Bei dieser Kontingentirung wird nicht nur gesagt: dieser Kreis darf so und so viel Tabak bauen, sondern es wird jedem einzelnen Bauer durch die Verwaltungsbehörde gesagt: Du darfst so und so viel Tabak bauen. Meine Herren, das ist die Kontingentirung der Monopolverwaltung, zu der man, wenn man wirklich den Tabakbau wesentlich einschränken wollte, auch kommen müßte, und ich glaube, daß diese Art von Kontingentirung doch nicht nur eine weitere schwerere Belästigung für unsere Tabakbauern wäre, sondern so wenig in unser ganzes politisches System hineinpaßt, daß ernsthaft dieser Wunsch nicht ausgesprochen werden kann.

Meine Herren, wenn ich zum Schluß noch einen ganz dringenden Wunsch ausspreche, so ist es der, daß ich hoffe, daß wir zu einer definitiven Erledigung mit der ganzen Angelegenheit kommen. Es ist noch von keinem der Herren Vorredner angeführt worden, was für Kosten die ganze Tabakindustrie, -Bau, -Handel und -Fabrikation durch unsere bisherigen Versuche mit der höheren Besteuerung des Tabaks gehabt hat, wenn Sie die Zahlen, die den Motiven beigegeben sind, lesen und sehen, daß wir im Jahre 1872 auf 73 einen Import von 1 500 000 Zentner gehabt haben, also eine Mehreinfuhr von 500 000 Zentnern, die nachher, wie aus der Steuer nichts geworden ist, zum kolossalen Schaden aller Interessentenkreise ausgeschlagen ist, da z. B. eine der gangbarsten Sorten, der sogenannte Brasiltabak, von 60—75 Pfennig im Anfang der Spekulation bis auf 50, 45 Pfennig herunter gegangen ist, also beinahe 30 Prozent Verlust.

Wenn Sie weiter sehen, daß wir auch 1877/78 wieder eine derartige Mehreinfuhr von 530 000 Zentner gehabt haben, die auch wieder sehr schlecht ausgefallen ist, da, sobald die Steuergefahr beseitigt war, die Preise wieder gedrückt wurden, und wenn Sie jetzt die Verhältnisse wieder so sehen, so müssen Sie mir zugeben, daß es im dringenden Interesse aller betheiligten Kreise liegt, daß wir zu einem Ende kommen, und, meine Herren, in dieser Beziehung gehen die Interessen der Landwirthschaft mit denjenigen der übrigen Interessenten vollständig Hand in Hand; denn bei jeder dieser bisherigen Tabakspekulationen hat unser deutscher Tabakbau eine Reihe von Absatzgebieten verloren; in weiteren Kreisen hatte man sich sehr stark mit amerikanischem Tabak vollgesogen, hatte sich an die Verwendung dieser Tabake gewöhnt und ist bei der Gewöhnuug geblieben und ist in Zukunft nicht mehr Käufer von deutschen Tabaken gewesen.

Meine Herren, zum Schluß möchte ich Ihnen sagen, es liegt keine eiserne Nothwendigkeit vor, im großen, öffentlichen Interesse über das Wohl und Wehe von tausenden von Existenzen zur Tagesordnung überzugehen. Benutzen wir diese Gelegenheit, um die Tabaksteuerfrage zur Erledigung zu bringen und zwar in einer Weise, die nicht zu störend eingreift in das ganze Erwerbsleben von vielen tausenden von Interessenten.

(Bravo!)

Vizepräsident Dr. **Lucius**: Der Herr Abgeordnete Kopfer hat das Wort.

Abgeordneter **Kopfer**: Meine Herren, gestatten Sie mir, daß ich zunächst dem Herrn Vorredner auf einen Punkt antworten darf. Er hat Ihnen vorgeschlagen, die Erhöhung der Tabakbesteuerung staffelförmig eintreten zu lassen, und zwar so, daß die Erhöhung von Zoll und Steuer von Jahr zu Jahr 5 Mark pro Zentner betragen solle, bis wir zu der entsprechenden Höhe kämen, die er sogar mit 60 Mark in Aussicht gestellt hat. Meine Herren, das ist ein Vorschlag, den ich unter allen Umständen als unannehmbar bezeichnen muß. Es fällt mir da unwillkürlich die Geschichte von dem Hund ein, dem man den Schwanz abhauen wollte, und damit es dem armen Hund nicht zu viel Schmerzen verursache, sieben mal daran hackte.

Auch die Tabakindustrie würde unter den alljährlichen Aenderungen nicht allein schmerzliche, sondern unerträgliche Schädigungen erleiden und fortwährenden Betriebsstörungen unterworfen sein, — das Geschäft bedarf einer Stabilität, wenn es sich gesund entwickeln soll, und eine gesunde Entwickelung kann niemals stattfinden, wenn der Vorschlag des Herrn Vorredners zur Annahme kommen sollte. Ich muß also ganz entschiedene Verwahrung dagegen einlegen.

Ich will nun auch zu den Ausführungen des Herrn Kollegen Meier in Kürze zurückkommen und gerade an das anknüpfen, was der Herr Vorredner wegen der Kontingentirung des inländischen Tabakbaues gesagt hat. Der Herr Vorredner hat Ihnen schon nachgewiesen, daß eine Kontingentirung bei dem inländischen Tabakbau nicht möglich ist. Wie wollen Sie denn die Vertheilung machen? Soll der Bürgermeister beziehungsweise der Gemeinderath die Beschränkung im Tabakbau auferlegen? Bedenken Sie doch, meine Herren, daß damit ein beklagenswerther Streit und Haß unter den Gemeindebewohnern hervorgerufen würde. Und dann möchte ich den Herrn Abgeordneten Meier doch fragen, was er sagen würde, wenn wir den Antrag stellten, die Einfuhr des ausländischen Tabaks muß auch beschränkt werden, ihr Herren in Bremen dürft auch nicht mehr einführen, als zur Zeit die Durchschnittsziffer einer Reihe von Jahren nachweist, um den Bau des inländischen Tabaks nicht zu schädigen. Ich glaube, der Herr Abgeordnete Meier würde einen solchen Antrag mit Entschiedenheit bekämpfen, und warum will er uns nun die Beschränkung zumuthen?

Dann hat uns der Abgeordnete Meier noch gesagt, ja, der Tabakbau im Inland hätte ja so entsetzlich zugenommen, er hat uns auch Zahlen genannt. Ja, ich frage den Herrn Abgeordneten Meier, hat denn die Einfuhr des ausländischen Tabaks nicht zugenommen,

(sehr richtig!)

ich meine doch auch, und wohl mehr, als in demselben Verhältniß.

Der Herr Abgeordnete Meier hat nun auch noch in Vorschlag gebracht, wir sollten einen Unterschied machen in dem Steuersatze, namentlich ausländische Stengel sollten niederer besteuert werden, als die übrigen Tabake. Ja, meine Herren, wenn Sie Stengel niederer besteuern wollen, so müssen Sie auch die geringeren deutschen Tabake, welche von der Konkurrenz jener Stengel besonders getroffen werden, niederer besteuern, wir würden dann eben zu einem Werthzollsystem kommen, und das werden die Herren in Bremen wegen Einfuhr von Havanna- und anderen feinen Tabaken doch auch nicht wollen. Der Abgeordnete Meier hat uns auch einige Berechnungen vorgelegt, womit er nachweisen will, daß der deutsche Tabak bei der jetzigen Steuer doch immer im Vortheil sei. Nun möchte ich ihm doch auch einige Berechnungen vorlegen, die das Gegentheil beweisen. Wir haben die Beweise, daß von Ungarn, wo ja, wie sie wissen, viel Tabak gebaut wird, sogenannter ungarischer Blätterabfall eingeführt wird. Das ist immer noch ein Tabak, der zu Schneidegut und zu den geringeren Fabrikaten überhaupt ganz gut dient, derselbe kann in Pest zu 9 Mark gekauft werden; und wenn Sie Kommission und Fracht von Pest bis Passau, also bis ins Inland, hinzurechnen, so kommt der Tabak auf $11_{,83}$ Mark, und wenn Sie weiter dazu rechnen, daß er mit 12 Mark verzollt werden muß, so stellt sich die Waare verzollt im Inlande auf $23_{,83}$ Mark. Nun frage ich den Herrn Abgeordneten Meier, der ja mit unserem inländischen Tabakbau und Handel bekannt ist, ob sich für 24 Mark ein fermentirter, namentlich Pfälzer Tabak herstellen läßt? Ein besserer ungarischer Tabak, der in Pest zu 11 Gulden gleich 19¼ Mark gekauft werden kann, stellt sich inklusive aller Kosten und Zoll bis Passau auf 34⅓ Mark. Glaubt nun der Abgeordnete Meier, daß wir in der Lage sind, reelles Pfälzer Schneidegut billiger liefern zu können. Selbst wenn wir dem Pflanzer nur 24 Mark für seinen Tabak bezahlen, dann können wir mit Rücksicht auf 20 Prozent Dekato, Zinsverlust und Arbeitslohn bei der Fermentation 2c. den Preis nicht unter 35 Mark annehmen.

Ich komme nun zum Kentuckytabak, welcher ja in Bremen eine große Rolle spielt. Wenn man Kentuckytabak in Amerika zu 3½ Cents kauft und ihn über Bremen bezieht, so stellt sich derselbe loko Bremen, zuzüglich aller Kosten inklusive Gewichtsdifferenz, auf $21_{,30}$ Mark. Zur Zeit wird ja in Bremen Kentuckytabak noch unter diesem Preise, selbst zu 20 Mark verkauft. Rechnen Sie dazu noch den Zoll von 12 Mark, dann bekommen Sie einen Gestehungspreis von $33_{,60}$ Mark, so daß wir auch dagegen mit unserem Schneidegut eine schwierige Konkurrenz zu bestehen haben.

Außerdem verdient auch Seeblaef als Zigarrenmaterial Beachtung, und wenn ich Ihnen vorführe, daß eine für Zigarrenumblatt dienende Waare in Amerika zu 7 Cents gekauft sich über Bremen oder Hamburg bezogen inklusive aller Kosten bis ins Inland auf 48,18 Mark stellt, so werden Sie mir zugeben, daß Pfälzer Umblatt, welches 45 bis 48 Mark kosten muß, nicht im Vortheil ist.

Daraus, meine Herren, denke ich, wird hervorgehen, daß der dem inländischen Tabak gewährte Schutz nicht zu groß ist.

Wenn nun aber der Herr Abgeordnete von Schmid (Württemberg) vorrechnet, daß zwischen der Steuer auf den inländischen und dem Zoll auf den ausländischen Tabak bei der Vorlage vom vorigen Jahre in den Sätzen von 22½ und 42 Mark dem inländischen Tabak ein Schutz von 19½ Mark gewährt werden sollte, und man den gleichen Schutz auch bei dem jetzigen Vorschlag in den Sätzen von 40 bis 60 Mark in Aussicht genommmen habe, so steht das zwar ziffermäßig richtig, aber in der Sache selbst verhält sich die Sache doch anders, da, je höher die Sätze steigen, auch der Unterschied verhältnißmäßig größer werden muß. Wenn das Prinzip aufgestellt werden wollte, daß der nominelle Unterschied festgehalten werden müßte, so folgt konsequenter Weise, daß der Unterschied, der zur Zeit besteht, nämlich 10 Mark festgehalten werde.

Der Herr Abgeordnete von Schmid hat uns aber weiter gesagt: ja, wir müssen aus dem Tabak eine recht große Summe ziehen, das Geld wäre ja nöthig. Auch hört man ja sagen: Der Tabak kann es vertragen. Ja, der Tabak kann es vertragen, aber nicht die Interessenten, die hierin ihre Existenz finden. Der Vergleich, der mit der Zucker- und Rübensteuer u. s. w. gegenüber dem Tabak gemacht ist, trifft nach meiner Meinung gar nicht zu. Dort haben Sie es mit großen Etablissements zu thun, beim Tabak aber mit kleinen Bauern und vielen kleinen Fabrikanten, und richten durch hohe Besteuerung viele tausende von Existenzen zu Grunde. Also den Beweis kann ich nicht gelten lassen, wie ich überhaupt nicht gelten lasse, daß man die Henne schlachten will, die die goldnen Eier legt.

Was nun die Monopolfrage betrifft — ich werde darauf noch zurückkommen, — so schließe ich mich dem an, was der Herr Abgeordnete Kiefer gesagt hat, daß es durchaus ein Irrthum ist, zu glauben, unsere Bauern in Süddeutschland wünschten das Monopol, im Gegentheil, sie wollen es nicht haben, weil sie die Unzuträglichkeiten, die damit verbunden sind, sehr wohl kennen. Ich möchte nur noch darauf aufmerksam machen, daß es statistisch nachgewiesen ist, daß, als Elsaß-Lothringen noch französisch war, wo ja der Tabak für das Monopol gebaut wurde, in jener Zeit die Ablieferungen der Tabake an die Monopolverwaltung in einer Weise stattgefunden haben, die nicht verlockend waren, wenn der Bauer zur Ablieferung kam, ergab es sich, daß kaum 75 Prozent vom Erträgniß gutgeheißen wurde, und die weiteren 25 Prozent, die er nicht mit heimnehmen durfte, wurden auf den Düngerhaufen geworfen. Das sind Dinge, die wissen unsere Bauern ganz wohl und danken deshalb für das Monopol.

Es haben sich auch in Bezug auf die Preise in Elsaß-Lothringen Irrthümer ergeben, man hat gesagt, die Preise werden ja sehr ergiebig normirt. Allein, das ist ein bedenklicher Irrthum. Die Tabake, welche an die Regie abgeliefert werden, müssen in drei Sorten sortirt werden. Die erste bekommt allerdings einen hohen Preis, muß aber so sortirt werden, daß das Quantum so minimal ist, daß der höhere Preis dafür gar nicht in Betracht kommt. Die zweite Sorte wird geringer bezahlt, und bei der Ablieferung wollte ich keinem Bauern rathen, daß er einen Tabak bringt, der etwas feucht ist, oder sonst einen Tadel hat, da würde ein solcher Abzug gemacht, daß er sich hüten würde, das nächste Jahr Tabak zu bauen. Die Behauptung, daß die Regie so besonders hohe Preise bezahle, ist also nicht stichhaltig.

Bei der Tabaksteuer und auch bei den übrigen Steuervorlagen stellen sich uns nun zwei Gesichtspunkte dar, der fiskalische und der wirthschaftliche. Der Herr Reichskanzler beziehungsweise die Reichsregierung stellt das fiskalische Interesse in den Vordergrund, ich bin dagegen der Meinung, daß dem wirthschaftlichen Interesse der Vorrang gebührt. Man spricht immer von der Nothwendigkeit, die Einnahmen durch neue Steuern zu vermehren, um den Reichshaushalt auf eigene Füße zu stellen, und nimmt die Steuerkraft des Volks in einer Weise in Anspruch, die kaum noch zu ertragen ist, während diese Steuerkraft mit jedem Jahre in erschreckender Weise abnimmt. Sollte es denn nicht einmal geboten erscheinen, daß man den umgekehrten Weg einschlüge und durch ein ernsthaftes Sparsystem die Ausgaben beschränkte und dadurch dem Volke Erleichterungen verschaffte? Ich glaube, daß dies bei unserem Militäretat in ausgibigster Weise geschehen könnte, ohne die Wehrkraft des Landes zu schädigen, denn die will auch ich zur Zeit nicht geschädigt haben.

Vor allen Dingen frage ich, ist es denn nothwendig, daß wir 166 Millionen neuer Steuern aufbringen müssen, wie uns das von dem Herrn Finanzminister Hobrecht dieser Tage vorgerechnet wurde? Und da gebe ich mir die Antwort: nein, das ist nicht nöthig. Die Budgetkommission hat im vorigen Jahre das nominelle Defizit im Reichshaushaltsetat von 28½ Millionen auf 5 bis 6 Millionen, und in diesem Jahre von 14 auf 3 Millionen herabgemindert, und der Herr Abgeordnete Richter, eine Autorität in Finanzangelegenheiten, hat uns bei der Budgetberathung erklärt, daß wir für die nächsten Jahre unseren Haushalt in ähnlicher Weise ohne Defizit führen können, warum also so exorbitante Steuererhöhungen in dieser hart bedrängten Zeit? Nun heißt es freilich, die Matrikularbeiträge sollen beseitigt werden, aber, meine Herren, die will ich nicht beseitigt haben, weil dadurch das Steuerbewilligungsrecht des Reichstags illusorisch gemacht würde, und weil ich in der Beibehaltung der Matrikularbeiträge eine viel sichrere konstitutionelle Garantie erblicke, als solche nach den Andeutungen des Herrn Abgeordneten von Bennigsen in anderer Weise gegeben werden kann. Wenn daher der Herr Finanzminister Hobrecht im preußischen Staatshaushalt einem Defizit entgegen sieht, so glaube ich kaum, daß der Reichstag die Pflicht hat, für die Deckung desselben zu sorgen, er möge sich alsdann an den preußischen Landtag wenden. Die anderen Staaten müssen ja auch sehen, wie sie mit ihrem Haushalt fertig werden. Nnn sagt man, es sollen die Ueberschüsse aus den Steuern an die einzelnen Staaten zurückfließen. Das lautet recht schön, meine Herren, aber Sie müssen mir doch gestatten, daß ich daran nicht allein einen gelinden, sondern sogar einen sehr lebhaften Zweifel hege, sollte man aber wirklich den ernstlichen Willen haben, den einzelnen Staaten etwa einmal derartige Einnahmen zuzuwenden, so wäre der Weg für uns Süddeutsche über Berlin doch zu weit und auch zu kostspielig, weil ich glaube, wir müßten zuviel Diskonto zurücklassen.

Was nun die wirthschaftliche Frage betrifft, die bei mir im Vordergrund steht, so stehe ich auf Seite derjenigen, die eine Revision unseres bisherigen Zolltarifs anstreben, nicht um die Reichskasse durch große Einnahmen zu füllen, sondern um unserer nothleidenden Industrie aufzuhelfen. Dabei liegt es mir fern, die bestehende Industrie in einer Weise zu schädigen, daß ihre Existenz gefährdet erscheint. Aber es muß auch denjenigen die Hand gereicht werden, die bereits vor der Existenzfrage stehen, es muß ein Ausgleich stattfinden; wir wohnen ja doch nun einmal in dem einen Hause, das Deutschland heißt, da müssen wir uns miteinander vertragen, die beschäftigten Arbeiter will ich nicht brodlos gemacht haben, ich will, daß auch die unbeschäftigten und hungernden Arbeiter wieder Verdienst finden. Ich stehe daher auf dem Standpunkte, daß der Zolltarif von

Fall zu Fall geprüft und daß da nachgeholfen werde, wo es nothwendig ist, damit wir uns nicht länger von dem Ausland, das sich bereits durch Zollschranken gegen uns abgeschlossen hat, ausbeuten lassen und ihm einen Tummelplatz für seine Industrie gewähren, während wir bei ihm verschlossene Thüren finden.

Was nun speziell die Tabaksteuer betrifft, so ist mir die Logik in der Regierungsvorlage unbegreiflich. Bei dem allgemeinen Tarif will man den nothleidenden Industrien aufhelfen und den Arbeitern Beschäftigung verschaffen. Hier bei der Tabaksteuerfrage, da scheint man den umgekehrten Weg zu wandeln, denn hier will man die Industrie, ich möchte sagen, zu Grunde richten und die Zahl der Arbeiter dezimiren durch exorbitante Steuersätze, welche diese Industrie einer bedeutenden Einschränkung unterwerfen. Es werden verschiedene Gründe angegeben für die höhere Besteuerung; im Jahre 1878 hieß es: wir müssen das Defizit im Staatshaushalt decken. Nachdem sich aber ein Widerstand gegen das damalige Gesetz hier im Hause geltend gemacht hatte und überdies das Defizit bis auf eine geringe Summe herabgemindert war, da wurde das Gesetz an eine Kommission gewiesen, und dort ist es entschlafen. Bei der jetzigen Vorlage heißt es: ja, die Matrikularbeiträge sollen beseitigt werden. Nun, darüber habe ich mich schon ausgesprochen. Jetzt verlangt man nicht 24 für den inländischen und 42 für den ausländischen, wie im vorigen Jahre, sondern 40 für den inländischen und 60 für den ausländischen; daraus geht hervor, wie man im allgemeinen Leben sagt, daß der Appetit über dem Essen kommt. Bald gibt man den einen, bald den anderen Grund an, bald das eine Ziel, bald das andere; aber das eigentliche Ziel ist das Monopol. Es ist von dem Herrn Finanzminister Hobrecht gesagt worden, man sei ja doch dem Tabakbau und der Tabakindustrie entgegengekommen, weil man die großen Sprünge nicht wolle. Wenn er hierbei daran gedacht hat, daß die ursprünglich genannten Sätze für die Besteurung, also 58 für den inländischen und 70 für den ausländischen Tabak, nun auf 40 respektive 60 heruntergemindert worden sind, und glaubt, man hätte damit eine große Konzession gemacht, so muß ich gestehen, daß mir das unbegreiflich ist. Für eine solche Schonung, wie sie in diesen noch immer sehr enormen Sätzen vorhanden ist, ich glaube, dafür werden sich sowohl unsere Produzenten als wie unsere übrigen Interessenten nicht bedanken. Daß diese exorbitant hohen Sätze zum Monopol führen, darüber bin ich nicht im Zweifel, das liegt ja klar auf der Hand. Die gewundenen Erklärungen, welche die Regierung in den Motiven auf Seite 22 und 23 gibt, die werden Ihnen ja wohl zur Genüge bekannt sein. Es heißt da in erster Reihe, man könne das Monopol nicht ohne weiteres einführen, und dann in zweiter Reihe, es müsse zur Zeit dahingestellt bleiben, ob es zweckmäßig und möglich sein wird, einmal in Deutschland das Monopol einzuführen, für jetzt müsse eine solche Maßregel u. s. w. u. s. w. Diese gewundenen Erklärungen ziehen sich durch die ganze Vorlage hindurch, und ich habe sie auch in dem Vortrage wiedergefunden, den uns der Herr Finanzminister bei Einleitung der Debatte gegeben hat. Ich glaube aber nicht, daß den Interessenten, seien es Fabrikanten, Händler oder Produzenten, damit gedient sein kann, noch länger in der Angst und Ungewißheit zu leben, die sie bisher wegen ihrer Existenz ausgestanden haben, und ich glaube, es ist nothwendig, daß damit ein Ende gemacht wird.

Daß das Monopol noch immer im Vordergrund steht, dafür möchte ich Ihnen noch einen anderen Grund anführen. Sie erinnern sich ja, daß in Straßburg die Staatsmanufaktur noch fortexistirt. Ich habe immer behauptet, daß die Fortführung dieser Staatsmanufaktur das beste Zeichen sei, daß man bei uns das Monopol einführen wolle. Wenn die Regierung diesen Plan nicht hätte, dann hätte sie im Jahre 1873, als 7 Millionen Mark dafür geboten wurden, die Fabrik verkauft. Wenn die Regierung sich indeß die Abschlüsse dieser Staatsmanufaktur in Straßburg etwas näher ansehen will, dann wird sie wohl sehen, daß der Segen bei dem Tabakgeschäft nicht so außerordentlich groß ist, wie man sich einbildet. Nach alle den günstigen Konstellationen, die die Regierung bei diesem Betrieb hat, stellen sich jetzt nur 5 bis 6 Prozent Ertrag im günstigsten Falle heraus, und nun will man uns weiß machen, wenn das Monopol eingeführt würde, würden die Leute billigeren und besseren Tabak rauchen. Ich meine, das müßte sich doch bei dieser Fabrik in Straßburg längst gezeigt haben. Außerdem ist ja auch in der Sitzung des Reichstages vom vorigen Jahre von Seiten des Herrn Ministers Camphausen und von Seiten des Herrn Fürsten Reichskanzlers unumwunden erklärt worden, daß das Monopol als Endziel ihnen vorschwebe. Ich glaube daher nicht zu weit zu gehen, wenn ich mir erlaube, die Vertreter der Regierung aufzufordern, eine offene Erklärung hier vor dem Hause zu geben: ob die Regierung den Plan hat und darauf besteht, das Monopol über kurz oder lang einführen zu wollen, oder ob die Regierung entschlossen ist, die Industrie in der bisherigen Weise fortexistiren zu lassen? Eine solche Erklärung würde die Debatte abkürzen, aber auch den Interessenten endlich einmal Klarheit verschaffen und sie in einen Zustand versetzen, daß sie nicht immer Angst und Sorge haben müßten, die Monopolideen kämen heute oder morgen wieder auf die Tagesordnung. Man ist sehr lüstern nach dem Monopol, weil man sieht, daß in Frankreich und Oesterreich große Summen aufgebracht werden. Der Vergleich läßt sich gar nicht anstellen. Es ist Ihnen vorhin gesagt worden, daß in Frankreich in den ersten 35 Jahren der Ertrag ein außerordentlich kleiner war, und es wird bei uns auch so sein. In Frankreich wurde das Monopol eingeführt, wo eine erhebliche Industrie nicht existirte, und in Oesterreich ebenso. In Ungarn hat man das Monopol erst im Jahre 1851 eingeführt. Da waren ein paar Fabriken. Ueberall konnte man da mit der Entschädigungsfrage leicht fertig werden. Das wird bei uns aber anders sein. Wenn bei uns hier das Monopol eingeführt werden wollte, müßten nothwendig — und das wäre ein Akt der einfachen Gerechtigkeit — die Interessenten, welchen man ihre Existenz mit einem Federstriche vernichtet, in einer vollen und befriedigenden Weise entschädigt werden. Nun hat man in dem Berichte der Enquetekommission eine Aufstellung für diese Entschädigung gemacht, die beläuft sich auf 687 Millionen. Hier vom Regierungstische aus ist aber erklärt worden, das seien willkürliche Annahmen, davon könnte keine Rede sein, Entschädigungen zu zahlen. Ich bin nun aber der Meinung, daß die Summe von 687 Millionen noch lange nicht reicht, wenn Sie die Leute ehrlich entschädigen wollen. Also mit der Einführung des Monopols soll man sich das nicht so leicht denken. Wollen Sie aber die Industrie fortbestehen lassen, dann, meine Herren, können Sie diese hohen Zoll- und Steuersätze nicht zur Geltung bringen, denn diese hohen Sprünge sind bedenklich, und bei diesen hohen Sprüngen wird eine solche Menge kleinerer und mittlerer Geschäftsleute und Produzenten zu Grunde gehen, daß sich das vor der Hand gar nicht berechnen läßt. Ich glaube kaum, daß es gerechtfertigt erscheinen kann, wenn eine Industrie, die sich trotz aller schwierigen Verhältnisse bisher so wacker über Wasser gehalten hat, daß man die auf einen Schlag zu Grunde richten will. Das kann und darf der Wille der Regierung nicht sein, und ich bin fest überzeugt, viele andere Länder würden sich glücklich schätzen, wenn sie eine solche Industrie hätten. Das Monopol in Frankreich existirt ja schon seit dem Jahre 1810, wie Sie vorhin gehört haben. Ich glaube, meine Herren, wenn heute in Frankreich kein Monopol wäre, wenn heute in Frankreich ein Tabakbau, ein Tabakhandel und eine Tabakfabrikation wäre, wie wir sie jetzt in Deutschland haben, so würde man nicht daran denken, ein Monopol einzuführen, und das Volk würde sich das auch nicht gefallen lassen.

Was nun den Tabakbau betrifft, meine Herren, so glaube ich, zweifelt niemand von Ihnen daran, daß derselbe von der allergrößten Wichtigkeit ist. Ich verweise Sie nur auf den Enquetekommissionsbericht Seite 185. Da heißt es unter anderem:

> Die Kultur der Tabakpflanze hat, wenn auch unter einem beträchtlichen Schutz, einen Umfang und eine Bedeutung in Deutschland erlangt, welche ihr in mehreren ausgedehnten Bezirken einen Platz unter den wichtigsten Anbauarten zuweist. Die soziale und wirthschaftliche Wichtigkeit des Tabakbaues für diese Bezirke ist von den Bezirkskommissionen, wie im ersten Theil des Berichts des näheren angegeben ist, auf das lebhafteste betont worden. Ein Ersatz dieser Kultur durch den Anbau anderer Früchte wäre in diesen Bezirken nicht leicht und jedenfalls nur unter großem Verlust von Geldertrag und Arbeitsverwerthung zu beschaffen.

In den Motiven auf Seite 28 und 29 hat man sich auch darüber noch ausgesprochen. Da heißt es u. A.:

> Der Tabakbau beschäftigt in Deutschland eine sehr große Menge von Personen, welche denselben nur als Nebengeschäft und in sehr kleinem Umfange betreiben. Es werden in dieser Weise Arbeitskräfte, welche sonst nur schwer zu verwerthen sein würden, noch in nutzbringender Weise beschäftigt, und es schien deshalb räthlich, mit dem Verbot des Tabakbaues nicht vorzugehen.

Das sind Dinge, die sollte man doch nicht unbeachtet lassen, und man sollte hier diese Industrie sowohl als auch den Tabakbau zu erhalten suchen und ihn schützen, wo es irgend möglich ist.

Wenn man nun sagt, die günstige Gestaltung für den Tabakbau sei ja nicht zu verkennen, ja, meine Herren, da möchte ich Sie doch an die vexatorischen Bestimmungen, die nur Tabakproduzenten treffen sollen, aufmerksam machen. Schon im Jahre 1872 haben aus Baden 160 Gemeinden gegen den damaligen Gesetzentwurf und gegen die vexatorischen Bestimmungen sich ganz entschieden verwahrt. Die Strafbestimmungen, die mit den Kontrolmaßregeln vereinigt werden sollen, sind so unerträglich, daß, wenn die Pflanzer diesen Bestimmungen nachkommen sollen und wenn sie für ihre Kinder und für ihre Dienstboten und für ihre Taglöhner verantwortlich gemacht werden sollen, ich die Ueberzeugung habe, daß sie mehr Strafe bezahlen im Laufe des Jahres, als sie für ihren ganzen Tabak einnehmen. Wenn wir uns den § 6 des Gesetzes ansehen, so soll die Blätterzahl gezählt werden. Ebenso will man schon vor der Ernte eine Gewichtsabschätzung vornehmen, wieviel auf diesem oder jenem Felde Tabak wächst. Auch das ist unmöglich, weil der Witterungswechsel hier von wesentlicher Einwirkung ist. Außerdem will man den Leuten oktroiren, sie sollen die Pflanzen auf eine gewisse Entfernung von einander pflanzen. Ja, meine Herren, wer nur etwas von der Landwirthschaft versteht, der weiß, daß das eine Feld nicht wie das andere behandelt werden kann, sondern daß die Pflanzung sich nach der Bodenbeschaffenheit richten muß. Ich will Sie nicht mit allen Paragraphen behelligen. Die Bestimmungen von § 12—15 sind durchaus nicht zu erfüllen. Nun kommt § 17. Er hat an seinem Schlusse eine Bestimmung, die mir vollständig unklar ist. Da heißt es:

> Auf besonderen Antrag kann die Aufnahme des unversteuerten Tabaks in eine Niederlage der bezeichneten Art auch mit der Wirkung zugelassen werden, daß derselbe in Bezug auf die fernere Abfertigung dem unverzollten ausländischen Tabak gleichgestellt und beim Uebergang in den freien Verkehr der Eingangsabgabe (§ 1) unterworfen wird.

Nun, meine Herren, ich glaube, es wird doch niemand von Ihnen daran denken, daß, wenn inländischer Tabak in der Niederlage gelegen hat, derselbe bei der Herausnahme statt 40 Mark nun mit 60 Mark versteuert werden soll. Das geht aber aus diesem Paragraphen hervor. Ob es nun bloß ein Druckfehler ist und man auf den § 2 hat verweisen wollen, statt daß § 1 zitirt ist, das weiß ich nicht, aber wie es da steht, ist es für mich unfaßbar. Dann hat der Herr Abgeordnete Buhl schon hervorgehoben, wie es mit dem alten Tabak gehen soll, der in die Niederlage kommt. Auch dieser Punkt bedarf der Klarstellung. Wer bei den hohen Steuersätzen und vexatorischen Kontrolmaßregeln der Regierungsvorlage zustimmt, der stimmt für das Monopol, das unterliegt für mich keinem Zweifel. Ich sage, nimmt man aber niedere Steuersätze an, so gelangt man zu einem Uebergange, der nach allen Seiten, wenn auch nicht wohlthätig, so doch erträglich wirken wird, und es fallen dann von selbst, diese schwierigen vexatorischen Kontrolmaßregeln weniger in die Waagschale. Es sind in dem Enqueteberícht auf Seite 30 andere Kontrolmaßregeln in Vorschlag gebracht, die von der Bezirkskommission in Nürnberg ausgehen und die nach meiner Meinung bei niederen Steuersätzen vollständig ausreichen. Die schweren Kontrolmaßregeln allein müßten uns bestimmen, gegen das Gesetz zu stimmen.

Wenn ich nun darauf zurückkomme, daß diese hohen Steuersätze den Tabakbau in einer ganz außerordentlichen Weise schädigen und daß sie dem Bauer den Verkauf nahezu unmöglich machen, so will ich Ihnen das mit kurzen Worten darlegen. Der Herr Regierungsvertreter hat uns gesagt, mit dem 31. März müßte jeder Bauer seinen Tabak verkauft haben und könnte daher leicht seine Steuer bezahlen. Die Sache liegt aber anders. Wer den Bau und den Handel des inländischen Tabaks kennt, der weiß und muß wissen, wie es sich verhält mit dem Verkauf des Tabaks. Wenn in einem Orte der Tabak zum Verkauf parat gelegt ist, so finden sich bei dem jetzigen freien Verkehr oft 20 bis 30 Einkäufer in einem Orte zusammen, und daß eine solche Konkurrenz nicht geeignet ist, den Preis herunterzudrücken, sondern vielmehr zu erhöhen, ist einleuchtend, und da möchte ich nebenbei den Herrn Kollegen von Marschall doch darauf hinweisen, daß also von Daumschrauben keine Rede sein kann; welche dem Einkauf dem Pflanzer angelegt werden, sondern die Leute bekommen in der Regel höhere Preise, als sie sich geschätzt haben, also das trifft hier nicht zu. Nun wollen wir aber den Fall annehmen: wir bekommen jetzt diese hohe Steuer und der Tabak kommt zum Verkauf, glauben Sie denn, daß ein Tabakhändler, dessen Geschäft sich seither in dem Umfang bewegt hat, daß er jährlich 10 000 bis 15 000 Zentner Tabak oder mehr in seinem Geschäft hat verwerthen können, glauben Sie denn, daß dieser Tabakhändler auch jetzt im Lauf des Herbstes hingeht und wieder 10- bis 15 000 Zentner Tabak vorräthig kauft, wenn er weiß, daß 40 Mark Steuer darauf bezahlt werden muß. Nein, das wird er nicht thun.

Bekanntlich müssen wir den Tabak in den Herbstmonaten kaufen und erst im nächsten Sommer können wir ihn verkaufen, weil wir da erst mit den Fermentationen fertig sind. Die Einkäufer werden es also bleiben lassen, sich große Vorräthe hinzulegen, sie werden nur kleinere Quantums kaufen, um sich für den nächsten Bedarf sicher zu stellen und wenn sie wieder Tabak brauchen, holen sie ihn auf dem Lande nach Bedarf, tritt ein solcher nicht ein, dann mag ihn der Bauer behalten. So wird es nun kommen, daß von der Ernte nur ein kleiner Theil verkauft wird, und der andere Theil wird bei dem Bauer liegen bleiben, und wenn dann die Zeit kommt, wo die Steuer bezahlt werden muß, da setzt nicht der Käufer dem Bauer die Daumenschraube an, nein, das Gesetz! Er muß dann verkaufen, um sich seiner Steuerverbindlichkeit zu entledigen. Kann er nicht verkaufen, dann kann er weder Steuer, noch Zinsen, noch sonst seine Schulden bezahlen und er wird den Exekutor gar nicht mehr los.

Der Herr Abgeordnete Lender hat bereits hervorgehoben, daß der Bodenwerth bei uns in so außerordentlicher Ausziehung sinken wird, daß die Folgen gar nicht abzusehen sind.

Es sind aber nicht bloß die Leute, die eigenen, nicht belasteten Grundbesitz haben, sondern auch die, welche zwar als Grundbesitzer figuriren, aber Schulden darauf haben, wovon sie den Zins bezahlen müssen.

Es sind aber auch ferner diejenigen, welche die Grundstücke, insbesondere mit Rücksicht auf den Tabakbau, gepachtet haben. Wir haben dabei leider noch das Verhältniß, daß Güter in sehr großem Umfange in todter Hand sich befinden, und diese werden dann den kleineren Bauern sehr hoch verpachtet. Diese Pachtungen werden in der Regel abgeschlossen auf 9 bis 12 Jahre. Wenn nun der Fall eintritt, daß ein solcher Pächter seinen Tabak nicht verkaufen kann und auch der Preis nicht mehr im Verhältniß steht zu seiner hohen Pacht, er aber noch 4 bis 5 Jahre an die Pacht gebunden ist, so ist sein Ruin die natürliche Folge.

Wenn ich nun von dem Landbauer des weiteren gesprochen habe, so will ich auch nicht unberührt lassen, daß namentlich der Handel in meiner Heimat von größter Wichtigkeit ist. Auf Seite 34 des Enqueteberichts heißt es:

> Für die Ausfuhr von inländischem Rohtabak ist nur Baden von Wichtigkeit, indem von dort aus im Jahre 1877 von 52 Firmen 91 000 Zentner ausgeführt worden. — Der Hauptsandelsplatz für inländischen Rohtabak ist Mannheim und zwar nicht nur für das Gebiet des sogenannten Pfälzer Tabaks, sondern auch für die elsaß-lothringische Kreszenz. — Beide zusammen stellen ²/₃ der gesammten inländischen Rohtabake dar. — Die dort aufgestellte Durchschnittsberechnung von 1871 bis 1876 ergibt eine mittlere Jahresproduktion an Pfälzer Tabaken von 326 000 Zentner und im Elsaß 114 000, zusammen 440 000 Zentner, bei der Gesammtproduktion Deutschlands von 658 000 in fermentirtem Zustand. 61 Firmen beschäftigen sich mit dem Rohtabakhandel.

Ich wollte Ihnen damit darthun, daß auch in dieser Beziehung der inländische Tabak für uns von größter Wichtigkeit ist.

Wenn ich daran anknüpfe, daß gerade diese enorm hohe Besteuerung des Tabaks uns in Baden am härtesten und empfindlichsten trifft, so kann ich nicht unterlassen, daran zu erinnern, daß Baden als Bundesland der deutschen Einheit in erster Reihe auf das Willfährigste entgegen gekommen ist und daß ich der Meinung bin, Baden hat es nicht verdient, von der fraglichen Steuervorlage so besonders hart getroffen zu werden.

Ich habe da noch verschiedene Petitionen zur Hand liegen; und auf eine derselben möchte ich Sie noch aufmerksam machen. Dieselbe ist eingegangen von Ellerwalde bei Marienwerder. Da werden nur 20 000 Zentner Tabak gebaut, die Leute werden aber hart getroffen, weil sie auf dem Boden nichts anderes erzielen könnten, sie müßten den Boden unbebaut liegen lassen. Das sind doch Dinge, die man nicht für unwichtig halten sollte.

Dem Herrn Abgeordneten Meier gegenüber kann ich nicht unterlassen, nochmals darauf zurückzukommen, daß es uns, die wir uns mit süddeutschem Tabak befassen, auch im Traume nicht einfällt, dahin zu trachten, daß der Import von ausländischem Tabak beschränkt, geschädigt oder vermindert werden soll. Wir wollen leben und leben lassen, Sie sollen das Geschäft in der Ausdehnung behalten, wie Sie es bisher gehabt haben, aber wir wollen das unserige auch erhalten wissen. Das ist unser Grundsatz.

Mein Kollege, der Herr Abgeordnete Kiefer, hat schon auf eine ausgedehnte Hausindustrie hingewiesen, die bei uns von der größten Wichtigkeit ist, namentlich in dem Zigarrensache. Nun möchte ich Sie aber noch auf eine Hausindustrie aufmerksam machen, die bei uns ebenfalls von großer Wichtigkeit ist. Wir exportiren nämlich ein ziemliches Quantum Tabak nach England. Das beziffert sich ungefähr so, daß bei guten Jahrgängen 60—70 000 Zentner Tabak für den englischen Markt präparirt werden. Bei diesem Geschäfte werden in zwei Manipulationen 10 Pfennig Arbeitslohn pro Pfund bezahlt. Das ergibt in einer runden Summe für unsere Umgegend einen Arbeitsverdienst von 500 000 Mark und diese erhebliche Summe wird von unseren armen Leuten verdient zu einer Zeit, wo sie sonst nichts verdienen können, nämlich meistens am Abend, außer den gewöhnlichen Arbeitsstunden. Wenn diese 500 000 Mark Arbeitslohn entbehrt werden — und bei der hohen Steuer ist ja kaum dies Geschäft noch zu machen —, so werden diese Kreise, die sich bisher damit beschäftigt haben, es sehr bitter empfinden.

Ich will nun noch erwähnen, daß im § 30 von Rückvergütung die Rede ist, und derselbe ist für ausgerippte und nichtausgerippte Tabake vorgesehen, aber auf Stengel soll keine Steuer rückvergütet werden. Ich weiß nicht eigentlich, warum man auf die Stengel, wenn man die volle Steuer gezahlt hat, keine Steuervergütung gewähren will, wenn man die Stengel ins Ausland führt. Auch ist die Steuerrückvergütung bei Fabrikaten durchaus nicht richtig normirt, die Zigarrenfabrikanten und Schnupftabakfabrikanten beschweren sich und zwar mit Recht. Alle diese Dinge sind nicht in Ordnung, also auch hier muß eine Rektifikation stattfinden.

Das ganze Tabakgeschäft hat deshalb eine ganz besondere Wichtigkeit, weil der Kleinbetrieb möglich ist, weil in dem Kleinbetriebe Leute sich beschäftigen können, die sonst mit ihrer Arbeitskraft gar keine Verwendung finden können in Folge ihrer gesundheitlichen Verhältnisse, und der kleine Mann sich dort leicht selbstständig machen kann. Diese Existenzen sollte man doch ja pflegen und schonen. Wie groß die Zahl der Arbeiter ist, die in dieser Industrie beschäftigt sind, finden Sie auf Seite 44 und Sie werden daraus ersehen, daß wir alle Ursache haben, recht vorsichtig zu Werke zu gehen. Es sind viele hunderttausende Existenzen von dem neuen Steuerprojekt abhängig, und die zu erhalten, haben wir alle Ursache. Wenn wir aber die Steuersätze so hoch machen und später einsehen, wir haben ein Fehler gemacht, dann läßt sich das nicht wieder so leicht in das alte Fahrgeleis bringen.

Ich will nun noch auf die Lizenzsteuer kommen und kann nicht umhin zu erklären, daß, wie ich dieses Gesetz gelesen habe, mich eine eisige Kälte angewandelt hat, ich habe gefragt, was haben denn die Interessenten wohl verbrochen, daß man sie unter eine solche strenge polizeiliche Aufsicht stellen will.

Eine Kritik über dieses Gesetz hier noch auszuüben, will ich unterlassen, weil ich nicht in Zweifel bin, daß dieses Gesetz ganz gewiß in dem Hause keine Annahme finden wird.

In Bezug auf die Nachsteuer ist auch schon soviel hier verhandelt worden, daß ich mich ganz kurz fassen kann. Die Frage hat so unendlich viel Staub aufgewirbelt, daß es ja sehr gut wäre, wenn sie zur Lösung käme. Ich verkenne nicht, meine Herren, daß die Nachsteuer, wenn sie erhoben werden soll, ja eine außerordentlich gehässige und außerordentlich schwer auszuführende ist, ich verkenne auch nicht, daß sie Nachtheile zur Folge haben würde, die recht verhängnißvoll werden könnten, aber dennoch kann ich nicht umhin, mich auf den Standpunkt meines Kollegen Kiefer zu stellen, der Ihnen bereits dargelegt hat, daß auch auf der anderen Seite Interessen vorhanden sind, die ebenfalls Schonung verdienen und denen Schonung gewährt werden muß. Ich will aber hoffen, daß sich die Möglichkeit ergeben werde, beide Standpunkte und beide Interessen mit einander zu versöhnen, und dazu werde ich beitragen, soviel in meinen Kräften steht. Es ist aber gar nicht angezeigt, jetzt speziell über diese Frage zu verhandeln, weil ja die Frage je nach der Höhe der jetzt ja noch nicht bestimmten Steuer und der Zollsätze an ihrer Wichtigkeit bedeutend verlieren wird. Ich hoffe deshalb, daß wir uns über diese Frage auch in einer Weise zu verständigen suchen, die das Interesse beider Seiten zu wahren geeignet ist, und werde ich mir erlauben, seiner Zeit sowohl in Bezug hierauf als auch auf Steuer- und Zollsätze entsprechende Anträge einzubringen.

Vizepräsident Dr. **Lucius**: Der Herr Abgeordnete von Puttkamer (Löwenberg) hat das Wort.

Abgeordneter **von Puttkamer** (Löwenberg): Meine Herren, ich möchte anknüpfen an eine mir wichtig scheinende Bemerkung in der Rede des Herrn Abgeordneten Meier. Er sagte, ihm komme alles darauf an, daß jetzt ein definitiver Zustand in Bezug auf die Tabakbesteuerung geschaffen werde und er hoffe, daß damit wenigstens ein für alle Mal das Monopol begraben sein werde.

Meine Herren, so ganz kann ich mir diesen Standpnnkt doch nicht aneignen und ich glaube, auch ein erheblicher Theil meiner politischen Freunde nicht. Wir sind der Meinung, daß es die Pflicht des Hauses ist, in dieser Session den Gesetzentwurf über die Tabakbesteuerung mit den verbündeten Regierungen in einer Form zu vereinbaren, welche in sich die Gewähr der Dauer und der Endgültigkeit allerdings trägt. Aber, meine Herren, unsere ganze finanzielle Entwickelung der Zukunft möglicherweise abzuschneiden, das ist nicht unsere Absicht; wir wünschen wenigstens nicht, daß unser im großen und ganzen zustimmendes Votum zu der Vorlage der verbündeten Regierungen in diesem Sinne interpretirt werden möge. Meine Herren, ob nicht am Ende aller Enden für den Tabakbau, welcher hier ja so warme, beredte und, wie ich anerkenne, vollkommen berechtigte Fürsprache gefunden hat, das Monopol von allen Besteuerungsarten als die vortheilhafteste sich erweisen wird, das steht in meinen Augen sehr dahin. Ich erlaube mir die Herren auf einen sehr charakteristischen Vorgang in dieser Beziehung aus der Mitte der Interessenten selbst zu erinnern.

Meine Herren, der Landesausschuß von Elsaß-Lothringen, also doch gewiß ein Sachkenner aus früherer Zeit, hat in seiner vorjährigen Sitzungsperiode mit allen gegen drei Stimmen, sich dringend und angelegentlich für die Wiedereinführung des Tabakmonopols erklärt. Meine Herren, ich enthalte mich jedes weiteren Kommentars dieses jedenfalls interessanten Vorganges.

Wenn wir gegenwärtig, wie ich anerkenne, vor dem sehr schwer zu lösenden Problem stehen, die Erzielung eines dem Reichsfinanzenbedürfniß möglichst entsprechenden hohen Ertrages von der Tabakbesteuerung in Einklang zu bringen mit den legitimen und berechtigten Interessen eines blühenden landwirthschaftlichen Erwerbszweiges, so meine ich, wir büßen jetzt das, was wir ein halbes Jahrhundert lang versäumt haben,

(sehr richtig! rechts.)

— vielleicht nicht durch unsere Schuld, — und wenn mein verehrter Freund, Herr Freiherr von Marschall in seinen vorgestrigen Aeußerungen meinte, für diese Versäumniß habe Deutschland eine reichliche Entschädigung in dem Besitz einer blühenden, tausende von fleißigen Familien ernährenden Tabakkultur, so möchte ich dieser Aeußerung doch nur mit großem Vorbehalt gegenübertreten. Ich erlaube mir doch darauf aufmerksam zu machen, daß, wenn Deutschland — ich will einmal sagen seit fünfzig Jahren — in der Lage gewesen wäre, bei diesem Steuerobjekt nur sein finanzielles Interesse zu Rathe zu ziehen, dann möchte ich die Milliarden wohl zählen, die wir dem direkt steuernden Volk dadurch hätten ersparen können. Ich glaube, dieser allerdings nicht in die Erscheinung getretenen Thatsache gegenüber erscheint mir der Standpunkt meines verehrten Freundes in dieser Beziehung doch in einigermaßen verändertem Licht. Ich muß ganz offen sagen, daß ich an die Prüfung dieser Vorlage vor allen Dingen mit dem Bewußtsein herantrete, daß die oberste und erste Pflicht für uns darin liegt, sie in einer Form zur Annahme zu bringen, welche die nachhaltige Erzielung eines möglichst hohen finanziellen Ertrags garantirt. Was unter Festhaltung dieses für mich maßgebenden Gesichtspunkts irgendwie geschehen kann, um den berechtigten Interessen der Tabakbauer Schonung entgegenzutragen, das werde ich, und ich glaube, das wird die Mehrzahl meiner politischen Freunde bereitwilligst thun.

Betrachte ich mir nun die Vorlage trotz der vorgerückten Stunde noch etwas näher, so gestehe ich, daß die Form, in welcher sich die Tabaksteuer uns hier präsentirt, für mich auch nichts sehr Verführerisches hat. Nur die gewissermaßen jetzt eingetretene Zwangslage, in der wir uns befinden und die Erwägung, daß diese Session, meiner Ansicht nach, nicht vorübergehen darf, ohne etwas Definitives geschaffen zu haben, nur diese Zwangslage macht mir die dargebotene Kost einigermaßen schmackhaft. Herr von Marschall hat diesem Bedenken bereits einen drastischen, aber, wie ich glaube, kaum sehr übertriebenen Ausdruck gegeben, indem er sagte, die Tabaksteuer präsentire sich hier in einer sehr primitiven Gestalt. Ich glaube auch, man muß doch zugestehen, daß ein Besteuerungssystem, welches den so überaus verschiedenwerthigen Tabak einer fast einheitlichen Steuer unterwirft, dergestalt, daß das höchstwerthige Produkt vielleicht mit 4 bis 5 Prozent, das minderwerthige mit 300 Prozent besteuert wird, eine Besteuerung, welche sich unter allen Betheiligten für die Steuerentrichtung gerade an den Hilflosesten, an den finanziell, möchte ich sagen, Wehrlosesten hält, an den Tabaklandbauer — daß dies eine Art von Besteuerung ist, von der ich kaum sagen möchte, daß sie auf das Prädikat einer sehr rationellen Besteuerung Anspruch zu machen hat.

Aber, meine Herren, wie die Sachen nnn einmal liegen, nachdem die verbündeten Regierungen, wie der Bevollmächtigte zum Bundesrath, der preußische Herr Finanzminister ausdrücklich erklärt hat, einstimmig beschlossen haben, die Tabaksteuer in Form der Gewichtssteuer noch einmal zu bringen, und ich wiederhole, nachdem ich wenigstens und meine politischen Freunde mit mir der festen Ueberzeugung sind, daß wir jetzt etwas Definitives schaffen müssen, wenn wir überhaupt einmal mit dieser Frage zu Ende kommen wollen, — unter diesen Umständen glaube ich, werden wir der näheren Erwägung des Entwurfs uns nicht entziehen können und ich erkläre auch für mich, daß ich im großen und ganzen, vorbehaltlich sehr vieler Einwendungen im speziellen, mir den Standpunkt der verbündeten Regierungen anzueignen im Stande und bereit bin.

Meine Herren, drei Betrachtungen drängen sich mir bei der allgemeinen Erwägung des Gesetzentwurfs auf, zuerst die absolute Höhe des Eingangszolls. Die ist für mich eigentlich der Brennpunkt der ganzen Angelegenheit. Es sind Stimmen laut geworden in unserer Diskussion, — auch mein Freund, der Herr Abgeordnete von Marschall hat es ja verlangt, — welche an die Spitze der ganzen Erörterung nicht das finanzielle Interesse, sondern das Interesse der Tabakkultur stellen, und welche deshalb verlangen, daß man sich zuerst schlüssig machen solle darüber, wie hoch die Last sei, welche der inländische Tabakbau tragen könne, und daß dann das ganze System von unten nach oben zu den erhöhten Eingangszöllen aufgebaut werden müsse. Meine Herren, ich bedauere, mich in dieser Beziehung auf den von meinem verehrten Freunde entgegengesetzten Standpunkt stellen zu müssen. Eine wesentliche Ermäßigung des von den verbündeten Regierungen vorgeschlagenen Eingangszolls heißt in meinen Augen nichts anderes, als der ganzen Vorlage den finanziellen Boden entziehen.

(Sehr richtig!)

Ich werde, soweit es in meinen schwachen Kräften steht, mit allem Nachdruck dahin zu wirken suchen, daß wir die 120 Mark Eingangszoll per 100 Kilogramm beibehalten, dabei ist immer noch eine große Schonung des Tabakbaues, wie aus meinem Vortrage hervorgehen wird, möglich. Also nicht Aufbau der Steuer von unten nach oben, sondern von oben nach unten unter absoluter Festhaltung des Eingangszolls von 120 Mark per 100 Kilogramm, das wäre mein Standpunkt.

Was mir aber besonders am Herzen liegt, das ist das von so vielen Seiten hervorgehobene Mißverhältniß zwischen Eingangszoll und innerer Steuerkraft. Ich glaube zwar, meine Herren, so kann man die Sache nicht auffassen, daß man sagt: während früher Ausgangszoll und inländische Steuer, d. h. die Flächensteuer sich wie 6 zu 2 verhielten, und künftig der Eingangszoll zur Gewichtssteuer sich wie 3 zu 2 verhalten soll; dadurch ist der bisherige mäßige Schutz für den vaterländischen Tabakbau vermindert, davon kann keine Rede sein, sondern es ist richtig, wenn man sagt, früher hat der inländische Tabak 10 Mark Schutz genossen, jetzt soll er 20 Mark Schutz genießen. Es liegt hier also eine erhöhete Begünstigung des inländischen Tabaks gegen den ausländischen vor. Es ist von verschiedenen Rednern in der heutigen Diskussion hervorgehoben worden, daß man darüber zweifelhaft sein könne, ob nicht schon der von den verbündeten Regierungen vorgeschlagene Satz eine solche Höhe involvire, daß der Eingangszoll als Schutzzoll wirken werde und ein erhebliches Interesse für die Finanzverwaltung daraus entsteht. Diese Frage halte ich allerdings für diskutabel, aber sie entscheidet in meinen Augen die Sache doch nicht. Ich gehe davon aus, daß das Schwergewicht der Frage auf diesem Gebiete in folgendem liegt: bis jetzt war der inländische Tabak so gut wie steuerfrei, das können wir wohl sagen, 2 Mark pro Zentner, das ist ja ein Minimum, künftig soll der Zentner 40 Mark tragen. Nun ist ja natürlich die Absicht der Regierung nicht die, daß der Tabakpflanzer das wirklich definitiv tragen soll, sondern der Moment, wo der betreffende Konsument die Zigarre in den Mund oder den Tabak in die Pfeife steckt, das ist der geeignete für die Besteuerung, und der Konsument soll ja die Steuer tragen. Aber, meine Herren, hier kommen doch sehr erhebliche, ich möchte sagen, volkswirthschaftliche populäre Gesichtspunkte mit in Betracht. Es ist heut schon wiederholt hervorgehoben worden, und ich halte es für ganz richtig, daß bei der Einrichtung der künftig sehr erhöhten inneren Steuer eine Art von Kampf eintreten wird zwischen dem Pflanzer und dem ihm das Produkt abnehmenden Händler, und nun hat, glaube ich, Herr von Marschall in seinen vorgestrigen Ausführungen mit großem Recht hervorgehoben, daß in diesem Kampfe, bis ein gewisses Gleichgewicht im Laufe der Jahre sich herausgestellt haben wird, der Pflanzer sehr große Gefahr läuft, der Uebervortheilte zu sein, und daß diese Uebervortheilung, wie ich allerdings auch befürchte, unter Umständen so groß sein kann, daß ihm die ganze Tabakkultur verleidet wird, daß er den Tabakbau einstellt. Ich habe sogar gehört, daß die bloße Besorgniß hiervor schon in diesem Jahre eine erhebliche Einschränkung der Tabakpflanzung in Baden und in der Pfalz herbeigeführt hat.

Meine Herren, ich will selbstverständlich nicht näher auf diese Dinge eingehen, das wird ja in der Generaldiskussion nicht mehr möglich sein, sondern das wird in der Kommission näher erörtert werden können. Aber wenn ich mir eine Reihe von Gedanken, von Vorschlägen ansehe, die man wohl in seinem Gemüth wälzen könnte, um diesen bedrohten Interessen zu Hilfe zu kommen, so würde ja das verschiedenes sein. Man könnte beispielsweise für die inländische Tabakkultur eine Abstufung der Steuer nach dem Werth der Pflanzorte vorschlagen, unter Festhaltung des Gesichtspunktes, daß eine allgemeine Abminderung gemacht würde. Ob das ausführbar ist, wird sich in der Kommission herausstellen. Aber ich wollte nur anführen, daß man sagen könnte: die Pfalz, Elsaß-Lothringen und Baden sind die bestproduzirenden Gebiete, dann kommt die Uckermark, und endlich Schlesien und Ostpreußen, überhaupt die Gegenden, welche außer den genannten etwa noch in Frage kommen könnten. Wenn das möglich wäre, — es ist in der Ohlauer Petition ausdrücklich auf ein solches Auskunftsmittel hingewiesen — eine solche Skala von den besten Pflanzarten an bis auf die niedrigsten zu normiren, so würde damit schon erheblich geholfen werden können. Man könnte andererseits auch eine Art Erziehung beim inländischen Tabakbau zur höheren Steuer eintreten lassen, indem man staffelweise, vielleicht fünf Jahre lang, die Steuer von einem niedrigen Betrage bis zu dem höheren Betrage, welchen uns die verbündeten Regierungen vorschlagen, erhöbe.

Meine Herren, ich wiederhole, das sind alles Gedankenspähne, die ich mir gemacht habe; sie sind möglicherweise äußerst müßig und unrealisirbar, aber sie finden vielleicht doch in der Kommission eine Erörterung und Würdigung.

Nun, meine Herren, komme ich drittens zu der Frage der Nachsteuer, die ich meinestheils ganz kurz behandeln kann. Ich gestehe, daß ich mir absolut kein Tabaksteuergesetz, was solche Erträge, wie hier, in Aussicht nimmt, vorstellen kann, welches ganz und gar auf die Nachversteuerung verzichtet. Ich kann mir sehr wohl denken, daß man mit großem Gewicht und großem Recht sagen kann: ja, diejenigen Vorräthe, welche ein Händler zur Deckung seines normalen Jahresbedürfnisses eingeführt hat, wird man doch der Nachbesteuerung nicht unterziehen können. Aber viel wichtiger ist doch die andere Frage, die ganz klare, thatsächlich vor uns liegende bereits gelöste Frage, daß eine illegitime Spekulation sich seit Jahr und Tag der Sache bemächtigt hat, und daß ein zweijähriger Jahresbedarf in Deutschland eingeführt ist. Wollen wir diese Spekulation ohne weiteres mit dem Stempel unserer Bestätigung versehen dadurch, daß wir die Nachversteuerung ablehnen? Ich bin der Meinung, daß wir auch hier sehr wohl zu einer Ermäßigung kommen können, auf das Detail lasse ich mich hier aber nicht ein. Wenn ich mir vorstelle, daß die verbündeten Regierungen vor das Dilemma gestellt werden sollen, hier diese großen Verhandlungen mit uns zu führen, ein Gesetz zu Stande zu bringen und dann zwei Jahre auf den Ertrag zu warten, dann komme ich dazu, daß ich mir sage, die verbündeten Regierungen können sich sehr wohl die Frage vorlegen: verzichten wir nicht lieber auf das ganze Gesetz?

(Sehr wahr! rechts.)

Meine Herren, nun glaube ich, daß jeder von uns sich seinen allgemeinen Standpunkt zu diesen beiden Vorlagen wird machen können, je nachdem er überhaupt Stellung genommen hat zu der wichtigen Frage der Finanzreform im Reich und in den einzelnen Staaten im allgemeinen. Wer die Frage verneint, wer mit dem Herrn Abgeordneten Lasker eine Ueberschußpolitik verwirft, der wird sich mit diesen Vorlagen wohl kaum befreunden können. Wer aber wie ich, für mein bescheidenes Theil, diese Ueberschußpolitik für durchaus nothwendig nicht nur für das Reich, sondern auch für die einzelnen Staaten hält, der wird auch diesen Vorlagen gegenüber im allgemeinen sich sympathisch verhalten können.

Meine Herren, der Herr Abgeordnete Lasker hat neulich eingehende Betrachtungen gepflogen über die preußischen direkten Steuern. Ich möchte lieber zunächst an das eine hier erinnern, — das wird auch der Herr Abgeordnete Lasker seiner ganzen Thätigkeit im preußischen Abgeordnetenhaus nach nicht verkennen, daß eine Reform der preußischen

Klassensteuer doch unbedingt nöthig ist gegenüber den gegenwärtig vorhandenen Zuständen. Die Camphausensche Reform war, das wird doch jeder von Ihnen anerkennen, nur der erste Schritt. Wir können auf dieser Bahn nicht still stehen, namentlich nachdem durch Aufhebung der Mahl- und Schlachtsteuer besonders die großen Städte in das Getriebe dieser direkten Steuern hineingezogen sind. Meine Herren, wer das kennt und weiß, was es heißt in Städten wie in Berlin und Breslau die Klassensteuer einzuziehen von der 1. bis 4. Stufe, der wird zugestehen, daß diese Zustände schon mehr eine Karrikatur geworden sind und unter keinen Umständen fortdauern können. Ich will nicht so weit gehen wie der Herr Reichskanzler, daß ich es als wünschenswerth ansehe, die Klassensteuer gänzlich abzuschaffen; ich sehe nicht ein, warum die wohlhabende Mittelklasse nicht auch theilhaben soll an den direkten persönlichen Steuern. Aber das ist mehr eine Frage der Zukunft, wir haben es hier mit einer konkreten Vorlage zu thun, die nicht weit über das Maß hinausgehen dürfte in der Reform, wie der Herr Finanzminister es als das zunächst zu erreichende Ziel bezeichnet hat.

Aber nun gestatte ich mir noch zwei Worte über die von dem Herrn Abgeordneten Lasker neulich gethanen Aeußerungen in Bezug auf die preußische Grundsteuer. Meine Herren, ich kann ja einigen seiner Anführungen vielleicht in etwas beitreten, aber es sind dabei doch solche thatsächliche Irrthümer dem Herrn Abgeordneten Lasker mit unterlaufen, daß ich doch einigermaßen an dem Werth seiner übrigen Ausführungen zweifelhaft werde. Der Herr Abgeordnete Lasker betonte ganz besonders die Entschädigungsfrage und stellte die Sache so dar, als wenn im Jahre 1861 alle diejenigen Grundbesitzer, deren Grundsteuer durch das neue System erhöht worden wären,

(Ruf links: Gott bewahre!)

soweit sie nicht etwa ein Privilegium gehabt haben, mit 13⅓ dafür entschädigt worden seien. Meine Herren, beides ist unrichtig, und bitte ich den Herrn Abgeordneten Lasker, sich § 4 und 18 des Gesetzes vom 20. Mai 1861 anzusehen, er wird finden, daß der bäuerliche Grundbesitz, soweit er überhaupt in der Grundsteuer erhöht worden ist, gar keine Entschädigung bekommen hat, weil er bereits einer verfassungsmäßigen rustikalen Steuer unterlag, und zwar sehr gegen den Willen und Wunsch der konservativen Partei, welche sich damals entschieden aber vergeblich gegen die sogenannte Grundsteuerausgleichung ausgesprochen hat, und daß der einzelne früher Privilegirte nicht das 13⅓fache, sondern etwa das neunfache der erhöhten Steuer als Entschädigung erhalten hatte. Meine Herren, das ist allerdings nur eine Spezialität, und ich mache dem Herrn Abgeordneten Dr. Lasker keinen Vorwurf daraus, daß er das nicht kennt, ich wollte aber nur aus dem Grunde auf diesen Punkt aufmerksam machen und dem Herrn Abgeordneten Dr. Lasker zu Gemüthe führen, wie mißlich es ist, den Vorwurf der Unbekanntschaft mit den Gesetzen des Landes an eine andere Adresse zu richten, während man selbst nicht ganz fest im Sattel sitzt.

(Sehr richtig! — Bravo! rechts. — Zwischenruf links: Zu früh Bravo gerufen!)

Nun hat der Herr Abgeordnete Dr. Lasker noch an diese seine Ausführungen so ungeheuerliche Behauptungen geknüpft, daß ich sie bei dieser allgemeinen Debatte unmöglich ganz mit Stillschweigen übergehen kann. Der Herr Abgeordnete stellt die Ueberweisung, sei es der halben, sei es der ganzen Grund- und Gebäudesteuer an die Gemeinden und kommunalen Verbände prinzipiell auf eine Stufe mit der berühmten Milliardenentschädigung an die französischen Emigranten. Damit, daß den kommunalen Verbänden diese Realsteuern überwiesen werden, sei dem preußischen Grundbesitz eine Milliarde geschenkt. Ja, meine Herren, der Herr Abgeordnete Lasker nannte neulich die Worte des Herrn Reichskanzlers eine Uebertreibung. Ich will ihm das Verdikt über diese seine eigene Aeußerung selbst anheimstellen. Ich glaube, es würde kaum so milde ausfallen können, wie dasjenige über die Aeußerung des Herrn Reichskanzlers.

Meine Herren, was heißt denn das, den kommunalen Verbänden Steuerbeträge überweisen zur Verwendung für gemeinnützige Zwecke? Ist das ein Geschenk für den Grundbesitz? Nein, meine Herren, das ist die Ueberweisung zu Zwecken, die der Gesammtheit der Mitglieder der Verbände zu statten kommen. Und sind das gerade bloß die Grundbesitzer? Nein! Da spielt der besitzlose Stand eine sehr wesentliche Rolle.

(Sehr richtig!)

Wie also der Herr Abgeordnete Lasker dazu gelangen kann, diesen Plan des Herrn Reichskanzlers als eine Politik der Besitzenden gegen die Besitzlosen zu bezeichnen, das ist mir schlechterdings unerfindlich.

Meine Herren, aber nun trotz aller Mängel, die unsere preußischen direkten Steuern haben, wäre damit zu leben und auszukommen, denn sie sind, wie ich für meine Person anerkenne, mäßig, wenn nur nicht an diesen direkten Steuern das ganze Schwergewicht der Kommunalsteuern hinge.

(Sehr richtig!)

Auch über dieses ist der Herr Abgeordnete Lasker neulich ganz leicht hinweggegangen. Er hat gesagt, die Einkommensteuer wird notorisch nur zur Hälfte bezahlt, folglich imponiren ihm die 200 und 300 Prozent, die in vielen Städten an Kommunalzuschlägen erhoben werden, gar nicht. Meine Herren, wenn man die Dinge allerdings nur so aus der Vogelperspektive betrachtet, so kann man sich nicht wundern, wenn man Widerspruch erfährt. Ich kann von mir sagen, daß ich täglich mit diesem Theil der Lasten und Beschwerden der Bevölkerung zu thun habe, und da muß ich ganz offen erklären, bei uns in Preußen sind die Sachen so weit gediehen, daß in einer großen Zahl preußischer Gemeinden in Stadt und Land die Grenze der Leistungsfähigkeit erreicht, in vielen überschritten ist.

(Sehr richtig!)

Wenn das ein gesunder Zustand ist, und wenn der Herr Abgeordnete Lasker das für einen gesunden Zustand hält, dann wünsche ich ihm zu diesem Standpunkt nicht Glück, sondern ich kann nur bedauern, daß diese Erwägung bei ihm Platz gegriffen hat.

Meine Herren, in Preußen hat die Kommunalbesteuerung, wie mir scheint, ich will einmal sagen, einen etwas schiefen Gang genommen. Während man auf der einen Seite durch fast jeden Akt der Gesetzgebung die Lasten der Gemeinden erhöht, hat man ihnen auf der anderen Seite die finanziellen Hilfsquellen abgegraben,

(sehr richtig!)

beispielsweise durch die Aufhebung der Mahl- und Schlachtsteuer. Wir werden vielleicht in einem späteren Stadium der Diskussion noch Gelegenheit haben, auf diesen Punkt zurückzukommen.

Bei diesem Staude der Dinge, meine ich, daß es die Pflicht der Gesetzgebung ist, wenn sie kann, zu helfen, und sie kann helfen, wenn wir der Finanzpolitik der verbündeten Regierungen im großen und ganzen folgen, wenn wir dafür sorgen, daß Ueberschüsse beschafft werden, die es erlauben, diesen kommunalen Verbänden durch Zuweisung ihrer eigenen direkten Steuern die Möglichkeit zu schaffen, den Aufgaben gerecht zu werden, die ihnen je länger je mehr aufgebürdet werden.

Ja, meine Herren, noch mehr: Sie wissen ja, Preußen hat den großen und kühnen Schritt gethan, seine Provinzen und Kreise zu einer erweiterten korporativen Selbstständigkeit zu führen. Es hat allerdings daran den weiteren Schritt geknüpft, diesen Korporationen auch recht erhebliche Dotationen für bestimmte Schranken zu geben. Auch hier wird die fernere Entwicklung nicht aufzuhalten sein, wir werden hier einen Schritt nach dem andern thun müssen. Ich erinnere nur an einen einzigen in der Zukunft liegenden Gesichtspunkt: es ist das das neulich von dem Herrn Abgeordneten Windthorst perhorreszirte, aber doch jedenfalls in Aussicht stehende preußische Unterrichtsgesetz. Ich spreche nicht von der Mehrung der Staatsbedürfnisse, welche dadurch herbeigeführt werden. Ich spreche von den Aufgaben, welche jedenfalls durch dieses Gesetz den Provinzen und Kreisen auf ihre Kosten werden zugewiesen werden. Meine Herren, wenn das geschehen wird, so wird also auch wieder die Nothwendigkeit einer erhöhten Steuerlast herantreten, und auch diese Verbände, die Provinzen und die Kreise haben, wenn sie lebenskräftig bleiben sollen und sich noch lebenskräftiger entwickeln sollen, begründeten Anspruch darauf, wenn möglich, ihnen durch Zuweisung eines Theils der direkten Steuern eine breitere Basis ihrer Existenz zu schaffen. Das war wenigstens von Anfang an meine wohl erwogene Meinung.

Meine Herren, nach allem diesem steht für mich und auch im spezifisch preußischen Interesse, unbedingt die Nothwendigkeit fest, eines ausgiebigen Ausbaues des indirekten Steuersystems, und ich freue mich im großen und ganzen, mich auf den Standpunkt der verbündeten Regierungen in dieser Beziehung stellen zu können. Allerdings, meine Herren, habe ich dabei, und ich glaube, ich darf im Namen meiner politischen Freunde sprechen, einen dringenden Wunsch, und dem möchte ich hier einen offenen Ausdruck geben. Wenn es uns gelingt, durch diese ganze Gruppe von Gesetzgebungsakten Ueberschüsse zu erzielen und diese Ueberschüsse den einzelnen Bundesstaaten zu überweisen, so wünsche ich vor allen Dingen, daß auch dasjenige in Erfüllung gehen möge, was in der allerhöchsten Thronrede der Nation gewissermaßen verheißen ist, d. h., daß die Einnahmequellen, welche neu geschaffen werden sollen für das Reich, die einzelnen Regierungen in den Stand setzen sollen, auf die Forterhebung der Steuer zu verzichten, für welche die Landtage eine Schwierigkeit, sie aufzubringen, erkennen. Meine Herren, es ist hier neulich gewissermaßen im Scherz, ich nehme es aber ganz im Ernst, die Rede davon gewesen, wenn wir große Ueberschüsse würden erzielt haben, daß dann auf dem Wege von der Leipzigerstraße nach dem Dönhofsplatze aus vielen Ministerialbureaus sich Hände nach diesen Summen ausstrecken würden. Das ist möglich, vielleicht wahrscheinlich, ich erkenne an, daß ja im preußischen Staatskörper noch viele Bedürfnisse finanzieller Natur zu befriedigen sind; aber, meine Herren, das erste und dringendste Bedürfniß ist, daß die Hoffnungen der Nation in dieser Beziehung keine Enttäuschung erfahren.

(Hört!)

Vor der Befriedigung irgend welches andern Bedürfnisses müssen wir dafür sorgen, daß diese Ueberschüsse zunächst, soweit es möglich ist, an die Kommunalverbände wirklich abgeführt werden. Jede Enttäuschung in dieser Beziehung wäre nicht nur eine öffentliche Kalamität, nein, es wäre in meinen Augen geradezu ein Stoß in das Herz des monarchischen Prinzips. Meine Herren, ich schließe also mit dem Wunsche, daß sich diese Hoffnungen erfüllen. Wird das der Fall sein, dann glaube ich, werden alle diejenigen, welche mit ihrem Schlußvotum sich auf die Seite der verbündeten Regierungen stellen, sich mit gutem Gewissen und voller Genugthuung sagen können, daß sie thätig mitgewirkt haben an der Begründung einer großen und heilsamen Reform.

(Bravo!)

Präsident: Es liegt ein Vertagungsantrag vor, von dem Herrn Abgeordneten Richter (Hagen). Es liegen auch Schlußanträge vor, von den Herren Abgeordneten Dr. Jäger (Reuß), Dr. Müller (Sangerhausen), Pfähler und von dem Herrn Abgeordneten Grafen von Frankenberg. Nach der Praxis des Hauses werde ich zuvörderst den Vertagungsantrag erledigen, und wird er verworfen, werde ich auf den Schlußantrag zurückkommen.

Ich ersuche diejenige Herren, welche den Vertagungsantrag des Herrn Abgeordneten Richter (Hagen) unterstützen wollen, sich zu erheben.

(Geschieht.)

Die Unterstützung reicht aus.

Nunmehr ersuche ich diejenigen Herren, aufzustehen respektive stehen zu bleiben, welche die Vertagung beschließen wollen.

(Geschieht.)

Das ist die Minderheit; der Vertagungsantrag ist abgelehnt.

Ich muß jetzt den Schlußantrag erledigen.

Ich ersuche diejenigen Herren, welche den Schlußantrag der Herren Abgeordneten Dr. Jäger (Reuß), Dr. Müller (Sangerhausen), Pfähler und Graf von Frankenberg unterstützen wollen, sich zu erheben.

(Geschieht.)

Die Unterstützung reicht aus.

Nunmehr ersuche ich diejenigen, aufzustehen respektive stehen zu bleiben, welche den Schluß beschließen wollen.

(Geschieht.)

Das Büreau ist einig, daß die Mehrheit steht; die Diskussion ist geschlossen.

Zur Geschäftsordnung hat das Wort der Herr Abgeordnete Richter (Hagen).

Abgeordneter **Richter** (Hagen): Es liegt mir daran, zumal nach der Rede des Herrn von Puttkamer, zu konstatiren, daß die Diskussion geschlossen worden ist, obwohl meine Partei in der zweitägigen Debatte nicht hat zum Wort kommen können.

Präsident: Zu einer persönlichen Bemerkung hat das Wort der Herr Abgeordnete Dr. Lasker.

Abgeordneter Dr. **Lasker:** Nachdem nunmehr die Debatte geschlossen ist, bin ich leider nicht in der Lage, auf die ausführliche Finanzrede des Herrn von Puttkamer zurückzukommen. Für den Fall, daß mir die Worterheilung günstig sein sollte, komme ich auf die Sache zurück; sobald wir über die Kornzölle verhandeln, heute möchte ich nur ein paar thatsächliche Irrthümer des Herrn von Puttkamer hier im Hause feststellen. Wenn Herr von Puttkamer den stenographischen Bericht vor Augen gehabt hätte, würde er mir wahrscheinlich nicht Dinge in den Mund legen wollen, die ich nicht gesagt habe, und dereu Widerlegung ihm deshalb leicht geworden ist.

Ich habe nicht gesagt, daß wegen der Erhöhung der Grundsteuer die einzelnen Grundbesitzer abgefunden worden wären, sondern wegen der früheren Befreiung wären sie abgefunden worden, und mit Rücksicht hierauf habe ich den Unterschied hervorgehoben zwischen denjenigen, die einen Privatrechtstitel für die Befreiung gehabt haben, und denjenigen, die keinen Privatrechtstitel für sich gehabt haben. Ich bin um so mehr verwundert über das Mißverständniß des Herrn von Puttkamer, als er selbst noch während meiner Rede durch Zwischenbemerkungen eine Unterhaltung mit mir über diesen Gegenstand führte, und ich auf einen Zuruf von ihm ausdrücklich hinzufügte, daß ich wohl unterscheide, während ich von dem Ersatz des zwanzigfachen Grundsteuerbetrages sprach nur diejenigen in Betracht kämen, die einen Rechtstitel haben, während mit dem 13⅓-fachen abgefunden werden sollten, die keinen Rechtstitel für sich hätten. Sollte mir das Wort „Erhöhung" irrthümlich nur in den Mund gekommen sein, so würde der Herr Abgeordnete von Puttkamer sich durch den ganzen Inhalt meiner Rede überzeugt haben, daß ich nur von Befreiung gesprochen und von der Entschädigung für das Aufgeben der Befreiung. Daran halte ich allerdings fest, daß nach dem Wortlaut des § 4 das 13⅓-fache ersetzt werden soll für diejenigen —

(Glocke des Präsidenten)

es ist nur das Gegentheil gesagt worden, ich gebe aber zu, meine Herren, daß ich persönlich nicht weiter gehen kann, aber es ist eine peinliche Lage, daß mir jemand vorwirft, ich hätte etwas Falsches gesagt, und ich bin nicht im Stande, mich dagegen zu vertheidigen. Also ich behalte mir vor, bei Gelegenheit auf die Sache zurückzukommen.

Persönlich will ich noch kurz bemerken. Als ich davon sprach, daß der Erlaß der Grundsteuer die Bedeutung einer Zuwendung von einer Milliarde an den Grundbesitz hätte, habe ich ausdrücklich vorangeschickt: wenn die Grundsteuer den Grundbesitzern zu gute kommen soll. Ich habe an dieser Stelle nicht die Wirkung einer Uebertragung an die Gemeinden beleuchtet, sondern ich habe den Fall vorausgesetzt, daß der Grundbesitz, wie in der Rede des Herrn Reichskanzlers angedeutet war, um diese Summe entlastet werden sollten. Daß die Uebertragung der Grund- und Gebäudesteuer an die Gemeinden beabsichtigt sei als ein solcher Erlaß, das habe ich in meiner Rede nicht ausgeführt, ich behalte mir aber vor, dies sachlich in einer Rede darzuthun.

Präsident: Zu einer persönlichen Bemerkung hat das Wort der Herr Abgeordnete von Puttkamer (Löwenberg).

Abgeordneter **von Puttkamer** (Löwenberg): Meine Herren, statt jeder andern Erwiderung auf die Worte des Herrn Abgeordneten Lasker, beschränke ich mich darauf, einfach Ihnen das vorzulesen, was der Herr Abgeordnete Lasker in der damaligen Diskussion wörtlich nach dem Stenogramm gesagt hat. Er sagte:

> Da ist denn manchen abgenommen worden, anderen zugelegt. Man hatte aber damals die Grundsteuer so sehr aufgefaßt als eine Kapitalangelegenheit, die im Kaufwerthe der Grundstücke steckt, daß sämmtlichen Besitzern, denen die Steuerbefreiung genommen oder denen in Folge der Ausgleichung eine erhöhte Steuer auferlegt wurde, wenn sie einen Rechtstitel hatten, das volle Kapital mit dem zwanzigfachen Werthe als Entschädigung gegeben wurde, wenn sie keinen Rechtstitel hatten, zwei Drittheil des gesammten Kapitals, 13⅓ Prozent.

Also war meine letzte Mittheilung vollkommen richtig.

In Bezug auf den zweiten Punkt verlese ich nur folgende Worte aus der Rede des Herrn Abgeordneten Lasker:

> Solche Steuern, — von denen vorhin die Rede gewesen, — sollen jetzt neu eingeführt, erhöht und gegeben werden, damit der nothleidende Grundbesitzer eine Milliarde erhält.

(Hört, hört! rechts.)

Meine Herren, das ist eine Finanzpolitik der Besitzer gegen die Nichtbesitzer.

Präsident: Zu einer persönlichen Bemerkung hat das Wort der Herr Abgeordnete Dr. Lasker.

Abgeordneter Dr. **Lasker**: Aus dem Sinne hätte der Herr Abgeordnete von Puttkamer sehr leicht wissen können, daß das Wort „oder" hier blos versprochen gewesen ist.

(Aha! Heiterkeit links.)

Meine Herren, Sie (rechts) sind immer gleich zum Lachen im Chor bereit; damit erreichen Sie aber nicht das allermindeste, sondern nur, wenn Sie einfach die Reden hören und widerlegen; aber das Lachen kann ich weder gesellschaftlich, noch parlamentarisch für einen Beweis halten.

(Heiterkeit rechts.)

Indem ich von dem Unterschied spreche, zwischen denjenigen, die für die Befreiung einen Rechtstitel hatten und denen, die keinen hatten, so weiß jeder, welcher das preußische Gesetz über die Entschädigung vor Augen hat, daß nur die Rede sein kann von der Entschädigung für die Befreiung, und daß ich das Wort „Erhöhung" nur erwähnt habe als Maßstab für die Summe, die für die wegfallende Befreiung zu gewähren war.

Bei dem zweiten Punkt hingegen habe ich den gesammten Text der Rede des Herrn Reichskanzlers zum Gegenstand meiner Erörterung gemacht; derselbe hatte erläutert, es müßte der nothleidende Grundbesitz um die Grund- und Gebäudesteuer erleichtert werden, und es hätte gewiß keinen Sinn, über den Nothstand der Gutsbesitzer und deren Entlastung zu sprechen und die Grund- und Gebäudesteuer so zu behandeln, daß der Gutsbesitzer diese Steuern statt an den Staat in Zukunft an die Kommune zahlen sollte. Die beabsichtigte Entlastung habe ich behandelt, und der Entlastung der Grundbesitzer um die Grundsteuer habe ich die Bedeutung eines Geschenks einer Milliarde beigelegt.

Jeder, der unbefangen die Sache auffaßt, wird zugestehen, daß ich dies zur Voraussetzung nahm, daß ich dagegen den Umstand, welche Folgen die Uebertragung von Steuern an die Gemeinde haben würde, an jener Stelle meiner Rede überhaupt nicht erörtert habe.

Präsident: Meine Herren, es liegt ein Antrag vor,

> die Vorlagen zur weiteren Berathung an eine Kommission von 28 Mitgliedern zu überweisen,

— das ist der Antrag des Herrn Abgeordneten Dr. Löwe, — und es liegt ferner ein Antrag des Herrn Abgeordneten von Benda vor,

> die Vorlagen Nr. 136 einer Kommission von 21 Mitgliedern zur Vorberathung zu überweisen.

Zur Geschäftsordnung hat das Wort der Herr Abgeordnete Dr. Lasker.

Abgeordneter Dr. **Lasker**: Soviel ich mich überzeugt habe, hatten Herr von Benda und von Bennigsen mit mir die gleiche Absicht, den Antrag zurückzuziehen. Ich glaube das jetzt im Namen aller Antragsteller thun zu dürfen.

Präsident: Meine Herren, dann bleibt nur Eine Frage übrig: ob beide Vorlagen, über welche wir die erste Berathung geschlossen haben, an eine Kommission von 28 Mitgliedern zur weiteren Vorberathung überwiesen werden sollen.

Ich ersuche diejenigen Herren, welche so beschließen wollen, sich zu erheben.

(Geschieht.)

Das ist die Mehrheit; die Vorlagen gehen an eine Kommission von 28 Mitgliedern.

Meine Herren, ich kann wohl annehmen, daß das Haus jetzt die Sitzung vertagen will,

(Zustimmung)

und erlaube mir daher, als Zeit der nächsten Plenarsitzung vorzuschlagen Mittwoch Mittag um 12 Uhr. Ich proponire als Tagesordnung die Nummern 3 bis inklusive 9 der heutigen Tagesordnung und ferner folgende Petitionsberichte:

> Petitionen, welche als zur Erörterung im Plenum nicht geeignet erachtet zur Einsicht im Büreau niedergelegt sind (Nr. 133 der Drucksachen);

zweiter Bericht der Kommission für Petitionen (Nr. 109 der Drucksachen);
dritter Bericht der Kommission für Petitionen (Nr. 128 der Drucksachen);
vierter Bericht der Kommission für Petitionen (Nr. 150 der Drucksachen);
fünfter Bericht der Kommission für Petitionen (Nr. 155 der Drucksachen).

Gegen die Tagesordnung wird Widerspruch nicht erhoben; es findet also mit dieser Tagesordnung die nächste Plenarsitzung Mittwoch Mittag um 12 Uhr statt.

Sodann, meine Herren, muß ich ferner noch proklamiren, daß Mittwoch nach der Plenarsitzung die Abtheilungen berufen werden zur Wahl der beschlossenen Kommissionen: der Tarifkommission, der Kommission für die Brausteuergesetze und der Kommission für die Tabaksteuergesetze.

Zur Geschäftsordnung hat das Wort der Herr Abgeordnete Richter (Hagen).

Abgeordneter **Richter** (Hagen): Bei der Schwierigkeit der Materie und dem großen Umfange der zweiten Berathung des Zolltarifs möchte ich dem Herrn Präsidenten anheimgeben — ich glaube, ich folge darin nur dem Gedankengange, dem er selbst in der letzten Sitzung Ausdruck gegeben hat, — ob es nicht zweckmäßig wäre, den Seniorenkonvent oder ein ähnliches Organ zusammentreten zu lassen, um unter allen Parteien eine Verständigung in Bezug auf die zweite Berathung des Zolltarifs im Plenum nach der Richtung herbeizuführen, einmal sich über die Reihenfolge zu verständigen und zweitens über bestimmte Tage in der Woche.

Ich glaube, nur wenn man planmäßig von vornherein in dieser Weise verfährt, kann man sachgemäß die Vorbereitung auf diese Debatte — zu jeder Position ist ja ein besonderes, sehr umfassendes thatsächliches Material nöthig — so erleichtern, wie es die Natur des Gegenstandes erheischt.

Es liegt ja hier ganz ähnlich, wie bei der Budgetberathung. Ich möchte nicht, daß einmal am Schluß einer Tagesordnung verkündet würde, daß morgen oder übermorgen gleich die zweite Berathung vielleicht einer Tarifposition stattfinden soll, wo sie am wenigsten oder nicht von allen Seiten erwartet wurde. Wenn man überhaupt so schwierige Sachen gleich im Plenum berathen will, kann man in der That die Berathung nur zu einer ernsthaften gestalten, wenn alle Erleichterungen im Geschäftsgange, die möglich sind, in der Hinsicht getroffen werden.

Präsident: Ich habe allerdings die Absicht, schon für Donnerstag den Beginn der zweiten Berathung der Tarifvorlage Ihnen vorzuschlagen. Ich habe diese Absicht heute nur noch nicht ausgesprochen, weil ich inzwischen noch von den verschiedenen Seiten des Hauses Erkundigungen einziehen will.

Ich habe neulich schon im Plenum am Schluß der Sitzung angeregt, daß es gut sei, wenn zwischen den verschiedenen Seiten des Hauses eine Einigung zu Stande käme, wie die Geschäfte und namentlich das Verhältniß der Kommissionsarbeiten zu den Plenarversammlungen geregelt werden kann. Wenn bis jetzt darüber eine Einigung nicht zu Stande gekommen ist, so will ich mir Mühe geben, diese Einigung unter den verschiedenen Seiten des Hauses zu Stande zu bringen. Ein anerkanntes Organ in dieser Beziehung habe ich — wenigstens offiziell — nicht,

(sehr richtig!)

und ich glaube daher, daß ich nichts weiteres sagen kann, als was ich gesagt habe, nämlich, daß ich mir Mühe geben werde, diese Vermittelung herbeizuführen.

Im übrigen ist gegen die vorgeschlagene Tagesordnung weder des Plenums noch der Abtheilungen Widerspruch erhoben.

Ich schließe die Sitzung.

(Schluß der Sitzung 4 Uhr 35 Minuten.)

Druck und Verlag der Buchdruckerei der Nordd. Allgem. Zeitung. Pindter.
Berlin, Wilhelmstraße 32.

44. Sitzung

am Mittwoch den 14. Mai 1879.

Die Sitzung wird um 12 Uhr 35 Minuten durch den Präsidenten Dr. von Forckenbeck eröffnet.

Präsident: Die Sitzung ist eröffnet.

Das Protokoll der letzten Sitzung liegt zur Einsicht auf dem Büreau offen.

Seit der letzten Plenarsitzung sind in den Reichstag eingetreten und zugeloost worden:

der 2. Abtheilung der Herr Abgeordnete Triller;
der 3. Abtheilung der Herr Abgeordnete Arbinger.

Kraft meiner Befugniß habe ich Urlaub ertheilt: dem Herrn Abgeordneten Hilf bis zum 19. dieses Monats wegen eines Todesfalls in der Familie, — dem Herrn Abgeordneten Maurer für acht Tage wegen bringender Familienangelegenheiten, — dem Herrn Abgeordneten Dr. Wachs für acht Tage wegen bringender Privatgeschäfte, — dem Herrn Abgeordneten Saro für acht Tage wegen bringender Amtsgeschäfte, — dem Herrn Abgeordneten Reinhardt für sechs Tage zur Beiwohnung der Sitzungen des Landtages des Fürstenthums Schwarzburg-Sondershausen.

Es suchen für längere Zeit Urlaub nach: der Herr Abgeordnete Kunzen für drei Wochen wegen Unwohlseins; — der Herr Abgeordnete Dr. Boretius für vierzehn Tage wegen schwerer Krankheit in der Familie. — Die Urlaubsgesuche werden nicht angefochten; sie sind bewilligt.

Entschuldigt sind: der Herr Abgeordnete von Bernuth für heute wegen eines unaufschiebbaren Geschäfts; — der Herr Abgeordnete Landmann für heute wegen Krankheit in der Familie.

Als Kommissarien des Bundesraths werden der heutigen Sitzung beiwohnen:

bei der Berathung des zweiten Berichts der Kommission für die Petitionen
der Wirkliche Geheime Kriegsrath Herr Flügge;
bei der Berathung des vierten Berichts derselben Kommission
der Geheime Oberregierungsrath Herr Nieberding.

In die Kommission für die Petitionen ist an Stelle des aus derselben geschiedenen Abgeordneten Freiherrn von Pfetten von der 4. Abtheilung der Abgeordnete von Lenthe und in die Kommission für die Wahlprüfungen an Stelle des verstorbenen Abgeordneten Dr. Rieper von derselben Abtheilung der Abgeordnete Freiherr von Pfetten gewählt.

Die 9. Kommission zur Vorberathung des Etats der Post- und Telegraphenverwaltung hat noch einige Petitionen zu erledigen und wünscht zu deren Berathung einen Ersatz für ihr verstorbenes Mitglied Dr. Rieper. Ich ersuche daher die 1. Abtheilung, eine Wahl für diese Kommission vorzunehmen, und bitte den Herrn Vorsitzenden der 1. Abtheilung, diese Wahl zu veranlassen.

Wir treten in die Tagesordnung ein.

Erster Gegenstand der Tagesordnung ist:

erste und zweite Berathung des Entwurfs eines Gesetzes, betreffend den Uebergang von Geschäften auf das Reichsgericht (Nr. 143 der Drucksachen).

Ich eröffne die erste Berathung über die Vorlage.

Das Wort wird nicht gewünscht; ich schließe die erste Berathung und richte an das Haus die Frage, ob die Vorlage zur weiteren Berathung an eine Kommission verwiesen werden soll. Ich ersuche diejenigen Herren, welche so beschließen wollen, sich zu erheben.

(Pause.)

Es erhebt sich niemand; die Verweisung an eine Kommission ist abgelehnt, und wir treten sofort in die zweite Berathung ein.

Ich eröffne die Diskussion über § 1, — § 2, — § 3, — Einleitung und Ueberschrift des Gesetzes. — Ueberall wird das Wort nicht gewünscht; ich schließe alle diese Diskussionen, und da eine Abstimmung nicht verlangt ist, auch im Augenblick nicht verlangt wird, Widerspruch nicht verlautbart ist, so erkläre ich § 1, § 2, § 3, Einleitung und Ueberschrift des Gesetzes in zweiter Berathung für angenommen.

Damit wäre der erste Gegenstand der Tagesordnung erledigt.

Wir gehen über zu Nr. 2:

erste und zweite Berathung des Uebereinkommens zwischen dem deutschen Reich und Großbritannien, betreffend das Eintreten des deutschen Reichs an Stelle Preußens in den Vertrag vom 20. Dezember 1841 wegen Unterdrückung des Handels mit afrikanischen Negern (Nr. 160 der Drucksachen).

Ich eröffne die erste Berathung.

Das Wort hat der Herr Abgeordnete Dr. von Bunsen.

Abgeordneter Dr. **von Bunsen**: Meine Herren, es wird es wohl niemand in Abrede stellen, daß, wenn der gegenwärtige Vertrag heute zum ersten Mal Deutschland beschäftigte, er auf die allerernstesten Bedenken stoßen müßte. Er trägt auf den ersten Blick ein außerordentlich antiquirtes Aussehen; man kann ihn gar nicht lesen, ohne sich von der legislativen Kleinmalerei nicht eben angenehm berührt zu sehen, von welcher er ein Beispiel gibt. Desto angenehmer würde es dem Leser sein, wenn die Motive ausführlicher hätten ausfallen können; ein jeder Leser wird davon betroffen sein, wie wenig die Motive auf den Vertrag selbst, auf dessen Entstehen, auf die Nothwendigkeit seiner Erweiterung und seines gegenwärtigen Standes zu sprechen kommen.

Es ist mir nicht gelungen, in den Motiven, um nur einzelnes aufzuführen, eine Andeutung darüber zu finden, ob denn Oesterreich und Rußland sich bereit erklärt haben, dem gegenwärtigen Vertrag beizutreten. Ich mache darauf aufmerksam, daß der Vertrag, wie er hier vorliegt, unterzeichnet wurde am 29. März; es werden also ohne Zweifel die 6 Wochen, die zwischen jenem Datum und der Vorlage an den Reichstag verflossen sind, dazu benutzt worden sein, um sich über diesen außerordentlich wichtigen Punkt des ganzen Vertragswerks eine Gewißheit zu verschaffen.

Ich finde weiterhin keine Andeutung über eine juristische Frage, die nicht ganz geringfügig sein dürfte: ob nach dem Aufhören einer preußischen Handelsflagge der Vertrag, wie er vorlag, als ein ruhender betrachtet worden ist, ob er erst wieder ein neues Leben bekommen hat von dem Augenblick, wo der gegenwärtige Vertrag abgeschlossen wurde, beziehentlich durch seine Ratifikation rechtskräftig werden wird. Es dürfte hierbei nicht unerwähnt bleiben, daß ja die preußische Regierung nicht allein an denselben gebunden war, sondern daß der deutsche Bund im Sommer 1842, wenn ich nicht irre, dem Vertrag vom 20. Dezember 1841 beigetreten ist und man darum juristisch wohl voraussetzen konnte, daß der Rechtsnachfolger des deutschen Bundes, das deutsche Reich, ohne weiteres in dessen Rechte und Pflichten eingetreten sein würde. Sollte nun diese bloß juristische Ansicht nicht begründet sein, sollte der Vertrag als ruhend nicht betrachtet worden sein, so würde man in den Motiven gern eine Andeutung darüber gefunden haben, ob denn nun in der Zwischenzeit zwischen dem Aufhören einer preußischen Handelsflagge und dem gegenwärtigen Augenblicke eine Aufbringung von deutschen Schiffen, welche der Sklaverei verdächtig waren, oder gar Verurtheilungen stattgefunden haben.

Ueberhaupt aber wäre es für den Leser dieser Vorlage von Interesse gewesen, zu erfahren, in welchem Umfange das Gesetz überhaupt Wirkung gehabt hat, in welchem Umfange also seit dem Jahre 1842 bis heut deutsche Schiffe als Sklavenschiffe aufgebracht beziehentlich deren Führer vor preußischen und anderen deutschen Gerichten verurtheilt worden sind. Mir ist aus der Literatur kein Fall bekannt, woraus aber keineswegs folgt, daß solche Fälle nicht stattgefunden haben, und ich glaube, es wird für jetzt und für die Zukunft von großem Werthe sein, daß über diese Frage heut eine endgültige Erklärung erlangt wird.

Es ist jetzt nun seit der Zeit, wo der Vertrag, der heut seine Ausdehnung und Neubegründung erhalten soll, abgeschlossen wurde, Preußen und Deutschland in die Reihe der eine Flotte besitzenden Nation eingetreten, und darum würde auf den ersten Blick die Vermuthung nahe liegen, daß Deutschland dieselbe Stellung den englischen Ansprüchen gegenüber eingenommen haben würde, wie es *Frankreich* und die *Vereinigten Staaten Amerikas* gethan haben. Beide Staaten haben sich zu verschiedenen Zeiten zwar anheischig gemacht, an der Westküste Afrikas eine Flotte zu unterhalten, ein Kreuzergeschwader zur Verfolgung der Sklavenschiffe, beide aber haben sich konsequent geweigert oder haben gegentheilige Entschlüsse wieder zurückgenommen, — sie haben sich geweigert, sage ich, das Durchsuchungsrecht den englischen Kreuzern auf die Länge zu belassen. Ich glaube mich nicht zu irren, wenn ich voraussetze, daß weder ein amerikanisches noch ein französisches Handelsschiff gegenwärtig durch einen englischen Kreuzer kann aufgebracht werden. Ich erinnere an den langen Streit, welcher in den letzten fünfziger Jahren — das Datum ist mir entfallen — entstand, als englische Kreuzer eine Zahl von, wenn ich nicht irre, 25 amerikanischen Schiffen im mexikanischen Golf aufgebracht hatten, weil sie des Sklavenhandels verdächtig wären.

Hieran reiht sich die Frage, ob denn die Erwähnung von Amerika nicht allein im alten Vertrage, insbesondere in demjenigen Abschnitte desselben, der im § 4 einer Abänderung unterliegt, ob die nicht vollständig als antiquirt betrachtet werden könnte. Ich behaupte es nicht, ich thue die Frage, um den Reichstag hierüber unterrichtet zu sehen. Fest steht ja gesetzlich, daß kein Land Amerikas in diesem Augenblicke den Sklavenhandel duldet, daß die Sklaverei in Brasilien und Kuba, den beiden letzten Ländern, wo sie noch vorhanden war, aufgehoben ist. Und so könnte dann für den Beobachter die Vermuthung nahe liegen, daß ein Kreuzergeschwader in den amerikanischen Gewässern zur Verhinderung des Sklavenhandels nicht mehr am Orte und wahrscheinlich gar nicht mehr vorhanden wäre. Ich thue die Frage nicht, weil ich daran weitere Folgerungen knüpfen möchte, sondern zu dem ausgesprochenen Zwecke, damit über diese thatsächliche Unterlage der Bewilligung des Reichstags von Seiten des Bundestischs kein Zweifel obwalte.

Von wirklicher Bedeutung — darüber wird ja wohl kein Zweifel bestehen können — von wirklicher Bedeutung ist die Frage nur für die Ostküste Afrikas. An der Westküste Afrikas ist, wie einem jeden bekannt, der Sklavenhandel seit einer Reihe von Jahren so gut wie vollständig vernichtet. Alle diejenigen, welche sich für die Zukunft Afrikas interessiren, wissen, daß gerade auf dieser Thatsache das Entstehen verschiedener afrikanischer Gesellschaften hauptsächlich basirt ist. Man will die Gelegenheit benutzen, die erste seit mehr als 1000 Jahren, wo der Verkauf von Kriegsgefangenen an Sklavenhändler nicht mehr einträglich ist, wo also den Häuptlingen im Innern Afrikas eine bessere, gesundere, menschlichere Art, sich zu bereichern, dargeboten werden kann. Ich betrachte also, im großen und ganzen gesprochen, den Sklavenhandel an der Westküste Afrikas und in den amerikanischen Gewässern als nicht mehr vorhanden. Von großer Bedeutung bleibt derselbe aber immer noch an der Ostküste Afrikas, und wir wissen, mit welch außerordentlicher Energie die englische Regierung seit Jahren bemüht ist, von Zanzibar aus die verschiedenen Sklavenhandel treibenden Nationen zur Aufgabe dieses unwürdigen Geschäfts zu vermögen. Madagaskar ist mit hineingezogen worden, und obwohl ja angenommen werden kann, daß noch immer sehr viel im geheimen auch von seiten der portugiesischen Händler und Beamten dagegen gesündigt wird, so ist doch auch Portugal wenigstens nach außen hin genöthigt, seine Mithilfe hierbei zu gewähren. In dieser Hinsicht muß ich nun gestehen, bei aller Anerkennung der hohen Kulturaufgabe, welche theils bewußt, theils unbewußt die englische Nation an der Ostküste Afrikas ausübt, — daß mich die Erwägung unangenehm berührt, wie deutsche Schiffe aufgebracht werden können auf den bloßen Verdacht hin, Sklaverei zu treiben, ein Verdacht, der zu seiner Begründung weiter nichts nöthig hat, als eine eigenthümliche Bauart des Schiffes, eine Bauart, die ja, wenigstens soweit mir ein Urtheil ansteht, auch durch legitime Zwecke des Handels könnte motivirt sein. Ich sage, es berührt mich unangenehm, und zwar speziell aus dem Grunde, weil ich nicht absehe, daß es auf einer Gegenseitigkeit beruht. Für uns liegt kein Anlaß vor, — es kann keine Rede davon sein, unsererseits ein Kreuzergeschwader an der Ostküste Afrikas zur Verfolgung von Sklavenschiffen zu unterhalten. Ich weiß nicht einmal, ob es bisher geschehen oder ob es die Absicht der Reichsregierung ist, denjenigen Schiffen, welche nach Asien entsandt werden und welche in diesen Theil der asiatischen Gewässer gelangen, diejenigen „Vollmachten und speziellen Ordres“, wie der Ausdruck in dem Vertrage von 1841 lautet, mitzugeben, welche sie in den Stand setzen würden, englische Kauffahrteischiffe ihrerseits zu untersuchen. Unter englischer Flagge aber und von englischen Unterthanen wird dieser entsetzliche Sklavenhandel an der Ostküste Afrikas und in dem gesammten indischen Meere wesentlich mit betrieben, wie einem jeden Leser der

Livingstoneschen, Cameronschen, Stanleyschen Reisen bekannt. Aus diesem Grunde gestehe ich, daß es mir aufgefallen ist, daß die Reichsregierung den 80. Längengrad östlich von Greenwich beibehalten hat, welcher Bombay nicht erreicht. Wenn mich nicht mein Gedächtniß täuscht, so sind es ganz besonders eingeborene Firmen in Bombay, sehr große Kapitalistenfirmen, welche hauptsächlich die finanzielle Unterlage für den Sklavenhandel im indischen Meere abgeben. Ich hätte darum lieber gesehen, da man voraussetzen darf, daß ein Theil der Schiffe wenigstens nicht von Zanzibar aus, sondern schon von Bombay aus befrachtet und abgeschickt wird, wenn der 90., 95. oder der 100. Grad östlich von Greenwich angenommen worden wäre, anstatt den 80. festzuhalten, der in dem ursprünglichen Vertrage stand. Noch mehr in Uebereinstimmung mit denjenigen Erklärungen, welche die Reichsregierung im Jahre 1874 im Reichstage gegeben hat, wäre es gewesen, wenn statt des 100. Grades sogar des 160. Grad genommen wäre, denn dieser schließt die Salomonsinseln mit ein, von welchen aus in den letzten fünfzehn bis zwanzig Jahren von Angehörigen aller Nationen ein vollständiger und ausgesprochener Sklavenhandel nach den nördlichen Theilen Australiens, nach den unter den Tropen liegenden Pflanzungen von Brisbane u. s. w. betrieben wird. Alle diejenigen, welche in der Literatur jener Zonen bewandert sind, erinnern sich noch an die Ermordung des anglikanischen Bischofs Patteson, ich glaube im Jahre 1876, welche durch nichts anderes veranlaßt war, als daß die letzten 3 oder 4 Schiffe, welche dorthin Weiße getragen hatten, die verschiedenen Inseln nicht eher verließen, als nachdem sie, unter allerlei Vorspiegelungen eines friedlichen kaufmännischen Betriebes hingekommen, die arglos herankommenden Ureinwohner der Inseln gewaltsam ergriffen, diejenigen, die sich zur Wehre setzten, niederschlugen und ohne alle Form Rechtens, ohne auch nur den Schein oder Vorwand einer Freiwilligkeit nach diesen heißen Theilen Australiens verführten. Soll nun, was ja ein jeder Menschenfreund nur billigen kann, einem deutschen Sünder, der ein Schiff in jenen Gewässern führt, der Prozeß gemacht werden, so meine ich, würde es durchaus angemessen sein, wenn die deutschen Kriegsschiffe ihrerseits in die Lage kämen, auf ein englisches, als Sklavenschiff verdächtiges Fahrzeug Jagd zu machen und dasselbe je nach dem Wortlaut des Vertrages zur Strafe zu bringen.

Also, wie gesagt, ich würde lieber den 100. Grad oder noch lieber den 160. Grad östlicher Länge in den Vertrag aufgenommen gesehen haben, erkenne aber vollständig an, daß es in der deutschen Politik nicht liegen kann, daß es auch die finanziellen Verhältnisse, unter denen die deutsche Flotte entstanden ist und heranwächst, nicht gestatten, mit einer Aussendung größerer Kreuzergeschwader vorzugehen. Ich werde darum meinerseits gegen den Vertrag, wie er steht, nichts Ernstes einwenden. Ich habe Fragen an die Reichsregierung gestellt und glaube, daß deren Beantwortung dem Reichstag erst die volle Unterlage zu dem Entschlusse geben wird, welcher am heutigen Tage zu fassen sein dürfte. Der Vertrag enthält, um es kurz zu sagen, einerseits mir zu viel, andererseits, wie ich zuletzt angedeutet habe, zu wenig.

Präsident: Der Herr Kommissarius des Bundesraths Geheimrath Reichardt hat das Wort.

Kommissarius des Bundesraths kaiserlicher Geheimer Legationsrath **Reichardt**: Meine Herren, der Herr Vorredner hat zunächst eine Auskunft darüber gewünscht, ob denn die seit dem Vertragsabschluß verflossene Zeit auch dazu benutzt worden sei, um sich der Zustimmung der beiden anderen betheiligten Mächte, nämlich Rußlands und Oesterreichs, zu vergewissern; ich erwidere hierauf, daß ein großer Theil dieser inzwischen verflossenen Zeit gewidmet gewesen ist der Vorberathung der Vorlage im Bundesrath, daß aber trotzdem die kurze Zeit, die noch übrig blieb, hingereicht hat, um von Oesterreich bereits eine definitiv bejahende Antwort zu erhalten und von Rußland her wenigstens eine vorläufige Antwort in einem Sinne, welcher auf eine definitive Bejahung hoffen läßt, und zwar um so mehr, als Rußland, als es sich im Jahre 1868 um Ausdehnung des Vertrags von 1841 auf den norddeutschen Bund handelte, seine Zustimmung hierzu bereits definitiv gegeben hat, durch die Erweiterung des norddeutschen Bundes zum deutschen Reich aber bekanntlich in maritimer Beziehung sich nichts geändert hat.

Der Herr Vorredner vermißt in den Motiven eine nähere Erklärung unter anderem darüber, ob denn der Vertrag von 1841, seitdem wir eine deutsche Reichsflagge haben, bis heute geruht habe; ich glaube, bei nochmaliger Ansicht der Denkschrift wird er daraus entnehmen können, daß der Vertrag nicht geruht hat, daß er nicht ruhen konnte, sondern daß er weiter gegolten hat, allerdings mit den Modalitäten, welche, wie in der Denkschrift zweimal ausdrücklich hervorgehoben worden ist, vorläufig in Ermangelung des jetzt vorgelegten Uebereinkommens — im Wege der Korrespondenz einerseits mit den anderen an dem Vertrage betheiligten Mächten und andererseits mit den dabei interessirten deutschen Staaten vereinbart worden sind.

Der Herr Vorredner vermißt, wenn ich ihn recht verstanden habe, in den Motiven die Erwähnung der Thatsache, daß der deutsche Bundestag im Jahre 1842 dem Vertrag beigetreten sei; ja wenn diese Thatsache zuträfe, wäre der Vorwurf gewiß richtig, aber sie trifft nicht zu. Der Bundestag hat nur Kenntniß von dem Abschluß des Vertrags von 1841 genommen und durch einen Bundestagsbeschluß vom Jahre 1845 es den deutschen Staaten empfohlen, ihrerseits den Sklavenhandel mit Strafen zu bedrohen, wie sie gegen die Seeräuberei angedroht zu werden pflegen. Diesem Ansinnen ist denn auch, soweit es nicht bereits geschehen war, und namentlich, wie die Motive hervorheben, von der Mehrzahl der deutschen Seeuferstaaten entsprochen worden, und die in dieser Beziehung noch verbliebene Lücke ist inzwischen ausgefüllt.

Der Herr Vorredner vermißt ferner in den Motiven eine nähere Erwähnung derjenigen Fälle, in denen während der langen Zeit des Inkraftbestehens des Vertrags von 1841 etwa deutsche Schiffe aufgebracht worden sind, beziehungsweise die Bestimmungen des Vertrags und die bezüglichen Strafgesetze Anwendung gefunden haben. Ich bin in der erfreulichen Lage, konstatiren zu können, daß im Verlauf dieser vier Dezennien noch niemals der Vertrag von 1841 in Anwendung gekommen ist, und ich bin überzeugt, daß der Herr Vorredner aus dieser Konstatirung nicht etwa die Folgerung ziehen wird, daß darum der Vertrag, wie er Ihnen heute vorliegt, überflüssig sei. Der Vertrag ist ja geschlossen und die dazu gehörigen Strafgesetze sind erlassen im wesentlichen nicht quia peccatum est, sondern ne peccetur.

Darin allerdings weiche ich von der Ansicht des Herrn Vorredners ab, daß ich annehme, der Vertrag wird auch unentbehrlich bleiben, je weiter in der Welt die Sklaverei aufhört, denn sobald derartige Vorschriften nicht mehr existiren, wie sie der Vertrag an die Hand gibt, wird, wie die Erfahrung gelehrt hat, der Sklavenhandel in erhöhtem Maße zunehmen.

Der Herr Vorredner deutete an, es wäre wohl wünschenswerth gewesen, daß Deutschland sich zu dem ganzen Vertragsverhältniß analog gestellt hätte, wie Frankreich und die Vereinigten Staaten. Er hat im späteren Verlaufe seiner Ausführungen schon selbst auf den Grund hingedeutet, der es für Deutschland schwierig gemacht haben würde, sich so zu stellen, nämlich das Korrelat einer Stellungnahme nach Analogie von Frankreich und den Vereinigten Staaten würde gewesen sein, gelegentlich 20 und auch mehr Kreuzer deutscherseits auszurüsten und auf die Stationen zu schicken. Das würde schwerlich den Beifall dieses hohen Hauses gefunden haben.

Wenn in dieser Hindeutung, daß Deutschland nicht die Stellung Frankreichs und Amerikas angenommen habe, ein Motiv etwa für die Annahme gefunden werden darf, daß der Herr Vorredner das droit de visite, welches der Vertrag begründete, perhorreszirt, wie es ja auch von vielen Vertretern der volksrechtlichen Wissenschaft perhorreszirt wird, so darf ich konstatiren, daß eine mißbräuchliche Anwendung dieses Rechts seitens der britischen Kreuzer weder gegen deutsche Schiffe bisher stattgefunden hat, noch daß die Akten des auswärtigen Amts einen einzigen Fall ergeben, in welchem dieses Recht zur Ungebühr gegen Schiffe anderer Nationen ausgeübt worden wäre.

Der Herr Vorredner hätte es, wie er meinte, vorgezogen, Amerika nicht ferner als eine in die Reviere für die Thätigkeit der Kreuzer gehörige Nation im Vertrag bezeichnet zu sehen. Wenn der Vertrag, abgesehen von den Bestimmungen, für welche durch die Ausdehnung auf das deutsche Reich mit Nothwendigkeit eine Modifikation bedingt war, unverändert gelassen worden ist, so hat das darin seinen Grund, daß es sich nur darum handelte, den Eintritt Deutschlands an Stelle Preußens völkerrechtlich zu beurkunden. Jede, die Interessen der übrigen Paziszenten berührende Aenderung in materieller Beziehung, würde das Bestehen des Vertrags überhaupt in Frage gestellt haben. Das glaubten die verbündeten Regierungen umsomehr vermeiden zu sollen und auch zu können, als bisher Mißstände sich nicht ergeben haben. Wenn aber jener Einwand sich darauf gründet, daß in Amerika die Sklaverei aufgehoben sei, und daß ein Zuzug von Sklaven dorthin nicht mehr stattfinde, so möchte ich darauf doch erwidern, daß, wenn auch Amerika als Bestimmungsland für Sklaven aufgehört hat zu existiren, in Ermangelung von Verträgen doch keineswegs die Möglichkeit einer amerikanischen Provenienz solcher Schiffe ausgeschlossen sein würde, die sich mit dem Sklavenhandel beschäftigen. Es ist bezeichnend, daß auch in alten Zeiten die amerikansche Flagge viel weniger betheiligt war an der Verschiffung von Sklaven, als vielmehr an der Verschiffung derjenigen Materialien, die nachher den Sklavenschiffen zum Transport der Sklaven gedient haben, und auch dieser Fall wird durch den Vertrag getroffen.

Jener schon erwähnte Grund für die Abstandnahme von materiellen Modifikationen des Vertrages würde auch maßgebend sein müssen, um den Wunsch nicht zu realisiren, den der Herr Vorredner vielleicht etwas weitgehend dahin präzisirt hat, den 80., womöglich den 100. Grad in die Abgrenzung der Reviere für Ausübung des Kreuzerrechts mit aufgenommen zu sehen. Wenn aber der letztere Wunsch darauf basirt, daß es dann möglich sein werde, den Mißbräuchen zu steuern, die sich auf den Salomonsinseln vollziehen, so kann ich ihn darüber dahin beruhigen, daß seit einigen Jahren, wie Berichte noch aus den letzten Wochen bestätigen, der sogenannte Menschenhandel auf den Südseeinseln vollständig aufgehört hat, und daß derjenige Verkehr mit Arbeitern, wie er dort existirt, nicht nur als ein unverfänglicher, sondern auch als ein für die dort vertretenen Interessen ganz unentbehrlicher von den maßgebenden Stellen bezeichnet worden ist.

Der Herr Vorredner hat sodann gesagt, es habe ihn unangenehm berührt, in Bezug auf deutsche Schiffe Verdachtsmomente zum Gegenstand eines Vertrages gemacht zu sehen, wie sie der Vertrag von 1841 enthält, umsomehr, als die Gegenseitigkeit nicht verbürgt sei. Ja, meine Herren, die Gegenseitigkeit ist wohl verbürgt, sogar ausdrücklich stipulirt. Ob der einzelne Kontrahent von diesem Recht Gebrauch macht, das ist seine Sache, und dann vergessen Sie nicht, daß diejenigen Vollmachten, mit denen ein britischer Kreuzer versehen sein muß, um Verdachtsgründe gegen deutsche Schiffe eventuell geltend zu machen, die Unterschrift des Reichskanzlers tragen, also doch wohl diejenige Gegenseitigkeit zum Ausdruck bringen, die der Vertrag vorsieht.

Es sind das diejenigen Antworten, die die Fragen des Herrn Vorredners erheischen. Ich kann mich eines weiteren enthalten, da er erfreulicher Weise am Schluß gesagt hat, daß seine Bedenken in seinen Augen nicht schwer genug wiegen, um ihn zur Abgabe eines Votums gegen den Vertrag zu bestimmen.

Präsident: Der Herr Abgeordnete Dr. **Gareis** hat das Wort.

Abgeordneter Dr. **Gareis:** Meine Herren, gestatten Sie einem theoretischen Vertreter des Völkerrechts, bei dieser Gelegenheit einige Worte über die Tendenz des vorliegenden Vertrages und über das Detail desselben auszusprechen.

Es ist zunächst ein gewisses Gefühl der Genugthuung, daß endlich eine ganze Reihe von Schwierigkeiten, von völkerrechtlichen Streitfragen, durch den gegenwärtigen Vertrag beseitigt und gelöst werden. Zwar — daß muß ich vorausschicken — wenn der Vertrag neu abzuschließen gewesen wäre, so wäre er zweifelsohne ganz anders ausgefallen, als er gegenwärtig ist. Dieser Vertrag ist eine Mischung von altenglischer juristischer Unbeholfenheit einerseits und einer Beweistheorie andererseits, welche vor 40 Jahren noch im deutschen Prozeßrechte herrschte, jetzt aber als überwunden bezeichnet werden darf. Wenn Sie den Wortlaut des Vertrages lesen, so finden Sie eine förmliche formale Beweistheorie in demselben noch aufgestellt, und unsere Gerichte werden, natürlich durchaus im Widerspruch mit der künftigen Justizorganisation, im Fall sein, diese formale Beweistheorie noch fortwährend anwenden zu müssen. Wenn z. B. ein Kauffahrteischiff zwei kupferne Kessel hat, so wird darans nach diesem Vertrage der Schluß gezogen werden müssen, daß es ein Sklavenschiff sei, es müßte denn der Gegenbeweis gelingen, und in dieser Weise sind eine Menge von Details als formale Beweisgründe aufgeführt, die mit unserer Justizverfassung gar nicht mehr übereinstimmen. Aber, meine Herren, ich bin dafür, daß dieser Vertrag, in welchem jedenfalls ein bedeutender Fortschritt auf der Bahn der Humanität und der Herstellung wohlgeordneter Verhältnisse der Staaten untereinander zu begrüßen ist, die verfassungsmäßige Zustimmung des Reichstags finden muß und finden wird.

Ich möchte nur drei Wünsche anreihen an diese eben geäußerte Ansicht. Freilich, meine Herren, es sind einzelne Irrthümlichkeiten bei Gelegenheit der bisherigen Erörterungen, sowie bei Gelegenheit der Anfertigung der Motive mit untergelaufen. So bin ich z. B. nicht der Ansicht, daß die Verträge, welche die hanseatischen Staaten mit Großbritannien abgeschlossen haben, wie auf Seite 8 der Motive des vorliegenden Vertrages ausgesprochen ist, außer Kraft getreten sind; die britische Regierung ist der Ansicht, daß diese Verträge nicht mehr geltend seien, und zwar deswegen, weil der Vertrag, welchen Großbritannien mit Frankreich abgeschlossen hat, und welchem die Hansestädte einfach beigetreten sind, nicht mehr gilt; da aber der Vertrag im wesentlichen nichts anderes enthält, als die Stipulirung, daß Schiffen des einen Staates zu gestatten sei, Schiffe des anderen zu durchsuchen, so bleibt immerhin noch aufrecht erhalten, daß die hanseatischen Schiffe, wenn und weil die Hansestädte englischen Schiffen das Untersuchungsrecht eingeräumt haben, noch fortwährend untersucht werden dürfen, gleichviel ob die französischen Schiffe nach Aufhebung des englisch-französischen Vertrages noch untersucht werden dürfen oder nicht. Allein, meine Herren, ich will und kann unsere Zeit nicht länger mit Erörterung derartiger, wie ich glaube, als Irrthümer sich qualifizirender Dinge füllen, sondern die mit dem Vertrag in Verbindung stehenden drei Wünsche aussprechen. Vor allen Dingen muß im Interesse der Fortentwicklung des Völkerrechts dringend gewünscht werden, daß nicht bloß Oesterreich-Ungarn und Rußland, sondern daß auch Frankreich und die Vereinigten Staaten von Nordamerika womöglich veranlaßt werden, dem Vertrage beizutreten, die beiden letzteren Staaten allerdings unter Aufgebung ihres bisher vertretenen entgegengesetzten Prinzips. Ich glaube, daß die Verhältnisse heut zu Tage, nachdem das deutsche Reich blühend und kräftig erstanden ist, so durchaus andere sind, daß der mächtige Einfluß unseres Reichskanzlers es vielleicht doch dahin bringen wird, das System Nordamerikas und Frankreichs zu brechen und in diesem Fall einen internationalen Vertrag von größter Ausdehnung, einen Weltvertrag, wenn ich so sagen darf, zu Stande zu bringen.

Mein zweiter Wunsch geht dahin, daß, wie dies seitens des Herrn Kollegen von Bunsen bereits geäußert worden ist, wie ich aber noch mit größerer Präzision äußern will, es gelingen möge, die sogenannten Vollmachten und speziellen Ordres, die der Vertrag vorsieht, nicht bloß stationirten Kreuzern, sondern auch Kriegsschiffen, welche nach auswärtigen Häfen fahren oder welche zu Uebungen, zu Untersuchungsreisen u. s. w. auslaufen, mitgegeben werden. Es müssen allerdings einige Punkte des Vertrags zwar nicht umgeändert, aber anders verstanden und ausgeführt werden als bisher, es ist aber immerhin möglich, ohne Verletzung des Vertrags, wenigstens ohne in irgend einer wesentlichen Bestimmung von dem Vertrag abzuweichen. Ich halte es für durchaus zulässig und durchführbar, daß Kriegsschiffe, welche zu längeren Uebungsreisen oder zu einem bestimmten vorübergehenden Zweck sich in fremde Gewässer begeben müssen, in denen Sklavenhandel getrieben wird und nach dem Vertrag zu unterdrücken ist, mit denselben Vollmachten zu versehen wären, wie die stationirten Kreuzer.

Endlich, meine Herren, der dritte Wunsch ist im Gegensatz zu den zwei bisher geäußerten internationalrechtlichen Wünschen strafrechtlicher Natur. Im Art. I des Vertrags verpflichten sich die hohen Kontrahenten, den Sklavenhandel in den betreffenden Gegenden zu verbieten, als ein Verbrechen, als ein Verbrechen gleich dem Seeraube zu bezeichnen, und nach dem Strafrecht der einzelnen Staaten zu bestrafen. Dieser Bestimmung entsprechend und das zu Grunde liegende Bedürfniß zu befriedigen, sind bisher in sechs deutschen Staaten Strafbestimmungen erlassen worden. Es ist in Preußen eine strafrechtliche Norm im Jahre 1844 entstanden, es ist das letzte Gesetz in dieser Richtung entstanden in Oldenburg unterm 18. Januar 1876, außerdem sind strafrechtliche Normen in den Hansestädten und in Mecklenburg vorhanden. Meine Herren, diese strafrechtlichen Normen weichen sehr von einander ab. Während das Verbrechen des Sklavenhandels in dem einen Staat nur mit 2 Jahren Gefängniß bestraft wird, wird es in anderen Gegenden mit 20 Jahren Zuchthaus bestraft; auch sonst sind außerordentliche Differenzen auch im Detail dieser strafrechtlichen Normen enthalten. Das muß nun meiner Ueberzeugung nach anders werden. Indem das deutsche Reich an die Stelle Preußens in diesen Vertrag eintrit, — nicht dem Vertrage beitritt, sondern, wie unser vorliegender Gesetzentwurf es ganz richtig nennt, in den Vertrag an Stelle Preußens eintritt — muß nothwendig im deutschen Reich die Verpflichtung des Art. I dieses Vertrags erfüllt werden, und ich wäre mindestens nicht überrascht gewesen, wenn die verbündeten Regierungen uns gleichzeitig mit diesem Vertrage auch einen Strafgesetzentwurf vorgelegt hätten, welcher der Verpflichtung des Art. I bereits nachkommt. Denn, meine Herren, in Zukunft ist ein einziges einheitliches Vertragsrecht vorhanden. Deutschland steht mit Großbritannien und, wie zu erwarten ist, mit Oesterreich-Ungarn und Rußland und, wie ich für meine Person noch wünschen möchte, mit den Vereinigten Staaten von Nordamerika und mit Frankreich in Zukunft auf dem Standpunkt eines einzigen einheitlichen Vertrags. Diese Thatsache muß zur nothwendigen Folge haben, daß auch die Strafbestimmung eine einheitliche werde, um so mehr, meine Herren, als ein einheitliches Flaggenrecht proponirt und als ein einziger Ablieferungsort festgesetzt ist. Es wird doch wohl kaum angehen, daß ein aufgebrachtes Sklavenschiff, welches nach Cuxhafen gebracht ist, heute nach diesen Grundsätzen, morgen nach jenen Grundsätzen verurtheilt werden muß; ja, noch mehr, daß die Bemannung, die Matrosen eines solchen Schiffes nach ganz verschiedenen Strafgesetzbüchern wegen ihrer Theilnahme an dem einzigen Delikt bestraft werden. Ich halte es für absolut nothwendig, daß eine einheitliche strafrechtliche Norm in dieser Richtung geschaffen wird. Diese einheitliche Norm, meine Herren, ist schon deswegen nothwendig, weil diese Bestimmung sich an unser Strafgesetzbuch, dessen Art. 234 und 239 natürlich nicht ausreichend sind, zur Bestrafung des Sklavenhandels sich anlehnen muß.

Für die Erfüllung des Art. I des deutsch-britischen Vertrags möchte ich noch auf zwei Gesichtspunkte aufmerksam machen: einmal, meine Herren, daß das Geltungsgebiet der strafrechtlichen Normen einigermaßen anders begrenzt sein muß als das Geltungsgebiet unseres Strafgesetzbuchs überhaupt. Dieses Geltungsgebiet muß sich natürlich nicht bloß auf Deutschland und die deutschen Küstengewässer, sondern auch auf die deutschen Schiffe als schwimmende Bestandtheile des deutschen Reichs, wie man sich auszudrücken pflegt, auf dem hohen Meere erstrecken; es muß sich erstrecken auch auf fremde Gewässer, in denen solche Sklavenschiffe aufgebracht werden, schlechthin anwendbar sein auf Deutsche und deutsche Fahrzeuge und deren Bemannung — in allen Gewässern. Dabei wird man sich nicht beruhigen können, wie dies die neuesten Gesetze und insbesondere das oldenburgische Gesetz vom 18. Januar 1876 gethan hat, lediglich den Negersklavenhandel zu treffen; ich glaube, wenn eine derartige strafrechtliche Norm geschaffen wird, und sie muß geschaffen werden, wird man auch die Vorgänge an den Küsten Ostasiens nicht ignoriren dürfen, ich glaube, wir brauchen eine Norm, welche den Kulihandel, die Verfrachtung von Chinesen auf deutschen Schiffen treffen würde, es wird dieses in einem und demselben Strafgesetzbuche, in einer und derselben Norm zu erledigen sein. Bisher, meine Herren, haben meines Wissens deutsche Konsuln sich veranlaßt gesehen, von dem ihnen zustehenden Rechte, polizeiliche Vorschriften unter Strafandrohung zu erlassen gegen diesen Handel mit Kulis u. s. w. einzuschreiten. Wenn aber diese Norm durch das Reich geregelt ist in Verbindung mit dem Bedürfniß, von dem ich vorhin behufs Ausführung unseres Vertrages sprach, so wird das selbstverständlich besser sein, als durch Normirung der konsularisch-polizeilichen Vorschriften. Ich stelle es demnach der hohen Reichsregierung anheim, diese drei Wünsche ins Auge zu fassen, die Heranziehung womöglich von den Vereinigten Staaten von Nordamerika und Frankreich, ferner die Bevollmächtigung von deutschen Kriegsschiffen, welche keine Kreuzer sind, und endlich drittens, und das ist mein bringendster Wunsch, die Schaffung eines deutschen Gesetzes, welches die Rechtsverschiedenheiten der sechs bestehenden Strafgesetzgebungen, nämlich der hanseatischen, oldenburgischen, mecklenburgischen und preußischen beseitigt und ein einheitliches Recht an die Stelle setzt, zu gleicher Zeit aber die von mir zuletzt erwähnte Ausdehnung annimmt, und ich zweifle nicht, daß die Erfüllung dieser Wünsche vollständig den Tendenzen der Regierung entsprechen wird.

Präsident: Der Herr Bevollmächtigte zum Bundesrath Staatsminister von Bülow hat das Wort.

Bevollmächtigter zum Bundesrath Staatssekretär des auswärtigen Amts Staatsminister **von Bülow**: Meine Herren, der Herr Vorredner hat in den Worten, die er über die Novation des Vertrages von 1841 gesprochen hat, Wünschen Ausdruck gegeben, die im wesentlichen von der Reichsregierung nicht bloß ins Auge gefaßt sind, sondern die Worte rechtfertigen, mit denen der Herr Vorredner schloß, nämlich daß dieselben der Tendenz der Reichsregierung entsprechen würden. Nur läßt sich in dieser Sache, dereu Schwierigkeiten schon in die Vorgeschichte der Frage und mit dem Anfang der humanen Bestrebungen ihren Ausdruck fanden, bis dieselben von dem Aachener Kongreß vor 60 Jahren den Uebergang zu den einzelnen Staaten fanden, und der Vertrag von 1841 für uns maßgebend und grundlegend geworden ist, nicht unbedingt leicht solchen Wünschen, wie sie in den drei Punkten genannt sind, genügen und Geltung verschaffen, schon weil es leichter ist, das, was überkommen ist und vertragsmäßig schon verbürgt war, festzuhalten, und im Leben geltend zu machen, als in einer viel bestrittenen und schwierigen Materie, die eine Menge von Interessen in sich begreift, unter Umständen verletzt, eine Veränderung zu schaffen. Um über die einzelnen Fragen, die der Herr Vorredner gestellt hat, ein Wort zu sagen, bemerke ich erstlich, daß die Hinzuziehung der französischen und der nordamerikanischen Republik zu den Verträgen gewiß den Wünschen aller derjenigen entsprechen würde, welche an dieser Frage lebhaften Antheil nehmen, um der Sache selbst willen, und weil eine Frage der Art als eminent international gewiß dadurch gewinnt und in der Ausführung erleichtert würde, wenn sämmtliche große Seestaaten gleichmäßig daran theilnehmen würden. Aber eben die Herren, die sich mit der Sache eingehender beschäftigt haben, wissen, wie große Schwierigkeiten diese ganze Materie gegenüber den genannten beiden großen Staaten hervorgerufen hat, und ich gestehe, bei allem Wunsche, den Einfluß des deutschen Reiches in solchen Fragen anerkannt und wachsen zu sehen, glaube ich doch, daß es nicht in unserer Möglichkeit und daher auch nicht in unserer Aufgabe liegt, einem Versuch in diesem Sinne näher zu treten. Es ist dies eine Frage, die wir der Entwicklung der Zeit um so mehr überlassen können und müssen, als die Erfahrung der letzten 30 Jahre, wie der Herr Kommissarius schon gesagt hat, entschieden den Beweis geliefert hat, daß die Wirkung auch eines beschränkten und sich nicht über die ganze Erde, nicht über alle Seestaaten, erstreckenden Vertrages schon eine überaus günstige gewesen ist. Das Verbrechen des Sklavenhandels ist als solches anerkannt und fast unterdrückt; die Wege, wie dieses Anerkenntniß zum Ausdruck gekommen ist, sind verschieden, und uns steht nach der ganzen Stellung, die wir zu der Frage eingenommen haben, wohl zu, die Interessen der Humanität dem Sklavenhandel gegenüber aufrecht zu erhalten und für uns zur Geltung zu bringen, sie nach Kräften hoch zu halten, nicht aber die Schwierigkeiten wieder zu erwecken, die größtentheils praktisch erledigt und beseitigt worden sind.

Was zweitens die Frage angeht, ob auch Kriegsschiffe mit der Ordre und Vollmacht für die bezeichnete Aufgabe ausgerüstet werden sollen, so ist diese Frage vielfach erwogen. Es liegt ja im ganzen sehr nahe, sich zu denken, daß ein Kriegsschiff, welches in jenen Gewässern kreuzt, Uebungsfahrten anstellt, auch nebenbei, neben der Erfüllung seiner Aufgabe, sich die Gelegenheit nicht entrinnen lassen soll, bei fremden Schiffen Untersuchung anzustellen und gelegentlich auf die schnellsegelnden Sklavenschiffe Jagd zu machen; aber hier sind gerade während der Verhandlungen über diese Frage, die von manchen Regierungen und wiederholt auch von uns zur Anregung gebracht und zur Erwägung gestellt worden ist, Schwierigkeiten politischer Art zu Tage getreten, die manchem von den Bedenken, die der erste Herr Redner dem hohen Hause andeutete, sehr nahe angehören. Es ist ein großer Unterschied, ob man Kreuzern, die ganz bestimmt für diese Aufgabe ausgerüstet sind, die in einem bestimmten Gewässer kreuzen, die regelmäßige Vollmacht haben, die, so zu sagen, da amtlich stationirt sind, ob man denen die Vollmacht und Ordre gibt, wie sie von allen betheiligten Staaten den englischen Kreuzern gegeben wird, oder ob man jedem Kriegsschiff, das gelegentlich hinkommt, auch diese Aufgabe zuweist, die doch unter Umständen diejenigen Bedenken rechtfertigen könnte, welche seinerzeit, im Anfange der vierziger Jahre, gerade in Frankreich, zur Ablehnung der Ratifikation führten und gegen dieselben geltend gemacht wurden. Sollte es von anderen Staaten in Anregung gebracht sein, so würde Deutschland nicht diejenige Macht sein, welche die Hauptbedenken erheben würde. Andererseits glaube ich, daß angesichts der guten Wirkungen, welche die bisherige beschränkte Ausstellung von Ordres, und so zu sagen, die offiziellen Kreuzer gehabt haben, die Frage eine praktische Bedeutung nicht hat, und es politisch richtiger ist, derselben nicht näher zu treten.

Was endlich die strafrechtliche Einheit und Konsolidation der verschiedenen Gesetze angeht, wie solche jetzt allerdings in den Seeuferstaaten gegenüber dem Verbrechen des Sklavenhandels existiren, so brauche ich kaum zu versichern, daß die Reichsregierung, indem sie diese Uebereinkunft und diese zum Theil mühsamen Verhandlungen eingeleitet und durch mehrere Jahre weitergeführt hat, eben um die Einheit des Reichs auch in dieser Materie zum vollen Ausdruck zu bringen, um, ich möchte sagen, jenem internationalen Uebelstande endlich ein Ende zu machen, daß, während das ganze Reich für seine sämmtlichen Schiffe nur eine Flagge kennt, wir die verschiedenen Flaggen, die verschiedenen Verträge, die sehr schwer unter einen Hut sich bringen ließen, daß wir diese durch das Reichsrecht, durch den Reichsvertrag ersetzen, — auch diesen Punkt einheitlich zu ordnen gewünscht hat. Indem sie von diesem Bestreben ausging, würde die Reichsregierung gern Ihnen gleichzeitig den Entwurf eines Reichsstrafgesetzes gegenüber dem Sklavenhandel vorgelegt haben. Mancherlei Schwierigkeiten und Bedenken sind dem entgegengetreten, man hat namentlich in dieser Zeit die Opportunität noch nicht gekommen geglaubt. Wir meinen, daß eben da die Anwendung eines Strafgesetzes überhaupt noch nicht nothwendig gewesen ist, es nicht so dringend war, jetzt, wo so viele andere Erwägungen und Gesetzentwürfe u. s. w. dem Reichstag vorliegen, dieser Materie, die auch noch ihre inneren Schwierigkeiten hat, sofort näher zu treten. Ich nehme aber keinen Anstand, mich dahin zu äußern, daß dies vorbehalten bleibt, und es der Reichsregierung nur erwünscht sein wird, gewisse Bedenken, die in dieser Beziehung noch vorwalten, zu erledigen und dem Hause einen Gesetzentwurf der Art vorzulegen, von dem ich meinerseits anerkenne, daß er ein Komplement und eine wünschenswerthe Ergänzung derjenigen Vorlage sein würde, die wir Ihnen heute gemacht haben, auch um einen festen Grund in diese Materie zu bekommen, und, wie es schon in manchen anderen Dingen und Fragen der Fall gewesen ist, Bestimmungen, welche früher im Interesse und, ich darf sagen, zur Ehre Deutschlands stipulirt worden waren, auch formell zur reichsrechtlichen Anerkennung nach außen zu bringen.

Wenn noch die Kulifrage von dem Herrn Vorredner erwähnt worden ist, so erlaube ich mir zu bemerken, daß dieselbe faktisch und praktisch auch mit Hilfe der Reglements, welchen unsere Konsulate den bestehenden zu gelinden Strafbestimmungen gegenüber erlassen haben, jetzt vollständig geregelt ist, dergestalt, daß eine Materie, die mit Rücksicht darauf, daß die deutsche Schifffahrt erfreulicher Weise in der Südsee und in China eine sehr bedeutende ist und sich selbstständig und tüchtig entwickelt hat, uns sehr nahe getreten war, jetzt nicht mehr zu Klagen und Beschwerden Anlaß geben wird. Die Sache ist, soweit sich aus den vorliegenden Berichten ersehen läßt, in den letzten Jahren vollständig erledigt, so daß nicht mehr, wie es seiner Zeit der Fall war, der dem Sklavenhandel so nahe stehende Kulitransport nach der Südsee zu Klagen Anlaß gibt.

Ich hoffe, daß diese Erläuterungen dem hohen Hause genügen werden, um die Annahme einer Vorlage, die in der That einem längst gefühlten Bedürfniß abhilft, seine Genehmigung zu ertheilen.

Präsident: Das Wort wird nicht weiter gewünscht; ich

schließe die erste Berathung, und richte an das Haus die Frage, ob der Vertrag zur weiteren Vorberathung an eine Kommission verwiesen werden soll. Ich ersuche diejenigen Herren, welche also beschließen wollen, sich zu erheben.

(Geschieht.)

Das ist die Minderheit; die Verweisung an eine Kommission ist abgelehnt. Wir treten sofort in die zweite Berathung ein.

Ich eröffne die Spezialdiskussion über Art. 1, — Art. 2, — Art. 3, — über Einleitung und Ueberschrift des Vertrages. — Ueberall wird das Wort nicht genommen; ich schließe die Diskussion. Eine Abstimmung ist nicht verlangt worden, — sie wird auch nicht verlangt, ein Widerspruch ist nicht erhoben; ich erkläre Art. 1, 2, 3, Einleitung und Ueberschrift des Vertrages in zweiter Berathung für genehmigt.

Wir gehen über zum dritten Gegenstand der Tagesordnung:

Bericht der Wahlprüfungskommission über die Wahl im 5. Wahlkreis des Großherzogthums Hessen (Nr. 107 der Drucksachen).

Berichterstatter ist der Herr Abgeordnete von Geß. — Ich ersuche ihn, seinen Platz einzunehmen, und frage ihn, ob er das Wort zur Einleitung verlangt.

(Derselbe verzichtet.)

Ich eröffne die Diskussion über die Anträge der Kommission, Seite 4 des Berichts.

Der Herr Abgeordnete Liebknecht hat das Wort.

Abgeordneter **Liebknecht**: Meine Herren, ich habe jetzt allerdings nicht die Absicht, einen Gegenantrag gegen den Antrag der Kommission zu stellen, ich muß aber doch darauf hinweisen, daß bei der Offenbacher Wahl Unregelmäßigkeiten vorgekommen sind, die meiner Ansicht nach eine genaue Nachforschung sehr nothwendig machen würden. Ich gebe von vornherein den Verfassern des Kommissionsberichts zu, daß der größte Theil der in dem Wahlprotest angeführten Thatsachen nicht hinlänglich festgestellt ist, um an sich, so wie sie vorliegen, einen Grund für die Ungiltigkeitserklärung der Wahl abzugeben. Trotzdem ist eine so große Anzahl von Thatsachen angedeutet, und auch bis zu einem gewissen Grad substantiirt worden, daß es, wenn die Kommission eine Untersuchung angeordnet hätte, sehr leicht möglich gewesen wäre, das nöthige Material zu beschaffen, um zu einem vollkommen positiven Urtheil zu gelangen. Es ist z. B. unzweifelhaft der Fall gewesen, daß Bürgermeister, Gemeindebediener u. s. w. direkt für einen der beiden Kandidaten agitirt haben. Es wird nun in dem Kommissionsberichte freilich gesagt, es sei nicht bewiesen, daß dies in amtlicher Eigenschaft geschehen wäre. Aber, meine Herren, wie kann ich es denn einem Beamten ansehen, ob er eine gewisse Thätigkeit als Beamter ausübt, oder aber sie ausübt in seiner Eigenschaft als Privatindividuum? Es ist das die bekannte Unterscheidung zwischen der amtlichen und Privatthätigkeit, die uns so vielfach bei der Prüfung von Wahlen in Preußen entgegengetreten ist, und die man jetzt auch, wie es scheint, nach Süddeutschland zu importiren begonnen hat.

Es ist bei der vorliegenden Wahl weiter der Fall vorgekommen, daß die Wahlzettel, welche als Sozialdemokraten bekannte Arbeiter in die Wahlurne einlegen wollten, von Personen, welche bei der Wahlhandlung thätig waren, gegen das Licht gehalten und untersucht wurden, um zu sehen, welcher von den beiden Wahlzetteln darin sei. Es wird in dem Kommissionsbericht allerdings erklärt, es sei in dem Wahlprotest nicht angegeben, von wem an der Wahlurne der Versuch gemacht worden sei, Wähler auf diese Weise gewaltsam für die Kandidatur des Herrn Dernburg zu bekehren, aber, meine Herren, die Angabe des Protestes ist in dieser Beziehung doch deutlich genug, es können nur Personen gewesen sein, die entweder direkt an dem Tisch, wo das Komitee zu sitzen hat, waren, oder die unmittelbar unter dessen Augen handelten. Jedenfalls ist dies ein so flagranter Eingriff in das Geheimniß und die Freiheit der Wahlhandlung, daß hier eine Untersuchung dringend geboten gewesen wäre. Im übrigen wiederhole ich, daß die Thatsachen, wie sie im Wahlprotest vorgetragen sind, an sich nicht einen genügenden Grund abgaben, um die Wahl für ungiltig zu erklären; aber das führt mich zu etwas anderem. Ich habe bereits mit Mitgliedern von Parteien, die über größere Mittel verfügen als wir, und namentlich eine Menge juristischer Kräfte unter sich haben, gesprochen, und man mußte mir Recht geben, daß es sehr nothwendig wäre, die Wahlhandlungen juristisch zu überwachen, wie dies in England der Fall ist, das ich indeß sonst nicht in Wahldingen als Muster hinstellen will. In England stehen bekanntlich an der Spitze der Wahlkomitees der verschiedenen Parteien erfahrene Juristen, welche dafür zu sorgen haben, daß keine Ungesetzlichkeiten vorkommen, was freilich in England oft auf das Streben hinausläuft, daß Ungesetzlichkeiten nicht herauskommen, d. h., daß etwaige Ungesetzlichkeiten der eigenen Partei so begangen werden, daß man sie nicht beweisen kann. Jedenfalls aber werden die Wahlhandlungen der Gegenpartei sehr genau kontrolirt und eine Partei überwacht die andere. In Deutschland fehlt eine solche Kontrole und Ueberwachung. Ich habe mir die größte Mühe gegeben, selber hunderte und hunderte von Ungesetzlichkeiten juristisch festzustellen, habe die Zeugen vor mir gehabt, konnte die Thatsachen mit Händen greifen, — aber, meine Herren, zuletzt stieß ich immer auf den Einwand: Ja, es ist so, die und die ungesetzliche Handlung ist vorgenommen worden, aber wir können nicht zeugen; wenn wir in die Oeffentlichkeit hervortreten, werden wir gemaßregelt, sei es von Behörden, sei es von den Arbeitgebern. — Um diesem Mißstand abzuhelfen, würde sich nun etwas anderes empfehlen, was man ebenfalls in England hat; dort haben die Wahlprüfungskommissionen nämlich das Recht, Zeugen vorzuladen und dasjenige, was als ungesetzlich bezeichnet wird, durch Vernehmung von Zeugen und strenge Untersuchung des Thatbestandes festzustellen. Wenn ähnliches in Deutschland geschähe, wenn außerdem der Reichstag den Schild der Unverletzlichkeit über die Zeugen hielte, ihnen die Garantie lieferte, daß sie wegen ihrer Zeugenaussagen nicht gemaßregelt werden würden, dann würden sie in der That wahre, wirksame Wahlprüfungen haben, während bei dem jetzigen Verfahren eine gründliche Wahlprüfung unmöglich ist. Speziell gegen meine Partei, die ja bei der letzten Wahl vollständig außerhalb der Gesetze gestanden, — ich werde Ihnen Beweise dafür gleich vorlegen, — ist man in einer Weise verfahren, daß ich mich anheischig machen wollte, wenn der Reichstag den Zeugen den nöthigen Schutz angedeihen ließe, Beweismaterial zu liefern, auf Grund dessen fast jede Wahl, in der Kandidaten unserer Partei aufgetreten sind, für ungiltig erklärt werden müßte. Aber wie die Dinge jetzt sind, ist der Nachweis unmöglich.

Meine Herren, ich habe eben davon gesprochen, daß bei der letzten Wahl unsere Partei sozusagen als außerhalb des Gesetzes stehend, als vogelfrei betrachtet worden ist. Ich will Ihnen hier schwarz auf weiß an der Hand gewisser Aktenstücke den Beweis liefern.

Man hat von Seiten der liberalen Partei nach der letzten Wahlkampagne darüber geklagt, wie von Landräthen und sonstigen Regierungsorganen in verschiedenen preußischen Provinzen gegen die liberale Partei verfahren worden sei. Nun, meine Herren, das, was in diesem Wahlkreis, dessen Wahl jetzt vor Ihnen verhandelt wird, gegen unsere Partei von Liberalen verübt worden ist, das steht würdig den schlimmsten Beeinflussungen zur Seite, die von ostpreußischen und schlesischen Landräthen gegenüber der liberalen Partei begangen worden sind.

Gegen die hessische Regierung habe ich hier nach meinen Erfahrungen und Wahrnehmungen einen Vorwurf nicht zu machen. Die Beeinflussungen haben stattgefunden von Seiten der Gemeindebeamten, von Seiten der Arbeitgeber und vor allem dadurch, daß man eine abscheuliche „Hatz“ gegen die Sozialdemokratie organisirt hat. Da die Beeinflussungen durch Beamte und Arbeitgeber schon vielfach zur Sprache gekommen sind und überall im wesentlichen den gleichen Charakter haben, so will ich mich wesentlich auf den letzten Punkt beschränken.

Meine Herren, ich weiß sehr wohl, daß der Grundsatz, daß für die Politik die Regeln der gewöhnlichen Privatmoral gelten, längst obsolet geworden ist, aber ich dächte — und gewisse Erfahrungen, die wir selbst hier in diesem Hause gemacht, sollten uns darin bestärken, — ich dächte doch, in der Politik sollten wenigstens die Regeln des gewöhnlichen Anstands gelten; man soll nicht politische Gegner behandeln, als ob sie Verbrecher wären, nicht — wie das gegen mich geschehen ist, — einen Kandidaten, der schon in früheren Wahlgängen beinahe die Hälfte der Stimmen des Wahlkreises erlangt hat, geradezu mit dem Interdikt belegen, ihn hinstellen als einen Menschen, der nicht würdig ist, Feuer, Wasser oder Brod von seinen Mitmenschen zu empfangen. Und das hat man in Offenbach gethan. Hier habe ich eine Reihe von Flugblättern, welche speziell gegen mich erlassen worden sind. Ich werde in dem ersten derselben zunächst hingestellt als der „Verherrlicher der Pariser Kommune mit ihren Mordbrennereien und Schlächtereien“, als „ein Wilhelm Liebknecht, der traurige Mann, welcher die Worte „Gott, Vaterland, Bürgerthum“ nur noch in den Mund nimmt, um sie mit dem Geifer des giftigsten Hohns zu besudeln.“

Es heißt da weiter, wir Sozialdemokraten „wollten aus unserem Volk ein Volk von Idioten und Blödsinnigen machen.“ Es werden aus sozialdemokratischen Blättern und Schriften, um die öffentliche Meinung gegen mich einzunehmen und aufzustacheln, gewisse Kraftphrasen aus dem Zusammenhang herausgerissen, aus denen erhellen soll, daß ich „der Prediger des Umsturzes, der Revolution, des Königsmordes“ bin; ich soll namentlich die Erschießung der Geißeln in Paris gutgeheißen und gepriesen haben. Es ist ein Flugblatt erlassen worden, welches sich direkt an die katholischen Wähler richtet, darin heißt es:

> Kann ein Mann, der noch Religion hat, einen Sozialdemokraten in den Reichstag wählen? Nein. Warum kann er es nicht? Weil die Sozialdemokraten und ganz besonders ihr Kandidat in unserem Wahlkreis, Herr Wilhelm Liebknecht, die geschworenen Todfeinde aller und jeder Religion sind.

Und nun geht es weiter mit einer Fluth von Beschimpfungen! Und als Beweise figuriren abgerissene, aus dem Zusammenhang gerissene Stellen aus alten und neuen Zeitungen, Flugschriften und so weiter, die zum allergrößten Theil mich absolut nichts angehen, — weder direkt noch indirekt. Und schließlich kommt man dazu, den großen Trumpf auszuspielen: es gilt den Fang katholischer Wähler und da soll ich denn als ein Ungeheuer hingestellt werden, das selbst seine Mitschuld, seine moralische Mitschuld an dem Geißelmord, an der Erschießung des Erzbischofs von Paris bekannt hat. Anknüpfend an das Wort eines von mir redigirten Blattes, daß wir uns solidarisch halten mit der pariser Kommune, wird nun gerade so, als ob ich es geschrieben hätte, die Erschießung der Geißeln in Paris, die beiläufig stattfand, als die Kommune nicht mehr existirte, mit den gräulichsten Details dargestellt und gepriesen, und am Schlusse heißt es dann in dem Flugblatt: und der Mann, der diese Gräuel verherrlicht, ist der Kandidat, welchen die Sozialdemokratie euch präsentirt. Jeder Wähler muß natürlich denken, daß ich es sei, der das in dem Flugblatt stehende geschrieben habe, und jeden katholischen Wähler namentlich muß eine Gänsehaut überlaufen, so daß er in seiner Angst tausendmal lieber dem nationalliberalen Kandidaten seine Stimme gibt, als diesem Mörder, wenigstens moralischem Mitschuldigen an dem Morde eines katholischen Erzbischofs. Vor Gericht habe ich bereits diese elende Fälschung in einem Prozeß nachgewiesen, der vor der letzten Wahl spielte — denn dieses selbige Flugblatt hat schon bei zwei Wahlen figurirt — trotzdem, obgleich es vor Gericht bereits gebrandmarkt worden war, mußte es auch bei der letzten Wahl gegen uns und speziell gegen mich aufmarschiren.

Ich habe hier ein anderes Flugblatt. In demselben werde ich genannt: „der Anführer der verrotteten Partei, welche die Meuchelmörder gegen unseren Kaiser, den ehrwürdigen achtzigjährigen Greis, großgezogen“.

Und in einem ferneren Flugblatte, welches sich an das eben erwähnte anschließt, welches ich jedoch leider nicht mehr habe erlangen können, weil das einzige vorhandene Exemplar bei den Akten in einem Prozesse liegt, wird aus einer Rede von mir ohne Angabe des Datums, eine Stelle ausgezogen, die wörtlich lautet:

> Hier in Berlin ist der Hauptfeind, in Berlin muß die Hauptschlacht geschlagen werden.

Und dazu wird erläuternd bemerkt — hier zitire ich allerdings nicht wörtlich, aber sinngetreu —:

> Der Hauptfeind, das ist der Kaiser, und die Schüsse bei den Attentaten sind geladen, die Hand derer, welche die Schüsse abfeuerten, ist geführt worden von dem Mann, der diese Worte gesprochen hat.

Und woher stammt der Auszug, an den diese Denunziation sich knüpfte? Aus einer Rede, die im Jahre 1869 hier in Berlin unter den Augen der Polizei von mir gehalten wurde; und der Feind, von dem es heißt, daß er hier in Berlin seinen Hauptsitz habe, dieser Todtfeind der deutschen Einheit und Freiheit, das ist die Reaktion in Preußen, das Blut- und Eisensystem, der preußische Partikularismus. — Niemand dachte damals an ein deutsches Kaiserthum. Nach 10 Jahren durch die Verdrehung und den Mißbrauch jenes Ausspruchs mich zum moralischen Urheber der Attentate zu machen, — meine Herren, das war infam. Welche Kampfweise! Und welche Sprache! Man redet so häufig von der maßlosen Sprache, die seitens unserer Presse, seitens unserer Redner geübt worden sein soll, — aber haben wir je so gesprochen und geschrieben? Hören Sie nur weiter: Ich habe hier ein anderes Flugblatt, welches sich ebenfalls gegen mich persönlich richtet: „Die Sozialdemokratie ohne Schleier und Maske im Spiegel ihrer eigenen Presse.“ Da heißt es — ich will bloß eine kleine Auslese hier geben:

> Es ist unmöglich, die Frechheit und Schamlosigkeit weiter zu treiben

— (als wie durch einen bestimmten Ausdruck, den ich gebraucht haben soll), —

> der nichtswürdige „Volksstaat“,

(den ich redigirt habe) —

> der „Neue Sozialdemokrat“ schreibe mit einer Schamlosigkeit ohnegleichen“, ich „spiele ein frevelhaftes Spiel“, ich „erlasse wuthschnaubende Ergüsse in dem bekannten nicht fuselfreien Rinaldo-Rinaldini-Stil,“

(Heiterkeit)

> wir — die Sozialdemokratie — seien „Brandstifter, falsche Propheten und Volksverführer u. s. w.“.

Ich dächte, meine Herren, mit dieser Probe wäre es genug, und ich glaube in Ihrem Sinne zu sprechen, wenn ich dem Gedanken Ausdruck verleihe, daß es für unser politisches Leben nicht förderlich ist, wenn in dieser Weise in dem Parteikampfe der Anstand bei Seite gesetzt wird.

Ich habe das Wort — einen Antrag, wie gesagt, stelle ich nicht — ich habe das Wort hauptsächlich ergriffen, gerade um diese pöbelhaften Angriffe, um diese traurige Manier des politischen Kampfes hier zu brandmarken.

Präsident: Der Herr Abgeordnete Dernburg hat das Wort.

Abgeordneter **Dernburg**: Meine Herren, Sie werden nicht erwarten, daß ich auf die Schmerzensschreie, die der Herr Vorredner geäußert über die Verleumdungen, denen er in dem Wahlflugblatt ausgesetzt gewesen ist, eingehe. Es hat das mit dieser Wahl und mit den Einwendungen, die dieselbe gefunden hat, auch nicht den geringsten Zusammenhang, denn darüber, ob ein Wahlkampf mit größerer oder geringerer Heftigkeit in diesem Bezirk geführt worden ist, darüber ist ja überhaupt nicht der Streit, und ich kann dem Herrn Vorredner erklären, daß ich persönliche Angriffe, die auf ihn gemacht worden sind, in keiner Weise unterstützt habe und auch in keiner Weise billige. Ob von der anderen Seite, von der Seite, die er vertritt, in diesem Wahlbezirk und in anderen Fällen mit der Schonung, mit der Zartheit aufgetreten worden ist, die ich mit Vergnügen heute aus seinen Worten habe heraustönen hören, das weiß ich nicht, daß überlasse ich Ihrem Urtheil. Der Herr Vorredner hat einen Gegenantrag nicht gestellt, es ist also die Diskussion ziemlich leer. Auf die gesetzlichen Vorschläge, mit denen er eine größere Sicherung der Wahl herbeiführen will, kann ich nicht eingehen, weil es mir nicht gelungen ist, den Sinn derselben ganz genau zu fixiren; ich habe nur einen Punkt eigentlich, weswegen ich mich zum Wort gemeldet habe, und das ist dasjenige, was von der Einwirkung der Bürgermeister und Gemeindebeamten gesagt worden ist. Meine Herren, die Bürgermeister, um die es sich hier spielt, sind keine Regierungsbeamten, sie sind durch das allgemeine und direkte Wahlrecht gewählte Vertrauensbeamte der Gemeinden, und wenn Sie sie von den Wahlen ausschließen wollten, so würde gerade das demokratische Prinzip, was ja auch von dem Herrn Vorredner vertreten wird, am allermeisten geschädigt werden. Ich kann aber auch dem Herrn Vorredner versichern, daß gerade so, wie nationalliberale Bürgermeister sich für meine Wahl interessirt haben, zentrale Bürgermeister für die Wahl eines Mitgliedes des Zentrums, so auch sozialdemokratische Bürgermeister sich für Herrn Liebknecht interessirt haben und daß sich das wohl gegenseitig ausgleicht. Ich glaube deshalb, daß der Herr Vorredner durchaus Unrecht hat, wenn er von einer Wahlbeeinflussung spricht, wie sie in Preußen in der schlimmsten Konfliktszeit, oder wie er sonst sagte, vorgekommen seien; davon ist nicht im geringsten die Rede, die Wahl ist wohl nicht mit größerer Aufregung zu Stande gekommen als in jedem anderen Wahlbezirk unseres Vaterlandes.

Präsident: Der Herr Abgeordnete Liebknecht hat das Wort.

Abgeordneter **Liebknecht**: Ich möchte doch dem Herrn Abgeordneten Dernburg bemerken, daß ich Grund habe, nicht so ganz zu glauben, daß er mich persönlich nicht angegriffen habe. Wenn das Flugblatt, das ich hier in der Hand habe, mit seiner Erlaubniß erschienen ist und die Wahrheit enthält, dann hat er mich allerdings persönlich angegriffen und zwar sehr heftig. Es ist eine Extrabeilage zu Nr. 152 der Offenbacher Zeitung, betitelt: „Rede des Herrn Friedrich Dernburg in der Versammlung freisinniger und reichstreuer Wähler zu Offenbach a. M. am 24. Juni 1878". Ich will aber auf dieses Gebiet nicht näher eingehen. Ich habe Herrn Dernburg, was (zu Herrn Dernburg gewandt) Sie mir zugeben werden, vorhin vollständig aus dem Spiel gelassen, ich wollte Ihnen persönlich durchaus nicht den Vorwurf machen, daß Sie mir gegenüber den Anstand verletzt haben, aber Ihr Komitee hat es gethan. Was die gegnerischen Zeitungen gebracht haben, habe ich ebenfalls absichtlich nicht angeführt. In der Presse wurde allerdings der Wahlkampf auf beiden Seiten heftig geführt. Ich habe jedoch gethan, was in meinen Kräften stand, um auch in dem Organ meiner Partei den Kampf nicht persönlich werden zu lassen. Ich habe zwei Mal von Leipzig aus in diesem Sinne geschrieben. Aber eins hat der Kandidat unter allen Umständen in der Gewalt, das ist, daß die Flugblätter seines Wahlkomitees so erscheinen, daß er sie zu jeder Zeit vertreten kann. Die Wahlflugblätter, die im Offenbacher Kreis für mich erschienen sind, enthalten auch nicht den geringsten Angriff gegen die Person des Herrn Dernburg; ein Wahlflugblatt, welches solche Angriffe enthielt, ist von mir abgeändert, respektive der betreffende Passus herausgenommen worden. Das, meine Herren, hatte ich hier zu erwähnen.

(Abgeordneter Dernburg erhebt sich und beginnt zu sprechen.)

Präsident: Ich habe noch nicht das Wort ertheilt.

Ich nehme an, daß der Herr Abgeordnete Dernburg, der sich im Augenblick wieder setzt, nicht mehr das Wort nimmt.

(Abgeordneter Dernburg verzichtet.)

Dann schließe ich die Diskussion und ertheile dem Herrn Berichterstatter das Wort.

Berichterstatter Abgeordneter **von Geß**: Meine Herren, der Herr Abgeordnete Liebknecht hat einen Antrag nicht gestellt, ich hätte daher an sich keinen Anlaß, ihm zu erwidern. Ich will aber doch wenige Worte sprechen. Herr Liebknecht hat der Kommission den Vorwurf gemacht, sie hätte unterlassen, Nachforschungen zu beantragen über einzelne Punkte, welche in dem Protest hervorgehoben worden sind; er hat insbesondere ausgeführt, es sei in dem Protest gerügt, daß an der Wahlurne Stimmzettel gegen das Licht gehalten worden seien, allein die Wahlprüfungskommission hat wohl mit vollem Recht angenommen: es fehle hier an einer genügenden thatsächlichen Begründung, denn es ist nicht gesagt, von wem solche Stimmzettel gegen das Licht gehalten seien, und auch nicht, zu welchem Zweck es geschehen sei. An sich ist es nicht unberechtigt, einen Wahlzettel genauer zu besichtigen, es gibt sogar Fälle, wo der Wahlvorsteher dazu verpflichtet ist; er ist ja verpflichtet, zu verhüten, daß Stimmzettel mit äußerlichen Kennzeichen abgegeben werden, und ist ferner verpflichtet, dafür zu sorgen, daß nicht mehrere Wahlzettel von einer und derselben Person abgegeben werden. Es ist also an sich keine unerlaubte Handlung, wenn ein solcher Stimmzettel an das Licht gehalten wird; daß aber ein rechtswidriger Zweck dabei verfolgt worden, ist in dem Protest überall gar nicht behauptet. Mit Recht wurde also von der Kommission angenommen, es fehle an einer genügenden sachlichen Begründung. Uebrigens würde, meine Herren, die Thatsache an sich materiell keinen Einfluß ausüben auf die Giltigkeit der Wahl, denn der Herr Abgeordnete Dernburg würde dennoch die Majorität der Stimmen erhalten haben, wenn man auch die betreffende Stimme abrechnet oder sogar die ganze Wahl in der betreffenden Ortschaft für ungiltig erklären würde.

Der Herr Abgeordnete Liebknecht hat sodann de lege ferenda gesprochen, er hat eine Aenderung des Wahlgesetzes gewünscht; meine Herren, ich erwidere hierauf nicht, denn wir haben heut hierüber nicht zu beschließen. Ebenso habe ich über die allgemeinen politischen Auslassungen des Herrn Liebknecht und insbesondere über seine Bemerkungen, über die Vorgänge bei seiner Wahl wenig zu sagen. Es hat mich gefreut, daß er seinen Abscheu ausgesprochen hat gegen unberechtigte Agitationen, insbesondere Wahlagitationen, und gegen die Verletzung des Anstandes. Diese Vorgänge sind übrigens in dem Protest nicht hervorgehoben worden, es sind nova, die Kommission konnte also diese Vorgänge nicht prüfen. Die Kommission hat auf Grund der Akten objektiv, unbefangen und, wie ich glaube, gerecht erkannt, sie hat nach meiner Ueberzeugung ihre Pflicht gethan.

Präsident: Zur persönlichen Bemerkung nur in Bezug auf die Rede des Herrn Berichterstatters ertheile ich das Wort dem Herrn Abgeordneten Liebknecht.

Abgeordneter **Liebknecht**: Ich will bloß bemerken, daß es mir nicht eingefallen ist, gegen die Kommission einen derartigen Vorwurf zu erheben; ich habe im Gegentheil ausdrücklich erklärt, daß die Kommission auf Grund des Wortlauts des Wahlprotestes nicht zu einem anderen Resultat hat kommen können als dem, zu welchem sie gekommen ist, und gerade darauf hin habe ich die Andeutung gemacht, daß mir unser Verfahren der Wahlprüfungen nicht so viel Garantien einer wirklichen Wahlprüfung zu bieten scheint als das englische.

Präsident: Meine Herren, wir kommen zur Abstimmung.

Ich muß in der Abstimmung die beiden Anträge Nr. 1 und 2 von einander trennen und zuerst abstimmen lassen über die Giltigkeit der Wahl und sodann über den zweiten Antrag.

Ich ersuche diejenigen Herren, welche die Wahl des Abgeordneten Dernburg im 5. Wahlkreis des Großherzogthums Hessen nach dem Antrag der Wahlprüfungskommission für giltig erklären wollen, sich zu erheben.

(Geschieht.)

Das ist die große Mehrheit; die Wahl ist für giltig erklärt.

Die Verlesung des Antrages sub 2 wird mir wohl erlassen.

(Zustimmung.)

Das Haus stimmt dem zu.

Ich ersuche diejenigen Herren, welche die Nr. 2 des Antrages der Wahlprüfungskommission annehmen wollen, sich zu erheben.

(Geschieht.)

Das ist die Mehrheit; auch dieser Antrag ist angenommen und damit die Nr. 3 der Tagesordnung erledigt.

Wir gehen über zu Nr. 4 der Tagesordnung:

Bericht der Wahlprüfungskommission, betreffend die Reichstagswahl im 4. Wahlkreis des Regierungsbezirks Marienwerder (Nr. 158 der Drucksachen).

Berichterstatter ist der Herr Abgeordnete von Schöning. Ich ersuche denselben, seinen Platz einzunehmen.

Ich frage, ob der Herr Berichterstatter zur Einleitung das Wort wünscht. — Das ist nicht der Fall.

Ich eröffne die Diskussion und ertheile das Wort dem Herrn Abgeordneten von Czarlinski.

Abgeordneter **von Czarlinski**: Meine Herren, nur Heiserkeit führt mich auf diese Tribüne, keineswegs die Absicht, eine lange Rede zu halten, da ich ja dem Kommissionsantrag unbedingt zustimme. Deshalb will ich auch nur auf wenige Augenblicke Ihre Aufmerksamkeit in Anspruch nehmen, um zunächst von dieser Stelle aus einen Vorwurf zurückzuweisen, welcher den polnischen Guts- und Gemeindevorstehern gemacht und durch den Protest zur Kenntniß des Reichstags gelangt ist. Alsdann habe ich auch Thatsachen anzuführen, durch welche der zweite Theil des Kommissionsantrags gewissermaßen seine Erledigung findet, die zugleich aber auch den betreffenden Regierungsorganen zeigen, wo hauptsächlich Abhilfe zu schaffen ist.

Was den ersten Punkt betrifft, so glaube ich, daß mir der Herr Präsident gestatten wird, einige Sätze aus dem Protest vorzulesen. Es heißt da an einer Stelle:

> Die Erscheinung, daß die polnischen Guts- und Ortsvorsteher in die Wahllisten Personen aufnehmen, die kein Recht zur Abstimmung haben, ist leider keine vereinzelte.

Nun wird ein auf die Reichstagswahl vom 24. August 1875 bezüglicher Fall erzählt, welcher zum Rechtswege führte und dadurch seinen Abschluß fand, daß der betreffende Angeklagte von dem Kreisgericht in Thorn freigesprochen wurde. Augenscheinlich unzufrieden mit diesem Verlauf der Sache, aber treu ihrem stat pro ratione voluntas fahren die Protesterheber fort und sagen:

> Seitdem daß dieses gerichtliche Erkenntniß ergangen ist, haben die polnischen Guts- und Gemeindevorsteher vollends alle Sorgfalt auf die Anfertigung der Wahllisten fallen gelassen. Ein jeder, von dem man sicher ist, daß er für den polnischen Kandidaten stimmen werde, wird in die Wahllisten aufgenommen, gleichviel ob er das vorschriftsmäßige Alter hat, ob er Angehöriger des deutschen Reichs ist, ob er der Gemeinde angehört oder ob er sich im Besitz der bürgerlichen Ehrenrechte befindet.

Und am Schluß der Bitte um Ergänzung des § 108 des Strafgesetzbuchs, dahin gehend, daß die Guts- und Ortsvorsteher für die Richtigkeit der Wählerlisten strafrechtlich verantwortlich bleiben, meinen die Herren:

> Nur durch eine Bestimmung nach dieser Richtung hin wird dem Wahlbetruge, wie wir ihn oben geschildert, Einhalt gethan werden können.

Unterzeichnet ist dieses Meisterstück:

> E. Lambeck, Stadtrath und Mitglied des Herrenhauses. **Kittler**, Stadtbaurath. **M. Schwerin**, Kaufmann. **Bley**, Redakteur.

Meine Herren, ich protestire im Namen der angegriffenen Guts- und Gemeindevorsteher auf das entschiedenste gegen diese beleidigenden Anschuldigungen und ich gestehe offen, daß ich meinen Augen nicht zu trauen glaubte, als ich diese Unterschriften sah; ich vermuthe, die Herren haben etwas unterzeichnet, ohne es gelesen zu haben; denn sollte das verehrte Mitglied des Herrenhauses nicht wissen, daß Beschwerden behufs Anfechtung von Wahlen gehörig substantiirt sein müssen, oder hält er es für eine Begründung, wenn er sagt:

> Wenn nun angenommen wird, daß in etwa 66 Wahlbezirken die Wahllisten von der polnischen Nationalität angehörigen Guts- und Gemeindevorstehern angefertigt worden sind und wenn die bei den 38 Wahlbezirken nur so nebenher ermittelten Zahlen unberechtigter Wähler für die 66 Wahlbezirke als Verhältnißzahl zu Grunde gelegt wird, so ergibt sich mit Nothwendigkeit, daß wenigstens 300 Stimmen für den polnischen Kandidaten zur Ungebühr abgegeben und ihm als giltig angerechnet worden sind.

Ueber das Tendenziöse dieser Berechnung sowie der ganzen Darstellung möchte ich kein Wort verlieren, aber ich frage doch, ob die Herren sich nicht so viel Zeit hätten lassen können, sich den Sachverhalt genauer anzusehen und sich über die Nationalität der angegriffenen Guts- und Gemeindevorsteher besser zu orientiren und genauer zu erkundigen; sie hätten sich doch wenigstens selbst fragen können, zu welcher Nationalität sie gehören, da sie sich selbst in Mitleidenschaft gezogen haben. Zwei von ihnen sind Stadträthe und Magistratsmitglieder in Thorn; und nach dem Protest sollen selbst dort 15 nicht Wahlberechtigte an der Wahl theilgenommen haben. Haben diese Herren das nicht verhindern können, oder sind die Magistratsmitglieder über Nacht Polen geworden? — In Lindenhoff soll die Hälfte der Wähler, wie der Protest behauptet, zur Ungebühr an der Abstimmung theilgenommen haben. Besitzer und Gutsvorsteher sind dort Deutsche.

Dasselbe trifft zu in Ostaszewo, wo 19 Personen angeblich mit Unrecht in die Wahllisten aufgenommen sind. Ein gleiches findet statt im Wahlbezirk Przeczno und Kunzendorf, woselbst ein Wirthschaftsinspektor in die Wählerliste eingetragen ist, von dem man doch schließlich hätte erfahren können, wie alt er, oder ob er ein Reichsangehöriger ist.

Gleichfalls in Scharnese in Althausen und in Klammer sind die Wählerlisten angeblich nicht richtig angefertigt worden, und die sind doch auch von Deutschen dort vollführt, sie heißen Finger, Fiedler und Bethke.

Meine Herren, ich führe das nur an, um zu zeigen, wie ungerecht der Vorwurf ist, den man den polnischen Guts- und Gemeindevorstehern macht. Die Herren hätten bedenken sollen, wohin eine von Gehässigkeit getragene Hypothese führt. Könnte ich nicht den Spieß umkehren und mit Rücksicht darauf, daß die hier angegriffenen Wähler schon früher ungetadelt an Wahlen theilgenommen haben, aus denen ein deutscher Abgeordneter hervorgegangen ist? Könnte ich da nicht fragen, ob auf der anderen Seite, nicht mit Absicht Unberechtigte in die Wählerlisten eingetragen worden, um gegebenen Falls, daß ein Pole Sieger bleibt, die Wahl zu vernichten? Es spräche für mich ein Präzedenzfall aus dem Jahre 1874, der auch, wie ich glaube, hier zur Verhandlung gekommen ist. Ein Ortsvorsteher des 6. Marienwerder Wahlkreises schrieb damals an das königliche Landrathsamt zu Konitz:

> In Erwiderung Ihres heutigen Schreibens theile ich Ihnen ergebenst mit, daß die Wahllisten für den Reichstag von Zuckau und Bobors nicht ausgelegen haben, und bescheinige ich das hierdurch an Eides Statt. Einer weiteren Verfügung entgegensehend, bemerke zugleich, daß ich die Listen aus dem Grunde nicht ausgelegt habe, um nöthigen Falles die Wahl für ungiltig erklären lassen zu können.

Ich gehe nun über zur Richtigstellung einiger Thatsachen, aus denen sich ergeben wird, daß die polnischen Guts- und Gemeindevorsteher, wie es ihre Pflicht ist, mit möglichst größter Sorgfalt die Wahllisten anfertigen, und woraus sich ferner ergeben wird, daß dem Abgeordneten von Sczaniecki bedeutend mehr Stimmenmehrheit verbleibt.

Zunächst hebe ich hervor, daß nach den Wahlakten wenigstens 18 von den im Protest angegebenen Stimmen gar nicht abgegeben wurden; es findet sich bei diesen Namen kein Abstimmungsvermerk, und weil die Differenz zwischen der vermerkten Stimmabgabe und den Stimmzetteln bei der Wahlermittelung schon ausgeglichen ist, hätten die Herren Protesterheber dem Abgeordneten von Sczaniecki die Stimmen nicht abziehen sollen, die er gar nicht erhalten hat.

Es fragt sich nun aber, wie ist das überhaupt möglich, daß so etwas in einem Protest Platz finden kann. Das erklärt sich, meine Herren, dadurch, daß Gendarmen im Kreise herumgeritten sind, und Einzelne gefragt haben: woher bist Du? wo bist Du geboren? und als sie dann erfuhren, aus Polen, haben sie gefragt: hast Du gestimmt? Die Armen, nicht wissend, wohin das hinausläuft, sagten lieber Ja als Nein.

Dann ist die Stimme von Karbolinski's bemängelt, weil, wie es da heißt, er am 15. Juli 1853 geboren ist und nicht in die am 9. Juli 1878 abzuschließende Wahlliste aufgenommen werden dürfte. Dem ist entgegenzustellen Fritz Bley, Mitunterzeichner des Protestes, welcher erst am Vortage der Abstimmung 25 Jahre geworden ist und mitgestimmt hat. Ich glaube, meine Herren, daß über die Frage, ob jemand, der erst zwischen der Aufstellung der Liste und der Abstimmung 25 Jahre alt wird, in die Liste einzutragen ist, diskutirt werden kann, aber, falls er sich einmal in der Liste befindet, unterliegt es keinem Zweifel, meine ich, daß, wenn er bei der Abstimmung die 25 Jahre vollendet hat, er auch berechtigt war, mitzuwählen.

Alsdann habe ich zum Beweise der Wahlberechtigung einen Theil von Naturalisationsurkunden und Taufscheinen, welche ich nur so in meiner unmittelbaren Umgegend und aus mir zugänglichen Quellen sammeln konnte, was ja zu konstatiren ist, und die ich mir erlaube zur Einsicht auszulegen. Ich zweifle nicht, daß, wenn ich so nebenher, d. h. durch Gendarmen, wie jene Herren es zu thun vermochten, Ermittelungen anstellen könnte, die Zahl der giltigen Stimmen um ein nicht Geringes sich vermehren würde, aber namentlich mehr Stimmen würde unser Kandidat schon bei der Wahl erhalten haben, wenn nicht ein Polizeikommissar auf einer Rundreise sich mit dem Durchstreichen vieler Wähler beschäftigt hätte. Ich bringe dies hier zur Kenntnißnahme, weil die Frage hier zu erledigen ist, weil es sich um die Deutung eines Paragraphen des Wahlreglements handelt, und das geschah in einer Zeit, als die Wählerlisten nicht mehr zur Einsicht auslagen. Ich halte dies Verfahren für durchaus ungesetzlich und kann die Rechtfertigung, welche sich verlauten ließ, nicht akzeptiren. Man hatte sich dadurch zu entschuldigen gesucht, daß man sagte, indem man auf § 3 des Wahlreglements Bezug nahm, es seien Anzeigen an das Landrathsamt gelangt, nach welchen viele Wähler als nichtwahlberechtigt in die Wählerliste eingetragen seien. Wer das Wahlreglement kennt, wird zugestehen, daß die Anfechtung einer Wahlliste binnen acht Tagen der Auslegefrist geschehen muß. Sonst wäre es nicht möglich, sich zu überzeugen, ob man in der Wählerliste verblieben ist. Die Entscheidung darüber kann später erfolgen, aber die Anfechtung der Wahlliste muß in den ersten acht Tagen geschehen, und zwar beim Gemeindevorstand, also in einer Weise, daß die Angefochtenen im Stande sind, sich zu vertheidigen und ihr Wahlrecht zu schützen.

Dann muß ich noch Erwähnung thun der mangelhaften Anfertigung der Wählerlisten, besonders in den Städten, indem sehr viele der angesehensten Bürger nicht eingetragen werden, und das scheint auch eine Eigenthümlichkeit der polnischen Nationalität zu sein, daß gerade die ihr Angehörigen übergangen werden. In einer Stadt von 3 bis 4000 Einwohnern ist es nicht selten, daß gegen 100 polnische Bürger nicht eingezeichnet werden; das verursacht gerechte Klagen, weil man sich immer darauf beziehen kann, daß, wenn es sich um Abgaben handelt, niemand übergangen wird. Ich schließe nunmehr, meine Herren, mit dem Wunsche, Anregung gegeben zu haben zur Abhilfe auch nach dieser Richtung hin.

Vizepräsident Dr. **Lucius**: Es wünscht niemand mehr das Wort; ich schließe die Diskussion und frage, ob der Herr Berichterstatter das Wort wünscht. — Der Herr Berichterstatter hat das Wort.

Berichterstatter Abgeordneter **von Schöning**: Der Herr Abgeordnete von Czarlinski hat verschiedene Punkte in Bezug auf die Wahl des Herrn von Sczaniecki zur Sprache gebracht, und zwar einmal solche, die der Wahlprüfungskommission überhaupt nicht bekannt geworden sind, da davon nichts in dem Proteste gestanden hat. Selbstverständlich konnten wir auch mit solchen Punkten uns nicht beschäftigen. Dann ist von ihm zur Sprache gebracht worden, daß in dem Protest, der an den Reichstag gerichtet worden ist, Vorgänge erörtert worden sind in Bezug auf ein früheres Wahlverfahren.

Meine Herren, die Kommission hat die Angaben, die in dem Protest in Bezug auf die frühere Wahl enthalten waren, zum Gegenstand weiterer Erörterungen nicht gemacht, weil sie annahm, daß sie auf die jetzige Wahl keinen Einfluß haben. Thatsächlich wichtig erachtete die Kommission, daß mit dem Protest zwei Verzeichnisse von 163 Personen eingereicht sind und daß bei jeder einzelnen Person bemerkt ist, weshalb sie nicht wahlberechtigt ist. Es ist beispielsweise angegeben:

„den 25. August 1853 geboren," „den 8. Mai 1854 geboren"; sodann: „ist polnischer Ueberläufer," „ist polnischer Ueberläufer", „ist in dem Orte gänzlich unbekannt" u. s. w. Bei jeder der in den Verzeichnissen aufgeführten 163 Personen sind Ausstellungen gemacht worden, warum die Leute nicht wahlberechtigt sein sollen. Der Kommission war also vollständiges Beweismaterial vorgelegt, und es handelte sich nur darum: haben die 163 Personen, wenn sie wirklich nicht wahlberechtigt waren, worüber ja Beweise zu erheben sein würden, einen Einfluß auf den Ausfall der Wahl geübt? Das war rechnungsmäßig nicht der Fall. Die Kommission konnte darum nur beantragen, wie geschehen, die Wahl für giltig zu erklären.

Sie hat ferner, weil unter Beweis gestellt war, daß eine große Zahl von Personen, 163, an der Wahl theilgenommen haben sollen, die nicht wahlberechtigt sind, dafür gehalten, Ihnen zu empfehlen, dem Herrn Reichskanzler von diesen Vorgängen Mittheilung zu machen und denselben zu ersuchen, dahin zu wirken, daß dies für die Folge vermieden wird. Ich kann Ihnen nur diesen Antrag zur Annahme empfehlen.

Vizepräsident Dr. **Lucius**: Wir kommen zur Abstimmung. Die Kommission beantragt erstens:

> die Wahl des Rittergutsbesitzer von Sczaniecki im 4. Marienwerderschen Wahlkreis für giltig zu erklären.

Ich bitte diejenigen Herren, welche diesem Antrag der Kommission beitreten wollen, sich zu erheben.

(Geschieht.)

Das ist die Mehrheit; der Kommissionsantrag ist angenommen.

Ich bitte nunmehr diejenigen Herren, die dem zweiten Antrag der Kommission:

> dem Herrn Reichskanzler mitzutheilen, daß im 4. Marienwerder Wahlkreise eine größere Zahl nicht wahlberechtigter Personen an der Wahl theilgenommen haben soll, und denselben zu ersuchen, zur Vermeidung derartiger Vorgänge das Weitere zu veranlassen, —

zustimmen wollen, sich zu erheben.

(Geschieht.)

Das ist die Mehrheit; auch dieser Antrag ist angenommen.

Wir gehen über zum fünften Gegenstand der Tagesordnung:

> **mündlicher Bericht der 3. Abtheilung, betreffend die Wahl des Abgeordneten Mosle im Wahlkreis der Freien Stadt Bremen** (Nr. 161 I der Drucksachen).

Ich eröffne die Diskussion.

Berichterstatter ist der Herr Abgeordnete Freiherr von Fürth. Ich frage, ob der Herr Berichterstatter das Wort begehrt.

Ich ertheile das Wort dem Herrn Berichterstatter Abgeordneten Freiherrn von Fürth.

Berichterstatter Abgeordneter Freiherr **von Fürth**: Meine Herren, die Beschwerdeschrift, über welche ich Ihnen zu berichten habe, ist eingereicht von zwei Einwohnern des Wahlkreises Bremen, die sich als Mandatare des Wahlkomitees der sozialistischen Arbeiterpartei bezeichnen. Sie beschweren sich über Gesetzwidrigkeiten, die ihrer Angabe nach bei der letzten Wahl in Bremen vorgekommen sein sollen. Die Beschwerdeschrift ist erst eingekommen, nachdem die Wahl des Abgeordneten für Bremen, unseres verehrten Kollegen Mosle, bereits vom Reichstag für giltig erklärt war, und es ist auch nicht die Absicht der Beschwerdeführer, diese Wahl, die, wie Ihnen früher vorgetragen worden, mit einer Majorität von 14 200 gegen 6 300 Stimmen stattgefunden hat, als ungiltig anzufechten; sie verlangen nur, daß über ihre Angaben eine Untersuchung stattfinde, und daß, falls dasjenige, was sie vortragen, als begründet befunden werde, die nöthigen Rektifikationen veranlaßt würden, um derartige Ungesetzlichkeiten, wie die von ihnen angeführten, für die Zukunft zu verhüten.

Es sind zwei Beschwerdepunkte, die von ihnen vorgetragen werden. Sie führen zuerst an, daß in Bremen eine so große Anzahl junger Leute, die am Wahltage noch nicht das fünfundzwanzigste Jahr erreicht hatten, zur Wahl zugelassen sei, daß man annehmen müsse, es sei dort nicht in Betreff des Alters einzelner Personen geirrt worden, sondern man habe in Folge einer irrigen Ansicht das Gesetz unrichtig interpretirt, und aus diesem Grunde habe ein ungesetzliches Verfahren stattgefunden. Die Petenten führen aus, obgleich es ihnen nur in sehr beschränktem Umfange möglich gewesen sei, über das Alter derjenigen, die als Wähler zugelassen worden seien, Erkundigungen einzuziehen, seien doch nicht weniger als sechsundzwanzig Personen, die sie auch namentlich anführen, von ihnen ermittelt worden, die gewählt hätten, obgleich sie am Wahltage noch nicht fünfundzwanzig Jahre alt gewesen. Mit Rücksicht darauf, daß ihre Erkundigungen sich nur auf einen sehr beschränkten Kreis hätten erstrecken können, halten sie die Annahme für berechtigt daß die Gesammtzahl derjenigen, die in Bremen, obgleich sie das gesetzliche Alter noch nicht erreicht hatten, als Wähler zugelassen wurden, eine bedeutend größere gewesen sei, als die Zahl derjenigen, deren unzureichendes Alter zu ihrer, der Petenten, Kenntniß gekommen. Sie glauben nun daraus schließen zu können, daß die Vermuthung, man habe in Bremen in Folge einer irrigen Interpretation des Gesetzes alle diejenigen, die im vorigen Jahre das fünfundzwanzigste Lebensjahr vollendeten, auch wenn sie am Wahltage selbst noch nicht so alt waren, zur Wahl zugelassen, gerechtfertigt erscheine.

Eine zweite Beschwerde wird darauf gegründet, daß man zu Bremen, nachdem die Liste während der gesetzlichen Frist aufgelegen und bereits in gesetzlicher Weise abgeschlossen gewesen, noch nachträglich die Namen einer Anzahl von Personen darin ausgestrichen habe unter dem Vorwande, daß diese Personen aus öffentlichen Mitteln Unterstützung gezogen hätten, ein Grund, dessen Richtigkeit diejenigen, deren Namen gelöscht worden, wie die Beschwerdeführer angeben, bestreiten. Die Petenten führen auch wieder mehrere der von ihnen gemeinten Personen namentlich auf, mit der Angabe, daß dieselben wider ihren Willen und während sie eifrig behauptet, daß sie zum Wählen berechtigt gewesen, zur Wahl nicht zugelassen worden seien. Meine Herren, zwar bestimmt das Wahlreglement vom Mai 1870 mit ausdrücklichen Worten bloß, daß nach dem Abschlusse der Wahllisten Niemand mehr darin Aufnahme finden soll, und es sagt nicht ebenfalls ausdrücklich, daß nach dem Schluß der Wahllisten niemand mehr daraus ausgestrichen werden dürfe. In der Abtheilung aber ist darüber kein Zweifel rege geworden, daß, wenn einmal die Listen in gesetzlicher Weise geschlossen worden, ebensowenig jemand daraus ausgestrichen, als jemand darin aufgenommen werden kann. Ich enthalte mich einer eingehenden Ausführung über die Richtigkeit dieser Ansicht, da ich hoffe, daß auch hier gegen dieselbe kein Widerspruch erhoben werden wird.

Die Abtheilung hat selbstredend darüber, ob die beiden Beschwerdepunkte sachlich begründet seien oder nicht, kein Urtheil selber fällen können und wollen, sie hat aber hinreichend Veranlassung gefunden, eine Untersuchung über die verschiedenen Angaben der Beschwerdeführer zu veranlassen, und indem ich dem mir gewordenen Auftrage gemäß den desfallsigen Antrag der Abtheilung Ihnen zur Annahme empfehle, erlaube ich mir zur Rechtfertigung dieser Empfehlung noch auf einen Umstand aufmerksam zu machen. Meine Herren, aus der Beschwerdeschrift, sowie aus dem, was Sie in der heutigen Verhandluug gehört haben, kann man entnehmen, daß den sozialistischen Arbeitern gesagt wird und bei ihnen auch Glauben findet, es würden, um bei den Wahlen die Anzahl ihrer Wähler zu vermindern und die Anzahl ihrer Gegner zu vermehren, selbst ganz ungesetzliche Mittel nicht gescheut. Ich glaube nun, daß dem Agitationsmittel, das darin liegt, daß auf diese Weise bei jenen Arbeitern das Gefühl eines ihnen widerfahrenden Unrechts erregt wird, gerade dadurch vorgebeugt werden kann, daß eine unparteiische Untersuchung so oft stattfindet, daß sie sich über ein bei den Wahlen zum Nachtheile ihrer Partei verübtes Unrecht beschweren, und daß auch aus diesem Grunde hinsichtlich der vorliegenden Beschwerdeschrift der Antrag der Abtheilung zu empfehlen sei.

Vizepräsident Dr. **Lucius**: Es nimmt niemand mehr das Wort; ich schließe die Diskussion. Wir kommen zur Abstimmung.

Das Haus erläßt uns wohl die Verlesung des Antrags, der gedruckt vorliegt.

(Zustimmung.)

Das ist der Fall.

Ich bitte diejenigen Herren, welche dem Antrag der Abtheilung zustimmen wollen, sich zu erheben.

(Geschieht.)

Das ist die Mehrheit; der Antrag der Abtheilung ist angenommen.

Wir gehen über zum sechsten Gegenstand der Tagesordnung:

mündlicher Bericht der 3. Abtheilung, betreffend die Wahl des Abgeordneten Jannez im 12. Wahlkreis von Elsaß-Lothringen (Nr. 161 II der Drucksachen).

Referent ist der Herr Abgeordnete von Alten-Linden; ich ertheile demselben das Wort.

Berichterstatter Abgeordneter **von Alten-Linden**: Ich kann sehr kurz sein in meinem Referate.

Es wird der hohen Versammlung erinnerlich sein, daß die Wahl des Herrn Abgeordneten Jaunez in wahrhaft glänzender Weise in Forbach vor sich gegangen ist. Er erhielt von 20 000 Stimmen über 16 000. Es ist auch die Wahl des Herrn Abgeordneten bereits als vollständig rite vollzogen anerkannt. Es ist aber damals, als diese Wahlanerkennung stattgefunden hat, nicht zur Sprache gekommen, daß noch eine Beeinflussung der Wahl zur Anzeige gebracht worden ist, daß noch einige Umstände in den Akten verzeichnet sich finden, welche aussehen, als wenn eine Wahlbeeinflussung bei dieser Gelegenheit versucht worden sei, und es wird von seiten der Abtheilung so angesehen, als wenn ein Kauf von Wahlstimmen versucht worden wäre. Die Thatsache ist keine andere, als daß an dem Tage nach der Wahl oder am Tage der Wahl selbst bei dem betreffenden Bürgermeister von Buschbach eine Person erschienen ist und erzählt hat, es sei ihr zur Kenntniß gebracht, daß in zwei Wirthshäusern des Jaunezschen Wahlkreises einige Tage vor der Wahl mehrere junge Leute erschienen seien, und jenen Leuten, welche für Jaunez stimmen würden, Wein bezahlten, respektive Geld deponirten, um denjenigen, die für ihn stimmen würden, Wein zu bezahlen. Nun, ich weiß nicht, ob es eine Art von Ehrenkränkung oder Geringschätzung des politischen Charakters ist, wenn man annimmt, daß man um einen so geringen Preis, wie ein Schoppen Wein in jener Gegend ist, jemand veranlassen könnte, seine Stimme so oder so abzugeben. Item scheint in der That außer Zweifel zu sein, daß diese Handlung vor sich gegangen ist, und es wird bei der Strenge, mit der man überhaupt rechtmäßiger Weise darauf hält, daß keine Beeinflussung von Wahlen stattfinde, gerechtfertigt sein,

den Herrn Reichskanzler zu ersuchen, in Betreff der in der Eingabe d. d. Buschbach, den 30. Juli 1878, behaupteten strafbaren Handlungen (Kauf von Wahlstimmen) strafgerichtliche Untersuchung herbeizuführen.

Diesen Antrag stellt die Abtheilung, und ich ersuche die verehrliche Versammlung, denselben annehmen zu wollen.

Vizepräsident Dr. **Lucius**: Ich eröffne die Diskussion und ertheile das Wort dem Herrn Abgeordneten Dr. Simonis.

Abgeordneter Dr. **Simonis**: Meine Herren, es ist mir ungemein leid, daß Herr Kollege Jaunez durch Familienverhältnisse heute verhindert ist, selbst eine Erklärung abzugeben in Bezug auf die soeben besprochene Thatsache. Ich gestehe, daß wir alle nicht wenig staunen, daß gegen Beeinflussung der freien Wahl uns gegenüber eine Klage erhoben werden kann. Herr Jaunez hatte nämlich in seinem Wahlbezirke, wie übrigens wir, seine besondern Kollegen alle, in einem vielleicht geringeren, doch auch in nicht geringem Maße sehr viel über Wahlbeeinflussung zu klagen. Wir finden es im Augenblicke nicht für angemessen, in die Geschichte der Wahlbeeinflussung uns näher einzulassen. Die Thatsache selbst, welche in den zur Rede stehenden Protokollen angeführt wird, ist Herrn Jaunez vollständig unbekannt. Wir zweifeln sehr, daß diese Beeinflussung, wenn auch dem Antrag gemäß eine strafgerichtliche Untersuchung vorkommt, konstatirt werden wird. Andererseits stimme ich ganz mit dem Herrn Berichterstatter überein, daß die Wahl mit diesem Propos de table, wo man sagt: „ich zahle einen Schoppen demjenigen, welcher seine Stimme für Herrn Jaunez abgeben wird", eigentlich beeinflußt worden sei.

Jedenfalls haben wir eine sehr starke Präsumtion dafür, daß eine strafgerichtliche Verurtheilung nicht stattfinden wird, in dem Verhalten der Behörden in Elsaß-Lothringen. Denn nach den Wahlen ist namentlich im Bezirk des Herrn Jaunez von Seiten unserer Behörden eine sehr rege Thätigkeit entfaltet worden, um die Leute, welche für ihn gestimmt hatten, zu belästigen. Zahlreiche Protokolle wurden zu diesem Zwecke aufgesetzt. Als es aber darauf und daran kam, ein Urtheil über dieselbe zu erhalten, so wurde sehr oft erklärt; „ja, diese Protokolle beruhen auf einer so schlechten Basis, daß die Leute freigesprochen werden müssen." Hätten daher unsere Behörden geglaubt, im jetzigen Falle eine Bestrafung herbeiführen zu können, so hätten sie es ganz gewiß nicht bis zur jetzigen Stunde unterlassen. Dazu kommt, daß sehr oft die Leute, welche auf solche Weise gerichtlich belangt wurden von den Behörden gewöhnlich die Antwort empfingen: „allez chez Monsieur Jaunez", „gehen Sie zu Herrn Jaunez, Sie haben für Herrn Jaunez gestimmt, Herr Jannez soll Ihnen heraus helfen."

Daß aber die Persönlichkeit des Herrn Jannez bei dieser Sache auch nicht im allermindesten berührt wird, brauche ich weiter nicht hervorzuheben; denn wenn man in einem Wahlkreise, wo von seiten der Behörden alles mögliche und unmögliche angewendet worden ist, eine Majorität von 14 000 Stimmen für Herrn Jannez erzielt worden ist, so wird gewiß niemand im hohen Hause auf den Gedanken kommen, daß unser verehrter Kollege auch nur Anlaß gehabt hätte, zu solchen niedrigen Mitteln wie ein Ankauf von Stimmen seine Zuflucht zu nehmen.

Vizepräsident Dr. **Lucius**: Es nimmt niemand weiter das Wort; ich schließe die Diskussion, und frage, ob der Herr Referent noch das Wort wünscht. — Es ist nicht der Fall.

Wir kommen zur Abstimmung.

Ich bitte diejenigen Herren, die entsprechend dem Antrag der 3. Abtheilung, den Herrn Reichskanzler ersuchen wollen,

in Betreff der in der Eingabe d. d. Buschbach, den 30. Juli 1878, behaupteten strafbaren Handlungen (Kauf von Wahlstimmen) strafgerichtliche Untersuchung herbeizuführen,

sich zu erheben.

(Geschieht.)

Das ist die Mehrheit; der Antrag ist angenommen.

Wir gehen über zum nächsten Gegenstand der Tagesordnung, Nr. 7:

Bericht der Wahlprüfungskommission über die Wahl im 9. Wahlkreis von Elsaß-Lothringen (Nr. 164 der Drucksachen).

Berichterstatter ist der Herr Abgeordnete Dr. von Schliedmann.

Der Herr Berichterstatter verzichtet auf das Wort.

Es nimmt niemand das Wort; ich schließe die Diskussion. Wir kommen zur Abstimmung.

Der Antrag der Kommission geht dahin, die Wahl des Abgeordneten North im 9. Wahlkreis von Elsaß-Lothringen für giltig zu erklären.

Ich bitte diejenigen Herren, die dem Antrag zustimmen wollen, sich zu erheben.

(Geschieht.)

Das ist die Mehrheit; der Antrag ist angenommen.

Wir gehen über zum achten Gegenstand der Tagesordnung:

Petitionen, welche als zur Erörterung im Plenum nicht geeignet erachtet, zur Einsicht im Büreau niedergelegt sind (Nr. 133 der Drucksachen).

Es nimmt niemand das Wort hierzu; ich schließe die Diskussion. Hiermit wäre dieser Gegenstand gleichfalls ohne Abstimmung im Sinne der Petitionskommission erledigt.

Wir gehen über zum neunten Gegenstand der Tagesordnung:

zweiter Bericht der Kommission für die Petitionen (Nr. 109 der Drucksachen).

Berichterstatter ist der Herr Abgeordnete Freiherr von Manteuffel.

Es wird mir soeben ein Antrag überreicht von dem Herrn Abgeordneten Freiherrn von Pfetten:

> Der Reichstag wolle beschließen:
> über die Petition des Magistrats der Stadt Stettin zur Tagesordnung überzugehen.

Ich eröffne die Diskussion über den Antrag der Kommission sowie über den dazu gestellten Antrag des Herrn Abgeordneten Freiherrn von Pfetten.

Ich frage, ob der Herr Referent das Wort nehmen will. — Der Herr Referent hat das Wort.

Berichterstatter Abgeordneter Freiherr **von Manteuffel**: Ich möchte nur auf einige Druckfehler aufmerksam machen, die auf der Seite 4 der Drucksachen Nr. 109 sich finden. Der eine Druckfehler ist Zeile 14 zu finden, wo das letzte Wort „nicht" überflüssig ist, der andere auf derselben Seite in der letzten Zeile, wo es heißen soll anstatt „dem Reiche nicht" „dem Reichstage".

Vizepräsident Dr. **Lucius**: Der Herr Abgeordnete Freiherr von Pfetten hat das Wort.

Abgeordneter Freiherr **von Pfetten**: Meine Herren, ich weiß, welch hohe Bedeutung das hohe Haus Kommissionsbeschlüssen beizulegen gewohnt ist und weiß, wie schwer es ist, gegen solche Kommissionsbeschlüsse anzukämpfen. Wenn ich hier es dennoch thue, so geschieht es deswegen, weil ich die Ueberzeugung habe, daß durch die Annahme des Beschlusses, welchen die Kommission Ihnen vorschlägt, einer einzelnen Stadt eine Berücksichtigung zu Theil wird, welche andern Städten in ähnlichen Fällen nicht zu Theil werden konnte, nicht zu Theil werden durfte und welche ihnen nicht in Aussicht gestellt werden kann. Meine Herren, der Sachverhalt, wie er gegenwärtig besteht, ist in dem letzten Absatz des Kommissionsberichts deutlich ausgedrückt. Es heißt dort:

> Die Stadt Stettin habe dadurch, daß sie sowohl ein Terrain angeboten, als auch sich bereit erklärt habe, die Bäckerei käuflich zu erwerben, unzweifelhaft zu erkennen gegeben, daß sie in uneigennütziger Weise dafür Sorge trage, daß die Bäckerei an einem anderen geeigneten Platze errichtet und die Gegend des Geistthores von der Rauchbehelligung befreit werde. Aber auch die Ausführungen des Herrn Regierungskommissars sprechen die Bereitwilligkeit Seitens der Militärverwaltung aus, der Stadt Stettin und ihren Wünschen entgegen zu kommen, nur die Initiative zu ergreifen scheuen sich beide Parteien. Weit davon entfernt, die Stadt Stettin von allen Opfern entbinden zu wollen, glaubte die Mehrheit der Petitionskommission dem Reiche nicht empfehlen zu sollen, gewissermaßen die Vermittelung zu übernehmen und dazu beizutragen, daß eine Vereinbarung zwischen dem Militärfiskus und dem Magistrat zu Stettin zu Stande komme.

Nun, meine Herren, scheint es mir in höchstem Maße bedenklich, wenn der Reichstag es für gut fände, eine solche Vermittelungsrolle zu übernehmen. Meine Herren, wir würden damit ein Präjudiz schaffen, von dem wir sehr bald genöthigt wären wieder abzugehen. Allein, meine Herren, nicht nur für bedenklich, geradezu für verfassungsmäßig unzulässig halte ich es, daß der Reichstag eine solche Vermittelungsrolle übernehme. Die Reichsverfassung hat im Abschnitt XIII eine eigene Bestimmung über die Schlichtung von Streitigkeiten. Der einzige Artikel, welcher für die gegenwärtige Sachlage noch einigermaßen herangezogen werden könnte, der Artikel 76 Absatz 2 lautet: — ich glaube, daß ich durch die Verlesung dieser Bestimmung allein den Beweis führe, daß er auf den gegenwärtigen Fall nicht angewendet werden kann —:

> Verfassungsstreitigkeiten in solchen Bundesstaaten, in deren Verfassung nicht eine Behörde zur Entscheidung solcher Streitigkeiten bestimmt ist, hat auf Anrufen eines Theiles der Bundesrath gütlich auszugleichen, oder, wenn das nicht gelingt, im Wege der Reichsgesetzgebung zur Erledigung zu bringen.

Dieser Paragraph paßt überhaupt nicht auf den vorliegenden Fall. Ein anderer Paragraph, welcher dem Reichstag die Vermittelung bei Streitigkeiten einzelner Behörden in den einzelnen Bundesstaaten gibt, besteht nicht; wir sind also absolut unkompetent, diese Vermittlerrolle zu übernehmen.

Nun verkenne ich nicht, daß die Sache sich auch von einer anderen Seite betrachten läßt. Wir können unsere Kompetenz zur Entscheidung dieses Falles und zur Ueberweisung desselben an die Reichsregierung daher herleiten, daß das Militärwesen Sache des Reiches ist, daß wir bei der Aufstellung des Militäretats mitzuwirken haben. Allein, meine Herren, wenn wir die Sache von dieser Seite betrachten wollten, so würden wir uns in einen gewissen Widerspruch setzen mit den Erklärungen des Kriegsministeriums, beziehungsweise mit den Erklärungen, welche der Vertreter des Kriegsministeriums bei den Verhandlungen in der Petitionskommission gegeben hat. Der Herr Vertreter des königlich preußischen Kriegsministeriums hat dort erklärt, daß das Ministerium anerkenne, daß Stettin belästigt werde durch den Rauch der Garnisonsbäckerei und daß das Ministerium bestrebt sei, alles, was an ihm liege, beizutragen, um diese Belästigung zu beseitigen, daß es aber Kosten auf den Reichsmilitäretat nur insoweit übernehmen könne, als dadurch für die Reichskriegsverwaltung irgend ein Vortheil geschaffen werde. Die übrigen Kosten seien entweder von der Stadt Stettin oder, wenn diese nicht im Staude sei, von den Landesbehörden aufzubringen.

Diese Erklärung des Herrn Vertreters des Kriegsministeriums halte ich für vollständig korrekt. Nur, wenn wir diese Erklärung nicht für korrekt halten, wenn wir glauben sollten, daß es sich lediglich um eine Verschleppung der Angelegenheit handelt, dann können wir die Sache von reinem finanziellen Standpunkt aus auffassen und hiernach bescheiden. Sie wird dann allerdings zu einer reinen Budgetfrage.

Meine Herren, wenn Sie den Bericht durchgelesen haben, so werden Sie finden, daß keine einzige Zahl darin genannt, gar kein Anhaltspunkt gegeben ist, um auch nur im entferntesten beurtheilen zu können, wie hoch die Kosten einer solchen Verlegung der Garnisonsbäckerei in Stettin sich stellen würden. Wir würden heute eine Etatsberathung antizipiren, bezüglich deren das wichtigste für jede Etatsberathung fehlt, nämlich irgend welche Zahl. Wir würden, wenn wir dem Beschluß beitreten, den die Petitionskommission gefaßt hat, der Reichskriegsverwaltung gewissermaßen einen Blankowechsel ausstellen, den sie einfach auszufüllen hat und uns das nächste Jahr ausgefüllt präsentirt. Wir würden ihn auf Grund unseres heutigen Beschlasses einfach anzunehmen haben, und wenn der Reichskanzler sich beeilen würde, unserem Beschlusse zu entsprechen, dann könnte er uns noch in dieser Session einen Nachtragsetat bringen, den wir entsprechend unserem Beschluß zu akzeptiren hätten. Das werden Sie nicht wollen, umsoweniger, wenn ich noch in kurzen Worten zurückgreife auf den eigentlichen Thatbestand. Derselbe ist folgender.

Im Anfange dieses Jahrhunderts, also vor mehr als 70 Jahren, wurde in Stettin auf einem Platz, der damals noch nicht bewohnt war, die dortige Garnisonsbäckerei errichtet. Im Laufe der Zeit dehnte sich Stettin weiter aus und es wurden rings um diese Garnisonsbäckerei neue Gebäude errichtet, die theilweise höher gebaut wurden als die Garnisonsbäckerei. Die natürliche Folge war, daß dieser Stadttheil in der Nähe der Garnisonsbäckerei, weil der Luftzug gesperrt wurde, durch den Rauch belästigt wurde. Das führte dann zu allerlei Unzuträglichkeiten, und schon seit dem Jahre 1863 werden Verhandlungen darüber zwischen Stettin einerseits und dem preußischen Kriegsministerium andererseits gepflogen. Letzeres zog in vollkommen korrekter Weise die preußischen Ministerien des Handels und des Innern zu diesen Verhandlungen bei. Das preußische Kriegsministerium kam der Stadt möglichst entgegen. Es wurde von dem Antheil der französischen Kriegskostenentschädigung, welcher auf Preußen trifft, ein Theil ausgeschieden, um die Verlegung der Garnisonsbäckerei in Stettin davon zu bestreiten. Die Schwierigkeiten, welche sich bei der Weiterführung der Verhandlungen ergaben, führten dahin, daß diese Summe anderweitig verwendet wurde. Ein kleiner Theil an Schuld trifft jedenfalls die Stadt Stettin, indem dieselbe im Oktober 1872 das Anerbieten, welches ihr vom Ministerium gemacht wurde, die Bäckerei und das Proviantamt käuflich zu übernehmen, definitiv zurückwies; daß sie jetzt wieder bereit sind, diesen Kauf zu akzeptiren, ändert allerdings die Situation, aber es zeigt sich daraus nur vollkommen klar, daß, wenn von Schuld die Rede sein kann, die Schuld eher auf Seiten der Stadt, als auf Seiten des Kriegsministeriums liegt.

Aus diesen Gründen wurde auch in Ihrer Kommission von der Minorität der Antrag aufrecht erhalten, dem Reichstage vorzuschlagen, er wolle über diese Petition zur Tagesordnung übergehen.

Meine Herren, ich habe mir, bevor ich diesen Antrag hier im Plenum stelle, wohl überlegt, ob ich auch hier so weit gehen solle oder ob es nicht möglich sei, einen Mittelweg dadurch zu finden, daß ich Ihnen etwa vorschlagen würde, die Petition dem Reichskanzler zur Erwägung zu übergeben. Allein, meine Herren, auch das halte ich nicht für richtig. Von Seiten des königlich preußischen Kriegsministeriums wurde uns in der Petitionskommission eine Erklärung gegeben, welche ich für vollkommen korrekt halte. Ich bin nicht in der Lage, anzugeben, welche Erwägung ich auf dieser Seite noch ferner verlangen sollte. Wenn Sie die Petition zur Erwägung überweisen wollen, so könnte sie nur dem preußischen Ministerium des Innern zur Erwägung überwiesen werden, welches ja allerdings ein großes Interesse daran hat, daß die hygienischen Bedürfnisse der Städte gewahrt werden, daß die Belästigungen für die Gesundheit und das Wohlergehen der Bewohner beseitigt werden. Allein das können wir hier nicht thun, und es bleibt uns daher nichts anderes übrig, als über diese Petition zur Tagesordnung überzugehen.

Die Stadt Stettin wird sich die Sache sehr überlegen, wird suchen, einen passenden Platz ausfindig zu machen, und wird vielleicht dann auf das preußische Ministerium des Inneren jenen Druck ausüben, von welchem die Stadt jetzt wünscht, daß wir ihn durch Reichstagsbeschluß zu Gunsten der Stadt auf das Kriegsministerium ausüben.

Ich empfehle Ihnen daher meinen Antrag zur Annahme.

(Bravo!)

Vizepräsident Dr. **Lucius**: Der Herr Kommissarius des Bundesraths Geheimer Kriegsrath Flügge hat das Wort.

Kommissarius des Bundesraths königlich preußischer Wirklicher Geheimer Kriegsrath **Flügge**: Meine Herren, wer etwas haben will, möchte lieber zu gewähren scheinen. Es ist die Rolle eines Impetranten deshalb nicht beliebt. Hat der Magistrat von Stettin in seiner Petition bezweckt, von dieser demselben naturgemäß zufallenden Rolle sich zu befreien, so ist der Gebrauch, der in diesem Falle von dem Petitionsrecht gemacht wurde, sehr weitgehend. Man sollte das hohe Haus, den Wächter der Verfassung nicht in die Lage bringen wollen, bei einer Angelegenheit, für deren Erledigung die chausseemäßigen Wege der Verwaltung geöffnet sind, in einem einzelnen Stadium die Regierung gleichsam abzulösen. Der Magistrat von Stettin wird wahrscheinlicherweise durch den Antrag auf Tagesordnung viel eher zu seinem Ziel kommen als durch den anderen; er wird dadurch rascher veranlaßt, den richtigen Standpunkt in der Sache zu gewinnen. Der bisherige Standpunkt, mehr oder weniger der Standpunkt der Erwartung von Tauben, die sich selber serviren möchten, ist nicht der richtige; der Magistrat hat auf die Forderung eines Ersatzes für die Bäckerei der Militärverwaltung nicht geantwortet, weil er ihm Kosten zu machen scheint, die er nicht ziffermäßig übersieht. Die polizeiliche Verfolgung der Sache, die vom Magistrate betrieben ist, ist einfach nicht zu Ende gekommen, weil mit dem Verbote des Betriebs der Bäckerei unmittelbar verbunden gewesen wäre die Entschädigung der Militärverwaltung für diesen ihren ganz legitimen Besitz. Dahin ist es nicht gekommen und zwar gerade wegen der Entschädigungsfrage. Es muß also wahrscheinlicherweise dem Magistrat schwer geworden sein, sich zu entschließen, daß er für seinen Theil beizusteuern hätte; die Militärverwaltung würde nicht entgegen gestanden haben, die angeblichen Mißstände im polizeilichen Wege beseitigen zu lassen.

Ich kann daher nur befürworten, daß man den Antrag annehme, zur Tagesordnung überzugehen, da die Sache selbst am leichtesten befördert wird, wenn der Magistrat dieselbe ernstlich in Angriff nimmt und ermitteln will, welchen Beitrag die Stadt und die Adjazenten, die dabei vermögensrechtlich interessirt sind, zu kontribuiren haben würden.

Vizepräsident Dr. **Lucius**: Der Herr Abgeordnete Schlutow hat das Wort.

Abgeordneter **Schlutow**: Meine Herren, ich habe in der That nicht erwartet, daß der mir ganz unverfänglich scheinende Beschluß der Petitionskommission hier eine so lebhafte Debatte hervorrufen würde, um so weniger, als nach meiner Auffassung dem Recht des Reichstags in keiner Weise präjudizirt wird, indem derselbe bei der endgiltigen Feststellung dieser Frage ja immer mitzuwirken haben wird. Die Petitionskommission hat Ihnen nichts weiter empfohlen, als gewissermaßen die Vermittelung zu übernehmen, um diese unglückliche Angelegenheit endlich auf die eine oder andere Art aus der Welt zu schaffen. Ich glaube, daß dies gewiß, wie ich bereits hervorgehoben, ein durchaus unverfänglicher Beschluß ist, und Sie können überzeugt sein, daß, wenn ein anderer Weg zu finden gewesen wäre, so würde eben diese Petition Ihnen nicht vorliegen. Sie werden in Gestalt irgend einer Summe, die als Endresultat der beiderseitigen Verhandlungen sich ergeben wird, diese Angelegenheit von neuem vor sich sehen und dann doch einen Beschluß zu fassen haben, nämlich seiner Zeit bei dem Etat, ob Sie das Geld bewilligen und damit den Wünschen Stettins gerecht werden wollen oder nicht. Ich kann daher nur bitten, da prinzipielle Bedenken irgend welcher Natur nicht vorgebracht sind, doch nicht gegen den Antrag Ihrer Petitionskommission zu stimmen, sondern denselben zu genehmigen. Ich bitte wiederholt dringend darum.

Vizepräsident Dr. **Lucius**: Es nimmt niemand mehr das Wort; ich schließe die Diskussion und frage, ob der Herr Referent noch das Wort wünscht.

(Wird bejaht.)

Der Herr Referent hat das Wort.

Berichterstatter Abgeordneter Freiherr von **Manteuffel**: Meine Herren, ich möchte Sie ersuchen, den Beschluß der Petitionskommission auch zu Ihrem Beschluß zu erheben. Die Ausführungen des Herrn von Pfetten und des Herrn Regierungskommissarius sind doch nicht im Staude gewesen, die Ueberzeugung, die ich von der Sachlage gewonnen habe, zu entkräften. Vergegenwärtigen Sie sich, daß seit dem Jahre 1863 Korrespondenzen gepflogen werden zwischen der Stadt Stettin und dem Militärfiskus, daß in diesen Korrespondenzen seitens des Militärfiskus niemals in Abrede gestellt worden ist, daß der Militärfiskus die Verpflichtung habe, diese Belästigungen, die durch den Rauch in jenen Stadttheilen, entstehen, zu beseitigen!, daß sogar in einem Antwortschreiben aus dem Jahre 1871 der Stadt Stettin gesagt worden ist, es sei eine Summe ausgeworfen im Etat für den Neubau, daß gesagt worden ist, die Beschleunigung eines Neubaus sei unzweifelhaft, und daß erst in einem späteren Bescheide von 1877 der Stadt Stettin mitgetheilt worden ist, inzwischen sei über diese Summe anderweitig verfügt worden, und nunmehr habe der Neubau zu unterbleiben. Das wollen die Herren gütigst berücksichtigen.

Sie wollen ferner berücksichtigen, daß die Stadt Stettin ihrerseits es auch nicht an dem guten Willen hat fehlen lassen. Die Stadt Stettin hat zu einer Zeit, als sie noch Festung war, als das Terrain dort sehr schwierig zu beschaffen war, die Silberwiese als Terrain zum Neubau angeboten. Das Terrain ist damals verworfen worden, weil es nicht geeignet sei, ein derartiges Gebäude aufzuführen. Inzwischen ist Stettin nicht mehr Festung und es ist wohl in der Lage, jetzt ein geeignetes Terrain anzubieten. Vielleicht hat der Fiskus auch selbst Terrain genug, um eine zweckentsprechende Bäckerei zu erbauen. Es handelt sich also hier nur um den ersten Schritt, und ob den ersten Schritt die Stadt Stettin thut oder der Militärfiskus, scheint mir in der That gleichgiltig zu sein, und wenn Sie den Beschluß, den die Petitionskommission Ihnen in Vorschlag gebracht hat, zu dem Ihrigen erheben, so glaube ich, thun Sie ein gutes Werk sowohl für den Militärfiskus, als auch für die Stadt Stettin.

(Bravo!)

Vizepräsident Dr. **Lucius**: Der Herr Kommissarius des Bundesraths hat das Wort.

Kommissarius des Bundesraths königlich preußischer Wirklicher Geheimer Kriegsrath **Flügge**: Ich kann auf die Ausführungen des Herrn Berichterstatters nur erwidern, daß eine Verpflichtung der Militärverwaltung der Stadt gegenüber, die Bäckerei nicht zu betreiben oder zu verlegen, zu keiner Zeit anerkannt, sondern stets bestritten ist. Daß die Militärverwaltung die Uebelstände zu beseitigen sich gern in der Lage gesehen hätte, ist richtig, ebenso, daß sie es auch gethan hätte, wenn die Aussicht, aus den abgezweigten Mitteln der Kriegsentschädigung, aus den für Militärbauten reservirten 13 Millionen Thalern die Deckung der Kosten zu beschaffen, sich realisirte. Unter den Gebäuden, welche außerdem zur Ausführung zu bringen waren, befanden sich solche Militärbauten, denen weit die Priorität zustand; es mußten daher diese zuerst ausgeführt werden; die ausgeworfenen Mittel reichten nach der vorangegangenen summarischen Veranschlagung nicht mehr aus, um die neue Bäckerei herzustellen; es verschwand bei den Verhandlungen über den Etat daher die Summe, die dafür ausgesetzt war. Der Herr Steller des Antrags auf Uebergang zur Tagesordnung hat gesagt, es wäre in den Verhandlungen nichts über den Kostenpunkt vorgekommen; das ist insofern nicht ganz richtig, als damals, wie von der Etablirung einer neuen Bäckerei in Stettin die Rede war, vorläufig die Summe von 150 000 Mark angenommen und ausgeworfen worden; wenn man aber die jetzigen Verhältnisse, die Anforderungen der Zeit ins Auge faßt, so wird sich herausstellen, daß diese Summe wahrscheinlich nicht genügend sein wird, daß sie aber auch nicht allzuhoch überschritten werden und sich etwa auf 180 000 Mark stellen dürfte. Die Militärverwaltung hat eine positive Erklärung von der Stadt, wohin sie bauen kann, bis jetzt auch nicht erhalten.

Vizepräsident Dr. **Lucius**: Die Diskussion ist durch die Aeußerung des Herrn Regierungskommissars wieder eröffnet.

(Pause.)

Es nimmt niemand das Wort; ich schließe die Diskussion abermals und frage, ob der Herr Berichterstatter das Wort wünscht.

(Wird bejaht.)

Der Herr Berichterstatter hat das Wort.

Berichterstatter Abgeordneter Freiherr **von Manteuffel**: Ich möchte den Herrn Regierungskommissar darauf aufmerksam machen, daß in den, wie ich schon angeführt habe, 13 Korrespondenzen, die geführt worden sind vom Jahre 1863 bis 1876 zwischen der Stadt Stettin und dem Militärfiskus, seitens des Militärfiskus stets gesagt worden ist, wir erkennen den Uebelstand an und wir sind bereit, demselben Abhilfe zu verschaffen; sie haben zunächst versucht, die Schornsteine höher zu bauen, demnächst Rauchverbrennungsapparate anzulegen und drittens den Versuch gemacht, einen Apparat mit Kohlenheizung anzulegen, weil dadurch weniger Rauch erzeugt würde; das sind alles Versuche, die für mich die Anerkennung der Verpflichtung involviren. Jedenfalls hat eine Bestreitung dieser Verpflichtung niemals stattgefunden, wenigstens ist in keinem Bescheide, der an die Statt Stettin über diese Angelegenheit ergangen ist, bis auf das Jahr 1877, diese Verpflichtung des Militärfiskus bestritten worden.

Vizepräsident Dr. **Lucius**: Der Herr Kommissarius des Bundesraths hat das Wort.

(Unruhe.)

Kommissarius des Bundesraths königlich preußischer Wirklicher Geheimer Kriegsrath **Flügge**: Meine Herren, ich will bemerken, daß eine Geneigtheit des Militärfiskus, entgegenzukommen, bei weitem noch nicht eine Anerkennung der Verpflichtung involvirt, daß derselbe die Sache in der von der Stadt Stettin gewünschten Weise ausführe; wir hätten in dem Falle vorher aufgefordert sein müssen, zu erklären, ob wir diese Bereitwilligkeit als eine Pflicht ansehen. Daß wir den gemachten Ausstellungen so weit als möglich haben abhelfen wollen, wird ja anerkannt, und vielleicht wäre dies mit einer Erhöhung der Schornsteine ꝛc. gelungen, wenn nicht durch die Umbauung der Bäckerei mit anderen hohen Häusern ihr der Luftzug abgeschnitten worden wäre.

Vizepräsident Dr. **Lucius**: Die Diskussion ist abermals eröffnet.

Der Herr Abgeordnete Freiherr von Pfetten hat das Wort.

Abgeordneter Freiherr **von Pfetten**: Ich erkenne ja vollständig an, daß der Herr Regierungskommissar sich in einer sehr schwierigen Lage uns gegenüber befindet. Auf der einen Seite hat er die Verpflichtung, die Stellung der Regierung, die bisherige Handlungsweise des Kriegsministeriums zu vertheidigen, und auf der anderen Seite kann er uns nur sehr dankbar sein, wenn Sie ihm das Geld, was die Regierungen bisher zu fordern noch nicht gewagt haben, auf dem Präsentirteller in Form eines Blankowechsels darbringen.

(Widerspruch.)

Vizepräsident Dr. **Lucius**: Das Wort wird nicht weiter genommen; ich schließe die Diskussion und frage, ob der Herr Referent das Wort wünscht.

(Derselbe verzichtet.)

Der Herr Referent verzichtet.

Wir kommen zur Abstimmung.

Es liegen zwei Anträge vor: der Antrag des Herrn Abgeordneten Freiherrn von Pfetten auf Uebergang zur Tagesordnung und der Antrag der Petitionskommission. Ich werde mir den Vorschlag erlauben, zuerst abzustimmen über den Antrag auf Tagesordnung; wird er angenommen, so ist der Kommissionsantrag erledigt; wird er nicht angenommen, so wird über den Antrag der Kommission abgestimmt. — Gegen die Fragestellung wird kein Einwand erhoben; wir stimmen so ab.

Ich bitte diejenigen Herren, die gemäß dem Antrag des Herrn Abgeordneten Freiherrn von Pfetten über die Petition des Magistrats zu Stettin zur Tagesordnung übergehen wollen, sich zu erheben.

(Geschieht.)

Das ist die Minderheit; der Antrag ist abgelehnt.

Ich bitte nunmehr diejenigen Herren, welche, dem Antrag der Kommission entsprechend, die Petition des Magistrats zu Stettin dem Herrn Reichskanzler zur Berücksichtigung überweisen wollen, sich zu erheben.

(Geschieht.)

Das Büreau ist einstimmig der Ansicht, daß jetzt die Mehrheit steht; der Antrag der Kommission ist angenommen.

Wir gehen über zur folgenden Nummer der Tagesordnung, zu Nr. 10:

dritter Bericht der Kommission für die Petitionen (Nr. 128 der Drucksachen).

Berichterstatter ist der Herr Abgeordnete Hoffmann.

Ich eröffne die Diskussion und frage, ob der Herr Berichterstatter das Wort begehrt. — Der Herr Berichterstatter verzichtet.

Auch sonst wird das Wort nicht gewünscht; ich schließe die Diskussion. Wir kommen zur Abstimmung.

Der Antrag der Kommission geht dahin:

über die Petition II Nr. 25 zur Tagesordnung überzugehen.

Ich bitte diejenigen Herren, die diesem Antrag zustimmen wollen, sich zu erheben.

(Geschieht.)

Das ist die Mehrheit; der Antrag ist angenommen.

Wir kommen zum elften Gegenstand der Tagesordnung:

vierter Bericht der Kommission für die Petitionen (Nr. 150 der Drucksachen).

Berichterstatter ist der Herr Abgeordnete Graf von Behr-Behrenhoff.

Ich eröffne die Diskussion und frage, ob der Herr Berichterstatter das Wort wünscht. — Der Herr Berichterstatter verzichtet.

Auch sonst wird das Wort nicht gewünscht; ich schließe die Diskussion.

Der Antrag der Kommission liegt gedruckt vor. Das Haus scheint eine Verlesung nicht zu wünschen.

Ich bringe den Antrag zur Abstimmung und bitte diejenigen Herren, welche dem Antrag der Kommission zustimmen wollen, sich zu erheben.

(Geschieht.)

Das ist die Mehrheit; der Antrag der Kommission ist angenommen.

Wir kommen zu Nr. 12 der Tagesordnung:

fünfter Bericht der Kommission für die Petitionen (Nr. 155 der Drucksachen).

Berichterstatter ist der Herr Abgeordnete Dr. Baumgarten. Ich frage, ob derselbe das Wort verlangt.

(Wird verneint.)

Ich eröffne die Diskussion und ertheile das Wort dem Herrn Abgeordneten von Cranach.

Abgeordneter **von Cranach**: Ich bin zum Worte angemeldet und dazu verstattet, muß aber zunächst mir erlauben, Ihnen den Wortlaut eines Abänderungsvorschlages, den ich zu dem Antrage der Petitionskommission eingereicht habe, vorzulesen, weil er bis jetzt im Druck nicht vertheilt ist.

Im Verein mit den Herren von Kleist-Retzow und von Puttkamer (Lübben) beantrage ich:

Der Reichstag wolle beschließen:

Die Petitionen

II Nr. 117, 405, 971 bis 1085, 1098, 1116 bis 1119, 1162 bis 1167, 1201 bis 1210, 1243, 1287, 1288, 1289, 1301 bis 1319, 1351 bis 1373, 1433 bis 1453, 1456 bis 1468, 1492, 1493, 1570, 2043 bis 2049

dem Herrn Reichskanzler zu überweisen mit dem Ersuchen um Erwägung:

auf welche Art den durch das Reichsgesetz vom 6. Februar 1875 über die Beurkundung des Personenstandes und die Eheschließung herbeigeführten Mißständen Abhilfe zu schaffen.

Unterstützt von mehr als 30 Mitgliedern des Hauses.

Vizepräsident Dr. **Lucius**: Dieser Antrag steht also gleichzeitig mit zur Diskussion.

Abgeordneter **von Cranach**: Meine hochverehrten Herren! Es mag sehr wenig opportun sein, daß die Frage des Bedürfnisses zur Aenderung der Zivilstandsgesetzgebung schon jetzt, in dieser viel bedrängten Zeit und nach kaum mehr als vierjähriger Dauer des Reichsgesetzes vom 6. Februar 1875 uns beschäftigt. Ich selbst hätte im sachlichen Interesse gewünscht, daß diese Berathung hinausgeschoben geblieben wäre, um später mit größerer Sicherheit den von mir erwünschten Erfolg zu erzielen. Indeß es handelt sich nicht um die Initiative des hohen Hauses, sondern um zahlreiche Petitionen mit außerordentlich viel Unterschriften über eine Angelegenheit, die von dem allerhöchsten Interesse ist, und es erübrigt für das hohe Haus nichts Anderes, als Stellung zu den Anträgen, die in diesen Petitionen gebracht werden, zu nehmen. Es sind nicht weniger als 326 Petitionen, welche vorliegen, und die Zahl der Unterschriften beläuft sich auf 28 607. Das, meine Herren, sind fürwahr stattliche Zahlen, würdig der Sache, die diese Petitionen betreffen.

Die Petitionen selbst beantragen zum Theil einfach die Beseitigung der obligatorischen Zivilehe und Einsetzung der fakultativen statt ihrer; ein anderer Theil aber geht darüber hinaus; darin wird noch erbeten die freie Lizenz für Jedermann, daß er Geburts- und Sterbefälle nach seiner Wahl beim Geistlichen oder vor dem Standesbeamten anmelden könne.

Innerhalb der Kommission wurde von den beiden Herren Referenten gleichmäßig für Uebergang zur Tagesordnung durch Plenarbeschluß des Reichstags votirt. Einer der Herren plädirte auch allein hierfür, der andere, der Herr Korreferent, konnte aber doch nicht umhin, schon seinerseits dem Wunsche Ausdruck zu geben, daß die Ausschließung der Geistlichen von Zulassung zu Standesämtern beseitigt werden möge. Es wird Ihnen ja bekannt sein, daß nach § 3 des Gesetzes vom 6. Februar 1875 am Schluß ausdrücklich:

> Geistliche und andere Religionsdiener in das Amt eines Standesbeamten oder auch nur in die Stellvertretung eines solchen Amts nicht eingesetzt werden dürfen.

Der Herr Korreferent hätte, glaube ich, konsequenter Weise seinen Antrag nach diesem theilweisen Anerkenntniß des Reformbedürfnisses modifiziren sollen, er hat das aber nicht gethan und so stand dem übereinstimmenden Antrage beider Herren Referenten in der Kommission nur ein anderer entgegen, und zwar der von mir formulirte, welcher auf Ueberweisung aller Petitionen zur Erwägung an den Herrn Reichskanzler gerichtet war.

Der Antrag auf Tagesordnung wurde nur mit 14 gegen 10 Stimmen akzeptirt, und dieses Stimmenverhältniß, meine Herren, im Zusammenhange mit der hohen Bedeutung der Sache, die wohl auf allen Seiten dieses Hauses anerkannt werden wird, man mag zu der Frage selbst stehen, wie man will, — diese Momente haben mir und meinen Herren Mitantragstellern den Muth gegeben, hier im Hause den Ihnen jetzt vorliegenden handschriftlichen, eben von mir verlesenen Abänderungsvorschlag einzubringen. Es ist uns geradezu unmöglich erschienen, daß diese zahlreichen Petitionen in dieser hochwichtigen Angelegenheit hier im Hause nur allein den Antrag auf Uebergang zur Tagesordnung hervorrufen könnten.

Wenn ich nun meine eigene Stellung zur Sache Ihnen kennzeichnen soll, so kann ich kurz Ihnen sagen, daß ich selbst ein entschiedener Gegner der obligatorischen Zivilehe bin, daß ich ferner gerade die Einführung des Zivilstandsgesetzes für außerordentlich beklagenswerth und für ganz enorm folgereich erachte. Ich halte den Fehler, der durch das Zivilstandsgesetz vom 6. Februar 1875 begangen ist, für weitaus schlimmer als alle die Fehler auf wirthschaftlichem Gebiete, auf deren Beseitigung wir jetzt so viel Fleiß zu meiner Freude verwenden. Ich glaube, meine Herren, es wird auch nicht gelingen, mit polizeilichen Maßregeln gegen die Sozialdemokratie und mit wirthschaftlichen Reformen ganz allein die Krankheit der Zeit zu heilen.

(Sehr richtig!)

Ich glaube, man wird auch auf religiösem Gebiet reformiren müssen, und ich bin der Meinung, daß keine geordnete Staatsverwaltung der ernsten Sorge für religiöse und sittliche Erziehung des Volkes sich entschlagen darf.

(Sehr richtig!)

Es ist meine Ansicht, daß die Kirche das allerlebhafteste Interesse an der Existenz des Staates hat, bin aber auch andererseits der Meinung, daß der Staat in noch viel höherem Maße der Kirche bedarf,

(sehr richtig!)

und demnach, meine Herren, ist es für mich alle Zeit ein unverständliches Räthsel gewesen, wie man die Kirche vom Staat hat trennen wollen, ich glaube einfach, das geht nicht. Damit ist ja nicht ausgeschlossen, daß einzelne Scheidungen auf einzelnen Gebieten, namentlich bezüglich derjenigen Religionsgesellschaften, die nur in geringerer Zahl in einem Lande vertreten sind, ausführbar sind.

Nun, meine Herren, wende ich mich zu den von den verschiedenen Petitionen hervorgehobenen Klagen, und ich bemerke dabei, daß ich selbst in einem überwiegend evangelischen Landestheil wohne und deshalb auch vorzüglich meine Ansicht und Ausführungen auf diejenigen Erfahrungen gründe, die ich dort gemacht habe, mögen andere Mitglieder des Hauses aus katholischen Distrikten ihre Erfahrungen hier ebenfalls bezeugen.

Es wird darüber geklagt, daß durch die Zivilstandsgesetzgebung Religion und Sitte im Laude leiden; es ist ja leider eine nur zu offenkundige traurige Thatsache, daß ganz besonders in großen Städten, wo religiöse und sittliche Erziehung noch ein viel größeres Bedürfniß ist, als auf dem platten Lande wegen der vielen Versuchungen, die in großen Städten nahe liegen, — ich sage, daß weit im Laude und namentlich in großen Städten die Zahl der kirchlichen Trauungen und die Zahl der Taufen sich ganz außerordentlich verringert hat, es hat die Verwirrung, ja ich kann sagen die Verwilderung der Geister in schreckenerregender Weise zugenommen. Geben nicht die vielen Verbrechen allerlei Art, die Morde und Mordversuche, ja sogar die Fürstenmordversuche der neueren Zeit sprechendes Zeugniß dafür? Darum muß ich meinestheils die aus diesem Fundamente heraus erhobenen Klagen so vieler Petenten für sehr wohl begründet erachten.

Weiter wird behauptet, daß die Zivilstandsgesetzgebung ein außerordentlich wichtiger Hebel für die Zunahme der sozialdemokratischen Agitationen und der sozialdemokratischen Erfolge sei.

Ja, meine Herren, nach allem, was ich sehe und erlebe, kann ich nicht anders, als die Richtigkeit auch dieser Behauptung bestätigen, ich halte sie durchaus für keine Uebertreibung. Und daß durch die Zivilstandsgesetzgebung die Taufe ebenso die Konfirmation ganz und gar in das freie Belieben gestellt worden, darin finde ich — das habe ich noch speziell hervorheben wollen, — einen ganz besonders großen Schaden.

Im übrigen sind die Petitionen gegen formale Mängel der Zivilstandsgesetzgebung gerichtet. Es wird über die vielen Schwierigkeiten, die vielen Unbequemlichkeiten geklagt, welche durch das Institut der Standesbeamten geschaffen worden. Ich selbst habe vielfach Gelegenheit, gerade nach dieser Seite hin die Erfolge, die Wirkungen des Gesetzes zu beobachten, und ich bin gewiß, daß sehr viele Mitglieder des Hauses auch Gelegenheit zu solchen Erfahrungen gehabt haben werden und mir darin vollkommen beistimmen, wenn ich anerkenne: ja, es sind Schwierigkeiten und es sind Unbequemlichkeiten. Wem wäre es unbekannt, mit welchen Schwierigkeiten oft die Besetzung der Standesämter verbunden ist? Geistliche, wie ich schon erwähnt habe, sind ganz und gar ausgeschlossen, und von den Lehrern darf ich hinzusetzen, daß instruktionsmäßig diese nur ganz ausnahms- und aushilfsweise zu Standesbeamten respektive Stellvertretern ernannt werden dürfen.

Ich will aber bemerken, daß in dem Kreise meiner Verwaltung allerdings bereits einige Lehrer angestellt sind, weil es an anderen qualifizirten und bereiten Persönlichkeiten platterdings fehlte. Verpflichtet zur Annahme der Standesämter sind auf dem platten Lande ganz allein die Gemeindevorstandsmitglieder, d. h. der Schulze, die beiden Gerichtsmänner und außerdem der Gutsvorsteher. Nun, erwägen Sie doch, daß gerade diese Leute mit ihren eigenen und ihren amtlichen Angelegenheiten oft bereits überlastet sind; erwägen Sie doch, wie viele von diesen Männern auch eine ganz unzureichende Qualifikation haben, und die Mißstände, zu denen die Fehler der Standesbeamten führen, die werden, fürchte ich sehr, in späteren Jahren recht lebhaft und fühlbar zu Tage treten, z. B. bei der Kontrole über die Militärdienstpflichtigen. Sie wissen, daß diese Kontrole eintritt, wenn die jungen Leute zwanzig Jahre alt werden. Da wird es oft sehr viele Schwierigkeiten geben, festzustellen: wo ist der Mann? Heißt er so? Wo ist er geblieben? ꝛc. ꝛc. Sehr viel schlimmer aber, glaube ich, werden die Folgen sein auf dem Gebiet des Familien- und des Erbrechts; allen Juristen im Hause wird es bekannt sein, daß Unsicherheit der Urkunden über Geburten, Kopulationen oder Sterbefälle in allen Zeiten zu den allerschwierigsten und kostspieligsten Prozessen Anlaß gegeben hat. Ich meinestheils behaupte dreist, daß die Führung der Zivilstandsregister vor Geltung der Zivilstandsgesetzgebung im großen Ganzen in sehr viel besseren Händen sich befand als heute.

(Sehr richtig!)

Nach alle diesem werden Sie, meine Herren, ermessen können, daß ich dem ganzen Zivilstandsgesetz für meine Person abhold bin, und daß ich die Beseitigung desselben je früher desto lieber sehen würde. Der Antrag aber, der Ihnen vorliegt, schlägt keine bestimmten Modifikationen vor, und wir Antragsteller haben ausdrücklich davon Abstand genommen, weil wir wissen, wie sehr die Meinungen auseinandergehen, und weil es nach der jetzigen Lage der Dinge uns vornehmlich darauf ankam, die Sache in Fluß zu bringen, nicht aber hier im Hause durch Uebergang zur Tagesordnung die vorliegenden Petitionen begraben zu lassen. Ich bitte, stimmen Sie dem von mir und meinen Freunden gestellten Antrage bei. Sollte aber, wie ich in einigem Maße zu befürchten habe, diese Zustimmung für heute noch nicht zu erreichen sein, so bin ich, meine Herren, überzeugt, die Zeit, in der Sie sich dem Anerkenntniß der in der That bestehenden Nothstände nicht mehr entziehen können, liegt nicht mehr fern.

(Bravo! rechts und im Zentrum.)

Vizepräsident Dr. **Lucius**: Der Herr Abgeordnete Dr. Löwe (Bochum) hat das Wort.

Abgeordneter Dr. **Löwe** (Bochum): Meine Herren, im Gegensatz zu dem Herrn Vorredner bitte ich Sie, dem Beschlusse Ihrer Kommission zuzustimmen und damit dem Prinzip, das der obligatorischen Zivilehe zu Grunde liegt. Es sind keine wesentlichen Punkte gegen dieselbe angeführt, nur Uebelstände angegeben, die bei ihrer Ausübung und in ihrem Gefolge eingetreten sind. Einmal Uebelstände, die auf den religiösen Charakter des Volkes ungünstig wirken können, dann Uebelstände, die in der Verwaltung liegen und welche der Bevölkerung lästig sind. Das Hauptprinzip, daß die Ehe, die Grundlage der Familie und damit des Staats, dem Staate gehört, das ist überhaupt nicht bestritten und ist niemals in der ganzen Geschichte des Streites darüber bestritten. Wir, die Anhänger der Zivilehe, haben immer gesagt, daß, so lange die Trauung durch den Geistlichen obligatorisch war, der Geistliche als Staatsbeamter diesen Akt vollzog. Als Geistlicher hat er dann die durch ihn als Staatsbeamter geschlossene Ehe gesegnet und das ist sein Recht und seine Pflicht, wenn es im kirchlichen Sinne von ihm gefordert wird.

(Murren im Zentrum.)

Meine Herren, was nun die Uebelstände betrifft, die auf das kirchliche Leben ungünstig einwirken sollen, so werden diese Uebelstände vorzugsweise auf dem Gebiete der protestantischen Kirche beklagt. Hier hat sich nämlich gezeigt, daß Erscheinungen der Unkirchlichkeit besonders stark hervorgetreten sind. Die Thatsache ist richtig, aber der Verlauf ist doch der gewesen, daß zuerst unmittelbar nach Einführung des Gesetzes diese Erscheinung weitaus am stärksten aufgetreten ist, wie ein nachträglicher Protest gegen den Zwang, den die Kirche mittelst der Staatsgewalt ausgeübt hat. Dann hat sich gezeigt, daß die anscheinende Unkirchlichkeit von Jahr zu Jahr geringer geworden ist. Also, sobald das Gefühl dieses Zwanges, der bis dahin geherrscht hatte, verschwunden war, haben sich die Gemüther, der alten Sitte folgend, der kirchlichen Trauung wieder mehr zugewendet, und in Folge davon ist die Zahl derjenigen, die die kirchliche Trauung aufgegeben haben, von Jahr zu Jahr geringer geworden. Es sind Ihnen die bestimmten Zahlen aus der Stadt Leipzig angeführt, und wenn die Zahl aus der Stadt Berlin genau aufgenommen worden wäre, würden Sie hier dieselbe Erscheinung finden. Die entgegengesetzten Angaben beruhen auf dem leicht begreiflichen Irrthum, daß alle die Fälle, in denen der Zivilehe nicht unmittelbar die Trauung folgt, als unkirchlich niedergesetzt werden. Nicht selten kommt es aber vor, daß heute eine Zivilehe geschlossen wird und durch irgend eine äußere Verhinderung oder durch einen gewissen kirchlichen Indifferentismus wird die kirchliche Einsegnung der Ehe unterlassen. Aber nach wenigen Tagen kommt unter dem Einflusse der Familie, — leider muß ich sagen, seltener unter dem kirchlichen Einfluß — ein anderer Gedanke und man sagt: ach das ist doch häßlich, so zu gehen ohne eigentliche Trauung, wie es doch ein Mal Sitte ist, und die kirchliche Trauung wird noch vollzogen.

Noch viel häufiger ist das mit der Taufe der Fall, die ja aber hier nicht zur Frage steht, wenigstens nicht gestellt ist, und das werden die Herren sich auch wohl selbst sagen, daß das ganze Standesamtswesen nicht wieder beseitigt werden kann. Meine Herren, damit fallen aber auch die Uebelstände oder vielmehr Unbequemlichkeiten, die bei der Ausführung des Gesetzes bei der Eheschließung beklagt werden, weniger in das Gewicht. Sie liegen wesentlich in den Einrichtungen der Verwaltung, über welche wir doch die Verwaltung selbst erst hören müssen. Wenn die Verwaltung sagt, hier ist ein Uebelstand, der in der und der Weise geändert werden kann, so wird ein guter Vorschlag auf keine besondere Schwierigkeit stoßen und die Sache wird geändert.

Wenn Sie nun aber sagen, in einigen Standesämtern werde dies Amt nicht gut geführt; besonders die Register würden nicht gut geführt, so muß ich doch fragen, meine Herren, haben denn die Geistlichen die Register immer gut geführt?

(Hört! hört! Murren im Zentrum. — Sehr richtig! links.)

Erst noch wenige Jahre vor Einführung des Gesetzes hat ein Konsistorium, — wenn ich nicht irre, das der Provinz Sachsen, — die Geistlichen ermahnt, doch die Register gut zu führen, weil so große Uebelstände bemerkt worden seien. Also die Rückkehr zum Alten kann Ihnen in dieser Beziehung doch in der That den Erfolg nicht bringen, den Sie gerade um der Sicherheit, die das Standesregister gewähren muß, haben wollen.

Ich bitte Sie also, bei dem Beschlusse Ihrer Kommission zu bleiben, weil wir jedenfalls die Erfahrung erst noch abwarten müssen, was wir an dem Gesetz, um einige Uebelstände abzustellen, ändern können. In kirchlicher Beziehung hat die Erfahrung in allen Ländern oder nachgewiesen, in denen die Zivilehe schon lange bestanden hat, daß die anscheinenden übeln Folgen auf dem kirchlichen Gebiet nicht allein nach und nach verschwunden sind, sondern daß es in der Sitte umsomehr obligatorisch geworden ist für diejenigen, die sich nicht von der Kirche losgesagt haben, die kirchliche Trauung vollziehen zu lassen. Fragen Sie jemand, der nicht in den Gesetzen und gesetzlichen Einrichtungen in Frankreich, in England, in Amerika sehr genau bewandert ist, der bloß aus seiner unmittelbaren Erfahrung, aus der Sitte herausspricht, wie ist das mit der Zivilehe? Oh, sagt man Ihnen in Amerika, da ist wohl einmal ein deutscher Gelehrter oder ein deutscher Arbeiter, dem der Kopf heiß gemacht ist, der läßt sich nicht trauen, sonst läßt sich alle Welt trauen. Ein Franzose hat mir erst kürzlich bestritten, daß das überhaupt nicht vorkomme, daß Leute bloß ziviliter sich trauen lassen, sondern man gehe einfach von der Mairie zur Kirche, beides gehöre eben zusammen. Ich zweifle deshalb nicht, daß die beklagten Uebelstände auch bei uns nach und nach verschwinden, und ich hoffe, daß die Verwaltung uns nach einiger Zeit sagen wird: „In dieser oder jener Beziehung können wir etwas auslassen, was eine Erleichterung gewährt und diese Erleichterung schlagen wir Ihnen vor."

Vizepräsident Dr. **Lucius**: Der Herr Abgeordnete Dr. Westermayer hat das Wort.

Abgeordneter Dr. **Westermayer**: Meine Herren, ich wünschte, ich könnte auch die Sache so harmlos auffassen, wie der Herr Vorredner gerade das uns plausibel gemacht hat. Aber nach den Erfahrungen welche ich als katholischer Pfarrer seit der Zeit des Bestehens dieses Gesetzes machte und meine Kollegen in München mit mir, haben wir so schnell Aussicht noch nicht, sobald ganz und gar die bösen Folgen dieses Gesetzes verschwinden zu sehen; denn so lange das Gesetz existirt, bleibt es für jene, die im Glauben nicht fest sind, eine Versuchung, eine Falle, und wenn man bedenkt, daß es sich hier um eine Sache handelt, wobei die Leidenschaft eine sehr bedeutende Rolle spielt, so können Sie denken, wie leicht hier Schwankende zum Falle kommen und ihrer Kirche untreu werden, und die Pflichten, die sie haben, nicht erfüllen. Das ist ja wahr, die Erfahrungen müssen sich immer mehr herausstellen, daß die Zivilehe als solche, wie wir sie haben, ganz gewiß nur schlimme Früchte tragen kann, wenn nicht von der Geistlichkeit entgegengewirkt wird, und wenn im Referate bemerkt ist, daß in Leipzig gleich im allerersten Jahre ein sehr bedeutender Prozentsatz sich bloß ziviliter trauen ließ, und das sich nach und nach abgeschwächt hat, so ist ausdrücklich von dem hochverehrten Herrn, der in der Petitionskommission diese Bemerkung gemacht hat, beigefügt worden: „Die Geistlichen haben ihre Pflicht gethan", d. h. sie haben der schlimmen Wirkung des Gesetzes entgegengewirkt und dem Volk den Glauben aufgefrischt und ihm gesagt, was es thun müsse; daß man allerdings dem Kaiser geben müsse, was des Kaisers ist, aber auch Gott, was Gottes ist. Meine Herren, wenn die Geistlichen, die katholischen wie die protestantischen, nicht entgegengewirkt hätten — seien Sie überzeugt —, da hätten wir ganz andere Fälle von Korruptionen

(sehr richtig!)

und vom Verderben des Volkslebens gehabt; allein die Geistlichen haben sofort, wie das Gesetz hinausging, das ihrige gethan, um das Volk aufzuklären, wie es damit steht.

Nun, meine Herren, was nun speziell unsere Zustände in Bayern — und auf Bayern war dieses Gesetz hauptsächlich gemünzt — was den Einfluß dieses Gesetzes auf Bayern anlangt, so kann ich sagen, daß die Folgen allerdings nicht so schlimm ausgefallen sind,

(hört!)

wie wir Geistliche es im Anfange befürchteten, allein daran hat das Gesetz selber nicht das mindeste Verdienst,

(Heiterkeit)

sondern es ist, wie gesagt, lediglich zu schreiben auf Rechnung des guten gesunden Glaubens der Bevölkerung und des Umstandes, daß das Volk seinen Geistlichen Gehör geschenkt hat. In München selber hat das erzbischöfliche Ordinariat unterm 16. November 1875, also bald nach der Publikation des Gesetzes, folgende Konferenzthese für die sogenannten Pastoralkonferenzen, die bei uns stattfinden, aufgestellt: es soll bezüglich der Zivilehe die von den Seelsorgern gemachten Erfahrungen unter Mittheilung der statistischen Beläge vorgetragen, und respektive hierüber ein eigenes Protokoll verfaßt, und in demselben zugleich naheliegende Wünsche oder Anträge eingebracht werden, und da heißt es (ich habe die Mittheilungen vom Ordinariat): nach den übereinstimmenden Angaben der Berichterstatter hat das Volk die Zivilehe nur mit Widerwillen und Mißtrauen, in dem richtigen Gefühl, daß die Spitze des Gesetzes gegen die Kirche gerichtet sei, aufgenommen, und bedurfte es in mehreren Orten der ernsten Ermahnung von Seiten der Geistlichen, daß die Leute sich dem Gesetze fügen sollten. Meine Herren, man muß einen Unterschied machen zwischen Frankreich, wo die Zivilehe seit der Revolution besteht, und zwischen der Rheinprovinz, wo die Zivilehe gleichfalls seit jener Zeit besteht, und zwischen Bayern, in welches Land die Zivilehe neu hineinkommt. Man wußte es nicht anders, als daß eine kirchliche Ehe nur geschlossen werden könne vor dem Pfarrer und zwei Zeugen. So war die Auffassung unserer Staatsregierung fort und fort in Bayern. Allein dann kam das Gesetz und auf einmal wurde dem Volk gesagt: „Ihr braucht in Zukunft euch gar nicht vor dem Geistlichen trauen zu lassen, man kann giltig getraut werden, wenn man nur zum Standesbeamten geht!" — Glauben Sie, meine Herren, daß das keine Verwirrung der Begriffe hervorgerufen hat?

(Sehr richtig.)

Was die Herren Petenten in allen den Petitionen, die angeführt worden sind, sagen, das adoptire ich vollständig für unser Volk. Das Volk ist total irre geworden; es hat dieses Gesetz sich auch nur aus der Feindschaft, welche gerade in der Zeit des lebhaftesten Kulturkampfes von Seiten der verbündeten Regierungen namentlich gegen die katholische Kirche sich gezeigt hat, erklären können, und es ist dasselbe stets als ein Kulturkampfgesetz angesehen worden.

(Sehr wahr!)

Allein, meine Herren, gerade dieses Schwanken zwischen dem Rechtsbewußtsein, wie es das neue Gesetz bringt, und den kirchlichen Pflichten — dieses Schwanken besteht fort und immer und immer kann jeder eine nach dem Gesetz giltige Ehe schließen, wenn er nur vor dem Standesbeamten seine Einwilligung erklärt, und das ist der Krebsschaden. Es ist richtig, was der erste Herr Vorredner gesagt hat, daß gründlich nur abgeholfen werden kann durch Beseitigung der obligatorischen Zivilehe; es muß die Ehe, die vor dem Geistlichen geschlossen wird, auch wieder zur Geltung kommen und als giltig anerkannt werden, und wenn die Herren einen derartigen Antrag nicht gestellt haben, so begreife ich allerdings, daß sie schwer daran gingen, einen solchen Antrag einzubringen, obwohl eigentlich der Referent vollständig Recht hat, wenn er sagte: „Wenn die Herren glauben, daß dieses Gesetz selbst die Quelle alles Uebels ist und die Quelle aller schlimmen Zustände, die seit dem Bestehen des Gesetzes geschaffen worden sind, so können Sie nicht dabei stehen bleiben, die Einführung der fakultativen Ehe zu beantragen, sondern Sie müssen die Abschaffung der obligatorischen Zivilehe befürworten." — Und, meine Herren, das ist auch von einem Mann der Wissenschaft geschehen, von dem dem Herrn Referenten wohl bekannten Herrn Professor Dr. Wilhelm Dieckhoff, Professor der Theologie in Rostock, in seiner Schrift, betitelt „Die kirchliche Trauung, ihre Geschichte im Zusammenhang mit der Entwickelung des

Eheschließungsrechts und seinem Verhältniß zur Zivilehe" und da, meine Herren, heißt es ausdrücklich:

> Die nothwendige Remedur der bürgerlichen Ehegesetzgebung wird in korrekter Weise nur dadurch erlangt werden, daß die obligatorische Zivilehe wieder beseitigt und eine Einrichtung getroffen wird, bei welcher den Christen es möglich bleibt, in Uebereinstimmung mit dem bürgerlichen Gesetz die Ehe in der der christlichen Frömmigkeit entsprechenden Weise abzuschließen.

Dann sagt Herr Dieckhoff in einer Anmerkung:

> Wider meine Absicht hat sich dieses Resultat mir aufgedrängt,

— der Herr Präsident gestattet, daß ich das noch vorlese —

> ich bin in der Meinung an die Arbeit gegangen, daß die kirchliche Trauung unter dem Gesichtspunkt der göttlichen Zusammenfügung der Ehe mit dem bürgerlichen Eheschließungsakt, welcher sich nur auf die bürgerlich rechtliche Seite der Ehe bezieht, sich einfach verbinden lasse, und noch unter der Arbeit habe ich mich lange gegen das Resultat gestreubt, dem ich mich zuletzt nicht zu entziehen vermocht habe.

Also das einzig konsequente wäre das, allein ich begreife, warum ein solcher Antrag nicht gestellt wird, und ich will mich darüber weiter nicht auslassen. Ich sage nun von meinem Standpunkt aus, und ich glaube, meine politischen Freunde stimmen darin mit mir überein, wir werden für den Antrag votiren, den der Herr Abgeordnete von Kleist-Retzow mit seinen Freunden hier vorgetragen hat und der zur Verlesung gekommen ist.

Nun, meine Herren, werden Sie wohl auch ein Interesse haben, zu erfahren, wie denn bezüglich der Zivilehen gerade in der Erzdiözese München und in München selber sich seit der Zeit der Existenz dieses Gesetzes die Verhältnisse gestaltet haben. Ich bin so frei, Ihnen einige Daten vorzutragen, die ich gleichfalls von dem erzbischöflichen Ordinariate mir erbeten habe. In München trafen im Jahr 1876, dem ersten Jahr der Herrschaft des Zivilgesetzes, auf 1711 kirchliche Ehen 102 Zivilehen, worunter 7 Paare Christen und Juden, 4 geschiedene Paare und 2 sogenannte altkatholische Paare. Von diesen 102 reinen Zivilehen wurden nachträglich noch 80 kirchlich eingesegnet, theils in Folge der Einwirkung der Eltern oder Verwandten der Nupturienten, theils in Folge seelsorgerischer Einwirkung. Im Jahre 1877 war die Zahl dieser Ehen nicht mehr so groß, und wurde die Mehrzahl nachträglich noch kirchlich eingesegnet. Von Ostern 1877 bis Ostern 1878 wurden nach den pfarramtlichen Berichten zu München in den Pfarreien U. L. Frau zwei, zu St. Peter drei, zum H. Geist elf, St. Anna drei, St. Bonifaz sechszehn, Au fünf Zivilehen abgeschlossen; von den übrigen Pfarrämtern — es sind dort im ganzen neun Pfarreien — sind keine diesbezüglichen Angaben gemacht worden. Ich habe deswegen vorhin bemerkt, daß unsere Befürchtungen größer waren, und daß wir einen größeren Abfall des Volkes gefürchtet haben. Daß nun das nicht der Fall ist, sondern daß nur etwa drei oder vier Prozent im Jahre sich lediglich mit der Zivilltrauung begnügen, das können wir nur für ein großes Glück ansehen. Aber, meine Herren, in München hat gerade das Zivilehegesetz Erscheinungen hervorgerufen, wie sonst nirgend anders. Sie wissen, daß in Bayern früher fort und fort, immer und immer der Charakter der Unauflöslichkeit der Ehe auch von der Staatsregierung anerkannt wurde; seit der Einführung dieses Gesetzes ist das anders. Es werden jetzt Ehen, die früher vor dem katholischen Pfarrer und zwei Zeugen geschlossen worden sind, also längst vor der Einführung des Zivilehegesetzes, dem Bande nach getrennt, und die also Getrennten können sich wieder verheirathen. Das ist ein ganz besonderer Schaden, den das Zivilehegesetz unter uns angerichtet hat.

Weiter haben wir eine solche Masse von Konkubinaten infolge der Zivilehe zu verzeichnen, wie wir dies bisher in München noch nicht gekannt hatten. Mir haben Polizeikommissare erzählt, sie könnten mir da die Aufschlüsse und Daten an die Hand geben, die mich in Erstaunen setzen würden, und ich habe mich mit einer hochgestellten Person ins Einvernehmen gesetzt, um zu erfahren, wie denn das zu erklären sei. Nun, meinte dieser Herr, das komme einfach daher, die Leute haben das Nöthige nicht bei einander, um sich ziviliter trauen zu lassen und deshalb unterlassen sie es, zum Standesamt zu gehen. Wir haben aber auch noch andere Erfahrungen gemacht und hier haben Sie Gelegenheit zu sehen, wie nicht bloß der Einfluß, die Autorität der Kirche geschädigt worden ist, sondern auch die Autorität des Staats. Wissen Sie, warum so viele sich auch nicht einmal mehr vom Standesbeamten trauen lassen, warum sie vorziehen, im Konkubinat bei einander zu sein? Sie sagen ganz einfach so, braucht der Staat den Priester nicht, brauchen wir den Standesbeamten nicht und dabei ersparen wir noch ein gutes Stück Geld und zusammenleben können wir so auch.

Meine Herren, ich möchte denn doch fragen, ob das im Interesse des Staats und seiner Autorität ist und ob nicht die kirchliche und staatliche Autorität gerade durch dieses Gesetz in gleicher Weise geschädigt worden ist. Sehen Sie, es treten bei uns in Bayern und namentlich in der Hauptstadt Bayerns Erscheinungen zu Tage, die noch nicht dagewesen sind.

Bezüglich der Führung der Standesregister bestehen, soviel ich weiß, keine Klagen. Nur können wir nichts mehr über die Paternität erfahren; dadurch läßt sich auch der Grad der Verwandtschaft nicht mehr feststellen und es kann in Folge dessen, weil der uneheliche Vater nicht in das Standesregister eingetragen ist, wohl einmal vorkommen, daß Bruder und Schwester einander heirathen.

(Widerspruch, links.)

Soviel, meine Herren, hierüber! — In Norddeutschland und namentlich hier haben die katholischen Geistlichen es gleichfalls empfunden, daß ein beträchtlicher Ausfall der kirchlichen Trauungen stattgefunden hat. In all den vier katholischen Vereinen Berlins sind 100 kirchliche Trauungen seit der Zeit des Bestehens dieses Gesetzes alljährlich weniger vorgekommen.

(Hört! Hört! im Zentrum.)

In Potsdam, meine Herren, stellt sich seit der Zeit des Bestehens dieses Gesetzes die Sache mit den Eheschließungen so: rein katholische Ehen geschlossen 29, nur ziviliter 4. Von den gemischten Ehen, wo der Mann katholisch, die Frau protestantisch ist, kirchlich geschlossene 22, nicht kirchlich 89; wo der Mann protestantisch, die Frau katholisch ist, kirchlich eingesegnete 16, ziviliter 46.

Darnach sind von den gemischten 173 Paaren nur 38 kirchlich eingesegnet und 135 haben sich mit der Zivilverbindung begnügt. Das sind ungleich ungünstigere Verhältnisse, als wir sie im Süden haben.

Also alles in allem genommen, glaube ich, daß die verbündeten Regierungen mit der Wirkung dieses Gesetzes auf die katholische Kirche wenigstens sich getäuscht haben;

(sehr richtig! im Zentrum)

die katholische Kirche sollte geschädigt werden und die protestantische nebenbei mit ein wenig, der Parität wegen, und nun gestehen alle die Herren, und selbst in den Petitionen kommt dies vor, die protestantische Geistlichkeit und die protestantische Religion ist dabei ungleich mehr zu Schaden gekommen, als die katholische.

(Sehr richtig! rechts und im Zentrum.)

Ich möchte mich nun noch in ein paar Worten auseinandersetzen mit dem Herrn Referenten und auch mit dem Herrn Vorredner, dem verehrten Herrn Abgeordneten Löwe. Beide haben sie, der Herr Referent in seinem Referat und der Herr Abgeordnete Löwe in seiner Rede, so viel Werth darauf gelegt, daß kein Zwang stattfindet, und gerade hierin findet der Herr Referent den größten Vorzug des ganzen Gesetzes. Er sagt: die Zivilehe setzt die kirchliche Freiheit voraus und nur in dieser Voraussetzung, verbunden mit der freien Entschließung, sich dem Gebote der kirchlichen Gemeinschaft zu fügen, kann diese Verbindung segensreich wirken und hat ganz gewiß in der ganzen deutschen Kirche. — ich glaube, er meint auch die katholische — segensreich gewirkt. Würde er die katholische nicht meinen, so würde ich mich über diesen Punkt mit ihm nicht auseinandersetzen, denn was der Herr Referent von seinem Standpunkte aus mit seinen konfessionellen Gegnern zu besprechen haben wird, in die Debatte darüber mische ich mich nicht ein, ich möchte nur das besprechen, was aus seinem Referate auf die katholische Kirche angewendet werden kann, und nach dieser Richtung das Referat mir zu kritisiren erlauben.

Es scheint mir, daß der Herr Referent ebenso wie der Herr Abgeordnete Löwe auf einem ganz falschen Standpunkte stehen, wenigstens nicht auf dem, auf welchem ich stehe, das kann auch nicht sein

(Heiterkeit)

und es ist den Herren von vornherein gleich ganz und gar verziehen. Ja, meine Herren, es muß doch ein Unterschied gemacht werden nach meinem katholischen Standpunkte zwischen der Stellung, die irgend jemand einnimmt, bevor er der katholischen Kirche angehört, und der Stellung, die jemand einnimmt, sobald er mit freier Entschließung ihr angehört. Vor seinem Eintritt in die Kirche ist er frei. Ist er aber mit freier Entschließung eingetreten, so hat er, wie er seine Rechte hat, auch seine Pflichten zu erfüllen. Erfüllt er diese Pflichten nicht, gut, dann schließest Du dich selber aus und wenn du hartnäckig in der Pflichtverweigerung verharrst, so kann man Dir nicht helfen, es bleibt nichts anderes übrig als zu gehen. Bleibst Du aber, so wirst Du auch der Rechte und Ehren verlustig, weil Du die Pflichten nicht erfüllst. Das, meine Herren, ist der katholische Standpunkt.

Nun sagt der Herr Referent, es sei der Zwang aufgehoben worden, und das sei das Verdienst dieses Zivilehegesetzes, und der Herr Abgeordnete Löwe hat das gleichfalls gesagt. Ja, meine Herren, ich möchte dann doch wissen, hat der Staat das Recht, einen Katholiken oder anderen Christen zu entbinden von der Erfüllung seiner Pflichten, es ihm freizustellen, ob er seinen Pflichten nachkommen will oder nicht? Sehen Sie, das ist gerade der Wurm im ganzen Gesetze. Es setzt sich der Staat hier in Opposition mit der Kirche, mit der protestantischen Kirche wie mit der katholischen Kirche, und dadurch ist auch die Verwirrung der Geister hervorgebracht worden. Mit der Freiheit, die der Herr Referent im Auge hat, kann keine Kirche bestehen. Der Herr Referent hat nicht scharf genug unterschieden zwischen der Freiheit der Kirche und der Freiheit des Individuums. Der Herr Referent will die Freiheit des Individuums, er will, daß das einzelne Individuum die Freiheit besitzt, von der Kirche sich nach Belieben los zu machen, zu glauben, was es will und thun, was es mag, ohne auf den Glauben der Kirche und auf die Satzungen der Kirche Rücksicht zu nehmen. Ja, mit solcher Freiheit kann ein Organismus, wie die Kirche ist, absolut nicht bestehen, das wird mir gewiß auch von den Kollegen auf protestantischer Seite zugegeben werden müssen. Sonderbar aber, so sehr der Herr Referent für die Freiheit des Individuums in der Kirche schwärmt, so sehr ist er für den Zwang und zwar von Seiten des Staats.

(Sehr richtig! im Zentrum.)

Da kann ich ihm wirklich sagen: ein sonderbarer Schwärmer!

(Große Heiterkeit.)

Meine Herren, es ist immer und immer betont worden, die Kirche solle nicht die Heuchelei befördern, nicht die Scheinheiligkeit, das thue sie aber, wenn sie Zwang ausübe. Das betont der Herr Referent, das hat Herr Löwe gesagt, das hat in früherer Zeit ein Landsmann von mir gesagt: „nur keine Heuchelei, wenn der Zwang beseitigt wird, wird auch die Heuchelei beseitigt!"

Meine Herren, was haben wir denn jetzt? Jetzt ist der Zwang der Kirche beseitigt, und jetzt hören Sie, daß sehr scharf gedrückt wird auf solche, die sich nicht kirchlich einsegnen lassen, seien es Lehrer, seien es Offiziere, seien es andere Standesgenossen, es wird von ihnen verlangt unter Androhung der Entlassung aus ihrem Dienst, daß sie sich auch kirchlich trauen lassen. Und nun möchte ich wissen: ist denn der Zwang auf ein Mal wieder erlaubt und befördert dieser Zwang keine Heuchelei mehr? Und woher kommt denn der Zwang? Sie wissen es ja ganz gewiß.

Also wenn jemand einmal einer Kirche angehört, die ihre bestimmten Statuten hat, so gehört er einer Gesellschaft an, und jeder, der einer Gesellschaft angehören will, muß sich nach den Statuten der Gesellschaft richten, und richtet er sich nicht danach, so wird man ihm einige Mahnungen und Warnungen zukommen lassen, und wenn er dann hartnäckig bleibt, so wird der ausgeschlossen sein; und dieses Recht jeder Gesellschaft muß auch die Kirche haben.

(Sehr richtig! rechts.)

Nun sagt der Herr Referent, man muß nicht ganz den glimmenden Docht auslöschen und das schwache Rohr ganz durchbrechen. Das thun wir auch nicht, wir gehen den Leuten nach; es ist von dem Herrn Korreferenten sogar wohlwollend hervorgehoben worden, daß die Geistlichen allerdings eine mühsame Aufgabe übernommen haben; diejenigen, die sich nicht kirchlich trauen lassen wollen, haben sie aufgesucht, haben sie zu gewinnen gesucht und gehofft, daß in Folge der Erfahrungen, die auf diesem Gebiete gemacht worden sind, immer mehr und mehr die Ziviltrauungen als solche verschwinden würden. Wir thun alles, was wir thun können. Aber wie dann, Herr Referent, wenn diejenigen, die auf diese Weise ermahnt worden sind, sich nicht belehren lassen? Dann müssen sie gehen, sie schließen sich selber aus und werden ausgeschlossen. Ohne solches Zuchtrecht, ohne solche Disziplin kann eine Kirche nicht bestehen, und mit dem bloßen Mahnen in aller Geduld und Demuth ist es zuletzt nicht gethan. Es ist nicht Sache derjenigen, die in Demuth und Güte zu ermahnen haben, sondern die Pflicht der Demuth liegt auch auf Seiten derer, die sich fügen sollen, wenn sie noch wirklich wahre Glieder ihrer Kirche bleiben wollen.

Nun, meine Herren, sagt der Herr Referent, und da hat ihm auch der Herr Abgeordnete Löwe sekundirt: Der Zwang ist deswegen bei dem Staat berechtigt, so sehr er bei der Kirche verpönt ist, weil der Staat nur eigentlich wieder an sich genommen hat, was er der Geistlichkeit übertrug. Der Geistliche (sagt der Herr Referent in seinem Referat) hat das Mandat der Eheschließung vom Staate bekommen, und nun ist dem Staat eingefallen, dieses Mandat zurückzuziehen, und folglich hat der Staat ganz in seinem Recht gehandelt, denn es handelt sich hier (wie der Herr Referent sagt) um ein rein weltliches Ding. Er beruft sich dabei auf Augustinus und auf Luther und nennt alle beide „sehr angesehene Kirchenväter".

(Heiterkeit.)

Für diese Promovirung zum Kirchenvater mag sich Dr. Luther bei dem Herrn Referenten bedanken; ich für mein Theil gestehe, daß ich Luther das Prädikat als Kirchenvater nicht zugestehen kann, und wenn Luther auch nicht bloß für ein weltlich Ding die Ehe erklärt hat, sondern auch für ein sehr kirchlich Ding, so hat doch Augustinus das in ungleich größerem Maße gethan.

Wenn nun der Herr Referent meint und mit ihm andere Herren, die derselben Ansicht sind, wie sie auch Herr Löwe ausgesprochen hat, der Zwang sei da berechtigt, und der Staat habe nun zurückgenommen von dem Geistlichen, was er ihm früher gegeben habe, so kann ich nur sagen, daß ich seit der Zeit meiner Pfarrführung in meinem Leben noch gar nie etwas gehört habe, daß mir vom Staat ein Recht übertragen worden sei bei der Eheschließung. Ehe ich installirt worden bin, ist mir durch den Polizeikommissar kein Wort davon gesagt, daß ich im Namen des Staats die Ehe abschließen sollte, und Herr von Kleist-Retzow hat in der Petitionskommission noch ganz ausdrücklich auf den kirchlichen und heilsmäßigen Charakter der Ehe hingewiesen, als er den Bischof Ignatius und als er Tertullian zitirte, und dort ist ausdrücklich der rein kirchliche Charakter hervorgehoben, und ich wüßte nicht, ob damals die betreffenden Kaiser den beiden Männern die Mandate übertragen haben. Meine Herren, ich weiß aber auch nichts von einem Reichsehegesetz, worin dieser Satz vorkommt, es ist das eine ganz moderne Erfindung, daß vom Staate ein solches Recht übertragen worden sei, und dabei ist nun andererseits der Herr Referent der Meinung, es ließe sich das so auseinander reißen; das bürgerliche Rechtsverhältniß und die Segnung der Kopulation ließen sich trennen; — das eine möge der Staat behalten, und die Segnungen möge die Geistlichkeit aussprechen. Nun, meine Herren, diese Segnungen und die Ehe selbst können nach der katholischen Auffassung nicht auseinander gerissen werden. Ich glaube, daß die kirchliche Einsegnung der Ehe ein rein kirchlicher Akt ist, und früher haben die Staatsbehörden es auch so aufgefaßt und sie haben niemals daran gedacht, zu behaupten, es sei diese Macht, zu trauen, im Namen und Auftrag des Staates den installirten Pfarrern übergeben worden. Noch weniger hat man daran gedacht, ein solches Recht ihnen zu geben, das ist erst modern, und wenn der Herr Referent meint, nicht der Kulturkampf sei es gewesen, der dieses Gesetz ins Dasein gerufen hat, sondern die Wirkung des Staatsbewußtseins infolge der Kreirung des neuen Kaiserreichs, so glaube ich, daß alle diejenigen, die damals zu derselben beigetragen haben, noch nicht an die Schöpfung der Zivilehe gedacht haben.

Meine Herren, der Herr Referent hat gemeint, weil ihm doch ein bischen gruselig darüber wurde, daß die Ehe ein ganz weltliches Ding sein sollte, sie hätte denn doch auch eine sittliche Seite, hat dabei aber nicht die Bibel, sondern eine Schrift unseres verehrten Kollegen Gneist zitirt.

(Heiterkeit.)

In dieser Schrift heißt es, die Zivilehe gibt der kirchlichen Trauung erst ihre religiöse, ihre wahre Bedeutung. Man lernt nicht aus, meine Herren, ich habe das auch nicht gewußt;

(Heiterkeit)

und dabei beruft sich der Herr Referent noch auf die Motive zu der preußischen Vorlage vom Jahre 1874, wo es heißt:

> Die geistlichen Güter, welche mit der kirchlichen Trauung verbunden sind, können doch in der That nur wahrhaft wirksam sein, wenn sie aus dem Bedürfniß des Herzens gesucht und erstrebt werden.

Ja, meine Herren, das ist ja sehr wahr, wo kein Bedürfniß und Verlangen ist nach irgend einem geistlichen Gut, da ist die Disposition nicht dafür da, daß es günstig wirken könne, aber wenn der Herr Referent den Schluß ziehen will, die Zivilehe ist es, die dieses Bedürfniß in dem Herzen erweckt, so muß ich doch sagen, daß bei der Abschließung des Zivilaktes wahrhaftig nichts vorkommt, was einen christlichen Gedanken in den Eheschließenden wecken könnte; denn die Zivilehe ist ein rein weltlicher Akt und soll auch weiter nichts sein, die Standesbeamten sollen auch weiter gar nichts sagen. Ich möchte dann aber den Herrn Referenten an seinen Landsmann verweisen, der ganz genau geschildert hat, was die Zivilehe ist, nichts als ein rein weltlicher Akt. Er sagt:

> „Vor den Zivilsstandsbeamten wird die Ehe nicht unter Anrufung Gottes geschlossen. Es wird nicht durch die Kirche die Uebereinstimmung der Ehe mit dem Worte Gottes bezeugt, um die Eheschließenden dieser nothwendigen Voraussetzung der göttlichen Zusammenfügung zu vergewissern. Die Brautleute empfangen sich nicht als von Gott einander zur Ehe gegeben. Die Ehe wird nicht aus dem Grunde der göttlichen Ehestiftung und Eheordnung und nicht mit Bindung durch das göttliche Ehegesetz zu der durch dasselbe festgestellten Unauflöslichkeit geschlossen. Die Ehe wird nicht im Namen Gottes zusammengefügt, damit die Schließung der Ehe zu einer Zusammenfügung durch Gott selbst werde. Beim Zivilakte ist dies alles vielmehr ausgeschlossen. Die obligatorische Zivilehe ist eingeführt, damit der Rechtsakt der Eheschließung für sich bei allen, welche in die Ehe treten, in gleicher Weise vollzogen werde, geschieden von jeder Beziehung zur religiösen Seite der Eheschließung.

Und nun will der Herr Referent haben, daß das Brautpaar mit frommen Gedanken, mit heiligen Empfindungen, mit kirchlichem Sinn auf das Rathhaus gehe zum Standesbeamten! Das ist doch zu viel verlangt. Auf der anderen Seite aber meint der Referent, daß die Zivilehe auch insofern ganz gewiß von großem Nutzen sei, als das junge Ehepaar, welches zum Standesbeamten zu gehen hat, daran erinnert wird, daß es nicht bloß der Familie oder der Gemeinde angehört, sondern auch angehört als organisches Gliedmaß dem großen Körper des Gesammtstaates. Ich glaube, das sind doch die letzten Gedanken, die zwei Leute, die zum Standesbeamten gehen, haben.

(Große Heiterkeit.)

Wenn sie an diesen patriotischen Gedanken erinnert werden, so geschieht es hauptsächlich dadurch, daß sie, ehe sie zum Standesamt kommen, recht tüchtig in den Säckel greifen und gehörig zahlen müssen; dadurch werden sie ganz gewiß an ihre Zusammengehörigkeit mit dem Staat erinnert.

Nach alle dem, glaube ich, harmoniren wir auf katholischer Seite wie auf evangelischer Seite vollständig in der Anschauung bezüglich der Folgen dieses Gesetzes, und ich kann sagen: wir sind Leidensgenossen! Wir sind es nicht so sehr, Sie (nach rechts) sind es mehr, und daß da etwas geschehen muß, das, glaube ich, muß auch den verbündeten Regierungen klar werden. Wir sind recht gern bereit, dem Kaiser zu geben, was des Kaisers ist, aber wir möchten auch Gott geben, was Gottes ist.

(Zuruf links.)

— Ganz gewiß! Ich weiß, es hilft ja auf dieser Seite (nach links) nichts, ich mag das milliardenweise versichern. — Allein, meine Herren, man muß es denjenigen, die noch ein positives Christenthum im Leibe haben,

(große Heiterkeit)

— ob ich sage „in Leibe" oder „im Herzen", das ist ganz gleich —

(Bravo! im Zentrum)

ich sage, man muß es denen auch möglich machen, daß sie gläubige Christen bleiben können. So wenigstens haben früher die Staaten ihr Verhältniß zur Kirche angesehen, als sie noch nicht feindselig der Kirche gegenübertraten, jetzt ist es freilich anders, aber wir müssen hoffen, es möchte wieder anders werden. Das ist mein herzlichster Wunsch!

(Bravo!)

Präsident: Es sind zwei Anträge auf Vertagung eingereicht, von dem Herrn Abgeordneten von Bötticher (Flensburg) und von dem Herrn Abgeordneten Dr. Zinn. Ich ersuche diejenigen Herren, die den Vertagungsantrag unterstützen wollen, sich zu erheben.

(Geschieht.)

Die Unterstützung reicht aus.

Nunmehr ersuche ich diejenigen Heren, aufzustehen respektive stehen zu bleiben, welche die Vertagung beschließen wollen.

(Geschieht.)

Das ist die Mehrheit; die Vertagung ist beschlossen.

Meine Herren, ich würde vorschlagen, die nächste Plenarsitzung morgen Vormittag 11 Uhr abzuhalten, und proponire als Tagesordnung:

die zweite Berathung des Zolltarifs.

Meine Herren, ehe ich die Tagesordnung näher spezialisire, möchte ich in dieser Beziehung noch folgendes aussprechen. Für mich kann bei der Proponirung der Tagesordnung nur die Form des Gesetzes, die Reihenfolge des Tarifs maßgebend sein; ich werde daher die Tagesordnung proponiren nach der Reihenfolge, wie sie aus dem Zolltarif sich ergibt.

Sodann, meine Herren, glaube ich gleich von vornherein bei der Feststellung der Tageordnung schon mittheilen zu müssen, daß meiner Ueberzeugung nach nicht nur die einzelnen Nummern des Tarifs, sondern auch die Unterpositionen nach dem Sinne unserer Geschäftsordnung besonders diskutirt und einer besonderen Abstimmung unterworfen werden müssen.

(Sehr richtig!)

Ich sage, nicht bloß die Nummern, sondern auch die einzelnen Zollsätze, weil diese eine dispositive Bestimmung enthalten. Dabei steht es aber noch dem Hause frei, sowohl die Diskussion als auch die Abstimmung der einzelnen Zollsätze im gegebenen Fall mit einander zu vereinigen; denn der § 19 unserer Geschäftsordnung besagt über die zweite Berathung:

> Die zweite Berathung erfolgt frühestens am zweiten Tage nach dem Abschlusse der ersten Berathung und, wenn eine Kommission eingesetzt ist, frühestens am zweiten Tage, nachdem die Kommissionsanträge gedruckt in die Hände der Mitglieder gekommen sind.
>
> Ueber jeden einzelnen Artikel —

— darunter verstehe ich jede einzelne, für sich bestehende dispositive Bestimmung, bei dem Zolltarif also jeden einzelnen Zollsatz —

> Ueber jeden einzelnen Artikel wird der Reihenfolge nach die Diskussion eröffnet und geschlossen und die Abstimmung herbeigeführt.

— Das ist also die für mich maßgebende Regel. —

> Auf Beschluß des Reichstags kann die Reihenfolge verlassen, in gleicher Weise die Diskussion über mehrere Artikel verbunden oder über verschiedene zu demselben Artikel gestellte Abänderungsvorschläge getrennt werden.

Nach diesen Grundsätzen werde ich also demnächst die Diskussion leiten, und mit Rücksicht darauf schlage ich Ihnen als spezielle Tagesordnung für morgen vor nach der Reihenfolge des Tarifs, so weit die Nummern nicht der Tarifkommission überwiesen sind:

Nr. 1, Abfälle: a, b, c;
Nr. 4, Bürstenbinder- und Siebmacherwaaren: a, b;
Nr. 6, Eisen und Eisenwaaren, in allen ihren Unterpositionen;

(Bewegung),

Nr. 7, Erden, Erze und edle Metalle.

— Meine Herren, ich weiß nicht, wie die Diskussion sich ausdehnt oder wie schnell sie verläuft, und ich habe vor allem für eine reichhaltige Tagesordnung zu sorgen und schlage deshalb für die morgige Tagesordnung auch ferner noch vor:

Nr. 8, Flachs und andere vegetabilische Stoffe mit Ausnahme der Baumwolle;
Nr. 9, Getreide und andere Erzeugnisse des Landbaus.

Zur Tagesordnung hat das Wort der Herr Abgeordnete Rickert (Danzig).

Abgeordneter **Rickert** (Danzig): Meine Herren, ich gebe zu, daß der Herr Präsident einen anderen Vorschlag für die Tagesordnung nicht machen konnte, indessen glaube ich, wie die Vorverhandlungen über eine der wichtigsten Positionen, über die Position Eisen, thatsächlich im Hause liegen, wird es sich wohl nicht empfehlen, für morgen schon diesen Gegenstand auf die Tagesordnung zu setzen.

Meine Herren, wenn ich Widerspruch gegen die Tagesordnung erhebe, so will ich von vornherein erklären, daß es nach meiner Ansicht nicht im Interesse der Beschleunigung der Geschäfte liegt, wenn wir schon morgen mit der Position Eisen anfangen. Es ist bekannt, daß eine Reihe von Anträgen in Bezug auf diesen Gegenstand vorbereitet werden, gedruckt ist, soviel ich weiß, noch kein einziger. Wir würden also wahrscheinlich morgen beim Eintritt in die Verhandlung oder erst im Laufe derselben die Anträge bekommen. Ich glaube nicht, meine Herren, daß das im Interesse der Sache liegt.

Ich würde anheimgeben, und ich glaube, der Herr Präsident wird seinerseits keine Einwendung dagegen erheben, ob das Haus nicht zuerst diejenigen Gegenstände hintereinander erledigen möchte, die voraussichtlich weniger Aufenthalt machen werden. Das wären die Nummern 1, 4, 7, 8, 12, 14, 16, 24, 28, 32, 33, 34 und 36.

Ich glaube, wir werden wahrscheinlich morgen mit allen diesen Gegenständen in einer Sitzung fertig werden können, und könnten dann in der darauf folgenden Sitzung mit Eisen anfangen.

Ich würde den Herrn Präsidenten bitten, mit Rücksicht auf die Verhandlungen innerhalb der einzelnen Fraktionen über die Position Eisen, das Haus darüber zu befragen, ob es nicht auf meinen Vorschlag eingehen möchte.

Präsident: Zur Klärung der Sache halte ich mich verpflichtet, mitzutheilen, daß ein Antrag in Bezug auf Eisen mir bereits überreicht worden und von mir zum Druck geschrieben ist; so viel ich übersehen konnte, bezieht er sich fast auf alle Positionen und Unterpositionen, die unter der Position „Eisen" enthalten sind. Der Antrag rührt her von dem Herrn Abgeordneten von Wedell-Malchow; er wird heute Abend noch vertheilt werden.

Im übrigen kann ich nur die Entscheidung dem Hause anheimgeben.

Der Herr Abgeordnete von Kleist-Retzow hat das Wort.

Abgeordneter **von Kleist-Retzow**: Meine Herren, ich möchte bitten, daß wir bei dem Vorschlage des Herrn Präsidenten bleiben. Nach den Erfahrungen, die ich gemacht habe, fördert bei einer so ausgiebigen Sache, wie wir jetzt vor uns haben, die Berathung wesentlich, wenn die wichtigsten Fragen vorweg genommen werden, wir werden über die anderen kleinen Positionen viel leichter hinwegkommen, wenn wir über die Eisen-, Vieh- und Kornzölle hinweg sind, und darum glaube ich, ist es gerechtfertigt, wie nun einmal der Tarif liegt, der Reihe nach die Fragen, die wir nicht in die Kommission gegeben haben, zu erledigen.

Ich habe eine zweite Bitte an den Herrn Präsidenten: wir haben heute eine wichtige Verhandlung unterbrochen durch den Willen des Hauses, und ich glaube, daß es nicht angezeigt wäre, die Fortsetzung der Berathung auf mehrere Tage hinauszuschieben, wo die Verhandlungen über den Tarif dazwischen liegen. Wenn Sie diese Verhandlungen dazwischen schieben, müssen Sie später die Verhandlungen des Tarifs unterbrechen. Ich kann es mir nicht als zweckmäßig denken, daß es gut wäre, eine Verhandlung, in der zwei Redner gesprochen haben, abzuschneiden und sie dann erst später wieder nach mehreren Tagen aufzunehmen. Ich würde bitten, daß morgen zunächst die Berathungen fortgesetzt werden über den vertagten Gegenstand, und daß dann die Berathung eintritt über den Tarif, wie er nach der Reihe des Alphabets vorliegt.

Präsident: Der Herr Abgeordnete von Kardorff hat das Wort.

Abgeordneter **von Kardorff**: Ich möchte den Herrn Präsidenten und das hohe Haus bitten, dem Antrage des Herrn Abgeordneten von Kleist-Retzow nicht Folge zu geben. Ich glaube, wenn wir dahin gelangen sollten, bei einer etwaigen Vertagung einer Verhandlung über Petitionen jedesmal die Fortsetzung der Diskussion zum nächsten Tag zu beschließen, so wäre das ein verhängnißvolles Prozedere des Hauses, wodurch die wesentlichsten Geschäfte desselben sehr aufgehalten werden würden. Im übrigen glaube ich, daß der Vorschlag des Herrn Abgeordneten Rickert doch zu bedenklich ist, als daß ich wünschen könnte, daß der Reichstag sich für denselben entschiede. Ich halte es für sehr bedenklich, eine willkürliche Reihenfolge unter den einzelnen Positionen zu entwerfen und nach dieser Reihenfolge zu gehen. Soweit ich gehört habe, ist die Tarifkommission, die bestanden hat, selbst in Schwierigkeiten gewesen und hat sich sehr wohl überlegt, in welcher Reihenfolge sie die einzelnen Artikel nach einander berathen sollte, und ist schließlich zu dem Entschluß gekommen, nach den einzelnen Positionen zu gehen, wie sie sich alphabetisch aneinanderreihen. Ich glaube auch, uns wird nichts anderes übrig bleiben, und wenn der Herr Abgeordnete Rickert angekündigt hat, daß Anträge bezüglich gerade des Eisens noch in der Vorbereitung wären, die noch nicht möglich gewesen wären, dem Druck zu übergeben, so glaube ich, sind diese Anträge jedem im Hause von vorn herein so bekannt, daß jedes Mitglied dazu seine Stellung hat. Ich glaube, durch diese Anträge wird niemand überrascht werden, niemand wird durch dieselben etwas neues erfahren, und deshalb bitte ich den Herrn Präsidenten bei seinem Vorschlage stehen bleiben zu wollen, und ich bitte den Reichstag, dem Vorschlage des Herrn Präsidenten folgen zu wollen.

Präsident: Der Herr Abgeordnete Rickert (Danzig) hat das Wort.

Abgeordneter **Rickert** (Danzig): Was der Herr Abgeordnete von Kardorff zuletzt gesagt hat, dürfte wohl nicht zutreffen. Ich habe beispielsweise heute einen Antrag gesehen, — ich weiß nicht ob ich ein Recht habe, schon darüber zu sprechen, und unterlasse es daher ihn näher zu bezeichnen — der technisch sehr viel Schwierigkeiten machen wird und der auch wohl dem Herrn Abgeordneten von Kardorff vielleicht noch nicht bekannt ist, obgleich er von jener Seite (rechts) ausgeht. Ich bin ferner der Meinung, daß wenn wir uns der Plenarberathung in Bezug auf Eisen nicht widersetzt haben, dies lediglich in der Erwartung geschah, daß die Herren uns die nöthige Zeit zur Vorbereitung lassen würden; hätten wir das nicht angenommen, so hätten wir der Plenarberathung widersprochen.

Im übrigen will ich erklären, daß das, was ich wollte, vollkommen erreicht wird durch den Antrag des Herrn Abgeordneten von Kleist-Retzow. Ich bin also gern bereit, ihm zuzustimmen, und ich denke auch, meine Freunde, und möchte den Herrn Präsidenten bitten, die Fortsetzung der Berathung der Petitionen, die heut unterbrochen worden ist, auf die Tagesordnung für morgen zu setzen.

Präsident: Der Herr Abgeordnete Richter (Hagen) hat das Wort.

Abgeordneter **Richter** (Hagen): Meine Herren, ich wollte dem wesentlich zustimmen. Mir ist kein Fall bekannt, daß eine große wichtige Debatte von prinzipieller Bedeutung, wie die über die Zivilehe, inmitten abgebrochen, dann kalt gestellt und vielleicht nach einigen Tagen wieder aufgenommen ist, es ist die Fortsetzung immer Tags darauf erfolgt; geschieht hier das Gegentheil, so müssen ganz besondere Gründe vorhanden sein. Mir persönlich ist es gleichgiltig, ob die Eisenzolldebatte morgen oder übermorgen kommt, aber was mir bei der Sache befremdend ist, ist, daß hier gewissermaßen ein Präzedenzfall geschaffen wird, erst am Nachmittag vorher im Hause festzusetzen, welcher der wichtigen Gegenstände am anderen Tage zur Berathung kommen wird. Wenn das ferner geschehen soll, dann ist es gar nicht möglich, sich in sachlicher Weise auf so schwierige Gegenstände vorzubereiten. Diese Verhandlung hat eine gewisse Aehnlichkeit mit der Budgetberathung; da ist es nie vorgekommen, daß unmittelbar am Tage vorher ein großes und wichtiges Kapitel für die nächste Tagesordnung angesetzt ist, sondern man hat immer mit den kleinen Etats die Budgetberathung angefangen und ist dann erst zu den größeren übergegangen.

Präsident: Ich wollte nur daran erinnern, daß ich gestern meine Absicht schon proklamirt habe.

Der Herr Abgeordnete von Kleist-Retzow hat das Wort.

Abgeordneter **von Kleist-Retzow**: Meine Herren, meine Freunde wünschen, daß ich auf das Recht der sofortigen Fortsetzung der heutigen Berathung verzichte. Ich würde gern die abgebrochene Berathung fortsetzen, doch gebe ich Ihnen darin im Interesse der schleunigeren Tarifberathung nach und ziehe also meinen Antrag zurück.

Präsident: Der Herr Abgeordnete von Kardorff hat das Wort.

Abgeordneter **von Kardorff**: Ich möchte nur ein Wort dem Herrn Abgeordneten Richter entgegnen. Das ist wirklich eine Vorstellung, der, denke ich, der Reichstag sich nicht anschließen kann, daß wir durch die Debatte über die Eisenfrage jetzt so überrascht würden, daß das Haus noch nicht wissen könnte, wie es sich bei diesen Debatten zu verhalten hätte. Jahrelang ist die Eisenfrage im Reichstag debattirt worden; jedes Mitglied des hohen Hauses hat meiner Ueberzeugung nach schon heut eine ganz positive Stellung zu den bestimmten Fragen. Es ist vom Herrn Präsidenten proklamirt worden, daß er an die Berathung des Zolltarifs unverzüglich gehen würde, es hat also jedes Mitglied voraussehen können, daß noch im Laufe dieser Woche das Eisen auf die Tagesordnung werde gesetzt werden können. Ich bitte daher den Herrn Präsidenten, seinerseits bei seinem Vorschlag stehen zu bleiben und bitte um Abstimmung.

Präsident: Meine Herren, wir müssen die Sache durch Abstimmung entscheiden. Ich bitte Platz zu nehmen.

Wenn ich richtig verstanden habe, so ist der Antrag von Kleist-Retzow zurückgezogen worden, und dieser Einwand gegen die Tagesordnung existirt nicht mehr.

(Wird bestätigt.)

Es bleibt daher nur noch der Antrag Rickert übrig. Ich fasse den so auf: der Herr Abgeordnete Rickert will statt der von mir proponirten speziellen Gegenstände des Tarifs die von ihm angegebenen auf die morgige Tagesordnung bringen und nichts weiter.

Ich werde diesen Antrag zur Abstimmung bringen. Wird der Antrag verworfen, so bleibt es bei der von mir proponirten Tagesordnung.

Zur Fragestellung hat das Wort der Herr Abgeordnete Richter (Hagen).

Abgeordneter **Richter** (Hagen): Meine Herren, ich glaubte, daß der Antrag von Kleist-Retzow auch jetzt gerade zur Abstimmung kommen würde.

(Zurufe: ist zurückgezogen!)

— Ich glaube, daß es mir dann gestattet ist, ihn wieder aufzunehmen.

(Heiterkeit.)

Präsident: Wenn der Herr Abgeordnete Richter den Antrag wieder aufnimmt, dann versteht sich von selbst, daß er zur Abstimmung kommt. Dann muß ich die Fragestellung ändern und die beiden Einwendungen, die gegen die Tagesordnung vorgebracht sind, zur Abstimmung bringen. Ich werde also erstens fragen: soll auf die morgige Tagesordnung zuerst die Fortsetzung der heutigen Debatte gebracht werden? Wenn diese Frage bejaht wird, so würde ich dann noch den Antrag Rickert zur Abstimmung bringen und fragen: soll dann statt der übrigen von mir proponirten Tagesordnung die Tagesordnung des Herrn Abgeordneten Rickert kommen? Wird der Antrag des Herrn Abgeordneten Richter (Hagen) verworfen, so werde ich dann ferner fragen: soll statt der von mir proponirten Tagesordnung die Tagesordnung des Herrn Abgeordneten Rickert kommen?

Gegen diese Art der Fragestellung wird Widerspruch nicht erhoben; wir werden daher so abstimmen.

Es kommt zuerst der Antrag ursprünglich von Kleist-Retzow, jetzt Richter (Hagen).

(Heiterkeit.)

Ich ersuche diejenigen Herren, welche als erste Nummer auf die morgige Tagesordnung setzen wollen:

Fortsetzung der heute vertagten Debatte über die Petitionen gegen das Zivilehegesetz,

sich zu erheben.

(Geschieht.)

Das ist die Minderheit; der Antrag ist abgelehnt.

Es kommt nun der Antrag des Herrn Abgeordneten Rickert (Danzig).

Ich ersuche den Herrn Schriftführer, die Positionen noch einmal zu verlesen.

Schriftführer Abgeordneter **Eysoldt**:

Der Reichstag wolle beschließen:
folgende Gegenstände auf die Tagesordnung zu setzen:
Nr. 1, Abfälle;
Nr. 4, Bürstenbinder- und Siebmacherwaaren;

(Heiterkeit)

Nr. 7, Erden, Erze und edle Metalle;
Nr. 8, Flachs;
Nr. 12, Häute und Felle;
Nr. 14, Hopfen;
Nr. 16, Kalender;
Nr. 24, literarische und Kunstgegenstände;
Nr. 28, Pelzwerk;
Nr. 32, Spielkarten;
Nr. 33, Steine und Steinwaaren;
Nr. 34, Steinkohlen;
Nr. 36, Theer.

Präsident: Ich ersuche die Herren, welche diese Tagesordnung annehmen wollen, sich zu erheben.

(Geschieht.)

Das ist auch die Minderheit; der Antrag ist abgelehnt. Es bleibt also bei der von mir proponirten Tagesordnung, und mit dieser Tagesordnung findet morgen um 11 Uhr die Sitzung statt.

Ich ersuche die Abtheilungen, jetzt nach der Sitzung behufs Vornahme der Kommissionswahlen zusammenzutreten.

Ich schließe die Sitzung.

(Schluß der Sitzung 4 Uhr 20 Minuten.)

Druck und Verlag der Buchdruckerei der Norddb. Allgem. Zeitung. Pindter.
Berlin, Wilhelmstraße 32.

45. Sitzung

am Donnerstag, den 15. Mai 1879.

Die Sitzung wird um 11 Uhr 35 Minuten durch den Präsidenten Dr. von Forckenbeck eröffnet.

Präsident: Die Sitzung ist eröffnet.

Das Protokoll der gestrigen Sitzung liegt zur Einsicht auf dem Büreau offen.

Seit der letzten Plenarsitzung ist in das Haus eingetreten und zugelooft worden:

der 4. Abtheilung der Herr Abgeordnete Fürst von Hohenlohe-Schillingsfürst.

Kraft meiner Befugniß habe ich wegen dringender Amtsgeschäfte für acht Tage beurlaubt den Herrn Abgeordneten von Heim.

Entschuldigt ist für heute wegen Unwohlseins der Herr Abgeordnete Görz.

Ich ersuche den Schriftführer, die Resultate der Kommissionswahlen zu verlesen.

Schriftführer Abgeordneter Graf **von Kleist-Schmenzin**: In die Kommission zur Vorberathung des Gesetzentwurfs, betreffend den Zolltarif des deutschen Zollgebiets, sowie der Nummern 2, 3, 5, 10, 11, 17, 18, 19, 20, 21, 22, 25, 27, 29, 30, 35, 38, 40, 41, 42, 43 des Tarifs, sind gewählt:

von der 1. Abtheilung die Herren Graf von Ballestrem, Ruppert, Freiherr von Aretin (Ingolstadt), Dr. Moufang;

von der 2. Abtheilung die Herren Windthorst, Freiherr zu Franckenstein, Freiherr von Heereman, Dr. Freiherr von Hertling;

von der 3. Abtheilung die Herren Freiherr von Varnbüler, von Bötticher (Flensburg), Bowinckel, Graf von Frankenberg;

von der 4. Abtheilung die Herren von Karborff, Dr. Karsten, Löwe (Berlin), Richter (Hagen);

von der 5. Abtheilung die Herren von Seydewitz, Grützner, von Wedell-Malchow, Graf Udo zu Stolberg-Wernigerode;

von der 6. Abtheilung die Herren Dr. Hammacher, Dr. Delbrück, Dr. von Schauß, Dr. Bamberger;

von der 7. Abtheiluug die Herren Rickert (Danzig), von Bennigsen, von Benda, Dechelhäuser.

Die Kommission hat sich konstituirt und gewählt:

zum Vorsitzenden den Abgeordneten von Seydewitz,

zu dessen Stellvertreter den Abgeordneten Freiherrn zu Franckenstein,

zu Schriftführern die Abgeordneten Löwe (Berlin), Ruppert, Grützner.

In die Kommission zur Vorberathung der Gesetzentwürfe

a) wegen Erhebung der Brausteuer,

b) betreffend die Erhöhung der Brausteuer,

sind gewählt:

von der 1. Abtheilung die Herren Freiherr von Soden, von Kehler;

von der 2. Abtheilung die Herren Bernards, Stötzel;

von der 3. Abtheilung die Herren Richter (Meißen), Melbeck;

von der 4. Abtheilung die Herren Eysoldt, von Puttkamer (Fraustadt);

von der 5. Abtheilung die Herren Uhden, Merz;

von der 6. Abtheilung die Herren Forkel, Feustel;

von der 7. Abtheilung die Herren Lüders, Dr. Zinn.

Die Kommission hat sich konstituirt und gewählt:

zum Vorsitzenden den Abgeordneten Richter (Meißen),

zu dessen Stellvertreter den Abgeordneten von Kehler,

zum Schriftführer den Abgeordneten Bernards,

zu dessen Stellvertreter den Abgeordneten Lüders.

In die Kommission zur Vorberathung der Gesetzentwürfe:

a) betreffend die Besteuerung des Tabaks,

b) betreffend die Erhebung einer Nachsteuer vom Tabak und von Tabakfabrikaten,

sind gewählt:

von der 1. Abtheilung die Herren Dieden, Graf von Galen, Dr. Majunke, Dr. Lingens;

von der 2. Abtheilung die Herren Graf von Fugger-Kirchberg, Freiherr von Bodman, Gielen, Lender;

von der 3. Abtheilung die Herren von Schmid (Württemberg), Findeisen, Süs, Freiherr Nordeck zur Rabenau;

von der 4. Abtheilung die Herren Richter (Hagen), Wöllmer, Hermes, Dr. Buhl;

von der 5. Abtheilung die Herren von Puttkamer (Löwenberg), Ackermann, Freiherr von Marschall, Freiherr von Tettau;

von der 6. Abtheilung die Herren Freiherr von Manteuffel, Dr. Blum, Meier (Schaumburg-Lippe), Dr. Groß;

von der 7. Abtheilung die Herren Dr. Witte (Mecklenburg), Möring, Dr. Böttcher (Waldeck), Dr. Stephani.

Die Kommission hat sich konstituirt und gewählt:

zum Vorsitzenden den Abgeordneten Grafen von Fugger-Kirchberg,

zu dessen Stellvertreter den Abgeordneten von Schmid (Württemberg),

zu Schriftführern die Abgeordneten Freiherr von Manteuffel, Dr. Witte (Mecklenburg), Lender, Möring.

Präsident: In die Kommission zur Vorberathung des Etats der Reichspost- und Telegraphenverwaltung ist an Stelle des verstorbenen Abgeordneten Dr. Nieper von der 1. Abtheilung der Herr Abgeordnete Berger gewählt.

Wir treten in die Tagesordnung ein:

zweite Berathung des Zolltarifs (Nr. 132 der Drucksachen).

Wir beginnen mit der Position Nr. 1, **Abfälle**.

Zuvörderst ertheile ich das Wort dem Herrn Berichterstatter der Petitionskommission, um über Petitionen zu berichten.

Berichterstatter Abgeordneter Dr. **Stephani**: Meine Herren, es ist gewünscht worden und entspricht auch wohl dem Interesse unserer Berathungen, wenn bei jeder einzelnen Zollposition zum Beginn der Berathung die Aeußerungen aus den Kreisen der Bevölkerung, die in Form von Petitionen an uns gelangt sind, zur Kenntniß des Hauses gebracht werden, damit in dem weiteren Gange der Berathung diese Petitionen mit in Betracht gezogen werden können. Im Auftrage Ihrer Petitionskommission erstatte ich Ihnen diesen Bericht für die jetzt zur Berathung stehende Position 1, natürlich der Sachlage entsprechend, ohne irgend ein materielles Votum, und ich glaube meiner Aufgabe und dem Interesse des Hauses am besten zu entsprechen, wenn ich mich dabei auf das allerkürzeste Maß beschränke, d. h. auf eine ganz kurze Inhaltsangabe, weil jedes weitere Eingehen in die Petitionen einen Vortrag erfordern würde, der weit über eine Sitzung ausfüllen würde.

Nach Vorausschickung dessen bemerke ich, daß zu Position 1, Abfälle, 8 Petitionen eingegangen sind, und zwar zunächst folgende 6, die sich auf den Lumpenausfuhrzoll erstrecken, also nicht auf irgend einen Einfuhrzoll, der in diesem Augenblick zur Berathung steht, sondern auf einen Ausfuhrzoll, der überhaupt im Tarif nicht enthalten ist. Die Petenten haben aber diese ihre Petitionen angeschlossen an die Einfuhrzollpositionen unter Nr. 1, weil ihnen ein anderer Platz nicht gegeben ist. Es haben sich erklärt die Handelskammer in Karlsruhe und in Hannover, ferner die in Neuß und in Osnabrück und die Handels- und Gewerbekammer in Dresden, ferner der Verein deutscher Papierfabrikanten in Berlin und endlich eine Reihe von Fabrikanten, erstens von Buntpapier 30 Firmen, zweitens von Luxuspapier 9 Firmen, ferner Kunstdruckanstalten, 15 Firmen, und Fabrikanten von Gold- und Silberpapier 5 Firmen, theils in Nürnberg, München, Leipzig, Elberfeld und verschiedenen anderen Orten. Sie bitten sämmtlich um Wiedereinführung des früher bestandenen Lumpenausfuhrzolls in der früher bestandenen Höhe von 8 Mark per 100 Kilo. Außerdem bitten zu der Position „Abfälle" die Lederwaarenfabrikanten Charles Lynen zu Stolberg bei Aachen um zollfreie Einfuhr von Lederabfällen, die sie für ihre Fabrikation brauchen, und zwar unter Beilegung einer Probe ihres Fabrikats. Ich werde mir die Ehre geben, dasselbe hier auf den Tisch des Hauses zu legen, — ein Fabrikat, was aus Lederabfällen hergestellt wird und Leder wieder ersetzen soll.

Endlich bittet zu Position 1 noch die Handelskammer in Solingen, Abfälle aller Art von Eisen und Stahl mit unter Position 1 zu stellen, d. h. zollfrei eingehen zu lassen. Dieselbe Petition kehrt nachher noch wieder bei der Position 6, Eisen; die Petenten bitten aber ausdrücklich, sie hier mit aufzunehmen bei Position 1 als zollfrei. — Das sind die Petitionen zu dieser Position 1.

Präsident: Ich eröffne demnach die Diskussion über Nr. 1a. Zu derselben liegen keine Amendements vor.

Der Herr Abgeordnete Rickert (Danzig) hat das Wort.

Abgeordneter **Rickert** (Danzig): Meine Herren, es sind in der Nr. 1 des Zolltarifentwurfs, der uns gegenwärtig vorliegt, mehrere Abänderungen vorgenommen. Die erste ist die, daß die Mutterlauge von Salzsiedereien nicht Erwähnung findet in der Position 1a. Gründe habe ich nicht angeführt gefunden; ich will indeß heute, falls die Herren Vertreter der Bundesregierungen etwa Veranlassung nehmen sollten, uns die Ausnahmestellung, die diesem Artikel gegeben ist, etwas näher zu motiviren, mich enthalten, bei der zweiten Berathung darauf einzugehen, ich werde die Sache vielleicht nach näherer Erkundigung in der dritten Berathung wieder aufnehmen, für jetzt glaube ich, daß die Sache eine erhebliche praktische Bedeutung nicht hat. Dagegen glaube ich, werden Sie im Interesse der Industrie handeln, wenn Sie den letzten Satz in der Nr. 1a einer Abänderung unterziehen, es heißt nämlich hier:

> „Auch abgenutzte alte Lederstücke und sonstige lediglich zur Leimfabrikation geeignete Lederabfälle."

Es sollen also nicht frei sein die im übrigen in der Fabrikation zur Verwendung gelangenden Lederabfälle, meine Herren, in neuerer Zeit ist namentlich zur Fabrikation von blausaurem Kali dieses Material als Rohstoff nothwendig; Sie würden diese Fabrikation schädigen, wenn Sie nicht für diese Abfälle Zollfreiheit einführten oder beließen wie für die zur Leimfabrikation bestimmten. Ich erlaube mir daher, den Antrag zu stellen, daß der letzte Satz in 1a eine andere Fassung erhält und zwar statt der Worte „sonstige lediglich zur Leimfabrikation geeignete Lederabfälle" zu setzen „und sonstige zur Verwendung als Fabrikationsmaterial geeignete Lederabfälle".

Ich glaube, auch die Vertreter der verbündeten Regierungen werden mit Rücksicht auf die Interessen der genannten Industrie gegen die beantragte Aenderung einen Einwand nicht machen können.

Präsident: Der Herr Bevollmächtigte zum Bundesrath Obersteuerrath von Moser hat das Wort.

Bevollmächtigter zum Bundesrath für das Königreich Württemberg Obersteuerrath **von Moser**: Meine Herren, die Vollzugsverfügung zu dem Bundesgesetz über die Salzsteuer vom Jahre 1867 bestimmt ausdrücklich, daß Mutterlauge nur unter der Kontrole der Verwendung steuerfrei abgelassen werden dürfe. Es ist im Vollzug dieser Bestimmung von dem königlich preußischen Finanzministerium eine Verfügung erlassen worden, welche besagt, daß Mutterlauge, welche höchstens 3 Prozent Chlornatrium enthält, ohne Kontrole verabfolgt werden dürfe und zwar vorbehaltlich der gesetzlichen Beaufsichtigung der chemischen Fabriken, welche die Mutterlauge in größerem Umfange beziehen. Dagegen darf nach dieser Verfügung Mutterlauge, welche mehr als 3 Prozent Chlornatrium enthält, zu Bädern in größeren Badeanstalten nur auf Bescheinigung der Besitzer, an einzelne Personen nur auf Bescheinigung des Hausarztes, in welcher die Zahl der Bäder oder die Menge der Mutterlauge annähernd vermerkt ist, verabfolgt werden. Diese Bestimmung bezieht sich nach Lage der gegenwärtigen Gesetzgebung nur auf die im Inlande gewonnene Mutterlauge; die Mutterlauge, welche aus dem Auslande eingegangen ist, ist diesen beschränkenden Bestimmungen nicht unterworfen. Die verbündeten Regierungen glaubten im Interesse einer gleichmäßigen Behandlung der ausländischen und inländischen Mutterlauge, dasjenige Ihnen vorschlagen zu sollen, was in der Position 1a des Tarifentwurfs enthalten ist.

Was die weitere Bemerkung des Herrn Vorredners betrifft in Bezug auf die Lederabfälle, welche lediglich zur Leimfabrikation eingehen, so bin ich in dem gegenwärtigen Stadium der Verhandlung nicht in der Lage, eine Erklärung im Namen der verbündeten Regierungen abgeben zu können.

Präsident: Es ist soeben ein schriftlicher Antrag eingereicht worden:

> Der Reichstag wolle beschließen:
> in Nr. 1a statt „und sonstige lediglich zur Leimfabrikation geeignete Lederabfälle" zu setzen:
> „und sonstige zur Verwendung als Fabrikationsmaterial geeignete Lederabfälle."
> Rickert (Danzig).

Der Herr Abgeordnete Rickert (Danzig) hat das Wort.

Abgeordneter **Rickert** (Danzig): Meine Herren, ich möchte nochmals Ihr Interesse für diese verhältnißmäßig unbedeutende Sache in Anspruch nehmen. Nachdem der Herr Vertreter der Bundesregierungen erklärt hat, daß er nicht in der Lage sei, gegenwärtig sich darüber zu äußern, möchte ich annehmen, daß diese Erklärung so zu interpretiren, daß weder die Tarifkommission noch die Bundesregierungen in der Lage waren, die thatsächlichen Verhältnisse, die in Frage kommen, zu prüfen. Ich kann Ihnen mittheilen, daß von einer großen Fabrik in Saarbrücken an Mitglieder dieses Hauses das Ersuchen gerichtet worden ist, im Interesse ihrer Fabrikation die Lederabfälle, die derselben dienen, unter die zollfreien zu setzen, weil sie ihre Verwendung finden zur Fabrikation von blausaurem Kali. Ich bitte, daß die Herren diese Abänderung genehmigen.

Präsident: Der Herr Bevollmächtigte zum Bundesrath Obersteuerrath von Moser hat das Wort.

Bevollmächtigter zum Bundesrath für das Königreich Württemberg Obersteuerrath **von Moser**: Ich möchte nur ganz kurz konstatiren, daß in dem Ihnen vorliegenden Tarifentwurf eine Aenderung der Bestimmung gegenüber dem seitherigen Tarif nicht eingetreten ist.

Präsident: Der Herr Abgeordnete Rickert (Danzig) hat das Wort.

Abgeordneter **Rickert** (Danzig): Ich will dem gegenüber nur konstatiren, daß ich vorhin gesagt habe, daß diese Fabrikation in dem jetzigen Umfange eben neueren Datums ist.

Präsident: Das Wort wünscht noch der Herr Abgeordnete von Ludwig. Ich bemerke aber, daß wir jetzt erst die Position a diskutiren, nicht die Position b; ich behalte also zu dem Amendement zu Position b dem Herrn Abgeordneten von Ludwig das Wort vor.

Abgeordneter **von Ludwig**: Ich habe zu der ganzen Position 1 um das Wort gebeten und will natürlich dabei auch das Amendement vertheidigen, welches ich zu Position b gestellt habe. Gestattet mir also der Herr Präsident, über das Ganze eine Bemerkung zu machen, oder soll ich sie erst machen, wenn ich mein Amendement zu b vertheidige?

Präsident: Dann ertheile ich dem Herrn Abgeordneten von Ludwig das Wort.

Abgeordneter **von Ludwig**: Meine Herren, diese erste Position leidet nach meiner Auffassung an verschiedenen Unklarheiten; ich habe sie mir nur überlegt, soweit sie das Fach betreffen, was mich besonders interessirt, die Landwirthschaft. Es ist richtig, daß das namentlich in der Anmerkung 2 der Fall ist, die sich wesentlich auf die Nr. b bezieht. Aber die Anmerkung zu b bezieht sich auch gewissermaßen auf das ganze, indem sie ausführt:

> An sich zollpflichtige Düngungsmittel, künstliche, und Düngesalz werden auf besondere Erlaubniß, und letzteres nur unter der Kontrole der Verwendung, zollfrei zugelassen.

Das heißt nach meiner Auffassung einfach: es gibt Düngemittel, welche n i c h t zollfrei eingehen dürfen. Es heißt ferner, daß es in dem Zolltarif i r g e n d w o eine Nummer geben müßte, welche uns die Düngemittel, welche nicht zollfrei eingehen, nennt. Das letztere ist nun nicht der Fall und ich glaube, bei der Wichtigkeit der Sache wird die Bitte an den hohen Bundesrath gerechtfertigt sein, sich darüber auszusprechen. Ich habe vor der Sitzung, da ich erst diesen Morgen angekommen bin, nicht Zeit gehabt, mich weiter für die Sache zu interessiren, ich habe aber mit dem Herrn Minister der Landwirthschaft für Preußen gesprochen und es hat derselbe mit der ihm eigenthümlichen Freundlichkeit für sein Ressort die Sache aufgenommen und will sie auch vertreten. Der Herr Minister war nun der Ansicht, daß es sich von selbst verstände, daß alle Düngungsmittel frei eingehen sollen; ich kann aber nicht glauben, daß das nach dem Wortlaut der Nr. 1 anzunehmen ist, und möchte bitten, daß, falls der Herr Minister der Landwirthschaft für Preußen Recht hat, der Herr Kommissar der verbündeten Regierungen sich darüber g a n z k a t e g o r i s c h a u s s p r i c h t. Es ist ja unzweifelhaft, daß z. B. der freie Eingang von Chilisalpeter und von all den verschiedenen Guanosorten für unsere Landwirthschaft von der allergrößten Wichtigkeit ist.

In der zweiten Anmerkung ist nun gesagt:

> Abfälle, welche nicht besonders genannt sind, werden wie die Rohstoffe, von welchen sie herstammen, behandelt.

Da komme ich nun auf den Buchstaben b und finde, daß bei den dort angeführten Dingen die hohen verbündeten Regierungen ganz entschieden die Absicht gehabt haben, die Vermehrung der Fruchtbarkeit unserer Felder durch zollfreie Einfuhr verschiedener Abfälle zu unterstützen; aber, meine Herren, diese Bestimmungen sind ebenfalls nicht genau gefaßt, sie sind mindestens unvollständig, ja man kommt mit der Anmerkung 2 zu ganz sonderbaren Resultaten. Es ist in Position b gesagt:

> Blut von geschlachtetem Vieh, flüssiges und eingetrocknetes; Thierflechsen; Treber; Branntweinspülig; Spreu; Kleie; Steinkohlenasche; Dünger, thierischer, und andere Düngungsmittel, als: ausgelaugte Asche, Kalkäscher, Knochenschaum oder Zuckererde.

Die Verbindung, die hier gebraucht ist, „thierischer Dünger und andere Düngungsmittel, als: ausgelaugte Asche u. s. w.", läßt nach der gewöhnlichen Verbalinterpretation darüber keinen Zweifel, daß man annehmen muß, von allen Düngungsmitteln sollen nur zollfrei eingehen, die hier genannt sind. Das würde aber der Landwirthschaft durchaus nicht genügen, es würde ein Hauptdüngemittel fehlen, dessen zollfreien Eingang wir absolut nicht entbehren können, und um den zollfreien Eingang dieses Düngungsmittels zu erreichen, habe ich mir erlaubt mein Amendement zu stellen; ich bitte, daß am Schluß noch gesagt wird: „und Thierknochen jeder Art."

Es wird hier nicht am Ort sein, einen landwirthschaftlichen Vortrag über die Wichtigkeit der Phosphorsäure zu halten. Ich glaube, daß alle Herren, auch die nicht Landwirthe sind, soweit im Klaren darüber sind, daß die Phosphorsäure eines der wichtigsten Düngungsmittel ist, die wir haben, und ich meine daher, daß jeder, der überhaupt für die Landwirthschaft sich ein bischen interessirt, dieses Amendement annehmen muß.

Vergleicht man nun mit dieser Fassung die Anmerkung 2, so kommt man auf ganz sonderbare Resultate. Die Rohstoffe, aus denen die Knochen herstammen, sind bekanntlich das Vieh. — Nun finden wir bei dem Vieh eine große Unterscheidung in den einzelnen Tarifsätzen: Pferde 10 Mark, Füllen 8 Mark, Kälber 2 Mark. Wenn nun ein solcher unglücklicher Zollbeamter Knochen vor sich hat und soll hier auf den Rohstoff zurückgehen, so muß er zunächst wissen, woher die Knochen sind, ob von Füllen oder von Ochsen.

(Heiterkeit.)

Das ist entschieden den Herren zu viel zugemuthet, und ich hoffe, daß die hohen verbündeten Regierungen sich das doch nicht genau überlegt haben, und auch in dieser Beziehung würde sich die Annahme meines Amendements empfehlen, was vollständige Klarheit schafft. Ich bitte also, nehmen Sie mein Amendement an.

Präsident: Der Herr Bevollmächtigte zum Bundesrath hat das Wort.

Bevollmächtigter zum Bundesrath für das Königreich Württemberg Obersteuerrath **von Moser**: Ich kann dem Herrn Vorredner die beruhigende Versicherung geben, daß es in den Intentionen der verbündeten Regierungen liegt, der Landwirthschaft sämmtliche Düngemittel zollfrei zuzuführen. Es geht das schon unzweideutig aus der Position b hervor, wenn dort gesagt ist:

„Dünger, thierischer, und andere Düngungsmittel als: ausgelaugte Asche, Kalkäscher, Knochenschaum oder Zuckererde."

Es hat hiermit nur exemplifizirt und durchaus keine vollständige Aufzählung gegeben werden sollen. Wenn nun aber auch andere Gegenstände zur Düngung verwandt werden, welche an sich zollpflichtig sind, so soll gleichwohl nach Maßgabe der Anmerkung b auch hier Zollfreiheit eintreten unter der einzigen Voraussetzung, daß der betreffende sich der Kontrole der Verwendung unterwirft.

Ich glaube darauf aufmerksam machen zu müssen, daß in Beziehung auf diese Frage in dem neuen Tarifentwurf eine Aenderung gegenüber dem seitherigen Tarif nicht eingetreten ist.

Was sodann die von dem Herrn Vorredner insbesondere angeregte Frage der Zollfreiheit der Thierknochen betrifft, so glaube ich darauf hinweisen zu dürfen, daß diese Frage durch Position 13 a des neuen Zolltarifs erledigt ist, da dort ausdrücklich gesagt ist:

„animalische Schnitzstoffe, nicht besonders benannte, zollfrei."

Im übrigen möchte ich darauf aufmerksam machen, daß es seiner Zeit doch Sache der Verwaltung sein wird, aus Anlaß der Aufstellung des amtlichen Waarenverzeichnisses die nöthigen Vollzugsbestimmungen zu treffen; derartige Gegenstände im Tarif im einzelnen zu regeln wird kaum möglich sein.

Präsident: Der Herr Abgeordnete von Ludwig hat das Wort.

Abgeordneter **von Ludwig**: Der Herr Kommissar des Bundesraths meint, es hätten sich in dieser Beziehung Aenderungen des gegenwärtigen Tarifs gegenüber dem früheren nicht vorgefunden; ich glaube es existirt schon die eine große Aenderung, in dem der alte Tarif den Satz enthielt: alles was einem Zoll nicht unterworfen ist, ist zollfrei. Diesen Satz vermissen wir in dem neuen Zolltarif. Wenn mir aber der Herr Kommissar des Bundesraths amtlich versichert, daß sämmtliche Dungmittel zollfrei eingehen sollen, und wenn der Reichstag diese Versicherung widerspruchslos akzeptirt, dann ziehe ich gern mein Amendement zurück.

Präsident: Zu der Position 1 a ist Niemand weiter zum Wort gemeldet; ich schließe die Diskussion.

Es liegt vor das Amendement des Herrn Abgeordneten Rickert (Danzig), sonst keines. Ich werde das Amendement Rickert zur Abstimmung bringen, sodann die Position 1 a, wie sie sich nach dieser Vorabstimmung herausstellt.

Widerspruch gegen die Fragstellung wird nicht erhoben; es wird, wie ich vorgeschlagen habe, abgestimmt.

Ich ersuche den Herrn Schriftführer, das Amendement Rickert nochmals zu verlesen.

Schriftführer Abgeordneter **Graf von Kleist-Schmenzin**: Der Reichstag wolle beschließen:

in Nr. 1 a statt „und sonstige lediglich zur Leimfabrikation geeignete Lederabfälle" zu sagen:

und sonstige zur Verwendung als Fabrikationsmaterial geeignete Lederabfälle.

Präsident: Ich ersuche diejenigen Herren, welche den eben verlesenen Antrag annehmen wollen, sich zu erheben.

(Geschieht.)

Das ist die Majorität; der Antrag ist angenommen.

Meine Herren, ich bemerke, daß der Antrag nicht gedruckt vorlag, daß er daher in der nächsten Sitzung nochmals zur Abstimmung kommen muß. Ich behalte diese Abstimmung vor, wenn nicht ausdrücklich darauf verzichtet wird.

Meine Herren, wir können jetzt die Position 1, Abfälle, a, mit dem Amendement Rickert, welches soeben angenommen ist, zur Abstimmung bringen. Es wird uns wohl die Verlesung der Position erlassen.

(Zustimmung.)

Ich ersuche diejenigen Herren, welche Position 1, Abfälle, a, mit dem angenommenen Amendement Rickert nunmehr annehmen wollen, sich zu erheben.

(Geschieht.)

Das ist eine erhebliche Majorität; die Position ist angenommen.

Ich eröffne über Position 1 b die Diskussion.

Zu derselben liegen vor: das Amendement Melbeck und das Amendement von Ludwig, welches vorhin schon motivirt worden ist und welches nicht definitiv zurückgezogen ist, — wenn ich den Herrn Antragsteller richtig verstanden habe.

(Wird bestätigt.)

Beide Amendements stehen mit zur Diskussion, und ich ertheile das Wort dem Herrn Abgeordneten Melbeck.

Abgeordneter **Melbeck**: Meine Herren, die Abfälle des Malzes, die Malzkeime bilden bekanntlich ein sehr werthvolles Futtermittel und auch Düngemittel, vorzugsweise aber ein Futtermittel für Milch- und Mastvieh und wird namentlich in den westlichen Provinzen in sehr bedeutendem Umfange verwendet. Die Malzkeime werden bisher aus den angrenzenden Ländern, namentlich aus Frankreich, Belgien und Holland in sehr großen Quantitäten in die westlichen Provinzen eingeführt. Ich glaube nun nicht annehmen zu können, daß die Ansicht der verbündeten Regierungen ist, die Malzkeime fortan mit einem Zolle zu belegen; diese Abgänge sind eben ja eins der werthvollsten Futtermittel, welches die Landwirthschaft hat. In dem bisherigen Tarif stehen die Malzkeime, die Malzabfälle, erklärlicherweise nicht aufgeführt, weil ja der Rohstoff, das Malz selbst, von dem sie stammen, überhaupt bisher nicht verzollt ist. Würden nun die Malzkeime nicht unter Nr. 1 des Tarifs aufgenommen oder durch eine sonstige Vorschrift im Tarif eximirt werden, so wäre die nothwendige Konsequenz, daß dieselben nach Nr. 9 lit. c mit dem Malzzoll von 1,20 Mark belegt würden, was zirka 20 Prozent des Werthes involviren würde. Daß der Vorlage eine solche Absicht prinzipiell nicht zu Grunde liegen dürfte, geht schon aus einer anderen Position hervor. Ich mache aufmerksam auf Position 26 „Oel"; da ist ausdrücklich gesagt, daß die festen Rückstände von der Fabrikation fetter Oele, also die Oelkuchen, die ja auch ein werthvolles Futtermittel sind, frei eingehen sollen.

Ich erachte es hiernach im Interesse der Landwirthschaft für dringend geboten, daß die Exemtion des wichtigen Futtermittels „Malzkeime" ausdrücklich in den Tarif aufgenommen werde, um der Eventualität zu entgehen, daß später an der Zollgrenze bei der Ueberführung von Malzkeimen auf die Tarifposition „Malz" zurückgegangen wird.

Meine Herren, ich habe Veranlassung genommen, mit den Vertretern der Landwirthschaft im westlichen Theile Deutschlands, in der Rheinprovinz namentlich, Rücksprache zu nehmen und Erkundigungen einzuziehen. Ich weiß auch selbst als langjähriger Direktor eines landwirthschaftlichen Vereins, wie höchst werthvoll dieses Futtermittel ist, und wie unentbehrlich es für unsere Landwirthschaft sich ergeben hat.

Aus allen diesen Gründen bitte ich Sie bringend, mein Amendement, welches dahin gerichtet ist, hinter dem Worte „Kleie" hinzuzusetzen „Malzkeime", und demgemäß die Malzkeime für zollfrei zu erklären, anzunehmen.

Präsident: Der Herr Bevollmächtigte zum Bundesrath Obersteuerrath von Moser hat das Wort.

Bevollmächtigter zum Bundesrath für das Königreich Württemberg Obersteuerrath von Moser: Wenn ich auch nicht im Namen der verbündeten Regierungen eine verbindliche Erklärung abgeben kann, so glaube ich doch, annehmen zu dürfen, daß die Absicht der Regierungen nicht dahin geht, Malzkeime einem Eingangszoll zu unterwerfen.

Präsident: Der Herr Abgeordnete Dr. Hammacher hat das Wort.

Abgeordneter Dr. **Hammacher**: Meine Herren, wenn ich den Herrn Abgeordneten von Ludwig richtig verstanden habe, so richtete er vorhin die ja prinzipiell sehr wichtige und bedeutsame Frage an den Bundesrathstisch, ob seine Auffassung richtig sei, daß in Zukunft alle Gegenstände zollfrei sein sollten, mit Rücksicht auf welche der Tarif keine Zollbelastung enthalte, — und Herr von Ludwig fügte hinzu, daß, wenn diese seine Auffassung vom Regierungstische aus bestätigt werde, er sein Amendement zurückziehen werde. Nun muß es auffallen, meine Herren, daß seitens des Bundesrathstisches auf diese Anfrage keine Antwort erfolgt ist. Ich für meinen Theil habe nicht den geringsten Zweifel darüber, daß die Frage zu bejahen ist. Sollte darüber irgend ein Zweifel entstehen, dann wäre es, wie ich glaube, Pflicht, diesen Zweifel in irgend einer Weise zu lösen, weil davon selbstverständlich die Stellung des einzelnen Abgeordneten zu einer Menge von Tarifsätzen abhängig ist.

Präsident: Der Herr Bevollmächtigte zum Bundesrath hat das Wort.

Bevollmächtigter zum Bundesrath für das Königreich Württemberg, Obersteuerrath von Moser: Ich kann die Ansicht des Herrn Vorredners nur bestätigen; es kommt in dieser Beziehung in Betracht § 3 des Vereinszollgesetzes; derselbe lautet:

> „Die aus dem Vereinsauslande eingehenden Gegenstände sind zollfrei, soweit nicht der Vereinszolltarif einen Eingangszoll festsetzt."

An dieser Bestimmung ist durch den gegenwärtigen Tarifentwurf eine Abänderung nicht vor sich gegangen.

Präsident: Der Herr Abgeordnete von Ludwig hat das Wort.

Abgeordneter **von Ludwig**: Ich bin insoweit genügend belehrt, daß ich über den Zweifel hinweg bin, daß, wenn Sache hier nicht als zollpflichtig aufgeführt ist, sie zollfrei ist.

Aber, meine Herren, ich habe noch einen andern Umstand, der die Sache zweifelhaft macht, den ich mir erlaubte hier anzuregen; es existirt im Zolltarif die Anmerkung:

> Abfälle, welche nicht besonders genannt sind, werden wie die Rohstoffe, von welchen sie herstammen, behandelt.

Also, meine Herren, die Knochen sind allerdings nicht besonders benannt, aber das Vieh, die Rohstoffe, aus denen sie genommen werden, und dies führt eben zu den vorhin angedeuteten Schwierigkeiten, ist genannt; ich glaube, daß auch hier eine Rektifizirung entschieden stattfinden muß.

Präsident: Der Herr Abgeordnete von Böttticher (Flensburg) hat das Wort.

Abgeordneter **von Bötticher** (Flensburg): Ich möchte doch den Herrn Abgeordneten von Ludwig darauf hinweisen, daß nach Pos. 13 „Holz und animalische Schnitzstoffe" frei sein sollen sämmtliche animalische Schnitzstoffe. Nun ist diese Position gleichbedeutend mit der entsprechenden Position des bisherigen Tarifs und es ist in dem amtlichen Waarenverzeichniß, welches zur Zeit giltig ist, ausdrücklich ausgeführt, daß Thierknochen nach Pos. 13a zu behandeln sind, daß sie alle, wie ausgeführt ist, frei sind. Es scheint nun nicht die mindeste Veranlassung vorzuliegen, anzunehmen, daß das Waarenverzeichniß, was künftig für den Tarif ausgearbeitet wird, von einer anderen Anschauung ausgehen wird. Es wird da ebenso die Position Thierknochen aufgeführt werden unter Hinweisung auf die Position 13, und darnach werden Thierknochen frei sein; ich glaube, daß mit dieser Bemerkung der Zweifel des Herrn Abgeordneten von Ludwig erledigt ist.

Präsident: Der Herr Abgeordnete von Ludwig hat das Wort.

Abgeordneter **von Ludwig**: Meine Herren, es heißt, nur Thierknochen als Rohstoffe für Schnitzstoffe sind frei; es müssen aber auch namentlich jene, die als Düngmittel dienen, frei eingehen können, diese sind unendlich wichtiger als die paar Knochen, die zu Schnitzstoffen dienen. Ich glaube daher, die Bemerkung des Herrn Vorredners würde meinen Zweifel nicht beseitigen.

Präsident: Der Herr Abgeordnete von Bötticher (Flensburg) hat das Wort.

Abgeordneter **von Bötticher** (Flensburg): Im amtlichen Waarenverzeichniß steht auf Seite 246:

> „Thierknochen siehe Knochen",

(Heiterkeit)

und auf Seite 122:

> „Knochen, ganze oder in Stücken — Position 13 b — zollfrei."

Präsident: Der Herr Abgeordnete Dr. Hammacher hat das Wort.

Abgeordneter Dr. **Hammacher**: Materiell kann nicht der geringste Zweifel bestehen. Es ist ja bei dieser Position im Wortlaute des jetzt bestehenden Tarifs absolut nichts geändert. Wenn seither auf Grund des gegenwärtigen Gesetzes Thierknochen zollfrei eingeführt worden, so ist es, glaube ich, ganz selbstverständlich, daß sie auch in Zukunft zollfrei bleiben werden. Das Bedenken des Herrn Abgeordneten von Ludwig geht aus einer gewissen Kasuistik hervor. Ich glaube, wenn man diese Kasuistik an den bestehenden Zolltarif anlegt, man auf mannigfache Undeutlichkeiten stoßen muß; — so sehr ich mit dem Bedürfnisse des Antrags des Herrn Abgeordneten von Ludwig nicht einverstanden bin, so trage ich doch kein Bedenken, für den Antrag zu stimmen, wenn er nicht zurückgezogen wird.

Präsident: Der Herr Abgeordnete von Ludwig hat das Wort.

Abgeordneter **von Ludwig**: Meine Herren, ich würde Sie bitten, doch meinen Antrag anzunehmen; denn die Herren Zollbeamten werden nicht immer die stenographischen Berichte vor sich haben, um darin nachzuschlagen. Dazu werden Sie keine Zeit haben. Ich glaube also, es wäre gut, wenn das mit dürren Worten im Tarif stände.

Präsident: Das Wort wird nicht weiter gewünscht; ich schließe die Diskussion.

Wir kommen zur Abstimmung.

Gegenstand der Abstimmung ist Nr. 1 b inklusive Anmerkung zu b. Es liegen zu der Position zwei Amendements vor, die nicht zurückgezogen sind, das Amendement Melbeck und das Amendement von Ludwig.

Ich schlage vor, abzustimmen über das Amendement Melbeck und über das Amendement von Ludwig und sodann über die Position b nebst Anmerkung, wie sie sich nach diesen Vorabstimmungen herausstellt.

Es wird nicht widersprochen; es wird so abgestimmt.

Ich ersuche, zuvörderst das Amendement Melbeck zu verlesen.

Schriftführer Abgeordneter Graf **von Kleist-Schmenzin**:
Der Reichstag wolle beschließen:
in Nr. 1 lit. b des Zolltarifs (Abfälle) hinter dem Worte „Kleie" zuzusetzen:
„Malzkeime".

Präsident: Ich ersuche diejenigen Herren, welche das eben verlesene Amendement annehmen wollen, sich zu erheben.

(Geschieht.)

Das ist eine große Mehrheit; das Amendement ist angenommen.

Wir kommen jetzt zur Abstimmung über das Amendement von Ludwig.

Ich ersuche, dasselbe zu verlesen.

Schriftführer Abgeordneter Graf **von Kleist-Schmenzin**:
Der Reichstag wolle beschließen:
in Nr. 1 lit. b des Zolltarifs (Abfälle) am Schlusse hinzuzufügen:
„und Thierknochen jeder Art".

Präsident: Ich ersuche diejenigen Herren, welche das eben verlesene Amendement annehmen wollen, sich zu erheben.

(Geschieht.)

Auch das ist die Mehrheit; das Amendement ist angenommen.

Es kommt jetzt zur Abstimmung die Nr. 1 b inklusive der Anmerkung zu b mit den eben angenommenen beiden Amendements von Ludwig und Melbeck. Die Verlesung wird uns wohl erlassen.

(Zustimmung.)

Das Haus ist damit einverstanden.

Ich ersuche demnach diejenigen Herren, welche die Nr. 1 b inklusive der Anmerkung zu b und inklusive der beiden angenommenen Amendements von Ludwig und Melbeck annehmen wollen, sich zu erheben.

(Geschieht.)

Das ist die große Mehrheit; sie ist angenommen.

Ich eröffne die Diskussion über Nr. 1 c inklusive der Anmerkung.

Der Herr Abgeordnete Windthorst hat das Wort.

Abgeordneter **Windthorst**: Meine Herren, es würde bei dieser Position zulässig sein, über die Frage zu diskutiren, ob die Ausfuhr der Lumpen besteuert werden soll. Ich glaube aber, daß diese Frage richtiger bei der Position über die Besteuerung des Papiers vorkommt, und ich wollte nur reserviren, meine Anschauung darzulegen, wenn wir an diese Position kommen, heute aber bei dieser Position über die Frage weiter nicht zu sprechen.

Präsident: Das Wort wird nicht weiter gewünscht; ich schließe die Diskussion über Nr. 1 c inklusive Anmerkung.

Es ist ein Widerspruch nicht erhoben; es bedarf daher wohl einer Abstimmung nicht. — Dieselbe wird auch im Hause nicht verlangt; ich konstatire die Annahme.

Wir gehen jetzt über zu Position Nr. 4, **Bürstenbinder- und Siebmacherwaaren**, a No. 1 und 2.

Der Herr Abgeordnete Müller (Gotha) hat das Wort.

Abgeordneter **Müller** (Gotha): Meine Herren, diese Position des Tarifs, welche augenblicklich zur Diskussion gestellt ist, enthält dreierlei Abweichungen von dem seitherigen Verhältniß, in dem die gegenwärtige Vorlage diejenigen Waaren, welche früher unter einer Position zusammengefaßt waren, in zwei Abtheilungen zerlegt hat. Sodann hat sie Waaren, welche früher unter der Position 35a aufgeführt waren, unter diese Waaren eingestellt. Drittens haben sie diese Waaren, welche jetzt unter Position 1 und 2 stehen, mit einem Zollsatze und zwar, was die erste Kategorie anlangt, mit vier Mark, und die zweite Kategorie mit 8 Mark belegt, während diese Waaren früher zollfrei eingingen. Es frägt sich nun, ob diese Aenderung begründet ist. Vom Standpunkte des Reichskanzleramts aus könnte diese Belegung mit Zoll für begründet angesehen werden, entweder weil sie einen wesentlichen finanziellen Ertrag verspricht, oder weil sie zum Schutz einer einheimischen Industrie als nöthig erscheint, oder drittens, weil es als nothwendig und zweckmäßig erscheint, diesen Zoll als Kampfzoll zu verwerthen. Meine Herren, die Motive des Reichskanzleramts besagen, daß diese Waaren mit einem Zoll belegt werden müßten, zunächst weil sie zollpflichtig gewesen. Nämlich bis 1865 waren die Waaren, die unter 1 und 2 aufgestellt sind, unter einer Nummer mit einem Zoll von 12 Mark belegt. Dieser Zoll ist 1868 auf 4 Mark herabgesetzt worden, und nachdem die Borsten im Zollvertrag mit Oesterreich für zollfrei erklärt, wurde auch dieser Zoll 1870 vollständig aufgehoben. Meine Herren, dieser Grund ist wohl nicht als maßgebend und durchschlagend angesehen worden. Das Reichskanzleramt führt ferner zur Begründung an, daß die Waare aus verschiedenen Materialien zusammengesetzt sei, und daß es üblich wäre, daß derartige Waaren überhaupt mit einem Zoll belegt würden, und es ist drittens darauf hingewiesen, daß andere Staaten diese Waaren mit einem erheblich höheren Zoll belegten, was die Einfuhr theils erschwere, theils vollständig verhindere. Es fragt sich nur, sind diese beiden Gründe des Reichskanzleramts als durchschlagend und maßgebend anzusehen gegenüber dem statistischen Material und gegenüber den Ansichten der dabei Interessirten? Was zunächst das statistische Material anlangt, so ergibt sich folgendes:

Die Einfuhr betrug:

	für grobe Waaren:	für feine Waaren:
1872:	1120 Zentner	965 Zentner
1873:	1280 „	931 „
1874:	1330 „	956 „
1875:	1540 „	996 „
1876:	1360 „	1041 „
1877:	1280 „	936 „

Die Ausfuhr betrug:

1872:	6670 Zentner.
1873:	6810 „
1874:	7520 „
1875:	7940 „
1876:	7420 „
1877:	6490 „

Vergleichen wir nun die Ausfuhr mit der Einfuhr für grobe und feine Waare zusammen z. B. für die Jahre 1874 und 1875, so ergibt sich, daß die Mehrausfuhr 1874 5334 Zentner und 1875 5396 Zentner. —

Präsident: Meine Herren, ich bitte um etwas Ruhe,

und möchte den Herrn Redner bitten — er hat ja das Recht, vom Platze aus zu sprechen —, doch etwas mehr in die Mitte des Hauses zu treten, vielleicht hier auf die Stufen der Treppe. Ich kann versichern, daß ich trotz der Mühe, welche ich mir gab, nicht im Stande gewesen bin, seinem Vortrage zu folgen, wenn er von der Stelle aus dort spricht.

(Der Redner begibt sich auf die Tribüne.)

Abgeordneter **Müller** (Gotha): Meine Herren, ich hatte zuletzt für beide Jahre 1874 und 75 die Einfuhr und Ausfuhr mit einander verglichen, und da ergab sich, daß die Mehrausfuhr 1875, 5334 Zentner und 1875, 5396 Zentner betrug. Ein ähnliches Verhältniß, wie in diesen Jahren ergibt sich in allen übrigen Jahren, da die Einfuhr und die Ausfuhr gleichmäßig gestiegen und gefallen ist. Ich will ferner erwähnen, daß die Erträge, welche zu erwarten sind von diesem Zoll, nicht mehr als 3000 bis 4000 Mark tragen würden. Im Jahre 1865 ergab der Zoll auf gewöhnliche Waaren nach der amtlichen Statistik 2664 Mark, und auf feine Waaren 3780 Mark, also zwischen 3000 und 4000 Mark. Mehr wird auch gegenwärtig die Einnahme aus diesen Waaren nicht betragen. Fragen wir nun, was die Interessenten dazu sagen, so finden Sie zwar von ihnen keine Eingabe an den Reichstag, in welcher sie ihre Wünsche aussprechen, denn die Erwähnung in der Eingabe der Handelskammer von Hanau, datirt aus einer Zeit, wo diese Vorlage noch nicht bekannt war, und die Bürstenwaarenfabrikanten, welche in derselben gegen den Zoll protestiren, gehen von der Ansicht aus, daß die Borsten mit einem Zoll belegt werden würden. Ich habe deshalb gesucht, mich durch Erkundigungen bei den Interessenten den Bürstenfabrikanten nach ihren Wünschen und Interessen zu erkundigen, und habe erfahren, daß dieselben erklären, daß sie keinen Zoll verlangten und wünschten und daß sie überhaupt gar nicht bei dem Tarif interessirt wären. Sie sagen: Zunächst exportiren wir mehr als importirt wird, sodann versorgt die Bürstenwaarenfabrikation, abgesehen von Ausnahmen, deren Ergebniß in der Ausfuhr dargestellt wird, nur einen gewissen begrenzten Distrikt in der Weise z. B., daß die Waaren, welche aus Oesterreich nach Deutschland eingehen — und zwar gehen an groben Waaren aus Oesterreich die meisten ein — in einem gewissen Distrikt an der Grenze mit besonderer Vorliebe gekauft werden, während gewisse Waaren, wie in Deutschland fabrizirt werden, in den der Grenze nahe liegenden Distrikten, namentlich Sachsen, wieder in Oesterreich mit Vorliebe gekauft werden. Die Differenz zwischen der Ausfuhr von Oesterreich nach Deutschland und von Deutschland nach Oesterreich ist überhaupt eine sehr geringe und beträgt nur etwas über 100 Zentner. Das ist so unbeträchtlich, daß z. B. hier in Berlin diejenigen, die ich darnach fragte, von dieser Mehreinfuhr, überhaupt von einer Einfuhr von Oesterreich her absolut gar nichts wußten. Sie erklärten, daß sie hier lediglich die Konkurrenz eines gewissen französischen Artikels auszustehen hätten, nämlich der Zahnbürsten; lediglich die französischen Zahnbürsten machen hier den einheimischen Zahnbürsten Konkurrenz. Die Interessenten selbst erklärten aber, daß sie kein Interesse daran hätten, die französischen Zahnbürsten zu verdrängen, weil dieselben nur in 3 verschiedenen Qualitäten in Frankreich gefertigt werden, diese 3 Qualitäten lassen sich aber hier nicht in der Vorzüglichkeit und Billigkeit herstellen, wie sie in Frankreich hergestellt werden, weil in Frankreich für dieses Fabrikat eine langjährige Hausindustrie sich ausgebildet hat; Frauen und Kinder arbeiten im Winter daran und stellen ein Fabrikat von solcher Güte und Billigkeit her, daß die hiesigen Fabrikanten garnicht die Absicht haben, mit demselben zu konkurriren, während sie dagegen eine größere Mehrzahl von Qualitäten herstellen, die auch wieder besondere Liebhaber und Abnehmer finden. Im allgemeinen, wie gesagt, arbeitet diese Fabrikation für gewisse engere Kreise und faßt deren Bedürfnisse, Mode und Geschmack insbesondere ins Auge, so daß z. B. der Rheinländer keine hiesige Waare und der Hiesige keine rheinländische Waare kauft, weil die ganze Ausstattung der Waare, wie sie hier gefertigt wird, den Wünschen der Rheinländer nicht entspricht und umgekehrt. Also die Interessenten erklären, daß sie für einen Zoll gar kein Interesse haben und daß auch ein Schutzzoll, wie er hier projektirt ist, schon aus dem Grunde, weil er viel zu niedrig sei, nichts helfen würde, sie sagen, wenn wirklich ein Schutzzoll geschaffen werden soll, so müßte derselbe wenigstens 150 Mark betragen. Also, meine Herren, fasse ich nun zusammen das Ergebniß der Statistik und das Ergebniß der Aeußerungen der Interessenten, so ergibt sich für mich folgendes:

Zunächst kann dieser Artikel wohl schwerlich als ein passendes Objekt für einen Finanzzoll betrachtet werden, weil er ja lediglich 3 bis 4 000 Mark abwirft, auch schon nach dem schulmäßigen Sprachgebrauch kann von Finanzzoll nicht die Rede sein, da ja die Waare, um die es sich handelt, im Inlande fabrizirt wird, und da die Ausfuhr wesentlich größer als die Einfuhr ist.

Die Frage, ob es zweckmäßig oder gerechtfertigt ist, unter solchen Verhältnissen einen Zoll als Finanzzoll aufzuerlegen, ist um so wichtiger, als im Tarif verschiedene andere Positionen vorkommen, bei denen der Zoll auch nur ein ähnliches geringfügiges Ergebniß an den Tag legt, und gleichwohl sich kein anderer Grund als dieses geringfügige Ergebniß als Motivirung des Zolls denken läßt. Also, meine Herren, als Finanzzoll dürfte dieser Zoll schwerlich gerechtfertigt sein.

Ebensowenig dürfte er aber gerechtfertigt sein als Schutzzoll, da eben die Ausfuhr größer als die Einfuhr ist, und da die Interessenten selbst erklären, daß sie einen Schutzzoll nicht bedürfen, daß ihnen derselbe nichts nützen kann.

Endlich dürfte er aber auch als Kampfzoll durchaus nicht gerechtfertigt sein, theils aus den Gründen, die ich schon angeführt habe, weil die Ausfuhr die Einfuhr übersteigt, dann, weil die Interessenten sagen, daß er, um als Kampfzoll benutzt zu werden, viel zu niedrig ist. Es dürfte sehr bedenklich sein, derartige Zölle als Kampfzölle gebrauchen zu wollen, weil, wenn auswärtige Staaten Veranlassungen nehmen, zu ähnlichen Repressalien zu greifen, auch unser Export dabei sehr schlecht wegkommen könnte.

Meine Herren, ich fasse also das Ergebniß sowohl des statistischen Materials als das Ergebniß der Aeußerungen der Interessenten dahin zusammen, daß es nicht zweckmäßig war, auf diese Waare einen Zoll zu legen, und ich bitte Sie, die Position des Tarifs sub a, 1 und 2 abzulehnen.

Präsident: Der Herr Abgeordnete von Kardorff hat das Wort.

Abgeordneter **von Kardorff**: Meine Herren, der Herr Vorredner geht doch von merkwürdigen Voraussetzungen aus, von der Voraussetzung, daß dies ein Finanzzoll sein soll oder ein Kampfzoll. Ich glaube, kein Mensch in der Welt hat daran gedacht, diese Position entweder als Kampfzoll oder Finanzzoll aufzufassen. Es handelt sich ganz einfach darum, eine Industrie zu schützen, welche recht eigentlich eine Industrie des armen Mannes ist,

(sehr richtig! rechts)

eine Hausarbeit. Der Herr Vorredner will ja die Hausarbeit in Frankreich schützen und sagt selbst, die Franzosen importirten uns eine gewisse Klasse von Bürsten, die dort in häuslicher Arbeit gemacht werden. Weshalb sollen wir diese heimische Arbeit nicht bei uns selbst schützen? Ich halte diese Art von Positionen, deren es mehrfache im Zolltarif gibt, gerade für diejenigen, die am allermeisten der Nation beweisen werden, daß dieser Tarif überall die nationale Arbeit schützen soll. Auf den Finanzertrag kommt es dabei gar nicht an und ebensowenig kann davon die Rede sein, daß dieser Zoll als Kampfzoll benutzt werden sollte.

Ich bitte Sie bringend, diese Position nicht zu ändern, sondern bei ihr stehen zu bleiben und sie zu akzeptiren.

Präsident: Der Herr Abgeordnete Rickert (Danzig) hat das Wort.

Abgeordneter **Rickert** (Danzig): Meine Herren, ich habe geglaubt, der Herr Abgeordnete von Kardorff würde uns positive Thatsachen bringen, statt daß er nur die zum Ueberdruß entwickelte Theorie von dem Schutze der nationalen Arbeit uns vorführt, hier sogar den Schutz recht eigentlich für den „armen Mann". Der Herr Vorredner, Abgeordneter Müller, hat Ihnen ja gesagt, daß der arme Mann sich für diesen Schutz bedankt,

(Heiterkeit)

und daß Sie ihn mit dieser Theorie des Schutzes der nationalen Arbeit nicht schützen, sondern schädigen.

Der Herr Abgeordnete von Kardorff will den Zoll als Finanzzoll nicht, damit bin ich einverstanden; denn das würde nur die klägliche Summe von einigen tausend Mark ergeben. Ferner will er ihn auch als Kampfzoll nicht, denn es würde ihm nicht gelingen, die hohen österreichischen und französischen Zölle damit herunterzubringen.

Was wird denn aber damit bewirkt? Meine Herren, die Ziffern sprechen doch ganz unweigerlich dafür, daß unser Export größer ist als unser Import. Wenn Sie nun also den Zoll erhöhen ohne irgend welchen absehbaren Grund, so wird das keine andere Folge haben, als die, daß die anderen Länder Ihnen den Zoll noch höher setzen und damit unseren Export gefährden.

Meine Herren, wir sind hier bei der ersten Position, bei welcher das Prinzip unseres neuen Zolltarifs ganz klar zur Entscheidung kommen soll. Sie haben den Zoll aufgenommen ohne irgend welchen Wunsch der Betheiligten — wenigstens die Motive sagen kein Wort darüber und von der Regierungsbank hören wir auch nichts — nur ein tiefes Schweigen.

(Heiterkeit.)

Meine Herren, ich würde bitten, daß die Herren von der Regierungsbank uns wenigstens angeben, welche Gründe und welche Thatsachen für sie bei ihrem Beschluß maßgebend gewesen sind. Wir hören hier nur von einem Vertreter eines Wahlkreises, der die „armen Männer", die der Herr Kollege von Kardorff schützen will, in sich birgt, daß diese sich für den Schutz bedanken.

Ich würde die Majorität des Reichstags bitten, daß sie einfach diese Position ablehnt und auf die Zollfreiheit des alten Tarifs zurückgeht.

Präsident: Der Herr Bevollmächtigte zum Bundesrath Obersteuerrath von Moser hat das Wort.

Bevollmächtigter zum Bundesrath für das Königreich Württemberg Obersteuerrath **von Moser**: Ich möchte zunächst den Ausführungen des ersten Redners, welcher über diesen Artikel gesprochen hat, in so weit entgegengetreten, als meiner Ansicht nach der Ueberschuß der Ausfuhr über die Einfuhr noch nicht nothwendig gegen die Zollpflichtigkeit des betreffenden Artikels als Argument angeführt werden kann, zumal dann, wenn die zollpflichtigen und zollfreien Waaren in den statistischen Anschreibungen über die Ausfuhr in einer einzigen Kategorie vereinigt sind, wie es hier der Fall ist, wo bei den zollpflichtigen feinen und zollfreien gemeinen Bürstenbinderwaaren die statistischen Nachweise bezüglich der Ausfuhr zusammengefaßt sind.

Es ist allerdings, wie ich auch glaube, eine prinzipielle Frage, die uns jetzt beschäftigt, und ich möchte darauf aufmerksam machen, daß die Zolltarifreform der Jahre 1870 und 73 wesentlich im Auge gehabt hat solche Gegenstände, deren Zollertrag keine bedeutende Summe abwerfen würde, vom Zoll zu befreien, also den Verkehr von derartigen Zöllen zu entlasten, während die jetzige Reform in einer anderen Richtung, wenn auch nicht in der der allgemeinen Zollpflicht vor sich gehen soll.

Ich habe dann dem Herrn Vorredner zu erwidern, daß doch das nicht vollkommen zutrifft, daß von den Interessenten selbst gar keine Wünsche in dieser Beziehung laut geworden sind.

Ich möchte darauf aufmerksam machen, daß namentlich die beiden bisher bedeutendsten Fabriken von Piassavawaaren in Wolgast und Flensburg, die in dieser Beziehung vorstellig geworden sind, insbesondere darauf hingewiesen haben, welcher Konkurrenz sie aus den nordischen Ländern, namentlich aus Dänemark ausgesetzt sind und daß die deutschen Waaren in Dänemark einem erheblichen Eingangszoll, der ungefähr 20 Mark pro Doppelzentner beträgt, während er hier auf 8 Mark normirt ist, unterliegen.

Ich möchte aber noch einen Gegenstand besonders hervorheben, der für die verbündeten Regierungen maßgebend war, zur Zollpflicht auch bei den gemeinen Waaren wieder zurückzukehren. Es ist das der geringe Werthsunterschied zwischen den auch nach dem gegenwärtigen Tarife zollpflichtigen feinen und den nach dem gegenwärtigen Tarife zollfreien gemeinen Bürstenbinderwaaren. Es ist der Werth der groben Waaren, welche gegenwärtig zollfrei eingehen, 220 Mark per Doppelzentner, der Werth der feinen Waaren 360 Mark per Doppelzentner. Auf diesen feinen Waaren ruhet aber gegenwärtig ein Zollsatz von 24 Mark. Es erscheint nicht korrekt, einen Gegenstand, der im Werthe nur so wenig verschieden ist von den zollpflichtigen Waaren ähnlicher Kategorie vollständig zollfrei einzulassen. Würde man sich ausschließlich auf den Standpunkt der Werthstheorie stellen, so würde der Zollsatz, wie er für diese Bürstenbinderwaaren hier vorgeschlagen ist, von 8 Mark noch wesentlich höher anzusetzen sein, sofern man davon ausgeht, daß der gegenwärtige Zoll für die feinen Bürstenbinderwaaren von 24 Mark per metrischen Zentner gerechtfertigt ist.

Aber die verbündeten Regierungen glaubten diesem Werthsunterschiede nicht die einzige Bedeutung beilegen zu sollen, sie glaubten vielmehr wesentlich auch auf die Konkurrenzverhältnisse Rücksicht nehmen zu müssen und darauf insbesondere, daß es sich in dieser Branche wesentlich um ein sehr weit verbreitetes bürgerliches Handwerk handelt, welches nach der Gewerbezählung von 1875 allein 5838 Hauptbetriebe mit 13 365 Personen beschäftigt neben denjenigen, welche als Hausarbeiter in dieser Industrie thätig sind. Ich möchte Sie also bitten, dem Antrag der verbündeten Regierungen ihre Zustimmung zu geben.

Präsident: Der Herr Abgeordnete Dr. Karsten hat das Wort.

Abgeordneter Dr. **Karsten**: Der Herr Regiernugsbevollmächtigte hat vielleicht überhört, daß der Herr Abgeordnete Müller es in der That hervorgehoben hat, die beiden Ziffern seien für die Einfuhr grober Artikel und die Einfuhr feinerer Artikel getrennt, dagegen die für Ausfuhr vereinigt. Es ist aber wirklich der Fall, daß die Ausfuhr seit 1872 bis jetzt in Summa dreimal so groß ist als die Einfuhr von groben und feinen Artikeln zusammengenommen. Es ist diese kleine Fabrikation eine Exportfabrikation. Die Ziffer über die Arbeiter, welche wir eben gehört haben, ist mir übrigens sehr interessant gewesen, denn man sieht daraus, daß diese Exportindustrie 13 000 Menschen beschäftigt, und also als eine blühende exportfähige Kleinindustrie zu bezeichnen ist. Was mir bedenklich ist bei dieser Position, ist die Motivirung, die wir auf Seite 28 der Motive finden. Ich finde es sehr bedenklich, als Hauptgrund für die Einführung eines neuen Zolles anzuführen, daß andere Nationen eine höhere Position hierfür haben, während gleichzeitig unsere Industrie sich gegenüber diesen höheren Zöllen dennoch als exportfähig bewiesen hat. Wenn dieses Argument giltig würde und andere Nationen würden in demselben Sinne verfahren, so würden wir ja ein gegenseitiges Hinaufschrauben der Tarifirung in allen Artikeln zu erwarten haben, und daß Deutschland dabei keine sehr günstige Stellung einnehmen würde, das, glaube ich, kann gar nicht zweifelhaft sein, da wir doch eine große Reihe bedeutender Exportindustrien besitzen. Also das Argument auf Seite 28 der Motive würde ich als eines der bedenklichsten zu erklären haben, welches man vorbringen kann. Im übrigen hat der Herr Abgeordnete Müller ganz korrekt hervorgehoben, ein Finanzinteresse besteht nicht, ein Schutzzollinteresse besteht nicht. Was ist denn der Grund für die Einführung des Zolles? Doch nicht etwa der Grund, den hier die Motive angeben; weil zufällig diese Artikel aus verschiedenen Artikeln zusammengesetzt sind, das kann doch kein Grund für die Einführung eines solchen Zolles sein. Es würde ja nicht lohnen, über einen derartigen Artikel zu sprechen, der nur 3000 Mark im ganzen einbringt. Aber dieselbe Sache wiederholt sich in dem Tarifentwurf sehr häufig, z. B. ist es Position 28a, Pelzwerke, mit zirka 3000 oder nicht ganz 3000 Mark Einnahme. Das ist ja eine bloße Erschwerung und Vermehrung der Arbeiten für die Zollämter. Wozu soll man denn bei Dingen, die eine so unerhebliche Bedeutung haben, ganz unnöthiger Weise Zölle einführen, die von keiner Seite verlangt sind.

Was der Herr Regierungskommissar angeführt hat für die Interessenten in Flensburg, das würde mir gerade äußerst bedenklich sein, denn ich sehe daraus, daß, wenn hier eine Zollerhöhung vorgenommen würde, von dänischer Seite das Gegenstück gemacht werden würde. Es würde also gerade der Export der Waaren von unserer Seite dadurch erschwert werden. Ich bitte, den Vorschlag des Kollegen Müller anzunehmen und diese Position wieder auf den früheren Staud zurückzuführen.

Präsident: Der Herr Abgeordnete von Bötticher (Flensburg) hat das Wort.

(Derselbe verzichtet.)

Der Herr Abgeordnete von Kardorff hat das Wort.

Abgeordneter **von Kardorff**: Ja, meine Herren, wer auf dem Standpunkt des radikalen Freihandels ohne Reziprozität steht, wie der Herr Abgeordnete Müller (Gotha) und Herr Dr. Karsten, daß der natürlich kein Interesse hat für einen solchen Zoll, das liegt auf der Hand. Im übrigen will ich aber darauf aufmerksam machen, daß Oesterreich einen Zoll auf diese kleine Hausindustrie von zwei Gulden, daß Frankreich einen Zoll besitzt von 10 Prozent ad valorem. Wenn nun die Grenzbevölkerung an der österreichischen und französischen Grenze sich mit dieser Hausarbeit beschäftigt, weshalb wollen Sie da unsere Hausarbeit Oesterreich und Frankreich gegenüber schlechter situiren, als die Hausarbeit, die drüben gemacht wird; dazu liegt keine Veranlassung vor. Ich bitte Sie also die Position zu genehmigen.

Wenn dem Herrn Abgeordneten Rickert der Schutz der nationalen Arbeit sehr unbequem ist, so begreife ich das vollständig.

(Unruhe.)

Gewiß, er wird diese Redensart noch sehr oft hören, ob sie ihm überdrüssig sein mag oder nicht, das wird uns sehr gleichgiltig sein.

Präsident: Der Herr Abgeordnete Richter (Hagen) hat das Wort.

Abgeordneter **Richter** (Hagen): Ich kann es mir nur daraus erklären, daß man überhaupt noch im Anfang der Berathung steht, daß hier ein so lebhafter Ton schon bei den Bürstenbinderwaaren angeschlagen wird,

(Heiterkeit)

wenn der Herr Abgeordnete von Kardorff jetzt schon derartig auftritt, so fürchte ich, wird er sein Pulver zu früh verschießen, er sollte lieber solche Ausführungen auf wichtige Artikel versparen. Warum handelt es sich? 1000 bis 1200 Zentner, die bisher in diesen beiden Arten von Bürstenwaaren zollfrei eingegangen waren, auf diese 1000, 1200 oder 1500 Zentner soll ein Zoll von 4 oder 8 Mark gelegt werden, das ist die ganze Frage. Kaum hat Herr von Kardorff aus dem Munde meines Kollegen Müller das Wort Hausindustrie in Frankreich gehört, sofort tritt er auf mit dem Ruf: Schutz der nationalen Hausindustrie hier in Deutschland. Warum hat es sich gehandelt? um drei Sorten Zahnbürsten, die in Frankreich nach der ganzen Art des Geschäfts besser wie hier gefaßt werden und die überhaupt gar nicht von dieser Frage betroffen werden, denn diese Zahnbürsten sind feine Waare. Wir wollen den Zoll auf feine Bürstenwaaren gar nicht antasten; warum es sich handelt, das sind die groben Waaren, die im Verhältniß zu ihrem Werth ein großes Gewicht haben, sich deshalb schwer transportiren lassen. Der ganze Zoll ist früher entstanden, weil man die Borsten besteuerte und die Borsten sind bekanntlich bei derartigen Bürsten die Hauptsache; nachdem nun der Zoll auf die Borsten weggefallen ist, hat die Regierung in ihren Motiven von 1870 ausgeführt, nun sei absolut kein Grund mehr vorhanden, daß der Zoll auf die groben Bürstenwaaren beibehalten werde. Der einfache Unterschied zwischen damals und heute liegt gar nicht in dem Schutz der nationalen Arbeit und eines gleichen Prinzips in dieser Frage, sondern daß man damals die Zölle abschaffte, für deren Bestehen kein Grund vorlag und für die man heute ohne allen Grund neue Zölle einführen will. Meine Herren, bei diesen Artikeln hier handelt es sich gar nicht um radikalen Freihandel, gar nicht um Schutzzoll und dergleichen, sondern um einen Austausch von Waaren in Grenzdistrikten. Sie werden an der Hand der Statistik finden, daß von keinem Lande mehr wie 200 höchstens 300 Zentner von dieser Art Waare überhaupt eingehen; die eine Art Bürsten macht man drüben besser und die andere Art macht man hier besser, der ganze Zoll ist weiter nichts als eine Plackerei der Grenzdistrikte. Wollen Sie damit Zölle einführen, so ist es mir lieb, daß es gleich hier aller Welt klar wird, nach welchen Grundsätzen Sie den Zolltarif aufbauen.

Präsident: Der Herr Abgeordnete von Ludwig hat das Wort.

Abgeordneter **von Ludwig**: Meine Herren, der Herr Abgeordnete, der eben gesprochen hat, hat sich darüber beschwert, daß die Diskussion schon jetzt so scharf wird, ich möchte hier nur konstatiren, daß nicht von dieser Seite, sondern von jener Seite, die Bürste respektive die Kratzbürste zuerst geschwungen worden ist.

(Heiterkeit.)

Das hohe Haus wird sich erinnern, daß schon in der Zolldebatte wegen des Vertrags mit Oesterreich der Herr Abgeordnete Richter immer an der Spitze war, ja schon in unserem preußischen Abgeordnetenhause war dies der Fall. Ich habe aber noch eine andere Thatsache zu konstatiren; der frühere Redner, der Herr Abgeordnete Rickert, besitzt ja bekanntlich große Geistesgabe, heute hat er uns konstatirt, daß wir vom Bundesrathstisch nichts hören als — tiefes Schweigen.

(Heiterkeit.)

Meine Herren, ein Kollege, der tiefes Schweigen hört, von dem darf man sich nicht verwundern, daß er auch Dinge sieht, die nicht da sind. Nun hat der Herr Abgeordnete Rickert gesagt, daß sich die Bürsten- und Besenbinder nicht nach einem Schutzzoll sehnen. Dieses Nichtsehnen existirt nicht, sie sehnen sich sehr danach. Darin hat er aber Recht, wenn er sagt, daß diese Fabrikation hauptsächlich in den Grenzdistrikten in Frage kommt. Da ich den Vorzug habe, einen solchen Grenzdistrikt zu vertreten, so kann ich das bestätigen. Gerade von Oesterreich her kommen eine ganze Masse von solchen Sachen herein, durch die die armen Leute — und da hat Herr von Kardorff ganz Recht, es gibt gar keine Industrie, gar kein Gewerbe, das mehr von total blutarmen Menschen betrieben würde als diese Bürsten- und Besenbinderei — daß sich diese armen Leute sehr beeinträchtigt fühlen, durch die Masse von Bürsten und Besen, die aus Oesterreich kommen, ist bei uns wenigstens Thatsache. Ich glaube also, daß der hohe Bundesrath ganz Recht gethan hat, hier einen kleinen Zoll einzuführen. Ich bitte, die Position, wie sie uns vorgelegt worden ist, anzunehmen.

Präsident: Der Herr Abgeordnete Rickert (Danzig) hat das Wort.

Abgeordneter **Rickert** (Danzig): Der Herr Abgeordnete von Ludwig hat eine Parenthese übersehen, die er allerdings äußerlich nicht wahrnehmen konnte, zwischen dem Hören und Schweigen. Wenn er den Bericht durchsieht, wird er vielleicht inne werden, daß es von Redewendung zu Redewendung mitunter kleine Brücken gibt, die er in diesem Fall sich allerdings nicht gebaut hat, die ich aber den Hörern zumuthete.

Herr von Kardorff sagt, der Schutz der nationalen Arbeit wäre mir unbequem. Ich muß wirklich bitten: lassen Sie uns doch mit diesen Anschuldigungen in Ruhe! Was soll denn das bedeuten? Glaubt Herr von Kardorff wirklich, daß ich nicht deutsch genug bin, um mich für die deutsche Arbeit zu interessiren?

Freilich, — ich habe schon öfter Herrn von Kardorffs Interesse zu erwecken versucht für eine Art deutscher Arbeit, auch von armen Leuten; leider hat er dafür ein tiefgehendes Interesse noch nicht gezeigt. Wir werden auf diesen Punkt noch kommen und uns noch weiter darüber unterhalten bei den Holz- und Getreidezöllen, wo ich eine große nationale Arbeit, tausend und tausende von fleißigen Händen zu vertreten glaube; ich weiß nicht, ob Herr von Kardorff Interesse auch für diesen Schutz der nationalen Arbeit hat. Aber lassen wir doch diese Theorie, ich verspreche, ich will Ihnen auch die unserige nicht vortragen. Ich werde nur appelliren an Ihr Interesse für unsere armen Ostprovinzen, deren Wohl bei dem Tarif in Frage steht, mehr als man glaubt. Den armen Mann lassen wir ausscheiden; ich glaube, der arme Mann wird auch nicht gesättigt, wenn Sie die 1400 Zentner, die für ganz Deutschland hier als Import in Frage sind, abschneiden.

Ich möchte nun noch auf einen Punkt Ihre Aufmerksamkeit zu richten mir erlauben. Der Herr Regierungskommissar hat sich darauf berufen, daß aus Wolgast und Flensburg, wie ich annehme, nicht von armen Männern, sondern von Fabrikanten, Petitionen vorliegen. Ja, diese Petitionen würden für mich ein Grund sein, gegen die Erhöhung des Zolles zu stimmen. Es handelt sich hier darum, denjenigen Staaten, die jetzt die Einfuhr verzollt haben, zu drohen. So weit ich weiß, erhebt weder Schweden noch Dänemark einen Zoll für diese Artikel. Nun, haben Sie nicht die Zeitungen aus Dänemark gelesen, was die gesagt haben über unseren Zolltarif? Sie haben erklärt, dieser deutsche Zolltarif würde das Signal sein zu Retorsionsmaßregeln von Dänemark. Man würde also den Export schließlich in höherem Maße dadurch schädigen, daß man denselben nach dem Norden hin, nach Dänemark und Schweden abschneidet. Das wäre auch hier die Folge dieser Zollpolitik. Ich kann nur dringend bitten, meine Herren, dieses erste Mal, wo sich das neue Prinzip in Ziffern darstellt, Nein zu sagen und die alte Zollfreiheit zu belassen.

Präsident: Der Herr Bevollmächtigte zum Bundesrath hat das Wort.

Bevollmächtigter zum Bundesrath für das Königreich Württemberg Obersteuerrath **von Moser**: Ich will zunächst anknüpfen an das, was der Herr Vorredner soeben gesagt hat und bemerken, daß in Dänemark nach dem Gesetze vom 4. Juli 1863 allerdings ein Eingangszoll für diese Bürstenbinderwaaren besteht und erhoben wird im Betrage von 4 Schilling per Pfund. Nun findet, wie ich gern zugebe, der Verkehr in diesen Artikeln lediglich in den Grenzbezirken statt, wie vorhin schon mit Recht hervorgehoben ist. Obgleich nun aber dieser Verkehr sich in der Hauptsache als ein Grenzverkehr darstellt, so ist doch in anderen Ländern dieser Industrie eine erhebliche Bedeutung beigelegt und wie dieselbe dort gepflegt wird, mögen die Herren daraus entnehmen, daß in anderen Ländern folgende Eingangszölle erhoben worden: in Oesterreich von Bürsten und Besen aus Binsen, Gras, Schilf, Haidekrautwurzeln und Reisstroh in Verbindung mit Holz oder Eisen ohne Politur und Lack 1 Gulden von 100 Kilo; von Waaren aus Borsten und anderen animalischen und vegetabilischen Stoffen mit Ausnahme derjenigen von Haaren 2 Gulden pro 100 Kilo. Frankreich erhebt 10 Prozent vom Werthe. In Italien betragen die Zölle von Sieben für Maschinen jeder Art 8 Lire; Sieben von Holzgeflecht grobe 5,50 Lire. Bürsten und Besen von Haaren, Wurzeln, Federn und anderen Materialien 66 Lire per Zentner; die Schweiz belegt Besen von Reisig mit 1 Frank von 100 Kilo, grobe Bürstenbinderwaaren in Verbindung mit Holz oder Eisen ohne Politur und Lack mit 15 Franks Zoll. In Rußland unterliegen Fabrikate aus Borsten u. s. w. einem Zoll von 2 Rubel 20 Kopeken für das Pud.

Ich möchte wiederholt darauf aufmerksam machen, daß bis zum Jahre 1870 von den groben Bürstenbinderwaaren ein Eingangszoll auch in Deutschland im Betrage von 4 Mark erhoben ist, und es ist mir nicht erinnerlich, daß aus diesem Eingangszoll der betreffenden Fabrikation, wie die Befürchtung hier geäußert ist, ein Schaden erwachsen wäre.

Präsident: Der Herr Abgeordnete Richter (Hagen) hat das Wort.

Abgeordneter **Richter** (Hagen): Meine Herren, ich muß dem Herrn Regierungskommissarius darauf nochmals erwidern, daß bis zum Jahre 1870 auch ein Zoll auf Bürsten bestand, und daß seine Konsequenz der Zoll auf Bürstenwaaren war. Nun ist dieser Vordersatz weggefallen und gleichwohl soll die Konsequenz aufrecht erhalten werden, weil so und soviel andere Länder den Zoll haben. Meine Herren, das wird bei jedem Gegenstande nachzuweisen sein und namentlich wird man die Schweiz mit ihrem ganz allgemeinen finanziellen Zoll immer anführen können, daß andere Länder auf die und die Sachen irgend einen Zoll haben. Es kommt doch nicht auf die Schablone der Gesetzgebung an, sondern darauf, wie die Verhältnisse wirklich liegen, und sie liegen so, daß wir 8 bis 9000 Zentner aus unseren Grenzdistrikten in diese Länder ausführen, während trotz unserer Zollfreiheit nur 12 bis 1500 Zentner von dort herüberkommen können, aus dem einfachen Grunde, weil die kleineren Distrikte, wo die

Frage eine Rolle spielt, in Bezug auf die einzelnen dazu erforderlichen Materialien besser gestellt sind als andere Distrikte.

Ich möchte nun den Wunsch aussprechen, daß der Herr Präsident für den Verlauf dieser Debatte an einem Platz im Hause die Waarenstatistik deponiren lasse. Der Herr Abgeordnete von Ludwig tritt auf und sagt: ich, als Vertreter eines Grenzdistrikts kann versichern, ganz massenhaft gehen bei mir die Bürsten. Nun habe ich aber gestern Abend aus der Statistik ersehen, daß aus ganz Oesterreich nur 2 oder 300 Zentner von diesen Sachen eingehen, und ich weiß, daß mindestens ebensoviel und vielleicht noch mehr von uns aus diesen Grenzdistrikten nach Oesterreich verkauft wird. Damit ist diesen Ausführungen jede Unterlage entzogen.

Es handelt sich in der That bei diesem Zoll um weiter nichts, als um eine Belastung des gegenseitigen Grenzverkehrs, zu der wir am wenigsten in Deutschland die Initiative zu ergreifen irgendwie Veranlassung haben.

Präsident: Der Herr Abgeordnete von Kardorff hat das Wort.

Abgeordneter **von Kardorff**: Ja, meine Herren, ich bedaure, daß ich die Herren noch einmal aufhalten muß. Es handelt sich hier wirklich für mich um eine prinzipielle Frage, nämlich ob wir die Zölle bloß bemessen wollen nach etwaigen großartigen Finanzinteressen oder ob wir auch solche kleinen Interessen schützen wollen, wie sie hier in Frage kommen, die kleinen Handarbeits- und Hausarbeitsinteressen. Ich stehe nun auf dem Standpunkt, daß ich auch diese schützen will.

Wenn der Herr Abgeordnete Richter gemeint hat, wir bedürfen irgend einer statistischen Unterlage, um überhaupt den Zoll bewilligen zu können, die bisherigen statistischen Unterlagen sprächen gegen den Zoll, so kann ich darauf aufmerksam machen, da der Eingang bei uns frei war, und man schon im allgemeinen unserer Statistik eine besondere Zuverlässigkeit auch in anderen Sachen nicht beilegen kann. Er möge sich doch überlegen, wie unzuverlässig diese Angaben sind, die er uns eben gemacht hat mit ein paar 100 Zentnern, die aus Oesterreich herüberkommen! Jeder, der in Schlesien lebt, wird bezeugen können, daß unendliche Quantitäten gerade von diesen Bürstenwaaren aus Oesterreich herüberkommen, sehr große Quantitäten, die weitaus diejenigen Ziffern übersteigen, die der Herr Abgeordnete Richter uns genannt hat, wenn er sie auch aus der Statistik extrahirt hat. In welche Lage würden nun die Bewohner unserer Grenzdistrikte kommen, wenn wir einen Zoll nicht erheben.

(Sehr richtig!)

Der Oesterreicher würde in der Lage sein, mit demselben Artikel zu uns herüber frei handeln zu können und in Oesterreich, während unser Mann, der an der Grenze wohnt, bloß bei uns handeln könnte und nicht nach Oesterreich gehen dürfte. Das ist eine Ungerechtigkeit und die müssen wir beseitigen. Wenn Oesterreich und unsere Grenzländer in der Lage sind, solche Zölle fallen zu lassen, so haben wir keine Veranlassung sie aufrecht zu erhalten, so lange aber andere Staaten sie aufrecht erhalten, sind wir im Interesse unserer armen Grenzbevölkerung gezwungen, sie aufrecht zu erhalten. Ich bitte Sie dringend diese Position stehen zu lassen.

Präsident: Der Herr Bevollmächtigte zum Bundesrath Obersteuerrath von Moser hat das Wort.

Bevollmächtigter zum Bundesrath für das Königreich Württemberg Obersteuerrath **von Moser**: Meine Herren, von dem Herrn Abgeordneten Richter ist mit Recht hervorgehoben worden, daß im Jahre 1870 der Eingangszoll für grobe Bürstenbinderwaaren deshalb beseitigt worden ist, weil nach Maßgabe des Zollvertrages mit Oesterreich vom Jahre 1868 der Eingangszoll auf Borsten beseitigt worden ist. Ich glaube aber darauf aufmerksam machen zu sollen, daß nach der Tarifvorlage, auf Holz, welches gegenwärtig zollfrei ist, ein Eingangszoll gelegt werden soll. Ich glaube, schon die Konsequenz des für Holz vorgeschlagenen Zollsatzes würde es nothwendig machen, daß Bürstenbinderwaaren, welche theilweise mit einem erheblichen Gewicht von Holz fabrizirt werden, mit einem Eingangszoll belegt werden müssen. Im übrigen darf nicht vergessen werden, daß es sich hier nicht um Rohmaterial, sondern um ein fertiges Fabrikat handelt.

Präsident: Es ist ein Schlußantrag eingereicht von dem Herrn Abgeordneten von Puttkamer (Schlawe). Ich ersuche diejenigen Herren, welche den Schlußantrag unterstützen wollen, sich zu erheben.

(Geschieht.)

Die Unterstützung reicht aus.

Ich ersuche nun diejenigen Herren, aufzustehen, welche den Schluß beschließen wollen.

(Geschieht.)

Die Abstimmung ist zweifelhaft.

Der Herr Abgeordnete Freiherr von Maltzahn-Gültz hat das Wort.

Abgeordneter Freiherr **von Maltzahn-Gültz**: Meine Herren, die Herren Abgeordneten von Ludwig und von Kardorff haben versucht, die Einführung des hier vorgeschlagenen Zolles zu rechtfertigen durch ein angebliches Bedürfniß der uns speziell beschäftigenden Industrie „Bürstenbinderwaaren". Sie haben uns hingewiesen auf eine angebliche Konkurrenz des Auslandes, welche speziell diese Industrie zu erleiden habe, und daß ein Schutz der Industrie nothwendig sei. Dem gegenüber muß es doch auffallen, daß in den Motiven der Regierung nichts gesagt ist. Die Motive der Regierung zu dieser Position sagen folgendes:

> Der früher auf grobe Bürstenbinderwaaren gelegte Eingangszoll ist im Jahre 1870 aufgehoben worden, nachdem durch den Handels- und Zollvertrag mit Oesterreich vom 9. März 1868 die Aufhebung des Zolls auf Borsten herbeigeführt worden war. Da indessen die Waaren, um welche es sich hier handelt, durch Verbindung verschiedener Materialien hergestellt werden, ein Umstand, der bei Waaren anderer Gattungen die Belegung mit einem Zolle beziehungsweise mit einem höheren Zollsatze bedingt, so erscheint die Wiedereinführung eines mäßigen Zollsatzes um so mehr gerechtfertigt, als diese Waaren in anderen Staaten mit zum Theil sehr hohen, die Konkurrenz des deutschen Fabrikats ausschließenden oder doch sehr erschwerenden Eingangszöllen belegt sind.

Das heißt doch deutlich, dieser Zoll soll nur eingeführt werden zu Gunsten des überhaupt in der ganzen Vorlage herrschenden Prinzips. Wer also gegen dieses Prinzip ist, muß meiner Meinung nach auch gegen die Erhöhung stimmen.

(Sehr richtig!)

Präsident: Der Herr Abgeordnete Freiherr von Varnbüler beantragt den Schluß der Diskussion.

(Rufe links: Aha!)

Ich ersuche diejenigen Herren, welche den Schlußantrag unterstützen wollen, sich zu erheben.

(Geschieht.)

Die Unterstützung reicht aus.

Nunmehr ersuche ich diejenigen Herren, aufzustehen

respektive stehen zu bleiben, welche den Schluß der Diskussion annehmen wollen.

(Geschieht.)

Das ist die Mehrheit; die Diskussion ist geschlossen.

Meine Herren, wir kommen zur Abstimmung.

Wenn nicht eine Trennung verlangt wird hinsichtlich der Positionen 1 und 2 der Nr. 4, Bürstenbinder- und Siebmacherwaaren, a, grobe, — so bringe ich dieselben zusammen zur Abstimmung. Eine Trennung ist nicht verlangt worden, auch während der Diskussion das Bedürfniß derselben nicht eingetreten.

Ich ersuche diejenigen Herren, welche die Position Nr. 4:

Bürstenbinder- und Siebmacherwaaren:

a) grobe:

1. Bürsten und Besen aus Bast, Stroh, Schilf, Gras, Wurzeln, Binsen und dergleichen, auch in Verbindung mit Holz oder Eisen ohne Politur und Lack: 100 Kilogramm 4 Mark,
2. andere auch in Verbindung mit Holz oder Eisen ohne Politur und Lack: 100 Kilogramm 8 Mark,

bewilligen wollen, sich zu erheben.

(Geschieht.)

Das Büreau ist einstimmig der Ueberzeugung, daß die Mehrheit steht; die Positionen sind bewilligt.

Ich eröffne die Diskussion über Pos. 4b. — Das Wort wird nicht gewünscht; ich schließe die Diskussion und bringe die Position zur Abstimmung.

Ich ersuche diejenigen Herren, welche Pos. 4b — 24 Mark — bewilligen wollen, sich zu erheben.

(Geschieht.)

Das ist die Mehrheit; die Position ist bewilligt.

Wir gehen jetzt über zu Nr. 6, **Eisen und Eisenwaaren**, und zwar zuvörderst stelle ich zur Diskussion Pos. 6a:

Roheisen aller Art; Brucheisen und Abfälle aller Art von Eisen, soweit nicht unter Nr. 1 genannt: 100 Kilogramm 1 Mark,

— und das zu dieser Position eingereichte Amendement des Herrn Abgeordneten von Wedell-Malchow Nr. 169a und das Amendement der Herren Abgeordneten Grafen Udo zu Stolberg, von Flottwell, Stellter:

zu Nr 6a:

Anmerkung:

Roheisen und Brucheisen seewärts von Memel bis zur Weichselmündung eingehend auf Erlaubnißscheine für Eisenwerke: frei.

Diese beiden Amendements stehen mit zur Diskussion.

Zuvörderst ertheile ich das Wort dem Herrn Berichterstatter der Petitionskommission, um über die eingegangenen Petitionen zu referiren.

Berichterstatter Abgeordneter Dr. **Stephani**: Ich setze das Einverständniß des Herrn Präsidenten dahin voraus, daß ich die Petitionen über die ganze Position 6, Eisen, zusammen vortrage, weil es sehr schwer sein würde, sie in ihren Unterabtheilungen auseinanderzuhalten. — Ich gebe also die sämmtlichen Petitionen mit kurzer Inhaltsangabe, die sich auf Eisen beziehen.

Der landwirthschaftliche Verein in Eichhorn bei Preußisch Eylau Nr. 309 und der landwirthschaftliche Verein in Brandenburg in Preußen Nr. 1398 bitten, der Wiedereinführung der Gesetzentwürfe, die die Wiedereinführung der Eisenzölle betreffen, in welcher Form sie auch gestaltet sein mögen, die Zustimmung zu versagen.

Die Stadtverordneten in Beuthen in Oberschlesien Nr. 870 bitten zum Schutz der oberschlesischen Eisenindustrie um sofortige Wiedereinführung ausreichender Eisenzölle ohne Angabe der Höhe derselben.

Die deutsche Gesellschaft für Hufbeschlagmaterial in Berlin Nr. 1539 bittet, das ihnen unentbehrliche Rohmaterial, schwedisches gewalztes Holzkohlenhufnageleisen, zollfrei einzulassen, eventuell aber für den Fall, daß der beabsichtigte Zoll auch auf dieses schwedische Eisen ausgedehnt werden sollte, alsdann für ihren Export ihnen die gleiche Vergünstigung der Rückvergütung zu Theil werden zu lassen, nach demselben Maßstabe, wie die Vereinigten Staaten von Nordamerika es ihren Fabrikanten zugestehen, nämlich für je 100 Kgr. Nägel den Zoll für 133 1/3 Kgr. schwedischen Roheisens zu setzen, weil ihre Fabrik per 100 Kgr. so viel Roheisen braucht.

Ein gleiches Gesuch um freie Einfuhr des schwedischen Eisens stellen 17 Firmen deutscher Hufnagelschmiede im Regierungsbezirke Kassel, Schmalkalden und Umgebung (Nr. 2631).

Weiter folgt eine Petition deutscher Röhrenfabrikanten, unterzeichnet sind 9 Firmen: in Düsseldorf, Augsburg und Berlin u. a. (Nr. 1786). Sie bitten unter Bezugnahme auf die Erklärung ihres Vertreters bei der Eisenenquete um Einschiebung einer neuen Position, so lautend:

Gewalzte und gezogene Röhren von schmiedbarem Eisen mit einem Zollsatz von 5 Mark per 100 Kilogramm.

Die Interessenten der Remscheider Industrie, unterzeichnet der Vorsitzende Brockhaus und Schriftführer Wilkens (Nr. 1795), bitten auf Grund eines Beschlusses, den sie in einer öffentlichen Versammlung am 6. März gefaßt haben. Die Resolution lautet so:

Die Eisen- und Stahlwaarenindustrie Remscheid bedarf nicht des Schutzzolls, sondern vermehrte Ausfuhr. Sie erkennt als Mittel zur Erreichung dieses Zieles an, Kampfzölle auf die Hauptausfuhrartikel der betreffenden gegnerischen Länder. Sie wünscht von diesem Kampfzoll ausgenommen: Fabrikationsmaterialien, wie Eisen und Stahl, sowie die nöthigen Nahrungsmittel des Volkes.

Die Fabrikanten und Kaufleute der Kleineisenindustrie im Kreise Hagen (Nr. 1796) — einige hundert Unterschriften verschiedener Firmen — bitten im Interesse der Eisenindustrie jegliche Veränderung der dieselben betreffenden Positionen unseres gegenwärtigen Zolltarifs abzulehnen.

Die Handelskammer Limburg an der Lahn (Nr. 1907) bittet um die Wiedereinführung mäßiger Zölle auf Eisen ohne Angabe des Zollsatzes.

Die Gebrüder Brüninghaus und Kompagnie in Werdohl in Westfalen (Nr. 1908) bitten unter Aenderung der bisherigen Zollinstruktion, gepließte Eisenwaren und Stahlwaaren ebenso wie gepließte Heu- und Düngergabeln, Sägen u. s. w. zur feinen Stahl- und Eisenwaarenposition 6 e III zu setzen, oder daß anstatt dessen eine neue Zollstufe (dem Werth von 200 bis 400 Mark für ihre Fabrikate entsprechend) mit einem Zollsatze von 18 Mark eingeführt werde.

Friedr. Böker und zwei andere Firmen in Limburg an der Lenne und Iserlohn (Nr. 1910) bitten, da Stabeisen mit einem Zoll, wie sie ausrechnen, von 9 1/4 seines Werthes belegt sei, den Zoll von Kratzendraht (in dem ungefähren Werthe von 120 Mark) per 100 Kilogramm von 3 auf 8 Mark zu erhöhen. Das würde nach ihrer Berechnung sein ein Zollsatz von 6 2/3 Prozent des Werthes, während das Stabeisen einen Zoll von über 9 Prozent des Werthes hat.

Die Handelskammer in Altena (Nr. 1925) bittet, den Zoll auf Roheisen von einer Mark per hundert Kilo auf 35 Pfennige per hundert Kilo herabzusetzen, was nach ihrer Berechnung gleich sein würde einem Zollsatz von fünf Prozent des Werthes und in gleicher Folge nachher die übrigen Eisenzölle dem entsprechend zu reduziren.

Die Handelskammer zu Solingen (Nr. 2116) bittet, die in Deutschland gar nicht fabrizirten als Halbfabrikat für unsere Korsetfabrikation ganz unentbehrlichen Korsetbleche zollfrei eingehen zu lassen, eventuell gesetzlich eine Zollrückvergütung in der Höhe des Zolles festzusetzen.

Das gleiche Gesuch der Sache nach stellen die Firmen Gutmann und Komp in Kannstatt (Nr. 2494).

In einer anderen Petition bittet die Handelskammer in Solingen (Nr. 2118) im Interesse ihrer ungefähr 700 Arbeiter beschäftigenden Schirmindustrie den bis jetzt zu ⅔ vom Auslande bezogenen Stahldraht (sie geben an, daß sie eine Million Kilogramm Stahl- und 600 000 Kilogramm Eisendraht vom Auslande beziehen müssen —) der jetzt mit 3 Mark belegt werden soll, zollfrei eingehen zu lassen, eventuell aber, wenn diese Bitte nicht erfüllt würde, bitten sie erstens um Zollverrückgütung, und zweitens die Regen- und Sonnenschirmgarnituren in Pos. 6, 3b mit 24 Mark Zoll einzustellen.

In einer anderen Petition (Nr. 2117) bittet dieselbe Handelskammer Solingen, zur Vermeidung aller Differenzen und Zollplackereien, alle Messer und Scheeren, so weit sie nicht ganz grob geschliffen sind, unter die Position „feine Eisenwaaren" zu stellen.

Die Firma Erkenzweig und Schwemann in Hagen (Nr. 2127) bittet im Interesse der Tiegelgußstahlfabrikation die Abfälle von Stahl, die besonders zum Einschmelzen dienen, im Tarif in Pos. 6 besonders zu erwähnen und deshalb die Pos. 6a so zu fassen, daß sie heißt: Roheisen aller aller Art; Brucheisen, Bruchstahl und Abfälle aller Art von Eisen und Stahl.

Eine gleiche Petition (Nr. 2393) kommt von der Bergischen Stahlindustriegesellschaft in Remscheid. Dieselbe bittet, die Abfälle ausdrücklich zu erwähnen und den Begriff „Brucheisen" besser festzustellen, und kommt schließlich auf dieselbe Fassung der Position 6 a, wie die oben genannte Firma Erkenzweig und Schwemann.

Die Firma Tomaszewski und Peters, Fabrik für Weißblechemballage in Berlin (Nr. 2129) bittet, Weißblech, das ihnen unentbehrlich sei, vom Ausland zollfrei einzulassen, eventuell, wenn der Zoll mit 5 Mark gesetzlich eingeführt würde, dann Weißblechwaaren mit dem doppelten des Blechzolles, also mit 10 Mark, nicht bloß wie jetzt vorgesehen, mit 6 Mark zu belegen.

Die Handelskammer in Osnabrück (Nr. 2149) bittet um eine vollständig veränderte Klassifizirung des Tarifs.

Der Zentralverein der westpreußischen Landwirthe in Danzig (Nr. 2324) bittet um zollfreie Einfuhr von Eisen für die Eisenetablissements gegen Erlaubnißschein über sämmtliche Häfen östlich von Rügenwalde gelegen.

F. Hoff in Dresden (Nr. 2331) bittet ohne weitere Motivirung, in jedem Falle die höchsten Zölle auf Eisen- und Stahlwaaren zu legen.

Die Handelskammer in Elberfeld (Nr. 2333) bittet, zur Sicherung des Exportes von Eisenwaaren die Einführung von Zollrückvergütungen nach Art der in Frankreich üblichen acquits-à-caution.

Die Firma Thyssen und Kompagnie zu Mülheim an der Ruhr (Nr. 2334) bittet, in Position 6e 3 noch einzufügen den Artikel Fittings, d. h. Gasrohrverbindungsstücke mit einem Zollsatz von 24 Mark pro 100 Kilogramm.

Die Firma Basse & Selve zu Altena in Westfalen (Nr. 2336) bittet, geladene Patronen nicht ohne einen entsprechenden Zollsatz zu lassen. Der Zollsatz selbst und seine Höhe ist nicht vorgeschlagen.

Die deutsche Metallpatronenfabrik Lorenz in Karlsruhe (Nr. 2493) bittet dasselbe, jedoch unter Ausdehnung auch auf die leeren Patronenhülsen.

G. Düring, Eisenwerksbesitzer zu Itzehoe, und 4 andere Firmen von dort (Nr. 2340) bitten, jeden Roheisenzoll abzulehnen.

Der Verein deutscher Eisengießereien in Osnabrück (Nr. 2525) bittet im Interesse der an den deutschen Flüssen und Strömen gelegenen Gießereien erstens um eine ausdrückliche Zusicherung von Rückvergütung des Zolles für Roh- und Brucheisen beim Export, und zwar bittet er ausdrücklich, für diese Rückvergütung maßgebend sein zu lassen die Bestimmung des Schlußprotokolls zum Zollvereinsvertrag vom 8. Juli 1867. Er bittet zweitens mit Bezug auf den Retorsionsparagraph 5, denselben auf solche Staaten auszudehnen, welche ihren Fabrikanten Ausfuhrprämien zahlen, und zwar wesentlich mit Rücksicht auf das Eisen.

Die Firma Coulaux und Kompagnie im Elsaß, Fabrikation von Feilen, Sägen, polirten Waffen und dergleichen, (Nr. 2630) bittet, da sie mit 500 Arbeitern wesentlich für den Export arbeitet, schwedisches Roh- und Stabeisen aber absolut nicht entbehren köune, jeden Zoll auf Roheisen abzulehnen.

Die Handels- und Gewerbekammer in Calw (Nr. 1803) bittet mit Rücksicht auf die höheren Zölle in Frankreich und Oesterreich auf Sensen, den Eingangszoll auf Sensen zu erhöhen. Die Höhe ist aber nicht angegeben.

Mehr als 1000 Firmen der Eisen- und Stahlwaarenindustrie der bergisch-märkischen Kreise (Nr. 2066) bitten erstens um eine gänzliche veränderte Klassifikation, zweitens um eine Zollerhöhung nach Maßgabe des autonomen Tarifs, die ausführliche Petition ist gedruckt in den Händen der Abgeordneten.

Die Handelskammer in Osnabrück (Nr. 2149) bittet um eine Bestimmung wegen der Zollrückvergütung auf die einem Eingangszolle unterliegenden Rohstoffe, namentlich in Bezug auf das Eisen.

Die Handelskammer in Solingen Nr. 2113 bittet, Abfälle aller Art von Eisen und Stahl zollfrei einzulassen, zweitens Ausschußeisen und Stahl und überhaupt solche Sorten, die nur zur Fabrikation verwendet werden, ebenfalls zollfrei einzulassen, und falls das nicht zu erreichen sei, den Zoll wenigstens auf ein Minimum zu beschränken. Die Höhe des Zolls ist nicht angegeben.

Endlich und letztens bittet die Handelskammer in Hannover (Nr. 1979), den Zoll auf Roheisen auf 50 Pfennige zu ermäßigen.

Ihre Petitionskommission empfiehlt, alle diese Petitionen durch die später zu fassenden Beschlüsse für erledigt zu erklären, eine Beschlußfassung, die natürlich erst bei der dritten Lesung erfolgen kann.

Präsident: Der Herr Abgeordnete Dr. Delbrück hat das Wort.

Abgeordneter Dr. **Delbrück**: Meine Herren, ich will für den Augenblick bei Beginn der Diskussion mich darauf beschränken, an die Herren Vertreter der verbündeten Regierungen zwei Fragen zu richten, deren Beantwortung, wie ich glaube, für die Beurtheilung der Positionen nicht bloß für das Roheisen, sondern auch für die ferneren Eisenpositionen nicht ohne Interesse ist.

Seit dem Jahre 1854 wurde den Erbauern von Seeschiffen eine Zollvergütung für die von ihnen verwendeten eisernen und sonstigen metallnen Schiffsbaumaterialien gewährt. Es geschah dies einerseits in der Form, daß für die metallnen Schiffsbaumaterialien, welche in dem fertigen Schiffe als vorhanden nachweisbar waren, sofern sie aus dem Auslande bezogen waren, der Eingangszoll erlassen, und sofern sie im Inlande verfertigt waren, der Zoll für das Material, das Eisen, erlassen wurde, aus welchem sie angefertigt waren. Es geschah dies ferner dadurch, daß für diejenigen metallenen Schiffsbaumateralien, welche in dem fertigen Schiffe als verwendet nicht nachweisbar waren, eine theils nach der Tragfähigkeit des Schiffes, theils nach der Bauart, ob eisenfest, kupferfest u. s. w. bemessene, baare Vergütung gezahlt wurde. Diese Vergütungen sind, soweit sie für das eiserne Schiffsbaumaterial gezahlt und bewilligt wurden, von selbst weggefallen, von dem Augenblick an, wo die Eisenzölle nicht mehr erhoben wurden. Sie bestehen noch fort für andere als eiserne Schiffsbaumaterialien, insbesondere für kupferne. Die Frage, die ich zuerst zu stellen habe, ist die, ob die verbündeten Regierungen der Ansicht sind, daß im Falle der Wiedereinführung von Eisenzöllen die damals getroffenen Bestimmungen, natürlich unter den Modifikationen, welche sich aus der verschiedenen Höhe der Zollsätze von selbst ergeben, wieder in Kraft treten. Ich für meinen Theil habe an der Bejahung dieser Frage keinen Zweifel, und zwar aus dem Grunde, weil, wie ich vorhin schon bemerkte, die Bestimmungen, von denen ich rede, zum Theil, nämlich in der Beschränkung auf die nicht eisernen Materialien, noch in Kraft bestehen und, wie ich glaube, von selbst wieder aufleben, wenn Eisenzölle wieder eingeführt werden. Indessen ist dies eine Ansicht, welche, wie eine ganz kürzlich eingegangene Petition, einer großen Anzahl von Schiffbauern darthut, nicht allgemein getheilt wird, und es würde unter allen Umständen zur Beruhigung der Interessenten gereichen, wenn von vornherein darüber kein Zweifel besteht, welches die Ansicht der verbündeten Regierungen ist.

Die zweite Frage, welche weniger zweifellos ist, ist folgende. Vom Jahre 1867 an wurde den Besitzern von Gießereien, Hammerwerken und Walzwerken gestattet, Roheisen und altes Brucheisen aus dem Auslande zu beziehen und aus einer unter Mitverschluß der Zollverwaltung stehenden Privatniederlage zollfrei zu entnehmen unter der Bedingung, die aus diesem ausländischen Roh- oder Brucheisen gefertigten Waaren ins Ausland auszuführen. Diese Bestimmung ist mit Wegfall der Eisenzölle naturgemäß und zwar in ihrer ganzen Ausdehnung ebenfalls in Wegfall gekommen. Sie ist ausdrücklich nicht aufgehoben, und es würde sich folgern lassen, daß, weil sie nicht aufgehoben ist, sie wieder in Kraft tritt, wenn die Voraussetzungen wieder eintreten, unter denen sie erlassen wurde. Diese Frage ist jedoch nicht außer Zweifel, und wenn ich mir auch über diese Frage eine Auskunft erbitte, so bemerke ich sowohl zu der ersten als auch zu der zweiten Frage, daß ich glaube, eine Auskunft darüber im Namen der verbündeten Regierungen erwarten zu können, weil ich zu der Annahme berechtigt bin, daß über diese beiden wichtigen Fragen im Bundesrath ein Zweifel nicht obgewaltet haben kann bei Vorlegung des Tarifentwurfs.

Präsident: Der Herr Kommissarius des Bundesraths Geheimrath Burchard hat das Wort.

Kommissarius des Bundesraths kaiserlicher Geheimer Regierungsrath **Burchard**: Ich bin dem Herrn Vorredner zunächst sehr dankbar dafür, daß er diese beiden, allerdings sehr wichtigen Fragen hier in die Diskussion eingeführt hat, und werde mir erlauben, darauf, soweit ich im Stande bin, sofort zu antworten. Die erste Frage betraf die Zollvergünstigung, welche dem Schiffbau bezüglich Eisens und anderer Metalle zu Theil wird. Der Herr Vorredner ging von der Ansicht aus, daß ein Theil dieser Bestimmungen noch jetzt in Kraft bestehe, soweit diese Metalle überhaupt mit Zoll belegt sind, und knüpfte daran die Folgerung, daß nach seiner Ansicht diese Bestimmung in ihrem ganzen Kontext, natürlich mit den erforderlichen Abänderungen, auch bezüglich des Eisens in Kraft zu treten hätte, wenn man dazu überginge, Roheisenzoll und sonstige Eisenzölle einzuführen. Ich glaube namens der verbündeten Regierungen diese letztere Ansicht im wesentlichen nur bestätigen zu können. Es liegt mir hier aus dem Jahre 1874 der Beschluß des Bundesraths vor, der sich darüber ausspricht, in welchem Umfange für metallene Bestandtheile und Inventarstücke von Seeschiffen, deren Verwendung sich nachweisen läßt, Zollfreiheit zu bewilligen ist. Dieser Beschluß des Bundesraths beruht, wie ausdrücklich im Eingang gesagt ist, auf den Zollvereinsvertrag vom 4. April 1853 und zwar auf der Anlage zu Nr. 12 c des Schlußprotokolls. Die verbündeten Regierungen sind nun allgemein der Ansicht und stützen sich dabei auf die Bestimmungen der Verfassung, daß diese Verordnung des Zollvereinsvertrags, und dazu gehört auch das Schlußprotokoll, insofern auch jetzt noch in Kraft bestehe, als sie nicht ausdrücklich aufgehoben oder ihre Anwendung nicht von selbst beseitigt ist. Von dieser Voraussetzung ausgehend würden diese Bestimmungen, nach der Auffassung der verbündeten Regierungen auch bezüglich des Eisens wieder in Kraft zu treten haben, umsomehr, als die übrigen Bestimmungen des Zollvereinigungsvertrags und derjenigen Ausführungsvorschriften, welche auf Grund dieses Vertrags erlassen sind, auch jetzt noch, soweit sie Metallgegenstände betreffen, die noch mit Zoll belegt sind, in Kraft sind.

Ich gehe nun über zu der zweiten Anfrage; dieselbe betrifft die Anlage A zum Schlußprotokoll des Zollvereinigungsvertrags vom 8. Juli 1867. Der Herr Vorredner hat ausgeführt, daß seiner Zeit in dem Vertrage vom 8. Juli 1867 bezüglich des Veredlungsverkehrs mit Roheisen und altem Brucheisen besondere Bestimmungen vereinbar sind, welche die Verarbeitung dieser Waaren zum Export und Schiffsbau begünstigen sollten. Diese Bestimmungen haben in Kraft bestanden auch nach dem 1. Juli 1869 und in unangefochtener gesetzlicher Geltung, solange als überhaupt Roheisenzölle und Zölle auf altes Brucheisen erhoben worden sind. Sie sind niemals ausdrücklich aufgehoben worden, sind aber außer Anwendung gebracht in dem Momente, wo überhaupt der Zoll auf diese Artikel wegfiel. Die verbündeten Regierungen haben die Frage, ob diese Anlage A zum Zollvereinigungsvertrage sofort und ohne jede gesetzliche Mitwirkung wieder in Kraft zu treten hätte, sobald ein Zoll auf Roheisen eingeführt wird, nicht zum Gegenstand ausdrücklicher Beschlußnahme gemacht.

(Hört! hört! rechts.)

Welcher Ansicht man auch darüber sein könnte, ob man nun annimmt, diese Bestimmung tritt wieder von selbst ins Leben in dem Momente, wo der Roheisenzoll eingeführt wird, oder ob man meint, es bedarf einer gesetzlichen Maßnahme, um sie wieder in Kraft zu setzen, — ich sage, welcher Ansicht man auch in dieser Hinsicht sei, so viel glaube ich versichern zu können, daß der Bundesrath gewillt ist, in der Begünstigung der Verarbeitung des Roheisens und alten Brucheisens zum Export und in der Begünstigung der Verwendung dieses Materials zum Schiffsbau mindestens bis an die Grenze zu gehen, welche innerhalb dieser Anlage A zum Schlußprotokoll angenommen ist. Ich glaube also meine Befugnisse nicht zu überschreiten, wenn ich hiermit namens der verbündeten Regierungen die Versicherung abgebe, daß die Erleichterungen, welche dem gedachten Verkehr zutheil werden sollen, sei es nun unmittelbar oder mittelbar, durch diese Bestimmung der Anlage A, sei es zufolge einer besonderen Anordnung des Bundesraths, mindestens soweit gehen werden als die Bestimmungen der Anlage A des Vertrags von 1867.

Ich glaube damit im wesentlichen die Anfragen des Herrn Vorredners und zwar, wie ich meine, in durchaus bejahendem Sinne beantwortet zu haben. Da ich einmal das Wort habe, so möchte ich um die Erlaubniß bitten, im Anschluß an die Begründung dieser Vorlage selbst kurz die Stellung der verbündeten Regierungen zur Eisenzollfrage zu bezeichnen.

Zwei Fragen sind es überhaupt, die dabei in Betracht zu ziehen sind. Die erste meines Erachtens wichtigste, ist die: sollen wir überhaupt zur Einführung der Eisenzölle übergehen? ist es nothwendig, die Eisenzölle wieder herzustellen? An diese Frage und zwar dann, wenn sie im bejahenden Sinne beantwortet ist, würde sich die weitere Frage zu schließen haben, in welcher Art soll das ausländische Eisen mit Zoll belegt werden? Wie sind die einzelnen Sätze für das Rohmaterial, Halbmaterial und Fabrikat abzumessen?

Meine Herren, ich möchte einen ganz kurzen Rückblick auf die Entstehung der jetzigen Vorlage vorausschicken. Sie wissen ja alle, daß die Eisenzollfrage zu allen Zeiten den Mittelpunkt des Kampfes zwischen Schutzzoll und Freiheit des Handels abgegeben hat, Sie wissen ja auch Alle, daß bis zum Jahre 1870 auf allen Gebieten der Eisenindustrie Zölle bestanden haben, die zum mindesten gleich hoch, im wesentlichen viel höher waren, als die jetzt vorgeschlagenen. Vom Jahre 1870 bis 73 war der Roheisenzoll niedriger, die Materialeisenzölle und die Zölle für Halb- und Ganzfabrikate zum Theil erheblich höher als die vorgeschlagenen. Erst im Jahre 1873, nachdem die Frage der Aufhebung der Eisenzölle in nähere Erwägung gezogen war, hatte man sich schließlich zu dem gesetzlichen Kompromiß geeinigt, daß der Roheisenzoll sofort fallen sollte, daß der Materialeisenzoll und der Zoll für Fabrikate auf eine verhältnißmäßig niedrige Stufe gesetzt werden und daß mit dem 1. Januar 1877 auch bezüglich dieser Artikel vollständig freier Verkehr eintreten sollte. Es ist Ihnen ferner erinnerlich, daß mit der zunehmenden Noth der Eisenindustrie die Anstrengungen derer an Lebhaftigkeit gewannen, welche für eine Wiedereinführung der Eisenzölle beziehentlich für eine Hinausschiebung des Termins der Aufhebung der Eisensenzölle eintraten. Nachdem im Jahr 1876 und 1877 auch die Ausgleichungsabgabe vom hohen Hause abgelehnt war, wurde die Bewegung zu Gunsten einer Wiedereinführung der Eisenzölle immer lebhafter und der Bundesrath nahm Veranlassung, eine Untersuchung über die Lage der inländischen Eisenindustrie anzuordnen.

Meine Herren, diese Enquete ist vor sich gegangen. Sie ist — ich glaube das sagen zu dürfen — mit großer Umsicht eingeleitet worden. Es sind ihr zu Grunde gelegt worden statistische Nachweisungen, die Ihnen vorliegen, in welchen in der eingehendsten Weise über Produktion, Ein- und Ausfuhr der inländischen Eisenerzeugung, über die Preisverhältnisse, über die Zahl der bei der Eisenindustrie beschäftigten Arbeiter, zum Theil auch über die ausländische Gesetzgebung den ausländischen Verkehr und andere Gegenstände eingehende Mittheilungen gemacht worden sind. Es ist der Enquete ein Programm zu Grunde gelegt worden,, in welchem auch die Fragen, die den Sachverständigen vorzulegen wären, bestimmt waren, und im übrigen der Gang der Untersuchung genau vorgezeichnet war. Genug, es ist in der That die Vornahme dieser Enqnete mit der eingehendsten Sorgfalt eingeleitet worden. Nachdem der Bundesrath sich überzeugt hatte, daß die Untersuchung in dieser Weise auf richtigen Prinzipien beruhte, ist man zur Wahl der Mitglieder der Enquetekommission übergegangen und es sind von der Enquete dann die Sachverständigen, die zu vernehmen waren, nach sorgfältiger Erwägung bezeichnet worden.

Meine Herren, man hat gegen die Enquete Einwürfe verschiedener Art erhoben. Man hat auf der einen Seite gesagt: die Kommission ist nicht richtig zusammengesetzt gewesen, sie hätte nach anderen Grundsätzen erwählt werden müssen. Ebenso hat man gesagt: die Zahl der Sachverständigen ist nicht diejenige gewesen, die gewünscht wurde, es sind aus den verschiedenen Interessengruppen nicht die nöthige Zahl von Personen vernommen worden.

(Sehr richtig! links.)

Man hat auch gesagt, daß die Sachverständigen nach gewissen Tendenzen ausgewählt seien. Meine Herren, alle diese Vorwürfe sind zum Theil schon beantwortet worden, zum Theil werden sie wohl noch im Laufe dieser Diskussion beantwortet werden. Ich enthalte mich, auf alle diese Fragen hier näher einzugehen, ich will nur konstatiren, daß der Bundesrath die erhobenen Einwürfe eingehend geprüft hat, daß er aber keine Veranlassung gefunden hat, auch nur im mindesten zu zweifeln, daß die Untersuchung über die Lage der inländischen Eisenindustrie mit der gehörigen Umsicht und Unparteilichkeit vorgenommen worden sei.

Ich möchte nur noch auf einen Einwurf zurückkommen, der in früherer Zeit bezüglich der Person des Vorsitzenden der Eisenenquete erhoben worden ist und der auch in der Presse wiederholt zum Ausdruck gekommen ist. Man hat gesagt, die Person dieses Herrn sei nicht unbefangen genug gewesen, sie habe sich im voraus ein Urtheil gebildet über die Nothwendigkeit der Eisenzölle, und dieses Urtheil sei an die Oeffentlichkeit gelangt. Man hat zur Substanzirung dieses letzten Vorwurfs hinzugefügt, es beruhe die Veröffentlichung vielleicht auf einer Indiskretion oder auf irgend einem Versehen, aber man hat doch gemeint, daraus, daß überhaupt von dem betreffenden Herrn eine Ansichtsäußerung in die Oeffentlichkeit gedrungen ist, einen Einwurf entnehmen zu müssen gegen diese Persönlichkeit selbst. Nun, meine Herren, ich glaube in der That, daß eine Persönlichkeit kaum gefunden werden konnte, die gerade in dieser Beziehung einwandfreier war als die Person des Vorsitzenden der Eisenenquete. Meine Herren, der Bundesrath mußte doch, als er zur Wahl des Vorsitzenden überging, vor allen Dingen einen Sachverständigen ins Auge fassen. Einen vollständig Unbefangenen, der der Eisenindustrie absolut fernsteht, der also auch nicht die nöthigen Vorkenntnisse besitzen kann, durfte man unmöglich zum Vorsitzenden einer so wichtigen Kommission machen. Davon mußte der Bundesrath von vornherein ausgehen, und ich fürchte, darin keinem Widerspruch zu begegnen. Wenn Sie aber, von dieser Voraussetzung ausgehend, fragen: gibt es überhaupt auf dem Gebiet der Eisenindustrie zur Zeit in irgend einem Kreise, in Beamten- oder Industriekreisen, einen Mann, der sich nicht ein Urtheil gebildet hätte über die Nothwendigkeit von Eisenzöllen? — so glaube ich, es wird niemand im Hause sein, der nicht zugestehen muß, es ist Pflicht jedes derartigen Mannes, in seinem Innern sich ein Urtheil zu bilden über die Frage der Wiedereinführung von Eisenzöllen.

Was nun den Vorwurf betrifft, daß es bekannt geworden wäre, in welcher Richtung der betreffende Herr zur Eisenzollfrage Stellung genommen hätte, so glaube ich, daß in der That kaum eine Persönlichkeit diskreter sich in dieser Frage hätte benehmen können als gerade der Vorsitzende der Eisenkommission. Es wird von keiner Seite behauptet, daß er bei irgend einer Gelegenheit, und die Gelegenheit hat ihm gewiß nicht gefehlt, sein Urtheil über diese Frage in den Vordergrund gedrängt hätte. Er hat sein Urtheil in der Oeffentlichkeit stets zurückgehalten, so sehr ihn auch die Frage innerlich bewegt haben mag. Wenn schließlich doch ein Urtheil von ihm in die Oeffentlichkeit gedrungen ist, so ist das nicht mit seinem Willen geschehen, sondern wider seinen Willen, das wird von allen Seiten anerkannt. Ich glaube deshalb, daß nach dieser Richtung die Vorwürfe, die gegen die Eisenenquete erhoben worden sind, der Begründung entbehren.

Meine Herren, der Bundesrath war, nachdem die Eisenenquete beendigt war, moralisch verpflichtet, die Erhebungen, die die Enquete zu Tage gefördert hatte, zu prüfen und, wenn er nicht Einwendnngen gegen dieselben machen konnte, davon auszugehen, daß in den reichen Materialien, die die Eisenenquete zu Tage gefördert hatte, nunmehr auch das Material zur Beurtheilung der Eisenzollfrage enthalten sei. Die Eisenkommission hat es ja vermieden, ihrerseits ein Urtheil in der Frage auszusprechen. Sie hat nur zusammengestellt und übersichtlich klar gestellt, in welcher Weise die Erhebungen ein Resultat gefördert hätten, und es höherer Beurtheilung überlassen, nach welcher Richtung die Entscheidung zu treffen wäre.

Wenn Sie nun die Vernehmung der Sachverständigen und die Anlagen der Eisenenquete in Betracht ziehen, so wird niemand darüber zweifelhaft sein können, daß durch die Eisenenquete zunächst das klar gestellt ist, was wir allerdings mehr oder weniger schon im voraus wußten, nämlich die hohe Noth der Eiseninduſtrie. Ich will über diesen Gegenstand nicht weiter sprechen, ich glaube, darüber wird kaum ein Zweifel entstehen können, daß unsere Eisenindustrie sich in sehr schlechter Lage befindet. Meine Herren, diese Lage ist ja nicht schlecht hinsichtlich der Summe der Produktion. Die Summe der Produktion ist zu allen Zeiten eine an sich befriedigende gewesen, sie hat sich sogar in der letzten Zeit noch gesteigert; die schlimme Lage der Eisenindustrie dokumentirt sich vorzugsweise in den Preisen. Man mag ja über diese Ermittelungen denken wie man will, darüber kann man, meines Erachtens, nicht gut in Zweifel sein, daß die Eisenpreise schon seit längerer Zeit äußerst niedrig und noch jetzt in abnehmender Bewegung begriffen sind, so daß in der That die Eisenindustrie bei diesen Preisen nicht bestehen kann, auch nicht bei den bescheidensten Ansprüchen. Man hat nun den Grund der Noth der Eisenindustrie hauptsächlich darin gefunden, daß ein Mißverhältniß zur Zeit besteht zwischen Produktion und Konsumtion; man hat gesagt, die Lage der Eisenindustrie kann sich nicht bessern, wenn dieses Verhältniß nicht geändert wird. Meine Herren, ich stehe ganz auf dem Boden dieser Anschauung, ich glaube auch, daß eine gründliche Besserung der Lage der Eisenindustrie nicht dadurch unmittelbar eintreten kann, daß man die Zölle einführt,

(hört! links)

denn man wird die Zölle nicht so hoch einführen können, daß die Preise plötzlich bis zu der Höhe hinaufgehen, wie die Eisenindustrie es wünschen muß. Von dieser Voraussetzung gehe ich durchaus aus, aber ich glaube, daß das Rezept, welches nun der Eisenindustrie von manchen Seiten entgegengetragen worden ist, das Rezept, sich freiwillig zu beschränken in der Eisenproduktion, die Produktion also in einer bestimmten Weise einzuschränken im Verhältniß zu der Konsumtion, meines Erachtens ganz verfehlt ist. Meine Herren, es kann sich überhaupt eine so große Industrie nicht aus eigenem Willen beschränken in dem Maße ihrer Produktion, das halte ich einfach für unmöglich. Wenn man mit Industriellen spricht, so werden diese zugestehen, daß Koalitionen zum Behufe einer Einschränkung einer Produktion vielleicht nicht ganz unmöglich sind, wenn auch nur in sehr beschränktem Maße und nicht auf lange Dauer, daß sie aber dann nicht möglich sind, wenn es sich um eine Produktionsausdehnung handelt, wie sie die Eisenindustrie auf allen Gebieten zeigt. Was heißt denn eine solche Koalition? Doch nichts anderes, als daß der Einzelwille sich unterordnet dem Gesammtwillen, der zum Ausdruck gekommen ist in der Vereinbarung. Mögen die Koalirten ihre Vereinbarung treffen in der verbindlichsten und spezialisirtesten Weise, es wird doch immer Mittel geben, sich dem Geiste dieser Koalition zu entziehen und das wird Ihnen jeder Industrielle bestätigen. Ich will auf dieses Thema nicht weiter eingehen, ich möchte nur darauf hinweisen, daß schon in der Agentenprovision ein weitgehendes Mittel liegt, um eine Einwirkung auf die Preisgestaltung zu üben. Meine Herren, ich halte aber das Mittel einer geflissentlichen Betriebseinschränkung für die inländische Produktion auch deswegen für vollständig ausgeschlossen und unannehmbar, weil die jetzige Preisgestaltung von Eisen nothwendig zur Ausdehnung der Produktion führen muß. Ich habe vorhin zugegeben, daß in gewissen Grenzen eine Koalition zum Zweck einer Einschränkung der Produktion bestehen kann; diese Einschränkung ist aber wirthschaftlich nur so lange möglich, als die Preise, die für die Fabrikate gelöst werden, verhältnißmäßig günstige sind; sie wird aber vollständig unmöglich und unhaltbar, sobald die Preise herabgehen bis auf das Niveau der Erzeugungskosten und sogar darunter. Denn, meine Herren, in den Erzeugungskosten stecken ja neben den Materialkosten auch allgemeine Kosten, die man unter dem großen Rahmen der Generalunkosten zusammenbegreift. Diese Generalunkosten existiren für jede Produktionsstätte nur ein Mal mit einem Betrage, sie müssen vertheilt werden auf die Anzahl der produzirten Stücke. Es hat dies naturgemäß die Folge, daß, je mehr die Produktion ausgedehnt wird, um so mehr sich auch für das einzelne Stück der Betrag der allgemeinen Unkosten verringert. Wenn mit der Produktion nun Preise erzielt werden können, welche weit hinaus über das Maß der Selbstkosten gehen, so ist es ja innerhalb gewisser Grenzen möglich, eine Produktionsverringerung vorzunehmen, ohne dabei die Rentabilität des ganzen Werkes in Frage zu stellen; wenn aber die Preise so niedrig sind, daß schon bei großem Absatz die allgemeinen Kosten kaum gedeckt werden, dann ist es wirthschaftlich absolut unmöglich, nun noch die Produktion künstlich mehr einzuschränken; es würde das zur nothwendigen Folge haben, daß die Generalunkosten verhältnißmäßig noch höher würden und für dieselben noch weniger eine Deckung zu erreichen wäre.

Meine Herren, eine Einschränkung der inneren Produktion ist aber — das ist auch in der Eisenenquete hervorgehoben worden — vollständig wirkungslos, so lange wir einen offenen Markt haben, so lange Deutschlands Thore weit geöffnet sind und jedes Land im Stande ist, seinen Ueberfluß an Eisen auf den deutschen Markt zu werfen. Darüber kann doch kein Zweifel sein und das ist ja auch durch die Enquete klargestellt, daß wir einer Ueberproduktion nicht bloß in Deutschland begegnen, sondern auch in allen anderen Ländern und namentlich in England. Man kann über den Umfang dieser Ueberproduktion im Zweifel sein und es werden sich nach dieser Richtung hin kaum positive Zahlen geben lassen, die den zur Zeit lagernden Vorrath bezeichnen. In den Motiven der Vorlage ist dieser Punkt auch besprochen worden und es ist da insbesondere das Beispiel Englands hervorgehoben worden. Es sind Zahlen erwähnt worden, welche die Vorräthe beziffern, die sich auf dem schottischen Roheisenmarkt und in England vorfinden, die also auf den deutschen Mark geworfen werden können und nach der Annahme der Regierungen auch geworfen werden sollen. Meine Herren, es handelt sich dabei immer um runde 1000 Tons, die angegeben sind, es kann mithin kein Zweifel darüber sein, daß die Zahlen im Großen und Ganzen zu verstehen sind. Auch die Quelle, auf welcher die Zahlen beruhen, ist dort wenigstens im Allgemeinen genannt. Es ist gesagt, der Vorrath wird von sachkundiger unintereſſirter Seite auf 1 500 000 Tons — das sind 1500 Millionen Kilogramm — veranschlagt. Meine Herren, diese Nachrichten sind den verbündeten Regierungen zugegangen von einer Stelle, die sie Anlaß hatten als unintereſſirt anzusehen, weil die betreffende Stelle, ein sehr sachkundiger Mann, sich mit der Darstellung von Roheisen nicht beschäftigt. Gegen die Sachkunde des Betreffenden sind nach keiner Richtung hin Zweifel zu erheben, höchstens könnte es sich fragen, ob er nicht irgendwie intereſſirt sei oder ob seine Nachforschungen oberflächlich vorgenommen seien. Nach keiner Richtung aber bestehen Zweifel. Nun finden Sie in einem anderen Werke andere Angaben; Sie finden bei den Gegnern der Eisenzölle in einem Werke, das mir zur Hand gekommen ist, eine Angabe, die im gewissen Sinne abweicht von dieser. Es wird gesagt, der englische Vorrath auf dem Roheisenmarkt betrage nicht 1 500 000 Tons sondern nur 1 000 000 Tons. Wenn man nun nach der Quelle fragt, die in dieser Schrift angegeben ist, so ist nach meiner Erinnerung wieder gesagt, es sei ein sachkundiger, unintereſſirter Mann. Meine Herren, ich bin allerdings nicht ohne Weiteres in der Lage, Ihnen den Namen Desjenigen bezeichnen zu können, auf dessen Angaben die Zahlen der Vorlage beruhen, ich habe aber gesagt, daß die verbündeten Regierungen nach reiflicher Erwägung dieser Quelle die bezeichnete Qualifikation beigelegt haben, und ich möchte deshalb bitten, daß Sie das Vertrauen zu den verbündeten Regierungen hegen, daß sie nach bestem Wissen und Gewissen diese Angaben gemacht haben. Es liegt meines Erachtens nicht der mindeste Grund zu einem Zweifel in dieser Beziehung vor. Ich mußte diesen Gegenstand mit ein paar Worten zur Erledigung bringen, weil in der That der Vorwurf, der den verbündeten Regierungen gemacht ist, meines Erachtens die Grenze überschreitet, welche für derartige Erörterungen gegeben ist.

Meine Herren, ich gehe nun über zu den Zollverhältnissen des Welthandels. Ich habe vorhin gesagt, wir befinden uns im Zustande vollständiger Zollfreiheit; es besteht für Roheisen ein offener Markt in Deutschland. Es ist schon, wenn ich recht verstanden habe, im Laufe der Generaldiskussion zur Sprache gekommen, daß die Aufhebung des Roheisenzolles seiner Zeit allerdings mehr oder minder eine Anomalie war. Man kann ja über Freihandel und Schutzzoll verschiedener Ansicht sein, aber im allgemeinen haben wir doch auf dem Gebiete des Tarifwesens in keiner Weise die äußerste Konsequenz gezogen. Auch die Vertreter des extremsten Freihandelsprinzips haben auf wichtigen Gebieten der Produktion Zölle mehr oder minder als nützlich und nothwendig anerkannt, sie haben bei Baumwollenwaaren, Wollenwaaren, Thonwaaren, Glaswaaren und auf anderen Gebieten die Nothwendigkeit anerkannt, daß man allmählich, soweit es sich um eine weitere Veredlung handelt, mit Zollbelastungen vorgeht, wenn man auch die Rohmaterialien freigibt.

Nun wich ja die Bemessung der Eisenzölle davon einigermaßen ab, es sollte nicht bloß das Roheisen frei sein, sondern auch das Materialeisen, es sollten auch frei sein die gröberen Eisenwaaren, kurz, es ist bis auf die Klasse der feinen Eisenwaaren vollständige Zollfreiheit eingeführt worden.

Meine Herren, wenn Sie sich in der Welt umsehen, wie haben denn andere Länder diese so wichtige Zollfrage geordnet? Haben andere Länder es unternommen, ihren Markt vollständig frei zu geben bezüglich der Eisenproduktion? Wenn Sie nach dieser Richtung Umschau halten, so werden Sie finden, daß eine solche Freigebung nur in England stattgefunden hat. Frankreich erhebt weit höhere Zölle als wir, auch Oesterreich hat zum Theil höhere Zölle, — kleinere Länder will ich hier nicht in Betracht ziehen, — ich will auch ganz schweigen von Rußland und Nordamerika, aber auch in Spanien werden Zölle erhoben, in Italien, kurz es gibt kein größeres Land, welches seinen Markt für Eisen öffnet und sagt: kommt zu mir, die ihr etwas überflüssig habt!

Es war darum gewiß seiner Zeit die Aufhebung der Eisenzölle ein Schritt, der zu großen Bedenken Anlaß geben konnte und auch gegeben hat, aber er wurde in einer Zeit unternommen, wo er, meines Erachtens, ungefährlich war. Ein solcher Schritt ist meines Erachtens weniger bedenklich, wenn Produktion und Konsumtion in einem Verhältniß stehen, daß die Produktion die Konsumtion kaum befriedigen kann, wo also so ziemlich in der ganzen Welt, jedenfalls aber in Deutschland eine Ueberproduktion nicht existirte.

Meine Herren, die Konsumtion hatte sich ja in jenen Jahren namenlos gesteigert und die Produktion war nicht im Stande dem Konsum so schnell zu folgen, trotz der größten Anstrengungen, die sie machte; die Produktion wurde damals gewissermaßen ganz unfreiwillig von der Konsumtion in Deutschland genöthigt, nachzueilen, um das Quantum herzustellen, was die inländische Konsumtion bedurfte.

Meine Herren, damals hat niemand gewußt oder geahnt, daß die Zeit so schnell wechseln würde, daß das Maß des Eisenkonsums so schnell von der höchsten Höhe hinabgehen würde auf die tiefste Tiefe; aber die Anstalten sind nun da, die innere Produktion hat nun einmal eine erhebliche Ausdehnung gewonnen, sie ist berechtigt zu leben und sie will leben. Was blieb ihr anders übrig, als daß sie suchte durch Mehrproduktion auf die Kosten zu kommen und ihre Existenz zu erhalten.

Wie ist es nun in England, meine Herren? England ist ja, was Eisenproduktion anbetrifft, unzweifelhaft Deutschland weit überlegen. Ich will zunächst ganz absehen von den Kosten der Produktion, schon die einzelnen Zahlen der Einfuhr Englands und seiner Ausfuhr im Verhältniß zu den betreffenden Zahlen in Deutschland beweisen es unwiderleglich, daß die englische Eisenerzeugung und der Konsum dem deutschen weit voraus sind. England produzirt nahezu das Vierfache von dem an Eisen, was Deutschland produzirt; es führt nahezu das Dreifache von dem aus, was Deutschland ausführt, und importirt etwa den 15. Theil wie Deutschland.

Meine Herren, ich begnüge mich, diese Zahlen gegenüberzustellen, sie belegen besser als alles andere, in wie eminenter Weise England Deutschland überlegen ist. England kann seinen Markt freigeben, England hat nie die Gefahr zu laufen, daß ihm, abgesehen von gewissen Qualitätseisen oder Eisenwaaren, die dort nicht hergestellt werden, Eisen in erheblichen Mengen importirt wird. England ist in Bezug auf seinen Markt geschützt durch seine Lage, durch seine Kapitalkraft, durch seine Wasserverbindung und seine Rohmaterialien. Meine Herren, die Eisenenquete hat sich über diesen Punkt sehr eingehend verbreitet, und man hat versucht ziffermäßig festzustellen, inwiefern die englische Eisenproduktion überlegen ist der deutschen. Es ist dies ja ein sehr schwieriger Gegenstand, und es haben sich die Anfechtungen gegen die Resultate der Eisenenquete namentlich auf diesen Pnnkt gerichtet. Der Bericht der Enquetekommission kommt zu dem Schluß, daß England ungefähr um 10 Mark pro Tonne Roheisen überlegen ist der Produktionskraft Deutschlands. Dieser Schluß gründet sich auf eine große Zahl von Berechnungen bezüglich der Selbstkosten einzelner Werke. Nun gebe ich zu, meine Herren, daß solche Rechnungen sehr schwierig aufzustellen sind, aber, meine Herren, worauf beruhen überhaupt statistische Berechnungen? sie beruhen auf Durchschnittsrechnungen. Eine Berechnung kann falsch sein, auch zwei, wenn aber eine große Zahl von einzelnen Berechnungen, die aufgestellt sind, zu demselben Resultat führt, und wenn man ein Durchschnittsresultat zieht aus den verschiedenen Berechnungen, dann kommt man zu derjenigen Wahrscheinlichkeit, die überhaupt durch eine menschliche Berechnung zu erreichen ist, und darum hat es sich nur gehandelt. Es ist nur gesagt, im großen ganzen ist der Vorsprung 10 Mark, ob es etwas mehr oder weniger ist, ist ziemlich gleichgiltig. Die verbündeten Regierungen hatten aber nicht nöthig sich auf diese Ermittlungen allein zu beschränken, sie fiuden eine sehr wirksame Unterstützung für diese Angabe in denjenigen Ermittelungen, die von anderer Seite ganz selbstständig unternommen waren. Im Jahre 1876 war ein Professor an einem Polytechnikum am Rhein von seiner Regierung nach Frankreich und England geschickt worden, um an Ort und Stelle eingehende Untersuchungen über die Produktionsverhältnisse der englischen und französischen Fabriken anzustellen. Der Herr hat sich dieser Aufgabe mit großer Sachkunde unterzogen, er hat einen sehr eingehenden Bericht über die Ergebnisse seiner Untersuchungen erstattet, in welchem er die Lage der Industrie erläuterte und er kommt zu dem Schluß, sowohl bezüglich der einzelnen Fabriken als bezüglich der Gesammtproduktion, daß in der That England vermöge seiner Lage und seiner natürlichen Bedingungen einen sehr wesentlichen Vorsprung vor Deutschland hat, den man mit 10 Mark pro Zentner Roheisen nicht zu hoch bezifferte.

Aber, meine Herren, wem auch diese Untersuchung nicht genügen sollte, den möchte ich verweisen auf eine Stelle in einem Werk, was Ihnen ja mehr oder minder bekannt sein wird, nämlich: „Kohle und Eisen in allen Ländern der Erde" von Johann Pechar. Es ist erschienen bei der Weltausstellung im Jahre 1878 in Paris. Der Verfasser ist Eisenbahndirektor in Teplitz, er ist also Oesterreicher, und Beamter der Eisenbahnverwaltung, er steht also meines Erachtens der deutschen Zollfrage mindestens unparteiisch gegenüber. Ich möchte mir mit Zustimmung des Herrn Präsidenten erlauben, diejenigen Stellen aus dem Werke vorzulesen, welche sich auf diesen Gegenstand besonders beziehen.

„Nach sehr sorgfältigen Durchschnittsberechnungen stellten sich mit Einschluß der Preise für die Rohmaterialien u. s. w. die Selbstkosten der Produktion von einer metrischen Tonne in England bei Puddelroheisen auf 39 bis 44 Mark (das ist also im Durchschnitt etwa 41½ Mark), in Rheinland und Westfalen auf 50 bis 61 Mark, (der Durchschnitt ist 55½ Mark, also gegen 41½ Mark mehr 14½ Mark), in Schlesien zwischen 52 und 55 Mark, (der Durchschnitt ist 53½ Mark);

Es ergibt sich also auch hiernach eine Differenz von erheblich über 10 Mark pro Tonne zu Gunsten Englands.

Auf dem Gebiet des Gießereiroheisens stellen sich in England die Produktionsselbstkosten auf 45 bis 52 Mark, Durchschnitt 48; in Rheinland-Westfalen auf 63 bis 70, Durchschnitt 66½, die Differenz geht also auch hier weit über 10 Mark hinaus, und ähnlich stellt es sich für Schlesien.

Auf dem Gebiet des Bessemerroheisens betragen in England die Preise 60 bis 62, also 61 im Durchschnitt; in Rheinland-Westfalen 72 bis 81, also 76½ im Durchschnitt; in Schlesien zwischen 71 und 78, also durchschnittlich 74½.

Nun fährt der Verfasser weiter fort:

Hierbei ist allerdings nicht zu übersehen, daß rheinisches, westfälisches und schlesisches Eisen an Qualität manche englische Marken übertreffen und deshalb von den deutschen Werken auch ein höherer Preis verlangt werden kann, der freilich in Zeiten der Krisen nicht immer durchzusetzen sein mag. Auch finden sich einige weniger besonders günstig situirte Werke, dereu Produktionskosten unter jenen Durchschnittsziffern hier abgehen und sich mehr den englischen Selbstkosten nähern, — im großen ganzen liegen aber für die deutsche Eisenindustrie die Produktionsverhältnisse erheblich ungünstiger, als in den Konkurrenzländern.

Meine Herren, wenn Sie diese drei Beweismomente ins Auge fassen, dann kann doch in der That bei unbefangener Beurtheilung — und solche nehmen ja die verbündeten Regierungen durchaus für sich in Anspruch — kein Zweifel darüber bestehen, daß die englische Roheisenerzeugung unter weit günstigeren Verhältnissen arbeitet, als die deutsche. Wenn es deshalb seiner Zeit vielleicht ein gewagtes Unternehmen war, die Zölle fallen zu lassen, so würde es jetzt jedenfalls nicht zu verantworten sein, die Zollfreiheit für Eisen in Deutschland bestehen zu lassen und damit zu erklären: der englische Markt und der deutsche Markt sind eins, innerhalb dieses Marktes gibt es keine Schranke, als die der Transportbewegung, und jeder Ueberfluß, der auf diesem großen Gebiete entsteht, kann innerhalb dieses Gebiets ohne irgend eine Schranke abgesetzt werden.

Meine Herren, ich möchte Ihre Geduld nicht zu sehr in Anspruch nehmen; ich möchte nur darauf hinweisen, daß die verbündeten Regierungen die Stimmen derjenigen, welche sich in der Eisenenquete geäußert haben, eingehend geprüft haben und zwar nicht bloß ihrer Zahl nach, sondern ihrer Bedeutung und denjenigen Interessen nach, die die betreffenden Herren vertreten. Meines Erachtens ist das auch diejenige Beurtheilung, welche solche Vernehmungen unzweifelhaft für sich in Anspruch nehmen können. Sie finden in der Eisenenquete diejenigen Gegensätze, die sich auf allen Gebieten der Zollgesetzgebung äußern. Sie haben dort den Produzenten und den Konsumenten, und zwar ist der Produzent nicht nur derjenige, der Roheisen herstellt, sondern in gewissem Sinne auch derjenige, der Roheisen verarbeitet zu Halbfabrikaten u. s. w. Sie finden diese Gegensätze auch dort ausgesprochen.

Ich möchte nur noch eingehen auf eine Klasse von Konsumenten, welche sich von ihrem Standpunkt aus am weitgehendsten gegen die Einführung von Eisenzöllen ausgesprochen hat. Unter den Konsumenten spielen eine hervorragende Rolle die Eisenbahnen. Die Eisenbahnen haben ein doppeltes Interesse an dem Ergehen der Eisenindustrie. Auf der einen Seite führt diese Industrie ihnen ganz besonders Transporte zu, und es ist durch die Vernehmung in der Kommission klargestellt worden, daß die Eisenbahnen auch rücksichtlich der Personenbeförderung ein sehr weitgehendes Interesse an dem Wohlergehen der Eisenindustrie haben. Auf der anderen Seite sind aber die Eisenbahnen als Eisenkonsumenten ganz besonders interessirt an dem billigen Preis des Eisens. Ueber diese letztere Seite der Frage sind in der Kommission von einem Sachverständigen sehr spezialisirte Mittheilungen gemacht worden, der betreffende Herr hat erzählt, daß Kohlen und Eisen, und zwar zu etwa gleichen Theilen, einen sehr wesentlichen Bestandtheil in den Betriebskosten der Eisenbahnen bilden. Im Jahre 1874 haben diese Materialien bei einer großen Zahl von Eisenbahnverwaltungen ⅓ der gesammten Ausgaben in Anspruch genommen, während im Jahr 1877 dieser Bruchtheil auf etwa ⅙ sich gestellt hat. Das ist eine sehr weitgehende Differenz und spielt bei den Eisenbahnen eine ganz eminente Rolle; denn der Herr Sachverständige erzählt im Anschluß an jene Mittheilung, daß eine Bahn 1¼ Prozent Dividende lediglich deshalb habe vertheilen können, weil die Preisherabsetzung des Eisens und der Kohle von 74 auf 77 stattgefunden hat, und bezüglich einer anderen Bahn erzählt er, daß 8 Prozent Dividende, die die Bahn vertheilte, im wesentlichen auf jener Preisminderung beruhte. Ich weiß nicht, ob es ein gesunder Zustand ist, daß die Preise von Eisen und Kohlen so niedrig gehen, daß sie auf der einen Seite nicht die Selbstkosten decken und auf der anderen Seite wesentlich dazu beitragen, daß die Eisenbahnen einen höheren Ertrag abwerfen. Ich gönne den Eisenbahnen von vollem Herzen jeden höheren Ertrag und jede Einnahme, aber ich möchte, wenn ich das gesammte Interesse im Auge habe, nicht wünschen, daß die Eisenbahnen einen wesentlichen Theil ihrer Mehreinnahmen daraus schöpfen, daß Eisen und Kohlen in unverhältnißmäßigen niedrigen Kursen stehen.

Meine Herren, auf das Kapitel der Submissionen will ich nicht näher eingehen. Es ist Ihnen ja bekannt, daß dieser Gegenstand schon früher zur Sprache gebracht worden ist, und daß seitdem die Fälle sich gemehrt haben, wo sich die Nothwendigkeit ergeben hat, bei Submissionen den inländischen Eisenproduzenten den Vorzug vor den ausländischen auch dann zu geben, wenn eine reine Preisabwägung zu einem anderen Resultat geführt hätte. Es ist, wie Ihnen bekannt ist, bei Submissionen die Nothwendigkeit erkannt worden, nicht aus theoretischer Voreingenommenheit, sondern im eigenen Interesse, weil das Interesse der Submittenten verwachsen war mit der Lebenskraft und der Lebensfähigkeit der Roheisenproduktion, in so weitgehender Weise von dem allgemeinen Grundsatze, der bei Submissionen immer eingehalten werden muß, abzuweichen.

Meine Herren, wenn bei Submissionen die Nothwendigkeit bestand, der inländischen Produktion Vorschub zu leisten, ist es, glaube ich, nicht die Aufgabe der einzelnen Gesellschaften, diesen Schutz mit eigenen Opfern eintreten zu lassen, sondern Aufgabe des Staates und der Regierung, seinerseits Maßregeln zu treffen, welche der inländischen Industrie den Schutz in anderer Richtung gewähren, durch einen Schutzzoll. Meine Herren, ich will auch auf die Frage der Preiserhöhung hier nicht näher eingehen, sie gehört in die Generaldiskussion und ist auch dort berührt worden, ich möchte nur noch hervorheben, daß meines

Erachtens die Wiedereinführung der Eisenzölle auch dadurch begründet ist, daß man der inländischen Industrie den Muth erhält, den nothwendigen Kampf weiter zu führen, selbst dann zu führen, wenn sie einsieht, daß zur Zeit befriedigende Preise nicht zu erzielen sind.

Meine Herren, unsere inländische Eisenindustrie hat in letzter Zeit weitgehende Veränderungen durchmachen müssen, nachdem sich der Konsum wesentlich gehoben hatte. Fast zu gleicher Zeit trat die Frage des Bessemer Roheisens an die Industrie heran, welche, wie vielleicht von anderer Seite ausgeführt werden wird, eine Umgestaltung der inländischen Eisenproduktion innerhalb sehr weiter Grenzen veranlaßt hat. Es gehörten sehr viele Mittel und eine hohe Anspannung des Kredits dazu, um die Werke, welche bisher das Eisen in anderer Weise hergestellt hatten, zur Herstellung von Bessemer Roheisen in den Stand zu setzen.

Meine Herren, jetzt ist eine Erfindung gemacht auf dem Gebiete der Eisenerzeugung, deren Tragweite von meiner Seite aus nicht zu übersehen ist. Ich will mich deshalb auf diesen Gegenstand nicht weiter einlassen, aber nach allem was man hört, und ich glaube, es werden Stimmen auch in diesem Hause darüber laut werden, ist vorauszusetzen, daß die Entphosphorung des Eisens eine sehr weitgehende Zukunft hat und wesentlich dazu beitragen wird, die Produktionsweise umzugestalten. Meine Herren, wenn dieser Prozeß, wie es in Aussicht steht, allgemein zur Annahme gelangt, wenn er in die inländische Produktion eingeführt werden muß, dann bedarf es wieder sehr weitgehender Mittel und einer großen Anspannung des Kredites, um die jetzige Roheisenproduktion von der bisherigen Methode in die neue hinüberzuführen.

Meine Herren, wenn Sie diesen Thatsachen gegenüber unsere Zollgrenzen offen lassen, wenn sie unsere inländische Eisenproduktion der Gefahr aussetzen, daß hier von allen Seiten der Ueberschuß der ausländischen Märkte zugetragen wird, denn hat sie keinen Muth, dieses Anlagekapital aufzuwenden, sie hat um so weniger Muth, als ohnehin ihre finanzielle Situation eine äußerst gefährdete ist und zu den größten Bedenken Anlaß geben muß.

Meine Herren, ich will zum Schlusse noch einmal auf den Verfasser zurückkommen, den ich schon früher zitirt habe, auf Pechar, indem ich mir erlaube, die Frage der Nothwendigkeit der Eisenzölle zum Abschluß zu bringen. Ich weiß ja sehr wohl, daß schließlich die Gesetzgebung für sich zu erwägen hat, ob es nothwendig ist zu einer Zolländerung überzugehen, ob es namentlich nothwendig ist und in den bestehenden Verhältnissen seine Begründung findet, die Zollfreiheit aufzuheben und wieder Eisenzölle einzuführen. Die Untersuchung ist angestellt, und wie Sie wissen, hat sie zur Bejahung der Frage geführt. Aber es ist auch von diesem Standpunkte aus immerhin nicht ohne Interesse, auch solche Stimmen zu hören, welche im Auslande bezüglich der Lage der inländischen Eisenindustrie laut werden, namentlich, wenn solche Stimmen ausgehen von Leuten, gegen welche der Vorwurf mangelnder Sachkenntniß oder mangelnder Objektivität nicht erhoben werden kann. Ich möchte noch darauf hinweisen, daß der Verfasser des Buches als Eisenbahndirektor überhaupt nur ein Interesse an der möglichsten Erleichterung der Einfuhr haben kann, daß er also schon vermöge seines Berufs im wesentlichen auf freihändlerischem Boden stehen wird. Ich möchte aber auch hinweisen, daß er als Eisenbahndirektor genügende Sachkenntniß haben muß, es geht dies auch deutlich aus dem Buche selbst hervor. Meine Herren, der Verfasser dieses Buches sagt auf Seite 123 — ich möchte mir erlauben, diesen Passus vorzulesen:

> Bekannt ist, daß die Eisenindustrie der ganzen Erde sich zur Zeit in einer sehr ungünstigen Situation befindet, und würden daher auch von Deutschland gute Resultate nicht zu erwarten gewesen sein. Hier hat indessen der Wegfall der Eisenzölle die Nothlage ungemein verschärft, einerseits weil die Aufhebung des Zollschutzes der vortheilhafter situirten englischen Konkurrenz gegenüber überhaupt verfrüht war, andererseits weil für die Einführung des Zollgesetzes die allerungünstigste Zeit — mitten in einer schweren Krise und während einer internationalen Eisenüberproduktion — gewählt worden war.
>
> Die deutsche Eisenindustrie wird nicht verlangen können und wollen, daß man die Aufhebung der Zölle so lange vertage, bis sie sich denselben Kapitalreichthum wie England erarbeitet, ihren Arbeiterstamm ebenso herangebildet, ihren Absatz in etwa noch zu erwerbenden deutschen überseeischen Kolonien befestigt habe. Sie muß aber fordern, daß zuvor wenigstens die wichtigste Frage, die der billigen Frachten, nicht unberücksichtigt und ungelöst bleibt, daß also durch Ermäßigung der Eisenbahntarife, durch Regulirung der natürlichen und den Bau künstlicher Wasserstraßen soweit eben möglich dieselben günstigen Transportverhältnisse geschaffen werden, dereu sich England, Belgien, Frankreich erfreuen.
>
> Die Zollfrage würde für Deutschland schon ganz anders liegen, wenn auch andere Länder auf annähernd derselben Kulturstufe ihre Eisenzölle aufheben würden, anstatt ihre Eisenartikel zollfrei nach Deutschland zu senden, von deutschen Fabrikaten dagegen hohe Eingangszölle zu erheben. Damit würde dem deutschen Fabrikat der Absatz nach auswärts erleichtert.

Der Verfasser schließt dann mit den Worten:

> Unter solchen Umständen hängt der Zustand der deutschen Eisenindustrie mehr denn je von der wirthschaftlichen Gesetzgebung des Reiches, speziell von der Verbesserung der Frachtverhältnisse und von der einzuschlagenden Handelspolitik ab. Ein Verharren in der von den gesetzgebenden Körperschaften bisher erfolgten Richtung würde die Interessen der deutschen Eisenindustrie auf das Aeußerste gefährden, sogar deren Existenz in Frage stellen.

Meine Herren, die verbündeten Regierungen haben sich nach eingehender Erwägung der Frage und auf Grund der von ihnen angestellten Untersuchungen in der Ueberzeugung geeinigt, daß die Wiedereinführung der Eisenzölle nothwendig sei, um die Existenzfähigkeit der deutschen Eisenproduktion zu sichern. Sie hoffen, daß das hohe Haus in seiner überwiegenden Majorität sich diesem Ausspruche anschließen wird, und zwar auch dann, wenn in der That damit verhältnißmäßig unbeträchtliche Opfer für einzelne Interessengruppen verknüpft sein sollten.

Ich möchte hiermit zunächst meine Ausführungen schließen und mir vorbehalten, auf die Amendements zu der Nr. 1 der Vorlage näher einzugehen, sobald in dieser Beziehung eine nähere Begründung vorgebracht worden ist.

(Bravo!)

Präsident: Der Herr Abgeordnete Dr. Bamberger hat das Wort.

Abgeordneter Dr. **Bamberger**: Meine Herren, es scheint mir, daß es von dem Alphabet ein sehr sinnreicher Einfall war . . . . .

(Rufe: Tribüne!)

— Sie haben mich jedesmal von hier aus verstanden.

(Widerspruch.)

Ich sage, es scheint mir, daß das Alphabet einen sehr sinnreichen Einfall hatte, als es dafür sorgte, daß nach einem kurzen Vorpostengefecht bei den Bürstenbinderwaaren sofort die Hauptposition mit dem Eisen unsere Debatten über die Prinzipien und die Anwendung des Zolltarifs herbeiführte. In der That hat von jeher die Frage des Eisenzolls als Schlüssel der Position gegolten, der darüber entscheiden mußte, ob überhaupt ein Land sich in der Richtung der Entfesselung des Verkehrs nach außen bewegen sollte oder nicht; und merkwürdiger Weise ist gerade im Lanfe der letzten Debatten denjenigen, welche an der bisherigen freisinnigen Handelspolitik festhalten wollen, vorgeworfen worden, daß sie in ihrem Widerstand gegen die Wiedereinführung von Eisenzöllen durch das Festhalten dieser Position sich versündigt hätten, allerdings ein befremdlicher Vorwurf, wenn wir ihn selbst aus dem Munde eines Redners, wie der von allen Seiten hochverehrte Abgeordnete von Bennigsen es ist, vernehmen, der jedenfalls, wenn er sich auch nicht meiner Ansicht zuneigt, doch, wie ich bekennen muß, diese Frage wie alle, die er behandelt, im großen Styl aufgefaßt hat. — Selbst Herr von Bennigsen wiederholt den Einwurf, daß wir uns einer großen Verantwortung und Versündigung schuldig gemacht hätten, indem wir uns seiner Zeit ablehnend verhielten gegen die Wiedereinführung der Eisenzölle, und er wollte gewissermaßen auf uns die Verantwortung dafür herabrufen, daß nun die ganze Wendung in der Zollpolitik des Reichskanzlers eingetreten sei, ein Vorwurf, den ich insofern gern akzeptire, als mir daraus etwas hervorleuchtet, wie das stille Bewußtsein, daß unbedenklich diese Umkehr doch auch nicht im Gefühl dessen sei, der bereit ist, ein großes Stück des Weges jetzt mit ihr zu gehen; aber wie dem auch sei, ich muß in der That bekennen, obwohl ich jetzt in diesen Dingen, die eine so große Tragweite haben, daß sie über die Grenzen der wirthschaftlichen Politik hinausgehen, obwohl ich in diesen Dingen in die Gegnerschaft zur Reichsregierung gedrängt bin, so würde ich mich doch gehütet haben, den Vorwurf gegen sie zu erheben, aus dem zu schließen wäre, daß gewissermaßen eine Regierung mit einer Art Revanchepolitik gegen diejenigen Parteien verfährt, die bis zu einem vorgeschriebenen Grade nicht ihren Willen thun, und sie dann mit stärkeren Maßregeln züchtigt, um zu zeigen, wohin es führt, wenn sie nicht gehorsam sind. Ich muß gestehen, so sehr ich Gegner der Regierung bin, eine so kleine Auffassung von ihrem Verhalten widerstrebt mir; ich sage mir vielmehr, das scheint mir der großen Wahrheit viel näher zu stehen, wenn eine so geartete Regierung, wie die jetzige des deutschen Reichs, wenn eine so geleitete Regierung zu so schweren eingreifenden Maßnahmen sich entschließt, dann ist es nicht das Werk des Zufalls, dann ist es nicht das Werk einer bloßen Revanche, einer Verstimmung über versagte Mittel, über versagte Zugeständnisse, dann geht das aus einem tief inneren Entschluß und einem in ihr gereiften Plan hervor. Ja, meine Herren, derselbe Vorwurf, den ich zu meinem Erstaunen aus dem Munde des Herrn von Bennigsen vernahm, derselbe Vorwurf ist noch anders formulirt worden. Ich habe mit derselben Energie, und ich glaube vielleicht mit noch etwas mehr Beweiskraft sagen hören: wenn die liberale Partei dieses Hauses dem Reichskanzler das Tabakmonopol gewährt hätte, wäre diese Umkehr nicht eingetreten; und ich habe sogar sagen hören: wenn Herr von Bennigsen sich entschlossen hätte, in das Reichsministerium zu treten, wäre dieselbe Umkehr nicht erfolgt. Sie sehen, meine Herren, daß man von Stufe zu Stufe sich drängen lassen kann in den Rechnungen mit wenn und aber, daß aber das Resultat dieser Betrachtungen immer das sein muß, daß, wenn man mit einer Regierung zu thun hat, die man respektirt und der es ernst mit den Angelegenheiten des Landes ist, es besser ist, von vorn herein bei einer zu mißbilligenden Wendung Widerstand zu leisten, als sich von Station zu Station schleppen zu lassen. —

(Sehr wahr! links.)

Nun, meine Herren, hat der Vertreter der Regierungen geschlossen mit einem Appell, der der Wiederklang ist von dem, was ja die herrschende Stimmung im Hause und in einem großen Theil des Publikums ausmacht nämlich, daß, wenn überhaupt irgend eine Industrie unserer sympathischen Unterstützung nach der Methode des Schutzes der Arbeit bedürfe und darauf Anspruch habe, dies die Eisenindustrie sei. Gestatten Sie mir, meine Herren, daß ich ohne Lust nach Paradoxen in voller Aufrichtigkeit ausspreche: es war immer meine Ueberzeugung, diese generelle Auffassung, welche gerade für die Eisenindustrie die Sympathie herausfordert, und wenn auch bei allen anderen Industrien nichts bewiesen wäre, doch zu der Ansicht hinneigt, gerade bei diesem Industriezweig wäre der exzeptionelle Beweis geliefert, daß er des Zollschutzes bedürfe, diese ganze Auffassung halte ich für eine Legende, für eine fable convenue. Die Eisenindustrie ist diejenige, welche nach meiner Ansicht unter denen steht, die am wenigsten darauf hinweisen, daß für sie ein Schutzzoll am Platze sei. Für mich liegt die Erklärung dieser allgemein verbreiteten Meinung in etwas ganz anderem als in dem wirklichen Sachverhalt. Nicht aus der Natur der Eisenindustrie, nicht aus ihrem Entwickelungsgang, sondern aus ihrer Operationsweise hat sich diese Meinung herausgebildet. Meine Herren, ohne jemand hier zu nahe zu treten, kann ich doch sagen, daß selbst in einer Materie die uns jetzt seit 10 Jahren beschäftigt und die am meisten, wenn ich mich so ausdrücken darf, in ihren Einzelnheiten vulgarisirt worden ist, die große Mehrzahl der Abgeordneten nicht sowohl nach eingehender Sachkenntniß zu urtheilen im Stande sein werden, als vielmehr nach der Art der Stimmung, die gemacht worden ist, nach Eindrücken, nach oft wiederholten Aussprüchen; und gerade die ist es, — ich kann das beurtheilen selbst nach meiner Erfahrung im Kreise mir nahestehender Freunde — die allmählich im Laufe der Jahre die Empfindung hervorgebracht hat: sicherlich die arme Eisenindustrie, für die muß man jedenfalls etwas thun, wenn auch für die anderen nichts zu geschehen braucht. Ich, meine Herren, ich sage, es ist nicht die Armuth, sondern der Reichthum der Eisenindustrie, welche diese Stimmung gemacht hat;

(sehr wahr! links)

die Macht der Eisenindustrie, welche Jahr aus Jahr ein für Propaganda gesorgt hat, die unermüdlich zu allen Zeiten und an allen Orten mit allen Mitteln wirkt, die hat diese Stimmung herbeigeführt; nicht Zahlen, nicht Argumente, sondern Werbungen haben das herbeigeführt; und das ist auch ganz erklärlich. Die Eisenindustrie, soweit sie in Privathänden ist, ist repräsentirt durch eine Reihe von den am meisten mit Glücksgütern gesegneten Industriellen. Soweit sie nicht in Privathänden ist, ist sie repräsentirt durch eine Anzahl sehr großer Gesellschaften, bei denen es auf etwas Nebenausgaben nicht ankommt, wenn es gilt Propaganda zu machen, und die deshalb im Stande sind, ein ganzes Heer von Proselytenmachern im Felde zu unterhalten, welches auch, wie wir wissen, auf diese Weise seit Jahren seiner Mission obliegt. Sie ist außerdem in gewissen Landestheilen ganz speziell konzentrirt, und wie überhaupt das ganze Phänomen des Streites zwischen Schutzzoll und Freihandel, wie oft charakterisirt worden ist, namentlich darin sich zuspitzt, daß man die Wirkungen des Schutzzolls augenfällig sieht, die Wirkungen des freien Verkehrs ihrer Natur nach nicht leicht auf der Oberfläche erscheinen,

(sehr richtig! rechts)

so äußert sich dies bei der Eisenindustrie am meisten darum, weil die industriellen Werke und Interessen auf wenige Punkte konzentrirt sind,

(hört, hört! links)

von denen aus es ihr möglich wird, mit schlagenden Effekten vor die Augen hinzutreten. Und wie sollte sie das unterlassen, wenn man sieht, mit welchem Erfolge diese Operationen ausgeführt werden? In der heutigen Welt, in dem großen Ringkampf der Nationen und der Einzelnen ist es ja nicht leicht, siegreich ein Gewerbe im großen Stil zu betreiben. Jeder Augenblick erzeugt eine neue Kombination, eine neue Konjunktur, eine neue technische Aufgabe; hier muß immer wieder von neuem gekämpft und gebessert werden.

Da giebt es nun allerdings ein viel einfacheres Mittel als etwa technische Prozeduren, kommerzielle Verbesserungen einzuführen; man legt sich darauf, einen Schutz vom Staate, eine Zulage aus der Tasche des Käufers zu erhalten. Das führt viel einfacher, mit viel weniger Anstrengung zum Ziel. Und so haben wir es auch kommen sehen, daß seit Jahren eine Art Geschäftsthätigkeit sich dahin ausgebildet hat, daß auf Generalunkosten die Einnahmen des Geschäfts dadurch verbessert werden müssen, daß man Zulagen mittelst Zollerhöhung erstrebt. Das hat sich zuerst bei dem Eisen entwickelt; jetzt nachdem wir auf den ganzen Zolltarif übergehen, werden wir es erleben, daß das Beispiel auf alle anderen Industrien, wie es auch schon auf die Landwirthschaft gewirkt hat, nacheifernd wirken wird, und es wird überhaupt im deutschen Reich das Gefühl bei jedem Menschen, der arbeitet, erweckt werden: kann ich nicht, um meine Einnahme zu verbessern, etwas vom Staate verlangen? Und diese Propaganda wird in einer Weise vervollkommnet und ausgedehnt werden, daß ich nicht zu übertreiben glaube, wenn ich sage, sie wird einen bedeutenden Theil der nationalen Arbeit in der unfruchtbarsten Weise ausmachen.

Wenn ich nur berechne, was seit einem halben Jahre, seitdem der Brief des Herrn Reichskanzlers erschienen ist, an Anstrengungen, an Reisen, an Schriftwerken, an Versammlungen, an Bemühungen aller Art von Menschenkraft und Geldkraft aufgeboten worden ist, so sage ich: es repräsentirt schon ein ganz schönes Item der Nationalbeschäftigung, von dem aber niemand etwas hat, als diejenigen, die schließlich die Ernte an Zöllen einheimsen; die Anderen haben nur Unruhe und Verlust davon; aber das ist das Bild der Zukunft, die unserer in Deutschland wartet.

Nun, meine Herren, wird uns gesagt, daß aber die Eisenindustrie deshalb so besonders geschützt werden müsse, weil sie dem Ausland gegenüber besonders schwach dastehe.

Hier ist wiederholt der Satz gefallen von einem Herrn Gegner, der sich auch mehreremals mit mir beschäftigt hat, ich meine den Herrn Grafen Stolberg, daß eins von den wesentlichen Motiven für die Zollgesetzgebung der Schutz des wirthschaftlich Schwachen sei.

Ich erlaube mir zunächst dem Herrn Grafen in Erinnerung zu bringen, daß er sich neulich darüber formalisirte, daß ich seine Stellung oder die seiner Gesinnungsgenossen in einem gewissen äußerlichen Zusammenhang mit sozialistischen Ideen und Bewegungen gebracht hätte, und mir Beweise abverlangte, woher ich diese Auffassung nehme. Ich will mich heut bei der Eisendebatte in diese Frage nicht weiter einlassen, aber ich muß doch dies vorübergehend benutzen, um ihm zu zeigen, daß er selbst hier Zeugniß gegen sich abgelegt hat. Denn das Wort „die wirthschaftlich Schwachen" ist aus dem Wörterbuch der Sozialistik entnommen,

(hört! hört! links. Lachen rechts)

herübergenommen in den gegenwärtigen Kampf, mit dem es gar nichts zu thun hat. Aber mit den Ideen sind auch die Formeln in unseren Sprachschatz eingedrungen; hier liegt gradezu eine Verwechselung zu Grunde. Die wirthschaftlich Schwachen, von denen die Sozialisten reden und für die von ihrem Standpunkt aus eine gewisse logische Berechtigung vorliegt, das sind gewisse Bürger eines Staates gegenüber den wirthschaftlich starken Mitbürgern desselben Staates. Das ist nicht der wirthschaftlich schwache Staat gegen den anderen wirthschaftlich stärkeren Staat. Denn der angeblich stärkere Staat hat keine Zwangsmittel der Gesetzgebung, um seine Gewalt über den schwächeren auszuüben. Nein, meine Herren, es handelt sich hier allerdings um einen Kampf der wirthschaftlich Schwachen gegen die wirthschaftlich Starken. Aber ich sage dem Herrn Grafen Stollberg: gerade wir, die wir plaidiren gegen die Wiedereinführung der Zölle, wir vertreten darin die wirthschaftlich Schwachen, und die Zölle sollen gemacht werden zum Besten der wirthschaftlich Starken. Das ist die Wahrheit, so weit dieser Gegensatz hier Geltung hat.

Aber, meine Herren, sind wir denn so wirthschaftlich schwach in der Eisenindustrie? Selbst der Herr Vorredner, der Vertreter der verbündeten Regierungen, der sich überhaupt in seiner Darstellung, wie ich sehr bereitwillig anerkenne, einer objektiven und mäßigen Schilderung der Verhältnisse befleißigt hat, — selbst der Herr Vertreter der verbündeten Regierungen hat nicht gewagt zu behaupten, daß wir in der Reihe der Nationen so besonders schwach in der Eisenindustrie dastehen. Er hat nur über das Mehr oder Minder zu rechten sich vorbehalten. Ich behaupte aber: wir gehören zu den gerade in der Eisenproduktion wirthschaftlich stärksten Nationen. Es ist bekannt, daß wir den dritten Rang in der Welt einnehmen. Nur England, das überhaupt eineganz exzeptionelle Stellung in dieser Frage hat, nur England .....

(Unterbrechung)

— ich bitte Herrn von Ludwig, mich nicht so oft zu unterbrechen, ich verspreche ihm, es auch nicht zu thun, wenn er spricht.

(Heiterkeit.)

Nur England, das eine ganz exzeptionelle Stellung einnimmt, überragt uns bedeutend mit einer Produktion, die wenigstens dreimal so groß ist. Dann kommt aber Amerika uns schon ganz nahe; ganz dicht an Amerika rühren wir heran mit einer Differenz, die kaum der Rede werth ist. Die großbrittanische Produktion ist im ganzen im Jahre 1876 gewesen 6 661 000 Tonnen, die amerikanische 1 899 000, die unsrige 1 846 000 Tonnen, dann kommt bedeutend niedriger Frankreich mit 1 453 000

(hört! hört!)

und das große Oesterreich mit 432 000.

(Hört! hört!)

Nun hat man, um noch einen Posten mehr einzuschieben, das kleine Belgien genommen, nicht weil es mehr Eisen produzirt oder nahe so viel Eisen produzirt wie Deutschland, sondern weil die Produktion auf den Kopf größer ist. Meine Herren, es wäre nicht der Mühe werth, um einen Posten zu streiten in dieser Staffel, aber das ist doch klar, daß, wenn ein Land beinahe ganz zusammengesetzt ist aus Eisen und Kohlen wie Belgien, die Produktion auf den Kopf ein anderes Resultat geben muß, als in einem Lande von 43 Millionen, daß alle möglichen Industrien und sonstigen Berufszweige in ganz anderer Weise aufzuweisen hat. Sind wir nun thatsächlich schon stark in der Eisenproduktion, so muß ich auch entschieden dem widersprechen, daß die Zollpolitik, welche mit dem Jahr 1873 beziehungsweise 1876 inaugurirt worden ist, unsere Eisenproduktion bedeutend kompromittirt habe. Die Ziffern, die ja dem Herrn Regierungskommissar auch wohl bekannt sind, zeigen beinahe durchweg eine regelmäßige Progression, die am wenigsten unterbrochen ist durch die Befreiuug vom Zoll und die gerade in den letzten Zeiten wieder sichtlich zugenommen hat. Unsere Produktion an Roheisen, exklusive Gußwaaren erster Schmelzung, welche ein besonderes Kapitel bilden, welche noch in den Jahren 1861—1864 nur 13 Millionen Zentner betrug, war auf der allerhöchsten Höhe der Gründungsjahre im Jahr 1873 43 Millionen und ein Bruch, im Jahr 1874 trat ein Rückgang mit der umkehrenden Periode der Geschäftsschwingungen ein auf 37 Millionen, und kaum war diese eingetreten, so begann schon wiederum eine Hebung im Jahr 1875 auf 39 Millionen, im Jahr 1876, als dem am stärksten ausgesprochenen Jahr der Krisis, ging es auf 36 Millionen Zentner zurück, und im Jahr 1877 standen wir schon wieder auf 38 Millionen, so hoch wie im Jahr 1872 beinah, in dem Jahr der größten Geschäftsblüthe. Im Jahr 1878, meine Herren, erreichten wir aber eine Ziffer, wie wir sie außer im Jahr 1873, dem ganz exzeptionellen Jahr, nie vorher erreicht hatten, 42 Millionen und ein Bruchtheil,

(hört! hört! links)

nnd die Ziffern, die uns das erste Quartal 1879 angibt, entsprechen dieser selben Bewegung. Wie kann also behauptet werden, meine Herren, daß die Produktionskraft des Landes unter dem neuen Zollsystem, durch die Zollbefreiung zurückgegangen sei?

Ein anderes Symptom, das der Handelsbewegung, weist ja in noch viel stärkerem Maße auf dieselbe Entwickelung hin. Das Saldo der Mehreinfuhr von fremdem Eisen in Deutschland ist seit dem Höhejahr 1872 permanent im allerstärksten Maße abwärts gegangen. Daß wir im Jahr 1872 und 1873 fremdes Eisen eingeführt haben, war ganz natürlich, es war eine unabweisbare Nothwendigkeit, etwas, was alle Welt für sich verlangte, etwas, was zeigte, daß wir damals ganz mit Unrecht uns die Einfuhr mit einem Zoll erschwerten. Im Jahre 1872 führten wir nach einer Einfuhr von 12 Millionen und einer Ausfur von 3 Millionen in Saldo ein 10 Millionen Zentner Roheisen. Das geht abwärts von da an, nur 1873 steigt es noch ein wenig, auf 11 Millionen, dann fällt es auf 6, $5^{3}/_{4}$, $5^{1}/_{2}$ Millionen, im Jahre 1877 geht es herab auf $3^{1}/_{2}$ Millionen und im Jahre 1878, im abgelaufenen Jahre, sind wir auf die Ziffer von 1 366 000 Zentner per Saldo gekommen, nachdem wir im Höhejahr 1873 über 11 Millionen, beinahe 12 Millionen bezogen hatten. Wie will man also behaupten, meine Herren, daß die im Jahre 1873 und 1876 ergriffenen Zollmaßregeln Ursache davon seien, daß Deutschland nun im Wettkampf der Nationen gedrängt werde durch eine ungeheuere Ueberschwemmung mit fremden Waaren? Was England bei uns einführt, ist durchaus nicht motivirt durch seine wirthschaftliche Ueberlegenheit in der Billigkeit der Herstellung des Eisens im allgemeinen, sondern das liegt in der besonderen Qualität von Eisen, die wir zu bestimmten Zwecken nöthig haben und die wir, wie aus dem Zwiegespräch des Herrn Abgeordneten Delbrück mit dem Herrn Regierungskommissar hervorgegangen ist, auch in Zukunft vorerst noch nicht entbehren können, auch deshalb vorerst noch nicht entbehren wollen. Wenn Sie ein unbefangenes Zeugniß darüber hören wollen, wie sich Deutschland gegenüber der sogenannten englischen Ueberschwemmung verhält, so schlagen Sie doch in der Enquete diejenigen Zeugnisse nach, die nicht von den Eisenproduzenten resp. von den Eisenverkäufern herkommen. In der ganzen Eisenenquete ist die einzige Aussage des Herrn Ravené, eines Mannes, der dadurch noch seine Unparteilichkeit bezeugt hat, daß er schließlich aus einer Art Bonhomie auch einen gewissen Eisenzoll zugebilligt hat, die einzige Aussage des Herrn Ravené ist schlußgültiger, wie alles, was die Eisenverkäufer sagen. Was sagt aber Herr Ravené? Er sagt, ich kaufe gar kein englisches Walzeisen, und er führt uns an, daß er sogar zu Zeiten ganz bedeutende Parthien von deutschem Eisen nach England exportirt habe, namentlich deutsches Spiegeleisen. Gehen wir nun aber auf die einzelnen Industrien ein, so läßt sich das noch viel deutlicher nachweisen, beispielsweise ist ja von Puddeleiseneinfuhr überhaupt sehr wenig die Rede. Was wir an Puddlingseisen gebrauchen, das machen wir selbst; was wir einführen, das ist das Gießereiroheisen und das Bessemer-Roheisen, das wir wegen seiner besonderen Qualität für unsere Werke nicht entbehren können und insbesondere nicht für diejenigen, welche nicht fremde Erze einführen und sich daraus ihr erstes Material herstellen. Ein anderes Produkt, das äußerst stark in der deutschen Eisenindustrie vertreten ist und auf das ich bei späteren Positionsbehandlungen noch kommen werde, ist der Draht. Meine Herren, in Draht konkurriren wir stark auf dem englischen Markt; und ich könnte Ihnen, wenn es mir nicht versagt wäre, zu viel Details hier aufzuhäufen, aus den englischen Fachblättern, namentlich aus dem „Ironmonger", der die monatlichen Berichte über die englische Eisenindustrie gibt, einige Stellen verlesen aus dem Monat April, wo angeführt ist, daß die westfälische Walzdrahtindustrie die englische Fabrikation in hohem Grade bedrängt und zum Theil in England schlägt und zwar merkwürdigerweise, meine Herren, was man nicht a priori glauben sollte, nicht wegen der Wohlfeilheit des Preises, sondern wegen der höheren Qualität,

(hört, hört!)

und daß diese Drahtindustrie England nicht bloß im eigenen Lande, sondern auch im fernen Osten die bedenklichste Konkurrenz macht. Ich führe das nur an, meine Herren, um Ihnen zu zeigen, daß das allgemeine Diktum von der Unmündigkeit der deutschen Eisenindustrie absolut nicht auf Thatsachen begründet ist, und ich sympathisire ganz mit dem Herrn, der einen Artikel eines großen englischen Blattes mit Entrüstung zurückwies, das thörichterweise behauptete, die deutsche Eisenindustrie sei so unmündig auf dem Weltmarkt, daß sie doch nie gegen die englische Konkurrenz aufkommen würde. Nun, meine Herren, was ist aber außer der Frage der Konkurrenz bis jetzt noch gar nicht bei diesem wichtigen Artikel berührt? Wir sind wirklich von Schritt zu Schritt in die Position gedrängt worden, daß wir gewissermaßen das ABC dieser Dinge aus dem Auge verloren haben; wir schlagen uns hier herum über die Fragen, wieviel wir nach außen exportiren, wieviel aus dem Auslande bei uns importirt werde, wieviel die Exportindustrie vertheuert werde durch die neue Zollpolitik. Aber die eigentliche Fundamentalfrage. in wie weit das Leben vertheuert wird hier zu Hause durch die Vertheuerung von allen unentbehrlichen Lebensmitteln, hat sich ganz zurückdrängen lassen. Ja, meine Herren, es gibt solche Fragen, in denen eigentlich seit langer Zeit der menschliche Verstand über die einfache Wahrheit so einig mit sich ist, daß er ganz verlernt hat darauf zu antworten. Wenn man die Frage aufstellen würde, ob heute noch Hexen verbrannt oder die Folter angewendet werden sollte, so würden wir uns besinnen müssen, um Einwendungen dagegen zu finden, daß wir keine Hexenprozesse und keine Folter mehr einführen wollen, und jemand, der uns mit solchen Vorschlägen käme, würde den Vortheil haben, uns im Augenblick argumentlos zu finden. In ähnlicher Weise verhält es sich mit dieser Frage, welche nun auf einmal in Gestalt der lange vergessenen Formel des „Schutzes der nationalen Arbeit" uns vorgebracht wird und das ganze Problem verdunkelt. So lassen Sie mich denn ausdrücklich protestiren und erklären, daß es sich eben darum handelt, ob die ganze nationale Arbeit, welche beinahe in keiner Haud das Eisen entbehren kann, dadurch geschädigt werden soll, daß man die Produktion des Eisens erschwert und vertheuert? Von dieser Frage ist heute gar nicht mehr die Rede, allein ich frische sie wieder auf, obwohl ich sie nicht durchdiskutiren will, sondern nur eine kurze Antwort geben auf das, was Herr von Kardorff vorhin als die große Kriegsfanfare bei der Bürstenbinderei schon losgelassen hat. Meine Herren, die Frage, wer die nationale Arbeit schützen will, das ist gerade das, warum wir uns streiten. Stände die Sache so, wie sie auf der anderen Seite ja dargestellt wird, als wäre der Streit der, daß wir eigentlich sagen: wir kümmern uns nicht um die nationale Arbeit, sie ist uns gleichgültig, mag sie untergehen! und Sie wären die zärtlichen Beaufsichtiger und Retter der nationalen Arbeit, dann hätten Sie natürlich leicht gewonnenes Spiel. Aber, meine Herren, ich bitte, diesen Standpunkt nicht zu verrücken und uns nicht immer wieder von neuem zu nöthigen, diesen eigentlich wirklich entbehrlichen Protest zu erneuern, daß es sich gerade darum handelt, erst zu untersuchen, wer die nationale Arbeit schädigt, der, welcher die ganze nationale Wirthschaft belastet dadurch, daß er sie zwingt, unwirthschaftlicher zu arbeiten, indem er ihr gewisse Dinge vertheuert, oder der, welcher gewisse Dinge theurer hervorgebracht haben will, damit sie der Käufer theurer bezahlen muß? und das ist hier bei Eisen im weitesten Maße der Fall. Der Herr Vertreter der verbündeten Regierungen hat selbst eine der wundesten Stellen berührt, indem er uns über die Schwierigkeit hinaushelfen wollte, daß die große Eisenbahnindustrie, welche, in Ziffern ausgedrückt, und nicht blos in Ziffern ausgedrückt, sondern auch nach ihrer wirthschaftlichen Bedeutung die wichtigste und tiefeingreifendste unserer Industrieen ist, zwar sehr stark darunter leiden muß, daß ihr das Material vertheuert wird; er hat sich aber schließlich doch nicht anders helfen können, als indem er gewissermaßen diese große Eisenbahnindustrie als eine Egoistin hinstellte, die auf Kosten anderer Leute leben wolle. Das ist eben die Frage, die Sie von vornherein umgehen: wer hier der Egoist ist? und um sie richtig zu lösen, sind Sie genöthigt, den von Ihnen so sehr verschmähten abstrakten Standpunkt einzunehmen, d. h. zu erwägen, wo das Recht ist und wo das Unrecht, wo der größere Vortheil oder der größere Nachtheil? Diese Untersuchung, unpartheiisch geführt, zeigt aber, daß, wenn Sie Eisenbahnen, Maschinen, Bauten, alles was zum Leben gehört, vertheuern, wenn Sie die Leute zwingen, schwerer gewonnenes Material zu benutzen, das dann entweder weniger bezogen wird oder das mit größeren Opfern verkauft werden muß, daß Sie dann die ganze nationale Wirthschaft schädigen, und daß wir die wahren Vertreter der nationalen Arbeit sind. Meine Herren, handelt es sich vielleicht um jenen Standpunkt der Industrieerziellung, den man früher, als man noch etwas schüchtern war, in diesen Dingen eingenommen hat? Ja, meine Herren, wer wie ich und eine große Zahl von Ihnen seit einem Jahrzehnt diesen Versammlungen beizuwohnen die Ehre hatte, der kann sich doch füglich erinnern, daß niemals der Standpunkt des Schutzes der nationalen Arbeit, wie er heute in den Vordergrund gerückt wird, hier vertreten worden ist, und ich habe mich gefreut, daß er in dieser krassen Form auch von dem Vertreter der Regierungen nicht aufgenommen worden ist, — ich würde mich auch gewundert haben, wenn er das gethan hätte. Ich sage: niemals ist dieser Standpunkt früher hier vertreten worden, sondern allein und einzig der Standpunkt der Erziehung einer gewissen Industrie; davon hat man gesprochen, man hat immer behauptet, wir haben gewisse Industrieen, die an sich schwach sind oder — das will ich zugeben — die von Hause aus nicht schwach sind, die sich aber in einer kritischen Erschütterung oder Uebergangsperiode befinden, und die wir deshalb schützen müssen. Nun, meine Herren, nach den Zahlen, die ich gegeben habe, wollen Sie da noch behaupten, daß wir die deutsche Eisenindustrie erst noch groß zu ziehen hätten, und klingt es nicht befremblich, wenn in der ersten Rede, die wir von maßgebender Autorität hier bei Eingang der Zollbebatte gehört haben, mit einer gewissen Anerkennung auf das russische Beispiel hingewiesen wird? Ja, meine Herren, mit diesem russischen Beispiel, in dem zu meinem Schreck selbst der Wink nicht gefehlt hat, daß der Großgrundbesitzer aus dem Bestehen einer großen Masse von Papiergeld einen gewissen Vortheil zieht — eine beiläufige Aeußerung, die mir sehr viel Nachdenken und Besorgniß verursucht hat, die aber allerdings nicht außer Zusammenhang ist mit dem System, in das wir heute eintreten —, ich sage, in diesem Hinweis auf Rußland hat man uns die russische aufblühende Industrie als Muster gewissermaßen bezeichnet. Ja, meine Herren, wenn der hohe Beamte, der uns diesen Wink gegeben hat, seine russischen Freunde fragen will, wie in Rußland die Industrie erzogen wird, so geben sie ihm, wenn sie ihm die Wahrheit schildern, hoffentlich eine Auseinandersetzung, die ihn zur Nachahmung bei uns trotz Allem nicht anfeuern wird.

Er braucht aber gar nicht einmal nach Rußland zu gehen, er möge bei uns in Deutschland bleiben und sich erkundigen, wie z. B. große Eisenwerke behandelt werden, welche Rußland über seine Grenzen hinüberzieht, um sich selbst eine Industrie groß zu ziehen, wenn er sich die Ziffern will geben lassen von Subventionen, die aus dem Staatssäckel gegeben werden und außerdem die Ziffern von Akkorden, die auf Jahre hinaus abgeschlossen werden, wobei Millionen und Millionen Rubel von Nutzen ohne Gefahr versprochen werden — allerdings, wie die betreffenden Industriellen vielleicht hinzusetzen, nicht ohne daß sie einiges wieder von dem müssen zurückfließen lassen, von dem, was ihnen der Staat zusichert. Meine Herren, wenn auf diese Weise Industrieen bei uns gemacht werden sollten, ja, dann wäre der Rückschritt noch viel furchtbarer, als er im Augenblick leider schon bei uns ist.

Wir, meine Herren, sind — und das dürfen doch auch unsere Gegner zur Ehre der deutschen Nation einräumen — wir sind nicht mehr auf den Punkt einer Industrie, die erst aus den Windeln groß gezogen werden muß mit allen künstlichen Mitteln, — wir haben eine große, starke, mit Intelligenz betriebene Industrie, und was der frommt, das ist nicht Bevormundung, das ist freie Bewegung! Die Staatsweisheit, die hier dem Einzelnen zeigt, was ihm frommt und was ihm schadet, die ist grüne Theorie, nicht unsere Lehre von dem, was man fälschlich das laisser aller nennt, was ich aber das laisser vivre nenne, das heißt, daß man die Lente leben läßt, die von selbst im Stande sind, sich zu ernähren, und sie nicht durch Staatsbevormundung umbringt, wie es jetzt mit unserer Tarifpolitik gehen wird.

Wer ein Beispiel davon nachlesen will, wie eine Nation unter zu großem Schutz in ihrer Industrie zurückgehalten wird, und wie die Befreiung bei ihr wirkt, der lese doch die Geschichte der französischen Eisenindustrie vor dem Vertrag von 1860 und nach demselben. Da der Herr Vertreter der Bundesregierungen Autoritäten angeführt hat, so will ich ihm einen Kollegen anführen, wie ich überhaupt gefunden habe, daß die besten Kenner des Zollwesens beinahe immer Freihändler sind, weil sie am meisten Gelegenheit haben, den Unfug und das Unglück beurtheilen zu lernen, das ihre Gesetze anrichten, — dann lese er doch die von dem jetzigen Direktor des ganzen französischen Zollwesens verfaßte Darstellung über die französische Eisenindustrie vor der Zollherabsetzung und nach derselben, die aus einer ganz dürftigen, noch mit Holzkohle arbeitenden, mit den ältesten, verrottetsten Maschinen funktionirenden Eisenindustrie erst nach der Zollherabsetzung eine große und mächtige geworden ist. In dieser Lage sind auch wir, nur auf diese Weise können auch wir vorwärts gehen.

Meine Herren, um Ihnen nur noch eins zu zeigen, wie segensreich, wie wahrhaft im Sinne der Zivilisation die Befreiung des Eisens von dem Zoll gewirkt hat, lassen Sie mich noch einen Blick werfen auf die Ersparung der Arbeitskräfte, die wir erzielt haben. Zunächst nur beiläufig zu bemerken, wenn vielleicht einer der folgenden Redner sich darauf berufen sollte, daß jetzt eine große Anzahl von Hochöfen kalt steht was ja bekanntlich in allen Ländern der Fall ist, und wa zu einem gewissen Bruchtheil auch in den blühendsten Zeiten der Fall ist, wenn er sich darauf berufen sollte, so denken Sie von vornherein daran, daß die Technik des Hochofenwesens jetzt in einer Weise sich entwickelt hat, die mit einer viel geringeren Anzahl von Hochöfen auskommt, weil es nicht auf die Zahl ankommt, sondern auf den Umfang und die Beschaffenheit, und daß auch in dieser Weise eine große

Ersparniß herbeigeführt worden ist. Aber, meine Herren, noch viel interessanter ist die Ersparniß an Arbeitskräften und so frugal ich auch in meiner Auseinandersetzung mit Ziffern zu sein mir vorgenommen habe, so erlaube ich mir doch Ihnen hier ganz wenige Ziffern zu geben. Leistung eines Arbeiters beim Hochofenbetrieb in Preußen, so lautet mein Auszug aus der Statistik. Die Leistung war folgende: Im Jahre 1872 kam auf einen Arbeiter an Produktion von Roheisen 1439 Zentner, im Jahre 1873 fiel die Leistung auf 1414, im Jahre 1874 ging sie auf 1347 herab, im Jahre 1875 stieg sie auf 1555, im Jahre 1876 auf 1797 Zentner, im Jahre 1877 waren wir bereits auf 2060 Zentner auf einen Arbeiter angekommen, gegenüber der Zahl von 1414 im Jahre 1873. Meine Herren, was hat dazu geführt? Die größere Anstrengung, die die Industrie machen mußte, um gegenüber einer freien Konkurrenz sich mannhaft zu bewegen und daran hat sie es nicht fehlen lassen, und an der hat sie es auch in anderen Beziehungen nicht fehlen lassen. Was nun bewerkstelligt worden ist durch verbesserte Technik im Minderverbrauch an Kohlen, auch das fällt in hohem Grade ins Gewicht, und wenn Sie die Berichte der verschiedenen eisenproduzirenden Gesellschaften ansehen, so werden Sie bei einigen gutverwalteten finden, daß sie jetzt bei weitem billiger produziren als früher, vermöge der niedrigeren Preise der Herstellungsmaterialien und der erhöhten Arbeitsleistung. Nun steht aber, ganz abgesehen von diesen Erleichterungen, welche die Industrie erzielt hat und die Sie wohl in Betracht ziehen müssen, wenn man Ihnen einseitig bloß von den gesunkenen Preisen spricht, während die Gestehungskosten bei vielen Werken stärker, als die Preise herabgegangen sind — ganz abgesehen davon steht die Welt vielleicht vor einer Neuerung, auf die der Herr Vorredner schon hingezeigt hat und die alles wieder revolutioniren kann. Wie wird unser Eisenzoll wirken, wenn nun wirklich das System in Wirksamkeit gesetzt werden kann, nach dem es möglich sein wird, auch das ordinärste, phosphorhaltigste Eisenerz so zu behandeln, daß es dem englischen Bessemer Eisen und dem aus spanischen Erzen gewonnenen Eisen sofort Konkurrenz zu machen im Stande ist? wenn es gelingt, die ungeheuren Massen billiger Eisenerze in Cleveland so zu bereiten, daß Stahl daraus gemacht werden kann, und wenn in Folge dessen für Deutschland das eintritt, daß das ganze Zentrum unserer Eisenindustrie sich wieder nach einer anderen Richtung hin verpflanzen muß? Jetzt liegt die Stärke unserer Eisenproduktion zum Theil in Rheinland und Westfalen; wäre es möglich — und es sieht ja beinahe so aus, obwohl manchmal Neuerungen so aussehen, als stünden sie vor der Thür und lassen doch noch Jahre lang auf sich warten — es sieht so aus, als sollte es in Jahr und Tag dahin kommen, dies Problem zu lösen, dann wird sich die ganze Stärke der Eisenproduktion und auch für die Stahlproduktion nach Luxemburg werfen, und dann werden wir wieder vor einer ganz neuen Physiognomie der Frage stehen, auf die die gegenwärtige Zollpolitik und alles, was wir schaffen, alle Ermunterungen, die wir ihr angedeihen lassen, alles, was wir am Leben erhalten haben, alles das wird nichtig und hinfällig werden gegenüber einer solchen Neuerung. Wie es aber auch sei, schon jetzt werden ungeheure Ersparnisse gemacht, und schließlich der ganze Kampf, den Sie mit dem erhöhten Zolltarif kämpfen, ist ein Kampf gegen den Gang der Zivilisation, ein Kampf gegen die Ersparung von Kraft und von Stoff. Es ist der alte Kampf, der eingeführt worden ist, als zuerst die Maschinen erfunden wurden; da war dieselbe Sympathie, die heute für die Eisenwerke angerufen wird, die nicht mehr zeitgemäß organisirt sind und verurtheilt sind, sie mögen machen was sie wollen, nach einer künftigen Kampfperiode doch unterzugehen, ihren inländischen Konkurrenten zum Opfer zu fallen. Der ganze Kampf ward schon zur Zeit der Erfindung der ersten Maschine gekämpft. Es handelt sich darum, Arbeitskraft zu ersparen. Besteht die Aufgabe einer Wirthschaft darin, möglichst viel zu arbeiten ohne Rücksicht auf das, was sie hervorbringt, oder möglichst viel hervorzubringen mit der möglichst geringen Arbeit? Meine Herren, die Anschauung, die wir vertreten, ist die, daß es sich darum handelt, möglichst viel Kraft und Stoff der Nation zu ersparen, wenn sie dasselbe Resultat damit erzielen kann. Und wenn Sie das im Augenblick für eine allzu spekulative Anschauung der Dinge ansehen, so versetzen Sie sich doch um wenige Jahre zurück und denken Sie, mit welcher Verschwendung eine unwirthschaftliche Periode des Schwindels uns veranlaßt hat zu arbeiten. Nehmen Sie die Protokolle der Eisenenquetekommission, und wenn Sie heute Klagen darüber hören, als wenn es wirklich ein jammervolles Unglück wäre, daß die Kohlen im Preise so niedrig stehen, so lesen Sie in jener Enquete nach, welcher Jammer es war, daß die Kohlen so theuer waren, wie die ganze Industrie, wie die häusliche Existenz derer, die sich zu wärmen, die zu kochen haben, gefährdet waren dadurch, daß die Kohlenproduktion ins Unmaß durch das Bedürfniß gesteigert war! Damals sagten die Sachverständigen vor der Enquete der Eisentarifkommission aus, daß überhaupt in der Nähe der Kohlenzechen gute Kohlen gar nicht mehr zu haben waren, weil natürlich nur die besseren Kohlen den Transport in die Ferne lohnen; weil eben die weiteren Verfrachtungen für den Eisenbahntransport der Kohle das beste heraussuchen, und der, welcher von Natur das Unglück hatte, in der Nähe, an der Quelle zu sitzen, bekam nur die Brosamen, das Schlechte, was übrig blieb. So waren durch eine überspannte Periode der Gründungen und des Schwindels, an deren Nachwehen wir jetzt leiden, die Verhältnisse umgekehrt; so gibt es auch einen unnatürlichen Zustand der Verschwendung, den die gegenwärtige Generation im Interesse des Zukunftswohls auch nicht allzusehr unterschätzen sollte, denn, wenn es uns gelingt mit weniger Kohle und mit Erz zu arbeiten, das bis jetzt noch nicht verwerthet werden konnte, so ist es ja im Interesse der Schonung des Schatzes an Erz und Kohle, der in unserem Land liegt, und mit dem wir auch wirthschaftlich umgehen müssen.

Meine Herren, es hat mich hier der Satz des Herrn von Bennigsen, daß der Widerstand gegen die Wiedereinführung der Eisenzölle vielleicht mit schuld sei an dem Verhängniß, das jetzt heraufgerufen worden ist, nicht minder befrembet, als jener andere Satz, den er bei Gelegenheit der Rechtfertigung seines allgemeinen Verhaltens zu den vorgeschlagenen Gesetzen aussprach, nämlich der Satz, daß nach Lage der allgemeinen europäischen und Weltverhältnisse wir wohl veranlaßt seien, uns, wie er sich ausdrückte, auf uns selbst zurückzuziehen. Ich fürchte, es ist das ein Satz von denjenigen, die sehr viel sagen, als sehr anregend zum denken erscheinen, aber doch nur unter einer allgemeinen verflüchtigenden Wendung etwas aufstellen, was sich, im einzelnen durchgeführt und auf seinen Kern untersucht, nicht halten läßt. Dieses Aufsichselbstzurückziehen heißt nichts anderes, als gegenüber einer Bewegung auf der Welt, welche augenblicklich ein Herabgehen der Preise herbeigeführt hat, bei uns eine Insel machen, auf der wir mit theueren Preisen d. h. mit größeren Anstrengungen, d. h. mit größerer Unfruchtbarkeit arbeiten. Anders liegt das Problem gar nicht. Zunächst das Phänomen der herabgegangenen Preise ist kein deutsches, das wird auch der Herr Abgeordnete von Bennigsen zugeben, das Sinken oder vielmehr das rapide Fallen, denn das Wort sinken kann gar nicht angewendet werden, das rapide Fallen der Preise sowohl im Eisen als auch in einer ganzen Reihe von anderen Artikeln, — aber gerade beim Eisen und bei Kohlen ist es ganz außerordentlich sichtbar, — ist ein Phänomen der ganzen Welt, es ist dasselbe Phänomen sogar auf dem Felde der Agrikultur. Denn daß wir gegen die jetzige Ueberschwemmung mit amerikanischem Getreide ankämpfen sehen, ist ein Resultat dessen, daß weit jenseits des Ozeans ebenfalls eine ungeheuere Preisherabminderung in der Getreideproduktion stattgefunden hat. Ich sage, hier ist ein vollkommen allgemeines universelles Weltphänomen vorhanden, es ist das Herabgehen der Preise. Aus welchen Elementen es hervorgegangen ist, wie es sich zusammensetzt, wie es mit der Frage des Umlaufsmittels, wie es mit der Ueberproduktion einer langen überangestrengten Periode zusammenhängt, das, meine Herren, zu untersuchen würde heut zu weit führen; aber ich will als Thatsache festhalten, das Phänomen steht für die ganze Welt fest, und gegen das sollen wir von deutschem Boden aus uns abzusperren versuchen?

In der sonst sehr vorsichtig gehaltenen Ausführung des Herrn Regierungsvertreters hat mich das befremdet, daß auch er glaubte ankämpfen zu müssen gegen die Erscheinung des Wohlfeilerwerdens der Dinge bei uns. Ich meine, wer sich Rechenschaft geben will vom Zusammenhang der Dinge, wird sich sagen, das ist ein vergebliches und sogar sehr schädliches Ankämpfen. Wenn es wahr ist — und es ist wahr — daß die Preiserniedrigung ein allgemeines Weltphänomen im Augenblick ist, so ist es für uns ohne unseren größten Schaden nicht möglich, bei uns eine Insel mit besonders hohen Preisen zu machen, wir schaden unserem eigenen Leben und schädigen uns in unseren Verhältnissen zu anderen Nationen, und die Folge des unglücklichen und vergeblichen Versuches, den wir machen, wird nur die sein, daß wir eine Zeit lang die Reibung vermehren, mit größeren Anstrengungen weniger produziren, unseren Handel in seinen Wurzeln mit schädigen und schließlich uns doch in das unvermeidliche werden ergeben müssen, sofern nicht das entgegengesetzte Phänomen eintrifft, daß nämlich durch die allgemeine Natur der Dinge auch wiederum eine Preissteigerung eintritt, an der wir eben so selbstverständlich aus allgemeinen Ursachen theilnehmen müssen, ohne künstliche Isolirung anzuwenden.

Gerade so wenig wie das Phänomen des Wohlfeilerwerdens ein isolirt deutsches ist, ist bekanntlich die Noth der Eisenindustrie und anderer Industrien ein vereinsamtes deutsches Phänomen. Auch das ist sattsam bekanut, und es ist vielleicht noch nicht genug sattsam gewürdigt, daß gerade in dieser Verlegenheit Deutschland einen besonderen Vorzug genoß, dessen andere große industrielle Läuder in diesen schweren Jahren nicht theilhaftig geworden sind. Ich meine, es ist im wesentlichen seit dem ersten Aufschäumen der 72er und 73er Jahre von Arbeitseinstellungen verschont geblieben. Es hat die schweren Verluste, die ganze Beklemmung der Großindustrie, welche in massenhaften Strikes der Industriebevölkerung, namentlich in Frankreich und England stattgefunden haben, kaum aus der Ferne und nur in leisen Andeutungen kennen gelernt. Erinnern Sie sich, meine Herren, jenes großen Strikes in Creuzot, der vor kurzer Zeit noch Frankreich beunruhigte; erinnern Sie sich der gar lebhaften Unruhen und mit Blutvergießen begleiteten Arbeitseinstellungen in Belgien, die vor wenigen Wochen gespielt haben, die beinah von Monat zu Monat sich wiederholt haben; erinnern Sie sich der ungeheuern Arbeitseinstellungen in England in den Kohlendistrikten, Eisen- und Baumwolldistrikten, wo 60 000 bis 80 000 Menschen Monatelang feierten und die ganze Industrie in Frage stellten. Meine Herren, wenn die von Noth sprechen wollten, hätten sie einen anderen Grund sich anzuführen zum Exempel als Deutschland, das im ganzen friedlich und ruhig den Rückgang einer in das Maßlose gesteigerten, den Verhältnissen nicht angepaßten Produktion sich zu erwehren hatte. Wer die Verhältnisse kennt, dem wird es ein Lächeln abgewinnen müssen, wenn er von dieser Krisis sprechen hört, als sei sie ein neues und unerhörtes Phänomen, das die zivilisirte Welt bisher nicht gekannt hätte, und das wir nur aus unseren spezifisch gesetzgeberischen Verhältnissen heraus erklären müßten, sei es aus einer Aktiengesetzgebung oder Bankgesetzgebung oder aus einer Zollgesetzgebung. Meine Herren, ich habe schon einmal Gelegenheit gehabt, zu sagen, die Krisen sind so alt wie die Zivilisation. Wo eine Entwickelung, wo ein Zusammenhang, wo eine Produktion ist, da gibt es auch Krisen, und Krisen gibt es nur nicht in barbarischen Ländern. Das ist die Wahrheit an der Sache, und wir in Deutschland haben, wenn auch eine der längsten, doch durchaus noch nicht die furchtbarste der Krisen durchgemacht, die die zivilisirte Welt in den Annalen der Krisen kennt.

Aber, meine Herren, steht es denn wirklich so schlecht gerade mit unserer Eisenindustrie? Ich behaupte, das ist durchaus nicht der Fall, und wo es so schlecht steht, ist das Phänomen gerade dadurch zu erklären, daß die betreffenden industriellen Unternehmen in einer Weise unwirthschaftlich, unklug, unrichtig — ich spreche nicht von Vorwürfen, ich möchte nicht mißverstanden sein, wie es so oft der Fall ist, wenn ich das Wort nehme, ich konstatire die Thatsachen als naturgeschichtliche Erscheinungen —, ich sage, gewisse Mittelpunkte der Industrie sind in Fehler verfallen, in menschliche Fehler, an denen beinahe jeder Mitlebende in seiner Weise sich betheiligt hat, genug, aber nur die, welche so gesündigt haben, sind noch in einer bedeutend mißlichen Lage, während andere, welche gut gearbeitet haben, namentlich diejenigen, welche vom Unglück etwas gelernt haben, bereits zu recht erfreulichen Resultaten gekommen sind. Es ist ganz klar, daß die gesellschaftliche Konstituirung dieser großen Eisenwerke von selbst den Keim einer Gefahr in sie hineingetragen hat, der schon oft hier erörtert worden ist. Ich habe mich nur gewundert, im Munde des Herrn Reichensperger (Olpe) neulich das Anathema gegen die Aktiengesellschaften, gegen die Börsen und Finanzwirthschaft erneuert zu hören in derselben Stunde, in der er eigentlich Partei ergreift für dieselben Interessen, und wo diese Interessen hinter ihm stehen und ihm ermunternd zurufen, vorzugehen. Ich verlange nicht, daß man sie im Stich lasse, ich will nur nicht, daß man uns gewissermaßen gleichzeitig die Ausschreitung als unser Werk vorwerfe, während man sich solidarisch macht mit denen, die diese Ausschreitungen begangen haben. Aber daß diese Gesellschaften schlecht stehen zum Theil, daß uns eine Liste gegeben werden konnte bei der Eisenstatistik, in der aus einer Reihe von Jahren etwas wie 42 Millionen Verlust zusammengeschrieben worden ist, meine Herren, das ist wirklich außerordentlich leicht zu erklären. Auf wen das Eindruck machen könnte, der müßte doch wirklich von den Geschäften und den geschäftlichen Verhältnissen keinen Begriff haben. Daß wenn man so und so viel, ich glaube, es sind 125 oder 225 Gesellschaften, aufruft, doch einmal ihre Rechnung einzureichen beim Reichstag, was sie seit Jahren verloren haben, um Zulage, um Entschädigung zu bekommen, daß sie eine schöne Rechnung aufmachen, meine Herren, das wird in der That doch niemand erstaunen. Und angenommen auch, diese Rechnung von 42 Millionen Verlust wäre richtig, wollen wir es wirklich zum Gesetzgebungsprinzip erheben, daß wir nun ohne Einsehen in die Geschäftsführung uns den Saldo präsentiren lassen als die Rechnung, die wir zu bezahlen haben? Wollen wir nicht fragen, welche Fehler sind vielleicht gemacht worden? Wer kann denn hineinsehen in die Geschäftsführung eines einzelnen oder gar einer ganzen Kompagnie, die unter einem Direktor steht, um zu sagen, es ist nur durch die Noth der Zeit, durch die Nothwendigkeit und Fügung der Dinge der große Verlust herbeigeführt worden? Wie viel Unfähigkeit von Direktionen mag darin stecken, dereu Sünden in den 42 Millionen repräsentirt sind? Wieviel leichtsinniger Kredit an Lieferungen, die nicht bezahlt worden sind, mag darin stecken? Wieviel falsche Einrichtungen, wieviel unnütze Einkäufe und Anschaffungen? Und das alles wird uns präsentirt als ein Resultat, das die Grundlagen gesetzgeberischer Maßregel sein soll. Nun will ich nur aus der Eisenenquete selbst ein Beispiel vorführen, wie die Gesellschaften zu Verlusten gekommen sind. Da ist eine Gesellschaft, ich glaube die rheinische Stahlschienenfabrik zu Ruhrort. Sie erzählt uns folgendes, höchst interessante Faktum, für das ich mir Ihre Aufmerksamkeit erbitte, weil man davon wohl sagen kann ex uno disce omnes. Diese Gesellschaft hat in der Zeit der großen Blüthe, als man glaubte, es wäre nicht Eisen genug auf der Welt zu beschaffen, sich vorsehen zu müssen geglaubt, um nicht mit der Arbeit stillzustehen, in England ungeheure Käufe von Eisen abgeschlossen für ihre Schienenfabrik, und nun trat die große Krise ein, die Preise gingen schnell herab, aber die Fabrik war gut geleitet, man sah die Dinge kommen, und sagte sich, lieber eine große Amputation als ein unberechenbarer ins unendliche fortzuschleppender Verlust. Was that die Fabrik? Sie akkordirte mit der englischen Eisenlieferungskompagnie und bezahlte ein Abstandsgeld für nicht gelieferte Waaren, die Summe von 800 000 Mark. Das figurirt in den Verlusten der Fabrik, aber das ist noch das wenigste, denn andere Gesellschaften waren nicht so klug wie jene, zahlten kein Abstandsgeld, resignirten sich das Eisen zu beziehen, und mußten einen Schaden verschlucken, der unendlich viel größer war, als diese 800 000 Mark. Nun, will man nach dieser Richtung urtheilen, welches Recht die Gesellschaften haben, von uns entschädigt zu werden; sie klagen über Theurung des Kapitals. Ja die Kapitalverwendung in der deutschen Eisen- und Kohlenproduktion wird allerdings in einem Maße angestrengt, wie es in anderen Ländern nicht der Fall ist, und wie man diesen Mangel an großem Kapitalverbrauch aufhelfen kann mit den Zöllen, ist mir rein unerfindlich, wie man eine potenzirte Industriebewegung empor bringen soll, auf den Grund hin, daß man klagt, man habe zu wenig Kapital, das ist eine Rechnung, der ich nicht nachgehen kann; mehr Kapital wird auf diese Weise gewiß nicht erzeugt, sondern das Kapital wird vertheuert, durch eine künstliche Produktion, und auf diese Weise werden wir der Industrie nicht zur Hülfe kommen.

Aber, meine Herren, statt mit allgemeinen Betrachtungen Sie weiter aufzuhalten, erlauben Sie mir, weil es sich um eine Frage des Lebens handelt, und Sie geneigt sind, zu glauben, die Vertheidiger der bisherigen Zollpolitik seien, ich will nicht sagen Stubengelehrte, der Ausdruck wäre zu prätentiös, weil ich auf Gelehrsamkeit nicht Anspruch mache, es seien Leute, die in theoretischen Schulanschauungen verrannt sind, und nach einmal aufgenommenen Stichworten sich ein Urtheil erlauben — gestatten Sie mir, einzelne Beispiele aus dem Leben vorzuführen, um zu zeigen, wie wirklich die Dinge liegen, und wie es mit der Verarmung der Eisenindustrie und der Gesellschaften steht, die ungefähr als Modelle dienen können. Ich spreche natürlich immer nur von Gesellschaften, denn was die Individuen, was die Privatleute an Resultaten erzielen, das erfahren wir nicht, sogar solche, die an der Spitze von so massenhaften Industrien stehen, daß sie eigentlich ganze Gesellschaften überragen, geben uns nicht zu erkennen, wie es im Innern mit ihrem Verlust und Gewinn aussieht. Ich mache ihnen daraus durchaus keinen Vorwurf, im Gegentheil, ich konstatire mit Vergnügen, daß beispielsweise der Vertreter von Krupp, als ein sehr wohlberathener Industrieller, vor der Enquete erklärte, er gebe keine Rechenschaft über die Gestehungskosten seiner Produkte, und ich finde das ganz in der Ordnung; aber wir wissen von einigen Werken, von allen sind auch die Berichte sehr schwer zu haben, nämlich solche Berichte, die ein Einsehen in die wirklichen Verhältnisse geben, aber von einigen habe ich mir sie doch verschafft, und ich habe mir Mühe gegeben, ins Klare zu kommen, wie die Sachen stehen. Eins der Größten, das ja maßgebend sein kann, nach vielen Richtungen hin, und das aus der Zeit des Anfangs der 70er Jahre datirt, ist die Dortmunder Union. Sie ist begründet worden mit einem solchen Kapitalaufwande, mit einer solchen Masse von Geldmitteln, daß es ganz gegen die Natur der Dinge wäre, wenn in jetzigen beschränkten Jahren ein solches Unternehmen einen erklecklichen Nutzen auf das enorme Kapital, und gegenüber der Masse von Schulden brächte.

Die Dortmunder Union hat ein Aktienkapital von 54 600 000 Mark, dazu hat sie an Schulden kontrahirt, Obligationen und Kaufgelderreste die Summe von 22 600 000 Mark; macht 77 200 000 Mark; aber damit noch nicht genug, hat sie noch eine Kontokorrentschuld nach Ausweis des Berichts, den ich bennțt habe, es sind ganz authentische Daten, von über 9 200 000 Mark. Sie arbeitet mit einem Kapital von 86 400 000 Mark, von dem ein großer Theil sehr stark verzinst werden muß. Und wenn man sich vielleicht darüber beschweren sollte, daß hier die Gesellschaften hohe Zinsen verlangen, ja, meine Herren, glauben Sie wirklich, daß es für die Wohlfahrt eines Landes ersprießlich sei, wenn leichtfertig Kredit gegeben wird? In der Eisenenquete habe ich zu meiner Befriedigung gefunden, daß auf die wunderliche Frage — nehmen es mir die Herren, welche die Eisenenquete hier vertreten, nicht übel, aber die Frage: Haben Sie genügenden Kredit? an einen Judustriellen zu richten, ist etwas wunderlich, —

(Heiterkeit.)

ich möchte sagen, daß hierauf nie jemand eine frank und frei verneinende Antwort geben wird. In unserer kaufmännischen Welt und in der jetzigen Zeit, wo die Kapitalien brach liegen und nach Verwendung suchen, hat jeder Industrielle soviel Kredit, als er verdient, und am allerwenigsten möchte ich Banken oder Kapitalisten ermuntern, leichtfertig Kredit zu geben, denn nichts ist schlimmer als ohne Vorsicht einen Kredit zu geben, der so verwendet wird, daß sein Werth in der Produktion nicht sicher wieder hergestellt werden kann. Bedenken Sie, meine Herren, die Frage kommt oft wieder und spielt in Agitationen außerhalb des Hauses eine große Rolle, die Frage nämlich, daß nicht Kredit genug gegeben werde. Es gibt nichts schlimmeres für ein Land, als wenn leichtfertig Kredit gegeben wird, denn nichts pflanzt sich zerstörender und rascher wie eine Pulverlinie im Lande fort, als wie einmal erschütterter Kredit und nichts führt leichter zu einem erschütterten Kredit wie ein leichtfertig gegebener Kredit. Meine Herren, die große Eisenkrisis, deren Folgen wir jetzt abzuwenden suchen, die große schottische Eisenkrisis, ist sie nicht herbeigeführt wordea durch leichtfertigen Kredit, den die Bank von Glasgow gegeben hat? Nehmen Sie sich ein Beispiel an diesen Dingen und seien Sie vorsichtig mit dieser Parole, die auch in die Sache geworfen wird, daß nicht genug Kredit gegeben werde.

Ich schließe diese Parenthese und komme auf die Union zurück. Meine Herren, was hat die Dortmunder Union nun produzirt? Sie hat im Jahre 1877/78 produzirt in ihren Kohlengruben 4 587 000 Zentner mit einem Werthe von 1 273 000 Mark, Bruttogewinn 208 000 Mark oder sie hat verdient auf die fakturirten Produkte 16 Prozent des Werthes. Ich führe hier allerdings eine neue Art, den Nutzen zu berechnen, ein, aber das ist die allein giltige und wahre; ich rechne nicht mit enormen Kapitalien, die durch zu kühnen Unternehmungsgeist und durch tausenderlei Verhängnisse herbeigeführt, hineingesteckt waren und die man nun zur Grundlage macht dessen, was verdient wird, in gewissen Fällen mit Rückführung hinter die Krisis vom Jahre 1859, und Aktienbeträge, die schon auf den zehnten Theil reduzirt wurden. Nein, das berechne ich nicht. Wer berechnen will, was in einer Industrie verdient wird und eine Parallele ziehen will, was in der Industrie des einen Landes und in der Industrie des anderen Landes verdient wird, der muß die erzeugten Produkte nehmen und sehen, was auf diese verdient worden ist, und hier sind in den Kohlengruben

16 Prozent des Werthes verdient worden. Im Eisensteinbergbau wurden produzirt 877 000 Zentner mit einem Werthe von 365 000 Mark, Bruttogewinn 115 000 Mark oder circa 35 Prozent des Produkts. Die Hüttenwerke in Dortmund produzirten 2 420 000 Zentner Eisenfabrikate mit einem Werthe von 20 290 000 Mark, 497 700 Zentner Gußroheisen mit einem Werth von 1 435 000 Mark, zusammen 21 725 000 Mark, mit einem Bruttogewinn von 2 080 000 Mark oder zirka 9 Prozent bei einer so enormen Produktion, was in der That doch kein schlechtes Resultat wäre, der Bruttogewinn aller fakturirten Produkte im Werthe von 23 Millionen Mark war 2 450 000 Mark oder 10½ Prozent. Meine Herren, wenn trotzdem am Ende des Jahres nichts vertheilt wurde, so kam das daher, daß eine ungeheure Schuldenlast zu tilgen war und daß diese Schuldenlast abgearbeitet werden muß. Das kann der deutschen Nation nicht in Rechnung gebracht werden. Ich will Sie mit Ziffern von anderen Gesellschaften nicht belästigen, mache mich aber anheischig, ähnliche nicht unvortheilhafte Produktionsexempel zu zeigen an der Gesellschaft „Phönix“, welche mit einem etwas geringen Gesammtresultat fakturirter Werthe arbeitet, und an der „Königs und Laurahütte“.

Ich will aber zum Vergleich zeigen, wie man im Ausland arbeitet und welchen Maßstab eine gesund gewordene Industrie an ihre Produktion legt. Ich nehme die Gesellschaft John Cockerill in Seraing, welche in etwas günstigeren Verhältnissen aber doch im ganzen so gelegen ist, wie Rheinland und Westfalen. Die arbeitet, statt daß die Union mit 86 Millionen Mark Kapital arbeitet, mit 12 Millionen Mark und von diesen 12 Millionen sind repräsentirt 4 Millionen durch die Ueberschüsse der Aktiva über die Passiva. Natürlich, wenn eine Gesellschaft, die übrigens in vergangenen Zeiten auch ihre Kinderkrankheiten durchzumachen hatte und sich danach reduzirt hat, wenn eine Gesellschaft auf solcher gesunden Basis produzirt, bringt sie auch unter den heutigen Verhältnissen noch immer keinen sehr reichen Gewinn. Aber jene haben keinen Grund, sich zu beklagen, und wir müßten die Ursache der Noth, die jetzt auf uns liegt, nicht darin suchen, daß die Industrie von Hause aus durch die Nothwendigkeit der Dinge in eine schlimme Lage gekommen wäre, sondern darin, daß eine Zeit lang auf ganz falsche Methode produzirt worden ist und daß wir, wir mögen es nun machen, wie wir wollen, wenn wir nicht eine Unmasse von unwirthschaftlichen Wirkungen aufrecht erhalten wollen, es nicht fertig bringen werden, sie auf die Länge gegen die natürliche Wirkung der Dinge zu vertheidigen.

Ich werde mich über die Frage der Selbstkosten, die auch der Herr Regierungsvertreter kurz erwähnt hat, nicht eingehend hier auslassen. Die Frage ist eine so minutiöse, daß sie kaum in einer Kommission richtig behandelt werden kann, geschweige denn vor einem Reichstag, den man mit diesen Detailsziffern gewiß nicht behelligen kann; aber ich darf doch gegenüber den schwankenden Behauptungen, den Widersprüchen für und wider nicht unerwähnt lassen, daß immerhin feststehen bleibt, die deutschen Werke konkurriren im Ausland zu Preisen, welche die fremden Werke in neuerer Zeit sehr häufig geschlagen haben, bis nach England hin, namentlich aber auch nach den Niederlanden hin, — ich könnte Ihnen da aus der letzten Zeit noch höchst bezeichnende Konkurrenzlisten vorlegen, in denen die deutschen Werke im Preise von 108 und 105 konkurrirt und zum Theil die Engländer und Belgier geschlagen haben für Dinge, für die sie in Deutschland 148 verlangt haben.

Meine Herren, eine Industrie kann einmal isolirt sich entschließen, mit Schaden zu verkaufen. Wenn das aber jetzt seit Jahren so geht, und wir sehen, daß einzelne dieser Werke doch eigentlich einen verhältnißmäßig günstigen Abschluß machen, so muß ich entschieden bestreiten, daß hier mit Schaden gearbeitet wird, und ich bestreite es nicht bloß auf meine Vermuthung hin, sondern sogar aus meinem Wissen, und ich bringe das im Zusammenhang gerade mit dem, was der Herr Vertreter der Regierungen gesagt hat über die Koalition.

Der Herr Vertreter der Regierungen hat gewissermaßen die Koalition als etwas unschädliches und naturnothwendiges hingestellt. Ich muß das auf das allerentschiedenste bestreiten. Wer weiß, was z. B. die Koalition der Weißbleche in Deutschland in früheren Jahren geleistet hat, der wird keinen Augenblick zweifeln können, daß hier Waarenmonopole hinter den Zolllinien errichtet werden, die zu einer merkwürdigen Tyrannei und sogar einer merkwürdigen Ueberlastung der davon betroffenen Arbeiten führen; so bin ich z. B. ermächtigt auf Grund von Mittheilungen anzubeuten — die Namen stehen zur Verfügung — daß ein deutscher Fabrikant, der Blechverpackungswaaren im großen Maßstabe verwendet, um deutsches Material zu haben, in Deutschland bestellt und zwar nicht ohne Schwierigkeiten, weil nämlich die deutschen Fabriken nicht so knlaut sind, wie die englischen, um die Größe und Dicke in jeder beliebigen Varietät herzustellen, wie sie verlangt wird, aber er entschloß sich dazu, deutsches Produkt zu beziehen und bei einem deutschen Fabrikanten zu bestellen. Er bezog es und was sah er, als er es bezogen hatte? Es war englisches Fabrikat, was über Hamburg gekommen war und er ist im Stande die Quelle zu nennen, aus der es bezogen war. So wird die nationale Industrie auf diese künstliche Weise geschützt und was wir an Koalitionen des Eisenblechs gesehen haben, hat zum Theil schon existirt jetzt, seitdem die Regierungen zu dem Prinzipe übergegangen sind, eine künstliche Schutzzolllinie zu machen, indem sie nur die einheimischen Werke begünstigen. Das hat sofort auch zu solchen Koalitionen geführt. Der Besitzer eines großen Schienenwerkes hat mir erklärt, daß er sehr unglücklich wäre, daß die Koalition ihm verbiete, zu niedrigerem Preise zu liefern als er könne, er könne noch mit sehr gutem Nutzen zu 130 und 125 Schienen liefern,

(hört, hört!)

wo die Koalition vorschriebe zu 148 und 150 zu liefern und die Arbeit unter sich vertheilen. Der Herr war bei mir, um sich dafür zu bemühen, daß man eine Rebonifikation der Ausfuhrzölle für die Schienen erlange, die mit englischem Material gemacht werden und er sagte mir, er würde sich besser stehen, wenn er nicht durch die Koalition gezwungen wäre, Nichts zu verkaufen, obwohl er Nutzen bei einem solchen Verkaufspreise hätte.

(Hört, hört!)

Meine Herren, die Frage, ob die Eisenindustrie wirklich eine so geschädigte sei, glaube ich Ihuen jetzt einigermaßen beleuchtet zu haben, erschöpfen kann ich das Thema natürlich nicht.

Es ist uns unter den verschiedenen Theorien, die aufgeführt worden sind, auch schließlich noch die angeführt worden, daß man doch mit einer Art Schaukelsystem bald etwas Schutzzoll, bald etwas Handelsfreiheit nach der Abwechselung der Jahre machen müsse. Es ist dies, meine Herren, bekanntlich eine noch ganz neue Erfindung, die erst vor wenigen Wochen auf einem Kongresse publizirt worden ist und die so sehr wegen ihres elastischen Charakters in die Hilfsquellen der allgemeinen Diskussion hineinpaßte, daß sie seitdem jeden Augenblick wiederkehrt und die ich auch hier im Hause schon mehrmals in der Diskussion wiedergefunden habe. Meine Herren, diese Theorie alterirender Kuren, mit denen man eine Industrie behandelt, indem man ihr bald, wie jener Gelehrte sich ausdrückte, bald purgirende, bald restringirende Mittel eingibt, geht überhaupt von der Idee aus, daß die Industrie immer von Natur ein Zustand von Krankheit wäre und daß man sie auf diese Weise bald nach der einen, bald nach der anderen Richtung hin mit der Staatsweisheit kuriren müsse, während eine starke und gesunde Industrie vor allen Dingen in Gesundheit leben und nicht behandelt sein will. Vor allen Dingen halte ich aber es für grundfalsch in der Entwickelung einer Wirthschaft rückwärts und vorwärts zu gehen. Hier gilt es eine gewisse Bewegung einzuhalten und namentlich nicht mehr zu zerstören, was einmal erzeugt worden ist. Meine Herren, Sie können die Frage, ob Schutzzoll oder Freihandel so lange diskutiren, wie Sie wollen, wenn Sie sich nicht über die grundlegenden Voraussetzungen geeinigt haben, werden Sie immer zu falschen Konsequenzen kommen, denn jetzt steht der Streit auf einem ganz anderen Boden, der Streit steht auf dem Boden, wie ich schon bei der allgemeinen Diskussion gesagt habe: wir auf dieser Seite, meine Freunde und ich, behaupten, die deutsche Industrie ist in einer bestimmten Weise entwickelt, die ganze deutsche Wirthschaft ist in einer Weise groß und stark geworden, sie hat sich eingerichtet auf ein freigesinntes System des Verkehrs. Daraufhin sind eine Masse von Existenzen gegründet, die größten Industrien sind darauf basirt, und jetzt hier wieder eine Umkehr machen zu wollen, d. h., die ganze Welt der Thatsachen verkennen und jene Industrien dem Untergang zuzuführen.

(Bravo! links.)

Vizepräsident Dr. **Lucius**: Der Herr Abgeordnete Dr. Rentzsch hat das Wort.

Abgeordneter Dr. **Rentzsch**: Meine Herren, der Herr Abgeordnete Bamberger hat damit begonnen, den Vorwurf zurückzuweisen, das rasche Vorgehen auf freihändlerischem Wege in Bezug auf die Eisenindustrie und das Aufheben der Eisenzölle sei die Ursache gewesen, daß die freihändlerische Richtung, die früher in Deutschland maßgebend war, allmählich an Einfluß verloren und daß eine gegentheilige Strömung im Volk entstanden ist. Sie wissen, das ist die Behauptung des Herrn Abgeordneten von Bennigsen. Meine Herren, ich bin überrascht davon, daß Herr Bamberger heute eine Ansicht bestritten hat, bei der er in der Hauptsache allein dastehen wird. Es ist Thatsache, daß nichts den freihändlerischen Ansichten so sehr geschadet hat, als das zu rasche Vorgehen auf dem Wege des Freihandels gerade bei den Verhandlungen über die Eisenzölle. Meine Herren, stellen wir zunächst die Thatsache fest. In der verhältnißmäßig kurzen Periode von 1865 bis 1876, also in einem Zeitraum von 11 eventuell 12 Jahren sind die Eisenzölle 5 mal abgeändert worden.

(Sehr richtig! rechts.)

Meine Herren, das geschah zuerst 1865, als die damals sehr hohen Zölle reduzirt wurden. Eine weitere Ermäßigung trat ein im Jahre 1868, ferner 1870; dann wurde im Jahre 1873 der Roheisenzoll aufgehoben, die übrigen Zölle wurden gleichfalls reduzirt, aber in Folge eines bekannten Kompromisses gestattet, daß mäßige Zölle noch erhoben bleiben sollten bis zum Abschluß des Jahres 1876. Das sind fünfmalige Veränderungen in dem kurzen Zeitraum von 10—12 Jahren. Meine Herren, ich habe die handelspolitische Geschichte anderer Länder in Bezug auf nahezu sämmtliche Zollermäßigungen, die in den letzten Jahrzehnten eingetreten sind, durchforscht und ich kann Ihnen gestehen, ich habe ein ähnliches Beispiel gleich raschen Vorwärtsschreitens, wodurch für eine große Industrie in so kurzen Zeiträumen die Grundlagen ihrer Operationen verändert wurden, nicht wiedervorgefunden.

Nun, meine Herren, heute liegen die Resultate offen vor, und ich bin nur erstaunt, daß Herr Kollege Bamberger nahezu der Einzige ist, der sie nicht mit anerkennen will, daß er die Nothlage der Eisenindustrie nicht erblicken kann, oder daß er sie wenigstens in einer ganzen Menge von anderen Ursachen sucht, während doch die wahren Gründe so außerordentlich nahe liegen. Meine Herren, es ist bekannt, daß die deutsche Eisenindustrie gegenwärtig einen Verzweiflungskampf auszufechten hat gegen die ausländische Konkurrenz, und wenn Sie sagen, die ausländische Konkurrenz äußert sich ja nicht in der Weise, daß übertrieben große Massen von Eisenartikeln hereinkommen, — obgleich das, was hereinkommt, an und für sich schon bedeutend genug ist — wenn Sie also die Quantitäten der Einfuhr nicht für groß genug halten, so wollen Sie doch nicht übersehen, daß es vorzugsweise die Preise sind, in welchen und durch welche sich die Wirkung dieser ausländischen Konkurrenz vorzugsweise geltend macht. Meine Herren, nach der Enquete, die ich als eine sachlich durchgeführte, sehr richtige Prüfung der thatsächlichen Verhältnisse der deutschen Eisenindustrie zu halten und zu bezeichnen habe, nach dieser Enquete ergibt sich, daß der größte Theil der deutschen Werke mit Verlust arbeitet, und zwar schon seit Jahren mit Verlust arbeitet. Nur ein kleiner Theil vermag etwa den landesüblichen Zinsfuß zu erreichen, viele sind aber schon nicht mehr im Stande, einen Gewinn zu erzielen, andere vermögen nicht einmal die Amortisationen zu decken. Namentlich sind es die außerordentlich ungünstigen Bilanzen der Aktiengesellschaften, welche darüber sehr traurige Aufschlüsse geben. Meine Herren, der Kollege Bamberger spricht davon, daß die Zusammenstellung von Bilanzen, welche angehangen sind der Statistik, die den Sachverständigen der Eisenenquete beigegeben wurde, als gemachte Rechnungen betrachtet werden könnten. Meine Herren, ich glaube, diesen Vorwurf hat Herr Bamberger nicht so ernst gemeint, ich will ihn auch nicht so streng nehmen, aber ich kann versichern, daß diese Arbeit nichts anderes enthält und auch nichts anderes sein will, als eine Zusammenstellung von Bilanzen der Aktiengesellschaften, welche in öffentlichen Blättern publizirt, und welche zusammengestellt sind auf Grund des Aktiengesetzes, also keineswegs etwa Berechnungen, welche in fingirter Weise — dieser Gedanke könnte ja nahegelegt werden — die Lage der Eisenindustrie ungünstig hinstellen sollen. Nun spricht Herr Bamberger davon, daß die Lage der Privaten eine bessere sein könne und er bezieht sich auf die Aussagen des Vertreters von Krupp bei der Eisenenquete. Meine Herren, ich bin augenblicklich nicht im Stande, aus dem dicken Buche der Enquete, das Sie ja kennen, die Stelle herauszufinden (ich habe das Werk auch nicht einmal augenblicklich zur Haud), wo der Vertreter von Krupp sich ausspricht über die Rentabilität seines Werkes. So viel aber weiß ich, es kommt darin der Passus vor, daß das, was das Werk des Herrn Krupp gewinnt bei dem Kriegsmaterial, d. h. also an Kanonen und Geschossen, gerade dazu ausreicht, um den Verlust zu decken, welcher bei der Fabrikation des Friedensmaterials, d. h. an Schienen, Bandagen, Rädern, überhaupt den andern Artikeln des großen Kruppschen Gußstahlwerkes erzielt wird. Ich glaube, ich werde mich darin nicht geirrt haben.

Nun sagt der Kollege Bamberger, die Stimmung, die Klagen über die Lage der Eisenindustrie, wären bloß künstlich gemachte Meine Herren, diese Behauptung ist doch kaum ernsthaft zu nehmen. Sie wissen ja alle, und es kann auch einem so umsichtigen, erfahrenen und gewandten Manne, wie der Kollege Bamberger ist, nicht unbekannt geblieben sein, daß entgegen allen seinen Behauptungen die Lage der Eisenindustrie in der That eine außerordentlich ungünstige ist. Wie würde es möglich sein, daß eine Stimmung künstlich gemacht werden könnte, wenn sie nicht mit der Wahrheit übereinstimmte,

(Oho! links)

wenn die Behauptungen für diese Stimmung in der öffentlichen Meinung nicht seit Jahren durch die Zustände, in der Eisenindustrie bestätigt worden wären. Ja, meine Herren, man kann jemand vielleicht 8 Tage, 14 Tage, 3 Wochen irgend etwas weiß machen, aber eine Bewegung, wie sie gerade in Bezug auf den nothwendigen Schutz der Eisenindustrie seit Jahren sich befestigt hat, kann Jahre lang nicht mit falschen Thatsachen rechnen,

(sehr richtig!)

die Wahrheit kommt doch schließlich an den Tag.

Nun, meine Herren, die Lage gibt sich deutlich auch dadurch zu erkennen, daß die Löhne der Arbeiter erheblich herabgesetzt werden mußten, was vielleicht ein Vortheil für die Eisenindustrie sein mag, in Bezug auf die sozialen Verhältnisse aber als ein außerordentlich ungünstiges Moment zu betrachten ist, ja, daß die Arbeitszeit in sehr vielen Werken nicht voll eingehalten, sondern, soweit der Betrieb es überhaupt zuläßt, eingeschränkt worden ist.

Dann, meine Herren, haben Sie weiter den wichtigen Einfluß auch den Kohlenbergbau und die Rentabilität der Bahnen zu beachten und überall da, wo die Eisenindustrie konzentrirt ist, ist Ihnen ja bekannt, daß bei der innigen Verkettung der wirthschaftlichen Verhältnisse, des Verdienens, der Nachfrage und des Angebots unter sich vielfach Erscheinungen zu Tage getreten sind, welche deutlich zur Geltung bringen, in welcher Weise gerade die Eisenindustrie eingreift auf ganz andere Branchen, auf die Entwickelung unserer gesammten industriellen Verhältnisse.

Weiter, meine Herren, hat Herr Kollege Bamberger berechnen wollen an einem Beispiel, das ich zur Zeit nicht kontroliren kann, weil mir die Ziffern dafür fehlen, an der Bilanz der Dortmunder Union — von dem ich aber glaube, daß die Ziffern, die er uns vorgelegt hat, richtig sind — er hat uns also berechnen wollen, in welcher Weise die Rentabilität gefunden werden soll, und er hat, wenn ich recht verstanden habe, dabei zu Grunde gelegt, rein fiktive Werthe für das Anlage- und Betriebskapital. Ja, meine Herren, wozu kommen wir dann? Wir müssen doch, wenn wir derartige Berechnungen vornehmen, die wirklichen nominellen Werthe zu Grunde legen, gleichviel ob dafür zu wenig oder zu viel bezahlt ist, natürlich die Werthe mit den Abschreibungen, die inzwischen dafür nothwendig geworden sind. Herr Kollege Bamberger geht sogar so weit, daß er sagt, es kommen manche günstigere Fälle vor, in denen die Gestehungskosten nicht unter die Preise heruntergegangen sind. Meine Herren, ich habe genau zugehört, habe aber mich sofort gefragt, wie es möglich ist, daß man das schon als ein verhältnißmäßig günstiges Zeichen der Produktion bezeichnen kann, wenn Fälle vorkommen, in denen die Gestehungskosten nicht unter die Verkaufspreise heruntergegangen sind. Ja, meine Herren, das soll doch nicht die Regel sein für eine lebensfähige rentirende Produktion. Wie tief müßten wir in unserer Produktion heruntergegangen sein, wenn die Gestehungskosten nur in günstigeren Fällen den Preisen gleich stehen sollten!

(Abgeordneter Dr. Bamberger: Das habe ich gar nicht gesagt!)

Meine Herren, es hat Herr Kollege Bamberger Ihnen ferner an Ziffern nachgewiesen, daß die Eisenproduktion seit 1861 in Bezug auf den Umfang ihrer Produktion außerordentliche Fortschritte gemacht habe. Das ist richtig, meine Herren! Es ist ferner mitgetheilt worden, daß in Bezug auf die Zahl der Hochöfen durch die größere Leistungsfähigkeit der Arbeiter erreicht werden kann, daß mit einer geringeren Anzahl von Arbeitern doch ein weit höheres Produktionsquantum erzielt werden kann als früher. Ja, meine Herren, auch das zugestanden! Dabei ist aber ein hervorragender Werth zu legen auf die Preise, die bei dieser Produktion gegenwärtig gezahlt werden, und dazu erlaube ich mir, Ihnen an wenigen Ziffern nur die großen Differenzen mitzutheilen, welche in Bezug auf den Hochofenbetrieb und nur zwei oder drei wichtige Branchen der Eisenindustrie sehr bedeutende Unterschiede gegen frühere Perioden ergeben werden. Ich werde hierzu die Periode des Jahres 1873 anführen, und zwar aus dem Grund, weil von da ab für Roheisen der Schutz von 25 Pfennigen in Wegfall gekommen ist. Zuvor bemerke ich, im Gegensatz zu Herrn Kollegen Bamberger, daß das Jahr 1873 nicht mehr ein Jahr des vollen Aufschwungs oder der Schwindelperiode war, sondern daß wir von 1873 ab (bekanntlich trat die Katastrophe im Mai ein) sehr rasch abwärts gegangen sind und daß das Jahr 1873 bereits in allen Industriebranchen als das Anfangsjahr derjenigen bedenklichen Krise zu betrachten ist, unter der wir gegenwärtig noch leiden. Im Jahr 1873 wurden an Roheisen 44,$_8$ Millionen Zentner im deutschen Reich produzirt zum Werth von 248 Millionen Mark; im Jahr 1877 wurden zwar noch $38\frac{1}{2}$ Millionen Zentner produzirt, der Werth war aber bereits heruntergegangen auf 111 Millionen Mark.

(Ruf links: Was beweist das!)

Ein weiterer, sehr bedeutender Einfluß der Aufhebung der Eisenzölle hat sich, abgesehen von dieser bedeutenden Werthverminderung, von der ich ja zugebe, daß sie keineswegs allein durch die Zölle herbeigeführt ist, da deren Aufhebung die Krise nur hat beschleunigen helfen — ein anderer weiterer Einfluß nach meiner Auffassung nachtheiliger Art hat sich dadurch geltend gemacht, daß eine Verschiebung in der Produktion der Eisensorten eingetreten ist. Meine Herren, diejenige Branche, in der wir am stärksten sind, die Fabrikation von Puddelroheisen ist, seitdem der Schutz für die Eisenindustrie weggefallen ist, am meisten gewachsen, es sind andere Branchen dagegen vernachlässigt worden, und gilt das namentlich von dem Gießereieisen. Diese Eisensorten haben vernachlässigt werden müssen, weil der mangelnde Schutz zwang, sich besonders auf diejenige Sorte zu werfen, in der die auswärtige Konkurrenz noch am leichtesten bestanden werden konnte.

Ein solches Verfahren mag richtig gewesen sein für die Versorgung unseres inneren deutschen Markts, es bleibt aber wohl zu beachten, daß die wichtige Branche des Gießereieisens, das wir ebenso gut liefern können, nicht in dem Maße vernachlässigt wird, wie dies geschehen ist.

Es liegt ferner ein sehr wichtiger Umstand darin, daß, seitdem der Schutz für die Roheisenproduktion weggefallen ist, der Guß erster Schmelzung direkt aus dem Hochofen ungefähr von $1\frac{1}{2}$ Million Zentner auf gegenwärtig 600 000 Zentner gesunken ist. Diese Gußartikel lieferten in gewissen Distrikten, die sonst in Bezug auf ihre Ernährungsfähigkeit keineswegs günstig gestellt sind, lohnende Arbeit, die aber gegenwärtig verschwunden ist.

Meine Herren, ich könnte Ihnen ferner noch mittheilen, wie beispielsweise die Eisengießerei von 10 Millionen Zentner Produktion bis 1877 auf 8 Millionen Zentner gesunken ist, von 236 Millionen Mark Werth im Jahre 1873 auf 83 Millionen Mark Werth im Jahre 1877. Nun hat aber der Herr Kollege Bamberger hervorgehoben, es hätte noch in dem letzten Jahre eine ganz außerordentliche Steigerung stattgefunden, und zwar wäre die Roheisenproduktion in 1878 auf $42\frac{1}{2}$ Millionen Zentner gestiegen. Ich muß bestätigen, daß diese Ziffer sich in der That in dem Februarheft des statistischen Amts von 1879 findet; aber ich glaube, daß die Herren vom Bundesrath — wenn ich sie auch nicht gerade veranlassen will, es direkt zu bestätigen, — jedenfalls aber dagegen keinen Widerspruch erheben werden, daß diese Ziffern nur mit außerordentlich großer Vorsicht aufzufassen sind und auf Richtigkeit jedenfalls nur wenig Anspruch machen. Es sind dies versuchsweise zusammengestellte Ziffern, welche zum großen Theil auf Schätzung beruhen und nach dieser Richtung hin durchaus kein zuverlässiges Resultat geben. Ich mache darauf aufmerksam, daß bei demselben Versuch, der zum ersten Mal im vorigen Jahre stattfand, die erste schätzungsweise Aufmachung dieser Statistik mit der später veröffentlichten richtigeren Statistik — die aber auch ihre Fehler hat, ihre Fehler unvermeidlich haben muß — damals schon Differenzen ergab von praeter propter $2\frac{1}{2}$ bis 3 Millionen Zentner. Man wird also auf diese Ziffer keineswegs einen hervorragenden Werth zu legen im Stande sein.

Nun, meine Herren, die Eisenzölle sind im Jahr 1873 aufgehoben worden, und es lohnt doch jetzt in dem Augenblick, da der Antrag vorliegt, sie wieder einzuführen, auch an die Gründe zu denken, welche damals maßgebend gewesen sind. Man muß untersuchen, wie es gekommen ist, daß damals Beschlüsse gefaßt worden sind, von denen heute ein sehr großer Theil der deutschen Nation und ich glaube auch ein sehr großer Theil dieses Hauses der Meinung ist, daß sie damals nicht getragen worden sind von der nothwendigen Vorsicht, die der Gesetzgeber sonst haben soll. Ich spreche damit keinen Vorwurf aus, die Verhältnisse waren damals in der That so, daß dieser Beschluß einigermaßen gerechtfertigt werden konnte. Gestatten Sie mir nur kurz anzudeuten, welche Motive damals vorzugsweise geltend gemacht worden sind. Es dient das ja gleichzeitig dazu, daß, wenn die Gründe, welche damals geltend gemacht wurden, heut sich geändert haben, nunmehr ausreichender Grund dafür vorhanden sein muß, diese Zölle wieder einzuführen.

Meine Herren, es wurde zunächst geltend gemacht die glänzende Lage der Eisenindustrie. Man hatte in Gedanken die Jahre 1871/72, in denen allerdings die Lage der Eisenindustrie eine außerordentlich günstige, eine sehr rentable, eine sehr lohnende war. Sie wissen, es galt der Retablirung unseres Heeres und dessen Bedarf; wir waren begriffen im Bau von vielen vielen Kilometern Bahnen, und allem Anschein nach sollte der Bau auch noch auf längere Zeit fortgesetzt werden; es kam darauf an, der Industrie sowohl für ihre Bauten, als für ihre Maschinen das nöthige Eisen zu schaffen, und wir lebten Alle unter dem Einfluß des Milliardensegens. Meine Herren, heute das direkte Gegentheil! Hatte man damals einen Grund für die Aufhebung der Eisenzölle in der glänzenden Lage der Eisenindustrie gefunden, so wird man heute in der außerordentlich mißlichen Lage der Eisenindustrie den Grund finden für die Wiedereinführung der Eisenzölle.

Meine Herren, es wurde ferner gesagt und auch nicht ganz mit Unrecht, die Nachfrage kann von der Eisenindustrie nicht befriedigt werden. Das gilt für die Jahre 1872/73 in der That, aber, meine Herren, der Gesetzgeber übersah, daß er nicht nach momentanen Erscheinungen allein Gesetze geben sollte. Meine Herren, die Eisenindustrie hat seitdem viel weniger produzirt, sie ist aber nicht bloß im Stande, den einheimischen Bedarf vollständig zu decken, sondern man wirft ihr von ganz derselben Seite, welche sagte, sie könne den Bedarf nicht decken, jetzt Ueberproduktion vor, und wenn man nun damals als Grund der Zollaufhebung geltend gemacht hat, sie könne den Bedarf nicht decken, heute dagegen der Nachweis geführt ist, daß sie ihn decken kann, sogar gezwungen ist, einen Theil ihrer Fabrikation nach auswärts zu exportiren, so fällt nach meiner Meinung dieser Grund weg, der gegen die Eisenzölle geltend gemacht ist.

Meine Herren, hierbei hat auch die Landwirthschaft eine besonders hervorragende Rolle gespielt. Sie sagte, sie wäre diejenige Erwerbsbranche, die vorzugsweise darunter zu leiden hätte, daß Eisenzölle beständen. Sie wissen, meine Herren, es sind Untersuchungen darüber angestellt worden, wie hoch der Bedarf ist, der pro Morgen von der Landwirthschaft an Eisen gebraucht wird. Man ist zu dem Resultat gekommen, daß im höchsten Falle etwa 3 Pfund pro Morgen gebraucht werden. Meine Herren, in der Enquete, bei der ja auch Sachverständige der Landwirthschaft übernommen worden sind, herrschte eine Meinungsverschiedenheit über die Höhe dieses Bedarfs. Die einen gaben ihn ungefähr zu 2, die andern zu 2½, die andern zu 3 Pfund pro Roggen an. Ich will den höchsten Satz nehmen, und zwar 3 Pfund, dann würde nach den Zollsätzen, die bis zum Jahre 1876 galten, — vorausgesetzt, was ich auch noch nicht einmal zugestehe, daß der ganze volle Betrag der an der Zollgrenze gezahlt ist, als Aufschlag auf den Preis der Waare erscheint, — dann würde dieser ganze Betrag sich auf 3 Pfennige pro Morgen belaufen, für ein mittleres Gut von 100 Morgen also auf 3 Mark. Wenn man nach der gegenwärtigen Vorlage die höheren Zölle in Anrechnung bringt, so wird man, da von der Landwirthschaft vorzugsweise doch Stabeisen und Gußwaaren gebraucht werden, zwar etwas höhere Sätze nehmen müssen, man wird aber nicht höher zu gehen brauchen als auf 4 Pfennig pro Morgen; denn das entspricht ja dem früheren Zoll von 1 Mark für Stabeisen und Gußwaaren zu der jetzt beantragten Erhöhung der Regierungsvorlage von 1,25 Mark pro Zentner. Man würde also zu einer Belastung von 4 Pfennigen pro Morgen, d. h. 400 Pfennige pro 100 Morgen beziehentlich 4000 Pfennige pro 1000 Morgen kommen.

Meine Herren, die Landwirthschaft mag sich in keineswegs günstiger Lage befinden, ich gebe das zu, und ich will ihr auch nicht verargen, daß, wenn sie der Meinung war, die hohen Eisenzölle schädigen sie empfindlich, sie dagegen Front machte. Aber, meine Herren, wenn es sich um den Schutz einer nationalen Industrie handelt und nachgewiesen wird, daß diese so nationale Industrie ohne Schutz nicht bestehen kann, dann würde es mindestens sehr einseitig von der Landwirthschaft sein, — und für so einseitig kann ich sie nicht halten — wenn sie behaupten wollte, daß dieses Minimum von 3 Pfennigen pro Morgen im Stande wäre, sie wirklich ernstlich und gefährlich zu schädigen.

Uebrigens wird nach der Enquete dieser Betrag von 3 Pfennigen überhaupt kaum oder nur zu einem kleinen Theil in Rechnung zu stellen sein, denn es geht aus den Mittheilungen der Herren Sachverständigen aus der Landwirthschaft deutlich genug hervor, daß — meine Herren, wohl verstanden, trotz der sehr stark sinkenden Konjunktur in den Eisenpreisen — die Wirkung der Eisenzölle nahezu gleich Null gewesen ist, und daß nur bei großen Maschinen und großen Gußstücken eine wesentliche Preisermäßigung stattgefunden habe. Ich behaupte sogar, die Landwirthschaft würde weit bessere Erfahrungen gemacht haben, wenn die Eisenzölle fortbestanden hätten, und wenn durch die höheren Löhne, welche in den Eisenbezirken gezahlt worden wären, den Arbeitern, überhaupt den Konsumenten der Eisenbezirke die Möglichkeit gegeben worden wäre, in dem Konsum landwirthschaftlicher Produkte auch in Bezug auf die besseren und theuereren Erzeugnisse ihre Kaufkraft gesteigert zu sehen.

Meine Herren, ein weiteres Motiv, das im Jahre 1873 geltend gemacht wurde, war die finanzielle Lage des Reichs. Es heißt darin: die finanzielle Lage des Reichs gestattet weitere Schritte auf dem Wege der begonnenen Zollreform, und diese Zollreform sollte eingeleitet werden durch die Aufhebung der Eisenzölle. Nun, meine Herren, heute sind wir nicht mehr in der glücklichen Lage, sagen zu können, daß die finanzielle Lage des Reichs einen weiteren Schritt auf dem Wege der Zollreform gestatte; im Gegentheil, wir befinden uns sogar in der Nothwendigkeit, die Zölle zu erhöhen, und bei dem Fiskus mag, wenn er der Industrie die Wohlthat des Schutzzolls zugestehen will, als durchschlagender Gedanke mit untergelaufen sein, daß dieser Schutz ihm gleichzeitig gestatte, seine Finanzen zu verbessern. Auch nach dieser Richtung hin wird wohl ins Auge zu fassen sein, daß die Wiedereinführung der Eisenzölle im Gegensatz zu dem Motiv, das damals zu deren Aufhebung Veranlassung gab, geeignet ist, die Finanzen des Reichs aufzubessern.

Von den weiteren Motiven erwähne ich Ihnen nur ein einziges noch, und zwar dasjenige, das mir früher sehr sympathisch gewesen ist: das war der vorzugsweise vom Minister Delbrück entwickelte und sehr geschickt durchgeführte Gedanke, andere Länder würden auf dem Wege des Freihandels nachfolgen, sobald wir nur den ersten Schritt gethan haben würden. Meine Herren, ich gestehe, für mich hat die Idee eines internationalen Freihandelsgebiets, und wäre es auch nur unter den europäischen Westmächten, von jeher besonderen Reiz gehabt, und ich bin auch der Meinung gewesen, es würde wohl möglich sein, daß, wenn wir nur vorausgingen, andere Länder sicher nachfolgen würden, und daß, wenn wir mit den Eisenzöllen den Anfang machten, andere Länder nicht säumen würden, sich gleichfalls von den Zöllen zu befreien.

Meine Herren, wie ist die Erfahrung, die wir damit gemacht haben? Oesterreich und die Schweiz haben schon damals an die Erhöhung ihrer Eisenzölle gedacht und inzwischen diese Eisenzölle durchgeführt, sie haben aber schon die Erhöhung ihrer Eisenzölle geplant in ganz derselben Zeit, als der deutsche Reichstag ein solches Beispiel gab, wie der Herr Abgeordnete Delbrück es wünscht und zwar als der Reichstag die Ausgleichungsabgabe ablehnte. Meine Herren, was Rußland betrifft, so soll dasselbe keineswegs als Ideal für uns gelten, im Gegentheil, erkennen wir — das möchte ich dem Herrn Abgeordneten Bamberger gegenüber zurufen — vollständig an die großen Schwierigkeiten, welche die russische Industrie zu überwinden hat und denken wir keineswegs daran, dieses starke Prohibitiv- und Vergünstigungssystem zu verlangen, welches der russischen Industrie gewährt worden ist. Aber, meine Herren, in derselben Zeit, als das deutsche Reich die Ausgleichungsabgabe ablehnte, in derselben Zeit beschloß Rußland die Goldzölle zu erheben, und in derselben Zeit plante Frankreich die Erhöhung für einen wichtigen Eisenartikel, und zwar für die Stahlfabrikate.

Der Herr Abgeordnete Delbrück hat vorsichtig genug in richtiger Anerkennung der Verhältnisse bei der damaligen Debatte im Reichstage für den Bundesrath die Erklärung abgegeben:

> Indem wir es dabei lassen, daß mit dem 1. Januar 1877 die Eisenzölle aufhören sollen, sagen wir keineswegs, daß wir diesem oder jenem unserer Nachbarn gegenüber, der zu einem billigen Abkommen nicht geneigt ist, und dazu haben wir vollkommen Zeit, im nächsten Jahr die Eisenzölle nicht weiter beibehalten wollen.

Er fügt dann hinzu:

> Man würde sich in diesem Fall nicht geniren, bei unbilliger Behandlung unserer Interessen von diesem Mittel Gebrauch zu machen.

Meine Herren, das ist für mich eine wichtige Zusage der Reichsregierung dafür, daß, wenn andere Länder uns auf dem betreffenden Wege nicht nachfolgen sollten, und wenn die Aufhebung der Eisenzölle sich als nachtheilig erweisen würde, von der Staatsregierung selbst die Einführung der Eisenzölle wieder beantragt und durchgeführt würde. Meine Herren, die Regierung ist auf dem Wege, dieses ihr Wort einzulösen.

Es würde in der That leicht sein, irgend einen Vorwurf deshalb auszusprechen, daß damals die Regierung und die Reichsvertretung nicht die nöthige Vorsicht hätten walten lassen. Meine Herren, ich bin weit davon entfernt, dies zu thun. Die Verhältnisse lagen in der That so, daß eine Beseitigung und Ermäßigung der Eisenzölle für diejenigen, welche glaubten auf dem Wege des Freihandels fortzuschreiten, in der That sehr verlockend war. Meine Herren, die Eisenindustrie hat freilich damals schon protestirt im Jahr 1873 zwar noch nicht mit der Energie, welche nöthig und wünschenswerth gewesen wäre, später aber in dem Maße als ihre Nothlage sich verschlimmerte, hat sie umsomehr hervorgehoben, wie nachtheilig die Aufhebung der Eisenzölle auf ihre Entwickelung einwirkte. Trotzdem hat die Regierung der Eisenindustrie eine Zeit lang ihr Ohr verschlossen und als sie endlich zu der Einsicht kam, daß der geschehene Schritt zurückgethan werden müsse, war es der Reichstag, welcher die Vorlage der Ausgleichungsabgabe ablehnte. Von diesem Zeitpunkt ab drängte die Eisenindustrie auf die Enquete, und sie machte dafür geltend: wenn der Reichstag und die Reichsregierung unseren Klagen nicht glauben, die geschilderten Verhältnisse nicht für richtig halten, dann beantragen wir, daß durch eine Enquete geprüft und untersucht werde, inwieweit die Zollaufhebung unsere Industrie geschädigt habe, ob und inwieweit in anderer Weise eventuell uns dafür Ersatz geboten werden könne. Meine Herren, diesem Ausspruch der Enquete versprach die Eisenindustrie sich zu unterwerfen. Nun, meine Herren, diese Enquete hat stattgefunden, sie haben die Resultate gelesen, und aus dieser Enquete geht nun, wenn ich nur einige wenige Hauptsätze darans hervorhebe, unzweifelhaft hervor, daß die schwierige Situation der deutschen Eisenindustrie beruht auf der internationalen Ueberproduktion, zum kleinsten Theil aber, und das muß ich ganz besonders hervorheben, auf der nationalen, auf der einheimischen Ueberproduktion der Eisenindustrie.

Es hat der Herr Abgeordnete Bamberger hervorgehoben, die deutsche Eisenindustrie wäre ja so groß, dem Rang nach nähme sie die dritte Stelle ein. Meine Herren, es kommt nicht allein auf die Masse der Produktion an. Wenn wir die Quantitäten zählen, die Menge der Zentner, dann nimmt allerdings Deutschland die dritte Stelle in Bezug auf die Eisenproduktion ein. Da ich aber die Intensität einer Industrie für ein gegebenes Land mit zu beurtheilen habe nach der Produktion pro Kopf, dann ist uns nicht nur Belgien voraus, sondern auch Schweden, und, wenn auch nur um eine Kleinigkeit von etwa 2 Pfund pro Kopf, sogar Frankreich. Meine Herren, es betrug, um dieses sofort nachweisen zu können, die Produktion an Roheisen in Deutschland 75 Pfund, in England 406 Pfund, in Frankreich 78, in Belgien 180, in Nordamerika 97 und in Schweden 156. Sie sehen daraus, daß uns in Bezug auf die Roheisenproduktion, und von der spreche ich vorzugsweise, sogar voraus ist Frankreich, gar nicht zu reden von Schweden und Belgien, sobald man nämlich die Produktion pro Kopf nimmt.

Meine Herren, die schwierige Lage der deutschen Industrie liegt nur vorzugsweise darin, daß England die Preise diktirt, und es hat die Enquete deutlich nachgewiesen, daß die Differenz zwischen den Verkaufspreisen in England und zwischen den Selbstkostenpreisen in Deutschland für sämmtliche Artikel der Roheisenbranche und zwar für die Hauptartikel für Puddelroheisen, Gießerroheisen, Bessemer Roheisen viel mehr beträgt, als als Schutz vorgeschlagen wird. Meine Herren, die Bemessung des vorgeschlagenen Schutzes halte ich insofern auch für ganz richtig, als ich der gefährdeten Industrie nicht die volle Differenz der Selbstkosten zwischen unserer Produktion und dem am meisten begünstigten Lande voll geben, sondern ihr die Differenz der Selbstkosten abzüglich eines kleinen Betrages gewähren will, der zu betrachten ist als das Mittel, sie zu erneuter Thätigkeit anzuspornen. Meine Herren, es beträgt beim Puddelroheisen die Differenz, um welche die Engländer billiger produziren, bis zu 12 Mark, für Gießerroheisen bis zu 15 Mark, und für Bessemer Roheisen bis zu 21 Mark pro Tonne, während die Vorlage der Regierung nur 10 Mark pro Tonne fordert, also in allen den Fällen erheblich weniger als die Differenz beträgt.

Was sodann die Lebensfähigkeit der deutschen Eisenindustrie betrifft, so muß ich zunächst Protest erheben gegen die Anklagen, welche der Herr Abgeordnete Bamberger heute erhoben hat gegen die Leiter der deutschen Eisenindustrie. Meine Herren, Herr Bamberger sagte, es fehlte an technischen Verbesserungen, welche von der Eisenindustrie nicht rechtzeitig eingeführt worden wären, er hat ferner davon gesprochen, eine große Anzahl von Werken würde nicht mit dem nöthigen Geschick geleitet, die Direktoren verführen nicht mit der nöthigen Umsicht u. s. w. Meine Herren, in dieser Allgemeinheit ausgesprochen ist das ein nach meiner Auffassung vollständig unberechtigter Vorwurf, die deutsche Eisenindustrie kann vielmehr sich rühmen, daß sie in ihren technischen Einrichtungen mindestens denselben Rang einnimmt, wie die hochdastehende englische Eisenindustrie, und sie hat dies auch bewiesen, denn als der Bessemerprozeß erfunden wurde, hat sie durchaus keine Kosten und Mühen gescheut, kein Kapital gespart, um sofort der Erfindung sich zu bemächtigen, sobald bekannt war, daß dem Bessemerprozeß die nächste Zukunft der Eisenindustrie gehören würde. Meine Herren, wenn der Herr Abgeordnete Bamberger ferner anführt, das Verhältniß in Belgien sei viel besser, und wenn er auf John Cockerill zurückgreift, so möchte ich doch darauf verweisen, daß die belgische Industrie ja unter Schutz arbeitet, und nach dieser Richtung ein Vergleich mit den Resultaten der deutschen Industrie durchaus nicht möglich ist. Meine Herren, aber worin besonders die englische Eisenindustrie uns voraus ist, das sind nicht höhere Intelligenz und besserer Betrieb, sondern die außerordentlich günstigen und billigen Produktionskosten. Meine Herren, in England liegen Erz und Kohlen dicht bei einander. England hat eine außerordentlich begünstigte Lage zur See, die sich so sehr vortheilhaft verwerthen läßt für die Transportverhältnisse. Wir dagegen in Deutschland sind nicht in der glücklichen Lage, Kohlen und Erz neben einander zu haben, im Gegentheil befinden sich die Kohlenbecken nahezu ausschließlich nicht in der Mitte, sondern meistens an der Grenze. Selbst das große rheinisch-westfälische Becken, das als das dem Mittelpunkt des deutschen Reichs am nächsten liegende erachtet werden kann (den Mittelpunkt des Reichs etwa in der Provinz Sachsen angenommen), selbst dies liegt viel weiter nach der Grenze zu. Denken Sie ferner an das Kohlengebiet von Oberschlesien, das in Waldenburg, die sich ebenso wie das Saarbecken in der Nähe unserer Grenzen befinden. Auch das Zwickauerbecken in Sachsen liegt nicht weit von der österreichischen Grenze entfernt. Erwägen Sie ferner, daß uns Wasserstraßen, namentlich Kanäle fehlen, während England in dieser Richtung viel günstiger dasteht. Ferner ist Werth zu legen, und ich thue dies wiederum im Gegensatz zum Abgeordneten Bamberger, auf die Differenz, welche zwischen England und Deutschland vorhanden ist in Bezug auf die Beschaffung des Kredits und der nöthigen Kapitalien. Meine Herren, Herr Bamberger hat ganz recht, wenn er vor leichtsinnig gewährtem Kredit warnt, aber nicht zu unterschätzen sind doch die großen Vortheile, in denen sich die englische Industrie befindet, mit ihrem größeren Kapitalreichthum und billigerem Zinsfuße. Es wird mir zugerufen 3 Prozent. Ja, meine Herren, suchen Sie nur, wo Sie für unsere Eisenindustrie Kapitalien finden, die zu 3 Prozent zu erlangen sind. Die Eisenindustrie würde sehr froh sein, wenn sie zu einem so billigen Zinsfuße Geld erhalten könnte. Ferner ist hingewiesen worden auf die Gründungen. Meine Herren, ich bin sehr überrascht gewesen, daß der Eisenindustrie stetig vorgeworfen wird, namentlich der Roheisenindustrie, daß sie durch das Gründungswesen zu leiden gehabt hätte. Ich bleibe zunächst einmal bei der Roheisenindustrie stehen, und möchte ich hier behaupten, in keiner anderen Branche ist so wenig gegründet worden, wie in der Roheisenindustrie. Wir haben einige wenige Werke, die damals gegründet worden sind, aber ich kann noch geltend machen, daß diese Werke schon vorher bestanden haben; daß es sich also nicht handelt um neu geschaffene Werke. Es gilt dies beispielsweise von der Dortmunder Union, von der Königs- und Laurahütte. Bei der Königs- und Laurahütte habe ich sogar zu bemerken, daß in Bezug auf die Kapitalkraft früher ein Besitzer da war, ungleich omnipotenter, als eine Aktiengesellschaft. Dies war der Staat. Durchaus neu geschaffene, aus dem früheren Nichts entstandene Werke, sind höchstens bloß 2 oder 3 zu nennen.

Etwas anders liegen die Verhältnisse in Bezug auf die Walzwerke, aber auch hier handelt es sich vorzugsweise nur um Umbildung bereits bestandener Werke, denen man höchstens zum Vorwurf machen könnte, daß durch die Gründerperiode mehr Kapital hineingetragen worden ist, als unter anderen Verhältnissen der Fall gewesen wäre. Nun, meine Herren, wir haben noch nie gehört, daß die Industrie sich darüber zu beschweren und darunter zu leiden hätte, daß ihr zuviel Kapital zur Verfügung gestellt wird.

Hat die Enquete nachgewiesen, daß das konkurrirende Ausland weit günstiger produzirt und weit besser dasteht, so gilt das auch von der Ausfuhr, welche, wie das schon erwähnt worden ist, namentlich von England aus wesentlich höher ist, wie von Deutschland aus. Allerdings ist unsere deutsche Ausfuhr auch gestiegen und Herr Bamberger legt gerade auf diese Ausfuhr einen hervorragenden Werth, einen Werth, der ihn sogar so weit gehen läßt, daß er sagt, eine Industrie, welche in der Weise exportirt, wie die deutsche, braucht überhaupt keinen Schutz. Meine Herren, ich glaube, es läuft doch hier ein kleines Versehen insofern mit unter, als Herr Bamberger die Bedeutung einer Industrte nicht schätzt nach dem, was verdient wird, sondern nach dem Umsatz. Wenn Sie durch Berlin gehen, werden Sie an vielen Orten angeschrieben finden „Ausverkauf", vielleicht daneben ein Geschäft, das dieselben Waareen führt, an dem aber nicht „Ausverkauf" angeschrieben steht. Der Umsatz des einen Geschäfts, in dem Ausverkauf stattfindet, kanu vielleicht 5 oder 6 mal so hoch sein, als der Umsatz im anderen Geschäft, das seine Preise gehalten hat. Aber, meine Herren, in den Spottpreisen, zu denen im Ausverkauf verkauft wird, liegt doch keineswegs ein günstiges Anzeichen des Geschäfts, im Gegentheil, es ist ein sehr trauriges Zeichen, wenn zu Preisen verkauft und exportirt werden muß, welche die Selbstkosten nicht decken, und gerade in dieser betrübenden Lage befindet sich die deutsche Eisenindustrie, denn wenn das nicht der Fall wäre, müßten doch die Aktiengesellschaften irgend welche Rente geben.

Nun ist ferner gefragt worden, warum von Seiten der Eisenindustrie, wenn sie überhaupt derartige schlechte Geschäfte macht, der Betrieb nicht eingestellt wird? Meine Herren, hier hat die Eisenindustrie aufrecht erhalten die Hoffnung auf Remedur in der Zollgesetzgebung; sie ist ferner aufrecht erhalten worden durch den Gedanken, daß, wenn sie den Betrieb einstellen wollte, trotzdem daß sie zu keiner Rente kommt, ihre Gruben und ihre Zechen entwerthet würden, daß es ferner außerordentlich schwer halten würde, den Arbeiterstamm, den sie mühsam vereinigt hat, wieder zu sammeln, und daß sie auch zu beklagen haben würde, das Verlieren ihrer Kundschaft.

Meine Herren, alles in allem sind dies die Gründe, aus denen die Eisenindustlie Schutz erwartet, und sie bittet, diesen Schutz auch ausreichend zu bemessen. Die Vorlage schlägt vor 50 Pfennig pro Zentner und ist dagegen geltend gemacht worden, daß die Eisenindustrie selbst früher bloß 30 Pfennig verlangt habe. Meine Herren, das ist richtig. Aber seit den 2 Jahren, seit denen dieser Satz vorgeschlagen worden ist, haben sich die Verhältnisse so außerordentlich verändert zu Ungunsten der Eisenindustrie, so außerordentlich verschlechtert, daß mit dem Satz von 30 Pfennig oder, wie sogar in dem Antrag des Herrn von Wedell vorgeschlagen ist, von 25 Pfennig, die Eisenindustrie unmöglich auskommen könnte. Seitdem hat namentlich England seine Ueberproduktion abermals gesteigert und zwar um mehrere Millionen Zentner. Wie schon von Seiten des Herrn Regierungsvertreters hervorgehoben, lagen in England über 1½ Millionen Tonnen, welche, in den Händen von Banken befindlich, den deutschen Markt überschwemmen werden. Wenn nicht ausreichender Schutz geboten wird, würde die Gefahr bestehen, daß der deutsche Markt überschwemmt wird, und selbst die Maßregeln, welche Sie im Interesse der Industrie beschließen wollen, könnten nicht in ihrer vollen Wirkung zur Geltung kommen.

Ungleich wichtiger ist jedoch das neue Verfahren des Entphosphorens. Von dem Herrn Abgeordneten Bamberger ist hierzu bemerkt worden, daß Luxemburg derjenige Platz sein würde, wo diese Entphosphorung vorzugsweise vor sich gehen wird; ganz abgesehen davon, daß Luxemburg zwar dem Zollverband angehört, aber schließlich nicht deutsches Land ist, würde doch durch solche Auswanderung mindestens die Hälfte des Kapitals der deutschen Eisenindustrie gefährdet und zwar zunächst der deutschen Hochofenindustrie. Die Gefährdung dieser Kapitalien taxire ich auf ungefähr 500 Millionen Mark und dazu sind außerdem noch nothwendig bedeutende Umbauten der Puddel- und Walzwerke. Will nun aber Deutschland dieses neue Verfahren bei sich einführen, und es darf auf keinen Fall, wenn diese Erfindung sich bewährt, sich dieser Verbesserung entziehen, weil sonst die Eisenindustrie ihre Existenz selbst auf das äußerste schädigen würde; — meine Herren, dazu gehören wieder hunderte von Millionen Kapitalien, um diese Umänderungen und eventuellen Verlegungen der Werke durchführen zu können, und so lange nicht ein ausreichender Schutz der Industrie gewährt wird, so lange wird auch der Industrie das Kapital nicht zu beschaffen möglich sein, welches sie braucht zur Umwandlung und zum Umbau der Werke, die nach dem neuen Verfahren einzurichten sind.

Nun, meine Herren, sind gegen die Höhe des Zolls, den ich für unbedingt nothwendig halte, mancherlei Bedenken geltend gemacht worden. Ein Bedenken erkenne ich an; das liegt darin, daß das Gießereiroheisen zur Zeit, d. h. jedoch nur momentan, — doch bei uns noch nicht ganz in der Ausdehnung gemacht wird, wie dasselbe gebraucht wird. Meine Herren, wir werden nach Einführung des Schutzes kurze Zeit, — ein Jahr, sage ich zwei Jahre — noch genöthigt sein, gewisse Quantitäten von Gießereiroheisen von England zu beziehen; aber nur so lange, als durch den gewährten Schutz, der allerdings auf 50 Pfennige bemessen werden muß, die deutsche Roheisenproduktion sich in etwas von der Fabrikation von Puddelroheisen ab- und dem Gießereiroheisen zugewendet haben wird.

Meine Herren, es ist behauptet worden, das deutsche Gießereiroheisen wäre nicht im Stande, in Bezug auf seine Qualität das englische zu ersetzen. Ich muß dem entschieden widersprechen und ich habe vor mir liegen das sehr verdienstliche Werk: „Vergleichende Qualitätsuntersuchungen der rheinisch-westphälischen und ausländischen Gießereiroheisen, auf Anordnung des königlich preußischen Handelsministerums aufgestellt von dem Hütteninspektor Wachner in Gleiwitz“, Versuche, welche ausgeführt worden sind auf den rheinischen Hütten und welche ergeben haben, daß das deutsche Gießereiroheisen einer großen Anzahl von Werken dem schottischen in allen Beziehungen mindestens gleichsteht und dann selbstverständlich das minderwerthe englische übertrifft. Wer sich für diese Sache interessiren sollte, dem stelle ich das Buch gern zur Verfügung.

Meine Herren, ich übergehe bei der vorgerückten Zeit den Einwand, daß der Zoll, auf den Werth umgerechnet, bis 20 Prozent betrüge. Diese 20 Prozent sind ausgerechnet nach Durchschnittsrechnungen, wie man sie nicht anstellen soll. Man darf bei den Durchschnittsrechnungen nicht nehmen die niedrigste, geringwerthigste Stufe, die geringste Qualität, man darf auch nicht annehmen die Preise, wie sie zur Zeit der tiefsten Konjunktur vorkamen.

Meine Herren, ich komme jetzt auf ein ernsteres Bedenken, und das ist die Schädigung des Exports. Ich muß bemerken, daß die Schädigung, welche der Export erleiden soll, nach meiner Auffassung zunächst etwas übertrieben wird. Meine Herren, Puddelroheisen, welches vielfach zur Herstellung von Exportartikeln gebraucht wird, und welches die Grundlage auch für die von dem Herrn Abgeordneten Bamberger angeführte Drahtindustrie bildet, Puddelroheisen ist ausreichend in Deutschland vorhanden. Es wird also eine Schädigung des Exports nach der Weise hin, daß wir Puddelroheisen in größeren Quantitäten von außen her zu beziehen hätten, nicht eintreten. Meine Herren, das was in der nächsten Zeit noch einzuführen wäre, wäre Bessemer- und Gießereiroheisen. In diesem Fall meine ich nun, daß wir, um den Export nach keiner Richtung hin zu schädigen, zu dem Verfahren zurückkehren sollen, das bestanden hat, als Deutschland noch Roheisenzölle hatte. Das ist die Rückvergütung, von der ich wünsche, daß die Regierung den weitesten Gebrauch von Erleichterungen machen möchte, wobei die Regierung sich zwar, soweit das nothwendig wäre, an die Identität der Waare und die Identität des Importeurs und Exporteurs, wenigstens im Prinzip halten soll, daß aber dabei die möglichsten Erleichterungen stattfinden möchten. Es möchte sich dafür besonders das belgische Verfahren empfehlen.

Meine Herren, würde ein Zoll von 50 Pfennigen abgelehnt oder niedriger bemessen, so müßte ich das betrachten als eine sehr ernstliche Gefährdung, ja sogar als die Vernichtung der deutschen Roheisenindustrie, Sie würden damit gefährden Kapitalien in Höhe von mehreren Millionen Mark, Sie würden gefährden eine lohnende Beschäftigung von ungefähr 150 000 Arbeitern, Sie würden die Rente des Kohlenbergbaus sehr stark schädigen, ebenso die Rente der Eisenbahnen.

Gestatten Sie mir in Bezug auf die Bahnen nur eine Bemerkung: 40 Millionen Zentner jährliche Produktionen Roheisen ergeben für Erze, Kalk und Kohlen ungefähr 240 Millionen Zentner Fracht. Dieselben werden nicht sämmtlich per Bahn gefahren, aber ungefähr doch zu 50 Prozent, nahezu zur Hälfte. Das werden also 120 Millionen Zentner sein, welche als Bahntransport zu rechnen wären, das würde dann betragen 600 000 Doppellowris, oder je 30 Doppellowris auf einen Eisenbahnzug gerechnet, 20 000 Eisenbahnzüge. Meine Herren, Sie können vielleicht die Arbeiter der Eisenindustrie in anderer Weise beschäftigen, aber wie die Benutzung der Hochöfen in anderer Weise stattfinden sollte, wie ferner ein Ersatz für die ausfallenden großen Frachtobjekte der Bahnen stattfinden sollte, ist mir zur Zeit nicht erfindlich.

Meine Herren, lassen Sie mich schließen. Gestatten Sie mir aber noch zum Schluß eine Bemerkung. Ich nehme Ihre Güte höchsteus nur noch auf zwei Minuten in Anspruch, ich glaube aber, daß, was ich bemerke, wenn es auch mehr in das Gebiet der persönlichen Bemerkungen gehören sollte, trotzdem nicht unnöthig sein wird, weil, wie ich glaube, der Eine oder der Andere sich in derselben Lage befinden wird.

Meine Herren, es ist vielleicht manchem von Ihnen bekannt, daß ich früher freihändlerischen Ansichten in ziemlich entschiedener Weise gehuldigt habe und als Freihändler mich früher auch gegen den Eisenzoll ausgesprochen habe. Meine Herren, ich habe die Zollvorlage von 1865 trotz der vielen Mängel, welche ich nicht verkannt habe, begrüßt als einen entschiedenen Fortschritt auf dem Wege der Handelsfreiheit; ich habe auch die Ermäßigung der Eisenzölle, die in den Jahren 1868 und 1870 stattfanden, nicht für bedenklich gehalten. Dagegen habe ich aber damals schon für gefährlich gehalten die Beseitigung der Zölle von 1873, und maßgebend ist für mich damals gewesen die Zeit unseres außerordentlichen sogenannten Aufschwungs, die Zeit unserer sehr rapiden industriellen Entwicklung, welche wir heute mit Recht mit dem Namen der Schwindelperiode bezeichnen können, jene Zeit der Gründungen, die zur Ueberproduktion geführt hat. In jener Zeit, in den Jahren 1871 und 1872, habe ich mir sagen müssen: wir befinden uns auf dem Wege der Ueberproduktion, dasselbe gilt von Oesterreich, auch von England, und zwar von England in noch höherem Grade; dasselbe gilt von Belgien, und Frankreich wird dazu kommen, sobald es erst seine Kriegsschäden etwas ausgebessert haben wird. Wenn wir uns in Ueberproduktion befinden, wo sollen wir dann mit all unsern Produkten hin? Was soll namentlich England thun, das am meisten produzirt. England wird seine Waaren zumeist nach demjenigen Lande exportiren, das ihm am meisten ein Absatzgebiet verheißt, ihm seine Thore öffnet, also nach Deutschland. Von diesem Moment an sagte ich mir, in dieser Zeit einer so großartigen Ueberproduktion, in dieser Zeit des industriellen Aufschwungs, wie die Jahre 1871 und 1872 es waren, wird man dazu kommen, daß wir mit unseren freihändlerischen Bestrebungen zunächst Halt machen müssen, daß wir einen Stillstand herbeiführen. Der rechte Weg ist zur rechten Zeit nicht eingeschlagen worden, dies führt angesichts der nachtheiligen Folgen zu raschem freihändlerischem Vorgehen, mit Nothwendigkeit dazu, daß — vom freihändlerischen Standpunkt aufgefaßt — sogar ein Rückschritt wieder zur Einführung höherer Eisenzölle, als sie 1873 aufgehoben worden sind, gemacht werden muß. Ich betone nochmals: vom freihändlerischen Standpunkte aus.

Meine Herren, es ist wenig angenehm zuzugestehen, daß man sich geirrt hat. Ich mache aber kein Bedenken darans, zuzugestehen, daß dieser Irrthum für mich nicht maßgebend sein könnte, nachdem ich mich überzeugt hatte, daß zum Heil der deutschen Industrie ein Verlassen des von mir sonst für richtig gehaltenen Weges geboten wäre, auf dem früheren Wege zu beharren. Meine Herren, ich weiß, jeder von Ihnen wird in der vorliegenden Frage urtheilen nach bestem Wissen und bestem Können. Ich empfehle Ihnen, wenn Sie der deutschen Industrie und namentlich der deutschen Eisenindustrie aufhelfen wollen, und ich glaube, daß das von Ihnen geschehen wird, dann helfen Sie voll, dann helfen Sie ganz, gewähren Sie der Industrie einen ausreichenden Schutz und helfen Sie ihr rasch!

(Bravo! rechts.)

Präsident: Die Herren Abgeordneten Berger und Schmiedel beantragen die Vertagung der Sitzung.

Ich ersuche diejenigen Herren, welche den Vertagungsantrag unterstützen wollen, sich zu erheben.

(Geschieht.)

Die Unterstützung reicht aus.

Nunmehr ersuche ich diejenigen Herren, welche die Vertagung beschließen wollen, sich zu erheben.

(Geschieht.)

Das ist die Mehrheit; die Vertagung ist beschlossen.

Zu einer persönlichen Bemerkung hat das Wort der Herr Abgeordnete Dr. Bamberger.

Abgeordneter Dr. **Bamberger:** Unter den verschiedenen Sätzen, die der Herr Vorredner in meiner Rede bekämpft hat, hat sich einer befunden, der, wenn ich recht verstanden habe, so gelautet haben soll: ich hätte gesagt, es wäre für ein Unternehmen schon ein schönes Resultat, wenn es produziren kann, selbst nur zu seinen Gestehungskosten, ohne mit Gewinn zu verkaufen. Ich weiß nicht, ob vielleicht im Lanfe der langen Rede etwas derartiges aus meinen Aeußerungen sich sollte entwickelt haben, besinnen kann ich mich nicht darauf, es wäre jedenfalls nur ein Lapsus, bewußt bin ich mir jedenfalls nicht, etwas derartiges gesagt zu haben.

Präsident: Meine Herren, ich würde vorschlagen, die nächste Sitzung morgen Vormittag 11 Uhr abzuhalten, und proponire als Tagesordnung:

den Rest der heutigen Tagesordnung.

Sodann wird morgen auch die

nochmalige Abstimmung über das Amendement Rickert,

welches heute zu 1a des Zolltarifs angenommen worden ist, stattfinden.

Widerspruch gegen die Tagesordnung wird nicht erhoben, und findet mit der angegebenen Tagesordnung die nächste Plenarsitzung morgen Vormittag um 11 Uhr statt.

Ich schließe die Sitzung.

(Schluß der Sitzung 4 Uhr 45 Minuten.)

Berichtigung

zum stenographischen Bericht der 42. Sitzung.

Seite 1120 Spalte 1 Zeile 14 ist zwischen „Präsidenten" und „nicht" einzuschalten: „zum Wort".

Druck und Verlag der Buchdruckerei der Nordd. Allgem. Zeitung. Pindter.
Berlin, Wilhelmstraße 32.

46. Sitzung

am Freitag den 16. Mai 1879.

Die Sitzung wird um 11 Uhr 35 Minuten durch den Präsidenten Dr. von Forckenbeck eröffnet.

Präsident: Die Sitzung ist eröffnet.

Das Protokoll der letzten Sitzung liegt zur Einsicht auf dem Büreau offen.

Ich habe Urlaub ertheilt: dem Herrn Abgeordneten Ackermann für heute und morgen wegen dringender Geschäfte; — dem Herrn Abgeordneten Fritzsche für vier Tage ebenfalls wegen dringender Geschäfte; — dem Abgeordneten Freiherrn von Ende für acht Tage wegen dringender Geschäfte; — dem Herrn Abgeordneten Dr. Brüning auf acht Tage wegen dringender Geschäfte.

Entschuldigt ist für heute der Herr Abgeordnete Dr. Gareis wegen dringender Geschäfte.

Es sind ferner an Vorlagen seitens der verbündeten Regierungen eingegangen:

1. der Entwurf eines Gesetzes, betreffend die vorläufige Einführung von Aenderungen des Zolltarifs;
2. der Bericht der Reichsschuldenkommission:
   - I. über die Verwaltung des Schuldenwesens des norddeutschen Bundes, beziehungsweise des deutschen Reichs;
   - II. über ihre Thätigkeit in Ansehung der ihr übertragenen Aufsicht über die Verwaltung
     - a) des Reichsinvalidenfonds,
     - b) des Festungsbaufonds und
     - c) des Fonds zur Errichtung des Reichstagsgebäudes;
   - III. über den Reichskriegsschatz und
   - IV. über die An- und Ausfertigung, Einziehung und Vernichtung der von der Reichsbank auszugebenden Banknoten.

Wir treten in die Tagesordnung ein.

Erster Gegenstand der Tagesordnung ist:

nochmalige Abstimmung über den Antrag Rickert (Nr. 174 der Drucksachen).

Das Amendement liegt jetzt gedruckt vor. Es steht der Vornahme der Abstimmung nichts entgegen.

Die Verlesung des gedruckten Amendements wird uns wohl erlassen.

(Zustimmung.)

Ich ersuche diejenigen Herren, welche das Amendement Nr. 174 der Drucksachen, welches gestern bloß schriftlich vorlag und angenommen wurde, nunmehr, nachdem es gedruckt vorliegt, ebenfalls annehmen wollen, sich zu erheben.

(Geschieht.)

Das ist die Mehrheit; das Amendement ist wiederholt angenommen, und es bleibt daher auch im übrigen bei den gestrigen Beschlüssen.

Wir gehen jetzt ferner über zur

Fortsetzung der zweiten Berathung des Zolltarifs (Nr. 132 der Drucksachen).

Die Diskussion war gestern bei der Nr. 6, **Eisen- und Eisenwaaren**, a, und den dazu gestellten Amendements vertagt worden.

Ich eröffne diese Diskussion wiederum und ertheile das Wort dem Herrn Abgeordneten von Wedell-Malchow.

Abgeordneter **von Wedell-Malchow**: Meine Herren, ich habe mir erlaubt, Ihnen unter Nr. 169 Anträge für die Position Nr. 6 des Zolltarifs, betreffend Eisen und Eisenwaaren, vorzulegen. Ich betrachte diese meine Anträge als einen Kompromißvorschlag, und in dieser Beziehung und nur in dieser Beziehung allein, will ich sie hier vor dem Hause vertheidigen. Wenn es mir zuvörderst erlaubt ist, in zwei Worten meine Stellung zu der ganzen uns beschäftigenden Frage der Tarifvorlage zu bezeichnen, so geht meine Erklärung dahin, daß ich der Vorlage von meinem mehr freihändlerischen Gesichtspunkte aus mit vielen Bedenken gegenübertrete, daß ich aber der gegenwärtigen Situation Rechnung tragend mit vollem Ernst und mit bestem Willen in die Berathung der Vorlage eintreten werde, daß ich es aber für nothwendig halte, die Zollsätze so niedrig wie möglich zu halten, um den Schaden möglichst zu vermeiden, der unzweifelhaft eintreten wird und sich für viele Branchen des Erwerbslebens zeigen muß, wenn man eine Zollpolitik, die seit 15 Jahren und länger bestanden hat, plötzlich ändert.

Nachdem ich, meine Herren, nun insoweit meinen allgemeinen Standpunkt zu der Tarifvorlage erörtert habe, komme ich zu meinen Anträgen, betreffend den Tarif für Eisen. Heute, meine Herren, beschäftigt uns ja nur die Frage des Roheisens, und ich werde mich möglichst nur an diese Frage halten. Ich werde dabei aber versuchen den Kompromiß, den ich mir im ganzen vorzuschlagen erlaubt habe, in meinem weiteren Vortrage zu rechtfertigen, und hoffe ich, daß mir dies auch auf Grund und an der Hand der Eisenenquete selbst vollständig gelingen wird. Vorläufig erlaube ich mir aber mit Rücksicht auf das von mir im allgemeinen Angeführte inbetreff der niedrigen Zahlen, die ich für den Tarif wünsche, noch einige allgemeine Bemerkungen vorauszuschicken. Meine Herren, wenn Sie mit mir niedrige Zahlen wollen, wenn Sie überhaupt dem Tarif eine Zukunft sichern wollen, dann muß aber zugleich ein Ausgleich der verschiedenen großen Erwerbsinteressen des Reichs in dem Tarif zum Ausdruck kommen. Ich vermisse nun nach vielen Richtungen hin diesen Ausgleich in dem Tarif; ich werde mich aber für jetzt darauf beschränken, da wir hier über Eisen verhandeln, nur das Eisen denjenigen Produkten gegenüberzustellen, die mich interessiren und meinen Erwerbszweig, weil ich diesen am besten kenne, betreffen, ich meine die Landwirthschaft. Nun, meine Herren, glaube ich, daß bei jeder Tarifzahl das Verhältniß des Zolls zum Werth des Gegenstandes ins Auge gefaßt werden muß, und daß nur unter ganz besonders zwingenden Verhältnissen von dem Grundsatz abgewichen werden darf, daß der Zollsatz in einem solchen Verhältniß zum Werth steht, daß er nicht in einen übermäßigen Schutzzoll oder gar in einen Prohibitivzoll umschlägt. Ich glaube, daß dieser eben von mir ausgesprochene Grundsatz in der Vorlage des Zolltarifs sehr vielfach verlassen ist. Meine Herren, Roheisen ist mit 20 Prozent vom Werth besteuert, Roggen mit 3,57 Prozent. Wo ist da das Verhältniß? Ich beziehe mich auf die Ausführungen des Herrn Regierungskommissars Geheimrath Mayr, der uns meiner Meinung nach in sehr überzeugender Weise nachgewiesen hat, daß die gewöhnliche Subsumtion eines Artikels unter dem Begriff Rohstoff, Rohmaterial, Rohprodukt bei der Berathung eines Zolltarifs einen Maßstab nicht geben kann. Meine Herren, ich behaupte, und ich glaube kaum, daß mir aus dem Hause widersprochen werden kann, daß in einem Zentner Roheisen entschieden nicht mehr, wahrscheinlich weniger Arbeit steckt als in einem Zentner Roggen — und doch diese ungeheure Differenz in der Zolltarifirung!

(Sehr richtig!)

Meine Herren, es ist uns hier aus beredtem Munde angeführt worden — ich glaube, es war Herr Reichensperger — wir müssen das Eisen schützen, denn auf dem Eisen beruht die Wohlfahrt des Vaterlandes. Nun, meine Herren, Eisen und Roggen gehören unbedingt zusammen, das erkläre ich Ihnen hier ganz offen, denn wir brauchen das Eisen, um Roggen zu produziren, Sie können aber auch das Eisen nicht aus der Erde herausbekommen, Sie können es nicht in Stahl verwandeln, wenn Sie nicht den Roggen haben.

Dann ist gesagt, es gehört zur politischen Machtstellung Deutschlands, Eisen in gehöriger Menge zu produziren. Das ist richtig, aber was thun Sie für die Ernährung, wenn Sie nicht Roggen genug im Lande bauen? Also Roggen und Eisen sind zwei Positionen des Tarifs, die meines Erachtens eine bestreitbare Aehnlichkeit und eine unveränderliche Relation unter einander haben.

Meine Herren, ich muß nun noch darauf kommen, daß das Eisen überhaupt ein sehr eigenthümlicher Gegenstand der Besteuerung ist, er ist fast so heiklig, vielleicht noch heikliger als der Tabak, denn, meine Herren, das Eisen ist ein Hilfsstoff für fast alle — ich glaube, ich kann sagen, für alle Erwerbszweige im Lande. Dadurch ist herbeigeführt, daß man von jeher in der Besteuerung des Eisens eine Werkzeugbesteuerung und sogar mit gewissem Recht, eine Besteuerung der Arbeit gefunden hat. Das erklärt auch meines Erachtens ausreichend, weshalb gerade gegen die Eisenzölle der Kampf bei allen Zolldebatten immer am heftigsten geführt worden ist!

Meine Herren, es ist — ich will das beiläufig bemerken — von Herrn Dr. Rentzsch gestern angeführt worden, daß der Eisenzoll ja auch einen Werth als Finanzzoll hätte. Dem gegenüber, was ich Ihnen eben angeführt habe und was mir mit Ernst von keiner Seite bestritten werden kann, glaube ich diese Behauptung von vornherein abweisen zu sollen. Meine Herren, ich würde den Staatsmann bedauern, der den Eisenzoll als einen Finanzzoll dem Hause empfehlen wollte. Der Eisenzoll ist nur zu rechtfertigen, — und darauf werde ich später kommen, — wenn es nothwendig ist, ihn einzuführen, um die Eisenindustrie im Lande zu erhalten; das wird Gegenstand einer späteren Ausführung von mir sein.

Nun, meine Herren, komme ich zu einem zweiten Punkt. Ich habe Ihnen gesagt, ich würde mir erlauben, an der Hand des Enqueteberichts nachzuweisen, daß meine Vorschläge billige und gerechte Kompromißvorschläge wären. Herr Dr. Rentzsch hat gestern erwähnt, daß die Herren Eiseninteressenten sich von vornherein entschlossen hätten, den Ansprüchen der Eisenenquete sich zu unterwerfen. Meine Herren, das kann doch nur so verstanden werden, daß sie sich den Ansprüchen der Enquete insofern unterordnen wollten, sobald diese noch den Läuterungsprozeß der legislatorischen Berathung passirt haben würden, denn, meine Herren, daß eine Interessentengruppe sich von vornherein einer Enquete unterwirft, die hauptsächlich aus Interessenten zusammenberufen ist und ihrer Majorität nach aus Interessenten besteht, das besagt nicht viel. Die stolzesten Hoffnungen der Eisenindustrie konnten unmöglich dahin gehen, daß die Aussprüche der Enquete ohne weiteres angenommen werden würden. Sie haben also gewußt, daß das Resultat der Eisenenquete sich noch dem Läuterungsprozeß der Berathung der legislatorischen Faktoren unterwerfen müßte.

Wie steht es denn aber eigentlich mit dem Resultat der Enquete? Es sei fern von mir, hier irgendwie noch auf Vorwürfe einzugehen, die man etwa der Enquete machen könnte, ich will rein faktisch mich auf den Boden der Enquete stellen und daraus referiren.

Meine Herren, es handelt sich um den Roheisenzoll. Wer ist nun eigentlich am ersten als Unparteiischer in der Enquete zu betrachten? Meines Erachtens die Händler, ich will also zunächst die Interessenten auf beiden Seiten herauslassen, ich will mich also nicht beziehen auf das, was Landwirthschaft, Eisenbahnen und Schiffsbau gesagt haben, ich will nur in kurzem wiedergeben, was die Händler in der Enquete ausgesprochen haben.

Herr Ravené hat sich entschieden für einen Roheisenzoll von 0,50 Mark — ich spreche immer von 100 Kilogramm oder von Doppelzentner —, Herr Wollheim hat sich entschieden für einen von 0,80 Mark, Herr Kustermann für einen von 0,50 Mark und Herr Scheele für einen von 0,60 Mark bis allerdings höchstens 1 Mark.

Diese Aussagen halte ich insofern für die richtigsten, weil, wie ich mir schon erlaubt habe zu bemerken, der Händler meines Erachtens eigentlich am Zoll gar kein Interesse hat.

Herr Schemmann, ein Händler aus Hamburg, hat von seinem ganz freihändlerischen Standpunkte aus es abgelehnt, sich über die Höhe von Zollsätzen auszusprechen.

Wie ist es denn nun aber mit den Interessenten selbst? Da muß ich denn sagen, daß die Interessenten, auf deren Aussprüche ich den allerhöchsten Werth lege, sich auch für 0,60 Mark für den Doppelzentner ausgesprochen haben. Es sind dies die Herren de Wendel und Karger aus Elsaß-Lothringen, große Werke, den Herren wahrscheinlich besser bekannt als mir, der ich sie nur aus schriftlichen Nachrichten kenne, aber immerhin wohl Leute, die diese Verhältnisse beurtheilen können.

Dann haben sich die Vertreter der Maschinenindustrie und ein Vertreter des königlichen Fiskus, ein Oberbergrath, gleichfalls für 0,60 ausgesprochen. Endlich hat selbst Herr Funke, über dessen Qualität als Vertreter ob der Groß- oder Kleinindustrie die heftigsten Streitigkeiten bereits gewesen sind, doch auch 0,60 mindestens als Minimum bezeichnet.

Ich deduzire nun ganz einfach, meine Herren, ohne weiter auf größe Auseinandersetzungen einzugehen, gewissermaßen ad hominem: wenn die Eiseninteressenten selbst, und zwar gewichtige Stimmen darunter, — ich bemerke, daß ich in der Eile der Zeit nicht genau habe feststellen können, wie viele gerade von den eigentlichen Eiseninteressenten für 0,60 gestimmt haben, — ich sage, wenn hervorragende Eiseninteressenten für 0,60 gestimmt haben, wenn die Herren vom Handelsstande unter diesen Satz noch heruntergegangen sind, wenn ferner im Jahre 1878 der autonome Tarif der Herren Interessenten selbst nur 0,60 verlangt, daß diese Zahl eigentlich den Wunsch und die Ueberzeugung der Interessenten ausmacht. Dabei muß ich aber doch bemerken, daß ich und hoffentlich auch Sie, meine Herren, es ganz in der Ordnung finden werden, nicht ohne weiteres die Wünsche der Interessenten zu erfüllen. Meine Herren, aus den Versammlungen der Landwirthe und anderer Berufskreise, die jetzt in Bezug auf die Zolltariffrage stattgefunden haben, da werden Sie ja gesehen haben, daß die Ansprüche allgemein ziemlich hoch sind, und wenn die Regierung eine Enquete über landwirthschaftlichen Zölle veranlassen wollte, wenn sie mir z. B., der ich noch nicht den eigentlich agrarischen Standpunkt vertrete, die Auswahl der Sachverständigen anzuvertrauen die Güte haben wollte, dann will ich Ihnen noch ganz andere Sätze zusammenbringen, wie die in der Eisenenquete.

(Bravo!)

Nun, meine Herren, ich glaube also, daß ich ganz richtig als Kompromiß es bezeichnen kann, wenn ich mir erlaubt habe, von diesen 60 Pfennigen noch 10 Pfennige abzusetzen. Ich weiß sehr wohl, daß mit diesen 10 Pfennigen Abfatz ein ziemlich bedeutendes Quantum des Bruttoreinertrages vielleicht verloren geht, aber meine Herren, ich glaube die Herren von der Eisenindustrie können doch nur eine billige Berücksichtigung mit gleichartiger Berücksichtigung der anderen Erwerbsinteressen im Lande verlangen. Ich bin bereit, ihnen einen solchen billigen Zoll zu geben, und das ist der Grund, weshalb ich mir erlaubt habe, gerade diese Zahl für Roheisen vorzuschlagen.

Nun, meine Herren, könnte man aber sagen, und das ist ja eigentlich der Kernpunkt aller der Deduktionen von denjenigen Herren, die hohe Eisenzölle wollen, man könnte — sage ich — anführen, das ist alles recht gut, du Landwirth bist schlecht gestellt, wir wollen versuchen, Dir zu helfen, — wer weiß aber, ob uns dies der Stimmung des Landes gegenüber gelingen wird, — indessen für uns liegen andere Verhältnisse vor, wir müssen diese hohen Zölle h b , um überhaupt existiren zu können, sonst geht die Eisenindustrie zu Grunde, und dann habt ihr euch, die ihr das Unglück herbeigeführt habt, die Schuld beizumessen.

Meine Herren, ich stand noch im Jahr 1876 auf einem anderen Standpunkt; ich erkenne heute die Noth der Eisenindustrie in mancher Beziehung an, wiederhole aber noch einmal, daß die anderen Erwerbszweige, und namentlich die Landwirthschaft, ganz in derselben Noth sich befindet. Die Noth wird nun hauptsächlich, wie ich die Sache auffasse, augenblicklich auf zwei Momente basirt, einmal heißt es die Produktionskosten des Auslandes sind so ungeheuer gering gegen unsere Produktionskosten, daß wir absolut nicht bestehen können, daß wir einen Zoll haben müssen, der diese Differenzen ausgleicht. Dagegen erlauben Sie mir einmal eine allgemeine Bemerkung: Ich will das Prinzip nicht bestreiten, ich will mich hier nicht in prinzipielle Streitigkeiten einlassen, aber das muß ich doch anführen: wenn man dies auf die Landwirthschaft anwendet, da haben bei uns gelehrte Leute, die zugleich aber technische Bildung besitzen, ganz andere Berechnungen angestellt. Meine Herren, wenn ich meine Produktion in der Uckermark mit der Produktion in Iowa in Amerika oder in der Ukraine vergleichen will, da muß ich einen Roggenzoll beanspruchen von 3 Mark pro Zentner, oder 6 Mark pro Doppelzentner. Ich führe das nur so beiläufig an, um zu beweisen, daß, wenn die Produktionsdifferenz der Maßstab sein soll, dann doch wunderbare Verhältnisse und Anforderungen entstehen würden, und daß schließlich dergleichen Ansprüche nicht ausbleiben können; denn ein Erwerbszweig kann sich nicht zu Gunsten eines anderen geradezu ruiniren. Ich meine nun also, daß die Produktionskostendifferenz nicht maßgebend sein kann schon aus dem Grunde, weil die ganzen Angaben, die wir in der Enquete finden, meines Erachtens sehr in der Luft zu schweben scheinen. Ich will Sie nicht mit Zahlen aufhalten, die Herren haben die Enquete selbst gelesen. Es sind darin Differenzen beispielsweise für Bessemerschienen von 109 : 163 rc. Solche Differenzen kann man überhaupt nicht ausgleichen.

Ich glaube aber, daß die Produktionskostendifferenzen sich in anderer Weise wohl etwas ausgleichen ließen durch einen — wie soll ich mich ausdrücken — besser geregelten Betrieb. Das scheint mir doch z. B. die Dortmunder Union bereits ausgeführt zu haben; denn nach den Mittheilungen, die ich gelesen habe — ich glaube, daß der Herr Abgeordnete Bamberger dies gestern anführte — sind die letzten Resultate der Dortmunder Union eigentlich nicht schlecht. Daß das Unternehmen überaus mit Schulden und Prioritäten belastet ist, ja, dafür kann man nicht, und wenn, wie Herr Dr. Rentzsch gestern behauptete, man für diese und ähnliche Unternehmungen auch noch Amortisationsabschreibungen und Verzinsung der Kapitalien haben will, ja, meine Herren, dann stellen Sie ein Verlangen, was meines Erachtens kein Zoll zu erreichen im Stande ist, selbst wenn Sie 20 Mark auf den Zentner legen.

Dann wird hauptsächlich zur Begründung des hohen Zolles ins Gefecht geführt die neue Bessemererfindung, wie ich sie mal bezeichnen will, das neue Verfahren in England zur Entphosphorisirung des Eisens; ich nenne es die neue Bessemererfindung, nennen Sie es die Clevelanderfindung, oder wie Sie wollen. Nun, meine Herren, nach allem, was ich gehört habe, — es wurde auch gestern vom Regierungstisch darauf hingedeutet — hat man jetzt die eigenthümliche Aufstellung gemacht, daß wir nun durch den hohen Zoll die Umwandlung der Betriebe in das neue Betriebsverfahren herbeizuführen helfen sollten; die deutsche Eisenindustrie würde nicht im Stande sein, diese Umwandlung selbst vorzunehmen. Ja, meine Herren, da muß ich zuvörderst sagen, daß die ganze Deduktion doch wunderbar ist: früher hat man immer gesagt, wir können mit England nicht konkurriren, weil unser Eisen und Erz zu phosphorhaltig ist; jetzt ist nun eine Methode erfunden, die, wie ich nach allen Nachrichten annehme, mit verhältnißmäßig billigen Kosten das phosphorhaltige Eisen in den schönsten Stahl verwandelt. Ich muß hinzufügen, daß nach meiner Kenntniß der Dinge gerade Deutschland in seinen Lagern von Eisen im Harz und an vielen anderen Orten, die bis jetzt nicht aufgedeckt waren, weil sie zu phosphorhaltig erschienen, auch in den Erzen im Saarbrücker Revier und in Lothringen unermeßliche Eisenschätze besitzt, und daß dadurch Deutschland in die Lage kommt, in der Eisenproduktion jedem Lande Europas ebenbürtig, wahrscheinlich überlegen gegenüberzustehen. — Wenn nun solche Aussichten vorhanden sind, dann kommt es mir doch wunderbar vor, aus diesem Grunde ganz abweichend von dem früher immer angeführten gerade einen Zoll zu verlangen und zwar eine Erhöhung des Zolles gegen den früher von den Industriellen selbst geforderten Satz von 60 Pfennige. Ich muß dann aber noch darauf aufmerksam machen, daß, wenn verlangt wird, daß durch den Zoll der Eisenindustie die Mittel gewährt werden sollen, ihre Umbauten und Umänderungen vorzunehmen, dieses nicht zu rechtfertigen sein würde. Meine Herren, ich will die Sache einmal vom landwirthschaftlichen Standpunkt aus beleuchten. In der Landwirthschaft, in der Brennerei u. s. w., namentlich bei landwirthschaftlichen Gewerben kommen jährlich neue Erfindungen vor. Wir haben in der Branntweinbrennerei vor kurzer Zeit unsere ganze Einrichtung durch die bekannte Erfindung von Hollefreund und durch verwandte Erfindungen abändern müssen. Meine Herren, wer hat uns Landwirthen irgend einen Ersatz dafür geboten, daß wir unsere Brennereien und unsere Fabriken vollständig neu einrichten mußten.

Aber, meine Herren, wenn dem auch wirklich so wäre, wenn die Herren selbst mit Recht Anspruch erheben könnten auf einen höheren Zoll auf Grund dieser neuen Erfindung, dann, meine Herren, können Sie doch höchstens temporär einen solchen verlangen. Man kann doch nicht wegen einer Erfindung zu dem Zwecke ihre Einführung zu befördern in perpetuum den Zoll erhöhen. Was es aber mit der Auflage eines Eisenzolles für eine Bewandtniß hat, dafür möchte ich Sie daran erinnern, daß im Jahre 1844 wie ein Dieb aus der Nacht, die Einführung eines Roheisenzolles von 10 Silbergroschen, also von 2 Mark per Doppelzentner über uns gekommen ist, und daß wir über 20 Jahre gebraucht haben, um diesen Zoll nicht ganz herunterzubringen, sondern nur zu ermäßigen. Also, meine Herren, ich warne das hohe Haus sehr auf diese Bahn sich zu begeben, bewilligen Sie nicht in der Hoffnung, einmal wieder den Eisenzoll abzuschaffen oder zu vermindern, einen hohen Zoll. Ich will mich nicht über die Macht und Kraft der Eisenindustrie aussprechen, ich will nicht auf das von anderer Seite behandelte Agitationsthema zurückkommen, aber davon bin ich fest überzeugt und darauf gebe ich Ihnen Brief und Siegel, auch wenn ich nicht im Hause sein sollte, daß es unendlich schwer sein wird einen heute bewilligten Zoll in absehbarer Zukunft zu vermindern. Die Herren haben eine anerkennenswerthe Tenazität

(sehr wahr!)

im Festhalten und Erkämpfen, ich achte das, es sind mächtige Feinde, und vor mächtigen Feinden habe ich immer eine gewisse Ehrfurcht.

(Heiterkeit.)

Wenn ich nun also, meine Herren, den Kompromiß in der von mir vorgetragenen Form vorgeschlagen habe, so meine ich es wirklich ehrlich mit den Herren Eisenindustriellen, gerade weil die Herren zu mächtig sind, weil sie mir als Feinde bedenklich, als Freunde sehr werthvoll sind, möchte ich einen Modus finden, um Friede mit ihnen zu schließen. Denn, meine Herren, bewilligen Sie diese hohen Zölle, haben Sie den Frieden nicht,

(sehr richtig!)

dann geht das Gefecht immer wieder von vorn an; es kommen Anträge aller Art. Die Regierung oder vielmehr die Ansichten der Regierung wechseln; es wird die augenblickliche Strömung benutzt; wir haben einen permanenten Kampf. Ich glaube, meine Herren, daß Sie alle auf diesen Kompromiß nur eingehen können, und daß dies auch von der Seite der Herren geschehen kann, die die Interessen der Eisenindustrie vertreten.

Meine Herren, wenn Sie aber auf Ihrem hohen Zoll bestehen, wenn Sie einen hohen Zoll durchsetzen, muß ich doch noch kurz erwähnen, was ich für die Zukunft voraussehe. Von der Fortsetzung des Kampfes habe ich eben schon gesprochen, das ist meiner Meinung nach unbestreitbar, dafür werden die drei Viertel von Deutschland, die nicht bei der Eisenindustrie betheiligt sind, schon sorgen, darin glaube ich aber, daß es in der Hand der Herren liegt — ich will nicht auf das Detail eingehen — eine solche Vertheuerung des Eisens herbeizuführen, daß die ganze Produktion des Landes und die soviel besprochene und gewiß mit voller Wärme beabsichtigte angebliche Beschützung der nationalen Arbeit nicht eintreten wird; es wird die nationale Arbeit der Eisenleute geschützt, aber nicht die nationale Arbeit vieler anderen. Meine Herren, es werden dann ferner eintreten schwere Verluste für alle Werke, die auf den Bezug von fremdem Roheisen eingerichtet sind. Es sind das zahlreiche Werke am Rhein und in Westfalen, die auf Grund der neuen Zollgesetzgebung seit 1873 eingerichtet sind, in dem vollen Vertrauen, daß diese Zollgesetzgebung Bestand haben werde wenigstens auf längere Zeit.

Meine Herren, es leiden darunter aber auch die Maschinenfabriken von ganz Deutschland, namentlich im Nordosten Deutschlands. Es ist das der einzige Punkt, wo ich hier einmal Partikularinteressen vertreten will. Ich habe mich sonst davon ganz fern gehalten, aber verdenken können Sie es mir nicht, wenn ich im Interesse dieser Maschinenindustrie und der damit zusammenhängenden landwirthschaftlichen Interessen Sie dringend bitte, Ihr Auge darauf zu richten, daß diese Industrien, die das englische und schottische Roheisen nicht entbehren können, besonders die im Osten Deutschlands nicht so sehr bedeutend geschädigt werden. Meine Herren, wir Landwirthe, das bekenne ich ganz offen, haben ein Interesse daran, denn wir müssen solche Fabriken in unserer Nähe haben, um unsere Maschinen schnell und billig wieder herstellen zu können, wir müssen auch die Möglichkeit haben, die Ersatztheile für entzweigegangene Maschinen und Maschinentheile schnell wieder zu erhalten. Diese Maschinenfabriken im Osten sind für die dortige Landwirthschaft meines Erachtens von sehr hohem Werthe.

Dann, meine Herren, fürchte ich ferner, daß viele wirklich unhaltbare Werke, gewissermaßen galvanisirt durch den Zoll, wieder vorübergehendes Leben bekommen werden, um nach kurzer Zeit wieder einzuschlafen.

(Sehr richtig!)

Das wird dann aber in zweiter Linie die Konsequenz haben, daß die Börsenspekulation sich gerade auf solche an sich werthlose Unternehmungen werfen wird, daß man den Aufschwung der Industrie mit den glühendsten Farben preisen, daß man die Aktien in die Höhe bringen wird, und daß das arme Publikum schließlich wieder die Zeche bezahlt.

(Sehr richtig!)

Ferner, meine Herren, sehe ich voraus, daß eine steigende Ueberproduktion unausbleiblich ist. Wenn alte Werke wieder angeblasen und neue Werke angelegt werden, so muß meiner Meinung nach eine Ueberproduktion kommen, und die haben wir ohnehin schon.

Endlich, meine Herren, wird dieser Zoll unausbleiblich wieder eine Verschiebung der Kapitalverhältnisse herbeiführen. Das Kapital wird wieder vom Grundbesitz in die Industrie und namentlich in die Eisenindustrie gehen, und der Grundbesitz wird darunter zu leiden haben.

Alle diese Nachtheile wollte ich gerne vermeiden, oder wenigstens auf ein erträgliches Maß heruntersetzen. Das ist der Grund, warum ich meinen Kompromißvorschlag gemacht habe. Ich lege es in Ihre Hand, ob Sie den Kampf in Zukunft haben wollen oder den Frieden.

(Bravo!)

Präsident: Der Herr Abgeordnete Stumm hat das Wort.

Abgeordneter **Stumm:** Meine Herren, der Herr Vorredner hat es wieder versucht, die Regierungsvorlage in einen Widerspruch mit der vor 15 Jahren getriebenen Handelspolitik zu bringen, obwohl schon früher darauf hingewiesen wurde, daß der Zollsatz auf Roheisen, den die Regierung vorschlägt, sich noch unterhalb des Zollsatzes bewegt, der im Jahre 1865 durch den französischen Handelsvertrag eingeführt wurde, und daß es vollständig überflüssig ist, bei dieser Gelegenheit überhaupt die Frage zu erörtern, ob der französische Handelsvertrag eine nützliche oder eine nachtheilige Einrichtung für Deutschland gewesen ist. Ja, meine Herren, die Herabsetzung und Aufhebung des Roheisenzolles seit 1865 ist sogar schließlich ohne jede Majoritätsabstimmung in diesem Hause erfolgt. Im Jahr 1868 wurde uns durch den österreichischen Handelsvertrag die Herabsetzung des Zolls von $7^1/_2$ auf 5 Groschen vorgeschlagen, und niemand hat damals diese Herabsetzung freudiger begrüßt, als die deutsche Eisenindustrie, wenigstens ihre Vertreter, die damals dem Zollparlamente angehörten, und zwar aus dem einfachen Grunde, weil damals die Herabsetzung auf dem Boden der Gegenseitigkeit stattfand, weil Oesterreich dieselbe ebenfalls genehmigt hat. Denn die Eisenindustrie hat den Standpunkt von jeher festgehalten, daß jede Herabsetzung des Zolles, die das Ausland uns konzedire, auch von unserer Seite befolgt werden könne, und dann allerdings zum Vortheil der Eisenindustrie ausschlage. Meine Herren, der Eisenzoll von 5 Groschen ist bestehen geblieben bis 1870. Es wurden damals Anträge auf Aufhebung des Roheisenzolls, sowie auf Herabsetzung desselben auf $2^1/_2$ Groschen gestellt. Meine Herren, beide Anträge wurden damals, der eine mit sehr erheblicher, der andere immerhin mit Majorität im Zollparlament abgelehnt, und in der dritten Lesung wurde auf Grund der Gefühle, die Herr von Wedell wiederum anzuschlagen versucht hat, auf Grund des Versprechens, daß damit endlich Frieden geschlossen werden solle, daß die Debatten aus dem Hause verschwinden sollten, einstimmig beschlossen, im Wege des Kompromisses diese 2½ Silbergroschen zuzugestehen. Ein Prinzipienkampf darüber hat nicht stattgefunden. Hätte ein solcher stattgefunden, so würden 1870 die 50 Pfennige in dritter Lesung ebenso aufrecht erhalten worden sein, wie sie in der zweiten Lesung geblieben sind. Nun, meine Herren, kam das Jahr 1873 mit seinem berühmten Kompromiß, und Sie wissen alle, daß damals ein Vorschlag auf totale Beseitigung der Eisenzölle gestellt und schließlich diejenigen Elemente hier im Hause, denen die Industrie etwas mehr am Herzen lag wie andern, einen Kompromiß in der Weise akzeptirten, daß man gegen den Fortbestand der Zölle auf Stabeisen und sonstige Eisenfabrikate auf 3 Jahre die sofortige Aufhebung des Roheisenzolls konzedirte. Es fand eine prinzipielle Abstimmung darüber auch damals nicht statt, und ich habe ausdrücklich erklärt, daß ich an sich die Aufhebung der Roheisenzölle in keiner Weise für eine zweckmäßige Maßregel ansehen könne, daß ich aber deshalb mein Gewissen mit meiner Zustimmung beruhigen könne, weil man Hochöfen ausblasen oder anblasen könne, ohne erheblichen Nachtheil für den Nationalwohlstand, daß, was die Kunstfertigkeit, die Zahl der Arbeiter, die Beweglichkeit des Kapitals anlangt, dies nicht in der Weise bei den Hochöfen eintrete, wie bei anderen Industriezweigen, und also von diesem Standpunkte eine Remedur für die ruinirte Hochöfenindustrie leichter eintreten könne, als für die Weiterverarbeitung des Eisens. Ich habe aber ferner dem Kompromiß nur unter drei Voraussetzungen zugestimmt, und zwar erstens, daß der radikale Freihandel nicht blos auf die Eisenindustrie beschränkt bleibe, sondern sich ausdehnen müsse mindestens auf die Gegenstände, die für die Eisenindustrie und die Maschinenfabrikation als nothwendiges Rohmaterial bestehen. Ich habe hingewiesen auf Kupfer- und Polsterwaaren, die die Lokomotivfabrikation absolut nothwendig hat. Meine zweite Voraussetzung war die, daß die Nachbarstaaten wie die maßgebenden Herren im Reichstage prophezeit hatten, uns folgen und auch ihrerseits eine Zollherabsetzung eintreten lassen würden, und drittens habe ich die Voraussetzung daran geknüpft, daß es gelingen werde im Wege der Verhandlung mit Frankreich die titres d'acquit abzuschaffen. Meine Herren, daß keine dieser Voraussetzungen eingetroffen ist, wird im Hause niemand bestreiten, und wenn im Jahre 1877 das Ausgleichungsgesetz vorgelegt wurde, da war dies die absolut nothwendige konsequente und logische Fortsetzung des Kompromisses und diejenige Majorität, die damals diese Ausgleichungsabgabe abgelehnt hat, hat damit einfach den früher abgeschlossenen Kompromiß zerrissen. Meine Herren, ich habe das damals ausdrücklich konstatirt, ohne daß von irgend einer Seite eine Gegenbemerkung zu hören war, und da ich bei dem Kompromiß sehr lebhaft betheiligt war, so gestatten Sie mir zu meiner persönlichen Vertheidigung, da ich heute für den Roheisenzoll eintrete, Ihnen einige kurze Sätze vorzulesen, die ich am Schlusse meiner Ausführungen damals gesprochen habe. Ich habe gesagt:

> Wenn Sie den Kompromiß selbst dadurch zerreißen, daß Sie das, was, ohne Widerspruch zu erfahren, als Konsequenz desselben in sichere Aussicht gestellt worden war, d. h. die Abschaffung oder Ausgleichung der französischen Ausfuhrvergütung: dann, meine Herren, zwingen Sie mich, auf den alten Standpunkt zurückzukommen, d. h. auf den Standpunkt der vollen Gegenseitigkeit mit dem Ausland; es gibt dann kein Kompromiß mehr. Ganz genau in derselben Lage sind dann alle diejenigen Personen, die nicht aus innerer wirthschaftlicher Ueberzeugung, wohl aber im Interesse der Würde der Gesetzgebung wie der Kontunität der Beschlüsse dieses hohen Hauses einer Reaktion auf dem wirthschaftlichen Gebiet bisher entschieden widerstrebten, — ich meine, alle diese werden gezwungen werden, weiter zu gehen, und meine ganz feste Ueberzeugung ist, daß, wenn die Ausgleichungsvorlage nicht zur Annahme gelangt, wir dann nothwendig zu einer Reaktion übergehen werden, für welche die Herren, die, vom freihändlerischen Standpunkt ausgehend, den realen Verhältnissen nicht Rechnung tragen wollten, ganz allein die Schuld tragen werden. Eine ruinirte Industrie wird stets umfassendere Maßregeln erheischen, um in das Leben zurückgerufen zu werden, als sie eine noch lebende Industrie bedarf.

Und schließlich habe ich die Worte hinzugefügt:

> Wenn Sie die Vorlage nicht annehmen, so werden die Gegensätze schärfer wie jemals hervorgerufen werden, indem Sie geradezu das „vae victis“ auf die Fahne schreiben, und es wird infolge dessen selbst in den politischen Parteien eine Verschiebung der bisherigen Verhältnisse eintreten, die meines Erachtens in keiner Weise nützlich sein kann für die weitere Entwicklung der Geschicke der deutschen Nation.

Meine Herren, ich überlasse es Ihrem Urtheil, ob das, was ich damals ausgesprochen habe, eine Redensart war oder eine Prophezeiung, die Wort für Wort in der Weise eingetreten ist, wie ich sie damals aussprach.

(Sehr richtig! rechts.)

Nun, meine Herren, möchte ich doch, um den Kompromiß ein für alle Mal zu verlassen, das eine bemerken, und zwar thue ich das hauptsächlich auf Grund einer Provokation, die der Herr Abgeordnete Lasker bei Gelegenheit der Generaldebatte in Bezug auf mein Zeugniß ausgesprochen hat. Ich halte auch heute noch dafür, daß der Kompromiß eine durchaus dankenswerthe Maßregel war und daß die Herren, welche sich damals dafür interessirten, und ich erkenne an, daß der Herr Abgeordnete Lasker dies in erster Linie that, sich wohlverdient um die deutsche Eisenindustrie gemacht haben. Ich bin heute noch der Ueberzeugung, daß, wenn keine erheblichere Krisis zum Nachtheil der Arbeiter eingetreten ist, dies wesentlich dem Umstande zu verdanken ist, daß die Industrie einige Jahre Zeit hatte, um sich auf das, was kommen sollte, vorzubereiten. Ich weiß wohl, daß man von anderer Seite anderer Ansicht ist, daß man sagt, wäre der Kompromiß nicht abgeschlossen worden, so hätten wir heute die Eisenzölle längst wieder. Das mag sein, wir hätten sie längst wieder, aber über eine Summe von Ruinen und vernichteten Existenzen, die ich meinerseits nicht verantworten möchte.

Jedenfalls, meine Herren, und ich glaube, wer von Ihnen die Verhandlungen, die seit 11 Jahren über diesen Gegenstand im Zollparlament und im Reichstage stattgefunden haben, geprüft hat, der wird mir zugeben müssen, auf der einen Seite, daß der Reichstag im Prinzip sich niemals für Aufhebung der Roheisenzölle durch irgend eine Abstimmung erklärt hat und zweitens daß, was meine geringe Person anlangt, ich immer in der nüchternsten und objektivsten Weise auf diesem Gebiet hier plaidirt habe und daß, wenn mich ein Vorwurf träfe, der höchstens darin liegen könnte, daß ich nicht schwarz genug gemalt habe. Von alle dem, was ich seit 11 Jahren hier gesagt habe, brauche ich kein einziges Wort zurückzunehmen, und alles das, was ich von der Lage der Eisenindustrie und von den Konsequenzen der Zollherabsetzungen vorgetragen habe, ist buchstäblich eingetroffen — ich glaube nicht, daß alle die Herren dasselbe von sich sagen können, die von der gegnerischen Seite auf diesem Gebiet aufgetreten sind.

(Sehr richtig!)

Vor allen Dingen muß ich zurückweisen, was der Herr Abgeordnete Bamberger hier gestern wieder vorgeführt hat, als ob ich oder ein anderer Vertreter der Eisenindustrie, wenn ich mich kurz so ausdrücken soll, sich jemals parlamentarisch auf den Standpunkt gestellt hätte, es handle sich bei der Eisenindustrie um ein zartes Pflänzlein, was des Schutzes bedarf. Ich habe in der ersten Rede im Jahre 1868, die ich im Zollparlament gehalten habe, schon erklärt, daß die Eisenindustrie ein durchaus lebenskräftiger Baum sei, der nichts weiter verlange, als nach allen Seiten hin freies Licht und Sonne, der es aber nicht vertragen könne, daß man von allen Seiten eine hohe Schutzmauer, die ihm Licht und Sonne zur kräftigen Entwicklung abschneide, errichte, während die Lücke allein nach Norden hin offen sei. Wir haben uns stets auf den Standpunkt der Gegenseitigkeit gestellt und ich muß entschieden ablehnen, daß uns untergeschoben wird, als ob wir je die Eisenindustrie als eine des Schutzes bedürftige Pflanze hingestellt hätten, die des Schutzes nur seiner selbst willen bedürfe. Ebenso entschieden muß ich ablehnen, was der Herr Abgeordnete Bamberger gestern behauptet hat, als ob wir die Argumente durch Bewerbungen ersetzt hätten, als ob wir, statt Gründe vorzuführen, uns auf Redensarten oder auf Kaptationen irgend welcher Art eingelassen hätten. Meine Herren, jeder von Ihnen, der die Sache historisch prüft, wird finden, auf welcher Seite hin die Argumente waren und auf welcher Seite die Redensarten gewesen sind, und nur der Umstand, daß der Herr Abgeordnete Bamberger den höhnischen und spöttischen Ton, den er bis vor kurzem stets bei solchen Gelegenheiten gegenüber der Eisenindustrie eingehalten hat, jetzt in objektiverer Weise ersetzt hat, halten mich davon ab, eine Blumenlese aus den Argumenten, die man uns seit 11 Jahren entgegengehalten, vorzubringen, die, glaube ich, bewiesen haben würde, auf welcher Seite der Ernst damals war und auf welcher Seite dasjenige, was man wohl mit dem Wort „Redensarten" bezeichnen könnte.

(Sehr richtig! rechts.)

Meine Herren, wenn ich dies Zeugniß dem Herrn Abgeordneten Bamberger also auch geben kann, so muß ich auf der andern Seite doch auch konstatiren, daß er es nicht vermocht hat, sich vollständig von den Gewohnheiten seiner früheren rhetorischen Ausschmückungen fern zu halten. Wenn er uns gesagt hat, daß die Schutzzollströmung in unseren Nachbarländern lediglich durch nnser eigenes schutzzöllnerisches Beispiel hervorgerufen werde, so weiß doch heut zu Tage jedes Kind, das einigermaßen die Zeitungen lesen kann, wann die Schutzzollströmung in den Nachbarländern hervorgerufen wurde, daß sie in einer Zeit blühte, und immer stärker wurde, als wir noch den entschiedensten Freihandel sowohl auf der Regierungsbank als hier fanden

(sehr richtig!)

und ich meine, die alte Fabel vom Lamm und dem Wolf hätte den Herrn Abgeordneten Bamberger allein abhalten sollen, solche Behauptung hier vorzubringen.

Meine Herren, ganz ähnlich steht die Sache mit einigen anderen seiner Behauptungen. Er hat dem Herrn Abgeordneten Reichensperger, der das Verlangen aufstellte, daß die Deutschen das Eisen, das sie konsumiren, auch in Deutschland selbst machen sollten, Krupp gegenübergehalten, der spanischen Eisenstein bezöge, und daraus demonstrirt, daß hier von einer Verwendung deutschen Eisens nicht die Rede sei. Ja, meine Herren, wenn der Herr Abgeordnete Bamberger Eisen mit Eisenstein identifizirt, dann kann ich als Techuiker mit ihm über solche Dinge weiter nicht sprechen.

(Abgeordneter von Kardorff: sehr richtig!)

Der Herr Abgeordnete hätte doch wissen müssen, daß auf Eisenstein kein Mensch einen Zoll verlangt hat und verlangt. Eisenstein und Eisen sind aber etwas ganz verschiedenes!

(Heiterkeit rechts.)

Auf demselben Brette steht seine Behauptung, daß Belgien das Land sei, wo bezüglich des Eisens und der Kohle ganz exzeptionelle Verhältnisse für die Produktionsfähigkeit pro Kopf bestehen, daß Belgien gewissermaßen aus Eisen und Kohlen besteht. Meine Herren, ich kenne kein eisenerzeugendes Land, was so wenig Eisenstein besitzt als Belgien, — fast gar keinen!

(hört! hört!)

sondern es ist gezwungen, den größten Theil seines Eisensteins aus Lothringen und Luxemburg zu importiren. Meine Herren, wohin soll es kommen, wenn Herren, die sich als erste Sachkenner auf diesem Gebiete geriren solche Irrthümer begehen?!

(Abgeordneter von Kardorff: Sehr gut!)

Ein anderes Beispiel! Der Herr Abgeordnete Bamberger hat uns erzählt, die Kleineisenindustrie in Deutschland habe schwedisches und schottisches Eisen nothwendig.

(Heiterkeit rechts.)

Meine Herren, ich glaube es kommt nicht ein Pfund schottisches Eisen nach Deutschland. Die Kleineisenindustrie braucht am allerwenigsten schottisches Eisen. Ich habe lange darüber nachgedacht, was er damit hat meinen können, da ich immer ein gewisses Fundament in seinen Behauptungen zu finden gewohnt bin und da glaube ich, er hat sagen wollen, daß die deutschen Gießereien schottisches Roheisen brauchen. Die deutschen Gießereien gehören aber nicht zur Kleineisenindustrie, und schottisches Roheisen ist kein Eisen, aber selbst, wenn er dies gemeint hat, ist seine Behauptung absolut unrichtig. Die Ermittelungen, die offiziell durch den königlichen preußischen Hütteninspektor Wachel in Gleiwitz im Auftrage des Handelsministeriums und auf Veranlassung deutscher Roheisenproduzenten stattgefunden hat, hat ergeben, daß es keine Bestimmungen gibt, für welche das schottische Roheisen nicht vollständig von dem deutschen Roheisen ersetzt werden kann!

(Hört! Hört!)

Ich habe das ziemlich dickleibige Buch, aus dem hervorgeht, daß die Versuche nach jeder Richtung praktisch und wissenschaftlich gemacht worden sind, ich habe es bei mir und es steht jedermann zur Verfügung. Wenn heute noch schottisches Roheisen in die deutschen Gießereien eingeht, so ist das theilweise Sache des Preises, theilweise aber allerdings Sache eines alten Vorurtheils der betreffenden Kuppelofengießer, wobei ich allerdings das eine zugeben will, daß, da in Deutschland durch die Konkurrenz von Schottland und Cleveland noch sehr wenig Gießereiroheisen produzirt wird, es allerdings England gelingt größere Stocks zu halten und deshalb eine gleichmäßigere Qualität zu liefern, während der Deutsche die Bestellungen direkt aus dem Hochofen ausführen muß und es nicht immer in der Hand hat, dasselbe Korn in das Roheisen hineinzubringen.

Ich gebe zu, das sind ziemlich harmlose Irrthümer,

(Heiterkeit)

die mehr auf dem Gebiete liegen, was der Herr Abgeordnete Mosle bezeichnet hat mit den Worten, „der Herr Abgeordnete hört die Glocken läuten, weiß aber nicht, wo sie hängen."

Etwas gravirender sind andere Behauptungen des Herrn Abgeordneten . . . .

(Zuruf links)

— der Herr Abgeordnete Richter sagt, „es ist ganz falsch." Solche Zwischenrufe muß ich doch bitten zu unterlassen. An seine Adresse wende ich mich überhaupt nicht. Ich bin der Ansicht, daß es meiner Ermahnungen an ihn nicht bedarf, respektive daß meine Ermahnungen an ihn gar keinen Zweck haben würden. Der Herr Abgeordnete wird ja noch Gelegenheit haben, die Abfertigung, die ihm Seitens des Herrn Schwarzkopff zu Theil geworden ist, zurückzuweisen, wir werden sehen, ob es ihm gelingen wird.

(Zuruf: Es: Abwarten!)

Meine Herren, diese etwas gravirenden Behauptungen, das ist erstens, daß der Herr Abgeordnete Bamberger die Eisenenquete wieder hervorgehoben und behauptet hat, es sei zuerst ein Bericht gemacht worden, der habe ganz anders gelautet, der sei sehr viel objektiver gewesen und darauf sei ein zweiter Bericht gemacht worden, der die Selbstkostenpreise des Inlandes sehr viel höher, die des Auslandes viel niedriger angegeben hätte und daß das alles in etwas tendenziöser Weise geschehen sei.

Meine Herren, ich bestreite das auf das Allerentschiedenste. Dasjenige, was der Herr Abgeordnete hat läuten hören, beschränkt sich auf folgendes Faktum. Der Referent der Eisenenquetekommission hat natürlich, wie das bei jeder derartigen Gelegenheit geschieht, einen Entwurf gemacht und dieser Entwurf wurde natürlich im Plenum der Kommission der Berathung unterzogen und es wurden dort einige Abänderungen, aber einstimmig, wie ich wiederhole, angenommen.

(Hört, hört!)

Was aber speziell die Zahlen anbelangt, so ist es nicht wahr, daß hier lediglich Erhöhungen und Herabsetzungen in dem angedeuteten Sinne gemacht worden seien, sondern die Zahlenprüfung war lediglich eine rein kalkulatorische und wir haben ebenso gut Zahlen für die Selbstkosten der inländischen Industrie herabgesetzt wie in die Höhe gesetzt. Ich könnte Ihnen einige Zahlen nennen. Wenn der Herr Abgeordnete Bamberger seine Behauptung aufrecht erhält — ich habe meine Protokolle hier — so werde ich ihm den Nachweis führen.

Dann hat der Herr Abgeordnete Bamberger behauptet, daß als Folge der jetzt herrschenden Schutzzollströmung sofort wieder die alte Koalition der Weißblechwerke ins Leben zurückgerufen worden sei. Meine Herren, das ist ebenfalls wieder ein vollständiger Irrthum. Die Weißblechkonvention, die ja früher bestanden hat, hat sich schon lange vor der Aufhebung der Zölle aufgelöst, ein Theil der Werke ist zum Stillstand gezwungen worden, ein anderer Theil hat allerdings ein gemeinschaftliches Komptoir zum Verkauf in Cöln errichtet und dieses gemeinschaftliche Komptoir besteht heute ganz genau so, wie vor sechs Jahren, ohne daß irgend eine Veränderung stattgefunden hätte. Das Hauptwerk für Weißblech gehört heute aber so wenig der Konvention wie vor 3 Jahren an und wird meiner Ueberzeugung nach dieser Konvention niemals beitreten. Also die ganze Behauptung, die der Herr Abgeordnete Bamberger über Weißblechverhältnisse gemacht hat, ist durchaus unbegründet und enthält auch nicht die Spur von etwas, was ich als richtig ansehen könnte.

(Hört, hört! rechts.)

Meine Herren, es ist ihm ähnlich damit gegangen, wie mit der früheren Behauptung des Herrn Abgeordneten Bamberger, womit er im Jahre 1877 die Regierungsvorlage bekämpft hat, ich meine mit seiner Behauptung, daß die französischen Gußwaaren, speziell Röhren, nicht deshalb nach Deutschland eingeführt würden, weil sie durch die französischen Acquits billiger seien, sondern weil das französische Werk Pont-à-Mousson sie in viel vorzüglicherer Güte mache, so gut wie es in Deutschland überhaupt nicht möglich sei. Er hat das nach zwei Tagen wieder zurückgenommen und gesagt, er habe sich geirrt, dieses Pont-à-Mousson liefere zwar billigere aber schlechte Röhren, es sei vielmehr ein anderes Werk, das hieße Marquise, das mache die ausgezeichneten Röhren. Der Herr Abgeordnete Bamberger hat sich also damals selbst desavouirt. Ich behaupte, beide Behauptungen waren unrichtig, die eine war ebenso unrichtig wie die andere, die beiden Werke machen gußeiserne Röhren, die nicht besser und nicht schlechter sind wie die von deutschen Werken. Aber nur die Spur einer Begründung dafür, daß diese Werke in irgend einer Weise besseres Material lieferten als das Inland, ist in keiner Weise erbracht worden und kann nicht erbracht werden. Die Sache hat nur den einen Effekt gehabt, den der Herr Abgeordnete Bamberger gewiß nicht beabsichtigt hat: daß die deutschen Werke zu Gunsten der französischen diskreditirt wurden.

(Sehr richtig! rechts. — Widerspruch links. — Heiterkeit.)

Nun, meine Herren, ich möchte jetzt endlich in die Frage selbst eintreten, und auch da dem Herrn Abgeordneten Bamberger, der die Resultate der Enquete kritisirte, wonach 3/4 der deutschen Hochöfen mit Verlust arbeiten und nur 1/4 die Selbstkosten deckt, mit festen Zahlen entgegentreten. Herr Bamberger hat es versucht, dieses Ergebniß dadurch zu entkräften, daß er auf einzelne Werke, speziell die Dortmunder Union hingewiesen hat. Meine Herren, die Verhältnisse der Dortmunder Union sind mir nicht so genau bekannt, als daß ich versuchen möchte, ihm da speziell in seinen Zahlen zu folgen. Ich darf aber konstatiren, daß die Dortmunder Union in dem Bericht mit keiner Silbe erwähnt worden ist, daß von allen den Sachverständigen, die in der Enquete vernommen wurden, auch nicht einer war, der der Hochofenindustrie angehörte, soweit sie seit dem Kriege gegründet worden ist, sondern wir haben gerade, um allen Angriffen zu entgehen, mit Fleiß die prästationsfähigsten, bestfundirtesten Werke respektive deren Vertreter vorgenommen. Wenn also der Herr Abgeordnete Dr. Bamberger an dem Beispiel der Dortmunder Union seine Beweisführung anknüpft, so, glaube ich, hat das mit den Resultaten der Enquete überhaupt nichts zu thun. Aber auch die Beweisführung, daß die Dortmunder Union in einzelnen Gegenständen, wenn sie die nöthigen Abschreibungen gemacht hat, noch Ueberschuß hat, auch die Rechnung ist falsch. Der Herr Abgeordnete vergißt ganz, daß durch einen Gebrauch, den ich nicht als lobenswerth bezeichnen möchte, die meisten westfälischen Gesellschaften eine Art Bruttobilanz veröffentlichen, da einen Bruttogewinn herausrechnen, an dem die sämmtlichen Generalunkosten und die allernothwendigsten Abschreibungen noch gar nicht abgezogen sind.

(Abgeordneter von Kardorff: Sehr richtig!)

Das ist eine Art der Buchführung, aber damit läßt sich keine Rentabilität berechnen, denn Sie werden zugeben, daß, wenn Sie auch von den Abschreibungen und Amortisationen Abstand nehmen, der gewöhnliche Unterhalt und die Verwaltungskosten mindestens gedeckt werden müssen. Diesen Punkt hat der Herr Abgeordnete Bamberger bei seiner Berechnung in Bezug auf die Dortmunder Union vollständig außer Acht gelassen. Nun hat der Herr Abgeordnete die Beweisführung, die aus den Produktionsziffern, aus den beschäftigten Arbeitern, aus den im Betrieb stehenden Hochöfen hervorgeht, dadurch abzuschwächen gesucht, daß er sagte, ja die Fortschritte der Technik haben es dahin gebracht, daß mit verhältnißmäßig wenig Arbeitern, wenig Kapitel, wenig Hochöfen eine sehr viel größere Produktion hergestellt werden kann. Meine Herren, diese Behauptung genügt aber in keiner Weise, um den ganz außerordentlichen Rückgang, den die Hochofenindustrie bis zurück auf 1860 gehabt hat, zu erklären. Gestatten Sie mir, Ihnen einige Zahlen in dieser Beziehung vorzulegen. Im Jahre 1860 hat die deutsche Hochofenindustrie beschäftigt 27 000 Arbeiter, — heute, resp. im Jahre 1877, nur 18 000 Arbeiter. Es haben Hochofenwerke bestanden im Jahre 1869 203 ohne Lothringen, im Jahre 1873 244 mit Lothringen, im Jahre 1877 143 mit Lothringen,

(hört! hört! rechts)

die Hochöfenwerke sind also herunter gegangen um 1/3, obgleich die bedeutende Hochofenindustrie Elsaß-Lothringens hinzugekommen ist. Was die einzelnen Hochöfen anlangt, so haben existirt im Jahre 1871 306 ohne Lothringen, im Jahre 1873 379 mit Lothringen und im Jahre 1877 212 mit Lothringen. Also auch da ist dasselbe Verhältniß wie bei den Hochofenwerken eingetreten.

Die Produktion hat im Jahre 1873 betragen 45 Millionen Zentner, im Jahre 1877 38 Millionen Zentner. Nun hat der Herr Abgeordnete Bamberger behauptet, daß die Ziffer im Jahre 1878 sich wieder gehoben habe, allerdings noch immer hinter der von 1873 zurückgeblieben sei. Einmal ist bereits genügend von Herrn Dr. Rentzsch bemerkt worden, daß die Produktionsstatistik der Montanindustrie pro 1878 rein auf Schätzung beruhe, und ich glaube, daß jeder, der einigermaßen den Verhältnissen näher steht, mir von vornherein zugesteht, daß die Ziffer von 45 Millionen für 1878 in keiner Weise richtig sein kann. Nun, das mag aber sein, wie es will, — das ist bereits von sehr kompetenter Seite zugestanden worden, daß eine Industrie, die still steht, zurückgeht, am allermeisten aber hier, wo wir einem Import von 10 Millionen Zentnern aus England gegenüberstehen. Der Herr Abgeordneter Dr. Bamberger sagt zwar die 10 Millionen bedeuten gar nichts, im Jahr 1873 wurden 13 Millionen eingeführt. Ja, meine Herren, als wir nicht Eisen genug machten, als wir einen Konsum hatten von 144,7 Pfund pro Kopf, bedeuten die 13 Millionen Zentner einfach eine Nothwendigkeit, eine Wohlthat. Aber in einem Moment, wo ein Drittel der Arbeiter gegen 1860 feiert, wo wir in unserem Eisenverbrauch auf 79,8 Pfund pro Kopf zurückgegangen sind; da bedeuten die 10 Millionen Zentner geradezu den Ruin des betreffenden Industriezweiges, der durch die Noth theilweise zum Stillstand gebracht ist. Was sind das nun für Industriezweige, die speziell durch die Einfuhr der 10 Millionen Zentner getroffen worden sind? Es sind das namentlich die kleinen Hochofengießereien, die in an sich von der Natur sehr wenig begünstigten Landestheilen liegen; in Württemberg, in Bayern, in Oberschlesien, im Harze, auf dem Hundsrück, im Spessart, nur überall Ruinen, theilweise noch nicht einmal Ruinen, aber kalt liegende Hochöfen zurückgelassen haben. Alle diese Hochöfen haben früher einer fleißigen Arbeiterbevölkerung Arbett verschafft und haben den Nothstand von den Distrikten ferngehalten, der sich heute immer mehr dort einstellt. An den Spessart brauche ich nicht zu erinnern, und wenn ich das Werk Laufach, welches bis noch vor kurzer Zeit, wenigstens seit nicht langen Jahren, eine blühende Industrie vertrat, nenne, so wird jeder, der die Verhältnisse dort kennt, zugeben, daß die Aufhebung der Zölle zwar nicht allein schuld an den Nothständen im Spessart gewesen ist, aber einen sehr großen und wesentlichen Antheil daran hat. Niemand, der die Verhältnisse dort kennt, kann das leugnen.

Nun sagt man, das sind die Fortschritte der Technik, die die Kleinen zu Gunsten der Großen unterdrückt haben; meine Herren, daß ist ein sehr großer Irrthum, denn diese kleinen Hochöfen, die mit Holzkohlen, theilweise mit gemischtem Brennmaterial arbeiteten, produzirten allerdings ihr Roheisen theurer als die großen Hochöfen in England, das versieht sich von selbst, sie hatten aber den großen Vorzug, direkt aus dem Hochofen ohne Umschmelzung im Kuppelofen das Eisen iu Gußwaaren verwenden zu können, und dadurch waren sie früher in der Lage, auf lokalem Gebiet sehr wohl mit den großen Hochöfen wirksam zu konkurriren, und wenn man immer glaubt, daß es sich hier um einen Gegensatz handle, zwischen Groß- und Kleinindustrie, so sage ich, die Kuppelofenwerke, die auf Grund der Roheisenzollfreiheit in die großen Städte sich konzentrirt haben, das sind die Großen, — und diese kleinen Hochofengießereien, die unterdrückt worden sind, das sind die Kleinen.

(Abgeordneter von Kardorff: Sehr richtig!)

Es ist also vollkommen falsch, wenn man hier den Gegensatz zwischen den Großen und Kleinen, wie das so oft geschehen ist, zu Gunsten der Zollfreiheit hinstellt.

Meine Herren, um Ihnen ein Bild zu geben, in welcher Weise die Hochofengießereien unterdrückt worden sind, darf ich Ihnen nur anführen, daß im Jahre 1867 noch 40 Prozeugt der in Deutschland produzirten Gußwaaren aus Erzen, also aus Hochöfen hergestellt wurden, während diese Ziffer sich im Jahre 1877 auf 7 Prozent reduzirt hat.

(Hört, hört!)

Im Jahre 1867 wurden 2 1/2 Millionen Zentner Gußwaaren aus Hochöfen direkt vergossen, und im Jahre 1877 nur 681 000 Zentner. Diese Differenz von 2 Millionen, ganz abgesehen von der Vermehrung des Bedürfnisses, ist ausschließlich dem Auslande zu gute gekommen und der inländischen Roheisenproduktion entgangen. Meine Herren, was diese 10 Millionen Zentner bedeuten, das mögen Sie aus folgenden Ziffern ersehen. Wir haben im Jahre 1877 38 Millionen Zentner Roheisen produzirt, wir haben 7 Millionen Zentner ausgeführt, es bleiben übrig 31 Millionen Zentner für den inneren Konsum. Dazu sind 10 Millionen Zentner eingeführt worden, das gibt in Summa 41 Millionen Zentner, mit anderen Worten also 1/4 des gesammten Roheisens; was in Deutschland verarbeitet worden ist, ist aus dem Auslande eingeführt, und wie man dem gegenüber von einer Ueberproduktion der Hochöfen sprechen kann, die durch Schwindel oder alle möglichen Gründungen hervorgerufen sein soll, ist in der That unverständlich. Ich gebe zu, meine Herren, daß bei der Berechnung von 3/4 des Roheisens, was im Inlande erzeugt wird, die Durchfuhr nicht berücksichtigt ist. Ich gebe vollkommen zu, daß in den 10 Millionen Zentnern ein Theil der Durchfuhr enthalten ist, ebenso wie in den 7 Millionen Zentnern der Ausfuhr. In welchem Maße das der Fall ist, kann niemand beurtheilen, ich glaube, wenn ich es mit 2 bis 3 Millionen Zentnern veranschlage, ist das genügend. Es würde sich die Sache also in der Weise eventuell ändern, daß man sagen kann: 20 Prozent des im Inlande verbrauchten Roheisens werden eingeführt; das würde aber keinen wesentlichen Unterschied bedeuten.

Nun, meine Herren, dem gegenüber kann von einer Ueberproduktion von Roheisen wenigstens keine Rede sein. Wenn aber dennoch eine Ueberproduktion herrscht, so frage ich Sie: durch welche Verhältnisse ist sie erzeugt worden? Doch vor allen Dingen durch die Annexion von Elsaß-Lothringen, das mit seinen 5 Millionen Zentnern auf den deutschen Markt geworfen wurde, wogegen die deutsche Eisenindustrie nichts thun kounte; ferner aber dadurch, daß im Jahr 1870 schon, mit noch größerer Entschiedenheit aber im Jahr 1873 von vielen Seiten behauptet wurde, namentlich von freihändlerischer Seite: wir müssen die Zölle aufheben, denn es ist ganz unmöglich, daß die deutsche Eisenindustrie die nöthigen Quantitäten hervorbringt! und auf die Behauptung meinerseits, daß eine Krise im Anzug wäre, ist von anderer Seite wieder das Gegentheil behauptet worden, es ist behauptet worden, daß durch die kolossalen Bahnbauten und die Anforderungen an die Lokomotivfabriken u. s. w. die deutsche Eisenindustrie noch für lange Zeit ganz außer Stande sein würde, das nöthige Eisen zu produziren. Wenn also im Jahr 1873 durch die von anscheinend kompetenter Seite aufgestellten Behauptungen die deutsche Eisenindustrie sich zu einer Ueberproduktion hat hinreißen lassen, so trägt die damalige Majorität dieses Hauses daran mehr Schuld als die betreffenden Eisenindustriellen selbst.

Dann kommt aber noch hinzu, daß nach Aufhebung des Roheisenzolls die deutsche Eisenindustrie in Mitleidenschaft für den Schwindel, der in anderen Staaten getrieben worden ist, gezogen wurde; durch den Sturz der Glasgow-Bank und durch die übertriebene Spekulation, die in England eintrat, hat sich die Lage der deutschen Eisenindustrie wahrlich mehr verschlimmert als durch die eigenen schwindelhaften Gründungen, die, wie ich zugebe, in den Jahren 1872 bis 1873 vorgekommen sind. Jedenfalls aber mag dem sein wie ihm wolle, so kann ich nicht begreifen, wie man zu der Konklusion kommen kann; wenn in der Industrie geschwindelt worden ist und wenn dadurch diejenigen, die geschwindelt haben, betroffen worden sind, so sollen auch diejenigen dafür gestraft werden, die nicht geschwindelt haben. Mit demselben Recht kann man sagen: hier brennt eine Stadt ab; es wird bewiesen, daß zwei Hausbesitzer unvorsichtig mit Feuer und Licht umgangen sind und weil sie das gethan haben, soll die ganze Stadt in keiner Weise Berücksichtigung finden wegen des Unglücks, das sie betroffen hat. Das würde genau dieselbe Konklusion sein, als wenn Sie die gesammte Roheisenindustrie für einzelne vielleicht schwindelhafte Unternehmungen verantwortlich machen wollen.

Nun sagt der Herr Abgeordnete Bamberger, die Roheisenindustrie kann nicht in einem so schlimmen Zustande sein, denn während man Strikes in allen andern Ländern sieht, ist die deutsche Eisenindustrie davon am meisten verschont geblieben. Das ist ganz natürlich, die Strikes kommen nur dann vor, wenn die Arbeiter glauben, von der günstigen Lage der Industriellen profitiren zu können, um einen höheren Lohn herauszuschlagen. Hier aber, wo jeder Arbeiter fühlt, wenn er beschäftigt ist, daß er das nur der Konnivenz seines Arbeitgebers verdankt, ist ein Strike von vornherein unmöglich. Aber ich meine, die Herren sollten doch am allerwenigsten den Eisenindustriellen den Vorwurf machen, daß sie ihren Arbeitern gegenüber in der bisherigen Weise verfahren, und ihren Betrieb nicht einstellen.

(Zuruf.)

— Ich will nicht sagen, daß der Herr Abgeordnete Bamberger es gethan hat, aber in Ihrer Freihandelskorrespondenz ist wiederholt der Vorwurf erhoben gegen die Eisenindustriellen, daß sie ihren Betrieb nicht einschränken und dadurch die Ueberproduktion herabmindern.

(Zustimmung rechts.)

Dazu haben die Herren die allergeringste Veranlassung, denn wenn die Eisenindustriellen ihre Leute nicht entlassen und den Betrieb einschränken, so ist das zum großen Theil die Folge der moralischen Verpflichtung, die sie den Leuten gegenüber haben, die ihnen in den Jahren 1872 und 1873 zu einem schönen Verdienst verholfen haben und denen gegenüber sie jetzt in schlechter Zeit die Verpflichtung empfinden, sie nicht verhungern zu lassen. Allerdings, meine Herren, auf die Dauer kann ein solcher Zustand nicht bestehen, auf die Dauer kann natürlich die Eisenindustrie nicht mit Verlust arbeiten, ihre Leute nicht unterhalten, und wenn es bis heute geschehen ist so behaupte ich, ist das geschehen auf Grund der festen Ueberzeugung, daß die Wiedereinführung der Zölle in Aussicht steht. Hätte seit 1877 diese Ueberzeugung nicht bestanden, dann wäre es sicher den Industriellen nicht möglich gewesen, ihre Arbeiter so lange zu halten. Sie, meine Herren, sollten den Eisenindustriellen am meisten dankbar dafür sein, daß sie auf diese Weise ausgehalten haben, denn sie haben es so ermöglicht, das schwere Unrecht, das bisher geschehen ist, jetzt wieder gut zu machen; das würde aber nicht möglich sein, wenn jeder Arbeitgeber, der Verluste macht, ohne weiteres seine Leute entlassen hätte, dann würde ein irreparabler Schaden entstanden sein, den Sie nicht wieder hätten gut machen können.

Nun, meine Herren, fagen Sie, Eisenzölle nützen doch nichts, und wenn Sie wüßten, daß die Zölle dieser tief darniederliegenden Industrie helfen, würden Sie unzweifelhaft bereit sein, sie wieder einzuführen. Ja, meine Herren, ich meine, wenn die Interessenten einmüthig erklären: gebt uns die Zölle wieder, so erwarten wir eine erhebliche Besserung unserer Lage, da könnte man ruhig sein, daß die Interessenten auf diesem Gebiet die Verhältnisse richtiger beurtheilen als andere. Was hätten sie denn für ein Interesse daran, eine Agitation hervorzurufen, ihr Zeit und vieles andere zu opfern, wenn sie keine Besserung davon hoffen! Also bekämpfen Sie die Herren auf allen Gebieten, auf denen Sie wollen, aber das geben Sie mir zu, daß Jeder seine eigenen Interessen am besten versteht, und daß die Eisenindustriellen, wenn sie Zölle verlangen, recht gut wissen, was sie thun.

Ich möchte in diesem Stadium der Berathung nicht zu weitläufig werden und nicht auf Amerika und Frankreich und die Einwirkung der Schutzzölle daselbst hinweisen, ich möchte nur kurz den Import von englischem Roheisen nach dem Kontingent beleuchten. England hat im Jahre 1877 nach dem zollgeschützten Frankreich nur 96 000 Tons eingeführt, während nach Deutschland in demselben Zeitraum 230 000 Tons eingeführt sind, nach Holland 241 000 Tons, welche größtentheils für Deutschland bestimmt waren, also zusammen nach Deutschland und Holland 471 000 Tons. Diese 471 000 Tons von englischem Roheisen, die also 1877 nach Deutschland und Holland eingeführt wurden, bilden die Hälfte des gesammten englischen Roheisenexports.

(Hört, hört! rechts.)

In Frankreich, in welches bloß 96 000 Tons eingeführt worden sind, hat sich die Roheisenproduktion seit 1873 erheblich vermehrt. Sie hat sich von 1873 auf 1877 von 27 Millionen auf 30 Millionen Zentner erhöht.

Also, meine Herren, über die Wirkungen des Schutzzolls kann man nicht zweifelhaft sein. Ich will noch darauf aufmerksam machen, daß die Herren sich widersprechen, wenn sie auf der einen Seite sagen: die Einführung des Eisenzolls kann nichts helfen, es kommt dadurch Ueberproduktion und dadurch machen sich die Werke wieder gegenseitig todt, — und wenn sie auf der anderen Seite sagen: die Einführung des Zolls ist eine durchaus nachtheilige Maßregel, denn sie vertheuert das Eisen und das können wir den Konsumenten nicht zumuthen. Das steht doch im Widerspruch, wie sich auch der Herr Abgeordnete Bamberger dadurch in Widerspruch verwickelt hat, daß er Herrn Ravené als Zeugen dafür anrief, daß überhaupt kein englisches Eisen nach Deutschland käme, — und dann behauptet: es gibt eine Masse Fabrikationszweige, die das englische Roheisen nöthig haben,

(Zuruf: Walzeisen!)

— der Abgeordnete Bamberger weist auf das Walzeisen hin, nur ich erwidere ihm, daß gerade Kratzendraht aus schwedischem Walzeisen gemacht wird. Wenn er das in Abrede stellt, so bitte ich, sich mit den Herren auseinander zu setzen, die ein Amendement gestellt haben, daß eine besondere Erleichterung für die Einfuhr schwedischen Eisens zu Kratzendraht eintrete. Also ich gebe gerade für Walzeisen zu, daß wir englisches und schwedisches Eisen bis zu einem gewissen Grade brauchen, für Roheisen gebe ich es nicht zu.

Was Amerika anlangt, so brauche ich Ihnen das Zeugniß des Präsidenten der amerikanischen Union nicht vorzulesen, Sie haben es wohl Alle gelesen, ebenso das Zeugniß des Lord Beaconsfield in seiner berühmten Rede, endlich das ja vielfach zirkulirende Zeugniß unseres Konsuls in St. Louis, des Dr. Gerlich; das alles überhebt mich doch der Beweisführung, daß in Amerika ganz andere Zustände bestehen als bei uns; daß der Schutzzoll auch dort die Schwindelperiode nicht verhindert hat; daß aber nur durch den Schutzzoll es möglich gewesen ist, sich in verhältnißmäßig schneller Weise zu erholen, das geht so evident daraus hervor, daß ich darüber kein Wort weiter zu verlieren brauche.

Nun, meine Herren, ist ja der Haupteinwand, der mir gemacht worden ist und auch ferner gemacht werden wird, der, daß durch die Wiedereinführung des Roheisenzolls die Exportindustrie leiden wird, und ich gebe zu, daß hier eigentlich der Schwerpunkt der ganzen Frage liegt. Was die Andeutung der Exportindustrie selbst anlangt, so stehe ich ganz auf dem Standpunkt des Herrn Abgeordneten von Bennigsen, ich unterschreibe jedes Wort, was er damals in Bezug auf die Exportindustrie gesagt hat, aber ich unterscheide zwei Arten der Exportindustrie, ich unterscheide eine Exportindustrie, die, wenn auch mit mäßigem, aber doch einigem Nutzen arbeitet, und daher von nachhaltiger Bedeutung ist, und ferner eine Exportindustrie, die lediglich mit Verlust arbeitet, entweder direkt oder insofern, als sie basirt ist auf den Verlust ihrer Hintermänner, also der Fabrikation von Walzeisen, Roheisen u. s. w. Dieser letztere Export ist kein gesunder, er verlangt keine Rücksicht, das ist eine krankhafte Erscheinung, die lieber heute wie morgen verschwinden sollte.

(Sehr richtig!)

Es geht dabei ganz ebenso, wie mit dem Export eines bankerotten Geschäfts, einer Kuh, die der betreffende Halsabschneider dem Bauer, dem er sein letztes Geld abgenommen hat aus dem Stalle exportirt. Das ist doch kein Zustand, den wir begünstigen wollen und den wir von der Gesetzgebung befördert wissen wollen. Ganz ebenso steht es mit dem Handel. Es kann niemand einen größeren Respekt haben vor dem Großhandel, wie er sich in den Seestädten gestaltet hat, als ich, und ich gestehe ganz offen, als ich zum erstenmal diese reichen Handelsmetropolen, Hamburg u. s. w., betrat, daß ich mit Stolz auf dasjenige geblickt habe, was deutscher Fleiß und Reichthum dort hervorgebracht hat, aber sobald der Handel den Anspruch erhebt, nicht mehr der Vermittler zwischen den Produktionselementen zu sein, sondern Selbstzweck zu werden, dann erhebt er einen Anspruch, der meiner Ansicht nach unberechtigt ist und der nicht energisch genug zurückgewiesen werden kann.

(Sehr wahr!)

Der Handel hat sich dem Bedürfniß zu akkommodiren, er hat aber nicht zu verlangen, daß die gesammte Produktion des sogenannten Hinterlandes sich nach seinen Interessen richten soll.

(Sehr wahr!)

Nun, meine Herren, darf ich aber darauf hinweisen, daß die Einführung des Roheisenzolls in keiner Weise dem gesunden Export nachtheilig ist, und der beste Beweis dafür ist die Thatsache, daß die Interessenten, die sich von dem Zoll eventuell benachtheiligt sehen würden, Ihnen geradezu die Einführung des Roheisenzolls empfehlen. Der Herr Abgeordnete von Wedell hat vorhin Bezug genommen auf die Eingabe von einigen westphälischen Walzwerken, die uns gestern mit den übrigen Drucksachen zugetheilt worden ist. Meine Herren, diese Herren, die theils ausschließlich englisches Roheisen verwenden, theils deutsches Eisen, dessen Vertheurung sie durch die Einführung des Zolls indirekt befürchten, die sagen ausdrücklich: wir halten die Einführung des Roheisenzolls für durchaus geboten, wir bitten Sie aber, 60 Pfennig statt 1 Mark zu bewilligen. Meine Herren, wenn Etablissements, die sich speziell als Vertreter der Interessen der Roheisenverarbeitung hinstellen und gar keine Veranlassung haben, Rücksicht auf die Roheisenproduktion zu nehmen, wenn die Ihnen 60 Pfennig Roheisenzoll vorschlagen, so glaube ich, lassen sich in der That keine besseren Argumente für den Satz von einer Mark pro 100 Kilo überhaupt anführen. Mit Remscheid, Solingen und Hagen steht es ebenso. Der Herr Abgeordneter Richter hat uns zwar gesagt, daß die Mehrzahl der Einwohner seines Wahlkreises freihändlerisch gesinnt sei. Es sind uns hier Petitionen überreicht worden, die im Verzeichniß der Petitionen veröffentlicht sind. Die eine ist eine Petition, welche mit zirka 300 Unterschriften bedeckt ist. Nach zuverlässigen Mittheilungen aber sind das hauptsächlich Exporteure, Händler und Personen, die in gar keinem Verhältniß zur Industrie stehen; es sind allerdings auch einzelne kleine Fabrikanten darunter, die von den Händlern abhängig sind, welche ein Interesse daran haben, sie stark in ihren Preisen zu drücken. Aber die große Mehrheit der Hagener Industrie, das wird Herr Abgeordneter Richter nicht leugnen können, steht mit unter den 1000 Unterschriften, die unter der Petition aus Barmen stehen, in welcher die Industrie der Bergisch-Märkischen Kreise repräsentirt ist, und diese Herren verlangen nicht nur die Aufrechterhaltung des Zolls der Regierungsvorlage, sondern eine Erhöhung desselben, und wir werden die Amendements noch bekommen, die sich mit der Sache beschäftigen.

Was Remscheid anlangt, so meine ich, ist die Zahl der Petitionen, die wir in den letzten Tagen empfangen haben, der deutlichste Beweis dafür, was die Herren wollen. Wenn die Leute, die an der Spitze der Freihandelsbewegung von 1873 standen, die die damalige Petition vorzugsweise unterschrieben haben, nun nichts dringenderes zu verlangen haben, als die Heraufsetzung der Zölle für Eisenwaaren auf 15 Mark, weil sie die ausländische Konkurrenz nicht mehr bekämpfen können, so sollte ich denken, daß das ein Zeugniß ist, was auch dem Herrn Abgeordneten Richter vollgiltig sein könnte, und ich hoffe, er wird selbst nicht mehr an das Märchen glauben von der freihändlerischen Bewegung in Hagen oder gar in Remscheid.

Meine Herren, ein Beweis — das sind ja alles bloß Zeugnisse — aber ein Beweis, wie wenig der Zollschutz die gesunde Exportfähigkeit lähmt, liegt aber darin, daß gerade diejenigen Industriezweige, die den höchsten Zollschutz oder wenigstens den höchsten Schutz genießen, am meisten exportirt haben. Ich erinnere an die feinen Eisenwaaren in Solingen, für die ja selbst der Herr Abgeordnete Richter niemals eine Herabsetzung des Zolles beantragt hat; das sind die exportfähigsten Industriellen. Ich erinnere ferner daran, daß von den 10 Millionen Zentner Eisen und Eisenwaaren, die im Jahre 1877 nach der amtlichen Statistik aus Deutschland exportirt worden sind, allein 4½ Millionen Schienen sich befinden. Meine Herren, für die Schienen haben wir ja keinen formellen Schutzzoll, aber die Deklamationen, die pro et contra über das Verfahren des preußischen Herrn Handelsministers außerhalb und innerhalb dieses Hauses gehalten worden sind, daß für inländische Schienen ein höherer Preis gezahlt wurde, als für ausländische, die beweisen doch, daß die Schienen faktisch einen Schutzzoll genießen, der viel größer ist, wie das, was wir jetzt verlangen. Sie haben gerade von dieser Seite (links) selbst wiederholt nachgewiesen, daß bis zu 40 bis 50 Mark von den deutschen Eisenbahnverwaltungen und namentlich den Staatsbahnverwaltungen mehr für inländische Schienen bezahlt worden sind, als sie vom Auslande angeboten waren, und selbst von den inländischen Werken nach dem Auslande verkauft werden. Ich will jetzt nicht darauf eingehen, ob das eine richtige oder nicht richtige Maßregel seitens der deutschen Eisenbahnverwaltungen, speziell der Staatsbahnverwaltungen war, nur das will ich konstatiren, daß der Preisunterschied zwischen den Schienen im Inland und im Ausland ein hoher war. Trotzdem hat die Ausfuhr stattgefunden, und zwar, wie ich schon angeführt habe, hat die Ausfuhr von Schienen die Hälfte der Gesammtausfuhr an Eisen und Eisenwaaren im Jahre 1877 betragen. Ich sage, daraus geht hervor, daß an sich die Ausfuhr nicht von den höheren Preisen im Inlande abhängt.

Nun, meine Herren, noch ein deutlicheres Beispiel, wie die Zollsätze den Export nicht erschweren, ist Belgien. Es gibt kein exportirenderes Land als Belgien. Das „auf Kohlen und Eisen" ruhende Belgien exportirt 40 Prozent seines Stabeisens, und trotzdem denkt dort kein Mensch daran, den Roheisenzoll herabzusetzen, obwohl Belgien einen großen Theil nicht bloß seiner Erze, sondern auch seines Roheisens von Luxemburg importirt. Dieser Import von Luxemburger Roheisen nach Belgien ist wesentlich der Grund davon, daß ein ziemlich starker Roheisenexport bis jetzt aus Deutschland dahin stattgefunden hat, und wenn ich auch die Summe von 7 Millionen nicht für richtig halte, weil auch da wieder der Transit darin steckt, und auf der anderen Seite in der Enquete behauptet und von vielen Seiten konstatirt worden ist, daß das Roheisen, was theilweise aus Luxemburg und Lothringen den Rhein hinuntergeht, um nach den baltischen Provinzen verschifft zu werden, daß das als Ausfuhr gilt, so will ich zugeben, daß eine Ausfuhr von 4—5 Millionen Zentner übrig bleibt. Diese Ausfuhr von 4—5 Millionen Zentner hat mit der Einfuhr, von der ich sprach, absolut nichts zu thun, sie steht nicht im geringsten Zusammenhang damit. Die Einfuhr geschieht in Gießereiroheisen und Bessemerroheisen, die Ausfuhr geschieht in Spiegeleisen und einzelnen ganz besonderen Sorten, die Deutschland allein macht, und wo trotz des hohen Zolles noch ein Export nach Amerika stattfindet, er findet ferner statt in gewöhnlichem weißen Roheisen nach Belgien und Frankreich, aber nach letzterem nur dann, wenn die titres d'acquit sehr niedrig stehen. Im vorigen Jahre gingen die titres d'acquit bis auf 4 Franks zurück, heute stehen sie auf 15 und heute ist ein Export nach Frankreich überhaupt nicht mehr möglich. Die beiden Vertreter der betreffenden Exportindustrie in der Enquete Metz und de Wendel haben erklärt, daß es zu Zeiten ganz angenehm wäre, etwas Eisen nach Frankreich herüberzubringen, daß es aber im ganzen keinen großen Werth habe, weil der Wechsel der Kurse der titres d'acquit keine feste Rechnung darauf zulasse. Dieser Export, meine Herren, der wird aber für die meisten Artikel ganz wegfallen, sobald das Entphosphorungsverfahren, von dem vorhin die Rede war, und auf das ich noch näher eingehen werde, eingeführt wird, dann hört die Exportfähigkeit des deutschen Roheisens auf, und wir haben deshalb umsomehr Ursache, unsererseits die 10 Millionen Zentner, die von England eingeführt sind, zu verdrängen.

Meine Herren, für die Exportindustrie ist nach meiner festen Ueberzeugung etwas ganz anderes nothwendig, als was bis jetzt zu deren Schutz angeführt ist, für die Exportindustrie ist die Hauptsache und darin stimme ich mit dem Herrn Abgeordneten Dr. Delbrück überein, der die Debatte über das Roheisen mit dieser Frage eröffnet hat, daß Sie das Material, was sie als Rohmaterial und Halbfabrikat braucht, zollfrei eingehen lassen, und da werden Sie mich bereit finden, jede Erleichterung, welche da geschaffen werden kann, auf die entschiedenste und energischste Weise zu befürworten. Ich gianbe, das ist eine Forderung, in der sich alle, auf welchem Boden sie auch stehen mögen, vereinigen können. Für das Roheisen ist die Sache durch das Schlußprotokoll von 1867 bereits geregelt. Aber ich möchte auch da, daß die Ermäßigung, die jetzt für das Magazin, welches unter Zollverschluß steht, ertheilt wird, daß diese Vorschrift ausgedehnt und erweitert werde nach dem Muster des in Belgien bestehenden Verfahrens. Meine Herren, Sie wissen, daß in Belgien nur verlangt wird, daß das betreffende Roheisen nach dem Werk, von dem der Export ausgeht, unter Kaution hingeschafft wird, daß dort eine Kontrole der Steuerbeamten besteht, ob das Roheisen nun auch zu den Exportartikeln verwendet wird, aber von einem Zollverschluß ist Abstand genommen. Das ist das Verfahren, das in Belgien zu keinen Unzuträglichkeiten Veranlassung gegeben hat, das alle Leute befriedigt und eine genügende Kontrole dafür ergibt, daß der Fiskus nicht betrogen wird, und daß die Exportartikel aus keinem andern Stoff gemacht werden als aus dem betreffenden zollfreien Material. Ich möchte die allerwärmste und dringendste Bitte an die Regierung richten, dieses belgische Verfahren für das Roheisen einzuführen, würde das geschehen, meine Herren, so glaube ich, daß alle Exportinteressenten ohne Ausnahme, die Roheisen verarbeiten, den Roheisenzoll gern annehmen und daß die Höhe des Roheisenzolls ihnen ziemlich gleichgiltig sei.

Ich komme jetzt zur Höhe des Roheisenzolles selbst und weiß sehr wohl, daß das die Hauptsache ist, um welche sich die Debatte heute praktisch dreht; denn einen Roheisenzoll überhaupt, meine Herren, werden bei weitem die meisten von Ihnen bewilligen wollen, weil das eine allgemein anerkannte absolute Nothwendigkeit ist. Nun gebe ich das dem Herrn von Wedell und auch den Petenten zu, die gestern Abend diese neueste Petition an uns gerichtet haben, daß in der Enquete sehr viele Stimmen, selbst von Roheisenproduzenten sich für das Genügen eines Zolles von 3 Silbergroschen pro Zentner ausgesprochen haben, und ich selbst bekenne ganz offen, daß ich nach Schluß der Enqnete, zur Zeit als der Vorschlag der Regierung auf 50 Pfennige schon bekannt war, selbst der Ansicht war, daß ein Kompromiß auf Grund dieser 3 Silbergroschen sich sehr wohl abschließen ließe.

(Hört!)

Darin kann ich allerdings Herrn Wedell nicht Recht geben, daß die wesentlichsten Produzenten von Roheisen, namentlich von Gießereiroheisen sich damit einverstanden erklärt haben. Er hat den amtlichen Vertreter eines Staatswerks angeführt und ich kann mir nur deuken, daß er den Bergrath Jüngel in Gleiwitz meinte. Dem ist es aber nicht im Traum eingefallen, einen solchen Zollsatz vorzuschlagen, sondern, wenn Herr Wedell Seite 527 des Enqueteberichts nachschlagen will, so wird er finden, daß gerade dieser Herr, den er für die Herabsetzung des Zolles anführt, es war, welcher ausdrücklich 50 Pfennig pro Zentner als Minimum für Gießereiroheisen verlangte. Darin irrt er sich also. Was Herrn Funke anlangt, den er als Zeuge für 25 Pfennig angeführt hat, so ist richtig, daß Herr Fuuke nicht nur Kleinindustrieller ist, sondern auch in der Großindustrie steht; aber derselbe hat keine Hochöfen, sondern nur Walzwerke und somit an Roheisenzoll kein Interesse, da er nur Konsument von Roheisen ist. Er ist also als vollgültiger Zeuge für den Roheisenzoll nicht zu betrachten.

Meine Herren, was nun meine eigene Stellung anbelangt, so bin ich, wie gesagt, durchaus geneigt gewesen, die 3 Silbergroschen Roheisenzoll bis vor einigen Wochen als genügend anzusehen, und wenn ich heute auf dem entgegengesetzten Standpunkt stehe, so bitte ich Sie, zu glauben, daß das bei mir nur das Resultat meiner innigsten Ueberzeugung ist, daß nach den Verbesserungen der Technik, die in den letzten Wochen durchgeführt sind, ein Roheisenzoll von 3 Silbergroschen oder 2½ Silbergroschen — entschuldigen Sie, wenn ich in Groschen und Zentnern spreche, Sie werden mich ja verstehen — daß der in keiner Weise das Resultat erreichen würde, die Roheisenindustrie auch nur in dem bestehenden Zustande zu erhalten. Es würde nach meiner Auffassung dadurch nichts anderes erreicht, als eine, wenn auch nicht erhebliche, aber doch empfindliche Vertheuerung des Roheisens hervorzurufen, ohne es der deutschen Hochofenindustrie zu ermöglichen, ihre Existenz gegenüber der englischen zu erhalten. Meine Herren, das war mir früher schon klar auch nach Schluß der Enquete vor den neuesten Entdeckungen, daß für die Gießereiindustrie, für die Produktion von Gießereiroheisen die 2½ Groschen oder 3 Groschen überhaupt nicht reichen; denn ein einfacher Blick in die Enquete dürfte schon für jeden Laien genügen, um zu sehen, daß die Differenz der Selbstkosten bei der Produktion des Gießereiroheisens zwischen Cleveland und den deutschen Distrikten sehr viel höher ist als 6 Mark per Tons. Ich habe mir gesagt, wir sind gewohnt in dieser Beziehung so bescheiden zu sein, daß wir schließlich darauf verzichten können, es allen recht zu machen. Wenn die Gießereiindustrie, die in den letzten Jahren so viel gelitten hat, auch nur in einigen geschützten Lagen besser zurecht kommt, so verzichten wir darauf, den Norden und Osten wieder zu gewinnen, der bleibt England nach wie vor tributpflichtig, aber wir gewinnen doch den binnenländischen, den süddeutschen Markt wieder. Also daß das Clevelandgießereiroheisen durch die Einführung eines Zolles von 2 1/2 Silbergroschen für den größten Theil Deutschlands nicht zu verdrängen sei, und von den 10 Millionen Zentnern nur ein geringer Theil zum Abstrich kommen würde, das war mir damals schon klar. Durch die neuen Erfindungen wird aber der Charakter des Clevelandeisens, das bisher beschränkt war auf die Gießereien, generalisirt und maßgebend für die *gesammte Eisenproduktion ohne Ausnahme*. Die Ueberlegenheit des Clevelanddistrikts beruht einfach darin, daß Cleveland sehr billige Eisenerze hat, die zwar nicht gerade auf der Kohle, aber höchstens 2 bis 3 Kilometer davon entfernt liegen, so daß man sagen kann, in Cleveland wird das phosphorhaltige Roheisen in der billigst möglichen Weise dargestellt. Die Produktionskosten variiren nach Angabe zwischen 32 bis 34 Mark. Thatsache ist, daß das Clevelandeisen zu 34 Mark heute verkauft wird und zwar dasjenige, das sowohl der Gießerei dient als auch durch Entphosphorung neuerdings zu Stahl verarbeitet wird. Dieses Roheisen kounte bis jetzt weder zu Stabeisen noch zur Bessemerstahlsabrikation um deswillen verwendet werden, weil es einen zu hohen Phosphorgehalt hat. Es hat einen Phosphorgehalt von 1 1/2 Prozent durch die neuesten Entdeckungen, und zwar namentlich durch das Verfahren, was den Herren Thomas und Gilchuil patentirt worden ist, gelingt es aber durch Zuschlag basischer Bestandtheile im Bessemerprozeß dieses Roheisen so weit zu entphosphoren, daß es zu Bessemerstahl geeignet wird, und dadurch wird es dem Distrikt Cleveland möglich sein, Roheisen, das bis jetzt nur zu geringen Gußwaaren verwendet werden konnte, zu jeder anderen Fabrikation zu verwenden. Nun, meine Herren, könnte man sagen, ja, wenn die ganze Eisenindustrie auf das Clevelandeisen angewiesen ist, werden die Preise dort so kolossal steigen, daß es nicht mehr möglich ist, es zu verwenden. Meine Herren, dem ist nicht so. In Cleveland existiren 173 Hochöfen und die Produktion von Cleveland betrug im vorigen Jahr 40 Millionen Zeutner, also mehr als die gesammte deutsche Eisenproduktion, und Cleveland ist im Stande, seine Produktion zu verdoppeln und verdreifachen, indem Erz und Kohlen in ungeheurer Abundanz vorhanden sind. Dann wirft man ein, in Luxemburg seien die Erze ebenso billig, und der Herr Abgeordnete Bamberger sagte, die westphälische Industrie möge, wenn sie dort nicht mehr bestehen könne, nach Luxemburg überzusiedeln. Meine Herren, das ist leicht gesagt, aber man kann doch nicht für einen Hochofen ein Billet dritter Klasse lösen und ihn für 10 Mark 40 Pfennige nach Luxemburg schicken. Die Umwandelung einer so kolossalen Industrie wie die Hochofenindustrie ist eine außerordentlich kostspielige und sehr schwierige Maßregel, aber meine Herren, es ist die große Frage, ob diese Uebersiedelung überhaupt die Frage löst. Bis jetzt steht die Technik so, daß das Maximum des Phosphorgehalts, was im Roheisen sein darf, um im Bessemerprozeß entphosphort zu werden, 1 1/2 Prozent beträgt. In ganz Luxemburg gibt es aber kein Roheisen, was nicht über 1 1/2 Prozent Phosphor enthält. Der Phosphorgehalt des Luxemburger Roheisens schwankt zwischen 1,7 und 2 Prozent, während das Clevelandeisen unter 1 1/2 Prozent bleibt. Während das Clevelandeisen, das, wie ich zugebe, nicht viel billiger produzirt wird wie das Luxemburger Eisen, unvermischt durch das neue Verfahren zur Stahlfabrikation verwendet werden kann, wird zu dem Luxemburgereisen ein Zusatz gemacht werden müssen, man kann daher beide Verhältnisse nicht gleichstellen. Dann liegt ein großer Unterschied darin, daß in Luxemburg das Roheisen mit Kohlen weiter verarbeitet werden muß, die bis zu 40 Meilen von dem Kohlenbecken der Ruhr kommen, oder umgekehrt das Roheisen dorthin oder nach der Saar zurückgebracht werden muß, das führt bedeutende Frachtspesen herbei, was in England nicht der Fall ist. Dazu kommt, daß zwar das gewöhnliche Puddeleisen in Luxemburg vielleicht billiger hergestellt wird wie in England, daß aber das graue Roheisen, das zum Bessemerprozeß nothwendig ist, deshalb sehr wesentlich theurer als in England produzirt wird, weil dort das graue Roheisen fast zu demselben Preise wie das weiße zu erzeugen ist, während es in Luxemburg schwer ist, ein sogenanntes Roheisen Nr. 3 regelmäßig herzustellen. Ich behaupte also, daß eine Parität zwischen Luxemburg und Cleveland in keiner Weise existirt. Nun, meine Herren, wenn sie aber dennoch existirte, was würde daraus folgen? Nach meiner festen Ueberzeugung ist, wenn heute das neue Verfahren in der deutschen Eisenindustrie angewendet wird, durch die erforderlichen Umwandlungen *die Hälfte des ganzen darin angelegten Kapitals verloren* und muß erst wieder ersetzt werden. Glauben Sie, daß diese Ergänzung stattfindet, daß die betreffenden Industriellen von Westfalen nach Luxemburg übersiedelen —

(Zuruf)

— Ich glaube, daß es die anderen Herren auch so verstanden haben — daß die Herren nach Luxemburg übersiedeln, wenn sie im besten Falle die Chance haben, die sie aber nicht haben, daß ihre Selbstkosten durch den Verkauf gedeckt werden? Herr von Wedell hat es zwar als ein unberechtigtes Verlangen der Industriellen hingestellt, daß sie Amortisation und Zinsen haben wollen. Wozu treibt man denn überhaupt eine Industrie, wenn man nicht wenigstens die Amortisation und Zinsen herausschlägt, das kann doch wahrhaftig jeder von ihnen verlangen. Wenn Sie die Industriellen aber auffordern, plötzlich das Kapital um die Hälfte zu erhöhen und nach einer anderen Gegend überzusiedeln, so müssen Sie ihnen auch die Garantie geben, daß sie auf dem inländischen Markt wenigstens ihre Rechnung finden. Ist das nicht der Fall, so werden Sie nothwendig folgendes hervorrufen: entweder Sie führen keinen Roheisenzoll ein und keinen Fabrikatszoll, dann können Sie fest überzeugt sein, daß damit die deutsche Eisenindustrie einfach aufhört; *oder* Sie führen keinen Roheisenzoll oder einen ungenügenden Roheisenzoll, dagegen einen genügenden Fabrikatszoll ein, dann wird das Verhältniß des Clevelandroheisens, wie es für die deutsche Gießerei bereits besteht, ausgedehnt werden auf die gesammte Eisenindustrie und es wird in Deutschland kein anderes Roheisen verwendet werden wie Cleveländisches mit einzelnen Ausnahmen vielleicht, wo lokale Verhältnisse dies bedingen. Ja, meine Herren, dieses Clevelandroheisen hat sogar relativ einen noch viel höheren Werth für den Bessemerprozeß als für die Gießerei, weil der Bessemerprozeß aus dem Hochofen direkt vermittelt werden, der Clevelander Fabrikant also seine Schienen um so viel billiger herstellen kann, als der deutsche. Das Cleveländer Gießereiroheisen muß dagegen überall in Kuppelöfen umgeschmolzen werden, in England wie hier, und so ist da wenigstens Sonne und Luft gleich vertheilt.

Nun, meine Herren, was bedeutet die Eventualität, daß die gesammte westfälische Eisenindustrie ihr Roheisen aus Cleveland bezieht, für den westfälischen Steinkohlenbergbau? Bis jetzt man angenommen, daß pro Pfund fertiges Stabeisen erforderlich sind 5 1/2 Pfund Steinkohlen. Diese 5 1/2 Pfund werden durch den Bessemerprozeß an sich schon herabgedrückt auf zirka 4 Pfund und das ist ein Ausfall, den der Steinkohlenbergbau hinnehmen muß, den er aber empfindlich fühlen wird. Nun, meine Herren, gesetzt den Fall, daß aber das Roheisen zur deutschen Stabeisenfabrikation aus England importirt wird, so reduziren sich diese 5 1/2 Pfund auf **1 Pfund**,

(hört!)

und da Westfalen 28 Prozent seiner Steinkohlen für die

Eiseninbustrie absetzt, so würden diese 28 Prozent reduzirt werden auf 5 Prozent, es würde also der gesammte westfälische Steinkohlenbergbau einen Ausfall von 23 Prozent erleiden. Meine Herren, was das bedeutet bei dem heutigen Staube des westfälischen Steinkohlenbergbaues, das brauche ich Ihnen nicht weiter auseinanderzusetzen und ich bin überzeugt, daß in anderen Gegenden die Verhältnisse ziemlich ähnlich liegen. Meine Herren, wenn Sie die Selbstkosten in Luxemburg, deren niedrigster Satz in der Enquete mit 42 Mark für graues Gießereiroheisen angegeben wurde, vergleichen mit dem Clevelandroheisen, das mit 34 Mark verkauft wird, wenn Sie gleichzeitig berücksichtigen, daß die Fracht von Cleveland, also von Middlesborough nach Ruhrort oder gar nach Hamm, geringer ist, als von Luxemburg nach diesen Punkten, wenn Sie endlich erwägen, daß es sich um Roheisen handelt, welches nicht mehr als 1½ Prozent Phosphor enthalten darf, während der Phosphorgehalt im Luxemburger Roheisen ein höherer ist, so werden Sie zugeben müssen, daß ein Zoll von 5 oder 6 Mark per Tonne selbst zum Schutz der bestgelegenen deutschen Roheisenproduktion absolut unzureichend ist. Wenn Sie einen Zoll von 10 Mark nicht bewilligen wollen, dann lassen Sie in Gottes Namen die Verhältnisse lieber so weiter gehen, wie sie jetzt gehen, damit wir nicht im nächsten Jahr zu sagen haben: wir haben zwar einen Zoll eingeführt, er ist aber ohne Effekt geblieben, wir müssen ihn wieder erhöhen. Das ist viel schlimmer, als die Kriegsaussichten des Herrn von Wedell durch dessen Amendement Sie den Frieden wahrlich nicht bekommen werden. Ich mache mir übrigens keine Illusion darüber: Der Kampf zwischen Schutzzoll und Freihandel kommt mit dem heutigen Tage, mit der jetzigen Session nicht aus der Welt und das ist ein Glück, denn es ist besser, wenn die deutsche Nation sich in ihren einzelnen Gliedern mit dieser Frage beschäftigt, als wenn sie dieselbe wie bisher der gelehrten Schulweisheit überläßt.

(Sehr richtig!)

Nun sagt Herr von Wedell, der vorgeschlagene Zoll von 1 Mark sei exorbitant, er betrage 20 Prozent vom Werthe. Meine Herren, der Werth von 20 Prozent auf den heutigen Preis berechnet, ist vielleicht zuzugeben, aber wer hat denn je die Rechnung aufgestellt, daß, wenn man den Werth eines Zolls berechnet, man ihn gerade mit dem allerniedrigsten Preisstand vergleiche? Ich habe die Rechnung nach dem zehnjährigen Durchschnitt gemacht, nach den Hamburger Roheisenpreisen, wie sie in der offiziellen Statistik der Enquete mitgetheilt worden sind. Ich komme da durchschnittlich auf einen Roheisenpreis von 80 Mark, es würde der Roheisenzoll von 1 Mark, also einem Werthzoll von 12½ Prozent entsprechen.

Nun stellt der Herr Abgeordnete von Wedell diese 12½ Prozent gegenüber einem Maschinenzoll von 5,36 Prozent und sagt in der Eingabe des Landwirthschaftsraths, wie kann eine Maschinenindustrie existiren, die nur 5 Prozent oder 6 Prozent Zollschutz hat, während sie für den Roheisenzoll 20 Prozent bezahlen muß? Das ist indessen eine Gruppirung der Zahlen, die wirklich nicht zulässig erscheint. In den 5,36 Prozent, Zoll, die Herr von Wedell als Schutzzoll für die Maschinen herausrechnet, da stecken nämlich nur 0,9 **Prozent**, die der betreffende Maschinenfabrikant für den Roheisenzoll auslegt. Es bleiben ihm also immer noch von den 5,36 4,46 Prozent als eigener Schutz übrig. Man kann in der Weise überhaupt die Werthzölle nicht neben einander stellen, wenn Sie das wollten, daß genau derselbe Prozentsatz für den Zoll auf hochwerthige, wie für geringwerthige Gegenstände eingeführt wird, so würden Sie bei den hochwerthigen zu Zollsätzen kommen, die man kaum mehr aussprechen kann.

Die Forderung, von der aus wir den Zoll auf Roheisen verlangen, beruht nicht auf dem Werthverhältniß, das Herr von Wedell ausgeführt hat, sondern zunächst auf dem Umstande, daß bei uns Erze und Kohlen nicht in der Nähe zusammen liegen, wie in England und in anderen Ländern; ferner und vor allen Dingen aber auf dem Prinzip der Gegenseitigkeit mit dem Ausland. Ja, wenn uns die Gegenseitigkeit seitens des Auslands gewährt würde, so würde ich auch heute noch trotz all der Argumente, die ich vorgeführt habe, für Zollfreiheit des Roheisens stimmen.

Nun, meine Herren, hinsichtlich der Maschinen wird mir Herr von Wedell zugeben, daß das Ausland ganz ähnliche Verhältnisse hat, wie sie die Vorschläge der verbündeten Regierungen enthalten, und es dem Ausland nicht im Traum einfällt, Maschinen mit demselben Zoll in Prozenten des Werths zu belegen, wie Roheisen oder andere minderwerthe Fabrikate. Das ist faktisch ganz unmöglich.

Die besten Zeugen für mich sind die deutschen Maschinenfabrikanten selbst, denen es gar nicht eingefallen ist, gegen den Roheisenzoll von 1 Mark vorzugehen, sondern welche zufrieden sind, wenn die Tarifvorlage angenommen wird, wie sie die Regierung uns vorgelegt hat.

Das hat mich aber doch erstaunt, daß — die Landwirthe möchte ich nicht sagen, aber Herr von Wedell und der Landwirthschaftsrath, — denn die Landwirthe selbst stehen nicht ganz auf seinem Standpunkte, —

(Heiterkeit)

daß der Landwirthschaftsrath eine so außerordentliche Fürsorge für die Maschinenfabrikation entwickelt.

Meine Herren, 1873 war ich betheiligt an der Redaktion des Amendements Varnbühler, und da haben wir vorgeschlagen, den Stabeisenzoll auf 10 Silbergroschen herabzusetzen, den Maschinenzoll aber auf 12½ Mark zu lassen. Das schien uns durchaus nothwendig, weil im Zoll von 12½ eigentlich nichts enthalten war, als der Zoll auf das in den Maschinenfabriken verbrauchte Material, wenn man den Abgang berücksichtigt.

Meine Herren, das wurde uns gerade vom Standpunkt der Herren vom Landwirthschaftsrath am entschiedensten bekämpft und schließlich vom Regierungstisch aus konstatirt, daß das an sich sehr verständig wäre; aber das Interesse der Landwirthschaft verlange es, daß die Maschinen, wenn nicht gerade zollfrei, aber doch mit keinem Pfennig höher belegt werden, als das Materialieneisen, da die Landwirthschaft an der Zollfreiheit der Maschinen ein viel größeres Interesse hätte als an dem Eisen selbst. Damals verlangten wir in aller Bescheidenheit nur eine Erhöhung von 25 Prozent für die Maschinenfabrik. Hier schlägt die Regierung nun vor, der Zoll auf Maschinen soll nur 100 Prozent höher sein, als für das Material- respektive Roheisen und selbst das genügt den Landwirthen jetzt nicht. Wenn Sie übrigens durchaus höhere Maschinenzölle haben wollen, dagegen habe ich nichts, das läßt sich noch überlegen!

(Heiterkeit rechts.)

Nun, meine Herren, möchte ich nicht eingehen auf alle die verschiedenen Rechnungen, die seitens einiger, wie ich glaube irregeleiteter landwirthschaftlicher Vertreter gemacht worden sind über die große Bedeutung, die der Eisenzoll für die Landwirthschaft habe. Herr von Wedell, der diesmal außerordentlich maßvoll gesprochen, hat doch auch wieder von ruinirter Landwirthschaft gesprochen in Beziehung auf die Eisenzölle. Ich will auf das Alles jetzt nicht näher eingehen, und nur Herrn von Maltzahn daran erinnern, daß wenn er eine Rechnung aufstellt, wonach die Wiedereinführung der Eisenzölle, also die Annahme der Regierungsvorlage für die Landwirthschaft 6 Prozent der Grundsteuer repräsentirt, daß ich das für sehr hoch halte, er wird mir aber zugeben, daß wenn die 6 Prozent richtig sind, es bei Roheisen sich höchstens um 3 Prozent handeln kann. Diese 3 Prozent machen auf 40 Millionen Mark Grundsteuer, die in Preußen bezahlt werden, 1 200 000 Mark und die auf das Reich übertragen, würde rund die Summe von 2 Millionen Mark geben. Also, meine Herren, die äußerste Behauptung der Herren ist die, daß die Wiedereinführung der Eisenzölle den Grundbesitz um 2 Millionen Mark jährlich im ganzen deutschen Reich belastet. Ich sollte doch denken, die Budgetberathungen seit 4 Jahren müßten Ihnen zur Genüge den Beweis geliefert haben, daß die Frage, ob Handel und Verkehr, die Erwerbsthätigkeit blühend oder nicht ist, mit Summen rechnet, die bis 20, 30, 40, 50 Millionen hineingehen, gegen welche die 2 Millionen Mark aber total verschwinden. Meine Herren, wenn ich eine Gegenrechnung machen und Ihnen sagen wollte, was die Getreidezölle für die Industrie bedeuten, so würde ich zu sehr viel höheren Beträgen kommen, ich würde beweisen, daß es sich da nicht um 2 Millionen Mark handelt, sondern in der That um ganz andere Summen, um welche die Industrie belastet würde, wenn überhaupt eine Belastung stattfindet.

(Heiterkeit.)

Aber, meine Herren, ich bin eben der Ueberzeugung, daß weder die Industrie belastet wird durch die landwirthschaftlichen Zölle noch die Landwirthschaft durch die Industriezölle, ich meine, die produktive Erwerbsthätigkeit im ganzen Lande sollte sich über solche Dinge nicht streiten, sondern sich auf den Boden stellen, daß sie sagt: der Grundsatz ist falsch, daß es dem ganzen Lande schlecht geht, wenn es dem einzelnen gut geht, sondern umgekehrt der Grundsatz ist richtig, der in Frankreich stets gegolten hat: wenn es jedem einzelnen gut geht, so geht es allen gut.

(Sehr gut! — Heiterkeit.)

Meine Herren, ich glaube, daß wir allen Grund haben, gegenüber der Koalition, die zwischen den kosmopolitischen Freihändlern und den einseitigen Interessen des Seehandels besteht, alle übrigen Erwerbsthätigkeiten — und das ist ja die große Majorität im Lande — zusammenzuschließen, um gegen diese Koalition vorzugehen, um diese Koalition endlich zu besiegen.

(Bravo! rechts.)

Das aber muß ich den Herren sagen, daß wenn überhaupt auf diesem Boden vorgegangen werden soll, daß dahier speziell beim Roheisen eine Herabminderung des Zolls in keiner Weise den Zweck erreichen kann, der erreicht werden soll. Ich muß übrigens gegen die Auffassung protestiren, die zwar noch nicht ausgesprochen worden ist, die aber ganz unzweifelhaft noch ausgesprochen werden wird — ich kenne ja meine Herren Gegner, —

(Heiterkeit)

daß es sich hier um ein Kaufgeschäft handelt, was zwischen Industrie und Landwirthschaft abgeschlossen sei, als ob es sich gewissermaßen um eine Art Bestechung handle, die wir an den Herren Agrariern und die Herren Agrarier an uns ausgeübt hätten.

Meine Herren, ich muß dem ganz entschieden entgegentreten. Es handelt sich bei der Frage ganz einfach darum: ist die Industrie in der Lage, bei wiederhergestellter Konsumtionsfähigkeit die Einführung oder eine Erhöhung des Roggenzolles — auf 5 Silbergroschen pro Zentner zu vertragen oder nicht? Und da sage ich Ihnen ganz einfach, meine Herren, daß es für die Industrie und speziell für die industriellen Arbeiter viel wichtiger ist, daß die betreffenden Arbeiter wieder etwas und mehr verdienen,

(sehr richtig! rechts)

und zwar in Groschen, als daß sie um Pfennige oder deren Bruchtheile ihre Lebensbedürfnisse theurer bezahlen. Meine Herren, diese 5 Groschen Roggenzoll bilden in maximo nach meiner Rechnung 2 Pfennige für den Konsum pro Tag einer Arbeiterfamilie von 4 Köpfen. Meine Herren, wenn ich der

Regierung auf $5 \frac{1}{2}$ Millionen berechnet, dazu würde nun noch der Roheisenzoll kommen, der bekanntlich **schon** seit 1873 **aufgehoben war** und der auch mehrere Millionen eintragen wird. Man kann an der Frage nicht vorüberkommen, indem man etwa sagt, es lasse sich das nicht berechnen. Meine Herren, wenn dies wirklich der Fall wäre, was ich bestreite, so wäre es ja möglich, eine Formulirung zu finden, in der ein Einnahmebewilligungsrecht in anderer Gestalt wieder auflebt bis zu der Ziffer, die sich demnächst als Mehrertrag ergibt, um die demnächst die Matrikularbeiträge vermindert werden können. Es ist ja eine solche Formulirung im preußischen Landtage von jener Seite versucht worden. Der Herr Abgeordnete Windthorst (Meppen) hat allerdings in den Kapitulationsbedingungen, wie er sie formulirte, gesagt, daß ihm wichtiger als die konstitutionellen Garantien die Entlassung des Ministers Falk wäre. Ich glaube nun nicht, daß das ärgerliche Aufsehen, welches eine solche Entlassung jetzt machen würde, diese Frage näher rückt. Es wird dem Herrn Abgeordneten Windthorst (Meppen) nicht entgangen sein, daß die Regierung selbst, ich habe es selbst gestern Abend gelesen in der Politischen Korrespondenz, schreiben läßt, sie erkenne die zwingenden Gründe an, welche dem Zentrum es nicht gestatten, den liberalen Parteien in der Formulirung konstitutioneller Garantien einen Vorsprung zu lassen.

Meine Herren, zu der Sache selbst übergehend, so hat ja vor mir ein sehr großer Eisenfachmann gesprochen, und wenn meine Ahnung mich nicht trügt, so wird ein ebenso großer Eisenfachmann nach mir sprechen und so könnte es mir zwischen zwei Propheten als Weltkind in der Mitte etwas bedenklich erscheinen, zumal ich nicht zweifle, daß jedes kleine Versehen in den Ausdrücken die mir nicht so geläufig sind als solchen, die sich sachgemäß mit diesen Sachen beschäftigen, zu meinem Nachtheil benutzt werden könnte, doch hat mich die Rede des Herrn Abgeordneten Stumm wieder etwas weniger bedenklich gemacht, ich habe wieder etwas Muth gefaßt.

(Heiterkeit)

Meine Herren, der Herr Abgeordnete Stumm hat mich gewarnt, ich möchte mir doch nicht wieder eine solche Abfertigung zuziehen, wie sie mir von Herrn Schwartzkopff zu Theil geworden sei. Nun, meine Herren, Sie werden es natürlich fiuden, daß ich die erste Gelegenheit benütze hier im Hause, um mich in Bezug auf diese Erklärung des Herrn Schwartzkopff in der Presse vor Ihuen auszulassen. Es bezieht sich diese Erklärung des Herrn Schwartzkopff darauf, daß ich hier ausgeführt habe, wie die Koalition unserer inländischen Lokomotivfabrikanten es bewirkt, daß unsere Bahnen um $\frac{1}{5}$, also um 20 Prozent, ihre Maschinen theurer bezahlen müßten, als das Ausland von den Mitgliedern dieser Koalition ihre Maschinen bezieht, und ich hatte speziell exemplifizirt auf zwei Lieferungen, die eine an die Oberschlesische die andere an die Warschau-Wiener Bahn. Nun sagt Herr Schwartzkopff, das sei absolut unwahr, sein Werk habe niemals nach Oberschlesien verkauft. Meine Herren, wie ist nun das Sachverhältniß, über das ich mich inzwischen nach allen Seiten noch genauer unterrichtet habe. Die Koalition inländischer Lokomotivenfabrikanten hat an die Oberschlesische Bahn allerdings nicht um 20 Prozent theurer verkauft, wie Herr Schwartzkopff an die Warschau-Wiener Bahn, sondern um $18 \frac{1}{3}$ Prozent und diese Lieferung an die Oberschlesische Bahn ist allerdings nicht von Herrn Schwartzkopff, an dem nach dem Turnus der Koalition nicht die Reihe war, sondern von Henschel und Sohn in Kassel vergeben worden. Schwartzkopff hat aber in beiden Fällen offerirt, er hat an die Wien-Warschauer Bahn zu 37 300 Mark und an die Oberschlesische Bahn zu 45 800 Mark, also um 8500 Mark höher, — das ist gerade die Ziffer, die ich genannt habe — offerirt. Schwartzkopff hat bei der Warschau-Wiener Bahn die Lieferung bekommen, hat aber bei der Oberschlesischen Bahn die Lieferung nicht bekommen; darin habe ich mich geirrt, daß ich diese Offerte von 45 800 Mark von Schwartzkopff an die Oberschlesische Bahn für eine ernsthafte Offerte gehalten habe, auf die der Zuschlag ertheilt worden sei, das ist sie aber nicht gewesen, sondern es ist eine Scheinofferte gewesen, wie es in der Koalitionssprache heißt, eine „Schutzofferte". Die wirklich ernsthaft gemeinte Offerte, die der Oberschlesischen Bahn im Auftrage der von Schwartzkopff geleiteten Koalition gemacht worden ist, ist 1670 Mark niedriger als die Schutzofferte des Herrn Schwartzkopff. Das ist die von der Koalition festgesetzte Offerte von Henschel und Sohn. Es hat also Oberschlesien nicht um 8500, sondern um 6830 seine Lokomotive höher bezahlen müssen der von Schwartzkopff geleiteten Koalition als Schwartzkopff der Warschau-Wiener Bahn die Lokomotive lieferte. Die Vertheuerung des Inlandes durch die Koalition beträgt nicht 20 Prozent, sondern sie beträgt, wie ich im Eingang gesagt habe, $18 \frac{1}{3}$ Prozent. Das ist die Sachlage.

Nun hat Herr Schwartzkopff sich nicht darauf beschränkt, das Nebensächliche, Formelle zu berichtigen, soudern er hat, indem er den eigentlichen Sachverhalt ganz umgeht, die Gelegenheit bennzt zu einem Gesammtangriff und gesagt, da sehe man wieder, wie man Exempel, die nackte Unwahrheit seien, zu Gunsten der Manchestertheorie mache. Herr Schwartzkopff ist bekanntlich nicht bloß Leiter der Koalition, sondern auch Vorsitzender des Agitationsverbands der Eisenindustriellen. Es ist diese Art und Weise, wie man in der Oeffentlichkeit auftritt, indem man an einen formellen Nebenpunkt anknüpft und den ganzen wirklichen Sachverhalt umgeht, gleichwohl aber einen allgemeinen Angriff daran anknüpft, bezeichnend für die Art der Agitation, wie sie überhaupt von dieser Seite betrieben wird.

Ich glaube, meine Herren, daß hiernach alles, worauf es ankommt — mit der Firma Schwartzkopff haben wir es ja nicht zu thun, sondern mit der Frage der Koalition — bestätigt ist, wie ich es dargelegt habe. Man kann ja leicht in der Darstellung irren, unsereins ist ja das Koalitionswesen nicht in der Weise geläufig. Erlauben Sie mir, Ihnen deshalb den Organismus, mit dem die Koalition arbeitet, mit ein paar Worten noch näher klar zu legen. Ich glaube, daß ich wohl zum ersten mal in dem Besitz eines vollständigen Statnts einer Koalition bin, es ist das Stutut vom 18. April 1877, das Herr Schwartzkopff selbst in der Enquetekommission angezogen hat. Nach diesem Statut ist die Sache so organisirt. Die Zahl der Fabrikanten beträgt 10 in Norddeutschland und 6 in Süddeutschland; die Herren haben sich in zwei Gruppen getheilt, eine norddeutsche Gruppe und eine süddeutsche Gruppe, und der süddeutschen Gruppe sind, wie es bezeichnend in dem Statut heißt, „die Bahnen in Süddeutschlaud zum Ressort überwiesen."

(Heiterkeit. Zuruf.)

— Ich will nur die Thatsache darstellen, das Urtheil kann sich jeder selbst formuliren. — Es sind nun sehr ausführliche Strafbestimmungen getroffen, falls etwa eine der norddeutschen Fabriken sich einfallen lassen will, in Süddeutschland zu konkurriren; es ist also hier die Mainlinie sehr scharf gezogen, und das deutsche Wirthschafts- und nationale Industriegebiet ist mitten durchgeschnitten von den Herren unter der Fahne der nationalen Industrie.

Was nun die Organisation der einzelnen Gruppen anbetrifft, so haben diese 10 Herren, die Norddeutschland „zum Ressort" haben, einen bestimmten Turnus festgesetzt nach Nummern und im April eines jeden Jahres findet eine Konferenz in Berlin statt, die mit Zweidrittelmajorität die Preise festsetzt, die innegehalten werden müssen. Dann wird bei jeder Submission von der Leitung die Fabrik bezeichnet, die das niedrigste Gebot thun von 2 Millionen Mark geben. Also, meine Herren, die äußerste Behauptung der Herren ist die, daß die Wiedereinführung der Eisenzölle den Grundbesitz um 2 Millionen Mark jährlich im ganzen deutschen Reich belastet. Ich sollte doch denken, die Budgetberathungen seit 4 Jahren müßten Ihnen zur Genüge den Beweis geliefert haben, daß die Frage, ob Handel und Verkehr, die Erwerbsthätigkeit blühend oder nicht ist, mit Summen rechnet, die bis 20, 30, 40, 50 Millionen hineingehen, gegen welche die 2 Millionen Mark aber total verschwinden. Meine Herren, wenn ich eine Gegenrechnung machen und Ihnen sagen wollte, was die Getreidezölle für die Industrie bedeuten, so würde ich zu sehr viel höheren Beträgen kommen, ich würde beweisen, daß es sich da nicht um 2 Millionen Mark handelt, sondern in der That um ganz andere Summen, um welche die Industrie belastet würde, wenn überhaupt eine Belastung stattfindet.

(Heiterkeit.)

Aber, meine Herren, ich bin eben der Ueberzeugung, daß weder die Industrie belastet wird durch die landwirthschaftlichen Zölle noch die Landwirthschaft durch die Industriezölle, ich meine, die produktive Erwerbsthätigkeit im ganzen Lande sollte sich über solche Dinge nicht streiten, sondern sich auf den Boden stellen, daß sie sagt: der Grundsatz ist falsch, daß es dem ganzen Lande schlecht geht, wenn es dem einzelnen gut geht, sondern umgekehrt der Grundsatz ist richtig, der in Frankreich stets gegolten hat: wenn es jedem einzelnen gut geht, so geht es allen gut.

(Sehr gut! — Heiterkeit.)

Meine Herren, ich glaube, daß wir allen Grund haben, gegenüber der Koalition, die zwischen den kosmopolitischen Freihändlern und den einseitigen Interessen des Seehandels besteht, alle übrigen Erwerbsthätigkeiten — und das ist ja die große Majorität im Lande — zusammenzuschließen, um gegen diese Koalition vorzugehen, um diese Koalition endlich zu besiegen.

(Bravo! rechts.)

Das aber muß ich den Herren sagen, daß wenn überhaupt auf diesem Boden vorgegangen werden soll, daß dahier speziell beim Roheisen eine Herabminderung des Zolls in keiner Weise den Zweck erreichen kann, der erreicht werden soll. Ich muß übrigens gegen die Auffassung protestiren, die zwar noch nicht ausgesprochen worden ist, die aber ganz unzweifelhaft noch ausgesprochen werden wird — ich kenne ja meine Herren Gegner, —

(Heiterkeit)

daß es sich hier um ein Kaufgeschäft handelt, was zwischen Industrie und Landwirthschaft abgeschlossen sei, als ob es sich gewissermaßen um eine Art Bestechung handle, die wir an den Herren Agrariern und die Herren Agrarier an uns ausgeübt hätten.

Meine Herren, ich muß dem ganz entschieden entgegentreten. Es handelt sich bei der Frage ganz einfach darum: ist die Industrie in der Lage, bei wiederhergestellter Konsumtionsfähigkeit die Einführung oder eine Erhöhung des Roggenzolles — auf 5 Silbergroschen pro Zentner zu vertragen oder nicht? Und da sage ich Ihnen ganz einfach, meine Herren, daß es für die Industrie und speziell für die industriellen Arbeiter viel wichtiger ist, daß die betreffenden Arbeiter wieder etwas und mehr verdienen,

(sehr richtig! rechts)

und zwar in Groschen, als daß sie um Pfennige oder deren Bruchtheile ihre Lebensbedürfnisse theurer bezahlen. Meine Herren, diese 5 Groschen Roggenzoll bilden in maximo nach meiner Rechnung 2 Pfennige für den Konsum pro Tag einer Arbeiterfamilie von 4 Köpfen. Meine Herren, wenn ich der Ueberzeugung wäre, daß nicht bloß bei der Eiseninduſtrie, sondern auch bei anderen Industriezweigen der Lohn pro Tag um nicht mehr als 2 Pfennige in die Höhe gehen würde, so würde ich sagen: diese ganze Zollfrage ist nicht des Geschreies werth, was darüber erhoben wird.

(Bravo!)

Ich bin überzeugt, daß die Hungerlöhne, die wir heute vielfach in der Industrie haben — ich habe darüber bisher nicht gesprochen, aber das glaube ich doch nachholen zu müssen, daß ich konstatire, daß unsere Löhne unter den Stand von 1869 heruntergegangen sind, und das sind heutzutage Hungerlöhne bei dem Preise der heutigen Lebensbedürfnisse, — also ich sage, daß ich der festen Ueberzeugung bin, daß durch die Inaugurirung der neuen wirthschaftlichen Politik der Wohlstand und die Erwerbsfähigkeit in einer Weise zunehmen wird, daß wir es mit einer Erhöhung der Löhne groschenweise zu thun haben werden und daß es dem gegenüber nicht darauf ankommen kann, ob die Lebensmittel der Arbeiter um eine Kleinigkeit theurer werden. Meine Herren, ich habe ein so warmes Herz für die Arbeiter wie irgend jemand und glaube das auch thatsächlich bewiesen zu haben, aber mein Gewissen in der Beziehung ist vollständig klar, wenn ich sage, daß kein industrieller Arbeiter in ganz Deutschland da ist, dem durch die Einführung der Getreidezölle zunahe getreten wird, aber in viel höherem Maß glaube ich sagen zu dürfen, es gibt keinen Landwirth, dem durch die Wiedereinführung des Roheisenzolls von 5 Groschen zu nahe getreten wird.

(Sehr gut!)

Meine Herren, ich weiß ja nicht, ob es mir gelungen ist, Sie von der Nothwendigkeit des Zolles von 5 Silbergroschen pro Zentner für Roheisen zu überzeugen, aber die Ueberzeugung lassen Sie mich wenigstens hier betonen, daß ich nach gewissenhafter Prüfung der Ansicht bin, daß ein Zoll, der geringer ist als der von 5 Silbergroschen, gegenüber der heutigen Technik absolut keinen Werth hat. Wenn Sie einen derartigen Zoll einführen, — und ich weiß, daß sehr viel wohlmeinende Personen im Hause dazu geneigt sind — so retten Sie die Eisenindustrie nicht, Sie geben aber unseren Gegnern die Waffe in die Hand, daß sie uns im nächsten Jahr sagen werden: Seht Ihr, Ihr habt Euern Willen gehabt, und es hat Euch doch nichts genützt.

Ich bitte Sie deshalb, nehmen Sie die Regierungsvorlage an, repariren Sie dadurch die schweren Schäden, welche die frühere Gesetzgebung einem bis dahin blühenden Erwerbszweige zugefügt hat, und ermöglichen Sie es diesem Erwerbszweige, die tief eingreifenden und kostspieligen Umwandlungen vorzunehmen, welche die neuesten Fortschritte der Technik ihm mit gebieterischer Nothwendigkeit auferlegte.

(Bravo! rechts.)

Präsident: Der Herr Abgeordnete Richter (Hagen) hat das Wort.

Abgeordneter **Richter** (Hagen): Meine Herren, ehe ich auf die Sache selbst eingehe. —

(Rufe: Tribüne!)

— meine Herren, ich habe die Erfahrung gemacht, daß auch die Herren drüben von hier aus mich besser verstehen als von der Tribüne — möchte ich mir die bescheidene Anfrage an die schutzzöllnerische Majorität, speziell an die Zentrumsfraktion erlauben, denn die ist ja jetzt ausschlaggebend im Hause, — wie es mit den konstitutionellen Garantien steht, mit dem Vorbehalt unseres Einnahmebewilligungsrechtes? Wir kommen hier zum ersten Mal an einen Posten, der eine erhebliche Mehreinnahme bringt. Der Eisenzoll wird mindestens 9 bis 10 Millionen Mark eintragen; der Ausfall bei Aufhebung des Zolles im Jahre 1877 wurde von der

Regierung auf 5 ½ Millionen berechnet, dazu würde nun noch der Roheisenzoll kommen, der bekanntlich schon seit 1873 aufgehoben war und der auch mehrere Millionen eintragen wird. Man kann an der Frage nicht vorüberkommen, indem man etwa sagt, es lasse sich das nicht berechnen. Meine Herren, wenn dies wirklich der Fall wäre, was ich bestreite, so wäre es ja möglich, eine Formulirung zu finden, in der ein Einnahmebewilligungsrecht in anderer Gestalt wieder auflebt bis zu der Ziffer, die sich demnächst als Mehrertrag ergibt, um die demnächst die Matrikularbeiträge vermindert werden können. Es ist ja eine solche Formulirung im preußischen Landtage von jener Seite versucht worden. Der Herr Abgeordnete Windthorst (Meppen) hat allerdings in den Kapitulationsbedingungen, wie er sie formulirte, gesagt, daß ihm wichtiger als die konstitutionellen Garantien die Entlassung des Ministers Falk wäre. Ich glaube nun nicht, daß das ärgerliche Aufsehen, welches eine solche Entlassung jetzt machen würde, diese Frage näher rückt. Es wird dem Herrn Abgeordneten Windthorst (Meppen) nicht entgangen sein, daß die Regierung selbst, ich habe es selbst gestern Abend gelesen in der Politischen Korrespondenz, schreiben läßt, sie erkenne die zwingenden Gründe an, welche dem Zentrum es nicht gestatten, den liberalen Parteien in der Formulirung konstitutioneller Garantien einen Vorsprung zu lassen.

Meine Herren, zu der Sache selbst übergehend, so hat ja vor mir ein sehr großer Eisenfachmann gesprochen, und wenn meine Ahuung mich nicht trügt, so wird ein ebenso großer Eisenfachmann nach mir sprechen und so könnte es mir zwischen zwei Propheten als Weltkind in der Mitte etwas bedenklich erscheinen, zumal ich nicht zweifle, daß jedes kleine Versehen in den Ausdrücken die mir nicht so geläufig sind als solchen, die sich sachgemäß mit diesen Sachen beschäftigen, zu meinem Nachtheil benutzt werden könnte, doch hat mich die Rede des Herrn Abgeordneten Stumm wieder etwas weniger bedenklich gemacht, — ich habe wieder etwas Muth gefaßt.

(Heiterkeit)

Meine Herren, der Herr Abgeordnete Stumm hat mich gewarnt, ich möchte mir doch nicht wieder eine solche Abfertigung zuziehen, wie sie mir von Herrn Schwartzkopff zu Theil geworden sei. Nun, meine Herren, Sie werden es natürlich finden, daß ich die erste Gelegenheit benutze hier im Hause, um mich in Bezug auf diese Erklärung des Herrn Schwartzkopff in der Presse vor Ihuen auszulassen. Es bezieht sich diese Erklärung des Herrn Schwartzkopff darauf, daß ich hier ausgeführt habe, wie die Koalition unserer inländischen Lokomotivfabrikanten es bewirkt, daß unsere Bahnen um ⅕, also um 20 Prozent, ihre Maschinen theurer bezahlen müßten, als das Ausland von den Mitgliedern dieser Koalition ihre Maschinen bezieht, und ich hatte speziell exemplifizirt auf zwei Lieferungen, die eine an die Oberschlesische die andere an die Warschau-Wiener Bahn. Nun sagt Herr Schwartzkopff, das sei absolut unwahr, sein Werk habe niemals nach Oberschlesien verkauft. Meine Herren, wie ist nun das Sachverhältniß, über das ich mich inzwischen nach allen Seiten noch genauer unterrichtet habe. Die Koalition inländischer Lokomotivenfabrikanten hat an die Oberschlesische Bahn allerdings nicht um 20 Prozent theurer verkauft, wie Herr Schwartzkopff an die Warschau-Wiener Bahn, sondern um 18 ⅓ Prozent und diese Lieferung an die Oberschlesische Bahn ist allerdings nicht von Herrn Schwartzkopff, an dem nach dem Turnus der Koalition nicht die Reihe war, sondern von Henschel und Sohn in Kassel vergeben worden. Schwartzkopff hat aber in beiden Fällen offerirt, er hat an die Wien-Warschauer Bahn zu 37 300 Mark und an die Oberschlesische Bahn zu 45 800 Mark, also um 8500 Mark höher, — das ist gerade die Ziffer, die ich genannt habe — offerirt. Schwartzkopff hat bei der Warschau-Wiener Bahn die Lieferung bekommen, hat aber bei der Oberschlesischen Bahn die Lieferung nicht bekommen; darin habe ich mich geirrt, daß ich diese Offerte von 45 800 Mark von Schwartzkopff an die Oberschlesische Bahn für eine ernsthafte Offerte gehalten habe, auf die der Zuschlag ertheilt worden sei, das ist sie aber nicht gewesen, sondern es ist eine Scheinofferte gewesen, wie es in der Koalitionssprache heißt, eine „Schutzofferte“. Die wirklich ernsthaft gemeinte Offerte, die der Oberschlesischen Bahn im Auftrage der von Schwartzkopff geleiteten Koalition gemacht worden ist, ist 1670 Mark niedriger als die Schutzofferte des Herrn Schwartzkopff. Das ist die von der Koalition festgesetzte Offerte von Henschel und Sohn. Es hat also Oberschlesien nicht um 8500, sondern um 6830 seine Lokomotive höher bezahlen müssen der von Schwartzkopff geleiteten Koalition als Schwartzkopff der Warschau-Wiener Bahn die Lokomotive lieferte. Die Vertheuerung des Inlandes durch die Koalition beträgt nicht 20 Prozent, sondern sie beträgt, wie ich im Eingang gesagt habe, 18 ⅓ Prozent. Das ist die Sachlage.

Nnn hat Herr Schwartzkopff sich nicht darauf beschränkt, das Nebensächliche, Formelle zu berichtigen, sondern er hat, indem er den eigentlichen Sachverhalt ganz umgeht, die Gelegenheit benutzt zu einem Gesammtangriff und gesagt, da sehe man wieder, wie man Exempel, die nackte Unwahrheit seien, zu Gunsten der Manchestertheorie mache. Herr Schwartzkopff ist bekanntlich nicht bloß Leiter der Koalition, sondern auch Vorsitzender des Agitationsverbands der Eisenindustriellen. Es ist diese Art und Weise, wie man in der Oeffentlichkeit auftritt, indem man an einen formellen Nebenpunkt anknüpft und den ganzen wirklichen Sachverhalt umgeht, gleichwohl aber einen allgemeinen Angriff daran anknüpft, bezeichnend für die Art der Agitation, wie sie überhaupt von dieser Seite betrieben wird.

Ich glaube, meine Herren, daß hiernach alles, worauf es ankommt — mit der Firma Schwartzkopff haben wir es ja nicht zu thun, sondern mit der Frage der Koalition — bestätigt ist, wie ich es dargelegt habe. Man kann ja leicht in der Darstellung irren, unsereins ist ja das Koalitionswesen nicht in der Weise geläufig. Erlauben Sie mir, Ihnen deshalb den Organismus, mit dem die Koalition arbeitet, mit ein paar Worten noch näher klar zu legen. Ich glaube, daß ich wohl zum ersten mal in dem Besitz eines vollständigen Statuts einer Koalition bin, es ist das Stutut vom 18. April 1877, das Herr Schwartzkopff selbst in der Enquetekommission angezogen hat. Nach diesem Statut ist die Sache so organisirt. Die Zahl der Fabrikanten beträgt 10 in Norddeutschland und 6 in Süddeutschland; die Herren haben sich in zwei Gruppen getheilt, eine norddeutsche Gruppe und eine süddeutsche Gruppe, und der süddeutschen Gruppe sind, wie es bezeichnend in dem Statut heißt, „die Bahnen in Süddeutschlaud zum Ressort überwiesen.“

(Heiterkeit. Zuruf.)

— Ich will nur die Thatsache darstellen, das Urtheil kann sich jeder selbst formuliren. — Es sind nun sehr ausführliche Strafbestimmungen getroffen, falls etwa eine der norddeutschen Fabriken sich einfallen lassen will, in Süddeutschland zu konkurriren; es ist also hier die Mainlinie sehr scharf gezogen, und das deutsche Wirthschafts- und nationale Industriegebiet ist mitten durchgeschnitten von den Herren unter der Fahne der nationalen Industrie.

Was nun die Organisation der einzelnen Gruppen anbetrifft, so haben diese 10 Herren, die Norddeutschland „zum Ressort“ haben, einen bestimmten Turnus festgesetzt nach Nummern und im April eines jeden Jahres findet eine Konferenz in Berlin statt, die mit Zweidrittelmajorität die Preise festsetzt, die innegehalten werden müssen. Dann wird bei jeder Submission von der Leitung die Fabrik bezeichnet, die das niedrigste Gebot thun muß. Es findet sich gleich die Strafbestimmung im Statut, daß, wenn eine andere Fabrik eine sogenannte Schutzofferte, wie Schwartzkopff bei Oberschlesien, abgibt, sie bei Strafe verpflichtet ist, diese Schutzofferte mindestens 1000 Mark höher zu stellen als die von der Koalition festgesetzte ernsthafte Offerte, damit der Eisenbahnverwaltung ja nicht beifallen kann den Turnus in Verwirrung zu bringen. Die Durchführung der Koalition ist dadurch gesichert, daß für jede Lokomotive, die sich eine Fabrik untersteht gegen die Koalitionsleitung zu übernehmen, ein, wie es heißt, Abstandsgeld von 10 000 Mark bezahlt werden muß. Um dieses Abstandsgeld ohne Umstände vor Gericht einziehen zu können, ist jedes der koalirten Mitglieder verpflichtet gewesen, einen Solakautionswechsel in Höhe von 100 000 Mark bei Gebrüder Schickler in Berlin zu hinterlegen. Die Leitung der Koalition setzt durch notariellen Akt fest, ob die Strafe verfallen ist, dann sind die Gebrüder Schickler verpflichtet, auf Produktion des notariellen Akt diesen Solakautionswechsel auszuhändigen und daraus das sogenannte Abstandsgeld zu realisiren.

Meine Herren, diese Organisirung von Koalitionen ist ja nicht bloß für die Lokomotiven wichtig, sondern kann ebenso vorkommen bei anderen Koalitionen. Es sind derartige Koalitionen — unter dem Schutzzollsystem groß gezogen, wie die Koalitionen der Schienenfabrikanten. Solche bestehen und haben in Rheinland und Westfalen früher bestanden. Ob die jetzigen Koalitionen genau dieselben Koalitionen sind, wie die früheren, weiß ich nicht zu sagen — es haben solche Koalitionen unter dem Schutzzollsystem noch bestanden für Weißblech und noch für andere Zweige. Unter dem Freihandel hat die Konnivenz der Behörden, der Umstand, daß vom Ministerium die auswärtigen Submittenten ausgeschlossen wurden, daß man also einen Zustand thatsächlich herbeiführte, eine Monopolisirung machte, als wenn ein Schutzzoll bestände — diese Konnivenz der Behörden hat diese Koalitionen möglich gemacht, die sonst nur unter dem Schutzzollsystem bei der Absperrung des ausländischen Markts möglich geworden wäre.

Wenn nun jetzt der Schutzzoll eingeführt wird, so verbessert sich diese thatsächliche Konnivenz der Behörden, welche diese Koalitionen möglich machte, zu einer rechtlichen gesicherten Gründlage, auf Grund deren solche Koalitionen künftig operiren können, soweit eben die Höhe des Schutzzolls es ermöglicht. Solche Koalitionen stehen nach allen Richtungen bevor. Hier liegt ein Geschäftszirkular vor mir, worin ein Holzschraubenfabrikant den anderen Geschäftsfreunden mittheilt, es sei unklug gewesen, schon jetzt Vereinbarungen auf Preiserhöhungen zu treffen, wo der Zoll noch nicht bestände, jetzt hätten die Versuche nicht gelingen können, man solle noch etwas warten, bis der Zoll eingeführt sei.

Meine Herren, bei den Schienen ist ja das Verhältniß bekannt, wie es liegt. Es ist ja noch unlängst in den Zeitungen öffentlich eine Submissionstabelle mitgetheilt, woraus hervorgeht, daß die rheinischen Stahlwerke Ruhrort für die holländischen Staatsbahnen für 100 Mark Schienen offerirt haben, die sie bei der Main-Weserbahn zu 148 offeriren, und daß in dem neutralen Holland diese rheinischen Werke die englischen und französischen unterboten haben. Auch hier ist also infolge dieser Konnivenz der Behörden in Betreff des Ausschlusses ausländischer Submittenten thatsächlich durch die Koalitionen schon ein Zustand herbeigeführt, der erst durch den Schutzzoll eine rechtliche Unterlage finden wird. Deshalb stellt sich die Wirkung des Schutzzolls auf Lokomotiven und Schienen dahin, daß hier nicht mehr Arbeitsgelegenheit geschaffen wird, mehr Beschäftigung für Arbeiter, denn es sind schon jetzt alle Lokomotiven und Schienen in Deutschland gemacht worden. Es stellt sich auch heraus, daß an sich kein größerer Nutzen für die Unternehmer geschaffen wird, denn der Ntzen ist bereits durch diese Absperrung des ausländischen Marktes infolge der Verfügung der Ministerien eingetreten. Es handelt sich also bei dem Schutzzoll für Lokomotiven und Schienen einfach darum, eine rechtliche, feste Grundlage zu schaffen für den Zustand, der sich thatsächlich durch die Konnivenz der Behörden herausgebildet hat.

Es hat der Herr Rentzsch gestern zutreffend bemerkt, und da seine geistige Kraft ja die Schutzzollagitation im Zentralverbande vornehmlich trägt, ist das von großer Bedeutung — die Erhöhung des Preises, die Wirkung auf den Preis ist ja die Hauptsache beim Schutzzoll, daß die Einfuhr kleiner würde, träte als Wirkung zurück gegen den Einfluß des Schutzzolls auf den Preis. Einer der Herren Regierungskommissarien hat gestern gemeint, es sei doch billig, daß die Eisenbahnen die Schienen und die Lokomotiven höher bezahlten, denn es sei ihm eine Bahn bekannt, die hätte nur wegen der niedrigeren Schienen- und Lokomotivenpreisen 1¾ Prozent Dividende mehr geben können. Man sollte darnach glauben, als wenn die Eisenbahnen die glänzendsten Geschäfte machten und in der Lage wären, der Eisenindustrie etwas abzugeben. Wenn die Eisenbahnen eine solche Bilanz aufstellen wollten, wie die industriellen Werke, dann würden noch viel größere Verlustziffern herauskommen, wie dort. Wir haben ja im preußischen Landtage konstatirt, daß die preußischen Staatsbahnen schon gegenwärtig nicht das einbringen, was sie uns kosten an Zinsen. Daraus geht hervor, daß in dem Maße, als wir ihnen das Material vertheuern, wir in der That diese Zölle zahlen aus der Tasche der Steuerzahler. Man führt für die Nothwendigkeit der Holzzölle an, daß ja sonst der Steuerzahler für den Minderertrag der Forsten eintreten müsse. Diese Argumentation ist unrichtig, wir werden später darauf zurückkommen, aber richtig ist, daß die Steuerzahler hier, soweit es sich um die Staatsbahnen handelt, unmittelbar die Folgen der Vertheuerung zu tragen haben. Was die Privatbahnen anbetrifft, so gibt ja ein großer Theil, weit über die Hälfte, überhaupt keine Dividende, andere sehr wenig Prozente. Die Eisenbahnen leiden unter den allgemeinen schlechten Verhältnissen, unter denen auch die Eisenindustrie leidet. Die Eisenindustrie will nun künstlich höhere Preise schaffen. Die Eisenbahnen sollen also alle Nachtheile der gegenwärtigen Situation tragen, dagegen die Vorzüge, die auf der anderen Seite mit der gegenwärtigen Lage wieder verbunden sind, die niedrigeren Ausgaben zu Gunsten der Eisenindustrie missen. Die Eisenbahnen würden dann alle Nachtheile in der Verminderung ihres Verkehrs aus der gegenwärtigen Situation zu tragen haben, sie würden aber nicht die Vortheile haben, die eine allgemeine Preisermäßigung in sich schließt dessen, was sie kaufen. Dte Eisenindustrie andererseits behält dagegen die Vortheile der niedrigen Kohlenpreise, Arbeitslöhne u. s. w., Sie sehen also auf welcher Seite hier das Unrecht liegt.

Nun hat Herr Stumm wieder gesprochen von dem Export der Lokomotiv- und Schienenwerke. Ja, meine Herren, was wir verlangt haben, ist, daß die natürliche Exportindustrie erhalten bleibe und nicht geschädigt wird. Hier aber liegt die Sache so, daß man diesen Eisenwerken eine Exportindustrie in einem großen Umfange erleichtern will durch Benachtheiligung der inländischen Industrie, indem man den inländischen Markt vertheuert durch Absperrung der auswärtigen Konkurrenz. Der Herr Abgeordnete Löwe hat nun neulich bemerkt — ich habe mir das damals gleich notirt — er nähme keinen Anstand, die Leidenschaft für den Weltmarkt ohne genügende Unterlage für einen Größenwahn zu erklären, der einen großen Theil der Geschäftswelt in den letzten Jahren ergriffen hat. Der Herr Abgeordnete Löwe hat seine Ausführungen damit zu stärken gesucht, daß er sagte, er schöpfe aus persönlicher Kenntniß der Eisenindustrie und ihrer Lage. Nun ist es ja allgemein bekannt, daß Herr Löwe seit mehreren Jahren Verwaltungsrathsmitglied ist der Bochumer Gußstahlfabrik. Gerade wegen der persönlichen Kenntniß, die er von der Lage der Industrie daraus zieht, ist ein solches Urtheil gegenüber der Bochumer Gußstahlfabrik über den Größenwahn, für den Weltmarkt zu arbeiten, besonders überraschend. Wie liegen denn die Verhältnisse der Bochumer Gußstahlfabrik? Die Bochumer Gußstahlfabrik bezieht ihre Erze vom Weltmarkt zu 60 Prozent und noch mehr, von Spanien und Algier, und wenn wir dann kämen und sagten: Schutzzoll auf die Erze! das Eisen, was Gott wachsen läßt in Deutschland, soll auch gefördert werden, darauf wollen wir Prämien setzen, daß das ausgebeutet werden kann, — dann würden die Herren in Bochum ein großes Geschrei erheben. Meine Herren, sie beziehen also mit dem Freihandel ihre Erze und verkaufen wieder für den Weltmarkt, sie verkaufen unter anderem wieder nach Spanien, woher sie ihre Erze beziehen, sie treiben im weiteren Sinne des Worts einen Veredlungsverkehr, indem sie die spanischen Erze hier verarbeiten und das Fertige wieder nach Spanien, Portugal und anderen Ländern verkaufen. Und so finden Sie gerade bei solchen Werken, die für den Schutzzoll im Innern eintreten den Größenwahn für den Weltmarkt, wenn man das Größenwahn nennen will, entwickelt. Nehmen Sie die Dortmunder Union. Der Abgeordnete Löwe wird ja in der Lage sein, sich auch davon Einsicht zu verschaffen, ob ich richtige Mittheilungen anführe; es ist mir viel lieber, daß ich von solchen Werken spreche, von denen unmittelbar Mitglieder im Hause sitzen, die alles kontroliren können, als daß ich nachher durch Zeitungsartikel über irgend eine Nebensache berichtigt werde. Die Dortmunder Union verkauft nach allen Richtungen. Ich habe in der Zeitschrift der geographischen Gesellschaft gelesen, daß sie ein sehr gutes Geschäft nach Brasilien abgeschlossen hat, und zwar hat eine französische Gesellschaft ihr für eine neue Bahn in Brasilien die Lieferung übertragen und das erste Schiff mit Dortmunder Schienen ist in Brasilien, in Amerika bereits angekommen. Meine Herren, ja, solchen Seehandel wollen die Herren sich sehr gern gefallen lassen, solche Seeschifffahrt, die ihnen die Schienen nach Brasilien bringt, den Größenwahn, daß man dahin, wenn man es so nennen will, verkauft; aber dieselben Schiffe, die nach Brasilien fahren, müssen ja auch wieder zurückkommen und uns von dort etwas bringen. Das ist ihnen eben unangenehm. Von dem Augenblick scheint ihnen der Handel als Selbstzweck, wo der Handel nicht ihnen als Produzenten, sondern den deutschen Konsumenten zum Vortheil gereicht. Auf diese Weise bilden sich solche einseitige Urtheile über die Bedeutung des Handels, wie sie Herr Stumm noch eben ausgesprochen hat.

Meine Herren, Krupp! Krupp sagte in der Enquetekommission einmal: ich verkaufe an die ganze Welt mit Ausnahme von Australien und Frankreich; dem letzteren Lande nicht, weil beim Namen „Krupp" die Franzosen noch immer anfangen, nervös zu werden.

(Heiterkeit.)

Er sagt: ich verkaufe nach Java, Indien, Kairo, überall hin. Nun, ich von meinem Standpunkt aus, nenne das nichts weniger als Größenwahn, ich würde das überaus billigen, wenn die Herren nur nicht mit ihren Unternehmungen immer den Anspruch verbänden, daß nun der inländische Markt durch Vertheuerung ihnen diese Exportgeschäfte noch mehr erleichtern soll. Meine Herren, wozu führt denn das? Sie stellen den Eisenbahnen des Auslandes besonders günstige Bedingungen, sie wollen aber, daß die Eisenbahnen des Inlandes, die doch auch nationale Industrie sind, vertheuert werden, damit sie den Eisenbahnen des Auslandes umsomehr günstige Bedingungen stellen. Das führt doch dazu, daß die ausländischen Verkehrswege billiger hergestellt werden können, als im Inlande; das erleichtert dem Auslande die Konkurrenz mit dem Inlande, mit unserer nationalen Industrie. Auf der einen Seite sagen die Herren: ja, wenn unsere Verkehrswege, unsere Eisenbahnen so billig fahren wie die ausländischen, da brauchen wir keinen Schutzzoll, und auf der anderen Seite treiben sie mit ihren Schutzzöllen eine Politik, die gerade dazu führt, dem Auslande auf Kosten der inländischen Verkehrswege zahlreichere und billigere Verkehrswege zuzuführen.

Meine Herren, wenn man das Wort Größenwahn anwenden will, so wende man es nicht auf die Exportgeschäfte in diesem Verhältnisse an, sondern man wende es rückwärts an auf diejenige Zeit, in welcher dort alle mit einem gewissen Größenwahn solche Werke ihre Unternehmungen ausdehnten. Darin liegt der Grund ihrer nachtheiligen Geschäfte. Lesen wir die Verhandlungen der Enquetekommission; Herr Krupp sagt, ja damals im Jahre 1872 und 73 haben wir unsere Gruben, unsere Oefen, unsere Werke überall erweitert, wer hätte das denken können, daß das nicht immer so geblieben ist, wie das damals war. War es aber in der That anzunehmen, daß man so viele Schienen, wie damals gefordert wurden, zu Etablissements dauernd gebrauchen würde; war, meine Herren, anzunehmen, daß, wenn in jenen Jahren 1400 Lokomotiven verlangt wurden, während man heute mit 200 auskommt, war anzunehmen, daß das so fortgehen werde? Und ebenso liegt auch anderswo die Sache. Ich spreche nicht von den eigentlichen Gründungen wie von der Dortmunder Aktiengesellschaft, sondern von älteren Werken, wie z. B. vom Bochumer Gußstahl. Meine Herren, der Bochumer Gußstahl hat von 1860 bis 74 niemals unter 8 Prozent Dividende ergeben und durchschnittlich 11 Prozent, erst vom Jahre 1874 an fängt er an schlechte Dividende zu geben, und in gleicher Zahl sehen Sie, daß das Aktienkapital gestiegen war von 9 Millionen Mark auf 15 Millionen. Der Betrieb hat sich aber noch mehr erweitert, als das Aktienkapital sich erhöht hat. Vor mir liegt das Protokoll einer Generalversammlung, in der Herr Löwe als Verwaltungsrathsmitglied anwesend war, er kann mich mithin kontroliren. Darin führt der Direktor an, daß nach dem 1. Juli 1873, also nach Aufhebung des Eisenzolls, eine Erweiterung der Anlagen etwa im Betrag von 7 850 000 Mark stattgefunden. Man hatte es zwar mehrmals erwogen, sich aber nicht veranlaßt gesehen, von der früher geplanten Erweiterung Abstand zu nehmen.

Das hat man nicht gethan, obgleich gerade die Erfindung des Bessemer Verfahrens schon an sich dazu hätte führen können, eine übermäßige Ausdehnung zu verhüten.

Es ist gestern von der Laurahütte gesprochen worden, sie hat hier auch ihren Vertreter und kann mich also auch kontroliren. Woher kommen die veränderten Dividenden? Daß Graf Henkel an diese jetzige Aktiengesellschaft — so habe ich den Enqueteberichte verstanden — die Werke zum doppelten Preis verkauft hat, als er sie ein paar Jahre zuvor übernommen hatte; statt für 3 Millionen Thaler, die es ihm kostete — so habe ich nämlich den Enquetebericht verstanden — hat er es für 6 Millionen Thaler verkauft. Es würden also, wenn man nicht diesen hohen Preis in jener Zeit gezahlt hätte, die Dividenden heute um das Doppelte höher sein.

Ueber das Verhältniß von Schutzzoll und mangelhafter Rentabilität möchte ich noch einen Ausspruch verlesen, den der Herr Abgeordnete Rentzsch gethan hat, zur Zeit als er noch nicht Paulus, sondern Saulus war.

(Heiterkeit.)

Es ist mir gestern während seiner Rede sein Lexikon überreicht worden. Er sagte damals, als er nicht bloß in Betreff des Eisenzolls, sondern auch in Bezug auf andere Dinge anderer Ansicht war:

> Man hat in der Erwartung, der Zoll werde Menschenalter hindurch unverändert fortbestehen, allerdings Kapitalien festgefahren, z. B. bei Eisenhüttenwerken, welche ein Erz von sehr geringem Prozentgehalt in Gegenden mit hohen Brennmaterialpreisen verarbeiten, und verlangt, der Staat solle einer solchen verkehrten Spekulation zuliebe das ganze Volk zwingen, für die noth-

wendigsten Verbrauchsartikel höhere Preise zu zahlen. Waren die Kapitalien wirklich irrationell angelegt, und gelingt es nicht, durch Betriebsverbesserungen eine hinreichende Rentabilität zu erzielen, so werden unveränderte Schutzzölle das Uebel durch fortgesetzten Mißbrauch nur verschlimmern helfen.

(Hört! hört!)

So Herr Rentzsch in seinem Lexikon über Schutzzoll und Freihandel. Meine Herren, nun kann man heute nicht einmal sagen, daß die Herren im Vertrauen auf den Fortbestand des Eisenzolles ihr Werk erweiterten, denn, wie gesagt, haben sie nach Erlaß dieses Gesetzes noch so ausgedehnte Erweiterungen vorgenommen. Wenn man jetzt die Folgen von den damals übertriebenen Erweiterungen der Anlagen von diesem Unternehmen abnehmen will, so entsteht die Frage, ob solche Werke auf denjenigen freien Gewerbebetrieb künftig noch Anspruch machen können, den sie bisher gehabt haben.

Meine Hreren, es gibt keine Freiheit ohne Selbstverantwortlichkeit, und wenn man deshalb, weil von dieser Freiheit damals ein so falscher Gebrauch gemacht worden ist, nach Schutz verlangt, so hat man wohl recht, die Frage aufzuwerfen, ob künftig, wenn der Markt abgesperrt wird, und Sie das Monopol bekommen, den Herren gestattet sein soll, beliebig solche erweiterte Anlagen zu schaffen, auf Grund deren sie dann wieder erweiterte Ansprüche erheben könnten. Um ein Bild des Herrn Abgeordneten Stumm zu gebrauchen, wer mit dem Lichte unvorsichtig umgegangen ist, der darf sich nicht beschweren, wenn man ihn unter polizeiliche Kontrole stellt, wenn durch seine Fahrlässigkeit ein Brand verursacht worden ist, der Nationalvermögen verzehrt hat.

Ich komme nunmehr zu der Frage des Roheisens, von der ja der Herr Abgeordnete Stumm so ausführlich gesprochen hat. Der Herr Abgeordnete Stumm hat gemeint, die Roheisenproduktion sei in Deutschland zurückgegangen, und er hat sich auf die Statistik berufen. Die Herren wollen zwar sonst, wie sie bei jeder Gelegenheit sagen, von der Statistik nicht viel wissen, aber manchmal bringen sie doch selbst Zahlen, die wir dann glauben sollen. Nun hat der Herr Abgeordnete Stumm sein Argument auf 2 Ziffern gestützt. Einmal hat er gesagt, die Arbeiterzahl habe sich nicht so sehr vermehrt. Darauf ist schon im voraus erwidert worden von dem Herrn Abgeordneten Bamberger. Dagegen steht das Argument, daß die veränderte Betriebsweise es ermögliche, mit einer geringeren Arbeitskraft ein größeres Arbeitsquantum zu liefern; daher beweist diese Zahl nichts. Er hat sich zweitens gestützt auf die Zahl der Hochöfen und hat uns hingewiesen auf die Ruinen, die im Spessart, Harz und sonstwo sich befinden. Nun, meine Herren, was hat es mit diesen Ruinen von Hochöfen, die wir kennen, für eine Bewandtniß? Das sind zum Theil Hochöfen, die früher mit Holz betrieben wurden zu einer Zeit, wo das Holz noch sehr billig war, und man es aus den Wäldern nicht anderweitig nutzbringend verwerthen konnte, das sind zum Theil Hochöfen, die Erze, Raseneisensteine benutzten zu einer Zeit, wo bessere Erze in Deutschland noch nicht gefunden waren, das sind Hochöfen aus der Zeit, wo wir noch kein Eisenbahnnetz hatten, und wo solche Hochöfen mit dem Frachtfuhrwerk noch konkurriren konnten, Hochöfen, die heute nicht mehr konkurriren können gegenüber denjenigen Hochöfen, die an einer Eisenbahn liegen. Ja, ein Kollege im Hause ist sofort zu mir gekommen und hat mir gesagt, ich habe selbst so einen angeblich ruinirten Hochofen. Ich betreibe ihn jetzt als Holzschleiferei, wenn ich richtig verstanden habe, und stehe mich viel besser dabei, weil die Voraussetzungen nicht mehr vorhanden sind, die früher diesen Hochofenbetrieb ermöglichten. Ich kenne selbst einen solchen Hochofen im Hagener Kreise in Haßlinghausen. Da wurde bei den Wahlen auch gesagt: ja, dieser böse Richter hat diesen Hochofen ausgeblasen mit seinem Zoll. Da kommen aber andere Leute, die waren doch vernünftiger und sagten: der Hochofen liegt nicht an einer Eisenbahn und deshalb hat er, weil die anderen, die an der Eisenbahn liegen, ihm überlegen sind, nicht mehr konkurriren können. Also mit den Hochöfen ist von Ihnen nichts zu beweisen. Gehen Sie lieber nach Amerika, wo durch die Schutzzölle die Hochöfen ausgeblasen sind. Dort liegen $^2/_3$ der Hochöfen still, die erst in der letzten Zeit errichtet worden sind. Meine Herren, will man mit den Hochöfen etwas beweisen, dann kommt es doch vor Allem darauf an, das Arbeitsquantum, die Förderung in Betracht zu ziehen, und da zeigt es sich doch, daß von 11 Millionen im Jahre 1861 die Förderung bis zum Jahre 1871, also vor Elsaß-Lothringen auf 25 Millionen gestiegen ist, trotz der Abnahme des Roheisenzolles seit 1865. Nachher ist er gestiegen auf 29 Millionen im Jahre 1876, ob hier Elsaß-Lothringen mit eingerechnet ist, kann ich im Augenblick nicht unterscheiden. Herr Stumm hat bloß von der Einfuhr des ausländischen Roheisens gesprochen, aber mit keinem Worte von der Ausfuhr, obgleich er der erste ist, der wissen müßte, daß die heutige Einfuhr zum Theil nur Durchfuhr ist, und sogar unsere Einfuhr nicht ausländisches Roheisen, sondern zum Theil inländisches Roheisen ist, Roheisen, das aus Rheinland und Westfalen über Belgien und das Ausland geht, um an der Ostsee per Schiff eingeführt, um als Einfuhr gebucht zu werden, während es nur eine Ausfuhr deutschen Roheisens ist. Davon hat Herr Stumm nicht gesprochen. Meine Herren, betreffs der Ausfuhrziffern finde ich, daß die Ausfuhr des Roheisens von 100 000 Zentnern im Jahre 1861 gestiegen ist auf $7^1/_3$ Millionen 1876, und heute ist die Ausfuhr noch im größeren Grade unter der Zollfreiheit gestiegen, und es ist zum ersten Male in Deutschland hervorgetreten, daß wir an Roheisen mehr ausführen wie einführen. Da spricht Herr Stumm weiter von dem Ruin in Folge des Glasgowkrach. Der Glasgowkrach hat, soviel ich weiß, im Dezember v. J. stattgefunden. Die neueste Statistik ist vom Januar und Februar d. J. und was sagt die Statistik, daß an Roheisen die Plusausfuhr über die Einfuhr im Januar und Februar 1879 nicht geringer ist, wie in denselben Monaten von 1868, sondern um 570 000 gegen 490 000 vom vorigen Jahre größer. Also nach der Rechnung, deren Wahrheit Sie gewiß nicht bestreiten wollen, haben wir wenigstens keine Ursache, die Sache in solcher Weise darzustellen.

Nun, meine Herren, hat Herr Stumm die Roheisenfrage als eine solche behandelt, als ob es überhaupt eine einheitliche Frage wäre. Nein, meine Herren, lassen Sie sich nicht dadurch beirren, wer die Eisenzollfragen für eine Frage hält, hat sie überhaupt noch nicht verstanden. Die Eisenzollfragen sind mindestens 20 verschiedene Fragen, die von einander in ihren Voraussetzungen, in ihren Wirkungen so verschieden sind, wie überhaupt die Fragen des ganzen Zolltarifs unter einander verschieden sind. Die Roheisenfrage ist eine ganz verschiedene, je nachdem es sich um Puddelroheisen, je nachdem es sich um Gießereiroheisen und um Bessemerroheisen handelt. Herr Stumm hat dann Herrn Bamberger mit einer etwas vornehmen Bewegung der Unkenntniß überweisen wollen, daß er gesprochen hätte davon, als ob für das ausländische Gießereiroheisen der Zoll nicht eine Rolle spiele. Wenn ein solcher Eisenfachmann, wie Herr Stumm, Herrn Bamberger und mir, uns Laien gegenübergetreten ist, wenn er mit einer gewissen Sicherheit auftritt, so ist man von herein geneigt anzunehmen, daß die Laien sich etwas geirrt hätten, und etwas behauptet, was sich nicht beweisen läßt. Wie steht aber die Frage mit dem Gießereiroheisen, und der Bedeutung der Einfuhr für uns? Herr Lenge in der Enquetekommission, und ich lege immer den Hauptwerth auf die thatsächlichen Angaben, nicht auf die Urtheile der Zeugen, er legt gerade den Werth des englischen Gießereiroheisens dar:

Der Eisengießer hat Sicherheit in dem Bezuge und

der Verwendung von gleichmäßigem, garen, graphitreichen Roheisen nöthig, um ein gleichmäßiges Fabrikat liefern zu können. Schottland und Wales haben konstante Marken seit langer Zeit, weil sie gleichmäßige Erze aus eigenen Zechen verhütten. Rheinland-Westfalen muß großentheils seinen Bedarf an Erzeu von verschiedenen Stellen zusammenkaufen; in Folge dessen ist man dort der gleichmäßigen Lieferung grauen Eisens nicht überall sicher.

Die Frage liegt bei dem Gießereiroheisen der Art, daß man überhaupt das ausländische Eisen gar nicht entbehren kann. Ich habe vorhin schon gezeigt, bei Schienen und Lokomotiven ist die Zollfrage nur eine Frage der Preiserhöhung, hier ist es nicht eine Frage der Preiserhöhung allein, sondern es ist eine Vertheuerung einer Einfuhr, die man absolut nicht missen kann. In vieler Beziehung hat ein solcher Zoll gar nicht mehr die Bedeutung eines Schutzzolls, sondern vielfach die Bedeutung eines Finanzzolls. Die Sache liegt ähnlich bei dem Bessemer Roheisen. Es gibt in Deutschland Werke, die haben wie Krupp solche Spateisensteingruben und haben solche Anlagen, daß sie viel weniger abhängen von dem Bezug ausländischen Roheisens wie andere Werke. Ja, meine Herren, denen ist der Roheisenzoll keine Belästigung, aber es gibt andere Werke in Deutschland, die mit ihnen konkurriren, die nothwendig ausländisches Roheisen gebrauchen und die auch, weil sie nicht die Erze haben, auf den Bezug des ausländischen Roheisens nicht verzichten können. Die kommen in eine schlimme Lage zu gunsten einzelner Werke, die zufällig ihr inländisches Roheisen in größerem Umfange herstellen können. Achten Sie gefälligst auf eine Petition, die gestern Abend eingegangen ist. Ich bin vorhin im Gange einem befreundeten Schutzzöllner begegnet, zu dem ich sagte: Sie wollen wohl auch Schutzzoll. Neiu, sagte er, der ist mir jetzt zu hoch, ich will eine Ermäßigung, leseu Sie doch die Eingabe von gestern. Diese habe ich nun während der Sitzung gelesen und habe daraus ersehen, was ich längst erwartet habe, es schwenkt ein Theil der rheinisch-westfälischen Großeisenindustriellen ab von dem Herrn Stumm. Es sind 12 Werke, ihre Namen sind sonst in alle Schutzzollagitationen verflochten, und da gestehen nun die Herren ausdrücklich ein, daß sie im allgemeinen den hier im Zolltarif aufgestellten Prinzipien huldigen und den Zweck derselben, die nationale Arbeit mehr als bisher zu schützen, billigen, aber nun warnen sie, daß man im Streben die nationale Arbeit zu schützen *zu weit* gehe und durch übermäßigen Schutz einzelner große berechtigte deutsche Interessen schwer schädige. Meine Herren, das sind große Eisenwerke am Rhein mit vielen tausend Arbeitern, die vertrauen auf die Freiheit des Roheisens — bis vor Kurzem hat Herr Stumm auch nicht an einen Roheisenzoll gedacht — es sind die Firmen:

Rheinische Stahlwerke,
Aktienverein Duisburger Hütte,
Hochfelder Walzwerk,
F. Bicheroux Söhne u. Co., Stabwalzwerk,
F. Bicheroux Söhne, Stab- und Blechwalzwerk,
Gebr. Marcotty, Eisenwalzwerk,
Duisburger Aktiengesellschaft für Gießerei,
Aktiengesellschaft für Eisenindustrie und Brückenbau, vormals J. C. Harkort,
Aktiengesellschaft für Eisenindustrie in Styrum,
Eisen- und Stahlwerk Honsch,
Westfälischer Drahtindustrieverein,
Westfälische Union, Aktiengesellschaft für Bergbau, Eisen- und Drahtindustrie,

also schutzzöllnerische Klänge aus dem Hochlande des Schutzzolls.

(Heiterkeit.)

Meine Herren, es bewahrheitet sich das, was ich einmal bei der ersten Debatte gesagt habe, mehr und mehr will jeder aus dem Wagen des Kanzlers aussteigen, wenn er sein eigenes Päckchen in Sicherheit gebracht hat, es geht den Schutzzöllnern selbst zu weit mit dem Schutz der nationalen Arbeit.

Meine Herren, nun gestatten Sie mir noch einige andere Punkte zu berühren. Die Eisenzollfrage ist keine einheitliche Frage. Ja, meine Herren, könnte man das Zollverfahren beliebig konstruiren, so würde man selbst vom Schutzzollprinzip zu einem ganz verschiedenartigen Zollsystem, überaus fein gegliederten System, kommen. Das kann man aus technischen Gründen nicht, man kann nur einen einfachen Tarif konstruiren, der deshalb ebenso viele Eisenbranchen schädigt, als er auf der andern Seite nützt. Die Eisenzollfrage ist nicht bloß nach den Eisensorten eine verschiedene Frage, sondern sie ist auch landschaftlich verschieden. Die Frage liegt in der That für Ostpreußen und für die Ostseeprovinzen ganz anders als für andere Landestheile, die Seefracht von dort nach England ist nur die halbe Eisenbahnfracht nach dem Rhein, nach Westfalen. Das Amendement für Freiheit des Eisenzolles bis Danzig ist eventuell wohl berechtigt; ich weiß nur nicht, ob die Herren die Waffen dafür nicht von vornherein schon zerbrachen, ehe sie es eingebracht haben, indem sie darauf eingegangen sind für Getreidezoll zu stimmen, und für Eisenzoll im übrigen, wie ich annehme. Aber an sich ist eine solche Zollfreiheit an der See ebenso berechtigt, wie bereits im Tarifentwurf die Bestimmung enthalten ist, daß Salz, seewärts eingeführt, keinen Schutzzoll genießt, während es landwärts eingeführt im Interesse gewisser Salinen allerdings einen Schutzzoll bekommen soll. Meine Herren, man wird erwidern, das ist neulich ausgeführt worden, die Ostseeprovinzen müssen jetzt mithalten, wenn sie auch leiden. Was haben wir für die Ostprovinzen an Eisenbahnbau gethan? Gewiß, meine Herren, es ist außerordentlich viel geschehen für Eisenbahnen und Häfen im Osten, die sich nicht vollständig rentiren; aber in welcher Voraussetzung ist das geschehen? In der Voraussetzung desjenigen Freihandels, der bisher bestanden hat. Lesen Sie doch die Motive zur Regierungsvorlage der masurischen Bahn, die gerade jetzt erörtert wurde! In diesen Motiven heißt es ausdrücklich, daß die Bahn den Werth habe, nicht bloß wegen des Lokalverkehrs sondern wegen des großen Durchfuhrverkehrs von Rußland, indem Rußland mit der Erweiterung und Vervollständigung seines Eisenbahnnetzes in die Lage gebracht werde, um Massenprodukte ins Ausland zu führen.

(Heiterkeit links.)

Auf diese Voraussetzung der Regierungsmotive von der Ausfuhr von Massenprodukten aus Rußland haben wir aber dort Eisenbahnen gebaut

(hört! hört! links)

und jetzt wollen wir die Ausfuhr der Massenprodukte aus Rußland bekämpfen, nachdem die Eisenbahnen eben fertig geworden sind! Das ist der Widerspruch der Politik, die sich jetzt vollzieht.

Da hat man nun beantragt, die Regierung solle doch möglichst Erleichterungen treffen bei der Durchfuhr, „*moderirt* verwüsten", wie der Ausdruck im Kriege gelautet haben soll.

(Heiterkeit.)

Aber ist es auch möglich, wenn das Prinzip einmal angewendet wird, solche Erleichterungen zu schaffen? In dem Augenblicke, wo Sie die Identität festhalten gegenüber den mannigfachen Veredelungen, denen die Durchfuhr unterworfen ist, den anderweitigen Sortirungen, ist die Durchfuhr überhaupt vollständig vernichtet und preisgegeben.

Meine Herren, die Frage des Eisenzolls liegt landschaftlich verschieden, sie liegt verschieden in Bezug auf die einzelnen Sorten des Materials. Herr von Wedell-Malchow hat bei seiner Vernehmung in der Enquete, die überaus lesenswerth ist, — die Vernehmungen der Herren Flügge und

Wedell-Malchow sind nämlich die einzigen, wo wirklich in meinen Augen eine ernsthafte scharfe Enquete stattgefunden hat; da hat Herr Stumm den Herren so stark zugesetzt, wie ich gewünscht hätte, daß er es auch bei den anderen Zeugen gethan, so daß diese Theile der Enquete besonders lesenswerth und interessant sind, — da führt nun Herr Wedell-Malchow mit Recht aus: „In Folge unseres nahen Bezugsorts von schwedischem Eisen hat sich an unserer Seeküste eine Eisenindustrie entwickelt kleiner Leute. Auf den Dörfern, in den kleinen Städten gibt es Schmiede, gewissermaßen kleine Maschinenwerkstätten, die manches verfertigen, was sonst nur in großen Werkstätten verfertigt wird; die werden durch die Vertheuerung des schwedischen Eisens, auf das sie gegründet sind, geschädigt.

Die Herren von Wedell-Malchow und Flügge irren nur darin, wenn sie meinen, daß sie bloß das schwedische Eisen gebrauchen und daß man in Westfalen nicht soviel Interesse hätte an der zollfreien Einfuhr des schwedischen Eisens, wie es dort der Fall ist. Der Herr Abgeordnete Stumm hat in einer gewissen Vornehmheit davon gesprochen, als ob der Herr Abgeordnete Bamberger wieder etwas gesagt, wovon er gar nichts verstände. Er hätte von schottischem Eisen gesprochen, was nach Rheinland-Westfalen verkauft wird. Er hat es so dargestellt, als ob die Kleineisenindustrie in Rheinland-Westfalen an dem Bezug ausländischer Eisen gar kein Interesse hätte. Meine Herren, das ist eine vollständig falsche Darstellung. Die Kleineisenindustrie hat im Rheinland und Westfalen gerade an dem Bezug ausländischer Eisensorten ein ganz vorzügliches Interesse. Der Herr Mannesmann, ein Schutzzöllner, den man aus Remscheid vernommen, hat zugegeben, daß er aus Schweden 100 000 Kilogramm Eisen beziehe und daß er es auch, wenn ein Zoll eingeführt würde, beziehen müßte, da er es für seine Werkzeuge, für seine Industrie gar nicht entbehren könne.

Derselbe Herr hat auch gesagt, daß er steyerschen Rohstahl beziehen müsse, und, auch wenn ein Zoll darauf gelegt wäre, ihn nicht entbehren könne, weil er zu gewissen Fabrikationszweigen durchaus nothwendig sei. Für dieses Geschäft ist also die Einführung des Zolls eine absolute Schädigung, es ist eine Vertheuerung, es wirkt wie ein Finanzzoll. Die Enquete gibt ja über alle die Sachen keine genügende Auskunft, ich habe mich in den Kreisen direkt erkundigen müssen und es wurde gesagt: ja, wir brauchen auch schwedisches Eisen, steyerschen Rohstahl, und wir können englischen Stahl für gewisse Fabrikationen gar nicht entbehren, mag auch ein Zoll darauf gelegt werden, wir werden ihn nach wie vor beziehen müssen, sind natürlich um so viel schlechter gestellt, als die Industrie durch diesen Zoll geschädigt wird.

Nun komme ich noch auf die Bemerkungen, die der Herr Abgeordnete Stumm gegen mich persönlich in Bezug auf die Verhältnisse des Kreises Hagen eingefügt hat.

Herr Stumm hat gemeint, es sei ein Mährchen von freihändlerischen Gesinnungen der Kleineisenindustrie im Kreise Hagen zu sprechen. Wie liegt die Sache? Im Kreise Hagen ist die Kleineisenindustrie durchweg ebenso freihändlerisch wie die Großindustrie durchweg ebenso schutzzöllnerisch ist. Von 9 Mitgliedern der Handelskammer, welche als Fabrikanten oder als Kaufleute in der Kleinindustrie thätig sind, von 9 Mitgliedern der Handelskammer aus der Kleineisenindustrie sind 7 freihändlerisch und haben die Eingabe an dies Haus, worin sie bitten, sie vor allen Zöllen zu bewahren, unterzeichnet. Einer steht auf Seite der Großeisenindustrie, einer ist neutral, er hat nach beiden Seiten Geschäfte. Die 7 Großeisenindustriellen der Hagener Handelskammer sind Schutzzöllner.

Wenn trotz aller Kämpfe von den verschiedensten Seiten ich nach wie vor gewählt worden bin — es haben ja so viele Momente dabei mitgewirkt, so verdanke ich das wesentlich auch dem Umstand, daß in den eigentlichen Bezirken der Kleineisenindustrie wie Brockerfeld und Gevelsberg ich dort von vornherein immer große Majoritäten und starke Unterstützung gefunden habe. Indessen, meine Herren, das persönliche Verhältniß ist ja gleichgiltig. Was aber die Petition betrifft, nun so ist die Petition eingelaufen von 375 selbstständigen Fabrikanten und Kaufleuten der Kleineisenindustrie, wie sie auch oben in der Petition bezeichnet sind. Solche Kaufleute gehören auch zur Kleineisenindustrie — die Kleineisenindustrie bedarf der Vermittler, um überhaupt auf dem Weltmarkt ihre Waaren abzusetzen — an der Spitze dieser Petition stehen die sieben Handelskammermitglieder, mir ist auf direkte Anfrage versichert worden, man habe darauf gehalten, daß nur die wirklich selbstständigen Leute der Kleineisenindustrie unterzeichnet hätten und es seien drei Viertel der Kleineisenindustrie unter dieser Petition vertreten. Dagegen spricht nun Herr Stumm von den Petitionen, die eingelaufen sind mit 1001 Unterschriften aus dem Kreise Hagen. Zunächst bemerke ich, daß diese Petition nicht bloß aus dem Kreise Hagen ist, wenn sie auch dort gemacht worden ist, sondern auch aus allen Nachbarkreisen am Niederrhein ihre Unterschriften entnimmt. Ich habe mir gestern diese Petition näher angesehen. Die Herren behaupten, die Petition gehe von der Kleineisenindustrie in Hagen aus. Da habe ich zunächst gefunden, daß allerdings bei ein paar Leuten kleineisenindustrielle Bezeichnungen stehen, ich finde dann aber z. B. 165 Unterschriften, die von einer einzigen Hand geschrieben sind, ohne jede Bezeichnung, was der Mann für ein Geschäft hat. Auf einem andern Blatt, z. B. aus Sprockhövel, waren die Leute so gewissenhaft, ihre Beschäftigung dabei zu schreiben. Nnn hören Sie mal, was da alles in der Petition als Fabrikanten der Kleineisen- und Eisenwaarenindustrie unterschrieben ist: 16 Bergleute, 2 Schneider, 2 Bäcker und Wirthe, 3 Maurer, — auf dem einen Blatt, was ich herausgreife, — 2 Landwirthe, 2 Händler, 1 Steuereinnehmer außer Diensten und 1 Pfarrer, — der hat auch als Fabrikant der Kleineisenindustrie unterschrieben.

(Heiterkeit.)

Meine Herren, ein solcher Humbug mit einer Petition, wie er hier getrieben worden ist, ist mir in meinem Leben noch nicht vorgekommen.

Ich will noch von einem andern Industriezweig sprechen, der auch an den Import fremden Materialeisens stark interessirt ist, von der deutschen Hufnageleisenindustrie. Sie haben Eingaben bekommen, worin steht, daß die Natur des Hufnagels — ich kann das ja technisch nicht so auseinandersetzen — gerade das schwedische Eisen wegen seiner Zähigkeit und dabei doch wegen seiner Biegsamkeit, die Fleischtheile des Hufes dürfen nicht verletzt werden durch den Nagel, das Auftreten des Pferdes dürfte nicht erschwert werden, — bedingt. Aus Schmalkalden, von den Vertretern einer alten nationalen Hufnagelindustrie, liegt eine Petition vor; aus Eberswalde, wohin schon Friedrich der Große von Schmalkalden diese Industrie verpflanzte, ebenso die Petenten führen aus, wie das edelste Pferd durch einen faschen Nagel — das müssen ja die Herren Landwirthe besser wissen — ruinirt werde. Sie führen aus, daß, wenn man auf der einen Seite der deutschen Industrie vorwerfe, sie arbeite billig und schlecht, man nicht auf der andern Seite durch solche Zölle, wodurch man ihnen nothwendig das Material vertheure, eine Prämie darauf setze, daß sie statt des schwedischen Hufnageleisens schlechteres deutsches nehmen und dann in der That billig und schlecht arbeiten.

Meine Herren, es ist nun auch von den landwirthschaftlichen Maschinen gesprochen worden. Bei den landwirthschaftlichen Maschinen liegt, wie bei jeder Art von Maschinen, auch die Eisenzollfrage ganz verschieden. Dampfpflüge sind in Deutschland, das ist auch in der Enquete konstatirt, überhaupt noch nicht gemacht, und der Zoll ist ein reiner Finanzzoll auf Dampfpflüge. Dreschmaschinen sind zum großen Theil bisher von England bezogen worden, und wie wichtig die Befreiung von dem Zoll dafür gewesen ist, — bekanntlich war ja der Zoll auf solche Maschinen eigentlich der nächste Grund der Aufhebung — das geht daraus hervor, daß in der Kommission der Herr von Wedell-Malchow konstatirt hat, daß im ersten Jahre nach Aufhebung des Zolles in Ost- und in Westpreußen 160 Dreschdampfmaschinen angeschafft worden sind, darunter höchstens 20 deutschen Fabrikats. Nun ist in diesen Vernehmungen sehr lehrreich auseinandergesetzt, warum die Herren vorzugsweise englische Dreschmaschinen kaufen. Sie sagen in England ist der große Markt für landwirthschaftliche Maschinen, deshalb kann sich dort die Industrie auf Spezialitäten einrichten. Bei uns dagegen, sagt Herr von Wedell-Malchow, leidet der deutsche Maschinenbauer an der Krankheit, daß er alle Maschinen, vom Butterfaß bis wo möglich zur Lokomobile machen will. Er führt aus, daß, wenn man von England eine Dreschmaschine kaufe, man sicher sei, immer das gleiche zu bekommen, was man erwartet. Nun wird, wenn Sie einen Zoll darauf legen, sich eine ähnliche deutsche Fabrikation von Dreschmaschinen entwickeln? Nein, meine Herren, zunächst kommt es darauf an, überhaupt mehr bei der deutschen Landwirthschaft die Dreschmaschinen einzubürgern, als bereits der Fall ist. Erst wenn die Dreschmaschinen viel allgemeiner geworden sein würden, könnte daran gedacht werden, daß sich eine deutsche Industrie, weil sie eine genügende Beschäftigung in der Spezialität fände, in ähnlicher Weise entwickelt, wie es in England der Fall ist.

Der Herr Abgeordnete von Bennigsen hat gewisse Nachtheile der Zölle für Industriezweige zugegeben, aber gemeint, man könne die Nachtheile ausgleichen durch Exportbonifikation. Das klingt so ganz plausibel, wenn man aber die Sache näher untersucht, so findet man, daß die Sache nicht durchführbar ist und nicht durchführbar gerade bei der Eisenindustrie. Die Herren, die jetzt zu uns kommen, die Großeisenindustriellen von Rheinland und Westfalen sagen, wir müssen eine Exportbonifikation haben, sonst geht der Export, der doch so wichtig ist, zu Grunde; wir können aber nur eine solche Exportbonifikation gebrauchen, die uns einen Exportzoll gewährt, gleich dem Einfuhrzoll, ganz gleichgiltig, ob wir inländisches oder ausländisches Material verarbeiten. Nun, meine Herren, das ist nichts weiter, als eine Prämie auf die Ausfuhr, die können wir nicht zahlen. Andere gehen nicht so weit, sie sagen, es soll ein Ausfuhrzoll gegeben werden, so viel an Einfuhrzoll gezahlt wird, es soll bloß die Identität nicht nachgewiesen werden; meine Herren, was ist das denn? Eine solche Ausfuhrbonifikation ist nichts weiter als eine Prämie darauf, daß für dasjenige Fabrikat, was ausgeführt wird, nur ausländisches Material im Inlande verarbeitet wird, es ist also wiederum eine Schädigung der inländischen Industrie und das ist gerade das Gegentheil von dem, was man durch die Zölle bewirken will. Und wenn endlich die Regierung sagt, sie wolle eine Exportbonifikation so weit zulassen, als die Identität nachgewiesen ist, so ergibt sich hier die Schwierigkeit, daß überhaupt der Identitätsnachweis zum großen Theil gar nicht zu führen ist, er ist am ehesten zu führen in der Großindustrie, er wird immer schwieriger zu führen, je kleiner die Industrie ist, und er wird ganz unmöglich bei der kleinen Eisenindustrie und deshalb schädigt dasselbe Prinzip, durchgeführt, nur die kleine Eisenindustrie erst recht.

Meine Herren, ich habe mich für verpflichtet gehalten für den Fall, daß der Eisenzoll bewilligt wird, über die Stellung der kleinen Industrie im Kreise Hagen zur Frage der Exportbonifikation mich zu vergewissern. Darauf ist mir mitgetheilt worden, die Exportbonifikation kann uns gar nichts nutzen, denn wir können die Identität nicht nachweisen, weil wir zugleich an demselben Werkzeug inländisches und ausländisches Material verarbeiten, und weil wir überhaupt nicht Eisenwaaren allein ausführen, sondern weil die kleinen Eisenwaaren ausgeführt werden, in Verbindung mit anderen Waaren verpackt, und endlich, meine Herren, weil überhaupt nicht der kleine Eisenfabrikant ausführt, sondern die Kleineisenindustrie der Vermittelung bedarf, die die Ausfuhr leitet. Eine Exportbonifikation würde also der kleinen Industrie nichts nutzen.

Auch heute hat man wieder gesagt, man müsse doch die Arbeiterinteressen berücksichtigen, die Hungerlöhne sind angeführt worden von dem Herrn Abgeordneten Stumm in einer Betonung, wie wir sie sonst nur von sozialistischer Seite haben anführen hören, das Arbeiterinteresse wird vorangestellt.

Ja, meine Herren, es ist bereits mehrfach hervorgehoben worden, daß die Verminderung der Arbeit wesentlich auch die Folgen der veränderten Betriebsweise ist, und das geht aus der Enquete sehr interessant hervor, wie gerade der Zoll diese Verminderung in Folge der veränderten Betriebsverhältnisse noch vermehrt. Herr Stumm richtete an Herrn Mannesmann von Remscheid die Frage: wenn Sie nun in eine günstigere Lage kommen und in Folge dessen einen besseren Betrieb herstellen können, mehr Maschinen anschaffen können, werden Sie dann mehr Arbeiterentlassungen vornehmen, und darauf antwortete Herr Mannesmann ganz offen und ungeschminkt: ja! Also, meine Herren, mit vermehrtem Kapital und wenn die Fabrikanten in Folge der Verbesserung des Kapitals in die Lage kommen, mehr Maschinen anzuwenden, so stellt sich das unter gewissen Umständen als eine Prämie auf Arbeiterentlassungen heraus.

Ein anderes Beispiel, was ich erst gestern im Enquetebericht gefunden habe.

Herr Büchtemann, der Direktor der Berlin-Potsdamer Bahn, wird gefragt, was er wisse von Koalition der Lokomotivfabrikanten. Herr Büchtemann sagt:

> Wir haben im vorigen Jahre für Tenderpersonenzugmaschinen etwas weniger als 10 000 Thaler pro Stück gegeben und sie von Borsig bezogen. In diesem Jahre wollten wir einige gleiche Maschinen von Borsig kaufen, welcher uns jetzt 12 000 Thaler pro Stück abgefordert hat. Er hat uns dabei mitgetheilt, daß auch die Maschinenfabriken zu einer Koalition oder Vereinigung zusammengetreten seien und er sich augenblicklich nicht veranlaßt fähe, zu billigerem Preise als dem bezeichneten zu liefern. Das Resultat dieser Preiserhöhung ist wahrscheinlich, daß wir uns mit dem alten Material noch weiter zu behelfen suchen, denn wir sind finanziell nicht in der Lage, jetzt hohe Summen für Material auszugeben.

Was folgt daraus? Das, was ich neulich andeutete: weil die Preise höher werden durch Absperrung des ausländischen Marktes, wie jetzt durch Koalition, so künftig durch Schutzzoll, wird weniger in Bestellung gegeben, und weil weniger in Bestellung gegeben wird, ist weniger Arbeitsgelegenheit, es können bei Borsig deshalb weniger Arbeiter beschäftigt werden. Dieser Fall ist so prägnant, weil er gerade zusammenfällt mit einer Zeit, wo in der That in dem Bezirk des Oranienburger Thors ein gewisser Nothstand geherrscht hat, der auszunutzen versucht wurde für den Schutzzoll und gegen den Freihandel.

Meine Herren, ich behaupte, wenn man so viel spricht vom Arbeiter, von den Hungerlöhnen, von der Nothwendigkeit, die Lage der Arbeiter zu verbessern, dann sollten die Herren sich doch hüten, zugleich von Getreidezöllen zu sprechen, und nicht empfehlen, einen solchen Schutzzoll auf die unentbehrlichsten Lebensmittel zu legen.

Herr Stumm hat gemeint, es mache der Getreidezoll nicht viel aus auf den Arbeiter. Nun, es war mir interessant, von Herrn Baare, dem Direktor der Bochumer Gußstahlfabrik, in den Akten der Enquetekommission eine Berechnung zu finden, was in Bochum eine Arbeiterfamilie braucht, und spezifizirt zu sehen, was sie an Brod und solchen Hauptartikeln braucht, auf die jetzt ein Schutzzoll gelegt werden soll. Herr Baare wußte damals natürlich noch nichts von den Zöllen, die in Aussicht standen, er wollte darlegen, wie jetzt schon der Lebensunterhalt theuer für seine Arbeiter sei. Da finden Sie nun, daß ein solcher Arbeiter in Bochum, wo die Kommunalsteuern schon so hoch sind — bei 6 Mark Staatsklassensteuer hat er 18 Mark Steuer im Ganzen jährlich zu zahlen — daß also eine solche Bochumer Arbeiterfamilie, zu vier Personen gerechnet und wenn sie nur Sonntags Fleisch verzehrt, verbraucht an Fleisch, Brod, Kaffee, Fett, Butter und Schmalz jährlich für 372 Mark. Wenn nun auf diese Artikel in Folge der neuen Zölle auch nur eine Vertheuerung von 5 Prozent entfällt — in Rheinland-Westfalen wird diese Vertheurung eintreten, weil Rheinland-Westfalen absolut nicht für sich selbst so viel bauen kann, sondern große Massen zukaufen muß — dann ist diese Vertheuerung auf diese Artikel — Schmalz wird sogar mit 12 Prozent belastet — so viel, wie ein solcher Arbeiter jetzt zu zahlen hat an Steuern, Klassensteuer, Kommunalsteuer, Schul- und Kirchensteuer. Dann, meine Herren, vergessen Sie nicht noch eins: an Petroleumzoll und Tabaksteuer würde der Arbeiter auch 18 Mark jährlich künftig bezahlen. Und vergessen Sie weiter nicht die Vertheurnng von Kleidungsstücken und Schuhwerk, alles Gegenstände, die auch noch außer den vorgenannten fünf Artikeln in Betracht kommen und die noch nicht in Rechnung gestellt sind. Aus diesem Budget des schutzzöllnerischen Herru Baare geht hervor, daß Sie mit der Vorlage, die uns beschäftigt, wenn sie durchgeht, den Arbeiter in Bochum drei- bis viermal so hoch belasten, als er überhaupt an Steuer bezahlt, wenn ihm alle seine Steuern einschließlich der Kirchen- und Schulsteuer erlassen werden. Dazu kommt noch in Betracht, daß Herr Hobrecht uns gesagt hat, alle diese Vorlagen wären ja nicht einmal soweit genügend, um sein Programm zu erfüllen, das heißt die Hälfte der Klassensteuer zu erlassen. Also 3 Mark Erlaß und vielleicht noch Ueberweisung derselben Grund- und Gebäudesteuer an die Kommunen, auch noch 3 Mark Kommunalsteuer, also gut gerechnet 6 Mark Erlaß steht auf der einen Seite und eine Summe von 4 mal 18 Mark als Belastung auf der anderen Seite. Es freut mich, daß gerade Herr von Puttkamer mir aufmerksam zuhört,

(Heiterkeit)

er kann hieraus ersehen, wie das gerade eine Politik in diesen Steuer- und Finanzzollvorlagen ist, die dem armen Maun die Hauptlast zuweist, und Entlastung auf der anderen Seite.

Meine Herren, die Sache liegt überhaupt in unseren Eiseninduſtriebezirken jetzt ganz anders, als zu der Zeit, wo es sich bloß um Eisenzölle handelte. Ja, da sagten Viele, es geht uns so schlecht, es kann ja vielleicht noch ein Bischen schlechter mit dem Zoll gehen, aber man mag es doch versuchen. Jetzt steht in unseren Eisenindustriebezirken das Konto auf der andern Seite gegenüber den Eisenzöllen: die Vertheurung des nothwendigsten Lebensbedarfs. Nun kommen wir Freihändler in diesen Eisenindustriebezirken in eine viel günstigere Lage. Das mag Ihnen schon der Umstand beweisen, daß die Stadt Hagen mit 21 gegen 8 Stimmen, jetzt unter Führung des Bürgermeisters, vor 3, 4 Wochen noch ohne seine Zustimmung, beschlossen hat, sich am Städtetag zu betheiligen, um gegen Getreide- und Viehzölle zu protestiren. Meine Herren, man fängt in den Eisenbezirken an sehr bedenklich zu werden angesichts des Wetters, und ich möchte manche Herren bitten, nicht bloß den politischen Thermometer, sondern auch den Thermometer in den letzten Wochen in Betracht zu ziehen; der Himmel sieht nicht günstig aus für diejenigen, die jetzt gerade Kornzölle pflanzen.

Meine Herren, der Herr Abgeordnete Windthorst hat neulich gemeint, das Zentrum sei nicht zum Fürsten Bismarck, sondern dieser sei zum Zentrum übergegangen. Das ist aber doch nicht richtig. Der Fürst Bismarck ist in Bezug auf die Industriezölle zum Zentrum übergegangen, das ist richtig, aber in Bezug auf die Getreidezölle ist das Zentrum zum Fürsten Bismarck übergegangen. Noch zwei Tage vor jenem Dezembertage sagte der Abgeordnete von Schorlemer-Alst im Abgeordnetenhause, als wir auf die Kornzölle zu sprechen kamen — und Herr von Schorlemer-Alst ist doch in dieser Frage als Führer des Zentrums zu betrachten — Folgendes, also am 13. Dezember:

> Ich will nur das zu meiner Rechtfertigung und zur Rechtfertigung meiner Freunde sagen: ich bin der Erste gewesen, der bei der Besprechung von Mitgliedern des deutschen landwirthschaftlichen Vereins sich entschieden gegen Getreidezölle ausgesprochen hat, abgesehen davon, inwieweit eine Rekognitionsgebühr nothwendig wäre, und abgesehen von der Frage, ob bei Revision des Zolltarifs eine Kompensation durch gesetzliche Regelung der Differenzialtarife bewirkt werden soll. Das ist der Standpunkt, den ich dort eingenommen habe und auch im wirthschaftlichen Verein des Reichstags. Ich war auch dort der erste, der erklärte: nein, ich wünsche keine Getreidezölle, weil ich der Bevölkerung das Brot nicht vertheuern will.

(Hört! hört!)

Heute sagt Herr Windthorst: ja die Frage der Brotvertheuerung wäre ja nur theoretischer Natur. Der Herr Abgeordnete Windthorst hat neulich erklärt:

> Für Freund und Feind erkläre ich: wir sind heute, was wir gestern waren, und wir werden morgen sein, was wir heute sind.

Nein, meine Herren, Sie sind gestern gegen Getreidezölle gewesen und sind heute für 25 Pfennig, und vielleicht werden Sie übermorgen für 50 Pfennig sein.

Meine Herren, nun ist uns von den Herren angeführt worden, daß es doch darauf nicht ankommt, daß der Arbeiter in den Industriebezirken etwas mehr für seine Lebensmittel bezahlt; so hat Herr Stumm und Herr Windthorst (Meppen) gesagt, es kommt Alles nur darauf an, daß der Arbeiter Geld hat zum Kaufen, die Wirkung der Eisenzölle wird so befruchtend sein, daß er dann um so mehr kaufen kann, wenn er auch das Einzelne theurer bezahlen muß. Herr Rentzsch hat ausgeführt: Die Eisenzölle machen ja für die Landwirthschaft blos 3 Pfennige pro Morgen aus, nämlich, wenn es sich um Lasten handelt, ist die Ziffer immer ganz klein, aber hätten die Landwirthe uns die 3 Pfennige Eisenzoll der Industrie erlassen, so würde die Landwirthschaft nicht nur nicht leiden, sondern so floriren, daß dann auch der Eisenindustrie geholfen wäre. Er hat also dieselbe Theorie der Befruchtung durch neue Steuern und Zölle entwickelt. Nun, meine Herren, wenn der Herr Abgeordnete Windthorst (Meppen) künftig noch ebensogegen die Erhöhung des Militäretats sein sollte, wie bisher, dann mache ich ihn darauf aufmerksam, daß von militärischer Seite sich seine Deduktionen ausgezeichnet und wörtlich verwenden lassen für die Erhöhung des Militäretats. Man kann daraus folgern, daß für das Land nichts befruchtender und günstiger wirkt, als die Erhöhung des Militäretats. Das ist nicht etwa eine Hypothese von mir, nein, meine Herren, diese Theorie ist uns schon einmal vorgetragen worden und zwar von dem Herrn General von Steinmetz im konstituirenden Reichstag. Ich war auch dabei und erinnere mich der Scene ganz genau. Der verehrte Herr General verirrte sich auf das volkswirthschaftliche Gebiet und hielt eine Rede, die genau mit den Argumentationen des Herrn Abgeordneten Windthorst von neulich übereinstimmte, er sagte:

> Aber das, was die Armee bekommt — gewisser-

maßen leihweise bekommt, denn sie behält es nicht — also was dieses Geld betrifft, so fließt es zurück — gleichsam wie ein fruchtbarer Regen

— (Heiterkeit) —

auf die ganze Bevölkerung, die mit der Armee in Verbindung tritt,

— (sehr richtig! im Zentrum) —

— es war aber damals ein anderes Zentrum, als das jetzige —

(Heiterkeit)

und da wird dieses Geld unmittelbar produktiv in Ihrem Sinne, meine Herren, denn es lebt das kleine Gewerbe zu einem großen Theil von diesem Gelde. Die kleinen und Mittelstädte wissen das ganz vortrefflich, denn es ist eine solche Nachfrage nach Garnisonen, daß es unmöglich ist, sie zu befriedigen,

— (hört, hört im Zentrum!) —

und diejenigen Städte, welche Garnisonen haben oder bekommen können, prosperiren dabei ganz vortrefflich. Also was ist das für eine unbegründete Behauptung, daß das Geld, welches Sie für die Armee bewilligen, nicht produktiv sei.

— (Große Heiterkeit auf beiden Seiten.) —

— Damals war die Heiterkeit noch auf beiden Seiten, heute ist die Heiterkeit bei solcher volkswirthschaftlichen Logik nur noch auf einer Seite. — Der ganze Fehler dieser Argumentation liegt darin, daß Sie immer nur die eine Seite der Sache sehen, Sie sehen die durch die neuen Steuern und Zölle gesteigerte Kaufkraft, Sie sehen aber nicht, wie durch diese Vertheuerung die Kaufkraft auf der anderen Seite geschwächt wird und um ebensoviel sich vermindert. Das ist ja richtig, wenn es jedem einzelnen gut geht, dann geht es uns allen gut, aber die jetzt eingeleitete Politik ist eine solche, bei der es allen schlecht geht, und nur einzelne wenige etwas mehr Vortheil als Nachtheil haben, deshalb allen schlecht geht, weil diese Politik eine Prämie setzt darauf, daß Kapital und Arbeit auf wenige produktive Zweige verwendet werden, als es nach der Eigenthümlichkeit unseres Landes am meisten produktiv verwendet werden kann. Meine Herren, auch in der Beziehung kann dies nicht treffender ausgedrückt werden, als in einer Stelle, welche ich auch wieder dem volkswirthschaftlichen Lexikon des Herrn Rentzsch entnehme. Er sagte damals gewissermaßen in Vorahnung der heutigen Argumentation:

> Meist wird dann auch die Aufmerksamkeit auf die Arbeiter hingelenkt, die in den geschützten Branchen beschäftigt sind, und denen nach der Meinuug der Industriellen das traurigste Loos bevorsteht. Gerade darin liegt aber einer der stärksten Vorwürfe gegen das Schutzzollsystem, daß die Arbeitskräfte auf künstliche Weise anderen bodenwüchsigeren Branchen entzogen und auf Erwerbszweige verwiesen worden sind, die nicht auf eigenen Füßen stehen können. Gerade diese unwirthschaftliche Vertheilung von Arbeitskräften widerspricht den natürlichen Hilfsquellen der geographischen Lage, des Grund und Bodens, des Klimas und der lokalen Verhältnisse. Die Spinner und die Eisenhüttenbesitzer verweisen auf ihre Arbeiter, wenn die Twist- und Eisenzölle herabgesetzt werden sollen;

— damals handelte es sich nur um Herabsetzung —

> fällt ihnen denn nicht ein, daß gerade ihr Zoll die weit größere Anzahl von Arbeitern in den Fächern der Bleicherei, Weberei, Druckerei, Färberei, und bei den Eisenzöllen die Arbeiter der Eisenwerkzeuge, der Stahlfabrikation, der Drahtzieherei, Eisengießerei, des Maschinenbaufachs und der vielen Handwerkstätten, die Eisen bearbeiten, in weit höherem Grade beeinträchtigt, weil denselben das Fabrikationsmaterial durch den Zoll unnöthig vertheuert wird.

So Herr Rentzsch.

Nun, meine Herren, ich weiß ja, diese Eisenzölle werden bewilligt werden, sie werden es von denen, die grundsätzlich in diesem Sinne die Frage lösen wollen; es werden noch andere in der Bewilligung hinzutreten, die gewissermaßen aus dem Gefühl der Wohlthätigkeit — weil sie immer nur die eine Seite bei der Eisenindustrie, die sich in den Vordergrund gedrängt hat, gesehen haben, nicht die vielen nachtheiligen Seiten, die die Zölle für die Eisenindustrie darbieten, — einem gewissen Gefühl der Wohl- und Mildthätigkeit zur Bewilligung der Eisenzölle sich verpflichtet halten. Aber ich bin überzeugt, es wird kommen der Tag, wo man zugestehen wird, daß die wahren Freunde der Eisenindustrie und der Eisenbezirke diejenigen gewesen sind, die heut vor der Wiederherstellung der Eisenzölle gewarnt haben.

(Lebhaftes Bravo! links.)

Vizepräsident Dr. **Lucius**: Ich halte mich verpflichtet, schon jetzt mitzutheilen, daß Anträge auf namentliche Abstimmung vorliegen von dem Herrn Abgeordneten von Kardorff, sowohl über die Regierungsvorlage, wie über den Antrag von Webell-Malchow. Die Anträge sind noch nicht genügend unterstützt; die Unterstützungsfrage wird dann später gestellt werden.

Der Herr Abgeordnete Berger hat das Wort.

Abgeordneter **Berger**: Meine Herren, befürchten Sie nicht, daß ich die Tribüne besteigend, etwa die Absicht hege, eine ebenso lange Rede zu halten, als wir sie von den Führern der Freihandelspartei seit längerer Zeit zu hören gewohnt sind. Nein, meine Herren, die Uhr an jener Wand vor mir, den Herrn Präsidenten hinter mir, werde ich mir gerade an dieser Stelle meiner Verpflichtung recht bewußt, in der zweiten Lesung mich möglichst knapp zu fassen. Das ist ja unumgänglich nöthig, wenn wir überhaupt mit dem uns vorliegenden großen Werk bis zum Schlusse des nächsten Monats fertig werden wollen, wie es unsere Wählerschaft und die ganze Nation bestimmt von uns erwartet.

(Sehr gut!)

Wenn ein so hervorragendes Mitglied, wie unser Kollege von Bennigsen, in seiner Rede während der Generaldebatte, zu der freihändlerischen Partei gewendet, aussprach: Sie, meine Herren, würden heute Großes darum geben, wenn Sie nicht die Eisenzölle durch die Gesetze von 1870 und 73 ganz aufgehoben hätten; wenn ferner in Anschluß an diese Aeußerung der Herr Abgeordnete Dr. Lasker zwei Tage später fragte: welchen Vorwurf man denn eigentlich der freihändlerischen Partei aus der Aufhebung der Eisenzölle machen wolle, da die Regierung es doch gewesen, welche die betreffenden Gesetzentwürfe vorgeschlagen hätte, und der Wegfall der Eisenzölle doch nur erfolgt sei im Interesse der Landwirthschaft —, wenn, sage ich, zwei so hervorragende Mitglieder sich in dieser Weise ausgesprochen haben, dann, glaube ich, bin ich nicht nur berechtigt, sondern gewissermaßen verpflichtet, demjenigen großen Theile dieses Hauses, welcher der Verhandlung von 1873 nicht beigewohnt hat, eine kurze historische Uebersicht über die Entstehung des vielbesprochenen Gesetzes über die Aufhebung der Eisenzölle zu geben.

Meine Herren, im Jahre 1872 befanden wir uns im deutschen Reich in einer großen Geldverlegenheit, freilich nicht in einer Geldverlegenheit im gewöhnlichen Sinn des Wortes, nämlich wegen Mangels an Geld, sondern vielmehr wegen Ueberflusses an diesem kostbaren Stoffe. So war es denn nicht zu verwundern, daß von Vertretern der verschiedenen Fraktionen des Hauses, nämlich den Abgeordneten von Hoverbeck, Grumbrecht, Barth und Schröder (Lippstadt) der Antrag an das Haus gebracht wurde, demzufolge vom 1. Januar 1873 an die Salzsteuer, welche bekanntermaßen 6 Mark oder 2 Thlr. betrug und noch heute beträgt, auf 1 Thaler herabgesetzt werden sollte. Außer diesem Prinzipalantrage wurde noch eine Resolution folgenden Wortlautes vorgeschlagen:

> Die gänzliche Aufhebung der Abgabe auf Salz ist ebenso eine Forderung der Gerechtigkeit als einer gesunden Finanzpolitik und demgemäß, sobald es die Finanzlage irgend gestattet, in erster Linie durchzuführen.

Meine Herren, die Salzsteuer lastet auf unserer arbeitenden Bevölkerung unzweifelhaft am schwersten, nämlich mit 9 Silbergroschen oder rund eine Mark per Kopf, und wenn wir es mit unserer Finanzlage vereinigen könnten, die Salzabgabe aufzuheben, so würden nach meiner festen Ueberzeugung wir dem arbeitenden Manne den größten Dienst leisten. Ja, wir würden auch der Tarifreform und Steuerreform, wie sie vorgeschlagen ist, damit einen großen Dienst leisten, denn wenn nach Beseitigung der so oft verurtheilten Salzabgabe die eine Hälfte der Bevölkerung des deutschen Reichs, nämlich die weibliche Hälfte, das Pfund Salz, das jetzt 1 Silbergroschen kostet, in Zukunft für 3, höchstens 4 Pfennige kaufen könnte, dann würden sämmtliche Frauen der ganzen deutschen Nation ebenso viele energische Anhänger der Zollreform werden, wenn auch die Männer über die kleine Erhöhung des Preises des Tabaks und andere indirekten Abgaben sich beklagen möchten.

(Heiterkeit)

Bei Berathung des Gesetzentwurfs der Abgeordneten von Hoverbeck und Genossen wurde dann von Seiten des Abgeordneten Stumm, in Verbindung mit meinem verehrten Gönner, Herrn von Wedell-Malchow, ein anderer Antrag gestellt, der dahin ging, die Salzsteuer von 2 Thaler pro Zentner ganz aufzuheben, aber an deren Stelle die Tabaksteuer um so viel zu erhöhen, daß dadurch der durch den Wegfall der Salzsteuer verursachte Ausfall in den Reichskassen annähernd gedeckt werde. Die Bundesregierung, und zwar nicht bloß der Reichskanzler, sondern auch der damalige Präsident des Reichskanzleramts, Staatsminister Delbrück, sprachen sich entschieden im Sinn des Antrags Stumm und von Wedell aus. Fürst Bismarck selbst erklärte, er erkenne die Ungerechtigkeit der Salzsteuer an, er sei damit einverstanden, daß, sobald die Finanzlage es irgendwie erlaube, die Salzabgabe primo loco aufgehoben werde; da aber das Reich neben den Matrikularumlagen nur auf indirekte Abgaben angewiesen sei, so könne er zur Beseitigung der Salzsteuer selbstverständlich nicht eher seine Zustimmung geben, als bis im Sinne der Abgeordneten Stumm und von Wedell andere indirekte Abgaben an deren Stelle getreten seien. In diesem Streit der Meinungen geschah es, daß sämmtliche Anträge, sowohl der Antrag Hoverbeck und Genossen, als auch der der Herren Stumm und von Wedell, in der entscheidenden Berathung im Reichstage nicht die Mehrheit erlangten, da die linke Seite einer Erhöhung der Tabaksteuer abgeneigt war, so daß aus der Ermäßigung respektive Beseitigung der Salzabgabe leider nichts wurde. Die Session 1872 ging auf diese Weise bezüglich der Steuererleichterung resultatlos für die arbeitenden Klassen zu Ende, und es trat dann in der Session von 1873 an die leer gewordene Stelle der Abgeordnete von Behr-Schmoldow, unser heutiger verehrter Kollege, den ich in diesem Augenblick zu meiner Freude unmittelbar an meiner Seite erblicke. Herr von Behr erklärte im März 1873: Im vorigen Jahre sei leider aus der im Interesse der arbeitenden Bevölkerung geplanten Aufhebung der Salzabgabe nichts geworden. Aber — so waren seine Worte — das Volk müsse doch von dem „großen goldenen Strome auch irgend etwas recht Greifbares in sein Haus bekommen" und da gäbe es kein besseres Mittel, als die Eisenzölle aufzuheben! Zu dieser Aufhebung der Eisenzölle sei gerade die gegenwärtige Zeit am besten geeignet, denn die Eisenindustrie befände sich in einer so glänzenden Konjunktur, wie sie in langen Jahren nicht erlebt worden sei. Herr von Behrs Mitantragsteller, der Abgeordnete von Below-Saleske, den ich zu meinem Bedauern heute unter uns vermisse, sprach sich in gleichem Sinne aus. Er erklärte, die Lage der Industrie sei eminent günstig, die Kurse und Dividenden enorm hoch und er betrachtete es als einen besonders günstigen Umstand, daß man nach dem gerade damals erfolgten Sturz des Präsidenten Thiers Aussicht habe, Frankreich seine bis dahin befolgte schutzzöllnerische Politik aufgeben und sich dem allein seligmachenden Freihandel zuwenden zu sehen.

Der Herr Abgeordnete Mosle aus Bremen sprach sich in gleichem Sinne aus, indem er erklärte: Deutschland brauche nur deshalb fremdes Eisen, weil es kein deutsches bekommen könne.

Meine Herren, der einzig nüchterne unter den damaligen so optimistischen Rednern war meines Erachtens mein verehrter Freund Lasker.

(Heiterkeit.)

Er erklärte nämlich zu Eingang seiner Rede:

> Die Art, in welcher hier Reformfragen in Bezüg auf Tarif und indirekte Steuern betrieben werden, ist nicht ermunternd und wird zu keinem gedeihlichen Ziele führen.

Nun sage mir noch einer, daß unser verehrter Kollege Lasker nicht ein durchaus praktischer Mann sei!

(Heiterkeit.)

Damals schon hat er bewiesen, und die Folgezeit hat ihm vollständig Recht gegeben, daß seine wörtlich reproduzirte Behauptung vollkommen begründet war.

Der Antrag des Herrn Abgeordneten von Behr wurde zwar in zweiter Lesung berathen, dann aber ad acta gelegt, weil sich inzwischen die Reichsregierung entschlossen hatte, selbst einen Gesetzentwurf auf Beseitigung der Eisenzölle einzubringen. Obschon der damalige Reichstag seinem Ende entgegen ging, wurde doch noch in den letzten 9 Tagen seiner Existenz die so eminent wichtige Vorlage an das Haus gebracht. In den betreffenden Motiven heißt es wörtlich:

> Die inländische Eisenindustrie, insbesondere die Roheisenproduktion ist nicht im Stande, der außerordentlich gesteigerten Nachfrage ohne Zufluß vom Auslande zu genügen. — — Das mehrfach befürchtete Zurückgehen der Preise der inländischen Eisenindustrie ist nicht eingetreten.

Bei Begründung der Regierungsvorlage in diesem Hause erklärte dann der damalige Präsident des Reichskanzleramts, unser jetziger verehrter Kollege Dr. Delbrück am 20. Juli 1873, daß nicht etwa zum Zweck der Verwirklichung einer wissenschaftlichen Theorie die Bundesregierung diese Vorlage mache, sondern daß lediglich auf Grund von praktischen Erfahrungen die verbündeten Regierungen sich entschlossen hätten, mit der Aufhebung der Eisenzölle vorzugehen.

Er erwähnte u. a. noch:

> Eine dritte Rücksicht ist endlich die, daß in der That die deutschen Maschinenfabriken —

es handelte sich ja nicht bloß um die Frage von Roheisen und Stabeisen, sondern auch um die Maschinenfabrikation —

> daß die deutschen Maschinenfabriken auch für den deutschen Eisenbahnbau nicht mehr ausreichen.

Unser Kollege Dr. Braun, der Präsident des volkswirthschaftlichen freihändlerischen Kongresses, meinte kurz und gut: wir leiden Mangel an Eisen, wir haben es im Inland nicht in hinreichender Menge und müssen es also zollfrei vom Ausland herbeischaffen können.

Herr von Kardorff widersetzte sich, so viel ich gefunden habe, der Aufhebungsmaßregel auch nicht mit der Energie, die wir heute oft an ihm bewundern, äußerte jedoch:

> Ich habe die feste Zuversicht, daß die Regierung mit aller Kraft dahin wirken wird, uns von den Schutzzöllen, die in den fremden Staaten gegen deutsche Produkte aufgerichtet sind, möglichst zu befreien.

Meine Herren, Sie wissen ja, wie die Sache schließlich ausging. Zwischen der zweiten und dritten Lesung wurde ein Kompromiß dahin gemacht, daß nicht, wie die Reichsregierung vorgeschlagen hatte, die Eisenzölle sofort aufgehoben werden, sondern daß nur der Roheisenzoll augenblicklich fallen, die übrigen Zölle aber erst mit dem 1. Januar 1877 in Wegfall kommen sollten.

Meine Herren, ich habe Ihnen nicht ohne bestimmte Absicht mitgetheilt, was die verschiedenen Redner und die Vertreter der verbündeten Regierungen damals wörtlich äußerten. Ich frage Sie nämlich jetzt: was ist aus der „glänzenden Eisenkonjunktur" geworden, von der der Herr Abgeordnete von Behr sprach? Wo sind die hohen Kurse und Dividenden geblieben, die Herr von Below-Saleske hervorhob? Wo ist das fremde Eisen des Herrn Mosle, welches Deutschland damals nur deshalb brauchte, weil es kein deutsches bekommen konnte? Wie verhält es sich mit der Behauptung der verbündeten Regierungen, daß die Roheisenproduktion nicht mehr für den inländischen Bedarf genüge? wie mit der Erklärung des Herrn Dr. Delbrück, welche besagte, daß auch die deutschen Maschinenfabriken nicht einmal für den deutschen Eisenbahnbau mehr den nothwendigen Bedarf zu liefern im Stande seien? Ich frage Sie, meine Herren, was ist aus dem allem geworden, was hat sich von allen diesen Voraussetzungen, aus dem Munde so hochstehender Autoritäten gekommen, nachher bewahrheitet? Nichts, nichts, nichts! Allein das hat sich bewahrheitet, was Herr Kollege Lasker damals sagte, und ich Ihnen noch einmal wiederholen muß: die Art, in welcher hier Reformfragen in Bezug auf Tarif und indirekte Steuern getrieben werden, ist nicht ermunternd und wird zu keinem gedeihlichen Ziele führen!

(Sehr richtig!)

Schon in dem Momente, wo das Gesetz beschlossen wurde — die entscheidende Abstimmung geschah am 25. Juni 1873, dem letzten Tage der Session — war der formidable Rückschlag erfolgt, unter dessen Folgen wir noch heute leiden und noch lange leiden werden. Zunächst bemächtigte sich Blutarmuth unserer Industrie und dann trat nach und nach auch Blutvergiftung ein. Schon im Jahre 1874 und 75 gelangte eine große Menge Petitionen an den Reichstag mit der Bitte, man möge doch Anstand nehmen mit der Aufhebung der Eisenzölle vorzugehen, weil die thatsächlichen Erwartungen und Voraussetzungen, von denen man 1873 bei Emanation des Gesetzes ausging, sich absolut nicht bewahrheitet, sondern in das direkte Gegentheil verkehrt hätten. Aber die Petitionen, die nicht bloß von Aktionären und Werkbesitzern, sondern auch von nothleidenden Arbeitern ausgingen, predigten in diesem Hause leider tauben Ohren. Meine Herren, ich erinnere die älteren Mitglieder des Reichstags daran, welcher Sturm von Heiterkeit ertönte, als damals der Abgeordnete Bamberger die einschlägigen Petitionen hier in seiner Weise behandelte. „Das Klappern seiner Mühle hält jeder Müller für die Harmonie der Sphären!" meinte Herr Bamberger. Ja, meine Herren, eine derartige Redewendung kann unter Umständen ja recht piquant sein, wenn man sie aber einer nothleidenden Bevölkerung als Balsam in die offene Wunde hineinstreicht, so wirkt sie wahrhaftig nicht angenehm und lindernd,

(sehr richtig!)

und ich glaube, daß gerade die betreffende Rede des verehrten Kollegen Bamberger, dessen Talent und Beredsamkeit ich sonst bereitwilligst anerkenne, sehr dazu beigetragen hat, der Zollbewegung die Intensität zu geben, die sie nach jener Zeit erlangt hat.

(Sehr wahr!)

Im Juni 1873 hatte der Herr Abgeordnete Windthorst und seine Fraktionsgenossen mit ihm, zu denjenigen gehört, welche damals die Anträge auf Aufhebung des Eisenzolls unterstützten. Der Abgeordnete Windthorst aber ist ein praktischer Staatsmann, und er hatte bereits 1875 die Ueberzeugung gewonnen, daß man ein Gesetz nicht einführen dürfe, wenn alle Voraussetzungen und Grundlagen, welche bei Emanation desselben maßgebend gewesen waren, weggefallen seien. Herr Windthorst stellte in Konsequenz dessen 1875 oder 76 den Antrag, die Aufhebung des Eisenzolls nicht eintreten zu lassen, aber, meine Herren, es war auch damals nicht möglich, der freihändlerischen Majorität, unter der Führung der Herren Braun, Bamberger und Richter die Ueberzeugung von der unbedingten Nothwendigkeit dieses Schrittes beizubringen. Endlich sah auch die bis dahin passiv gebliebene Regierung ein, daß sie 1873 einen folgenschweren Fehler gemacht habe, und entschloß sich ihrerseits selbstständig vorzugehen, indem sie das sogenannte Retorsionsgesetz — allerdings eine höchst schwächliche Maßregel, von der wir Gott danken wollen, daß sie nicht durchging! — einbrachte. Herr Bamberger hat vor einigen Wochen gelegentlich gestanden, daß damals der Finanzminister Camphausen, an dessen entschieden freihändlerischer Gesinnung zu zweifeln nicht die geringste Veranlassung vorliegt, ihn — ich glaube, er gebrauchte den Ausdruck: „beschworen" habe für das Retorsionsgesetz zu stimmen, wenn man es ihm, Herrn Camphausen nämlich, überhaupt noch möglich machen wolle, eine freihändlerische Zollpolitik fortzuführen. Er aber, nämlich Kollege Bamberger, habe erklärt: Principiis obsta, nicht einen Schritt breit weiche ich vom Wege des Freihandels ab! und damit wäre das Retorsionsgesetz gefallen. Es wird Herrn Bamberger vielleicht interessant sein, wenn ich ihn heute nach Ablauf von drei Jahren daran erinnere, daß damals eins der ersten Blätter Deutschland's, die Kölnische Zeitung nämlich, über das Retorsionsgesetz und die Debatten einen interessanten Leitartikel brachte, der damit endigte: Wir befürchten die Ablehnung des Retorsionsgesetzes und die desfallsigen Debatten werden unsere freihändlerischen Freunde im Reichstag dereinst sehr bitter bereuen!

(Zuruf.)

— Wenn es Ihnen (nach links) nicht leid thut, meine Herren, soll mich das freuen, uns thut es wahrhaftig auch nicht leid, daß jene schwächliche Maßregel damals von Ihnen verworfen worden ist.

(Sehr wahr! sehr richtig!)

Charakteristisch war es auch, daß die freihändlerische Partei — und ich darf mich hierbei wohl auf das Zeugniß von Ihnen allen, auf der rechten Seite und aus der Mitte beziehen — niemals den vorhandenen Nothstand im Lande anerkannte. Man behauptete Jahr aus Jahr ein, ein solcher existire nicht, und wenn es auch unsererseits noch so oft gesagt wurde, wenn noch so viel Petitionen vorlagen, das Vorhandensein des Nothstandes wurde konsequent in Abrede gestellt. Ich bemerke eine verneinende Handbewegung des Kollegen Rickert. Ich muß gerade ihm sagen — es ist zwar eine etwas alte Geschichte, aber im gegenwärtigen Stadium der Debatte erscheint es doch angezeigt, daran zu erinnern, denn sie ist charakteristisch für das Verhalten der freihändlerischen Partei — daß er, der Herr Abgeordnete Rickert noch im Januar 1877 im preußischen Abgeordnetenhause bei Vorlage eines schon sehr bedenklichen Etats uns auseinandersetzte, wir seien jetzt über den höchsten Berg hinüber, es werde fortan besser werden. Als ich ihn dann unterbrach mit dem Rufe: „sehr unwahrscheinlich", wendete sich Herr Rickert zu mir mit den Worten: Dieser Zuruf kommt nur von dem Abgeordneten Berger, der freilich aus einem Landestheile stammt, wo die Klagen „in den vollsten Tönen" erschallen, ja, meine Herren, die Klagen in den vollsten Tönen erschallten aber bald aus dem ganzen Lande und sind so eindringlich laut geworden,

(sehr wahr!)

daß wir sie haben hören müssen.

Der allgemeine Umschlag im Lande hat dann auch nicht auf sich warten lassen, er ist bei den Wahlen 1877 und noch viel mehr im Jahre 1878 wahrlich evident genug geworden. Wie hat sich die früher dominirende freihändlerische Majorität verringert, die schutzzöllnerische Partei dagegen, wenn ich sie so nennen soll, obgleich der Ausdruck nicht zutreffend ist, sich vermehrt! Der Herr Abgeordnete Richter hat uns oft gesagt, die Wahlen im Juli 1878 seien lediglich unter dem Eindrucke der Attentate und zum Zwecke des Sozialistengesetzes erfolgt, an die wirthschaftliche Frage habe man dabei gar nicht gedacht. Weit gefehlt, meine Herren, allerdings das Sozialistengesetz und die Attentate waren das Hauptmoment, aber so weit wie ich unterrichtet bin aus meinem eigenen Wahlkreis und aus vielen anderen Bezirken, muß ich sagen, daß unsere Wähler ebenso fest entschlossen waren, nicht nur das Sozialistengesetz durchzusetzen, sondern auch der seitherigen Wirthschaftspolitik eine andere Wendung zu geben.

(Sehr wahr!)

Sie stellen außerdem die Sache stets so dar, als wenn lediglich der Kanzlerbrief vom 15. Dezember die jetzige Wendung hervorgerufen hätte.

(Zuruf.)

— „Nun natürlich!" sagt Herr Bamberger. Ja, meine Herren, ich bin wahrlich der letzte, der die großen Verdienste des Herrn Reichskanzlers irgendwie verringern will, aber das Verdienst, die gegenwärtige mächtige und tiefe Bewegung allein durch seinen Brief hervorgerufen zu haben, das kann ich ihm, obgleich ich in der Tariffrage auf seiner Seite stehe, nicht vindiziren!

(Sehr wahr!)

Nein, meine Herren, die Sache liegt ganz anders. Von freihändlerischer Seite stellt man die heutige Situation so dar, als wenn es gegangen wäre wie etwa im Jahre 1813, wo es hieß: der König rief, und alle, alle kamen — so heute: der Kanzler rief, und alle, alle kamen! Nein, meine Herren, total umgekehrt war es: alle, alle riefen, und dann erst kam der Kanzler!

(Große Heiterkeit.)

Dann will man uns glauben machen, der mächtige durchschlagende „Einfluß der Industriellen" sei es gewesen, der die Majorität im Reichstage umgewandelt, welche den Fürsten Bismarck auf andere Wege gebracht, die Bundesregierungen und den Bundesrath umgestimmt hätte. Da muß ich doch sagen: der angebliche Einfluß des Herrn Stumm und seiner nähern Freunde — ich bin ja selbst kein Eisenindustrieller und absolut einflußlos — in allen Ehren, aber daß er die heute vor uns liegende große Thatsache jener Umwandlung fertig gebracht haben sollte, das stelle ich ebenso entschieden in Abrede wie ich in Abrede stelle, daß der Fürst Reichskanzler durch seinen Brief allein die Bewegung hervorgerufen hat. Lassen Sie mich an dieser Stelle das interessante Faktum konstatiren, daß in keinem Parlament der Welt, wo irgend wie eine bemerkenswerthe Industrie existirt, so wenig Industrielle im Parlamente sich befinden als gerade im deutschen Reichstage. Sehen Sie nach England, Frankreich, Belgien, wo eine starke Industrie besteht, und Sie werden finden, daß da die Vertretung der Gewerbtreibenden viel, viel größer ist als bei uns. Und trotzdem fabelt man hier von gewaltigem Einfluß unserer Industriellen!

Nun hat der Abgeordnete Bamberger gestern gesagt, es sei durchaus falsch, wenn man behaupte, Deutschland sei nicht stark, Deutschland könne bei der Eisenproduktion die Konkurrenz des Auslandes nicht ohne mäßigen Schutz der nationalen Arbeit aushalten, im Gegentheil, Deutschland sei wirthschaftlich stark, namentlich aber in der Eisenindustrie. Nur, setzt er hinzu „nur England" sei noch stärker als wir. Ja, meine Herren, das Haus hat diese Worte „nur England" ruhig angehört, aber was würden Sie sagen, wenn ich behauptete: Bayern ist die größte Militärmacht im deutschen Reiche, nur Preußen ist noch stärker.

(Große Heiterkeit.)

Meine Herren, geradeso liegt der Fall bei der Eisenproduktion. Deutschland ist stark, ja wohl, stärker als Rußland, als die Schweiz, Holland, Italien, auch als Oesterreich, steht auf gleicher Linie mit Frankreich, „nur England" macht eine Ausnahme, aber eine alles überwältigende Ausnahme, denn es ist auf dem Gebiete des Eisens 3 oder 4 mal so stark wie wir.

(Heiterkeit, sehr richtig!)

Es ist noch gar nicht in dieser schon so viele Tage dauernden Debatte von den unüberwindlichen und gar nicht hoch genug zu schätzenden Vorzügen Englands in der Industrie überhaupt, namentlich aber auf dem Gebiete der Eisenindustrie die Rede gewesen. Wissen denn die verehrten Führer der Freihandelspartei, die ich schon vor 3 Jahren danach fragte, wo die maßgebenden englischen Eisendistrikte liegen? wo die schottischen, wo Cumberland, wo South-Wales, wo New-Castle und endlich wo das so mächtig gewordene Cleveland liegt? Unmittelbar am Meere! Eisen und Kohlen dicht zusammen, so nahe am Meere, daß die Werke ihre Produkte unmittelbar in die Seeschiffe laden können. Ich habe das an allen diesen Punkten mit eigenen Augen gesehen, und ich wünschte lebhaft, Herr Bamberger und Genossen gingen auch einmal dahin, um sich davon zu überzeugen, dann würden sie augenscheinlich von der unüberwindlichen Superiorität der englischen Eisenindustrie und unserer notorischen und in der Natur begründeten Inferiorität in Deutschland sicherlich eine richtige Vorstellung bekommen.

Wo liegt dagegen Oberschlesien? Nun, meine Herren, annähernd 100 bis 120 Meilen von der Meeresküste, umgeben von den fast hermetisch verschlossenen Grenzen Oesterreichs und Rußlands.

(Sehr richtig! rechts.)

Wo befinden sich der Saarbrückener und Aachener Eisendistrikt? Dicht an der belgischen und französischen Grenze. Wo der westphälische? Ebenfalls wenige Meilen von der Grenze des Nachbarlandes; alle aber weit entfernt vom Meere, und alle entbehren, was für Massentransport hochwichtig ist, der in England so zahlreichen Kanäle. Und da spricht man allen Ernstes davon, wir seien im Stande, mit England, was uns auf allen Gebieten, namentlich aber in der Eisenproduktion, unendlich überlegen ist und bleibt, ohne jeden Schutz konkurriren zu können!

Der Abgeordnete Bamberger hat in seiner ersten Rede in der Generaldebatte auch auf Herrn Krupp exemplifizirt und gesagt, wir seien ja noch nicht einmal im Stande, zu unserer Landesvertheidigung der freien Einfuhr zu entbehren; Krupp müsse, um seine Kanonen für uns machen zu können, seine Erze dafür aus Bilbao in Spanien holen. Nun, meine Herren, bin ich selbst lange Jahre Gußstahlfabrikant gewesen und kenne etwas von diesen Dingen; der Herr Abgeordnete Bamberger ist unübertrefflich in der Theorie, aber sobald er dieses ihm souverän angehörige Gebiet verläßt, und auf den Boden der realen Verhältnisse hinabsteigen will, macht er Fehler.

(Heiterkeit.)

Das würde mir umgekehrt gerade so gehen, wenn ich mit ihm über den Nutzen des Freihandels theoretisch diskutiren wollte.

(Heiterkeit.)

Also woraus macht Herr Krupp seine Kanonen? Er macht sie aus demjenigen Eisen, welches er aus der früher königlichen Hütte zu Sayn bei Koblenz gewinnt, und wozu gebraucht er die Bilbao Erze? Zur Herstellung des Bessemerroheisens, welches er nöthig hat zur Herstellung seines sogenannten Friedensmaterials.

(Heiterkeit.)

Krupp muß, bemerken Sie sich das genau, meine Herren, das Erz aus Spanien holen, weit über das Meer hinweg, was England in Cumberland, in unmittelbarster Nähe vor der Thüre seiner Eisenhütten, am Meere gewinnt. Also anstatt, daß das Beispiel des Herren Krupp für den Kollegen Bamberger spräche, spricht es im Gegentheil gegen seine Theorien.

Meine Herren, endlich ist der Grund alles Uebels zurückgeführt worden auf die „Ueberproduktion", von der wir schon so viel gehört haben. Da muß ich denn sagen, und ich kann das aus eigenster Wahrnehmung in meiner westfälischen Heimath bestätigen, daß alle Werkbesitzer und Aktionäre nichts klügeres hätten thun können, wenn sie lediglich den Nutzen ihrer Geldbeutel zur Richtschnur nehmen wollten, als schon vor 3 bis 4 Jahren ihre Fabriken zu schließen. Sie haben es aber, Gott sei Lob und Dank dafür, nicht gethan aus dem von Herrn Stumm bereits mit vollem Rechte hervorgehobenen Pflichtgefühl gegen ihre Arbeiter. Wäre jene Schließung damals erfolgt, so würden Sie allerdings jetzt keine Petition mehr von Werkbesitzern um Wiedereinführung des Schutzzolls haben, aber es würden dann ganz andere Petenten vor Ihnen stehen,

(sehr richtig!)

die Arbeiter nämlich, die kein Brod mehr hätten und die Kommunen, welche alle diese Tausende von Nothleidenden aus ihren Mitteln unterstützen müßten.

(Lebhafter Beifall.)

Meine Herren, mit welch außerordentlicher Unkenntniß über unsere deutsche Eisenindustrie geurtheilt wird, das beweist, — ich bedaure unsern Kollegen Treitschke augenblicklich nicht hier zu sehen, aber er wird wohl in den Zeitungen lesen, was ich von ihm sagen muß — das beweist ein Artikel, den Herr von Treitschke selbst im Märzheft der von ihm herausgegebenen Preußischen Jahrbücher geschrieben hat. Es heißt dort Seite 332 folgendermaßen:

> Wenn Deutschland allein 259 **Konverter** eingerichtet hat, welche reichlich doppelt soviel Bessemerstahl erzeugen als die gesammte Erde verzehren kann, so sehen wir nicht ab, wie der Staat die unausbleibliche Folge einer so ungesunden Spekulation beseitigen soll.

Meine Herren, ich hatte diesen Artikel früher nicht gelesen, er wurde mir von einem mir wohlgesinnten Manne mit den Worten übergeben: ich bin im allgemeinen den Schutzmaßregeln des Reichskanzlers geneigt, aber wenn die Eisenindustrie solche Thorheiten macht, wie sie hier Herr von Treitschke, der sich doch sicherlich auf die besten Quellen stützen wird, mittheilt, dann ist der Eisenindustrie mit Zollschutz gar nicht zu helfen! Ich war nun leider nicht im Stande sofort die richtige Ziffer anzugeben, wie viel Konverter wir zur Zeit in Deutschland besitzen, aber soviel konnte ich meinem Freunde doch gleich sagen, daß die Zahl von 259 Konvertern nicht richtig wäre. Meine Herren, ich habe jetzt mir die authentischen Ziffern verschafft und auf wieviel sind da die 259 Konverter zusammengeschrumpft, welche jährlich das Doppelte dessen erzeugen sollen, als die gesammte Erde an Bessemerstahl verbraucht? Auf 67, meine Herren!

(Heiterkeit.)

67 waren es bis zum vorigen Jahre, dann sind es aber noch 4 weniger geworden, indem — das dürfte Ihnen vielleicht auch interessant sein zu erfahren — 4 in Deutschland kaltstehende Konverter abgebrochen und nach Rußland, nach dem übel beleumdeten, in industrieller Beziehung aber riesig vorwärts schreitenden Rußland gebracht wurden, um dort wieder aufgestellt und betrieben zu werden. Also die ganze Anzahl von Konvertern, die jetzt überhaupt im deutschen Reich in Thätigkeit ist, oder vielmehr existirt — von Inthätigkeitsein spreche ich nicht — beträgt heute 63, während Herr von Treitschke in seinen Jahrbüchern ganz ruhig seinen gläubigen Lesern erzählt, es seien 259! Aber, meine Herren, ich will mit ihm über diese allerdings arge Uebertreibung nicht weiter rechten, denn wenige Zeilen später sagt Herr von Treitschke:

> Die deutsche Handelspolitik befindet sich in einem Zustand der Nothwehr. Das **Zentralland Europas kann nicht allein dem System der Handelsfreiheit huldigen, wenn alle seine Nachbarn ihre Zölle hinaufschrauben.**

Meine Herren, das ist genau unser Standpunkt, und ich hoffe demgemäß, daß Herr von Treitschke trotz der irrthümlichen 259 Konverter keinen Anstand nehmen wird, für die Tarifvorlage zu votiren.

Nun hat gestern Kollege Bamberger auch von Kohlen gesprochen. Meine Herren, Kohlen sind zufälligerweise wieder ein Artikel, den ich kenne, denn ich bin so zu sagen zwischen Kohlengruben und Eisenwerken geboren. Er hat gesagt, es sei die Schwindelwirthschaft in den Kohlendistrikten ebenfalls ganz übertrieben gewesen; wer unmittelbar neben den Gruben damals wohnte, hätte die allerschlechteste Kohle bekommen, — so habe ich wenigstens Herrn Bamberger verstanden — und nur gute Qualitäten hätten weiter transportirt werden können. Meine Herren, ich habe, wie gesagt, lange Jahre dicht neben einer großen Kohlengrube gewohnt und viele Tausende von Leuten mit mir, denn mein Heimats- und Landtagswahlbezirk umfaßt allein 440 000 Menschen, und ich kann also aus eigenster Erfahrung Ihnen versichern, daß die Erklärung des Herrn Abgeordneten Bamberger durchaus irrthümlich ist. Weil aber der Herr Kollege es für angemessen gefunden hat, die Sprache auch auf Kohlen zu bringen, will ich ihm meinen Dank dafür aussprechen und dann dem Reichstag die sicherlich auch interessante Mittheilung machen, daß die Kohlenpreise jetzt weniger wie ein Drittel, vielleicht nur ein Viertel desjenigen betragen, als im Jahre 1873 gezahlt wurde. Und demnach, meine Herren, verlangen wir in Westfalen für unsere Steinkohlen keinen Zoll, weil das eine so gesunde, mächtige Industrie in unserem Lande ist, weil wir so reiche Lager haben, daß wir darin auch ohne Schutz mit England konkurriren können. Deshalb verlangen wir einen Zoll für Kohlen nicht. Aber, meine Herren, mit Eisen liegt die Sache, wie so oft bewiesen, ganz anders. Da sind wir und werden immer weit schwächer als die Engländer bleiben, da rufen wir den Schutz der Gesetzgebung an, weil wir ohne ihn untergehen müssen. Vielleicht wird es den Herrn Abgeordneten Bamberger und das Haus auch interessiren, zu hören, welch schwere Abgaben auf Kohlen trotz der beispiellosen Krisis noch immer in Preußen gezahlt werden müssen. Nicht weniger denn 1 Prozent Staatssteuer und 1 Prozent sogenannte Aufsichtssteuer, in Summa 2 Prozent, wohlverstanden nicht vom Nettoertrage, sondern vom Bruttoverkaufspreise, bezahlen wir noch heute in einem Momente, wo auch die Kohlenindustrie so außerordentlich darniederliegt und mit Mühe ihre Existenz vertheidigt.

Meine Herren, ich hatte mir eigentlich in Ihrem und in meinem eigenen Interesse vorgenommen, nur eine halbe Stunde zu sprechen; diese Frist ist jetzt abgelaufen, und ich werde deshalb eine ganze Menge von Dingen, über die ich mich mit Herrn Bamberger noch auseinander zu setzen hatte, unterdrücken müssen,

(Rufe rechts: Weiterreden! Fortfahren!)

und mich darauf beschränken, noch zwei Worte von der Dortmunder Union zu sagen. Herr Kollege Bamberger reitet nämlich bei wirthschaftlichen Debatten zwei Steckenpferde, das eine ist die Dortmunder Union und das andere sind die armen Weißblechfabrikanten. Die letzteren kann ich heute nicht näher berühren, vielleicht findet sich dazu später Gelegenheit, und nur ganz kurz auf das zurückkommen, was Herr Bamberger gestern von der Dortmunder Union sagte. Ich habe das Material zum vollständigen Gegenbeweis gegen alles das, was Herr Bamberger behauptete, vor einer halben Stunde bekommen, aber es ist ein so überreiches Zahlenmaterial, daß ich mich enthalten muß, es Ihnen jetzt in so später Stunde noch vorzutragen. Ich beschränke mich also darauf, einfach zu konstatiren, daß bei den Zahlen, welche Herr Bamberger Ihnen gestern bezüglich der Dortmunder Union vorgetragen hat, — er rechnete ja noch sehr schöne Erträge, respektive Ueberschüsse, in der Fabrikation jenes Werkes heraus — gar keine Generalkosten gerechnet sind, keinerlei Abschreibungen, keinerlei Zinsen für das Betriebsmaterial, keine Zinsen für Schulden, und endlich, da kein Mensch bei der Verwaltung der Dortmunder Union in der jetzigen Krisis überhaupt noch daran denkt, kein Pfennig Zinsen vom Anlagekapital zu rechnen. Angesichts dieser nüchternen einfachen Thatsachen, die Herr Bamberger meines Erachtens selbst hätte präsumiren können, gehen alle die Behauptungen und Deduktionen, die er an diese angebliche Thatsache geknüpft hat, in nichts auf.

Meine Herren, ich komme jetzt zum Herrn Kollegen Richter und zunächst zu einer Behauptung, welche er in seiner ersten Rede in der Generaldebatte aufstellte. Herr Richter sagte: „Nach Zoll schreien jetzt nur die Hochöfen, die Puddelwerke, die Walzwerke und Maschinenfabriken, die Kleineisenindustrie dagegen will nur unbedingte Aufrechterhaltung der jetzigen Gesetzgebung; ich muß das ja am besten wissen, denn im Kreise Hagen, den ich vertrete, ist die Kleineisenindustrie zu Hause und ganz auf meiner Seite". Soeben noch hat der Herr Kollege in ähnlichem Sinne gesprochen. Herr Richter erwähnte schon damals einer Petition gegen den Eisenzoll mit einigen 300 Unterschriften, und bemerkte, sie sei hierher geschickt worden ganz aus freiem Antriebe der Unterzeichner, nicht etwa weil er, der Abgeordnete des Kreises Hagen wäre. Nun bin ich, meine Herren, wenige Minuten von der Grenze des Kreises Hagen geboren und habe mehr als 40 Jahre dort gelebt. Ich glaube sagen zu können, daß ich den Kreis Hagen, die politische und auch die wirthschaftliche Stimmung in diesem Kreise etwas besser kenne als Herr Richter, und ich müßte den Herrn Kollegen — ich bedaure, daß er in diesem Augenblick nicht im Saale anwesend ist — wirklich bitten, in politischen Dingen doch nicht gar zu bescheiden zu sein! Während Herr Richter meint: nicht, weil er Abgeordneter sei, wäre jene Petitition gekommen, sage ich: Herr Richter wäre gar nicht Abgeordneter des Kreises Hagen geworden, wenn er nicht zufällig im Besitz des Mandats gewesen wäre, wenn es nicht seiner Beredtsamkeit, seiner Energie, seiner Thätigkeit, seiner unübertroffenen Agitationskunst gelungen wäre, die Majorität auf seine Seite zu bringen. Und trotz alledem hat noch eine engere Wahl stattgefunden, und in dieser hat die Unterstützung der verehrten Kollegen vom Zentrum, seiner heutigen wirthschaftlichen Gegner, ihm zum Siege über seine Mitbewerber verholfen!

(Heiterkeit.)

Es ist aber auch eine Petition mit mehr als 1000 Unterschriften im entgegengesetzten Sinn hierher gekommen, und Herr Richter hat sich beeilt, sie in seiner Weise zu zerpflücken. Nun, meine Herren, ich habe mich der Mühe der genauen Untersuchung der 346 Unterschriften seiner Kleineisenindustriellenpetition nicht unterzogen, bin aber fest überzeugt, ich würde mit meiner Personalkenntniß mindestens eben solche Resultate herausbekommen, wie Herr Richter mit der entgegengesetzten Petition. Meine Herren, was überhaupt Petitionen und Agitation anbetrifft, so lassen Sie uns doch — wir sind ja hier unter uns —

(große andauernde Heiterkeit)

lassen Sie uns einfach gestehen: peccatur intra muros et extra! Wir wissen alle, wie es gemacht wird, kennen die Mittel und Wege, die dabei von allen Parteien ohne Ausnahme eingeschlagen werden, und ich glaube, der Herr Abgeordnete Richter hätte sich die große Mühe sparen können, jene Unterschriften unter seine Lupe zu nehmen.

Zu meinem großen Befremden hat der Herr Abgeordnete Richter sich dann in der Generaldebatte auf einen seiner Vorgänger im parlamentarischen Mandat des Kreises Hagen, nämlich auf den verstorbenen Georg von Vincke bezogen. Nun, meine Herren, ich sitze schon seit einer geraumen Zeit mit dem Herrn Abgeordneten Richter sowohl im Reichstag, als im preußischen Abgeordnetenhause, aber nie ist es mir begegnet, daß der Herr Kollege Richter den Abgeordneten von Vincke, dessen große Verdienste ich stets anerkannte, in politischen Dingen als besonders nachahmenswerthes Vorbild dargestellt hat.

(Heiterkeit.)

Wenn der Abgeordnete Richter in der Zollfrage nach einem solchen Vorbilde suchen wollte unter seinen Mandatsvorgängern in der Volksvertretung, so hätte er es viel leichter gehabt, seinen unmittelbaren Vorgänger zu wählen. Derselbe steht mir persönlich sehr nahe, deshalb enthalte ich mich, seinen Namen zu nennen. Dieser hat das Mandat für Hagen 25 Jahre lang treu verwaltet, war in seinen jungen Jahren auch Gegner der Eisenzölle, später aber hat er sich eines besseren belehrt, und ist heute noch in seinen alten Tagen ein eifriger Verfechter des Eisenzolls. Wenn aber der Herr Abgeordnete Richter nicht auf diesen seinen unmittelbaren Vorgänger im Amte eingehen wollte, dann hätte er meines Erachtens wohl gethan, sich den berühmten Führer und langjährigen Chef seiner Partei, den seeligen Waldeck, zum Muster und Vorbild in Zollfragen zu nehmen. Waldeck sagte im Jahre 1865 gegenüber dem damaligen Abgeordneten Michaelis:

> Ich kann mich nicht unbedingt zu dem Freihandelsystem als absolute Norm bekennen. — Ich kann die Theorie, welche die ganze Welt gewissermaßen als eine Familie ansieht und es für gleichgültig hält, ob im eigenen Lande eine ganze Bevölkerung, die sich auf eine alte Industrie stützt, zu Grunde geht, während die Bedürfnisse aus einem anderen Lande geholt werden, diese Theorie kann ich für die Praxis nicht als unbedingt maßgebend halten.

(Hört! rechts.)

> Die Länder, die sie jetzt aufgestellt haben, sind erst dann dazu übergegangen, nachdem die entgegengesetzten Theorien mehr als Jahrhunderte hindurch konstant angewandt worden waren und dadurch auf die Entwickelung der Industrie einen bedeutenden Einfluß ausgeübt hatten.

Meine Herren, so der Abgeordnete Waldeck im Jahre 1865,

und ich glaube, ich sage nicht zu viel, wenn ich behaupte, der freihändlerische Weizen innerhalb der Fraktion des Kollegen Richter würde heut nicht so blühen, wenn Waldeck noch unter den Lebenden weilte.

(Sehr richtig!)

Meine Herren, da wir einmal von dem Wahlbezirk des Abgeordneten Richter sprechen, so wird ihm vielleicht eine Mittheilung interessant und, wie ich voraussetze, auch sehr betrübend sein, die ich in der Lage bin, dem Hause jetzt zu machen. Im Kreise Hagen ist die bekannte Enneperstraße und an dieser namentlich das Städtchen Haspe, eine feste Burg für unseren Kollegen Richter bei allen Wahlen gewesen. Es war früher vor etwa 30 Jahren ein kleines Dorf mit geringen Subsistenzmitteln und entwickelte sich erst dann, als einige wohlhabende Leute der Gegend, unterstützt durch den verstorbenen Finanz- und Handelsminister von der Heydt, der sich mit einem Kapital betheiligte, ein ansehnliches Walz- und Puddlingswerk dort errichteten. Das Etablissement wurde unmittelbar neben dem Bahnhofe in den Jahren 1847/48 angelegt, in der vorzüglichsten Weise ausgestattet, es hat alle Fortschritte in der Technik mitgemacht, ist stets gut und sparsam dirigirt und administrirt worden, hat sich in Folge dessen vortrefflich entwickelt, hat glänzende Zeiten mitgemacht, verwendete beste und billige Kohlen, kurz und gut hatte alle diejenigen Vortheile und Voraussetzungen, auf die ein deutsches Eisenwerk überhaupt Anspruch machen kann. Daß es trotzdem auf diesem Etablissement schon seit einer Reihe von Jahren recht schlecht ging, war mir bekannt, ich wußte aber auch, daß die gegenwärtigen Besitzer im Interesse ihrer Arbeiter sich nicht entschließen konnten, das Werk ganz still zu legen. Heute morgen indessen lese ich nun zu meinem wahrhaften Schrecken in einer mir zugegangenen Zeitung folgende Nachricht:

> Haspe, 14. Mai. Unser Puddlings- und Walzwerk Falkenroth, Kocher und Kompagnie, welches früher 6 bis 700 Arbeiter beschäftigte, aber in Folge der Geschäftskrisis schon seit Jahren schwach betrieben wurde, wird nun bald ganz eingehen. Wie wir aus sicherer Quelle vernehmen, ist sämmtlichen Beamten und Arbeitern zum 1. Juli gekündigt worden, da das ganze Werk geschlossen werden soll. Was aus den bis jetzt dort arbeitenden 800 Mann, die fast alle Familien haben, werden soll, weiß kein Mensch. Die Stimmung ist eine sehr gedrückte. Wie schwer jetzt schon der Steuerdruck auf unserer Stadt lastet, geht daraus hervor, daß auf Grund eines Beschlusses in der jüngsten Stadtverordnetenversammlung zur Deckung des Kommunalsteuerdefizits pro 1879/80 700 Prozent der Klassen- und Einkommensteuer bezahlt werden müssen

(Hört! hört!)

> und außerdem noch je 50 Prozent von der Grund- und Gebäudesteuer.

(Bewegung.)

Meine Herren, ich habe dieser traurigen Nachricht nichts hinzuzufügen, sie spricht mehr, als meine Worte vermöchten. Es handelt sich im vorliegenden Falle, wiederhole ich, nicht um ein junges Werk, nicht um eine „Gründung“, sondern um eine in der allervorzüglichsten Weise angelegte und bis jetzt geführte Fabrik, der es nie an Kapital fehlte, welche stets vielmehr Kredit hatte, als sie brauchte und beanspruchte.

Ich muß dann noch wenige Worte gegenüber Herrn Kollegen Richter sagen in Bezug auf seine heutige Rede. Er hat in Replik auf die bekannte Erklärung des Herrn Kommerzienrath Schwartzkopff uns das Statut einer sogenannten Maschinen-Koalition mitgetheilt. Nun, meine Herren, ich erinnere daran, daß bei der Generaldebatte dasjenige, was Herr Kollege Richter über die Submission der Schwartzkopff'schen Maschinenfabrik bei der Oberschlesischen respektive Warschau-Wiener Bahn mittheilte, Eindruck auf das Haus machte. Dieser Eindruck aber verschwand, als Herr Schwartzkopff gesprochen hatte. Heute hat Herr Kollege Richter abermals Eindruck mit seiner Duplik hervorgerufen. Ich bin also der Meinung, wir suspendiren alle vorläufig unser Urtheil, bis Herr Schwartzkopff sich abermals ausgesprochen haben wird.

(Sehr richtig!)

Aber eins bitte ich nicht zu vergessen. Das Datum, welches das Statut dieser Koalition trägt, ist, wenn ich nicht irre, der Juli 1877 —

(Abgeordneter Richter [Hagen]: 10. April 1877!)

— also der 10. April 1877, als die Zölle schon längst aufgehoben waren. Nun, meine Herren, frage ich Sie: was ist weiser und verständiger von den Fabrikanten, mögen sie nun Maschinenfabrikanten sein oder etwas anderes, sich gegenseitig die rücksichtsloseste, uneingeschränkteste Konkurrenz zu machen, sich das Brot gewissermaßen gegenseitig aus den Zähnen zu ziehen, oder sich in verständiger Weise zu einigen und zu erklären: wir wollen die wenige Arbeit, die heutzutage überhaupt noch am Markt ist, angemessen unter uns vertheilen, damit wir wenigstens Alle etwas zu leben haben!?

(Sehr richtig!)

Was würde daraus entstehen, wenn eine bedeutende Fabrik, — ich glaube, Schwartzkopff zählt jetzt zu den bedeutendsten — immer à tout prix alle Maschinen und Lokomotiven, die zur Submission kommen, seinen minderkräftigen Konkurrenten wegnähme? Jene Fabrik würde dann alle Arbeiten allein machen und alle übrigen Etablissements würden nicht in der Lage sein zu existiren. Anstatt also diese Koalitionen zu tadeln, lobe ich sie —

(sehr richtig!)

von Modalitäten des Statuts sehe ich natürlich bei diesem Ausspruche ab. Ich wünschte, daß alle Gewerbetreibende und Industrielle im Lande bei diesen so schlechten Zeiten sich so verständigten wie im vorliegenden Falle. Nun sollte man aber annehmen, wenn man von Herrn Richter in seiner drastischen Weise dieses angebliche Koalitionsunwesen darstellen hört, es würde sich als eine nothwendige Konsequenz herausstellen, daß diese Koalition, dieses sogenannte Monopol, dieses vermeintliche Bannrecht, recht hohe Preise im Gefolge hätte. Ja, meine Herren, Kollege Richter würde mit seinem scharfen Tadel Recht haben, wenn wirklich diese Koalition mißbräuchlich gegenüber dem Publikum ausgenützt würde. Aber wie liegen hier die Thatsachen? Vor fünf Jahren kostete eine Lokomotive 60 bis 70 000 Mark und man konnte sie dafür nicht einmal in beliebiger Zahl bekommen. Heute dagegen kostet eine Lokomotive nur 30 bis 40 000 Mark; Sie haben ja gehört, daß Herr Direktor Büchtemann von der Berlin-Potsdamer Bahn bei Borsig 12 000 Thaler bezahlen sollte und nur 10 000 Thaler geben wollte und deshalb aus dem Geschäft nichts geworden ist. Was zu dem die Borsigsche Fabrik speziell angeht, so erinnere ich daran, daß dort gegenwärtig eine Vormundschaft funktionirt, welche ihre Pflicht verletzen würde, wenn sie billiger verkaufte als die Herstellungskosten der Waare betragen. Dadurch erledigt sich meines Erachtens diese Sache vollständig.

Meine Herren, von der Bochumer Gußstahlfabrik, die uns ja auch bei jeder volkswirthschaftlichen Debatte hier vorgeführt wird, ist gesagt worden, wie viel die Durchschnittsdividende seit 1868 betrug. Herr Richter weiß aber nicht, was mir bekannt ist, — denn ich bin Vertreter des Kreises Bochum im Landtage, und dort geboren, — daß jene Fabrik nicht von 1868 ihren Ursprung datirt, sondern schon von

1854. Will Herr Richter vielleicht die Güte haben, bei passender Gelegenheit auszurechnen, wie hoch die Durchschnittsdividende seit 1854, also seit einem Vierteljahrhundert, gewesen ist? Da werden sich andere Zahlen herausstellen.

Dann wird der Verwaltung jenes Werkes zum Vorwurf gemacht, daß sie im Juli 1873 die noch vor der Krisis beschlossenen Arbeiten fortgesetzt hätte. Ja, meine Herren, haben wir nicht Alle, wenn wir in ähnlicher Lage waren, ebenso verfahren? Glaubte denn irgend Einer von uns an eine derartige Intensität und Fortdauer der Krisis? Die Aktionäre und die Direktion in Bochum hätten freilich wohlgethan im Interesse ihres Geldbeutels, wenn sie die Arbeiten damals sofort eingestellt hätten; aber was würde die Folge gewesen sein? Die Arbeiter, die mit den Bauten beschäftigt gewesen sind, die vielen Lieferanten würden in schweren Nothstand gekommen sein, wie es ohnehin später geschehen ist. Was überhaupt diese Frage betrifft, so bin ich der Meinung, daß das eine Angelegenheit ist, über die sich Direktion und Aufsichtsrath mit ihren Aktionären lediglich allein auseinanderzusetzen haben.

(Sehr richtig! rechts.)

Wenn die Aktionäre nichts gegen dieses Vorgehen zu erinnern fanden, dann haben wir uns hier im Reichstage meines Erachtens wahrlich nicht mit dieser minimen internen Frage zu beschäftigen.

Der Herr Kollege Richter hat ferner auf Amerika hingewiesen und gesagt, wir möchten uns doch dort die Hochöfen ansehen, die angeblich der hohe Schutzzoll zum Erkalten gebracht habe. Ja, meine Herren, es scheint in der That, als wenn Kollege Richter und seine Freunde aus der Unmasse von Papieren, mit der wir jetzt täglich wahrhaft überschwemmt werden, immer nur genau dasjenige heraussuchen, was in ihren Kram paßt,

(Ruf links: Natürlich!)

alles übrige aber unberührt lassen. — Meine Herren, Sie sagen „natürlich", ich bin da, entschuldigen Sie den Ausdruck, viel gewissenhafter als Sie, ich lese auch das, was Ihre Partei publizirt. Ich kann Ihnen, wie es Herr von Kardorff oder wer es sonst war, vor einigen Tagen schon gethan hat, nur dringend einen Aufsatz des deutschen Konsuls in St. Louis, des Herrn Gerlich, zum Studium empfehlen. Es ist der Sohn eines langjährigen Freundes und Kollegen von uns im Reichstage und im Abgeordnetenhause, ein geborener Westpreuße, also sicherlich mit freihändlerischer Milch groß gesäugt. Nichtsdestoweniger ist er als deutscher Konsul in Amerika zu der entgegengesetzten Anschauung über Freihandel und Schutzzoll gekommen, und Sie werden, ehe ein Jahr vergeht, sehen, wie das jetzt wegen seines allerdings übertriebenen Schutzzolls so sehr verrufene Amerika sich in einem besseren Zustand befinden wird, als wie wir mit all unseren freihändlerischen Versuchen im deutschen Reich.

Der Herr Kollege Richter hat dann noch gemeint: ja, aber das deutsche Gießereieisen könnten wir doch nicht gebrauchen, darin blieben wir stets von Schottland abhängig. Ich kann hier nur wiederholen und muß das leider wiederholen, entschuldigen Sie es, weil die Herren nicht auch das hören, was ihre Gegner ihnen sagen — was Herr Stumm vorhin sagte: lesen Sie doch den gewissermaßen offiziellen Bericht eines Herrn Wachler über die Versuche, die man mit deutschem Gießereieisen auf der königlichen Hütte in Gleiwitz neuerdings gemacht hat. Dort werden Sie finden, daß deutsches Gießereieisen an Qualität dem englischen durchaus nicht nachsteht, und wir auch darin ganz unabhängig werden können, wenn wir nur wollen.

Dann hat Herr Kollege Richter endlich — und damit werde ich dem Schluß nahe sein — von der einen, erst gestern Abend in unsere Hände gekommenen Duisburger Petition gesprochen. Ich bin zunächst neugierig, das Original der Petition zu sehen, bis jetzt habe ich nur einen Abdruck davon. Aber wenn auf die große Bedeutung dieser Werke hingewiesen wird, so kann ich Ihnen mittheilen — ich habe mir die Ziffern zusammengezogen —, daß alle diese Werke zusammen nur 7500 Arbeiter haben, vorausgesetzt, daß die betreffenden Werke alle mit dem Inhalt dieser Denkschrift einverstanden sind —, während die Nachbarwerke Phönix und Gutehoffnungshütte in Oberhausen allein 10 bis 11000 Arbeiter haben. Es gibt immer innerhalb gewisser Interessentensphären einige Frondeurs, welche glauben, ihren besonderen Weg gehen zu müssen. Ich muß bis nach besserer Information die Herren, welche in dieser Weise bei uns vorstellig geworden sind, als solche Frondeurs ansehen.

Meine Herren, ich bin jetzt zu Ende, trotzdem ich noch eine ganze Menge Material vor mir liegen habe, aber die Uhr geht auf 4 und ich möchte also jetzt meinen Schluß machen. Da wünschte ich mir so recht von Herzen die Beredtsamkeit unseres verehrten Kollegen Bamberger, denn meine Herren, das werden Sie mir zugestehen, Herr Bamberger ist nicht bloß ein anerkannt ausgezeichneter Redner, sondern auch insofern ein Meister in der Eloquenz, als er gerade es versteht, einen recht schönen pomphaften Schluß seiner Rede zu machen.

(Große Heiterkeit.)

Meine Herren, während der freihändlerischen Aera ist es mir, als Herr Bamberger die damalige Majorität führte, oft gewesen, als wenn ich mich auf einer Hochzeit oder bei einem großen Feste befand, wo der betreffende Hauptredner bei dem erhebenden Moment angekommen ist: Meine Herren, ergreifen Sie Ihre Gläser und bringen Sie mit mir ein dreifaches Hoch aus!

(Große Heiterkeit.)

Ganz ähnlich war der Schluß der Rede des Herrn Bamberger, er gipfelte materiell in einer Aufforderung, nunmehr dem Freihandel ein dreifaches Hoch zu bringen. Jetzt freilich ist die schöne Zeit der freihändlerischen Aera dahingeschwunden, aber Herr Bamberger als gewandter Dialektiker verfährt jetzt formell anders — er streckt den Arm pathetisch vor sich hin

(Heiterkeit)

und sagt: meine Herren, ich warne Sie vor diesem grundstürzenden Irrthum des Schutzzolls, weichen Sie zurück von dem Abgrunde, stürzen Sie das Vaterland nicht in das Verderben, beschwören Sie nicht den Ruin der ganzen Nation herauf! — Meine Herren, ich bin ja nur ein unbedeutender Mann, ich kann mich, was Eloquenz betrifft, nicht im entferntesten mit Herrn Bamberger messen, ich kann also ein solches Finale wie er nicht in Szene setzen, ich kann gegenüber allen diesen Beschwörungen des Herrn Bamberger, wie sie jetzt bei ihm Regel geworden sind, nur bitten: Lassen Sie sich von Herrn Bamberger nicht bange machen,

(Bravo!)

hören Sie nicht auf ihn und seine Freunde, sondern vielmehr auf das, was Ihnen Ihre Wähler am 30. Juli und in den acht Tagen vor dem Wahltage alle mit sehr deutlichen Worten gesagt haben: unterstützen Sie den Reichskanzler in der wirthschaftlichen Reform, wie er sie mit dem Zolltarif begonnen hat, und lassen Sie sich vor allem auch gar nicht irre führen durch ganze Gegner oder halbe Freunde. Es gibt gewisse Leute, die gerade im jetzigen Momente an Sie herantreten und sagen: lassen Sie es uns doch in zweiter Lesung modifiziren. Meine Herren, was zu modifiziren ist, in dieser Sache, das, bin ich der Meinung, thun wir zwischen der zweiten und dritten Berathung, das ist auch ein Internum der Majorität; darum hat sich die Minorität, meines unmaßgeblichen Dafürhaltens, weniger zu kümmern. Zunächst handelt es sich darum, den gemeinsamen Gegner zu schlagen, das ist die bis dahin siegreiche freihändlerische Majorität. Das können wir aber nur dadurch thun, wenn wir uns heute einig und fest auf den Boden des vorliegenden Entwurfs stellen. Ich habe ja an ihm auch eine ganze Menge auszusetzen; ich mache noch lange nicht Alles mit, was uns sonst vorgeschlagen wird, aber vor derartigen Künsten unserer Gegner möchte ich doch dringend warnen, und indem ich diese Warnung ausspreche, rede ich nicht im eigenen Namen, sondern, obgleich ich keiner Fraktion angehöre, im Namen Vieler in diesem Hause. Zunächst also, meine Herren, festhalten, was uns die Regierung geboten hat, das Weitere wird sich zwischen der zweiten und dritten Lesung finden, und wenn Sie so verfahren, wenn Sie in diesem Sinne für die Regierungsvorlage stimmen, so werden Sie die große Majorität der Nation hinter sich haben!

(Lebhaftes Bravo rechts; Zischen links. Wiederholtes lebhaftes Bravo rechts und im Zentrum.)

Präsident: Ich habe zuvörderst anzukündigen, daß zwei Anträge auf namentliche Abstimmung vorliegen über den Antrag unter Nr. 169 des Herrn Abgeordneten von Wedell-Malchow und über Position 6 a des Zolltarifs, Roheisen. Beide Anträge sind gestellt von dem Herrn Abgeordneten von Kardorff, aber noch nicht von 50 Mitgliedern unterstützt. Ich werde die Unterstützungsfrage unmittelbar vor der Abstimmung stellen.

Dann ist der Schluß der Diskussion beantragt von dem Herrn Abgeordneten Grafen Bethusy-Huc.

Ich ersuche diejenigen, die den Schlußantrag unterstützen wollen, sich zu erheben.

(Geschieht.)

Die Unterstützung reicht aus.

Nunmehr ersuche ich diejenigen Herren, aufzustehen respektive stehen zu bleiben, welche die Diskussion schließen wollen.

(Geschieht.)

Das ist die Majorität; die Diskussion ist geschlossen.

Zur Geschäftsordnung hat das Wort der Herr Abgeordnete Kayser.

Abgeordneter **Kayser:** Ich will zur Geschäftsordnung bemerken, daß ich zu dieser Frage mich im Namen meiner Partei gemeldet hatte, damit bei derselben hier einmal die Arbeiterinteressen ordentlich, gehörig

(oh! oh!)

und wirklich im Sinne der Arbeiter besprochen werden können. Ich konstatire also, daß wiederum mir und meiner Partei bei den wirthschaftlichen Debatten das Wort abgeschnitten worden ist.

Präsident: Zu einer persönlichen Bemerkung hat das Wort der Herr Abgeordnete Dr. Rentzsch.

Abgeordneter Dr. **Rentzsch:** Meine Herren, der Herr Abgeordnete Richter (Hagen) hat zwei Zitate aus meinem Handwörterbuch zu Ihrer Kenntniß gebracht. Ich bin augenblicklich nicht im Besitz dieses Buchs, kann die Stellen nicht kontroliren, will aber damit keinen Zweifel aussprechen. Ich bin auch nicht im Stande, zu beurtheilen, — da ich das Handwörterbuch mit mehreren meiner Freunde herausgegeben habe, — ob die betreffenden Stellen von mir selbst herrühren oder von meinen Mitarbeitern, bemerke aber, da ich es herausgegeben habe, daß damit keineswegs die Verantwortlichkeit abgeschwächt sein soll. Das Handwörterbuch wurde herausgegeben in Lieferungen in den Jahren 1863, 1864 und 1865, also noch vor der Zeit, ehe der Vertrag mit Frankreich thatsächlich Kraft erlangt hatte. Das war zu jener Zeit, als noch Eisenzölle bestanden, welche in Bezug auf Roheisen die doppelte Höhe der Vorlage erreichen und für einzelne Artikel sogar den fünf- und sechsfachen, sogar den achtfachen Betrag. Meine Herren, es ist Thatsache, daß ich nach dieser Beziehung hin meine wirthschaftliche Meinung geändert habe. Dies ist mir keineswegs so leicht geworden, wie der eine oder der andere vielleicht glaubt, im Gegentheil erst nach schweren Kämpfen habe ich mich dazu entschlossen. Warum dieses geschehen, habe ich gestern begründet, ich kann das nicht wiederholen, ich nehme aber an, da der Herr Abgeordnete Richter heute von neuem darauf zurückkommt, daß er es gestern nicht gehört hat, und da er sich für meine Person so sehr zu interessiren scheint, wird er wohl die Güte haben, das, was ich gestern darüber gesagt habe, nachzulesen.

Präsident: Zu einer persönlichen Bemerkung hat das Wort der Herr Abgeordnete Dr. Löwe (Bochum).

Abgeordneter Dr. **Löwe** (Bochum): Meine Herren, der Herr Abgeordnete Richter (Hagen) hat aus einer neulichen Auslassung, die ich hier gemacht habe, die Bemerkung entnehmen zu können geglaubt, als ich nämlich von der wüsten Spekulation in das Blaue hin, auf den Weltmarkt, gesprochen, daß ich damit, wie er es aufgefaßt hat, gegen *jedes Geschäft* mit *dem Auslande* mich erklärt hätte und jedes Geschäft mit dem Auslande unter diese von mir bezeichnete Rubrik gebracht hätte. Ich würde auch heute das als ein einfaches Mißverständniß und für eine unbedeutende Thatsache leicht hingehen lassen und nichts bemerken, wenn ich nicht zufällig heute früh in einem großen Blatte hier dieselbe Auffassung gefunden hätte. Meine Herren, ich habe doch eben davon gesprochen und bestimmt ausgeführt, daß die Spekulation in das Blaue darin besteht, zu fabriziren und zu handeln, ohne eine Ahnung von dem Konsumenten zu haben, der die Sache gebrauchen soll. Zu seiner Beruhigung kann ich dem Herrn Abgeordneten Richter aber noch sagen, daß, soviel ich weiß, das Bochumer Werk wie die Dortmunder Union sich sehr genau davon unterrichtet haben, mit wem sie ihre Geschäfte machen.

Präsident: Zur persönlichen Bemerkung hat das Wort der Herr Abgeordnete Dr. Bamberger.

Abgeordneter Dr. **Bamberger:** Meine Herren, wie immer in solchen Fällen, bin ich heute der Hauptzielpunkt aller persönlichen Angriffe der verschiedenen Redner gewesen, und ich muß gestehen, ich bin sehr angenehm überrascht, daß zwei Matadore der Eisenindustrie, die hier pro aris et focis kämpfen, und die aufgewachsen sind inmitten der Bergwerke und der Hochöfen, bei allen ihren vereinigten Anstrengungen eigentlich nur Dinge vorbringen konnten, die wenig . . .

(Zurufe: persönlich!)

— nur mit der Lupe . . . .

Präsident: Ich muß dem Herrn Redner bemerken, daß ich bis jetzt eine persönliche Bemerkung noch nicht gehört habe.

Abgeordneter Dr. **Bamberger:** Ich will dem Herrn Abgeordneten Berger, dem ich für die amöne Weise, mit der er mich behandelt hat, aufrichtig dankbar bin, ich muß anerkennen, wenn ein solcher Redner, der allerdings heute seinerseits durch die hochzeitliche Stimmung unterstützt war, es auch anerkennt, dann ist es viel werth — ich will dem Herrn Abgeordneten Berger in Form der persönlichen Bemerkung kurz antworten. Er hat mir zunächst vorgeworfen, daß ich nicht gewußt habe, daß Herr Krupp die Erze von Bilbao verwende nicht für Kriegsmaterial, sondern für Schienen und anderes Friedensmaterial. Ich habe die Anführung der Kruppschen Erzbezüge gemacht, in Antwort auf den Herrn Abgeordneten Reichensperger, daß wir das Eisen schützen müssen, das bei uns in der Erde wächst, und ich habe darauf erwidert, daß wenn wir das Eisen, das bei uns wächst, schützen müssen, Herr Krupp im Unrecht wäre, der den Roheisenstoff in Form von Erz für seine Hütte vom Ausland bezieht.

Was den Vorwurf wegen der Kohlen betrifft, so habe ich keine allgemeinen Aeußerungen gemacht, als ich davon sprach, daß der Fall vorgekommen sei, daß die Kohlen in der Nähe des Bassins unverhältnißmäßig vertheuert worden wären, sondern ich habe auch die Quelle angegeben, das ist die Enquete der Eisenbahnuntersuchungskommission, welche vor Jahren getagt hat und in deren Aussagen ich mich anheischig mache, die Wahrheit meiner betreffenden Erwähnung zu bezeugen.

Die Dortmunder Union — hat Herr Berger gesagt — sei mein Steckenpferd. Meines Wissens habe ich sie gestern zum ersten Mal hier im Reichstage erwähnt und gar nicht tadelnd, gar nicht mißbilligend, sondern um zu zeigen, was sie trotz ihrer schweren Verhältnisse noch jetzt als günstiges Zeichen leiste.

Was nun den Herrn Abgeordneten Stumm betrifft, so ist die Reihe seiner Angriffe jetzt durch das, was inzwischen vorgegangen ist, so in den Hintergrund gedrängt, andererseits so sachlicher Natur, daß ich nicht in persönlicher Form antworten kann, sondern mir dies vorbehalten muß. Gewundert hat es mich, daß im Gegensatz zu der Art, wie der Herr Abgeordnete Berger mich angegriffen hat, der Herr Abgeordnete in einer Weise persönlich war, zu der ich ihm gestern und auch in der ganzen Session nicht den geringsten Anlaß gegeben habe. Der Herr Abgeordnete Stumm, der neulich sogar empfindlich wurde, bloß weil ich das Wort Schutzzöllner brauchte, hat mich überrascht, als er heute bis an die Grenzen des persönlich Erlaubten in seiner Agression gegangen ist ohne irgend eine Veranlassung von meiner Seite; er hat sogar für nöthig gehalten zu verweisen auf ein Bild, das der Herr Abgeordnete Mosle gebraucht hat, indem er sagte, wie jener Herr Abgeordnete neulich bemerkt hätte, hätte ich eine Aussage gemacht über etwas, wobei ich wohl die Glocken hätte läuten hören, aber nicht gewußt hätte, wo sie hingen. Ich habe damals dem Herrn Abgeordneten Mosle zu antworten nicht für nöthig gehalten, umsoweniger als ich nicht begriff, warum er sich beleidigt fühlte, weil ich glaubte, der Brief des Kanzlers sei an ihn gerichtet gewesen. Da aber der Herr Abgeordnete Stumm heute die Sache sich angeeignet hat, sei es gestattet mit einem Worte zu sagen, daß mein ganzer furchtbarer Irrthum darin bestand, daß ein Brief, dessen Tenor und dessen Tendenz nicht geleugnet wird, nicht persönlich an den Herrn Abgeordneten Mosle, sondern an eine Versammlung, die zu seinen Ehren stattgefunden hat, gerichtet war. Von dieser Gravität sind auch alle anderen Vorwürfe, die der Herr Abgeordnete Stumm mir gemacht hat.

Präsident: Zu einer persönlichen Bemerkung hat das Wort der Herr Abgeordnete Rickert (Danzig).

Abgeordneter **Rickert** (Danzig): Es thut mir leid, daß ich mich materiell mit dem Herrn Abgeordneten Berger heute nicht länger auseinandersetzen kann. Er hat allerdings soviel gegen uns geleistet, daß es sich der Mühe verlohnte. Ich muß mich auf eine einzige thatsächliche Erwiderung beschränken.

Der Herr Abgeordnete Berger hat behauptet, ich hätte bei einer Unterhaltung mit ihm über den Nothstand im preußischen Abgeordnetenhause ausgesprochen, daß ein Nothstand nicht existire. Das ist unrichtig. Ich kann leider den stenographischen Bericht im Augenblick nicht beschaffen, aber es wird sich vielleicht eine andere Gelegenheit geben das nachzuweisen. Ich habe im preußischen Abgeordnetenhause anerkannt, daß ein partieller Nothstand in Preußen existire, ich habe es nur geleugnet und leugne es heute noch, daß dieser Nothstand ein ganz allgemeiner sei. Herr Kollege Berger hat mir ausdrücklich im preußischen Abgeordnetenhause das Zeugniß ausgestellt, ich hätte zwar den Nothstand anerkannt, aber widerwillig. Dieses Letztere ist allerdings richtig.

Präsident: Zu einer persönlichen Bemerkung hat das Wort der Herr Abgeordnete Windthorst.

Abgeordneter **Windthorst:** Der Herr Abgeordnete Richter hat aus Aeußerungen, die ich gemacht habe, und aus Aeußerungen die mein Kollege Herr von Schorlemer-Alst außerhalb des Hauses gemacht hat, allerlei Deduktionen gezogen in Beziehung auf die Haltung der Zentrumsfraktion. Ich mache dem Herrn Kollegen bemerklich, daß die Aeußerungen, welche ich mache, für mich gemacht sind und die Zentrumsfraktion keineswegs als solche binden.

Wo ich die Anschauungen der Zentrumsfraktion ausspreche, füge ich das immer ausdrücklich hinzu. Aehnlich macht es auch der Herr Kollege von Schorlemer, der übrigens, wie ich ihm anzeigen kann, recht bald kommt und ihm dann selbst antworten wird.

(Heiterkeit.)

Uebrigens habe ich das, was ich über die ganze Sache im allgemeinen denke, in meinem Vortrage vom 8. d. Mts. dargelegt. Ich habe ganz dem entsprechend gehandelt und werde es auch ferner thun.

Präsident: Zur persönlichen Bemerkung hat das Wort der Herr Abgeordnete Stumm.

Abgeordneter **Stumm:** Ich muß es dem Hause überlassen, zu entscheiden, ob die Punkte, in welchen ich dem Herrn Abgeordneten Dr. Bamberger Irrthümer nachgewiesen habe, in der That so unbedeutender Natur sind, wie er sie hingestellt hat; er hat hier solche auch aufrecht erhalten und deshalb halte ich es auch für nothwendig, die betreffenden Stellen aus dem stenographischen Bericht vorzulesen, wie ich ihn erhalte.

Was die Höflichkeit anbelangt, so kann ich dem Herrn Abgeordneten versichern, daß ich mich bemüht habe, so höflich zu sein, wie es mir nur irgend möglich war.

(Große Heiterkeit.)

Präsident: Zur persönlichen Bemerkung hat das Wort der Herr Abgeordnete Richter (Hagen).

Abgeordneter **Richter** (Hagen): Meine Herren, ich habe von Herrn Dr. Rentzsch aus dessen Lexikon nur solche Artikel zitirt, die von ihm selbst unterschrieben sind. Der Band des Lexikons, den ich gestern vor mir hatte, ist nicht vor der Zeit des Handelsvertrages, sondern erst von 1866 datirt.

Ich habe, was die Bochumer Gußstahlfabrik anbelangt, nicht von den Dividenden seit 1868, sondern seit 1860 gesprochen.

Was die Aeußerung des Herrn Abgeordneten Dr. Löwe über den Größenwahn anlangt, so habe ich die Stelle nach dem stenographischen Bericht verlesen.

Was sodann meine Bemerkung über die Zentrumspartei anbetrifft, so ist die Aeußerung des Herrn von Schorlemer-Alst allerdings außerhalb dieses Hauses gesprochen worden, aber im Abgeordnetenhause, und ich habe sie nach dem stenographischen Bericht des Abgeordnetenhauses verlesen. Der Reichstag war damals nicht versammelt.

Ich habe dann die Stelle, wovon der Herr Abgeordnete Windthorst (Meppen) sagt:

> Wir sind dieselben, die wir gestern gewesen sind, wir werden dieselben morgen sein,

auch stenographisch verlesen. Herr Windthorst (Meppen) spricht in dem Augenblick von „wir", von der Zentrumspartei, er gibt die Erklärung Freunden und Feinden der Zentrumspartei gegenüber ab.

Präsident: Zur persönlichen Bemerkung hat das Wort der Herr Abgeordnete Windthorst.

Abgeordneter **Windthorst:** Die eben verlesenen Worte habe ich namens der Zentrumsfraktion gesprochen, ich spreche sie nochmals aus und halte Wort.

Präsident: Zur persönlichen Bemerkung hat das Wort der Herr Abgeordnete Dr. Rentzsch.

Abgeordneter Dr. **Rentzsch:** Ich kann nur wiederholen, daß die ersten Hefte des Handwörterbuchs im Jahre 1863 erschienen sind, und daß allerdings das erschienene Schlußheft das Datum von 1866 tragen kann.

Präsident: Zur persönlichen Bemerkung hat das Wort der Herr Abgeordnete Richter (Hagen).

Abgeordneter **Richter** (Hagen): Ich werde mich in vieler Beziehung sehr freuen, wenn das Zentrum heute und künftig eben so ist, wie es früher gewesen ist.

(Heiterkeit.)

Präsident: Jetzt werde ich zuvörderst die Frage der namentlichen Abstimmungen zum Austrag bringen.

Der Herr Abgeordnete von Kardorff beantragt die namentliche Abstimmung über den Antrag des Herrn Abgeordneten von Wedell-Malchow (Nr. 169 der Drucksachen). Ich ersuche diejenigen Herren, welche diesen Antrag auf namentliche Abstimmung unterstützen wollen, sich zu erheben.

(Geschieht.)

Der Antrag ist hinreichend unterstützt, da mehr als 50 Mitglieder sich erhoben haben; es wird also namentlich über die Frage abgestimmt.

Sodann hat der Herr Abgeordnete von Kardorff namentliche Abstimmung über Position 6a, Zoll für Roheisen, beantragt. Ich ersuche diejenigen Herren, welche diesen Antrag auf namentliche Abstimmung unterstützen wollen, sich zu erheben.

(Geschieht.)

Die Unterstützung reicht ebenfalls aus; es wird auch über diese Frage namentlich abgestimmt.

Ich gehe über zur Fragestellung.

Es liegt vor ein Antrag der Herren Abgeordneten Graf Udo zu Stolberg, von Flottwell, Stellter:

> Der Reichstag wolle beschließen:
>
> zu Nr. 6a:
>
> Anmerkung:
>
> Roheisen und Brucheisen seewärts von Memel bis zur Weichselmündung eingehend auf Erlaubnißscheine für Eisenwerke: frei.

Ich glaube diesen Antrag zuerst zur Abstimmung bringen zu sollen. Ich schlage also vor, über denselben zuerst abzustimmen.

Sodann liegt vor ein Antrag des Herrn Abgeordneten von Wedell-Malchow zu der Position Nr. 6a des Tarifs selbst. Nach den Präzedentien im Zollparlament, die ich mir angesehen habe, und nach dem Abstimmungsmodus, der namentlich noch bei dem letzten Gesetz über die Stempelsteuer hier im Reichstag noch in dieser Session beobachtet worden, glaube ich vorschlagen zu müssen, zuerst eventuell abzustimmen über das Amendement von Wedell-Malchow, also zu fragen: soll für den Fall der Annahme des Zolls auf Roheisen für 100 Kilogramm statt „1 Mark" gesetzt werden „50 Pfennige"?

Sodann folgt die Abstimmung über Position 6, Eisen und Eisenwaaren, a, Roheisen, wie sie sich nach diesen beiden Vorabstimmungen herausgestellt haben wird.

Die Abstimmung über das Amendement von Wedell-Malchow, welche also eine eventuelle ist, und auch die Abstimmung über die Position selbst, wie sie sich nach den Vorabstimmungen herausstellt, — diese beiden Abstimmungen sind namentlich.

Das Haus ist mit der Fragestellung einverstanden, und es wird also, wie ich vorgeschlagen habe, abgestimmt werden.

Ich bitte den Herrn Schriftführer, zuerst das Amendement Graf Udo zu Stolberg zu verlesen.

Schriftführer Abgeordneter Freiherr **von Soden:**

> Der Reichstag wolle beschließen:
>
> zu Nr. 6a:
>
> Anmerkung:
>
> Roheisen und Brucheisen seewärts von Memel bis zur Weichselmündung eingehend auf Erlaubnißscheine für Eisenwerke: frei.

Präsident: Ich ersuche diejenigen Herren, welche das eben verlesene Amendement annehmen wollen, sich zu erheben.

(Geschieht.)

Das Büreau ist einig in der Annahme, daß die Minderheit steht; das Amendement ist abgelehnt.

Es kommt jetzt die Abstimmung über das Amendement von Wedell-Malchow:

> Der Reichstag wolle beschließen:
>
> in Nr. 6 des Zolltarifs (Eisen und Eisenwaaren) die Zollsätze abzuändern wie folgt:
>
> Roheisen aller Art; Brucheisen und Abfälle aller Art von Eisen, soweit nicht unter Nr. 1 genannt: 100 Kilogramm statt 1 Mark zu setzen 0,50 Mark.

Ich wiederhole, die Abstimmung ist eine eventuelle. Wenn über dieses Amendement abgestimmt sein wird, gleichviel ob es angenommen wird oder abgelehnt wird, wird über die Bewilligung des Zolles, über die Annahme der Position, nochmals abgestimmt.

(Sehr richtig!)

Ich glaube, daß in dieser Beziehung jetzt die Fragestellung und die Sachlage klar ist, und ich ersuche demnach diejenigen Herren, welche dieses eventuelle Amendement annehmen wollen, beim Namensaufruf mit Ja zu antworten, — und diejenigen Herren, welche es nicht annehmen wollen, antworten beim Namensaufruf mit Nein.

Der Namensaufruf beginnt mit dem Buchstaben D.

Ich ersuche die Herren Schriftführer, denselben vorzunehmen.

Ich bitte, meine Herren, um Ruhe im Hause und um laute und deutliche Antwort, denn nur auf diese Weise kann mit Sicherheit die Abstimmung kontrolirt werden.

(Der Namensaufruf wird vollzogen.)

Mit Ja antworten:	Mit Nein antworten:
von Adelebsen.	von Alten-Linden.
Baron Arnswaldt.	Arbinger.
	Freiherr von Aretin (Ingolstadt).
	Freiherr von Aretin (Illertissen).
Dr. Bähr (Cassel).	Graf Ballestrem.
Baer (Offenburg).	von Batocki.
Dr. Bamberger.	Graf von Behr-Behrenhoff.
Bauer.	Bender.
Dr. Baumgarten.	Berger.
Bebel.	Bernards.

Mit Ja antworten:	Mit Nein antworten:
Becker.	von Bernuth.
von Behr-Schmoldow.	von Bethmann-Hollweg (Ober-Barnim).
von Benda.	von Bethmann-Hollweg (Wirsitz).
von Bennigsen.	Graf Bethusy-Huc.
Dr. Beseler.	Bezanson.
Bieler (Frankenhain).	Graf von Bismarck.
Dr. Blum.	Dr. Graf von Bissingen-Nippenburg.
Bode.	Dr. Bock.
Dr. Böttcher (Waldeck).	von Bockum-Dolffs.
Bolza.	Freiherr von Bodman.
Borowski.	von Bönninghausen.
Dr. Braun (Glogau).	von Böttcher (Flensburg).
Dr. Brüel.	von Brand.
Büchner.	von Bredow.
Büsing.	Freiherr von und zu Brenken.
Bürten.	Freiherr von Buddenbrock.
Dr. von Bunsen.	von Bühler (Oehringen).
	Dr. Buhl.
	von Busse.
Carl Fürst zu Carolath.	Clauswitz.
Dr. von Cuny.	von Colmar.
von Czarlinski.	von Cranach.
Dr. Delbrück.	Freiherr von Dalwigk-Lichtenfels.
Dernburg.	Dieden.
von Dewitz.	Dietze.
ten Doornkaat-Koolman.	Graf zu Dohna-Finckenstein.
Eysoldt.	Graf von Droste.
Dr. von Feder.	Dr. Falk.
Flügge.	Feustel.
Dr. von Forckenbeck.	Findeisen.
Freund.	Graf von Flemming.
Fritzsche.	von Flottwell.
	von Forcade de Biaix.
	Forkel.
	Freiherr zu Franckenstein.
	Graf von Frankenberg.
	Franssen.
	Dr. Franz.
	Dr. Frege.
	Freytag.
	Dr. Friedenthal.
	Freiherr von Fürth.
	Graf von Fugger-Kirchberg.
von Gerlach.	Graf von Galen.
Gerwig.	Gielen.
von Geß.	von Goßler.
Dr. Gneist.	Grad.
Görz.	Dr. von Grävenitz.
von Gordon.	von Grand-Ry.
Graf von Grote.	Dr. Groß.
	Grütering.
	Grützner.
	Günther (Sachsen).
Haerle.	Hamm.
Hall.	Dr. Hammacher.
Dr. Harnier.	Fürst von Hatzfeldt-Trachenberg.
Heilig.	Hauck.
Hermes.	Freiherr von Heereman.
Hoffmann.	von Helldorff-Bedra.
Holtzmann.	von Helldorff-Runstedt.
	Dr. Freiherr von Hertling.

Mit Ja antworten:	Mit Nein antworten:
	von Hölder.
	Fürst von Hohenlohe-Schillingsfürst.
	Fürst zu Hohenlohe-Langenburg.
	Horn.
Jäger (Nordhausen).	Dr. Jäger (Reuß).
Dr. von Jazdzewski.	von Jagow.
	Jaunez.
	Jordan.
Dr. Karsten.	von Kardorff.
Kiefer.	Katz.
Klotz.	Kayser.
Dr. Klügmann.	von Kehler.
Knoch.	Klein.
von Kurnatowski.	von Kleist-Retzow.
	Graf von Kleist-Schmenzin.
	von Knapp.
	Kochann.
	von König.
	Krafft.
	Kreutz.
Landmann.	Freiherr von Landsberg-Steinfurt.
Laporte.	Lang.
Dr. Lasker.	Lender.
von Lenthe.	Freiherr von Lerchenfeld.
Leutz.	von Levetzow.
Liebknecht.	Dr. Lieber.
List.	Dr. Lingens.
Löwe (Berlin).	Dr. Löwe (Bochum).
Lüders.	Lorette.
	Dr. Lucius.
	von Ludwig.
	von Lüderitz.
Freiherr von Maltzahn-Gültz.	Dr. Maier (Hohenzollern).
Dr. Marquardsen.	Dr. Majunke.
Martin.	Freiherr von Manteuffel.
Mejer (Schaumburg-Lippe).	Marcard.
Dr. Mendel.	Freiherr von Marschall.
Michalski.	Dr. Mayer (Donauwörth).
Freiherr von Minnigerode.	Melbeck.
Möring.	Merz.
Müller (Gotha).	von Miller (Weilheim).
von Müller (Osnabrück).	Freiherr von Mirbach.
	Graf von Moltke.
	Mosle.
	Dr. Moufang.
	Müller (Pleß).
	Dr. Müller (Sangerhausen).
	Graf von Nayhauß-Cormons.
	von Neumann.
Freiherr von Ow (Freudenstadt).	Dr. von Ohlen.
	von der Osten.
	Freiherr von Ow (Landshut).
Pabst.	Dr. Perger.
Dr. Peterssen.	Pfähler.
Pflüger.	Pfafferott.
Dr. Pohlmann.	Freiherr von Pfetten.
	Fürst von Pleß.
	Graf von Praschma.
	von Puttkamer (Fraustadt).
	von Puttkamer (Löwenberg).

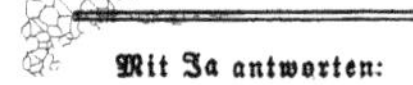

Mit Ja antworten:	Mit Nein antworten:
	von Puttkamer (Lübben).
	von Puttkamer (Schlawe).
Freiherr Nordeck zur Rabenau.	Prinz Radziwill (Beuthen).
von Reden (Lüneburg).	Herzog von Ratibor.
Reinecke.	von Ravenstein.
Richter (Hagen).	Reich.
Rickert (Danzig).	Dr. Reichensperger (Krefeld).
Römer (Hildesheim).	Reichensperger (Olpe).
Dr. Roggemann.	Reichert.
	Dr. Rentzsch.
	Richter (Kattowitz).
	Richter (Meißen).
	Graf von Rittberg.
	Römer (Württemberg).
	Dr. Rudolphi.
	Ruppert.
Schlieper.	Graf von Saurma-Jeltsch.
Schlutow.	Dr. von Schauß.
Schmitt-Battiston.	von Schenck-Flechtingen.
von Schöning.	von Schenck-Kawenczyn.
Dr. Schulze-Delitzsch.	Dr. von Schlickmann.
Schwarz.	von Schmid (Württemberg).
Graf von Sierakowski.	Schmiedel.
Dr. Simonis.	Schneegans.
von Simpson-Georgenburg.	Schön.
Dr. Sommer.	Graf von Schönborn-Wiesentheid.
Sonnemann.	
Stellter.	Dr. von Schwarze.
Dr. Stephani.	von Schwendler.
Struve.	Senestrey.
	Servaes.
	von Seydewitz.
	Freiherr von Soden.
	Staelin.
	Staudy.
	Stegemann.
	Stötzel.
	Graf zu Stolberg-Stolberg (Neustadt).
	Theodor Graf zu Stolberg-Wernigerode.
	Udo Graf zu Stolberg-Wernigerode.
	Strecker.
	Streit.
	Stumm.
	Süs.
Freiherr von Tettau.	Thilo.
Trautmann.	Tölke.
Dr. von Treitschke.	Triller.
von Turno.	
Freiherr von Unruhe-Bomst.	Uhden.
	Freiherr von Varnbüler.
	Dr. Völk.
	Vopel.
	Vowinckel.
von Wedell-Malchow.	Freiherr von Wackerbarth.
Dr. Weigel.	Dr. von Waenker.
Werner (Liegnitz).	Graf von Waldburg-Zeil.
von Werner (Eßlingen).	von Waldow-Reitzenstein.
Wichmann.	Freiherr von Wendt.
Wiemer.	Dr. Westermayer.
Dr. Wiggers (Güstrow).	Windthorst.
Wiggers (Parchim).	von Woedtke.
Dr. Witte (Mecklenburg).	
Witte (Schweidnitz).	
Wöllmer.	
Dr. Wolffson.	
Wulfshein.	
Dr. Zimmermann.	Dr. Zinn.
Graf von Zoltowski.	Freiherr von Zu-Rhein.

Krank sind: von Below. Bracke. Fürst von Czartoryski. Haanen. Graf von Holstein. Kuntzen. Leonhard. Dr. Deiker. Reinders. Freiherr von Schorlemer-Alst. Dr. Schröder (Friedberg). Freiherr Schenk von Stauffenberg. von Unruh (Magdeburg).

Beurlaubt sind: Ackermann. Dr. Boretius. Dr. Brüning. Freiherr von Ende. Dr. Günther (Nürnberg). Dr. Hänel. von Heim. Hilf. Maurer. Graf von Plessen. Graf von Preysing. Reinhardt. Dr. Rückert (Meiningen). Saro. Dr. Thilenius. Dr. Wachs.

Entschuldigt sind: Dr. Gareis. Menken. Oechelhäuser. von Saucken-Tarputschen. von Schalscha. Dr. Wehrenpfennig.

Ohne Entschuldigung fehlen: Graf von Arnim-Boitzenburg. Graf von Bernstorff. Braun (Hersfeld). Brückl. Graf von Chamaré. Datzl. Dollfus. Dr. Dreyer. Fichtner. Germain. Guerber. Freiherr von Hafenbrädl. Hasselmann. Heckmann-Stintzky. Graf von Hompesch. Freiherr von Horneck-Weinheim. Kablé. von Kalkstein. von Kesseler. Dr. von Komierowski. Kopfer. Dr. Kraetzer. Krüger. Graf von Kwilecki. Dr. Lindner. Graf von Luxburg. Magdzinski. Dr. Merkle. Dr. Meyer (Schleswig). Dr. von Niegolewski. North. Dr. Rack. Fürst Radziwill (Adelnau). von Reden (Celle). Rußwurm. Schenk (Köln). Schmidt (Zweibrücken). Schröder (Lippstadt). von Sczaniecki. Dr. Stöckl. Bahlteich. Winterer.

Präsident: Die Abstimmung ist geschlossen.

(Das Resultat wird ermittelt.)

Das Resultat der Abstimmung ist folgendes. An der Abstimmung haben sich betheiligt 317 Mitglieder, von denen haben mit Ja gestimmt 125 und mit Nein 192; es ist also das Amendement von Wedell-Malchow abgelehnt.

Wir kommen jetzt zur Abstimmung über die Position:

Eisen und Eisenwaaren:

a) Roheisen aller Art; Brucheisen und Abfälle aller Art von Eisen, soweit nicht unter Nr. 1 genannt: 100 Kilogramm 1 Mark.

Ich ersuche diejenigen Herren, welche diese Position annehmen wollen, beim Namensaufruf mit Ja zu antworten, — und diejenigen, welche die Position nicht annehmen wollen, mit Nein zu antworten.

Der Namensaufruf beginnt mit dem Buchstaben P.

Ich ersuche um laute und deutliche Antwort seitens der Herren Mitglieder und um möglichste Ruhe im Hause.

(Der Namensaufruf wird vollzogen.)

Mit Ja antworten:	Mit Nein antworten:
von Alten-Linden.	von Adelebsen.
Arbinger.	
Freiherr von Aretin (Ingolstadt).	
Freiherr von Aretin (Illertissen).	
Dr. Bähr (Cassel).	Baer (Offenburg).
Graf Ballestrem.	Dr. Bamberger.

Mit Ja antworten:	Mit Nein antworten:
von Batocki.	Dr. Baumgarten.
Bauer.	Bebel.
Becker.	von Behr-Schmoldow.
Graf von Behr-Behrenhoff.	Dr. Beseler.
von Benda.	Dr. Blum.
Bender.	Dr. Böttcher (Waldeck).
von Bennigsen.	Dr. Braun (Glogau).
Berger.	Dr. Brüel.
Bernards.	Büchner.
von Bernuth.	Büsing.
von Bethmann-Hollweg (Ober-Barnim).	Büxten.
	Dr. von Bunsen.
von Bethmann-Hollweg (Wirsitz).	
Graf Bethusy-Huc.	
Bezanson.	
Bieler (Frankenhain).	
Graf von Bismarck.	
Dr. Graf von Bissingen-Nippenburg.	
Dr. Bock.	
von Bockum-Dolffs.	
Bode.	
Freiherr von Bodmann.	
von Bönninghausen.	
von Bötticher (Flensburg).	
Bolza.	
Borowski.	
von Brand.	
von Bredow.	
Freiherr von u. zu Brenken.	
Freiherr von Buddenbrock.	
von Bühler (Oehringen).	
Dr. Buhl.	
von Busse.	
Clauswitz.	Carl Fürst zu Carolath.
von Colmar.	Dr. von Cuny.
von Cranach.	von Czarlinski.
Freiherr von Dalwigk-Lichtenfels.	Dr. Delbrück.
	ten Doornkaat-Koolman.
von Dewitz.	
Dieden.	
Dietze.	
Graf zu Dohna-Finckenstein.	
Graf von Droste.	
Dr. Falk.	Dr. von Feder.
Fenstel.	Dr. von Forckenbeck.
Findeisen.	Freund.
Graf von Flemming.	Fritzsche.
von Flottwell.	
von Forcade de Biaix.	
Forkel.	
Freiherr zu Franckenstein.	
Graf von Frankenberg.	
Franssen.	
Dr. Franz.	
Dr. Frege.	
Freytag.	
Dr. Friedenthal.	
Freiherr von Fürth.	
Graf von Fugger-Kirchberg.	
Graf von Galen.	von Gerlach.
von Geß.	Gerwig.
Gielen.	Görz.
Dr. Gneist.	von Gordon.
von Goßler.	

Mit Ja antworten:	Mit Nein antworten:
Grad.	
Dr. von Grävenitz.	
von Grand-Ry.	
Dr. Groß.	
Graf von Grote.	
Grütering.	
Grützner.	
Dr. Günther (Sachsen).	
Haerle.	Hall.
Hamm.	Dr. Harnier.
Dr. Hammacher.	Heilig.
Fürst von Hatzfeldt-Trachenberg.	Hermes.
Hauck.	Hoffmann.
Freiherr von Heereman.	Holtzmann.
von Helldorff-Bedra.	
von Helldorff-Runstedt.	
Dr. Freiherr von Hertling.	
von Hölder.	
Fürst von Hohenlohe-Schillingsfürst.	
Fürst zu Hohenlohe-Langenburg.	
Horn.	
Dr. Jäger (Reuß).	Jäger (Nordhausen).
von Jagow.	Dr. von Jazdzewski.
Jaunez.	
Jordan.	
von Kardorff.	Dr. Karsten.
Katz.	Kiefer.
Kayser.	Klotz.
von Kehler.	Dr. Klügmann.
Klein.	Knoch.
von Kleist-Retzow.	von Kurnatowski.
Graf von Kleist-Schmenzin.	
von Knapp	
Kochann.	
von König.	
Krafft.	
Krentz.	
Freiherr von Landsberg-Steinfurt.	Landmann.
	Dr. Lasker.
Lang.	Lentz.
Laporte.	Liebknecht.
Lender.	List.
Freiherr von Lerchenfeld.	Löwe (Berlin).
von Levetzow.	
Dr. Lieber.	
Dr. Lingens.	
Dr. Löwe (Bochum).	
Lorette.	
Dr. Lucius.	
von Ludwig.	
von Lüderitz.	
Dr. Maier (Hohenzollern).	Freiherr von Maltzahn-Gültz.
Dr. Majunke.	Dr. Marquardsen.
Freiherr von Manteuffel.	Martin.
Marcard.	Dr. Mendel.
Freiherr von Marschall.	Freiherr von Minnigerode.
Dr. Mayer (Donauwörth).	Möring.
Melbeck.	Müller (Gotha).
Merz.	
Michalski.	
von Miller (Weilheim).	
Freiherr von Mirbach.	
Graf von Moltke.	

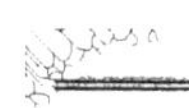

Mit Ja antworten:	Mit Nein antworten:
Mosle.	
Dr. Moufang.	
Müller (Pleß).	
Dr. Müller (Sangerhausen).	
Graf von Nayhauß-Cormons.	
von Neumann.	
Dr. von Ohlen.	
von der Osten.	
Freiherr von Ow (Landshut).	
Freiherr von Ow (Freudenstadt).	
Dr. Perger.	Pabst.
Dr. Petersen.	Pfähler.
Pfafferot.	Pflüger.
Freiherr von Pfetten.	
Fürst von Pleß.	
Dr. Pohlmann.	
Graf von Praschma.	
von Puttkamer (Fraustadt).	
von Puttkamer (Löwenberg).	
von Puttkamer (Lübben).	
von Puttkamer (Schlawe).	
Freiherr Nordeck zur Rabenau.	von Reden (Lüneburg).
Prinz Radziwill (Beuthen).	Reinecke.
Herzog von Ratibor.	Richter (Hagen).
von Ravenstein.	Rickert (Danzig).
Reich.	Römer (Hildesheim).
Dr. Reichensperger (Crefeld).	Dr. Roggemann.
Reichensperger (Olpe).	
Reichert.	
Dr. Rentzsch.	
Richter (Kattowitz).	
Richter (Meißen).	
Graf von Rittberg.	
Römer (Württemberg).	
Dr. Rudolphi.	
Ruppert.	
Graf von Saurma-Jeltsch.	Schlieper.
Dr. von Schauß.	Schlutow.
von Schenck-Flechtingen.	Dr. Schulze-Delitzsch.
von Schenck-Kawenczyn.	Graf von Sierakowski.
Dr. von Schliekmann.	Dr. Sommer.
von Schmid (Württemberg).	Sonnemann.
Schmiedel.	Stellter.
Schneegans.	Dr. Stephani.
Schön.	Struve.
Graf von Schönborn-Wiesentheid.	
von Schöning.	
Schwarz.	
Dr. von Schwarze.	
von Schwendler.	
Senestrey.	
Servaes.	
von Seydewitz.	
von Simpson-Georgenburg.	
Freiherr von Soden.	
Staelin.	
Stauby.	
Stegemann.	
Stötzel.	
Graf zu Stolberg-Stolberg (Neustadt).	

Mit Ja antworten:	Mit Nein antworten:
Theodor Graf zu Stolberg-Wernigerode.	
Udo Graf zu Stolberg-Wernigerode.	
Strecker.	
Streit.	
Stumm.	
Süs.	
Freiherr von Tettau.	Trautmann.
Thilo.	Dr. von Treitschke.
Tölke.	von Turno.
Triller.	
Uhden.	Freiherr von Unruhe-Bomst.
Freiherr von Varnbüler.	
Dr. Völk.	
Vopel.	
Vowinckel.	
Freiherr von Wackerbarth.	Dr. Weigel.
Dr. von Waenker.	Werner (Liegnitz).
Graf von Waldburg-Zeil.	Wiemer.
von Waldow-Reitzenstein.	Dr. Wiggers (Güstrow).
Freiherr von Wendt.	Wiggers (Parchim).
von Werner (Eßlingen).	Dr. Witte (Mecklenburg).
Dr. Westermayer.	Wöllmer.
Wichmann.	Dr. Wolffson.
Windthorst.	Wulfshein.
Witte (Schweidnitz).	
von Woedtke.	
Dr. Zinn.	Dr. Zimmermann.
Freiherr von Zu-Rhein.	Graf von Zoltowski.

Der Abstimmung enthalten sich: Baron von Arnswaldt. von Wedell-Malchow.

Krank sind: von Below. Bracke. Fürst von Czartoryski. Haanen. Graf von Holstein. Kuntzen. Leonhard. Dr. Oetker. Reinders. Freiherr von Schorlemer-Alst. Dr. Schröder (Friedberg). Freiherr Schenk von Stauffenberg. von Unruh (Magdeburg).

Beurlaubt sind: Ackermann. Dr. Boretius. Dr. Brüning. Freiherr von Ende. Dr. Günther (Nürnberg). Dr. Hänel. von Heim. Hilf. Maurer. Graf von Plessen. Graf von Preysing. Reinhardt. Dr. Rückert (Meiningen). Saro. Dr. Thilenius. Dr. Wachs.

Entschuldigt sind: Eysoldt. Dr. Gareis. Menken. Oechelhäuser. von Saucken-Tarputschen. von Schalscha. Dr. Wehrenpfennig.

Ohne Entschuldigung fehlen: Graf von Arnim-Boitzenburg. Graf von Bernstorff. Braun (Hersfeld). Brückl. Graf von Chamaré. Datzl. Dernburg. Dollfuß. Dr. Dreyer. Fichtner. Flügge. Germain. Guerber. Freiherr von Hafenbrädl. Hasselmann. Heckmann-Stintzy. Graf von Hompesch. Freiherr von Horneck-Weinheim. Kablé. von Kalkstein. von Kesseler. Dr. von Komierowski. Kopfer. Dr. Kraetzer. Krüger. Graf von Kwilecki. von Lenthe. Dr. Lindner. Lüders. Graf von Luxburg. Magdzinski. Meier (Schaumburg-Lippe). Dr. Merkle. Dr. Meyer (Schleswig). von Müller (Osnabrück). Dr. von Niegolewski. North. Dr. Rack. Fürst Radziwill (Adelnau). von Reden (Celle). Rußwurm. Schenk (Köln). Schmidt (Zweibrücken). Schmitt-Batiston. Schröder (Lippstadt). von Sczaniecki. Dr. Simonis. Dr. Stöckl. Vahlteich. Winterer.

Präsident: Die Abstimmung ist geschlossen.

(Das Resultat wird ermittelt.)

Das Resultat der Abstimmung ist folgendes. Bei der Abstimmung haben sich betheiligt 308 Mitglieder; davon haben gestimmt mit Ja 218, mit Nein 88, der Abstimmung enthalten haben sich 2. Es ist also die Position

Eisen und Eisenwaaren:

a) Roheisen aller Art; Brucheisen und Abfälle aller Art von Eisen, soweit nicht unter Nr. 1 genannt: 100 Kilogramm 1 Mark,

angenommen.

Es wird mir jetzt ein Vertagungsantrag überreicht von dem Herrn Abgeordneten Grafen von Ballestrem.

Ich ersuche diejenigen Herren, welche den Vertagungsantrag unterstützen wollen, sich zu erheben.

(Geschieht.)

Die Unterstützung reicht aus.

Nunmehr ersuche ich diejenigen Herren, stehen zu bleiben, welche die Vertagung beschließen wollen.

(Geschieht.)

Das ist die Majorität; die Vertagung ist beschlossen.

Ich erlaube mir die nächste Plenarsitzung für morgen Vormittag um 11 Uhr vorzuschlagen und als Tagesordnung für diese Plenarsitzung den Rest der heutigen Tagesordnung.

Widerspruch wird nicht erhoben; es findet mit dieser Tagesordnung die nächste Plenarsitzung morgen Vormittag 11 Uhr statt.

Ich schließe die Sitzung.

(Schluß der Sitzung 5 Uhr 20 Minuten.)

Druck und Verlag der Buchdruckerei der Nordd. Allgem. Zeitung. Pindter.
Berlin, Wilhelmstraße 32.

47. Sitzung

am Sonnabend, den 17. Mai 1879.

Die Sitzung wird um 11 Uhr 40 Minuten durch den Präsidenten Dr. von Forckenbeck eröffnet.

Präsident: Die Sitzung ist eröffnet.

Das Protokoll der gestrigen Sitzung liegt zur Einsicht auf dem Büreau offen.

Entschuldigt sind für heute: die Herren Abgeordneten Dietze, Lüders, Tölke und Landmann wegen dringender Geschäfte; — der Herr Abgeordnete Oechelhäuser zur Beiwohnung eines Begräbnisses in Dessau.

Der Herr Abgeordnete Kiefer zeigt seine Ernennung zum Direktor des Landgerichts zu Freiburg im Breisgau zum 1. Oktober an; er stellt dabei die Frage, ob durch diese seine Ernennung sein Mandat als Reichstagsabgeordneter erloschen sei. Ich schlage vor, dieses Schreiben ebenso, wie die vorherigen bezüglichen Schreiben, der Geschäftsordnungskommission zur Berichterstattung zu überweisen. — Es wird dem nicht widersprochen; das Schreiben geht an die Geschäftsordnungskommission zur Berichterstattung.

Außerdem ist für heute entschuldigt der Herr Abgeordnete Löwe (Berlin).

Wir treten in die Tagesordnung ein.

Einziger Gegenstand der Tagesordnung ist:

Fortsetzung der zweiten Berathung des Zolltarifs (Nr. 132 der Drucksachen)

und zwar zunächst Nr. 6, **Eisen und Eisenwaaren**, b.

Ich eröffne die Diskussion über Position b:

schmiedbares Eisen (Schweißeisen, Schweißstahl, Flußeisen, Flußstahl) in Stäben mit Einschluß des façonnirten; Radkranzeisen; Pflugschaareneisen; Eck- und Winkeleisen; Eisenbahnschienen; Eisenbahnlaschen, Unterlagsplatten und Schwellen: 100 Kilogramm 2,50 Mark.

Es liegen dazu vor: das Amendement des Herrn Abgeordneten von Wedell-Malchow Nr. 169 sub b, das Amendement der Herren Abgeordneten Dr. Klügmann und Schlieper Nr. 179 und ein schriftlich eingereichtes Amendement des Herrn Abgeordneten Dr. Delbrück. Ich ersuche den Herrn Schriftführer, dasselbe zu verlesen.

Schriftführer Abgeordneter Graf **von Kleist-Schmenzin**.

Der Reichstag wolle beschließen:

im Falle der Annahme der Position 6 lit. b derselben folgende Bemerkung hinzuzufügen:

schmiedbares Eisen in Stäben, für Kratzendrahtfabriken gegen Erlaubnißschein unter Kontrole: 100 Kilogramm 0,50 Mark.

Dr. Delbrück.

Präsident: Zur Geschäftsordnung hat das Wort der Herr Abgeordnete von Wedell-Malchow.

Abgeordneter **von Wedell-Malchow**: Meine Herren, nach dem Ausfall der gestrigen Abstimmung über die Position Nr. 6a, Roheisen aller Art, ziehe ich den Rest meiner Anträge unter Nr. 169 der Drucksachen hiermit zurück, da dieselben ihrer Basis entbehren, nachdem die Ermäßigung des Roheisenzolls von dem hohen Hause abgelehnt worden ist.

Präsident: Ich ertheile das Wort dem Herrn Abgeordneten Dr. Delbrück.

Abgeordneter Dr. **Delbrück**: Meine Herren, es liegt dem Reichstage vor eine Petition von den Kratzendrahtfabrikanten aus Westfalen, welche vorstellen, daß die Lage der Fabrikation gegen frühere Zustände und auch gegen den jetzt bestehenden Zustand wesentlich erschwert werden wird durch die Bestimmung des Ihnen vorgelegten Tarifs. Sie bedürfen für ihre Fabrikation ganz nothwendig des schwedischen Stabeisens, sie können den Kratzendraht in der Qualität, wie er für feine Wollkratzen erforderlich ist, ans inländischem Material nicht herstellen. Wenn dieses Material, das schwedische Stabeisen, nach der Bestimmung des Tarifs einem Zoll von 2½ Mark unterliegt, während der Draht nur einem Zollsatz von drei Mark unterliegt, so befürchten die Petenten, und zwar nach meiner Ansicht mit vollem Recht, daß es ihnen nicht möglich sein wird, mit dem ausländischen Kratzendraht fernerhin zu konkurriren. Ich will die Berechnung, die sie zum Beweis dieser Behauptung in der Petition vorgelegt haben, nicht in allen Einzelheiten vertreten; so viel aber, glaube ich, ist außer Zweifel, daß eine Zolldifferenz von nur 50 Pfennige für 100 Kilogramm nicht ausreicht, um ihnen die Verarbeitung des schwedischen Stabeisens in Konkurrenz mit dem ausländischen Kratzendraht fernerhin möglich zu machen. Die Petenten ziehen aus dieser Prämisse die Folgerung, daß die Position „Draht" des Tarifentwurfs getheilt werden soll und daß für Kratzendraht oder vielmehr für Draht unter einer gewissen Stärke ein erheblich höherer Zollsatz eintreten soll.

Diesen Antrag der Petenten kann ich mir nicht aneignen, und zwar schon aus dem Grunde, weil die Annahme dieses Antrags nothwendig rückwirken würde auf den Eingangszoll für fertige Kratzen und vielleicht eine Erhöhung des Eingangszolls für fertige Kratzen noch weittragende Folgen bis zu den fertigen Kleidern haben würde. Dagegen gibt es nach meiner Ansicht einen einfachen und früherhin in ähnlichen Fällen häufig betretenen Weg, den Interessen der Petenten gerecht zu werden, nämlich den, daß ihnen gestattet würde, gegen Erlaubnißscheine und unter Kontrole Stabeisen zu einem Satz von 50 Pfennigen für 100 Kilogramm zu beziehen. Es ist dies ein Weg, welcher früher wiederholt betreten ist, und zwar insbesondere gerade bei der Fabrikation, um die es sich handelt.

Die Fabrikation des feinen Kratzendrahts ist eine relativ nicht sehr alte. Es hat sehr viel Mühe und Zeit gekostet, um die inländische Kratzendrahtfabrikation soweit zu bringen, daß sie den Draht in der für feine Kratzen erforderlichen Qualität lieferte. In Anerkenntniß dieser Lage ist vom Jahre 1834 an bis zum Jahre 1855 das umgekehrte Verfahren befolgt worden von dem, welches ich vorschlage, nämlich es wurde damals den Kratzenfabrikanten der ausländische Kratzendraht theils zur Hälfte, theils, und zwar überwiegend, zu 1/4 des tarifmäßigen Zollsatzes auch auf Erlaubnißscheine unter Kontrole abgelassen. Diese Begünstigung ist mit dem Jahre 1856 fortgefallen, weil das Bedürfniß mit der Entwickelung der inländischen Kratzendrahtfabrikation aufhörte.

Ein zweiter Vorgang für den von mir vorgelegten Antrag ist der, daß den Kratzenfabrikanten, solange die Eingangszölle für Leder eine erhebliche Höhe hatten, gestattet wurde, ausländisches Kratzenleder zu einem niedrigen Zollsatz für ihre Fabrikation zu beziehen. Mein Antrag ist also vollständig durch Vorgänge der früheren Zollgesetzgebung und Verwaltung gerechtfertigt; er wird, wie ich glaube, den Interessen der Betheiligten vollkommen genügen und er überhebt uns der Nothwendigkeit, eine im Interesse der Zollabfertigung keineswegs erwünschte Theilung der Position Draht und eine aus anderen allgemeinen Rücksichten noch weniger erwünschte Erhöhung des Eingangszolls zu beschließen. Ich empfehle Ihnen deshalb die Annahme meines Antrags.

Präsident: Der Herr Kommissarius des Bundesraths Geheimer Regierungsrath Burchard hat das Wort.

Kommissarius des Bundesraths kaiserlicher Geheimer Regierungsrath **Burchard**: Meine Herren, es ist schon im allgemeinen darauf hingewiesen worden, daß der Tarifentwurf, wie er Ihnen vorliegt, als ein ganzes anzusehen ist. Bei den Vorberathungen des Entwurfs sind von verschiedenen Seiten Wünsche geltend gemacht worden, die sehr auseinandergingen und zum Theil viel weiter reichen als der Entwurf. Man hat von einer Seite Zollfreiheit da in Anspruch genommen, wo auf der anderen Seite viel weiter gehende Zollbelastungen für nothwendig erachtet wurden. Alle diese Interessen sind bei der Berathung und Feststellung des Tarifentwurfs geprüft und abgewogen worden, und man hat geglaubt im vorliegenden Entwurf eine Ausgleichung zu finden für alle die Wünsche, die laut geworden sind. Von diesem Standpunkte aus möchte ich im Namen der verbündeten Regierungen den Wunsch und die Bitte aussprechen, an dem Ihnen vorliegenden Entwurf so wenig wie möglich zu rütteln. Ich verkenne dabei nicht, daß der Tarif gewisser Verbesserungen und Vervollständigungen nach der oder jener Richtung fähig ist; wenn es sich aber um eine eigentliche Zollbelastung handelt, wenn es sich um das Maß desjenigen handelt, was der inländischen Industrie als Schutz zu Theil werden soll, möchte ich allerdings die Bitte aussprechen, daß man von dem vorhin bezeichneten Gesichtspunkte aus sich im allgemeinen gegen derartige Anträge ablehnend verhalte.

Dieses vorausgeschickt würde ich ja glauben, für meine Person keinen Anstand finden zu können, auf den Wunsch des Herrn Vorredners einzugehen, wenn ich in der That glaubte, daß er im eminenten Sinne Berücksichtigung verdiene. Ich bin aber doch sehr zweifelhaft, ob das in der That der Fall ist. Es ist der Wunsch ausgesprochen, daß schwedisches Stabeisen auf Erlaubnißschein unter Kontrole — wenn ich richtig verstanden habe, der Antrag liegt mir noch nicht gedruckt vor — gegen die Hälfte des tarifmäßigen Zollsatzes

(Ruf: 50 Pfennig!)

oder gegen 1/5 des tarifmäßigen Zollsatzes abgefertigt werden kann. Es ist dabei auf die Lage der Kratzendrahtfabrikanten hingewiesen, die erschwert werde durch den jetzigen Tarif und zwar in Folge des Verhältnisses zwischen dem Zoll auf dem ausländischen Eisen, das die Fabrikanten unter allen Umständen zur Herstellung des Kratzendrahtes bedürfen, und zwischen den Zollsätzen für Draht. Meine Herren, der Gegenstand ist ja bereits zur Sprache gekommen, man hat aber nicht geglaubt, in diesem Moment einen Grund finden zu müssen für abweichende Vorschläge. Beim ganzen Tarifentwurf ist man wesentlich davon ausgegangen und hat sich zur Richtschnur genommen, soweit als thunlich einen historischen Anhalt zu finden in der Vergangenheit. Man ist ja überhaupt fast niemals in der Lage, die Grundbedingungen jedes einzelnen Industriezweiges auf das genaueste klar zu stellen. Man wird aber annehmen, daß, wenn Zollverhältnisse ganz kurze Zeit zuvor sich bewährt haben und zu wesentlichen Ausstellungen keine Veranlassung gegeben haben, zunächst kein Bedenken zu finden ist, sie von neuem in Vorschlag zu bringen. Wenn ich nun von diesem Standpunkte frage, wie waren die Zollverhältnisse in der fraglichen Beziehung in der Zeit vom 1. Oktober 1873 bis zum 1. Januar 1877 und davon ausgehen darf, daß in dieser Zeit gerade die betreffende Industrie der Kratzendrahtfabrikation durch die Zollsätze nicht geschädigt worden ist, so glaube ich, würde es kein Bedenken haben können, sich an diesen Vorgang zu halten. Es hat nun in der Zeit vom 1. Oktober 1873 bis zum 1. Januar 1877 für Roheisen gar kein Zoll bestanden. Für das Materialeisen und für die groben Eisenwaaren bestanden ganz gleichmäßige Zollsätze von einer Mark pro Zentner, also von 2 Mark für 100 Kilogramm, also derselbe Zollsatz. Er weicht mithin nicht wesentlich ab von jenem Zollsatz, der jetzt für das Materialeisen mit 2,50 Mark in Vorschlag gebracht ist und nicht übermäßig von dem für Draht in Vorschlag gebrachten. Jedenfalls war aber damals der Satz für Materialeisen gleich dem Satz für Draht, während jetzt der Satz für Draht höher ist als der für Materialeisen. Von diesem Standpunkte aus würde man ja meinen müssen, wenn es in der längeren Zeit den Kratzendrahtfabrikanten möglich gewesen ist, unter der Herrschaft jener Zollsätze Kratzendraht herzustellen und wirksam zu konkurriren, daß ihnen dies auch dann möglich sein wird, wenn man den Zollsatz für Rohmaterial niedriger einstellt, als den für das Halbfabrikat.

Meine Herren, die Kratzen sind ja überhaupt ziemlich schwierig zu behandeln, sie greifen in zwei Positionen hinüber, in die Position „Instrumente" und in die Position „Eisen". Ich möchte nun darauf hinweisen, daß Kratzen und Kratzenbeschläge seit 1867 immer denselben Zollschutz genossen haben, daß man nie das Bedürfniß anerkannt hat, den Zollschutz irgendwie zu verändern, zu verringern oder zu vermehren. Ich glaube aber auch, daß kein Anlaß vorliegt, diese Industrie als besonders nothleidend anzuerkennen und Vorschläge in Betracht zu ziehen, die aus derartiger Veranlassung von den vorliegenden wesentlich abweichen. Namentlich werden aber die Werthe, welche bei der Kratzenfabrikation in Betracht kommen, von Bedeutung sein müssen. Es ist sehr schwer, hierüber Klarheit zu gewinnen; indessen die amtliche Statistik gibt doch einige Auskunft darüber. Ich darf mir vielleicht erlauben, auf diesen Gegenstand näher einzugehen. Der Werth der Kratzen und Kratzenbeschläge beträgt nach der Statistik 500 Mark per 100 Kilogramm, der Werth des künstlichen Kratzenleders, das die Kratzenfabrikanten bisher zollfrei gegen Erlaubnißschein beziehen konnten, und wofür sie künftig 6 Mark pro 100 Kilogramm bezahlen sollen, beträgt 1320 Mark, der Werth des Kratzendrahtes aber, soweit er überhaupt zu eruiren ist, zwischen 400 bis 500 Mark. Meine Herren, gerade die Feststellung des letzteren Werthes ist mit besonderer Schwierigkeit verbunden; aber ich greife gewiß besonders hoch, wenn ich annehme, der Werth dieses Kratzendrahtes beträgt 500 Mark; in der Ihnen vorliegenden Statistik der Eisenenquete ist der Werth des feinen Stahldrahtes angegeben im Jahre 1869 auf zirka 390 Mark, und im Jahre 1876 auf zirka 150 Mark für 100 Kilogramm. Es geht aus dieser Gegenüberstellung der Werthe hervor, daß an den fertigen Kratzen, die einen Werth von 500 Mark haben, das künstliche Kratzenleder nur einen verhältnißmäßig geringen Antheil haben kann, und daß dem Gewicht nach der Kratzendraht der vorwiegende Theil sein muß. Meine Herren, wenn ich nun, abgesehen von dieser Lederfrage, sage, es haben lange Jahre die Kratzendrahtfabriken bestehen können unter Zollsätzen, welche das Rohmaterial, nämlich das Stabeisen, mit dem gleichen Zolle belegten wie den Draht, dann würde ich doch zunächst auf die Vermuthung kommen müssen, daß sie auch weiter bestehen können, wenn man den Draht höher schützt als das Rohmaterial.

Der Herr Vorredner hat nun gemeint, man möchte diesen Kratzendrahtfabrikanten dadurch helfen, daß man in der vorgeschlagenen Weise ihnen gestatte, das Rohmaterial zu einem verhältnißmäßig billigeren Zollsatze zu beziehen. Meine Herren, im allgemeinen bin ich für meine Person sehr abgeneigt, auf derartige besondere Begünstigungen einzugehen; denn wenn man einmal diesen Weg betritt, so weiß man nie, wohin er führt. Sie haben gestern einen derartigen Antrag abgelehnt, der eine geographische Begünstigung enthielt. Ich hoffe, Sie werden in diesem Sinne weiter fortfahren und im allgemeinen dahin streben, daß Sie alle Sonderbegünstigungen, sei es, daß sie sich auf einzelne Gegenden oder auf einzelne Branchen beziehen, ablehnen, soweit nicht ein dringendes Bedürfniß anzuerkennen ist. Ich meine, daß, wenn man die Nothwendigkeit, die ich nicht anerkenne, als erwiesen ansähe, daß den Kratzenbrathfabrikanten in irgend einer Weise durch die vorgeschlagenen Zollsätze zu nahe getreten ist, daß ein dringendes Bedürfniß der Abhilfe vorläge, so würde nach meiner Empfindung eher in der Position Drath eine Abstufung zu machen sein, und diejenigen Drathsorten, welche von den Kratzenbrathfabrikanten, vorzugsweise benutzt werden, — es sind die allerfeinsten, nach sachverständiger Ermittelung die Drathsorten von 1 Millimeter und darunter — mit einem verhältnißmäßig höheren Zollsatz zu belegen sein, als daß man dazu überginge, Erlaubnißscheine zu ertheilen, und unter Kontrole eine Zollermäßigung, zu Gunsten eines Industriezweiges, einzuführen. Ich würde von diesem Standpunkt aus Sie bitten, den Antrag, wie er vorliegt, abzulehnen.

Präsident: Der Herr Abgeordnete Dr. Delbrück hat das Wort.

Abgeordneter Dr. **Delbrück**: Meine Herren, ich folge dem Herrn Kommissarius der verbündeten Regierungen nicht in seinen Auseinandersetzungen über die Kratzenbeschläge und zwar deshalb, weil ich vollkommen darin mit ihm übereinstimme, daß das Bedürfniß zur Erhöhung des Zolles für diese Beschläge nicht im mindesten vorliegt. Davon ganz verschieden ist die Frage, die ich angeregt habe, des Kratzendrahts. Es ist auch von dem Herrn Regierungskommissar nicht bestritten worden, daß die Kratzenfabrikanten des schwedischen Stabeisens bedürfen, er hat gegen den von mir gestellten Antrag nur eingewendet, daß es eine Zeit gegeben hat, wo das schwedische Stabeisen und der Draht den nämlichen Zollsätzen unterlegen hat. Ich habe das als vollständig richtig anzuerkennen, aber welches war der Zollsatz? Das war ein Zollsatz von 1 Mark. Bei einem niedrigen Zollsatze kann man füglich die Differenz zwischen dem Material und der fertigen Waare unberücksichtigt lassen, man kann bei einem niedrigen Zollsatze einen Zollunterschied zwischen dem Material und der fertigen Waare entbehren. Wenn es sich aber jetzt darum handelt, daß für das Stabeisen 2,50 Mark zu zahlen ist, so ist namentlich in Hinblick auf die Skala des früheren Tarifs die Differenz von 50 Pfennige zu gering. Vor 1873 betrug die Differenz und zwar 1865 2 Mark, von 1870 bis 1873 1,75 Mark. Jetzt soll sie betragen 50 Pfennige, diese Differenz gegenüber einem erhöhten Zollsatze für das Material halte ich vom Standpunkte der Fabrikation für viel zu gering. Wenn der Herr Regierungskommissar darauf hingewiesen hat, daß man helfen könnte, durch Erhöhung des Zollsatzes für Kratzendraht, so tritt er in Widerspruch mit der Ausführung, mit der er seinen Vortrag begonnen hat, daß nämlich der Tarif ein sehr wohlerwogenes Ganzes sei, und daß es sich nicht empfehle, im Einzelnen daran zu rütteln. Ich habe es mir zur Aufgabe gestellt, an den Tarif durch meinen Antrag so wenig zu rütteln, wie irgend möglich ist. Ich habe für einen bestimmten Zweck eine für diesen Zweck nothwendige, aber in ihrer Tragweite sehr beschränkte Ausnahme in Vorschlag gebracht. Die Abweichung, welche der Herr Regierungskommissarius gewissermaßen selbst empfiehlt, im Widerspruch mit seiner Ausführung über die Konstruktion des ganzen, halte ich eben für viel zu weit tragend, und wenn er diese Zollerhöhung für den Kratzendraht empfiehlt, so wird es ihm ganz unmöglich sein, den von ihm vertretenen Zoll für Kratzenbeschläge aufrecht zu erhalten. Im allgemeinen aber, meine Herren, theile ich die Abneigung, die der Herr Kommissarius gegen dergleichen Ausnahmen hegt, vollständig, aber wir müssen die veränderte Situation in Betracht ziehen. Bei dem bestehenden Tarif mit seinen im ganzen mäßigen Sätzen waren solche Ausnahmebestimmungen kaum Bedürfniß, bei dem jetzt vorgelegten Tarif mit seinen wesentlich höheren Sätzen werden wir mit Nothwendigkeit auch auf andere Ausnahmen hingedrängt werden.

Präsident: Der Herr Kommissarius des Bundesraths Geheimrath Burchard hat das Wort.

Kommissarius des Bundesraths kaiserlicher Geheimer Regierungsrath **Burchard**: Meine Herren, ich möchte den Ausführungen des Herrn Vorredners gegenüber zunächst darauf hinweisen, daß ich in keiner Weise eine Abstufung und Differenzirung für den Drahtzoll befürwortet habe oder befürworten will, ich habe nur sagen wollen, daß, wenn eine Nothwendigkeit vorliegt, dies meines Erachtens der Weg sein würde, der eher einzuschlagen wäre; ich habe eventuell auch nur empfohlen, einen höheren Satz für den allerfeinsten Draht einzustellen. Dann möchte ich aber doch darauf hinweisen, daß der jetzige Vorschlag von 2,50 für Stabeisen in der That sehr wenig höher ist, als der vom Herrn Vorredner als niedrig bezeichnete Zollsatz, der vom Jahre 1873 bis 1877 gegolten hat, denn dieser Zollsatz betrug 2 Mark pro 100 Kilogramm und jetzt sind 2½ Mark vorgeschlagen, das macht pro 100 Kilogramm eine Differenz von 50 Pfennige oder pro Zentner eine Differenz von 25 Pfennige. Meine Herren, ich meine, die Differenz ist bim Werth der Waare gegenüber verhältnißmäßig gewiß nicht hoch; aber es fällt dabei — ich hebe das nochmals hervor — ganz besonders ins Gewicht, daß in der mehrjährigen Periode vom 1. Oktober 1873 ab Draht und Stabeisen mit demselben Zollsatz belegt waren, daß also der Draht nicht höher geschützt war, als das Rohmaterial, während jetzt nach dem Vorschlage der Regierung der Draht höher geschützt sein soll, als das Rohmaterial. Ich bitte Sie nochmals, den Antrag abzulehnen.

Präsident: Der Herr Abgeordnete Dr. Klügmann hat das Wort.

Abgeordneter Dr. **Klügmann**: Meine Herrrn, der Antrag, den ich Ihnen unterbreitet habe, hat den Zweck, ein Fabrikationsmaterial gewissen Industrien, namentlich der Industrie der Hufnagelschmiede für die Zukunft zu erhalten. Es vereinigen sich verschiedene Interessen, um das schwedische Eisen in der Form, in welcher ich es in dem Antrage ausgesprochen habe, noch in Zukunft nach Deutschland einzuführen. Es ist vor allem auch das landwirthschaftliche Interesse, welches ich für meinen Antrag in Anspruch nehmen möchte. Wer überhaupt mit Pferden umgeht, der weiß, welch außerordentliche Bedeutung das Hufbeschlägematerial für die Erhaltung und Leistungsfähigkeit von Pferden hat. Nun ist zur Anfertigung von Hufnägeln das schwedische Eisen in der That unentbehrlich, und mögen Sie es mit einem Zoll belegen, wie Sie wollen, es wird dennoch immer eingeführt werden müssen, weil es eben Qualitäten hat, die durch kein anderes Eisen zu ersetzen sind. Um einen guten Hufnagel herzustellen, bedarf es eines Eisens, welches eine gewisse Steifheit hat, zugleich aber eine Geschmeidigkeit und Zähigkeit, die nur dem schwedischen Holzkohleneisen beiwohnt. Ich bin nicht so weit gegangen, den Antrag auszudehnen auf alles schwedische Stabeisen, obwohl ja der Herr Abgeordnete Stumm gestern selbst zugegeben hat, daß für eine ganze Reihe von Kleinindustrien das schwedische Stabeisen auch in Zukunft unentbehrlich ist; ich habe meinen Antrag nur auf das allernothwendigste Maß beschränkt, weil ich mir sagen muß, daß ein weitergehender Antrag jetzt keinen Erfolg versprechen würde.

Es liegen Ihnen in Bezug auf das, was ich Ihnen vorgetragen habe, Petitionen vor, namentlich von der Gesellschaft für Hufbeschlagmaterial in Eberswalde, die schon gestern erwähnt worden ist. Sie ist herausgewachsen aus einer Kleineisenindustrie, die Friedrich der Große herüberzog aus Schmalkalden in die Mark. Sie ist der letzte Rest dieser kleinen Eisenindustrie, der sich erhalten hat. Würden Sie es unmöglich machen, daß sie in der bisherigen Güte ihre Fabrikate anfertigten, so würden Sie sie schwer schädigen. Es wäre nun wohl möglich, und darauf richtet sich eventuell die Petition der Gesellschaft für Hufbeschlagmaterial, daß eine Zollrückergütung stattfinde. Damit aber ist den kleinen Hufnagelschmieden nicht gedient. Derartige Begünstigungen können immer nur großen Gesellschaften zustatten kommen, für den Kleinbetrieb sind sie unanwendbar. Ich wende mich deshalb an diejenigen Herren, die zugesagt haben, auf die Kleinindustrie Rücksicht nehmen zu wollen, so weit sie es mit den allgemeinen Grundsätzen vereinigen können. Meines Erachtens würde durch Annahme meines Antrages auch der Kratzenfabrikation geholfen werden, ohne daß wir zu solchen Maßnahmen zu schreiten brauchen, wie sie von anderer Seite vorgeschlagen sind. Ich halte diesen Weg für den richtigen und besseren und empfehle Ihnen deshalb meinen Antrag.

Präsident: Der Herr Abgeordnete Kayser hat das Wort.

Abgeordneter **Kayser**: Meine Herren, Sie wollen mir erlauben, heute Sie deshalb mit einer längeren Auseinandersetzung aufzuhalten, weil es weder mir noch meinen Gesinnungsgenossen möglich war, sonst irgendwie darzulegen, wie wir zu der Zollfrage stehen, und nachdem heute ebenso wie gestern ein früher zollfreier Artikel nun verzollt werden soll, so bleibt für diesen ebenso wie für den Artikel gestern, über den sich ja eine Art Generaldiskussion entsponnen hatte, die prinzipielle Frage des Freihandels oder Schutzzolls übrig und ich glaube auch, daß sowohl ich, wie meine Freunde gezwungen sind einmal öffentlich zu erklären, wie sie zu dieser Frage stehen, warum sie für die eine oder andere Position stimmen, von welchen prinzipiellen Grundsätzen sie sich bei dieser Haltung leiten lassen.

Ich will von vornherein erklären, daß meine Ausführungen nicht voll und ganz von meinen Freunden, sowohl theoretisch, wie praktisch getheilt werden, und ich persönlich habe mich deshalb besonders zum Wort gemeldet, weil gerade meine Person in einem Theile der Freihandelspresse benutzt worden ist zu einer Art Darstellung, als ob ich oder meine Freunde in irgend welchen näheren Beziehungen zu dem ganzen Zollprogramm des Herrn Reichskanzlers treten sollten.

(Heiterkeit.)

Um uns davor zu hüten und um nicht, wie das geschehen ist, mit den Abgeordneten vermischt zu werden, welche auch die Finanzzölle bewilligen, überhaupt um nicht in der Oeffentlichkeit die Meinung entstehen zu lassen, als ob wir dem Reichskanzler Geld bewilligen wollten, sondern um unsere Stellung darzulegen, inwieweit —

(Glocke des Präsidenten.)

Präsident: Ich erlaube mir den Herrn Redner zu unterbrechen. Was er spricht, gehört offenbar und ganz entschieden zur Generaldiskussion, nicht zur Spezialdiskussion, die ich eröffnet habe über die Position 6 b inklusive der Anmerkung. Ich muß ihn daher ersuchen, zur Sache zu sprechen. Ich mache ihn übrigens darauf aufmerksam, daß noch eine dritte Berathung des Tarifs 2c. stattfindet, wo zur Generaldiskussion gesprochen werden kann. Ich kann aber nicht zulassen, daß die Geschäftsordnung der Spezialdiskussion durchbrochen werde aus irgend welcher Rücksicht.

(Sehr wahr! rechts.)

Ich rufe daher den Herrn Abgeordneten hiermit zum ersten Male mit den Wirkungen der Geschäftsordnung zur Sache.

Abgeordneter **Kayser**: Meine Herren, ich mache von dem Rechte Gebrauch, von dem gestern bei einer Spezialdiskussion ebenfalls Gebrauch gemacht worden ist, und ich erörtere nur, welche prinzipiellen Gründe mir Veranlassung geben, für oder gegen die Position zu stimmen, und wenn früher die Position frei war, welche jetzt mit einem Zoll belegt wird, so habe ich nach meiner Auffassung das Recht, zu erörtern, von welchen prinzipiellen Grundsätzen, ob von denen des Schutzzolls oder Freihandels ich mich leiten lasse und muß diese Frage in der Spezialdiskussion behandeln können.

Ich will also die vorigen Erörterungen abbrechen und nun sagen, daß ich aus dem Grunde für diese Position, wie sie uns von der Regierung vorgeschlagen ist, stimmen werde, wie auch ähnlich für die übrigen, weil ich in dieser, wie in den übrigen Positionen einen Bruch mit dem Freihandelssystem gemacht sehe. Ich sehe eben darin, daß ein früherer Gegenstand, den man meinte, vollkommen der freien Ausbeutung durch die Kapitalkraft überlassen zu können, daß der nun in irgend einer Weise, weil sich ein Schaden herausgestellt hat, weil bestimmte Leute geklagt haben, daß sie sich in einem nothleidenden Zustande befinden, dadurch daß dieser Staatshilfe empfängt, daß man also diesem Nothstand abhelfen will, ohne Rücksicht zu nehmen auf die Grundsätze der freien Konkurrenz, die bisher bei diesen Dingen, auch bei dieser Position, bei schmiedbarem Eisen und dergleichen maßgebend waren, indem man durch Verzollung davon abgeht, nun nach meiner Auffassung einen Bruch mit dem Freihandelssystem im allgemeinen vollzieht, und ich freue mich, daß der Grundsatz der freien Konkurrenz auch bei schmiedbarem Eisen, Schweißeisen, Schweißstahl und dergleichen,

(Heiterkeit)

daß dieser Grundsatz der freien Konkurrenz in Bezug auf diese Frage nun verlassen wird, insoweit es das Ausland angeht, daß dadurch das Anerkenntniß ausgesprochen wird, daß ebenso wie in Bezug auf die freie Konkurrenz der geographischen Gruppen ein gewisser Schutz der einzelnen Gruppe gegenüber anderen Gruppen nothwendig ist, weil sie nothleidend ist, und um mich von der Sache nicht zu entfernen, erkläre ich, daß ich das alles auf die Industrie des Absatzes b unter 6 beziehe —

(Heiterkeit)

daß, wenn man hier anerkennt, daß ein solcher Schutz nothwendig ist, daß das dann ebenso in Anerkennung wird gebracht werden müssen in Bezug auf den Zustand des eigenen Landes, auf den Zustand der freien Konkurrenz im gemeinsamen Staate und auf den Zustand der freien Konkurrenz unter den Individuen.

Meine Herren, für mich ist die Eisenindustrie so zu sagen das Knochengerüst des Wirthschaftssystems und ich bin der Ueberzeugung, daß in dieses Knochengerüst die englische Krankheit — ich meine darunter die Krankheit, die die ganze Stellung des Industriezweiges etwas erweicht und stört — gekommen ist und auch in diesen einzelnen Knochen, der uns hier als spezieller Absatz vorliegt.

(Heiterkeit.)

Meine Herren, wenn man nach den Ursachen forscht, **die es nothwendig machen**, daß man sich zum Theil für einen **Schutz** dieser **uns vorliegenden** Gegenstände ausspricht, so **bin ich der Meinung, daß** wir deshalb für einen Schutz uns **aussprechen müssen**, weil ein Nothstand in diesen Industriezweigen unbedingt vorhanden ist. Ich glaube, daß, wenn auch einerseits anerkannt werden muß, daß sowohl bei schmiedbarem Eisen u. s. w. und sonst im allgemeinen Ueberspekulation stattgefunden hat, daß ebenso wie hier auch in anderen Fällen ein zu großes Anlagekapital durch vielfache Gründungen entstanden ist, so daß die Fabrikanten dieser Gegenstände wie der sonstigen Eisenartikel, jetzt sehr schwer in der Lage sind, ihre Werke zu amortisiren und dergleichen, daß wenn man auch alles das anerkennt, andererseits auch der Nothstand anerkannt werden muß, in dem sich die große Bevölkerungsmasse, vorzüglich die Arbeiter der Eisenindustrie, auch die Arbeiter, die diejenigen Gegenstände, welche unter Absatz b stehen zu verarbeiten haben —

(Heiterkeit.)

befinden, — meine Herren, ich führe das deshalb an, das bemerke ich, weil ich sonst zu fürchten habe, zur Sache gerufen zu werden,

(Heiterkeit)

und weil ich dadurch nachweisen will, in welchem Zusammenhange meine Ausführungen doch mit der Sache stehen.

Meine Herren, in einem besonderen Nothstand befindet sich eine Provinz, welche bisher außerordentlich wenig in Betracht gezogen worden, ich meine damit Oberschlesien, von woher ich außerdem noch persönliche Erfahrung habe, und wenn ich auch zugebe, daß dort ein Nothstand eingetreten ist, in Folge noch anderer Gründe, des zu großen Grundbesitzes der einzelnen Adligen in dieser Gegend, so will ich andererseits nicht verkennen, daß die spezielle geographische Lage des Landestheiles Oberschlesien, diesen eingeklemmt zwischen Oesterreich und Rußland, zwischen Ländern, die den Eingang auch von schmiedbarem Eisen und dergleichen erschweren, wodurch ein besonderer Nothstand dort vorhanden ist, so daß die dortige Eisenindustrie eines gehörigen Schutzes bedarf. Meine Herren, ich bin bei Beurtheilung dieser Frage zunächst ebenso, wie das früher schon von anderer Seite betont worden ist, von dem Grundsatz ausgegangen: wird unserem schmiedbaren Eisen u. s. w. auch der freie Eingang nach anderen Staaten vollkommen gewährt? und ich mußte mir sagen, daß ebenso wie in Bezug auf diese Position auch in Bezug auf andere dieser freie Eingang ihnen nicht gewährt wird, daß gerade die Staaten, die wirthschaftlich Deutschland gegenüber in der Inferiorität sind, also Oesterreich und Rußland, durch außerordentlich hohe Zollsätze sich schützen, und wenn es vielleicht wünschenswerth wäre, in Bezug auf die Position 6, Absatz b und damit in Zusammenhang auch in Bezug auf die ganze Industrie eine Zollunion mit Oesterreich zu begründen, damit der naturgemäße Absatz der deutschen Eisenproduktion nach dorthin bedeutend größer werde, so muß man sich für die Gegenwart sagen, daß dazu wenig Aussicht vorhanden ist, und wir haben dann als Uebel hinzubekommen die Annexion von Elsaß-Lothringen, die uns noch die Konkurrenzbedingungen unserer Eisenindustrie außerordentlich erschwert. Wir sind also der Meinung, wenn sich hier ein bestimmter Nothstand herausstellt, so wird es nothwendig, diesen in irgend einer Weise zu beseitigen, und wenn wir auch weit lieber für positive Maßregeln wären, als für diesen Zollschutz, so sagen wir uns dennoch, daß es, wenn ein Nothstaud da ist, nothwendig ist; jeder Versuch, der im einzelnen gemacht werden sollte, den Nothstand zu beseitigen, findet unsere Unterstützung, wenn die vorgeschlagene Maßregel uns als Mittel der Beseitigung erscheint. Nur ist, und das will ich von vornherein für die vorliegende Frage aussprechen, unter uns die Ansicht zweifelhaft, in wie weit die Höhe der Zollsätze zu bestimmen ist, um Abhilfe zu bringen, oder ob überhaupt ein bestimmter Zollsatz geeignet sei, den Nothstand der Industrie von schmiedbarem Eisen u. s. w. von der Welt zu schaffen. Meine Herren, in diesem Absatz befindet sich auch die Forderung: Eisenbahnschienen und dergleichen mit einem Schutzzoll zu belegen, und ich glaube deshalb gar nicht von der Sache abzugehen, wenn ich hervorhebe, wie sehr die deutsche Industrie im Nachtheile ist in Bezug auf den Verbrauch des Auslandes. In Frankreich sollen jetzt große Eisenbahnbauten ausgeführt werden, und wir können aus der Reichsenquete erfahren, wie da die französische Verwaltung nur den Franzosen die Eisenbahnbauten gibt, daß ein Industrieller des Rheinlands oder Westfalens — ich weiß nicht mehr genau, aus welcher Gegend er war — erst eine andere Person einen Franzosen als Agenten vorschieben mußte, um nur in einem einzigen Fall irgend eine Arbeitsausführung für die französische Eisenbahnverwaltung machen zu können, daß aber sonst im großen und ganzen, sobald erfahren wird, daß irgend ein Angebot für französische Staatsbahnen nicht von einem Franzosen herkommt, eine Bestellung beim Ausländer niemals geschieht. Wenn man sieht, wie in dieser Weise wir in Deutschland behandelt werden, und wenn ich daran erinnere, daß wir ja die *Verpflichtung* haben, zunächst die *innerhalb der politischen Körperschaft Deutschlands schon durch das öffentliche Leben und gemeinsame Staatsinteressen verbündeten Personen*, in einer gewissen Weise zu schützen und *deren Wohlfahrt* zu fördern, so muß man zu der Ueberzeugung kommen, wie nothwendig es sei, einen Schutzzoll einzuführen. Meine Herren, ich gehe dabei noch von dem Grundsatze aus, und ich meine, das trifft auch in Bezug auf Position 6 b. zu, daß es nothwendig sei, unseren Industrieerzeugnissen so viel wie möglich dem inländischen Markt zunächst zu erhalten, ich wiederhole so gut in Bezug auf diese unter der gegenwärtigen Position stehenden Waaren, wie auf andere, — ich betone absichtlich den Zusammenhang und ich werde dies vielleicht noch öfter wiederholen, wenn es Ihnen auch langweilig wird, um mich vor dem Präsidenten und dessen Eingriffen zu schützen. — Ich sage mir, das allererste, was nothwendig ist, und was in der Natur der Dinge liegt, ist der nachbarliche Verkehr und so soll auch dieser Industriezweig sich erst um die Axe drehen und dann fortbewegen, er muß erst einen festen Boden haben, auf dem er steht, ehe er fortschreiten kann. Ich meine also, daß gerade bei uns die Eisenindustrie, auch die unter 6 b bezeichnete ist inbegriffen, der inländische Markt zu sichern ist, daß wir ihr zuerst einen ordentlichen Boden zu schaffen haben, damit, wenn der gehörige Verbrauch im Inland stattfindet, der dann kräftigere Versuch gemacht werden kann, Absatzgebiete im Ausland zu finden. Meine Herren, ich glaube, daß, wenn man noch weiter darnach forscht, wie unsere Nothlage in der Eisenindustrie entstanden ist, nicht bloß die ausländische Konkurrenz den inländischen Markt beschränkt hat, daß nicht dieser Punkt allein in Frage kommt, sondern auch daß zur Zeit des allgemeinen Geschäftsaufschwungs die Eisenbahnen plötzlich zu stark Bestellungen gemacht haben; ich habe wenigstens aus der Enquete der Kommission, die ich eingesehen habe, gefunden, und darunter aus den Angaben, die die Eisenbahndirektoren gemacht haben, daß damals unsere Eisenindustrie veranlaßt worden ist, viel zu große Produktionseinrichtungen zu schaffen, um den Bedarf zu decken, und daß später, nachdem der Bedarf gedeckt, und nachdem der allgemeine Rückschlag erfolgt war, um so mehr sich das Uebel vergrößern mußte, weil man in der Voraussicht, es würden diese Zustände wer weiß wie lange dauern, die Produktionsmittel über die eigenen Kapitalkräfte vergrößert hatte.

Meine Herren, ich glaube, daß alle Uebel, welche jetzt hervortreten, auch die Uebel in Bezug auf diejenigen Gegenstände, die hier speziell zu behandeln sind, enthalten sind in dem allgemeinen Uebel der Gegenwart, d. h. in der Wirthschaftsordnung, in der wir uns überhaupt befinden, ich meine, daß deshalb, weil eine Ordnung der Produktion fehlt, und weil man sowohl in Bezug auf die inländischen wie ausländischen Verhältnisse so sehr dem System der freien Konkurrenz unterworfen ist, daß alles für sich darauf losarbeitet, daß daraus die gegenwärtigen Uebel entstehen, welche nur zu einem geringen Theile werden verringert werden können, und auch nur für den Augenblick, durch Schaffung eines Zolles; wenn man aber auch nur für den Augenblick ein Leiden lindern kann, so muß man das Mittel hierzu bieten.

Es muß dann hervorgehoben werden, daß wir in Deutschland noch an ganz besonderen Uebeln im Vergleich zum Auslande leiden. Es ist in der Enquete gesagt worden, wie schlecht unsere Transportmittel eingerichtet sind, auch die Transportverhältnisse in Bezug auf diejenigen Gegenstände, die unter 6b verzeichnet sind. Meine Herren, es fehlt uns in Deutschland an Kanälen, und ich gebe zu, daß bei der Tendenz, die wir im Lande haben . . .

(Zur Sache!)

Meine Herren, ich bin überzeugt, daß die Gegenstände . . .

Präsident: Ich glaube doch nicht, daß dadurch der Charakter der Spezialdebatte gewahrt wird, daß an den Wortlaut der Position ganz allgemeine Betrachtungen angeknüpft werden; auf diese Weise könnte jede Spezialdebatte in eine Generaldiskussion verwandelt werden. Ich habe, so lange das Haus ruhig zugehört hat, geglaubt, meine Ansicht nicht aussprechen zu sollen, und ich habe auch dem Herrn Redner gegenüber diesen Grundsatz befolgt; ich muß aber jetzt, den Rufen Folge gebend, den Herrn Redner ersuchen, sich genau an den zur Spezialberathung stehenden Gegenstand zu halten.

Abgeordneter **Kayser**: Ich bemerke, daß ich ebenso die allgemeinen Grundsätze mit den Spezialbestimmungen gesucht habe hier in Verbindung zu bringen, wie das gestern in Bezug auf Roheisen geschehen ist, und will, um nicht unnöthige Geschäftsordnungskonflikte heraufzubeschwören, nicht hervorheben die verschiedenartige Behandlung von mir und anderen Rednern aus dem Hause . . .

Präsident: Ich muß den Herrn Redner zur Ordnung rufen, weil er die Unparteilichkeit des Präsidiums angreift.

Abgeordneter **Kayser**: Ich muß also einen ganzen Theil meiner Ausführungen, die ich in Bezug auf diese Frage gern gemacht hätte und die nothwendig von mir hätten gemacht werden müssen, um auch die Reserve darzustellen, in der wir uns gegenüber der ganzen Frage befinden müssen, und um, was mir hier auszuführen gestattet sein wird, den Mißdeutungen entgegenzutreten, die vielfach an unsere und draußen an meine Stellung geknüpft worden sind — unterlassen und hoffe, daß bei der dritten Berathung ich oder einer meiner Freunde Gelegenheit haben wird das nachzuholen.

Meine Herren, bei der Schutzzoll- und Freihandelsfrage haben wir uns vorzüglich gefragt: in welcher Weise ist der eingeführte Schutzzoll im Stande, die Lage der Arbeiter zu verbessern? und wir müssen uns sagen, daß die Lage der Arbeiter, auch der, die in Schmiedewalzwerken und bei Eisenbahnschienen u. dgl. beschäftigt sind, eine schlechte ist. Sind nun, was ja besonders Herr Stumm behauptet — diese neuen Zolleinrichtungen geeignet, diese schlechte Lage, die in der Enquete meist als kaum existenzfähig bezeichnet wird, zu beseitigen?

(Rufe: Zur Sache!)

Meine Herren, ich stütze meine Behauptungen auf die Enquete, die eine besondere Abtheilung über diese Frage hat. Die Enquete hat sich ja ganz besonders auf Spezialien erstreckt, es wurde auch im einzelnen Fall und für den einzelnen Industriezweig, wie die Arbeiterverhältnisse stehen, gefragt.

Ich erwarte nicht, daß durch die Einführung irgend eines Zolls auf irgend einem Gegenstand der jetzt so außerordentlich niedrig stehende Lohn um viel erhöht werden wird, allein ich hoffe, daß die Unterkunft der Arbeitslosen eher wird stattfinden können, als gegenwärtig. Wenn also diejenigen Werke, die bisher stillstehen, nun in Betrieb gesetzt werden, so wird ein großer Theil derjenigen, die jetzt arbeitslos herumgehen, in der Lage sein, auch Unterkommen zu erhalten, und ich will hier besonders auf die Darstellungen aufmerksam machen, die uns in der Enquetekommission von einem Fabrikanten aus Chemnitz gemacht worden sind. Wenn man ferner nicht vergißt, daß zu all diesen Gegenständen, auch zu den unter Pos. 6b aufgeführten, die Erzeugnisse der Bergwerksindustrie verwendet werden müssen, wie Steinkohlen ꝛc., daß dann bei diesen ebenfalls mehr Arbeit nothwendig ist, so hoffe ich auch nach dieser Richtung hin, trotz der vorhandenen Vorräthe, auf eine kleine Verbesserung, ohne aber zu erwarten, daß die Zustände der Arbeiter im allgemeinen besser werden, da ich der Ueberzeugung bin, was ich nur beiläufig einflicken will, daß die schlechte Lage der Arbeiter auch in diesen Industriezweigen

(Rufe: Zur Sache!)

nicht allein abhängig ist von der Stellung des Fabrikanten, ob dieser für seine Waaren einen etwas höheren oder niederen Preis erzielt. Ich will aber hier, in dem ich darauf später noch zurückkomme, nur noch hervorheben, daß auch ich glaube, wenn man den Eisenindustriellen den Vorschlag macht, die Produktion von Eisengegenständen, also auch von solchen, wie wir sie jetzt behandeln, einzuschränken, eine solche Einschränkung kaum möglich ist, weil sofort die uns in einem anderen Staate überlegene ausländische Konkurrenz erdrücken würde, und andererseits auch deshalb, weil die ganze heutige Produktionsordnung es gar nicht verträgt, daß das Kapital sich so besonders einschränke. Es braucht heute der einzelne Unternehmer, um die Konkurrenz führen zu können, die fortwährende Verbesserung seiner Produktionswerkzeuge. Ich meine nicht, — ich will das dem Herrn Abgeordneten Stumm bemerken — daß der einzelne Fabrikant vorzugsweise aus gutem Herzen, in diesen Industriezweigen die Arbeiter beschäftigt, sondern weil es oft bedeutende Unkosten und Verlegenheiten bereitet, ruhende Werke wieder in Bewegung zu setzen, auch der Verlust des Arbeiterstamms eintreten kann. Ich glaube wiederholen zu müssen, daß von einer Einschränkung der Industrie auch bei dieser speziellen Position sich deshalb nicht wird reden lassen können, weil mit Recht der Herr Abgeordnete Bamberger hervorgehoben hat, daß in der heutigen Zeit die Industrie die Richtung hat, fortwährend an Kraft zu ersparen, und darin liegt eben die Tendenz, immer mehr die Produktionseinrichtungen zu verbessern und sie in Betrieb zu erhalten, weil sonst Kraft ruhig daliegt, was für den Volkshaushalt Kraft verschwendet heißt.

Wir erkennen aber ganz gern an, daß bei uns in Deutschland durch den geschaffenen Arbeiterschutz, der auch die Industriellen angeht, welche die Gegenstände hervorbringen, über die wir verhandeln — daß dieser Arbeiterschutz in anderen Staaten nicht in demselben Maß vorhanden ist. In Belgien, in Frankreich wird die Kinderarbeit vollkommen frei gelassen, und es steht fest, daß, sofern ein Nachbarstaat . . . . . .

Präsident: Ich muß den Herrn Redner wiederholt darauf aufmerksam machen, daß die letzten Ausführungen durchweg zur Generaldiskussion gehören, und daß man dadurch nicht der Generaldiskussion den Charakter der Spezialdiskussion geben kann, daß man als Beispiel für die allgemeinen Ausführungen die speziell zur Diskussion stehenden Gegenstände anführt. Es bleibt mir daher nichts weiter übrig, als den Herrn Redner zum zweiten Male zur Sache zu rufen mit den Wirkungen der Geschäftsordnung. Wenn er in dieser Art der Generaldiskussion jetzt fortfährt und nicht den Charakter der Spezialdiskussion in Bezug auf die spezielle Position b wahrt, so würde ich mich im weiteren Verlauf der Dinge gezwungen sehen, an das Haus den Antrag zu stellen, ihm das Wort zu entziehen. Ich bitte ihn, danach sich zu richten.

Ich glaube, daß ich darauf, daß der Herr Redner früher noch nicht zum Worte gekommen ist, unter den obwaltenden Umständen möglichst weite Rücksicht ihm gegenüber genommen habe.

(Sehr wahr!)

Ich habe sie nur genommen und nicht eingegriffen, weil das Haus ihn ruhig angehört hat; aber ich kann nicht fortwährend die Verletzung der Geschäftsordnung in dieser Art und Weise zulassen.

Abgeordneter **Kayser**: Meine Herren, ich will betonen, daß es mir persönlich gar nicht einfällt, die Geschäftsordnung des Hauses zu verletzen, ich bin bloß dem Beispiel der großen Parlamentarier Bamberger, Richter und dergleichen gefolgt, die ebenfalls bei der Spezialdebatte ähnliche Ausführungen haben machen können, beispielsweise bei Roheisen über die Verbindung von Fabrikaten zum theuren Verkauf von Lokomotiven, was in gar keinem, wenigstens direkten Zusammenhange mit der Roheisenerzeugung steht. In eben demselben Zusammenhange steht die Erzeugung des Schmiedeeisens mit Fabrikzuständen und dem Zustande der Arbeiter in dieser speziellen Branche.

Meine Herren, ich füge mich dieser Anordnung des Präsidenten . . . . .

Präsident: Ich muß den Herrn Redner unterbrechen. Die Position Roheisen hat eine viel weitergreifende, generellere Bedeutung als diese Position.

Abgeordneter **Kayser**: Das mag gewesen sein für die Mehrheitsparteien, allein ich halte . . . .

(Glocke des Präsidenten.)

Ich will also versuchen, soweit es möglich ist, die Ausführungen, die ich zu machen hatte, noch weiter zu machen,

(Heiterkeit)

und ich gehe dabei von der Absicht aus, einmal feststellen zu lassen, was innerhalb der Spezialdebatte zulässig ist; ich werde dann ebenfalls, wenn irgend ein anderer Herr Redner, auch Herr Bamberger, bei der Spezialdiskussion auf alles Mögliche eingeht, die nöthigen Bemerkungen machen.

Ich will also hier bemerken, daß dadurch, daß ich diese Ausführungen nicht machen kann, die mir als die nothwendigsten erschienen in Bezug auf die Stellung der Arbeiter zu diesen Industriezöllen, ich nun freilich so zu sagen um den Hauptkern meiner Ausführungen gebracht bin, allein ich will hier noch hervorheben, daß ich der Ueberzeugung bin, wie auch in Bezug auf solchen einzelnen industriellen Zweig, wenn er die Konkurrenz durch solche Schutzgesetze nicht aushalten kann, es nothwendig ist, mit anderen Ländern irgend eine Verbindung zu treffen, mindestens auch die bei uns vorhandenen Schutzgesetze einzuführen, und ich will nur beiläufig bemerken, da ich verzichten muß, darauf weiter einzugehen, wie ich und meine Freunde nach dieser Richtung hin einen speziellen Antrag beim Hause einbringen werden.

Da ich nun einen Theil meiner Hauptausführungen weglassen muß, so will ich nur noch im großen und ganzen anführen, welche Bedenken wir gegen diese einzelne Position haben. Ich erkläre von vorn herein, daß ich für den Antrag des Herrn Abgeordneten Dr. Klügmann stimmen werde, weil für mich aus der Enquete das Resultat hervorging, daß unsere Eisenindustrie, insoweit sie Hufnägel produzirt, unbedingt des schwedischen Eisens bedarf, daß ich aber sonst der Meinung bin, wenn irgendwo ein Zoll bewilligt werden soll, dieser Zoll auch ausreichend sein muß, er muß ein solcher sein, der wirklich den Eingang fremder Waaren verhütet, denn ich fürchte sonst, daß, sobald der Zollsatz ein zu niedriger wird, dann der eigentliche Wirthschaftszweck aufhört und der Finanzzweck an seine Stelle tritt und wir dann überall aus den Zollsätzen nur das Jago-Gesicht der Regierung: thue Geld in meinen Beutel, hervorgucken sehen. Für mich ist das Allerbedenklichste in Bezug auf die allgemeinen wie auf die einzelnen Positionen, daß eine solche Verquickung von Schutz- und Finanzzöllen geschehen ist, wir sind aber der Meinung, daß trotzdem, wenn in einer einzelnen Industrie ein Nothstand sich herausstellt, wie wir ihn gerade glauben besonders in der Eisenindustrie zu sehen, es dann nöthig ist, soweit man glaubt, diesen Nothstand durch Schutzzölle mildern zu können, auch für diese Schutzzölle einzutreten. Die weiteren Bedenken sind die, welche die Landwirthschaft, die Kleinindustrie und die Eisenbahnen erheben. Die Landwirthschaft hängt auch mit dieser Position zusammen, weil hier Pflugschaaren und dergleichen mit einem Zoll belegt werden sollen. Für mich sind diese Bedenken hinfällig, weil ich glaube, daß mit der Belebung der Industrie und mit der umfassenderen Beschäftigung der Arbeiter die Landwirthschaft einen besseren Absatz ihrer Produkte haben wird, daß sie auch für Pflugschaaren und dergleichen wird Zollsätze tragen können, wie die vorgeschlagenen. Ich möchte auf die Hungersnoth im Spessart hinweisen, wo man sehen kann, daß dort Leute sind, die sehr gut landwirthschaftliche Produkte brauchen könnten und sie nicht haben können, weil sie keine Kaufkraft besitzen, d. h. weil sie nicht in irgend einer Produktion beschäftigt werden, um damit Lohn und Nahrung zu erhalten. Wenn man das sieht, so kommt man zu der Ueberzeugung, daß von solchen Nothständen, wie sie uns von einzelnen Landwirthen dargestellt werden, nicht wird geredet werden können, weil mit der besseren Beschäftigung und wenn wirklich auch nur eine Zeitlang der Zoll geeignet ist, die Industrie zu beleben, eine höhere Kaufkraft ermöglicht wird. Ich erinnere nur an die sogenannten theuren Zeiten, wo besonders dadurch, daß auch die Arbeiter höheren Verdienst hatten, die landwirthschaftlichen Produkte einen guten Absatz erzielten.

Was nun die Kleineisenindustrie anbelangt, so muß zugestanden werden, daß sie durch diese Vorschläge am meisten wird beschränkt werden, allein es steht das mit dieser Position in gar keiner Verbindung, und ich muß deshalb verzichten, darauf näher einzugehen.

Was nun die Eisenbahnen anlangt, die mit dieser Position in Verbindung stehen, so bin ich der Meinung, daß, wenn auch die Eisenbahnen ihre Gegenstände, die sie kaufen, etwas vertheuert erhalten werden, Schienen, Unterlagsplatten, Schwellen u. s. w. trotzdem sich auf der anderen Seite das ausgleicht, weil, wie ich Eingangs meiner Rede schon behauptet habe und jetzt weiter auseinandersetzen will, wir ganz bestimmte nationale wirthschaftliche Interessen haben, Interessen durch bestimmte politische Verbindungen, Staatsinteressen, wo das wechselseitige Bedürfniß sich gegenseitig deckt. Wenn die Eisenbahnen auch mehr für Schwellen, Unterlagsplatten u. s. w. bezahlen, so haben sie andererseits, wenn durch irgend einen eingeführten Zoll die Industrie sich belebt, die Gewähr, daß sie durch Mehrtransport von diesen

Gegenständen, wie Eisen, Kohlen &c. das Uebel, das auf der einen Seite für sie entstehen könnte, wiederum ausgleichen können, und so meine ich, daß, einmal abgesehen von den Uebeln, die sonst unsere heutige Wirthschaftsordnung mit sich bringt, doch eine Besserung der gegenwärtigen Lage eintritt, wenn das wechselseitige Bedürfniß dazu beiträgt, daß die Arbeit ihr Aequivalent erhält, d. h. daß Arbeit wieder Arbeit schafft. Können wir innerhalb des Rahmens Deutschland mit seinen bestimmten wirthschaftlichen Interessen durch Schutzzölle diesen Arbeitsaustausch herbeiführen, so wird es mich freuen, mit dazu beigetragen zu haben, für die politische Verbindung, für die wir zu sorgen, die wir zu vertreten haben, die äußerste Nothlage, die Arbeitslosigkeit und dergleichen zu einem Theil zu beseitigen.

Ich will zum Ende kommen, indem ich hervorhebe, daß ich aus dem Grund, — und ich wiederhole das noch einmal — für die einzelnen Schutzzollpositionen stimme, weil ich glaube, daß für die Gegenwart eine Belebung der Industrie eintreten wird, obwohl ich — und diese Reserve anzuführen müssen Sie mir schon gestatten — glaube, daß ebenso wie die äußere Konkurrenz zu einer Krisis geführt hat, auch die innere Konkurrenz zu einer Krise führen wird. Aber über das augenblickliche Uebel werden wir zum Theil hinweggebracht werden.

Ich bin vorzüglich der Meinung, daß man nicht alles beim Alten lassen soll, wie es der Herr Abgeordnete Bamberger wünscht, also hier es nicht dabei lassen, daß der Gegenstand, der einmal frei von Zoll war, auch davon freibleibt, sondern ich halte es für meine Verpflichtung, überall da, wo ich bei Prüfung des einzelnen Falles sehe, daß wirklich ein Uebel in einem bestimmten Industriezweig vorhanden ist, dann auch dem vorhandenen Mittel, welches das Uebel beseitigen soll, zuzustimmen. Und wenn ich, im Gegensatz vielleicht zu meinen Freunden, sowohl in Bezug auf andere Positionen wie auf diese Position für den vorgeschlagenen Zollsatz stimme, so geschieht es, weil ich glaube, daß die Enquetekommission der Regierung aus solchen sachverständigen objektiven Personen zumeist bestanden hat, daß sie die wichtigen Sätze, soweit es für die Industrie gegenwärtig nothwendig erscheint, gefunden hat, und ich stimme weiter diesen Sätzen zu, weil sie sich meist den Vorschlägen des Zentralverbandes der deutschen Industrie aufschließen. Ich will aber, nachdem mir die Ausführung, die ich in Bezug auf die Stellung der Arbeiter zu der Zollfrage machen wollte, abgeschnitten worden ist, zum Schluß bemerken, daß ich glaube, wie die vorhandenen drückendsten wirthschaftlichen Uebel zu einem Theil wohl durch Schaffung eines nationalen Marktes werden beseitigt werden, aber auch nicht auf die Dauer, weil die heutige Ordnung der Dinge im allgemeinen uns wieder drückende Uebel, die vielleicht in anderen Formen als gegenwärtig auftreten werden, hervorbringen wird. Ich bin der Ueberzeugung, daß, wenn auch die Uebel und die Leiden, die durch den Freihandel geschaffen waren, durch den Schutzzoll verringert werden können, doch im großen und ganzen eine Beseitigung aller dieser Uebel nur zu erwarten ist, wenn sowohl, wie in Bezug auf die äußere Konkurrenz, auch in Bezug auf die innere Konkurrenz das Bestreben, eine andere Wirthschaftsordnung zu schaffen, allgemein wird, wenn, wie aus dem Freihandel Schutzzoll geworden ist, aus dem Schutzzoll später — Herr Bamberger hat das verwandtschaftliche Verhältniß ja konstatirt — Sozialismus wird.

Präsident: Der Herr Kommissarius des Bundesraths hat das Wort.

Kommissarius des Bundesraths kaiserlicher Geheimer Regierungsrath **Burchard:** Ich möchte meine Bemerkungen nun auf den Antrag des Herrn Dr. Klügmann richten, welcher die Einführung des schwedischen gewalzten Holzkohleneisens freigaben will. Im allgemeinen kann ich — und dazu gibt die vorhin gefallene Bemerkung Veranlassung — darauf hinweisen, daß die Zollsätze, wie sie für das Materialeisen und die groben Eisenwaaren vorgeschlagen sind, absolut und verhältnißmäßig auf sehr niedriger Stufe gehalten sind. Man ist bei den Vorschlägen davon ausgegangen, daß gerade die Roheiseninindustrie eines kräftigen Schutzes bedarf, und man hat für das Materialeisen und für jede Eisenwaare immer gefragt, welcher Schutz nothwendig gewährt werden muß, um die Industrie lebensfähig zu erhalten. Auf diesem Wege ist man dazu gelangt, Ihnen einen Zoll von 1 Mark per 100 Kilogramm für Roheisen vorzuschlagen, man hat aber, wenn Sie historisch eine Vergleichung anstellen, sich verhältnißmäßig zu geringeren Vorschlägen bezüglich der Zölle für die übrigen Eisengegenstände verstanden, als sie früher in Kraft gestanden. Ich möchte in dieser Beziehung auf die Reichsenquete für die Eisenindustrie, insbesondere auf die statistischen Notizen, die Ihnen Allen vorliegen, verweisen. Sie hatten in den Jahren 1868—70 einen Roheisenzoll von 50 Mark, wie er jetzt in der zweiten Lesung angenommen worden ist, dagegen einen Zoll in der Position 6b von 5 Mark, während für schmiedbares Eisen jetzt vorgeschlagen ist $2^1/_2$ Mark. Aehnlich verhält es sich in dieser Beziehung mit den weiteren Zollsätzen; sie bleiben in den niedrigsten Grenzen, in denjenigen Grenzen, die absolut für die Industrie nothwendig waren. Meine Herren, ich würde, wenn von einer Seite die Frage näher in Betracht gezogen wäre, ob man gegenüber einem Roheisenzoll von 1 Mark verhältnißmäßig so niedrige Sätze für Materialeisen vorschlagen könnte, dazu übergegangen sein, Ihnen darzulegen, daß auch diese Sätze immer noch dem Werthverhältniß der Waaren entsprechen. Da eine Nöthigung dazu indeß vorliegt, brauche ich hierauf wohl nicht näher einzugehen, ich möchte nur noch darauf hinweisen, daß in der That diese Zollsätze für Materialeisen außerordentlich niedrig sind.

Wenn ich mich zu dem Antrag selbst wende, so sind dagegen zunächst technische Bedenken geltend zu machen. Es ist vorgeschlagen: schwedisches, gewalztes Holzkohleneisen soll ausnahmsweise zollfrei sein. Meine Herren, wenn Sie den Text des Ihnen vorliegenden Entwurfs in Betracht ziehen, so finden Sie nirgends den Ausdruck „Holzkohleneisen", und ich glaube, es werden mir alle Techniker beistimmen, daß man die Abfertigungsbeamten, also diejenigen, die den Tarif zunächst zu handhaben haben, nicht in die Nothwendigkeit versetzen sollte, zu unterscheiden: was ist Holzkohleneisen, was ist Bessemereisen u. s. w. Die Ihnen vorgeschlagene Eintheilung beruht nicht auf Willkür, sondern sie ist empfohlen worden von einem Kreise von Sachverständigen, die in Philadelphia sich über die Frage schlüssig gemacht und dahin ausgesprochen haben, daß der Unterschied zwischen Eisen und Stahl bei jetziger Produktionsweise nicht mehr aufrecht zu erhalten ist. Man muß unterscheiden zwischen Roheisen und schmiedbarem Eisen; unter schmiedbares Eisen fällt dann alles, was nicht Roheisen ist. Ich möchte deshalb warnen, diesen Antrag mit seiner Klassifikation in den Tarif einzuführen, es würde das zu bedeutenden Bedenken und Zweifeln bei den Beamten führen.

Dann steht da „schwedisches gewalztes Holzkohleneisen". Soll das nun heißen: Eisen, was in Schweden gewalzt worden ist, oder was aus Schweden kommt, oder soll damit eine ganz bestimmte Waare gekennzeichnet sein? Man versteht im Handel unter schwedischem Holzkohleneisen eine gewisse Sorte, ohne damit zu sagen, es muß stets in Schweden gefertigt sein. Also auch in dieser Beziehung, meine Herren, ist der Antrag meines Erachtens nicht genügend präzisirt.

Dann enthält der Antrag gewisse Maße und zwar sehr spezielle. Es ist gesagt von $4^1/_2$ Millimeter bis 15 Millimeter Quadrat und rund und von 6 Millimeter mal 4 Millimeter bis 15 Millimeter mal 14 Millimeter flach. Meine

Herren, das ist eine außerordentliche spezialisirte Distinktion; der Abfertigungsbeamte müßte in jedem Fall das Maß nehmen und es sind eine Menge von Maßen, die ihm an die Hand gegeben sind. Schon aus diesem Grunde möchte ich mich gegen den Antrag aussprechen, abgesehen davon, daß er Ansätze enthält, die sich vielleicht in sehr weit gehenden Grenzen vom Tarif entfernen.

Endlich, meine ich, liegt auch ein dringendes Bedürfniß nicht vor, diese Zollfreiheit ausnahmsweise zuzulassen. Es ist erzählt worden, daß besonders die Hufbeschlagsindustrie in Eberswalde daran interessirt sei, daß dieselbe genöthigt sei, ausländisches Eisen zu verarbeiten. Ich will hier nicht untersuchen, ob diese Nöthigung vorhanden ist; von anderer Seite ist behauptet worden, die deutsche Industrie würde in kurzer Zeit dahin kommen, auch dieses Bedürfniß befriedigen zu können. Aber auch angenommen, es liege zur Zeit eine solche Nöthigung vor, so muß man scharf ins Auge fassen den inländischen Absatz des Fabrikats und den ausländischen. Für den inländischen Absatz würde es geradezu eine Ungerechtigkeit sein, wenn man Zollfreiheit in diesem Falle gestatten würde. Man will ja gerade die verschiedenen Industrieen schützen und man hat deshalb Zölle vorgeschlagen; der inländische Konsum soll diese Zölle tragen, damit die inländische Industrie in dem entsprechenden Maße geschützt werde. Also in Rücksicht auf den inländischen Konsum würde ich gegen jede Zollbegünstigung mich aussprechen. Was nun den ausländischen Absatz betrifft, so würde doch nur in Betracht zu ziehen sein diejenige Menge an Fabrikaten, die nach dem Auslande abgesetzt wird und die vorzugsweise oder ganz ausschließlich hergestellt ist aus ausländischem Eisen. Meine Herren, soweit es sich dabei um die Fabrikationsverhältnisse der Kleinindustrie handelt, würde es vielleicht schwer sein, Wege zu finden, dieser Industrie den Export ganz und gar in dem bisherigen Maße zu erhalten. Aber, meine Herren, ein erhebliches Bedürfniß in dieser Beziehung hat auch früher nicht vorgelegen, insbesondere auch nicht vor ein paar Jahren, als wir noch einen Zoll für Schmiedeeisen hatten, der fast eben so hoch war als der vorgeschlagene. Da hat niemand daran gedacht, zu verlangen, auch der kleinste Mann soll irgend eine derartige Zollerleichterung genießen. Der jetzt vorgeschlagene Zollsatz entspricht bis auf eine Kleinigkeit demjenigen Zollsatz, der bis zum 1. Januar 1877 in Kraft gewesen ist, und wenn es unter der Herrschaft der damaligen Zollsätze möglich gewesen ist, den Export in wünschenswerthem Maße zu begünstigen, so wird es auch ferner möglich sein. Indessen habe ich schon bei einer früheren Gelegenheit gesagt, daß der Bundesrath diese Frage ganz besonders in Betracht ziehen will und geneigt ist, in den Konzessionen, die nach dieser Richtung hin gemacht werden sollen, bis an diejenige Grenze zu gehen, die überhaupt zulässig ist.

Ich meine aber auch, wenn Sie die früheren Zeiten in Vergleich ziehen, daß das Verhältniß des vorgeschlagenen Zolles für Rohmaterial und für Fabrikate, also das Verhältniß des Zolles für schwedisches Holzkohleneisen und für Hufeisen so gelagert ist, daß man von einer zu befürchtenden Benachtheiligung der Industrie gar nicht sprechen kann. Ich habe schon erwähnt, daß vom 1. Oktober 1873 ab bis zum 1. Januar 1877 der Zoll für Rohmaterial 2 Mark betrug, und für das Fabrikat wieder 2 Mark, für beide also gleich hoch war, während jetzt das Fabrikat höher geschützt werden soll. Vom Jahre 1870 bis 1. Oktober 1873 betrug der Zoll für Rohmaterial 3 Mark 50 Pfennig, für das Fabrikat 8 Mark, und jetzt ist vorgeschlagen 2 Mark 50 Pfennig und 6 Mark. Ich glaube, daß in diesem Vorschlage, namentlich gegenüber dem letztgiltigen Zustande ein erheblicher Fortschritt liegt und daß auch gegenüber der Zeit vor dem Oktober 1873 dieser Zollsatz des Rohmaterials kaum zu irgend einem Bedenken Anlaß geben kann.

Indem ich also noch einmal darauf hinweise, daß die verbündeten Regierungen wünschen müssen, sich von allen Aenderungen, die nicht dringend nöthig sind, fern zu halten, möchte ich Ihnen empfehlen, den Antrag abzulehnen und es bei der Regierungsvorlage zu belassen.

Präsident: Der Herr Abgeordnete Schlieper hat das Wort.

Abgeordneter **Schlieper**: Meine Herren, die Veranlassung, die mich geleitet hat, den Antrag meines Kollegen, des Herrn Abgeordneten Klügmann, mit zu stellen, ist ganz dieselbe, die den Herrn Abgeordneten Delbrück bewogen hat, den seinigen einzubringen. Ich bin deshalb in der glücklichen Lage, die Gründe, die aus dem beredten Munde dieses höchst wohlunterrichteten Mannes vorgebracht worden sind, auch vollständig für meinen Antrag geltend machen zu können.

Mein Antrag soll hauptsächlich den Fabrikanten von Kratzendraht zu Hülfe kommen. Meine Herren, ich will, um Ihnen die Wichtigkeit dieses Artikels, dessen Wirkungen der Abgeordnete von Ludwig vor einigen Tagen schon so sehr gefühlt haben will, mit einigen Worten darzuthun, nur Folgendes bemerken. In den sechsziger Jahren legte die Regierung, und zwar die preußische, ein so hohes Gewicht darauf, daß dieser Artikel in unserem Lande ausgebildet und konkurrenzfähig gemacht werde, daß sie, als die Handelskammer von Iserlohn einen intelligenten Arbeiter nach England schickte, um sich mit den neuesten Erfindungen auf diesem Gebiete bekannt zu machen und solche nach hier zu verpflanzen, damals einen bedeutenden Beitrag zu den Kosten zahlte, dem betreffenden Manne die besten Empfehlungen mitgab und nachher auch noch die Fabrikanten selbst wieder bei Beschaffung der neuen Einrichtungen unterstützte. Es mag Ihnen das ein Beweis dafür sein, welch hohes Gewicht auf diesen Artikel zu legen ist.

Wenn nun der Herr Vertreter der vereinigten Regierungen zugesteht, und das ist mir sehr lieb, daß eben nur schwedisches Eisen für diesen feinen Artikel zu verwenden ist, so habe ich darüber keinen weiteren Beweis zu erbringen. Wenn er aber ferner sagt, daß bei den bisherigen ungünstigeren Verhältnissen die Fabrikanten nicht klagend aufgetreten seien, so möchte ich dem entgegenhalten, daß gerade die Fabrikanten den jetzigen Zustand, bei dem sie das schwedische Eisen frei haben können, und hinwiederum der englischen Konkurrenz ungeschützt gegenüberstehen, lieber beibehalten, als den im Tarif vorgeschlagenen eingeführt sehen möchten; während Sie die nationale Arbeit zu schützen suchen, stellen Sie nach dem neuen Tarif diese Fabrikanten schlechter wie bisher. Die $3_{,00}$ Mark, mit denen Sie das Fabrikat schützen wollen, sind nicht genügend gegenüber den $2_{,50}$ Mark, die Sie auf das zu jenem Fabrikate unentbehrliche schwedische Material legen, durch den um 50 Pfennige höheren Zoll wird der Fabrikant nicht geschützt gegen die englische Konkurrenz; denn er braucht eben, um 1000 Kilo seines Fabrikats herzustellen, mindestens 13 — 1400 Kilo schwedischen Eisens, er muß also 13—14 mal $2\frac{1}{2}$ bezahlen, und ist nur geschützt mit 10 mal 3, steht also in der Art im Nachtheile.

Wenn nun der Herr Vertreter der verbündeten Regierungen ferner sagte, es wären alle Exemtionen zu vermeiden, das führe eben nur zur Belästigung der Zollbehörden, es sei so viel als möglich stets von ihnen abzusehen, dann bin ich recht gern erbötig, ihm dies zuzugestehen, ich will mir nur erlauben, bei einer später folgenden Position nochmals das Wort zu ergreifen, um auch über andere vorgeschlagene Exemtionen mich etwas, wenn auch nur kurz, auszulassen. Wenn in dem Antrage das Wort Holzkohleneisen vorkommt, dann nehme ich keinen Anstand, zu erklären, daß es meinerseits eigentlich nur mit untergelaufen ist. Ich habe nichts weiter erklären und nichts weiter beantragen wollen, als das für die Fabrikation des Kratzendrahts nothwendige schwedische Eisen zollfrei einzuführen.

Dann sagte der Herr Vertreter der Bundesregierung, es würde unendlich schwer sein, die verschiedenen Dimensionen auf der Douane zu kontroliren respektive sie aufzusuchen. Ja, meine Herren, bisher haben wir dasselbe im früheren Zolltarif gehabt, wir haben das Eisen bis zu einer gewissen Stärke beim Eintritt aus Frankreich und Belgien mit einem gewissen Zoll, und bei geringerer Stärke mit einem anderen Zoll belegt. Es läßt sich das am Ende sehr rasch kontroliren, und Maßstäbe und Instrumente müssen die Zollbeamten ja doch immer zur Hand haben. Außerdem würden auch die Ursprungszeugnisse, die den Sendungen, wenn sie frei eingehen sollen, beigegeben werden müssen, das nähere auf kürzeste Weise darthun." Ich bitte Sie, den vom Abgeordneten Dr. Klügmann und mir gestellten Antrag anzunehmen. Glauben sie aber nicht soweit gehen zu können, dann empfehle ich Ihnen, eventuell den Antrag des Herrn Abgeordneten Dr. Delbrück anzunehmen. Sollten aber beide Anträge abgelehnt werden, so werde ich mich seiner Zeit bei der Position d, bei dem Antrag der Herren Abgeordneten Stumm-Hammacher noch weiter zum Wort melden.

Präsident: Der Herr Abgeordnete Stumm hat das Wort.

Abgeordneter **Stumm**: Ich denke, meine Herren, dem Herrn Vorredner ist es nicht gelungen, die Einwendungen des Herrn Regierungskommissarius zu entkräften. Es wäre praktisch fast unmöglich, die Zollvorschrift zu erlassen, welche zur Ausführung des Antrags des Herrn Dr. Klügmann nöthig werden, auch scheint es mir selbst einem verhältnißmäßig so geringen Quantum der Einfuhr gegenüber unthunlich, das System der Ursprungszeugnisse einzuführen. Endlich wäre es ganz ungerechtfertigt, wenn speziell das weichere Material, das direkt aus Schweden kommt, anders behandelt werden soll, als das schwedische Rohmaterial, das, wie es ja auch vorkommt, in England und anderen Ländern weiter verarbeitet werden soll. Ich glaube, das ist ein Widerspruch, aus dem wir nicht herauskommen.

Ich habe nun das Wort hauptsächlich deshalb erbeten, weil die Herren eine Apostrophe an mich gerichtet haben, die dahin lautete, ich hätte gestern selbst konstatirt, daß eine ganze Reihe von der Kleinindustrie angehörigen Gewerbszweigen schwedisches Eisen bedürfe. Meine Herren, es ist mir nicht eingefallen, das zu behaupten; allerdings habe ich dem Herrn Abgeordneten Bamberger gestern entgegengehalten, daß speziell für die Kratzendrahtfabrikation schwedisches Eisen nothwendig sei, ich bestreite aber ganz ausdrücklich, daß für irgend einen andern wesentlichen Theil der Kleineisenindustrie schwedisches Eisen nothwendig wäre oder in erheblichen Quantitäten verwendet würde. Meine Herren, der Gegensatz zwischen Großindustrie, und Kleinindustrie stellt sich auch hier wieder ganz entschieden zu Gunsten des Zolls auf schwedisches Eisen. Die Holzkohlenhohöfen, die in Deutschland mit dem schwedischen Roheisen konkurriren, gehören in dieselbe Kategorie von kleineren Betrieben, wie ich sie gestern bei Gelegenheit der Beleuchtung des Gießereibetriebs vorgeführt habe, und die Hufnagelschmiede konkurriren auch wieder mit deutschem Material, gegen das schwedische Material, welches vorzugsweise in Fabriken verarbeitet wird. Es haben ja die Herren Antragsteller selbst hervorgehoben, daß die bekannte Fabrik in Neustadt-Eberswalde das schwedische Eisen nicht glaubt entbehren zu können, um ihre Hufnägel im Wege des Fabrikbetriebs herzustellen. Lassen Sie also dieser Fabrik das Eisen in den bezeichneten Dimensionen zollfrei ein, so werden die Handhufnagelschmiede, die wie in Süddeutschland fast ausschließlich inländisches Material verwenden, diese kleinen Handhufnagelschmiede werden gegenüber dem Fabrikbetriebe vollständig unkonkurrenzfähig. Also, meine Herren, gerade im Interesse der Kleinindustrie, sowohl was die Holzkohlenhohöfen, als was die Handnagelschmiede anlangt, bitte ich Sie dringend, dieses Privilegium, das der Herr Abgeordnete Klügmann für zwei oder drei Fabriken einführen will, abzulehnen.

Was die Kleineisenindustrie anbetrifft, die, abgesehen von diesen paar Fabriken, besteht, so glaube ich — ich habe das statistische Material hier nicht zur Hand — aber das glaube ich fest behaupten zu können, daß die 5 Prozent der Eisenwaaren, die in Remscheidt aus schwedischem Eisen oder überhaupt aus fremdem Eisen hergestellt werden, vollständig verschwinden und keine Bedeutung haben gegenüber der Fabrikation im allgemeinen.

Was allerdings den Kratzendraht anbelangt, so begegne ich mich vollständig mit den Wünschen, die der Herr Abgeordnete Delbrück zu Gunsten dieses Industriezweiges ausgesprochen hat und es handelt sich für mich nur darum, auf welchem Wege soll den Leuten geholfen werden, entweder auf dem Wege, den Herr Delbrück vorschlägt, oder auf dem, den Herr Dr. Hammacher und ich vorgeschlagen haben. Unser Antrag ist allerdings erst zu einer späteren Petition gestellt, und ich weiß nicht, ob ich jetzt schon darüber diskutiren darf aber ich lege darauf auch keinen besonderen Werth. Es ist mir persönlich ziemlich gleichgiltig, in welcher Weise den Leuten geholfen wird, und ich glaube, es ist dies auch von wirthschaftlichen und finanzpolitischen Standpunkte aus gleichgiltig, denn es handelt sich bei der ganzen Frage nur um ein Quantum von im Ganzen 5 000 Zentnern Kratzendraht, der überhaupt im Inlande heute verarbeitet wird. Nun, meine Herren, gestatten Sie, daß diese 5 000 Zentner Kratzendraht, oder vielmehr das Rohmaterial zu den 5000 Zentnern Kratzendraht zu den ermäßigten Zollsätzen des Herrn Delbrück hereinkommen oder führen Sie einen besonderen erhöhten Zollsatz für dünnen Draht ein, wie wir es vorschlagen, so kommt das ziemlich auf dasselbe hinaus. Ich glaube, nur Schönheitsrücksichten können uns dafür bestimmen, welche von beiden Wegen wir zu wählen haben.

Ich möchte den von uns gemachten Vorschlag deshalb empfehlen, weil er sich in die ganze Oekonomie des Tarifs besser einfügt und weil, wie der Herr Regierungskommissar bereits richtig hervorgehoben hat, es doch bedenklich sein würde, zu Gunsten eines einzigen Industriezweiges ein ganz neues Prinzip in den Zolltarif einzuführen.

Das ist für mich der Grund, weshalb ich gegen das Amendement Delbrück stimmen werde; ich würde aber auch nicht unglücklich sein, wenn das Haus demselben beitreten würde.

Präsident: Der Herr Abgeordnete Dr. Klügmann hat das Wort.

Abgeordneter Dr. **Klügmann**: Meine Herren, der Herr Abgeordnete Stumm hat mich vollständig mißverstanden, wenn er annimmt, daß ich im Interesse der Großindustrie der Hufnagelschmiede gesprochen habe; gerade das Gegentheil ist der Fall.

(Sehr wahr! links.)

Ich habe ausgeführt, daß der Fabrikation von Hufnägeln wohl auf anderem Wege durch Zollerlaß wieder geholfen werden könnte, aber nicht den kleinen Hufnagelschmieden.

(Sehr richtig! links.)

Gegen die Behauptung des Herrn Abgeordneten Stumm, daß die kleinen Hufnagelschmiede in Mittel- und Süddeutschland schwedisches Eisen nicht gebrauchen, steht die Petition, welche hier eingegangen ist von Steinberg-Hallenberg aus dem Kreise Schmalkalden. Die Petenten führen ausdrücklich an, daß sie das schwedische Eisen gar nicht entbehren können.

(Hört, hört! links.)

Sie werden es auch in Zukunft nicht entbehren können, wenn sie aber dazu gebracht werden, schwedisches Eisen nicht mehr zu gebrauchen, so wird gerade ihre Fabrikation wieder zurückgehen auf den früheren Stand. Es hat auch der Herr Regierungskommissar darauf hingewiesen, daß unter den früheren Zollverhältnissen das schwedische Eisen nicht gebraucht worden sei. Damals war es aber mit einem hohen Zoll belastet und die Hufnagelschmiede konnten das gute und allein brauchbare, allein tüchtige Material für die Hufnägel nicht verwenden. Unter der Zollfreiheit hat sich gerade die deutsche Hufnagelschmiedfabrikation wesentlich gehoben. Wenn Sie ihnen jetzt wieder unmöglich machen, das gute Material zu verwenden, so schädigen Sie diese Fabrikation von neuem.

(Sehr wahr! links.)

Ich mußte ja darauf gefaßt sein, daß von Seiten des Regierungstisches formelle Bedenken meinem Antrage entgegen gebracht werden. Ich glaube, sie ließen sich wohl beseitigen dadurch, daß man Ursprungsatteste für das schwedische Eisen forderte. Es ist dies ein Weg, der auch schon in anderen Fällen eingeschlagen ist. Auf alle derartige Manipulationen und Schwierigkeiten müssen wir wieder eingehen, wenn wir hohe Zölle für das Roheisen einmal bewilligt haben; das läßt sich jetzt nicht mehr ändern; wir können nicht mehr in der einfachen Weise zolltechnisch verfahren, wie bisher.

Ich glaube daher die Annahme meines Antrags empfehlen zu dürfen und weise noch darauf hin, worauf ich soeben aufmerksam gemacht worden bin, daß auch unsere Armee fast ausschließlich Hufnägel aus schwedischem Eisen gebraucht.

Präsident: Der Herr Abgeordnete Freiherr von Wendt hat das Wort.

Abgeordneter Freiherr von **Wendt:** Meine Herren, gestatten Sie einige Worte über den Autrag der Herren Kollegen Klügmann und Schlieper.

Was der Herr Kollege Schlieper über das Kratzeisen gesagt hat, so muß ich gestehen, bin ich nicht sachverständig genug, um ihm auf dieses Gebiet zu folgen. Indessen ist das, was eben der Herr Kollege Stumm gesagt hat, mir genug, um mich auch in dieser Hinsicht gegen den Antrag der Herren erklären zu können.

Der Herr Abgeordnete Klügmann sprach dagegen gar nicht von Kratzen, sondern lediglich von der Hufnagelfabrikation — und da bin ich doch sehr bedenklich, ob die Vortheile, die er namentlich für die Landwirthschaft und das Kleingewerbe in Aussicht gestellt hat, sich in der Art realisiren werden, wie er es uns ausgemalt hat.

In Westfalen ist bekanntlich die Eisenindustrie altheimisch. Es existirt dort Eisen, welches seit hunderten von Jahren für sehr tauglich gehalten worden ist, um Huf-, Schuh- und andere Nägel zu fabriziren, ja sogar zur Fabrikation der Dachschiefernägel, die bekanntlich am meisten Wind und Wetter und Frost ausgesetzt sind, wurde gerade dieses westfälische Eisen vorzugsweise angewendet. Von diesen Nägeln verlangt man die größte Haltbarkeit und es gibt in der That Dächer, worin Jahrhunderte alte Nägel sind, also Beweis genug, daß diese Nägel von einheimischem Eisen in Bezug auf Güte und Haltbarkeit mit den schwedischen Nägeln konkurriren können. Diese Nagelindustrie ist nicht wie die Eberswalder erst importirt, sie existirt seit hunderten von Jahren und existirt trotzdem, daß in den letzten 50 Jahren, will ich einmal sagen, die Großindustrie die Kleinindustrie fast vollständig vernichtet hat; sie existirt auch heute noch und liefert dadurch den Beweis ihrer urwüchsigen Kraft, sie existirt, obgleich unter Herrschaft des Freihandelssystems die letzten Holzkohlenhochöfen in der Gegend ausgeblasen werden mußten. Damit freilich wurde dieser Handbetrieb der Nagelschmiede, der ganze Dörfer in dem unfruchtbaren Gebirge Westfalens sehr gut ernährte, derartig geschädigt, daß heutzutage die Nagelschmiede geradezu dem Hunger gegenüberstehen, es ist bis vor wenigen Jahren in diesen Dörfern Koalitionen von Kleinmeistern noch gelungen, sich z. B. die Lieferungen von Schuhnägeln für ganze Armeekorps zu verschaffen. Das ist jetzt nicht mehr der Fall; wo die Lieferungen in den letzten Jahren hingekommen sind, weiß ich allerdings nicht, indessen glaube ich, wird es zweifellos sein, daß sie von diesen Kleinmeistern zu größeren Fabriken hinüber gewandert sind.

(Hört, hört!)

Ob das nun ein Vortheil ist, gebe ich Ihren Erwägungen anheim. Ich kann Sie nur bitten, diesem Antrag mit der größten Vorsicht gegenüberzutreten und gerade im Interesse der altheimischen westfälischen Nagelindustrie denselben abzulehnen.

Präsident: Der Herr Abgeordnete Dr. Hammacher hat das Wort.

Abgeordneter Dr. **Hammacher:** Meine Herren, die Auffassung meines verehrten Freundes Klügmann, daß es, wenn wir seinen Antrag nicht annehmen, der Hufnagelindustrie unmöglich gemacht werden würde, schwedisches Eisen zu verwenden, trifft offenbar nicht zu. Ich glaube, daß niemand von uns meint, die Einführung der Zölle werde nicht hier oder da zu einer Vertheuerung der aus dem Auslande zu beziehenden Materialien beitragen. Sofern also die Nichtannahme des Antrags Klügmann jene Vertheuerung zur Folge hat, liegt darin allerdings eine *Erschwerung* der Verwendung des schwedischen Eisens, — aber *ausgeschlossen* ist dieselbe *nicht*.

Ich habe mich über den vorliegenden Gegenstand zu informiren versucht und von vielen Seiten erfahren, daß jene Behauptung, man *müsse* für gute Hufnägel schwedisches Eisen verwenden, doch nicht in vollem Umfang richtig ist. In einem großen Theile des deutschen Reichs wird in der That *deutsches* Eisen für die Anfertigung von Hufnägeln verwendet, und man hat mir gesagt, daß es einzelne deutsche Eisensorten gibt, die eben so gut sind, wie schwedisches Eisen. Ich brauche nur darauf hinzuweisen, daß beispielsweise das Stabeisen, welches zu Augustvehn im Oldenburgischen fabrizirt wird, allen Anforderungen entspricht, die man an schwedisches Eisen stellt. Nun würde ich mich nicht echauffiren, wenn wir bei einem so unbedeutenden Einfuhrartikel, im Gegensatz zu dem von uns bereits angenommenen Prinzip, die Zollfreiheit belassen, beziehungsweise einführen wollten. Aber ich halte dafür, daß dieser Einbruch in das System doch bedenklich ist und daß namentlich die Fassung des Antrags Klügmann eine Forderung an die kontrolirenden Steuerbeamten stellt, der dieselben schwerlich werden entsprechen können. Es dürfte kaum möglich sein, bei dem Eingang festzustellen, ob das eingeführte Eisen Holzkohleneisen oder ob es mit Koaks oder mit gemischtem Brennmaterial hergestellt ist. Ich meine aber, meine Herren, daß die Frage wirklich zu unbedeutend ist, als daß wir auf Grund einer gewissen Billigkeit, deren Berechtigung ich ja anerkenne, das System durchlöchern lassen sollten. Der Hauptzweck, warum ich mich zum Wort gemeldet habe, ist der, hinzuweisen auf den Zusammenhang zwischen dem Antrage des Abgeordneten für Jena und dem, der unter meinem Namen und den des Abgeordneten Stumm eingebracht ist. Wird der Antrag Delbrück angenommen, so ist es selbstverständlich, daß der Antrag Hammacher-Stumm ausfällt; wir würden ihn zurückziehen müssen.

In der Sache selbst muß ich übrigens dem Vertreter für Iserlohn bemerken, daß, wenn sein Autrag angenommen wird, die Kratzendrahtindustrie, für die er sich in erster Linie interessirt, durchaus keinen Vortheil davon hat. Die Kratzendrahtindustrie verwendet schwedische Stäbe bis zu 40 Millimeter Durchmesser, und der Antrag Schlieper verlangt zollfreie Einfuhr von schwedischem Eisen nur bis zu 15 Millimeter Stärke. Ich bin deshalb überzeugt, daß durch den Antrag

Schlieper der Kratzendrahtindustrie nicht geholfen wird. Dahingegen theile ich die Ansicht des Herru Abgeordneten Stumm, daß es ziemlich gleichgültig ist, ob wir den Antrag Delbrück oder den meinigen annehmen werden; ja, wenn die verbündeten Regierungen mit dem Antrag Delbrück einverstanden sind, so würde ich demselben sogar den Vorzug ertheilen vor dem meinigen, weil er der Drahtindustrie noch nützlicher wäre, als der von mir gestellte Antrag. Ueberdies überhöbe uns die Annahme des Antrags Delbrück der Erwägungen über die Höhe des Zolls auf Kratzen, die wir anzustellen haben in dem Falle, daß wir einen erhöhten Zoll für Kratzendraht einführen. Ich würde meine Stellung von der Erklärung der verbündeten Regierungen abhängig machen. Sind diese bereit dazu, in gegenwärtigem speziellen Falle die fast zollfreie Einfuhr von Kratzendraht zu gestatten, so stimme ich zu; so lange aber die verbündeten Regierungen dies nicht erklären, bleibt mir nichts anderes übrig, als für meinen Antrag zu stimmen und den Antrag Delbrück abzulehnen.

Präsident: Der Herr Abgeordnete Sonnemann hat das Wort.

Abgeordneter **Sonnemann**: Meine Herren, Sie sehen an den zwei bis drei Anträgen, die uns heute vorliegen, welche Schwierigkeiten es haben wird, diese gewaltige Erhöhung des Zolls auf Stabeisen wieder ins Leben zu führen; wie bei dieser Position, so werden sich auch noch viele andere Industrien melden. Es hat ja die Regierung in den Motiven das ausdrücklich anerkannt, indem sie gesagt hat, „daß die wohlthätige Folge der Zollbefreiung für die Konsumenten und für diejenigen Industriezweige, welche auf die Verarbeitung ausländischen Rohmaterials angewiesen sind, nicht verkannt werden solle." Es ist noch einmal darauf hingewiesen worden in den Motiven, daß allerdings diese Industrie durch die Zollerhöhung Schaden erleiden kann. Nun habe ich bedauert, daß der Herr Regierungskommissar, der uns vorgestern angekündigt hat, daß er sich über die Höhe der Zollsätze bei Gelegenheit des Amendements Wedell aussprechen wird, dies gestern nicht gethan hat. Nun ist allerdings, das will ich einräumen, die Frage im Prinzip entschieden, heute aber hat der Regierungskommissar gesagt, daß wir diese Zollsätze doch so annehmen möchten, wie sie gestellt sind, daß sie alle in einem gewissen Verhältniß stehen und daß wir daran nicht rütteln sollen. Meine Herren, von der anderen Seite ist dieser Rath nicht befolgt, denn wir haben bereits mehrere Anträge vor uns, die auf Erhöhung der vorliegenden Sätze ausgehen, Anträge von Herrn Stumm und verschiedene andere. Natürlich, der Appetit kommt mit dem Essen. Nach der gestrigen Abstimmung wundere ich mich nicht, daß dergleichen Anträge gestellt worden sind. Wenn ich mich an die Position halte, die uns vorliegt, so finde ich, daß grade bei diesem Anlaß sehr wenig davon gesprochen worden ist, wie hoch der Zoll sich stellt in Bezug auf den Werth der Waare. Wir haben aus der Mitte des Zentrums und auch von drüben her in der Zolldebatte häufig gehört, daß man den Werth der Waare zu wenig berücksichtige, ich habe sorgfältig zugehört, habe aber bei der Eisendebatte diese Berücksichtigung der Werthe der Waaren, um die es sich handelt, nicht gefunden. Der Abgeordnete Stumm hat uns allerdings gestern eine Berechnung vorgelegt, wonach bei Roheisen der Zoll 12½ Prozent des Werthes ausmacht. Diesen Satz hat er aber ermittelt aus einer Durchschnittsberechnung der letzten zehn Jahre, innerhalb deren ja auch die kolossalen Schwindeljahre liegen, während welcher das Eisen den dreifachen Preis, wie heute, kostete. Ich meine aber, ein so sachverständiger und erfahrener Manu wie Herr Stumm müßte sich sagen, daß derjenige, der heute das Material zu verwenden hat, nicht fragt, wie hoch der Durchschnittspreis der letzten zehn Jahre ist, sondern was das Material jetzt kostet. Nach dem jetzigen Preise finde ich auch diese Position mit 2,30 Mark außerordentlich hoch; sie repräsentirt auf Grund der Enquete für den Hauptartikel, um den es sich handelt, für Schienen, nicht weniger als 20—24 Prozent des Werthes. Meine Herren, wenn Sie aus der Zollfreiheit, an die sich eine Reihe von Industrien jetzt gewöhnt hat, jetzt zu einer Verzollung von 20—24 Prozent des Werthes übergehen, dann müssen Sie es sich freilich gefallen lassen, daß eine ganze Reihe von Verlusten entstehen. Es ist gerade bei dieser Position um so merkwürdiger, als der Staat ein außerordentlich großer Konsument dieses Eisens ist. Meine Herren, als im Laufe der Zollverhandlungen für die Telegraphenkabel ein Zoll verlangt wurde, erregte dieser Zoll die allgemeine Heiterkeit, weil man sagte, nur der Staat ist Konsument. Nun, meine Herren, wenn von diesen Eisenwaaren die Eisenbahnen allein 40 Prozent verbrauchen und die andern Staatsverwaltungen, Bergwerke, militärischen Anstalten mindestens 10—15 Prozent der ganzen Produktion gebrauchen, so haben Sie es hier mit Produkten zu thun, von denen der Staat mindestens die Hälfte, vielleicht auch selbst mehr verbraucht, hierdurch vertheuert der Staat sich seine eigenen Bedürfnisse in ganz enormer Weise, und, meine Herren, das kommt aus der Tasche der Steuerzahler, da kann man uns die Sache nicht so darstellen, als ob dies der Gesammtheit zu Gute kommen würde. Diese Mehrkosten müssen jedenfalls die Steuerzahler tragen.

Wogegen soll nun eigentlich diese Industrie geschützt werden? Ja, meine Herren, erzogen soll sie nicht werden, denn das haben wir ja in der Enquete gelesen, daß zwei Werke unter den bekannten deutschen Werken (Krupp und Bochum) den ganzen Bedarf für Deutschland liefern können, eine Erziehung dieser Industrie ist also absolut nicht mehr nothwendig. Es ist allerdings gesagt worden, unsere Industrie solle durch den Schutzzoll aus dem Nothstande befreit werden und sie solle in den Stand gesetzt werden, Kapitalien anzusammeln zum Umwandeln der Werke für die neuen Verfahrungsweisen. Ja, meine Herren, wenn ich das höre, so wundere ich mich nicht, wenn der Abgeordnete Kayser, der eben die Tribüne verließ, in diesem Zoll eine Verwirklichung seiner Tendenzen erblickt, indem der Staat die Mittel liefern soll, um die Werke für besondere Zwecke umzubauen; ich wundere mich aber auch nicht, wenn andere seiner Gesinnungsgenossen etwas weiter in der Erkenntniß vorgedrungen sind und eingesehen haben, daß dieser Zoll nicht ihnen und nicht der Gesammtheit, sondern den einzelnen privilegirten Industriellen zu Gute kommen muß.

Merkwürdig ist, daß Herr Stumm, wenn er Preise berechnet, immer auf zehn Jahre zurückgeht; wenn er aber Dinge anführt, die etwa zur Erhöhung des Eisenzolls verwerthet werden können, weiß er nicht nur die Momente, die in der vor wenigen Monaten stattgehabten Enquete vorgekommen sind, sondern auch die neuesten in England vorgekommenen Dinge, die noch theilweise als Gerüchte in der Luft herumschwirren, zu verwerthen. Da weiß er immer, wenn etwas neues vorgekommen ist; wenn er aber statistische Zahlen anführt, dann existirt das Jahr 1878 für ihn gar nicht, da spricht er immer nur vom Jahre 1877.

(Rufe rechts: Zur Sache!)

— Ich bin vollständig bei der Sache, ich spreche von dem Eisen, welches verwandt wird zur Herstellung von Schienen und Stabeisen. Herr Stumm hat gestern ausgeführt, daß die deutschen Eisenwerke von den neuen Erfindungen gar nichts profitiren können. Ich will ihm auch einmal auf dieses Gebiet der neuesten Wahrnehmung folgen, hinsichtlich der Behauptung, daß die deutschen Eisenwerke von der Entphosphorirung gar nicht profitiren können, weil wir ein solches Eisen nicht haben, indem das Eisen nur 1½ Prozent Phosphor enthalten darf, daß aber das luxemburger Eisen 1,7 Prozent bis 2 Prozent Phosphor enthält. Meine Herren, ich habe von der Sache eine etwas andere Anschauung gewonnen in einer ganz ausführlichen Darstellung dieses Gegenstandes, die ich der „Times" vom 12. April entnommen habe. In dieser Darstellung, die ich Herrn Stumm zur Verfügung stelle und der bis jetzt nicht widersprochen ist — ich lese dieses Blatt jeden Tag —, ist nachgewiesen, daß England unter den 16 Millionen Tons Erzen, die es erzeugt, nur 2½ Millionen Tons solcher Erze hat, die weniger als 2 Prozent Phosphor enthalten, daß dagegen 13½ Millionen Tons mehr als 2 Prozent Phosphor enthalten. Was hiernach auf England Anwendung findet, wird zum mindesten auch auf Luxemburg Anwendung finden, welches ähnliche Erze, wie Herr Stumm ja selbst gesagt hat, produzirt. Wenn also in England dieses neue Verfahren eine so große Umgestaltung hervorbringt, wie Herr Stumm uns hier geschildert hat, dann wird dasselbe ohne Zweifel auch für Luxemburg und Lothringen und die Saargegend ähnliche Folgen haben. Ich kann also das Motiv, das nachträglich hier vorgebracht worden ist, um es zu erklären, daß hier höhere Zollsätze für Stabeisen vorgeschlagen sind, als sie der autonome Tarif der Herren selbst empfiehlt, und höhere, als sie 1873 die Herren Hammacher und Varnbüler gelegentlich des Kongresses vorgeschlagen haben, als sie demnach von schutzzöllnerischer Seite gewünscht worden sind, absolut nicht zulassen.

Nun hat man den Industriellen Rückvergütungen in Aussicht gestellt. Bestimmte Anträge darauf sind bis jetzt nicht in Aussicht gestellt. Aber es sind allgemeine Erklärungen vom Bundesrathstische abgegeben worden; auch von Seiten des Herrn Stumm sind Versprechungen gemacht worden. Allein soviel scheint mir sicher, daß die Rückvergütungen, selbst wenn sie auch noch so konsequent durchgeführt werden, nur ein höchst unvollkommener Ersatz für die freie Einfuhr sind; daß ferner die Rückvergütungen doch nur der Großindustrie zu Gute kommen, aber nicht der Mittel- und Kleinindustrie. Herr Stumm hat bei diesem Anlaß Belgien angeführt und gesagt, daß das dortige System zu keinen Unzuträglichkeiten geführt habe. Nach meinen Wahrnehmungen hat es allerdings zu Unzuträglichkeiten geführt und die Regierung hat schon wiederholt Vorschriften erlassen, um diese Rückvergütungen einzuschränken, indem Betrügereien vorgekommen sind und Verwendungen, die nicht zulässig waren. Ich fürchte, daß, wenn wir auf dieses Gebiet der Rückvergütungen kommen, wir dieselben schlimmen Erfahrungen machen werden, die man in Frankreich und anderwärts gemacht hat, und daß es ein schlechter Trost für unsere Industrie ist, wenn mit Rückvergütungen die Zollfreiheit abgelöst wird.

Herr Stumm hat auch heute wieder sich als einen Mann hingestellt, der auch für die Kleinindustrie eintritt; er hat es auch gestern gethan und sein Bedauern ausgesprochen, daß auch viele Kleinhochöfen zum Stillstand gebracht sind. Meine Herren, diese Art von Fürsorge für die Kleinindustrie kommt mir vor, als wenn Jemand die Eisenbahnen wieder durch Frachtfuhrwerke ersetzen will. Das, was in Bezug auf die Herstellung des Massenmaterials durch die Großindustrie erobert ist, das kann die Kleinindustrie nicht mehr zurückerobern. Diese Fürsorge ist vielleicht gut gemeint, aber in ihrer Wirkung vollständig verfehlt. Die wahre Fürsorge für die Kleinindustrie kann nur darin bestehen, daß man ihr das Material, das in großen Massen durch die Großindustrie hergestellt ist, zu billigen Preisen für die Weiterbearbeitung zuführt; daß aber veraltete vereinzelt liegende Hochöfen noch mit der Großindustrie konkurriren sollen, das ist absolut unmöglich.

Nun hat Herr Stumm auch heute wieder auf sein gestern angeführtes Beispiel hingewiesen in Betreff der direkten Schmelzung. Wenn man solche Ziffern herausgreift, so erzielt man damit eine momentane Wirkung, hört man aber die Dinge im Zusammenhange, so lauten sie doch etwas anders. Herr Stumm hat das Jahr 1867 herausgegriffen, um Ihnen zu beweisen, wie günstig . . . .

Präsident: Ich glaube den Herrn Redner unterbrechen zu müssen. Er greift auf die gestrige schon abgeschlossene Diskussion in vollem Umfange zurück; ich gebe dem Herrn Redner anheim, mir zu erklären, daß er zur Sache spricht.

Abgeordneter **Sonnemann**: Der Herr Präsident hat vielleicht überhört, daß Herr Stumm vorhin auf diese Sache nochmals zurückgekommen ist.

Herr Stumm hat also das Jahr 1867 herausgegriffen, in welchem zufällig eine doppelt so hohe Quantität von direkten Schmelzwaaren produzirt wurde als in dem vorhergehenden und folgenden Jahre, er hat uns aber nicht gesagt, daß das Gesammterzeugniß der Gußwaaren erster und zweiter Schmelzung nicht zurückgegangen, sondern gestiegen ist, gerade seit 1867. Damals betrug die Gesammterzeugung von Schmelzgut 6 Millionen Zentner und jetzt 9 Millionen, sie ist also um 50 Prozent gestiegen; allerdings hat die Veränderung der Produktionsweise zur Folge gehabt, daß wir weniger direkt als indirekt gießen. Also dieses Beispiel ist absolut nicht maßgebend.

Aus einer genauen Vergleichung unserer Ein- und Ausfuhr der Zeit, seitdem wir das Eisen vom Zoll befreit haben, (obgleich unsere Industrie die große Krisis bestanden hat, was ich ja niemals geleugnet habe und auch nicht in Abrede stelle, daß die Krisis theilweise noch besteht), habe ich die Ueberzeugung gewonnen, daß die Industrie diese Krisis verhältnißmäßig mit Leichtigkeit ertragen hat. Wenn hier gesagt wird, daß man es in diesem Hause vielfach bereue, seiner Zeit dem Antrage auf Fortdauer der Eisenzölle nicht zugestimmt zu haben, so sage ich darauf: ich glaube nicht es bereuen zu müssen, denn ohne diesen Beschluß hätten wir nicht 2½ Jahre der Zollfreiheit des Eisens hinter uns, auf die wir uns jetzt berufen können und auf die wir uns für alle Folge berufen können. Ich meine, daß die Zeit nicht fern sein wird, in der man sich nach der freien Eiseneinfuhr zurück sehnen wird, indem gerade in dieser Zeit die Industrie so ungeheuer erstarkt ist.

Das ist z. B. das Materialeisen, also die Position, über die wir augenblicklich verhandeln, bei dem wir in den Jahren 1871 bis 1875 durchschnittlich nur einen Ueberschuß der Ausfuhr über die Einfuhr hatten von 578 000 Zentner; diese Mehrausfuhr ist im Jahre 1878 auf 7 980 000 Zentner gestiegen, hat sich also im Verlaufe dieser kurzen Zeit unter der Freiheit des Verkehrs um den 14fachen Betrag vermehrt. Nun, meine Herren, sehen Sie weiter die Mehrausfuhr an Draht. Dieselbe betrug im Jahre 1875 noch 165 000 Zentner, im Jahre 1876 260 000 Zentner, in 1877, dem ersten Jahre der Zollfreiheit, ist sie gestiegen auf 584 000 Zentner und im Jahre 1878 auf 1 050 000 Zentner; im Laufe von 4 Jahren hat sich diese Mehrausfuhr versechsfacht. Meine Herren, ich darf alle früheren Jahre durchgehen, während deren wir hohe Eisenzölle gehabt haben, ich kann nicht finden, daß in einem der früheren Jahre eine derartige Ausfuhr stattgefunden hat. Wenn gesagt wird, die Ausfuhr sei keine gesunde, — die Drahtausfuhr werden Sie nicht für ungesund halten können.

Aehnlich ist es in anderen Zweigen der Eisenindustrie; eine ungesunde Ausfuhr mag allerdings bei einzelnen Posten von Schienen u. s. w. stattgefunden haben, da ist aber auch der Unterschied in dem Preise zwischen Inland und Ausland so enorm groß, daß dazwischen immer noch ein kleiner Gewinn oder ein kleiner Verlust liegen kann.

Es ist nun gesagt worden, daß Frankreich viel günstiger steht, daß eine konstantere Steigerung der Produktion dort stattgefunden habe. Meine Herren, wenn ich die Tabellen, die uns vorliegen, zu Rathe ziehe, so sieht die Sache anders aus: während wir eine Mehrausfuhr von Eisenprodukten im Jahre 1878 von nahezu 8 Millionen Zentnern haben, hat Frankreich eine Mehreinfuhr im Jahre 1877 von 4 Millionen Zentnern gehabt. Der Satz, der wiederholt aufgestellt worden ist, daß eine geschützte Industrie am meisten für die Ausfuhr geeignet ist, hiernach unrichtig sei; in Frankreich hat sich gerade das Gegentheil gezeigt. Ich sage also, daß wir es in keiner Weise zu bereuen haben, wenn wir in dieser Weise vorgegangen sind, wenn ich auch einräumen muß, daß im Jahre 1873 die Gerechtigkeit gegen die Eisenindustrie etwas verletzt worden ist, indem man damals allein für sie die Zölle aufgehoben hat. Der Verlauf der Dinge beweist eben, wie stark das Prinzip der Verkehrsfreiheit in seinen Wirkungen ist; trotz dieser thatsächlichen Ungerechtigkeit gegen die Eisenindustrie hat sie sich seit zwei Jahren nach verschiedenen Seiten hin kolossal entwickelt und theilweise gute Resultate geliefert. Ob diese Entwickelung anhalten wird, wenn Sie einen Schutzzoll von 20—24 Prozent beschließen, möchte ich bezweifeln.

Es ist hier wiederholt bemerkt worden, um nachzuweisen, der Nothstand existire noch, daß es unrecht sei, wenn man immer von der Ausfuhr spreche. Es ist dabei auch auf eine Tabelle hingewiesen worden, die in unseren Akten abgedruckt ist; ich habe sie hier im Original ich glaube, die Schutzzöllner hätten besser gethan, die Tabelle von 55 Werken, die im Jahre 1877 eine Unterbilanz von 44 Millionen gehabt haben sollen, auf das tiefste in ihren Akten ruhen zu lassen. Gerade diese Tabelle weist nach, wie unrichtig es ist, wenn man den Zollaufhebungen die Schuld gibt für die Verluste unserer Eisenindustrie. Wenn Sie diese Tabelle zur Hand nehmen, so finden Sie, daß von 1852 bis 1870 überhaupt nur 24 Werke mit einem Aktienkapital von 117 Millionen Mark ins Leben gerufen worden sind, daß dagegen in den Jahren 1871 bis 1873 31 Werke ins Leben gerufen worden sind mit einem Kapital von 209 Millionen. Es ist also in zwei Jahren doppelt soviel Kapital in die Eisenindustrie gesteckt worden, als vorher in 19 Jahren; da wollen Sie nun erwarten, daß diese in Eile und Hast in diese Industrie gesteckten Kapitalien plötzlich rentiren sollen und daß nicht vergeudete Kapitalien darunter sein sollen! Das ist naturgemäß, wenn eine Industrie sich so ungesund entwickelt, wenn sie in zwei Jahren das machen will, was in zwanzig Jahren vorher zur Hälfte geleistet wurde; dann muß man auf Abwege kommen.

Der Herr Abgeordnete Stumm hat auch gesagt, daß er seinerzeit erwartet habe, daß an die Aufhebung der Eisenzölle sich weitere Zollherabsetzungen knüpfen würden; ich räume ihm das vollständig ein. Er hat gehofft, daß die acquits-à-caution beseitigt würden, und daß verschiedene andere Artikel auch im Zoll herabgesetzt würden. Ich wünschte, Herr Stumm wäre auf diesem Wege geblieben, er hätte dann für die Industrie, die in voller Freiheit sich besser entwickeln kann, als unter Zollschutz, eine patriotische That gethan, während er dasjenige, was er jetzt künstlich erzeugen will, nur als eine Art von Hospitalsverwalter erreichen kann, der diese kranke Industrie unter seinen Schutz und seine Pflege nimmt.

Noch eins, meine Herren, es wird so viel von den ungeheuren Quantitäten, die wir einführen an Eisen . . .

(Glocke des Präsidenten.)

Präsident: Ich muß den Herrn Redner unterbrechen. Ich wiederhole die Bemerkung, daß er auf die gestern abgeschlossene Diskussion zurückkommt und die Position Roheisen diskutirt, respektive auf die Generaldiskussion, welche in Beziehung auf Eisen stattgefunden hat. Ich bitte ihn daher, zur Sache zu sprechen.

Abgeordneter **Sonnemann**: Ich spreche von der Einfuhr von Eisen, und da gerade bei dieser Position behauptet wird, daß wir so viel einführen, so weiß ich nicht, warum ich nicht davon sprechen soll. Meine Herren, unter dem Eisen, was wir einführen, sind allein 3 Millionen zur Herstellung von Schienen und Materialeisen ꝛc. . . .

Präsident: Ich muß doch darauf halten, daß nicht auf die gestern abgeschlossene Diskussion zurückgegriffen wird; es wird der Charakter der Spezialdiskussion auf diese Weise vollständig verwischt.

Abgeordneter **Sonnemann**: Ich werde also nicht von Herrn Stumm sprechen, sondern im allgemeinen von der Eiseneinfuhr. Ja, meine Herren, die Quantitäten, welche wir gerade vor der Position, die jetzt zur Berathung steht, einführen, machen im Werth verhältnißmäßig außerordentlich wenig aus, während, wenn man sie hier vorgelesen bekommt nach Tonnen und Zentnern, sie außerordentlich groß scheint. Im Werth ist dasjenige, was wir von Materialeisen ausführen, vielleicht kaum doppelt so groß als das, was eine einzige von unsern chemischen Fabriken ausführt, die Anilinfabrik in Stuttgart; da wird uns immer gesagt, daß wir nur geringwerthige Dinge ausführen und hochwerthige einführen.

Meine Herren, ich glaube im ganzen, daß die Zölle, die jetzt hier angenommen werden sollen, nicht der Gesammtheit zu gute kommen, sondern nur einzelnen bevorzugten Werken; ich erkläre, weil Herr Stumm auf sich deutet, daß ich ihn hier nicht meine; ich meine vorzugsweise die lothringischen Werke, die in außerordentlich günstiger Lage sind und große Produktionskraft haben und die, wie auch die Enquete ergeben hat, nahezu eben so billig produziren, ja theilweise sind die Angaben noch niedriger. Diesen Werken wird der neue Zoll zu gute kommen und nicht der gesammten Industrie. Weiter würde derselbe zur Folge haben eine Vertheuerung der Produktion, der ganzen großen Industrie, die sich, gestützt auf diese Zollfreiheit, etablirt hat und von der wir hier unter anderm die Petition vor uns haben von Stahlwerken, die 7500 Arbeiter beschäftigen, wenn auch der Herr Abgeordnete Berger nicht anerkennen will, daß das eine bedeutende Zahl sei; es werden noch viel mehr andere Industrien, sobald die Gewerbe erst merken werden, welche große Nachtheile die Sache für sie habe, petitioniren. Allerdings haben sie nicht eine solche Organisation wie diejenigen, welche die Schutzzölle bis jetzt propagirt und so weit durchgesetzt haben; allein für die Gesammtheit der Industrie werden sie doch sehr schwer ins Gewicht fallen. Der Erfolg wird sein, daß wir einzelnen Werken, wie ich schon gesagt habe, speziell in Lothringen, die ganzen Schutzzollprämien zuweisen. Die Schwachen, welche diesen gegenüber geschützt werden sollen, müssen doch unterliegen, sie werden nur vielleicht etwas langsamer unterliegen; aber der Schluß wird derselbe sein. Bei einer Produktion, die so groß ist und so weit über das Maß dessen, was das Land selbst braucht, hinausgeht, kann der Schutzzoll nicht mehr helfen. Der Kampf um das Dasein der Starken gegen die Schwachen wird seinen Fortgang nehmen, nur vielleicht etwas langsamer als bisher.

Weiter wird unsere Maschinenindustrie, die sich außerordentlich schön entwickelt hat, einen schweren Schlag erleiden; das wird von niemandem geleugnet werden können, und, meine Herren, was die Hauptsache ist, wir werden das Ausland, dem wir eine so schöne Ziffer von Eisenfabrikaten alljährlich zuführen, zu Repressalien der allerbedeutendsten Art provoziren. Wir hören ja schon von Italien, von Rußland und von anderen Ländern wird es auch nicht ausbleiben. Man wird sagen, das Land, das nach dem Urtheile des Herrn Schneider, eines der größten Eisenindustriellen in Frankreich, eine so außerordentlich gesunde Produktion in Eisen hat wie Deutschland, man wird sagen, wenn dieses Land sich nicht mehr stark genug fühlt und sich mit einem Schutzzoll bis zu 25 Prozent umgeben muß, dann müssen andere Länder, die viel schwächer sind als wir und viel weniger Eisen produziren, sich an uns ein Beispiel nehmen.

Ich glaube, meine Herren, daß die Verantwortlichkeit der Regierung, — ich will nicht mehr von der allgemeinen Einführung von Schutzzöllen sprechen — welche so hohe Sätze dieser Schutzzölle vorschlägt und festhält, ganz außerordentlich groß ist, und ich halte es für meine Pflicht, gerade in diesem Stadium der Berathung auf diese große Verantwortlichkeit hinzuweisen. Es könnte sein, daß man gerade von seiten der Regierung es einmal schwer empfindet, dem Lande durch diese hohen Schutzzölle solche enorme Lasten aufgebürdet, solche Verluste zugefügt zu haben.

(Bravo! links.)

Präsident: Der Schluß der Diskussion ist beantragt von dem Herrn Abgeordneten Grafen von Frankenberg. Ich ersuche diejenigen Herren, welche den Schlußantrag unterstützen wollen, sich zu erheben

(Geschieht.)

Die Unterstützung reicht aus.

Ich ersuche diejenigen Herren, aufzustehen, welche den Schluß der Diskussion beschließen wollen.

(Geschieht.)

Die Abstimmung ist zweifelhaft.

Der Herr Abgeordnete Stumm hat das Wort.

(Die Abgeordneten Berger, Richter (Hagen) und Dr. Bamberger bitten um das Wort.)

Abgeordneter **Stumm**: Meine Herren, es ist nicht meine Absicht, auf alles das zu antworten, was der Herr Vorredner uns hier vorgeführt hat. Ich glaube, er hat ganz einfach eine Rede reproduzirt, die er sich vorgenommen hatte, gestern zu halten. Ich meinerseits möchte die Geduld des Herrn Präsidenten und des Hauses nicht in dem Grade herausfordern, wie der Herr Vorredner das gethan hat. Ich glaube, daß kein Sachverständiger in diesem Hause, ich möchte sagen, kein Mitglied in diesem Hause ist, welches den Verhältnissen einigermaßen näher steht, das mir darin entgegen tritt, wenn ich behaupte, daß der Herr Abgeordnete nicht bloß nicht einen einzigen Punkt meiner gestrigen Ausführung widerlegt hat, sondern daß er den größten Theil davon absolut mißverstanden hat. Ich möchte ihm deshalb rathen, daß er diese Rede in aller Muße in den nächsten Wochen gehörig durchstudire, dann finden wir uns ja in der dritten Lesung wieder, und dann wird er nicht verhindert sein, zur Widerlegung meiner gestrigen Ausführungen noch mehr vorzubringen, als er es heute schon gethan hat. Das muß ich aber jetzt schon sagen, daß, wenn er glaubt, daß er meine aus tiefinnerster Ueberzeugung ausgesprochene Ansicht über das die ganze deutsche Eisenindustrie, sogar die ganze Eisenindustrie der Welt, die sich seit 4 Wochen mit nichts anderem beschäftigt, umwälzende Entphosphörungsverfahren und dessen Konsequenzen, wenn er glaubt, daß er das, was ich darüber sagte, einfach widerlegen könne mit einem beliebigen Zeitungsartikel aus der „Times", der viel älter ist als die neuesten Erfahrungen auf diesem Gebiet, so ist das eine sehr billige Argumentation, ganz abgesehen davon, daß der Artikel der „Times" nicht einmal im Gegensatz zu meinen Ausführungen steht.

Wenn Herr Sonnemann meint, es ist doch wunderbar, daß die Regierung jetzt einen Zollsatz von 12½ Groschen — das ist das Einzige, was er überhaupt zur Sache gesprochen hat, hier vorschlägt, während die Herren von Varnbüler und Genossen seinerzeit den Kompromiß auf Grund von 10 Groschen gemacht haben, so meine ich, daß das seinen sehr einfachen Grund hat. Die 10 Groschen waren eben basirt auf den Wegfall des Roheisenzolls, und die 12½ Groschen sind basirt auf einen Roheisenzoll von 5 Silbergroschen pro Zentner. Die Differenz zwischen Roh- und Stabeisenzoll beträgt also genau so viel, als die freihändlerischen Minister Achenbach und Camphausen seiner Zeit als Ausgleichungsabgabe vorgeschlagen hatten. Die Herren auf der anderen Seite des Hauses haben wiederholt zugegeben, daß das eine außerordentlich gemäßigte Vorlage war, und daß sie sehr unrecht thaten, sie damals abzulehnen. Darüber kann also wahrlich kein Zweifel sein, daß ein Zoll von 12½ Silbergroschen pro Zentner für Stabeisen ein geringer Satz ist gegenüber dem angenommenen Roheisenzoll von 5 Silbergroschen pro Zentner.

Meine Herren, ebenso steht es mit der Behauptung des Herrn Vorredners, daß diese von der Regierung vorgeschlagenen 25 Mark pro Tonne bis zu 25 Prozent des Werthes gehen. Meine Herren, ich brauche Sie nicht erst aufzufordern, das erste beste Handelsblatt in die Hand zu nehmen, so werden Sie sehen, daß das absolut unrichtig ist, auch abgesehen davon, daß es sich hier um einen Durchschnittswerth handelt.

Der Herr Vorredner hat mir in dieser letzteren Beziehung allerdings vorgehalten, daß ich bei einer andern Gelegenheit beim Roheisen den Durchschnitt unrichtig gezogen hätte, weil ich die letzten zehn Jahre herausgegriffen habe, — meine Herren, da ziehen Sie doch den Durchschnitt in jeder beliebigen anderen Periode, nehmen Sie zehn Jahre vorher oder zehn Jahre noch früher, immer werden Sie auf noch höhere Roheisenpreise, also auf niedrigere Prozentsätze als ich kommen. Also trotz der Schwindeljahre, welche hinein fallen, ist meine Rechnung in Bezug auf den Prozentsatz, den der Roheisenzoll zum Werthe einnimmt, der höchste, der überhaupt genommen werden kann, wenn man von einem zehnjährigen Durchschnitt ausgeht; daß man aber überhaupt einen Durchschnitt annehmen muß, kann doch der Herr Vorredner nicht einmal bestreiten.

Nun, meine Herren, meint der Herr Vorredner, die ganze Debatte beweise, wie schwierig die vorliegende Angelegenheit sei, welche ungeheure Konsequenzen die Einführung eines Zolles auf Roheisen und Stabeisen hervorrufe. Ich sage im Gegentheil: Bei einer solchen Komplikation, wie sie bei der Eisenindustrie vorliegt, kann es kein besseres Zeugniß für die Sachkenntniß der Tarifkommission und der Regierung geben, als daß nicht mehr Petitionen vorliegen. Trotz der Tausend von Verschiedenheiten in den einzelnen Branchen, haben wir vielleicht ein Dutzend Petitionen im höchsten Falle erhalten und dazu kommen noch 2 bis 3 in diesem Hause gestellte Anträge. Wie Sie zugeben müssen, beziehen sich dieselben auf prinzipiell untergeordnete Dinge. Meine Herren, wenn die Sache so liegt, sollte man sich über die Zahl der Petitionen nicht wundern, sondern anerkennen, daß diese wenigen Petitionen den besten Beweis für die Sachkenntniß der Regierung bilden.

Was die Behauptung anbelangt, daß ich hier wieder die große Industrie vertrete, so möchte ich Sie mahnend an die Enquete erinnern, wo Sie überall, wenn davon die Rede war, finden werden, daß in der That die kleinen Hufnagelschmiede vorzugsweise deutsches Eisen verarbeiten, während die großen Fabriken schwedisches Eisen verwenden, und wenn heute eine Petition von einigen süddeutschen Hufnagelschmieden eingegangen ist, die das Gegentheil zu behaupten scheint, so kommt das der großen Mehrheit gegenüber nicht in Betracht. Ich glaube, daß ich allein mehr Nageleisen produzire, als die Einfuhr von schwedischem Nageleisen beträgt. Ich will Ihnen aber noch das Zeugniß eines Herrn verlesen, dem Sie allerdings etwas perhorresziren, den Sie aber doch gewiß nicht als parteiisch hinstellen können, es ist der Konsul Scheele in Stettin, er sagt auf Seite 557 des Enqueteprotokolls auf die ausdrückliche Frage, wie es mit dem Import des schwedischen Hufnageleisens stehe. Er gibt die Quantitäten an, fügt hinzu, daß ein großer Theil davon nach Oesterreich weiter gehe, und sagt dann:

> Die Hufnägel aus schwedischem Eisen werden fabrikmäßig angefertigt, billiger als die Nagelschmiede liefern können, und ist letzteres Handwerk im Absterben.

Das stimmt nicht bloß mit meinen persönlichen Erfahrungen

überein, sondern auch mit den Aussagen anderer, namentlich süddeutscher Sachkundiger in der Enquete und bestätigt, daß hinsichtlich der Fabrikation von Hufnägeln aus schwedischem Material und von Hufnägeln aus deutschem Material ein Gegensatz zwischen Groß- und Kleinindustrie besteht. In der Beziehung habe ich übrigens den Abgeordneten Klügmann gar nicht mißverstanden, ich weiß sehr wohl, daß er der entgegengesetzten Auffassung und der irrthümlichen Ansicht ist, daß er in diesem Fall den Kleinbetrieb vertritt, während ich den Großbetrieb vertrete. Ich habe ihn also nicht mißverstanden, sondern ich habe nur nachgewiesen, daß ich im Recht und er im Unrecht ist.

Präsident: Der Herr Abgeordnete Richter (Hagen) hat das Wort.

Abgeordneter **Richter** (Hagen): Meine Herren, ich will nur von den Spezialitäten sprechen, die uns heute beschäftigt haben, und zwar nur mit einigen Worten. Die Art, die Freiherr von Wendt gebraucht hat, ist sehr bedenklich zur Begründung oder Bekämpfung solcher Fragen. Er sagt: Wenn man auch jetzt schwedisches Hufnageleisen gebraucht habe, so hätte es doch sicher in Westfalen Werke gegeben, die auch Hufnageleisen herstellen. Sie lägen still, würden aber vielleicht wieder in Gang kommen. Er hat die Werke nicht genannt, er hat nur gesagt, sie seien mit Holzkohlen betrieben worden. Meine Herren, es liegt nichts näher, als die Frage, zu untersuchen, ob nicht die bestehenden Holzpreise in erster Reihe es unmöglich gemacht, den Betrieb fortzusetzen. Ueberhaupt wenn hier auf Werke Bezug genommen wird, deren Namen man nicht nennt, so wird das eine sehr schlechte Unterlage der Diskussion geben. Der Herr Abgeordnete Berger hat allerdings gestern, bei einem Werke den Namen genannt. Es handelte sich um ein Puddelstahlwerk, also ein spezieller Artikel von dem wir hier sprechen. Es war ein gewisses Sensationsstück, zu sagen, in dem Augenblicke, wo der Abgeordnete für Hagen auftritt gegen den Zoll, verbreitet sich die Schreckensnachricht, daß in der festen Burg seines Wahlkreises Haspe die Arbeiter bei dem Puddelstahlwerke den Betrieb einstellen. Es war von vornherein eigenthümlich, daß man für die Zölle sich auf den Stillstand eines Werkes beruft, der in dem Augenblicke eintritt, wo das Werk Aussicht hat, alle die großen Segnungen der Zollpolitik zu genießen. Es ist gerade keine feste Burg von mir das Puddelstahlwerk, sondern eher eine Burg vom Gegner, die mir bei den Wahlen viel zu schaffen gemacht haben. Ich habe mich noch gestern soviel als möglich über die Sachlage zu unterrichten versucht.

(Rufe: Zur Sache!)

— Meine Herren, wenn das nicht zur Sache ist, dann verstehen Sie die Sache einfach nicht! Sie müssen wissen, daß der Puddelstahl und die Puddelstahlwerke speziell die Position bilden, um die es sich hier handelt. Es mag Ihnen allerdings unbequem sein, was ich jetzt sagen werde. Meine Herren, der Abgeordnete Berger hat gesagt, daß das Hasper Werk ein vorzüglich eingerichtetes Werk sei, das alle Verbesserungen der Technik und des Produktionsbetriebes besitze. Darauf erhalte ich die Nachricht, das ist ein Werk, das zuerst Puddelstahl gemacht hat und in seinen Einrichtungen veraltet ist; was aber die Hauptsache ist und worauf es ankommt, hat Herr Berger verschwiegen, nämlich daß das Puddelstahlwerk dadurch leidet, daß jetzt die Puddelstahlschienen durch Bessemerstahlschienen überall ersetzt sind.

Im Bericht der Hagener Handelskammer vom Jahr 1877 — es ist der letzte, der mir überhaupt vorliegt — ist ausdrücklich angeführt, daß die Ungunst der allgemeinen Verhältnisse für Puddelstahlwerke im Kreise Hagen dadurch so überaus verschlimmert wird, daß die Konkurrenz des Bessemer Stahls sich auf Schienen und Bandagen und auf immer weitere Artikel erstreckt. Meine Herren, gerade die Herren Sachverständigen, denen man von vornherein besonderen Glauben zu schenken geneigt ist, sind meines Erachtens verpflichtet, wenn sie auf thatsächliche Verhältnisse Bezug nehmen, in erster Reihe diejenigen Verhältnisse anzugeben, die wirklich bestimmend sind, anstatt Einzelheiten anzuführen, die in der Sache, warum es sich hier handelt, nicht in Betracht kommen. Der Bericht der Hagener Handelskammer vom Jahre 1877, in dem er über den Puddelstahl spricht, führt weiter aus, wie sehr die Werke leiden unter dem geschmälerten Export und wie das damit zusammenhängt, daß politische Hintergründe, so beispielsweise für 1877 die Hauptkonsumtionsländer Hinterindien und China wegen der dort ausgebrochenen Hungersnoth den Export aus dem Hagener Kreis schädigten. Endlich wird in der kurzen Mittheilung, die mir zu Theil wird, noch bemerkt, daß dieses Werk zur Zeit große Verluste bei einem Altenaer Haus im Betrage von 100 000 Mark erlitten habe.

(Hört! hört!)

Nun, meine Herren, was das Hufnageleisen speziell betrifft, so hat Herr von Wendt nicht von Hufnägeln gesprochen, sondern von Dachschiefernägeln und Schuhnägeln; daraus glaubte er ein Exempel machen zu können auf Hufnägel. Gerade die Ausführungen in den Eingaben der Hufnagelschmiede geben jedem, selbst wenn er nicht soviel von Pferden versteht, wie ich das bei dem geehrten Herrn annehme, daß er mehr davon versteht als ich, die Ueberzeugung, daß Hufnägel ein ganz anderer feinerer Artikel ist, als Dachschiefernägel, der Pferdehuf ist kein Dachschiefer.

(Heiterkeit.)

— Ja, meine Herren, daß man das aussprechen muß, gegenüber solchen Argumentationen, beweist, wie schwach die Argumentationen der Herren sind, die hier auftreten als besondere Sachverständige,

Nun, außerdem, wenn man einmal auf die Schuhnägel übergehen will, so sagt Freiherr von Wendt, früher haben die Werke ganze Lieferungen von Schuhnägeln gehabt, jetzt haben sie nichts mehr. Nun wird gleich hört, hört! gerufen, als wenn vom Auslande große Lieferungen von Schuhnägeln die Werke matt gesetzt hätten; aber auch mit keiner Spur von Beweis wird vom Freiherrn von Wendt darzulegen versucht, daß das Ausland uns, wie der landesübliche Ausdruck heißt, mit Schuhnägeln überschwemmt, er erklärt ausdrücklich, er wisse nicht, wie das gekommen wäre, daß die Lieferungen an Schuhnägeln ausbleiben. Der Ruf der Herren: hört, hört! soll gleichwohl heißen, die Zollpolitik hat den Schuhnägelabsatz gestört.

Dann, meine Herren, wird noch zu exemplifiziren gesucht, daß die Begünstigung des schwedischen Hufnageleisens eine Begünstigung des Großbetriebs sei. Dabei stützt man sich bloß darauf, daß Eberswalde Großbetrieb sei, während auf der anderen Seite gerade die Hufnagelschmiede von Schmalkalden anführen, daß sie als kleine Leute das schwedische Eisen nicht entbehren können.

Dann sagt man, daß es ein künstlich importirtes Gewerbe sei, das in Eberswalde geschützt werden solle. Hätte Herr von Wendt die Eingabe aus Eberswalde gelesen, so würde er wissen, daß dies doch eine von Friedrich dem Großen eingerichtete Industrie ist, die aus Schmalkalden dahin übergesiedelt ist. Gerade dies erklärt es auch, warum hier die Industrien von Eberswalde und Schmalkalden Hand in Hand gehen in ihren Petitionen.

Aehnlich wie Herr Berger tritt Herr Stumm auf. Als Sachverständiger spricht er mit einer Zuversicht thatsächliche Behauptungen aus, die jeden stutzig machen müssen, wenn man nicht durch irgend einen Zufall das Material zur Hand hat, welches das absolute Gegentheil darthut von dem, was der Herr Abgeordnete Stumm behauptet. Der Herr Abgeordnete Stumm fährt fort zu behaupten, das Inland könnte schwedisches Eisen entbehren, das komme alles nicht mit in Betracht, die ganze Kleineisenindustrie brauche höchstens 2 Prozent ihres Materials an ausländischem Eisen. Er liest uns von irgend einem Mittelsmann in Stettin etwas vor, während es ihm viel näher gelegen hätte, die Aussagen vorzulesen von demjenigen Sachverständigen, den er hat berufen lassen in der Enquetekommission als Sachverständiger in der Kleinindustrie, von dem Herrn Mannesmann in Remscheid. Was sagt nun Herr Mannesmann? Er sagt: „Alle fertigen Fabrikate können wir eben so gut machen, wie die Engländer", aber, sagt er, wir haben nicht vollständig das Material dazu im Inland, wir müssen das Material theilweise aus dem Ausland beziehen. Unsere Firma verwendet schwedisches Eisen und steierischen Rohstahl." Und da setzt nun Herr Stumm zu, wie er das immer sehr geschickt verstanden hat: „Würden Sie beispielsweise bei einem Zoll von 1 Mark pro Zentner weniger schwedisches Eisen beziehen?" Mannesmann sagt: „Wir können es nicht entbehren." Und als Herr Stumm weiter fragt, antwortet Mannesmann noch bestimmter: „Wir können wegen des Zolls nicht ein Pfund weniger beziehen".

Dabei ist Herr Mannesmann ein größerer Fabrikant der Kleineisenindustrie; wirklich kleine Leute aus der Industrie sind gar nicht vernommen; man hat sich zwei Personen zur Vernehmung ausgesucht, die gerade sehr starke Beziehungen zur Großindustrie haben. Herr Stumm sagt nun weiter, nur zwei Prozent ihres Materials bezieht die Kleineisenindustrie aus dem Auslande.

Da fragt Herr Hubert in der Enquetekommission Herrn Mannesmann: „Können Sie etwa ein Durchschnittsquantum angeben, wie viel Zentner Sie schwedisches Eisen beziehen?" Mannesmann sagt darauf: „Ich glaube 100 000 Kilogramm." Das wären also 2000 Zentner.

An einer anderen Stelle wird derselbe Herr Mannesmann gefragt, wie viel Material an Eisen er überhaupt braucht; darauf sagt er, „1 200 000 Pfund"; das sind also 12 000 Zentner. Er braucht also von den 12 000 Zentnern allein 2000 Zentner schwedisches Material, also nicht 2 Prozent, wie Herr Stumm mit der größten Sicherheit hier behauptet, sondern 16²/₃. Das ist aber das ausländische Eisen noch nicht allein. Nun kommt noch der steierische Rohstahl hinzu.

Derselbe Herr Mannesmann sagt aus: „Ich beziehe nicht ganz soviel steierischen Rohstahl, wie schwedisches Eisen, aber auch viel und ich kann das auch nicht entbehren."

Ich habe mich auch über diese Sache aus meinem Kreise zu unterrichten gesucht und habe direkte Anfrage an einen Fabrikanten der Kleinindustrie gerichtet, weil ich mir ein ähnliches Amendement dachte, wie die Herren es gestellt haben; ich frug: „Bezieht der Kreis Hagen schwedisches Eisen und woher?" — Weil ich auch dachte, man könnte an der Seegrenze eine solche Bestimmung treffen, wie sie in dem vorliegenden Amendement vorgeschlagen ist. Darauf wird mir die direkte Nachricht: „Der Import von Schweden für uns findet hauptsächlich über Lübeck und Hamburg statt; für unsere Gegend komme das meiste Material über Lübeck. Es wird von Schweden bezogen und zwar seiner Reinheit wegen." Auch die anderen Herren sagen aus, die Vorzüge des schwedischen Eisens liegen einmal in der Verhüttung mit der Holzkohle, — weil das Holz dort billiger ist, ist das in Schweden nur möglich — und zweitens in der Reinheit der Erze. Die Reinheit der Erze kann uns Herr Freiherr von Wendt, selbst wenn er mit theurem Holze die Hütten wieder in Betrieb setzen wollte, doch in Westfalen nicht schaffen.

Mein Gewährsmann sagt also: „Wir beziehen Roheisen, Stabeisen, Zementeisen, Hufnageleisen, Bessemerstahl für verschiedene Zwecke und verschiedene Formen aus Schweden. In Schweden kommen bekanntlich die reinsten und edelsten Erze vor. Die Verhüttung findet nur statt mit Holzkohle, und es ist nur die Qualität, welche den Bezug veranlaßt, nicht der Preis.

Es wird dann auch weiter ausgeführt, daß schwedisches Eisen und der steierische Rohstahl als Material für einzelne Zwecke geradezu unersetzlich ist.

Was treiben wir jetzt für eine Politik! Man drängt die inländische Industrie auf schlechtes und theures inländisches Material, eine Industrie, die zur Hälfte Exportindustrie ist; wie soll sie nun mit dem Auslande konkurriren?! Das Ausland, namentlich England, kann das schwedische Material zollfrei beziehen, während die Herren alle noch nicht in der Lage gewesen sind, die Aussichten auf Exportbonifikationen und Exportvergütungen irgendwie zu realisiren, welche wenigstens für den Export die Schädigungen beim Import ausgleichen könnten.

Ich glaube, meine Herren, nachgewiesen zu haben, daß gerade von jener Seite, der man geneigt, ist von vornherein besondere Zuverlässigkeit in Bezug auf thatsächliche Angaben beizumessen, hier ein Verfahren beobachtet wird, das, wenn es nicht mit der Wahrheit in Widerspruch steht, doch sehr oft gerade diejenigen Momente nicht anführt, die hauptsächlich in Betracht kommen. Andererseits freilich würden wir zu Schlüssen kommen entgegen den Absichten jener Herren.

Präsident: Es ist ein Schlußantrag eingereicht von dem Herrn Abgeordneten Dr. Beseler.

Ich ersuche diejenigen Herren, welche den Schlußantrag unterstützen wollen, sich zu erheben.

(Geschieht.)

Die Unterstützung reicht aus.

Nunmehr ersuche ich diejenigen Herren, aufzustehen respektive stehen zu bleiben, welche die Diskussion schließen wollen.

(Geschieht.)

Das Büreau ist einig in der Ueberzeugung, daß die Mehrheit steht; die Diskussion ist geschlossen.

Zur persönlichen Bemerkung hat das Wort der Herr Abgeordnete Freiherr von Wendt.

Abgeordneter Freiherr **von Wendt:** Meine Herren, ich bedaure durch den Schluß der Diskussion verhindert zu sein, etwas näher auf dasjenige einzugehen, was der Herr Kollege Richter gegen mich zu bemerken die Güte gehabt hat. Indessen ich muß versuchen, im Rahmen der persönlichen Bemerkung einiges klar zu legen.

Zunächst hat Herr Richter die Art und Weise, wie ich argumentirte, im allgemeinen dadurch zu bemängeln gesucht, daß er hervorgehoben hat, ich hätte keine Namen von Werken genannt, und auf solche anonyme, unbestimmte Angaben lege er überhaupt gar keinen Werth. Ich bemerke darauf, daß ich gern bereit bin, dem Herrn Abgeordneten Richter die Namen von denjenigen Werken, die ich im Auge gehabt habe, privatim zu nennen.

Dann hat der Herr Abgeordnete Richter gesagt, als ich über die Schädigung der Kleineisenindustrie gesprochen, hätte ich gesagt „ich wisse nicht, wie das komme." Das habe ich durchaus nicht gesagt. Es liegt hier der stenographische Bericht vor mir, danach lautete der Sinn der betreffenden Stelle so: Die Lieferung, die die kleinen Nagelschmiede früher gehabt haben, sind ihnen jetzt genommen worden, wo sie geblieben sind, das weiß ich nicht. Ich habe aber nicht gesagt: „ich weiß nicht, woher das kommt"; ich weiß sehr gut, woher das kommt, ich habe gesagt: sie sind wahrscheinlich an Fabriken gewandert.

Dann hat der Herr Abgeordnete Richter noch gesagt, ich hätte nicht von Hufnägeln, wovon die Rede gewesen, gesprochen, sondern namentlich von Dach- und Schuhnägeln. Ja, meine Herren, ich habe die Hufnägel auch erwähnt und ein so großer Unterschied ist nicht zwischen diesen drei Sorten von Nägeln,

(Glocke des Präsidenten)

die einen gehen auf dem Kopfe und die anderen haben den Kopf nach oben.

(Heiterkeit.)

Präsident: Zur persönlichen Bemerkung hat das Wort der Herr Abgeordnete Stumm.

Abgeordneter **Stumm**: Meine Herren, der Herr Abgeordnete Richter hat mich so verstanden, als ob ich den Verbrauch an schwedischem Eisen in der Kleineisenindustrie auf nicht ganz 2 Prozent angegeben hätte und hat aus der Enquete aus meinen eigenen Fragen und ihrer Beantwortung nachzuweisen versucht, daß das Verhältniß sich auf ein Sechstel beläuft. Meine Herren, ich habe von 2 Prozent gar nicht gesprochen, ich habe das Verhältniß auf 5 Prozent veranschlagt. Es liegen mir aber in diesem Augenblicke Beweise zur Hand, woraus allerdings merkwürdiger Weise hervorgeht, daß der Verbrauch schwedischen Eisens in Remscheid viel weniger

(Glocke des Präsidenten)

und zwar ziemlich genau 2 Prozent beträgt.

Präsident: Das ist nicht mehr persönlich. Die letzte Bemerkung ist eine thatsächliche.

Zur persönlichen Bemerkung hat das Wort der Herr Abgeordnete Sonnemann.

Abgeordneter **Sonnemann**: Herr Stumm hat behauptet, ich hätte nicht nachgewiesen, daß die Zölle 20 bis 24 Prozent des Werthes ausmachen; er hat wohl überhört, daß ich angeführt habe, daß 109 Mark als Grundpreis in der Enquete von Herrn Hösch angegeben worden sind, und 100 Mark für englisches Eisen, das macht mindestens 20 bis 25 Prozent.

Präsident: Zu einer persönlichen Bemerkung hat das Wort der Herr Abgeordnete Stumm.

Abgeordneter **Stumm**: Ich will nur bemerken, daß während der Rede des Abgeordneten Sonnemann so viel Geräusch gewesen ist, daß ich nicht jedes Wort verstanden habe, aber seine letzte Ausführung kann meine an ihm geübte Kritik nur rechtfertigen.

(Glocke des Präsidenten.)

Präsident: Meine Herren, wir kommen zur Abstimmung.

Ich schlage vor — da das Amendement von Wedell zu Nr. 6 b zurückgezogen ist —, zuvörderst abzustimmen über das Amendement Dr. Klügmann, Schlieper. Wird es angenommen, so fällt meiner Ansicht nach die Abstimmung über das Amendement Dr. Delbrück; wird es abgelehnt, so würde ich vorschlagen, abzustimmen über das Amendement Dr. Delbrück und sodann über die ganze Position 6 inklusive der Anmerkung, wie sie sich aus den Vorabstimmungen herausgestellt hat.

Zur Fragestellung hat das Wort der Herr Abgeordnete Dr. Delbrück.

Abgeordneter Dr. **Delbrück**: Ich möchte den Herrn Präsidenten bitten, auf den Fall der Annahme des Antrags Klügmann meinen Antrag dennoch zur Abstimmung zu bringen, weil er nicht vollständig erledigt wird durch den Antrag Klügmann.

Präsident: Meine Herren, es ist das eine Sache, die ich außerordentlich schwer praktisch zu übersehen vermag, und ich füge mich daher der Bemerkung des Herrn Antragstellers; ich schlage also vor, unter allen Umständen über beide Amendements abzustimmen. — Diese Fragestellung wird genehmigt.

Ich ersuche den Herrn Schriftführer, das Amendement Dr. Klügmann, Schlieper zu verlesen.

Schriftführer Abgeordneter Graf **von Kleist-Schmenzin**:
Der Reichstag wolle für den Fall der Annahme der Position 6 b beschließen:
Anmerkung.
Schwedisches gewalztes Holzkohleneisen von $4^1/_2$ mm bis 15 mm quadrat und rund und von 6 mm × 4 mm bis 15 mm × 14 mm flach: frei.

Präsident: Ich ersuche diejenigen Herren, welche das Amendement annehmen wollen, sich zu erheben.

(Geschieht.)

Das Büreau ist einig, daß die Minderheit steht; der Antrag ist abgelehnt.

Wir kommen jetzt zur Abstimmung über den Antrag Delbrück. Derselbe liegt jetzt gedruckt vor. Ich ersuche den Herrn Schriftführer, den Antrag zu verlesen.

Schriftführer Abgeordneter Graf **von Kleist-Schmenzin**:
Der Reichstag wolle beschließen:
im Falle der Annahme der Position 6 Lit. b derselben folgende Anmerkung hinzuzufügen:
schmiedbares Eisen in Stäben für Kratzendrahtfabriken gegen Erlaubnißscheine unter Kontrole: 100 Kilogramm $0,_{50}$ Mark.

Präsident: Ich ersuche diejenigen Herren, welche das Amendement annehmen wollen, sich zu erheben.

(Geschieht.)

Das Büreau ist einig, daß die Mehrheit steht; das Amendement ist angenommen.

Ich werde jetzt die Position 6 b mit dem eben angenommenen Amendement und mit der Anmerkung zu 6 b:
Luppeneisen, noch Schlacken enthaltend; Rohschienen;
Ingots: 100 Kilogramm $1,_{50}$ Mark,
— indem ich annehme, daß mir die Verlesung erlassen wird — zur Abstimmung bringen und ersuche diejenigen Herren, welche diese Position annehmen wollen, sich zu erheben.

(Geschieht.)

Das ist die Mehrheit; die Position ist angenommen.

Wir gehen über zu Position c.

Ich eröffne die Diskussion.

Das Amendement von Wedell (Malchow) ist zurückgezogen.

Das Wort wird nicht gewünscht; ich schließe die Diskussion.

Ich ersuche diejenigen Herren, welche diese Position — ich kann wohl hier 1 und 2 zusammen zur Abstimmung bringen — annehmen wollen, sich zu erheben.

(Geschieht.)

Das ist die Mehrheit; die Position c 1 und 2 ist angenommen.

Wir gehen über zu Position d, Draht.

Der Antrag von Wedell ist auch hier zurückgezogen; es liegt nur noch vor der Antrag Hammacher, und zwar ist derselbe jetzt gedruckt.

Zur Geschäftsordnung hat das Wort der Herr Abgeordnete Dr. Hammacher.

Abgeordneter Dr. **Hammacher**: Nachdem der Antrag des Herrn Abgeordneten für Jena zu Position 6 b angenommen worden ist, ziehe ich meinen gegenwärtigen Antrag zurück.

Präsident: Es liegt dann kein weiterer Antrag vor.

Das Wort wird nicht genommen. Wir kommen zur Abstimmung.

Ich ersuche diejenigen Herren, welche Position 6 d — deren Verlesung mir wohl erlassen wird — annehmen wollen, sich zu erheben.

(Geschieht.)

Das ist die Mehrheit; dieselbe ist angenommen.

Wir gehen über zur Position e.

Zu derselben liegt vor das Amendement Stumm und das Amendement Melbeck, nachdem das Amendement von Wedell-Malchow zurückgezogen worden ist.

Ich bemerke, meine Herren, daß das Amendement Stumm heißen soll:

die Position 6e (grobe Eisenwaaren) **Nr. 1 und 2** in folgender Fassung anzunehmen 2c.

Es könnte sonst die Meinung entstehen, als ob die Nr. 3 auch in dem Amendement mit inbegriffen sein und durch dasselbe ersetzt werden sollte.

Ich eröffne die Diskussion und ertheile das Wort dem Herrn Abgeordneten Stumm.

Abgeordneter **Stumm**: Meine Herren, Sie brauchen keine Besorgniß zu haben, daß ich auf die Tribüne gehe, um eine lange Rede zu halten, es ist mir nur mitgetheilt worden, daß ich von meinem Platze nicht recht vernehmlich wäre, und da ich einen großen Werth darauf lege, daß in dieser Frage, wo es sich nicht um Prinzipien handelt, sondern um ganz konkrete sachliche Fragen, meine Ausführungen wirklich an das Ohr der einzelnen Herren bringen, so habe ich diese Stelle gewählt; eine weitere Veranlassung habe ich nicht. Nun, meine Herren, möchte ich vor allen Dingen dem Vorwurf begegnen, als ob mein Antrag die Erhöhung der Position grobe Eisenwaaren, für welche die Regierungsvorlage Ihnen 6 Mark Zoll vorgeschlagen hat, bezweckt. Ich bin der Auffassung, daß dieser Satz von 6 Mark auf ganz richtiger Sachkenntniß beruht und ein geeignetes Werthverhältniß zwischen Eisenwaaren und Material enthält; aber meine Herren, ich glaube, es ist da dem Prinzipe, die Vereinfachung im Zolltarife möglichst durchzuführen, doch zu viel geopfert worden, denn wenn ich auch anerkenne, daß die nothwendige Vereinfachung es unmöglich macht, bei jedem einzelnen Gegenstande den speziellen Werth im Gegensatz zu dem Materialwerth zu untersuchen, so glaube ich doch, es gibt Grenzen, die überschritten werden können, und meiner Auffassung nach, sind diese hier überschritten worden.

Ich beantrage zunächst, unter Festhaltung des eigentlichen Prinzips aus der Generalposition von 6 Mark auszuscheiden einen gewissen Theil schwerwiegender billig herzustellender Artikel, die für einzelne Industriezweige, namentlich auch für die Landwirthschaft von ganz besonderem Werth sind, und diese unter 3 Mark zurückzuversetzen, d. h. mit dem halben Zoll zu belegen, den die Regierung vorschlägt, — auf der anderen Seite aber eine Anzahl von hochwerthigen, verfeinerten Waaren auszuscheiden und sie in eine höhere Zollposition zu bringen, unter 10 Mark.

Meine Herren, in welcher Weise nun finanziell oder auch vom Standpunkte des Zollschutzes ein erheblicherer Effekt herauskommt, ob durch meinen Antrag oder durch die Regierungsvorlage, das habe ich nicht untersucht, das ist auch kaum zu untersuchen, weil in der Einfuhrstatistik eine Trennung der groben Eisenwaaren in dem Sinne meines Amendements nicht vorliegt. Ich glaube aber nach meiner Schätzung annehmen zu dürfen, daß für die Industrie der Gesammtschutz, respektive für den Staat die finanzielle Einnahme, sich in beiden Fällen ziemlich gleich bleibt.

Meine Herren, der Grund, aus dem ich Ihnen diesen Vorschlag mache, ist nicht bloß der, die auf diese feineren Eisenwaaren basirte größere Arbeit zu schützen, sondern hauptsächlich der, die Veredelung, welche jetzt vielfach aus fremdem Halbfabrikat im Inlande stattfindet, nicht leiden zu lassen, denn diese würde leiden, wenn ein Artikel, der im Inlande erst mit einem Metallüberzug bedeckt oder gefirnißt oder abgeschliffen werden soll, genau denselben Zollsatz trägt wie derjenige, der diese Veredelung bereits im Ausland erfahren hat. Sie haben vorhin widerspruchslos den Eingangszoll auf Weißblech von 5 Mark pro 100 Kilogramm angenommen. Nun gibt es ja eine Anzahl Fabriken von Kochgeschirren, die im Norden liegen und die speziell, wie sie behaupten, auf englisches Weißblech angewiesen sind, und nun fürchten, daß ihnen das Weißblech um diesen Zollbetrag vertheuert wird. Nun läßt sich nicht leugnen, daß die Fabriken, die aus Kochgeschirren Weißblech herstellen, das einen Zollsatz von 5 Mark trägt, bei Annahme von 20 bis 30 Prozent Abfall bei der Fabrikation in dem Zollschutz von 5 Mark nicht einmal dasjenige wiederfinden, was sie als Zoll für das Halbfabrikat bezahlt haben.

Ebensogut könnte ich Ihnen eine Reihe anderer Industriezweige nennen, — sie sind ja theilweise in Petitionen repräsentirt — bei denen auch keine Trennung eingeführt ist zwischen dem Rohmaterial und dem Fertigfabrikat, und welche ebenfalls hinsichtlich ihrer auf Veredlung berechneten Fabrikation durch die Regierungsvorlage von erheblichem Nachtheil bedroht sind. Bis 1870 ist auch die Trennung fast ganz in der von mir vorgeschlagenen Weise im Zolltarif enthalten gewesen und auch heute noch besteht nicht bloß in Frankreich, sondern auch in Oesterreich die analoge Bestimmung, wonach die groben Eisenwaaren in drei Kategorien eingetheilt sind. Bis 1870 hatten wir formell freilich nur zwei Kategorien zu 2 Thaler 20 Silbergroschen und 1 Thaler 10 Silbergroschen, aber das lag daran, daß das, was ich entsprechend der heutigen Regierungsvorlage unter die erste Kategorie der groben Eisenwaaren mit 3 Mark hineingebracht habe, damals unter Materialeisen stand mit dem ganz analogen Satz; es ist das also nur eine formelle Differenz.

Ein fernerer Gegenstand meines Amendements bezieht sich darauf, daß ich eine besondere Position aus den gewalzten und gezogenen Röhren aus schmiedbarem Eisen mit 5 Mark zu machen vorschlage. Hier liegt ein ganz ähnlicher Grund vor wie bei den Weißblechfabriken, nur noch in erheblicherem Maß. Diese Röhren werden gemacht theils aus gewalztem Flacheisen, theils aus Blechstreifen, also ein Material, das einen Zollsatz von 3 Mark entrichtet. Wenn Sie nun das Rohmaterial für diese sehr wichtige Fabrikation vertheuern, die mit großen Schwierigkeiten zu kämpfen hat, die auch noch nicht sehr alt ist in Deutschland, die nach dem alten Tarif sogar geschützt war mit demselben Zollsatz wie für die feineren groben Eisenwaaren — wenn diese Industrie ihr Blech mit 3 Mark verzollen muß, so liegt es auf der Hand, daß sie durch die Abfälle und sonstigen Fabrikationsabgänge in eine ganz ungerechtfertigte Lage kommt, wenn auch ihr fertiges Fabrikat nur mit 3 Mark geschützt wird. Ich beantrage deshalb — und ich glaube, daß, da jedes Blatt der Enquete, das sich auf diesen Gegenstand bezieht, mir zur Seite steht — hier einen Satz von 5 Mark einzuführen.

Wie gesagt, meine Herren, ich glaube, daß sachliche Gründe gegen eine derartige Trennung nicht wohl anzuführen sein werden. Das Kriterium, was bei der Zollabfertigung nothwendig vorhanden sein muß, ist durch die Nomenklatur, die ich in Verbindung mit einigen anderen sachverständigen Mitgliedern des Hauses gewählt habe, gewährt. Das einzige Bedenken kann hier nur sein, daß die Vereinfachung des Tarifs dadurch eine Störung erleidet; eine Zollerhöhung findet nicht statt. Wenn Sie aber diesem formalen Bedenken gegenüber nur das eine entgegenhalten, daß Sie mit Annahme meines Amendements der Hagener und Remscheider Industrie, die mir ebenso am Herzen liegt, wie irgend einem Mitgliede des Hauses, eine wesentliche Aufhülfe gewähren und auch denjenigen Elementen dort helfen, die sich durch die Einführung der Stabeisenzölle beeinträchtigt glauben — und ich glaube, es gibt allerdings eine Minderheit, die dieser Ansicht ist, — so wird es dazu beitragen, die Gemüther zu beruhigen, die Gegensätze zu versöhnen und auch dort eine einmüthige Zustimmung zu der Vorlage der Regierung und zu den Beschlüssen des Hauses zu erwirken.

Vizepräsident Dr. **Lucius**: Der Herr Abgeordnete Schlieper hat das Wort.

Abgeordneter **Schlieper**: Meine Herren, ich habe mich zum Worte gemeldet, nicht um den Ausführungen des Herrn Vorredners zu widersprechen; wer einmal A gesagt hat, muß auch B sagen, und es ist sehr wahr, was der Herr Stumm gesagt hat, „wenn Sie einmal das Rohmaterial belastet haben, müssen Sie auch diejenigen Leute schützen, für die es, ich könnte wohl sagen, das tägliche Brod ist."

Ich will nur zurückkommen auf die Anmerkung zu dieser Position e 2. Der Herr Vertreter der verbündeten Regierungen hat sich vorhin als entschiedener Gegner von Exemtionen erklärt. Ich pflichte ihm darin vollständig bei, will aber damit nicht gesagt haben, daß ich etwa hier beantragen möchte, es solle diese Exemtion fortfallen. Nein, das nicht; ich will nur etwas näher darauf eingehen und mir eine Frage an den Herrn Vertreter der Regierungen erlauben.

Es sind unter e 1 β unter anderem Ketten und Drahtseile genannt. Meine Herren, ich greife einzelne Artikel heraus, weil ich gern nur über Sachen spreche, die ich verstehe; wenn ich sie aber verstehe, dann bin ich so frei, Ihnen meine Ansicht darüber darzulegen. Es sollen diese Ketten mit einem Zoll geschützt werden. Meine Herren, der Artikel bedarf in seiner größeren Hälfte gar keines Schutzes, er steht zur Hälfte — ich meine nicht die schweren Schiffs- und Krahnketten, sondern die weitaus bedeutendere Hälfte der Drahtketten, blankgescheuerte Drahtketten für die Landwirthschaft und tausend andere Zwecke — vollständig unerreicht als deutsches Fabrikat auf dem Weltmarkt da; es ist kein Handelsplatz der Erde, zu dem nicht dieses Fabrikat, sei es mittelbar oder unmittelbar, ausgeführt würde. Wie es ihm ergehen wird, nachdem Sie das Material vertheuert haben, aus dem es hergestellt wird, das mag dahin gestellt sein; ich will nicht zu schwarz ausmalen, ich will hoffen, daß der Artikel auch für später den Kampf wird bestehen können, sehr wahrscheinlich scheint es mir nicht.

Es handelt sich hier in der Anmerkung zu e 2 um eine andere Art Ketten, das sind die schwereren Ketten zur Kettenschleppschifffahrt. Soviel mir erinnerlich, liegen solche Ketten nur in der Elbe und im Neckar, im Rhein liegt bekanntlich ein Drahtseil. Diese Ketten und Drahtseile sollen frei eingeführt werden. — Ich widersetze mich dem gar nicht. — Meine Herren, wenn diese Ketten beschafft werden sollen, dann macht das für die meilenlangen Strecken ein so kolossales Quantum, daß die inländische Industrie diesen Artikel in der gewöhnlich kurz bemessenen Lieferungszeit nicht zu beschaffen vermag; in diesen Ketten ist eben die englische Industrie der deutschen überlegen, weil dort wegen der riesig ausgebreiteten Schifffahrt selbstredend auch die Etablissements mehr und mehr sich auf die Erzeugung eines solchen dort so unendlich viel geforderten Artikels legen konnten. Wollte man sie nicht frei lassen, dann hätte nicht allein die Tauerei und Kettenschleppschifffahrt höhere Preise zu zahlen für die benöthigten Ketten, sondern sie müßte bedeutend früher bestellen oder längere Lieferzeiten einräumen. Also ich erkläre mich aus dem Grunde nicht gegen diese Exemtion, ich möchte aber an den Herrn Vertreter der verbündeten Regierungen die Frage richten, ob es wohl in der Absicht der Regierung liegt, derartige Vorkehrungen zu treffen, daß unter der Firma „Ketten- und Drahtseile für Schleppschifffahrt und Tauerei" nun nicht auch die anderen, für den Landbedarf, als da sind für schwere Krahne, für Ausladungsvorrichtungen, für Bergwerke und für viele andere Zwecke benöthigte Ketten, daß Vorsorge getroffen werde, sage ich, daß unter diesen Namen nicht alle solche, nicht für die Schifffahrt dienenden Ketten eingehen. Ich möchte die Regierung darauf aufmerksam machen, hierbei die größte Vorsicht obwalten zu lassen, denn es ist mir bekannt, daß in den sechziger Jahren derartige Vorkehrungen nicht scharf genug waren, um Ketten, die damals nur frei waren für die Seeschifffahrt, hier in das Land hineinzubringen und sie in der Gegend von Magdeburg zu Ausladungskrahnen zu verwenden. Das hat jedenfalls damals nicht in der Absicht der Regierung gelegen, und ich hoffe, es wird auch jetzt nicht darin liegen, und aus dem Grunde erwarte ich in dieser Beziehung eine etwas beruhigende Aeußerung vom Regierungstische.

Vizepräsident Dr. **Lucius**: Der Herr Kommissarius des Bundesraths Geheimer Regierungsrath Burchard hat das Wort.

Kommissarius des Bundesraths kaiserlicher Geheimer Regierungsrath **Burchard**: Ich möchte mir zunächst erlauben, auf das einzugehen, was der Herr Vorredner gesagt hat. Er hat meine frühere Aeußerung wohl etwas mißverstanden. Ich habe nicht gesagt, daß ich ein absoluter Gegner von Ausnahmen bin, sondern nur von solchen Ausnahmen, die nicht eine ganz besondere Rechtfertigung und Begründung finden. Zu diesen Ausnahmen möchte ich diejenige rechnen, die Ihnen vorgeschlagen worden ist, als Anmerkung zu „Eisen 2" und die von keiner Seite beanstandet ist, namentlich auch nicht von Seiten des Herrn Vorredners. Ich glaube es deshalb unterlassen zu können, weiteres bezüglich dieser Anmerkung zu sagen, ich möchte nur darauf hinweisen, daß sie erst durch den Tarif von 1873 in diese Position hineingekommen ist. Früher bestand sie nicht, aber es hat sich im Laufe der Zeit das Bedürfniß herausgestellt, für diesen engen Rahmen Zollfreiheit zu gewähren. Ich möchte auch ferner darauf hinweisen, daß in der Anmerkung ausdrücklich gesagt ist: „Ketten und Drahtseile zur Kettenschleppschifffahrt und Tauerei". Darin liegt die Zweckbestimmung, und ich glaube, daß jeder Sachkundige mir bestätigen wird, daß ein Mißbrauch auf diesem Gebiete unmöglich ist; das wird wohl auch der Herr Vorredner nicht bezweifeln. Ich möchte deshalb nach dieser Richtung hin weiter keine Ausführungen machen; daß auf anderen Gebieten und namentlich die zur Seeschifffahrt deklarirten Ketten mißbräuchlich verwendet werden können, will ich nicht leugnen, aber es liegt wohl auf der Hand, daß auch die verbündeten Regierungen immer bemüht sein werden, allen solchen Mißständen vorzubeugen.

Dann möchte ich im allgemeinen noch hinzufügen, daß die Ketten im großen und ganzen gegenüber den früheren Zuständen im Zoll erleichtert werden sollen. Früher hatte man unterschieden Anker- und Schiffsketten einerseits und auf der anderen Seite Ketten mit Ausschluß solcher Ketten; man hatte im Jahre 1873 die Anker- und Schiffsketten mit einem verhältnißmäßig niedrigen Zollsatz getroffen, nämlich mit 2 Mark pro 100 Kilogramm, dagegen die übrigen Ketten zu den groben Eisenwaaren gerechnet und mit 2½ Mark pro Zentner angesetzt gleich 5 Mark pro 100 Kilogramm. Es hat sich damals herausgestellt, daß die Unterscheidung dieser verschiedenen Sorten von Ketten praktisch große Schwierigkeiten und Zweifel bringt. Man hat deshalb bei dem jetzigen Tarifvorschlage sich veranlaßt gesehen, alle Ketten, Ankerketten und Schiffsketten und alle übrigen in eine Klasse zusammenzuwerfen; aber man hat den niedrigsten Zollsatz gegriffen, der überhaupt menschenmöglich war, und dabei von den Werthverhältnissen abgesehen. Jedenfalls sind Ketten allgemein eine Eisenwaare der gröbsten Art, es ist deshalb nur der Zollsatz zum Vorschlag gebracht worden, der für grobe Bestandtheile, für Maschinen und ähnliche Waaren in Ansetzung gebracht ist. Ich glaube hiernach, daß dadurch, daß man die Ketten zusammengeworfen hat, nicht eine Erschwerung, sondern eine Zollerleichterung der Ketten stattgefunden hat, die eines hervorragenden Schutzes nicht bedürfen, aber immerhin eines solchen Schutzes, wie er naturgemäß dem Schutz des Rohmaterials entspricht.

Ich möchte nun zu dem allgemeinen Antrage übergehen, den der Herr Abgeordnete Stumm und im Anschluß an diesen der Herr Abgeordnete Melbeck gestellt hat. Meine Herren, dieser Antrag ist ziemlich weitgehend, weniger in seinen finanziellen Folgen, — die kann ich auch nicht übersehen — als in seiner Disposition. Ich muß zunächst hervorheben, daß ich technisch gegen diesen Antrag nichts einzuwenden habe; ich glaube, wie er vorliegt, gibt er den Ausführungsbehörden und namentlich dem Bundesrath genügende Anleitung an die Hand. In dieser Beziehung habe ich also keine Einwendungen zu machen. Dagegen möchte ich doch namens der verbündeten Regierungen wiederholt darauf hinzuweisen, daß es nicht erwünscht ist, wenn Abänderungen an dem Ganzen des Tarifs in Anspruch genommen werden. Von diesem Standpunkt aus würde ich mich gegen die Berücksichtigung des Antrags auszusprechen haben.

Ich möchte zunächst etwas näher auf die Gesichtspunkte eingehen, welche für die verbündeten Regierungen bei den Ihnen vorliegenden Vorschlägen maßgebend gewesen sind. Man hat auch in den früheren Tarifen zwischen ganz groben Eisenwaaren, groben Eisenwaaren und feinen Eisenwaaren unterschieden. Die feinen Eisenwaaren können hier ausscheiden, sie kommen hier nicht in Betracht. Als ganz grobe Eisenwaaren sind früher nur Eisengußwaaren angesehen worden, und sie sind stets mit einem besonders niedrigen Zollsatz im Tarif angesetzt worden. Die große Klasse der übrigen Eisenwaaren, sofern sie nicht vermöge einer besonderen Bearbeitung zu den feinen zu rechnen waren, sind noch im Jahre 1873 unter einer Klasse zusammengefaßt, und es ist für sie ein gemeinschaftlicher Zollsatz ausgeworfen worden. Diejenigen Waaren, welche nun im Vorschlag unter β aufgeführt worden sind, sind zum Theil aus der Position des geschmiedeten und gewalzten Eisens, wie sie früher bestanden hat, entnommen, die schon berathen, nämlich die Eisen, welche zu groben Bestandtheilen von Maschinen und Wagen und zu Brücken und Brückenbestandtheilen roh vorgeschmiedet sind. Ich gehe in dieser Beziehung auf die Details nicht ein; im allgemeinen haben die Regierungen gemeint, diese Gegenstände seien mehr Waare als Material, und sie haben sie deshalb zu den Waaren gebracht; aber sie sind gleichzeitig der Ansicht gewesen, daß sie zu den ganz groben Waaren dann zu rechnen sind, wenn irgend eine verfeinernde Arbeit an ihnen nicht vorgenommen ist. Das charakteristische dieser Gegenstände ist, daß sie durch ihr Gewicht hervorragen, daß die Arbeit, die sie erfuhren, im Verhältniß zu dem Gewicht eine geringe ist. Die verbündeten Regierungen haben dieser Klasse ferner zugetheilt: Anker, Ketten und Drahtseile, gewalzte und gezogene Röhren aus schmiedbarem Eisen. Bei diesen Gegenständen mag es ja immerhin einigermaßen fraglich sein, ob das Gewicht prävalirt oder die Arbeit. Im allgemeinen sind es aber doch größere schwerwiegende Gegenstände, und die verbündeten Regierungen haben gemeint, wenn man die übrigen in Position e 2 befindlichen Gegenstände ins Auge faßt, daß sie sich von diesen im allgemeinen dadurch unterscheiden, daß in Position e 2 vorwiegend Gegenstände der Kleineisenindustrie enthalten sind, während Anker, Ketten und Drahtseile sowie gewalzte und gezogene Röhren im allgemeinen zu diesen Gegenständen nicht zu rechnen sind.

Es ist nicht zu verkennen, daß die gezogenen Röhren einen verhältnißmäßig hohen Werth haben und daß ebenso auch Ketten und Drahtseile hochwerthig sind. Es ist der Werth der Röhren aus schmiedbarem Eisen im Durchschnitt anzunehmen auf 41 bis 60 Mark per 100 Kilogramm, der Werth der Ankerketten und Drahtseile auf 70 Mark pro 100 Kilogramm und der der übrigen Ketten auf 60 bis 90 Mark, während der Werth der rohgeschmiedeten Gegenstände auf 29 bis 35 Mark sich belaufen mag.

Meine Herren, ich will nicht verkennen, daß gerade die Einfuhr in gewalzten und gezogenen Röhren gegenüber der Ausfuhr ziemlich stark ist; es belegt dies ja die Statistik. Es gehören diese Gegenstände zu denjenigen, bei denen die Einfuhr durchschnittlich stärker ist als die Ausfuhr. Indessen haben die verbündeten Regierungen doch geglaubt, eine weitere Differenzirung in den Zollsätzen nicht eintreten zu lassen; sie haben insbesondere geglaubt, an einer Position für grobe Eisenwaaren festhalten, im Anschluß an frühere Tarifgesetzgebungen nur allgemeine große Klassen aufstellen zu sollen. Es ist allerdings richtig, daß gewalzte und gezogene schmiedeeiserne Röhren in früheren Tarifen unter der Klasse der groben Eisenwaaren gestanden haben. Indeß wenn man einmal in der Klasse der ganz groben Eisenwaaren auch Waaren aus schmiedbarem Eisen aufführen wollte, waren die verbündeten Regierungen der Ansicht, daß man auch schmiedeeiserne Röhren dazu zu nehmen hätte.

Die in der Klasse e 2 enthaltenen Gegenstände sind, wie ich noch einmal hervorheben möchte, Gegenstände der kleinen Industrie, also Gegenstände, welche ihren Werth vorzugsweise in der Arbeit haben, ohne im einzelnen sehr ins Gewicht zu fallen. Dabei ist nicht unterschieden zwischen solchen Waaren, welche abgeschliffen, gefirnißt 2c., also veredelt sind, und solchen, welche diese Veredelung nicht erfahren haben. Es beruht das im wesentlichen auf Abfertigungsrücksichten, Gründen der Zweckmäßigkeit. Es ist in der That nicht leicht zu unterscheiden, ob ein Gegenstand abgeschliffen ist oder nicht, ob der Abschliff nebensächlich oder hauptsächlich ist, u. s. w. Bei der Zolldifferenzirung in der Praxis ist es oft sehr schwierig, diese Unterscheidung durchzuführen.

Meine Herren, es kommt nun noch allgemein in Betracht das Maß der Zollbelastung. Ich vermag nicht zu übersehen, wie das gesammte finanzielle Resultat sich stellen wird, ob also der Antrag der Regierung finanziell weiter geht, ob er die Gegenstände im Allgemeinen höher belastet als der Antrag der Herren Abgeordneten Stumm und Melbeck. Jedenfalls enthält aber der Antrag Stumm eine ziemlich weitgehende Rubrizirung und Unterabtheilung der Gegenstände, und wenn ich auch anerkennen muß, daß diese Gegenstände im allgemeinen insofern theoretisch richtig eingetheilt sind, als die hochwerthigen mit höheren Zöllen belegt werden sollen, so möchte ich doch im Interesse des Tarifs nicht empfehlen, zu weit in der Differenzirung zu gehen und in viele und feine Unterscheidungen sich einzulassen. Ich kann deshalb von meinem Standpunkte, von dem der verbündeten Regierungen aus nur anheimgeben, auch diesen Antrag abzulehnen und die Regierungsvorlage anzunehmen.

Vizepräsident Dr. **Lucius**: Der Herr Abgeordnete Melbeck hat das Wort.

Abgeordneter **Melbeck**: Meine Herren, der Herr Regierungskommissar äußerte so eben, daß es den verbündeten Regierungen nicht erwünscht sei, Abänderungen an dem Tarifentwurfe vorzunehmen; daß ist ein Grund, der auch bei Stellung unseres Antrags von uns erwogen worden ist. Sie können aber eben aus der Thatsache, daß wir dieses uns sympathischen Wunsches ungeachtet den Antrag stellten, ersehen, daß wir doch den Gegenstand von so hoher Wichtigkeit erachteten, daß es unerläßlich schien, diesen Antrag zu stellen,

Meine Herren, das Unteramendement, was ich ja vorzugsweise zu vertheidigen habe, ist aus der Erwägung hervorgegangen, daß die Klassifikation der Waaren in dem Tarifentwurf die größten Ungleichmäßigkeiten in sich schließt. Es sind hochwerthige Gegenstände, Gegenstände, die per Hundert Kilogramm 1800 bis 2000 Mark kosten, wovon ich ein spezielles Verzeichniß vorzulegen bereit bin; zusammengeworfen mit Gegenständen, die nur 100 bis 200 Mark und weniger werth sind. Es ist unzweifelhaft, daß der Prozentsatz, wenn man den Werth der Waaren ins Auge faßt, sich nur auf 1½ bis 2 Prozent beziffert. Meine Herren, ein besonderer Grund für die von mir beantragte Abänderung ist aber darin zu finden, daß in den Zolltarifen der angrenzenden Länder, namentlich Oesterreichs und Frankreichs, für die hier in Rede stehenden Artikel, höhere Sätze enthalten sind, als der vorliegende Entwurf bestimmt. Oesterreich hat einen Satz von 8 Gulden = 16 Mark, und Frankreich einen Satz von 20 Franks = 16 Mark. Es sind dieselben Waaren, die wir hier den gedachten Tarifen gegenüberstellen, und die Nothwendigkeit einer annähernden Gleichmäßigkeit mit den Tarifen der angrenzenden Länder liegt darin, daß es nicht möglich ist, bei der bisherigen Verschiedenheit der Zölle fortan mit Oesterreich und Frankreich zu konkurriren, daß also die wichtigsten und feineren Fabrikate der Kleineisenindustrie in ihrer Erzeugung beschränkt werden, wenn wir nicht gleichmäßigen Schutz genießen. Dazu kommt, meine Herren, daß das frühere Hauptabsatzgebiet, Amerika, sich vollständig prohibitiv verhält gegen unsere Waare. Es war bis vor einigen Jahren Regel, daß etwa der dritte Theil der Fabrikate der Kleineisenindustrie nach amerikanischen Märkten ausgeführt wurde. Der amerikanische Zoll beläuft sich aber jetzt auf 30 bis 35 Prozent des Werthes, also Gegenstände, die wir mit 15 Mark treffen wollen, sind dort mit einem Zoll belegt von 200 bis 300 Mark. Da, meine Herren, ist an eine Konkurrenz nicht mehr zu denken. Das aber ist es nicht allein, sondern Amerika mit seiner großartigen Entwickelung überfüllt jetzt unsere Märkte mit den Fabrikaten, die es bis vor kurzem noch von der Bergischen Industrie bezog, ebenso führt jetzt Oesterreich und Frankreich bei uns ein, während wir ihre Märkte großentheils verlieren, und da, meine Herren, wenn von einem Schutze der vaterländischen Arbeit die Rede sein soll, da muß ich doch gestehen, wüßte ich in der That nichts, was dringender des Schutzes bedarf gegen solche Prohibtivmaßregeln, wie Amerika sie gegen uns zur Geltung bringt, ich sage, ich wüßte Ihnen kein Gebiet zu bezeichnen, wo es begründeter wäre, uns durch Repression zu schützen, wie gerade auf dem Gebiete der Kleineisenindustrie. Es kommt nun ferner besonders in Betracht, daß die Fabrikate, die Artikel, die in meinem Unteramendement hervorgehoben worden sind, zu den feineren gehören. Ich war lange zweifelhaft, ob sie nicht richtiger in die Kategorie der Artikel von 24 Mark zu setzen seien. Ich habe diesen Antrag deshalb nicht gestellt, um eben keine Schwierigkeiten dem Entwurfe gegenüber zu machen, weil man mir sagte, dann wäre es möglich, daß diese höchste Kategorie von feinen Eisenwaaren auch noch erhöht werden müßte. Das ist der Grund, weshalb wir uns darauf beschränkt haben, eine Zwischenstufe, entsprechend der Feinheit der verschiedenen Artikel und der darin enthaltenen Arbeit, zu suchen. Meine Herren, es ist bedeutsam, daß eine Gemeinde wie die Gemeinde Remscheid, wo die Industrie der in Rede stehenden Gegenstände ihren Hauptsitz hat, in ihrem Beschluß der Stadtverordneten vom 10. dieses Monats einen solchen Antrag gestellt hat, den sie mir als einem benachbarten Vertreter durch eine Deputation von 3 Mitgliedern überreicht hat. Die Herren haben mich auf das bestimmteste versichert, und ich habe als Nachbar seit 30 Jahren Gelegenheit gehabt, ihre Industrie eingehend kennen zu lernen, sie haben mich versichert, daß die Industrie angesichts der Zollsätze, die jetzt in Oesterreich und Frankreich bestehen, angesichts der Prohibitivzölle von Amerika unzweifelhaft in der Fabrikation ihrer feineren Artikel in bedenklicher Weise zurück gehen würde, und, meine Herren, was bedeutet das? Das feinere Fabrikat ist gewissermaßen, ich will nicht sagen ein Kunsterzeugniß, aber es ist doch ein Erzeugniß, was Lehrlings- und Gesellenzeit bedingt, es ist die feinere Arbeit, die wir besonders in unserer urwüchsigen Hausindustrie schützen wollen, auch schon aus sozialen Gründen. Wenn wir es durch ungeeignete Zollsätze dahin bringen, diese feineren Fabrikate zu verdrängen, oder verdrängen zu lassen durch Frankreich, Amerika und Oesterreich, dann, meine Herren, drängen wir die Arbeiter unwillkürlich, gewiß ohne daß wir es wollen dahin, daß sie schlechteres grobes Fabrikat machen, und das, meine Herren, müssen wir angesichts unserer Devise, daß wir die vaterländische Arbeit schützen wollen mit allem Ernst zu verhindern suchen. Es ist mir nun eingewendet worden, daß die Landwirthschaft benachtheiligt sei durch diese höhere Verzollung. Das kann in keiner Weise zugegeben werden. In dem Antrage des Herrn Abgeordneten Stumm sind gerade solche schwer wiegende Fabrikate, die früher nach der Regierungsvorlage mit einem Zoll von 6 Mark belegt sind, in die Position von 3 Mark übertragen. Das ist, wenn ich vom Standpunkt der Landwirthschaft die Sache ansehe, ein großer Vortheil im Vergleich zu den Waaren, die ich in das Unteramendement aufgenommen habe, z. B. Degenklingen, — Degenklingen braucht die Landwirthschaft ja nicht — Handfeilen, — das sind kleine Feilen, meine Herren, die sehr werthvoll sind, und wenn 2½ Prozent oder 2 Prozent, was eigentlich das Richtige ist, auf eine solche Feile fallen, dann kann der Zoll höchstens 1—2 Pfennige das Fabrikat vertheuern, wenn überhaupt eine Vertheuerung stattfinden möchte. Ferner Meißel, Tuch-, Schneider- Hecken- und Blechscheeren, Sägen, Bohrer, Schneidekluppen, Maschinen und Papiermesser. Die Sägen allerdings werden in der Landwirthschaft häufig benutzt, aber, meine Herren, auch da ist bei näherer Prüfung des Werthverhältnisses der Zoll, der darauf fällt, so minim, daß wirklich keine Rede davon sein kann, daß eine merkliche Vertheuerung stattfindet. Ich glaube nun, meine Herren, daß die Widersprüche, die etwa vom Regierungstisch gegen diese Amendements erhoben werden, wesentlich aus formellen Gründen, und deshalb stattfinden, um die Oekonomie des bisherigen Tarifentwurfs nicht zu stören. Ich würde auch, meine Herren, dagegen im ganzen nichts zu erinnern haben, aber wo ein so dringendes Bedürfniß vorhanden ist, wie im vorliegenden Fall, da glaube ich nicht, daß eine solche Aenderung, eine solche anderweite nothwendige Klassifikation der Oekonomie des Tarifentwurfs zum Opfer gebracht werden darf.

Ich bitte Sie daher dringend, meine Herren, dem Amendement des Abgeordneten Stumm und meinem Unteramendement Ihre Zustimmung zu geben.

(Bravo! rechts.)

Vizepräsident Dr. **Lucius**: Der Herr Abgeordnete Dr. Bamberger hat das Wort.

Abgeordneter Dr. **Bamberger**: Meine Herren, der Antrag des Herrn Abgeordneten Stumm in seiner Motivirung hat formal eine gewisse Berechtigung, die ich anerkenne, obwohl ich ihren Konklusionen nicht zustimme. Wir werden dieser Art von Anträgen der ganzen Reihe des Tarifs nach regelmäßig begegnen, meistens allerdings für diejenigen Positionen, die in die Kommission verwiesen sind, und ihr Ursprung erklärt sich daher, daß wir, indem wir einen schutzzöllnerischen Tarif machen wollen, einen etwas freihändlerisch zugespitzten zugrunde legen, und darauf die Erhöhungen des Zolles basiren. Daraus mußten nothwendig Fehler entstehen im Sinne einer schutzzöllnerischen Tarifirung, sobald man sich darauf einläßt, abzuwägen, in welchen

Punkten das Ausland mehr oder weniger Konkurrenz macht, wo mehr oder weniger die Arbeit im Inlande verwendet wird, wo man eine besondere Industrie erzielen oder schützen will. Hier kann man nicht so in Pausch und Bogen verfahren, wie es ein Tarif thut, der auf dem Standpunkte stand, daß es nur darauf ankomme, durch seine Zölle finanzielle oder nur mäßig schützende Resultate zu erzielen. Sie begegnen deshalb auch überall dieser eigenthümlichen Erscheinung, daß gewisse Klassen von Industriellen Ihnen Petitionen unterbreiten, gewissermaßen mit doppeltem Gesichte, vorne verlangen sie, daß man einer Erhöhung ihres Rohmaterials nicht zustimmen möge, hinten verlangen sie nach der anderen Seite, daß, wenn man ihr Rohmaterial vertheuert, dann auch ihr Fabrikat bedeutend höher schütze, als es bisher der Fall war.

Sie haben gewissermaßen hier bei diesem ersten Beispiel eine Prinzipienfrage zu entscheiden. Gerade bei den Blechwaaren, für die Herr Stumm besonders gesprochen hat, trifft das von vornherein zu. Wie gesagt, von seinem Standpunkte aus muß ich ihm ganz Recht geben. Hier haben Sie Petitionen von Blechwaarenfabrikanten, namentlich von solchen, die Formen zum Verpacken herstellen, welche ins Ausland gehen und insbesondere nach Skandinavien, und die in erster Linie Ihnen zumuthen, Sie mögen das Rohmaterial nicht erhöhen, dann aber sich entrüstet darüber aussprechen, daß man für ihre Fabrikate keinen höheren Zoll geben wolle als den hier vorgesehenen.

Für mich liegt natürlich die Entscheidung so, daß ich den Schluß nicht dahin ziehen kann: weil nun dem Fabrikanten der Rohstoff durch den Zoll vertheuert wird, er beeinträchtigt wird im Export, will ich den inländischen Konsumenten dafür bestrafen und ihm für seine Bedürfnisse einen höheren Preis diktiren, denn das würde der Fall sein. Die Maßregel, die jetzt vorgeschlagen wird von den Herren Stumm, Melbeck und anderen läuft doch schließlich darauf hinaus, daß der Fabrikant, der bisher für das Ausland frei eingeführtes Material verarbeitet, sich an dem inländischen Konsumenten dafür entschädigt, daß man ihm diesen Export für die Zukunft erschwert. Meine Herren, wenn ich den Zolltarif für alle Zeiten zu machen gedächte, würde ich mir vielleicht überlegen, ob ich nicht trotz meiner Grundsätze hier eine gewisse Entschädigung zulassen könnte, da ich aber glaube, die sehr starke und jetzt hochgehende Bewegung für den Schutzzoll wird sich nicht lange halten können, so muß ich mehr daran denken, die gegenwärtigen Grundlagen für die Zukunft zu erhalten, als jetzt den Riß noch tiefer zu machen. Ich muß daher lieber darauf eingehen, daß der Export nach dem Auslande geschädigt werde, als daß die inländische Produktion noch ums doppelte vertheuert werde und die Arbeit erlahme, weil der Wetteifer des Auslandes, der eine große Rolle in unserer Entwickelung gespielt hat, uns entzogen wird. Wir haben noch gar nicht gesprochen von dieser Art Wirkung, vermöge welches die jetzt herbeigeführte Erschwerung der Einfuhr aller Fabrikate (und das trifft gerade hier zu), einen erlahmenden Einfluß ausüben wird auf unsere Industrie. Gestehen wir uns doch, was unsere Industrie gelernt hat vom Auslande, gestehen wir uns doch, daß in vielen Dingen es gar nicht wünschenswerth ist, daß die Konkurrenz des Auslandes unterdrückt werde, weil sie ein ganz bedeutender Sporn war und noch immer sein dürfte. Sehen wir recht, meine Herren, mit unseren Augen seit Jahren, wie gewisse Kategorien von Industrien hinaufgegangen sind gerade durch den starken Sporn, den sie enthalten haben. Wenn Sie Berlin von vor 10 Jahren vergleichen in allen Einzelheiten des gewöhnlichen Waarengeschäfts, bis zum Kramladen herab, so finden Sie einen ungeheueren Fortgang auf allen Gebieten. Es zeigt sich in der Vervollkommnung der Waaren bis auf die nebensächlichsten Lapalien herab. Ich kann Sie versichern, meine Herren, ich habe einen gewissen Sinn für diese Dinge. Als ich vor 10 Jahren nach Berlin kam, konnte man hier in vielen Läden noch kein Packet bekommen, das ordentlich eingewickelt war.

(Rufe rechts: Zur Sache!)

Wenn man es unter den Linden kaufte, so ging es am Brandenburger Thor wieder auf. Jetzt hat man auch in allen diesen Nebendingen große Fortschritte gemacht, — selbst in der Höflichkeit der Bedienung; und wodurch ist das gekommen? Durch die scharfe Konkurrenz, die namentlich die Pariser Modeartikel den Berlinern gemacht und die sehr erziehend gewirkt haben.

Ich möchte mich auch schon deshalb dem widersetzen, daß wir uns blindlings dahin erklären, daß die auswärtige Konkurrenz vor allen Dingen als ein Uebel unterdrückt werde.

Daß die Weißblech verarbeitenden Fabrikanten leiden werden unter diesem Zoll, ist gewiß, und Herr Stumm hat ganz recht, zu sagen, daß der Zoll, der hier vorgeschlagen ist, sogar in Wirklichkeit ein höherer ist, als dem Scheine nach, weil nämlich die Abfälle, namentlich bei den runden Gegenständen, die sehr viel verarbeitet werden, beinahe ganz werthlos oder geringwerthig sind, so daß der Zoll vielleicht mit $^1/_{10}$ oder $^1/_8$ stärker werden muß, als wir hier mit Ziffern sehen. Allein, wie gesagt, mich kann das deshalb nicht bewegen, den Anträgen auf weitere Erhöhung beizustimmen.

Erlauben Sie noch zu diesem Artikel der Blechfabrikation hinzuzusetzen, daß es mit meiner Andeutung, die ich neulich gemacht über Blechlieferungen, die in Deutschland bestellt waren und sich schließlich als englische Waare auswiesen, sich in folgender Weise verhielt. Ich sage das, weil mir von außen eine Frage zugekommen, indem der eine oder der andere sich durch meine Andeutungen betroffen fühlte.

Ein Bisquitfabrikant, dessen Etablissement im Hamburger Zollgebiete liegt, ich meine im Vereinszollgebiet, war der Besteller von Waaren, die er aus Deutschland zu erhalten glaubte und die er bei näherem Befunde als solche erkannte, die von England geliefert waren. Er erklärt sich bereit, den Spediteur zu nennen und das Schiff, mit dem die Waaren angekommen waren.

Ich benutze diese Gelegenheit, einen Punkt zu berichtigen, der in dem gestrigen Angriffe der Herren Stumm und Berger eine Rolle gespielt hat. Ich habe mich dem Wunsche des Herrn Präsidenten und der Anschauung des Hauses untergeordnet, indem ich keinen Vorwand nahm, obwohl ich es bei den Schienen sehr gut gekonnt hätte, um auf eine ganze Reihe unbegründeter Vorwürfe zu antworten, die mir gestern gemacht waren. Ich wollte die Gelegenheit nicht durch eine gewisse Eludirung benutzen, und ich behalte mir in der Hauptsache vor, in der dritten Lesung eine Reihe von Thatsachen richtig zu stellen.

Nur was das Weißblech betrifft, weil wir hiervon eben sprechen, muß ich bemerken, daß ich nicht gesagt habe bei einer früheren Gelegenheit, daß die Koalition wiederhergestellt sei, sondern ich habe gesagt, sie wäre bereits soweit wieder gediehen, daß die Herren sich verständigt hätten zu Preiserhöhungen und Zirkulare dahin ergangen seien; das war die Meldung, die mir von Interessenten gekommen war, und wenn gestern bemerkt worden ist, daß nicht alle Weißblechfabrikanten in der Koalition früher gewesen seien, so ist mir das allerdings ganz wohl bewußt. Ich weiß, daß Dillingen beispielsweise nicht mehr dabei ist, aber ich müßte mich sehr irren, wenn es nicht ursprünglich dabei gewesen wäre.

Von Weißblech habe ich überhaupt im Gegensatz zu dem, was Herr Berger gesagt hat, gestern meines Wissens zum ersten oder zum zweiten Male gesprochen seit der Zeit, daß wir beim Zollparlament von der Sache verhandelt haben. Es hat aber Herrn Berger gefallen, überhaupt sowohl meine Aeußerungen als meine ganze Vortragsweise in einer Art zu karrikiren, die mich selbst zwar einigermaßen unterhalten hat, von der ich aber hinterher vernehme, daß sie viele in Erstaunen gesetzt hat. Ich habe dies Auftreten damit erklärt, daß der geehrte und mir persönlich sehr werthe Herr durch seine Korona namentlich nach der Mitte des Hauses schauend, so begeistert zum Vorwärtsgehen sich ermuntert fühlte, daß er sich schon mitten in sie versetzt sah, und erklärte mir seine Aeußerungen, daß er keiner Partei des Hauses angehöre, so, daß ich erwartete, wenn er fertig wäre, würde er zu einem Sitz nach rechts abschwenken.

Vizepräsident Dr. **Lucius**: Der Herr Abgeordnete Berger hat das Wort zur Geschäftsordnung.

Abgeordneter **Berger**: Herr Präsident, ich erlaube mir zu meiner Information und zur Aufklärung des Hauses anzufragen, bei welcher Position wir uns gegenwärtig eigentlich befinden. Der Herr Abgeordnete Bamberger hat uns nämlich soeben einen Vortrag über Weißblech gehalten. Weißblech findet sich im Gesetzentwurf unter Position 6c 2 aufgeführt. Ich würde mit großem Vergnügen auf die Debatte über Weißblech mit Herrn Bamberger eingehen, doch wenn ich mich recht erinnere, ist diese Position schon längst bewilligt und wir befinden uns — immer die bessere Belehrung durch den Herrn Präsidenten vorausgesetzt — jetzt bei „Eisenwaaren“ Position 6e 1, „ganz grobe“ aus Eisenguß; 100 Kilogramm 2 Mark 50 Pfennig.

(Heiterkeit.)

Ich bitte den Herrn Präsidenten also, die Sache gütigst klarstellen zu wollen, weil es davon zunächst abhängig ist, ob ich dem Herrn Kollegen Bamberger folgen darf.

Vizepräsident Dr. **Lucius**: Der Herr Abgeordnete Berger hat vollkommen Recht, daß wir uns bei Position e, Eisenwaaren, befinden, ich mache ihn aber darauf aufmerksam, daß unter 2 auch Kaffeetrommeln und -Mühlen rc., also Geschirre, die auch aus Blech fabrizirt werden, sich befinden. Aus dieser Annahme folgerte ich, daß der Herr Abgeordnete Bamberger berechtigt sei, seine Ausführungen zu machen, obschon es mir im Anfang auch zweifelhaft gewesen ist, ob er sich nicht zu Lit. d äußerte.

Zur Sache hat das Wort der Herr Abgeordnete Berger.

Abgeordneter **Berger**: Meine Herren, trotz dieser Information durch den Herrn Präsidenten glaube ich doch mir die Zufriedenheit des Hauses zu erwerben, wenn ich gegenwärtig bei der vorgerückten Stunde nicht auf die Weißblechfrage und die übrigen Bemerkungen des Herrn Abgeordneten Bamberger zurückgehe, sondern mir vorbehalte bei der dritten Lesung darauf zurückzukommen.

Meine Herren, der Umstand, daß unter der hier wirklich zur Debatte stehenden Position e β sich „Brücken und Brückenbestandtheile“ befinden, bietet mir Gelegenheit, eine kurze Erklärung zu einem Passus meiner gestrigen Rede zu geben.

Ich habe gestern nämlich, nach dem Vorgange meines geehrten Hintermannes, des Herrn Abgeordneten Richter, eine an uns gelangte Petition aus Duisburg erwähnt und dabei hervorgehoben, daß ich neugierig sei, das Original derselben selbst kennen zu lernen. Veranlassung zu dieser, meiner Aeußerung gab mir der Umstand, daß, als ich das Original einsehen wollte, auf unserem Bureau, wo die Originalien der Petitionen bekanntlich vorschriftsmäßig liegen müssen, mir das betreffende Schriftstück nicht gezeigt werden konnte, vielmehr der betreffende Beamte erklärte, das Original existire auf dem Bureau gar nicht. Ich habe mich infolge dessen zu dieser Aeußerung von gestern berechtigt geglaubt, heute aber erfahren, daß die Petition wirklich im Original hier vorhanden ist. Sie befand sich nämlich in den Händen eines Kollegen, dem sie anvertraut worden war und der sie heute zu den Akten des Hauses eingeliefert hat. Ich habe mich durch den Augenschein überzeugt, daß dieselbe von sämmtlichen Firmen, welche auf den an uns vertheilten Druckexemplaren verzeichnet sind, originaliter unterschrieben ist, und auf Wunsch der Vertreter der betreffenden Petenten mich verpflichtet gefühlt, diese klarstellende Mittheilung hier vor dem Hause zu machen.

Vizepräsident Dr. **Lucius**: Der Herr Abgeordnete von Miller (Weilheim) hat das Wort.

Abgeordneter **von Miller** (Weilheim): Meine Herren, als mir zuerst der Tarif, den wir berathen, zu Gesicht kam, war ich mit einer gewissen Bangigkeit erfüllt, allein was mich tröstete, meine Herren, war der Gedanke, daß hier im hohen Hause manche Härten gemildert, manches gebessert werden wird, und ich würde bedauern, wenn wir den Rath des Herrn Kommissarius oder des Herrn Bamberger befolgten und nicht jeden einzelnen Posten uns recht genau aufschauen wollten; auch wurde ja doch allseitig gesagt, daß es gut und nützlich wäre und für uns gewiß auch rathsam, die Petitionen zu prüfen, was wahr oder uns neu davon sei. Dies veranlaßt mich, Ihnen in dem Moment, wo die Existenz vieler armer, braver Leute in Frage steht, einen Hilferuf bekannt zu geben, der von den äußersten Grenzen des deutschen Reiches, von unsern Bergen, an mich, den Vertreter dieser Gegend, gelangt ist. Meine Herren, diejenigen, die unsere Alpen vielleicht öfter durchwandert haben, werden in den einsamen Thälern Schmieden gefunden haben, die Tag und Nacht fleißig arbeiten, um durch ihre Mühe, durch den Schweiß ihres Angesichts das Brod zu verdienen, was die Gegend ihnen ja so schwer ermöglicht, denn — sie haben nur Holz und billige Kohlen, das hat sie veranlaßt, Werkzeuge zu schmieden, welche am besten durch Händearbeit gut und brauchbar gemacht werden können. Diese Schmiede beziehen ihr Eisen aus Oesterreich, was ja nahe an unserer Grenze liegt, weil das steyrische Eisen für solche Werkzeuge das einzig gute und brauchbare ist.

(Hört!)

Meine Herren, dieses Eisen müssen die Leute jetzt verzollen, und die Werkzeuge, die sie daraus machen, sollen mit einem Zoll belegt werden, der in einen Topf geworfen ist mit den allerrohesten Arbeiten.

(Sehr richtig!)

Ich meine, wir haben das wohl zu sichten und uns dabei nicht darum zu bekümmern, ob es den Zollbeamten bequem oder unbequem ist, mehr Unterscheidungen zu machen, wir sollen uns vielmehr darum kümmern, ob es gerecht ist, wenn man rohe Arbeit mit solcher vermengt, an denen so viele Mühe und Sorge hängt. Wenn diese Bergbewohner in ihrer Tähtigkeit, von der sie leben, fortexistiren sollen, so muß ihnen ein anderer Schutz zu Theil werden, als die projektirten 6 Mark, daher ich dem Antrag des Herrn Kollegen Stumm empfehlend zur Seite stehen möchte. Wenn Sie den Antrag des Herrn Kollegen Melbeck nicht annehmen, so müssen Sie doch jedenfalls den des Herrn Stumm genehmigen, denn es sind dann nicht bloß die Arbeiten unserer armen Bergbewohner, sondern auch alle die Werkzeuge machen, annähernd befriedigt, die fortan in Deutschland die Werkzeuge machen werden, die wir jetzt aus Amerika beziehen, aus dem Amerika, das noch vor nicht sehr langer Zeit all das von uns bezogen hat. Diese Wahrnehmung, glaube ich, dürfte auch ein sehr eklatanter Fingerzeig dafür sein, wie rasch sich eine Industrie entwickeln kann, wenn sie geschützt ist vor zu großer auswärtiger Konkurrenz.

(Hört!)

Meine Herren, gönnen Sie diesen Leuten, in deren Interesse ich mir erlaubt habe, das Wort zu ergreifen, den Verdienst, den sie nicht mehr gewinnen können, wenn Sie den Antrag Stumm nicht akzeptiren, denn gerade die Leute sind

es, die kein Getreide bauen, sondern alles, was sie brauchen zum Leben, kaufen müssen und nur auf diese Weise die Mittel hierfür erwerben können.

Ich empfehle Ihnen daher den Antrag Stumm.

Vizepräsident Dr. **Lucius**: Der Herr Abgeordnete Dernburg hat das Wort.

Abgeordneter Dernburg: Meine Herren, ich möchte eine Bemerkung anknüpfen an die Position 3, feine Eisenwaaren, und möchte mich zunächst vergewissern, ob die mit zur Diskussion steht.

Vizepräsident Dr. **Lucius**: Wenn ich den Herrn Präsidenten richtig verstanden habe, so hat er allerdings die Diskussion über sämmtliche drei Nummern eröffnet; also ist der Herr Abgeordnete vollständig in seinem Recht, über die Nummer 3 zu sprechen.

Abgeordneter Dernburg: Ich werde also folgende Bemerkung hieran knüpfen.

Der Zollsatz, meine Herren, wird gegenüber dem früheren Zollsatz nicht verändert, es handelt sich darum, daß bei Aufführung der Gegenstände, welche unter 6 Nr. 3 sich befinden, eine Lücke ist, welche sich in den letzten Zeiten mit einem gewissen Aufsehen gezeigt hat. Es handelt sich um die Stelle, welche die Patentachsen in diesem Zolltarif finden sollen. Nun, meine Herren, haben diese Patentachsen, welche ja für alle Sachkenner für feine Eisenwaaren gelten, auf Anregung der deutschen Achsenfabrikanten bei dem Bundesrathe am 28. November v. J. unter den feinen Eisenwaaren ausdrücklich rangirt. Dieser Zoll ist aber auf eine seltsame Weise von dem Auslande hinterzogen worden und zwar dadurch, daß die Patentachsen, die bekanntlich aus drei Theilen bestehen, aus der eigentlichen Wagenachse, aus einer Buchse von Gußeisen und einer Schraubenkapsel auseinandergelegt, und diese drei Theile einzeln eingeführt werden, dadurch die eigentliche Absicht der Verzollung vereitelt wird. Nun möchte ich mir die Anfrage an den Herrn Präsidenten des Reichskanzleramts gestatten, ob und in welcher Weise beabsichtigt wird, diese Lücke, welche ja die Verfügung des Bundesrathes gemacht hat, ausgefüllt werden soll, entweder in dem Tarife selbst oder in dem Waarenverzeichniß.

Ich bringe diese Sache schon jetzt zur Sprache, weil ich mir eventuell vorbehalte, in der dritten Lesung einen ausdrücklichen Antrag zu stellen.

Vizepräsident Dr. **Lucius**: Der Herr Kommissarius des Bundesraths hat das Wort.

Kommissarius des Bundesraths kaiserlicher Geheimer **Regierungsrath Burchard**: Ich möchte mir erlauben, auf die Frage des Herrn Vorredners kurz zu antworten. Er ist zunächst davon ausgegangen, daß die Patentachsen fortan nicht mehr unter die Position e 3 gehören würden, daß deshalb im Tarif eine Lücke sei. Ich möchte darauf erwidern, daß in der Nr. e 3β der Vorlage ausdrücklich gesagt worden ist: feine Eisenwaaren aus schmiedbarem Eisen, polirt oder lackirt u. s. w. und ich nehme an, daß die Patentachsen unter diesen Begriff fallen auch dann, wenn sie aus verschiedenen Stücken hergestellt sind.

Was den zweiten Punkt anbetrifft, daß die Möglichkeit eines Mißbrauchs bei der Verzollung hier vorliege, so ist ja diese Möglichkeit auch bei anderen Waaren nicht ausgeschlossen. Spezielleres in Bezug auf die Patentachsen ist noch nicht zur Kenntniß des Bundesraths gelangt, wenigstens ist mir nichts davon bekannt; der Herr Vorredner kann sich aber darauf verlassen, daß, wenn ein solcher Mißbrauch thatsächlich besteht, andererseits auch gesetzliche Mittel bestehen, diesem Mißbrauche entgegen zu treten, und der Bundesrath es nicht unterlassen wird, diese Mittel in Betracht zu ziehen. Ich werde gern diesen Gegenstand speziell im Auge behalten.

Vizepräsident Dr. **Lucius**: Der Herr Abgeordnete Richter (Hagen) hat das Wort.

Abgeordneter Richter (Hagen): Meine Herren, ich möchte doch in Bezug auf die Form von solchen Anträgen bemerken, daß, wenn man solche Anträge stellt, die nicht eine einfache Ermäßigung oder Erhöhung bezwecken, sondern die gleich das ganze System umändern, ganz anders klassifiziren, auf der einen Seite heruntersetzen, auf der anderen herauf — daß solche Anträge nicht erst am Abend vorher uns mitgetheilt werden, sondern daß man doch jede Seite des Hauses in den Staud setzt, sich in Bezug auf die Physiologie der einzelnen Werkzeuge und Artikel zu unterrichten. Wir verstehen nicht alle so viel wie Herr Stumm von der Sache, wir glauben auch nicht alles, was Herr Stumm über die Sache sagt. Auch die Herren Regierungskommissare sind in einer schlimmen Lage. Der Herr Regierungskommissar hat erklärt, die Regierung sei gegen den Antrag, aber materielle Gründe für und gegen habe ich kaum von dem Herrn Regierungskommissar gehört. Er leidet offenbar unter derselben Ungunst der Verhältnisse, unter der alle Seiten des Hauses leiden.

So viel ich im Augenblick die Sache kontroliren kann, handelt es sich bei Herrn Stumm um zwei Dinge, einmal um die schmiedeeisernen Röhren und dann um die groben Waaren. Was die schmiedeeisernen Röhren betrifft, so glaube ich im Augenblick, daß dies wesentlich eine starke Vertheuerung der Gasröhren sein würde, eine starke Mehrbelastung der Städte zu Gunsten einiger weniger Werke in Deutschland. Es könnte ja möglicherweise der Fall sein, man kann es ja im Augenblick nicht wissen und es läßt sich so schnell nicht feststellen, — daß durch dieses einfache Amendement die Städte, und gerade die Städte, von denen man gesprochen mit 500,600 Prozent Kommunalbelastung, höher belastet werden, als aus der ganzen sogenannten Steuerreform für sie durch Ueberweisung an Kommunalsteuern herauskommt. Abgesehen davon aber handelt es sich hier auch um Lokomotivröhren, eine Erschwerung der Lokomotivfabrikation, die ich durchaus nicht will und die namentlich für den Export wieder sehr ungünstig ins Gewicht fällt.

Was die groben Waaren anbetrifft, so hat Herr Stumm wörtlich gesagt, er brächte Ermäßigungen, Ermäßigungen, die gerade für die Landwirthschaft von Werth sind. Was bringt er für eine Ermäßigung? Er ermäßigt Eisenbahnachsen, Eisenbahnräder, Puffer, Kanonenrohre, — alles Dinge, die die Landwirthschaft ja wohl nicht gebraucht, — Amboße, Schraubstöcke, Winden, Hakennägel, Schmiedehämmer, Wagenfedern, Polsterfedern, Brecheisen, Hemmschuhe, Hufeisen. Hufeisen, Hemmschuhe und Wagenfedern, das wird so ziemlich alles sein, was in die Landwirthschaft einschlägt. Von den Erhöhungen aber, die Herr Stumm der Landwirthschaft bescheert, hat er kein Wort gesagt und wer ihm bloß zuhört, könnte absolut zu einem anderen Schluß kommen als demjenigen, der der Wahrheit entspricht. Die Erhöhungen, die Herr Stumm beantragt, betreffen Sensen, Sicheln, Dung- und Heugabeln, gewisse Arten von Scheeren und manche andere Werkzeuge, namentlich Hämmer, Aexte und Beile, die die Landwirthschaft außerordentlich bedarf. Soll das etwa blos ein Vorspiel sein, daß nachher auch die landwirthschaftlichen Maschinen wieder erhöht werden? Wenn das nicht der Fall wäre, so würde es auf eine Benachtheiligung der kleinen Landwirthe hinauslaufen, während man nachher bei Maschinen, die mehr den Großbetrieb interessiren, diese Erhöhung wegläßt. Es hat eine Zeit gegeben, sie ist noch gar nicht so lange her, da war man der Meinung: ja, selbst wenn Eisenzölle, dann doch nicht Zölle auf landwirthschaftliche Maschinen und solche

Gegenstände, welche die Landwirthschaft vorzugsweise gebraucht! Ich konstatire, auf welcher Seite die Interessen der Landwirthe gegenwärtig vertreten werden.

(Lachen rechts.)

— Ja, Herr von Kardorff, durch Ihr bloßes Lachen bringen Sie das nicht weg! Das sieht jeder, wie hier gesorgt wird für die Landwirthe! — Ebenso schlecht wie die Landwirthe behandelt Herr Stumm die Handwerker. Sehen Sie doch seine Erhöhungen, sie betreffen die nothwendigsten Handwerkszeuge, Hämmer, Beile, Aexte und dgl. Dinge, Zangen, Meißel, Tuch- und Schneiderscheeren. Hier tritt wieder gerade hervor, was diese Politik mit dem Handwerk vor hat. Sprechen Sie doch auch einmal von den armen Leuten des Handwerks, gegen die die Zollerhöhung hier vorgenommen werden soll! Herr Melbeck hat von den Gesellen und Lehrlingen und von dem Handwerk gesprochen, zu Gunsten dessen angeblich die Zollerhöhung gefordert wird, aber er hat nicht gesprochen von dem Handwerk, **gegen** dessen Interessen die Zollerhöhung von ihm hier gefordert ist.

Es ist gesagt worden, wer A sagt, muß auch B sagen; ich bedaure, daß Herr von Miller seine interessanten Notizen über den nothwendigen Bezug des Materials für gewisse Schmiede in Bayern aus Oesterreich nicht vorgebracht hat, als wir über Materialeisen verhandelt haben, wir hätten vielleicht ein Amendement, wie es mehrfach im Tarif vorkommt, beschließen können, um die Zollfreiheit auf gewissen Strecken bestehen zu lassen. Nachdem einmal beschlossen ist, das Material mit Zoll zu belegen, bin ich allerdings der Meinung, daß, wer A gesagt hat, auch B sagen muß. Ich würde von meinem Standpunkt aus es für falsch halten, jetzt gegen Zölle auf anderes Eisen zu stimmen, aber die Zölle der **Regierungsvorlage** sind schon das B zum A, sie sind der Ausdruck, den die Erhöhung des Materials finden muß in der Erhöhung der Zölle für Waaren, und sind ziemlich reichlich gegriffen. Was nun jetzt verlangt wird, das sind Zölle, die viel weiter in das Alphabet hineinreichen, die nicht mehr die nothwendige Konsequenz der bewilligten Zölle für Roheisen und Materialeisen sind, sondern ein ganz neues Zollschutzprinzip in den Tarif mit hineinbringen sollen.

Meine Herren, wir sollen mit den Anträgen Stumm nicht bloß zurückgehen hinter das Jahr 1877 und 1873, sondern in Bezug auf die Klassifikation und Belastung der Eisenwaaren noch hinter das Jahr 1870.

Es ist dann von Herrn Stumm gesagt worden, es sei dies gewissermaßen ein Entgegenkommen gegen die Gegenströmung im Kreise Hagen und Remscheid, von einer gewissen Abfindung sprach er. Wir sind nicht so wie die Herren aus Bremen, daß wir, um auch für uns noch was zu bekommen, schließlich etwas thun, was gegen unsere Prinzipien läuft. Wir Hagener danken Ihnen für dieses Geschenk, und die 375 selbstständigen kleinen Eisenindustriellen und selbstständigen Kaufleute in der Eisenindustriebranche — man hat mir nicht nachzuweisen vermocht, daß sich da Fremde unter diese Unterschriften geschlichen haben — wollen überhaupt nichts von Zöllen wissen, und nachdem Sie ihr Material durch Zölle vertheuert haben, wollen sie darum wohl die Konsequenzen im Tarif aus dieser Vertheuerung, aber sie wollen darüber nicht hinaus ein Schutzzollprinzip zu ihren Gunsten eingeführt sehen, wie es hier vorgeschlagen wird.

Was die Remscheider Stimmung betrifft, auf die man sich beruft, so charakterisirt sie sich in jener Petition, von der ich gestern sprach, unter der der Pfarrer und der Steuereinnehmer auch als kleine Eisenfabrikanten figuriren.

(Heiterkeit.)

Was es nun mit der Remscheider Deputation für Bewandniß hat, auf die Herr Melbeck zu sprechen gekommen ist, das weiß ich nicht, wie das in der Stadtverordnetenversammlung vorgegangen ist, daß man nun jetzt im Widerspruch mit dem, was in einer öffentlichen unter dem Vorsitz des Bürgermeisters stattgehabten Versammlung in Remscheid noch ohnlängst beschlossen ist, auf eine höhere Bewilligung von Zöllen hinausgeht. Meine Herren, gerade Remscheid hat immer gesagt: allerdings, wir leiden überaus unter den Zöllen anderer Staaten auf unserem Artikel; das kann uns wohl dazu bringen, zu wünschen, daß man Kampfzölle einführt, aber man hat sich ausdrücklich verwahrt, daß man selbst Kampfzölle legt auf diese Remscheider Artikel der Kleineisenindustrie, und zwar aus dem Grunde, weil man sagt: solche Zölle sind kein taugliches Kampfmittel gegen die Nachbarstaaten und schaden uns selbst nur. Sie haben die Kampfzölle auf andere Gegenstände, vielleicht auf Wein oder was weiß ich gewünscht, also, meine Herren, die Benachtheiligung der dortigen Industrie durch die Zölle anderer Staaten kann hier nicht in Betracht kommen. Vergegenwärtigen Sie sich doch selbst eins: es handelt sich bei diesen groben Eisenwaaren um eine Industrie, die das Fünffache exportirt aus Deutschland von dem, was an solchen Waaren eingeführt wird, und bei der weniger wie bei irgend einer anderen von Schutzzoll die Rede sein kann. Meine Herren, was wird denn überhaupt an groben Eisenwaaren eingeführt in Deutschland? Ich habe mir sehr viel Mühe gegeben, darüber Recherchen anzustellen, — die Enquetekommission hat dies kaum gethan — und habe folgendes ermittelt: wir beziehen aus England Werkzeuge, die wir aber gar nicht entbehren können wegen ihrer vorzüglichen Qualität, und bei denen überhaupt die Qualität entscheiden muß und nicht der Preis. Ferner habe ich ermittelt amerikanische Heugabeln. Die Herren von der Landwirthschaft werden vielleicht besser wissen, warum man die gern aus Amerika bezieht, ich habe mich darüber nicht vollständig unterrichten können. Ein dritter Gegenstand sind die ganz kleinen Holzschrauben, und von diesen Holzschrauben geht die ganze Agitation aus, wie sie nach Remscheid getragen ist und dieser Petition zum Grunde liegt. Es sitzt nämlich in Hagen ein Herr, der Holzschrauben fabrizirt und der sich genirt fühlt durch eine französische Konkurrenz, die ihn in gewissen kleinen Sorten von Holzschrauben benachtheiligt. Er kauft selbst die kleinen Holzschrauben aus Frankreich, um sie mit den größeren zusammen in Deutschland abzusetzen. Aber es gehen auch Holzschrauben von Deutschland nach Frankreich, das ist gerade kürzlich durch einen interessanten Zeitungskrieg ermittelt worden. Gerade auf dem Gebiete der Holzschraubenfabrikation, die wesentlich Großbetrieb ist und sich auf mehrere größere Werke konzentrirt, liegt die Gefahr einer Koalition sehr nahe. Nun führen die Herren an, diese Holzschrauben aus Frankreich seien begünstigt durch das dortige weitergehende Maß von Kinderarbeit, ich meine aber, die Fabrikation einzelner Artikel, wie der kleinen Holzschrauben, die zur Kinderarbeit gravitiren, dereu Ausdehnung zu schützen in Deutschland hätten wir keine Veranlassung; ich meine, wir sollten Werth darauf legen, solche Industrien groß zu ziehen, die die Arbeit kräftiger Männer in sich schließen. Ich habe die Beschränkung der Kinderarbeit in Deutschland immer so aufgefaßt, als ob es nicht eine Benachtheiligung unserer Industrie wäre, sondern als ob diese Beschränkung, wenn sie auch einzelnen Zweigen als nachtheilig erscheinen mag, in der That ein Vortheil für unsere Industrie ist, denn je mehr man den Kindern in der Jugend Zeit gibt etwas zu lernen, je weniger sie körperlich geschwächt werden durch allzufrühe Heranziehung zur Arbeit, um so tüchtigere und kräftigere Arbeiter werden uns erwachsen und wir werden umsomehr im Stande sein, die Konkurrenz mit dem Auslande aufzunehmen. Meine Herren, es liegen absolut keine Gründe vor, auf diese Zollerhöhungen einzugehen, dagegen möchte ich wünschen, daß sie abgelehnt werden, um zu konstatiren, daß **in der That diese Art deutscher Industrie** sich für vollständig ebenbürtig und konkurrenzfähig mit dem Auslande hält, wie sie es in der That ist; nur das Renommee dieser Industrie könnte durch solche Anträge geschädigt werden, während ihr Vortheile in keiner Weise erwachsen.

(Bravo!)

Vizepräsident Dr. **Lucius**: Es ist der Schluß der Diskussion beantragt von dem Herrn Abgeordneten von Bernuth. Ich ersuche diejenigen Herren, die den Schlußantrag unterstützen wollen, sich zu erheben.

(Geschieht.)

Die Unterstützung reicht aus.

Ich ersuche diejenigen Herren, welche jetzt den Schluß beschließen wollen, aufzustehen oder stehen zu bleiben.

(Geschieht.)

Das ist die Mehrheit; der Schluß ist angenommen.

Zu einer persönlichen Bemerkung hat das Wort der Herr Abgeordnete Stumm.

Abgeordneter **Stumm**: Meine Herren, der Herr Abgeordnete Dr. Bamberger ist auf eine Bemerkung, die ich gestern zu seiner Behauptung über die Koalition der Weißblechfabrikanten gemacht habe, zurückgekommen. Gestatten Sie mir, zur Aufrechterhaltung des Wortlauts meiner gestrigen Ausführung einfach das vorzulesen, was Herr Bamberger in der Generaldebatte gesagt hat. Er hat sich so geäußert:

> Die wenigen Weißblechfabrikanten z. B., 6 an der Zahl, die früher Deutschland beherrschten, weil sie unter sich die Preise fixirten, weil hinter den Zollmauern der deutsche Blechkonsument ihnen die Waare abkaufen mußte, sind ihrer Sache schon so sicher, daß sie ihre Koalition wieder ins Werk gesetzt haben.

Ich meine, damit fallen die letzten Ausführungen des Herrn Abgeordneten Bamberger in sich zusammen.

Vizepräsident Dr. **Lucius**: Zu einer persönlichen Bemerkung hat das Wort der Herr Abgeordnete Melbeck.

Abgeordneter **Melbeck**: Meine Herren, wenn ich recht verstanden habe, hat der Herr Abgeordnete Richter bezweifelt, daß ein Stadtverordnetenbeschluß des von mir angezeigten Inhalts vorhanden sei. Ich bin bereit, dem Herrn Abgeordneten das beglaubigte Exemplar hier vorzulegen, wonach mit Einstimmigkeit beschlossen ist, daß ein solcher Antrag, wie er von mir gestellt worden ist, beschlossen wurde.

Vizepräsident Dr. **Lucius**: Meine Herren, wir kommen zur Abstimmung.

Ich habe zunächst zu konstatiren, daß in dem Antrag Stumm in der ersten Zeile irrthümlicherweise die Worte „grobe Eisenwaaren" sich finden. Diese Worte fallen fort. Es heißt also der erste Satz:

> die Pos. 6e Nr. 1 und 2 in folgender Fassung anzunehmen ꝛc.

Ich würde vorschlagen, in folgender Weise abzustimmen: zuerst über den Unterantrag Melbeck zu dem Antrag Stumm, sodann über den Antrag Stumm, wie er sich durch die Vorabstimmung gestaltet hat. Wird der Antrag Stumm angenommen, so fällt die Nr. 1 und 2 der Regierungsvorlage weg, sie würde damit beseitigt sein; wird der Antrag Stumm abgelehnt, so würden wir abstimmen über die Nr. 1 und 2 der Regierungsvorlage zusammen, sodann über die Anmerkung und endlich über die Nr. 3, auf welche keine Anträge bezüglich sind. — Gegen diese Fragestellung wird kein Einwand erhoben; sie steht also fest, und wir stimmen so ab.

Ich bitte diejenigen Herren, welche für den Fall der Annahme des Antrags Stumm dem Antrag Melbeck zustimmen wollen, welcher dahin geht:

> in Nr. 6 e Pos. 2 β des Antrags Stumm die Worte „Handfeilen bis Papiermesser" zu streichen, sodann an deren Stelle folgende neue Position einzuschalten:
>
> γ. Handfeilen, Degenklingen, Hobeleisen, Meißel, Tuch-, Schneider-, Hecken- und Blechscheeren, Sägen, Bohrer, Schneidkluppen, Maschinen- und Papiermesser und ähnliche Werkzeuge: 100 Kilogramm 15 Mark,

sich zu erheben.

(Geschieht.)

Das Büreau ist einig, daß jetzt die Minderheit steht; der Antrag ist abgelehnt.

Ich bitte nunmehr diejenigen Herren, welche den Antrag Stumm, wie er Ihnen gedruckt vorliegt, — und auf dessen Verlesung wohl verzichtet wird, — mit der bereits konstatirten Aenderung im Eingange annehmen wollen, sich zu erheben.

(Geschieht.)

Das ist gleichfalls die Minderheit; der Antrag Stumm ist abgelehnt.

Ich bitte nun diejenigen Herren, die die Nr. 1 und 2 der Regierungsvorlage unverändert annehmen wollen, sich zu erheben.

(Geschieht.)

Das ist die große Mehrheit; die Nrn. 1 und 2 der Regierungsvorlage sind angenommen.

Ich bitte diejenigen Herren, die die Anmerkung zu e 2:

> Ketten und Drahtseile zur Kettenschleppschifffahrt und Tauerei: frei,

annehmen wollen, sich zu erheben.

(Geschieht.)

Das ist gleichfalls die Mehrheit; die Anmerkung ist angenommen.

Wir kommen zur Abstimmung über die Nummer 3. Ich bitte diejenigen Herren, die derselben zustimmen wollen, sich zu erheben.

(Geschieht.)

Das ist gleichfalls die große Mehrheit; die Nummer 3 ist angenommen.

Meine Herren, es liegt ein Antrag auf Vertagung der Sitzung vor von dem Herrn Abgeordneten von Puttkamer (Schlawe). Ich ersuche diejenigen Herren, welche den Vertagungsantrag unterstützen wollen, sich zu erheben.

(Geschieht.)

Die Unterstützung reicht aus.

Ich ersuche diejenigen Herren, welche den Vertagungsantrag annehmen wollen, aufzustehen oder stehen zu bleiben.

(Geschieht.)

Das ist die Mehrheit; der Vertagungsantrag ist angenommen.

(Präsident Dr. von Forckenbeck übernimmt den Vorsitz.)

Präsident: Ich würde vorschlagen, die nächste Plenarsitzung Montag 11 Uhr abzuhalten und proponire als Tagesordnung:

1. dritte Berathung des Entwurfs eines Gesetzes, betreffend den Uebergang von Geschäften auf das Reichsgericht, auf Grund der in zweiter Berathung unverändert angenommenen Vorlage (Nr. 143 der Drucksachen);

sodann

2. dritte Berathung des Uebereinkommens zwischen dem deutschen Reich und Großbritannien, betreffend das Eintreten des deutschen Reichs an Stelle Preußens in den Vertrag vom 20. Dezember 1841 wegen Unterdrückung des Handels mit afrikanischen Negern (Nr. 160 der Drucksachen).

— Diese beiden dritten Berathungen werden, wie ich hoffe und voraussetze, sehr kurze Zeit den Reichstag in Anspruch nehmen. — Ich würde dann als dritte Nummer der Tagesordnung vorschlagen:

3. erste Berathung des Entwurfs, betreffend die vorläufige Einführung von Aenderungen des Zolltarifs (Nr. 178 der Drucksachen);

und als vierten Gegenstand der Tagesordnung:

4. Fortsetzung der zweiten Berathung des Zolltarifs (Nr. 132 der Drucksachen),

und zwar mit dem Rest der heutigen Tagesordnung

Nr. 7, Erden, Erze und edle Metalle;
Nr. 8, Flachs und andere vegetabilische Spinnstoffe mit Ausnahme der Baumwolle rc.;
Nr. 9, Getreide und andere Erzeugnisse des Landbaues.

Der Herr Abgeordnete Richter (Hagen) hat das Wort zur Tagesordnungsfrage.

Abgeordneter **Richter** (Hagen): Ich möchte mir erlauben zu bemerken, daß die Vorlage, die angekündigt ist, noch nicht in unseren Händen ist —

(Rufe: Doch!)

— dann, meine Herren, entschuldigen Sie, Sie sehen aber, man ist nicht im Stande zu wissen, was man jetzt an Drucksachen hat. Ich möchte wissen, ob die geschäftsordnungmäßig für die Berathung dieser Vorlage vorgeschriebene Frist abgelaufen ist.

Präsident: Die Vorlage ist am 16. Mai vertheilt, also gestern Abend; am Montag wird die Frist, wenn ich nicht irre, abgelaufen sein. Es heißt:

Die erste Berathung über Gesetzentwürfe erfolgt frühestens am dritten Tage, nachdem der Gesetzentwurf gedruckt und in die Hände der Mitglieder gekommen ist, und ist auf eine allgemeine Diskussion über die Grundsätze des Entwurfs zu beschränken.

Am 16. wurde die Vorlage vertheilt; nach der Regel, die der Reichstag bisher immer angenommen hat, ist der 19. als der dritte Tag zu rechnen.

(Sehr richtig!)

Ich glaube, nach dieser Auslegung allerdings die Sache auf die Tagesordnung bringen zu können.

Der Herr Abgeordnete von Kardorff hat das Wort zur Tagesordnungsfrage.

Abgeordneter **von Kardorff**: Ich bitte den Herrn Präsidenten um Entschuldigung, wenn ich ihn vielleicht nicht richtig verstanden habe. Ich habe nicht verstanden, ob er auch die zweite Berathung auf die Tagesordnung setzen will.

Präsident: Nein, bloß die erste.

Abgeordneter **von Kardorff**: Dann würde ich beantragen, auch die zweite Lesung auf die Tagesordnung zu setzen.

Präsident: Zur Tagesordnung hat das Wort der Herr Abgeordnete Richter (Hagen.)

Abgeordneter **Richter** (Hagen): Meine Herren, ich würde beantragen, daß die erste Lesung hinausgeschoben werde, nachdem ich mich überzeugt habe, daß es zulässig ist die erste Lesung vorzunehmen. Ich muß aber entschieden widersprechen, daß ein Gesetz von dieser Wichtigkeit,

(sehr richtig! links)

das eine Verfassungsveränderung enthält, das in alle Verhältnisse so tief eingreift, in viele Geschäfte, die bereits abgeschlossen sind, im Augenblick ihrer Realisirung begriffen sind, daß da irgend eine Ueberstürzung in diesem Hause vorgenommen werde und daß nicht der ganz normale Geschäftsgang eingehalten werde. Meine Herren, ich muß das um so mehr beanspruchen, als in der That es noch nöthig ist, daß die einzelnen Parteien sich im engeren Kreise über die Stellung, die sie zu dieser Vorlage einnehmen werden, zu besprechen. Ob dies heute oder morgen möglich ist, weiß ich nicht, aber die Sache erheischt eine überaus reifliche Behandlung.

Anknüpfend daran möchte ich den Herrn Präsidenten fragen, an welchem Tage der nächsten Woche die früher in Aussicht gestellte Freilassung für die Kommissionsberathung eintritt.

Und endlich möchte ich ihn bitten, bevor wir weiter in die Zolltarifverhandlungen eingehen, doch noch diejenigen Wahlprüfungen zur Entscheidung zu stellen, bei denen bereits vorgearbeitet ist. Es entspricht einem alten Herkommen des Hauses, daß, wenn man wichtigen Abstimmungen entgegengeht, vorher die Legitimation derjenigen Mitglieder festgestellt werden, für deren Feststellung bereits alle Vorbereitungen getroffen sind.

Präsident: Meine Herren, ich hatte die Absicht, die zweite Berathung, so weit sie schon proponirt ist, unter allen Umständen zu erledigen, und wollte dann ferner auch noch, ehe ich eine Pause in den Plenarsitzungen Ihnen vorschlage, zur Erledigung bringen:

Pos. 12, Häute und Felle,
Pos. 13, Holz und andere vegetabilische und animalische Schnitzstoffe sowie Waaren daraus,

und ich würde dann erst in Aussicht nehmen, mehrere Tage Plenarsitzungen nicht zu halten, damit die Kommissionen arbeiten können. Aber, meine Herren, es ist ja vollständig unmöglich, vorauszusehen, wie lange die Diskussionen dauern und wie viel Sitzungen sie in Anspruch nehmen; ich kann daher eine bestimmte Auskunft nicht geben, an welchen Tagen ich in der nächsten Woche Plenarsitzungen nicht vorschlage — das muß von dem Fortgang der Diskussion und der Erledigung der Tagesordnung, die ich proponirt habe, abhängen.

Was sodann die Frage der Wahlprüfungen anlangt, so sind, so viel ich weiß, noch zwei Wahlprüfungen im Rückstande, eine Beanstandungsfrage und eine Ungiltigkeitserklärung. Ich nehme nicht den mindesten Anstand, wenn auch nicht auf die Tagesordnung von Montag, aber auf die Tagesordnung von Dienstag diejenige Wahlprüfung, in welcher die Giltigkeit der Wahl angefochten ist, zu bringen.

Zur Tagesordnungsfrage hat ferner das Wort der Herr Abgeordnete Windthorst.

Abgeordneter **Windthorst**: Ich möchte den Herrn Abgeordneten von Kardorff bitten, von seinem Antrage zu abstrahiren. Ich glaube wirklich, es ist richtiger, daß wir in solchen Geschäftsordnungsfragen uns nicht erhitzen.

Präsident: Der Herr Abgeordnete von Kardorff hat das Wort zur Tagesordnungsfrage.

Abgeordneter **von Kardorff**: Nach meiner Meinung ist es selbstverständlich, daß mein Antrag gefallen ist, nachdem Widerspruch gegen denselben erhoben worden ist.

(Nein!)

Ist das nicht der Fall, so ziehe ich den Antrag zurück. Ich habe den Antrag überhaupt lediglich gestellt, um darauf aufmerksam zu machen, daß, wenn man das Gesetz überhaupt annehmen will, die schleunige Annahme eine Vorbedingung für die Wirksamkeit desselben ist; denn in welchem Grade die Spekulation sich gerade der gegenwärtigen Verhältnisse bemächtigt hat, das werden vielleicht diejenigen beurtheilen können, die aus Seeplätzen gewählt sind.

Präsident: Der Herr Abgeordnete Rickert (Danzig) hat das Wort zur Tagesordnungsfrage.

Abgeordneter **Rickert** (Danzig): Ich nehme an, daß der Herr Abgeordnete von Kardorff darauf verzichtet hat, daß die zweite Lesung schon am Montag vorgenommen werde.

(Zustimmung.)

Dann kann ich also darauf verzichten, darüber weiter zu sprechen.

Ich möchte mich aber dem Wunsche des Herrn Abgeordneten Richter anschließen, daß wir in Betreff der Dispositionen für die nächste Woche schon heute Klarheit bekommen. Ich glaube, es ist unmöglich, daß der Herr Präsident die Disposition festhalten kann, daß wir bis zur Position Holz inklusive jetzt schon im Plenum weiter berathen. Denjenigen, die Mitglieder der drei verschiedenen Kommissionen sind, ist es in der That nicht möglich, diese Arbeitslast auf sich zu nehmen, sich zu präpariren für die Tarifkommission, für die Tabaksteuerkommission und Brausteuerkommission und sich dann noch zu präpariren für die Plenarberathungen, von denen so wichtige Entscheidungen abhängen. Ich würde den Herrn Präsidenten dringend bitten, daß er wenigstens die Position Holz zurückstehen lasse für die andere Woche. Soll über die Positionen Getreide und Holz jetzt unmittelbar im Plenum verhandelt werden, so werden wir die ganze Woche hintereinander Sitzung haben und die Tarifkommission sowie die Tabaksteuerkommission wird nicht in der Lage sein, Sitzungen zu halten; denn das können Sie niemandem zumuthen, daß man nach einer sechsstündigen Plenarsitzung auch noch Abends zu einer Kommissionssitzung zusammenkommen und dort frischen Geistes an die Arbeit gehen soll.

(Zustimmung.)

Präsident: Meine Herren, die Position Holz ist nach der Tagesordnung, die ich für Montag proponirt habe, überhaupt noch nicht zur Tagesordnung vorgeschlagen; aber selbst nach dem Verlauf der Diskussion, wie sie jetzt geht, ist es unmöglich, auch nur zu sagen, wie lange die Positionen Flachs, Getreide u. s. w. die Plenarsitzungen des Hauses in Anspruch nehmen werden, und ich kann daher unmöglich mich darüber äußern, an welchen Tagen Plenarsitzungen in der nächsten Woche stattfinden sollen oder nicht. Das muß nach meiner Ansicht von den Dispositionen am Schluß jeder Sitzung abhängen. Ich habe schon vorhin gesagt, daß ich es für nothwendig anerkenne, daß nicht fortwährend Plenarsitzungen stattfinden; ich bin auch gern bereit, wenn die Diskussion über die Getreidezölle viele Tage in Anspruch nehmen sollte, von meinem Vorhaben, das Holz für die ferneren Tage sofort wieder vorzuschlagen, Abstand zu nehmen, aber die geschäftliche Frage über die Lage der Geschäfte kann nur entschieden werden, je nachdem die Situation eingetreten ist, je nachdem wir uns am Schluß einer Plenarsitzung befinden, und wenn ich heute etwas verspräche, würde das meiner Ansicht nach vollständig gleichgiltig sein und immer noch von dem Beschlusse des Hauses am Schluß jeder Plenarsitzung abhängen. Ich glaube, daß es wirklich nicht lohnt, weiter über diese Frage zu sprechen; ich erkläre mich nochmals bereit, wenn die Position der Getreidezölle zu viele Plenarsitzungen in Anspruch nehmen sollte, von meinem Vorhaben abzustehen, auch noch das Holz und die anderen Positionen, die ich nannte, fortlaufend für die Plenarsitzungen des Hauses in Vorschlag zu bringen.

Es ist jetzt der Antrag des Herrn Abgeordneten von Kardorff, die zweite Berathung des Gesetzentwurfs, betreffend die vorläufige Einführung von Aenderungen des Zolltarifs, auch noch am Montag auf die Tagesordnung zu bringen, zurückgezogen; sonst hätte allerdings die Majorität darüber zu entscheiden. § 21 der Geschäftsordnung bestimmt:

> Eine Abkürzung der im § 19 bestimmten Frist, insbesondere auch die Vornahme der ersten und zweiten Berathung in derselben Sitzung, kann bei Feststellung der Tagesordnung (§ 35) oder überhaupt an einem früheren Tage, als an dem der Berathung mit Stimmenmehrheit — — beschlossen werden.

Der Herr Abgeordnete von Kardorff hat seinen Antrag zurückgezogen.

Der Herr Abgeordnete Windthorst hat das Wort.

Abgordneter **Windthorst**: Ich habe jetzt nichts mehr zu sagen, der Herr Präsident hat es mit einer Beredsamkeit gethan, die vollendet war.

(Heiterkeit.)

Präsident: Der Herr Abgeordnete Richter (Hagen) hat das Wort.

Abegeordneter **Richter** (Hagen): Ich werde, nachdem die Frage über die Geschäftsbehandlung nach Ansicht des Herrn Präsidenten erschöpft ist, nicht weiter darüber sprechen, ich möchte nur anheim geben, ob es nicht wichtiger wäre, die Berathung der Berichte der Wahlprüfungskommission statt Dienstags, Montags vorzunehmen, da wir Montag ohnehin eine mit mehreren Nummern besetzte Tagesordnung haben, und es doch besser sein würde, vor der großen Getreidebebatte diese Wahlprüfungen zu erledigen.

Der Herr Abgeordnete von Kardorff hat seinen Antrag zurückgezogen; aber um mich nicht Mißbeutungen auszusetzen über die Motive, warum ich mich gegen ein verkürztes Verfahren erkläre, möchte ich doch bemerken: ich halte dieses Gesetz nicht für eine Vorbedingung, um eine Maßregel gegen vereinzelte Spekulationen auf einzelne Artikel zu treffen, das würde auch jetzt ohne dieses Gesetz der Fall sein. Wenn aber meine Freunde sich widersetzen, daß bei der Behandlung dieses Gesetzes der formale Geschäftsgang verlassen wird, so geschieht dies schon deshalb, weil es sich um ein Gesetz von dauernder Bedeutung handelt, das zugleich eine Veränderung der Verfassung enthält.

Präsident: Meine Herren, die Berichte der Wahlprüfungskommission, die noch rückständig sind, sind:

> Bericht der Wahlprüfungskommission über die Wahl im 4. Wahlkreis des Großherzogthums Mecklenburg-Schwerin (Nr. 166 der Drucksachen) —

— da geht der Antrag der Wahlprüfungskommission auf Beanstandung — und dann:

> Bericht der Wahlprüfungskommission über die Wahl im 8. Wahlkreise des Regierungsbezirks Frankfurt a. O. Kreis Sorau (Nr. 167 der Drucksachen) —

— da geht der Antrag der Wahlprüfungskommission auf Ungiltigkeitserklärung der Wahl.

Ich muß bemerken, daß der betreffende Herr Abgeordnete des Wahlkreises Sorau mich allerdings persönlich dringend gebeten hat, ich möchte die Frage der Giltigkeit oder Ungiltigkeit der Wahl so bald als möglich auf die Tagesordnung bringen; er hat selbst die Sache urgirt.

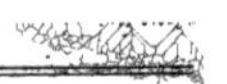

Ich meinerseits habe nichts dagegen, als dritten Gegenstand der Tagesordnung am Montag, also nach den beiden dritten Lesungen, die ich proponirt habe, diesen Bericht der Wahlprüfungskommission, wo die Ungiltigkeit der Wahl beantragt ist, auf die Tagesordnung zu bringen, wenn das Haus damit einverstanden ist. So viel ich übersehen kann, wird dieser Gegenstand die Zeit des Hauses nicht in großem Umfange in Anspruch nehmen.

Das Haus ist damit einverstanden, und mit dieser Maßnahme steht also die Tagesordnung, welche ich für Montag proponirt habe, fest: erst die beiden dritten Lesungen, dann der Bericht der Wahlprüfungskommission, dann das sogenannte Sperrgesetz in erster Berathung und endlich die Fortsetzung der zweiten Berathung des Tarifgesetzes. Mit dieser Tagesordnung findet die nächste Plenarsitzung Montag Vormittag um 11 Uhr statt.

Ich schließe die Sitzung.

(Schluß der Sitzung 4 Uhr 10 Minuten.)

Druck und Verlag der Buchdruckerei der Nordd. Allgem. Zeitung. Pindter.
Berlin, Wilhelmstraße 32.

48. Sitzung

am Montag den 19. Mai 1879.

Seite

Die Sitzung wird um 11 Uhr 45 Minuten durch den Präsidenten Dr. von Forckenbeck eröffnet.

Präsident: Die Sitzung ist eröffnet.

Das Protokoll der letzten Sitzung liegt zur Einsicht auf dem Büreau offen.

Ich habe Urlaub ertheilt: dem Herrn Abgeordneten Freiherrn Schenk von Stauffenberg für acht Tage wegen Krankheit; — dem Herrn Abgeordneten Forkel für acht Tage wegen eines Todesfalls; — dem Herrn Abgeordneten Freiherrn von Manteuffel für morgen und übermorgen wegen dringender landräthlicher Geschäfte.

Es suchen ferner Urlaub nach: der Herr Abgeordnete Hauck für die Dauer der Session zur Beiwohnung der Sitzungen des bayerischen Gesetzgebungsausschusses; — der Herr Abgeordnete Tölke für drei Wochen wegen eines Armbruchs. — Widerspruch wird nicht erhoben; die Urlaubsgesuche sind bewilligt.

Entschuldigt sind für die heutige Sitzung: der Herr Abgeordnete von Reden (Lüneburg) wegen nothwendiger Geschäfte; — ebenfalls wegen nothwendiger Geschäfte der Herr Abgeordnete Uhden; — der Herr Abgeordnete Freiherr von Unruhe-Bomst zur Wahrnehmung eines wichtigen amtlichen Termins; — der Herr Abgeordnete Graf von Nayhauß-Cormons wegen Unwohlseins; — der Herr Abgeordnete Rickert (Danzig) ebenfalls wegen Unwohlseins.

Von der 7. Abtheilung ist die Wahl des Herrn Abgeordneten Tölke im 3. Wahlkreis des Regierungsbezirks Magdeburg geprüft und für giltig erklärt worden.

An Vorlagen sind ferner eingegangen:

1. der Entwurf eines Gesetzes, betreffend die Feststellung eines zweiten Nachtrags zum Reichshaushaltsetat für das Etatsjahr 1879/80;
2. der Bericht über die deutsche Auswanderung nach überseeischen Ländern in den Jahren 1871/78.

Der Herr Abgeordnete Richter (Hagen) wünscht aus der Tarifkommission auszuscheiden. — Dem Wunsch wird nicht widersprochen; es hat daher die 4. Abtheilung ein neues Mitglied zu wählen.

Der Herr Abgeordnete Hauck zeigt seinen Austritt aus der 12. Kommission zur Vorberathung der Wucheranträge an. — Auch dieser Austritt wird genehmigt; es hat daher die 2. Abtheilung ein neues Mitglied zu wählen.

Der Herr Abgeordnete Graf von Bismarck zeigt nach seinem Rechte seinen Austritt aus der Petitionskommission an. Derselbe ist von der 5. Abtheilung gewählt worden; die 5. Abtheilung hat daher, da der Austritt ohne weiteres zulässig ist, ein neues Mitglied in die Petitionskommission zu wählen.

Wir treten in die Tagesordnung ein.

Erster Gegenstand der Tagesordnung ist:

> **dritte Berathung des Entwurfs eines Gesetzes, betreffend den Uebergang von Geschäften auf das Reichsgericht**, auf Grund der in zweiter Berathung unverändert angenommenen Vorlage (Nr. 143 der Drucksachen).

Ich eröffne die dritte Berathung und sonach zuvörderst die Generaldiskussion über das Gesetz. — Ich schließe die Generaldiskussion, da niemand das Wort verlangt.

Ich eröffne die Spezialdiskussion über § 1, — § 2, — § 3, — Einleitung und Ueberschrift des Gesetzes. — Das Wort wird überall nicht genommen; ich schließe alle diese Spezialdiskussionen.

Wir können jetzt sofort über das Ganze des Gesetzes abstimmen, indem ich konstatire, daß die §§ 1, 2, 3, Einleitung und Ueberschrift des Gesetzes in dritter Berathung, da über sie eine Abstimmung nicht verlangt ist, — auch im Augenblicke nicht verlangt wird, sie auch nicht angefochten sind, genehmigt sind.

Ich ersuche demnach diejenigen Herren, welche das Gesetz, betreffend den Uebergang von Geschäften auf das Reichsgericht, nunmehr definitiv und im ganzen annehmen wollen, sich zu erheben.

(Geschieht.)

Das ist die Mehrheit; das Gesetz ist genehmigt.

Wir gehen über zum zweiten Gegenstand der Tagesordnung:

> **dritte Berathung des Uebereinkommens zwischen dem deutschen Reich und Großbritannien, betreffend das Eintreten des deutschen Reichs an Stelle Preußens in den Vertrag vom 20. Dezember 1841 wegen Unterdrückung des Handels mit afrikanischen Negern** (Nr. 160 der Drucksachen).

Ich eröffne die Generaldiskussion in der dritten Berathung. — Da das Wort nicht genommen wird, so schließe ich die Generaldiskussion.

Ich eröffne die Spezialdiskussion über Art. 1, — über Art. 2, — über Art. 3, — über Einleitung und Ueberschrift des Uebereinkommens. — Es nimmt niemand das Wort; ich schließe die Spezialdiskussion. Da eine Abstimmung nicht verlangt ist, so erkläre ich Art. 1, 2, 3, Einleitung und Ueberschrift in dritter Berathung im einzelnen für genehmigt.

Wir können sofort die Gesammtabstimmung über den Vertrag vornehmen, und ich ersuche diejenigen Herren, welche das Uebereinkommen zwischen dem deutschen Reich und Großbritannien, betreffend das Eintreten des deutschen Reichs an Stelle Preußens in den Vertrag vom 20. Dezember 1841 wegen Unterdrückung des Handels mit afrikanischen Negern, welchem Uebereinkommen der Bundesrath seine Zustimmung ertheilt hat, genehmigen wollen, sich zu erheben.

(Geschieht.)

Das ist die Mehrheit; der Vertrag ist genehmigt.

Wir gehen über zum dritten Gegenstand der Tagesordnung:

Bericht der Wahlprüfungskommission über die Wahl im 8. Wahlkreis des Regierungbezirks Frankfurt a. O. (Kreis Sorau) — (Nr. 167 der Drucksachen).

Berichterstatter ist der Herr Abgeordnete Dr. Mendel. Ich ersuche denselben, seinen Platz einzunehmen, und ertheile ihm zur Erstattung seines Berichts das Wort.

Berichterstatter Abgeordneter Dr. **Mendel**: Meine Herren, die im vorliegenden Berichte mitgetheilten Thatsachen erscheinen so klar, und so für den Beschluß der Wahlprüfungskommission zu sprechen, daß ich vorerst auf das Wort verzichte.

Präsident: Ich eröffne die Diskussion und ertheile das Wort zur Begründung seines Antrags Nr. 186 der Drucksachen, der gehörig unterstützt ist, dem Herrn Abgeordneten von Geß.

Abgeordneter **von Geß**: Meine Herren, es ist mir zwar wohl bewußt, daß der Antrag, welchen ich mit meinen politischen Freunden gestellt habe, in diesem hohen Hause theilweise auf Widerspruch stoßen wird; dem ungeachtet habe ich es für meine Pflicht gehalten, die Ansicht, welche ich schon in der Kommission vertheidigt habe, auch hier in diesem hohen Hause zu vertreten, nämlich die Ansicht, daß die Wahl des Abgeordneten Schön giltig ist. Meine Herren, die Mehrheit der Kommission hat mit 9 gegen 4 Stimmen die Wahl Schöns als ungiltig betrachtet wegen angeblicher amtlicher Wahlbeeinflussungen.

Erwarten Sie nicht, meine Herren, daß ich amtliche Wahlbeeinflussungen vertheidigen will, nein, allein nach meiner Ansicht liegt in dem vorliegenden Falle eine solche Wahlbeeinflussung, eine Beeinträchtigung der Wahlfreiheit überall nicht vor. Die Sache, meine Herren, würde ganz anders liegen, wenn etwa die Regierung ihre Machtmittel mißbraucht hätte, um einen bestimmten Kandidaten, Herrn Schön, durchzusetzen. Die Sachlage wäre eine andere, wenn etwa Organe der Regierung einen psychischen Zwang ausgeübt hätten, oder in anderer Weise aktiv in den Wahlbetrieb eingegriffen haben würden, wenn z. B. Vortheile versprochen worden wären, etwa die Erbauung von Eisenbahnen, Kanälen oder Errichtung einer Garnison für den Fall, daß ein bestimmter Kandidat gewählt würde, oder wenn die Regierung, oder ihre Organe einen Nachtheil in Aussicht gestellt hätten, für den Fall, daß ihr Kandidat nicht gewählt werden sollte, oder wenn in anderer Weise eine Wahlbeeinflussung stattgefunden hätte, wenn etwa die Regierung Wahlversammlungen beschränkt oder verhindert haben würde, oder wenn, wie es im Knoblochschen Falle angezeigt war, die Regierung einen Einfluß auf die Presse ausgeübt hätte, um Wahlbekanntmachungen zu gunsten des Gegenkandidaten zu verhindern, oder wenn einzelne Wähler durch Regierungsakte in unbegründeter Weise an der Ausübung ihres Wahlrechts verhindert worden wären; aber, meine Herren, von alledem liegt im vorliegenden Falle lediglich nichts vor. Es handelt sich hier nur um die Bezeichnung eines bestimmten Kandidaten, um die Empfehlung des Kandidaten und zwar überdies in indirekter Weise, nämlich in der Form eines Berichts über eine Wahlversammlung. Meine Herren, in einem solchen Akte, in einer solchen Erklärung finde ich eine Wahlbeeinflussung nicht. Eine solche Erklärung ist nicht geeignet, einen Druck auf die Wähler auszuüben, sie ist nicht geeignet, bestimmend auf die Wähler einzuwirken. Sie sagt nur, welcher Kandidat der Regierung genehm wäre, sie läßt aber dem Wähler durchaus seine Freiheit, er kann thun, was er will, er weiß nur, wer der Regierung genehm wäre, ist aber nicht gezwungen, denselben zu wählen; es ist keine Spur von einem Mißbrauch der Machtmittel der Regierung vorhanden. Meine Herren, ich glaube wohl sagen zu dürfen, daß noch niemals eine Wahl vorgekommen sein wird, wo nicht irgend ein Organ der Regierung, sei es auch nur gegenüber einzelnen Wählern mündlich seine Ansicht ausgesprochen hat, daß der eine der Kandidaten der Regierung genehmer wäre, als der andere und noch niemals, ich bin überzeugt, ist bloß wegen einer solchen Aeußerung eine Wahl kassirt worden. Wir würden, meine Herren, wenn wir der Mehrheit der Kommission folgen würden, die Fälle der Ungiltigkeit sehr bedenklich vermehren. Wenn bei irgend einem amtlichen Anlaß eine Aeußerung von einem Minister, Landrath oder einem anderen Organ der Staatsregierung darüber ausgesprochen würde, welcher Kandidat von der Regierung vorgezogen würde, könnte daraus sofort ein Ungiltigkeitsgrund abgeleitet werden. Ja, meine Herren, ein Landrath hätte es sogar in seiner Hand, eine Wahl ungiltig zu machen; wenn er voraussehen würde, daß etwa der ihm nicht genehme Gegenkandidat Aussicht hätte, gewählt zu werden, dürfte er nur bei der nächsten besten amtlichen Gelegenheit eine Empfehlung desselben aussprechen und die Wahl könnte angefochten werden. Dies wäre zwar nicht zu billigen, aber die Möglichkeit liegt vor, und ich habe damit nur beweisen wollen, welches zweischneidige Schwert Sie konstruiren, wenn Sie von solchen Dingen die Ungiltigkeit einer Wahl abhängig machen wollten.

Dann aber, meine Herren, mache ich darauf aufmerksam, daß nach der Thesis der Wahlprüfungskommission mit der Billigung dieses hohen Hauses stets angenommen wurde, daß ein Beamter berechtigt sei, in seiner Eigenschaft als Privatperson an Wahlagitationen sich zu betheiligen. Ein Landrath wäre also als Wähler durchaus berechtigt, eine lange Rede in einer Wahlversammlung an die Wähler zu halten und einen bestimmten Kandidaten zu empfehlen. Es werde das eine Ungiltigkeit der Wahl nicht zur Folge haben, wenn er aber bei amtlicher Gelegenheit und vor wenigen Wählern einen Kandidaten empfiehlt, soll die Wahl ungiltig sein! Ebenso wäre ein Landrath vollständig berechtigt, im Inseratentheil einer Zeitung einen langen Zeitungsartikel zu veröffentlichen und in diesem Artikel einen bestimmten Kandidaten zu empfehlen, er dürfte sogar seinen Namen „Landrath von Lessing" unterschreiben, das würde zur Ungiltigkeit nicht führen, denn er ist als Privatperson berechtigt, so etwas zu thun. Sobald aber der Landrath denselben Artikel im amtlichen Theil der Zeitung abdrucken läßt und unterschreibt: „Königlicher Landrath von Lessing", dann, meine Herren, soll die Wahl ungültig sein. Lediglich von einem solchen äußerlichen Umstand soll die Ungiltigkeit der Wahl abhängen. Der Wirkung, der Sache nach ist es ja aber ganz gleich, ob der Landrath etwas derartiges in amtlicher Eigenschaft sagt oder schreibt oder in privater Eigenschaft denn wenn er als Wähler einen Kandidaten empfiehlt, dann, meine Herren, wird doch jedermann annehmen, daß er einen Kandidaten empfiehlt, den die Regierung haben will; er wird gewiß einen anderen, der Regierung nicht angenehmen Kandidaten nicht empfehlen; denn, meine Herren, der private Herr Landrath und der amtliche Herr Landrath sind ja ungemein schwer von einander zu trennen, und doch hat die Wahlprüfungskommission und das hohe Haus stets angenommen, daß Beamte berechtigt seien, in privater Eigenschaft sich an dem Wahlbetrieb zu betheiligen.

Dann aber, meine Herren, frage ich Sie, welches Armuthszeugniß würden wir den Wählern ausstellen, wenn wir annehmen würden, daß jedes Wort der Regierung, eine einfache Empfehlung, die einfache Bezeichnung eines bestimmten Kandidaten bestimmend auf ihren Willen wirken werde und müsse.

Welches Armuthszeugniß werden wir, meine Herren, insbesondere ausstellen den Wählern in den altpreußischen Provinzen; denn es hat ja im Kommissionsbericht die Mehrheit der Kommission gesagt, eine solche bestimmte Bezeichnung eines Kandidaten, wie im vorliegenden Falle, sei gerade in den altpreußischen Provinzen unzweifelhaft von dem erheblichsten Einfluß! Meine Herren, ich glaube, daß dieser Vorwurf ein durchaus unberechtigter ist und daß wir ihn zurückweisen müssen. Wir müssen annehmen, daß das Wahlgesetz mündige und selbstständige Wähler voraussetzt,

(sehr richtig! rechts.)

und es hat für die Selbstständigkeit eine besondere Gewähr geschaffen, indem es ein geheimes Wahlrecht eingeführt hat. Wir sind nicht berechtigt anzunehmen, daß ein solches Wort der Regierung, die einfache Empfehlung eines Kandidaten, fortwirke bis zur Abstimmung, bis zur geheimen Abstimmung, daß dieses Wort bestimmend sei bis zur Wahlurne. Ganz besonders haben wir kein Recht, den Wählern in den altpreußischen Provinzen eine geringere Selbstständigkeit, eine geringere Widerstandskraft zuzutrauen, als in den anderen Provinzen.

Ich glaube Ihnen hiermit nachgewiesen zu haben, daß im vorliegenden Falle, an sich betrachtet, eine Wahlbeeinflussung nicht vorliegt.

Nun fragen wir aber ferner, ist nicht nach den Umständen des Falles in concreto anzunehmen, daß die Empfehlung dennoch beeinflussend gewirkt hat, weil etwa Umstände hinzugetreten wären, durch welche der Wille der Wähler beeinträchtigt, beeinflußt worden ist?

Auch diese Frage, meine Herren, ist zu verneinen. Alles, was in dem Protest in dieser Richtung vorgebracht worden ist, wurde von Ihrer Kommission als durchaus unerheblich bezeichnet. Es bleibt sonach lediglich gar nichts übrig als eben die einfache Empfehlung eines Kandidaten und zudem in indirekter Form.

Bei dem Knoblochschen Fall, meine Herren, auf welchen die Kommission sich berufen hat, war die Sachlage eine ganz andere; da waren Anhaltspunkte für direktes Eingreifen der Regierung in den Wahlbetrieb vorhanden; hier aber fehlt alle und jede Anzeige des Mißbrauchs der Amtsgewalt, des Mißbrauchs der Machtmittel der Regierung.

Nun sagt aber die Mehrheit der Kommission, die Empfehlung könne doch im vorliegenden Falle möglicherweise beeinflussend gewirkt haben; man könne eben diesen Einfluß nicht schätzen. Allein, meine Herren, zu einer solchen Vermuthung sind wir nicht berechtigt, wir können uns nicht in das weite Reich der Möglichkeiten begeben, um erst Ungültigkeitsgründe aufzufinden und durch Vermuthungen zu konstruiren. Wir müssen uns, meine Herren, auf dem Boden der Thatsachen bewegen und Thatsachen und Beweis liegen nun einmal nicht vor.

Bei dieser Sachlage, meine Herren, kann ich ganz absehen von dem weiteren Umstand, daß die Empfehlung des Herrn Abgeordneten Schön bei der ersten Wahl stattgefunden hat und daß dieser ersten Wahl eine Stichwahl gefolgt ist, daß sonach bei dieser zweiten Wahl die Wähler wiederholt Gelegenheit hatten, mit freier Entschließung ihre Stimmen abzugeben.

Ich bemerke übrigens ausdrücklich, daß ich nicht gemeint bin, das Verfahren des Herrn Landraths von Lessing zu billigen. Ich glaube, es wäre besser gewesen, wenn er die hier in Frage kommende Handlung unterlassen hätte; aber, wie gesagt, ich finde eben in dieser Handlung keine Beeinflussung, keine Beeinträchtigung der Freiheit der Wähler.

Meine Herren, wenn Sie auch nur Zweifel haben sollten, ob eine solche Beeinflussung vorliegt, so dürfen Sie diese Wahl nicht für ungiltig erklären, denn in dubio in mitius und im Zweifel müssen Rechtsakte aufrecht erhalten werden, sie dürfen nicht vernichtet werden. Wir dürfen, meine Herren, einen so wichtigen Akt, wie die Wahl eines Reichstagsabgeordneten, den Willensakt von über 7000 Wählern nicht vernichten, ohne daß wir einen klar erwiesenen Ungiltigkeitsgrund haben. Auf Vermuthungen dürfen wir eine solche folgenschwere Entscheidung nimmermehr gründen!

(Bravo!)

Präsident: Das Wort wird nicht weiter gewünscht; ich schließe die Diskussion.

Der Herr Berichterstatter hat das Wort. — —

Meine Herren, es wird mir im Augenblick gemeldet, daß der Herr Abgeordnete Freiherr von Heereman sich zum Wort gemeldet hat. Die Meldung ist allerdings, glaube ich, nicht erfolgt vordem, daß ich den Schluß aussprach. Wenn sie aber übersehen sein sollte . . . .

(wird verneint)

Dann bedaure ich, daß ich das Wort nicht mehr ertheilen kann, da die Diskussion geschlossen ist.

Der Herr Berichterstatter hat das Wort.

Berichterstatter Abgeordneter Dr. **Mendel**: Meine Herren, der Herr Vorredner hat vorerst behauptet, daß überhaupt kein psychischer Zwang bei dieser Wahl stattgefunden hätte. Wie liegt die Sache?

Im amtlichen Blatte des Kreises ist als eine Bekanntmachung der Behörde, unterschrieben von dem „königlichen Landrath Geheimen Regierungsrath von Lessing“ eine Aufforderung an die Wähler gerichtet worden, im Sinne der Regierung zu wählen, und die bestimmte Person bezeichnet worden, die im Sinne der Regierung ihr Mandat erfüllen würde.

Es ist diese Empfehlung angeschlossen an einen halbamtlichen Artikel der Provinzialkorrespondenz.

Ich glaube, daß unter diesen Umständen doch wohl kein Zweifel darüber sein kann, daß es sich um eine amtliche Handlung handelt. Verlangen Sie etwa noch, daß der Landrath darunter schriebe: „Wer dieser Bekanntmachung zuwiderhandelt, wird mit einer entsprechenden Geldstrafe oder Haft bestraft?“ Denn das würde eine vollständige Verordnung konstatiren. Der Herr Vorredner meint, daß selbst, wenn dieses richtig ist, ein Einfluß nach dieser Richtung hin auf die Wahlen nicht konstatirt werden kann. Ich glaube, der Herr Vorredner kennt die preußischen Landräthe, speziell die altpreußischen Landräthe nicht und ich mache ihm daraus keinen Vorwurf. Der Landrath in einem solchen Wahlkreise ist die mächtigste Person und hat einen ungemein großen Einfluß, einen Einfluß, der durch die neue Kreisordnung in erheblichster Weise verstärkt worden ist. Ich möchte sagen: in allen Angelegenheiten, die tief in die wirthschaftlichen und sozialen Verhältnisse des einzelnen hineingreifen, ist der Landrath schließlich die ausschlaggebende Person.

Ich muß also auch in dieser Beziehung daran festhalten, daß eine solche Bekanntmachung von dem allererheblichsten Einfluß auf die Wähler sein muß.

Die Frage, die uns aber im wesentlichen meiner Ansicht nach hier beschäftigt, ist die: sollen wir offizielle Regierungskandidaturen zulassen oder nicht? Meine Herren, diese Frage ist im preußischen Abgeordnetenhause bereits verhandelt worden. Der preußische Herr Minister des Innern hat damals behauptet, daß es sich um eine offizielle, um eine Regierungskandidatur in dem Sinn, wie sie in Frankreich geübt wird, nicht handele. Der Herr Abgeordnete Windthorst hat damals in der Sitzung vom 12. Dezember 1878 erklärt, und ich glaube, daß wir ihm vollständig beistimmen können — mit Erlaubniß des Herrn Präsidenten verlese ich die betreffende Stelle:

Der Herr Minister sagt, wir haben keine offiziellen Kandidaturen, gehen Sie nach Frankreich und Sie werden dann den Begriff derselben kennen lernen. Nichtsdestoweniger gibt der Herr Minister zu, daß die Landräthe die Kandidaten bezeichnen, welche genehm seien, die offiziellen Kandidaturen in Frankreich gipfeln auch darin, daß die Regierung bezeichnet, wen sie gewählt haben will, und insofern ist also das jetzige Verfahren von dem französischen absolut nicht verschieden. Die Verschiedenheit besteht vielleicht darin, daß die Franzosen uns in den Mitteln, die bezeichneten Kandidaten durchzusetzen, allerdings wohl noch voraus sind. Ich fürchte aber, daß wir bei dem fortschreitenden Imperialismus, in dem wir uns befinden, die Franzosen bald auch in den Mitteln eingeholt haben werden.

Ich glaube, daß wir dem vollständig zustimmen können und daß es sich in der That um eine offizielle Regierungskandidatur handelt, und ich glaube, es ist die Pflicht des hohen Hauses, bei dem ersten Mal, in dem solche Regierungskandidaturen zur Verhandlung kommen, ein Veto ihnen entgegenzusetzen. Meine Herren, ich bitte Sie, dem Beschluß der Wahlprüfungskommission zuzustimmen und durch Ihr Votum dem deutschen Volke zu zeigen, daß auch selbst der Versuch, die Stellen in diesem hohen Hause durch amtlichen Einfluß zu besetzen, energisch zurückgewiesen wird und daß er von dem Reichstag nur beantwortet werden kann mit der Vernichtung des Mandats.

Präsident: Der Präsident des Reichskanzleramts hat das Wort.

Präsident des Reichskanzleramts Staatsminister **Hofmann**: Meine Herren, ich bedauere, durch Ergreifen des Worts die Diskussion wieder eröffnen zu müssen, allein ich halte mich für verpflichtet, gegenüber den Aeußerungen, die der Herr Berichterstatter soeben in seinem Schlußwort gethan hat, doch eine Bemerkung seitens der Regierung zu machen. Es ist ja bisher Regel gewesen, daß von Seiten der verbündeten Regierungen in den Angelegenheiten der Wahlprüfungen das Wort nicht genommen wird. Wenn aber Angriffe erfolgen auf die Haltung der Regierung, wie sie der Herr Berichterstatter so eben vorgetragen hat, indem er von einem „fortschreitenden Imperialismus“ sprach,

(Widerspruch links)

da glaube ich, sind doch die verbündeten Regierungen in der Lage, Stellung zu nehmen und derartige Vorwürfe zurückzuweisen. Meine Herren, man kann von „fortschreitendem Imperialismus“ nicht sprechen, wenn ein Beamter von dem Rechte Gebrauch macht, das ihm als Staatsbürger zusteht, sich bei der Wahlagitation zu betheiligen. Dies Recht, meine Herren, glaube ich für die Beamten in Anspruch nehmen zu müssen. Es ist das auch früher geschehen. So lange der Beamte nicht seine amtliche Eigenschaft auf ungehörige Weise in die Wahlagitation mischt, übt er nur ein Recht aus, das ihm wie jedem anderen Staatsangehörigen und Reichsbürger zusteht. Es läßt sich also auch daraus, daß ein Beamter in seiner Eigenschaft als Reichsangehöriger an der Agitation theilnimmt, die Ungiltigkeit der Wahl nicht ableiten.

Präsident: Die Diskussion ist wieder eröffnet.
Der Herr Berichterstatter hat das Wort.

Berichterstatter Abgeordneter Dr. **Mendel**: Ich möchte vorerst dem Herrn Präsidenten des Reichskanzleramts bemerken, daß von dem fortschreitenden Imperialismus der Herr Abgeordnete Windthorst im preußischen Abgeordnetenhause gesprochen hat, und daß also die Angriffe desselben in erster Reihe gegen den Herrn Abgeordneten Windthorst gerichtet sein würden.

Präsident: Der Herr Abgeordnete Freiherr von Heereman hat das Wort.

Abgeordneter Freiherr **von Heereman**: Meine Herren, wenn es Ihnen auffallend erscheinen mag, daß ein Mitglied der Wahlprüfungskommission hier im Hause bei dieser Angelegenheit jetzt das Wort ergreift, so glaube ich, werden Sie es dadurch gerechtfertigt finden, daß wir zu Anfang dieser Debatte erlebt haben, daß ein Mitglied der Wahlprüfungskommission einen Antrag gegen die Beschlüsse der Kommission hier einbringt. Ich habe diesen Vorgang sehr bedauert, und um so mehr, da wir bisher in der Wahlprüfungskommission die Auffassung gehabt haben, ganz objektiv in der Weise eines Gerichtshofes, in gewisser Weise als Richter, die Sachen zu behandeln und von jeglicher Parteiauffassung abzusehen.

(Sehr wahr!)

Meine Herren, dieses Gefühl wird für mich in etwas beeinträchtigt durch ein solches Vorgehen.

Es handelt sich hier um eine direkte Wahlbeeinflussung seitens der Regierung. Meine Herren, man mag die Sache auslegen wie man will, der innere Kern bleibt stets gerade ein solcher. Ich habe an und für sich nichts gegen die Aufnahme des Artikels der Provinzialkorrespondenz auch in ein amtliches Kreisblatt, die Ausführungen sind objektiv, materiell gehalten, und dagegen kann man keine Einwendungen erheben. Wenn aber hinzugesetzt wird seitens des Landraths, er fordere hiernach, nach dem Artikel, sämmtliche Wähler auf, an der Wahlurne zu erscheinen, und fügt dann hinzu:

> Derjenige, der die Auffassung der Regierung vertritt und der in dieser Weise sich als Kandidat empfiehlt, das ist Herr Rittergutsbesitzer Schön, — 2c.

Meine Herren, dabei ist zwar eine gewisse äußere Rücksicht gewahrt, aber innerlich heißt es: ich fordere auf, für Herrn Schön zu stimmen.

(Sehr richtig!)

Meine Herren, es ist nun gesagt, dies sei nur eine Proklamation, es sei keine Empfehlung. Der Herr Abgeordnete von Geß hat das gesagt. Meine Herren, dem widerstreite ich entschieden, es liegt ganz direkt die Empfehlung eines Kandidaten, einer bestimmt genannten Person vor.

Dann ist ausgeführt worden, Herr von Geß hat gesagt, und zu meinem Bedauern ist sogar der Herr Präsident des Reichskanzleramtes dieser Auffassung beigetreten, daß hier nur die Mittheilung eines Privatmannes, nicht eine amtliche Aeußerung vorliege; meine Herren, das ist ein ganz außerordentlich großer Irrthum. Ich will keinem Beamten vorschreiben, daß er persönlich seine Ansicht über die Wahlen äußert, er ist als Staatsbürger gerade ebenso berechtigt zu wählen und für sich seine Auffassung zu haben und sie zu äußern, wie jeder andere Mensch; sobald er aber als Beamter auftritt, so benutzt er die Autorität des Staates, um einen Druck auf die Wahl auszuüben, die Autorität des Staates, die sich in seiner Person konzentrirt. Das halte ich für unzulässig in jedem Fall, und wo ich diesen Einfluß finde, da halte ich die Wahl für beeinflußt und deshalb für ungültig. Wenn der Herr Präsident des Reichskanzleramts gesagt hat, hier hätte der Herr von Lessing nur seinen Einfluß als Privatmann ausgeübt, so halte ich dies, wie ich schon vorher bemerkt habe, für unbedingt unrichtig. Zunächst steht die Aufforderung als Bekanntmachung der Behörden in dem amtlichen Theil des Kreisblatts und ist unterzeichnet: „königlicher Landrath, Geheimer Regierungsrath von Lessing.“ Meine Herren, wenn das eine Privatäußerung ist, dann möchte ich wohl mal eine amtliche sehen,

(Heiterkeit)

amtlicher und direkter ist es kaum möglich, wenn man dabei

zugleich eine gewisse Form machen will. Allerdings hätte jemand als Beamter noch weiter gehen können und sagen, ihr sollt den und den wählen, und wenn ihr ihn nicht wählt, so trifft euch ein Nachtheil u. dgl. Das ist allerdings noch ein weiteres amtliches Maß, welches aber doch im Allgemeinen als eine Unmöglichkeit erscheinen muß.

Dann hat Herr von Geß weiter gesagt, es sei ein Armuthszeugniß für die Wähler, wenn man annehme, es sei durch einen solchen Druck oder durch eine solche Agitation sofort die Wahl beeinflußt. Das lautet sehr schön und objektiv und vielleicht auch human und unserer Zivilisation entsprechend, nehmen wir aber praktisch die Verhältnisse, wie sie liegen, da stellt sich die Sache denn doch ganz anders. Die Regierung hat eine sehr große Macht bezüglich der Wahlen, und wenn sie direkt sich äußert, so tritt ein großer Druck der Regierung für die Wahl ein, er äußert sich von den obersten Beamten bis zu den untersten herunter und wir sehen ja, wie weit die Regierung zu Zeiten in manchen Fällen gegangen ist, in denen auch sogar mittelbare Staatsbeamte nicht unbedingt ihrer Auffassung beigepflichtet haben; der Druck geht herunter bis zu den untersten und kleinsten Beamtenstellen und anderen etwa abhängigen Leuten hin. Ich möchte aber nun das umgekehrte einmal sehen. Der Herr Präsident des Reichskanzleramts sagt, die Beamten dürfen in solcher Weise vorgehen, sie handeln als Privatleute, sie haben das Recht dazu. Meine Herren, ich möchte mal sehen, was der Herr Präsident des Reichskanzleramts sagte, wenn ein Beamter im umgekehrten Sinne auftrete und gegen die Regierung ein solches Programm erließe,

(sehr richtig! Ruf: Kreisrichter!)

— ein Verwaltungsbeamter will ich dann sagen, denn ein Kreisrichter erläßt wohl nicht amtlich solche Erklärungen, er macht kein Erkenntniß über einen solchen Fall!

Ich möchte glauben, wenn man in Bezug auf die Wahlthätigkeit der Beamten gegen die Regierung so genau und scharf ist, so muß die Regierung doch im Interesse der freien Wahl in dem umgekehrten Fall, während ein Einfluß für die Regierung sich geltend macht, sehr vorsichtig, objektiv und unparteiisch die Sache ihrerseits behandeln.

Nach allen diesen Ausführungen kann ich die Wahl nur für ungültig ansehen und es kommt hinzu, daß nicht bloß die Kommission, sondern auch bereits in einem Falle der Reichstag eine solche Aufstellung eines solchen Regierungskandidaten für ungiltig angesehen hat. Der Fall ist bereits im Reichstag entschieden,

(Ruf: welcher?)

und die Konsequenz nöthigt nun in dieser Weise vorzugehen.

(Ruf: welcher Fall?)

Ich gebe zu, daß da die Sache allerdings schärfer lag wie hier,

(Ruf: wo denn?)

z. B. in dem Fall Knobloch.

(Widerspruch.)

Der Reichstag hat allerdings nicht Beschluß gefaßt, aber die Majorität war ganz klar und in Folge dessen hat wohl Herr von Knobloch sein Mandat niedergelegt.

(Heiterkeit.)

Präsident: Der Herr Abgeordnete von Schöning hat das Wort.

Abgeordneter von Schöning: Meine Herren, Herr von Heereman hat dem Herrn Abgeordneten von Geß gewissermaßen einen Vorwurf daraus gemacht, daß er, ein Mitglied der Wahlprüfungskommission, gegen die Beschlüsse der Wahlprüfungskommission eingetreten sei und einen entgegengesetzten Antrag gestellt hat. Dieser Fall, meine Herren, ist nicht neu und das desfallsige Verfahren erklärt sich meines Erachtens ganz einfach dadurch, daß die Mitglieder der Wahlprüfungskommission über die Wahlen überhaupt und über die einzelnen vorliegenden Fälle besonders orientirt sind.

(Sehr richtig!)

Ich halte es für ganz in der Ordnung, daß auch die Minderheit der Wahlprüfungskommission, wenn in derselben verschiedene Meinungen bestanden haben, hier ihre Meinung ausspricht. Ich, meine Herren, gehöre auch zu der Minderheit der Wahlprüfungskommission und sehe mich veranlaßt, nachdem Herr von Heereman entgegenstehende Ausführungen gemacht hat, und mit Rücksicht auf die Ausführungen des Herrn Referenten einige Bemerkungen zu machen.

In dem Bericht der Wahlprüfungskommission wird zunächst die Ansicht des Referenten mitgetheilt und von ihm gesagt:

> Der Reichstag hat bisher die direkte amtliche Empfehlung eines Kandidaten als Grund für die Vernichtung der Wahl in dem betreffenden Bezirk angesehen.

Es ist mir nicht gelungen, — vielleicht wird der Herr Referent Gelegenheit haben das Gegentheil näher auszuführen, — die Fälle zu ermitteln, wo lediglich in Folge einer amtlichen Bekanntmachung eines Beamten oder eines Landraths eine Wahl annullirt worden ist. Wenn Herr von Heereman jetzt auf den Fall von Knobloch Bezug genommen hat, so bemerke ich, daß dieser Fall ganz anders liegt. In diesem Falle war nicht bloß eine Bekanntmachung erfolgt, sondern es wurde behauptet, daß eine große Zahl von Wahlbeeinflussungen stattgefunden habe, die mit der vorliegenden Wahl in Verbindung stehen. Der Fall scheidet aber ganz aus, weil er im Plenum des Reichstags nicht zur Erörterung gekommen ist,

(sehr richtig!)

und wenn die Kommission in einem Falle ein Präjudiz aufstellt, welches nicht im Plenum zur Entscheidung gekommen ist, so kann man sich doch nicht auf ein Präjudiz des Plenums des Reichstags berufen, wie es hier nach den Ausführungen des Herrn von Heereman geschehen zu sollen scheint.

(Sehr richtig!)

In der Kommission wurde von der Minderheit geltend gemacht, daß in der Bekanntmachung eine direkte Empfehlung des Rittergutsbesitzers Schön nicht zu finden sei, sondern nur ein objektiver Bericht über eine stattgefundene Versammlung; man vermißte ferner die zu einer amtlichen Beeinflussung der Wähler erforderlichen adminiculirenden Momente, und so viel ich mich der Verhandlungen des Reichstags entsinne, — ich habe ihm ja längere Zeit angehört, — ist nie auf eine bloße Bekanntmachung eines Beamten hin eine Wahl annullirt worden, sondern es haben stets noch andere Annullirungsmomente vorgelegen. In einem Falle, der auch anderweit schon mehrfach berührt worden ist, in dem Eisenlohrschen Fall, von dem der Herr Abgeordnete Rickert im preußischen Abgeordnetenhause bei Gelegenheit der preußischen Wahl gesprochen und behauptet hat, daß ich diesen Bericht erstattet hätte, — eine Behauptung, die nicht richtig ist, sondern der Bericht ist von Herrn Ensoldt erstattet worden, — in diesem Eisenlohrschen Fall liegt die Sache so, daß ein Bürgermeister mit der Schelle eine Gemeindeversammlung berufen und die Gemeindemitglieder unter Androhung von 4 Mark Strafe für den Fall des Ausbleibens vorladen ließ; er hat in der Versammlung eine Bekanntmachung mitgetheilt, die früher schon bekannt gemacht sein soll, und dann Mittheilungen gemacht, von denen behauptet wurde, daß es nicht nöthig gewesen sei, diese Sachen zu erörtern. Dann hat er in der Versammlung den Herrn Eisenlohr als Kandidaten empfohlen und hinzugefügt;

Herr Eisenlohr könne der Gemeinde nützen. Es wurde behauptet, die Gemeindemitglieder hätten gewußt, was diese Aeußerung zu bedeuten habe, denn in der Gemeinde Nußheim habe eine Ueberschwemmung stattgefunden und man habe geglaubt, daß den Leuten eine Entschädigung für diese Ueberschwemmung gezahlt werden würde, wobei Herr Eisenlohr Einfluß habe. Hier liegt eine ganz bestimmte Andeutung direkter Vortheile vor und so liegt der Fall ganz anders. Aber, meine Herren, der Bürgermeister in Nußheim ging damals noch weiter: er verbat sich in der Versammlung die Unterbrechung seiner Rede, es kam niemand anders zum Wort und er bedrohte jeden, der ihn unterbreche, mit Verhaftung.

(Hört, hört!)

Nun, meine Herren, ich denke, da liegt der Fall doch ganz anders. Wir von dieser Seite des Hauses (rechts) haben bisher immer den Satz anerkannt, der vom Kollegen von Geß vorhin vertreten worden ist, nämlich, daß zur Ungiltigkeitserklärung einer Wahl eine amtliche Beeinflussung der Wähler vorliegen müsse. In der alleinigen Bekanntmachung eines Landraths eine solche zu finden, sind wir nicht im Stande, wenngleich ich Ihnen zugebe, und ich glaube, es besteht in meiner Partei in Bezug auf den Ausspruch, den der Herr von Geß gethan hat, keine Meinungsverschiedenheit, daß wir das Vorgehen des Landraths im vorliegenden Fall nicht für empfehlenswerth erachten.

(Heiterkeit links.)

Daß es nicht richtig ist, — ja, darin sind wir vollständig einig. Aber wir verlangen, daß noch etwas anderes vorliegen muß, als blos diese Bekanntmachung des Landraths, die eine lediglich referirende war. Er hat eine Empfehlung für Herrn Schön an die Bekanntmachung nicht geknüpft.

(Sehr richtig! rechts.)

Ich glaube noch eingehen zu müssen auf einen Punkt, der mir von besonderer Wichtigkeit scheint. Es ist angeführt worden, die Praxis des Reichstags stehe dem Verfahren der Kommission zur Seite. Das ist nicht der Fall. Ich theile Ihnen zunächst einen Fall mit, der von besonderer Bedeutung ist. Es handelte sich um Ungiltigkeitserklärung der Wahl, die von der Abtheilung beantragt worden war, des Herrn von Helldorff, in der Sitzung vom 16. April 1868. In diesem Falle hatte der Landrath Weidlich sämmtliche Wahlvorsteher zusammengeladen in seiner Eigenschaft als Wahlkommissarius. Das ist eine amtliche Handlung. Er instruirte sie als Wahlkommissarius und sagte: ich bin für den und den, ihr als Wahlvorsteher könnt doch auch nach Möglichkeit einwirken.

Meine Herren, Sie haben hier eine direkte amtliche Einwirkung. In diesem Falle nahm der Reichskanzler das Wort und erklärte:

> Ich ergreife nur das Wort, um dieses Recht der Regierung im Prinzip zu konstatiren, einer jeden einzelnen und der gesammten Bundesregierungen; sie haben das Recht zu einem freien Glaubensbekenntniß in Bezug auf die Personen, die sie gewählt zu sehen wünschen, ebensogut wie jeder Privatmann. Wozu sie nicht das Recht haben, das ist irgend welche Beeinflussung durch Drohung, durch Inaussichtnahme von Vortheilen oder Nachtheilen, wenn so oder so gestimmt wird.

Etwas Aehnliches ist im vorliegenden Fall nicht geschehen, es ist nicht einmal behauptet worden. In jenem Falle haben Sie die amtliche Berufung von Wahlvorstehern durch den Wahlkommissar, der sie instruirt, für eine bestimmte Wahl zu wirken, und in jenem Falle hat das Plenum das Votum der Abtheilung verworfen

(hört hört! rechts)

und die Wahl für giltig erklärt.

Ich will Ihnen einen neueren Fall anführen aus dem Jahre 1877. In dem Bericht über die Wahl im 8. Wahlkreise des Regierungsbezirks Kassel, Hanau wurde behauptet, daß bei der Wahl des Herrn Abgeordneten Weigel ein Bürgermeister dem Amtsdiener den Auftrag ertheilt habe, auszuschellen: „wer nicht in die Hände der Sozialdemokraten fallen wolle, müsse Weigel wählen." Das wurde also amtlich durch den Amtsdiener ausgeschellt, und die Kommission fügt als ihre Ansicht hinzu:

> Die Kommission hält das Verfahren zwar für ungeschickt,
>
> (Heiterkeit rechts)
>
> kann aber in der Sachlage nichts weiter finden, als eine Kennzeichnung des politischen Standpunkts der beiden Kandidaten, daher eine Folge daran nicht knüpfen.

Dieses Votum der Kommission hat das Plenum seinerzeit ratihabirt.

Ich will Ihnen noch zwei andere Fälle aus dem vorigen Jahr vorführen. Es ist nämlich in dem Potsdamer zweiten Wahlkreis der Herr von Grävenitz gewählt worden. Sein Bruder, der Landrath von Grävenitz, hatte bei dem Buchdrucker Zettel bestellt für die Wahl des Obertribunalraths von Grävenitz, Mitglied des Reichstags; diese Zettel sind durch den Kreisausschußsekretär Rogge verbreitet worden, und es ist endlich unter den amtlichen Bekanntmachungen auch ein Aufruf für Herrn von Grävenitz enthalten. Es war die Ungiltigkeitserklärung dieser Wahl beantragt, der Reichstag hat die Wahl für giltig erachtet.

(Hört, hört!)

In einem anderen Falle, — er betrifft den Wahlkreis Hannover V im Jahre 1877 und es war gewählt Herr Struckmann — in diesem Falle hatte Kreishauptmann Dehnicke unter Hinzufügung des Amtscharakters die Wahlversammlung einberufen. Meine Herren, Sie sehen, glaube ich, aus diesen Fällen, daß der Reichstag unterschieden hat, ob eine Wahlbeeinflussung vorliegt oder nicht.

Wir stellen uns auf den Standpunkt, daß eine solche Beeinflussung in der vorliegenden Bekanntmachung nicht enthalten ist, und ich trete in dieser Beziehung vollständig den Ausführungen des Herrn von Geß bei und kann Ihnen deshalb nur empfehlen, den Antrag des Herrn von Geß anzunehmen, das heißt, die Wahl für giltig zu erklären.

(Bravo! rechts.)

Präsident: Der Herr Abgeordnete Windthorst hat das Wort.

Abgeordneter **Windthorst:** Meine Herren, ich bedaure, daß ich den eben gehörten Ausführungen nicht beitreten kann. Nach dem Zahlenverhältniß bei der Wahl wird ja die Wiederwahl an sich wohl nicht sehr zweifelhaft sein, und so handelt es sich nach meinem Dafürhalten hier wesentlich nur um eine Prinzipienfrage, die wir nicht unbeantwortet lassen dürfen.

Was zunächst die Erwägungen betrifft, ob ein Mitglied der Wahlprüfungskommission wohlthut, hier gegen die Anschauungen der Wahlprüfungskommission anzugehen, so will ich darüber nicht streiten, das ist eine Geschmacksache; das Recht dazu hat jedenfalls jedes Mitglied.

Was die Sache betrifft, so liegt hier eine deutliche Aufforderung des amtlichen Organs der Regierung vor, in dem betreffenden Bezirk den Herrn Schön zu wählen. Dieses Verfahren kann ich absolut nicht für zulässig erachten. Der Beamte kann als einzelne Privatperson, aber nicht als Beamter seine Meinung äußern, er kann als Privatperson für die Wahl thätig sein, aber in seiner amtlichen Qualität darf er es nicht, muß er sich jeder Thätigkeit enthalten. Ich bin erstaunt, daß der Herr Präsident des Reichskanzleramts hier sich in die Dinge mischt. Zu einer Zeit, als die Sachen anders liefen, habe ich derartiges nicht erlebt. Wenn ein Geistlicher in der unbefangendsten Weise irgend eine Aeußerung zu Gunsten eines Kandidaten gemacht hatte, so wurde unnachsichtlich die Wahl kassirt.

(Sehr wahr!)

Ich erinnere an die damaligen Verhandlungen, und die Herren, welche heute für diese Wahl auftreten, möchte ich bitten, an ihre damalige Haltung zurückzudenken.

(Sehr wahr!)

Meine Herren, es rächen sich solche Dinge immer schließlich in ihren Konsequenzen und so heute auch. Nun sagt man, es ist gar keine Aufforderung vorhanden. Die Publikation ist erschienen im „Sorauer Kreisblatt, amtliches Organ für amtliche Bekanntmachungen", darüber steht: „Bekanntmachungen der Behörden"; dieser Erlaß sollte als eine Bekanntmachung des Landraths, der offiziellen Behörde, erscheinen, das sagt die Ueberschrift. Es heißt ferner: „die Absichten und Wünsche der Regierung angesichts der Wahlen"; der Landrath proklamirt die amtliche Qualität, daß er die Absichten und Wünsche der Regierungen vertrete: in diesem Erlaß bezeichnet er den Herrn Schön als Kandidaten der Regierung. Kann man eine Aufforderung deutlicher machen? In der That hätte man den Versuch, dieses zu verneinen, unterlassen sollen. Es liegt die Aufforderung klar und bestimmt vor, und wenn wir uns eine derartige Einmischung der Regierung überhaupt nicht gefallen lassen wollen, dann müssen wir hier zu meinem Bedauern erklären: es ist ein Verfahren beobachtet, das die Nullität nach sich zieht. Es ist, ich wiederhole es, ein Prinzip, um das es sich handelt, sonst hätte ich gern die Wahl aufrecht erhalten. Das Prinzip aber steht höher als der augenblickliche Standpunkt, und wir müssen unter allen Umständen aufrecht erhalten, daß die Regierung sich als solche von den Wahlen fernhält. Daß sie nur dann unrecht handele, wenn sie droht oder Nachtheil in Aussicht stellt, direkt und bestimmt, kann ich nicht als richtig anerkennen; die Autorität der Regierung an sich genügt, und jedermann weiß, was es heißt, wenn der Landrath offiziell etwas verlangt hat, und wenn man es dann nicht thut.

(Heiterkeit.)

Präsident: Es ist der Schluß der Diskussion beantragt von dem Herrn Abgeordneten Struve. Ich ersuche diejenigen Herren, welche den Schlußantrag unterstützen wollen, sich zu erheben.

(Geschieht.)

Die Unterstützung reicht aus.

Nunmehr ersuche ich diejenigen Herren, aufzustehen respektive stehen zu bleiben, welche den Schluß der Diskussion beschließen wollen.

(Geschieht.)

Das ist die Mehrheit; die Diskussion ist geschlossen.

Der Herr Berichterstatter hat das Wort.

Berichterstatter Dr. **Mendel:** Meine Herren, ich will nur mit wenigen Worten Sie nochmals darauf aufmerksam machen, daß es sich um eine Bekanntmachung der Behörden handelt. Ich kann unmöglich den Herren auf dieser Seite (rechts) folgen, indem sie sagen, daß eine solche Bekanntmachung der Behörden einflußlos, unwichtig u. s. w. sei. Ich glaube, es ist nicht im Interesse unserer Regierung und unserer Behörden, daß wir solche Bekanntmachung der Behörden als nebensächlich und unwichtig betrachten. Ich bitte Sie, die Wahl für ungültig zu erklären, und ich möchte nur darauf aufmerksam machen, daß, wenn wir sie für giltig erklären würden, wir dann bei den nächsten Wahlen noch ganz andere Dinge erleben würden, als bei den Wahlen am 30. Juli und im August. Meine Herren, bleiben Sie stehen bei dem Votum der Wahlprüfungskommission und schützen Sie dadurch die Freiheit der Wahlen.

Präsident: Meine Herren, ich zeige zuvörderst an, daß ein Antrag auf namentliche Abstimmung eingereicht worden ist von dem Herrn Abgeordneten von Kardorff. Wenn ich richtig verstanden habe, so ist der Antrag auf namentliche Abstimmung über den Antrag von Geß eingereicht worden,

(Zustimmung des Abgeordneten von Kardorff)

— es wird bloß die eine Frage gestellt, die Frage auf Giltigkeitserklärung.

Meine Herren, sonach stehen sich jetzt gegenüber der Antrag auf Giltigkeitserklärung und der Antrag der Wahlprüfungskommission, die Wahl des Abgeordneten Schön im 8. Wahlkreis des Regierungsbezirks Frankfurt für ungiltig zu erklären. Ich muß die Frage meiner Ueberzeugung nach positiv stellen nach dem Antrag des Abgeordneten von Geß, da die Giltigkeit der Wahl einen positiven Ausspruch verlangt. Ich werde daher die Frage stellen: soll die Wahl des Abgeordneten Schön für giltig erklärt werden? Wird diese Frage verneint, so ist die Wahl für ungiltig erklärt.

(Pause.)

Das Haus ist mit der Fragestellung einverstanden, und es ist jetzt die Frage zu entscheiden, ob wir namentlich abstimmen.

Ich ersuche diejenigen Herren, welche den Antrag des Herrn Abgeordneten von Kardorff unterstützen wollen, sich zu erheben.

(Geschieht.)

Die Unterstützung reicht aus.

Zur Geschäftsordnung hat das Wort der Herr Abgeordnete von Kardorff.

Abgeordneter **von Kardorff:** Da meine eigenen Freunde den Antrag nicht opportun zu finden scheinen, ziehe ich den Antrag zurück.

Präsident: Zur Geschäftsordnung hat das Wort der Herr Abgeordnete Richter (Hagen).

Abgeordnete **Richter** (Hagen): Ich nehme den Antrag wieder auf.

(Große Heiterkeit.)

Präsident: Meine Herren, der § 24 unserer Geschäftsordnung bestimmt:

> Jeder Antrag kann zurückgezogen, jedoch von jedem anderen Mitgliede wieder aufgenommen werden. Er bedarf alsdann keiner weiteren Unterstützung.

Dann bestimmt ein weiterer Paragraph, daß der Antrag auf namentliche Abstimmung erhoben werden kann unmittelbar vor der Aufforderung zur Abstimmung.

Nach diesen beiden Paragraphen halte ich es für geboten, dem Antrag Richter auf namentliche Abstimmung ohne nochmalige Unterstützungsfrage — um diese allein handelt es sich — Folge zu geben. Wir müssen daher namentlich abstimmen.

Ich ersuche diejenigen Herren, welche die Wahl des Herrn Abgeordneten Schön nach dem Antrag des Herrn Abgeordneten von Geß für giltig erklären wollen, beim Namensaufruf mit Ja zu antworten, — und ich ersuche diejenigen Herren, welche sie für ungiltig erklären wollen, beim Namensaufruf mit Nein zu antworten.

Der Namensaufruf beginnt mit dem Buchstaben R.

Ich ersuche die Herren Schriftführer, denselben vorzunehmen, und ersuche die Herren Mitglieder, möglichst deutlich zu antworten.

(Der Namensaufruf wird vollzogen.)

Mit Ja antworten:	Mit Nein antworten:
Ackermann.	von Adelebsen.
Graf von Arnim-Boitzenburg.	von Alten-Linden.
	Arbinger.
	Freiherr von Aretin (Ingolstadt).
	Freiherr von Aretin (Illertissen).
	Baron von Arnswaldt.
von Batocki.	Dr. Bähr (Cassel).
Becker.	Baer (Offenburg).
von Behr-Schmoldow.	Graf Ballestrem.
von Bethmann-Hollweg (Ober-Barnim).	Dr. Bamberger.
	Bauer.
von Bethmann-Hollweg (Wirsitz).	Dr. Baumgarten.
Graf Bethusy-Huc.	von Benda.
Graf von Bismarck.	Bender.
von Bötticher (Flensburg).	von Bennigsen.
von Brauch.	Berger.
Braun (Hersfeld).	Bernards.
von Bredow.	Graf von Bernstorff.
Freiherr von Buddenbrock.	von Bernuth.
von Busse.	Dr. Beseler.
	Bezanson.
	Bieler (Frankenhain).
	Dr. Graf von Bissingen-Nippenburg.
	Dr. Blum.
	Dr. Bock.
	von Bockum-Dolffs.
	Bode.
	Bolza.
	Borowski.
	Dr. Braun (Glogau).
	Freiherr von und zu Brenken.
	Dr. Brüel.
	Büchner.
	von Bühler (Oehringen).
	Bürten.
	Dr. Buhl.
	Dr. von Bunsen.
von Colmar.	Dr. von Cuny.
von Cranach.	von Czarlinski.
von Dewitz.	Dr. Delbrück.
Dietze.	Dernburg.
Graf zu Dohna-Finckenstein.	Dieden.
	ten Doornkaat-Koolman.
	Dr. Dreyer.
	Graf von Droste.
	Eysoldt.
Findeisen.	Dr. von Feder.
von Flottwell.	Feustel.
Graf von Frankenberg.	Fichtner.
Dr. Frege.	Graf von Flemming.
Dr. Friedenthal.	von Forcade de Biaix.
	Dr. von Forckenbeck.
	Freiherr zu Franckenstein.
	Franssen.
	Freund.
	Freytag.

Mit Ja antworten:	Mit Nein antworten:
	Freiherr von Fürth.
	Graf von Fugger-Kirchberg.
von Gerlach.	Graf von Galen.
von Geß.	Gerwig.
von Gordon.	Gielen.
Dr. von Gräveniß.	Dr. Gneist.
Günther (Sachsen).	Görz.
	Grad.
	von Grand-Ry.
	Dr. Groß.
	Graf von Grote.
	Grütering.
	Dr. Günther (Nürnberg).
von Helldorff-Bedra.	Haerle.
Fürst von Hohenlohe-Schillingsfürst.	Hall.
	Hamm.
Fürst zu Hohenlohe-Langenburg.	Dr. Hammacher.
	Dr. Harnier.
	Heckmann-Stintzy.
	Freiherr von Heereman.
	Heilig.
	Hermes.
	Dr. Freiherr von Hertling.
	von Hölder.
	Hoffmann.
	Holtzmann.
	Horn.
von Jagow.	Jäger (Nordhausen).
	Dr. Jäger (Reuß).
	Jaunez.
	Jordan.
von Kardorff.	Kablé.
von Kleist-Retzow.	von Kalkstein.
Graf von Kleist-Schmenzin.	Dr. Karsten.
von Knapp.	von Kehler.
von König.	von Kesseler.
	Kiefer.
	Klein.
	Dr. Klügmann.
	Knoch.
	Kochann.
	Kopfer.
	Dr. Kraetzer.
	Krafft.
	Kuntzen.
von Levetzow.	Landmann.
Dr. Lucius.	Freiherr von Landsberg-Steinfurt.
von Lüderitz.	Lang.
	Laporte.
	Dr. Lasker.
	Lender.
	Lenz.
	Dr. Lieber.
	Dr. Lingens.
	Löwe (Berlin).
	Dr. Löwe (Bochum).
	von Ludwig.
Freiherr von Maltzahn-Gültz.	Dr. Maier (Hohenzollern).
Freiherr von Manteuffel.	Dr. Majunke.
Marcard.	Martin.
Melbeck.	Maurer.
Merz.	Dr. Mayer (Donauwörth).

Mit Ja antworten:	Mit Nein antworten:
Freiherr von Minnigerode.	Meier (Schaumburg-Lippe).
Freiherr von Mirbach.	Dr. Mendel.
	Menken.
	von Miller (Weilheim).
	Möring.
	Dr. Moufang.
	Müller (Gotha).
	von Müller (Osnabrück).
	Dr. Müller (Sangerhausen).
von der Osten.	Oechelhäuser.
Freiherr von Ow (Freudenstadt).	Freiherr von Ow (Landshut).
Fürst von Pleß.	Pabst.
Graf von Plessen.	Dr. Perger.
von Puttkamer (Lübben).	Dr. Peterssen.
	Pfähler.
	Pfafferott.
	Pflüger.
	Graf von Praschma.
Freiherr Nordeck zur Rabenau.	Prinz Radziwill (Beuthen).
Herzog von Ratibor.	von Reden (Celle).
von Ravenstein.	Dr. Reichensperger (Krefeld).
Reich.	Reichensperger (Olpe).
Richter (Kattowitz).	Reichert.
	Reinecke.
	Dr. Rentzsch.
	Richter (Hagen).
	Römer (Hildesheim).
	Römer (Württemberg).
	Dr. Roggemann.
	Dr. Rudolphi.
	Ruppert.
von Schenck-Flechtingen.	Graf von Saurma-Jeltsch.
von Schenck-Kawenczyn.	von Schalscha.
Dr. von Schlickmann.	Dr. von Schauß.
von Schmid (Württemberg).	Schenk (Köln).
Schmiedel.	Schlutow.
von Schöning.	Schneegans.
Dr. von Schwarze.	Graf von Schönborn-Wiesentheid.
von Schwendler	Schröder (Lippstadt).
von Seydewitz.	Schwarz.
von Simpson-Georgenburg.	von Sczaniecki.
Staelin.	Senestrey.
Staudy.	Servaes.
Stellter.	Graf von Sierakowski.
Theodor Graf zu Stolberg-Wernigerode.	Dr. Simonis.
Stumm.	Freiherr von Soden.
Süs.	Dr. Sommer.
	Dr. Stephani.
	Stötzel.
	Graf zu Stolberg-Stolberg (Neustadt).
	Strecker.
	Streit.
	Struve.
Freiherr von Tettau.	Triller.
Thilo.	
Dr. von Treitschke.	
Vowinckel.	Dr. Völk.
Freiherr von Wackerbarth.	Dr. von Waenker.
von Waldow-Reitzenstein.	Graf von Waldburg-Zeil.
von Wedell-Malchow.	Dr. Weigel.
von Werner (Eßlingen).	Werner (Liegnitz).
Wichmann.	Dr. Westermayer.
	Dr. Wiggers (Güstrow).
	Wiggers (Parchim).
	Windthorst.
	Winterer.
	Dr. Witte (Mecklenburg).
	Witte (Schweidnitz).
	Wöllmer.
	Dr. Wolffson.
	Wulfshein.
	Dr. Zimmermann.
	Dr. Zinn.
	Graf von Zóltowski.
	Freiherr von Zu-Rhein.

Krank sind: von Below. Bracke. Fürst von Czartoryski. Haanen. Graf von Holstein. Leonhard. von Nayhauß-Cormons. Dr. Oetker. Reinders. Rickert (Danzig). Freiherr von Schorlemer-Alst. Dr. Schröder (Friedberg). Freiherr Schenk von Stauffenberg. Tölke. von Unruh (Magdeburg).

Beurlaubt sind: Dr. Boretius. Dr. Brüning. Freiherr von Ende. Forkel. Fritzsche. Dr. Hänel. Hauck. von Heim. Hilf. Freiherr von Pfetten. Graf von Preysing. Reinhardt. Dr. Rückert (Meiningen). Saro. Dr. Thilenius. Dr. Wachs.

Entschuldigt sind: Dr. Böttcher (Waldeck). Clauswitz. Freiherr von Dalwigk-Lichtenfels. Flügge. Dr. Franz. Dr. Gareis. Dr. Marquardsen. Graf von Moltke. von Reden (Lüneburg). Richter (Meißen). von Saucken-Tarputschen. Schön. Uhden. Freiherr von Unruhe-Bomst. Dr. Wehrenpfennig.

Ohne Entschuldigung fehlen: Bebel. Graf von Behr-Behrenhoff. Freiherr von Bodman. von Bönninghausen. Brückl. Büsing. Carl Fürst zu Carolath. Graf von Chamaré. Datzl. Dollfus. Dr. Falk. Germain. von Goßler. Grützner. Guerber. Freiherr von Hafenbrädl. Hasselmann. Fürst von Hatzfeldt-Trachenberg. von Helldorff-Runstedt. Graf von Hompesch. Freiherr von Horneck-Weinheim. Dr. von Jazdzewski. Katz. Kayser. Klotz. Dr. von Komierowski. Kreutz. Krüger. von Kurnatowski. Graf von Kwilecki. von Lenthe. Freiherr von Lerchenfeld. Liebknecht. Dr. Lindner. List. Lorette. Lüders. Graf von Luxburg. Magdzinski. Freiherr von Marschall. Dr. Merkle. Dr. Meyer (Schleswig). Michalski. Mosle. Müller (Pleß). von Neumann. Dr. von Niegolewski. North. Dr. von Ohlen. Dr. Pohlmann. von Puttkamer (Fraustadt). von Puttkamer (Löwenberg). von Puttkamer (Schlawe). Dr. Rack. Fürst Radziwill (Adelnau). Graf von Rittberg. Rußwurm. Schlieper. Schmidt (Zweibrücken). Schmitt-Battiston. Dr. Schulze-Delitzsch. Sonnemann. Stegemann. Dr. Stöckl. Udo Graf zu Stolberg-Wernigerode. Trantmann. von Turno. Vahlteich. Freiherr von Varnbüler. Vopel. Freiherr von Wendt. Wiemer. von Woedtke.

Präsident: Die Abstimmung ist geschlossen.

(Das Resultat wird ermittelt.)

Das Resultat der Abstimmung ist folgendes. Es haben sich an der Abstimmung betheiligt 275 Mitglieder; mit Ja, also für die Giltigkeitserklärung der Wahl, haben 84 gestimmt, — mit Nein, gegen die Giltigkeitserklärung der Wahl, 191. Die Wahl ist also für ungiltig erklärt.

Wir gehen über zum vierten Gegenstand der Tagesordnung:

erste Berathung des Entwurfs eines Gesetzes, betreffend die vorläufige Einführung von Aenderungen des Zolltarifs (Nr. 178 der Drucksachen).

Ich eröffne die erste Berathung und ertheile das Wort dem Herrn Präsidenten des Reichskanzleramts.

Präsident des Reichskanzleramts Staatsminister **Hofmann**: Meine Herren, ich bitte um die Erlaubniß, die Berathungen mit wenigen Worten einleiten zu dürfen. Das Vereinszollgesetz vom 1. Juli 1869 hat im Artikel 11 bestimmt, daß Aenderungen des Zolltarifs in der Regel mindestens 8 Wochen vor dem Inkrafttreten gemacht werden sollen. Diese Fassung des Gesetzes läßt erkennen, daß man schon bei Erlaß des Gesetzes von der Ansicht ausgegangen ist, es werde unter Umständen nicht möglich sein, die regelmäßige Frist von 8 Wochen einzuhalten. Solche Fälle, in denen die Frist abgekürzt werden muß, wenn das Gesetz seinen Zweck erreichen soll, liegen insbesondere dann vor, wenn es sich darum handelt, neue Zölle einzuführen oder bestehende Zölle zu erhöhen, und wenn zugleich zu besorgen ist, daß ohne eine rasche Inkraftsetzung des Gesetzes durch Mehreinfuhr über den regelmäßigen Bedarf die Zollerträge, die man von der gesetzlichen Maßregel erwartet, dem Staat oder dem Reich entgehen, daß überhaupt die Wirkung des Gesetzes durch eine auf Spekulation beruhende Mehreinfuhr paralysirt werde. Ein solcher Fall, daß man besorgen muß, durch eine weit über den regelmäßigen Bedarf hinausgehende Einfuhr die Wirkung einer beabsichtigten Einführung und Erhöhung von Zöllen erheblich beeinträchtigt zu sehen, ein solcher Fall liegt augenblicklich vor, denn es unterliegt gar keinem Zweifel, daß die Zwischenzeit zwischen den Beschlüssen, die von dem Reichstag in Beziehung auf die Zolltarifvorlage gefaßt werden, und dem Termin, in dem das Gesetz demnächst in Kraft treten kann, benutzt werden wird, um weit über den Bedarf hinaus noch unter den jetzigen geringeren Zollsätzen oder mit Zollfreiheit Waaren einzuführen, die in Zukunft höher verzollt beziehungsweise wieder mit Zoll belegt sein werden. Diese Erwägung hat die verbündeten Regierungen veranlaßt, Ihnen den vorliegenden Gesetzentwurf zu bringen, allerdings nicht in der Absicht, denselben lediglich in Beziehung auf solche Gegenstände Wirksamkeit zu geben, um die es sich bei der jetzigen Reform des Zolltarifs handelt. Die verbündeten Regierungen sind vielmehr von der Ansicht ausgegangen, daß es sich empfehle, eine allgemeine Einrichtung zu treffen, die auch in zukünftigen Fällen benutzt werden kann. Meine Herren, wenn man sich darauf beschränken wollte, den Einführungstermin, der in dem Zollgesetz als der regelmäßige bezeichnet ist, nämlich den Termin von 8 Wochen, durch das Tarifgesetz abzukürzen, etwa diesem Gesetze Wirksamkeit zu geben von dem Augenblick der Verkündigung an, so würde das keineswegs den Erfolg haben, den man, um das Gesetz in volle Wirksamkeit zu setzen, wünschen muß. Es bleibt, wie die Sachen liegen, nichts übrig, als eine provisorische Einführung der neuen Zölle und der höheren Zollsätze, auch ehe das künftige Gesetz selbst in Wirksamkeit gesetzt werden kann. Es ist in früheren Debatten bereits von diesem Tisch aus darauf hingewiesen worden, wie die Spekulation sich der gegenwärtigen Lage bemächtigt, wie insbesondere zu befürchten ist, daß eine Masse von englischem und schottischem Roheisen in das Zollgebiet eingeführt wird, wenn wir dieser Spekulation nicht einen Riegel vorschieben. Wie weit diese Spekulation sich bereits erstreckt, dafür habe ich hier einen sprechenden Beweis in der Hand.

Es ist zufällig dem Herrn Reichskanzler das Zirkular einer Firma in Lübeck zugegangen — ich will die Firma selbst nicht nennen, um nicht dem Geschäft von hier aus Vorschub zu leisten — in welchem es heißt:

> Der beabsichtigte Zoll auf Holz und die gegenwärtigen billigen Holzpreise veranlassen mich, bei Ihnen anzufragen, ob Sie nicht geneigt sind, vor Inkrafttreten des Gesetzes sich für einige Zeit mit fertigen schwedischen Thüren zu versehen.

Es folgt dann der Preis für diese fertigen schwedischen Thüren, der außerordentlich billig gestellt ist.

Ich führe das nur an als ein Beispiel dafür, wie weit schon jetzt die Spekulation sich ausdehnt, um noch möglichst rasch vor Thoresschluß, d. h. vor dem Inkrafttreten des Gesetzes die jetzigen billigeren Zollsätze, beziehungsweise die Zollfreiheit zu benutzen. Meine Herren, einem solchen Bestreben entgegenzutreten, ist nicht allein ein Gebot der Klugheit, weil ja, wenn man nichts thut, die Vortheile des Gesetzes zum großen Theil verloren gehen, sondern es ist auch ein Gebot der Gerechtigkeit, weil diejenigen, die aus irgend einem Grunde von solchen Spekulationen keinen Gebrauch machen können, entschieden benachtheiligt werden, wenn es anderen gelingt, auf diese Weise sich Vortheile zu verschaffen.

Meine Herren, ich darf hiernach wohl annehmen, daß der Gedanke des Gesetzentwurfs, wie er Ihnen vorliegt, im großen und ganzen die Billigung des hohen Hauses finden wird. Es kann nicht Ihre Absicht sein, daß die Beschlüsse, die Sie jetzt in zweiter Lesung über den Zolltarif fassen, sofort Veranlassung werden zur Spekulationseinfuhr, daß dadurch die Wirkungen des Gesetzes abgeschwächt werden, und wenn der Gedanke des Gesetzes an sich die Billigung des Hauses findet, dann wird es, wie mir scheint, nicht schwer sein, über die Modalitäten und über die Mittel sich zu verständigen, die nothwendig sind, um den gewünschten Zweck zu erreichen.

Ich erlaube mir bezüglich der Einzelheiten des Gesetzentwurfs nur einen Punkt jetzt schon in der Generaldebatte hervorzuheben, weil er das Verhältniß der verbündeten Regierungen, oder vielmehr das verfassungsmäßige Verhältniß der Gesetzgebung zu der Autonomie des Reichstags bezüglich seiner Geschäftsordnung betrifft.

Die verbündeten Regierungen haben sich nicht verhehlt, daß durch die Bestimmung des § 2 des Gesetzentwurfs eine Abweichung von dem verfassungsmäßigen Grundsatz herbeigeführt wird, wonach der Reichstag seine Geschäftsordnung selbst regelt, und die verbündeten Regierungen würden sich nicht entschlossen haben, eine solche Abweichung Ihnen zu empfehlen, wenn sie nicht geglaubt hätten, daß es im Interesse derjenigen raschen Aktionsfähigkeit, die wir der Exekutive geben wollen, nöthig wäre, Schranken zu beseitigen, wie sie jetzt in Ihrer Geschäftsordnung aufgerichtet sind.

Gestatten Sie mir, daß ich ganz kurz diejenigen Veränderungen bezeichne, welche durch den vorliegenden Gesetzentwurf in der Geschäftsordnung des Reichstags eingeführt werden sollen.

Es handelt sich um zwei Punkte: einmal darum, daß Anträge auf provisorische Einführung von vorgeschlagenen Zöllen nicht einer dreimaligen Lesung bedürfen, und zweitens um die Frage, ob derartige Anträge sofort oder erst am dritten Tage, nachdem sie eingebracht sind, zur Berathung gelangen können.

Meine Herren, in beiden Beziehungen liegt es auf der Hand, daß, wenn eine Maßregel, wie wir sie im Auge haben, rasch wirken soll, die Geschäftsordnung geändert werden muß, denn was zunächst die Frage betrifft, ob eine dreimalige Berathung, wie bei Gesetzentwürfen nöthig ist, so hängt es nach § 25 der Geschäftsordnung jedesmal von der Beschlußfassung des Reichstags ab, ob die Regel, daß dreimalige Berathung auch der einfachsten Anträge des Bundesraths, nöthig ist, im einzelnen Falle aufrecht erhalten oder ob, mit Zustimmung des Bundesraths, davon abgewichen werden soll. Es ist nun die Absicht des Gesetzes, für die Fälle, die hier in Betracht kommen, ein für alle Mal die dreimalige Berathung für unnöthig zu erklären und die einmalige Berathung für genügend.

Der zweite Punkt besteht darin, daß nach Ihrer Geschäftsordnung ein Mitglied durch seinen Widerspruch verhindern kann, daß ein Antrag noch an demselben Tage, an dem er eingebracht ist, zur Berathung gelangt. Es ist nun klar, wenn das Gesetz mit derjenigen Energie wirken soll, die nöthig ist, dann darf es doch nicht, wenn die Majorität des Hauses an demselben Tage Beschluß fassen will, von dem Widerspruch eines einzigen Mitgliedes abhängen, ob in eine sofortige Berathung eingetreten werden kann oder nicht.

Die verbündeten Regierungen verkennen ja nicht, daß der Reichstag, wenn er seine Zustimmung dazu gibt, daß für die hier in Betracht kommenden Fälle die Geschäftsordnung gesetzlich abgeändert wird, dann ausnahmsweise und ohne irgend eine Präjudiz für andere Fälle von seiner Autonomie etwas opfert. Allein die verbündeten Regierungen haben geglaubt, daß die Interessen, die hier auf dem Spiele stehen, doch wichtig genug seien, um an den Reichstag wenigstens die Frage zu richten, ob er geneigt sei, in diesem Falle darauf einzugehen, daß die Gesetzgebung einen Theil der Geschäftsordnung abändert.

Zu diesem Behufe steht den Regierungen nur die Form des Gesetzesvorschlags zu Gebote, allein es versteht sich von selbst, daß mit dieser Vorlage nur die Frage an den Reichstag gerichtet ist, ob er für diese ganz speziell bezeichneten Zwecke von seiner verfassungsmäßigen Autonomie absehen will oder nicht. Meine Herren, ich kann Ihnen nur dringend empfehlen, dem Gesetzentwurf Ihre Zustimmung zu ertheilen.

Präsident: Der Herr Abgeordnete von Bennigsen hat das Wort.

Abgeordneter **von Bennigsen:** Ich bitte, mir zu gestatten, mit wenigen Worten meine Stellung zu dem Gesetzentwurf zu bezeichnen, wie ich glaube, auch in Uebereinstimmung mit der großen Zahl meiner Freunde, die, einerlei ob Freihändler oder Schutzzöllner, soweit mit mir einverstanden sind, daß der Gesetzentwurf in seinen wesentlichen Bestimmungen, speziell in den §§ 1 und 2, so wie er uns vorgelegt ist, unannehmbar erscheint. Meine Herren, der Gedanke, von dem die verbündeten Regierungen bei der Vorlage ausgegangen sind, die Tendenz, die Sie bei der Vorlage verfolgt haben, mögen ja auf die Zustimmung der Majorität im Reichstag rechnen können, insofern es sich darum handelt, in dem Augenblick, wo man bedeutende Erhöhungen der Zölle eintreten läßt, zu verhindern, daß gewisse Spekulationen und Geschäftsoperationen erfolgen, welche sowohl die gesunde Konkurrenz im Geschäft selbst, als die Interessen des Fiskus für lange Zeit schädigen. Insoweit werden die verbündeten Regierungen wohl auf die Zustimmung der Majorität des Reichstags rechnen können. Daß in dieser Richtung ein Gesetzentwurf eingebracht werde, das haben Viele von uns erwartet, wir haben uns sogar gewundert, daß ein solcher Gesetzentwurf nicht seit Wochen und Monaten schon im Reichstag vorgelegt ist.

(Sehr richtig!)

Dagegen, meine Herren, wie die Vorlage im einzelnen diese Absicht glaubt verfolgen zu sollen, kann ich und viele meiner Freunde mit derselben mich nicht einverstanden erklären. Meine Herren, der § 1 will nicht bloß Bestimmung treffen für die jetzige wirthschaftliche Situation, für die in dieser Session gemachten Tarif- und Steuervorlagen, sondern für alle Zukunft. Er will auch nicht Bestimmung treffen für jetzt und die Zukunft hinsichtlich gewisser wichtiger Artikel, wo von vornherein die Bedeutung der Artikel, ihre Stellung im Verkehr, im deutschen Geschäftsleben, im Weltverkehr und alle die Interessen, die hierbei in Frage kommen, zu übersehen sind; nein, für jetzt und alle Zukunft werden ganz indistinkte alle Artikel von dem Gesetz ergriffen. Meine Herren, weiter enthält der § 2, wie ich glaube, ohne alle Noth, namentlich in der jetzigen Geschäftslage eine Veränderung der Verfassung und einen erheblichen Eingriff in die Gerechtsame des Reichstags. Wozu ist es nöthig, daß in der so außerordentlich schwierigen Lage, in welcher der Reichstag sich befindet — in Bezug auf die Abwägung jedes einzelnen Artikels, der bei diesem Gesetz berücksichtigt werden soll, oder gar, wenn man alle Artikel in Betracht ziehen will — weshalb ist es nöthig gewesen, die Schwierigkeiten dadurch wesentlich zu vergrößern, daß man die Gerechtsame des Reichstags hineinzieht? War es denn nicht möglich — und auf dem Wege hätte man die Stellung des Reichstags und die Verfassung ganz intakt gelassen — war es denn nicht möglich, von der Majorität einen Beschluß durch eine Gesetzvorlage zu erlangen, lange vor der Zeit, wo das Tarifgesetz, wo die Tabakvorlage an den Reichstag gelangten, des Inhalts — ich will zunächst vom Tabak sprechen, weil die Majorität darüber am klarsten zu sein scheint — eine Gesetzvorlage dahingehend: in dem gewöhnlichen Verfahren wird im Reichstag und Bundesrath beschlossen, daß in dem Moment, wo der Bundesrath die beabsichtigte Tabakvorlage fertig stellt, er gesetzlich ermächtigt wird, die höhere Steuer zu erheben? Auf diese Weise wäre die Verfassung unverändert geblieben, wären die Rechte des Reichstags geschont, würde man in dem richtigen Moment, wo es dem Fiskus wirklich hätte nützen und gefährliche Manipulationen von einzelnen Geschäften hätten gehindert werden können, Vorsorge getroffen haben schon vor Monaten. War es denn nicht wenigstens möglich, daß in dem Augenblick, wo diese Gesetzentwürfe eingebracht wurden, der Zolltarif und das Tabaksteuergesetz oder doch spätestens in dem Moment vor drei Wochen, als wir uns nach Ostern wieder versammelten, ein sogenanntes Sperrgesetz über Tabak und andere Artikel, von denen man die Nothwendigkeit und Ausführbarkeit nachweisen kann, eingebracht wurde? Ich glaube nicht indiskret zu handeln, wenn ich hier noch einmal im Reichstag selbst mittheile, daß die nationalliberale Fraktion bereit gewesen ist, vor drei Wochen unmittelbar, als nach den Osterferien die Sitzungen wieder begonnen, einem solchen Sperrgesetz für Tabak und andere wichtige Artikel die Zustimmung zu ertheilen. Ja, die Fraktion war gar nicht abgeneigt, und auch darüber ist dem Vertreter der verbündeten Regierungen kein Zweifel gelassen, daß, wenn es gelang, die Zusicherung des Einverständnisses der Regierung zu erhalten, sogar die Initiative des Reichstags durch einen Antrag in Bezug auf ein Sperrgesetz wenigstens hinsichtlich des Tabaks ergriffen werden konnte. Das ist vor drei Wochen geschehen. In den Zeitungen beschäftigte man sich fortwährend mit der Erwägung der Frage, und jetzt erst, nachdem diese drei Wochen verlaufen sind, kommt eine solche Vorlage, und ich behaupte bestimmt, daß alle Parteien durch den Inhalt dieser Vorlage auf das äußerste überrascht worden sind.

Es ist darauf hingewiesen von dem Vertreter der verbündeten Regierungen, dem Herrn Präsidenten des Reichskanzleramts, daß die Bestimmung im § 2 nicht entbehrt werden könne, wenn man den beabsichtigten Zweck erreichen wolle, und daß diese Vorschrift so bedenklich nicht sei. Ja, meine Herren, wenn die verbündeten Regierungen es für unbedenklich gehalten haben, wochen- und monatelang diese Frage ruhen zu lassen und allen gefährlichen Geschäftsoperationen freien Lauf zu lassen, dann sollte ich denken, daß der Reichstag auch zweimal sich überlegt, für alle Zukunft über seine Rechte ohne weiteres hinwegzugehen.

Worum handelt es sich? Nach der Geschäftsordnung, wenn man die Formen strikte einhält, wie sie die Majorität handhaben kann, handelt es sich, in den Fällen, wo ein Gesetz für eilig angesehen wird, und über die Nothwendigkeit des Erlasses desselben Meinungsverschiedenheiten nicht vorhanden sind, nicht um sieben, sondern um fünf Tage. Falls heute ein Gesetzentwurf eingebracht wird, — bei solchen Verhältnissen regelmäßig doch nicht von dem Umfange, daß er nicht noch denselben Tag gedruckt und vertheilt werden kann — dann kann er am dritten Tage auf Beschluß der Majorität in erster und zweiter Lesung verhandelt werden. Dagegen kann keine noch so große Zahl aus der Minderheit geschäftsordnungsmäßig protestiren. Am dritten Tage kann die erste und zweite Lesung und am fünften Tage die dritte Lesung stattfinden. Sobald es sich am dritten Tage in zweiter Lesung herausstellt, daß Uebereinstimmung zwischen den verbündeten Regierungen und der Majorität des Reichstags vorhanden ist, so steht nichts im Wege, daß am fünften Tage, unmittelbar nach Schluß der dritten Berathung, der Bundesrath zusammentritt, und, wenn die Vorbereitungen dazu getroffen sind, kann an demselben Tage noch die Vorlage Reichsgesetz werden und im Reichsgesetzblatt publizirt sein. Das ist doch verhältnißmäßig ein recht rasches Verfahren, und nachdem die verbündeten Regierungen Monate haben vergehen lassen, werden auch in diesem Fall noch für jetzt und für die Zukunft die vorhandenen Bestimmungen der Verfassung und der Geschäftsordnung ohne Aenderung ausreichend erscheinen.

Wenn das so liegt, so nehme ich an, daß die Mehrheit des Reichstags auf die Vorschläge der §§ 1 und 2 nicht eingehen wird. Dagegen bin ich der Ansicht, daß der Reichstag noch immer die Verpflichtung hat, möglichst rasch unter Benutzung derjenigen Vorschriften, die für die Geschäftsbehandlung jetzt vorhanden sind, das Seinige zu thun, um für den Fiskus und für eine gesunde Konkurrenz in den hauptsächlichsten Geschäftszweigen nützliche Einrichtungen zu treffen, dadurch, daß die Möglichkeit gegeben wird, höhere Zölle bereits vor dem Zeitpunkte zu erheben, wo der Zolltarif oder die Tabaksteuervorlage selbst zum Abschluß gebracht sind. Am wichtigsten erscheint mir dies beim Tabak; ich will aber nicht leugnen, ich halte es auch für möglich, daß die Räthlichkeit, d. h. das Erforderniß und die Ausführbarkeit ohne Verletzung anderer großer Interessen auch bei anderen Artikeln noch nachgewiesen wird. Also beim Tabak und etwa einigen anderen Artikeln kann man ein solches Gesetz noch erlassen, welches binnen kurzer Zeit ins Leben treten kann, und die Erhebung der höheren Zölle im Verwaltungswege mit dem nöthigen Vorbehalt ermöglicht.

Was den Tabak anbelangt, so nehme ich an, daß darüber am leichtesten die Uebereinstimmung herbeizuführen ist. Wie mir heute noch von Sachverständigen versichert wird, ist es schon die der Art und Weise der Tabakfabrikation nothwendig, — so groß die eingeführten Vorräthe sein mögen, durch die Verzögerung der verbündeten Regierungen in den letzten Monaten, — von der letzten Ernte wegen der ganzen Art der Fabrikation, zum Zweck der Vermischung verschiedener Sorten und sonstigen Manipulationen noch bedeutende Beträge nach Deutschland einzuführen. Denn, mögen die jetzt vorhandenen Quantitäten auch für Jahr und Tag ausreichend sein, mir ist versichert worden, daß in den nächsten Wochen ein erheblicher Theil der letzten Ernte aus Amerika nach Europa und dem deutschen Zollgebiet, und daß in dem nächsten Monat ein erheblicher Theil der letzten Ernte von Java wird eingeführt werden können. Wenn wir das Tabakgesetz zum Abschluß bringen, werden darüber noch leicht 6 Wochen und mehr vergehen. Insofern ist also meiner Meinung nach die Verpflichtung für den Reichstag vorhanden, weitere Operationen und Spekulationen in dieser Richtung nach Möglichkeit zu hindern. Ich und meine Freunde sind bereit mit der Regierung zu überlegen, ob das durch Sperrmaßregeln zu erreichen ist. In dieser Beziehung wird man im Reichstag der Regierung entgegenkommen, aber nicht auf Grundlage der §§ 1 und 2 dieser Vorlage.

Ich wünsche, daß darüber in der heutigen Diskussion eine Verständigung erzielt wird, ob man es vorzieht, diese Frage unter den Parteien ohne kommissarische Prüfung in den nächsten Tagen festzustellen, wo dann eine weniger formale Besprechung mit Vertretern der verbündeten Regierungen stattfinden muß, oder ob besser eine Kommission damit beauftragt wird, sofort diese Frage zu behandeln, die Artikel festzusetzen, die man ins Auge faßt, die Modalitäten und Vorschriften, die ein solches Gesetz nöthig macht, und darüber in kürzester Frist einen mündlichen Bericht an das Haus zu erstatten. Ich halte es nicht für unmöglich, daß wir noch am Ende dieser Woche im Stande sein werden, über die erforderlichen Sperrmaßregeln einen Beschluß zu fassen. Ich hoffe, die Mehrheit des Reichstags wird zwar die Intentionen der Regierung unterstützen wollen, aber Vorschläge, wie sie in den §§ 1 und 2 gemacht sind, muß ich für ungeeignet erklären.

(Bravo!)

Präsident: Der Herr Abgeordnete Windthorst hat das Wort.

Abgeordneter **Windthorst:** Meine Herren, die Tendenz, welche in der Regierungsvorlage befolgt wird, ist, wenn man überall eine solche Steuerreform will, in ihrer Berechtigung nicht zu verkennen. Inzwischen läßt sich auf der anderen Seite nicht leugnen, daß ein Eingriff in die Verkehrs- und Handelsbeziehungen von diesem Umfange, mit dieser Schärfe, doch im höchsten Grade bedenklich ist. Bisher hat sich die Frage in der Regel gelöst durch eine Nachsteuer, wenn so- artige Verhältnisse vorlagen, wie sie jetzt vorzuliegen sch- bo-

(Ruf links: niemals!)

Das weiter zu erörtern, ist nicht in Frage, im Reichstag ist es allerdings nicht vorgekommen. Aber die Nachsteuer hat ihre großen Bedenken; darüber will ich heute nichts sagen, und je größer die Bedenken in Beziehung auf die Nachsteuer sind, desto berechtigter werden die Versuche anderweitig zu helfen,

(sehr richtig!)

und ich habe von den zahlreichen Herren, die unsere Verhandlungen begleiten, auf den Tribünen und sonst wiederholt gehört, nehmen Sie ja diese Vorschläge an. Und wenn ich mein Erstaunen darüber ausdrückte, ist dann schließlich auch zum Vorschein gekommen, daß man meinte, damit wäre die Nachsteuer effektiv beseitigt. Ob das der Fall ist oder nicht, darüber heute schon zu sprechen, würde viel zu früh sein. Wir haben eine Kommission niedergesetzt, die diese Frage beantwortet und ich enthalte mich, eine persönliche Ansicht zu äußern. Man muß recht vorsichtig sein.

(Heiterkeit.)

Ich bin der Meinung, daß so wie der § 1 jetzt vorliegt, schwerlich eine Zustimmung erfolgen kann, ob zu einzelnen Artikeln, das will auch erwogen sein. Es ist vorweg auch von dem Herrn Vorredner immer der Tabak genannt. Ich zweifle gar nicht, daß gerade in dem Artikel große Spekulationen gemacht sind und auch noch gemacht werden können. Es will aber, wenn man nun sperrt, nachdem solange dem Felde der Spekulation Thür und Thor geöffnet waren, doch erwogen sein, ob nicht, wenn man jetzt plötzlich das Thor schließt, den Herren, die so recht spekulirt haben, die ihre Lager bereits im Gebiet des Zollvereins besitzen, gewissermaßen eine Prämie gegeben wird.

(Sehr richtig! links.)

Die haben ihr Schäfchen im Trockenen, und anderen, denen das Brod auf der See schwimmt, wird die Thür zugemacht.

Meine Herren, das sind Gesichtspunkte, die nicht so leicht zu nehmen sind. Ich habe die Ueberzeugung, daß bei dieser Angelegenheit der Ueberführung aus dem bestehenden System in das jetzt beabsichtigte eine Reihe von Mißständen sich geltend machen. Diese Mißstände sind immer mit solchen Uebergängen verbunden, und sie künstlich beseitigen zu wollen, kann gar leicht dahin führen, noch mehr Mißstände zu schaffen, und darum sollten wir ohne weiteres nicht die Frage bejahen, und ich kann mich zustimmend in dem Maße wie der Abgeordnete von Bennigsen für jetzt noch nicht äußern.

(Sehr gut!)

Aber ich lehne auch nicht ab.

(Heiterkeit.)

Ich will sagen, daß ich so generell, wie der § 1 gefaßt ist, gewiß nicht sein will; ich will aber auch ferner sagen, daß ich für meine Person nur Maßregeln zur Durchführung des jetzt vorliegenden Tarifes genehmigen kann, keineswegs für immer; denn ein solches Gesetz, für immer gestellt, würde ja den ganzen Handel unter ein Damoklesschwert stellen.

(Sehr wahr!)

Das kann ich nicht. Also, wo ich sage, daß ich nicht absolut ablehnend bin, gilt dies für einzelne Artikel, und die Frage, ob es bei einzelnen Artikeln zulässig sei, will ich nicht in pleno erörtern, weil es in der That in pleno nicht erörtert werden kann, und auch wohl mit Rücksicht auf den Zweck des Gesetzes nicht so ganz angemessen sein dürfte, alles zu sagen, was man auf dem Herzen hat.

(Heiterkeit.)

Ich bin der Ansicht, daß man diese Frage in einer Kommission zu prüfen hat, und ich halte dafür, daß die geeignete Kommission dafür die Tarifkommission sein wird; aber wenn die Herren eine andere machen wollen, so habe ich gewiß nichts dagegen. Da ich die Ehre habe, Mitglied der Tarifkommission zu sein, so will ich sagen, daß ich nicht kompetenzsüchtig bin und die Arbeiten derselben nicht vermehren will. Ich halte nur dafür, daß an sich die Tarifkommission mir diejenige zu sein scheint, die dazu berufen ist. Man kann vielleicht auch den Herren von der Tabakpartei eine gewisse Theilnahme zugestehen.

Was den § 2 betrifft, so habe ich kein Bedenken, zu erklären, daß ich den niemals annehme. Die Verfassung gibt dem Reichstag die Bestimmung der Geschäftsordnung, und dieses autonome Recht darf sich der Reichstag unter keinen Umständen beschränken lassen. Das ist ungeheuer wichtig zu aller Zeit; es ist dann besonders wichtig, wenn die Kämpfe recht lebhaft werden, und daß wir uns in einem recht lebhaften Kampfe befinden, dafür glaube ich, Beweise nicht erst bringen zu brauchen.

(Ruf: Nein!)

Gerade dann soll die Verfassung der feste Punkt sein, an welchem alle anderen Bestrebungen scheitern,

(hört!)

und darum werde ich gerade in dem gegenwärtigen Augenblicke an der Verfassungsbestimmung absolut nichts ändern lassen, soweit es von mir abhängt. Ob die Geschäftsordnung, wie sie liegt, die nöthige Schnelligkeit gewährt, darüber spreche ich in diesem Augenblicke nicht ab.

Sollte man sich entschließen bei der kommissarischen Prüfung, daß in Bezug auf einzelne Gegenstände eine Sperre einzutreten habe, dann kann es ja sein, daß man ein rascheres Tempo nöthig findet, ob man dazu aus der Initiative des Reichstags eine gewisse Modifikation der Geschäftsordnung ad hoc eintreten lassen will, kann erwogen werden. Ich glaube nicht, daß es erforderlich sein wird nach den Darlegungen, die Herr von Bennigsen gemacht hat. Ich würde recht ungern darauf eingehen, weil ich allerdings sage, auch die Geschäftsordnung soll am wenigsten dann, wenn die Wogen so hoch gehen, geändert werden. Wir haben in der Zentrumsfraktion in der Hinsicht sehr trübe Erfahrungen gemacht. Man hat je nach Bedürfniß Paragraphen der Verfassung zum Fenster hinausgeworfen, man hat je nach Bedürfniß die Geschäftsordnung geändert. Meine Herren, wir werden keine Revanche üben, wir werden sagen, wenn die Wogen so hoch gehen, dann sollen Verfassung und Geschäftsordnung um so höher gehalten werden.

(Bravo!)

Ich komme also zu dem Schluß für die erste Berathung, daß eine kommissarische Berathung mir am Platze zu sein scheint. Ich schlage dafür die Tarifkommission vor.

Präsident: Der Herr Abgeordnete Dr. Braun (Glogau) hat das Wort.

Abgeordneter Dr. **Braun** (Glogau): Meine Herren, ich bin in wesentlichen Gesichtspunkten mit dem letzten Herrn Redner einverstanden, diejenigen Punkte, worin ich von ihm abweiche, sind untergeordneter Natur, können bei der zweiten Lesung erörtert werden oder in der Kommission, wie Sie wollen. Ich werde mich daher zunächst wenden gegen die Ausführungen des Herrn Staatsministers Hofmann. Man sagt, dieses Gesetz werde „kurz und gut" als Sperrgesetz bezeichnet. Ja, meine Herren, diese Bezeichnung ist zwar kurz, aber durchaus nicht gut. Die Ueberschrift des Gesetzes ist auch noch nicht einmal richtig, es müßte nicht heißen: „vorläufige Einführung von Aenderungen des Zolltarifs", sondern „die Art der vorläufigen Einführung von Aenderungen des Zolltarifs durch Anordnung des Reichskanzlers." Darum handelt es sich. Ob wir einzelne Artikel jetzt sperren wollen, das ist eine andere Frage, das berührt nicht die Verfassung, das berührt nicht die Geschäftsordnung. Den Tabak sperren, warum das nicht? Dafür läßt sich vieles sagen, ich werde mich indeß auch in diesem Punkt nicht festnageln, ehe ich weiß wie es mit der Nachsteuer aussieht. Ich werde mich über diese und sonstige Einzelheiten unterrichten. Man kann auch sprechen über die Sperrung von Petroleum. Das sind aber immer schwierige Einzelfragen, namentlich ob man dafür den ganzen vorgeschlagenen Tarifsatz annehmen will, oder vielleicht nur die Hälfte, was vielleicht auch schon hinreicht, um die finanziellen Zwecke zu erreichen. Ebenso ist es mit dem Wein, wo man sich fragen muß, will man die Sperre auf den Wein in Flaschen, oder auch auf den in Gebinden legen; kurz, das alles sind Dinge, die einer sorgfältigen Ueberlegung im einzelnen bedürfen. Wir müssen dabei namentlich vor allem zugleich die Frage der Entrepots mit behandeln, und zwar für jeden speziellen Artikel speziell. Das sind alles Dinge, die ich nur andeute, ich will sie heute nicht erörtern, denn davon steht kein Wort im Gesetzentwurfe. Ich will sie auch deshalb nicht erörtern, damit nicht auf das, was ich etwa darüber sage oder nicht sage, was ich dafür oder dagegen spreche, irgend eine Spekulation gebaut wird. Ich halte es augenblicklich für eine Verpflichtung des Abgeordneten, in dieser Sache sich so auszudrücken, daß man eine Spekulation auf seine Behauptungen überhaupt nicht fundiren kann.

Was nun die Ausführungen des Herrn Staatsministers Hofmann anlangt, so hat er, wie auch vollkommen richtig ist, gesagt, es handelt sich um eine allgemeine Einrichtung, die geschaffen werden wird, die geschaffen wird in bleibender Weise d. h. für immer. Beiläufig bemerkt, hat er uns auch ein Exempel angeführt für die Nothwendigkeit der Sperre durch Hinweis auf die schwedischen hölzernen Stubenthüren. Ja, meine Herren, wenn irgend ein Exempel gegen ihn spricht, so ist es dieses, denn unter den Zöllen ist gerade der auf das Holz mir einer der allerbedenklichsten, weil er ein nothwendiges Bedürfniß der großen Masse unserer Bevölkerung, ein Bedürfniß der Millionen vertheuern will zu gunsten einiger, weniger, großen Waldbesitzer. Aber abgesehen davon auch, meine Herren, glauben Sie wirklich, es werde jemand so dumm sein, eine Spekulation zu machen in der Art, daß er einige Tausend hölzerne Stubenthüren importirt?!

(Heiterkeit.)

Konsumiren wir denn so viel Stubenthüren?

(große Heiterkeit)

sind wir denn die Menschen, die darauf kaprizirt sind, jeden Tag eine eichene Stubenthür einzurennen und eine neue anzuschaffen?

(Heiterkeit.)

Ja, meine Herren, solche Beispiele kann man ja anführen, aber sie haben doch keine sehr überzeugende Kraft.

Ich gehe nun zur Sache selbst über, nämlich zu der Art der vorläufigen Einführung von Aenderungen des Zolltarifs durch Anordnung des Reichskanzlers. Meines Erachtens ist dieser Gesetzentwurf eine Abänderung der Verfassung, denn in der Verfassung steht geschrieben, daß Steuern und Zölle nur erhoben werden können auf Grund des Gesetzes, und es steht ferner in der Verfassung geschrieben, daß der Reichstag seine Geschäftsordnung selbst macht. Dieser Entwurf will aber, daß Steuern in Zukunft erhoben werden können auf Anordnung des Reichskanzlers, er will nichts wissen von dem Wege der ordentlichen verfassungsmäßigen Gesetzgebung. Wenn allerdings zu dieser Anordnung auch die Zustimmung des Bundesraths nöthig ist, so ist es doch immer nicht der Weg der Reichsgesetzgebung, sondern der Weg der Verordnung. Ich will an unsern reichsverfassungsmäßigen Rechten festhalten auch in dieser Beziehung, ich will auch festhalten an unserer Autonomie in Betreff der Geschäftsordnung, die für uns von ganz außerordentlichem Werthe ist. Ich halte es nicht für nöthig, das näher auszuführen, es ist ja bei einer früheren Verhandlung des Reichstags über das sogenannte Maulkorbgesetz zur Genüge dargethan und von verschiedenen Parteien anerkannt worden. Ob man an der Geschäftsführung etwas modifiziren soll, darüber debattire ich im Augenblicke gar nicht; denn das schlägt ja dieser Gesetzentwurf nicht vor. Ich sage nur, den Weg dieses Gesetzentwurfs will ich nicht betreten, weil das ein Eingriff ist in die Autonomie des Reichstags. Freilich sage ich das nur mit Vorbehalt der anderen Frage, ob man nicht an der Geschäftsordnung etwas zu verändern Ursache habe, was ich indessen auch zu verneinen zur Zeit noch geneigt bin. Man kann sich auch nicht berufen auf die „Nachsteuern", die sowohl in den Zollvereinszeiten, als auch in den Zeiten des deutschen Reichs und des Zollparlaments stattgefunden haben. Diese Nachsteuern sind nicht eingeführt zu dem Zweck der Aenderung, der Erhöhung des Tarifs oder der Einführung neuer Tarifsätze für den Zollverein, sondern sie sind eingeführt aus der Veranlassung des Anschlusses neuer Gebiete, so daß die geographischen Grenzen des Zollvereins sich weiter hinausrückten, der Tarif blieb dabei aber ganz der nämliche. Daß das ein großer Unterschied ist, das näher auszuführen halte ich ebenfalls für vollkommen überflüssig.

Ich, meine Herren, stehe in dieser Frage, was die Sache selbst anlangt, und auch die Form der Frage, auf dem Standpunkt der Traditionen Preußens und des Zollvereins, auf dem Standpunkte des Jahres 1818 und auf dem Standpunkte des Jahres 1838. Ich will hier ganz beiläufig nur bemerken, daß die preußische Gesetzgebung vom Jahre 1818 nicht gemacht ist durch irgend einen dunkeln Biedermann oder unbekannten Ehrenmann, oder wie man sich sonst ausgedrückt hat, sondern von dem hochberühmten Johann Gottfried Hoffmann unter dem Vorsitz des noch berühmteren Wilhelm von Humboldt, von dem ich bis jetzt noch nicht gehört habe, daß ihn jemand für einen dunkeln Menschen, für einen vir obscurus gehalten habe. Also ich sage, die Tradition des Zollvereins ist es, daß man den Zolltarif nicht jeden Augenblick ohne Ankündigung ändert, sondern nur alle drei Jahre ändert; und die weitere Tradition des Zollvereins ist es, daß die Aenderung nur eintreten soll am 1. Januar und daß auch sie dann wenigstens acht Wochen vorher verkündet werden muß. Glauben Sie ja nicht, daß das der Zollverein so zufällig gemacht hätte. Die Verhandlungen der Zollkonferenzen weisen deutlich nach, daß man das zum Zweck gemacht hat, daß Handel und Verkehr, Produktion und Konsumtion Zeit hat, sich auf die neuen Verhältnisse einzurichten, sich auch in der Art einzurichten, daß sie sich mit Vorräthen versehen. Das ist sogar ausdrücklich für statthaft erklärt worden.

Nun aber soll das alles, was von je so gewesen, auf einmal auf den Kopf gestellt werden, jetzt soll die Erleichterung des Uebergangs wegfallen, diese Erleichterung, die gleichsam die Funktion von Puffern hat zwischen den Eisenbahngüterwagen, und das sollen wir jetzt machen in unserer heutigen Zeit, wo wir aus den Ueberraschungen gar nicht herauskommen!

Sie wissen ja alle, wie das gegangen ist. Im vorigen Herbst waren in Heidelberg die Finanzminister zusammen; sie beschlossen nicht Schutzzölle, sondern einige Finanzzölle, über die sich ja reden läßt, und man glaubte, damit wäre es aus. Kaum hatte man sich darüber seine Meinung gebildet und sich die Dinge zurecht gelegt, da kommt die Botschaft des Herrn Reichskanzlers vom 15. Dezember, die das ganze Ding wieder auf den Kopf stellt, und all den Finanzministern der Einzelstaaten unrecht gibt, ihr ganzes Programm über den Haufen rennt; und dann plötzlich hat sich diese Botschaft des Herrn Reichskanzlers wieder modifizirt durch das System von Varnbüler, das auch wieder ein wesentlich anderes ist; — ich sehe, daß dieser Herr nicht da ist, und will also die Bemerkungen, die ich über ihn zu machen hatte, unterdrücken, ich weiß ja, daß er nützlichen Beschäftigungen obliegt, wenn er hier fehlt, indem er sich zu Hause damit befaßt, Deputationen zu empfangen, die veranlaßt sind durch sein großes und berühmtes Reformwerk.

Nun aber ist auch Herr von Varnbüler längst schon überholt; jetzt leben wir in der Aera von Thüngen,

(sehr gut! links)

und die neueste Aera ist noch viel neuer und eigenthümlicher, so daß man beinahe ein Patent darauf nehmen könnte,

(Heiterkeit)

das ist die Aera Berger (Witten). Der Herr Berger (Witten) sagt uns nämlich: was da zu modifiziren ist, das thun wir zwischen der zweiten und dritten Lesung, Euch andern, die Minorität geht das gar nichts an, darum habt Ihr Euch nichts zu kümmern.

(Sehr wahr! links.)

Ja, meine Herren, will er denn die Vertreter eines großen Theils von Deutschland, und das sind wir doch, will er uns nicht einmal hören?

(Zurufe: Sperrgesetz!)

Will er sein Ohr den Klagen der Provinzen Ostpreußen, Westpreußen, Pommern u. s. w. verschließen, während doch sein gutes Herz ihn zu so elegischen Aeußerungen über irgend ein einzelnes Walzwerk in Westfalen hingerissen hat?

(Heiterkeit.)

Wenn er sagt: „wir", so weiß ich in der That nicht, wer das ist. Ist er es allein mit der Gruppe Löwe

(Heiterkeit)

oder umfaßt er damit die bekannten 204

(Zurufe: Sperrgesetz! zur Sache!)

oder sind es 218, — das ist Sperrgesetz, das werde ich Ihnen gleich darthun; —

(Zurufe)

nun, wenn Sie wollen 204 oder 218, darüber will ich mich nicht streiten; denn die Zahl hat ja gewechselt.

(Rufe: zur Sache!)

— Ich bin bei der Sache! Ich will Ihnen im Gegensatze zu dem Entwurf, der die Verhandlungen einschränkt, darthun, daß man die Minorität hören muß, und deshalb muß ich mich wenden gegen diejenige Theorie, die die Minorität nicht hören will,

(sehr gut! links)

und an diese Theorie erinnert der vorliegende Gesetzentwurf, der nur eine Lesung machen will und deshalb möglicherweise die Wirkung hat, daß nur ein einziger Redner gehört und daraufhin die tiefgreifendste Veränderung beschlossen wird. Wenn Sie diesen Zusammenhang nicht einsehen, so glaube ich, ist es nicht meine Schuld.

(Große Heiterkeit.)

Also, meine Herren, ich komme wieder zurück zu der Ziffer 204. Da hat man ja gerade gesehen, wie nothwendig es ist, die Minorität zu hören.

Diese 204 haben getagt extra muros, hier im Hause hat davon gar nichts gespielt. Hätte man uns gehört, so hätten wir möglicherweise ja irgend einen, wenn auch noch so bescheidenen Einfluß üben können, was ich daraus schließe, daß später einzelne Unterzeichner der Erklärung der 204 feierlich deklarirt haben: ja, so haben wir das nicht gemeint, so wollen wir nicht mehr, wir wollen zurück aus dieser Gemeinschaft! Das ist eben die Folge, wenn man die Minorität nicht hört, sondern wenn man extra muros die Dinge fertig macht in einer Versammlung, wo nur zu leicht die Gefahr vorliegt, daß einer den anderen echauffirt.

Ich, meine Herren, ich bin ja in meinem Leben, auch in meinem parlamentarischen Leben, das leider jetzt ein Menschenalter lang dauert, oft in der Majorität und oft in der Minorität gewesen — ich habe aber als Mitglied der Majorität immer so gestimmt, wie ich hoffte und wünschte behandelt zu werden in dem Fall, daß ich mich in der Minorität befände.

(Oho! rechts.)

Und das wollen wir auch im vorliegenden Fall.

Es ist das aber nicht geschehen bei den Aeußerungen des Herrn Abgeordneten für Witten, der ja wirklich, ehe noch die erste entscheidende Abstimmung vorgenommen war, sich in eine Art Siegesrausch versetzt und uns gesagt hat, er wolle uns schlagen. Er hat wörtlich gesagt: zunächst handelt es sich darum, den gemeinsamen Gegner zu schlagen.

(Anhaltende Heiterkeit.)

Ja, meine Herren, da fällt mir eine sehr sinnreiche Geschichte aus dem griechischen Alterthum ein, die ich schon einmal bei einer anderen Gelegenheit angeführt habe. Damals hatte ein hochgebildeter Philosoph das Unglück in die Sklaverei zu gerathen; er sagte seinem Herrn die Wahrheit, wie er dazu verpflichtet war; da griff der Herr zum Stock; der Philosoph sagte ruhig: „Herr, erst höre mich und dann schlage mich, wenn ich es verdient habe." Hier aber, meine Herren, da soll das Gehör verweigert und mit dem „Schlagen" angefangen werden.

(Große Heiterkeit.)

Das scheint mir denn doch nicht ganz zweckmäßig, denn, meine Herren, die jetzige Majorität hat doch wirklich alle Ursache, die Minorität in ihren Rechten anzuerkennen. Was ist denn die jetzige Majorität? Ist sie eine einheitliche Partei? Nein!

(Zuruf rechts: Zur Sache!)

— Ich spreche von der Nothwendigkeit, die Minorität zu hören. Sie wollen mich aber nicht hören, und deswegen muß ich Ihnen das nun erst recht deduziren,

(Heiterkeit)

wie nothwendig es ist, die Minorität zu hören. Ich will Ihnen nämlich deduziren, daß Sie sehr leicht, die eine oder die andere Partei, in kurzem selber in der Minorität sein können, weil Sie eine Koalition sind, die sich ad hoc gebildet hat, und die sich vielleicht morgen wieder auflöst, wer kann das wissen!

(Zuruf rechts: Sperrgesetz!)

Wenn man also darauf los von Schlagen spricht, so weiß man in der That nicht, wer . . .

(Zuruf rechts: Zur Sache!)

— Ja, meine Herren, ich bedaure sehr, daß Sie „zur Sache" rufen. Ich gebe mir Mühe, mich so klar als möglich auszudrücken und ich befinde mich in der That bei der Sache, weil ich Ihnen deduzire, daß man des Gesetz nicht annehmen kann, weil es das Hören der verschiedenen Parteien ausschließt. — Wenn man also statt zu hören, nur von dem „Schlagen" spricht, so wird in dem Falle, daß die jetzige Koalition sich auflöst, kein Mensch wissen, wer derjenige sein wird, dem in Zukunft das Schlagen in Aussicht steht,

(Heiterkeit)

— vielleicht ist es sogar der Herr Abgeordnete Berger (Witten) selber; ich will darüber keine Prophezeiungen machen, ich sage nur: man kann es nicht wissen.

Nun werden wir verwiesen auf die englische Finanzverwaltung.

Zuerst will ich jedoch noch etwas sagen über den Import. Man behauptet nämlich: Alles, was jetzt verzollt werde, oder sonst wie in den freien Verkehr komme, das komme aus dem Auslande. Das ist auch ein Irrthum, meine Herren, sehr vieles, was jetzt verzollt wird, liegt schon seit sehr langer Zeit in den Entrepots und wird nun jetzt aus den Entrepots, wie es das Gesetz gestattet, in den freien Verkehr übergeführt, es ist aber schon seit Jahr und Tag in Deutschland. Man hat ja den Großhandel und den großen Geschäften die Vergünstigung gewährt, daß sie diejenigen Waaren, die sie noch nicht verbrauchen, die sie noch nicht in den Konsum überführen, in Entrepots niederlegen und daß sie, so lange die Sachen in den geschlossenen Entrepots bleiben, nicht verpflichtet sind, Zoll dafür zu bezahlen. Wenn nun jetzt solche Waaren übergeführt werden in den freien Verkehr, so ist das ja vollkommen in der Ordnung und steht vollkommen in Uebereinstimmung mit unseren Gesetzen. Denn wenn das nicht so wäre, so wären ja die Entrepots Mausefallen, in die man die Waaren hineinlockt mit dem Versprechen, sie sollen nur den bisherigen Zoll bezahlen, und die man gegen Abrede plötzlich so und so hoch tarifirt, wenn man sie glücklich drin hat. Das kann doch nicht die Absicht der Gesetzgebung sein.

Nun also noch einige Worte über die Berufung auf England. Es ist da in den Motiven eine Stelle des Buches von Thomas Erskine May abgedruckt und ich muß anerkennen, daß die Stelle allerdings richtig wiedergegeben und auch richtig übersetzt ist.

(Heiterkeit.)

Vollständig ist das aber, was mitgetheilt wird über das englische Verfahren, nicht, ich könnte Ihnen aus dem Buch von Thomas Erskine May und aus dem Buch von Todd, das ja auch als klassisch anerkannt ist, eine Menge konnexer englischer Einrichtungen anführen, wodurch sich das sehr wesentlich modifizirt. Dann, aber, meine Herren, ist das überhaupt ein eigenthümliches Ding mit der Vergleichung mit England. Wenn sich Mitglieder des Reichstags oder einzelne Parteien im Reichstag auf die parlamentarischen Prinzipien in England berufen, so heißt es: „um Gottes Willen, verschonen Sie uns mit den englischen Geschichten, die passen nicht für uns.“ Wenn es sich aber darum handelt, das Parlament zu beschränken, oh, dann beruft man sich auf England, indem man geflissentlich vergißt, daß in England Regierung und Parlamentsmehrheit so zu sagen identisch sind, und der letzteren das volle Einnahmeverwilligungsrecht zusteht. Ja, meine Herren, wenn der Herr Staatsminister Hofmann, der uns auf Thomas Erskine May verweist, die Gewogenheit haben wollte, uns die ganze Machtfülle zu geben, die das englische Parlament besitzt, so ließe sich über die Frage der provisorischen Zölle ja mit ihm sprechen; aber er ist dazu nicht im geringsten geneigt, und so muß ich denn sagen, daß mich bei den Berufungen auf May und auf Todd und bei dem Studium dieser Bücher immer ein ganz elegisches Gefühl beschleicht, wie etwa das eines hungrigen Menschen, dem fortwährend eine voll besetzte Tafel vorgeführt wird. Das haben wir alle nicht, diese englischen Institutionen und wir wollen nicht gerade mit dieser Nachahmung beginnen, sondern wir wollen darin an unseren bewährten Verhältnissen festhalten, an diesen Institutionen, die sich bewährt haben, die bestehen seit dem Jahre 1838 und die bisher kein Mensch angefochten hat. Erst jetzt diese Aera der Ueberraschungen, diese Aera der wenig vorbereiteten Gesetzentwürfe, der Improvisationen, hat das Bedürfniß gefühlt, provisorische Maßregeln vorzuschlagen in der Absicht, damit ihren definitiven Vorschlägen einstweilen vorzuarbeiten, um sie demnächst selbst leichter durchzubrücken.

Meine Herren, die Majorität kann ja beschließen was sie will, ich bin weit entfernt, in ihre Berechtigung einzugreifen, ich vermuthe sogar, daß Sie den ganzen Tarif ohne wesentliche Veränderungen annehmen. Aber, meine Herren, thun Sie es auf dem Wege der ordnungsmäßigen Reichsgesetzgebung, machen Sie nicht ein Loch in die Verfassung und entziehen Sie uns nicht die Autonomie unserer Geschäftsordnung, die ja im hohen Hause selbst niemals bestritten worden ist.

Was hier mißliches vorliegt, — ja, das hat die Regierung verschuldet; sie hätte das Sperrgesetz in betreff des Tarifs am ersten Tage des Zusammentretens des Reichstags vorlegen sollen, dann hätte es seine Wirkung vollständig gethan; daß aber nun zur Strafe dafür, daß die Regierung die nöthige Vorsicht und Voraussehung nicht gehabt hat, der Reichstag auf eins seiner wesentlichen Rechte verzichten soll, das sehe ich nicht ein.

Ich verwerfe daher den Entwurf so, wie er ist, vorbehaltlich der Verständigung über einzelne Sperrmaßregeln in concreto; ich verwerfe diesen Entwurf sans phrase, —

(Zurufe rechts)

— nun, die Redensart „sans phrase“, die Phrase „sans phrase“ habe ich nicht erfunden, meine Herren, das werden Sie ja wissen,

(Heiterkeit)

sie stammt in ihrem Ursprung aus dem französischen Nationalkonvent von 1793 und ist später bei uns etwas vervollkommnet worden, es war 1877 — ja wo denn?

(Zuruf)

— in Posen? — meinetwegen!

(Heiterkeit.)

Also ich bin unbedingt gegen diesen Entwurf wie er hier vorliegt, und habe darauf keine Antwort als die der englischen Magnaten, die in einem ähnlichen Fall sagten: nolumus leges terrae nostrae mutare, wir wollen bei unseren verfassungsmäßigen Rechten und Gerechtsamen verbleiben.

(Bravo!)

Präsident: Der Herr Präsident des Reichskanzleramts hat das Wort.

Präsident des Reichskanzleramts Staatsminister **Hofmann**: Meine Herren, der Herr Vorredner hat sich in der ihm eigenthümlichen humoristischen Weise eines Beispiels bemächtigt, das ich zu dem Zweck angeführt hatte, um Ihnen darzuthun, wie weit die Spekulation geht, selbst in Bezug auf solche Gegenstände, bei denen man gar nicht glauben sollte, daß eine Spekulationseinfuhr stattfinden könnte. Er hat sich der schwedischen Stubenthüren bemächtigt, um mir zu Gemüthe zu führen, daß doch der Konsum an Stubenthüren in Deutschland nicht so groß sei, um darauf eine Spekulation zu gründen, er hat gemeint, wir hätten doch nicht die besondere Liebhaberei, Stubenthüren einzurennen; aber, meine Herren, es wird recht viel gebaut in Deutschland, und es ist doch nicht unmöglich, daß Bauunternehmer sich in den Besitz von Stubenthüren setzen, nicht um sie einzurennen, sondern um sie in den neuen Häusern zu verwenden. Ich will ein Beispiel, welches der Herr Abgeordnete Braun angeführt hat, ebenfalls für mich anwenden, wenn auch nicht in dem humoristischen Sinne. Er hat daran erinnert, daß bei dem Zollanschluß von Mecklenburg und Lauenburg, überhaupt bei den stattgehabten Zollanschlüssen, in der Weise verfahren worden sei, daß man unmittelbar mit der Verkündigung der Zollgesetze denselben auch die Wirksamkeit gegeben hat. Er sagt nun freilich, das ist etwas ganz anderes, als was uns hier vorgelegt ist, denn es war keine Aenderung des Zolltarifs, es war nur die Einführung des Zolltarifs in einen bestimmten Theil des deutschen Gebietes. Ja, meine Herren, für diesen Theil des deutschen Gebiets war denn doch die Einführung des Tarifes eine vollständige Neueinführung von Zöllen; man hat damals kein Gesetz erlassen, es war nicht nothwendig nach Lage der Verfassung, der Bundesrath beschloß, daß in Mecklenburg, in Lauenburg der Zolltarif sammt den übrigen Zollgesetzen eingeführt werden solle, und er beschloß ausdrücklich, es solle dies geschehen durch landesherrliche Verordnungen, die an dem Tage vor der Wirksamkeit des Gesetzes erscheinen sollten. Also in der Zeit von 24 Stunden wurde dort der ganze Zolltarif neu eingeführt, und wenn man das damals thun konnte ohne den betreffenden Gebietstheilen des Reichs zu nahe zu treten, so glaube ich, ist es auch zulässig, in ähnlicher Weise rasch eine Zolländerung für das ganze Deutschland einzuführen, wenn es eben nothwendig ist, um die Spekulation zu verhindern, die sich sonst daran knüpft.

Der Herr Abgeordnete Braun ist, wie ich glaube doch von der Sache etwas abgeschweift, wenn er auf die verschiedenen „Ueberraschungen“ zurückgegangen ist, die im vorigen Jahre dem deutschen Volke bereitet sein sollen. Meine Herren, für diejenigen, die in den Gang der Sache eingeweiht waren, — und dazu gehörten auch die Finanzminister, die sich im vorigen Jahr in Heidelberg versammelt hatten, — war die Ueberraschung keineswegs so bedeutend, wie es wohl den ferner stehenden erscheinen mag; auch das so viel berufene Schreiben des Reichskanzlers an den Bundesrath vom 15. Dezember kam dem Bundesrath keineswegs so überraschend wie man glaubt; der Herr Reichskanzler hatte seine Ideen schon vorher den Regierungen vertraulich mitgetheilt und deren Aeußerungen, ehe er das Schreiben an den Bundesrath richtete, erhalten. Wenn nun der Herr Abgeordnete Braun wiederum von einem System Varnbüler spricht, welches das Schreiben des Reichskanzlers verdrängt habe, so ist das eine Behauptung, die bereits öfter in diesem Hause aufgestellt worden, die aber nicht gerechtfertigt ist. Man hat die allgemeine Zollpflichtigkeit, die der Reichskanzler in seinem Schreiben an den Bundesrath als Prinzip hinstellte, in den Beschlüssen der Zolltarifkommission keineswegs prinzipiell verleugnet, man hat nur diejenigen Ausnahmen wirklich gemacht, die der Reichskanzler in seinem Schreiben schon im allgemeinen als nothwendig und zulässig bezeichnet hatte.

Ich will im übrigen auf die Abschweifungen des Herrn Abgeordneten Braun nicht eingehen und nur noch das eine bemerken, daß, wenn in den Motiven auf England hingewiesen ist, das mit vollem Fug und Recht geschehen konnte, weil eben in England eine solche Einrichtung besteht und das englische Parlament auf seine Prärogative, wie auch der Herr Abgeordnete Braun angeführt hat, doch recht viel hält. In Amerika, in den Kolonien Australiens bestehen ähnliche Einrichtungen wie in England, und wenn ich mich nicht sehr täusche, besteht auch in Frankreich das Recht der Regierung, gewisse Zollmaßregeln im Wege der Verordnung provisorisch einzuführen. Es ist keineswegs etwas so exorbitantes, was Ihnen zugemuthet wird, sondern wenn man die Sache ruhig und objektiv betrachtet, handelt es sich um eine nützliche Maßregel, die wir auch für die Zukunft vorschlagen und die allerdings, wenn der Reichstag ihr zustimmt, mit einer gewissen Aenderung der Geschäftsordnung verbunden sein wird.

Präsident: Der Herr Abgeordnete von Kardorff hat das Wort.

Abgeordneter **von Kardorff**: Meine Herren, ich muß mir zunächst erlauben, sehr wenige Worte dem Herrn Abgeordneten Braun zu erwidern. Wenn er sich seinerseits darauf beruft, daß wir gegen den Grundsatz der Stabilität des alten Zollvereins uns versündigen wollen, so hat er am allerwenigsten das Recht, darauf zurückzukommen, der es fertig gebracht hat mit seinen Bemühungen, die Zollpositionen für Eisen fünf verschiedenen Variationen in dem kurzen Zeitraum weniger Jahre zu unterwerfen; wie dies der Herr Abgeordnete Braun fertig gebracht hat.

Was seine Ausführungen gegen den Herrn Abgeordneten Berger (Witten) betrifft, so überlasse ich ihn dem. Wenn er aber meint, die Majorität ginge davon aus, die Minorität zu vergewaltigen und nicht zu hören, so, glaube ich, haben wir bereits den Beweis gegeben, daß wir sehr bereit sind, die Ausführungen des Herrn zu hören, wenn sie sich auch durch solche längere Weile ausgezeichnet wie die Ausführungen der Herren Bamberger, Richter (Hagen) und anderer, die Reden gehalten haben bis zu drei Stunden. Wir haben sie ruhig angehört, wie der Herr Abgeordnete Braun zugeben wird, und mit Vergnügen gehört.

(Heiterkeit.)

Was nun das Sperrgesetz — wenn ich mich dieses Ausdrucks bedienen darf — angeht, so bin ich allerdings auch der Meinung nach einer eingehenden Betrachtung des Gesetzes, daß wir nicht umhin können, das Gesetz in eine Kommission zu verweisen. Ich gehe auf das Gesetz selbst nicht ein, ich stimme in einem großen Theil mit denjenigen Ausführungen überein, die Herr von Bennigsen bezüglich des Gesetzes gemacht hat und auch der Herr Abgeordnete Windthorst. Ich bedaure meines Theils sehr, daß uns dieses Gesetz oder ein ähnliches nicht gleich zu Anfang der Session vorgelegt worden ist. Wenn aber, meine Herren, das hohe Haus belieben sollte, das Gesetz in eine Kommission zu verweisen, so möchte ich dringend bitten, daß wir dazu nicht die Tarifkommission auswählen. Eine Kommission von 28 Mitgliedern, die schon so überlastet ist, scheint mir in der That nicht geeignet, einen solchen Gesetzentwurf zu berathen. Ich glaube, in einer kleineren Kommission würde dieser Gesetzentwurf einer viel besseren Berathung unterzogen werden, als in dieser großen und etwas schwerfälligen Kommission. Ich würde mir daher gegenüber dem Antrage des Herrn Abgeordneten Windthorst den Antrag erlauben, den Gesetzentwurf einer speziellen Kommission von 14 Mitgliedern überweisen zu wollen.

Präsident: Der Herr Abgeordnete Richter (Hagen) hat das Wort.

Abgeordneter **Richter** (Hagen): In Bezug auf die Autonomie des Reichstages hinsichtlich seiner Geschäftsordnung will ich nichts weiter bemerken, dieselbe scheint ja nach den Erklärungen, die wir gehört haben, gehörig gewahrt zu sein. Ich finde es vor allem sehr bezeichnend und erklärlich, daß in einer Zeit, wo der Bundesrath auch gegen alles Herkommen die Initiative ergreift zur Beschränkung der Redefreiheit des Reichstags, wo gegen alles Herkommen der Vertreter des Bundesraths, wie wir heute noch gehört haben, sein Urtheil abgibt über die Giltigkeit der Wahl, also sich auch einmischt in etwas, in was sich bisher die Vertreter der Regierung einzumischen nicht erlaubt haben, — da finde ich es allerdings erklärlich, daß man anfängt, sich auch in die Geschäftsordnung des Reichstags durch Initiativvorschläge von Seiten des Bundesraths einzumischen.

Ich wundere mich nur, daß von keiner Seite darauf aufmerksam gemacht ist, wie dieser Gesetzentwurf nicht bloß in die Autonomie des Reichstags, sondern auch in die Prärogative der Krone, in die Ehrenrechte der Krone eingreift. Es war bisher ein Recht der Krone, daß neue Steuern und Lasten im Lande nur eingeführt werden können unter der Unterschrift des Monarchen, und so genau hat man namentlich in Preußen dieses Recht gewahrt, daß selbst Zölle, die die Verwaltung allein einführen kann, gewöhnliche Brücken- und Straßenzölle, nicht anders eingeführt werden konnten, als unter der Unterschrift des Monarchen.

Nun, meine Herren, wir haben durchaus kein Interesse, am wenigsten gegenwärtig, etwas zu sanktioniren, was in Bezug auf die Ehrenrechte des Monarchen eine Aenderung herbeiführt. Es hat ja noch niemals eine Zeit gegeben, wo auf einen einzelnen Beamten, den Reichskanzler, so viel materielle Befugnisse sich häuften, wie es jetzt der Fall ist. Mein Kollege Virchow hat schon vor Jahren darauf aufmerksam gemacht, wie leicht es kommen könne, daß aus einer solchen Stellung des Reichskanzlers sich Ansätze zu einem gewissen Hausmaierthum entwickeln; heute sind diese Ansätze schon erkennbarer vorhanden, als es damals noch der Fall war. Da haben wir wahrlich keine Veranlassung, weiteren Kreisen im Volke gegenüber an die Rechte des Monarchen irgend wie antasten zu lassen. Da das von keiner Seite bisher hervorgehoben worden ist, auch nicht von solchen, die sonst sehr eifersüchtig sind, die Rechte der Krone zu vertreten, glaubte ich schuldig zu sein, diese Bemerkung meinerseits hier einzuschalten.

Was nun die Sache selbst betrifft, so ist es ja richtig, daß in England beim Theezoll gewisse provisorische Inkraftsetzungen platzgreifen. Es hängt das zusammen mit der Natur dieses Zolles, der ein bewegliches Mittel im Budget ist, die Handhabe für das Budgetrecht des Parlaments. Aber, meine Herren, das muß doch festgehalten werden, es handelt sich in England bei dieser Frage immer nur um Finanzzölle, und es hat in England immer erst eine provisorische Inkraftsetzung stattgefunden, wenn eine Majorität sich bereits für einen solchen Zoll definitiv ausgesprochen hatte.

(Sehr richtig! links.)

Diese beiden Unterschiede sind noch nicht scharf genug hervorgehoben worden. Meine Herren, die Frage liegt ganz anders bei Schutzzöllen und ganz anders bei Finanzzöllen. Gestatten Sie mir, das mit einigen Worten auszuführen.

Hier ist immer bloß davon gesprochen worden, man müsse der Spekulation entgegentreten. Man kann der Spekulation nicht entgegentreten, ohne auf der anderen Seite das legitime Geschäft zu behindern, das Geschäft, das sich ganz normal bewegt. Mir ist durch einen Brief ein Beispiel klar gelegt worden, wie eine solche zu rasche Inkraftsetzung des Tarifs schadet. Die Sperrfrage verallgemeinert sich ja überhaupt dahin, ob es überhaupt richtig ist, neue Tarife schleunig, sei es vor der letzten Genehmigung des Reichstags oder nach der Publikation in Kraft zu setzen. Der Brief zeigt mir, wie das auf gewisse Branchen geradezu zerstörend einwirkt. In der Tuchbranche ist eine Anhäufung von Vorräthen schon dadurch ausgeschlossen, daß mit der Saison die Mode wechselt, man kann also von vornherein keine Spekulationsvorräthe auf mehrere Jahre machen; dagegen müssen die Tuche von langer Hand in der Fabrikation vorbereitet werden; mir wird auseinandergesetzt, daß die Tuche für die nächste Wintersaison bereits im vorigen November bestellt sind, daß sie nicht bloß bestellt, sondern auch schon wieder an die Verkäufer fest begeben sind, daß feste Ordres vorliegen; diese Lieferungen aus dem Auslande kommen zwischen Juli und August in Deutschland an; fällt nun dazwischen die Inkraftsetzung eines Zolltarifs, so schneiden Sie in alle diese Geschäfte ein —

(Unruhe in der Nähe des Redners)

— ich wünschte, daß Herr von Varnbüler mir hier etwas genau zuhörte, weil ich glaube, daß er noch manches in Bezug auf die sachlichen Verhältnisse lernt — so schneiden Sie in alle diese Geschäfte mitten hinein, entziehen den Leuten alle Grundlagen des Geschäfts, täuschen das Vertrauen, auf welches hin sie ihre Geschäfte abgeschlossen haben.

Nun wird auf der anderen Seite gesagt: ja, die Spekulation greift hier Platz. Meine Herren, solche Zirkulare wie über Einführung von schwedischen Thüren, die sind nicht erst jetzt gekommen, ich habe solche ähnliche Zirkulare, in denen man mit den bevorstehenden Zöllen Reklame macht, schon gesehen und in der Hand gehabt, bevor der Zolltarif in den Bundesrath gebracht war, und bevor die Kommission angefangen hat zu arbeiten, man beweist also damit zuviel; man hätte schon damals eine solche Sperre eintreten lassen müssen. Ob nun der neue Zoll von 15 Silbergroschen auf den Zentner Thüren einen solchen Anreiz hat, Thüren aufzuhäufen, darüber hat sich der Herr Abgeordnete Braun schon ausgesprochen. Der Herr Minister Hofmann sagte, es wird ja soviel gebaut in Deutschland! Nein, meine Herren, es wird zu wenig in Deutschland gebaut, und die Spekulation auf Neubauten ist wirklich nicht geeignet, sich große Vorräthe von schwedischen Thüren anzuhäufen.

Meine Herren, es kommt bei allen Schutzzöllen eins in Betracht: diese Schutzzölle sind zum Vortheil einzelner Industriezweige, und deren Spekulationsinteressen gehen dahin, die Schutzzölle möglichst plötzlich eingeführt zu sehen. Fast alle Schutzzölle sind aber zum Nachtheil anderer Industriezweige, die bereits bestehen, die sich auf Zollfreiheit eingerichtet haben; hat man nun ein Interesse, diese Benachtheiligung möglichst rasch und unvermittelt eintreten zu lassen? Es widerspricht dies, glaube ich, schon der Natur des Zolls. Man führt für den Schutzzoll an, es könne unter seiner Wirkung eine Industrie sich entwickeln oder eine vorhandene Industrie könne sich darauf einrichten, Dinge, die bisher das Ausland geliefert hat, im Inlande zu liefern. Zu solcher Einrichtung und Entwicklung bedarf aber die betreffende Industrie Zeit. Es wird mir gesagt, jetzt sei die Zeit, wo man sich gewöhnlich mit schwedischem Eisen versorgt, und deshalb würde in dieser Jahreszeit viel eingeführt. Nun hat der Herr Abgeordnete Freiherr von Wendt versichert, es gäbe in Westfalen irgendwo einen Hohofen, und wenn der mit Holzkohle angeblasen würde, so würde er ebenso gutes wie das schwedische Eisen liefern. Ja, meine Herren, er muß doch erst angeblasen werden, das muß doch alles erst vorbereitet werden, ehe man sich Ersatz verschaffen kann, dazu bedarf es gewisser Zeit. Und näher liegt doch die Frage bei dem Gießereiroheisen. Es ist neulich auseinandergesetzt worden, daß wir zwei Drittel unseres Gießereiroheisens aus England beziehen; es haben sich 12 Werke hier gemeldet, die vollständig auf dem Boden des Schutzzollprinzips stehen, Herr Berger hat sie zwar als frondeurs bezeichnet; sie haben gesagt: wir haben im Vertrauen auf die Zollfreiheit des Roheisens uns eingerichtet; wollen Sie nun plötzlich den Bezug des Gießereiroheisens aus England absperren? Der Herr Abgeordnete Rentzsch hat gesagt, es habe sich unsere Hohofenindustrie unter der Zollfreiheit vorzugsweise der Produktion solchen Roheisens zugewendet, bei der wir in Deutschland mehr konkurriren können, und eben deshalb hat man sich weniger auf Gießereiroheisen als auf Puddelroheisen geworfen. Nun, wenn nun Zölle eintreten, so muß doch erst wieder die ganze inländische Hochofenindustrie eine entsprechende Einrichtung treffen, um den Bezug für die Industrie, die auf das Roheisen angewiesen ist, möglich zu machen und zu erleichtern, deren Bezug jetzt vom Ausland befriedigt wird.

Meine Herren, ich glaube, die Zahl der Beispiele läßt sich überaus vermehren, und darum hat in den alten Zollgesetzen die Bestimmung gestanden, daß man nicht sofort, wenn die gesetzgebenden Gewalten zum Entschluß gekommen sind, Zölle einführt, sondern selbst dann noch heißt es in der Regel, 8 Wochen den Publikationstermin noch hinauszuschieben. Als im Jahre 1869 dieses Zollgesetz neu berathen wurde — da hatten wir schon ein Zollparlament —, da ist in den Motiven ausdrücklich erwogen: jetzt liegen ja die Verhältnisse insofern anders, als die Berathungen des Zollparlaments eine gewisse Dauer erheischten, gewisse Warnung, gewisses Avis an die Industriezweige enthielten, sich auf den neuen Tarif einzurichten; trotz der veränderten Sachlage hat man doch die alten Bestimmungen von 1818 beibehalten im Interesse des Handelsstandes, im Interesse der ganz legitimen Beziehungen auf der Grundlage des bis dahin geltenden Tarifs.

Meine Herren, die Sache liegt bei Schutzzöllen ja auch insofern ganz anders wie bei Finanzzöllen. Bei Finanzzöllen wird durch ein Hinausschieben des Termins die Staatskasse benachtheiligt, bei Schutzzöllen wird nur ein Vortheil, den andere Industriezweige vom Schutzzoll haben, hinausgeschoben. Es sind also Privatkreise, um die es sich handelt; für gewisse Privatindustriekreise werden die Nachtheile, für andere die Vortheile durch eine spätere Einführung des Tarifs hinausgeschoben. In Bezug auf die Finanzfrage liegt hier die Frage umgekehrt, wie bei den Finanzzöllen. Es gibt Schutzzölle, die nicht nur nicht mehr, sondern weniger einbringen, wenn auch die Schutzzölle auf Massenartikel, die hier vorgeschlagen sind, sehr große Mehreinnahmen bringen. Bei Einführung eines solchen Schutzzolls kann der Import überhaupt aufhören; es fällt also dann eine Zolleinnahme weg, die noch in einem gewissen Umfange eintritt, wenn die Inkrafttretung dieses Schutzzolls hinausgeschoben wird. Bei Finanzzöllen liegt die Sache nun etwas anders; ich verstehe hier unter Finanzzöllen, um deutlich zu sprechen, die Position 25, Materialwaaren und Konsumtibilien; das sind durchweg Artikel, die nicht von einer Industrie wieder bezogen werden, sondern direkt zum Verzehr dienen. Es steht also hier das Interesse des Verzehrers gegenüber dem Finanzinteresse. Auch hier aber können ganz legitime Geschäfte rücksichtslos gestört werden. Nehmen Sie z. B. an — ich bin auf dieses Beispiel durch einen Brief gekommen — jemand bezieht Petroleum von Bremen direkt per Eisenbahn nach Breslau und kann dadurch erreichen, daß er es noch ohne Zoll einführt; ein anderer zieht es vor, — im ganz legitimen Geschäftsgang — per Segelschiff das Petroleum bis Stettin gehen zu lassen und zur Ersparung erst von Stettin die Eisenbahn zu benutzen; das Segelschiff kommt zu spät vor der Inkrafttretung des Zolles, und der Mann kann dadurch bei einem Geschäft vollständig ruinirt sein, da auch hier die

Fälle vorliegen, daß die Leute schon weiter verkauft haben; es ist die Regel, daß die schwimmende Waare bereits weiter verkauft wird. Meine Herren, Sie sehen, wie überaus verschieden hier die Sache bei jedem einzelnen Zoll liegt. Ich habe bereits gesagt, daß in England der Fall überhaupt, wie ich weiß, vorgekommen ist bei dem veränderlichen Theezoll und immer nur, wenn bereits eine Abstimmung im Parlament stattgefunden hat. Das bedeutet in England viel mehr als hier. In England ist eine solche einmalige Abstimmung überhaupt schon das Definitivum der Sache. Es ist nicht anzunehmen, daß eine Majorität, die in erster Lesung das genehmigt hat, später sich verändern wird. Es ist nicht anzunehmen, daß die Regierung — es ist ja seit hundert Jahren nicht vorgekommen — daß sie ein von der Majorität angenommenes Gesetz nicht annimmt. Hier ist aber der Fall gewesen, daß ein Gesetz in der dritten Lesung mit ganz anderen Sätzen beschlossen wurde als in der zweiten, und die Regierung läßt sich in der Vorlage selbst den Fall offen, daß sie das Tarifgesetz, wenn sie glaubt, daß sie nicht genug gekriegt hat, nicht annimmt. Sie hat deshalb eine Klausel in dem Gesetz stehen, daß nach Schluß des Reichstags sie sich noch 14 Tage überlegen will, ob sie es annimmt, und erst wenn die 14 Tage abgelaufen sind und sie hat es nicht angenommen, soll die Sperre wieder aufgehoben werden.

Meine Herren, die Sache stellt sich nun schlimmer dar, wenn ein thatsächlich durch die Sperre eingetretener Zustand nachher wieder rückgängig gemacht wird und in Folge dessen die Geschäfte wieder auf ganz andere Grundlagen kommen, als wenn der thatsächliche Zustand während der Sperre zugleich der Anfang des Definitivum ist.

Der Fall mit Mecklenburg paßt auch nicht. Als man eine Vollmacht gab in Bezug auf den Einführungstermin in Mecklenburg, stand fest, daß Mecklenburg den Tarif überhaupt bekommen sollte, und war auch bloß der Termin der Anfang eines Zustandes, der ganz bestimmt mit bestimmten Sätzen eintreten sollte.

Meine Herren, man kann nun erwidern, ja bei uns geht geraume Zeit darüber hin, und man kann so lange vorher nicht wissen, wie die Majorität in Bezug auf diesen Artikel sich stellt. Ich behaupte aber, deshalb haben wir viel weniger Gründe, vorweg eine solche Sperre eintreten zu lassen, gerade weil die Berechnung so unsicher ist.

In Bezug auf Tabak möchte ich niemand rathen, ebenso wie in Bezug auf Kaffee und Petroleum, jetzt in irgend einer Weise allzuviel zu spekuliren. Ebenso diese Unsicherheit in Bezug auf den Majoritätsbeschluß ist ein Hemmniß für die Spekulation. Nun liegt bei Tabak die Sache wieder ganz verschieden als bei anderen Handelsartikeln. Beim Tabak hat bereits eine sehr große Einfuhr stattgefunden, derart, daß man sagen kann, wenn noch mehr Tabak eingeführt wird, hat dieses Tabaksgeschäft die Präsumtion für sich nicht eines gewöhnlichen legitimen Geschäfts, sondern die Präsumtion eines Spekulationsgeschäfts auf den Zoll.

Es liegt zweitens beim Tabak der Fall insofern anders, als mit dem Zoll zugleich eine innere Besteuerung verbunden ist. Das Moment ist richtig in den Motiven hervorgehoben. Der innere Tabaksbau vermag nicht seine Vorräthe zu vermehren wie das Ausland seine Vorräthe vermehrt, weil der Tabak nicht so rasch wächst und weil der Bau nicht in einem so großen Umfange betrieben wird. Deshalb weil die innere Steuer mit dem Zoll zusammenhängt, liegt hier eine besondere Benachtheiligung eventuell für den inneren Tabakbau vor; daher muß diese Frage ganz besonders betrachtet werden, und kann aus dem Tabak kein Rückschluß für irgend einen andern Tarifartikel, noch weniger auf einen Schutzzoll irgendwie gemacht werden. Nun meine ich aber, wenn eine Majorität in der zweiten Lesung für den Tabakszoll feststeht, so reicht die geltende Geschäftsordnung vollständig aus, um dann zu verhindern, daß eine Spekulation eintritt. Der ganze Unterschied ist doch nur der, ob ein Gesetz in fünf Tagen Geltung erlangen kann oder in einem. Daß wir hier in einem Tage ein Gesetz machen können, dafür haben wir Beispiele aus der Zeit des Ausbruchs des französischen Krieges, wo man ein Gesetz am Morgen einbrachte und an demselben Tage passirte es die dritte Lesung. Es ist allerdings in die Hand von 15 Mitgliedern gegeben, das Zustandekommen eines Sperrgesetzes von einem auf 5 Tage zu verschieben, aber wenn an und für sich feststeht, daß dieser Zoll definitiv werden wird, so weit feststeht, wie überhaupt im Parlament eine Situation feststehen kann — so würden doch diese 15 absolut chikanös verfahren, wenn sie, um das Inkrafttreten 4 Tage hinauszuschieben, von einer solchen Geschäftsordnung Gebrauch machen würden.

Für solche Fälle, wo sich die Sache derart zuspitzt, soll man doch abwarten, ob man nicht mit der Grundlage der bestehenden Geschäftsordnung ausreichen kann. Mit solchem Hinausschieben auf 4 Tage würde die Minorität nichts anderes bewirken, als daß eine gewisse Summe Geldes statt in die Staatskasse in die Hände des Spekulanten fällt, während für die Menge des Volkes die Belastung in dem einen wie in dem anderen Fall eine gleiche ist.

Meine Herren, es liegt nun noch ein komplizirter Fall gegenwärtig vor, von dem ich mich wundere, daß man nicht davon gesprochen hat, das sind die besonderen Verhältnisse des Roheisens in Bezug auf den Krach in Glasgow. Es ist gerade in der Presse dieser Fall angeführt worden für die Nothwendigkeit eines solchen Sperrgesetzes. Meine Herren, der Krach in Glasgow ist eingetreten im Dezember oder November v. J. Ich habe nun allerdings vernommen, daß unmittelbar darauf von Seiten der Eisenschutzzollinteressenten das Begehren gestellt wurde, die Roheisenzölle möglichst rasch einzuführen. Diesem Begehren ist aber nicht stattgegeben worden, obgleich es damals schon kein Geheimniß war, daß sich für diesen Zoll eine solche Majorität hier ergebe. Man sagte: nein, die Eisenzöllner — so wurde es wenigstens erklärt — die sollen nicht erst besonders abgefunden werden, bevor sie nicht Spanndienste bei den Getreidezöllen geleistet; deshalb sollen sie so lange warten, bis sie die Getreidezölle haben mit bewilligen helfen. Darüber sind nun Monate ins Land gegangen, und der Glasgower Krach, wenn er überhaupt eine Wirkung üben konnte, hat vollauf Zeit gehabt, diese Wirkung zu üben. Sollen wir nun, nachdem die Regierung aus politisch-taktischen Rücksichten im Interesse der Getreidezölle 4 Monate die Einfuhr offen gelassen, ein solches Gesetz annehmen, welches die Einführung solcher Maßregel höchstens um 5 Tage beschleunigt? Ich bitte aber doch auch zu bemerken, daß an und für sich diese Frage gar nicht so unzweifelhaft liegt; es handelt sich, wie ich gezeigt habe, namentlich um Gießereieisen, um Roheisen, was gewisse Werke nothwendig beziehen müssen, und denen in Bezug auf diese Versorgung eine gewisse Zeit zu gönnen ist. Es sind auch ganz falsche Nachrichten verbreitet worden über den Umfang der Roheiseneinfuhr. Die Dortmunder Handelskammer hat berichtet von einer großen Ueberschwemmung mit Roheisen. Ich habe mir die Einfuhrliste vom Januar und Februar eingesehen — vom März ist sie mir noch nicht zu Gesicht gekommen —

(Ruf rechts: aha!)

im Januar und Februar 1879 ist die Bilanz an Roheisen gegen die Bilanz vom Januar und Februar 1878 noch um 60 000 Zentner günstiger. Wir haben im vorigen Jahre in diesen beiden Monaten 490 000 Zentner mehr aus- als eingeführt, und in diesem Jahre 570 000 Zentner mehr aus- als eingeführt.

(Hört.)

Daß die Dinge hier sich schon wieder wesentlich zu verändern anfangen, geht aus einer Notiz hervor, die ich aus einem schutzzöllnerischen Blatte entnehme, nämlich aus der „Börsenzeitung", worin aus Glasgow berichtet wird Ende April:

> Die Fabrikanten haben sämmtlich ihre Forderungen erhöht und sind nicht geneigt, auf spätere Termine zu notiren, da sie für den Sommer auf wesentlich höhere Preise rechnen. Auch der Verbrauch im Inlande beginnt sich zu heben, die Röhrengießereien sind voll beschäftigt, ebenso ist der Schiffsbau mit ausreichenden Bestellungen versehen .....

Es ist dann noch notirt, daß an der Börse die Warrants von 42 Schilling auf 44 Schilling gestiegen sind, von welcher Notiz sie ungeachtet starker Gewinnrealisationen nur wenige Pence wieder abgaben. So liegt es auch hier. Also das wollte ich nur vorläufig bemerken, daß die Verhältnisse nichts weniger wie einfach sind.

Meine Herren, was nun die geschäftliche Behandlung anbelangt, so scheint es uns, daß es überhaupt nicht richtig ist, diesen Gesetzentwurf einer Kommission zu überweisen. Würde er in die Tarifkommission überwiesen, so würde die Sperrfrage, die nämlich in der Tabaksteuerkommission zur Entscheidung kommt, doch unabhängig davon erledigt werden, beide Kommissionen zusammenzunehmen zweimal 28, 56 Mitglieder, das ist ein Parlament für sich. Ich meine überhaupt, daß einer Kommission diese Gesetzvorlage gar nicht überwiesen zu werden braucht; denn heute schon sind die Grundlagen dieses Gesetzes von der Majorität hier vollständig abgelehnt worden. Es kann sich, wenn ich die Auffassung der Majorität verstehe, nur noch darum handeln, gewisse Sperrgesetze vorzuschlagen bei einzelnen Artikeln in Verbindung mit denjenigen Sätzen, die man sonst festsetzt. Ja, meine Herren, wenn die Kommission das will, dazu braucht ihr nicht diese Nummer der Drucksachen überwiesen zu werden, das können Sie auch so thun, wenn Sie sich sonst mit den Regierungsvertretern verständigen, Sie würden es schon haben thun können, auch wenn das Gesetz nicht eingebracht worden wäre. Warum wir aber Werth darauf legen, daß das Gesetz hier abgelehnt wird, ist, damit auch nach außen noch mehr wie durch Reden geschehen kann, dokumentirt werde, daß auf dieser Grundlage die Annahme einer solchen Maßregel in der Majorität des Reichstags keine Aussicht habe. Meine Herren, dieses Sperrgesetz hat ein wahrhaft panisches Schrecken in weite Kreise der Geschäftswelt getragen, die vernünftiger Weise gar nicht von der Sperrmaßregel getroffen werden können, es ist eine weitgehende Beunruhigung entstanden, und wir haben gewiß die Verpflichtung, wenn wir heute schon darüber schlüssig sind, daß in dieser Beziehung auf dieser Grundlage keine Sperrung eintreten kann, auch dadurch, daß wir dieses Gesetz nicht in eine Kommission verweisen, sondern entweder liegen lassen, oder zur Plenarberathung in kürzester Frist stellen, deutlich dies zu dokumentiren. Ich muß sagen, als ich das Gesetz bekam, glaubte ich eine Vereinbarung vor mir zu haben zwischen der Regierung und zwischen der schutzzöllnerischen Majorität dieses Hauses. Zu meiner Genugthuung hat die Erklärung des Herrn von Bennigsen, und noch mehr die des Abgeordneten Windthorst (Meppen), bei dem doch jetzt der Ausschlag in diesen Dingen steht,

(Heiterkeit.)

das vollständig zerstört. Das muß ich aber mit Herrn von Bennigsen sagen, um so unverantwortlicher ist es von der Regierung, wenn sie der Majorität nicht sicher war, ein solches Gesetz hier einzubringen, das eine so weit gehende Beunruhigung, einen solchen Schrecken für nichts in das Land geworfen hat. Das ist die Kennzeichnung unserer Situation, dieses Gesetz, deutlicher und drastischer konnte es gar nicht gekennzeichnet werden, in welchen Verhältnissen wir leben, wenn man rücksichtslos, schonungslos in die bestehenden Handels- und Geschäftsverhältnisse derartig eingreift, mit einer nervösen Ungeduld dahin trachtet, die Verhandlungen des Parlaments über schwierige Fragen zu beschleunigen, und wenn sie noch nicht schnell genug gehen, ein solches Gesetz einbringt, das über Nacht dazu führen kann, daß die Schlagbäume an den Grenzen sinken. Meine Herren, es ist vor einigen Tagen an einem anderen öffentlichen Orte ein Wort gesprochen worden, das hier treffende Anwendung findet. Es ist ein so unsicherer Zustand, daß niemand heut zu sagen weiß was morgen im deutschen Reich Gesetz ist. Meine Herren, die Vorlage dieses Gesetzes hat die heilsame Folge, daß der ruhige Geschäftsmann, der sich vielleicht bisher gar nicht um Politik gekümmert hat, — wir haben leider viele Geschäftsleute, die sich viel weniger um Politik gekümmert haben, als sie auch ihres Geschäfts wegen hätten thun müssen, — daß solche Geschäftsleute jetzt zu der klaren Einsicht kommen gegenüber einer solchen Vorlage, wie eine ruhige, solide und stetige Entwicklung unseres Geschäftslebens nicht eher möglich ist, als bis das neue Regierungssystem des Kanzlers beseitigt ist.

(Bravo! links.)

Präsident: Der Herr Abgeordnete Dr. Hammacher hat das Wort.

Abgeordneter Dr. **Hammacher**: Meine Herren, den Schlußausführungen des Herrn Vorredners muß ich doch mit einigen Worten entgegentreten. Er meint, daß die Geschäftswelt im deutschen Reiche beunruhigt worden sei in Folge dieses Sperrgesetzes, ich behaupte, sie war längst beunruhigt darüber, daß die verbündeten Regierungen dem Reichstage noch kein Sperrgesetz vorgelegt hatten.

(Sehr richtig!)

Meine Herren, ist es jemandem unter uns unbekannt, oder ich will geradezu sagen, ist es jemandem von uns unsympathisch gewesen, daß seitens der verbündeten Regierungen in Aussicht genommen uns einen Gesetzentwurf vorzulegen durch den die Einfuhr des ausländischen Tabaks inhibirt, oder vielmehr unter die Wirkungen des künftigen Tabaksteuergesetzes gestellt werden sollte? Hat nicht fast jeder von uns aus Wahlkreisen Zuschriften erhalten, die den dringenden Wunsch aussprechen, wir möchten dahin wirken, daß die verbündeten Regierungen mit einem solchen Sperrgesetze vorgehen?

(Rufe: nein.)

Nun, ich habe das von sehr vielen Mitgliedern, namentlich aus tabakbautreibenden Kreisen unseres Landes erfahren. — Meine Herren, über einen Punkt will ich mit dem Herrn Vorredner nicht streiten, nämlich über das Maß vom günstigen oder ungünstigen Vorurtheil, womit man an die Sperrgesetzfrage herantritt. Verstehe ich den Vorredner richtig, so ist er nicht abgeneigt, für die Erhebung der sogenannten Finanzzölle durch die Gesetzgebung einen etwas beschleunigten Weg anzubahnen, um bei einer Aenderung der Finanzgesetze deren Wirkung rascher eintreten lassen zu können, als es nach Lage der Zollvorschriften der Fall wäre. Auf der anderen Seite meint er aber, daß da, wo es sich um die Einführung und Erhöhung von sogenannten Fabrikatszöllen oder von Zöllen auf Landesprodukte handelt, daß da dieser beschleunigte Weg nicht erforderlich sei. Ich meine, bei dieser Unterscheidung ist der Herr Vorredner vom Vorurtheil beeinflußt, er wünscht die Einführung und Erhöhung der Zölle nicht, mithin hat er selbstverständlich auch das Bestreben, die Erhebung der neuen Zölle nicht zu beschleunigen. Ich für meinen Theil, meine Herren, stehe der Sperrfrage in der That vorurtheilsfrei gegenüber; ich lasse mich dabei nicht beeinflussen durch die Stellung, die ich bei unserer jetzigen volkswirthschaftlichen

Reform einnehme, — ich will mir erlauben, das Ihnen gegenüber auszuführen. Jedermann, der die Gesetzgebung des Reichs, mag dieselbe seinen Wünschen entsprechen oder nicht, gelten lassen will, und der Meinung ist, daß man eine Schädigung der finanziellen und wirthschaftlichen Interessen des Reiches nach Möglichkeit abwenden muß, befindet sich meines Dafürhaltens in der Nothwendigkeit, anzuerkennen, daß das deutsche Reich in der gegenwärtigen Lage gewisse gesetzliche Bestimmungen über die vorläufige Erhebung der Zölle an den Grenzmarken nicht entbehren kann. Wenn irgend etwas, so ist gerade das Beispiel Englands hierfür durchschlagend. Die Engländer haben längst die Erfahrung gemacht, daß sie bei ihrer Zollgesetzgebung nicht das vollständige Zustandekommen der Finanzgesetze abwarten dürfen, bevor die Zollbeamten angewiesen werden können, nach Maßgabe des neuen Gesetzes die Zölle zu erheben. Es hat gerade die englische Parlamentspraxis dazu geführt, daß, wenn bei der ersten Lesung der Finanzgesetze das Unterhaus sich mit bestimmten von der Regierung vorgeschlagenen Zollsätzen einverstanden erklärt hat, das Gesetz selbst sofort in Kraft tritt und die Verzollung darnach erfolgt.

(Zuruf.)

Es wird mir zugerufen, das sei nicht unsere erste Lesung. Ich weiß sehr wohl, daß ein Unterschied besteht zwischen unserer ersten Lesung und der ersten Lesung im englischen Parlament. Ich habe mich aber auch darüber nicht ausgesprochen, ob ich mit den Einzelheiten des vorliegenden Gesetzes einverstanden bin. Wenn ich das schon jetzt thun darf, so trage ich keinen Anstand zu sagen, daß ich mich mit der Form der Beschlußfassung, die der Gesetzentwurf vorschlägt, keineswegs im Einklang befinde; ich will vielmehr stärkere Garantien haben für die Ermittelung des Willens des Reichstags, als es bei einer sofortigen einmaligen Lesung, wie sie der § 2 vorschlägt, der Fall wäre. Ich will, daß der Reichstag in den Stand gesetzt wird, sich besser zu informiren, als er es bei der Anwendung des § 2 kann. Aber, meine Herren, das Prinzip wird durch diese Bedenken nicht berührt. Auch kann bei besseren Garantieformen für die Beschlußfassung des Reichstags über die provisorische Erhebung der Zölle das finanzielle Interesse des Reichs und der wirthschaftliche Wille der Zollgesetzgebung ausreichend zum Ausdruck kommen. Es handelt sich darum, Mittel und Wege zu finden, um neben der Erreichung dieses Ziels den Reichstag gegen übereilte Beschlüsse zu schützen.

Der Herr Abgeordnete Richter (Hagen) meint, es widerstrebe der Natur des Schutzzolls, daß man einen solchen anticipando in Wirksamkeit treten lasse; er hat uns auf das Beispiel der Einfuhr von fremdländischem Eisen verwiesen. Ja, meine Herren, ich habe mich wirklich bemüht, in diesen Ausführungen des Herrn Vorredners die ihn auszeichnende Logik und Klarheit wiederzufinden; meine Herren, es ist doch unbestreitbar, daß, wenn wir einen Roheisenzoll eingeführt haben, auch in Zukunft ein ansehnlicher Verbrauch an ausländischem Roheisen im deutschen Reich fortbauert; daraus folgt, daß nach dem definitiven Zustandekommen des Zolltarifs die Reichskasse aus dem Roheisenzoll Einnahmen haben wird, während, wenn jene Einfuhr früher stattfindet, das Reich um diese Einnahmen aus der Roheiseneinfuhr kommt.

Weiter, meine Herren, diejenigen, die für den Roheisenzoll eingetreten sind, haben das in der Meinung und Absicht gethan, daß dadurch die deutsche Hohofenindustrie in die Lage gebracht wird, bessere Geschäfte zu machen, und mehr zu produziren, als zur Zeit der Fall ist. Mit der Einfuhr des Roheisenzolls wird die gesetzgeberische Absicht dokumentirt, daß auch diese Wirkungen für das Interesse der deutschen Roheisenindustrie eintreten sollen. Heißt es aber nicht diesem Willen zuwider handeln und ihn lähmen, wenn wir zulassen, daß kurz vor Thoresschluß ausländisches Eisen unausgesetzt in großer Menge zollfrei nach Deutschland gebracht wird?

Es ist keine fable convenue, daß in England zur Zeit eine große Menge Roheisen angehäuft ist, deren Inhaber das Bestreben haben, es noch vor Einführung des Roheisenzolls nach Möglichkeit ins deutsche Reich einzuführen. Es ist eine unbestrittene Thatsache, meine Herren, daß bereits im Laufe der letzten Wochen deutsche Kaufleute im umfangreichen Maßstabe spekulative Geschäfte in ausländischem Roheisen und Fabrikateisen, — in letzterem allerdings nur untergeordnet — gemacht haben, und daß in diesem Augenblicke sich ein weit größeres Quantum ausländisches Roheisen auf deutschem Boden befindet als unter normalen Verhältnissen der Fall wäre.

Meine Herren, das schädigt ebenso wie die stattgehabte spekulative Einfuhr von Tabak die Interessen des deutschen Reichs, und es widerspricht geradezu dem gesetzgeberischen Willen, der, wenn keine provisorische Sperrung erfolgt, erst dann Geltung erlangt, wenn das Zollgesetz für Deutschland eingeführt sein wird; — das schädigt die deutsche Eisenindustrie. Es kann deshalb darüber unmöglich ein Zweifel sein, daß es im Interesse des deutschen Reiches liegt, falls überhaupt die Zollgesetzgebung geändert werden soll, auch zeitig Sperrmaßregeln zu treffen; und daß dabei keineswegs ein spezifischer Unterschied zwischen den Finanz- und industriellen Zöllen vorhanden ist.

Meine Herren, ich spreche mich dafür aus, daß wir die Vorlage an eine Kommission verweisen. Ich bin der Meinung, daß es am zweckmäßigsten ist, sie an die Tarifkommission zu verweisen, und zwar aus folgendem Grunde:

Daß man den Tabak unter die Sperrmaßregeln verweist, betrachte ich als selbstverständlich. Ob und welche sonstige Artikel dahingehören, kann aber keine Kommission besser beurtheilen, wie die Tarifkommission; diese dürfte das am raschesten bewerkstelligen können. Wird es aber beliebt, angesichts der Ueberlastung der Tarifkommission mit sonstigen Geschäften dafür eine besondere Kommission von etwa 14 Mitgliedern zu ernennen, so würde ich dagegen nichts zu erinnern finden.

Ich resumire mich dahin, daß zur Zeit der deutsche Reichstag nach meiner Ueberzeugung sich nicht der Aufgabe entziehen kann, mit Rücksicht auf die jetzt bevorstehende Steuer- und Zolltarifgesetzänderung ein Sperrgesetz baldmöglichst zu erlassen. Es beruht das in den Bedürfnissen des deutschen Reichs, in den Bedürfnissen der Bewohner und der Finanzen des deutschen Reichs. Was für die Zukunft geschehen soll, — ob es angemessen und nothwendig ist, angesichts solcher Eventualitäten, wie die, vor denen wir gegenwärtig stehen, durch ein generelles Gesetz akzelerirte Formen zu finden, in welchen man über Sperrmaßregeln beschließen kann, das ist eine Angelegenheit, die die Kommission ebenfalls erörtern mag. Ich würde der Ansicht sein, daß man zur Zeit davon absieht.

Die Aenderungen der Geschäftsordnung nimmt am zweckmäßigsten der Reichstag auf Grund seiner Autonomie vor, und die Reichsregierung kann angesichts der Verschuldung, die sie deshalb trifft, weil sie nicht schon längst ein Sperrgesetz dem Reichstag vorgelegt hat, meines Dafürhaltens damit befriedigt sein, wenn der Reichstag insoweit entgegenkommt, als wenigstens mit Rücksicht auf die Einfuhr der wichtigsten Artikel, die durch die jetzige Gesetzgebung betroffen werden sollen, die Ermächtigung zur vorläufigen Erhebung der neuen und erhöhten Zölle ertheilt wird.

Ich beantrage also die Verweisung an die Tarifkommission.

Vizepräsident Dr. **Lucius**: Der Herr Abgeordnete Schröder (Lippstadt) hat das Wort.

Abgeordneter **Schröder** (Lippstadt): Meine Herren, ich bin in derselben Lage, wie der Herr Abgeordnete Braun. Ich bin nämlich in der Generaldiskussion über den Zolltarif auch nicht zu Worte gekommen und muß zugeben, daß die Gelegenheit außerordentlich verführerisch ist, dieses Malheur heute auszugleichen. Ich werde das aber nicht thun, obgleich die Schranken sehr weit gezogen sind über die ganze Weltgeschichte von der Aera Thüngen, der allerneuesten, bis zu Pipin dem Kleinen, jenem mächtigen Hausmeier, der es verstand, sich an die Stelle eines alten Königsgeschlechts zu setzen, der aber doch meiner historischen Auffassung nach dabei ein ganz netter Mann war.

(Heiterkeit.)

Meine Herren, nur zwei Bemerkungen allgemeiner Natur lassen Sie mich machen, ich komme dann ganz speziell auf die Sache.

Wenn der Herr Abgeordnete Braun heute erklärt hat, daß der Schutz der Minorität etwas außerordentlich Wünschenswerthes sei, so freut es mich, daß er zu dieser Ansicht gekommen ist. Aber wenn er uns darüber so eben eine etwas lange Ausführung gemacht hat, so möchte ich ihm doch sagen, und zwar für mich und meine politischen Freunde: „vous prêchez un converti."

(Heiterkeit.)

Niemand ist tiefer von der Nothwendigkeit des Schutzes der Minorität überzeugt, als wir und wir haben allen Grund dazu. Um so mehr freut es mich, daß auch Herr von Kardorff diesen Grundsatz anerkennt und also eigentlich darüber jetzt das ganze Haus einverstanden ist.

Eine zweite Bemerkung muß ich dann noch gegen den Abgeordneten Richter (Hagen) machen, der die weite Ausdehnung der Debatte in die Vergangenheit verschuldet hat. Er hat heute abermals aus der Rede des Abgeordneten Freiherrn von Wendt vom vorgestrigen Tage einen einzelnen Satz herausgerissen und daran in etwas abfälliger, jedenfalls nicht sehr liebevoller Weise Kritik geübt. Der Abgeordnete von Wendt ist nicht hier. Ich will gegenüber der Phrase, von „einem gewissen kleinen Hochofen, der irgendwo angeblasen werden müßte und dann die und die Resultate zur Folge haben würde", nur Folgendes richtig stellen.

Der Abgeordnete von Wendt hat sich beklagt, daß eine gewisse Industrie kleiner Meister in Hufnägeln, nicht Schuhnägeln, auch nicht Dachnägeln, sondern in Hufnägeln, die in der Nähe seines Wohnortes existirt, die mir auch bekannt ist, daß diese Industrie von Kleinmeistern, die das Rohmaterial, das Roheisen selbst dort herstellten und selbst weiter verarbeiteten, erst in den letzten Jahren erdrückt sei dadurch, daß die große Fabrikation sich mittelst der zollfreien Einfuhr schwedischen Roheisens dieses Artikels bemächtigt habe. Herr von Wendt hat erläutert, daß diese Leute nun dem Hunger gegenüberständen. Meine Herren, daß ist ein sehr gesunder, berechtigter Gedanke. Denn das ist ja gerade der Gedanke des ganzen Schutzzollsystems, daß man auch, ohne Rücksicht darauf, ob die Sache angeblich etwas theurer wird, einen Zoll auflegt, wenn infolge zollfreien Imports ausländischen Materials in größeren arbeitenden Kreisen des Vaterlandes Arbeitslosigkeit und Noth entsteht. Das war der sehr gesunde Gedanke, den Herr von Wendt ausgesprochen hat, und er verliert nicht an Werth dadurch, daß man durch Herausreißen eines einzelnen Satzes, der etwa mituntergelaufen ist, die Sache in ein unrichtiges Licht stellt.

Was nun die sogenannte Sperrvorlage selbst betrifft, so halte ich mich für verpflichtet, ein thatsächliches Verhältniß, eine Speziellität, betreffend die Spekulation in Rohtabak hier anzugeben, obgleich ich glaube, daß meine Quelle aus anderen Kreisen stammt, als diejenigen sind, aus denen Herr von Bennigsen seine Anschauungen hierüber entnommen haben mag. Mir hat man gesagt, daß bezüglich der Tabakspekulation — und ich glaube im Tabak sind, was Quantität und Werth betrifft, namentlich die allergrößten Spekulationen gemacht — die Vorlage so aussehe, als ob sie von und für Spekulanten gemacht sei, als ob mindestens die Idee zu der Vorlage gerade von Spekulanten in Rohtabak angeregt sei. Meine Herren, es ist mir gesagt, daß, was für Deutschland sich von den vorhandenen ausländischen Tabaken eigne, beinahe schon vollständig in Deutschland drin sei, daß also der finanzielle Schaden der Staatskasse durch die Nichtsperre des Rohtabaks kein bedeutender sein würde. Dagegen wird mir weiter gesagt, daß in den Kreisen der kleinen Tabakhändler und Fabrikanten, die nicht spekulirt haben, theils, weil sie das dazu nöthige Geld nicht besitzen, theils weil sie auf eine ungewöhnliche Abänderung der bisherigen Zolltarifgesetzgebung nicht gerechnet haben, daß diese Kreise den größten Schaden haben würden. Das Verhältniß ist zur Zeit das, daß bei der Ungewißheit darüber, wie die Tarifvorlage sich schließlich gestalten würde, ferner bei der Ungewißheit darüber, ob überhaupt die Nachsteuer durchgeht und ob, wenn sie durchgeht, sie nur auf Rohtabak sich beschränkt oder auch auf die Fabrikate, daß bei allen diesen Ungewißheiten und bei den kolossalen Engagements die sogenannte erste Hand, die spekulirt hat, heute noch zu gewöhnlichen Preisen gern weiter verkauft, daß aber in dem Augenblick, wo durch eine Sperre bei Einführung von Rohtabak sofort die erhöhte Zollerhebung eintritt, ein Aufschlag von 20, 30 auch bis 40 Mark auf Rohtabak zu erwarten sei und daß somit dieses Gesetz gleichsam die Spekulation, die jetzt noch in Ungewißheit schwebt und zu gewöhnlichen Preisen verkauft, in einen sicheren Hafen bugsiren würde, daß von diesem Augenblick an die bisher gemachten Spekulationen als gelungen und realisirbar zu betrachten seien.

Meine Herren, ich habe weiter nichts beabsichtigt, als der Kommission an die Sie jedenfalls diese Vorlage verweisen werden, diesen Gesichtspunkt mitzugeben für ihre Berathungen, damit er dort gründlich erwogen werde. Weiter will ich über die Sache selbst nichts reden, da sie mir durch die bisherige Diskussion genügend erschöpft zu sein scheint.

Vizepräsident Dr. **Lucius**: Es liegen Schlußanträge vor von den Herren Abgeordneten Freiherr von Manteuffel und Dr. Zinn. Ich bitte diejenigen Herren, welche den Schlußantrag unterstützen wollen, aufzustehen.

(Geschieht.)

Die Unterstützung reicht aus.

Ich bitte diejenigen Herren, welche den Schluß annehmen wollen, sich zu erheben oder stehen zu bleiben.

(Geschieht.)

Das ist die Mehrheit; der Schluß ist angenommen.

Zu einer persönlichen Bemerkung hat das Wort der Herr Abgeordnete Berger.

Abgeordneter **Berger**: Meine Herren, ich war geschäftlich aus dem Saal herausgerufen worden, als der Kollege Braun sich mit mir beschäftigte, doch hat derselbe später die Güte gehabt, mir die Einsicht des Stenogramms seiner betreffenden Auslassungen zu gestatten. Auf Grund derselben werden Sie mir erlauben, einige persönliche Bemerkungen in Bezug auf das zu machen, was Herr Braun gegen mich gesagt hat, soweit das in diesem engen Rahmen möglich ist.

Der Herr Kollege hat mir zunächst vorgeworfen, ich hätte in meiner Rede vom 16. Mai gesagt, die Majorität wolle fortan die Minorität gar nicht mehr hören. Meine Herren, nach den vielen und so sehr langen Reden, welche wir seit einem viertel Jahr von den Herren Vertretern der Freihandelspartei gehört haben, überrascht mich dieser Vorwurf allerdings im höchsten Grade. Ich habe aber auch nicht einmal gesagt, was behauptet wird, — der Bericht vom

16. Mai liegt bereits gedruckt vor mir, — meine Worte sind vielmehr lediglich in dem Sinne zu verstehen, daß ich erklären wollte: da die Minorität den Zolltarifentwurf im ganzen wie im einzelnen grundsätzlich bekämpft, so kann sie nicht darauf Anspruch machen, von uns, der Majorität, bei unserer Verbesserung des Entwurfs mit ihren etwaigen Vorschlägen Gehör zu finden. Das war die Bedeutung meiner Worte, und ich glaube, Jedermann, der mich hörte, wird mir darin zustimmen müssen.

Meine Herren, der Abgeordnete Braun hat sodann gefragt, ob ich etwa beabsichtige, mein Ohr den Klagen Ostpreußens, Westpreußens, Pommerns und anderer Provinzen des Ostens ganz zu verschließen. Der Herr Kollege sitzt seit einer Reihe von Jahren mit mir im preußischen Abgeordnetenhause, und er wie viele andere verehrte Mitglieder jener Körperschaft werden gerade mir das Zeugniß geben müssen, daß ich seit vielen Jahren, so lange ich dort ein Mandat bekleide, nach Kräften bemüht gewesen bin, vorzugsweise den östlichen Provinzen in Bezug auf den seither dort vernachlässigten Eisenbahnbau zu ihrem Rechte zu verhelfen,

(sehr richtig!)

es existirt im äußersten Osten Preußens eine Eisenbahn, die sich einigermaßen an meinen Namen knüpft, und bei der Geldbewilligung für alle anderen Linien zweier Provinzen bin ich gewiß nicht am wenigsten betheiligt gewesen.

Meine Herren, der Herr Kollege Braun hat ferner gesagt, wir bildeten nur eine „Majorität ad hoc" und eine solche könne unmöglich die Minorität mundtodt machen wollen. Ja, meine Herren, was diesen Vorwurf, wenn es überhaupt einer ist, betrifft, so hat die Minorität in der That gar keine Berechtigung, sich für besser oder für homogener zu halten, als die Mehrheit.

Vizepräsident Dr. **Lucius**: Ich muß dem Herrn Abgeordneten bemerken, daß dieser Theil seiner Ausführungen nicht mehr persönlicher Natur ist.

Abgeordneter **Berger**: Herr Präsident, es machte auf mich allerdings auch fast diesen Eindruck.

(Große Heiterkeit.)

Ich werde mich also für die wenigen Worte, die ich noch zu sagen habe, streng in den Grenzen der persönlichen Bemerkung halten und durchaus persönlich erklären, daß der Witz des Kollegen Braun: wir befinden uns in einer „Aera Berger", durchaus nicht zutrifft. Das Votum vom 16. Mai, meine Herren, ist nicht der Beginn einer Aera Berger, sondern es bezeichnet einfach das Aufhören der seither herrschenden kosmopolitischen Handelspolitik und die Rückkehr zu einer verständigen nationalen Handelspolitik!

(Bravo!)

Vizepräsident Dr. **Lucius**: Der Herr Abgeordnete Dr. Braun hat das Wort zu einer persönlichen Bemerkung.

Abgeordneter Dr. **Braun** (Glogau): Meine Herren, ich muß den Nachweis liefern, daß ich die Worte des Herrn Abgeordneten Berger richtig zitirt habe und zu dem Zwecke will ich die betreffende Stelle seiner Rede wörtlich verlesen, — sie ist ganz kurz und ich hoffe, der Herr Präsident wird es erlauben. Herr Berger hat so gesagt:

> Meine Herren, was zu modifiziren ist in dieser Sache, das, bin ich der Meinung, thun wir zwischen der zweiten und dritten Berathung, das ist auch ein Internum der Majorität, darum hat sich die Minorität, meines unmaßgeblichen Dafürhaltens, weniger zu kümmern. Zunächst handelt es sich darum, den gemeinsamen Gegner zu schlagen.

(Heiterkeit.)

Vizepräsident Dr. **Lucius**: Zu einer persönlichen Bemerkung hat das Wort der Herr Abgeordnete Berger.

Abgeordneter **Berger**: Meine Herren, ich danke dem Herrn Kollegen Braun dafür, daß er die inkriminirten Worte verlesen hat, die ich am Freitag sprach, denn sie beweisen gerade, daß die Interpretation, die ich vorhin dazu gegeben habe, vollkommen zutrifft. Die Stelle spricht gerade für mich, nicht aber für Herrn Brauns Auslegung.

Vizepräsident Dr. **Lucius**: Meine Herren, es liegt nur ein Antrag in Bezug auf die geschäftliche Behandlung der Gesetzesvorlage vor, — nachdem der Herr Abgeordnete von Kardorff seinen Antrag zurückgezogen hat, die Gesetzesvorlage an eine besondere Kommission zu verweisen, liegt nur noch der Antrag Windthorst vor, die Vorlage an die Tarifkommission zu verweisen. Ich darf dann wohl die Frage so stellen: nicht erst, ob die Vorlage an eine Kommission überhaupt verwiesen werden soll, sondern gleich so, ob die Vorlage an die Tarifkommission verwiesen werden soll. — Damit scheint das Haus einverstanden.

Ich bitte diejenigen Herren, die, entsprechend dem Antrage Windthorst, den Entwurf eines Gesetzes, betreffend die vorläufige Einführung von Aenderungen des Zolltarifs, an die Tarifkommission zur Vorberathung überweisen wollen, aufzustehen.

(Geschieht.)

Das ist eine bedeutende Mehrheit; der Beschluß ist festgestellt.

Wir gehen über zum fünften Gegenstand der Tagesordnung:

Fortsetzung der zweiten Berathung des Zolltarifs (Nr. 132 der Drucksachen).

und zwar Nr. 7, **Erden, Erze und edle Metalle.**

Ich eröffne die Diskussion. — Es nimmt niemand das Wort; ich schließe die Diskussion. Eine Abstimmung wird wohl nicht verlangt. — Ich konstatire also die Annahme der Nr. 7 entsprechend der Proposition der Regierung.

Wir gehen über zu Nr. 8, **Flachs und andere vegetabilische Spinnstoffe mit Ausnahme der Baumwolle.**

Ich eröffne die Diskussion und ertheile zunächst das Wort dem Herrn Referenten über Petitionen.

Berichterstatter Abgeordneter Dr. **Stephani**: Meine Herren, im Auftrage der Petitionskommission trage ich in gleicher Weise wie neulich bei der Position Eisen, die zu der Position Hanf und Flachs eingegangenen Petitionen Ihnen kurz vor, es sind nur vier.

Zuerst bittet der landwirthschaftliche Verein in Witzenhausen im Regierungsbezirk Kassel:

> mit Rücksicht darauf, daß die niedrigen in dem neuen Tarif enthaltenen Getreidezölle, die Landwirthschaft in ihrer bis jetzt trostlosen Lage auch für die Zukunft belassen werden, wenigstens den eingehenden Flachs mit 10 Mark Zoll pro 100 Kilogramm zu belegen.

Der landwirthschaftliche Verein in Pritzwalk bittet:

> mit Rücksicht darauf, daß die beabsichtigten Getreidezölle viel zu niedrig sind, Flachs mit dem Tarifsatz zu belegen, der vom Kongreß deutscher Landwirthe beschlossen worden ist.

Die Höhe dieses zuletzt erwähnten Satzes ist nicht angegeben.

Der landwirthschaftliche Verein zu Altenburg bittet:

1) daß alle Einfuhrzölle auf landwirthschaftliche Produkte sich genau in dem Verhältniß bewegen, wie die für alle übrigen Industrieartikel;
2) daß Flachs und Wolle mit demselben Eingangszoll belegt werden, wie die anderen Produkte.

Es sind das die eigenen Worte der Petition, wie ich sie verlesen habe, obwohl ich ihren Inhalt nicht erläutern kann und ihn auch nicht verstehe.

Endlich der landwirthschaftliche Verein zu Kork in Baden bittet:

> Mit Rücksicht auf den starken Hanfbau in Baden, der für sehr viele kleine Grundbesitzer die alleinige Nahrungsquelle war und ist, der aber seit dem Ende der sechsziger Jahre namentlich durch die starke Einfuhr italienischen Hanfes sehr stark zurückgegangen ist und ohne Zollschutz jetzt nicht mehr gegen die ausländische Konkurrenz bestehen kann, im Interesse der Landwirthschaft, die ohnehin in Baden durch die hohe Tabaksteuer schon sehr geschädigt werde, zum Schutz des inländischen Flachsbaues das ausländische Erzeugniß mit einem entsprechenden Zoll zu belegen.

Ein besonderer Satz des Zolls ist auch hier nicht angegeben.

Vizepräsident Dr. **Lucius**: Meine Herren, zu Nr. 8 liegen zwei Anträge vor, von dem Herrn Abgeordneten Freiherrn von Ow (Freudenstadt) und von dem Herrn Abgeordneten von Ludwig, die gedruckt vertheilt sind. Diese Anträge stehen gleichfalls mit zur Diskussion.

Das Wort hat der Herr Abgeordnete Freiherr von Ow (Freudenstadt).

Abgeordneter Freiherr **von Ow** (Freudenstadt): Meine Herren, wir stehen hier bei der ersten Position, welche sich auf das landwirthschaftliche Gewerbe bezieht und es ist bezeichnend für die Stellung, welche der Landwirthschaft in dem Zolltarifentwurf eingeräumt ist, daß diese erste, die Landwirthschaft betreffende Position zollfrei gelassen ist. Meine Herren, die deutschen Landwirthe hatten an das Schreiben des Fürsten Reichskanzlers vom 15. Dezember ganz andere Erwartungen geknüpft. Ich bedauere, daß diese unsere Erwartungen nicht im vollen Maße in Erfüllung gegangen sind. Aus jenem Schreiben führe ich Ihnen diejenige Stelle an, in welcher es heißt:

> daß als Grundlage für die Revision des Zolltarifs sich empfiehlt, nicht bloß einzelne Artikel, welche sich dazu besonders eignen, mit höheren Zöllen zu belegen, sondern zu dem Prinzip der Zollpflichtigkeit aller über die Grenze eingehenden Gegenstände zurückzukehren.

Allerdings schreibt der Fürst Reichskanzler im unmittelbaren Anschluß hieran,

> daß von dieser allgemeinen Zollpflicht diejenigen unentbehrlichen Rohstoffe auszunehmen seien, welche in Deutschland gar nicht oder nur in einer ungenügenden Quantität oder Qualität erzeugt werden können.

Nun, meine Herren, diese Voraussetzung trifft in Beziehung auf den Flachs durchaus nicht zu. Ich werde später darauf zurückkommen, Ihnen nachzuweisen, daß der Flachs bei uns in genügender Quantität und Qualität erzeugt werden kann.

Aber auch in anderer Beziehung, meine Herren, sind die Erwartungen, zu welcher uns das Schreiben vom 15. Dezember berechtigt, nicht in Erfüllung gegangen, wenn uns nämlich in Aussicht gestellt war, daß die Eingangsabgabe nach dem Werth der Waaren und zwar unter Zugrundelegung verschiedener Prozentsätze abzustufen wäre. Ja, es ist allerdings abgestuft worden, aber oft in der ganz entgegengesetzten Richtung, und zwar zum Nachtheil der deutschen Landwirthschaft. Ich komme bei dem Studium des vorliegenden Zolltarifentwurfes gerade zu dem entgegengesetzten Resultat, wie der Herr Abgeordnete Delbrück, der in dem Zolltarif das Vorherrschen eines Prinzips, eines Systems gefunden hat. Und wenn der Herr Abgeordnete Delbrück seine Ueberzeugung dahin ausgesprochen hat, daß in Bezug auf eine große Anzahl unsrer wichtigsten Industrien die realen Verhältnisse und Interessen der Logik und Systematik zum Opfer gefallen sind, so finde ich im Gegentheil, meine Herren, daß in Bezug auf die wichtigste Produktion, die Produktion der Landwirthschaft, die realen Verhältnisse und Interessen grade dem M a n g e l an Logik und Systematik zum Opfer gefallen sind.

Ja, meine Herren, vergleichen wir beispielsweise die Positionen Flachs, Hanf und Leinenindustrie mit den Positionen Eisen und Eisenindustrie, so finden wir gerade die entgegengesetzte Progression. Während bei dem Eisen das Rohprodukt mit einem Zollsatz bis zu 20 Prozent seines Werthes geschützt ist, das Halbfabrikat bis zu 12 bis 20 Prozent seines Werths, die Waare bis zu 10 Prozent, und die Maschinen mit 6 Prozent, finden wir umgekehrt, daß bei Flachs und Hanf und anderen vegetabilischen Spinnstoffen das Rohprodukt zollfrei gelassen ist, dagegen das Halbfabrikat, die Leinengarne, mit einem Zoll geschützt sind, der ungefähr 5 Prozent des Werths beträgt, und endlich das Ganzfabrikat, die Leinenwaaren, geschützt sind mit einem Zollsatz, der durchschnittlich ungefähr 9½ Prozent des Werthes entspricht.

Außerdem, meine Herren, ist die Landwirthschaft auch dadurch benachtheiligt, daß verschiedene Geschäftszweige einzelner Industrien ganz ausnahmsweise hoch geschützt sind, so, daß dadurch eine Art von Privilegium für dieselben geschaffen ist. Den großen Gegensatz in der Behandlung zwischen Landwirthschaft und Industrie finden wir gleich hier bei der ersten landwirthschaftlichen Position. Die Hilfsstoffe für die Industrie sind größtentheils zollfrei gelassen, die Hilfsstoffe aber für die Landwirthschaft sind durch hohe, mitunter sehr hohe Schutzzölle geschützt; die Produkte der Landwirthschaft sind großentheils gar nicht, zum Theil mäßig nur geschützt, während die Produkte der Industrie hoch geschützt sind.

Dazu kommt, meine Herren, der wesentliche Unterschied, daß durch Koalition die Großindustrie die Erhöhung der Preise, die entschieden durch die Schutzzölle herbeigeführt wird, bis zu einem gewissen Grade festhalten kann, während umgekehrt von einer solchen Koalition seitens der nicht nach Tausenden, sondern nach Millionen zählenden Landwirthe nicht die Rede sein kann.

Es kommt noch weiter in Betracht, meine Herren, daß durch den ungleich höheren Schutz der Industrie der deutschen Landwirthschaft das Kapital nicht bloß aufs neue entzogen, sondern vertheuert wird; es kommt endlich hinzu, daß der Landwirthschaft nicht bloß die Arbeiter wieder in erhöhtem Maße entzogen, sondern aufs neue vertheuert werden.

Deshalb, meine Herren, wenn ich mich auf den einseitigen landwirthschaftlichen Interessenstandpunkt stellen wollte, wäre ich allerdings unter denjenigen, welchen bei dieser Zolltarifvorlage nicht so ganz wohl zu Muthe ist. Ich glaube, daß der deutsche Landwirthschaftsrath, dessen Aufgabe es ist, den landwirthschaftlichen Interessenstandpunkt in erster Linie einzunehmen, durchaus richtig gehandelt hat, wenn er sich dieser Vorlage gegenüber ziemlich kühl und reservirt ausgesprochen hat. Ja, meine Herren, es wird allerdings bis auf einen gewissen Grad das eintreten, was der Herr Abgeordnete Richter gesagt hat, daß die deutsche Landwirthschaft zum großen Theil bei dieser Sache die Zeche wird bezahlen müssen.

Aber, meine Herren, ich bin als Landwirth keineswegs so pessimistischer Anschauung, wie aus dem gefolgert werden könnte, was ich soeben hervorgehoben habe, denn ich weiß recht wohl, daß die deutsche Landwirthschaft einen großen

Nutzen darauszieht, wenn die deutsche Industrie aufs neue aufblüht und gedeiht. Aber die Herren mögen andererseits ja nicht vergessen und bedenken, daß seitens der Industrie noch viel viel mehr Interesse vorhanden ist an dem Blühen und Gedeihen der deutschen Landwirthschaft, denn was helfen alle Schutzzölle, wenn die deutsche Landwirthschaft nicht zahlungsfähig, nicht konsumtionsfähig ist. Auch in Beziehung auf die zu erwartende Preissteigerung, meine Herren, gebe ich mich keineswegs einer pessimistischen Anschauung hin. Die Preissteigerung wird eintreten zu gunsten der Industrie und vorherrschend zu gunsten der Großindustrie, aber ich glaube auch, daß diese Preissteigerung keine allzulang anhaltende sein wird. Durch die vermehrte inländische Konkurrenz der Industrie wird es nach kurzer oder längerer Frist wieder dahin kommen, daß die Preise auf ein vernünftiges Maß sich beschränken müssen. Wir haben ja das Beispiel von Frankreich und Amerika; wir sehen, daß dort, wo die Industrie durch hohe Schutzzölle geschützt ist, dieselben Waaren nicht schlechter und nicht theuerer sind als bei uns. Aber, meine Herren, ich würde es für durchaus verwerflich halten, wenn sich jemand hier in diesem Hause wollte bei der Beurtheilung des Zolltarifentwurfs ausschließlich anf einen einseitigen Interessenstandpunkt stellen. Ich stehe hier nicht als Landwirth, ich betrachte die Frage von einem weiteren Gesichtspunkt aus, ich habe die großen Gesammtinteressen der Nation im Auge, und von diesem Gesichtspunkte aus begrüße ich, nicht weil ich Landwirth bin, sondern, trotzdem ich Landwirth bin, die Vorlage mit Freuden, ich begrüße die inaugurirte Wirthschaftspolitik des Herru Reichskanzlers, denn ich habe die volle Ueberzeugung, daß wir bei der Einseitigkeit unseres Freihandelssystems in unserem Volksvermögen tief geschädigt werden, ich habe die volle Ueberzeugung, daß, wenn wir auf die Dauer bei dieser Einseitigkeit beharren, daß wir dann nicht bloß von den Zinsen unseres Volksvermögens leben werden, sondern von dem Volksvermögen selbst. Dafür, meine Herren, führe ich Ihnen keine Zahlen an, denn die Zahlen allein sprechen bei der Mangelhaftigkeit unserer statistischen Handelsbilanz nicht überzeugend genug, aber ganz bedeutsame Fingerzeige dafür, daß diese Anschauung die richtige ist, haben wir dennoch. Es ist im Volksleben und bei dem Volksvermögen ganz dasselbe wie im Privatleben und mit dem Privatvermögen; wenn man sieht, daß Jemand, der bisher mit einem gewissen Komfort gelebt hat, auf einmal anfängt, sich einzuschränken, dann nimmt man gewiß nicht mit Unrecht an, daß der Betreffende in seinem Vermögen zurückgekommen ist, und ganz dasselbe trifft zu in Beziehung auf unser deutsches Volksvermögen. Es ist aber nicht bloß die allgemeine Einschränkung in allen Schichten unseres deutschen Volks, sondern insbesondere die allgemeine Verminderung der Werthe unseres Volksvermögens, die so recht augenscheinlich heut zu Tage in die Augen tritt.

(Rufe: Zur Sache!)

Ja, meine Herren, ich kehre im Augenblick zurück zu der Sache.

(Heiterkeit.)

Sie verzeihen, meine Herren, aber sehr viele meiner Vorredner sind wieder auf die Generaldebatte zurückgekommen, und es war namentlich der Herr Abgeordnete Sonnemann, welcher mir am vergangenen Sonnabend das schlechte Beispiel gegeben hat, fürchten Sie indessen nicht, daß ich ihm folgen werde, und mit derselben Beharrlichkeit wie Herr Sonnemann bei der Generaldiskussion verweilen werde. Gestatten Sie mir noch wenige Bemerkungen, um den angefangenen Gedankengang zu vollenden.

Angesichts der Thatsache, daß die allgemeine Einschränkung in allen Schichten des deutschen Volks im Zunehmen ist, und angesichts der Thatsache, daß die Werthe unseres Volksvermögens sich vermindert haben und noch mehr vermindern würden, die Werthe von Grund und Boden nicht allein, auch die Werthe, die im Gewerbe angelegt sind, anch jener große Theil des deutschen Volksvermögens, die deutsche Arbeitskraft, im Werthe gesunken ist, — angesichts dieser Thatsachen begrüße ich trotz der vielen Mängel diesen Zolltarif mit großer Freude und Genugthuung, aber ich muß wiederholt das tiefe Bedauern darüber aussprechen, daß die deutsche Landwirthschaft in diesem Tarif schlechter behandelt ist, als die deutsche Industrie, und ich glaube, es muß unsere Aufgabe sein, diesen Fehler des Zolltarifs so viel als möglich zu verbessern, und mit dieser Verbesserung müssen wir gleich hier bei der Position 8 anfangen.

Ich finde in den Motiven unter anderem gesagt: „Flachsbau ist mühsam und eignet sich nur für den Kleinbetrieb.“ Diese Behauptung ist unzweifelhaft richtig, aber gerade darin, meine Herren, liegt für mich das Hauptmoment, warum ich mit Wärme für den Schutz des deutschen Flachsbaues und des Hanfbaues eintrete. Denn der Kleinbetrieb, der kleine und mittlere Bauernstand, meine Herren, ist nicht hoch genug zu schätzen und auch nicht kräftig genug zu schützen. Allerdings, wenn man sich auf einen rein rechnerischen Standpunkt stellt, wenn man als wirthschaftliche Aufgabe nur das ansieht, aus gewissen gegebenen Produktionsfaktoren den höchstmöglichen Reinertrag zu erzielen, dann kann man nicht für den kleineren und mittleren Grundbesitz schwärmen, denn es ist allerdings der Reinertrag, der erzielt werden kann, ein viel größerer, wie in der Industrie, so bei der Landwirthschaft bei dem größeren Betrieb. Wenn wir in Süddeutschland den durchschnittlichen Reinertrag der Landwirthschaft bei größerem Grundbesitz auf rund 2 Prozent veranschlagen dürfen, so steht dem gegenüber, wenn kaufmännisch gerechnet wird, ein Reinertrag bei dem kleineren Grundbesitz von höchstens 1 Prozent, häufig weniger als 1 Prozent, und gar nicht selten sind die Fälle, wo der Bauer arbeitet mit minus 0 Prozent. Allein, meine Herren, das Glück der Menschen besteht nicht darin, aus seinem Vermögen den höchsten Reinertrag, die höchsten Prozente zu ziehen, das Glück der Menschen besteht allein nur in der Zufriedenheit und die Sache hat ihre ethische Seite. Da, wo der kleinere und mittlere Bauernstand zu Hause ist, herrscht entschieden die verhältnißmäßig größte Zufriedenheit, da herrscht verhältmäßig die größte Solidität, wenn nur der Grundbesitz die Größe wenigstens hat, daß der Bauer sich auf seinem Grund und Boden ernährt. Auch ist die Wahrnehmung so recht deutlich erst in den letzten Jahren hervorgetreten, daß da, wo der kleine Grundbesitz vorherrscht, wirthschaftliche Krisen viel leichter überwunden werden, als wo der größere Grundbesitz vorwaltet. Der Bauer, der selber arbeitet mit Weib und Kind, der keine großen baren Vorauslagen hat, kann in Zeiten schwerer landwirthschaftlicher Krisen immer noch fortkommen, während der große Bauer und der Großgrundbesitzer, der mit Knechten arbeitet und das ganze Jahr hindurch so viele und große baren Vorauslagen hat, denen in Zeiten landwirthschaftlicher Krisen nur so kleine Einnahmen gegenüber stehen, in die größte Noth geräth, und in der Krisis häufig untergeht.

Ja, meine Herren, deswegen gerade müssen wir in erster Linie die Produktion schützen, welche vornehmlich Produktion des kleinen Grundbesitzes ist; das ist nicht der Getreidebau in erster Linie, denn es gibt Gegenden, in welchen der kleine Bauer nicht viel Getreide verkaufen kann. Das ist in erster Linie die Viehzucht, und neben der Viehzucht der Bau der Handelsgewächse und unter den Handelsgewächsen, meine Herren, figurirt auch der Flachsbau und der Hanfbau.

Diejenigen Gegenden, meine Herren, in denen der Flachsbau hauptsächlich zu Hause ist, das ist nicht mein engeres Heimathland, Württemberg. Dagegen sind es insbesondere Lüneburg, Braunschweig, Hannover, Thüringen,

Sachsen, Schlesien, Lausitz, Ost- und Westpreußen. Aus diesen Gegenden sind entschieden die Wünsche dahin laut geworden, daß der Flachsbau geschützt werden soll, wie er früher geschützt war. So liegt uns vor z. B. die Eingabe aus Koburg-Gotha, in der es u. a. heißt:

> Mit Befremden vermißt man im Zollprogramm der Regierung einen Eingangszoll auf Flachs. Der deutsche Flachsbau, welcher früher so sehr in Blüthe stand, ist durch freie Einfuhr von Flachs ungemein geschädigt.

Erst gestern bekam ich eine Zuschrift aus Schlesien von einem Kreisdeputirten, der mir schrieb:

> Im Auftrage sehr vieler Landwirthe meines Kreises und hauptsächlich im Sinne aller Flachsbautreibenden die vollständigste Uebereinstimmung mit dem von Ew. Hochwohlgeboren beantragten Zoll auf Rohflachs. Auch Schlesien wird von Jahr zu Jahr durch größere Quantitäten russischer Flächse überfluthet, so daß der Preis pro Zentner von 20 Thaler auf 15 gedrückt ist. Soll dieser Zweig der Landwirthschaft nicht geradezu vernichtet werden, bedürfen wir eines mäßigen Zolles in der von Ew. Hochwohlgeboren vorgeschlagenen Weise.

Ja, meine Herren, auch aus Württemberg haben sich Stimmen für den Schutz des Flachsbaues vernehmen lassen. So in einer Eingabe des landwirthschaftlichen Bezirksvereins Heilbronn.

Sodann, meine Herren, ist mir erst heute eine Eingabe übergeben worden aus dem Großherzogthum Baden, in welcher dringend gebeten wird, einen Eingangszoll auf Flachs zu bewilligen. Wir werden darin aufgefordert, wenn immer möglich, dahin zu wirken, daß die nach § 8 des Zollgesetzes zum Nachtheil der deutschen Landwirthschaft zollfrei eingehenden Flachs-, Hanf- und anderen vegetabilischen Spinnstoffe mit einem angemessenen Eingangszoll belegt werden. Ja, meine Herren, in früheren Jahren war im Großherzogthum Baden der Flachs- und Hanfbau eine sehr verbreitete und lohnende Kultur; noch im Jahre 1868 hatten wir in Baden allein 25 259 Morgen Feld mit Flachs und Hanf angebaut. Warum ist aber der Flachsbau so sehr zurückgegangen? Daran, meine Herren, war in erster Linie schuld, daß mit dem Jahre 1865 der Eingangszoll aufgehoben worden ist. Es war nicht allein die Konkurrenz der Baumwolle und Baumwollenfabrikate, sondern in erster Linie die Aufhebung des Eingangszolls an dem Rückgang schuld. Das weisen denn auch, meine Herren, die statistischen Zahlen ganz eklatant nach. Bis zum Jahre 1865 hatten wir in Deutschland eine Einfuhr von Flachs von etwas über 400 000 Zentnern, während schon im Jahre 1870 die Einfuhr 1 633 099 Zentner betrug, seit 1870 gradatim gestiegen ist bis zu einer Einfuhr von 2 1/2 Millionen im Jahre 1877. Diese Zahlen, meine Herren, sprechen doch entschieden deutlich und klar.

Nun sagen die Motive ferner, daß bis jetzt in Deutschland quantitativ und qualitativ nicht das der Leinenindustrie nöthige Rohprodukt geliefert werde. Ja, meine Herren, die Motive sagen ganz vorsichtig und richtig, daß bis jetzt qualitativ und quantitativ das nöthige Produkt nicht geliefert und erzeugt werde. Wenn es aber nicht genügend erzeugt wird, so ist daran allein die Schutzzolllosigkeit unseres Flachsbaues schuld. Der Boden, meine Herren, ist in Deutschland dem Flachsbau günstig. Wir haben in weitaus den meisten Provinzen einen Boden, der den Anbau des Flachses sehr lohnend machen würde. In Belgien, wo der Flachsbau in höchster Blüthe steht, ist der Boden nicht von Hanse aus so sehr für den Flachsbau geeignet, aber durch verbesserte Kultur ist er zu einem guten Flachsboden gemacht worden, und bei dem hohen Grade von rationellem Betrieb, den wir in der deutschen Landwirthschaft haben, ist es durchaus gar keine Schwierigkeit, daß auch wir den Flachsbau auf die Höhe heben, wie es die Industrie beansprucht.

Aber auch das Klima, meine Herren, ist durchaus kein Hinderniß für den gedeihlichen Anbau des Flachses. Der Flachs verlangt freilich ein feucht-mildes Klima, aber nicht in höherem Maße, als es in den weitaus meisten Gegenden Deutschlands vorhanden ist. Das eine nur, meine Herren, ist zuzugeben, worauf auch die Motive hinweisen, daß die Behandlungsweise des Flachses bei der Erute und nach der Ernte noch vielfach eine mangelhafte ist. Es kommt da nicht bloß darauf an, daß bei der Ernte der Flachs gut sortirt wird, trocken zusammengelegt wird, sondern das wichtigste ist die richtige Behandlungsweise bei dem Röstungsverfahren; das ist jener Prozeß, bei welchem unter Einwirkung des Wassers eine Gährung herbeigeführt wird, so daß die gummiartige Substanz zwischen dem Bast und dem Stengel zerstört wird, ohne gleichzeitig die leimartige Substanz des Bastes selber aufzulösen. Man hat nun, meine Herren, um dieses Röstungsverfahren nach gleichmäßigen rationellen Grundsätzen einzuführen, seitens der deutschen Regierungen verschiedene anerkennenswerthe Versuche gemacht, und die Motive sagen, daß die Versuche nicht den gewünschten Erfolg gehabt haben. Ja, meine Herren, ich kann das konstatiren aus meinem engeren Heimatlande, aus Württemberg, aus einem Lande, in dem allerdings der Flachsbau wie die Leinenindustrie nie eine größere Ausdehnung angenommen hat. Aber, meine Herren, wenn wir eine Besserung des Anbaues, eine rationellere Behandlungsweise des Flachses fördern wollen, so dient eben dazu in erster Linie der Zollschutz auf Flachs. Es kommt heutzutage ja mehr und mehr die Ansicht unseres Landsmanns, Friedrich List, wieder zur Geltung, der als ersten Grundsatz aufgestellt hat, daß, wenn die natürlichen Bedingungen vorhanden sind für eine Industrie, und das gilt ebenso für eine landwirthschaftliche Produktion, daß, wenn diese natürlichen Bedingungen vorhanden sind, und wegen der übermäßigen Konkurrenz des Auslandes die Industrie und in diesem Falle die landwirthschaftliche Produktion nicht vorwärts kommen will, geholfen werden muß durch einen entschiedenen, kräftigen Zollschutz.

Das Hauptmoment aber, meine Herren, in den Motiven scheint mir das zu sein, wenn dieselben sagen, damit würde der ohnedies schwer darniederliegenden Leinenindustrie der Bezug von Rohmaterial erschwert. Ja, meine Herren, es ist zuzugeben, daß die Leinenindustrie unter der Konkurrenz der Wollen- und Baumwollenindustrie gelitten hat, aber die Leinenindustrie, meine Herren, ist keineswegs geradezu darniederliegend. Es steht bei den Leinenwaaren einer Einfuhr im Betrag von 14 Millionen Mark gegenüber einer Ausfuhr von 15 700 000 Mark, wir haben also bei den Leinenwaaren eine Mehrausfuhr im Betrage von rund 1 700 000 Mark. Weniger günstig allerdings, meine Herren, verhält es sich mit der Garnindustrie, da steht einer Einfuhr im Werthe von rund 26 800 000 Mark einer Ausfuhr gegenüber von rund 5 Millionen Mark, so daß wir eine Mehreinfuhr haben im Betrage von etwa 21 800 000 Mark. Daraus geht hervor, daß die Leinenindustrie keineswegs so sehr darniederliegend ist, wie es in den Motiven angeführt ist.

Aber um wieviel denn, meine Herren, wird der Leinenindustrie der Bezug des Rohmaterials erschwert? Es beträgt die Vertheuerung des Rohmaterials im Vergleich zu den Werthen der fertigen Leinenwaaren ein verschwindend kleines Minimum. Wenn Sie dem Werth des Rohflachses mit 50 Mark per Zentner, des Hanfes mit 35 Mark per Zentner gegenüberstellen die Werthe der Leinengarne, die für 1 Zentner betragen je nach der Feinheit 100, 140 bis 300 Mark, und bei den Leinenwaaren je nach der Feinheit 145, 180, 300, ja bei Zwirnspitzen 22 000 Mark betragen, so ergeben diese Zahlen, daß eine Vertheuerung des Rohprodukts um 1 Prozent kaum in Betracht kommen kann. Fürst Bismarck schrieb seiner Zeit an die Stadtverordneten von Barmen, unsere Industrie hat in Bezug auf die Halbfabrikate, deren sie bedarf,

Anspruch auf Schonung ihres Besitzstandes, sofern ihr mit entsprechend erhöhtem Schutz des vollen Fabrikats nicht geholfen werden kann. Meine Herren, das gilt ebenso für die fertigen Fabrikate gegenüber den Rohstoffen, wie für die Halbfabrikate gegenüber den Rohstoffen. In welcher Weise, meine Herren, wird aber nun die Leinenindustrie Ihrerseits geschützt? Wir finden, daß bei den Garnen ein Schutzzoll von durchschnittlich ungefähr 5 Prozent des Werthes erhoben werden soll, wir finden bei den Leinenwaaren durchschnittlich einen Schutzzoll vorgeschlagen von 9½ Prozent vom Werthe der Waaren, ja, meine Herren, es sollen die Leinengarne verhältnißmäßig viel höher geschützt werden als bisher, abgesehen von dem rohesten Gespinnst, bis zum doppelten, dreifachen und vierfachen Betrag von dem bisherigen Satz, je nach der Feinheit der Garne. Das Handgespinnst, das bisher zollfrei war, ist jetzt geschützt mit 6 Mark für 100 Kilogramm. Eine ähnliche Progression finden Sie auch in Beziehung auf die Leinenwaaren, bei welcher die Zollerhöhung großentheils im Verhältniß wie 4 : 6, wie 4 : 10, wie 24 : 36 und wie 60 : 100 in Aussicht genommen ist, und so kann auch nach dieser Richtung hin, meine Herren, von Gefährdung der Leinenindustrie durchaus nicht die Rede sein, wenn ein Schutzzoll von 1 Mark auf 100 Kilogramm des Rohprodukts gelegt wird. Werfen Sie endlich einen Blick, meine Herren, auf den finanziellen Ertrag. Derselbe ergibt bei einer jährlichen Mehreinfuhr von 2 174 000 Zentner einen Zollertrag von rund 1 Million Mark. Das, meine Herren, wäre natürlich nicht ein Hauptgrund, um für diesen Schutzzoll zu plädiren. Aber wenn der Fürst Bismarck in dem von mir schon mehrerwähnten Schreiben vom 15. Dezember seinerseits sagt, „in erster Linie steht für mich das Interesse der finanziellen Reform", sage ich dem gegenüber: für uns Landwirthe, meine Herren, steht auch in erster Linie das Interesse der finanziellen Reform angesichts der Thatsache der kolossalen unverhältnißmäßigen Ueberbürdung der deutschen Landwirthschaft mit Steuern nach allen Richtungen.

Dieses, meine Herren, sind die Motive, die mich veranlaßt haben, vorliegenden Antrag einzubringen, und ich bitte Sie dringend, meine Herren, im Interesse insbesondere des kleinen und des mittleren deutschen Bauernstandes, meinen Antrag anzunehmen.

(Bravo!)

Vizepräsident Dr. Lucius: Der Herr Abgeordnete von Ludwig hat das Wort.

Abgeordneter von Ludwig: Meine Herren, nachdem der Herr Vorredner den Flachs in äußerst langen Fäden gesponnen

(Heiterkeit)

und nach allen Seiten durchgehechelt hat,

(Heiterkeit)

werden Sie begreifen, daß mir nur wenig, nämlich das Werg, übrig geblieben ist. Sie werden mir dankbar sein, wenn ich nur kurz zusammenfasse,

(Rufe: ja!)

was ich im Interesse meines Amendements für nothwendig halte. Das erste ist: sofort die erste Position für landwirthschaftliche Dinge ist eine Inkonsequenz, ein Verlassen des Standpunktes, den uns der Reichskanzler am 15. Dezember klar und deutlich, nach meiner Ansicht, zum Nutzen des Landes in dem bekannten Briefe vorgetragen hat. Wenn es dort heißt, alles, was im Lande erzeugt werden kann, was dort einen genügenden Produktionsboden findet, soll mit einem Zoll belegt werden, wenn es vom Auslande hereinkommt, dann muß auch der heimische Flachs geschützt werden

Wer die deutsche Geschichte kennt, wer in der jüngsten Vergangenheit den deutschen Ackerbau beobachtet, wird mir nicht bestreiten, daß der Flachsbau eine uralte deutsche Art des Feldbaues ist.

(Heiterkeit.)

Ich wüßte also nicht, wie der hohe Bundesrath, der den Tarif vorgelegt hat, auf die Idee kommen konnte, den Flachs ohne Schutz zu lassen. Er kann im Inlande erzeugt werden, und wenn in der neuesten Zeit der Flachsbau eingeschränkt ist, so ist es die Folge erstens davon, daß er den Schutzzoll seit 65 verloren hat, und sodann in noch höherem Grade die Folge der Ueberwucherung derjenigen Produkte, die erzeugt werden aus einem nichtdeutschen Stoff, aus der nur allzu bekannten Baumwolle,

(Heiterkeit)

und die Begünstigung der Baumwollenfabrikation, die uns die Arbeiter vor der Zeit alt macht und die uns an Stelle des guten, festen, alten Leinens, welches lange Jahrhunderte ein Hauptprodukt Deutschlands war, was wir überall hin, nach Amerika, Spanien u. s. w. exportirten, uns nichts als Spinnenweben, die an sich das Kainzeichen des leichten Zerreißbaren tragen, gebracht hat,

(Heiterkeit)

und dieses Baumwollenfabrikat paßt ganz für das blaßwangige und blaßäugige Menschengeschlecht, was krank und siech mit diesem Produkt aufgewachsen ist. Also, meine Herren, schon dieser Grund muß Sie dazu bewegen, die alte deutsche Produktion des Flachses wieder ins Leben zu rufen.

(Sehr gut!)

Sie müssen auch berücksichtigen, daß für den Feldbau und die Landleute der Flachs eine der nützlichsten Früchte ist; er erfordert eine vorzügliche Ackerbereitung, er gibt eine Menge Arbeit gerade für Kinder und Frauen zu einer Zeit, wo sie sonst nicht viel zu thun haben, jäten, raufen, rösten, schwingen und alle diese Ihnen bekannten Arbeiten, die in eine Zeit treffen, wo es eine andere landwirthschaftliche Arbeit nicht in ausreichendem Grade gibt.

Ich kann Sie also nur bitten, unseren Antrag anzunehmen, muß aber hinzufügen, daß ich es nur unter der Voraussetzung thue, daß die hohen Bundesregierungen dafür sorgen, daß die geradezu — es ist ein bischen deutlich ausgedrückt — wahnsinnige Einrichtung

(große Heiterkeit)

beseitigt werde, welche erst in der neuesten Zeit, durch Verlängerung des österreichischen Vertrages, wieder von frischem, mindestens auf 1 Jahr ins Leben gerufen ist; nämlich daß die Rohleinwand an der österreichischen Grenze frei eingehen darf, während Leinengarn dort verzollt werden muß.

(Sehr wahr! sehr richtig.)

Sie können begreifen, daß das der hauptsächlichste Grund dafür ist, daß unsere Weber längs des schlesischen Gebirges in die höchste Noth gerathen sind, und Sie werden mir nachfühlen, daß ich als Vertreter desjenigen Kreises, der dort liegt, lebhaft wünschen muß, daß hier Remedur geschaffen werde. —

Auch einen zweiten Umstand muß ich noch bitten, hier nicht zu vergessen seitens der hohen Bundesregierung, daß nämlich der Militärfiskus, der Hauptkonsument von solchen Dingen, nicht, wie er in neuerer Zeit thut, alles Bettzeug, Hemden, Futter und die verschiedenen anderen Stoffe, die er braucht, aus Baumwolle machen läßt;

(Heiterkeit)

er muß den deutschen Soldaten wieder auf deutscher Leinwand schlafen lassen.

(Große Heiterkeit.)

Meine Herren, ich glaube, diese Gründe werden Ihnen genügen, daß Sie die Güte haben, unser Amendement anzunehmen und hiermit wäre eigentlich meine Spezialbesprechung zu Ende. Wenn es aber gestattet ist, noch einige allgemeine Bemerkungen machen zu dürfen — ich halte mich dazu berechtigt und der Herr Präsident wird es mir kaum verwehren dürfen — —

(Rufe: Oho! Glocke des Präsidenten.)

Vizepräsident Dr. **Lucius**: Ich würde sogar verpflichtet sein, den Herrn Redner zu unterbrechen. Wir sind in der Spezialdiskussion, und in Betreff allgemeiner Bemerkungen muß ich erst sehen, wie weit sie sich zur Spezialdiskussion rechtfertigen lassen. Ich bitte also den Herrn Redner, durchaus bei der Spezialdiskussion zu bleiben.

Abgeordneter **von Ludwig**: Ich wollte mir nur die Bemerkung erlauben, daß bekanntlich für landwirthschaftliche Dinge weder eine Enquete veranstaltet worden ist, noch sind sie einer Kommissionsberathung unterworfen, sie sind sofort an das Plenum verwiesen worden. Den landwirthschaftlichen Dingen ist wieder einmal eine ganz andere Behandlung, wie allen übrigen Sachen zu Theil geworden, und ich bin wirklich noch nicht im Stande gewesen, den richtigen Grund hierfür aufzufinden; denn man wird doch nicht sagen können, daß die Landwirthschaft etwas unwichtiges ist; man wird auch nicht sagen können, daß die Dinge, die hier für die Landwirthschaft geplant werden, ganz unbestritten vollständig klar wären. Ich weiß also wirklich nicht, warum die Landwirthschaft hier wieder anders behandelt wird, wie alles übrige und ich kann nur den einen Grund dafür finden, daß sie eben als Stiefkind behandelt wird, wie ich das schon öfter im preußischen Abgeordnetenhause zu konstatiren die Ehre hatte.

(Heiterkeit.)

Aus dem einfachen Grunde, glaube ich, muß der geehrte Herr Präsident es gestatten, daß die allgemeine Generaldebatte ein bischen weit ausgesponnen wird,

(Heiterkeit)

und wenn das der Fall wäre, würde ich mir erlauben, wenigstens einige Thatsachen zu konstatiren,

Vizepräsident Dr. **Lucius**: Thatsachen, die zur Spezialdiskussion gehören, werde ich gewiß nicht verhindern hier zu erörtern; aber ich muß wiederholt bitten, sich an die Spezialdiskussion zu halten.

Abgeordneter **von Ludwig**: Gewiß, ich will beim Flachs bleiben.

(Heiterkeit.)

Sie wissen, welches Interesse ich für den Flachs habe. Da ist mir in den Zeitungen vorgestern eine Thatsache bekannt gegeben worden, welche auch für den Flachs im höchsten Grade feindlich zu sein scheint, ich meine, die Mittheilung im Berliner Tageblatt, welches uns zeigt, daß bei dem Städtetage unser hochverehrter Herr Präsident von Forckenbeck eine Art pronunciamento losgelassen haben soll,

(große Heiterkeit)

und, meine Herren, unser sehr verehrter Herr Kollege Ludwig Löwe hat geradezu den Herru von Forckenbeck zum Führer einer liberalen Vereinigung, der deutschen Antikornliga gemacht.

(Zuruf: Zur Sache! Heiterkeit. Glocke des Präsidenten.)

Vizepräsident Dr. **Lucius**: Ich muß den Herru Redner unterbrechen und ich bitte ihn, zur Sache zurückzukehren. Ich kann nicht finden, daß seine letzteren Bemerkungen noch zur Spezialdiskussion gehören, und ich rufe ihn hiermit zur Sache mit den Folgen, welche die Geschäftsordnung daran knüpft.

Abgeordneter **von Ludwig**: Ich stelle anheim, aber ich meine eine Antikornliga der Städte, von der ich annehmen muß, daß sie gegen alle landwirthschaftlichen Produkte feindlich ist, gehört denn doch wohl zur Sache

(sehr richtig! rechts)

und wenn das nicht an der Zeit ist dem Lande gegenüber zu konstatiren, daß der Präsident des deutschen Reichstags sich einen Antikornligaführer nennen läßt,

(sehr gut! rechts)

dann weiß ich nicht, was hier für die Landwirthe noch zur Sache gehören soll!

Sollte mir der Herr Präsident die weiteren Bemerkungen nicht gestatten, so erlaube ich mir, um das Wort zu bitten . . . .

(Tumult. Ruf: Das ist unerhört! Glocke des Präsidenten.)

Vizepräsident Dr. **Lucius**: Ich bitte diese Störungen zu unterlassen, obgleich ich auch nicht finden kann, daß es berechtigt ist, daß der Herr Abgeordnete Aeußerungen, die außerhalb des Hauses gethan sind, anführt in der Form, daß er den betreffenden Herrn bezeichnet als Präsidenten des Reichstags.

(Sehr richtig!)

Wenn diese Aeußerungen überhaupt gefallen sind, so sind sie jedenfalls in einer anderen Eigenschaft gethan worden, und ich glaube, es ist nicht in der Ordnung, in dieser Weise den Präsidenten des Reichstags in die Diskussion zu ziehen, in dessen Abwesenheit zumal, wie es jetzt der Herr Abgeordnete von Ludwig gethan hat.

(Bravo!)

Ich bitte ihn, in dieser Beziehung nicht weiter fortzufahren.

(Bravo! Sehr gut!)

Abgeordneter **von Ludwig**: Meine Herren, wenn ich Zeitungsartikel im Parlament erwähne, so bin ich wahrhaftig nicht im Unrecht noch der Erste, der es that. Ich bin durchaus kein alter Parlamentarier; aber in den kurzen Jahren, wo ich die Ehre habe dem Parlament anzugehören, ist es von allen Seiten vorgekommen, daß man mit einem Zeitungsblatte in der Hand Mittheilungen machte, — es ist noch gar nicht lange her, daß der Herr Abgeordnete Witte einen Artikel einer Zeitung im Parlament erörtert hat. Mehr habe ich nicht gethan.

Darf ich weiter sprechen?

(Große Heiterkeit.)

Vizepräsident Dr. **Lucius**: Ich werde hören, ob der Herr Redner zur Sache spricht.

Abgeordneter **von Ludwig**: Ich höre ein Bischen schwer.

(Stürmische Heiterkeit.)

Vizepräsident Dr. **Lucius**: Ich kann den Herru Redner nicht stören, so lange er zur Spezialdiskussion spricht; ich werde ihn aber wiederholt zur Sache verweisen müssen, wenn er noch weiter vom Gegenstande sich entfernt, wie es in den letzten Sätzen wieder der Fall war.

Abgeordneter **von Ludwig**: Also, meine Herren, sowohl zum Schutze der ganzen Landwirthschaft als insbesondere zum Schutze des Flachses halte ich es für nothwendig, noch andere Thatsachen zu konstatiren.

Ich will konstatiren, daß die Herren, die bis jetzt gewissermaßen als professionelle Redner des Parlaments in der Generaldebatte über die Landwirthschaft gesprochen haben, wohl nicht alle den altpreußischen Traditionen unserer Könige gemäß

(Zuruf: Flachs!)

das Zeugniß der Reife für die Landwirthschaft erhalten haben dürften. Ich habe hier ein Reskript, welches Se. Majestät König Friedrich Wilhelm I. an die Frankfurter Regierung schickte,

(Zuruf: Flachs!)

als Friedrich II., der damalige Kronprinz dort seine Studien machte. Meine Herren, das ist interessant und recht bezeichnend für die heutigen Landwirthe des Landes, was damals unsere alten absoluten Könige für die Landwirthe für Empfindungen und Absichten hatten. Da heißt es:

> vor allem solle sich sein Sohn

(der nachmalige große Friedrich)

> aber mit der Landwirthschaft recht vertraut machen, solle fleißig lernen, wie die Bauern ihre Felder bestellen, was sie erndten, was sie essen,

(Zuruf: Flachs!)

> und wie sie ihren Lebensunterhalt bestritten, dann werde der Kronprinz, wenn er später einmal König werde, wissen, wie es die Bauern anzufangen hätten, um dem Könige ihre Steuern bezahlen zu können.

Meine Herren, das war das Zeugniß der Reife, welches Könige von ihren eigenen leiblichen Söhnen verlangten.

(Zuruf: Zur Sache!)

— Ich bin bei der Sache, wenigstens soweit, als der Herr Abgeordnete Braun mit seinen Witzen vorhin bei der Sache gewesen ist.

(Große Heiterkeit.)

Ich will mir doch nun die Herren Parlamentarier einmal ansehen und will sie dem Lande schildern, welche so entsetzlich fulminante Reden stundenlang halten . . . . . .

(Zuruf: Ueber Flachs!)

gegen Schutz des Flachs und aller landwirthschaftlichen Dinge.

(Große Heiterkeit.)

Da ist nun zuerst mein liebenswürdiges vis-à-vis, Herr Richter. Meine Herren, sehen Sie doch einmal Herrn Richter an!

(Stürmische Heiterkeit.)

wenden Sie den Herrn vorwärts oder rückwärts, ich glaube, es wird keine sturm- und wettergebräunte Epidermis zu sehen sein.

(Abgeordneter Richter (Hagen): Unwürdiges Possenspiel! Rufe: Oho! — Tumult. — Glocke des Präsidenten.)

Vizepräsident Dr. **Lucius**: Ich bitte, den Herrn Redner nicht zu unterbrechen, sondern in seinen Deduktionen fortfahren zu lassen.

(Zuruf: Flachs!)

Er war jetzt bei der Erörterung, daß der Flachsbau von früheren preußischen Regierungen begünstigt worden ist, und insoweit muß ich zugeben, daß er sich in seinen letzten Ausführungen bei der Sache befunden hat.

Abgeordneter **von Ludwig**: Ich danke dem Herrn Präsidenten, ich glaube, es war eine treffende Bemerkung.

(Große Heiterkeit.)

Ich meinerseits werde dem Lexikon meiner parlamentarischen Redewendungen beim „Flachs" hinzufügen: „unwürdige Behandlung" ist ein parlamentarischer Ausdruck.

Also, meine Herren, ich habe Sie aufgefordert, Herrn Richter

(Unruhe)

als landwirthschaftlichen Redner anzusehen und seine muthmaßlichen Kenntnisse zu vergleichen mit dem, was unsere alten Könige von demjenigen verlangen, der über Landwirthschaft sprechen und beschließen will. Ich glaube nicht, daß der Herr Richter schon vielfach Wind und Wetter und Sonne, die der Landwirth täglich ertragen muß, ausgesetzt gewesen ist, ich glaube nicht, daß er einen Tag in einem Bauernhause oder auf dem Felde zugebracht hat

(Unruhe)

ich glaube, daß er noch nicht 4 Wochen auf dem Lande gewesen ist.

(Unruhe. — Glocke des Präsidenten.)

Vizepräsident Dr. **Lucius**: Diese persönliche Apostrophe gehört nicht mehr zur Sache, und ich rufe den Herrn Redner jetzt zum zweiten Mal zur Sache mit den Folgen, welche die Geschäftsordnung daran knüpft, d. h. daß ich bei der nächsten Abschweifung das Haus fragen werde, ob es den Herrn Redner weiter hören will.

Abgeordneter **von Ludwig**: Ich muß zugeben, daß ein Redner, wenn er über Landwirthschaft so wie Herr Richter spricht, nicht zur Sache spricht.

Wenn ich nun aber mich gedrungen fühle, wenigstens noch einen unserer Gegner zu charakterisiren, so glaube ich, wird mir das nicht verdacht werden können, — ich meine Herrn Bamberger. Was hat Herr Bamberger gethan? Er hat nicht mehr und nicht weniger ausgesprochen . . .

Vizepräsident Dr. **Lucius**: Ich muß den Herrn Redner unterbrechen. Der Herr Abgeordnete Dr. Bamberger hat überhaupt über Flachs hier nicht gesprochen. Also in jedem Falle ist Herr von Ludwig nicht in der Lage, bei der Sache zu bleiben und gegen frühere Aeußerungen des Herrn Abgeordneten Dr. Bamberger zu polemisiren.

Ich richte jetzt hiermit an das Haus die Frage, ob es den Herrn Abgeordneten von Ludwig noch weiter hören will, und bitte diejenigen Herren, die ihm das Wort entziehen wollen, sich von ihren Sitzen zu erheben.

(Geschieht.)

Das Büreau ist einig, daß jetzt die Mehrheit steht.

Es liegt ein Antrag vor auf Schluß der Diskussion von dem Herrn Abgeordneten Freiherrn von Manteuffel. Ich bitte diejenigen Herren, die den Schlußantrag unterstützen wollen sich zu erheben.

(Geschieht.)

Die Unterstützung reicht aus.

Ich bitte diejenigen, welche den Schluß beschließen wollen, aufzustehen oder stehen zu bleiben.

(Geschieht.)

Das Büreau ist einig, daß jetzt die Mehrheit steht; der Schluß ist angenommen.

Zur Geschäftsordnung hat das Wort der Herr Abgeordnete Richter (Hagen).

Abgeordneter **Richter** (Hagen): Der Herr Abgeordnete von Ludwig hat einen Beschluß des Reichstags über den in Kraft stehenden deutsch-französischen Handelsvertrag eine „wahnsinnige Einrichtung" genannt, ohne darin von dem Präsidenten unterbrochen zu werden. Ich frage, ob die Bezeichnung geltender Gesetze und Beschlüsse des Reichstags aus dieser Session als wahnsinnige Einrichtungen jetzt in dem parlamentarischen Sprachgebrauch eingebürgert ist.

Vizepräsident Dr. **Lucius**: Ich habe dem Herrn Abgeordneten Richter zu bemerken, daß ich bei der im Hause herrschenden Unruhe nicht genau habe verstehen können, worauf sich der Ausdruck des Herrn Abgeordneten von Ludwig bezog. Ich habe mir den stenographischen Bericht kommen lassen, und er ist mir jetzt in diesem Moment überreicht worden. Er lautet folgendermaßen:

> daß die geradezu — es ist ein bischen deutlich ausgedrückt — wahnsinnige Einrichtung beseitigt werde, welche erst in der neuesten Zeit durch die Verlängerung des österreichischen Vertrages wieder eben von frischem mindestens auf ein Jahr ins Leben gerufen ist.

(Hört, hört!)

Diese Aeßerung bezeichnet in der That mit einem Ausdruck, der durchaus unparlamentarisch ist, eine bestehende gesetzliche Einrichtung, und ich rufe nachträglich wegen dieser Aeußerung den Herrn Abgeordneten von Ludwig zur Ordnung.

(Beifall.)

Zur Geschäftsordnung hat das Wort der Herr Abgeordnete von Kardorff.

Abgeordneter von **Kardorff**: Während der Rede des Herrn Abgeordneten von Ludwig ist drüben von jener Seite von dem Herrn Abgeordneten Richter (Hagen) der laute Zuruf durch das Haus erschollen: „Unwürdiges Possenspiel!" Ich frage den Herrn Präsidenten, ob er diesen Zuruf in der Ordnung und mit der parlamentarischen Geschäftsordnung für vereinbar hält.

(Beifall rechts.)

Vizepräsident Dr. **Lucius**: Ich halte diesen Ausdruck ganz gewiß nicht für zulässig, bin aber völlig außer Stande, bei der im Hause herrschenden Unruhe, jeden Ausruf zu vernehmen, und noch weniger, den Urheber desselben zu entdecken.

(Sehr richtig!)

Ich kann nur nach allen Seiten die Bitte richten, sich in diesen Verhandlungen solcher Aeußerungen überhaupt zu enthalten.

(Bravo!)

Meine Herren, wir kommen zur Abstimmung.

Es liegen vor die Anträge der Herren Abgeordneten von Ludwig und Freiherr von Ow (Freudenstadt). Dieselben sind nicht ganz identisch in der Form; ich werde deshalb vorschlagen, zuerst abzustimmen über den Antrag von Ludwig; wird er abgelehnt, über den Antrag von Ow; wird dieser abgelehnt, über die Regierungsvorlage.

Gegen die Fragestellung wird ein Einwand nicht erhoben; sie steht daher fest und wir stimmen so ab.

Ich bitte diejenigen Herren, die den Antrag des Herrn Abgeordneten von Ludwig unter Nr. 177 der Drucksachen:

> bei Nr. 8 Flachs und andere vegetabilische Spinnstoffe mit Ausnahme der Baumwolle, haben
> pro 100 Kilogramm Zoll zu zahlen 1 Mark,

annehmen wollen, sich zu erheben.

(Geschieht.)

Das Büreau ist einstimmig der Ueberzeugung, daß jetzt die Minderheit steht; der Antrag von Ludwig ist abgelehnt.

Ich bitte nunmehr diejenigen Herren, die, entsprechend dem Antrag von Ow,

> in Nr. 8 für Flachs und andere vegetabilische Spinnstoffe mit Ausnahme der Baumwolle, roh, geröstet, gebrochen oder gehechelt, auch Abfälle,

einen Zollsatz von 1 Mark pro 100 Kilogramm festsetzen wollen, sich zu erheben.

(Geschieht.)

Das Büreau ist einig in der Meinung, daß jetzt die Minderheit steht; auch dieser Antrag ist abgelehnt.

Ich bringe nunmehr die Regierungsvorlage zur Abstimmung, wonach

> Flachs und andere vegetabilische Spinnstoffe mit Ausnahme der Baumwolle, roh, geröstet, gebrochen oder gehechelt, auch Abfälle,

frei sein sollen. Ich bitte diejenigen Herren, welche die Regierungsvorlage in dieser Fassung annehmen wollen, sich zu erheben.

(Geschieht.)

Das ist eine große Mehrheit; die Regierungsvorlage ist angenommen.

Es sind verschiedene Anträge auf Vertagung der Sitzung überreicht worden: von den Herren Abgeordneten von Puttkamer (Lübben), Freund und Wiggers (Parchim).

Ich bitte diejenigen Herren, welche den Vertagungsantrag unterstützen wollen, sich zu erheben.

(Geschieht.)

Die Unterstützung reicht aus.

Ich bitte nunmehr diejenigen Herren, welche den Vertagungsantrag annehmen wollen, aufzustehen oder stehen zu bleiben.

(Geschieht.)

Das ist die Mehrheit; die Vertagung ist angenommen.

(Präsident Dr. von Forckenbeck übernimmt den Vorsitz.)

Präsident: Meine Herren, ich würde vorschlagen, die nächste Plenarsitzung morgen Vormittag 11 Uhr abzuhalten, und als Tagesordnung: den Rest der heutigen Tagesordnung. Wird Widerspruch erhoben?

(Pause.)

Das ist nicht der Fall. Es findet also mit dieser Tagesordnung die nächste Plenarsitzung morgen um 11 Uhr statt.

Ich schließe die Sitzung.

(Schluß der Sitzung 4 Uhr 15 Minuten.)

Berichtigungen

zum stenographischen Bericht der 46. Sitzung.

S. 1242 Sp. 2 Z. 33 von oben statt „Wachel" lies: „Wachler".

S. 1243 Sp. 2 Z. 30 von oben statt „vorgenommen" lies: „vernommen".

S. 1243 Sp. 2 Z. 33 von oben statt „überhaupt" lies: „absolut".

S. 1244 Sp. 1 Z. 32 von unten statt „nur" lies: „die".

S. 1244 Sp. 1 Z. 31 von unten statt „einmal" lies: „gerade".

S. 1244 Sp. 1 Z. 10 von unten statt „verwenden" lies: „verwandeln".

S. 1246 Sp. 1 Z. 4 von oben statt „Andeutung" lies: „Bedeutung".

S. 1247 Sp. 1 Z. 4 von oben ist das Wort „dahin" zu streichen.

S. 1247 Sp. 2 Z. 26 von oben statt „Jüngel" lies: „Jüngst".

S. 1248 Sp. 1 Z. 29 von oben statt „Gilchuil" lies: „Gilchrist".

S. 1249 Sp. 2 Z. 24 von unten statt „nur" lies: „um mehr als".

S. 1268 Sp. 2 Z. 33/30 von unten lies:

er hat sie selbst nicht aufrecht erhalten, und deshalb halte ich es nicht für nothwendig, die betreffenden Stellen aus dem stenographischen Bericht vorzulesen, wie ich das vorhatte.

Der Unterzeichnete stimmte bei der namentlichen Abstimmung über Roheisenzoll ꝛc. Nr. 6a der Tarifvorlage mit „Nein", ist aber am Schluß des stenographischen Berichts der 46. Sitzung (S. 1273) irrthümlich als mit „Ja" stimmend aufgeführt; er bittet daher um Berichtigung.

Peterssen.

Druck und Verlag der Buchdruckerei der Nordd. Allgem. Zeitung. Pindter.
Berlin, Wilhelmstraße 32.

... alsbald über das eingehende Verhandlung der ergreifende Verfahren im Hause ... Berathung einzutreten, beziehungsweise schlüssig zu werden. ... ich mich in diesem meinem Gefühl nicht täusche, werde ... mir erlauben, am Schluß der heutigen Tagesordnung, ... die Parteien sich vielleicht während der Sitzung über ... verständigt haben, auf den Gegenstand wieder zurückzukommen.

Damit scheint das Haus einverstanden.

Wir treten nunmehr in die Tagesordnung ein:

Fortsetzung der zweiten Berathung des Zolltarifs (Nr. 132 der Drucksachen).

Meine Herren, ich eröffne die Diskussion über Nr. 9, **Getreide und andere Erzeugnisse des Landbaues**, und ... schlage vor, daß wir, da Anträge vorliegen, die sich auf a und b gemeinsam beziehen, daß wir auch in der Spezialdiskussion zunächst diese beiden Positionen in der Diskussion verbinden. Diese Diskussion wird der Natur der Sache nach ... weitere Grenzen haben müssen, als es sonst der Spezialdiskussion eigen ist. — Ich werde in diesem Sinne glauben, die Geschäfte leiten zu sollen, da das Haus damit einverstanden scheint.

Ich eröffne also die Diskussion zunächst über a und b der Regierungsvorlage sowie über die dazu vorliegenden Anträge, als wie den Antrag Dr. Delbrück, der unter Nr. 190 gedruckt vorliegt, den Antrag 175, II des Freiherrn von Mirbach und Günther (Sachsen), und ferner über einen Antrag, der mir handschriftlich überreicht worden ist, und den ich zu verlesen bitte.

Schriftführer Abgeordneter Dr. Blum:

Der Reichstag wolle beschließen:

hinter Nr. 9 folgende Anmerkung aufzunehmen:

Anmerkung zu a, b und e.

Für die zollamtliche Behandlung des beim Eingang in das Zollgebiet zur Durchfuhr deklarirten Getreides, insbesondere bezüglich der für dasselbe zu bewilligenden Transitläger ohne amtlichen Mitverschluß werden durch den Bundesrath diejenigen Erleichterungen gewährt, welche zur Sicherung und Aufrechterhaltung des Durchfuhrhandels erforderlich sind.

Für das zur Durchfuhr deklarirte Getreide wird ein Eingangszoll nur insoweit entrichtet, als dasselbe zum Verbrauch im Inlande gelangt und nicht durch eine gleiche Menge zur Ausfuhr gebrachten inländischen Getreides ersetzt wird.

Vizepräsident Dr. **Lucius**: Der Antrag ist im Druck und wird demnächst vertheilt werden.

Ich gebe der Erwägung anheim, ob es zweckmäßig ist, diese Anträge in der Diskussion mit der über a und b zu verbinden.

Der Herr Abgeordnete Rickert (Danzig) hat das Wort zur Geschäftsordnung.

Abgeordneter **Rickert** (Danzig): Der Antrag, den ich mir erlaubt habe einzubringen, betrifft die Positionen a, b und e, der Antrag des Herrn Abgeordneten Delbrück die Positionen a und b, und so weit ich weiß, liegt noch zu diesen sämmtlichen Positionen eine Resolution, eingebracht vom Herrn Grafen Stolberg und Genossen, vor. Ich glaube, meine Herren, es wird im Interesse der Sache liegen, wenn diese schwierige Spezialfrage nicht mit der allgemeinen Diskussion über die Zollpositionen Getreide verbunden wird.

(sehr richtig!)

und ich möchte daher anheimgeben, ob es nicht der Herr Präsident für zweckmäßiger hält, ... im Interesse der Generaldiskussion

49. Sitzung

am Dienstag den 20. Mai 1879.

Die Sitzung wird um 11 Uhr 35 Minuten durch den zweiten Vizepräsidenten Dr. Lucius eröffnet.

Vizepräsident Dr. **Lucius**: Die Sitzung ist eröffnet.

Das Protokoll der letzten Sitzung liegt zur Einsicht aus.

Es ist ein Urlaubsgesuch eingegangen von dem Herrn Abgeordneten Freiherrn von Pfetten auf vier Wochen wegen Krankheit in der Familie, welches ich für genehmigt erkläre, falls kein Widerspruch erfolgt. —

Entschuldigt für die heutige Sitzung sind der Herr Abgeordnete Clauswitz und der Herr Abgeordnete Dr. von Gräveniß.

In der 12. Kommission zur Vorberathung der von dem Abgeordneten Reichensperger (Olpe) und von den Abgeordneten von Kleist-Retzow, von Flottwell und Freiherrn von Marschall vorgelegten Gesetzentwürfe, betreffend den Wucher, ist an Stelle des aus derselben geschiedenen Abgeordneten Hauck von der 2. Abtheilung der Herr Abgeordnete Freiherr von Aretin (Illertissen) und in die 15. Kommission zur Vorberathung des Zolltarifs an Stelle des aus derselben geschiedenen Abgeordneten Richter (Hagen) von der 4. Abtheilung der Abgeordnete Sonnemann gewählt worden.

Vor dem Eintritt in die Tagesordnung habe ich dem Hause eine schmerzliche Mittheilung zu machen. Es ist mir kurz vor Beginn der Sitzung ein Brief des Herrn Präsidenten Dr. von Forckenbeck, gerichtet an den Reichstag, zu meinen Händen verstellt, zugegangen. Der Brief lautet folgendermaßen:

> Bei dem Gegensatz, in welchen ich in Bezug auf tiefgreifende Fragen mit der Majorität des Reichstags gekommen bin, außerdem aber durch den mir von meinem Arzt unbedingt gegebenen Rath genöthigt, einen längeren Urlaub zur Wiederherstellung meiner Gesundheit nachzusuchen, darf ich nicht länger im Interesse der Geschäfte des Reichstags das Amt des Präsidenten beibehalten.
>
> Indem ich daher dem hohen Reichstag für das mir bisher bewiesene Vertrauen meinen tiefgefühlten Dank ausspreche, lege ich hiermit mein Amt als erster Präsident des Reichstags nieder und bitte zugleich um Ertheilung eines vierwöchentlichen Urlaubs vom 23. d. Mts. ab.

Ich habe das Gefühl, und ich glaube, dasselbe wird im ganzen Hause getheilt werden, wenn ich bei der Plötzlichkeit der Nachricht es nicht für möglich erachte, alsbald über das angesichts dieser Mittheilung zu ergreifende Verfahren im Hause in Berathung einzutreten, beziehungsweise schlüssig zu werden. Wenn ich mich in diesem meinem Gefühl nicht täusche, werde ich mir erlauben, am Schluß der heutigen Tagesordnung, nachdem die Parteien sich vielleicht während der Sitzung über die Frage verständigt haben, auf den Gegenstand wieder zurückzukommen.

Damit scheint das Haus einverstanden.

Wir treten nunmehr in die Tagesordnung ein:

> Fortsetzung der zweiten Berathung des Zolltarifs (Nr. 132 der Drucksachen).

Meine Herren, ich eröffne die Diskussion über Nr. 9, **Getreide und andere Erzeugnisse des Landbaues**, und ich schlage vor, daß wir, da Anträge vorliegen, die sich auf a und b gemeinsam beziehen, daß wir auch in der Spezialdiskussion zunächst diese beiden Positionen in der Diskussion vereinigen. Diese Diskussion wird der Natur der Sache nach etwas weitere Grenzen haben müssen, als es sonst der Spezialdiskussion eigen ist. — Ich werde in diesem Sinne glauben die Geschäfte leiten zu sollen, da das Haus damit einverstanden scheint.

Ich eröffne also die Diskussion zunächst über a und b der Regierungsvorlage sowie über die dazu vorliegenden Anträge, als wie den Antrag Dr. Delbrück, der unter Nr. 190 gedruckt vorliegt, den Antrag 175, II des Freiherrn von Mirbach und Günther (Sachsen), und ferner über einen Antrag, der mir handschriftlich überreicht worden ist, und den ich zu verlesen bitte.

Schriftführer Abgeordneter Dr. **Blum**:

> Der Reichstag wolle beschließen:
>
> hinter Nr. 9 folgende Anmerkung aufzunehmen:
>
> Anmerkung zu a, b und e.
>
> Für die zollamtliche Behandlung des beim Eingang in das Zollgebiet zur Durchfuhr deklarirten Getreides, insbesondere bezüglich der für dasselbe zu bewilligenden Transitläger ohne amtlichen Mitverschluß werden durch den Bundesrath diejenigen Erleichterungen gewährt, welche zur Sicherung und Aufrechterhaltung des Durchfuhrhandels erforderlich sind.
>
> Für das zur Durchfuhr deklarirte Getreide wird ein Eingangszoll nur insoweit entrichtet, als dasselbe zum Verbrauch im Inlande gelangt und nicht durch eine gleiche Menge zur Ausfuhr gebrachten inländischen Getreides ersetzt wird.

Vizepräsident Dr. **Lucius**: Der Antrag ist im Druck und wird demnächst vertheilt werden.

Ich gebe der Erwägung anheim, ob es zweckmäßig ist, diese Anträge in der Diskussion mit der über a und b zu verbinden.

Der Herr Abgeordnete Rickert (Danzig) hat das Wort zur Geschäftsordnung.

Abgeordneter **Rickert** (Danzig): Der Antrag, den ich mir erlaubt habe einzubringen, betrifft die Positionen a, b und e, der Antrag des Herrn Abgeordneten Delbrück die Positionen a und b, und so weit ich weiß, liegt noch zu diesen sämmtlichen Positionen eine Resolution, eingebracht vom Herrn Grafen Stolberg und Genossen, vor. Ich glaube, meine Herren, es wird im Interesse der Sache liegen, wenn diese schwierige Spezialfrage nicht mit der allgemeinen Diskussion über die Zollpositionen Getreide verbunden wird,

(sehr richtig!)

und ich möchte daher anheim geben, ob es nicht der Herr Präsident für rathsamer hält im Interesse der Generaldiskussion und im Interesse dieser speziellen Anträge, diese drei Anträge, und eventuell die anderen, die in Betreff derselben Sache einkommen könnten, nach Schluß der Diskussion über die Position einer besonderen Diskussion zu unterwerfen.

Vizepräsident Dr. **Lucius**: Ich habe meinerseits dagegen nichts einzuwenden und glaube allerdings nach weiterer Ueberlegung, daß dies zur Vereinfachung der Diskussion dienen wird, und ich werde nach Schluß der Diskussion über a und b und über den Antrag Mirbach noch eine besondere Diskussion eröffnen über die Resolution des Abgeordneten Grafen Stolberg, über den Antrag des Abgeordneten Rickert und den des Abgeordneten Delbrück und was sonst etwa noch eingeht.

Ich ertheile zunächst das Wort dem Herrn Referenten über Petitionen. Der Herr Abgeordnete Dr. Stephani hat das Wort.

Berichterstatter Abgeordneter Dr. **Stephani**: Meine Herren, die Petitionen, die sich auf die Position 9 beziehen, gehen in sehr hohen Zahlen ein und unterscheiden sich erstens in der Richtung, daß eine sehr große Anzahl Petitionen eingegangen sind, welche im allgemeinen sich auf das neue Tarifsystem überhaupt beziehen, dabei aber mehr oder weniger die Verzollung der landwirthschaftlichen Produkte betonen; diese sämmtlichen Petitionen sind in den drei vorläufigen Berichten der Petitionskommission aufgeführt unter der Rubrik für oder gegen das neue System. Sie sind größtentheils identisch und gedruckt. Ich verweise auf dieses Verzeichniß und enthalte mich, aus diesen ganz allgemein gehaltenen Petitionen eine weitere Mittheilung zu machen, als die, daß einige Hundert derselben sich im allgemeinen für landwirthschaftliche Zölle und die anderen dagegen aussprechen. Diejenigen Petitionen aber, die speziell sich mit Position 9 befassen, gebe ich mir die Ehre, Ihnen nun hier vorzutragen.

Es sind zunächst 31 gleichlautende Petitionen von verschiedenen Gemeinden im Oberelsaß; dieselben bitten, die nothleidende deutsche Landwirthschaft zu schützen gegen die Konkurrenz des Auslandes, dessen Landwirthschaft jetzt begünstigt sei gegen die deutsche theils durch die Differentialfrachten der Eisenbahnen, theils dadurch, daß die ausländischen Produzenten nicht mit Theil zu nehmen hätten an den deutschen Steuern; sie bitten deshalb erstens um Aufhebung der Differentialfrachten auf den Eisenbahnen und zweitens um einen Eingangszoll auf das Getreide und die Getreidefabrikate.

41 Firmen in Erfurt bitten, mit Rücksicht auf die massenhafte Einfuhr von Frühgemüsen: Blumenkohl, Spargel, Salat u. s. w. aus Algier, Frankreich und Italien, wodurch die Gemüsetreibereien in Erfurt und Umgegend, in denen sehr hohe Kapitalien stecken, gefährdet würden, es möge auf sämmtliche aus dem Ausland nach dem Reichsgebiet eingehende Gemüse ein entsprechender Eingangszoll gelegt werden.

Im Auftrag und Namen einer großen Anzahl bäurischer Grundbesitzer bittet der Dekonom Schulz in Darrigsdorf, Zölle auf Brodkorn, die in der beabsichtigten Höhe der Landwirthschaft nichts nützen, sondern nur schaden können, nicht aufzuerlegen, dagegen allerdings den Schutz für landwirthschaftliche Produkte dadurch einzuführen, daß Zölle auf Vieh gelegt werden und daß die landwirthschaftliche Produktion gefördert werde durch Förderung des Tabakbaues, indem derselbe nur mit einer sehr geringen Steuer belegt werde.

Die Kaufmannschaft in Memel führt aus, das Memel in Folge seiner isolirten Lage an der russischen Grenze seit Jahren schwer leidet, daß seine ganze Existenz beinahe ausschließlich basirt sei auf den Holz- und Getreidehandel, letzterer allerdings geringer als in Königsberg und Danzig, aber doch immer noch mit einem Export von zirka 1 Million Zentner. Ein erfreulicher Aufschwung sei in dem Memeler Getreidehandel bemerkbar seit der Eröffnung der Eisenbahn Tilsit-Memel. Dieser Getreidehandel sei aber jetzt schwer bedroht durch den russischen Hafen Libau, auf dessen Hebung die russische Regierung namentlich angesichts der neuen deutschen Zollpolitik große Sorge verwende, und es sei zu fürchten, daß bei Einführung eines Getreidezolls der ganze Memeler Getreidedurchfuhrhandel sich von dort wegwende und nach Libau verlegt werde. Dadurch sei die ganze Existenz Memels bedroht, und es erfolgt deshalb die Bitte, einen Gegenzoll auf Getreide zu verwerfen.

Die gleiche Bitte auf Verwerfung des Getreidezolls stellt die Handelskammer in Hannover.

Eine sehr große Reihe gleichlautender Petitionen, im Ganzen 254, sind eingegangen von den landwirthschaftlichen Vereinen im Königreich Sachsen. Dieselben sehen die Landwirthschaft in einer zunehmenden Bedrängniß durch die überwiegend starke Entwickelung der Industrie, durch das Sinken des Geldwerths, durch höhere Produktionskosten und durch gesunkene Preise für landwirthschaftliche Produkte in Folge der zollfreien Einfuhr des Getreides aus dem Ausland; sie führen aus, daß sie von dieser Erwägung aus das neue Zollprogramm freudig begrüßt hätten, wonach der gesammten nationalen Arbeit ein gleichmäßiger Schutz zu Theil werden solle, sie seien aber bitter enttäuscht durch das Erscheinen des Tarifentwurfs selbst, welcher dieses Versprechen und diese Hoffnung nicht verwirkliche, vielmehr eine schwere Furcht für die Landwirthschaft erzeugen müsse; denn sehr viel landwirthschaftliche Produkte und gerade wichtige seien ohne jede Fürsorge, andere ohne jede zureichende Fürsorge gelassen. Es sei z. B. Wolle freigeblieben von jedem Eingangszoll, dagegen soll Roheisen einen hohen Eingangszoll erhalten und zwar so hoch, wie der Weizen, während die auf die Erzeugung des Roheisens verwendete Arbeit nur den vierten Theil der Arbeit betrage, welche auf das gleiche Quantum Weizen verwendet werden müsse. Sie erklären, daß, wenn Wolle frei bliebe, ebenso Eisen frei bleiben müsse; denn beide seien Rohprodukte, Produkte, die auch in Deutschland erzeugt würden. Als ganz besonders fehlerhaft bezeichnen sie, daß der Tarif einen Rückzoll bei Wiederexport nicht feststelle, sie halten ferner die Klassifikation beim Getreidezoll von Hafer und Weizen für durchaus falsch, sie halten den Zoll auf Raps für viel zu niedrig, namentlich gegenüber dem hohen Eingangszoll für Petroleum. Sie ziehen schließlich die Summe, daß gegenüber den hohen Industriezöllen des Tarifs, namentlich für Eisen- und Textilwaaren, die landwirthschaftlichen Zölle viel zu niedrig seien, und sie beantragen deshalb, bei Feststellung des Zolltarifs die Höhe der einzelnen Zollsätze unter Berücksichtigung der auf Herstellung der Produkte verwendeten Arbeit, sowie der antheiligen Zinsen aus dem Grund- und Betriebskapital und der Mehrbelastung der Landwirthschaft durch die auf derselben ruhenden besonderen Steuer in ein richtiges Verhältniß zu einander zu bringen.

Die Handelskammer in Solingen und der westfälisch-niederrheinische Müllerverband führen aus, daß die dortige Mühlenindustrie durch den Getreidezoll wesentlich geschädigt werde; deutsches Getreide genüge der Mühlenindustrie weder quantitativ noch qualitativ, sie müsse sehr viel fremdes Getreide einführen, exportire dagegen auch sehr lebhaft; in den letzten sechs Jahren sei in Deutschland der Export und der Import von Mühlenfabrikaten sich ungefähr gleichgeblieben, jedes im Betrage von ungefähr $2^3/_4$ Millionen Zentner, und dieser gegenseitige Wechsel von Einfuhr und Ausfuhr von Mühlenfabrikaten sei für Deutschland bei seinen langgestreckten Landesgrenzen unentbehrlich, es würde sonst durch den weiten Transport im Inland das Fabrikat viel zu sehr vertheuert. Sie führen aus, daß die Mühlenindustrie im Export mit einem Nutzen von 1 bis 2 Prozent bei einmaligem Umschlag arbeite, sie sei also absolut außer Stande, diesem geringen Nutzen gegenüber einen Werthzoll von ungefähr 5 Prozent zu vertragen; ihr Export sei nur möglich nach dem nahen England und Belgien, ihr Absatz nach dem Inland, auf das sie verwiesen würden, namentlich in seinen entfernteren östlichen Theilen, sei ganz unmöglich wegen der großen Transportvertheuerung. Deshalb schädige der Getreidezoll die Mühlenindustrie wesentlich und dieselbe könne ihn gar nicht vertragen, wenn nicht wenigstens im Rückzoll für alle Fabrikate Abhilfe geschaffen werde. Sie beantragen daher:

> bei der Ausfuhr von Mehl denjenigen Einfuhrzoll, der für das zur Fabrikation verbrauchte Getreide bezahlt wird, ohne Forderung eines Identitätsbeweises rückzuerstatten.

Weiter bittet der Verein süd- und westdeutscher Malzfabrikanten in Frankenthal in der Pfalz. Sie führen aus, daß Deutschland das Malz nicht so billig herstellen könne, wie Oesterreich, deshalb sei seit 12 Jahren eine bedeutende Mehrzufuhr von Malz eingetreten, zirka 1 Million Zentner jährlich; trete nun jetzt der beabsichtigte Gerstenzoll ein, wovon wir aus Oesterreich zirka 7 000 000 Zentner jährlich beziehen müßten, so werde anstatt roher Gerste Oesterreich sein fertiges Malz zuführen, worin es begünstigt werde durch den Gewichtsunterschied, da Gerste bei der Umwandlung in Malz zirka 25 Prozent an Gewicht verliere. Dadurch entgehe Deutschland der ganze Arbeitsgewinn, den es jetzt an der Malzfabrikation habe, die seit ungefähr 12 bis 15 Jahren erst stark entwickelt sei, nachdem bis dahin die Malzbereitung ja fast durchgehends mit den Brauereien verbunden war, während man jetzt in der Beziehung Arbeitstheilung eingeführt habe. Sie führen aus, daß das von Pest nach Deutschland Malz einführende Ausland dem deutschen Fabrikanten überlegen sei, pro Zentner um 2,80 Mark; Amerika erhebe einen Werthzoll von 20 Prozent pro Zentner Malz, was in Deutschland bei einem Werth von ungefähr 30 Mark für 100 Kilogramm Malz sogar einen Eingangszoll von 6 Mark, während er jetzt auf 1,20 berechnet ist, betragen würde; England, das Gerste frei einführe, erhebe einen Zoll von 5 Schilling pro Quarter Malz, was auf unsere Verhältnisse reduzirt 3⅓ Mark pro 100 Kilogramm betragen würde. Sie bitten deshalb schließlich, den Eingangszoll auf Malz auf 2½ Mark pro 100 Kilogramm zu erhöhen.

Weiter die Handelskammer in Neuß führt aus, daß Neuß in 9 großen Dampf- und Wassermühlen jährlich 300 000 Zentner ausländischen Weizen verarbeite und zirka 100 000 Zentner Weizenmehl exportire nach Holland und Belgien. Bei Einführung eines Zolles von 5 Prozent des Werths würde diese Industrie vernichtet sein, wenn nicht ein Rückzoll und gleichzeitig ein Zoll für Mühlenfabrikate gewährt werde. Da 100 Kilogramm Mehl zu ihrer Herstellung 150 Kilogramm Weizen bedingen, so müsse bei einem Weizenzoll von 100 Kilogramm der Rückzoll für Weizenmehl auf 1½ Mark fixirt werden. Sie bitten deshalb, erstens bei Einführung eines Weizenzolles von 1 Mark einen Rückzoll von 1½ Mark von 100 Kilogramm Weizenmehl ohne Identitätsnachweis zu gewähren, eventuell aber Weizenmehl mit 4 Mark Eingangszoll zu belegen.

Die Produktenbörse in Dresden führt aus, daß sie gegen die Getreidezölle überhaupt sich erklären müsse; wenn aber solche eingeführt würden, dann wäre unbedingt eine Rückzollvergütung nöthig im Interesse sowohl des starken Durchfuhrhandels als der Mühlenindustrie. Dresden besitze einen sehr lebhaften Transithandel; es beziehe das Getreide aus Böhmen, Ungarn, Rumänien, unterwerfe es in Dresden selbst der erforderlichen Behandlung, Sortirung und Mischung der verschiedenen Sorten, was unbedingt nothwendig sei, und bereite es so zum Export nach Hamburg vor. Sehr hervorragende Dampfmühlen in und um Dresden exportiren feine Mehlsorten nach England und Frankreich. Sie müssen für ihren Export den dortigen Bedürfnissen sich anpassen, und dafür seien nur verwendbar die harten ungarischen und rumänischen Weizensorten; das deutsche Produkt reiche hierfür nicht aus. Auch böhmische Gerste werde in Dresden viel in Malz und Graupen verwandelt und sehr viel exportirt. Deshalb wird gebeten, im Interesse des deutschen Durchfuhrhandels und der Mühlenindustrie für exportirtes Getreide und für Mühlenfabrikate und für Malz eine dem Eingangszoll entsprechende Rückvergütung ohne Nachweis der Identität zu gewähren.

Eine größere Anzahl von Kaufleuten und Handwerkern in Elsfleth bitten im Interesse der unvermögenden Klassen, keinen Zoll auf unentbehrliche Lebensmittel, namentlich auf Getreide zu legen, anstatt des Getreidezolles aber, um dem so verderblichen Branntweingenuß zu steuern, einen höheren Zoll für Branntwein einzuführen. Mühlenbesitzer in Harburg exportirten ihre Fabrikate nach England und Belgien, beziehen Getreide aus Amerika und Rußland und verlieren ihren Export, wenn nicht Rückzoll ohne den ganz unmöglichen Identitätsnachweis gewährt wird, bitten deshalb um diesen Rückzoll.

Ostpreußische Mühlenbesitzer verarbeiten unter ihrem Fabrikat ungefähr die Hälfte bis zwei Drittel russisches und polnisches Getreide und exportiren von ihrem Fabrikat ebenfalls ungefähr die Hälfte bis zwei Drittel nach Schweden, Holland und England. Sie bitten, den Getreidezoll abzulehnen, eventuell aber, wenn derselbe verwilligt würde, ohne Identitätsnachweis einen Rückzoll in folgender Höhe zu gewähren, nämlich 5 Mark auf 600 Kilogramm Roggenmehl und 10 Mark auf 700 Kilogramm Weizenmehl, und glauben, daß dies in demselben Verhältniß stehen werde, wie der in Frankreich für Mühlenfabrikate gewährte Rückzoll.

Die Landesproduktenbörse in Stuttgart hält mäßige Getreidezölle der auswärtigen Konkurrenz gegenüber für zweckmäßig und richtig, die vorgeschlagenen Sätze von 50 Pfennigen für Weizen und 25 Pfennigen für Roggen halten sie aber für Deutschland für falsch und schädigend, da Süddeutschland fast nur Weizen einführe. Sie bitten deshalb, das Verhältniß bei der Verzollung nicht wie jetzt von zwei auf ein, Weizen auf Roggen zu stellen, sondern von vier auf drei im Verhältniß von Weizen auf Roggen, außerdem aber eine Rückzollvergütung gesetzlich festzustellen für Mehl und Malz.

Der Magistrat und die Stadtverordneten von Berlin führen aus, daß Berlin im Interesse der mittleren und ärmeren Bevölkerungsklassen den schweren Schritt gethan habe, die Mahl- und Schlachtsteuer aufzuheben, die im letzten Jahr ihres Bestehens beinahe 2 respektive 1½ Millionen eintrugen. Die jetzige Einführung von Getreidezöllen aber bringe die Gefahr, daß dieses große Opfer wohl vergeblich gewesen sei und daß der Preis für den überaus hohen Betrag von Brotfrucht für die ärmeren Klassen Berlins dadurch wesentlich gesteigert werde, was bei der großen Arbeiterbevölkerung Berlins, das unter anderen über 62 000 Fabrikarbeiter in 2413 Fabriken beschäftige, von höchstem Belang sei. Durch die Getreidezölle würde auch das Bier wieder vertheuert, dessen gestiegener Konsum in der letzten Zeit zum Glück angefangen habe, den verderblichen Branntweingenuß etwas zu verringern. In den Berliner Brauereien seien im Jahre 1877 über 37 Millionen Kilogramm Getreide verarbeitet worden, ferner sei die Gleichmäßigkeit in der Zufuhr von Getreide für eine so große Stadt wie Berlin einer der wichtigsten Umstände, ein Umstand, der allein schwere Konjunkturen bei schlechten Ernten fernhalten könne, da der Getreidehandel nur bestehen könne bei Freiheit von Getreidezöllen und die Sicherheit dafür biete, daß auch in schlechten Jahren die Zufuhr nicht fehle, und daß Kalamitäten vermieden würden, wie sie namentlich in den Jahren 1846, 1847, 1853 stattfanden, wo zeitweise die Zufuhr so beschränkt war und namentlich durch die Hoffnung auf Aufhebung, auf Suspension des Getreidezolles periodenweise die Zufuhr so sistirte, daß damals der Fall vorgekommen sei, daß Berlin nur noch auf drei Tage mit Getreide versorgt war und daß daran sich die schwersten

Befürchtungen für eine so große Bevölkerung knüpfen mußten. Berlin braucht jährlich zu seinem Lebensunterhalt allein 180 Millionen Kilogramm Getreide; die Regelmäßigkeit der gesicherten Zufuhr einer so großen Menge sei nur möglich bei einem stark entwickelten Getreidehandel, und ein stark entwickelter Getreidehandel sei nur möglich bei Zollfreiheit des Getreides selbst. Auch die Berliner Mühlenindustrie werde schwer geschädigt, während sie jetzt hoch entwickelt sei. Der Zoll auf Getreide werde daher keinen anderen Einfluß haben, als daß unser Getreidehandel erlahmen und dadurch die regelmäßige Zufuhr in schweren Zeiten beschränkt werde, daß der Durchfuhrhandel an Deutschland vorbei seinen Weg um Deutschland herum nehme, daß im allgemeinen eine Vertheuerung aller Lebensmittel eintrete, was namentlich für die größten Städte überaus gefährlich sei. Deshalb wird gebeten, jeden Versuch, die unentbehrlichen Lebensmittel mit Zoll zu belegen, zurüzuweisen.

Die Handelskammer in Goslar bittet ebenfalls, die Getreidezölle abzulehnen.

Die Handelskammer in Posen führt aus, daß die Provinz Posen zu den wenigen in Deutschland gehöre, die bedeutend über den Bedarf der Provins selbst an Getreide produzire; ihre Produktion sei im Jahre 1877 pro Kopf der Bevölkerung 86 Kilogramm Weizen und 344 Kilogramm Roggen gewesen, während der Bedarf an beiden Früchten pro Kopf der Bevölkerung zusammen auf ungefähr 200 Kilogramm Getreide sich beliefe, und es ergibt sich daraus, daß die Provinz Posen ungefähr das Doppelte ihres Bedarfs an Getreide produzire und deshalb auf Absatz nach außen angewiesen sei. Bei dieser Sachlage könne es scheinen, als ob die Provinz Posen Gewinn haben werde an einer Beschränkung der auswärtigen Konkurrenz und an der Auflegung eines Getreidezolles, es finde aber das Gegentheil statt. Im Gegentheil habe der durch die Zollfreiheit des Getreides lebhaft entwickelte Getreidehandel es dahin gebracht, daß auch ihm in Posen ein weit größerer Absatzmarkt gesichert sei als früher, und der Vortheil für die Produzenten bestehe ja immer in der weiteren Ausdehnung des Marktes. Es sei dadurch dahin gekommen, daß der Durchschnittspreis in Posen, der früher immer 4—5 respektive 6—7 Thaler hinter den Durchschnittspreisnotirungen von Berlin und Stettin zurückgestanden habe, jetzt viel weniger gegen die Durchschnittsnotirungen in Berlin und Stettin zurückstehe. Auf diese Weise habe die Posener Landwirthschaft gewonnen durch die Zollfreiheit des Getreides, welche allein den Getreidehandel so lebhaft gemacht habe, daß sie auch einen größeren Absatz und dadurch ein größeren Preis erzielt habe. Dieser Vortheil würde wieder verloren gehen durch Auslegung von Zöllen auf das Getreide. Außerdem würden bei mangelhaften Ernten für die Brennerei und als Viehfutter sehr bedeutende Quantitäten an ungarischem Mais verbraucht und bisher zollfrei eingeführt, dessen nunmehrige Verzollung wieder die Landwirthschaft schädigen würde. Sie führen übrigens aus, daß die Behauptung, daß in dem letzten Jahrzent die Getreidepreise im allgemeinen gefallen seien, irrig sei, sie weisen das durch ausführliche Tabellen nach, aus welchen sich ergibt, daß in dem vorvorigen Jahrzehnt, von 1858 bis 1867, der Durchschnittspreis für Weizen $8,_{86}$ Mark betrug, im letzten Jahrzehnt aber, von 1868 bis 1877, $10,_{28}$ Mark, und der von Roggen in den beiden selden Dezennien respektive $6,_{81}$ und $8,_{02}$ Mark pro 50 Kilogramm. Es ist also der Getreidepreis im letzten Jahrzehnt durchschnittlich nicht gefallen, sondern gestiegen.

Die Schlußbitte geht deshalb dahin:

> die Zollfreiheit des Getreides auch fernerhin aufrecht zu erhalten, für den Fall aber, daß ein Getreidezoll aufgelegt werden sollte, Fürsorge zu treffen, und zwar gesetzlich, für die höchst wahrscheinlichen Fälle, wo dieser Getreidezoll wegen Mangel suspendirt werden müsse,

und zu diesem Ende wird gebeten:

> Bestimmungen in das Gesetz selbst aufzunehmen darüber, unter welchen Bedingungen und bei welcher Höhe der Getreidepreise durch kaiserliche Verordnung die Getreidezölle zeitweilig suspendirt werden können.

Die landwirthschaftlichen Kasinos in Havert und Säffelen, im Regierungsbezirk Aachen, und desgleichen in Waldfeucht, ebenfalls im Regierungsbezirk Aachen, führen aus, daß bei ihnen ganz besondere Verhältnisse obwalten insofern, als die meisten ihrer kleinen Grundbesitzer Grundbesitz im Ausland unmittelbar jenseits der Grenze haben und zwar sowohl Waldgrundbesitz als Ackergrundbesitz; es gebe viele kleine Ackerwirthe und Tagelöhner, die ausschließlich im Ausland ihren Grundbesitz haben und die von Deutschland aus die nahe gelegene Grenze überschreiten und von dort ihre Produkte einführen. Sollten diese nun ihre selbst erzeugten Produkte an Holz und Getreide bei der Einfuhr verzollen, so würde der Zweck des Schutzzolles, die nationale Arbeit zu schützen, in sein Gegentheil verwandelt, denn nicht nur der Zoll selbst würde diese Besitzer schädigen, sondern noch viel mehr die großen Weitläufigkeiten der Zollbehandlung, die meilenweiten Umwege, die sie machen müssen, um die Zollstationen zu erreichen. Sie bitten deshalb:

> für die Grenzbewohner Zollfreiheit des von ihnen selbst produzirten Holzes und Getreides gesetzlich zu bestimmen.

Endlich bittet noch der braunschweigische Müllerverband im Anschluß an den westfälisch-niederrheinischen Müllerverband in gleicher Weise wie jener, bei der Ausfuhr von Mehl den Eingangszoll für das zur Fabrikation gebrauchte Getreide zurückzuerstatten. —

So weit die auf das Getreide bezüglichen Petitionen.

Vizepräsident Dr. **Lucius**: Der Herr Kommissarius des Bundesraths Geheimrath Tiedemann hat das Wort.

Kommissarius des Bundesraths kaiserlicher Geheimer Regierungsrath **Tiedemann**: Gestatten Sie mir, meine Herren, beim Beginn der Diskussion über die Getreidezölle Ihnen in Ergänzung und Erläuterung der gedruckt vorliegenden Motive in möglichster Kürze nochmals die Gesichtspunkte darzulegen, welche für die verbündeten Regierungen bei der Normirung der hier in Frage kommenden Sätze maßgebend gewesen sind.

Diese Sätze haben die lebhaftesten Angriffe erfahren von rechts und von links, von schutzzöllnerischer und von freihändlerischer Seite, aus industriellen und aus landwirthschaftlichen Kreisen. Dem Einen erschienen sie viel zu weitgehend, dem Anderen lange nicht weitgehend genug. Ich verkenne nun keineswegs, daß die Vertheidigung dieser Sätze nach links, das heißt gegen diejenigen, welche eine Ermäßigung wollen, leichter ist wie nach rechts, das heißt gegen diejenigen, welche eine Erhöhung fordern.

In der That passen die Sätze nicht ganz in den Rahmen des Ihnen vorgelegten Tarifs. Während nämlich bei jeder anderen Position die Tendenz klar und deutlich hervorleuchtet, irgend einen Zweig der nationalen Produktion wirksam zu schützen, tritt diese Tendenz bei den Getreidezöllen sehr in den Hintergrund und spielt jedenfalls nur eine nebensächliche Rolle. Dennoch glauben die verbündeten Regierungen, daß trotz der Niedrigkeit der Sätze durch ihre Einführung der Landwirthschaft ein wesentlicher Vortheil erwachsen wird.

Zunächst wird es darauf ankommen, die faktische Grundlage festzustellen, von der man bei Beurtheilung der Sache ausgehen muß. Es ist eine unbestrittene und unbestreitbare Thatsache, daß Deutschland sich aus einem Getreide exportirenden in ein Getreide importirendes Land verwandelt hat. Ueber die Thatsache an sich besteht keine Meinungsverschiedenheit, letztere beginnt erst dann, wenn man sich an die Erklärung der Thatsache macht.

Hier ist nun von freihändlerischer Seite behauptet worden, daß die Verminderung der Ausfuhr respektive die Vermehrung der Einfuhr das Resultat einer normalen Entwickelung sei, welche auf das engste zusammenhänge mit der Vermehrung der Bevölkerung. Indem man die Summe des 1878 geernteten und importirten Getreides (406 Millionen Zentner) mit der Summe der Bevölkerung des vorigen Jahres zusammengestellt und dann herausgerechnet hat, daß auf den Kopf der Bevölkerung 9,5 Zentner Getreide im Lande vorhanden gewesen, ist man zu dem Schluß gekommen, daß diese Summe von 9,5 als die normale Ziffer des Bedürfnisses anzusehen sei, und hat nun gesagt: im Jahre 1837 diese Ziffer zu Grunde gelegt, müßten wir eine Getreidemenge von 250 Millionen Zentner haben; vergleichen wir nun die beiden Getreidemengen von 1837 und 1878, so ergibt sich, daß die Menge des letzteren Jahres nicht mehr gewachsen ist, wie die Bevölkerung in diesen 40 Jahren, ja, daß nicht allein die Einfuhr von 27 Millionen, die wir gehabt haben, nöthig war, sondern daß die einheimische Landwirthschaft noch ein Erhebliches mehr zur Deckung des Bedürfnisses hat produziren müssen, wie sie im Jahre 1837 produzirt hat.

Diese Berechnung hat auf den ersten Blick etwas Ueberraschendes, Bestechendes, sie hat aber bei näherer Betrachtung doch einen Fehler, — sie ist nämlich nicht richtig. Wenn man sich den Prozeß ansieht, der vorgegangen ist in der Umwandlung der Mehrausfuhr in Mehreinfuhr, so muß man anerkennen, daß keineswegs in demselben Maße wie die Vermehrung der Bevölkerung, also in gleichem Schritt mit derselben diese Umwälzung von Ausfuhr nach Einfuhr sich vollzogen hat. Im Gegentheil wir sehen aus den Zusammenstellungen, daß die Ausfuhr beispielsweise in den Jahren 1853/57 mehr betrug, wie in den Jahren 1843/47, in der ersteren Periode 5½ Million Zentner, in der letzteren nur 2 Millionen; wir sehen ferner, daß in den Jahren 1848/52 eben so viel ausgeführt wurde wie in den Jahren 1838 bis 1842. Es ergibt sich, daß vom Jahr 1867 mit geringfügigen Schwankungen in der Ziffer eine konstante Ausfuhr von Getreide stattgefunden hat, und dann 1868 beginnt plötzlich eine Einfuhr, die für die nächsten 5 Jahre 4 Millionen, für die darauf folgenden 5 Jahre 27 Millionen Zentner beträgt. Wäre die Berechnung richtig, wie sie in verschiedenen Denkschriften und Gutachten aufgestellt ist, so müßte doch in einem Jahre, welches in der Mitte liegt zwischen 1837 und 1877, eine Durchschnittseinfuhr stattgefunden haben, das ist aber nicht der Fall. Nehmen wir das Jahr 1862; wir wissen annähernd, wieviel damals geerntet wurde, nämlich 272 Millionen Zentner. Die Bevölkerung betrug damals 35 Millionen Einwohner; multiplizirt man 35 Millionen mit 9, der Durchschnittsziffer pro Kopf, die festgehalten wird, so kommen wir zu der Summe von 315 Millionen Zentner Getreide. Wir hätten also, wäre die Rechnung richtig, im Jahre 1862 eine Mehreinfuhr haben müssen von 43 Millionen Zentner, wir haben aber eine Mehrausfuhr gehabt von 2½ Million Zentnern.

Noch auffälliger stellt sich die Unrichtigkeit dieser Rechnung heraus, wenn man eine einzelne Getreideart ins Auge faßt, nämlich den Hafer. Der Hafer gehört, abgesehen von einigen kleinen Wochenstubenbedürfnissen, nicht gerade zur menschlichen Nahrung, er wird vorzugsweise von Pferden verzehrt. Nun hat sich der Pferdebestand in den letzten 10 Jahren so gut wie gar nicht vermehrt, trotzdem haben wir noch in den Jahren 1868/72 eine Mehrausfuhr von 215 000 Zentner, für die Periode 1873/77, dagegen eine Mehreinfuhr von 5 268 000 Zentnern zu verzeichnen.

Dann, meine Herren, ist die Frage auch wohl erlaubt, wo steht denn eigentlich geschrieben, daß pro Kopf der Bevölkerung 9,5 Zentner nöthig sind? Nach früheren Berechnungen, die man im statistischen Bureau des preußischen Staats gemacht hat, ist man zu verschiedenen Zahlen gelangt, sie variiren zwischen 3½ und 5 Zentner pro Kopf, aber eine Berechnung über 5 Zentner hinaus ist mir noch nicht vor die Augen gekommen.

Wenn ich nun wieder auf eine einzelne Getreideart exemplifiziren darf, den Roggen, so ist berechnet worden nach Maßgabe der Ermittelungen, die man gemacht hat in den schlacht- und mahlsteuerpflichtigen Städten, daß der Konsum in den Städten 125 Kilogramm Roggen pro Kopf betrage. Nimmt man auch an, daß auf dem Lande der Verbrauch an Roggen ein größerer ist, und daß wir deshalb gezwungen sind, zu den 125 Kilogramm mit Rücksicht auf die Landbevölkerung etwa 10 Kilogramm zuzuschreiben; berücksichtigt man ferner, daß als Rohstoff für Getränke etwa 15 Kilogramm per Kopf verbraucht werden, so kommt man doch nicht höher wie auf 150 Kilogramm Roggen pro Kopf, das macht drei Zentner. Nun haben die Roggenernten im preußischen Staate betragen im Jahre 1875 100 Millionen, im Jahre 1876 96 Millionen, im Jahre 1877 120 Millionen, im Jahre 1878 110 Millionen. Die Bevölkerung bezifferte sich auf rund 25 700 000 Einwohner. Berechnen wir die Masse des Getreides mit der Summe der Bevölkerung, so ergibt sich, daß rund 4 Zentner pro Kopf Roggen in den letzten Jahren geerntet sind, also ein Zentner mehr, wie angenommen wird, daß der Konsum pro Kopf beträgt. Machen wir für das Exempel für das Reich, so ergibt sich ein ähnliches Resultat. Es sind 148 Millionen Zentner Roggen im deutschen Reich im vorigen Jahre geerntet worden; die Bevölkerung beträgt rund 42 Millionen; also es kommen 3½ Zentner Roggen auf den Kopf; ½ Zentner bleibt immer übrig für Aussaat, Viehfutter und andere nebensächliche Bedürfnisse.

Ich glaube in der That, die Erklärungen, die man freihändlerischerseits für die von mir eingangs angedeutete Thatsache versucht hat, sind nicht zutreffend, wir müssen uns nach einer anderen Erklärung umsehen. Ganz genaue statistische Nachweise fehlen, wir müssen uns daher auf gutachtliche Aeußerungen von Sachverständigen verlassen, die den Eindruck der Unparteilichkeit machen. Ich erlaube mir zunächst, Ihnen für Deutschland und Frankreich ein solches Gutachten eines Sachverständigen vorzuführen. In einer kleinen Broschüre des Fabrikanten Heinrich Albert in Biebrich, die den Eindruck durchaus objektiver Behandlung macht, wird folgendes gesagt:

> Der Verfasser dieses ist durch seine Beschäftigung mit den deutschen und französischen Landwirthen stets in Fühlung. Er behauptet, daß das, was als Mehreinfuhr der letzten zwei Jahre vom Ausland eingezeichnet steht, in derselben Zentnerzahl bei den deutschen und französischen Landwirthen aufgespeichert liegt; wie herb hunderte ihre Verluste beklagen, daß sie ihre Frucht nicht im Jahre 1877 gleich absetzten und bei dem Zurückgange in 1877 nicht gleich Anfangs um einige Prozente billiger, als der Preis notirt war, verkauften und jetzt zu den niedersten Preisen mit dem großen Zinsenverlust die zwei Ernten losschlagen müssen, ist nicht zu beschreiben, kennzeichnet aber in kurzen Worten die Lage der heutigen Landwirthschaft; die 6¾ Prozent unserer Gesammternten betragende unnöthige Einfuhr schädigte um weit mehr als eine Milliarde Mark die Einnahme derselben durch Herunterdrückung des Preises.

Einen anderen Sachverständigen erlaube ich mir in der Person des ersten Lords der Schatzkammer in England, des Earls of Beaconsfield, vorzuführen. Derselbe hat in einer Rede, die er vor kurzem im Oberhause gehalten hat, nach dem Parlamentsbericht der „Times" in folgender Weise sich geäußert:

> Ich möchte erwähnen, daß das große Ergebniß der Berichte, die wir besitzen, das ist, daß die unermeßliche Einfuhr fremder Landwirthschaftsprodukte ganz

außer Verhältniß zu dem gestanden hat, was die wachsende Nachfrage unserer Bevölkerung in Wirklichkeit erforderte. Der Import für die Jahre 1877 und 1878 überstieg denjenigen Betrag der entsprechenden Jahre der vorhergehenden Dekade um 5 Millionen Quarters (das sind ungefähr 25 Millionen preußische Scheffel), eine Zunahme, welche gleich ist der Zunahme von mehr als ein Sechstel unserer gesammten Bevölkerung oder beinahe zweimal soviel, als durch ihr wirkliches Wachsthum erfordert wurde.

(Hört, hört!)

Das ist die eigentliche Ursache unserer landwirthschaftlichen Kalamität.

In der That läßt sich dieses urplötzliche Wachsen der Mehreinfuhr nur dadurch erklären, daß wir während der letzten Jahre der Abladungsplatz geworden sind für die Ueberproduktion des Auslands auch auf dem Gebiet des landwirthschaftlichen Betriebs, und daß man dies von Osten und Westen mit einer Menge von Getreide überschüttet, die in keinem Verhältniß zum Bedarf steht.

Es erklärt sich das sehr einfach. Gerade während der letzten 10 Jahre hat ein vollständiger Umschwung in allen Verhältnissen des Transports stattgefunden. Rußland hat seine Eisenbahnen ungefähr um das Vierfache vermehrt. Die Differentialtarife, welche damals in Blüthe kamen, haben es möglich gemacht, daß russisches, rumänisches und galizisches Getreide zu einem ganz außerordentlich geringen Frachtsatze bis in das Herz von Deutschland verfahren werden kann. Außerdem hat der Getreidehandel insofern eine Aenderung erfahren, als die Preise nicht mehr durch die Nachfrage und das Angebot auf deutschen Märkten bestimmt werden, sondern daß sie sich richten nach den Notirungen der großen Getreidebörsen in England und Holland. Wir stehen unter der Herrschaft einer internationalen Preisbestimmung, die in sehr empfindlicher Weise auf unsere gesammte Produktion zurückwirkt. Wir sind außerdem der Tummelplatz geworden für die Konkurrenz, die von zwei Richtungen zusammentrifft und als Schlachtfeld sich Deutschland ausersehen hat, den Tummelplatz für die russische und amerikanische Konkurrenz, und wir spielen in der That dabei eine ähnliche Rolle, wie wir in einer — Gott sei Dank — entfernt rückliegenden Zeit spielten, als Deutschland bei Kriegen mit Vorliebe als das Terrain ausgesucht wurde, auf welchem andere feindliche Staaten ihre Schlachten schlugen.

Blicken wir nun auf die Produktionsverhältnisse der Länder, die hauptsächlich uns mit Getreide versehen, und vergleichen wir diese Produktionsverhältnisse mit den unsrigen. Zwischen Dnieper und Wolga dehnen sich endlose Strecken — über 20 000 Quadratmeilen — des allerfruchtbarsten Bodens aus, — die sogenannte schwarze Erde csernotzem —; dieselbe bedarf nicht des Düngers, man kann mit einem Minimum von Arbeit, mit einem Minimum von Geld und Kredit kolossale Summen Getreide dort produziren.

Roscher im zweiten Bande seiner Volkswirthschaft schildert die dortigen Verhältnisse folgendermaßen:

> In Südrußland säet man das Getreide auf frischen ungebrochenen Boden der Steppe wegen der Nachtfröste nicht vor Mitte Mai, ziemlich dünn und so lose, „daß es aussieht, als wolle man die Vögel damit füttern.“ Im Herbste wird das Stroh, das nicht zum Dachdecken oder Viehfutter gebraucht werden soll, auf dem Felde verbrannt; auch das Dreschen geschieht auf dem Felde. Was bei dieser Gelegenheit an Körnern ausfällt, ist zur Saat für das nächste Jahr hinreichend: es braucht im Frühling nur etwas geeggt zu werden. So genügt eine einzige Aussaat wohl für 5 bis 8 Jahre und kann zehn- bis fünfzehnfältige Ernten liefern. Ist der Boden erschöpft, so geht man zu neuem über, ja es gibt Landschaften, wo die ganzen Dörfer alsdann abgebrochen und anderswohin verlegt werden. An eigentliche Düngung wird selten gedacht, weil der Boden sonst zu gut würde. Lieber wirft man den Mist in die Flüsse.

Und in einer Anmerkung wird gesagt: daß die Flüsse bei Charkow durch das Hineinwerfen von Stroh und Mist seicht werden.

Diese Schilderung stimmt ganz überein mit einem Berichte, den mir vor einigen Jahren ein befreundeter Deutsch-Russe machte, welcher eine Reise durch das südliche Rußland vorgenommen hatte. Derselbe erzählte unter anderem, daß den Gutsbesitzern dortiger Gegend die verdrießlichste Ausgabe diejenige für das Wegschaffen des Mistes aus den Ställen sei; im Frühjahr würde das Vieh auf die Weide getrieben, im Winter aber im Stalle gefüttert, und sie hätten kein Mittel, den Dünger zu verwenden. Sie müßten schweres Geld an die Bauern zahlen, damit diese den Mist abholten und ihn jenseits des Gutbezirkes ablagerten. Der Preis des Ackerlandes ist ein so geringer, daß er etwa nur dem dreifachen Ertrag einer Jahresernte entspricht. In Folge dessen sind auch, zumal da die dortigen Landwirthe nicht mit Steuern überlastet sind, die Produktionskosten außerordentlich gering. Es sollen sich dieselben an vielen Orten nicht höher belaufen wie auf 1 bis 1½ Mark pro Zentner. Allerdings bekommt der dortige Landwirth auch nicht viel mehr bezahlt für sein Getreide. Der Handel vollzieht sich eben so primitiv wie die Produktion. Es kommt ein Händler zu dem Bauern und kauft ihm gewöhnlich schon auf dem Halm seine ganze Frucht oder wenigstens soviel, als er verkaufen kann, abzüglich dessen, was er selbst verbraucht, ab. Er zahlt sehr häufig nicht in Geld, sondern in beliebigen Waaren. Er verkauft das Getreide weiter an einen größeren Händler, der in Kiew, Sarratow, Odessa Speicher hat. Bisweilen aber passirt das Getreide noch zwei bis drei verschiedene Kaufleute, ehe es in diese Speicher gelangt, und auf jeder Station wächst der Preis um 20 bis 50 Prozent der ursprünglichen Kaufsumme. Nach einer Notiz der russischen Zeitung „Golos“ kostete Ende März der Zentner Getreide in Petersburg im Großhandel, also nachdem es schon einen recht weiten Transport durchgemacht hatte, unter Berücksichtigung aller Reduktionsverhältnisse 4 Mark 35 Pfennige, in Odessa 4 Mark. Nach einer Notiz, die ich der Denkschrift der deutschen Privateisenbahnverwaltungen entnehme, einer Quelle, die Sie gerade nicht als schutzzöllnerisch bezeichnen werden, betrug Ende März, als der Preis des Roggens in Berlin pro Tonne auf 120 bis 124 Mark stand, als die Herstellungskosten des Roggens in Westfalen 140 bis 160 Mark betrugen, der Preis pro Tonne in Kiew 57 Mark. Dazu als Fracht von Kiew bis an die Grenze 32 Mark, von Alexandrow bis Berlin 15 Mark; an Ausgaben für Säcke, Spesen 13 Mark, in Summa 119 Mark. Das russische Korn war also auf dem Berliner Markt trotz des zweiten Transports noch konkurrenzfähig und konnte das westfälische Getreide vollständig aus dem Felde schlagen. Betrachten Sie auf der anderen Seite die Lage unserer Landwirthschaft. Es ist berechnet worden, und ich glaube, die Rechnung stimmt, daß die Produktionskosten eines Zentners Getreide, abgesehen von den Staats- und Kommunallasten, die auf dem Grundstück ruhen, an Grundwerthzinsen, an Dünger- und Geräthverbrauch und Arbeitslöhnen 7 Mark beträgt. Nun kostet aber der Zentner Roggen augenblicklich 6 bis 7 Mark, die Produktionskosten werden also durch den augenblicklichen Preis des Roggens nicht einmal gedeckt. In der That befindet sich daher der Landwirth auch in einer sehr peinlichen Lage. Er kann nicht die Meliorationen vornehmen, die nöthig sind für einen rationellen Betrieb, er kann nicht seinen Viehbestand verbessern, er kann nicht die nothwendige künstliche Düngung anwenden, wenn der Getreidebau überhaupt nicht mehr lohnend ist, und die Aera der Subhastationen, von der ich schon einmal die Ehre hatte zu sprechen, entwickelt sich immer weiter. Meine Angabe von neulich, daß die Subhastationen ländlicher Grundstücke in 20 Jahren von 678 auf ungefähr 10 000 angewachsen seien, ist bemängelt worden, und zwar besonders deshalb, weil ich zur Feststellung der Zahlen der ländlichen Grundstücke, welche subhastirt worden sind, Frankfurter Verhältnisse herangezogen hatte. Ich muß die Berechtigung dieser Bemängelung anerkennen, aber ich bin jetzt in der Lage, einen anderen Maßstab Ihnen vorzuführen, der ergibt, daß meine früheren Behauptungen nicht nur nicht übertrieben sind, sondern die Wirklichkeit noch nicht erreicht haben. Ich kann Ihnen heute die Summe sämmtlicher Subhastationen nennen, die in den 10 Jahren von 1858 bis 1867 im preußischen Staate diesseits des Rheins in den alten preußischen Provinzen stattgefunden haben. Die Summe beträgt 54 437. In den erwähnten Jahren ist bei Führung der Listen eine Scheidung zwischen ländlichen und städtischen Subhastationen vorgenommen worden. Die ländlichen Subhastationen haben in den 10 Jahren betragen 35 175, die städtischen 19 312, mithin beträgt das Verhältniß zwischen den ländlichen und städtischen Subhastationen 35 zu 19. In den Jahren 1868 bis 1877, wo keine Scheidung von ländlichen und städtischen Subhastationen vorgenommen worden ist, hat die Summe der gesammten Subhastationen betragen 161 102

(hört!)

für die alten Provinzen rechts vom Rhein, für den ganzen preußischen Staat 193 176. Wendet man auf die Summe von 161 000 den Maßstab von 35 zu 19 an, wie er für die früheren zehn Jahre anzuwenden ist, so ergibt sich, daß auf ländliche Subhastationen eine Summe von über 10 000 kommt pro Jahr.

Ich erlaube mir, Ihnen noch etwas anzuführen, was zur Illustrirung der augenblicklichen Nothlage der Landwirthschaft dienen kann. Ich habe hier ein Verzeichniß derjenigen Pächter aus meiner Heimatsprovinz Schleswig-Holstein, welche im vorigen Jahr Konkurs gemacht haben, oder welche die Pacht unter Einbüßung ihres gesammten Vermögens haben aufgeben müssen. Die Zahl der Pächter beträgt 15. Erlauben Sie mir nun, Ihnen einige Data aus diesem Verzeichniß anzuführen. Ein Haupthof im Kreise Flensburg, von bestem Boden, seine Größe beträgt 420 Hektare, die Jahrespacht hat 36 000 Mark betragen. Das Vermögen des Pächters, wie er im Jahr 1866 die Pacht übernahm, belief sich auf 108 000 Mark. Der Pächter hat im vorigen Jahr Konkurs gemacht und einen Verlust gehabt aus seiner Pachtung von über 150 000 Mark. Ein anderes Beispiel, was noch drastischer ist, aus dem Kreise Eckernförde, einer der besten Gegenden Schleswig-Holsteins. Ein Haupthof von 372 Hektare, verpachtet zu 18 000 Mark. Der frühere Pächter, der Vater des jetzigen, hat die Pacht seit 1839 innegehabt und auf derselben sich ein großes Vermögen verdient, so daß er bei seinem Tode jedem seiner vier Kinder ein Vermögen von 144 000 Mark hat hinterlassen können. Sein Sohn übernahm die Pacht Mitte der 60er Jahre zu denselben Bedingungen, wie der Vater. Er hat jetzt die Pacht aufgeben müssen und hat in den zehn Jahren, in welchen er dieselbe innehatte, einen Verlust von über 100 000 Mark gehabt. Ganz ähnlich sind alle übrigen Beispiele. Ich will sie nicht weiter aufzählen. Ich glaube, daß wir uns einer Krisis gegenüber befinden, wie sie verhängnißvoller nie unser wirthschaftliches Leben heimgesucht hat. Gelingt es nicht, den Rückgang des landwirthschaftlichen Betriebs aufzuhalten, findet weiter wie bisher eine Entwerthung des Grundes und Bodens statt; lassen wir es zu, daß eine der Grundvesten unseres Staats, der Bauernstand, erschüttert und dem langsamen Ruin entgegengeführt wird, dann befinden wir uns am Anfange des Endes, dann können wir uns aus der Reihe der wirthschaftlich selbstständigen Kulturstaaten streichen lassen,

(sehr richtig! rechts)

und uns auf Gnade und Ungnade dem Ausland überliefern. Täuschen wir uns aber darüber nicht, in den allgemeinen Bankerott, der dann hereinbricht, werden mit der Landwirthschaft gleichmäßig Handel und Industrie hineingerissen.

Wenn der einzuführende Zoll nur die Wirkung hat, daß er die Ueberführung des deutschen Marktes mit der ausländischen Ueberproduktion in etwas einschränkt, daß er dem Importeur fremden Getreides die Sache in etwas erschwert, daß er dem deutschen Landwirth den deutschen Markt, den er jetzt verloren hat durch die ausländische Konkurrenz, wieder zurückerobert, dann ist schon viel gewonnen, und diese bescheidene schutzzöllnerische Wirkung versprechen sich allerdings die verbündeten Regierungen von der Einführung der vorgeschlagenen Zollsätze.

Ich komme jetzt auf die Frage, wer wird denn den Zoll zu bezahlen haben? Von freihändlerischer Seite wird geantwortet: die Konsumenten. Man behauptet, der Zoll wird die Wirkung haben, daß sukzessive das gesammte Getreide, was im Inlande befindlich ist, ungefähr um die Höhe des Zollsatzes vertheuert werden wird.

Diese Theorie klingt wiederum auf den ersten Blick ganz plausibel, bei näherer Betrachtung aber findet man, daß sie denselben Fehler, wie den vorhin erwähnten, an sich trägt.

Meine Herren, darf ich Ihnen ein Beispiel vorführen? Denken Sie sich eine Stadt, umgeben von zehn Rittergütern, welche sie mit Getreide zu gleichen Theilen versorgen. Neun dieser Rittergüter können zur Stadt gelangen, ohne einen Chausseebaum passiren zu müssen, das zehnte Gut ist gezwungen, für jede Wagenladung ein oder zwei Groschen Chausseegeld zu entrichten. Was wird die Folge sein? Glauben Sie in der That, daß das Getreide, welches die neun Rittergüter zur Stadt bringen, sämmtlich um 1 oder 2 Groschen vertheuert wird, weil das 10. Rittergut das Chausseegeld von 1 bis 2 Groschen zu zahlen hat, oder glauben Sie, daß die Preise sich bestimmen werden nach dem Angebot der 9 Rittergüter, welche kein Chausseegeld zu bezahlen haben, und daß der 10. Rittergutsbesitzer, welcher in der unangenehmen Lage ist, diese besondere Ausgabe machen zu müssen, mit einem Profit von minus 1 bis 2 Groschen im Verhältniß zu den übrigen sich begnügen muß? Ich glaube, meine Herren, jeder wird antworten müssen, das letztere wird der Fall sein. Gerade so aber liegt das Verhältniß in Deutschland, dem fremden Getreideimport gegenüber. Eine Stadt in Deutschland hat hierüber sehr interessante Erfahrungen gemacht, das ist die freie und Hansestadt Hamburg. In den Motiven ist bereits darauf hingewiesen worden, daß die Städte Hamburg und Bremen einen recht beträglichen Getreidezoll erheben. Dieser Hinweis ist vielfach in der Presse angegriffen worden; man hat gesagt: das sind ganz andere Verhältnisse, hier handle es sich um Konsumtionsabgaben, die lediglich dem Fiskus zugute kommen, in den Straßen von Bremen und Hamburg wächst kein Korn, im deutschen Reiche aber soll der Zoll eingeführt werden zum Nachtheil der Brodesser und zum Vortheil gewisser Bevölkerungsklassen. Ich muß gestehen, meine Herren, eine wunderlichere Deduktion gibt es wohl kaum. Also weil nach der Annahme der freihändlerischen Presse der Getreidezoll in Hamburg und Bremen niemandem außer dem Fiskus zugute kommt, so soll er dort erlaubt sein, weil der Getreidezoll aber möglicherweise im deutschen Reiche außer dem Fiskus auch noch der ländlichen Bevölkerung, das heißt 50 Prozent der Gesammtbevölkerung, etwas Nutzen bringen kann, darf er beileibe nicht eingeführt werden.

In Hamburg denkt man anders. In Hamburg betrachtet man keineswegs die Sache so, als handle es sich um eine Konsumtionsabgabe, die von den Hamburger Konsumenten allein getragen werde. Im Jahre 1864 wurde in Hamburg die Frage eingehend erörtert, ob eine Aufhebung respektive Modifikation der dortigen Akzise wünschenswerth sei, und eine Kommission, bestehend aus Senats- und Bürgerschaftsmitgliedern wurde eingesetzt, welche in der gründlichsten Weise die Sache prüfte. Mir sind die Protokolle dieser Kommission zugänglich gemacht worden, und ich erlaube mir, aus diesen Protokollen Ihnen einen kleinen Passus vorzulesen. Als es sich um die Berathung der Frage handelte, wer denn eigentlich den Zoll zu tragen habe, da bemerkte der Referent unter Zustimmung der Majorität, daß er allerdings der Ansicht sei, daß ein großer Theil des Zolles von den Produzenten und Verkäufern getragen werde. Für Brennmaterialien sei dies auch von den Gegnern selbst zugestanden, es habe sich bei Aufhebung der Akzise auf diesen Artikel herausgestellt, daß dieselbe nicht im mindesten billiger wurden, die Aufhebung also nicht den Konsumenten, sondern lediglich den Produzenten zu Gute käme; in früheren Jahren sei dies in Betreff fast aller Artikel stets angenommen, bis es in den letzten Jahren von den Akzisegegnern geleugnet worden sei. In seinem Antrage von 17. Dezember 1840 z. B. spreche der Senat sich dahin aus, „daß die bekannten schon mit dem Entstehen unserer Akzise vorgekommenen Klagen unserer Nachbarländer, daß sie unsere Akziseabgabe fast allein zu tragen hätten, gewiß übertrieben seien.“ Auch beim Fleisch, Brod und Bier falle die Akzise zum größten Theil auf die Produzenten und Verkäufer. Die Theorie, daß so und so viel Akzise bezahlt werde und deshalb Brod, Fleisch und Bier um so und so viel theurer werden müsse, bewähre sich im praktischen Leben nicht.

Es wird dieser Satz an einer ganzen Reihe von Beispielen aus dem täglichen Leben erläutert, unter Anderem durch den Hinweis, daß der Altonaer Schlächter sein Vieh auf dem Hamburger Markte zu demselben Preise verkaufen müsse, wie der Hamburger, obwohl er für geschlachtetes Fleisch eine höhere Abgabe zu entrichten habe, wie für lebendes Fleisch, das von den Hamburger Schlächtern allein eingeführt werde.

Der Referent, auf dessen Ausführungen ich vielleicht späterhin noch mehrfach zurückkommen werde, in diesen Senatsverhandlungen ein höchst geistvoller Mann, eine Zierde des Hamburger Senats, steht noch heute an der Spitze der Hamburger Steuer- und Finanzverwaltung, es war der Senator Dr. Versmann.

Meine Herren, die Frage, in welchem Verhältnisse die Brodpreise zu den Getreidepreisen stehen, und welche Wirkung daher ein Getreidezoll auf die Brodpreise haben könnte, will ich nur ganz kurz streifen.

Sie finden in den Motiven eine Zusammenstellung von Brodpreisen aus der Stadt Weimar, die meines Erachtens keines Zusatzes weiter bedarf. Die Zahlen, die dort angeführt sind, zeigen drastisch, daß die Brodpreise sich nach ganz anderen Verhältnissen richten, wie nach dem augenblicklichen Stande des Getreidepreises, und liefern den bündigsten Beweis, daß ein Zollsatz, wie er von uns proponirt worden ist, in keiner Weise bei Normirung der Brodpreise in Rechnung kommen kann. Ich könnte aus der Rheinprovinz, aus Westfalen, aus Schleswig-Holstein ganz ähnliche Zahlen vorführen, ich betrachte die Sache als abgethan und werde Sie nicht weiter damit ermüden. Dagegen möchte ich eine kleine Demonstration ad oculos noch machen. Es hat ein sehr angesehener Landwirth in der Harzgegend seit Jahren vergleichende Brodstudien betrieben und hat uns eine ganze Reihe von Dreierbroden eingeliefert, auf denen notirt ist das Gewicht, der Preis des Brodes und der Preis des Scheffels Weizen zur Zeit der Produktion. Hier ist z. B. ein Dreierbrod aus dem Jahre 1847, damals kostete der Scheffel Weizen 18 Mark, dies Brod wiegt 56 Gramm. Hier ist ein Brod aus den Jahre 1875, wiegt 46 Gramm, der Preis des Scheffels Weizen betrug 8 Mark, hier eins aus dem Jahre 1876, 53 Gramm, der Preis des Scheffels Weizen betrug 9 Mark, hier eins aus dem Jahre 1877, 47 Gramm, der Preis des Scheffels Weizen 10 Mark. Ich werde mir erlauben, diese Beweisstücke nachher auf den Tisch des Hauses zur näheren Besichtigung niederzulegen.

(Heiterkeit.)

Meine Herren, ich bitte um Entschuldigung, daß ich Ihre Zeit schon so lange in Anspruch genommen habe. Ich glaube, ich darf mich resümiren. Die verbündeten Regierungen empfehlen Ihnen die vorgeschlagenen Sätze, nicht weil sie glauben, daß sie damit einen wirklichen Schutzzoll für die Landwirthschaft etabliren oder gar das ausländische Getreide vom deutschen Markt fernhalten können. Sie sind überzeugt, daß nach wie vor russisches, rumänisches, galizisches, amerikanisches Getreide seinen Weg bis in das Herz von Deutschland finden wird, sie glauben aber, daß es darauf ankommt, die in keinem Verhältniß zu dem Bedarf stehende ganz willkürliche Mehreinfuhr aus fremden Ländern in etwas einzuschränken. Sie glauben, daß es nothwendig ist, den deutschen Landwirthen zunächst den deutschen Markt wieder zurückzuerobern, und sie glauben, daß es durchaus nicht schädlich sein könnte, wenn der Importeur fremden Getreides, mag er nun im Auslande oder im Inlande wohnen, wenigstens zum Theil im Interesse unserer Finanzen zur Tragung der Lasten herangezogen wird, die jetzt auf der Landwirthschaft so schwer, fast erdrückend ruhen. In diesem Sinne empfehlen Ihnen die verbündeten Regierungen die Annahme der vorgeschlagenen Sätze.

(Bravo! rechts.)

Vizepräsident Dr. **Lucius**: Der Herr Abgeordnete Rickert (Danzig) hatte sich während des Referats des Herrn Abgeordneten Dr. Stephani zum Wort gemeldet, was mir erst mitgetheilt worden ist, nachdem ich bereits dem Herrn Regierungskommissar das Wort ertheilt hatte.

Ich ertheile jetzt dem Herrn Abgeordneten Rickert das Wort zur Geschäftsordnung.

Abgeordneter **Rickert** (Danzig): Meine Herren, ich hoffe, Sie werden aus den Umständen, unter welchen der Herr Kollege Stephani sein Referat über die Petitionen erstattete, den Eindruck gewonnen haben, daß die Fortsetzung derartiger mündlicher Referate weder dem Herrn Referenten noch dem Hause zugemuthet werden kann, insbesondere denjenigen nicht, welche sich für den Inhalt der Petitionen, die sehr wichtig sind für diese Berathungen, lebhaft interessiren. Das mündliche Referat wird ja dem stenographischen Bericht einverleibt, der Druck wird also ohnehin besorgt. Das Referat kommt uns aber erst dann zu Augen, wenn die Diskussion geschlossen ist. Ich würde anheimgeben, ob der Herr Präsident und das Haus nicht den Wunsch aussprechen möchte, daß die Petitionskommission durch ihre Referenten über den Inhalt der Petitionen ein schriftliches Referat erstatten läßt, und daß dieses Referat vor der Diskussion zur Vertheilung gelangt. Wir ersparen dadurch dem Referenten die Rolle, die er bei der Erstattung der mündlichen Berichte hat, und ersparen denjenigen, die sich dafür interessiren, die auch nicht gerade angenehme Rolle, daß sie hören wollen, aber nicht hören können.

(Sehr richtig!)

Vizepräsident Dr. **Lucius**: Ich kann meinerseits dann nur an den Herrn Vorsitzenden der Petitionskommission die Bitte richten, die bezüglichen Berichte schriftlich mit thunlichster Beschleunigung erstatten zu lassen, und ich werde ferner dafür sorgen, daß das heutige Referat des Herrn Abgeordneten Dr. Stephani womöglich schon morgen in die Hände der Herren Abgeordneten kommt, vor Weiterführung der jetzt stattfindenden Berathung.

Das Wort hat der Herr Abgeordnete von Saucken-Tarputschen.

Abgeordneter **von Saucken-Tarputschen**: Meine Herren, die Ausführungen des Herrn Vertreters des Bundesraths haben vielleicht auf Sie alle den Eindruck gemacht, daß der verehrte Herr sich quantitativ mit einer großen Menge von Notizen versehen hat, um hier seine Ausführungen zu machen. Als ich die Motive durchlas, hatte ich einen eigenthümlichen Eindruck und war in meinem Innern gespannt darauf, einmal zu erfahren, wer wohl eigentlich die Motive geschrieben haben könnte; jetzt glaube ich wohl mit Bestimmtheit den Autor der Motive zu kennen, denn es sind die Darlegungen der in den Motiven enthaltenen Gesichtspunkte, und wie ich leider gestehen muß, auch mit allen Fehlern, die in den Motiven enthalten sind, uns alle hier wieder vorgeführt.

(Sehr gut!)

Der verehrte Herr Vertreter des Bundesraths hat uns mit seinen Zahlen zu beweisen gesucht, was wir alle wußten, daß nämlich in Rußland und Amerika die Produktion von Getreide bedeutend billiger ist, als bei uns; er hat außerdem mit einem großen Material von Zahlen uns ausgeführt, was wir ebenfalls schon wußten, daß das Getreide zu uns herüberkommt und unsere Getreidepreise drückt; er hat aber zu meinem großen Bedauern bei den lebhaften und eifrigen Studien der äußeren Verhältnisse sich den thatsächlichen Verhältnissen, wie sie bei uns in der Landwirthschaft bestehen, doch nicht so zugewendet, wie es für die heutige Debatte absolut nothwendig ist und für die Abstimmung über den Gesetzentwurf. Ich bin gespannt auch zu hören, wie die Herren, die für die Getreidezölle siud, die ich, ohne den Herren zu nahe treten zu wollen, hier mal kurz, ohne sie zu verletzen, Agrarier nennen möchte — Sie nehmen mir das nicht übel, es soll nicht eine Spur von Vorwurf darin enthalten sein, wenn es Sie verletzen sollte, so werde ich einen weitläufigeren Ausdruck gebrauchen, ich sehe aber, daß Sie es nicht übel nehmen, — ich bin gespannt, wie die Herreu Agrarier die Ausführungen des Vertreters des Bundesraths auffassen werden, der ihnen ausgeführt hat, daß die Landwirthschaft einer großen Krisis entgegengeht, welche der Anfang des Endes sein wird, und er hat ihnen außerdem ausgeführt, daß die Regierungsvorlage garnichts dazu beitragen wird, diese Krisis zu verändern.

(Sehr gut! links.)

Dann, meine Herren, wenn der Herr Vertreter des Bundesraths hier sehr richtig gesagt hat, die Sätze passen nicht dazu, der ganzen Tendenz nach, um die Landwirthe zu schützen, und wenn er außerdem ausgeführt hat, daß die Importeure, also das Ausland, den Zoll tragen werden, so hat er damit gesagt und hat auch das weiter ausgeführt, daß eine Vertheuerung der Lebensmittel nicht zu erwarten ist. Der ganze Zweck dieses Getreidezolls ist für die Landwirthschaft nur der, daß die Lebensmittel vertheuert werden und daß die Landwirthe dann ihre Produkte theurer absetzen können.

(Sehr wahr! links. Widerspruch rechts.)

— Meine Herren, Sie verstehen mich vielleicht falsch, ich habe niemals daran gedacht, zu behaupten, daß Sie einen Werth darauf legen, daß das Getreide vertheuert wird für die Konsumenten, das liegt mir ganz fern, aber Sie können doch unzweifelhaft sich keinen Vortheil von dem Zoll versprechen, wenn dieser Zoll die von Ihnen auf den Markt gebrachten Produkte nicht im Preise erhöht,

(Widerspruch)

— ja, meine Herren, ich weiß nicht, es geht zwar jetzt alles so unter und durch einander, daß man sich gegenseitig kaum versteht,

(Heiterkeit)

aber ich denke doch, das ist so sehr einfach, es ist das die einfachste Logik. Nun habe ich in den Motiven auch schon gefunden, wie zwei ganz entgegengesetzte Maßregeln, zwei absolut einander entgegengesetzte Ziele durch dasselbe Mittel erreicht werden sollen, ich hatte mir deswegen vorgenommen, bei den Motiven die Sache zur Sprache zu bringen, ich kann es aber auch jetzt nach den Erklärungen des Herrn Vertreters des Bundesraths thun; nach meiner vielleicht sehr schwachen Logik kann die Maßregel nur einen Erfolg haben, nicht zwei zu gleicher Zeit: entweder vertheuern sich die Lebensmittel, dann wirkt diese Vertheuerung als Schutzzoll für die Produktion der Lebensmittel, oder Sie vertheuern die Lebensmittel nicht, dann nützt die ganze Maßregel der Landwirthschaft gar nichts, und dann müßte nach der Meinung des Herrn Regierungskommissars eintreten, was er uns gesagt hat und was er durch seinen Vorschlag verhindern will. Ich werde nachher noch auf einige andere Ausführungen des Herrn Regierungskommissars oder — verzeihen Sie, wenn ich immer Regierungskommissar sage, es ist das eine alte Tradition — des Herrn Bundeskommissars zurückkommen.

Es ist so viel gesprochen davon, daß in Debatten, welche die Landwirthschaft betreffen, sich Lente einmischen, die nicht Landwirthe sind. Ich habe in der Presse sehr häufig gelesen, daß vom landwirthschaftlichen Standpunkt unzweifelhaft richtige Thatsachen einfach mit dem Satz abgethan werden: der Mann ist in seinem Leben nie Landwirth gewesen, also versteht er von der Sache nichts! Gestern, meine Herten, hat sogar ein Abgeordneter verlangt, daß man ein Zeugniß der Reife aufzuweisen haben solle, wenn man hier über Landwirthschaft spricht. Sie erlassen mir es wohl, auf die Ausführungen dieses Herrn Abgeordneten überhaupt zurückzukommen, denn das Zeugniß, das ihn qualifizirt, hat das Haus ihn hier am gestrigen Tage ausgesprochen. Meine Herren, ich für meine Person stelle mich Ihnen durchaus nicht als Autorität hin, aber als Landwirth, der Zeit seines Lebens Landwirth gewesen, mit ganz kurzer Vorbereitungszeit für seine Ausbildung, der außerdem ausgerüstet ist mit einer Anzahl von Nachrichten über landwirthschaftliche Auffassungen, so daß Sie mir nicht werden sagen können, daß ich etwa absonderliche Anschauungen habe, die von anderen Landwirthen, namentlich meiner Provinz nicht getheilt werden. Meine Herren, in meiner Provinz sind nun in letzter Zeit die unzweideutigsten Zeugnisse darüber abgelegt worden, daß die Landwirthe Ostpreußens in keiner Weise für die jetzigen Zollgesetze und namentlich nicht für die Getreidezölle einzustehen bereit sind. Ich kann Ihnen hier gewissermaßen als ein Programm der Anschauungen der Landwirthe Ostpreußens einen kurzen Satz vorlesen. In einer Petition an den Reichstag aus dem Jahre 1876, in der gebeten wird, die Eisenzölle abzulehnen, wird folgendes gesagt:

> Wir weisen jedoch einen solchen Gedanken weit von uns, weil wir den wirthschaftlichen Erfolg und das Gedeihen unseres Gewerbes nicht auf Kosten der übrigen Berufsarteu und nicht auf Kosten unserer Mitbürger herbeiführen wollen. Dagegen glauben wir auch einen vollen und gerechten Anspruch darauf zu haben, daß wir nicht ferner zu Gunsten eines Erwerbszweiges besteuert werden, dessen ephemerer Aufschwung vorzugsweise unserem Gewerbe nicht nur durch Vertheuerung des Eisens, sondern in weit höherem Grade durch Entziehung der Arbeitskräfte und durch Steigerung der wirthschaftlichen Kosten tiefe Wunden geschlagen hat.

Meine Herren, aus dem Provinziallandtage der Provinz Ostpreußen ist zu wiederholten Malen Zeugniß abgelegt worden, daß die Bevölkerung Ostpreußens gegen jeden Zollschutz, namentlich auch gegen den Getreidezoll, wenn er als Kompensation betrachtet werden soll, einzutreten entschlossen ist.

In früherer Zeit — und ich habe mich in dem landwirthschaftlichen Publikum ja berufsmäßig sehr viel umsehen müssen und auch gern umgesehen — in früherer Zeit, das werden mir die Herren auf dieser Seite (rechts) zugestehen müssen, gab es, glaube ich, gar keinen Landwirth, der nicht als solcher ein Gegner aller Schutzzölle war. Es gab Landwirthe, welche entschlossen waren, ein patriotisches Opfer zu bringen, aber sie waren immer überzeugt und wußten, daß sie gegen das Interesse der Landwirthschaft handelten. Meine Herren, im Jahre 1876, als ich die Ehre hatte, Vorsitzender des Provinziallandtages der vereinigten Provinz Preußen zu sein, wandte sich ein Herr an mich, den ich persönlich damals noch nicht kaunte — es war der Herr Abgeordnete Graf Stolberg-Gerdauen — und schrieb mir, es wäre jetzt der Moment gekommen, wo alle Ostpreußen und alle Landwirthe gemeinsam einzutreten hätten gegen diese Neigung zu Eisenzöllen. Ich dankte ihm für diese Anregung, es wäre aber selbstverständlich, daß auch ohne diese Anregung wir ebenfalls vorgegangen wären. Es wurde ein Antrag eingebracht, der auch einstimmig von dem Provinziallandtag angenommen wurde, in welchem, wie Sie wissen, der größte Theil aus Landwirthen besteht.

Auf dem jetzigen Provinziallandtag in Ostpreußen — ich erwähne dies, weil es von Wichtigkeit ist und hier gesagt wird, die Landwirthe haben dieselbe Anschauung, wie die Herren da drüben (rechts) — auf dem letzten Landtag der Provinz Ostpreußen, als bereits dieser Zollschutz in Erwartung war, wurde ein Anirag eingebracht, entgegenstehend dieser Zollgesetzgebung. Die Gegner, die damals nicht zu der Majorität gehörten, mit Ausnahme eines Abgeordneten, welcher sich eine besondere Kenntniß der Verhältnisse durch Studium der „Landeszeitung" und anderer derartiger Blätter verschafft hatte, der auch vom illegalen und illegitimen Handel sprach und dergleichen Redensarten, die man häufig in den Zeitungen liest, — mit Ausnahme dieses einzigen Abgeordneten waren die Geguer nicht Gegner der Sache, sondern sie sagten: ehe die Staatsregierung den Entwurf uns vorgelegt hat, möchten wir uns nicht darüber aussprechen; ja sie sagten bei der Einleitung: wir sind Freihändler, aber finden es diesen Augenblick taktisch nicht angezeigt.

So war früher die Anschauung bei uns fast einmüthig und auf den Versammlungen, die auch Landwirthe aus anderen Provinzen und Theilen Deutschlands besuchten, unter dem größten Theil der Landwirthe.

Meine Herren, es ist nun gesagt worden: die Landwirthschaft ist so im Rückgang begriffen, daß sie einer Krisis entgegensieht, wie sie hier in schwärzesten Farben ausgeführt wurde. Ich will versuchen, Ihnen nachzuweisen, daß wir diese Frage doch etwas anders formuliren müssen. Nach meiner Ueberzeugung ist die Landwirthschaft als solche nicht zurückgegangen, wohl aber ist die Situation der Besitzer und der Landwirthe eine sehr prekäre und sehr häufig sehr unsichere geworden, was ja durchaus auch seine Bedeutung für das Gewerbe haben kann, aber die Behauptung, daß etwa durch das Freihandelssystem oder durch irgend welche in neuerer Zeit eingeführten Maßregeln die Landwirthschaft so weit zurückgegangen ist, die glaube ich Ihnen vollständig widerlegen zu können.

Meine Herren, es ist nothwendig, um das Ihnen vorzuführen, gewissermaßen ein Beispiel der Entwicklung der Landwirthschaft in der letzten Zeit zu geben, und ich glaube, keine Provinz eignet sich für dieses Beispiel besser, als die Provinz Preußen, weil sie in verhältnißmäßig kürzerer Zeit die Stadien durchgemacht hat, zu denen andere Provinzen längere Zeit gebraucht haben; mir ist sie auch viel geläufiger, nicht weil ich da wohne, sondern weil ich die ganze Entwickelung habe durchmachen können, respektive von meinem Vater mir die Mittheilungen zugänglich gewesen sind.

In Ostpreußen war noch vor 40 Jahren ungefähr durchgehends Weidewirthschaft, der Körnerbau war auf das äußerste zurückgedrängt, nicht weil der Boden sich nicht dazu qualifizirte, sondern weil bei einem großen Theil unserer Provinz die Verkehrsmittel derartig waren, daß wir größere Quantitäten von Korn überhaupt nicht nach der Stadt liefern konnten. Es grenzte sich genau ab, daß man überall da, wo Verkehrsmittel waren, den Getreidebau schon schärfer ins Auge fassen konnte, und wo die Verkehrsmittel fehlten, war die Weidewirthschaft eingeführt, — nicht eine Art Weidewirthschaft, wie sie bei hochkultivirten Gegenden vielleicht vorkommt, sondern einfach eine Weidewirthschaft, die dazu bestimmt war, eine billige Landwirthschaft zu führen. In jener Zeit waren die Güter billig, der Betrieb war billig, die Einkünfte waren gering und die Gutsbesitzer waren in verhältnißmäßig viel besserer Situation, als sie jetzt sind. Wir dürfen uns nicht, wenn wir nach Ursachen forschen, an die augenblickliche Gegenwart halten und nun gleich losrufen: das ist der Grund, sondern müssen die Verhältnisse, wie sie sich logisch entwickelt haben, auch etwas ins Ange fassen. Die Aelteren unter Ihnen werden sich noch darauf besinnen, wie total anders die Lebensweise eines Landwirths vor 40 Jahren gegen jetzt war; ich glaube, daß nicht der zehnte, auch nicht der zwanzigste Theil auf dem Lande vom Besitzer von dem verausgabt wurde, was jetzt verausgabt wird. Die recht wohlhabenden und gebildeten Leute lebten fast ausschließlich von den Produkten ihrer eigenen Güter, im vollsten Sinne des Worts bis auf die Kleidung herunter.

Meine Herren, bei solchen einfachen Verhältnissen erübrigten die Besitzer verhältnißmäßig viel größere Summen als jetzt; als die Verkehrsmittel sich änderten, da stieg die Neigung, Körner zu bauen, und es veränderte sich die Landwirthschaft, es wurden verhältnißmäßig, wie sich nachher herausstellte, sogar landwirthschaftlich betrachtet, zu viel Körner gebaut, mit dem Körnerbau trat ein Zeitpunkt des hohen Ertrags der Landwirthschaft ein. Mit diesen Verkehrsmitteln steigerten sich aber auch die Bedürfnisse der Landwirthe ganz von selbst, und derjenige, der früher nicht daran gedacht hatte, Reisen zu machen, dem wurden schon die höheren Genüsse der Städte aufgeschlossen und damit die größeren Kosten. Meine Herren, in dieser Epoche wurde viel theurer gewirthschaftet als früher, und während der Körnerbau stieg, stiegen die Erträge der Landwirthschaft durchaus nicht in demselben Maße. Darauf kam eine noch größere Vervollkommnung der Verkehrsmittel; ich will einmal die Zwischenstationen nicht erörtern, wohl aber sagen, ich will jetzt von dem Standpunkt, wie er jetzt ist, gleich sprechen, den ich den Höhepunkt der Verkehrsmittel nennen will. Meine Herren, die Vortheile, die den Landwirthen durch diese größere Entwickelung der Verkehrsmittel entstanden sind, die können wir gar nicht hoch genug anschlagen, und es ist in der Natur einmal ein Gesetz, daß selten etwas nur Vortheile bietet, in der Regel bieten Verhältnisse Vortheile und Nachtheile, die sich gegenseitig auch die Waage halten und nach der einen oder anderen Seite hin schwanken; während die Güter und Verhältnisse der Besitzer in raschem Aufschwunge durch die Verkehrsverhältnisse begriffen waren, stiegen allerdings durch die Vertheuerung der Produktionskosten auch die Schulden, aber es trat der Moment ein, wo für die Landwirthschaft der Import des Getreides bereits drückend auf die Preise des selbstproduzirten Getreides einwirkte. Das war aber nicht der schlimmste Punkt, es wurde noch nicht soviel geklagt über die Konkurrenz des Auslands im Getreide, viel mehr wurde geklagt über die Konkurrenz der Industrie in betreff der Entziehung der Arbeitskräfte aus dem landwirthschaftlichen Betrieb gegenüber der Industrie, und nun trat der Punkt ein, wo die Produktionskosten um das drei- und vierfache gestiegen waren. Diese Produktionskosten wurden stets durch aufgenommene Kapitalien beschafft, wie das in der Landwirthschaft gar nicht anders möglich ist, wir haben unsere Kapitalien nicht silbern liegen, sondern das Kapital, was wir brauchen, verschlechtert nicht bloß durch die Verringerung des Kapitals, es verschlechtert in doppelter Beziehung die Verhältnisse der Landwirthe. Nun kam der Zeitpunkt, wobei vergrößerten, verdreifachten Produktionskosten die Preise, von denen wir glaubten, daß sie so niedrig wären, wie wir es nicht für möglich hielten, da trat für die Landwirthe die Krisis ein; alle Versammlungen, die ich damals erlebt habe in Beziehung auf die Landwirthschaft waren der Meinung, daß hierin, in der Vertheuerung der Produktionskosten, namentlich in dem Arbeitermangel, in dem Hervortreten der Industrie gegenüber den Arbeitern, in der Vertheuerung der Löhne in der Industrie, der Schaden der Landwirthschaft bestehe.

(Sehr wahr!)

Und nun, meine Herren, als jetzt durch die Agitation, wie Sie immer sagen, der Freihändler Aussicht vorhanden war, die Schutzzölle für Eisen ganz zu beseitigen, als glücklicherweise nach dieser schwierigen Epoche ein Rückgang in vielen Industrien eintrat, ich meine nicht in den Industrien als solchen, sondern in den einzelnen Unternehmungen, als der natürliche Umschwung eintrat, da haben die Landwirthe gesagt: lasse man nur diesen Gesundungsprozeß ruhig verlaufen, dann wird für uns wieder all der Nachtheil aufhören, den wir durch den Krankheitsprozeß haben durchmachen müssen, und wir haben es auch erlebt, es ist, seitdem diese sogenannte Kalamität in den Industriebezirken eingetreten ist, in denjenigen, die künstlich sich die Arbeiter herangelockt haben, ohne daß sie eigentlich Verwendung dafür hatten, eine künstliche Gesundung eingetreten. Wir haben wieder verhältnißmäßig billigere Löhne bekommen, wir haben unsere Arbeiter wieder bei uns auf dem Lande behalten, und ich appellire an die Herren, die mit mir zusammen in vielen landwirthschaftlichen Versammlungen sind: die Klagen über Kontraktbruch und alle diese Dinge, die mit der Verschlechterung der Arbeiter zusammenhängen, haben vollständig aufgehört, seitdem die Arbeiter wieder uns Landwirthe um Arbeit bitten.

Meine Herren, angesichts dieser Situation habe ich geglaubt, daß es keinen Landwirth geben würde, der, wenn er sein Interesse vertritt, für Schutzzölle jemals wieder stimmen könnte.

(Hört! links.)

Ich habe vorher schon gesagt, daß ich wie jeder unter Ihnen unter Umständen ein Opfer auf den Altar des Vaterlands bringe, aber daß Sie auftreten und für Schutzzölle stimmen und glauben, daß das der Landwirthschaft nicht schadet, ist mir bis jetzt unerklärlich gewesen.

Nun haben in dieser kritischen Lage die Landwirthe versucht, sich selbst zu helfen, und ich bin der Ueberzeugung, daß nur auf diesem Wege Abhilfe für verschiedene Uebelstände zu finden ist. Worin haben nun die Landwirthe ihre Hilfe gesucht? Sie sind abgewichen von dem System des Körnerbaues, da sie sich überzeugt haben, daß trotz der größten Anstrengung und der sorgfältigsten Kenntniß der Landwirthschaft der liebe Gott am Ende doch derjenige ist, der die Ernte bestimmt und der uns gegenüber die Schwankungen hervorruft mehr wie irgend eine andere Macht. Nun, wir haben gegenüber diesen schlechten Ernten uns sagen müssen: wir dürfen uns nicht allein auf den Getreidebau stellen. Sie werden mir auch zustimmen, daß das allgemein die Richtung in der Landwirthschaft ist. Wir haben gesagt, ein Landwirth, der nur Getreide baut und soviel Getreide baut, wie von einem Gut irgend deutbar ist, der ist heutzutage kein vorsichtiger und sorgfältiger Landwirth, sondern man muß auf die Viehzucht ein mindestens ebenso großes Gewicht legen.

Meine Herren, daß diese Selbsthilfe der Landwirthe bis jetzt unbestritten als das richtige anerkannt ist, werde ich Ihnen authentisch beweisen. Zu meinem Erstaunen ist von Seiten des Bundesraths — da ich nun aber weiß oder glaube wissen zu können, wer der Verfertiger der Motive ist, ich hatte früher die Ansicht, daß man einen Kenner der Landwirthschaft zugezogen haben würde, das scheint aber nicht der Fall gewesen zu sein — der hält es für einen Rückgang der Landwirthschaft, wenn die Landwirthe nicht mehr so viel Getreide bauen, respektive das gebaute Getreide nicht alles auf den Markt bringen, während jeder Landwirth, der sich Mühe gibt, eine intensive Landwirthschaft zu betreiben, doch den Höhepunkt der Landwirthschaft ansieht, wenn man in der Lage ist, mit Vortheil sein Getreide bei sich in edlere Produkte umzusetzen und denjenigen Landstrichen, die noch nicht auf dem Höhepunkt sich befinden, es überläßt, die Nation mit billigerem Korn zu versorgen, als wir es selbst zu beschaffen in der Lage sind. Ich kann Ihnen eine authentische Mittheilung des Chefs des preußischen Ministeriums für landwirthschaftliche Angelegenheiten anführen, welche genau das bestätigt, was ich gesagt habe, daß es also als ein Vortheil für die Landwirthschaft anzusehen ist, daß die Landwirthschaft auf diese Richtung sich begeben hat. Es wird in dem Bericht an Seine Majestät den König über die Verwaltung der Landwirthschaft in den Jahren 1875, 1876 und 1877 gesagt:

> Bekanntlich hat eine Reihe von Gründen seit längeren Jahren zusammengewirkt, um für unsere Landwirthschaft das Beharren bei dem einfachen Getreidebau minder vortheilhaft zu machen.

Es lag . . .

— ich muß darauf verzichten, alles vorzulesen, aber es wäre sehr interessant, —

> unter solchen Verhältnissen nahe, daß der Schwerpunkt unserer Wirthschaften mehr und mehr von der Getreideproduktion zur Produktion werthvoller Konsumartikel verschoben werden mußte. Daraus folgte einerseits die Ausdehnung der technischen Nebengewerbe, andererseits aber die Ausdehnung der Nutzviehzucht und -Haltung.

Dann wird ferner gesagt:

> Unsere Landwirthschaft muß daher darnach streben,

— sie muß streben, also Aufgabe der Landwirthschaft; total richtig, von einem Kenner der Landwirthschaft geschrieben —

> unsere Landwirthschaft muß darnach streben, solche Artikel zu produziren, welche jene jüngeren Produktionsgebiete, sei es wegen Mangel an Arbeitskräften und Kapital, sei es wegen der Transportschwierigkeiten, nicht so leicht auf unsere Märkte liefern können, und für welche unsere dichtere Bevölkerung und das verfeinerte Bedürfniß demselben einen guten Absatz sichert. Unter diesen Artikeln spielen alle thierischen Produkte mit Ausnahme von Fleisch, Mehl, Käse, Butter, eine große Rolle.

Meine Herren, gegenüber diesen, wie ich glaube, landwirthschaftlich ziemlich festgestellten Anschauungen, gegenüber diesen wird behauptet, daß die Einschränkung des Exports in Zahlen in Bezug auf Deutschland den Beweis für den Rückgang der Landwirthschaft liefern. Ich halte dies für vollständig unrichtig.

(Sehr richtig!)

Ich kann Ihnen sagen, daß trotz dieser landwirthschaftlichen oder ich will sagen, dieser Krisis der Landwirthe, die Landwirthschaft in Ostpreußen, die ich genauer kenne als die anderen, in einer solch steigenden Progression ist, daß Sie sich selbst darüber verwundern würden, wenn Sie die Zahlen im Detail sehen könnten. Es ist also niemals mehr für die Kultur der Landwirtschaft geschehen, wie in diesen Zeiten. Niemals ist mehr für Drainage und das Mergeln ausgegeben worden, niemals haben wir bei uns besseres Vieh gehabt, niemals ist das Vieh bei uns theuerer gewesen als jetzt.

(Hört, hört! links.)

Meine Herren, bei uns ist in diesem Augenblick das Rindvieh 3 mal so theuer als vor 30 Jahren.

(Ruf rechts: Grenzsperre!)

Vizepräsident Dr. **Lucius**: Ich bitte, den Herrn Redner nicht zu unterbrechen.

Abgeordneter **von Sauden-Tarputschen**: Darauf will ich schon noch kommen. — Also das Rindvieh ist 3 bis 4 mal so theuer, die Pferde sind doppelt so theuer, als sie vor 30 Jahren gewesen sind?

Nun, meine Herren, es ist mir „Grenzsperre" zugerufen worden. Ich wollte bei anderer Gelegenheit darauf kommen, aber ich will es jetzt gleich thun. Wenn die Staatsregierung in Anerkenntniß sonstiger Bedrängniß der Landwirthschaft sich derselben annimmt mit denjenigen Mitteln, die naturgemäß und deshalb zweckentsprechend sind, dann werden wir auch günstige Erfolge nach dieser Richtung hin haben. Wir Landwirthe haben lange Jahre gebeten, sie möchte endlich sich entschließen, die Sperre gegen Rußland und Oesterreich eintreten zu lassen. Das ist sehr lange Zeit nicht geschehen, aber gegenüber Rußland ist es geschehen in Folge des Ausbruchs der Rinderpest, und hoffentlich wird sie bleiben. Diese Umstände haben, meine Herren, allerdings zu erwähnter Preissteigerung auch mitgewirkt. Meiner Ueberzeugung nach muß aber die Grenzsperre bestehen bleiben, weil medizinisch nachgewiesen ist, daß ein Heerd der Rinderpest in Rußland ist, wo sie sich spontan immer entwickelt, und es absolut unmöglich ist, zu erwarten, daß durch gute verständige Maßregeln eingeschritten wird; und wenn wir uns den auswärtigen Markt in England erhalten wollen, müssen wir in England die Ueberzeugung schaffen, daß wir seuchenfreies Vieh liefern. Meine Herren, ich danke Ihnen, daß Sie mich angeregt haben, das jetzt gleich zu sagen: denn es beweist, daß wir Viehzölle absolut nicht brauchen, sondern daß bereits die Grenzsperre, die der Seuche wohl absolut nothwendig ist, uns solche Preise gibt, wie wir sie nur wünschen können.

(Bewegung — Zwischenrufe — Heiterkeit.)

Meine Herren, ebenso wie die Preise für das Vieh gestiegen sind, sind auch die Preise für die Güter gestiegen. Ich glaube nicht zu viel zu sagen, wenn ich ausspreche, daß in der Regel und im Durchschnitt die Besitzer jetzt so viel Schulden haben, als die Güter vor 30 Jahren werth waren.

(Hört! hört! — Bewegung.)

Das dürfen Sie aber nicht — und ich bin stolz darauf, es sagen zu können — auf den Leichtsinn der Landwirthe zurückführen. Ich kann konstatiren, daß in der Landwirthschaft und bei den Landwirthen so wenig, wie überhaupt es sein kann, diese Schwindelzeit nachtheilig auf die Unternehmungen eingewirkt hat, sie ist etwas ergriffen worden davon; aber dem Landwirth kann man das nicht zum Vorwurf machen, daß, weil er das Geld billig hatte, nun schnell anfing, mit größeren Mitteln zu melioriren. So hat es sich bei den soliden Landwirthen — ich meine damit nicht Einzelne, sondern die ganze Gesammtheit will ich darunter verstanden haben — die Zeit über abgespielt. Meine Herren, wenn Sie nun diese Vorschläge des Bundesraths sehen, wie sie einwirken sollen auf die Landwirthschaft, so werden Sie mir zugestehen, daß es sich nicht der Mühe verlohnen würde, noch zu sprechen in Bezug auf den Einfluß, den sie haben könnten. Nach meiner Ansicht sind auch die Anführungen in Bezug auf die Subhastationen nicht durchschlagend für diese Frage, oder ich will so sagen: die Subhastationen sind nicht die Folge von diesen Ueberschwemmungen mit Getreide, sondern die Subhastationen sind die Folge von unserer ganzen politischen Lage.

(Sehr richtig!)

Meine Herren, die Landwirthschaft und die Landwirthe werden nicht eher gesunden, als bis wieder Zutrauen zu unserer politischen Lage eingetreten ist, denn wie soll die Landwirthschaft anders gesunden, als dadurch, daß der Landwirth, der nicht mehr selbst in der Lage ist, mit vollständigen Mitteln sein Gut zu bewirthschaften, sein Gut vortheilhaft und preismäßig verkaufen kann, je nach der Konjunktur, wie sie augenblicklich ist. Das ist die gesunde Hilfe, ohne die diese Industrie nicht bestehen kann, überhaupt auch keine andere Industrie. Diesen Zustand des Vertrauens werden wir aber bei uns noch in langer, langer Zeit, fürchte ich, nicht haben. Meine Herren, in einer politischen Situation, in der fast jährlich oder wenigstens nach ein oder zwei Jahren große Kriege geführt werden, bei denen man fürchten muß, daß sie nicht lokalisirt bleiben; wo jahrelang die Angst auf ganz Europa oder einem großen Theil desselben liegt, ob der Krieg nicht zu einem Weltbrand sich entwickeln wird; meine Herren, zu einer Zeit, wo alles, an das man sich früher gewöhnt hat, verändert wird, wo, abgesehen von den auswärtigen Kriegen, der Krieg als solcher, der Kampf als solcher, die Unruhe als solche permanent wird, in einer solchen Zeit können Sie doch nicht erwarten, daß ein Vertrauen zu den Verhältnissen eintritt. Wir haben Krieg dem ganzen Eisenbahnsystem erklärt, die ganze Eisenbahnindustrie ist in einer Krisis, von der wir keine Ahnung haben, wie sie sich in der nächsten Zeit entwickeln wird. Alle Zollverhältnisse sind auf den Kopf gestellt, kein Mensch weiß, wie sich die Verhältnisse entwickeln werden, niemand weiß nach unserer Vorlage, ob die Zölle, die wir einführen, auch von Dauer sein werden, ob nicht jeden Augenblick Kampfzölle hinzukommen, die jede Spekulation unmöglich machen. In Bezug auf die Steuern werden uns die abnormsten und hochgehendsten Versprechen gemacht. Zwar hat der preußische Herr Finanzminister schon soweit abgekühlt, daß jeder weiß, daß an den Erlaß der Grundsteuer nicht zu denken ist, sondern höchstens an die Ueberweisung vielleicht der Hälfte der Grundsteuer an den Kommunalverband; aber angesichts dieser Unruhe, dieser Situation, in der kein Mensch im ganzen Vaterland, wenn er am Morgen aufwacht, weiß, ob die Verhältnisse, unter denen er gearbeitet hat, am Abend noch bestehen, meine Herren, bei dieser Nervosität des ganzen deutschen Vaterlandes ist es natürlich, daß jedermann sagt: ehe ich mich auf irgend ein Geschäft einlasse, kaufe ich mir 4 prozentige Papiere, lege sie hin, nun kann ich ruhig schlafen, ich bin weder Landwirth, noch Industrieller, hier weiß ich, was ich habe. Das ist auch der Grund, warum diese Papiere so ungeheuer steigen, warum das Geld so billig ist. Schaffen Sie einmal Sicherheit, so daß die Verhältnisse auf dem natürlichen Weg sich entwickeln können, dann werden Sie auch wesentlich andere Verhältnisse wieder finden.

Nun komme ich zu der Frage, wie ist es eigentlich möglich gewesen, daß die Herren Agrarier sich plötzlich auf einen anderen Weg begeben haben, als den ich im Interesse der Landwirthschaft seit Jahren bei ihnen beobachtet und zu verfolgen Gelegenheit gehabt habe. Als im Herbst vorigen Jahres der erste Eindruck war, und die erste Nachricht kam, wir würden ein allgemeines Zollsystem und Getreidezölle als Kompensation bekommen, hatte ich die Ehre, mit Vertretern des Landwirthschaftsrathes in einer Besprechung zusammen zu sein. Damals sagte ich den Herren: ich verstehe Sie nicht; Eines weiß ich bloß, daß Sie den Kürzeren ziehen werden; sobald Sie sich auf den gefährlichen Boden der Kompensation begeben, ziehen Sie den Kürzeren. Meine Herren, warum müssen Sie den Kürzeren ziehen? Das ist absolut nothwendig; denn die Landwirthschaft kennt keinen anderen Schutzzoll, als einen Zoll, der zugleich die Lebensbedürfnisse der Bevölkerung vertheuert.

(Sehr richtig!)

Wir produziren nur Nahrungsmittel, und wenn wir einen Schutzzoll für uns haben wollen, so vertheuern wir die Nahrungsmittel. Meine Herren, ich will diese Frage, ob Vertheuerung oder Nichtvertheuerung folgen wird, nicht erörtern, ich bin überhaupt kein Theoretiker; man muß es aber annehmen, da es die Grundlage für ihre Entscheidung bildet, daß die Lebensmittel vertheuert werden. Ich habe mir es gar nicht zu erklären gewußt, nachher habe ich mir gedacht, es kann gar kein anderer Grund vorliegen für die Herren, als daß man sich gesagt hat: sauve qui peut; die Eisenzölle bekommen wir doch, nun nehmen wir, was wir irgend bekommen können. Es ist mir erklärlich, es ist aber eine total falsche Taktik. Ich sage es zu dem Abgeordneten Richter (Meißen), der bis Dato stets zu meiner Freude gegen die Schutzzölle gekämpft hat, und er wird gewiß sagen, er sei nicht abgewichen von seinem früheren freihändlerischen Standpunkte. Die Taktik, nachdem ein Schutzzoll für die Eisenindustrie &c. gewährt ist, für die Landwirthe noch einen Schutzzoll zu verlangen, ist das verkehrteste was im Interesse der Landwirthschaft überhaupt geschehen kann;

(Widerspruch)

ich werde mir erlauben, das auszuführen. Wir sind in der Lage, wie ich schon gesagt habe, nur Nahrungsmittel zu produziren; wie können Sie denken, daß auf die Dauer ein Staat das, was bis Dato jeder Mensch für seine Aufgabe gehalten hat, plötzlich in das Gegentheil verwandeln wird. Ich habe es bis Dato für die Aufgabe des Staats gehalten, daß er bestrebt ist, seine Bevölkerung, namentlich den ärmeren Theil derselben, mit billigen Lebensmitteln zu versehen. Beobachten Sie die Entwickelung, so finden Sie, daß nach dieser Richtung immer die ganze Entwicklung dahin gegangen ist, daß man die großen Städte mit billigen Lebensmitteln versorgt hat, und wir dürfen durchaus nicht auf den Gedanken kommen, daß die großen Städte im Gegensatz zur Landwirthschaft stehen. Denken Sie sich einmal, was die Stadt Berlin für Produkte der Landwirtschaft konsumirt, denken Sie sich einmal die Stadt Berlin vom Erdboden vertilgt, und wie viel Landwirthe mit einer Menge von Waaren verloren gehen, die sie theuer in Berlin verwerthen. Meine Herren, also es ist undenkbar, daß auf die Dauer ein solches System Bestand hat, und Sie verderben sich dadurch vollständig Ihre Positionen in der Vertretung der landwirthschaftlichen Interessen. Sie sind jetzt abgefunden mit diesen Zöllen; wenn Sie den Zoll jetzt bekommen, wenn Sie jetzt klagen, und viel ärger klagen als jetzt, wird man Ihnen sagen, ihr habt die Zölle bekommen, nun seid zufrieden damit. Meine Herren, ich verdenke es den Herrn Agrariern nicht, ich finde es sogar durchaus logisch, daß, wenn sie auf den Weg der Kompensation gegangen sind, und auch die höchstmöglichen Preise erzielen wollen, denn sonst müßte ich gestehen, sie würden sich öffentlich zeigen als Leute, die nicht gewußt haben, daß man — ich will keinen weiteren Ausdruck gebrauchen; der Herr Reichskanzler hat zwar gesagt, daß man bei Handelsverträgen immer aufpaßt, wer der Betrogene ist, aber sehr viel anders kann es hier nicht sein.

Wenn Sie nun aber einen höheren Zoll haben wollen, glauben Sie denn, daß dieser höhere Zoll Ihnen bieten wird, was Sie von ihm haben wollen? Sie haben die Produktionskosten der Landwirthschaft auf Schritt und Tritt, wo Sie jetzt Gelegenheit hatten, vertheuert, Sie werden sie auch ferner vertheuern, denn auch die sogenannten landwirthschaftlichen Zölle vertheuern die Produktion im einzelnen; wenn Sie z. B. Viehzölle, wie hier vorgeschlagen ist, votiren werden, so werden Sie bei diesen Viehzöllen einen Theil unterstützen und dem anderen Theile, der Ochsen braucht, um das Land zu bearbeiten, die Produktion wieder erschweren und vertheuern, und wenn Sie die verschiedenen Zölle durchnehmen, finden Sie, daß diese genannten landwirthschaftlichen Zölle doch nicht im großen und ganzen und überall der Landwirthschaft, sondern nur einzelnen nützen. So entstehen Ihnen Nachtheile, wenn Sie Ihre Ackerpferde künftig theurer bezahlen werden. Herr von Simpson (Georgenburg) hat einen Antrag eingebracht, den Zoll auf Pferde zu erhöhen.

(hört!)

Nun ist es ja möglich, daß gerade für unsere Provinz Herr von Simpson es deshalb gethan hat, um im Interesse der Einwohner der Provinz zu handeln, die vorzugsweise Ackerpferde ziehen, damit der Import von Ackerpferden erschwert werde. Ich glaube, daß die Pferdezucht im großen und ganzen dadurch keinen Schutz erhalten wird und Sie nur die Produktionskosten denjenigen erschweren, die Pferde kaufen müssen, namentlich in den westlichen Gegenden, die die schweren Pferde kaufen, weil es ihnen viel zu theuer und umständlich ist, selbst Pferde zu ziehen. Wenn Sie aber die Produktionskosten überall vertheuern, so schaffen Sie uns wieder die ganze Misere, die wir gehabt haben; denn Sie werden dadurch die Löhne erhöhen; in den Motiven zur Vorlage ist ja auch ausgeführt, daß die Löhne sich höchst wahrscheinlich steigern würden, dann werden die Arbeiter wieder in die Industriegegend hingehen, und was wir glücklich losgeworden sind, kommt alles durch Ihre Hilfe wieder.

Meine Herren, Sie verkennen die Interessen der Landwirthschaft auf das allerentschiedenste; die Erhöhung der Produktionskosten, das ist das Unglück des landwirhschaftlichen Betriebes, das ist das Feststehende, das ist das, was man nicht jeden Augenblick verändern kann, und wenn Sie den Zoll mit 1 oder 2 Mark auf das Getreide stellen, so sind Sie nicht sicher, daß trotz dieses Zolles im nächsten Jahre vielleicht der Roggen, der erst ohne Zoll, ich will einmal sagen 5 Mark gekostet hat, im nächsten Jahre nur 4 Mark kostet; denn der Herr Regierungskommissar hat sehr richtig gesagt, der Preis wird von dem Weltmarkt gemacht, und wenn er das auch bedauert, ändern wird er es nicht. Der Preis wird im Weltmarkt in England, in Holland u. s. w. gemacht, und da können Sie erleben, daß trotz der 1 bis 2 Mark ganz niedrige Getreidepreise kommen. Ich will damit nicht gesagt haben, daß nicht *relativ der Preis doch noch höher durch den Zoll ist, als er sonst gewesen wäre*, aber niedriger als ihn der Landwirth haben möchte; — es ist mir lieb, daß mir das einfiel, einzuschalten, sonst hakt einer der Herren Redner an.

Ein interessanter Punkt bei dem Vortrag des Herrn Regierungskommissars war nur der, daß er auch darauf einging, nachzuweisen, daß der Roggen 7 Mark Produktionskosten veranlasse. Ich habe mit großem Vergnügen, ich glaube im Herbst, eine landwirthschaftliche Zeitung gelesen, in der jemand ganz empört schrieb und die Agrarier anspornte, sie sollten um Gotteswillen hohe Zölle verlangen, denn ihm kostet sein Roggen sogar 9 Mark an Produktionskosten. Da kommen wir nun auf den eigentlichen Punkt, meine Herren, da will ich Ihnen nachweisen, daß Ihr ganzes Bestreben einen Erfolg nur haben könnte, wenn Sie im Stande wären, etwas einzuführen, was eben unmöglich ist, nämlich daß der Staat Ihnen die Garantie gibt, daß der Getreidepreis nie unter ein bestimmtes Niveau heruntergeht und — Sie noch eine gute Ernte haben. Wenn der Preis in die Höhe gegangen, und Sie haben nichts gebaut, so nützt es Ihnen auch nichts. Sie müssen eine gute Ernte haben und der Preis muß hoch sein.

Hier ist von 7 Mark Produktionskosten gesprochen. Wer sagt, ob die betreffenden Herren auch verständig produzirt haben? Und wenn Sie auf dieses Gebiet sich begeben, die Produktionskosten oder das wünschenswerthe für den Landwirth als festen Preis anzusehen, wohin kommen Sie dann? Es muß selbstverständlich der Staat Aufseher hinstellen. Er sieht, die Landwirthschaft kann dabei nicht bestehen, wenn der Roggen 9 Mark Produktion kostet; der Mann aber wirthschaftet viel zu theuer; er schickt also eine Art Fabrikinspektor hin und sagt: nun wirthschafte ordentlich, ich bin überzeugt, du kannst auch für 6 Mark produziren!

Früher habe ich gezeigt, meine Herren, daß, wenn nicht dieser Weg beschritten wird, Ihnen die Kornzölle nichts helfen, und daß Sie den Weg nicht beschreiten wollen, setze ich voraus. Allerdings gibt es einzelne Anzeichen, die uns allmählich dahin führen werden, alles in die Hand des Staates zu bringen; dann ist der sozialistische Staat fertig, dann verwaltet der Staat die Güter, dann wird vielleicht gesagt, daß niemand hungert, aber ich glaube, der größte Theil von Ihnen würde diese Existenz nicht sehr lieben.

Nun versprechen sich die Motive, daß, falls das eintreten würde, von dessen Nichteintritt der Herr Regierungskommissar uns hier überzeugen wollte, die Preise steigen, bann sich die Landwirtschaft wieder mehr dem Körnerbau zuwenden werde, und das würde segensreich sein, denn es ist nun einmal Theorie geworden, — meine Herren, die Praxis hat nie das anerkannt —: man soll im Inlande das bauen, was die Einwohner verzehren, man hält es für einen wesentlichen Fortschritt, wenn die Landwirthschaft wieder mehr Getreide baut, um nicht mehr so starken Import zu haben.

Das würde ich, wie ich schon ausgeführt habe, für ein großes Unglück halten, das würde ein Rückgang in der Landeskultur sein, wie überhaupt alle diese Gesetze, die uns jetzt vorliegen, den Effekt mit Sicherheit haben werden, daß sie Kulturbestrebungen vielleicht um etwa 30 Jahre zurückbringen.

(Sehr richtig! links. Widerspruch rechts.)

Nun möchte ich aber doch einige Aufklärung vom Regierungstisch haben, wo die wüsten Ländereien liegen, die wüst liegen, seitdem wir von Rußland und Amerika mit Getreide überschwemmt werden, die jetzt nicht mehr zum Getreidebau —

(Zuruf: Posen und Schlesien.)

— Meine Herren, daß wüste Ländereien existiren, das weiß ich auch, bei uns gibt es auch welche, aber ich bitte, mir mitzutheilen, nicht bloß durch Zuruf, sondern nachzuweisen, daß Ländereien, die früher für die Landwirthschaft verwandt sind, mit Vortheil zum Getreidebau verwendet wurden, daß diese Ländereien jetzt wüst liegen. Ich hoffe, der Herr wird mir das nachweisen — ich habe nicht die Ehre, ihn zu kennen, aber er sieht mir ganz so aus, als ob er ein Landwirth wäre —

(Heiterkeit)

aber wenn diese Ländereien zu Weiden verwendet werden, so glaube ich, wird kein Landwirth auf die Idee kommen, zu sagen: diese Ländereien liegen wüst.

Das ist ja, wie ich schon ausgeführt habe, jetzt eine Tendenz bei der Landwirthschaft, die bei theuren Produktionskosten sich viel weiter ausdehnen wird, die Tendenz zur Ersparung der Produktionskosten Ländereien zu Weiden niederzulegen, um so den Nettoertrag ohne große Produktionskosten zu heben. Allerdings, meine Herren, werden Sie gerade das Entgegengesetzte erreichen von dem, was die Motive wollen; wenn Sie durch Ihre Mitwirkung die Produktionskosten steigern, dann werden wieder große Ländereien zwar nicht wüst liegen, aber unter allen Umständen der Weide übergeben und nicht mehr zum Körnerbau verwendet werden.

Ich wende mich jetzt zu den speziellen Verhältnissen Ostpreußens. Ich will die Ausführungen, die ich sonst gemacht hätte, wenn nicht ein Antrag zur Geschäftsordnung in Aussicht gestellt hätte, daß die Transitverhältnisse hier noch besonders debattirt würden, nicht so eingehend machen, wie ich sonst mir vorgenommen hatte; ich kann aber doch nicht umhin zu erklären, daß wir in unserer Provinz es nicht verstehen, wie man plötzlich etwas, was sonst in Jahrtausenden als eine Wohlthat betrachtet ist, nämlich den Besitz von Seehäfen, entweder nicht als eine Wohlthat betrachtet und darüber spöttelt, über illegitimen Handel u. s. w., oder aber kühlen Blutes die Segnungen dieser Kulturquellen zu vernichten bereit ist.

Meine Herren, hier kann ich sagen, ungenirt sprechen, da ich nicht weiß, ob irgend wie auf seiten des Bundesraths oder sonst im Reichstag solche Ansichten existirt haben, wenn man hört, daß ein Handel illegitim genannt wird, weil er dem Kaufmann größere Vortheile abwirft, als vielleicht an einer höheren Stelle für richtig gehalten wird, wenn man das Verdienst, was der Müller, was der Bäcker hat, für illegitim erklärt und glaubt, daß die Staatsregierung einzuschreiten hat, daß dies geändert werden müsse, dann, meine Herren, sehe ich als Folgerung, wenn sie überhaupt möglich wäre, voraus, daß wir auf den einfachen Standpunkt kommen sollen, daß jeder Landwirth mit seinem Sack Getreide vor die Thür eines Städters fährt, der Städter sich eine Schrotmühle hält, sich selbst das Schrot macht und das Brod selbst backt, dann haben wir die Zwischenhändler nicht und dann ist das Ideal irgend welcher Theoretiker in Beziehung auf die Landwirthschaft erreicht.

Wir fühlen in den Seeprovinzen Ost- und Westpreußen — da ich hier das Wort habe, mögen die Herren Westpreußen mir gestatten, auch in ihrem Namen zu sprechen — uns in unseren Interessen vollständig identisch mit unseren Seestädten. So wie Sie durch Ihren Beschluß die Existenz und das Blühen der Seestädte vernichten, so vernichten Sie auch die Landwirthschaft in unseren Provinzen. Selbst bei der Ueberschüttung mit Getreide im vorigen Jahre und vorher haben wir Landwirthe, wenn der Handel blühte, wenn das Geschäft in Königsberg trotz der Quantitäten günstig war, stets selbst Vortheil davon gehabt. Meine Herren, ich hoffe, daß Sie von denjenigen Anträgen, die den Transit des Getreides betreffen, den annehmen, der am kräftigsten und wirksamsten ist, also den Antrag Rickert. Daß die Herren, die landwirthschaftliche Interessen vertreten, das in diesem Falle thun werden, hoffe ich mit Bestimmtheit. Ich glaube nicht, daß Sie eine Interesse daran haben, daß der Kornzoll auch eine sehr ergibige Finanzquelle wird; Sie sind ja geschickt im Auffinden von Finanzquellen, Sie werden ja in der Lage sein, eine andere Finanzquelle aufzufinden, ich hoffe von Ihnen, daß Sie für die kräftigste Resolution stimmen werden.

Aber ich wende mich auch an diejenigen Herren, die vielleicht die Verhältnisse nicht so kennen, die der Meinung sind, daß dies einmal heruntergeschluckt werden müsse bei dem großen Segen, der auf andere Provinzen ausgegossen werden soll. Den Standpunkt, daß eine Provinz auch einmal zu Grunde gehen kann, den Standpunkt kann ich Ihnen nicht zutrauen. Ich halte es für absolut unmöglich, daß Sie selbst der Ansicht sind, daß eine Maßregel zum Heil des gesammten Vaterlands führen kann, welche logisch und konsequent den Ruin zweier blühender Provinzen zur Folge hat.

(Sehr richtig! links.)

So weit, meine Herren, dürfen wir in der Theorie nicht gehen, da müssen wir auch für die Praxis das Auge offen halten, und die Theorie der absoluten Zollpflichtigkeit ist eine ganz graue Theorie, die mit dem praktischen Leben bis jetzt im Widerspruch steht und von der die Geschichte zeigen wird, daß sie sich nicht hält. So weit kann kein Mensch einer Theorie zu Gefallen gehen, daß er auf Kosten der Gesammtheit zwei ganze Provinzen zu Grunde richtet, da muß er vorsichtig sein.

Ueberhaupt, meine Herren, — jetzt spreche ich als Abgeordneter — wenn ich auch nicht Ostpreuße, nicht Landwirth wäre, so kann ich Ihnen sagen, ich würde nie und nimmermehr einer Gesetzesvorlage meine Zustimmung geben, welche dem armen Mann die nothwendigsten Lebensmittel vertheuert.

(Oh! rechts; — sehr richtig! links.)

— Meine Herren, ich sage, was ich nicht kann; daß Sie es können, haben wir ja schon gesehen. Mir würde es absolut unmöglich sein. Wenn ich als Landwirth die größten Vortheile hätte, so würde ich ganz außer Stande sein, dem meine Zustimmung zu geben.

(Bravo! links.)

Außerdem, meine Herren, würde ich nicht als Abgeordneter meine Zustimmung zu Einrichtungen geben, die nur dadurch einer Industrie förderlich werden können, daß sie einer anderen eingelebten Industrie zum Schaden gereichen und sie zu Grunde richten. Solch ein gefährliches Kunststück aufzuführen, daß man Vorsehung spielen und alles aufs künstlichste einrichten will, das halte ich für gewagt und ich kann geradezu sagen, für tadelnswerth. Meine Herren, Sie werden das niemals durch diese Zölle erreichen, wie ich Ihnen ausgeführt habe, was Sie haben wollen. Worauf es eigentlich bei der Landwirthschaft ankommt, den Segen der Witterung zu verändern, sind wir alle außer Stande. Wenn Sie es noch so künstlich einzurichten denken, wenn Sie gegen die gesunde Entwickelung handeln, so werden Sie das Gegentheil von dem erreichen, was Sie wollen. Ich bitte die Herren, die aufgetreten sind als die Vertreter der Landwirthschaft — wenn Sie mir auch nicht zustimmen, aber ich glaube, Sie werden mir doch in vielen Punkten Recht geben müssen — es zu überlegen, ob Sie nicht einen gefährlichen Schritt thun, wenn Sie sich auf die Bahn der Ausgleichung und Kompensation einlassen.

(Bravo!)

Vizepräsident Dr. **Lucius**: Der Herr Abgeordnete Günther (Sachsen) hat das Wort.

Abgeordneter **Günther** (Sachsen): Meine Herren, in den uns mitgetheilten Motiven und in allen zu Gunsten des neuen Zolltarifs gehaltenen Reden wiederholt sich die Erklärung, daß höhere Zölle nothwendig seien zum Schutze der nationalen Arbeit. — Nun kann man die Berechtigung einer Meinungsverschiedenheit über diese Nothwendigkeit zugeben, aber ich kann nicht zugeben, daß irgend welche einzelne Erwerbsart ein Vorrecht, ein Privilegium auf Schutzzoll habe; ich glaube vielmehr, daß, sobald man Schutzzölle überhaupt einführen will, dann alle Erwerbsarten darauf gleichmäßigen Anspruch haben und daß diese Gleichmäßigkeit dadurch herzustellen ist, daß man diejenigen am besten schützt, welche am meisten durch die auswärtige Konkurrenz leiden. Nun haben eine ganze Reihe von Rednern, sogar Gegner der Vorlage, wie z. B. der Herr Abgeordnete Bamberger, anerkannt, daß gerade die Landwirthschaft in hohem Grade nothleidend ist,

(hört!)

und auch ich kann nicht zugeben, daß in den landwirthschaftlichen Verhältnissen in neuerer Zeit die Gesundung eingetreten sei, welche dem Herrn Vorredner die gegenwärtige Lage so rosig erscheinen läßt. — Ich glaube vielmehr, wenn der Herr Vorredner es unternehmen wollte, eine landwirthschaftliche Reise durch Deutschland zu unternehmen, und wenn er dabei nicht bloß in den Schlössern, sondern auch in den mittleren und kleineren Bauernhöfen einkehrte, er gewiß von der Anschauung zurückkommen würde, daß dort ersprießliche Zustände herrschen.

(Sehr richtig! rechts.)

Meine Herren, ich habe dem nur hinzuzufügen, daß es kein einziges Gewerbe gibt, welches für die Allgemeinheit von größerer Bedeutung ist, als die Landwirthschaft, weil diese der weitumfassendste Erwerbszweig ist. Meine Herren, der bebaute Boden in Deutschland beträgt zirka 23 Millionen Hektare, der Werth einer Jahresernte je nach der Verschiedenheit der Preise und nach dem Ausfall der Ernte beträgt 5—7000 Millionen Mark, also 5—7 Milliarden, und die Zahl der Menschen, die von der Landwirthschaft lebt, ist die Hälfte der ganzen Bevölkerung Deutschlands, also zirka 20 Millionen. — Meine Herren, gegenüber diesen ungeheuren Ziffern erscheint jede andere Erwerbsart verschwindend klein, und selbst die Eisenindustrie, der wir vor wenigen Tagen in so splendider Weise gedacht haben, ist trotz der in ihr angelegten großen Kapitalien gegenüber der Landwirthschaft verschwindend klein. — Außerdem aber glaube ich, daß die Landwirthschaft Anspruch auf Schutz hat wegen ihrer Bedeutung für das allgemeine Wohl.

Meine Herren, wenn man auch von dem physiokratischen System zurückgekommen ist, welches die Quelle des Wohlstands nur in dem Grund und Boden sah, so hat doch bis zum heutigen Tage der Grundsatz gegolten, daß der Nationalreichthum eines Landes zum guten Theil in seinem Grund und Boden und in dessen Benutzung besteht, und selbst in sehr manchesterlich gefärbten Büchern habe ich gelesen, daß jeder Stillstand oder Rückgang in der landwirthschaftlichen Produktion als ein Schritt zur nationalen Verarmung angesehen ist. Jetzt, meine Herren, hört man plötzlich etwas ganz entgegengesetztes. In einer ganzen Anzahl von Zeitungen und Petitionen, wohl auch in Versammlungen wird gepredigt, der gegenwärtige Werth der ländlichen Grundstücke sei ein ungerechtfertigter und man müsse damit zurück auf die Periode von vor 30 bis 40 Jahren. Meine Herren, Sie werden darüber nicht im Zweifel sein, was das heißt. Man will den Nationalwohlstand um so viel gewaltsam verringern, als die Zunahme des Werths von Grund und Boden seit 40 Jahren beträgt; der Lohn für den Fleiß und die Intelligenz, den die Landwirthschaft seit 30 bis 40 Jahren aufgewendet hat, soll verloren sein und alle die großen Kapitalien, welche man zur Verbesserung des Grund und Bodens angelegt hat, sollen preisgegeben werden. Meine Herren, derartige Lehren liest man in den Blättern und hört sie in Versammlungen, die sich vorzugsweise das Prädikat „fortschrittlich" zulegen. Ich sollte meinen, es wäre nicht leicht möglich, tiefere reaktionäre Tendenzen zu verfolgen.

Ich will nicht genauer ausführen, was man wohl sagen würde, wenn man von diesen Anschauungen die ganz natürliche Konsequenz zöge und nun auch die politischen Zustände auf diejenigen von vor 30 oder 40 Jahren zurückführen wollte. Ich will auch nur ganz beiläufig daran erinnern, daß bis jetzt ein wohlfundirter größerer Grundbesitz und ein zufriedener erwerbsfähiger Bauernstand als die festesten Stützen des Staates gegolten haben, und daß wir alle Veranlassung haben, diese Stützen zu erhalten gegenüber den überhandnehmenden zersetzenden Tendenzen.

Leidet denn nun aber gegenwärtig die Landwirthschaft etwa nicht unter der Konkurrenz? Sind die Zustände wirklich derart, wie sie der Herr Vorredner geschildert hat? Ich will Sie, meine Herren, nicht mit großem statistischen Material aufhalten, der Herr Vorredner hat uns ja versichert, die Größe der ausländischen Produktion sei genügend bekannt, aber einige wenige Zahlen bitte ich doch vorführen zu dürfen.

In der Eingabe der ständigen Deputationen der Berliner Produktenbörse heißt es, daß die Ausfuhr aus Amerika betrug: im Fiskaljahre 1868/69 14 Millionen Bushel Weizen, dagegen 1877/78 72 Millionen Bushel Weizen, im Jahre 1868/69 7 Millionen Bushel Mais und 1877/78 85 Millionen Bushel Mais. Der russische Export stellt sich ungefähr folgendermaßen: im Jahre 1870 2 200 000 Tschetwert Roggen und im Jahre 1878 10 Millionen Tschetwert Roggen, im Jahre 1870 7 Millionen Tschetwert Weizen und

1878 17 Millionen Tschetwert Weizen, und davon, meine Herren, sind nach Deutschland gegangen 4 Millionen Tschetwert Roggen, eine Million Tschetwert Weizen u. s. w. In derselben Eingabe wird erklärt, daß die Einfuhr fremden Getreides in Deutschland einen jährlichen Werth von 375 Millionen Mark haben.

Weiter, meine Herren, habe ich aus amtlichen Mittheilungen aus Amerika eine Notiz, nach welcher in den ersten Monaten des Jahres 1878 im ganzen 108 Millionen Bushel Getreide an die zum Export dienenden atlantischen Häfen transportirt worden sind, während im Jahre 1870 nur 56 Millionen Bushel zur Ausfuhr kamen; das ist also eine Steigerung von 92 Prozent in acht Jahren.

Wenn man endlich die Zahlen des Viehstandes in Amerika, die 1870 offiziell bestimmt wurden, mit den heutigen vergleicht, so möchte man an Zauberei glauben. Im Jahre 1870 berechnete man 7 Millionen Pferde, gegenwärtig 10 Millionen, 1870 1 Million Maulthiere, jetzt 16 Millionen, damals 1 500 000 Ochsen, jetzt 19¼ Millionen, damals 1 Million Milchkühe, jetzt 11¼ Millionen.

(Hört! hört! rechts.)

Nun, meine Herren, auf welche Weise entledigt sich Amerika dieses Ueberflusses an Viehprodukten?

Meine Herren, ich habe hier ein Referat des Herrn Professor Reuleaux, das er im vergangenen Herbst hier in einer Versammlung gegeben hat, und darin ist unter anderem mitgetheilt, daß die Fleischausfuhr aus Amerika im Jahr 1876 20 Millionen Pfund betragen hat, daß sie 1877 bereits auf zirka 57 Millionen gestiegen war und in den ersten drei Monaten des Jahres 1878 bereits 15 Millionen Pfund betrug.

Nun, meine Herren, ich sollte glauben, diese Zahlen sprechen so deutlich, daß niemand daran zweifeln kann, daß die deutsche Landwirthschaft unter einer geradezu vernichtenden Konkurrenz leidet.

(Sehr richtig! rechts.)

Und doch, meine Herren, sollen gerade für die Landwirthschaft alle diejenigen Gründe nicht gelten, welche man für die Schutzzölle der Industrie anführt! Die Industrie will, um existiren zu können, den Schutz des Staats durch Zölle im ausgedehntesten Maße in Anspruch nehmen, aber um die Landwirthschaft kümmert man sich nicht, und doch glaube ich, daß die Landwirthschaft ebensowenig im Stande ist, sich gegen eine erdrückende Konkurrenz von außen zu schützen, wie das die Industrie behauptet.

Welches sind denn nun die Gründe, welche gegen eine einigermaßen gleichmäßige Berücksichtigung der Landwirthschaft angeführt werden? Meine Herren, es steht da in erster Linie immer der Einwand, man dürfe das Brod des armen Mannes nicht vertheuern, und es sei ein ungerechtes System, dem größeren Grundbesitzer die Mittel zu luxuriösem Leben und dem mittleren und kleineren Grundbesitzer die Gelegenheit zur Ansammlung von Kapital durch die Entbehrungen des armen Mannes zu schaffen. Meine Herren, ein solches System würde allerdings nicht bloß ungerecht, es würde für jeden eingermaßen fühlenden Menschen geradezu abscheulich sein, und ich wäre der letzte, der ein solches System unterstützen würde. Ich verwahre vielmehr mich und die Mitunterzeichner meines Antrages ausdrücklich dagegen, daß wir von solchen Tendenzen geleitet werden. Wir denken nicht an die Ausbeutung des armen Mannes, aber wir glauben beanspruchen zu können, daß der Staat die Lebensfähigkeit der Landwirthschaft wenigstens einigermaßen schützt, und ich meine, auf diesen Schutz hat die Landwirthschaft gerade so gut Anspruch, wie jede andere Art von redlichem Erwerb. — Wenn die Gegner fortwährend die Vertheuerung des Brodes des armen Mannes durch den Zoll gegen uns anführen, so möchte ich übrigens glauben, daß sie nicht alle so gut, wie der Herr Vorredner davon unterrichtet sind, wie denn die Getreidepreise heute eigentlich entstehen. Getreide ist, wie der Herr Bamberger dies neulich ausführlich auseinandergesetzt hat, heute ein großer Weltartikel geworden und sein Preis hängt vollständig von den Zuständen der Börsen ab, auf welche ja die verschiedensten Umstände einwirken, z. B. der Zustand des Geldmarktes, politische Ereignisse, die Preise anderer Waaren u. s. w.

Meine Herren, können Sie wirklich glauben, daß, während das Getreide sich oft in Sprüngen von vielen Thalern bewegt, ein Zoll von 50 Pfennigen per Zentner einen Eindruck auf die Preise machen kann, der für die Konsumenten bedenklich wäre? Es ist aber doch auch weiter genügend bekannt, daß sich Brot- und Getreidepreise gegenseitig durchaus nicht decken. Unsere Motive enthalten die Bemerkung, daß eine Differenz der Getreidepreise selbst von 3 Mark pro Zentner in den Brotpreisen kaum irgend welche Berücksichtigung findet.

Meine Herren, ich bin ursprünglich von dieser Mittheilung überrascht gewesen, ich habe sie aber nach den genauesten sorgfältigsten Prüfungen beinahe überall bestätigt gefunden. — Aus meinem engeren Vaterlande habe ich indessen eine Notiz, wonach die seit drei Jahren um 3 Mark pro Zentner zurückgegangenen Getreidepreise allerdings einen Einfluß auf die Brotpreise gehabt haben, und zwar hat in einer großen Brotfabrik 1876 das Pfund Roggenbrot gekostet $10_{,60}$ Pfennige, 1877 $10_{,56}$ und 1878 $9_{,48}$ Pfennige. Also, meine Herren, 3 Mark pro Zentner Differenz des Getreidepreises haben eine Differenz von 1 Pfennig für 1 Pfund Brot hervorgerufen. —

(Hört, hört! rechts.)

Wenn Sie nun einfach das Exempel machen, welchen Einfluß werden dann die 25 Pfennige Roggenzoll haben, die Herr von Mirbach und ich als Erhöhung beantragen, dann wird das Resultat sein $0_{,08}$ eines Pfennigs, noch nicht der zwölfte Theil eines Pfennigs!

(Hört! rechts.)

Meine Herren, wenn ferner nachgewiesen ist, daß die Brotpreise an demselben Tage bei den verschiedenen Bäckern oft ganz unendlich verschieden sind, und wenn ich nun mit alledem den Lärm vergleiche, der wegen der Kornzölle überhaupt erhoben worden ist, und wenn ich namentlich an die Schreckbilder denke, welche man heraufbeschworen hat gegen den Gedanken einer Vertheuerung des Brotes, wie sie durch meinen Antrag auf einen Zoll von 50 Pfennig pro Zentner entstehen könnte, dann, meine Herren, kann ich mein Erstaunen darüber nicht zurückhalten, was in Deutschland in Theorie und in Doktrin geleistet wird und was man im Publikum glaubt.

(Sehr richtig! rechts.)

Weiter aber, meine Herren, bin ich ungemein überrascht gewesen, jetzt plötzlich eine große Anzahl von Volksfreunden zu entdecken, die sich um das Brot des armen Mannes kümmern, von denen ich bei ähnlicher Gelegenheit bis jetzt durchaus nichts bemerkt habe.

Sie wissen doch alle, meine Herren, daß die Getreidepreise heute keineswegs lediglich nach Bedarf und Nachfrage gemacht werden, sondern daß Getreide ein sehr bedeutender Spekulationsartikel an der Börse ist, und daß man die raffinirtesten Manöver macht, die Preise bald zu drücken, bald zu treiben. Wenn es nun oft gelang, die Preise über die natürlichen Verhältnisse hinaus zu steigern, so habe ich bis jetzt nicht gehört, daß eine siegreiche Haussepartei an der Börse sich irgendwie um das Brot des armen Mannes bekümmert hätte, ebensowenig habe ich gehört, daß man wegen dieses Verfahrens in die sittliche Entrüstung gekommen wäre, welche man jetzt zur

Schau trägt gegenüber der angeblichen Vertheuerung durch 50 Pfennig Zoll. Im Gegentheil, man fand das Verfahren ganz in der Ordnung, denn ein Einschreiten wäre ja ein Eingriff in die vielgerühmte Handelsfreiheit gewesen. Ich möchte aber doch glauben, daß es weit mehr die Aufgabe des Staats ist, die Bevölkerung zu schützen vor der Ausbeutung durch Börsenagitationen, als daß man Lärm erhebt wegen geringer Roggenzölle, die theils im finanziellen Interesse des Staats, theils zur Herstellung wenigstens einiger Lebensfähigkeit der Landwirthschaft gefordert werden.

Weiter bin ich aber auch überrascht durch die in neuerer Zeit aufgetretenen zahlreichen landwirthschaftlichen Rathgeber, die keineswegs sämmtlich soviel Sachkenntniß haben, wie der Herr Vorredner, und die uns beispielsweise empfehlen, wenn der Getreidebau nicht mehr lohnend sei, doch Handelsgewächse anzubauen oder zur Viehzucht überzugehen u. s. w. Meine Herren, ich unterlasse, auf diese guten Rathschläge irgend etwas zu erwidern, sie zeigen nur, daß man von den Bedingungen der verschiedenartigen landwirthschaftlichen Produktion effektiv nichts versteht.

(Sehr gut!)

Nur darauf will ich diese Rathgeber aufmerksam machen, daß, wenn man die Viehproduktion in der empfohlenen Weise ausdehnen wollte und könnte, doch eine Ueberproduktion entstehen müßte, für welche ein Absatz gar nicht zu schaffen wäre, ganz abgesehen davon, daß ja auch die Viehproduktion einer ganz ähnlichen Konkurrenz unterliegt wie der Ackerbau.

Nun wird weiter eingewendet, es gäbe eine Anzahl Landestheile in Deutschland, wo Roggen nicht zum Verkauf, sondern lediglich zum eigenen Gebrauch gebaut würde, und diese Landstriche hätten an dem Roggenzoll kein Interesse. Gerade die Erfahrungen der letzten Zeit haben ja aber genügend gezeigt, und es ist das auch ganz naturgemäß, daß die gedrückten Preise des einen landwirthschaftlichen Produktes auf die des anderen nothgedrungen zurückwirken müssen, und daß alle Landestheile, welche irgend welche Art von landwirthschaftlicher Produktion treiben, leiden. Noch weniger aber, meine Herren, möchte ich glauben, daß die Gegner der Vorlage und des von mir und Herrn Abgeordneten von Mirbach gestellten Antrages sich darüber genau unterrichtet haben, welches denn nun heute die Produktionskosten eines Zentners Roggen sind. — Wenn das der Fall gewesen wäre, und wenn unsere Gegner auf Grund sorgfältiger Erörterungen zu der Ueberzeugnng hätten kommen müssen, daß irgend ein Ertrag nur noch unter besonderen Umständen möglich ist, während in sehr vielen Fällen ein Ertrag bei der Produktion von Getreide überhaupt nicht existirt, dann, meine Herren, hätte doch auch für die Gegner die Frage eine sehr große Bedeutung gewinnen müssen: was soll aus der deutschen Landwirthschaft überhaupt werden? Wollen Sie wirklich nach der Manchestertheorie den Grundsatz anwenden, ein Gewerbe, das eine Waare nicht billiger herzustellen vermag als das Ausland, ist nicht berechtigt, — dann, meine Herren, ist allerdings die deutsche Landwirthschaft nicht mehr berechtigt zu existiren, denn billiger als Amerika und Rußland kann sie nicht produziren.

(Sehr richtig!)

Es handelt sich also darum, meine Herren, wollen Sie die deutsche Landwirthschaft aufrecht erhalten oder wollen Sie dieselbe preisgeben dem Osten und dem jugendlich aufblühenden Amerika? Meine Herren, wenn Sie diese Frage prüfen, dann müssen Sie auch augenblicklich auf die weitere Frage kommen: was ist denn überhaupt in erster Linie für das allgemeine Interesse nothwendig? muß man, gleichviel wie, zuerst dafür sorgen, Getreide und Brod so billig als möglich zu schaffen? oder handelt es sich in erster Linie darum, zu fragen: wie ist überhaupt Brod zu schaffen? Brod verschafft man eben nur durch Erwerb: was ist also wichtiger, billiges Brod oder Erwerb? Meine Herren, in den letzten Jahren hat die Industrie immer mehr und mehr ihre Produktion eingeschränkt und immer mehr und mehr tausende von Arbeitern sind brodlos geworden, die heute nach Arbeit suchen, aber wenig danach fragen, ob das Brod einen Bruchtheilpfennig billiger oder theurer ist, die auch nicht danach fragen, ob das Pfund Fleisch 50 oder 60 Pfennige kostet; denn für denjenigen, der überhaupt nichts hat, ist es gleichgültig, ob er das Fleisch mit 50 oder 60 Pfennig würde bezahlen müssen. —

(Sehr richtig! rechts. Heiterkeit links.)

Der Herr Abgeordnete Richter (Hagen) hat uns ja vor einiger Zeit ausgeführt, wie sehr die Fleischkonsumtion in Deutschland abgenommen hat. Glaubt der Herr Abgeordnete Richter, daß diese Konsumtion dadurch herzustellen ist, daß man lediglich die Preise niedriger treibt, oder ist es nicht vielmehr nothwendig, den Konsum dadurch zu ermöglichen, daß man dafür sorgt, den Erwerb zu heben? Dieser Erwerb aber ist vorzugsweise zu schaffen durch die Landwirthschaft, in welcher noch ganz außerordentliche Verbesserungen der Kultur geschehen können. Wenn jetzt der brotlose Arbeiter zu uns aufs Land hinauskommt, können wir ihm nichts geben, als ein Stück Brot auf den Weg, nicht aber das, was er nothwendig braucht, dauernden Erwerb, während dieser augenblicklich zu schaffen wäre, sobald die Landwirthschaft einigermaßen ertragsfähig ist. Wenn es aber möglich wäre, huntderttausende von Arbeitern in der Landwirthschaft mehr zu beschäftigen, so müßte das auch auf die industriellen Arbeiter seine Rückwirkung äußern, und es würde dann der Zustand eintreten, den der Herr Abgeordnete Richter ganz richtig als das zu erstrebende Ziel bezeichnete, ein immer mehr steigender und lohnender Erwerb der Arbeiter. Und deshalb rufe ich denjenigen, welche uns vorwerfen, wir wollten die Ausbeutung des armen Mannes, zu: wir wollen vielmehr dessen Erwerb, und nach meiner Ueberzeugung handeln diejenigen nicht im Interesse der Arbeiterbevölkerung und des armen Mannes, welche die Landwirthschaft schutzlos dem Ausland preisgeben wollen.

(Sehr richtig! rechts.)

Meine Herren, ich für meine Person wünschte lebhaft, daß es mir möglich wäre, im Interesse der Arbeiterbevölkerung die Landwirthschaft weiter zu fördern, als es durch den Roggenzoll von 50 Pfennig möglich sein wird, den wir beantragt haben und von dem ich freilich eine durchgreifende Wirkung nicht erwarte.

Wie verfahren wir denn nun aber gegenwärtig? Meine Herren, unter der Firma der freien Konkurrenz schicken wir alljährlich immer neue hunderte von Millionen in das Ausland, wir wundern uns dann über die zunehmende Verarmung und stehen rathlos vor der immer größer werdenden Brodlosigkeit. Wir sind in der That seltsame Menschen; verschenken unser Vermögen und opfern unsere Produktionskraft, um vielleicht das Pfund Brot einen Bruchtheilpfennig billiger zu essen! —

Meine Herren, neben dem angeblich vertheuerten Brod des armen Mannes werden nun aber weiter die Interessen des Handels gegen die Getreidezölle ins Feld geführt. Meine Herren, ich bin weit entfernt, die Bedeutung des Handels zu verkennen, ich sehe in ihm einen der größten Wohltäter der Menschheit. Ich glaube aber doch, daß auch der Handel zum Nachtheil werden kann, wenn er dazu dient, die Kapitalien des eigenen Landes dem Auslande zu schicken, und nicht bloß einen Austausch der Produkte der verschiedenen Länder zu vermitteln, und im ersteren Falle glaube ich allerdings, daß der Staat keine Veranlassung hat, den Handel dadurch zu fördern, daß man die inländische Produktion und Arbeit untergräbt. Nun hat man weiter darauf aufmerksam gemacht, daß doch der Exporthandel für Deutschland dringend nothwendig sei. Ich erinnere in dieser Beziehung an die Worte des Herrn Ministers Hofmann, der vor kurzem hier erklärte, daß der Export berechtigt sei, wenn er dazu diene, die Ueberproduktion des eigenen Landes nach dem Auslande zu übermitteln. Aber, meine Herren, es gibt auch eine andere Art von Export und das ist diejenige, die dadurch möglich wird, daß sie zu Hungerlöhnen Arbeiter beschäftigt, die sonst keinen Erwerb haben würden, und die es dadurch möglich macht, die Konkurrenz auszuhalten. Ich würde allerdings viel lebhafter wünschen, daß man durch Entwickelung des Landbaus und Beschäftigung auf heimischer Erde mehr für das Wohlbefinden und die bessere Ernährung des Arbeiters sorgt als durch Beförderung dieser Art Export.

(Sehr richtig!)

Ich glaube aber, der Handel überhaupt und der Exporthandel insbesondere können vorläufig sehr ruhig sein, denn so weit wird die landwirthschaftliche Produktion auch im allergünstigsten Falle nicht alsbald steigen, daß Zufuhr von außen überflüssig wird, und ich glaube, daß der Handel und namentlich der Getreidehandel in der nächsten Zeit vollständige Beschäftigung haben wird mit oder ohne Getreidezöllen.

Nun, meine Herren, haben vielleicht die Gewerbtreibenden der kleineren Städte lebhaftes Interesse daran, daß landwirthschaftliche Zölle und speziell Kornzölle nicht eingeführt werden. Meine Herren, wenn Sie überhaupt Schutzzölle einführen, so können Sie damit doch nur den Zweck im Auge haben, die ausländische Konkurrenz vom Binnenlande zu verdrängen und der inländischen Industrie wie dem inländischen Kleingewerbe den Markt zu sichern, den bisher das Ausland hatte.

Nun frage ich, meine Herren, woraus besteht denn der binnenländische Markt? Zur Hälfte aus denjenigen, die von der Landwirthschaft leben, und das sind 20 Millionen Menschen. Hat denn nun der Gewerbsbetrieb nicht ein lebhaftes Interesse daran, die Kaufkräftigkeit dieser 20 Millionen Menschen zu stärken? Der Herr Abgeordnete Windthorst hat neulich sehr richtig darauf aufmerksam gemacht, daß wenn man zum neulichen Städtetag alle Städte eingeladen hätte, das sehr leicht die Folge hätte haben können, daß die kleinen Städte die großen niederstimmten. — Der Herr Abgeordnete Windthorst kennt wahrscheinlich die Zustände und das Leben in den kleineren Städten, er weiß, in wie hohem Grade der Erwerb der städtischen Bevölkerung von dem benachbarten platten Lande abhängig ist. Meine Herren, wenn Sie hinausgehen wollen in die kleinen Städte, Sie werden aus dem Munde sehr zahlreicher Gewerbtreibenden die Erklärung hören: wenn es dem Bauern wohl geht, geht es uns auch wohl, wenn der Bauer nichts hat, haben wir auch nichts.

(Große Bewegung. — Sehr richtig!)

Meine Herren, vielleicht haben nun aber die großen Städte, die Großindustrie ein wesentliches Interesse daran, daß diese entsetzlichen Getreidezölle nicht eingeführt werden. Meine Herren, Berlin ist die größte Stadt des deutschen Reiches und eine seiner bedeutendsten Fabrik- und Handelsstädte.

(Sehr richtig!)

Wenn Sie nun Veranlassung nehmen wollen, mit hiesigen größeren Fabrikanten zu sprechen, welche Deutschland bereisen lassen und sie fragen, wie denn schon seit längerer Zeit die Briefe ihrer Reisenden lauten, so bin ich fest überzeugt, die Antworten werden ziemlich übereinstimmend dahin gehen: die Reisenden schreiben: Geld ist von den Abnehmern schwer zu erlangen, Aufträge sind ganz außerordentlich knapp, namentlich weil die Landbevölkerung so gut wie gar nichts kauft und weil die Gewerbtreibenden unserer kleinen Städte, die auf die ländliche Bevölkerung vielfach angewiesen sind, deshalb auch wenig Einkäufe machen.

(Sehr richtig!)

Und was, meine Herren, ist die ganz natürliche Folge solcher Briefe ohne Aufträge, die nach Berlin in großer Anzahl kommen? die abermalige Reduktion der Fabrikation und die zunehmende Brodlosigkeit der Arbeiter. Diese ist aber bereits so weit gestiegen, daß Berlin in diesem Augenblick in banger Sorge wegen der Erwerbsverhältnisse seiner unteren Klassen sein muß. Meine Herren, da beruft man denn einen Städtetag,

(große Heiterkeit)

der nicht darüber berathen soll, wie den gegenwärtig herrschenden Mißständen auf dem Gebiete der Versorgung der Konsumenten abgeholfen werden kann, der etwa die Frage der Brodtaxe und dergleichen in Erwägung zieht, durch welche vielleicht

(Heiterkeit. — Sehr richtig! — Rufe.)

bestehende Mißstände zu beseitigen sind. Nein, man zerbricht sich den Kopf darüber, wie es wohl möglich sein würde, der Landwirthschaft dadurch Schaden zuzufügen, daß sie nicht irgend welchen Schutz ihrer Produktion erhält. — Bei dieser sorgfältigen Erwägung vergißt man aber vollständig, daß man gleichzeitig, freilich sehr gegen seinen Willen, über die Frage beräth, in welcher Weise kann man sein bestes Absatzgebiet und damit sein Vermögen und seinen Erwerb auf die zweckmäßigste Weise ruiniren?

(Sehr richtig!)

Nun, meine Herren, werden Sie mir vielleicht einwenden, wenn ich mir selbst vom Roggenzoll, auch wenn er mit 50 Pfennigen pro Zentner angenommen würde, eine große Wirkung nicht verspreche, wie ich denn dazu käme, diese Zölle überhaupt zu empfehlen. Es war das ja auch die Frage des Herrn Vorredners. Meine Herren, es handelt sich hier zunächst um die Prinzipienfrage: soll sich die Landwirthschaft überhaupt für das Schutzzollsystem erklären oder nicht? Sie haben gehört, daß eine Anzahl von Landwirthen das nicht will, theils aus prinzipiellen Gründen, wie der Herr Vorredner, theils aber auch, weil eine Anzahl von Landwirthen sagt: die Vortheile, die man gegenwärtig der Landwirthschaft bietet, sind gegenüber denen, welche die Industrie erhalten soll, so verschwindend klein, daß wir das nicht akzeptiren können; es muß in gar nicht langer Zeit vollständig erkannt werden, wie traurig die Zustände der Landwirthschaft sind, und dann wird auch die Landwirthschaft die volle Berücksichtigung finden, die sie in Anspruch nehmen kann. Meine Herren, ich theile aber diese Anschauung nicht, ich glaube, wir müssen uns für Schutzzölle erklären, weil ich der Meinung bin, daß wir durch die unglückselige Manchestertheorie so tief heruntergekommen sind, daß jeder die dringende Verpflichtung und Veranlassung hat, eine Abänderung herbeizuführen, und daß auch die Landwirthschaft diese Bestrebungen unterstützen muß, selbst wenn sie wesentlich weniger Vortheile dabei erwirbt, als die Industrie.

Eine erfreuliche Erscheinung ist aber doch auch schon jetzt für die Landwirthschaft entstanden. Wenn seither landwirthschaftliche Interessen in der Presse, in Versammlungen, ja wohl auch in diesem hohen Hause irgend wie betont wurden, so fanden sie meistens sehr wenig Theilnahme, und die sogenannten agrarischen Tendenzen sind ja sogar vielfach Gegenstand der heftigsten Angriffe gewesen. Ich will zugeben, daß die Feindschaft gegen die agrarische Partei zum Theil wenigstens daher kommen mag, daß, wie mir gesagt worden ist, — ich habe damit nichts zu thun, — in Preußen mit den landwirthschaftlichen Bestrebungen der agrarischen Partei auch politische Tendenzen verbunden gewesen sein sollen. Aber, meine Herren, auch wenn ein größerer Grundbesitzer, der nicht zur agrarischen Partei gehörte, die landwirthschaftlichen Interessen vertrat, so galten seine Aeußerungen als feudal und reaktionär, und man hörte wo möglich schon die Ketten in Burgverließen rasseln.

(Sehr gut! rechts.)

Wenn aber die bäuerliche Bevölkerung sich irgendwie rührte, so fand man keine Zeit, sich um sie zu bekümmern gegenüber den großen Bewegungen, die in den letzten Jahren auf anderen Gebieten des öffentlichen Lebens stattgefunden haben. Da kam nun, man kann wohl sagen, ziemlich unerwartet, von mächtiger und maßgebender Stelle die Erklärung, daß man die Noth der Landwirthschaft erkannt habe, daß auch die Landwirthschaft ihre Rechte habe, und daß man sie schützen werde. Als diese freudige Botschaft, von den Gegnern spöttisch „Bauernbriefe" genannt, in die deutschen Dörfer drang, da, meine Herren, ertönte ein Jubel so laut und so allgemein, daß man darüber im Anfang wenigstens vergaß, daß freilich die Vortheile, die man der Landwirthschaft bot, ziemlich klein waren, und daß es sogar dem Herrn Reichskanzler nicht einmal gelungen ist, im Bundesrathe diejenigen mäßigen Forderungen durchzusetzen, die er im Interesse der Landwirthschaft gestellt hatte. Immer aber glaube ich, die Landwirthschaft hat keine Veranlassung, das Wohlwollen, welches der Herr Reichskanzler der Landwirthschaft gezeigt hat und das er ihr sicher erhalten wird, dadurch zu vergelten, daß sie in das Lager der Gegner tritt. Ich glaube vielmehr, die deutsche Landwirthschaft muß dem Herrn Reichskanzler dankbar sein, daß er nicht bloß einseitiger Interessen, nicht bloß der Theorien gedacht hat, sondern auch derjenigen lebenden Menschen, die zum Theil unter schweren Kümmernissen vom Ackerbau leben. — Ich bin also, und ich glaube, das auch von einer großen Anzahl meiner Freunde versichern zu können, geneigt, für industrielle Schutzzölle zu stimmen; aber, meine Herren, wir glauben allerdings beanspruchen zu dürfen, daß der Gegensatz zwischen landwirthschaftlichen und industriellen Zöllen, der unter allen Umständen groß bleiben wird, doch nicht allzu grell gemacht werde, daß namentlich in den Getreidezöllen der Landwirthschaft eine kleine Konzession gemacht wird. An eine Vertheuerung des Getreides glaube ich dabei keineswegs. — Vielleicht kann dieser Zoll aber die Wirkung haben, daß eine noch weitere Minderung der ohnehin gänzlich unrentablen Preise einigermaßen erschwert würde. Wir haben aber die Gleichstellung des Weizen- und Roggenzolles auch deshalb beantragt, weil es uns nicht gerechtfertigt erschien, daß der weniger günstig gestellte Roggenboden benachtheiligt werde gegenüber dem fruchtbaren Weizenboden, und wir halten die Erhöhung, die wir beantragen, endlich deshalb für nöthig, weil wir es wenigstens einigermaßen erschweren möchten, daß eine beliebige Eisenbahn durch Aenderungen des Tarifs den ganzen Zoll paralysirt. Meine Herren, es hätte uns ja sehr nahe gelegen, viel weiter zu gehen, und selbst sehr hoch erscheinende Forderungen würden kaum außer Verhältniß der Zölle gewesen sein, welche wir der Industrie theils bereits bewilligt haben, theils voraussichtlich noch bewilligen werden, und ich, meine Herren, speziell habe aus verschiedenen landwirthschaftlichen Kreisen dringende Veranlassung erhalten, weitere Forderungen zu stellen, ich habe dieselben aber zurückgewiesen, denn, meine Herren, ich bin kein Heißsporn, deren es auch in der Landwirthschaft gibt. Um so mehr glaube ich aber, daß Sie die mäßigen Forderungen, die wir gestellt haben, nicht zurückweisen werden. Meine Herren, die Landwirthschaft will keinen Krieg, keinen Zwiespalt mit der Industrie, sie weiß, daß ein friedliches Zusammenleben für beide Theile von hohem Werthe ist; aber ich bitte Sie, meine Herren Vertreter der Industrie, reichen auch Sie uns die Hand zum Frieden, werden Sie wenigstens einigermaßen der Landwirthschaft gerecht, stimmen Sie für die geringen Zölle, die wir Ihnen vorgeschlagen haben, treiben Sie uns nicht gewaltsam in das Lager der Gegner. — Und nun, meine Herren, zum Schluß noch eine kurze Bemerkung an die Herren Freihändler. Meine Herren, die Energie, mit der Sie Ihre Anschauungen vertreten, ist ja der beste Beweis dafür, wie sehr Sie von der Richtigkeit derselben überzeugt sind; aber wenn nun doch gegenwärtig die Majorität gegen Sie ist, wollen Sie nun durch Verweigerung der landwirthschaftlichen Zölle, speziell durch Ablehnung des Antrags, den der Abgeordnete von Mirbach und ich gestellt haben, den Zwitterzustand herstellen helfen, daß der eine Theil der Bevölkerung unter dem Schutzzoll steht, und der andere unter dem Freihandel leben würde? Meine Herren, ich fürchte, es würden sich dadurch Uebelstände herausbilden, viel schlimmer, als die Nachtheile, die man auf der einen Seite vom Schutzzoll und auf der andern vom Freihandel befürchtet. Ich bitte Sie, meine Herren, bewahren Sie das deutsche Volk vor diesen Zuständen, bleiben Sie auch hier Ihrer patriotischen Gesinnung treu, da Ihnen doch das Wohl und Wehe der deutschen Landwirthschaft näher liegen muß, als die Interessen der Nordamerikaner und Russen. — Somit glaube ich mich an alle Theile des Hauses wenden zu können — mit der Bitte, stimmen Sie für die landwirthschaftlichen Zölle, stimmen Sie insbesondere für den Antrag, den der Abgeordnete von Mirbach und ich gestellt haben. Seien Sie eingebenk des gut deutschen, humanistischen Spruches: leben und leben lassen?

(Bravo!)

Vizepräsident Dr. **Lucius**: Der Herr Abgeordnete Dr. von Treitschke hat das Wort.

Abgeordneter Dr. **von Treitschke**: Wenn ich es unternehme, meine Bedenken gegen diese Position des Tarifs auszusprechen, so weise ich von vornherein zurück den Verdacht, als ob ich aus dieser wirthschaftlichen Frage politisches Kapital schlagen wollte, als ob ich irgend etwas gemein hätte mit den von den Herren Vorrednern geschilderten Bestrebungen, die wirthschaftlichen Besorgnisse, welche sich in einem Theil der städtischen Bevölkerung erhoben haben, zu benutzen zum Zwecke einer neuen Parteibildung.

Meine Herren, eine politische Partei, die nichts weiteres unter ihren Füßen hätte als eine stark übertriebene, vielleicht vorübergehende wirthschaftliche Verstimmung, eine solche Partei wäre auch sonst auf Sand gebaut. Mit solchen Bestrebungen will ich nichts gemein haben. Desgleichen, meine Herren, kann ich in den erregten leidenschaftlichen Ton, der so oft in diesen Debatten wiedergeklungen ist, nicht einstimmen; ich kann die starken Worte von der Pfeife des armen Mannes und von dem Brod des armen Mannes nicht wiederholen. Diese Weise, in Superlativen zu schwelgen, habe ich in dem Fortgang der Geschäfte für heilsam gehalten. Noch mehr, meine Herren von der Majorität, nehmen Sie aus dem Munde eines Mannes, der manches einzelne an der heutigen wirthschaftlichen Gesetzgebung nicht billigt, das offene Zugeständniß: ich kann nicht Theil nehmen an dem Pharisäerruf, es werde hier Interessenpolitik getrieben, es finde ein Marchandiren statt, und wie sonst die Ausdrücke lanten, die in der freihändlerischen Presse heute laut werden. Ich meine, meine Herren, es ist ein Vorzug der realistischen Politik des deutschen Reichs, daß sie uns ehrlicher gemacht hat, zuweilen allerdings bis zum Cynischen ehrlich. Wir sind so aufrichtig geworden einzugestehen, was in England und Frankreich bei solchen Debatten seit Jahren stets ausgespochen wird: ein Zolltarif ist der natürliche Boden, auf dem die Interessen der verschiedenen Kreise der Produktion sich verständigen, sich mit einander messen sollen. Wenn heute in Interessenfragen Interessenpolitik getrieben wird, so habe ich nicht den Muth, dagegen mit sittlicher Entrüstung zu eifern.

Sodann muß ich, meine Herren, noch eine entschuldigende Bemerkung vorausschicken. Der letzte Herr Redner hat mit einer so erhabenen Geringschätzung über den Werth der Wissenschaft in wirthschaftlichen Dingen gesprochen, und der gleiche Ton ist im Verlauf dieser Debatten so oft angeschlagen worden, daß ein Gelehrter, der sich unterfängt, seine bescheidene Meinung zu sagen, beinahe befangen wird, sobald er in diese Debatte eintritt. Ich gehöre auch zu denen, die nicht säen und nicht ernten und sich doch nicht ganz zu den Drohnen der bürgerlichen Gesellschaft rechnen.

Wenn ich mich unterstehe, hier meine Ansicht zu sagen, so tröstet mich eine historische Erinnerung, welche viele von Ihnen ganz vergessen zu haben scheinen. Der Interessent hat sein gutes Recht, in diesen schweren Geschäftsfragen ernsthaft mitzureden. Daß er der alleinige Sachverständige, der allein Unbefangene sei, können Sie nicht behaupten; denn blicken Sie zurück, meine Herren, auf den Gang der gesammten deutschen Handelspolitik seit jenem grundlegenden Gesetze von 1818 bis herab zu den letzten Zollanschlüssen nach 1866! Was finden Sie da? Jeder, aber auch jeder heilsame Fortschritt der preußischen Handelspolitik, den wir heute noch segnen, wir Nachlebenden, vollzog sich unter dem allgemeinen Jammergeschrei und Weheruf nahezu sämmtlicher Interessenten. Es waren immer einige Leute, die nicht säeten und nicht ernteten; es waren einige Geheimräthe Preußens und der Mittelstaaten, einige auch aus dem höchst anrüchigen Stande der Professoren,

(Heiterkeit)

wie z. B. der alte Rau: das waren die Männer, welche im ganzen weiter sahen, als der Durchschnitt der unmittelbar Betheiligten.

Heute nun, meine Herren, hat sich plötzlich dieses alte historische Verhältniß ganz geändert. Es geschieht zum ersten Male in der Geschichte unserer neuen Handelspolitik, daß ein Umschwung der Gesetzgebung sich vollzieht unter lebhafter Zustimmung der Interessenten. Der Herr Abgeordnete Berger sagte neulich, es hätten alle gerufen: Das ist ein wenig zu viel! Aber zugeben will ich, es haben viele gerufen und diese vielen mit einer Anstrengung ihrer Lunge,

(sehr richtig! Heiterkeit)

welche einer besseren Sache werth gewesen wäre. Es begibt sich also diesmal der außerordentliche Fall, daß ein Fortschritt oder ein Umschwung der Handelspolitik sich auf die Mehrzahl der Interessenten beruft. Angesichts unserer alten Erfahrungen wird es nun doch wohl erlaubt sein, einmal zu prüfen, ob denn alle diese Interessenten hier ihr dauerndes Interesse wirklich erkennen, richtiger erkennen als früher so oft? Ich werde dabei versuchen, mit der Bescheidenheit zu reden, die dem Theoretiker auf diesem Gebiete allerdings geziemt.

Da frage ich denn: wozu soll dieser Getreidezoll nützen? Die Motive reden die Sprache des Mädchens aus der Fremde,

(Heiterkeit)

versprechen einem Jeden Etwas, Jedem irgend eine schöne Gabe und führen u. A. an, daß dieser Zoll einen reichen finanziellen Ertrag für die Reichskasse bringen würde. Nun wohl, meine Herren, wäre das der Zweck, so wäre ich mit der Absicht durchaus einverstanden. Mir ist mehr und mehr im Verlaufe dieser Debatten klar geworden, daß unsere Reichskasse nicht nur unabhängig werden soll von den Einzelstaaten, sondern auch Ueberschüsse bringen soll. Diese auf jener (der linken) Seite des Hauses so viel gelästerte Ueberschußwirthschaft des Reichs halte ich für nothwendig, vor allem um des Reichsgedankens willen. Es muß dahin kommen, und wenn wir auch noch jahrelang dahin arbeiten sollten, — es muß dahin kommen, daß das Reich wie einst der Zollverein nicht mehr hilfesuchend und heischend, sondern fördernd und gebend den Einzelstaaten gegenübertritt. Das ist das gesunde, das normale Verhältniß. Das wird den Segen haben, daß die Abhängigkeit der Einzelstaaten vom Reiche sich verschärft,

(hört! hört!)

und daß sie gern und willig die Abhängigkeit ertragen. Wir werden dann häufiger als heute Geständnisse hören, wie wir sie neulich zu meiner freudigen Ueberraschung aus dem Munde des Herrn Bevollmächtigten für Sachsen vernommen haben, das Zugeständniß nämlich, daß das Wohl und Wehe des Reiches und der Einzelstaaten miteinander stehe und falle.

Aber, meine Herren, ich frage, wird denn dieser Getreidezoll als ein Finanzzoll irgend brauchbar sein? Das bedarf doch wohl kaum des Beweises, daß eine so unregelmäßig fließende Einnahmequelle, wie diese, sich kaum wieder denken läßt. Es liegt auf der platten Hand, daß je nach dem Ausfalle der Ernten der Ertrag von Jahr zu Jahr verschieden sein wird.

Nun haben sich die Motive freilich berufen auf die alte Mahl- und Schlachtsteuer. Sie sagen, es gebe die Empfindung durch das Land, die Aufhebung dieser Steuern sei ein Fehler gewesen. Ich, meine Herren, darf sagen: ich habe die Empfindung nicht nur, sondern ich habe dieses bestimmte Urtheil vor Jahren schon geäußert. Aber die Mahl- und Schlachtsteuer war eine Abgabe von dem gesammten inneren Konsum der großen Städte, brachte also einen stetigen, gleichmäßigen, langsam steigenden Ertrag, im Durchschnitt, war finanziell ebenso gut, als ein Getreidezoll an der Grenze wegen seiner Unberechenbarkeit finanziell zweifelhaften Werthes sein würde. Und sodann: die Mahl- und Schlachtsteuer war eine alte eingewohnte Steuer: Arbeitslöhne und Preise in den Städten hatten sich allmählich darnach eingerichtet, die Abwälzung der Last war nahezu vollzogen. Hier handelt es sich um eine neue Steuer, deren schwer berechenbare Wirkungen es eben erst zu untersuchen gilt.

Und nun frage ich weiter, meine Herren, soll dieser Getreidezoll als Kampfzoll dienen, wie ich so oft andeuten gehört habe? Auch hier wäre ich mit dem Zweck vollkommen einverstanden. Sei es uns lieb oder leid, wir können uns nicht darüber täuschen, nach der Handelspolitik der meisten unserer Nachbarstaaten werden wir in den nächsten Jahren einen sehr ungemüthlichen Zustand des nationalen Zollkampfes durchmachen müssen. Das ist der einzige Weg, um allmählich wieder zu jenen niedrigeren Zollsätzen zurück zu gelangen, die ich an sich für das Bessere und Wünschenswerthere halte. Ich werde darum selbst den verrufenen § 5 dieser Gesetzesvorlage annehmen, welcher der Regierung außerordentliche Vollmachten zum Zwecke des Zollkampfes gibt. Aber auch hier frage ich wieder: wird der Getreidezoll einem solchen Zwecke dienen? Wir haben damit in früherer Zeit in Preußen schlechte Erfahrungen gemacht und einen zum Zweck des Kampfes gegen Rußland aufgestellten Getreidezoll nicht lange halten können. Heute aber ist die Lage unserer östlichen Nachbarn in vieler Hinsicht weit vortheilhafter uns gegenüber geworden. Haben Sie nicht gelesen, meine Herren, von den Hafenbauten in Libau, von den ganz natürlichen Versuchen der russischen Regierung, mindesters einen Theil des Handels, der heute durch West- und Ostpreußen geht, abzuleiten allein auf ihr eigenes Gebiet? Das ist mir mehr als zweifelhaft, ob die Russen bei diesem Streite nicht obenauf bleiben. Denn unsere großen Seeplätze in West- und Ostpreußen danken den glänzenden Aufschwung ihres Handels in neuester Zeit zum Theil außerordentlichen Umständen, namentlich dem letzten orientalischen Kriege; sie haben es ohnedies schwer, wenn Rußland wieder in normale Verhältnisse zurückkommt, diesen Verkehr zu behalten. Zum Zwecke des Kampfes werden Sie diesen Zoll nicht brauchen können.

Nun komme ich zu dem eigentlichen von den meisten Anhängern des Tarifs besonders betonten Zwecke, dem Zwecke des Schutzes, welchen diese Abgabe erfüllen soll. Wäre dieser Zweck erreichbar, so würde ich allen theoretischen Bedenken zum Trotz keinen Augenblick mich besinnen, zuzustimmen, denn die Bedrängniß unseres Landbaues leugne ich nicht. Ich werde stimmen für die Viehzölle, d. h. die meisten ihrer Positionen, weil ich es für möglich halte, daß durch solche Zölle dem Landbau ein Nutzen bereitet wird. Dagegen dieser Getreidezoll — wie halten Sie es für denkbar, daß unser Landwirth durch eine Zollunterstützung in den Stand gesetzt werde, auch nur annähernd zu gleich günstigen Bedingungen zu produziren, wie sein ungarischer und russischer Nachbar? Das ist ein für allemal unmöglich; Sie können nicht erreichen, Sie werden auch nicht erreichen wollen, daß die Ausfuhr deutschen Getreides aufhört. Folglich werden wir immer große Massen Getreide einführen müssen. Unser Landbau wird immer wieder den schweren Konkurrenzkampf mit den günstiger gestellten Nachbarn aufnehmen müssen, und bei dem großen Vorsprung, den unsere östlichen Nachbarn hier haben, ist dieser Getreidezoll nur ein Tropfen auf einen heißen Stein. Herr von Mirbach und Herr Günther haben das ganz folgerecht herausgesagt, es ist allerdings ganz richtig, daß man, wenn man die Produktionsbedingungen für die Russen und für uns ungefähr gleichstellen will, den Zoll höher heraufsetzen muß. Aber das hat bei uns Deutschen sehr enge und nicht zu überschreitende Grenzen. Jene junkerhafte Anschauung von der Volkswirthschaft, wie sie Lord Castlereagh im Jahre 1817 im Parlament aussprach, als er mitten in der bittersten Hungersnoth des Landes ausrief: ich begreife nicht, wo die Noth ist, der Weizenpreis hat noch nie so hoch gestanden als heute!

(Heiterkeit.)

Diese naive Verwechselung des unmittelbaren Vortheils der großen Grundherren und des Wohls des Ganzen wäre heute selbst in dem hocharistokratischen England unmöglich, unter uns demokratischen Deutschen wäre eine solche Anschauung völlig undenkbar, Sie bringen kein deutsches Parlament zusammen, das die Getreidezölle hoch genug hinaufschraubt, um die Produktionsbedingungen für das russische und deutsche Landesgebiet auch nur annähernd gleichzustellen, und weil es so steht, meine Herren, scheint es mir richtiger, einen doch nicht zum Ziele führenden Versuch, der manche ernste Interessen verletzt, lieber ganz zu unterlassen.

Ich finde schlechterdings nur einen stichhaltigen Grund, meine Herren, für diese Tarifposition. Sie ist ein taktisches Mittel, um der Regierung die Mehrheit für die Annahme des Zolltarifs zu sichern. Ich table das nicht, ich halte es für ganz natürlich, daß der Landwirth, wenn er seine Industrieprodukte, die er braucht, theurer bezahlen soll, nun auch seine Waaren, die er verkauft, unter günstigeren Bedingungen absetzen will. Das ist kein häßlicher Handel, das ist nicht zu verwerfen. Die preußische Zollgesetzgebung von 1818 sprach es ja mit dürren Worten aus, wenn wir den Landwirth zwingen, die Industrieprodukte höher zu bezahlen, so müssen wir ihm eine Entschädigung in dem Getreidezoll geben. Der Grundsatz ist nicht falsch, ich frage nur, ob seine Anwendung heute etwas wirken wird. Nach meiner Kenntniß der Verhältnisse glaube ich, daß bei dieser Koalition die Agrarier es sind, welche den Kürzeren ziehen werden. Es werden wenige Jahre, meine Herren, in das Land gehen, und unter den großen Grundbesitzern unseres Nordens wird sich wieder eine Umstimmung der handelspolitischen Ansichten vollziehen.

So sehe ich nirgends bestimmte zweifellose Vortheile, dagegen ganz unzweideutige Nachtheile: eine schwere Beeinträchtigung unserer Ostseeprovinzen, über deren Handelsinteressen man doch nicht so souverän hinwegspringen kann, wie es hier häufig geschehen ist. Es ist doch nur soviel wahr, daß der Handel dann zurückzustehen hat, wenn seine Interessen mit wirklichen Interessen anderer Produktionszweige in Konflikt kommen. Dann soll der Handel in zweiter Reihe stehen, weil er leichtlebiger und beweglicher ist, in die veränderten Verhältnisse sich rascher finden kann. So steht es hier nicht. Sie wollen einen Getreidezoll auflegen, von dessen Wirksamkeit für die Landwirthschaft Sie selbst nicht vollkommen überzeugt sind. Die tüchtigsten Landwirthe sprechen diese Zweifel aus, und gleichwohl soll der Handel des Ostens leiden! Das ist keine billige Weise zu rechnen. Ich habe aus meinem wesentlich ackerbautreibenden Wahlbezirk nicht eine einzige Bitte um Getreidezölle bekommen; am Rhein, im größten Theile des Rheinlandes zum mindesten, denkt man hierin anders. So werden um eines sehr zweifelhaften Vortheils willen berechtigte Interessen jener Ostmarken verletzt, die ihre nationale Gesinnung hundertmal in schweren Tagen bewiesen haben, und deren Anschauungen man nicht als die Wünsche vaterlandsloser Krämer abfertigen darf. Wohl weiß ich, meine Herren, daß in dem Getreidehandel an der Weichsel sich manche böse Mißbräuche eingeschlichen haben. Aber, meine Herren, glauben Sie denn, daß die betrügerische Mischung verschiedener Getreidesorten verhindert werden könne durch Getreidezölle. Erschwert ein klein wenig, erschwert wohl! Doch auf den Börsenspekulanten, auf den Handel an der Getreidebörse kommt auch das Wort vom Kameel und dem Nadelöhr zur Anwendung. Es wäre in der That eine Kunst, solchen Spekulanten durch einen mäßigen Zoll ihr Handwerk zu legen. Und bilden diese schlechten Handelsusancen die Regel? Nein, die Mehrzahl jener Kaufleute betreibt ein ganz ehrenwerthes und gesundes Geschäft; wir dürfen darauf die störende Hand nicht legen ohne einen unzweifelhaften Vortheil auf der anderen Seite. Wir Deutschen haben, meine Herren, seit 300 Jahren mit den Polen in schwerem Kampfe um den Besitz dieser Mündungslande der Weichsel gerungen, wir haben den Sieg davongetragen in diesem Kampf. Sollen wir nun durch unsere eigene Gesetzgebung uns den großen wirthschaftlichen Vortheil, der in dem Besitz der Eingangsthore Polens liegt, selber verkümmern? Alle preußischen Regierungen haben bisher darnach gestrebt, den einzigen Vortheil, den diese schwerbedrängte östliche Provinz durch ihre geographische Lage hat, zum Besten des Landes zu benutzen.

Endlich frage ich, meine Herren, wollen Sie ganz unterschätzen jene Mißstimmung, die in der Bevölkerung eines großen Theiles der Städte durch die Furcht vor allgemeiner Vertheuerung entstanden ist? Ich halte diese Besorgniß für sehr übertrieben, obgleich das Ausland allein diese Zölle sicherlich nicht tragen wird, und hege für den Versuch, auf wirthschaftliche Verstimmung politische Parteien zu gründen, wie ich vorhin sagte, gar keine Theilnahme, ich lehne alle Gemeinschaft mit dergleichen Bestrebungen weit von mir ab; aber daß diese Mißstimmung stark vorhanden ist, scheint mir unleugbar. Der Gesetzgeber soll sich davor nicht fürchten, wenn wir nur die Ueberzeugung hätten, daß durch jene Zölle etwas segensreiches erreicht würde. Und es ist nicht bloß, meine Herren, die gebildete Bürgerschaft der großen Städte, welche durch die Kornzölle geschädigt zu werden fürchtet. Denken Sie, meine Herren, an die soziale Agitation unserer Tage. Wir sind streng gewesen gegen die sozialdemokratische Partei, wir mußten es sein, aber es wäre eine Verkehrtheit, wenn wir uns dem Verdacht aussetzten, als wenn wir kein Herz hätten für den kleinen Mann. Nun stehen heute die Preise des Getreides fast unnatürlich niedrig; in kurzer Zeit wird ein Steigen erfolgen. Die Massen müßten nicht die Massen sein, wenn sie nicht den alten Ruf: post hoc ergo propter hoc! wieder anstimmten und kurzerhand schlössen: Das ist die Folge der Getreidezölle! Das Reich verfolgt uns und vertheuert uns das Brod! So wird man reden, und ich halte es nicht für richtig, daß die Gesetzgebung den Störern des sozialen Friedens einen willkommenen Vorwand für ihre unheimlichen Bestrebungen gibt.

Ich habe keine Hoffnung, meine Herren, die Mehrheit des Hauses zu überzeugen. Der Pakt ist geschlossen; der junge Ehebund zwischen jenen zwei Dritteln des Hauses tritt soeben erst in seine Flitterwochen und wird während der nächsten Tage wohl ohne ernste häusliche Störungen fortbestehen. Nur um eins möchte ich Sie bitten, meine Herren, die Sie die Interessen des Landbaues vertreten, in Ihrem eigenen Interesse bitte ich Sie, überspannen Sie die Sehne nicht; um so schneller und stärker wird sie zurückschlagen! Je höher Sie die Getreibezölle ansetzen, um so sicherer wird sich eine sehr lebhafte und wohl berechtigte Gegenbewegung erheben. Noch einige schlechte Ernten, und die Suspension oder die Beseitigung der Zölle würde erfolgen.

Ich habe, wie gesagt, keine Hoffnung, Sie zu überzeugen, ich behalte mir vor, je nachdem die weitere Berathung sich entwickelt, mein Votum bei der letzten Abstimmung über den ganzen Gesetzentwurf abzugeben. Mir lag nur daran, vor dem Lande zu konstatiren, daß nicht bloß die eifrigen Gegner der heutigen Reichsregierung, nicht bloß die radikalen Freihändler, zu denen ich durchaus nie gehört habe, sondern auch manche aufrichtige Anhänger der gegenwärtigen Reichsregierung gegen diese Position des Tarifs als gegen einen Mißgriff ernste sachliche Bedenken hegen.

(Bravo!)

Vizepräsident Dr. **Lucius**: Es ist mir ein Antrag auf Vertagung der Sitzung überreicht von dem Herrn Abgeordneten Fürsten zu Hohenlohe-Langenburg. Ich bitte diejenigen Herren, welche den Vertagungsantrag unterstützen wollen, aufzustehen.

(Geschieht.)

Die Unterstützung reicht aus.

Ich bitte diejenigen Herren, aufzustehen beziehungsweise stehen zu bleiben, welche jetzt die Vertagung beschließen wollen.

(Geschieht.)

Das ist die Mehrheit; die Vertagung ist beschlossen.

Zu einer persönlichen Bemerkung hat das Wort, der Herr Abgeordnete von Ludwig.

Abgeordneter **von Ludwig**: Meine Herren, Herr von Sancken begann seine Rede damit, daß er behauptete, meine gestrigen Erörterungen seien keiner Erwiderung werth. Meine Herren, es ist das die bequemste Art, Dinge zurückzuweisen, die absolut nicht zu bekämpfen sind.

Im übrigen bemerke ich, daß er sich selbst den größten Nachtheil mit dieser Aeußerung zugefügt hat, denn meine Ansicht über die jüngsten Phasen der Landwirthschaft habe ich diesen Winter im Abgeordnetenhause an mehreren Tagen ausgesprochen,

(Glocke des Präsidenten)

und was ich da gesagt habe, hat Herr von Saucken wiederholt, ganz genau ebenso; nur kam er zu anderem Schluß. —

Vizepräsident Dr. **Lucius**: Wenn ich das Zeichen mit der Glocke gebe, dann muß der Herr Abgeordnete seine Bemerkungen unterbrechen. Außerdem habe ich zu konstatiren, daß der Name des Herrn von Ludwig von Herrn von Saucken durchaus nicht genannt worden ist, daß ich also keine Berechtigung zu einer persönlichen Bemerkung Herrn von Sancken gegenüber überhaupt in Frage stellen muß.

Zu einer persönlichen Bemerkung hat der Herr Abgeordnete von Ludwig das Wort.

Abgeordneter **von Ludwig**: Er hat meinen Namen nicht genannt, aber ich fordere das ganze Haus auf, welches die Rede gehört hat, zu bezeugen, daß kein anderer Mensch gemeint sein konnte wie ich.

Vizepräsident Dr. **Lucius**: Meine Herren, in Gemäßheit des Vorbehalts, welchen ich am Eingang der Sitzung machte, und welcher von dem Hause gebilligt wurde, am Schluß der Sitzung auf das Schreiben des Herrn Präsidenten von Forckenbeck zurückzukommen, liegt es mir zunächst ob, den verschiedenen Anregungen und Anfragen gegenüber, die während der Sitzung mir geäußert worden sind, zu konstatiren, daß jeder Versuch, den Herrn Abgeordneten von Forckenbeck zu einer Zurücknahme seiner heutigen Erklärung zu bewegen, fruchtlos sein würde, da die Rücksicht auf seine Gesundheit ihm unbedingt gebietet, bei seiner Erklärung zu beharren.

Ich glaube mich nun als stellvertretender Präsident verpflichtet, insbesondere in Rücksicht auch darauf, daß der erste Herr Vizepräsident zur Zeit gleichfalls durch Krankheit verhindert ist, seines Amts zu warten, schon heute den Vorschlag machen zu müssen, die Wahl des ersten Präsidenten auf die morgige Tagesordnung zu setzen und zwar als ersten Gegenstand, da ich sonst befürchte, daß im weiteren Verlauf der Verhandlungen durch irgend welche Zwischenfälle eine ernstliche Störung der Geschäfte eintreten könnte.

Ich schlage daher vor, die morgige Sitzung um 11 Uhr zu halten und als ersten Gegenstand auf die Tagesordnung zu setzen:

Wahl des ersten Präsidenten,

als zweiten Gegenstand:

Fortsetzung der heutigen Tagesordnung.

Gegen diese Vorschläge erhebt sich kein Widerspruch; die Tagesordnung steht fest. Es findet also mit der eben verkündeten Tagesordnung die nächste Sitzung morgen früh um 11 Uhr statt.

Ich schließe die Sitzung.

(Schluß der Sitzung 3 Uhr.)

Berichtigung

zum stenographischen Bericht der 46. Sitzung.

In dem stenographischen Bericht vom 16. Mai, über die 46. Sitzung ist auf pag. 1273 mein Name unter denjenigen Mitgliedern aufgeführt worden, welche mit „Nein“ gestimmt haben. Ich habe mit „Ja“ gestimmt; was ich zu berichtigen bitte.

Pfähler.

Druck und Verlag der Buchdruckerei der Nordd. Allgem. Zeitung. Pindter.
Berlin, Wilhelmstraße 32.

50. Sitzung

am Mittwoch den 21. Mai 1879.

Die Sitzung wird um 11 Uhr 20 Minuten durch den zweiten Vizepräsidenten Dr. Lucius eröffnet.

Vizepräsident Dr. **Lucius**: Die Sitzung ist eröffnet.

Das Protokoll der vorigen Sitzung liegt zur Einsicht aus.

In das Haus neu eingetreten und der 5. Abtheilung zugeloost ist der Herr Graf von Holstein.

Urlaub suchen nach: der Abgeordnete Dr. Rudolphi für fünf Tage, — der Abgeordnete Dr. Rückert (Meiningen) für weitere acht Tage zur Beiwohnung der Sitzung des Meininger Landtags, — der Abgeordnete Reinecke für den 23. und 24. d. Mts., — welche ich hiermit für genehmigt erkläre.

Für längere Zeit sucht Urlaub nach der Herr Abgeordnete Wiemer für vierzehn Tage wegen Krankheit in der Familie, — welches ich hiermit gleichfalls für genehmigt erkläre, falls kein Widerspruch erfolgt.

Entschuldigt für die heutige Sitzung sind der Herr Abgeordnete von Lüderitz und der Herr Abgeordnete Dr. Stephani wegen Unwohlseins.

Der Herr Abgeordnete Freiherr von Pfetten wünscht in Folge des wegen Krankheit in der Familie ihm ertheilten vierwöchentlichen Urlaubs aus der Wahlprüfungskommission und der Kommission zur Vorberathung des Gesetzentwurfs, betreffend das Faustpfandrecht für Pfandbriefe rc., auszuscheiden.

In die erstere Kommission ist derselbe von der 4. Abtheilung, in die letztere von der 3. Abtheilung gewählt worden. Ich ersuche die genannten Abtheilungen, die Ersatzwahlen vorzunehmen.

Außerdem ersuche ich die 5. Abtheilung, an Stelle des ausgeschiedenen Abgeordneten Schön ein Mitglied zur Rechnungskommission zu wählen.

Wir treten in die Tagesordnung ein.

Erster Gegenstand der Tagesordnung ist:

Wahl des ersten Präsidenten.

Ich glaube annehmen zu können, daß davon Abstand genommen werden kann, erst durch Namensaufruf die Beschlußfähigkeit des Hauses zu konstatiren, da wir nicht zweifelhaft sind, daß das Haus beschlußfähig ist. — Damit scheint das Haus einverstanden.

Ich bitte also, einen Namen auf den Zettel zu schreiben und denselben beim Namensaufruf in die Urne zu legen, welche hier auf dem Tische steht, und zugleich deutlich mit „hier" zu antworten.

Der Namensaufruf beginnt mit dem Buchstaben S.

Ich bitte die Herren Schriftführer, den Namensaufruf vorzunehmen.

(Der Namensaufruf und die Abgabe der Stimmzettel erfolgt.)

Das Skrutinium ist geschlossen.

Ich bitte die Herren Schriftführer, das Resultat zu ermitteln.

(Geschieht.)

Meine Herren, das Resultat der Abstimmung ist folgendes. An der Abstimmung haben theilgenommen 324 Abgeordnete. Es ist von diesen 324 Stimmzetteln einer als ungiltig erklärt worden, weil er auf ein Nichtmitglied des Hauses lautete;

(Heiterkeit)

weiße Zeitel sind abgegeben 119: also 120 ungiltige Stimmzettel zusammen. Es sind demnach 204 giltige Stimmzettel abgegeben worden; die absolute Majorität beträgt 103. Die Stimmzettel lauten:

auf den Abgeordneten von Seydewitz . . . 195 Stimmen,
„ „ „ Dr. Lucius . . . . 4 „
„ „ „ Grafen von Bethusy-Huc 1 „
„ „ „ Fritzsche . . . . . 1 „
„ „ „ von Benda . . . . . 1 „
„ „ „ Dollfus . . . . . 1 „
„ „ „ Richter (Hagen) . . 1 „

Der Herr Abgeordnete von Seydewitz ist also mit Majorität gewählt, und richte ich die Frage an ihn, ob er die auf ihn gefallene Wahl annimmt?

Abgeordneter **von Seydewitz**: Meine Herren, Ihre Wahl trifft mich, wie ich gestehen muß, unerwartet und unvorbereitet. Ich weiß, welche Schwierigkeiten mir das Amt, welches Sie mir übertragen wollen, auferlegt, Schwierigkeiten, die um so größer für mich sind, als diesen Platz vor mir ein Mann eingenommen hat, der durch ungewöhnlich hohe Befähigung unsere allseitige Anerkennung verdient und erworben hat.

(Lebhaftes Bravo.)

Meine Herren, ich nehme aber dennoch die Wahl an, weil ich mich für verpflichtet halte, in einem Augenblicke, wie der gegenwärtige, alle Kräfte, so schwach sie auch sein mögen, der Förderung des gemeinsamen Wohles unseres theuren Vaterlandes zu widmen, und ich bitte, meine Herren, daß Sie mich in diesem Streben und bei Leitung der Geschäfte, die mir infallen wird, unterstützen, und zwar unterstützen auf allen Seiten. Seien Sie überzeugt, meine Herren, ich werde Unparteilichkeit und Gerechtigkeit üben nach jeder Seite hin.

(Bravo!)

(Uebernimmt den Vorsitz.)

Meine Herren, wir gehen über zum zweiten Gegenstande der Tagesordnung:

Fortsetzung der zweiten Berathung des Zolltarifs (Nr. 132 der Drucksachen),

und zwar Nr. 9, **Getreide und andere Erzeugnisse des Landbaus**, a und b.

Ich eröffne die gestern vertagte Diskussion wiederum. Das Wort ertheile ich dem Herrn Abgeordneten Dr. Frege.

Abgeordneter Dr. **Frege**: Meine Herren, unter allen denjenigen Positionen, die uns im Zolltarif für unsere Berathungen vorliegen, ist wohl kaum eine so der Gegenstand lebhafter Kontroversen gewesen, wie die Frage über die Getreidezölle; es ist, meine Herren, mir bekannt, daß auf allen Seiten dieses hohen Hauses sich Freunde dieser Zölle sowie Gegner vertheilt finden. Es ist, meine Herren, diese Position für viele ein Stein des Anstoßes, für andere eine conditio sine qua non. Nun, meine Herren, dieser Umstand dient nur dazu, mich nur in der Ueberzeugung zu befestigen, daß wir dieser Frage nur dann zum Nutzen unseres Landes gegenüber treten und sie fördern können, wenn es uns gelingt, sie, wie überhaupt sämmtliche wirthschaftliche Fragen von dem Standpunkte aus, der uns ja mit so treffenden Worten von den Bundesregierungen bei Anfang unserer Berathung empfohlen worden ist, meine Herren, vom Standpunkte des praktischen Bedürfnisses aus zu lösen. Diesem praktischen Bedürfniß entsprach die freie wirthschaftliche Vereinigung des Reichstags. In derselben sind, wie Ihnen bekannt, verschiedene Gruppen dieses hohen Hauses vertreten. Dieselbe hat, wie wir wohl sagen dürfen, die erste Feuerprobe glänzend bestanden, und ich hoffe, daß sie im Interesse der Nation auch die zukünftige Feuerprobe so bestehen wird, daß die wirthschaftliche Basis, die uns da zusammengeführt hat, auch in Zukunft unverändert feststehen wird, und unseren Berathungen die Unparteilichkeit, die Objektivität verschaffen wird, die nothwendig ist, da es sich hier, meine Herren, um die Berathungen von Fragen handelt, die so recht eigentlich in das praktische Volksleben eingreifen, und die wir keineswegs — meine Herren, ich sage das sowohl meinen Freunden, sowie zu den Herren auf dieser Seite des Hauses — von meinem einseitigen Parteistandpunkte aus berathen dürfen.

Meine Herren, bei allen Zollpositionen ist es mir so erschienen, als wenn der Schwerpunkt in der Höhe des betreffenden Zolles gelegen hätte. Bei den Getreidezöllen, meine Herren, ist das nicht der Fall. Die Höhe des Zolles ist eine sehr minimale, was, wie ich mit Freuden konstatire, auch auf dieser Seite des Hauses offen eingestanden worden ist; von Schutzzoll kann bei dieser Position nicht die Rede sein. Wenn wir also diesen Zoll nicht als Schutzzoll bezeichnen, so sagt der geschulte Nationalökonom, bleibt uns nichts anderes übrig, als sie als Finanzzölle zu bezeichnen. Tertium non datur.

Meine Herren, gestatten Sie mir, daß ich Sie darauf aufmerksam mache, daß, wie in der Schöpfung, die uns Gott gegeben, und wie in den menschlichen Institutionen, so auch in dieser Frage des praktischen Lebens, daß es da Gebilde komplizirter Natur gibt, und, meine Herren, ein solches Gebilde komplizirter Natur sind die Getreidezölle. Meine Herren, es sind mit Recht vor langen Monaten, ehe die epochemachenden Briefe des Fürst-Reichskanzlers ganz Deutschland mit freudiger Bewegung erfüllten, ich sage, meine Herren, lange vorher sind diese Zölle Steuerausgleichszölle genannt worden. Sie sollen lediglich dazu dienen, die Steuerungerechtigkeit, die auf dem Grundbesitz, die auf dem Ackerbau, und ganz besonders, darauf möchte ich Sie aufmerksam machen, auf dem kleinen und mittleren Ackerbau lastet, auszugleichen.

Ich werde es mir, meine Herren, zur Pflicht machen, indem ich diese Frage mir hier erlaube näher zu beleuchten, die strengste Objektivität bei der Beantwortung einzuhalten. Meine Herren, wir müssen diese Frage jedes erwünschten und unerwünschten Zierats entkleiden, wir müssen uns nicht nach Meinungen richten, sondern nur nach Thatsachen; dann bin ich überzeugt, werden wir diese Frage lösen, und das hohe Haus wird von allen Seiten schließlich zu einer Lösung kommen, die dem Ganzen zum Wohle gereicht.

Gestatten Sie mir, da ich sagte, daß diese Zölle eine Steuerausgleichung sein sollen, mit einem Worte nur auf die Steuerverhältnisse des Grundbesitzes zu kommen. Es ist mir wohlbekannt, daß diese Frage schon so vielseitig erörtert worden ist und im strengen Sinne des Wortes nicht zu der Frage der Getreidezölle gehört, daß ich mich mit ganz kurzen Andeutungen begnügen werde. Meine Herren, wir haben in meiner engeren Heimath seit einer Reihe von Jahren, um die notorische Ueberlastung des Grundbesitzes zu erleichtern, um also dem Grundbesitz aufzuhelfen, ein Einkommensteuergesetz gemacht, was, ich darf es mit Freude und Genugthung sagen, als eins der besten der in Deutschland bestehenden Gesetze allseitig erkannt ist. Meine Herren, trotz dieses trefflichen Gesetzes sind mir aus der praktischen Handhabung dieses Gesetzes viele Fälle bekannt, in denen gerade der kleine und mittlere Grundbesitz durch das Gesetz auf ganz außerordentliche Weise hart getroffen wird. Es liegt das darin, meine Herren, daß das Einkommen des kleinen und mittleren Grundbesitzes in den allermeisten Fällen sich nur durch Schätzung finden läßt, und, meine Herren, überall, wo Schätzung eintritt, tritt auch an uns, die wir die Pflicht haben, das fiskalische Interesse im Auge zu behalten, die Frage heran, wie kann man am besten schätzen. Bei dieser Schätzung ist in außerordentlicher Weise gerade der kleine Grundbesitz hart getroffen worden. Ich habe das nur angeführt, meine Herren, um zu beweisen, daß auf dem Gebiete der direkten Steuern auch die Verbesserung, die man im Sinne des Grundbesitzes unternommen hat, immer nur eine sehr theilweise sein kann, und daß es ganz gewiß aus der ganzen vollen Zustimmung des Volkes herausgegangen ist, daß die verbündeten Regierungen das Gebiet der indirekten Steuer als dasjenige gekennzeichnet haben, auf welchem in Zukunft operirt werden muß, um zu einer möglichsten Gerechtigkeit in Steuersachen, um zu einer Ausgleichung zu gelangen. Ich erinnere nur daran, daß gerade Deutschland, was in anderen Fragen Gott sei Dank vor seinen Nachbarstaaten sich nicht zu scheuen braucht, auf dem Gebiete der indirekten Steuer hinter sämmtlichen Nachbarstaaten zurückgeblieben ist. Ich will Ihnen nicht Zahlen nennen, aber ich sage, es ist das einzige Gebiet, auf dem man überhaupt zu einer besseren Besteuerung kommen kann, das ist das Gebiet der indirekten Besteuerung und ich bezweifle, meine Herren, daß die Behauptung richtig ist, daß bei dieser Besteuerung gerade der kleine Grundbesitz, der unfundirte Besitz, härter getroffen ist. Meine Herren, gerade der ärmere, der kleine Grundbesitz, für dessen Wohl wir besonders einzutreten haben, mögen wir sonst denken wie wir wollen, ihm ist es möglich auf dem Wege der indirekten Besteuerung sich der Steuer zu entziehen, indem er einfach den Konsum, der ihm nicht unbedingt nothwendig erscheint, einschränkt. Meine Herren, ich betrachte es allerdings nicht als ein Unglück, wenn der Mann ein paar Seidel Bier weniger trinkt, oder weniger Zigarren raucht. Ich glaube, das ist viel leichter zu ertragen, als wenn der Einkommensteuerzettel ins Haus geschickt wird, und wenn wir sehen, daß bei der größten Sparsamkeit der Verwaltung des Staates diese Steuer von Jahr zu Jahr steigt, und der Mann vor die Alternative gestellt wird, 20 oder 30 Mark zu zahlen, oder der Exekutor kommt. Nun, meine Herren, ich habe mir nur erlaubt, darauf einzugehen, um zu sagen, daß dieser Steuerausgleichungszoll, um den es sich hier handelt, dazu dienen soll, eine gerechte Besteuerung, insbesondere eine Erleichterung der armen Klassen herbeizuführen. Wenn wir davon auf die Gründe, die hauptsächlich gegen diese Besteuerung angeführt sind, näher eingehen, meine Herren, so scheint mir aus allen den Mittheilungen, die mir geworden sind und die ich mir zu verschaffen gesucht habe, als Basis der Angriffe hervorzugehen, daß Deutschland nicht mehr im Stande ist, sich zu ernähren. Meine Herren, wenn das der Fall wäre, dann allerdings gebe ich Ihnen recht, dann hätten wir doppelte Vorsicht anzuwenden, dann müßten wir mit doppeltem Ernste, und doppelter Besorgniß an diese Zölle herantreten. Aber meine Herren, ich bin der festen Ueberzeugung und mit mir eine große Anzahl der Mitglieder aus all den verschiedenen Parteien des Hauses, daß dieser Zeitpunkt keineswegs noch eingetreten ist, daß wir uns aber allerdings in einer Krisis befinden, daß diese Krisis aber noch gehoben werden kann, wenn wir rechtzeitig dagegen einschreiten. Aus den Zahlen, meine Herren, die von dem Verein für Handelsfreiheit veröffentlicht worden sind, um die Nothwendigkeit der Mehreinfuhr in Deutschland nachzuweisen, ist das Endresultat, daß wir plötzlich zu einem Mehrbedarf von ungefähr 27 Millionen Zentner Getreide kommen werden.

Gestatten Sie mir, daß ich auf Grund dieser selben Zahlen Ihnen eine kleine Berechnung vorlege, die nicht von mir herrührt, sondern von sachverständiger Seite, die ich aber als durchweg unparteiisch bezeichnen muß und die, was ich zu bemerken bitte, von jemandem herrührt, der sich selbst als einen Anhänger des Freihandelssystems bekannt hat (Dr. Franz). Aus diesen Zahlen, wenn man sie übersichtlich nach Fruchtarten und 5jährigen Zeiträumen zusammenstellt, ergibt sich, daß wir in den Jahren 38 bis 42, wo diese Berechnung anfängt, $7\frac{1}{2}$ Millionen, in der nächsten 5jährigen Periode 2 Millionen, in der nächsten 5 jährigen $7\frac{1}{2}$ Millionen, in der vierten $5\frac{1}{2}$ Millionen, in der fünften $1\frac{1}{2}$ Millionen, in der sechsten $2\frac{1}{2}$ Millionen mehr ausgeführt haben.

Und nun, meine Herren, darauf möchte ich Sie ganz besonders aufmerksam machen, tritt plötzlich mit dem Jahre 1868 eine Mehreinfuhr ein, die in der ersten 5jährigen Periode 4 Millionen und in der letzten bis 1877 $27\frac{1}{3}$ Millionen beträgt.

Nun, meine Herren, nachdem ich Ihnen diese Zahlen genannt habe, werden Sie mir zugeben müssen, daß von einer allmählichen Zunahme des Imports und einer allmählichen Abnahme des Exports nicht die Rede sein kann. Es ist ein plötzlicher Uebergang, der uns da gegenüber tritt. Wie sollen wir uns ihn erklären? Ich glaube die Erklärung ganz leicht finden zu können, wenn wir sagen, daß von dem Augenblick an, wo das Getreide zollfrei in das Zollvereinsgebiet einging, auch die Statistik ganz wesentliche Lücken aufzuweisen hat. Die Unregelmäßigkeit in den Zahlen beweist uns, daß wir es hier nicht mit einem Irrthum von Tausenden von Zentnern, sondern von Millionen zu thun haben. Ich darf Ihnen als Gewähr dieser Ansicht die Autorität des Herrn Geheimrath Engel, Vorsteher des statistischen Amtes selbst anführen. Derselbe sagt in der Zeitschrift des Jahrgangs 1878 des statistischen Büreaus im III. und IV. Heft „Vorläufige Ergebnisse der im Jahre 1878 vorgenommenen Ermittelungen der landwirthschaftlichen Bodenbenutzung," wörtlich Folgendes:

> Freilich verwahrt sich das kaiserliche statistische Amt, wenn es die Zoll- und Ein- und Ausfuhrstatistik bearbeitet, entschieden dagegen, daß namentlich auf die Ausfuhrzahlen ein großes Gewicht gelegt werde, weil bei der gegenwärtigen Methode der Anschreibung nichtdeklarations- und zollpflichtiger Artikel weder eine Gewähr für vollständige, noch für richtige Anmeldungen und Anschreibungen gegeben sei. Es hält dafür, daß die wirkliche Ausfuhr die angeschriebene Waare bei weitem übersteigt.

Wenn ich zur Bekräftigung dieser Ansicht Ihnen nur anführe, z. B. unter dem Begriff Ostsee, Einfuhr, die aus der Ostsee datirt, daß es gar nicht möglich ist nachzuweisen, ob das Getreide nicht deutschen Ursprungs oder russischen oder amerikanischen Ursprungs ist, so meine ich doch, alle diese Thatsachen und besonders, meine Herren, diese einfache statistische Zusammenstellung der faktischen Verhältnisse führt uns mit Nothwendigkeit dahin, daß diese 27 Millionen Minderproduktion, die wir also nothwendig aus dem Auslande herbeiführen müssen, auf einem Irrthum beruht und ich bin der festen Ueberzeugung, daß seit der Herrschaft des laisser-faire-Prinzips seit 1868 die angebliche Mehreinfuhr nur durch die in progressiver Steigerung begriffene Unausführbarkeit der Ausfuhrstatistik erklärt werden kann.

Endlich aber, meine Herren, wenn ich wirklich zugeben wollte, daß Deutschland diese 27 Millionen mehr an Einfuhr brauchte, glauben Sie — und da gestatte ich mir, mich an die Herren Landwirthe auf allen Seiten dieses hohen Hauses zu richten — glauben Sie nicht, daß der deutsche Ackerbau noch im Stande wäre, 27 Millionen mehr zu produziren? Meine Herren, ich will hier gar nicht die Frage erörtern, ob es nicht möglich ist, daß wir eine bedeutend größere Arealziffer zur landwirthschaftlichen Benutzung nehmen könnten. Ich mache nur darauf aufmerksam, daß England, sogar Schottland ein Gebirgsland — Frankreich und Oesterreich natürlich in hohem Maße — bedeutend mehr Prozent Arealfläche zum Getreidebau verwendet haben bis heutigen Tages als Deutschland, und daß, wenn wir diese 27 Millionen durch eine Nutzbarmachung des Mehrareals erreichen wollten, wir noch lange nicht die Ziffer der von der Landwirthschaft benutzten Flächen dieser Staaten erreichen würden.

Aber endlich, meine Herren, auch wenn wir wirklich kein neues Areal mehr, ich möchte sagen unter den Pflug nehmen könnten, halten Sie die deutsche Landwirthschaft nicht für so lebensfähig, daß sie auf der Fläche, wo sie jetzt unter den ungünstigsten Konjunkturen 14 Zentner pro Hektar erbauen kann, 15 Zentner erbauen wird? Meine Herren, wenn das nicht unsere Hoffnung wäre für den deutschen Landbau, dann ständen wir schon in einer Krisis, die uns die allerernstesten und schwierigsten Verhältnisse vor Augen stellte. Aber ich habe die gute Hoffnung, meine Herren, zu der Landwirtschaft und insbesondere zu dem kleinen landwirthschaftlichen Betrieb zum Getreidebau des Bauern, daß derselbe, wenn ihm nur die Rentabilität seines Betriebs so weit gesichert ist, daß er die landesüblichen Zinsen aufbringen kann, die er haben muß, denn er ist ja nicht reich genug, um aus der eigenen Tasche sein Betriebskapital zur Dispositon zu haben — ich sage, daß er dann wohl im Stande sein wird, $\frac{1}{15}$ mehr auf derselben Fläche zu produziren, wie jetzt.

Nun, meine Herren, ist der zweite Haupteinwand unserer Gegner derjenige, daß der Eingangszoll von 50 Pfennigen nicht bloß diese 27 Millionen, die uns angeblich fehlen sollen, sondern den ganzen inländischen Konsum vertheuern soll, daß also die ganze im Lande erzeugte Menge vertheuert werden würde, und zwar um den Preis des Zolles. Meine Herren, ich darf Ihuen da nur eine einfache Gleichung anführen, die Sie überzeugen wird, daß diese Behauptung doch nicht mit Erfolg festzuhalten ist.

Die Selbstproduktion Deutschlands beläuft sich — meine Quellen sind sämmtlich aus freihändlerischen Organen — auf 379 Millionen, die Mehreinfuhr auf 27 Millionen, und diese beiden Zahlen verhalten sich, wenn Sie die einfache Gleichung machen, doch wie 50 Pfennige zu x. Da empfangen wir das Resultat, daß $3\frac{1}{2}$ Pfennige pro Zentner, also angebliche Vertheuerung eintreten soll. Nun, meine Herren, $3\frac{1}{2}$ Pfennige pro Zentner, ich glaube, das ist doch keine Summe, die irgendwie zu Befürchtungen Anlaß geben kann. Aber, meine Herren, ich gehe ganz ruhig noch einen Schritt weiter und sage, daß eine Vertheurung von den 27 Millionen nicht eine Vertheurung der 379 Millionen herbeiführen kann.

(Sehr richtig!)

Meine Herren, ich darf mir wohl erlauben, ein kleines Beispiel anzuführen. Denken Sie sich zwei aneinander liegende Kugeln, die eine 15 mal so groß als die andere; wenn ein Anstoß an die 15 mal kleinere erfolgt, wird dann die größere bewegt werden?

Nun komme ich zum dritten Punkt, der uns hauptsächlich immer von unseren Gegnern entgegengehalten wird. Es ist der, daß der Handel nicht mehr bestehen könne. Meine Herren, es gibt ganz gewiß wenig Leute, die so wie ich voll und ganz die hohe Bedeutung und den hohen Segen eines entwickelten Handels anerkennen. Wenn ich aber dächte, meine Herren, daß der deutsche Getreidehandel auf so unsicheren Füßen stände, daß ihn dieser minimale Zoll in seiner gesunden Entwickelung erschüttern sollte, dann, meine Herren, muß ich sagen, hätte ich einen traurigen Begriff von dem deutschen Getreidehandel. Gestatten Sie nur außerdem Ihnen anzuführen, daß dieser Handel sich in den letzten 30 Jahren um das Fünffache seines Umsatzes vergrößert hat. Wir hatten in den vierziger Jahren einen Umsatz von 14 Millionen Zentner und wir haben in den Jahren bis 1877 einen Umsatz von 71 Millionen Zentner, also das Fünffache, gehabt. Meine Herren, einen Handel, der sich so kräftig entwickelt hat, den halte ich allerdings für nicht im Stande, durch eine solche Maßregel wie diese Getreidezölle, irgendwie erschüttert zu werden.

Hierbei komme ich auf eine der wichtigsten Fragen der Zukunft. Ich brauche nur daran zu erinnern, daß die nordamerikanische Union, die wir doch ganz gewiß nicht in jeder Beziehung als volkswirthschaftlich ebenbürtig mit uns entwickelt ansehen können, es zuwege gebracht hat, die Produktion des Westens aus Kalifornien und Oregon auf Schienen- und Wasserwegen nach den östlichen Häfen zu führen und von da aus Europa zu überschwemmen. Nun, wenn es Amerika möglich gewesen ist, seine Rohprodukte durch den ganzen Kontinent zu führen, sollte es da nicht dem deutschen Fleiß, der deutschen Arbeit möglich sein, ein Rückgrat, ich glaube dieser Ausdruck ist schon gebraucht worden von einer maßgebenden Persönlichkeit, ein Rückgrat, sage ich, herzustellen, welches die Rohprodukte des Nordosten dem industriereichen Südwesten zu Nutze machen könnte. Ich bin der festen Ueberzeugung, wir werden dies in Zukunft erreichen, denn wir sind erst seit kurzem ein einheitliches Wirthschaftsgebiet. Es wird also die Aufgabe sein, die Produkte des Nordostens dem Südwesten nutzbar zu machen und umgekehrt auf alle mögliche Weise, sei es durch Kanäle, sei es durch Bahnen, und auch dadurch, daß der Seeverkehr in einer Weise modifizirt wird, daß das deutsche Produkt wieder auf deutschen Schiffen dem deutschen Westen zugeführt wird, und dann, bin ich überzeugt, werden die Regierungen Mittel und Wege finden, den Zoll zurückzuvergüten.

Meine Herren, ich komme hiermit auf das Gebiet der Rückvergütung. Ich stehe auf dem Standpunkt, daß ich vollständig zugebe, eine gewisse Beeinträchtigung wird die augenblickliche Entwicklung des Handels erleiden, aber die Beeinträchtigung wird hauptsächlich der Handel erleiden, der sich auf das Getreidemischen eingelassen hat, und der durch große Spekulationen glaubt seine Zwecke zu fördern. Und allerdings, ich muß mich hier offen als Gegner jeder Spekulation, die dazu beitragen kann, nothwendige Lebensbedürfnisse zu vertheuern, erklären. Ich bin auch der festen Ueberzeugung, daß unser Handelsstand in der Hauptsache keineswegs diesen Spekulationen beistimmt, er ist aber bei der jetzigen Sachlage nicht im Stande, sich dieser Spekulation zu erwehren. Wenn wir das abschaffen, dann habe ich die feste Hoffnung, wir werden auch eine gesunde Handelsentwickelung haben können bei diesen Zöllen, wenn wir das System der Rückvergütung einführen, was ich auf das wärmste befürworte und wovon ich überzeugt bin, daß es in Zukunft sich praktisch gestalten wird. Ich möchte es ganz besonders im Interesse der Mühlenindustrie empfehlen. Es liegt eine Eingabe von einem Fabrikanten von Hamburg, aber im Zollvereinsgebiet, vor, die nachweist, wie nothwendig hier ein Vergütungssystem ist. Es ist mir auch aus meiner engeren Heimat bekannt, einen wie großen Werth die Mühlenindustrie darauf legt und ich glaube sicher, wir werden ihr das gewähren können ohne das fiskalische Interesse zu beeinträchtigen. Wenn Sie nur auf unseren Vorschlag eingehen, daß Sie Roggen und Weizen einen gleichen Zoll zukommen lassen, denn sonst allerdings wird es nicht möglich sein, weil Weizenmehl und Roggenmehl nicht zu unterscheiden ist. Deswegen muß der Zoll gleich sein, und das ist nicht einer der unwesentlichsten Gründe, der für diese unsere Ausgleichung in der Vorlage spricht.

Nun gestatten Sie mir noch mit einigen wenigen Worten auf die Frage einzugehen, die ja so recht eigentlich benutzt worden ist, um uns in der öffentlichen Meinung, ich will nicht sagen, zu verdächtigen, aber doch eine gewisse große Bangigkeit im konsumirenden Publikum vor uns einzuflößen. Es ist die Frage, daß die 50 Pfennige Getreidezoll das Brod des Konsumenten und insbesondere des armen Mannes vertheuern sollen. Meine Herren, glauben Sie nicht, daß einer von meinen Freunden diese Frage irgend wie leichtsinnig zu beantworten wagt. Ich kann Ihnen die Versicherung geben und ich bitte Sie, dieselbe anzunehmen, daß, wenn wir die Befürchtung hätten, daß das Brod irgendwie für den armen Mann wirklich vertheuert würde, so daß er von der Vertheuerung nur den geringsten Nachtheil bei seinem Haushalt fände, wir dann nie und nimmer einen solchen Zoll Ihnen empfehlen würden, aber glücklicherweise haben wir die Ueberzeugung und es theilen die Ueberzeugung ganz besonders auch Mitglieder dieser Seite des hohen Hauses (links), die der Praxis nahe stehen und die sich die Mühe gegeben haben, die Verhältnisse zu ergründen, daß dies durch diese Zölle nicht eintreten kann. Ich muß hier wieder ein Exempel anführen, daß, während ein Zentner Roggen wie jetzt 7 Mark kostet und 1/5 davon, wie Ihnen bekannt ist, als Kleie zurückgeht, der Preis also 5 Mark 50 Pfennig beträgt. Nun, meine Herren, aus 100 Pfund Roggen werden bekanntlich 100 bis 105 Pfund Brod gebacken — wegen des Wasserzusatzes — und diese kosten durchschnittlich in den Städten 10 Mark, es bleiben also dem Zwischenhändler, dem Müller, dem Bäcker 4,50 Mark an einem Zentner deutschen Roggens übrig. Nun, meine Herren, gestatten Sie, daß ich gleich hinzufüge, daß ich keineswegs zu denjenigen gehöre, die dem Bäcker nicht einen völlig ausreichenden Verdienst gönnen; ich glaube, daß die Leute sogar nicht einmal den Verdienst haben, wie sie ihn haben sollten.

(hört!)

Aber worin liegt das? Es liegt einfach in der krankhaften Ausbildung des Zwischenhandels,

(sehr richtig! rechts)

daß in den Verdienst sich nicht zwei, drei Leute, sondern zehn theilen, und ich verwahre mich ausdrücklich dagegen, als ob wir dem Bäcker einen loyalen Verdienst nicht gönnten, wir sagen nur, die Leute können überhaupt nichts verdienen, denn sie bekommen die Waare schon so vertheuert, daß sie schlechterdings sogar oft mit Verlust arbeiten müssen. Ich kann dafür das anführen, daß eine der größten Dampfbäckereien mir gegenüber sich offen dahin ausgesprochen hat, daß eine Vertheuerung des Zentners Getreide unter 2 Mark absolut keinen Einfluß auf ihre Preise hat, die sie im großen feststellt. Ich bitte zu beachten, meine Herren, diese Thatsache entspricht vollkommen der Mittheilung in den Motiven der Regierungsvorlage, die leider eine so abfällige Beurtheilung gefunden haben, ich bitte Sie doch diese Thatsache zu registriren und es gibt viele Fälle, die noch flagranter dafür sprechen. Die normalen Lebensmittelpreise, so weit sie die Verbrauchskraft des Landmanns erhöhen, sie bedeuten die Tendenz, nivellirend zwischen arm und reich einzutreten. Es gibt keine Formel für die Preisbildung und der kundige Kaufmann lacht überhaupt über diesen Zoll und die dadurch mögliche Vertheurung; er sagt mit Recht, die Konjunktur ist das maßgebende. Es gibt verschiedene Momente, die hier zusammenwirken, und ich bin überzeugt, mit mir auch die Majorität des Hauses, daß das Angebot des Getreides in Zukunft auch nach Einführung dieses Zolles noch so groß sein wird, daß die Nachfrage mehr wie gedeckt ist und daß also von einer Vertheuerung nicht die Rede sein kann.

Meine Herren, ich halte mich verpflichtet, jedes Wort, was ich hier sage, durch Zahlen zu beweisen, und da erlaube ich mir, Ihnen eine Enquete mitzutheilen, die in einer der größten Städte Deutschlands gemacht worden ist, von einer Seite her, die sich als durchaus unparteiisch dokumentirt hat.

(Ruf: Wo?)

Das Resultat dieser bei 25 Bäckereien erfolgten Enquete betrug eine Gewichtsdifferenz von $11\frac{1}{8}$ und eine Preisdifferenz von $13\frac{1}{4}$ Prozent. Es sind mir Aeußerungen auch von Mitgliedern dieser Seite des Hauses (links) zugegangen, wodurch der klare Beweis geführt wird, daß da, wo die Bäckereien unter einer gewissenhaften Kontrole stehen, die Preisdifferenz noch viel bedeutender ist, daß sie auf 15—18 Prozent gestiegen ist, und 10 Prozent ist der gewöhnliche Satz in den allermeisten großen Städten. Und wie stellt sich nun die Sache, wenn wir weiter gehen. In der That bestand bis zum Jahre 1847 in jener Stadt eine Brodtaxe, und wenn wir nach den Grundsätzen dieser Brodtaxe den Preis des Roggenschwarzbrods am ersten März des Jahres feststellen, so erhalten wir den Preis von 7 Pfennigen und dieselbe Quantität kostete in Wirklichkeit $10\frac{1}{2}$ Pfennige, es ist also eine Vertheurung von $51\frac{1}{2}$ Prozent eingetreten. Meine Herren, das ist eine einfache Thatsache, die ich Ihrer Erwägung anheimgebe.

(Ruf: Namen!)

— Gewiß, ich bin nachher sehr gern dazu bereit.

Nun kommt es darauf an, wie sollen die $51\frac{1}{2}$ Prozent erklärt werden? nur durch die Steigerung der Müllerlöhne und die höheren Spesen des Betriebs? Ich bin der festen Ueberzeugung, die Fortschritte im Müllergewerbe sind bedeutend höher als die Steigerung der Löhne seit der Zeit, wo die Brodtaxe aufgehoben ist. Auf dem Lande liefert der Bäcker heute noch für 100 Pfund Roggen 100 Pfund Brod und befindet sich wohl dabei. Ich bin also der festen Ueberzeugung, wenn wir erst die ungesunde Konkurrenz von den Leuten in den Städten fern halten, dann werden sie mit vollem Fug und Recht gut und solide bei ihrem Gewerbe bestehen können und es kann von einer Vertheuerung des Konsums durch diese Zölle absolut nicht die Rede sein. Es hat eben dieser Stadt, wo ich es genau berechnet habe,

(Rufe links: Wo? Wie heißt die Stadt?)

— Dresden — da hat bei 420 Pfund Brod pro Kopf der Bevölkerung die Aufhebung der Brottaxe der Stadt 2 339 596 Mark gekostet, nicht zu Gunsten der Allgemeinheit, nicht zu Gunsten der Bäcker, sondern zu Gunsten des Rattenschwanzes der Zwischenhändler, meine Herren, zu Ehren der freien Konkurrenz! Es könnten überhaupt nach anderweitigen mir von verschiedenen Seiten zugegangenen Berechnungen diese Zölle nur eine Vertheurung von 1,75 Mark jährlich pro Kopf betragen; einer Doktrin zu Liebe ist aber das Brod in dieser Zeit um 14,90 Mark theuerer geworden, — und da spricht man immer noch von billigem Brod, was man den Städten schaffen will! Ich habe allerdings die große Befürchtung, daß, wenn man von billigem Brod spricht, man billige Löhne meint.

Gestatten Sie mir nun noch, meine Herren, auf die finanzielle Seite dieser Zölle etwas näher einzugehen.

Es wird mir gewiß entgegnet werden — ich bin darauf vollständig gefaßt —, daß, wenn ich die Behauptung aufstelle, daß wir diesen Mehrimport nicht brauchen zur Ernährung des Volks, auch das finanzielle Ergebniß in Frage gestellt wird. Ich bin der festen Ueberzeugung, daß der Import immer fortgehen wird, weil auch unser Export nach den Zöllen wenigstens nicht wesentlich verändert werden wird, und, meine Herren, es wird für den russischen Bauer und den amerikanischen Farmer absolut unmöglich sein, den deutschen Markt zu entbehren. Meine Herren, die Eisenbahnen sind gebaut! Es ist die Befürchtung ausgesprochen, die russischen Häfen würden den Getreidehandel an sich reißen. Die Eisenbahnen münden aber bekanntlich auf die deutschen Bahnen, der Hauptverdienst der russischen Bahnen besteht in dem Vertriebe von diesen Rohprodukten Rußlands. Glauben Sie, daß der russische Staat seine Bahnen veröden lassen wird, nur um den Getreidehandel auf künstliche Abwege zu leiten? Ich kann Ihnen die Versicherung geben, daß die Produktionskosten des Getreides in Rußland von verschiedenen sachverständigen Seiten auf 3 bis 4 Mark pro Zentner festgestellt worden sind; dazu kommen die außerordentlich günstigen Frachtbedingungen, so daß das Getreide für einen wahren Minimalpreis bis in das Herz Deutschlands gefahren werden kann und von einer Aenderung dieser Verhältnisse absolut nicht die Rede sein wird.

Ganz etwas anderes ist die Befürchtung, die ich habe, daß der deutsche Export leiden wird und leiden kann dadurch, daß ihm der englische Markt von Amerika genommen werden wird. Ich sage Ihnen ganz offen, meine Herren, daß ich deswegen nicht die Ansicht theilen kann, als wenn wir vor allem versuchen müssen, uns den englischen Markt zu erhalten; ich bin überzeugt, er wird uns genommen werden trotz dieser Zölle, mit diesen Zöllen und ohne diese Zölle.

Nun, meine Herren, hat mein verehrter Gesinnungsgenosse, Herr von Maltzahn, neulich geäußert, es liege so, daß ihm Schweden und England näher stehe als die deutschen Binnenplätze. Ich muß gestehen, von meinem bescheidenen Standpunkt aus würde ich nicht wagen, in dem hohen Hause die Aeußerung zu thun, daß uns etwa Eger und Prag näher lägen als Norddeutschland. Ich glaube, bei der größten Beachtung und größten Sympathie für alle speziellen Lokalabsatzgebiete, doch, daß wir daran denken müssen, daß wir ein Wirthschaftsgebiet geworden sind, und daß wir da auch kleine Schäden in den Kauf nehmen müssen, weil wir wissen, daß derjenige, dem wir einen Verdienst damit zuweisen, auch mit uns eintritt, wenn das Vaterland in Gefahr ist.

Es ist ja keine Frage, daß die große Gegnerschaft der Getreidezölle sich dadurch erklären läßt, daß Deutschland bis vor einer Reihe von Jahren in zwei wirhschaftliche Gebiete gespalten war; wir hatten einen Rohprodukte, wie man zu sagen pflegt, produzirenden Nordosten und einen Industrieprodukte produzirenden Südwesten. Nachdem wir aber mit Gottes Hilfe ein einiges Deutschland auf föderativer Basis geworden sind, sind wir auch verpflichtet, den Austausch vor allem unter uns selbst erst zu Werke zu bringen, und ich kann deswegen es nur mit Freuden begrüßen, daß die Industriellen eingesehen haben, daß ihr Interesse viel weniger darin liegt, den Export zu fördern, als den inländischen Markt zu erhalten, und daß es gerade im Interesse des Getreide produzirenden Nordostens ist, den inländischen Markt dem deutschen Getreide zu erhalten.

Gestatten Sie nun, daß ich auf die Gründe, die für diese Zölle, wie mir scheint, in ganz entscheidender Weise sprechen, mit wenigen Worten eingehe. Es wird bei Beantwortung dieser Frage absolut die veränderte Situation auf dem internationalen Getreidemarkt vergessen. Diese Veränderung ist erst seit einer kurzen Spanne Zeit eingetreten, und es ist deswegen keineswegs ein Vorwurf, den ich denjenigen Landwirthen mache, die sich früher zum Freihandelsprinzip bekannt haben. So lange Deutschland ein exportirendes Land war, so lange war der Landwirth auch berechtigt, Freihändler zu sein, seitdem das aber nicht mehr ist, wird es ihm jeden Tag klarer, daß man zu einem maßvollen Schutzzollsystem zurückkehren müsse.

Meine Herren, vor allem begrüße ich den Gedanken mit Freude, der jetzt in Deutschland allseitig getheilt wird, daß es in dieser Frage keine getrennten Interessen zwischen Landwirthschaft und Industrie gibt. Meine Herren, die Solidarität dieser Interessen wird, hoffe ich, diese Berathungen überdauern, und wir werden auch ganz gewiß die Freude haben, es zu erleben, daß dieser in allen anderen Kultur staaten schon längst erkannte Grundsatz bei uns allgemein anerkannt wird.

Darf ich Ihnen noch an der Hand der Produktion Amerikas, die mir aus freihändlerischen Blättern bekannt geworden, und aus der Produktion Rußlands, die sich verdreifacht hat, — die amerikanische Produktion ist in größerem Prozentsatz gestiegen — darf ich an der Hand dieser Zahlen Ihnen sagen, daß ich allerdings die ernsteste Befürchtung habe, daß, wenn wir nicht andere Maßregeln zum Schutz des deutschen Landbaus ergreifen, wir gerade so vor einer landwirthschaftlichen Krisis stehen, wie wir seit einer Reihe von Jahren in einer Industriekrisis gestanden haben. Diejenigen, die gesagt haben: es wird bald besser werden — ich will keine Namen nennen, es wird Ihnen bekannt sein, wer es hervorgehoben hat — deren freundliche Ermunterung hat sich leider nicht bestätigt, und wenn viele der Landwirthschaft zugerufen haben, es wird besser werden, — wenn sie sich nicht auf Thatsachen stützen, so kann ich das nicht zugeben, denn ich glaube, daß wir im Interesse der gesammten Nation, keineswegs bloß dieses Berufs, der ja bald die Hälfte Deutschlands beschäftigt, uns sagen müssen: dieser Krisis müssen wir suchen mit allen Mitteln abzuhelfen. Meine Herren, es steht uns eine Aera des Sinkens des Weltgetreidepreises bevor.

Ich weiß nun sehr wohl, daß viele meiner Freunde ein Hauptremedium gegenüber dieser Krisis in der Aufhebung der Differentialtarife erblicken. Ich stimme dem Grundsatz vollständig bei, daß auf deutschen Bahnen deutsche Produkte unter denselben günstigen Bedingungen befördert werden müssen, wie ausländische.

(Sehr richtig! rechts.)

Aber, meine Herren, ich verkenne keinen Augenblick, daß die Durchführung dieses durchweg richtigen Grundsatzes große Schwierigkeiten hat. Ja, ich gehe noch weiter, ich sage: welcher Prozentsatz der Landwirthe hat denn schließlich einen wirklich in Ziffern nachweisbaren Vortheil davon. Meine Herren, der Kleinbesitz und der mittlere landwirthschaftliche Grundbesitz, die transportiren sehr wenig auf den Bahnen, und die erhalten auch sehr wenig von den Bahnen, und für die ist auch die Frage der Differentialtarife in Folge dessen nicht eine so wesentliche, wie für den größeren Grundbesitz, und, meine Herren, ich glaube ganz besonders, daß wir die Frage nur von dem Standpunkt aus beurtheilen müssen, daß die deutschen Bahnen, die mit deutschem Gelde, sei es vom Staat, sei es von Privaten, gebaut sind, eine landesübliche Verzinsung haben müssen, denn wenn die Bahnen unter diese herabsinken, so muß den Steuerzahlern auf der einen Seite das genommen werden, was ihnen auf der anderen Seite vergütet wird. Ich bin also weit entfernt, irgendwie die Prinzipien, die die Eisenbahnen vor einiger Zeit eingeführt haben, daß sie auf Kosten der Gesammtheit sich hohe Dividenden erworben haben, zu billigen, ich glaube aber, wir müssen uns ebenso vor den anderen Extremen hüten, daß wir die Bahnen zwingen, zu so billigen Preisen zu transportiren, daß sie große Zuschüsse haben müssen. Ich bin der Meinung, daß derjenige, der die Bahnen benutzt, soviel dazu beitragen soll, wie die Produktionskosten des Transportes betragen. Ich glaube deshalb, wir dürfen uns nicht zuviel von der Aufhebung der Differentialtarife versprechen, und dieser maßvoll niedrige Zoll wird uns zu allererst helfen, in dieser Frage einen Schritt vorwärts zu kommen.

Nun, meine Herren, ist von vielen Seiten schon die Frage der Produktionskosten in Erwägung gezogen worden. Ganz besonders hat uns gestern der Herr Abgeordnete von Saucken vorgeworfen, wir wollten die Produktionskosten des Landwirths vertheuern. Er hat dann Bezug genommen auf eine Berechnung, die vor einem halben Jahre, wenn ich nicht irre, in der Fachpresse veröffentlicht worden ist, wo der Produktionspreis des Zentners Getreides in Mitteldeutschland nach genauer Buchführung an vier ganz verschiedenen Wirthschaften in der Provinz Sachsen, im Königreich Sachsen, in Schlesien und Hessen geschätzt und auf 8—9 Mark berechnet worden war. Ich bin keineswegs ein Freund von dem absoluten Glauben an solche Zahlen, aber ein größerer Fehler ist dabei nicht untergelaufen, und es kann sich höchstens um niedrige Prozentsätze handeln, über die eine Meinungsverschiedenheit berechtigt ist. Meine Herren, der Produktionspreis in Rußland und Amerika ist demnach so viel niedriger, daß die deutsche Produktion einfach den Betrieb einstellen sollte. Da komme ich aber auf den Hauptpunkt: ist denn die Landwirthschaft im Stande ihren Betrieb einzustellen, wenn er nicht mehr rentabel ist? Jeder Geschäftsmann wird von dem Augenblick an, wo er mit Unterbilanz arbeitet, sein Geschäft einschränken oder liquidiren, und jedermann wird sagen, daß das richtig und korrekt ist, aber der Landwirth kann es nicht, dessen Betrieb ist überhaupt ein solcher, daß da Sistirungen gar nicht denkbar sind, wir müßten denn dahin kommen, das Land wüst liegen zu lassen, dann müßte er aber immer Steuern zahlen, und dazu ist er nicht im Stande, und es würden Verluste entstehen, die nicht abzusehen sind. Das ist ist das Charakteristische des landwirthschaftlichen Betriebes, das man mit Recht sonst als ein Gewerbe bezeichnet, daß er unter ganz anderen Bedingungen produzirt, als der Gewerbtreibende, und dieses ethische Prinzip, welches dem kleinen wie dem großen Landmann die Verpflichtung auflegt, im Schweiße seines Angesichts den Acker zu bearbeiten zum Wohle des ganzen, dieses Prinzip können Sie nicht wegschaffen durch keine Theorie von Angebot und Nachfrage.

(Sehr gut!)

Nun, meine Herren, ist endlich weiter gesagt worden, das ist ganz richtig, aber er kann auf einen anderen Betrieb übergehen, er braucht nicht den Getreidebau zu betreiben, er kann zum Handelsgewächsbau oder zur Viehzucht übergehen. Ich wende mich lediglich wieder an die Herren, die diesen Fragen praktisch näher getreten sind: wie ist denn das bei dem kleinen Besitzer, der Ackerbau treibt, möglich? Der Vortheil, den er von dem Umsatze der Viehprodukte hat, wird in den meisten Fällen ein Minimum sein, und zum Handelsgewächsbau gehören Arbeitskräfte, die der Landwirtschaft absolut nicht zu Gebote stehen. Also ich glaube, der Getreidebau wird immer die Basis des reinen landwirthschaftlichen Betriebes sein. Ich möchte daran die Bemerkung knüpfen, daß es keineswegs begründet ist, zu sagen, diese Frage des Getreidebaues interessire den Großgrundbesitz. Meine Herren, wenn der Großgrundbesitz seine Interessen einseitig wahren wollte, dann würde er auf ganz anderen Wegen dahin kommen, auf Wegen, die vielleicht viel populärer wären, und doch viel größere soziale Nachtheile nach sich ziehen können. Die Getreidezollfrage ist eine Frage, die den mittleren und kleinen landwirthschaftlichen Betrieb betrifft, mit dem deutschen Getreidebau steht und fällt der deutsche Bauer.

(Bravo! rechts.)

Endlich aber, meine Herren, gibt es ein Moment, was ganz besonders in dieser Frage noch lange nicht die Beachtung gefunden hat, die man ihr nothwendig angedeihen lassen muß. Meine Herren, es ist dies, daß durch diese minimalen Zölle dem Kleinbetrieb überhaupt der Absatz im Inlande wieder gesichert ist. Ich bin weit entfernt, an eine wesentliche Erhöhung des Preises zu denken, aber, meine Herren, es wird eine Leerung des inländischen Marktes von den angehäuften fremden, russischen und amerikanischen Produkten stattfinden. Meine Herren, der kleine Mann wird überhaupt in der Lage sein, wieder zu den offiziellen Marktpreisen seine Waaren loszuwerden. Das ist jetzt nicht der Fall. Gehen Sie ins Land, in die Bauerndörfer, fragen Sie, unter welchen Bedingungen der kleine Grundbesitzer, der keinen Kredit hat, zu welchen Preisen der seine mühselig eingebrachte Ernte an den Zwischenhändler verkaufen muß; das sind 15—20 Prozent unter den Preisen, wie sie auf den großen Börsenplätzen notirt werden. Diesem Schaden wird abgeholfen werden, es wird der Absatz wieder im Lande gesichert sein, und das ist ein Vortheil, den ich höher anschlage, als wenn wirklich eine Preiserhöhung, die volkswirthschaftlich auf die Dauer nicht haltbar wäre, jetzt eintreten sollte.

Endlich aber, meine Herren, wird durch diese Zölle vor allem eine genaue Statistik möglich sein. Ich stehe auf dem Standpunkt, daß ich der festen Ueberzeugung bin, heutzutage ist Deutschland noch im Stande, selbst soviel zu produziren, als es zur Ernährung des Volks braucht. Daß jetzt große Massen von Getreide verfüttert und zu technischen Zwecken verwendet worden sind, gebe ich zu, halte es aber nicht für absolut nothwendig. Wenn den Brennereien der Roggen nicht so billig zugeführt wird, so können sie zur Kartoffel übergehen. Uebrigens bin ich keinesfalls für Ausdehnung der Brennereibetriebe; er ist eine Nothwendigkeit für den armen Boden, aber wir wollen nicht wünschen, daß die Brennereibetriebe noch größere Dimensionen in Deutschland annehmen aus sozialen Gründen. Wenn aber eine genaue Statistik erst eingeführt sein wird, dann, bin ich überzeugt, werden wir sehen, wo uns der Schuh drückt, dann bin ich von dem hohen Hause überzeugt, daß es dann auch höheren Zöllen, die als Schutzzölle dann bezeichnet werden können, zustimmen wird, wenn es sich überzeugt hat, daß dadurch der inländische Konsum nicht gefährdet wird. Ich würde es für eine große Gefahr halten, jetzt höhere Zölle zu verlangen, ehe der Beweis vorliegt, daß dies wirklich ohne Schädigung des inländischen Marktes möglich ist. Aber, meine Herren, ich sage ebenso offen: mit diesen niedrigen Zöllen ist der Landwirthschaft keineswegs geholfen;

(sehr wahr! rechts; hört! links)

es ist nur ein Hemmschuh, der in den Wagen, welcher vom Berge herunterfährt, hineingeworfen wird, er geht nicht weiter; den Berg hinauf geht es noch lange nicht. Und ich glaube auch, wenn wir nur den Durchschnittspreis der letzten 15 Jahre erreichen werden, so ist schon etwas gewonnen; dann wird schon der Landmann, der mit zu denjenigen Menschen gehört, die am leichtesten mit wenig zufrieden sind, auch wieder die Freudigkeit und das Vertrauen zu seinem Beruf gewinnen, was ihm jetzt abhanden gekommen ist. Denken Sie doch an die Petitionen, die uns vorliegen! Ich theile nicht die Ansicht des Herrn Abgeordneten Berger über den Werth von Petitionen; ich glaube, meine Herren, wenn Petitionen so massenhaft aus allen Theilen des Landes zu uns kommen, dann sind wir als gewissenhafte Vertreter des Volks verpflichtet, sie ernsthaft zu prüfen, und bei der Prüfung habe ich mich überzeugt, daß die Forderungen aus dem tiefen Nothstand entsprungen sind. Meine Herren, es haben nicht Großgrundbesitzer an den Reichstag petitionirt, es sind, meine Herren, Bauernpetitionen zu Tausenden; meine Herren, wollen Sie sich diesem Nothschrei verschließen? Es ist mir bekannt, daß nach der Theorie, daß man nur produziren kann, was man billig auf den Weltmarkt bringt, daß man da, meine Herren, die bäuerliche Produktion überhaupt, ich will nicht sagen mit Geringschätzigkeit, aber mit Gleichgiltigkeit ansieht. Meine Herren, zu diesen Leuten gehöre ich nicht. Ich betrachte ein Bauerndorf, in dem 15 Bauern leben können und ihr zufriedenes Dasein fristen und sich ernähren von dem Ertrage ihrer Felder und noch so und so viele, die von ihnen abhängig sind, zufrieden stellen können und einen Arbeiterstand hinter sich haben, der sozusagen mit dem Hof zusammenhängt, meine Herren, das betrachte ich für bei weitem besser als ein Dorf, das vielleicht einem Besitzer gehört und von einem Verwalter vielleicht sehr intelligent bewirthschaftet wird mit fremden, mit angenommenen Leuten. Meine Herren, Gott gebe, daß die deutsche Landwirthschaft nie in einen solchen Zustand kommt, wenn dies die Großgrundbesitzer aus Eigennutz hervorrufen würden? — Meine Herren, ich gehöre den Großgrundbesitzern nicht an, ich kann also sehr unbefangen sprechen — für sie wäre es gar kein Unglück, wenn diesen Herren Gelegenheit zur Latifundienbildung gegeben wäre. Es wäre ja im Interesse dessen, der billig viel zu kaufen sucht, um sich recht schön zu arrondiren. Aber, meine Herren, ich weiß von dem deutschen Adel und vom Bauern, daß er dieses einseitige Interesse nicht hat und nie haben wird; er wird immer zufrieden sein, wenn er die Scholle, wie er sie von den Voreltern überkommen, und auf denen er bescheiden und sicher bestehen kann, sich erhält. Wir brauchen ja nur das Buch der Geschichte aufzuschlagen und wir werden finden, daß in allen denjenigen Staaten, die verfielen, der Anfang zum Ende der war, daß der ländliche Bauernstand vernichtet wurde. Meine Herren, warum ist Rom den „deutschen Barbaren" in die Hände gefallen? Weil es keinen selbstständigen Bauernstand mehr hatte, weil die Herren aus Rom das Land durch Sklaven bewirthschaften ließen.

Meine Herren, ich bin fest überzeugt, daß diese Zeiten noch viele Jahrhunderte von uns entfernt sind. Aber, meine Herren, die erste Etappe zu diesen Zeiten kann sehr bald eintreten, wenn die Verhältnisse nicht zur Zufriedenheit und Sicherheit des kleineren ländlichen Besitzes umgeschaffen werden.

Gestatten Sie nun, meine Herren, daß ich noch auf die Einwendungen des Herrn von Saucken mit wenigen Worten eingehe. Derselbe steht ja bekanntlich als Ostpreuße auf dem freihändlerischen Standpunkte. Ich habe nun diese Absicht zu respektiren, wenn ich sie auch nicht verstehe. Bei der jetzigen Sachlage aber, meine Herren, habe ich allerdings auch aus Ostpreußen oft gehört, daß man ganz und gar mit mir darin übereinstimmt, daß die Zustände so nicht zu halten sind und daß, wenn überhaupt der Export Deutschlands gefährdet ist, auch die schönste Verbindung mit der See diesen Provinzen nicht helfen wird. Meine Herren, ich bin der Ueberzeugung, die Vorlage der verbündeten Regierungen ist amtlich erwogen, und es liegt derselben fern, irgend berechtigte Provinzialinteressen zu schädigen, und die Regierung wird Mittel und Wege finden, um diesen exzeptionellen Verhältnissen in Ostpreußen Rechnung zu tragen dadurch, daß der Getreidehandel geschont wird und die Handelsverbindung gesichert bleibt.

Nun, meine Herren, muß ich noch mit einigen Worten auf die Ausführungen des Herrn Abgeordneten von Treitschke eingehen.

Zunächst konstatire ich mit großer Freude, daß er in finanzieller Beziehung mit mir vollständig übereinstimmt, daß er für nöthig erklärt, daß das Reich auf dem Wege der indirekten Besteuerung neue Mittel sich verschafft. Meine Herren, er hat dabei zu meiner besonderen Genugthuung die Erklärung des Vertreters der verbündeten Regierungen, des sächsischen Vertreters, erwähnt, und er hat sich mit derselben einverstanden erklärt. Der Standpunkt unserer Regierung ist, soviel ich weiß, in dreizehn Jahren nie verändert worden. Meine Herren, so muß sich also der Standpunkt des Herrn Abgeordneten von Treitschke geändert haben, und das begrüße ich mit großer Freude, denn früher hatte er nie ein Wort des Beifalls für die Stellung unserer Regierung.

Nun, meine Herren, endlich hat der Herr Abgeordnete von Treitschke ganz besonders gegen diese Zölle sich erklärt, und im Gegensatz dazu eher eingeräumt, daß er für Viehzölle und Zölle für landwirthschaftliche Produkte aus der Viehzucht sich erwärmen könnte. Meine Herren, der Herr Abgeordnete Lasker hat neulich gerade das Gegentheil gesprochen, und ich muß gestehen, ich halte das doch für einen großen Fortschritt, daß die Herren schon einzelnen Theilen zustimmen. Ich hoffe, die Herren werden, wenn sie sich die Sache überlegen, dazu kommen, am Ende auch das ganze zu akzeptiren. Was heute dem einen gut scheint, wird vielleicht morgen auch dem anderen gut scheinen.

Meine Herren, ferner ist ganz besonders die soziale Bedeutung der Frage von dem Herrn Abgeordneten von Treitschke hervorgehoben worden. Ich stehe auch auf dem Standpunkt, daß ich die soziale Seite der Frage keineswegs unterschätze. Aber, meine Herren, ich halte allerdings uns für verpflichtet, uns insbesondere der Tausende, der Millionen von landwirthschaftlichen Arbeitern anzunehmen, die durch die jetzigen Verhältnisse brodlos geworden sind. Meine Herren, gestatten Sie mir ein einfaches Beispiel hierfür anzuführen. In früheren Zeiten wurde die Ernte des kleinen und mittleren Grundbesitzes im Winter mit der Hand ausgedroschen, es fanden dabei drei, vier, fünf und noch mehr Leute ihre regelmäßige Winterbeschäftigung zu einer Zeit, wo sonst nichts mehr zu verdienen war. Jetzt ist es dahin gekommen und wird, wenn wir auf dieser Bahn weiter gehen, immer noch mehr dahin kommen, daß auch die kleinen Besitzer sich vereinigen, eine Dampfmaschine holen und dann wird das Getreide unmittelbar nach der Ernte auf dem Felde ausgedroschen. Meine Herren, das betrachte ich nicht als einen erfreulichen Fortschritt für den kleineren und mittleren Grundbesitz. Ich glaube, daß wir daran festhalten müssen, daß man die Ernte im Laufe des Jahres von den stehenden Arbeitern durch Handarbeit ausdrischt. Jetzt ist es so, daß im Winter in vielen Dörfern absolut keine Handarbeit mehr gegeben wird. Ich glaube, das ist doch wohl ein Moment, was uns zu ernstem Denken führen muß, denn wenn wir den landwirthschaftlichen Arbeiter brodlos machen, so muß er nothgedrungen anderswo zu arbeiten suchen in den Städten, und da findet er seit Jahren auch keine Beschäftigung. Dann tritt eben diese ungesunde Zentralisation ein und dann, wenn ich mir das städtische Interesse vergegenwärtige, theile ich vollständig die Besorgniß: was wird, wenn immer neue Arbeitermassen zuströmen? Wir müssen eine Gegenströmung herbeiführen. Man sagt, sie wäre schon da; ich muß aber sagen, daß mir davon nichts bekannt ist. Mir ist nur bekannt, daß noch viel landwirthschaftliche Betriebe, viel fleißige Hände beschäftigen können, wenn wir, die wir nicht auf dem nackten Manchesterstandpunkt stehen, auf dem Lande den Leuten Wohnung geben, Naturallöhne, Aerzte halten, uns mit ihnen wirthschaftlich identifiziren, denn, Gott sei Dank, thun wir das, wenn wir ihnen jahraus, jahrein Arbeit geben, dann werden sich ihre Söhne nicht besser dünken und mit Verachtung auf den Vater, der in der Landwirthschaft arbeitet, sehen und in die Stadt gehen, um ihr Glück zu machen.

(Sehr richtig!)

Meine Herren, ich bin der Ueberzeugung, auf diese Weise werden wir am besten die soziale Frage lösen, wenn wir in gesundem Sinne dezentralisiren.

Nun, meine Herren, gestatten Sie mir noch mit einem Wort auf die agrarische Bewegung zurückzukommen, die von so vielen Seiten so große Anfechtung gefunden hat. Die agrarische Bewegung datirt aus früherer Zeit, als die weltbewegenden, epochemachenden Briefe des Fürsten Reichskanzlers. Wenn derselbe aber zur agrarischen Bewegung in den Grundprinzipien sich bekannt hat, so hat er damit eine nationale That begangen, für die die Geschichte ihm danken wird, und die mindestens in der Geschichte des deutschen Volkes so hoch ihm angeschrieben werden wird, wie seine enormen Verdienste auf dem Gebiete der auswärtigen Politik. Es kommt nur darauf an, was man unter diesen agrarischen Interessen versteht. Meine Freunde und ich weisen mit Entschiedenheit zurück, daß diese agrarischen Bestrebungen irgendwie politische Bestrebungen sind. Wenn die agrarischen Bestrebungen nicht hinter sich hunderttausende freier Eigenthümer der deutschen Erde hätten, kleine und große, hätten sie nicht die Ausdehnung genommen, die sie gegenwärtig haben. Wenn nicht ein gesunder wahrer Kern in denselben läge, dann, glauben Sie, würde die Mühe von einer Handvoll in Deutschland verstreuter Leute gewiß nicht einen solchen Erfolg haben herbeiführen können. Es ist, meine Herren, noch ganz besonders auch die deutsche landwirthschaftliche Partei, die sich lediglich aus dem Bauernstande rekrutirt, die unsere Fahne mit ergriffen hat und ich bin der festen Ueberzeugung, meine Herren, daß diese agrarischen Interessen in der rechten Weise verstanden und mit dem rechten Maß und der rechten Berücksichtigung aller einschlagenden Verhältnisse ausgeführt, nicht bloß zum Segen des platten Landes sondern auch zum Segen der Städte ebenso ausschlagen werden. Meine Herren, ich habe die besondere Freude, daß diese Ansicht in vielen kleinen Städten, die mir nahe stehen, getheilt wird, daß die Leute sehr gut wissen, daß ihr Wohl und Wehe identisch ist mit dem Wohl und Wehe des platten Landes, daß der Gewerbetreibende nichts verdient, daß der Handwerker nicht Arbeit hat, wenn der Landmann ihm nicht solche geben kann, und meine Herren, das ist die Hauptsache, wir müssen die Konsumtionsfähigkeit des Landmanns erhöhen, dann werden wir auch diesen vollberechtigten städtischen Interessen dauernd helfen.

(Sehr richtig!)

Wenn ich aber nochmals auf diese agrarische Bewegung mit einem Worte zurückkomme, dann, meine Herren, möchte ich sagen es war eine kleine Schaar Pionire die den Weg gebahnt haben, um das deutsche Volk zu besseren wirthschaftlichen Zuständen zu verhelfen. Meine Herren, die Pionire schlagen rechts und links, und da kommt wohl mancher Hieb vor, den man in Friedenszeiten nicht billigen kann. Ich bin weit entfernt, die Hiebe, die rechts und links gefallen sind, zu billigen, ich beklage sie, aber haben wir denn gefragt, als wir in Feindesland einrückten, ob unsere Pionire die Weinberge der Franzosen schonten, oder eine Villa vor Paris zerstörten! Das Wohl des Ganzen war das maßgebende, das hat den Herren vorgeschwebt und das müssen wir dankbar anerkennen, zumal ein Theil derselben nicht mehr am Leben ist. Meine Herren, diese Pionire haben die Wege gebahnt, und zu unserer großen Freude sehen wir eine Armee auf diesem Wege gehen, die mir die größte Achtung einflößt. Ich sehe in diesem Hause nicht allein jene alten tapfern Truppen unter dem großen Schweiger, sondern auch die ansehnliche Schaar hier unter mir unter dem großen Redner und auch, daß auf dieser Seite (links) der Nothstand des Landbaues anerkannt wird; ich glaube deshalb, meine Herren, wir können es heute als konstatirt betrachten, daß diese Frage, weit entfernt eine Parteifrage zu sein, eine Frage ist, die das ganze deutsche Volk bewegt, und, meine Herren, nicht zu Gunsten bloß des Landbaues, sondern der Gesammtheit. Ich bitte Sie diese Zölle anzunehmen, insbesondere den Ausgleichungszoll für den Roggen, dann, meine Herren, werden Sie dem deutschen Bauernstand helfen gegen das internationale Manchesterthum.

(Bravo! rechts.)

Präsident: Ich habe dem hohen Hause anzuzeigen, daß zwei Anträge auf namentliche Abstimmung eingegangen sind, und zwar einer vom Abgeordneten Grafen Theodor zu Stolberg über den Antrag der Abgeordneten Freiherr von Mirbach und Günther (Sachsen), und einer vom Abgeordneten Freiherrn von Mirbach über Position 9, Getreide, a und b. Die Unterstützungsfrage wird später erfolgen.

Dann habe ich dem hohen Hause anzuzeigen, daß ein Unterantrag zu dem Antrage des Abgeordneten Rickert (Danzig) Nr. 191 der Drucksachen eingegangen ist vom Herrn Abgeordneten von Schalscha; ich ersuche den Herrn Schriftführer, denselben zu verlesen.

Schriftführer Abgeordneter Dr. **Blum**:

Der Reichstag wolle beschließen,

im Falle der Annahme des ersten Alinea des Antrags Rickert (Danzig) Nr. 191 der Drucksachen das zweite Alinea zu fassen:

Für das zur Durchfuhr deklarirte Getreide wird der Eingangszoll bei der Ausfuhr rückvergütet. Der Nachweis der Identität der Waare ist nicht erforderlich, —

und als Alinea 3 anzufügen:

Diese Bestimmung findet Anwendung auch auf Hülsenfrüchte, Raps und andere Früchte der Landwirthschaft, sowie auf Malz.

Präsident: Ich habe nachzuholen, was ich vorher versäumt habe; ich habe den Herrn Abgeordneten Hoffmann als Referenten über Petitionen zu bitten, daß er einen kurzen Bericht erstatte.

Abgeordneter **Hoffmann**: Meine Herren, gemäß dem vom Kollegen Rickert gestern gestellten Antrage hat die Petitionskommission beschlossen, die Referate über die Petitionen zu den Zollpositionen drucken und unter die Mitglieder des Hauses vertheilen zu lassen. Eins dieser Referate ist bereits zur Vertheilung verlangt. Nun ist heute Morgen der Petitionskommission Abschrift der Resolution des deutschen Städtetags zugegangen. Dieselbe ist überreicht von dem Stadtverordnetenvorsteher Dr. Straßmann als Vorsitzenden des deutschen Städtetags, und zwar mit dem Bemerken, daß die Resolution mit 68 gegen 4 Stimmen beschlossen worden ist, und mit der Bitte, die in Aussicht genommenen Getreide- und Viehzölle abzulehnen. Ich glaube nun der Resolution und dem Antrage des Städtetags nicht besser gerecht werden zu können als dadurch, daß ich die Resolution, die übrigens sehr kurz ist, wörtlich verlese, und bitte den Herrn Präsidenten um die Erlaubniß, das zu thun.

Die Resolution lautet wörtlich so:

Die vorgeschlagenen Eingangszölle auf Getreide, Vieh und Fleisch vertheuern den Preis der nothwendigsten Lebensbedürfnisse, erschweren dadurch einseitig die Lebensbedingungen der städtischen Bevölkerung, verhindern die Entwickelung des Verbrauchs in der Richtung auf nahrhaftere Kost und zwingen die Bevölkerung zum Zurückgehen auf minder zuträgliche Nahrungsmittel, durch schlechtere Ernährung vermindern sie die Leistungsfähigkeit der Arbeitskraft in den Mittelpunkten des Gewerbefleißes, hemmen die Entfaltung unserer Industrie und lähmen ihre bisher siegreich bewährte Kraft im Wettkampf mit anderen Nationen, welche der Arbeitskraft nicht gleiche Erschwerungen bereiten. Sie beeinträchtigen die Entwicklung der Handelsthätigkeit unserer Städte, welchen durch ihre geographische Lage die Aufgabe zugefallen ist, zwischen der Landwirthschaft Deutschlands und den europäischen Binnenländern einerseits und dem Weltmarkt andererseits die Vermittelung zu übernehmen und erschweren dadurch nicht nur die vortheilhafte Verwerthung unserer ländlichen Erzeugnisse, sondern stellen in Zeiten der Theuerung die Regelmäßigkeit der Versorgung der großen Heerde der Bevölkerung mit den nöthwendigen Nahrungsmitteln in Frage; sie hemmen die Entwickelung des Verbrauchs in der Richtung auf Verfeinerung der Brod- und Vermehrung der Fleischkost und schmälern damit der Landwirthschaft den heimischen Markt gerade für diejenigen Erzeugnisse, auf deren reichlicherer Hervorbringung ihre Zukunft beruht.

Indem sie so die Städte in ihrer materiellen Entwickelung schwer beeinträchtigen und an der Erfüllung ihrer Kulturaufgabe hindern, schaffen sie künstlich einen Gegensatz der Interessen zwischen Stadt und Land, welcher durch die Umgestaltungen des letzten Menschenalters überwunden schien und zum Heil des ganzen Vaterlands nie wieder aufleben sollte.

Berlin, den 17. Mai 1879.

Das Büreau des deutschen Städtetags.

Dr. Straßmann, Stadtverordnetenvorsteher (Berlin), Vorsitzender.

von Stromer, Bürgermeister (Nürnberg), stellvertretender Vorsitzender.

Selke, Oberbürgermeister (Königsberg i. Pr.), Schriftführer.

Klein, Senator (Hannover), Beisitzer.

Ernst, Beigeordneter (Elberfeld), Beisitzer.

Präsident: Der Herr Abgeordnete Dr. Delbrück hat das Wort.

Abgeordneter Dr. **Delbrück**: Meine Herren, der letzte Herr Redner hat von seinem Standpunkte aus vollkommen recht, wenn er den in der Regierungsvorlage vorgeschlagenen und auch den von ihm selbst und seinen Freunden empfohlenen Getreidezoll als eine äußerst geringe Abschlagszahlung ansieht. Er geht davon aus, daß das im allgemeinen Interesse Erstrebenswerthe ein stabiler, für die Landwirthschaft nach seiner Auffassung lohnender Getreidepreis sein müsse, und er hat die Konsequenzen nicht gezogen, aber ich will sie für ihn ziehen. Er empfiehlt damit in erster Linie eine gleitende Skala, wie sie bekanntlich in England eine Reihe von Jahren bestanden hat. Nur im Wege der gleitenden Skala ist es möglich, nicht einen durchweg stabilen Getreidepreis aufrecht zu erhalten, denn da hat der Ausfall der einheimischen Ernten auch noch mitzusprechen, aber wenigstens in Beziehung auf die Ausfuhr aus dem Auslande stabile Getreidepreise zu schaffen. Unbedingt recht hat er darin, daß wenn er die von ihm bezeichneten Ziele erreichen will, er alle die jetzt vorgeschlagenen Zölle für vollkommen ungenügend hält; ein einfacher Rückblick auf die Bewegung der Preise in den letzten Jahren wird das beweisen.

Nach den von dem preußischen statistischen Büreau zusammengestellten Marktpreisen — und ich bemerke für die Herren, die mit dieser Zusammenstellung nicht näher vertraut sein sollten, daß das nicht bloß oder überwiegend die Preise in den großen Handelsplätzen an den Getreidebörsen sind, sondern die Marktpreise, wie sie in einer sehr großen Anzahl von Städten faktisch notirt sind — nach diesen Zusammenstellungen, die ihre Fehler haben mögen, aber Fehler die sich dadurch korrigiren, daß sie in jedem Jahre wiederkommen, nach diesen Zusammenstellungen betrugen die Roggenpreise — ich will einmal bei diesem für die Ernährung der norddeutschen Bevölkerung wichtigsten Artikel stehen bleiben — betrugen die Roggenpreise in dem Erntejahr

1871 bis 1872:	168 Mark.
1872 „ 1873:	176 „
1873 „ 1874:	212 „
1874 „ 1875:	170 „
1875 „ 1876:	169 „
1876 „ 1877:	190 „

Meine Herren, die Preise sind seit der Mitte des vorigen Jahres bekanntlich erheblich heruntergegangen. Die Preise, wie ich sie Ihnen eben mitgetheilt habe, haben bestanden schon zu einer Zeit, wo, wie man es nennt, die Ueberschwemmung Deutschlands durch fremdes Getreide in der vollsten Blüthe stand. Meine Herren, wenn bei diesen Preisen es nicht möglich gewesen ist, daß die deutsche Landwirthschaft, die etwa 900 000 Hektaren, die nothwendig wären, um die fremde Einfuhr zu entbehren, hat urbarmachen und mit Getreide bebauen können, so hat der Herr Vorredner vollkommen Recht, unbedingt in Abrede zu stellen, daß das möglich sein wird bei Preisen, wie sie jetzt sind, die — ich rede nicht von Berliner Preisen, die etwa 126 stehen, sondern ich will, um in der Vergleichung zu bleiben, die Preise erheblich höher nehmen, ich will sie 140 nehmen — daß bei Preisen von 140 + 1, also bei 141, ein Resultat erreicht werden wird, welches bei Preisen, die zwischen 168 und 190 schwanken, nicht erreicht wurde.

(Sehr richtig! links.)

Es ist, wenn man von den Prämissen des Herrn Vorredners ausgeht, überhaupt der Landwirthschaft nicht mehr zu helfen, oder nur zu helfen, wenn man entweder die Einfuhr fremden Getreides verbietet und da man das doch nicht wird thun wollen, wenn man eine gleitende Skala einführt, die etwa — ich weiß nicht welchen Roggenpreis, sagen wir 200, er wird aber nach den gemachten Erfahrungen auch nicht ausreichen — die einen Roggenpreis von 200 gegenüber der fremden Einfuhr garantirt. Dann wird es allerdings möglich sein, daß auch nach und nach die landwirthschaftlichen Maschinen wieder abgeschafft werden,

(hört, hört!)

daß man sich nicht mehr der Dreschmaschine bedient, um das Getreide auszudreschen, sondern daß man wieder nach dem Ideal des Herrn Vorredners die Arbeiter auf der Tenne dreschen läßt.

Meine Herren, ich werde auf Einzelnes, was der Herr Vorredner bemerkt hat, noch weiter zurückkommen. Ich möchte mich aber zunächst zu den einleitenden Bemerkungen, mit welchen der Herr Kommissarius des Bundesraths gestern die Sitzung eröffnet hat, zugleich im Hinblick auf die Ausführungen der Motive wenden.

Der Herr Kommissarius der verbündeten Regierungen hat sich zunächst polemisch gegen eine Berechnung gewendet, welche aus den Ergebnissen der letzten Aufnahme oder vielmehr der ersten Aufnahme der Erntestatistik und den Ergebnissen der Getreideeinfuhr hergeleitet ist und auf ein Quantum von etwas über 9 Zentner Getreide aller Art auf den Kopf der Bevölkerung hinauskommt. Der Werth solcher Berechnungen ist, wie ich anerkennen will, anfechtbar, es ist richtig, daß die Aufnahme der Erntestatistik die erste ihrer Art war, daß sie Fehler gehabt hat. Es kommt für die Beweisführung, die aus dieser von mir erwähnten Rechnung hervorgegangen ist, nicht viel entscheidendes darauf an, ob man etwas mehr oder etwas weniger Getreide auf den Kopf rechnet. Ich will gern, ohne ihn als richtig anzuerkennen, das thue ich nicht, den Satz akzeptiren, welchen der Herr Kommissar der verbündeten Regierungen selbst genannt hat, nämlich 5 Zentner auf den Kopf. Nun, meine Herren, wie stellt sich bei Zugrundelegung dieses Satzes die Berechnung? Man muß, wenn man vergleichen will, sich beschränken auf eine Vergleichung der Verhältnisse im alten Zollverein. Das ist der Ausgangspunkt, und wenn man nicht falsche Schlüsse machen will, muß man dies auch als den Endpunkt ansehen. Die Staaten, welche zum alten Zollverein im Jahre 1838 gehörten, haben jetzt eine Bevölkerung von 36 Millionen Einwohnern. Rechne ich auf diese 36 Millionen Einwohner, dem Kommissarius der verbündeten Regierungen folgend, 5 Zentner, so ergibt dies 180 Millionen Zentner. Ende der 30er Jahre hatten dieselben Staaten eine Bevölkerung von 27 Millionen, zu 5 Zentnern — gibt 135 Millionen Zentner. Die Bilanz hat sich nun insofern geändert, als Ende der 30 Jahre eine Mehrausfuhr von etwa 7 Millionen Zentnern stattfand und am Schluß der Periode eine Mehreinfuhr von 23 Millionen Zentnern, gibt zusammen 30 Millionen Zentner. Es bleiben also von den 180 Millionen Zentnern noch ungedeckt 15 Millionen Zentner, und diese 15 Millionen Zentner müssen nothwendig durch eine Erweiterung des inländischen Getreidebaues beschafft werden. Es ändert sich durch die Substitution von 5 Zentnern auf den Kopf an Stelle von 9½ Zentnern die Berechnung dahin, daß die Differenz sich verringert. Es bleibt aber der Satz bestehen, daß seit dem Ende der dreißiger Jahre der deutsche Getreidebau im Stande gewesen ist, ein sehr viel größeres Quantum zu produziren als am Ende der dreißiger Jahre.

Der Herr Bevollmächtigte der verbündeten Regierungen hat sodann gegen die Behauptung, daß es wesentlich in der Vermehrung der Bevölkerung beruhe, wenn die Einfuhr von Getreide aus dem Auslande zugenommen habe, die Einwendung erhoben, daß, wenn das richtig sei, doch bei dem Getreide eine Mittelzahl vorhanden sein müsse, welche den Uebergang von dem Uebergewicht der Ausfuhr zu dem der Einfuhr darstellt. Meine Herren, so mechanisch läßt sich die Sache nicht konstruiren, auf Einfuhr und Ausfuhr überhaupt und auf die Höhe der einen und der anderen hat den allerwichtigsten Einfluß die eigene Ernte, und die eigene Ernte ist von Faktoren abhängig, die ganz außerhalb einer solchen Berechnung liegen, wie sie der Herr Bevollmächtigte zum Bundesrath aufgestellt hat. Indessen, meine Herren, so ganz unmöglich ist es schließlich auch nicht, dergleichen Momente zu bezeichnen, wo der Umschlag stattfindet. Wenn wir zunächst beim Roggen bleiben, so wurde Ende der dreißiger und Anfang der vierziger Jahre mehr ausgeführt 954 000 Zentner, es kamen dann die fünf Jahre, in denen das traurige Jahr 1847 liegt, wo die Mehrausfuhr umschlug in eine Mehreinfuhr von 1½ Millionen Zentnern. Bei der Wiederkehr normaler Verhältnisse in den Jahren 1851/52 war wieder eine Mehrausfuhr, aber sie war sehr klein, während sie 5 Jahre vorher 954 000 Zentner betrug, war sie 202 000 Zentner. In der folgenden fünfjährigen Periode trat eine Mehreinfuhr ein, und diese Mehreinfuhr ist, mit ganz geringen Schwankungen, fortwährend steigend gewesen. Es liegt hier also in der That ein vollständig greifbarer Zusammenhang zwischen der Vermehrung der Bevölkerung und der Vermehrung der Einfuhr vor. Ich will dabei eins nicht unerwähnt lassen, was ebenfalls einen Einfluß hat darauf, daß man nicht einen bestimmten Abschnitt nachweisen kann, mit welchem die Mehrausfuhr aufhört und die Mehreinfuhr anfängt, den Umstand nämlich, daß sich im Laufe der Periode, um die es sich handelt, der Territorialbestand des Zollgebiets, um welchen es sich handelt, ganz ungemein vergrößert hat; die Wirkungen, welche diese Vergrößerungen haben, im einzelnen in Beziehung auf den Getreideverkehr nachzuweisen, ist positiv unmöglich.

Der Herr Kommissar der verbündeten Regierungen hat nun, da nach seiner Ansicht die vermehrte Einfuhr nicht zu erklären ist aus der Vermehrung der Bevölkerung, nach anderen Gründen gesucht und ist da zurückgegangen auf Autoritäten, auf die Autorität eines Biebericher Fabrikanten und auf die Autorität des englischen Premierministers. Nun, meine Herren, die Autorität des englischen Premierministers in Beziehung auf deutsche Angelegenheiten bestreite ich, er versteht davon gar nichts.

(Heiterkeit.)

Was die Autorität des Biebericher Fabrikanten betrifft, so will ich die auf sich beruhen lassen, weil ich denselben nicht kenne, indessen, wenn dieser Biebericher Fabrikant insbesondere darauf hinweist, und es steht dies im Zusammenhang mit den Ausführungen in den Motiven, daß so ungemein große Vorräthe an Getreide aufgespeichert lägen, die unverkäuflich wären, so möchte ich doch daran erinnern, daß — ich habe hier zunächst an Berlin, welches doch ein sehr großer Getreidemarkt ist, gedacht — die Vorräthe, welche in diesem Hauptemporium des Getreideverkehrs am Jahresschluß vorhanden sind, keineswegs so groß sind. Ende 1875 waren an Roggen — ich bleibe beim Roggen, weil es doch der interessanteste Gegenstand ist — 2500 Tonnen vorhanden, Ende 1876 stieg der Vorrath auf 12 800 Tonnen, Ende 1877 war er wieder 4500 Tonnen, Ende 1878 4800 Tonnen, das sind ungefähr 3 bis 5 Prozent der Jahreszufuhr, Quantitäten, welche im ganzen gewiß nicht als sehr erheblich betrachtet werden können, zumal wenn man in Erwägung zieht, daß beim Jahresschluß, also zu einer Zeit, wo die Anfuhr von Getreide auf Flüssen und Kanälen zu Ende zu sein und zu stocken pflegt, ganz natürlich auch eine gewisse Menge von Beständen vorhanden sein muß.

Nnn hat sich der Herr Kommissar der Bundesregierungen weiter gewendet zu der Frage, wer denn, wenn man einen Getreidezoll auflegt, diesen Zoll bezahlt, und er hat ein Beispiel gegeben, um seine Ansicht über diese Frage anschaulich zu machen, nämlich: man stelle sich eine Stadt vor, die von 10 umliegenden Rittergütern mit Getreide versorgt wird, neun von ihnen können die Straße passiren ohne Mautherhebung, der zehnte muß eine Mauth bezahlen. Nun ist doch nicht zu denken, — fährt er fort, — weil der zehnte für sein Getreide Mauth bezahlt, daß der Preis des Getreides der übrigen neun um den Betrag der Mauth steigt.

Ich bin dem Herrn Kommissar für dieses Beispiel sehr dankbar, denn es ist sehr geeignet, die Frage klar zu machen. Das Beispiel würde ganz schlagend sein und man könnte nichts dagegen einwenden, wenn die Sache so läge, daß der unglückselige zehnte Gutsbesitzer überhaupt nirgend anderswohin verkaufen kann als nach der Stadt, dann allerdings bleibt ihm nichts anderes übrig, als die Mauth aus seiner Tasche zu bezahlen und er verkauft natürlich nicht so vortheilhaft wie seine glücklichen neun Kollegen. Wenn aber dieser zehnte Gutsbesitzer in der Nähe einer anderen Stadt wohnt, wo er keine Mauth bezahlt, so fährt er natürlich sein Getreide dorthin.

So stehen wir Deutsche zu den Russen, zu den Oesterreichern und den Amerikanern. Wären wir die einzigen, die den Russen ihren Roggen und den Oesterreichern und Amerikanern ihren Weizen abnehmen, dann erkenne ich vollständig an, daß die Russen, die Oesterreicher und Amerikaner den Zoll bezahlen, den wir auflegen. Nun ist das aber nicht der Fall, wir konkurriren in allen diesen genannten Ländern mit den Ankäufern der ganzen Welt. Nnn sind wir ja eine große Nation, wir haben 42 Millionen Menschen, wir nehmen eine große politische Stellung ein, allein das hindert doch nicht, daß wir bei der Bestimmung der Getreidepreise auf dem Weltmarkt — und die können wir einmal nicht verhindern, selbst wenn wir es wollten — nur als ein Faktor neben verschiedenen andern auftreten, und zwar als ein Faktor, der sich durch nichts anderes ausdrückt als durch den Bedarf. Ist dieser Bedarf sehr klein, so wird auch das Gewicht, daß wir in die Wagschale legen, sehr klein sein; ist er sehr groß, nicht absolut, sondern im Verhältniß zu den Vorräthen des anderen Landes, so wird er ein größeres Gewicht haben. Es ist also aus diesem Verhältniß der Satz, daß der ausländische Getreideproduzent oder Händler den Zoll zu zahlen habe, nicht herzuleiten.

Man darf sich die Sache auch nicht so vorstellen, wie es nach den Motiven den Anschein hat, als ob, sei es nun aus Rußland, sei es aus Oesterreich, sei es aus Amerika, große Mengen von Getreide konsignationsweise zu uns kommen, die nun hier auf Absatz warten und deren Besitzer sich dann freilich auch müssen gefallen lassen, das zu nehmen, was wir ihnen dafür bezahlen wollen. So ist das Verhältniß thatsächlich ganz und gar nicht. Im Getreidegeschäft spielen die Konsignationen eine überaus untergeordnete Rolle. Die Geschäfte werden so gemacht, daß die inländischen Getreidehändler, wenn sie glauben, daß der Bezug lohnt, nach den durch den Telegraphen ja täglich von allen großen Getreidehandelsplätzen nach allen großen Getreidebedarfsplätzen gelangenden Nachrichten — wenn sie, sage ich, der Meinung sind, daß der Bezug von Getreide zu diesem Preise lohnt, dann lassen sie es kommen und der Zoll fällt ihnen zur Last; sie werden sich diesen Zoll natürlich vorweg berechnen, sie werden die Bestellung nur dann machen, wenn sie einschließlich des Zolls im Inlande ein lohnendes Geschäft erwarten. Aber daraus folgt nichts weiter, als daß, wenn sie es alsdann beziehen, sie den Zoll bezahlen. Ich komme darauf noch zurück, ob sie den Zoll selbst tragen, oder ob sie denselben sich erstatten lassen.

Nun gehe ich weiter. Wenn also der ausländische Produzent oder Händler den Zoll nicht bezahlt, wer bezahlt ihn dann? Diese Frage ist nur zu beantworten in Verbindung mit der anderen Frage: welchen Einfluß hat der Zoll von ausländischem Getreide auf den Preis? Meine Herren, diese Frage ist mit einer einfachen Formel allerdings nicht zu lösen. Es kommt zunächst darauf an: wie verhält sich die Menge einer bestimmten Getreidesorte, welcher Deutschland bedarf, zu derjenigen Menge dieser Getreidesorte, welche Deutschland selbst erzeugt? So ist z. B. nach Lage der Agrarstatistik und nach den Ergebnissen der Einfuhrstatistik im vorigen Jahre, die Menge Hafer, welche wir aus dem Auslande beziehen, im Verhältniß zu unserer eigenen Haferproduktion sehr klein, und ich bin keineswegs gewillt zu behaupten, daß, weil für diese relativ kleine Menge, die wir aus dem Auslande brauchen, ein Zoll zu bezahlen ist, infolge dessen die gesammte ungeheuere Haferproduktion von Deutschland um so viel theurer wird, ich glaube im Gegentheil, es wird sich das im wesentlichen auf einzelne Gegenden beschränken. Anders verhält sich indessen die Sache, wenn das Verhältniß der Einfuhr zur Produktion ein erhebliches ist. Auch da will ich nicht behaupten, daß in ganz Deutschland der Zentner Roggen, weil vom ausländischen Roggen 25 oder 50 Pfennige erhoben werden, genau um denselben Betrag vertheuert wird, er wird aber, wie ich glaube, in einem großen Theil von Deutschland direkt um diesen Betrag theurer und für einen anderen Theil von Deutschland wird er eine diesem Betrage mehr oder weniger nahekommende Vertheuerung erfahren. Meine Herren, wenn man dies nicht annimmt, so ist in der That vom landwirthschaftlichen Standpunkt aus nicht der allermindeste Grund vorhanden, sich für Getreidezölle überhaupt zu erwärmen.

(Sehr richtig! links.)

Das Eine oder das Andere; entweder wird das Getreide theurer, dann wird für die Landwirthschaft ein Gewinn eintreten, oder das Getreide wird nicht theurer, sei es, weil zu wenig eingeht, sei es, weil — ich habe das bereits widerlegt — das Ausland den Zoll trägt — ja, meine Herren, dann ist für die Landwirthschaft absolut gar nichts gewonnen.

Wenn ich nun davon ausgehe, daß das Getreide wirklich theurer wird, so will ich ferner nicht behaupten, daß die deutsche Nation nicht im Stande wäre, eine solche Vertheuerung des Getreides zu ertragen. Wir haben viel größere Vertheuerungen des Getreides ertragen, als diejenige sein wird, die nach dem einen oder anderen der vorliegenden Vorschläge eintreten wird. Ich glaube deshalb auch, daß es eigentlich nicht erforderlich war, in den Motiven auf die Verhältnisse der Hamburger Steuer näher einzugehen. Ein Eingangszoll ist es nicht, es ist eine Mahlsteuer und dahin zu illustriren, daß gewisse Abgabenbeträge von Getreide oder Mehl von einer großen wohlhabenden Bevölkerung getragen werden können; wir wissen das aus eigener Erfahrung bei der Mahl- nnd Schlachtsteuer. Indessen da nun einmal diese Exemplifikation auf Hamburg in den Motiven gewählt ist, möchte ich ein Wort hinzufügen, was nicht uninteressant ist, weil ja die Frage hier vielfach vorgekommen ist. In Hamburg besteht eine Mahlsteuer, welche das Gebäck, das aus dem Mehl dargestellt wird, trifft; in Altona besteht keine Mahlsteuer, und nun ist es eine feststehende Thatsache, daß — in Altona wie in Hamburg wird das Roggenbrod nach dem

Gewicht verkauft — daß in Hamburg 5 Kilogramm Roggenbrod 10 Pfennige mehr kosten als in Altona.

(Hört! hört!)

Es hat das die ganz natürliche Folge, die für die Hamburger Steuerverwaltung unangenehm ist, darum aber nicht weniger natürlich, daß minder wohlhabende Leute in Hamburg, die in der Nähe von Altona wohnen, den kleinen Weg nicht scheuen, hinüberzugehen, um sich da ihr Brod zu kaufen, und ich weiß nicht, ob auf dem Wege der Defraude oder bei kleinen Quantitäten zollfrei nach Hamburg zu bringen.

Ich komme nun aber weiter zu der Frage: wird die Vertheuerung, welche durch die Einführung des Zolles nothwendig entstehen muß, — ich wiederhole, man kann über den Betrag sehr viel streiten, aber sie muß nothwendig entstehen, wenn der Zweck erreicht werden soll — wird diese Vertheuerung auf den Konsumenten fallen oder nicht? Da liegt nun der Schwerpunkt der Deduktion darin, daß gesagt wird: nein, sie fällt nicht auf den Konsumenten, sie bleibt irgendwo in den Zwischenstadien hängen. Nun, meine Herren, der Zoll, welcher bei Zugrundelegung der Anträge, die der Herr Vorredner unterstützt hat, von dem ausländischen Getreide erhoben werden würde, würde etwa 12½ Millionen Mark betragen, das ist so schlimm nicht; nun kommt aber die Vertheuerung des inländischen Getreides, oder die Preissteigerung, will ich lieber sagen, die ja ganz unvermeidlich ist und die die Herren anerkennen müssen, wenn sie überhaupt behaupten wollen, daß der Zoll der Landwirthschaft etwas hilft,

(Ruf: Das ist falsch!)

und diese überwiegt ganz unendlich die Kleinigkeit von 12½ Millionen Mark. Ich will mich auf keine Schätzung einlassen, wenn man das aber auf 60 Millionen berechnet, so wird das wohl nicht zu hoch sein. Nun frage ich, wo soll eine solche Summe herkommen? Der Herr Vorredner hat gesagt, von den Bäckern; nein, die Bäcker verdienen nicht mehr, als sie wirklich reell brauchen, denen will ich gar nicht zu nahe treten, aber ehe das Getreide in die Hände der Bäcker kommt, da hat es Stadien durchlaufen, die das Getreide vertheuern, und der Zwischenhandel der soll die Preissteigerung bezahlen. Meine Herren, ich glaube doch, daß man in einer Zeit, die man ja die der ungezügelten Konkurrenz nennt, wo irgend eine Beschränkung in der Etablirung eines Handelsgeschäfts nicht besteht, sich doch nicht vorstellen sollte, daß der Handel — der Großhandel ganz gewiß nicht, aber auch der Zwischenhandel — so große Gewinne machen könnte, um Beträge von der Höhe, um die es sich hier handelt, übertragen zu können; es ist das in der That nicht möglich. Wäre wirklich das Gewerbe des Zwischenhandels so außerordentlich lukrativ, daß er solche Beträge aufbringen könnte, ohne in seiner Existenz zu Grunde zu gehen, dann würde es doch gegen alle Natur der Dinge sein, wenn nicht der Zwischenhandel so übersetzt wäre, daß nach und nach die Gewinne auf eine Kleinigkeit herabgehen.

(Zuruf rechts: Ist er auch!)

— Ich höre, er ist sehr übersetzt, also würde das nur dafür sprechen, was ich ja voraussetze, daß die Gewinne gar nicht so groß sind.

Es ist nun, um die Uebertragung der Preiserhöhung auf den Handel wahrscheinlich zu machen, in den Motiven Bezug genommen auf die große Differenz, welche in den Börsenpreisen gewisser Getreidemärkte herrscht. Da ist nur übersehen, daß die Grundlage für die Preisberechnungen in jedem Getreidemarkt beinahe eine andere ist. Der Standard, nach welchem Preise berechnet werden, ist keineswegs auf den deutschen Getreidemärkten identisch, im Gegentheil ungemein verschieden. Der Lindauer Weizen hat 75 bis 76 Kilogramm pro Hektoliter, der Berliner 71,3 Kilogramm pro Hektoliter. Das gibt allein schon eine Anschauung von der Differenz des Preises. Es sind diese Bezugnahmen überhaupt nicht geeignet, eine Folgerung daraus zu ziehen.

Meine Herren, nach diesen Voraussetzungen glaube ich nicht, daß der Getreidezoll ein empfehlenswerther Zoll ist. Er würde bringen der Reichskasse, je nachdem die Vorschläge so oder so angenommen werden, 8½ oder 12½ Millionen und ich will diese Einnahme unbedingt als eine sehr angenehme bezeichnen, wenn sie nur nicht verbunden wäre mit einer Preissteigerung des Getreides überhaupt und dadurch dahin führte, daß der Haupteffekt dieses Zolles nicht der ist, die Reichskasse zu füllen, sondern den Produzenten einen Vortheil zu bringen.

Nun ist die traurige Lage dargelegt worden, in welcher sich die Landwirthschaft befinde. Ich will gegen die Schilderungen, die da gegeben sind, jetzt nicht polemisiren, um so weniger, als ich den Verhältnissen nicht so nah stehe, um es zu dürfen. Indessen, wenn von anderer Seite auf Konkurse hingewiesen wird, die da und da eingetreten sind, wenn behauptet wird, die Bodenrente gehe im allgemeinen zurück, und daraus ein außerordentlich schwarzes Bild zusammengestellt wird, dann möchte ich doch wenigstens darauf aufmerksam machen, daß so ganz allgemein dieser Rückgang denn doch nicht ist. In der letzten Session des preußischen Abgeordnetenhauses — es war im Dezember v. J. — sind sehr interessante Mittheilungen von Seiten der Regierung über die Erträge der Domänenpachten gemacht worden. Der Vertreter der Regierung hat damals mitgetheilt: die Pacht brachte ein pro Hektar des Domänenbesitzes 1849 13,96, 1859 17,60, 1869 28,18, 1878/79 37,49 Mark. Meine Herren, ich bin sehr weit entfernt, diese Zahlen als normales Bild der allgemeinen Lage der Landwirthschaft anzusehen, ich führe sie nur an, um zu zeigen, daß die Behauptung vom Niedergang der Landwirthschaft nicht in dem allgemeinen Maße gilt, wie sie hingestellt wird.

Präsident: Der Herr Reichskanzler hat das Wort.

Reichskanzler Fürst **von Bismarck**: Ich will im Laufe meiner Ausführung auf diese Details nicht zurückkommen und deshalb inbetreff der letzten Worte des Herrn Vorredners gleich darauf aufmerksam machen, daß in dem ungewöhnlichen Steigen der Domänenpachten in ihrem Durchschnitt hauptsächlich diejenigen Domänen ins Gewicht fallen, welche Zuckerrübenbau und Zuckerfabrikation haben und daß nur dadurch, durch die ungewöhnlich günstige Konjunktur, durch die hohe Stufe, welche dieses Gewerbe durch den Schutz, welcher ihm zu Theil geworden ist, erschwungen hat, diese hohe Steigerung erklärlich wird. Im übrigen liegt die vorletzte Periode, die der Herr Vorredner anführt, ja in der Zeit, wo die Getreidepreise höher waren wie heute, wo die Eisenbahnentwickelung der großen östlichen Getreideländer noch nicht die Wirkung auf unseren Markt erreicht hatte, wie jetzt. Im allgemeinen aber hat der Herr Vorredner in seinem ganzen Plädoyer gegen unsere Vorlage hauptsächlich das Argument geltend gemacht, daß das Getreide theurer wird, daß die Kornpreise steigen werden. Er hat dies als eine Kalamität angesehen, die vor allen Dingen vermieden werden müsse. Nun dabei drängt sich die Frage auf: sind niedrige Getreidepreise in wirthschaftlicher Beziehung an sich als Glück anzusehen? Wir alle erinnern uns und auch der Herr Vorredner, daß vor 12 und 20 Jahren die Kornpreise sehr viel höher bei uns waren als heute, weil die große Konkurrenz des Auslandes, von der ich eben sprach, uns noch nicht überkommen war, und daß dennoch damals in allen Zweigen der gewerblichen Thätigkeit, vielleicht gerade in Folge der höheren Kornpreise, ein stärkeres Leben pulsirte als am heutigen Tage, wo bei niedrigen Kornpreisen alles darnieder liegt. Wenn wir als richtig annehmen, daß niedrige Kornpreise ein Glück sind, worauf der Herr Vorredner sein Argument hauptsächlich basirt, so müßten die Länder im Osten, welche die wohlfeilsten Getreidepreise haben, die Länder der unteren Donau, an der Theiß, Galizien und der südliche Theil des europäischen Rußlands in wirthschaftlicher Beziehung die glücklichsten, wohlhabendsten, kräftig entwickeltsten Länder in Europa sein.

(Sehr richtig!)

— Wir müßten auch innerhalb des deutschen Reichs einen erheblichen Unterschied empfinden im wirthschaftlichen Wohlbehagen in unserer Vermögensentwickelung. Denn was auch der Herr Vorredner über den verschiedenen „Standard" der einen und der anderen Orte gesagt hat, so ist die Wahrnehmung nicht bloß heute, sondern in allen statistischen Darlegungen seit 30 Jahren kann man sie sehen, das ist ganz unzweifelhaft, daß wir den höchsten Getreidepreis im Westen des deutschen Reichs haben und daß sie nach Osten gradatim abnehmen. Es müßten deshalb, wenn der Satz richtig wäre, daß wohlfeile Preise an und für sich glücklich für eine Nation sind, auch die Wohlhabenheit und das wirthschaftliche Behagen nach Osten hin allmählich steigen und Ostpreußen würde nach meiner Rechnung 25 bis 30 Prozent glücklicher sein müssen als das Elsaß und das Breisgau.

(Sehr wahr!)

Es ist außerdem eine Erscheinung, die gegen diese Ansicht des Herrn Vorredners spricht, daß die höchsten Kornpreise in Europa gerade in den Ländern dauernd und erfahrungsmäßig existiren, in welchen alle Zweige der gewerblichen Thätigkeit am kräftigsten entwickelt sind, im Westen Deutschlands, in den Niederlanden, in Belgien, in Frankreich, namentlich im Norden Frankreichs und in England. Es wird also auch dort der Nachweis geliefert, daß im Gegentheil die besseren Einnahmen des Landwirthes wahrscheinlich die Grundlagen sind einer Belebung der Thätigkeit des ganzen gewerblichen Lebens, und ich bin überzeugt, wenn unsere Landwirthe ihr Korn, ich will nicht sagen, theurer, aber sicherer verkaufen — ich komme auf diesen Punkt nachher noch zurück — daß der Absatz gesicherter ist, daß wir dann auch sofort in Folge dieses Tarifs überhaupt, dessen Wirkung sich ja in einiger Hebung der geschäftlichen Thätigkeit schon antizipirt, schon jetzt fühlbar macht, daß wir dann auch bei uns zu einer kräftigen Erneuerung unserer wirthschaftlichen Thätigkeit gelangen werden. Wenn diese Ueberzeugung, daß wohlfeile Getreidepreise an und für sich ein wirthschaftliches Glück sind, den Herren, die auf dieser Basis plaidiren, vielleicht aus wirthschaftlicher Ueberzeugung, vielleicht aus politischen oder aus anderen Gründen, kurz und gut, die dieses Argument geltend machen — wenn es damit so vollständig ernst wäre, dann hätte man meines Erachtens doch damit anfangen müssen, daß man die Belastung, unter welcher wir im Inlande zu unserem Bebarf an Getreide gelangen, im allgemeinen und inbetreff des viel größeren Quantums Getreide vermindern, welches im Innern unseres Landes entsteht. Kurz, wenn wohlfeiles Getreide vor allem das Ziel ist, nach welchem wir zu streben haben, dann hätten wir längst die Grundsteuer abschaffen müssen, denn sie lastet auf dem Gewerbe, welches das Getreide im Inlande erzeugt und welches 400 Millionen Zentner erzeugt im Vergleich zu den 27 bis 30 Millionen die wir einführen. Daran hat aber niemand gedacht, im Gegentheil, man hat in Zeiten, wo die Theorie schon dieselbe war, wie jetzt, die Grundsteuer in ganz Deutschland, so viel ich weiß, allmählich gesteigert, in Preußen im Jahr 1861 um 30 Prozent gesteigert, indem sie von 30 Millionen auf 40 Millionen erhöht wurde, also ein sehr viel erheblicherer Zuschlag, als hier als Zoll auf die fremde Getreideeinfuhr gelegt werden soll, und es sind seitdem eine Anzahl anderer direkter Steuern, welche unsere landwirthschaftliche Produktion nothwendig vertheuern müssen, dazu gekommen, namentlich ist klar, daß die in neuester Zeit erst lebhaft entwickelte Gemeindefinanz in ihren wesentlichsten Theilen auf den Grundbesitz, auf die Kornproduktion gelegt worden ist. Ich habe mir über diese Frage aus einer Provinz, von der ich entfernt wohne und wo ich weniger bekannt bin, aus der Rheinprovinz, eine Zusammenstellung kommen lassen, wie hoch sich ungefähr die Lasten belaufen, unter deren Druck unser Getreide dort produzirt wird und deren Baarzahlung doch von dem Preise, zu dem der deutsche Landmann sein Getreide verkauft, in Abzug gebracht werden muß, wenn er nicht andere Hilfsquellen hat, die er aus der Tasche hinzuschießen kann, um diese Baarzahlung zu leisten. Ich habe da z. B. hier sechs Güter aus dem Kreise Solingen, deren direkte Abgaben, sie bestehen in wirklich erhobenen Staats-, Grund- und Gebäudesteuern, welche in Staatseinkommensteuer, und in Kommunal-, Grund- und Gebäudesteuer, in Kommunaleinkommensteuer, in Einkommensteuer, hier zusammengestellt sind: sie belaufen sich in Prozentsätzen von jenem Einkommen, welches der Berechnung der Einkommensteuer zu 3 Prozent zu Grunde gelegt ist, also nicht etwa von fingirtem Einkommen, sondern von wirklichem Einkommen, wie die Gemeinde die Einkommensteuer kraft ihrer Mitglieder sehr wohl zu erkennen weiß, berechnet, indem die Einkommensteuer mit rund 3 Prozent figurirt. Es beläuft sich beim ersten Gute die wirklich erhobene Staatsgrundsteuer auf 7,33 Prozent des Einkommens, des wirklich zur Erhebung der Einkommensteuer von 3 Prozent berechneten Einkommens, dann 3 Prozent Einkommensteuer, wie sich von selbst ergibt. Beide staatliche Steuern, bei der Grund- und Gebäudesteuer eingerechnet, von den ländlichen Gebäuden betragen 10,33 Prozent. Dazu kommt Kommunal-, Grund- und Gebäudesteuer mit 9,22 Prozent, dann Kommunaleinkommensteuer mit 6 Prozent, die Kircheneinkommensteuer mit 1 Prozent, zusammen 27,50 Prozent von dem wirklichen Einkommen, wie es der Einkommensteuerberechnung zu Grunde liegt.

Das zweite Gut in Solingen hat 21,51 Prozent, das dritte 22,15 Prozent, das vierte 22,16 Prozent, das fünfte 19,82 Prozent, das sechste 20,61 Prozent. Wenn ich nun diese Liste weiter durchgehe, im Kreise Mülheim, im Kreise Cöln, Jülich, Cleve, so stoße ich auf Prozentsätze von dem wirklichen der Einkommensteuer zu Grunde liegenden Einkommen von 16 Prozent, 21,64, 24,13, 18,83, 18,04, 25,42 — das ist der Kreis Neuß — von 21,60 im Kreis Düsseldorf, von 23,15 im Kreise Düsseldorf, von 18,44 Kreis Mettmann, von 24,13 im Kreis Mettmann nochmals, von 24,66 u. s. w. Im Kreise Bonn 25,2. Ich kann also mit einiger Sicherheit wohl annehmen, daß man die durchschnittliche Belastung, unter welcher bei uns das landwirthschaftliche Gewerbe betrieben wird, an Staats- und Kommunalsteuern auf 20 Prozent desjenigen Einkommensatzes, welcher bei uns bei Veranlagung der Einkommensteuer zu Grunde gelegt wird, abschätzen kann, eine, wie Sie mit Recht finden werden, ganz exorbitante Besteuerung. Bedenken Sie, um einmal einen Maßstab zu gewinnen, diejenige Belastung unseres Getreidekonsums, welche jetzt an der Grenze auf das ausländische Getreide gelegt werden soll, verallgemeinert auch auf das inländische Getreide, was im Inlande zu Markte gebracht wird, denken Sie sich, daß der Landwirth von jeder anderen auf der Getreideproduktion lastenden Steuer befreit würde, und daß dafür ihm als Aequivalent der Vorzug würde, mit dem Auslande gleichgestellt zu werden, und auch nur für jeden Scheffel Getreide, den er zu Markte bringt und verkauft, 25 Pfennige für Roggen, oder 50 Pfennige für den Weizen zu zahlen, — denken Sie sich das in der Anwendung auf ein Gut von, ich will sagen, 300 Morgen guten Bodens, bei dem also ein wirklicher Pachtwerth von 1 500 Thalern, 5 Thaler pro Morgen in der Rheinprovinz kein ungewöhnlicher, bei dem eine Grundsteuerbelastung von 1 Mark auf den Morgen wahrscheinlich sein wird, wir haben ja in der Provinz

Sachsen, wo ich angesessen bin, bis zu 25 Silbergroschen und höher, in einigen Fällen auch 1 Thaler pro Morgen, das ist also keine hohe Rechnung. Dieses Gut von 300 Morgen mit 1 500 Thaler Pachtwerth wird also nach diesem Durchschnitt voraussichtlich 300 Thaler direkte Abgaben zu bezahlen haben an den Staat, an die Gemeinde, an den Kreis, die auf der landwirthschaftlichen Produktion lasten. Für diese 300 Thaler würde er schon 3600 Zentner Roggen oder 1800 Zentner Weizen zu Markte bringen können, und erst dann würde er auf dasselbe Steuerquantum für seinen Verkauf kommen. 3600 Zentner Roggen sind 4500 Scheffel, 1800 Zentner Weizen, 2000, und jedermann, der von der Landwirthschaft auch nur annähernd eine entfernte Vorstellung hat, wird wissen, daß auf einem Gut von 300 Morgen nicht 4500 Scheffel Roggen gebaut, geschweige denn verkauft werden können. Wenn der Mann sehr geschickt und sehr sparsam wirthschaftet, so wird er zwischen 600 und 900 Scheffel in der einen oder anderen Getreidegattung zu Markte bringen können, — 1000 ist schon recht gut; er hat also das Vier- bis Fünffache nach der jetzigen Steuer Lasten auf der inländischen Produktion und dabei bringt die inländische, wie die Statistik angibt, 400 000 000 Zentner, also 13 Mal mehr wie die ausländische.

Wenn nun das Verhältniß in dieser Ungerechtigkeit zum Nachtheil der inländischen Kornproduktion sich darstellt, so möchte ich weniger an Ihr finanzielles Reformbedürfniß als an ihr Gerechtigkeitsgefühl appelliren. Soll die Gesammtlast, die für unsere Finanzen auf unsern Kornbedarf gelegt werden kann und gelegt wird, in diesem Uebermaß allein auf der inländischen Produktion liegen und soll die ausländische zu dieser Last gar nicht herangezogen werden? Wenn man auf irgend ein anderes Gewerbe, dem nicht 20 Millionen Menschen ihre Existenz verdanken, sondern sehr wenige verhältnißmäßig, ich will einmal sagen auf Leder, dieselbe Theorie anwendete, daß die inländische Lederfabrikation mit einer Höhe von 20 Prozent des Reinertrags des Gewerbes besteuert würde, das ausländische aber nicht nur frei eingeht, sondern nach Möglichkeit prämiirt, gefördert, rasch und wohlfeil gefahren würde, ja, würde man da nicht eine gewaltige Ungerechtigkeit gegen die inländische Lederfabrikation finden, und hat der inländische Landwirth, weil er sehr zahlreich ist, weil er vielleicht sehr viel geduldiger ist, nicht eben so viel Anspruch auf eine gerechte und gleichmäßige Behandlung?

Sie müssen bei diesem Tarif doch nicht allein die Einzelheiten dieser Tarifvorlage im Auge behalten, sondern die gesammte Zoll- und Steuerreform, die wir damit erstreben,

(sehr richtig! rechts)

und wovon dieser Tarif einen Theil bildet. Ich erinnere, namentlich die Gegner der Vorlage daran, wie oft uns einzelne Steuervorlagen darum abgelehnt worden sind, weil von uns mit Recht verlangt wurde: legt den Plan einer gesammten und prinzipiellen Reform vor, aber kommt uns nicht mit einzelnen Steuervorlagen! Nun wir suchen dieser Aufgabe gerecht zu werden. Sie wird uns dadurch erschwert, daß die einzelnen Finanzvorschläge, die wir machen, und die Steuervorschläge auch heute nicht mit viel mehr Wohlwollen und mehr Entgegenkommen aufgenommen werden wie damals, und daß meine Hoffnungen, die ich auf das Gelingen des ganzen Reformplans setzte, sich erheblich haben herabmindern müssen; aber ich bitte Sie doch, diesem Tarif die Gerechtigkeit widerfahren zu lassen, daß Sie ihn unter dem Gesichtspunkt der gesammten Zoll- und Steuerreform und nicht bloß an sich betrachten.

Es ist ja in der gesammten Finanzreform bisher nicht unsere Absicht, dem Getreidebedarf in seiner Gesammtheit eine höhere finanzielle Leistung abzufordern als bisher. Wir beabsichtigen nur einen Theil der **direkten** Steuern, die jetzt, wie ich vorhin nachwies, auf dem Landwirth lasten, in der Form, wenn Sie wollen eines Konsumtionszolls, an die Grenze zu verlegen, der dort das auswärtige Getreide trifft, so daß in der Gesammtheit der Belastung des Kornbedarfs eine Erhöhung nicht nothwendig eintritt, sondern nur ein sehr schwacher Versuch einer ausgleichenden Gerechtigkeit angesichts der Nachtheile, unter denen die Produktion von Getreide im Inlande bisher leidet gegenüber den Privilegien der Steuerfreiheit und anderen, denen sich die ausländische Getreideproduktion bei uns erfreut. Ich bin der Meinung, daß dieser Zoll an und für sich auf den Preis noch keinen Einfluß haben wird, und während der Herr Vorredner das als ein Glück betrachten würde, an das er nicht glauben mag, sehe ich mit einem gewissen Bedauern darauf, denn ich muß mich fragen: rückt der Augenblick nicht näher, wo unsere Landwirthschaft überhaupt nicht mehr bestandsfähig ist, weil das Getreide auf einen Preis gedrückt wird, zu welchem es in Deutschland nach den Verhältnissen der Abgaben, der Kosten des Lebens, der Verschuldung nicht mehr produzirt werden kann. Ja, meine Herren, wenn das eintrit, so geht dabei nicht bloß die Landwirthschaft zugrunde, dabei geht der preußische Staat, das deutsche Reich zugrunde, ganz einfach.

(Sehr wahr!)

Sobald die Landwirthschaft nicht mehr bestehen kann, fängt zuerst an der Kredit — und alle die Herren, die ihre Forderungen in Hypotheken und Pfandbriefen haben, werden zuerst von dem Ruin der Landwirthschaft leiden; es wird die landwirthschaftliche Thätigkeit in Verfall gerathen, ich will kein schwarzes Bild von Wüsten und dergleichen machen, aber allmählich schränkt sich die Thätigkeit ein. Ich kann Ihnen ein Beispiel aus meiner eignen Erfahrung angeben.

Wie in Preußen die gutsherrlichen, bäuerlichen Ablösungen stattfanden, so war namentlich in Hinterpommern, aber auch in anderen östlichen Provinzen ein Nothstand an Arbeitshand und Kapital, um sich Arbeit zu beschaffen. Infolgedessen trat die Thatsache ein, daß große Flächen von früherem Acker, die in allen alten Karten noch vor 60 Jahren und noch nach der Ablösung in den ersten Zeiten als Acker stehen, heutzutage Wald sind, es ist angeflogener Wald, man sieht noch heut, wie der Anflug zunächst die Ackerfurchen, dann allmählich die höheren Böden erfaßt hat, denn es steht jetzt 60- bis 80 jähriger Wald darauf, der bisher einen Ertrag nicht gehabt hat, auch keinen gibt, der frühere Acker war aber doch immer Acker. Nun ich brauche die Formen ja nicht zu schildern, in denen die Landwirthschaft und mit ihr unsere ganze staatliche und nationale Existenz zu Grunde gehen könnten, denn es wird nicht geschehen, 20 Millionen deutsche Landwirthe lassen sich eben nicht zu Grunde richten, es kommt bloß darauf an, daß sie zu dem Bewußtsein kommen, was ihnen bevorsteht und sie werden sich mit den gesetzlichen und verfassungsmäßigen Mitteln dagegen zu wehren suchen.

(Sehr richtig! Bravo! rechts.)

Wenn ich also behaupte, daß diese Zölle, in deren niedrigen Ansätzen, wie sie jetzt sind, die Preise nicht steigern werden, so fühle ich mich viel mehr in der Lage, mich darüber bei den Landwirthen zu entschuldigen, als es den übrigen Nichtlandwirthen zu beweisen gilt, warum sie nicht steigen werden.

Ich kann der Ansicht des Herrn Vorredners nicht folgen, ich vermuthe, daß die Preise nicht steigen werden, wenigstens nicht wesentlich, weil der Preis des Getreides bei uns gar nicht abhängt von dem Zoll, den man auflegt, sondern von der Ernte, vor allen Dingen in den großen Kornländern des östlichen Europas und Amerikas, einigermaßen auch von der Ernte in Deutschland, aber doch lange nicht in dem Maße, wie von diesen großen Ernten in Rußland, Ungarn, Amerika. Auf diese Ernten bleibt aber unser Zoll ohne jeden Einfluß, denn das Getreide wächst dort, wir mögen einen Zoll erheben an der Grenze oder nicht, es läßt sich dadurch vom wachsen weder abhalten noch befördern. Ist in diesen großen Getreideländern eine Mißernte, so wird es eben nicht kommen, ist eine gute Regelernte, so wird es uns trotz Zoll doch kommen müssen, und darin divergire ich von dem Herrn Vorredner. Er sagt, diese Getreideproduzenten könnten mit großer Leichtigkeit andere Käufer finden, wenn wir ihnen den Preis nicht zu Dank machen. Das ist vollkommen irrthümlich und mir nur erklärlich, weil der Herr Vorredner mit den Erscheinungen auf dem Kornmarkt nicht durch eigene Leiden und Freuden vertraut ist.

(Sehr richtig! rechts.)

Wir sind heut im ganzen in der Lage in der Welt, daß viel mehr Getreide gebaut werden kann, als verbraucht wird, daß schon jetzt das Angebot im ganzen größer ist, als der Verzehr. Der Verzehr ist beschränkt, der Mensch kann im Brod nicht mehr thun, als sich satt essen, er kann das nicht zweimal im Tage leisten. Die Produktion in den fruchtbaren Ländern des europäischen Ostens und des amerikanischen Westens ist noch eine ganz unbeschränkte und kann sich beliebig steigern, und wir können den Zoll, wie mir Kornhändler gesagt haben, bis zu 1 Mark steigern, sie würden gerade so viel Getreide liefern, als bisher, denn bis über 1 Mark hätten sie vollständig Spielraum, dem Urproduzenten einen Abzug zu machen. Auf letzterem bleibt es schließlich sitzen, er bekommt soviel weniger, für ihn aber haben wir in Deutschland nicht zu sorgen. Das ist die Ansicht der Kornhändler, mit denen ich seit Monaten, seit Jahr und Tag darüber gesprochen habe, von denen ich manche persönlich kenne, sowohl russische wie deutsche. Die deutschen sagen mir, wir geben dem Petersburger Zwischenhändler so viel weniger, und auch der verliert es nicht einmal, der gibt dem russischen Bauer und dem russischen Produzenten, der ihm das Getreide meist auf dem Halm verkauft, schon im Juni, in dieser Jahreszeit, um rascher Geld zu bekommen, so viel weniger.

Aber, meine Herren, ich könnte beinahe sagen, ich fürchte, der Zoll wird ganz einfach den Produzenten abgezogen und wir werden dieselben Massen Getreide bis auf wenige Modifikationen, auf die ich nachher komme, doch bekommen. Es ist aber damit nicht, wie der Herr Vorredner annahm, der Landwirthschaft noch gar kein Dienst erwiesen. Ihr ist schon ein ganz erheblicher Dienst erwiesen, auch wenn der Preis nicht steigt und sie den geringen Gewinn, die geringe Lebensfähigkeit, die sie bei jetzigen Preisen hat, nur gesichert hat, wenn ihr überhaupt nur der deutsche Markt gesichert wird, wenn die Konkurrenz des Auslandes auf dem deutschen Markt um eine Kleinigkeit erschwert wird. Dies ist eine Kleinigkeit im Verhältniß zu den Schwankungen der Kornpreise, wie wir sie in den Jahren gesehen haben, wir haben sie ja schon öfter noch einmal so hoch wie jetzt gehabt, ohne daß unser Brod theurer geworden ist. Wenn da dem inländischen Produzenten nur die Möglichkeit gegeben wird, daß er den inländischen Markt zu denselben jetzigen Preise für sich sicher hat, so würde er auch dafür schon dankbar sein. Wir sind jetzt auf dem Lande ja in der Lage, daß die Müller auf unseren eigenen Pachtmühlen den Roggen nicht mehr von uns nehmen, sondern, da sie zugleich Bäcker in der Regel sind, uns das aus russischem Roggen gebackene Brod ins Haus auf dem Lande verkaufen. Ich selbst esse in Friedrichsruh russisches Brod und beschwere mich weiter nicht darüber, denn ich bin dort sehr wenig Landwirth, mein Ackerbau, den ich besitze in der Gegend, ist sehr gering, aber die Thatsache liegt so, die Konsumenten reißen sich nicht etwa um das Korn, sondern es wächst mehr, als gebraucht wird, und die Produzenten suchen nach Absatz. Wenn wir mehr äßen als wächst, so würde man freilich mehr hinterher sein, das letzte Korn, was in der Welt noch existirt, für sich zu bekommen, das liegt aber eben, wie ich auch speziell für Deutschland nachzuweisen versuchen werde, nicht vor, sondern es ist Ueberführung des Marktes mit Getreide in regelmäßigen Jahren in der ganzen Welt vorhanden, in England, Frankreich und Deutschland, und nun gar in den Produktionsländern erst recht, wenn die Leute da alles verzehren wollten, was sie bei sich bauen, so müßte ihre Bevölkerung sich verzehnfachen.

Der Herr Vorredner, meine Herren, sagte und führte gegen diese Vermuthung das an, es wären die Vorräthe, die hier lagerten, außerordentlich gering, er gab ein paar tausend Wispel an, die am Ende des Jahres hier gelagert hätten; — da möchte ich darauf aufmerksam machen, einmal, daß das Ende des Jahres nicht der Termin ist, wo die Hauptzufuhr herankommt, denn auf den Kanälen zu Wasser kommt das Getreide lange nicht in dem Maße wie auf den Eisenbahnen, und da ist es namentlich der Winter, wo alle Frachten billiger sind und wo man in Rußland das Getreide gedroschen hat, da wird das Getreide verfahren, und ich bin überzeugt, daß zwischen Januar und April die größten Vorräthe herankommen. Es kommt aber dabei auf die Roggenvorräthe gar nicht an, sondern wir müssen gleichzeitig ins Auge fassen die Roggenvorräthe und Mehlvorräthe, denn diejenige Form der Korneinfuhr, welche unsere Landwirthschaft augenblicklich am meisten belästigt, ist meines Erachtens die Einfuhr zur Verwandlung in Mehl im Inlande, wie sie theils zu Schiff von Petersburg via Riga und Libau nach Kiel, Lübeck und Stettin stattfindet, meines Wissens aber die größere Quantität auf den Eisenbahnen aus dem Innern von Rußland, der Gegend des Mittelpunkts, von Kursk-Arjol und bis an die untere Wolga, Samarow, bis Nischney hinauf nördlich und östlich von Moskau — aus diesen kommen mit den Eisenbahnen zu ganz außerordentlich wohlfeilen Frachten die Getreidemassen hier an, gehen zum Theil schon über Alexandrowo, die wohlfeilsten gehen, so viel ich gehört habe, über Breslau, aus der Gegend von Kiew bis Nischney nach Deutschland, hier werden sie in riesigen Dampfmühlen in Mehl verwandelt. Hier in Berlin ist mir gesagt worden, daß die tägliche Verarbeitung von Roggen in Mehl auf den Mühlen, die theils dem Weichbildsbezirk von Berlin, theils dem nächsten Eisenbahn- und Kanalrayon angehören, zwischen 4 bis 500 Wispel, also 8 bis 10 000 Zentner beträgt. Diese Mehlmasse geht dann mit der Eisenbahn über das Land und tödtet, wie ich aus persönlicher Bekanntschaft weiß, den kleinen Mühlenbetrieb, soweit er von der Eisenbahn erreichbar ist. Wie viel Vorräthe nun in diesem Mehl stecken, das weiß ich nicht und das entzieht sich auch der Berechnung, ich glaube, jedenfalls aber mehr als was überhaupt in der Zeit bis zum Nachschub hier gemahlen wird. Insofern halte ich also die Berechnung des Herrn Vorredners nicht für richtig, ebensowenig, wenn er gesagt hat, daß die Ansicht, daß der Bäcker nicht den Hauptaufschlag macht — in Roggen will ich es nicht behaupten, in Weizen ist jedenfalls der Verdienst größer, inwieweit den Bäcker die Schuld trifft, weiß ich nicht, aber ich gönne ihm seinen Gewinn, aber die Meinung des Herrn Vorredners, daß in den Zwischenstationen, ehe das Mehl an den Bäcker gelangt, mehr als nöthig hängen bleibt, ist doch nur theilweise richtig. Es gibt z. B. Brodfabriken, die mit Riesenmühlen identisch sind, die direkt ihren Roggen aus Rußland importiren und Kornhandel, Mehlfabrikation und Brodfabrikation in einer Hand betreiben und bei denen ich glaube, daß doch ein sehr großer Gewinnst stattfindet. Außerdem, wenn keiner von den Zwischenhändlern sehr reich wird, so liegt das darin, weil ihrer zu viele sind. Wo heutzutage eine Stelle ist, an der man sieht, daß etwas verdient werden kann, da drängen sich ja gleich Hunderte von Konkurrenten heran, bis der Verdienst so verkleinert und zertheilt ist, daß für den einzelnen in der That nicht viel übrig bleibt. Die meisten oder wenigstens hier die Kinder der städtischen Bevölkerung, ziehen ein kaufmännisches Leben, wenn es auch gering nährt, wenn es aber nur zu keiner anstrengenden körperlichen Thätigkeit zwingt, einem Gewerbebetrieb mit täglicher Arbeit vor.

(Sehr wahr! rechts.)

Sie alle werden Bekanntschaft haben nach der unteren Volksklasse hin, wenigstens ich habe sie und habe dort immer gefunden, daß das Ideal eines Mannes von der Volksklasse, eines Dieners, der sich etwas erspart hat, nicht etwa ist ein kleines Gut in seiner Heimat zu kaufen, sondern in Berlin einen Viktualienhandel anzulegen — darauf spart er — und dann mit seinen Gästen zu reden und mitzutrinken und ihnen das Bier zu bringen. Das ist heutzutage viel eher das Ideal, als sich, wie es früher war, einen kleinen eigenen Hof zu kaufen und dort das Land zu bearbeiten und Korn zu bauen. Diese Tendenz bewirkt also, daß, wo durch den Zwischenhandel etwas zu verdienen ist, und jemand einen schönen Verdienst hat, gleich zehn bereit sind, ihn darin zu beschränken und mit ihm zu theilen.

Wenn nun ich schon zugebe — vielmehr behaupte, daß dieser Zoll auf den Kornpreis keine Einwirkung haben wird, so bestreite ich auf das allerbestimmteste, daß die Kornpreise und die Brodpreise in irgend einem nachweisbaren Zusammenhange stehen, und behaupte, wenn nicht Hungersnoth zwingend einwirkt, daß durch den Ueberfluß und Wohlfeilheit des Korns kein Wachsen des Brodgewichts und kein merkliches Sinken der Brodpreise eintritt. Die Brodpreise sind heute bei diesen niedrigen Kornpreisen dieselben, das heißt, das Gewicht des Brodes ist dasselbe, wie es in den Jahren war, wo das Korn noch einmal so theuer war als heut, daß heißt im Laufe der funfziger und sechziger Jahre, und die Herren, die daran zweifeln wollen — — ich will nicht von den Brödchen sprechen, die wir auf den Tisch des Hauses niedergelegt haben, es kann ja jeder, wenn er nach Hause kommt, das erste beste Brod abwiegen und das Gewicht vergleichen mit den Preisen, das kann ja jeder sich berechnen, damit will ich Sie nicht aufhalten. Meine Erkundigungen über die Brodpreise stammen aus direkter Quelle, nicht aus den Kreisen, in denen wir leben, sondern aus den Kreisen der Handwerker, der Diener, der kleinen Leute und ich kann Jedem, der näheres darüber zu wissen wünscht, vollständig Rede stehen. Ich glaube deshalb, daß, wenn der Preis des Getreides durch diesen außerordentlich niedrigen Zoll auf Korn, der unter 5 Prozent des Werths bleibt, nicht affizirt wird, daß auch unser Handel in keiner Weise davon beeinträchtigt werden kann, wenigstens in keinem höheren Maße als er es der Gerechtigkeit im Ausgleich der gleichen Vertheilung der Lasten schuldig ist. Etwas wird der Handel dem Kaiser und seinem Finanzminister doch auch wohl von seinem Verdienst abgeben können. Es ist ja für uns alle erfreulich, wenn unsere Kornhändler reich werden, aber wir können darüber das Prinzip der vertheilenden Gerechtigkeit in den öffentlichen Lasten nicht opfern. Ich glaube auch, daß ihnen ihr Verdienst ungeschmälert bleibt, und wenn die beiden Hauptbeschwerden gewogen werden, die Erschwerung der Mischung des russischen Getreides mit deutschem in unseren Ostseestädten und die Erschwerung des Transits, wo man wieder unterscheiden muß zwischen dem Ostseetransit und zwischen dem südwestlichen Transit, der hauptsächlich durch Süddeutschland, durch Bayern auf Mannheim geht, — wenn man die näher ins Auge faßt, so glaube ich, daß die Herren künftig den verzollten Roggen gerade so gut werden mischen können wie bisher den unverzollten, und ich glaube nicht einmal, daß sie 25 Pfennige weniger am Zentner verdienen werden, sondern daß der Zoll, wie ich schon vorhin sagte, von dem, der fein Korn nothwendig los sein muß und der keinen anderen Abnehmer hat, wird bezahlt werden müssen.

Die Veränderung der Absatzwege aus Rußland — also ich will einmal sagen von Danzig nach Libau, wovon jetzt viel die Rede ist, damit kann man Leute bange machen, die das Geschäft und die Geographie nicht kennen.

(Sehr richtig! rechts.)

Es sollen heute zum Beispiel einige Königsberger Firmen sagen: sie können sich nur halten dadurch, daß sie Kommanditen in Libau errichten. Darüber würde ich mich freuen, wenn unsere Landsleute auch in Libau Geld verdienten, gleichviel ob in Libau oder in Königsberg, ich gönne es ihnen in beiden Fällen. Aber man muß Libau kennen und sich doch klar machen, daß das Ausgraben eines Hafenbassins an der Westküste von Kurland und das Anlegen einer Eisenbahn dahin noch keinen Handelsplatz und noch keinen Absatzhafen schafft.

Was ist es denn, was den russischen und namentlich westrussischen und polnischen Kornverkehr nach unseren Ostseestädten zieht? Es ist keineswegs, daß sie in Rußland keine guten Häfen hätten; sie haben in Riga, in Petersburg Häfen, und es hat Libau einen Hafen wie Stolpmünde oder Rügenwalde, wer das kennt, aber das genügt nicht zum Handel, und meines Erachtens kann Rußland viel Geld auf Libau verwenden, aber keinen Handelsplatz daraus machen. Was sie nach Danzig und Königsberg hinzieht, das ist der große Handelsplatz, die große Kaufmannschaft, das große Kapital. Wer hat denn Kapital zum Kornhandel in Libau? Das Kapital kommt aus den deutschen Ostseehäfen, und deshalb hat Danzig, hat Königsberg, weil sie das Geld hergeben, mit dem den russischen Bauern das Korn abgekauft wird, und einen Vorschuß machen, deshalb hat Danzig und Königsberg diesen Handel und wird ihn deshalb auch behalten, denn einen Handelsplatz können selbst die gewaltigen Kräfte des russischen Reichs nirgends improvisiren, am allerwenigsten in Libau oder Windau, wenn sie auch die Eisenbahn nach Windau legen, was mitunter etwas früher eisfrei wird, aber selten, weil es nördlicher liegt. Aber sie haben ja einen guten Hafen in Riga und es geht auch Getreide von dort nach Lübeck, um hier gemischt zu werden, oder nach Danzig oder Stettin, aber es ist doch unbedeutend. Die Rigaer Kaufmannschaft kann sich an Kräften mit der Königsberger, Danziger, Hamburger nicht messen, sie braucht das Kapital der deutschen Häfen und die kaufmännischen Verbindungen derselben nothwendig, um ihr Korn zu verwerthen, und wo soll denn, wenn Sie die Karte ansehen, das Korn aus dem Königreich Polen, aus der oberen Weichsel, aus Galizien anders hin, als daß es durch Deutschland geht, und ebenso aus Westrußland, abgesehen davon, daß das russische Korn in seiner natürlichen Gestalt immer einen erheblich minderen Werth gegen das deutsche haben wird, mit Ausnahme des Südens, wo die Gunst des Klimas eine andere Gattung Korn herzustellen möglich macht als im Norden, das geht aber größtentheils über Odessa weg und kommt nicht zu uns. Das russische Korn, was zu uns kommt, wird fast immer der Mischung bedürfen, oder es wird sich mit einem sehr viel niedrigeren Preise als das deutsche auf den englischen und deutschen Märkten begnügen müssen. Wenn Sie die Preislisten ansehen, so werden Sie da, wo russischer Roggen ehrlich angeboten wird, denselben 10 bis 15 Mark auf die Tonne wohlfeiler angeboten finden als den deutschen, der deutsche ist an und für sich mehr werth, nicht weil der Roggen Rußlands, wenn man ihm die volle Reife läßt, schlechter ist — in Polen namentlich ist z. B. der Weizen von Sandomir, der „hochbunte" polnische, ein sehr viel besseres Produkt als der deutsche, und der ungarische ist noch besser, — aber der russische Roggen kommt nicht trocken in die Scheune oder in den Handel. Diese Ungunst des russischen Klimas muß das russische Getreide tragen, wir nehmen sie ihm ab durch die Mischung; das russische Getreide wird nicht vollkommen reif, oder doch nicht trocken in den nördlichen Bezirken von Rußland; wo sich die deutschen und skandinavischen Einflüsse hin erstreckt haben, da ergänzt man diese Ungunst des Klimas durch das Darren des Getreides in heizbaren Scheunen, wo, bevor das Getreide zum Dreschen kommt — ich glaube, sie nennen es Riegen — die Bündel auf einen mäßig erwärmten gewölbten Raum geworfen werden, und dann sich das Korn mit mehr Leichtigkeit vom Halme löst, welches unreif oder feucht eingekommen ist. Wo diese Behandlung nicht herrscht, da kommt ein großer Theil des russischen und polnischen Getreides an und für sich unreif, jedenfalls unvollkommen trocken in den Verkehr. Diese unvollkommene Trockenheit äußert einmal die Wirkung, daß das Getreide, wenn es nachher getrocknet ist, nicht den vollen Werth hat, den es vorher hatte, namentlich aber auch auf den Wittinen ankommt und wie sie die dortigen Fahrzeuge nennen; wer gesehen hat, wie die Getreidemassen auf den Strömen herunter geflößt werden, der glaubt, ein grünes Kornfeld zu sehen, das Korn grünt aus, dann wird es, um von den Kornkeimen befreit zu werden, im Freien ausgeschüttet, und es wird so behandelt, daß die Keime abgestoßen werden, Getreide aber, was angekeimt ist, kann den Nahrungswerth nicht mehr haben, als wenn es noch nicht gekeimt hatte, und der Keim noch nicht abgestoßen war; nachher wird dem russischen Getreide ein höherer Werth wieder dadurch verliehen, daß es mit deutschem vermischt wird, und dieses vermischte Produkt wird dann fälschlich als deutsches Korn mit Lokalnamen, „Stettiner Mischung, Danziger Mischung" im Ausland verkauft und drückt den Standardwerth unseres deutschen Getreides, die Reputation desselben wesentlich herunter, indem man diese halbe Mischung — ich will nicht sagen Fälschung, aber es erinnert dies doch an die übeln deutschen Lieferungen, über die in Ostasien geklagt wurde, daß die Waaren nicht durchgängig von gleicher Qualität waren. Ist das ein nationaler Vortheil für uns? Ich will es unentschieden lassen, ich glaube, es wird den Herren in den Seestädten nicht benommen werden, denn die Russen können in Libau ihr Getreide nicht mischen und dazu nicht deutsches Getreide dorthin fahren, was scheunentrocken ist, um es mit dem russischen zu mischen. Ich glaube also, das russische Getreide, wenn es überhaupt wächst, hat einen Zwangskurs, eine gebundene Marschroute, die es nothwendig auf die Wege der deutschen baltischen Häfen weist. Es ist deshalb hier das Mittel gegeben, wo die Kampfzölle zur Eröffnung der russischen Grenze unter Umständen wirksam werden könnten. Der Herr Abgeordnete von Treitschke hat gestern angeführt, daß dieses System versucht wurde und nicht zum Ziele geführt hat. Ich vermuthe, er hat angespielt auf eine Episode, die in den Jahren zwischen 1823 und 1825 spielte, wo Preußen von Rußland auf Grund der polnischen Theilungsverträge verlangt hatte, daß vollkommen freier Verkehr in den ehemals polnischen Ländern stattfinden solle, also daß eine russische Grenzsperre innerhalb des alten polnischen Reichs nicht zulässig wäre, und wo Rußland die Verpflichtung hierzu ablehnte, und wo man in Preußen empfindlich wurde und nun einen Zoll von 5 Silbergroschen — nicht auf den Zentner, sondern auf den Scheffel, der $^4/_5$ bei Roggen und $^9/_{10}$ bei Weizen ist, legte. Nicht etwa, weil der Danziger Handel darunter gelitten hätte, und weil die Russen nun ihr Getreide anderswo exportirt hätten, hat dieses Verhältniß aufgehört; wohin sollten sie es dann bringen? Es gab keine Eisenbahnen, es gab keine Chausseen. Der einzige Weg, auf dem das russische Getreide aus dem dortigen Gebiet des Niemen, der Weichsel und des oberen Dnieper durch die Kanäle heraus konnte, war allein der Niemen, die Weichsel und die Warthe, der Wasserweg, und es wurde nicht etwa weil man in Preußen den Handel leidend fand, sondern weil Kaiser Alexander sich persönlich an König Friedrich Wilhelm III. wandte und hierin eine Abweichung von der Tradition in der politischen Freundschaft zwischen Preußen und Rußland fand, auf diesem Wege wurde es durchgesetzt, mit einer leisen, fast unmerklichen Wendung, daß beim Transport „zu Wasser" diese Zölle nicht Anwendung finden sollten, und so wurde die ganze Sache todtgemacht; denn anders als wie zu Wasser, auf dem Niemen, der Weichsel und der Warthe war kein Transit möglich. Denken Sie sich das ganze Land mit seinen sandigen bergigen Wegen ohne Chausseen, ohne Eisenbahnen; es war kein Handel als auf dem Wasserwege möglich, und er wurde wieder gestattet, nicht aber, weil wir es wirthschaftlich nicht hätten durchführen können, sondern weil wir es unserer Politik nicht entsprechend fanden, den Kaiser Alexander I. zu verstimmen.

Diese Transitfahrt in Westpreußen berührt die deutsche Landwirthschaft nicht in dem Maße, wie der Transit, der sich in der Richtung auf die Nordsee und die französische Grenze und namentlich durch Bayern bewegt. Aber die Amendements, die darauf gestellt sind, im Interesse dieses baltischen Transits, und dieser Mischungen gesetzliche Bestimmungen in den Tarif hineinzubringen, halte ich doch hier nicht angebracht. Sie bezwecken nicht eine Tarifposition, sondern eine Veränderung des Zollgesetzes von 1869. Nach dem Zollgesetz von 1869 ist, wenn ich nicht irre, im 6. Artikel bestimmt, daß der Transit frei sein soll, und dann ist gesetzlich bestimmt, in welcher Art der Transit ausgeführt werden kann, mit anderen Worten, was Transit sei und wie es zu verstehen sei. Wenn Sie darin etwas ändern wollen, müssen Sie einen Antrag auf Aenderung des Zollgesetzes von 1869 bringen. Hier im Tarif hat eine solche gesetzliche beiläufige Bestimmung oder Resolution oder Empfehlung an den Bundesrath meines Erachtens keinen Platz; denn das Zollgesetz von 1869 gibt dem Bundesrath schon die nöthigen Machtvollkommenheiten, um den Handel zu erleichtern, seine gesetzlichen Bestimmungen können auf dem beiläufigen Wege nicht geändert werden.

Sollen Sie geändert werden, so ist die Frage, soll der Transit überhaupt frei bleiben, soll die Freiheit nicht lokalisirt werden, denn der Transit in ostwestlicher Richtung schädigt die deutschen und namentlich die süddeutschen Interessen in großer Erheblichkeit. Wir liegen in Deutschland inmitten zwischen dem Korn und Holz produzirenden Osten Europas und zwischen dem Korn und Holz kaufenden Westen Europas. Wir sind dabei leistungsfähig nach beiden Richtungen; wir könnten dem Osten Industriewaaren liefern, wenn er sich nicht gegen uns verschlösse, und wir haben früher dem Westen landwirthschaftliche Produkte geliefert, haben uns aber selbst diesen Handel todt gemacht, indem wir dem Konkurrenten durch Abschaffung des Transithandels, also durch Gewährung der Transitfreiheit die Konkurrenz erleichterten und ihm außerdem schnell und wohlfeil bis an die Grenzen des kaufenden Staats hinfuhren,

(hört, hört! — sehr richtig! rechts)

damit er dort durch wohlfeile Produktion konkurrire und dem deutschen Verkäufer in Mannheim u. s. w. den Absatz ruinirte. Ich appellire an die Herren, die aus Bayern hier sind, welchen Handel mit landwirthschaftlichen Produkten Süddeutschland in früherer Zeit mit Vieh sowohl, wie mit Korn nach Frankreich hatte — vom Holzabsatz kann ich heute nicht sprechen, aber da werden namentlich die bayerischen Herren noch mehr davon zu sagen wissen, wie die norddeutschen. — Dieser ganze Absatz ist uns durch das, meines Erachtens in dieser abstrakten Allgemeinheit nicht richtige Prinzip der Transitfreiheit verdorben. Wir haben dem Konkurrenten mit der dem deutschen Charakter eigenen wissenschaftlichen Großmuth die Konkurrenz erleichtert.

(Bewegung.)

Das ist mehr kosmopolitisch als national. Ich will über die Transitfrage noch nicht entscheiden, nur würde ich bringend bitten, alle Amendements, die dahin gerichtet sind, gesetzliche Aenderungen des bestehenden Zolls von 1869 bei dieser Gelegenheit durchzubringen, abzulehnen, und möchte ich empfehlen, daß, um diese beiden Verhältnisse, Zollausführungsgesetz und Tarif, nicht in große Verwirrung zu bringen, wir uns der Aenderung des Gesetzes durch Tarif enthalten; die verbündeten Regierungen müssen den höchsten Werth darauf legen, daß diese Amendements, die irgend eine Aenderung des Zollgesetzes bezwecken, abgelehnt werden.

Ich hatte mir noch einige Notizen über die Rede des Herrn Vorredners gemacht, aber ich glaube, ich kann über sie hinweggehen bis auf das eine, was eine Entkräftung des Beispiels mit der Mauth von 10 verschiedenen Rittergütern betrifft. Es ist nicht mein Beispiel, und ich kann es in allen seinen Konsequenzen nicht durchführen, aber die Bemerkung des Herrn Vorredners, daß das Gut, welches sich durch einen Chausseezoll belastet findet, eben auch einen anderweiten Verkauf wählen könnte, trifft hier nicht ganz zu. Ich würde lieber gegen das Beispiel anführen, daß derjenige, der den Chausseezoll zahlt, 2 bis 3 mal mehr aufladen kann, als derjenige, der ohne Chaussee fährt, und daß die Rechnung sich dadurch ausgleicht. Aber die Möglichkeit, sich einen anderen Abnehmer zu wählen, findet bei Rußland, Galizien, Ungarn in dem Maße gar nicht statt. Wenn die 42 Millionen Deutschen nicht mit unter den Abnehmern sind, dann setzen jene so viel nicht ab, als sie bauen können und wollen. Wir thun also wenigstens gut, unsere Grenzen gegen Ueberführung zu verschließen.

Ich komme nun zu einer anderen Frage, mich den landwirthschaftlichen Interessenten gegenüber darüber zu rechtfertigen, warum wir denn eine solche Vorlage gemacht haben; wenn sie die Preise nicht steigert, nützt sie dann dem Landwirth gar nichts? Ich habe schon erwähnt, daß sie ihnen insofern nützen kann, auch ohne die Preise zu steigern, wenn sie ihnen den deutschen Markt in ausgedehnterem Maße als bisher sichert, daß nicht, wie wir das jetzt erlebt haben, die Kornverkäufer herumfahren müssen in den verschiedenen Marktstädten, um ihren Roggen abzusetzen, und daß sie ihn vom Markt wieder nach Hause nehmen müssen, oder, wenn sie ihn einem Kaufmann anbieten, mit freundlichem Hohnlächeln ein Gegenangebot zu einem geringeren Preise bekommen. Das wäre schon ein sehr erheblicher Gewinn. Aber, wie schon anfangs gesagt, haben die verbündeten Regierungen bei dieser Vorlage einen eigentlichen Schutzzoll nicht erstrebt. Ich wenigstens bin von Hause aus davon ausgegangen, daß die Vorurtheile zu ungeklärt und die öffentliche Meinung und die alles übertönende Stimme der großstädtischen Pressezu laut

(sehr richtig!)

gegen diese Zölle sein würde, als daß sie verstanden und überlegt werden würden, und ich habe mir gedacht, man muß durch die That überzeugen, daß sie diesen Einfluß nicht haben können. Ich habe deshalb der Kommission von Hause aus empfohlen, man möchte für Getreide nur den Finanzzoll, d. h. die distributive Gerechtigkeit, die Vertheilung eines Theiles der Lasten der inländischen Landwirthschaft nach Maßgabe des gesammten Steuerreformplans auf das Ausland erstreben, einen eigentlichen Schutz aber nur für die Viehprodukte erstreben. Auch das ist mir in unvollkommenem Maße nicht gelungen. Ich halte die Viehzölle, und namentlich bei den besseren Rindviehsorten und beim Fettvieh, für die doch die Nothlage, der Nothstand und der arme Mann nicht so geläufig ins Feld geführt werden kann, für wesentlich zu niedrig.

(Rufe links: Schmalz!)

— Wie befehlen die Herren? Rinderschmalz? — Ich bitte doch die Herren, mich nicht mit Privatgesprächen zu belästigen, Sie haben ja Zeit, nach mir das Wort zu nehmen. Ich habe gar keine Verpflichtung, mich mit Ihnen privatim zu unterhalten.

Die Viehzölle halte ich nicht für völlig ausreichend, aber da gestehe ich zu, sie sollen einen Schutz gewähren, und sie sind höher wie die Kornzölle. Von den Kornzöllen aber erwarte ich doch eines: einmal, daß das Gefühl der Ungerechtigkeit in der ungleichen Belastung der Besteuerung sich mildert, wenn die Gesammtreform der Finanzen zur Durchführung kommt, und daß die Landwirthschaft um so viel, als die Kornzölle bringen, mindestens später, wenn andere Finanzzölle durchgehen, und sie mehr in der Grundsteuer dadurch entlastet werden, daß die Gemeindeanlage nicht mehr zur Staatsgrundsteuer geschlagen wird, sondern direkt aus der Staatssteuer genommen werde. Das würde für die Landwirthschaft, wenn sich das durchführen läßt, eine Entlastung ihres Betriebes von durchschnittlich der einen Hälfte der 20 Prozent sein, mit denen sie bisher belastet ist. Soviel wird dieser Kornzoll, wenn es auch bei seinem Ertrage wesentlich auf die Frage ankommt, wie man den Transit behandelt, doch nicht bringen können, sondern es werden da andere Steuerreformen mit hinzutreten müssen. Aber es ist doch immer der gute Wille der Gesetzgebung sichtbar, daß das landwirthschaftliche Gewerbe mit der gleichen Gerechtigkeit wie die übrigen behandelt werden soll. Dann aber sehe ich in diesen Kornzöllen, wenn ich so sagen darf, einen Ordnungszoll, der etwas Ordnung in die Einfuhr bringt. Bisher, wo die Einfuhr ganz absolut frei ist, da werden beliebige Massen fremden Korns zu uns hereingefahren, weil jeder Zentner Korn, der in Deutschland liegt, schon einen höheren Werth hat, als wenn er in Ungarn, Rußland oder Galizien liegt und die Aussicht, ihn vielleicht verkaufen zu können, ist hier größer. Ich muß auch dem Herrn Vorredner widersprechen, der sagte, daß es nicht Konsignationsgeschäfte wären, ich gebe es nach dem Wortlaut zu, aber wir wollen über den kaufmännischen Ausdruck nicht rechten, ich will lieber mich so ausdrücken, es sind zum großen Theil Hoffnungsgeschäfte, d. h. Einfuhr des Roggens auf Anlaß und Bestellung der deutschen Kornhändler, respektive der Großmüller. Sie werden angelockt zu dieser Masseneinfuhr, zu dieser Uebereinfuhr durch die Beschaffenheit der Eisenbahntarife. Wer 100 000 Zentner gleichzeitig anmeldet, erhält den wohlfeilsten Tarif, d. h. in Massen wird die Fracht billiger gelassen von den Eisenbahnen, um möglichst viele Massen in den Eisenbahnverkehr hineinzuziehen. Die Versuchung ist außerordentlich groß, daß einer, der vielleicht nur 3000 Wispel unterbringen kann, sich 5000 bestellt, um den erheblich niedrigeren Tarif, den die sogenannten 5000 Wispelmänner für ihre Mühlen und Kornhandlungen haben, zu gewinnen, ja bei der wagehalsigen Spekulation, mit der der Berliner Kornmarkt vertraut ist, ist es möglich, daß, wer nur 1000 Wispel oder gar nichts sicher unterbringen kann, 5000 bestellt in dem Glauben, wenn es einmal im Lande ist, wird er es schon los werden. Ich glaube, daß wir auf diese Weise unter einer Ueberführung mit Getreide leiden, die nothwendig sich etwas mildern, sich einschränken muß, wenn diese Herren, die diese 5000 Wispel kontrahiren, dafür einen Zoll von 25 000 Mark erlegen müssen, und erst dann ihre Chance abwarten können. Ich glaube, daß das, was ich ohne die Herren, die ihren Gewinn dabei suchen, zu beleidigen, eine leichtsinnige Einfuhr von Getreide nennen möchte, erheblich vermindert wird durch den Zoll. Ob das auf die Erhöhung der Preise wirken wird, ist mir sehr zweifelhaft, aber es wird vielleicht einem weiteren Herunterdrücken vorbeugen, denn durch die fortgesetzte Mehreinfuhr von mehr, als wir konsumiren und brauchen überhaupt, müssen die Preise viel mehr gedrückt werden, als durch irgend welche andere Umstände. Es ist ein bekannter Grundsatz, daß 1 Prozent Waare über den Bedarf am Markte um 2 Prozent drückt, und ein fehlendes Prozent wieder 5 bis 10 Prozent steigert. Aber dieser Druck von den überschießenden Prozenten findet bei uns meiner Ueberzeugung nach ganz zweifellos statt, und die jährliche Einfuhr übersteigt unsern Bedarf, der, ich will nicht behaupten um das ganze Quantum der Einfuhr in jedem Jahre, aber es übersteigt sie. Ich habe hier in einer Schrift;

die mir von freihändlerischer Seite zugeschickt worden ist, eine Darstellung dieser Verhältnisse, die sie zu erklären und zu entschuldigen sucht, aus der ich entnehme, daß beispielsweise die Einfuhr von Getreide, oder ich will sagen der Ueberschuß der Einfuhr über die Ausfuhr vom Jahre 1872 sich bloß bei Weizen und Roggen, von allen anderen Getreidesorten sehe ich vollständig ab, um 17 Millionen Zentner gesteigert hat. In dem ersten Jahre, 1872, wie ich mich noch erinnere, war ein Ueberschuß der Ausfuhr in Weizen von 200 000 vorhanden, nachher im letzten Jahre ein Ueberschuß der Einfuhr auch in Weizen von einem sehr viel größeren Quantum. Im ganzen beträgt die Zunahme des Ueberschusses der Einfuhr von Weizen und Roggen über die Ausfuhr 17 Millionen Zentner. Dabei ist nun gesagt, dies erkläre sich aus der großen Zunahme der Bevölkerung. Die Zunahme der Bevölkerung ist angegeben auf 1 660 000 Köpfe in der Zeit, wir wollen in runder Summe sagen 1 700 000. Diese Bevölkerun von 1,7 Million, ist meiner Ueberzeugung nach vollständig gesättigt mit 6 Millionen Zentner Roggen und Weizen. Die Ansätze, die heutzutage in der politisch sehr tendenziösen Statistik, wie sie in Preußen gemacht wird,

(Hört!)

angenommen werden von 9 Zentnern pro Kopf, sind geradezu unsinnig, die von 5 Zentnern, die der Herr Vorredner angab, halte ich für zu hoch gegriffen. Die Konsumtion der Städte, die immerhin etwas weniger Brod essen mögen, weil sie mehr Fleisch essen, hat nach den Untersuchungen der Mahl- und Schlachtsteuer nur 125 Kilogramm = 250 Pfund, also gerade die Hälfte von dem, was der Herr Vorredner sagte, pro Kopf ergeben. Ich richte mich da auch nach meinen eigenen ländlichen Erfahrungen und da weiß ich ganz genau, daß in den Deputaten, die ich zu geben habe, und bei den guten und kräftigen Essern, wie der pommersche Arbeiter, der Kopf Mann, Frau, Kind mit 4 Scheffel Roggen berechnet wird und daß das reichlich ist, wird mir jeder zugeben, der auf dem Lande wirthschaftet und auf dem Lande wird mehr Brod gegessen, als in den Städten.

Indessen, ich will auch noch höher gehen, selbst über den Satz, dem dieser freihändlerische Herr hier anführt, mit 345 Pfund Getreide pro Kopf. Ich will also annehmen bloß für Weizen und Roggen 345 und dies auch noch nach oben abrunden auf 350 Pfund. 4 Scheffel sind, wie bekannt, 320 Pfund Roggen. Ich gehe also 30 Pfund höher; auf 3½ Zentner, dann habe ich die Konsumtion der Mehrgebornen, der Vermehrung der Bevölkerung auf 5 bis 6 Millionen Zentner, und es bleibt mir eine weitere Mehreinfuhr von 11 Millionen Zentnern übrig, für die der Konsument wenigstens sich nicht in dem Zuwachs der Bevölkerung findet, wenn man nicht allen neu geborenen Kinder den Magen mit Brod überfüllt.

(Heiterkeit.)

11 Millionen Zentner sind es, wenn man die Konsumtion von 3½ rechnet zwischen 3 und 4 Millionen Jahresportionen eines Kopfes der Bevölkerung. Wenn also in jedem Jahre und auch nur diese 3 bis 4 Millionen Jahresportionen zu viel zugeführt werden, sich ein bis drei Jahre herumtreiben bei uns im Lande und ganz unabsetzbar auch zu Schleuderpreisen sind, dann wieder in der Mehrausfuhr nach anderen Gegenden hin bei uns figuriren, so muß das eine Ueberführung von Getreide bei uns veranlassen.

Ich will noch eine andere Rechnung anstellen, mit der ich auf dasselbe Resultat komme. Ich fordere jeden auf, mir aus der Erfahrung, namentlich aus der der Landwirthe oder aus der Statistik der mahlsteuerpflichtigen Städte zu widerlegen, daß die Konsumtion von Weizen und Roggen, — wohlverstanden, ich spreche von keinen anderen Gattungen als von denen, die hauptsächlich zur menschlichen Nahrung dienen, — 3½ Zentner pro Kopf übersteigt. Bis zum Gegenbeweis bleibe ich bei meiner Behauptung. Da finde ich, daß die 40 Millionen Deutsche, wenn sie recht hungrig sind, 140 Millionen Zentner Weizen und Roggen im Jahre essen können; oder rechnen wir die Neugeborenen noch hinzu, so kommen wir auf einen Verbrauch von etwa 146 bis 50 Millionen Zentner Roggen und Weizen.

Nun, wieviel bauen wir von diesen beiden Brodfrüchten? — Daß das, was wir bauen, vollständig im Lande bleibt, geht daraus hervor, daß in beiden Fruchtgattungen die Ausfuhr von der Einfuhr erheblich überstiegen wird.

Also wir bauen, auf einer verhältnißmäßig geringen Ackerfläche für die 54 Millionen Hektaren, die das deutsche Reich enthält, mit Winterkorn, Weizen und Roggen nur etwa 8 200 000 Hektaren. Davon befinden sich in Preußen — und ich muß das sondiren, weil mir nur über Preußen die weiteren statistischen Daten genau zugänglich geworden sind, — 1 Million Hektaren Weizen und 4½ Millionen Hektaren Roggen; also im Ganzen 9/11 Roggenbau und 2/11 Weizenbau in Preußen. In Süddeutschland ist das Verhältniß anders. Die Fläche, die mit Roggen und Weizen bebaut wird, ist mir bekannt: es sind 1 200 000 Hektaren, die mit Weizen bestellt werden, und 1 500 000, die mit Roggen bestellt werden, zusammen etwa 2 700 000 Hektaren, also ziemlich genau die Hälfte von den 5½ Millionen, die in Preußen damit bestellt werden. Diese Weizen- und Roggenbestellung in Preußen liefert nun nach den Tabellen des statistischen Büreaus einen jährlichen Ernteertrag im Durchschnitt des ganzen Staates in Roggen und Weizen ziemlich genau von derselben Millionenzahl, wie das deutsche Volk bei 3½ Zentner Konsum pro Kopf verzehren kann, d. h. von 146 Millionen, worunter 34 Millionen und einige Weizen und etwas über 110 Millionen Zentner an Roggen. Wenn ich nun, da ich vorhin fand, daß das, was in Süddeutschland an Roggen und Weizen bestellt wird, ungefähr die Hälfte von dem preußischen oder das außerpreußische reichlich die Hälfte von dem preußischen betrug, so kann ich bei den besseren Bodensorten, den besseren Ernten und zum Theil der besseren Wirthschaft doch annehmen, daß sie mindestens eben so viel bringen verhältnißmäßig, daß sie also die Hälfte von den 146, sagen wir der Rundung wegen — es kommt auf eine Hand voll Noten nicht an — 150 Millionen, ich will es bei der Halbirung abrechnen, daß sie 70 Millionen Zentner Roggen und Weizen aufbringen. So haben wir also das Gesammtprodukt der eigenen Ernte mit 220 Millionen Scheffel derjenigen Korngattungen, welche zur menschlichen Nahrung verwendet werden. Wir müssen dazu zurechnen die Uebereinfuhr, die Sie auf 30 Millionen angegeben haben in diesen beiden Getreidegattungen ganz allein ohne die anderen, das macht 250 Millionen. Es ist noch ein kleines Item von zwei Früchten, die vorzugsweise zur menschlichen Nahrung dienen, das ist Buchweizen und Hülsenfrüchte, die beide zusammen noch 15 Millionen Zentner ergeben. Ich komme also dabei auf 265 Millionen Zentner, die zur menschlichen Nahrung dienen und die in Deutschland zur Konsumtion gelangen. Nun muß ich abrechnen die Saat von 8 Millionen Hektaren, die wahrscheinlich der Statistiker nicht abgerechnet hat. Das wird ungefähr mit 25 Millionen Zentner gedeckt sein und es bleiben mir immer noch 240 Millionen Zentner. Dahinter steht eine Produktion von 500 Millionen Zentner Kartoffeln, die ja zum großen Theil zur Brennerei, zur Fütterung verwendet werden, aber doch auch einen sehr beträchtlichen Theil menschliche Nahrung liefert.

Ich will nun zugeben, daß auch von diesem Roggen noch ein Theil zur Brennerei und dergleichen verbraucht wird, aber lange nicht in dem Maße, wie man glaubt. Die Kornbrennerei ist immer mehr eingeschränkt worden bei uns. Ich habe ganz sichere statistische Data darüber nicht finden können. Eins, was mir nicht ganz glaubwürdig war, beschränkte es auf 5 Millionen Zentner, ich halte es für etwas zu niedrig, es kommt so sehr viel nicht darauf an. Jedenfalls wird in vielen Gegenden an nichtberechneten Getreidegattungen, Hafer, Gerste, mindestens ebenso viel zur menschlichen Nahrung verwendet, sei es in Brod, sei es auch nur in Gestalt von Grützen und Suppen, die auf dem Lande ja sehr viel genossen werden. Ich behalte aber immer meiner Rechnung nach 240 bis 250 Millionen Zentner, die die deutsche Bevölkerung essen soll, während sie meines Erachtens nicht mehr als 140 Millionen Zentner von diesen Getreidegattungen essen kann. Ich überlasse dieses Problem den Statistikern zur Lösung, nur müssen sie es sich nicht so bequem machen, daß sie ganz einfach ihren aus der Luft gegriffenen Konsumtionssatz von 9 Zentner pro Kopf anführen,

(Heiterkeit.)

damit ist man dann leicht fertig. Es wird bestimmt noch Konsumtionen geben, die ich nicht habe anführen können und die ich im Augenblick übergehe, aber dafür ist der Spielraum, den ich Ihnen lasse, auf zirka 100 Millionen Zentner, deren Verwendung Sie mir nachweisen sollen, ehe Sie behaupten, daß wir Hunger leiden würden, wenn heute die fremde Einfuhr ganz gestrichen würde. Wir würden sie nicht brauchen, wir würden keinen Hunger, keine Noth leiden, wenn sie fehlte, aber unser Handel würde einigermaßen leiden, und es ist das ja nicht beantragt.

Es ist in diesem freihändlerischen Werk, was mir hier vorliegt, jener außerordentliche Zuwachs der Ausfuhr, der zu dem Zuwachs der Bevölkerung in keinem Verhältniß steht, damit erklärt, daß der Verbrauch von Korn für andere Verwendung, also beispielsweise für Bier, Branntwein zugenommen hätte, daß weniger Getreide im Inlande gebaut sei wegen des Rüben- und Kartoffelbaues. Nun, das alles ist so hingeredet, um auf jemand, der das in der Stadt liest, Eindruck zu machen, aber das Bier wird doch überwiegend und ziemlich ausschließlich von der Gerste gebraut, und die Gerste ist in dieser Rechnung von Weizen und Roggen nicht mit einbegriffen, und der Branntwein wird wesentlich von Kartoffeln gebrannt, und von den Kartoffeln, mit dem gewaltigen Zuschuß von 500 Millionen Zentnern habe ich gar nicht gesprochen. Was aber die Bezugnahme auf die Abnahme des Körnerbaues wegen des Rüben- und Kartoffelbaues betrifft, so zeigt das wieder die Unbekanntschaft mit den landwirthschaftlichen Verhältnissen. Jeder, der Rübengüter kennt, weiß, daß von dem Augenblick an, wo volle Rübenkultur eingeführt wird, auf demselben Gut mehr Getreide wächst, als vorher, viel stärkere Kornernten gemacht werden, Ernten, wie man sie vorher sich nicht hat träumen lassen, wegen der tieferen Kultur. Ebenso ist bekannt, daß Leute, die von der Brennerei keinen Gewinn haben und suchen, lediglich zur Kultivirung ihres Gutes, also um mehr Körner darauf zu bauen, eine Brennerei anlegen. Der Rüben- und Kartoffelbau verhindert den Getreidebau nicht, und ich bleibe bei der Behauptung, daß wir unter einer Ueberführung mit Korn, vielleicht schon durch unsere eigene Kornproduktion, aber nur deshalb leiden, weil der deutsche Markt zum großen Theil von dem **ausländischen** Import absorbirt wird.

Ich kann bei der Erwägung dieser Frage die Bemerkung nicht unterdrücken, daß bei der gesammten Gesetzgebung der letzten 20 Jahre und aus anderen Gründen, auch in der weiter zurückliegenden Zeit die landwirthschaftliche Produktion, das Gewerbe der Korn- und Viehzeugung zu kurz gekommen ist und stiefmütterlich behandelt worden ist.

(Sehr wahr!)

Daß das in den alten Zeiten der Fall war, aus denen unsere ersten Steuergesetzgebungen im Jahre 1824 und vorher stammen, das war ja erklärlich, weil damals die Landwirthschaft fast vorwiegend das exportirende Gewerbe war. Es war das etwas, was wir aus den Zuständen des landwirthschaftlichen Staates so zu sagen mit herüber genommen hatten, und ich bin dabei genöthigt durch die Rede des Herrn Abgeordneten von Treitschke von gestern nochmals dem Irrthum zu widersprechen, als hätten wir im Jahre 1818 eine ganz besonders freigebige und freihändlerische Gesetzgebung gehabt. Ich will Ihnen nicht den Tarif nochmals vorlesen, er ist in vielen Positionen noch einmal so hoch wie der, den wir Ihnen vorgeschlagen, jedenfalls viel höher als der, der bis 1864 noch galt, und der ist wieder noch höher als der, den wir Ihnen jetzt vorschlagen.

Das Getreide war an der Grenze mit Ausnahme der kurzen Zeit, die aber doch auch in der Zeit von 1818, — diese Anspannung gegen Rußland von 1823 war ja sehr verwandt mit den Traditionen von 1818 — aber das Getreide — vor einer Vertheuerung fürchtete man sich nicht, denn bekanntlich zahlte der Roggen bei der Einfuhr in die hauptsächlich konsumirenden Städte 50 Pfennige, ich weiß nicht, pro Zentner oder gar pro Scheffel, und der Weizen zahlte 20 Silbergroschen, also das vierfache von dem, was wir Ihnen vorschlagen, also auch bei dem Getreide war die damalige Gesetzgebung, um wohlfeilere Preise herzustellen, nicht so sehr besorgt, aber die Art, wie die Landwirthschaft in unsere neue Steuergesetzgebung eingeführt ist, rührt schon aus den Zeitverhältnissen her, die jetzt nicht mehr stattfinden und von deren Konsequenz man sich losmachen sollte, wenn man wirklich die Produktion des Getreides im Inlande billiger machen will. Es ist die Grundsteuer aber nicht das einzige Gravamen, es ist die Doppelbesteuerung, daß das Einkommen aus dem Grundbesitz einmal mit 3 Prozent besteuert wird und vorher schon mit der Grundsteuer mit durchschnittlich dem Doppelten von der Einkommensteuer von 6 bis 7 Prozent ohne Rücksicht auf die Schuld. Es liegt aber die Ungunst der Verhältnisse für die Landwirthschaft auch auf einem anderen Gebiet, in der Stempel- und Sportelgesetzgebung. Nehmen Sie an, wenn Sie ein Gut verkaufen, wie hoch ist der Stempel im Vergleich zu anderen Geschäften. Wenn Sie ein Gut verpachten — so ist es wenigstens in Preußen, und das ist die größte fiskalische Ungerechtigkeit, von der ich je gehört habe, wenn Sie ein Gut auf 30 Jahre verpachten, so müssen Sie die ganze Pachtsumme, die bis zum 30. Jahr fällig ist, an dem Tage, wo Sie die Pacht abschließen, verstempeln ohne jede Diskontirung, als ob die ganze Summe Ihnen heute schon zuginge — unter vielen anderen Sporteln und unter dem ganzen Hypothekenwesen, aber auch unter der Ungunst der sonstigen Gesetzgebung. Ich will nun von den Eisenbahntarifen sprechen, die uns die Einfuhr der landwirthschaftlichen Produkte wohlfeiler besorgen als die Ausfuhr, aber auf der anderen Seite die Armenpflege in Verbindung mit den jetzigen Bestimmungen des Freizügigkeitsgesetzes — das hat zur Folge, daß die schwersten Theile der Armenpflege wesentlich auf die landwirthschaftlichen Gemeinden abgelastet werden. Auf dem Lande wachsen die Arbeiter auf, werden in ihrer Kindheit erzogen, mit erheblichen Kosten in der Schule unterrichtet, — ihre Mütter, wenn sie Wittwen sind, unterhalten — und von dem Augenblicke an, wo sie zum Militärdienst ausgehoben werden, gehen sie in die großen Städte, da gefällt es ihnen besser und die Landgemeinde hört meist erst dann wieder von ihnen, wenn bei irgend einem Unglücksfall oder bei einer bösen Krankheit eine Charitérechnung von 100 oder 200 Thalern mit dem Manne wieder ankommt,

(sehr gut)

dann kommt er wieder, er muß auf dem Lande verpflegt werden nach Maßgabe des Unterstützungswohnsitzes und sobald er gesund ist, geht er und sucht in derselben Stadt sein Brod, immer mit der sicheren Assekuranz, daß die Angehörigkeitsgemeinde ihn im Alter pflegen muß. Nun haben die Landwirthe im ganzen den Vorzug, eine geduldige und staatlich treue, konservativ erhaltend gesinnte Bevölkerung zu sein — ich will nicht sagen, daß sie nicht auch wesentlich liberal sein könnten, ich mache in dieser Beziehung zwischen den Liberalen und Konservativen nicht den Unterschied, daß die Liberalen nothwendig zerstörend wirken müßten, sondern ich will den Ausdruck „konservativ", weil er eine Fraktionsbezeichnung ist, zurücknehmen und sagen, sie haben eine erhaltende Tendenz und geben dem Staate Sicherheit; sie geben dem Staate Sicherheit der Steuerkraft, sie sind in Gefahren, die eintreten, die zuverlässige Quelle, auf welche der Staat zurückgreifen muß, mag es in Kriegslieferungen sein, mag es in Pferdeställen sein. Der Grundbesitz liegt immer vor Gottes Sonne offen da und die Hand des Fiskus greift in Gefahren zu, wo sie findet was sie braucht, da sind sie auch die Exponirten. Sie trägt das alles geduldig, die landwirthschaftliche Bevölkerung, vielleicht weil ihr der ganze Zusammenhang der Dinge und der Uebel, unter denen sie leidet, nicht vollständig zum Bewußtsein gekommen ist. Was ich dazu thun kann, es zum Bewußtsein zu bringen, das will ich thun, nicht der Agitation wegen, sondern der Gerechtigkeit wegen.

(Bravo! rechts. Zischen links.)

Wir wollen alle mit gleichen Schultern tragen und die Gerechtigkeit in Vertheilung der Lasten soll sein für alle, auch für den geduldigen Landmann. Aber ich habe das Vertrauen, daß, wenn das Bewußtsein einmal durchgedrungen ist, die Vertreter der Landwirthschaft in ruhiger Festigkeit auch den Kampf nicht einstellen werden, bis sie Gerechtigkeit erlangt haben.

(Bravo! rechts. Zischen links.)

Präsident: Meine Herren, es ist ein Antrag auf Vertagung eingegangen von dem Herrn Abgeordneten Reichensperger (Olpe).

Ich bitte, daß diejenigen Herren, die den Antrag unterstützen wollen, sich erheben.

(Geschieht.)

Der Antrag ist hinreichend unterstützt.

Ich bitte, daß die Herren aufstehen respektive stehen bleiben, welche den Antrag auf Vertagung annehmen wollen.

(Geschieht.)

Meine Herren, das ist die Minderheit.

Der Herr Abgeordnete Reichensperger (Olpe) hat das Wort. —

Meine Herren, ich bitte um Ruhe, damit der Herr Redner beginnen kann.

Abgeordneter **Reichensperger** (Olpe): Meine Herren, die Stimmung, welche die äußere Erscheinung des Reichstages manifestirt, scheint eigentlich meinem erstgestellten Antrage Gerechtigkeit widerfahren zu lassen; Sie haben mich indessen gezwungen, jetzt noch zu sprechen, und so kann ich denn zu meiner Befriedigung von vornherein erklären, daß ich aus manchen Gründen in so später Stunde mich auf wenige Bemerkungen beschränken darf, nachdem so eingehende Reden die vorliegende Frage bereits auseinandergesetzt haben. Ich werde nur kurz motiviren, aus welchen Gründen ich glaube, für den Regierungstarif, aber gegen die beantragte Erhöhung votiren zu sollen. Ich thue das letztere für mich und einen Theil meiner politischen Freunde, denn viele, vielleicht die Mehrheit derselben, ist in dem letzteren Punkte nicht mit mir einverstanden, wird vielmehr voraussichtlich für die beantragte Erhöhung stimmen.

Wenn ich mich nun zur Sache selbst wende, so habe ich zunächst meine Anschauung dahin zu konstatiren, daß die Herren Agrarier, namentlich der Herr Abgeordnete Günther gar nicht nöthig gehabt hat, erst unsere Sympathien für die Landwirthschaft hier wachzurufen. Ich glaube Ihnen versichern zu können, daß dieselben bei allen von vornherein bestehen, weil jeder Patriot weiß, daß die festeste Grundlage unserer Staats- und Gesellschaftsordnung gerade in diesem Berufszweige wesentlich besteht, und weil er weiter weiß, daß die ackerbautreibende Bevölkerung der gesundeste Kern der Bevölkerung ist, und zwar darum, weil in ihr heute noch am festesten die alten Traditionen von Zucht, Sitte und Religiosität walten.

Von diesem Standpunkte aus habe ich denn auch kein Bedenken, für die von der Regierung beantragten Positionen zu stimmen, und bin auch von vornherein der Meinung, daß die bloße Thatsache, daß sie von den verbündeten Regierungen vorgeschlagen sind, Beweis genug dafür enthält, daß sie in vollem Wohlwollen für die landwirthschaftlichen Interessen aufgestellt sind, indem unmöglich eine andere, als eine wohlwollende Stimmung für diese Interessen dabei abwalten konnte. Ich werde für diese Zollpositionen insbesondere darum stimmen, weil sie meiner Ueberzeugung nach nichts gemein haben mit den hier so vielfach erörterten Schutzzöllen, — weil wir es in der Wirklichkeit, meiner Anschauung nach, hier nur mit einem Finanzzolle zu thun haben, von dem ich weiter die Ueberzeugung habe, daß er von dem Auslande getragen werden wird, und zwar darum, weil das Ausland sich selbst eine solche Konkurrenz auf unserm Markt macht, daß dieselbe eine Erhöhung der Getreidepreise im Verhältniß zu den Zollsätzen nicht in Aussicht stellt.

Ich bin aber auch weiter der Meinung, daß, wenn wirklich eine kleine Erhöhung des Getreidepreises in Deutschland herbeigeführt würde, dieses Opfer getragen und übernommen werden müßte, und zwar schon darum, damit eine gewisse Kompensation für die allerdings sehr starke Belastung unseres Grundeigenthums durch die bestehenden Gesetze herbeigeführt wird.

Der Herr Reichskanzler hat diese Seite der Frage mit besonders lebhaften Farben betont, und ich bedauere, ihm nach dieser Seite hin widersprechen zu müssen. Ich glaube in dieser Frage um so unbefangener mitsprechen zu können, namentlich was die preußische Steuergesetzgebung anlangt, weil ich zwar einiges mit dazu gewirkt habe, daß die preußische Grundsteuerregulirung in den sechziger Jahren stattgehabt und mit einer Erhöhung der Grundsteuer abgeschlossen hat, aber gleichzeitig daran erinnern darf, daß ich damals meine Anträge nur gestellt habe mit der Alternative, entweder die Grundsteuer in Preußen ganz niederzuschlagen, oder aber eine gleichmäßige Besteuerung in der ganzen Monarchie eintreten zu lassen. Wir in den westlichen Provinzen waren nicht länger gewillt, diejenigen Ungerechtigkeiten zu tragen, die bis dahin bestanden hatten. Bei uns hatte man die rheinisch-französische Grundsteuer bestehen lassen, während in den anderen Provinzen das alte System fortbestand, welches wesentlich auf den Privilegien der Rittergutsbesitzer basirt war. Das wollten wir nicht. Unser preußischer Staat hat sich aber im Gegensatz zu der Anschauung, die heute vom Herrn Reichskanzler vertreten wird, für die erste Alternative entschieden. Wenn nun heute unsere Agrarier und ganz besonders unsere preußischen Rittergutsbesitzer diese Grundsteuerbelastung so sehr betonen, dann, meine ich, sind sie gewaltig im Unrecht, jedenfalls sind sie mit sich selbst in einem ganz flagranten Widerspruche. Damals, meine Herren, haben wir es zum hundertsten Male gehört, daß die Grundsteuer eigentlich gar keine Steuer, sondern eine Rente sei, diese Rententheorie war damals die auf den betreffenden Bänken allein giltige und herrschende. Nun, meine Herren, heute ist diese Grundsteuer eine allgemeine geworden, und wenn man heute noch die Rententheorie gelten lassen will, die man damals mit so großer Zuversicht vertreten hat, dann kann man uns hier keine Aufrechnung machen, aus der Belastung das Grundeigenthums durch diese Steuer; man kann dies heute um so weniger, weil alle Käufer des Grundeigenthums, die seit den sechziger Jahren in den Besitz gekommen sind, ganz genau wußten, daß sie darnach die von ihnen bezahlten Preise zu normiren hatten. Sie kannten ja diese Belastung und werden also wahrlich nicht ungerecht bedrückt durch diese Belastung. Ich will dabei noch hinzufügen, daß diese anscheinend gleiche Steuerbelastung deshalb auch noch heute einen sehr verschiedenen Charakter in der preußischen Monarchie an sich trägt, weil der Herr Abgeordnete Dr. Lasker mit vollem Recht unlängst darauf hingewiesen hat, daß unsere Rittergutsbesitzer eine 13⅓fache Entschädigung für die von ihnen übernommenen Mehrbeträge an Grundsteuer vom Staate empfangen haben. Der Herr Abgeordnete von Puttkamer (Löwenberg) hat zwar gemeint, es wäre nur der neunfache Betrag gewesen, ich kann ihn aber einfach auf den § 4 des Gesetzes vom 21. Mai 1861 verweisen, wo die Ziffer 13⅓ sehr deutlich abgedruckt ist. Und heute, meine Herren, hören wir nun die obigen Klagen nicht bloß von der agrarischen Seite dieses Hauses, sondern wir vernehmen sogar einen noch stärkeren Stoßseufzer aus dem Munde des Herrn von Saucken, der sein Bedauern darüber ausdrückt, daß jetzt nicht mehr die Rede sein solle von der Abschaffung der Grundsteuer. Ja, meine Herren, wenn dabei gleichzeitig davon gesprochen würde, daß man im Sinne habe, das empfangene Entschädigungskapital wieder zurückzuzahlen, dann könnnte man möglicher Weise davon sprechen, — wenn nicht, nicht.

Nichtsdestoweniger erkläre ich, und ich meine mit Recht, daß die thatsächlich bestehende Steuerbelastung des Grundeigenthums einen Rechtsgrund darstellt, denjenigen Finanzzoll zu etabliren, der heute im Regierungstarif beantragt wird. Ich bin der Meinung, daß dieser Finanzzoll zugleich eine virtuelle Entlastung unseres Grundbesitzes herbeiführen wird, weil ich das Vertrauen habe, daß die Summen, die wir durch die Erträge der Zölle gewinnen, auch eine richtige Verwendung in den Einzelstaaten finden, und weil ich vertraue, daß entsprechende Summen an die Kommunen abgegeben werden können, die alsdann eine Entlastung des Grundeigenthums von den höchst drückenden Grundsteuerzuschlägen herbeiführen. Ich bin außerdem der Meinung, daß wir auch diese Sätze als einen Kampfzoll willkommen heißen sollten; denn ich bin der Meinung, daß wir wenigstens kein besseres Mittel haben, die „freundnachbarliche" Regierung in Rußland dazu zu bestimmen, ein kleines Einsehen zu haben gegenüber den Interessen, die bei uns von der russischen Regierung so stark geschädigt werden.

Endlich, meine Herren, fällt für mich auch ins Gewicht, daß durch den Zoll, der an der Grenze erhoben wird, die Massenanhäufung ausländischen Getreides gemindert und dadurch der Getreidehandel selbst regularisirt wird. Es wird hiermit denjenigen Mißbräuchen vorgebeugt, die jetzt bestehen. Ich bin also der Ueberzeugung, daß im großen und ganzen keine Vertheuerung des Getreides eintritt, und daß indirekte Vortheile zunächst für das Grundeigenthum und dann für alle Theile der Bevölkerung daraus erwachsen werden.

Ich möchte eigentlich über den Einwand der Vertheuerung der nothwendigsten Lebensmittel für den armen Mann hier gar nicht mehr sprechen, da er hier schon oft genug widerlegt worden ist. Ich will nur die aus amtlichen Darstellungen sich ergebende Thatsache vorführen, daß die Preisdifferenzen, die in den verschiedenen Zeiten bei den Getreidepreisen bestehen, absolut verschwinden gegenüber denjenigen Preisschwankungen, die durch den Bäckergewinn herbeigeführt sind. Diese Preisschwankungen des Getreidemarkts sind ja in den einzelnen Städten, und zwar in den einzelnen Wochen und Monaten desselben Jahres, weit größer als die Zollbelastung, die hier vorgeschlagen ist, und die Bäckergewinne sind derart, daß sie zu meiner Freude schon längst in weiten Kreisen des Landes den Ruf nach Wiederherstellung der Polizeitaxen haben laut werden lassen, die ja seinerzeit ganz ruhigen Blutes kraft des liberalistischen, aber durch die Thatsachen widerlegten Standpunkts aufgegeben worden sind. Daß die „freie Konkurrenz" alles aufs schönste und beste ordnen werde, das ist endlich in der direktesten Weise widerlegt durch die uns vorgeführte Thatsache, daß der Bäckergewinn in keinem Verhältnisse zu den Preisen des Getreides steht.

Ich kann ja hierbei auch noch daran erinnern, daß selbst derjenige Freihändler, der auf der rechten Seite des Hauses sitzt und hier gesprochen hat, nämlich Herr von Maltzahn, bereits großmüthig seine Bereitwilligkeit angekündigt hat, den Getreidezoll anzunehmen, und ich will hinzufügen, daß auch ein Freihändler auf der linken Seite des Hauses, Herr von Saucken, noch einige Pferdelängen weiter gegangen ist, indem er sein tiefes Bedauern darüber ausgedrückt hat, daß nicht die Viehsperre gegen Rußland eine permanente sei, ganz unabhängig von jeder Gefahr einer Viehseuche, aus dem einfachen Grunde, um die Preise des ostpreußischen Viehes möglichst hoch zu gestalten. Nun, meine Herren, hier haben die armen Konsumenten nicht mitzusprechen gehabt. Ich konstatire diese Thatsache, weil sie wenigstens die Bedeutung hat, daß sie recht deutlich zeigt, daß nicht immer das Wort wahr ist, daß bei Geldfragen die Gemüthlichkeit aufhört. Hier fängt die freihändlerische Gemüthlichkeit an!

Nun werde ich mich noch mit einigen Worten gegen die Anträge des Herrn Günther und des Herrn Freiherrn von Mirbach zu wenden haben. Ich muß von vornherein erklären, daß ich erstaunt darüber bin, daß diese Frage der Getreidezölle von denselben in innern Kausalzusammenhang gebracht hat werden wollen mit den von uns votirten Eisenzöllen. Ich gestehe, daß mir eine unfaßlichere Anschauung gar noch nicht vorgekommen ist. Es ist eine innere Unmöglichkeit so zu argumentiren. Man stellt da eine richtige Apothekerrechnung auf, die uns ja in gedruckten Exemplaren vorgeführt worden ist. Ich verstehe dabei nur nicht, weshalb die Herren Agrarier uns nicht auch die gleiche Rechnung in Bezug auf die Zölle auf Leder, auf Leinen-, Wolle- und Baumwollen-Waaren gestellt haben. Denn alle diese schönen Sachen muß doch auch der Landbautreibende gebrauchen, und man kann mit demselben Recht behaupten, daß die letzteren Zölle eine unerträgliche Belastung der Landwirthschaft seien, wie der von uns hier votirte Eisenzoll. Ich möchte nun aber meinerseits die Herren doch fragen, wie sie denn die Prosperität der Landwirthschaft in Kausalzusammenhang bringen können mit demjenigen Eisenzoll, der hier votirt worden ist, da sie sich doch sagen müssen, daß in den letzten 4 Jahren so beispiellos niedrige Eisenpreise dagewesen sind, als es nur immer möglich ist. Wollen sie denn etwa behaupten, daß die Prosperität der Landwirthschaft in demselben Verhältniß sich gehoben habe wie die Eisenpreise gesunken sind? Gott bewahre! Diese wohlfeilen Eisenpreise haben keine Prosperität der Landwirthschaft herbeigeführt, weil dieselbe nur durch die Hebung des allgemeinen Wohlstandes bedingt ist. Eine Zollerhebung von 1 Mark auf Eisen kann darum eine Schädigung der Landwirthschaft nicht herbeiführen, obgleich dabei eine Preiserhöhung des Eisens herauskommen soll. Das ist wenigstens mein Wille gewesen, als ich dieses Votum abgab, und ich denke, man ist darüber einverstanden, daß es sich dabei um einen wirklichen Schutzzoll gehandelt hat. Also ich meine, die Herren müßten sich selbst sagen, daß es eine ganz falsche und unhaltbare Kausalverbindung ist, die sie zwischen Getreide- und Eisenzöllen aufgestellt haben. Daran knüpfe ich dann aber die weitere Frage, ob denn die Herren meinen, daß diese äußerst niedrigen Eisenzölle in alle Ewigkeit bei uns fortbestehen können, wenn wir nicht den bezeichneten Eisenzoll einfach festhalten. Die Herren Gegner sollten sich doch selbst sagen, daß, wenn gründlich damit fortgefahren wird, unsere Eisenproduktion zu schwächen, zu schädigen und schließlich zu annulliren, — daß alsdann die vormaligen hohen Preise des englischen Eisens wieder Platz greifen werden. Die Herren, welche die Interessen der Landwirthschaft spezifisch vertreten, sollten also den angeblichen Zusammenhang zwischen Eisen- und Getreidezoll fallen lassen; sie sollten den ersteren dankbar annehmen, indem sie sich sagen, daß derselbe das einzige und sicherste Mittel ist, ihnen auf die Dauer wohlfeile Eisenpreise zu verschaffen. Denn sie haben diese Wohlfeilheit nur durch den Fortbestand der deutschen Eisenindustrie, — und sie wird mit derselben aufhören. Dann werden die höchst möglichen englischen Preise wieder eintreten, wenn wir unsere Eisenindustrie fort und fort weiter ruiniren lassen. Dann wird allerdings die englische Industrie jubeln und Herr Cartwright und seine Freunde — ich meine natürlich nur die in England — werden nicht mehr ihren Schmerzensschrei ausstoßen, — aber unsere Herren Landwirthe werden ganz andere Preise für das Eisen zu bezahlen haben, als diejenigen, die durch die Zollauflage herbeigeführt werden. Allein, meine Herren, diese Dinge sind ja schon wiederholt hier erörtert werden.

Ich fühle mich schließlich in die Nothwendigkeit versetzt, noch einen anderen Gesichtspunkt, nämlich einen prinzipiellen, hier anzuschließen, und ich thue dies allerdings mit einer gewissen Befangenheit, weil ich es mir nicht recht erklären kann, weshalb die sonst so scharfsinnigen Gegner des Getreidezolls überhaupt diesen Punkt noch gar nicht erörtert haben. Ich glaube aber, daß die Bedenken, die ich nach der Seite vorzutragen habe, vollkommen begründet sind. Ich bin der Meinung, daß es mit den Schutzzöllen, die wir für die Industrie, namentlich für das Eisen theils votirt haben, theils noch votiren werden, eine absolut andere Bewandtniß hat, als mit denjenigen Schutzzöllen, die über das von den Regierungen vorgeschlagene Maß jetzt gefordert werden. Denn die letzteren sind ja wenigstens von dem Herrn Abgeordneten Günther ausdrücklich als Schutzzölle und nicht als bloße Finanzzölle bezeichnet worden. Ich sage, daß bei den landwirthschaftlichen Interessen von einem Schutzzolle in dem Sinne, wie ich ihn bei der Industrie für gerechtfertigt erachte, gar nicht die Rede sein kann. Warum votiren wir denn den Schutzzoll für die Industrie? Doch sicherlich nicht, um den Industrieunternehmern einen willkürlichen oder einen nach irgend einem rückläufigen Jahrgang zu evakuirenden Unternehmergewinn zu sichern. Mir wenigstens fällt das nicht im Traume ein. Mein Motiv für den Schutzzoll der Industie liegt lediglich darin, die Existenzfähigkeit der betreffenden Industrie zu ermöglichen, — sie dadurch zu sichern, daß die deutschen Arbeiter in den deutschen Industrien ihre Arbeit verwerthen und konsumtionsfähig seien und bleiben. Wir wissen nun aber, daß eine Reihe von Industriebranchen mit dem Niedergang oder mit dem Untergang bedroht ist, wenn man sie schutzlos der aus vielen Gründen wohlfeiler produzirenden ausländischen Industrie gegenüberstellt. Also die Existenzfähigkeit dieser Industrie zu erhalten, das ist der Zweck des Schutzzolls. Daß dabei stillschweigend auch an einen Unternehmergewinn gedacht werden müsse, das liegt in der Natur der Sache, weil kein Unternehmer dauernd sich finden wird, der die Industrie fortführt, wenn er nicht selber einen Gewinn dabei hat. Aber, meine Herren, dieser Unternehmergewinn ist keineswegs der Zweck und noch weniger der Maßstab des Zolles, den wir votirt haben oder künftig votiren werden. Dieser Unternehmergewinn ist bloß die virtuelle Folge der Existenz der Industrie überhaupt.

Nun aber frage ich, wie steht es denn mit der Landwirthschaft? Sind denn da die Verhältnisse auch nur irgendwie analog? Ich meine doch, daß die deutsche Landwirthschaft geht und besteht mit absoluter Naturnothwendigkeit und unter allen Umständen, auch wenn der deutsche Markt noch so sehr mit ausländischen landwirthschaftlichen Produkten überschwemmt wird; die deutsche Landwirthschaft geht und besteht immerhin. Es ist ja möglich, daß sie minder intensiv betrieben wird, wenn die Ackerkultur nicht mehr die früheren Renteerträge für den Unternehmer abwirft. Aber der Boden wird darum nicht brach liegen bleiben, und es wird sogar wiederum jene frühere intensive Wirthschaft eintreten, wenn die innere Konsequenz, die aus der vorbezeichneten Eventualität sich ergibt, verwirklicht worden ist, d. h. wenn die Preise des Grundeigenthums wieder dasjenige Niveau angenommen haben werden, welches den konkreten bestehenden Verhältnissen entspricht. Nun darüber kann man ja klagen; allein ich bemerke denn doch, daß die Landwirthschaft und die Landwirthe die Vortheile, die aus dem vormals blühenden Fortschreiten der Industrie, aus dem erhöhten allgemeinen Wohlstande erwachsen sind, für sich recht gerne angenommen und benützt haben. Ohne ihr Zuthun ist der Werth des Grundeigenthums und der Grundeigenthumsprodukte damals gestiegen; und daß eventuell auch Erniedrigungen wieder eintreten können und werden, die von ihnen getragen werden müssen, das bringt die Natur der Sache mit sich. Freilich lesen wir ja ganz andere Doktrinen in dem bekannten Briefe des Freiherrn von Thüngen, der da meint, es sei die Aufgabe der Gesetzgebung, den bestehenden Vermögensstand der deutschen Landwirthe zu fixiren und zu assekuriren, und der Herr Reichskanzler hat in seinem Antwortschreiben sein Bedauern ausgedrückt, daß es nicht möglich gewesen sei, die Zollsätze in landwirthschaftlichen Dingen pari passu gehen zu lassen mit den industriellen. Ja, meine Herren, das ist freilich ein Standpunkt, der meines Erachtens so außer allem Rahmen der Möglichkeit liegt, daß ich Ihnen nur ein Parallelbild vorhalten will. Ich frage: was Sie dazu sagen würden, wenn alle Klassen forderten, daß ihr Vermögensstand solle geschützt und gesichert werden. Nun, meine Herren, die deutschen Kapitalisten bilden auch einen Besitz- und Vermögensstand. Was würde man nun dazu sagen, wenn die deutschen Kapitalisten fordern wollten, das ausländische Kapital soll aus Deutschland abgehalten werden, — es solle beispielsweise kein Staatsanlehen im Auslande aufgenommen, die Eisenbahnen sollten nicht mit ausländischem Kapitale alimentirt werden, weil ja damit nothwendig das deutsche Kapital geringere Zinsen abwirft, als wenn es abgeschlossen und allein auf dem deutschen Markte erschiene. Meine Herren, davon kann doch keine Rede sein. Ebensowenig kann aber von einem Schutze des bestehenden Vermögensstandes für die Landwirthschaft die Rede sein. Oder würde man im Ernst davon sprechen dürfen, daß das Vermögen der Häuserbesitzer dadurch geschützt werden solle, daß man verböte, neue Häuser zu bauen, bis die bereits gebauten eine richtige, entsprechende, angenehme Reute dauernd abwerfen? Von dem allen kann meines Erachtens gar keine Rede sein. Ich, meine Herren, beklage aufrichtig und vollständig die nach meiner Anschauung sehr gedrückte Lage der deutschen Landwirthschaft. Ich hoffe und vertraue, daß der mäßige Finanzzoll, der jedenfalls, wie es scheint, votirt werden wird, Abhülfe für manche Noth herbeiführen wird, wenn er auch keineswegs das Eldorado der Herren Agrarier sicher stellen wird. Ich möchte aber doch nicht unterlassen, hier meine Ueberzeugung auszusprechen, daß unsere landwirthschaftliche Bevölkerung einen großen Theil der Mitschuld an derjenigen Misere trägt, an der mit ihr alle leiden. Diese Mitschuld liegt, wie schon öfter hier angeführt worden ist, in dem Geiste der Genußsucht und des Luxus, der sich von den Städten auf das flache Land übertragen hat, und der von den Großgrundbesitzern auf die mittleren und zuletzt auf die unteren übergegangen ist. Da aber, wo schließlich nicht mehr von Luxus die Rede sein konnte, ist die bekannte Arbeitsscheu eingetreten, welche die Landbewohner vom Pfluge in die Städte hineingebrängt hat. Da kann aber nur geholfen werden nach dem alten deutschen Sprichwort „hilf dir selbst" durch Umkehr und Rückkehr zu der alten Sitte und Zucht. Anders geht es nicht!

Ich will schließlich nur noch Eins bemerken, um es nicht ganz zu ignoriren. Ich spreche die weitere Ueberzeugung aus, daß der gerechteste und zugleich wirksamste Schutz für die wahren Interessen der Landwirthschaft darin besteht, daß, wie der Herr Reichskanzler es ja auch glücklicher Weise zu seinem Augenmerk genommen hat, wir ein Einsehen nehmen in die Mißbräuche, die sich bei den Eisenbahntarifen eingeschlichen haben. In meinen Augen ist es geradezu ein Skandal, daß die ausländischen Waaren wohlfeiler auf unseren inländischen Eisenbahnen transportirt werden, als die inländischen Waaren, — daß das Getreide aus Schlesien nach Berlin und Stettin höhere Frachten bezahlen muß, als das Getreide aus dem Banat oder einem wer weiß wie viel 100 Meilen entfernten Ort. Wenn man mir weiter in Westfalen mitgetheilt hat, daß man Waaren aus Dortmund zuerst nach Holland schicken mußte zur Weiterbeförderung nach Stuttgart, um damit die niedrigen Tarifpreise zu genießen, so muß ich sagen, daß das geradezu Hohn spricht derjenigen Bestimmung, welche unseren Eisenbahnen gegeben ist, indem man ihnen das Expropriationsrecht und viele anderen Rechte, selbst das der Grundsteuerfreiheit gibt. Sie sind dazu bestimmt, die inländischen Interessen zu fördern und nicht sie zu ruiniren, um die ausländischen zu fördern, und dabei einige 1000 Thaler in die Tasche der Aktionäre wandern zu lassen.

Zum Schluß muß ich dann doch noch einen allgemeinen Vorbehalt zu dem von mir angekündigten Votum hier hinzufügen. Ich bin der Meinung, daß wir Getreidezölle nur votiren können und dürfen in dem festen Entschluß, eine Rückerstattung des Zolles bei der Wiederausfuhr eintreten zu lassen. Wir können es uns doch nicht verhehlen, daß die respektabelsten und lebenskräftigsten Industrien bei uns bestehen, welche die Umwandlung ausländischen Getreides in Mehl zur Wiederausfuhr in das Ausland betreiben. Es ist dies allen Mitgliedern des Hauses mitgetheilt. In meiner Heimathsprovinz ist es namentlich die Stadt Neuß, die auf diesem Gebiete sehr bedeutende Erfolge hat. Dort werden jährlich 300 000 Centner ausländischen Weizens eingeführt, um als Mehl wieder ausgeführt zu werden. Mir kann es nun nicht einfallen, solche Industrien, die, wie gesagt, in allen Provinzen des Reichs bestehen, ruiniren zu wollen; sie würden aber nach meiner Erkenntniß der Dinge vorbehaltlich besserer Aufklärung ruinirt sein, wenn diesen nicht die entsprechenden Rückzölle gewährt würden. Da weiß ich ja sehr wohl, daß unsere Zollbureaukratie sehr ungnädig ist, wenn dieses Wort „Rückzoll" ausgesprochen wird. Erklärt sich das ja einfach aus der Thatsache, daß mit dieser Operation allerdings viele Mühewaltung verbunden ist und daß dieselbe nicht bloß kein Geld einbringt, sondern dem Fiskus Geld kostet. Aber, meine Herren, unsere Zollbüreaukratie wird auch diese Aufgabe lösen; sie hat es ja bereits angefangen bei dem Tabak. Die Rückvergütung der Tabaksteuer besteht bereits in unserer Gesetzgebung. Ich fordere und erwarte daher als conditio sine qua non, daß eine entsprechende Rückvergütung für das Getreide und, wie ich meine, auch für das Eisen entschieden ins Auge gefaßt werden müsse. Wenn das nicht geschieht und wenn es namentlich auch bei der Eisenindustrie nicht geschieht, ohne daß der Nachweis erbracht wird, daß die kleine Eisenindustrie dabei bestehen kann, dann werde ich bei der dritten Lesung auch nicht für die Eisenzölle stimmen.

Ich schließe also, ohne mir eine rhetorische Kadenz noch zu erlauben, mit der einfachen Erklärung, daß ich einstweilen für die Tarifposition, aber gegen deren Erhöhung stimmen werde.

Präsident: Meine Herren, es sind wiederum Vertagungsanträge eingegangen und zwar einer von dem Herrn Abgeordneten Freiherrn zu Franckenstein, einer von dem Herrn Abgeordneten Flügge und einer von dem Herrn Abgeordneten Schröder (Lippstadt).

Ich bitte, daß diejenigen Herren, welche den Vertagungsantrag unterstützen wollen, sich erheben.

(Geschieht.)

Die Unterstützung reicht aus.

Nun bitte ich, daß diejenigen Herren, welche den Vertagungsantrag annehmen wollen, sich erheben oder stehen bleiben.

(Geschieht.)

Es ist die große Majorität.

Es hat sich zu einer persönlichen Bemerkung der Herr Abgeordnete Dr. von Treitschke gemeldet; ich gebe ihm das Wort.

Abgeordneter Dr. **von Treitschke**: Meine Herren, ich weiß nicht, ob der Herr Reichskanzler gestern bei der Stelle meines Vortrags, welchen er heute erwähnte, im Saale anwesend war und mich mißverstanden hat, oder ob von anderer Seite ein irrthümlicher Bericht ihm zugekommen ist. Jedenfalls hatten meine Worte genau den entgegengesetzten Sinn von dem, welcher aus ihnen herausgelesen worden ist. Ich habe nicht gesagt, daß der preußische Tarif von 1818 in irgend welcher Weise ein freihändlerischer gewesen sei; ich habe umgekehrt gesagt, die damalige preußische Gesetzgebung sei ausgegangen von dem Grundsatz: wenn der Landwirth Industriezölle zahlen müsse, so müsse man ihn entschädigen durch Getreidezölle.

Der stenographische Bericht, meine Herren, wird Ihnen die Richtigkeit meiner Behauptung erweisen.

Präsident: Meine Herren, ich schlage Ihnen vor, die nächste Sitzung am Freitag Vormittag 11 Uhr abzuhalten und auf die Tagesordnung derselben zu setzen:

den Rest der heutigen Tagesordnung,

sodann

Nr. 12, Häute und Felle,

und ferner eventuell:

Nr. 13, Holz und andere vegetabilische und animalische Schnitzstoffe sowie Waaren daraus.

Der Herr Abgeordnete Richter (Hagen) hat das Wort.

Abgeordneter **Richter** (Hagen): Ich möchte doch vorschlagen, die Holzvorlage noch zurückzustellen. Zuletzt ist von Seiten des Herrn Präsidenten, wenn auch nicht des gegenwärtigen, wenn ich mich recht erinnere, angekündigt worden, daß man die Entschließung darüber, ob unmittelbar nach dem Getreide auch gleich schon die Debatte über Holz folgen soll, noch einer besonderen Beschlußfassung und Erörterung hier vorbehalte.

Dann, meine Herren, möchte ich doch auch auf die Lage der Kommissionen aufmerksam machen. Die Tabaksteuerkommission hat gestern Abend erwogen, daß kurze Abendsitzungen für sie wenig nützlich seien, daß es aber zum Theil nicht möglich sei, gerade die Aufgabe, mit der sie sich jetzt beschäftige, zum Abschluß zu bringen. Sie hat deshalb ihre Berathungen vertagt bis auf den ersten freien Tag. Ich möchte daher annehmen, daß, wenn es auch unter allen Umständen zweckmäßig sein wird, die Debatte über Getreide zu Ende zu führen und meinetwegen auch noch die Häute und Felle, es doch wieder angemessen sein wird, das Kapitel Holz, das uns jedenfalls noch länger beschäftigen wird, vorläufig zurückzustellen.

Präsident: Es ist der Antrag gestellt worden, die Position Holz, Nr. 13, nicht auf die nächste Tagesordnung zu stellen.

Der Herr Abgeordnete Rickert (Danzig) hat das Wort.

Abgeordneter **Rickert** (Danzig): Ich möchte mich dem Wunsche des Herrn Kollegen Richter (Hagen) anschließen. Ich glaube, für die nächste Tagesordnung hat es keine praktische Bedeutung, denn ich meine, auch der Herr Präsident wird wohl nicht die Meinung gehabt haben, daß wir bis ans Holz kommen, —

(Heiterkeit)

ich habe nichts Böses beabsichtigt mit diesem Ausdrucke — aber ich glaube, für die späteren Dispositionen wird es vielleicht zweckmäßig sein — und darin stimme ich mit dem Herrn Kollegen Richter überein, — daß wir nach Erledigung der Getreideposition ein paar Tage für die Tarifkommission, die Tabaksteuerkommission und die anderen Kommissionen freilassen. Ich glaube, so war auch früher bereits disponirt unter der allgemeinen Zustimmung des Hauses.

Präsident: Der Herr Abgeordnete Schröder (Lippstadt) hat das Wort.

Abgeordneter **Schröder** (Lippstadt): Meine Herren, ich möchte Sie bitten, es bei dem Vorschlag des Herrn Präsidenten zu belassen. Erstens aus dem Grunde, weil wir übermorgen noch einmal vor dieselbe Frage gestellt werden. In der Beziehung bin ich mit dem Herrn Abgeordneten Rickert einverstanden. Zweitens aber deshalb, weil ich mit dem ganzen System der Arbeitsvertheilung, was von jener Seite vorgeschlagen ist, nicht einverstanden bin. Ich bin der Meinung, daß es besser ist, das Plenum macht seine Sachen hinter einander ab und dann erst fangen die Kommissionen an, ordentlich zu arbeiten.

(Sehr richtig!)

Ich fasse die ganze Tarifvorlage als ein Ganzes auf und meine, die Kommissionen können gar nicht auf solcher Grundlage ordentlich zu arbeiten anfangen mit Allem, was ihnen vorliegt, wenn nicht das Plenum mit seinen Sachen fertig ist, auch mit dem Holz.

(Sehr richtig!)

Ich möchte deshalb bitten, daß das Plenum sich für den Vorschlag des Herrn Präsidenten entscheide.

Präsident: Der Herr Abgeordnete Fürst zu Hohenlohe-Langenburg hat das Wort.

Abgeordneter Fürst **zu Hohenlohe-Langenburg**: Ich wollte dasselbe sagen, was der Herr Vorredner gesagt hat. Ich schließe mich ihm an und bitte den Herrn Präsidenten, bei seinem Vorschlag zu beharren.

Präsident: Der Herr Abgeordnete Richter (Hagen) hat das Wort.

Abgeordneter **Richter** (Hagen): Wenn der Herr Abgeordnete Schröder (Lippstadt) meint, daß die Festsetzung der Tarife für Holz die Vorbedingung sei für andere Festsetzungen der Tarife in der Kommission, so befindet er sich doch meines Erachtens hier ganz entschieden auf einem unrichtigen Wege.

(Heiterkeit.)

Die Textilindustrie, Chemikalien und Leder, womit sich die Tarifkommission demnächst beschäftigt, hat wirklich mit dem Holze nichts gemein. Auf der anderen Seite weiß ich nicht, wie praktisch unsere Geschäfte dadurch gefördert werden sollen. Die Kommissionen sind doch vor allem mit ihren Arbeiten und ihrem Abschluß für das Ende unserer Berathungen maßgebend. Wenn man die Kommissionen jetzt aufhält und das Plenum um so mehr fördert, so wird eine Lücke entstehen, die zur Verzögerung der Arbeiten im allgemeinen beitragen wird. Dann muß ich doch auch sagen: wir haben wenigstens angenommen, daß, als die Herren einen Theil des Tarifs in das Plenum verwiesen, sie wünschten, daß diese Plenarberathung sachlich, ernst und gründlich durchgenommen würde. Nun, meine Herren, muß ich aber doch befürchten, daß wenn Tag für Tag Tarifdebatten stattfinden, dann in der That sich eine Ermüdung dieses Hauses bemächtigt, welche dem Gange der Debatten nicht zu gute kommt. Wer überhaupt nicht unter allen Umständen will, daß der Tarif, gleichgiltig, ob er mehr oder weniger erörtert wird, so rasch als möglich angenommen wird, der hat meines Erachtens die Verpflichtung, so viel Zeit zu lassen, daß in der That eine gründliche Berathung der einzelnen Tarifpositionen möglich ist.

Präsident: Der Herr Abgeordnete Windthorst hat das Wort.

Abgeordneter **Windthorst**: Meine Herren, ich glaube wir lassen es bei der Bestimmung des Herrn Präsidenten.

(Sehr richtig!)

Ich glaube kaum, daß wir ans „Holz" gelangen, denn ich sehe voraus, daß die Diskussion über die Kornzölle noch recht ernst werden wird.

(Zustimmung.)

Es wird mir das hier bestätigt und ich habe allerdings von Herrn Rickert eine ganz ausführliche Rede erwartet. Wie übrigens die Sachen weiter zu gehen haben, darüber brauchen wir uns heute nicht zu entscheiden. Ich bin der Meinung, daß, wenn wir mit der Frage des „Holzes" zu Ende sind, diese Frage weiter erörtert werden kann, eher aber nicht.

Präsident: Es verlangt niemand mehr das Wort.

Es ist nur Widerspruch dagegen erhoben worden, daß auch die Position Holz mit auf die Tagesordnung der nächsten Sitzung gestellt werde; in Bezug auf die anderen von mir vorgeschlagenen Punkte der Tagesordnung haben die Herren keinen Widerspruch erhoben. Ich bitte, daß wir durch Abstimmung feststellen, ob Sie meinem Vorschlag gemäß auch das Holz ꝛc. auf die Tagesordnung der nächsten Sitzung stellen wollen. Ich bitte, Platz zu nehmen.

(Geschieht.)

Der Herr Abgeordnete Richter (Hagen) hat das Wort zur Geschäftsordnung.

Abgeordeneter **Richter** (Hagen): In der Voraussetzung, daß die Anschauung von allen Seiten getheilt wird, daß am Freitag doch das Holz nicht zur Debatte kommen wird, würde ich den Widerspruch zurückziehen.

Präsident: Der Widerspruch ist zwar zurückgezogen, aber ob die Voraussetzung, unter der er zurückgezogen ist, eintreten wird, dafür kann ich keine Bürgschaft übernehmen. Ich glaube daher, daß wir abstimmen müssen.

Ich bitte, daß diejenigen Herren, die für meinen Vorschlag stimmen, auch das Holz auf die nächste Tagesordnung zu bringen, sich erheben.

(Geschieht.)

Das ist die Mehrheit, und damit mein Vorschlag für die nächste Tagesordnung angenommen.

Ich habe dann, meine Herren, Ihnen zur Anzeige zu bringen, daß ich in Folge meiner Wahl zu Ihrem Präsidenten sowohl aus der Kommission für die Geschäftsordnung, wie auch aus der Tarifkommission auszuscheiden habe, und ich ersuche in Folge dessen vor der nächsten Sitzung die geehrte 7. Abtheilung, an meiner Stelle ein neues Mitglied für die Geschäftsordnungskommission, und die geehrte 5. Abtheilung, an meiner Stelle in die Tarifkommission ein neues Mitglied zu wählen.

Ich schließe die heutige Sitzung.

(Schluß der Sitzung 4 Uhr 30 Minuten.)

Druck und Verlag der Buchdruckerei der Nordd. Allgem. Zeitung. Pindter.
Berlin, Wilhelmstraße 32.

51. Sitzung

am Freitag den 23. Mai 1879.

Die Sitzung wird um 11 Uhr 20 Minuten durch den Präsidenten von Seydewitz eröffnet.

Präsident: Die Sitzung ist eröffnet.

Das Protokoll über die letzte Sitzung liegt auf dem Büreau zur Einsicht aus.

Ich habe dem hohen Reichstage zunächst die schmerzliche Mittheilung zu machen, daß nach einer mir soeben zugegangenen telegraphischen Mittheilung der Herr Abgeordnete Peter Reinders gestern in Breslau verstorben ist. Derselbe war Mitglied des deutschen Reichstags seit der ersten Session der 4. Legislaturperiode, 1878, für den 6. Wahlkreis des Regierungsbezirks Breslau — Stadt Breslau. Meine Herren, ich nehme an, daß Sie in gewohnter Weise dem Heimgegangenen durch Erheben von Ihren Plätzen ein ehrendes Andenken beweisen wollen. Ich ersuche die Herren, sich zu erheben.

(Der Reichstag erhebt sich.)

Ich werde das Weitere wegen der Neuwahl veranlassen.

Eingetreten ist seit der letzten Plenarsitzung der Herr Abgeordnete Schmidt (Zweibrücken) und der 6. Abtheilung zugewiesen worden.

Urlaubsgesuche sind eingegangen: von dem Herrn Abgeordneten Dr. Sommer für heute wegen dringender Geschäfte, — von dem Herrn Abgeordneten von Waldow-Reitzenstein für heute und morgen, — von dem Herrn Abgeordneten Melbeck für drei Tage wegen Familienverhältnisse, — von dem Herrn Abgeordneten Härle für fünf Tage wegen eines Todesfalls in der Familie, — von dem Herrn Abgeordneten von Knapp für acht Tage zur Besorgung einer Privatangelegenheit. Diesen Herren habe ich kraft der mir zustehenden Befugniß Urlaub ertheilt.

Die Herren werden sich erinnern, daß der Herr Abgeordnete Dr. von Forckenbeck einen vierwöchentlichen Urlaub nachgesucht hat, beginnend mit dem heutigen Tage. Ich nehme an, wenn kein Widerspruch Ihrerseits erfolgt, daß dieser Urlaub bewilligt ist. — Widerspruch erfolgt nicht; der Urlaub ist bewilligt.

Entschuldigt sind: der Herr Abgeordnete Dr. Stephani für heute und morgen; — der Herr Abgeordnete Freiherr von Maltzahn-Gültz für heute zur Beiwohnung eines Termins in Vormundschaftssachen; — der Herr Abgeordnete von Puttkamer (Fraustadt) für heute wegen Unwohlseins; — der Herr Abgeordnete Dr. von Schwarze für heute; — der Herr Abgeordnete Merz für heute; — der Herr Abgeordnete von Schwendler für heute. — Es wird mir soeben mitgetheilt, daß auch der Herr Abgeordnete Franssen wegen Unwohlseins für heute entschuldigt ist.

Ich habe Ihnen, meine Herren, das Resultat der Ersatzwahlen, soweit sie bereits erfolgt sind, mitzutheilen. Es sind gewählt worden:

in die Kommission für die Petitionen an Stelle des Herrn Abgeordneten Grafen von Bismarck
von der 5. Abtheilung der Herr Abgeordnete Schmiedel;

in die Kommission für die Rechnungen über den Reichshaushalt an Stelle des Herrn Abgeordneten Schön
von derselben Abtheilung der Herr Abgeordnete von Werner (Eßlingen);

in die Kommission für Wahlprüfungen an Stelle des Herrn Abgeordneten Freiherrn von Pfetten
von der 4. Abtheilung der Herr Abgeordnete Grütering;

in die Kommission zur Vorberathung des Gesetzentwurfs, betreffend das Faustpfandrecht für Pfandbriefe und ähnliche Schuldverschreibungen, an Stelle des Herrn Abgeordneten Freiherrn von Pfetten
von der 3. Abtheilung der Herr Abgeordnete Freiherr von Zu-Rhein.

Endlich hat wegen amtlicher Verhinderungen noch der Herr Abgeordnete von Puttkamer (Fraustadt) gebeten, ihn aus der Kommission für das Brausteuergesetz zu entlassen, und ich würde bitten, daß die 4. Abtheilung morgen nach der Sitzung die Neuwahl an Stelle des Herrn Abgeordneten von Puttkamer (Fraustadt) vornimmt.

Es sind noch Kommissionswahlen im Rückstand; ich nehme an, daß das Resultat dieser Wahlen noch im Laufe der Sitzung zu meiner Kenntniß kommen wird, und werde dann dem hohen Reichstag Nachricht geben.

Ich habe noch eine betrübende Mittheilung und Anzeige zu machen. Vor einigen Stunden habe ich von dem Herrn Abgeordneten Freiherrn Schenk von Stauffenberg folgendes Telegramm erhalten:

> Erneute heftige Erkrankung läßt es mir unmöglich erscheinen, den Tag meines Wiedererscheinens im Reichstag zu bestimmen. Ich lege deshalb das Amt des ersten Vizepräsidenten nieder und bitte, dies dem Reichstage mitzutheilen.
>
> Freiherr von Stauffenberg.

Ich werde mir erlauben, am Schluß der heutigen Sitzung wegen Anberaumung der Neuwahl des ersten Vizepräsidenten Ihre Beschlußfassung herbeizuführen.

Wir treten in die Tagesordnung ein:

Fortsetzung der zweiten Berathung des Zolltarifs (Nr. 132 der Drucksachen),

und zwar Nr. 9, **Getreide und andere Erzeugnisse des Landbaus**.

Ich eröffne die vertagte Diskussion über Lit. a und b wiederum und ertheile das Wort dem Herrn Abgeordneten von Czarlinski.

Abgeordneter **von Czarlinski**: Meine Herren, meine politischen Freunde und ich sind der Ueberzeugung, an dieser Berathung theilnehmen zu müssen, weil wir uns nicht verheimlichen, daß dieselben für unsere wirthschaftliche Lage entscheidend und von der nachhaltigsten Wirkung sein werden.

Wir bedauern dabei, daß es uns nicht vergönnt war, unsere Stellung bei der Generaldiskussion zu den ganzen Steuer- und Zollvorlagen zu präzisiren; unsere Aufgabe wäre uns jetzt erleichtert und unsere, durch abweichende Verhältnisse bedingte Abstimmung bei den verschiedenen Positionen dieser Vorlagen würde jede unzutreffende Deutung ausschließen. Wenn es mir nun gelungen ist, zu dieser Nummer des Zolltarifs das Wort zu erhalten, so gereicht es mir zu um so größerer Genugthuung, als ich nicht Gefahr laufe, zu denjenigen gerechnet zu werden, denen nur die graue Theorie zur Seite steht, oder denen, obgleich sie Landwirthe und im Reichstage sind, dennoch das Recht, als Repräsentanten der Landwirthschaft angesehen zu werden, bestritten werden könnte. Demnach dürften wohl meine Ausführungen von einigem Interesse sein.

Meine Herren, es ist nicht zu leugnen, daß die im Reichskanzlerprojekt beabsichtigte Fürsorge für die Landwirthschaft auch in den polnischen Landestheilen manchen Hoffnungsstern erblicken ließ, selbst denen, welchen die Befähigung zum tieferen Denken und zu geordneter Ergründung nicht abgesprochen werden kann. Das ist aber wohl immer so, daß je verzweifelter die Lage, desto schwieriger ist der Rath und desto verlockender die Farbenpracht des geschilderten Eldorado. Das hat nun wiederum seinen Grund in der wirklich verzweiflungsvollen Lage der Landwirthschaft, welche von dem Fürsten Reichskanzler in diesem Hause so treffend gekennzeichnet wurde und wir nehmen keinen Anstand zu erklären, daß, wo es die wirkliche Verbesserung der Lage der Landwirthschaft gilt, wir Polen nicht fehlen werden, denn niemand hat mehr Interesse an dem Wohl der Landwirthschaft als wir, die wir von öffentlichen Aemtern verdrängt an diese einzige Scholle gebunden sind, aber wir erwarten auch, daß der Herr Reichskanzler seinem Gerechtigkeitsgefühl mehr Achtung zu verschaffen wissen wird,

(Hört, hört!)

und den preußischen Beamten aufgibt, die Hindernisse, welche uns in der Entwickelung und Bildung gestellt werden, nunmehr zu beseitigen.

(Hört, hört!)

Ich komme nun, meine Herren, zu der Frage, ob durch Getreidezölle die traurige Lage der Landwirthschaft gebessert werden kann. Ich für mein Theil habe nach dem, was ich hier vernommen habe, mich davon nicht überzeugen können und ich verneine nicht nur diese Frage, sondern ich unterziehe mich auch dem Versuch, nachzuweisen, daß Getreidezölle der Landwirthschaft schaden können.

(Sehr gut!)

Es wird gesagt, daß Getreidezölle der Landwirthschaft einen Schutz bieten und man sucht es dadurch zu begründen, daß man gewissermaßen darin sieht eine Garantie für die Steigerung der Getreidepreise, eine Sicherung des inländischen Marktes und eine Aufmunterung zur Bebauung größerer Ackerflächen mit Getreide. Ich will vorweg der wunderbaren Auffassung begegnen, welche in den verschiedensten landwirthschaftlichen Kreisen verlautbar wurde und auf die auch nach einer hier zitirten Litanie eines schlesischen Grundbesitzers gefolgert werden könnte. Es hat hiernach den Anschein, als ob es nicht im keinem Zweifel unterliegt, daß den Getreideproduzenten höhere Preise gesichert sind, sondern dieser höhere Gewinn ist auch mit einer Bestimmtheit berechnet, die zu beneiden ist. Es sieht fast so aus, als glaube man eine Kasse entdeckt zu haben, ich weiß nicht, ob durch Wohlthätigkeitssinn oder von Staatswegen gegründet, von der man ganz ungenirt den Betrag des Getreidezolls abholt.

Ja, meine Herren, unter solchen Umständen würde auch ich für Getreidezölle stimmen können, nämlich vorausgesetzt, daß darunter niemand leidet und vorzugsweise ich selbst, „prima caritas ab ego"; das ist aber mehr als zweifelhaft, namentlich wenn der Antrag von Mirbach-Günther angenommen werden sollte. Dann befürchte ich, daß der Konsument seine Mehrausgabe mit Prozenten von mir abholt, wie der Schuhmacher in den Stiefeln, die ich von ihm zu kaufen genöthigt bin.

Vorsichtiger sind schon die Motive, welche mit einer großen Geschicklichkeit Wirkung und Ursache zu deuten wissen und jedem der Interessenten, sowohl dem Produzenten als dem Konsumenten je nach Wunsch und Bedarf das Füllhorn der Zukunftswohlfahrt auszuschütten wissen.

(Sehr wahr! links.)

Ohne auch nur die Ursachen der früheren Mehrausfuhr angeben zu wollen und etwas über die damaligen Ernteberträge zu sagen, lassen sie als Folge des Wegfalls der Getreidezölle eine ziemlich plötzliche Umwandelung der Mehrausfuhr in eine Mehreinfuhr erblicken und stützen sich dabei auf den jüngsten Verwaltungsbericht des preußischen landwirthschaftlichen Ministers, welcher, meine Herren, wie Sie selbst sehen werden, durchaus nicht hierher paßt.

Wo ist denn die kolossale Masse von Getreide geblieben? Wenn keine andere Ursache zur Verminderung der Ausfuhr vorhanden war, als der Wegfall des Zolles, so müßte in gleichmäßig ertragsreichen Jahren und bei derselben Konsumtion die Wirkung des eingeströmten Getreides eine ungeheure Aufhäufung desselben und zunächst eine bedeutende Preiserniedrigung zur Folge haben. Daß dem aber nicht so war, darf ich, um nicht nach den statistischen und etwas diskreditirten statistischen Zahlen zu greifen, mich nur auf das Zeugniß derjenigen Herren berufen, denen die damaligen Preise noch lebhaft im Gedächtniß stehen.

Erst im letztverflossenen Jahre und sonderbar gerade wenn die Motive eine Mindereinfuhr von 5 Millionen Zentnern zu verzeichnen haben, fand eine bedeutende Preiserniedrigung statt.

Nun könnte mir entgegengehalten werden und ich habe ja auch die Meinung gehört, daß, wenn die Preise infolge des Wegfalls des Zolls nicht gefallen waren, oder daß, wenn während der Herrschaft des Getreidezolls die Preise nicht stiegen, darin der Grund liege, daß damals Deutschland mehr produzirte als konsumirte, mithin der Zoll gleichgiltig war.

Ich abstrahire von den Konsequenzen dieser Behauptung in Bezug auf die Vertheuerung des Getreides, für den Fall, wenn mehr konsumirt als produzirt wird, sowie in Bezug auf die alsdann hinfällige Berufung auf die Herrschaft der Getreidezölle und ich weise doch etwas auf das Ausland hin. Hier wurde sehr oft England zitirt; wie haben sich in England die Getreidepreise gestellt zur Zeit des Prohibitivsystems, welches nach Aufhebung der Kontinentalsperre eingeführt wurde? Da sehen wir, 1817 kostete der Quarter Weizen 94 Schilling, 1818 83, das folgende Jahr fiel er auf 72, im nächsten sank er auf 65 und 1822 betrug er nur noch 45 Schilling. Es erfolgte eine furchtbare landwirthschaftliche Krisis; die Produktion wurde plötzlich verringert und, weil bei niedrigeren Preisen als 81 Schilling per Quarter die Einfuhr verboten war, entstand Brodmangel, so daß die Einfuhr fremden Getreides wieder gestattet werden mußte. Alsdann veränderte man das Prohibitivsystem im Jahre 1828 in einen Schutzzoll der sogenannten gleitenden Skala, welche den Normalpreis von 66 bis 70 Schilling sichern sollte. Jedoch nur die ersten Jahre erfüllten die Hoffnungen der Produzenten; die alte Geschichte ging wieder von vorne an; es entstand eine Ueberproduktion; mit dem vergrößerten Angebot fielen die Preise, so daß schon binnen kurzem nur 39 bis 38 Schilling per Quarter gezahlt wurde; erst wieder nach verminderter Produktion stiegen die Preise binnen kurzem, gleich dermaßen, daß schon im Jahre 1839 für den Quarter 70 Schilling gezahlt wurden. Aber diese plötzliche Steigerung mit dem wiederkehrenden Gespenste der Hungersnoth hatte die schließliche Aufhebung des Schutzzolls zur Folge. Die Landwirthe selbst, satt der fortwährenden Schwankungen und im wohlverstandenen eignen Interesse forderten die Aufhebung des Zolls.

Diese Erwähnung wird genügen zum Beweise, daß die Getreidepreise sich stets nur normiren nach dem Angebot und nach der Nachfrage, daß, wenn auch ein Zoll die Tendenz zur Preiserhöhung hervorruft, die verminderte Konsumtion dieselben alsbald herabdrückt. Ich meine überhaupt, daß Getreidepreise verschiedene Ursachen haben können. Entweder rührt die Vertheuerung des Getreides von dem geringeren Vorrathe desselben her oder von der vermehrten Konsumtion. Ist ersteres der Fall, dann steigen die Preise dermaßen, daß die Konsumtion sich einschränken muß, wie wir es im Jahre 1847 erlebt haben. Tritt das zweite ein, dann ist es ein Beweis des fortschreitenden, wachsenden Wohlstands, und so umgekehrt sind niedrige Preise entweder die Folge des großen Quantums oder der verringerten Konsumtionsfähigkeit. Und nun glaube ich, daß die erste Tendenz der Getreidezölle auf die Beschränkung des Vorraths geht, die zunächst eine Preissteigerung hervorrufen, aber gleichzeitig die Konsumtion einschränkt und alsdann die Preise wieder fallen läßt.

Nachdem ich mir nun erlaubt habe, nachzuweisen, daß Zölle keine Einwirkung auf die Fixirung höherer Getreidepreise haben — und die Motive sind darüber ja auch zweifelsvoll — aber durch die häufigen Schwankungen und Enttäuschungen der Landwirthschaft einen wohl empfindlichen Schlag zu versetzen und die natürliche Entwicklung auf verschiedenen Gebieten der Erwerbsthätigkeit zu hemmen vermögen, will ich auch gleich auf die Frage eingehen, wer den Zoll bezahlt.

Die Motive trauen diese Last theils dem Bäcker, theils dem Importeur zu und der Herr Reichskanzler meinte in der vorgestrigen Sitzung, daß der Importeur dieselbe auf den Produzenten abwälzen könnte. Den Bäcker, meine Herren, will ich außer Acht lassen, weil er sich ohnedem schon gegen viele Vorwürfe, die ich nicht theile, zu vertheidigen hat. Wenn aber die Motive glauben, dem Importeur diese Last zutheilen zu dürfen, so setzen sie eine Ueberspekulation voraus; denn eine dem Bedürfniß entsprechende Einfuhr würde den Importeur keinem Verluste aussetzen. Es wird überhaupt, wenn im Inlande der Getreidevorrath ausreicht, keine Einfuhr stattfinden, und alsdann hat der Zoll keine Bedeutung. Ist der Bedarf aber größer, dann bleibt dem Konsumenten trotz aller Gegenversicherungen nichts übrig, als den Zoll zu bezahlen, und die Landwirthe selbst würden ihn mitbezahlen. Meine Herren, was den Produzenten anbetrifft, so werde ich mir erlauben, wenn ich die Handelsbeziehungen berühren werde, auf ihn zurückzukommen.

Nun sagen die Motive weiter: „Nicht darauf kommt es für die Landwirthschaft an, die Preise des Getreides künstlich höher zu schrauben, sondern darauf, für das inländische Produkt einen Abnehmer zu finden, welcher wenigstens so viel zahlt, daß sich das Produziren überhaupt noch lohnt." Wie wenig aber oder wie viel damit gesagt ist, erhellt aus dem unmittelbar folgenden Satze, daß, wenn im Inlande ein sicherer Absatzpunkt vorhanden, es an inländischen Produkten nicht fehlen wird, selbst wenn die Preise noch unter die jetzigen geringen heruntergehen sollten. Nun, meine Herren, eine schöne Aussicht für die Landwirthschaft, deren Betrieb, wie die Motive zugestehen, aufgehört hat, lohnend zu sein. Aber so bestechend auch der Satz sein mag, der inländischen Produktion den inländischen Markt zu sichern, so werden sich dennoch die Produzenten jedes Mal nach denjenigen Märkten wenden, welche ihnen den meisten Vortheil bieten, und wir namentlich, meine Herren, werden mit unserem vorzüglichen polnischen Weizen, welcher bei uns gerade so gut wächst wie in Sandomirs, mehr nach England gravitiren, nach den Mühlen in Hull, als nach Deutschland, das uns unsere Waare nicht so gut bezahlt. Wollte man übrigens auf diese Weise der Landwirthschaft zu Hilfe kommen, so müßte man konsequenter Weise, je nach den Produktionsbedingungen zwischen verschiedenen Provinzen, ja oft sogar zwischen einzelnen Kreisen Zollbarrieren errichten.

Nein, meine Herren, auf diesem Wege gelangen Sie nicht zur Verbesserung der Lage der Landwirthschaft. Wir Landwirthe befürchten vielmehr, jetzt aus dem Regen unter die Traufe zu kommen. Das Eisen, das für die Landwirthschaft mehr bedeutet als für den Hinkenden der Stab wird jetzt schon durch den Zoll einer bedeutenden Vertheuerung ausgesetzt und somit die landwirthschaftliche Industrie in den von uns vertretenen Landestheilen fast unmöglich gemacht. Ferner werden unentbehrliche Hilfsmittel und Verbrauchsgegenstände auch vertheuert, so daß die Landwirthe schließlich, wie hier schon erwähnt wurde, die Zeche bezahlen werden und das Glück haben, nicht allein vom Staate, sondern auch von der Großindustrie besteuert zu sein. Daher danken wir, meine Herren, für das Privilegium, welches in den Zöllen gefunden werden kann und mit denen man die Landwirthe abfertigen will.

Von dem nunmehr gefährdeten Handel an der Ostsee ist schon in beredter Weise gesprochen worden. Ich will nur noch hinzufügen, daß dadurch wir namentlich direkt geschädigt werden, welche ein vorzügliches Korn zum Verschnitt liefern. In Posen, Bromberg, Thorn, Danzig wurden uns zu diesem Zweck ausnahmsweise hohe Preise bezahlt. Das wird nun aufhören, wenn Rußland nicht gezwungen ist, sein Getreide über die preußische Grenze zu dirigiren. Selbst das Königreich Polen wird zum großen Theil auf anderen Wegen seine Rechnung finden. Der Herr Reichskanzler meinte zwar in der vorgestrigen Rede, daß die Russen doch gezwungen werden, ihren Roggen nach Danzig und Königsberg zu bringen, weil die Danziger Kaufleute und das deutsche Geld die Russen dorthin ziehen, aber auf der anderen Seite glaube ich auch von ihm gehört zu haben, daß das Geld wieder mit den Kaufleuten jetzt nach Rußland geht und sich sehr viele Kaufleute nach Wilna, Riga, Libau übersiedeln. Nnn, meine Herren, entweder findet eins oder das andere statt. Wir wünschten jedenfalls, daß die Kaufleute hier blieben und der Handel nicht zerstört werde.

Nnn aber, wie stellt sich denn überhaupt die Rechnung, welche man doch machen muß, wenn man behauptet, daß das Getreide auch ferner hereinkommen und der Produzent den Zoll bezahlen wird? Gestatten Sie, daß ich das mit ein paar Worten auseinandersetze. Die Fracht einer Waggonladung von Warschau nach Danzig kostet jetzt 130 Mark. In der Zukunft wird sie inklusive des Zolles 230 Mark kosten ebenso viel, wie der Transport nach dem viel weiter entlegenen russischen Hafen Libau. Es wäre somit ein ökonomischer Fehler, wenn die hinter Warschau Gelegenen ihre bisherige Absatzlinie benutzen würden, und es ist durchaus nicht anzunehmen, daß sie diesen Fehler begehen sollten.

Nun, meine Herren, was die Aufmunterung zum größeren Körnerbau betrifft, so glaube ich, daß damit der Landwirthschaft schlecht gedient wäre, nachdem sie schon seit Jahren und noch zur Zeit weit höherer Getreidepreise eine andere Basis suchte. Längst schon überführten sich die Landwirthe, daß der Kornbau nicht mehr lohnt und wandten sich der Viehzucht, der landwirthschaftlichen Industrie und den Handelsgewächsen zu. Es wurde zwar, und ich glaube, von dem Abgeordneten Günther (Sachsen) gesagt, wenn das alle thäten, so würde eine Ueberproduktion entstehen; nun, meine Herren, das ist nicht zu befürchten, denn es dürfen das nur diejenigen thun, die den geeigneten Boden dazu haben und die überhaupt rechnen werden.

(Sehr richtig!)

Daher sich die Abnahme der Ackerfläche für Gerste, Weizen und Hafer erklärt, welche in den Motiven zu finden ist, während der Anbau von Roggen noch zugenommen hat. Es wäre wohl interessanter gewesen, wenn diese auf den ersten Anblick räthselhafte Erscheinung die Motive selbst erklärt hätten; dann hätte es sich auch von selbst herausgestellt, daß man nicht alles zu gleicher Zeit schützen kann und namentlich nicht durch Zölle, und in der Landwirthschaft Kornbau, Viehzucht und Zuckerfabrikation, nebst dem kolossalen Schutz der Großindustrie. Wollte man nun, meine Herren, der Landwirthschaft durch Zölle den Impuls geben, mehr den Getreidebau zu pflegen, so würde man sie auf das empfindlichste schädigen, man würde gewissermaßen einen Rückmarsch antreten heißen; ja selbst der Appell an den leichten Boden, welcher als Winterung nur Roggen trägt, würde schlimme Folgen haben in der vollständigsten Entkräftung des Bodens. Meiner Ueberzeugung nach wird überhaupt schon zu viel Boden zum Roggenbau verwendet und zwar solcher Boden, der überhaupt nicht beackert werden dürfte. Ueberdies halte ich den Satz fest, daß nicht große Flächen besäet und wenig geerntet, sondern weniger Fläche besäet und viel geerntet, dem Landwirthe Wohlstand schafft;

(sehr richtig!)

das ist wiederum ein Hinweis auf die Nothwendigkeit der intensiven Wirthschaft, welche zu ermöglichen und zu fördern, Aufgabe des Staats sein muß und das wird geschehen, meine Herren, wenn der Kredit den Landwirthen erleichtert wird, wenn die Bank einer Reorganisation unterworfen wird, denn wenn ein Landwirth zu 6 und mehr Prozent sich die nothwendigen Mittel zur Melioration verschaffen soll, dann ist er nicht im Stande, irgendwie noch etwas aus der Landwirthschaft herauszubringen, die ihm überhaupt nur 3—4 Prozent liefert.

In einem, meine Herren, stimme ich jedoch ganz mit den Motiven überein, das ist, daß aus Mangel an Mitteln dem Acker nur ungenügend die nöthigen Dungstoffe zugeführt werden und daß die Ertragsfähigkeit der Grundstücke in Folge der zahlreichen Subhastationen vermindert ist.

Meine Herren, jede Subhastation hat die Verminderung des Gesammtvermögens zur Folge, und daher dürfte man dieselben nicht so gleichgiltig behandeln und — wie mir das wohl öfter vorgekommen ist — sagen, „was schadet es, daß der oder jener bankerottirt, es tritt ein anderer an seine Stelle“, — aber der andere wird nicht mehr im Stande sein, so viel aus der Wirthschaft herauszuziehen, als sein Vorgänger im Wohlergehen zu thun im Stande gewesen wäre, weil der Untergehende nicht nur keine Verbesserungen vornimmt, sondern das Möglichste rücksichtslos dem Boden entzieht. Hier, meine Herren, ist schleunige und wirksame Abhilfe nöthig, welche jedoch nicht in Zöllen zu finden ist, vielmehr in einer Revision der Eisenbahntarife und in einer umfassenden Reform der Gesetzgebung auf wirthschaftlichem Gebiet nebst schneller Durchführung der Entlastung des Grundbesitzes, so lange es noch Zeit ist.

Ich enthalte mich, meine Herren, Anträge zu machen, auf welche Weise eine solche Entlastung möglich wäre, denn ich halte es immer für sehr mißlich für den Steuerzahler, Projekte in Betreff einer neuen Belastung vorzubringen, denn er hat nicht die Sicherheit, daß, wenn die neuen Steuern eingeführt werden, irgend etwas von den alten fortfällt,

(sehr richtig!)

aber um eine wirkliche Hilfe für die Landwirthschaft scheint es sich auch bei diesen Zollprojekten gar nicht zu handeln. Es ist ja hier oft gesagt worden und die Motive haben es auch ausgedrückt, daß finanzpolitische Rücksichten für die Rückkehr der Zollpflicht selbst landwirthschaftlicher Produkte obwalten; ja, es ist dabei sogar von Opfern gesprochen worden, welche aus politischen Beweggründen zu bringen seien. Nun, meine Herren, ich hätte vorgezogen, daß bei diesen wirthschaftlichen Fragen die Politik vollständig bei Seite gelassen wäre; denn für diese Zwecke — überhaupt abgesehen davon, daß zu deren Befolgung der Staat immer mehr Opfer verlangt, — können wir Polen uns nicht begeistern und ich rufe allen denen, die geneigt wären, dieser Vorlage ihre Zustimmung zu geben, zu: quidquid agis, prudenter agas et respice finem!

(Bravo!)

Präsident: Ich ertheile das Wort dem Herrn Abgeordneten Schröder (Lippstadt).

Abgeordneter **Schröder** (Lippstadt): Meine Herren, wenn ich den Verlauf dieser Debatten nicht für den allerregelmäßigsten, aber doch für einen noch ziemlich regelmäßigen halte, etwa für einen elliptischen, so war der eine Fokus dieser Ellipse in den Eisenzöllen, der zweite beschäftigt uns jetzt, er liegt in den Getreidezöllen. Es ist deshalb auch von einem hohen Präsidio dieses Hauses gebührend bemerkt worden, daß die Debatte über diesen Punkt wohl in etwas weiteren Linien sich bewegen dürfe. Ich werde von dieser Erlaubniß einen recht eingeschränkten Gebrauch machen, ich werde z. B. die Frage der direkten und indirekten Besteuerung nicht berühren, es hat das vor mir schon der Herr Abgeordnete Frege in beredter und ausgiebiger Weise gethan. Ich muß aber doch darauf aufmerksam machen, daß die Grenzlinie noch etwas weiter gezogen werden kann und vielleicht gezogen werden muß in Folge der höchst bedeutsamen Rede des Herrn Reichskanzlers vom vorgestrigen Tage, eine Rede, die auf mich einen sehr günstigen Eindruck gemacht hat, weil sie Zeugniß davon ablegt, daß es unmöglich ist, nach dieser Rede noch etwa von Dilettantismus zu sprechen, weil dieselbe vielmehr im Gegentheil ein tief eingehendes Studium dieser Verhältnisse erkennen läßt. Ich werde mir erlauben, am Schluß noch auf einen Gesichtspunkt dieser Ausführungen des Herrn Reichskanzlers zurückzukommen.

Einige sehr bemerkbare Erscheinungen hat überhaupt die Debatte über dieses neue Zollsystem zu Wege gebracht. Wir sehen zuvörderst die merkwürdige Erscheinung, daß die Gegner der Reform sich auf der Seite befinden, die sich die nationale κατ᾽ ἐξοχήν nannte und diese Rolle auch gespielt hat — nicht in schlechtem Sinn natürlich —, und diese Rolle hier markirt hat, will ich sagen. Wir haben von diesen Herren gehört von einer „nationalen Münze“, von einer „nationalen Wissenschaft“, ja, sogar von einer „nationalen Kirche“, lauter Substantiva, zu denen das Adjektiv „national“ ungefähr so paßt, als wenn ich sagen würde: ein „viereckiger Kreis“. Aber, meine Herren, jetzt, wo wir von einer nationalen Wirthschaftspolitik reden, von Schutz der nationalen Arbeit, — Zusammenstellungen, die ganz vernünftig sind, — da hören wir mit einem Mal schon am dritten Tage der Debatte, daß dieser Ausdruck bis zum Ueberdruß, ja bis zum Ekel denselben Herren geworden sei.

Meine Herren, es wird bei den Getreidezöllen nicht umgangen werden können, von den Seestädten und den Ostseeprovinzen zu reden. Ich will das gleich kurz abmachen. Ich sage zuvörderst, daß ich die wirklich schonungslose Verurtheilung, die der Herr Abgeordnete Mosle in Blättern seiner bisherigen Partei erfahren hat, durchaus nicht theile; ich erkenne es im Gegentheil lebhaft an, daß der Abgeordnete Mosle es verstanden hat, seinen Blick nicht bloß nach der sogenannten „freien“ See, von der der Abgeordnete von Maltzahn gesprochen hat, zu richten, sondern sich einmal umzukehren und seinen Blick nach dem Lande zu richten. Es ist das um so anerkennenswerther, als er es gegenüber einer kolossalen Gegenströmung gethan hat, und ich bin der Meinung, daß diese Umkehr nicht auf einen Händedruck des Herrn Reichskanzlers allein zurückzuführen ist, wie es die

Blätter darstellen, sondern daß es die Folge ist tiefer, vielleicht schmerzlicher Erwägungen. Meine Herren, dieser Streit der Montecchi und Kapuleti in Bremen war sehr interessant, und ich möchte den Herren aus den Ostseeprovinzen und den Seestädten dort empfehlen, ihn einmal gründlich zu studiren.

Wenn hier davon die Rede war, daß man auf die Wünsche der Seestädte doch nicht so sehr Rücksicht nehmen könne, so haben wir gesehen — und am ausgiebigsten hat das der Abgeordnete Rickert geleistet, — daß man sich sofort beleidigt fühlte, von dem besonders großen Patriotismus dieser Landestheile an der See sprach, und dafür Beispiele anführte, die meiner Ansicht nach gar nicht paßten. Aber, meine Herren, das läßt sich doch nicht wegleugnen, und die Geschichte beweist es uns seit 4000 Jahren, diese großen Handelsplätze an der See, ja sie hatten auch ein Vaterland, sie hatten auch eine Heimat und schätzten sie vielleicht, aber so einigermaßen war doch diese Heimat und dieses Vaterland immer auch ihr „Hinterland". Das ist die eigentliche Bezeichnung, soweit es auf die materiellen Interessen ankommt, und meine Herren, wenn wir sicherlich geneigt sind, den Bedürfnissen der Ostseeprovinzen zu entsprechen — und wir haben es in ausgiebigster Weise im preußischen Landtage gethan, — so möchte ich es doch nicht eine sehr bescheidene Forderung nennen, wenn diese schmalen, zwischen Rußland und der See eingeklemmten Provinzen verlangen, daß wir eine große wirthschaftliche Reform des kompakten Körpers von Deutschland, zu dem sie gehören, nicht machen sollen, weil sie es nicht wollen. Meine Herren, das ist zu viel verlangt, und ich möchte auch diese Herren bitten, einmal den Blick statt auf die freie See auf das große kompakte Deutschland zu richten, was westlich von ihnen liegt.

Dann noch eine allgemeine Bemerkung gegenüber dem Herrn Abgeordneten Lasker; ich will vorweg sagen, daß ich überzeugt bin, wie der Herr Abgeordnete Lasker sich manchmal nicht der Tragweite des Verletzenden bewußt ist, was in seiner Art zu reden liegt. Der Herr Abgeordnete Lasker hat gegen den Schluß seiner Rede mit einer gewissen elegischen Entsagung davon gesprochen, das Unglück, was in wirthschaftlichen Dingen jetzt dem Lande drohe, sei leichter zu ertragen, weil bei dieser Gelegenheit wir, das Zentrum, dem Reichsgedanken näher getreten seien, dem wir früher so kühl gegenüber gestanden hätten. Meine Herren, ich muß ein für allemal dagegen protestiren, als ob wir jemals fähig wären, den Reichsgedanken zu akzeptiren, wie ihn der Herr Abgeordnete Lasker sich konstruirt. Meine Herren, in bester Absicht gewiß hat sich der Herr Abgeordnete Lasker seinen Reichsgedanken konstruirt, aber, meine Herren, wir brauchen keinen konstruirten Schematismus, der uns von außen gleichsam eingepaukt wird, uns den Vertretern der ältesten deutschen Stämme zwischen Rhein und Weser! Meine Herren, dort lebt der Reichsgedanke seit tausend Jahren, als man an den Herrn Abgeordneten Lasker noch nicht dachte.

(Heiterkeit.)

Wir haben ihn ererbt von unseren Vorfahren, uns steckt er in Herz und Nieren und Blut durch hundertjährige Traditionen ein für allemal,

(Zuruf)

— ein für allemal sage ich, wir haben niemals einen Reichsgedanken akzeptirt, wie er hier schematisch zusammengestellt ist in neuester Zeit und zwar deswegen nicht, weil wir den richtigen Reichsgedanken niemals verloren haben.

Meine Herren, wenn ich etwas näher jetzt zur Sache komme, so muß ich die eigenthümliche Erscheinung hervorheben, daß selbst Anhänger der Wirthschaftsreform im allgemeinen doch stutzen bei den Getreidezöllen. Es ist das ganz eigenthümlich, und ich habe es bei vielen meiner Herren Kollegen bemerkt, daß sie völlig einverstanden sind mit der Grundidee der Reform, aber von Getreidezöllen nichts wissen wollen. Ich glaube, meine Herren, man kann gar nicht inkonsequenter sein, wenn man an sich die Idee einer nationalen Wirthschaftspolitik billigt, als nun zu stutzen bei der Position „Getreidezölle". Man sagt doch — und es ist ja wohl unbestritten — diese nationale Wirthschaftspolitik erstrebe, daß die nothwendigsten unentbehrlichsten Dinge womöglich im Lande selbst produzirt werden müßten, soweit die Grundbedingungen dafür vorhanden sind, und man sagt ferner, daß diese Wirthschaftspolitik dafür zu sorgen habe, daß nicht in weiten Kreisen der arbeitenden Bevölkerung Arbeitslosigkeit und somit Noth entstehe. Nun, meine Herren, diese beiden Gründe passen doch gerade auf die Landwirthschaft im allereminentesten Sinne. Nichts ist nöthiger als das tägliche Brod, und in keiner Industrie sind mehr Deutsche beschäftigt als in der Landwirthschaft. Der Herr Reichskanzler meinte, die Hälfte der deutschen Bevölkerung beschäftige sich mit der Landwirthschaft, ich möchte das etwas erweitern: Die Hälfte wohnt auf dem Lande (52 Prozent); aber Sie müssen dazu rechnen noch einen sehr großen Theil der sogenannten Städte von 600 bis 6000 Einwohner, welche auch vorwiegend Landwirthschaft treiben und ganz darauf basirt sind. Wenn Sie die hinzurechnen, können Sie ohne Uebertreibung sagen, $^2/_3$ der deutschen Bevölkerung beschäftigen sich mit der Landwirthschaft.

Und nun, meine Herren, ein sehr wichtiger Punkt: Sie können bei gewissen Industrien und Beschäftigungen, ohne der Hartherzigkeit beschuldigt zu werden, und ohne daß man Ihnen die Unmöglichkeit einwendet, sehr wohl sagen: mag diese Industrie allmählich eingehen, mag diese Beschäftigung allmählich verschwinden oder verringert werden in Deutschland, die Leute mögen sich etwas anderem zuwenden. Das können Sie aber niemals bei der Landwirthschaft sagen, Sie können niemals sagen, der Bauer solle etwas anderes machen,

(sehr wahr! rechts)

Sie können das wohl sagen beim Kaufmann, beim Advokaten — und ich habe das rücksichtslos vertreten in der Kommission über die Gebührenordnung — aber Sie können es niemals sagen dem Bauer, dem Landmann gegenüber. Ich bin der Meinung, meine Herren, und ich habe niemanden gehört außer dem Herrn Abgeordneten Bamberger, der das bestreitet, daß der Handelsstand in Deutschland übersetzt ist. Wir können sehr bequem einige tausende von Handelsleuten in Deutschland entbehren.

(Sehr richtig! im Zentrum. Heiterkeit.)

Das würde zu einer wohlthätigen Beschränkung des Zwischenhandels führen, der nirgendwo mehr Protuberanzen hat, als in Deutschland. Meine Herren, ich kann Ihnen darüber ganz detaillirte Mittheilungen machen, ich habe Gutachten darüber extrahirt von vielen sehr gescheidten Leuten, die Sachverständige sind und 20 Jahre im Handelsstande waren. Ich kann diese Gutachten Ihnen vorlegen; alle sind darüber einig, daß nirgendwo in einem Kulturlande der Zwischenhandel mehr degenerirt sei, als in Deutschland, nirgendwo durch den Zwischenhandel die Produkte schließlich in der Hand der Konsumenten mehr vertheuert würden, als in Deutschland.

Also, meine Herren, mir geht der Bauer vor dem Handelsmann; der Geschmack ist verschieden, anderen mag der Handelsmann vor dem Bauer gehen, aber ich glaube, ich habe meine Gründe hierfür angegeben dahin, daß wir viel Handelsleute, aber nicht einen einzigen Bauer in Deutschland entbehren können.

(Zuruf links.)

— Ich komme gleich darauf, Herr Rickert, daß die Handelsleute, — sobald sie nicht überflüssig sind, — mit den Bauern gleichstehen sollen, sie stehen aber nicht gleich, ich werde Ihnen das gleich nachweisen.

Meine Herren, ich habe also nachgewiesen, daß es für

einen Freund dieser Wirthschaftsreform inkonsequent ist, zu stutzen bei den Getreidezöllen; im Gegentheil, er muß auf *diesen Zoll* das Prinzip gerade am *konsequentesten, schärfsten, rücksichtslosesten anwenden.* Ich möchte dringend davor warnen, wenn wir diesen Ring der nationalen Wirthschaftspolitik schmieden, daß wir ihn nicht an einer Stelle zu dünn schmieden, wo die Gegner nachher ihren Meißel ansetzen können.

Meine Herren, daß ein Nothstand der Landwirthschaft vorhanden sei, das bestreitet ja jetzt wohl niemand mehr. Freilich war das erste Beispiel, was der Regierungskommissar Herr Tiedemann uns brachte, über die Subhastationen, nicht sehr glücklich gewählt. Er hat das auch, glaube ich, selber zugegeben, aber, meine Herren, er hat doch nachher eine treffende Statistik gebracht, und die wies nach, daß auch im allgemeinen eine erschreckende Zunahme der ländlichen Subhastationen in Deutschland stattgefunden hat, die *sehr, sehr* zu denken gibt. Und, meine Herren, wie kann jemand diese Thatsache bestreiten? Sehen Sie sich doch jedes Amtsblatt in jeder Provinz an, jedes Kreisblatt in einem ländlichen Kreise und die Vossische Zeitung, soweit sie das Kreisgericht Berlin betrifft, ob sie nicht ganze Seiten voll Subhastationstermine finden, wo Sie früher kaum alle Woche eine fanden! Und, meine Herren, woher kommt das? Ich sehe gänzlich ab von einer übermäßigen Verschuldung, denn das trifft den Besitzer und nicht die Sache. Ich sehe auch ab von den vielgenannten „3000 Obersten“, die bei Borchardt sitzen — von den Latifundienbesitzern, meine Herren, die interessiren mich außerordentlich wenig. Ich freue mich aber, daß wir als Vertreter des agrarischen Standes solche Herren hier haben, und ich glaube, sie sind sich bewußt, daß sie gewählt sind von Bauern und Mittelgrundbesitzern und deren Interessen ebenso wahrzunehmen haben wie die eigenen. Es ist ja sehr zu wünschen, daß der Gedanke erst einmal durchschlägt auch in Kreisen von Latifundienbesitzern, daß ihre Interessen und die des Bauern und mittleren Grundbesitzers sehr harmoniren.

(Sehr richtig!)

Meine Herren, das ist eine Idee, die zuerst in Westfalen, dem eigentlichsten Bauernlande der Welt Herr von Schorlemer zum Durchbruch gebracht hat. Von ihr wird getragen der westfälische Bauernverein, der 16 000 Mitglieder und zwar Latifundienbesitzer und Bauern in sich schließt.

Also, meine Herren, auch von diesen 3000 Kostgängern des Herrn Borchardt

(Heiterkeit)

will ich ganz absehen. Es ist dieser Gesichtspunkt in der That geeignet, die Sache zu verwirren, das Moment des Neides in die Gemüther zu werfen,

(sehr richtig!)

natürlich nicht sowohl hier im Hause, als beim Volke, das nachher diese Reden liest,

(sehr richtig!)

und das möchte ich vermeiden.

Und nun, meine Herren, wie steht die Sache mit der Produktionsfähigkeit? Ich bin der Meinung, daß gerade in diesem Jahr 1878, in dem wir einen kolossalen Import russischen Getreides haben, und zwar nicht bloß in Ostpreußen, — ich muß den Herrn Reichskanzler hier vervollständigen, und nicht bloß aus dem nordwestlichen Rußland, sondern auch aus dem ganz südlichen Rußland;

(sehr richtig!)

via Odessa sind ganz bedeutende Quantitäten selbst bis nach Westfalen geführt. — Ich bin der Meinung, daß in diesem Jahr unsere Ernte absolut eine nicht unzulängliche war,

(sehr richtig!)

wir hatten völlig genug geerntet in Deutschland, um davon leben zu können.

(Sehr richtig!)

Meine Herren, der Herr Abgeordnete Delbrück, der ja außerordentlich geschickt mit Zahlen zu operiren weiß, und dem das Material leichter zugänglich sein mag, als manchem anderen Abgeordneten, hat den außergewöhnlichen hohen Import bestritten und hat dafür angeführt die Bestände in den Lagerhäusern par exemple hier in Berlin, die gar nicht viel größer werden, als sonst auch. Meine Herren, damit schlägt er sich selbst. Die Bestände in den Lägerhäusern sind *russisches* Korn; die Bestände *unseres* Getreides aber liegen eben noch bei den Bauern und sind nicht oder sehr schwer verkäuflich. Das ist der Uebelstand, der uns drückt.

(Sehr richtig!)

Ich wollte, unser Getreide läge in Lagerhäusern, dann hätte der Bauer sein Geld und er könnte seine Steuer bezahlen. Aber, meine Herren, wie ist das Verhältniß, und das habe ich nicht nur aus eigener Wahrnehmung durch den Aufenthalt auf dem Lande, ich habe es aus den Berichten zahlreicher landwirthschaftlicher Vereine, auch aus Bayern, die unter der Leitung von Staatsbeamten stehen, und deren Zahlen gewissermaßen offiziellen Anstrich haben, wie ist thatsächlich das Verhältniß? Der Import geschieht bei billigeren Preisen früher, als wir gedroschen haben, denn daß im südlichen Rußland und in Ungarn die Ernte früher ist, wissen alle, und wenn im Oktober der Bauer zum Müller, zum größten Mühlenetablissement, an das er *verkaufen* muß, kommt, dann wird ihm gesagt, „lieber Freund, wir sind schon fast für das ganze Jahr versorgt, hier steht unser Lager!“ Nun, meine Herren, muß der Bauer umkehren

(sehr wahr!)

und seine Getreide verfuttern, wobei er es viel schlechter verwerthet, in das Vieh verfuttern, wobei er es schlechter verwerthet, als wenn der Mensch davon lebt,

(sehr richtig!)

oder er muß den Preis unter der Notiz sich gefallen lassen und allerhand kleine Bedingungen, wie Mehlentnahme 2c.

(Sehr richtig!)

Die Herren, die überhaupt das praktische Leben kennen, werden wissen, was das bedeutet.

(Sehr wahr!)

Und nun, meine Herren, komme ich auf das, was der Herr Abgeordnete Rickert mir dazwischen rief. Ich freue mich, mit ihm einverstanden zu sein darin, daß der *Handelsmann, der das Getreide kaufen soll,* mit dem Bauer *völlig gleichberechtigt sei. Der Bauer ist aber nicht gleichberechtigt mit dem Handelsmann, sondern der Handelsmann dominirt den Bauer vollständig* mittels dieses spekulativen Imports und des Kapitals, das er darauf verwenden kann. Es steht sich also nicht gegenüber ein Mann, der sein Korn *verkaufen* muß, und einer, der *kaufen* muß, weil er es braucht, sondern es steht sich gegenüber einer, der sein Korn in der nächsten Marktstadt *verkaufen* muß, und einer, der ganz à son plaisir es kaufen kann oder wo anders nehmen kann.

(Sehr richtig!)

Diese *inferieure* Stellung des deutschen Landmannes, des

Bauers und mittleren Grundbesitzers, die muß ausgeglichen werden durch den Schutzzoll.

(Sehr richtig!)

Meine Herren, wenn die Kalamität jetzt so groß ist, so liegt dies ja wesentlich mit daran, daß die Steuern so groß sind, die Belastung des Bauers so groß ist, und ich wünschte ja dringend, daß diese vermindert werde. Die Noth würde nicht so groß sein, wenn nicht wegen der Steuern so sehr viele Exekutionen stattfänden, so viel, als noch niemals, so lange ich denken kann, stattgefunden haben. Das liegt aber auf einem anderen Felde, das will ich hier in die Diskussion nicht hineinmischen.

Nun frage ich Sie, meine Herren, wie soll nun bei dieser Situation der Gutsbesitzer Lust daran gewinnen, mehr Land noch in Kultur zu setzen, mehr Roggen noch zu bauen, noch 100 Zentner mehr zu bauen, wenn er das, was er bisher baut, nicht einmal zu den Selbstkosten los werden kann? Wie soll er dazu kommen, von den wohlthätigen Anstalten, die wir in Preußen ins Leben gerufen haben auf Initiative des landwirthschaftlichen Ministers Dr. Friedenthal, wie soll er dazu kommen, von der Landeskulturrentenbank Gebrauch zu machen, um sein Land zu kultiviren, wenn er das bisher Gebaute nicht absetzen kann? Also Gleichstellung des Handelsmannes mit dem Bauer, das ist der Zweck, der Hauptzweck des Schutzzolles, und ich freue mich, daß Herr Kollege Rickert darin mit mir vollständig einverstanden ist.

Meine Herren, ich will nicht darauf eingehen, speziell nicht darauf eingehen, was die Frage betrifft von der Vertheuerung des Brodes für den armen Mann; es hat das der Herr Kollege Günther in treffender Weise und mit den richtigen Zahlen auf das richtige Maß zurückgeführt. Ich kann mich begnügen, darauf lediglich zu verweisen; aber, meine Herren, einen Moment muß ich doch hervorheben: wenn der größte Theil, der bei weitem größte Theil meiner politischen Freunde für den Zoll stimmt, ja sogar für die Erhöhung des Zolles auf 50 Pfennige pro Zentner, so ist das wahrlich eine Garantie für unsere Wähler, daß wir die Frage reiflich erwogen haben, und daß wir der Meinung sind, daß ihre Situation, die Situation des armen Mannes, nicht erschwert wird durch das, was wir hier beschließen, im Großen und Ganzen, sondern daß sie erleichtert wird. Meine Herren, niemand ist empfindlicher, was den Brodkorb betrifft, als wir. Wir sind in Preußen mit einem Brodkorbgesetz versehen, mit einer „surtaxe du culte catholique-romain," eines der ungerechtesten Dinge, die es geben kann.

(Heiterkeit.)

Meine Herren, die 10 Millionen, die bei dem Kultusminister Falk aus dem sogenannten Brodkorbgesetz aufgespeichert liegen, sind aus unserer Tasche und der unserer Wähler genommen worden, wir haben sie bezahlen müssen.

(Sehr richtig!)

Also, meine Herren, wenn wir in diesen Dingen zu dem Entschlusse kommen, einen Zoll höher wie die Vorlage, nämlich von 50 Pfennigen pro Zentner zu bewilligen, so, meine ich, sollte das eine Garantie sein für das deutsche Volk; wenigstens für unsere Wähler, daß wir die Sache reiflich erwogen haben, und daß wir trotzdem dazu gekommen sind, für einen erhöhten Zoll zu stimmen. Aber freilich ist das eine sehr bequeme Manier, zu agitiren mit der Phrase „Vertheurung des Brodes des armen Mannes."

(Unruhe.)

Wahrhaftig, was wir bei der Tabaksteuer, wo es viel eher angebracht war, glücklich vermieden haben, „die Pfeife des kleinen Mannes" oder „die kleine Pfeife des armen Mannes,"

(Heiterkeit)

das kommt bei der Getreidebebatte in vollem Maße zur Geltung. Und was wird da alles hereingemengt, meine Herren? Wenn Sie die Reden vom Städtetag lesen, da hört wirklich alles auf. Was da an Phraseologie geleistet worden ist, ist wirklich gar nicht mehr zu verdauen.

(Heiterkeit.)

„Freie Luft, freies Licht, freies Denken," rief da ein Redner, — ich weiß nicht mehr, wer es gewesen ist, — und zwar bei der Debatte über die Viehzölle.

(Heiterkeit.)

Es wäre mir sehr interessant, den Nachweis dafür nur einigermaßen geführt zu sehen, in welcher Weise Viehzölle den Menschen am freien Denken hindern.

(Heiterkeit.)

Also, meine Herren, daß wir Phrasenverächter sind, gerade wir, meine politischen Freunde und ich, das wissen Sie,

(Widerspruch links)

und dieses Gefühl ist sehr gestärkt worden durch die jetzige Situation, durch die Gegenagitation, die außerhalb dieses Hauses stattgefunden hat. Meine Herren, der Herr Abgeordnete Richter hat bei der Generaldebatte gemeint, dem Abgeordneten Reichensperger gegenüber: „wie wenig tief haben Sie doch die Ursachen der Kalamität, die geherrscht hat, betrachtet, wenn Sie dieselben vorwiegend mitfinden in dem Aktiengesetze vom Jahre 1870! das sind Kriege, das sind Schwankungen von der Hoffnungslosigkeit zum Optimismus, die haben es herbeigeführt." Ja, meine Herren, ich möchte dem Herrn Abgeordneten Richter sagen; wie wenig tief hat doch Herr Richter die Bedeutung dieser Umkehr in der Grundidee unserer wirthschaftlichen Politik aufgefaßt! Was sind denn die vorübergehenden Unbequemlichkeiten und Nachtheile, — die ja mit jedem Uebergang verbunden sind —, was sind sie gegen die dauernden, tief heilenden Wirkungen des nationalen wirthschaftlichen Systems, welches wir jetzt inauguriren, gegenüber der harten, ja brutalen Theorie von der internationalen Konkurrenz.

(Bravo! rechts. Hört!)

Und nun, meine Herren, komme ich auf einen Gesichtspunkt, den zu meiner Freude der Herr Reichskanzler am Schluß seiner Rede scharf hervorgehoben hat. Ich bin auch der Meinung, daß Deutschland vorwiegend ein ackerbautreibender Staat ist, und kein Industriestaat; diese Signatur ist Deutschland aufgedrückt dadurch, daß sich zwei Drittel seiner Bürger mit dem Ackerbau beschäftigen. Wir müssen dafür sorgen, daß er es noch lange so bleibe. Die Hauptgrundbedingungen, daß es so bleiben kann, sind in der That vorhanden.

Wir haben noch sehr viel Terrain, was besser ausgenutzt werden kann, als es heute ausgenutzt wird. Wir können und müssen heute noch ein „agrarischer" Staat bleiben, um mich kurz so auszudrücken, ohne das Odium damit verbinden zu wollen, was jetzt dem Namen „Agrarier" angehängt wird. Wir wollen es bleiben, meine Herren, für die jetzige Generation wollen wir es bleiben und unsere Institutionen darnach modifiziren. Was in der Zukunft werden wird, dafür wollen wir nicht sorgen, sondern unsere Enkel sorgen lassen. Ich hasse es einigermaßen, wenn man die kleinen Thaten der Gegenwart immer bezieht in ihren Wirkungen auf Jahrhunderte hinaus; und ich hasse es auch, wenn man in solchen rein praktischen nationalen Diskussionen der Gegenwart die alte Geschichte heranzieht, wie der Abgeordnete von Treitschke es zu thun pflegt, der auch hier wieder von den Weichselmündungen sprach, die man vor 300 Jahren in heißen Kämpfen den Polen abgerungen hätte. Meine Herren, das lautet sehr gelehrt, mag es auch vielleicht sein, hat aber mit der Frage nicht das geringste zu thun. Selbstverständlich muß man derartige Einsprengungen ruhig hinnehmen; ich wenigstens kann mich in diesem Augenblick nicht darauf einlassen, meine historische Auffassung über jene Zeiten zu rechtfertigen gegenüber den Auffassungen des Abgeordneten Treitschke — mit dem unendlich oft im Widerspruch mich zu befinden ich mich sehr freue, auf dieser Tribüne hier ausdrücklich konstatiren zu können. Meine Herren, der Herr Reichskanzler hat aufgefordert, die ländliche Bevölkerung möge sich bewußt werden ihrer Bedeutung, der Bauer möge anfangen nachzudenken über die Politik, — wenn auch nicht über die äußere, die wird der Herr Reichskanzler weniger gemeint haben —

(Heiterkeit)

aber doch über die innere und namentlich über die wirthschaftliche Politik. Ich kann diesen Aufruf nur wiederholen, meine Herren. Er ist ohne Interesse für den westfälischen Wahlkreis, den ich zu vertreten die Ehre habe. Der Bauer ist glücklicherweise dort schon genügend selbstbewußt. Meine Herren, wenn dort der Landrath oder Geheimrath von Lessing so etwas in das Kreisblatt gesetzt hätte, wie wir es neulich gehört haben, kann er sicher sein, daß er die Stimmen des Gegners vermehrt hätte. Der westfälische Bauer weiß schon, wo die Grenze ist zwischen dem, was ihn angeht ohne jede Einmischung der Regierung, und zwischen dem, wo die Regierung etwas zu sagen hat. In den konzernenten Fällen — z. B. bei Ausübung seines Wahlrechts — sagt er: „Hie het der Landrath nix to seggen!" Aber, meine Herren, es ist leider soweit noch nicht in allen Theilen des Landes, und ich möchte die Herren, die andere ländliche Bezirke vertreten, bitten, dieses Selbstgefühl bei dem Bauer zu stärken, soviel es ihrem Einflusse nach möglich ist. Meine Herren, als ich noch jung war

(Heiterkeit)

und in der Lage, meine Epidermis denjenigen Verheerungen auszusetzen, in Wind und Wetter, die von dem Herrn Abgeordneten von Ludwig vor einigen Tagen so drastisch geschildert wurde, habe ich mich mit der Lage der ländlichen Bevölkerung beschäftigt, und es ist mir ein Moment unvergeßlich, der mich glücklich machte über den Erfolg meiner damaligen landwirthschaftlichen Thätigkeit, die in Auseinandersetzungen und Separationen gipfelte. Ich hatte nach zweijähriger Arbeit die Regulirung aller Verhältnisse in einer großen Ortschaft mit einer Feldmark von 4000 Morgen zu Ende geführt. Es waren die Lassiten Eigenthümer geworden, die Reallasten und Dienste waren abgelöst, Rechte auf gutsherrliche Forsten beseitigt und die ganze Feldmark nun zwischen den Bauern völlig neu eingetheilt in möglichst zweckmäßiger Lage, so gut ich es verstand. Als nun alles fertig war und die Leute an Ort und Stelle sahen, was ihnen künftig gehören werde, frei von Lasten, als ihr Eigen, trat ein junger polnischer Bauer — die Leute sprachen dort polnisch, obgleich sie keine Polen sind — vor und sagte zu mir: „nicht wahr, Herr Assessor — höher habe ich es nicht gebracht im Staatsdienst —

(Heiterkeit)

nicht wahr, Herr Assessor, jetzt sind wir eben solche Barone, wie unser Herr Graf?

(Heiterkeit, Zuruf)

— ja, wenn das sich nicht auf ländliche Verhältnisse beziehen soll? —

(Heiterkeit.)

Das war ein Bauernwort, was mich unendlich gefreut hat. Je mehr der Bauer dahin kommt zu fühlen, daß er genau dasselbe Recht hat in gewissen Dingen, wie der Latifundienbesitzer, jemehr wird auch die bürgerliche Freiheit in Deutschland geschützt sein.

(Sehr gut!)

Meine Herren, glauben Sie doch nicht, daß, weil nun der Herr Reichskanzler in der Wirthschaftspolitik sich jetzt ihrer Meinung nach so furchtbar geirrt hätte, daß daran die sogenannte liberale Partei zu Grunde gegangen wäre, weil er mit seiner Macht trotz seines Irrthums sie beseitigt hätte. Nein, meine Herren, die liberale Partei ist zu Grunde gegangen, weil sie sich liberal nannte, aber ihre Aufgabe, die bürgerliche Freiheit in Deutschland zu schützen, in keiner Weise erfüllt hat.

(Widerspruch links, Zustimmung im Zentrum.)

Meine Herren, Sie haben immer davon gesprochen, aber Sie haben sie niemals geschützt.

(Sehr richtig! im Zentrum.)

— Man macht als wirklich freiheitsliebender Mann kein Ausweisungsgesetz gegen Jesuiten, weil der bayerische Minister von Lutz sagt, er brauche es; man macht kein Internirungsgesetz gegen Geistliche, die sich im Anklagezustand befinden, und — um ein Wort des Herrn Abgeordneten Wehrenpfennig zu gebrauchen, — man macht keine Gesetze, die doch kein anständiger Mensch befolgen kann. Ja, meine Herren, ich wollte sagen, der beregte Gedanke des Herrn Reichskanzlers ergreift mich lebhaft und ich habe die Idee, daß wenigstens in Preußen wir sehr viel dafür für die segenbringende Durchführung desselben thun können. Für einen solchen Gedanken müssen selbstverständlich alle Zweige der Staatsverwaltung praktisch eingreifen. Nachdem Domänen und Forsten mit der Landwirthschaft vereinigt sind, ist ein großer Fels dafür in Preußen vorhanden. Ja, meine Herren, ich würde nicht ungern sehen, wenn wir, wie die alten Römer es thaten, unsere alten gedienten Soldaten und Unteroffiziere, die ja bäuerlichen Standes sind, nachher kolonisirten auf parzellirte Domänen, statt verschiedene Verwaltungszweige mit diesen Kapitulanten zu überschwemmen, die sich darüber ganz außerordentlich und zum Theil mit Recht beklagen.

(Zuruf links: Getreidezoll!)

— Meine Herren, ich bitte um Entschuldigung, wenn ich etwas länger spreche, wie es Ihnen vielleicht angenehm ist; aber ich liebe es nicht, einen Gedanken hier ins Haus zu werfen, ohne gleich völlig verständlich zu machen, wie ich ihn ausgeführt zu sehen wünsche; ich liebe eben die Phrasen nicht;

(Lachen links)

ich knüpfe gern gleich praktische Vorschläge daran. Indessen bin ich mir wohl bewußt gewisser Verpflichtungen, die ich gegen das hohe Haus bezüglich des Zeitverbrauchs habe.

Ich rekapitulire also: nehmen Sie die Erhöhung des Kornzolles auf 50 Pfennig pro Zentner an, schon der Gleichmäßigkeit wegen mit dem Weizenzoll, — das ist noch ein praktischer Grund. Verwerfen Sie das Amendement Rickert, das Amendement Delbrück, das Unteramendement Schalscha.

Der Herr Reichskanzler hat nach meiner Ansicht darin vollständig recht, daß wir diese Spezialitäten hier im Hause nicht machen können. Einen Transitzoll von Getreide wollte ja niemand erheben, also im Prinzip sind wir ja einig; wie es gemacht werden soll, meine Herren, das ist Sache der Verordnung

(Aha! links)

oder Sache der Abänderung des darüber schon bestehenden Gesetzes; wir können das wirklich nicht nebenbei hier im Plenum abmachen. Wollen Sie aber dieser Frage durchaus näher treten, so bitte ich Sie, beschränken wir die Diskussionen im Plenum auf die eigentliche Sache und weisen wir diese

Amendements in die Tarifkommission, in die ja doch schon so viel gewiesen ist. Es kommt nun wirklich auf etwas mehr nicht an.

Also, meine Herren, lehnen Sie alle diese Amendements ab und stimmen Sie für die Erhöhung des Getreidezolls. Ich richte diese Bitte namentlich an meine politischen Freunde. Alle landwirthschaftlichen Vereine in meinen Bezirken wollen ja noch viel höher gehen als 50 Pfennig pro Zentner; und, meine Herren, selbst die Vertreter von Dortmund und Essen, wo der arme arbeitende Mann zu vielen tausenden neben dem Bauer wohnt, haben hier in Berlin gegen den Städtetag gestimmt. Diese Herren stehen doch den einschlagenden Verhältnissen nahe, und müssen doch auch wissen, was es mit dem versteuerten Brod des armen Mannes auf sich hat. Also stimmen Sie für diese Erhöhung auf 50 Pfennig. Ich glaube, Sie werden der Sache im ganzen einen großen Dienst thun. Vergessen Sie auch nicht die Gefahr, daß schon in der dritten Lesung, wenn Sie hier einen schwachen Punkt in den Ring machen, noch ein zweiter schwacher Punkt hereingeschlagen werden könnte.

(Bravo! im Zentrum und rechts.)

Präsident: Ich ertheile das Wort dem Herrn Abgeordneten Flügge.

Abgeordneter **Flügge:** Meine geehrten Herren, ich bitte um Entschuldigung, wenn ich trotz meines sehr stark genirten Organs Ihr Gehör heute für eine kurze Zeit beanspruche. Es ist um so gewagter für mich, als ich überzeugt bin, daß die eine Hälfte meiner Rede den Herren zur Linken, die andere Hälfte den Herren zur Rechten nicht gefallen wird, aber ich fühle die Verpflichtung, wenigstens kurz auch das meinerseits zu konstatiren, was mein geehrter Freund, der Herr Abgeordnete von Maltzahn in der Generaldiskussion bereits geäußert hat, nämlich daß Gottlob die Selbstständigkeit der Anschauungen in wirthschaftlichen Fragen noch nicht durch das Fraktionswesen in diesem Hause resorbirt ist, und namentlich nehme ich sehr gern Gelegenheit, von derjenigen Fraktion, welcher anzugehören ich die Ehre habe, hier hervorzuheben, daß sie tolerant in dieser Beziehung ist, und ich thue dies um so lieber, als in der Presse der verschiedensten politischen Richtungen vielfach der Versuch gemacht wird, die wirthschaftlichen Anschauungen mit den politischen Grundanschauungen, welche zur Bildung der Fraktionen Anlaß gegeben haben, zu identifiziren. Selbst der verehrte Herr Kollege Schröder (Lippstadt) hat vorhin Andeutungen gemacht, welche dahin deuteten.

Was nun meine Stellung zur Frage anbelangt, so möchte ich zuvörderst erklären, daß ich zu denjenigen Mitgliedern des Hauses gehöre, von denen der Herr Abgeordnete Richter sagte, daß sie sich nicht recht wohl bei der ganzen Frage fühlen. Ich gestehe zu, daß ich mich durchaus nicht wohl fühle, indem ich vor dieser Frage der Getreidezölle wie vor der ganzen Zollfrage stehe. Aber, meine Herren, ich knüpfe daran die Bemerkung, daß wir nicht durch unsere Schuld vor diese Frage gestellt sind. Wir waren es nicht, die seiner Zeit die Hand, welche uns die Finanzreform ohne die Zugabe der Schutzzölle bot, zurückgewiesen haben.

(Sehr richtig! rechts.)

Ich bin überzeugt, wäre dies nicht geschehen, wir ständen heute nicht vor dieser Verquickung und Vermischung zweier ganz differenter wirthschaftlicher Fragen. Ich bin überzeugt, es wäre dann nicht nöthig gewesen, da die guten Gründe nichts halfen, um mehr andere Hilfstruppen in Gestalt der Interessen ins Gefecht zu ziehen.

(Sehr gut!)

Es wäre nicht nöthig gewesen, durch das „divide et impera" Geister heraufzubeschwören, welche zu bannen es allerdings eines Meisters bedarf, das ist nun aber geschehen und wir stehen mitten in dem Gewoge der Interessen drin. Aus allen Winkeln sehen wir Industrien, Produktionszweige mit ihren Petitionen, mit ihren Wünschen hervortauchen. Alle wollen sie Etwas, jede denkt nur an sich. Der ursprüngliche Gedanke der Finanzreform, welcher ja auch heute noch nach einem offiziellen Aktenstücke der primäre ist, sein soll wenigstens, tritt allmählich ganz in den Hintergrund.

(Sehr richtig!)

Und, meine Herren, was schließlich herauskommt? Ich fürchte, es wird ungefähr das Gegentheil sein von dem, was der Herr Abgeordnete Stumm neulich mit dem lapidaren Diktum bezeichnete: „wenn es jedem Einzelnen gut geht, geht es Allen gut."

(Heiterkeit.)

Ich fürchte, schließlich werden die wenigsten zufrieden sein.

(Sehr richtig! links.)

Worüber wir aber Alle einverstanden, glaube ich, sind, ich möchte sagen, auch die Gegner, d. h. meine Gegner und auch die, die mit mir einer Ansicht sind, das ist, daß bei der ganzen Geschichte das Aschenbrödel eigentlich die Landwirthschaft ist.

(Lebhafte Zustimmung.)

Meine Herren, das liegt aber auch in der Natur der Dinge und die Landwirthschaft hätte das vorher wissen müssen und hätte sich deswegen auf die ganze Geschichte nicht einlassen sollen und von vornherein mit Hand und Fuß dagegen arbeiten sollen.

(Sehr richtig!)

Sie ist jetzt gewissermaßen dekorativ aufgenommen worden in das goldene Zukunftsbuch, was uns vorliegt, aber wenn sie ihren Platz genau ansieht, so ist er höchst mäßig. Ich muß nun für meinen Theil erklären, daß ich, was mein Interesse für den Grundbesitz und die Landwirthschaft betrifft, es mit jedem Agrarier aufnehme; ich nehme es auch auf mit Herrn Schröder (Lippstadt),

(Heiterkeit)

ja, ich nehme es sogar auf mit dem Herrn Reichskanzler, natürlich lediglich in Bezug auf das Interesse, das sind Gefühlssachen, und in denen kann man es ja auch mit dem Herrn Reichskanzler aufnehmen; sonst würde ich das nicht sagen.

(Widerspruch des Abgeordneten von Ludwig.)

— Auch mit dem Herrn Abgeordneten von Ludwig nehme ich es in dieser Beziehung auf: — Aber, meine Herren, ich möchte mich sogar noch drastischer ausdrücken, — ich halte den Grundbesitz und die Landwirthschaft für den wichtigsten Faktor sowohl im politischen wie im wirthschaftlichen Leben der Nation. Es ist das einzige Werthkapital, welches vom Staat untrennbar ist. Der Grund und Boden ist gewissermaßen der Leib des Staats, also hat der Staat das aller eminenteste Interesse daran, daß es gepflegt wird. Ich will ferner auch zugeben, daß der Staat sich nicht immer dieses Interesses, dieser Verpflichtung, möchte ich sagen, vollkommen bewußt gewesen ist. Er hat vielfach vielleicht es unterlassen, die Entwickelung der wirthschaftlichen Kraft des Grund und Bodens und der Landwirthschaft zu fördern. Es ist gewiß vieles vorgegangen, was lähmend auf die Produktionskraft wirkt, und meine Herren, ich bin der erste, der Ja sagt, wenn es sich darum handelt, in der Weise zu wirken, daß diese Hindernisse von der Landwirthschaft beseitigt werden, daß die Last, die auf sie drückt, ihr erleichtert wird, und ich bin dem Herrn Reichskanzler äußerst dankbar für die Hoffnungen, die er neulich in dieser Beziehung in den preußischen Landwirthen erweckt hat; und wenn er in dieser Weise beabsichtigt, demnächst in Folge der Finanzreform vorzugehen, so wird er auch mich zu meinem bescheidenen Theile stets in seinem Gefolge sehen. Ich halte den Weg eben für den richtigen, der die Mittel in der Erleichterung der Produktion sucht; heute handelt es sich aber um einen anderen Weg, den ich für den verkehrten halte, es ist der Weg, der die Mittel nicht in der Erleichterung der Produktion sucht, sondern in der Vertheuerung der Produkte.

(Sehr richtig!)

Auf diesem Wege vermag ich nicht zu folgen, und ich kann mich beim besten Willen, — denn, meine Herren, ich will einschalten, ich lese seit geraumer Zeit nur Schriften entgegengesetzter Ansicht, ich habe also den besten Willen, mich zu überzeugen, ob ich mich wohl täusche, aber es hat mir nicht gelingen wollen,

(sehr gut! links)

ich kann die Zweckmäßigkeit des Weges nicht einsehen. Meine Herren, so wie die Sachen jetzt liegen, ist es ja natürlich, daß man auf den Gedanken kommt, den Landwirthen auch, da nun einmal die Konsumtionsartikel, die sie gebrauchen, durch Zölle vertheuert werden sollen, ein Aequivalent zu geben, indem man ihre Produkte nun auch vertheuert. Ich gestehe offen, wäre ich überhaupt der Ansicht, daß es vortheilhaft wäre für die Landwirthschaft, so würde ich mich nicht für einen pater familias diligens et bonus halten, wenn ich für meine Person, der ich lediglich meine Existenz friste von der Ausnutzung meines Grundbesitzes, nicht einen solchen legaten Ausgleich annähme. Ich würde es für meine Pflicht halten, da ich die Sache ja nicht ändern kann, sie nicht zurückzuweisen aus Prinzipienreiterei oder Idealismus, aber hier ist von Prinzipienreiterei gar nicht die Rede; ich lehne das Aequivalent aus dem Grunde ab, weil ich es für ein Danaergeschenk halte, — natürlich unbewußt — ein Danaergeschenk, welches der Landwirthschaft offerirt wird.

Meine Herren, ein wirksames Heilmittel kann man doch nur finden, wenn man die Ursache des Leidens erkennt, und mir scheint es, daß die Motive der Vorlage in der Diagnose fehlgegriffen haben. Ich halte es für einen Irrthum, daß der Druck, der auf der Landwirthschaft lastet, durch die Konkurrenz des Auslandes auf dem Binnenmarkte entstanden ist; die Konkurrenz besteht ja, aber sie besteht nicht auf dem Binnenmarkte, sie besteht auf dem Weltmarkt. Der Herr Regierungskommissar hat zum Beweise des Einflusses dieser Konkurrenz uns neulich eine ganze Liste von Subhastationen vorgeführt, er hat es zwar unterlassen, den Kausalnexus auseinander zu setzen; ich entsinne mich unter den Fällen, die er anführte, nur eines, wo offenbar vor meinen Augen als Landwirth ein ganz anderer Kausalnexus auftauchte. Wenn mir gesagt wird, daß eine Pachtung von 400 und einigen Hektaren mit 36 000 Mark abgeschlossen wird, so kann ich mir wohl denken, daß auch beim besten Boden und bei der besten Wirthschaft der Mann, wenn er nicht Geld genug hatte, bankerott machen mußte. Meine Herren, ich will keine Liste dagegen aufstellen, aber ich kann Ihnen sagen, aus der fast 30jährigen Periode meiner wirthschaftlichen Thätigkeit, daß mir während dieser Zeit und leider in dem Kreise der mir bekannten Landwirthe nicht nur manche Subhastationen, sondern noch mehr sogenannte Abwirthschaftungen vorgekommen sind, die ja ganz dasselbe sind, nur daß es da noch vor dem Abschnitt abgewickelt wird. Meine Herren, alle diese Subhastationen, Abwirthschaftungen und Konkurse haben ja ihre Ursachen selten, das muß ich zum Ruhme der Landwirthschaft sagen, in der persönlichen Verschwendung, vielfach ist es Mangel an Rechnung gewesen, meistens aber ist es Ueberschätzung des Werthes und der Rentabilität des Grund und Bodens;

(sehr richtig!)

haben diese sich nun ausgedrückt entweder durch zu theuren Kauf, durch zu theure Pacht oder durch übermäßige Verwendung von Mitteln, die der Mann vielleicht noch nicht einmal hatte, sondern nur borgte, in der Hoffnung, daß er sie wieder herausarbeiten würde, — kurz in der Ueberschätzung des Werthes des Grund und Bodens und seiner Rentabilität.

(Sehr richtig!)

Meine Herren, wenn ich alle diese Konkurse, diese Abwirthschaftungen ins Auge fasse, so kann ich keinen einzigen Fall, so viel ich auch rechne, herausfinden, wo dem Manne, und wenn ihm die Getreidezölle die ganze Zeit seines Besitzes zur Seite gestanden hätten, wo diese Getreidezölle den Mann nur um einen Termin über Wasser gehalten hätten.

(Sehr richtig!)

Meine Herren, ich will nur noch hinzufügen: was ist es denn, was die Kornzölle sollen? Sie sollen doch die jetzt gesunkenen Preise heben. Ich kann ja nicht auf diesen circulus vitiosus eingehen, daß sie nicht vertheuern und daß sie doch vertheuern;

(Heiterkeit)

aus diesem circulus vitiosus komme ich nicht heraus; wenn es helfen soll, muß ich annehmen, daß die Preise erhöht werden. Ich habe übrigens während meiner Besitzzeit schon zweimal doch schon niedrigere Kornpreise erlebt als jetzt, und das einmal während des Bestehens der Kornzölle im Anfang der fünfziger Jahre.

(Sehr richtig!)

Der Herr Regierungskommissar hat uns nun quasi als Schreckbild den Zustand hingestellt, daß Deutschland — ich glaube, er sagte, der Tummelplatz für die ganze auswärtige Konkurrenz sei, — so glaube ich, hat er Deutschland bezeichnet. Ja, meine Herren, uns ist das wie ein Unglück vorgehalten! Wenn ich aber gefragt werde, so muß ich sagen: das ist kein Unheil, das ist ein Glück, das ist ein Segen!

(Sehr wahr! Bravo! links.)

Denn was heißt das: „Tummelplatz der auswärtigen Konkurrenz?“ Ist es denn nicht ein Glück, wenn ein Land der Vermittler des internationalen Austausches ist, wenn ein Land die Handelsvortheile des internationalen Austausches für sich behält? Wenn die Erzeugnisse anderer Länder sich „in einem Lande tummeln“, wie der Herr Regierungskommissar sagt, so lassen sie Vortheile zurück in dem Lande, und weil ich in diesen Anschauungen von den Anschauungen des Herrn Regierungskommissars und der Motive differire, deshalb sehe ich in der ganzen Maßregel nicht einen Vortheil, sondern eine Schädigung wenigstens des größten Theils der deutschen Landwirthschaft.

(Sehr wahr! links.)

Meines Erachtens wird sich nämlich der Erfolg so herausstellen: in den Gegenden, in welchen die Produktion, die Landwirthschaft den Konsumtionsmarkt in der Nähe hat, da wird wirklich eine Vertheuerung des Produkts eintreten und zwar theilweise zu Gunsten der Produktion; theilweise wird der Vortheil wieder absorbirt werden, wie ein geehrter Vorredner auf dieser Tribüne schon auseinandergesetzt hat, durch die dann entstehende Vertheuerung anderer Produkte, hauptsächlich der Handwerker, die dann auch wieder theurer werden müssen. Aber etwas, gebe ich zu, wird diese Gegend in der Nähe des Binnenmarktes Vortheil haben.

Wie wird es nun aber sein mit dem Theil, welcher nicht diese günstige Lage hat, also mit fast ganz Norddeutschland, welches gerade am meisten landwirthschaftliche Ueberschüsse produzirt? Meine Herren, da stellt sich die Sache ganz anders heraus. Das in Norddeutschland produzirte Getreide gelangt fast alles, wenigstens im wesentlichen zum Export seewärts, und zwar meistens — ich deute das nur an, ich habe wohl das statistische Material, ich weiß aber, daß nach mir wahrscheinlich Redner kommen, die viel genauer darüber unterrichtet sind als ich — es kommt zum Export und zwar meistens in Verbindung und Vermischung mit auswärtigem Getreide. Der Zukauf fremden Getreides hat unsern Handel in den Seestädten gerade in die Lage versetzt, unser Getreide unter Umständen besser zu bezahlen, als er es bezahlen könnte, wenn er das ausländische nicht hätte. Ich könnte Ihnen Briefe zeigen, die ich vielfach von Kaufleuten empfangen habe und worin sie mich bitten, ihnen Getreide zu schicken erst um die und die Zeit, weil sie dann in der Lage wären, mit meinem Getreide anderes Getreide ausgleichen zu können und sie mir deshalb so und so viel Mark mehr geben könnten. Also gerade durch diese Verbindung und Vermischung mit auswärtigem Getreide habe ich als Landwirth ersichtlich einen Vortheil. Wird dieses Verfahren nun verhindert oder gestört, ja, meine Herren, so hört nicht nur der Vortheil, den ich aus dieser Vermischung habe, auf, sondern es tritt noch etwas anderes ein: die Masse des Transports verringert sich, der Handel hat nicht soviel mehr unter den Fingern, als er bisher gehabt hat, in Folge dessen leidet die Rhederei, die Frachten werden theurer, — alles das kommt dazu — und was ist schließlich das Ende davon? Statt mehr zu bekommen, bekommen wir weniger!

(Sehr richtig! links.)

— Nun wird uns eine Anweisung gegeben auf den Binnenmarkt. Ja, meine Herren, der Binnenmarkt liegt uns aber sogar meistentheils weiter als z. B. England. Der Transport dahin ist jedenfalls theurer, der Erfolg ist also, daß am Binnenmarkt die Konsumenten das Getreide infolge des Zolls theurer bezahlen, daß wir Produzenten aber weniger für das Getreide bekommen. Wo bleibt die Differenz? Die geht in Transport und Spesen auf, sie fällt also unproduktiv in die Lücke, welche das Gesetz gerissen hat.

(Sehr richtig! links.)

— Es ist also eigentlich gerade umgekehrt, als wie die Motive sagen. Die Motive schaukeln immer hin und her zwischen dem Gedanken, daß auf der einen Seite der Produzent Vortheil habe, auf der anderen Seite der Konsument keinen Nachtheil. Die Sache dreht sich aber praktisch gerade umgekehrt. Der Konsument hat einen Nachtheil und der Produzent hat auch einen.

(Sehr richtig! links.)

Mir ist diese Wendung sehr charakteristisch, denn sie beweist, was eigentlich das Schutzzollsystem ist; ich möchte sagen, es ist der umgekehrte Mephistopheles, der stets das Gute will, aber das Böse schafft.

(Heiterkeit.)

Wenn ich bisher von diesen niedrigen Zöllen gesprochen habe, die auf der einen Seite geeignet sind, uns den Markt zu verderben, ohne uns auf der anderen Seite einen zu schaffen, so liegt es ja nahe, daß man sagt: so gebt uns doch einen höheren Zoll, und es liegen ja auch Anträge in dieser Beziehung vor. Da muß ich nun von vornherein sagen: wenn ein höherer Zoll etwas wirken soll, ja dann muß er noch viel höher sein als der vorgeschlagene, der ist noch nicht viel anders, der bewirkt ungefähr dieselben Zustände, die ich eben geschildert habe. Ich muß aufrichtig gestehen, ich verdenke es den Landwirthen, die außerhalb wohnen, gar nicht, wenn sie, wie ein Vorredner sagte, in diesem allgemeinen sauve qui peut auch schreien: wir wollen haben, was wir kriegen können, und wenn sie 3, 4 Mark forderten, würde ich ihnen das nicht verdenken, und namentlich kann ich ihnen solche Wünsche nicht verdenken, wenn allmählich Anschauungen hervorgerufen werden, die, ich möchte sagen, doch etwas — ich nehme das Wort natürlich nicht im moralischen, sondern lediglich im intellektuellen Sinne — die etwas depravirend auf die Klarheit der Anschauung einwirken.

(Sehr gut! links.)

Wenn wir also z. B. hören, was wir von dem äußerst gewandten und beredten Vertreter der nothleidenden Eisenindustrie von diesem Platze gehört haben, der seine Ausführungen, als er für den Eisenzoll plaidirte, an einer Stelle dahin zugipfelte: das wäre doch das Wenigste, was die Industriellen verlangen können, daß sie Amortisation und Zinsen aus ihrer Unternehmung herausschlügen, — so ist das ja ganz richtig, wenn man das von sich selbst verlangt, wenn man das aber vom Staat verlangt ohne sich unter seine Kuratel stellen zu wollen, so sind das Grundsätze, die ich beim besten Willen nicht akzeptiren kann.

Meine Herren, gleichberechtigt ist die Aufstellung, die die Landwirthschaft gemacht hat, worin sie sagt: so und so viel Produktionskosten haben wir, also da wir so viel theurer produziren, müssen wir so viel Schutzzoll haben, sonst können wir nicht bestehen. Das ist ganz dieselbe Berechtigung. Diese Art von Forderung führt uns schließlich auf das Niveau, auf welchem die Brünner Tuchmacher standen, welche eine Petition einreichten, ein Schutzzoll, nicht etwa weil ihre Tuchfabrikation litte, sondern weil ihr Verein Kapitalien verloren hatte in der Spekulation von Aktien der Runkelrübenzuckerfabrikation: diese Verluste wollten sie ersetzt haben.

(Große Heiterkeit.)

Meine Herren, ich folgere ja da nicht, aber ich sagte vorher, die Ansichten werden verwirrt, und wenn die Herren hier in der Kulisse des Hauses gewesen sind, vor der Verhandlung über die Eisenzölle, so ist es ihnen vielleicht ergangen wie mir, wenn ich die ehrlichen Makler einhergehen sah, der Eine bot, geben Sie 50 für Roggen, gebe ich den vollen Eisenzoll, oder verwerfen Sie das von Wedellsche Amendement, so gebe ich Ihnen den Roggen u. s. w.

(Heiterkeit.)

Meine Herren, man zweifelte ja mitunter, man mußte sich besinnen, daß man sich an der Leipzigerstraße befand, und nicht etwa in einer sonst auch sehr achtbaren Versammlung an der Burgstraße.

(Große Heiterkeit. Sehr gut!)

Meine Herren, wenn Sie denn also wirklich höhere Getreidezölle herausschlagen wollen, — ich wende mich an die Herren, die die Absicht haben, — es wäre ja möglich, wenn die Agitation weiter geht, daß solche Getreidezölle eingeführt werden, man kann ja nicht wissen, wie sich die Gruppirungen gestalten, aber da möchte ich Ihnen die umgekehrte Warnung zurufen, die mein geehrter Fraktionsgenosse Herr von Wedell bei den Eisenzöllen Ihnen zurief, er warnte Sie, Sie möchten nicht die Eisenzölle bewilligen in der Hoffnung, sie bald wieder los zu werden; ich möchte Sie umgekehrt warnen: bewilligen Sie die Getreidezölle nicht etwa in der Hoffnung, daß sie bleiben.

(Sehr richtig!)

Meine Herren, daß sie nicht bleiben, das lehrt die Geschichte aller Getreidezölle, am meisten aber die unserer eigenen. Woraus besteht dann unsere ganze Getreidezollgeschichte? Nur aus Lücken in der Erhebung! Ich will Sie nicht mit statistischem Material belästigen, aber Sie können dies selbst aus den Akten des Abgeordnetenhauses ersehen, daß in der ganzen Zeit von 1846 bis 1857 zu dem Zolle von 5 Silbergroschen, der damals existirte, überhaupt nur 7$^{5}/_{10}$ Prozent des ganzen importirten Getreides zur Verzollung gekommen sind. Was nützt der Zoll, wird er in der Weise gehandhabt? Es thut es einmal nicht, ein Getreidezoll hält nicht, und wenn auch gesagt wird, daß er nicht — nun ich will mich auf den circulus vitiosus nicht wieder einlassen.

(Heiterkeit.)

Nun, meine Herren, bleibt mir noch übrig, über die finanzielle Seite zu sprechen. Ja, was soll ich da sagen? Die Motive sprechen in einem Satze aus die Hoffnung, daß die deutsche Produktion den inländischen Markt decken werde, das heißt mit anderen Worten, daß gar nichts hinauskommt; im Eingange zuvor sagen sie aber, die Hauptsache ist die Finanzfrage. Das ist auch eins von den Kunststücken, die meinem schlichten Verstande nicht erfindlich sind.

(Heiterkeit.)

Es bleibt noch übrig eine Auffassung, meine Herren, die ist so groß, daß ich mich wohl hüten werde, sie anzugreifen, namentlich da sie aus dem Munde des Herrn Reichskanzlers gekommen ist; ich bin ein so unerfahrener Redner, daß ich mich wohl hüten werde, irgend etwas zu sagen, wodurch ich in einen persönlichen Disput, dem ich nicht gewachsen sein würde, mit dem Herrn Reichskanzler komme. Aber interessant ist mir die Auffassung doch gewesen, daß wir überhaupt den Zoll nicht bezahlen, sondern die Ausländer, die Russen. Ja, meine Herren, wie gesagt, ich will nicht mit dem Herrn Reichskanzler darüber streiten, aber — glauben kann ich es ihm nicht.

(Große Heiterkeit.)

Denn, meine Herren, erstens halte ich unsere Kaufleute für zu klug, als daß sie während der ganzen Zeit immer soviel mehr sollten bezahlt haben, während sie es doch auch hätten billiger haben können, weil das Ausland es absolut hätte billiger liefern müssen; aber für noch viel klüger halte ich den Herrn Reichskanzler uud bin überzeugt, daß er die Gelegenheit, das Ausland unsere Steuern für das deutsche Reich zahlen zu lassen, schon längst erfaßt hätte.

(Heiterkeit. Sehr gut!)

Nun, meine Herren, ein letztes Wort. Warum bin ich, auch für den Fall, daß er wirklich etwas einbrächte, gegen diesen Zoll, als Finanzzoll aufgefaßt? Worin besteht der Vorzug der indirekten Steuern? nicht darin meines Erachtens, daß der Zahler etwa nicht merkt, daß er sie zahlt, dazu sind die Leute heute schon zu klug; nein, er besteht darin, daß der Steuerzahler sich der Steuer in dem Maße, wie er will, entziehen kann, daß der Steuerzahler, indem er seine Artikel konsumirt, sich auf die Höhe seiner Steuerfähigkeit selbst immer einschätzt. Darin besteht der Werth. Aus diesem Grunde aber, meine Herren, legt man auch mit Vorliebe die indirekte Steuer auf sogenannte Gewohnheitsartikel, als da sind z. B. Tabak, geistige Getränke und dergleichen, nicht aber auf die nothwendigsten Lebensbedürfnisse.

(Sehr richtig!)

Die nothwendigsten Lebensbedürfnisse halte ich nicht geeignet für eine indirekte Steuer, für einen Finanzzoll. Und, meine Herren, es ist ja dies ein heikles Feld, ich werde mich gar nicht in eine larmoyante Auseinandersetzung der Wirkungen der Getreidezölle auf die Vertheuerung der Nahrungsmittel einlassen, ich werde schließen mit einem Wort eines geistreichen volkswirthschaftlichen Schriftstellers, dessen Name mir aber augenblicklich nicht gegenwärtig ist.

(Heiterkeit.)

Der Mann sagt: die nothwendigen Lebensbedürfnisse muß das Volk überall zum Verkauf bereit auf seinem Wege finden; sie sind das Wegkraut des gesammten Verkehrs, und das Wegkraut sollst lassen stahn!

(Bravo!)

Präsident: Der Herr Kommissarius des Bundesraths Geheimrath Tiedemann hat das Wort.

Kommissarius des Bundesraths kaiserlicher geheimer Regierungsrath **Tiedemann:** Meine Herren, die Motive sowohl wie die neulich von mir gegebenen Ausführungen und Erläuterungen zu denselben sind so häufig in den bisher gehaltenen Reden erwähnt worden und haben von so verschiedenen Seiten Angriffe erfahren, daß Sie mir gestatten werden, auf die letzteren etwas näher einzugehen. Ich werde nicht die Reihenfolge der Redner innehalten, sondern versuchen an einzelne Argumente anzuknüpfen, die sich sehr häufig auch wiederholt haben.

Bei der großen und wohl begründeten Autorität, die der Herr Abgeordnete Delbrück in allen wirthschaftlichen Fragen im deutschen Reich genießt, werden Sie mir wohl erlauben, daß ich ihm den Vortritt gebe und zunächst auf eine Bemerkung zurückkomme, die er in der letzten Sitzung gemacht hat. Der Herr Abgeordnete Delbrück hat das Bild, welches ich gebraucht von einer Stadt, umgeben von 10 Rittergütern zitirt und hat zu meiner großen Freude gesagt, dieses Bild wäre vollständig zutreffend, wenn nur nicht die Möglichkeit vorhanden wäre, daß der zehnte Grundbesitzer, der in die Nothwendigkeit versetzt ist, Chausseegeld bezahlen zu müssen, mit seinem Getreide sich zu einer anderen Stadt degebe und also den Chausseebau nicht passire. Meine Herren, ich glaube, wenn wir uns auf das Gebiet der Realität begeben, so wird auch der Herr Abgeordnete Delbrück mir zugeben müssen, daß mein Beispiel gerade den Verhältnissen Rußlands gegenüber ein durchaus zutreffendes war. Wir sind die Abnehmer des russischen Roggens und wohin sollte Rußland exportiren, wenn wir nicht seine Abnehmer blieben?

Die einzigen roggenverzehrenden Länder außer Deutschland sind Schweden, Norwegen, Dänemark, zum Theil die Niederlande. Schweden und Dänemark erzeugen soviel Roggen, als sie brauchen, Norwegen nicht hinreichend, die Niederlande wahrscheinlich auch nicht. Aber würden diese Länder in der Lage sein, all den russischen Roggen aufzunehmen, der bei Deutschland vorbeifahren müßte. Ich bin in der Lage, Ihnen für drei Jahre, leider nicht für die letzten, aber für die drei Jahre 1872, 73, 74 die gesammte Summe des russischen Roggenexports angeben zu können. Im Jahre 1872 wurden 2 700 000 Tschetwert Roggen, das sind ungefähr 8 Millionen Zentner, in Summa exportirt; von diesen 8 Millionen Zentnern kommen nach Deutschland 4 600 000 Zentner; im Jahre 1873 wurden exportirt aus Rußland 9 700 000 Tschetwert, gleich ungefähr 22 Millionen Zentner; von diesen kamen nach Deutschland 9 800 000 Zentner. Im Jahre 1874 wurden aus Rußland exportirt 9 700 000 Tschetwert, macht ungefähr 30 Millionen Zentner; davon kamen nach Deutschland 13 600 000 Zeniner. Meine Herren, es ergibt sich hieraus, daß fast die Hälfte des gesammten russischen Roggenexports nach Deutschland geht und wenn das Verhältniß wirklich ein solches ist, dann wird Rußland es nicht machen wie der zehnte Gutsbesitzer des Herrn Abgeordneten Delbrück, der nach einer anderen Stadt fährt, um den Chausseebau nicht passiren zu müssen. Rußland wird im Gegentheil sein Chausseegeld zahlen, um sich die Möglichkeit zu erhalten, einen so gewaltigen Absatzmarkt auch ferner zu besitzen.

Es sind in der letzen Zeit, wie ich schon zu erwähnen die Ehre hatte, die Verkehrsverhältnisse in Rußland so ganz außerordentlich andere geworden und damit alle Lebensbedürfnisse und die ganze Lebenslage auch der Produzenten, daß in der That der russische Landwirth gezwungen ist, mehr und mehr zu produziren, daß er den Export jetzt nicht mehr als etwas beiläufiges, nebenher mitzunehmendes ansehen kann, sondern, daß der Export ein Lebensbedürfniß für ihn geworden ist, ein Bedürfniß, das er unter allen Umständen befriedigen muß. Es hat sich das Eisenbahnnetz in Rußland vermehrt in den letzten 25 Jahren von 467 Werst auf 19 200 Werst. Es betrug im Jahre 1860 1490, im Jahre 1870 10 500 Werst. Bedenken Sie doch, welch kolossalen Umschwung es hervorrufen muß, wenn jetzt das Eisenbahnnetz immer engmaschiger wird, wenn es immer mehr ausgedehnt wird, und wenn es dadurch den Anlaß gibt, die Getreideproduktion nicht mehr, wie es bisher geschehen ist, ganz extensiv, sondern intensiv zu betreiben! Wir stehen nicht vor der Möglichkeit, daß der Import aus Rußland sich vermindern oder nur auf derselben Höhe bleiben wird, sondern es ist alle Wahrscheinlichkeit vorhanden, daß er sich von Jahr zu Jahr vermehren, verdoppeln, verzehnfachen wird. Ich erlaube mir, noch eins anzuführen: England importirt aus Rußland nicht mehr als 52 000 Zentner Roggen, es kommt also für den russischen Kornexport absolut nicht in Betracht.

Ich erlaube mir nun, mich zu den Ausführungen des Herrn Abgeordneten von Saucken und des Herrn Abgeordneten Flügge zu wenden. Herr von Sancken hat gesagt, meine Deduktion von neulich bewege sich in denselben Widersprüchen wie die Motive, und demselben Gedanken hat der Herr Abgeordnete Flügge Ausdruck gegeben, indem er von einem circulus vitiosus sprach, von einem Schaukeln der Gründe hin und her. Ja, meine Herren, ich gestehe ganz offen, ich begreife doch nicht recht, wie man die Ausführungen der Motive unbegreiflich finden kann. Das, was die Motive sagen wollen, liegt doch ganz auf der Haud. Herr von Saucken meint: wenn der Importeur den Zoll trägt, dann wird der Preis des Getreides nicht steigen, und die Landwirthschaft wird gar keinen Vortheil haben vom Zoll. Ich meine doch, sie wird einen Vortheil haben. Wenn es sich bloß handelte um die gewöhnliche Bedarfszufuhr, um die Zufuhr, die im richtigen Verhältniß zur inländischen Nachfrage steht, dann könnte ein Widerspruch gefunden werden in unserer Ausführung. Wir sind aber der Meinung, daß es sich hier nicht um die Bedarfszufuhr, sondern um Spekulationszufuhr handelt, und wir sind der Meinung, daß es allerdings auf diese Spekulationszufuhr doch einen gewissen Einfluß ausüben wird, ob an der Grenze ein Zoll von 50 respektiv 25 Pfennigen pro Zentner erhoben wird. Bei dem eigenthümlichen System der Refaktion, das in Rußland herrscht, ist es vortheilhaft, nur in ganz gewaltigen Summen das Getreide auf die Eisenbahn zu stellen, beispielsweise in einer Summe von 5000 Wispeln. Ich glaube, der Herr Reichskanzler hat diese Summe auch schon genannt. 5000 Wispel fahren ganz außerordentlich billig; aber wenn der russische Exporteur oder der inländische Importeur, der draußen in Rußland einen Handel auf 5000 Wispel abgeschlossen hat, an der Grenze einen Zoll von 50 000 Mark zu bezahlen hat, so wird er sich doch mehr besinnen, dieses Getreide einzuführen, als er es früher that, und er wird nur dann sein Geschäft effektuiren, wenn er wirklich die Sicherheit, nicht nur die Möglichkeit eines Absatzes hat; jetzt aber wird er bloß der Möglichkeit wegen auf gut Glück als gewagte Spekulation diese 5000 Wispel auf den Markt bringen, und diese 5000 Wispel, wenn sie wiederholt werden, sind es gerade, welche unsere Preise drücken, und welche unsere deutsche Landwirthschaft ruiniren. Der Herr Abgeordnete Flügge hat gesagt, er begriffe nicht, warum ich beklagt hätte, daß Deutschland der Tummelplatz der Konkurrenz von Ost und West, von Rußland und Amerika wäre, es wäre wunderschön, wenn die Konkurrenz in einem Lande in dieser Weise sich begegne. Ja, meine Herren, für wen ist es schön? Für den Handel, das gebe ich zu, aber der Herr Abgeordnete Flügge ist doch der erste Landwirth, von welchem ich höre, daß diese Konkurrenz für die Landwirthschaft wünschenswerth wäre. Hätte der Herr Abgeordnete Flügge Recht, so müßten die Herren, die in Eisen Geschäfte machen, jubiliren über die Zustände, die seit einigen Jahren herrschen, in denen England und andere eisenproduzirende Länder uns mit ihrer Ueberproduktion überschwemmen, also eine Konkurrenz zur Blüte bringen, wie man sie vor 10—20 Jahren nicht geträumt hat!

(Sehr richtig!)

Herrn Abgeordneten von Sancken muß ich mir erlauben meinerseits auf einen kleinen Widerspruch aufmerksam zu machen. Er hat gesagt, wir in Ostpreußen bedürfen nicht der Zölle, wir leben in Zuständen, die gar nicht schlechter sind, wie vor 10 oder 20 Jahren, man bezahlt uns das Vieh mit einem vierfach höheren Preise. Es wurde damals schon Herrn von Saucken zugerufen, „Rindersperre". Meine Herren, ich glaube in der That, es liegt ein Widerspruch darin, gegen die Zölle zu polemisiren, und dann gerade die Lage der ostpreußischen Viehzucht ins Gefecht zu führen. Die ostpreußische Viehzucht hat sich entschieden gehoben durch die Prohibition gegen Rußland, durch die vollständige Absperrung. Mit Recht sagt Herr von Saucken: die Motive für diese Absperrung sind sanitäre. Auf die Motive kommt es aber nicht an, sondern auf die Wirkung. Die Wirkung dieser Absperrung ist der ostpreußischen Viehzucht zu Gute gekommen. Ich bin zweifelhaft, ob, wenn nicht die Viehsperre aus sanitären Gründen seit langer Zeit bestanden hätte, ob man dann in Ostpreußen so günstig über den ganzen Stand der dortigen Viehzucht berichten könnte, und ob dann nicht Herr von Saucken ein Vertheidiger der Viehzölle sein würde.

Der Abgeordnete Flügge hat die Frage aufgeworfen: was wollen die Motive eigentlich, wollen sie für Schutzzölle oder für Finanzzölle plaidiren? Ich glaube wirklich, wir haben keine Ursache darüber viel zu streiten. Mich erinnern diese haarspaltenden Distinktionen lebhaft an eine Diskussion, die im konstituirenden Reichstage stattfand, wo sehr lange hin und her geredet wurde darüber, ob der norddeutsche Bund ein Staatenbund oder ein Bundesstaat sein solle. Die Debatte wurde abgeschnitten durch den Abgeordneten von Vincke, welcher sagte: überlassen wir die Untersuchung dieser Frage einem Kollegium von gelehrten Professoren, das wir ja zur Entscheidung dieser Frage nöthigenfalls einsetzen können, halten wir uns damit nicht auf, schaffen wir den norddeutschen Bund, mag es ein Staatenbund, oder ein Bundesstaat sein. Aehnlich liegt die Sache auch hier. Lassen wir es dahingestellt sein, welche Wirkung die Zölle haben werden. Funktioniren sie in erster Linie als Finanzzölle, nun gut, dann werden sie unserer Reichskasse ein hübsches Sümmchen zuführen, und aus der Reichskasse den Kassen der Einzelstaaten, die dann im Stande sind, die drückende Last der direkten Steuern zu vermindern und auf diese Weise indirekt den Landwirthen zu Hilfe zu kommen; funktioniren sie dagegen als Schutzzölle, d. h. mit der Wirkung, daß sie den Import von außen eindämmen, daß sie der deutschen Produktion ein größeres Absatzgebiet zurückgewinnen, nun wohl, meine Herren, dann werden sie der deutschen Landwirthschaft zum Nutzen gereichen. In beiden Fällen aber, glaube ich, werden diese Zölle ein Segen für Deutschland sein.

Präsident: Der Herr Abgeordnete Grad hat das Wort.

Abgeordneter **Grad:** Meine Herren, meine Kollegen aus Elsaß-Lothringen und ich bedauerten es sehr, bei der allgemeinen Debatte über die Tarifreform nicht zum Worte gekommen zu sein, um die Gesichtspunkte der Reichslande zu den verschiedenen Bestimmungen der Vorlage dem Reichstage darzustellen. Auch hat unser Ausschluß von der Tarifkommission im Reichslande einen bedenklichen Eindruck gemacht. Da wir ein gemeinschaftliches Gesuch von den fünfzehn Vertretern des Landes eingereicht haben, um bei der Bildung einer Kommission von 28 Mitgliedern über die Tarifvorlage wenigstens mit einer Stimme vertreten zu werden, so macht uns dieser Ausschluß den Eindruck, als sollten wir immer hier als Parias behandelt werden.

(Widerspruch.)

Ist doch das Reichsland der Theil des Reiches, in dem die Industrie eine Entwicklung erreicht hat, welche in keinem andern deutschen Gebiet übertroffen wird und hat die Annexion von Elsaß-Lothringen in die industriellen Verhältnisse des deutschen Reiches und speziell jene meiner engern Heimath so tief eingegriffen, daß es schon deshalb wünschenswerth geworden wäre, einen Sachkundigen aus Elsaß in die Kommission aufzunehmen.

Elsaß-Lothringen, meine Herren, verdankt seine ehemalige Prosperität der früheren französischen Wirthschaftspolitik, während jetzt bei uns die Lage eine sehr üble geworden ist. Darum hat der Landesausschuß bei der in Frage stehenden Tarifreform sich entschieden und einstimmig für den Schutz der nationalen Arbeit ausgesprochen. Unsere Bezirkstage haben die Reichsregierung ersucht, im neuen Zolltarif den Werth der Gegenstände und die dazu verwendete Arbeit mehr, als es bis jetzt der Fall war, in Rücksicht zu nehmen, um die Einfuhr fremder Erzeugnisse in der Konkurrenz mit den deutschen auf deutschem Markt zu regeln. Landwirthe, Industrielle und Beamte versiehen bei uns die Solidarität der Interessen der Art und sind darüber in Einverständniß gelangt, ohne daß in unseren Landesvertretungen der verschiedenen Instanzen nur eine einzige Stimme sich gegen diesen Beschluß erhob.

Das Reichsland zählt auf einem Gebiet von 1 451 173 Hektaren eine Bevölkerung von 1 531 804 Menschen, darunter 32 784 Militär, nicht erwerbsfähig. Nach der Gewerbezählung vom 1. Dezember 1878 fallen von den erwerbsfähigen Einwohnern 245 799 Personen auf die verschiedenen Gewerbszweige. Elsaß, wo die Industrie mehr entwickelt ist als in Lothringen und das deshalb auch eine dichtere Bevölkerung hat, beschäftigt in Gewerben außer der Landwirthschaft 177 620 Personen, ungefähr die Hälfte der Leute, welche überhaupt in der Landwirthschaft und in der Industrie thätig sind. Hinsichtlich der Bevölkerungsdichtigkeit, welche von der industriellen Entwickelung abhängt, stellt sich das Verhältniß der Einwohnerzahl per Quadratkilometer oder 100 Hektaren zu 77 in Lothringen, und 128 im Elsaß. Mit anderen Worten unsere Bezirke ernähren so viel Menschen mehr, je größer der Entwickelungsgrad der Industrie ist. Unsere Großindustrie nahm seit einem Jahrhundert ihren Aufschwung und die Bevölkerung, welche vor 100 Jahren die Zahl von 650 000 Einwohnern nicht überstieg, war anno 1866 in den beiden Bezirken von Ober- und Unterelsaß zu 1 119 255 herangewachsen. Ich weise absichtlich auf die Zählung von 1866, weil seit der Annexion die Bevölkerung im Reichslande abgenommen hat und zufolge der industriellen Nothlage eine Anzahl von Arbeitern hat auswandern müssen, um außer der Heimat ihr Brot zu verdienen.

Was speziell nun den Kornzoll betrifft, so hat der Landesausschuß an die Reichsregierung einen Antrag eingereicht, nach welchem eine Einrichtung, ähnlich der früher in Frankreich bestehenden échelle mobile, getroffen werden möge. Durch die échelle mobile war die Einfuhr fremden Getreides einem Minimalsatz — droit de balance genannt — von 25 Centimes unterworfen. Diese droits de balance waren in allen Fällen und bei allen Preisen zu bezahlen. Fielen die Preise für Weizen unter 20 bis 26 Franks per Hektoliter, war für jeden Frank Abschlag ein Zusatz von einem Frank bei der Einfuhr zu bezahlen, ein Zusatz, der bis $1_{,50}$ Franks stieg, sobald die Preise um 3 Franks unter das Maximum von 20 bis 26 Franks pro Hektoliter fielen. Bei einem Preise von 19 bis 25 Franks war der Zoll $1_{,25}$, bei dem Preise von 16 bis 22 Franks war der Zoll $4_{,75}$ Franks. Um die Unterschiede der Frachtpreise auszugleichen, war das Land in vier Zonen eingetheilt, in welchen sich das Maximum, welches als Norm dieute, in vier entsprechende Klassen von 26 bis 20 Franks abstufte. Seitdem durch die Ausdehnung der Eisenbahnen der Unterschied in den Frachtpreisen mehr und mehr sank, wurde die ehemalige Unterscheidung in Klassen und Zonen entbehrlich und konnte dieselbe wegfallen. So viel über die échelle mobile.

Mit dieser Einrichtung sollte bei den hohen Preisen die Einfuhr des Getreides keinem Zolle unterworfen sein, der Zoll aber mit den herunterfallenden Preisen entsprechend wachsen. Nun hat der Reichstag eine Anzahl Petitionen aus Elsaß empfangen, welche um die Aufhebung der Differentialfrachten auf den Eisenbahnen und um einen Eingangszoll auf das Getreide bitten. Ich erlaube mir diese Petitionen und besonders die Eingabe der landwirthschaftlichen Vereine des Oberelsaß dem Reichstag zu empfehlen. Die amerikanischen Getreide, welche mit dem elsässischen konkurriren, sind nicht so hohen Steuern unterworfen, wie unsere einheimische Landwirthschaft, und die Produktionskosten sind bei uns mehr gestiegen, ohne eine entsprechende Zunahme des Ertrags. Die Thatsache, daß in diesen Verhältnissen der Werth des Grundbesitzes in den letzten Jahren um 25 Prozent gefallen ist, beweist die Nothwendigkeit eines Schutzes für den Ackerbau.

Sind die Aufnahmen des statistischen Amts zuverlässig, so geht daraus hervor, daß der Getreidebau in Deutschland von Jahr zu Jahr abnimmt. Hingegen scheint der deutsche Markt ein Ablagerungsplatz geworden zu sein für die Ueberproduktion anderer Länder. So war im Jahre 1878 die Einfuhr fremder Getreide von Weizen und Roggen 40 487 310 Zentner, die Mehreinfuhr 24 319 911 Zentner. Die inländische Produktion betrug 1878 eine Quantität von 373 Millionen Zentnern sämmtlicher Getreidearten, wovon 211 Millionen Zentner in Weizen und Roggen. Demnach hat Deutschland in Weizen und Roggen das letzte Jahr eine Mehreinfuhr von ungefähr 10 Prozent der eigenen Ernte. Gegenwärtig schwanken die Preise für Weizen von 21 Mark in Mannheim, bis zu 15 in Posen und sind im Durchschnitt auf 18 Mark zu rechnen, wogegen die Preise für Roggen zu gleicher Zeit in Lindau zu 16 Mark, und in Königsberg zu $10_{,4}$ Mark stehen, also durchschnittlich zu $13_{,2}$. Im Elsaß waren die Preise während den letzten zehn Jahren zu Straßburg auf $24_{,80}$ Mark für Weizen und $16_{,83}$ Mark für Roggen, zu Kolmar auf $25_{,10}$ für Weizen und $16_{,36}$ für Roggen. Uebrigens wird im Elsaß verhältnißmäßig viel mehr Weizen gepflanzt als durchschnittlich in Deutschland, und unsere Fabrikarbeiter essen kein Roggenbrod. Die Fläche des mit Weizen bebauten Bodens beträgt in Elsaß-Lothringen 192 400 Hektaren oder 13 pro 100 des Landesareals, die mit Roggen 40 641 Hektaren oder weniger als 3 pro 100, im deutschen Reich zusammen 2 200 227 Hektaren oder nur 4 pro 100 mit Weizen gegen 5 925 675 Hektaren oder 11 pro 100 der ganzen Oberfläche mit Roggen.

Nehmen wir an, die Wirkung der Kornzölle vertheile sich gleichmäßig im Reiche, so hätten wir im Jahre 1878 mit einem Satze von 1 Mark pro 100 Kilo auf Roggen wie auf Weizen die Getreidepreise eine durchschnittliche Erhöhung von $1_{,15}$ pro 100 erlitten: $0_{,88}$ Prozent Erhöhung mit Sätzen von 1 Mark auf Weizen und 50 Pfennige auf Roggen, wie die Regierungsvorlage dieselbe im Tarifentwurf vorschlägt. Wer sich mit der Bäckerei beschäftigt hat, weiß, daß 100 Kilo Korn mindestens 106 Kilo Brod geben, so kann dann mit einem Zoll von 1 Mark pro 100 Kilo Weizen, das Kilo Weißbrod im schlimmsten Falle, wenn der Zoll in seinem vollen Betrage über der ganzen Konsumtion lasten würde, um 1 Pfennig theuer werden, thatsächlich aber nur um 1 Pfennig pro 6 Kilo, weil der bezahlte Zoll nur im Verhältniß der Einfuhr zur ganzen Konsumtion, also um $^1/_2$ eines Pfennigs pro Kilo einwirkt. Ebenso steht es mit der Wirkung der Viehzölle auf den Preis des Fleisches. Nach der Tarifvorlage sollen die eingeführten Kühe und Stiere einem Zoll von 6 Mark pro Stück, die Ochsen von 20 Mark pro Stück unterworfen werden. Ich habe mir notirt, daß in Kolmar die geschlachteten Kühe durchschnittlich 260 Kilo Fleisch, die Ochsen 480 Kilo Fleisch geben. Bei dem vorgeschlagenen Zollsatze mag das Rindfleisch im schlimmsten Falle je nach der Qualität von 2—7, wirklich aber um weniger als 1—2 Pfennige per Kilogramm aufschlagen, da weniger als 1/3 des im Reichslande verzehrten Viehes aus Frankreich, der Schweiz und Italien eingeführt wird. Die Preise von Rindfleisch stiegen während der letzten 50 Jahre in Straßburg von 67 Pfennige zu 152 per Kilo, Weißbrod von 20 zu 26 Pfennig. Der Konsum an Getreide beträgt jährlich 300—400 Millionen Kilo im Werthe von 80 — 90 Millionen Mark, Gerste und Hafer nicht mitgerechnet, der Konsum an Fleisch 85 700 Stück Rindvieh, 105 000 Stück Kälber, 150 000 Stück Schweine, 36 000 Stück Schafe und Ziegen, in einem Gesammtwerthe von 52 Millionen Mark Werth. Bei der schlechten Lage unserer Industrie hat der Genuß von Fleisch bei den Arbeitern während der letzten Jahre beträchtlich abgenommen.

In einer eingehenden Enquete unserer industriellen Gesellschaft von Mülhausen haben wir die Lebensverhältnisse einer Anzahl Arbeiterfamilien verschiedener Klassen genau untersucht. Die Rechnungen einer Anzahl von 16 Haushaltungen liegen mir hier vor, mit dem Betrag ihrer Ausgaben für die verschiedenen Lebensbedürfnisse. Diese 16 Haushaltungen von je 5 Personen, also zusammen 80 Personen, haben im vorigen Jahr 29 132 Franks ausgegeben und zwar wie folgt: 4367 Franks für Wohnungsmiethe, 4800 Franks für Kleidung, 17 596 für Nahrung, 2367 diverse Ausgaben. Die Nahrung nimmt 67 pro 100 der Totalausgabe in Anspruch. Davon: Brod 5731 Franks; Fleisch 2388 Franks; Milch 2337 Franks; Spezereien 4250 Franks; Verschiedenes 2872 Franks. In andern Worten, mit den vorgeschlagenen Zollsätzen auf Vieh und Getreide würde die jährliche Ausgabe für Brod und Fleisch für 80 Personen kaum um 100 Franks höher oder pro Familie 6 bis 7 Franks kommen. Die Vertheuerung des Brodes würde nicht 1 Pfennig pro Tag für jede Familie übertreffen. Es ist nicht der Mühe werth, in diesem Fall von wirklicher Vertheuerung der Lebensmittel zu sprechen. Allerdings wirkt eine Erhöhung oder Verminderung der Löhne von nur 10 pro 100, welche ja bei besserem oder schlechterem Geschäftsgang leicht eintritt, viel mehr über den Wohlstand der Arbeiter.

So viel Bedenken auch eine nur schwache Vertheuerung der Lebensmittel dem Gesetzgeber einflößen soll, so sind wir doch in den Verhältnissen, welche ich eben geschildert habe und bei den zahlreichen Petitionen, welche uns aus Elsaß vorliegen, befugt und auch verpflichtet, einen Zoll über landwirthschaftliche Produkte zu bewilligen. Muß die Industrie geschützt sein, so können wir dem Ackerbau einen mäßigen Schutz auch nicht versagen. Verbessert sich die Lage unserer Bauern, so bin ich der Ueberzeugung, Deutschland ist im Stande seinen Ackerbau derart zu verbessern, um dem inländischen Konsum an Getreide vollständig zu genügen. Im Elsaß hat der Werth der Grundbesitzer und der Ertrag seit 1870 besonders deshalb abgenommen, weil die Kultur der industriellen Pflanzen, wie Tabak, Röthe, Hopfen nicht mehr rentirt wie vor der Annexion. Die Röthe war früher viel als Farbenstoff für die rothen Hosen in Frankreich verwendet. Was den Tabak betrifft, sind unsere Bauern große Anhänger des Tabakmonopols und verkaufen jetzt ihre Tabakernte um ein Drittel billiger als bei der französischen Regierung, weshalb die Kultur um die Hälfte gefallen ist. Hinsichtlich des Weinzolls sind wir der Ansicht, den jetzigen Satz von 16 Mark pro 100 Kilogramm beizubehalten, von einer Erhöhung desselben zu 24 Mark aber verzichten wir, weil diese Erhöhung nicht den Weinbauer, aber die Fabrikanten künstlichen Weins nur fördern würde. Jedenfalls stimme ich für die von der Regierung vorgeschlagenen Kornzölle, respektive für die Erhöhung des Satzes von Roggen auf 1 Mark nach dem Antrage von Mirbach.

Meine Herren, ich habe hier nicht die Aufgabe, den gesunden Menschenverstand zu vertheidigen, wie einer der geehrten Redner in der gegenwärtigen Debatte, der gesunde Menschenverstand wird sich auch ohne diese Unterstützung festhalten, und er lehrt uns doch, daß jede Nation für sich das Recht und die Verpflichtung der Selbsterhaltung hat. Nun, die Selbsterhaltung zieht den Schutz der nationalen Arbeit mit sich, den Schutz der nationalen Arbeit verstehe ich doch nicht in der Art, um einige deutsche Taschen zu bereichern, indem wir einigen deutschen Taschen Geld entziehen, um es in andere zu bringen, sondern ich verstehe die Sache so, daß wir möglichst wenig Geld aus den deutschen Taschen an das Ausland zahlen und unsere Industrie in denjenigen Zweigen schützen, wo wir selbst fabriziren können. Wenigstens haben sich so in einer sehr zahlreichen Versammlung der Weberinnung aus Berlin, die vor einigen Tagen in den Reichshallen stattgefunden hat, unsere selbstständigen Shawlsweber ausgesprochen. Die Leute waren der Ansicht, es helfe ihnen nichts, billig kaufen zu können, wenn sie nicht die Mittel haben, überhaupt kaufen zu können. Auch hat sich die Versammlung einstimmig für das wirthschaftliche Programm des Herrn Reichskanzlers mit Akklamation ausgesprochen. Meine Herren, der Freihandel soll uns billigere Waare schaffen, der Schutz der nationalen Arbeit aber soll uns das Mittel geben, überhaupt kaufen zu können. Wir wollen Schutz für die Industrie, wir wollen Schutz auch für die Landwirthschaft.

Präsident: Der Herr Abgeordnete Dr. Braun (Glogau) hat das Wort.

Abgeordneter Dr. **Braun** (Glogau): Meine Herren, ich bitte den letzten Herrn Vorredner, mir eine kurze Bemerkung zu gestatten. Derselbe hat am Eingang seiner Rede sich darüber beklagt, daß Elsaß-Lothringen in der Tarifkommission nicht vertreten ist, und daran die Bemerkung geknüpft, es scheine, daß die Reichsländer als „Paria" behandelt werden sollten. Ich muß dagegen auf das allerentschiedenste protestiren. Ich weiß nicht, durch welchen Zufall es gekommen ist, daß kein Mitglied von Elsaß-Lothringen in der Tarifkommission sitzt; aber das weiß ich ganz gewiß, daß das sicherlich nicht seine Ursache in der Geringschätzung von Elsaß-Lothringen hat, das kann man am allerwenigsten behaupten von dem Reichstag, der sich gerade mit Elsaß-Lothringen eifriger, eingehender und vorsorglicher beschäftigt hat, als mit irgend einem Territorium des deutschen Reichs.

Dann erlaube ich mir einige kurze Bemerkungen in Betreff des Vortrags des Herrn Abgeordneten Schröder (Lippstadt). Er hat uns versichert, daß er und die Seinigen schon seit tausend Jahren von der Reichsidee beseelt seien. Nun, meine Herren, was mich anlangt, ich kann meine Ahnen nicht um tausend Jahre rückwärts verfolgen, ich weiß von ihnen eben weiter gar nichts, als daß sie Bauern waren; und ich rechne deshalb auf die vorzügliche Gunst des Herrn Abgeordneten Schröder (Lippstadt), die er ja so reichlich über die Bauern ausgegossen hat. Ihm sind der Handelsleute zu viel; ja, meine Herren, glauben Sie denn, wenn Sie die Handelsleute todtschlagen oder arm machen, daß dadurch die anderen Leute reich werden? Glauben Sie denn, daß überhaupt mit diesen Weltbeglückungstheorien irgend etwas zu machen ist? Solche Utopien haben es schon oft fertig gebracht, die Reichen arm, aber noch niemals die Armen reich zu machen. Wenn er weiter sagt, wir seien ein Agrarstaat, nun, meine Herren, wir sind ja alle darüber einig oder wenigstens die große Mehrzahl des hohen Hauses, daß wir an Getreide und den sonstigen Nahrungsmitteln nicht so viel produziren, als wir bedürfen,

(Ruf: Mehr!)

ja, meine Herren, dann widersprechen Sie jeder Statistik, zeigen Sie mir, wo das Gegentheil konstatirt ist,

(Zuruf)

ja, das weiß ich, darauf werde ich noch kommen. Ich glaube, ein solches Land von dem es immerhin doch mindestens zweifelhaft ist, ob es seinen Bedarf durch eigene Erzeugnisse zu decken im Stande ist, kann man ohne große Gefahr als reinen Agrarstaat nicht betrachten und behandeln. Der Herr Abgeordnete Schröder (Lippstadt) hat denn auch noch eine Philippika gegen die Liberalen losgelassen. Ich will ihm darauf gar nicht antworten; ich will ihm im Gegentheil dafür danken, daß er durch seine Ausführungen, die alles in der Welt eher waren, als konservativ, der wirklich konservativen Partei gezeigt hat, in welche Koalition sie sich begeben hat.

(Heiterkeit.)

Weiter dem Herrn Schröder (Lippstadt) etwas zu erwidern, finde ich nicht nöthig; ich gehe vielmehr nun zu dem Herrn Bundeskommissar Tiedemann über. Wenn er uns sagt, er begreife nicht, daß wir den Widerspruch der Motive nicht begreifen könnten, so finde ich das sehr begreiflich,

(Heiterkeit)

wenn ich ausgehe von dem Begriff, daß er deren Verfasser ist;

(Heiterkeit)

für ihn ist das vielleicht kein Widerspruch, für ihn ist das vielleicht alles außerordentlich klar, aber wir armen Sterblichen mit unserem beschränkten Unterthanenverstand, wir können es wirklich nicht verstehen, und ich habe trotz sorgfältigen Studiums der Motive denselben Denkfehler, denselben circulus vitiosus darin gefunden, wie der Herr Abgeordnete von Saucken-Tarputschen und wie Herr Flügge. Wenn er weiter unterschieden hat zwischen Bedarfszufuhr und Spekulationszufuhr, so habe ich nur etwas vermißt, nämlich die Definition, was Bedarfszufuhr und was Spekulationszufuhr ist. Wo ist die Grenze zwischen beiden? ist Bedarfszufuhr das, was man absetzen will, und Spekulationszufuhr das, was man nicht absetzen will? oder ist Bedarfszufuhr das, was wirklich abgesetzt wird, und Spekulationszufuhr das, was nicht abgesetzt wird? Ja, der Urheber der Spekulationszufuhr will doch auch immer absetzen, er fährt doch sein Getreide nicht spazieren. Das sind also Unterschiede, die kann man wirklich nicht verstehen. Es ist ganz richtig, daß die Spekulation manchmal eine unangenehme Zugabe des Handels ist, aber ohne Spekulation kann kein Handel existiren und umgekehrt, das ist nicht von einander zu trennen.

Wenn uns dann wiederholt die hundert Millionen Zentner Getreide, die irgendwo lagern sollen, man weiß nicht wo, von denen man auch nicht

(Ruf: Jedes Jahr?)

— ja, jedes Jahr! — weiß, was schließlich daraus wird, so möchte ich, ehe ich mich um den Finderlohn bewerbe und mich bemühe, aufzufinden, wo das dann ist, vor allem in Zweifel ziehen, daß es überhaupt existirt; ich glaube es nicht eher, als bis man es mir in Natur vorführt, — dann will ich es glauben, wenn nicht, nicht!

Was die Lager anlangt, so hat man die Ausführungen des Herrn Abgeordneten Dr. Delbrück damit entkräften wollen — die Ausführungen gingen bekanntlich dahin, daß am Ende des Jahres überhaupt nur so und so viel, eine ganz geringe Menge, sich auf Lager hier befunden habe — so hat man gesagt, das sei gerade die Zeit, wo sich hier am wenigsten auf Lager befindet. Nein, meine Herren, das direkte Gegentheil ist die Wahrheit: das ist die Zeit, wo sich hier am meisten auf Lager befindet, und zwar aus einem sehr einfachen Grunde. Das Getreide wird zum großen Theil per Wasserstraße bezogen, und ehe der Frost die Wasserstraße schließt, was gerade um diese Zeit zu geschehen pflegt, sucht man natürlich vorher seinen ganzen Bedarf zu decken, und deshalb ist am Ende des Jahres der Lagerbestand größer als zu irgend einer anderen Zeit des Jahres. Fragen Sie die Leute, die damit zu thun haben, und sie werden Ihnen diese Behauptung bestätigen.

Dann hat der Herr Bundeskommissar Tiedemann gesagt: wo will das russische Getreide hin? es hat ja keinen Absatz als in Schweden, Norwegen, Dänemark, vielleicht auch in den Niederlanden, also auch Holland! Dabei ist ihm der kleine Fehler passirt, daß er gerade das Land, was neben uns am meisten russisches Getreide bezieht, vergessen hat, das ist Irland. Er hat auch nicht daran gedacht, daß, wenn in Rußland der Roggen keinen guten Absatz findet, die Russen sogar im Stande sind, ihre Pferde mit Roggen zu füttern, und den Hafer nach England zu schicken. Doch wenn man fragt: was werden die Russen thun, wenn wir den Schutzzoll machen? so sage ich, das weiß ich nicht, das mögen sich die Herren Russen überlegen! Ich glaube aber, sie schicken ihr Getreide am liebsten dorthin, wo sie es am bequemsten und billigsten hineinbringen und es am vortheilhaftesten verkaufen können, denn die Russen sind am Ende auch so klug wie Menschen.

(Heiterkeit.)

Ich bitte mir nun zu gestatten, auch auf die früheren Reden des Herrn Bundeskommissars Tiedemann ein wenig zurückzugreifen, ich will es aber möglichst kurz machen; ich thue es bloß deshalb, weil die Tugenden und die Fehler seiner verschiedenen Reden innig mit einander zusammenhängen, daß es schade wäre, wenn man es trennte.

(Heiterkeit.)

Er hat unter anderm gesagt, in irgend einer Stadt seien die Armenlasten gestiegen, und daran hat er die Bemerkung geknüpft:

> Nun sagen die Herren von der Freihandelspartei: nun ja, wir müssen die Sache gehen lassen, wie sie geht, und das läuft schließlich auf den Satz hinaus: Laßt sie betteln gehen, wenn sie hungrig sind!

Nun, meine Herren, das haben „die Herren von der Freihandelspartei", wie der Herr Bundeskommissar sich auszudrücken beliebte, niemals gethan. Ob das Volk hungert oder nicht, das ist uns nicht einerlei. Ich möchte aber auf der anderen Seite doch auch bitten, mir den Mann einmal zu zeigen, den der Herr Bundeskommissar satt gemacht hat, denn dadurch, daß man die Leute besteuert und ihre Bedürfnisse vertheuert, macht man sie gewiß nicht satt. Und dann: „Laßt sie betteln gehen, wenn sie hungrig sind" — ja, poetisch ist das ja wohl, obgleich ich nicht glaube, daß der hohe Bundesrath den Befehl ertheilt hat an seinen Delegaten, Heinrich Heine hier regierungs- und parlamentsfähig zu machen. Aber wem hat denn Heinrich Heine diese Verse in den Mund gelegt? Einem alten Landsknecht Napoleons, nicht einem „Herrn von der Freihandelspartei," einem alten Grenadier des französischen Kaisers zu der Zeit, als jener Kaiser an dem mißlungenen Versuch, eine Kontinentalsperre zu machen, zu Grunde ging,

(hört! hört!)

und, soweit er seine Kontinentalsperre gemacht hatte, nichts hinterließ als Trümmer von künstlich erzeugten Fabriken, die nachher nicht mehr existiren konnten, nachdem die Kontinentalsperre über den Haufen gefallen war.

Dann hat uns der Herr Bundeskommissar ausgeführt, in Deutschland sei oder werde der alte Bauernstand ruinirt, er hat uns erzählt, es seien 3000 Bauerngüter subhastirt worden. Ja, meine Herren, das ist ein großer Irrthum, „Bauerngüter" sind das nicht. Der Herr Kommissarius kennt die agrarischen Zustände in Schleswig-Holstein, ob er aber auch dieselben kennt in denjenigen Theilen von Deutschland, wo das Grundeigenthum, ich möchte fast sagen, bis zu Staub zerrieben ist, das möchte ich bezweifeln. Unter den aufgeführten sogenannten Bauerngütern befindet sich eine Unmasse von Parzellen, die noch nicht einmal 1/10 Morgen hat, so daß, wenn man ein paar Hundert von solchen Parzellen zusammenwirft, man immer noch keine 20 Morgen zusammenbringt. Das nennt man dann „Bauerngüter"!

Dann hat er uns vorgeführt Stadt und Gebiet Frankfurt. In dem Gebiet sollen 30 „Bauerngüter" subhastirt worden sein. Ja, meine Herren, auf diesem Gebiet, was ich so genau kenne, wie meine eigene Hosentasche,

(Heiterkeit)

gibt es gar keine Bauerngüter und auch keine Bauern. Ich bitte, mir einmal einen lebendigen Bauern dort zu zeigen

(Heiterkeit)

aus dem Gebiet Frankfurt! Ich sehe ja hier Herren vor mir, die das ebenso gut wissen wie ich, und ich appellire an deren Sachkenntniß. Es wohnen kleine Leute, die gehen in die Stadt arbeiten und wohnen im Gebiet, weil es da etwas billiger ist, sie kaufen sich auch einmal einen kleinen Lappen Land, sie bauen auch Gemüse, es sind Gärtner darunter, das ist richtig, aber es wird dort zuweilen subhastirt, weil es eine fluktuirende Bevölkerung ist, aber wirkliche Bauern sind das nicht.

Ebenso ist es mit dem Spessart. Der Herr Bundeskommissar hat uns den Spessart und die dort jetzt herrschende Noth als warnendes Beispiel vorgeführt und dann gesagt:

> Sollen wir nun sagen, obgleich die Eisenbahnen gebaut sind, die den Spessart mit den Kornkammern Rußlands in direkte Verbindung setzen, obgleich der internationale Verkehr entfesselt ist, herrscht die Hungersnoth im Spessart, oder sollte es nicht zutreffender sein, zu sagen, die Hungersnoth herrscht im Spessart, weil diese Voraussetzungen stattfinden?

Nun, meine Herren, ich habe den Spessart als junger Mann, mit dem Studentenränzel auf dem Rücken, gründlich durchlaufen und inspizirt; wenn ich ihn aber auch etwa nur kennte aus dem schönen episch-lyrischen Gedicht des Freiherrn von Zedlitz, welches betitelt ist: „Waldfräulein", oder aus der Novelle von Karl Immerman, die „Waldeinsamkeit" geheißen wird, oder auch nur aus Hauff's Märchen, so würde ich doch von dem Spessart eine andere und richtigere Meinung haben, als daß ich die Worte des Herrn Bundeskommissars bestätigen könnte. Im Spessart ist es leider oft so, wie es der Herr Abgeordnete Günther ganz treffend bezeichnet hat: „wenn einer überhaupt kein Geld hat, dann ist es für ihn einerlei, ob das Getreide 10 oder 20 Mark kostet", es ist ihm dann auch einerlei, ob Rußland in Verbindung mit dem Spessart ist oder nicht u. s. w. Das möchte ich nur dem Herrn Bundeskommissar bemerken, daß die Hauptkrankheit des Spessart darin besteht, daß er eben kein Getreide baut, daß er vorzugsweise Wald ist und daß dieser Wald nicht den Bauern gehört und auch nicht den Gemeinden, sondern dem Fiskus. Die Leute haben zu wenig Land, und mit allem Schutzzoll der Welt kann man dort nicht mehr Land machen, als da ist, und kann auch dem jetzigen Eigenthümer den Wald nicht abnehmen, um ihn der einheimischen Bevölkerung zu geben.

Nun heißt es: ja der Wald leidet aber auch. Nun, meine Herren, es ist ja schon in der Eisenzolldebatte angeführt worden, daß das Hüttenwerk im Spessart, über dessen Eingehen man sich beklagt, deshalb eingegangen ist, weil es auf Holzkohleneisenproduktion eingerichtet war, und weil das Holz zu theuer geworden, als daß man das Werk weiter betreiben konnte. Wenn sogar die Waldungen im Spessart nicht gedeihen und ihre Eigenthümer nicht prosperiren sollen — es ist übrigens beiläufig gesagt der bayrische Staat, der meiner Meinung nach nicht an finanzieller Schwindsucht leidet, sondern sich verhältnißmäßig wohl befindet — wenn dieser prachtvolle Wald und seine Eigenthümer, wenn die nicht existiren können mit den besten Wasserstraßen rheinabwärts nach Holland, ja, meine Herren, wer soll dann existiren können? Aber die Leute leiden deshalb Noth, weil ihnen dieser Wald nicht gehört. Es ist ja wahr, die Noth im Spessart ist groß, und wenn der Herr Bundeskommissar etwas dazu beitragen kann, die Noth zu lindern, so würde ich ihm außerordentlich dankbar sein.

(Heiterkeit.)

Aber bedenken Sie, meine Herren, es ist im Spessart schon öfters Hungersnoth gewesen, ehe er durch Eisenbahnen verbunden war mit Rußland und Rumänien, und ehe die Getreidezölle abgeschafft waren. Der Spessart hat Hungersnoth gehabt in den Jahren 1816/17, 1846/47 und 1852. Die bayerische Regierung hat in dem letztgedachten Jahre ihre volle Schuldigkeit gethan, indem sie unter anderem auch eine Kommission zur Erforschung der Ursachen der Hungersnoth hinschickte, bestehend aus den Herren Professor Dr. Virchow und den Regierungsräthen Schmidt und Koch, und diese Männer, die den Spessart und den Nothstand gründlich studirt haben, haben ganz andere Ursachen gefunden, als das Vorhandensein der Eisenbahnen, die damals noch nicht vorhanden waren, und das Fehlen von Getreidezöllen, die damals noch existirten. Sie haben ihr Gutachten dahin abgegeben: die Ursache der Noth sei eine außerordentlich dichte Bevölkerung mit einem verhältnißmäßig zu geringen Grundbesitz. Dann haben sie unter anderem auch gesagt, es herrsche dort eine gewisse moralische Schlaffheit, Gleichgiltigkeit gegen ein übrigens nicht strenges öffentliches Urtheil u. s. w., es seien dort Zustände wie in Irland und Oberschlesien; es dürfe nicht verschwiegen werden, daß der niedrige Stand der öffentlichen Meinung, die allgemeine Gleichgiltigkeit und Indolenz, der Mangel an Erziehung und sittlicher Gewöhnung, ebenso der ausschließliche Bau von Kartoffeln und der übermäßige Genuß von Branntwein die Hauptursachen seien, sowie Mangel an zweckmäßig geleiteter Thätigkeit, an produktiver Beschäftigung, an Fleiß und Industrie. Ich will die übrigen Urtheile der Kommission nicht vorlesen, sie sind der dortigen Bevölkerung ungünstig, und deshalb will ich sie unterdrücken in einem Augenblick, wo die dortige Bevölkerung leidet. Die Hauptgelegenheitsursache aber ist, wie diese Herren nach einer gründlichen Untersuchung ausführten, die damalige akute Kartoffelkrankheit, „erst die kalte und nasse Witterung des vorigen Jahres", heißt es „brachte die volle Noth, die Kartoffeln mißriethen so vollständig, daß an manchen Orten es nicht der Mühe lohnte, sie auszumachen" u. s. w.

Das ist der Spessart! Ich denke die hohe Versammlung überzeugt zu haben, daß der Herr Bundeskommissar, mag er sonst auch noch so gut unterrichtet sein, wenigstens in Betreff des Spessart sich gründlich geirrt hat.

Nun hat man also bezüglich der Getreidezölle vorzugsweise von „den Bauern" gesprochen. Ich will über die Bauern einige Worte sagen, weil ich sie kenne. Es gibt sehr viele Bauern, die überhaupt kein Getreide ziehen, und die namentlich nicht soviel Getreide ziehen, wie sie nöthig haben, um sich und die Ihrigen zu ernähren, diejenigen Bauern, die vorzugsweise Futter und Handelskräuter produziren, ebenso Fleisch, Milch, Butter, Käse u. s. w., dann die Produzenten von Hanf, Flachs, Tabak, Wein, Hopfen u. s. w. Allen diesen Bauern ist mit dem Getreidezoll nicht gedient. Man mag eine Meinung über den Getreidezoll haben, wie man will, man mag entweder dem Herrn Bundeskommissar zustimmen oder den Herren von Saucken und Flügge, so wird man darüber einig sein, daß diese Leute von dem Getreidezoll unter allen Umständen keinen Nutzen haben. Ich kenne aber auch viele Bauern außerdem, die Getreibe ziehen, die auch soviel ziehen, daß sie zur Noth mit ihrer Familie sich das Jahr hindurch damit durchschlagen könnten, aber die Leute müssen, um baar Geld in die Hand zu bekommen, um ihre Zinsen und Steuern und alles das, was mit „pecunia numerata“ bestritten werden muß, zu bezahlen, wenn sie gedroschen haben, verkaufen, und später manchmal, wenn das Getreide theurer ist, müssen sie selber einkaufen. Ich habe auch mit Bauern ausdrücklich über die Frage gesprochen. Sie wissen ja, der Bauer ist mißtrauisch und namentlich mißtrauisch gegen schöne Redensarten und Versprechungen; vielleicht hat er Ursache, es zu sein. Die Bauern haben mir gesagt: Ja, wenn denn das so sein soll, daß gleichzeitig die direkten Abgaben vermindert werden sollen, wenn man die indirekten erhöht, so fangt doch mal an mit den direkten Abgaben und laßt dann die Reform der indirekten nachfolgen. Und dann haben sie mir gesagt: besteuert doch erst den Luxus, ehe ihr die Nothwendigkeiten besteuert, und als ich sie fragte, woher sie das hätten, da beriefen sie sich darauf, daß das der Herr Reichskanzler selber gesagt habe, nämlich in der Sitzung vom 22. November 1875, wo der Herr Reichskanzler sprach:

> Als solche Gegenstände der Verzollung und Ziele einer entsprechenden Besteuerung im Inlande sehe ich im ganzen an diejenigen Verzehrungsgegenstände, deren man sich, ohne das Leben zu schädigen, in gewissem Maße wenigstens zu enthalten vermag, und wo man in gewissem Maße den Regulator seiner eigenen Beiträge zum öffentlichen Staatssteuersäckel in der Hand hat.

Darauf verwiesen mich die Bauern und sagten mir: besteuert doch z. B. den Champagner. Ich habe dagegen nichts triftiges zu erwidern vermocht. Sie sagten mir weiter: was soll das helfen, wenn auch die direkte Steuer ein bischen herabgesetzt wird, und es wird alles vertheuert, was wir nothwendig gebrauchen; wenn mir — so sagten mir die Bauern — Brod und Fleisch, Hemd und Kittel, Mütze und Hose, Bier und Tabak, Wärme und Licht — d. h. Holz und Petroleum mit anderen Worten — Wohnung und Werkzeug, Haus und Dach — das ist der Schiefer — Schaufel, Pflug, Hacke und Hufnägel vertheuert werden sollen, ja, was hilft mir dann das bischen Nachlaß an direkten Steuern?

(Sehr richtig! links.)

Und dann sagten sie mir weiter: die Erhöhung wird sofort gemacht, die Entlastung wird für die Zukunft versprochen; machen und versprechen ist zweierlei. Und ich habe auch dagegen umsoweniger etwas zu sagen vermocht, als ich bereits selber aus Autopsie mich davon überzeugt habe, wie sehr sich die Dimensionen der Entlastung verringert haben nur auf dem kurzem Wege zwischen dem Herrn Reichskanzler und dem preußischen Finanzminister, die doch dicht nebeneinander saßen.

(Heiterkeit.)

Da dachte ich mir, wenn das kleine Spatium schon hinreicht, so sehr diese Wärmeskala der Entlastung sinken zu machen, wie wird sich dann das erst im ferneren Verlauf der Dinge entwickeln, und da es nun einmal Mode ist, französische Sprüche zu zitiren — wobei ich dem verehrlichen Mitgliede für Lippstadt nur sagen will, daß man nicht sagt: prêcher à un converti, sondern: prêcher un converti —

(Heiterkeit)

so will ich auch meinerseits einen alten französischen Vers zitiren, der lautet:

> On n'exécute pas tout ce qu'on se propose,
> Et long est le chemin du propos à la chose.

Das ist mir unwillkürlich bei dem in Aussicht stehenden —

(Zuruf: Was heißt das auf deutsch?)

Nun, auf deutsch heißt es etwa so viel: „Man kann nicht immer ausführen, was man sich vorgenommen“ und der Weg vom „Vorsatz zur Ausführung ist oft lang vorgekommen.“

(Heiterkeit.)

Das ist es, was mir unwillkürlich dabei einfiel.

Nun, meine Herren, wenn man von dem Bauern spricht — ohne irgendwie etwas gegen den Großgrundbesitz zu haben — denn ich weiß, welche ungeheure Bedeutung derselbe hat und daß er zu den festesten Stützen im Staate gehört, — will ich doch ein paar Bemerkungen darüber machen, wie sich der große und kleine Grundbesitzer von einander unterscheiden, oder wenn Sie lieber wollen, der Dominial- und ritterschaftliche und Rustikalbesitzer, oder wie man sich eben ausdrücken will. Ich halte es für nothwendig, daß man beim Großgrundbesitz auch an den kleinen Grundbesitz denkt, wie man bei der Großindustrie auch die kleine Industrie und das Handwerk nicht vergessen darf, die in der That ebenso wichtig, wenn nicht noch bedeutend wichtiger ist.

Meine Herren, wir verwechseln oft — und ich muß gestehen, es ist mir selbst passirt — zwei verschiedene Dinge, das Grundeigenthum und die Landwirthschaft. Es ist nicht jeder Grundeigenthümer Landwirth, ebenso wie nicht jeder Landwirth Grundeigenthümer ist; es sind zwei ganz verschiedene Dinge. Ich kann Grundeigenthümer sein und mein Grundeigenthum verpachten, dann bin ich nicht Landwirth; ich kann Pächter sein und die Landwirthschaft betreiben, also keinen Grundbesitz haben und doch Landwirth sein.

Mit den Bauern

(Zwischenruf aus dem Zentrum: landwirthschaftliche Arbeiter!)

— ja, meine Herren im Zentrum, landwirthschaftliche Arbeiter, auf die komme ich jetzt gerade: die Arbeiter sind die Bauern. Man hat mißbräuchlicherweise, dem Beispiele folgend und dem Mißbrauch, der in Frankreich mit dem Wort „ouvrier“ gemacht wird, nur die Fabrikarbeiter als „Arbeiter“ bezeichnet; und wir haben uns leider an diese falsche Bezeichnung gewöhnt. Der Bauer aber ist der wahre Arbeiter, der Bauer arbeitet von sämmtlichen Ständen des deutschen Reichs am meisten, er verlangt keinen Normalarbeitstag von 6 oder 8 Stunden, seine Arbeit beginnt mit dem Aufgehen und endigt mit dem Untergehen der Sonne, und nicht nur er, sondern seine Frau, seine Söhne und Töchter und alles, was überhaupt zu arbeiten vermag, arbeitet.

(Sehr richtig!)

— Ja, meine Herren, Sie werden das alles noch viel besser durchschauen, was ich sage, wenn Sie mir noch einige Augenblicke zuhören.

(Heiterkeit.)

Nun, meine Herren, sage ich, der Großgrundbesitzer arbeitet vorzugsweise mit seinem in Grund und Boden angelegten Kapital und außerdem mit dem Betriebskapital, was er auch nöthig hat, er ist Kapitalist, und daraus mache ich ihm keinen Vorwurf, denn er kann seine zwei Arme nicht vertausendfachen.

(Sehr richtig!)

Er muß mit anderen Kräften arbeiten.

(Sehr richtig!)

Für den Bauer ist das Grundeigenthum, was er besitzt, nur ein mehr nebensächliches Ding,

(Oho! im Zentrum und rechts)

es ist das Instrument, mit dem er seine und der Seinigen Arbeitskraft möglichst einträglich verwerthet. Was er verdient, verdient er durch seine Arbeit. Die Bodenrente bildet einen minimalen Bestandtheil dessen, was er einnimmt.

(Sehr richtig! Zuruf von rechts: Nicht richtig!)

Und nun, meine Herren, dazu kommt dann noch, daß der Baner nach ganz anderen finanziellen und wirthschaftlichen Rücksichten als der Großgrundbesitzer lebt. Wenn der Bauer Schulden macht, wenn er eine Hypothek aufnimmt, so ist sein erster Gedanke, wie werde ich dieselbe amortisiren.

(Sehr richtig!)

Er und die Seinigen arbeiten im Schweiße des Angesichts, um diese Hypothek wieder aus der Welt zu schaffen, und ich kenne in Deutschland so und so viele Dörfer, wo es zur Schande gereicht, auf dem Besitz eine Hypothek zu haben, und wo die ganzen Gemeinden, wo alle mit allen Kräften zusammenwirken, daß in das Hypothekenbuch kein Eintrag gemacht wird.

(Zuruf.)

Ich kann Ihnen andere Bauern nennen, Weinbauergemeinden, und die Weinbauern, ich kann das nicht verhehlen, sind in der Regel ein bischen leichtsinniger als die anderen, und wenn mehrere schlechte Jahre hintereinander sind, müssen Sie Hypotheken machen. Sobald aber das erste gute Jahr kommt, werden die meisten Hypotheken wieder abgetragen und gelöscht. Ich habe im Rheingau Jahre erlebt, wo alle Hypotheken bis auf ein paar Dutzend gelöscht wurden. Das ist der Bauer!

(Zuruf; Weinbauer!)

— Ja, auch der Weinbauer. Dagegen werden Sie doch wohl auch nichts haben?

(Heiterkeit.)

Gegenüber den Ausführungen des Herrn Bundeskommissarius, der von einem ruinirten deutschen Bauernstand sprach, oder von einem Bauernstand, der in den letzten Zügen liegt — ich weiß nicht, wie er sich ausgedrückt hat, ich habe das verlegt — dem gegenüber sage ich, ich, der ich fast ganz Europa bereist habe, der ich es nicht aus Büchern studirt habe, sondern an Ort und Stelle gesehen habe, und der ich ein vorzugsweises Augenmerk auf die bäuerlichen Verhältnisse gerichtet und bethätigt habe, ich kann Ihnen sagen: *es gibt in ganz Europa keinen Bauern, der dem deutschen Bauern an Charakter und Fleiß, an Verstand, Sparsamkeit und an Wohlstand gleichkommt.*

(Sehr wahr!)

Zeigen Sie mir ihn, zeigen Sie mir den Bauern in denjenigen Ländern, die sich auszeichnen durch den Reichthum des Bodens und die Gunst des Klimas, wie z. B. Frankreich, Italien u. s. w. Einen solchen Bauernstand, wie den deutschen; Sie werden ihn gewiß nicht dort finden. Und wem verdankt der Bauernstand diese günstige Lage? Er verdankt das erstens seiner eignen Tüchtigkeit, zweitens aber auch der heutzutage so viel geschmähten liberalen Gesetzgebung.

(Zustimmung links. Widerspruch rechts.)

die den Baner und sein Grundeigenthum befreit hat, dieser Gesetzgebung, die von konservativer Seite — ich erinnere nur an Herrn von Marwitz — bis in die neueste Zeit hinein angefochten worden ist. Deshalb bilden Sie sich nur nicht ein, daß Sie das Tischtuch zwischen der liberalen Sache und dem deutschen Bauern zerschneiden können. Der deutsche Bauer hat von der liberalen Sache seine Vergangenheit, seine gegenwärtige Stellung und erwartet von ihr die Sicherung seiner Zukunft,

(Zustimmung links)

und er thut das deshalb, weil er das, was er ist, nicht der Protektion verdankt, sondern seiner eigenen Kraft.

Ich will Ihnen nun nicht verhehlen, daß es auch Bauern gibt, namentlich Besitzer sehr großer Bauerngüter, die für den Schutzzoll sind; aber von diesem Schutzzoll, wie er hier vorgeschlagen ist, da haben sie mir gesagt, „*das sei für den Spaß zu viel und für den Ernst zu wenig*“,

(Heiterkeit, sehr richtig!)

damit könnten sie keinen Hund hinterm Ofen hervorlocken.

(Heiterkeit.)

Gestatten Sie mir diesen vulgären Ausdruck, ich will gern ipsissima verba beibehalten. Sie haben mir ferner gesagt: „Das haben wir ja alles erlebt mit dem Getreidezoll, das ist alles schon dagewesen. Wir haben diesen Zoll ja gehabt während der ganzen Zollvereinszeit vom Anfang der dreißiger Jahre bis Ende der fünfziger Jahre. Hat er uns etwas genützt? Nein! Wenn wir ihn hätten brauchen können, war er nicht da, und wenn wir ihn nicht nöthig hatten, hatten wir ihn.“ Sie werden sich ja erinnern, daß zu den Zeiten des Zollvereins viel öfter der Getreidezoll suspendirt war, als daß er erhoben worden ist, und er wurde jedesmal suspendirt, sobald die Ernte irgendwie ein bischen knapp war, und das wissen unsere Bauern sehr gut. Sie haben wirklich ein so gutes Gedächtniß, daß ich, mich mitinbegriffen, sage, sie übertreffen darin zuweilen die besten Parlamentarier.

(Heiterkeit.)

Also fragt der Bauer: *wer garantirt mir die Fortexistenz dieses Schutzzolls?* Nicht eine Hungersnoth, nicht eine wirkliche Hungersnoth ist nöthig, sondern bloß eine drohende Knappheit, eine kleine Panik reicht schon hin, um das ganze schöne Gebäude über den Haufen zu werden.

Dieser Getreideschutzzoll soll nun das Gegengewicht bilden gegen den Industrieschutzzoll. Ja, meine Herren, wenn der Getreideschutzzoll beseitigt wird, so schnellt der Industrieschutzzoll in die Höhe, und den Industrieschutzzoll werden Sie nicht so leicht wieder los, wie den Getreidezoll, das haben wir auch schon erlebt. Es war im Anfang der vierziger Jahre, wo man auch Industrie in Schutzzölle machte, neue einführte, alte erhöhte mit ganz denselben Motiven, womit man sie jetzt gerechtfertigt hat. Man hat damals gesagt, nur für ein paar Jahre, nur für die augenblickliche Konkurrenz, für den augenblicklichen Nothstand, aber das wird höchstens 4 bis 5 Jährchen dauern, wir wollen nur probiren, ob man sie nicht als Retorsionsmaßregeln gebrauchen kann gegen Belgien und gegen Frankreich. Das hat aber gedauert bis 1864. In dieser Zwischenzeit aber hat die Landwirthschaft theilweise sehr stark gelitten, und man kann sich nicht beschweren, wenn die Landwirthschaft sagt, es sei kein fair play gewesen. Ich selber habe eine Hungersnoth mit erlebt, es war das Jahr 1846 auf 1847. Damals war ich ein junger Beamter von sehr schmalem Umfang, das sage ich anticipando denen, welche etwa lachen, und mit knappen Mitteln, und ich lebte unter lauter Bauern. Ich kann sagen, daß damals niemand so sehr gelitten hat unter dem Mangel an Getreide, unter dem Getreidezoll, unter der Hungersnoth als gerade die Bauern, das waren diejenigen, die am härtesten getroffen wurden. Ich war damals im Herzogthum Nassan, das zwischenzeitig in den preußischen Staat aufgegangen ist, die nassauische Regierung gab sich die größte Mühe, sie machte, was sie machen konnte, und griff zu dem Hausmittelchen, wie sie in den alten kameralistischen Büchern gepredigt wurden; sie verbot die Ausfuhr. Die Folge war, daß kein Getreide mehr hereinkam, denn das Getreide, was nicht wieder heraus kann, geht auch nicht herein. Das Getreide ist so klug, wie ein Mensch, es geht nicht in eine Mausfalle. Was that die Regierung dann? sie verbot, die Kartoffeln zur Branntweinbrennerei zu verwenden, ein Verbot, das ich in Zukunft auch schon kommen sehe, wenn man die Kornzölle hoch macht, und wenn Getreidemangel eintritt.

(Hört, hört!)

Ich halte es für die verkehrteste Maßregel von der Welt; denn die Landwirthschaft wird damit vielmehr geschädigt, als irgend ein Mensch Vortheil dadurch hat. Aber, meine Herren, die Geschichte zeigt, daß man in Folge des Getreidezolls und -Mangels zu diesem Mittel greift und manchmal greifen muß, wenn auch nur um die aufgeregte öffentliche Meinung zu beschwichtigen. Wollen Sie denn solche Maßregeln beschließen und sie etwa durch die Reichsgesetzgebung in den nordöstlichen Theilen des deutschen Reichs realisiren? Wie glauben Sie denn wohl, wie die Landwirthschaft in diesen nordöstlichen Territorien des deutschen Reichs dabei fahren wird? Dann endlich wird man mit alledem doch nicht helfen. Man machte damals, 1846, in Nassau endlich doch die Grenze offen und schickte Regierungskommissare nach Holland, die Getreide kaufen sollten. Zufällig kamen auch Kommissare von ein paar anderen Regierungen gleichzeitig dahin, und in Folge dessen schnellten die Getreidepreise in die Höhe, daß die Regierungskommissare unverrichteter Dinge nach Hause gehen mußten, so viel Geld hatten sie nicht. Sie gaben nun das Geld, das sie hatten, einem dortigen Kaufmann, einem Konsul, der sollte Getreide kaufen. Der Konsul spekulirte mit dem Gelde und verlor es.

(Heiterkeit.)

Da ging man ihm zu Leibe und er schaffte endlich wirklich russisches Getreide herbei, was aber unterwegs Havarie gelitten und ungenießbar geworden war, und er schaffte es nicht zu der Zeit der Hungersnoth, sondern nach der 1847er Ernte, wie die Hungersnoth vorbei war. Das sind, meine Herren, die protektionistischen Künste und Regierungsweisheiten, und Sie werden mir, der ich das alles schaudernd selbst mit erlebt habe, nicht zumuthen, daß ich an dergleichen Künste glaube.

Nun hat der Abgeordnete Günther u. A. auch gesagt, ich glaube auch der Abgeordnete Reichensperger (Olpe), man müsse wieder die Brod- und Fleischtaxe machen. Ja, meine Herren, man kann das Getreide und man kann das Fleisch künstlich theuer machen, durch Schutzzölle oder andere ähnliche Maßregeln, aber künstlich billig machen, das können Sie nicht, soweit reicht nicht die Macht des Staates, denn wenn Sie eine Maximaltaxe für Getreide und Fleisch machen, wobei die Verkäufer dieser Artikel nichts mehr verdienen, dann verkaufen sie überhaupt nichts mehr und es ist dann die Hungersnoth da, und die haben wir ja erlebt in Frankreich, während der letzten Jahre des vorigen Jahrhunderts nicht bloß, sondern das ist in einer ganzen Reihe geschichtlicher Hergänge unzweifelhaft zu Tage getreten. Nun, wenn in Folge solcher Maßregeln das Volk hungert, was sagt dann die Masse? Sie sagt: Staat, du bist schuld daran, du hast es gemacht, das ist keine Schickung der Natur, das ist keine Strafe Gottes, der man sich in Demuth unterwerfen muß, nein, du Regierung hast es gemacht und nun Regierung, hilf du! Und dann kommen alle die Forderungen, die wir schon gehabt haben, die in Frankreich gereift sind während des Hungerjahres 1846 und die zu Tage getreten sind im Jahre 1848, die Forderung des Rechts auf Arbeit, die Forderung des Rechts auf Lohn, kurz, alle diese Geschichten, wobei immer vergessen wird, daß wohl Alle Einem helfen können, aber niemals Einer Allen. Dann kommen am Ende die Nationalwerkstätten à la Louis Blanc und die unproduktiven Arbeiten, die hier in Berlin an den Rehbergen 1848 gemacht wurden.

(Hört!)

Das sind Künste, auf die ich mich nicht einlassen will, und deshalb glaube ich an die Wunder der Fleisch- und Brodtaxen so wenig wie an den Schutzzoll.

Nun, meine Herren, bin ich froh, daß ich damit fertig bin; ich wende mich jetzt zu einem Größeren, zu dem Herrn Reichskanzler. Ich weiß ja, wie schwer es ist, ihn zu bekämpfen; er ist sich stets vollkommen klar über das, was er will, sein reicher Geist bietet ihm tausend Mittel und Wege, den Zweck zu erreichen; und er wendet die Mittel an mit einer Kraft und Rücksichtslosigkeit, wie sie selten sind. Das schicke ich voraus und bitte also, mir nun in aller Bescheidenheit einige unmaßgebliche Bemerkungen zu gestatten.

Die Beweisführung, die wir von dem Herrn Reichskanzler gehört haben, scheint mir beinahe auf der Voraussetzung zu basiren, daß bloß die Landwirthe oder die Grundbesitzer — beide sind ja verschieden — Einkommensteuer bezahlen; aber Einkommensteuer bezahlen wir doch alle. Ich bezahle außerdem auch Grund- und Gebäudesteuer, obgleich natürlich viel weniger als der Herr Reichskanzler, weil das meiner bescheidenen finanziellen Stellung entspricht, aber wir zahlen doch alle. Die Einkommensteuer ist keine spezifisch landwirthschaftliche Steuer, und wie auf der einen Seite die Grund- und Gebäudesteuer besteht, besteht auf der anderen Seite die Gewerbesteuer und wenn man die eine abschafft, muß man auch die andere abschaffen — die Gebäudesteuer ist vorzugsweise städtisch, doch auch zum Theil landwirthschaftlich, das läßt sich nicht bestreiten. Nun, meine Herren, will ich Ihnen sagen, weil doch behauptet wird, daß die liberale Partei kein Herz habe für die Landwirthschaft, oder will ich besser sagen für die Großgrundbesitzer — und das ist wieder was anderes —, will ich Ihnen die Anträge mittheilen, die enthalten siud in dem allgemeinen Bericht über den Entwurf zum preußischen Staatshaushalt vom Jahre 1865; sie sind damals von einem liberalen Abgeordnetenhaus angenommen werden: Sie gehen dahin:

> Der Staatsregierung gegenüber zu erklären, für produktive Zwecke, Stromregulirungen, Wegbauten, Landesmeliorationen . . . .

— daß sind alles Dinge, die vorzugsweise die Landwirthschaft berühren —

> größere Summen wie bisher zu verwenden.

Ferner:

> Der gegenwärtige Zeitpunkt wäre geeignet, eine Reform in Ermäßigung der drückenden oder zu hoch angelegten Staatslasten, namentlich die Herabsetzung von Gerichtskosten, Briefporto und die Aufhebung des Salzmonopols in Angriff zu nehmen.

Diese Reform wurde durchgeführt auf Antrag der liberalen Partei. Dann heißt es:

> Die Gebäudesteuer ist unter Ueberlassung des Ueberschusses an die Gemeinden auf den ursprünglich veranlagten Betrag von 2 800 000 Thalern jährlich festzusetzen.

Und endlich:

> Es ist eine gesetzliche Umwandlung der Klassen- und Einkommensteuer dahin vorzunehmen, daß eine Anzahl von Privatraten, welche zur Deckung des Bedarfs zu erheben sind, innerhalb eines gesetzlichen Maximums von 12 Monatsraten jährlich durch das Budget festgestellt wird.

Dann wurde erwogen, ob und inwieweit man nicht die Realsteuern, namentlich auch die Gebäudesteuer, an die Lokalverbände abgeben solle. Das ist ein liberaler Gedanke und nicht ein konservativer. Es wurde nämlich vorgeschlagen, den Ueberschuß der jetzt veranlagten Gebäudesteuer über die feste Summe hinaus den betreffenden Gemeinden zuzuweisen, „weil die Gebäudesteuer ein gerade für die Gemeinden sehr geeigneter Modus für die Vertheilung der Ausgaben sei". Dieser Bericht ist unterzeichnet von den Abgeordneten von Forckenbeck, Freiherr von Hoverbeck, Dr. Michaelis, Reichenheim und Twesten.

Dann aber, meine Herren, wollte ich mir noch erlauben, daran zu erinnern, daß auch gerade die landwirthschaftlichen Beschwerden sowohl im Abgeordnetenhause als auch im Reichstag von der liberalen Partei stets, soweit wir sie als begründet anerkannt haben, wiederholt vorgetragen worden sind. Ich selber habe z. B. nachdem ich eben zum ersten Mal in den preußischen Landtag eingetreten war, es war im Jahre 1867, den von meinen Freunden bereits früher aufgestellten Gedanken einer Abgabe der Gebäude- und Grundsteuer ganz oder theilweise, wie es eben die Finanzen erlauben, an die Lokalverbände, an Kreise und Gemeinden befürwortet.

Hier im Reichstage erinnere ich mich, als wir die landwirthschaftliche Petition wegen der Stempelabgaben diskutirten, haben gerade wir, mein verehrter Nachbar zur Linken, Herr von Behr-Schmoldow, und ich, also ein liberaler und ein konservativer, gemeinschaftlich auf das eifrigste die Idee verfochten, daß die Landwirthschaft in Betreff des Stempelabgabenwesens erleichtert werden müsse, und die Regierung war es,

(Zuruf links: wie immer!)

die diesen Gedanken bekämpfte in diesem Falle, wie in dem anderen, den ich erwähnt habe.

Also scheint mir das den Thatsachen zu widersprechen, wenn man jetzt mit Worten Versäumnisse, die gemacht sind, der liberalen Partei zuschieben will.

(Sehr gut! links.)

Ich habe also nachgewiesen, daß die Beschwerden, soweit sie bestehen, von uns verfochten worden sind; ich habe nachgewiesen, daß die Einkommensteuer keine spezifisch landwirthschaftliche Steuer ist. Ich glaube übrigens, das bedarf gar keiner weiteren Nachweisung.

Außerdem erlaube ich mir noch darauf aufmerksam zu machen, daß die Kreis- und Kommunalabgaben ja ganz vorzugsweise dem Grundbesitz zu gute kommen; sie werden ja verwendet zur Herstellung und Vermehrung der Wegsamkeit, (wenn ich diesen Ausdruck brauchen darf, — ich weiß keinen kürzeren), und die Wegsamkeit erhöht sofort den Ertrag des Bodens, den Preis und den Werth des Grundeigenthums.

Ich darf mich hier auf eine hohe Autorität berufen; es ist ja bekannt der Brief des Herrn Abgeordneten Grafen von Moltke an einen schlesischen Gutsbesitzer, der denselben in einer Druckschrift veröffentlicht hat, worin Graf Moltke diesen Gedanken sehr ausdrücklich und klar nachweist und worin er vorschlägt, man soll alle Wege, die nothwendig sind, aufnehmen, dann eine Anleihe kontrahiren, welche dann die betreffenden Verbände zu verzinsen und zu amortisiren hätten und sofort innerhalb der nächsten fünf Jahre alle Wege auf einmal ausführen, weil dann der Werth des Grundeigenthums sofort auf einen kolossalen Prozentsatz gesteigert wird und weil die betreffenden Verbände dann erst die Lasten zu tragen und zu tilgen hätten, wenn sie bereits in den Besitz der Vortheile, welche die Wegsamkeit gewährt für den Werth des Eigenthums, für den Ertrag des Bodens sich befänden.

Ich verweise ferner darauf, wie oft Kreis- und Kommunalmittel — und Staatsmittel, füge ich hinzu, — verwendet worden sind zu Eisenbahnen, die auch zumeist der Landwirthschaft und dem Grundbesitz zugute kommen, — nämlich solche Eisenbahnen, die nicht in das große Verkehrsnetz gehören, sondern die dazu dienen, die lokalen Territorien in Verbindung zu setzen mit diesen Territorien, die also lediglich lokale Zwecke haben und bloße Anschlußbahnen sind.

Dann basiren die Auseinandersetzungen des Herrn Reichskanzlers, so scheint es mir, auf der Voraussetzung, daß das Ausland so zu sagen gar keine Steuern bezahlt oder wenigstens weniger als wir, — Grundsteuern will ich sagen, um nicht mißverstanden zu werden. Ja, meine Herren, diese Voraussetzung, wenn sie bestehen sollte, ist ein Irrthum. Das Ausland hat auch seine Grundsteuern, auch da ist der Grundbesitz belastet. Ich verweise Sie auf das vortreffliche Buch des ehemaligen englischen Ministers Göschen. Sein Titel heißt auf deutsch: „Ueber die Steuerbelastung des Grundbesitzes in England und in den übrigen Ländern." Es ist erschienen im Jahre 1871 und Jedermann zugänglich. In diesem Buche, dessen Angaben in der Wissenschaft als richtig anerkannt werden, ist bewiesen, daß in England, in Frankreich, in Oesterreich und sogar in Rußland das Grundeigenthum höher belastet ist als in Deutschland. Wie können Sie da von Ausgleichungsfällen sprechen? Und endlich, wenn Bezug genommen worden ist auf die Schulden, die auf dem landwirthschaftlichen Eigenthume lasten, — ja, meine Herren, wer landwirthschaftlichen Grundbesitz kauft oder erbt, der erbt und kauft ihn doch mit den Schulden, und wenn er die Schulden übernimmt, so bezahlt er um so weniger an seinen Verkäufer und gibt um so weniger Erbherausgabe an seine Miterben. Das ist doch gar nicht zu bestreiten, folglich kann man das nicht mit in Rechnung bringen; denn man übernimmt ja nur den Werth des Grundstücks nach Abzug der darauf haftenden Renten- und Schuldenlasten, weiter nichts. Und da muß ich doch auch erinnern an eine frühere Aeußerung des Herrn Reichskanzlers, die derselbe gethan hat in der Reichstagssitzung vom 22. November 1875, wo er sagt:

> Die Grundsteuer hat in ihrer dauernden Wirkung nicht mehr die Natur einer Steuer.

(Hört, hört! links.)

> Sie hat bei der Auflegung nur die einmalige Wirkung einer Konfiskation eines bestimmten mäßigen oder unmäßigen Vermögensantheils,

(hört, hört!)

> aber im übrigen hat sie nicht die Wirkung einer Steuer,

(hört, hört! links)

> sondern die einer Reallast, die der nächste Käufer oder Erbe übernimmt. Man hat sich daran gewöhnt und hat vom Grund und Boden nichts mehr gesagt, es versteht sich von selbst.

(Hört, hört! links.)

Das sind die wesentlichen Bemerkungen im großen und ganzen. Ich will nur ein paar kleinere beifügen, so weit es die Zeit noch gestattet.

Der Herr Reichskanzler hat uns gefragt: sind niedrige Getreidepreise ein Glück? Darauf antworte ich, meine Herren: nein, an und für sich sind niedrige Getreidepreise kein Glück und hohe Getreidepreise sind auch kein Glück und wir thun vielmehr am besten, wenn wir künstlich weder das eine, noch das andere machen, sondern der Natur ihren Lauf lassen. Die Getreidepreise, wie sie sich stellen durch die Natur der Dinge, das sind die vernünftigen und die richtigen und die können manchmal allerdings niedrig sein, manchmal aber auch ganz verzweifelt hoch sein, selbst beim vollständigsten Freihandel. Jedenfalls ist die Regierung, die Gesetzgebung und die Volksvertretung dann nicht denjenigen verantwortlich, die unter den hohen Getreidepreisen leiden. Wenn wir aber solche künstliche Maßregeln machen, so übernehmen wir die Verantwortung für jedes Unglück, was möglicherweise daraus entstehen kann.

(Sehr wahr!)

Und wenn man dann sagt: ja, das ist der Handel, das ist die Schifffahrt, die sind egoistisch — ja, meine Herren, in der wirthschaftlichen Welt ist jedermann egoistisch, und zwar aus dem einfachen Grunde, weil er es sein muß und weil er gestraft wird, wenn er es nicht ist. Derjenige, der nicht arbeitet, um einen möglichst hohen Ertrag seines Besitzes und seiner Arbeit (zu seinem, und ich füge hinzu: zugleich auch zu der Gesammtheit Bestem) zu erzielen, geht zu Grunde; er begeht eine wirthschaftliche Sünde und wird dafür wirthschaftlich gestraft. Und Handel und Schifffahrt —

ist das denn etwas Verächtliches? Ist es denn nicht der Handel, der Handel, der Ueberfluß und Mangel ausgleicht zwischen den verschiedenen Orten und zwischen den verschiedenen Zeiten, und ist nicht zu der Zeit, wo man dem Hasse gegen den Handel vollen Ausdruck gab durch gesetzgeberische Maßregeln, ist nicht damals gerade die Hungersnoth, so zu sagen, beständig auf der Tagesordnung gewesen? Und nun gar die Schifffahrt, — bedenken Sie doch, was die leidet; denken Sie doch an den stolzen Spruch des „Hauses Seefahrt" in Bremen, der lautet: navigare necesse est, vivere non necesse est, die Schifffahrt muß betrieben werden, und wenn wir darüber zu Grunde gehen. Ist das nicht auch Tapferkeit? Ist denn der Handeltreibende und der Schiffer, der täglich sein Vermögen und sein Leben riskirt, um das Land zu versorgen, um es in allen Bedürfnissen, die es hat, zu befriedigen, nicht eben so respektabel als der Landwirth und der Fabrikant? Ich halte wirklich diese Abneigung gegen Handel und Schifffahrt für eine außerordentliche Verkehrtheit. Ich kann Ihnen, was die Beschränkungen des Getreidehandels anlangt, nur ein Beispiel anführen, das wird genügen, ein Beispiel aus Preußen. In dem Hungerjahr 1816 auf 1817 stand das Getreide am Rhein nochmal so hoch wie in Posen, Ueberfluß und Mangel konnten sich nicht ausgleichen. Warum nicht? Weil der Handel keine freie Bahn hatte, weil so und so viel Grenzzölle dazwischen waren, weil damals auch sogar das Innere Preußens, Provinz gegen Provinz, Stadt gegen Land und Stadt gegen Stadt sich abgeschlossen hatten, — sonst hätte die Hungersnoth diesen schroffen Charakter nicht angenommen.

Ich sage also: *künstlich machen* wollen wir weder *hohe* Getreidepreise, obgleich wir das ja vielleicht könnten, noch auch *niedrige*, denn das können wir nicht, dazu ist die gesetzgebende Gewalt nicht stark genug. Wir wollen die Getreidepreise haben, die sich aus der Natur der Dinge ergeben.

Dann hat der Herr Reichskanzler gesagt, wenn niedrige Preise ein Glück wären, so müßten ja die Leute im Orient, an der unteren Donau und in Südrußland am glücklichsten sein. Ja, meine Herren, die Leute im südlichen Rußland sind in der That glücklich, die haben einen vortrefflichen Boden und ein sehr günstiges Klima, und gerade die deutschen Bauern, die dort wirthschaften mit dem Fleiß, mit der Willenskraft und der *Sparsamkeit* des deutschen Bauern, gedeihen ganz vortrefflich. Wenn die Leute in Bulgarien und in Bosnien nicht gedeihen, ja so sind die unordentlichen Zustände schuld daran und auch gewisse Fehler und Schwächen, die die Leute selbst haben und die auch dadurch nicht besser geworden sind, daß sie Rußland, wie man zu sagen pflegt, „befreit" hat, sie befinden sich vielmehr seitdem noch um ein Erhebliches schlechter.

Ich will Sie, was die Beschränkungen des Verkehrs anlangt, auf England und Frankreich verweisen. England hat ja die Getreidezölle abgeschafft, Frankreich hat sie aber jedes Mal suspendirt, wenn irgendwie Gefahr war, daß die Knappheit der Ernte zu einer Hungersnoth führen könnte; es hat das namentlich auch gethan in dem schon oft erwähnten Jahre 1846. Und wenn man sagt, England will wieder Getreidezölle machen, so sage ich Ihnen einfach, das glaube ich nicht, nicht eher, als bis ich es schwarz auf weiß vor mir sehe. Ich habe dieser Tage einen einflußreichen Engländer gefragt: „Wollt Ihr denn wirklich wieder Kornzölle machen?" Da sagte er mir: „Wir haben unsere Erfahrungen hinter uns, und Sie werden mich verstehen, wenn ich Ihnen den lateinischen Spruch zitire: Asinus in lapidem non bis offendit eundem."

(Heiterkeit.)

Wenn man nun wirklich sagt, man sehe schon die guten Wirkungen vor sich, die Dinge begönnen ja schon sich zu bessern und die Industrie belebe sich wieder u. s. w., — ja, meine Herren, der Aufschwung der Industrie, der theilweise eingetreten ist und den wir alle mit Freuden begrüßt haben, der datirt früher wie die Tarifvorlage,

(sehr wahr!)

und datirt früher als die Botschaft vom 15. Dezember. Worauf die Tarifvorlage Einfluß gehabt hat, das sind die Kursspekulationen auf der Börse. Aber ist es denn unsere Aufgabe, in diese Börsenspekulationen einzugreifen zu Gunsten des einen oder zu Ungunsten des andern? Mag die Börse ihre Todten begraben, wir kümmern uns nicht um sie.

Dann hat man gesagt, die Landwirthschaft habe sich territorial eingeschränkt; ja, meine Herren, das ist wahr, es ist hin und wieder Wald in Feld, aber auch hin und wieder Feld in Wald verwandelt, weil nämlich zuweilen der Wald sich auf einem Boden befand, der sich besser für den Ackerbau eignete und umgekehrt, weil ein Boden, der sich besser für den Wald eignete, als Feld benutzt wurde. Das gleicht sich im großen und ganzen aus. Aber intensiv wurde der Betrieb gesteigert. Und auch extensiv. Man denke an die Lüneburger Haide! Wenn unsere Bevölkerung so schnell wächst, daß die Getreideproduktion mit ihr manchmal nicht gleichen Schritt halten kann, ja, ist denn das ein Fehler? sind wir denn nicht gerade durch unseren schnellen Bevölkerungszuwachs, nicht gerade dadurch, daß unsere Ehen fruchtbarer sind als die anderer, dadurch, daß bei uns jährlich die Bevölkerung um ½ Million wächst, so stark geworden, daß wir Frankreich überlegen waren? wollen Sie denn etwa die alten Ehebeschränkungen wieder einführen, die tausende von Deutschen nach Amerika getrieben haben, wollen Sie wieder die Freizügigkeit und den Unterstützungswohnsitz wieder aufheben oder beschränken? Ich erwähne das, weil der Herr Reichskanzler auch davon gesprochen hat.

(Sehr richtig.)

Ja, meine Herren, das ist ja doch eine Maßregel gerade zu Gunsten des platten Landes. Was ist denn der Unterstützungswohnsitz? Das heißt, die Städte dürfen die Leute, die dort eine kurze Zeit gearbeitet haben, nicht wieder zurückschieben auf das flache Land,

(hört!)

sondern, weil und so lange sie diese Arbeitskräfte ausbeuten, müssen sie auch die Lasten tragen und die Leute unterhalten und verpflegen für den Fall, daß sie arbeitsunfähig, krank, alt und unterstützungsbedürftig werden. Das ist der Sinn des Unterstützungswohnsitzgesetzes; und das sollte am allerwenigsten ein preußischer Staatsangehöriger verkennen, denn Preußen hat ja gerade am meisten darunter gelitten, daß in Preußen den Leuten mit dem Unterstützungswohnsitz unter die Arme gegriffen wurde, indem sie dort verpflegt wurden, während die übrigen deutschen Staaten die preußischen Unterthanen, wenn sie dort auch ein ganzes Menschenalter hindurch gearbeitet hatten, im Fall der Unterstützungsbedürftigkeit wieder nach Preußen zurückschoben, weil man dort eine entgegengesetzte Gesetzgebung hatte, nämlich die Gesetzgebung nicht des *Aufenthalts*, sondern des *Domizils*. Und dann die Dörfer! Was sollten die denn machen mit den Menschen, die sich dort nicht beschäftigen können, sollen sie denn die Leute alle auf die Armenkasse übernehmen? Nein, sie lassen sie laufen, und sie mögen sehen, wo sie in den Städten irgend eine Unterkunft finden, und daraufhin den Unterstützungswohnsitz erwerben, der die Städte verpflichtet, den Heimatsgemeinden die Last abzunehmen. — Das ist der Unterstützungswohnsitz, das ist die Freizügigkeit!

Was den Getreidemarkt anlangt, so ist das ja schon angeführt worden, der wird nicht gemacht in Posemuckel und in Treuenbrietzen

(Heiterkeit)

oder in sonst einem verdienstvollen Landstädtchen, sondern er wird gemacht in den großen Emporien, wo das Getreide aus allen 5 Welttheilen sich ansammelt, hier in Deutschland soll nun nach Herrn Tiedemann der „Kampfplatz“ für das Getreide der ganzen Welt sein. Ja, meine Herren, wenn jemand einem Hungernden Speise bringt, so bekämpft er ihn doch nicht, sondern er hilft ihm, und es kommt kein Getreide herein, wenn wir es nicht rufen; wenn aber der Verkehr aus irgend welchen Gründen gehindert wird, so ist sofort die größte Gefahr da. Eine solche Gefahr ist z. B. eingetreten im Jahre 1848, durch die aufgeregte Zeit, es ist konstatirt, daß damals an einem schönen Tage in Berlin nur noch für 3 Tage Getreide vorhanden war, denken Sie sich die Gefahr! Zufällig kam Zufuhr und die Gefahr war vermieden, aber man wird doch durch solche Dinge immer außerordentlich bedenklich gemacht und zur Vorsicht gezwungen.

Dann sagt man: Getreide- und Brodpreise haben nichts mit einander zu thun, den Vortheil stecken allein die Bäcker ein, und das beweist die Mahl- und Schlachtsteuer. Nun, meine Herren, was die Mahl- und Schlachtsteuer anlangt, so liegt mir eine sehr verdienstvolle Arbeit von dem Professor Laspeyres vor, worin derselbe auf Grund der preußischen Notizen nachweist, daß Brod und Fleisch in Preußen durch Abschaffung der Mahl- und Schlachtsteuer in den betreffenden Distrikten theils billiger, jedenfalls besser geworden ist, und daß sie jedenfalls viel theurer geworden wäre, wenn man jene Steuern nicht abgeschafft hätte. Diese Statistik ist in der Gemeindekommission des preußischen Abgeordnetenhauses zum Vortrag und zur Prüfung gekommen und sie wurde dort auf das ausdrücklichste als richtig anerkannt.

(Zuruf.)

Man ruft mir zu, das sei nur preußische Statistik. Ich kann sie ergänzen durch eine oldenburgische Statistik. Nach der mir vorliegenden oldenburgischen Statistik betrugen die Schwarzbrotgreise im Oldenburger Lande 1878 per 10 Kilogramm: Januar bis Mitte Mai 1,60 bis 1,50 Mark, Mitte Mai bis Ende Juni 1,50 bis 1,40 Mark, Anfang Juli bis Mitti Juli, 1,40 bis 1,30 Mark, Mitte Juli bis Anfang September 1,20 Mark, Anfang September bis Ende Dezember 1,20, 1,30, 1,40 Mark. Sie sehen daraus, meine Herren, daß die Brotpreise den Getreidepreisen dicht auf dem Fuß gefolgt sind in einem Lande, wo vollständige Freiheit des Verkehrs herrscht. Ich kann also auch diese Bemerkung als richtig nicht anerkennen.

Wenn man nun sagt, das russische Getreide müsse doch nach Deutschland, so ist das von dem südrussischen ganz unzweifelhaft unrichtig, — und wenn man sich gegen das Mischen ausspricht, ja, meine Herren, das Mischen von russischem und deutschem Getreide kann doch kein Mensch für eine Fälschung oder für einen Betrug ausgeben, man sagt ja: das ist Stettiner Mischung, das ist Danziger Mischung, das ist Königberger Mischung. Wenn ich die Waare bei ihrem richtigen Namen nenne, so ist das doch das direkte Gegentheil von Betrug! Wenn Sie aber auch annehmen, daß es Betrug ist, und wenn Sie den Betrug unterdrücken wollen, so sage ich Ihnen, das können Sie gar nicht, aus einem ganz einfachen Grunde: Sie sind nicht im Staude, die Elbe zu hemmen, zu hemmen oder sie mit irgend einem Zoll zu belegen. Sie wissen ja, meine Herren, daß in Betreff der Elbe unkündbare internationale Verträge bestehen, welche diesen Fluß frei machen von jedem Zoll und von jeder Abgabe. Nnn, meine Herren, was hindert denn das Ausland, sich dieser Wasserstraße zu bedienen? Dann wird das Getreide nicht mehr nach unseren Ostseestädten gehen, sondern es wird in Galizien oder sonstwo für die Elbe verladen werden und geht dann auf der freien Elbe nach Hamburg, und alles, was Sie erreichen, ist, daß in Zukunft in Hamburg gemischt wird, statt in Stettin, Danzig oder Königsberg. Ist das ein Ziel, des Schweißes der Edlen werth, daß man eine ganze Reihe blühender Städte vernichtet, um eine Stadt zu „beglücken“, die sich auf das eifrigste mit Hand und Fuß gegen die Glücklichmacher wehrt?

Ich habe noch eine Masse Bemerkungen, ich will sie alle über Bord werfen.

(Bravo! rechts.)

— Ja, meine Herren, (nach rechts), ich weiß ja, das sind bei Ihnen vielleicht auch „Interna der Majorität“, aber ich werde doch darüber sprechen.

(Beifall.)

Der Herr Abgeordnete Günther hat auseinandergesetzt, er wolle Roggen gegen Weizen schützen und schlechtes Land gegen gutes. Ja, meine Herren, da sehen Sie die Konsequenzen: wir sind mit dem ersten Schritt schon so weit, daß wir uns untereinander gegeneinander schützen; wir wollen Roggen gegen Weizen schützen, wir wollen schlechtes Land gegen gutes schützen. Die Bodenverhältnisse sind in Deutschland außerordentlich verschieden, es gibt ganz guten Boden und ganz schlechten Boden, und wenn Sie diesen Grundsatz des Schutzes im Innern adoptiren, so werden Sie es so weit bringen, wie es in Preußen war vor dem Gesetz von 1818, daß sich nämlich immer einer gegen den andern abschloß und glaubte, wenn er seinen Nachbar arm und unglücklich mache, werde er reich und glücklich. Das werden wir wohl nicht noch einmal machen, aber man sieht doch, wohin die Konsequenzen führen.

Nun, meine Herren, ich bin immer noch der Meinung, daß der Herr Reichskanzler Recht hatte, als er im Jahre 1868 — Sie finden es in den Verhandlungen Anlage Aktenstück 43 — im Reichstage in den Motiven zu dem damaligen Gewerbegesetz sagte:

> Daß ein Bundesgesetz

— damals war noch der norddeutsche Bund —

> über Gewerbebetrieb nur auf der Grundlage der Freiheit aufgebaut werden kann, versteht sich von selbst, weil nur auf der Grundlage der Freiheit der Bewegung eine Einigung möglich ist. Sowie man das Gebiet der Beschränkungen betritt, stellt die Verschiedenheit der Verhältnisse, der Gewohnheiten und Anschauungen in den Einzelstaaten einer Einigung die größten Hindernisse entgegen.
>
> Der Entwurf hatte daher gerade da die größten Schwierigkeiten zu überwinden, wo es sich um Aufrechthaltung der Beschränkungen handelte.

Hier aber handelt es sich nicht um Aufrechterhaltung von alten Beschränkungen, sondern um die Einführung neuer Beschränkungen. Gerade hier aber zeigt es sich, daß sofort, wie man diese Parole der Beschränkungen ausgibt, sich das bewahrheitet, was der Herr Reichskanzler in seinen Motiven von 1868 prophetisch vorausgesagt hat: Jeder will eine andere Beschränkung, jeder will eine Beschränkung für sich, nicht nur Beschränkungen gegen das Ausland, sondern auch Beschränkungen gegen einander, und dieser — ich will nicht sagen Bürgerkrieg, denn das ist es ja nicht, aber dieser innere Streit, dieser Kampf der verschiedenen Sonderinteressen gegen einander, dieser Gegensatz von Stadt und Land und von Land und Stadt, dieser Gegensatz von Großindustrie gegen Kleinindustrie, von Großgrundbesitz gegen Kleingrundbesitz und alles dieses wirre Treiben, was wir jetzt vor uns sehen, und was durch einander wimmelt wie ein Ameisenhaufen, in dem man mit dem Stock gewühlt, alles das ist das direkte Gegentheil der deutschen Einheit, denn die deutsche Einheit kann auf keiner anderen Grundlage aufgebaut werden, als auf der Freiheit der wirthschaftlichen Bewegung. Auf dieser Grundlage hat der Zollverein, hat der norddeutsche Bund beruht und muß auch das deutsche

Reich auf ihr beruhen, wenn es nicht etwa wahr sein sollte, daß wir nicht mehr dieselbe Nation sind, deren großer Dichter gesagt hat: „der edle Mensch denkt an sich selbst zuletzt," und: „wir wollen sein ein einzig Volk von Brüdern!"

(Bravo! links. Zischen rechts.)

Präsident: Der Herr Kommissar des Bundesraths Geheimer Regierungsrath Tiedemann hat das Wort.

(Unruhe.)

Kommissarius des Bundesraths kaiserlicher Geheimer Regierungsrath Tiedemann: Meine Herren, mir macht es in der That kein Vergnügen, hier noch einmal das Wort ergreifen zu müssen, um auf die verschiedenen Angriffe, die der letzte Herr Redner gegen mich gerichtet hat, Rede und Antwort zu stehen.

In dem ersten Theil der Ausführungen des Herrn Vorredners fing ungefähr jeder dritte Satz mit den Worten an: „der Herr Bundeskommissar Tiedemann hat dies und das gesagt" und es wurde dann versucht, mir Widersprüche und Inkonsequenzen nachzuweisen. Es muß mir daran liegen, ganz kurz — es ist fast, als ob ich eine persönliche Bemerkung machte — diese Behauptung von Widersprüchen und Inkonsequenzen meinerseits zu widerlegen.

Der Herr Abgeordnete Braun hat zunächst gesagt, er verstände durchaus nicht den Unterschied, den ich gemacht hätte zwischen Bedarfszufuhr und Spekulationszufuhr. Ich erlaube mir diesen Unterschied folgendermaßen zu charakterisiren. Ich verstehe unter Bedarfszufuhr diejenige Zufuhr, die gerufen kommt, und unter Spekulationszufuhr diejenige, die ungerufen kommt; ich verstehe unter Bedarfszufuhr diejenige, die im Interesse des Inlandes liegt, ich verstehe unter Spekulationszufuhr diejenige, die lediglich im Interesse des Auslandes liegt.

(Sehr richtig! rechts. Widerspruch links.)

Dann hat der Herr Abgeordnete Braun ferner gefragt: wo lagern denn die Getreidemassen, von denen wiederholt die Rede gewesen ist? Der Herr Abgeordnete Braun hat uns erzählt, daß er große Reisen durch Europa gemacht habe. Ich möchte ihm vorschlagen, die nächste Reise nicht nach der Türkei oder Rumänien zu machen, sondern auf die heimischen Marken sich zu beschränken, und da glaube ich, hat er nicht weit zu gehen, er wird in jedem Kreise, in jedem Dorfe die Getreidemassen lagern finden, von denen hier gesprochen worden ist, ich weiß, das wird mir jeder Landwirth bestätigen.

(Sehr richtig! rechts.)

Der Herr Abgeordnete hat ferner gesagt, ich hätte von Konsumtionsländern gesprochen, welche Rußland das Getreide abnehmen, und hätte Irland vergessen, Irland wäre ein Land, welches eine Menge Getreide russischen Ursprungs konsumire. Ich kann natürlich nicht von dem Herrn Abgeordneten Braun verlangen, das wäre sehr unbillig, daß er meine Reden hört, aber, wenn er sie gehört hat — und ich glaube, in diesem Falle hat er es gethan — dann möchte ich ihn bitten, sie richtig zu zitiren. Ich habe nur von Roggen gesprochen, und die ganze Einfuhr von Roggen nach Großbritannien und Irland hat im vorigen Jahre 52 000 Zentner, sage 52 000 Zentner und nicht mehr betragen, also Irland kommt bei der Konsumtion russischen Roggens gar nicht in Betracht.

Ein ferneres Mißverständniß bezieht sich auf meine Subhastationsangaben, welche aufs neue bemängelt worden sind. Ich gebe zu, daß bei meinen ersten Ausführungen die Exemplifizirung auf Frankfurter Verhältnisse, um den Unterschied zwischen städtischen und ländlichen Subhastationen festzustellen, anfechtbar ist, meine Angaben von vorgestern beziehen sich aber auf Subhastationen in Provinzen rechts vom Rhein, auf Provinzen, in denen das Landrecht gilt, also auf die alten Provinzen Preußens, nicht auf Schleswig-Holstein, Hessen und Hannover, und ich glaube, in diesen Provinzen kann man nicht von zersplittertem Grundbesitz sprechen, wie er sich in kleinen Parzellen in der Nähe von Frankfurt und in der Nähe der Moselgegend findet, sondern in diesen Gegenden giebt es durchweg wirkliche Bauerngüter.

Dann die Brodfrage. Ich möchte bei dieser Gelegenheit etwas nachholen, was ich vergessen habe. Der Herr Abgeordnete Delbrück sagte neulich, der Unterschied zwischen den Hamburger und den Altonaer Brodpreisen betrüge 10 Pf. pro 5 Kilogramm Schwarzbrod, wenn ich nicht irre. Ich weiß nicht, ob dem Herrn Abgeordneten Delbrück die Verhältnisse von Hamburg und Altona speziell aus eigener Anschauung bekannt sind, ich darf aber daran erinnern, daß zwischen den beiden Städten, die durchaus nicht unmittelbar an einander grenzen, das große Gebiet der Vorstadt St. Pauli liegt, daß St. Pauli nicht zum Akzisebezirk Hamburgs gehört, und daß mir deshalb die gemachten Angaben sehr unwahrscheinlich erscheinen. Ich will in keiner Weise die Glaubwürdigkeit der Quelle des Herrn Abgeordneten Delbrück in Abrede stellen, aber es scheint mir zweifelhaft, ob wirklich Hamburger den weiten Weg durch St. Pauli machen werden, um in Altona angeblich billigeres Brod zu kaufen. Was aber die Brodverhältnisse in St. Pauli betrifft, so bin ich in der Lage, aus den Protokollen der Senatskommission von 1864 nachzuweisen, daß mehrfach mit Bestimmtheit und ohne Widerspruch die Behauptung aufgestellt ist, die Brodpreise zwischen Hamburg und St. Pauli seien nicht verschieden, im Gegentheil, ein Butterbrod sei in Hamburg nicht einen Pfifferling theurer wie in St. Pauli.

(Zuruf des Abgeordneten Möring: An anderen Stellen steht das genaue Gegentheil, die werden aber nicht angeführt!)

Ich will die übrigen Ausführungen des Herrn Abgeordneten Braun übergehen: die höchst interessanten Deduktionen, nach welchen der Grund und Boden eigentlich nichts weiter sei wie eine Art Handwerkzeug, welches der Bauer benutzt wie andere Werkzeuge, die anderen Deduktionen, wonach der Bauer seinen Wohlstand hauptsächlich der liberalen Gesetzgebung der letzten Dezennien verdanken soll. Es wird dem Bauer sehr interessant sein, diese Neuigkeit zu hören.

Ich will nur auf eine Frage noch antworten. Der Herr Abgeordnete Braun sagte, anknüpfend an den von mir zitirten Satz: „Laßt sie betteln gehen, wenn sie hungrig sind" —: ja, was gibt denn der Bundesrath den Leuten, die nichts zu essen haben? Meine Herren, die verbündeten Regierungen glauben, daß sie durch Vorlage des Zolltarifs, der hoffentlich vom Reichstag angenommen wird, den Leuten, die nichts zu essen haben, Arbeit verschaffen, und darauf kommt es an; denn wer Arbeit hat, der hat auch Brod.

(Bravo! rechts.)

Präsident: Der Herr Abgeordnete Freiherr von Mirbach hat das Wort.

Abgeordneter Freiherr **von Mirbach:** Meine Herren, ich wende mich noch in etwas später Stunde an Sie mit der Bitte, mir einen Augenblick Gehör zu schenken.

Ich will mich zunächst gegen den Herrn Abgeordneten Braun wenden, der den Ausdruck „Bauerngüter" bemängelt. Ich erkläre aber diesen Ausdruck für den Osten und den größten Theil Preußens als durchaus zutreffend, und wir finden in jedem Kreisblatt bedauerlicherweise sehr zahlreiche Subhastationen gerade solcher Bauerngüter. Der Herr Kollege Braun ist doch Nassauer,

(große Heiterkeit)

und da gibt es doch meines Wissens sehr tüchtige und große Bauernhöfe. Das ist allerdings richtig, daß der Spesfart nicht viel oder eigentlich nichts mit den Getreidezöllen zu thun hat;

(hört! links)

wir werden uns über den Spessart unterhalten, wenn wir Holzreden halten werden.

Es wurde von den Bauern gesprochen, die gar kein Getreide bauen. Die werden auch gegen diesen Tarif nicht viel einzuwenden haben; es sind deren verhältnißmäßig wenige und zwar nur in den rein weinbautreibenden Distrikten und in den Marschen, wo nur Gras gebaut wird; diese Bauern bekommen Viehzölle, Butter- und Fleischzölle. Ich glaube also, denen wird allen ein wenig geholfen werden, und Einwendungen werden uns von dieser Seite nicht viel entgegengebracht werden.

Dann hat der Herr Abgeordnete Braun davon gesprochen, die Bauern seien sehr mißtrauisch gegen Redensarten. Das gebe ich ihm vollkommen zu. Der Bauer hat jetzt entschieden das Gefühl, daß er nur solchen Leuten Glauben zu schenken habe, die seine Erwerbsgenossen sind; gegen die Redensart der Theorie ist er jetzt im höchsten Grad mißtrauisch geworden. Der Herr Abgeordnete Braun sagt ferner, der Bauer leistet seine Arbeit selbst im Schweiß seines Angesichts. Das ist richtig. In den meisten Fällen trifft das zu, aber bei den ganz großen Bauern auch nicht einmal. Der Unterschied zwischen Bauer und Großgrundbesitzer besteht nur darin, daß der Bauer zwei bis zehn, vielleicht auch mehr, ländliche Arbeiter beschäftigt, die pflügen, säen, eggen 2c., der Großgrundbesitzer 100 bis 500. Das sind die Bauern und Großgrundbesitzer, die wir im Durchschnitt bei uns haben. Der Herr Abgeordnete Braun hat sehr viele Reisen gemacht, aber bei uns in Ostpreußen ist er, glaube ich, noch nicht gewesen, in Schlesien, Pommern u. s. w. auch nicht, sonst würde er diese Verhältnisse dort gefunden haben.

(Zuruf links.)

— Ich werde dem Herrn, der mich unterbricht, nachher privatim recht gern Rede stehen.

Was nun die Stellung der liberalen Partei zu den Bauern betrifft, so möchte ich bloß fragen —: wer ist älter, die liberale Partei oder der deutsche Bauer?

(Sehr gut! rechts. Heiterkeit.)

Der Herr Abgeordnete Braun fragt nach den lebendigen Frankfurter Bauern des Herrn Regierungskommissars — ich möchte den lebendigen Bauern sehen, der ihm den Vortrag über Nationalökonomie gehalten hat, den er uns eben entwickelt hat.

(Sehr gut! rechts.)

Wenn endlich der Herr Abgeordnete Braun eine Hungersnoth mit erlebt hat, so muß das schon lange her sein.

(Heiterkeit.)

Wenn die liberale Partei in dem nächsten Abgeordnetenhause einen Antrag auf Beseitigung der Grundsteuer oder Ueberweisung derselben an die Kommunen stellen wird, so werden wir ihr sehr dankbar sein, wir werden einen solchen Antrag jedenfalls stellen.

Ich muß hier noch ganz kurz auf die Entschädigungsfrage zurückkommen. Es ist für die Grundsteuer keine volle Entschädigung gezahlt worden, sondern nur eine Entschädigung von 13⅓ Prozent und auch nur da, wo ein ganz privilegiter Rechtstitel vorhanden war.

(Sehr richtig! rechts.)

Mir selbst sind im Jahre 1863 oder 1864 1200 Thaler Grundsteuer auferlegt worden, und ich habe nicht einen Pfennig Entschädigung bekommen.

(Zurufe links.)

— Die Herren, die das bestreiten, bitte ich, die 30 000 Thaler, die mir dadurch expropriirt worden sind, mir zu ersetzen, ich werde ihnen dafür sehr dankbar sein.

Meine Herren, die Grundsteuer wird bekanntlich dadurch ganz kolossal verschärft, daß eben die Kommunalsteuer als Zuschlag dazu erhoben wird. Ich will nur konstatiren, daß in der Rheinprovinz bis zu 300 Prozent der Grundsteuer zu Kommunalzwecken erhoben wird. Wenn das nicht eine flagrante Belastung ist, so weiß ich nicht, wo ich sie suchen soll. Ich will noch anführen, daß in Hannover jetzt kürzlich die Grundsteuer neu eingeführt wurde unter wesentlicher Mitwirkung der liberalen Partei. Das wird von Ihuen wohl nicht bestritten werden können.

Meine Herren, ich möchte den Herrn Kollegen Günther noch in Schutz nehmen; er kann unmöglich gesagt haben, er wolle den Roggen gegen den Weizen schützen, sondern er wolle den Roggenboden etwas höher schützen als den Weizenboden, und zwar weil der Roggenboden ärmer ist

Meine Herren, was den Krieg zwischen Stadt und Land anbetrifft, so frage ich, wo der proklamirt worden ist; wir haben bisher einen solchen Gegensatz nicht gekannt. Wir haben bisweilen gegen die großen Städte uns gewendet, insoweit sie der Endpunkt von Differentialtarifen sind, und aus anderen wirthschaftlichen Rücksichten. Wenn Sie aber einen solchen Krieg zwischen Stadt und Land bestehen lassen, so frage ich, wo ist er eklativ?

Meine Herren, ich möchte doch den Unterschied zwischen Groß- und Kleingrundbesitz, der betont worden ist, berühren. Wir haben eine solche Gegenüberstellung nicht gekannt, am wenigsten habe ich Anlaß gehabt, ihn hervorzurufen. Er ist auch in der That nicht vorhanden.

Dem Herrn Kollegen Flügge möchte ich bemerken, daß ich von seinen Ausführungen ebenso wenig belehrt worden bin, er von den schutzzöllnerischen Schriften, die er studirt hat.

Was dann den Herrn Abgeordneten Delbrück anbetrifft, so hat von seinen Motiven nur eins einen vollständig überwältigenden Eindruck auf mich gemacht, und zwar das, welches der Herr Regierungskommissarius bereits vorhin anzog, daß das Brod in Hamburg eine Kleinigkeit theurer sei als in Altona wegen der Akzise. Es ist möglich, daß die gewaltige Persönlichkeit des Herrn Abgeordneten Delbrück mich auch influirt hat. Jedenfalls hat dieses Moment auf mich so viel Eindruck gemacht, daß ich glaubte, meine ganze Position zum Tarif würde dadurch erschüttert werden. Da fiel mir noch rechtzeitig ein, daß zwischen Bäckern in jeder größeren Stadt in den Brodpreisen so große Differenzen bestehen, daß diese Differenz dadurch ganz entschieden aufgewogen wird; es fragt sich nur, welchen Bäcker in Hamburg man wählt, dann wird man ja auch einen in Altona finden, der billigeres Brod liefert.

Nun, meine Herren, muß ich mich gegen meinen Landsmann Herrn von Saucken wenden, dem ich ja auf politischem Gebiet als diametraler Gegner gegenüberstehe, den ich aber persönlich sehr hoch schätze. Seine Rede hat auf mich den äußerst wohlthuenden Eindruck gemacht, den der Vortrag der Sachkenntniß immer macht im Gegensatz zu den etwas geschraubten und häufig nicht zutreffenden Deduktionen der reinen Theorie. Ich deuke jedoch in manchen Punkten anders als er und komme auch zu anderen Schlußfolgerungen. Zunächst führt der Herr Abgeordnete von Saucken an und bezieht sich darauf, daß die Stimmung in Ostpreußen dem Programm des Kanzlers widerstrebe. Meine Herren, wenn nicht noch mehrere Ostpreußen vorhanden wären, so würde das bedenklich sein; aber ich deuke, wir Ostpreußen wollen uns unter uns nichts vormachen, und ich will doch hier konstatiren, daß in Ostpreußen der Zolltarif wie alles andere zu meinem Bedauern bereits auf das politische Gebiet übertragen ist. Der Herr Abgeordnete von Sancken hat eine Resolution des Provinziallandtags von Königsberg verlesen und ich bemerke, daß von konservativen Abgeordneten des preußischen Provinziallandtags kein einziger für diese Resolution gestimmt hat.

(Hört, hört!)

Aehnlich liegt es in den landwirthschaftlichen Zentralvereinen. In beiden Zentralvereinen hat die Fortschrittspartei entschieden die Majorität und eine Resolution im ähnlichen Sinne durchgesetzt. Wo in Lokalvereinen konservative Elemente überwogen, sind entgegengesetzte Beschlüsse gefaßt worden, z. B. im Kreise Ortelsburg, in meinem Wahlkreis, im Kreise Rößel, in der Nähe meines Wahlkreises, deren Resolutionen liefern den vollständigen Beweis, daß die Zollpolitik des Herrn Reichskanzlers und der vorliegende Tarif in Ostpreußen durchaus gebilligt werden.

Meine Herren, der Herr Abgeordnete von Saucken hat weiter ausgeführt, wir befänden uns in einer Aera der höchst entwickelten Verkehrsmittel, wir müßten deren Konsequenzen tragen. Das ist ganz richtig; deshalb aber, und das ist für mich ein äußerst wichtiges Motiv, paßte alles, was bisher von der Wirkung den Getreidezöllen gesagt ist, absolut ganz und gar nicht. Wir haben keine Analogie in der Wirthschaftspolitik, was Getreidezölle bei so hoch entwickelten Verkehrsmitteln für einen Effekt haben. Bisher hat nur der Herr Abgeordnete Löwe diesen Punkt berührt, und ich wiederhole, um mich ganz kurz zu fassen, wir alle sind, glaube ich, nicht in der Lage zu wissen, welchen Effekt Getreidezölle haben werden, wenn man die außerordentlich entwickelten Verkehrsmittel der Jetztzeit ihnen gegenüberstellt.

Meine Herren, früher waren die Getreidezölle wesentlich finanzieller Natur und nicht schutzzöllnerischer Natur. Die Schwere der ländlichen Bodenprodukte in Verbindung mit den wenig entwickelten Verkehrsmitteln gaben denselben früher genügenden Schutz. Die Wirkungen der jetzigen Getreidezölle sind, wie gesagt, schwer zu berechnen, und ich will hinzufügen, daß früher eine große Gefahr für den Konsum vorhanden war in einem Mißwachsjahr. Diese Gefahr ist aber jetzt vollständig vorüber, sie existirt absolut nicht mehr. Früher konnte es schwierig erscheinen, ein großes Getreidequantum dahin zu werfen, wo man es brauchte, wo es nothwendig war. Jetzt ist diese Schwierigkeit fortgefallen. Dem Herrn Abgeordneten von Saucken gegenüber möchte ich doch bemerken, daß ich glaube, daß es nicht das zweckmäßigste ist, daß man die Konsequenzen der Entwicklung der Verkehrsverhältnisse so hinnimmt, wie sie sich darbieten, vielmehr sollte man sich bemühen, die Verkehrsmittel in der Richtung zu entwickeln, daß sie den Gesammtnationalwohlstand heben. Ferner sagt der Herr Abgeordnete von Saucken, die Landwirthschaft bringe Opfer. Ja wohl, wir sind uns dessen bewußt, wir bringen aber diese Opfer gern, weil sie im allgemeinen Staatsinteresse nothwendig sind.

(Bravo! rechts.)

Diese Opfer für den kleinen Landmann etwas abzuschwächen, das bezweckt mein Antrag, weiter hat er keinen Zweck. Dann empfiehlt uns der Herr Abgeordnete von Saucken noch, den Getreidebau einzuschränken. Meine Herren, wir wollen uns doch unter uns Landwirthen nicht viel vormachen. Ich möchte den Herrn Abgeordneten von Saucken daran erinnern, daß sehr viele Güter gerade in Ostpreußen in Bezug auf Viehzucht und Meiereiwirthschaft viel weiter vorgegangen sind, als nach der Qualität der Güter eigentlich zulässig war. Ich prophezeie vielen Gutsbesitzern, die in dieser Beziehung etwas voreilig gewesen sind, sie werden schneller bankerott, als sie es würden, wenn sie bei der alten Wirthschaftsweise geblieben wären.

Meine Herren, Herr von Saucken findet dann in den Motiven der Reichsregierung einige Inkonsequenzen. Ich muß auch ihm eine kleine Inkonsequenz vorwerfen. Er entwickelt uns, daß trotz aller Zölle die Getreidepreise sinken können, also die Zölle hätten keinen bestimmten Einfluß auf den Preis. Der Preis bliebe eine inkommensurable Größe, und doch würde, wie er am Schlusse sagt, das Brod des armen Mannes vertheuert werden. Ich kann, wenn man überhaupt von der Getreidevertheuerung eine Brodvertheuerung hergeleitet, oder wenn man meint, daß sie herbeigeführt werden könnte, ich kann die Vereinbarkeit dieser beiden sich gegenübergestellten Sätze nicht anerkennen.

Wenn nun Herr von Sancken auch noch sagt, die Landwirthschaft könne ohne Berlin nicht bestehen, so gebe ich ihm zurück, Berlin kann ohne die Landwirthschaft nicht bestehen, nicht 8 Tage.

(Sehr richtig!)

Ich bin ganz damit einverstanden, wenn Herr von Saucken zum Schlusse sagt, die Landwirthschaft läge darnieder. Darin sind wir alle im Hause einig, nur über die Mittel, wie ihr aufzuhelfen ist, gehen wir auseinander. Ferner bin ich mit Herrn von Saucken darin einverstanden, daß er sagt, die Grenzsperre gegen Rußland habe einen erheblichen Einfluß auf die Viehpreise. Das ist ganz richtig, es ist das ein tüchtiger Schutzzoll, der an vielen Punkten noth thut.

Ich muß noch den Herrn Grafen zu Stolberg (Rastenburg) in Schutz nehmen gegen den Herrn Abgeordneten von Sancken in Betreff der Eisenzölle, Graf Stolberg würde ihm heute dieselbe Antwort gegeben haben. Wir haben uns gegen einseitig geschützte Produktionszweige, gegen Eisenzölle allein ausgesprochen. Wir wollen eben generelle Zölle, die auch die Landwirthschaft, wenn auch mäßig, schützen.

Was nun die Bemerkung des Herrn Abgeordneten von Sancken über die Güterpreise anbetrifft, so meint er, dieselben seien heutzutage sehr hoch gestiegen. Ich bestreite das auf das positivste, ich behaupte, seit dem Jahre 1864 — es mag ein Zufall sein, daß das mit der Aufhebung des früheren Tarifs zusammengetroffen ist — seit 1864 sind die Güterpreise bei uns kolossal zurückgegangen, größere Komplexe, die nicht in allerbesten Gegenden liegen, sind absolut unverkäuflich.

Meine Herren, ich beschäftige mich sehr gern mit den Argumenten meiner Gegner und finde dabei, daß sehr ernstliche Differenzen eigentlich gar nicht bestehen, und ich wundere mich über die außerordentliche Erregung betreffs dieser Frage. Einer meiner politischen Freunde, Gegner des Tarifs, behauptet dreierlei: er sagt erstens, der Schutzzoll hätte eine ganz gehörige Wirkung, zweitens auch dieser Tarif würde eine ganz gute Wirkung haben, aber man möchte diese gute Wirkung nicht unserem Konto zu gute schreiben, ich weiß nicht, vielleicht dem Freihandelskonto oder wohl gar keinem Konto, und drittens sagt er, er würde wohl für die landwirthschaftlichen Zölle stimmen. Ich bin mit diesen gegnerischen Ausführungen ganz einverstanden, ich bin gutmüthig genug, gegnerischen Argumenten sehr gern beizutreten, sowie mir das irgend zulässig erscheint.

Meine Herren, nun wende ich mich zu einigen Seestädten. Sie sind ja die heftigsten Gegner der Tariffrage, und ich möchte nur kurz erwähnen, daß die Stettiner Kaufmannschaft sagt, es fehle nicht an Beispielen, daß hohen Getreidezöllen niedrige Getreidepreise gegenüber ständen. Damit bin ich von meinem Standpunkt aus ganz einverstanden. Dann sagt eine Eingabe aus Kiel, wenn ein Zoll auf Weizen erhoben werde, so sei es noch keine nothwendige Konsequenz, daß die Preise des Weizens steigen. Meine Herren, diese Argumente der Gegner kann ich kaum akzeptiren, ich halte sie für eine etwas zu weit gehende Kourtoisie, die uns entgegengebracht wird. Ich muß gestehen, daß ich die Getreidezölle denn doch für etwas wirksam halte. Die Königsberger Kaufmannschaft sagt, ich wollte es es eigentlich vorlesen, weil ich aber sehr kurz sein muß, will ich absehen, die Landwirthschaft liege außerordentlich darnieder, ihre Lage würde immer schwieriger, sie müsse eigentlich eher geschützt werden wie die Industrie u. s. w., nur will man überall die einfache Konsequenz nicht ziehen, die ich für nöthig halte, man will der Landwirthschaft nicht helfen durch Mittel, die den Gegnern vielleicht etwas unbequem sind. — Es ist von den verschiedensten Seiten uns entgegengebracht und gesagt worden, es würde die Beseitigung der Grundsteuer die landwirthschaftliche Produktion nicht steigern. Nun, ich weiß nicht ob jemand, der in eine bessere wirthschaftliche Lage kommt, der mehr Betriebskapital besitzt, nicht besser wirthschaften kann, d. h. mehr produziren, als ein schlecht Situirter. Geben Sie mir mehr Geld als ich besitze, ich werde besser wirthschaften, d. h. mehr produziren, sei es an Getreide oder an Vieh ꝛc. Nun möchte ich noch auf einen anderen Punkt kommen, der auch von dem Herrn Reichskanzler erwähnt worden ist, auf die außerordentliche Prägravation des Grundeigenthums durch die Stempelsteuer. Meine Herren, es ist Ihnen ja bekannt, und ich will hier noch kurz darauf hinweisen, daß der ganze Werth des Kaufpreises eines Grundstücks mit 1 Prozent zur Stempelsteuer herangezogen wird. Wenn nun ein Gut zu 9/10 verschuldet ist, verliert der, der das Gut verkauft 1/10 seines Vermögens allein an der Stempelsteuer. Das ist doch kolossal hart, und ich bedauere nur, daß der Herr Reichskanzler bei seiner ersten Rede, in der er ausführlich auch die Prägravation des Grundbesitzes hinwies, nicht auch diesen Punkt ausgeführt hat. Wahrscheinlich ist ihm deshalb dann der Vorwurf extravaganter Deduktionen über die Prägravation des Grundbesitzes gemacht worden.

Meine Herren, ich komme nun im speziellen zu den vorliegenden Positionen. Während wir also bis 1863 Getreidezölle hatten, — in den Jahren von 1825 bis 1848 waren diese Zölle viel höher, wie die jetzigen und wie sie der Vorschlag, den ich mir erlaubt habe, Ihnen zu unterbreiten sie enthält, denn man zahlte 50 Pfennig pro Scheffel und nicht pro Zentner, für Roggen und Weizen so sollen diese Getreidezölle etwas fein, was alle wirthschaftlichen Verhältnisse zu eliminiren und über den Haufen zu werfen vermag. Ich muß gestehen, daß es mir wenigstens nicht klar ist, wie die Getreidezölle irgend eine solche vernichtende Wirkung haben sollen. Meine Herren, die Korn- und Getreidezölle werden von unseren Gegnern mit einer Energie bekämpft, die wirklich eines besseren Strebens würdig ist. Unsere Hauptgegner sind wie erwähnt die Städte. Es ist schon erwähnt, daß diverse Hansestädte vor ihrer eigenen Thür kehren möchten, ehe sie an uns Petita richten, die nach meiner Ansicht ungerechtfertigt sind. Ich möchte Ihnen nur noch einmal eine Zahl unterbreiten. Es sind 2,59 Mark, welche Hamburg von dem Weizen erhebt, während der Tarif Ihnen 1 Mark unterbreitet, und, meine Herren, in Hamburg und Bremen wird doch auf dem dortigen Pflaster kein Weizen gebaut. Dieser Zoll muß doch das Getreide um den vollen Betrag des Zolles vertheuern. Meine Herren, ich komme nun zu einer anderen Frage, ich bin allerdings in einer unbequemen Lage, in dieser vorgerückten Stunde noch sprechen zu müssen und habe auch keine Routine im Sprechen,

(Heiterkeit)

ich bitte daher um Ihre Nachsicht, wenn ich aphoristisch über vieles hinweggehe. Ich komme zu der Frage, die ich jedenfalls berühren muß, welchen Einfluß die Zölle auf die Preise haben. Der Herr Abgeordnete Delbrück sagte wörtlich — ich muß in diesem Falle eben ganz vorlesen, um ihm nicht Unrecht zu thun —:

> Die Frage von der Wirkung eines Eingangszolls für eine Waare, welche auch im Inlande erzeugt wird, auf den inländischen Preis der Waare ist in ihrer Allgemeinheit nicht zu beantworten.

So steht es in der Freihandelskorrespondenz, und was darin steht, ist natürlich richtig. — Meine Herren, ich behaupte, daß die Handelskonjunkturen zunächst den Getreidepreis bestimmen werden. Es wird aber in zweiter Reihe auf das Verhältniß des Quantums ankommen, was im Inlande gebaut, gegenüber der Importmenge. Daraus folgt in richtiger Konsequenz und das ist ein Argument, das sich zum Theil gegen mich wendet, daß bei schlechten Ernten der Zoll einen sehr viel größeren Einfluß auf die Erhöhung des Getreidepreises ausüben wird als in guten Erntejahren, und, meine Herren, das ist vom wirthschaftlichen Standpunkt des Zolles aus betrachtet, auch das entschieden wünschenswerthe. Wer trägt denn in Mißwachsjahren den ganzen Schaden? Der Landwirth allein. Früher, wo die Entwickelung der Verkehrsverhältnisse noch nicht so angeschwollen war, wie heute, da hatten wir einen natürlichen Schutzzoll, und das waren eben diese schlechten Verkehrsmittel und da trat eine Kompensation bei schlechten Ernten jedesmal zu Gunsten der Landwirthschaft ein und zwar in viel größerer Höhe, als sie durch einen mäßigen oder sogar einen hohen Getreideschutzzoll herbeigeführt werden kann. Ich wiederhole, den Ausfall einer schlechten Ernte trägt zunächst der Landmann. Das Interesse des Städters ist hierbei ganz gering, denn der Städter fragt wenig darnach, ob draußen im Lande Korn oder Kartoffel mißrathen. Kommt er mit einem Landmann zusammen, so wird er aus Höflichkeit vielleicht darnach fragen; er wird aber dasselbe Interesse in diese Frage legen, die man gewöhnlich in die Redensart „schönes Wetter" hineinlegt.

Meine Herren, andere Erwerbsklassen als die Landwirthe können nur nach zwei Richtungen dabei interessirt sein, entweder haben sie direkte Handelsbeziehungen zu dem Landmann und dann werden sie dadurch geschädigt, daß die Kaufkraft des Landmannes, ihres Konsumenten, geschwächt ist, oder sie sind in der Lage, landwirthschaftliche Produkte um ein paar Prozente theurer kaufen zu müssen. Nun wird die Sache heute in der herrschenden Presse immer umgekehrt und gesagt: Was soll in einem Mißwachsjahr aus dem Konsumenten werden, wenn ihm das Brod — es müßte eigentlich heißen Getreide — durch den Zoll nun noch vertheuert wird? Der Landwirth hat durch eine Mißernte häufig die allerschwersten Verluste, er leidet darunter oft so schwer, daß seine ganze Existenz in einem einzigen Jahre vernichtet wird. Davon finden Sie aber in dem modernen Wörterbuch nichts.

(Sehr richtig!)

Meine Herren, ich möchte Ihnen betreffs der Gefahr der Vertheurung des Getreides, betreffs der Gefahr einer Hungersnoth eine wissenschaftliche Autorität anführen, das ist Herr von Neumann-Spallart. Ich habe in dessen Schriften sehr interessantes Material vor mir, muß aber leider darauf verzichten, Ihnen das bezügliche vorzulesen, weil es für die vorgerückte Stunde viel zu weit führen würde.

Hier nur folgende Sätze:

> Die Getreideproduktion steigt riesig und konsequent, zunächst sehr bedeutend, in Rußland, in Amerika hat sie sich von 1868 bis 1876 vervierfacht.

Herr von Spallart, der selbst Freihändler ist, führt aus, daß die Gefahr einer Hungersnoth unter allen Umständen in den Ländern, die genügende Verkehrsmittel besitzen, jetzt vollständig ausgeschlossen sei, er belegt das durch Zahlen und weist nach, daß der Getreidebau sehr viel rapider zunimmt, als die Bevölkerung der Erde. Diese Gefahr also hält er für vollkommen ausgeschlossen.

Meine Herren, was nun die Frage der Differentialtarife anbetrifft, — ich weiß nicht, ob der Herr Abgeordnete Rickert darüber etwas besonderes wünscht, da er mich darüber interpellirt. Diese Frage will ich vollständig bei Seite lassen und will nur anführen, daß die Differentialtarife zunächst für die großen Quantitäten Getreide, die aus Rußland über See bei uns eingeführt werden — und für alles Getreide aus Amerika fast gar keine Bedeutung haben. Wenn es uns gelingt, herbeizuführen, daß die ausländischen Produkte bei uns ebenso theuer gefahren werden wie die eigenen, wenn, wie ich hoffe, wir noch einen Schritt weiter gehen, wenn bei uns ausländische Produkte durchschnittlich noch theurer gefahren werden wie die inländischen,

(hört, hört!)

so würde ich das freudig begrüßen, es mag ja manchem nicht angenehm sein, ich habe nichts dagegen, so würden wir doch den Einfluß der Differentialtarife nicht immer beseitigen können, weil dem im Wege steht die ausländische Refaktie und zwar die dolose Refaktie, eine solche, die sehr häufig bewilligt wird zum Schaden ausländischer Bahnen, aber zum Nutzen einzelner großer Verfrachter.

Meine Herren, was die freie Getreidedurchfuhr anbelangt, habe ich als Ostpreuße natürlich den dringenden Wunsch, daß sie für unsere Seehandelsplätze bewilligt werde. Ich kann mich wegen der vorgerückten Stunde über die Durchfuhrfrage nicht generell aussprechen, aber daß wir im Osten im Interesse unserer Handelsplätze den Wunsch freier Durchfuhr von Getreide haben, liegt sehr nahe. Wir haben uns in dieser Beziehung die allergrößte Mühe gegeben, ich kann die Herren versichern, daß wir Ostpreußen in unseren Berathungen uns sehr viel mehr mit den Interessen unserer Seestädte beschäftigt haben, als mit unseren eigenen, aber mir scheint es, daß der Differentialtarif speziell für meine Landeshauptstadt Königsberg viel wichtiger ist wie eine freie Durchfuhr, und ich würde mich selbst sehr darum bemühen, Königsberg einen Differentialtarif für durchgehende Produkte zu erhalten, wenn der Zoll genügend hoch bemessen wäre. Sonst würde in Königsberg derselbe Fall wie in Bremen eintreten. Die per Differentialtarif durchgeführte Waare würde am beliebigen Punkt der Küste wieder ins Land eingebracht werden. Bei einem Zoll von 25 Pfennigen für Roggen würde der Differentialtarif eine so einschneidende Wirkung haben, daß er diesen Zollsatz mehr als paralysirte. Bei 50 Pfennigen liegt die Sache schon etwas anders; da kann man den Differentialtarif wohl zugestehen, ich hoffe, daß die Herren, die den Handel der Seestädte vertreten, aus diesem Grunde für meinen Antrag stimmen werden.

(Heiterkeit.)

Bevor ich nun auf die Seite des Getreidezolles als Finanzzoll eingehe, die ich auch nur ganz kurz anstreifen will, muß ich Ihnen noch eine wirthschaftliche Autorität nennen, das ist Lorenz von Stein. Meine Herren, ich besitze eine Ausgabe seiner Finanzwissenschaft von 1871, also aus einer Zeit, wo die heutigen Fragen noch gar nicht so brennend waren. Herr von Stein entwickelt, daß alle Argumente gegen die Besteuerung der Pflanzennahrung, der Cerealien, gegenstandslos seien. Die Hauptangriffe wären die, daß sie die Nahrung besteuerte, also direkt die Arbeitskraft jedes Menschen, und damit den armen Arbeiter höher träfe als den Reichen. Er führt aber aus, daß alle diese Argumente, und es sind die einzigen, die dagegen geltend gemacht worden, deshalb gegenstandslos seien, weil der Arbeitslohn sich nach dem Brodpreis richtete. Allerdings, gibt er zu, könne der Brodherr, der Arbeitgeber, davon betroffen werden. Das ist mir und uns allen aber nicht so wichtig und ich möchte Ihnen rathen, diese wissenschaftlichen Autoritäten auch einmal zu prüfen, wenn sie für unsere Argumente sprechen.

(Zurufe links.)

Am wenigsten leistet der Getreidezoll verhältnißmäßig als Finanzzoll, weil er nur niedrig bemessen werden kann oder wird, aber er ist insoweit meiner Ansicht nach doch sehr nützlich, als er fast ausschließlich vom Ausland getragen werden wird. Meine Herren, darüber bin ich mir wenigstens vollkommen klar, daß die außerordentlich großen Produktionsländer von Getreide à tout prix uns werden verkaufen und den Zoll werden tragen müssen.

Ueber die Akzise ist schon so viel gesprochen; ich will diese Sache nicht noch einmal aufwärmen; aber ich möchte Sie fragen, warum bemüht sich bei allen Handelsverträgen jedes Land darum, die Gegenstände, die es besonders produzirt, gegen einen möglichst geringen Zoll in das Ausland spediren zu können? Ich erinnere an Frankreich bei dem Wein. Frankreich hat sich bei allen Handelsverträgen die größte Mühe gegeben, daß auf den Wein von den kontrahirenden Nachbarländern ein möglich geringer Zoll aufgelegt werde. Vielleicht, damit wir seine Weine möglich billig trinken? Das ist, glaube ich, kaum anzunehmen, sondern weil Frankreich wußte, daß seine Weinproduzenten wohl den größten Theil des ganzen Zolls tragen würden.

Ueber die Preise des Brodes im Zusammenhang mit den Getreidezöllen ist auch schon genug gesprochen; ich möchte Sie aber noch auf eins aufmerksam machen, das ist der Einkauf des Getreides in kleinen Quantitäten in großen Städten; dabei finden Sie auch schon eine Vertheuerung von 50 bis 70 Prozent gegen den Börsenpreis.

Ich habe die Ueberzeugung, daß durch ein ganz geringes Schwanken im Getreidepreis das Gewicht des Brodes nicht beeinflußt wird; ich glaube, daß das Schwanken von 20 Prozent, das während jeden Jahres eintrittt, gar keinen Einfluß, wenigstens keinen im praktischen Leben meßbaren Einfluß auf die Größe des Brodes hat. Wer anderer Ansicht ist, der scheint nur dabei stehen bleiben zu wollen, und ich habe wahrscheinlich am wenigsten die Gabe, ihn vom Gegentheil zu überzeugen.

Meine Herren, aber selbst wenn eine solch minimale Vertheurung des Brodes nachgewiesen wird, — es ist von dem Herrn Reichskanzler ausgeführt, daß billiges Brod kein idealer Zustand sei, ich will auch darauf nicht zurückkommen. Aber, meine Herren, wenn das nachgewiesen werden würde, finden Sie in England, dem Lande des Freihandels billiges Brod und billige Arbeitslöhne? Ich glaube theures Brod und theure Arbeitslöhne und billige Zinsen.

(Zuruf links.)

Der Herr Abgeordnete Rickert sagt mir, nein; — gehen Sie aber doch in die weniger entwickelten Länder Galizien, Polen, da finden Sie kolossal billiges Brod, kolossal billige Arbeitskräfte und sehr hohe Zinsen; in den entwickelten Ländern Belgien, Frankreich, England finden Sie im Durchschnitt die höchsten Getreidepreise, die höchsten Arbeitslöhne und sehr billige Zinsen. Jemehr man sich diesem Zustande nähert, destomehr nähert man sich dem eines Kulturlandes.

Meine Herren, ich möchte Ihnen noch ein Beispiel nennen; Deutschland kauft 1 Million Zentner Weizen und zahlt dafür 9 900 000 Mark an das Ausland. Nun hat Deutschland allerdings 1 Million Zentner Weizen — oder aber Deutschland kauft 1 Million Zentner Weizen im Auslaud und zahlt dafür 10 Millionen Mark; dann hat Deutschland 1 Million Zentner Weizen und sein Geld. In welchem Fall ist die Handelsbilanz für Deutschland günstiger? Ich glaube, im zweiten. Anders läge es, wenn wir nicht Arbeitskräfte und Boden genug hätten, um diese Million Zentner Weizen selbst zu produziren, was nicht der Fall ist. Meine Herren, das Hauptargument gegen den absoluten Freihandel ist, außer der Nothwendigkeit der Reziprozität, daß man wegen ganz kleiner Preisdifferenzen kolossale Geldsummen in das Ausland spedirt. Meine Herren, das internationale Kapital will natürlich billig kaufen, gleichviel wo und ob es bei andauernder Benutzung der ausländischen Bezugsquellen die inländische Produktion zu Grunde richtet, aber das auf nationale Werthe fundirte mobile Kapital hat doch ein Interesse daran, daß diese nationalen Werthe erhalten werden, präsentationsfähig bleiben. Gelingt es nun durch diesen Zolltarif die nationalen Werthe zu steigern, die ganze Produktion, die Einnahmen des Reichs und damit die der Einzelstaaten zu erhöhen, so wird doch das mobile Kapital, das auf diese Werthe fundirt ist, seine Kompensation durch die erhöhte Verkäuflichkeit dieser Werthe, durch seinen höheren Kurs erhalten. Das internationale Kapital hat allerdings bei diesem Tarif gar keine Kompensation. Mich läßt das übrigens vollständig kalt und ich glaube die außerordentlich heftigen Angriffe, welche von dieser Seite gegen uns in der Tariffrage entgegengebracht werden, deuten darauf hin, das hier der wahre Grund zu suchen ist.

(Sehr richtig!)

Meine Herren, es wird ja sehr schwer sein, die Gegner der Getreidezölle zu überzeugen, und ich speziell werde es wie gesagt am wenigsten können. — Es existirt bei uns in Ostpreußen ein ganz ähnliches — Vorurtheil, das Wort wird vielleicht verletzen — also eine ganz ähnliche Auffassung betreffs der Eisenzölle. Wir würden ja — und das ist richtig — in den Ostseeprovinzen den Zolltarif etwas anders komponiren, wenn wir allein daständen. Es sind ja auch die Roheisenzölle und die Zölle für die Textilindustrie sehr hoch gegenüber den mäßigen Sätzen, welche der Tarif vorschlägt. Es wird auch durch die von mir vorgeschlagene Erhöhung des Roggenzolles keine genügende Ausgleichung stattfinden, darin gebe ich Herrn von Sanden Recht und wenn er meint, daß wir nicht eine genügende Kompensation bekommen, so ist das bedingt richtig. Aber, meine Herren, ich habe deshalb meinen Antrag eingebracht, weil wir den allergrößten Werth darauf legen, daß in den nördlichen und östlichen Provinzen des preußischen Staats, speziell für den kleinen Landmann der Roggenbau erhalten oder besser wieder möglich gemacht werde, derselbe ist dort von der einschneidensten Bedeutung. Wir müssen auf jede noch so kleine Begünstigung des Roggenbaues den allergrößten Werth legen. Meine Herren, deshalb ist dieser mein Antrag — und darauf lege ich einiges Gewicht — für mich und für eine große Anzahl von Mitgliedern dieses Hauses eine conditio sine qua non für uns, auf die hohen Zölle für die Eisen- und Textilindustrie ohne weiteres einzugehen.

(Aha! links.)

Meine Herren, es ist vorhin schon auf das geringe Absatzgebiet von Roggen hingewiesen worden und ich möchte dem nur gegenüberstellen, daß, wenn auch vielleicht durch Irland dieses Absatzgebiet noch etwas erweitert ist, doch eine dauernde Steigerung der Roggenproduktion in Rußland und Oesterreich — denn das sind die hauptroggenproduzirenden Länder — einen so kolossalen Niedergang der Roggenpreise herbeiführen kann, daß der Anbau des Roggens für unsere kleine Landwirthschaft aufhören muß. Meine Herren, der Roggen ist wegen seiner Strohmenge eine Frucht, die wir in der Landwirthschaft auf armen Böden, wo Weizen nicht wächst, gar nicht entbehren können.

(Sehr richtig!)

Meine Herren, Roggen ist eine Winterfrucht, bedarf der frischen Düngung, verhältnißmäßig bedeutender Arbeitskräfte und deshalb ist sein Anbau ziemlich kostspielig, dagegen hat er verhältnißmäßig geringen Körnerertrag. Der Roggenbau umfaßt alljährlich 1/4 des Ackerlandes aller Landstriche, welche Roggenboden haben. Sinkt der Preis unter den der Gerste und des Hafers herunter, — was schon dagewesen ist, deckt er die Produktionskosten nicht mehr — es wird sich immer, wenn wir ihn auch schwer ermitteln können, ein wirklicher Produktionspreis ermitteln lassen oder ein solcher existirt doch, — das wird ja nicht bestritten werden können — mag er auch sehr verschieden sein. Ich glaube, ich und Herr von Saucken, wir werden nicht billig produziren, weil er meist in Königsberg ist und ich den größten Theil des Jahres hier im Reichstage bin und wir uns nicht genug um unsere Wirthschaften kümmern können, aber es wird doch ein mittlerer Produktionspreis vorhanden sein. Wenn der Roggenbau bei uns unrentabel, unmöglich wird, so tritt dadurch eine Verarmung der kleinen Landwirthe ein, und was würde der Effekt sein? Verödung, Auswanderung u. s. w.

Meine Herren, ich eile zum Schluß, so schnell ich eben kann.

Sehr schwere Nachtheile finde ich in den schweren Wunden, die uns im Osten und Norden dadurch geschlagen sind, daß die Branntweinsteuer so sehr erhöht wurde. Der Brennereibetrieb ist dadurch unmöglich geworden auf allen kleinern Gütern, und dieses sehr wichtige landwirthschaftliche Nebengewerbe ist nur möglich geblieben auf mittleren und großen Gütern. Wollen Sie die Brennerei auf die Latifundien beschränken, so soll es mir persönlich vielleicht recht sein — ich komme ja zuweilen auch zu Borchardt — dann müssen Sie die Steuer noch mehr erhöhen; wollen Sie aber die Kartoffelbrennerei ganz ruiniren, so würde ich vorschlagen, die Fabrikatsteuer einzuführen.

Meine Herren, die Landwirthschaft befindet sich ja, was auch ihre Feinde zugeben müssen, in einer schwierigen Situation in Bezug auf den Tarif; sie hat sich aber trotzdem sehr große Reserve auferlegt in ihren selbstständigen Anträgen, und das wird, glaube ich, seitens aller Herren anerkannt werden müssen. Wir haben der Eisenindustrie ziemlich hohe Zölle bewilligt, — bewilligen Sie uns eine ganz kleine Ausgleichung für Roggen, die wirklich dem kleinen Landmann von großem Nutzen sein wird, nicht, wie mein Freund Dr. Frege bereits ausgeführt hat, dem Großgrundbesitzer, der wenig Roggen produzirt, oder vielmehr exportirt und verkauft.

Was dann den Umfang der Konsumtion betrifft, so darüber noch ein Wort. Nach den Berechnungen des statistischen Amtes über die Zahl der Konsumenten soll deren Ziffer etwas über die Hälfte der Bevölkerung betragen. Ich halte diese Berechnung nicht für richtig. An einer anderen Stelle entdeckt, wenn ich nicht irre, dasselbe statistische Amt, daß unter der Zahl der Konsumenten 15 Millionen Kinder unter 15 Jahren wären. Ja, meine Herren, ich wundere mich wirklich, daß nicht von diesen Konsumenten auch noch Petitionen gegen die Zollpolitik ihrer Väter beim Reichstage eingebracht sind.

(Heiterkeit.)

Sollte aber jemand ernstlich befürchten, daß eine Theuerung des Getreides in der nächsten Zeit zu erwarten sei, dann würde ich ihm vorschlagen, einen Zusatz zu diesem Gesetze zu machen, etwa lautend: Stellt sich der Roggenpreis in den Haupthandelsplätzen Deutschlands höher als 12 Mark pro Zentner, so ist die Reichsregierung befugt, den Roggenzoll zu suspendiren und zwar bis zum nächsten 1. Oktober, der auf diese Suspension folgt. Ein solcher Antrag wird, glaube ich, von einem meiner politischen Freunde gestellt werden, und ich empfehle denjenigen Herren, die solche Befürchtungen hegen, diesen Antrag. Durch einen solchen Zusatz zum Gesetz ist meines Erachtens dieser Gefahr die Spitze vollkommen abgebrochen.

Ich empfehle nochmals den von Herrn Günther und mir eingebrachten Antrag.

(Bravo! rechts.)

Präsident: Ich ertheile das Wort dem Herrn Abgeordneten Stellter.

Abgeordneter **Stellter**: Meine Herren, fürchten Sie nicht, daß ich in später Stunde Sie lange aufhalten will. Man muß auch von seinen Gegnern lernen, und der Herr Abgeordnete Berger hat uns Freihändlern zugerufen, wir sollen uns kurz fassen.

Was zunächst den Streit anbetrifft zwischen Herrn von Mirbach und ebenfalls meinem Landsmann, Herrn von Sanden, hier auf der Tribüne, so kann ich mich nur den Ausführungen des Herrn von Saucken durchaus anschließen und Herrn von Mirbach nur darin Recht geben, daß auch bei uns in der Provinz alle diejenigen Leute leiden, welche sich falsch eingerichtet haben, also welche trotz aller Hindernisse Meiereien über ihre Kräfte eingerichtet haben, daß die zu Grunde gehen.

Was die Subhastationen betrifft, auf welche der Herr Regierungskommissar wiederholt hingewiesen hat, so bemerke ich, daß bei uns in unserer Provinz allerdings auch, wie Herr von Mirbach richtig angegeben hat, eine Masse Subhastationen stattgefunden haben. Wenn er aber die Entwickelung des Bauernstandes bei uns in der Provinz verfolgt hat, so wird er sich sagen müssen, daß diese Subhastationen dadurch entstanden sind, daß eine Summe von Parzellirungen ausgeführt ist, wodurch bäuerliche Grundstücke entstanden sind, welche vermöge ihrer Größe nicht im Stande waren, selbst die Unterhaltungskosten zu decken; diese fehlerhafte Entwickelung nimmt jetzt eine rückläufige Bewegung und eine Masse von kleinen bäuerlichen Grundstücken werden jetzt wieder zusammengeschlagen und so rückwärts durch Parzellirung die Güter wieder vergrößert. Ich glaube also, daß man diese soziale Entwickelung, wie sie im allgemeinen stattgefunden hat, weder den Getreidezöllen zuschreiben kann, noch, daß man die Heilung in der Aufhebung der Getreidezölle finden kann. Meine Herren, Sie mögen sagen von den Getreidezöllen was Sie wollen, darin sind alle Parteien einig, daß eine Vertheuerung des Getreides stattfindet, wenn Sie den Stoff vertheuern, aus dem die Erzeugnisse bereitet werden, es muß so unzweifelhaft eine Vertheuerung des Erzeugnisses eintreten, und wenn sie auch nicht sofort eintritt, so folgt sie doch allmählich, und es wird daher nicht bestritten werden können, daß, wenn Sie auf die Nahrungsmittel eine Steuer legen, dadurch das Erzeugniß, also das Brod, allmählich vertheuert wird. Ich glaube, es ist gefährlich in dem gegenwärtigen Augenblick, wo alle Welt nach Arbeit ruft, wo der Arbeiterstand nach Arbeit ruft nicht bloß in den Fabrikdistrikten, sondern auch in denjenigen Städten, in welchen keine Fabrikation stattfindet, daß in einem solchen Augenblick eine Vertheuerung der Nahrungsmittel angestrebt wird. In meiner Heimat haben die Provinziallandtage von Ost- und Westpreußen in ihrer Mehrheit, — und ich meine, daß man doch bei solchen Körperschaften nicht auf die Stimmen der Minorität, sondern auf die Stimmen der Majorität sehen muß — in ihrer Majorität erklärt haben, sie wollten keine Getreidezölle haben, sondern sie wollten die Getreidezölle aufgeben und selbst wider Willen, die Anerkennung selbst, daß dadurch die Landwirthschaft dauernd keinen Vortheil erlangen werde.

Ich verweise Sie auf die Ausführungen, welche heute schon von dieser Tribüne aus gehört worden sind, und gehe nun noch zu den Anträgen über, die ich und meine Freunde im Interesse der Seestädte gestellt haben. Meine Herren, wenn man eine Wirthschaftsreform anstrebt, so muß man bei dieser Wirthschaftsreform nicht damit anfangen, daß man Gewerbe und Handel, welche bestehen und welche sich zu nähren wissen, vernichtet.

(Sehr richtig!)

Das ist dasjenige, aber, was dem Handel in unseren Seestädten unzweifelhaft bevorsteht. Meine Herren, die Tarifkommission und die Reichsregierung haben es nicht für nöthig gefunden, von denjenigen Körperschaften, welche zweifellos Ihnen darüber die richtige Auskunft hätten geben können, irgend welche Auskunft zu erfordern.

(Hört!)

Man hat über diesen Zwischenhandel, der doch sonst nationalökonomisch in allen Ländern angestrebt wird, weil er zweifellos ein ganz ungefährliches Erwerbsmittel ist und einen ganz sicheren Erwerb bildet, diesen Zwischenhandel hat man gar nicht gefragt: kannst du noch bestehen, wenn wir die Bedingung deiner Existenz erschweren. Meine Herren, der Zoll allein ist es ja nicht. Bei dieser Gelegenheit wird das Wort auch wieder zur Wahrheit: Zeit ist Geld. Die Zeit, welche bei den Zollabfertigungen verloren geht, dieser Aufenthalt an den Zollgrenzen, der den Handel erschwert, die nothwendige Vertretung, welche die Kaufleute aus dem Binnenlande an den Grenzstädten noch halten müssen, wodurch die Handelsunkosten vertheuert werden, das ist das hauptsächlich gefährliche, und wenn der Herr Abgeordnete Dr. Frege sagte: ein solcher Handel, der eine so kleine Auflage von 25 Pfennigen nicht ertragen könne, sei nichts werth, so berufe ich mich auf die Autorität des Herrn Reichskanzlers. Der Herr Reichskanzler hat Ihnen nämlich hier selbst gesagt, wo sie etwas zu verdienen finden, da drängen sich die Menschen in Masse hin und sie müssen sich mit Kleinigkeiten begnügen. Das findet hier bei diesem Getreidehandel und bei diesem Zwischenhandel auch statt. Ich frage Sie, meine Herren, wenn Sie irgend rechnen können, werden Sie mir Recht geben.

(Oh! oh!)

Die Motive sagen Ihnen selbst, 28 Millionen Zentner sind mehr eingeführt als ausgeführt. Wenn Sie glauben, daß an jedem Zentner ein Verdienst von 25 Pfennigen für den Kaufmann übrig bleibt, dann müßten ja in den Seestädten lauter Millionäre spaziren gehen. Also daß ein solcher Gewinn nicht stattfinden kann, liegt auf der Hand und ist auch faktisch richtig. Meine Herren, wenn man die Kaufleute aus den Seestädten gefragt hätte: was bleibt euch bei diesem Zwischenhandel? sie würden der Wahrheit gemäß gesagt haben, daß ihnen 1 bis 2 Prozent bleibt. Das ist der Verdienst, um den es sich dabei handelt, und wenn Sie ihnen einen solchen Zoll auflegen, dann machen Sie ihnen den Verdienst unmöglich.

Wenn fernerhin gesagt ist, der Zwischenhandel muß doch durch Preußen gehen, dann frage ich, ob in der letzten Zeit nicht so viele Erfindungen und Anstrengungen gemacht sind, den Handel irgendwo anders hinzuführen, so daß Sie sagen müssen, das ist nicht richtig. Geht denn jetzt der Handel über den Gotthard? Nein, der Gotthard war bis dahin ein Hinderniß und wenige Jahre werden vergehen und es hat sich da eine neue Handelsstraße gebildet. Im Augenblick werden die Handelsstraßen sich nicht ändern, aber allmählich werden sie es thun, und es werden wenige Jahre vergehen, dann werden diese Handelsstraßen, die jetzt belebt sind und wo jetzt der Erwerb ist, verlassen sein. Das werden für unsere Provinz die Erfolge sein, und dieserhalb, meine Herren, bitte ich Sie, diese Frage der sorgfältigsten Prüfung zu unterwerfen, und stelle den Antrag, die gestellten Amendements und diejenigen Anträge, die dem Zwischenhandel betreffen, der Tarifkommission zu überweisen.

Präsident: Es ist von zwei Seiten ein Schlußantrag eingebracht worden, und zwar von dem Herrn Abgeordneten Grafen von Bismarck und von dem Herrn Abgeordneten Herzog von Ratibor. Ich bitte, daß die Herren, die den Schlußantrag unterstützen wollen, sich erheben.

(Geschieht.)

Die Unterstützung reicht aus.

Ich bitte, daß diejenigen Herren, die für den Schluß stimmen wollen, sich erheben.

(Geschieht.)

Das Büreau ist zweifelhaft.

Der Herr Abgeordnete Dr. Lasker hat das Wort.

(Oho! und große Unruhe rechts. Bravo! links.)

Abgeordneter Dr. **Lasker**: Meine Herren, ist dies Höflichkeit, den Redner so zu empfangen, ohne daß Sie gehört haben, was ich zu sagen habe?

(Sehr richtig! links.)

Gestatten Sie, meine Herren, daß ich mit Dank mich an die Entscheidung des Hauses halte, welches mich in so vorgerückter Zeit noch zum Wort zugelassen hat. Besonders erwünscht ist mir die Gelegenheit, einen Ausdruck des vorletzten Redners, des Herrn Abgeordneten von Mirbach, zu berichtigen, und ich thue dies nicht bloß in meinem Namen, sondern ich glaube auch im Namen einer Anzahl von Freunden, die mit mir völlig gleich stehen, den Ausdruck berichtigen zu müssen. Er sagte, die Landwirthschaft befinde sich, wie selbst „ihre Feinde" zugeben, in Noth. Auch anderweitig klingt es durch die Debatten, als ob diejenigen, welche gegen die Einführung von Getreidezöllen stimmen wollen, zu den Gegnern der Landwirthschaft gehören. Ich kann in meinem Namen und im Namen einer Anzahl Freunde erklären, daß wir, die wir gegen jeden Getreidezoll stimmen wollen, nicht minder ein Herz haben für die Beseitigung derjenigen Ueberbürdung, welche die Gesetze der Landwirthschaft auferlegen. Ich persönlich habe vor länger als zehn Jahren aufmerksam gemacht auf die Richtung der Gesetzgebung, welche der Landwirthschaft einseitig Lasten auferlegt und ihr dadurch Nachtheile gegen den beweglichen Besitz zufügt. Ich habe damals auf mancherlei Ueberbürdung des „Grundbesitzes" aufmerksam gemacht, insbesondere auch hingewiesen auf den hohen Immobilienstempel in Preußen im Gegensatz zu dem unzulänglichen Stempel bei Geschäften, die auf beweglichen Besitz sich beziehen. Noch mehrere andere Punkte habe ich herorgehoben, unter ihnen auch die einseitige Tendenz der Begünstigung durch Schutzzölle, welche auf der Landwirthschaft lastet.

Sie werden daraus ersehen, daß man völlig in dem Hauptgedanken, ein so bedeutendes Gewerbe, wie das der Landwirthschaft, vor zugefügten Ungerechtigkeiten zu schützen, einig und dennoch nicht in der Lage sein kann, gerade die Wege zu gehen, welche vorgeschlagen sind, weil man diese für die nicht richtigen hält, und dieser Meinung bin ich. Ganz besonders halte ich den Vorschlag irgend welcher Getreidezölle für einen unseligen, auch im Interesse der Landwirthschaft. Ich darf wohl, meine Herren, frei sagen, was ich in der Mitte dieses Hauses wahrgenommen habe. Wenn man jeden Einzelnen, der heut für Getreidezölle stimmen wird, fragen möchte, ob er bei dem Entwurf eines Tarifs von vornherein, wenn er initiativ darüber zu verfügen hätte, auch Getreidezölle aufnehmen würde, so würde eine große Zahl der Jastimmenden dagegen sich aussprechen.

(Sehr richtig!)

Mit mir bedauern gar viele auf der entgegengesetzten Seite, daß die Regierung den Weg einschlagen werde, von dem man in Wahrheit sagen darf, daß er thatsächlich der Landwirthschaft nicht helfen kann. Der Herr Abgeordnete von Mirbach hat heut entwickelt, es sei dies gerade sehr zu wünschen, daß in theuren Zeiten die Getreidepreise durch Zölle noch mehr vertheuert werden, weil die theuren Getreidepreise die Landwirthe in Noth brächten und ihnen dieser Vortheil sehr zu gönnen wäre; aber gewiß gibt es nur wenige Mitglieder in diesem Hause, welche einem solchen Satz zustimmen. Wer aber anerkennt, daß dieser Vordersatz falsch ist, wird ebenso anerkennen, daß für solche Zeitverhältnisse, in denen der Zoll seiner Natur nach als Preisaufschlag wirksam werden muß, er als vollständig unhaltbar sich erweisen wird.

Alsdann, meine Herren, lenke ich Ihre Aufmerksamkeit darauf, wie schon im Laufe der Berathung leider sich erfüllt hat, was von unserer Seite in der Generaldebatte vorausgesagt worden. Es bleibt nicht bei dem niedrigen Zoll der Regierungsvorlage, sondern man sucht ihn schon in der Gegenwart heraufzuschrauben und stellt die Anträge und Bestrebungen wegen Erhöhung für die Zukunft in sichere Aussicht.

Ob der Antrag von Mirbach heut durchgehen wird, ist nach der Aussage sachkundiger Mitglieder abhängig von einer Differenz von etwa 5 bis 10 Stimmen; oder bezeichnen wir es richtiger, von dem Zufall, welcher die Abstimmung heut beherrschen wird. Findet der Antrag Annahme, dann hat schon jetzt das Maß der Besteuerung die harmlose Grenze überschritten, die man noch bei 25 Pfennigen meinte festhalten zu können. Jedoch ist schon in Umlauf gesetzt, daß auch dieser verdoppelte Roggenzoll als zu niedrig betrachtet werde; wenn man der Landwirthschaft wirklich helfen wolle, müsse man von den 50 Pfennigen für den Zentner Roggen weiter hinaufsteigen, und die nächste Station heißt 1 Mark! Dann behauptet niemand mehr, daß der Widerstand von einer bloßen Theorie herrühre, welche das principiis obsta im Auge habe, sondern wir haben es nach aller Meinung mit ganz augenfälligen Faktoren zu thun, und die Bewegung für die Wiederwegschaffung der Zölle muß von selbst große Dimensionen annehmen.

Noch weit mehr, als vielleicht die Sache selbst, bedaure ich die Methode, mit welcher diese Politik eingeführt wird. Haben wir in der Sache geirrt, so werden wir nach erlittener Beschädigung doch zu dem Richtigen zurückkehren müssen. Die Methode aber, mit welcher jetzt diese Agitation eingeleitet wird, schädigt das Land weit hinaus über den sachlichen Inhalt dieser Frage.

(Sehr wahr!)

Ist nicht jetzt schon wahr geworden, was ich befürchtend in der Generaldiskussion gesagt habe, daß der Getreidezoll die Bewegungen weit hinaus führt über die wörtliche Bedeutung des Vorschlages und zu einem Krieg wird, im bildlichen Sinne, zu einem Kriege zwischen den landwirthschaftlichen Interessen und zwischen, wie Sie es jetzt nennen, den städtischen Interessen, was aber in Wahrheit kein für sich allein bestehendes städtisches Interesse ist, sondern die ganze Industrie in ihre Kreise zieht, und außerdem eine große Zahl solcher Konsumenten, welche Sie, als im landwirthschaftlichen Interesse befindlich, für sich zählen, die aber thatsächlich durch eine große Kluft getrennt werden von denjenigen, welche den größten Vortheil aus den Getreidezöllen zu ziehen vermeinen. Uns, die wir in jedem Interessenkampf, der zum politischen Gegensatz anwächst, Unheil erblicken, hat es nicht mit Freude erfüllt, als heute bereits ein beredter Redner mit zutreffendem Verständniß die Linie angedeutet hat, wo in Zukunft eingesetzt werden soll, um der ländlichen Bevölkerung klar zu machen, wie sehr der Großgrundbesitz geschieden sei von den Interessen des Kleingrundbesitzes.

(Ruf: Das ist er nicht!)

Sie bestreiten es, aber ganz gewiß wird der Nachweis des Gegensatzes zum Gegenstande der Agitation gemacht werden.

Ich bitte übrigens die Herren, es nicht für einen Akt von Unhöflichkeit zu halten, wenn ich auf Zwischenrufe nicht ferner Rücksicht nehme, weil ich aus Erfahrung wahrgenommen habe, sie entstellen nur die Rede und dienen kaum zur erläuternden Aufklärung.

Ich sage, daß bereits die Linie bezeichnet worden ist, wo entweder die Politik oder die Agitation einzusetzen habe, um die künstliche Zusammenballung, in welcher die verschiedenartigsten Interessen unter dem Namen der Landwirthschaft zusammengeschnürt werden sollen, wieder auseinander zu bringen. — Es wird klar gemacht werden, daß die Interessen des Großgrundbesitzes nicht identisch sind mit den Interessen des Bauern, und daß es zwischen den Bauern eine natürliche Abstufung gibt vom größeren zum kleineren Besitz, bis herunter zu dem kleinsten Besitz, der von den Getreidezöllen nichts gewinnt, an den anderen Zöllen aber Nachtheil erleidet, und daß der ländliche Arbeiter in allen Beziehungen des Tarifs auf derselben Seite steht, wie der städtische Arbeiter. Hier wird die Agitation in Zukunft einsetzen, und Sie haben es begonnen, die Zerrissenheit hervorzurufen, von der wir gewünscht haben, daß sie ein für allemal beseitigt sein möge. Wir haben im preußischen Abgeordnetenhause geholfen, eine Kreisordnung herzustellen, deren größtes Verdienst ist, den politischen Gegensatz zwischen Großgrundbesitz und Kleingrundbesitz, zwischen dem landwirthschaftlichen und dem städtischen Interesse auszugleichen. Einzelne von uns, welche besonders thätig ihre Hand an diese Arbeit angelegt, sind gewarnt worden, daß wir mit diesem institutionellen Gesetze der liberalen Partei keinen Dienst leisteten, weil die dadurch hergestellte Einigkeit zwischen den Interessenten der Landwirthschaft vielleicht als konservatives Interesse würde ausgebeutet werden, und was haben wir darauf geantwortet? auch ich persönlich: Weit höher steht mir der Friede aller Erwerbsklassen, der friedliche Wettkampf, als das etwaige Parteiinteresse an Spaltungen, welche die schlimmsten Leidenschaften aufgeregt erhalten. Diese Wunde, die zu heilen angefangen hat, haben Sie aufgerissen, indem Sie als Mittelpunkt eines neu eröffneten Streites, ein landwirthschaftliches Interesse deklariren, welches ein anderes sei als das Interesse des ganzen Landes. Und wenn Sie heute sich schmeicheln mit dem stolzen Ausspruch, auf unserer Seite sind 20 Millionen, — meine Herren, die Vernunftgründe, Geschicklichkeit der Rede und die Unterhaltung werden schon zu überzeugen wissen, daß das Land nicht getheilt ist in zwei Hälften, daß die Interessen der ländlichen Bevölkerung vom Besitzstand und Ortsverhältnissen weit aus einander gehen. Oder glauben Sie, meine Herren, daß dem reinen Konsumenten nicht werde zum Bewußtsein gebracht werden, daß er durch die Besteuerung der nothwendigsten Lebensmittel weit stärker zu den Lasten herangezogen wird? Die nächste Bewegung findet nicht mehr die Geschlossenheit und Einigkeit der Interessenkreise, welche Sie in diesem Augenblick für einen bestimmten Zweck herzustellen verstanden haben, besonders wenn die landwirthschaftlichen Zölle zeitweilig unwirksam sich erweisen, wie dies ja in einzelnen Jahren der Fall sein muß. Die übrigen Zölle, die Sie auferlegen, werden Jahr aus Jahr ein von allen getragen werden müssen, daß aber ein Kornzoll den Landwirthen wirklichen Gewinn abwerfe, dazu gehört eine ganz besonders günstige Konstellation der Umstände, und es kehrt höchstens in mehreren Jahren ein Mal eine solche Saison ein. Da wird es denn in den Zwischenzeiten nicht schwer werden, diese Unterscheidung klar zu machen.

Wir rufen warnend Ihnen zu, daß Sie den Unfrieden hinaustragen, daß Sie die friedliche Entwicklung, welche Deutschland braucht, durch Verschärfung von Gegensätzen stören, natürlich nicht die Absicht haben, aber ich meine, schon in den nächsten Jahren werden Sie selbst die Erfahrung an den Thatsachen machen.

Was ich ferner an der Methode Ihrer Agitation tief bedaure, ist, daß die Argumente für die Einführung von Kornzöllen, so wie allgemein für die gegenwärtige Politik als Schutzzoll für die Landwirthschaft weit hinausgehen über das Maß der Wirklichkeit, daß die Gründe, welche auf die größte Wirkung hinzielen, offenbar den Stempel der Zurichtung an sich tragen, wie man sie wohl handhabt, wenn man für den Augenblick einen bestimmten Erfolg erreichen will und nicht gleichzeitig seinen Blick in die fernen Jahre hinaussendet, wie jeder Staatsmann, auch in seiner Eigenschaft als Abgeordneter, es thun sollte. Es mag, meine Herren, überlegt werden, ob nach den Steuersystemen der Einzelstaaten wirklich in der Grundsteuer eine größere Last der Doppelbesteuerung liegt, als in dem Nebeneinander anderer Steuern, welche von denselben Personen gleichzeitig getragen werden, wie beispielsweise die Gewerbesteuer, die neben der Einkommensteuer denselben Charakter hat wie die Grundsteuer. Aber wenn uns Rechnungen aufgemacht werden, anknüpfend an die Grund- und Gebäudesteuer, daß allein durch diese Steuer der Landwirth mit 10 bis 20 Prozent jährlich prägravirt sei, so sage ich, dies überschreitet jedes Maß von Wahrheit nnd Richtigkeit.

(Oho! und Unruhe rechts. Sehr wahr! links.)

Meine Herren, ich werde die einzelnen Zahlen heute vor Ihnen nicht auseinandersetzen; es wird Aufgabe einer ruhigen, wissenschaftlich genauen Nachweisung sein, die wahre Grenze zu ziehen. Was in eine solche Debatte alles hineingeworfen wird, wie man in ein brennendes Feuer Stoffe aller Art hineinwirft, damit die Gluth für die nächste Zeit erhalten werde, das läßt sich nicht so leicht herausschaffen. Darauf ist mehr Arbeit zu verwenden, als eine Rede verträgt. Ich begnüge mich mit einem, allerdings auffälligen Beispiel. Von dem Herrn Reichskanzler haben wir gehört, daß Deutschland 100 Millionen Zentner Getreide jährlich mehr produzire, als es verbrauchen könne, und daß es dann noch gegen 30 Millionen Zentner fremdes Getreide mehr einals ausführe. Als gefragt worden: wo befindet sich denn dieses überflüssige Getreide, hat heute Herr Tiedemann geantwortet, es möchte der Herr Abgeordnete Braun eine Reise mit ihm antreten bei den deutschen Bauern, da werde er ihm diese 130 Millionen Zentner nachweisen. Aber vergessen dabei hat Herr Tiedemann, daß schon seit 5 Jahren und länger diese 100 bis 130 Millionen Zentner jährlich mehr produzirt werden, und daß demgemäß 600 bis 700 Millionen Zentner Getreide jetzt in den Schennen der Bauern aufbewahrt sein müßten; es wäre denn, daß der deutsche Bauer die Gewohnheit hätte, das überflüssige Getreide auf den Düngerhaufen zu werfen.

(Zurufe: Viehfutter!)

— Meine Herren, ich habe bis jetzt nicht gewußt, daß Viehfutter eine unproduktive Verwendung wäre. Indessen, meine Herren, wie ist dann jene Rechnung der Ueberproduktion angelegt? Es wird theoretisch gesagt, es esse durchschnittlich der Mensch 3½ Zentner jährlich und nicht mehr; demgemäß brauche Deutschland für 40 Millionen Köpfe nur 140 Millionen Zentner jährlich; weil aber Deutschland 100 Millionen Zentner Getreide mehr produzire, folglich müsse das übrige Getreide sich müßig in Deutschland herumtreiben, und das deutsche Volk mache sich außerdem das Vergnügen, dazu noch 30 müßige Millionen Zentner von dem Ausland hereinzubringen und von diesem Ueberfluß nichts auszuführen. Und all der Ueberfluß der vergangenen Jahre soll bei den deutschen Bauern oder Landwirthen aufgehäuft liegen. Wenn einer der Theoretiker oder der sogenannten Gelehrten einen solchen Satz ausgesprochen hätte, das Gelächter des ganzen Hauses würde ihm geantwortet haben.

(Oho! rechts. Sehr wahr! links.)

— Ohne Zweifel, meine Herren, wenn ein solcher „Gelehrte“ behauptet haben würde, daß über 100 Millionen Zentner Getreide jährlich in Deutschland umkommen und nicht das Bedürfniß haben, nach den fremden Ländern ausgeführt zu werden, sondern daß zu dem Ueberfluß noch 30 Millionen eingeführt werden. Freilich, nach völlig anderen Grundsätzen verfährt die wissenschaftliche Statistik, und ihre Methode ist die richtige. Sie stellt fest: so viel ist eingeführt worden, so viel ist ausgeführt worden, so viel wird produzirt, folglich wird in Deutschland so und so viel Getreide im ganzen verbraucht, und die Einwohnerzahl ist der Divisor für den Verbrauch auf den Kopf der Bevölkerung, gleichviel ob ein Theil des Getreides in irgend welcher Form anders in der Wirthschaft verwendet wird als durch das Essen der Menschen. Auch was vom Getreide gebrannt, als Viehfutter oder in anderer Weise verbraucht wird, darf nach der Kopfzahl der Menschen berechnet werden. Dieses ist die einzig richtige Methode, den Verbrauch zu ermitteln.

Gestatten Sie, meine Herren, in kurzer Betrachtung auf einen Satz zurückzukommen, welchen der Herr Abgeordnete Delbrück in der Generaldiskussion ausgesprochen hat, der als Zwischensatz leider verloren gegangen ist, wie ich häufig finde, daß die herrlichsten Worte aus dem Munde des Herrn Abgeordneten Delbrück nicht bis zu ihrer vollen Konsequenz ausgenutzt werden. Man könne, sagt der Herr Abgeordnete Delbrück, die Staatswirthschaft nur beurtheilen entweder nach allgemeinen Theorien, die durch große Beobachtungen festgestellt werden, oder durch eigene persönliche Wahrnehmungen. Nur auf die eine oder die andere Weise könnten die Erfahrungen gesammelt werden. Nun haben die Theorien allerdings den Nachtheil, daß sie auf fremden Erfahrungen beruhen, die Bürgschaft gegen Irrthum nicht persönlich übernommen werden und jener Irrthum eine unrichtige Berechnung herbeiführen kann; sie werden aber kontrolirt durch die ganze gebildete Welt und wir berichtigen die Irrthümer nach und nach. Auf der anderen Seite aber droht die größte Gefahr, wenn man auf den zersplitterten Erfahrungen seines kleinen eigenen Haushalts meint die ganze Staatswirthschaft berathen zu können.

(Sehr richtig!)

Als Beispiel will ich anführen die bekannt gewordene Unterhaltung über den Dorfschmied, welche in der Politik der Eisenzölle eine große Rolle gespielt hat. Welchen Einfluß haben die Eisenzölle auf den Preis des Eisens und der Eisenwaaren, wurde gefragt, und dem praktischen Landwirth wurde die Frage in folgender Gestalt vorgelegt: Hat der Dorfschmied die Rechnung billiger gestellt nach Aufhebung der Eisenzölle? Ein Sachverständiger, der zwar nicht in der Enquete vernommen wurde, aber seinen großen Einfluß geltend zu machen verstand, antwortete: Der Dorfschmied hat die Rechnung nicht billiger gemacht, also war die Aufhebung der Eisenzölle unpraktisch und die Zölle sollen wieder eingeführt werden. Aus dem eigenen Haushalt ist bewiesen, die Zölle haben keinen Einfluß auf den Preis. Ein anderer Landwirth aber, Mitglied dieses Hauses, hat als Sachverständiger in der Enquete die Frage von einem höhern Gesichtspunkt beantwortet, und mit Recht wie folgt gesagt: Auch der Dorfschmied gehört zu den Bürgern des Staats, dessen besseres Ergehen in der Gesetzgebung und in der allgemeinen Wirthschaft voll berücksichtigt zu werden verdient.

(Sehr richtig!)

Damit hat er ganz treffend die Auseinandersetzungen widerlegt, welche angestellt worden, wer unmittelbar die Vertheuerung durch Zölle zu tragen hat. Mit solchen Spekulationen wird ein Becherzauberspiel getrieben, weiter nichts. Weder ist die Wissenschaft so weit gediehen, erläutern zu können, wer unmittelbar die Last der Zölle zu tragen hat, noch sind allgemeine Grundsätze dafür aufzustellen. Thatsächlich aber ist das eine. Wenn ich mir alle beim Vertrieb und Verbrauch des Getreides betheiligten Personen: den Händler, den Bäcker und den Konsumenten als eine Gruppe denke, diesen hat das Gesetz eine größere Last auferlegt, dieser Gruppe nimmt das Gesetz eine bestimmte Summe Geldes ab. Da mag es denn aus äußeren Gründen nützlich sein, zwischen den einzelnen Klassen der Gruppe Streit zu stiften, dem Bäcker zu sagen, der Händler oder der Konsument werde die Last tragen, dem Händler zu sagen, der Bäcker oder der Konsument werde die Auslagen erstatten u. s. w. Aber alle diese Behauptungen sind theoretische Spekulation und nicht von der mindesten Bedeutung zur Klarstellung der Regeln, nach denen die Wirthschaft eines Volkes sich ordnet. Allen solchen Spekulationen stelle ich entgegen, was ich sicher weiß; die nothwendigsten Lebensmittel sollen hier eine neue Belastung erfahren, und diese Maßregel halte ich für keine gute. Wenn es wirklich Ihr Ziel ist, durch neue Tarifeinnahmen die Mittel herbeizuschaffen, um dem Grundbesitz eine ihm jetzt obliegende Last abzunehmen, so dürfen Sie nicht gleichzeitig an zwei verschiedenen Seiten so operiren, daß Sie eine neue Belastung den nicht zum Grundbesitz gehörenden Konsumenten auferlegen und dieses auch von dem ärmsten Mann aufgebrachte Geld dazu benutzen, den Besitzern eine bestehende Last abzunehmen. Wenn Sie die gleichvertheilende Gerechtigkeit anrufen, ist die Methode eine gerechte, dem armen Manne seinen Pfennig abzunehmen,

(sehr richtig! — Bravo! links.)

und mit diesen angesammelten Pfennigen die Besitzer von einer Last zu befreien? Die Besitzlosen müssen doch an dem Getreidezoll mit tragen, insofern eine wirkliche Vertheuerung durch den Zoll eintritt, und Sie gehen doch gewiß nicht so weit zu leugnen, daß eine Vertheuerung durch den Zoll überhaupt nicht möglich sei.

Solche in der Sache liegende Gründe veranlaßten uns, nicht etwa im Gegensatz zur Landwirthschaft, noch in der letzten Minute zu dem Versuch, Sie zu bewegen, daß Sie aus dem Tarif wenigstens streichen, was unserer Meinung nach nur eine Quelle der Unzufriedenheit sein wird und nicht den Weg bahnt zu der ausgleichenden Gerechtigkeit, welche angeblich hierdurch erstrebt werden soll.

Am tiefsten aber bedaure ich, daß die mächtigste Rede, die in der letzten Sitzung gehalten wurde, geschlossen hat mit einem Appell an die Landwirthschaft, um dieser zum Bewußtsein zu bringen, welch ungemein schwere Ueberbürdung sie zu tragen habe. Meine Herren, der Herr Reichskanzler ist ein so gewiegter Politiker, und er hat sich eine solche Macht und ein solches Ansehen in Deutschland erworben, daß, was er heute behauptet hat, er in der nächsten Woche wiederum völlig fallen lassen kann; er darf sogar vor diese Versammlung treten und des größten Beifalls gewärtig sein, wenn er entweder sagt: ich war im Irrthum, oder ich habe damals eine andere Absicht gehabt, als ich vorzutragen im Stande war.

(Unruhe. Widerspruch.)

Ich zweifle daran nicht, wir haben es ja erlebt, und der Beifall des Hauses ist ihm zu Theil geworden. Ich erkenne die Thatsache an, ich erkenne sie an als einen tiefen Zug des Volks, selbst wenn dieser gegen meine Anschauungen geht. Aber, meine Herren, wenn der Herr Reichskanzler bis in die weitesten Schichten das Wort hineingetragen hat, welches ihm nachgesprochen wird, ohne daß seine Zahlen nachgerechnet werden, es sei die Landwirthschaft furchtbar schwer überbürdet, und wir sind nicht in der Lage, ihr solche Lasten abzunehmen, und wir können es nicht, weil die Ueberbürdung in unzutreffenden Rechnungsziffern dargestellt worden, meinen Sie, daß das so schnell aus dem Herzen der Menge wieder herauskommen wird? Selbst wenn die Gesetzgebung die zulässigen und maßvollen Reformen eingeführt hat, wird es immer noch heißen, die Landwirthschaft ist schwer überbürdet und die übrige Bevölkerung fügt ihr großen Nachtheil zu. Meine Herren, ich sehe, es ist eine sehr schwere Aera durch dieses Schlußwort des Herrn Reichskanzlers eingeleitet worden. Von uns dürfen Sie überzeugt sein, was wir unsererseits werden thun können, um den begonnenen Schaden wieder zu beseitigen und den Frieden wieder herbeizuführen, das werden wir vollauf thun. Aber gestatten Sie auch, daß wir in der letzten Minute vor der Entscheidung bitten: wehren Sie ab, damit nicht geschehe, was mit schweren Mühen aus unserem Volksleben herausgeschafft werden muß, und was in den günstigsten Entwickelungsgang, nicht ohne schweren Schaden und Unfrieden für die nächste Zeit gänzlich wieder beseitigt werden kann.

(Bravo!)

Präsident: Es sind wieder zwei Anträge auf Schluß der Debatte eingegangen, der eine von dem Herrn Abgeordneten Fürsten zu Hohenlohe-Langenburg, der andere von dem Herrn Abgeordneten von Böttcher (Flensburg).

Ich ersuche die Herren, welche den Schlußantrag unterstützen wollen, sich zu erheben.

(Geschieht.)

Die Unterstützung reicht aus. Ich bitte nunmehr, daß diejenigen Herren, welche den Schlußantrag annehmen wollen, sich erheben oder stehen bleiben.

(Geschieht.)

Das ist die große Mehrheit; der Schluß ist angenommen. Zur persönlichen Bemerkung hat das Wort der Herr Abgeordnete von Saucken-Tarputschen.

Abgeordneter **von Saucken-Tarputschen**: Meine Herren, der Herr Regierungskommissar hat, als er sich gegen den Vorwurf der Inkonsequenz in Bezug auf seinen Vortrag vertheidigte, mit gewisser Genugthuung hervorgehoben, daß auch ich inkonsequent in meinen Ausführungen gewesen wäre, und er hat dabei auf meine Ausführung in Betreff der Grenzsperre Bezug genommen. Meine Herren, Sie entsinnen sich vielleicht — ich habe den stenographischen Bericht vor mir, — daß ich auf die Grenzsperre durch einen Zuruf aus dem Hause gekommen bin. Der Herr Abgeordnete Lasker hat ganz richtig bemerkt, daß man auf Zurufe nicht hören soll. Ich wurde dadurch in meiner Ausführung ganz aus dem Zusammenhang gebracht, den ich eigentlich beabsichtigt hatte. Ich habe unterlassen — weil ich unterbrochen wurde — auszuführen, daß allerdings durch die Grenzsperre das Vieh jetzt viermal theurer als vor 30 Jahren geworden ist, daß aber auch ohne die Grenzsperre, die erst seit einigen Jahren bei uns besteht, das Vieh verhältnißmäßig um das zwei- bis dreifache im Preise gestiegen ist.

(Rufe: Persönliche Bemerkung!)

Meine Herren, der Herr Regierungskommissar hat außerdem gesagt, daß er aus meinen Worten schließen wolle, daß ich inkonsequent darin bin, daß ich eine Steigerung des Viehpreises aus der Grenzsperre hervorgehen sehe, während ich sonst leugne, daß die Viehpreise durch Viehzölle steigen können.

(Rufe: Persönliche Bemerkungen!)

Das hat niemand bestritten, wenn Sie eine Grenzsperre etabliren um ganz Deutschland herum, daß dann nothwendiger Weise die Viehpreise steigen müssen.

(Ruf: Persönlich!)

Herr von Mirbach hat meine Ausführungen zu widerlegen versucht, ich kann mich auf die Sache nicht einlassen, er hat aber meine Ausführung total falsch im Gedächtniß behalten, er hat also davon gesprochen, ich habe fälschlich angegeben, der Preis der Güter sei in den l e t z t e n J a h r e n gestiegen. Ich habe von 30 Jahren gesprochen. Herr von Mirbach wird mir zugeben, daß in 30 Jahren die Güterpreise gestiegen sind. Dann hat er davon gesprochen, daß ich inkonsequent wäre, wenn ich von Vertheuerung des Brodes spreche, während ich selbst . . . .

(Ruf: persönlich!)

— Meine Herren, ich stelle etwas richtig. Herr Präsident, ich glaube, daß es vollkommen in dem Rahmen einer persönlichen Bemerkung geschieht, weil ich nachweise, daß Herr von Mirbach mir etwas untergelegt hat, was ich nicht gesagt habe. — Ich habe also von der Vertheuerung des Brodes des armen Mannes gesprochen und habe an der anderen Stelle nur gesagt:

> Die Preise werden auf dem Weltmarkte in England gemacht, und wir können niedrige Preise bekommen, trotz der Zölle, w i l l a b e r d a m i t n i c h t g e s a g t h a b e n, daß die Zölle nicht relativ höher sein können, als sie sonst gewesen wären, aber niedriger als die Landwirthe haben möchten. Es ist mir lieb, daß mir das einfiel, einzuschalten, sonst hakt einer der Redner an —

und ich freue mich jetzt schon einen Beweis zu haben, Herr von Mirbach hat meine Einschaltung vergessen und eingehakt und hat mir einen Irrthum unterstellt, den ich richtig stellen muß.

(Ruf: persönlich!)

Präsident Da der geehrte Herr Redner bloß Irrthümer, die über seine Rede sich herausgestellt haben, berichtigen will, glaube ich auch, ihn in seiner Rede unterbrechen zu dürfen.

Abgeordneter **von Saucken-Tarputschen**: Herr von Mirbach hat geglaubt, mich widerlegen zu müssen, indem er angab, ich hätte erklärt auf dem Provinziallandtage wären sämmtliche Mitglieder für die Resolution gewesen und konstatirt, daß die Konservativen dagegen gestimmt haben. Ich habe expreß ausgeführt, daß die Gegner nur erklärt hätten, sie wären Freihändler, hätten aber keine Veranlassung, für die Resolution zu stimmen. Ich unterließ zu sagen, um nicht zu verletzen, daß wahrscheinlich politische Motive dem zu Grunde gelegen haben.

Präsident: Zur Geschäftsordnung hat das Wort der Herr Abgeordnete Bebel.

Abgeordneter **Bebel**: Meine Herren, ich will einfach konstatiren, daß ich mich namens meiner Partei zum Wort gemeldet hatte, und daß durch den Schluß der Debatte mir das Wort abgeschnitten worden ist. Ich glaube, daß eine Partei, die wie die unsrige, sich ganz wesentlich aus Arbeitern rekrutirt, gerade in dieser Frage w e n i g s t e n s ebenso sehr interessirt ist, und zum Worte hätte kommen müssen, als die Herren vom Großgrundbesitz, die sehr reichlich zum Wort gekommen sind, und die Vertreter der Seestädte. Ich werde mich bei der dritten Lesung wieder melden, und hoffe alsdann von Ihrem Gerechtigkeitsgefühl, daß mir das Wort nicht wieder abgeschnitten wird.

Präsident: Zu einer persönlichen Bemerkung hat das Wort der Herr Abgeordnete Schröder (Lippstadt).

Abgeordneter **Schröder** (Lippstadt). Meine Herren, der Abgeordnete Braun hat meinen Vortrag in sofern mißverstanden, als er mich in den Verdacht gesetzt hat, ich hätte Zeit gehabt über 1000 Jahre meinen Vorfahren nachzustöbern. Ich muß dieses Mißverständniß berichtigen. Ich weiß ungefähr, wie jeder bescheidene bürgerliche Mann, was meine Urgroßeltern waren, und daß ich soweit gegangen bin, wird mir der Abgeordnete Braun vielleicht verzeihen, wenn ich ihm sage, daß von meinen Urgroßeltern noch mehre lebten, als ich zur Welt kam. Wenn ich einmal darüber hinausging, bis in das 16. Jahrhundert, so geschah das, weil ich meine Legitimation als unbemittelter Student für eine alte Familienstiftung nachzuweisen hatte.

Der Herr Abgeordnete Braun hat noch ein weiteres Mißverständniß sich zu Schulden kommen lassen, mir gegenüber, nämlich, daß ich belehrt werden müsse, es hieße „prêcher un converti" und nicht „prêcher à un converti." Ich bin ja für jede Belehrung sehr dankbar, diese war aber überflüssig; ich konstatire, daß der Abgeordnete Braun die stenographischen Berichte vorher nicht sehr sorgfältig zu lesen scheint, auch wenn er hier im Hause sprechen will. Dieser Bericht war schon heraus, und er wird finden, daß darin steht: „prêcher un converti". Die Sache läuft ganz einfach darauf hinaus, daß es sich um ein Zitat aus dem Briefe an Herrn von Thüngen handelt, w i e e s i n d e r N o r d d e u t s c h e n A l l g e m e i n e n Z e i t u n g a b g e d r u c k t w a r; da stand „prêcher à un converti." Sobald das Stenogramm fertig war, habe ich das „à" gestrichen, damit, so wie ich es auch für richtig halte, gedruckt werde.

(Unruhe links.)

— **Meine Herren, wenn** Sie Ihren **Parteigenossen** eine **derartige überflüssige Belehrung** gestatten, so müssen Sie mir auch gestatten, daß ich Sie darüber aufkläre. — Ich bin der Meinung, daß vielleicht ein überkluger Setzer das „à“ in die ihm vorliegende Abschrift des quästionirten Briefes **hineingebracht hat.** —

Präsident: Der Herr Abgeordnete Günther (Sachsen) hat das Wort.

Abgeordneter **Günther** (Sachsen): Wie ich aus den nunmehr erschienenen stenographischen Niederschriften ersehen habe, hat Herr von Treitschke mir neulich den Vorwurf gemacht, ich hätte

(Rufe: heute!)

mich über die Wissenschaft

(Glocke des Präsidenten)

und den Gelehrtenstand geringschätzend ausgesprochen, das ist nicht richtig. —

Präsident: Ich muß dem geehrten Herrn Redner bemerken, daß bloß über Aeußerungen, die in heutiger Sitzung gemacht worden sind, persönliche Bemerkungen zulässig sind, aber nicht über früher gemachte.

Abgeordneter **Günther** (Sachsen): Eben hat mir der Herr Abgeordnete Lasker einen unberechtigten Vorwurf gemacht, er hat erklärt, daß der von mir und Freiherrn von Mirbach gestellte Antrag bezwecke, Unfrieden in die Landwirthschaft zu bringen. Meine Herren, ich habe ausdrücklich in der Motivirung meines Antrags erklärt, die Landwirthschaft wolle keinen Krieg, sondern Frieden, keinen Zwiespalt, sie will im Gegentheil ein friedliches Zusammenleben mit der Industrie. Das halte ich aufrecht und bitte, sich dem anzuschließen.

Präsident: Der Herr Abgeordnete Dr. Braun (Glogau) hat das Wort.

Abgeordneter Dr. **Braun** (Glogau): Meine Herren, zunächst hat der Herr Abgeordnete Schröder (Lippstadt) ganz Recht, daß ich das stenographische Protokoll nicht gelesen habe; ich habe mich gehalten an das, was ich mit eigenen Ohren hier gehört und in gutem Gedächtniß bewahrt habe. Wenn es ein Verbrechen ist, eine Rede des verehrlichen Mitglieds, die man selbst gehört hat, nicht auch expert nochmals zu lesen, so bekenne ich mich dieses Verbrechens schuldig.

Was den Herrn Bundeskommissarius anlangt, so hat mir derselbe suppeditirt, als bereise ich bloß die Türkei und nicht Deutschland.

(Heiterkeit.)

Das ist ein sehr großer Irrthum, ich habe Deutschland gründlicher bereist als irgend ein anderes Land, und kenne es jedenfalls besser, als der Herr Bundesrathskommissarius den Spessart und Frankfurt.

(Heiterkeit.)

Präsident: Der Herr Abgeordnete Dr. Lasker hat das Wort zu einer persönlichen Bemerkung.

Abgeordneter Dr. **Lasker:** Mich zwingt die Bemerkung des Herrn Abgeordneten Günther, daran zu erinnern, daß ich ausdrücklich erklärt habe, ich sei überzeugt, daß nicht die Absicht der Antragsteller oder der dafür Stimmenden sei, was Herr Günther als ihm untergelegt bezeichnet hat.

Präsident: Meine Herren, wir kommen nunmehr zur Abstimmung.

Sie werden sich erinnern, daß ich neulich schon mitgetheilt habe, daß von zwei Seiten Anträge auf namentliche Abstimmung sowohl in Bezug auf den Antrag des Herrn von Mirbach als auch über die Regierungsvorlage vorliegen. Ein weiterer Antrag ist auch von einer anderen Seite gestellt, und zugleich hinreichend, das heißt von mehr als 50 Mitgliedern unterstützt. Die namentliche Abstimmung wird also erfolgen.

Ich erlaube mir vorzuschlagen, die namentliche Abstimmung in der Weise vorzunehmen, daß ich zunächst den von Mirbachschen Antrag zur Abstimmung bringe und zwar in der Form, daß ich frage, ob für den Fall der Annahme Nr. 9a hinter dem Worte „Weizen“ eingeschaltet werden soll „Roggen“. Wird der so zur Abstimmung gebrachte Antrag des Herrn von Mirbach abgelehnt, so erfolgt auch die namentliche Abstimmung über die Pos. 9a, wie sie nach der Regierungsvorlage lautet.

Sind die Herren mit diesem Abstimmungsmodus einverstanden?

(Rufe: Ja!)

Das ist der Fall, ich konstatire das.

Meine Herren, wir gehen zur namentlichen Abstimmung über. Ich bitte, daß diejenigen Herren, welche für den Antrag des Herrn Abgeordneten von Mirbach stimmen, mit „Ja“ antworten, und die dagegen stimmen, mit „Nein“.

Es wird mit dem Buchstaben T begonnen.

Ich ersuche die Herren Schriftführer, den Namensaufruf vorzunehmen.

(Der Namensaufruf wird vollzogen.)

Mit Ja antworten:	Mit Nein antworten:
Ackermann.	von Adelebsen.
Arbinger.	von Alten-Linden.
Freiherr von Aretin (Ingolstadt).	Baron von Arnswaldt.
Freiherr von Aretin (Illertissen).	
Graf von Arnim-Boitzenburg.	
Graf Ballestrem.	Dr. Bähr (Cassel).
von Batocki.	Baer (Offenburg).
Becker.	Dr. Bamberger.
Graf von Behr-Behrenhoff.	Bauer.
Bernards.	Dr. Baumgarten.
von Bethmann-Hollweg (Ober-Barnim).	Bebel.
	von Behr-Schmoldow.
Graf Bethusy-Huc.	von Benda.
Graf von Bismarck.	Bender.
Dr. Graf von Bissingen-Nippenburg.	von Bennigsen.
	Berger.
Freiherr von Bodman.	Graf von Bernstorff.
von Bötticher (Flensburg).	von Bernuth.
Borowski.	Dr. Beseler.
von Brand.	von Bethmann-Hollweg (Wirsitz).
Braun (Hersfeld).	Bezanson.
von Bredow.	Bieler (Frankenhain).
Freiherr von und zu Brenken.	Dr. Blum.
Brückl.	Dr. Bock.
Freiherr von Buddenbrock.	von Bockum-Dolffs.
von Bühler (Oehringen).	Bode.
von Buffe.	von Bönninghausen.
	Dr. Böttcher (Waldeck).
	Dr. Braun (Glogau).
	Dr. Brüel.
	Dr. Brüning.
	Büchner.
	Büsing.
	Bürten.

Mit Ja antworten:	Mit Nein antworten:
	Dr. Buhl.
	Dr. von Bunsen.
Graf von Chamaré.	Carl Fürst zu Carolath.
Clauswitz.	Dr. von Cuny.
von Colmar.	von Czarlinski.
von Cranach.	
Freiherr von Dalwigk-Lichtenfels.	Dr. Delbrück.
	Dernburg.
Datzl.	Dieden.
von Dewitz.	ten Doornkaat-Koolman.
Dietze.	Dr. Dreyer.
Graf zu Dohna-Finckenstein.	
Graf von Droste.	
	Freiherr von Ende.
	Eysoldt.
Fichtner.	Dr. Falk.
Findeisen.	Dr. von Feder.
von Flottwell.	Feustel.
von Forcade de Biaix.	Graf von Flemming.
Freiherr zu Franckenstein.	Flügge.
Graf von Frankenberg.	Dr. von Forckenbeck.
Dr. Franz.	Freund.
Dr. Frege.	Freytag.
Freiherr von Fürth.	Dr. Friedenthal.
Graf von Fugger-Kirchberg.	Fritzsche.
Graf von Galen.	Dr. Gareis.
von Gerlach.	Gerwig.
von Geß.	Gielen.
von Gordon.	Dr. Gneist.
von Goßler.	Görz.
Grad.	Dr. Groß.
Dr. von Grävenitz.	Grütering.
Graf von Grote.	Dr. Günther (Nürnberg).
Grützner.	
Guenther (Sachsen).	
Freiherr von Hafenbrädl.	Haanen.
Freiherr von Heereman.	Dr. Hänel.
Heilig.	Hall.
von Heim.	Hamm.
von Helldorff-Bedra.	Dr. Hammacher.
Fürst von Hohenlohe-Schillingsfürst.	Dr. Harnier.
	Hasselmann.
Fürst zu Hohenlohe-Langenburg.	Fürst von Hatzfeldt-Trachenberg.
	Heckmann-Stinzy.
Graf von Holstein.	von Helldorff-Runstedt.
Graf von Hompesch.	Hermes.
Horn.	Dr. Freiherr von Hertling.
	Hilf.
	von Hölder.
	Hoffmann.
	Holtzmann.
von Jagow.	Jäger (Nordhausen).
	Dr. Jäger (Reuß).
	Jaunez.
	Jordan.
von Karborff.	Kablé.
Katz.	von Kalkstein.
von Kesseler.	Dr. Karsten.
Klein.	Kayser.
von Kleist-Retzow.	von Kehler.
Graf von Kleist-Schmenzin.	Kiefer.

Mit Ja antworten:	Mit Nein antworten:
von König.	Klotz.
Kreutz.	Dr. Klügmann.
	Knoch.
	Kochann.
	Kopfer.
	Dr. Kraetzer.
	Kuntzen.
	von Kurnatowski.
Freiherr von Landsberg-Steinfurt.	Landmann.
	Laporte.
Lang.	Dr. Lasker.
Lender.	Lentz.
von Lenthe.	Freiherr von Lerchenfeld.
von Levetzow.	Liebknecht.
Dr. Lieber.	List.
Dr. Lingens.	Löwe (Berlin).
Dr. Lucius.	Dr. Löwe (Bochum).
von Ludwig.	Lüders.
von Lüderitz.	
Dr. Maier (Hohenzollern).	Dr. Marquardsen.
Dr. Majunke.	Maurer.
Freiherr von Manteuffel.	Meier (Schaumburg-Lippe).
Marcard.	Dr. Mendel.
Freiherr von Marschall.	Menken.
Dr. Mayer (Donauwörth).	Möring.
Michalski.	Müller (Gotha).
von Miller (Weilheim).	von Müller (Osnabrück).
Freiherr von Minnigerode.	Müller (Pleß).
Freiherr von Mirbach.	Dr. Müller (Sangerhausen).
Graf von Moltke.	
Dr. Moufang.	
Graf von Nayhauß-Cormons.	von Neumann.
North.	
Dr. von Ohlen.	Oechelhäuser.
von der Osten.	
Freiherr von Ow (Landshut).	
Freiherr von Ow (Freudenstadt).	
Dr. Perger.	Pabst.
Fürst von Pleß.	Dr. Peterssen.
Graf von Plessen.	Pfähler.
Dr. Pohlmann.	Pfafferott.
Graf von Praschma.	Pflüger.
Graf von Preysing.	
von Puttkamer (Löwenberg).	
von Puttkamer (Lübben).	
von Puttkamer (Schlawe).	
Prinz Radziwill (Beuthen).	Freiherr Nordeck zur Rabenau.
Herzog von Ratibor.	von Reden (Lüneburg).
von Ravenstein.	Dr. Reichensperger (Krefeld).
von Reden (Celle).	Reichensperger (Olpe).
Reich.	Richter (Hagen).
Reichert.	Rickert (Danzig).
Reinhardt.	Römer (Hildesheim).
Dr. Rentzsch.	Römer (Württemberg).
Richter (Kattowitz).	Dr. Roggemann.
Richter (Meißen).	Ruppert.
Graf von Rittberg.	
Saro.	von Saucken-Tarputschen.
Graf von Saurma-Jeltsch.	Dr. von Schauß.
von Schalscha.	Schlieper.
von Schenck-Flechtingen.	Schlutow.

Mit Ja antworten:	Mit Nein antworten:
von Schenck-Kawenczyn.	Schmidt (Zweibrücken).
Schenk (Köln).	Schmitt-Batiston.
Dr. von Schliedmann.	Schneegans.
von Schmid (Württemberg).	Dr. Schulze-Delitzsch.
Schmiedel.	Schwarz.
Graf von Schönborn-Wiesentheid.	von Sczaniecki.
	Senestrey.
von Schöning.	Graf von Sierakowski.
Schröder (Lippstadt).	Sonnemann.
Servaes.	Stegemann.
von Seydewitz.	Stellter.
von Simpson-Georgenburg.	Dr. Stephani.
Freiherr von Soden.	Strecker.
Staelin.	Streit.
Staudy.	Struve.
Dr. Stöckl.	
Graf zu Stolberg-Stolberg (Neustadt).	
Theodor Graf zu Stolberg-Wernigerode.	
Udo Graf zu Stolberg-Wernigerode.	
Stumm.	
Süs.	
Freiherr von Tettau.	Trautmann.
Thilo.	Dr. von Treitschke.
Triller.	
Uhden.	Freiherr von Unruhe-Bomst.
Freiherr von Varnbüler.	Vahlteich.
Vopel.	Dr. Völk.
Vowinckel.	
Freiherr von Wackerbarth.	Dr. Wachs.
Dr. von Waenker.	Dr. Wehrenpfennig.
Graf von Waldburg-Zeil.	Dr. Weigel.
von Wedell-Malchow.	Werner (Liegnitz).
Freiherr von Wendt.	Dr. Westermayer.
von Werner (Eßlingen).	Dr. Wiggers (Güstrow).
Wichmann.	Wiggers (Parchim).
von Woedtke.	Windthorst.
	Dr. Witte (Mecklenburg).
	Witte (Schweidnitz).
	Wöllmer.
	Dr. Wolffson.
	Wulfshein.
	Dr. Zimmermann.
	Dr. Zinn.
	Freiherr von Zu-Rhein.

Krank sind: von Below. Bracke. Fürst von Czartoryski. Leonhard. Dr. Oetker. Freiherr von Schorlemer-Alst. Dr. Schröder (Friedberg). Freiherr Schenk von Stauffenberg. Tölke. von Unruh (Magdeburg).

Beurlaubt sind: Dr. Boretius. Forkel. Haerle. Hauck. von Knapp. Melbeck. Freiherr von Pfetten. Reinecke. Dr. Rudolphi. Dr. Rückert (Meiningen). Dr. Thilenius. Wiemer.

Entschuldigt sind: Franssen. Freiherr von Maltzahn-Gültz. Merz. von Puttkamer (Fraustadt). Rußwurm. Dr. von Schwarze. von Schwendler. Dr. Sommer. von Waldow-Reitzenstein.

Ohne Entschuldigung fehlen: Bolza. Dollfus. Germain. von Grand-Ry. Guerber. Freiherr von Horneck-Weinheim. Dr. von Jazdzewski. Dr. von Komierowski. Krafft. Krüger. Graf von Kwilecki. Dr. Lindner. Lorelte. Graf von Luxburg. Magdzinski. Martin. Dr Merkle. Dr. Meyer (Schleswig). Mosle. Dr. von Niegolewski. Dr. Rack. Fürst Radziwill (Adelnau). Dr. Simonis. Stötzel. von Turno. Winterer. Graf von Zółtowski.

Präsident: Die Abstimmung ist geschlossen.

(Das Resultat wird ermittelt.)

Das Resultat der Abstimmung ist folgendes. Abgegeben sind 334 Stimmen; es haben geantwortet mit Ja 161 und mit Nein 173. Der Antrag des Herrn Abgeordneten Freiherrn von Mirbach ist also abgelehnt.

Wir gehen nun über, meine Herren, zur Abstimmung, die ebenfalls eine namentliche ist, über Nr. 9a der Regierungsvorlage. Es ist von den Herren, welche die namentliche Abstimmung beantragt haben, angeregt worden, in derselben Abstimmung auch die Lit. b der Vorlage — Roggen, Gerste, Mais und Buchweizen — zu verbinden. Ich bitte, daß die Herren sich darüber aussprechen, ob Sie mit der Verbindung der Positionen in der Abstimmung einverstanden sind. — Da niemand widerspricht, nehme ich das an.

Ich bitte jetzt den Herrn Schriftführer, die Nummern aufzurufen, — Sie erlassen vielleicht die Verlesung der beiden Positionen.

(Zustimmung.)

Dann bitte ich, daß die Herren Schriftführer zum Namensaufruf schreiten.

Der Namensaufruf beginnt mit dem Buchstaben U.

Ich bitte diejenigen Herren, welche zustimmen, mit Ja zu antworten, — welche nicht zustimmen, mit Nein.

Ich bitte, möglichst ruhig zu sein, damit die Herren Schriftführer auch Ihre Abstimmung deutlich vernehmen.

Zur Geschäftsordnung hat der Herr Abgeordnete von König das Wort.

Abgeordneter **von König**: Es sind Zweifel darüber entstanden, worüber abgestimmt werden soll, ob einfach über die Regierungsvorlage in Betreff des Getreides, oder auch noch über etwas anderes.

Präsident: Meine Herren, es wird über die Regierungsvorlage a und b abgestimmt, und ich habe ausdrücklich angefragt, ob Sie wünschen, daß die Regierungsvorlage nochmals verlesen werden möchte; das hat man abgelehnt, und ich habe geglaubt, daß kein Zweifel mehr sein könnte, was unter a und b zu verstehen sei.

Ich bitte, jetzt mit dem Namensaufruf zu beginnen.

(Der Namensaufruf wird vollzogen.)

Mit Ja antworten:	Mit Nein antworten:
Ackermann.	von Adelebsen.
von Alten-Linden.	Baron von Arnswaldt.
Arbinger.	
Freiherr von Aretin (Ingolstadt).	
Freiherr von Aretin (Illertissen).	
Graf von Arnim-Boitzenburg.	
Dr. Bähr (Cassel).	Baer (Offenburg).
Graf Ballestrem.	Dr. Bamberger.
von Batocki.	Dr. Baumgarten.
Bauer.	Bebel.
von Benda.	Becker.
Bender.	von Behr-Schmoldow.
von Bennigsen.	Graf von Behr-Behrenhoff.
Berger.	Graf von Bernstorff.
Bernards.	Dr. Beseler.

Mit Ja antworten:

von Bernuth.
von Bethmann-Hollweg (Ober-Barnim).
von Bethmann-Hollweg (Wirsitz).
Graf Bethusy-Huc.
Bezanson.
Bieler (Frankenhain).
Graf von Bismarck.
Dr. Graf von Bissingen-Nippenburg.
Dr. Bock.
von Bockum-Dolffs.
Bode.
Freiherr von Bodman.
von Bönninghausen.
von Bötticher (Flensburg).
Borowski.
von Brand.
Brann (Hersfeld).
von Bredow.
Freiherr von u. zu Brenken.
Brückl.
Freiherr von Buddenbrock.
von Bühler (Oehringen).
Dr. Buhl.
von Busse.

Graf von Chamaré.
Clauswitz.
von Colmar.
von Cranach.
Dr. von Cuny.

Freiherr von Dalwigk-Lichtenfels.
Datzl.
von Dewitz.
Dieden.
Dietze.
Graf zu Dohna-Finckenstein.
Graf von Droste.
Freiherr von Ende.

Dr. Falk.
Feustel.
Fichtner.
Findeisen.
Graf von Flemming.
von Flottwell.
von Forcade de Biaix.
Freiherr zu Franckenstein.
Graf von Frankenberg.
Dr. Franz.
Dr. Frege.
Freytag.
Dr. Friedenthal.
Freiherr von Fürth.
Graf von Fugger-Kirchberg.

Graf von Galen.
von Gerlach.
von Geß.
Gielen.
Dr. Gneist.
von Gordon.
von Goßler.
Grad.
Dr. von Grävenitz.
Dr. Groß.

Mit Nein antworten:

Dr. Blum.
Dr. Böttcher (Waldeck).
Dr. Braun (Glogau).
Dr. Brüel.
Dr. Brüning.
Büchner.
Büsing.
Bürten.
Dr. von Bunsen.

von Czarlinski.

Dr. Delbrück.
Dernburg.
ten Doornkaat-Koolman.
Dr. Dreyer.

Eysoldt.

Dr. von Feder.
Flügge.
Dr. von Forckenbeck.
Freund.
Fritzsche.

Dr. Gareis.
Gerwig.
Görz.
Dr. Günther (Nürnberg).

Mit Ja antworten:

Graf von Grote.
Grütering.
Grützner.
Günther (Sachsen).

Haanen.
Hamm.
Dr. Hammacher.
Fürst von Hatzfeldt-Trachenberg.
Heckmann-Stintzy.
Freiherr von Heereman.
Heilig.
von Heim.
von Helldorff-Bebra.
von Helldorff-Runstedt.
Dr. Freiherr von Hertling.
von Hölder.
Fürst von Hohenlohe-Schillingsfürst.
Fürst zu Hohenlohe-Langenburg.
Graf von Holstein.
Graf von Hompesch.
Horn.

von Jagow.
Jaunez.
Jordan.

von Kardorff.
Katz.
von Kehler.
von Kesseler.
Klein.
von Kleist-Retzow.
Graf von Kleist-Schmenzin.
Kochann.
von König.
Krafft.
Kreutz.

Landmann.
Freiherr von Landsberg-Steinfurt.
Lang.
Laporte.
Lender.
von Lenthe.
Freiherr von Lerchenfeld.
von Levetzow.
Dr. Lieber.
Dr. Lingens.
Dr. Löwe (Bochum).
Dr. Lucius.
von Ludwig.
von Lüderitz.

Dr. Maier (Hohenzollern).
Dr. Majunke.
Freiherr von Manteuffel.
Marcard.
Freiherr von Marschall.
Dr. Mayer (Donauwörth).
Menken.
Michalski.
von Miller (Weilheim).
Freiherr von Minnigerode.
Freiherr von Mirbach.
Graf von Moltke.

Mit Nein antworten:

Dr. Hänel.
Freiherr von Hafenbrädl.
Hall.
Dr. Harnier.
Hasselmann.
Hermes.
Hilf.
Hoffmann.
Holtzmann.

Jäger (Nordhausen).
Dr. Jäger (Reuß).

Kablé.
von Kalkstein.
Dr. Karsten.
Kayser.
Kiefer.
Klotz.
Dr. Klügmann.
Knoch.
Kopfer.
Dr. Kraetzer.
Kuntzen.
von Kurnatowski.

Dr. Lasker.
Lentz.
Liebknecht.
List.
Löwe (Berlin).
Lüders.

Magdzinski.
Dr. Marquardsen.
Maurer.
Meier (Schaumburg-Lippe).
Dr. Mendel.
Möring.
Müller (Gotha).
von Müller (Osnabrück).

Mit Ja antworten:	Mit Nein antworten:
Mosle.	
Dr. Moufang.	
Müller (Pleß).	
Dr. Müller (Sangerhausen).	
Graf von Nayhauß-Cormons.	
von Neumann.	
North.	
Dr. von Ohlen.	Oechelhäuser.
von der Osten.	
Freiherr von Ow (Landshut).	
Freiherr von Ow (Freudenstadt).	
Dr. Perger.	Pabst.
Pfähler.	Dr. Peterssen.
Fürst von Pleß.	Pfafferott.
Graf von Plessen.	Pflüger.
Dr. Pohlmann.	
Graf von Praschma.	
Graf von Preysing.	
von Puttkamer (Löwenberg).	
von Puttkamer (Lübben).	
von Puttkamer (Schlawe).	
Freiherr Nordeck zur Rabenau.	von Reden (Lüneburg).
Prinz Radziwill (Beuthen).	Richter (Hagen).
Herzog von Ratibor.	Rickert (Danzig).
von Ravenstein.	Römer (Hildesheim).
von Reden (Celle).	Dr. Roggemann.
Reich.	
Dr. Reichensperger (Crefeld).	
Reichensperger (Olpe).	
Reichert.	
Reinhardt.	
Dr. Rentzsch.	
Richter (Kattowitz).	
Richter (Meißen).	
Graf von Rittberg.	
Römer (Württemberg).	
Ruppert.	
Saro.	von Saucken-Tarputschen.
Graf von Saurma-Jeltsch.	Schlieper.
von Schalscha.	Schlutow.
Dr. von Schauß.	Dr. Schulze-Delitzsch.
von Schenck-Flechtingen.	Schwarz.
von Schenck-Kawenczyn.	von Sczaniecki.
Schenk (Köln).	Graf von Sierakowski.
Dr. von Schliekmann.	Sonnemann.
von Schmid (Württemberg).	Stellter.
Schmidt (Zweibrücken).	Dr. Stephani.
Schmiedel.	Streit.
Schneegans.	Struve.
Graf von Schönborn-Wiesentheid.	
von Schöning.	
Schröder (Lippstadt).	
Senestrey.	
Servaes.	
von Seydewitz.	
Dr. Simonis.	
von Simpson-Georgenburg.	
Freiherr von Soden.	
Staelin.	
Standy.	
Stegemann.	
Dr. Stöckl.	

Mit Ja antworten:	Mit Nein antworten:
Graf zu Stolberg-Stolberg (Neustadt).	
Theodor Graf zu Stolberg-Wernigerode.	
Udo Graf zu Stolberg-Wernigerode.	
Strecker.	
Stumm.	
Süs.	
Freiherr von Tettau.	Trautmann.
Thilo.	Dr. von Treitschke.
Triller.	
Uhden.	Freiherr von Unruhe-Bomst.
Freiherr von Varnbüler.	Vahlteich.
Dr. Völk.	
Vopel.	
Vowinckel.	
Dr. Wachs.	Dr. Wehrenpfennig.
Freiherr von Wackerbarth.	Dr. Weigel.
Graf von Waldburg-Zeil.	Werner (Liegnitz).
von Wedell-Malchow.	Dr. Wiggers (Güstrow).
Freiherr von Wendt.	Wiggers (Parchim).
von Werner (Eßlingen).	Dr. Witte (Mecklenburg).
Dr. Westermayer.	Wöllmer.
Wichmann.	Dr. Wolfsson.
Windthorst.	Wulfshein.
Witte (Schweidnitz).	
von Woedtke.	
Dr. Zinn.	Dr. Zimmermann.
	Freiherr von Zu-Rhein.

Der Abstimmung enthält sich: Carl Fürst zu Carolath.

Krank sind: von Below. Bracke. Fürst von Czartoryski. Leonhard. Dr. Oetker. Freiherr von Schorlemer-Alst. Dr. Schröder (Friedberg). Freiherr Schenk von Stauffenberg. Tölke. von Unruh (Magdeburg).

Beurlaubt sind: Dr. Voretius. Forkel. Haerle. Hauck. von Knapp. Melbeck. Freiherr von Pfetten. Reinecke. Dr. Rudolphi. Dr. Rückert (Meiningen). Dr. Thilenius. Wiemer.

Entschuldigt sind: Franssen. Freiherr von Maltzahn-Gültz. Merz. von Puttkamer (Fraustadt). Rußwurm. Dr. von Schwarze. von Schwendler. Dr. Sommer. von Waldow-Reitzenstein.

Ohne Entschuldigung fehlen: Bolza. Dollfus. Germain. von Grand-Ry. Guerber. Freiherr von Horneck-Weinheim. Dr. von Jazdzewski. Dr. von Komierowski. Krüger. Graf von Kwilecki. Dr. Lindner. Lorette. Graf von Luxburg. Martin. Dr. Merkle. Dr. Meyer (Schleswig). Dr. von Niegolewski. Dr. Rack. Fürst Radziwill (Adelnau). Schmitt-Batiston. Stötzel. von Turno. Dr. von Waenker. Winterer. Graf von Zoltowski.

Präsident: Die Abstimmung ist geschlossen.

(Das Resultat wird ermittelt.)

Das Resultat der Abstimmung ist: abgegeben haben 336 Mitglieder ihre Stimmen; davon haben mit Ja geantwortet 226, mit Nein 109, ein Herr hat sich der Abstimmung enthalten. Die Positionen Nr. 9a und b sind hiernach angenommen.

Meine Herren, es liegen mir zwei Vertagungsanträge vor. Ich darf wohl nicht erst fragen, ob Sie die Vertagungsanträge unterstützen wollen, sondern nehme an — das Haus macht mir diesen Eindruck —, daß Sie ohne Abstimmung die Vertagung genehmigen. — Es widerspricht niemand; die Vertagung ist angenommen.

Meine Herren, ich schlage Ihnen vor, morgen früh 11 Uhr die nächste Sitzung zu halten und auf die Tagesordnung derselben zu setzen:

1. die Wahl des ersten Vizepräsidenten;
2. Berathung der Denkschrift über die Ausführung der Anleihegesetze vom 27. Januar 1875; 3. Januar 1876; 3. Januar, 10., 21. und 23. Mai 1877; ferner vom 29. April, 8. Mai und 12. Juni 1878 (Nr. 134 der Drucksachen);
3. erste Berathung der Zusammenstellung der von den betheiligten Regierungen und Verwaltungen fernerweit aufgestellten Liquidationen über die auf Grund des Art. V Ziffer 1 bis 7 des Gesetzes vom 8. Juli 1872 aus der französischen Kriegskostenentschädigung zu ersetzenden Beträge (Nr. 142 der Drucksachen);
4. Berathung des Berichts der Reichsschuldenkommission:
   I. über die Verwaltung des Schuldenwesens des norddeutschen Bundes, beziehungsweise des deutschen Reichs;
   II. über ihre Thätigkeit in Ansehung der ihr übertragenen Aufsicht über die Verwaltung
      a) des Reichsinvalidenfonds,
      b) des Festungsbaufonds und
      c) des Fonds zur Errichtung des Reichstagsgebäudes;
   III. über den Reichskriegsschatz und
   IV. über die An- und Ausfertigung, Einziehung und Vernichtung der von der Reichsbank auszugebenden Banknoten,

   (Nr. 184 der Drucksachen);
5. erste und zweite Berathung des Entwurfs eines Gesetzes, betreffend die Feststellung eines zweiten Nachtrags zum Reichshaushaltsetat für das Etatsjahr 1879/80 (Nr. 185 der Drucksachen);
6. Fortsetzung der zweiten Berathung des Zolltarifs, und zwar des Restes der heutigen Tagesordnung.

Ich frage, ob die Herren mit meinen Vorschlägen einverstanden sind? — Es widerspricht niemand; ich konstatire, daß die Tagesordnung nach meinem Vorschlage angenommen ist, und daß mit derselben morgen um 11 Uhr die Sitzung stattfindet.

Ich schließe die heutige Sitzung.

(Schluß der Sitzung 5 Uhr 45 Minuten.)

Druck und Verlag der Buchdruckerei der Nordd. Allgem. Zeitung. Pindter.
Berlin, Wilhelmstraße 32.

52. Sitzung

am Sonnabend den 24. Mai 1879.

Die Sitzung wird um 11 Uhr 25 Minuten durch den Präsidenten von Seydewitz eröffnet.

Präsident: Die Sitzung ist eröffnet.

Das Protokoll über die gestrige Sitzung liegt zur Einsicht auf dem Büreau aus.

Ich habe dem hohen Reichstag anzuzeigen, daß ich Kraft der mir zustehenden Befugniß Urlaub ertheilt habe: dem Herrn Abgeordneten Grafen von Behr-Behrenhoff für vier Tage, dem Herrn Abgeordneten Bebel für vier Tage, dem Herrn Abgeordneten Liebknecht für fünf Tage, dem Herrn Abgeordneten Servaes für acht Tage, dem Herrn Abgeordneten Klein für acht Tage, — sämmtlichen Herren wegen dringender Geschäfte; — dem Herrn Abgeordneten Dr. Harnier bis zum 29. dieses Monats wegen wichtiger unaufschieblicher Dienstgeschäfte, dem Herrn Abgeordneten Dr. Jäger (Reuß) für acht Tage wegen dringender Berufsgeschäfte.

Für längere Zeit hat um Urlaub nachgesucht: der Herr Abgeordnete von Below und zwar für vier Wochen auf Grund ärztlichen Attestes. — Wenn im hohen Reichstag nicht widersprochen wird, so nehme ich an, daß der beantragte Urlaub ertheilt wird. — Ich konstatire, daß der Urlaub genehmigt ist.

Ebenso hat der Herr Abgeordnete von Woedtke für sechs Wochen zum Gebrauch einer Brunnen- und Badekur um Urlaub nachgesucht. Ich nehme auch hier an, daß der hohe Reichstag den Urlaub bewilligt, wenn kein Widerspruch erfolgt. — Ich konstatire, daß das nicht der Fall ist.

Entschuldigt für die heutige Sitzung ist der Herr Abgeordnete von Bethmann-Hollweg (Oberbarnim) wegen dringender Amtsgeschäfte.

Ich ersuche den geehrten Herrn Schriftführer, die Resultate der Ersatzwahlen für die Kommissionen zu verlesen.

Schriftführer Abgeordneter **Thilo**: In die Kommission für die Geschäftsordnung ist an Stelle des Herrn Abgeordneten von Seydewitz

von der 7. Abtheilung der Herr Abgeordnete von Helldorff-Bebra,

in die Kommission zur Vorberathung des Zolltarifs an Stelle des Herrn Abgeordneten von Seydewitz

von der 5. Abtheilung der Herr Abgeordnete von Puttkamer (Löwenberg)

und in die Kommission zur Vorberathung der Gesetzentwürfe:

a) wegen Erhebung der Brausteuer,

b) betreffend die Erhöhung der Brausteuer,

an Stelle des Herrn Abgeordneten von Puttkamer (Fraustadt)

von der 4. Abtheilung der Herr Abgeordnete Schlutow

gewählt.

Präsident: Ich habe Ihnen noch anzuzeigen, meine Herren, daß der Herr Abgeordnete von Puttkamer (Löwenberg) in Folge seiner Wahl zur Tarifkommission gebeten hat, ihn aus der 17. Kommission zu entlassen. — Ich nehme an, daß Sie damit einverstanden sind, und ersuche die 5. Abtheilung, an Stelle des Herrn Abgeordneten von Puttkamer (Löwenberg) ein Mitglied für die 17. Kommission heute nach Schluß der Sitzung zu wählen.

Meine Herren, wir treten in die Tagesordnung ein. Erster Gegenstand der Tagesordnung ist:

Wahl des ersten Vizepräsidenten.

Ich brauche Ihnen die Bestimmungen des § 9 der Geschäftsordnung, welche für die Wahl maßgebend sind, nicht wiederholt vorzutragen und bitte den Herrn Schriftführer, den Namensaufruf vorzunehmen.

Der Namensaufruf beginnt heute mit dem Buchstaben B.

Ich bitte, daß diejenigen Herren, welche anwesend sind und ihre Stimme abgeben, durch ein lautes „Hier“ ihre Anwesenheit bekunden.

(Der Namensaufruf und die Abgabe der Stimmzettel erfolgt.)

Die Abstimmung ist geschlossen.

(Das Resultat wird ermittelt.)

Das Resultat der Wahl, meine Herren, ist, daß im ganzen abgegeben worden sind 301 Stimmzettel; davon waren 103 Zettel unbeschrieben, also ungültig; es bleiben übrig 198. Davon ist die absolute Majorität 100. Es haben erhalten:

der Herr Abgeordnete Freiherr zu Franckenstein 162 Stimmen,
= = = Dr. Völk 25 =
= = = von Benda 3 =
= = = Dr. Lucius 3
= = = Dr. Beseler 2 =
= = = von Bernuth 1 =
= = = von Kardorff 1 =
= = = Graf von Bethusy-Huc 1 =

Der Herr Abgeordnete Freiherr zu Franckenstein ist hiernach mit absoluter Majorität zum ersten Vizepräsidenten gewählt, und ich frage denselben, ob er die Wahl zum ersten Vizepräsidenten annimmt.

Abgeordneter Freiherr **zu Franckenstein**: Ich danke Ihnen, meine Herren, für das ehrende Vertrauen, welches Sie mir durch die Wahl zum ersten Vizepräsidenten dieses Hauses erwiesen haben. Ich erkläre mich zur Annahme der Wahl bereit und verspreche Ihnen, wenn ich berufen werden sollte, die Leitung der Berathungen in dem hohen Hause zu übernehmen, es mit der Unparteilichkeit zu thun, die Sie von mir erwarten werden und verlangen können.

(Bravo!)

Präsident: Meine Herren, wir gehen zu Nr. 2 der Tagesordnung über:

Berathung der Denkschrift über die Ausführung der Anleihegesetze vom 27. Januar 1875; 3. Januar 1876; 3. Januar, 10., 21. und 23. Mai 1877; ferner vom 29. April, 8. Mai und 12. Juni 1878 (Nr. 134 der Drucksachen).

Die Berathung ist eine einmalige.

Ich eröffne die Diskussion über diese Nummer der Tagesordnung. — Es verlangt niemand das Wort; ich schließe die Diskussion. Anträge sind zu diesem Gegenstand von keiner Seite gestellt; ich konstatire darum nur, daß durch die Vorlage den Bestimmungen des Gesetzes genügt worden ist, wie dies auch in früheren Jahren geschehen ist.

Wir gehen über zu Nr. 3 der Tagesordnung:

erste Berathung der Zusammenstellung der von den betheiligten Regierungen und Verwaltungen fernerweit aufgestellten Liquidationen über die auf Grund des Art. V Ziffer 1 bis 7 des Gesetzes vom 8. Juli 1872 aus der französischen Kriegskostenentschädigung zu ersetzenden Beträge (Nr. 142 der Drucksachen).

Ich eröffne die Debatte über diesen Gegenstand der Tagesordnung.

Der Herr Abgeordnete Rickert (Danzig) hat das Wort.

Abgeordneter **Rickert** (Danzig): Ich möchte anheim geben, diese Nummer der Tagesordnung wie in früheren Jahren der Rechnungskommission zu überweisen, — und möchte, wenn der Herr Präsident mir dies hinzuzufügen gestattet, den Antrag auf Nummer 4 ebenfalls ausdehnen.

Präsident: Es ist der Antrag gestellt worden, diesen Gegenstand der Tagesordnung, wie in früheren Jahren, der Rechnungskommission zu überweisen. Widerspricht jemand dem Antrage? — Das ist nicht der Fall. Ich nehme an, daß Sie ohne Abstimmung den Antrag genehmigen.

Wir kommen zu Nr. 4 der Tagesordnung:

Berathung des Berichts der Reichsschuldenkommission:
I. **über die Verwaltung des Schuldenwesens des norddeutschen Bundes, beziehungsweise des deutschen Reichs;**
II. **über ihre Thätigkeit in Ansehung der ihr übertragenen Aufsicht über die Verwaltung**
a) **des Reichsinvalidenfonds,**
b) **des Festungsbaufonds, und**
c) **des Fonds zur Errichtung des Reichstagsgebäudes;**
III. **über den Reichskriegsschatz und**
IV. **über die An- und Ausfertigung, Einziehung und Vernichtung der von der Reichsbank auszugebenden Banknoten,**
(Nr. 184 der Drucksachen).

Der Herr Abgeordnete Rickert hat vorhin schon beantragt, diesen Gegenstand der Tagesordnung wie den vorhergehenden zu behandeln. Ich frage, ob dem widersprochen wird. — Ich konstatire, daß dies nicht der Fall ist; und dieser Gegenstand ist hiernach der Rechnungskommission überwiesen.

Meine Herren, wir gehen über zu Nr. 5 der Tagesordnung:

erste und zweite Berathung des Entwurfs eines Gesetzes, betreffend die Feststellung eines zweiten Nachtrags zum Reichshaushaltsetat für das Jahr 1879/80 (Nr. 185 der Drucksachen).

Ich habe zu bemerken, daß hierbei als Kommissarien des Bundesraths heute die Herren Geheimen Oberposträthe Dr. Fischer und Sachse fungiren werden.

Ich eröffne die Generaldebatte.

Der Herr Abgeordnete Dr. Zimmermann hat das Wort.

Abgeordneter Dr. **Zimmermann:** Meine Herren, die gegenwärtige Vorlage ist die Konsequenz Ihres früheren Beschlusses, nachdem man die Vereinigung der Deckerschen Buchdruckerei als Reichsdruckerei mit der Staatsdruckerei zu einem Institut in Aussicht genommen hatte, ein Plan, der ja wohl Anerkennung verdient, weil gar keine sachlichen Gründe vorhanden sind, weshalb zwei solche Staatsinstitute neben einander in irgend einer Form bestehen sollten.

Meine Herren, als Ihnen der Etat der Geheimen Oberhofbuchdruckerei für das Jahr 1878/79 vorgelegt wurde, handelte es sich natürlich um die Frage, welchen Geschäftsumfang eigentlich diese neue Reichsdruckerei nun haben sollte. Ich brauche wohl nicht darauf hinzuweisen, daß ja die Berührungspunkte der offiziellen Druckerei mit der Privatindustrie außerordentlich nahe liegen; die Denkschrift, welche den erwähnten Etatentwurf von 1878/79 begleitete, hatte diesen Gedanken wohl erfaßt und hat sich in Ansehung dieses Punktes dahin geäußert: „Die Bestimmungen über den Umfang des Betriebes, der vom Reich erworbenen Druckerei sollen dem Gesetze vom 23. Mai 1877 gemäß, vermöge gesetzlicher Feststellung erfolgen.“

Außerdem wurde aber in jener Denkschrift zugesichert, daß vorläufig der damals bestehende interimistische Zustand beibehalten werden solle und daß demgemäß die Verwendung nur zu unmittelbaren Zwecken des Reiches und des preußischen Staates in dem bisherigen Umfang statthaben sollte, und zwar so lange, bis der Betriebsumfang nicht gesetzlich geregelt sein würde. In Ausführung dieses Gedankens wurde Ihnen vor wenigen Tagen die weitere Vorlage über den Ankauf der Staatsdruckerei gemacht, um dadurch die wünschenswerthe Vereinigung herbeizuführen. Bei Gelegenheit dieser Vorlage war auch zugleich die darans folgende nothwendige Berichtigung zur Ergänzung des Reichshaushaltsetats vorgesehen. Hierbei aber erheben sich nun mehrfache Bedenken darüber, wie weit der Privatindustrie hier von der Staatsindustrie eine unzuträgliche Konkurrenz gemacht werden könnte, Bedenken, welche ihre Begründung hauptsächlich in der neuen Denkschrift, die der zweiten Vorlage zugefügt war, die von den Grundsätzen jener Denkschrift, welche der Etatvorschlag von 1878 und 1879 enthielt, bedeutend und wesentlich abweicht. Meine Herren, auch diese neuere Denkschrift spricht sich wesentlich über den intendirten Umfang dessen aus, was die neue einheitliche Druckerei leisten soll, in den in dieser Denkschrift entwickelten Ansichten, meine Herren, liegen die hauptsächlichsten Gefahren für eine Beeinträchtigung der Privatindustrie. Aus dieser Denkschrift entwickelt sich daher die Nothwendigkeit einer sorgfältigen Prüfung der Vorlage insbesondere betreffs des Geschäftsumfangs, der durch das Gesetz zunächst durch Sie festgestellt werden soll. Die so bedenklichen Aeußerungen in der Denkschrift fassen sich dahin zusammen.

Die Druckerei soll im wesentlichen bestimmt sein zu unmittelbaren Zwecken für das Reich und die einzelnen Bundesstaaten. Meine Herren, das ist schon ein so weitschichtiger Ausdruck, welchem man in der That nicht die Bedeutung einer gesetzlichen Feststellung beilegen kann. Mit diesem Satz ist in der That nichts festgestellt. Nun heißt es aber weiter, die künftige Reichsdruckerei soll auch ermächtigt sein, Arbeiten von „städtischen“ — und nun folgt ein etwas stark allgemeiner Begriff, ein „Und so weiter“ in Abkürzungszeichen „Behörden, Korporationen so wie solche Arbeiten zu übernehmen, deren technische Herstellung mit großen Schwierigkeiten, nur mit Hilfsmitteln der Reichsdruckerei zu erreichen, verbunden ist.“

Nun, meine Herren, damit ist ja die Reichsdruckerei klar auf dem rechten Wege, sich die Druckarbeiten der Privatindustrie aller Kommunen, Behörden und aller Korporationen mit Ihrer

Zustimmung zu bemächtigen. Meine Herren, meines Erachtens ist das gar nicht Ihre Absicht und wird das der Gegenstand sein, den Sie einer besonderen Prüfung zu unterwerfen haben werden.

Meine Herren, was die Bezugnahme auf technische Herstellung mit den besonderen Hilfsmitteln der Reichsdruckerei anlangt, so darf ich wohl bewerken, daß die Kunstdruckerei in Deutschland, insbesondere aber in Leipzig einen sehr hohen Aufschwung genommen hat, und daß Sie da auch auf der gegenwärtigen Ausstellung hier in Berlin Spezimina sehen, welche die vollste Beachtung verdienen, und die Ihnen den Beweis liefern, daß Sie ganz getrost die Kunstdruckerei ihrer eigenen Entwickelung überlassen dürfen, wie Sie ja die Gewerbeausstellung aus der eigenen Initiative der Gewerbetreibenden, ohne büreaukratische Führung, haben hervorgehen sehen, und ich glaube, nicht zur Unehre unserer Industrie, sondern zu dereu höchstem Ruhm. Also diese Fürsorge im Gesetze für irgend eine Branche der Industrie überlassen Sie vertrauungsvoll der freien Entwickelung; auf alle Fälle aber prüfen Sie die Frage überhaupt, wie weit Sie in der Privatindustrie der Reichsdruckerei gehen wollen.

Meine Herren, man möchte glauben, daß mit den obigen Andeutungen die Grenzen der Industrie der Reichsdruckerei eigentlich schon einen so großen Umfang gewinnen dürften, daß man strenggenommen, eine noch ausgedehntere Erweiterung nicht erwarten sollte. Dem ist nicht so, diese Denkschrift stellt noch etwas Weiteres in Aussicht: die Reichsdruckerei soll sogar noch weiter die Befugniß erhalten, auch von Privatpersonen Werke, deren Verbreitung wissenschaftliche oder Kunstinteressen wesentlich zu fördern geeignet ist, ausnahmsweise zum Druck zu übernehmen. Damit sehen Sie den direkten Eintritt in die eigentliche Privatindustrie. Meine Herren, wir stehen ja, und ich glaube, Sie stehen auch auf dem Standpunkt, daß Sie die Verwandlung der Privatindustrie in Staatsindustrie für etwas Verwerfliches halten, eine Idee, die auf einer Seite angestrebt ist, der Sie auf das Entschiedenste entgegentreten, weil Sie den Staat nicht zugleich als den Vertreter und Inhaber der gesammten Industrie ansehen wollen. Es wäre eine sehr gefährliche Bahn, die Sie hier betreten, wenn Sie die so in Aussicht gestellte Konkurrenz eröffnen wollen. Meine Herren, das ist der Hauptgrund, weshalb ich den Antrag stelle, diese Vorlage zu einer vorgängigen Erwägung an die Budgetkommission zu verweisen.

Meine Herren, gestatten Sie mir, noch einige andere Bedenken Ihnen aus dieser Vorlage vorzuführen. Es ist zur Empfehlung derselben angeführt worden, daß das Geschäft schon über eine Million Mark Gewinn — vielleicht ist die Zahl nicht ganz genau — genug, bedeutenden Gewinn abgeworfen oder in Aussicht stelle. Meine Herren, das ist ein sehr bedenklicher Punkt. Sie wissen, daß jeder Fiskus an und für sich eine natürliche Abneigung gegen Steuerzahlung hat und daß diese Abneigung sich bei dem Reichsfiskus in noch weit höherer Potenz entwickelt hat. Es möchte also hier die Frage entstehen, wenn diese gewerblichen Arbeiten der Staatsindustrie einen so hohen Gewinn gebracht haben, ist denn da auch der Steuerfiskus gehörig berücksichtigt worden, und wie wollen Sie den Steuerfiskus zu solchem gewerblichen Gewinn stellen? Soll diese Abneigung, die der Reichsfiskus so eklatant an den Tag legt, irgendwelche Steuern zu bezahlen, auch hierauf Anwendung finden? Wollen Sie die Privatindustrie in den Händen des Staates steuerfrei machen? Auf welcher Bahn befinden Sie sich, meine Herren? Nun ist weiter gesagt worden, und zwar war das der Ausdruck der Denkschrift, „die Druckerei solle nur in dem bisherigen Umfang verwendet werden", es war auch eine dahin gerichtete Zusicherung gegeben worden. Bei diesem Punkt scheint es mir, als ob an maßgebender Stelle irrthümliche Auffassungen obgewaltet haben. Meine Herren, vor einiger Zeit, vor wenigen Tagen brachte ein sehr gelesenes Blatt in Berlin, die Vossische Zeitung, eine Beilage und zwar eine Beilage eines Fahrplans für verschiedene Bahnen, dabei auch denjenigen der Berlin-Dresdener Eisenbahn, und als ich zufälligerweise mein Augenmerk auf den Druckort warf, las ich: „gedruckt in der vormaligen geheimen Oberhofbuchdruckerei unter Reichsverwaltung". Nun, meine Herren, hier muß ich es aussprechen, danach ist die eigenste Privatindustrie vom Staat klar übernommen, und gegen solches Vorgehen werden Sie sich entschieden auszusprechen haben. Es ist also ein Irrthum, wenn hier bemerkt worden ist, daß die vormalige Oberhofbuchdruckerei in ihrem bisherigen Umfange geblieben ist, denn diese Fahrpläne wurden früher nicht dort gedruckt, obwohl andere Pläne dort gedruckt worden sind. Aber der Gedanke, der hier vor Ihnen ausgesprochen ist, daß vorläufig alles in dem bisherigen Umfange verbleiben sollte, bis Sie gesetzlich entschieden haben, dieser Gedanke erleidet durch die hier angeführte Thatsache eine kleine Modifikation.

Ferner, meine Herren, meine ich, daß diese Reichsdruckerei die Quelle fortwährend steigender Ausgaben werden wird. Wie schon dieser Etat hohe Summen einstellt, auf den ich ja nicht speziell eingehe, weil mir dazu hier nicht der geeignete Ort zu sein scheint, den ich deshalb in meinem Antrage, den ich dem Herrn Präsidenten überreicht habe, der Budgetkommission zur weiteren Vorberathung überwiesen wissen will. Wenn in diesem Etat ferner angedeutet worden ist, daß dabei so bedeutender Gewinn sich ergibt, dann mache ich doch darauf aufmerksam, meine geehrten Herren, daß die Feststellung des Gewinns bei einem solchen Institut eine sehr vage Sache ist, denn es handelt sich ja einzig und allein darum, von welchen Preissätzen man ausgeht. Sie sind absolut nicht in der Lage, das zu kontroliren, ob nicht dieses oder jenes doch billiger hätte her- oder eingestellt werden können, und ich meine, die Reichsdruckerei sollte sich in der That schon aus diesem Grunde nur auf die nöthigen Gegenstände erstrecken, die eben einem solchen Staatsinstitut anheimfallen müssen. Also im wesentlichen die Produktion von Geld- und Werthpapieren — so weit erkenne ich die Berechtigung an, ich erkenne aber noch nicht einmal die Nothwendigkeit an, daß alle Staatsschriften ohne weiteres und alle Drucksachen, die vom Staate ausgehen, der Privatindustrie entzogen werden sollen, meine Herren, das ist in der That anch bisher nicht der Fall gewesen und wir wollen auf keinen Fall die bisherigen Grenzen nach der Richtung hin erweitern. Ob man bei dieser Gelegeuheit noch in Erwägung ziehen könnte, ob wir von unserem unpraktischen Quartantenformat der verschiedenen Gesetz- und Reskriptensammlungen mannigfacher Art u. dergl., die so reichlich, wie der technische Ausdruck in der Buchdruckerei ist, die so reichlich Speck aufweisen, ob man da nicht praktischere Formen einführen köunte, das glaube ich, könnte bei dieser Gelegenheit mit in Erwägung zu nehmen sein. Ich erlaube mir, Ihnen die Gesetzsammlung eines anderen Staates vorzuzeigen, ein mäßiger Kleinoktavband, wie sie sehen, um Sie zu überführen, daß ein solches handliches Gesetzbuch für die praktische Benutzung wie überhaupt für alle Zwecke eines solchen Buches zu seinem weiteren Gebrauch in einer zweckmäßigeren und billigeren Form bessere Dienste leistet.

Meine Herren, mein Antrag ist nur eine Konsequenz Ihres früheren Beschlusses, ich erlaube mir also, denselben zu wiederholen, indem ich Sie bitte, demselben beizupflichten, diese Vorlage der Budgetkommissiom zur Vorberathung zu überweisen.

Präsident: Der Herr Generalpostmeister Dr. Stephan hat das Wort.

Bevollmächtigter zum Bundesrath Generalpostmeister Dr. **Stephan:** Meine Herren, ohne dem Beschluß des hohen Hauses über die geschäftliche Behandlung der gegenwärtigen Vorlage irgendwie vorgreifen zu wollen, möchte ich Sie bitten, auch einige sachliche Bemerkungen gegenüber den Anführungen des Herrn Vorredners von mir anzuhören.

Der Ihnen vorgelegte Etat umfaßt im ganzen 13 Positionen, er umfaßt über 3 Millionen Mark in Einnahme und eine entsprechende Anzahl von Millionen Mark in Ausgabe. Gegen alle 13 Positionen und gegen diese Millionen der Einnahme und Ausgabe hat der geehrte Herr Vorredner bei Begründung seines Antrages keine Einwendungen vorgebracht; der einzige Grund, welchen er angeführt hat, um seinen Antrag der Ueberweisung an die Budgetkommission zu motiviren, war der, daß er die Besorgniß hegte, durch die Begründung einer solchen Reichsanstalt könne die Privatindustrie geschädigt werden. Er hat mir dadurch, daß er sich auf diesen einzigen Grund beschränkt hat, die Aufgabe wesentlich erleichtert; ich werde mich daher lediglich gegen diese Besorgniß kehren, der er Ausdruck gegeben hat und da möchte ich zuerst allgemein bemerken: liegt denn, meine Herren, in diesem Augenblick, wo die verbündeten Regierungen doch gewiß nachhaltige Beweise dafür gegeben haben, daß es ihnen nicht darum zu thun ist, die Privatindustrie des Vaterlandes zu schädigen und zu beeinträchtigen, vielmehr im Gegentheil sie zu fördern und zu schützen, — liegt denn in einem solchen Augenblick die Besorgniß vor, daß die verbündeten Regierungen eine Reichsanstalt, zu deren Begründung sie die Mittel von der hohen Versammlung verlangen, dazu benutzen werden, einen blühenden Zweig der deutschen Industrie zu beeinträchtigen und zu schädigen? Ich glaube, man kann hierauf wohl „mit nichten“! antworten. Dann glaube ich aber auch, daß unserer Privatindustrie auf dem Gebiete der Buchdruckerkunst wahrlich wohl ein besseres Zeugniß auszustellen ist, als es in der von dem Herrn Vorredner geäußerten Besorgniß gefunden werden kann. Ich bin der Meinung, daß unsere Privatindustrie auf diesem Gebiet dermaßen erstarkt ist, daß sie von so intelligenten Kräften geleitet wird, daß sie so ausgezeichnete Leistungen aufzuweisen hat, daß nicht im Geringsten die Besorgniß vorliegt, es werde ein solches Institut ihr irgendwie eine schädigende und verderbenbringende Konkurrenz bereiten; im Gegentheil, sie ist vollkommen stark, einen derartigen Kampf, wenn es sich um einen solchen überhaupt handeln würde, aufzunehmen.

Es ist vielfach bemerkt worden, daß Staatsindustrien theuerer und mit größerem Betriebsaufwande betrieben werden als die Privatindustrie, und gerade von jener Seite des Hauses, welcher der Herr Vorredner angehört. Hierin liegt die größte Bürgschaft, wenn dieser Satz wahr ist, was ich nicht anerkennen möchte — ist er aber wahr, so liegt hierin die größte Bürgschaft, daß die Privatindustrie, indem sie billiger arbeitet als der Staat, jedenfalls eine solche Konkurrenz nicht zu scheuen braucht. Es liegt doch offenbar so, daß der Herr Vorredner gewissermaßen einen Schutz verlangt für die Privatindustrie, — nicht etwa einen Schutzzoll, nein, er geht weiter, er verlangt eine direkte Prohibition, er verlangt, daß ein Verbot in das Gesetz aufgenommen werde, wonach die Staatsanstalt nicht Privatarbeiten übernehmen darf. Wohin kommt dann die künftige Reichsanstalt? Ein Privilegium lediglich für das Reich und für die einzelnen Staaten zu arbeiten, besitzt sie nicht. In dieser Beziehung möchte ich die Aeußerung des geehrten Herrn Vorredners auf ihre richtigen Dimensionen zurückführen, weil ja dem Reich und den einzelnen Staaten eine Verpflichtung nicht auferlegt wird, ihre Arbeiten in der Reichsdruckerei machen zu lassen. Ferner ist es für ein so großes Institut unerläßlich, daß es sich einen ausgebildeten Stamm von Arbeitern erhält. Wenn nun die Arbeit zeitweise stockt, so kommt die Verwaltung in die Lage, entweder Wartegeld zu zahlen an tüchtige Arbeiter, die sie nicht entlassen will, oder von der Entlassung Gebrauch zu machen und auf diese Weise tüchtige Kräfte zu verlieren, die in der Zwischenzeit mit Privatarbeiten nützlich beschäftigt werden können. Es können auch die Erfahrungen, welche bei einer solchen Institution gemacht worden sind, mit Vortheil und zweckmäßig verwerthet werden zur Heranbildung tüchtiger Kräfte, die dann auch der Privatindustrie zu Statten kommen. In sämmtlichen Staaten, in welchen ähnliche Institute bestehen, geht die Befugniß derselben weiter als es in dieser Vorlage in Aussicht genommen ist. Der Herr Vorredner hat die Beilage einer Zeitung zitirt und aus dem unten befindlichen, durch das Gesetz vorgeschriebenen Zusatz „gedruckt in der vormaligen Geheimen Oberhofbuchdruckerei“ geschlossen, daß in dieser Anstalt Privatarbeiten für die betreffende Zeitung hergestellt worden sind. Das hat aber die Bewandniß, daß die Beilagen, welche die Fahrpläne für die Staatsbahnen und auch gewisser Privatbahnen veröffentlichen, auf Grund bestehender Kontrakte oder sonstiger Bedingungen in der vormaligen Oberhofbuchdruckerei hergestellt und dann an sämmtliche Zeitungen geschickt werden, damit sie sie als gewöhnliche Beilage beilegen. Es hat dies also mit der Ausdehnung des Wirkungskreises der Staatsdruckerei gar keine Verbindung.

Ich möchte nun noch anführen, daß, wenn ein solches Verbot der Privatarbeit in das Gesetz aufgenommen werden sollte, dann der Druckerei auf der anderen Seite nicht das Privilegium gegeben wird, wie es beispielsweise in den vereinigten Staaten besteht, daß sie ausschließlich die Arbeiten für das Reich und für verschiedene Einzelstaaten auszuführen hätte, daß dann gerade diejenigen Herren, die aus finanziellen Gründen der Vorlage gegenüber sich früher ablehnend verhielten, gegen ein solches Verbot sich erklären müßten, indem dadurch der Staatsdruckerei die Grundlage einer in finanzieller Beziehung erfolgreichen Wirksamkeit zum Theil entzogen wäre. Es wird sich die Befassung der Staatsdruckerei mit Privatindustriegeschäften nicht soweit erstrecken, wie der Herr Vorredner annahm, daß sie für verschiedene städtische Korporationen und Eisenbahnverwaltungen die Arbeiten sämmtlich oder in überwiegender Zahl konzentriren werde, sondern sie wird im Wesentlichen nur solche Arbeiten zu übernehmen haben und das findet sich auch in den Motiven klar ausgedrückt, bei welchen es, abgesehen von den Werthpapieren, auf besondere künstlerische Ausstattung, auf eine Unterstützung wissenschaftlicher Leistungen ankommt, zu welchen ferner die Staatsdruckerei eigenthümliche Verfahrungsweisen besitzt, die sie seiner Zeit mit schweren Opfern erworben hat, die in Privatanstalten nicht in gleicher Weise hergestellt werden können.

Außerdem kommt noch eine andere Betrachtung hinzu, die sich auch in den Motiven findet, daß der Staatsdruckerei aus einer solchen Betheiligung an Privatunternehmungen keine finanziellen Opfer erwachsen dürfen.

Ich möchte noch zur Erläuterung anführen, daß kürzlich der Fall vorgekommen ist, daß der Verfasser eines wissenschaftlichen Werkes über die tropischen Pflanzen Amerikas die Anfrage an die Staatsdruckerei gestellt hat, ob sie zu diesem Werke die Abbildungen herstellen könne. Die Frage ist bejaht worden, was die Leistungsfähigkeit betrifft, verneint worden bei der augenblicklichen Lage der Sache, und die Folge wird sein, daß der Verfasser sich nach seiner Angabe an eine auswärtige Kunstanstalt wenden wird, z. B. an Gonpil in Paris oder an die Nationaldruckerei in Wien.

Es würde also ein solches unmittelbares Verbot schließlich zu einer Schädigung der heimischen Interessen, in letzter Linie auch der Industrie führen. Ich kann Sie daher nur bitten, gemäß der Tagesordnung in die zweite Berathung einzutreten und den Antrag des Herrn Vorredners auf Ueberweisung an die Budgetkommission um so mehr abzulehnen, als es sich lediglich um diesen einen Punkt handelt.

Präsident: Der Herr Abgeordnete Dr. Zimmermann hat das Wort.

Abgeordneter Dr. **Zimmermann:** Meine Herren, der Herr Vertreter der verbündeten Regierungen hat versucht, meine mannigfachen Bedenken zu beseitigen, aber ich kann nicht umhin zu erklären, daß das nach meiner Auffassung dem verehrten Herrn nicht gelungen ist. Es gibt mir das sogar Veranlassung, Sie auf einen anderen bedenklichen Umstand aufmerksam zu machen, und ich glaube, daß auch der Ihrer Erwägung bei der Vorberathung unterliegen muß, nämlich der Vorschlag in der gedachten Denkschrift, wonach mit der Leitung der Reichsdruckerei bis auf weiteres der Herr Generalpostmeister beauftragt ist. Meine Herren, hierbei mochte sich doch fragen, ob nicht in erster Linie technische Kräfte in anderer Weise eintreten müßten. Ich verkenne ganz und gar nicht die hohen Verdienste, die der Herr Generalpostmeister für die Entwickelung unseres Postwesens sich erworben hat, sie sind ganz unbestritten, und ich erkenne sie unumwunden an, aber von der Seite seiner besonderen Befähigung, Buchdruckereien zu leiten und über deren Technik und Ausdehnung uns maßgebende Urtheile hier vorzuführen, kann ich mit voller Ueberzeugung nicht sprechen. Diese Befähigung kann ich nicht anerkennen, im Gegentheil möchte ich dringend zur Erwägung empfehlen, in wie weit Sie Garantien technischer Sachverständiger mit in das Gesetz aufnehmen.

Der Herr Generalpostmeister hat nun zunächst gemeint, ich hätte ja über die einzelnen Positionen des Etats nichts gesagt, und ist dann sofort zu dem Schluß übergegangen, ich hätte dagegen nichts zu erinnern. Ich glaube, der stenographische Bericht wird das etwas anders ausweisen. Ich habe ausdrücklich gesagt: in der Voraussetzung, daß Sie eine Vorberathung eintreten lassen werden, enthalte ich mich, auf die einzelnen Etatsposten einzugehen, denn sonst hätte ich Sie z. B. schon auf den großen Posten, behufs Verschmelzung der Druckerei, nachdem Sie bereits Millionen bewilligt haben, 1 300 000 Mark einzusetzen, als einen sehr bedenklichen Punkt aufmerksam gemacht. Nun bewegt sich aber dieser Etat mit seinen einzelnen Positionen in so allgemeinen Ausdrücken, daß Sie ohne die Anwesenheit eines Regierungskommissars, der Ihnen speziell über die Bedeutung und über die Zwecke der Gelder und über den Umfang der Verwendung Auskunft geben könnte, im Plenum ganz fruchtlos in eine Diskussion über die einzelnen Punkte eintreten würden, oder gar mit dem Vertreter der verbündeten Regierungen Erörterungen hier beginnen würden, insofern also muß ich die Auffassung des Herrn Generalpostmeisters über meine Beurtheilung der Etatsposten ablehnen.

Dann hat der Herr Generalpostmeister gesagt, daß durch diese Auffassung die Sache geschädigt würde. Nein, meine Herren, ich habe gar keine positive Grenzen vorgeschlagen, ich habe blos auf das äußerst Bedenkliche aufmerksam gemacht, das die Vorlage hat, indem sie Privatpersonen, Korporationen, Städte u. s. w. in die Staatsindustrie hineinziehen will, daß vielmehr dieser Umfang der Reichsdruckerei eine Grenze finden muß an und für sich und auf Grund Ihrer früheren Beschlüsse, wonach der Geschäftsumfang gesetzlich festgestellt werden soll. Sie können unmöglich diese Denkschrift in den einzelnen Theilen implicite adoptiren, damit dann bei einer künftigen Rechnungslegung gesagt wird, das lag ja dem Reichstage in der Denkschrift klar vor, das ist ja von Ihnen einfach angenommen worden. Es ist daher unabweislich, daß Sie die Sache sorgfältig prüfen.

Ich habe den Herrn Generalpostmeister beinahe so verstanden, als ob ich der Privatindustrie nicht die ihr gebührende Ehre vollständig angethan hätte; sollte mein Ausdruck in irgend einer Weise darüber zweifelhaft gewesen sein, so will ich hiermit vollständig widerrufen. Ich glaube aber, ich ehre die Privatindustrie dadurch ganz besonders, daß ich ausdrücklich erklärte, sie sei im Stande, sich mit eigenen Kräften weiter zu entwickeln, sie bedürfe des offerirten Schutzes nicht, und meine Herren, ich halte diesen Schutz für ein bedenkliches Geschenk — timeo Danaos dona ferentes — von einem Schutz habe ich übrigens ganz und gar nicht gesprochen, sondern von der unberechtigten Staatsindustrie, von dem Gedanken, daß der Staat Privatindustrie sich aneignen will, und diesem Gedanken widersprechen wir, dem haben Sie widersprochen, und den lassen Sie nicht durch eine Hinterthür in die Denkschrift wieder ein, daß Sie das Druckereiwesen als Staatsindustrie gewissermaßen sanktioniren. Der Herr Generalpostmeister hat gesagt, es würden Ihnen ja keine Verpflichtungen auferlegt. Nein, meine Herren, soweit ist man allerdings nicht gegangen, daß man daraus ein Zwangs- und Bannrecht machen will, aber man wird schon die Mittel und Wege finden, die Privatindustrie dahin zu leiten, wenn Sie überhaupt ihre Genehmigung dazu geben, daß sie einen Theil der Staatsindustrie ausmachen soll, und darin finde ich die Gefahr. — Andere Staaten haben ähnliche Einrichtungen! — Ich verwerfe die Einrichtung einer Reichsdruckerei nicht, auch wenn sie wirklich in der Lage sein sollte, etwas ganz Exorbitantes zu leisten — vorläufig habe ich aber aus dem eigenen Munde des Vertreters der verbündeten Regierungen gehört, daß sie dem Wunsch der Gelehrten, die exotischen Pflanzen abgebildet zu sehen, nicht hat erfüllen können, dieser Gelehrte wird meiner Auffassung nach wahrscheinlich zur Privatindustrie gehen, und so muß ich erklären, daß ich diese behauptete Klarheit der Motive in der Vorlage nicht habe entdecken können. Ich muß bei den angeregten Zweifeln stehen bleiben und bitte Sie, diese beantragte Vorberathung eintreten zu lassen, um so mehr, da ich ja durch gar keinen positiven Vorschlag Sie in diesem Augenblick binden will, ich will nur die Prüfung der Frage: soll die Staatsindustrie sich der Privatindustrie indirekt bemächtigen? Ich bitte Sie, treten Sie meinem Antrage bei.

Präsident: Der Herr Generalpostmeister Dr. Stephan hat das Wort.

Bevollmächtigter zum Bundesrath Generalpostmeister Dr. **Stephan**: Meine Herren, ob der Generalpostmeister oder ein anderes Mitglied der Reichsregierung oberster Chef der Reichsdruckerei ist, das ist für die Frage, die der Herr Abgeordnete angeregt hat, vollkommen gleichgiltig.

(Sehr richtig!)

Technischer Kräfte würde Jeder dazu bedürfen, und sie sind glücklicherweise in den beiden bestehenden Instituten, von denen das eine seit 2 Jahren unter der Leitung des Generalpostmeisters sich befindet, in vollem Maße vorhanden. Die Bestimmung darüber ist lediglich von dem Herrn Reichskanzler ausgegangen, ich vermuthe, daß der Grund der ist, daß die Reichspostverwaltung bei weitem am meisten mit der Reichsdruckerei zu thun hat und durch die Verwaltung des Zeitungswesens, des Reichsgesetzblatts, der Gesetzessammlung und des Amtsblattswesens den größten Theil der Geschäfte bereits zu besorgen gehabt hat. Ich möchte den verehrten Herrn Vorredner, wenn er bei der Gelegenheit ein gewisses Mißtrauen gegen den Generalpostmeister geäußert hat, doch zu bedenken geben, daß gerade in der Postverwaltung die Dezentralisation derjenigen Anstalten, welche bisher berufen waren, für das Reich Arbeiten zu liefern, im weitesten Umfange stattgefunden hat. Wir hatten früher eine Staatswagenwerkstatt, in der Postwagen gemacht wurden, sie ist aufgehoben, und es sind diese Bestellungen in die einzelnen Provinzen gegeben worden. Aehnlich ist es mit einem großen Theil der Drucksachen geschehen, soweit dies überhaupt mit der Einheit des Dienstes und der Ordnung des Betriebes vereinbar war. Wir hatten ferner ein Postuniformmagazin gehabt, in welchem die Uniformen für die Unterbeamten und Postillone angefertigt wurden. Das ist alles dezentralisirt und mit in die Provinzen gelegt worden, und gerade der Generalpostmeister — ich muß ihm darin in meiner Eigenschaft als Mitglied des Bundesraths und Vertreter der verbündeten Regierungen das befriedigendste Zeugniß ausstellen, hat dafür gesorgt, daß eine möglichste Dezentralisation in diesen Industriegeschäften stattgefunden hat.

Was dann die eine Position des Etats betrifft, die der Herr Vorredner besonders hervorgehoben hat, 1 300 000 Mark für die Verschmelzung dieser beiden Druckerein, so ist das bereits lex lata; das haben Sie schon bewilligt durch das Gesetz, welches am 15. Mai die allerhöchste Sanktion schon erhalten hat. Also diese Position ist unangreifbar, und ich würde in der Lage sein, das bei ähnlichen Positionen noch nachweisen zu können, wenn der Herr Abgeordnete in die Einzelheiten einzutreten etwa gesonnen sein würde.

Endlich möchte ich noch bemerken, daß Sie es ja vollkommen in der Hand haben, die Sache zu regeln, weil die Feststellung über den Umfang der Staatsdruckerei durch den Etat erfolgt. Da der Etat alle Jahre nur gemacht wird, so handelt es sich jetzt kaum mehr um ein Jahr; Sie haben es, wenn im Februar die neuen Budgetverhandlungen vor sich gehen, ja in der Hand, falls bis dahin die Verwaltung der Staatsdruckerei von dem Geiste abgewichen sein sollte, den ich vorhin bezeichnet habe, die etwa nöthigen Zügel anzulegen.

Ich möchte Sie also auch aus dieser Rücksicht bitten, von dem Antrage der Ueberweisung an die Budgetkommission abzusehen.

Präsident: Der Herr Abgeordnete Dr. Hammacher hat das Wort.

Abgeordneter Dr. **Hammacher**: Meine Herren, die Frage der Begrenzung des Staatsbetriebes in der Druckerei könnten wir meines Dafürhaltens auch im Plenum eingehend und ausreichend erörtern; dazu bedurfte es der Ueberweisung dieser Vorlage an die Kommission nicht. Aber, meine Herren, der Grund, weshalb ich dringend befürworte, etwa aus Mangel an Kenntniß von dem Inhalt dieser Vorlage, die weitere Berathung im Hause nicht zu beschließen, liegt darin, daß wir meines Dafürhaltens von den besten Gewohnheiten des Reichstags abweichen würden, wenn wir diese Vorlage nicht vorher der Budgetkommission überweisen.

Es handelt sich, wie der Herr Kollege Zimmermann vorher auch hervorgehoben hat, nicht bloß um die Uebernahme der preußischen Staatsdruckerei für Rechnung des Reichs, sondern vor allen Dingen auch um die Bewilligung einer Summe von etwa 1 200 000 Mark einmaliger Ausgaben für die Erwerbung von neuen Grundstücken zur Erweiterung des Grundstücks der jetzigen preußischen Staatsdruckerei in der Oranienstraße, für die Beschaffung neuer Maschinen, Herstellung neuer Gebäude u. s. w. Ich brauche nur dies hervorzuheben, meine Herren, um sicher zu sein, daß zweifellos jedes Mitglied des Reichstags der Meinung ist, es komme auf eine vorherige sorgfältige technische Prüfung der Frage an, ob jene Ausgaben, die die Reichsregierung beabsichtigt, zweckmäßig, nützlich sind, und sich innerhalb ökonomischer Grenzen bewegen. Ich bitte Sie, nicht aus dem vorher von dem Herrn Abgeordneten Zimmermann in den Vordergrund gestellten Gesichtspunkte, sondern deshalb, weil es sich hier um eine finanzielle Maßregel von großer Bedeutung handelt, den Gegenstand in der Budgetkommission vorberathen zu lassen, und erwarte, daß Sie sich einstimmig für den Antrag aussprechen werden.

Präsident: Der Herr Abgeordnete Freiherr von Minnigerode hat das Wort.

Abgeordneter Freiherr **von Minnigerode**: Auch meine Freunde verschließen sich nicht dem Gedanken, den vorliegenden Gesetzentwurf in einer Kommission, und zwar in der Budgetkommission, berathen zu lassen und zwar in letzterer deshalb, weil er sich auch äußerlich als Nachtrag zum Reichshaushaltsetat darstellt.

Ich nehme aber das Wort, um meinerseits, wie auch der Herr Abgeordnete Hammacher von seinem Standpunkte aus gethan hat, es hervorzuheben, daß wir die Motive des Herrn Abgeordneten Zimmermann, von dem der Antrag auf kommissionsweise Berathung ausgegangen ist, uns nicht aneignen können. Wir auf dieser Seite des Hauses haben keine Besorgniß, daß durch eine derartige Staatsindustrie ein ungerechtfertigter Eingriff in die Kreise der Privatindustrie sich vollzieht. Die Motive sagen ausdrücklich, daß nur ausnahmsweise Werke von Privatpersonen in den Kreis der Geschäftsthätigkeit der Reichsdruckerei gezogen werden sollen. Im übrigen liegt auf der Hand, daß prinzipiell der Wunsch sehr berechtigt ist, diejenigen Druckgeschäfte, deren Ausführung seitens der einzelnen Staaten oder des Reiches etwa nothwendig erscheint, durch ein derartiges eigenes Institut erledigt zu sehen; und weiter würde es, wie der Herr Generalpostmeister schon angedeutet hat, ebenso falsch sein, sich ganz auf diesen engen Kreis zu beschränken, weil die Natur des Geschäftsgangs den Wunsch sehr nahe legt, in Zeiten des stockenden Verkehrs, wo die Staats- und Reichsarbeiten nicht in Masse zuschießen, die Möglichkeit der Beschäftigung mit Privatarbeiten offen zu lassen.

Ich möchte aber auf einen Punkt noch zum Schlusse wenigstens kurz kommen, den auch der Herr Abgeordnete Zimmermann gestreift hat; er berührte die bestehende Steuerfreiheit des Fiskus und kam damit auf ein Thema zurück, das den Reichstag bereits vor einer Reihe von Jahren beschäftigt hat. Ich möchte doch davor warnen, immer wieder auf diesen Gegenstand zurückzukommen, immer wieder auf behauptete Mißverhältnisse in dieser Richtung aufmerksam zu machen. Wenn es sich nämlich darum handelt, ein Staatsinstitut, eine Staatsbehörde, ein Reichsinstitut, eine Reichsbehörde bei Neuformirungen oder Umgestaltungen für bestimmte größere oder kleinere Kommunen zu gewinnen, so drängt man sich in den Städten sehr danach und beeilt sich, Nutzen daraus zu gewinnen; auf der anderen Seite wird aber, wie wir das auch heute gehört haben, beharrlich die Forderung erhoben, derartige Institute und Behörden wie eine Last zu den Stadtfinanzen heranziehen zu können. Ich glaube, daß diese beiden Bestrebungen mit einander im Widerspruch stehen. Ich glaube, daß sich dem einseitigen Drängen gegenüber, Reichsinstitute zur Kommunalbesteuerung herangezogen zu sehen, doch eine vorsichtige Behandlung empfiehlt.

Präsident: Es verlangt niemand mehr das Wort; ich schließe die Generaldebatte.

Es ist ein Antrag vom Herrn Abgeordneten Zimmermann eingegangen, den vorliegenden Entwurf an die Budgetkommission zur Vorberathung zu überweisen. Ich ersuche diejenigen Herren, welche diesen Antrag annehmen wollen, sich zu erheben.

(Geschieht.)

Meine Herren, das ist die Mehrheit; der Antrag ist angenommen.

Meine Herren, wir gehen nun über zu Nr. 6 der Tagesordnung:

Fortsetzung der zweiten Berathung des Zolltarifs (Nr. 132 der Drucksachen)

und zwar Nr. 9, **Getreide und andere Erzeugnisse des Landbaus.**

Die Herren wissen, daß einige Anträge auf Aufnahme von Anmerkungen zu Nr. 9 gestellt worden sind und zwar von den Herren Abgeordneten Dr. Delbrück und Rickert; zu beiden Anträgen gehören die Unteramendements der Herren Abgeordneten von Schalscha und Ruppert. Es liegt außerdem ein Antrag, der Ihnen schon gedruckt eingehändigt worden ist, auf Ueberweisung dieser sämmtlichen Anträge an die Tarifkommission vor, und endlich ist im Laufe der Sitzung ein Antrag auf motivirte Tagesordnung eingegangen, den zu verlesen ich den Herrn Schriftführer bitte. Ich bemerke gleichzeitig, daß der Antrag bereits zum Druck gegeben ist und wahrscheinlich im Laufe der Sitzung vertheilt werden wird. Der Antrag ist von den Herren Abgeordneten Graf Udo zu Stolberg und von Flottwell gestellt.

Schriftführer Abgeordneter **Thilo**:

Der Reichstag wolle beschließen:

1. in Erwägung, daß durch das Zollgesetz vom 1. Juli 1869 und die vom Bundesrath erlassenen Regulative die Aufrechterhaltung des Transitverkehrs gesichert und die des Veredlungsverkehrs ermöglicht, und eine Revision dieses Gesetzes zur Zeit nicht thunlich ist, über die Anträge Nr. 190, 191, 192 und 194 zur Tagesordnung überzugehen;
2. den Herrn Reichskanzler zu ersuchen, dem Reichstag in seiner nächsten Session ein Gesetz über die Revision des Zollgesetzes vom 1. Juli 1869 im Sinne der gesetzlichen Sicherung des Transit- und Veredlungsverkehrs vorzulegen.

Präsident: Meine Herren, ich schlage vor, die Debatte über die sämmtlichen soeben von mir bezeichneten Anträge gleichzeitig auszudehnen, — und ertheile, da das Haus damit einverstanden ist, das Wort dem Herrn Abgeordneten Rickert (Danzig).

Abgeordneter **Rickert** (Danzig): Meine Herren, es ist mir leider nicht möglich gewesen, in der Generaldebatte über die Getreidezölle das Wort zu erhalten, obgleich ich den dringenden Wunsch gehabt hätte, die Ausführungen, die der Herr Reichskanzler in einem großen Theile seiner Rede von vorgestern über die Lage des Getreidehandels in den Ostseeprovinzen gemacht hatte, hier früher schon zu widerlegen. Ich hätte heute gerne darauf verzichtet, Sie mit einer längeren Ausführung zu behelligen, wenn ich es nicht geradezu für eine Gewissenspflicht hielte, insbesondere angesichts einem Antrage, wie er Ihnen eben hier verlesen worden ist.

Meine Herren, ich lese gestern in der Norddeutschen Allgemeinen Zeitung, daß die sogenannte volkswirthschaftliche Vereinigung — ich nehme an, daß ist identisch mit der Vereinigung der 204, — daß die vorgestern oder gestern beschlossen hat, über die Anträge des Herrn Dr. Delbrück und über den Antrag Rickert einfach zur Tagesordnung zu gehen oder ihre Ablehnung dem Reichstage zu empfehlen. Wenn das die 204 wirklich beschlossen hätten, so wäre ja unsere Position aussichtslos, ungehört würden wir verurtheilt werden, wie ja mancher Zweig unseres wirthschaftlichen Lebens leider in die Lage gekommen ist, unter der Fahne des Schutzes der nationalen Arbeit ungehört verurtheilt zu werden.

(Rufe: Oho!)

— Ja, meine Herren, die Sache liegt so, Sie werden doch nicht behaupten wollen, daß, nachdem der Herr Reichskanzler hier — vielleicht eine halbe Stunde — über die Sache gesprochen hat, und niemand von unserer Seite oder überhaupt im Hause in dieser wichtigen Frage, wichtig nicht bloß für den Handel unserer Provinzen, sondern auch, wie ich nachweisen möchte, für die Landwirthschaft, für die ja ein so besonderes Interesse in diesem hohen Hause ist, ich sage, daß ein solcher Beschluß, ohne daß die Gegengründe gehört sind, einfach zur Tagesordnung überzugehen gerechtfertigt ist. Meine Herren, wir werden uns ja daran gewöhnen müssen an Beschlüsse, die Interna der Majorität, wie der Herr Abgeordnete Berger sagt, bilden; wir haben aber doch das Zutrauen und möchten annehmen, daß das noch nicht so richtig ist, wie es in der Norddeutschen Allgemeinen steht, wir nehmen an, daß die Majorität der sogenannten volkswirthschaftlichen Vereinigung einen solchen Weg nicht mitmachen und daß sie sich wenigstens bereit erklären wird, zu hören, um welche Interessen es sich hier handelt.

Meine Herren, ich war anfangs dagegen, daß man den Antrag des Herrn Dr. Delbrück, den meinigen und die sich daran knüpfenden Anträge an die Tarifkommission überweisen möchte, indeß habe ich mich doch davon überzeugt, daß eine so schwierige technische und auch wirthschaftlich schwierige Frage kaum im Plenum zu erörtern ist, und daß es in unserem Interesse liegt, die Sache an die Kommission zu bringen, wo wir doch ein Forum von 28 unabhängigen und vorurtheilsfreien Männern vor uns haben, die an der Hand eingehender Deduktionen über die Sache entscheiden können. Meine Herren, ich sage damit nicht, daß der Reichstag im Plenum nicht etwa dieselbe Unabhängigkeit und Unbefangenheit hätte, wie die Kommission; aber Sie werden mir zugeben, daß es unmöglich ist, in einem Plenum von 400 Männern, Dinge, die nur an der Hand der Karte und einer Reihe von Spezialitäten erörtert werden können, zweckmäßig zu erledigen.

Meine Herren, ich bin auch der Meinung, daß die Rede des Herrn Reichskanzlers immer noch eine gewisse Hoffnung übrig läßt, und daß sie nicht so abweisend ist, wie vielleicht einzelne in der Majorität zu glauben scheinen. Der Herr Reichskanzler hat nämlich an einer Stelle gesagt: „ich will über die Tariffrage noch nicht entscheiden". Der Antrag des Herrn Graf Stolberg und von Flottwell muthet uns diese Entscheidung heute schon zu.

Der Herr Reichskanzler verweist uns allerdings, und ich glaube, Kollege Schröder (Lippstadt) that es auch gestern, auf eine Abänderung des Zollgesetzes von 1869; wir möchten einen Antrag auf Abänderung dieses Gesetzes einbringen, damit würde uns können geholfen werden. Dann wäre die Frage zu diskutiren. Ja, meine Herren, erst jemanden todtschlagen, und dann über die Mittel nachdenken, wie man ihn wieder ins Leben rufen kann, — ich weiß nicht, ob das eine empfehlenswerthe Methode ist. Uns würde damit, daß in nächster Session die Frage über eine Aenderung des Gesetzes von 1869 erörtert werden soll, gar nicht gedient sein. Es handelt sich darum, in demselben Moment Hilfe zu bringen, in welchem eine Abänderung des Zolltarifs gemacht wird. Das Motiv ist sehr einfach. Das Zollgesetz von 1869 ist unter Umständen erlassen, die eben nicht die heutigen sind. Damals gab es keinen Getreidezoll, glücklicherweise nicht — natürlich konnte man also auch auf den Transport und den Transit des Getreides in diesem Gesetz keine Rücksicht nehmen. Die Bestimmungen, die dort Aufnahme gefunden haben, können auf Thee, Kaffee, Wein 2c. angewendet werden, aber nicht auf die Massentransporte von Getreide. Ich behaupte — die Bestimmungen von 1869 wären ganz anders ausgefallen, wenn damals ein Getreidezoll bestanden hätte, wie er gestern beschlossen worden ist, und in dritter Lesung von der Majorität wahrscheinlich beschlossen werden wird. Die Umstände haben sich eben geändert, die großen bisher zollfreien Massentransporte von Getreide sollen jetzt mit einem Zoll belegt werden. Der Herr Reichskanzler hat es gestern offen gesagt, der Russe möge doch den Zoll bezahlen, dabei sei keine Gefahr. Ich meine aber, man kann doch nicht diese Transitmasse mit Zoll belegen, trotzdem nach den Bestimmungen des Gesetzes von 1869 der Transit zollfrei sein soll, man kann nicht eine zollamtliche Kontrole für den Getreidetransport anwenden, die nicht für das Getreide paßt. Ich meine also, wir haben ein gutes Recht, daß Sie zugleich mit dem Erlasse des Tarifs das Gesetz von 1869 insoweit ändern, als es nothwendig ist, um den Durchfuhrhandel zu sichern. Der Herr Reichskanzler hat ja selbst auf § 6 des Gesetzes von 1869 hingewiesen, wonach der Durchfuhrhandel frei sein soll. Nun, meine Herren, wenn aber die Spezialbestimmungen dieses Gesetzes nicht anwendbar sind, weil es unter anderen Umständen gegeben ist, auf den Durchfuhrhandel mit Getreide, was ist die Folge, § 6 wird für den Handel mit Getreide nicht gelten, der

Durchfuhrhandel, der durch das Gesetz frei gegeben sein soll, wird vernichtet. Wir machen das Gesetz also für diesen Zweig illusorisch. Ich glaube nicht, daß der Gesetzgeber objektiv und unbefangen sagen kann, wir verweisen auch auf die Zukunft, wir werden später mit Euch über die Sache sprechen.

Meine Herren, es handelt sich in der That nicht, wie es den Anschein haben mag, um einer Schädigung der Finanzen des Reichs, es gilt nur einer Schädigung des Handels vorzubeugen, und auch einer Schädigung der Landwirthschaft, — ich will nachher nachweisen, daß das Interesse der Landwirthschaft auf das innigste mit unserer Forderung verknüpft ist, und daß ich nicht als ein Vertreter der Seestädte, — das ist, wie Sie wissen, eine etwas unbequeme Position heutzutage — diese Forderung vor Ihnen erhebe, sondern als einer, der für die Landwirthschaft ebensoviel Herz hat, wie der Herr Abgeordnete von Mirbach, der gestern von den „Feinden der Landwirthschaft" sprach, die auch nicht mehr leugnen, daß es einen Nothstand gäbe. Ich nehme an, der Herr Abgeordnete hat nicht gemeint, daß es etwa in diesem Hause irgend jemand oder eine Partei gäbe, die er rubriziren könnte unter den „Feinden" der Landwirthschaft. Ich würde ihn sonst fragen, woher er die Berechtigung zu einem solchen Vorwurf nimmt? Meine Herren, auf dieser Seite des Hauses sitzen ebenfalls Landwirthe, Groß- und Kleingrundbesitzer, und es heißt die Situation verkennen und verschieben, wenn man hier von Feinden der Landwirthschaft spricht. Wir haben alle ein Interesse für die Landwirthschaft, und wir haben es bewiesen durch die jahrelangen Bestrebungen in der Grundsteuerfrage, wobei leider auf dieser Seite, soweit es die Vertreter im preußischen Landtage betrifft, Anfangs nicht so viel Sympathien dafür vorhanden waren. Ich hätte gern dieses Kapitel gestern schon berührt, ich habe auch schon bei dem Herrn Präsidenten ein gutes Wort eingelegt, daß er mir wenigstens bei der dritten Lesung in der Generaldiskussion das Wort geben möchte. Ich werde mir dann erlauben, die Ziffern des Herru Reichskanzlers in Bezug auf die Besteuerung des Grundbesitzes, das, was die Gesetzgebung in Preußen darin gethan hat, und was wir angestrebt haben, näher vor Ihnen zu erörtern und ich hoffe, es wird Ihnen unser Standpunkt in einem etwas anderen Lichte an der Hand der Thatsachen erscheinen.

Meine Herren, ich sage, es handelt sich hier nicht um ein finanzielles Interesse des Reichs, wenn Sie wirklich alle den Satz auch fernerhin gelten lassen: wir wollen den Durchfuhrhandel **zollfrei** lassen, wir haben nicht die Absicht, eine Abgabe von dem zu erheben. Dann sind Sie mit uns auf demselben Boden. Wir wollen anch jeden Zentner von dem Getreide, welches importirt und im Inlande verbraucht wird, zur Versteuerung bringen. Die Zollbehörde soll nicht um einen einzigen Pfennig gekürzt werden, aber, meine Herren, wir wollten den Durchfuhrhandel auch wirklich frei lassen und möglich machen. Ich gehe auch noch etwas weiter als Herr Dr. Delbrück, ich will nicht bloß den direkten Durchfuhrhandel freigeben, sondern ich will anch das Interesse unserer Landwirthschaft in den östlichen Provinzen wahren. Ich glaube, es kann dem Staate recht sein, wenn die Landwirthschaft ein Interesse daran hat, an Stelle des importirten Zentners russischen Getreides bei dem Export seinen Zentner inländischen Getreides zu setzen. Dabei verliert der Finanzminister anch nicht einen Pfennig.

Nun, meine Herren, der Herr Reichskanzler sagt, die Russen werden den Zoll bezahlen, die Situation äudert sich für unseren Handel gar nicht. Doch ich will, ehe ich auf diesen Punkt eingehe, noch mit dem Herrn Regierungskommissar, den ich leider im Augenblick nicht hier anwesend sehe, der in einer früheren Debatte schon sich mit uns unterhalten hat über die Frage der Identität, noch ein paar Worte wechseln. Der Herr Regierungsvertreter hat nämlich behauptet, es sei in Preußen niemals von dem Prinzip der Identität bei der Durchfuhr abgewichen. Meine Herren, das ist thatsächlich unrichtig. Ich habe mir schon früher erlaubt, auf die Autorität des Herrn Abgeordneten Dr. Delbrück mich zu berufen, und wenn ich mich recht erinnere, hat Herr Dr. Delbrück selbst schon Veranlassung genommen, im Hanse neulich meine Behauptung zu bestätigen. Ich bin in der Lage hier Ihnen Abschriften von Verfügungen des preußischen Finanzministers an die Provinzialsteuerdirektoren zu Danzig und Königsberg aus früheren Jahren vorzulesen; ich stelle sie Jedem von Ihnen zur Disposition. Die erste ist vom 14. Januar 1837, wonach ausdrücklich bestimmt ist, daß keine Notiz davon zu nehmen sei, ob das ursprüngliche polnische Korn noch rein vorhanden oder mit inländischen vermengt sei oder wo und in welchen Räumen dasselbe lagere. Das war für Weizen bestimmt. Nachdem es sich herausgestellt hatte, daß es im Interesse der preußischen Landwirthschaft liege, die Mischung vorzunehmen auch beim Roggen, hat der Minister unter dem 14. Dezember 1838 verfügt, daß mit Rücksicht auf die schlechte Qualität des damals geernteten inländischen Roggens und auf die Nothwendigkeit einer Mischung desselben mit trockenem gedarrten fremden Roggen dieselbe Vergünstigung gegeben und von dem Festhalten an der Identität Abstand genommen werden solle. Ferner wurde am 17. April 1846 von dem damaligen preußischen Finanzminister auf den Bericht des Provinzialsteuerdirektors in Danzig, — und dasselbe geschah in Königsberg, — auf den Bericht des Provinzialsteuerdirektors über den im Jahre 1845 stattgehabten Verkehr in polnischen Weizen und Roggen verfügt

> Weizen und Roggen gehen nach Erledigung der Durchgangsabgabe in den freien Verkehr. Bei dem Versprechen der Wiederausfuhr ist anch zu versprechen, daß soweit solches Getreide ganz oder theilweise zum Verbrauch im Inlande gelangen sollte, **ohne daß statt dessen eine gleiche Menge inländischen Getreides gleicher Art ausgeführt würde**, der Unterschied zwischen dem Eingangs- und Durchgangszoll werde erlegt werden.

Eine ähnliche Praxis, meine Herren, hat bestanden in den Jahren 1861 bis 1865 in Preußen, und ich hoffe, daß die große Majorität dieses Hauses die Bitte wenigstens erfüllen wird, die Anträge, welche Ihnen zu dieser Frage vorliegen, an die Tarifkommission zur weiteren Erörterung zu überweisen, ich sage, ich hoffe im Verein mit dem Herrn Abgeordneten Dr. Delbrück, dessen Autorität ja größer ist als die meinige, in der Kommission den Nachweis zu führen, daß alles, was ich bei der früheren Berathung behauptet habe, auch wirklich den Thatsachen entsprechend ist. Ich will Sie daher heute mit diesem Punkte nicht weiter im Detail behelligen. Etwas neues verlangt auch mein Antrag nicht. Er verlangt nichts weiter als die Rückkehr zu den im Jahre 1837 und später bestandenen Verhältnissen in Preußen.

Ich will auf den Antrag des Herrn Abgeordneten von Schalscha und den Antrag des Herrn Dr. Delbrück nicht eingehen, und ich hoffe, ich entspreche da Ihren Wünschen, wenn ich jetzt die Unterschiede derselben nicht darlege; ich will die ganze technische Seite der Frage nicht berühren, weil ich hoffe, wir werden einen schriftlichen Bericht darüber bekommen und es würde uns möglich sein, das Haus von der Richtigkeit unserer Ansicht zu überzeugen.

Ich komme zurück zu dem, was der Herr Reichskanzler sagte; er behauptete nämlich, das Korn aus Polen und Westrußland hätte gewissermaßen eine Zwangsmarschroute durch Preußen. Der Herr Abgeordnete Frege — ich deuke, er war es, — behauptete sogar: „bekanntlich" — es war ihm bekannt, mir nicht — „münden sämmtliche russische Eisenbahnen auf die deutschen Bahuen. Der russische Staat wird doch seine Eisenbahnen nicht veröden lassen." Er folgerte daraus schon, es würde das Getreide doch durch Preußen durchgehen müssen. Ich habe eine Karte des Eisenbahnnetzes von Rußland mitgebracht und möchte dieselbe dem Herrn Abgeordneten Frege, wenn er etwa anwesend sein sollte, hier zur Disposition stellen und auch den Mitgliedern des Hauses, welche sich für die Sache interessiren. Sie werden auf derselben erkennen, daß die Behauptung, daß das Getreide eine Zwangsmarschroute hätte durch Preußen, unrichtig ist. Das mag früher gegolten haben, meine Herren, aber nicht mehr heute.

Ueberhaupt die ganze Ausführung des Herrn Reichskanzlers über den russisch-deutschen Getreidehandel haben mir den Eindruck gemacht, als ob er noch aus alten Zeiten herausspräche,

(sehr richtig! links)

namentlich die Schilderung von den blühenden Wittinnen, die den ausgewachsenen russischen oder polnischen Weizen zu uns bringen. Ja, meine Herren, wer die Thatsachen, wie sie heute liegen, kennt, wird ohne weiteres zugeben, daß das nicht so ist.

(Hört! hört! links.)

Die Zeiten haben längst aufgehört. Die Deduktionen, die der Herr Reichskanzler in dieser Beziehung gemacht hat, treffen nicht mehr zu. Es war doch am Ende wirklich eine nicht unbescheidene Bitte von mir, als ich bei der Generaldebatte zum Budget an den Herrn Präsidenten des Reichskanzleramts und natürlich auch an den Herrn Reichskanzler, das Ersuchen auszusprechen mir erlaubte, man möchte sich doch thatsächlich über die Verhältnisse informiren, bei unseren Landwirthen und Kaufleuten in den östlichen Provinzen. Ich ersehe aus der Rede des Herrn Reichskanzlers, daß dies leider nicht der Fall gewesen ist,

(hört! hört! links)

wenigstens nicht in dem Maße, wie wir es wünschen müssen. Es würde mir leicht sein — ich werde es Ihnen in ein paar Fällen nachher thun —, Schritt für Schritt, indem ich dem Herrn Reichskanzler folge, nachzuweisen, daß die Verhältnisse in den letzten Jahren sich gänzlich geändert haben.

Meine Herren, es ist richtig, es hatte früher namentlich der polnische Weizen eine gewisse Zwangsroute nach Danzig und auch der russische nach Königsberg, als die Wasserwege die einzigen Transportwege waren, die Weichsel und der Niemen. Heute liegen die Verhältnisse aber ganz anders, seitdem Rußland ein großes Eisenbahnnetz hat. Wenn ich Ihnen nur die eine Thatsache mittheile, daß der Danziger Getreidehandel, der doch einen sehr erheblichen Umfang hat, seit 10 Jahren um nahezu ²/₃ seines Umfanges in Bezug auf die Wasserzufuhr zurückgegangen ist, dann werden Sie zugeben, daß die Verhältnisse andere geworden sind. Die Eisenbahnzufuhr ist in Danzig, — welches aber immer mehr noch Wasserzufuhr hat wie Königsberg, — schon heute das Doppelte von dem, was per Wasser kommt.

Meine Herren, die russischen Eisenbahnen und insbesondere die billigen Frachtsätze, welche Rußland für den Transport seines Getreides gewährt hat, haben eine haarscharfe Konkurrenz bereits unter den heutigen Verhältnissen, schon ganz abgesehen von dem Zoll, herbeigeführt; unser Handel in Königsberg, Danzig, Memel und in Stettin hat in der That schon jetzt einen sauren Kampf um das Leben. Es ist eine den Thatsachen widersprechende Anschauung, wenn man die Handelsherren in Danzig und Königsberg sich so denkt, wie die Kaufleute des bekannten Regierungsschulraths Wantrup, der früher einmal in Danzig bei einer Wahlrede sagte: „die Handelsherren in Danzig laufen 3 Stunden mit dem blauen Beutel auf der Börse herum und verdienen damit 7000 Thaler.

(Heiterkeit.)

Sie wissen vielleicht, der Handelsherr des Herrn Wantrup mit dem blauen Beutel und den 7000 Thalern kam damals in den Kladderadatsch, es ist schon freilich eine Reihe von Jahren her, und Herr Wantrup ist aus dem parlamentarischen Leben leider geschieden. Die wirklichen Verhältnisse waren damals schon anders, geschweige denn heute. Die Königsberger Kaufmannschaft hat z. B. einen Kampf mit Libau schon seit ein Paar Jahren zu bestehen, von dem es noch sehr fraglich ist, ob sie für die Dauer Sieger bleiben werden oder nicht. Lediglich die Rührigkeit, Intelligenz und Sachkenntniß dieser Kaufmannschaft hat es zu Wege gebracht, daß trotz der ungünstigen natürlichen Bedingungen, unter denen Königsberg zu arbeiten hat, dasselbe heute noch einen sehr großen Import von russischem Getreide hat — natürlich, meine Herren, Import nicht in dem Sinn, wie er vielen von Ihnen feindlich — zu sein scheint, sondern lediglich in dem Sinn, daß, was vom Ausland importirt wird und noch mehr als das, wieder herübergeschafft wird an dem Weltmarkt insbesondere nach England.

Meine Herren, ich bitte Sie bringend, daß Sie diesen letzteren Gesichtspunkt immer im Auge behalten. Es handelt sich in der That gar nicht um die Ueberführung des inländischen Markts, wenigstens so weit unser Handel dabei in Frage steht. Vom süddeutschen Handel will ich nicht sprechen, dessen Interessen hierbei auch berührt werden, weil ich die Sache nicht genug kenne. Von unseren Häfen aber gilt zweifellos, daß sie mehr exportiren als importiren, daß also bei dem Export das inländische Getreide noch betheiligt ist.

Ich wiederhole also: Königsberg hat heute schon eine sehr erhebliche Konkurrenz und Danzig hat sie ebenfalls zu bestehen mit den russischen Plätzen. Nun sagt der Herr Reichskanzler: Libau? Ja, da müßte man die Geographie und die Geschäfte nicht kennen! Libau stellt er so ungefähr in die Reihe — ich glaube, der Herr Reichskanzler hat es ausdrücklich gesagt, mit Stolpmünde, — ich möchte mich keiner Unrichtigkeit zeihen lassen, ich denke, es war Stolpmünde und vielleicht noch ein pommerscher Hafen. Ja, meine Herren, dieser Vergleich mag zutreffend gewesen sein für die Zeit, als der Herr Reichskanzler in Libau war, aber das heutige Libau mit Stolpmünde zu vergleichen, geht wirklich nicht! Ich will Ihnen bloß ein Paar Thatsachen anführen, dann werden Sie mir sagen, dieser Vergleich mit Stolpmünde ist unhaltbar. Sie wissen, wir haben viel Geld in Preußen für die kleinen pommerschen Häfen hergegeben. Der Herr Abgeordnete Eugen Richter hat wiederholt gegen die Bewilligung dieser Gelder protestirt, und wir waren auch seiner Meinung, weil wir nicht absehen konnten, wie man diese Häfen auch mit vielem Gelde zu irgend etwas machen könnte. Libau dagegen hat nach offiziellen Mittheilungen einen ganz ungewöhnlichen Aufschwung genommen. Es hatte im Jahre 1872 367 Schiffe Eingang und 354 Schiffe Ausgang mit 30 700 Lasten. Nun hören Sie die Steigerung, ich will Ihnen immer nur die eingegangenen Schiffe — die ausgegangenen korrespondiren damit ungefähr — vorlesen:

1873 . . . . 533 Schiffe,
1874 . . . . 597 „
1876 . . . . 542 „
1877 — das ist das Jahr der Eröffnung der Bahnen — . . 882 „
1878 . . . . bereits 1278 „
mit 135½ Tausend Lasten Eingang und . . 1266 „
Ausgang mit ebensoviel Lasten.

(Hört, hört!)

Ja, meine Herren, da kann man doch wirklich nicht sagen: Libau ist ein Hafen wie Stolpmünde.

Nun weiter, meine Herren: Die russische Regierung ist jetzt bemüht, aus Libau, — mit Windau — und Riga Häfen erster Bedeutung zu machen. Die Kaufmannschaften bei uns in Danzig und in Königsberg haben ein sehr scharfes Auge auf das, was dort vorgeht. Ich werde den Herren in der Kommission den Bericht eines unserer besten Techniker in der Provinz Preußen vorlegen, der vor einigen Wochen in Libau gewesen ist, und nun öffentlich seine Wahrnehmungen in einer Zeitung kund gegeben hat über die Fortschritte, die Libau und Riga machen. Im Anfang dieses Monats hat in Libau eine Konferenz stattgefunden aus Vertretern des russischen Ministeriums und aus verschiedenen Vertretern des dortigen Handels. Es wird einem bekannten zuverlässigen Kaufmann in Königsberg darüber Folgendes geschrieben. — Sie mögen daraus ermessen, ob Libau ein Hafen ist wie Stolpmünde und wie die russische Regierung die Sache betreibt.

> Vor einigen Tagen (Anfang Mai) hatten wir eine Konferenz mit Vertretern des Ministeriums, des Gouvernements, der Stadt und der Eisenbahn, um über neue Anlagen des Hafens und der Eisenbahn zu berathen, die den Handel Libaus weiter heben könnten. Der Vertreter der Regierung legte ein großartiges statistisches Material vor über die Handelsverhältnisse Königsbergs während des Krieges und vor Erhöhung der Eisenbahntarife. Er meinte, daß die Regierung den Plan gefaßt, mit allen nur gebotenen Mitteln dahin zu wirken, daß die Produkte Rußlands in den Häfen des eigenen Landes zur Verladung kämen. Die Regierung hätte besonders Libau für diejenigen Produkte ausersehen, die früher ihren Weg via Eydtkuhnen nach Königsberg genommen, und würde zur Verwirklichung ihrer Ideen vor Kosten nicht zurückschrecken. Es wurde darauf beschlossen, die Regierung um sofortige Einstellung eines zweiten Baggers zu ersuchen, provisorische Schienengeleise und Schuppen in der ganzen Länge des Nordhafens und auf einer von der Stadt hergegebenen Wiese zu errichten, um den Kaufleuten die Möglichkeit zu geben, die Waaren direkt von den Waggons in die Schuppen abzulegen und die Arbeiten an den großen Docks an der Nordseite des Hafens mit vermehrten Kräften beschleunigen zu lassen. Das sind die wesentlichsten drei Punkte der Beschlüsse, und zu allen dreien ist die Genehmigung der Regierung bereits telegraphisch eingegangen. Den Regierungsvertretern sind außerordentliche Vollmachten ertheilt, die Grundstücke werden schon expropriirt und alle Gebäude auf denselben schon heruntergerissen. Schuppen und Schienengeleise sollen Anfang September der Kaufmannschaft übergeben werden.

Der Briefsteller, ein Landsmann von uns, schließt:

> Aber was wird mit unserem guten Königsberg werden, wenn auch das zweite Geleise der Bahn fertig gestellt sein wird, welches bereits angefangen worden?

Ja, meine Herren, ich muß sagen, man kann sich einer gewissen Bitterkeit nicht entwehren, wenn in demselben Augenblick, wo die russische Regierung, wie Sie sehen, mit allen Mitteln dahin zu streben sucht, einen deutschen Handelszweig uns wegzunehmen, wenn man in demselben Augenblick die Sache hier so anzusehen scheint, als ob wir nichts eiligeres zu thun hätten, als durch unser Tarifsystem der russischen Regierung in die Hände zu arbeiten.

(Hört, hört! links.)

Ja, können Sie uns es verdenken, wenn wir in der That über diesen Gang unserer Zollpolitik etwas erregt werden. Ich kann versichern, meine Herren, ich persönlich bin bei der Sache absolut nicht betheiligt. Ich liebe mein Vaterland auch in allen seinen Theilen und würde vielleicht dem Rath des Herrn Reichskanzlers folgen und sagen können: wenn nicht da, so nimm den Wanderstab in die Hand und gehe anderswohin, der Rath, den der Reichskanzler den Kaufleuten in Königsberg gegeben hat: wenn euer Kapital in Königsberg nicht so vortheilhaft arbeiten kann, dann legt es in Libau an. Ja, die glücklich situirte Minderheit, die Kapital hat und sich damit anderswohin aufmachen kann, die steht hier nicht in erster Reihe in Frage, sondern die Tausende von Arbeitern, die an den Platz gebannt sind

(sehr wahr!)

und denen man hier ohne weitere Prüfung die Nahrung zu schmälern bereit ist. In Königsberg wird in jedem Jahr nach einer Zusammenstellung der Kaufmannsschaft für 12 Millionen Mark direkt und indirekt an Arbeitslöhnen, Frachten rc. im Getreide- und Holzhandel ausgegeben, und es wird in dem betreffenden Bericht an den Reichstag die Behauptung aufgestellt, wie ich näher ausführen werde in der Kommission, daß Danzig verhältnißmäßig ebensoviel dafür ausgibt und Stettin noch mehr. Diesen Verdienst für unsere fleißigen Arbeiter, — den wollen wir erhalten, nicht etwa bloß die Stellung der Kapitalisten.

Wenn übrigens der Herr Reichskanzler meint, daß die Uebermacht des Kapitals in Danzig und Königsberg diesen Handelsstädten die Herrschaft vor den russischen sichert, so ist das nach meiner Meinung ein Irrthum. Das Kapital ist beweglich und zieht sich dahin, wo es gebraucht wird. Wenn in Libau Kapital nöthig ist, so kommt es aus Petersburg und Moskau dorthin, ja aus England, — Sie wissen, wie leicht englisches Kapital nach allen Punkten der Erde geht, wo es gebraucht wird. Hieraus können wir keine Gründe herleiten, einer Politik zuzustimmen, die unter den gegenwärtigen Verhältnissen Libau und Riga, auf Kosten von Königsberg und Danzig, begünstigt. In Riga sind übrigens die Verhältnisse der Kaufmannschaft noch viel besser.

Wenn der Herr Reichskanzler nun meint, daß er mit diesem Getreidezoll und, wenn der § 5 zur Anwendung kommen sollte, mit dem doppelten Getreidezoll gegebenen Falls ein Kampfmittel gegen Rußland hätte, — ja, ich kann nur sagen, in unserer Provinz wird man mit Zittern und Zagen diesem Kampf entgegensehen, denn er wird diejenigen am schwersten verwunden, für deren materielle Wohlfahrt er geführt werden soll. Ich hoffe, in der Kommission näher auszuführen, wie die Sachen lagen in der Zeit bis 1825. Auch darin kann ich dem Herrn Reichskanzler nicht beitreten, wenn er sagt, lediglich die politischen Beziehungen, lediglich politische Gründe hätten bewirkt, daß Preußen nachgiebig war. Nein, meine Herren, die wirthschaftlichen Verhältnisse lagen damals so, daß der Kampfzoll auch keine Wirkung gehabt hätte, selbst wenn die Politik nicht maßgebend gewesen wäre. Ich will Sie damit nicht behelligen, ich sage nur, der Kampfzoll gegen Rußland trifft Rußland nicht, im Gegentheil er wird den Erfolg haben, daß Libau und Riga nur schneller zu großen Plätzen werden für den Weltmarkt, und daß Danzigs, Königsbergs und Stettins Bedeutung heruntergehen wird. Ob das deutsches Interesse und Schutz der nationalen Arbeit ist, — diese Frage stelle ich anheim, selbst zu beantworten.

Wie wird sich die Sache mit dem Kampfzoll stellen? Wenn ein Land nach dem anderen mehr importirt, wie es von ihm bekannt, dann ist es doch mindestens die Frage, ob es klug daran thut, den Kampf anzufangen. Nun ist es Thatsache, das beweist die Statistik, so unvollkommen sie ist, daß der Import von Rußland zu uns dem Werthe nach nicht so groß ist, wie der Import von uns nach Rußland. Wir haben in den letzten Jahren nur ein einziges Jahr, wenn ich nicht irre, war es das Jahr 1878 — ich will es dahingestellt sein lassen, wo das Verhältniß ein umgekehrtes war, wo Rußland mehr zu uns importirt hat, wie wir dorthin. Also, meine Herren, Rußland kann unseren Export dahin abschneiden, den Import hierher braucht es nicht unbedingt, es wird seinem Wunsch gemäß nur schneller dahin arbeiten, nach England direkt zu gehen. Nun frage ich aber, wenn die Berechnungen, die der Herr

Reichskanzler gemacht hat, sich nicht als richtig erweisen, die Rechnung, daß wir hundert von Millionen Zentnern lagernd haben, die keine Unterkunft finden können, wenn wir nach dem Ausland die Hände strecken müssen bei einer mittelmäßigen oder schlechten Ernte, was soll dann werden, wenn unsere großen Handelsplätze herabgedrückt und zerstört sind, wer wird dann das nöthige Getreide schaffen und wie werden Sie es dann zu bezahlen haben! Eine gute Tarifpolitik macht doch keine Gesetze auf ein oder zwei Jahre, die muß weit hinaussehen auf Dezennien! Die Ereignisse, wie sie sich gegenwärtig in Spanien zeigen, sollten doch unsere Staatsmänner vorsichtig machen auf diesem Gebiet. Alles hat man in den Ländern, wie Frankreich und Oesterreich, wo die Schutzzöllner auf der Höhe der Situation sind, gewagt, aber selbst in Oesterreich hat man es nicht gewagt, Zölle auf die nothwendigen Nahrungsmittel zu legen, obschon Oesterreich vielleicht besser dazu in der Lage wäre, als wir.

(Widerspruch.)

— Ich bin sehr gern bereit, das nachzuweisen, Herr von Kardorff, ich weiß nicht; ob Sie bezweifeln, daß die Thatsache richtig ist, ich habe schon neulich nachgewiesen, daß nur in Frankreich noch Weizen einen Eingangszoll bezahlt, aber einen sehr geringen — Herr von Kardorff scheint übrigens die Thatsache, die ich anführte, nicht zu bezweifeln, dann darf ich mir auch nicht die Mühe geben, es zu beweisen, sonst wäre ich bereit, die Thatsachen noch einmal anzuführen.

Meine Herren, wie wird der Tarif in Bezug auf die Konkurrenz unserer Häfen mit den russischen wirken? Ich will dies wenigstens in ein Paar Grundzügen an der Hand der Karte zeigen. Ich habe die Behauptung aufgestellt, daß der Kornzoll ohne die von uns geforderten Modifikationen nichts weiter ist, als ein Mittel, den russischen Export, den wir jetzt über unsere Häfen führen, über die russischen Häfen zu führen. Rußland hat, soweit sie hier in Frage kommen, zwei große Eisenbahnkomplexe, einmal die Libau-Romnybahn und was sich daran schließt — und dann die großen russischen Südwestbahnen, die von Odessa über Kiew Brest-Grajewo geht, von wo sie nach Ostpreußen geht, und von Kowel nach Mlawa, wo sie die Route nimmt nach Danzig. Meine Herren, auf diesen beiden Linien besteht gegenwärtig schon ein heftiger Kampf zwischen dem preußischen und russischen Handel, mit Odessa einmal und Libau-Riga andererseits. Da sind gegenwärtig schon die Konkurrenzbedingungen für Danzig und Königsberg sehr ungünstig und lediglich, wie ich mir erlaubt habe hervorzuheben, die Intelligenz, die Rührigkeit, die Sachkenntniß unserer Kaufleute ist es, die den Importhandel bisher erhalten hat.

Wenn Sie nun den Zoll erheben, wie wird sich dann das Verhältniß ändern? Eine zuverlässige Berechnung eines Danziger Kaufmanns, die ich hier vor mir habe, sagt: ein Zoll von 5 Groschen pro Zentner bedeutet eine Vertheuerung für Danzig von 100 Mark pro Waggonladung. Also jeder Waggon zahlt 100 Mark mehr, das heißt übersetzt: die Zone derjenigen Bezugsquellen, die wir jetzt haben in dem Kampfe mit Rußland, speziell Odessa, rückt um 40 bis 50 Meilen weiter herauf. Das ist ein Gebiet von mehreren hunderten Quadratmeilen, um die es sich handelt, von wo aus wir durch die Tüchtigkeit unserer Kaufleute das Getreide auf den Weltmarkt überführen. Das werden künftig die russischen Häfen thun. Libau ist so weit, daß es im Jahr 1879 2000 Schiffe nach England u. s. w. zu verladen hofft. Das ist die Bedeutung des Zolls, wenn Sie keine Erleichterungen verschaffen im Wege meines Antrags, oder wenn Sie durchaus die Interessen der Landwirthschaft hierbei nicht anerkennen wollen auf dem Wege des Antrags des Herrn Abgeordneten Dr. Delbrück. Es werden diese Hunderte von Quadratmeilen Bezugsgebiet auf Rußland verwiesen und unserem Handel und unserer Arbeiterbevölkerung die Arbeit entzogen.

Meine Herren, ich fühle mich verpflichtet, obwohl ich auf die Sache heute nicht spezieller eingehen kann, auf eine Bemerkung des Herrn Reichskanzlers über die Mischung des Getreides schon jetzt hier zurückzukommen. Ein Wort aus so bedeutungsvollem Munde — es sind ja in den letzten Wochen so manche Worte gegen den Handel gefallen und über gewisse kaufmännische Operationen — ein Wort aus so bedeutungsvollem Munde findet einen so weiten und tiefen Nachhall, daß man in der That nicht absehen kann, wohin eine schiefe Auffassung desselben führt. Der Herr Reichskanzler hat, nach dem wie es scheint authentischen Bericht der Norddeutschen Allgemeinen Zeitung, die Mischung des Getreides mit folgenden Worten charakterisirt.

> Nachher wird dem russischen Getreide ein höherer Werth wieder dadurch verliehen, daß es mit deutschen vermischt wird und dieses vermischte Produkt wird dann fälschlich als deutsches Korn mit Lokalnamen „Stettiner Mischung, Danziger Mischung" im Ausland verkauft und drückt den Standortwerth unseres deutschen Getreides, die Reputation desselben wesentlich herunter, indem man diese halbe Mischung — ich will nicht sagen Fälschung, aber es erinnert dies doch an die üblen deutschen Lieferungen, über die in Ostasien geklagt wurde, daß die Waaren nicht durchgängig von gleicher Qualität waren.

Meine Herren, ein unbefangener Leser muß doch annehmen, daß es sich hier um eine kaufmännische Operation handelt, die, wie der Engländer sagt, nicht fair ist. Man bezeichnet „fälschlich" etwas als Danziger und Stettiner Mischung und sucht dem Auslande dieselbe als etwas zu verkaufen, was es thatsächlich nicht ist! Meine Herren, ich glaube, ich kann im Namen aller Kaufleute sprechen, wenn ich entschieden Verwahrung dagegen einlege, daß man unserem ehrenwerthen Handelsstand hier eine tadelnswerthe, zu verurtheilende Operation zutraut. Dieselbe wird offenkundig vor aller Welt von dem Verkäufer gemacht, der Käufer weiß von derselben, wie sie gemacht wird. Die Kunst der Behandlung des Weizens ist, zum Theil wenigstens, so viel ich weiß, der Grund, daß an der Londoner Börse der Danziger Weizen obenan steht. Ich bin kein Kaufmann, ich kann Ihnen diese Details nicht alle auseinandersetzen, es ist nur das Interesse für die Sache, daß ich mich näher danach erkundigt habe. Wir haben in Danzig einen Stamm von Kaufleuten, die durch die Erfahrung eine gewisse Wissenschaft erworben haben in der Kenntniß, Behandlung und Mischung des Getreides. — Der Herr Abgeordnete Graf von Frankenberg lacht darüber; ich weiß nicht, ob er schon Gelegenheit gehabt hat, in Danzig oder an einem andern großen Hafenplatz sich über die Sache zu informiren, dann würde er nicht so lächelnd darüber hinweggehen. — Das sind Thatsachen, lediglich deshalb hat das Danziger Getreide einen Vorzug auf dem Londoner Markt, weil die Danziger Kaufleute es verstehen, große Schiffsladungen gleichartigen Getreides, wie es die Müller und Bäcker in England und Schottland gebrauchen, abzusenden. Glauben Sie etwa, daß der Londoner Kommissionär oder Kaufmann nicht ganz genau weiß, daß das keine Getreidearten sind, die alle bei uns wachsen, daß er die ganze Operation nicht kennt und daß er weiß, daß es sich nicht um eine Fälschung handelt, sondern um die Kunst, die verschiedenen Sorten zu brauchbaren, gleichartigen Ladungen zusammenzustellen? Meine Herren, es ist dies in der That eine ganz legitime Beschäftigung unseres Handels, und ich glaube, es ist nicht gut, wenn man nach außen hin — ich bin überzeugt, der Herr Reichskanzler hat das nicht beabsichtigt — auch nur den Verdacht aufkommen läßt, als ob es sich hier um geschäftliche Operationen handelt, die irgend welchen Tadel verdienen. Dieses Verfahren besteht vor der Moral, es besteht vor dem Gesetz; Sie können mit den schärfsten Augen bewaffnet an die Sache herangehen, sie kann Ihnen offen dargelegt werden.

Soviel überhaupt über diesen Punkt. Ich verlasse jetzt den Handel und möchte noch ein paar Worte sprechen über das hier in Frage kommende Interesse der Landwirthschaft. Ich hoffe, daß der Herr Abgeordnete Delbrück seine Autorität für mich in die Wagschale werfen wird, wenn ich behaupte, daß der Handel mehr bei seinem Antrag interessirt ist, die Landwirthschaft bei dem meinigen. Mich hat vorzugsauch das Interesse der Landwirthschaft bewogen, diesen weitergehenden Antrag zu stellen.

Meine Herren, es ist Thatsache, daß die Ostprovinzen mehr Getreide produziren, als sie verbrauchen. Nun kommt es darauf an, wie können sie ihr Getreide am besten verwerthen. Da sage ich, und ich glaube, das sagen auch alle unsere Sachverständigen, auch die Landwirthe: je näher sie einem Weltmarktspunkte liegen, desto höhere Preise werden sie für Getreide erzielen.

(Sehr richtig!)

Das weiß jeder Landwirth bei uns, und deshalb hat auch die Majorität des landwirthschaftlichen Zentralvereins für Westpreußen, obwohl sie Sympathie für das Zollprojekt des Herrn Reichskanzlers hat, sich dem, wenn ich mich recht erinnere, einstimmig gefaßten Beschluß angeschlossen, den Herrn Reichskanzler zu bitten, die Getreidedurchfuhr unter Nichtfesthaltung der Idenbität freizulassen.

Ja, meine Herren, man braucht nur einmal bei uns gewesen zu sein, dann wird man es wissen: unsere Landwirthe kaufen nicht selten den russischen Roggen zum Verfuttern und verkaufen ihren guten Roggen nach Danzig, um ihn zu besseren Preisen zum Export zu bringen.

Der Herr Reichskanzler hat eine Schilderung vom russischen und polnischen Getreide gemacht, als ob das in der Regel schlecht wäre und eigentlich unseres inländischen Getreides zur Verbesserung bedürfte. Meine Herren, die Sache ist mitunter auch ganz umgekehrt. Es kommt vor, daß auch das inländische Getreide naß und schlecht ist und daß es das trockene russische und polnische Getreide braucht, um eine Mischung herzustellen, die dem unsrigen den Werth gibt. Das wissen unsere Landwirthe recht gut, und ich hoffe keinen Widerspruch zu finden auch auf dieser Seite des Hauses (rechts), wo erfahrene Landwirthe aus Ostpreußen sitzen; sie werden mir zugeben, daß gerade im Interesse der Landwirthschaft, im Interesse der höheren Verwerthung ihrer Produkte es unbedingt geboten ist, ein Verfahren zuzulassen, wie es früher bestand, wie es nach dem vorliegenden Tarif nach unserer Meinung nicht angänglich, wenn wir nicht jetzt gleich die Vorsorge dafür treffen.

Meine Herren, ich könnte noch viel über diesen Punkt sprechen, aber ich will Ihnen nur noch einen Brief vorlesen aus dem Kreise Bartenstein, — in der Nähe von Königsberg. Dieser Brief wird mir geschrieben im Namen von dortigen Grundbesitzern ohne Unterschied der Parteistellung, — ich denke überhaupt, die Rede des Herrn Flügge wird Ihnen den erfreulichen Beweis geliefert haben, daß es sich hierbei nicht um politische Parteien handelt, und ich glaube auch Herr von Mirbach hat nicht Recht, wenn er meint, daß in Ostpreußen nur die Fortschrittler Freihändler wären; ich kenne viele sehr konservative Männer aus Ost- und Westpreußen, die auch so tüchtige bewährte Freihändler sind, als sich Herr Flügge zu meiner großen Freude gestern an diesem Platz erwiesen hat.

Der Brief lautet in seinem Eingange:

> Bei den Getreidezöllen ist bisher stets nur des Todesstoßes gedacht, den dieselben dem Handel der Ostseehäfen versetzen, und merkwürdigerweise bisher nie des noch viel härteren Schlages gegen unsere ostpreußische Landwirthschaft.
>
> Durch den Getreidegroßhandel unserer Seestädte haben unsere Gutsbesitzer für ihre Produkte mit großer Sicherheit die hohen Preise des europäischen Marktes. Darauf sind die Gutskaufpreise, darauf ist die Rentabilität, darauf sind die Hypotheken unseres ländlichen Grundbesitzes basirt. Der Besitzer konnte dauernd darauf rechnen, da er weiß, daß der Kaufmann seine gute Waare zur Aufbesserung des russischen Getreides nothwendig braucht, und ihm — für seine kleinen Quantitäten — oft sogar einen höheren Preis, als den Marktpreis zahlt. Wird das russische und polnische Getreide, welches zusammen bei uns $5/6$ bis $6/7$ des gesammten Königsberger Getreidehandels ausmacht, von unseren Seeplätzen abgedrängt, — das übrig bleibende $1/7$ bis $1/6$ vermag keinen Großhandel zu ernähren, und unsere Besitzer haben statt der jetzigen Preise des Londoner, Amsterdamer, schwedischen Marktes die Lokalpreise ihrer Provinzialstädte zu erwarten, für welche sie viel zu viel produziren. Die Marktplätze in Mitteldeutschland, selbst von Berlin, sind für uns, in Ostpreußen — und ich füge hinzu auch für Westpreußen — in Folge der sehr hohen Frachtsätze bis dorthin, ohne allen Einfluß. Das alles ist so einfach, wie $2 \times 2 = 4$, vorausgesetzt, daß zwei mal zwei jetzt noch vier ist. Alle übrigen Zölle sind für unseren ländlichen Grundbesitz mehr oder weniger unbequem; die Getreidezölle, die ihm nach der Theorie Rettung bringen sollten, gehen ihm ans Leben. Und dieser Gefahr ist er viel hilfloser ausgesetzt, als der Kaufmann, weil er noch ungleich schwerer Platz und Beschäftigung ändern kann.

Es wird nun die Sache noch weiter ausgeführt.

Nun, meine Herren, das sind Belege dafür, daß die Landwirthschaft bei dieser Frage wesentlich interessirt ist. Ich will Ihnen auch nach dieser Richtung hin Details heute nicht weiter anführen, ich möchte nur noch einen Gesichtspunkt hervorheben.

Es ist nicht bloß unser Arbeiter, nicht bloß unser Kaufmann, nicht bloß unser Landwirth interessirt, meine Herren, auch der Staat in Bezug auf seine Eisenbahnen. Wenn der bisherige russische Import abgelenkt werden sollte auf die russischen Exporthäfen, — was meinen Sie wohl, was der preußische Herr Handelsminister dazu sagen würde, wenn ihm das finanzielle Resultat seiner Eisenbahnrechnung vorliegt? Wir wollen einmal abwarten, was die diesjährige Rechnung der Staatsbahnen in Preußen bringen wird, wir wollen abwarten, was die weitere Tarifpolitik hinzufügen wird.

Ich habe mich darüber gefreut, daß man in den Motiven so viel Besorgniß für die Ausfälle zeigt, welche bei den Forsten Preußens entstehen durch die veränderten Konkurrenzverhältnisse beim Holz. Ja, meine Herren, ich muß sagen, die Summen, die bei dem preußischen Forstetat — und das hoffe ich Ihnen bei der Holzdebatte an der Hand der Ziffern nachzuweisen — ich sage, die Summe, die bei dem preußischen Forstetat ausfällt, ist eine Lappalie gegen das, was auf den Eisenbahnetats, und zwar der Staatsbahnen sowohl wie der Privatbahnen auf dem Spiele steht, wenn Sie Maßregeln ergreifen, die unseren Durchfuhrhandel vernichten.

Ich bin auch der Ueberzeugung und Hoffnung, da der Herr Reichskanzler die Meinung ausgesprochen hat, daß er die Frage über den Transit endgiltig noch nicht entscheiden will, daß er, wenn er unsere Gründe hört und wenn in der Tarifkommission seinen Kommissarien und durch deren Vermittelung ihm selbst die Sache dargelegt wird als ein vitales Interesse für unsere nordöstlichen Provinzen, dereu Erwerbsthätigkeit doch auch des Schutzes der nationalen Arbeit würdig ist — als ein vitales Interesse nicht bloß für unseren Handel, sondern auch für unsere Landwirthschaft, daß er dann bereitwillig uns Hilfe leisten wird, um schon jetzt im Tarif diejenigen Vorkehrungen zu treffen, welche das Unheil von unseren Provinzen abwenden. In dieser Hoffnung schließe ich und möchte Sie dringend bitten, daß Sie uns wenigstens nicht ungehört verurtheilen, denn es stehen hier Interessen ganzer Provinzen auf dem Spiel, — daß Sie heute beschließen, alle Anträge, die auf diesen Punkt bezüglich sind, nicht durch eine motivirte Tagesordnung zu erledigen, sondern daß Sie die Sache der Kommission überweisen. Ich zweifle keinen Augenblick daran, daß das, was mein verehrter Freund, der Herr Abgeordnete von Bennigsen gesagt hat, Thatsache werden wird: eine Beschränkung des Durchfuhrhandels, die ein schweres Unrecht wäre gegen die preußischen und pommerschen Provinzen, abzuwenden.

Ich bitte Sie um Ueberweisung der Anträge an eine Kommission.

Präsident: Der Herr Reichskanzler hat das Wort.

Reichskanzler Fürst von Bismarck: Ich bin weit entfernt, in die geschäftsleitenden Beschlüsse des Hauses mich einzumischen, aber ich besorge doch, daß, wenn eine Frage wie diese, an welche viele andere sich anhängen, in die Kommission verwiesen wird, dann die definitive Entscheidung über diejenigen Fragen, die wir, um schneller zu ihrer Erledigung zu gelangen, im Plenum verhandelt haben, sehr in die Länge gezogen wird. Ich sehe von meinem Standpunkte nicht ein, warum die Prinzipienfrage, die uns hier beschäftigt, nicht ebenso gut im Plenum wie in der Kommission weiter berathen und bis zur dritten Lesung entschieden werden könne.

Es handelt sich nicht um eine Störung des Transithandels, so lange das Zollgesetz von 1869 wirksam ist und dem Transit die Freiheit sichert. Der Bundesrath hat die Berechtigung, diejenigen Erleichterungen zu gewähren, die die Herren Antragsteller, in deren Namen der Herr Vorredner sprach, durch das Gesetz zu einer ganz allgemeinen Verpflichtung ausgebildet zu sehen wünschen. Haben Sie nun zu dem Bundesrath, zu den Vertretern der Bundesregierungen, die ihrerseits bisher, ich glaube, keinen einzigen Beweis von besonders unbilliger Behandlung der materiellen Interessen nach irgend einer Richtung hin gegeben haben, haben Sie zu denen nicht das Vertrauen, daß sie auch in dieser Frage Gerechtigkeit und Vernunft werden walten lassen?

(Zuruf links: Nein!)

Wollen Sie den gesetzlichen Zwang — — ich bitte von dem „Nein", was dort gesprochen worden ist, Akt zu nehmen. Sie haben also nicht das Vertrauen, daß die Regierungen gerecht und vernünftig sich verhalten werden. Der Herr, der der Regierung dieses Dementi ins Gesicht wirft, daß sie nicht gerecht und vernünftig sei, verschweigt seinen Namen; es wäre mir lieber, ihn genannt zu sehen; — er scheint es vorzuziehen, ihn zu verschweigen. — Also ich glaube, die Mehrheit dieser Versammlung wird zu den verbündeten Regierungen das Vertrauen haben, daß sie nach Gerechtigkeit und Vernunft von den Befugnissen, die ihnen zustehen, Gebrauch machen werden, ich glaube aber nicht, daß die verbündeten Regierungen in der Lage sind, einen gesetzlichen Zwang akzeptiren zu können, der sie unter allen Umständen nöthigt, auch da, wo die Vermuthung der Zollhinterziehung vorliegt, auch da, wo es sich um solche Geschäftstreibende handelt, welche sich nicht mehr im Besitz der Ehrenrechte befinden, welche wegen Schmuggel, wegen Mißbrauch dieser Berechtigung mehrfach verurtheilt sind, doch überall zwangsweise dasjenige bewilligen zu müssen, was bisher ex bono et aequo bewilligt worden ist. Wenn Sie das wollen, meine Herren, dann schreiten Sie zu einer Aenderung der Zollgesetzgebung von 1869. Ob eine Revision dieses Zollgesetzes erwünscht ist, lasse ich dahingestellt; wenn sie aber eintritt, dann würde ich in erster Linie den Antrag stellen, daß nicht ganz allgemein die Zusicherung der Transitfreiheit aufgenommen wird, und daß die Transitfreiheit nicht gesetzlich überall, sondern da, wo sie dem deutschen Verkehr nützlich oder doch nicht schädlich ist, streckenweise gesetzlich oder durch Verordnung bewilligt werden könne. Das würde meine Mitwirkung bei der Revision des Gesetzes sein. Und gelegentlich durch eine Interkalatie in dem Tarif diese seit langer Zeit bestehende Gesetzgebung zu ändern, ich weiß nicht, ob die verbündeten Regierungen dazu die Hand bieten werden; ich würde für meine Person alles aufbieten, zu verhindern, daß sie es thun. Wollen wir diese Zollgesetzgebung von 1869 revidiren, so brauchen Sie nur den Wunsch dahin zu äußern, und die Regierungen werden bereit sein, werden eine Kommission im Bundesrath niedersetzen oder auch im Plenum die Frage in großer Kürze prüfen, ob sie dazu bereit sind. Wir würden ja dann, wenn es sich um Revision dieser Gesetzgebung handelte, noch zwei Verträge, einen mit Holland aus dem Jahr 1851 und einen mit England aus dem Jahre 1865, wo über die Transitverhältnisse vertragsmäßige Bestimmungen aufgenommen sind, welche bei Erlaß des Gesetzes von 1869 ihre Berücksichtigung gefunden haben, in Betracht zu ziehen haben. Also ich wehre mich nur dagegen, daß bei dieser Gelegenheit ganz außerhalb der Vorlage der verbündeten Regierungen ein wichtiges und einschneidendes Gesetz einer Revision unterzogen wird durch eine Tarifposition, das ist gegen den Usus der Gesetzgebung. Wollen wir diese Position ändern, so stellen Sie anheim, in Front und offen eine Revision des Gesetzes von 1869 in Angriff zu nehmen. Von diesen Anträgen, diesen Amendements zwischen zwei Tarifpositionen, dem Bundesrathe das Recht zu nehmen, was er bis jetzt hat, und daraus eben eine gesetzliche Berechtigung ihm gegenüber zu machen, kann ich doch nur dringend abrathen. Ich gebe ja zu, daß die Transitverhältnisse in den Theilen des Reiches, wo der Transit einen kurzen Weg zu machen hat, auf dem er nicht in Konkurrenz mit den Produkten der deutschen Landstriche tritt, durch die er zu fahren hat, etwas anderes sind als da, wo er das ganze Deutschland durchfährt und die Bewohner der Landstriche, durch die er fährt, von dem Absatz ihrer Produkte auf demselben Wege, an denselben Verkäufer abhält, namentlich im ganzen Süden, auch im Westen Deutschlands, auch schon im Elbegebiet; es kommt fast nur das Land jenseits der Oder, vielleicht nur das Weichselgebiet bei dieser Scheidung in Betracht, und ich bin nicht berechtigt, irgend eine Zusicherung über die Herstellung eines solchen Unterschiedes zu machen, aber ich bin bereit, der Bundesrath wird der Billigkeit und der Aufgabe, die ihm das Zollgesetz stellt, indem es die besprochene Befugniß verlieh, auch in dieser Frage mit Sicherheit Gehör geben.

Die Besorgniß, daß wir die Zufuhr von Getreide von unseren Ostseeprovinzen ablenken, ist, wie mir gesagt wird, vom Herru Vorredner mit Angabe der zunehmenden Schiffszahl in Libau unterstützt worden, die sich seit 1872 von 367 bis auf 1278 im Jahr 1878 gesteigert hat. Ja, meine Herren, das ist ja ganz natürlich, daß auch der Verkehr von Libau sich gesteigert hat, daß die russische Ausfuhr auch über Libau eine stärkere ist, seit das russische Eisenbahnnetz vollendet worden ist und diese vielen Pferdeweiden, Viehweiden und Steppen, die sonst unkultivirt lagen, durch die Nähe der Bahn und der Bahnhöfe zu einträglichen Gütern geworden sind, seitdem die russische Getreideproduktion sich in dem Maße gemehrt hat, daß in den westlichen Provinzen Rußlands eine Wohlhabenheit im Augenblick besteht, die diese Provinzen sonst in Jahrzehnten nicht gekannt haben.

Es ist sehr wunderbar, daß sie sich nicht viel stärker vermehrt hat. Wenn es für die russischen Produzenten gleichgiltig wäre — wenn nicht andere Gründe wären — die sie nach Preußen zögen — müßte Libau noch viel mehr aufgeblüht sein, denn wenn Sie die Karte ansehen, so werden Sie finden, daß alle diejenigen russischen Getreidehändler, welche östlich von Grodno, oder ich will sagen, von Wilna liegen, daß die näher, zum Theil viel näher nach Libau haben, als nach Preußen hereinzufahren. Von Wilna geht die Eisenbahn direkt nach Libau und von Dünaburg geht sie die Düna entlang nach Riga zu, also die Verbindung mit jenen Häfen fehlt ja nicht und das ganze weite Gebiet, was vielleicht $^3/_4$, wenn nicht $^9/_{10}$ des russischen Exportes liefert, hat schon immer viel näher nach Riga zu fahren und nach Libau, als nach Preußen.

Es muß also doch noch etwas anderes sein, was sie nach Preußen hinzieht, und das ist, wie ich schon neulich bemerkte, die Existenz großer Handelsplätze mit großem Kapital und Handelsverbindungen, denn große Handelsstädte lassen sich nicht improvisiren und verlegen, und wenn, wie nach dem letzten Beschluß anzunehmen ist, der Zollsatz für Roggen auf dem niedrigen Satz von 25 bestehen bliebe, so hätte der Zoll doch nur dieselbe Wirkung, als wie eine Fracht von 1 Pfennig pro Meile der Zentner, auf 25 Meilen so niedrig also, wie sie selten existirt, auch bei den großen russischen Bonifikationen ist sie kaum noch etwas über 1 Pfennig pro Zentner die Meile. Was will das sagen, wenn es sich um Entfernungen von 200, 250 und 300 Meilen handelt? Da ist ein Unterschied von 25 Pfennig pro Zentner auf die ganze Tour noch kein Grund, die bisherigen Beziehungen zu verlegen, und die Herren werden das verzollte Getreide so mischen und mahlen können, wie das unverzollte. Ich glaube auch, zu demselben Preise, weil ihre Abgeber es eben nicht anders los werden.

In Bezug auf diese Frage des Transits und des Zollersatzes an der Grenze möchte ich doch auch bitten, die finanzielle Seite der Sache etwas mehr in Betracht zu ziehen. Ich habe diese ganze Vorlage betrieben und eingeleitet im Sinn einer ausgedehnten finanziellen Reform, um den verbündeten Regierungen und dem Reich selbst die Mittel zu geben, die ihnen fehlen, um Finanzquellen zu eröffnen, um drückende direkte Steuern durch weniger drückende indirekte zu ersetzen. Wo sollen aber die Mittel dazu herkommen, wenn nicht nur die Hauptsteuervorlagen, die gerade, die das Geld bringen sollen, um die Klassensteuer zu ermäßigen, in meinem Sinn, um sie ganz zu beseitigen, insbesondere um die Grundsteuer und die Grundsteuerbeischläge, wie ich neulich entwickelte, für die Landwirthschaft zu verminbern, um die Landwirthschaft im Innern zu entlasten, wo sollen denn die Beträge dazu herkommen, wenn die wichtigsten Finanzartikel, wie Bier, Tabak, ein so wenig eifriges Entgegenkommen finden wie bisher, so daß wir fürchten müssen, daß wir mit denen in dieser Session wenigstens den Finanzministern keine weitere Quelle eröffnen können —

(Zuruf)

— darf ich bitten, fortzufahren, ich habe Zeit und kann schweigen.

Die Herren Finanzminister, ich glaube, sie werden vielleicht in einer späteren Zeit mich in meinen Bemühungen erkennbarer unterstützen, wie bisher, denn um ihre Sache handelt es sich. Wo sollen sie die Mittel herbekommen, um unsere Steuern zu erleichtern, wenn die ertragreichsten kein Entgegenkommen finden, und wenn bei diesen, wo wir bisher noch Hoffnung auf ihr Durchgehen hatten, die finanzielle Wirkung, der finanzielle Ertrag dadurch beschränkt wird, daß ein sehr wesentlicher Theil der Einfuhr in die Lage gesetzt wird, daß der Zoll, der dafür erhoben wird, wieder vergütet werden muß, und daß sie dem Finanzminister nur eine geringe Einnahme geben, und daß namentlich auf diese Weise die steuerliche Belastung unseres Kornbedarfs nicht gerechter repartirt wird zwischen dem Auslande und dem Inlande, wie mein Bestreben ist, sondern daß die Quote, die auf das Ausland gelegt wird, möglichst geschmälert und verkleinert wird, daß wir also um so viel weniger Mittel haben, um die Landwirthschaft im Innern zu erleichtern; der ganze Reformplan der verbündeten Regierungen liegt ja offen vor, und liegt auch in der ganzen Oeffentlichkeit Jedermann zur Prüfung vor, und ich glaube, daß er im Lande im Durchschnitt eine günstigere Aufnahme gefunden hat, als hier in diesem hohen Hause. Wenn es uns nicht gelingt, ihn zu verwirklichen, werden die Regierungen sich sagen können, daß sie das ihrige, um die bestehenden Steuern zu erleichtern, um neue Quellen zu eröffnen, gethan haben. Ohne Ihre Unterstützung aber, meine Herren, würden wir natürlich nicht zu unserm Ziel gelangen.

Präsident: Der Herr Abgeordnete von Kardorff hat das Wort.

Abgeordneter **von Kardorff**: Meine Herren, ich glaube, der Abgeordnete Rickert hat doch den Antrag auf Tagesordnung nicht ganz im richtigen Licht angesehen, er hat ihn angesehen als eine Feindschaft gegen den Verkehr, der jetzt in Ostpreußen steht. In dem Sinne haben wir den Antrag nicht aufgefaßt. Der Antrag ist hauptsächlich hervorgegangen aus dem Bewußtsein, daß der Antrag des Herrn Abgeordneten Rickert mit Nothwendigkeit innerhalb der Tarifkommission zu weitläufigen Erörterungen führen würde, die schon dadurch nothwendig würden, daß in Folge dieses Antrags der gesammte Veredlungsverkehr, wie er bis jetzt bestanden hat, nach der bestehenden Zollgesetzgebung einer Diskussion, einer Beschlußfassung unterworfen werden mußte, und daß wir dann mit Nothwendigkeit darauf gedrängt werden würden, schließlich die Revision der Zollgesetzgebung des Jahres 1869 in Anssicht zu nehmen, die grade für Getreide nach unserer Ueberzeugung grade für denjenigen Punkt, für den sich der Abgeordnete Rickert besonders interessirt, nicht nothwendig erforderlich ist. § 115 des Gesetzes vom Jahre 1869 sagt ausdrücklich: Gegenstände, welche zur Verarbeitung, Vervollkommnung, oder Reparatur mit der Bestimmung zur Wiederausfuhr eingehen, können vom Eingangszoll befreit werden. § 5 desselben Gesetzes enthält die freie Durchfuhr, es ist also dadurch und nach den Beispielen, die der Abgeordnete Rickert selbst zitirt hat, aus der Zeit des Bestandes der Getreidezölle in hohem Maße wahrscheinlich, daß die Praxis, die damals geübt wurde, bezüglich des Getreidezolles vorläufig geübt werden wird, bis es zur Revision des Gesetzes von 1869 kommen sollte. Ob diese im Interesse des Abgeordneten Rickert liegen würde, möchte ich ihm zu bedenken geben. Nun hat sich der Abgeordnete Rickert weiter beklagt, daß er in der gestrigen Sitzung präkludirt worden wäre, er hat gemeint, es hätte niemand von der liberalen Partei gesprochen.

(Widerspruch links.)

— Ich habe neben ihm gesessen und ungefähr seine Worte hören können. Ich will ihn daran erinnern, daß die Abgeordneten Braun und Lasker gestern beide das Wort gehabt haben, und daß beide den Standpunkt, den die liberale respektive die Freihändlerpartei, der Abgeordnete Lasker identifizirte beide, einnimmt, sehr deutlich zu vertreten wußten. Der Herr Abgeordnete Rickert hat sich ferner wieder, und es ist wiederholt geschehen, darauf berufen, daß eigentlich seine, die liberale Partei immer das lebhafteste Interesse für den Grundbesitz gezeigt habe, sie sei es gewesen, welche früher den Gedanken schon angeregt habe im Abgeordnetenhause, die Grundsteuer theilweise zur Entlastung der Kommunalsteuern zu verwenden. Das ist nicht richtig, meine Herren, ich habe wahrhaftig keinen Fraktionspatriotismus, aber ich müßte mich sehr irren, wenn nicht einer meiner Freunde, der Graf Winzingerode es gewesen wäre, der den Antrag zuerst gestellt hat, ich glaube daher nicht, daß der Abgeordnete in der Lage ist, jenen Antrag für die liberale Partei als solche in Anspruch nehmen zu können. Meines Wissens ist er aus unserer Partei erhoben worden. Es kommt fast auf das heraus, was der Abgeordnete Braun gestern sagte, die liberale Partei habe die Bauern frei gemacht. Ich denke, meine Herren, das waren zuerst doch die preußischen Könige, und ob der Freiherr von Stein grade zur Partei des Herrn Abgeordneten Lasker gehört haben würde, ist mir sehr zweifelhaft.

(Heiterkeit.)

Ich komme nun noch auf den Punkt zurück, den der Herr Abgeordnete Rickert ausführlich erörtert hat, das ist das System der Getreidemischung. Ich muß nun allerdings gestehen, daß mir diese ganze Manipulation des Mischens doch im hohen Maße bedenklich erscheint, denn für gewöhnlich verhält sich die Sache nicht so, wie der Herr Abgeordnete Rickert sagt, daß unser Getreide durch polnischen Weizen verbessert wird, sondern namentlich beim Roggen ist es umgekehrt, der schlechte russische Roggen wird durch unseren Roggen verkäuflich gemacht. Ob es gerade im Interesse unserer Landwirthschaft liegt, diese Manipulation zu begünstigen, das, meine Herren, ist mir sehr zweifelhaft, ich bin aber nicht abgeneigt, dem Umstand Rechnung zu tragen, daß in Königsberg, Danzig und Memel gerade dieser Handel in so hohem Maße sich entwickelt hat und da dort die Landwirthschaft nach meiner Ueberzeugung allerdings gegen ihr eigenes Interesse auf die Erhaltung dieses Handels Werth zu legen scheint. Wenn nach dem bestehenden Gesetz von 1869 dem Bundesrathe schon die Ermächtigung gegeben ist, auch für diesen Fall eine Erleichterung geben zu können, so würde ich mit solchen Erleichterungen für jene Landestheile meinerseits wohl einverstanden sein.

Wenn der Herr Abgeordnete Rickert davon gesprochen hat, daß mit dem Getreidezoll der ganze Getreidehandel in Königsberg, Memel u. s. w. zu Grunde gehen müßte und daß wir kein Herz für die vielen tausende von Arbeitern hätten, die dort im Getreidehandel ihre Beschäftigung finden, so frage ich Herrn Rickert, wo war denn sein Herz für die vielen hunderttausende von Arbeitern, die in der Kohlen- und Eiseninдustrie beschäftigt sind, als er die Eisenzölle abschaffte!

(Sehr wahr!)

Ich bin nun der Meinung, daß jene Aeußeruug des Herrn Rickert eine sehr starke Uebertreibung ist, Königsberg und Danzig werden ihren Handel behalten und bewahren, auch mit dem geringen Getreidezoll, den wir bewilligt haben, und namentlich werden sie ihn bewahren, wenn den Plätzen gewisse Erleichterungen bezüglich des Handels gewährt werden, wie ich sie eben anzudeuten mir erlaubt habe.

Der Herr Abgeordnete Rickert hatte ferner gelegentlich gesagt, Oesterreich könne den Getreidezoll weit eher gebrauchen als wir, und das war es, wogegen ich Widerspruch erhoben habe, er hat es falsch verstanden, als hätte ich bestreiten wollen, daß die meisten Länder keinen Getreidezoll hätten. In diesem Punkte irrt sich der Herr Abgeordnete Rickert doch, denn ein Land, das so kolossale Getreidemassen exportirt, wie Oesterreich, das kann den Getreidezoll füglich entbehren, dieses Land ist sogar in einer gewissen Gefahr, wenn es einen Getreidezoll für sich sollte einführen wollen.

Endlich ist der Herr Abgeordnete Rickert zuletzt eingegangen auf die Eisenbahnfrage und hat gemeint, aus den Rechnungen bezüglich der Eisenbahnen würde es im Etat sehr traurig aussehen, wenn wir den Eisenbahnverkehr in dieser Weise beschränken, wie es durch den Getreidezoll nothwendig sein würde. Ich bin nun der ganz entgegengesetzten Meinung wie er, ich mache darauf aufmerksam, daß dieser gesammte Durchgangsverkehr von Eisenbahnen zu Tarifen geleistet wird, die ja weit hinter dem zurückbleiben, was uns die Privatbahnen erzählen. Sie sind noch bedeutend niedriger, und ich glaube, daß die Eisenbahnen sich durch Protegiren des Durchgangsverkehrs finanziell zum großen Theil ruiniren. Sie werden viel besser dabei fahren, wenn sie darauf hingewiesen werden, den Lokalverkehr möglichst zu pflegen, dann wird das finanzielle Ergebniß viel höher sein, weil die gesammte Produktion des Landes weit mehr ergeben wird und vielmehr verfrachtet wird von inländischen Produkten, als sie jetzt an ausländischen haben. Also die Eisenbahnen werden meiner Ueberzeugung nach finanziell gut dabei fahren. Daß unsere gesammte Eisenbahnpolitik nicht so ganz unberechnet und schlecht ist, das zeigen deutlich diejenigen Ergebnisse, welche die von dem Herrn Abgeordneten Rickert so sehr angefochtenen Kohlentarife nach den Ostseeprovinzen schon geliefert haben. Diese Ergebnisse weisen nach, daß bei diesem Tarif die Bahnen doch zu ihrem Vortheil operiren, aber, meine Herren, ich meine, wir handeln gerade im Interesse desjenigen Verkehrs, den der Herr Abgeordnete Rickert selbst erhalten und schützen will, wenn wir die Frage nicht an die Tarifkommission verweisen mit allen den gefährlichen Konsequenzen, die eine solche Verweisung haben kann, sondern Sie thun selbst gut, sich dem Antrage des Herrn Grafen Stolberg anzuschließen mit der modifizirten Tagesordnung, die ausdrücklich auf die Bestimmung des Gesetzes von 1869, § 115 hinweist, und ich empfehle Ihnen dringend, diesen Antrag anzunehmen.

Präsident: Das Wort hat der Herr Abgeordnete Dr. Delbrück.

Abgeordneter Dr. **Delbrück:** Meine Herren, den Antrag, welchen ich gestellt habe und über dessen geschäftliche Behandlung ich hier kein Wort verlieren will, unterscheidet sich von dem Antrage des Herrn Abgeordneten für Danzig, wenn ich es kurz charakterisiren will, dahin, daß der letztere dasjenige Zollverfahren wieder herstellen will, welches in den vierziger Jahren in Danzig und Königsberg bestand, während mein Antrag im Auge hat, das Zollverfahren wieder herzustellen, welches in den sechziger Jahren nach Aufhebung der Getreidezölle bestanden hat.

Die Frage, die zunächst zu erörtern sein wird, ist die: befindet sich in der That der Bundesrath in der Lage, dasjenige, sei es, was der Herr Abgeordnete für Danzig, sei es, was ich in meinem Antrage für den Durchgangsverkehr mit Getreide verlange, seinerseits auf Grund der ihm durch die Verfassung oder durch das Zollgesetz von 1869 ertheilten Ermächtigung auszuführen. Diese Frage muß ich nach sorgfältiger Prüfung der gesetzlichen Bestimmungen verneinen.

(Hört! hört! links.)

Der Bundesrath ist nicht ermächtigt, Ausnahmen von dem Gesetze anzuordnen oder zuzulassen; er ist nur ermächtigt, das Gesetz innerhalb der ihm ertheilten Vollmacht durch Ausführungsvorschriften aus den allgemeinen Sätzen, die das Gesetz enthält, in die Sprache des praktischen Lebens zu übersetzen.

Bevor ich auf die Konsequenzen dieser Ansicht im einzelnen eingehe, möchte ich zur weiteren Vermeidung von Mißverständnissen hervorheben, daß es sich bei meinem Antrag ganz gewiß nicht, und ich glaube auch bei dem Antrag des Herrn Abgeordneten für Danzig nicht um irgend eine Art des Veredlungsverkehrs handelt.

(Sehr richtig! links.)

Mir liegt der Veredelungsverkehr in diesem Augenblicke vollständig fern. Alle Deduktionen, die man aus der Bestimmung des Zollgesetzes über den Veredelungsverkehr herleiten will, sind mir vollständig gleichgiltig, sie liegen außerhalb der Sache. Es handelt sich hier um nichts weiter, als um den Transitverkehr und zwar um einen Transitverkehr, der eine gewisse Modifikation erhält durch die vielfach erörterte Mischung.

Was sagt nun mein Antrag?

> Für Getreide und Hülsenfrüchte werden Transitläger ohne amtlichen Mitverschluß bewilligt.

Solche Getreidetransitläger ohne amtlichen Mitverschluß können nach der bestehenden Gesetzgebung bewilligt werden; das ist unzweifelhaft. Mein Antrag geht insofern nur weiter, als er abweichend vom Gesetz, welches ja nicht für alle möglichen Artikel Transitläger zulassen kann und deshalb allgemein sagt: „sie können bewilligt werden", ausspricht: „für Getreide sollen sie bewilligt werden". Er fährt aber gleich fort:

> Auf diese Läger finden die für Privattransitläger geltenden Vorschriften mit der Maßgabe Anwendung.

Hierdurch ist schon vollkommen ausgeschlossen die Besorgniß, die der Herr Reichskanzler hegt, daß aus diesem Antrage hergeleitet werden könnte, daß ein Kaufmann, der nicht die bürgerlichen Ehrenrechte hat, oder der in Zollprozesse verwickelt gewesen ist der schlimmsten Art, Anspruch haben soll auf das Transitlager. Nicht im allermindesten. Im Regulativ für Privatläger, auf welche mein Antrag ausdrücklich als auf das maßgebende, soweit es nicht abgeändert wird, verweist, heißt es:

> Diese Lager werden lediglich an Gewerbtreibende bewilligt, welche kaufmännische Bücher ordnungsmäßig führen, das Vertrauen der Verwaltung genießen und entweder selbst am Lagerorte wohnen oder einen am Orte wohnhaften geeigneten Vertreter bestellen.

Es setzt also mein Antrag voraus, daß der Besitzer eines solchen Privattransitlagers das Vertrauen der Zollverwaltung genieße, und es sind damit von selbst alle Subjekte ausgeschlossen, die eines solchen Vertrauens, sei es durch Defrauden, sei es auf andere Weise, unwürdig sind.

Nun kommen die drei Maßgaben, welche nach dem Antrage in das Privatlagerregulativ hineingebracht werden sollen.

Davon ist die erste:

> daß die Lagerung, soweit es zur Erhaltung und Bearbeitung der Waaren erforderlich ist, außerhalb geschlossener Räume stattfinden kann.

Motivirt ist diese von mir vorgeschlagene Bestimmung damit, daß es allerdings vorkommt, daß das auf Schiffsgefäßen, auf den Flüssen eingehende Getreide unterwegs naß wird und alsdann einer Abladung unter freiem Himmel, einer Umschaufelung, einer Bearbeitung bedarf, einer Bearbeitung, welche auf Speichern wirksamer Weise wenigstens nicht ohne ganz unverhältnißmäßigen Kostenaufwand vorgenommen werden kann. Eine solche Erleichterung zuzulassen, ist nach meiner Ansicht der Bundesrath nicht befugt, weil in sämmtlichen Bestimmungen des Zollgesetzes, welche sich auf die Niederlagen beziehen, überall geschlossene Räume vorausgesetzt sind. Der Bundesrath würde also nach meiner Ansicht nicht in der Lage sein, diese Erleichterung, welche, wie die Erfahrung gelehrt hat, für das Durchgangsgeschäft mit Getreide nothwendig ist, eintreten zu lassen.

Die zweite Maßgabe ist die:

> daß die Behandlung, Umpackung und Theilung der gelagerten Waaren uneingeschränkt und ohne Anmeldung zulässig ist.

Der § 14 des Privatlagerregulativs gestattet ausnahmsweise, von der Festhaltung der Identität der einzelnen Kolli mit der Wirkung abzusehen, daß die Behandlung, Umpackung und Theilung der gelagerten Waaren uneingeschränkt und ohne Anmeldung erfolgen kann. Es ist diese Bestimmung vollkommen gerechtfertigt. Man kann nicht für jede beliebige Waare, die auf das Privatlager gebracht ist, uneingeschränkt die von mir bezeichneten Manipulationen ohne vorherige Anmeldung zulassen. Beim Getreide liegt mit Rücksicht auf die relativ geringe Höhe des Eingangszolles und andererseits mit Rücksicht auf die absolute Nothwendigkeit dieser Operation das Bedürfniß vor, von vornherein von der Anmeldung abzusehen.

Die dritte Maßgabe, welche ich vorschlage, ist die:

> daß die Mischung der Waare mit inländischer Waare gestattet ist.

Diese Gestattung kann der Bundesrath nicht aussprechen. Es ist im § 101 des Zollgesetzes bestimmt, daß zur Ergänzung, Auffüllung u. s. w. der lagernden Waaren, Waaren aus dem freien Verkehr in die Niederlagen gebracht werden können, dagegen sagt der § 108, daß diese Bestimmung auf Privatlager ohne amtlichen Mitverschluß keine Anwendung finde. Es würde also ohne eine Aenderung des Gesetzes nur zweierlei zulässig sein, entweder daß auf die Mischung, welche im Privatlager ohne amtlichen Mitverschluß in Anspruch genommen ist, verzichtet wird, oder daß, wenn auf die Mischung nicht verzichtet wird, das Lager unter amtlichen Mitverschluß gestellt werden muß. Der Bundesrath ist nicht berechtigt, darüber hinauszugehen, er würde dem Gesetz zuwider handeln.

Nun, meine Herren, beruht ja das ganze Transitgetreidegeschäft auf der Möglichkeit, das Transitgetreide im Lager ohne amtlichen Mitverschluß zu lagern. Wenn das festgehalten wird, so müßte also das Mischen des Getreides aufgegeben werden. Ueber die Nothwendigkeit des Mischens des Getreides ist schon neulich und heute wiederholt gesprochen worden. Ich möchte nur wiederholt darauf hinweisen, daß für die in der Nähe der Exportplätze liegenden Landwirthschaften die Zulassung dieser Mischung ein ganz entschiedener Vortheil ist, weil sie für ihr Getreide, was sich zu solchen Mischungen eignet, einen höheren Preis bekommen, als sie bekommen würden auf dem gewöhnlichen Markt. Daß diese Mischung im Interesse der Erhaltung des Getreideverkehrs unentbehrlich ist, das ist, glaube ich, von keiner Seite bestritten worden; es ist nur die Ansicht ausgesprochen worden, der Verkehr würde auch fortdauern, wenn das transitirende Getreide verzollt würde.

Nun, meine Herren, ich glaube die Ansicht begründet zu haben, daß der Bundesrath nicht in der Lage ist, das, was nach meiner Ansicht zur Erhaltung des Trasitverkehrs nothwendig ist, anzuordnen, und ich kann mich nun zu dem allerdings nur formellen Einwand wenden, daß der Tarif nicht der geeignete Ort sei, eine bezügliche Bestimmung zu treffen. Meine Herren, diesen Einwand habe ich mir selbst gemacht, und ich will ganz offen sagen, wie ich im Fall der Annahme meines Antrags zu verfahren gedachte. Ich habe den Antrag gestellt, hier jetzt als einen Zusatz zum Tarif aus dem Grund, weil er innerlich absolut zusammenhängt mit der Frage der Getreidezölle und weil ich es in jeder Beziehung für unrichtig gehalten haben würde, ihn aus einer Berathung, die sich so eingehend mit den Getreidezöllen beschäftigt hat wie die vorliegende, herauszunehmen. Ich würde aber, wenn er zur Annahme gelangt, ganz von selbst dahin gekommen sein, bei der 3. Lesung den Antrag zu stellen, diesen Satz aus dem Tarif heraus in das Gesetz zu bringen. Ich erkenne an, formell gehört er nicht in den Tarif, sondern in das Gesetz, ich habe aber ein Amendement zu dem Gesetz nicht stellen wollen, um nicht bei Gelegenheit des Gesetzes selbst nochmal ein gut Theil der Diskussion über die Getreidezölle wiederholen zu müssen. Dieser Zweckmäßigkeitsgrund hat mich veranlaßt, den Antrag an diese Stelle zu setzen. Wenn uns empfohlen wird, für die Resolution zu stimmen, so kann ich das eben aus den von mir angegebenen Gründen nicht thun, weil damit die Frage verschoben wird auf eine Revision des Zollgesetzes von 1869, eine Revision, zu welcher ich, abgesehen von diesem Punkt, meinerseits in dem gegenwärtigen Augenblick gar keinen Grund sehe. Eine solche Revision eines so umfassenden Gesetzes würde der Natur der Sache nach in der laufenden Session nicht stattfinden können, und bis zur nächsten Session zu warten, dagegen muß ich aus denselben Gründen Bedenken tragen, die der Herr Abgeordnete für Danzig von der Tribüne aus entwickelt hat.

Ich wiederhole, meine Herren, auf die geschäftliche Behandlung der Sache lege ich gar keinen Werth; der Antrag, diese vorliegenden Anträge in die Tarifkommission zu verweisen, ist weder von mir ausgegangen noch mit meiner Kenntniß ergangen, ich habe ihn erst kennen gelernt dadurch, daß ich das Druckexemplar bekam. Mir kommt es lediglich darauf an, eine Entscheidung über die Frage selbst herbeizuführen, eine Frage, die meiner Ansicht nach für den Fortbestand des Getreidehandels nicht blos von Danzig und Königsberg, sondern auch von Stettin von entscheidendster Bedeutung ist.

(Bravo!)

Vizepräsident Dr. Lucius: Der Herr Kommissar des Bundesraths Geheimrath Burchard hat das Wort.

Kommissar des Bundesraths kaiserlicher Geheimer Regierungsrath **Burchard:** Gestatten Sie mir zuerst mit einigen Ausführungen demjenigen entgegenzutreten, was der Herr Abgeordnete für Danzig gesagt hat. Wenn ich richtig berichtet worden bin, so hat er — und es ist schon früher aus seinem Mund eine ähnliche Bemerkung geflossen — gesagt, ich hätte mit meinen früheren Behauptungen betreffs der Durchfuhr und des Ausfuhrhandels doch nicht das richtige getroffen. Ich muß bei meiner früheren Behauptung durchaus stehen bleiben. Ich habe gesagt, es hat zu keiner Zeit im Zollverein eine gesetzliche Bestimmung bestanden, die die Umtauschung ausländischer Waaren auf dem Transport gestattete. Das ist auch richtig und auch gegenüber den Verfügungen richtig, auf die der Herr Abgeordnete für Danzig hinsichtlich des Getreides Bezug genommen hat. Ich kenne ja diese Verfügungen; der Zeit wegen kann ich zwar nicht genau auf den Inhalt derselben eingehen, man muß aber zunächst die besonderen Umstände erwägen, um sich klar zu machen, in wie fern denn diese Verfügungen einen ungewöhnlichen, mit den gesetzlichen Bestimmungen schwer in Einklang zu bringenden oder die gesetzlichen Bestimmungen doch wenigstens abschwächenden Charakter hatten. Die erste Verfügung, die vor mir liegt, datirt von dem Jahr 1846, aus einer Zeit, wo neben den Einfuhrzöllen Durchfuhrzölle bestanden. Da ist nun gesagt, daß der Provinzialsteuerdirektor unter Vorbehalt des Widerrufs und nach Prüfung der besonderen Umstände gestatten darf, daß, wenn der Durchfuhrzoll vom Getreide entrichtet ist, die Differenz zwischen Durchfuhr- und Einfuhrzoll bedingungsweise nicht eingehoben werden soll, für den Fall nämlich nicht, daß die Ausfuhr größer ist, als die Einfuhr. Es ist auch diese Genehmigung nicht allgemein für den preußischen Staat ertheilt, sondern nur für gewisse Verkehrsrichtungen und für diese auch nur unter Anerkennung besonderer Umstände, namentlich von Theuerungsverhältnissen. Es handelte sich also um eine ganz ausnahmsweise Maßregel, die als Verwaltungsmaßregel vorübergehend und mit Vorbehalt des jederzeitigen Widerrufs eingeführt werden konnte, und ich glaube, man kann daraus nicht herleiten, daß, weil im Zollverein das Prinzip der Identität vielleicht in dieser Beziehung berührt worden ist, das Prinzip nun überhaupt irgendwie verlassen sei. Diese Verfügung trat aber sofort außer Kraft, als die Durchfuhrzölle in Wegfall kamen, von diesem Augenblick an ist im Verwaltungswege ausdrücklich angeordnet worden, daß die Identität auch im Getreideverkehr ausnahmslos aufrecht erhalten bleibe. Keiner durfte also eine Vertauschung vornehmen und derjenige, der das nach Aufhebung der Durchfuhrzölle that, war jedenfalls ein Gewerbtreibender, der sich nicht auf richtigem Wege befand. Bei dieser Behauptung muß ich bleiben. Ich glaube deshalb, daß die Bemerkung des Herrn Abgeordneten Rickert, welche er in dieser Beziehung gegen mich gerichtet hat, der Begründung entbehrt, wenn er in Betracht ziehen will, was ich ausgeführt habe.

Ich möchte dann eingehen auf die Anträge, welche zu dieser Tarifnummer gestellt sind, und zuerst auf den Antrag des Herrn Abgeordneten Dr. Delbrück.

Ich freue mich, daß der Herr Abgeordnete Veranlassung genommen hat, diesen Antrag näher zu erläutern, ich muß gestehen, ich war einigermaßen in Zweifel über die Bedentung und Tragweite desselben. Wenn ich nach den Erläuterungen, die heute gegeben sind, mich frage: war der Bundesrath in der That nach Maßgabe der jetzt bestehenden Bestimmungen nicht in der Lage, diejenigen Erleichterungen bezüglich des Getreidehandels eintreten zu lassen, welche der Antrag als obligatorisch hinstellt? so muß ich nach reiflicher Erwägung sagen: er war im wesentlichen vollständig in der Lage, das zu thun.

Meine Herren, ich muß, um das näher darzulegen, auf die bezüglichen Bestimmungen des Gesetzes vom 1. Juni 1869 eingehen. Der Herr Abgeordnete hat, indem er sagte, auf diese Läger ohne amtlichen Mitverschluß sollten die für Privatläger geltenden Vorschriften Anwendung finden, zunächst zweifelhaft gelassen, ob es die gesetzlichen oder die Verwaltungsvorschriften sein sollten. Ich muß sagen, ich habe zunächst die Annahme gehabt, es sollten die gesetzlichen sein, denn die Verwaltungsvorschriften können zu jeder Zeit geändert werden, und ich glaube nicht, daß ein Gesetz Bezug nehmen kann auf Bestimmungen, die nicht auf gesetzlicher Basis stehen, sondern die in jedem Augenblick nach dem Ermessen der Verwaltung geändert werden können. Indessen wir wissen ja nun, es sollen auch diejenigen Verwaltungsvorschriften gemeint sein, die der Bundesrath zur Zeit auf Grund des Gesetzes erlassen hat. Wenn aber der Bundesrath zu jeder Zeit in der Lage ist, innerhalb des Rahmens des Gesetzes auch seine Verwaltungsvorschriften zu ändern, so glaube ich und wohl Jeder, der der Verwaltung nur einigermaßen Vertrauen schenkt, daß der Bundesrath bemüht sein wird, unter Berücksichtigung aller Interessen denjenigen Weg zu finden und einzuschlagen, der den vorliegenden Interessen am meisten entspricht. Der § 108 des Zollvereinsgesetzes sagt unter der Ueberschrift „Privatläger“:

> Waaren, auf denen ein Zollanspruch haftet, können auch in Privaträumen unter oder ohne Zollverschluß der Zollbehörden niedergelegt werden.

Es ist also unzweifelhaft, daß auch Getreide und Hülsenfrüchte in Privatläger unter oder ohne Zollverschluß aufgenommen werden können, wenn der Bundesrath solches für zulässig erachtet.

Dann heißt es im Gesetz weiter — ich übergehe die Vorschriften über die Kredit- und über die Transitläger mit amtlichem Verschluß — am Schluß:

> Dagegen haftet der Inhaber eines Privattransitlagers, welches sich nicht unter amtlichem Mitverschluß befindet, für die Entrichtung des Eingangszolls nach Maßgabe des bei der Verabfolgung festgestellten Gewichts, insofern er nicht die Entrichtung der Abgaben an anderen Orten oder die Ausfuhr der Waare in vorgeschriebener Art nachweist.

Das sind sämmtliche gesetzlichen Bestimmungen über die Privatläger. Im Uebrigen hat der Bundesrath die Befugniß, nach Maßgabe dieser Bestimmungen jede Erleichterung eintreten zu lassen, die dem Verkehrsbedürfniß und dem allgemeinen Interesse entspricht und nicht über das Gesetz hinausgeht.

Wenn ich nun frage: ist der Bundesrath in der Lage nach diesem Gesetz, auch diejenigen Erleichterungen eintreten zu lassen, die der Herr Abgeordnete Dr. Delbrück als obligatorisch in das Gesetz einrücken will? so muß ich sagen: er ist in der Lage, er ist besonders auch bezüglich des Mischens in der Lage. Ich darf auf diesen Punkt wohl noch etwas näher eingehen.

Der Herr Abgeordnete Dr. Delbrück hat gesagt, auf den Veredelungsverkehr käme es ihm gar nicht an, der sei ihm fernliegend, der stehe außerhalb der Sache, hier handele es sich nur um einen Transitverkehr. Ich muß sagen, ich stehe auf dem entgegengesetzten Standpunkt; der Transitverkehr ist der Durchfuhrverkehr, derjenige, der die Waare so durchführt, wie sie eingeführt ist. Will man im Inlande mit der Waare eine Operation vornehmen, die einen wesentlichen Einfluß auf ihre Beschaffenheit — ich will nicht sagen Identität — hat, will man also Getreide mischen, zu dem ausländischen inländisches Getreide hinzuthun, so ist das vielleicht keine Veredlung, aber es fällt doch unter den § 115 des Vereinszollgesetzes, der im Allgemeinen den Veredlungsverkehr bezeichnet. Derselbe lautet:

> Gegenstände, welche zur Verarbeitung, zur Vervollkommnung oder zur Reparatur mit der Bestimmung zur Wiederausfuhr eingehen, können vom Eingangszoll befreit werden.

Es handelt sich also um Gegenstände, die entweder vervollkommnet, reparirt oder verarbeitet werden sollen. Nun würde ich von vornherein annehmen, wenn man ausländisches Getreide mit inländischem mischt, daß das eine Verarbeitung des Getreides ist; aber jedenfalls, mag der Bundesrath einer Ansicht sein wie er will, kann man doch nicht sagen, der Bundesrath habe seine Befugnisse überschritten, wenn er Getreide, was in dieser Weise gemischt ist, als verarbeitet ansieht. Also neben jener Bestimmung über Privatläger kommt hier, soweit es sich um das Mischen handelt, auch die Bestimmung über den Veredelungsverkehr in Betracht. Ich möchte deshalb der Ansicht sein, daß der Bundesrath nach Maßgabe derjenigen gesetzlichen Bestimmungen, die ich vorgelesen habe, durchaus ermächtigt ist, alle die Erleichterungen zuzugestehen, welche hier gesetzlich vorgeschrieben werden sollen.

Daß die Verwaltungsbehörden nach den jetzt geltenden Regulativen nicht in der Lage wären, dem Verkehr Erleichterungen in dem Umfange zuzugestehen, wie es im Antrage bezeichnet ist, kann ich vielleicht zugeben, dagegen nicht, daß der Bundesrath nicht ermächtigt sein sollte, Bestimmungen zu erlassen, welche dem Verkehrsbedürfniß auch nach dieser Richtung hin Rechnung trügen; letzteres muß ich entschieden in Abrede stellen.

Ich möchte nun übergehen auf den Antrag der Herren Rickert und von Schalscha. Es unterscheiden sich diese Anträge meines Erachtens allerdings sehr wesentlich von dem des Herrn Dr. Delbrück. Der letztbezeichnete Antrag ging davon aus, daß die Identität gewahrt und festgehalten sein solle, während die Herren Rickert und Schalscha sagen: wir wollen hier eine Ausnahme machen für Getreide, Hülsenfrüchte und andere Gegenstände, die unter diese Nummer des Tarifs fallen, es soll die Vertauschung für diese Artikel gestattet sein auch mit der Wirkung, daß eine Zollerleichterung für den ganzen Umfang des Exports eintritt.

Meine Herren, ich halte diese Anträge für äußerst gefährlich. Es ist Ihnen schon aus anderem Munde gesagt worden, daß man im allgemeinen abgeneigt ist, dieses Prinzip aufzugeben. Die verbündeten Regierungen würden, ich glaube das erklären zu können, diesen Vorschlägen auch nicht ausnahmsweise zustimmen können, weil auf dem Prinzip der Identität der Zollverein aufgebaut ist, weil zu keiner Zeit eine Ausnahme bestanden hat, namentlich auch nicht zu der Zeit, wo die Durchfuhrzölle aufgehoben waren. Ich möchte den Herrn Abgeordneten Rickert in der That auf dasjenige verweisen, was der preußische Finanzminister nach dieser Richtung hin gesagt hat, er hat, sowie die Durchgangszölle in Wegfall kamen, ausdrücklich erklärt, es solle die Identität des Getreides aufrecht erhalten bleiben. Also ich meine, man sollte doch nicht so leicht von diesem grundlegenden Prinzip abgehen und erklären, der Handel kann nicht anders bestehen als mit einer solchen Ausnahme, wenn der Handel thatsächlich ohne solche Ausnahme existirt hat.

Es würde auch zu den bedenklichsten Konsequenzen führen, wenn man eine Vertauschung nur auf diesem Gebiet zulassen wollte. Ich möchte Ihnen zunächst zwei Bedenken entgegenhalten, die dabei hauptsächlich ins Gewicht fallen, das eine ist finanzieller Art, das andere volkswirthschaftlicher. Wenn Sie gestatten, daß das Getreide, welches eingeführt ist, auf dem Transport vertauscht werden kann, und daß für alles Getreide, was ausgeführt wird, das Recht der freien Einfuhr gegeben wird, dann bekommen Sie lediglich den Zoll für die Mehreinfuhr, auch nicht im mindesten mehr. Nun ist ja bekannt, daß die naturgemäße Wirkung derartiger acquits-à-caution, wie sie in anderen Ländern und auf anderen Gebieten vielleicht auch beabsichtigt ist, darin besteht, daß die Ausfuhr sich steigert; jedenfalls geht aber auf diese Weise jeder Zoll von demjenigen Gute verloren, welches im Inlande vertauscht ist.

Wenn Sie die statistischen Nachweise ansehen, so haben Sie zwar eine beträchtliche Differenz zwischen Ein- und Ausfuhr; aber es ist doch außer allem Zweifel, daß von demjenigen Getreide, welches einkommt, ein großer Theil im Inlande bleibt und dort konsumirt wird, während andererseits von dem ganzen Getreide, welches ausgeht, ein sehr großer Theil inländischen Ursprungs ist. Das Reich bekäme also von allem Getreide, welches vom Auslande eingeht und in den inländischen Konsum übergeht, keine Steuer. Meine Herren, es beläuft sich dies meines Erachtens in die Millionen Zentner Getreide. Ich bin allerdings nicht im Stande, aus der Statistik dies mit Zahlen zu belegen, weil wir jetzt Getreide zollfrei haben und statistisch die Einfuhr deshalb zum großen Theil auch die Durchfuhr mit enthält; es ist also nicht ersichtlich zu machen, was von der Einfuhr und Ausfuhr wirklich Durchfuhr ist, aber das steht fest, und es wird jeder bestätigen, der der Sache näher steht, daß ein sehr großer Theil der Einfuhr auch wirklich für den inländischen Konsum bestimmt ist und ebenso ein großer Theil der Ausfuhr aus der inländischen Produktion herrührt. Es stehen aber meines Erachtens auch volkswirthschaftliche Gründe solchen Ausnahmen entgegen. Was ist denn der Zweck der Zolleinführung auf volkswirthschaftlichem Gebiete? Es ist doch beim Getreide namentlich der, daß der Vorzug, den das ausländische Getreide in der Produktion hat, ausgeglichen werden soll durch den Zoll, daß das ausländische Getreide auf dem inländischen Markt mit dem inländischen Getreide nicht konkurriren darf, ohne daß eine solche Ausgleichung stattgefunden hat. Wenn Sie aber die titres d'acquit-à-caution eintreten lassen, dann erreichen Sie das, daß das ausländische Getreide ohne jede Zollbelastung mit dem inländischen Getreide konkurrirt. Aehnliches ist früher dem Auslande gegenüber oft beklagt worden, man hat es als eine Ausfuhrbegünstigung angesehn; was man aber früher beim Auslande beklagt hat, sollte man nicht ohne Weiteres im Inlande als richtig anwenden wollen.

Dann möchte ich noch auf einen Punkt hinweisen: Sie haben jetzt Anträge vorliegen, welche auf Getreide, Hülsenfrüchte rc. sich beziehen. Die erste Gelegenheit ist ergriffen worden, um einen derartigen Antrag einzubringen, und er bezieht sich zunächst auf diese Gegenstände. Wenn er aber angenommen wird, glauben Sie die Berufung ablehnen zu können, glauben Sie, daß bei einem großen Theil anderer Gegenstände, bei Holz, Textilwaaren, Wolle rc., dieser Antrag nicht ganz ebenso wieder zum Ausdruck kommen wird? Wie wollen Sie dann solche Anträge ablehnen? Das können Sie meines Erachtens gar nicht; wenn Sie beim Getreide solche Ausnahme gestatten, dann müssen Sie es auch auf anderen Gebieten, und dann resultirt die Wirkung, daß für die Dauer zum Theil geringere, zum Theil für Baumwollen- und für Wollengarne, gar keine Zölle einkommen, daß sich der jetzige Zustand in dieser Hinsicht noch sehr wesentlich verschlechtert. Meine Herren, wenn das in der Absicht gelegen hätte, dann wären keine Zolländerungen vorgeschlagen worden, denn zur Zeit bestehen ja diese Vergünstigungen nicht; wenn aber Zölle in der jetzigen Höhe vorgeschlagen sind, und wenn der Zweck derselben ist, die inländische Produktion zu begünstigen, dann ist die Maßregel unvereinbar mit dem System der titres d'acquits à caution. Es ist schon am Mittwoch gesagt worden, daß die verbündeten Regierungen einen großen Werth darauf legten, daß bei dieser Gelegenheit nicht alle Zollbestimmungen in Betracht gezogen würden, die auf anderen Gebieten liegen; die verbündeten Regierungen sind der Ansicht gewesen, daß der Tarif einzuführen sei, ohne gleichzeitig eine Revision dieser anderen Bestimmungen vorzunehmen. Es wird, nachdem das Maß der Zollbelastung im Tarif neu festgestellt sein wird, weiter geprüft werden können, vielleicht auch müssen, inwieweit man infolge des Tarifs zu einer Aenderung der übrigen Zollgesetzgebung übergehen muß. Wenn man jetzt im Anschluß an die tarifarischen Bestimmungen diese hochwichtigen Fragen, welche in der That einer ruhigen, sorgfältigen und eingehenden Prüfung bedürfen, gelegentlich zur Entscheidung bringen will, dann glaube ich befürchten zu müssen, daß diese Entscheidung nicht auf derjenigen besonnenen Erwägung und Abmessung aller einschlägigen Verhältnisse beruht, auf denen sie ihrer Wichtigkeit nach beruhen müßte. Ich möchte deshalb die Bitte aussprechen, daß Sie jetzt alle derartigen Anträge ablehnen und dabei von der Voraussetzung ausgehen, daß, sollte eine Revision der übrigen Bestimmungen der Zollgesetzgebung nothwendig sein, dieselbe in späterer Zeit mit ruhigerer Erwägung erfolgen wird.

Vizepräsident Dr. **Lucius**: Der Herr Abgeordnete Graf zu Stolberg (Rastenburg) hat das Wort.

Abgeordneter Graf **zu Stolberg** (Rastenburg): Meine Herren, ich glaube, die bisherige Debatte hat einen doppelten Vortheil gehabt; zunächst den, daß die Reichsregierung aus derselben entnommen haben wird, daß die große Mehrheit des Reichstags den Transit- und Veredlungsverkehr aufrecht erhalten wissen will, zweitens den, daß die zollgesetzlichen Bestimmungen, die bisher eigentlich nur den Beamten bekannt waren, zur allgemeinen Kenntniß gekommen sind. Ich habe die Ueberzeugung, daß, wenn man in weiten Kreisen des Publikums diese zollgesetzlichen Bestimmungen gekannt hätte, diejenige Panik nicht eingetreten sein würde, die in Königsberg und anderen Hafenstädten platzgegriffen hat.

(Sehr richtig! rechts.)

Ich habe die feste Ueberzeugung, daß, wenn die Reichsregierung es will — und ich glaube nach den Verhandlungen, die hier stattgefunden habe, wird sie es wollen —, daß sie sehr wohl im Stande ist, den Transit- und Veredlungsverkehr aufrecht zu erhalten.

Meine Herren, was die beiden vorliegenden Anträge, den des Herrn Abgeordneten Dr. Delbrück und den des Herru Abgeordneten Rickert, anlangt, so unterscheiden sich dieselben meiner Auffassung dadurch von einander, daß aus dem Antrag Delbrück **nicht** klar hervorgeht, ob die Identität festgehalten werden soll oder nicht, daß dagegen aber der Antrag Rickert klar besagt, die Identität soll **nicht** festgehalten werden. Um diese Frage, meine Herren, der Identität dreht sich nach meiner Auffassung die ganze Debatte. Wir stehen da einer prinzipiellen und außerordentlich wichtigen Frage gegenüber. Der Herr Abgeordnete Dr. Delbrück hat gesagt, er wolle den Veredlungsverkehr bei Seite lassen, es handle sich nur um den Transitverkehr, hier besonders nur um die Frage der Mischung des Getreides. Ich trete den Ausführungen des Herrn Regierungskommissars insofern vollkommen bei, daß ich glaube, es ist absolut unmöglich, diese Frage zu regeln, ohne die ganze Frage des Veredlungsverkehrs mit in Betracht zu ziehen; auch nach meiner Auffassung ist die Mischung eine Verarbeitung, eine Veredlung. Meine Herren, geben Sie hier die Identität auf, so werden Sie sie überhaupt aufgeben müssen, Sie werden gezwungen sein, dahin zu kommen; und dann kommen Sie in weiterer Konsequenz, Sie mögen es wollen oder nicht, zum System der Rückvergütung und der titres d'acquit-à-caution. Und da rufe ich die Herren Freihändler, insonderheit den Herrn Abgeordneten Bamberger, zum Urtheil darüber an: wollen Sie wirklich das System der Rückvergütung? Meine Herren, ich begreife es, wenn ein enragirter Schutzzöllner für dieses System eintritt, denn es paßt in die schutzzöllnerische Doktrin und Theorie. Wie man aber von freihändlerischer Seite für diese Rückvergütungen eintreten kann, ist mir vollkommen unverständlich.

Wir stehen hier vor einer Alternative: wollen wir, wie die Tarifvorlage es vorschlägt, verhältnißmäßig niedrige Zölle auf Rohprodukte, auf Halbfabrikate und **keine** Rückvergütung, oder wollen wir hohe Zölle auf Rohprodukte, Halbfabrikate und eine Rückgewähr? Meine Herren, was die nächste Folge der Rückvergütung sein würde, will ich Ihnen zunächst sagen. In erster Linie würden wir Landwirthe einen tüchtigen Zoll auf rohe Wolle verlangen; daraus würde folgen ein hoher Zoll auf wollene Gespinnste und Gewebe und eine entsprechende Exportprämie. Durch dieses ganze System würde zunächst der finanzielle Ertrag geschmälert werden, er würde auf ein Minimum verringert werden; vor allen Dingen aber würde dadurch der Nachtheil eintreten, vor dem die Freihändler uns gerade gewarnt haben, der große Nachtheil, der unnatürliche Zustand, daß die Fabrikate im Inland sehr theuer und beim Export im Ausland dem entsprechend sehr billig verkauft werden.

Meine Herren, ich bin der Ansicht, daß der Antrag des Herrn Abgeordneten Dr. Delbrück gegenüber den gesetzlichen Bestimmungen nicht nothwendig ist, daß dagegen der Antrag des Herru Abgeordneten Rickert (Danzig) nachtheilig ist, und ich bitte Sie, dieselben abzulehnen.

Was das zweite Alinea meines Antrages betrifft:

> den Herru Reichskanzler zu ersuchen, dem Reichstag in seiner nächsten Session ein Gesetz über die Revision des Zollgesetzes vorzulegen,

so möchte ich mich dagegen verwahren, als ob ich im Sinn hätte eine allgemeine Revision dieses ganzes Gesetzes. Ich wünsche nur, daß diese Revision beschränkt wird auf den Punkt, den ich angeführt habe, nämlich auf die gesetzliche Sicherung des Transit- und Veredlungsverkehrs, meine Herren, mit anderen Worten, ich möchte, daß diejenigen Begünstigungen, welche jetzt nur auf dem Weg von Regulativen fakultativ gewährt werden können, in Zukunft gesetzlich fixirt werden. Wie weit dies möglich sein wird, wird natürlich näher zu erörtern sein.

Meine Herren, alle diejenigen, welche das Zustandekommen des Tarifs wollen, möchte ich dringend bitten, die Anträge nicht an eine Kommission zu verweisen, sondern zur Tagesordnung überzugehen und meinen Antrag anzunehmen.

Vizepräsident Dr. **Lucius**: Der Herr Abgeordnete Ruppert hat das Wort.

Abgeordneter **Ruppert**: Meine Herren, gestatten Sie mir, mit wenigen Worten hervorzuheben, daß die heute behandelte Frage auch für mehrere Städte Süddeutschlands und dereu Haudel von einer ganz enormen Wichtigkeit und Bedeutung ist.

(Hört! hört! links.)

In der Ueberzeugung, daß durch Getreidelagerhäuser die Approvisionirung der Stadt München wesentlich befördert und erleichtert werden würde, hat die Stadtgemeinde München anfangs der siebziger Jahre mit erheblichen

Kosten Getreidelagerhäuser in das Leben gerufen, in Folge deren München in kurzer Zeit sich zum Mittelpunkt des süddeutschen Getreidehandels emporgeschwungen hat. In diese städtischen Lagerhäuser gingen im Jahre 1877 11 233 Waggons mit 2 236 000 Zentner Getreide ein, wovon 600 000 Zeutner in der Stadt München verblieben. Den hauptsächlichsten Theil des Verkehrs bildet die Gerste; von den eben genannten 11 233 Waggons waren 7012 mit Gerste geladen in einer Gesammtanzahl von 1 400 000 Zentnern. Von diesem Quantum blieben 293 000 Zeutner in München und wurden 448 000 Zentner nach verschiedenen Stationen Bayerus verbracht. Diese hohe Ziffer des Verkehrs namentlich in Gerste erklärt sich durch den Umstand, daß die bayrischen, insbesondere die Münchener Bierbrauer ungarische Gerste besonders lieben, ja zur Erzeugung eines guten und kräftigen Bieres geradezu für nothwendig halten. Zur Vermittelung dieses Bedarfes, den die einheimische Getreideproduktion noch auf lange Jahre hinaus, ja vielleicht nie wird decken können, dienen die genannten städtischen Lagerhäuser; sie verschaffen außerdem einer zahlreichen örtlichen Bevölkerung Beschäftigung und Verdienst; endlich ist in denselben auch ein namhaftes städtisches Kapital angelegt, welches mit der Gefährdung dieser Lagerhäuser mehr oder weniger verloren wäre.

Eine Lebensfrage für diese Lagerhäuser bildet nun die Art und Weise, wie das in dieselben eingehende Getreide zur Verzollung herangezogen wird. Von dem in die Münchener Lagerhäuser eingehenden Getreide geht ein erheblicher Theil in das Zollvereinsausland, namentlich in die Schweiz. Die von der Stadtgemeinde Lindau gegründeten und unterhaltenen Lagerhäuser dienen fast ausschließlich dem Transithandel nach dem erwähnten Nachbarlande. Es wird nun derartiges Getreide wohl als durchgehendes betrachtet und behandelt werden können, auch wenn die Verfügung über dasselbe nicht schon beim Eingang über die Zollgrenze oder beim Eingang in das Lagerhaus, sondern erst während der Lagerung im Lagerhaus selbst erfolgt. Ich glaube nun, von den hohen Bundesregierungen hoffen zu dürfen, daß sie diesen Theil des Getreidelagerhausverkehrs als zollfrei behandeln werden, sei es in der Form von Zollniederlagen, indem die Verzollung erst eintritt, wenn das Getreide in das Inland zur Abgabe gelangt, oder in Form von Rückvergütungen, wenn und in soweit die Ausfuhr nach dem Zollvereinsauslande dargethan wird. Die Herren Abgeordneten Dr. Delbrück und Rickert haben den diesbezüglichen Wünschen des norddeutschen Handelsstandes in ihren Anträgen Ausdruck gegeben. Ich finde für die süddeutschen Verhältnisse den Antrag Dr. Delbrück zunächst für zutreffend und auch für zureichend, und ich habe mich demselben angeschlossen. Wenn ich nun das hohe Haus bitte, die von dem Herru Abgeordneten Dr. Delbrück beantragte Vergünstigung auch auf Malz, Raps und Rübensaat auszudehnen, so geschieht dies, weil für unsere süddeutschen Verhältnisse auch die eben angeführten Fruchtgattungen von Bedeutung sind. Im Lagerhausbericht der Stadt München für das Jahr 1877 sind 188 Waggons Malz und 53 Waggons Raps aufgeführt. Es wird nicht möglich sein, diese Fruchtgattungen anders zu behandeln als Getreide und Hülsenfrüchte, wenn nicht im Lagerhause selbst ganz erhebliche Schwierigkeiten eintreten sollen.

Meine Herren, eine von der oberbayerischen Gewerbe- und Handelskammer dem hohen Hanse unterbreitete Denkschrift erklärt, daß mit der glücklichen Lösung der Transithandelsfrage der beträchtliche Transithandel Münchens stehe und falle. Ein aus Lindau eingelaufenes Telegramm erachtet die Stadt Lindau für ruinirt,

(hört!)

wenn nicht die heute zur Frage gekommene Begünstigung dem dortigen Transitgeschäfte zu Theil wird. Ob nun auf Grund der damaligen Gesetzgebung den bestehenden Verhältnissen und den Rücksichten auf diese Städte Rechnung getragen werden kann, ist nach dem, was wir eben gehört haben, mindestens zweifelhaft.

(Sehr richtig!)

Bis hierüber Klarheit eingetreten ist, ist möglicherweise der betreffende Transithandel und das Interesse der bezüglichen Städte zu Grunde gegangen und ruinirt.

(Hört!)

Ich bitte deshalb, Sie möchten dem Antrag Dr. Delbrück mit meinem Unterantrag oder auch dem Antrage Rickert mit dem Unterantrag von Schalscha Ihre Zustimmung ertheilen oder doch wenigstens alle diese Anträge zur genaueren Würdigung der Mittel und Wege, welche in dieser Beziehung einzuschlagen wären, an die Tarifkommission verweisen.

(Sehr gut!)

Vizepräsident Dr. **Lucius**: Der Herr Abgeordneter Dr. Bamberger hat das Wort.

Abgeordneter Dr. **Bamberger**: Der Herr Abgeordnete von Stolberg hat sich an mich persönlich gewendet und mich aufgefordert, meine Stellung zu der Frage der titres d'acquits-à-caution zu bezeichnen. Ich habe nicht die Absicht, mich in diese Debatte zu mischen, aber ich finde es angemessen, nicht zu verweigern, ihm Bescheid zu geben. Da ich mich aber zur Sache erklären muß, so muß ich doch davon Gebrauch machen, meine Stellung zu der ganzen Frage eingangsweise näher zu präzisiren.

Der Herr Reichskanzler hat an das Haus, an das ganze Haus, und folglich auch an die Minderheit des Hauses die Frage gestellt, ob wir denn nicht zur Regierung das Vertrauen hätten, daß sie billig und vernünftig genug sei, hier das zu thun, was dem Interesse des Landes und beziehungsweise des Haudels entsprechen würde? Ich kann auf die Frage, in dieser Form gestellt, natürlich nicht antworten, denn es geht über das bei uns Uebliche hinaus, die Billigkeit oder Vernünftigkeit einer Regierung im parlamentarischen Kampfe schlechthin abzusprechen; ich kann nur auf die Frage antworten, ob nach der ganzen Stellung, die die Reichsregierung zu diesen Dingen genommen hat, ich das Vertrauen habe, sie werde auch in den Punkten, in denen die Gesetzgebung nichts fest bestimmt, sondern die Regulirung den Anordnungen der Regierung einzig überlassen ist, so handeln, wie diejenigen, die mit mir stimmen, es für richtig halten? Und auf die Frage kann ich, ohne irgendwie dem guten Herkommen und dem Anstande wehe zu thun, antworten: ich habe dieses Vertrauen nicht. Das ist auch ganz natürlich, daß ich es nicht habe, und ich will es mit einem Worte begründen, warum ich es nicht habe.

Die ganze Anschauung der verbündeten Regierungen, wie sie in jeder Rede des Herrn Reichskanzler sowohl, als der Vertreter der Regierung, als auch der stärksten Vertreter ihrer Anhänger hier immer mehr zu Tage kommt, läuft darauf hinaus, daß die verbündeten Regierungen und die Gesetzgebung von der Natur den Beruf haben, Handel und Wandel nach ihrer Ansicht zu reguliren, sie haben in allen Fragen des Verkehrs, des Austausches, der Einfuhr und der Ausfuhr und der Behandlung der einzelnen Artikel zu entscheiden, was dem Lande frommt oder nicht frommt. Das ist eine Anschauung, die man ja haben kann, vor 300 Jahren war sie allgemein verbreitet und man nennt sie die patriarchalische; sie ist heute noch verbreitet aber jenseit der Gegenwart weit hinaus für die Zukunft, man nennt sie da die sozialistische. Es fragt sich nun, wollen Sie aus der patriarchalischen Anschauung der Regierungen alter Zeit in die sozialistische hinübergehen, oder sollen wir in dem Zwischenstadium bleiben, in welchem sich die moderne Welt gegenwärtig bewegt?

In diesem Punkte differiren wir von der Mehrheit, aber die Frage ist ja hier schon entschieden und ich werde die Herren nicht damit aufhalten, daß ich über diese Prinzipfrage länger diskutire, ich will damit nur motiviren, daß Sie billigerweise nicht von der Minorität des Hauses verlangen und erwarten können, daß sie das Zutrauen zu der Regierung habe, diese werde aus eigener Eingebung das Richtige thun.

Wie stark diese Anschauungen hier im Hause und namentlich bei dem jetzt maßgebenden Theil des Hauses vertreten sind, das haben wir heute wieder gehört aus der Rede des Herrn von Kardorff. Herr von Kardorff hat in seiner kurzen Rede die allgemeine gesetzliche und administrative Regelung von 3 Arten des Verkehrs zugleich in Zeit von 5 Minuten als Monopol des Staats und der Regierung in Anspruch genommen. Zunächst für den Handel im allgemeinen: es ist nach ihm ausgemacht, die Regierung muß entscheiden, welcher Handel gesund, welcher ungesund ist, wieviel Getreide hereingeführt, wieviel herausgelassen werden soll, und das alles wird ausgerechnet mittelst einer Statistik, zu der man kein Vertrauen hat!

Dann hat der Herr Abgeordnete weiter gesagt, das Mischen des Getreides ist verderblich, die Leute, die sich damit abgeben, wissen nicht, wie schädlich es ist; die erleuchtete Majorität hat den Getreidezoll so zu überwachen, daß man nicht mehr Dinge thut, durch die man sich in Unschuld und Unkenntniß bisher selbst geschadet hat. Das ist eine weitere Konsequenz der Anschauung.

Die dritte ist schließlich die, daß er ausspricht, man sagt immer, die Eisenbahnen seien interessirt daran, daß sie den Transit haben, die Eisenbahnen wissen aber auch nicht, was ihnen frommt, man müsse ihnen zeigen, was ihnen gut thut, und wenn sie erst der Belehrung eine viertel Stunde lang werden zugehört haben, werden sie sich überzeugen, daß sie bis jetzt von einem ganz falschen Prinzip ausgegangen sind. Beiläufig gesagt, ob der schlesische Transport, von dem Herrn von Kardorff behauptet, daß er zum Vortheil der Eisenbahnen ausgeschlagen sei, wirklich so Gewinn bringend gewesen, das ist von anderer Seite sehr entschieden bestritten. Ich selbst bin darüber nicht unterrichtet, aber ermächtigt zu erklären, daß die entschiedensten Zweifel dagegen herrschen.

Nun, meine Herren, was speziell die Frage der Mischung des Getreides betrifft, so ist sie hier praktisch und theoretisch angefochten worden, namentlich passirte dem Herrn von der Regierung auch der Lapsus, daß er von Volkswirthschaft sprach, obwohl das jetzt den Regierungsvertretern verboten sein sollte. Es ist hier, was die Mischung an und für sich betrifft, von keiner Spezialität dieses Ostseehandels die Rede, sondern es kommt ein ganz allgemeiner Brauch des Getreidehandels zur Anwendung. Meine Herren, glauben Sie doch nicht, daß Sie auch hier es mit einer ganz isolirten Erscheinung in Deutschland zu thun haben. Dieselben Klagen über Zurücksetzung der Landwirthschaft sowohl in steuerlicher Beziehung als bezüglich des Verkehrs herrschen in Frankreich. Im Augenblick geht dort dieselbe Bewegung vor sich, es ist der große Konflikt, der hervorgerufen wird dadurch, daß die mächtigen Kontinente, die jetzt in die Produktion hineingezogen werden, in den bisherigen Verlauf der Dinge störend eingreifen und die Produzenten der alten Welt in ihrem Sinne mit Recht sich dagegen wehren. Es bleibt nur die Frage, werden sie es mittelst der Zölle durchsetzen können, gegen diesen Gang der Weltentwickelung mit Erfolg anzukämpfen? — So viel nur beiläufig.

Nun auf das Mischen des Getreides zurückkommend: Wenn Sie die französischen landwirthschaftlichen Zeitungen lesen, so spielt sich dort auch in dieser Einzelheit genau dasselbe ab wie hier, nur daß die Regierung nicht dieselbe Partei ergreift. Dort auch mischt man russischen Weizen, der von Odessa nach Marseille geht, mit französischem und zwar gerade so wie bei uns, nicht wie Herr von Kardorff meint, den immer schlechten fremden mit dem immer inländischen guten, sondern je nachdem die Jahre kommen; einmal ist der Weizen da leichter und dort schwerer und im folgenden Jahre ist es umgekehrt, und um diese Mischung wirklich so herbeizuführen, wie sie der Handel und der Bedarf verlangt, macht man es bald auf die eine, bald auf die andere Weise.

Nun sagt der Herr Regierungsvertreter: volkswirthschaftlich können wir diese Art von Mischung nicht zulassen, und dann sagt er uns, was der Grund des Zolles auf fremdes Getreide sei. Wir haben jetzt einmal einen ganz bestimmten Grund erfahren. Aus dem Munde des Herrn Reichskanzlers glaubte ich eben vernommen zu haben, es handle sich um einen Finanzzoll, jetzt wird der sogenannte Ausgleichszoll vorgeschoben; da heißt es, wir wollen ja den ausländischen Weizen oder Roggen, der bei uns nicht so billig produzirt werden kann, dafür bestrafen oder belasten und durch die Auflage ihn gleich zu stellen suchen mit unserem inländischen Weizen oder Roggen. Lassen wir nun den leidlich hergestellten auswärtigen Roggen herein und führen dafür inländischen aus, so entgeht uns ja der ganze Zweck des Gesetzes, daß wir den auswärtigen drücken. Ja, meine Herren, ich glaube, selbst wenn ich das Ausgleichungsprinzip, das ich für ganz und gar falsch halte, annehme, kann ich doch nicht bis dahin folgen. Es handelt sich nicht darum, das auswärtige Produkt abstrakter Weise mit Beschwerden zu belegen, sondern dem inneren einen gewissen Vortheil zu sichern. Wird nun dieser Vortheil dadurch bewerkstelligt, daß ich zwar auswärtige Produkte hereinführe, aber in Folge dieser Einfuhr das zu Wege bringe, daß mein inländisches Produkt mit größerem Vortheil hinausgebracht wird, so ist doch der, welcher diesen vortheilhaften Tausch verhindert, nicht ein Freund des inländischen Getreides, sondern ein Gegner und Feind, und beeinträchtigt, wie gestern der Herr Abgeordnete Flügge ganz ausgezeichnet gut nachgewiesen hat, folglich die Vortheile des Landwirths mehr, als er sie fördert.

Was nun die Frage betrifft, ob vom freihändlerischen Standpunkte aus man sich für die acquits à caution erklären soll oder nicht, antworte ich ganz klar. Ich betrachte das System der Erleichterung der Wiederausfuhr als ein Uebel, aber als ein Uebel, das ein nothwendiges Uebel werden kann in Folge von einem anderen Uebel, das man über uns bringt. Wenn man einen so hohen Zoll macht, daß ein Theil des Verkehrs, der mit dem Auslande unterhalten wird, dadurch beschränkt werden muß, so suche ich jedes Mittel, welches denkbar ist, diesen Verkehr wieder einigermaßen auf die Füße zu bringen. Ob das nun geschehen soll mittelst des Systems der französischen acquits-à-caution, muß im Weg spezieller Prüfung erst untersucht werden, und da stehe ich dem Herrn Abgeordneten Grafen zu Stolberg schon entschieden näher.

Ich will nicht, daß eine bloße Ausfuhrprämie gemacht wird, denn das ist eine Schädigung der deutschen Finanzen zu Gunsten des Auslands. Ich selbst habe bei der Vertheidigung meiner Grundsätze wiederholt ausgeführt: ich will keine verdeckte Ausfuhrprämie, ich will nicht das auswärtige Produkt dadurch begünstigen, daß ich ihm eine versteckte Prämie gebe, so daß es leichter verarbeitet wird als das inländische; kann ich aber mittelst des Systems der Identität oder mittelst solchen Ersatzes, wie er bei dem Getreide meiner Ansicht nach alle Theile interessirt, zu Wege bringen, daß unser Verkehr mit dem Auslande so wenig wie möglich geschädigt daraus hervorgehe, so würde ich aus Billigkeit mich dem nicht entziehen können, mitzuhelfen, obwohl es mir nahe läge, diejenigen, die mitgeholfen haben, Zölle herbeizuführen, dafür zu strafen, indem ich ihnen nur ihren auswärtigen Verkehr verdürbe; aber so betrachte ich die Dinge dieser Gemeinnützigkeit nicht. Mögen sie nun selbst mit daran schuld sein, die betreffenden Interessen, daß der Schutzzoll herbeigeführt worden ist: ist einmal die Sache da, so will ich alles mögliche thun, um die Neuerung in die unschädlichsten Grenzen einzufriedigen. Dieser Standpunkt ist nicht bloß mein persönlicher, es ist der allgemeine Standpunkt derjenigen, die meine Anschauungen theilen.

Auch in Frankreich, meine Herren, ist die freihändlerische Schule entschiedene Anhängerin der Wiederausfuhrvergütungen insofern es ohne Beraubung des Staatssäckels geschehen kann und so werden wir uns auch in Zukunft hier verhalten, wenn es gilt, das Uebel der höheren Zölle zu mildern.

Wenn der Herr Reichskanzler schließlich auf die finanziellen Zwecke seiner ganzen und großen Maßregel hinweist und darauf zunächst hinweist, daß man ihm ja die Mittel verweigere im Punkte der Tabak- und Brausteuer, so ist mir für diese Behauptung bis jetzt ein Beweis noch nicht gebracht worden. Soviel ich die Stimmung des Hauses kenne, ist es sehr bereit, je eher je lieber auf die Tabaksteuer einzugehen, und kein Mensch in den weitesten Kreisen der Mehrheit mit geringen Ausnahmen denkt daran, im Prinzip hier Opposition zu machen.

Was nun die Brausteuer betrifft, so wird sie, wenn sie scheitert, nicht an dem Monopol, am guten festen Willen, sondern an größeren Schwierigkeiten scheitern, die davon herrühren, daß die Frage noch nicht vollkommen reif und ausgetragen ist.

Ich muß aber entschieden Verwahrung dagegen einlegen, daß hier als eine unbestrittene Thatsache ausgesprochen werde, es bestehe in großen Theilen des Hauses ein entschiedener Widerspruch gegen die Einführung der Tabaksteuer oder gegen die Inbetrachtnahme der Brausteuer.

Wenn aber der finanzielle Zweck in den Vordergrund geschoben wird, um diese Durchfuhr, wie sie jetzt hier verlangt wird, zu verweigern, so muß ich doch entschieden warnen, tödten wir nicht die Henne, die die goldenen Eier legt! Es wird doch nicht alles im Staate damit bewerkstelligt, daß man den Steuerpflichtigen die Steuer abnimmt. Die Hauptsache ist doch, sie steuerfähig zu machen,

(sehr richtig! rechts)

Handel und Gewerbe zu heben, ihnen Kraft zu geben,

(sehr richtig! rechts)

und wenn ich nun zeige, daß ganze Provinzen in ihrem Ackerbau, Handel und Verkehr durch gewisse Maßregeln geschädigt werden, so ist die Frage wohl berechtigt: wird die Steuerkraft eines Landes mehr geschädigt durch diese Maßregel oder ist es vorzuziehen, daß eine Steuer erhoben werde, welche auf das allertiefste den Verkehr und dessen fruchtbringende Seiten im Lande beeinträchtigen wird?

Vizepräsident Dr. **Lucius**: Der Herr Abgeordnete Staudy hat das Wort.

Abgeordneter **Staudy**: Meine Herren, die Debatte ist jedenfalls, ehe ich jetzt zum Worte komme, schon eine ziemlich erschöpfende gewesen, und ich glaube, ich täusche mich nicht in der Physiognomie des Hauses, wenn ich meine, daß es durch die Debatte ermüdet worden ist. Ich werde mich deshalb nur noch mit wenigen Worten an Sie wenden, was ich im vorliegenden Falle bedaure, denn ich würde Ihnen gerne Ausführungen darüber gemacht haben, wie außerordentlich es den Ostseeprovinzen und insbesondere den Provinzen Preußen daran liegt, den Getreidehandel ihrer Seestädte recht kräftig, recht blühend zu sehen, wie namentlich auch die Landwirthschaft fast ganz in der Weise, wie der Herr Abgeordnete Rickert Ihnen dargestellt hat, ein Interesse hat an diesen Getreidehandel, wie auch die Landwirthschaft an diesem Mischen des Getreides, von dem heute schon und früher so viel geredet worden ist, ihren ganz besonderen Vortheil sieht. Meine Herren, lassen Sie mich das konstatirt haben und lassen Sie es mich doch betonen, daß wir diesen Mischverkehr des Getreides, wie er vorzugsweise in Danzig und Königsberg stattfindet, als in jeder Richtung berechtigt in jenen Provinzen anzusehen gewohnt sind.

Mein und meiner Herren Mitantragssteller Antrag hat den Gedanken, daß auch die gewohnt gewordenen Formen des Durchfuhrs mit Getreide zu sichern sind, an welchen gewisse Landestheile — welche es sind, wissen Sie ja — ein erhebliches Interesse haben. In diesem Gedanken, meine Herren, begegnen wir uns mit den Anträgen der Herren Abgeordneten Delbrück und Rickert Alinea 1. Ich muß Alinea 1 des Antrags des Herrn Abgeordneten Rickert trennen von Alinea 2, ich glaube, er möchte mir selbst zugeben, daß sein Alinea 2 mit einem Prinzip bricht und daß er nicht wird behaupten können, daß durch dasselbe gar kein Interesse geschädigt werden könne. Ich will das Uebrige dahingestellt sein lassen, aber jedenfalls wird er nicht behaupten können, daß der Reichsfiskus sich seinem Antrage gegenüber in Alinea 2 ganz vollständig gleichgiltig verhalten könne.

Nun, meine Herren, lassen Sie mich noch sagen, wie wir zu diesem Antrage gekommen sind.

Ich glaube, die Annahme ist gegen mich und meinen Herrn Mitantragsteller von Schliechmann ausgeschlossen, daß wir von einem Mißtrauen gegen die Regierung erfüllt gewesen sind. Meine Herren, wir geben einfach nicht zu, daß die gegenwärtige Gesetzgebung die Form des Durchfuhrhandels mit Getreide, um welche es sich hier handelt, sichert. Ich stehe in der Beziehung vollständig auf dem Standpunkte, den der Herr Abgeordnete Delbrück vorhin dargelegt hat. Ich meine, der Herr Regierungskommissarius Burchard hat uns klar vorgeführt, daß von einer Durchfuhr im Sinne unseres Vereinszollgesetzes nicht die Rede sein kann, wenn das Getreide im Inlande mit inländischem vermischt worden ist.

Nun, meine Herren, ob eine Veredelung vorliegt, das scheint mir auch im höchsten Grade zweifelhaft. Es kann doch nur von zwei Arten der Veredelung die Rede sein, entweder von der Vervollkommnung, und Sie werden gefunden haben, daß von einer Vervollkommnung des ausländischen Getreides im Inlande keineswegs immer die Rede ist — oder von einer Verarbeitung; nun, eine Verarbeitung, wie sie der § 15 des Vereinszollgesetzes im Auge gehabt hat, findet hier, glaube ich, auch nicht statt. Mein Herr Mitantragsteller und ich, wir sind der Ansicht gewesen, daß wir unseren Zweck am schnellsten erreichen würden dadurch, daß die Kommission beauftragt würde, das Ziel zu verfolgen, welches wir im Auge haben, und welches, abgesehen von materiellen Schwierigkeiten, auch formell nicht ganz einfach zu erreichen ist. Meine Herren, wir haben absichtlich nicht einen Antrag auf Revision der Gesetzgebung gestellt, weil wir meinen, daß dieser Weg denn doch ein etwas zu schwieriger, ein etwas zu langwieriger gewesen wäre, und weil es sich darum handelt, daß mit Inkrafttreten des Tarifs auch gleich das gesichert ist, was wir gesichert zu sehen wünschen.

Nun, meine Herren, wissen wir ja sehr gut, daß die Tarifkommission sehr überlastet ist und ich bedaure von meinem Standpunkt aus auch, daß in den Anträgen, wie sie zur Debatte stehen, gewisse Prinzipien angeregt worden sind, die von der allergrößten Tragweite sind. Aber ich bin, in Uebereinstimmung mit einer großen Anzahl Mitglieder der Tarifkommission, der Ansicht, daß es unmöglich sein wird, die Verhandlungen der Tarifkommission zu Ende zu bringen, ohne diese Frage überhaupt zur Sprache gebracht zu haben. Ich bin ferner der Ansicht, daß das, was die Sache hier etwa in die Länge ziehen könnte, von der Tarifkommission schnell wird erledigt werden können und in kurzer Zeit ein Weg gefunden werden, der das sichert, was wir wünschen — diesen Mischverkehr mit Getreide. Ich glaube, daß, wenn die Regierung erst die Ueberzeugung hat, welches wesentliche Interesse blühende Handelsstädte großer Landestheile an diesem Verkehr haben, sie sich mit den Mitgliedern der Kommission schnell über einen Weg einigen wird. Meine Herren, es ist ja auch wohl unzweifelhaft, daß, wenn man etwa auf dem Standpunkt bestehen bleiben wollte, das Mischen des Getreides, von dem wir hier sprechen, durchaus als einen Veredelungsverkehr anzusehen, daß, wenn das vom Bundesrath und schließlich auch vom Reichstag erklärt würde, wir uns dann Alle zufrieden geben würden.

Meine Herren, ich kann aus den Gründen, die ich dafür angeführt habe, daß für den Mischverkehr augenblicklich eine gesetzliche Sicherung vorhanden ist, auch nicht für die motivirte Tagesordnung stimmen, sondern bitte Sie, unseren Antrag anzunehmen.

Vizepräsident Dr. **Lucius**: Der Herr Abgeordnete von Schalscha hat das Wort.

Abgeordneter **von Schalscha**: Meine Herren, ich hätte mir das Wort gar nicht erbeten, obgleich ich einen Antrag gestellt habe, wenn nicht der Herr Bundeskommissar über diesen Antrag ein Urtheil gefällt hätte, welches die Annahme gestattet, daß ich in erster Linie etwas anderes bezweckte, als ich wirklich im Sinne gehabt habe. Ich habe allerdings gesagt, daß ich die Identität der importirten und ausgeführten Waare nicht nachgewiesen haben möchte, und ich hätte dabei das Interesse der Eisenbahnen im Auge, nicht bloß der Ostseeprovinzen, sondern auch Schlesiens und Posens, und ich glaube allerdings, meine Herren, daß wir die Frage der Mischung, die ich hier ganz besonders im Auge gehabt habe, nicht ignoriren können und wir ihr die genügende Berücksichtigung zu Theil werden lassen müssen. Insofern glaube ich, den warmen Ausführungen des Herrn Abgeordneten Rickert, die wir zu Anfang der heutigen Verhandlungen gehört haben, entgegenzukommen, und ich thue das aus vollem Herzen. Ich kann zwar seinen Ausführungen im großen und ganzen nicht zustimmen, insofern als ich dabei eine Beschränkung in seinem zweiten Alinea mir erlauben möchte. Der wesentliche Unterschied zwischen meiner Stellung zu der ganzen Angelegenheit und der des Herrn Bundeskommissarius besteht darin, daß der Herr Bundeskommissar den Charakter des Finanzzolls ganz besonders betont hat, während mir der Charakter des Schutzzolls, der Förderung der Wohlfahrt des Landes durch die direkte Hebung des Wohlstandes, mehr am Herzen liegt. Der Herr Abgeordnete Rickert hat mit großer Wärme seine Sympathien für die Interessen der Seestädte ausgesprochen; ich glaube aber, daß er sich durch sein Gefühl doch zu sehr hat leiten lassen, und was er gesagt hat, berührt mich doch so, wie die Uebersetzung von navigare necesse est, die wir gestern von dem Herrn Abgeordneten Braun gehört haben. Die Hauptspitze meines Antrages geht dahin, den Antrag Rickert in seinem zweiten Alinea zu modifiziren und zwar in demselben Sinn, in dem der Herr Reichskanzler sich am Mittwoch schon ausgesprochen hat. Es soll die wilde Einfuhr in das Inland vermieden werden, es soll, das wollte ich mit dem Ausdruck „rückvergütigt“ ausdrücken, der Zoll, mag er nun groß oder klein sein, jedenfalls bei der Einfuhr des Getreides in das Inland bereits erlegt werden und nicht erst, wenn das Getreide in den inländischen Konsum gelangt. Darum hat es sich mir hauptsächlich gehandelt, daß der wilden Spekulation ein Ziel gesetzt werde. Was die Behandlung selbst betrifft, so will ich mich nicht weiter darüber auslassen, es ist mir ziemlich gleich, nur möchte ich bitten, daß die wilde Einfuhr von Getreide und die ungemessene Spekulation mit unversteuerter fremder Waare im Inland verhindert werden möchte.

Vizepräsident Dr. **Lucius**: Es sind Schlußanträge eingegangen von den Herren Abgeordneten Herzog von Ratibor, Baer (Offenburg) und Löwe (Berlin). Ich bitte diejenigen Herren, welche die Schlußanträge unterstützen wollen, aufzustehen.

(Geschieht.)

Die Unterstützung reicht aus.

Ich bitte diejenigen Herren aufzustehen oder stehen zu bleiben, die jetzt den Schluß annehmen wollen.

(Geschieht.)

Das ist die Mehrheit; der Schluß ist angenommen.

Zu einer persönlichen Bemerkung hat das Wort der Herr Abgeordnete Freiherr von Mirbach.

Abgeordneter Freiherr **von Mirbach**: Meine Herren, der Herr Abgeordnete Rickert hat behauptet, daß meine Ausführungen, daß in Ostpreußen die konservativen Gutsbesitzer dem Zollprogramm des Herrn Reichskanzlers beistimmten, nicht zutreffend seien. Ich halte meine Behauptung vollständig aufrecht, d. h. betreffs derjenigen konservativen Gutsbesitzer, die ich kenne. Ich nehme nur diejenigen aus . . .

(Glocke des Präsidenten.)

Vizepräsident Dr. **Lucius**: Das ist nicht mehr persönlich.

Zu einer persönlichen Bemerkung hat der Herr Abgeordnete Rickert das Wort.

Abgeordneter **Rickert** (Danzig): Der Herr Abgeordnete von Mirbach muß wohl nicht hier gewesen sein, als ich gesprochen habe, denn sonst würde er wissen, daß ich das, was er mir unterlegt, nicht gesagt habe. Ich habe nur gesagt, es gäbe in Ostpreußen Konservative, welche wie wir Freihändler sind, und diese Thatsache wird Herr von Mirbach gewiß nicht bestreiten wollen.

Ich habe dann nur dem Herrn Abgeordneten von Kardorff zu bemerken, daß er sich verhört haben muß, obwohl er mir sehr nahe saß, als ich sprach, wenn er behauptet, ich hätte gesagt, es wäre zu beklagen, daß zu wenig Liberale in der Debatte über die Getreidezölle gesprochen haben. Meine Herren, ich würde mir nicht erlauben, einen solchen Vorwurf gegen die Geschäftsführung des Herrn Präsidenten zu erheben, denn das würde es sein, ich habe nur das Bedauern darüber ausgesprochen, daß ich nicht zum Worte gekommen bin. Nichts anderes.

Vizepräsident Dr. **Lucius**: Wir kommen zur Abstimmung.

Ich würde vorschlagen, zuerst abzustimmen über den Antrag der Herren Abgeordneten Graf Stolberg und von Flottwell. Der Antrag betrifft Tagesordnung in seinem ersten Theile, in seinem zweiten Theile enthält er eine Resolution, ich glaube also, vorschlagen zu sollen, über diesen Antrag in seinem ersten und zweiten Theil getrennt abzustimmen. Wird dieser Antrag abgelehnt, so würde ich vorschlagen, abzustimmen über den Antrag Stauby, von Schliecmann, der dahin geht, die betreffenden Anträge an eine Kommission zu verweisen, das heißt, an die Tarifkommission. Würde auch dieser Antrag abgelehnt, so würden wir zur Abstimmung kommen über die Anträge selbst und zwar zuerst über den Antrag Delbrück, dem die Abstimmung über den Unterantrag Ruppert vorauszugehen hätte, — alsdann würden wir über den Antrag, wie er sich nach der Vorabstimmung herausgestellt haben würde, abstimmen; und sodann würden wir, da dieser Antrag den Antrag Rickert nicht ausschließt, die Abstimmung über den Antrag Rickert vornehmen und vorher gleichfalls erst abzustimmen haben über den Unterantrag von Schalscha und sodann über den Antrag wie er sich nach der Vorabstimmung gestaltet.

Zur Fragestellung hat das Wort der Herr Abgeordnete Dr. Lasker.

Abgeordneter Dr. **Lasker**: Der Antrag auf Verweisung an die Kommission berührt alle Anträge. Ich bin der Meinung, daß er der Abstimmung über alle übrigen Anträge vorangehen muß.

(Widerspruch.)

Vizepräsident Dr. **Lucius**: Ich habe zu entgegnen, daß ebenso auch der Antrag Stolberg sich auch auf alle übrigen Anträge bezieht, also in so fern nach der bisherigen Praxis der Antrag auf Tagesordnung wohl allen Anträgen vorausgehen müßte. Natürlich werde ich die Entscheidung des Hauses zuvörderst extrahiren.

Der Herr Abgeordnete Löwe (Bochum) hat das Wort zur Fragestellung.

Abgeordneter Dr. **Löwe** (Bochum): Ich möchte doch bitten, den Antrag auf Kommission vorangehen zu lassen. Es ist dies ein verschiebender Antrag: das Haus erklärt durch Ueberweisung an eine Kommission, daß es überhaupt heute noch gar keine Entscheidung über die Sache treffen, sondern die Berathung der Kommission abwarten will, und deshalb, glaube ich, muß er den anderen Anträgen vorangehen.

Vizepräsident Dr. **Lucius**: Ich werde, nachdem der Antrag gestellt worden ist, das Haus zunächst über die Reihenfolge der Anträge abstimmen lassen.

Zur Fragestellung hat das Wort der Herr Abgeordnete Windthorst.

Abgeordneter **Windthorst**: Meine Herren, ich glaube, daß an sich der Herr Präsident wohl Recht haben würde, wenn die Nr. 1 allein im Antrag dastände; aber es steht auch eine Nr. 2 da, — und eine Trennung des Antrages ohne weiteres eintreten zu lassen, ist vielleicht nicht einmal recht zulässig. Es ist übrigens zu beobachten, daß der Antrag auf Kommissionsberathung sich auf den Antrag des Grafen Stolberg nicht bezieht, denn der ist später eingebracht. Wir kommen aber jeden Falls am besten heraus, wenn wir uns nicht gar zu streng an die Geschäftsordnung in diesem Augenblick halten, vielmehr nach der Anheimgabe des Präsidenten — der seinerseits sich lediglich an die Geschäftsordnung anschließen zu müssen geglaubt hat — den Gesichtspunkt auffassen, den Kollege Löwe geltend gemacht hat. Ich bin auch in der Lage, daß ich in der Sache heute ein Urtheil nicht abgeben will, daß ich die Prüfung in einer Kommission ganz ohne Präjudiz eintreten lassen möchte und das kann ich am besten zum Ausdruck bringen, wenn zunächst der Antrag auf Kommission zur Abstimmung kommt.

Vizepräsident Dr. **Lucius**: Zur Fragestellung hat das Wort der Herr Abgeordnete Graf zu Stolberg (Rastenburg).

Abgeordneter Graf **zu Stolberg** (Rastenburg): Der Herr Abgeordnete Windthorst hat soeben erklärt, daß, wenn mein Antrag nur den ersten Theil umfaßte, er unbedingt zuerst zur Abstimmung kommen müßte, daß aber, da er auch eine Nr. 2 hat, die Sache dadurch zweifelhaft würde. Um diesen Zweifel zu heben, beantrage ich die getheilte Abstimmung über meinen Antrag. Ich beantrage also, daß in erster Linie über die Nr. 1 meines Antrags abgestimmt wird.

Vizepräsident Dr. **Lucius**: Zur Fragestellung hat der Herr Abgeordnete Richter (Hagen) das Wort.

Abgeordneter **Richter** (Hagen): Meine Herren, gleichgiltig, welche Stellung man zu den Anträgen und der Sache einnimmt, halte ich es formell für durchaus geboten, den Antrag auf Kommissionsverweisung vorhergehen zu lassen. Es könnte meiner Ansicht nach nur anders verfahren werden, wenn es sich um einen Antrag auf **einfache Tagesordnung** handelte; da hat die Geschäftsordnung ganz bestimmte Vorschriften. Da aber ein solcher Antrag nicht in Frage steht, so muß der Antrag auf Kommissionsverweisung zuerst zur Abstimmung kommen.

Vizepräsident Dr. **Lucius**: Zur Fragestellung hat der Herr Abgeordnete Graf Bethusy-Huc das Wort.

Abgeordneter Graf **von Bethusy-Huc**: Meine Herren, ich glaube, der Herr Abgeordnete, der soeben gesprochen hat, hat den § 53 der Geschäftsordnung übersehen, in dessen Alinea 3 ausdrücklich gesagt ist:

> Die Anträge auf motivirte Tagesordnung sind vor den übrigen Amendements zur Abstimmuug zu bringen.

Vizepräsident Dr. **Lucius**: Zur Fragestellung hat der Herr Abgeordnete Rickert (Danzig) das Wort.

Abgeordneter **Rickert** (Danzig): Meine Herren, gerade aus diesem Alinea 3 des § 53 deduzire ich das Gegentheil; es handelt sich hier eben nicht um ein Amendement, sondern um einen Antrag, der lediglich die weitere formelle Behandlung des Gegenstandes betrifft.

Vizepräsident Dr. **Lucius**: Meine Herren, da Zweifel über die Reihenfolge aufgeworfen sind, so werde ich nunmehr die Meinung des Hauses extrahiren. Ich werde die Frage so stellen, daß ich diejenigen Herren aufzustehen bitte, die zunächst über den Antrag Stauby und von Schliecmann auf Verweisung an eine Kommission abstimmen wollen. Wird diese Frage verneint, so darf ich wohl konstatiren, daß beschlossen ist, zunächst über den Tagesordnungsantrag abzustimmen. — Mit dieser Frage scheint das Haus einverstanden zu sein.

Ich bitte also diejenigen Herren, die nach dem Vorschlag des Herrn Abgeordneten Löwe (Bochum) zuerst über den Antrag Stauby und von Schliecmann auf Verweisung in die Kommission abstimmen wollen, sich zu erheben.

(Geschieht.)

Das ist eine erhebliche Mehrheit; wir stimmen so ab.

Es ist also mit dieser Abänderung, da im übrigen gegen meine Vorschläge über die Reihenfolge der Abstimmungen Einwand nicht erhoben ist, die Fragestellung festgestellt.

Ich bitte diejenigen Herren, die, entsprechend dem Antrage Stauby und von Schliecmann, die Abänderungsanträge der Abgeordneten Dr. Delbrück und Rickert (Danzig) (Nr. 190 und 191 der Drucksachen) und die Unteranträge der Abgeordneten Ruppert und von Schalscha (Nr. 192 und 194 der Drucksachen) der 15. Kommission zur Vorberathung überweisen wollen, sich zu erheben.

(Geschieht.)

Das ist die große Majorität; der Antrag ist angenommen und damit sind die übrigen Anträge erledigt.

(Rufe: Vertagen!)

Ich höre aus dem Hause den Ruf auf Vertagung, es liegt mir aber kein derartiger Antrag vor, wir werden also übergehen zu Nr. c. —

Meine Herren, es liegt jetzt ein Antrag auf Vertagung der Sitzung vor von dem Herrn Abgeordneten Schlutow. Ich bitte diejenigen Herren, die den Vertagungsantrag unterstützen wollen, sich zu erheben.

(Geschieht.)

Die Unterstützung reicht aus. Ich bitte diejenigen Herren,

aufzustehen oder stehen zu bleiben, welche die Vertagung beschließen wollen.

(Geschieht.)

Das ist die Mehrheit; die Vertagung ist beschlossen.

Meine Herren, ich schlage vor, die nächste Sitzung am Montag um 11 Uhr abzuhalten und auf die Tagesordnung zu setzen:

1. die erste Berathung des Entwurfs eines Gesetzes, betreffend die Abänderung einiger Bestimmungen der Gewerbeordnung (Nr. 156 der Drucksachen);
2. die Fortsetzung der heutigen Tagesordnung.

Zur Geschäftsordnung hat das Wort der Herr Abgeordnete von Schwendler.

Abgeordneter **von Schwendler**: Ich bitte den Herrn Präsidenten und das Haus damit einverstanden zu sein, daß die nächste Plenarsitzung anstatt der Ankündigung gemäß um 11 Uhr erst um 12 Uhr beginne. Wenn ich diesen Wunsch mit wenigen Worten begründen darf, so führe ich folgendes an. Der 14. Kommission ist zur Vorberathung der Gesetzentwurf über die Konsulargerichtsbarkeit überwiesen worden. Dieser Gegenstand ist nach seiner Natur und nach den Verhältnissen ein dringender geworden. Der Kommission gehören aber mehrere Mitglieder an, welche zugleich Mitglieder anderer Kommissionen sind, und diese anderen Kommissionen haben ihre nächsten Berathungen auf Montag und Dienstag Abend angesetzt. Es ist aber der dringende Wunsch der 14. Kommission, ihre Aufgabe womöglich noch vor der bevorstehenden Vertagung zu beendigen und zu diesem Zweck bleibt nichts übrig, als zu versuchen, ihre Sitzungen Montag, vielleicht auch Dienstag, von 10 bis 12 Uhr etwa vor der Plenarsitzung abzuhalten. Ich würde aus diesem Grunde bitten, daß es dem Herrn Präsidenten und dem Hause gefallen möge, die nächste Plenarsitzung am Montag nicht vor 12 beginnen zu lassen.

Vizepräsident Dr. **Lucius**: Ich meinerseits akkommodire mich dem ganz gern, wenn dieser Antrag von anderer Seite unterstützt wird.

Zur Geschäftsordnung hat das Wort der Herr Abgeordnete Rickert (Danzig).

Abgeordneter **Rickert** (Danzig): Ich will mich zu der letzten Frage nicht äußern; ich glaube, daß die Herren Grund haben, eine spätere Stunde zu wünschen.

Wie ich gehört habe, hat der Herr Präsident vor den Tarif die Gewerbeordnungsnovelle zu setzen vorgeschlagen. Das möchte ich doch nicht wünschen gerade im Interesse der Erledigung der Holzzölle noch vor den Ferien. Es wird angenommen, daß etwa am Donnerstag keine Sitzung mehr sein würde und daß von da ab noch die Tarifkommission arbeiten soll. Ich halte es für wünschenswerth, daß wir über das Schicksal des Holzzolles klar sind, bevor die Arbeiten der Tarifkommission in den Ferien beginnen. Die Debatte über die Holzzölle wird längere Zeit in Anspruch nehmen, und ich glaube daher nicht, daß es zweckmäßig ist, Montag vorher die Gewerbeordnungsnovelle auf die Tagesordnung zu setzen, die, wie ich fürchte, eine Diskussion von mehreren Stunden in Anspruch nehmen wird. Vielleicht hat der Herr Präsident die Güte, statt voran, die Gewerbeordnung z u l e t z t auf die Tagesordnung zu setzen.

(Heiterkeit.)

Vizepräsident Dr. **Lucius**: Dann würde es vielleicht einfacher sein, sie g a r n i c h t auf die Tagesordnung zu setzen.

(Heiterkeit. Zustimmung.)

Zur Motivirung meines Vorschlags will ich nur sagen, daß die Annahme hier war, daß eine kurze Berathung genügen würde, um den Gesetzentwurf derselben Kommission zu überweisen, die bereits mit den anderen Gewerbeangelegenheiten beschäftigt ist. Das war der Gesichtspunkt und der Wunsch, diese Sache vor den Ferien wenigstens noch formal zu erledigen. — Ich werde diese Frage auch zur Abstimmung bringen.

Zur Geschäftsordnung hat der Herr Abgeordnete Windthorst das Wort.

Abgeordneter **Windthorst**: Was die letzte Frage betrifft, so glaube ich, daß der Wille des Herrn Präsidenten, diese Vorlage wegen der Gewerbeordnung baldmöglichst an eine Kommission zu verweisen, eine wohlbegründete ist, und dieser Zweck wird, glaube ich, am besten erreicht, wenn der Herr Präsident die Sache an das Ende der Sitzung legt und etwa fest sich vornimmt, um 1/24 mit der anderen Berathung abzubrechen. In diesem Sinne stimme ich für den Antrag Rickert. Ich glaube, der Herr Präsident wird selbst geneigt sein, auf diesen Wink einzugehen.

Was den Wunsch des verehrten Herrn von der Kommission betrifft, so glaube ich, daß es an sich nicht unzweckmäßig sein würde, wenn diese Kommission ihre Arbeiten vollenden könnte, da ja diese Angelegenheit beendigt werden muß und bis zum 1. Oktober feststehen muß, auch in die betreffenden Gegenden gelangen muß. Es wird die Zeit auch gar nicht verloren, denn ich meine, es kann ganz zweckmäßig sein, daß auch die Tarifkommission ihre Arbeiten am Montag von 10 bis 12 Uhr fortsetzt. In diesem Sinne möchte ich den Antrag des Herrn Abgeordneten von Schwendler unterstützen.

Vizepräsident Dr. **Lucius**: Meine Herren, ich möchte darauf nur erwidern, daß der Wille des Präsidenten in Bezug auf die Abkürzung der Diskussion durchaus nicht maßgebend ist; er hat durchaus keine Garantie dafür, daß um 4 Uhr die Gegenstände der Tagesordnung erledigt sind.

Der Herr Abgeordnete Ackermann hat das Wort.

Abgeordneter **Ackermann**: Meine Herren, ich möchte für den Vorschlag des Herrn Präsidenten eintreten. Ich gehe von der Voraussetzung aus, daß, da einmal für die Anträge zur Gewerbeordnung eine Kommission bereits eingesetzt ist, das hohe Haus auch gewillt sein wird, die Vorlage der Regierung, welche einen Theil dieses Gesetzes betrifft, an jene Kommission zu verweisen. Ist diese Voraussetzung eine begründete, so kann es sich bei der ersten Lesung wahrhaftig nicht um eine lange Debatte handeln, und dann werden wir sehr schnell zu den Holzzöllen übergehen können. Es ist aber unbedingt nöthig, daß, wenn die Regierungsvorlage zur Gewerbeordnung überhaupt in dieser Session zur Erledigung kommen soll, sie wenigstens noch vor Pfingsten zur ersten Lesung auf die Tagesordnung gebracht werden muß.

Vizepräsident Dr. **Lucius**: Der Herr Abgeordnete Richter (Hagen) hat das Wort zur Geschäftsordnung.

Abgeordneter **Richter** (Hagen): Die Ausführung des Herrn Abgeordneten Windthorst hat mich doch überaus überrascht; sie zeigt, wie rasch die Ansichten von dem, was parlamentarisch angemessen ist, bei den Herren im Zentrum wechselt. Was würden die Herren wohl gesagt haben, wenn von d i e s e r Seite bei einem sogenannten Kulturkampfgesetz der Vorschlag erhoben worden wäre, eine erste Lesung gegen 4 Uhr, Nachmittags vorzunehmen, da über diese Sache nicht viel zu sagen wäre? Das wäre ein Unrecht gegen alle diejenigen, die in der Sache einen anderen Standpunkt haben, als die Majorität, welche gegenwärtig der Herr Abgeordnete Windthorst repräsentirt. Ich bin der Meinung, daß man bei Ansetzung einer Tagesordnung Raum lassen muß für einen wirklich ernsthaften Eintritt in die Debatte zur Darlegung der verschiedenen Standpunkte. Die erste Lesung ist keine formale, sie soll gerade kennzeichnen, wohin die Richtung des Hauses geht; man kann wohl solche Gegenstände an den Anfang der Tagesordnung setzen, — ich würde aber rathen, mit dem Herrn Abgeordneten Rickert übereinzustimmen, zunächst die Zollvorlage auf die Tagesordnung zu setzen. Wenn Sie die Meinung haben — und ich glaube, die Majorität hat sie —, daß das Kapitel vom Holz vor den Ferien erledigt werden soll, so ist es doch wünschenswerth, daß darüber bei möglichst besetztem Hause abgestimmt wird, während nachher für die erste Lesung der Gewerbeordnungsnovelle, beziehungsweise für die Abstimmung nach Schluß der ersten Lesung in keiner Weise eine so zahlreiche Versammlung erforderlich ist.

Vizepräsident Dr. **Lucius**: Ich werde natürlich darüber eine Abstimmung des Hauses herbeiführen.

Der Herr Abgeordnete von Helldorff-Bedra hat das Wort zur Geschäftsordnung.

Abgeordneter **von Helldorff-Bedra**: Ich möchte nur befürworten, daß wir diesen Gesetzentwurf vor der Debatte über den Tarif auf die Tagesordnung setzen, ich möchte daran erinnern, daß ein Antrag, der beinahe genau dasselbe enthält, was dieser Gesetzentwurf vorschlägt, von uns schon eingebracht und in einer ersten Lesung hier behandelt worden ist. Ich möchte ferner daran erinnern, daß in der Kommission für die Gewerbeordnung alle übrigen Gegenstände erledigt sind und im wesentlichen nur noch dieser Gegenstand, die Reform des § 33, übrig ist, daß also die ganze Geschäftsbehandlung in dieser Gewerbeordnungskommission auf das einfachste gefördert wird, wenn ihr jetzt das Gesetz überwiesen wird. Bei uns besteht gewiß der Vorsatz, bei dieser ersten Lesung nicht noch große Reden zu halten; sie wird die Tarifverhandlung wahrlich nicht aufhalten.

Vizepräsident Dr. **Lucius**: Der Herr Abgeordnete Windthorst hat das Wort.

Abgeordneter **Windthorst**: Ich habe wohl erwartet, daß der Herr Abgeordnete Richter keine Gelegenheit vorübergehen lassen würde, wo möglich, mir eins zu versetzen; ich bin darauf völlig gefaßt, und der Herr wird mich auf dem Platze finden. Hier ist die in Frage stehende Angelegenheit schon durch das, was eben gehört ist, klar gelegt, der Inhalt der Vorlage ist bereits ausführlich behandelt, Jeder hat hierüber seine bestimmten Ansichten wiederholt geäußert, und da kann es sich in der That nur darum handeln, offiziell die Sache dahin zu bringen, wo sie bereits in der Verhandlung ist. Uebrigens meine ich, daß, wenn man um 1/4 Uhr anfängt, man Zeit genug hat, auch noch gründlich zu debattiren. Wir haben gestern bis 1/4 vor 6 Uhr gesessen; wenn der Herr Abgeordnte Richter länger debattiren will — ich werde aushalten bis 12 Uhr.

Vizepräsident Dr. **Lucius**: Der Herr Abgeordnete Dr. Delbrück hat das Wort zur Geschäftsordnung.

Abgeordneter Dr. **Delbrück**: Ich möchte mir aus ganz anderen Gründen, als sie bisher entwickelt sind, den Antrag erlauben, daß der Herr Präsident von dem Kapitel der Holzzölle nur diejenigen auf die Tagesordnung setzen möchte, welche sich nicht mit den eigentlichen Holzwaaren beschäftigen. Ich habe in diesem Augenblick den Tarif nicht in der Hand, ich glaube, es würde dadurch dahin zu stehen kommen, daß von littera a an das Kapitel „Holz" von der Tagesordnung verschwinden würde. Ich bin zu diesem Wunsch veranlaßt durch folgende Erwägung.

Die Frage, ob die Holzzölle in ihrer großen Bedeutung, d. h. die Frage, ob Bau- und Nutzholz einem Zoll unterworfen werden soll, eignet sich ganz unzweifelhaft allein zur Behandlung im Plenum. Wenn diese Frage festgestellt sein wird, und man auf die Holzwaaren im Plenum übergehen wird, wird sich mit Rücksicht auf die große Zahl der schon vorhandenen Anträge, die sich noch vermehren wird — ich würde allein in der Lage sein, noch drei zu stellen — wie ich glaube, die außerordentliche Schwierigkeit ergeben, die Holzwaaren in der Plenarberathung zu erledigen. Ich möchte jedenfalls darum bitten, daß diese Gegenstände, die unter allen Umständen sehr viel Zeit wegnehmen werden, von der Tagesordnung verschwinden.

Vizepräsident Dr. **Lucius**: Ich möchte nur darauf erwidern, daß diese Nummern bereits zweimal auf der Tagesordnung gestanden haben, und daß ja die Verweisung an eine Kommission jederzeit zulässig ist. Also weiß ich nicht, ob es einen besonderen Zweck haben würde, ausdrücklich jetzt schon zu beschließen, dieselben nicht mehr auf die Tagesordnung zu setzen. — Indessen ich werde auch darüber die Entscheidung des Hauses herbeiführen.

Zur Geschäftsordnung hat der Herr Abgeordnete Richter (Hagen) das Wort.

Abgeordneter **Richter** (Hagen): Meine Herren, es ist doch nicht gleichgiltig, ob die Regierung einen Gesetzentwurf einbringt, oder ob ein solcher Gesetzentwurf aus der Mitte des Hauses eingebracht worden ist. Uebrigens ist dieser Gesetzentwurf ein wesentlich verschiedener von dem damaligen Antrag Ackermann; die Frage der Irren- und Krankenhäuser ist in jenem gar nicht mitenthalten. Dann meine ich aber auch, man soll das Bedürfniß der Debatten nicht bloß nach denjenigen bemessen, die ihrem Standpunkt Rechnung in dem Regierungsentwurf getragen sehen, sondern soll auch auf die Minderheit in der Hinsicht Rücksicht nehmen, wenn überhaupt die parlamentarische Verhandlung einen Zweck haben soll.

Mir liegt es durchaus fern, die Gelegenheit zu erspähen, dem Herrn Abgeordneten Windthorst „eins zu versetzen", wie er sich auszudrücken beliebt; im Gegentheil, der verehrte Herr ist überzeugt, welche persönliche Hochachtung ich gegen ihn habe. Aber, meine Herren, wir unsererseits haben die Zentrumspartei jederzeit unterstützt in ihrem Bestreben, als Minorität sich einen angemessenen Spielraum in der Debatte zu sichern. Ich kann nur bedauern, wenn ich die damaligen Ausführungen des Herrn Abgeordneten Windthorst über die Verpflichtungen der Majorität in dieser Beziehung für ernsthafter gehalten habe, als sie sich heute herausstellen.

Vizepräsident Dr. **Lucius**: Der Herr Abgeordnete Windthorst hat das Wort zur Geschäftsordnung.

Abgeordneter **Windthorst**: Ich meine, daß ich der Minderheit, zu der ich in diesem Falle wahrscheinlich gehören werde, durchaus nicht irgend etwas beschränke. Ich habe die Meinung, daß wir über diese Sachen wiederholt uns unterhalten haben, und deshalb jeder seine Ansicht schon ziemlich fest hat. Es ist ein ganz willkürliches Unternehmen, daraus solche Prinzipienfragen zu machen. Wie weit aber die Herren uns unterstützt haben, wenn es gegen Vergewaltigung ging, das will ich hier nicht erörtern; ich habe die Unterstützung oft genug vermißt.

Vizepräsident Dr. **Lucius**: Die letzte Bemerkung gehört nicht mehr zur Tagesordnung.

Zur Tagesordnung hat der Herr Abgeordnete Schröder (Lippstadt) das Wort.

Abgeordneter **Schröder** (Lippstadt): Meine Herren, ich möchte mir erlauben, dem Vorschlage des Herrn Abgeordneten Delbrück zu widersprechen, jetzt noch einen Theil der Holzzölle von der Tagesordnug abzusetzen. Sollte uns wirklich —

(Zurufe: ist erledigt!)

— **Der Herr Präsident hat gesagt, daß er darüber abstimmen lassen würde.**

Vizepräsident Dr. **Lucius**: Zur Geschäftsordnung hat der Herr Abgeordnete Dr. Delbrück das Wort.

Abgeordneter Dr. **Delbrück**: Ich ziehe meinen Antrag zurück, wenn Widerspruch erhoben wird.

Vizepräsident Dr. **Lucius**: Ich bitte die Herren, Platz zu nehmen, da wir Abstimmungen vorzunehmen haben sowohl über die Stunde der Montagssitzung als wie über das Materielle der Tagesordnung. Ich würde vorschlagen, mit der letzten Abstimmung anzufangen.

Es ist Widerspruch gegen den Vorschlag erhoben, die Gewerbeordnungsnovelle als erste Nummer auf die Tagesordnung der nächsten Sitzung, die am Montag zu einer noch zu bestimmenden Stunde stattfinden soll, zu setzen. Ich bitte diejenigen Herren, die meinem Vorschlag entsprechend, diesen Gesetzentwurf zum ersten Gegenstand der Tagesordnung am nächsten Montag machen wollen, sich zu erheben.

(Geschieht.)

Das Büreau ist einstimmig der Meinung, daß jetzt die Minderheit steht.

Damit wäre also die Gewerbeordnungsnovelle als erste Nummer abgesetzt, und ich meinerseits verzichte darauf, sie als letzte Nummer der Tagesordnung zu proponiren.

(Sehr richtig!)

In Bezug auf die Tagesordnung ist jetzt kein weiterer Widerspruch mehr. Sie würde also sein:

Fortsetzung der heutigen Tagesordnung.

Was die Stunde betrifft, so ist von Seiten des Herrn Abgeordneten von Schwendler vorgeschlagen, in Rücksicht auf Kommissionssitzungen, deren Stattfinden wünschenswerth ist, die nächste Sitzung nicht um 11, sondern um 12 Uhr zu beginnen.

Ich bitte diejenigen, welche die Sitzung erst um 12 Uhr beginnen wollen, sich zu erheben.

(Geschieht.)

Das Büreau ist einstimmig der Meinung, daß die Mehrheit steht. Es findet also mit der angegebenen Tagesordnung die nächste Sitzung Montag 12 Uhr statt.

Die heutige Sitzung ist geschlossen.

(Schluß der Sitzung 4 Uhr 7 Minuten.)

Berichtigung

zum stenographischen Bericht der 51. Sitzung.

Seite 1392 Spalte 2 Zeile 31 ist statt „ein großer Fels" zu lesen: „ein großes Feld".

Druck und Verlag der Buchdruckerei der Nordd. Allgem. Zeitung. Pindter.
Berlin, Wilhelmstraße 32.

53. Sitzung

am Montag den 26. Mai 1879.

Die Sitzung wird um 12 Uhr 20 Minuten durch den Präsidenten von Seydewitz eröffnet.

Präsident: Die Sitzung ist eröffnet.

Das Protokoll über die letzte Sitzung liegt zur Einsicht auf dem Büreau aus.

Ich habe zunächst mitzutheilen, daß folgende Urlaubsgesuche eingegangen sind: von dem Herrn Abgeordneten von Simpson-Georgenburg für drei Tage, von dem Herrn Abgeordneten Hilf für ebenso lange, von dem Herrn Abgeordneten Grafen von Rittberg desgleichen, von dem Herrn Abgeordneten von Bennigsen desgleichen, von dem Herrn Abgeordneten Feustel für sechs Tage, von dem Herrn Abgeordneten Pfafferott für acht Tage, von dem Herrn Abgeordneten Dr. Lingens für fünf Tage, von dem Herrn Abgeordneten Bieler (Frankenhain) für drei Tage, von dem Herrn Abgeordneten Flügge für drei Tage, — wegen dringender Amts- respektive Privatgeschäfte; — von dem Herrn Abgeordneten von Gerlach für drei Tage wegen Familienangelegenheiten; — von dem Herrn Abgeordneten von Saucken-Tarputschen für acht Tage; — von dem Herrn Abgeordneten Schlieper für drei Tage wegen Krankheit in der Familie; — von dem Herrn Abgeordneten Römer (Württemberg) für drei Tage wegen Unwohlseins. — Ich habe kraft der mir zustehenden Befugniß diese Urlaubsgesuche bewilligt.

Für längere Zeit hat der Herr Abgeordnete Freytag und zwar bis zum Schluß der Session zur Beiwohnung der Verhandlungen des Gesetzgebungsausschusses der bayerischen Kammer der Abgeordneten Urlaub nachgesucht. Ich habe zu fragen, ob jemand Widerspruch gegen dieses Gesuch erhebt. — Das ist nicht der Fall; ich konstatire, daß der Urlaub bewilligt ist.

Entschuldigt ist für die heutige Sitzung der Herr Abgeordnete Werner (Liegnitz) wegen dringender Geschäfte; ferner die Herren Abgeordneten Günther (Sachsen), Staudy, von Dewitz, Dr. von Schliedmann, Berger; ebenso wegen Unwohlseins der Herr Abgeordnete von Batocki und der Herr Abgeordnete Dr. Stephani.

Von der 5. Abtheilung ist die Wahl des Herrn Abgeordneten Freiherrn von Wackerbarth für den 9. Wahlkreis des Regierungsbezirks Frankfurt a/O. geprüft und für giltig erklärt worden. Ich habe dies zur Kenntniß des hohen Reichstags zu bringen.

Ich bitte den Herrn Schriftführer, die erfolgten Wahlen zu den Kommissionen zu verlesen.

Schriftführer Abgeordneter **Wichmann:** In die Kommission zur Vorberathung der Gesetzentwürfe:

a. betreffend die Besteuerung des Tabaks,
b. betreffend die Erhebung einer Nachsteuer vom Tabak und von Tabakfabrikaten,

ist an Stelle des aus derselben geschiedenen Herr Abgeordneten von Puttkamer (Löwenberg) von der 5. Abtheilung der Herr Abgeordnete von Flottwell gewählt.

Präsident: Ich habe dem Reichstag noch anzuzeigen, daß der Herr Abgeordnete Freytag, dem soeben von dem Reichstag zur Theilnahme an den Arbeiten des Gesetzgebungsausschusses der bayerischen Kammer ein Urlaub bis zum Schluß der Reichstagssession bewilligt worden ist, um seine Entlassung aus der 14. Kommission bittet. Ich nehme an, daß dies genehmigt wird, und hat die 6. Abtheilung an seiner Stelle ein anderes Mitglied zu wählen. Ich stelle anheim, die Wahl morgen nach dem Schluß der Plenarsitzung vorzunehmen.

Als Kommissar des Bundesraths wird der heutigen Sitzung beiwohnen:

bei der Berathung des Zolltarifs, Position Nr. 13, Holz und andere vegetabilische und animalische Schnitzstoffe 2c.,

der königlich preußische Oberforstmeister und Direktor der Forstakademie zu Münden Herr Bernhardt.

Wir treten in die Tagesordnung ein:

Fortsetzung der zweiten Berathung des Zolltarifs (Nr. 132 der Drucksachen),

und zwar Nr. 9, **Getreide und andere Erzeugnisse des Landbaus,** Lit. c, Malz.

Es ist zu Lit. c ein Amendement des Herrn Abgeordneten Richter (Hagen) Nr. 206 eingegangen, welches die Herren gedruckt in Händen haben.

Ich eröffne die Debatte und ertheile dem Herrn Abgeordneten Richter (Hagen) das Wort.

Abgeordneter **Richter** (Hagen): Meine Herren, die natürliche Konsequenz der Bewilligung eines Zolls auf Gerste ist die Bewilligung eines Zolls auf Malz, und natürlich ist es auch, daß der Malzzoll so viel höher sein muß, als mehr Gewicht an Gerste erforderlich ist, um ein bestimmtes Gewicht von Malz herzustellen. In den Eingaben der Interessenten ist das Verhältniß so angegeben, daß 130 Einheiten Gerste erforderlich sind, um 100 Einheiten Malz herzustellen; in einer anderen Angabe der Schutzzollinteressenten ist das Verhältniß von 133 : 100 angegeben; ich habe nun vorgeschlagen, für den Malzzoll einen Satz zu normiren, der dem Verhältniß von 140 : 100 entsprechen würde, ein Verhältniß von 70 Pfennig zu 50 Pfennig. Das würde also noch hinausgehen über eine den verschiedenen Ansichten entsprechende Normirung des Zolls. Die Regierung verlangt aber noch darüber hinaus einen besonderen Schutzzoll einzuführen für die Umwandlung der Gerste in Malz. Dazu liegt aber meines Erachtens gar keine Veranlassung vor. Die Motive geben ja über alles dies so gut wie gar keine Auskunft; wie ich aber aus den Eingaben der Interessenten entnehme, wird 3/4 der Gerste zu Malz in den Brauereien selbst verarbeitet — wenigstens 3/4. Nun, die Brauereien haben doch kein Wort einer Sehnsucht nach einem Schutzzoll auf die Mälzerei laut werden lassen; im Gegentheil, die Bierbrauereien haben unzweideutig erklärt, daß sie für ihre Interessen durchaus keinen Schutzzoll verlangen, sondern nur Nachtheil davon befürchten. Dagegen ist allerdings von Seiten eines süddeutschen und südwestdeutschen Vereins von Malzinteressenten und Mälzereien das Verlangen nach einem Schutzzoll ausgesprochen. Meine Herren, begründet scheint mir dieses Verlangen durchaus nicht. Man hat die Landwirthschaft zu interessiren gesucht in der Frage; wie ich aber aus der Eingabe der Interessenten selbst entnehme, ist die Landwirthschaft nur interessirt in Bezug auf die Malzkeime mit 4 Pfund am Zentner. Ich muß aus den Angaben der Interessenten entnehmen, daß bei Herstellung eines Zentners Malz aus Gerste 4 Pfund Malzkeime für die Landwirthschaft abfallen, es beträgt aber die Malzeinfuhr gegenwärtig überhaupt nur 1 Million Zentner, darunter befindet sich auch wieder Durchfuhr. Das Plus an Malzeinfuhr beträgt vielleicht 1/4 Million Zentner gegenüber einem Konsum von Malz, der über 20 Millionen Zentner hinausgeht. Es ist also hier ein Interesse der Landwirthschaft, wenn überhaupt, nur so geringfügig vorhanden, daß es in gar keinem Betracht steht zu den viel stärkeren Interessen der Landwirthschaft, welche dieselbe überhaupt an dem Gedeihen und am Blühen der Bierbrauerei im ganzen hat. Ich fasse die Sache in Bezug auf die Malzzölle so auf, daß, je weiter eine Brauerei örtlich entfernt ist von Oesterreich, von den mährischen Kronländern, deren Gerste die Brauer absolut nicht entbehren können, um so mehr eine Brauerei das Interesse haben muß, ihre Gerste nicht in Form von Gerste, sondern zur Ersparung von Transportkosten in Form von Malz zu beziehen. Die schlesischen Mälzer haben im Bunde mit den schlesischen Bierbrauern in einer Eingabe erklärt, daß sie durchaus kein Interesse an dem Malzzoll hätten, sie verlangen nur einen adäquaten Malzzoll, das heißt, einen Zoll auf Malz im Verhältniß zu dem Gewicht der Gerste. Die Mälzer im Westen von Deutschland, in der Pfalz, in Baden und in den westlichen Provinzen mögen allerdings ein Interesse daran haben, daß die mährische Gerste als Gerste und nicht als Malz zu ihnen hinkommt, aber um so mehr wird die dortige Brauerei belastet, eine Brauerei, die vielfach gerade auf den Export angewiesen ist. Ich glaube, daß hier absolut kein Interesse vorhanden ist, einen besonderen Schutzzoll für die Mälzerei zu konstituiren, — nebenbei, ein Erwerbszweig, der erst seit einigen Jahren sich entwickelt hat und zwar ohne irgend welchen Schutzzoll, und der überhaupt nach unserer Statistik nicht mehr als 2000 bis 2500 Personen beschäftigt; die wird er auch künftig beschäftigen, denn die Einfuhr von Malz hat nur für bestimmte Gegenden, die sehr weit ab von den österreichischen Gerstendistrikten liegen, ein Interesse.

Präsident: Herr Geheimrath Tiedemann hat das Wort.

Kommissar des Bundesraths kaiserlicher Geheimer Regierungsrath Tiedemann: Meine Herren, ich möchte Sie doch bitten, den Antrag des Herrn Abgeordneten Richter abzulehnen. Der Herr Abgeordnete hat mit Recht hervorgehoben, daß nach Annahme eines Zolls auf Gerste der Zoll auf Malz nur eine einfache Konsequenz sei; er hat aber die Höhe des Malzzolls, die Bedeutung desselben als Schutzzoll bemängelt. Ich glaube, daß wenn es ein mit dem landwirthschaftlichen Betriebe zusammenhängendes Produkt gibt, für das ein verhältnißmäßig hoher Satz, ein Schutzzoll, zu empfehlen wäre, so ist es das Malz. Die Verhältnisse liegen eigenthümlich genug. Es findet augenblicklich eine sehr starke Einfuhr von Gerste aus Oesterreich statt, eine verhältnißmäßig geringfügige von Malz. Die Gefahr liegt aber nahe, daß dieses Verhältniß sich umdreht, und daß besonders nach Annahme des Zolls auf Gerste die Gersteneinfuhr unterbleibt und sich in eine große Malzeinfuhr umwandelt. Das Malz ist ungefähr um 25 Prozent leichter wie die Gerste, also eine Fracht von einem gewissen Quantum Malz ist um etwa 25 Prozent billiger als eine Fracht von Gerste in demselben Quantum. In den Anträgen, die die Malzinteressenten aus dem südlichen und südwestlichen Deutschland gestellt haben, wird dieses Verhältniß durch ein Beispiel illustrirt; es wird gesagt: wenn 8000 Zentner Gerste von Brünn nach Ludwigshafen gesandt werden, so beträgt die Fracht dafür in 80 Waggons per Waggonladung 433 Mark, also zusammen 34 640 Mark; wird dagegen obiges Gerstenquantum als Malz eingeführt, so beträgt die Fracht per Waggonladung allerdings auch 433 Mark, aber da nur 60 Waggonladungen erforderlich sind, zusammen nur 25 980 Mark, das ist 8860 Mark weniger Fracht für das Malz als für die Gerste. Die Gefahr liegt also nahe, daß wir in Zukunft statt der 7000 Zentner Gersteneinfuhr 5000 Zentner Malzeinfuhr haben, und das würde der Ruin der Malzfabrikation in Deutschland sein, die schon sehr zurückgegangen ist.

Das Interesse, welches die Landwirthschaft an der Malzfabrikation hat, beruht, abgesehen von dem Gerstenverbrauch, einmal darauf, daß diese Fabrikation sehr werthvolle Rückstände für die Milch- und Fleischproduktion in den Malzkeimen zurückläßt, dann, daß sie den Arbeitern im Laufe des Winters Gelegenheit gibt, lohnende Beschäftigung zu finden, ohne der Landwirthschaft diese Arbeiter für den Sommer zu entziehen.

Ich erlaube mir ferner darauf aufmerksam zu machen, daß andere Länder sehr erheblich höhere Zölle erheben, Amerika beispielsweise 20 Prozent vom Werth. Man würde also, den Durchschnittspreis in Deutschland zu 30 Mark pro 100 Kilo gerechnet, etwa 6 Mark pro 100 Kilo bei Annahme eines solchen Satzes erhalten. England erhebt 5 Shilling per Quarter Malz, also ungefähr 3,33 Mark pro 100 Kilo.

Es ist nun in der Eingabe der Brauer darauf hingewiesen worden, daß man durch einen Malzzoll den Bierexport schädigen würde. Indessen spielt dieser Bierexport in der That eine sehr geringe Rolle. Die gesammte Produktion an Bier hat in der Brausteuergemeinschaft im Jahre 1875 betragen 21 1/2 Millionen Hektoliter, im rechtsrheinischen Bayern 12 Millionen, in Württemberg, Baden und Elsaß 5 1/2 Millionen, die Ausfuhr dagegen nur 772 000 Zentner, mithin ungefähr 2 Prozent der Gesammtproduktion. Ich glaube daher, daß das Interesse der exportirenden Brauer hierbei keine Rolle spielen kann.

Endlich ist noch gesagt worden, daß die ungarische resp. böhmische Gerste besser sei, wie diejenige, die in Deutschland wächst, und deshalb das dort fabrizirte Malz einen Vorzug vor dem deutschen haben müßte. Diese Behauptung wird von anderer Seite mit Entschiedenheit in Abrede gestellt, hauptsächlich durch den Hinweis darauf, daß die höchsten Preise auf dem hamburger Markt fortwährend erzielt werden für die sogenannte Chevalier- oder Saalegerste, welche in Thüringen wächst.

Aus den angeführten Gründen empfiehlt es sich meines Erachtens, an den Vorschlägen der verbündeten Regierungen festzuhalten, und ich erlaube mir, das hohe Haus nochmals zu bitten, den Antrag des Herrn Abgeordneten Richter abzulehnen.

Präsident: Der Herr Abgeordnete Dr. Buhl hat das Wort.

Abgeordneter Dr. **Buhl:** Ich möchte Sie auch bitten, dem Antrage des Herrn Abgeordneten Richter nicht zuzustimmen, denn, meine Herren, ich entnehme allerdings meine Zahlen auch aus den Eingaben von Interessenten, ich war aber in der Lage, einige von diesen Zahlen, und zwar die maßgebenden zu prüfen. Nun stellen sich die Verhältnisse so, daß 100 Kilo Malz von Brünn bis nach Ludwigshafen 4,33 Mark Fracht kosten. Nach dem Antrage des Herrn Abgeordneten Richter würde auf diese 100 Kilo Malz ein

Zoll von 70 Pfennigen fallen, sodaß dann Fracht und Zoll bis nach Ludwigshafen 5,03 Mark beträgt. 133 Kilo Gerste, die zur Herstellung von 100 Kilo Malz nothwendig sind, kosten Fracht und Zoll 6,44 Mark; es gehen von diesen 6,44 Mark ab 40 Pfennige für 5 Kilo Malzkeime, die auch einen Werth repräsentiren, der bei der Verarbeitung in Malz dargestellt wird, so daß summa summarum ein Mehrkostenbetrag von 6,04 Mark übrig bleiben würde.

Meine Herren, da nun durch die Verwandlung der Gerste in Malz der Werth der Gerste überhaupt um 1,80 Mark vermehrt wird, würde bei diesem Stande der Fabrikationskosten durch eine Frachtdifferenz von 1,01 Mark, die Malzfabrikation bei uns im südwestlichen Deutschland einfach vollständig unmöglich gemacht werden.

Meine Herren, die Positionen der Regierungsvorlage gewähren schon der Malzfabrikation einen verhältnißmäßig sehr kleinen Schutz, denn auch nach den Positionen der Regierungsvorlage ist die Frachtdifferenz zu Ungunsten der Malzfabrikation immer noch 50 Pfennige. Wenn wir die Malzfabrikation vergleichen mit der ihr sehr analogen Mehlfabrikation, und wenn wir sehen, daß bei dem Mehl ein durchschnittlicher Schutz von 1,25 per 100 Kilo gewährt wird, so müssen wir bei Malz von 1,20 auf 1,75 Zoll per 100 Kilo kommen. Meine Herren, die Situation der Malzfabrikation kennen wir theilweise aus eigener Erfahrung, wir wissen, daß eine Reihe von Malzfabriken eingegangen sind; aber auch die statistischen Zahlen beweisen uns eine Abnahme der betreffenden Fabrikationszweige insofern, als vom Jahre 1875 an unser Mehrimport von Gerste gewachsen ist von 4 Millionen auf 5 Millionen Zentner, während der Mehrimport von Malz gewachsen ist von 318 000 auf 741 000 Zentner; während der Mehrimport von Gerste um 1/4 stieg, ist der Mehrimport von Malz ein 1 1/2facher gewesen; die Bierbrauer haben zum Theil gegen diese höhere Steuer protestirt, es scheint aber doch, daß die Interessen der Bierbrauer keine klar ausgesprochenen sind, denn diejenigen Brauereien, die eine eigene Mälzerei haben, haben ein großes Interesse daran, daß die Malzfabrikation nicht zu sehr nach dem Osten geht. Die Landwirthschaft hat aber an dieser Erhaltung der Mälzerei ein förmliches Lebensinteresse, besonders bei uns, denn bei uns ist der Anbau von Gerste einer der wichtigsten Anbaue unserer Landwirthschaft. Wenn Sie die Mälzerei immer mehr nach dem Osten verlegen — und es wird eben bei einer zu weit gehenden Erniedrigung des Zolls auch für die Bierbrauer, die eine Mälzerei haben, eine Frage sein, ob sie nicht ihre Mälzerei einschränken wollen — wenn Sie also den Schwerpunkt der Mälzerei nach dem Osten verlegen, so wird die Landwirthschaft außerordentlich geschädigt, weil unsere Gerste nicht mehr die Bedeutung als Braugerste hat, weil sie dann zur Futtergerste herabgedrückt wird, und über den Preisrückgang, der dann eintritt, belehrt Sie jeder Kurszettel. In der Nationalzeitung z. B. war die letzte Berliner Notiz für Futtergerste 12,50, für beste Brauereigerste 17,90, in Magdeburg war Futtergerste 12,70—13,30, beste Braugerste bis 18,50 notirt. Wenn Sie also eine Verlegung des Schwerpunktes der Mälzerei nach Osten, der durch die Frachtverhältnisse und bei dem geringen Fabrikationswerth, der in der Mälzerei steckt, sehr zu fürchten ist, wenn Sie den poussiren, so machen Sie einen der wichtigsten landwirthschaftlichen Anbaue unmöglich.

Nach diesen meinen Ausführungen müßte ich eigentlich zu der Konsequenz kommen, eine Erhöhung des Zolles zu beantragen, ich ziehe aber diese Konsequenz nicht, weil ich es nicht gern unternehme, bei der Position „Getreide“ eine Erhöhung zu beantragen, ich bitte Sie aber, wenigstens es bei den Sätzen der Regierungsvorlage zu belassen.

Präsident: Der Herr Abgeordnete Sonnemann hat das Wort.

Abgeordneter **Sonnemann**: Ich habe mir das Wort erbeten, um eine Anfrage an den Herrn Regierungskommissarius zu richten, will aber zuvor dem Herrn Vorredner mit einigen Worten erwidern. Die ganze Agitation für die Erhöhung des Malzzolles stützt sich auf eine Petition südwestdeutscher Malzfabrikanten, die auf einer ganz irrthümlichen Grundlage beruht. Ich will von den Punkten, die von dem Herrn Vorredner angeführt sind, nur drei hervorgreifen, die dieser Petition entnommen sind. In der Petition steht z. B.: unsere Bierausfuhr beträgt nur 1 Prozent unserer Produktion; thatsächlich beträgt unsere Bierausfuhr 3 Prozent unserer Produktion, da wir 75 Millionen Zentner im Maximum produziren und 2 Millionen Zentner ausführen, es ist dies also ein Irrthum.

Die zweite Unrichtigkeit ist die merkwürdige Berechnung, auf die sich auch der Herr Vorredner gestützt hat: wenn wir 5 Millionen Zentner Malz einführten, heißt es, dann würden wir 8 1/2 Millionen Mark per Jahr verlieren. Nun führen wir aber noch nicht eine Million Zentner ein, also noch nicht den fünften Theil. Aus diesen 5 Millionen Zentnern Einfuhr, die supponirt ist, wird herausgerechnet, daß Deutschland 8 1/2 Millionen Mark verlieren würde, und zwar wird der ganze Mehrwerth des Malzes über die Gerste als Verlust für das Land berechnet; als wenn die Fabrikanten, die in ihrer Petition das angeregt haben, ihr Kapital, ihre Arbeit nicht zu irgend einem anderen Zweck verwenden könnten. Niemand kann daher sagen, wir erleiden einen solchen Verlust. Weiter stützt sich die Petition darauf, daß von Pest bis Ludwigshafen jeder Doppelzentner Gerste 6,17 Mark mehr koste. Nun, meine Herren, wenn die Gerste von Pest bis Ludwigshafen mit 6,17 Mark durch Fracht und Zoll geschützt ist, dann scheint mir das ein so hoher Schutzzoll zu sein, daß man nicht noch den Malzzoll weiter erhöhen sollte. Die Bierindustrie ist in unseren ganzen Zollvorlagen außerordentlich von der Ungunst des Schicksals betroffen worden. Wir sollen die Brausteuer verdoppeln, den Zoll auf Hopfen erhöhen, auf Gerste einen Zoll einführen, schließlich auch noch einen übergroßen Zoll auf Malz einführen. Das richtige Verhältniß ist dasjenige, welches der Herr Abgeordnete Richter beantragt, daß 50 Pfennig Gerstenzoll etwa 70 bis 75 Pfennig Malzzoll entsprechen. Wenn Sie die Interessen der Malzfabrikation ins Auge fassen, dann möchte ich Sie bitten, auch die großen Interessen unserer Bierindustrie zu berücksichtigen, welche diese Steuer bei der Ausfuhr nicht rückvergütet bekommt.

Ich komme zum Ausgangspunkt dessen, was ich sagen wollte; ich wollte mir erlauben, folgende Frage an die Vertreter der Bundesregierungen zu richten. Meine Herren, Malz ist einer von den Artikeln, welche in dem Vertrage mit Belgien berührt sind, der am 1. Januar 1880 abläuft. Meine Herren, dieser Vertrag schützt das Malz bis dahin vor jeder höheren Verzollung, ebenso die anderen Artikel, die der Vertrag enthält. Ich will es nun als ganz naturgemäß betrachten, daß die Regierungen, wenn sie die übrigen Zollerhöhungen sehr bald in Kraft setzen wollen, auch danach trachten, vielleicht den Vertrag mit Belgien zu einer abgekürzten Zeit zu lösen. In den Zeitungen ist die Nachricht mit großer Entschiedenheit verbreitet, daß die deutsche Regierung mit Belgien bereits Unterhandlungen angeknüpft habe, um den Vertrag früher zu lösen. Es ist weiter die Nachricht verbreitet, daß sowohl Frankreich als Oesterreich, die auf Grund des Meistbegünstigungsvertrags auch von diesen Sätzen bis Ende des Jahres Gebrauch machen, sich bereits dagegen erklärt haben, daß Belgien zu einer solchen Lösung des Vertrags seine Zustimmung ertheile. Meine Herren, über diesen Punkt herrscht in meiner Heimat eine große Beunruhigung. Man ist bereits außerordentlich beunruhigt über den projektirten Kampfzoll, über das Sperrgesetz, auch über die surtaxe, die in der Luft schweben soll und welche die westlichen Landestheile am meisten berühren würde. Es sind auch dort wichtige Interessen in Frage. Es wird soviel über die Gefahren gesprochen, die infolge dieser Zölle für Ostpreußen eintreten würden; ich darf auch einmal auf die große Beunruhigung hinweisen, die im südwestlichen Deutschland infolge der verschiedenen Maßregeln gegen den dortigen Handel und Verkehr im Zuge sind. Es werden bei allen diesen Artikeln, Getreide, Malz, Mehl u. s. w., die von dem Handelsvertrag mit Belgien berührt werden — Getreide nicht direkt, ich bitte um Entschuldigung — Verträge auf längere Zeit abgeschlossen, und es sind die Leute nun in Gefahr, daß sie plötzlich von einer frühzeitigen Lösung des Handelsvertrags überrascht werden.

Meine Herren, ich will mich nicht in diplomatische Verhandlungen mischen, ich habe dazu keinen Anlaß; wenn es aber dem Herrn Regierungskommissar möglich sein sollte, in dieser Beziehung beruhigende Eröffnungen abzugeben; wenn es sich herausstellt, daß es nicht richtig ist, was in den Zeitungen verbreitet ist: daß man nicht daran denkt, diesen Vertrag vor Ablauf des Jahres zu lösen, so würde das auf den Handel und Verkehr in unserer Gegend günstig einwirken und viele Beunruhigungen und Sorgen beseitigen. Ich erlaube mir, an den Herru Regierungkommissar die Frage zu richten, ob die verbündeten Regierungen über diesen Punkt Erklärungen abzugeben in der Lage sind.

Präsident: Der Herr Kommissar des Bundesraths Geheimrath Tiedemann hat das Wort.

Kommissar des Bundesraths kaiserlicher Geheimer Regierungsrath **Tiedemann**: Ich muß zunächst ein Mißverständniß des Herrn Vorredners beseitigen. Wenn ich ihn richtig verstanden habe, hat er Eingangs seiner Rede gesagt, ich hätte die Angabe der Interessenten, wonach der Bierexport nicht 1 Prozent betrüge vom Bierprodukt, zu der meinigen gemacht. Ich möchte zur Richtigstellung meiner Bemerkungen hervorheben, daß ich nicht 1 Prozent gerechnet habe, sondern 2 Prozent, und zwar unter Zugrundlegung der für 1875 in Betracht kommenden Zahlen. Ich habe 39 Millionen angenommen als die Gesammtproduktion, und 772 000 Zeutner als Ausfuhr in das Ausland.

Was die Frage des Verhältnisses zu Belgien betrifft, so ist es meines Erachtens bei der augenblicklichen Lage der Geschäfte ganz unmöglich, eine bestimmte Erklärung darüber abzugeben, wie sich die Beziehungen zu den benachbarten Staaten nach Annahme des von den verbündeten Regierungen vorgelegten Zolltarifs regeln werden. Erst wenn dieser Zolltarif angenommen ist, also wenn man die Tragweite aller einzelnen Positionen übersehen kann, erst dann wird es meines Erachtens Aufgabe der verbündeten Regierungen sein, die internationalen Spezialfragen einer näheren Erwägung zu unterziehen, beispielsweise auch die Frage, wie das Mißverhältniß Belgien gegenüber zu lösen ist, daß auf Grund des Handelsvertrags das Malz steuerfrei eingehen soll, während Gerste verzollt wird. Ich glaube, augenblicklich ist noch nicht der Zeitpunkt gekommen, irgend eine Erklärung hierüber abzugeben.

Präsident: Es verlangt niemand mehr das Wort; ich schließe die Debatte.

Meine Herren, wir kommen zur Abstimmung über Position 9c, Malz. Ich schlage vor, zunächst über die Vorlage der verbündeten Regierungen abzustimmen, nach welcher bei Malz der Zollsatz auf 1 Mark 20 Pfennig gestellt ist.

Der Herr Abgeordnete Dr. Lasker hat das Wort zur Fragestellung.

Abgeordneter Dr. **Lasker**: Meine Herren, nach der Gewohnheit des Hanses, und wie bereits ausdrücklich in der Diskussion festgestellt worden ist, wird zunächst abgestimmt über die Amendements zur Regierungsvorlage und zwar über die eventuellen und, wie sich alsdann der Satz gestaltet hat, über das Ganze. Diese Frage war zur Diskussion gekommen, als beim Steuerzollgesetz zuerst über die höhere und alsdann über die geringere Zahl abgestimmt werden sollte; hiergegen wurde festgestellt, daß die Grundsätze des Budgets darauf nicht anwendbar seien. — Dasselbe ist unter vollständiger Zustimmung des Hauses auch bei dem Eisen festgestellt worden, wie der Herr Präsident entwickelt hatte bei dem Antrag des Herrn Abgeordneten von Wedell-Malchow. Ich würde den Herrn Präsidenten bitten, damit eine stetige Praxis aufrecht erhalten werde, nach den beiden Präzedenzfällen auch in diesem Falle verfahren zu wollen. Danach würde der Antrag des Herrn Abgeordneten Richter als eventueller zur Abstimmung kommen und, je nachdem die Position sich gestaltet hat, die Vorlage der verbündeten Regierungen.

Präsident: Meine Herren, es ist vollkommen richtig, daß in dieser Weise bei Gelegenheit der Abstimmung über die Eisenzölle verfahren worden ist, und ich würde auch diesmal dieses Verfahren festgehalten haben, wenn nicht der Herr Antragsteller selbst sich damit einverstanden erklärt hätte, so abzustimmen, wie ich es vorgeschlagen habe. Ich bin aber gern bereit, bei der bisherigen Praxis zu bleiben, und schlage Ihnen deshalb vor, daß wir zunächst über den Antrag Richter und zwar als einen eventuellen Antrag abstimmen und dann über den Antrag der verbündeten Regierungen.

Der Herr Abgeordnete Richter hat das Wort zur Geschäftsordnung.

Abgeordneter **Richter** (Hagen): Der Herr Präsident hat die Güte, mich zu fragen über die Reihenfolge der Abstimmung. Ich bin persönlich der Meinung, daß sich für den einen Modus soviel sagen läßt wie für den audern, daß es aber wünschenswerth ist, unter allen Umständen dasselbe Prinzip zu beobachten, und bisher haben wir allerdings zweimal derartige Anträge als eventuelle Vorlagen zur Abstimmung gebracht. Deshalb wird es sich empfehlen, dabei zu bleiben, wie der Herr Abgeordnete Lasker es wünscht. Für die Zukunft wird es vielleicht zweckmäßig sein, wenn die Antragsteller selbst im Wortlaute ihrer Anträge die Eventualität ausdrückten. Dann wäre dadurch von vornherein die Reihenfolge angezeigt, in der die Antragsteller ihre Anträge aufgefaßt zu sehen wünschen.

Präsident: Der Reichstag ist damit einverstanden, daß nach meinem letzten Vorschlage die Abstimmung erfolgt, d. h. daß wir zunächst die eventuelle Abstimmung über den Antrag des Herru Abgeordneten Richter und dann die Abstimmung über die Regierungsvorlage vornehmen.

Der Antrag Richter zu Nr. 9 c lautet:

> den Zoll auf Malz auf 0,10 Mark pro 100 Kilogramm (statt wie in der Vorlage auf 1,20 Mark) festzusetzen.

Ich bitte, daß diejenigen Herren, die für den Antrag des Herrn Abgeordneten Richter, sowie ich ihn eben vorgetragen habe, stimmen wollen, sich erheben.

(Geschieht.)

Meine Herren, das ist die Minderheit.

Wir kommen nun zur Abstimmung über die Vorlage der verbündeten Regierungen.

Die verbündeten Regierungen schlagen den Zollsatz vor von 1,20. Ich bitte, daß diejenigen Herren, welche für den vorgeschlagenen Satz der verbündeten Regierungen stimmen wollen, sich erheben.

(Geschieht.)

Meine Herren, das ist die große Mehrheit: der Satz ist angenommen.

Wir gehen nun über zu Lit. d, **Anis**, **Koriander**, **Fenchel** und **Kümmel**.

Dazu ist ein Amendement eingegangen unter Nr. 188

von den Herren Dr. Stephani und Dr. Witte (Mecklenburg), dahin lautend:

der Position 9 d folgende Fassung zu geben:

9 d, Anis, Koriander, Fenchel und Kümmel: frei.

Ich eröffne die Debatte darüber.

Das Wort hat der Herr Abgeordnete Dr. Witte (Mecklenburg.)

Abgeordneter Dr. Witte (Mecklenburg): Meine Herren, für Anis, Koriander, Fenchel und Kümmel ist in der Regierungsvorlage ein Satz von 3 Mark vorgeschlagen. Ich war einigermaßen erstaunt und bei der Durchsicht der Regierungsvorlage überrascht, auf diese deutschen Gewürze einen solchen Satz vorgeschlagen zu sehen, und da ich selbst einen stichhaltigen Grund nicht auffinden konnte, so wendete ich mich an die Quelle aller Belehrung, die Motive. Der Satz in den Motiven ist nun in der That für diesen hier vorgeschlagenen Zollsatz höchst charakteristisch; er lautet auf Seite 56 folgendermaßen:

> Für Anis, Koriander, Fenchel und Kümmel ist nur die Hälfte des bis zum Jahre 1865 zur Hebung gelangten Satzes eingestellt. Daß der jetzige Zollsatz gleichwohl höher ist, als derjenige der übrigen mit einem Zolle belegten Sämereien, rechtfertigt sich im Hinblick auf den Werth der Artikel, sowie darauf, daß dieselben nur in verhältnißmäßig geringen Quantitäten zum Konsum gelangen.

Eine Begründung des Zollsatzes ist also zunächst überall nicht versucht worden. Der Werth der Artikel kann für den Zollsatz nach Lage der Verhältnisse nicht in Betracht kommen, und daß dieselben nur in verhältnißmäßig geringen Quantitäten zum Konsum gelangen, das sollte meines Erachtens von vornherein die Auflegung eines Zollsatzes ausschließen, da ein finanzielles Interesse nach keiner Seite angedeutet ist. Der Herr Verfasser der Motive hat aber bei diesen Artikeln den eigentlichen und wesentlichen Thatbestand ganz übersehen. Wenn es sich nur um diejenigen Quantitäten von Anis und Kümmel handelte, welche in der That zum Konsum kommen, sei es als Anis- oder als Kümmelbrod, dann wäre die Frage der Auflegung eines Zolles oder die Höhe desselben ganz gleichgiltig; es handelt sich aber bei diesen Sämereien um die Verwendung derselben im Großen, und das ist die zur Herstellung ätherischer Oele. Es hat sich bei uns in Deutschland, zumal in Leipzig und einigen anderen Orten eine ganz bedeutende und umfangreiche Industrie auf diesem Gebiete ausgebildet, eine Industrie, welche nicht bloß das Ideal der jetzigen Majorität des Hauses, sondern, wie ich glaube, des ganzen Hauses, vollkommen erfüllt, indem sie das Bedürfniß des inneren Marktes vollständig und ausschießlich befriedigt, und auf dieser soliden Grundlage und in Folge der ausgezeichneten Technik und des einsichtigen Betriebes sich den Weltmarkt erworben hat. Der Werth dieser ätherischen Oele, die in Leipzig hergestellt und umgesetzt werden, beträgt in Summa 6 bis 7 Millionen Mark per Jahr, stellt also eine ganz ansehnliche Summe dar. Nun liegt die Sache so, daß die Quantitäten von Oelsämereien, welche hierzu gebraucht werden, in Deutschland weder mit Vortheil, noch überhaupt in der Landwirthschaft nach dem Preise des Bodens erzeugt werden können. Es kommt dann noch ein ganz anderer Umstand hinzu, der den Bezug auswärtiger Sämereien für diesen Zweck nothwendig macht, das ist der Umstand, daß der russische Anis und der holländische Kümmel, welche im großen die Grundlage der ganzen Industrie bilden, quantitativ eine nicht unerheblich größere Oelausbeute geben, als die gleichen im Inlande gebauten Sämereien, indem beispielsweise der inländische Kümmel 4 Prozent ätherisches Oel enthält, während der holländische Kümmel 5½ Prozent enthält; ähnlich ist es mit dem russischen Anis. Außerdem ist das aus den ausländischen Sämereien erzeugte Oel wesentlich feinerer Qualität, als dasjenige Oel, welches aus deutschen Sämereien erzeugt werden kann. Dagegen wird auch der Schutzzoll kein passendes Remedium sein. Meine Herren, ein verhältnißmäßig unbedeutend scheinender Zoll von 3 Mark markirt sich bei den einzelnen Oelen der Art, daß auf ein Kilo Kümmelöl 60 Pfennige, auf ein Kilo Anisöl 1,20 Mark, auf ein Kilo Fenchelöl 60 Pfennige und auf ein Kilo Korianderöl 4 Mark Belastung hinzukommen. Abgesehen davon, daß die Einführung des Oeles selbst mit einem viel geringeren Zolle belastet ist, wird durch eine solche Belastung die Konkurrenz auf dem Weltmarkte, bei der es sich überall nur um verhältnißmäßig minimalen Gewinn handelt, in außerordentlicher Weise eingeschränkt, und es wäre sehr zu bedauern, wenn die umfassende, nützliche und gewinnbringende Industrie in Deutschland durch eine solche Maßregel, die in landwirthschaftlicher Beziehung nicht das geringste Interesse hat, in finanzieller Beziehung ebenfalls ohne Bedeutung ist, eingeschränkt oder gar aufgehoben werden sollte. Im Interesse der so viel genannten nationalen Industrie und Arbeit bitte ich Sie, diesen Satz aus dem Tarif zu streichen.

Präsident: Der Herr Abgeordnete von Böttiche︎r (Flensburg) hat das Wort.

Abgeordneter **von Böttiche︎r** (Flensburg): Meine Herren, der Herr Vorredner hat Ihnen vorgeschlagen, den Zoll abzusetzen, wie er von den verbündeten Regierungen proponirt wird, und zwar wesentlich aus Rücksicht auf das Interesse der Oelfabrikation. Ich erlaube mir den Antrag, daß Sie die Position der Regierungsvorlage annehmen mögen.

Was zunächst den Ertrag des Zolls anlangt, so ist derselbe doch nicht ganz so gering, wie ihn der Herr Vorredner veranschlagt hat. Er würde mit Rücksicht darauf, daß die Einfuhr des Artikels, welche allerdings in den einzelnen Jahren gewechselt, die aber beispielsweise im Jahre 1877 über 81 000 Zentner betragen hat, doch praeter propter auf 250 000 Mark zu veranschlagen sein.

Aber auch noch ein anderer, als der finanzielle Gesichtspunkt spricht für die Annahme des von den verbündeten Regierungen vorgeschlagenen Zolls, nämlich das Werthverhältniß, in welchem die unter 9 d aufgeführten Artikel zu den übrigen Erzeugnissen des Landbaues stehen. Der Einheitswerth dieser Sämereien beträgt nämlich etwa 36 Mark pro Zentner, das sind also pro 100 Kilogramm 72 Mark; und wenn Sie sich für den Zoll entscheiden, wie er hier proponirt wird, so würden Sie diese Artikel etwa mit 4 Prozent des Werthes belasten. Das ist im Vergleich zu den Belastungen, welche andere Erzeugnisse des Landbaues erfahren haben, namentlich welche erfahren haben Weizen und Hafer, eine sehr geringe Belastung. Ich verkenne ja gar nicht, daß es für diejenigen Industriellen, die diese Sämereien für ihre Fabrikation bedürfen, von Interesse ist, die Artikel zollfrei zu lassen, ich glaube aber, daß mit Rücksicht auf das angeführte Verhältniß in welchem die vorgeschlagene Belastung zu denjenigen der übrigen Erzeugnisse des Landbaues stehen werden, ferner aber mit Rücksicht auf das Werthverhältniß, in welchem diese Artikel zu dem Werthe anderer Erzeugnisse stehen, es sich empfehlen möchte, wenn wir den Zollsatz so annehmen, wie ihn die verbündeten Regierungen vorgeschlagen haben.

Präsident: Der Herr Abgeordnete Dr. Karsten hat das Wort.

Abgeordneter Dr. **Karsten**: Die Argumentation, die der Herr Abgeordnete von Böttiche︎r vorgebracht hat, ist doch nicht zutreffend; man kann ja nicht ohne weiteres die Werthsbeziehung annehmen zwischen dem Material, welches gegessen wird, und dem Material, welches zu andern feineren Dingen verarbeitet wird, als gerade bei der Konsumtion direkt. Wir haben aber gehört, und die Ziffern können gar nicht bestritten werden, daß dieses Material in der feinern Industrie zu einem Werthe führt von 7 Millionen Mark. Diesem Interesse gegenüber kann eine solche Werthsberechnung, wie sie bei anderen Getreidearten stattfindet, gar nicht Platz greifen. Wenn wir durch eine derartige Verzollung, wie sie hier vorgeschlagen ist, unsere Industrie gefährden, so ist der Nachtheil außerordentlich viel größer, als der Vortheil, den man gewinnen kann für die Landwirthschaft und auch für die Finanzen. Ich glaube, die Argumentation, die wir von dem Herrn Antragsteller gehört haben, ist vollkommen durchschlagend. Es handelt sich nicht um landwirthschaftliche Interessen, es handelt sich auch um die richtige Stellung des Zollsatzes für die Industrie; denn es liegt hier das Interesse, dieser so tüchtigen und exportfähigen Industrie Hülfe zu gewähren.

Präsident: Der Herr Abgeordnete von Bötticher (Flensburg) hat das Wort.

Abgeordneter **von Bötticher** (Flensburg): Ja, meine Herren, der Herr Vorredner hat zwar behauptet, daß der Nachtheil, der durch den Zoll hervorgerufen wird, größer sei als der Vortheil, der daraus erwächst, allein bestimmte Thatsachen hat er dafür nicht angegeben. Er sagt, es würden durch diese Sämereien Werthe von 7 Millionen Mark erzeugt. Dem gegenüber erlaube ich mir aber die Behauptung aufzustellen, daß, wenn so bedeutende Werthe erzielt werden, auch der Zoll jedenfalls nicht dazu beitragen wird, diese Werthe erheblich herabzudrücken; im Gegentheil, ich nehme an, daß die Industrie, in deren Interesse der Herr Vorredner gesprochen hat, sehr wohl einen solchen Zoll ertragen kann; ich bleibe deshalb bei meinem Antrage, das hohe Haus möge die Regierungsvorlage annehmen, stehen.

Präsident: Der Herr Abgeordnete Richter (Hagen) hat das Wort.

Abgeordneter **Richter** (Hagen): Meine Herren, weniger kann wirklich nicht für die Regierungsvorlage gesagt werden, als jetzt gesagt worden ist. Weil ein so großes Industrieinteresse in Frage steht, deshalb also kann es auf ein bischen Nachtheil nicht ankommen. Das läuft ungefähr auf die Theorie hinaus: je mehr Steuern ein Artikel zu tragen hat, desto glücklicher wird er sein. So hat jetzt der Herr Abgeordnete von Bötticher argumentirt. Das ist ja allerdings die Theorie des Herrn Niendorf gewesen, daß alle landwirthschaftlichen Erzeugnisse beim Eingang mit einem gewissen Werthzoll belegt werden müßten. Die Tarifkommission hat aber doch dieses Prinzip verlassen; warum haben Sie den Flachszoll nicht, warum haben Sie nicht Häutezoll, warum nicht für Kartoffeln und Gemüse? Von allen Sämereien nehmen Sie bloß diese drei heraus, weil diese zufällig nicht für die Landwirthschaft, sondern für die Industrie von Interesse sind; da geniren Sie sich nicht, sie mit Zoll zu belegen. Meine Herren, als mildernden Umstand möchte ich Ihnen doch anführen, daß diese Stoffe für die Branntweinfabrikation sehr wesentliches Interesse haben; rührt Sie das nicht?

(Heiterkeit.)

Es handelt sich in der That gar nicht um ein allgemeines landwirthschaftliches Interesse; es handelt sich um eine Spezialität, die überhaupt nur in Thüringen und auch nur in ganz gewissen Distrikten von Thüringen gebaut wird, es handelt sich um eine landwirthschaftliche Produktion, die dem Gartenbau sehr verwandt ist, und es wird uns hier ausgeführt von Sachverständigen, nebenbei bemerkt, schutzzöllnerischerseits — denn dieser Verein der chemisch Industriellen ist schutzzöllnerisch — daß überhaupt in Thüringen man kein Interesse mehr hätte, in dieser Weise derartige Sämereien zu bauen, weil das Land dort zu gut dafür sei, und sich deshalb doch vortheilhafter andere Sämereien bauen lassen, als gerade Anis und Kümmel. Die Sache liegt speziell so: in Bezug auf Kümmel ist uns Holland überlegen, weil in Holland der Gartenbau noch weiter entwickelt ist, wie in diesen Distrikten. Es ist überhaupt die Frage des Kümmels eine Frage gar nicht des Preises, sondern der Qualität. Der holländische Kümmel ist derart dem russischen überlegen, und der deutsche ist auch dem russischen überlegen, daß man ihn erheblich theurer von vornherein bezahlt. Ja, ich will Ihnen noch eins sagen, es geht sogar russischer Kümmel nach Thüringen, um von dort als deutscher verkauft zu werden; so ist der deutsche Name ausschlaggebend, so sehr ist an und für sich in dieser Beziehung der deutsche Kümmel dem russischen überlegen. Bei Anis liegt die Sache anders; bei dem Anis sind es wieder gewisse Flächen Rußlands, die besonders Anis produziren können, mehr ölhaltigen Anis, den unsere Industrie gar nicht entbehren kann. Es handelt sich hier um einen Hilfsstoff für Branntweinfabrikation, für Bäckereien, auf den man in der That angewiesen ist. Man gibt eine Exportindustrie, die sich glücklich entwickelt hat, preis, um irgend einen ganz kleinen finanziellen Gewinn einzustreichen und eine gewisse Schablone von Werthverzollung landwirthschaftlicher Produkte an dem kleinen Punkte aufrecht zu erhalten, nachdem man sie an großen Punkten bereits verlassen hat.

Ich muß in der That annehmen, daß die Tarifkommission nicht Zeit gefunden hat, so speziell diesen Artikel ins Auge zu fassen. Ich bin überzeugt, sie würde aus ihren eigenen Prinzipien heraus, die sie sonst beobachtet hat, dazu gekommen sein, diesen Artikel vom Zoll freizulassen.

Präsident: Der Herr Abgeordnete von Helldorff-Bedra hat das Wort.

Abgeordneter von **Helldorff-Bedra**: Meine Herren, ich möchte Einspruch dagegen erheben, daß es sich hier um einen Gegenstand handelt, der die landwirthschaftlichen Interessen nicht berührt; ich muß auch der Auffassung, daß es sich nur um das Interesse einzelner kleiner Theile von Thüringen handelt, entschieden entgegentreten; das ist nicht richtig. Der wichtigste von diesen Artikeln, der Kümmel, wird fast überall in Deutschland gebaut, und wenn Sie berücksichtigen, daß der Kümmel, unser bestes deutsches Gewürz, bei vielen gewöhnlichen Gegenständen in der Hauswirthschaft gebraucht wird, so glaube ich behaupten zu können, daß die Massen von Kümmel, die zur Fabrikation des Kümmelöls verwendet werden, wahrhaft verschwinden gegen die Massen von Kümmel, die das tägliche Leben verbraucht.

Dann, meine Herren, möchte ich doch darauf aufmerksam machen, daß von jener Seite immer gesagt wird, wir in Deutschland sollen uns in der Landwirthschaft auf den Anbau von Handelsgewächsen und dergleichen werfen.

(Sehr richtig! rechts.)

Wenn dann irgend ein Gegenstand geeignet ist, geschützt zu werden, so sind es Handelsgewächse dieser Art.

Es wird gesagt, es kommt hier in Betracht die Frage der Qualität; der holländische und russische Kümmel seien besser. Schon diese einfache Zusammenstellung „holländisch und russisch“ macht es mir sehr zweifelhaft, ob die Thatsache begründet ist. Es handelt sich hier um durchaus verschiedene klimatische Lagen; ich kann nicht annehmen, daß aus klimatischen Gründen der Kümmel sowohl in Holland wie in Rußland besser wachse, als in Deutschland. Die Ursache wird wohl in der Kultur liegen, und durch die Förderung der Kultur werden wir auch diesem Uebelstand abzuhelfen im Stande sein.

Noch auf einen anderen Punkt möchte ich kommen. Es ist von dem Herrn Abgeordneten Richter gesagt, wir weichen hier von einem Prinzip ab, — d. h. er hat den Vorwurf zunächst der Zolltarifkommission gemacht, mit der ich bekanntlich nichts zu thun habe. Ja, dies Prinzip, wie er es sich denkt, ist höchstens ein ganz mechanisches. In Wirklichkeit ist doch das richtig, daß wir bei jedem einzelnen Zoll prüfen: liegt hier wirklich ein Interesse der deutschen Produktion beziehentlich der deutschen Industrie vor, und welches von diesen beiden Interessen ist hier überwiegend? Wir werden und müssen nach diesen Rücksichten bei den verschiedenen Artikeln uns zu entscheiden haben, so auch bei den folgenden Artikeln Rapsölsaat und dergleichen, und diese Rücksichten müssen maßgebend sein, und da sage ich ganz offen: das Interesse der deutschen Landwirthschaft an dem Anbau von Handelsgewächsen ist ein sehr viel höheres, als das Interesse der deutschen Industrie an der Fabrikation von Kümmel und Anisöl.

(Sehr richtig!)

Ich will noch auf einen Punkt aufmerksam machen. Wozu wird Kümmel und Anisöl gebraucht? Sind das Artikel, die für die menschliche Gesundheit oder sonst irgendwie größeren Werth haben? Nein, es sind Genußmittel. Es ist wesentlich der Verbrauch zum Branntwein, der beim Kümmelöl von Interesse ist, und da, glaube ich, ist das ein Artikel, der recht gut ein wenig vertheuert werden kann.

Ich bitte Sie also, für die Position zu stimmen, wie sie im Tarif vorgeschlagen ist.

Präsident: Es ist ein Antrag auf Schluß der Debatte eingegangen vom Herrn Abgeordneten Fürsten von Hatzfeldt. Ich ersuche diejenigen Herren, welche den Antrag unterstützen wollen, sich zu erheben.

(Geschieht.)

Die Unterstützung reicht aus.

Ich ersuche nun diejenigen Herren, welche den Antrag auf Schluß der Debatte annehmen wollen, sich zu erheben oder stehen zu bleiben.

(Geschieht.)

Das Büreau ist mit mir einverstanden, daß jetzt die Mehrheit steht; die Debatte ist geschlossen.

Wir kommen zur Abstimmung über Lit. d., Anis, Koriander, Fenchel und Kümmel. Ich schlage Ihnen vor, zuerst über den Antrag der Herren Abgeordneten Dr. Stephani und Dr. Witte, der dahin lautet:

> Der Reichstag wolle beschließen:
> der Position 9 d folgende Fassung zu geben:
> 9 d, Anis, Koriander, Fenchel und Kümmel: frei;

abzustimmen. Wenn der Antrag fällt, so nehme ich an, daß ohne weitere Abstimmung der Antrag der verbündeten Regierungen angenommen ist. Sind die Herren mit der Fragestellung einverstanden?

(Pause.)

Es widerspricht niemand; ich konstatire Ihr Einverständniß.

Ich ersuche jetzt diejenigen Herren, welche den Antrag der Herren Abgeordneten Dr. Stephani und Dr. Witte, der dahin lautet:

> Der Reichstag wolle beschließen:
> der Position 9 d folgende Fassung zu geben:
> 9 d, Anis, Koriander, Fenchel und Kümmel: frei,

annehmen wollen, sich zu erheben.

(Geschieht.)

Das ist die Minderheit; der Antrag der verbündeten Regierungen ist hiernach angenommen.

Wir kommen nun zu Lit. e, Raps und Rübsaat. Dazu liegen drei Anträge vor, einer von Herrn Freiherrn von Ow (Freudenstadt), einer von Herrn von Ludwig, und einer von Herrn Dr. Karsten. Die Anträge der Herren Freiherr von Ow Nr. 175 und von Ludwig Nr. 177 sind identisch.

Ich eröffne die Debatte über diese Position.

Der Herr Abgeordnete Freiherr von Ow (Freudenstadt) hat das Wort.

Abgeordneter Freiherr **von Ow** (Freudenstadt): Meine Herren, gestatten Sie mir, mit einigen Worten den von mir eingebrachten Antrag zu begründen. Der Antrag geht dahin, die 30 Pfennig Zoll zu erhöhen auf 1 Mark. Ich werde mich bemühen, kurz zu sein, aber so kurz, meine Herren, wie die Motive es sind, kann ich unmöglich sein, denn diese fassen sich in den wenigen Zeilen zusammen:

> Raps und Rübsaat sind der Abrundung wegen mit einem Zoll von 30 Pfennig für 100 Kilogramm angesetzt, während die übrigen Oelsämereien im Interesse der inländischen Oelindustrie zollfrei bleiben.

Allgemein, meine Herren, unter den deutschen Landwirthen hat es Staunen und Verwunderung erregt, daß man den Zoll auf Raps und Rübsaat nur mit 30 Pfennig festgestellt hat. Ich war anwesend in einer Sitzung der landwirthschaftlichen Zentralstelle zu Stuttgart, in welcher uns die projektirten Zollsätze mitgetheilt wurden, um dieselben zu begutachten, und als wir an die Position Raps und Rübsaat kamen, waren wir einstimmig der Ansicht, es müsse hier ein Schreibfehler vorhanden sein, es müsse ein Irrthum vorliegen, es können die 30 Pfennig unmöglich richtig sein, und wir beschlossen, die Berathung hierüber auszusetzen, bis der Irrthum von Berlin aufgeklärt sein würde.

Was dafür maßgebend war, meine Herren, den Zollsatz auf 30 Pfennig festzusetzen, das war meines Erachtens eine viel zu ängstliche und zu weit gehende Rücksicht auf die Oelindustrie. Ich bin auch als Landwirth, meine Herren, gewiß gern bereit, der Oelindustrie alle Rechnung zu tragen und ich bin bereit, die Frage zu untersuchen, ob die Oelindustrie nicht in der Lage ist, den Zoll auf Raps mit 1 Mark für 100 Kilo zu ertragen. Diese Frage, meine Herren, beantwortet sich sehr kurz und einfach aus folgender Rechnungsweise. Wenn wir annehmen, daß nicht bloß der ins deutsche Reich eingehende Raps, sondern auch sämmtlicher Raps und Rübsaat, die in Deutschland erzeugt werden, in Folge des Zolls von 1 Mark für 100 Kilo im Preis erhöht werden um 1 Mark für 100 Kilo, und wenn wir zu Grunde legen, daß aus 250 Pfund Raps 1 Zentner Oel gewonnen wird, so würden sich unter diesen für die Oelindustrie am ungünstigsten angenommenen Voraussetzungen die Produktionskosten von 1 Pfund Oel erhöhen um 1¼ Pfennig. Nun dieser Erhöhung der Produktionskosten gegenüber steht andererseits ein Schutzzoll für Raps- und Rüböl und die anderen mit dem Raps- und Rüböl konkurrirenden Oele, der einem Prozentsatze von 6,14 des Werths der Oele entspricht, und demgemäß haben diese Oele ihrerseits einen Schutz, der, auf das Pfund berechnet, 2½ Pfennige beträgt. Wir haben also einen Schutz für die Oelindustrie, der, auf das Pfund berechnet, gerade doppelt so hoch ist als die Erhöhung der Produktionskosten, welche eintreten kann durch Erhöhung des Preises von Raps und Rübsamen, wenn mein Antrag angenommen wird.

Aber, meine Herren, wir befinden uns bei diesen Positionen nicht bloß in der Lage, die nöthige Rücksicht auf die Industrie nehmen zu müssen, sondern ebenso berechtigt und angezeigt ist gewiß die Rücksicht auf die Produzenten von Raps und Rübsamen, die Rücksicht auf die Landwirthschaft. Deutschland produzirt im ganzen rund 3 760 000 Zentner Raps und Rübsamen. Die Mehreinfuhr von Raps und Rübsamen beträgt im Durchschnitt der letzten Jahre 1 500 000 Zentner, also rund den vierten Theil des Bedarfs der Industrie. Diese Mehreinfuhr repräsentirt einen Werth von 22 Millionen Mark, und diese 22 Millionen Mark könnten im deutschen Reich sehr wohl erspart werden, denn Raps und Rübsamen kann fast überall im deutschen Reich erzeugt werden. Nun sind wir aber, meine Herren, zur besonderen Rücksicht auf die Landwirthschaft genöthigt, weil die Nothlage der Landwirthschaft allgemein anerkannt ist und man sich nur über das Weniger oder Mehr dieser Nothlage streiten kann. Wir sind zu dieser Rücksicht ganz besonders verpflichtet, weil es eine anerkannte Thatsache ist, daß der Getreidebau nicht mehr rentirt. Es hat uns freilich eine hervorragende Autorität in landwirthschaftlichen Dingen, wie überhaupt in allen Dingen, einen trostreichen Rath gegeben; es war am 5. Mai der Herr Abgeordnete Richter (Hagen), der uns gesagt hat, es würde unsere Landwirthschaft auch ferner rentiren, wenn wir es uns nur angelegen sein ließen, unsere Betriebsweise den geänderten wirthschaftlichen Verhältnissen anzupassen. Ja, damit hat uns Herr Richter nichts neues gesagt, und die deutsche Landwirthschaft hat diesen Rath, der ihr seit Jahrzehnten von sämmtlichen hervorragenden Landwirthen gegeben worden ist, befolgt, aber es hat die deutsche Landwirthschaft die Wahrnehmung gemacht, daß trotzdem die Rente nicht bloß sich nicht gleich geblieben ist, sondern heruntergegangen ist. Es wollte uns wahrscheinlich Herr Richter (Hagen) dasselbe sagen, was uns Herr von Saucken-Tarputschen gesagt hat, der uns gerathen hat: wenn der Getreidebau nicht mehr rentire, so sollte man sich einfach auf Viehzucht werfen, man solle das Getreideland mit Futterbau bestellen. Meine Herren, ich behaupte, die deutsche Landwirthschaft hat diese Veränderung so weit vorgenommen, als sie überhaupt vorgenommen werden kann. Aber dem Herrn Abgeordneten von Saucken muß es bekannt sein, daß eben ein großer Theil des Getreidelandes sich nicht in Futterland verwandeln läßt, daß in vielen Gegenden das Getreideland sich nicht zu Wiesen und nicht zum Kleebau eignet, und daß da, wo der Klee gedeiht, er nur alle 6 Jahre gedeiht und somit nur der sechste Theil des Ackerlandes mit Klee bestellt werden kann.

Wenn Herr von Saucken uns sodann empfohlen hat, wir sollten statt Getreidebau künstliche Weide anlegen, so hat er wohl bloß gedacht an seine heimische Großgrundbesitzverhältnisse. Ich aber, meine Herren, kenne ganze große Gegenden Deutschlands, in welchen die künstlichen Weiden, wie z. B. in der Provinz Posen, nicht aussehen wie üppige Weiden, sondern wie sterile Haiden. Und dann, meine Herren, denken Sie doch an Mittel- und Süddeutschland mit vorherrschend kleinerem und mittlerem Grundbesitz! da klingt es ganz merkwürdig, wenn man dem Landwirth sagen wollte, er solle die wenigen Morgen Landes, die er besitzt, in Weide verwandeln. Es ist gerade so unerhört, wie wenn man ihm sagen wollte, er solle auf seinen Feldern Waldpflanzen anbauen. Aber an eins hat Herr von Saucken nicht gedacht, er hat es wenigstens gar nicht erwähnt, das ist unser Handelsgewächsbau, und, meine Herren, wenn der Getreidebau nicht mehr lohnt, und so weit wir den Getreideboden nicht zum Anbau von Fruchtgewächsen verwenden können, bleiben uns eben allein die Handelsgewächse. Herr von Saucken hat gesagt, wir Landwirthe produziren nur Nahrungsmittel, er hat ferner gesagt, die Landwirthschaft kennt nur solche Schutzzölle, welche die nothwendigen Lebensmittel vertheuern, aber zu diesen nothwendigen Lebensmitteln gehört doch gewiß nicht der Raps und Rübsamen, auch nicht die Häute und Felle, auch nicht die Wolle, auch nicht Hanf und Flachs. Unter diesen Handelsgewächsen nimmt aber, meine Herren, der Rapsbau eine sehr hervorragende Stellung ein, weil er selbst in Gegenden gedeiht, wo sonst der Handelsgewächsbau wenig möglich ist, er ist von der hervorragendsten Bedeutung wegen seiner Stellung in der Fruchtfolge, weil er die Arbeitstheilung in der Landwirthschaft so sehr befördert, weil er insbesondere zu einer Zeit der Landwirthschaft Geld bringt, wo sie sonst keine Einnahme hat, dagegen die größten Ausgaben zu machen hat, unmittelbar vor der Ernte.

Aus allen diesen Gründen, meine Herren, so lange der Rapsbau noch irgend lohnt, wird er gewiß von den Landwirthen festgehalten werden. Wir haben früher in Württemberg der Regel nach auf allen Gütern, die frei bewirthschaftet werden können, den siebenten, achten Theil der Ackerfläche mit Raps bestellt; es galt als Regel für jeden Pächter, der normal wirthschaftete, daß er mit dem Erlös aus Raps sein Pachtgeld bezahlen konnte. Nunmehr aber ist der Rapsbau sehr beträchtlich zurückgegangen, und daran trägt nicht das die Schuld, daß die natürlichen Feinde des Rapses sich vermehrt haben, und daß dadurch der Rapsbau hinsichtlich des Ertrages unsicherer geworden ist, — daran trägt allein die Schuld, daß die Preise des Rapses den Mühen und Ausgaben des Baues nicht mehr entsprechen. Bedenken Sie nur meine Herren, daß die Preise für Raps und Rübsamen nicht mehr dieselben sind, gerade so, wie bei Wolle, nicht mehr dieselben wie vor 20, 30 Jahren, trotzdem daß der Geldwerth so sehr gesunken ist, und trotzdem daß die Produktionskosten auf das doppelte und dreifache gestiegen sind. Es liegt hier lediglich die Schuld in der großen Konkurrenz, die uns Rußland und Oesterreich-Ungarn machen, und, meine Herren, ganz auffallend ist es, wie unmittelbar nach der Aufhebung des Schutzzolles auf Raps und unmittelbar nach Herabsetzung der Schutzzölle auf die konkurrirenden Oele der Rapsbau zurückgegangen ist. Nehmen Sie nun an, meine Herren, daß während im Jahre 1859 noch Oele, die unter der Bezeichnung „andere Oele" inklusive des, damals nicht besonders angeschriebenen festen Oels, verzeichnet sind, eine Mehreinfuhr von 405 293 Zentner aufweisen, schon ein Jahr nach Herabsetzung des Zolls im Jahr 1860 713 000 Zentner mehr eingeführt worden sind.

Meine Herren, wenn Sie nun einseitig einen Schutzzoll für die Oelindustrie etabliren, dagegen für Raps und Rübsamen einen kaum nennenswerthen Schutzzoll von 30 Pfennigen, so werden Sie nur das erzielen, daß Sie die Oelindustrie fördern, daß Sie gleichzeitig den Import von Raps und Rübsamen ungeheuer steigern, aber der Landwirthschaft damit dann gar nichts nützen, ihr vielmehr nur schaden.

Es liegt, meine Herren, noch ein zweiter Antrag, der des Abgeordneten Dr. Karsten vor, der das entgegengesetzte beantragt von dem, was ich beantrage; er will, daß Raps und Rübsamen zollfrei eingehen. Er begründet seinen Antrag damit, daß er sagt, in den Motiven ist ausgeführt, daß die übrigen Oelsämereien im Interesse der inländischen Oelindustrie zollfrei bleiben sollen. Diese Rücksicht ist in weit stärkerem Verhältniß für Raps und Rübsaat vorhanden. Diese Behauptung bestreite ich auf das entschiedenste. Ich glaube Ihnen nachgewiesen zu haben, daß die Oelindustrie einen Schutzzoll auf Raps im Betrage nicht bloß von 30 Pfennigen, sondern von 1 Mark pro 100 Kilo recht wohl zu tragen im Stande ist, und es bleibt dann dem Herrn Abgeordneten Karsten nur die Konsequenz übrig, zu beantragen, daß die übrigen Oelsämereien im Interesse des inländischen Rapsbaues gleichfalls mit einem entsprechenden Zoll belegt werden. Ich würde, wenn ein solcher Antrag gestellt würde, denselben unterstützen und dafür stimmen, denn ich glaube, es wäre ein solcher Antrag im Interesse der deutschen Landwirthschaft. Ich für meine Person habe davon abgesehen, einmal weil ich wenig Aussicht habe, daß Sie in diesem Falle mir zustimmen, andererseits aber auch, weil sich immerhin einiges dafür anführen läßt, daß die übrigen Oelsämereien zollfrei bleiben. Es kommen als Konkurrenten nur in Betracht Sesam, Erdnüsse, Leinsamen und Palmkerne. Die beiden ersteren werden eingeführt in einem Maße, das kaum in Betracht kommt, im Durchschnitt von 1874/77 jährlich 31 471 Zentner Sesam und 20 194 Zentner Erdnüsse. Bei Leinsamen kommt in Betracht, daß, wenn wir einen Zoll auf denselben legen, diejenigen Landwirthe von dem Zoll betroffen werden, welche Leinsamen zur Aussaat einführen. Und diese Einfuhr, insbesondere des Rigaer Saatguts, ist im Interesse des Samenwechsels Bedürfniß. Bei Palmenkernen könnte entschuldigend für die Zollfreiheit angeführt werden, daß bei uns in Deutschland keine Palmen gedeihen, und daß bei der Verwendung von Palmenkernen sehr werthvolle Rückstände sich ergeben, welche die Landwirthe nicht hoch genug schätzen können. Aus diesen Gründen, meine Herren, habe ich meinerseits davon abgesehen, einen Antrag einzubringen, der auch für die übrigen Oelsämereien einen Zoll beansprucht.

Ich resümire mich nun dahin: lehnen Sie den Antrag des Herrn Dr. Karsten ganz entschieden ab. Ich habe Ihnen nachgewiesen, daß bei einem Zollschutz von 1 Mark per 100 Kilogramm die Oelindustrie keineswegs gefährdet ist, daß zweitens aber ein Zollschutz von 1 Mark das Minimum ist, welches die deutsche Landwirthschaft zum Schutze eines seiner werthvollsten Handelsgewächse, des Rapsbaues, bedarf, und so können Sie dann, meine Herren, alle, so weit Sie nicht ganz verhärtete Freihändler sind, mit bestem Gewissen nach allen Seiten diesem meinem Antrage zustimmen.

(Bravo! rechts.)

Präsident: Der Herr Abgeordnete Dr. Karsten hat das Wort.

Abgeordneter Dr. **Karsten**: Meine Herren, ich bin allerdings zu dem entgegengesetzten Resultat gelangt wie der Herr Vorredner. Ehe ich mich auf die Widerlegung desselben einlasse, möchte ich nur ein Mißverständniß beseitigen. Ich glaube, er hat dem Herrn von Saucken eine falsche Auffassung der Landwirthschaft in den Mund gelegt. Es ist nicht die Meinung des Herrn von Saucken gewesen, die Einführung der primitiven Weidewirthschaft zu empfehlen, sondern er hat sich nur ausgesprochen für eine intensive Wirthschaft, was doch ein Unterschied ist, und außerdem hat er gar nicht von kleinen Besitzungen gesprochen.

Was nun meinen Antrag betrifft, so geht er nur aus der Betrachtung hervor, daß in dieser Position weit mehr ein industrielles Interesse und ein solches für das landwirthschaftliche Gewerbe liegt, als für die unmittelbare Produktion des Rohstoffs in der Landwirthschaft. Es ist ein Zufall, daß die vorige und diese Position im Plenum verhandelt werden müssen, es wäre, glaube ich, zweckmäßiger gewesen, sie in die Tarifkommission zu verweisen, wo man den innigen Zusammenhang dieser Dinge mit der Industrie etwas gründlicher hätte untersuchen können. Ich wende mich aber nun zunächst gegen die Begründung, die wir in den Motiven finden.

Es werden überhaupt zwei Gründe für die Aufrechterhaltung eines Zolles auf Raps und Rübsaat hervorgehoben. Der erste Grund lautet, daß Raps und Rübsamen der Abrundung wegen mit einem Zoll von 30 Pfennigen belegt werden soll. Ich habe ziemlich lange darüber nachgedacht, worin die Abrundung steckt; ich weiß nicht, ob ich sie herausgebracht habe, glaube sie aber gefunden zu haben. Wenn wir nämlich in Position 9 die sämmtlichen Dinge zusammenzählen, 1 Mark, 0,50 Mark u. s. w., dann kommen wir mit diesen 30 Pfennigen gerade zu 6 Mark. Nun ist mir wohl bekannt, daß man bei Aufstellung von Voranschägen sagt „zu unvorhergesehenen Ausgaben und zur Abrundung“, aber daß man bei Sätzen, aus denen erst eine Rechnung konstruirt werden soll, einen Satz „zur Abrundung“ macht, das ist eine neue Erfindung. Diese Begründung also werde ich wohl nicht besonders zu berücksichtigen haben.

Die zweite Begründung aber geht auf die Sache selbst ein, sie sagt: „es sind die übrigen Oelsämereien im Interesse der inländischen Oelindustrie zollfrei geblieben“. Meine Herren, was die Oelindustrie betrifft, so stellt sich die Sache für diese so, daß sämmtliche übrigen Oelsämereien, welche für die Oelfabrikation verwendet werden, sich noch nicht wie 1 : 2 verhalten gegenüber dem Raps und der Rübsaat. Von diesen werden 225 Millionen Kilo zu Oel in Deutschland verarbeitet, von allen übrigen Oelsämereien zusammengenommen noch nicht eine Million, darunter ist bei weitem der größte Posten Leinsaat mit 63 Millionen. Wenn man im Interesse der Oelindustrie — wie es die Motive sagen (sie sprechen gar nicht von einem Interesse des Landbaues) — wenn man im Interesse der Oelindustrie von einem Drittel den Zoll nicht erheben will, so sehe ich nicht ein, warum man sich nicht entschließen soll, für die anderen zwei Drittel den Zoll zu erheben.

Die Sache ist aber gar nicht eine einfache rein industrielle Frage. Die Oelindustrie ist wesentlich darauf angewiesen, daß sie mit der größten Kulanz ihr Rohprodukt erhält. Ihr Hauptnutzen besteht darin, daß sie den sehr werthvollen Abfall der Fabrikation, den Oelkuchen, in der größten Nähe absetzt, weil dieses gewichtigere Material nicht im Stande ist, große Transportspesen zu tragen. Wenn man diesen Theil der Produktion, der gerade für die Landwirthschaft einen so außerordentlichen Werth hat, in möglichster Quantität beziehen will, so muß man auch die Fabrikation ohne irgend eine Störung lassen. Die Störung besteht ja nicht allein in den 30 Pfennigen, das ist eine große Täuschung, sie besteht vielmehr darin, daß bei dem Bezuge der Saat den Fabrikanten ganz erhebliche Kosten erwachsen durch die Zollabfertigung, bei welcher sie Spesen aufzuwenden haben und zwar zu Zeiten, was ich nicht näher ausführen will, wo gerade ihre Kapitalien ganz besonders in Anspruch genommen sind. Diese Produktionsstörung ist viel mehr zu beklagen, wie ich aus sehr guten Berechnungen würde nachweisen können, als dieser Betrag von 30 Pfennigen. Man muß im Interesse der Fabrikation des Oels, um auch der Landwirthschaft den Oel- und Rapskuchen zuzuführen, sie ungestört lassen und nicht durch einen Zoll und namentlich durch Zollschwierigkeiten belästigen.

Was die Konsumtion der Rapskuchen betrifft, so steht die Sache für unsere Landwirthschaft so, daß sie nicht einmal genug hat durch die einheimische Produktion, sondern daß merkwürdigerweise sogar von England, wo im übrigen der Verbrauch an Oelkuchen in der Landwirthschaft viel größer ist als in Deutschland, auch relativ Rapskuchen eingeführt wird, weil dem Rapskuchen ein minderer Werth beigelegt wird — zum Theil hat das äußerliche Ursachen — als dem Leinkuchen. Aber es werden Rapskuchen bei uns importirt, während wir umgekehrt Oel exportiren. Es ist also schon nach dieser Richtung hin auch ein landwirthschaftliches Interesse, die Oelfabrikation in Deutschland möglichst wenig zu stören, und natürlich am wenigsten diejenige, welche die größte ist, das ist die Fabrikation aus der Raps- und der Rübsaat.

Nun kommt aber noch dazu, daß auch das Produkt des Oels jetzt eine ganz andere Bedeutung bekommen hat wie früher. Wir brauchen ja von dem Oel nur ein sehr kleines Quantum als Beleuchtungsmaterial, bei weitem das größte Quantum wird für technische Zwecke verwendet, in der Fabrikation des Schmieröls. Dies kommt zur Anwendung überall da, wo Maschinen gebraucht werden. Unsere Hauptkonsumenten hierfür sind die Eisenbahnen und die Fabriken, einen nicht unerheblichen Theil als Konsumenten bilden die Landwirthe selbst wieder, indem sie für ihre Maschinen das Material als Schmieröl verwenden. Die Landwirthe vertheuern sich also, indem sie diesen Artikel mit Zoll belegen, durch den Zoll und durch die Zollschwierigkeiten, zwei für sie sehr wichtige Dinge, sie vertheuern sich die Rapskuchen und das Schmieröl für ihre Maschinen. Es steht auch gar nicht so fern, daß, wenn man der Oelfabrikation aus Raps und Rübsen hier Schwierigkeiten bereitet, sich die Fabrikanten für das Oel in denjenigen ausländischen Nachbardistrikten ansiedeln werden, wo jetzt die Oelkuchen frei hereingebracht werden können nach Deutschland und sie nicht mit Zollschwierigkeiten zu kämpfen haben. Die Erhöhung des Zolls auf Oel, auf welchen der Herr Vorredner einen erheblichen Werth gelegt hat, bedeutet für die Fabrikation gar nichts; die Herren Fabrikanten, soweit ich deren gesprochen habe, verzichten gern auf diese Zollerhöhungen, sie können gar keinen Gebrauch davon machen, denn sie exportiren sogar Oel; wir produzirten in den letzten Jahren in Deutschland Raps und Rübsen, wobei die Ziffern sich so stellen werden, wie der Herr Vorredner gesagt hat: etwa 1 600 000 Zentner und davon geht noch ein großer Theil in verfeinertem Zustande nach dem Auslande hin. Also wir exportiren, und den Fabrikanten kann durch eine Erhöhung gar nicht gedient sein; denn dafür, daß auch die Konsumtion in Deutschland das Oel theurer bezahlen sollen, werden sich die Herren Landwirthe wohl sehr bedauken..

Ich muß noch einige Worte sagen in Bezug auf die Bemerkungen des Herrn Vorredners, betreffend die Ausbreitung des Rapsbaues. Wenn ich richtig verstanden habe, so schiebt er den Rückgang des Rapsbaues auf die Zolländerungen. Das ist meiner Ansicht nach ein ganz gewaltiger Irthum, wenigstens trifft das nicht zu für die Gegenden, die mir bekannt sind; der Raps- und Rübsenbau ist zurückgegangen, weil er eine Art Lotterie war, weil nicht feststand, ob man überhaupt eine Erute machen würde oder nicht, man baut ihn, aber wenn das Frühjahr schlecht ist, dann wird das Feld wieder umgepflügt und Sommersaat darauf gesät. Das ist ein Grund, weshalb man den Raps- und Rübsenbau eingeschränkt hat. Außerdem kommt hinzu, daß man auf demselben schweren Boden, der zum Rapsbau nothwendig ist, Rübenbau getrieben hat, und jetzt ist die gesammte mit Frucht bebaute Bodenfläche in Deutschland nicht zu 3/4 Prozent mit Raps bebaut, man kann also nicht von großen landwirthschaftlichen Interessen sprechen.

Ich will im Augenblick nicht die Ausführungen weiter machen, will aber doch sagen: daß das ein Schutzzoll für die Landwirthschaft nicht sein wird, das haben wir von dem Herrn Vorredner auch gehört, — es würde auch die eine Mark Zoll, die vorgeschlagen ist, kein Schutzzoll gewesen sein, ein Finanzzoll ist es gewiß auch nicht zu nennen; als sonstige bekannte Formen des Zolls, Kampfzoll u. s. w. wird man es auch nicht benutzen können, ich kann Ihnen also nur nach dem ersten Satze der Motive vorschlagen, eine Abrundung vorzunehmen; die rundeste Zahl ist Null, und ich schlage Ihnen deshalb vor, die Abrnndung auf Null vorzunehmen.

Präsident: Der Herr Kommissar des Bundesraths Geheime Rath Tiedemann hat das Wort.

Kommissarius des Bundesraths kaiserlich Geheimer Regierungsrath **Tiedemann**: Meine Herren, um gleich an den letzten Vorschlag des Herrn Abgeordneten Karsten anzuknüpfen, an die Abrundung — von diesem Worte ist er ja auch bei seiner Rede ausgegangen — so möchte ich mir erlauben, darauf hinzuweisen, daß in den Motiven allerdings ein kleiner Schreib- oder Druckfehler steckt, es sind ein paar Wörtchen ausgelassen, die Sache ist aber nicht für wichtig genug gehalten worden, um dies besonders zu korrigiren. Es soll heißen: bei dem Zoll auf Raps und Rübsen ist beschlossen worden oder wird beabsichtigt, auf die alten Zollsätze von 1864 zurückzugehen, der Abrundung wegen aber nicht $0{,}_{26}$, sondern $0{,}_{30}$ zu setzen, weil diese Summe für die Zollabfertigung eine bequemere ist. Das ist der Sinn. Früher hat der Zollsatz auf Raps und Rübsaat betragen $0{,}_{10}$, $0{,}_{12}$, nachher $0{,}_{13}$ pro Zentner; das würde also pro 100 Kilo $0{,}_{26}$ gemacht haben. So viel wegen der Abrundung.

Was nun die Frage des Interesses, welches die Landwirthschaft an diesem Zoll hat, betrifft, so hat der Herr Abgeordnete von Ow bereits so ziemlich alles antizipirt, was ich zur Vertheidigung des Satzes sagen könnte. Nur auf eins möchte ich noch aufmerksam machen. Mir sind speziell die rheinischen Verhältnisse bekannt, und zwar die rechtsrheinischen, die der bergischen Lande. Hier wurde vor Jahren eine sehr einträgliche Rapsproduktion betrieben, sie ist aber höchst bedauerlicherweise zurückgegangen deswegen, weil man an den Hauptmärkten nicht konkurriren konnte mit dem ausländischen, namentlich ostindischen Raps. Die Einfuhr des ostindischen Raps ist in den letzten Jahren eine ganz erhebliche gewesen und hat die Preise derart gedrückt, daß dieser wichtige und einträgliche Bau so gut wie ganz unterblieben ist.

Dann ist gesagt worden: ja, wir müssen Raps und Rübsen importiren, denn unsere eigene Produktion reicht nicht aus, um den Bedürfnissen der Oelsiedereien zu genügen. In dieser Beziehung erlaube ich mir, auf den Bericht hinzuweisen, den der vereidete Waaren- und Produktenmakler Emil Meyer — ein sehr bekannter Bericht — über die internationalen Handelsbeziehungen in Bezug auf den Getreide-, Oel- und Spiritushandel für das Jahr 1878 aufgestellt hat. Da sagte er:

> Beim Schlusse dieses Berichtsjahres sind noch sehr belangreiche Quantitäten von Oelsaat vorhanden, und dürften nicht nur die meisten Mühlen noch für eine längere Kampagne versorgt, sondern auch noch viele Händler in den Provinzen in dem Besitz starker Läger sein, die sich, bei dem bedeutenden Verlust, der darauf ruht, zwar zunächst noch vom Markte fernhalten. Auch in Ungarn liegen noch größere Quantitäten, als sonst um diese Zeit vorhanden zu sein pflegen, unverkauft in Händen von Spekulanten und ebenso dürften einige Zufuhren noch von Galizien, Rußland 2c., wenn auch nicht in bedeutendem Umfange, zu erwarten sein. Es lagen in Holland 3542 Last Raps und Rübsen (1877 1730 Last), Danzig 9175 Tonnen, Stettin 1791 Tonnen, Berlin 8500 Tonnen, Breslau 9500 Tonnen 2c.

Ich meine, diese Zahlen ergeben denn doch, daß wir in der That an Oelsämereien keinen Mangel, sondern Ueberfluß haben, und dieser Ueberfluß ist herbeigeführt durch die ganz unnatürliche, in keinem Verhältniß zum Bedarf stehende Einfuhr von außen. Deswegen, glaube ich, haben wir im Interesse der Landwirthschaft alle Ursache, diese Einfuhr in etwas zu beschränken.

Präsident: Der Herr Abgeordnete von Ludwig hat das Wort.

Abgeordneter **von Ludwig**: Meine Herren, ich habe den sehr klaren Ausführungen des Herrn von Ow und auch denen von Seiten des Regierungstisches nur noch weniges hinzuzufügen; da ich nicht beabsichtige, heute die Vorlegung von Porträts aus meinen Albums unserer Zollfeinde, die ich beim Flachs begann, fortzusetzen. Meine Herren, bei Position Raps sehen wir recht deutlich, daß die alte Gewohnheit, nur für Haudel und Industrie zu sorgen und unsere Landwirthschaft links liegen zu lassen, durchaus noch nicht aus der Sitte entschwunden ist, wenn auch der Herr Reichskanzler die große Güte gehabt hat, sich endlich einmal unserer zu erinnern. Meine Herren, Sie werden nicht bestreiten, daß unter den Grundsätzen, die der Herr Reichskanzler in seinem bekannten Briefe vom 15. Dezember über den Tarif aufstellte, der wichtigste dahin lautet: „kein Produktionszweig des Vaterlandes soll ein Privilegium davon tragen." Nun bitte ich Sie, schlagen Sie doch einmal auf, wie daß Roheisen verzollt wird, da sehen Sie, daß das einen Zollsatz von 20 Prozent seines Werthes bekommen soll. Nun berechnen Sie sich dagegen, wie der Zollsatz für Raps bemessen ist. Raps 200 Kilogramm gilt zirka 30 Mark. Der Zollsatz soll 3 Silbergroschen oder 30 Pfennige betragen, das macht 1 Prozent des Werthes, es steht 1 Prozent für Landwirthschaft gegen 20 Prozent zum

Schutz der Industrie. Soll der Raps denselben Zollschutz genießen wie das Eisen, dann müßte die betreffende Quantität 6 Mark Zoll tragen. Wir beantragen eine einzige Mark, und Sie werden zugeben, daß wir also in Beziehung und im Vergleich zu den Eisenindustriellen äußerst bescheiden sind.

Meine Herren, es ist schon gesagt worden, wie wichtig der Rapsbau für die Landwirthschaft ist; es ist gesagt worden, daß weite Flächen in Deutschland mit Raps bebaut worden sind; es ist gesagt worden, daß die Rapsindustrie außerordentlich prosperirt hat. Das ist nach den vom Regierungstisch aus mitgetheilten Gründen nicht mehr der Fall, und das ist ein Verlust für die Landwirthschaft. Denn, meine Herren, für den gedeihlichen Betrieb eines Gutes ist eine gewisse Sicherheit, eine gewisse Gleichmäßigkeit des Ertrags die Hauptsache. Dieselbe kann aber nur herbeigeführt werden, wenn man eine größere Anzahl von Früchten, die im übrigen für das Gut passend sind, nebeneinander baut. — Durch den Umstand, daß der Rapsbau nicht mehr lukrativ gemacht worden ist, haben Sie uns einen wichtigen Faktor zum gleichmäßigen Ertrage der Güter weggenommen. Sie wissen alle, daß Rapsbau die Arbeiten eines Gutes besser auf eine größere Zeit vertheilt; seine Bestellung kommt vor der Saat der übrigen Winterfrüchte, seine Ernte vor der Ernte der Halmfrüchte. Die Düngerfuhr, bekanntlich einer der am meistens ins Gewicht fallenden Momente in der Landwirthschaft, kann zu bequemerer Zeit geschehen. Also mit einem Wort, wer irgend etwas von der Landwirthschaft versteht, wird sagen, daß mit dem profitablen Bau des Raps ein großer Faktor für die Sicherheit der Revenüen des Grundbesitzes geschwunden ist. Und, meine Herren, während diese Thatsachen unzweifelhaft sind, so hat ein Professor der Jurisprudenz

(Widerspruch)

so ist mir gesagt worden, ich habe gefragt, ob Professor Karsten Professor der Landwirthschaft sei —

(Zurufe: Mathematik!

man hat geantwortet, Jurisprudenz, — also der Mathematik,

(Heiterkeit)

— dann hätte ich erst recht gehofft, daß ein Professor, der Mathematik treibt, der nur mit absolut bekannten sicheren Größen rechnet, nicht eher eine Rechnung anstellt und Bemerkungen macht, als bis er sich sichere Größen verschafft hat.

(Widerspruch links.)

Herr Karsten hat uns erzählt, der Rapsbau sei eine Art Lotteriespiel. Meine Herren, alle, die Raps gebaut haben, werden wissen, daß zwar seit der neueren Zeit, wo Käfer und andere Insekten in die Mode gekommen sind, der Bau unsicherer ist wie früher, daß aber der Rapsbau an sich für unser Klima zu den allersichersten Früchten gehört.

(Sehr richtig!)

Aber, meine Herren, eine viel größere Neuigkeit hat uns der Herr Professor der Mathematik mitgetheilt. Er hat mitgetheilt, daß der Rapsbau für schwere Böden nicht mehr nöthig sei, es sei jetzt Rübenbau dort eingeführt. Nun, meine Herren, Rüben in schweren Böden, die Lettenuntergrund haben! Welcher Landwirth baut da Rüben?! Und wenn er sie baut, erwartet er gewiß keinen großen Zuckergehalt! —

Sie sehen, meine Herren, die Ausführungen des Herrn Professors gegen unser Amendement sind ganz und gar hinfällig, und ich kann Sie nur bitten, unser Amendement anzunehmen. Die gewöhnliche Fabel von der Vertheurung des Brodes des armen Mannes — werden Sie begreifen — kann hier nicht platzgreifen, auch das Licht des armen Mannes wird nicht erlöschen, denn er zündet sich jetzt die Petroleumlampe an, und Raps wird nicht gegessen. Die Behauptung, die neulich der Herr Abgeordnete Braun vertrat, daß alle unsere landwirthschaftlichen Zölle, also auch die auf Raps, nur zum Nutzen des Großgrundbesitzes seien, nicht zum Nutzen des Bauern seien, auch diese Behauptung ist vollständig unrichtig; dieselbe ist übrigens der bekannte alte Schlachtruf aus alter Zeit, aus der Zeit von 1848. Seit jener Zeit singt Herr Braun und seine Freunde immer das alte Lied: „die Interessen des Großgrundbesitzes sind sehr verschieden von dem des Kleingrundbesitzes", und dieser Schlachtgesang hat auch seiner Zeit große Wirkungen gehabt, er hat die Großgrundbesitzer lange Zeit als würdiges Objekt der legislativen Ausraubung hingestellt

(Heiterkeit)

und hat den Großgrundbesitz mit dem Kleingrundbesitz verfeindet; er hat dem Kleingrundbesitz dadurch seine natürlichen Führer entzogen und die kleinen Grundbesitzer zum willigen Stimmenmaterial derjenigen Interessen gemacht, die ihm entschieden fremd stehen. Meine Herren, diese Dinge sind aber jetzt, Gott sei Dank, überwunden. Heutzutage glaubt auf dem ganzen Lande kein Mensch an eine solche Erzählung, heutzutage weiß jedermann auf dem Lande, der sich für solche Dinge interessirt und hierüber nur das geringste Urtheil hat, daß in Bezug auf alle hier vorliegenden Fragen die Interessen des großen und kleinen Grundbesitzes vollkommen identisch sind, und ich glaube, der Herr Abgeordnete Dr. Braun fühlt das selbst, darum sang er sein altes Lied neulich doch mehr andante, während früher allegro furioso sein Tempo war! —

(Heiterkeit.)

Meine Herren, wenn ich also auch annehme, daß Sie in dieser Beziehung mit dem Herrn Abgeordneten Dr. Braun ein gewisses Mitleid haben könnten, so möchte ich Sie doch bitten, sich durch dieses Mitleid nicht stören zu lassen, unseren Antrag anzunehmen.

(Unruhe.)

Präsident: Ich muß den Herrn Redner ersuchen, zur Sache zu sprechen. — Doch er schließt soeben, wie ich sehe.

Der Herr Abgeordnete Graf Udo zu Stolberg hat das Wort.

Abgeordneter **Graf zu Stolberg** (Rastenburg): Ich möchte zunächst eine Behauptung des Herrn Abgeordneten Dr. Karsten richtig stellen. Der Herr Abgeordnete Dr. Karsten hat behauptet, unsere Oelindustrie hätte durchaus kein Interesse am Zollschutze, da sie wesentlich eine Exportindustrie sei. Das muß ich in Abrede stellen. Nach den Tabellen, die mir vorliegen, sind in Deutschland in den letzten vier Jahren durchschnittlich eingeführt worden 408 000 Zentner Oel und ausgeführt 316 000 Zentner Oel in Fässern. Ich bin also entschieden der Ansicht, daß unsere Oelindustrie geschützt werden muß, und etwas höher geschützt werden muß, als es bisher der Fall gewesen ist.

Was nun die Position „Raps" anlangt, so ist es für mich ganz zweifellos, daß der Raps geschützt werden müsse. Ich finde, es wäre das Inkonsequenteste, was man thun könnte, wenn man andere Erzeugnisse des Landbaus schützte und gerade den Raps auslassen würde. Ich stimme auch mit dem Herrn Antragsteller Freiherrn von Ow darin überein, daß dieser Satz von 30 Pfennig nicht angemessen ist, und ich muß sagen, daß, als ich diesen Zollsatz zuerst gelesen habe, ich mir gedacht habe, hier muß ein Mißverständniß vorliegen, denn, wenn man andere Getreidearten, die viel billiger sind, und von denen man sagt, daß sie an der sogenannten Vertheurung des Brodes schuld sein können,

(Heiterkeit)

schützt, so muß man auch den Raps schützen. Meine Herren,

wir haben u. a. den Hafer, der so viel werthloser ist, um das dreifache mehr geschützt; er ist geschützt zu ungefähr 7 Prozent, der Raps nur zu 1 Prozent.

Meine Herren, der Herr Vorredner hat bereits ausgeführt, daß der Rapsbau sowohl von großen als kleinen Grundbesitzern ausgeübt wird, und ich glaube in der That, daß, wenn Sie auf Raps einen etwas höheren Zoll legen, Sie damit die gesammte Landwirthschaft schützen. Ich kann auch nicht behaupten, daß die Oelprodukte dadurch in irgend einer Weise für die Landwirthschaft vertheuert werden. Um eine kleine Kleinigkeit theurer wird das Oel werden, das gebe ich zu; aber im Zolltarif ist für Oel bereits eine entsprechende Erhöhung vorgesehen worden, und ich kann Ihnen nur empfehlen, den Antrag des Abgeordneten Freiherr von Ow anzunehmen.

Präsident: Der Herr Abgeordnete Richter (Hagen) hat das Wort.

Abgeordneter **Richter** (Hagen): Meine Herren, je weniger Abgeordnete, die vorgeben, mit Sachkenntniß über die Landwirthschaft zu sprechen, sachlich Zutreffendes vorzubringen wissen, desto mehr sind sie geneigt, Kritik an der Person und der persönlichen Stellung eines Redners zu üben. Ich meine, gerade wenn sie so viel mehr verständen von der Landwirthschaft, hätten sie am allerwenigsten nöthig, über die Persönlichkeit des Redners und seine sonstige Stellung zu sprechen. Man sucht aber dadurch nur die schwache Stellung seiner eigenen Gründe zu verdecken. Es hat eine Zeit gegeben, wo es parlamentarisch wenig zulässig erschien, auch nur von dem Namen des Abgeordneten, dem man gegenübertritt, zu sprechen, geschweige denn von seiner Stellung außerhalb dieses Hauses.

(Sehr richtig! links.)

Ein für alle mal möchte ich den Herren Landwirthen bemerken, es handelt sich hier gar nicht darum, Gesetze zu machen, wie man am besten Raps baut, solche Gesetze mögen Sie vielleicht allein machen, sondern es handelt sich darum, festzusetzen, zu welchem Preise sie ihren Raps verkaufen, darum, durch Gesetze künstlich den Preis zu erhöhen, und wenn Sie einen Preis festsetzen, hat nicht bloß derjenige, der verkauft, sondern auch derjenige, der kauft, mitzusprechen; auch der Konsument hat eben so viel Recht, seinen Standpunkt, sein Interesse wahrzunehmen, wie der Produzent. Und dann muß ich noch eins sagen; den Herren Landwirthen thäte es manchmal gut, Logik und Mathematik vielleicht bei Herrn Professor Karsten studirt zu haben. Wenn beispielsweise von landwirthschaftlicher Seite uns entgegengehalten wird, der neue Getreidezoll werde die Preise nicht vertheuern, aber dem Landwirth durch höhere Preise helfen, so ist das so widersinnig, daß es die Berufung darauf, daß es ein landwirthschaftlicher Sachkundiger gesagt hat, nicht logischer machen kann.

Nun, meine Herren, ist noch das zu bedauern, daß die Herren, welche über landwirthschaftliche Sachen sprechen, immer bloß aus dem kleinen Kreise ihrer persönlichen Erfahrungen, ihrer nächsten Umgebung ihre Schlüsse ziehen, daß sie aber in vielen Fällen zeigen, daß sie das ganze Gebiet der Landwirthschaft gar nicht übersehen; der Herr Vorredner z. B. vorhin bekämpfte es als ein Urtheil, welches von geringer Sachkenntniß zeuge, daß man annehme, der Runkelrübenzuckerbau habe den Rapsbau verdrängt. Nun, meine Herren, schlagen Sie gefälligst den amtlichen Bericht des Herrn landwirthschaftlichen Ministers nach — derselbe ist in unserer Mitte — da werden Sie finden: der Rapsbau ist zurückgegangen aus zwei Ursachen, einmal deswegen, weil das Petroleum Beleuchtungsartikel geworden ist, zweitens wegen des zunehmenden Baues von Zuckerrüben auf denjenigen Grundstücken, wo früher Raps gebaut worden ist. Das weiß natürlich Herr von Ludwig nicht. Wenn er sich aber in diesen Berichten des Herrn landwirthschaftlichen Ministers mehr orientirt, würde er manche wichtige Aufschlüsse finden, die ihn allerdings nicht zu der Ansicht kommen lassen, die er hier vertritt. Es hat Herr von Ow von allem möglichen gesprochen als Gründe des Rückgangs des Rapsbaues, aber daß inzwischen das Petroleum seit 1865, seit Aufhebung des Zolles, aufgekommen ist, hat er mit keinem Worte erwähnt.

Meine Herren, wie liegt die Sache eigentlich? Wir führen mehr Raps und Rübsaat ein, das ist wahr, aber wir führen mehr Rüböl aus, das werden Sie auch nicht bestreiten; wir treiben also in Wahrheit einen Veredelungsverkehr, indem wir ausländischen Raps und Rübsaat zu Rüböl verarbeiten, was wir auswärts wieder verkaufen. Was geschieht nun, wenn Sie diese Bedingung des Exportes erschweren? Es wird dieser Veredelungsverkehr gestört und gerade ein solcher Verkehr, an dessen Aufrechterhaltung in diesem Umfange die Landwirthschaft das größte Interesse hat. Von einer Tonne Rübsaat werden nach den Angaben der Interessenten nur 7 Zentner als Rüböl ausgeführt, während 12 Zentner als Oelkuchen der Landwirthschaft verbleiben. Das ist der unmittelbare Vortheil, den die Landwirthschaft selbst von dieser Produktion hat, ein Vortheil, der in Betracht kommt für diejenige Richtung, deren Entwicklung die Landwirthschaft für vermehrte Viehproduktion braucht, eine Richtung, die von allen Seiten anerkannt worden ist. Alles das setzen Sie in Frage, Sie jagen einem imaginären Vortheil nach und geben einen Vortheil aus der Hand, den Sie bereits besitzen. Gerade im Interesse der Landwirthschaft dürfen wir hier keine Zölle auferlegen, die zugleich auch möglicher Weise unsere Industrie gefährden.

Präsident: Es ist ein Antrag auf Schluß der Debatte eingegangen von dem Herrn Abgeordneten Fürsten von Hatzfeldt.

Ich bitte die Herren, sich zu erheben, welche den Schlußantrag unterstützen wollen.

(Geschieht.)

Die Unterstützung reicht aus.

Ich ersuche diejenigen Herren, welche den Antrag auf Schluß der Debatte genehmigen wollen, stehen zu bleiben oder sich zu erheben.

(Geschieht.)

Das Büreau bleibt zweifelhaft; der Schluß ist abgelehnt.

Der Herr Abgeordnete von Helldorff-Bebra hat das Wort.

Abgeordneter **von Helldorff-Bebra**: Meine Herren, ich möchte doch den Gründen entgegentreten, die von dem Herrn Abgeordneten Karsten eigentlich dafür geltend gemacht worden sind, daß man gar keinen Zoll auf Raps und Rübsaat legen solle, Gründe, die auch der Abgeordnete Richter wieder unterstützt hat. Ich muß zunächst bemerken, daß das, was über den Rückgang des Rapsbaues angeführt worden ist, daß das, wie ich glaube, nicht ganz richtig ist; nicht also die Konkurrenz des Petroleums hat einen erheblichen Einfluß auf den Rückgang des Rapsbaues gehabt, sondern theils das Verhältniß zwischen den Rapspreisen und den Getreidepreisen, die sich zu Gunsten der übrigen Getreidepreise geändert hatten, dann aber auch das Verhältniß der Rübenindustrie, und ich glaube, bis zu einem gewissen Grade auch das Verhältniß des Kartoffelbaues in mit Brennerei beschäftigten Gegenden, die zum Zuckerrübenbau sich nicht eignen. Meine Herren, es ist aber doch von Interesse, die Thatsache zu konstatiren, daß in der Heimat des Rübenbaues, in der Provinz Sachsen, wo der Rübenbau den Rapsbau fast vollständig verdrängt hatte, in neuerer Zeit der Rapsbau in ganz erheblichem Maße wieder betrieben wird. Es ist ja richtig, daß der Rapsbau bis zu einem gewissen Grade unsicher ist; die Sicherheit nimmt aber zu mit der höheren Kultur, und die übrigen Vorzüge des Rapsbaues sind so eminent, daß sie entschieden grade in diesen hochkultivirten Ländern wieder zur Forderung des Rapsbaues drängen. Es hängt damit zusammen die Verwerthung der Oelkuchen und die große Schwierigkeit und Unsicherheit, Oelkuchen von fern her zu beziehen; jeder Landwirth weiß, daß, wenn er es irgend machen kann, die Oelkuchen in seiner nächsten Nähe zu beziehen wünscht. Nun, meine Herren, das scheint mir doch ganz unzweifelhaft, daß von allen landwirthschaftlichen Gewächsen der Raps und die Rübsaat den größten Werth für die Landwirthschaft haben; sie sind das wichtigste, das schwerwiegendste Handelsgewächs, und ich bin also entschieden der Meinung, daß aus diesem Interesse die Bewilligung eines Zolls — und hier handelt es sich um die Herstellung eines auch früher bestandenen Zolls — durchaus richtig und angebracht ist. Auf der anderen Seite will ich nicht verkennen, daß die deutsche Oelindustrie ein großes Interesse für die Landwirthschaft hat, gerade eben durch die Produktion der Oelkuchen und durch das Interesse, welches die Landwirthschaft an diesen Oelkuchen und an dem Bezug derselben aus nächster Nähe hat. Die gänzliche Beseitigung des Zolles aber, meine Herren, hat denn doch sehr viel gegen sich, und ich will gegenüber dem, was der Herr Abgeordnete Richter ausführte, noch darauf hinweisen, daß schon die bloße Existenz des Zolles einen gewissen Werth für die einheimische Produktion hat. Unsere Verkehrsverhältnisse sind ja soweit entwickelt, daß jetzt überall Beispiele angeführt werden können, in denen große Mühlenanlagen, große Oel- und Getreidegeschäfte nicht mehr Konsumenten ihrer Nachbarschaft sind, sondern sich lediglich darauf beschränken, von fern her ihre Rohprodukte zu beziehen, und daß geradezu die Verlegenheit der Absatzlosigkeit auf der Nachbarschaft lastet, die absolut dieselbe gute Waare produzirt wie das Ausland. Das ist ein Zustand, der unleidlich ist, dem wir möglichst entgegentreten müssen, und da wird auch schon ein geringer Zoll eine wohlthätige Wirkung üben. Ich möchte nur noch einer Ausführung des Herrn Abgeordneten Richter entgegentreten. Er hat ausgeführt, daß wir ein überwiegendes Interesse an der deutschen Oelfabrikation hätten. Die Einfuhr an Oel beträgt in Wirklichkeit etwa 408,000 Centner, die Ausfuhr etwa 316,000; es ist also immerhin noch die Einfuhr überwiegend; also die Ausführung, die darauf basirt, daß wir Oel ausführen, daß unsere Oelindustrie im Vordergrunde steht, ist nicht richtig. Meine Herren, welches Maß für einen solchen Zoll an greifen ist, das ist wirklich sehr schwer zu entscheiden; ich kann nicht behaupten, es sind 3 Sgr. oder es sind 1 Mark das Richtige, ich habe nur dafür sprechen wollen, daß wir diese Position nicht zollfrei lassen dürfen, und daß es vollständig korrekt und richtig ist, daß wir es verantworten können, hier einen Zoll aufzulegen.

Präsident: Es ist wiederum ein Antrag auf Schluß der Debatte eingegangen vom Herrn Abgeordneten Dr. Zinn. Ich bitte diejenigen Herren, welche den Antrag unterstützen wollen, sich zu erheben.

(Geschieht.)

Die Unterstützung reicht aus.

Ich ersuche diejenigen Herren, die den Antrag annehmen wollen, sich zu erheben oder stehen zu bleiben.

(Geschieht.)

Das ist die Majorität.

Zu einer persönlichen Bemerkung hat das Wort der Herr Abgeordnete Dr. Braun (Glogau).

Abgeordneter Dr. **Braun** (Glogau): Meine Herren, der Herr Abgeordnete von Ludwig hat — selon son ordinaire — den Raps zu einem Raptus ausgebeutet:

(oho! im Zentrum, — Heiterkeit)

er hat mich in meiner Abwesenheit bezichtigt, ich sei früher furioso aufgetreten und jetzt bloß andante. Ich glaube, wer meiner Thätigkeit im Reichstage mit einiger Aufmerksamkeit gefolgt ist, der wird mir zugeben, daß ich gerade in diesen Dingen heute denselben Standpunkt mit denselben Mitteln und mit derselben Anstrengung vertrete, wie am ersten Tage, da ich im Reichstage erschienen bin.

Wenn er mich nun gar eine gefallene Größe genannt hat, so hoffe ich doch zu Gott, er hat mich von seinem Standpunkte niemals für eine Größe gehalten.

(Heiterkeit.)

Präsident: Zu einer persönlichen Bemerkung hat das Wort der Herr Abgeordnete Richter (Hagen).

Abgeordneter **Richter** (Hagen): Der Herr Abgeordnete von Helldorff hat von einer Ein- und Ausfuhr von Oel überhaupt gesprochen, während ich nur von der Ein- und Ausfuhr von Rüböl gesprochen und behauptet habe, daß wir eine Mehrausfuhr gegen die Einfuhr haben.

Präsident: Der Herr Abgeordnete von Ludwig hat das Wort zu einer persönlichen Bemerkung.

Abgeordneter **von Ludwig**: Zwei ganz kurze Bemerkungen; die eine gegen den Herrn Abgeordneten Richter! Derselbe hat mir vorgeworfen, daß ich den Bericht unseres landwirthschaftlichen Ministers an Seine Majestät den Kaiser nicht gelesen hätte, und daß ich mir einbildete, obgleich ich dort finden könne, daß der Rapsbau durch den Rübenbau beeinträchtigt werde, der Herr Professor hätte etwas Falsches mitgetheilt. Wenn er die Güte hat, den stenographischen Bericht zu lesen, so wird er finden, ich habe gesagt, der Rapsbau ist auf den schweren Klassen des Bodens, und ich habe sogar noch gesagt, mit Lehmuntergrund, durch den Rübenbau nicht verdrängt worden. Das war meine Behauptung, und die halte ich aufrecht, und jeder Landwirth gibt mir Recht. Daß außerdem aber noch auf anderen dazu geeigneten Böden Rüben und Raps abwechseln, das ist bekannt.

(Glocke des Präsidenten.)

Dem Herrn Abgeordneten Dr. Braun habe ich nur zu erwidern, daß ich keineswegs gesagt habe, er hätte sich in seiner politischen Stellung verändert. Das ist mir nicht eingefallen, er ist immer noch der Alte.

(Heiterkeit.)

Ich habe nur gesagt, die Art, wie er den alten Schlachtgesang gestern skandirt habe, sei wesentlich verschieden gewesen von der Art, wie er ihn seit 1848 wiederholt überall vorzutragen pflegt: früher furioso, jetzt andante mit elegischem Ton.

(Große Heiterkeit.)

Präsident: Der Herr Abgeordnete von Hellborff-Bebra hat das Wort zu einer persönlichen Bemerkung.

Abgeordneter von **Hellborff-Bebra**: Der Herr Abgeordnete Richter hat ausgesprochen, daß ich unrichtige Zahlen für die Aus- und Einfuhr von Rübenöl angeführt hätte. Ich beziehe mich einfach auf die in Nr. 132b der Drucksachen, auf Seite 302 unter Nr. 26a des Tarifs angeführten Angaben, und ich erwarte den Nachweis der Unrichtigkeit derselben.

Präsident: Der Herr Abgeordnete Dr. Karsten hat das Wort zu einer persönlichen Bemerkung.

Abgeordneter Dr. **Karsten**: Der Herr Abgeordnete von Ludwig hat mir meine sonstige Stellung hier gewissermaßen zu einem Vorwurf gemacht.

(Widerspruch im Zentrum.)

Ja gewiß, insofern, als er daraus ableiten wollte, ich verstünde von den Dingen, von denen ich spreche, nichts. Nun, meine Herren, ich glaube, ich kann es dem Urtheil sämmtlicher Herren anheim geben, ob es in der Ordnung ist, in dieser Richtung einen Angriff zu konstruiren, nachdem ich mir wenigstens die redliche Mühe gegeben habe, Ihnen zu zeigen, daß ich ein sehr lebhaftes Interesse für die Landwirthschaft besitze. Wenn ich in diesem Interesse, wie ich es Ihnen bekundet habe, Fehler gemacht habe, werde ich der Belehrung zugänglich sein. Aber, daß ich nicht so ganz Laie in diesen Dingen bin, das werde ich mir nicht sagen lassen, wenigstens nicht von dem Herrn Abgeordneten von Ludwig!

Präsident: Der Herr Abgeordnete Dr. Braun (Glogau) hat das Wort zu einer persönlichen Bemerkung.

Abgeordneter Dr. **Braun** (Glogau): Meine Herren, es ist wirklich ein penibles Ding, mit dem Herrn Abgeordneten von Ludwig zu streiten,

(Heiterkeit)

namentlich bei der Art, wie er mit den Thatsachen umspringt. Er beschuldigt mich, ich habe gestern einen Schlachtgesang angestimmt, während ich in aller Ruhe zu Hause gesessen und studirt habe, und dann soll ich im Jahre 1848 einen Schlachtgesang angestimmt haben — wann und wo, ich weiß es nicht, der Herr Abgeordnete von Ludwig, der mich ja gar nicht kennt, hat sich unter meinem Namen ein Fabelwesen aufgebauscht, das er zuweilen besingt mit den Gesten und der Methode einer Rothhaut — ich kann nichts dazu.

(Unruhe, Heiterkeit.)

Präsident: Meine Herren, ich kann nicht leugnen, daß sowohl der Ausdruck „Raptus“, den ich zu spät erst wahrnahm, wie der letztgebrauchte Ausdruck, außerhalb des Rahmens parlamentarischer Redeweise liegt. Indessen nehme ich an, daß dem Herru Redner diese Ausdrücke nur in der Lebhaftigkeit der Rede entschlüpft sind.

Der Herr Abgeordnete Richter (Hagen) hat das Wort zu einer persönlichen Bemerkung.

Abgeordneter **Richter** (Hagen): Ich habe nicht dem Herrn Abgeordneten von Helldorff falsche Zahlen vorgeworfen, sondern nur gesagt, die Statistik, die er vorführe, handle nicht bloß von Rüböl, sondern auch von anderen Oelen, die hier nicht in Betracht kommen.

Dann möchte ich zur Geschäftsordnung mir das Wort erlauben.

Präsident: Zur Geschäftsordnung hat der Herr Abgeordnete Dr. Zinn schon vorher ums Wort gebeten; ich ertheile es ihm.

Abgeordneter Dr. **Zinn**: Meine Herren, bisher wurde es im hohen Hanse als gegen die parlamentarische Sitte verstoßend betrachtet, wenn ein Mitglied dieses Hauses von einem Abgeordneten mit dem Titel seiner Berufsstellung bezeichnet wurde.

(Sehr richtig!)

Meine Herren, ich glaube, ich spreche im Interesse und im Sinn des ganzen Hauses, wenn ich den dringenden Wunsch an das verehrliche Präsidium richte, doch diese alte und bewährte parlamentarische Sitte im hohen Hanse streng aufrecht erhalten zu wollen.

(Sehr richtig!)

Präsident: Meine Herren, ich kann nur aussprechen, daß ich mit vollem Ernst diesen alten Brauch herzustellen und aufrecht zu erhalten mich bemühen werde, ich bitte nur, daß die Herren mich in dieser Absicht unterstützen und mich womöglich nicht in die Lage versetzen, auf die Geschäftsordnung beziehungsweise auf den Gebrauch des Hauses verweisen zu müssen, ein Gebrauch, von dem ich annehme, daß er noch nicht abhanden gekommen sei.

(Zustimmung.)

Der Herr Abgeordnete Richter hat das Wort zu einer persönlichen Bemerkung.

(Derselbe verzichtet.)

Wir kommen nun zur Abstimmung.

Ich werde zunächst über den Antrag des Herrn Abgeordneten Freiherrn von Ow, der mit dem des Herrn Abgeordneten von Ludwig zusammenfällt, abstimmen lassen; fällt derselbe, über den Antrag des Herrn Abgeordneten Dr. Karsten; fällt auch dieser, so würde die Regierungsvorlage als angenommen zu erachten sein. Sind die Herren mit der Reihenfolge der Abstimmung einverstanden? — Das ist der Fall, wir stimmen so ab.

Ich bitte, daß der Antrag des Herrn Abgeordneten Freiherrn von Ow von dem Herrn Schriftführer nochmals verlesen werde.

Schriftführer Abgeordneter **Wichmann**:

Der Reichstag wolle beschließen:

in Nr. 9 lit. e für Raps und Rübsaat:

den Zollsatz für 100 Kilogramm von 0,30 Mark auf 1,00 Mark zu erhöhen.

Präsident: Ich bitte, daß diejenigen Herren, welche für diesen Antrag stimmen wollen, sich erheben.

(Geschieht.)

Meine Herren, das Büreau bleibt zweifelhaft: wir bitten um die Gegenprobe. Ich bitte, daß diejenigen Herren, die gegen den Antrag des Herrn Freiherrn von Ow stimmen wollen, sich erheben.

(Geschieht.)

Das Büreau ist jetzt nicht mehr darüber zweifelhaft, daß jetzt die Majorität steht; der Antrag ist also abgelehnt.

Wir kommen nunmehr zu dem Antrage des Herrn Abgeordneten Dr. Karsten. Ich bitte denselben zu verlesen.

Schriftführer Abgeordneter **Wichmann**:

Der Reichstag wolle beschließen:

der Position Nr. 9 e folgende Fassung zu geben:

e) Raps und Rübsaat: frei.

Präsident: Ich bitte, daß diejenigen Herren, welche für den Antrag des Herrn Abgeordneten Dr. Karsten, der die Freilassung dieses Gegenstandes bezweckt, stimmen wollen, sich erheben.

(Geschieht.)

Meine Herren, das ist die Minderheit; infolge dessen ist nach der von mir proklamirten Reihenfolge der Abstimmung die Vorlage der verbündeten Regierungen ad e angenommen.

Wir gehen in der Reihenfolge weiter zu lit. f, Erzeugnisse des Landbaues, anderweitig nicht genannt. In der Kolonne „Zollsatz“ werden sie als „frei“ bezeichnet. Ich eröffne die Debatte über diesen Satz. — Es verlangt niemand das Wort; ich schließe die Debatte. Wir kommen zur Abstimmung. Ich bitte, daß diejenigen Herren, welche dem Vorschlage der verbündeten Regierungen gemäß lit. f., Erzeugnisse des Landbaues, anderweitig nicht genannt, frei — annehmen wollen, sich erheben.

(Geschieht.)

Das ist die Mehrheit.

Damit sind wir mit der Pos. 8 zum Schluß gekommen.
Die folgenden Positionen bis 11 sind der Tarifkommission überwiesen.
Wir gehen nun über zu Pos. 12: **Häute und Felle.**
a) Häute und Felle, rohe (grüne, gesalzene, gekalkte, trockene) zur Lederbereitung; rohe, behaarte Schaf-, Lamm- und Ziegenfelle, auch enthaarte Schaffelle, nicht weiter bearbeitet . frei
b) Felle zur Pelzwerk-(Rauchwaaren-)Bereitung frei
Ich eröffne die Debatte über diese Position. Es verlangt niemand das Wort, ich schließe die Debatte. Ich ersuche diejenigen Herren, welche die Pos. 12, wie ich sie eben verlesen habe, annehmen wollen, sich zu erheben.

(Geschieht.)

Das ist die Majorität, die Position ist angenommen.
Meine Herren, wir gehen nun über zu Nr. 13: **Holz und andere vegetabilische und animalische Schnitzstoffe, sowie Waaren daraus.**
Ich schlage vor, daß die Lit. a, b und c in der Debatte zunächst verbunden werde, mit allen dazu eingegangenen Amendements, nämlich des Herrn Abgeordneten Freiherrn von Lerchenfeld Nr. 198 1, des Herrn Abgeordneten-Grafen von Galen Nr. 189 I 1, des Herrn Abgeordneten Eysoldt Nr. 195 I, des Herrn Abgeordneten Richter (Meißen) Nr. 195 II, des Herrn Abgeordneten Dr. Harnier und Genossen Nr. 201 II, der Herren Abgeordneten Freiherrn von Fürth und von Schalscha Nr. 193 1, derselben Nr. 193 2, der Herren Abgeordneten Dr. Delbrück und Dr. Roggemann Nr. 201 I, des Herrn Abgeordneten Freiherrn von Lerchenfeld Nr. 198 2 und des Herrn Abgeordneten Grafen zu Stolberg Nr. 202. Ich ersuche Sie, einen Druckfehler zu berichtigen, der sich in den Antrag Nr. 201 I eingeschlichen hat; es muß nicht heißen „Brenn- und Nutzholz", sondern „Bau- und Nutzholz". Ich bemerke ferner, daß der Antrag Bezanson und Genossen Nr. 180 II zurückgezogen ist.
Zur Geschäftsordnung hat das Wort der Herr Abgeordnete Dr. Klügmann.

Abgeordneter Dr. **Klügmann**: Ich möchte den Herrn Präsidenten ersuchen, die Diskussion über Pos. b getrennt von der Diskussion über die Pos. c vornehmen zu wollen. Es sind doch wesentlich verschiedene Interessen, die bei diesen verschiedenen Positionen in Betracht kommen, — also ich bitte, Position a und c zusammen und b für sich zur Debatte zu verstellen.

Präsident: Ich habe anfangs dieselbe Absicht gehabt, es ist mir aber gerade von technischer Seite mitgetheilt worden, daß man die Debatte über die einzelnen Gegenstände in Pos. b nicht führen könnte, ohne auch in die andere Position hinüberzugreifen. Wenn aber der Reichstag beschließt, daß wir a und c zusammen und b besonders debattiren, so würde ich kein Bedenken dagegen hegen.
Zur Geschäftsordnung hat der Herr Abgeordnete Richter (Hagen) das Wort.

Abgeordneter **Richter** (Hagen): Da der Herr Präsident einverstanden ist, so brauchte ich weiter nichts zu sagen. Ich meine nur, daß Holzborke und Gerberlohe eine Spezialität ist, die man von a und c trennen muß. Ob a und b zu trennen ist, das wird der Herr Präsident vielleicht besser zu übersehen im Stande sein. Ich fasse es so auf, daß in Nr. a Spezialfragen über Kork stecken; diese Spezialfragen würden allerdings auch leiden, wenn sie mit den mehr generellen Fragen über Bau- und Nutzholz zusammenfallen.

Präsident: Der Herr Abgeordnete Schröder (Lippstadt) hat das Wort zur Geschäftsordnung.

Abgeordneter **Schröder** (Lippstadt): Meine Herren, ich wünsche, daß doch eine Abstimmung über den Vorschlag des Herrn Präsidenten stattfindet, und ich möchte Sie bitten, bei diesem Vorschlage stehen zu bleiben. Derselbe hat den großen Vorzug, daß niemand in seiner Meinungsäußerung für jede Spezialität gehindert wird, daß aber andererseits herbeigeführt wird eine gewisse Abkürzung in den Reden. In der That wird es kaum möglich sein bei zu großer Spezialisirung in irgend einer zu bemessenden Zeit mit der Berathung im Plenum fertig zu werden. Alle diese Dinge sind ja auch schon in den Fraktionen weitläufig und gründlich besprochen.

Präsident: Der Herr Abgeordnete Richter (Hagen) hat das Wort zur Geschäftsordnung.

Abgeordneter **Richter** (Hagen): Wir sind also jetzt wieder in ein weiter vorgerücktes Stadium gerathen. Der Herr Abgeordnete Berger meinte vor einiger Zeit, man solle nicht mit Anträgen kommen, sie würden doch nicht angenommen, es sei das ein Internum der Majorität, das zu erledigen; jetzt empfiehlt der Abgeordnete Schröder (Lippstadt) uns bereits ein Verfahren, wonach überhaupt die Minorität nicht mehr sachgemäß im Stande sein soll, Gründe geltend zu machen.

(Oho!)

— Jawohl, meine Herren, es wird berufen darauf, daß in den Fraktionen doch alles abgemacht sei. Meine Herren, ein derartiges Verfahren ist wahrlich nicht geeignet, das Ansehen des Parlaments und der Reichstagsverhandlungen zu fördern.

(Oho!)

— Ich provozire darauf, ob die Ansicht des Herrn Schröder (Lippstadt) auch die Ansicht der Zentrumspartei ist, oder ob er nicht diesmal, wie in früheren Fällen, vereinzelt mit einer solchen Auffassung dasteht. Der Herr Präsident hatte die Güte, eben vorzuschlagen, daß man, um den Spezialfragen bei Holzborke und Lohe gerecht zu werden, die Positionen trennen möchte. Es ist doch ein alter Erfahrungssatz, daß eine kleine spezielle Frage, wenn sie mit großen generellen Fragen in der Debatte verbunden wird, darunter leidet und nicht diejenige Berücksichtigung findet, die sie verdient.

Präsident: Der Herr Abgeordnete Udo Graf zu Stolberg-Wernigerode hat das Wort zur Geschäftsordnung.

Abgeordneter Graf **zu Stolberg** (Rastenburg): Meine Herren, ich glaube, es wird zur Klärung und zu gleicher Zeit auch zur Abkürzung der Debatte dienen, wenn wir getrennt über die einzelnen Positionen debattiren und ich stelle daher den Antrag, daß wir getrennt debattiren und abstimmen nach einander über a, b, c, d, e, f, g, h.

(Sehr richtig! links).

Präsident: Zur Geschäftsordnung hat das Wort der Abgeordnete Schröder (Lippstadt).

Abgeordneter **Schröder** (Lippstadt): Meine Herren, es ist mir gar nicht eingefallen, zu sagen, diese Dinge seien in der Fraktion bereits „abgemacht"; es ist das eine Aenderung des Wortlautes, die allerdings nöthig war, um daran die allgemeine Diskussion zu knüpfen, die der Herr Abgeordnete Richter (Hagen) beabsichtigte und in welche er meiner Ansicht nach ganz zu unrecht die Fraktion des Zentrums hineingezogen hat. Wenn ich sagte, die Dinge sind in den Fraktionen besprochen, so sollte das an die Pflicht erinnern, hier im Plenum selbst um so kürzer zu sein. Meine Herren, diese Pflicht ist bisher bei den Debatten sehr stark verletzt worden und wahrhaftig nicht von unserer Seite.

(Zuruf: Ja!)

daß

Ziehen Sie nur einmal den Durchschnitt aus der Länge der Reden, die hier gehalten worden sind, so werden Sie sich davon überzeugen.

Präsident: Der Herr Abgeordnete Dr. Beseler hat das Wort zur Geschäftsordnung.

Abgeordneter Dr. **Beseler:** Meine Herren, wenn ich recht zähle, so gehören ungefähr 30 Mitglieder des hohen Hauses keiner Fraktion an; ich möchte denn doch dringend bitten, daß auch auf sie Rücksicht genommen wird insofern, daß nicht einfach hier auf Fraktionsverhandlungen Bezug genommen wird.

(Bravo!)

Präsident: Der Herr Abgeordnete Richter (Hagen) hat das Wort zur Geschäftsordnung.

Abgeordneter **Richter** (Hagen): Wir wären wahrscheinlich schon mitten in der Debatte, wenn der Abgeordnete Schröder (Lippstadt) nicht ganz überflüssigerweise durch seine Bemerkungen, die, wie wir hören, nicht einmal den Standpunkt des Zentrums, sondern bloß seine eigene, wenig in Betracht kommende Persönlichkeit betreffen, die Diskussion bis jetzt so aufgehalten hätte.

Präsident: Der Abgeordnete Schröder (Lippstadt) hat das Wort zur Geschäftsordnung.

Abgeordneter **Schröder** (Lippstadt): Ich wollte nur dagegen protestiren, als ob ich dem Herrn Abgeordneten Richter (Hagen) ein Recht dazu verstatten möchte, hier zu beurtheilen, was überflüssig sei von dem, was ich thue; ....

Präsident: Das ist keine Bemerkung zur Geschäftsordnung, das ist eine persönliche Bemerkung, die ich bitten muß, zu unterlassen.

Meine Herren, lassen Sie uns jetzt zur Abstimmung kommen, um alsdann in die materielle Debatte eintreten zu können. Ich schlage vor, daß wir zuerst über meinen ersten Vorschlag, Litt. a, b, c zusammenzufassen, abstimmen, und wenn dies abgelehnt wird, schlage ich vor, über die Frage abzustimmen, ob a und c gemeinschaftlich debattirt werden sollen. Lehnen Sie auch dies ab, so würde der Antrag des Herrn Abgeordneten Grafen Stolberg, a und b und c besonders zur Debatte zu stellen, von selbst angenommen sein.

Ich bitte also jetzt, daß diejenigen Herren, welche die Litt. a, b und c gemeinschaftlich zur Debatte stellen wollen, sich erheben.

(Geschieht.)

Das Büreau ist zweifelhaft, ich bitte um die Gegenprobe. Diejenigen, die dagegen stimmen wollen, bitte ich sich zu erheben.

(Geschieht.)

Meine Herren, das ist die Mehrheit, der Antrag ist also abgelehnt.

Jetzt bitte ich, daß diejenigen Herren, die Litt. a und c zur gemeinschaftlichen Debatte stellen wollen, sich erheben.

(Geschieht.)

Das ist die Majorität; wir treten jetzt also in die Debatte über a und c ein.

Das Wort hat zunächst der Herr Regierungskommissar Geheimrath Mayr.

Kommissarius des Bundesraths königlich bayerischer Ministerialrath **Mayr:** Meine Herren, bei dem großen Interesse, welches der Frage der Holzzölle von allen Seiten entgegengebracht wird, werden Sie es begreiflich finden, daß hier vom Tische des Bundesraths einige einleitende Worte in dieser wichtigen Materie unserer Zolltarifreform gesprochen werden.

Ich möchte bei diesen einleitenden Worten vor allem anknüpfen an die weitverbreitete, starke, meines Erachtens aber nicht begründete Aufregung in unseren Ostseehäfen. Meine Herren, gerade in der Aufregung, welche in den Interessentenkreisen der Ostseestädte besteht, kommt meines Erachtens die allgemeine, vollkommene und ganz und gar unbefangene Würdigung der Verhältnisse weniger, als es im Gesammtinteresse der Nation gelegen ist, zum Durchbruch; es ist deshalb, meine Herren, um eine ganz objektive Grundlage der Diskussion zu gewinnen, vielleicht nicht schlecht, einen geschichtlichen Rückblick zu werfen auf den Bestand des älteren Holzzolles und sodann weiter auf die Zeit der Aufhebung dieses älteren Holzzolles.

Bekanntlich hatten die östlichen Provinzen, abweichend von dem allgemeinen Tarif, vor dem Jahre 1865 für Bau- und Nutzholz einen Stückzoll und zwar 60 Pfennig für einen Stamm Hartholz, 12 Pfennig für einen Stamm Weichholz. Nun, meine Herren, sollte man meinen, wenn die Wiedereinführung eines Zolles auf Bau- und Nutzzoll gerade in jenen Provinzen, ein gar so großes Unglück wäre, dann müßte doch die Aufhebung des früheren Zolles als ein ganz hervorragendes Glück, als eine ganz besondere Wohlthat für die dortigen Gegenden betrachtet worden sein. Meine Herren, ich habe versucht, mich darüber zu unterrichten, wie man damals über die Aufhebung des Zolles dachte und ferner, wie man dachte über den Zoll selbst, wie er noch bestand, und, meine Herren, ich glaube, die Quellen, aus denen ich die Kenntnißnahme darüber schöpfen konnte, darf ich als sehr lautere, sehr unverfängliche, als Sie alle befriedigende bezeichnen. Meine Herren, was jetzt mitten in der Agitation, in den Ueberströmungen des Augenblicks über die Sache gedruckt wird, erscheint mir von vornherein immer etwas bedenklich, aber was ich nachgelesen habe als eine Aeußerung aus jener Zeit, das stammt aus einer Quelle, die Sie sicher auch auf jener Seite des Hauses (links) vollkommen billigen werden. Ich schöpfe meine Kenntnißnahme der Sache aus dem preußischen Handelsarchiv, dessen einzelne Bände ich von 1859 an speziell für diesen Zweck mit der bestmöglichsten Sorgfalt durchgegangen habe.

Nun, meine Herren, ist es merkwürdig, von 1859 bis 1865, also während sechs Jahren, während deren der Holzzoll nicht nur bestand, sondern auch während er dem Ende seines damaligen Bestehens sich näherte, finden Sie in den sogenannten Handels- und Gewerbeberichten, die dort da alle ein bis zwei Monate abgedruckt sind, aus Memel und Danzig — ich greife gerade diese beiden Städte heraus — absolut gar nichts über den damaligen deutschen Holzzoll. Sie finden die verschiedensten Auseinandersetzungen im Zusammenhange mit der Schilderung der Lage des Holzgeschäfts über die Konkurrenz von Schweden und Rußland, sowie der Bukowina, über den niedrigen Wasserstand der Weichsel, über hohe Einkaufspreise in Rußland, über Diskontoverhältnisse, über getrübte politische Zustände, über Stürme im Haff, die den Holzhandel geschädigt haben, über Hafenabgaben, über die Blokade aus Anlaß des dänischen Krieges, über die Höhe der Frachten, über die Ueberfüllung des Markts mit polnischen Hölzern — ich bitte das wohl zu beachten, — über die polnische Insurrektion und, meine Herren, auch über eine Zollreduktion, aber nicht in Deutschland, sondern in England, die damals dem Holzhandel in den Ostseehäfen sehr erwünscht war, — aber von dem damals bestehenden deutschen Holzzoll ist in den Berichten, die regelmäßig in dem preußischen Handelsarchiv, also einer sehr guten Quelle, standen, gar nicht die Rede.

Auch in den eigentlichen Handelskammerberichten oder, wie sie dort heißen, in den Berichten des Vorsteheramts der

Kaufmannschaft, beispielsweise in Memel, finden Sie die verschiedenartigsten Wünsche, die auf das Holzgeschäft vor 1865 Bezug haben, aber von dem Wunsch oder dem dringenden Wunsch, daß der Holzzoll aufgehoben werden möchte, finden Sie dort gar nichts.

Genau dasselbe ist der Fall in den offiziellen Berichten der Aeltesten der Kaufmannschaft in Danzig; auch diese enthalten gerade etwas für die Beurtheilung der vorliegenden Frage Maßgebendes nicht und insbesondere gar nichts von einem Wunsch nach Aufhebung des damaligen Holzzolles.

Ich will nicht unvollständig sein, meine Herren, ich will zugeben, daß allerdings die Vorsteher der Kaufmannschaft in Stettin damals die Aufhebung des Eingangszolls auf Holz wünschten, aber was ist dabei ganz besonders interessant und charakteristisch? Die Herren haben sehr schöne Hoffnungen in dem Augenblick, wo sie die Aufhebung des Zolls wünschen; wie nun aber wirklich der Holzzoll aufgehoben war, ist von den früheren schönen Hoffnungen durchaus nicht mehr die Rede. Man kann nur annehmen, die Hoffnungen, die für die Aufhebung des Holzzolls begründet waren, haben sich nicht erfüllt. Was steht denn nachher zu lesen in dem offiziellen Bericht der Vorsteher der Kaufmannschaft in Stettin? Ja, meine Herren, da ist nur davon die Rede, was für ein Verlust im Holzhandel entstanden sei und fortbestehe, es ist direkt nur die Rede von dem „Verlust bringenden Holzhandel", wie es dort heißt.

Meine Herren, in Memel war auch die Stimmung unmittelbar nach Aufhebung des alten Holzzolls, wie es scheint, keine besonders rosige, denn am 8. Juli 1865 — das müßte doch ein sehr interessantes Datum gewesen sein, wenn die Aufhebung des Holzzolls so etwas Bedeutendes war, — da ist in dem Handels- und Gewerbebericht im preußischen Handelsarchiv zu lesen:

> Der Begehr nach Holzwaaren für das Ausland ist total verstummt,

und am 7. August:

> das Geschäft ist nach wie vor —

— ich darf also wohl sagen, nach Aufhebung wie vor Aufhebung des Holzzolls —

> ganz ohne Leben.

Also gegenüber den nur aus den offiziellen Berichten von Stettin ersichtlichen schönen Hoffnungen für die Zukunft ist effektiv nach Aufhebung des Holzzolls eine wesentliche Beeinflussung dieses Holzgeschäfts aus der Thatsache der Aufhebung des Zolls — nur darum handelt es sich — in keiner Weise nachweisbar.

Meine Herren, ich will aber darauf allein meine Deduktionen für den heutigen Holzzoll nicht gründen, ich meine, nur der geschichtliche Rückblick auf die Zeit der früheren Holzzölle, der begründet das, was ich nennen möchte eine erste Vermutung, daß der Einfluß der Wiedereinführung eines Holzzolls auf den Handel der Ostseestädte ganz außerordentlich überschätzt wird. Meine Herren, treten wir jedoch der Darlegung der Befürchtungen der Ostseestädte näher, wie sie namentlich in einer Ihnen wohl Allen bekannten Eingabe des Vorsteheramts des Kaufmannschaft zu Danzig vom 9. April dieses Jahres enthalten sind. In dieser Eingabe wird besonders betont — ich möchte das zunächst voraus stellen — daß es sich bei dem Danziger Holzhandel um den Durchfuhrhandel von Ausland zu Ausland handelt. Ich darf bezüglich der Würdigung dieser Handelsthätigkeit im allgemeinen auf die Aeußerung des Herrn Reichskanzlers über den ostpreußischen Getreidehandel zunächst Bezug nehmen, ich muß aber gerade bezüglich des Holzes noch einen Schritt weiter gehen; ich möchte Ihnen nämlich die Thatsache vorführen, die meines Wissens sehr wenig bekannt ist und sehr wenig beachtet wird, die wenigstens durchaus nicht von irgend jemandem, wie ich glaube, bisher noch in den Vordergrund gestellt worden ist, nämlich, meine Herren, die Thatsache, daß der Handel mit russischem Holz, um den es sich hier in diesem Fall handelt, jetzt in viel geringerem Grade Durchfuhrhandel ist, als er es früher war. Meine Herren, das russische Holz wird jetzt nicht mehr überwiegend in Ostpreußen durchgeführt, und zwar durchgeführt auch nicht nach einer stattgehabten Veredelung, sondern es geht jetzt vorzugsweise in den deutschen Konsum, und es ist hier eine wesentliche Verschiebung der Verhältnisse gegen früher eingetreten, und Sie werden wohl erlauben, vier Zahlen, die dies in charakteristischer Weise darstellen, Ihnen vorzuführen.

Wenn man die gesammte Einfuhr von Bau- und Nutzholz, und zwar nicht bloß die von rohem Nutzholz, sondern die gesammte Einfuhr von Balken, Blöcken, Bohlen, Brettern, Latten und Faßholz auf eine Zentnermasse reduzirt, dann findet man für 1864 folgendes Verhältniß: im Jahr 1864 betrug die Einfuhr auf der Grenze gegen Rußland in runden Zahlen 22 500 000 Zentner; ausgeführt wurden über die Ostsee, Nordsee, Dänemark und, damit ja nichts verloren geht von dem wieder ausgeführten russischen Holz über Bremen und Hamburg, und die Zollausschlüsse damals 18 300 000 Zentner; es wurde also russisches Holz eingeführt im Betrag von 22 500 000 Zentner, im Wege über die Ostsee ꝛc. wurde an Holz ausgeführt 18 300 000 Zentner; das ist richtig, das war im wesentlichen Durchfuhrhandel, obwohl unter den 18 300 000 Zentnern auch einiges deutsches Holz gewesen sein mag. Wie steht nun die Sache im Jahre 1877? Im Jahre 1877 sind ausgeführt nach allen den angegebenen Richtungen, die ich bezeichnete, 14 800 000 Zentner, also 4 Millionen weniger als im Jahre 1864; aber, meine Herren, eingeführt sind auf der Grenze gegen Rußland im Jahre 1877 39 300 000 Zentner.

(Hört! Hört!)

Meine Herren, wie man da sagen kann, der Handel mit russischem Holz sei hauptsächlich Durchfuhrhandel, ist mir nicht begreiflich, ich kann nur konstatiren, daß andere Aufschreibungen über den Seeverkehr mit Holz noch viel kleinere Zahlen als 14 Millionen Ausfuhr ergeben. Wenn man speziell nur die Aufschreibungen über den Handelsverkehr mit dem Zollausland über See berücksichtigt, findet man für 1877 10 800 000 Zentner ausgeführt. Ich will darauf nicht weiter eingehen, aber ich will konstatiren, daß der Handel mit russischem Holz hauptsächlich Durchfuhrhandel war, daß wir aber jetzt durch den Handel mit russischem Holz vorzugsweise eine Konkurrenz unserer deutschen Holzproduktion haben, und daß wir russisches Holz vorzugsweise zum deutschen Verbrauch einführen.

Weiter wird geklagt, sowohl in der allgemeinen Diskussion der Sache, als namentlich auch in der vorhin berührten Eingabe aus Danzig über die Höhe des Holzzolles, und zwar wird man die Höhe des Holzzolles, da der Begriff „Höhe" zunächst immer ein relativer ist, wohl nach zwei Richtungen ins Auge fassen dürfen, sowohl die Höhe an und für sich gegenüber dem Werth der Waare und dann die Höhe des Holzzolles im Vergleich mit dem älteren Holzzoll, speziell für die ostpreußischen Provinzen gegenüber dem älteren Stückzoll auf Holz. Die beiden Fragen scheinen mir der Beachtung wohl werth.

Wenn ich nun frage, wie hoch ist der Holzzoll an sich im Verhältniß zum Waarenwerthe, so knüpfe ich an die offiziellen Werthe, welche uns das statistische Amt in seinen Veröffentlichungen vorführt. Ich möchte mir da eine kleine korrigirende Bemerkung erlauben — nicht zu meinem Vortheil, sondern zu meinem Nachtheil. Der Werth von 100 Kilogramm hartes Holz stellt sich nach den Mittheilungen des statistischen Amts auf $8_{,4}$ Mark, bei einem Zoll von $0_{,10}$ Mark ergibt sich ein Prozentsatz von nur $1_{,2}$ Prozent. Meine Herren, ich halte den Werthansatz des statistischen Amts für hartes Holz für etwas hoch und will zugeben, daß hier der Werth des Zolles thatsächlich etwas über 2 Prozent betragen mag. Meine Herren, aber im übrigen darf ich wohl an die erwähnten Werthansätze anknüpfen. Das statistische Amt hat für weiches Holz 100 Kilogramm 4 Mark angesetzt; hier ergibt sich ein Werthzoll von 2,5 Prozent; für Bohlen und Bretter ein Werthansatz von 6 Mark, hier ergibt sich gegenüber dem Zollsatz von 0,25 Mark der Betrag von 4,2 Prozent als Werthzoll; für die außereuropäischen Tischlerhölzer, die sehr hochwerthig sind, 24 Mark per 100 Kilogramm, bleibt nur 0,4 Prozent, was auch für das weitere Detail der Berathungen wohl im Auge zu behalten sein dürfte; für die Fourniere ein Satz von 2 Prozent.

Interessant ist aber die Untersuchung der Frage, wie denn der jetzt vorgeschlagene Holzzoll gegenüber den früheren Holzzöllen sich darstellt. Meine Herren, da darf ich zuerst den früheren allgemeinen Tarif der deutschen Holzzölle, der für eine Schiffslast von 37 1/2 Zentnern normirt war, kurz berühren. Bei der Reduktion auf die Gewichtseinheit betrug der frühere allgemeine deutsche Holzzoll bei hartem Holz 16 Pfennige per 100 Kilo, der neu vorgeschlagene beträgt nur 10 Pfennige für hartes Holz. Für weiches Holz betrug der frühere 5,33 Pfennige, der jetzt vorgeschlagene beträgt 10 Pfennige. Hier haben wir also eine höhere Zahl, dagegen eine niedere beim harten Holz. Für Bretter, Bohlen u. s. w. variirte in früheren Jahren der Zoll wegen der verschiedenen Normirung nach der Qualität zwischen 21,33 und 10,66 Pfennigen, jetzt sind vorgeschlagen 20 Pfennige. Aber auch das wird Ihr Interesse nicht so sehr erregen. Das wichtigste ist: wie steht in den östlichen Provinzen, wo früher der Stückzoll bestand, die Höhe des jetzt vorgeschlagenen Zolls gegenüber den früheren Zollsätzen? Meine Herren, da muß ich Ihuen zunächst sagen, so ganz bestimmt, wie es von verschiedenen Seiten jetzt behauptet wird, ist diese Frage überhaupt nicht lösbar. Meine Herren, da früher Stückzölle bestanden, entscheidet für die Beantwortung dieser Frage die Beantwortung einer anderen Vorfrage, die sehr schwer sein wird, wenn man ganz exakt gehen will, nämlich die Beantwortung der Frage, wie schwer denn die Stämme gewesen sind, die damals zur Zeit des alten Holzzolls auf der Weichsel und anderen Flüssen transportirt wurden. Meine Herren, bei dieser Gestaltung der Dinge ist es ganz erklärlich, daß die Interessenten die jetzt vorgeschlagenen Zollsätze gegenüber den früheren Zöllen übermäßig ungünstig beurtheilen, und daß das der Fall ist, kann man auch auf Grund des nicht vollkommen genügenden Rechnungsmaterials immerhin thun. Ich möchte Sie bitten, nach einer kleinen Prüfung des Sachverhalts nach der Seite hin Ihre freundliche Aufmerksamkeit mir zu schenken. Meine Herren, das Vorsteheramt der Kaufmannschaft in Danzig behauptet in der vorhin erwähnten Eingabe ohne Versuch eines Rechnungsnachweises, was ich ausdrücklich hiermit konstatire, der vorgeschlagene Zoll betrage für Kiefern- und Tannenhölzer reichlich das sechsfache, für Eichenhölzer etwa das doppelte des frühern Holzzolls in den östlichen Provinzen. Meine Herren, berechnen wir die Sache nach der Schätzung des statistischen Amts. Nach den Schätzungen des statistischen Amts, die heute zu Grunde gelegt werden für die Vermittelung der muthmaßlichen Schwere der Stämme — wozu ich nur zu bemerken habe, daß diese Schätzung nicht vollkommen befriedigt — werden 10 Zentner im allgemeinen per Stamm als Durchschnittsgewicht angenommen. Ein Stamm Hartholz bezahlte früher 60 Pfennige, der Zeutner somit 6 Pfennige, 100 Kilogramm 12 Pfennige nach ganz einfacher Rechnung. Der frühere Stückzoll für das Hartholz war höher als der jetzt verlangte, er beträgt jetzt nur 10 Pfennige, früher 12. Meine Herren, ein Stamm Weichholz zahlte früher 12 Pfennige, der Zentner also 1,2 oder 100 Kilogramm 2,4 Pfennige, danach betrüge allerdings — ich will mich den Konsequenzen dieser Rechnung nicht verschließen — der jetzt vorgeschlagene Zoll das vierfache des älteren Holzzolls, aber, meine Herren, keinesfalls reichlich das sechsfache, wie in der Danziger Eingabe zu lesen ist. Außerdem, meine Herren, bestehen — ich glaube, das wird von forsttechnischer Seite bestätigt werden können — die größten Bedenken gegen die Annahme von 10 Zentner Gewicht für alle Stämme Weichholz, wir dürfen annehmen, meine Herren, daß 10 Zentner als Durchschnittsgewicht für die Weichhölzer viel zu hoch gerechnet sind. Meine Herren, ich bitte Sie nicht, das anzunehmen, bloß weil ich es jetzt sage; nein — wir haben auch einige Vermuthungen dafür aus der Normirung der älteren Zollsätze für Hart- und Weichholz gegen einander. Meine Herren, wenn man nämlich Rücksicht nimmt auf die Verhältnisse des allgemeinen früheren Tarifs, speziell gegenüber den Stückzöllen der östlichen Provinzen, kommt man dazu, daß die Schätzung von 10 Zentner per Stamm Weichholz zu hoch gegriffen ist. Meine Herren, nach dem allgemeinen Tarif beträgt der Zoll des Weichholzes ein Drittel des Zolles für Hartholz; meine Herren, wenn gleichwohl die fünffache Stückzahl von Weichholzstämmen den gleichen Betrag wie die einfache Stückzahl Hartholzstämme zu entrichten hat, — so war ja die alte Norm — kann dieses nur darin seinen Grund haben, daß das weiche Holz an und für sich leichter ist, und insbesondere darin, daß damals in den östlichen Provinzen neben vielen schönen und bedeutenden doch auch viele geringere Stämme importirt wurden, die auch den vollen Stückzoll zu bezahlen hatten. Meine Herren, nimmt man an — was wohl eine begründete Annahme sein wird — daß durch den Stückzoll im Verhältniß zum allgemeinen Tarif Hart- und Weichholz relativ gleichmäßig behandelt werden sollte, so ergibt sich bei 100 Kilogramm ein Zoll von 12/3 = 4 Pfennig gegen den jetzt vorgeschlagenen Satz. Der frühere Zoll hätte also nach dieser Anahme, welche immerhin — ich darf wohl den Ausdruck gebrauchen — in der Logik des früheren Tarifs eine gewisse Grundlage hat, in den östlichen Provinzen das 2 1/2 fache des jetzt vorgeschlagenen Zolls betragen. Meine Herren, ich will auf die Details der Berechnung gleichwohl nicht ein ganz hervorragendes Gewicht legen, weil — wie ich in erster Linie betonen muß — so ganz exakt, wie das von Danzig aus behauptet wird, die Schwere der ehedem die Weichsel heruntergeschwommenen Stämme nicht bekannt ist. Meine Herren, so, wie die Höhe des Zolls überschätzt wird, so wird auch überschätzt das Maß der Umständlichkeiten und Erschwerungen, welche die Wiedereinführung des Holzzolls bringt. Meine Herren, diese Erschwerungen können überwunden werden, wie sie ehedem auch überwunden worden sind. Daß Unbequemlichkeiten für den Handel bevorstehen, das wird nicht geleugnet werden können; aber ich bitte doch, die Unbequemlichkeit nicht ohne weiteres mit der Schädigung oder gar mit der Vernichtung der Handelsthätigkeit zu verwechseln. Auch bitte ich, zu beachten, daß überhaupt der Holzhandel in Ostpreußen denn doch kein Geschäft ist, daß sich im ganzen so ungeheuer rasch abwickelt, und bei dem etwa eine geringfügige Verzögerung bei der Zollabfertigung so außerordentlich schwer ins Gewicht fiele, wie wenn es sich um Waaren handelte, die dem Verderben ausgesetzt sind, wenn die Abfertigung nicht rasch erfolgt. Lesen Sie die Jahrgänge des preußischen Handelsarchivs, die ich gelesen habe, so werden Sie sehr viel erzählt finden von den vielen hundert und tausend Traften, die auf der Weichsel überwintern müssen, die in dem einen Jahre nicht mehr herunterkommen, sondern erst das nächste Jahr danach. Dieser ganze Wasserholzhandel ist ein Geschäft, das sich erst nach Jahr und Tag abwickelt, eine ganz langsam zu Ende gelangende Handelsoperation, bei welcher der Verlust an Zeit, der etwa eintritt bei der Zollabfertigung, ganz und gar nicht in die Wagschale fällt.

Meine Herren, das Entscheidende aber ist gegenüber den Befürchtungen der Ostseestädte in Bezug auf den Holzzoll, daß das russische Holz auch nach der Zollbelegung den Wasserstraßen mit wenigen Ausnahmen wie bisher folgen muß, und daß der auswärtige Waldbesitzer den Zoll in der Regel tragen muß. Meine Herren, Sie haben diese Auseinandersetzung gehört bezüglich des Getreides, sie ist aber für das Holz noch außerordentlich viel zwingender und nothwendiger. Meine Herren, die einzelnen Stämme und Bäume, die rohen Nutzhölzer namentlich sind im höchsten Grade wasserständig, wie ich mich ausdrücken will, die wird man nicht, wenn ein kleiner Zoll erhoben wird, aus dem Wasser herausnehmen und per Eisenbahn oder sonstwie weiter transportiren, ohne außerordentlich viel größere Kosten zu verursachen, als diejenigen sind, welche dieser geringe Zoll mit sich bringt. Meine Herren, die Anschauung, daß das russische Holz vorzugsweise auf den Strömen nach wie vor kommen muß, und daß der Russe den Holzzoll vorzugsweise tragen muß, wird zwar theoretisch bekämpft, bis jetzt ist sie aber, wenigstens in den Aeußerungen, die öffentlich zugänglich waren, noch nicht widerlegt worden; dagegen aber haben wir eine sehr praktische Bestätigung der Richtigkeit der Behauptung, die vom Tisch der verbündeten Regierungen aufgestellt wird, darin, daß von den deutschen Holzinteressenten — das ist sehr beachtungswerth, meine Herren — daß von den deutschen Holzinteressenten nur jene, welche in Polen, Galizien oder anderen österreichischen Ländern Wälder besitzen, gegen die Holzzölle sind.

(Hört!)

Meine Herren, das spreche ich nicht etwa so ins Blaue hinein nach meiner bloßen Meinung, sondern das spreche ich auf Grund amtlicher Aktenstücke, in deren Besitz wir uns hier befinden. Wir haben Eingaben ausdrücklich von solchen Besitzern von Wäldern im Auslande, die sich auf Grund dieser Thatsache und nur deshalb gegen die Holzzölle aussprechen. Meine Herren, wenn irgend ein Deutscher außerhalb Deutschland Wälder gekauft hat, so ist er eben Besitzer auswärtiger Waldungen wie jeder andere nichtdeutsche Waldbesitzer, und er muß alle jene Konsequenzen tragen, die das auswärtige Territorium in Folge unserer allgemeinen Handelspolitik treffen und treffen müssen, wenn wir für uns und für das Ganze der Nation sorgen wollen.

(Sehr richtig!)

Meine Herren, sollte aber selbst für den Welthandel das russische Holz um ein Minimum im Preise erhöht werden, so kommt in Betracht, und das habe ich auch aus dem preußischen Handelsarchiv gelernt, daß das russische Holz in seiner Konkurrenz mit dem Ausland durch seine bessere Qualität gesichert ist. Meine Herren, Sie können lesen in den Berichten aus den Städten Memel und Danzig, die ich vorhin schon erwähnte, daß die fremde Konkurrenz, namentlich die schwedische Konkurrenz schon früher den Holzhandel getödtet oder vernichtet hätte — von Ruin ist überhaupt so gerne und so leichtsinnig die Rede, wenn man über sich selbst spricht — wenn nicht durch die Qualität des russischen Holzes dessen Konkurrenzfähigkeit gesichert wäre.

Die Qualität des Holzes aber wird durch den Zoll nicht verschlechtert, vielleicht aber verbessert, weil ganz geringes Holz etwas schwerer herunterkommt, als bisher, und die Anhäufung geringwerthigen polnischen Holzes, über welches die Danziger Holzhändler früher oft geklagt haben, weniger leicht eintreten wird. Meine Herren, ich habe nach wie vor den Eindruck und die Ueberzeugung, daß die regionären Besorgnisse der ostpreußischen Häfen gegenüber der großen Frage, die für uns jetzt gestellt ist, sehr in den Hintergrund treten; der Handel wird die Unbequemlichkeiten, welche bis zur Einlebung in die neuen Verhältnisse die Zollbelegung bringt, überwiegen. Gewiß kann hiernach in den Einwendungen der Hafenplätze der Ostsee kein Grund liegen, ohne Rücksicht auf die ganze nationale Forstwirthschaft den Holzzoll zu verwerfen.

Was die Unentbehrlichkeit des Holzzolles für unsere nationale Wirthschaft betrifft, so erlaube ich mir zunächst Bezug zu nehmen auf die Motive und nur noch in Kürze folgende charakteristische Momente hervorzuheben. Meine Herren, Deutschland hat in der letzten Zeit weit über das Bedürfniß hinaus fremdes Nutz- und Bauholz eingeführt. Diese Thatsache selbst steht unbedingt fest und läßt sich in keiner Weise bemänteln. Millionen und Millionen Zentner gehen heute über die Grenze, und in den deutschen Waldungen stockt seit Jahren der Absatz. Im Jahre 1864 betrug der Ueberschuß der Einfuhr 8 Millionen Zentner, vom Jahre 1872 ab schwankte er zwischen 58 und 36 Millionen Zentner. Ich darf wohl sagen, der Gründerschwindel zeigte dem fremden Holz den Weg ins Land, und als die Zeit der Gründer vorüber war, blieb das fremde Holz noch nicht weg, kommt noch jetzt herein über die Grenze nach wie vor. Trotz der allgemeinen Absatzstockung betrug der Ueberschuß der Einfuhr im Jahre 1877 noch 44 Millionen Zentner, und selbst im Jahre 1878 unter den ungünstigsten Absatzverhältnissen der inneren Produkte haben wir gleichwohl noch 38—39 Millionen Zentner Mehreinfuhr. Meine Herren, Sie wissen, daß Mehreinfuhr in erster Linie auf Rußland kommt, in zweiter auf Oesterreich, und gar nicht zu verachten als dritter im Bunde kommt noch Amerika hinzu. Amerika, das bei uns jetzt leider so oft zu nennen ist, muß ich auch bei der Gelegenheit erwähnen bezüglich des Holzhandels oder richtiger gesagt des Holzverkehrs. In den vereinigten Staaten hat sich ein ganz interessanter Umschwung vollzogen, der noch nicht gewaltig ist, aber doch den Keim einer für uns vielleicht zu interessanten Entwickelung enthält. Meine Herren, im Jahre 1870/71 hatten die vereinigten Staaten eine Holzeinfuhr von über 9 Millionen Dollars an Werth und eine Holzausfuhr von etwas mehr als 10 Millionen Dollars an Werth, also nicht viel Unterschied zwischen Ein- und Ausfuhr. Im Jahre 1876/77 haben die vereinigten Staaten von Nordamerika nur mehr eingeführt 4 700 000 Dollars an Werth, also ein großer Rückgang der Einfuhr, aber ausgeführt haben sie 14 780 000 Dollars an Werth. Die Entwicklung ist also auf Mehrexport von Holz in ganz entschiedener Weise gerichtet.

Meine Herren, ich bin Ihnen noch den Beweis dafür schuldig, daß diese dauernde Mehreinfuhr stattfand während einer Stockung des Absatzes im Inland. Diese ist nachweisbar aus den Einnahmeergebnissen unserer Staatsforsten, wie ich bereits die Ehre hatte, in der Generaldiskussion zu bemerken, und ist ganz besonders da nachweisbar, wo die Nachweisungen der Staatsforsten in exakter Weise Aufschluß geben über die Geldeinnahmen aus Bau- und Nutzholz, denn von Brennholz ist überhaupt hier nicht die Rede.

Meine Herren, als Nachtrag zu dem, was ich neulich sagte, darf ich noch anführen, daß nach vorläufiger Ermittelung der preußischen Staatsforstverwaltung für 1878 sich abermals ein Rückgang der Einnahmen um 3½ Millionen Mark gegen 1877 ergeben wird.

Meine Herren, ein weiterer, volkswirthschaftlich sehr beklagenswerther Nachweis für die Richtigkeit der Sache liegt darin, daß jetzt aus den deutschen Forsten außerordentlich viel weniger Nutzholz abgesetzt werden kann, als in denselben geschlagen werden könnte, daß wir in die Lage kommen, unser eigenes, wohlgewachsenes, gutes, vollkommen brauchbares Nutzholz nicht zu verwerthen, aber fremdes Nutzholz in großen Mengen einzuführen. Meine Herren, die bayerische Staatsforstverwaltung beispielsweise kann nur etwa ⅓ zu Nutzholz einschlagen, obwohl sie sehr schöne Bestände ihr Eigen nennt, während man beispielsweise in Sachsen in der Lage ist, ⅔ des Holzes als Nutzholz auszunutzen. In der That, meine Herren, ich glaube, diejenigen, die den betreffenden Kreisen des Forstbesitzes und der Holzverwerthung nahe stehen, werden mir dies bestätigen, daß ganz vorzügliches deutsches Nutzholz zu Brennholz eingeschlagen werden muß, weil fremdes

Nutzholz in Massen eingeht. Meine Herren, da meine ich, wäre es doch besser, die deutsche Torf- und Kohlenproduktion zu heben, und durch die Vermehrung des deutschen Nutzholzeinschlags zugleich den inneren Handel zu beleben. Meine Herren, auch ein paar Zahlen! nicht viele, nur wenige, die charakteristisch sind, wie sehr der Nutzholzeinschlag in Folge der Zufuhr fremden Nutzholzes, und nur deshalb abgenommen hat. In Sachsen wurden im Jahre 1876 eingeschlagen zu Nutzholz 590 000 Festmeter, im Jahre 1877 nur mehr 401 000 Festmeter; in Bayern wurden eingeschlagen im Jahre 1876 1 245 000 Festmeter Nutzholz, im Jahre 1877 nur noch 976 000 Festmeter; in Württemberg wurden eingeschlagen im Jahre 1876 426 000 Festmeter Nutzholz, und im Jahre 1877 nur 257 000 Festmeter, und dabei haben wir die 44 Millionen Mehreinfuhr von Nutz- und Bauholz aus dem Auslande. Meine Herren, wenn solche Mißstände eigentlich erst in neuerer Zeit so ganz entschieden zu Tage getreten sind, so liegt dies allerdings theilweise auch darin, daß erst mit der großen Entwickelung des österreichisch-ungarischen Bahnnetzes nun die volle Konkurrenz für ganz Deutschland zum Durchbruch gekommen ist; während früher, meine Herren, die Zollfreiheit des Holzes gegen Oesterreich, wie sie im Zwischenverkehr schon seit 1853 bestand, gar keine Bedeutung hatte, da damals vor Vollendung der österreichischen Bahnen außerordentlich wenig Holz aus Oesterreich nach Deutschland kam, da in diesem Falle das Wasser aus dem deutschen Reiche hinaus fließt, und nicht, wie bei der Weichsel, herein. Meine Herren, ganz ausdrücklich habe ich hier nochmals zu betonen: das unmittelbare Interesse aller Steuerzahler an guter Rente der Staatsforsten, und überdies das Interesse vieler Gemeindesteuerpflichtigen an guten Einnahmen aus Kommunalforsten, — denn auch diese sind, Gottlob! in Deutschland in ziemlicher Zahl vorhanden, — aber nicht bloß eine ganz gewaltige Zahl deutscher Forstbesitzer hat einen berechtigten Anspruch auf Erhaltung einer Waldrente, und mit diesen Besitzern in gleicher Weise, — das bitte ich wohl zu beachten, namentlich von der Seite, die die Arbeiter in Danzig so besonders betont — meine Herren, mit diesen in gleicher Weise die ganze, große Menge von Personen, die mit Waldarbeit und Holzverfrachtung im Innern Deutschlands beschäftigt sind. Meine Herren, ich will den Danziger Arbeitern nicht zu nahe treten, aber denken Sie gefälligst an die vielen Holzhauer, Waldarbeiter und Holzverfrachter, die auf 2500 □Meilen Forstland in Deutschland leben, und die nur leben können, wenn die Waldrente erhalten wird. Ja, meine Herren, um seiner selbst willen wird man den Baum nicht fällen, um den Waldarbeitern zu thun zu geben; man wird ihn nur dann fällen, wenn man den Baum noch rationell volkswirthschaftlich veräußern kann. Nun, meine Herren, fragt zwar der Verfasser einer sehr kleinen — ich meine nur das äußere Format — Brochüre, folgendermaßen: Er sagt: wer besitzt Waldungen — in Deutschland nämlich —? und er antwortet darauf folgendermaßen: „außer dem Staat und etlichen Gemeinden nur eine beschränkte Anzahl sehr großer Grundherren; der gewöhnliche Bürger und Bauer hat keine Waldungen." Meine Herren, ich will Ihnen die Antwort geben aus dem Buche eines Herrn, den ich zu meiner Freude nun auch heute an meiner Seite hier sehe. Meine Herren, in Bernhardts Forststatistik ist zunächst bezüglich Preußens folgendes zu lesen:

> „Der Privatwaldbesitz ist in Preußen überwiegend (53 Prozent); im Westen ist derselbe vorherrschend in der Hand des Kleinbesitzes, theilweise auch ungemein parzellirt, vielfach in Genossenschaften vereinigt und Interessentenschaften gehörig, im Osten mehr in der Hand der Großgrundbesitzer."

Meine Herren, für Bayern sagt das Buch:

> Die Privatwaldungen nehmen in Bayern fast die Hälfte der gesammten Waldfläche ein; 14 Prozent derselben gehören dem Großbesitze unter der Voraussetzung, daß man schon einen Besitz von mehr als 125 Hektaren einen Großbesitz nennt, 86 Prozent dem Kleinbesitze.

Nun, meine Herren, ich habe noch eine andere Tabelle für Bayern zur Verfügung. Leider haben wir diesmal bei der Anbaustatistik, — weil wir etwas ängstlich sind bei statistischen Ermittelungen und befürchten zu viel zu fragen — leider haben wir diesmal nicht nach der Zahl der Besitzer gefragt, während wir die Größe des Forstareals festgestellt haben. In Bayern haben wir im Jahre 1863 nach der Zahl der Forstbesitzer auch gefragt, und die Zahl, die daraus gekommen ist, sie paßt recht schlecht zu der Antwort, die ich Ihnen vorher aus der Broschüre vorgelesen habe, der gewöhnliche Bürger und Bauer habe keine Waldungen. Meine Herren, wir haben gefunden im Jahre 1863 in Bayern, daß die 3 598 000 Tagwerk der bayerischen Privatwaldungen vertheilt sind auf nicht weniger als 311 644 Besitzer.

(Hört! hört! rechts.)

Meine Herren, Sie sehen hiernach, wie wahr die Antwort auf die Frage ist, die ich Ihnen vorhin verlesen habe.

Meine Herren, ich fürchte Sie mit meinen Auseinandersetzungen über Gebühr in Ihrer Zeit in Anspruch zu nehmen, und ich habe an die Herren nur noch eine Bitte. Beherzigen Sie doch auch vorzugsweise nur folgendes: bei der Fortdauer des jetzigen Zustandes, — es ist das in den Motiven weiter auseinandergesetzt, — wird geradezu die Substanz des deutschen Waldes gefährdet; es würde zur Unmöglichkeit werden, — verhehlen Sie sich das doch gefälligst nicht, — die deutsche Forstpolizeigesetzgebung aufrecht zu erhalten und weiter auszubilden, wenn die ökonomische Grundlage des Forstbesitzes fehlt.

(Sehr richtig! rechts.)

Meine Herren, niemand wird daran denken können, — was allein von jener Seite geltend gemacht werden könnte und ein wenig in einer früheren Rede der Generaldiskussion schon herausgeklungen hat, — meine Herren, niemand wird daran denken können im Ernst, die 2500 Quadratmeilen des deutschen Waldes in der Qualität von bloßen Luxusparks zu erhalten.

Meine Herren, könnten Sie die Ueberflutung mit fremdem Holz zugeben, wenn es unmöglich ist, den deutschen Wald auch dann zu erhalten, wenn man mit Vortheil kein Holz mehr darin schlagen kann? Geben Sie sich keiner Täuschung hin, wenn die ökonomische Grundlage für die deutsche Forstverwaltung fällt, dann fällt auch der deutsche Wald.

(Heiterkeit links.)

Dann wäre die Nachtheiligkeit unseres Betriebes und unsere Forstwirthschaft, die zur Zeit so ausgezeichnetes leistet, unmöglich, dann möchte man zum intermittirenden Raubbau schreiten, wie in jenen Ländern, aus denen jetzt die Masse fremden Holzes importirt wird. Meine Herren, schützen Sie durch Holzzoll die konservative deutsche Forstwirthschaft gegen die ausländische, vielfach aus Raubbau hervorgehende Ueberproduktion!

(Lebhaftes Bravo rechts und im Zentrum.)

Präsident: Der Herr Abgeordnete Richter (Meißen) hat das Wort.

Abgeordneter **Richter** (Meißen): Meine Herren, gestatten Sie mir bei der wichtigen Frage der Einführung der Zölle für Holz auch einige Bemerkungen darüber einzufügen. Ich möchte wohl sagen, die Einführung von Zöllen auf Holz halte ich im Interesse der Landeskultur Deutschlands für ebenso wichtig, wie die Einführung der Zölle auf Getreide.

Nun gebe ich, meine Herren, gern zu, daß die Petitionen und die Stimmen, die in der Presse und im Publikum laut geworden sind, sowohl für als gegen die Holzzölle, keineswegs in so vollen Tönen an unser Ohr hier geschlagen haben, als dies bei den Getreidezöllen der Fall war. Das liegt aber, meine Herren, zur großen Hauptsache daran, daß nur eine geringere Anzahl von Interessenten an der Einführung der Holzzölle ein sehr lebhaftes Interesse für und gegen hat und daß das größere Publikum an der Einführung dieser Holzzölle doch nicht ein so wesentliches Interesse hat.

Nun sind, meine Herren, die Holzzölle an sich ganz bestimmt nicht populär. Es waren die Zölle für Getreide schon nicht populär,

(sehr richtig! Heiterkeit)

aber doch in sehr weiten Kreisen der landwirthschaftlichen Bevölkerung werden diese Getreidezölle dringend gewünscht.

Der Holzzoll ist aber noch weniger populär selbst bei einem Theile der Landbevölkerung und zwar vornehmlich in denjenigen Gegenden, die dünn bewaldet sind und ihr Holz aus weiter Ferne beziehen müssen.

Dagegen aber, meine Herren, ist für denjenigen, der mit objektiver Ruhe die Zustände abwägt, wie sie in unserer deutschen Forstwirthschaft liegen, kein Zweifel, daß, wenn wir zu einem vollständigen System des Schutzes der Bodenproduktion in Deutschland auf landwirthschaftlichem wie auf forstlichem Gebiete kommen wollen, wir diese Holzzölle nicht zu entbehren im Stande sind.

Die Motive, meine Herren, heben mit sehr großem Recht hervor, daß von allen Ländern Europas Deutschland eine ganz eigenthümliche Stellung einnimmt. Wir stehen so zu sagen zwischen den Ländern des Westens, die Holz in großen Massen einführen, und den Ländern des Ostens, die Holz in großen Massen ausführen, mitten inne, und wir haben im eigenen Lande eine solche Holzproduktion, daß wir daran zur Genüge hätten, wenn wir nicht von auswärts und zwar von der östlichen Seite, zu sehr mit Hölzern überschwemmt würden und wenn nicht Einrichtungen an Verkehr geschaffen worden wären, die dazu führen, daß unser Absatz, den wir aus Deutschland in das Ausland nach Westen hinaus hatten, wesentlich geschmälert worden ist. Meine Herren, ich erinnere an die Abnahme des Flößereibetriebs auf dem Rheine hinunter nach Holland. Ich erinnere an die Thatsache, die mir im vorigen Jahre in Paris mitgetheilt worden ist, daß zum großen Theil das Holz zum Bau der Gebäude der Pariser Weltausstellung durch Deutschland durchgefahren worden ist und aus den galizischen Wäldern kam, während in deutschen Wäldern das Nutzholz unverkäuflich war. Unter solchen Umständen ist es ja nicht zum Erstaunen, wenn die Preise unserer Forstprodukte in den letzten Jahren zurückgingen und ganz ungenügend waren.

Nun beklage ich sehr, daß wir für die Beurtheilung der hier einschlagenden Fragen doch nicht das statistische Material zur Verfügung haben, was uns in dieser Frage den vollsten Aufschluß geben könnte. Es sind uns — und ich kenne ja das Buch meines hochverehrten Freundes, des Herrn Oberforstmeisters Direktor Bernhard, auch — es sind uns für die deutsche Forstwirthschaft in der Statistik doch noch nicht die Grundlagen so geliefert, daß wir mit großer Sicherheit auf dieser Statistik fußen können. Das Reichskanzleramt hat einmal früher einen Anlauf genommen, um eine bessere Holzstatistik herbeizuführen, aber es ist bei diesem Anlauf geblieben, und man hat zu meinem großen Bedauern den betretenen Weg nicht weiter verfolgt, und ich fürchte, es wird sich bei unseren Verhandlungen gerade dieser Umstand ganz außerordentlich schwer rächen. Wir wissen, meine Herren, nur durch Schätzungen, wie viel wir ungefähr Forstareal in Deutschland haben, wir wissen nur durch Schätzungen, in welchem Verhältniß sich Hochwald, Mittelwald und Niederwald über Deutschland vertheilt. Wir haben nicht positive Zahlen darüber, wie die einzelnen Holzarten auf dem deutschen Waldboden stocken, und so lange uns diese Grundlage und die Elemente der Statistik für die Beurtheilung der Frage fehlen, so lange werden wir mehr oder weniger immer zu einer gewissen Schätzung greifen müssen, und ich werde mich daher so viel als nur möglich enthalten, auf die statistischen Zahlen einzugehen, sondern nur dasjenige hervorheben, was positiv feststeht. So viel, meine Herren, wissen wir, und das ist mit Sicherheit zu behaupten, daß der ganze Waldbesitz in Deutschland zum größten Theil und über die Hälfte in den Händen der Staaten und der Gemeinden, Stiftungen und sonstigen Korporationen ist, daß also keineswegs die Großgrundbesitzer die größte Fläche des Waldes in Deutschland als Eigenthum haben, sondern daß der Wald in der Hauptsache, zu 45 Prozent ungefähr in den Händen des Staates und zu 10 — 11 Prozent in den Händen von Gemeinden, Korporationen, milden Stiftungen und dergleichen sind, so daß also das Interesse an der Hebung der Waldrente in der großen Hauptsache den Staaten, den Gemeinden und sonstigen Korporationen zu gute kommt. Nun ist von dem Herrn Regierungskommissar schon vorhin darauf hingewiesen worden, daß ein nicht unbedeutender Theil, und man nimmt im großen und ganzen an, etwa der vierte Theil des Areals in den Händen des kleineren Landwirths ist. Meine Herren, das Areal, was sich in den Händen des kleinen Landwirthes befindet, wird zumeist auch genau dem Wirthschaftsbedürfniß des kleinen Landwirthes angepaßt bewirthschaftet. Es werden einzelne Theile, die in der Wirthschaft gebraucht werden, das Brennholz, etwas Schirrholz, etwas Nutzholz, aus dem Walde herausgenommen gerade so, wie es am besten paßt. Ist dann mal eine kahle Stelle entstanden, und ist der kleine Besitzer ein intelligenter Mann, dann pflanzt er die kleine Stelle wieder nach und bringt seinen Wald wieder in Ordnung. Das aber, meine Herren, ist nicht allenthalben der Fall, und daher finden wir, daß diese kleinen Waldparzellen nicht immer gut, sondern unregelmäßig und oft sehr nachlässig bewirthschaftet sind. Wenn wir den Wald eintheilen müssen demnach in solchen, der sich in den Händen derjenigen befindet, die ihn dauernd besitzen, also juristische Personen, die ein hohes Interesse an dem Nachhaltsbetrieb dieses Waldes haben, weil er ja die Grundlage eines Theiles ihrer Finanzen ist, und wenn wir auf der anderen Seite Wald haben, der in den Händen kleinerer Besitzer ist, von denen hier und da mal eine kleine Parzelle ausgestockt, eine andere zugepflanzt wird, so ist die letztere Partie bei der Frage der Holzzölle am allerwenigsten engagirt, denn die große Summe der kleineren Leute, die ihre eigenen kleinen Waldparzellen haben, werden das, was sie für ihre Wirthschaft aus dem Walde brauchen, zumeist aus ihrer Parzelle nehmen. Sie sind bei der Frage der Holzzölle insoweit nicht engagirt, als ihnen direkt ein pekuniärer Vortheil daraus nicht erwächst. Der indirekte Vortheil aber wird, wenn die Holzzölle eingeführt werden, auch diesen Besitzern zu gute kommen, und das ist das, daß, wenn die Forstwirthschaft in ganz Deutschland im allgemeinen sich hebt, die Forstwirthschaft des kleinen Landwirths im gleichen Maße sich mitheben muß.

(Sehr richtig.)

Nun hat man, und ich glaube, meine Herren, es wird innerhalb der Debatte, die wir über die Holzzölle hier hören werden, noch genügend erörtert werden, in der Presse den Motiven, die dem Tarife über diese Position beigegeben worden sind, den Vorwurf gemacht, daß dort gesagt sei, die deutsche Forstwirthschaft stehe auf der Höhe der Zeit; die deutsche Forstwirthschaft liege aber darnieder, und die deutsche Forstwirthschaft könne den Bedarf an Holz, der in Deutschland gebraucht werde, nicht decken. Man folgert nun weiter: diese drei Sätze in so kurzer Reihenfolge in den Motiven hintereinander gebracht, seien solche grobe Widerspruche, daß die Motive selbst die beste Handhabe gäben, um die damit motivirten Zölle auf Holz zu verurtheilen. Meine Herren, wer die deutsche Forstwirthschaft genau kennt, und wer namentlich ihre Entwickelung innerhalb dieses Jahrhunderts kennt, der wird recht wohl begreifen, daß diese drei Sätze keineswegs sich widersprechen. Die deutsche Forstwirthschaft hat sich seit Anfang dieses Jahrhunderts ganz außerordentlich entwickelt, und wir können in Deutschland auf unsere Forstwirthschaft und auf die Art und Weise, wie namentlich unsere größeren Waldungen, gehören sie nun dem Staat, den Korporationen oder einzelnen Privaten — Großgrundbesitzern, bewirthschaftet werden, mit Stolz blicken, und ich glaube, jeder, der irgend etwas von der Sache versteht, wird wissen, daß die deutsche Forstwirthschaft zu den besten Europas gehört. Es ist mir ein ganz besonderes Bedürfniß, das hier auszusprechen, weil man die deutsche Forstwirthschaft mehrfach in der Presse angegriffen hat, und ich will nur auf einen einzigen Artikel hinweisen, der im vorigen Jahre in der Zeitung des Vereins deutscher Eisenbahnverwaltungen erschien, worin die Behauptung ausgesprochen wird, — ich will Sie mit der Verlesung des Artikels verschonen —, daß eine langjährige Mißwirthschaft in den deutschen Forsten, das System der Raubwirthschaft die deutsche Forstwirthschaft so ruinirt habe, daß sich nur noch in Thüringen, im Harz, in Schlesien und im Schwarzwald Wald von erheblichem Umfange vorfinde. Meine Herren, solche Urtheile verurtheilen sich selbst, und ich glaube kaum, daß ich noch etwas hinzuzufügen habe, um hier auszuführen, daß ein derartiges Urtheil doch im höchsten Grade ungerechtfertigt und unpassend ist. Die deutsche Forstwirthschaft hat mit schweren Hindernissen zu kämpfen gehabt seit einer langen Reihe von Jahren, und ich will mir nur gestatten, auf zwei dieser Punkte aufmerksam zu machen. Ist es uns denn in Deutschland allenthalben gelungen, — fragen Sie doch einmal in Süddeutschland — überall die drückenden Lasten und die Servitute, die die freie Bewegung des Forsteigenthümers auf seinem Grund und Boden hemmen, zu beseitigen? haben wir denn allenthalben die schweren Schäden der Weideservitute, der Streunutzungsservitute, der Abgabe von billigen Hölzern an die dazu Berechtigten abgelöst? Haben wir den Wald in seiner wirthschaftlichen Bewegung überall so frei gemacht, wie wir alle es wünschen? Gewiß nicht, meine Herren, wir haben diese Belastungen noch heute, und sie bestehen sehr zum Nachtheil des Waldes, sie sind ein Theil der Ursachen mit, die dazu geführt haben, daß wir mehr Holz einführen müssen, als wir ausführen, denn wenn wir den deutschen Wald von den Servituten überall frei gemacht hätten, so würde durch die dann ermöglichte rationelle Wirthschaft die Zeit gar nicht fern sein, wo wir vollständig in der Lage wären, den Bedarf an Holz in Deutschland nach jeder Richtung hin zu decken.

(Sehr wahr!)

Meine Herren, nun ist noch ein zweiter Umstand, der unseren deutschen Wald ganz besonders drückt, auf den der Herr Regierungskommissar vorhin auch schon aufmerksam gemacht hat, und ich will nur einige kurze Bemerkungen darüber hinzufügen.

Es ist ein sehr geringer Prozentsatz der ganzen verschlagenen Holzmasse, der an Nutzholz in den deutschen Waldungen ausgehalten wird, und es ist von dem Herrn Regierungskommissar vorhin mit getheilt worden, daß der Prozentsatz des Nutzholzes, welches zum Einschlag kommt, in den einzelnen Ländern ein sehr verschiedener, und daß namentlich in meiner engeren Heimath der Prozentsatz ein sehr hoher sei, daß da mehr als 60—70 Prozent der verschlagenen Holzmassen zu Nutzholz verschlagen werden, während in anderen Gegenden kaum 10—15 Prozent der verschlagenen Holzmassen an Nutzholz ausgehalten werden. Der Grund dafür liegt theils in den Absatzverhältnissen, theils aber auch in dem Waldboden, theils in dem vorhandenen Waldbestand. Die großen Waldflächen auf dem armen Boden in der norddeutschen Tiefebene können natürlich nicht einen so hohen Prozentsatz an Nutzholz liefern, wie die schlank gewachsenen Fichten und Tannen, die auf den Hängen unserer Gebirge stocken. Es liefern auch die großen Bestände von Laubhölzern, die wir jetzt namentlich im westlichen Deutschland noch haben, nicht den hohen Prozentsatz von Nutzholz, den unsere Nadelhölzer in den Gebirgen liefern. Aber, meine Herren, daran, daß dies so ist, ist doch nicht die deutsche Forstwirthschaft schuld! Denn als zu Ende des vorigen Jahrhunderts mit dem bis dahin bestandenen Raubsystem in unseren Wäldern aufgeräumt wurde, als man anfing, eine rationelle Forstwirthschaft einzuführen, da war das größte Bedürfniß, was der Wald zu befriedigen hatte, das Bedürfniß nach Brennholz; viel und gutes Brennholz zu liefern, namentlich hartes Brennholz, das war die Aufgabe der damaligen deutschen Forstwirthschaft. Man konnte zu jener Zeit unmöglich voraussehen, daß in der Zeit von der Bestandsgründung dieser Laubwälder bis zu der Zeit, wo diese Wälder dem Hieb entgegenreiften, sich ein solcher Umschwung der wirthschaftlichen Verhältnisse vollziehen würde, wie er sich thatsächlich durch den enormen Aufschwung des Verkehrs, durch den Bau zahlreicher Eisenbahnen vollzogen hat. Dadurch sind die Aufgaben, die der deutschen Forstwirthschaft gestellt werden, auch wesentlich andere geworden und Sie sehen heute, daß man sich allgemein bemüht, von der Laubholzwirthschaft mehr und mehr abzugehen und der Nadelholzwirthschaft sich zuzuwenden, daß man sich bemüht, den Anforderungen der Neuzeit — soweit das bei einem Gewerbe möglich ist, dessen Produkte erst nach vielen Jahrzehnten nach der Aussaat geerntet werden können — gerecht zu werden und sich den gegebenen Bedürfnissen und Verhältnissen anzupassen. Wir sind daher jetzt in einem Uebergang. Lassen Sie nun den Uebergang, der der Natur nach nur sehr langsam vor sich gehen kann und unter schwierigen Umständen in der Forstwirthschaft sich vollzieht, der große Opfer seitens des Staats, der Gemeinden und Korporationen fordert, lassen Sie diesen Uebergang sich ruhig entwickeln dadurch, daß Sie ihn schützen gegen eine verderbliche Konkurrenz von außen, so werden Sie — davon bin ich fest überzeugt — in nicht gar zu langer Zeit dahin gekommen sein, daß der deutsche Wald das, was Deutschland an Holz braucht, trägt. Wenn Sie aber dem Wald diesen Schutz gegenüber der Konkurrenz des Auslandes verweigern, dann werden Sie diesen Uebergang stören, dann werden die deutschen Forstbesitzer zur Devastirung ihrer Wälder gedrängt werden, das Raubsystem wird Platz greifen müssen, und damit werden wir nicht allein die deutsche Forstwirthschaft schädigen, sondern die allgemeine Landeskultur; denn damit schädigen wir unsere klimatischen Verhältnisse, und ich brauche Sie nur auf jene Gegenden des Ostens zu verweisen, wie es dort aussieht, wo man durch maß- und sinnlose Devastation der Wälder auf den Gebirgen dahin gekommen ist, daß ehemals fruchtbare Gefilde und blühende Gegenden in öde Sandwüsten verwandelt worden sind.

Hieraus, meine Herren, ergibt sich wohl mit großem Recht, daß man der deutschen Forstwirthschaft nicht den Vorwurf machen kann, sie verstünde ihr Gewerbe nicht. Daraus ergibt sich aber auch zur Evidenz, daß die deutsche Forstwirthschaft unter dem Druck der Verhältnisse schwer leidet und darniederliegt, und daß wir nothwendiger Weise in dieser Richtung etwas für sie thun müssen.

Nun hält man dem weiter entgegen, daß die Vertheuerung durch den Zoll eine ganz wesentliche sei, und daß man mit dieser Vertheuerung dem großen Publikum abermals neue Lasten aufbürde. Meine Herren, ich will die Frage der Abwälzung hier nicht mehr erörtern, es ist darüber zur Genüge hin und hergestritten, das und jenes behauptet worden.

Für mich steht fest, daß die Frage, ob der Zoll abgewälzt werden kann oder nicht, sich nur nach genauer

Kenntnißnahme der jeweiligen Lage des Markts beantworten, nicht aber allgemein endgiltig entscheiden läßt. Für Brennholz, die wichtigste Sorte von allen Hölzern, kommt die Vertheuerungsfrage überhaupt nicht in Betracht, da Brennholz ja frei eingeht, und da von unseren Hölzern, die wir verschlagen — und nach ungefährer Schätzung verschlagen wir in Deutschland 45 bis 50 Millionen Festmeter Holz — da von diesen ungefähr nur $\frac{1}{5}$ Nutzholz ist, $\frac{4}{5}$ Brennholz, — alles andere Brennholz aus dem Auslande frei eingeht, — so wird man nicht sagen können, daß eine Vertheuerung der allerunentbehrlichsten nothwendigsten Dinge eintrete. Wenn eine Vertheuerung durch den Zoll wirklich eintritt, so kann dieselbe nur bei Bauholz und geschnittenen Waaren stattfinden — von den Holzwaaren, welche heute nicht zur Diskussion stehen, will ich nicht sprechen. — Rechne ich nur gute Holzsorten in guten Qualitäten, so beträgt, wenn Sie den Antrag, den ich mir erlaubt habe Ihnen vorzuschlagen, annehmen, die Vertheueruug für einen Stamm Bauholz ungefähr auf 70 bis 80 Pfennige und die Vertheuerung eines Brettes von 3 Centimeter Stärke ungefähr auf $3\frac{1}{2}$ bis 4 Pfennige. Das, meine Herren, ist die große Vertheuerung, mit der angeblich die nothwendigsten Dinge, die wir zum Bauen brauchen, so im Preise gesteigert werden, und durch welche der Hausbau so außerordentlich belastet wird.

Ich glaube kaum, daß angesichts dieser Zahlen noch mit Ernst behauptet werden kann, daß, wenn der Inländer wirklich den ganzen vollen Zoll, wie wir ihn auferlegen wollen, trägt, dies zu einer so wesentlichen Vertheuerung führt, daß nunmehr die Miethspreise der zu bauenden Wohnungen steigen werden, daß die Klagen gerechtfertigt sind, es werde der Tisch des armen Mannes, auf dem er sein durch Zölle belastetes Brod verzehrt, nun auch noch besteuert, und es werde das letzte Haus, das ihn umschließt, der Sarg, auch noch zur indirekten Steuer herangezogen werden, da wir ja einen Zoll auf die Bretter legen.

(Sehr gut! rechts.)

Meine Herren, ich glaube, mit solchen Gründen läßt sich gegen die Vertheuerungsfrage nicht kämpfen, ich glaube nicht, daß eine Vertheuerung eintreten wird, es ist das ein Schreckgespenst, welches man uns hier vorführt.

Aus allen diesen Gründen, meine Herren — ich will Sie mit dieser Frage nicht länger aufhalten — bitte ich den hohen Reichstag, den Antrag Eysoldt auf Freilassung der Rundhölzer abzulehnen. Ich hätte auch den Wunsch gehabt, daß in gewissen Fällen eine Freilassung der Rundhölzer hätte eintreten können, ich weiß recht gut, daß es auf der österreichischen Grenze von Oderberg an bis nach Lindan Fälle gibt — weil diese Grenze fortbauernd auf den Gebirgskämmen hinläuft und so die Wälder, welche dort stecken, in zwei Hälften sowohl auf dem Riesengebirge als auf dem sächsischen Erzgebirge, zwischen dem Böhmerwald und dem bayerischen Wald, an der Tyroler Grenze und im bayerischen Hochland theilt, — wo sich ein reger Holzverkehr hinüber und herüber ausgebildet hat, und ich weiß recht wohl, daß sehr große Schwierigkeiten auch dadurch entstehen werden, daß eine große Anzahl unserer deutschen Sägemüller für ihre Mühlen österreichisches Rundholz kaufen, die ganz in der Nähe liegen, die sie auf dem einfachen Holzweg zu ihrer Mühle führen können, die sie aber bei der Verzollung erst auf die Zollstraße bringen müssen, und dann erst zu ihren Mühlen führen können, während umgekehrt der österreichische Konkurrent auf deutschem Gebiete Holz kaufen kann und nach Oesterreich ungenirt hinüber führen kann; ich weiß sehr wohl, daß dies ein schwerwiegender Umstand ist, ich glaube aber, es bietet die Zollgesetzgebung des Reiches auch hier die nöthige Handhabe, um eine Erleichterung eintreten lassen zu können an den Stellen, wo das Bedürfniß danach vorliegt; das Bedürfniß nach einer solchen Erleichterung ist keineswegs allenthalben gleichmäßig, denn es wird da viel geringer sein, wo die Berge hoch und der Kamm schroff ist, so daß ein Hinüber- und Herüberfahren über den Kamm seltener stattfindet; das Bedürfniß wird aber da größer sein, wo die Berge flacher sind, und wo der gegenseitige Handel hinüber und herüber ein sehr reger ist. Ich glaube; daß es hier vielleicht nur der Anregung bedarf, um von Seiten des Bundesrathstisches eine Erklärung dahin zu provoziren, daß man diesen Kleinverkehr mit Rohholz da, wo es erforderlich ist, möglichst erleichtern wird.

Ich wende mich nun zu dem von mir gestellten Antrag. Derselbe schlägt Ihnen vor eine Erhöhung des Zolls auf Schnittwaaren, wie ich die dahin gehörigen Artikel kurz bezeichnen will, und sind die Gründe, die für die Erhöhung dieses Zolls sprechen, in der Hauptsache dreierlei. Erstens, steht der Zollsatz des Rundholzes zu dem Zollsatz der Schnittwaaren nicht im richtigen Verhältniß. Berechnen Sie doch ganz einfach einmal, wie sich der Zollschutz nun für die geschnittene Waare stellt im Verhältniß zu dem Zollschutz, den das Rund- und Rohholz genießt. In der Hauptsache können Sie — in der Praxis hat sich das bestätigt — annehmen, daß 5 Festmeter Rundholz 3 Festmeter geschnittene Waare geben. Wenn Sie nun den Festmeter Rundholz mit 60 Pfennigen Zoll belegen, so liegen auf 5 Festmetern Rundholz 3 Mark Zoll. Wenn nun 3 Festmeter geschnittene Waare, welche vor der Bearbeitung 5 Festmeter Rundholz ausmachen, mit $1\frac{1}{2}$ Mark belastet werden, so legen Sie auf die Schnittwaare aus 5 Festmetern einen Zoll von 4,50 Pfennigen, die Differenz zwischen beiden ist der Schutz, welchen die 3 Festmeter geschnittene Waare dem Rundholz gegenüber genießen, und beziffert sich derselbe mit 1,50 Mark oder das Festmeter mit 50 Pfennigen. Wenn Sie das auf den Werth berechnen, so kommt ein so geringer Prozentsatz heraus, daß man das einen Schutz der geschnittenen Waare gegenüber nicht mehr nennen kann. Nun kommt hinzu, daß die Einfuhr von geschnittener Waare dann um so größer sein wird, je geringer das Verhältniß der Zollsätze zwischen Rohholz und geschnittener Waare ist; denn je kleiner die Differenz ist, um so mehr wird man im Auslande sich bemühen, allen unnöthigen Ballast wegzuschaffen und nicht die rohen Hölzer, sondern die fertig gearbeiteten Hölzer hier einzuführen. Nun, meine Herren, das beweist heute schon der ganz gewiß nicht wegzuleugnende Umstand, daß die Einfuhr von Rohhölzern auf den Flüssen — ich verweise auf die Arbeiten unseres reichsstatistischen Büreaus über den Verkehr auf den deutschen Wasserstraßen — daß die Einfuhr von Floß- und Rundholz in Deutschland abgenommen, dagegen die Einfuhr von Schnittwaare zugenommen hat. Die Zunahme der Holzeinfuhr, dereu Ziffer der Herr Regierungskommissar nannte, basirt keineswegs darauf, daß wir so und so viele Klötzer, Blöcke und Stämme mehr eingeführt haben; nein, meine Herren, die Zufuhr von Rundhölzern hat abgenommen, dagegen die Zufuhr von geschnittenen Waaren zugenommen. Lassen wir nun das Verhältniß beider Zollsätze, wie es jetzt vorgeschlagen ist, bestehen, so wird die Einfuhr von Rohhölzern noch geringer werden, aber die Einfuhr von Schnittwaaren in immer größeren Progressionen zunehmen, weil es vortheilhafter wird, die werthvollere Waare einzuführen. Dadurch schädigen wir unsere Sägemühlen, und das sind unsere besten Kunden. Ich werde später noch ein paar Worte darauf richten, daß dies außerordentlich beklagenswerth sein würde.

Nun steht aber auch der Zollsatz in keinem Verhältniß deshalb, weil die Betriebskosten unserer Sägemühlen gewachsen sind. Es liegt mir eine Zusammenstellung von acht Sägewerken auf dem Harz aus dem Jahre 1864 vor, und es ist mir durch ein in der Sache sehr kundiges Mitglied in diesem Hause eine Zusammenstellung der Kosten auf einem Sägewerke aus dem Jahre 1878 gemacht worden. Vergleiche ich diese Ziffern, so stellten sich im Jahre 1864 die Kosten, die bei Herstellung eines

Festmeters geschnittener Waaren erforderlich waren, auf 3,4 Mark, im Jahre 1878 waren diese Kosten schon um ein erhebliches, auf 4,6 Mark, gestiegen. Wenn Sie nun unseren alten Zolltarif bis zum Jahre 1865 mit dem gegenwärtigen Zolltarif vergleichen, so finden Sie, daß damals das Verhältniß der Zölle wie 1 : 3 1/2 war, während unser gegenwärtiger Zolltarif das Verhältniß wie 1 : 2 1/2 stellt. Und wenn Sie damit nun die gesteigerten Produktionskosten in Verbindung bringen, so liegt klar auf der Hand, daß dieses Verhältniß ein ungenügendes ist, und daß es gewiß nicht zu hoch gegriffen sein dürfte, wenn ich mit meinem Antrage beabsichtige, ein Verhältniß wie 1 : 3 herzustellen. Weiter, meine Herren, ist das Verhältniß aber auch deshalb ein ungenügendes, weil die Hölzer, die aus den Importländern kommen, dort auf sehr leichte und billige Weise gewonnen werden. Die deutsche Waldwirthschaft hat Ausgaben, die in jenen Ländern nicht vorkommen, für Staats- und Kommunalsteuern, für Ausführung von Kulturen, für Wegebauten, Entwässerungen, Maßregeln zu Meliorationen, zur Verbesserung der Bodendecke und dergleichen. Alles das kennt man in jenen Ländern, die uns die Konkurrenz bereiten, nicht; dort wird der Wald im raubwirthschaftlichen System ausgebeutet und abgeschlagen, und das trägt natürlich ganz außerordentlich dazu bei, die Kosten der Gewinnung dort zu vermindern, während bei uns die Kosten sehr erheblich gesteigert werden.

Nun hat man der deutschen Forstverwaltung, namentlich der staatlichen, den Vorwurf gemacht, daß man in den deutschen Staats- und Gemeindewaldungen zu theuer wirthschafte, daß man zu viel Beamtenpersonal habe, zu viel auf den Wegebau und andere Dinge verwende und zu hohe Regiekosten in deutschen Waldungen habe.

Meine Herren, der Vorwurf ist ganz unbegründet. Es kann vielleicht einmal hier und da der Fall vorkommen, daß ausnahmsweise der eine oder andere Besitzer sich hier große Luxusbauten erlaubt hat; aber ich bin im ganzen der Ueberzeugung, daß man in unseren Forsten sparsam, vielleicht hier und da zu sparsam, namentlich was die Herstellung guter Waldwegnetze betrifft, arbeitet. Wenn man ferner anführt, daß das gut geschulte Personal zu theuer sei, so weise ich darauf hin, daß wir die Blüthe unserer deutschen Forstwirthschaft und ihr Fortschreiten dem gut geschulten Forstpersonal verdanken, welches trefflich gelernt hat, Theorie und Praxis mit einander zu verbinden.

Meine Herren, ich will nun den zweiten Grund, der für die Erhöhung des Zolles, welche mein Antrag vorschlägt, spricht, mit kurzen Worten berühren, da dessen auch vom Regierungstisch schon Erwähnung gethan ist, zu dem ich aber noch einige weitere Bemerkungen hinzufügen möchte. Das ist der finanzielle Gesichtspunkt. Ich habe den Herren vorhin auseinanderzusetzen mich bemüht, daß die größere Hälfte der deutschen Forsten in den Händen von Gemeinden und Korporationen ist, daß, wenn wir die deutsche Forstwirthschaft haben, dann die Mehreinnahme auch der Allgemeinheit zugute kommt, sei es den Gemeinden, sei es dem Staate, und so den Steuerzahlern. Darüber nun, meine Herren, herrscht Einstimmigkeit, und ich glaube, dem ist nirgend widersprochen worden, daß, wenn wir ernstlich unsere Forsten heben wollen, wir dies nur dadurch thun können, daß wir einen größeren Nutzholzprozentsatz aushalten. Wenn das aber wahr ist, so können wir diesen größeren Nutzholzprozentsatz nur dann verkaufen, wenn wir unsere Abnehmer schützen, und, meine Herren, die besten Abnehmer der großen Quantitäten von Holz, die auf unseren Wäldern wachsen, sind die Sägemühlenbesitzer und Holzhändler. Wenn wir, meine Herren, die gegen die auswärtige Konkurrenz schützen, das Gewerbe des Holzschneidens in Deutschland uns erhalten, wird es möglich sein, geringere Hölzer als Sortiment auszuhalten und abzusetzen, wird es möglich sein, die Ausnutzung unserer Wälder zu steigern; damit wird die Rentabilität derselben zu aller Nutzen gehoben, wenn wir dieses so wichtige Gewerbe der Konkurrenz des Auslandes nicht preisgeben.

(Sehr richtig! rechts.)

Thun wir das nicht, dann werden wir freilich zu dem sehr üblen entgegengesetzten Resultate kommen. Es ist mir versichert worden, daß heute schon hier in Berlin die Zeichnungen von hiesigen Bauten nach Schweden oder Galizien geschickt werden, daß man dort die Hölzer in den Wäldern so vorbereitet, daß sie hier nur weniger Nachhilfe bedürfen, um zum Bau verwendet zu werden. Wird dies auch nicht in Zukunft zu verhindern sein, so müssen wir doch unsere Holzschneiderei darin konkurrenzfähig erhalten, und deshalb ist der Zoll nöthig, weil eine solche Manipulation nur lohnen kann, da die Produktionsbedingungen im Auslande andere sind als hier. Wer jemals die Einrichtung der transportablen Holzschneidemühle, wie sie z. B. in den galizischen Wäldern aufgestellt werden, gesehen hat, wird sich überzeugt haben, daß es absolut unmöglich ist, hier ebenso billig zu arbeiten, mit diesen Einrichtungen zu konkurriren. In rohester Form werden die Stämme niedergelegt als Unterlage; die Maschinen werden darauf gebracht, ein primitives Dach darüber errichtet, und die Sägemühle ist fertig. Das Stockholz und das Reisig und andere Abfälle werden in die Maschine verfeuert, um die Dampfkraft zu erzeugen, und so wird dort in primitivster Weise der Schnitt der Hölzer mitten im Holzschlage vorgenommen. Die ganze Maschinenanlage ist so zerlegbar, daß, wenn ein Schlag aufgearbeitet ist, sie mit Leichtigkeit abgebrochen, zerlegt, transportirt und in kürzester Zeit neu aufgestellt werden kann, um das Zerstörungswerk der dortigen Wälder an einer anderen Stelle fortzusetzen.

Meine Herren, mit solchen Einrichtungen kann natürlich eine Schneidemühle, die an einer Wasserkraft gelegen ist, oder die sich gar die theuere Dampfkraft angeschafft hat, nicht konkurriren, wenn nicht ein wesentlicher Schutz gewährt wird, und das ist der Zweck meines Antrages; damit werden wir unseren Staats- und Gemeindewaldungen den besten Abnehmer und denjenigen, der am besten zahlen kann, sichern.

Nun, meine Herren, geräth aber hier in einen Widerspruch die Eisenbahnverwaltung gewöhnlich mit der Forstverwaltung, und ich muß auf diesen Punkt doch noch ein paar Worte richten. Die Eisenbahnverwaltungen sind sehr geneigt, den ausländischen Verkehr zu begünstigen, und wir alle wissen ja, wie sehr die Eisenbahndifferentialfrachtsätze, durch welche das Holz billiger aus dem Ausland nach Deutschland hereingefahren wird, als das deutsche Holz auf den deutschen Bahnen, bekämpft worden sind. So viel ich nun höre, ist gerade in diesem Punkt durch den preußischen Herrn Handelsminister Abhilfe geschaffen worden, und man hat den Frachtsatz allenthalben gleich auf 3 Pfennige pro Tonne und Kilometer heruntergesetzt. Damit hat man natürlich der ausländischen Konkurrenz denselben Frachtsatz gewährt, wie dem inländischen Holz, man hat damit aber die ausländische Konkurrenz nicht beseitigt dadurch, daß man sie zu demselben Preise fahren läßt, wie das inländische Holz. So wichtig und entscheidend auch die Tarife für Hölzer für unsere Forstwirthschaft sind, so würde ich doch hier kein Wort gesagt haben, wenn ich nicht über die Art und Weise ganz erstaunt wäre, wie man den Handelsvertrag, und wenn er auch nur ein provisorischer ist, der mit Oesterreich abgeschlossen, handhabt.

(Hört!)

Meine Herren, in dem Handelsvertrag, der uns in Nr. 8 der Drucksachen vorgelegen und der unsere Genehmigung gefunden hat, heißt es ausdrücklich in Art. 15:

> Die publizirten Tarife sind überall und für jedermann unter Ausschluß von nicht veröffentlichten

> Rückvergütungen, Rabatten, Refaktien und dergleichen gleichmäßig in Anwendung zu bringen. Die vertragenden Theile werden dahin wirken, daß die Uebertretung dieser Bestimmung seitens einzelner Eisenbahnverwaltungen mit entsprechender Strafe belegt wird.

Meine Herren, es liegt mir hier eine Notiz vor, daß ein Prager Spediteur unterm 13. Mai 1879 für Waggonladungen von 10 000 Kilogramm — in diesem Fall, den ich hier aufführe, für Getreide, das ist aber für Holz jedenfalls in derselben Weise der Fall — für folgende Stationen Bayerns: Asch, Bamberg, Haßfurt, Hochstedt, Hof, Kirchenlemnitz, Marluden, Markredewitz, Mittenteich, Münchberg, Neustadt a. d. W. N. Oberndorf, Redwitz u. s. w. — ich will sie nicht alle vorlesen, es sind meist Stationen, die in Oberfranken liegen, — daß da 47 Mark Refaktien gewährt werden,

(hört!)

wenn man von Prag aus Wagenladungen nach diesen Stationen bezieht. Werden diese Wagenladungen verfrachtet nach den übrigen Stationen Bayerns, Badens, Württembergs, der Pfalz, von Elsaß-Lothringen, von Hessen, der Main-Weserbahn, der Nassauischen Bahnen, von der Werrabahn, so werden 42 Mark Refaktien gewährt.

(Ruf: Von wem?)

— Das bietet der Spediteur in Prag den deutschen Beziehern an.

Der Herr Abgeordnete Richter frägt, von wem diese Refaktien gegeben werden. Doch wohl, wie ich annehme, auf Kosten der österreichischen Bahnen. Ja, meine Herren, aber wo bleibt da der Artikel 15 des Handelsvertrags. Es ist ja dann unmöglich, daß der Artikel 15 des Handelsvertrags richtig gehandhabt werden kann, wenn es heute noch thunlich ist, daß aus Oesterreich derartige Refaktionen den deutschen Beziehern von Getreide u. s. w. angeboten werden.

Nun, meine Herren, lassen Sie mich damit schließen, daß ich noch ganz kurz den dritten Grund für meinen Antrag erwähne. Es ist außerordentlich wichtig und nothwendig, daß wir auch im Interesse der Arbeiter und der Arbeitsverhältnisse die deutsche Waldwirthschaft intakt erhalten. Der Herr Kollege Braun hat die Hungersnoth im Spessart damit motivirt, wenn ich ihn recht verstanden habe, daß den Leuten der Wald dort nicht gehört. Meine Herren, der Wald hat den Leuten wahrscheinlich niemals gehört, er hat immer größeren Besitzern und der Krone gehört. Der Grund, weshalb die Hungersnoth ausgebrochen ist, ist der, daß die Arbeiten in dem weiten Waldgebiete nicht mehr in dem Umfange vorgenommen werden konnten, um die Ernährung der Bewohner des Spessarts sicher zu stellen, weil man mitten in den Spessart hinein auf Eisenbahnen ungarische und galizische Schnittwaaren zu Preisen fuhr, die geringer waren, als die Preise, welche bei der kärglichsten Löhnung der Arbeiter im Spessart gefordert werden mußten.

(Sehr wahr!)

Meine Herren, was hier geschah, kann sich anderwärts jeder Zeit wiederholen, wenn nicht Abhilfe geschafft wird, es wird dann eine Noth auch auf den Gebirgen, und zwar unter dem ärmeren Theil der Bevölkerung ausbrechen, die von den traurigsten Folgen sein muß. Im Interesse daher der deutschen Waldarbeiter, im Interesse der finanziellen Erträgnisse unserer Staats- und Gemeindewaldungen, als auch im Interesse der allgemeinen Landeskultur Deutschlands sorgen Sie durch Ihren Beschluß auch hier dafür, daß der deutsche Wald den Deutschen erhalten bleibe.

(Bravo!)

Präsident: Meine Herren, es ist ein Vertagungsantrag eingegangen von dem Herrn Abgeordneten Stellter. Ich ersuche diejenigen Herren, welche den Vertagungsantrag unterstützen wollen, sich zu erheben.

(Geschieht.)

Die Unterstützung reicht aus.

Ich bitte, daß diejenigen Herren, welche den Antrag auf Vertagung annehmen wollen, sich erheben.

(Geschieht.)

Das ist die Minorität.

Der Herr Abgeordnete Dr. Klügmann hat das Wort.

Abgeordneter Dr. **Klügmann:** Meine Herren, wenn die Aeußerung der Herren Abgeordneten, die vor mir sprachen, richtig ist, daß der Zoll auf Holz von den Konsumenten nicht empfunden werde, so kann das ja nur dahin führen, diesen Zoll als Schutzzoll nicht anzuerkennen. Er käme dann nur noch in Frage als Finanzzoll, und es mögen auch in diesem Hause manche sein, die einem Schutzzoll auf Holz nicht geneigt sind, aber doch die finanzielle Einnahme aus der Holzverzollung für das Reich annehmbar finden. Deshalb halte ich es nicht für außerwegs, den Holzzoll auch als reine Finanzmaßregel hier zunächst zu prüfen. Ich will dabei nicht weiter darauf eingehen, daß meiner Ansicht nach das Holz überhaupt nicht als geeigneter Gegenstand für die Verzollung erscheint, weil es Fabrikationsmaterial ist, und weil es im Inlande, wie die Motive selbst angeben, nicht in genügender Menge für den Verbrauch erzeugt werden kann. Ich will nur darauf hinweisen, daß der Ertrag des Holzzolles ein äußerst geringer sein wird. Wenn wir selbst annehmen, daß die Einfuhr und Zufuhr von Holz in demselben Umfange verbleibt, wie bisher, was doch verhindert werden soll, so werden in Zukunft eingeführt werden etwa 20 Millionen Zentner behauenes Holz zu einem Zollsatz von 12½ Pfennigen, das würde ergeben 2½ Millionen, und 45 Millionen Zentner unbehauenes Holz zu 5 Pfennigen würden ergeben 2¼ Millionen, zusammen also 4¾ Millionen. Wenn man selbst die Statistik nicht für zuverlässig anerkennen wollte, so ließe sich die Einfuhr vielleicht etwas höher nehmen; wir wollen 5 Millionen Mark rechnen. Was steht aber an Ausgaben gegenüber? Leider hat noch bei keiner einzigen Position die Regierung uns auch nur annähernd Auskunft darüber gegeben, wie viel Ausgaben auf die Erhebung des Zolles fallen.

(Hört, hört!)

Diese Erhebungskosten sind aber bei keinem Artikel so beträchtlich wie beim Holz, das Holz geht auf 4 verschiedenen Wegen in Deutschland ein. Einmal auf Flüssen, namentlich auf der Weichsel. Das Holz kommt dort im Anfange des Frühlings in großen Massen auf Flößen an. Es muß dann in kurzer Zeit verzollt werden, die Zollmanipulation erfordert die Anstellung einer großen Anzahl von Zollbeamten, die später zu einer anderen Zeit gar nicht mehr verwendbar sind. Ebenso geht es beim Seeverkehr. Das Holz wird wesentlich eingeführt auf Segelschiffen. Die Segelschiffe gelangen in die Häfen nur bei günstigem Winde, dann kommen sie in großer Anzahl. Nun muß an einem oder an zwei Tagen die Verzollung stattfinden durch die Zollbeamten, die außer dieser kurz bemessenen Zeit, auch außerhalb der kurzen Sommermonate, gar keine Beschäftigung haben. Die Verzollung bei der Einfuhr auf Eisenbahnwagen bewirkt eine kostspielige Verzögerung des Verkehrs.

Ebenso wird die Verzollung bei der Einfuhr per Fuhre die äußersten Schwierigkeiten und Kosten machen. Es ist uns nun zwar eben vom Abgeordneten Richter auch wieder die Hoffnung erweckt, daß man die nothwendigsten Erleichterungen eintreten lassen werde; aber wie soll denn das gemacht werden? Die Motive sprechen darüber gar nicht, behalten alles eben einfach der Verwaltung vor, ohne daß uns irgendwie darüber nähere Auskunft gegeben wird.

Ich will nicht die Berechtigung des Bundesraths bestreiten, derartige Einrichtungen im Interesse des Verkehrs zu treffen. Sie werden uns aber nicht verdenken können, daß wir hierbei wenig Vertrauen haben, weil die Tendenz jetzt eine ganz andere ist. Bisher war bei Bewilligung derartiger Erleichterungen die Absicht auf die Erleichterung des Verkehrs gerichtet. Wer bürgt dafür, daß nicht hinfort die Tendenz die entgegengesetzte sein werde, den Verkehr möglichst zu schmälern im Interesse der inländischen Produktion.

Meine Herren, es kann also meines Erachtens als Finanzzoll der Holzzoll in der That nicht in Betracht kommen, sondern nur als Schutzzoll oder — wenn Sie den Ausdruck lieber wollen — als volkswirthschaftlicher Zoll; er wird auch als solcher nur in den Motiven gerechtfertigt. Ich will nun dabei das Interesse der Konsumenten ganz außer Acht lassen. Es liegt nicht auf dem Boden der Vorlage, daß überhaupt die Interessen des Konsumenten als solchen in Betracht kommen. Er hat ein Recht nur, insoweit er wiederum seinerseits Produzent ist. Aber als solcher hat er doch gewiß dasselbe Recht wie der Produzent des Rohmaterials. Wer ist denn nun der produzirende Konsument des Holzes im wesentlichen? — Ich sehe ganz ab von dem Tischler, von dem armen Handwerker, auf diese soll ja nicht weiter reflektirt werden, sondern ich will nur die großen Produktionsmassen hier vorführen — das ist wesentlich der Bergbau und die Landwirthschaft. Sie wissen selbst aus den Eingaben, die Ihnen von den schlesischen Forstbesitzern vorgelegt sind, daß dem Rückgange des Bergbaus und dem damit zusammenhängenden Rückgange der Landwirthschaft es allein zugeschrieben wird, daß die Forstkultur in Schlesien ihre Produkte in Schlesien selbst nicht habe absetzen können und deshalb auf Absatz nach Außen angewiesen sei. Es wird ausdrücklich angeführt, daß nur die Aufhebung der Eisenzölle zu dem Ruin der Forstkultur in Schlesien geführt habe. Nun haben wir den Eisenzoll eingeführt, um die Eisenproduktion, wie behauptet wird, nur konkurrenzfähig zu machen mit dem Auslande. Wenn wir ihr wieder die Produktion erschweren dadurch, daß wir den Holzzoll auf die Grubenhölzer legen, so reicht der Eisenzoll nicht mehr aus; denn der Eisenzoll ist auf Grundlage des freien Holzes aufgebaut. Ebenso liegt es bei den Kohlen, denen wir keinen Schutzzoll gewährt haben, deren Produktion wir aber wesentlich vertheuern, wenn der Bezug der Grubenhölzer, der in großen Massen erfolgt, wesentlich vertheuert wird. Was aber die Landwirthschaft betrifft — jeder Sachverständige wird Ihnen bezeugen, daß Niemand mehr Holz konsumirt als der Landwirth; — was konsumirt denn der Städter an Holz? Sehen Sie die Gebäude an in der Stadt, vergleichen Sie sie mit den Gebäuden, Einrichtungen, Fabrikationsanlagen auf dem Lande! Das Land braucht unendlich viel mehr Holz als die Stadt. Was erreichen wir also? Eine Vertheuererung der landwirthschaftlichen Produktion zu Gunsten einer besonderen Art der landwirthschaftlichen Produktion. Ich will mich nicht auf den Streit einlassen, ob der Landwirth zu Gunsten der Großbesitzer oder der Kleinbesitzer herangezogen wird, oder wie das Verhältniß liegen mag.

Der Herr Abgearbnete Richter (Meißen) hat uns aber angeführt, daß zu 45 Prozent deutscher Holzbesitz in den Händen des Fiskus und 10 bis 11 Prozent im Besitz der todten Hand sei. Also liegt doch im wesentlichen eine neue indirekte Besteuerung vor zu Gunsten des Fiskus und der todten Hand.

Es werden uns nun als hauptsächlichstes Motiv für die Besteuerung des Holzes die Mindererträge der fiskalischen Forsten — auch in der Petition der schlesischen Grund- und Forstbesitzer angeführt. Wir wissen aber aus den Verhandlungen des preußischen Abgeordnetenhauses, daß die preußische Forstverwaltung im Vorjahre 4 Millionen Mark Minderertrag ergeben hat. Dabei ist aber sowohl in den Motiven, wie auch in der Eingabe der schlesischen Forstbesitzer ganz außer Acht gelassen der große Einfluß des Windbruchs im Jahre 1876. Der Herr Bundeskommissar führte vorhin an, daß diejenigen Eingaben und Druckschriften, die jetzt in der Erregung des Augenblicks an uns herangelangten, nicht immer volle Glaubwürdigkeit beanspruchen dürften. Ich bitte, dies doch auch auf die Petitionen, welche uns aus Schlesien zugegangen sind, ebenso beziehen zu wollen, wie auf die Petitionen, welche von anderer Seite eingereicht sind, und auch auf die Motive, denn auch die Motive sind meines Erachtens in der Erregung des Augensblicks geschrieben, wie sich das in der That an dem ganzen Ton zeigt, in dem sie verfaßt sind.

Ein offizielles Aktenstück aber, der Bericht der Rechnungskommission des preußischen Abgeordnetenhauses, spricht sich über den Grund der Mindererträge der preußischen Forsten etwas anders aus. Wir erfahren aus der Nummer 265 der Druckschriften des Abgeordnetenhauses aus der Session 1878/79, daß in Schlesien am 1. April 1877/78 wirklich verwerthet sind 529 447 Festmeter, — also, fährt der Bericht fort, gegen die Abnutzungssätze von 427 382 Festmetern ein Mehr von 12 065, d. h. 24 Prozent über die Abnutzungssätze.

(Hört hört!)

Bei einer solchen Ueberproduktion sollen sie sich doch nicht wundern, daß die Verkaufssätze niedrige sind.

(Sehr wahr! links.)

Dieser vermehrte Holzschlag hat eben seinen Grund noch in der Nachwirkung jenes großen Windbruchs aus dem Jahre 1876. Und aus solchen gelegentlichen Momenten eines Werfens der Holzpreise in einer Provinz, Schlesien, werden uns Holzzölle zugemuthet, die jedenfalls eine weit längere Dauer haben mögen, als die Wirkungen jener zufälligen Umstände reichen!

Die Kommission des Abgeordnetenhauses hat aber noch darauf ausdrücklich hingewiesen, daß außer diesem zufälligen Unglück noch alle ungünstigen Zeitverhältnisse, die Billigkeit der Kohlen in Konkurrenz mit der Verwerthung des Holzes und auch die besonders ungünstigen Witterungsverhältnisse gar nicht mit in Rechnung gezogen sind.

Der Herr Abgeordnete Richter (Meißen) hat meines Erachtens uns in der That die richtigen Wege zur Steigerung der Erträgnisse der deutschen Forsten so meisterhaft angezeigt, daß wir nur alle wünschen können, dem möchte die deutsche Forstverwaltung in allen Bezirken nachkommen. Das wäre gewiß ein viel besserer Weg für das höhere Erträgniß unserer Forsten, als die Auflegung eines Zolles jemals herbeiführen kann.

Nach den Motiven soll keine Vertheuerung des Holzes deshalb eintreten, weil mehr Holz zu Bau- und Nutzholz anstatt zu Brennholz verwendet wird. Ja, der Herr Abgeordnete Richter meint, wir stehen augenblicklich in der Entwicklung des Forstwesens, welche dahin führe, mehr Bau- und Nutzholz heranzuziehen an Stelle des Brennholzes. Er kommt aber zu dem Schlusse, wir sollten Deutschland absperren, damit diese Entwickelung in Ruhe vor sich gehen kann. Liegt es nicht viel näher, dann zu sagen: stören wir doch nicht diese Entwickelung dadurch, daß wir nun künstlich einen viel größeren, auf die Devastation der Forsten hinausgehenden Konsum künstlich erzeugen.

(Sehr richtig! links.)

Meine Herren, in dieser Beziehung steht das Holz ganz anders da, wie jeder andere Produktionszweig, wie auch das Getreide. Wir können das Holz nicht machen, wie wir es haben wollen, es wächst, es läßt sich nicht schaffen, es läßt sich wohl veredeln, aber niemals wird es in Deutschland gelingen, amerikanische Hölzer zu erzeugen, wie wir sie für den

Schiffsbau nun einmal gebrauchen, auch die Hölzer nicht, die wir zur künstlichen Möbeltischlerei brauchen, in der wir es doch nun einmal so weit gebracht haben, daß wir ganz erheblich exportiren. Derartige Hölzer werden wir doch nie erzeugen, also der Schutz kann den Zweck nie erreichen, den er bei anderen Produktionen möglicherweise erreichen kann. Die Fabrikation, die wir doch Alle steigern wollen, braucht eben die verschiedene Auswahl von Hölzern. Es ist gerade das ja ein Zeichen von feinerer Fabrikation, wenn sie auch in der Auswahl des Materials immer mehr sich verfeinert und verschiedenartiges Material für ihre Zwecke verwendet.

Und aus solchen Gründen wollen Sie nun eine außerordentliche, jedenfalls doch künstliche Verschiebung der Bezugsquellen, des ganzen Holzverkehrs in Deutschland herbeiführen?

Sie geben selbst zu, daß in den nördlichen Provinzen für den nöthigen Konsum nicht das ausreichende Material gegeben ist, verlangen aber, daß sie Holz jetzt bloß vom Inlande beziehen sollen, obwohl die Holzbezüge vom Norden und den nordischen Ländern ja viel näher liegen. Bei keinem Artikel ist ein so großer Theil des Werthes in den Transportkosten enthalten, wie gerade beim Holz. Sie werden also nur eine künstliche Verschiebung der Transportverhältnisse erreichen. Dabei wird der künstliche Druck aber wie immer schwer empfunden, und den zufällig erreichten Vortheil dankt Ihnen niemand. Sie werden nichts als Unzufriedenheit in großen Kreisen erzeugen und wenig Zufriedenheit bei denen, denen die Maßregel zu gute kommen soll. Die Schädigung ist gewiß, die Sie erreichen, und zwar die Schädigung auch eines großen nationalen Erwerbszweiges, des Transithandels und der Schifffahrt: Es ist der Transithandel heute hier wieder zurückgestellt als wenig erheblich. Es ist ja richtig, daß die Durchfuhr an Holz seit 1864 verhältnißmäßig sich nicht gesteigert hat, aber ist denn nicht von 1864 bis 1877 auch ein außerordentlich gesteigerter Holzkonsum in Deutschland eingetreten? Es ist doch ganz natürlich, daß dann auch der Konsum des von Rußland früher nur durchgeführten Holzes sich in Deutschland selbst steigert. Der Transithandel von Danzig beträgt doch noch, selbst nach den vielleicht diesmal zuverlässigen statistischen Mittheilungen 14 800 000 Zentner. Ueberhaupt sind über die Bedeutung und den Werth des Handels für die Förderung der Gesammtwirthschaft des Volkes von der rechten Seite des Hauses und auch von der Regierungsbank Urtheile und Auffassungen zu Tage getreten, die ich mir in der That nur psychologisch erklären kann. Man kann nicht leugnen, daß die neue Aera des Schutzzolls darauf gerichtet ist oder wenigstens die Wirkung hat, den Handel zu schädigen. Man fühlte das Bedürfniß einer Rechtfertigung hierfür und findet sie nur darin, daß man die Bedeutung und die Wichtigkeit des Handels für die Hebung des nationalen Wohlstandes herabdrückt und zu schmälern sucht. Meine Herren, wir haben vom Regierungstisch vom Herrn Regierungskommissar Mayr die Aeußerung gehört, wir wollen nicht mehr unser Herzblut an andere theuer verkaufen. Wir haben von Herrn Stumm gehört: sobald der Handel den Anspruch erhebt, nicht mehr den Vermittler zwischen den Produktionselementen — von Konsumenten ist gar nicht mehr die Rede — sondern Selbstzweck zu werden, erhebt er einen Anspruch, der unberechtigt ist, und der nicht energisch genug zurückzuweisen ist,

(sehr richtig! rechts)

der Handel hat sich dem Bedürfniß zu akkommodiren und hat nicht zu verlangen, daß die gesammte Produktion des sogenannten Hinterlandes sich nach seinen Interessen richten soll. Gewiß wird ihm dafür jetzt wie damals der Beifall der rechten Seite des Hauses.

Meine Herren, was bezwecken diese Aeußerungen und was ist der eigentliche Sinn des Beifalls, der ihnen zu Theil wird? Der Handel als solcher hat an den Tarifsätzen gar kein Interesse. Lesen Sie doch die Aeußerungen des Herrn Schemmann in der Eisenenquete, die von Herrn von Wedell (Malchow) Ihnen schon vorgeführt sind. Er sagte: Ich habe gar kein Interesse, mich darüber zu äußern, wie hoch für den Zollverein der Zoll auf Eisen gelegt wird. Das ist ganz richtig, soweit der Handel nicht Transit ist, also Zwischenhandel zwischen einem Lande und dem andern, hat er an den Zollsätzen kein unmittelbares Interesse. Es ist merkwürdig, daß sich diese Aeußerungen grade gegen den Exporthandel richten. Man sollte glauben, die nationale Wirthschaft hätte alles Interesse, den Exporthandel möglichst zu stärken und zu fördern. Was thut denn der Exporthandel dem inländischen Fabrikanten gegenüber? Er zeigt ihm nur die Art, wie er fabriziren muß, er stellt ihm die Bedingungen des Welthandels in Bezug auf den Preis und die Güte der Waare. Aber gerade diese Mahnungen an den scharfen Zug des Welthandels sind dem Fabrikanten oft sehr unbequem, deshalb der Groll gegen den Export. Herr von Varnbüler hat uns kürzlich gesagt, der Export ist eigentlich kein Interesse der Fabrikation, es ist mehr eine Spekulation als eine Fabrikation, — so äußerte er sich ungefähr. Es ist richtig, der deutsche Fabrikant hat vielfach ein schlechtes Geschäft gemacht beim Export; aber weshalb? weil er oft unsolide geliefert hat. Ich will das nicht näher ausführen, aber es wird mir nicht bestritten werden; sollte es bestritten werden, so bin ich bereit, Beweise beizubringen. Aber noch aus einem anderen Grunde ergibt sich der Mangel an Erfolg. Der deutsche Fabrikant ist aus einer gewissen Engherzigkeit — ich will es nicht Mißgunst nennen, aber aus einer gewissen Engherzigkeit noch nicht dahin gelangt, an die Nothwendigkeit der Theilung der Arbeit zu denken, er gönnt eben dem Kaufmann nicht seinen berechtigten Vortheil. Daher die Konsignationen deutscher Fabrikanten ins Ausland, die ungesunde Verbindung der Spekulation mit der Fabrikation. Ich komme zurück von dieser Digression und bitte Sie nur, die Interessen des Handels und der Schifffahrt auf der Ostsee für nicht so gering zu halten, wie sie vom Regierungstisch geschildert worden sind. Ich spreche hier nicht von den großen, stolzen Rhedereien der Hansestädte Hamburg und Bremen, sondern von dem Interesse aller der kleinen Schiffer, die an den Küsten der Ostsee wohnen und die genöthigt sind, mit ihren hölzernen Schiffen eine schwache Konkurrenz bei der Umwandlung der Segelschifffahrt in Dampfschiffbetrieb auszuhalten. Diese Schiffe sind gebunden an den Holzhandel, sie können gar nicht ohne den Holzhandel bestehen; warum wollen Sie diese Bevölkerungsklasse von so bedeutendem Umfange schädigen! Sie werden unserer deutschen Marine damit einen schlechten Dienst leisten, denn gerade aus diesen kleinen Ostseeschiffen gewinnt unsere Marine ihre beste Kraft und Stärke. Warum wollen Sie die uralten Beziehungen unserer Seestädte mit dem Norden zerstören, die wesentlich dazu beitragen, deutsche Fabrikationsartikel nach dem Norden zu verfrachten. Vergleichen Sie doch die Handelstabellen, Sie werden finden, daß der Export nach dem deutschen Norden viel größer ist, viel mehr umfaßt, als der Import von dort. Wenn wir aber dem Nordländer die einzige Waare, die er importirt, nicht mehr abnehmen wollen, so können Sie gar nicht mehr verlangen, daß er ferner auch von uns kauft.

Ich will hiermit schließen und bei der vorgerückten Zeit auf Einzelheiten nicht näher eingehen, ich kann Sie im Interesse der gesammten Schifffahrt, des Handels und auch der Landwirthschaft nur bitten, die Holzzölle sämmtlich abzulehnen.

(Bravo! links.)

Vizepräsident Freiherr **zu Franckenstein**: Es ist die Vertagung beantragt von den Herren Abgeordneten Freiherrn von Fürth, von Webell und von Colmar. Ich ersuche diejenigen Herren, welche den Vertagungsantrag unterstützen wollen, sich zu erheben.

(Geschieht.)

Die Unterstützung reicht aus. Ich bitte diejenigen Herren, aufzustehen respektive stehen zu bleiben, welche die Vertagung beschließen wollen.

(Geschieht.)

Das ist die Mehrheit.

(Präsident von Seydewitz übernimmt den Vorsitz.)

Präsident: Meine Herren, auf die Tagesordnung der nächsten Sitzung, für welche ich morgen 12 Uhr vorschlage,

(Zuruf: 11 Uhr!)

— ich schlage vor, 12 Uhr — würde ich setzen, zunächst:

Zweite Berathung des Gesetzentwurfs, betreffend die vorläufige Einführung von Aenderungen des Zolltarifs, auf Grund des mündlichen Berichts der 15. Kommission (No. 209 der Drucksachen),

und dann den

Rest der heutigen Tagesordnung.

Meine Herren, ich habe zunächst Ihre Zustimmung dazu zu erbitten, ob Sie mit der Stunde 12 Uhr einverstanden sind. Da ich den Ruf 11 Uhr gehört habe, so bemerke ich, daß mir von verschiedenen Vorsitzenden von Kommissionen, welche eben arbeiten, gerade die Stunde 12 Uhr als die ihnen erwünschte bezeichnet worden ist. Das ist der Grund, weshalb ich 12 Uhr vorschlage. Wenn aber ein Antrag auf eine andere Stunde gestellt werden sollte, so werde ich ihn zur Abstimmung bringen. — Es erhebt niemand Widerspruch gegen meinen Vorschlag; damit ist die Tagesordnung für 12 Uhr in der von mir vorgeschlagenen Weise akzeptirt.

Ich schließe die heutige Sitzung.

(Schluß der Sitzung 4 Uhr 30 Minuten.)

Druck und Verlag der Buchdruckerei der Nordd. Allgem. Zeitung. Pindter.
Berlin, Wilhelmstraße 32.

54. Sitzung

am Dienstag den 27. Mai 1879.

Die Sitzung wird um 12 Uhr 25 Minuten durch den Präsidenten von Seydewitz eröffnet.

Präsident: Die Sitzung ist eröffnet.

Das Protokoll über die gestrige Sitzung liegt zur Einsicht auf dem Büreau aus.

Ich habe Urlaub ertheilt: dem Herrn Abgeordneten Fürsten zu Hohenlohe-Langenburg für drei Tage wegen dringender Geschäfte, — dem Herrn Abgeordneten Kiefer für zwei Tage desgleichen.

Für längere Zeit haben Urlaub nachgesucht: der Herr Abgeordnete Schneegans bis zum Schluß der Pfingstferien wegen Krankheit in der Familie. — Ich frage, ob jemand Widerspruch erhebt gegen diesen Urlaubsantrag. — Das ist nicht der Fall, der Urlaub ist genehmigt. — Der Herr Abgeordnete Baer (Offenburg) für vier Wochen zum Gebrauch einer Badekur. Erhebt jemand Widerspruch gegen dieses Urlaubsgesuch? — Das ist nicht der Fall: der Urlaub ist genehmigt.

Entschuldigt sind: für heute und die nächsten Tage der Herr Abgeordnete von Lüderitz wegen Krankheit; der Herr Abgeordnete Dr. Gareis für heute wegen dringender Familienverhältnisse.

Es sind einige Ersatzwahlen in den Kommissionen vorgenommen worden; ich bitte den Herrn Schriftführer, dieselben zu verlesen.

Schriftführer Abgeordneter Freiherr **von Soden**: Es sind gewählt worden:

von der Geschäftsordnungskommission
zum Stellvertreter des Vorsitzenden der Herr Abgeordnete von Helldorff-Bedra in Stelle des Herrn Abgeordneten von Seydewitz;

von der Wahlprüfungskommission
zum Stellvertreter des Vorsitzenden der Herr Abgeordnete Grütering in Stelle des verstorbenen Abgeordneten Dr. Nieper;

von der 15. (Tarif-) Kommission
zum Vorsitzenden der bisherige Stellvertreter desselben, der Herr Abgeordnete Freiherr zu Franckenstein, in Stelle des Herrn Abgeordneten von Seydewitz,
zum Stellvertreter des Vorsitzenden der Herr Abgeordnete von Böttichеr (Flensburg);

In die Kommission zur Vorberathung des Gesetzentwurfs über die Konsulargerichtsbarkeit ist an Stelle des aus derselben geschiedenen Abgeordneten Freytag von der 6. Abtheilung der Herr Abgeordnete Haanen gewählt.

Präsident: Dem Reichstage ist ferner vorgelegt worden der

Entwurf eines Gesetzes, betreffend die Statistik des auswärtigen Waarenverkehrs des deutschen Zollgebiets.

Ich habe ferner dem Reichstage anzuzeigen, daß in der Wahlangelegenheit, betreffend die Wahl im 4. Wahlkreise der Provinz Hannover, eine Mittheilung des Herrn Reichskanzlers eingegangen ist, die ich zu verlesen bitte.

Schriftführer Abgeordneter Freiherr **von Soden**:

Berlin, 13. Mai 1879.

Euer Hochwohlgeboren beehre ich mich auf das gefällige Schreiben vom 7. Oktober vorigen Jahres (I, 1734), betreffend die Wahl des Reichstagsabgeordneten von Müller im 4. Wahlkreise der Provinz Hannover, ganz ergebenst zu erwidern, daß die Kgl. preußische Regierung um Veranlassung der von dem Reichstage in dieser Angelegenheit beschlossenen Erhebungen ersucht, und daß auf Grund der letzteren der Wahlvorstand zu Rothenfelde in entsprechender Weise rektifizirt worden ist.

Die betreffenden Wahlakten sind ganz ergebenst wieder beigefügt.

Der Reichskanzler.
In Vertretung:
Hofmann.

Präsident: Meine Herren, wir treten dem Zeitpunkte näher, wo mit Rücksicht auf das Pfingstfest eine Vertagung des Reichstags stattfinden wird, und bald nachdem unsere Berathungen nach dem Pfingstfeste wieder begonnen haben werden, findet das goldene Ehejubiläum Ihrer Majestäten des Kaisers und der Kaiserin statt, eine Feier, welche alle deutschen Herzen freudig bewegt. Der Reichstag wird — ich bin dessen gewiß — das dringende Bedürfniß empfinden, auch seine ehrfurchtsvollen Glückwünsche an diesem Tage an Allerhöchster Stelle darzubringen. Ich mache Ihnen hiernach mit Rücksicht auf unsere Geschäftslage schon heute den Vorschlag, daß der Reichstag seinen Vorstand beauftragen wolle, namens des Reichstags die ehrfurchtsvollen Glückwünsche desselben Seiner Majestät dem Kaiser und Ihrer Majestät der Kaiserin an dem bezeichneten Tage auszudrücken.

Ich frage, ob jemand Widerspruch gegen meinen Vorschlag erhebt? — das ist nicht der Fall, ich konstatire, daß mein Vorschlag einstimmig angenommen worden ist, und werde hiernach das weitere veranlassen.

(Bravo!)

Wir treten in die Tagesordnung ein. Erster Gegenstand derselben ist:

zweite Berathung des Gesetzentwurfs, betreffend die vorläufige Einführung von Aenderungen des

Zolltarifs, auf Grund des mündlichen Berichts der 15. Kommission (Nr. 209 der Drucksachen).

Zum § 1 ist ein Abänderungsantrag der Herren Abgeordneten Windthorst und Dr. Hammacher unter Nr. 215 eingegangen, der sich gedruckt in Ihren Händen befindet. In dem letzteren liegt ferner ein Zusatzantrag der Herren Abgeordneten von Bötticher (Flensburg) und von Schmid (Württemberg), Nr. 218 der Drucksachen, vor, außerdem sind einige neue Anträge, die ich den Herrn Schriftführer zu verlesen bitte.

Schriftführer Abgeordneter Freiherr **von Soden**:
Unterantrag zu dem Antrag des Abgeordneten Windthorst und Dr. Hammacher (Nr. 215 der Drucksachen).

Stumm. Der Reichstag wolle beschließen:

1. in dem Prinzipalantrag sub 1, zweite Zeile die Worte: „Nr. 6 a (Roheisen aller Art 2c.)" zu streichen und an deren Stelle zu setzen:
   Nr. 6 (Eisen und Eisenwaaren), Nr. 15 b (Maschinen);
2. in dem eventuellen Antrag sub 2 die Worte: „Roheisen aller Art, Brucheisen und Abfälle aller Art von Eisen" zu streichen und dafür zu setzen:
   Eisen und Eisenwaaren (Nr. 6 des Tarifentwurfs), Maschinen (Nr. 15 b des Tarifentwurfs).

Antrag zu dem mündlichen Bericht der 15. Kommission über den Entwurf eines Gesetzes, betreffend die vorläufige Einführung von Aenderungen des Zolltarifs (Nr. 209 der Drucksachen).

von Kleist-Retzow. Der Reichstag wolle beschließen:

in dem § 1 des Entwurfs der Kommission hinter „Tabak" unter Streichung der Worte: „und Wein" hinzuzufügen:
Roheisen aller Art, Branntwein aller Art, Wein, Kaffee, Thee und Petroleum.

Eventuelle Anträge zu dem Antrag der Abgeordneten Windthorst und Dr. Hammacher zum mündlichen Bericht der 15. Kommission über den Entwurf eines Gesetzes, betreffend die vorläufige Einführung von Aenderungen des Zolltarifs (Nr. 215 der Drucksachen).

Richter (Hagen). Der Reichstag wolle beschließen:

1. im Eingang des § 1 die Worte zu streichen:
   in Nr. 6 a (Roheisen aller Art 2c.);
2. in Zeile 6 statt „Anordnung des Reichskanzlers" zu setzen:
   Anordnung des Kaisers;
3. in der letzten Zeile vor „noch genehmigen wird" die Worte einzuschalten:
   unter Bezugnahme auf diesen Paragraphen.

Präsident: Diese Anträge werden sofort zum Druck gegeben und noch im Laufe der Sitzung unter die Mitglieder vertheilt werden.

Ich eröffne die Debatte über § 1 der Kommissionsbeschlüsse und die dazu gestellten Amendements.

Zunächst hat das Wort der Herr Referent Abgeordneter von Benda zur Erstattung seines Berichts.

Berichterstatter Abgeordneter **von Benda**: Meine Herren, die 15. Kommission hat das Sperrgesetz in zwei Sitzungen berathen. In der ersten Sitzung hat die Reichsregierung die Bedeutung des Gesetzentwurfs und die Absicht, die sie damit verbindet, klargestellt. Sie hat hervorgehoben, daß, wenn sie auch nach den Diskussionen im Reichstag auf den § 2 verzichte, es ihr doch in erster Linie darauf ankomme, dem Gesetz einen dauernden Charakter zu verleihen, eine Institution zu schaffen und eine Lücke auszufüllen, die in der Reichsfinanzverfassung gegenwärtig noch vorhanden ist. Sie war daher der Meinung, daß die Bestimmung der einzelnen Artikel, auf welchen das Sperrgesetz stattfinden könne, erst der weiteren Vereinbarung zwischen den verbündeten Regierungen und dem Reichstag überlassen werden müsse.

Meine Herren, in der Kommission erhob sich gegen diese Auffassung sofort von den verschiedensten Seiten Einspruch. Von den Mitgliedern wurde hervorgehoben, daß es nicht in der Absicht liege, der Regierung eine so weitgehende Vollmacht zu ertheilen. Es wurde hervorgehoben, daß man doch, da es hier auf den Schutz der Finanzen ankomme, das Sperrgesetz in erster Linie nur auf eigentliche Finanzzölle ausdehnen könne, man lehnte es ab, es auch auf diejenigen Zölle auszudehnen, welche vorzugsweise den Charakter der Schutzzölle haben, indem man darauf hinwies, daß diese Ausdehnung sehr ungünstige Wirkungen ausüben könne; es wurde in der Beziehung besonders auf die Garnzölle hingewiesen. Im Laufe der Diskussion erklärte aber der Vertreter des Bundesraths, er sei gegenwärtig nicht in der Lage, die Artikel einzeln zu bezeichnen, auf welche die Regierung das Sperrgesetz ausgedehnt wissen wolle. Um in dieser Beziehung der Regierung Zeit zu gestatten, wurde die Diskussion vertagt und in einer zweiten Sitzung wieder aufgenommen. In dieser zweiten Sitzung erklärten die Vertreter des Bundesraths, daß sie zwar an ihrer ursprünglichen Auffassung, daß das Gesetz einen dauernden Charakter erhalten müsse, festhalten, daß sie sich aber verständigt hätten über bestimmte Artikel, von welchen sie wünschen müßten, daß sie in das Sperrgesetz aufgenommen würden. Als solche Artikel würden bezeichnet die Artikel 6, 25 und 29, Eisen, Materialwaaren und Petroleum.

Meine Herren, in der Kommission wurde die Frage der konstitutionellen Garantien zunächst besprochen, es wurde aber davon Abstand genommen, diese Frage weiter zu verfolgen, nachdem der Herr Präsident des Reichskanzleramts hervorgehoben hatte, daß es sich ja doch schließlich bei dieser vorläufigen Einführung der Zölle nicht um überwältigende Summen handle. Es wurde aber auf der anderen Seite festgestellt — und das bitte ich Sie zu beachten, meine Herren — innerhalb der Kommission wie auch für dieses Haus, daß die Abstimmungen für das provisorische Gesetz in keiner Weise präjudizirend seien für die definitive Abstimmung, daß man wohl in dem Provisorium für den Fall der späteren Annahme stimmen könne für eine bestimmte Position, die man späterhin, wenn es zur definitiven Abstimmung über den Tarif kommt, wieder ablehnt.

Meine Herren, demnächst wurde die Diskussion geführt über die Methode, über die Art und Weise, über das System, in welchem man das Sperrgesetz der Regierung bewilligen wollte, und es wurden in dieser Beziehung zwei Anträge gestellt, der eine, der das Sperrgesetz abhängig machen wollte von der vorgängigen Annahme der betreffenden Tarifposition in zweiter Lesung; der andere Antrag, das System, was schließlich angenommen wurde, liegt Ihnen in dem Vorschlage der Kommission vor, er streicht den § 2 und lehnt sich im übrigen an die Fassung der Regierungsvorlage an.

Meine Herren, gegenwärtig ist Ihnen nun ein Antrag des Herrn Abgeordneten Windthorst vorgelegt, welcher den erst abgelehnten Gedanken wieder aufnimmt; er erweitert den Umfang der Gegenstände, auf welche sich das Sperrgesetz bezieht, er schiebt aber den Zeitpunkt der Wirksamkeit erheblich weiter hinaus, denn, meine Herren, bis zur Abstimmung in zweiter Lesung, die ja erst in Bezug auf die wesentlichsten Finanzartikel nach der Vorberathung der Kommission erfolgen kann, werden voraussichtlich noch eine beträchtliche Anzahl von Wochen vergehen. Meine Herren, die Rücksicht auf diesen Umstand, auf die Länge der Zeitdauer, bis zu welcher die Wirksamkeit des Gesetzes hinausgeschoben wird, hat die Kommission bestimmt, den Antrag abzulehnen und sich dem

System anzuschließen, welches Ihnen gegenwärtig in der Kommissionsvorlage vorgelegt wird.

Meine Herren, es wird vielleicht richtig sein, daß wir auch hier im Plenum im Reichstage so verfahren, daß wir uns zunächst über diese Vorfrage schlüssig machen. Auch in der Kommission ist es so gehalten worden, daß man zunächst gefragt hat: soll das System des Herrn Abgeordneten Windthorst zu Grunde gelegt werden oder das der Kommission welches sich an die Regierungsvorlage anschließt? Nachdem darüber in der Komission entschieden war, wandte man sich nun zu der Frage von denjenigen Gegenständen, mit welchen man nun den geschaffenen Rahmen, das geschaffene Gerippe des Gesetzes ausfüllen wolle, und dabei kam es nun wieder zur Sprache, zur Diskussion, die Gegensätze traten wieder hervor in der Frage, ob man in dieses Gerippe nur vorzugweise Finanzzölle aufnehmen solle oder auch solche Zölle, welche den Charakter der Schutzzölle an sich tragen. Meine Herren, die Entscheidung über diese Frage konnte erst bei der Abstimmung in der Diskussion über die einzelnen Positionen erfolgen. Ich glaube aber hervorheben zu müssen, daß die Regierung im Laufe der Erörterung auf das entschiedenste erklärte, daß die Maßregel nicht bloß eine finanzielle sein solle, sondern daß die Regierung beabsichtige, die Wirkung des Gesetzes für alle diejenigen Artikel zu sichern, bei denen dieselbe durch die Spekulation verschoben werden könnte, also auch auf die Artikel, welche reine oder gemischte Schutzzölle seien.

Meine Herren, wenn ich auf die einzelnen Artikel übergehe, so glaube ich gut zu thun, damit Sie sich überzeugen können, das alles das, was gegenwärtig im Amendement vorliegt, in der Kommission schon zur Sprache gebracht ist, wenn ich Ihnen die Reihe der Artikel verlese, über welche in der Kommission diskutirt und abgestimmt worden ist. Es sind nämlich 1. Tabak, 2. Roheisen, 3. Wein, 4. Branntwein, 5. Gewürze aller Art, dann Kaffee, dann Thee, endlich Petroleum. Sie sehen also, daß mit Ausnahme des Amendements des Abgeordneten Stumm, welches noch weiter greift, weil es nicht allein Roheisen, sondern Eisen aller Art in den Gesetzesrahmen aufgenommen wissen will, die Anträge, die der Herr Kollege Windthorst eventuell gestellt hat, ebenso die Anträge des Herrn Kollegen von Kleist-Retzow bereits in der Kommission diskutirt worden sind.

Meine Herren, ich habe Ihnen nun kurz das Schicksal, welches diese einzelnen Artikel hatten, vor Augen zu führen. Am wenigsten Schwierigkeiten machte der Tabak; seine Aufnahme wurde mit 16 gegen 12 Stimmen beschlossen, nachdem auch die Regierung erklärt hatte, gegen ihre ursprüngliche Intention, das sie gegen die Aufnahme nichts erinnere, aber unter der Verwahrung, daß durch diese Aufnahme die Nachversteuerung des Tabaks keineswegs ausgeschlossen sei, daß sie auf diese Nachversteuerung keineswegs verzichte. Meine Herren, ebenso entschied sich eine Majorität von 16 gegen 12 Stimmen für die Aufnahme des Weins.

Was nun das Roheisen betrifft, über welches hauptsächlich diskutirt worden ist, — der Antrag Stumm wurde von keiner Seite in der Kommission aufgenommen — so fanden hierüber, wie Sie sich ja denken können, selbstverständlich die allerumfangreichsten und lebhaftesten Diskussionen statt. Befürwortet wurde die Annahme im Hinweis auf die englischen Verhältnisse unter Berufung darauf, daß durch den Bankerott vieler englischer Eisenwerke der deutsche Markt zu Preisen weit unter den Selbsterzeugungskosten überschwemmt werde, daß er überschwemmt werde mit Material, welches man einfach zu denjenigen Preisen zu verwerthen sucht, mit welchen die Bankiers es belehnt haben, dem gegenüber auch hingewiesen wurde darauf, daß ja auf diese Weise die Wirkung des Gesetzes auf Jahre hinaus vereitelt werde, diesem gegenüber wurde aber wieder die Nichtaufnahme befürwortet im Hinweis auf die sehr zahlreichen Eisenwerke, Gießereien und Maschinenfabriken, welche für das Inland arbeiten, das englische Eisen dabei nicht entbehren können und sich auf lange, lange Zeit, zum Theil auf Jahre hinaus, mit dem Material bona fide versorgt hätten und nun durch diese Vorbesteuerung in die allerschwierigste Lage kommen werden.

Meine Herren, es ist auch über die Frage der Eisenindustrie zum Export verhandelt worden; und da die Frage von der äußersten Wichtigkeit ist, so glaube ich gut zu thun, wenn ich die protokollarischen hier niedergelegten Erklärungen der Staatsregierung gegenüber den Bedenken, die in dieser Beziehung erhoben worden sind, Ihnen wörtlich mittheile. Sie gestatten mir, daß ich sie Ihnen vorlese.

> Es wurde von einem Mitglied hervorgehoben: der Einführung des Zolls auf Roheisen würde ich schon aus dem Grunde widersprechen müssen, weil nicht feststeht, daß gleichzeitig mit dieser Voreinführung diejenigen Erleichterungen wieder eintreten können, welche unter Nr. 2 des Schlußprotokolls vom 8. Juni 1867 und in Anlage A zu diesen Protokollen als Ausnahmen von den über den Veredelungsverkehr bestehenden Vorschriften für die Verarbeitung fremden Roheisens zum Export festgesetzt sind.

Meine Herren, ich schalte da gleich ein, damit Sie vollkommen informirt sind, den Inhalt des Schlußprotokolls mit § 7 zum Artikel 3 des Vertrags. Er lautet:

> Man ist übereingekommen, das als Ausnahmen von dem bei Ausführung der Vorschriften des § 43 des Zollgesetzes seither befolgten Grundsätzen Roheisen und altes Brucheisen, welches für Eisengießereien, Hammerwerke und Walzwerke zur Verarbeitung mit der Bestimmung eingeht, die daraus gefertigten Waaren in das Ausland auszuführen oder für den Bau von Seeschiffen zu verwenden unter den in Anlage A näher bezeichneten Bestimmungen und Kontrolen auf Vereinsrechnung zollfrei abgelassen werde.

Das ist also eine Bestimmung, von der Zweifel erhoben worden sind, ob sie gegenwärtig wieder aufleben.

> Bei der Besprechung dieser Frage im Plenum des Reichstags hat der Herr Kommissarius des Bundesraths zwar die Absicht der Bundesregierung erklärt, diese Erleichterungen wieder eintreten zu lassen, aber die Frage offen gelassen, ob es nicht zu diesem Zwecke eines Aktes der Gesetzgebung bedürfe. Ich habe die Reserve vollkommen verstanden und halte die Beantwortung dieser Frage in der That für sehr zweifelhaft. Es ist zwar richtig, daß die Verabredung, auf welcher jene Erleichterungen beruhen, unter den Art. 40 der Verfassung fällt und deshalb nur auf die unter Art. 7 und Art. 78 derselben Verfassung bezeichneten Wege abgeändert werden kann. Mit Rücksicht auf den Inhalt der Verabredung, welcher jede verfassungsmäßige Eigenschaft abgeht, kann hier nur der Weg des Art. 7 in Betracht kommen, und da frägt es sich, ob eine Anordnung, welche nicht etwa durch einen auf einer Aenderung in den Verfassungsverhältnissen beruhenden Nichtgebrauch außer Uebung gekommen ist, sondern welcher durch einen Akt der Gesetzgebung die Zollbefreiung des Roheisens der Voraussetzung entzogen ist, unter welche sie erlassen war, welche also gesetzlich nicht mehr angewendet werden könnte, von selbst wieder in Kraft tritt, wenn heute die Voraussetzung wieder eintritt, unter welcher sie vor 12 Jahren erlassen worden ist. Ich will diese Frage nicht verneinen, ich halte es aber für nothwendig, daß dieselbe vollkommen klar gestellt wird.

Nun, meine Herren, bitte ich Sie, zu bemerken, denn es ist ja für die ganze Frage von ganz außerordentlicher Wichtigkeit, was hierauf der Herr Kommissarius der Reichsregierung geantwortet. Der Herr Staatsminister Hofmann erklärte:

Nach Artikel 40 der Verfassung bilden die Bestimmungen des Zollvereinsvertrages vom 8. Juli 1867, soweit sie nicht durch die Verfassung selbst abgeändert sind, und so lange, bis sie nicht auf verfassungsmäßigem Wege abgeändert werden, einen Bestandtheil unseres Verfassungsrechts. Zu diesen Bestimmungen gehören die in Anlage A zum Schlußprotokoll vom 8. Juli 1867 vereinbarten Zollbegünstigungen für Roheisen, auf welche der Herr Vorredner Bezug genommen hat. Dieselben sind zwar in Folge der Aufhebung der Eisenzölle thatsächlich außer Anwendung gekommen, abgeändert oder aufgehoben aber wurden sie nicht, sie bestehen vielmehr auch heute noch zu Recht und treten ohne weiteres wieder in Wirksamkeit, sobald ein Zoll auf Roheisen wieder eingeführt wird. Sollte über die Richtigkeit dieser Auffassung ein Zweifel obwalten können, was er nicht glaube, so läge es doch in der Hand des Bundesrathes, auf Grund des Artikels 7 der Verfassung jene Bestimmungen wieder ins Leben zu rufen, und daß der Bundesrath eventuell dazu schreiten würde, sei auch nach den bei der Berathung des sogenannten Sperrgesetzes gepflogenen Erörterungen zweifellos.

Meine Herren, ich habe Ihnen die Zweifel vorgetragen, ich habe Ihnen die Beantwortung vorgetragen. Es lag nicht in der Aufgabe der Kommission, diese Kontroverse zu entscheiden, aber wie innerhalb der Kommission, so innerhalb des Reichstags konnte die Frage und die darauf gegebene Antwort zu den Motiven der Abstimmung gehören. Sie, meine Herren, haben die Frage und die Antwort gehört, für Sie kann also auch meine Darstellung nur die Bedeutung eines Materials für Ihre Abstimmung geben. Eine Entscheidung darüber, ob das richtig ist oder nicht, das lag nicht in den Aufgaben der Kommission.

Meine Herren, innerhalb der Kommission war das Resultat dieser Diskussion über den Roheisenzoll, daß die Aufnahme mit 14 gegen 14 Stimmen abgelehnt wurde.

Meine Herren, nach dem Resultat dieser Abstimmung hatten die übrigen Artikel kein Glück mehr, es wurde der Branntwein abgelehnt ebenfalls mit 14 gegen 14 Stimmen, der Kaffee mit 18 gegen 10 Stimmen, der Thee mit 16 gegen 12 Stimmen, die Gewürze mit überwiegender Mehrheit, das Petroleum endlich mit 15 gegen 13 Stimmen. Der Kommissionsantrag, wie er Ihnen gegenwärtig vorliegt, wurde aber mit 16 gegen 12 Stimmen angenommen, nachdem die Streichung des § 2 beschlossen war und die übrigen Paragraphen die entsprechenden redaktionellen Abänderungen erhalten hatten.

Ueber die Motive dieser Ablehnungen bin ich nicht in der Lage, sehr viel Ihnen hier mitzutheilen. Sie wissen, ein Theil der Mitglieder ist überhaupt den Finanzzöllen nicht, wenigstens nicht in der Höhe geneigt, es hat sich ja auch der Eine für den einen Zoll, der Andere für einen anderen Zoll entschieden und schließlich ist in dem Resultat der Abstimmung das Motiv, das die Majorität schließlich in entscheidender Weise bewogen hat, nicht erkennbar; es werden im Verlauf der heutigen Diskussion, wie ich voraussetze, auch die einzelnen Artikel einer weiteren Diskussion unterworfen werden. Im Namen der Kommission habe ich natürlicherweise die Aufgabe, Ihnen nur die Aufnahme des Tabaks und Weins zu empfehlen und Ihnen gleichzeitig zu empfehlen, im Namen der Kommission, die gestellten Amendements abzulehnen.

Präsident: Es ist ein neuer Antrag eingegangen — ich bitte den Herrn Schriftführer, ihn zu verlesen.

Schriftführer Abgeordneter Freiherr **von Soden**:

Der Reichstag wolle beschließen:

Für den Fall einer Annahme der Beschlüsse der 15. Kommission (Nr. 209 der Drucksachen) zum Gesetzentwurf, betreffend die vorläufige Einführung von Aenderungen des Zolltarifs (Nr. 178 der Drucksachen), im § 1 die Worte:

„und Wein",

„und den Zolltarif des deutschen Zollgebiets"

und

„und 132"

zu streichen.

Löwe (Berlin).

Präsident: Der Herr Präsident des Reichskanzleramts Staatsminister Hofmann hat das Wort.

Präsident des Reichskanzleramts Staatsminister **Hofmann**: Meine Herren, die verbündeten Regierungen waren bei der Vorlegung des Gesetzentwurfs von der Ansicht ausgegangen, daß in unserer Zollgesetzgebung eine Lücke vorhanden sei, die durch eine bleibende Einrichtung auszufüllen sei. Die verbündeten Regierungen stehen auch heute noch auf diesem Standpunkt, indessen hat sie das nicht abhalten können, in der Kommission den Ansichten, die dort, wie auch bei der ersten Berathung hier im Hause vertreten waren, entgegenzukommen und einen eventuellen Vorschlag zu machen, der die ganze Maßregel zunächst beschränkt auf gewisse Positionen des neu vorgeschlagenen Tarifs. Die verbündeten Regierungen glauben, daß, wenn in diesem Fall ein Präzedens geschaffen würde, es dann späterhin wohl leichter sein werde, die vorhandene Lücke auch für die Dauer auszufüllen. Als solche Artikel, auf welche sich die Vollmacht zur vorläufigen Hebung der neuen Sätze zunächst erstrecken soll, wurden von den verbündeten Regierungen in der Kommission bezeichnet: die Position 6, also Eisen und Eisenwaaren, die ganze Position 25, Materialwaaren rc., welche namentlich auch die größeren Finanzartikel enthält, und Position 29, Petroleum.

Der vorliegende Antrag der Kommission weicht nun von dem Vorschlag der verbündeten Regierungen sehr weit ab, indem er von all den Positionen nur die beiden Artikel Tabak und Wein als Gegenstände der sogenannten Sperre bezeichnet. In dieser Beschränkung, meine Herren, würde das Gesetz, wie ich glaube, nicht eine genügende Wirksamkeit haben, um überhaupt eine Maßregel, wie die vorliegende, zu rechtfertigen.

Was den Tabak betrifft, so ist schon früher hier und auch in der Kommission darauf hingewiesen worden, daß es mannigfachen Bedenken unterliegt, gerade beim Tabak mit einer vorläufigen Hebung der höheren Zollsätze voranzugehen; es würde also für den Fall, daß die verbündeten Regierungen beim Tabak zunächst von der Vollmacht keinen Gebrauch machen, nur der Wein übrig bleiben. Ich glaube, meine Herren, daß es doch nicht der Wichtigkeit einer solchen Maßregel entspricht, wenn man nur einen einzigen Artikel wie Wein herausgreift, und andere, bei denen ganz dieselben Gründe wie beim Wein vorliegen, in dem Gesetz außer Acht läßt. Ich möchte deshalb das hohe Haus bitten, wenn es, wie das vorauszusehen ist, der Regierungsvorlage nicht zustimmen wird, dann doch wenigstens diejenigen Anträge anzunehmen, welche der Regierungsvorlage am nächsten stehen. In dieser Hinsicht kommt zuerst der Antrag der Herren Windthorst und Dr. Hammacher in Betracht, insofern er den Kreis der Gegenstände, auf welchen sich die Sperre beziehen soll, ganz in dem Sinne bezeichnet, wie es die Vertreter der verbündeten Regierungen in der Kommission gethan haben. Allerdings fügt dieser Antrag eine Beschränkung hinzu, die in der ursprünglichen Vorlage wenigstens nicht in dieser Form enthalten war. Er knüpft nämlich die Vollmacht an die Beschlüsse der zweiten Berathung. Hierin würde in Beziehung auf das Eisen kein Hemmniß für die vorläufige Sperre liegen, da beim Eisen bereits die Beschlüsse der zweiten Lesung gefaßt sind; bei anderen Artikeln entsteht durch diese Beschränkung allerdings der Nachtheil, daß die Sperre nicht sofort eintreten kann, sondern erst in dem Augenblick, wo der Beschluß der zweiten Lesung vorliegt, indessen, meine Herren, mache ich darauf aufmerksam, daß auch die verbündeten Regierungen in ihrer Vorlage zur vorläufigen Inkraftsetzung eines Zolls die Genehmigung des Reichstags vorbehalten haben, und es nähert sich insofern der Antrag Windthorst-Hammacher der Regierungsvorlage, als er den Beschluß der zweiten Lesung zugleich als Genehmigung der vorläufigen Inkraftsetzung des von dem Reichstag bewilligten Zollsatzes charakterisirt. Ich kann also hier eine allerdings unerwünschte, aber doch nicht prinzipielle Abweichung von der Regierungsvorlage sehen, und da der Antrag Windthorst-Hammacher sich im übrigen am meisten der Regierungsvorlage nähert, so möchte ich die hohe Versammlung bitten, sich diesen Antrag eventuell anzueignen. Für den Fall, daß er nicht angenommen werden sollte, würden die verbündeten Regierungen sich mit den von den beiden genannten Herren, gestellten eventuellen Anträgen mit den aus dem Hanse bereits beantragten Erweiterungen am meisten einverstanden erklären können.

Ich möchte nur noch auf einen Punkt aufmerksam machen, in Beziehung auf welchen auch ein Abänderungsantrag gestellt ist. Es war nämlich schon in der Regierungsvorlage — und das ist auch in dem Kommissionsantrage der Fall — eine Anordnung des Reichskanzlers, nicht eine kaiserliche Verordnung vorgesehen, um die Sperre ins Leben zu rufen. Meine Herren, der Grund, warum die verbündeten Regierungen in diesem Fall eine Anordnung des Reichskanzlers für richtiger gehalten haben als eine kaiserliche Verordnung, ist wesentlich der, daß es sich hier nur um provisorische Maßregeln handelt, die einfach durch einen Beschluß des Reichstags in dritter Lesung, nicht einmal ausdrücklich, sondern stillschweigend, indem der Beschluß abweichend gefaßt wird, wieder außer Kraft gesetzt werden. Es schien nicht angemessen, kaiserliche Verordnungen im Reichsgesetzblatt zu verkündigen, die dann einfach wieder durch einen abweichenden Beschluß der dritten Lesung außer Kraft gesetzt werden. Dies war der Grund, weshalb man in diesem Fall eine Anordnung des Reichskanzlers für richtiger gehalten hat, und ich möchte das hohe Haus bitten, in der Beziehung bei der Vorlage beziehungsweise dem Kommissionsantrage zu bleiben.

Präsident: Der Herr Abgeordnete Windthorst hat das Wort.

Abgeordneter **Windthorst**: Meine Herren, die Anträge der Kommission und der Antrag, welchen ich zu § 1 gestellt habe, unter Aufrechterhaltung aller übrigen Bestimmungen des Gesetzes, wie die Kommission es vorgeschlagen hat, beseitigen die wesentlichen Bedenken, welche gegen die Vorlage der Regierung hier hervorgehoben worden sind. Es wird durch die Kommissionsanträge, wie durch meinen Antrag festgestellt, daß es sich nicht um eine dauernde Anordnung handelt, sondern darum, für die Durchführung des jetzigen Tarifs das Nöthige vorzukehren. Es wird durch die Kommissionsanträge, wie durch meinen Antrag klar gestellt, daß nicht alle Positionen des Tarifs in Frage sind, sondern die bestimmt bezeichneten.

In Beziehung auf das Maß der Gegenstände, auf welche die vorläufige Inkraftsetzung eintreten kann, weichen mein Antrag und der Antrag der Kommission von einander ab. Ich komme auf diese einzelnen Abweichungen dann zurück.

Der wesentliche Unterschied zwischen den Anträgen der Kommission und dem meinigen ist prinzipieller Natur, und ich muß auf dieses Prinzip den äußersten Werth legen.

Nehmen Sie den Vorschlag der Kommission zu § 1 an, so statuiren Sie in diesem Falle die Zulässigkeit der Erhebung eines Zolls, über welchen der Reichstag sich gar noch nicht ausgesprochen hat.

(Sehr richtig!)

Man weiß also weder, ob der Reichstag diesen Gegenstand überhaupt mit einem Zoll belegen will, noch weiß man, in welcher Höhe. Das scheint mir denn doch ein wenig sehr weit zu gehen, und wenn man auf das Beispiel Englands in den Motiven der Regierung Bezug genommen hat, so weicht der Vorschlag der Kommission von diesem englischen Verfahren absolut ab; denn da ist jedenfalls die Erhebung eines Zolls nur dann zulässig, wenn das Haus der Gemeinen in einer Resolution den Zoll, der vorgeschlagen ist, gebilligt hat. Ich halte es nach meinen Auffassungen von der Stellung des Reichstags und jedes konstitutionellen Körpers *für unmöglich, daß er die Ausführung eines Gesetzes vorläufig genehmigt, welches er selbst materiell noch gar nicht näher geprüft und festgesetzt hat.* Es wird erwidert: wenn man die zweite Berathung erst als die entscheidende Situation ansehen will, in welcher ein solches vorläufiges Inkraftsetzen des Tarifs eintreten kann, so ist das eine zu lange Zeit, es wird der Zweck, den man überhaupt verfolgt, dann nur unvollständig erreicht werden können. Meine Herren, ich kann das nicht in Abrede stellen, es wird dieser Zweck vollständig durch den Vorschlag, den ich mache, nicht erreicht, aber dieser Nachtheil ist für mich nicht so entscheidend, daß ich darum das hochwichtige Prinzip, welches ich ausgesprochen habe, aufgeben könnte.

Nun hat die Kommission nur zwei Gegenstände vorgeschlagen, rücksichtlich deren sofort vorgegangen werden könnte. Rücksichtlich des einen Gegenstandes, des Tabaks, ist nach meinem Dafürhalten die Maßregel durchaus nicht mehr wirksam oder nothwendig zu machen. Ich glaube, daß bereits so viel Tabak nach Deutschland gebracht ist, daß man von seiten der Spekulanten schwerlich Lust haben wird, noch mehr zu bringen. Die gegenwärtige Situation der betreffenden Vorlage ist zubem eine solche, daß die Spekulanten sehr wohl hereinfallen können.

(Heiterkeit. Sehr wahr!)

Ich bedaure das, weil ich immer betrübt bin, wenn irgend einmal einem meiner Nebenmenschen ein Schaden erwächst,

(Heiterkeit)

aber, meine Herren, wenn man so maßlos spekulirt und in solchen Richtungen, wie es hier vorliegt, dann kann ich allerdings sagen: einiges Lehrgeld mag gezahlt werden.

(Sehr richtig!)

Ich glaube auch nicht, daß die Bundesregierungen auf den Tabak einen so großen Werth für diese Frage — *für diese Frage* — legen.

Es bleibt dann der Wein übrig. Meine Herren, ich für meine Person habe kein Bedenken, zu sagen, daß ich für die Erhöhung des Weinzolls unter allen Umständen stimmen werde. Indeß weiß ich darum noch nicht, was der Reichstag thun wird, und ich kann aus diesem Grunde, weil der Reichstag sich darüber auszusprechen noch keine Gelegenheit gehabt hat, von meinem Prinzip zu Gunsten oder Ungunsten, wie man es nun auffassen will, des Weines eine Ausnahme nicht machen. Ich muß auch rücksichtlich dieses Artikels meinem Grundsatze getreu bleiben und sagen: es kann eine Erhöhung des Zolls eher nicht eintreten, als bis in zweiter Berathung festgestellt ist, ob und welcher Zoll davon erhoben werden soll. Ich bemerke das zugleich in Beziehung auf den Antrag, der vorhin hier noch schriftlich verlesen worden ist, der, zu meinem ersten Antrage gestellt, das Prinzip durchbrechen würde, welches allein mich hat bewegen können, auf den Antrag zurückzukommen. Außerdem sollte ich fast glauben, daß wegen des Weines allein, da der Tabak unpraktisch ist, man eine solche besondere Bestimmung nicht erlassen sollte. Wollte man aber vielleicht damit sagen: wenn man wenigstens diesen einen Artikel zur sofortigen Inkraftsetzung vorwegnimmt, dann hat man wenigstens in einem Fall diese Methode des vorläufigen

Inkraftsetzens eines Tarifsatzes angenommen, und es kann das als Präzedens für weitere ähnliche Fälle angeführt werden, — so antworte ich: gerade, weil das der Fall ist, kann ich mich nicht entschließen, zu Gunsten oder Ungunsten des Weines in diesem Fall eine Ausnahme zu machen, denn ich will meinestheils ein solches Präzedens nicht einführen. Ich will absolut bei dem Satz stehen bleiben: ehe der Reichstag einen Zoll wenigstens in zweiter Berathung beschlossen hat, soll er überhaupt nicht erhoben werden können.

Meine Herren, nun habe ich gehört, daß der Antrag, den ich gestellt, bei manchen deshalb Bedenken errege, weil man darin finden könne, es sollten gewisse, hier von mir bezeichnete Zölle unter allen Umständen bewilligt werden, man würde, wenn man diesen Antrag annähme, z. B. glauben können, es wäre die Absicht, demnächst für die ganzen Positionen des 25. Abschnitts und des 29. Abschnitts zu stimmen, also Petroleum, Kaffee u. s. w. ohne weiteres schon jetzt als mit Zoll zu belegen zu bezeichnen. Meine Herren, diese Absicht liegt mir ganz absolut fern. Die Frage, ob und in welchem Maße man die einzelnen Sätze der von mir angezogenen Abschnitte bewilligen will oder nicht, bleibt vollständig offen, und der Antrag, den ich gestellt, soll in Beziehung auf die Frage, ob jene Positionen angenommen oder nicht angenommen werden sollen, gar nichts präjudiziren. Was meine Person betrifft, so wiederhole ich, daß die Frage, ob ich für die hier in Frage befindlichen Finanzzölle und in welchem Maße ich dafür stimmen kann, ganz von den Voraussetzungen und Garantien abhängt, die ich in meinem Vortrage vom 8. Mai vorgeführt habe. Bei diesem meinem Vortrage bleibe ich völlig stehen und es wird, wenn man für den Antrag, den ich hier gestellt habe, stimmt, von diesen Aeußerungen, von diesen fest hingestellten Sätzen von mir und meinen Freunden nichts aufgegeben. Das zu bemerken, hielt ich nöthig, um, wie gesagt, Skrupeln, die in der Hinsicht mir zu Ohren gekommen sind, zu beseitigen. Wird nun durch meinen Antrag nicht voll das erreicht, was man gern erreichen will, so ist das weniger die Schuld des Antrags als der Verhältnisse überhaupt. Es ist in den Regierungsmotiven bereits hervorgehoben, daß derartige Spekulationen schon deshalb sehr leicht eintreten, weil die Vorbereitungen zu einem derartigen Gesetze nicht geheim bleiben, weil, wo solche Arbeiten noch in den Händen und in dem Bereich der Regierungen liegen, schon Kunde nach außen davon kommt. Ich gebe zu, daß das der Fall ist und daß namentlich Leute, die diesen Regierungskreisen näher stehen als das große Publikum, sehr leicht Kunde davon bekommen, die das große Publikum nicht hat; deshalb will ich das große ganze Publikum in gleiche Lage bringen und nicht zugeben, daß es überrumpelt werden kann. Bei einer Maßregel, wie der Tarif sie überhaupt verfolgt, kann es unmöglich ohne Beschädigung, ohne Unebenheiten abgehen, und da will ich denn lieber, daß die Staatskasse, also die Gemeinschaft, einen Schaden erleidet, als daß die einzelnen die Kosten tragen, und ich meine deshalb, daß es richtig wäre, bei meinen Grundsätzen stehen zu bleiben.

Nun sind zu diesem Antrage verschiedene Unteranträge gemacht. Der Abgeordnete Richter will aus dem Antrage das Eisen ganz entfernen, der Kollege Stumm will die ganze Position 6 aufgenommen haben. Unmittelbar praktisch würde, wenn mein Antrag angenommen werden sollte, die Anwendung gerade für Eisen sein, denn in Beziehung auf den Eisenzoll befinden wir uns der Lage, daß in zweiter Lesung darüber abgestimmt ist; es war deshalb ganz begreiflich, daß sich hier die Kräfte messen. In der Kommission hatte der Antragsteller das Eisen aufgenommen; es ist in der Kommission gefallen durch eine Koalition der verschiedenen Interessen; wie es heute gehen wird, das kann ich nicht wissen, ich muß aber meinestheils sagen, daß, wie die Verhandlungen liegen, für mich es unzweifelhaft ist, daß die Majorität des Reichstags auch in dritter Lesung den Eisenzoll beschließen wird.

(Zuruf: Wie hoch?)

— Meine Herren, wenn Sie ein klein wenig warten wollen, will ich Ihnen das alles zeigen.

(Heiterkeit.)

Wie hoch, das ist allerdings in diesem Augenblick noch nicht zu sagen,

(Heiterkeit links)

das wissen die Herren recht gut auch. Muthmaßungen in der Hinsicht auszusprechen, würde, glaube ich, nicht angebracht sein.

(Zuruf: „Geheimniß".)

— Ich weiß nicht, was der Herr Kollege Lasker meint; ein Geheimniß ist nur dann vorhanden, wenn etwas beschlossenes vorliegt; wenn keine Beschlüsse gefaßt sind, kann man nichts verheimlichen. Vorläufig steht fest, daß der Reichstag beschlossen hat, was Sie alle wissen, ich spreche auch nicht einmal eine Privatvermuthung aus, denn in diesem Kampfe, in dem wir heute stehen, sind auch Vermuthungen nicht sicher, weil jeder Augenblick eine andere Konstellation bringen kann.

(Sehr wahr!)

Wenn also feststeht, darauf komme ich zurück, daß ein Eisenzoll unter allen Umständen angenommen wird, so ist es von der äußersten Wichtigkeit, daß der Zweck, der damit verbunden wird, im gegenwärtigen Augenblick sofort erreicht wird, das ist in den besonderen Verhältnissen des Eisenmarktes gelegen. Wir alle wissen genau, wie groß der Vorrath ist, der augenblicklich von England nach Deutschland geworfen werden kann, es sind ja die bekannten unglücklichen Ereignisse aus England notorisch, welche das herbeiführen, und die neuesten Liquidationen, die uns bekannt geworden, bezeugen, daß selbst bei den beschlossenen Zöllen vor einer solchen Ueberfluthung wir nicht gesichert sind. Ich bin deshalb keineswegs der Meinung, daß der Zoll noch erhöht werden soll, denn es sind eben diese Zustände vorübergehender Natur. Aber ich lege für meinen Theil ein ganz entschiedenes Gewicht darauf, daß in Bezug auf das Roheisen sofort die Sperrung eintritt, und ich muß daher gegen den Unterantrag des Herrn Abgeordneten Richter zu meinem Antrage mich erklären.

Ebenso aber erkläre ich mich auch gegen den Antrag des Herrn Abgeordneten Stumm. Rücksichtlich der Eisengegenstände, auf welche der Abgeordnete Stumm meinen Antrag ausgedehnt wissen will, liegen nicht die besonderen Umstände vor, welche mich für eine sofortige Sperrung des Roheisens bestimmt haben, und das allein genügt für mich, darauf nicht einzugehen. Zudem meine ich, daß die hier in Frage befindliche Industrie überall eine so allgemeine Konkurrenz nicht zu erwarten hat, und auch Vorbereitungen bedarf, die die andereu nicht so bedürfen würden.

Ich muß also bei meinem Antrage in Bezug auf das Eisen genau da stehen bleiben, wo der Antrag sich befindet.

Dann hat der Herr Kollege Richter verlangt, daß nicht der Reichskanzler, sondern daß eine kaiserliche Verordnung eintreten soll. Der Herr Präsident des Reichskanzleramts hat bereits die Gründe angeführt, welche die verbündeten Regierungen veranlaßt haben, hier den Reichskanzler und nicht ein kaiserliche Verordnung zu nehmen. Ich finde diese Gründe durchschlagend und muß deshalb bei meinem Antrage verharren.

Endlich hat der Kollege Richter einen Antrag gebracht, der allerdings eine gründliche Beachtung verdient. Der Kollege Richter will, daß man hinzusetzen solle, es solle bei den einzelnen Positionen der betreffenden Abschnitte jedesmal beschlossen werden mit Bezugnahme auf dieses Gesetz. Damit will er ausdrücken, sofern ich ihn richtig verstehe, daß nur diejenigen Positionen der betreffenden Abschnitte getroffen werden sollen, wo der Reichstag speziell dies hervorhebt. Der Herr Abgeordnete kann für diese seine Ansicht geltend machen, daß namentlich in dem Abschnitte 25 eine Reihe von Gegenständen vorkommen, die in der That einer Sperre nicht ausgesetzt werden dürfen, — ich will nur einen Artikel hervorheben, die Butter. Ich habe aber die Ueberzeugung, daß die Regierungen gar nicht daran denken würden, in Bezug auf diese Gegenstände eine Sperre eintreten zu lassen.

(Ruf links: Na, na!)

— Der Herr Abgeordnete Rickert scheint freilich anderer Ansicht zu sein; er hat merkwürdigerweise jetzt ein ganz unglaublich weitgehendes Mißtrauen. — Inzwischen habe ich auch noch einen ferneren Grund, weshalb ich auf diesen Antrag, der mir sonst nicht gerade unsympathisch ist, nicht eingehe, das ist nämlich der, daß wir es vollkommen in der Hand haben, den Zeitpunkt zu bestimmen, wo wir in der zweiten Berathung diese Sätze feststellen, und ich habe daher rücksichtlich dieses Punktes um so weniger Bedenken, als ich überzeugt bin, daß in der That nur diejenigen Gegenstände würden in Frage kommen können, welche sich in den weiteren Anträgen zu unserem eventuellen Antrage bereits herausgestellt haben, das ist Kaffee, das ist Petroleum u. s. w. Diese Gegenstände sind es, die in Frage wären, und ich komme deshalb auf den eventuellen Antrag.

Meine Herren, der eventuelle Antrag, so wie mein Kollege Hammacher und ich ihn gestellt haben, will, daß das Eisen in der bezeichneten Position in den Kommissionsantrag aufgenommen werde, wie er ursprünglich in dem Antrag des Antragstellers der Kommission lag. Die Gründe, weshalb wir das wollen, habe ich vorhin entwickelt, und ich bin nicht inkonsequent, wenn ich diesen Satz aufstelle, weil sich dabei erfüllt, was ich in meinem Hauptantrag vorausgesetzt habe, daß nämlich in zweiter Berathung darüber beschlossen worden ist, man also nicht einen Zoll in Wirksamkeit setzt, der bloß von den Regierungen ausgegangen, sondern einen Zoll, der von dem Hause bewilligt worden.

Wie ich mich stellen werde, wenn eventuell dieser Antrag angenommen wird, zu dem Kommissionsantrage überhaupt, das muß ich noch abhängig machen von dem weiteren Gange der Verhandlungen. Es ist ja nicht zweifelhaft, daß eine gewisse Verletzung des Hauptprinzips dann eintreten würde, da in Beziehung auf Wein und Tabak die Sache noch nicht feststeht; es ist nur in Beziehung auf den Wein für mich nicht so außerordentlich schwierig, weil ich fest überzeugt bin, daß keiner von uns den Weinzoll abschlägt. In Beziehung auf den Tabak ist die Sache so belegen, wie ich schon vorhin sagte, daß ich glaube, daß da selbst die verbündeten Regierungen im gegenwärtigen Augenblick kein großes Gewicht darauf legen würden. Aber ich wiederhole, ich werde von dem weiteren Gange der Verhandlungen es abhängig sein lassen müssen, ob ich persönlich dann, wenn Eisen aufgenommen, auch für den Antrag der Kommission stimmen würde und stimmen könnte, denn ich leugne nicht, das Prinzip, das wir erst bewilligt haben müssen, steht bei mir außerordentlich hoch, und ich möchte es auch da nicht gern verletzen, wo unzweifelhaft keine materiellen Bedenken vorliegen dürfen.

Was nun die anderen Gegenstände betrifft, die jetzt beantragt wurden, Petroleum, Kaffee, Branntwein ꝛc. so muß ich sagen, daß ich für diese unter keinen Umständen in der Fassung des Kommissionsantrages stimmen kann, denn das war ja gerade der große Zweifel, der noch in allen unseren Verhandlungen liegt, wie weit man überhaupt auf diese Finanzzölle wird eingehen können und eingehen müssen, und rücksichtlich dieser kann ich nicht zugeben, daß eine vorläufige Hebung stattfindet, solange der Reichstag selbst nicht schlüssig geworden, ob und inwieweit er auf diese Position eingehen will. Es ist ja richtig, daß der Reichstag selbst sich dadurch nicht bände, daß eventuell das Gezahlte zurückerstattet werden würde, indeß, meine Herren, ist das vorläufige Einziehen von solchen Zöllen, auch wenn sie demnächst restituirt werden, für die betreffenden Personen gar keine Kleinigkeit, denn sie müssen den Vorschuß leisten, sie müssen aus ihrem Betriebskapital diese Summe festlegen, und nicht jedermann hat diese Summe. Es ist hier zu sehr an die Großhändler gedacht, die vielleicht diese Summe haben, an die kleineren aber gar nicht, und ich will die ohne die dringendste Noth nicht in die Lage bringen, solche Auslagen zu machen, selbst für den Fall, daß sie ihnen restituirt werden.

Endlich aber, meine Herren, würde ich glauben, daß die Hebung von Zöllen, deren Bewilligung heute noch gar nicht in feste Aussicht genommen werden kann, in dem Volke die Ansicht herbeiführen würde, daß das nun eine beschlossene Sache sei, und es würden dadurch sehr viel neue Kombinationen des Geschäfts eintreten, welche wieder zerstört würden, wenn wir nachher nicht einen Zoll einführen.

Das sind die Gründe, weshalb ich auf diese Vorschläge nicht eingehen kann, obwohl ich den Antragstellern zugeben muß, daß, wenn man nicht rasch beschließt, in der That Spekulationen eintreten können, wie wir sie im Tabak zum Uebermaß gesehen haben. Das sind die Gründe, welche mich leiten werden bei der Abstimmung über die verschiedenen Anträge. Ich glaube, daß es für die Geschäftsbehandlung wichtig wäre, zunächst das Prinzip festzusetzen, ob man, ehe der Reichstag einen Zoll beschlossen, denselben in vorläufige Erhebung setzen will. Dieses Prinzip findet in meinem Antrag den prägnantesten Ausdruck, und wenn dies feststeht, dann würden die einzelnen Details kommen, und die einzelnen Positionen, welche in Frage sind.

(Zuruf: Nach der Geschäftsordnung geht das gar nicht!)

— Nach der Geschäftsordnung geht das ganz gut. Ich spreche nicht von der Abstimmung, sondern ich spreche von der Debatte. Sie sind immer ein bischen zu eilig,

(Heiterkeit)

und ich möchte darum ersuchen, freundlichst gehorsamst bitten, daß man bei der Diskussion und Debatte eine solche Theilung oder wenigstens Eintheilung, um es richtiger zu bezeichnen, brauchen wollte, ich glaube, dann würden wir übersichtlicher sein.

Präsident: Der Herr Abgeordnete von Kleist-Retzow hat das Wort.

Abgeordneter **von Kleist-Retzow**: Meine Herren, die Vorlage, wie sie aus der Kommission herausgekommen ist, hat nach unserer Ueberzeugung in der That manche Vorzüge gegen den ursprünglichen Regierungsentwurf und zwar in zwei Rücksichten: das eine ist, daß die heikle Frage nach der Berührung unserer Geschäftsordnung durch ein Gesetz unter Mitwirkung der Staatsregierung dadurch von der Tagesordnung entfernt wird. Die Regierung hätte eigentlich voraussehen können, nach den Erfahrungen, welche wir bei einer früheren Gelegenheit gemacht haben, daß der Reichstag nicht leichten Kaufs geneigt sein würde, in diesem Falle der Regierung die Mitwirkung an der Regelung der Geschäftsordnung zuzugestehen. Der zweite Grund, weshalb ich die Vorlage, wie sie aus der Kommission gekommen ist, für besser halte, ist, daß der doppelte Akt, welcher nach der Regierungsvorlage vorgenommen werden muß, erst ein allgemeines Gesetz und dann für die speziellen Fälle die einzelnen Posten festzustellen, die gesperrt werden sollen, vermieden wird. Die Fragen sind von dem größten Interesse, sie berühren das Interesse unserer Wähler und das des ganzen Landes, es glaubt der einzelne Abgeordnete jedesmal in der Nothwendigkeit zu sein, das Wort zu ergreifen; zweimal dieselben Verhandlungen sind unnütz aufreibend und zeitraubend, es erleichtert die Sache, wenn der Reichstag gleich speziell ausspricht, für welche Positionen er bereit ist, eine Sperre eintreten zu lassen. Es ist aber nach unserer Ueberzeugung die Aufzählung dessen, was im § 1 des Kommissionsentwurfs in dieser Beziehung vorgeschlagen ist, viel zu eng, wir würden es für wünschenswerth, eigentlich für nothwendig erachten, daß bei einer ganzen Reihe anderer Artikel in gleicher Weise eine Sperre eintrete. Meine Herren, ich habe von den jetzigen Zollverhandlungen, bei denen ich mich, theils durch die Ungunst der Verhältnisse, bei dem Melden zum Wort, theils aus eigener Neigung von der Debatte bisher fern hielt, den Eindruck, daß die Masse des Details und der Detailinteressen den eigentlich leitenden Gesichtspunkt vielfach vielfach verrückt hat.

Meine Herren, es bleibt der leitende Gesichtspunkt, daß unter Zustimmung des Reichstags in früheren Sessionen der Bundesrath durch indirekte Steuern bedeutende Mittel schaffen will, um die Bedürfnisse des Reichs, vor allen Dingen aber die Bedürfnisse der Einzelnstaaten zur Erleichterung der Gemeinden und der ärmeren Klassen zu befriedigen. Wenn es nun an die einzelnen Positionen kommt — Steuern zahlt keiner gern, attackirt werden wir von allen Seiten von unseren Kommittenten; — da wird gehandelt, gezwackt, abgezogen; die Bedenken, die sich da irgendwie geltend machen lassen, werden aufgebauscht. Wenn wir hernach das Resultat ziehen werden, werden wir sehen, wie weit ab wir von dem sind, was wir haben erreichen wollen und was wir erreichen m ü s s e n. Wir m ü s s e n erreichen, wenn wir auch den Wünschen jener Seite des Hauses (links) entsprechen wollen, mit den neuen Zöllen eine Finanzreform im großen Stile zu verbinden, in der Art, daß die Kommunen und die unteren Klassen der Klassen- und Gewerbesteuer erleichtert werden. Dazu müssen wir die Summen in etwa erreichen, die in dieser Beziehung der Finanzminister uns vor einigen Wochen mitgetheilt hat. Es waren ungefähr 100 Millionen Mark für Preußen, 60 Millionen für die anderen deutschen Länder, zusammen 160 Millionen, und wenn wir etwa — er hat nicht genau gesagt, was er zum preußischen Defizit rechnet, er machte geltend, daß von den betreffenden einzelnen Ministerien eine Masse von Bedürfnissen geltend gemacht würden — wenn er etwa dazu das Aufsichtsgesetz gezählt haben sollte, und wir das in Uebereinstimmung mit den Ansichten des Herrn Windthorst demnächst ablehnten, so würden dadurch, für ganz Deutschland berechnet, vielleicht 40 Millionen weniger gebraucht werden, dann aber immer eine Summe von 120 Millionen nothwendig haben. Da haben wir nichts übrig, hier zu verschenken, sondern wo absolut sich ein Gegenstand findet, der überhaupt vom Zoll mit Recht getroffen wird, müssen wir ihn auch voll damit belegen und vor allen Dingen vermeiden, daß Hinterziehungen der Steuer gerade bei diesen Gegenständen eintreten.

Nun handelt es sich ja in Bezug auf das Sperrgesetz gerade darum, daß Hinterziehungen der Steuer — denn die sind es — durch die Spekulationen der großen Kapitalisten nicht eintreten, zum Schaden des Reichs, zum Schaden der einzelnen Steuernden. Die betreffenden Kaufleute denken ja nicht daran, indem sie diese Summen von Produkten in das Land hineinwerfen, daß sie dieselben nachher um so billiger verkaufen, sondern gerade im Gegentheil, sie werden das sofort auf den Preis aufschlagen, was nachher durch den Zoll gewiesen ist; es wird jeder Käufer bezahlen, was er sonst bezahlen würde. Den Vortheil haben allein diejenigen, die die Spekulation gemacht haben. Es müssen also alle diejenigen Artikel, wo ein Zoll an sich gerechtfertigt ist, und die massenhaft schnell in das Land hineingeworfen werden können, einer solchen Sperre unterworfen werden. Gewiß hätte auch nach meiner Ueberzeugung die Regierung schon länger mit einem diesfallsigen Entwurf vorangehen sollen. Anträge dazu sind ihr sogar aus dem Kreise des Reichstags gekommen. Aber, meine Herren, vergegenwärtigen wir uns die Situation. Die Regierung als solche, so scheint es, will gerade die Sperre des Tabaks nicht, die uns mit am wesentlichsten und nothwendigsten erscheint. Um einen Mittelweg, eine Vereinbarung zu finden, hat sie uns das allgemeine Gesetz vorgeschlagen. Das ist der Grund gewesen, weshalb die Sache länger verzögert ist. Wenn wir das Gesetz gegenwärtig nicht annehmen oder es beschränken, kann die Regierung den Vorwurf, den wir ihr bis jetzt gemacht haben, daß sie die Sache verzögere, auf unser Haupt zurückwerfen, daß wir sie nicht ausreichend unterstützten. Auf der anderen Seite füge ich freilich hinzu, wenn sie nun durch Geneigtheit ihrer Erklärung für den Antrag des Herrn Abgeordneten Windthorst sich ihrerseits einen wesentlichen Theil dieser Einnahmen entgehen lassen wird, dann kann sie uns auch nachher nicht den Vorwurf machen: ihr habt gehandelt und ihr habt von den Steuern Millionen fortgenommen, denn Millionen werden hier fortgegeben, wenn bei allen Gegenständen erst nach der zweiten Lesung die Sperre eintritt, welche nach Lage der Sache nur bei dem Eisen wirksam wird.

(Sehr wahr! rechts.)

Meine Herren, der Herr Abgeordnete Windthorst hat gesagt: das gilt nicht in England. Nun, der Herr Abgeordnete Dr. Delbrück sagte neulich: was versteht Beaconsfield von Deutschland? Hier könnte ich sagen: was geht uns England an? Die Sache steht aber anders, wie hier behauptet wird. Wenn wir unsererseits der Regierung sagen, auf die und jene Gegenstände kannst du vorläufig die Sperre legen, so heißt das freilich noch nicht: wir werden den Zoll genehmigen, vielmehr behalten wir uns jede Freiheit der Abstimmung vor, ebenso wie die Engländer sie sich vorbehalten in der zweiten Lesung der Gesetzgebung. Aber in der positiven Zustimmung zu der Sperre dieser speziellen Gegenstände liegt ebensoviel, als wie eine derartige erste Lesung in England. Damit haben wir wenigstens ausgesprochen, wir haben eine gewisse Neigung zu jener Verzollung. Darum, meine Herren, müßte die Regierung darauf bestehen, daß die Positionen vom Reichstag gegenwärtig in das Gesetz speziell eingesetzt werden, und sich bereit erklären, rücksichtlich derselben eine derartige Sperre eintreten zu lassen. Darum fürchte ich, daß die Regierung sich zu schnell geneigt erklärt hat, auf den Vorschlag des Herrn Abgeordneten Windthorst einzugehen. Sie hat es wohl gethan, weil er selbst formell, aber nur formell, der Regiernng entgegenkommt. Meine Herren, er ist in der That nichts anderes als ein allgemeines Gesetz. Der Herr Abgeordnete Windthorst nimmt nämlich die Pos. 25 in ihrer Gesammtheit heraus. In Pos. 25 ist eine Masse Gegenstände, von denen er selbst gesagt hat, sie dürfen nicht gesperrt werden; Butter wird nicht gesperrt und Käse wird nicht gesperrt. Der Antrag heißt also, die Befugniß der Regierung, ihrerseits auszusuchen, was sie sperren will, während die Vorschläge der Kommission richtig die einzelnen Positionen bezeichnen, bei welchen der Reichstag die Sperre gut heißt. Einen Schaden haben die daran Betheiligten nicht, denn sie erhalten Steuerkredit. Es heißt zwar im Gesetze, daß die Zölle gezahlt oder für sie Kredit gegeben werde. Letzteres geschieht, so wie es verlangt wird, ihrem Kapitalzustande, ihrer Handelsthätigkeit, ihrer Beschäftigung von Arbeitern oder Spekulation wird in keiner Weise geschadet.

Meine Herren, ich habe noch einen Grund, aus welchem wie ich befürchte, die Regierung so leicht auf den Windthorstschen Antrag eingegangen ist, das ist ihre Stellung zur Tabaksperre. Der Antrag gibt ihr in der Beziehung nichts, und das nimmt sie zu leicht. Gerade die Tabaksperre würde nach meiner Ueberzeugung sehr wesentlich sein. Mir sind Nachrichten zugegangen, daß noch im Anfang Mai große Vorbereitungen in Holland getroffen wurden, Massen holländbischen Tabaks über unsere Grenzen zu werfen. Die Regierung denkt und sagt, wenn wir jetzt sperren, wird uns nachher die Erlangung der Nachsteuer um so schwerer. Meine Herren, zunächst behält sie sich ihre Prinzipien vor; wie wir uns im Reichstage hier auch unsere Prinzipien vorbehalten haben. Allein, meine Herren, auch wenn wir eine Nachsteuer bekämen, bekämen wir sie in keinem Falle voll. Die Regierungen haben selbst vorgeschlagen, nur den Durchschnitt des Zolles und der inländischen Steuer zu erheben. Umgekehrt bekämen wir mit dem Sperrgesetze auf Tabak eine volle Steuer für den ausländischen Tabak, also viel mehr.

Meine Herren, noch eins. Ich fürchte, daß die Regierung den Spruch vergißt: Ein Vogel in der Hand ist viel besser als zehn Vögel auf dem Dach. Was mit der Nachsteuer wird, steht noch dahin.

Meine Herren, ich will also ganz bestimmt dazu aufgefordert haben, dem Antrage stattzugeben, den wir unsererseits Ihnen gestellt haben. Allein, meine Herren, Schwierigkeiten wollen wir der Regierung nicht machen, das wird uns verhindern, dem, was der Herr Abgeordnete Windthorst vorgeschlagen hat, nach der Erklärung der Regierung entgegenzutreten. Es ist dann eben nicht unsere Sache. Wir werfen alle Verantwortung dafür auf den Kopf der Regierung.

Meine Herren, damit will ich schließen, zurückkehrend zu dem, was ich zuerst gesagt habe, rücksichtlich der hier leitenden Prinzipien. Auch der heutige Vorgang in der Tabakskommission mahnt daran. Ich möchte vorschlagen, daß im Reichstage und in den Kommissionen jemand bestimmt würde, der, sowie die Sitzung beginnt, darauf hinweist, daß 160 oder 120 Millionen vom Reichstage durch die jetzt berathenen Gesetze beschafft werden müssen, und daß wir uns das mahnen lassen bei allen einzelnen Positionen, daß aber vor allem selbst die Regierungen sich mahnen lassen, dafür energisch einzutreten, ein Resultat zu erzielen, mit welchem wir bestehen können rücksichtlich unserer Finanz- und Steuerreform vor dem Lande.

(Bravo! rechts.)

Präsident: Der Herr Abgeordnete Richter (Hagen) hat das Wort.

Abgeordneter **Richter** (Hagen): Meine Herren, ich konstatire zuvörderst mit Freuden, daß der Herr Vorredner meine Berechnung anerkennt, daß die Vorlagen, die wir im ganzen bekommen haben, um 160 Millionen Mark mehr an Steuern und Zöllen das Volk belasten.

(Widerspruch.)

— Ja wohl! — Alle diejenigen, welche weniger als 160 Millionen Mark bewilligen wollen, werden sich also um so mehr vorsehen müssen, daß sie nicht zu viel bewilligen. Uebrigens, meine Herren, glaube ich, bedarf es für die Mehrheit des Hauses gerade keines Sporus in Bezug auf die Bewilligung. Wir haben schon an Zöllen auf Eisen und Getreide etwa 30 Millionen bewilligt, und es wird in gewissen Beziehungen auch noch mehr bewilligt werden. Wenn der Herr Vorredner so sehr besorgt ist, daß die große Steuererleichterung, die uns in Aussicht gestellt sein soll, eintrete, so glaube ich, er könnte sich darum verdienter machen als durch das Sperrgesetz, daß er die Klausel an die neuen Steuergesetze anhängt, daß die neue Steuerbelastung sich nicht eher verwirklichen solle, als bis andererseits die Steuererleichterung, von der so viel gesprochen wird, auch wirklich eintritt. Ich glaube aber, daß überhaupt diese allgemeine Betrachtung mit dem, auf was es hier außerdem ankommt, nicht viel gemein hat, und ich möchte mich deshalb auf die Vorlage speziell beschränken. Da muß ich nun anerkennen, daß der Antrag des Herrn Abgeordneten Windthorst, der Antrag des Zentrums, prinzipiell das konstitutionelle Prinzip wahrt, und es besser wahrt, als es zu meinem Bedauern von einem Theil der nationalliberalen Partei, der in der Kommission den Ausschlag gegeben hat für die Majorität, geschehen ist. Ich erkenne es an, daß das Zentrum in dieser Weise sorgsamer auf die Wahrung des konstitutionellen Prinzips achtet, das erkenne ich meinerseits sehr gern an.

Meine Herren, das konstitutionelle Prinzip liegt ja darin, daß eine vorläufige Inkraftsetzung einer Steuer oder eines Zolls nicht eher eintritt, als bis eine Majorität des Reichstags für das Definitivum, wenn auch nur in der zweiten Lesung, sich erklärt. Außerdem kann doch nicht geleugnet werden, daß die Annahme des Kommissionsvorschlags doch immer die taktische Stellung für die nachherige Abstimmung über die im Kommissionsvorschlage enthaltenen Artikel erschwert, und auch darin also die Stellung des Hauses vermindert.

Es kommt noch ein zweites wirthschaftliches Moment in Betracht. Wenn bereits eine Sperre eintreten kann, bevor eine Abstimmung stattgefunden hat, so ist die Möglichkeit eine größere, die Wahrscheinlichkeit, daß nachher dieses Provisorium nicht definitiv wird, es tritt dann also eine neue Veränderung ein mit allen Störungen, mit allen Beunruhigungen des Verkehrs, und mit den Nachtheilen, die durch eine Rückzahlung überhaupt nicht ausgeglichen werden können. Meine Herren, wenn eine Sperre eintritt, so werden die Artikel sofort im Preise steigen, und der Detaillist, derjenige, der in kleineren Beträgen handelt, der wird genöthigt sein, einen höheren Preis zu entnehmen, den Zoll darauf zu schlagen, wie das auch der Großhändler thut; wenn aber nachher die Sperre aufgehoben wird, wird der Großhändler, der Importeur zwar den Betrag zurückbekommen, aber diese Rückzahlung wird sich nicht fortsetzen in der Kette der weiteren Handelsglieder bis zu den Konsumenten, diese werden definitiv den Zoll zu tragen haben, der Importeur wird aber eine Rückerstattung bekommen, die er eigentlich dann gar nicht mehr verdient. Das ist namentlich zu beachten bei Artikeln wie Kaffee und Petroleum, die in der That sehr bald in den Konsum und in den kleinen Verkehr übergehen. Was speziell die Sperre für Petroleum betrifft, so scheint mir diese schon der Jahreszeit wegen jetzt am wenigsten angezeigt; jedermann ist jetzt gerade am wenigsten geneigt, sich mit Petroleum zu versehen, weil in dieser Jahreszeit am wenigsten verkauft wird, und weil das Petroleum durch das Lagern derartig leidet und schwindet, daß eine Aufspeicherung an und für sich Nachtheil bringt. Sie können das schon daraus entnehmen, daß, ganz abgesehen von der Zollfrage, daß Petroleum, das für den Herbst verkauft wird, weit höher im Preise steht, wie Petroleum, das mit sofortiger Lieferung verkauft wird.

Was den Tabak anbetrifft, so glaube ich, daß die heute morgen von der Kommission gefaßten Beschlüsse auf die Spekulation mehr abkühlend wirken, als die in Aussicht genommenen Sperrmaßregeln.

Was endlich den Weinzoll betrifft, so hat der Herr Abgeordnete Windthorst die Ueberzeugung ausgesprochen, daß keiner von uns den höheren Weinzoll abschlage. Ich weiß nicht, worauf Herr Windthorst diese Annahme stützt; nach meiner Ueberzeugung ist die Erhöhung des Weinzolls schon finanziell eine ganz verkehrte Maßregel, denn als früher der Weinzoll höher war, hat er im ganzen viel weniger eingebracht, als er jetzt einbringt bei einem niedrigen Satze, und eine Sperrmaßregel ist hier finanziell ein sehr zweifelhaftes Manöver. Man muß nicht immer hierbei an Bordeauxweine und Champagner denken, sondern daß ein niedriger Zoll ermöglicht, die Einführung leichter Weine und solcher Weine, die unser inländischer Weinbau braucht zum Verschneiden, und um dem inländischen Produkt einen größeren Markt und größeren Absatz zu verschaffen; der inländische Weinbau ist vielfach selbst an einem niedrigen Weinzoll interessirt, der höhere Weinzoll begünstigt die Fabrikation von Kunstweinen. Vielleicht wird Herr Windthorst, wenn er die

Petitionen aus dem Elsaß und andere Petitionen in Bezug auf den Weinzoll näher nachliest, zu einem etwas anderen Urtheil kommen.

Meine Herren, wir stehen — ich wenigstens für meine Person, wir haben nicht darüber berathen können, wegen Mangel an Zeit — dem Kommissionsantrag prinzipiell gegenüber, er ist eben, weil er nach meiner Ueberzeugung das konstitutionelle Prinzip verletzt, weil er die provisorische Inkraftsetzung einführt, ohne daß der Reichstag über ein Definitivum abgestimmt hat, in keiner Gestalt für mich annehmbar.

Was nun den Windthorst'schen Antrag speziell betrifft, so habe ich mir erlaubt, dazu 3 Amendements zu stellen. Prinzipiell erkenne ich an, daß er gerade dadurch, weil er allgemein von dem Abschnitt: Materialwaaren spricht und nur das Petroleum einbegreift, das ja auch unzweifelhaft in diese Kategorie gehört als Finanzzoll, nur in Betracht zu ziehen ist, daß der Antrag gerade wegen seiner Allgemeinheit keinerlei Präjudiz schafft für die demnächstige Abstimmung, während jede Spezialisirung, wie sie im Kommissionsantrag enthalten ist, die Situation des Hauses bei der definitiven Abstimmung erschwert. Dagegen habe ich nun 3 Amendements gestellt in der Absicht, den Antrag im Einzelnen für uns annehmbar zu machen.

Was zunächst den Vorschlag anbetrifft, die Anordnung des Reichskanzlers durch Verordnung des Kaisers zu ersetzen, so habe ich bereits neulich angeführt, weshalb es mir richtig erscheint, die Mitwirkung, wenn auch nur die formelle Mitwirkung des Kaisers nicht zurücktreten zu lassen gerade in der gegenwärtigen Situation, wo die materielle Machtbefugniß, die der Reichskanzler in seiner Person vereinigt, in einer Weise in den Vordergrund tritt in unserem politischen Leben, wie es in keiner Zeit früher in anderen Staaten bei einer einzelnen Person der Fall gewesen ist. Meine Herren, der Grund, der angeführt worden ist, scheint mir doch nicht durchschlagend. Wir haben nämlich schon vielfach provisorische Anordnungen für zulässig erklärt, die in dem Bereich der Gesetzgebung ihrem Inhalt nach fallen. Wir haben aber bei der provisorischen Anordnung stets die kaiserliche Verordnung, die Unterschrift des Kaisers verlangt, z. B. bei dem Gesetz aus dieser Session über die Verfälschung von Nahrungsmitteln ist zugelassen, daß durch kaiserliche Verordnung eine Reihe von Vorschriften erlassen werden können und es heißt dann nachher, daß diese Vorschriften dem Reichstag mitzutheilen sind und der Reichstag kann durch einfache Abstimmung diese Vorschriften wieder außer Kraft setzen. Ebenso haben wir in dem Gesetz über die Verwaltung von Elsaß-Lothringen die kaiserliche Verordnung vorgesehen, die durch Reichstagsbeschluß wieder aufgehoben werden kann. Es entspricht dies auch dem Vorgang in der preußischen Verfassung. Die preußischen Verordnungen werden nach der preußischen Verfassung auf Grund des Art. 63 vom Monarchen gezeichnet, unter Gegenzeichnung des gesammten Staatsministeriums; ich weiß also nicht, warum man hier sich mit der Unterschrift des Reichskanzlers begnügt. Gerade daß man hier, im Gegensatz zu dem bisherigen Prinzip, zum ersten Male eine solche Ausnahme eintreten läßt, sich mit der Unterschrift des Kanzlers begnügen will, läßt mich gerade um so mehr wünschen, daß man das bisherige Prinzip nicht verläßt. Ich hatte mir gedacht, der einzige Grund sei gewesen, daß man glaubte, den Erlaß solcher Verordnungen beschleunigen zu können; dadurch, daß man von der Unterschrift des Kaisers absieht; aber ich mußte mir doch eigentlich selbst sagen, daß die Nothwendigkeit der Einholung der kaiserlichen Unterschrift noch niemals bei uns in eiligen Sachen die Inkraftsetzung einer Maßregel verzögert hat, und daß der Grund daher nicht Platz greift. Ein zweiter Punkt im Windthorstschen Amendement, den ich für bedenklich halte, ist der, daß jede zweite Abstimmung bei uns schon ohne weiteres der Regierung die Vollmacht gibt, sofern es sich um Materialwaaren handelt, den Zollsatz in Kraft zu setzen. Das geht in einem Punkt noch weiter als die Regierungsvorlage. Die Regierungsvorlage verlangte doch immer von dem Reichstag eine besondere Abstimmung über die provisorische Maßregel, hier aber muß nach dem Antrag Windthorst die zweite Abstimmung eine solche provisorische Inkraftsetzung bei diesem Artikel nothwendig in sich schließen. Meine Herren, das ist doch nicht richtig. Es können doch sehr viele Gründe vorliegen, warum man bei der zweiten Abstimmung bei einem Artikel, den man in der zweiten Abstimmung annimmt, von der provisorischen Inkraftsetzung Abstand nehmen darf. Denken Sie doch nur an den Fall, daß man die provisorische Inkraftsetzung bei einem bestimmten Artikel nach der Natur des Artikels nur unter ganz bestimmten Kautelen im Interesse des legitimen Geschäfts genehmigen kann, denn es hat der Reichstag dafür die Handhaben nicht; es kann dann die modifizirte provisorische Inkrafttretung nicht anders geschehen, als wenn sie erst durch drei Lesungen kommt. Es kann auch vorkommen nach dem Windthorstschen Antrag, daß man in der zweiten Abstimmung einen höheren Satz annimmt, als die Regierung selbst verlangt; dann ist es auch um so bedenklicher nach diesem Artikel die provisorische Inkraftsetzung eintreten zu lassen, als ja dann auf den höheren Satz das Publikum gar nicht vorbereitet war. Der Herr Abgeordnete Windthorst hat selbst schon darauf aufmerksam gemacht, wie bei Artikeln wie Butter, frisches Fleisch z. B. die in der provisorischen Inkrafttretung gar keinen Sinn haben, weil hier das rasche Verderben des Artikels eine Anhaltung aus Spekulationsgründen von vornherein ausschließt. Es kommt nun noch ein zweites in Betracht, daß ja in der Position 25 viele reine Finanzzölle sind, aber auch Artikel, die den Charakter von Schutzzöllen haben, und alles, was gegen die provisorische Inkrafttretung des Schutzzolles spricht, spricht auch gegen die provisorische Inkraftsetzung solcher Zölle. Es finden sich sodann im Artikel 25, Artikel, die im Zusammenhange stehen mit anderen Artikeln, die nicht in Position 25 stehen — so z. B. der Artikel Mehl steht im Zusammenhange mit Artikel Getreide. Was soll es für einen Sinn haben, auf das Mehl eine Sperre einzuführen, während das Getreide frei eingeht? — und diese Fälle lassen sich noch vervielfachen. Ich meine daher, der Reichstag muß in der Lage sein, bei der zweiten Lesung, wenn er auch für solche Zollerhebung stimmt, doch die provisorische Inkraftsetzung für einzelne Artikel aus dem Abschnitt 25 ausnehmen zu können. Zu dem Zwecke ist es nöthig, das Windthorstsche Amendement der Art zu amendiren, daß man sagt: die provisorische Inkraftsetzung tritt nur dann ein bei Genehmigung der Zollerhöhung wenn im Beschluß des Reichstags ausdrücklich auf diesen Paragraphen, den wir heute machen, Bezug genommen wird. Wenn der Abgeordnete Windthorst meint: ja, wo die provisorische Inkraftsetzung nicht angemessen ist, wird die Regierung selbst schon von der Vollmacht keinen Gebrauch machen, so geht er dann doch zu weit. Die Majorität und die Regierung können über Angemessenheit sehr verschieden urtheilen, und schon die formelle Möglichkeit, daß die Regierung in 24 Stunden die Sperre eintreten läßt bei Artikeln, wo es so wenig angezeigt ist, bringt schon eine Beunruhigung der Geschäftswelt hinein, die ich vermieden sehen möchte.

Es bleibt nun noch übrig, einiges über den Artikel Roheisen zu sagen. Man nimmt Bezug auf die besonderen Konjunkturen des Roheisenmarktes, ich kann nur wiederholen, daß diese .... besonderen Verhältnisse nicht jetzt eingetreten sind, sondern schon vor 5 Monaten, daß auch diese erwarteten Wirkungen in einer vermehrten Einfuhr sich gar nicht in dem Maße gezeigt haben. Es liegt mir jetzt vor die Nachweisung über das erste Quartal. Dennoch hat die Roheiseneinfuhr im ersten Quartal mehr betragen gegen das erste Quartal 1878 600 000 Zentner; es hat aber auch die Mehrausfuhr in dem ersten

Quartal 1878 an Roheisen betragen mehr rund 300 000 Zentner, so daß die Bilanz sich für vermehrte Einfuhr nur etwa auf etwas über 300,000 Zentner herausstellt.

Meine Herren, das beweist um so weniger, als anerkannt die Einfuhr im Jahre 1878, der Bestand an Roheisen ein ganz besonders niedriger war und es beweist zweitens um so weniger, als gerade im ersten Quartal 1879 auch unsere inländische Produktion an Roheisen und an Materialeisen eine weit stärkere gewesen. Man stellt es so dar, als ob nur der Dortmunder Bezirk, wie es heißt, überschwemmt worden sei mit ausländischem Roheisen. Thatsächlich nach der amtlichen Statistik ist aber im Oberbergamtsbezirk Dortmund im ersten Quartal 1879 300 000 Zentner Roheisen mehr produzirt worden, als im ersten Quartal 1878. Die Produktion hat sich ungefähr um 16 bis 20 Prozent erhöht. Nach den amtlichen Angaben hat sich die weitere Produktion von Schweißeisen, Flußeisen um 600 000 Zentner im ersten Quartal gegen das vorige Jahr erhöht.

Sie sehen also, daß hier keine Ueberschwemmung des Marktes stattgefunden hat, sondern in der That ein ganz natürliches Bedürfniß auf vermehrte Produktion von Materialeisen befriedigt worden ist, theils um eine um 300 000 Zentner gesteigerte größere Einfuhr, theils um eine um 300 000 Zentner Roheisen gesteigerte innere Produktion. Es ist nämlich gesprochen worden davon, als ob in England ein Lager von 1½ Millionen Tons, — es war glaube ich die Rede davon, — vorhanden sei, was ohne Weiteres zur Ueberschwemmung von Deutschland benutzt werde. Nach den Notizen, die ich erhalten habe, hat aber das englische Lager am 24. Mai nur den sechsten Theil dieser Summe, nämlich 263 000 Tons betragen, und dieser Bestand ist gegen das Vorjahr um die Zeit, wo er unendlich niedriger war, nur um 80 000 Tons höher. Also 80 000 Tons, das ist der höhere Bestand, der aber überhaupt nicht für Deutschland disponibel ist; denn in dem Augenblick, wo man niedriger verkauft, vermehrt sich auf die Nachfrage in anderen Ländern, in England selbst, wie es in den letzten Wochen schon der Fall gewesen ist. Nach Nachrichten, die ich Veranlassung hatte, heute einzuziehen, ist von einer Panik des Roheisens während der Preise gar nicht mehr die Rede. Die Preise sind niedrig, aber etwas höher als sie waren, und sie sind fest. Eine größere Einfuhr findet schon ihr Hinderniß daran, daß die Transportkosten so erheblich gestiegen sind nach Ruhrort.

Nach Ruhrort hat gerade eine erheblich größere Einfuhr stattgefunden. Mir ist mitgetheilt, daß die Transportkosten aufs dreifache gestiegen sind. Die Transportkosten machen gerade beim Roheisen einen erheblichen Faktor in der Bezugnahme aus. Nun meine ich aber, daß in der That diese Werke, die bessemer Eisen und Gießereiroheisen bedürfen, im Inlande Anspruch darauf haben, daß nicht auf einmal diese Zollsperre gegen sie eintritt. Es sind ja an und für sich schutzzöllnerische Industrielle, denen die Eisenzölle sehr genehm sind; aber sie haben sich doch an uns gewendet mit der Bitte, hier eine besondere Schonung walten zu lassen, den Uebergang nicht zu rasch zu machen, weil sie das Eisen in Deutschland nicht in dem Maße bekommen können, weil im günstigsten Falle Jahre darüber vergehen können, ehe das Eisen entsprechend aus Deutschland bezogen werden kann. Meine Herren, auf den Eisenzoll ist man ja gefaßt gewesen, aber auf einen so hohen Eisenzoll konnte niemand gefaßt sein, auf einen so hohen Roheisenzoll erst recht nicht. Noch im Jahre 1877 hat es nicht zwei Abgeordnete im Reichstag gegeben, die überhaupt einen Roheisenzoll bewilligten.

(Oho!)

Nein, der Antrag Grothe hatte zwei Unterschriften und ist zurückgezogen worden, ehe er zur Abstimmung kam, weil er gar keinen Anklang fand, obgleich schon damals wahrscheinlich eine Mehrheit sonst für Eisenzölle sich ausgesprochen hätte, wenn die Regierung dies nachdrücklicher verlangt hätte. Das hat man früher schon gewollt, Eisenzölle ohne Roheisenzoll aber jetzt den Roheisenzoll allein in Kraft setzen, das ist eine ganz neue Art des Vorgehens. Auch die Enquete ließ gar nicht erwarten, auch nicht der autonome Tarif, daß man zu einem Zolle von 1 Mark, für 100 Kilo kommen würde. Meine Herren, die Glasgower Verhältnisse sind schon 4 bis 5 Monate alt, man hat keine Veranlassung gefunden, die Eisenzollsperre eintreten zu lassen, weil man — das wurde ja ausdrücklich ausgesprochen — den Konservativen, den Eisenschutzzöllnern keinen Vorschuß leisten wollte, bevor sie die entsprechenden Getreidezölle bewilligt hätten. Ich weiß nun nicht, wie die Sache heute steht, der Herr Abgeordnete Windthorst hat sich nicht so bestimmt darüber ausgesprochen. Wenn einer es wissen muß, muß er es doch wissen,

(Heiterkeit)

welcher Roheisenzoll nun eigentlich definitiv werden soll. Es ist das offenbar ein Internum der Majorität, ein solches Internum, von dem, denke ich, der Herr Abgeordnete Berger neulich gesprochen hat.

(Heiterkeit.)

Wenn nun nicht feststeht, wie hoch der Roheisenzoll in dritter Lesung ausfällt, so hat man um so weniger Veranlassung, jetzt schon eine Sperre zu einem so hohen Satze eintreten zu lassen. Ich kann nicht annehmen, daß die Konservativen so artige Kinder — so lautet ja wohl der Ausdruck — sein werden und nun, bevor die Getreidezollfrage geregelt ist, einen so hohen Vorschuß auf Roheisen, auf den Eisenzoll bewilligen werden.

Das kann man sich nicht verhehlen, wenn der Antrag von Wedell-Malchow noch wiederkehrt, dann ist er von vornherein ungünstig präjudizirt dadurch, wenn jetzt schon ein Roheisenzoll, thatsächlich ein höherer Zoll, in Kraft tritt.

Präsident: Der Herr Abgeordnete Dr. Hammacher hat das Wort.

Abgeordneter Dr. **Hammacher:** Meine Herren, ich denke, der letzte Appell des Herrn Vorredners an jene Seite des Hauses wird von der Adresse seine Antwort erhalten.

Ich muß mich auch gegen die Charakterisirung des Antrags Windthorst-Hammacher verwahren, die der Herr Vorredner demselben gegeben, oder zu geben versucht hat, indem er ihn als einen Antrag des Zentrums bezeichnete. Ich weiß nicht, ob der Herr Vorredner der Meinung ist, daß ich bereits dem Zentrum angehöre,

(große Heiterkeit)

da der Antrag auch meinen Namen trägt.

(Sehr gut!)

Es ist ein bloßer Zufall, daß nur Mitglieder des Zentrums den Antrag unterzeichnet haben. Ich darf dem Herrn Vorredner versichern, daß es mir ein Leichtes gewesen wäre, auch auf der linken Seite des Hauses viele Unterschriften unter den Antrag zu bekommen.

Meine Herren, der wesentlichste Unterschied zwischen der Kommissionsvorlage und dem Antrage, der den Namen Windthorst und den meinigen trägt, ist von dem Herrn Vorredner richtig hervorgehoben worden. Ich lege ebenso, wie mein Herr Mitantragsteller in der Begründung es gethan hat, den höchsten Werth darauf, daß wir beim Aufbau des gegenwärtigen Gesetzes nicht Grundsätze verleugnen, die nach meiner Ueberzeugung das Parlament nicht aufgeben darf, — namentlich den Grundsatz, daß ohne ausdrückliche Zustimmung des Reichstags die verbündeten Regierungen nicht das Recht haben, Zölle und Abgaben zu erheben.

Ich muß nun die Regierungsvorlage von diesem prinzipiellen Standpunkte aus als eine bessere bezeichnen, wie die Vorlage der Kommission. Hätten wir den Boden der Regierungsvorlage betreten, und das in § 1 ausgedrückte Prinzip uns zu eigen gemacht, so wäre doch der Reichstag jederzeit in der Lage gewesen, über die Frage, ob und bei welchem speziellen Artikel die vorläufige Erhebung des Zolls erfolgen soll, rechtsverbindlich zu befinden. Unter dem ersten Eindruck der Lesung des Gesetzentwurfs kam mir, als ich gleichzeitig den Widerspruch gegen denselben hörte, der Gedanke, ob nicht in der That der Reichstag eine zu große Furcht vor sich selbst bekannte, indem er die Regierungsvorlage nicht einmal für verbesserungsfähig hielt. Das ist gerade der Vorzug des Antrags Windthorst, daß er im Sinne der Regierungsvorlage die Zustimmung des Reichstags für jede einzelne Zollposition verlangt, damit die verbündeten Regierungen überhaupt die Zollsätze an den Grenzen des Reiches vorläufig ändern können. Wir verlangen nur durch unseren Antrag gewisse Garantien, die wir in dem Regierungsentwurf nicht fanden. Wir besorgten, daß bei der Annahme des § 1 der Regierungsvorlage der Reichstag unvorbereitet zu zustimmenden Beschlüssen geführt werden könne, die nicht dem Interesse des Reichs entsprächen, und indem wir gegen diese Gefahr Garantien zu finden uns bemühten, kamen wir auf den Gedanken, die Feststellung des Zollsatzes bei der zweiten Lesung im Reichstag als eine ausreichende Grundlage anzusehen, damit die vorläufige Erhebung erfolgen könne.

Herr Kollege von Kleist-Retzow tadelt nun an unserem Vorschlag, daß wir damit das Maß von Verantwortlichkeit nicht auf uns nehmen, was dem Reichstag zukäme. Er meinte, daß die Kommission und der Reichstag die einzelnen Artikel bezeichnen müssen, bei welchen die Sperrung der Einfuhr, beziehungsweise die vorläufige Erhebung der Zollsätze, wie sie beabsichtigt sind, erfolgen könne. Wenn Herr von Kleist-Retzow die Güte hat, sich der Regierungsvorlage zu erinnern, so wird er mehr Uebereinstimmung zwischen unserer Auffassung und der der Regierung als zwischen der seinigen und der der Regierung finden. Ich meine, darüber zu entscheiden, welche einzelnen Artikel sich zu der Sperrung eignen, ist die Regierung in der Regel besser im Stande als der Reichstag, und man sollte die Entscheidung darüber stets von der Initiative der Regierung abhängig machen, wenn man überhaupt spezialisiren will.

Ich wende mich nunmehr zu den Einwendungen, die der Herr Vorredner gegen unsern Antrag erhoben hat. Derselbe vermißt zunächst, abweichend von den gesetzgeberischen und administrativen Gewohnheiten im Königreich Preußen, die Anordnung durch kaiserliche Verordnung. Nun glaube ich, der Herr Präsident des Reichskanzleramts hat schon die Gründe bezeichnet, aus denen wir uns über dieses Bedenken, wenn es überhaupt ernst gemeint war, hinwegsetzen können. Für mich, meine Herren, tritt zu den sachlichen Gründen auch noch der hinzu, daß dieses Gesetz uns im Namen Seiner Majestät des Kaisers vorgelegt worden ist. Der Herr Vorredner tadelt sodann an unserem Antrag, daß nach Inhalt desselben auch ohne ausdrückliche Genehmigungserklärung des Reichstags ein Zoll vorläufig zur Erhebung kommen könne, — und er verlangt demgemäß, indem er sich auf die Grundlage unseres Antrags stellt, die Hinzufügung des Gedankens, daß die vorläufige Erhebung auf Anordnung des Reichskanzlers erfolgen köune, insofern der Reichstag dazu expressis verbis seine Genehmigung ertheilt habe. Ja, meine Herren, ich für meinen Theil hatte bei der Niederschrift des Antrags den Gedanken, ob es nicht zweckmäßig wäre, ausdrücklich zu sagen, daß die verbündeten Regierungen nach erfolgter zweiter Lesung das Recht der vorläufigen Erhebung hätten, sofern der Reichstag keinen Widerspruch erhoben habe. Ich meine, eine Art von vermutheter Vollmacht käme dann durch den Beschluß der zweiten Lesung zum Ausdruck, und wenn in diesem Sinne der Herr Vorredner seinen Antrag modifiziren möchte, so hätte ich von meinem Standpunkt aus gegen das Amendement nichts zu erinnern.

Endlich, meine Herren, bekämpft der Herr Abgeordnete Richter (Hagen) — und da holt er sein Rüstzeug aus der uns wohlbekannten Kammer heraus — die Einführung des Roheisens unter die Gegenstände auf die das Sperrgesetz angewendet werden soll. Seinen früheren Vortrag ergänzend, hat er heute an der Hand der Statistik bis zum Schluß des ersten Quartals dieses Jahres seine Ausführungen gemacht. Bei der ersten Lesung benutzte er nur die Ziffern der Eiseneinfuhr während der ersten zwei Monate, um nachzuweisen, daß eine Ueberfüllung des deutschen Marktes mit ausländischem Roheisen nicht stattfinde. Jetzt gibt er zu, daß allerdings in dem ersten Quartal dieses Jahres eine erhebliche Vermehrung der Einfuhr von ausländischem Eisen in Deutschlaud vor sich gegangen sei. Er vergißt nur eins hinzuzufügen, und das ist die Hauptsache, daß nämlich diese jede Mißbeutung ausschließende Mehrzufuhr grade auf den März entfällt, während in den beiden ersten Monaten des Jahres die Zufuhr eine fast regelmäßige war, die Ueberzeugung, daß die Zufuhr aus dem Auslande erst von Anfang März dieses Jahres beginnend in ganz enormen Proportionen zunahm, werden Sie, meine Herren, mit mir aus der amtlichen Statistik, von der ich annehme, daß sie auch dem Herrn Vorredner zugänglich gewesen ist, gewinnen. Darnach wurden im März vorigen Jahres in das deutsche Reich eingeführt an Roheisen 746 871 Zentner, während die Einfuhr im März dieses Jahres 1 291 000 Zentner, mithin fast 500 000 Zentner mehr betrug. Die Einfuhr während der beiden ersten Monate blieb dagegen der gleichzeitigen im vorigen Jahre fast gleich; sie ist nur um 100—150 000 Zeutner gestiegen. Eben so, meine Herren, hat eine ganz erhebliche Mehreinfuhr von altem Brucheisen stattgefunden. Dieselbe betrug im Monat März des vorigen Jahres rund 27 000 Zeutner; im März dieses Jahres dagegen rund 115 000 Zeutner. Es ist auch da dieselbe Erscheinung wie bei dem Roheisen, daß die vermehrte Einfuhr fast ganz auf den Monat März entfällt. In dem Zeitraum vom 1. Januar bis Ende März vorigen Jahres bezifferte sie sich auf 76 572 Zentner, in diesem Jahre auf 169 000 Zentner. In ähnlicher Weise hat die Mehreinfuhr von Fabrikateisen, von Stabeisen und anderen Eisenfabrikaten im Laufe dieses Jahres sich gestaltet. Die Vermehrung entfällt meistentheils auf den Monat März, während wir noch im Januar und Februar eine normale Einfuhr hatten. Was folgt daraus, meine Herren? Gerade die Richtigkeit der von mir und meinen Freunden aufgestellten Behauptung, daß nämlich angesichts der in Deutschland sich jetzt vollziehenden Tarifreform, die zu einer Wiedereinführung des Roheisenzolls, überhaupt zur Wiederherstellung der Eisenzölle führen mußte, das Ausland bestrebt ist, so rasch wie möglich die vorhandenen Eisenvorräthe in das deutsche Reich einzuführen. Der Herr Vorredner hat zugestanden, daß diese Thatsache, insoweit sie die Rheinprovinz betrifft, auch zu seiner Kenntniß gelangt sei. Ich bitte Sie, meine Herren, wohl zu beachten, daß die Ziffern, die ich Ihnen angegeben habe, sich nur auf den Zeitraum bis Ende März dieses Jahres beziehen. Wenn erst die Ziffern bekannt sind, die der Mehrimport seit dem 1. April dieses Jahres zum Gegenstande haben, so wird der Herr Vorredner erstaunen über die kolossalen Quantitäten, namentlich des Roheisens, die seitdem in das deutsche Reich herübergeführt worden sind. Und das trifft nicht bloß am Rhein, sondern auch an der ganzen Nord- und Ostsee zu. Wenn die Herren Vertreter der Stadt Stettin und des Großherzogthums Oldenburg sich in der Lage befinden, unterrichtet zu sein über die neuerliche Einfuhr von Roheisen, so werden sie jedenfalls meine Annahme bestätigen müssen, daß gerade im Lanfe der letzten Zeit die Einfuhr von Roheisen eine sehr bedeutende war. Ja, es wäre das auch etwas ungewöhnliches und nicht zu erklärendes, wenn nicht bei der nahe bevorstehenden Einführung der Eisenzölle die inländischen Konsumenten sich in ausgiebigster Weise mit Roheisen und Eisenmaterial versorgten und das Ausland sich nicht bemühte, den deutschen Markt mit Roheisen und Eisenfabrikaten zu überschwemmen. Vor mir liegt eine Notiz aus Glasgow, die anscheinend einer geschäftlichen Zeitung entnommen ist, ich habe sie in der „Nationalzeitung" gefunden, da heißt es:

> **Glasgow**, 23. Mai. Die in Bezug auf die Eisenzölle in Deutschland gefaßten Beschlüsse haben unseren Markt sehr verstimmt. Warrants berührten Dienstag den niedrigsten Punkt 42 s 2 d schließen indeß etwas fester à 42 s 4½ d Kassa. Verschiffungsmarken für sofortige Abladung bleiben begehrt. Wir notiren exklusive Kommission u. s. w.

Ja, meine Herren, die Schiffsfrachten steigen gerade in Folge der vermehrten Zufuhr von ausländischen Eisen und deshalb darf man sich auch auf das Steigen der Schiffsfrachten beziehen, um dem Reichstag die Ueberzeugung zu verschaffen, daß wir es jetzt in der That mit einer Ueberfluthung des deutschen Marktes durch ausländisches Eisen zu thun haben.

Wenn es im allgemeinen einer näheren Beweisführung über die schädigende Beeinflussung des Marktes durch die jetzt bei uns in Verhandlung befindliche Zollreform noch bedürfte, so könnte ich eine Menge Privatzuschriften verlesen, die ich empfangen habe, namentlich von legitimen Händlern auf dem englischen Markt und von Rotterdam und Amsterdam, worin mir mitgetheilt wird, daß die Geschäfte in einer ungewöhnlichen Aufregung sich befänden, weil alle deutschen Kaufleute die möglichst rasche Zusendung der Waaren verlangen. Ich lenke zur Illustration Ihre Aufmerksamkeit auf eine Notiz aus Aachen, die vor wenigen Tagen aus rheinischen Blättern ebenfalls in die Nationalzeitung übernommen ist, darin heißt es:

> **Aachen**, 19. Mai. Mit Rücksicht auf die bevorstehende Zollreform herrscht auf den hiesigen Bahnhöfen ein so bedeutender Verkehr, wie er selbst in den Schwindeljahren auch nicht annähernd erreicht wurde. Verflossenen Samstag kamen von Rheims nicht weniger als fünf Waggons Champagner, für Berlin bestimmt, an. Die hiesigen Spediteure können die Aufträge kaum noch bewältigen.

Ja, meine Herren, ich meine, das sind beachtenswerthe Zeichen, die die Thatsache unwiderleglichst feststellen, daß es wirklich im Interesse des deutschen Reichs liegt, so bald wie möglich das Sperrgesetz zur Ausführung zu bringen.

Ich muß dem Herru Vorredner gegenüber, obgleich er heute darauf nicht zurückgekommen ist, noch folgendes wiederholen. Im Sinne derjenigen Majorität, die für die Wiedereinführung des Roheisenzolls gestimmt hat, liegt nicht bloß die Wahrung der finanziellen Interessen des Reichs, die geschädigt werden, wenn wir kurz vor Einführung des gesetzlichen Termins Roheisen noch zollfrei in Deutschland einführen lassen, sondern auch die Absicht, einem tief nothleidenden und erkrankten deutschen Industriezweige baldige Hilfe zu verschaffen, und, meine Herren, diejenigen, die das gewollt haben, müssen mitwirken, den Zeitpunkt, wo diese Hilfe wirksam und exakt gebracht werden kann, nicht dadurch hinauszurücken, daß wir unnöthigerweise jetzt noch weiteres Roheisen aus dem Auslande zollfrei nach Deutschland hereinkommen lassen. Trotz alledem würde ich angesichts der entgegenstehenden Interessen, namentlich der Interessen desjenigen Theils der deutschen Eisenindustrie, der auf den Bezug gewisser Sorten englischen Eisens angewiesen ist, für die sofortige provisorische Einführung des Roheisenzolls nicht stimmen können, wenn nicht, wie der Herr Referent bereits hervorgehoben hat, seitens der verbündeten Regierungen durch den Mund des Herrn Präsidenten des Reichskanzleramts die rechtliche Ansicht festgehalten und als Richtschnur für ihre Behandlung der Frage zugesagt wäre, daß jene Bestimmungen des Anhangs zum Zollgesetz von 1867, welche die erleichterte und zollfreie Einfuhr von ausländischem Eisen, das in verarbeitetem Zustande wieder ins Ausland geführt werden soll, gestatten, dermalen noch zu Recht bestehen. Meine Herren, staatsrechtlich mag die Beantwortung der Frage noch zweifelhaft sein. Bekanntlich liegt sie so. Man hat im Jahre 1867 mit Rücksicht auf den damals bestehenden Eisenzoll gewisse erleichternde Anordnungen getroffen wegen des Bezugs von ausländischem Eisen, was verarbeitet in das Ausland gehen soll, um den Grundsatz der Zollfreiheit für solches Roheisen ohne überflüssige Erscheinung die Fabrikation durchzuführen. Demnächst ist der Zoll auf Roheisen aufgehoben, und es fragt sich, ob durch diese Aufhebung auch jene Anlage zu dem Gesetz entfallen ist. In der Kommission wurde für die bejahende wie für die verneinende Antwort plaidirt. Nachdem aber namens der verbündeten Regierungen die Erklärung abgegeben war, daß dieselben ihrerseits die Zurechtbeständigkeit des fraglichen Uebereinkommens zum Zollgesetz von 1867 aufrecht erhielten, und entschlossen seien, danach zu verfahren, ist für mich jedes Bedenken geschwunden und kann ich der vorläufigen Erhebung des Roheisenzolls zustimmen. Nur das muß ich zum Schluß noch sagen: es würde von großem Werthe für das Land sein, und zur Beruhigung großer Kreise, die in der Eisenindustrie thätig sind, beitragen, wenn auch hier vor versammeltem Reichstage Namens der verbündeten Regierungen dieselbe Erklärung wiederholt würde, die in der Kommission abgegeben ist.

Präsident: Es ist ein Antrag auf Schluß der Diskussion eingegangen vom Herru Abgeordneten von Kardorff. Ich bitte, daß diejenigen Herren sich erheben, die den Schlußantrag unterstützen wollen.

(Geschieht.)

Die Unterstützung reicht aus.

Ich bitte nun, daß diejenigen, welche den Schlußantrag annehmen wollen, sich erheben oder stehen bleiben.

(Geschieht.)

Die Abstimmung ist zweifelhaft. Das Wort hat der Herr Abgeordnete Sonnemann.

Abgeordneter **Sonnemann**: Meine Herren, der Herr Abgeordnete Hammacher hat sich beschwert, daß man diesen Antrag des Herrn Abgeordneten Windthorst mit dem Namen des Zentrums bezeichnet hat. Ich will dahin gestellt sein lassen, ob der Herr Abgeordnete Hammacher den Antrag mitunterschrieben hat mehr aus Rücksicht auf das in demselben ausgedrückte konstitutionelle Prinzip oder mit Rücksicht auf das Roheisen. Ich glaube, daß vielleicht der letztere Gesichtspunkt bei ihm der entscheidende war, denn es ist nicht zu leugnen, daß das Roheisen das einzig aktuelle in diesem Antrag ist. Bis die anderen Punkte in Kraft treten können, vergeht ja noch einige Zeit.

Um mich nun bezüglich des Roheisens genau zu informiren, habe ich Erkundigungen eingezogen, und ich habe zu ermitteln gesucht: ist es wahr, daß soviel Roheisen importirt wird, seitdem der Eisenzoll in Frage steht? Ich habe gefunden, und darüber hat der Herr Kollege Richter Ihnen ja schon Aufschluß gegeben, daß wir im ersten Quartal 1879 allerdings 300 000 Zeiner mehr importirt haben als im vorigen Jahre, aber das vorige Jahr bildete wegen des langen Schlusses der Schifffahrt eine Ausnahme. Gehe ich auf die Jahre 1875 und 77 zurück, so haben wir in diesen beiden

Jahren im ersten Quartal mehr Roheisen importirt als in diesem Jahre, es hat also eine exceptionelle Einfuhr in dem ersten Quartal 1879 absolut nicht stattgefunden, sondern sie bleibt hinter den Jahren 1875 und 77 zurück. Das erste Quartal kann man also nicht ins Gefecht führen, um zu beweisen, daß eine so besonders starke Einfuhr von Roheisen stattfindet.

Nun komme ich auf die letzte Zeit, und da ist allerdings einzuräumen, daß im Monat April die Einfuhr eine starke gewesen ist. Es wird hier im Allgemeinen davon gesprochen, ohne daß bis jetzt Ziffern angegeben worden sind. Ich bin in der Lage, sie ziemlich genau vorzuführen. Wir haben allerdings noch nicht unsere Einfuhrliste über den Monat April, aber wir haben die Liste der englischen Ausfuhr, diese gibt ein ziemlich richtiges Bild, das jedenfalls über die Wirklichkeit hinausgeht, wenn wir zusammenstellen, was nach Deutschland und nach Holland eingeführt ist. Ich will, um den Herren auf jener Seite (rechts) gerecht zu werden, zugeben, daß die ganze Mehreinfuhr nach Deutschland gegangen ist. Wie hoch ist die Mehreinfuhr gewesen? Die Mehreinfuhr im Vergleich zu dem Vorjahre ist rund nach Holland und Deutschland zusammen 30 000 Tonnen. Das ist allerdings eine große Ziffer, 30 000 Tonnen sind 600 000 Zentner; aber wenn Sie den Werth dieser Waare annehmen, so handelt es sich um 1 200 000 Mark. Nun, meine Herren, eine Mehreinfuhr von 1 200 000 Mark an Roheisen in dem Augenblik, wo eine durch den Zoll in ihrem Bestehen bedrohte Industrie darauf sehen muß, sich auf einige Zeit zu verproviantiren, ist gewiß nicht so exorbitant. Wenn Sie einen Maßstab haben wollen, was diese Ziffer bedeutet, so erwägen Sie, daß dieses Quantum nicht den fünften Theil dessen ausmacht, was unsere auf englisches Roheisen basirte Stahlwerke in einem Jahre brauchen; soviel ist im Monat April mehr eingeführt. Ich sehe hier ab von den Gießereien und von dem Eisen, was zu anderen Industrien gebraucht wird. Ich bitte Sie, hierbei nicht zu vergessen, daß wir den Zoll auf Roheisen schon vor 6 Jahren aufgehoben haben, und daß während der 6 Jahre sich eine Menge von Industrien gerade auf diese Zollfreiheit hin gebildet haben. Diesen Industrien wollen Sie möglichst mit einem Beschluß hier plötzlich jede Zufuhr abschneiden. Ich habe mich auch danach erkundigt, ob durch die Spekulation erhebliche Mengen eingeführt worden sind; es ist dies von kompetenter Seite verneint worden. Der überwiegend größte Theil ist jedenfalls für Rechnung von Konsumenten eingeführt, von Eisenwerken, die das englische Roheisen gebrauchen. Diese Werke werden wohl, nachdem man den Zoll in 10 Jahren dreimal stufenweise herabgesetzt hat, ohne ihnen etwas zurückzuvergüten, berechtigt sein, für diesen kleinen Zeitabschnitt, den sie bis zum Perfektwerden des Zollgesetzes vor sich haben, noch frei einzuführen. Es ist ein alter Grundsatz unserer Zollgesetzgebung, daß solche Veränderung erst zwei Monate nach Beschluß in Kraft treten sollen; warum soll der Zoll nun hier so schnell in Kraft treten? Ich bin also entschieden dagegen, daß man dieses Sperrgesetz, welches ich gern bereit bin bezüglich der Finanzzölle, die in zweiter Lesung angenommen sind, nach dem Vorschlag des Herrn Abgeordneten Richter zu akzeptiren, auf die Schutzzölle auszudehnen, weil ich nicht will, daß man den Handel und Verkehr in dieser Weise untergräbt und selbst solchen Lieferungen für die Verträge abgeschlossen sind, für welche die Konsumenten Faktura in Händen haben, durch das Sperrgesetz einen Zoll auferlegen soll.

Was den Antrag Stumm betrifft, so scheint mir derselbe jeder Grundlage zu entbehren. Wenn ich mir ansehe, was wir nach der englischen Statistik im April, im letzten Monat, an Eisenwaaren aus England nach Deutschland eingeführt haben, so ist in allen Positionen ein Rückgang gegen das Vorjahr eingetreten: im April 1878 sind nach Deutschland eingeführt 8235 Zentner Schienen, im April 1879 714 Zentner; an Gußwaaren sind nach Deutschland über Holland eingeführt im Jahre 1878 1138 Zentner, im April 1879 760 Zentner; kurz in allen Positionen finde ich eine Abnahme, hier ist also absolut kein Grund zu solchen außerordentlichen Maßregeln. Die englische Statistik beweist, daß niemand daran denkt, aus England wegen der Sperrmaßregeln Eisenwaaren zu beziehen. Im Interesse unserer deutschen Eisenindustrie, die sich seit 1873 auf Grund des englischen Roheisens etablirt hat, im Interesse der Maschinenindustrie empfehle ich Ihnen, das Roheisen aus dem Sperrgesetz zu streichen, im übrigen empfehle ich Ihnen die Anträge Richter anzunehmen.

Präsident: Es sind zwei Anträge auf Schluß der Debatte eingebracht, der eine von dem Herrn Abgeordneten Freiherrn von Manteuffel, der andere von dem Herrn Abgeordneten Grafen zu Stolberg.

Ich bitte diejenigen Herren, welche den Antrag unterstützen wollen, sich zu erheben.

(Geschieht.)

Die Unterstützung reicht aus.

Ich bitte nun diejenigen Herren, welche den Antrag annehmen wollen, sich zu erheben oder stehen zu bleiben.

(Geschieht.)

Das ist die Majorität; die Debatte ist geschlossen.

Zu einer persönlichen Bemerkung hat das Wort der Herr Abgeordnete von Kleist-Retzow.

Abgeordneter **von Kleist-Retzow**: Meine Herren, ich bedauere die Freude des Herrn Abgeordneten Richter (Hagen) darüber, daß er gewissermaßen hofft, in mir nun endlich jemanden gefunden zu haben, den er als Zeuge für das Wahlplakat „200 Millionen Neubelastung des Landes" verwerthen könnte, stören zu müssen. Sie wissen ja alle, ich habe gerade den Standpunkt geltend gemacht, daß es sich nicht um Neuauflagen handelt, sondern um Umlagen, um Erleichterung der Kommunen

(Lachen links)

und der weniger steuerfähigen unteren Klassen des Landes.

Präsident: Zu einer persönlichen Bemerkung hat der Herr Abgeordnete Dr. Hammacher das Wort.

Abgeordneter Dr. **Hammacher**: Der Herr Abgeordnete für Frankfurt hat sich gestattet, die Frage aufzuwerfen, ob ich mehr aus Interesse für das Roheisen oder für die konstitutionellen Rechte dieses Hauses mit Herrn Windthorst den bekannten Antrag eingebracht hätte. Wenn Herr Sonnemann diese Frage unbeantwortet gelassen hätte, so würde ich dazu schweigen; er fügte aber hinzu, nach seiner Meinung sei es mehr mein Interesse für das Roheisen gewesen. Ich konstatire einfach, meine Herren, daß es nicht in den Gewohnheiten des hohen Hauses liegt, über die Motive eines Abgeordneten sich in solcher Weise zu äußern.

(Sehr richtig!)

Präsident: Zu einer persönlichen Bemerkung hat der Herr Abgeordnete Richter (Hagen) das Wort.

Abgeordneter **Richter** (Hagen): Ich wollte dem Herrn Abgeordneten von Kleist-Retzow nur bemerken, daß es sich hier um gar kein Plakat handelt, sondern einfach um die Schätzung der finanziellen Ergebnisse der Vorlagen gehandelt hat. Diese hat er mit 160 Millionen beziffert; das ist genau die Ziffer, die ich immer angegeben habe.

Präsident: Zu einer persönlichen Bemerkung hat der Herr Abgeordnete von Kleist-Retzow das Wort.

Abgeordneter **von Kleist-Retzow:** Ich habe nur von den Forderungen des Herrn Ministers Hobrecht gesprochen, diese meinerseits sogar ermäßigt.

Präsident: Der Herr Berichterstatter hat das Wort.

Berichterstatter Abgeordneter **von Benda:** Meine Herren, ich werde über die einzelnen Positionen kein Wort mehr sprechen, ich setze voraus, jeder von Ihnen weiß bereits, wie er stimmen wird. Ich habe nur noch den Kommissionsantrag gegenüber dem Antrag des Herrn Abgeordneten Windthorst zu vertheidigen.

Der Herr Abgeordnete Windthorst hat hauptsächlich darauf gefußt, daß wir in dem Kommissionsvorschlag verfassungsmäßige Befugnisse gewissermaßen verletzt hätten. Herr Richter ist weiter gegangen; er hat von dem konstitutionellen Prinzip gesprochen, welches abermals durch nationalliberale Mitglieder in Gefahr gesetzt worden sei. Er hätte besser gethan, sich an seine näheren Freunde zu wenden, welche den Kommissionsvorschlag auch angenommen haben. Wenn endlich Herr Hammacher sagt, es sei dadurch der Kommissionsvorschlag ein Fehler, weil man niemals die Regierung ermächtigen dürfe zu Erhebungen, zu welchen die Zustimmung des Reichstags nicht erfolgt sei, — ja, meine Herren, ich verstehe doch in der That diese ganze Deduktion nicht, wenn wir uns vergegenwärtigen, daß es sich hier um eine ganz neue Einrichtung, um ein Sperrgesetz handelt, welches meines Wissens das erste ist, was wir in diesem Hause verhandeln. Ich glaube auch in der That, man legt dabei der zweiten Lesung eine zu hohe Bedeutung bei. Meine Herren, wir haben so sehr häufig erlebt, daß in der dritten Lesung genau das Gegentheil von dem beschlossen wurde, was in der zweiten Lesung beschlossen war, und ich glaube, es gibt in diesem Hause sehr viele Mitglieder, die noch wünschen, daß die Beschlüsse zweiter Lesung in den Tariffragen noch wieder geändert werden mögen. Meine Herren, wenn dabei auf England Bezug genommen ist, so haben wir gerade die englischen Verhältnisse in der Kommission ausführlich besprochen. Da liegt aber die Sache ungefähr genau entgegengesetzt dem Verhältniß, wie wir es hier haben. In England, meine Herren, wird ein solches Steuergesetz den Nachmittag vorgelesen, den Abend angenommen und den folgenden Morgen wird es publizirt. Meine Herren, die Schnelligkeit ist es aber nicht allein, worin sich die Sache unterscheidet, sondern es ist der Umstand, daß es überhaupt im englischen verfassungsmäßigen Leben fast unerhört ist, in gewöhnlichen Zeiten, daß ein Minister eine Steuervorlage vorlegt, deren Annahme er nicht gewiß ist. Und endlich, meine Herren, ist es in England auch unzweifelhaft, daß ein englischer Minister eine Steuervorlage überhaupt nicht macht, wenn er nicht der öffentlichen Meinung gewissermaßen gewiß ist. Meine Herren, genau das Gegentheil findet bei uns statt. Wenn bei uns eine Steuervorlage eingebracht ist, so ist die Mehrzahl der Fälle, in welcher sie abgelehnt wird, und die Usance, daß sie angenommen wird, ist keineswegs bei uns eingebürgert. Und dann müssen Sie doch auch die Sache vom finanziellen Standpunkt aus nicht so tragisch aufnehmen, es wird sich da keineswegs darum handeln, wenigstens in den überwiegend meisten Fällen, daß die Leute, die die Vorsteuer bezahlen sollen, sie baar bezahlen, sondern das wird angeschrieben und einfach gelöscht, wenn später der Tarif Gesetzkraft nicht erhalten wird. Meine Herren, ich glaube daher in der That, dieser Vorwurf, der der Kommissionsvorlage gemacht wird, ist unbegründet, ja ich behaupte sogar, die Bedenken, die gegen den Antrag des Herrn Kollegen Windthorst vorliegen, sind größer, er geht ja viel weiter, er will in dem Augenblick, in welchem die zweite Lesung erfolgt ist, den Herrn Reichskanzler ermächtigen, die Vorerhebung vorzunehmen, ohne ein Votum des Reichstags. Meine Herren, dadurch unterscheidet sich wesentlich der Vorschlag des Herrn Abgeordneten Windthorst von dem Regierungsvorschlag, während wir im Kommissionsantrag die ganze Angelegenheit so eingeschränkt haben, daß in der That seine Bedenken nicht mehr ins Gewicht fallen. Meine Herren, ich bin fest überzeugt, ich würde niemals es aussprechen, ich halte es für sehr unpassend, jemanden den Verdacht hinzuwerfen, als ob persönliche Interessen oder Interessen der Industrie, die man vertritt, zu einem solchen Antrag Veranlassung geben können.

Aber, meine Herren, von der Wirkung kann ich doch sprechen. Die Wirkung des Antrags Windthorst ist unzweifelhaft die, daß das Eisen sicher gestellt wird, während die Finanzzölle durch die Suspension auf sechs bis acht Wochen trocken gelegt werden.

(Sehr richtig!)

Ich habe aus dem Grunde in der That keineswegs begreifen können, weswegen der Herr Vertreter des Bundesraths den Antrag Windthorst so leicht akzeptirt hat. Meine Herren, das scheint ja doch unzweifelhaft, wenn die Finanzartikel in § 25 noch auf acht Wochen suspendirt werden, dann haben Sie in der That nicht die geringste Aussicht, daß da noch irgend ein finanzielles Resultat daraus sich ergibt.

Meine Herren, ich kann Sie daher nur bitten, — indem ich mich darauf berufe, daß in der Kommission die Mehrheit — glaube ich — für die Eisenzölle war und sein wird, doch ein sehr erheblicher Theil in der Kommission sich befunden hat, welchem die Finanzzölle auch am Herzen liegen, — daß Sie aus dem Grunde sich dem Antrag der Kommission aufschließen und den Antrag Windthorst ablehnen mögen.

Präsident: Meine Herren, wir kommen zur Abstimmung über § 1. Ich proponire Ihnen die Abstimmung in folgender Weise. Zunächst wird abgestimmt über die Amendements, welche zu dem Antrag der Herren Windthorst und Dr. Hammacher Nr. 215 sub 1 gestellt worden sind, nämlich die Anträge: Nr. 220 sub 1 von dem Herrn Abgeordneten Richter, — 219 sub 1 vom Herrn Abgeordneten Stumm — und dann 220 sub 2 respektive 3 vom Herrn Abgeordneten Richter.

Ich werde zunächst abstimmen lassen über diese Anträge für den Fall der Annahme des Antrags Windthorst sub 1, sodann über diesen Antrag selbst, wie er sich nach der Vorabstimmung gestellt haben wird. Ist derselbe gefallen, so würde ich vorschlagen, über die Vorlage der Tarifkommission und zwar zunächst abstimmen zu lassen über den dazu gestellten eventuellen Antrag des Herrn Abgeordneten Windthorst, vorweg aber über die dazu gestellten zwei Amendements. Fallen diese Anträge, dann würde ich vorschlagen, über die eventuellen Amendements zum Vorschlag der Tarifkommission abzustimmen, also über die Anträge der Herren Abgeordneten Kleist-Retzow und Löwe (Berlin), endlich über die Beschlüsse der Tarifkommission selbst, eventuell über die Regierungsvorlage.

Sind die Herren mit dieser Fragestellung einverstanden?

Der Herr Abgeordnete Klotz hat das Wort zur Fragestellung.

Abgeordneter **Klotz:** Meine Herren, ich meine, daß die Abstimmungen, die der Herr Präsident vornehmen lassen will, zuerst eventuelle sein müssen. Es stehen drei Systeme hier einander gegenüber: der Prinzipalantrag der Herren Windthorst und Hammacher, dann der eventuelle Antrag derselben Herren, demnächst diejenigen Anträge, die zu den Kommissionsbeschlüssen gestellt sind. Es ist deshalb nothwendig, daß zunächst der Prinzipalantrag der Herren Windthorst und Hammacher dadurch eine bestimmte Form erhalte, daß die sämmtlichen dazu gestellten Abänderungsanträge zur Abstimmung gelangen;

ferner muß eventuell festgestellt werden durch die Abstimmung über das Amendement Stumm, welches zu dem eventuellen Antrag Windthorst-Hammacher gestellt ist, wie der eventuelle Antrag Windthorst-Hammacher sich gestaltet; ebenso müssen die Kommissionsvorschläge eventuell erst gestaltet werden durch eine vorläufige Abstimmung über die zu den Kommissionsvorschlägen gestellten Anträge; und wenn die drei neben einander herlaufenden verschiedenartigen Systeme durch diese eventuelle Vorabstimmungen sich fest gestaltet haben, dann muß definitiv abgestimmt werden, ob durch die Annahme des Windthorst-Hammacherschen Antrags der eventuelle Antrag Windthorst-Hammacher und die Kommissionsvorschläge beseitigt werden sollen. Wird der Antrag Windthorst-Hammacher abgelehnt, dann muß zur Abstimmung gebracht werden der eventuelle Antrag Windthorst-Hammacher und zwar in definitiver Abstimmung, und ist der auch abgelehnt, so kann erst über den Kommissionsantrag abgestimmt werden. Das ist nach meiner Meinung die Reihenfolge, in welcher die Abstimmungen vorzunehmen sein dürften.

Präsident: Der Herr Abgeordnete Dr. Lasker hat das Wort zur Fragestellung.

Abgeordneter Dr. **Lasker:** Ich habe bei der Fragestellung dem Herrn Präsidenten nicht ganz genau in allen Einzelnheiten folgen können, und ich bitte, daß der Herr Präsident mich entschuldigen möge, wenn ich vielleicht in einzelnen Punkten nicht auf das, was er entwickelt hat, eingehe. Ich glaube nämlich, die Fragestellung macht sich sehr einfach und im Interesse des ganzen Hauses folgendermaßen: Im wesentlichen stehen sich zwei Hauptanträge gegenüber und diese beiden Hauptanträge der Regierungsvorlage und die beiden Anträge sind die der Kommission und der prinzipale Antrag der Herren Abgeordneten Windthorst und Hammacher. Alles übrige bezieht sich als Unterantrag entweder auf den Antrag Windthorst-Hammacher oder als Unterantrag auf die Kommissionsvorlage, und zwar in diese zweite Kategorie gehört auch der eventuelle Antrag Windthorst-Hammacher, und sämmtliche eventuellen Anträge zu diesem eventuellen Antrag. Wenn man diese Gruppirung annimmt, ist die Abstimmung sehr einfach herbeizuführen, zunächst über die Unteranträge zu den beiden Anträgen, damit das Haus weiß, was in dem einen oder in dem andern Fall zur Annahme kommt, wenn die zwei Anträge in der Gestaltung durch die eventuellen Beschlüsse sich gegenüberstehen. Ich glaube demgemäß dem wesentlichen Gedankengang des Herrn Präsidenten gefolgt zu sein, und danach würde sich die Reihenfolge so bestimmen, daß zunächst sämmtliche Unteranträge erledigt werden, die thatsächlich Unteranträge sind zu dem Prinzipalantrage Windthorst-Hammacher, dann sämmtliche Unteranträge, die thatsächlich Unteranträge sind zu der Kommissionsvorlage, und nachdem so die Schlußabstimmung vorbereitet ist, ist zunächst über den Antrag Windthorst-Hammacher, und im Falle der Ablehnung über die Kommissionsvorlage, zuletzt über die Regierungsvorlage abzustimmen.

Präsident: Der Herr Abgeordnete Windthorst hat das Wort zur Fragestellung.

Abgeordneter **Windthorst:** Meine Herren, mir will scheinen, daß der Herr Präsident genau das vorgeschlagen hat, was der Herr Abgeordnete Lasker will. Der Herr Präsident will zunächst abstimmen lassen über alle Unteramendements zu dem Antrag Windthorst-Hammacher, und hat er diesen dann festgesetzt, so will er abstimmen lassen über alle Unteramendements zu dem Kommissionsantrag, zu welchem auch mein eventueller gehört, und wenn die beiden also gegeneinander aufgestellt sind, so will er abstimmen lassen zunächst über den Antrag Windthorst-Hammacher. Wird er angenommen, so fällt der andere weg, wird er abgelehnt, so wird sich die weitere Abstimmung ergeben, die der Herr Präsident vorgeschlagen hat. Ich freue mich, daß der Herr Präsident mit dem Herrn Abgeordneten Dr. Lasker vollkommen einverstanden ist.

(Heiterkeit.)

Präsident: Der Herr Abgeordnete von Kleist-Retzow hat das Wort zu Fragestellung.

(Derselbe verzichtet.)

Wenn ich auch von dem Herrn Abgeordneten Dr. Lasker im wesentlichen richtig verstanden worden bin, so hatte ich doch nicht angedeutet, eine eventuelle Abstimmung über a l l e Amendements 2c. vorweg vorzunehmen, sondern diese Abstimmung erst für den Fall, daß der Prinzipalantrag Windthorst gefallen wäre, in Aussicht genommen. Ich halte aber nicht daran fest. Es ist im Prinzip auch nicht unrechtlich, daß wir zuerst über alle Unteramendements zu dem Antrag Windthorst abstimmen und damit feststellen, wie derselbe hiernach lauten wird, dann, wie eventuell die Kommissionsvorlage mit den dazu eingebrachten Amendements sich herstellen wird, und endlich gehen wir zur definitiven Abstimmung über. Ich glaube, das entspricht auch der Auffassung des Herrn Abgeordneten Klotz.

(Zustimmung desselben.)

Meine Herren, wir stimmen nun ab zuerst über den Antrag Stumm — als Amendement zu dem Antrage der Herren Abgeordneten Windthorst und Hammacher unter 1 —; für den Fall der Annahme dieses Antrags schlägt der Herr Abgeordnete Stumm auf Nr. 219 sub 1 Folgendes vor — ich bitte den Herrn Schriftführer, es zu verlesen.

Schriftführer Abgeordneter Freiherr **von Soden:**

Der Reichstag wolle beschließen:
in dem Prinzipalantrage sub 1, zweite Zeile die Worte: „Nr. 6a (Roheisen aller Art 2c.)“ zu streichen und an deren Stelle zu setzen;
Nr. 6 (Eisen und Eisenwaaren), Nr. 15b (Maschinen).

Präsident: Ich bitte diejenigen Herren, die das eben verlesene Amendement des Herrn Abgeordneten Stumm für den Fall der Annahme des Antrags des Herrn Abgeordneten Windthorst annehmen wollen, sich zu erheben.

(Geschieht.)

Das ist die Minderheit; der Antrag ist abgelehnt.

Wir kommen nun zu dem Antrag des Herrn Abgeordneten Richter (Hagen) auf Nr. 220 sub 1.

Schriftführer Abgeordneter Freiherr **von Soden:**

Der Reichstag wolle beschließen:
im Eingang des § 1 die Worte zu streichen:
in Nr. 6a (Roheisen aller Art 2c.).

Präsident: Ich bitte diejenigen Herren, welche für den Fall der Annahme des Antrags Windthorst, e n t g e g e n dem Antrage des Herrn Abgeordneten Richter, diese Worte a u f r e c h t e r h a l t e n wollen, sich zu erheben.

(Geschieht.)

Das ist die große Mehrheit; der Antrag des Herrn Abgeordneten Richter ist abgelehnt.

Weiter hat der Herr Abgeordnete Richter auf Nr. 220 sub 2 für den Fall der Annahme des Antrags des Herrn Abgeordneten Windthorst einen Antrag gestellt, den ich zu verlesen bitte.

Schriftführer Abgeordneter Freiherr **von Soden**:
Der Reichstag wolle beschließen:
in Zeile 6 statt „Anordnung des Reichskanzlers" zu setzen:
Anordnung des Kaisers.

Präsident: Ich bitte, daß diejenigen Herren, welche diesen Antrag annehmen wollen, sich erheben.

(Geschieht.)

Das ist die Minderheit.
Endlich hat der Herr Abgeordnete Richter für den Fall der Annahme des Windthorstschen Antrags nach ad 3 Folgendes beantragt.

Schriftführer Abgeordneter Freiherr **von Soden**:
Der Reichstag wolle beschließen:
in der letzten Zeile vor „noch genehmigen wird" die Worte einzuschalten:
unter Bezugnahme auf diesen Paragraphen.

Präsident: Ich bitte, daß diejenigen Herren, welche diesen Antrag des Herrn Abgeordneten Richter annehmen wollen, sich erheben.

(Geschieht.)

Das ist ebenfalls die Minderheit.
Meine Herren, wir kommen nun zur zweiten Kategorie von Anträgen, nämlich zu den Amendements, welche zu den Beschlüssen der Tarifkommission zu § 1 gestellt worden sind.
Zunächst ist von dem Herrn Abgeordneten Windthorst beantragt worden in Nr. 215 sub 2:
im § 1 des aus den Beschlüssen der 15. Kommission hervorgegangenen Gesetzentwurfs Zeile 1 vor „Tabak" zu setzen:
Roheisen aller Art, Brucheisen und Abfälle aller Art von Eisen.
Meine Herren, auch hier muß der dazu gehörige Antrag Stumm Nr. 219 2 und zwar vor dem Antrag Windthorst zur Abstimmung kommen. Ich bitte, denselben zuerst zu verlesen.

Schriftführer Abgeordneter Freiherr **von Soden**:
Der Reichstag wolle beschließen:
in dem eventuellen Antrage sub 2 die Worte: „Roheisen aller Art, Brucheisen und Abfälle aller Art von Eisen" zu streichen und dafür zu setzen:
Eisen und Eisenwaaren (Nr. 6 des Tarifentwurfs), Maschinen (No. 15 b des Tarifentwurfs).

Präsident: Ich bitte, daß diejenigen Herren, welche für diesen Antrag — für den Fall der Annahme des eventuellen Antrags Windthorst-Hammacher — stimmen wollen, sich erheben.

(Geschieht.)

Es ist die Minderheit.
Nun bitte ich, daß der Antrag des Abgeordneten von Bötticher, der ebenfalls zu dem eventuellen Antrage gestellt ist, verlesen wird.

Schriftführer Abgeordneter Freiherr von **von Soden**:
Der Reichstag wolle beschließen:
für den Fall der Annahme des Antrags 2 der Abgeordneten Windthorst und Dr. Hammacher hinter die Worte: „aller Art von Eisen" einzuschalten:
Kaffee, Thee, Petroleum.

Präsident: Ich bitte, daß diejenigen Herren, welche für den Fall der Annahme des eventuellen Antrags der Abgeordneten Windthorst und Dr. Hammacher diesen Zusatz annehmen wollen, sich erheben.

(Geschieht.)

Dies ist ebenfalls die Minderheit.
Nun, meine Herren, haben wir noch abzustimmen über den eventuellen Antrag Windhorst:
in § 1 Zeile 1 vor „Tabak" zu setzen:
Roheisen aller Art, Brucheisen und Abfälle aller Art von Eisen, —
denn der ist durch die Abstimmung über den Antrag Stumm noch nicht erledigt. — Ich bitte, daß diejenigen Herren, welche für den Antrag des Herrn Abgeordneten Windthorst, wie ich ihn eben verlesen habe, stimmen wollen, sich erheben.

(Geschieht.)

Das ist die Mehrheit.
Wir kommen nun zu dem Antrag des Herrn Abgeordneten von Kleist-Retzow Nr. 221, der dahin lautet:
in dem § 1 des Entwurfs der Kommission hinter „Tabak" unter Streichung der Worte „und Wein" hinzuzufügen:
Roheisen aller Art, Branntwein aller Art, Wein, Kaffee, Thee und Petroleum.
Ich bitte, daß diejenigen Herren, welche für den Fall der Annahme des Kommissionsbeschlusses diesen Antrag des Herrn Abgeordneten von Kleist-Retzow annehmen wollen, sich erheben.

(Geschieht.)

Das ist die Minderheit.
Endlich, meine Herren, kommt noch der Antrag des Herrn Abgeordneten Löwe (Berlin) zur Abstimmung, der für den Fall der Annahme der Kommissionsbeschlüsse gestellt ist — ich bitte ihn zu verlesen.

Schriftführer Abgeordneter Freiherr **von Soden**:
Der Reichstag wolle beschließen:
für den Fall der Annahme der Beschlüsse der 15. Kommission (Nr. 209 der Drucksachen) zum Gesetzentwurf, betreffend die vorläufige Einführung von Aenderungen des Zolltarifs, im § 1 die Worte
„und Wein"
„und den Zolltarif des Deutschen Zollgebiets"
und
„und 132"
zu streichen.

Präsident: Ich bitte, daß diejenigen Herren, welche diesem Antrag entsprechend für die beantragte Streichung stimmen wollen, sich erheben. —

(Geschieht. Zeichen der Ungewißheit.)

Ich habe gebeten, daß diejenigen Herren, welche mit dem Herrn Abgeordneten Löwe, den Artikel Wein und die beigefügten Worte streichen wollen, sich erheben.

(Geschieht.)

Es ist die Minderheit.
Meine Herren, jetzt ist festgestellt, daß der Antrag Windthorst-Hammacher zunächst zur Abstimmung zu kommen hat. Ich bemerke dabei, daß, wenn alle Anträge fallen sollten, zuletzt noch die Regierungsvorlage zur Abstimmung kommt.
Ich bitte, daß der Herr Schriftführer den Antrag noch einmal verliest, — wenn die Herren nicht darauf verzichten sollten.

(Es wird verzichtet.)

— Er ist unverändert geblieben, wie Sie ihn Nr. 215 sub 1 gedruckt finden.
Ich bitte, daß diejenigen Herren, welche den § 1 nach der unveränderten Fassung der Herren Abgeordneten Windthorst und Dr. Hammacher annehmen wollen, sich erheben.

(Geschieht.)

Meine Herren, das Büreau ist zweifelhaft; ich bitte um die Gegenprobe, und ersuche, daß diejenigen Herren, welche gegen den Antrag der Herren Abgeordneten Windhorst und Dr. Hammacher stimmen, sich erheben.

(Geschieht.)

Meine Herren, das Büreau ist jetzt nicht zweifelhaft darüber, daß das die Minderheit ist. Der Antrag der Herren Abgeordneten Windthorst und Dr. Hammacher ist hiernach angenommen; damit fällt die Vorlage der Kommission ad § 1 und die Vorlage der verbündeten Regierungen.

Wir treten nun in die Debatte über § 2 ein. — Meine Herren, der § 2 nicht der Vorlage der verbündeten Regierungen, sondern § 2 der Beschlüsse der Kommission steht jetzt zur Debatte.

Ich bitte, daß diejenigen Herren, welche das Wort verlangen, sich melden.

(Pause.)

Es verlangt niemand das Wort; ich schließe die Debatte und frage, ob Sie eine besondere Abstimmung über den Paragraphen verlangen.

(Abgeordneter Windhorst: Ich bitte um das Wort zur Abstimmung.)

Der Herr Abgeordnete Windthorst hat das Wort.

Abgeordneter **Windthorst**: In diesem Paragraphen heißt es:

> Die Anordnung (§ 1) ist in das Reichs-Gesetzblatt aufzunehmen und tritt, falls sie nicht einen anderweiten Zeitpunkt bestimmt, sofort in Kraft.

Diese Worte: „falls sie nicht einen anderweiten Zeitpunkt bestimmt," sind Mißdeutungen ausgesetzt. Man hat gefürchtet, es könne daraus eine rückwirkende Kraft hergeleitet, eine Nachsteuer eingeführt werden. Ich glaube das zwar nicht; die Worte sind aber, wie jetzt die Sachen stehen, vollständig überflüssig, sie hätten Bedeutung, wenn eine dauernde Einrichtung getroffen würde, für die jetzige ist gar nichts nöthig, und ich bitte, getrennt über diese Worte abstimmen zu lassen. Ich werde gegen diese Worte stimmen.

Präsident: Der Herr Abgeordnete Windthorst beantragt, über die Worte in der zweiten Zeile:

> falls sie nicht einen anderweiten Zeitpunkt bestimmt,

besonders abzustimmen. Ich bitte, — da ich bereits die Diskussion geschlossen habe, — daß wir nun zur Abstimmung übergehen, und zwar in der Weise, daß diejenigen Herren, welche für den Fall der Annahme des § 2 auch die Worte:

> falls sie nicht einen anderweiten Zeitpunkt bestimmt,

aufrecht erhalten wollen, sich erheben.

(Pause.)

Es erhebt sich niemand; die Worte sind gestrichen.

Jetzt ersparen Sie mir wohl die besondere Abstimmungsfrage in Bezug auf den anderen Theil des Paragraphen.

(Zustimmung.)

Der § 2 ist, wie ich hiermit konstatire, mit der Modifikation, die Sie eben beschlossen haben, angenommen.

Ich eröffne die Diskussion über § 3.

Der Herr Referent hat das Wort.

Berichterstatter Abgeordneter **von Benda**: Meine Herren, da Sie nun durch die Annahme des Antrags Windthorst das Roheisen, was bisher zollfrei war, in das Gesetz hinein bekommen haben, müssen Sie naturgemäß den § 4 der Regierungsvorlage wiederherstellen.

Präsident: Es verlangt niemand weiter das Wort; wir kommen zur Abstimmung.

Verlangen die Herren, daß der § 3 nochmals verlesen wird? — Das ist nicht der Fall. Ich bitte, daß diejenigen Herren, welche den § 3 annehmen wollen, sich erheben.

(Geschieht. Pause. — Unruhe.)

Meine Herren, ist die Frage nicht verstanden worden? Der Herr Referent wünschte, daß nach dem Beschlusse zu § 1 hier die Regierungsvorlage wiederhergestellt werden möchte. Es ist aber § 3 nach dem Kommissionsbeschluß — wie ich konstatire — angenommen, in dritter Lesung würde eine etwaige Berichtigung noch erfolgen können.

Ich bitte zu § 4 der Kommissionsvorschläge überzugehen. Verlangt jemand das Wort? — Das ist nicht der Fall. Ich bitte, daß diejenigen Herren, die den § 4 der Beschlüsse der Kommission annehmen wollen, sich erheben.

(Geschieht.)

Der § 4 ist angenommen.

Wir kommen zum Eingang und zur Ueberschrift des Gesetzes. Verlangt jemand das Wort darüber? — Das ist nicht der Fall; ich kann konstatiren, daß Sie Einleitung und Ueberschrift annehmen.

Damit ist der Gegenstand erledigt. Wir gehen nun zu den hierher gehörigen Petitionen über.

Der Herr Referent hat das Wort.

Berichterstatter Abgeordneter **von Benda**: Meine Herren, ich habe vier Petitionen vorliegen und ich beantrage Namens der Kommission, nachdem Sie einstimmig der Meinung waren, daß die Petitionen durch die Beschlußnahme über das Gesetz gegenstandslos geworden sind, eine Anschauung, die durch die heutigen Beschlüsse nicht verändert ist, daß Sie die Petitionen II, 3011, 14, 3106, 3114 durch Ihren heutigen Beschluß für erledigt erklären.

(Sehr richtig!)

Präsident: Ich kann konstatiren, daß die Petitionen durch die gefaßten Beschlüsse erledigt sind.

Wir gehen in der Tagesordnung weiter. Nr. 2:

Fortsetzung der zweiten Berathung des Zolltarifs (Nr. 132 der Drucksachen)

und zwar Nr. 13, **Holz und andere vegetabilische und animalische Schnitzstoffe, sowie Waaren daraus.**

Meine Herren, Sie werden sich erinnern, daß die Diskussion sich gestern auf die Nr. 13 a und c erstreckte, aber vertagt worden ist. Ich eröffne sie von neuem und gebe das Wort dem Herrn Abgeordneten Grafen von Frankenberg.

Abgeordneter Graf **von Frankenberg**: Der Herr Abgeordnete Klügmann, meine Herren, welcher gestern als letzter Redner von dieser Stelle sprach, begann seine Rede damit, daß er als apodiktisch hinstellte, Deutschland habe nicht genügend Holz, um seine Konsumenten damit zu versorgen. Einen Beweis dafür hat der Herr Abgeordnete nicht angetreten, und ich konstatire ebenso, daß ich in den vielen Petitionen und Schriften, die gegen die Holzzölle uns zugegangen sind, nirgends einen auskömmlichen Beweis für jene Behauptung gefunden habe. Es steht immer die nackte Thatsache da: es ist so: so und so viel Holz ist importirt worden, daraus folgt, es muß auch der Bedarf dafür vorhanden gewesen sein. Meine Herren, ich glaube Ihnen das Gegentheil nachweisen zu können und ich habe mich damit ernstlich beschäftigt, denn es ist eine ernste Sache, über eine solche schwerwiegende Position abzustimmen, die das Interesse von Millionen und Millionen betrifft, ohne sich darüber klar zu sein, ob man wirklich ein einheitliches Interesse und eine der wichtigsten Produktionen schädigt oder ihr nützt.

Meine Herren, ich behaupte, Deutschland ist in der Lage, all das nothwendige Nutzholz — denn um dieses handelt es sich ja allein bei unserer Debatte — zu produziren. Der Herr Regierungskommissarius hat Ihnen gestern schon einige Ziffern angegeben, ich will dieselben noch weiter ergänzen.

Die Gegner der Vorlage behaupten, Deutschland habe eingeführt 66⅔ Prozent des Nutzholzes, und es habe nur 33⅓ Prozent eigene Produktion gehabt. Nun, meine Herren, im Jahre 1863 sind noch 2 650 000 Zentner Holz ausgeführt worden. Darauf trat im Jahre 1866 die Zollfreiheit ein und mit diesem Moment die überschwemmende Einfuhr fremden Holzes, sie stieg von 19 auf 58 Millionen, wie gestern der Herr Regierungskommissarius Ihnen bereits gesagt hat.

Meine Herren, es ist sehr schwer, einen exakten Beweis dafür anzutreten, daß Deutschland auch diese Massen, die eingeführt sind, selbst produziren kann, weil wir leider darüber keine Enquete angestellt haben, die meiner Meinung nach gerade bei dieser Position über den Holzkonsum sehr nothwendig gewesen wäre. Das Inland ist aber, wie ich behaupte, einer ganz bedeutenden Steigerung seiner Nutzholzproduktion fähig, und zwar, meine Herren, aus folgenden Gründen.

Der Import hat betragen im Durchschnittt der letzten Jahre 3½ Millionen Festmeter; Deutschland braucht auf seinen 2500 Quadratmeilen Holz oder umgerechnet auf 14 Millionen Hektaren, mehr zu produziren ¼ Festmeter Nutzholz pro Hektar oder pro Morgen gerechnet — da die Morgenrechnung ja den meisten der Herren noch geläufiger ist — 2 Kubikfuß Holzmasse mehr, um diese 3½ Millionen Festmeter Einfuhr selbst zu decken. Nun, meine Herren, Sie werden mir doch zugeben, daß eine Produktion von 2 Kubikfuß Holz pro Morgen eine außerordentlich geringe Anforderung an die fortgeschrittene Forstkultur ist, sie läßt sich aber noch weiter potenziren. Die Produktion dieser Waldfläche Deutschlands ist im Durchschnitt anzunehmen auf 40 bis 45 Millionen Festmeter Holz im ganzen. Hiervon sind nur als Nutzholz zur Verwendung gekommen 8 bis 10 Millionen Festmeter, das heißt also nur 8 Prozent. Sind wir also im Stande, unseren Nutzholzprozentsatz nur um 8 Prozent zu vermehren, so haben wir die Einfuhr der vergangenen Jahre gedeckt. Nun, meine Herren, wie steht es nun hiermit? Der Herr Regierungskommissar hat Ihnen schon gestern hierüber einige Daten angegeben, ich will sie noch weiter vermehren. In den sächsischen Staatsforsten, die ausgezeichnet bewirthschaftet werden, ging in den Jahren 1871 bis 1873 die Nutzholzproduktion von 61 auf 68 Prozent, also um 7 Prozent in die Höhe; in den bayerischen Staatsforsten ging in zehn Jahren die Ausbeute an Nutzholz von 25 auf 37 Prozent, also um 12 Prozent in die Höhe, in den preußischen Staatsforsten stieg, während im Durchschnitt der früheren Jahre der Prozentsatz nur 25 Prozent betrug, derselbe in den Jahren 1871 und 1872 auf 34 Prozent hinauf. Meine Herren, darauf fiel er leider wieder auf 27 Prozent in den letzten schlechten Jahren, und dies ist eine außerordentliche große Kalamität für die Steuerzahler. Daß aber der erhöhte Gewinn an Nutzholz wieder erreichbar ist, kann Niemand mehr bestreiten. Nur die Staatsforsten, meine Herren, kommen bei der Nutzholzproduktion in Betracht, dies ist bereits gestern gesagt worden, denn nur die Staaten sind in der glücklichen Lage so große Forsten zu besitzen, welche ausreichend Nutzholz produziren, das einen Umtrieb von 100—120 Jahren erfordert. Es sind nur sehr wenige große Grundbesitzer, welche solche Wälder ihr eigen nennen, daß sie noch Nutzholz mit Erfolg und in ihrem wirthschaftlichen Interesse produziren können. Es ist ja hier von mehreren Rednern behauptet worden, daß die Holzzölle einzig und allein nur wenigen Großgrundbesitzern, oder, wie jetzt der Modeausdruck lautet, wenigen Latifundienbesitzern zu Nutzen kommen würden. Es ist gestern bereits vom Regierungstisch darauf entgegnet worden, daß die Hälfte sämmtlicher Forsten sich in den Händen von Staaten und Gemeinden befinden und daß in Bayern beispielsweise, wo doch gerade diese Latifundienbesitzer, der also reichsunmittelbare Adel hauptsächlich zu finden sein solle, die Privatwälder über 170 Hektar Flächeninhalt nur 7 Prozent des ganzen Waldkomplexes betragen. Also, meine Herren, ich glaube, Sie werden wohl nach diesen Daten davon zurückkommen, bloß uns Großgrundbesitzern, ich rechne mich ja selbst dazu, in die Schuhe schieben zu wollen, daß wir für die Holzzölle agitiren. Ich möchte Sie auch darauf hinweisen, daß von einer Agitation der Agrarier, oder der Silvanier, wie ich sie zur Unterscheidung nennen möchte, mir nichts bekannt geworden ist. Erst jetzt, wo die Tarifveränderung erschien, haben wir unsere Meinung darüber kundgegeben, aber es wird niemand behaupten können, daß „ehrliche Makler", wie neulich gesagt worden ist, draußen im Foyer herumgegangen sind und gesagt haben: bewilligen Sie für Holz 25 Pfennige, so bewilligen wir für Eisen 50 Pfennige.

(Heiterkeit.)

Meine Herren, das ist nicht vorgekommen. Dagegen können wir uns doch nicht ganz enthalten, zu klagen über Egoismus der Handelsleute. Der Herr Abgeordnete Klügmann hat es gestern als eine Verschiebung der natürlichen Verhältnisse bezeichnet, daß nicht die mitteldeutschen Wälder das Holz nach Norddeutschland liefern sollen, sondern er nahm die Prärogative für die Seestädte in Anspruch, daß diese aus Schweden und Rußland das Holz einführen sollten, um Pommern und Schleswig-Holstein u. s. w. damit zu versorgen. Ich glaube, schlimmer ist die Freihandelstheorie hier noch nie enthüllt worden. Daß man so weit geht, zu fordern, die Bodenprodukte des Inlandes sollen nicht ihren Absatz im Inlande an den Küsten hin, sondern es sollte von fremden Ländern das Holz importirt werden, diese Forderung ist unerhört. Ich glaube, der Herr Abgeordnete Klügmann hat der Sache, die er vertheidigen wollte, damit keinen sehr guten Dienst geleistet. Unter den Petitionen, die uns hier in freihändlerischem Interesse vorgelegen haben, ist mir besonders aufgefallen eine Petition des Berliner Holzkomptoirs, einer Aktiengesellschaft, eine Gründung neueren Datums, welche erzählt, sie habe 25 000 Morgen Wald in Rußland gekauft und sie würde deshalb doch außerordentlich geschädigt, wenn sie das Holz nicht steuerfrei einführen könnte. Ebenso führt die Handelskammer von Posen aus, daß die dortigen Holzhändler große Wälder in Rußland akquirirt hätten und sich auch darüber beschweren müßten, wenn sie jetzt Eingangszölle bezahlen sollten. Der Herr Regierungskommissar hat mit beredten Worten gestern diese Prätensionen zurückgewiesen, ich glaube, daß sie durchaus unberechtigter Art sind, wenn die Herren in Rußland Holz kaufen wollen, so mögen sie den Zoll auch tragen.

Nun, meine Herren, möchte ich Sie auf folgenden schwerwiegenden Umstand hinweisen. In den Jahren 1876 und 77, in welchen also die Holzüberschwemmung namentlich von Oesterreich aus begonnen hat, ist in den preußischen Staatsforsten die ungeheure Quantität von 2 373 000 Meter Holz unverkauft geblieben;

(hört, hört!)

in früheren Zeiten, ehe diese Ueberproduktion bei uns stattfand, hat dieses Quantum unverbrauchten Holzes höchstens die Summe von zirka 400 000 Meter erreicht. Der Herr Regierungskommissar hat gestern durchschnittlich 1 Meter Holz auf 8 Mark Werth angenommen; meine Herren, ich berechne nur 2 Mark, da die größere Menge des unverbrauchten Holzes nicht Nutzholz ist, ich nehme daher nur den billigen Satz von durchschnittlich 2 Mark an und dann haben Sie allein aus den preußischen Staatsforsten 4 746 000 Mark als Verlust, den die Steuerzahler zu ersetzen haben.

Der Preisrückgang beziffert sich in Folge der Ueberproduktion in den preußischen Staatsforsten von 55 Millionen Mark im Jahr 1876 auf 47 Millionen Mark. Wir haben dadurch wieder einen Verlust von 8 Millionen Mark.

Nun, meine Herren, da gestern die russische und schwedische Holzeinfuhr hier schon behandelt worden ist, so will ich heute ein Beispiel vorführen, wie die österreichische Konkurrenz sich auf dem deutschen Holzmarkt geltend gemacht. Die Durchschnittspreise nach amtlicher österreichischer Mittheilung sind pro Festmeter Nutzholz in Galizien 2, in der Bukowina 1 Mark pro Festmeter. Es ist gestern auch bereits gesagt worden, daß, um einen Festmeter Schnittmaterial herzustellen, 1⅔ Meter Rundholz erforderlich sei und darum stelle ich Ihnen folgende Rechnung auf. Also zu obengenanntem Preise von 1 und 2 Mark 1⅔ Meter, kostet ein Festmeter Schnittwaare 3 Mark, die Kosten der Produktion — und die nehme ich so hoch an in der Bukowina und Galizien wie in Deutschland — 5 Mark, Fuhrlohn zu den Bahnen 3 Mark. Nun die Eisenbahnfracht — ich will Magdeburg, als in der Mitte von Deutschland gelegen, als Normalpunkt annehmen. — Es stellt sich von den Stationen Szigeth, Dolina und Kaschau, welches die wichtigsten Holzverladungsplätze von Oesterreich sind, der Frachtdurchschnitt auf 20 Mark rund — es sind 19 Mark und einige Pfennige, ich will aber zu Ungunsten meiner Rechnung 20 Mark rund annehmen — so haben Sie also für diese Hölzer im Ganzen Selbstkosten 31 Mark loco Magdeburg für den Festmeter geschnittenes Material.

Meine Herren, in den sächsischen Staatswäldern war in den Jahren 1876 bis 78 der Preis von 1⅔ Festmeter Nutzholz 39,30, Gewinnung und Fuhrlohn ebenso berechnet, wie vorhin geschehen; die Bahnfracht nach Magdeburg im Durchschnitt zu 4 Mark angenommen und so haben Sie den Selbstkostenpreis für die dortigen Holzhändler von 51 Mark, das macht also im Vergleich zu den österreichischen Hölzern für unsere Hölzer 20 Mark mehr. 20 Mark mehr sind aber hier nach dem Materialpreise von 39,30 berechnet ungefähr 50 Prozent. Meine Herren, in den deutschen Wäldern steckt ein Werth von ungefähr 10 bis 12 Milliarden an Holz, die Entwerthung um 50 Prozent würde also die kolossalste Schädigung des Nationalvermögens sein, die überhaupt gedacht werden kann.

(Sehr richtig! rechts.)

Nun, meine Herren, über Schweden und Rußland will ich eben, wie gesagt, nicht sprechen; über Amerika, da fällt mir sehr auf, daß in den Motiven der verbündeten Regierungen überhaupt Amerika gar nicht genannt wird, daß über die Konkurrenz, die von dort aus den deutschen Hölzern gemacht wird, überhaupt kein Wort verloren ist. Ich gebe vollständig zu, daß Amerika Hölzer produzirt, die wir in Deutschland nicht erziehen können, die kostbaren Cypressenhölzer, die Teakhölzer, Hölzer, die zum Schiffsbau absolut nothwendig sind, und ich will nichts dagegen sagen, daß diese Hölzer bei uns eingeführt werden; der Preis derselben ist aber so hoch, daß der geringe Zoll absolut keine Rolle bei ihnen spielt.

Ich komme nun zu den Holzmassen zurück, die Oesterreich, Galizien und die Bukowina jetzt auf unseren Markt werfen kann, nachdem das dortige Eisenbahnnetz jetzt ausgebaut ist, zum Theil noch täglich erweitert wird.

Meine Herren, nach der amtlichen Darstellung der österreichischen Bodenkultur vom Jahr 1873 — auf Seite 53 (wenn Jemand mich kontroliren will) — ist der nachhaltige Ertrag aus der kolossalen Waldwildniß und aus den Urwäldern, die sich dort befinden, auf 18 Millionen Festmeter berechnet; ganz Deutschland produzirt alljährlich 8 bis 10 Millionen Festmeter Nutzholz. Sie sehen also, meine Herren, daß jene Länder im Stande sind, nachhaltig ungefähr das Doppelte zu produziren, was wir haben. In diesen Ländern sind nun, meistens von deutschen Spekulanten, von deutschen Holzhändlern, bereits 623 Sägewerke aufgestellt, die mit 4450 Pferdekräften arbeiten.

(Hört, hört!)

Diese Holzhändler kommen nicht als Kultivatoren in das Land, nein, sie kommen als Pioniere der Zerstörung, denn wo ihre Sägen vorbeigegangen sind, dahinter ist die Devastation, dahinter fallen die Forstinsekten in die zerstörten Wälder und verwüsten alles, was etwa noch vorhanden ist. Diese Devastation, meine Herren, steht aber erst im Anfang, die Kapitalien, die, wie ich Ihnen ziffernmäßig bewiesen habe, so kolossale Zinsen tragen können, werden sich immer mehr dorthin ziehen und in Verbindung mit der Politik unserer Eisenbahnen ist es ganz natürlich, daß täglich mehr Kapitalien dorthin gehen.

(Zuruf.)

— Ja, ich komme jetzt auf die Eisenbahnen, Herr Abgeordneter Richter! — Unsere Eisenbahnen haben früher die ausländischen Hölzer so billig gefahren wie die heimischen. Darauf ging die wilde Konkurrenz los auf den österreichischen Bahnen und den unseren. Unsere Bahnen halfen sich damit, daß sie inländische Hölzer höher fuhren als ausländische, Produkt aber billiger.

Der Herr Abgeordnete Klügmann hat gestern auf die Petition der schlesischen Waldbesitzer, die ich selbst mit unterschrieben habe, hingewiesen und hat behauptet: dieselbe motivire die Noth, die in Bezug auf den schlesischen Holzabsatz vorhanden ist, nur allein dadurch, daß die Eisenzölle aufgehoben seien, daß die Differentialtarife auf den Eisenbahnen existiren und daß die österreichische Eisenbahnpolitik eine verderbliche für uns sei. Nun, meine Herren, der Herr Abgeordnete Klügmann hat sich geirrt, er hat die Petition nicht richtig gelesen, diese Behauptung ist nur die Behauptung des Referenten in einer Versammlung gewesen, dieser hat sie aufgestellt, aber die Beschlüsse hätten den Herrn Abgeordneten belehren können, daß wir recht gut wissen, wie ganz andere Motive noch mitwirken, die viel schwerer auf uns lasten.

Bei den Eisenbahntransporten des Holzes von Oesterreich, meine Herren, kommt meistens noch ein nicht sehr bemerkter Umstand hinzu, der aber sehr erheblich ist. Das österreichische Holz, meistens Fichten- und Tannenholz, wiegt im Durchschnitt 30 Prozent weniger als unser gutes schweres Kiefernholz. Da nun die Eisenbahnen nicht nach dem Rauminhalt fahren, sondern nach dem Gewicht, so können Sie sich berechnen, welche kolossale Konkurrenz allein in diesem Umstande liegt.

Der Herr Abgeordnete Rickert hat uns neulich sehr beredt ausgeführt, daß es doch für den Getreidehandel ein schwerer Schlag wäre, wenn das Absatzgebiet um 30 Meilen durch Zölle zurückgerückt würde, und so weit wirkend berechnet er den Zoll im Verhältniß zu den Eisenbahntransporten des Getreides —

(Abgeordneter Rickert [Danzig]: 50 Meilen!)

— oder um 50 Meilen, ich gebe auch 50 zu. Wenn er sich also klar machen will, daß wir im eigenen Land ebenfalls um 20 Meilen zurückgedrängt werden dadurch, daß von Kattowitz nach Breslau das österreichische Holz umsonst gefahren wird — freilich nicht umsonst für die Kasse der oberschlesischen Bahn, denn der ersetzt die Karl-Ludwigsbahn und die anderen österreichischen Bahnen die Transportkosten, aber für uns holzproduzirende Schlesier ist dies gleich, der Schaden ist für uns immer derselbe, da nun unser Holz zahlen muß, während das österreichische umsonst gefahren wird, — da wird der Herr Abgeordnete Rickert mir wohl zugeben müssen, daß eine solche Zone in unser eigenes Land künstlich hineingelegt ist durch die Manipulationen der Eisenbahnen.

Nun frage ich mich weiter, meine Herren, wird durch die vorgeschlagenen Zölle überhaupt die ausländische Holzeinfuhr irgend wie verdrängt werden? Darauf antworte ich wiederum Nein!

(Hört, hört! links.)

Meine Herren, der Lauf der Flüsse, der großen Ströme, auf denen namentlich nach Ostpreußen das Holz importirt wird, kann nicht verändert werden, eben so wenig können Sie den Lauf der Elbe, die mitten durch das Herz von Deutschland geht und die Hölzer aus Böhmen hereinbringt, umbilden, Sie können auch die geographische Lage von Deutschland und Oesterreich nicht ändern. Oesterreich führt jetzt ⅔ seines Holzes nach Deutschland und wird es, nachdem diese Zölle auferlegt sind, immer fahren und fahren müssen, weil es kein anderes Absatzgebiet für seine Wälder hat als Deutschland.

Meine Herren, wenn hier von den Herren Freihändlern gesagt wird: ja, wenn wir Zölle auflegen, geht die Waare nicht mehr nach Deutschland, sondern auf den Weltmarkt, so bin ich sehr skeptisch für diesen Weltmarkt in Bezug auf das Holz. Das Holz ist eine Waare, was auf den sogenannten Weltmarkt nur durch Deutschland gehen kann und nicht anders. Wenn Deutschland diese Massenprodukte nicht aufnehmen wollte, müßte das Holz in den heimischen Wäldern verfaulen, wie es früher verfault ist, denn der Weltmarkt für solche Massen steht nicht zu Gebot. England, Frankreich, Spanien, Italien, nur diese Länder sind es, die bedeutenden Holzkonsum haben. Daß aber Frankreich, England, Spanien von Amerika aus versorgt werden, das wird jeden Tag klarer; Amerika wird jene Länder mit dem besseren Produkt versehen und das österreichische Holz wird dahin nicht mehr gehen, wenn wir es nicht zu billigen Tarifen durch das deutsche Land hindurchfahren.

Daraus folgt für mich ganz klar die Nothwendigkeit, daß nur das Ausland den Zoll für Holz tragen wird, und hier möchte ich an das Beispiel erinnern, was neulich hier zu einem Kampf geführt hat zwischen dem Herrn Regierungskommissarius und dem Herrn Abgeordneten Delbrück. Es wurde vom Regierungstisch ausgeführt, wenn von zehn Rittergütern neun ihre Produkte umsonst auf den Markt einer Stadt fahren könnten, das zehnte aber einen Straßenzoll bezahlen müßte, dann müßte es allein die Zollerhöhung tragen. Dagegen hat der Herr Abgeordnete Delbrück sehr richtig erwidert: wenn mir jemand beweisen könnte, daß dieses Rittergut nicht auch noch andere Absatzquellen für seine Produkte hätte, so würde ich vollkommen damit übereinstimmen, daß es den Zoll tragen muß, da aber wahrscheinlich noch andere Ortschaften vorhanden sind, wohin es sein Getreide absetzen kann, so bezweifle ich, meine Herren, jene Behauptung. Wenn aber die Sache geographisch unabänderlich so liegt, daß Oesterreich und Rußland sein Holz an gar keine andern Länder absetzen kann, als nach Deutschland, so folgt ganz folgerichtig und der Behauptung des Herrn Delbrück gemäß, daß das Ausland den Holzzoll trägt. Dieser Zoll ist aber auch ein reiner Finanzzoll, er ist auch sehr niedrig bemessen. Ich möchte Sie darauf hinweisen, meine Herren, daß die Hauptinteressenten, die Waldbesitzer, aber keinen höheren Zoll verlangt haben, sondern sich mit diesem niedrigen Zoll begnügten, sie sagen nur, das Verhältniß ist nicht richtig, wie es zwischen Rundholz und geschnittener Waare besteht: dahin geht der Antrag, den der Herr Abgeordnete Rickert gestern beredt vertheidigt hat.

Noch mehr aber, meine Herren, möchte ich behaupten, daß dieser Zoll in eminentester Weise ein Kampfzoll ist. Der Herr Reichskanzler hat vor 2 Jahren, als er seine Zollprojekte zum ersten Mal in diesem hohen Hause erörterte, darauf hingewiesen, daß er zur Besteuerung wenige, aber wichtige Artikel heranziehen wolle, und er hat in erster Linie darunter das Holz genannt. Ich glaube, daß gegen Oesterreich und Rußland hin in der Verwerthung für den Abschluß künftiger Handelsverträge oder Zollverbesserungen, welche jene Länder unserer Industrie und unserem Export gewähren sollten, kein Artikel sich besser eignet als gerade das Holz.

Nun, meine Herren, in Bezug auf das österreichische Holz behaupte ich auch noch, daß die Waare, die uns von dort hereingebracht wird, eine durchaus schlechte ist. Das Holz in jenen fruchtbaren Urwäldern wächst mit einer ungeheuren Schnelligkeit und Ueppigkeit, es macht sehr breite Jahresringe, und infolge dessen ist seine Dauerhaftigkeit gegenüber unseren, auf armem Sandboden gewachsenen Kiefern eine außerordentlich geringe, und wenn neulich der Herr Abgeordnete Braun einem Herrn Regierungskommissar gegenüber, der erwähnt hatte, wir importiren Thüren aus Schweden, ausgerufen hat: „ja, konsumiren wir denn so viel Thüren?" so möchte ich ihm in Bezug auf unsere Bauhölzer, die wir zum Häuserbau verwenden, antworten: ja wohl, wir konsumiren viel mehr von solchem Holz, als nothwendig ist, denn die Häuser, die aus galizischem Holz gebaut sind, werden in gar nicht langer Zeit unbrauchbar, mindestens um 50 Jahre eher verfallen, als die Häuser, die mit gutem deutschen Holze gebaut sind.

Ich möchte Sie beispielsweise noch auf eines hinweisen. Die Stadt Görlitz in Schlesien besitzt 130 000 Morgen Wald vor ihren Thoren. Ich habe aus dem Munde ihres Oberbürgermeister gehört, daß in Görlitz es zur Regel geworden ist, die dortigen Häuser mit österreichischem Holze zu bauen, was billiger kommt, als es die Stadt aus ihrem eigenen Forst liefern kann. Nun aber, meine Herren, denken Sie noch an eins: in welcher Lage befindet sich denn der inländische Waldbesitzer gegenüber der ausländischen Konkurrenz? Haben denn die inländischen Waldbesitzer freie Hand darin, ihre Produktion so zu verwerthen, wie es der Geldbeutel fordern würde, wie es die wechselnde Konjunktur des Marktes vortheilhaft erscheinen läßt? Ich erinnere an das preußische Gesetz vom 5. Juli 1876, welches in erheblicher Weise die freie Benutzung für gewisse Wälder einschränkt, und zwar mit vollem Recht. (Zur Linken) Meine Herren, ich bin ferne davon, irgendwie darüber zu klagen, daß dem deutschen Waldbesitzer in vielen Beziehungen die Hände gebunden sind, wäre dies nicht der Fall, so bin ich überzeugt, die 26 Prozent des deutschen Kulturlandes, welche mit Wald bestanden sind, würden schon erheblich gemindert und der Schaden für das Land würde ein ungeheurer sein. Meine Herren, in Preußen haben wir also dieses Waldschutzgesetz. Gleichwohl ist aber die Bewegung der Waldbesitzer eine freiere als in anderen Staaten, sie wird aber eingeschränkt durch unsere Landschaften. Wer landwirthschaftliche Schulden auf seinen Gütern hat, wer auch keine hat — denn in dem Kreditverband sind alle Rittergutsbesitzer verbunden, ob sie landschaftliche Schulden haben oder nicht, sie sind alle verpfändet in dem Kreditverband — die Landschaft also stellt den Wirthschaftsplan fest und der Besitzer ist nicht befugt, irgendwie über denselben hinauszugehen, alle drei Jahre muß derselbe an die Landschaft einen Auszug aus seiner Wirthschaft einreichen und an Eidesstatt versichern, daß derselbe richtig ist; sowie überholzt ist, tritt die Landschaft ein und legt ihre Hand auf den Besitz. In Bayern ist die Gesetzgebung strenger, es ist dort niemandem, auch nicht dem Privatbesitzer gestattet, Wald auszuroden, ebenso ist es in Württemberg, der Wirthschaftsplan wird für alle Kommunen — so ist es ja auch in Preußen — vorgeschrieben, aber auch für Privatbesitzer, und es darf niemand die Substanz seines Waldes verringern, die Regierung hält die Hand darüber und nur mit ihrer Bewilligung darf gerodet werden. In der jetzigen preußischen Provinz Hannover haben wir darüber verschiedene Gesetzgebungen, aber ich erinnere mich an einen Umstand, der zur Illustration der strengen Gesetze schlagend sein wird. Ich war im Schlosse Dernburg bei meinem verehrten Freunde dem Graf Münster; er führte mich in seinem schönen Park spazieren und zeigte nach einer Stelle hin, wo er einen Durchblick gehauen hatte, nach Hildesheim hin, glaube ich. Er sagte: dazu, um diesen Durchblick hauen zu können, mußte ich ein Stück Wald ausroden, ich habe dafür da drüben ein Stück Feld wieder zu Wald anlegen müssen, weil mir nicht erlaubt war, den Waldbestand zu verringern. So strenge Gesetze haben wir, meine Herren. Wenn, meine Herren, also es sich so gestalten sollte, daß die Verhältnisse so schlimm würden, daß die ausländische Konkurrenz wirklich die Vernichtung der deutschen Wälder zur Nothwendigkeit machte, so daß diese strengen Gesetze überhaupt nicht mehr aufrecht zu erhalten wären, weil die Besitzer der Wälder einfach darüber bankerott gingen und der Staat gezwungen wäre, zu erlauben, daß die Wälder, die nichts mehr tragen, niedergelegt und in Land verwandelt würden, — ich frage Sie: ist denn der Waldbesitzer wohl im Stande, sofort aus seinem Wald Feld zu machen und Raps und Weizen zu bauen? oder ist er im Stande, auch andere Bäume zu ziehen, die marktfähig sind, vielleicht die amerikanischen Waldbäume? Nein, meine Herren, da, wo jetzt in Deutschland die Wälder noch wachsen, ist es von der Natur gegeben, daß nichts anderes wachsen kann, als unsere Waldbäume, und darum ist der Waldbesitzer gar nicht in der Lage, das zu thun, was man jetzt dem Landwirthe anzurathen pflegt: fangt eine andere Kultur an, oder baut nicht mehr Getreide, baut Handelsgewächse, die mehr bringen. Meine Herren, es wird auch in Bezug auf viele Industriezweige, die sich neuerdings nicht der Gunst erfreuen, immer darauf hingewiesen, daß sie faule Gründungen seien und ihren Ruin selbst verschuldet hätten. Nein, meine Herren, man kann den deutschen Waldbesitzern nicht vorwerfen, daß das, was sie besitzen, faule Gründungen sind. Unsere deutschen Wälder sind das edelste Erbtheil, was wir von unseren Vätern bewahrt haben. Jeder Vater, der seinen Wald nicht niedergeschlagen, sondern seinem Sohne hinterlassen hat, verdient, daß sein Sohn ihn in Ehren halte und ihn nicht verwüstet oder kapitalisirt. Man sagt immer, wenn eine Gesellschaft von Deutschen in das Freie geht und den Wald betritt, fängt sie sofort an, das Lied zu singen: Wer hat dich, du schöner Wald aufgebaut? —

(Heiterkeit.)

Meine Herren, die Antwort lautet darauf nicht: die Diskontogesellschaft oder ein anderer Gründer. Nein, meine Herren, die Beantwortung ist eine ganz andere.

Niemals haben wir auch gehört von den deutschen Privatwaldbesitzern, daß sie sich darüber beklagt haben, daß der Staat ihnen Konkurrenz mache. Ich erinnere Sie dagegen an manche Industriezweige; wie beklagen diese sich darüber, daß ihnen die Zuchthausarbeiten Konkurrenz machen dadurch, daß die Sträflinge Zigarren und Schuhe arbeiten! Darüber erschallt die wildeste Klage in den betreffenden Industriekreisen. Aber wir haben nie gehört, daß die Privatwaldbesitzer darüber geklagt haben, daß der Staat der größte Waldbesitzer ist und die Marktpreise bestimmt. Nie haben Sie gehört, daß verlangt wurde, der Staat solle seine Wälder ausroden zu Gunsten der Waldbesitzer.

Meine Herren, ich will bei der vorgerückten Stunde über diese Dinge, was mich außerordentlich interessirt, und mich hinreißen könnte, nicht weiter sprechen, ich bitte Sie nur, lassen Sie unsere deutschen Wälder nicht zu Grunde gehen; denn wenn die Preise sinken, dann, meine Herren, ist es unmöglich, die Wälder zu erhalten, dann können die Besitzer nicht mehr das Geld auf die Waldkulturen verwenden, was nothwendig ist, um einen gutgepflegten Wald herzustellen. Denken Sie an eins, meine Herren. Um einen Morgen wohlgepflegten Wald herzustellen, brauchen Sie im Durchschnitt 4 Thaler. Wenn Sie diesen Wald ernten nach 104 Jahren, so hätten Sie, Zins auf Zins gelegt, mit diesem Kapital eine Ernte zu erwarten von 1024 Thalern. Nun, meine Herren, jeder Waldbesitzer, der Wald von 100 Jahren hat, mit guten deutschen Kiefern bestanden, wird mir beistimmen, daß er auch noch nicht, in wie günstiger Lage er auch liegt, im Durchschnitt die Hälfte von dieser Summe herauswirthschaftet; ist er in einer ungünstigen Lage, so wird er noch viel weniger herausbekommen.

Meine Herren, die Devastation der Wälder geht nicht Hand in Hand damit, daß die Forstprodukte einen höheren Gewinn abwerfen, wenn der Herr Abgeordnete Klügmann — ich glaube, er war es — gestern auch behauptete, wenn die Preise sich wieder heben werden, werde die Devastation der deutschen Wälder die Folge sein. Nein, meine Herren, gerade umgekehrt. Diejenigen Länder, welche keine hohen Preise haben für ihre Waldprodukte, diese kommen dazu ihre Wälder auszurotten, und was aus diesen Ländern wird, haben alle die gesehen, welche ihren Fuß nach Spanien oder Griechenland gesetzt haben und nach anderen Ländern, welche jetzt dem Untergange entgegengehen, weil in früherer Zeit die Wälder nicht geachtet und geschont wurden, man sie ausgerottet hat, weil sie keinen Werth hatten, und deshalb, meine Herren, bitte ich, beschützen und bewahren Sie die deutschen Wälder.

(Bravo! rechts.)

Vizepräsident Freiherr **zu Franckenstein**: Der Herr Abgeordnete Schlutow hat das Wort.

Abgeordneter **Schlutow**: Meine Herren, die Worte, mit welchen der Herr Vertreter der verbündeten Regierungen gestern die Diskussion über die Holzzölle einleitete und die in ihrem ersten Theile in direkter Weise gegen den Handelsstand der Ostseeprovinzen gerichtet waren, machen es mir doppelt zur Pflicht, als Mitglied dieses Handelsstandes, das Wort zu ergreifen. Ich bin der entgegengesetzten Ansicht wie der Herr Bundeskommissarius und glaube, daß die vorgeschlagenen Holzzölle mehr als irgend eine andere Position des Zolltarifs dazu angethan sind, die vitalen Interessen der altpreußischen Ostseeprovinzen, namentlich aber der Städte Memel, Danzig und Stettin auf das allerschwerste zu schädigen, und ich werde mir erlauben, dies demnächst weiter auszuführen. Ehe ich aber auf diesen Gegenstand näher eingehe, bin ich genöthigt, mit einigen Worten auf die Debatte vom vorigen Sonnabend zurückzukommen. Ich bin meinem Freunde Rickert sehr dankbar, daß er als erster Redner, welcher das Wort erhielt von den Vertretern der Ostseestädte, sofort Veranlassung nahm, Verwahrung einzulegen gegen eine Aeußerung des Herrn Reichskanzlers, betreffend den Getreidehandel dieser Städte. Ich durfte erwarten, meine Herren, daß der Herr Reichskanzler die Gelegenheit ergreifen würde, die Auffassung des Herrn Abgeordneten Rickert, der ich, wie ich ausdrücklich konstatiren will, mich durchaus anschließe, auch seinerseits zu bestätigen, daß jene Worte nämlich eine nicht von ihm beabsichtigte falsche Auslegung und Mißdeutung erfahren hätten. Zu meinem aufrichtigen Bedauern sah ich mich in dieser Erwartung getäuscht und fühle mich daher verpflichtet, als Vertreter von Stettin dem von dem Herrn Abgeordneten Rickert ausgesprochenen Protest gegen eine derartige Beurtheilung eines großen, durchaus achtbaren und legitimen Handelszweiges auf das entschiedenste mich anzuschließen. Ich weiß, meine Herren, daß dieser Protest einen lebhaften Wiederhall in meiner Vaterstadt finden wird. Ich könnte in der That es nur schmerzlich bedauern, wenn eine solche Auffassung von der Stellung des Handels, wie sie mehrfach in den letzten Tagen und Wochen hier zu Tage getreten ist, dauernd in diesem hohen Hanse platzgreifen sollte. Sie wissen, meine Herren, daß ich ein entschiedener Freihändler bin, aber ich würde es doch lieber sehen, daß der ärgste Schutzzoll eingeführt würde, ja ich könnte denselben noch als ein Glück betrachten im Vergleich zu der immer drohender werdenden Gefahr einer gegenseitigen Entfremdung und Verfeindung der verschiedenen Berufsklassen und Stände untereinander und gegeneinander. Meine Herren, ein Wirthschaftssystem kann schnell wechseln und in unserer leichtlebigen Zeit wird es vermuthlich schneller wechseln als in früherer Zeit. Eine derartige Saat aber des Mißtrauens und des Unfriedens keimt langsam, lockert den Boden, auf dem wir stehen, und trägt vielleicht erst nach vielen Jahren jedenfalls traurige Früchte! Wer dann bereit steht, diese Früchte zu ernten, brauche ich hier nicht weiter anzudeuten. Lassen Sie uns dieses Unglück durch gegenseitige Rücksichtnahme zu vermeiden bemüht sein und alle drei, Landwirthschaft, Industrie und Handel wieder gleichberechtigt und gemeinsam arbeiten zum Wohl des Vaterlandes. Meine Herren, ich war es mir als Mitglied des Handelsstandes schuldig, eine derartige Ausführung hier zu machen.

(Beifall links.)

Ich gehe nun über zu der vorliegenden Frage der Holzzölle und will versuchen, den Nachweis zu führen, daß während auf der einen Seite diese Zölle den Handel entschieden oder, ich will mich milder ausdrücken, wahrscheinlich schwer schädigen werden, auf der anderen Seite sie nicht im Stande sind, den Nothstand zu beseitigen, über den Sie sich beklagen, oder die Schäden zu heben, zu deren Heilung Sie diese Zölle ins Leben rufen wollen. Ich muß dabei zunächst auf eine kleine Unterlassungssünde aufmerksam machen, der sich die Motive schuldig gemacht haben, und die ich auch gestern von dem Herrn Vertreter der verbündeten Regierungen bei der Begründung des Gesetzentwurfes nicht habe erwähnen hören. In Nr. 132 b der Drucksachen finden Sie auf Seite 17 die Zollsätze des Tarifs von 1860 aufgeführt, nicht aber eine Anmerkung, wie sie in den Tarifen von 1833, 1845 und 1860 zu lesen ist, daß nämlich in den östlichen Provinzen der preußischen Monarchie, und übrigens auch in Oldenburg und Hannover, also in allen Küstenländern, wesentlich niedrigere Zollsätze damals in Kraft gewesen sind. Aus dem alten preußischen Tarife sind diese Zollsätze übergegangen in den Tarif des Zollvereins. Auf Seite 54 der Motive, wo gleichsam eine historische Einleitung zu diesen Holzzöllen gegeben wird, fehlt gleichfalls eine Erwähnung dieses Umstandes. Sie finden dort für eine Vergleichung mit dem Tarif von 1865 nur die in dem Rest der Zollvereinsstaaten zur Erhebung gekommenen Zölle als Basis aufgeführt. Die Danziger Kaufmannschaft weist daher in ihrer vortrefflichen Denkschrift mit vollem Rechte darauf hin, und ich muß das dem Herrn Bundeskommissar gegenüber aufrecht erhalten, daß gegen die frühere Verzollung per Stückzahl die heutige Vorlage für Kiefernholz reichlich 6 mal so hoch, für Eichen doppelt und für gesägtes Holz 3 1/3 mal so hoch ist, wie der damalige Satz.

Nun meint der Herr Vertreter der verbündeten Regierungen, es sei doch sonderbar gewesen, daß die Städte damals in keiner Weise ihre Freude ausgedrückt hätten über die Aufhebung des Holzzolls. Meine Herren, das ist eine bekannte Erfahrung, daß, wenn ein Zoll aufgehoben wird — ich erinnere nur an die Schlacht- und Mahlsteuer — das in keiner Weise den Eindruck macht, als wenn althergebrachte Handelsbeziehungen durch die Auflegung eines Zolls auch einmal neu belastet werden. Das ist ein bedeutender Unterschied.

Abgesehen davon ist nun in dem neuen Tarifentwurf besonders unvortheilhaft für den Handel, daß weiche und harte Hölzer beide zu einem und demselben Zollsatze verzollt werden sollen, trotzdem ein ganz beträchtlicher Werthunterschied zwischen beiden besteht. Das harte Holz ist nicht zu verflößen ohne weiches Holz; an letzterem verdient der Kaufmann thatsächlich nichts, er braucht es aber nothwendig, weil es ihm, so zu sagen, das Schiffsgefäß ist, auf dem das harte Holz, die werthvolleren Hölzer heruntergeflößt werden, und doch soll er diese Schiffsgefäße, dieses im Vergleich werthlose Holz, dreimal so theuer verzollen, wie die werthvolle Ladung. Wenn wir logisch verfahren wollen und konsequent, so müssen wir dieses Holz eigentlich als Flußschiff behandeln und nach Nr. 15 d des Tarifentwurfs ganz frei lassen, weil dieses Holz für den Transport unentbehrlich ist. Sonst bleibt dem Kaufmann nichts weiter übrig, als den für dieses Holz bezahlten Zoll auf das Eichenholz zu schlagen, so daß er thatsächlich nicht eine Steuer von 2 Prozent, sondern von 4 Prozent des Werthes für diese Eichenhölzer zu zahlen haben wird.

Nun ist es eine bekannte Thatsache, daß seit einer Reihe von Jahren der Holzhandel in sehr bedrängten Verhältnissen sich befindet. Seit dem Jahre 1874 ist eine starke rückgängige Konjunktur eingetreten, und die geringste Belastung würde daher heute ausreichen, um den deutschen Holzhändler gegenüber den anderen Konkurrenten konkurrenzunfähig zu machen oder wenigstens zurückzudrängen. Es ist das eine Thatsache, auf die man leider nicht genug Werth legt. Der Londoner Weltmarkt ist gegenwärtig und bereits seit mehreren Jahren mit Holz thatsächlich überfüllt. In welcher Weise die Zufuhr aus anderen Ländern und in den letzten 30 Jahren zugenommen hat, dafür will ich nur als Beispiel anführen, daß einzig und allein von Norwegen, Schweden und Finnland im Jahre 1846 76 000 Standard, im Jahre 1877 aber 750 000 Standard Holz dem Londoner Markte zugeführt worden sind. Dazu kommen noch große Quantitäten Holz aus Amerika, billige Eichen und Pitch-Pine, so daß das Geschäft natürlich darniederliegen muß. Schweden, Norwegen, Finnland und Britisch Amerika versehen überhaupt den Londoner Markt mit 90 Prozent des ganzen Holzimports, so daß also auf Deutschland und die anderen Länder nur 10 Prozent der ganzen Zufuhr, die nach London gebracht wird, kommen. Sobald Sie eine Vertheuerung dieser Zufuhr nur um 2 bis 4 Prozent herbeiführen durch den Zoll, so ist es natürlich, daß eine Konkurrenz vollkommen unmöglich gemacht wird. Meine Herren, ich bin durchaus kein Freund von Uebertreibungen und will daher nicht sagen, daß die unmittelbare Folge dieses Holzzolles sofort der Ruin des ganzen Holzhandels sein würde; ich bin der Ansicht, daß der Holzhandel durch diesen Zoll zunächst einen tüchtigen Schlag bekommen wird, und da er sich leider in einer sehr wenig widerstandsfähigen Verfassung befindet, so wird er diesen Schlag um so schwerer empfinden. Von Jahr zu Jahr wird er sodann langsam hinsiechen und verkümmern und schließlich werden unsere deutschen Holzhäfen die Bedeutung, die sie für den Londoner Markt, und der Londoner Markt ist der Weltmarkt, meine Herren, so lange Jahre gehabt haben, mit der Zeit ganz verlieren. Wer konkurriren will, der bedarf einer reichen Zufuhr, eines wohl assortirten Lagers, das er eben nach außerhalb anbieten kann, und das werden wir dann natürlich nicht mehr haben können.

Nun sagt der Fürst Reichskanzler, die Produzenten müssen den Zoll bezahlen. Ja, meine Herren, der Werth des Holzes besteht aber hauptsächlich in den Arbeitslöhnen zunächst, also in den Transportkosten von den Wäldern, die bereits von den Flüssen in Rußland weit abgedrängt sind, da in der Nähe derselben fast alles abgeholzt ist, bis an den Fluß, dieser Transport geschieht im Winter auf Schlitten. Dazu kommen die Flößlöhne für oft über 100 Meilen bis nach Danzig, Memel und Stettin, schließlich die Arbeitslöhne, welche in den Exporthäfen bezahlt werden für die Bearbeitung des Holzes, um es exportfähig zu machen. Das, meine Herren, ist thatsächlich der Werth des Holzes im Moment des Exportes, der Stamm in den Wäldern im Innern ist heute thatsächlich schon von so geringem Werth, daß der Produzent, der Besitzer dieser Wälder nicht mehr im Stande sein würde, einen derartigen Zoll zu ertragen, er würde dann für seine Bäume thatsächlich nichts mehr bekommen. Jedenfalls dürfte der Zoll die Wirkung haben, daß er das leichte Holz zurück- und von der See fernhalten würde, da ihm der Weg eben verschlossen wäre. Nun wird aber dieses leichte Holz, von dem der Herr Vorredner gesprochen hat, hauptsächlich nur in Galizien und Polen gewonnen. Wenn nun den Forstbesitzern dieser Weg nach dem Norden, nach der See zu abgeschnitten wird, so werden die Lente das noch in vermehrtem Maße ihun, was sie bisher gethan haben, sie werden noch mehr Sägemühlen bauen, werden die Bretter und Hölzer in den Dimensionen zurecht machen, wie fie für den deutschen Markt erforderlich sind und werden den den Herren aus Schlesien ja sehr bekannten Weg durch diese Provinz nach Deutschland nehmen. Ob der Zoll nach dieser Richtung etwas verändern wird, darüber will ich mich nicht weiter anslaffen, ich glaube es kaum.

Ich will hierdurch nur nachweisen, daß in diesem speziellen Falle die Interessen Schlesiens mit den Interessen des Holzhandels unserer Ostsee Hand in Hand gehen und daß der hochaeehrte Herr Abgeordnete für Memel daher durchaus nicht in Widerspruch mit sich und seiner Unterschrift unter der Petition seiner Freunde der schlesischen Forstbesitzer gerathen würde, wenn er in diesem Falle für die gefährdeten Handelsinteressen seines Wahlkreises Memel mit dem ganzen Schwergewicht seines Namens und Einflusses einträte und dadurch dieses Interesse zum Siege führte, wie er es stets gewohnt gewesen ist mit unserer tapferen Armee. Es liegt mir viel daran, dies gerade konstatirt zu haben.

Ferner sagt der Fürst Reichskanzler, wir haben kein Interesse daran, dem Auslande zu erlauben, seine Produkte zollfrei durch unser Land zu führen. Meine Herren, das mag ja irgendwo zutreffen, obgleich ich offen gestanden, nicht gleich weiß, wo, aber daß es bei dem Holzhandel nicht zutrifft, das möchte ich doch entschieden behaupten und des Weiteren ausführen. Der Holzhandel ist, wie das gestern hier ganz richtig bezeichnet wurde, eine Durchfuhr aus dem Ausland in das Ausland und wenn vorübergehend größere Quantitäten Holz in Deutschland geblieben sein sollen, wie der Herr Bundeskommissar gestern ausführte, so möchte ich behaupten, daß das wesentlich mehr der Fall gewesen ist an den Landgrenzen, als gerade in den Exporthäfen, und das würde dann seinen Grund nur darin haben, daß, wie ich bereits anführte, der Markt in London seit längerer Zeit bereits überfüllt ist. Nun findet bei dieser Durchfuhr durch Deutschland eine große Zahl von Arbeitern ihre Beschäftigung und genügenden Lohn. Es sind zunächst in erster Linie die Flößer, es sind die Arbeiter auf den Holzplätzen, die das Holz zurecht machen, ferner die Komptoiristen in den verschiedenen Büreaus, und es ist schließlich der Verdienst des Kaufmanns. Alles dieses Geld bleibt in unserem Lande, wenn das Holz seinen Weg durch unser Land nimmt. Aber ich lege den Hauptschwerpunkt auf die Bedeutung dieses Holzhandels auch für unsere Rhederei. Es ist gestern wieder angeführt worden, daß die Segelschifffahrt ja ein überwundener Standpunkt sei. Ja, meine Herren, darin ist wieder so ein Körnchen Wahrheit, wie in so vielem, was über den Handel der Ostseeplätze im Laufe der letzten Zeit hier im Hanse gesagt worden ist. Die Rhederei befindet sich in einer trostlosen Lage, es sind eine große Zahl von Schiffen aufgelegt, die Kapitalien, die darin angelegt sind, sind total verloren, oder sie liegen bereits seit einer langen Reihe von Jahren zinslos da und schwinden sachte hin, weil die Schiffe selbstredend nicht besser dadurch werden, daß sie im Süßwasser liegen. Es mag die Segelschifffahrt für die großen transatlantischen Fahrten mehr oder minder ein überwundener Standpunkt sein, wo in erster Linie Zeit Geld ist, da sind große Dampfschiffe nothwendig, es sind scharf gebaute schnellsegelnde Holzschiffe mit kupfernen Böden, die für die Ostsee zu theuer sein würden, erforderlich, es sind eiserne Segelschiffe nöthig, und unsere Holzschiffe müssen sich auf die Fahrten der Ostsee beschränken. Ich würde es aber sehr beklagen, wenn diese Fahrten durch den Holzzoll noch mehr eingeschränkt werden sollten! Ich lege großen Werth darauf, wie es auch von dem Abgeordneten Klügmann gestern hervorgehoben worden ist, daß diese Schiffe gerade zur Ausbildung unserer Schiffsleute in weit größerem Maße beitragen, als dies die transatlantischen Fahrten thun, die Schiffsjungen und Matrosen werden durchschnittlich sorgfältiger auf diesen kurzen Fahrten von der Ostsee nach England und Frankreich ausgebildet, als auf den weiten überseeischen Reisen, und die Herren von der Marine werden es vollkommen bestätigen, daß sie lieber die Leute nehmen, welche auf diesen Schiffen ihre Ausbildung erlangt haben, als auf transatlantischen Dampfern. Ich begrüße im Interesse der Erhaltung dieser Rhederei auch mit Freuden den Antrag des sehr geehrten Abgeordneten für Jena, Herrn Dr. Delbrück, betreffend die, unter allen Umständen freizulassende Zufuhr von Hölzern zum Schiffsbau, und ich werde denselben nach Kräften zu unterstützen suchen. Ich will nun auch nach dieser Richtung hin, in Bezug auf unsere Rhederei, nicht zu schwarz sehen, sondern von vornherein zugeben, daß ich glaube, wenn die Schiffe nicht in Memel, nicht in Danzig und Stettin ihre Ladung einnehmen, sie dieselbe wahrscheinlich in Libau oder Riga einnehmen werden. Ueber den Hafen von Libau sind hier bereits vor einigen Tagen genaue Feststellungen gemacht worden, die die Bedeutung desselben klar gestellt haben. Ich kann selbige nur noch dahin ergänzen, daß seit dem 1. Januar d. J. 288 Dampfer und 306 Segler aus dem Hafen von Libau expedirt wurden, und um durch Vergleichung die Bedeutung des Hafens klar zu stellen, konstatire ich, daß in derselben Zeit aus Memel nur 309 Schiffe, aus Pillau 700 Schiffe gegen im Jahre 1878 1200 Schiffe expedirt wurden. Sie können daraus sehen, welche Bedeutung der Hafen von Liban mit der Zeit schon gewonnen hat und noch mehr gewinnen wird.

(Reichskanzler Fürst Bismarck: „Libau!“ „Holz?“)

— Ich will das gleich einschalten: Stäbe, die sogenannten Faßdauben, die den Transport auf der Eisenbahn sehr gut vertragen können, die werden uns entzogen und per Bahn nach Libau gehen und das wäre ein großer Nachtheil für das richtige Verstauen der Ladung in den Schiffen. Wir brauchen diese Faßdauben deshalb sehr dringend für unsere Häfen. Ich will also annehmen, daß unsere Schiffe in den russischen Häfen laden können, so lange die russische Regierung sich nicht veranlaßt sieht, Repressalien gegen die Schiffe zu ergreifen, was ich ja hoffen will, daß es nicht geschehen möge, obgleich ich fürchte, daß, wenn hier so scharf betont wird, daß Holzzölle und Getreidezölle als Kampfzölle gegen Rußland dienen sollen, es aus dem Wald mal herausschallen wird, wie es hineinschallt, und daß, wenn Repressalien eintreten, unsere Rhederei gerade wieder den Schaden zu tragen haben wird. Nun sagt die Regierung: Das Holz muß uns kommen. Ja, meine Herren, das ist irrig, ebenso wie es irrig ist, daß die deutschen Kaufleute in den Ostseeprovinzen große Wälder in Rußland noch besitzen und deshalb ganz besonderes Interesse daran haben, gegen diese Holzzölle zu agitiren. Ich habe sofort auf diese Aeußerung des Herrn Regierungskommissars hin nach Stettin telegraphirt, und Nachricht erhalten, und um der Wahrheit die Ehre zu geben, konstatire ich allerdings, daß noch ein einziger Stettiner Holzhändler einen Wald in Polen besitzt. Aus Danzig und Memel höre ich, daß dortige Kaufleute derartige Wälder nicht haben. Es hat das einen sehr einfachen Grund, den ich leider aus eigener Erfahrung nur bestätigen kann: die Herren haben bei diesem Geschäft absolut keine Seide gesponnen und haben es deshalb bereits vor Jahren aufgegeben.

Außerdem möchte ich doch auch warnen, nicht gar so klein von dem Handelsstande zu denken und vor allen Dingen nicht von den Vorsteherämtern der Kaufmannschaften unserer Ostseestädte. Glauben Sie denn wirklich, daß nur diesen paar Interessenten zur Liebe, von denen die Rede war, die achtbaren Vorsteherämter von Königsberg, Danzig, Memel nnd meine Kollegen in Stettin sich dazu hergeben sollten, in

Petitionen, wie dies geschehen ist, ich möchte sagen, so schwarz zu malen und so starke Farben darin aufzutragen, im Hinblick auf unseren gefährdeten Handel, wenn dafür keine anderen Gründe vorhanden wären, als nur die Bitte der Waldbesitzer im Auslande?

Das Gebiet nun, wo unser Holz gekauft wird, liegt weit im Innern Rußlands. Ich habe eine Karte Rußlands mitgebracht, die ich mir erlaube auf den Tisch des Hauses zu legen. Ich habe die Wege, welche das Holz nehmen kann aus dem Innern Rußlands nach der See, in verschiedenen Farben vorgezeichnet, so daß die Herren in der Lage sind, die nachfolgenden Ausführungen ganz genau zu kontroliren.

Die Hauptbezirke, aus denen wir Holz beziehen, sind die Gouvernements Wolhynien, Minsk, Kiew. Der Transport z. B. nach Danzig, dauert bei dieser großen Entfernung oft zwei Floßperioden, über ein volles Jahr. Natürlich wird, wie Sie denken können, dadurch das in dem Holz angelegte Geld der Kaufleute im erheblichen Maße vertheuert, so daß ich nicht weiß, wie dieselben bei diesem Geschäft noch eine weitere Werthvertheuerung von 4 Prozent, die durch den Zoll herbeigeführt würde, tragen sollten.

Das Holz geht nach Memel auf dem Pripret in Wolhynien (Nebenfluß des Dniepr) in die Jasolda durch den Oginskykanal in die Szara und von da in den Niemen. — Nach Riga geht der Transport von der Beresina durch den Lepel- (Beresina-) Kanal in die Ula und von da in die Dwina.

Ebenso gehen alljährlich regelmäßig bedeutende Transporte auf dem Dnieper nach Cherson, wie mir aus zuverlässigster Quelle mitgetheilt worden ist. Ebenso weiß ich, daß ein Stettiner Kaufmann den Weg hinunter nach Odessa für sein Holz versucht hat.

Das sind, wie ich ausdrücklich wiederholen will, durchaus zuverlässige Thatsachen, die ich hier anführe.

Die Kosten für den Holztransport nach Memel und Riga sind, wie versichert wird, vollständig gleich, und das ist jedenfalls sehr beachtenswerth! Zwischen Riga und Memel besteht nun schon so lange ein starkes Rennen, das nur bis dahin zu Gunsten Memels ausgefallen ist, weil dessen Hafen länger eisfrei ist, mit geringen Ausnahmen oft den ganzen Winter über. Das habe ich bereits ausgeführt, daß die Faßdauben per Eisenbahn nach Libau gehen können.

Sie sehen, meine Herren, daß dem Holz vollkommen die Wege offen stehen und daß es durchaus nicht nöthig hat, mit gebundener Marschroute die Durchfuhr durch Preußen, durch Deutschland zu suchen. Es ist daher thatsächlich nicht übertrieben, wenn ich nach diesen Anführungen zu sagen wage, daß ich fürchte, die Städte Danzig und Memel werden in ihrer Existenz schwer bedroht werden. Namentlich aber trifft dies für Memel zu, das weiter kein Hinterland hat und in der Hauptsache auf diesen Holzhandel angewiesen ist.

Wie denken Sie sich nun die Verzollung, meine Herren? Es ist bereits in sehr klarer Weise in den Motiven angeführt worden, daß diese großen Traften Holz fast alle gleichzeitig an den verschiedenen Zollämtern ankommen, Schmaleningken, Thorn und wie die anderen Zollämter alle heißen mögen. Nun sagt der Herr Bundeskommissar zwar, es käme bei dem Holz nicht so genau darauf an, es brauchte nicht so schnell zu gehen.

Ja, meine Herren, die Gefahr ist auf der einen Seite das Hochwasser, auf der anderen Seite, daß das Wasser zu schnell abfließt. Es ist also dringende Gefahr vorhanden und es bedarf daher sehr wohl einer recht schleunigen Expedition an den Zollplätzen, sonst läuft der Kaufmann Gefahr, daß er sein Holz nicht bekommt. Nun liegen die Balken aber zwei- bis dreifach übereinander und sind verbunden durch Fichten und Tannen, die dieselben tragen. Der Zollbeamte ist nicht im Stande, die Hölzer zu zählen, noch viel weniger sie zu vermessen, er kann sie kaum sehen. In welcher Weise also der Mann diese Verzollung vornehmen soll, ist mir unklar. Wenn, wie es hier gesagt worden ist oder wie ich es in der Zeitung irgendwo gelesen habe, das Attest des Schiffers, welches übrigens nebenbei bemerkt nicht von allen Schiffern geführt wird, der Zollbehörde genügen soll, so will ich doch konstatiren, daß diese Praxis von den preußischen Zollbehörden bisher nicht beobachtet worden ist; ob sie sich praktisch durchführen läßt, weiß ich nicht, ich will es aber, wenn der Zoll eingeführt wird, von Herzen wünschen.

Von Seiten der Regierung ist uns versprochen worden, daß eventuell für den Transitverkehr nach allen Richtungen hin in liberalster Weise im Interesse des Handels gesorgt werden solle, und ich bin fest überzeugt, daß dies geschehen wird, da es ja ebenso im Interesse des Staats liegt, diesen Holzhandel möglichst zu erhalten. Werfen Sie einen Blick auf die Karte von Danzig, die Ihnen zugegangen ist, und sehen Sie sich die Ausdehnung dieser Holzläger an, wie sie ähnlich auch in Memel und in Stettin vorhanden sind — wie sollen nun von Seiten der Zollbehörden diese Transitläger überwacht werden? Meine Herren, ich möchte ein Bild gebrauchen. Setzen Sie einer Biene, die morgens den Stock verläßt, einen Zollbeamten auf den Rücken, der sie den ganzen Tag über begleitet, bis sie in den Stock zurückkehrt, so ist das ungefähr die Leistung, die der Zollbeamte auszuführen hätte, wenn er den freien Transitverkehr überwachen müßte.

Meine Herren, ich habe Sie über den Holzhandel, wie er sich in der Ostsee entwickelt hat und besteht, glaube ich, genügend unterhalten und ich habe Ihre Geduld lange genug in Anspruch genommen. Ich will bei der vorgerückten Zeit auf die anderen Punkte, die ich mir noch vorbemerkt hatte, nicht weiter eingehen, sondern will das andere den folgenden Rednern überlassen. Auch ich will, wie der geehrte Herr Vorredner, mit einer Bitte schließen: Lassen Sie unseren Handel der Ostseeprovinzen nicht zu Grunde gehen, machen Sie es uns möglich, daß der Handel dort bleiben kann, was er bisher im guten Glauben immer gewesen ist: ein Förderer und Schutz der nationalen Arbeit! Lehnen Sie diesen Zoll ab.

(Bravo!)

Vizepräsident Freiherr zu **Franckenstein**: Der Herr Reichskanzler hat das Wort.

Reichskanzler Fürst **von Bismarck**: Ich würde in so vorgerückter Stunde nicht das Wort ergreifen, wenn der Herr Redner nicht wiederholt auf meine Person und meine Aeußerungen Bezug genommen hätte, obschon ich in dieser Debatte meinerseits noch gar nicht das Wort ergriffen und gar nicht gesprochen habe.

Der Herr Redner hat zurückgegriffen in die Debatte über die Getreidezölle und meine Aeußerungen von damals; ich will ihm auf dieses Gebiet nicht folgen, sondern mich lediglich an das Holz halten, bei dem wir uns augenblicklich befinden, und da der Reihe nach, wie ich sie mir notirt habe, einige der Einwendungen und Angaben beantworten, die der Herr Vorredner gegen die Vorlage gemacht hat, und Einiges, was ich für unrichtig darin halte, richtig zu stellen suchen.

Was zunächst seine Beschwerde darüber anbelangt, daß die weichen und die harten Hölzer gleich hoch verzollt würden, so hatten wir geglaubt, daß die Herren Holzhändler in dem Heruntersetzen des Zolls auf harte Hölzer die Konzession wohl erkennen würden, die wir damit machen wollten. Wir haben den mittleren Durchschnitt zwischen weichen und harten Hölzern von früher gewählt, um gerade die Zählung, die Abfertigung zu erleichtern. Was Sie an den weichen Hölzern mehr zu verzollen haben, haben Sie an den harten weniger, und nach den Auseinandersetzungen des Herrn Vorredners, welcher sachkundig ist, muß man ja annehmen, daß die harten Hölzer beim Fluß- und Seeverkehr und dem Export nach

England ihnen die Hauptsache bilden und die weichen Hölzer bloß zur Verkoppelung, um der mangelnden Schwimmkraft der harten aufzuhelfen, benutzt werden. Es ist hiermit eine Konzession beabsichtigt. Sollten die Herren wünschen, daß auf die weichen Hölzer ein niedrigerer Zoll wie der vorgeschlagene gesetzt würde, so müßte die Regierung sich vorbehalten, den auf die harten Hölzer ursprünglich bestandenen auch wieder herzustellen. Wir glaubten aber, daß das im Interesse der Abfertigung gerade günstiger ist, daß nicht untersucht wird, was weiches, was hartes Holz ist, wie ja zum Beispiel nach dem alten preußischen Zollgebrauch die Buche zum weichen Holz gerechnet wurde, während sie sonst nach der Forstterminologie gewöhnlich zum harten zählt. Indessen kommt das ja hier nicht in Betracht, weil das Buchenholz ja wenig importirt wird.

Der Herr Vorredner hat dann mit besonderer Emphase die deutsche Nationalität des Holzhandels, die deutsche Nationalität betont, er sprach von dem deutschen Holzhandel, von deutschen Holzhändlern, und ich möchte da den Schlüssen entgegentreten, die ein Laie daraus ziehen könnte, als ob diese Herren deutsches Holz verführen und verkauften, und als ob das deutsche Holz durch ihre Vermittelung einen Absatz fände, als ob die 8 Prozent, mit denen sie am Londoner Markt betheiligt sind, aus deutschem Holz beständen. Nach dieser Richtung hin sind die Herren eher russische Holzhändler als deutsche;

(Heiterkeit)

sie sind in ihrer Eigenschaft als Landsleute uns ja immer willkommen, und wir freuen uns, wenn sie am russischen Holz etwas verdienen; aber deutsche Holzhändler in dem Sinn, daß sie deutsche Produkte exportiren, — den Ruhm kann ich ihnen doch nicht zugestehen. Diese nationale Seite der Sache sollten sie lieber nicht berühren, denn sie erinnern uns daran, daß wir mit Schmerzen sehen, wie unsere einheimischen Eisenbahnen, die zum großen Theil mit dem Geld der Steuerpflichtigen, jedenfalls mit dem Geld der Deutschen gebaut sind, Verkehrsanstalten des Auslands geworden sind, die hauptsächlich zum Nutzen unserer ausländischen Nachbarn,

(sehr richtig! rechts)

viel weniger zum Nutzen der inländischen, deutschen Produktion dienen. Sie erinnern uns ferner daran, was wir ja geographisch nicht ändern können, daß unsere deutschen Seestädte vermöge der Wendung, die das Geschäft genommen hat, wesentlich zu Emporien des östlichen Auslands geworden sind und mit den Produkten unserer ausländischen Nachbarn, welche so glücklich gewesen sind, ihre Aufmerksamkeit auf sich zu ziehen, bei uns durchfahren und für die Produzenten der gleichartigen deutschen Produkte nur einen Blick kühlen Mitleids haben gegenüber dem Vortheil, den sie an dem ausländischen Holz machen.

Wenn der Herr Vorredner davon gesprochen hat, daß viele Arbeiter beim Flößen und bei der sonstigen Behandlung des Holzes ihr Brod fänden, so glaube ich, wird das immer auch bei Annahme des Zolls der Fall bleiben. Ich möchte ihn aber doch bitten, eine vergleichende Statistik darüber anzustellen, welche Masse von Arbeitern in den inländischen Wäldern brodlos geworden ist dadurch, daß diese inländischen Wälder nicht mehr rentabel sind

(sehr wahr! rechts)

und den früheren Absatz nicht mehr haben. Ich habe dabei namentlich die Provinz Schlesien im Sinne, wo durch die schlesischen Wälder der Länge nach die österreichischen geschnittenen Hölzer durchfahren vor den Augen der brodlosen Arbeiter, die früher in den schlesischen Wäldern eine reichliche, tägliche, ihnen angenehme und vom Vater auf den Sohn vererbende Beschäftigung fanden, zum größern Theil als Holzhauer und als Beaufsichtiger der ganzen Entwicklung, die mit der Verwerthung des Holzes verbunden ist, als Sägemüller, aber zum eben so großen Theil auch als Unternehmer im Kleinen für den Transport, der innerhalb unserer Wälder nach den Schneidemühlen und Bahnhöfen hin stattfindet. Alle diese kleinen Leute, die ein Pferd im Sommer auf ihrem Acker beschäftigen, im Winter aber gar keine Beschäftigung für das Pferd haben, die verdienten erhebliches Geld den ganzen Winter hindurch mit den Holzfuhren, die in geschäftsfreie Zeit fielen, und diese Leute haben ihre Pferde abschaffen müssen, weil sie sie im Winter nicht mehr ernähren können. Und diese schlesischen Wälder, die sonst von Arbeitern wie ein Ameisenhaufen wimmelten, sind todt und still, nicht bloß zum Kummer des leitenden Oberförsters oder des Privatbesitzers, sondern namentlich zur drückenden Sorge für die Armenpflege und für die Arbeiter, die früher zu Hunderttausenden in allen jetzt ertraglosen inländischen Wäldern ihre Nahrung fanden, deren Zahl doch ganz anders ins Gewicht fällt als die Zahl der Floßarbeiter; die zum großen Theil, wir kennen ja alle die Flissacken, Ausländer sind und an der Spitze gewöhnlich einen Regimenter haben, der unserer Nationalität angehört.

Der Herr Vorredner sagte, es sei nicht richtig, daß das russische Holz, wenn es überhaupt heraus will, bei uns durch muß. Er hat dabei Angaben gemacht, die ich ja in ihrer Richtigkeit nicht alle prüfen kann, aber die eine, die er machte in Bezug auf den Absatz den Dniepr entlang über Cherson, da wird er doch nur Anklang finden bei Leuten, die den Dniepr nicht kennen. Es ist möglich, daß kleine Quantitäten Brennholz den Dniepr über die Wasserfälle weg hinabgeflößt werden können, aber wie die künstlich verbundenen Flöße von großen Nutzhölzern diese Wasserfälle und Stromschnellen heruntergebracht werden sollen, das weiß ich nicht, die würden in Trümmern ankommen und da würde von einem irgendwie rentablen Handel mit Nutzholz nicht mehr die Rede sein können. Also mit solchen Aussichten darf der Herr Vorredner uns nicht zu ängstigen versuchen. Der Dniepr hat für den großen Holzhandel und für die großen Flüsse keine andere Mündung als nach Norden seinem Strom entgegen durch die Sümpfe und Kanäle, die ihn verbinden, nicht blos mit dem Niemen, sondern auch nach der Weichselseite mit dem Bug. Was zum Dünagebiet gehört, das geht schon jetzt die Düna herunter, und was da zu flößen ist, — denn es wäre ja sehr wunderbar, wenn man Holz, was im Dünagebiet liegt, nun auf das Niemengebiet oder auf das Weichselgebiet im Landwege übertragen wollte, um es anderwärts zu flößen — also das fällt ganz außerhalb unserer Berechnung.

Ich freue mich, daß der Herr Vorredner nicht das alte Schreckbild für den Holzhandel wieder aufgewärmt hat, von dem Umweg aus dem Niemen heraus über Kowno mit der Libauer Bahn, sondern daß er es blos auf Faßdauben und Nadelhölzer beschränkt hat, die aber doch auch auf den großen Flößen bequemer schwimmen; aber die großen Hölzer lassen sich ja gar nicht herausnehmen aus dem Strome und wer die Ufer von Kowno kennt, wo die Hölzer 100—150 Fuß heraufzuschaffen sein würden, wird zugeben, daß die Flöße durch diese Arbeit selbst schon entwerthet werden würden. Die großen Hölzer sind nicht einmal auf den Eisenbahnen fahrbar, sondern sind auf den Wassertransport absolut angewiesen, und deshalb haben sie eine Zwangsroute nothwendig nach unseren Häfen hin und können diese Bahn nur in so weit verlassen, als sie nach ihrer geographischen Vertheilung überhaupt zum Dünagebiet und nicht zum oberen Dniepr-, Bug- oder Memelgebiet hin gravitiren, und selbst die sehr waldreichen Gegenden der Wilia werden doch auch dem Strom folgen aus der Memel herunter und werden nicht nach der Düna, in deren nächster Nähe sie entspringt, übergehen können.

Der Herr Vorredner hat denn den dringenden Wunsch

ausgesprochen, wir möchten mit mehr Einigkeit und weniger Schärfe diskutiren; ja, meine Herren, die Schärfe kommt daher, daß Behauptungen aufgestellt und vor der Oeffentlichkeit akzentuirt werden als ganz sichere, die der anderen Seite unbegründet erscheinen und denen der andere dann aus seiner Ueberzeugung als unbegründet widerspricht. Im übrigen sachlich ist das ja eine Angelegenheit, die uns politisch nicht erregen sollte, aber es ist ein altes Sprichwort, daß in Geldsachen die Gemüthlichkeit aufhört, und daß hier eine Geldfrage für den einen oder den anderen Theil der Unterthanen vorliegt, wo die Geldlast und die Geldvortheile nach Ansicht der verbündeten Regierungen etwas gleicher vertheilt werden sollen, als sie in den letzten 50 Jahren vertheilt gewesen sind. Auch das finanzielle Interesse habe ich ja oft hervorgehoben; aber mögen Sie daraus, daß ich es oft hervorhebe, doch nicht schließen, daß dabei das Reich in erster Linie interessirt sei. Das Reich erhält, wenn Sie die Finanzzölle nicht bewilligen, doch kein Geld; für das Reich ist es einerlei, ob die Einkünfte, die wir haben, aus den Matrikularbeiträgen, also aus der Grund- und Klassensteuer der Einzelstaaten kommen, oder aus den Zöllen des Reichs, das sieht man dem Thaler nicht mehr an, wenn er in die Reichskasse kommt; es ist vielmehr nur im Interesse der einzelnen Staaten und der Regierungen, daß ich die Finanzfrage so oft akzentuire, daß ich die Finanzfrage so hervorhebe. Deshalb kann ich auch die Hoffnung nicht unterdrücken, daß ich in der dritten Lesung eine festere und entschlossenere Unterstützung von Seiten der Finanzminister der einzelnen Staaten in dieser Frage haben werde, denn ich als Reichskanzler bin zu leicht zu desinteressiren, wie ich schon bemerkt habe, da das Reich durch die Verfassung so glücklich situirt ist, daß die anderen sich bemühen müssen, die Herren Finanzminister der einzelnen Staaten, wo sie das Geld auftreiben, das als Matrikularbeitrag abzuführen ist, und meine Bemühungen sind ja durch mäßige und abgenutzte Kräfte begrenzt und es wird der Moment kommen, wo ich meinerseits den Karren nicht weiter den Berg hinaufschieben kann, wenn ich nicht entschlossenen Beistand habe.

Der Herr Vorredner hat gesagt, die russischen Waldbesitzer würden, wenn man diesen Zoll, so minim er auch ist — er beträgt ja, wenn ich den Festmeter weiches Holz zu 20 Mark Werth rechne und den Festmeter hartes Holz zu 30 Mark, was ungefähr 6 bis 10 Silbergroschen auf den Kubikfuß Nutzholz von beiden Sorten sein würde, nur 2 bis 3 Prozent des Werths. Aber daß der russische Waldbesitzer unter Umständen auch dieses Opfer noch bringen wird, das geht mir daraus hervor, daß die Preise, die unsere Holzhändler dort für Wälder von gleichartigem Bestande zahlen, je nach der Verlegenheit des Besitzers, je nach dem Leichtsinne des Besitzers, je nach seinem Geldbedürfniß außerordentlich verschieden sind; es werden Quadratmeilen zu 100 000 Rubel ausgeholzt, es werden Quadratmeilen zu 5000 Rubel gehandelt und zu 10 000 Rubel, und es haben Holzhändler, mit denen ich darüber sprach und die ich nach dem Preise der Schwelle, oder anderer einzelner Hölzer fragte, mir gesagt: das können wir im einzelnen nicht berechnen, das erfahren wir, wenn wir im folgenden Jahre oder in zwei Jahren die Rechnung aufmachen, da kommen wir dahinter, wie das abgewickelte Geschäft war, aber im Augenblick kann ich keine Auskunft darüber geben, welchen Bruchtheil eines Pfennigs eine Schwelle auf die Quadratmeile Wald kostet. Also im einzelnen auf die Schwelle wird der russische Besitzer nichts nachlassen, aber auf die Quadratmeile kann er statt 100 000 Rubel 50 000 Rubel nehmen oder 30 000 oder 5000; das werden die Herren mit der Geschicklichkeit, die sie in den Verhandlungen mit den dortigen Waldbesitzern gezeigt haben, sehr bald ermitteln.

(Heiterkeit.)

Der Holzzoll, gerade weil das Holz gebunden ist an diesen Wasserweg, eignet sich Rußland gegenüber ganz vorzüglich zu einem Kampfzoll und ich bitte den Herrn Vorredner doch zu glauben, daß die verbündeten Regierungen in dieser Beziehung, wo es sich um die Pflege und die Wohlfahrt Deutschlands handelt, nicht von derjenigen Schüchternheit beseelt sind, die befürchtet, es könnte, wie er sagt, aus dem Wald so herausschreien als wie man hineinschreit, und es würden wieder Kampfzölle gegen uns gebraucht werden. Unser ganzer Holzzoll ist schon nichts als eine Repressalie. Unsere Nachbarn, Rußland und Oesterreich, haben alle Repressalien längst vorweg genommen; was bleibt ihnen übrig?

(Sehr richtig! rechts.)

Sie haben seit einem halben Jahrhundert die höchsten Zölle, die möglich sind, vorweggenommen, förmlich Prohibitivzölle, und wenn man einmal durch Prohibitivzölle abgeschlossen ist, dann ist mehr nicht thunlich, es ist gerade so wie Jener sagte beim Schrotverkauf: dieses schießt noch tödter! so ist es auch bei den bestehenden Prohibitivzöllen anwendbar: wir sind ausgeschlossen und können noch ausgeschlossener nicht werden.

Der Herr Vorredner sagte ferner, daß er wohl zugeben wolle, daß vorübergehend einige Quantitäten Holz in Deutschland geblieben wären, die Hauptsache wäre aber der Transit. Ja, von dem Standpunkt des Vertreters des Seehandels mag ihm der ganze Verkehr im Binnenlande entgangen sein. Was in Stettin und Danzig ausgeht, das mag ja wesentlich Transit sein, denn die schönen Zeiten, wo man in Stettin die inländischen Hölzer, die im Odergebiet wuchsen, exportirt hat, sind vorbei, sie sind den Leuten zu theuer, sie kaufen anderswo wohlfeiler. Auch bis nach Stettin, bis Hamburg erstreckt sich die Eigenschaft unserer Hauptseestädte, Emporien für das Ausland, für Oesterreich und Rußland geworden zu sein und ihr ganzes Geschick und ihren Handel immer mehr von den dortigen Zuständen abhängig zu fühlen, als von den heimischen deutschen, und wir können ja nicht erwarten, daß sie freiwillig unser Holz kaufen; wenn sie doch, wie Herr von Frankenberg sehr richtig bemerkte, das grobe Holz im Gegensatz zu dem feinen Holz, das heißt zu dem, was kleinere Jahrringe hat, — wenn sie das wohlfeiler kaufen, so ist das eben auch für den Käufer eine Ueberraschung, ich will auch hier nicht sagen Täuschung, wo er später dahinter kommt, daß es sich nicht so lange hält wie die heimische gute Kiefer, die ja überhaupt das beste Nutzholz ist, was es gibt. Und wenn namentlich bei unseren Behörden häufig Werth darauf gelegt wird, amerikanisches Holz, Pitch Pine wäre besser, dauerhafter, so begreife ich nicht, wo sie das erprobt haben. Wir haben von unseren Eichen und Kiefern in den Dächern alter Häuser, Kirchen und Rathhäuser den Beweis von 2, 3, 5, 600 Jahren in den alten Kirchendächern, wie sich unser heimisches deutsches Holz hält, aber von Pitch Pine weiß niemand, ob es 10 Jahre dauert oder nicht, ob es namentlich bei seinem Harzreichthum bei allen Trockenbauten nicht eine sehr gefährliche Qualität hat, nämlich die, daß kein Firniß diesen Harzreichthum abhält, unter der Sonne, in der Wärme auszuschwitzen und auf diese Weise den Schutz illusorisch zu machen, den der Firniß bilden soll.

Viele Sachen sind sehr leicht einem einzureden. Jemand, der eine große Menge Pitch Pine gekauft hat, weiß einen Baubeamten zu finden, der sagt, dies ist das beste, und der Baubeamte weiß einen Verwaltungsbeamten zu finden, der auf sein Urtheil hört, und die Behörde stellt ein Attest aus, ohne geprüft zu haben, Pitch Pine sei besser. Und dies ist bei dem geringen Verbrauch der Behörden noch lange nicht so übel in der Wirkung, als das Beispiel ist. Alle Unternehmer glauben dann, die Behörden finden es und es muß also feiner, besser, jedenfalls ausländischer sein als unser Holz.

Diese „vorübergehenden“ Quantitäten, die in Deutschland bleiben — ich verstehe das nicht recht, wenn sie vorübergehen, so bleiben sie eben nicht, aber ganz sicher ist, daß sie zum meisten Theil bleiben; sie gehen durch den Thorner Grenzpaß nach dem Bromberger Kanal hinauf und gelangen durch den Genthiner Kanal bis nach Magdeburg, und dort ist ein Hauptemporium, gegen welches z. B. die Harzhölzer — eine unserer waldreichsten Provinzen, — nicht mehr aufkommen können, namentlich weil auch dort die Behörden Zeugnisse ausstellen, das ausländische Holz sei besser, das böhmische sei besser, was eine baare Unwahrheit ist, denn das böhmische wächst auch auf besserem Boden wie die märkische Kiefer. Jedermann weiß, daß es kein besseres und zäheres Bauholz — und auch früher war im ganzen Holzhandel darüber kein Zweifel — gibt als die Kiefer aus dem Oder- und Elbegebiet, da kommt keine Fichte und keine Tanne dagegen.

Also ich muß bestreiten, daß das meist Transit ist, denn das Hauptquantum bleibt im Lande und drückt entweder den Absatz Nord- und Süddeutschlands nach Frankreich und Belgien, oder drückt den Absatz im Inlande, und die Waldverwüstung, die daraus schließlich bei uns entstehen muß, wenn der Wald keinen Ertrag mehr gibt, hat Graf von Frankenberg schon vorhin nachgewiesen. Ich will nur noch hinzufügen, wie es kommen wird: der Waldbesitzer wird sein Holz zwar noch verkaufen, er wird aber keine Schonung mehr anlegen, weil er sich sagt, dies ist keine rentable Anlage mehr, und der Wald wird Einen Umtrieb noch haben, und wenn der zu Ende ist, wird er eine Wüste und Sandfläche sein, die dem Lande schadet, anstatt ein Vortheil für das Land zu sein. Ich glaube, ein Forstbesitzer, welcher genau rechnen wollte, der wird überhaupt keinen Wald mehr anlegen, wenn er kein besonderes pretium affectionis dafür hat; es gibt ja Gott sei Dank noch solche Holznarren in Deutschland, und zu denen gehöre ich selbst, die Freude haben am Wachsthum des Waldes, ohne sich die Kosten Zins auf Zins zu berechnen, aber wenn es nicht mehr lohnt, Holz zu ziehen, so wird und muß d Wald verfallen; Sie haben keinen Zwang auf die menschliche Natur, um den Wiederaufbau des abgeholzten Waldes zu erzwingen.

Dann sagte der Herr Vorredner in Bezug auf die Zollabfertigung, daß die „Register“ schwer verwendbar wären. Ja bei unserer ganzen Zoll- und Steuerverwaltung, da ist ja bisher allerdings die Voraussetzung, daß jeder, mit dem der Fiskus zu thun hat, ein Dieb ist, bis er das Gegentheil beweist, und bevor der Beweis nicht geführt wird, ist es besser, ihn von Hanse aus als solchen zu behandeln, damit man durch Vorsicht jede Schädigung des Fiskus verhindert. Dieser alte fiskalische Zug zieht sich seit Jahrhunderten durch unsere ganze Zollgesetzgebung. Auf die Existenz ehrlicher Leute im Lande rechnet die Zollgesetzgebung überhaupt nicht. Ich halte diese Voraussetzung für nicht zutreffend, nämlich wenn man falsche Konossements und Register unter Strafe stellt als Betrug, sobald sich dies beim Ausladen ausweist, so glaube ich, kann man das Hauptgewicht auf die Register legen, die jeden Transport begleiten müssen, wo die Stücke numerirt sein müssen, und der Kaufmann weiß genau, wie viel abgefertigt sind. Das ist also so außerordentlich schwierig nicht, und es ist doch in früheren Zeiten der Zoll erhoben worden, ohne den Handel erheblich belästigt zu haben. Und was der Herr Vorredner sagte von der Benutzung des Augenblicks, die an der Zollstätte so wichtig wäre, daß man nicht schnell genug mit der Abfertigung vorgehen könnte, weil inzwischen Hochwasser kommen oder das Wasser sich verlaufen könnte, — meine Herren, ehe das Wasser der Weichsel bei Thorn abläuft, können sie vollkommen alles Holz der Welt verzollt haben. Es sind das doch keine Bäche und Kanäle, wie im oberen Flußgebiet in Rußland; da mag die Wassersnoth oder Hochwasser aufhalten und unangenehm berühren. Aber sind sie bei Schmaleninken oder Fordon angekommen, an den großen Zollpässen der Memel und der Weichsel oder auch nur an der Warthe, dann will ich zwar nicht sagen, daß die Sache Zeit hätte, im Gegentheil, ich glaube, der Handel muß schnell gefördert werden, und es werden sich Mittel finden lassen, den Holzzoll schnell zu erheben, aber das Wasser läuft nicht ab; und wenn der Transit in seiner Beobachtung größere Schwierigkeiten hat, — ja, meine Herren, über zwei Prozent des Geschäfts können diese Schwierigkeiten sich immer nicht belaufen, und sie werden vorziehen, den Zoll zu bezahlen, dann sind sie aller Plackereien überhoben und können mit dem Holz manipuliren, wie sie wollen. Und sie sollten doch auch vom Holz dem Kaiser geben, was des Kaisers ist, und einen kleinen Zoll für ihn übrig haben!

(Lebhaftes Bravo rechts.)

Vizepräsident Freiherr **zu Franckenstein**: Es sind Vertagungsanträge eingebracht von den Herren Abgeordneten Graf Ballestrem, Löwe (Berlin) und Freiherr von Fürth; ein Schlußantrag außerdem von dem Herrn Abgeordneten Fürsten von Pleß.

Ich bringe dem Verfahren des Hauses gemäß die Vertagungsanträge zuerst zur Abstimmung und stelle zunächst die Unterstützungsfrage.

Ich bitte diejenigen Herren, welche die Vertagungsanträge unterstützen wollen, sich von den Sitzen zu erheben.

(Geschieht.)

Die Anträge sind genügend unterstützt.

Nunmehr bitte ich diejenigen Herren, die die Vertagung beschließen wollen, sich zu erheben, beziehungsweise stehen zu bleiben.

(Geschieht.)

Das ist die große Mehrheit; die Vertagung ist beschlossen.

(Präsident von Seydewitz übernimmt den Vorsitz.)

Präsident: Meine Herren, ich schlage Ihnen vor, die nächste Sitzung morgen Vormittag 11 Uhr abzuhalten, und proponire, auf die Tagesordnung zu setzen:

1. dritte Berathung des Gesetzentwurfs, betreffend die vorläufige Einführung von Aenderungen des Zolltarifs, auf Grund der in der zweiten Berathung gefaßten Beschlüsse (Nr. 225 der Drucksachen).

Erhebt sich Widerspruch gegen diesen Vorschlag? — Das ist nicht der Fall; ich konstatire, daß dieser Vorschlag angenommen ist.

Demnächst schlage ich ferner vor auf die Tagesordnung zu setzen

den Rest der heutigen Tagesordnung,

und für den Fall, daß derselbe unsere Zeit nicht vollständig in Anspruch nehmen sollte, von der Tarifvorlage

Nr. 14, Hopfen,
Nr. 15, Instrumente ꝛc.

Sind die Herren damit einverstanden? — Es erhebt niemand Widerspruch; damit ist die Tagesordnung nach meinem Vorschlage festgestellt.

Ich schließe die heutige Sitzung.

(Schluß der Sitzung 4 Uhr 40 Minuten.)

Druck und Verlag der Buchdruckerei der Nordd. Allgem. Zeitung. Pindter.
Berlin, Wilhelmstraße 32.

55. Sitzung

am Mittwoch den 28. Mai 1879.

Die Sitzung wird um 11 Uhr 25 Minuten durch den Präsidenten von Seydewitz eröffnet.

Präsident: Die Sitzung ist eröffnet.

Das Protokoll über die gestrige Sitzung liegt auf dem Büreau zur Einsicht für die Mitglieder aus.

Ich habe dem Reichstag anzuzeigen, daß ich dem Herrn Abgeordneten von Geß für heute und morgen, dem Herrn Abgeordneten Krafft für drei Tage, dem Herrn Abgeordneten Stegemann für heute und eventuell die folgenden Tage wegen dringender Familienangelegenheiten, dem Herrn Abgeordneten Prinzen Radziwill (Beuthen) für heute und morgen, dem Herrn Abgeordneten Dr. Stephani für zwei Tage wegen Unwohlseins kraft der mir zustehenden Befugniß Urlaub ertheilt habe.

Entschuldigt sind: der Herr Abgeordnete Görz für heute, der Herr Abgeordnete Dr. Westermayer für heute und die nächsten Tage und der Herr Abgeordnete Graf von Plessen für heute, — sämmtlich wegen dringender respektive wichtiger amtlicher Geschäfte.

Wir treten in die Tagesordnung ein. Nr. 1:

> **dritte Berathung des Gesetzentwurfs, betreffend die vorläufige Einführung von Aenderungen des Zolltarifs**, auf Grund der Zusammenstellung der in zweiter Berathung gefaßten Beschlüsse (Nr. 225 der Drucksachen).

Ich eröffne die Generaldebatte. Das Wort hat der Herr Abgeordnete Dr. Lasker.

Abgeordneter Dr. **Lasker**: Meine Herren, im ganzen bin ich nicht abgeneigt, einer Idee zuzustimmen, wonach, wenn Steuergesetze eingebracht werden, unter gewissen Umständen bestimmte Schutzmittel ergriffen werden gegen eine übermäßige Einfuhr in der Zwischenzeit. Ich lasse ununtersucht, wie weit die Voraussetzungen in der heutigen Sachlage dem Tarif gegenüber vorliegen. Aber, meine Herren, wenn Sie die geschichtliche Entwickelung zusammenstellen, wie das sogenannte Sperrgesetz bei der Regierung angeregt worden ist, und sie mit den Beschlüssen vergleichen, welche das hohe Haus gestern in zweiter Lesung gefaßt hat, so muß ich erklären, von der ursprünglichen Idee ist auch nicht eine Spur darin enthalten. Die Beschlüsse selbst haben überhaupt ein ganz wunderliches Resultat herbeigeführt, das allerdings die Redner der Mehrheit, die Herren Abgeordneten Windthorst und Dr. Hammacher, beabsichtigt haben, von denen ich aber doch verwundert war, daß ein solches Resultat herbeigeführt wurde. Aus ging die Idee von der Ansicht einer großen Zahl Mitglieder dieses Hauses, daß übermäßig viel Tabak importirt werde, und daß bei der ungemein großen Differenz zwischen der jetzigen und der voraussichtlichen zukünftigen Steuer eine schwere Beschädigung der Staatskasse, eine Verwirrung der Finanzen und außerdem eine Schädigung der Privatindustrie der heimischen Tabakbauer herbeigeführt wird. Statt dessen bringt uns die Regierung einen Theil einer Verfassung ein, was das Haus an der Schwelle ablehnt, und am Schluß der Berathung kommt folgendes zum Vorschein. Wenn Sie von den Formalien absehen, wird für alle Gegenstände die Sperre abgelehnt, allein für Roheisen wird sie eingeführt, d. h. von der parlamentarischen und logischen Auseinandersetzung abgesehen und lediglich den Blick auf den wirklichen Effekt gerichtet. Denn in dem Beschluß zweiter Lesung ist zwar enthalten, daß für eine große Summe finanzieller Steuern nach dem Beschluß in zweiter Lesung auch eine vorläufige Sperre eingeführt werden könne, aber der Natur der Sache nach werden die sämmtlichen Finanzsteuern, namentlich das Tabaksteuergesetz in der Reihenfolge in zweiter Lesung zuletzt daran kommen, und es wird sich dann noch handeln zwischen der zweiten und dritten Lesung so viel Spielraum zu lassen, als zur Verständigung zwischen den einzelnen Bruchtheilen der Majorität unter sich selbst und der Regierung gegenüber nothwendig sein wird, vielleicht drei, vier, acht Tage werden dazwischen liegen. Ob es sich lohnen wird, für diese acht Tage eine vorläufige Sperre auszusprechen und mit welchem Effekt, das lasse ich dahingestellt; es ist dies eine theoretische Frage, zu erörtern. Praktisch für jetzt ist allein die Sperre für Roheisen.

Nun, meine Herren, würde ich unter Umständen vielleicht für rathsam halten, der Eisenindustrie Vortheil zu gewähren. Wie ist aber die wirkliche Sachlage? In der ersten Lesung wurde in diesem Hause verhandelt darüber, ob 25 Pfennige oder 50 Pfennige für den Zentner Roheisen für die Besteuerung des Eisens zu Grunde zu legen sei, und nicht allein die Mitglieder der Minderheit, sondern auch ein großer Theil der Mehrheit hat für diesen geringeren Posten gestimmt. Aber der für seine Sache wirksamste Redner der Majorität, der Herr Abgeordnete Berger, erklärte: vertagen wir die Frage, ob 50 oder 25 Pfennige, auf die dritte Lesung; das werden die einzelnen Bruchtheile der Mehrheit unter sich schon ausmachen, darein hat die Minderheit nichts zu sprechen. Das Haus hat diesen Worten großen Beifall gespendet und demgemäß gehandelt; es muß bezeugt werden, daß ein ziemlich großer Theil der Mehrheit unter Vorantragung der Fahne durch den Herrn Abgeordneten Grafen Stolberg für 50 Pfennige gestimmt hat in der Meinung, daß 50 Pfennige für den Zentner Roggen bewilligt würden, und hat sich vorbehalten, für den Fall, daß diese 50 Pfennige per Zentner Roggen nicht gewährt würden, auf die Herabsetzung der Eisenzölle zu kommen, nach dem Maßstabe, wie der Herr Abgeordnete von Wedell vorgeschlagen hatte.

So ist die Sachlage jetzt. Ein sehr eifriges und angesehenes Mitglied des Hauses, sehr bekannt in dieser Sache, verbreitete nun zwar schon, daß er eine genügende Anzahl Stimmen bereits gewonnen habe für die 50 Pfennige, die nachträglich in der dritten Lesung gewährt werden sollen; ein hoch angesehenes Mitglied und sehr bedeutend in der wirthschaftlichen Agitation unserer Tage hat dies versichert, aber materiell verbürgt sind diese Stimmen noch nicht, und ich würde den Betheiligten rathen, auf die Zusicherung kein großes Gewicht zu legen, sondern den Ausgang ein wenig nach sachlicher Wahrscheinlichkeit zu prüfen. Ich habe noch immer große Hoffnung, daß Mitglieder, die nach einem so lebhaften Kampf sich entschlossen haben, für Roggen nur 25 Pfennige zu bewilligen, nicht zwischen der zweiten und dritten Lesung mit der Einsicht werden erleuchtet werden, es sei im Interesse des Landes, den Zeutner Roggen mit 50 Pfennigen zu belasten. Außerdem habe ich die vermuthliche Stellung der abwesenden Mitglieder zu würdigen gesucht, und wenn irgend ein Zusammenhang aus ihren früheren mit ihren jetzigen wirthschaftlichen Anschauungen vorhanden ist, so darf als wahrscheinlich angesehen werden, daß die große Mehrzahl der Abwesenden gegen die 50 Pfennige stimmen wird. Unter diesen Umständen würde sich die Geschäftsbilanz zur Herabsetzung des Eisens hinneigen. Nun scheint mir das wunderlichste, just einen solchen Zoll vorläufig erheben zu lassen, der nach dem Bekenntniß einer Majorität nur vorläufig in zweiter Abstimmung auf diese Höhe festgesetzt worden und der sehr leicht möglich herabgesetzt werden wird in der dritten Lesung, gerade diesen Zoll allein unter Sperre zu stellen mit einem höheren Zoll. Wenn Werth gelegt wird auf die zweite Abstimmung, weil das Haus seine Meinung zu erkennen gegeben habe, es wolle diese Steuer, so ist doch diese Wahrscheinlichkeit für den gegenwärtigen Fall ausgeschlossen. Und diese Erwägung war es, welche in der Kommission die Freunde des höheren Roggenzolls, wiederum unter der Führung des Herrn Abgeordneten Grafen Stolberg, abgelehnt haben, den Zoll auf das Roheisen aufzunehmen unter die zu sperrenden Artikel. Es ist dies zwar anderweitig, wie ich höre, als eine nicht richtige Taktik bezeichnet worden, ich meine aber, daß doch das Richtige getroffen war, insbesondere wenn man den Beschluß zweiter Lesung als Grund für die vorläufige Erhebung des Zolles nimmt. Zur dritten Lesung ist es wohl noch gestattet, einen Beschluß zweiter Lesung wenigstens einigermaßen zu kritisiren, da er noch abgeändert werden kann. Der Beschluß zweiter Lesung ist, wie ich glaube, eine Unbegreiflichkeit in dem Schlußerfolge, daß alles, was die Regierung gefordert hat, abgelehnt wird und allein das Eisen stehen bleibt. Ich glaube zwar gestern von einem Vertreter der Regierung gehört zu haben, daß die Regierung sich dem Systeme Windthorst anschließe, d. h. dafür, daß die Sperre erst nach der zweiten Lesung gestattet werde, aber einen Grund habe ich nicht gehört, weshalb die Regierungen dieses System dem Beschluß der Kommission vorziehen, es wäre denn folgender Ideengang. In dem Beschluß der Kommission war der Tabak ausdrücklich genannt unter den Gegenständen, die gesperrt werden können, und es ist bekannt, daß dabei ausgegangen wird von der Voraussetzung, daß die Nachbesteuerung des Tabaks nicht werde bewilligt werden. Möglich nun, daß die Regierung, um nicht einen solchen Beschluß fassen zu lassen, der ein Präjudiz gegen die Nachbesteuerung bilden würde, den Antrag Windthorst dem Beschluß der Kommission vorgezogen hat. Allein eine solche Hoffnung wäre doch nur festzuhalten gegen die ausgesprochenen Gesinnungen des ganzen Hauses, denn fast von allen Seiten wurde die Nachbesteuerung zurückgewiesen, und sie hat kaum eine Aussicht auf Verwirklichung. Stehe ich nun vor einem Sperrgesetz, welches ursprünglich davon ausgegangen war, den übermäßigen Import von Tabak einigermaßen zu verhindern, jetzt aber, abgesehen von den hinzugefügten Verzierungen, seinen Effekt lediglich für das Roheisen erstrecken soll, so kann ich im Interesse der zukünftigen Abstimmungen des Hauses, in denen die Zölle auf Roggen und Eisen noch in beiden Wagschalen schwebend gehalten werden, nicht zu der Entscheidung kommen, nunmehr den Besitzstand für 50 Pfennige auf Roheisen zu befestigen. Doch nur 12 Stimmen Majorität haben gegen den höheren Roggenzoll entschieden, so muß man sehr vorsichtig umgehen, um nicht einige empfindliche Abstimmende dadurch, daß thatsächlich ein Besitzstand für den Eisenzoll geschaffen wird, etwa auf die Seite der Roggenzollerhöher zu werfen. Das möchte ich nicht thun, und weil das Gesetz nur einen sehr geringen Werth haben würde, so ist für diejenigen, welche nicht speziell durch das Eiseninteresse bewegt werden, eine von selbst sich ergebende Stellung, gegen das Gesetz zu stimmen.

Präsident: Es verlangt niemand mehr das Wort zur Generaldiskussion; ich schließe dieselbe.

Wir gehen nun zur Spezialdebatte des § 1 über. Zu § 1 ist das Amendement des Herrn Abgeordneten Dr. Zinn, welches unter Nr. 226, 1 gedruckt in Ihren Händen ist, eingebracht worden. Dasselbe bedarf noch der Unterstützung. Ich bitte, daß diejenigen Herren, welche das Amendement unterstützen wollen, sich erheben.

(Geschieht.)

Die Unterstützung reicht aus.

Es ist soeben noch ein Amendement von dem Herrn Abgeordneten Trautmann zu dem Amendement des Herrn Dr. Zinn eingegangen. Ich bitte, dasselbe zu verlesen.

Schriftführer Abgeordneter Graf **von Kleist-Schmenzin**:

Unterantrag zu dem Abänderungsantrag Dr. Zinn, Nr. 226 der Drucksachen, zur dritten Berathung des Gesetzentwurfs, betreffend die vorläufige Einführung von Aenderungen des Zolltarifs Nr. 225 der Drucksachen:

Der Reichstag wolle beschließen:

Den § 1 in der Fassung der Nr. 226 der Drucksachen anzunehmen, jedoch mit folgenden Abänderungen respektive Zusätzen:

1) hinter Eisen in Zeile 2 hinzuzufügen: „jedoch nur in Höhe von $0{,}25$ Mark".

2) „und" zwischen den Worten „Tabak" und „Wein" zu streichen und hinter dem Worte „Wein" hinzuzusetzen: „Kaffee und Petroleum."

Präsident: Ich bitte, daß diejenigen Herren, welche das eben verlesene Amendement des Herrn Abgeordneten Trautmann unterstützen wollen, sich erheben.

(Geschieht.)

Die Unterstützung reicht aus.

Ich habe, meine Herren, noch mitzutheilen, daß in dem Antrag des Herrn Abgeordneten Dr. Zinn, welchen Sie in Händen haben, nach dem Wunsch des Herrn Antragstellers eine kleine Korrektur nöthig wird; es sollen nämlich zwischen „die" und „Gesetzentwürfe" die Worte „dem Reichstag gegenwärtig vorliegenden" eingeschaltet und demnächst die Worte „Nr. 136 und Nr. 132 der Drucksachen des Reichstags" gestrichen werden, sodaß der Antrag, der an die Stelle des früheren tritt, nunmehr so lautet, wie der Herr Schriftführer verlesen wird.

Schriftführer Abgeordneter Graf **von Kleist-Schmenzin**:

Der Reichstag wolle beschließen:

den § 1 zu fassen, wie folgt:

§ 1.

Die Eingangszölle für Roheisen aller Art, Brucheisen und Abfälle aller Art von Eisen, für Tabak und Wein, welche durch die dem Reichstag gegenwärtig vorliegenden Gesetzentwürfe, betreffend die Besteuerung des Tabaks und den Zolltarif des deutschen Zollgebiets, beantragt sind, können durch Anordnung des Reichskanzlers vorläufig in Hebung gesetzt werden.

Präsident: Ich eröffne die Debatte über § 1 der Vorlage und die gestellten Amendements.

Der Herr Abgeordnete Dr. Zinn hat das Wort.

Abgeordneter Dr. **Zinn:** Meine Herren, ich habe mir erlaubt, Ihnen zur dritten Lesung den gestern in zweiter Lesung in eventueller Abstimmung als § 1 angenommenen Beschluß der Kommission mit dem eventuellen Amendement des Herrn Abgeordneten Windthorst, Nr. 215 der Drucksachen Nr. 2, heute zur Annahme zu empfehlen. Ich will nicht in die allgemeine Diskussion zurückgreifen, ich möchte nur konstatiren, daß der Effekt Ihres jetzigen Beschlusses der ist, daß die Reichsregierung die Befugniß hat, eine Sperre eintreten zu lassen gegen Roheisen, aber gegen keinen anderen, der in dem zum Beschluß erhobenen prinzipalen Antrage Windthorst genannten übrigen Artikel. Das andere sind eigentlich nur schöne Verheißungen, Wechsel, welche die Reichskasse wohl kaum in der Lage sein wird, einkassiren zu können. Nun, meine Herren, vor allen Dingen ist der Wein ausgenommen nach Ihrem gestrigen Beschlusse, und ich glaube, gerade für den Wein liegt ein dringendes Bedürfniß vor, daß auch für diesen Artikel der Reichsregierung die Befugniß gewährt wird, das sogenannte Sperrgesetz vorläufig in Anwendung zu bringen, so gut wie für das Roheisen. Wir erfuhren ja kürzlich aus den Zeitungen, daß gerade jetzt recht große Ladungen z. B. von Sekt nach Deutschland eingehen. Meine Herren, ich glaube, wenn man bei dem gestrigen Beschluß beharrt, so begeht man einmal eine Sünde gegen die Reichskasse und zweitens eine Ungerechtigkeit gegenüber von anderen Interessenkreisen, und deswegen bitte ich Sie dringend, von dem gestrigen Beschluß, dessen finanzielle Bedeutung ich ohnehin, namentlich soweit sich die Reichsregierung dafür interessirt, absolut nicht begreifen kann, abzugehen. Meine Herren, wann die verschiedenen, in dem gestrigen Beschluß aufgeführten Artikel zur zweiten Lesung kommen, das wissen wir noch nicht, und ebenso wenig wie die Zustände dann gelagert sind, und endlich wird auch keiner der Herren in der Lage sein, zu bestimmen, in wie langer Zeit der zweiten Lesung die dritte und der definitive Beschluß folgen wird.

Meine Herren, ich an meiner Stelle würde sehr gern auch das Amendement von Böttcher: Kaffee, Thee, Petroleum einzuschalten, in meinen Antrag aufgenommen haben, ich glaubte aber, mich darauf beschränken zu sollen, nur den gestern in eventueller Abstimmung mit erheblicher Mehrheit gefaßten Beschluß Ihnen heute zur Annahme zu empfehlen. Persönlich werde ich allerdings auch für den Zusatz, wie er in dem Antrag Trautmann unter Nr. 2 enthalten ist, die Worte Kaffee und Petroleum zuzusetzen, stimmen, dagegen werde ich nicht stimmen für den anderen Zusatz unter Nr. 1, der heißt: „Eisen, jedoch nur in der Höhe von 0,25 Mark pro 100 Kilogramm". Ich werde das nicht thun, weil ich weder bei Eisen noch bei irgend einem anderen Artikel, der die zweite Lesung passirt hat, mit einiger Bestimmtheit sagen möchte, wie das Resultat der Abstimmung in dritter Lesung sein wird. Ich empfehle Ihnen den Antrag mit der Nr. 2 (Kaffee und Petroleum) des Amendements Trautmann zur Annahme.

Präsident: Ich ertheile das Wort dem Herrn Präsidenten des Reichskanzleramts Staatsminister Hofmann.

Präsident des Reichskanzleramts Staatsminister **Hofmann:** Meine Herren, ich möchte Sie bitten, bei den Beschlüssen der zweiten Berathung heute stehen zu bleiben. Ich fürchte, daß, wenn das hohe Haus heute Aenderungen in Beziehung auf die einzelnen Artikel beschließt, die gesperrt werden sollen, daß dann das ganze Gesetz in Gefahr kommt, zu scheitern. Es liegen zwei Fragen vor, die innerlich konnex sind. Die eine Frage ist die: auf welche Gegenstände soll sich die vorläufige Erhebung der Zölle erstrecken? und die andere Frage ist die: soll die vorläufige Erhebung von dem Beschluß der zweiten Berathung abhängig gemacht werden oder nicht? Meine Herren, diese beiden Fragen stehen insofern in Wechselwirkung, als, wenn man die letztere Bedingung wegstreicht, also die Sperre ohne Rücksicht auf das Resultat der zweiten Berathung zuläßt, dann selbstverständlich die Majorität des Hauses, wenn ich sie recht verstehe, den Kreis der zu sperrenden Artikel jedenfalls so beschränken wird, daß das Gesetz seine eigentliche Wirksamkeit, namentlich auch in finanzieller Beziehung, verliert. Die verbündeten Regierungen können heute wie gestern bei der Alternative, zwischen der wir stehen, entweder eine Vollmacht für einen größeren Kreis von Artikeln, aber beschränkt durch die Beschlüsse der zweiten Lesung, oder eine nur auf eine Minimalzahl von Artikeln beschränkte Vollmacht, ohne die Beschränkung der zweiten Lesung — ich sage: die verbündeten Regierungen können heute wie gestern nur der ersten Alternative den Vorzug geben, wie sie in den gestrigen Beschlüssen ausgedrückt ist. Es ist dabei allerdings zu bedauern, daß zwischen jetzt und der zweiten Berathung eine Einfuhr auf Spekulation stattfinden kann. Der Herr Abgeordnete von Kleist-Retzow hat gestern sein Bedauern darüber ausgesprochen, daß ich mich im Namen der verbündeten Regierungen für den Antrag Windthorst-Hammacher erklärt habe, weil dadurch der Spekulation einzelner großen Häuser Vorschub geleistet würde, und er hat, wenn ich ihn recht verstanden habe, es als eine moralische Pflicht angesehen, solcher Spekulation keinen Vorschub zu leisten. Ich möchte dem geehrten Herrn darauf doch erwidern, daß die Sache nicht ganz so schlimm ist, wie er meint. Es sind nicht bloß einzelne große Häuser, die spekuliren, und auf die es dabei ankommt, die also unter Umständen einen Nutzen haben können, sondern auch das konsumirende Publikum sucht sich noch möglichst rasch jetzt zu den billigeren Preisen, wie sie durch die jetzigen Zölle bedingt sind, zu versorgen. Ich führe das nur deshalb an, damit es nicht den Anschein gewinnt, als ob die Regierung, indem sie sich für den Antrag Windthorst-Hammacher erklärt hat, damit eine — ich möchte fast sagen — unmoralische Begünstigung der Spekulation sich habe zu Schulden kommen lassen. Finanziell ist es unerwünscht, daß durch den Beschluß, wie Sie ihn gestern gefaßt haben, wir bei einer Reihe von Artikeln nicht jetzt, sondern erst nach einer Zeit von vielleicht einigen Wochen zur Sperre gelangen können; aber dem steht doch wieder auf der anderen Seite der Vortheil gegenüber, daß, wenn das hohe Haus in der zweiten Berathung einen Beschluß gefaßt hat, die Regierung mit viel größerer Sicherheit auf Grund dieses Beschlusses die Sperre eintreten lassen kann. Es würde in der That bei der augenblicklichen Sachlage für die Regierung selbst mißlich sein, die von ihr vorgeschlagenen Zölle bei allen diesen Artikeln in vorläufige Hebung zu setzen, ohne durch irgend einen Beschluß des Hauses bereits einigermaßen Sicherheit dafür zu haben, daß es dann auch bei der vorläufigen Hebung sein Bewenden behalten wird.

Es kann doch unmöglich der Regierung erwünscht sein, vorläufig Zölle zu erheben, mit der Wahrscheinlichkeit, sie demnächst zurückerstatten zu müssen. Ich bitte aus allen diesen Gründen, daß Sie bei den gestrigen Beschlüssen beharren möchten.

Präsident: Zur Geschäftsordnung ertheile ich das Wort dem Herrn Abgeordneten Trautmann.

Abgeordneter **Trautmann:** Zur Klarstellung des von mir gestellten Antrags bemerke ich berichtigend, daß statt der Zusatzworte „jedoch nur in Höhe von 0,25 Mark" zu setzen ist „jedoch nur in Höhe von 0,50 Mark pro 100 Kilo."

Präsident: Ich ertheile das Wort dem Herrn Abgeordneten Windthorst.

Abgeordneter **Windthorst**: Meine Herren, der Herr Abgeordnete Dr. Lasker beklagt sich darüber, daß frühere Versuche, die Sache in Ordnung zu bringen, nicht geglückt seien. Darüber habe ich weiter nichts zu sagen; ich bin bei diesen Versuchen unbetheiligt. Jedenfalls sind das abgethane Dinge, und es wird nichts helfen, daß man in die Vergangenheit zurückgreift; es kommt auf die Gegenwart an. Die Frage, um die es sich dreht, ist und bleibt immer: soll man zugeben, daß ein Zoll in vorläufige Erhebung gesetzt wird, ehe der Zoll hier im Hause bewilligt ist, wenigstens in der zweiten Berathung bewilligt ist, welche die entscheidende in der Regel sein wird? Ich kann mich nicht dafür erklären, daß man also vorgeht und ich glaube, daß insbesondere die Frage des Tabakzolls und der Tabakbesteuerung uns recht klar vorlegt, wie bedenklich es sein würde, wenn man vor der zweiten Berathung oder Beschlußfassung den Tabakzoll in Bewegung setzen wollte.

Die Regierung hat 120 Mark Zoll verlangt, die Kommission hat vorläufig 60 beschlossen. Ich meine, es wäre doch nun ganz sonderbar, wenn wir, ehe der Reichstag im Plenum sich darüber ausgesprochen, schon 120 Mark erheben wollten.

(Sehr richtig! links.)

Die Herren sagen, es ist ja ganz unbedenklich, die betreffenden Personen bekommen sie ja zurück. Ich antworte, was ich schon gestern gesagt habe: wo sind denn die Handelstreibenden und Fabrikanten, die solche Summen zur Disposition haben?

Man sagt ferner, die Regierung wird die Zölle bloß anschreiben und kreditiren. Wo steht das, daß das geschehen soll? Und wenn die Sache wirksam sein soll, kann man denn auf das Kreditiren unbedingt eingehen? Muß man nicht fragen, ob dem, dem kreditirt wird, auch der Kredit gebührt, ob er eventuell wird zahlen können?

Ich meine, das sind Reden, die nicht die Sache treffen und zur Entscheidung bringen, und ich kann mich auf diese allgemeinen Sätze wirklich nicht einlassen.

In Beziehung auf den Wein würde die Sache eher gehen, und könnte es ohne Verletzung des Prinzips geschehen, so würde ich in Beziehung auf den Wein viel weniger Schwierigkeiten machen.

Aber, meine Herren, wenn Sie wirklich glauben, daß man so vorgehen muß, dann führt die Konsequenz Sie dahin, heute zu beschließen, der ganze Tarif der Vorlage soll in vorläufige Erhebung gesetzt werden; denn die Spekulation, die Sie beim Wein voraussetzen und beim Tabak noch für möglich halten, — ich halte sie nicht mehr für möglich, — ist bei allen anderen Artikeln ebenso möglich. Sie brauchen z. B. nur hinzusehen auf die ganze Zollpartie, welche die Textilindustrie trifft. Auch da wird die Spekulation eintreten können, und sie tritt in der That ein, darüber kann man gar nicht zweifelhaft sein.

Will man so weit nicht gehen, und niemand hat so weit gehen wollen, so bleibt in der That nichts anderes übrig, als ein Prinzip hinzustellen, wie ich es gethan habe. Nur weil zufällig in Beziehung auf das Eisen ein Beschluß zweiter Berathung vorliegt, wird das Gesetz in seinem Prinzip darauf sofort angewendet; dies aber bildet den Stein des Anstoßes. Man meint, es wäre in Beziehung auf das Eisen ja nur ein Beschluß zweiter Berathung vorhanden, es könnte in der dritten Berathung anders werden. Das Argument führt dahin, das Gesetz überhaupt zu verwerfen und zu sagen: ehe man nicht die letzte und definitive Berathung hat, soll überhaupt eine solche provisorische Maßregel nicht eintreten.

(Sehr richtig!)

Ich begreife, wenn man so argumentiren will, aber ich begreife nicht, wie man aus diesem Argument in Beziehung auf das Eisen eine besondere Einwendung erheben will, wie es der Herr Kollege Lasker gethan hat. Ob in Beziehung auf das Eisen eine andere Kombination eintreten wird, darüber weiß, glaube ich, heute niemand im Hause etwas. Ich habe den Glauben, daß wir die zweite Berathung zu Grunde zu legen haben bis zu dem Augenblick, wo eine andere Verfügung vorliegen sollte. Meine Herren, in Beziehung auf den Eisenzoll würde ich übrigens ganz gern den Herren entgegengekommen sein, wenn nicht in der That die besonderen Verhältnisse vorlägen, welche es unserem Hauptkonkurrenten zur Pflicht machen, mit dem Eisen à tout prix aufzuräumen. Das ist der zwingende Grund, weshalb ich überhaupt auf den Gedanken weiter eingegangen bin, und ich muß deshalb glauben, daß die Alternative so steht: entweder nehmen Sie an, was Sie gestern angenommen haben, oder Sie werfen das ganze Gesetz ab.

(Sehr richtig! links.)

Das ist eine klare Alternative. Wer Lust hat, die zweite Alternative zu wählen, soll von mir eine Kritik nicht erfahren;

(Heiterkeit)

es wird zudem eine solche Kritik dem Betreffenden gleichgiltig sein.

(Zuruf links: O nein!)

— Dies nur, um denjenigen zu beruhigen, der mich unterbrochen. Aber ich glaube, es würde etwas Verkehrtes sein, denn wir würden durch die Wahl der Alternative das Mittel, was in dem gestrigen Beschlusse liegt, wenigstens das Schreiendste zu beseitigen, aufgeben. Das will ich meinestheils nicht thun. Wenn ich das Ganze nicht zweckmäßig thun kann, so thue ich das, was eine Mittellage an die Hand gibt, und auf diesem Boden werden wir uns überhaupt finden müssen. Es liegen hier eminent praktische Dinge, welche feste Konsequenzen

(hört, hört!)

nicht überall aufrecht zu erhalten gestatten.

Präsident: Der Herr Abgeordnete Dr. Lasker hat das Wort.

Abgeordneter Dr. **Lasker**: Der Herr Abgeordnete Windthorst hat vollständig Recht, daß die Konsequenz meiner Entwickelung die Verwerfung des ganzen Gesetzes bedeute. Dafür habe ich mich auch ausgesprochen, daß das Gesetz abgelehnt werde. Denn daß ein anderes Gesetz angenommen werden sollte, als was gestern die Mehrheit beschlossen hat, darauf habe ich meine Gedanken nicht gewendet.

(Abgeordneter Windthorst: 25 Pfennige.)

— Verzeihen Sie: ich habe den Antrag begründet, weshalb das Gesetz auch in Beziehung auf das Eisen nicht angenommen werden sollte, und dies habe ich gethan mit Rücksicht auf den einzigen Posten, welcher mir als praktische Politik erscheint; denn daß alle übrigen Verzierungen und Zuthaten keine praktische Politik sind, obschon sie die Unterstützung der Regierung haben, wird mir wohl die große Mehrheit des Hauses zugestehen. Auf die acht Tage zwischen zweiter und dritter Lesung ein Gesetz zu erlassen, ist wirklich die Mühe nicht werth, zu welcher das Haus veranlaßt worden ist, und ich begreife in der That die Gründe der Regierung noch heute nicht, obschon der Herr Vertreter der Regierungen heute das Wort zur Sache genommen hat. Das steht wohl außer Zweifel, daß die finanziellen Posten zu allerletzt vom ganzen Tarif in zweite Berathung kommen werden, und sie werden als einheitlich betrachtet werden müssen.

Wie ich höre, hat die Tarifkommission für sich schon beschlossen, in dieser Weise zu verfahren. Ich bin also für die Verwerfung des ganzen Gesetzes.

Nun, meine Herren, ist heute ein Antrag eingegangen, der mich allein veranlaßt, nochmals das Wort zu nehmen, von dem Herrn Abgeordneten Trautmann, der in seinem ersten Theil mir gewissermaßen eventuell sympathisch ist. Aber was den Herru Abgeordneten Trautmann veranlaßt hat, die beiden allerzweifelhaftesten Positionen des ganzen Etats auszuwählen, Petroleum und Kaffee der vorläufigen Besteuerung zu unterwerfen, dafür habe ich bis jetzt einen Aufschluß nicht bekommen. Wir sind wohl ja alle einig darüber, daß Kaffee und Petroleum erst dann werden gewährt werden, sobald die Schlußberechnung und die finanziellen Bedürfnisse es durchaus nothwendig machen sollten. Dieses Zutrauen habe ich zu der Mehrheit. Ich glaube, auch in der späteren materiellen Berathung nachweisen zu können, daß Petroleum von der Besteuerung ganz ausgeschlossen werden muß, daß viele andere Artikel früher an die Reihe kommen müssen als Petroleum, welches in völliger Analogie zum Getreide den ärmsten Mann mitbelastet und zu den allernothwendigsten Lebensbedürfnissen gehört. Nun ist es zwar im Hause schon gewissermaßen Stil geworden, über den armen Mann dürfe man gar nicht sprechen; der eine nennt es larmoyant, der andere nennt es eine Agitation. Sie erlauben mir wohl, daß ich dennoch bei denjenigen Steuersätzen, welche auch den ärmsten Mann besteuern sollen, nun, wie man verspricht, Ermäßigungen anderer Steuern zu gewähren, auf die Folgen für den armen Mann eingehe, ob dies auch einigen larmoyant erscheinen möchte, da ich es für sehr erheblich halte, wer von der neuen Steuer getroffen wird und wer entlastet werden soll. Ueber dieses Verhältniß kann ich nicht hinwegkommen, sondern ich werde in den einzelnen Fällen Ihre Aufmerksamkeit hierauf leukeu, auch beim Petroleum. Ich will aber meine Argumente heute nicht im voraus erschöpfen. Aber, meine Herren, wie soll es beim Petroleum werden, wenn vor der Bewilligung schon ein vorläufiger Zoll erhoben wird? Bei allen diesen Dingen spricht man höchstens vom Großhändler, und wer schon ganz demokratisch zu sein meint, geht bis zum Kleinhändler, aber vom Konsumenten spricht kein Mensch. Ich habe in der ganzen Debatte, als über die Rollenvertheilung gesprochen wurde, über den Konsumenten nichts gehört; die populärste Betrachtung blieb beim Kleinhändler, denn ganz entbehren kann man den kleinen Mann nicht, selbst zur Verstärkung des eigenen Interesses. Wie wird nun die Sache sich beim Petroleum machen, wenn vorläufig der Zoll erhoben würde und später dieser Zoll vielleicht nicht gewährt werden würde. Der Versteuerer bekommt sein Geld vom Staat zurück; daß der Kleinhändler es zurückbekommt von dem Großhändler, vermuthe ich nicht, doch kann er möglicherweise noch bedingte Käufe abschließen. Aber der Mann, der seine paar Pfund oder ein Pfund Petroleum einkauft und 3 Pfennige, oder wieviel Sie beschließen, mehr zahlt, schließt mit dem Kleinhändler gewiß keinen Vertrag, daß, wenn das Gesetz nicht genehmigt würde, er die 3 Pfennige zurückgezahlt bekommen müßte. Wie ist es denkbar, daß eine Regierung die Verantwortung übernähme, auf derartige Gegenstände einen Zoll vorläufig zu legen? Dasselbe gilt auch von dem Kaffee. Sie sehen also, wie schädlich bei den Artikeln, die Sie als Finanzartikel bezeichnen, die provisorische Maßregel wäre. Allein im großen Stil läßt sich keine so ungewöhnliche Maßregel treffen; beim Tabak war Anlaß dafür, und zwar mit sorgfältiger Rücksicht ebensowohl auf die einheimischen Interessenten, wie auf den Fiskus. Allein des Fiskus wegen würden gewiß Mitglieder dieses Hauses nicht so sehr sich bemüht haben, eine solche Maßregel in Anregung zu bringen, aber die große Schädigung der heimischen Interessenten hat uns am Herzen gelegen. Die Regierung hat die Vollmacht zurückgewiesen, das ist zu konstatiren. Die Regierung hat in keiner Weise die von uns aufgewendeten Bestrebungen, den heimischen Tabakbau zu schützen gegen den übermäßigen Import, soweit er zwischen jetzt und der definitiven Abstimmung noch bewirkt werden kann — diese Bestrebungen hat die Regierung nicht unterstützt und heute noch zurückgewiesen, indem sie sich das System Windthorst vorgezogen hat. Nachdem dies aber zurückgewiesen ist, weiß ich nicht mehr, was, außer dem Zoll für Roheisen, noch für ein Interesse bestehen kann für die Annahme des einen oder des anderen Antrags, und nachdem die Anträge dargethan haben, wohin dies System führen kann, bitte ich Sie, die einfachste Position anzunehmen und beide Anträge abzulehnen.

(Bravo!)

Präsident: Der Herr Abgeordnete von Benda hat das Wort.

Abgeordneter **von Benda:** Meine Herren, ich kann nur das bestätigen, daß innerhalb der Tarifkommission, der 15. Kommission beschlossen worden ist, daß die Finanzartikel, die in Position 25, in letzter Linie zur Berathung kommen sollen und zwar, weil ihre Berathung fast untrennbar ist von der Berathung der Bedürfnißfrage und der Feststellung der konstitutionellen Garantien. Daraus folgt, wie Kollege Lasker richtig bemerkt hat, daß einestheils vor sechs bis acht Wochen voraussichtlich nicht daran gedacht werden kann, daß es zu einer Wirksamkeit des Gesetzes nach dem Antrag Windthorst kommen kann, und daraus folgt mit eben solcher Sicherheit, daß zwischen der zweiten und dritten Lesung ein so geringer Raum ist, daß in Folge dessen das Gesetz nach dem Vorschlag und der Annahme, wie wir sie gestern gefaßt haben, absolut den Werth verliert, den es im Sinne der Regierung haben sollte. In Bezug auf das, was der Herr Abgeordnete Lasker eben bemerkt hat, muß ich doch sagen, daß wir in der Finanzkommission von anderen Anschauungen ausgegangen sind; wir sind in der Finanzkommission von der Meinung ausgegangen, daß es sich hier in diesem Gesetz darum handelt, den verhängnißvollen Wirkungen, welche der Aufschub des Inwirksamkeittretens dieses Gesetzes hat, indem wir erst nach einer Reihe von Wochen zum Definitiven kommen, vorzubeugen durch ein Sperrgesetz, daß aber in keiner Weise der definitiven Abstimmung über den Tarif dadurch präjudizirt wird.

(Sehr richtig!)

Meine Herren, ich kann versichern, daß wir in der Finanzkommission die Sache nicht so aufgefaßt haben, wie der Herr Kollege Lasker, sondern daß wir nur gefragt haben, welche Positionen aus Position 25, welche die Regierung ja ursprünglich in ihrer Totalität wollte in das Gesetz hineinsetzen, mit finanzieller Wirksamkeit herausgenommen werden könnten, und da haben wir in der Kommission allerdings die Positionen Petroleum und Kaffee beantragt und freilich nicht durchgesetzt, wir haben uns aber außerdem mit einer sehr starken Majorität, ich glaube mit 14 gegen 14 Stimmen, für Branntwein und mit einer sehr starken Minorität, und darunter auch die Freunde des Herrn Lasker, für Petroleum und Kaffee entschieden. Ich verwahre mich, daß, wenn wir in das Sperrgesetz Petroleum und Kaffee aufnehmen, daraus irgend eine Konsequenz folgt für mich oder meine politischen Freunde in Bezug auf die definitive Abstimmung. Soll das Sperrgesetz aber eine finanzielle Wirkung haben, so müssen wir es doch anwenden auf die Gegenstände, welche wirklich einen finanziellen Effekt haben können und das hat seine Anwendung in Bezug auf diejenigen Gegenstände, die in dem Amendement Trautmann vorgeschlagen sind. Das muß ich aber sagen, die Erwägung, daß wir die Sperre des Tabaks vorzugsweise oder allein im Interesse des Tabakbaues beabsichtigt hätten, diese Erwägung, meine Herren, ist mir bis dahin nicht gekommen, daß dies allein der Wunsch gewesen wäre und die Gründe, welche in Bezug auf den Kaffee und in Bezug auf das Petroleum bezüglich der Konsumenten angeführt worden sind, die treffen doch auch zu bezüglich der Tabakkonsumenten. Es gibt in Deutschland doch nicht allein Tabakbauer, sondern auch Tabakkonsumenten in Bezug auf welche die Bedenken hinsichtlich des Detailverkaufs, die Bedenken wegen des „armen Mannes" eben solche Anwendung finden, wie die in Bezug auf Petroleum und Kaffee. Ich habe mich für den Antrag Zinn schlüssig gemacht, und ich wünsche auch mit Rücksicht auf die Schlußabstimmung, wie sie mir am Herzen liegt, daß wir die Reduktion des Eisenzolles auf die Hälfte für das Sperrgesetz beschließen, weil es mein Wunsch ist, daß wir auch im Definitivum zu denselben Eisenzöllen und den kleinen Kornzöllen kommen und ich wünsche dies gerade im Interesse der Landwirthschaft, der ich vorzugsweise angehöre, ich werde daher für diese Reduktion stimmen; wenn man aber zur Abstimmung über den Antrag Trautmann kommt, so werde ich aus den von mir angeführten Gründen gleichfalls dafür stimmen und werde auch meine Freunde bitten, dies zu thun, indem ich wiederholt darauf hinweise, daß daraus kein Präjudiz für die Tarifabstimmung selbst folgt.

Präsident: Der Herr Abgeordnete Trautmann hat das Wort.

Abgeordneter **Trautmann**: Meine Herren, ich hatte ursprünglich nicht die Absicht, zu den beiden Anträgen, die ich gestellt habe, das Wort zu nehmen, ich bin dazu nur dadurch genöthigt worden, daß mein verehrter Herr Kollege Lasker in etwas scharfer Weise meine Anträge kritisirt hat. Ich kann dem verehrten Kollegen Lasker nicht das Privilegium zugestehen, für sich allein die Rolle der zärtlich sorgenden Mutter des armen Volkes in Anspruch zu nehmen; mein Interesse für das arme Volk ist nicht minder groß wie das seine. Es handelt sich ja hier nicht um ein Definitivum, wie wir es schließlich durch den Tarif feststellen sollen, sondern um eine provisorische Maßregel; ich wenigstens für meinen Theil muß mir vollkommen vorbehalten, z. B. bei Petroleum nur auf einen geringeren Zoll einzugehen als auf einen Zoll von sechs Mark, während ich wiederum beim Kaffe für die Erhöhung von 35 Mark auf 42 Mark stimmen würde. Indessen darum handelt es sich zur Zeit überhaupt nicht. Welchen Zweck hat das Sperrgesetz? Doch nur den Zweck, die illoyale und illegitime Spekulation einzuschränken, und ich bedaure nichts weiter, als daß das Gesetz nicht gleich zu Anfang der Session eingebracht ist. Wenn wir aber zugeben, daß es die illoyale Spekulation einschränken soll, so meine ich, ist es ja ganz natürlich, daß wir gerade diejenigen Artikel in das Gesetz aufnehmen, welche ganz besonders geeignet sind, dieser illoyalen Spekulation zu Grunde gelegt zu werden. Die Erhöhung des Kaffeezolls von 35 auf 42 Mark macht eine Differenz von 7 Mark; die Einführung eines Petroleumzolls gegen den bisherigen Zustand eine Differenz von 6 Mark. Ja, meine Herren, die Folge davon ist in der That bereits gewesen, daß große Quantitäten dieser Artikel in das Land gekommen sind; das Gleiche ist beim Tabak der Fall und nicht minder, wie wir gestern haben hören müssen, beim Wein. Wenn wir überhaupt etwas thun wollen, so ist es natürlich — ich gebe zu, daß man anderer Anschauung sein kann, und ich höre hier einen Zuruf, der mir das beweist — wenn man aber die Nothwendigkeit überhaupt etwas zu thun anerkennt, dann ist ein Grund, Petroleum und Kaffee von diesem Sperrgesetz auszuschließen, nicht vorhanden. Man sagt, das Petroleum z. B. oder der Kaffee ist dann bereits in die Hände des Konsumenten übergegangen und der Nachtheil auf dem Konsumenten sitzen geblieben, während der Händler den Zoll zurückerhält. Das ist ja ganz richtig, irgend einen Nachtheil wird immer jemand bei der Sache haben, aber die Möglichkeit ist doch auch vorhanden, daß die Schädigung nicht den Konsumenten treffen wird. Ich kann deshalb in der That nur meinen Antrag aufrecht erhalten.

Für die Herabsetzung des Eisenzolls von 1 Mark auf 0,50 Mark pro 100 Kilogramm ist das nöthige bereits gesagt worden, und ich kann da übereinstimmen mit dem, was der Herr Abgeordnete Lasker gesagt hat. Er hat eigentlich nur den Zoll vertheidigt. Ich habe für den Zoll von 0,50 Mark gestimmt und den Zoll von 1 Mark abgelehnt; es ist also ganz konsequent für mich, daß ich jetzt, wo es sich um das Sperrgesetz handelt, einen höheren Zoll nicht genehmigen kann, der vielleicht der definitiven Entscheidung präjudizirt. Ich will hier nicht von ehrlichen Maklern zwischen Agrariern und Eisenindustriellen sprechen; aber es liegt nahe, daß, wenn jetzt hier mit Majorität der höhere Zoll für Eisen durchginge, die den Wunsch der Agrarier entsprechende Aussicht auf Verdopplung der Getreidezölle erheblich wachsen würde.

Präsident: Der Herr Abgeordnete Richter (Hagen) hat das Wort.

Abgeordneter **Richter** (Hagen): Meine Herren, Herr von Benda spricht von politischen Freunden. Ja, meine Herren, ich möchte einmal wissen, wo die eigentlichen Nationalliberalen sitzen! Wir sehen, daß aus der nationalliberalen Partei fast jede Ueberzeugung, die überhaupt im Hause vorhanden ist, auch vertreten wird, wir sehen die Herren untereinander sich mindestens so lebhaft bekämpfen wie alle anderen Parteien. Ein großer Theil unserer Debatten fällt eben auf die Kämpfe, die die Herren hier untereinander in Szene setzen. Für uns wird in Folge dessen die Situation immer unerträglicher, denn wenn wir einen der Herren unterstützen als Nationalliberalen, dann kommen wir in die Lage, den anderen dadurch um so stärker angegriffen zu haben, — ebenso umgekehrt. Wer also unter den Nationalliberalen mehr Recht hat, für seine politischen Freunde zu sprechen, Trautmann, Lasker, Zinn oder Benda, — ja, wir wissen wirklich gar nicht, an wen wir uns zu halten haben.

(Heiterkeit.)

Ich muß also wohl mit den einzelnen Herren abrechnen; ich weiß nicht, wie weit die einzelnen Herren durch Hintermänner gedeckt sind.

Was nun Herrn von Benda anbetrifft, so meint er, es lägen ja zwischen der zweiten und dritten Lesung nur wenige Tage, deshalb könnte das Gesetz keine praktische Bedeutung haben. Warum liegen eventuell zwischen der zweiten und dritten Lesung nur wenige Tage? Weil das Haus heute noch nicht über die Finanzzölle schlüssig ist, denn würde es schlüssig sein, stände nichts im Wege, daß die Majorität heute bereits die zweite Lesung vornehme. Weil es aber noch nicht schlüssig ist, weil noch niemand weiß, welche Finanzzölle bewilligt werden, aus eben demselben Grunde wird nun auch die ganze Spekulation von selbst niedergehalten. Ich möchte keinem rathen, heute auf Kaffee und Petroleum, etwa durch die Rede des Herrn Abgeordneten Trautmann verführt, zu spekuliren, er könnte eben so hineinfallen, als es anscheinend den Tabakspekulanten ergehen kann. Also das korrigirt sich selbst, jede Spekulation, die jetzt in den Artikeln vorgenommen wird, ist eine überaus gewagte, und deshalb ist auch in diesen Artikeln, soviel ich zu erkennen vermag, überhaupt von keiner erheblichen Spekulation die Rede. Beim Petroleum ist es durch die Jahreszeit schon von selbst erheblich ausgeschlossen.

Abgeordneter von Benda setzt auseinander, es würde eine solche Vorabstimmung über Sperrung nicht präjudiziren, aber Herr Trautmann sagt gleich darauf: ich stimme jetzt für die Kaffeesperre, weil ich später für den Kaffeezoll stimmen werde. Das werden Sie nicht wegräumen, thatsächlich tritt mit einer solchen Sperre ein ermüdeter Zustand bereits ein und thatsächlich wird die Position der Bekämpfung höherer Zölle durch eine provisorische Sperrung der Grenzen verschlechtert.

Nun verlangt das Amendement des Herrn Abgeordneten Trautmann, den Roheisenzoll nur im halben Satz provisorisch einzusetzen. Ja, meine Herren, wenn man das Definitivum noch nicht für sicher hält, dann könnte man daraus allen Grund entnehmen, überhaupt nicht zu sperren, aber jetzt sich einen besonderen Sperrtarif konstruiren, das heißt doch die Verwirrung auf das Aeußerste steigern! Am wenigsten begreife ich Herrn Trautmann, welcher sagt: ich will nur Roheisen so weit sperren, als ich für Roheisen gestimmt habe, also ganz von seinem subjektiven Standpunkt will er die Grenzen sperren. In demselben Augenblick verläßt er aber wieder den Standpunkt und schlägt vor, Petroleum zu sperren nach der Regierungsvorlage, verräth aber jetzt gleichzeitig, daß er nur für die Hälfte des Petroleumzolls der Regierungsvorlage stimmen will. Ja, da muß er doch konsequent verlangen, daß auch beim Petroleum die Sperre nur zur Hälfte eintritt, denn es ist doch viel wichtiger, daß das Haus den Roheisenzoll beschlossen hat, als es von Belang ist, daß der Herr Abgeordnete selbst damals in der Minorität nur für die Hälfte stimmte. Ich muß sagen: zehu Jahre sitze ich im Parlament, — ein so unverständlicher Antrag, wie der des Herru Abgeordneten Trautmann, ist mir überhaupt noch nicht vorgekommen.

(Bewegung, Unruhe.)

Präsident: Der Herr Abgordnete Stumm hat das Wort.

Abgeordneter **Stumm:** Meine Herren, zum ersten Mal im parlamentarischen Leben bin ich in der Lage, mich mit dem Herrn Abgeordneten Richter im Einklang zu befinden und zwar in der Beurtheilung, die er dem Antrag Trautmann hat angedeihen lassen. Ich meine dies allerdings speziell hinsichtlich des Eisens, in Bezug auf Petroleum und die anderen Artikel ist es nicht meine Absicht, in die Sache näher einzugehen, weil ich glaube, daß die Reden, die wir hier pro et contra halten, gegenüber den Dispositionen der Majorität des Hauses doch nur fromme Wünsche bleiben werden. Was aber die Ausführungen des Herru Abgeordneten Richter über den Vorschlag des Abgeordneten Trautmann, den Roheisenzoll provisorisch mit 2½ Silbergroschen zu erheben, anbetrifft, so unterschreibe ich jedes seiner Worte. Meine Herren, das würde nur die Folge haben, daß wir ganz unnöthigerweise das Rohmaterial für gewisse Fabrikationszweige, wenn auch nur für einige Wochen vertheuern, während der Zweck, den man mit der Sperrung erreichen will, absolut nicht erreicht wird.

Der Herr Abgeordnete Lasker hat Bezug genommen auf die Verhandlungen, die in den einzelnen Fraktionen dieses Hauses angeblich stattfinden und die Bezug haben auf die schließliche Abstimmung über die Höhe des Roheisenzolls. Ich will darauf nicht näher eingehen, ich stimme darin mit dem Herrn Abgeordneten Windthorst überein, daß niemand heute ein festes Urtheil darüber aussprechen kann, in welcher Höhe der Roheisenzoll in dritter Lesung angenommen wird, aber darauf, glaube ich, können wir alle mit Sicherheit rechnen, daß der Roheisenzoll überhaupt auch in dritter Lesung bestätigt werden wird, und ferner darauf, daß der Roheisenzoll jedenfalls höher als 25 Pfennige pro Zeutner normirt werden wird. Ich glaube darüber wird kein Mitglied des Hauses zweifelhaft sein können, ich bin es wenigstens nicht, und da ich es nicht bin, so folgere ich daraus, daß die Spekulation, wenn sie auch einen Zoll von 2½ Silbergroschen pro Zentner während der Sperrzeit bezahlt, immerhin sicher ist, daß sie einen Theil des Zolls erspart, der später erhoben wird. Also die Spekulation würde nur in der Weise eingeschränkt werden durch den Antrag Trantmann, daß der Gewinn pro Zentner ein weniger hoher sein würde, er wird aber immer noch so stark bleiben, daß die Einfuhr von Roheisen nach wie vor ein abnormal hoher sein wird. Der Herr Abgeordnete Richter hat zwar die Gefahr der großen Einfuhr dadurch abzuschwächen gesucht, daß er uns erzählt hat, seinen Privatmittheilungen nach sei das englische Lager in Roheisen nur ⅙ so stark, wie es von anderer Seite geschätzt worden sei, und er sprach von der Ziffer 1½ Millionen Tonnen oder 30 Millionen Zentner. Meine Herren, ich möchte den Herrn Abgeordneten Richter fragen, was versteht er eigentlich unter englischem Lager von Roheisen? Nach seinen Anführungen aus Glasgow scheint er die gesammten englischen Vorräthe zu verwechseln mit denjenigen schottischen Vorräthen, die als Warrants in Glasgow lagern; das mag allerdings vielleicht ⅙ alles Roheisens betragen, das in England überhaupt vorhanden ist und in so fern würden beide Rechnungen übereinstimmen, denn nicht bloß, daß in Glasgow eine ganze Menge Roheisen an den Hochöfen lagert, das nicht zu den Warrants gerechnet wird, ganz abgesehen davon, daß in Cumberland und Wales überall große Vorräthe liegen, sondern vor allem ist Middelborough heut der Hauptmittelpunkt der Roheisenproduktion Englands. Cleveland hat, wie ich Ihnen das für Deutschland bei Gelegenheit der zweiten Lesung der Eisenzölle ausgeführt habe, auch Glasgow in seiner Bedeutung herabgedrückt, und nicht Glasgow, sondern Middelborough ist heut der maßgebende Markt für Roheisen in England.

Der Herr Abgeordnete Sonnemann hat nun die Gefahr der vermehrten Roheiseneinfuhr nach Deutschland dadurch abzuschwächen gesucht, daß er sagte, im Jahre 1873 oder 1874 sei noch mehr englisches Roheisen eingeführt worden als jetzt. Das ist zugegeben, ich habe aber bereits bei Gelegenheit der zweiten Lesung über den Roheisenzoll ausgeführt, daß damals in Deutschland bei dem Konsum von Roheisen per Kopf nicht genug Roheisen produzirt worden, und daß darum die Einfuhr des englischen Roheisens eine Nothwendigkeit und eine Wohlthat gewesen sei. Das gebe ich also zu, daß in den Jahren 1873 und 1874, in der Zeit, wo wir selbst nicht genug Roheisen machten, die Einfuhr eine stärkere war, das beweist aber in der Sache gar nichts. Wenn der Herr Abgeordnete Sonnemann die Einfuhrzahlen pro April aufgeführt hat für das Roheisen, welches nach englischen Berichten direkt nach Deutschland und nach Holland eingeführt worden sei, so bemerke ich darauf: erstens hat der Herr Abgeordnete Sonnemann selbst zugegeben, daß in dieser Zeit 600 000 Zentner, wenn ich nicht irre, mehr eingeführt worden seien, als im Vorjahr Dann hat er eben ganz vergessen, daß Antwerpen der Hauptimportplatz von englischem Roheisen für den ganzen Oberrhein und Elsaß-Lothringen ist und daß über Antwerpen ganz bedeutende Quantitäten hereingehen, die er nicht mitgerechnet hat. Ich kenne die Importzahlen von Antwerpen auch nicht ganz genau pro April, ich will aber den Herrn Abgeordneten Sonnemann darauf aufmerksam machen, daß nach einem mir vorliegenden Briefe eines zuverlässigen Gewährsmannes, dessen Namen ich nennen könnte, in Emmerich, also über Holland eingeführt worden sind im Monat April 1879 787 000 Zentner gegen 290 000 Zentner im April 1878. Also in Emmerich ist im letzten Monat April das dreifache Quantum Roheisen eingeführt worden wie im vorigen Jahre. Der Brief steht zur Disposition für alle die Herren, die ihn haben wollen, und ich glaube, der Gewährsmann wird mich jedes weiteren Beweises überheben, daß die Zahlen richtig sind.

Nun sagt der Herr Abgeordnete Dr. Lasker: an sich wäre ich ja geneigt, der Gefahr der Umgehung des einzuführenden Roheisenzolls für die nächste Zeit dadurch zu begegnen, daß ich hier Remedur eintreten lasse, aber die Ungewißheit, in welcher Höhe der Zoll später eingeführt wird, hält mich davon ab. Nun sollte ich denken, daß der Herr Abgeordnete Lasker seine Bedenken dadurch könnte beseitigen lassen, daß er sich vergegenwärtigt, daß die Differenz, welche bestehen bleibt zwischen dem jetzigen Sperrzoll und dem später definitiv einzuführenden Zoll, ja zurückgezahlt wird. Wäre die Sache umgekehrt, führten wir einen niedrigen provisorischen Zoll ein und später einen höheren Zoll definitiv, dann wäre seine Befürchtung allerdings begründet. Aber ich glaube, keiner von Ihnen denkt daran, einen höheren Roheisenzoll als den bereits in zweiter Lesung angenommenen zu beantragen. Ich weiß nicht, ob die Herren glauben, es würde hier nicht von unserer Seite geschehen; ich meinerseits habe nicht die Absicht dazu. Ich glaube dazu liegt auch sonst in keiner Weise eine Gefahr vor. Aber das erkläre ich auch für meine Person, mit Bewilligung dieses Sperrgesetzes an sich, verpflichte auch ich mich nicht dazu, in dritter Lesung absolut auf 5 Groschen zu bestehen. Ich glaube, daß kein Abgeordneter mit seiner heutigen Abstimmung eine Verpflichtung in der Richtung übernimmt, sondern jeder behält sich vor, den Zoll in dritter Lesung anzunehmen, wie er ihm konvenirt.

Nun, meine Herren, möchte ich Sie bitten, konform den Erklärungen, die wir vom Bundesrathstisch gehört haben, es einfach bei den Beschlüssen zweiter Lesung zu belassen, natürlich vorbehaltlich der redaktionellen Amendements, die zu § 4 gestellt worden sind. So sympathisch mir auch einige von den Anträgen sind, die gestellt worden sind, namentlich der Antrag Zinn, so bin ich der festen Ueberzeugung, daß die Annahme dieser Amendements eine Konfusion hervorrufen würde, an der das ganze Gesetz scheitern könnte. Wenn ich auch wünschte, daß das Gesetz in etwas wirksamerer Fassung bewilligt würde, so enthält immerhin das Gesetz, wie wir es gestern angenommen haben, so bedeutende Vorzüge, daß ich es nicht glaube verantworten zu können, dasselbe scheitern zu lassen. Ich bitte Sie dringend, lassen Sie es bei den Beschlüssen zweiter Lesung bewenden.

Präsident: Der Herr Abgeordnete Windthorst hat das Wort.

Abgeordneter **Windthorst**: Meine Herren, nur ein paar Worte gegenüber dem Herrn Abgeordneten von Benda. Ich kann dem Herrn Abgeordneten von Benda nur nochmals erwidern, daß seine Argumente mit Nothwendigkeit dahin führen, den ganzen Tarif ohne weiteres, wie er vorliegt, provisorisch in Wirksamkeit treten zu lassen. Ich glaube nicht, daß er das will, und deshalb sollte er gegen seine eigenen Argumente etwas mißtrauisch sein.

Das war aber nicht der Hauptgrund, weshalb ich noch das Wort mir erbeten habe. Der Herr Abgeordnete hat hier dargelegt, wie lange es noch dauern könne, daß die Finanzzölle bewilligt würden. Ich möchte in Beziehung auf diese Behauptung nicht schweigen, und so die Bestätigung solcher Behauptung meinerseits aussprechen. Ich bin der Meinung, es dauert nicht so lange, daß man über diese Frage zu einem Schluß gekommen ist, und ich würde es beklagen, wenn durch die Aeußerung, daß das noch so lange dauern könnte, bei irgend jemanden außerhalb des Hauses der Gedanke entstehen könnte, nun, wenn es noch sechs, acht Wochen dauert, kann ich dieses und jenes unternehmen. Ich möchte niemand durch ein derartiges Wort zu Spekulationen ermuthigen. Er könnte sich ganz gewaltig irren, denn die Fälle, daß etwas rasch beschlossen würde, kann niemand vorher messen.

Präsident: Drei Anträge auf Schluß der Debatte sind mir eingegangen von den Herren Abgeordneten Grafen zu Stolberg, Graf von Arnim und Herrn von Kardorff.

Ich bitte, daß diejenigen Herren, welche den Schlußantrag unterstützen wollen, sich erheben.

(Geschieht.)

Die Unterstützung reicht aus.

Ich bitte, daß diejenigen Herren, welche den Schluß annehmen wollen, sich erheben oder stehen bleiben.

(Geschieht.)

Das ist die Mehrheit.

Zu einer persönlichen Bemerkung ertheile ich das Wort dem Herrn Abgeordneten von Benda.

Abgeordneter **von Benda**: Meine Herren, ich muß es Herrn Richter gegenüber auf das entschiedenste bestreiten, daß ich hier im Namen meiner politischen Freunde gesprochen habe. Ich weiß sehr wohl, daß auch unter meinen Freunden die wirthschaftlichen Ueberzeugungen sehr abweichend sind, wie in den meisten Gruppen dieses Hauses. Ich habe gesprochen von meinen politischen Freunden in der Tarifkommission, und da kann ich bestätigen, — das werden die stenographischen Berichte ergeben — und da kann ich anführen, daß die Ausnahme von Kaffee und Petroleum in das Sperrgesetz mit 15 gegen 13 Stimmen gefallen ist und daß unter den 13 Stimmen der Minorität meine politischen Freunde mit Ausnahme eines einzigen sich befunden haben. Ich hatte vollkommen Recht, daß ich das anführte.

Was den Herrn Kollegen Windthorst betrifft, so mache ich darauf aufmerksam, dem Vorwurf gegenüber, den er mir gemacht hat, daß die Wirkungen, auf die er hingedeutet hat, möglich sind, daß sie aber ebenso gut auch eintreten können, wenn man den Zeitpunkt zu weit hinausschiebt, als wenn man ihn zu kurz nimmt.

Präsident: Das Wort hat der Herr Abgeordnete Dr. Zinn zu einer persönlichen Bemerkung.

Abgeordneter Dr. **Zinn**: Meine Herren, es nimmt mich einigermaßen Wunder, daß es dem bekannten Scharfsinn des Herrn Abgeordneten Richter (Hagen) entgangen ist, daß die Fraktionen in wirthschaftlichen Fragen mit Ausnahme etwa der seinigen nicht geschlossen stimmen. Ich habe nur in meinem Namen gesprochen und ich denke, das muß man so lange bei jedem Redner annehmen, bis derselbe ausdrücklich erklärt, daß er im Namen der Fraktion spräche.

Dann hat der Herr Abgeordnete Windthorst erklärt, der Antrag von mir bezwecke oder habe wenigstens nur den Erfolg, das ganze Gesetz zu Fall zu bringen. Ich bemerke dem gegenüber, daß ich den Antrag eingebracht habe, um ein wirksames Gesetz herbeizuführen, und um, wenn derselbe unter Zustimmung der verbündeten Regierungen abgelehnt werden sollte, die Verantwortlichkeit dafür und für die Folgen der Reichsregierung zuzuschieben.

Dann ist die Bemerkung gemacht worden, als gehe mein Antrag, resp. ich davon aus, als seien die Eisenzölle in der in zweiter Lesung beschlossenen Höhe als definitiv festgesetzt zu betrachten. Ich will ausdrücklich erklären, daß ich, wie einige in wirthschaftlichen Fragen mit mir übereinstimmende Freunde die Abstimmung der zweiten Lesung über die Höhe der Eisenzölle nicht als definitive und endgiltige betrachten.

Präsident: Das Wort hat der Herr Abgeordnete Sonnemann zu einer persönlichen Bemerkung.

Abgeordneter **Sonnemann**: Ich bedauere, daß es mir durch den Schluß nicht möglich gewesen ist, dem Herrn Abgeordneten Stumm auf seine Ausführungen zu erwidern; persönlich will ich bemerken, daß ich nicht aus den Jahren 1873—1874 die betreffende Eiseneinfuhr verglichen habe, sondern aus den Jahren 1875 und 1877, die Jahre der Krisis sind und die er gewiß nicht als Jahre einer anomalen Einfuhr bezeichnen wird.

(Große Unruhe.)

Präsident: Zur Geschäftsordnung hat der Herr Abgeordnete Windthorst das Wort.

(Bewegung.)

Abgeordneter **Windthorst**: Zur Geschäftsordnung wollte ich hervorheben, daß der Herr Abgeordnete von Benda hier sehr detaillirte Nachricht über die Abstimmung in der Tarifkommission gegeben hat. Bisher ist es im Parlament üblich gewesen, daß wohl das Zahlenverhältniß der Abstimmung angegeben, aber weitere Details nicht mitgetheilt sind.

Nun ist mir persönlich angenehm, wenn aus der Tarifkommission oder aus dem Berichte derselben hervorgeht, wie jeder einzelne gestimmt hat. Damit bin ich für meine Person ganz einverstanden; ich will aber konstatiren, daß wir an der Schwelle einer neuen Praxis sind, ich glaube übrigens nicht, daß es gut ist, die alte Praxis zu verlassen. Auf jeden Fall möchte ich aber doch nicht ohne Bemerkung einen solchen Vorgang hingehen lassen.

Präsident: Der Herr Abgeordnete Rickert (Danzig) hat das Wort zu einer persönlichen Bemerkung.

Abgeordneter **Rickert** (Danzig): Ich möchte nur konstatiren, daß Herr Kollege von Benda mich vergessen hat unter denjenigen aufzuführen, welche gegen die Aufnahme von Kaffee und Petroleum gestimmt haben. Nur den Herrn Kollegen Dr. Bamberger scheint er im Auge gehabt zu haben. Ich will nur konstatiren, daß auch ich, also zwei Freunde des Herrn Kollegen von Benda, in der Kommission gegen die Aufnahme von Petroleum und Kaffee gestimmt haben.

Präsident: Zu einer persönlichen Bemerkung hat der Herr Abgeordnete Stumm das Wort. —

Er verzichtet.

Zu einer persönlichen Bemerkung hat der Herr Abgeordnete von Benda das Wort.

Abgeordneter **von Benda**: Ich will meinem verehrten Freunde zugestehen, es sind 2 gegen 6 gewesen, nicht 1 gegen 7, ich habe mich um eine Ziffer geirrt.

Was den Herrn Kollegen Windthorst betrifft, so habe ich von der Tribüne die Ziffern angegeben. Daß die Ziffern richtig waren und angegeben werden konnten, da der Herr Referent sie bereits erwähnt hat, bestreitet er nicht.

Was die Angabe in Bezug auf meine politischen Freunde betrifft, so bin ich dazu provozirt worden. Gerade in dieser Beziehung mußte ich die Sache richtig stellen. Im übrigen glaube ich, wäre es eher Sache meiner politischen Freunde selbst gewesen, sich darüber zu beschweren. Ich glaube, der Herr Kollege Windthorst hat dazu keine Veranlassung.

Präsident: Zur Geschäftsordnung hat der Herr Abgeordnete Windthorst das Wort.

Abgeordneter **Windthorst**: Ich bin der Meinung, daß ich den Streit dieser Herren gar nicht zu berühren hatte und berührt habe. Ob sie sich lieb haben oder nicht lieb haben, ist mir ganz gleich;

(Heiterkeit. — Rufe: Zur Geschäftsordnung!)

aber ich mußte klar und bestimmt hinstellen, daß es gegen den bisherigen Gebrauch des Hauses war, derartiges Detail mitzutheilen, und ich glaube, daß es auch dem Wesen und der Bedeutung der Kommission widerspricht, wenn man in solches Detail geht; denn es soll dort eben eine ungezwungenere, ungebundenere Berathung stattfinden als hier in der Oeffentlichkeit, und das wird beseitigt, wenn man so vorgeht, wie der Herr Abgeordnete von Benda gethan hat. Principiis obsta! Darum habe ich gesprochen.

Präsident: Zu einer persönlichen Bemerkung hat der Herr Abgeordnete Richter (Hagen) das Wort.

Abgeordneter **Richter** (Hagen): Ich wollte bloß zur Geschäftsordnung sprechen.

Präsident: Zu einer persönlichen Bemerkung hat der Herr Abgeordnete Trautmann das Wort.

Abgeordneter **Trautmann**: Meine Herren, man ist ja gewohnt, daß die Art der Ausführungen des Herrn Abgeordneten Richter sich charakterisiren läßt mit den Worten: „Ein Kanadier, der Europas übertünchte Höflichkeit nicht kennt."

(Heiterkeit und Unruhe.)

Präsident: Das ist keine persönliche Bemerkung.

Abgeordneter **Trautmann**: Darüber will ich mit ihm nicht streiten. Aber einige Mißverständnisse möchte ich zurückweisen. Ich habe gesprochen nur für mich, nicht im Namen meiner politischen Freunde; ich habe ferner nicht gesagt, daß ich einen Zoll nur von 3 Mark für Petroleum bewilligen würde, sondern einfach erklärt, daß ich meine zukünftigen Entscheidungen nicht präjudiziren wolle. Endlich ist ein erheblicher Unterschied zwischen meiner bereits erfolgten Abstimmung für Eisen und einer noch bevorstehenden für Petroleum. Mein ganzer Antrag beweist nur, daß man freihändlerisch gesinnt sein kann und doch frei von Prinzipienreiterei, wenn es sich um Einschränkung illoyaler Spekulation handelt.

Präsident: Ich muß dem Herrn Abgeordneten Trautmann bemerken, daß seine Aeußerung, daß man Europas übertünchte Höflichkeit bei dem Herrn Abgeordneten Richter nicht gewohnt wäre, nicht zu den parlamentarischen Redewendungen gehört.

Der Herr Abgeordnete Richter (Hagen) hat das Wort.

Abgeordneter **Richter** (Hagen): Ich will darauf nur bemerken, daß es mitunter verdienstvoller sein kann, jemand auf das Widerspruchsvolle seines Antrags und das Unklare seiner Stellung aufmerksam zu machen als aus übertriebener Höflichkeit es zu verschweigen.

(Heiterkeit.)

Dann möchte ich zur Geschäftsordnung bemerken, um kein Präjudiz aufkommen zu lassen, muß ich doch zur Unterstützung des Herrn Abgeordneten von Benda bemerken, daß es bisher wohl gestattet war, im Plenum Bezug zu nehmen auf die Abstimmung in den Kommissionen, auf die Abstimmung der einzelnen Mitglieder. Was bisher nicht gestattet war, was nicht üblich war, ist, daß man im amtlichen Kommissionsbericht auf die Parteistellung Rücksicht genommen hat.

(Zuruf.)

— Ist auch vorgekommen, aber darin gebe ich dem Herrn Abgeordneten Windthorst Recht, daß der Berichterstatter durchweg kein Recht hat, darauf Bezug zu nehmen.

Die Frage der politischen Freundschaft will ich nicht weiter erörtern, es hat sich gerade herausgestellt, daß eine Statistik über den Umfang der Freundschaft sowohl, was die Kommissionen als das Plenum betrifft, durchaus unsicher ist.

Präsident: Meine Herren, wir kommen zur Abstimmung.

Der erste Gegenstand unserer Abstimmung ist der Antrag des Herrn Abgeordneten Dr. Zinn, vorweg aber ist eventuell abzustimmen über die dazu eingebrachten Amendements des Herrn Abgeordneten Trautmann auf Nr. 231.

Zur Fragestellung hat der Herr Abgeordnete Dr. Zinn das Wort.

Abgeordneter Dr. **Zinn**: Ich möchte den Herrn Präsidenten bitten, über das Amendement Trautmann getrennt abzustimmen.

Präsident: Ich werde unzweifelhaft Ihnen vorschlagen, über die beiden Nummern des Amendements Trautmann getrennt abzustimmen.

Ich bitte also zunächst die Nr. 1 des Amendements des Herrn Abgeordneten Trautmann zu verlesen.

Zur Fragestellung hat der Herr Abgeordnete von Kleist-Retzow das Wort.

Abgeordneter **von Kleist-Retzow:** Ich möchte nur konstatiren, daß die beiden Abstimmungen über das Amendement Trautmann doch nur eventuelle sind.

Präsident: Ich habe ausdrücklich erklärt: eventuell und für den Fall der Annahme des Antrags Zinn.

Schriftführer Abgeordneter Graf **von Kleist-Schmenzin:**

Der Reichstag wolle beschließen:

den § 1 in der Fassung Nr. 226 der Drucksachen anzunehmen, jedoch mit folgenden Abänderungen respektive Zusätzen:

1. hinter „Eisen" in Zeile 2 hinzuzufügen: jedoch nur in Höhe von 0,50 Mark pro 100 Kilogramm.

Präsident: Ich bitte, daß diejenigen Herren, welche für den Fall der Annahme des Antrags des Herrn Abgeordneten Zinn dieses Amendement annehmen wollen, sich erheben.

(Geschieht.)

Das ist die Minderheit; der Antrag ist abgelehnt.

Ich bitte nun die Nr. 2 zu verlesen.

Schriftführer Abgeordneter Graf **von Kleist-Schmenzin:**

Der Reichstag wolle beschließen:

2. „und" zwischen den Worten „Tabak" und „Wein" zu streichen und hinter dem Worte „Wein" hinzuzusetzen: „Kaffee und Petroleum".

Präsident: Der Antrag ad 2 bezweckt also, daß in dem Antrag des Herrn Abgeordneten Dr. Zinn die Worte in Zeile 2 so lauten sollen:

„für Tabak, Wein, Kaffee und Petroleum".

Ich bitte, daß diejenigen Herren, die für den Fall der Annahme des Antrags des Herrn Abgeordneten Dr. Zinn dieses Amendement Nr. 2 annehmen wollen, sich erheben.

(Geschieht.)

Das ist die Minderheit; auch dieser Antrag ist abgelehnt.

Wir kommen nun zum Antrag des Herrn Abgeordneten Dr. Zinn, wie er jetzt lautet. Ich werde mir erlauben, ihn nochmals verlesen zu lassen. Wie Sie sich erinnern wollen, hat der Herr Abgeordnete Dr. Zinn eine kleine redaktionelle Aenderung in seinen Antrag vorgenommen, und ich lasse ihn verlesen, wie er nun lautet.

Schriftführer Abgeordneter Graf **von Kleist-Schmenzin:**

Der Reichstag wolle beschließen:

den § 1 zu fassen, wie folgt:

§ 1.

Die Eingangszölle für Roheisen aller Art, Brucheisen und Abfälle aller Art von Eisen, für Tabak und Wein, welche durch die dem Reichstag gegenwärtig vorliegenden Gesetzentwürfe, betreffend die Besteuerung des Tabaks und den Zolltarif des deutschen Zollgebiets, beantragt sind, können durch Anordnung des Reichskanzlers vorläufig in Hebung gesetzt werden.

Präsident: Ich bitte, daß diejenigen Herren, welche diesen Antrag annehmen wollen, sich erheben.

(Geschieht.)

Das ist die Minderheit; der Antrag ist abgelehnt.

Wir kommen zur Abstimmung über § 1, wie er sich aus der zweiten Lesung herausgestellt hat. Ich bitte den geehrten Herrn Schriftführer, ihn zu verlesen, — es sei denn, daß die Herren die Verlesung erlassen. — Die Verlesung wird erlassen.

Ich bitte, daß diejenigen Herren, die den § 1, wie er aus der zweiten Lesung hervorgegangen ist, annehmen wollen, sich erheben.

(Geschieht.)

Das Büreau ist darüber einig, daß das die Mehrheit ist. § 1 ist demnach angenommen, wie ich hiermit konstatire.

Ich eröffne die Diskussion über § 2.

Es verlangt niemand das Wort; ich schließe die Debatte und bitte den Paragraphen zu verlesen.

(Widerspruch.)

Die Herren verzichten auf die Verlesung; wir schreiten sofort zur Abstimmung.

Ich bitte, daß diejenigen Herren, welche den § 2, wie er aus der zweiten Lesung hervorgegangen ist, annehmen wollen, sich erheben.

(Geschieht.)

Der § 2 ist mit Mehrheit angenommen.

Wir gehen nun über zu § 3. Zu diesem Paragraph ist ein Amendement eingegangen von den Herren Abgeordneten Windthorst und Dr. Hammacher. Dasselbe ist bereits hinreichend unterstützt.

Indem ich die Diskussion eröffne, ertheile ich das Wort dem Herrn Abgeordneten Windthorst.

Abgeordneter **Windthorst:** Meine Herren, es hat schon gestern der Herr Berichterstatter der Kommission, Herr von Benda, darauf aufmerksam gemacht, daß durch die Einfügung der Eisenzölle eine Redaktionsänderung hier nothwendig sei. Es war jedoch unterlassen, von ihm oder von einem anderen Mitgliede des Hauses einen Antrag in der Hinsicht zu stellen, und es war deshalb der Herr Präsident nicht in der Lage, darin eine Korrektur eintreten zu lassen. Ich habe, um diesen Mangel abzuhelfen, mir erlaubt, Ihnen die Redaktion vorzuschlagen, die in dem Antrag des Herrn Kollegen Hammacher und von mir liegt, und bitte Sie einfach die Redaktion zu genehmigen.

Präsident: Verlangt noch jemand das Wort hierüber? — Das ist nicht der Fall; ich schließe die Diskussion. Wir kommen zur Abstimmung.

Ich ersuche den Herrn Schriftführer die Amendements der Herren Abgeordneten Windthorst und Dr. Hammacher zu verlesen, welche für den Fall der Annahme des § 3 gestellt sind.

Schriftführer Abgeordneter Graf **von Kleist-Schmenzin:**

Der Reichstag wolle beschließen:

in § 3 der Beschlüsse zweiter Lesung einzuschalten:

in Zeile 2 nach den Worten „auf Grund derselben" die Worte „von bis dahin gesetzlich zollfreien Gegenständen oder";

ferner:

in Zeile 4 nach den Worten: „insoweit diese Beträge" die Worte „Gegenstände betreffen, welche nach der zur Zeit des Erlöschens der Anordnung geltenden Zollgesetzgebung zollfrei sind, oder insoweit sie".

Präsident: Ich bitte, daß diejenigen Herren, welche für den Fall der Annahme des § 3 auch dieses Amendement annehmen wollen, sich erheben.

(Geschieht.)

Es ist die große Mehrheit.

Ich bitte nun, daß § 3 verlesen wird, wie er nach Annahme dieser Amendements lauten wird.

Schriftführer Abgeordneter Graf **von Kleist-Schmenzin**:

§ 3.

Nach dem Erlöschen der Anordnung sind unverzüglich diejenigen Zollbeträge, welche auf Grund derselben von bis dahin gesetzlich zollfreien Gegenständen oder über den bis dahin gesetzlichen Zollsatz hinaus entrichtet oder zu Lasten des Zollschuldners angeschrieben sind, zu erstatten, beziehentlich wieder abzuschreiben, insoweit diese Beträge Gegenstände betreffen, welche nach der zur Zeit des Erlöschens der Anordnung geltenden Zollgesetzgebung zollfrei sind, oder insoweit sie nach höheren Zollsätzen berechnet sind, als die zur Zeit des Erlöschens der Anordnung bestehende Zollgesetzgebung festsetzt.

Präsident: Ich bitte diejenigen Herren, welche den Paragraphen so annehmen wollen, wie er verlesen ist, sich zu erheben.

(Geschieht.)

Das ist die Mehrheit.

Wir gehen nun über zu § 4. Ich eröffne darüber die Diskussion. — Da niemand das Wort verlangt, schließe ich sie; wir kommen zur Abstimmung.

Ich bitte, daß diejenigen Herren, welche § 4, der so lautet:

Dieses Gesetz tritt sofort in Kraft, —

annehmen wollen, sich erheben.

(Geschieht.)

Das ist die Mehrheit.

Meine Herren, wir kommen nun zur Einleitung und Ueberschrift des Gesetzes. Ich bitte, daß diejenigen Herren, die darüber das Wort verlangen, sich melden. — Das geschieht nicht. Ich schließe die Diskussion hierüber und nehme an, daß Sie ohne besondere Abstimmung Einleitung und Ueberschrift genehmigen.

Im § 20 unserer Geschäftsordnung heißt es so:

Am Schlusse der Berathung wird über die Annahme oder Ablehnung des Gesetzentwurfs abgestimmt. Sind Verbesserungsanträge angenommen worden, so wird die Schlußabstimmung ausgesetzt, bis das Büreau die Beschlüsse zusammengestellt hat.

Die Zusammenstellung der Beschlüsse ist erfolgt und ich werde mir erlauben, sie in kürzester Frist vertheilen zu lassen. Ich trage aber Bedenken, die Abstimmung über das Ganze vorzunehmen, bevor die Vorlesung und Vertheilung der Zusammenstellung erfolgt ist, es wäre denn, daß Sie von Festhaltung dieser Form absehen wollten.

(Zurufe: ja!)

Zur Geschäftsordnung der Herr Abgeordnete Dr. Lasker.

Abgeordneter Dr. **Lasker**: Ich habe nur die Bitte, daß das Büreau so freundlich sein möge, zu klingeln, weil viele Mitglieder draußen sich befinden, die nicht wissen, daß die Abstimmung über das Ganze jetzt erfolgen soll.

Präsident: Ich bekomme eben die Zusammenstellung, wie sie vom Büreau auf Grund der eben gefaßten Beschlüsse angefertigt worden ist, und ersuche den Herrn Schriftführer, sie nun vorzutragen.

(Zurufe: Nein! Nicht vorlesen!)

— Die Herren verzichten auf das Vorlesen, ich werde nunmehr über das Ganze jetzt abstimmen lassen. — Ich konstatire, daß dem niemand widerspricht.

Ich bitte nun, daß diejenigen Herren, welche das Gesetz, so wie es aus der dritten Lesung hervorgegangen ist, im Ganzen annehmen wollen, sich erheben.

(Geschieht.)

Das ist die Mehrheit; das Gesetz ist angenommen.

Meine Herren, wir gehen weiter in der Tagesordnung zu Nr. 2:

Fortsetzung der zweiten Berathung des Zolltarifs (Nr. 132 der Drucksachen),

und zwar Nr. 13, **Holz und andere vegetabilische und animalische Schnitzstoffe, sowie Waaren daraus.**

Ich eröffne die gestern abgebrochene Debatte über die Buchstaben a und c von neuem. Das Wort ertheile ich zunächst dem Herrn Abgeordneten Rickert (Danzig).

Abgeordneter **Rickert** (Danzig): Meine Herren, ich möchte mir erlauben, meine Auseinandersetzungen mit einer Verwahrung zu beginnen gegen die Ausführungen des Herrn Abgeordneten Grafen von Frankenberg. Seine Rede muß auf jeden Unbefangenen den Eindruck machen, als ob diejenigen, welche nicht mit ihm gewillt sind, für die Holzzölle zu stimmen, Waldverwüster aus besonderer Passion wären. Er hat uns mit vielem Nachdruck zugerufen, wir sollten im Interesse und zum Schutz der gefährdeten deutschen Waldwirthschaft die Vorlage der Regierungen annehmen.

Meine Herren, wenn es sich wirklich in dieser Vorlage um ein hervorragendes Interesse der deutschen Waldwirthschaft und namentlich um die Erhaltung unserer Staatsforsten handelt, ich glaube, es würde auch auf dieser Seite des Hauses sehr viele geben, welche mit sich, aus denselben für den Wald geltend gemachten Gründen, die der Herr Abgeordnete Graf von Frankenberg anführte, und die ich in ihrer Allgemeinheit akzeptire, über den Holzzoll reden ließen. Ein solches Interesse steht hier aber thatsächlich nicht in Frage und ich hoffe, Ihnen den Nachweis zu führen, daß die Behauptungen, welche von dem Regierungstisch und auch von dieser Seite des Hauses (rechts) gefallen sind, daß es sich hier um die Erhaltung des deutschen Waldes, insbesondere die Erhaltung der preußischen und deutschen Staatsforsten handle, daß diese Behauptungen in Wirklichkeit nichts sind, als Uebertreibungen und Befürchtungen, die in den Thatsachen keinerlei Begründung haben.

Meine Herren, der Herr Abgeordnete Graf von Frankenberg ist leider nicht Mitglied des preußischen Abgeordnetenhauses. Wenn er es wäre, so würde ihm nicht unbekannt sein, daß gerade von den Mitgliedern, die auf dieser Seite des Hauses (links) sitzen und zu gleicher Zeit Mitglieder des preußischen Abgeordnetenhauses sind, — das werden mir die Herren bestätigen, die Mitglieder des Abgeordnetenhauses sind, — wiederholt die preußische Staatsforstenverwaltung auf das allerdringendste aufgefordert ist, im Interesse unserer Forstkulturen, im Interesse der Erhaltung und Ausdehnung des Waldes mehr zu thun. Der Herr Kollege von Benda und ich z. B., wir haben wiederholt Anträge nach dieser Richtung gestellt und es sitzt ja heute auf der Bank der Regierungen ein Herr, der damals als Fraktionsgenosse mit uns gemeinschaftlich in der Richtung gearbeitet hat, wie der Herr Abgeordnete Graf von Frankenberg das wünscht. Auf unser Betreiben ist die Summe, welche für die Forstkulturen im preußischen Staatshaushalte angesetzt wird, seit mehreren Jahren um das Doppelte erhöht und wir haben keine Budgetberathung vorübergehen lassen, wenigstens ich nicht, wenn ich einmal in der Generaldebatte zum Budget zu Worte kam, um den Herrn Finanzminister recht eindringlich zu bitten, daß er für dieses kostbare Gut, das seiner Obhut anvertraut ist, etwas mehr den Staatsäckel öffne.

Meine Herren, davon kann also nicht die Rede sein, daß wir die Waldverwüstung zugeben wollen. Ich möchte Sie dringend bitten, daß Sie diese Frage aus der Diskussion ausscheiden, es sei denn, daß Sie an der Hand der Staatsforstetats — und den preußischen werde ich Ihnen vorführen, — den Nachweis liefern, daß Ihre Befürchtungen irgend welchen Grund haben.

Meine Herren, der Herr Regierungskommissar, der am ersten Tage gesprochen hat, hat verschiedene Gründe für die Vorlage der Regierung angeführt, von denen ich eigentlich nicht wußte, weshalb sie beigebracht würden. Wären seine Behauptungen richtig gewesen, so hätten sie nichts für die Vorlage bewiesen. Nun bin ich aber der Meinung, daß, wenn man in Nebendingen mit dieser Ausführlichkeit, wie der Herr Regierungskommissar das gethan hat, plädirt, daß man dann wenigstens sich sehr in Acht nehmen muß, in diesen Nebendingen nicht thatsächliche Unrichtigkeiten vorzubringen.

Sie werden sich vielleicht Alle gefragt haben: was will der Herr Regierungskommissar damit beweisen, daß, nachdem er sich die große Mühe gemacht hat, im preußischen Handelsarchiv die verschiedenen Jahrgänge der Berichte der Danziger und Stettiner Kaufmannschaft durchzulesen, daß er glaubte behaupten zu können, diese Kaufmannschaften, mit Ausnahme der Stettiner, hätten eigentlich nie um Aufhebung des Holzzolls, als er noch bestand, petitionirt. Ja, wäre das wirklich der Fall, die Danziger Kaufmannschaft hätte wirklich niemals um Aufhebung des Holzzolls petitionirt, was würde daraus für den Herrn Regierungskommissar folgen? Glauben Sie, das wäre ein Argument für den Holzzoll heute? Wie nun aber, wenn der Herr Regierungskommissar doch nicht Alles und nicht ganz richtig gelesen hat? Es thut mir leid, solche Nebendinge berühren zu müssen, der Herr Regierungskommissar führt mich aber diesen Weg, ich will indeß vorläufig nur eine Berichtigung machen statt mehrerer, will aber, wenn er daraus eine Kabinetsfrage zu machen gewillt ist, noch mehr Details bringen. Ich will ihm also vorläufig nur aus dem Jahresbericht der Danziger Kaufmannschaft vom Jahre 1852 eine Stelle vorlesen; da heißt es Seite 12 in Bezug auf die Rhederei:

> Es wäre zu wünschen, daß auch für diese Branche einmal etwas geschehe, da sie unter dem Druck der Militärpflichtigkeit der Matrosen, des Eisenzolles, des Sundzolles, der Eingangsabgabe von Holz u. s. w. erheblich leide.

Nun, meine Herren, der Herr Regierungskommissar hat — ich glaube, eine ganze Spalte nimmt diese Ausführung ein in dem stenographischen Bericht — sich die Mühe gegeben, damit etwas zu beweisen. Nun hat er nicht mal in den Thatsachen Recht. Ich könnte noch mehr Material anführen, ich gehe, wie schon gesagt, nicht weiter darauf ein, weil es mir zu nebensächlich ist.

Der Herr Regierungskommissar hat ferner behauptet, die Danziger Kaufmannschaft hätte sich in ihrer Eingabe an den Bundesrath geirrt, der gegenwärtige Holzzoll, wie er vorgeschlagen sei, betrage nicht das sechsfache, sondern nur das vierfache des früheren. Auch darin hat der Herr Regierungskommissar Unrecht, und ich nehme an, daß die Danziger Kaufmannschaft in einer besonderen Eingabe diesen ziffernmäßigen Nachweis führen wird, den ich nicht die Neigung habe zu führen, weil Sie das ermüden würde. Die Ursache der Differenz liegt darin, daß der Herr Regierungskommissar die Durchschnittspreise des statistischen Amts genommen hat und die Danziger Kaufmannschaft die Durchschnittspreise des Stapelplatzes Danzig, da sie nur den Beweis liefern wollte, daß der Holzzoll sechsfach so hoch sei für ihren Platz. Das ist die ganze Differenz, und dieselbe ist dem Herrn Regierungskommissar leider vollständig entgangen. Also auch dieses Argument fällt aus seiner Deduktion heraus.

Nun hat der Herr Regierungskommissar ferner gesagt: die ganze Staatsforstwirthschaft stehe hier auf dem Spiel, die Einnahmen gingen sehr bedeutend herunter. Er hat sich namentlich dabei auf Preußen berufen. Nun, meine Herren, ich will auf den preußischen Forstetat, da ja so sehr viel Gewicht darauf gelegt ist, etwas näher eingehen. Ich nehme an, dem Herrn Regierungskommissar ist dieser Theil der deutschen Waldwirthschaft nicht so ganz in allen Details bekannt, ich habe wenigstens seine Ausführungen, —

(Rufe: lauter!)

meine Herren, ich kann nicht lauter sprechen. Wenn man täglich von Morgens 9 oder 10 Uhr bis Abends 10 Uhr bei einer Temperatur von 18 — 23 Grad hier im Reichstag arbeiten muß, dann kommt man in eine solche Erschöpfung, daß man beim besten Willen und aller Anstrengung seine Stimme nicht mehr erheben kann. Sie sind ja Leidensgefährten in dieser Beziehung, haben Sie also etwas Nachsicht mit jemand, der seine Stimme nicht mehr anzustrengen vermag.

(Sehr gut!)

Der Herr Regierungskommissar sagte also, die Einnahmen der Staatsforsten seien nach einer vorläufigen Uebersicht wieder um 3½ Millionen geringer, sie seien zurückgeblieben um diesen Betrag im Jahre 1878. Meine Herren, ich habe mich darnach erkundigt, was das bedeuten sollte; ob das heißt: die Einnahme ist geringer gegen den Etat, — oder ob es heißt, die Einnahme ist geringer gegen das Vorjahr. Da ist mir die Erklärung gegeben: die Einnahme — und zwar handelt es sich hier um Titel 1 (Einnahme aus Holz) — sei geringer gegen das Vorjahr. Nun, meine Herren, möchte ich Ihnen einmal anführen, wie sich die preußische Staatsforst entwickelt hat in ihren Einnahmen, — die, beiläufig gesagt, einen Umfang hat von 2 600 000 Hektaren, etwas mehr noch. Die Herren sagen, es handle sich bei diesen Mindereinnahmen um eine Verringerung um eine Milliarde Volksvermögen, — eine Schrift, die ich hier vor mir habe und die ich nachher vielleicht noch für mich anführen werde, von einem Forstmeister, sagt: alle 5 Jahre geht das Volksvermögen in der Forst um eine Milliarde zurück. Ja, meine Herren, hat denn derjenige, welcher durch ganz besondere Umstände sein Vermögen nominell zeitweilig erhöht hat, ein Recht, daß der nominelle Stand seines Vermögens immer, auch unter normalen Umständen, derselbe bleibt? Ich antworte: nein, und vor allen Dingen kann man daraus keine Zollpolitik herleiten. Nun möchte ich Ihnen aber zeigen, in welchem bedeutenden Maßstab sich die Einnahmen der preußischen Forst seit dem Jahr 1830 erhöht und in welchem großen Maßstab sich auch die Holzpreise erhöht haben. Ich nehme zunächst die Einnahmen aus dem Holz, also Tit. 1 des preußischen Forstetats, von dem ich glaube, daß der Herr Regierungskommissar ihn gemeint hat. Meine Herren, wir haben für die preußischen Forsten in der Isteinnahme im Jahr 1849 für Holz gehabt 12½ Millionen Mark, im Jahr 1854 geht es auf 15½ Millionen Mark, 1859 18 Millionen, 1861 21 Millionen, 1863 25½ Millionen, 1868 nach Hinzutritt der neuen Provinzen, die übrigens etwa ein fünftel von dem Forstareal zugebracht haben, 36 Millionen, im Jahr 1871 36 Millionen. Nun kommen die guten Jahre: 1872 mit 43 Millionen, 1873 mit 47½ Millionen, 1874 mit 48⅓ Millionen, 1875 mit 51 Millionen, 1876 mit 52 Millionen, 1877/78 kommt bereits der Abschlag auf 45 Millionen. Wenn nun wirklich die Einnahmen pro 1878/79 an Holz um 3½ Millionen geringer sind, wie im Vorjahr, dann, meine Herren, haben Sie immer noch eine höhere Einnahme aus dem Holz, als im Jahr 1871,

(hört!)

eine erheblich höhere Einnahme. Nun, meine Herren, muß ich doch sagen, das ist doch eine eigenthümliche Rechnung, daß man uns diejenigen Jahre, welche anerkanntermaßen in allen Branchen der Staats- und Finanzwirthschaft ganz ungewöhnliche Einnahmen hatten, also die Jahre 1873—76 inklusive, als den normalen Zustand hinstellt, und daß nun hier gerufen wird, die Waldwirthschaft sei in Gefahr, wenn wir auf den Stand von 1871 bis 1872 zurückkommen. Die Sache erscheint noch prägnanter, wenn man die Ueberschüsse der Forstverwaltung seit 1830 verfolgt. Ich will Ihnen aber nun ein paar Jahre anführen, und mit den sechziger Jahren beginnen. Sie haben da einen Nettoüberschuß, nach Abzug der Ausgaben, im Jahre 1863 von 16½ Millionen, 1868 bis 1871 von etwa 20½ Millionen, dann geht der Ueberschuß hinauf, 1872 auf 25 Millionen, 1873 auf 29¼ Millionen, 1874 27 Millionen, 1875 29½ Millionen, 1876 auch noch 29¼ Millionen und dann kommt der Abschlag auf 21½ Millionen im Jahre 1877/78, weil wir zu mehr ruhigen und normalen Verhältnissen nach den Jahren der Ueberproduktion zurückgekehrt sind.

Meine Herren, eine andere Seite der Betrachtung: wie steht es denn mit den Holzpreisen? Auch da will ich Ihnen Ziffern geben. Ich habe alle meine Ziffern, wie ich bemerke, aus den amtlichen Mittheilungen des preußischen Finanzministers, die er dem preußischen Abgeordnetenhause vorgelegt hat, zum Theil aber auch nach den Mittheilungen, wie sie der preußische Finanzminister in dem Bericht an Seine Majestät den König gemacht hat, der theilweise seiner Zeit im Staatsanzeiger veröffentlicht ist. Der preußische Finanzminister in dem Bericht an Seine Majestät den König sagt, daß das Festmeter Derbholz im Durchschnitt der ganzen Monarchie verwerthet ist im Jahre 1830 zu 3,7 Mark, 1840 zu 4,5 Mark, 1850 zu 5,1 Mark, sodann 1860 zu 5,7 Mark, 1865 zu 7,4 Mark,

(hört! hört!)

1867 zu 7,2 Mark, 1869 geht es wieder herunter auf 5,8 Mark und im Jahre 1870 noch weiter herunter auf 5,2 Mark; 1872 steht es auf 6,4 Mark, 1873 auf 7,8 Mark, 1874 auf 8,3 Mark und 1875 auf 8,6 Mark.

Bis dahin gehen die amtlichen Berichte des preußischen Finanzministers. Von da ab fehlen mir die Notizen. Nun habe ich versucht, mir eine Durchschnittsberechnung zu machen, ich werde mich aber wohl hüten, sie hier vorzutragen, denn Sie könnten sie mir wieder angreifen. Bis 1876 haben Sie feststehende Zahlen. Ich möchte aber den Herrn Regierungskommissar bitten, ob er vielleicht die Freundlichkeit hätte mir anzugeben, wieviel der preußische Finanzminister in seinen Bericht aufgenommen hat für die Jahre 1877 und 1878, was man in diesen Jahren für das Festmeter Derbholz eingenommen hat; — es wird sich dann herausstellen, meine Herren, daß der Preis noch nicht in dem Maß jetzt heruntergegangen ist gegen die Gründerjahre, wie er im Verhältniß von 1870 zu 1867 und 1865 heruntergegangen ist. Meine Herren, ist es denn irgend jemand eingefallen, als diese Thatsachen vor aller Welt Augen lagen — ich habe die Verhandlungen des preußischen Abgeordnetenhauses darauf angesehen — eine solche Klage zu erheben, wie dies jetzt der Fall, und den Schrei auszustoßen: die ganze deutsche Waldwirthschaft geht zu Grunde, wir ruiniren sie!

Meine Herren, Sie haben uns gerathen, uns Seestädtern — wie Sie sagen, und ich bin stolz darauf, daß Sie mir diesen Titel geben — wir möchten mit unseren Reden ein paar Handelszweige doch nicht gleich so ohne weiteres todtschlagen, — meine Herren, wir haben wirklich kleine Arbeit gemacht im Vergleich zu Ihnen, Sie schlagen mit einem Hieb die ganze deutsche Waldwirthschaft todt und noch dazu ohne Gründe beizubringen, während wir glauben, in unseren Debatten nachgewiesen zu haben, daß wirklich wichtige Interessen, wie auch die Motive dies selbst zugeben bei dem Holzhandel der Ostseeplätze, und namentlich wichtige Interessen der Arbeiterbevölkerung in Frage kommen.

Sie sehen aus dem Angeführten, die Thatsachen an der Hand der Statistik und der Etats sprechen anders, als die geltend gemachten Befürchtungen.

Nun sagen allerdings die Herren immer, auch der Herr Reichskanzler hat es gesagt: „Ja, die Statistik! Ich habe allmälig den Glauben an die Zahlen verloren!" — „Sehr richtig!" hieß es da rechts. Aber sowie vom Bundesrathstisch aus Statistik getrieben und Zahlen angeführt werden, dann heißt es wiederum rechts: „Hört, hört!"

(Sehr gut! links.)

Ja, meine Herren, die Statistik kann man einmal als eine vollständig untrügliche hinstellen, die ein „Hört, hört!" zur Folge hat, und wenn sie von der anderen Seite kommt, dann hat sie keinen Werth, dann haben auch Sie den Glauben zu den Zahlen verloren. Die von mir angeführten Zahlen aber sind amtlich konstatirte Zahlen des preußischen Finanzministers,

(Ruf: Rechnungen?)

— ja wohl, und Ergebnisse der Staatsrechnungen, nicht etwa der Etats.

Weiter! Es machte mir einen etwas eigenthümlichen Eindruck, als hier die Arbeiter und Verhältnisse unserer Ostseeküste gegenübergestellt wurden den hunderttausenden, — ich glaube, so hat einer der verehrten Herrn Redner gesagt — zu den hunderttausend von Arbeitern, die in Schlesien brotlos werden sollen,

(Zuruf: Der Herr Reichskanzler!)

— oder der Herr Reichskanzler, ich weiß es nicht, aber gefallen ist dieses Wort im Reichstag. Hunderttausend brotlose Arbeiter! Ja, meine Herren, da würde ich doch bitten, daß man uns etwas Nachweise giebt. Wir können nachweisen, wie viel Arbeiter in Memel, Stettin, Danzig beschäftigt sind im Holzhandel und haben Ihnen nachgewiesen, wie viel an Arbeitslohn dafür gezahlt wird. Nun dachte ich mir: da muß man doch nachsehen, was der ganze preußische Staat in seinen Forsten an Hauer- und Rückerlöhnen ausgibt,

(Zuruf: Fiskus!)

— ja wohl, der preußische Staat, der Fiskus mit seinen 2 600 000 Hektaren Waldbesitz; — Sie werden doch zugeben, daß das der größte Waldbesitzer ist, den wir haben. Da heißt es denn in Tit. 14 der Ausgabe: Für Werbung und Transport von Holz im Forstwirthschaftsjahr 1878/79 und von anderen Forstprodukten: 7 200 000 Mark." Das ist die ganze Ausgabe in den Staatsforsten an Arbeitslöhnen, soweit sie sich auf die Werbungs- und Transportkosten beziehen! Und, meine Herren, da wollen Sie uns sagen, daß die Interessen, die wir vorbringen, die Interessen von Memel, welches allein 2 Millionen an Arbeitslöhnen per Jahr u. s. w. zahlt, — Danzig mit ebenfalls 2 Millionen und Stettin — da kommt eine Summe heraus, die größer ist als der ganze preußische Staat an Werbungskosten in seinem Etat stehen hat — nichts bedeuten und vollständig zurückstehen müssen. Dabei ist aber auch noch charakteristisch und interessant: die Werbungskosten sind in dem Etat von 1879/80, der mir vorliegt, um 200 000 Mark höher angesetzt als im Etat 1878/79, weil man einen höheren Einschlag, also mehr Arbeit hat, — der Herr preußische Finanzminister ist ja an seinem Platze, er wird das bestätigen können. Und da sprechen Sie davon, daß man die Arbeiter in den Forsten brotlos mache!

So ähnlich wie es in die staatlichen Forsten steht, wird es auch, wenn auch nicht ganz so, in den privaten sein. Ich bitte die Herren, mir diese hunderttausend Arbeiter einmal näher nachzuweisen, die durch unsere forstwirthschaftlichen Verhältnisse jetzt brotlos gemacht werden.

(Zuruf: und nur in Schlesien!)

— ja, nur in Schlesien. Ich bitte alle die Herren, die aus

Schlesien sind — ich habe leider noch keine Gelegenheit gehabt, weil wir keine Zeit hatten, die Herren alle zu fragen, sondern nur einen Theil — ich bitte Sie, mir auch nur *die Hälfte* von den 100,000 Arbeitern zu zeigen, die da brotlos geworden sind in Folge der forstwirthschaftlichen Verhältnisse. Ich kann sie bis jetzt nicht entdecken.

Meine Herren, ich glaube, diese vergleichenden Zahlen, die ich angeführt, werden Ihnen den Beweis geliefert haben, daß wirklich die Interessen, die wir zur Sprache bringen, etwas zu bedeuten haben. Früher dachte man auch etwas anders darüber. Der Herr Abgeordnete Berger, den ich leider nicht an seinem Platz sehe, hat neulich hier eine Gelegenheit benutzt, um sein hohes früheres Interesse für den Osten darzulegen, das sich dokumentirt habe namentlich durch seine Eisenbahnpolitik. Meine Herren, ich spräche recht gern über die Eisenbahnpolitik des Herrn Abgeordneten Berger! Er hat mich neulich einen schlechten Propheten genannt! Ich möchte ihm nun rathen, er setzte sich einmal auf die Bahn Berlin-Wetzlar und nähme sich seine frühern Reden über Berlin-Wetzlar mit, sowie die Reden seines Kollegen Löwe über die Besteuerung des armen Volks und benutzte diese Zeit auf der Fahrt, um darüber nachzudenken, was seine Prophezeihung über Berlin-Wetzlar gebracht hat. Ich lasse mich mit ihm in dieser Beziehung gar nicht ein. Glauben Sie denn, daß der Herr Abgeordnete Berger nur für Ostpreußen etwas gethan hat? So weit ich mich erinnere, waren in Preußen die Bahnen in der Regel zusammen eingebracht, einmal hat der Osten eine bekommen und einmal der Westen, es war natürlich nach dem Gang der Dinge, daß man sich für den Osten interessiren mußte, ebenso wie man sich andrerseits für den Westen interessirte.

Aber eine Rede des Herrn Abgeordneten Berger möchte ich Ihnen in Erinnerung rufen, sie betrifft die im Jahr 1872 im preußischen Landtag bewilligte Bahn *Tilsit-Memel*. Er war Berichterstatter und hat sich möglichste Mühe gegeben, diese Bahn im Abgeordnetenhause uns zu empfehlen. Die Bahn wurde genehmigt und motivirt, meine Herren, unter Andern mit der Konkurrenz von Libau. Es wurde damals der drohende Niedergang von Memel als Motiv angeführt, weil die russischen Häfen eine Entwickelung annähmen, die gefährlich würde. Damals stand man, ich hoffe heut noch, in den Kreisen der preußischen Regierung auf dem Boden, daß der Handel ein ganz legitimes, ein erfreuliches, zu unterstützendes Gewerbe wäre, für welches man sogar auf Staatskosten Bahnen bauen müsse, wenn es sich darum handele, eine Handelsstadt, wie Memel, vom Untergang zu retten. Der Herr Abgeordnete Berger sprach damals in recht eindringlichen Worten:

> Das Bedürfniß, den derart bedrängten Landestheil vom drohenden Untergang zu retten, ist von der Landesvertretung stets in der lebhaftesten Weise anerkannt und wiederholt die Ausführung des Brücken- und Bahnbaues als eine *Ehrenschuld* in jenen Grenzdistrikten bezeichnet worden, die im Jahr 1807 die letzte Zufluchtsstätte des preußischen Königshauses waren.

Meine Herren, es ist gut, daß man so goldene Worte heute einmal wieder in Erinnerung zu rufen verpflichtet ist, daß man den Herren in Erinnerung bringt, daß da oben in der Ecke unseres Vaterlandes auch noch Menschen wohnen, die sich ernähren wollen und den Schutz ihrer natürlichen, und auch nationalen Arbeit auch für sich in Anspruch nehmen.

Meine Herren, wir werden jederzeit bereit sein und nicht zurückstehen, wenn es sich darum handelt, nothwendige Opfer im Interesse des Vaterlandes zu bringen. Der *Holzzoll* ist nicht so motivirt, daß wir seine Nothwendigkeit irgendwie anerkennen, hier sind nicht einmal erhebliche Privatinteressen in Frage. Meine Herren, Sie werden aber das doch wohl zugeben können, wenn Sie unbefangen die objektiven Petitionen, die von Memel und Danzig hier eingegangen sind, durchlesen, daß es sich hier wirklich um eine zahlreiche Arbeiterbevölkerung und um einen großen Handelszweig handelt, den man nicht abgraben darf.

Herr von Kardorff sagte mir neulich hier: ich verlangte Ihr Herz in Anspruch zu nehmen für unsere Arbeiter, wo denn mein Herz gewesen wäre früher bei dem Eisenzoll für die Arbeiter der Industrie? Ja, meine Herren, sieht denn der Abgeordnete von Kardorff den Unterschied gar nicht? Sie verlangen *Staatshilfe* für Ihre Industrien, wir verlangen, daß man uns die *natürlichen* Bedingungen unserer Erwerbsthätigkeit nicht abschneidet! Das ist doch ein himmelweiter Unterschied! Sie verlangen nicht etwa, daß wir Steuern an den *Staat* zahlen, denn dazu sind wir immer bereit, wenn wir sie für nothwendig und zweckmäßig halten, sondern daß wir Schutzzölle bewilligen, um Privatinteressen auf allgemeine Kosten zu fördern! Meine Herren, das ist denn doch etwas Anderes, als wenn wir, die wir schlecht situirt sind, die wir durch Klima, Bodenverhältnisse u. s. w. ohnehin schon sehr stiefmütterlich von der Natur behandelt sind, verlangen, daß man uns nicht das Einzige nimmt, was wir außer unserem Ackerbau haben: die Stellung unseres Handels als Vermittler zwischen den Nationen!

Wenn der Herr Reichskanzler gesagt hat, es handle sich hier eigentlich weniger um den deutschen als um russischen Handel, — ja, überrascht hat mich das nicht, wir wissen ja, wie diese Sachen angesehen werden, ich möchte Sie aber fragen: ist der Handel nicht eben so gut ein deutscher, der russisches Holz betrifft, als diejenige Industrie eine deutsche ist, welche ausländische *Wolle* verarbeitet, oder *Baumwolle*? Meine Herren, bringen Sie uns doch nicht darauf, diese Dinge weiter zu verfolgen —: wie steht es denn mit den Pariser Möbeln in vielen großen Salons? Ist das etwa deutsche Arbeit? Hat denn Paris schon aufgehört, von der glücklich situirten Minderheit bevorzugt zu werden? Sehen Sie sich einmal in ihren Kellern und auf ihren Tafeln um, meine Herren, ob da etwa nicht das Ausland zu Ehren gekommen ist? Und hier, wo es sich um die ehrliche Arbeit des deutschen Arbeiters handelt, da wollen Sie tadeln, daß russisches Holz in unsere Provinz kommt, dort bearbeitet wird und dann wieder in das Ausland exportirt wird?

Ich glaube, es wäre bedenklich, diese Bahn weiter zu verfolgen; wir könnten Ihnen nach dieser Richtung auch ganz interessantes Material geben, welches die nationalen Gesichtspunkte in ein anderes Licht stellt.

Nun aber, meine Herren, zur Hauptfrage: was soll der Zoll? Ich bin wirklich beim besten Willen noch nicht klar darüber geworden, was eigentlich die Motive der Regierungsvorlage denken über die Wirkung desselben. Wird er das Holz vertheuern oder nicht? Auf der einen Seite wird das nahezu in Abrede gestellt, auf der anderen Seite wird die Möglichkeit zugegeben. Nun frage ich aber, wenn der Zoll *nicht die Wirkung* der Vertheuerung des Holzes hat, *was soll er dann der Waldwirthschaft helfen*? Dann bleibt die Waldwirthschaft ganz in derselben trostlosen Lage wie jetzt. Dafür, daß man von Sachverständigen den Zoll für bedeutungslos hält für die Waldwirthschaft, dafür will ich Ihnen ein Beispiel anführen aus einem Artikel in der „Norddeutschen Allgemeinen Zeitung", von dem Herrn Forstmeister Wagner, welcher sagt:

> Der Zoll, welcher für rohes Nutzholz in Vorschlag gebracht wurde von 0,60 Mark per Festmeter, ist sowohl für die *deutschen* Holzproduzenten als für die Konsumenten *völlig bedeutungslos* .... Die *Annahme oder Nichtannahme* dieses Zolls wird *auf die deutsche Forstwirthschaft ohne Einfluß* bleiben.

Es gibt auch andere Techniker, die dieselbe Meinung haben; was wollen Sie also mit dem Zoll? den Handel wird er allerdings stören, der Herr Abgeordnete Schlutow hat das schon gesagt: der Handel wird allmählich hinsiechen, die jahrelangen Verbindungen, die er angeknüpft hat, werden zerrissen und aufgelöst werden. Wenn also auch die Techniker zugeben, daß der Holzzoll für die Forstwirthschaft von keiner Bedeutung ist, dann würden wir bitten, daß Sie uns andere Gründe geben.

Nun sagt allerdings die Regierungsvorlage: eine „irgendwie fühlbare Vertheuerung" des Bau- und Nutzholzes werde nicht eintreten, wenn aber in Folge des Zolls der Preis in die Höhe gehen sollte, so habe der Konsument nicht mehr zu zahlen in Folge des Schutzzolls, als wenn er den Ausfall in den Forsten durch Steuerzahlen decken sollte; d. h. also, wir würden als Konsumenten an Holz etwas mehr bezahlen, aber als Steuerzahler etwas ersparen. Ich weiß nicht, ob der Herr Finanzminister und die Herren Reichsminister, die in dieser Beziehung ein Wort mitzureden haben, derselben Meinung sind. Der Herr Kriegsminister ist einer der größten Holzverbraucher, die Marine braucht auch Holz, die Postverwaltung braucht Holz, die Bergwerksverwaltung braucht sehr viel Holz; — ich glaube, die Sache wird einfach so werden: der Staat muß auf der einen Seite bezahlen, was ihm auf der anderen Seite der Holzzoll einbringt, der Steuerzahler wird wahrlich einen Profit hierbei nicht machen.

Ich habe Ihnen nachgewiesen, um welche Summen es sich dabei in Preußen handelte, sehen Sie sich dagegen den Bergwerksetat an; da haben Sie eine Differenz von 40 Millionen in wenigen Jahren in den Einnahmen. Für die Bergwerksverwaltung haben Sie aber einen Schutzzoll für die Steinkohlen nicht befürwortet; der Schutz auf Steinkohlen hätte aber eine zehnmal bessere Begründung nach dieser Richtung hin, wie der Holzzoll von 0,60 Mark per Festmeter. Natürlich würde das von mir als ein Grund auch nicht anerkannt werden. Dieses finanzielle Moment wird also nicht auf uns einwirken können.

Nun ist aber noch ein Interesse in Frage! Der Herr Abgeordnete Klügmann hat schon hervorgehoben, daß die Interessen der deutschen Rhederei hierbei ganz erheblich engagirt sind. Ich habe Ihnen neulich, denke ich, schon angeführt, daß in Memel 80 Prozent aller ausgehenden Schiffe, 900 an der Zahl, mit Holz beladen werden. In Danzig waren es 68 Prozent aller beladenen Schiffe. Die meisten dieser Schiffe sind auf Holzbeförderung speziell eingerichtet. In der deutschen Rhederei steckt ein Kapital, wenn eine Schätzung richtig ist, die mir ein Sachverständiger angegeben hat, von zirka 250 Millionen Mark. Ich habe schon angeführt, daß direkt im Dienst unserer deutschen Rhederei 42 000 Mann beschäftigt sind, ungerechnet alle die Tausende, die an den Küsten entlang wohnen und mittelbar von der Rhederei abhängen. Ich möchte wohl dem Herrn Marineminister von Stosch die Frage vorlegen, ob er glaubt, daß es möglich ist, wenn man jetzt der deutschen Schiffsfahrt, die schon unter den härtesten Bedingungen ihr Leben fristen muß, wenn man ihr jetzt mit diesem Tarif einen Stoß versetzt, ob sie den Dienst weiter wird erfüllen können, wie er im Interesse unserer Marine geboten ist. Ich habe heute morgen hier in einem Blatt einen sehr interessanten Artikel gelesen über die Schritte, welche die Bundesregierungen thun, um unseren Einfluß zur See auszudehnen. Wie das mit der jetzigen Zollpolitik eigentlich in Harmonie zu bringen ist, verstehe ich nicht recht. Man will Seestationen anlegen! Dann müssen Sie natürlich auch die Marine vergrößern. Werden Sie aber dann Schiffsvolk haben für unsere Marine, wenn Sie die Erziehungsschulen für dieselbe beeinträchtigen und in Frage stellen durch Ihre Zollmaßregeln? Wir wollen abwarten, wie diese Sache verlaufen wird. Man kann jetzt schon sagen, daß eine Anzahl unserer tüchtigsten Matrosen nach England geht, weil sie auf unseren deutschen Schiffen keinen Platz mehr finden. Ich habe schon neulich darauf hingewiesen, daß in Danzig mehrere Dutzend Schiffe aufliegen, die nicht ausgehen können. Die Rhederei hat wahrlich schon ihre Existenz dürftig zu fristen. Meine Herren, auch der Staat als solcher, die Wehrkraft des Landes hat ein Interesse daran, daß die Rhederei in ihrer ganzen Vollkraft aufrecht erhalten wird. Es handelt sich dabei nicht um ein paar hundert Kaufleute, mit denen man ja schneller fertig wird.

Nun, meine Herren, ich hätte noch eine ganze Reihe, namentlich Spezialstatistik, anzuführen, ich will aber darauf verzichten; ich will nur noch ein paar Gesichtspunkte und Details aus der bisherigen Diskussion hervorheben. Beispielsweise hat der Herr Abgeordnete Graf Frankenberg gestern Mittheilungen aus Görlitz gemacht und dieselben als Beweis vorgeführt, welche Noth die Forstwirthschaft litte, daß nämlich in Görlitz die Häuser aus österreichischem Holz gebaut würden, obwohl die Forst der Stadt Görlitz vor dem Thor liege. Ich habe mich danach erkundigt und bin von dem Abgeordneten für Görlitz autorisirt, die Unrichtigkeit der Behauptung des Herrn Abgeordneten Graf Frankenberg hier festzustellen. Soweit die Görlitzer Forst brauchbares Holz liefert, kommt es auch dort zur Verwendung. Zimmerleute und Baumeister gehen zu den Auktionen und kaufen es. Soweit aber Holz darüber hinaus nothwendig ist, nimmt man es aus Oesterreich. Das ist doch auch kein Unglück. Die Motive sprechen sich nicht darüber aus, sie lassen die Frage unentschieden, ob Deutschland mit seinem Vorrath von Holz, namentlich Nutzholz, auskommt. Es gibt Sachverständige genug, die die positive Behauptung aufstellen, daß wir das Ausland doch brauchen, und das, was der Herr Abgeordnete Graf Frankenberg uns gesagt hat, daß wir das Nutzholz, welches wir nöthig haben, selbst werden produziren können, ist, nehmen Sie mir es nicht übel, Zukunftsmusik: das wird nicht in den nächsten Jahren möglich sein, Forstarbeiten wirken nicht so schnell. Wir sind noch nicht so weit, die Zufuhr des Auslands entbehren zu können, und es wäre eine schlechte Politik, wenn wir einmal uns die Preise des Holzes höher machen und dann noch die Emporien, die wir jetzt noch haben, die die Vermittlung zwischen dem Ausland und auch für uns übernehmen, in ihren Beziehungen zerstören.

Der Herr Reichskanzler hat gesagt, daß gegen Rußland dieser Zoll als Kampfzoll wirken könne, und den Einwand, daß er uns damit schädige, damit beseitigt, daß er sagte: tödter kann man nicht geschlagen werden als todt, prohibitiver kann Rußland sich uns gegenüber nicht verhalten. Es hat sich bereits gegen uns abgeschlossen. Nun sehen Sie sich die Ausfuhrstatistik an. Ich habe neulich schon darauf hingewiesen, daß unser Export nach Rußland dem Werth nach höher ist, wie der Export von Rußland zu uns, wenigstens in den letzten Jahren mit einer Ausnahme, und doch sagt der Herr Reichskanzler: prohibitiver als prohibitiv kann man nicht sein. Ja wohl, meine Herren, man kann prohibitiver sein, man kann uns noch mehr die Grenzen sperren. Ich will Ihnen die Ziffern mittheilen und zwar nur wenige nach dem Gothaischen Hofkalender — ich habe die Ziffern vom Jahre 1871 an zwar auch hier aus einem Werke des Herrn von Wesselowsky: Annuaire des Finances Russes, daraus könnte ich Ihnen eine ganze Reihe von Zahlen anführen; ich sehe aber von diesen Zahlen ab. In allen diesen Jahren ist unser Export nach Rußland größer, als der russische Export zu uns. Allerdings ist dabei wesentlich Preußen betheiligt, der Süden von Deutschland nur wenig. Im Jahr 1875 betrug die Einfuhr von uns nach Rußland 221 Millionen Rubel an Werth und von dort zu uns 109 Millionen; im Jahr 1876 betrug die Einfuhr von Deutschland nach Rußland 198 Millionen und die Einfuhr von Rußland 120½ Millionen. Mit einem Wort, wir haben eine höhere Einfuhr nach Rußland als von dort hierher.

Meine Herren, es ist uns ferner eine Statistik in den Motiven gegeben über die steigenden Ueberschüsse der Einfuhr gegen die Ausfuhr. Darauf kann ich erstens erwidern: es ist ganz bekannt, und das kaiserliche statistische Amt hat es selber gesagt, daß die Ausfuhrstatistik unzuverlässig ist; Sie haben zu der Ausfuhrziffer immer noch etwas hinzusetzen. Ferner wäre es sehr interessant gewesen, wenn der Herr Regierungskommissar, dem so gut wie mir die Thatsachen zu Gebote stehen, außer den in den Motiven angeführten Zahlen, noch die Statistik vom Jahr 1878 gegeben hätte. Das Jahr 1878 hat einen erheblichen Rückgang in der Einfuhr gezeigt;

(Zuruf links: das Jahr 1879 noch mehr!)

— ja wohl, das Jahr 1879 im I. Quartal noch mehr.

(Zuruf vom Regierungstisch.)

— Der Herr Regierungskommissar hat das vorgeführt? Ich habe es nicht gehört. Wenn er es aber angeführt hätte, würde es gegen ihn beweisen, nicht für ihn!

Meine Herren, wir gehen allmählich aus dem ungewöhnlichen und anomalen Zustand der Gründerjahre heraus. Nach 2, 3 Jahren würden auch ohne Ihren Zoll die jetzigen Beschwerden ihre Erledigung finden.

Meine Herren, wenn Sie die Preise künstlich erhöhen, ist nichts anderes die Folge, als daß Sie der Devastation der Wälder Vorschub leisten. Das haben wir zu beklagen gehabt in den Gründerjahren. Meine Herren, ich habe in den östlichen Provinzen, namentlich in Pommern zu meinem Leidwesen gesehen, wie Meilen von Wald heruntergeschlagen wurden, weil die Waldbesitzer es lukrativ fanden.

(Sehr richtig! links.)

Meine Herren, da war die Liebe für den deutschen Urwald nicht so sehr groß,

(hört, hört!)

da hat man ihn einfach in Silber umgesetzt,

(sehr richtig!)

und was Sie mit künstlicher Erhöhung der Preise thun, ist nichts anderes, als daß Sie einen Anreiz geben, die Wälder niederzuschlagen.

(Sehr richtig! links.)

Meine Herren, das wird die Folge sein! Glücklicherweise sind über 2½ Millionen Hektare im Besitze des preußischen Staates und andere Millionen in den Händen anderer deutscher Staaten, und ich meine, der Staat ist verpflichtet, in dieser Beziehung, wenn es nöthig ist, auch Opfer zu bringen. Man hat gesagt, es sei nicht zu beklagen, wenn die Eisenbahnen beispielsweise aus dem Säckel der Steuerzahler Zuschüsse erforderten, da sie Wohlfahrtsinstitute seien. Meine Herren, Sie werden wahrscheinlich recht viel zuzahlen müssen in Folge der Tarifpolitik, aber wenn das für die Eisenbahnen gelten soll, sollte es nicht gelten für unsere guten, alten, deutschen Wälder? Die wollen wir uns erhalten! Hier muß der Staat Opfer bringen.

In Beziehung auf das Nutzholz kommt übrigens der Privatmann fast gar nicht in Frage. Ich glaube, auch der Herr Abgeordnete Graf von Frankenberg hat es zugegeben. — Der Herr Forstmeister Wagner sagt es auch, daß die Privatwälder die Nutzhölzer, die wir brauchen, fast gar nicht oder doch nur in sehr geringem Umfange besitzen. Sie würden jedenfalls ein paar Dezennien nöthig haben, um die Bäume heranwachsen zu lassen. So weit also sind wir noch nicht!

Meine Herren, ich glaube schon durch diese kurze Ausführung dargelegt zu haben, daß in der That kein Zoll so wenig begründet ist, wie der Zoll auf rohes und mit der Axt vorgearbeitetes Nutzholz. Alle Ihre Gründe, namentlich in Bezug auf die Waldwirthschaft kann ich als zutreffend nicht ansehen.

Ich hätte noch Veranlassung über die Formalitäten der Zollabfertigung zu sprechen. Meine Herren, ich will das in der zweiten Lesung noch nicht, ich will auch die Karte, die Sie aus Danzig erhalten haben, nicht vor Ihnen entrollen. Ich habe von verschiedenen Herren im Hause gehört, Sie hätten aus dieser Karte die Ueberzeugung gewonnen, daß das Transitlager des Herrn Abgeordneten von Bennigsen unter amtlicher Kontrole unmöglich ist — für Memel sind ja die Verhältnisse ganz ähnlich. Die 14 Kilometer Weichsel nahezu und 7 Kilometer Stadtgraben — die braunen Stellen um die Festung herum — können unmöglich unter dauernde amtliche Kontrole gestellt werden. Daß die Erhebung des Holzzolls sehr große Schwierigkeiten und Kosten machen würde, ist keine Frage.

Meine Herren, ich möchte zum Schluß nochmals recht dringend bitten, daß Sie, da der Holzzoll für die Waldwirthschaft eine Nothwendigkeit nicht ist, doch unseren Erwerbsverhältnissen im Osten und allen Konsumenten etwas Berücksichtigung schenken.

Meine Herren, bei jeder Position wird uns immer gesagt: in diesem Punkt ist Euer Interesse nicht so umfangreich. Dieser ganze Tarif macht aber eine Reihe von Schnitten in unsere Erwerbsthätigkeit. Wenn dieser Tarif fertig ist, meine Herren, werden wir gezwungen werden, mit Ihnen jahrelang wieder zu kämpfen — muthlos werden wir darum nicht werden! Meine Herren, so gut wie in einer früheren, schweren Zeit vom Osten unserer Monarchie aus zur Wiedererhebung Deutschlands der erste Schritt geschehen ist, so sicher bin ich, daß von unserem Osten und Norden aus die Tarifpolitik, die jetzt vom Bundestisch vertreten wird, bekämpft und schließlich zum Fall gebracht werden wird. Vom Osten aus ist Deutschland politisch erobert, wir hoffen zu Gott, wir werden es auch wirthschaftlich für unsere alte Zollpolitik wieder erobern.

(Zustimmung und Widerspruch.)

Vizepräsident Freiherr zu **Franckenstein**: Der Herr Kommissarius des Bundesraths Ministerialrath Mayr hat das Wort.

Kommissarius des Bundesraths königlich bayerischer Ministerialrath Dr. **Mayr**: Meine Herren, es wäre für mich sehr verlockend, sofort an die Worte des Herrn Abgeordneten Rickert, und zwar gerade an seine allerletzten Worte anzuknüpfen; allein ich will es vermeiden, irgend etwas in den Ton meiner Aeußerungen zu bringen, was einigermaßen über die Grenze, wie soll ich sagen, der Liebenswürdigkeit hinausgeht.

(Heiterkeit.)

Ich wende mich deshalb vorher zur Abkühlung einem sehr neutralen Gegenstande, einer sehr harmlosen Sache zu, nämlich der Frage, die in der bisherigen Diskussion auch schon erwähnt ist, der Frage der Erleichterung des kleinen Verkehrs mit Rohholz in den Grenzbezirken. Meine Herren, diese Frage hat ihre lokale, entschieden anzuerkennende Bedeutung. Sie ist berührt worden von dem Herrn Abgeordneten Richter (Meißen), und ich möchte nicht, daß hier im Hause die Meinung entstehen könnte, es würde etwa durch den Holzzoll eine ganz kleinliche Behandlung dieses Grenzverkehrs der Sägemühlen, beziehungsweise des Bezuges des Holzes aus den Nachbarforsten über die Grenze, eintreten. Meine Herren, nach der Richtung hin dürfte der § 116 des Zollgesetzes des deutschen Zollvereins vom 1. Juli 1869 volle Beruhigung bieten. Dieser § 116 lautet nämlich folgendermaßen:

In Bezug auf den kleinen Grenzverkehr —

und um den wird es sich gerade bei den Sägemühlen handeln —

können nach Maßgabe des örtlichen Bedürfnisses besondere Erleichterungen angeordnet werden.

Es ist zweifellos, daß von dieser Bestimmung des Vereinszollgesetzes nach der berührten Richtung hin Gebrauch gemacht werden wird.

Ich wende mich nun weiter, meine Herren, zunächst zu einer Aeußerung des Herrn Abgeordneten Klügmann, zu der Kritik des Holzzolls vom finanzpolitischen Standpunkt aus, welche der Herr Abgeordnete vorgenommen hat.

Meine Herren, der Herr Abgeordnete sagte, der Holzzoll bedeute nicht einmal als Finanzmaßregel etwas, der Ertrag werde äußerst gering sein, so sagte er wörtlich, in maximo 5 Millionen. Nun, meine Herren, ich meine — ich glaube, die ganze bisherige Berathung des Tarifs und die Perspektive auf die Finanzzollberathung begründet das vollkommen, was ich vermuthe — ich meine, so ganz wenig sind 5 Millionen für den Haushalt des deutschen Reichs nun denn doch gerade nicht, jedenfalls sind sie nicht **äußerst** gering als Einnahme; meine Herren, sie sind nicht einmal gering. Wenn man solche Einnahmen, solche Beträge von 5 Millionen nicht bewilligen will, dann wird eben die Finanzreform, wie sie nothwendig ist, im großen Maßstab und in dem großen Stil, in dem sie nicht entbehrt werden kann, absolut unmöglich, namentlich wenn man auch die sogenannten großen Finanzartikel, wie es denn doch den Anschein hat,

(hört! hört!)

auch nicht freudig, — wenn ich mich so ausdrücken darf, — und im wünschenswerthen Maße ausbeuten will. Meine Herren, wenn Sie weder auf die großen Finanzartikel die großen Summen gewähren wollen, noch auch die geringeren Einnahmen aus den kleineren Artikeln, die Summe bewilligen wollen, die zur Finanzreform im Reiche und in den Einzelstaaten unentbehrlich ist, woher soll dann die Finanzreform gemacht werden?

Der Herr Abgeordnete Schlutow — das will ich nur ganz kurz bemerken, — hat mir als Unterlassungssünde vorgehalten, daß ich die Spezialität der früher in den östlichen Provinzen bestehenden Stückzölle auf Holz nicht erwähnt hätte. Meine Herren, richtig ist, daß in den Motiven, da dieselben nicht übermäßig aufgebauscht werden sollten, nur die allgemeine Regel der früheren Holzverzollung sich findet; dagegen habe ich in meiner gestrigen Auseinandersetzung ganz außerordentlich genau den früheren Stückzoll in den Ostseeprovinzen erwähnt, und zwar so genau erwähnt, daß ich den Eindruck hatte, ich hätte zu viel von diesem Zoll in den Ostseeprovinzen gesprochen.

Meine Herren, es ist dann ferner der Vorwurf erhoben worden, es würden hier am Regierungstisch die Handelsinteressen zu gering gehalten, sowohl von dem Herrn Abgeordneten Schlutow, als von dem Herrn Abgeordneten Klügmann und ich darf auch den heutigen Herrn Redner noch hinzurechnen. Meine Herren, nicht gegen den Handel als solchen, gegen jeglichen Handel sind hier die Aeußerungen gefallen, sondern gegen gewisse exklusive, dem nationalen Interesse widersprechende Tendenzen, nur nach dieser Seite hin sind die Aeußerungen, wenn ich sie so nennen will, gegen den Handel mit dem speziell mit den nationalen Interessen nicht harmonirenden Bestreben gerichtet gewesen. Meine Herren, was wir hier wollen, ist nicht ein Uebermaß des Hervordrängens nur jener Tendenzen des Handels, die der Majorität, der Nation weniger nützlich sind. Meine Herren, wir wollen nach allen Seiten hin Gerechtigkeit und Gleichmäßigkeit, wir wollen das suum cuique.

Meine Herren, der Herr Abgeordnete Schlutow hat gestern erwähnt, daß er in Folge telegraphischer Erhebung in der Lage sei, mitzutheilen, daß kein ostpreußischer Holzhändler oder doch nur ein einziger Forsten außerhalb Deutschlands besäße. Erstens habe ich dem gegenüber zu bemerken, daß ich keineswegs ausschließlich von ostpreußischen Händlern gesprochen habe, die Forsten außerhalb Deutschlands besäßen, sondern daß ich die Bemerkung auf die Gesammtheit der deutschen Holzhändler bezogen haben wollte. An sich läßt sich aber wohl auch bezweifeln, ob es möglich sein wird, innerhalb einer so außerordentlich kurzen Frist auf telegraphischem Wege eine vollständig befriedigende Enquete nach dieser Richtung hin anzustellen, ich bin namentlich dadurch sehr bedenklich geworden, daß Herr Schlutow uns zuerst sagte, die deutschen Kaufleute der Ostseeprovinzen haben keine Wälder in Rußland, dann sagte er, ja freilich einer doch und später erzählte er mit großer Emphase von einem Händler, der sein Holz in Rußland über Odessa ausführe. Diese Erzählung über die Ausführung über Odessa hat mich über das Resultat der telegraphischen Enquete sehr kritisch gestimmt.

Meine Herren, wir besitzen verschiedene amtliche Nachweise, es zerfallen die deutschen Holzhändler in zwei Gruppen, in solche, die auswärts Wälder haben und in solche, die keine haben und die ersteren sind die Gegner des Holzzolles. Als Beleg hierfür erwähne ich die Eingabe der württembergischen Holzhändler an den württembergischen Finanzminister, welche in Abschrift dem Reichskanzleramt und ich vermuthe auch dem Reichstag zugegangen ist vom März 1879; ich erwähne ferner die Petition eines süddeutschen Holzhändlers — Namen sind gehässig — an das Reichskanzleramt, welcher, unter Vorlage des notariellen Kaufvertrags über den Ankauf eines ansehnlichen Forstgrundstücks in Oesterreich, bittet, wenn der Zoll käme, ihn zollfrei das Holz einführen zu lassen bis zum Jahre 1881. Ueberdies, meine Herren, sind mir bekannt amtliche Erhebungen der bayerischen Zollverwaltung über einzelne Etablissements, wo ausdrücklich konstatirt wurde, daß jene Holzsägebesitzer und Holzhändler, welche Wälder außerhalb des Reichsrayon haben, gegen Holzzoll sind, während die anderen dafür sind.

Nun, meine Herren, komme ich an die Ausführungen des Herrn Abgeordneten Rickert, die wir vorhin gehört haben. Er hat es zunächst mit dem Ausdruck „Nebendinge" belegt, daß ich Studien im preußischen Handelsarchiv angestellt hätte über die frühere Stimmung in den Ostseeprovinzen. Meine Herren, ich meine, der Herr Abgeordnete hat sich auf denselben Weg der Nebendinge begeben, denn ich habe den Eindruck, als ob er auch einen solchen Versuch gemacht hätte, aber nicht zu dem gewünschten Ziele gekommen wäre. Er sagt zum Bundeskommissar, er habe studirt, aber doch nicht genügend gelesen und Ihnen nicht das Richtige gesagt. Meine Herren, diese Behauptung des Herrn Abgeordneten Rickert ist unrichtig, ich habe gestern ausdrücklich bemerkt, daß ich meine Studien im preußischen Handelsarchiv beschränkt habe auf den Zeitraum von 1859 an bis auf die neuere Zeit her. Es schien mir genügend, zu fragen, wie in den letzten 6 Jahren, gerade in jener Zeit unmittelbar vor der Aufhebung des Holzzolles die Stimmung in den Ostseehäfen war. Daß man aber in Danzig, Stettin und Memel niemals in älterer Zeit gewünscht hätte, daß der Holzzoll aufgehoben würde, das habe ich nicht geäußert. Wenn der Herr Abgeordnete Rickert Ihnen ein Exempel aus dem Jahre 1852 vorgeführt hat, so widerlegt das meine Behauptung in keiner Weise, der Herr Abgeordnete hat sich einfach getäuscht beim Hören, so darf ich wohl annehmen, über die Jahrgänge des Handelsarchivs, die ich zitirt habe. Was sodann die Höhe des Holzzolls betrifft, über die ich mich eingehend verbreitet habe, so kommt namentlich die Frage ins Spiel, ob der jetzt vorgeschlagene Holzzoll sechsmal höher ist, als der frühere Zoll — das ist die Danziger Behauptung. — Bei dieser Frage sagte hier der Herr Abgeordnete, die Berechnung von Danzig werde nachkommen. Meine Herren, wir werden im Interesse der Sache dafür sehr dankbar sein, die Bemerkung bestätigt aber vollkommen das, was ich gestern gesagt habe, daß die Behauptung zunächst ohne alle rechnerische Grundlage in die Petition aufgenommen worden ist,

(sehr richtig!)

was ich hiermit konstatire. Außerdem, meine Herren, hat sich aber der Herr Abgeordnete Rickert noch gewaltig getäuscht; er hat nämlich gesagt, meine Berechnung sei nicht richtig und verläßlich, weil dabei die Durchschnittspreise des statistischen Amts zu Grunde gelegt worden seien. Meine Herren, ich bitte Sie: bei der Frage, ob der jetzige Holzzoll bei Messung nach der Gewichtsquantität um so und soviel größer ist, als der frühere Holzzoll, bemessen nach Stückzahl, aber reduzirt auf Gewichtsquantität — bei der Frage, bei welcher von dem Werth des Holzes auch nicht im geringsten die Rede ist, und bei welcher das Werthsquantum in den Ansatz der Rechnung gar nicht eingeht, ist es absolut gleichgiltig, welche Werthschätzung man annimmt. Es liegt entschieden eine Täuschung des Herrn Abgeordneten Rickert vor. Der Herr Abgeordnete Rickert hat ferner gesagt, was denn das bedeute, wenn jetzt die preußische Staatsforsteinnahmen im Jahre 1878 gegen 1877 um 3½ Millionen Mark zurückgegangen seien.

Meine Herren, ich habe es als ein Symptom der Lage der deutschen Forstwirthschaft erwähnt; damit spricht die Bedentung der Sache vollkommen klar für sich. Ob nun das speziell zitirt wird auf Grund jenes Titels, oder jenes Paragraphen des Etats, oder ob die einfache, jedem verständliche Thatsache angegeben wird, daß der Holzerlös um so und so viel zurückgegangen ist, um 3½ Millionen gegen das Vorjahr, das scheint mir doch sehr nebensächlich zu sein. Meine Herren, ich habe diese Mittheilung amtlich erhalten aus dem preußischen Ministerium für Landwirthschaft, daß nach vorläufiger Berechnung in dem Holzerlös, in der Isteinnahme für Holz, ein Rückgang im Jahr 1878 gegen 1877 von 3½ Millionen Mark eingetreten sei. Meine Herren, wir sind der Ansicht, daß das ein immerhin beachtenswerthes Symptom ist. — Wenn es den Herren auf der anderen Seite nicht gefällt, dafür kann ich freilich nichts. — Ich will übrigens nur bemerken, daß ich durchaus nicht das große Gewicht auf die Sache gelegt habe,

(hört! hört!)

welches mir heute der Abgeordnete Rickert zuschreibt; und warum? Ich habe nämlich gesagt: aus den Staatsforsteinnahmen, die Brennholz und Nutzholz nicht unterscheiden, kann man das Entscheidende nicht folgern; das kann man besser aus solchen Nachweisungen, die für Nutz- und Brennholz allein aufgestellt sind; — über Brennholz streiten wir uns ja nicht. Das habe ich gestern gesagt, und der Herr Abgeordnete Rickert hat kein Recht zu sagen, daß ich auf dieses Datum gestern, ganz besonderes Gewicht gelegt hätte. Meine Herren, der Herr Abgeordnete Rickert hat uns dann ferner vorgeführt, wie außerordentlich die Staatsforsteinnahmen in Preußen seit dem Jahre 1849 gestiegen seien. Meine Herren, diese Belehrung war uns sehr interessant, aber neu war uns jedenfalls die Sache nicht. Das wissen wir Alle recht gut, daß seit den vierziger Jahren überall die Staatsforsteinnahmen gewaltig gestiegen sind. Warum? nicht, weil die Holzpreise an sich überall gleichmäßig in dem Betrag gestiegen wären, das wäre eine gewaltige Täuschung, sondern, meine Herren, weil die Vermehrung der Verkehrsmittel, die Aufschließung ganz großer Partien von Wald erst in diesem Zeitraum erfolgt sind, Partien von Wald, die vorher nicht, oder nur in ganz unrentabler Weise benutzt werden konnten. Dabei haudelt es sich sowohl um lokale Verkehrsmittel, um Waldwege aller Art, als um die großen Verkehrswege, die Eisenbahnen. Ja, meine Herren, daß seit der Zeit, wo die Eisenbahnen in die Forstdistrikte geführt sind, sich bedeutende Einnahmen ergeben haben, bezweifelt niemand, von der allgemeinen Veränderung des Geldwerthes, der auch hier eine hervorragende Rolle spielt, gar nicht zu reden.

Nun sagt aber der Herr Abgeordnete Rickert, so weit ich die Sache finden kann, bis 1875 ist eine ganz schöne Zunahme der Einnahmen und insbesondere eine ganz ansehnliche Steigerung des Holzpreises. Nun könnte ich sagen, wie ich das schon gestern betonte, der gesammte Holzpreis ist nicht entscheidend. Weisen Sie mir die speziellen Preise für Nutz- und Bauholz nach. Ich brauche das aber nicht, denn gerade die Zahlen, die der Herr Abgeordnete Rickert ergänzt wünscht, die ich ihm zwar nicht für 1878, aber für 1877 und 1876 liefern kann, bilden eine so schöne und durchschlagende Kadenz, daß es ihm minder angenehm sein dürfte, sie zu hören, als mir sie auszusprechen,

(Zuruf links: o bitte!)

wobei ich nur bedauern kann, daß ich sie nicht auch für 1878 habe, weil dann die Kadenz vermuthlich noch schöner sein würde.

Meine Herren, die Preise, um die es sich hier handelt, von denen der Herr Abgeordnete Rickert diejenigen, welche sich beziehen auf den Zeitraum bis 1878 vorgetragen hat, das sind nach den mir vorliegenden amtlichen Tabellen die durchschnittlichen Verwerthungspreise für das Holz, überhaupt für Bau- und Nutzholz und Brennholz zusammen pro Festmeter. Da ist angegeben ganz richtig für das Jahr 1875 der Betrag von 8,345.

(Zuruf links: 8,6!)

— Ich habe diese amtliche Tabelle aus dem betreffenden Ministerium. Ich bedauere das Manuskript des Herrn Abgeordneten Rickert augenblicklich nicht zur Verfügung zu haben. — Für 1875 habe ich also die Zahl 8,345, für 1876 7,245, für 1877 6,728. Meine Herren, wenn Sie noch ein paar Jahre warten und Ihre Handelspolitik weiter verfolgen, wird die Kadenz sich noch weiter fortsetzen.

Meine Herren, die Statistik ist auch berührt worden; die Sache ist mir an sich nicht unbekannt, ich habe mich auch gelegentlich mit dieser Materie beschäftigt. Ich will aber nur kurz sagen, worin der Unterschied liegt.

Meine Herren, die Konjekturalstatistik, wie sie uns vielfach entgegen getragen ist und gerade in der Frage der wichtigsten Zölle, der Getreidezölle und der hier in Frage stehenden Zölle auf Rohstoff überhaupt, die verwerfen wir; diejenige Statistik, die sich auf sichere Ermittelungen stützt, die verwerfen wir nicht; der gute Statistiker unterscheidet sich von dem schlechten dadurch, daß er mit scharfer Kritik an die Zahlen geht, daß er weiß, daß das, was an statistischen Zahlen erscheint, vielfach unzuverlässig ist, aber noch viel häufiger unrichtig angewendet wird.

Meine Herren, nun kommt die Frage der brodlosen Arbeiter, die vom Herrn Vorredner ausgiebig mit ziemlich elegischem Tone behandelt worden ist. Er fragt uns, ja, wo sind denn die hunderttausend Arbeiter? Meine Herren, gegenüber den Arbeitern, die der Holzhandel in Danzig, Stettin und Memel beschäftigt, — diesen Städten und ihrer großen Bedentung für Industrie und Handel will ich an sich nicht zu nahe treten; — sind doch, weit größer und mehr mit Menschen und mehr mit hungrigen Menschen und mehr mit nicht reichen Menschen die 2500 Quadratmeilen Forstlandes in Deutschland besetzt; und, meine Herren, daß auf diesen 2500 Quadratmeilen hunderttausende wohnen, welche unmittelbar berührt sind vom Schicksal der Forsten und welche nicht wechseln können in ihrer Beschäftigung, wie man mit Handelsspekulationen etwa wechseln kann,

(hört! hört! links)

das ist doch sehr zu bedenken.

(Sehr wahr!)

Meine Herren, da haben wir freilich wieder gehört, es werden nur 7 200 000 Mark Löhne in den preußischen Staatsforsten bezahlt; — nur 7 Millionen, etwas ganz unbedeutendes! Meine Herren, ich glaube, eine ganz hübsche Anzahl Leute, die für diese 7 Millionen interessirt sind, denken über die 7 Millionen sehr wesentlich anders, als der Herr Abgeordnete Rickert.

(Sehr richtig! rechts.)

Er hat im wesentlichen nur die Hauerlöhne in den Staatsforsten berührt, welche gegen das gesammte Interesse der in den Forsten Arbeitenden einen ganz verschwindend kleinen Bruchtheil bilden.

Meine Herren, der Herr Abgeordnete hat von Fuhrlöhnen nicht gesprochen, namentlich nicht von dem, was der Herr Reichskanzler gestern betont hat, von der Benutzung der Arbeitskraft und der Spannkraft, die man hier in natura verwerthen kann, die dadurch eine wünschenswerthe Zuthat gibt zu dem übrigen Erwerb der armen Leute, gerade in solchen Walddistrikten.

Meine Herren, nöthigen Sie uns nicht, diese Gegenüberstellung zu stark zu urgiren. Die Nation wird nicht im Zweifel sein, wo das größere Interesse liegt, ob bei Ihren Kaufleuten, bei Ihren Komptoirs, bei der kleinen Zahl der Arbeiter, die Sie dort beschäftigen, oder bei den hunderttausenden der Waldarbeitern und der unmittelbar am Verdienst der Waldarbeiter beschäftigten Familien, auf den 2500 Quadratmeilen deutschen Waldes.

(Bravo! rechts.)

Meine Herren, übrigens habe ich mir ja alle mögliche Mühe gegeben durch meine Auseinandersetzung nachzuweisen, daß das Holz in den Ostseeprovinzen doch zu Wasser herabschwimmen muß, nach wie vor, also nachzuweisen, daß der Handel gar nicht wesentlich alterirt wird.

Meine Herren, der elegische Ton bezüglich der Arbeiterbeschäftigungsfrage ist also ganz und gar namentlich gegenüber meinen Ausführungen nicht am Platze gewesen.

Meine Herren, ebenso wenig möchte ich Ihnen empfehlen, den Gegensatz nicht stark zu akzentuiren, der sich in das Wort „deutscher oder russischer Holzhandel" einkleiben läßt. Meine Herren, auch da werden die Sympathien der Nationen entschieden auf Seiten des Herrn Reichskanzlers sein und nicht auf Seiten des Herrn Abgeordneten Rickert. Ich möchte hier nur gegen die Konfundirung Widerspruch erheben, die der Herr Abgeordnete versucht hat, wenn er uns einen nur den Durchfuhrhandel mit ausländischer Waare zur unmittelbaren Konkurrenz mit der ausländischen Produktion treibenden Handelszweig gleichstellt mit der deutschen Industrie, die fremde Rohstoffe verarbeitet. Meine Herren, das sind denn doch zwei grundverschiedene Dinge. Was bleibt als nationale Zuthat hängen bei russischen Rohstoffen, welche auf der einen Seite herein und auf der anderen Seite wieder hinaus schwimmen. Das sind geringe Bruchtheile gegenüber der Imprägnirung mit nationaler Arbeit und auch mit nationaler Kapitalnutzung, welche stattfindet bei der produzirenden Industrie, die fremde Rohstoffe in Deutschland bearbeitet. Meine Herren, gegen eine solche Konfundirung kann nicht energisch genug Einspruch erhoben werden.

Meine Herren, der Herr Abgeordnete Rickert hat aber auch behauptet, in den Motiven finde man ein Schaukelsystem, er hat das Wort nicht gebraucht, es sollte aber wohl Bezug genommen werden auf frühere ähnliche Aeußerungen in anderen Sachen; da stehe denn, der Holzzoll werde das Holz nicht vertheuern, dann stehe doch wieder da, es werde vielleicht doch theurer. Meine Herren, ich wollte den Herrn Abgeordneten Rickert bitten, mir zu zeigen, wo das in den Motiven steht. Inzwischen hat er selbst die Antwort auf diese Frage, die ich noch nicht zu stellen in der Lage gewesen war, gegeben, indem er sagte, es stehe in den Motiven, daß eine „irgend wie fühlbare Vertheurung" nicht eintreten werde. Es ist also nicht geleugnet in den Motiven, daß eine mäßige Vertheurung eintritt, aber geleugnet, daß das eine fühlbare sein wird. Die Behauptung, daß die Vertheurung in den Motiven in Abrede gestellt sei, ist demnach unrichtig.

Meine Herren, dann kommt der Herr Abgeordnete Rickert mit einer Einwendung, die wir in ähnlicher Weise auch schon bei anderen Zollpositionen gehört haben. Der Herr Abgeordnete Rickert sagt, hier herüber gewendet: der Zoll ist viel zu nieder, wie können Sie einen solchen Zoll wollen, da müßten Sie einen viel höheren haben! Meine Herren, nach der Richtung hin lassen Sie doch diejenigen sorgen, die für den Zoll sind. Meine Herren, diejenigen, welche für den Zoll sich überhaupt nicht interessiren, möchte ich bitten, sich in Spekulationen darüber, ob man den Zoll nicht etwas höher machen soll, gefälligst nicht einzulassen.

(Heiterkeit.)

Meine Herren, die Rhederei ist weiter betont worden. Ich kann da anknüpfen an das, was ich bezüglich des Handels bemerkt habe. Meine Herren, wir erwarten keinen wesentlichen Rückgang des Handels, ich lege auch gerade auf die Ausführungen, die dahin gerichtet sind, großen Werth. Wir erwarten also auch nicht, daß die Rhederei deshalb könne in Verfall kommen. Und, meine Herren, wenn übrigens das auch Ihren Beifall nicht findet, ich kann an der Stelle wiederholen, auch die Rhederei ist jedenfalls viel beweglicher als die Waldkultur. Meine Herren, die einzelnen Schiffe sind jedenfalls die beweglichern Werthe. Meine Herren, so weit dürfen wir uns wohl nicht verirren, daß wir die ganze Ausbildung der Schiffsleute an die Frage der speziellen Erhaltung des ausgiebigen Holzhandels knüpfen und daß wir etwa mit dem Herrn Abgeordneten Schlutow glauben würden, man könne eigentlich nur auf Holzschiffen die Schiffsjungen gehörig ausbilden.

Der Herr Abgeordnete Rickert hat endlich bemerkt, ich hätte gut gethan, bei der Gegenüberstellung der Einfuhr und Ausfuhr, bei der Bilanzirung der Quantitäten von Bauholz und Nutzholz, welche eingegangen sind, auch noch die Differenz für 1878 mitzutheilen. Meine Herren, ich habe sie mitgetheilt, der stenographische Bericht wird es ausweisen. Ich habe ausdrücklich bemerkt, daß sogar noch im Jahre 1878 unter den ungünstigsten Verhältnissen gleichwohl ein Einfuhrüberschuß von 38 bis 39 Millionen Zeutner Bau- und Nutzholz vorliege. Als ich mir vorhin erlaubte, es war vielleicht parlamentarisch nicht richtig, meinerseits eine Einsprache zu erheben, — dies kurz zu bemerken, da ertönte mir von jener Seite (links) der Ruf entgegen: 1879! Ja, meine Herren, wie groß die Holzausfuhr und Einfuhr im Kalenderjahr 1879 ist, das kann ich Ihnen nicht sagen.

(Oh! links.)

Meine Herren, es ist ferner bemerkt worden, — das war wesentlich der Schluß der Ausführungen des Herrn Abgeordneten Rickert — es sei gefährlich für den deutschen Wald, es wieder zu höheren Holzpreisen kommen zu lassen. Meine Herren, ich empfehle diesen Spruch allen deutschen Forstbesitzern, er wird große Sympathie auf Seiten derselben finden. Es wird nämlich gesagt, das sei ungeheuer gefährlich, der Wald wird abgeschlagen, es kommt die Devastation. Meine Herren, wissen Sie denn nicht, daß die deutsche Forstwirthschaft, die wirklich auf der Höhe der Zeit steht, — wenn es auch in der Presse bekämpft worden ist, — gerade auf die Erhaltung des nachhaltigen Betriebs ein ganz außerordentliches Gewicht legt? Wissen Sie denn nicht, daß gerade die Forstbesitzer, denen Sie jetzt so devastatorische Gedanken auf Grund der Preisveränderung zutrauen, Millionen und Millionen Werthe erhalten haben in ihren Forsten und zwar zu einer Zeit, wo sehr hohe Holzpreise waren?

(Sehr wahr! rechts.)

Die Forstbesitzer haben also die Probe schon bestanden. Diese

Gefahr ist also nicht vorhanden, wohl aber die Gefahr für den deutschen Wald, die darin läge, wenn es käme, wie Sie es wollen, daß man den deutschen Wald nur noch, ich möchte sagen, wie einen vergrößerten Thiergarten für Deutschland behandelt,

(Heiterkeit)

aus dem man keinen wirthschaftlichen Nutzen zöge. Wenn Sie das thun wollen, dann haben Sie wenigstens die Güte, dies auf ein etwas kleineres Quantum, als auf 2500 Quadratmeilen zu beschränken. Nein, die deutsche Waldwirthschaft steht fest und die deutsche Waldwirthschaft muß ihren Wald erhalten und erhält ihn.

Bedenken Sie doch, meine Herren, wie viel Wald auf absolutem Waldboden steht, auf dem auch noch die hütende Hand des Staats in vielen deutschen Staaten ruht, und von dem ich persönlich die Hoffnung ausspreche, daß das auch noch in anderen Staaten, in denen das noch nicht der Fall ist, später eintreten wird. Wenigstens ist bei uns in Bayern die einmüthige Stimmung der Regierung wie der Volksvertretung auf die Verschärfung aller forstpolizeilichen Bestimmungen gerichtet, die den Wald erhalten wollen, und ich wünsche, daß dieses Beispiel sowohl auf Seite der anderen deutschen Staatsregierungen als auch der anderen deutschen Volksvertretungen seine entsprechende Nachahmung finde. Wenn Sie nun den Waldbesitzer fesseln, ihn nöthigen, seinen Wald zu behalten, dann ist es ein einfaches Gebot der Gerechtigkeit, ihn in der Verwerthung des Waldes zu schützen. Wie schon gestern betont ist, Sie können nicht sagen: auf dem absoluten Waldboden bauen Sie gefälligst Getreide, — das wollen Sie ja aber auch nicht schützen, — bauen Sie Graswachs, — das ist auch wieder nichts, — bauen Sie gefälligst Handelsgewächse — und den Flachs wollen Sie ja auch nicht schützen, — bauen Sie — ich weiß nicht, was noch übrig bleibt.

(Große Unruhe links.)

Jedenfalls können Sie das auf den deutschen Waldboden in keiner Weise anwenden. Nein, meine Herren, die deutsche Volkswirthschaft bürgt dafür, daß auch bei Erhöhung der Preise, die wir wünschen müssen, keine Gefahr besteht. Mit der Vertheuerung ist es überhaupt ein eignes Ding. Nicht jedes Theuerwerden über das Maß der ungünstigen Konjunktur hinaus ist ein Unglück für die Konsumenten.

Meine Herren, wenn eine Waare so billig ist, daß darunter alle die Leute, die sie schaffen, alle Menschen, die auf 2500 Quadratmeilen leben, sich in schlimmer Lage befinden, dann erkauft der Konsument einen ganz geringen Vortheil — wenn er ihn hat, ich erlaube mir ein großes Fragezeichen hier einzuschieben — mit dem Verlust der Millionen, welche er bei der Gelegenheit erleidet. Also, meine Herren, fürchten Sie nichts, wenn es etwa eintritt, von einer geringen Vertheuerung der Preise für deutsches Bau- und Nutzholz. Die Forstbesitzer werden mit derselben Bescheidenheit, wie dies früher der Fall war, auch fernerhin ihren Wald erhalten und Sie laufen nicht die geringste Gefahr, damit eine Devastation einzuführen. Dann aber, meine Herren, wenn wir Ihrer Politik folgen, wenn wir Jahrzehnte hindurch unseren deutschen Wald nicht in rationeller, wirthschaftlicher Weise verwenden können, sondern nur den Raubbau herbeiführen, dann wird der deutsche Wald zu Grunde gehen.

(Bravo! rechts. Zischen links.)

Präsident: Der Herr Abgeordnete Freiherr von Mirbach hat das Wort.

Abgeordneter Freiherr **von Mirbach**: Meine Herren, ich wende mich zunächst gegen den Herrn Abgeordneten Rickert. Derselbe hat zunächst ausgeführt, die Forstbesitzer hätten kein Recht, eine Stabilität ihrer Einnahmen zu verlangen; ich trete ihm darin vollkommen bei. Meiner Ansicht nach hat überhaupt irgend eine Erwerbsart im Staate nicht das Recht, zu verlangen, daß der Staat ihre Einnahmen fixire. Daß die vollständige Stabilisirung der Einnahmen ihr gesichert werde, hat aber noch viel weniger als die Forstwirthschaft, meines Erachtens der Handel zu verlangen das Recht, denn der Handel hat doch ein größeres Maß von Volubilität in sich, er kann sich allen Chancen viel mehr anpassen, als die Forstwirthschaft, welcher die größte Stabilität innewohnt und, was vorher schon angeführt ist, die Forstwirthschaft wird in Bezug auf die Verwerthung ihrer Produkte behindert, eingeengt durch die Aufsicht des Staates. Ich erinnere daran, daß auch bei uns in Preußen die Gemeindeforsten unter der Kontrole des Staats stehen und daß in Süddeutschland wohl der gesammte Wald der Kontrole des Staats unterstellt ist.

Dann, meine Herren, hat der Herr Abgeordnete Rickert uns angeführt die Werbungskosten: der Herr Regierungskommissar hat dieses Thema weiter ausgeführt, er hat aber doch vergessen, die außerordentlich bedeutenden Kulturkosten anzuführen, die Wegebaukosten, die Grabenarbeiten u. s. w. die stecken in die Werbungskosten nicht drin, das ist mindestens ein ganz besonderer Titel. Außerdem hat er, wie er selbst zugibt, nur gesprochen von den Staatsforsten, nicht von den Privatforsten. Ich will keine Zahlen anführen, ob Hunderttausende oder Millionen Arbeiter es sind. Halten Sie doch neben einander die Bevölkerung der Seestädte, von der sich ja doch nur ein kleiner Theil mit dem Holzhandel und was damit zusammenhängt beschäftigt, und die Bevölkerung der 2500 Quadratmeilen Wald in Deutschland: und da, meine Herren, möchte ich wissen, auf welcher Seite der Schwerpunkt liegt. Ich stehe nun, meine Herren, um mich gegen jedes Mißverständniß zu schützen, keineswegs auf dem Boden, daß ich den Seestädten gegenüber irgendwie feindlich gesinnt bin, das ist durchaus nicht der Fall und das habe ich früher schon näher ausgeführt.

Dann ist von dem Abgeordneten Rickert gesagt: die Luxusgegenstände seien nicht genügend besteuert, die betreffende Steuer sei nicht hinreichend ausgedehnt, in Bezug auf Artikel der Küche, der Keller, der Tafelgeräthe u. s. w. finde man unendlich viele Gegenstände, die von Paris her oder sonst aus dem Ausland bezogen, der Steuer nicht, oder wenigstens nicht genügend unterworfen seien; — ich frage den Herrn Abgeordneten Rickert, wo finden sich diese Dinge mehr bei den Landwirthen oder bei den Vertretern des internationalen Kapitals.

(Sehr richtig! rechts.)

Meine Herren, die Schädigung des Handels durch den sehr mäßigen Zoll, darin bin ich mit dem Herrn Abgeordneten Rickert einverstanden, daß der Zoll sehr mäßig ist, viel zu mäßig — die Schädigung durch diesen mäßigen Zoll betont zwar Herr Rickert, aber nachgewiesen hat er das meines Erachtens keineswegs.

Dann zitirt der Herr Abgeordnete Rickert den bekannten Artikel des Forstmeisters Wagner, er geht aber darüber hinweg, die Konsequenzen desselben weiter auszuführen, wonach derselbe einen Zoll von 2,5 Mark für geschnittenes Holz verlangt, wenn wie der Forstmeister Wagner wörtlich sagt: „wenn die werthvollen deutschen Wälder nicht der Waldzertrümmerung in Oesterreich und Rußland zum Opfer fallen sollen." Ja, meine Herren, auch wir halten den vorliegenden Zoll, wie ich bereits gesagt habe, für verhältnißmäßig sehr gering, für zu gering, aber es ist doch besser etwas wie gar nichts. Bei Beurtheilung der Holzzölle mag man sich zunächst fragen: Ist der deutsche Forstboden überhaupt im Stande, den Holzbedarf für Deutschland zu liefern oder nicht? Danach muß man die Zollpolitik behandeln und sie kritisiren. Ich anticipire, daß es mir wenigstens scheint, daß die deutschen Wälder den Holzbedarf vollkommen decken können. Ich greife nun auf die Beweismittel aus früherer Zeit zurück, die heutigen Elaborate sollen ja durchweg suspekt sein, ich akzeptire das und ich zitire eine auf der linken Seite des Hauses stets anerkannte Autorität, Herrn Minister Dr. Friedenthal; es wird natürlich diese Autorität heute auf Sie denselben Eindruck machen wie neulich. Ich will damit nicht sagen, daß wir den Minister Friedenthal nicht auch als Autorität akzeptirten. Derselbe hat in einer vorzüglichen Rede am 1. Februar 1875 bei Eröffnung der zweiten Berathung des Gesetzes über Schutzwaldungen folgendes ausgeführt:

> Ich werde von theoretischen Ausführungen um so eher Abstand nehmen als die Landesvertretung, namentlich da das Abgeordnetenhaus in einer fortgesetzten Reihe präjudizieller Beschlüsse sich dafür entschieden hat den Waldschutz anzustreben.

Er führt dann auf das Verhältniß des Forstbestandes in den haupteuropäischen Staaten, und zwar steht dann obenan Schweden mit 43 Prozent des Waldes von der Gesammtbodenfläche, Rußland mit 37 Prozent, Bayern mit 32 Prozent, Oesterreich-Ungarn mit 30 Prozent. Bis hierher gehen die Holz exportirenden Länder. Dann kommen die deutschen Bundesstaaten, außer Preußen und Bayern, mit 27 Prozent Wald, der Gesammtbodenfläche, dann Preußen allein mit 23½ Prozent. Danach ist Deutschland und Preußen, auch Preußen allein, wohl im Stande, den Holzbedarf im Inlande zu decken, denn es hat nur etwas weniger Holzfläche als das Holz exportirende Oesterreich.

Meine Herren, was nun den preußischen Holzbestand angeht, so kommen wir hier zur Frage der Privat- und Staatsforsten. Von diesen 23½ Prozent sind 7½ öffentliche, d. h. Staats- und Kronforsten, 4½ Prozent halböffentliche, d. h. Gemeinde-, Korporations- und Stiftungsforsten und 12½ Prozent Privatwälder. Dem Werthe nach stehen allerdings die Staatsforsten obenan, dann kommen die großen städtischen und Gemeindeforsten und dann die Privatwälder.

Der Herr Minister Friedenthal sagte dann weiter:

> Im Osten Preußens überwiegt das Verhältniß der Staatswälder, im Westen das des Gemeinde- und Privatwaldes. Im Osten besitzen die Landgemeinden so gut wie gar keinen Wald, die Stadtgemeinden aber große geschlossene Forsten; im Westen sind dagegen die Landgemeinden sehr erheblich am Waldeigenthum betheiligt.

Zum Schluß sagt der Herr Minister:

> Würde der Privatwaldbestand vernichtet, — und auf diese Bemerkung lege ich hier sehr viel Werth, so würden wir in die Reihe der waldarmen Länder herabsinken.

Hieran anknüpfend — und das ist kein so großer Gedankensprung — komme ich zu dem Herrn Abgeordneten Bamberger. Derselbe sagte uns neulich, indem er uns den Landbau dringend empfahl, der Landbau wäre der sicherste und ehrenhafteste Beruf und ferner, es rentirten die Forsten in den Nachbarstaaten, beispielsweise Frankreich — Belgien, glaube ich, hat er auch zitirt — nur mit 1 Prozent. Ich entgegne darauf, erstens der Landbau ist bei der gegenwärtigen Gesetzgebung der unsicherste Beruf, denn das im Landbau angelegte Kapital wird in 40 Jahren aufgezehrt, wenn man ihm entgegenhält das im mobilen Besitz angelegte Vermögen durch die höhere Belastung mit Steuern und Abgaben. Was ferner den ehrenwerthesten Beruf anbetrifft, so glaube ich, daß die meisten Berufsarten gleich ehrenwerth sind, die des Bankiers, des Kaufmanns, ebenso wie die des Landmanns, es kommt eben nur auf die Person an. Wenn nun die Forstrente nur 1 Prozent beträgt, wie das von Herrn Bamberger ausgeführt ist, so ist es doch sehr leicht möglich, daß eine ganz geringe Schwankung der Konjunktur dieses 1 Prozent auf 0 Prozent herabdrückt. In einer Broschüre an seine rheinischen Wähler, die mir von dem Verlagsbuchhändler zugeschickt ist mit der Bitte um Verbreitung — ich bin diesem Wunsch theilweise nachgekommen —, nennt zunächst der Herr Abgeordnete Bamberger die rheinische Ritterschaft — natürlich die früherer Jahrhunderte — Wegelagerer, ich kann darüber hinweggehen. Er sagt aber auf Seite 14 folgendes:

> Wer ist der Holzproduzent? Unseres Wissens der Waldbesitzer. Wer aber besitzt Waldungen? Außer dem Staat und etlichen Gemeinden nur eine beschränkte Anzahl sehr großer Grundherren. Der gewöhnliche Bürger und Bauer hat keine Waldungen.

Ferner:

> Forstbewirthschaftung kann nur von Eigenthümern großer Herrschaften betrieben werden. Deswegen sind es beinahe nur die großen, nach der männlichen Erstgeburt sich vererbenden Güter, die noch Privatwaldungen in sich schließen. Ihren Besitzern allein käme die künstliche Erhöhung der Holzpreise zu gut.

Meine Herren, dieses ist zunächst absolut unrichtig; ich beziehe mich nur auf die Ausführungrn des Herru Staatsministers Dr. Friedenthal, der sich ja über die umfassende Größe der Gemeindewaldungen im Westen Deutschlands ausgesprochen hat; ich füge dann hinzu, daß im Regierungsbezirk Trier und Koblenz — und der Herr Abgeordnete Bamberger wendet sich ja an seine rheinischen Wähler — also am Rhein 274 000 Hektare gleich zirka 1 Million Morgen Gemeindeforsten existiren, ferner in Hessen-Darmstadt, wo der Wahlkreis des Herrn Bamberger liegt, 94 113 Hektare, das heißt zirka 360 000 Morgen in runder Summe Gemeinde- und Kommunalwaldungen. Hier partizipirt doch der Bürger und Bauer ganz erheblich mit an dem Forstbestande.

Wie ist es denn in den anderen Provinzen? In derselben Sitzung vom 1. Februar 1875, auf die ich mich schon bezogen habe, sagte der Herr Abgeordnete Dr. Seelig:

> Es ist in Schleswig-Holstein ein nicht unbeträchtlicher Waldbesitz in den Händen kleiner Bauernstellen, die sogenannten Baudenholzungen, Holzungen, welche von den 75 000 Hektaren Waldboden, die überhaupt in Schleswig-Holstein vorhanden sind, 23 000 Hektare ausmachen, also ungefähr 31 Prozent.

Meine Herren, in den Bambergerschen Worten, wo er von großen Gütern spricht, die nach der männlichen Erstgeburt weiter vererbt werden, ist da kein Appell an den kleinen Mann gegen den großen Fideikommißbesitzer, wird da nicht Klassenhaß erregt? Ich glaube dies bejahen zu müssen, und doch hat gerade der Herr Bamberger neulich den Agrariern sozialistische Tendenzen und Beziehungen vorgeworfen. Er hat ausgeführt, Herr Rudolf Meyer habe den Agrariern angehört, was thatsächlich falsch ist; Herr Rudolf Meyer ist niemals Mitglied der Agrarier gewesen, hat sich niemals an einer Generalversammlung betheiligt, er hat im Gegentheil uns in der Presse bekämpft, trotzdem hat Herr Bamberger das behauptet. Er hat das hier im Reichstag zweimal ausgesprochen, einmal im März und dann ganz kürzlich, er kann sich daher nicht darüber wundern, daß er einmal vom Herrn Grafen Stolberg widerlegt ist und das zweite Mal von mir.

Ich komme jetzt zu der vorgestrigen Rede des Herrn Abgeordneten Klügmann. Derselbe sagte, man habe die Eisenindustrie durch Zölle geschützt, es sei demnach inkonsequent, nun durch Zölle das Holz zu vertheuern und dadurch die Rentabilität der Eisenindustrie wieder herabzudrücken. Sind denn nicht diese ganzen Tarifpositionen ein einheitliches Ganze? Bestehen nicht Werthrelationen zwischen den einzelnen Tarifpositionen? Ich gebe allerdings zu, daß diese Werthrelationen theilweise etwas schwankend sind, meiner Ansicht nach nicht genügend ausgeglichen, speziell hier beim Holz, wo der Zoll nach dem Werth sehr niedrig normirt ist.

Außer an die Eisenindustriellen appellirt Herr Klügmann

auch an die Landwirthschaft, und da frage ich: Ist der größte Theil der Landwirthe nicht selbst Forstproduzent? Ist der überwiegende Theil der Landwirthschaft außer etwa in den Marschen und sonst in sehr fruchtbaren Gegenden, ist nicht der kleinste Bauer sehr vielfach Forstproduzent? — Ich habe die Gemeindeforsten schon vorhin angeführt, — und, meine Herren, werden die Landwirthe nicht noch mehr gleichzeitig Forstwirthe werden, wenn wir sie in eine günstigere Position in Betreff der Holzproduktion bringen? Ich glaube, die Landwirthschaft wird wenigstens zum überwiegenden Theil es mit Freuden begrüßen müssen, wenn die Erwerbsbedingungen für die Forstwirthschaft sich bessern.

Ein Gegensatz zwischen Stadt und Land läßt sich bei dieser Position glücklicherweise gar nicht konstruiren, es sei denn, daß Sie die ganz großen Hauptstädte auf der einen Seite und auf der anderen Seite die kleinen und mittleren Städte sowie das gesammte platte Land in Gegensatz zu bringen suchten. Sehen Sie sich doch die Forststatistik an, die nachweist, welche kolossalen Forstflächen gerade die Städte besitzen.

Daß also die Forsten für unseren Bedarf ausreichendes Holz liefern können, scheint mir vollkommen klar, da sie $1/4$ der Gesammtbodenfläche einnehmen. Daß dies der Fall, oder mindestens annähernd, darüber bin ich mit dem Abgeordneten Richter (Hagen) speziell im Einverständiß. Derselbe sagte nämlich wörtlich, zuerst in der Sitzung des Abgeordnetenhauses vom 13. Januar 1878:

> Es steht auch ferner nicht fest, daß die Forsten überhaupt vermehrt werden müssen; das ist in einzelnen Landschaften richtig, in anderen trifft es nicht zu.

Derselbe Abgeordnete sagte dann ebenfalls im preußischen Abgeordnetenhause am 13. November 1877:

> daß nicht in dem Umfang, wie der Abgeordnete Miquél meint, sondern nur in einzelnen Gegenden, wo allgemeine Kulturinteressen die Erhaltung des Waldes bedingen, allerdings eine Verminderung des Waldbestandes stattgefunden hat, welche die allgemeine Kultur schädigt.

Ich konstatire, daß ich mit den Ausführungen des Herrn Abgeordneten Richter (Hagen) in Bezug auf diesen Punkt durchaus einverstanden bin, auch ich glaube, daß die Forstflächen, wenn gut bewirthschaftet, für unsern Holzbedarf vollkommen genügen. Dagegen halte ich es für dringend nöthig, daß der Vernichtung, der Vernichtung der Privatwälder ein Damm vorgebaut werde, so gut es möglich ist, auch im Wege der Zollpolitik. Die Frage der Waldaufforstung ganz geringer Böden liegt auf einem ganz anderen Gebiet. Es ist bekanntlich ermittelt worden, daß in Preußen etwa 300 Quadratmeilen schlechten Bodens vorhanden, die meistens gar keinen Ertrag liefern, und die will man aus meteorologischen und nationalökonomischen Gründen bewalden. Diese Sache gehört aber nicht hierher. Es ist aber geboten dahin zu streben, daß die Privatforstwirthschaft verbessert werde, und daß das nur möglich ist, wenn der Forst rentirt, daß hat Ihnen der Herr Reichskanzler ausgeführt und auch heute der Herr Regierungskommissar.

Ich komme nun zu den Argumenten der Gegner. Die Gegner sagen, wenn die Holzpreise hoch sind, wird viel heruntergehauen, während, wenn die Preise niedrig sind, weniger Holzbestände geschlagen werden. Wenn ein Forstbesitzer Holz verkauft, um seine zerrütteten Verhältnisse wieder zu arrangiren, sich Betriebskapital zu schaffen 2c., so sehe ich darin kein Unglück, der Unterschied ist nur der, daß, wenn die Preise schlecht sind, er 1000 Morgen herunterschlagen muß, bei guten Preisen vielleicht nur 500. Sie werden gegen dieses Argument wohl nichts einzuwenden haben. Ich erinnere hierbei an die sehr schönen Worte des Herrn Abgeordneten Löwe (Bochum) über die Ehrenpflicht, deren sich jeder Waldbesitzer bewußt sein müsse, den Wald zu konserviren. Die Forstwirthschaft, das möchte ich hier noch betonen, ist der direkte Gegensatz zur Spekulation; bei der Spekulation handelt es sich um einen rapiden Gewinn, bei der Forstwirthschaft wird jeder wissen, daß das, was man heute sät und pflanzt, man niemals selbst wird ernten können, wenigstens beim Hochwaldbetrieb. Wie liegt es in meiner Heimat Ostpreußen? Dort ist verhältnißmäßig wenig Wald, Private haben dort die Wälder wegen geringen Werthes des Holzes devastirt. Es ist zu meinen Lebzeiten in meiner Nähe vorgekommen, daß ein großer Waldbesitzer den Wald anzündete und ihn in Acker legte. In den Staatsforsten in Ostpreußen haben wir vorzügliche Wälder, vielleicht die besten Deutschlands. Sie enthalten die werthvollsten Nadelhölzer, die nach England exportirt werden, ich erinnere nur an die sogenannten Hamburger Balken; wir haben vorzügliche Eschen und Eichen, die jedoch sehr wenig ausgenutzt werden und ich halte es für eine schöne Aufgabe unserer Staatsbahnen, daß sie diesen Hölzern mehr Aufmerksamkeit widmen, als bisher, zumal es sich hier um Staatsforsten handelt. Es ist von der linken Seite des Hauses neulich der Wunsch ausgesprochen worden, wir möchten, wenn wir Holzreden hielten, Holzproben mitbringen. Ich fühle mich auch heute nicht veranlaßt, diesem Wunsche zu entsprechen, finde auch in der Geschäftsordnung keinen Anlaß dazu. Was nun diese Proben speziell anbetrifft, so könnten sie so verschiedene Formen annehmen, daß sie möglicherweise einen ganz bedrohlichen Charakter in die Diskussion hineinbrächten.

(Heiterkeit.)

Außerdem glaube ich, daß einzelne Herren vielleicht gerade von der Seite, von der dieser Wunsch rege gemacht worden ist, nicht im Stande wären, diese Holzproben genau zu unterscheiden, ob sie z. B. von Rothbuchen oder Weißbuchen sind; das ist ja an und für sich auch kein Unglück.

Ich will auf Ostpreußen noch einmal ganz kurz zurückkommen, da liegen die Verhältnisse betreffs des Holzimports so: es kommt eine große Menge russischen Holzes die Memel herunter, geht aber nicht durch, sondern großentheils nach Tilsit; dort wird das Holz geschnitten und überschwemmt nun per Bahn das ganze Land, während unser Holz in den Königlichen Forsten unverkauft bleibt und verfault. Ich weiß wirklich nicht, ob das normale Zustände sind.

Ich komme nun zu der Konkurrenz von Amerika. Ich gehe noch weiter, wie der Herr Abgeordnete Graf Frankenberg, wir haben in Ostpreußen noch bessere Hölzer als er, wir brauchen das amerikanische Holz zum Schiffsbau gar nicht, sondern nur zu ganz feinen Möbeln, zu Fournieren und ähnlichen Dingen; die Konkurrenz von Amerika scheint mir übrigens für Danzig und Stettin — und das leuchtet auch zwischen den Zeilen der Eingaben dieser Städte hervor — viel gefährlicher zu sein für ihren Export in das Ausland als ein geringer Holzzoll.

Was nun die Höhe des Holzzolles anbetrifft, so sagt der Herr Abgeordnete Dr. Delbrück, derselbe sei ganz verschwindend. Darauf bitte ich Werth zu legen. Dann ist doch noch bemerkenswerth, daß nach dem vorliegenden Tarif das Brennholz vollständig frei ist, was früher nicht der Fall war. Das Brennholz ist ja für den armen Mann die Hauptsache. Ferner ist zu bemerken, daß das harte Holz jetzt niedriger tarifirt, und verschiedene Holzwaaren ebenfalls niedriger als früher. Der Zollsatz von 2 Prozent des Werths für rohes Holz ist vorläufig ein ganz minimaler Schutz für den Produzenten. Aber ganz ungenügend — und das hat Ihnen der Herr Abgeordnete Richter schon entwickelt — ist die Relation zwischen dem rohen und dem geschnittenen Holz. Ich halte sie für eine Importprämie für die fremde Arbeit. Sehen Sie von den Holzproduzenten einmal ganz ab und denken Sie an die großen Kapitalien, die in unseren Schneidemühlen stecken, an die große Zahl von Arbeitern, die in unseren Schneidemühlen beschäftigt werden. Bemerkenswerth ist nun für mich unter alle den Petitionen mit Bezug auf diesen Gegenstand doch eine, die von einer großen Anzahl der bedeutendsten süddeutschen Holzhändler unterzeichnet ist. Diese Holzhändler betonen alle, daß sie den dringenden Wunsch haben, daß alles fremde Holz verzollt werden möchte, auch das rohe Holz. Darauf ist doch wohl einiges Gewicht zu legen.

Welches wird nun die Wirkung der Tarife sein? Zunächst die, daß ganz miserable Qualitäten sehr zum Nutzen unserer Konsumenten von unserem Markte verdrängt werden; ferner da in Rußland und Oesterreich sehr viel Kapital engagirt ist, zur Ausbeutung von Wäldern und zum Import dereu Produkte nach Deutschland — nach meiner Ansicht allerdings viel mehr fremdes Kapital als deutsches —, so wird allerdings in den nächsten Jahren, da diese Verhältnisse sich nicht mit einem male lösen lassen, der Strom fremden Holzes uns überschwemmen. Die Reichsfinanzen werden aber ganz erhebliche Einnahmen haben, welche der Importeur größtentheils tragen wird. Jedenfalls werden die Einnahmen für die Reichskasse höher sein, als sie der Herr Abgeordnete Klügmann angenommen hat. Erst nach einer Reihe von Jahren wird dieser Strom fremden Holzes etwas nachlassen; es werden dann allerdings auch die Reichseinnahmen geringer werden, aber es wird die einheimische Produktion, was man doch auch mit Freude begrüßen kann, doch in etwas von dieser Konkurrenz entlastet werden.

Ich schließe wegen der etwas vorgerückten Zeit und bitte Sie recht dringend, — da das sehr niedrige Niveau der Zölle von allen Seiten anerkannt ist — den Antrag des Kollegen Richter (Meißen) anzunehmen.

(Bravo! rechts.)

Präsident: Der Herr Kommissarius des Bundesraths Oberforstmeister Bernhardt hat das Wort.

Kommissarius des Bundesraths königlicher preußischer Oberforstmeister **Bernhardt**: Meine Herren, der Herr Abgeordnete Rickert hat, wie ich meine, das Feld der Interessen, welches durch die gegenwärtige Vorlage der verbündeten Regierungen berührt wird, doch nicht recht aufgefaßt. Es handelt sich denn doch nicht in erster Linie um jenen Bruchtheil von Wald, welcher den Staaten gehört, es handelt sich auch nicht um die relativ wenigen Besitzer großer Gutswaldungen, sondern es handelt sich um zahllose Beziehungen des deutschen Bauernstandes zur Waldwirthschaft, die seit den ältesten Zeiten sich mit unserem wirthschaftlichen Volksleben verknüpft haben, und von denen ich hoffe und wünsche, daß sie auch in aller Zukunft mit der Waldwirthschaft verknüpft sein mögen. Meine Herren, werfen Sie doch einen Blick auf den Westen und Südwesten von Deutschland, wo jeder Bauer einen Antheil an dem gemeinsam besessenen Wald hatte, und auch heute noch ein lebhaftes Interesse an dem Gemeindewalde, der der politischen Gemeinde zugefallen ist, oder an den Interessentenwaldungen, an dem er mitbetheiligt ist, hat. Im Kreise Siegen ist ein jeder Bauer Waldbesitzer, in den benachbarten Kreisen ebenso. Bedarf es denn da noch des Nachweises, daß es sich hier in Wahrheit um hunderttausende bäuerlicher Besitzer handelt? und ist es denn gerecht, dem Großgrundbesitz immer wieder den Vorwurf entgegen zu schleudern, er werde von irgend einer Vertheuerung des Holzes nur den Gebrauch machen, daß er seine Wälder herunterschlüge. Meine Herren, der Großgrundbesitz in Deutschland hat auf dem Boden einer ehrenwerthen Familientradition in den schwersten Zeiten finanzieller Bedrängniß seine Wälder erhalten.

(Sehr richtig! rechts.)

Es ist durchaus unrichtig, was der Herr Abgeordnete Rickert, gestützt auf eine Angabe von Herrn Wagner aus Kastell angeführt hat, in den deutschen Privatwaldungen würden Nutzhölzer von der Stärke wie sie gebraucht werden überhaupt nicht erzogen. Meine Herren, ich möchte den Herrn Abgeordneten Rickert einladen, eine Rundreise durch die deutschen Privatwaldungen zu machen, er würde vielleicht erstaunt sein mehr über den hyperkonservativen Sinn einer Erhaltung des ursprünglichen Holzbestandes, als über das Gegentheil.

Sodann hat der Herr Abgeordnete Rickert den Satz aufgestellt: Hat derjenige, welcher durch günstige Umstände vorübergehend sein Vermögen erhöht, denn ein Recht, daß das immer so bleibt? Er hat diesen Satz, wie es scheint, angewendet auf die deutschen Waldbesitzer. Ich möchte ihm rathen, ihn einmal anzuwenden auf die Danziger und Memeler Kaufleute. Haben dann die ein Recht, daß die Konjunktur immer so günstig bleibt,

(sehr richtig! rechts)

wie sie gegenwärtig gewiß ist?

Der Herr Abgeordnete Rickert hat mit allen Zahlen, die er angeführt hat, lediglich die Staatsforsten getroffen, er hat hervorgehoben, daß die Bestrebungen der neueren Zeit, den Staatsforstbesitz zu vergrößern aus allgemeinem Landeskulturinteresse, sich nicht stütze auf eine höhere Rentabilität des Waldes. Ja, meine Herren, das hat denn doch wohl mit der Vorlage der verbündeten Regierungen sehr wenig zu thun.

(Sehr richtig! rechts.)

Wenn die Gesammtheit verkörpert im Staate sich für verpflichtet erachtet, aus allgemeinem Landeskulturinteresse einen Waldanbau zu befördern, der zunächst nicht rentabel ist, wird man doch, ohne das Wesen der menschlichen Wirthschaft zu verleugnen, nicht behaupten wollen, daß der Privatbesitz — und mehr wie die Hälfte aller Forsten in Preußen ist im Privatbesitz — zu gleicher Opferfreudigkeit im Stande oder willens sei.

Meine Herren, der Herr Abgeordnete Klügmann hat der deutschen Forstwirthschaft gewissermassen ein Zukunftsprogramm vorgehalten und hat ihr gerathen, statt nach Zöllen zu streben und dadurch ihre Produktionspreise etwas höher zu erhalten, möge sie sich lieber selbst vertiefen in einen intensiveren Betrieb mit reichlicherer Nutzholzerzeugung und besserer Bestandspflege ihre Blüthe zu erreichen suchen. Meine Herren, ich freue mich, daß das Programm, was die deutschen Regierungen seit Jahren als das ihrige anerkennen, in dieser Weise aus dem Munde des Herrn Abgeordneten Klügmann verkündet worden ist. In Wahrheit ist die ganze neue Entwickelung der deutschen Forstwissenschaft — und die deutsche Forstwissenschaft steht an der Spitze der forstwirthschaftlichen Bewegung der ganzen Welt —

(sehr richtig!)

ist die Entwicklung die, daß man nach intensiver Nutzholzwirthschaft nicht in dem Sinn, wie der Herr Abgeordnete Richter es meint, indem man allgemein von Laubholz zu Nadelholz übergeht, das möchte doch wohl nicht als berechtigt anzusehen sein in dieser generellen Weise, sondern wenn man durch den Vorverjüngungs- und Lichtungsbetrieb den Zeitpunkt kürzer stellt, innerhalb dessen sehr starke und gebrauchsfähige Hölzer erzogen werden können.

Allein, meine Herren, diese ganze so segensreiche Entwickelung ist abhängig von einer Voraussetzung, von der Sicherheit, daß die forstlichen Produkte dauernd eine angemessene Verwerthung finden, und die Vorlage, meine Herren, die Ihnen die verbündeten Regierungen unterbreiten, will diese Voraussetzung schaffen.

Wer also, meine Herren, eine Entwickelung der deutschen Forstwirthschaft in dem von dem Herrn Abgeordneten Klügmann ausgesprochenen Sinn — er griff zurück auf eine Aeußerung des Herrn Abgeordneten Richter (Meißen) —, der möge der Vorlage der verbündeten Regierungen zustimmen; denn der Erfolg dieser Vorlage wird der vom Herrn Abgeordneten Klügmann selbst gewünschte sein.

Der Herr Abgeordnete Schlutow hat gestern uns ausgeführt, daß die Holzhändler an dem weichen Holz überhaupt nichts verdienten, das den Flössen beigefügte Weichholz — wesentlich Nadelholz, meine Herren, — sei vielmehr eigentlich nur das Transportgefäß, um die schweren edlen Laubhölzer zu befördern. Meine Herren, ich möchte mir die Frage an den Herrn Abgeordneten Schlutow erlauben, woher denn die Blüthe der märkischen Holzhändlergeschäfte stammt, die überhaupt nur sogenanntes Weichholz, d. h. Nadelholz, aus den polnischen Forsten transportiren. Ich kann mir gar nicht denken, daß der deutsche Idealismus bei den deutschen Holzhändlern so weit gehen sollte, daß sie ein Geschäft, bei dem sie absolut nichts verdienen können, ein Vierteljahrhundert hindurch vom Vater auf den Sohn fortsetzen. Nebenbei bemerkt, werden sie oft recht reich dabei.

(Heiterkeit.)

Meine Herren, es ist wiederholt darauf hingewiesen worden, daß die deutsche Forstwirthschaft allerdings einer besseren Pflege bedarf, als ihr bisher zu Theil geworden ist. Man darf doch nicht verkennen, daß zuletzt auch die Produktionsgrundlagen, die das Rohmaterial für die Fabrikation und den Handel liefern, eine kleine Berücksichtigung verdienen. In der Rede des Herrn Abgeordneten Schlutow war ungeheuer viel die Sprache von den Arbeitern, die beim Verflößen ihr Brod verdienen; aber nicht mit einem Worte erinnerte sich der Herr Abgeordnete, daß es in Deutschland Hunderttausende nicht allein von Arbeitern, sondern auch von ganz kleinen Wirthen gibt, deren wirthschaftliche Existenz ganz wesentlich mit ihrer kleinen Waldwirthschaft verknüpft ist. Meine Herren, die neuere Entwicklung in Deutschland geht zurück auf die ältesten Formen der Waldbewirthschaftung, man bemüht sich jene wirthschaftlichen Elemente zu rekonstruiren, welche einst zur Blüthe des deutschen Bauernstandes, zu seiner physischen Kraft und sittlichen Tüchtigkeit so wesentlich beigetragen haben. Man bemüht sich, die kleinen Waldbesitzer zu einem ganzen zu vereinigen, um in den Genossenschaften dem Großbesitz eine ebenbürtige Macht entgegenzustellen. Alle diese Bemühungen, meine Herren, werden in dem Augenblick in Frage gestellt und müssen sich mit trauriger Nothwendigkeit in ihr Gegentheil verkehren, wenn wir nicht es vermögen, die forstliche Produktion zu sichern gegen ein fortdauerndes Sinken ihrer Produktenpreise. In diesem Augenblick werden rheinische Gemeinden gezwungen, gesetzlich gezwungen, ihre verödeten Hänge, welche eine tiefe Schädigung für die darunter liegenden Gebäude gebracht haben, wiederum zu bewalden. Wollen Sie von dem kleinen Bauer verlangen, daß er diese Arbeit vollführt, wenn Sie ihm nicht wenigstens die Aussicht lassen, daß er aus der Sparkasse, in welche er seinen Betrag mit langer Zinsentsagung hineinlegen muß, doch endlich für seine Kinder und Kindeskinder einen Ertrag erhält?

(Sehr richtig!)

Will man das eine, meine Herren, so muß man auch das andere wollen. Wollen Sie wachen über die Bewaldung Deutschlands, welche eine viel größere Bedeutung hat, denn als Erzeugungsquelle von Nutz- und Brennholz, wollen Sie wachen über die Erhaltung des deutschen Waldes, so müssen Sie auf der anderen Seite auch den deutschen Wald so weit schirmen gegen fortdauernde Entwerthung seiner Produkte, gegen eine wahnsinnige Ueberschwemmung unserer Märkte mit jenen Holzmassen, die ohne einen nennenswerthen Ertrag auf den Markt geworfen werden, nur um eine gewisse Summe Geld für den geldbedürftigen Grundbesitz in Ungarn zu schaffen, dann müssen Sie den Wald gegen solche Invasion der Raubbauprodukte zu schützen den Muth haben. Meine Herren, ich bitte Sie, durch Annahme der Vorlage der verbündeten Regierungen unsern Wald vor Zerstörung, unsern Boden vor Verödung und jene Forstelemente, welche mit der deutschen Waldwirthschaft zum Segen unseres Landes immer verknüpft gewesen sind, vor der Vernichtung zu schützen.

(Bravo!)

Präsident: Es ist ein Antrag auf Schluß der Debatte eingegangen von dem Herrn Abgeordneten Freiherrn von Lerchenfeld.

Ich bitte diejenigen Herren, welche den Antrag unterstützen wollen, sich zu erheben.

(Geschieht.)

Die Unterstützung reicht aus.

Ich bitte diejenigen Herren, welche den Antrag annehmen wollen, sich zu erheben.

(Geschieht.)

Das ist die Minderheit; der Antrag auf Schluß ist abgelehnt.

Es wird mir eben ein Antrag des Herrn Abgeordneten Rickert auf namentliche Abstimmung über Position 13 c Nr. 1 überreicht. — Derselbe trägt schon die erforderliche Anzahl Namen zur Unterstützung.

Das Wort hat der Herr Abgeordnete Cysoldt.

Abgeordneter **Cysoldt:** Meine Herren, es ist heute im Hause ausgesprochen worden, daß bei der Stimmung der Majorität, die gegenüber der Tarifvorlage besteht, die Reden entgegengesetzten Sinnes mehr oder minder fromme Wünsche sein werden. Ich bin allerdings auch sehr der Befürchtung, daß mein Antrag, welcher das Rohholz und das nur mit der Axt vorgearbeitete Holz zollfrei in das Reichsgebiet hereinlassen will, nicht die Annahme des Hauses findet, aber trotzdem, meine Herren, glaube ich, daß bei den großen Interessen, die in Frage stehen, es angezeigt ist, die Interessen derjenigen, welche glauben, durch die neuen Zölle geschädigt oder in ihrem Geschäftsbetrieb beschränkt zu werden, darzulegen und in der Debatte zu behandeln. Ich glaube, es ist selbst im Interesse der Regierungsvorlage, wenn in gründlicher Diskussion von der Regierung widerlegt wird, daß die Befürchtungen nicht begründet sind, vorausgesetzt, daß dies durch beweiskräftige Gegengründe geschehen kann. Ich werde daher, trotz der Mahnung des Herrn Regierungskommissars Mayr, welcher meint, es würde dann, wenn wir uns gegen die Ansicht des Reichskanzlers zum Schutz des Handels gegen den Schutz unserer Waldarbeiter erklärten, es würde dann wahrscheinlich die Nation nicht auf unserer Seite, sondern auf Seite des Reichskanzlers stehen, die nach meiner Ansicht gefährdeten Interessen gegen die Vorlage vertreten. Meine Herren, ich glaube, dieses Appells des Herrn Regierungskommissars hätte es überhaupt nicht bedurft gegenüber den Abgeordneten, welche verfassungsgemäß aus freier Wahl hervorgegangen, lediglich nach ihrer eigenen freien Ueberzeugung zu stimmen und zu handeln haben, und entspricht es, so viel ich weiß, nicht dem Takte und der Sitte des Hauses, daß ein Bundeskommissar, welcher bekanntlich bei seiner Vertretung der Vorlage an die Instruktion seines verantwortlichen Ministers gebunden ist, den Abgeordneten der Nation einen derartigen Rath ertheilt, wie sie sich zu ihren Wählern verhalten sollen.

(Sehr richtig! links.)

Meine Herren, ich habe nicht die Absicht, im allgemeinen die ganze große Zollebatte über die Frage der Nützlichkeit der Zölle zu wiederholen, ich habe auch gegen die Holzzölle nur einen einzigen Antrag gestellt, der, wie ich schon bemerkt, hauptsächlich dahin geht, Rohholz freizulassen; ich habe diesen Antrag, wesentlich von meinen Erfahrungen aus meinem Heimatlande Sachsen geleitet, gestellt und werde ihn auch unter Bezugnahme hierauf begründen. Ich bemerke im voraus, daß mir bei dieser Begründung das Plaidoyer des Abgeordneten Richter (Meißen) sehr günstig vorgearbeitet hat, nur daß wir, beide auf demselben Wege wandelnd, zu verschiedenen Schlüssen kommen. Jener will, von meinen Erwägungen ausgehend, die Zölle auf Halbprodukte und Schnittwaaren zum Schutze unserer Produktion erhöht haben, ich dagegen meinestheils will zu gleichem Zweck das eingehende Rohmaterial, wie auch die Herren aus den Seestädten, zollfrei lassen. Ich bemerke aber, daß es einem Abgeordneten sehr schwer wird, wenn er bei Abwägung von den Interessen, die für oder gegen einen Zollvorschlag sprechen, nämlich einmal der Interessen des Staats oder einzelner Produzenten, die für die Einführung des Zolles angeführt werden, und dann wieder der Interessen derjenigen Kreise von Konsumenten und Fabrikanten u. s. w., welche sich durch die Zolleinführung geschädigt fühlen, dann seine in der einen oder anderen Richtung gehenden Anträge zu begründen, und dem Hause und der Regierung gegenüber überzeugend zu beweisen, wenn, wie ich konstatire und Sie gehört haben, die Gründe und Zwecke, welche für die Einführung des Zolls aufgeführt werden, wechseln, ja ich möchte sagen, im Handumdrehen je nach Bedürfniß gewechselt werden. Das Verfahren kommt mir vor, wie die elektrische Beleuchtung einer Quelle, die unter verschiedene bunte schnell wechselnde Gläser gestellt wird. Bald heißt es, der Zoll ist ein Finanzzoll, um die Finanzen aufzubessern. Schön. Meine Herren, wenn es das ist, so muß man auf die finanziellen Erträge und eine möglichst reiche Zufuhr der Waare rechnen. Dann kommt dem Antrage auf Befreiung gegenüber natürlich das Finanzinteresse in Frage, und die Frage ist zu stellen, ob die finanziellen Einkünfte aus dem Zoll für den Staat von höherem Interesse sind, als diejenigen Interessen, die der Handel oder die Produktion an der Zollfreiheit hat. In dem anderen Moment aber heißt es im offenbaren Widerspruch mit der ersten Angabe: nein, das sind keine Finanzzölle, das sind Finanzschutzzölle. Man will, wie man sagt, die Einnahmen der einzelnen Staaten aus ihren Forsten schützen, indem man durch Erschwerung der Zufuhr im Inlande höhere Preise zu erzielen sucht. In dieser Richtung möchte ich gleich im voraus bemerken, daß es mir sehr auffällig ist, daß man, während in der ganzen Zollvorlage im großen und allgemeinen doch immer bloß das Interesse der einzelnen Produzenten, gleichgiltig um das Interesse der großen Menge der Konsumenten, welche die breite Basis der Steuerzahler bildet, geschützt wird, hier beim Wald, plötzlich umgekehrt, das Interesse der Steuerzahler vorkehrt, indem man sagt, die Staaten haben zu wenig Einnahme aus ihren Forsten, der hierdurch entstehende Ausfall muß durch die Steuerzahler gedeckt werden, und deshalb auf eine Erhöhung der Preise im Interesse der Steuerzahler gegenüber den Holzkonsumenten gesehen werden, obgleich offenbar diese Holz konsumirenden Interessenten an Zahl viel größer sind, als die Interessenten, die man zum Nachtheile der großen Menge in anderen Industriezweigen schützt. Ich will das nur beiläufig bemerken, sowie daß der Zweck der Finanzzölle mit dem der Finanzschutzzölle in unversöhnlichem Widerspruche steht. Aber noch weiter, plötzlich sagt man wieder — und dies bitte ich zu bemerken — die Zölle sind eventuell Kampfzölle gegen Rußland und Oesterreich. Nun, meine Herren, was bedeutet das? Wenn sie Kampfzölle sind, so muß man doch konsequent dahin kommen, daß, dafern der Staat, gegen den sie angewendet werden, in seinen Zolleinrichtungen Erleichterungen uns gegenüber eintreten läßt, man dann auch von diesen Kampfzöllen zurückgeht. In diesem Momente aber werden die ganzen Deduktionen, die wir gehört haben bezüglich des Schutzes unseres nationalen Waldbestandes, unsere Finanzeinkünfte u. s. w. allesammt mit einem Schlage hinfällig, denn mit der Absicht der Einführung des Zolles als Kampfzoll ist man konsequent auch bereit, alle diese Zwecke, die man mit dem Zoll nach den anderen Angaben verfolgt, wieder fallen zu lassen. Aber, meine Herren, es besteht auch schon ein unversöhnlicher Gegensatz zwischen Finanzzoll und dem eigentlichen Waldschutzzoll. Wenn es wirklich so ist, daß aus der Einfuhr des Holzes eine große Einnahme erzielt und die Einfuhr begünstigt werden soll, dann ist es doch ganz natürlich, daß der Markt bei uns nach wie vor überfüllt bleibt, und die Preise durch die natürliche Konkurrenz sich nach wie vor ausgleichend herabdrücken, alsdann aber der Schutz, den man für die inländische Produktion zu erzielen hofft, in alle Wege nicht eintritt. Ich will diese Widersprüche, die sich sowohl in den Regierungsmotiven, als bei den einzelnen Vertheidigern der Vorlage wiederholen, nicht weiter ausführen; ich will nur bemerken, daß ein weiterer Widerspruch darin liegt, wenn man einerseits sagt: die Zölle werden zu keiner Preiserhöhung führen und für die Konsumenten künftig gar nicht fühlbar sein, wegen deren Niedrigkeit und der Kleinigkeit, die man auf die Waare fällen würde, und man von dieser Kleinigkeit andererseits wirksamen Schutz für den Waldbestand erhofft.

Meine Herren, wenn wirklich die Zölle so niedrig sind, daß sie für den Konsumenten nicht fühlbar werden, dann sind sie auch ebenso niedrig als Schutz für den Produzenten und auch für diesen nicht fühlbar; damit aber müssen alle die Hoffnungen, die man an den Zoll in dieser Richtung knüpft, auch hinfällig werden. Ich führe diese Punkte alle nur aus, um zu zeigen, wie schwierig es allerdings ist, wenn man von einem gewissen bestimmten Gesichtspunkt aus die Zölle bekämpft, mit seinen Deduktionen durchzubringen, weil dann, wenn die Deduktionen noch so unwiderlegbar sind, man von der anderen Seite von dem früher angegebenen Zweck plötzlich zu einem ganz anderen Zwecke, den der Zoll haben soll, übergeht, und man mit diesem neuem, plötzlich vorgeschobenen, dem früher angegebenen widersprechenden Zwecke des Zolls den Ausführungen des Gegners ausweicht. Ich möchte weiter im allgemeinen noch einiges gegen die Motive bemerken. Die Motive führen im großen und ganzen den Grundgedanken aus: unser Markt wird mit ausländischem Holz überschwemmt, dadurch die Preise gedrückt, und dadurch die inländische Produktion, welche nicht die natürlichen Preise erlangt, und damit unser Waldbestand geschädigt. Ob unsere Produktion unserem Bedürfniß genügt, ist zweifelhaft, und wenn nebenbei die Motive sagen, daß im ganzen und großen unsere Forstproduktion unser Bedürfniß deckt, so kann ich dies nicht glauben. Ich möchte und muß vielmehr hiergegen darauf aufmerksam machen, meine Herren, daß selbst die Angabe von Zahlen, auch einer sogenannten verständigen Statistik über unsere Forstproduktion, die uns nicht einmal angeführt worden sind, gerade bei der Forststatistik gegenüber der Bedürfnißfrage nicht so sehr viel Werth hat; denn, meine Herren, es kommt doch bei der Holzproduktion gegenüber der Konsumtion ungemein darauf an: wo wird das Holz produzirt, in welchen Theilen Deutschlands, welche Sorten Holz sind es? und in dieser Weise weiter. Denn das wird mir doch gewiß jedermann zugeben, daß, wenn vielleicht in Schlesien ein ganz großer Ueberfluß an Kiefernhölzern, die dort, so viel mir mitgetheilt worden, hauptsächlich produzirt werden, auf den Markt und den Preis drückt, daß das uns für unsere Bedürfnisse in Sachsen und in unserer gebirgischen Gegend, wo Fichte und Tanne gebaut wird, gar nichts, oder wenigstens nicht viel nützt, abgesehen davon, daß überdies bei der Geringwerthigkeit des Holzes gegenüber den Transportkosten wir nicht aus jedem beliebigen Punkte den dort etwa vorhandenen Ueberschuß an jeden beliebigen anderen Punkt Deutschlands hinbringen können. Wir werden dann immer an Wasserstraßen, an Eisenbahnen gebunden sein, und immer nur mit gleichzeitiger Berücksichtigung dieser Transportmittel, durch welche die Preise normirt werden, läßt sich die Frage des Bedürfnisses und der Deckung desselben statistisch feststellen. Wenn man sich weiter auf die Statistik beruft, die in den Motiven angeführt ist, nach welcher seit dem Jahr 1864 ganz bedeutende Einfuhren geschehen sind, die Ausfuhr dagegen im Verhältniß abgenommen hat und — wenn man daraus schließt, daß bei uns von den fremden eingeführten Hölzern viel zum eigenen Verbrauche zum Nachtheile der heimischen Hölzer geblieben sei, so kann ich dieser Schlußfolgerung und Statistik nicht folgen. Es ist doch von der Differenz sehr viel abzuziehen. Denken Sie nur daran, was ja auch in den Motiven ausgeführt ist, welcher Abfall bei der Veredelung des Holzes entsteht. Von jedem Rohholz, was eingeführt wird, wird durch die gewöhnliche Veredlung des Schneidens zu Latten, Brettern, Kanthölzern schon $^{2}/_{5}$ des Stoffes, viel höhere Prozentsätze noch bei der Veredlung absorbirt.

Nun deuken Sie weiter an die Verwendung des Holzes zu gewerblichen Zwecken anderer Art. Wir haben eine Petition bekommen, die nachweist, wie auch andere Verwendungen des Holzes in neuerer Zeit bei dem Erblühen unserer Industrie entstanden und gewachsen sind. Ich beziehe mich hierbei auf die Petitionen, die von den Besitzern verschiedener Cellulosefabriken bei uns kürzlich eingegangen sind, wo nachgewiesen wird, daß in diesem Zweige der Industrie, bei einem Zweige der Industrie, der früher nicht bekannt und erst seit wenigen Jahren entstanden ist, 38 000 Festmeter Holz als Rohmaterial für die Papierfabrikation verarbeitet wird. Ich beziehe mich auf die gewöhnliche Holzstofffabriken, die bei uns in unserem sächsischen Gebirge sehr zahlreich sind und eine Unmasse Holz absorbiren und die ihre Produkte als Hülfsstoffe für feinere Industrie theils ins Inland bringen, theils nach dem Auslande, nach England ausführen.

Ich sage darum, daß die Statistik der Motiven eher diese Nachweise der Art der Verwendung ja schon an sich beweist; aber ich beziehe mich auch darauf, daß, wenn man das Jahr 1864 den letzten Jahren entgegensetzt, man doch zugeben muß, daß das Wachsen unserer Eisenbahnen und Telegraphenlinien, die Ausbreitung und Ausdehnung unserer Gruben, die Vermehrung unserer Bauten, ich möchte sagen das Baufieber, was in der Gründerzeit entstanden war, ganz natürlich enorme Massen von Holz und zwar ganz plötzlich in erhöhtem Maße bedurft hat, und in dessen Folge auch vom Auslande in erhöhtem Maße zugeführt worden ist. Man muß gleichzeitig den Wachsthum des Verbrauchs sehen und berücksichtigen, wenn man die Behauptung, daß eine unser Bedürfniß überschreitende Einfuhr seit Jahren stattgefunden habe, aussprechen und begründen will.

Hieraus ergibt sich daher nicht, daß wirklich eine Ueberflutung des Marktes mit Hölzern vorhanden ist. Ich will auch bemerken, daß, wenn man sagt, es sei der auswärtige Markt verloren gegangen den deutschen Hölzern, diese Behauptung der Motive auch etwas prekär ist. Gegen die angeführte Behauptung ergibt sich aus den Ziffern immer, daß absolut mehr Holz in den späteren Jahren ausgeführt worden ist, als 1864. Es steht daher fest, daß Holz von Deutschland in größerer Menge auf den ausländischen Markt gebracht ist. Nun kann es allerdings sein, daß die Sache so gemeint ist, daß diese wieder ausgeführten Hölzer nicht deutsche, sondern fremde seien; ich gebe das zu; aber dem entsprechend werden so viele einheimisch gebauten Hölzer, die im Jahre 1864 mit 19 Millionen Zentner eingeführt wurden, im Inland geblieben und verbraucht sein.

Ich möchte mich ferner noch gegen ein Argument wenden. Es hat der Herr Regierungskommissar bei der Einleitung seiner Begründung der Vorlage gesagt, es folge daraus, daß in Folge der großen Konkurrenz der auswärtigen Hölzer, die im deutschen Vereinsland entstanden ist, die Preise niedergegangen sind, und daß deshalb auch die Regierungen als Besitzer der Staatsforsten, genöthigt werden, anstatt des Nutz- und Bauholzes Brennholz zu schlagen. Das folgerte der Herr Kommissar unter anderem auch aus den sächsischen Forstresultaten. Er hat Ziffern, wenn ich nicht irre, angeführt, welche nachweisen, daß im Verlauf eines Jahres hunderttausend Kubikfestmeter Nutzholz weniger in den sächsischen Forsten geschlagen worden sei, als im Jahre vorher. Ich gebe dieses zu, meine Herren; aber ich habe hierfür eine natürliche Erklärung. Ich beziehe mich auf die Ausführungen unseres Herrn Finanzministers bei Eröffnung des vorigen Landtags, welche dahin ging — es handelte sich nämlich darum, einen großen Ausfall in unserem Budget zu erklären — daß als ein sehr wesentlicher Grund des Ausfalles der anzusehen sei, daß die Forsteinnahmen sowohl durch den Preisniedergang als auch dadurch wesentlich gegen den Voranschlag zurückgegangen seien, daß in den Vorjahren in Folge der großen Windbrüche bedeutend mehr Holzmassen hätten aufgearbeitet werden müssen, als nach forstmännischen Grundsätzen bei regulärem Betriebe zulässig gewesen sein würde, und daß diese Mehrverarbeitung natürlich auch wieder zu verminderten Schlägen in den späteren Jahren Veranlassung gegeben habe und geben müsse. Es beweist also der Umstand, daß weniger an Nutzholz geschlagen worden ist, in diesem Falle wenigstens sehr wenig. Und wenn ich auch nicht genau sagen kann, wie viel vom Ausfall auf den Preisniedergang und wie viel auf die Windbrüche zu rechnen ist, so beweist doch aber die Erklärung des Herrn Ministers in Sachsen, daß die Sache nicht so schlimm ist, wie sie von dem Herrn Regierungskommissar dargestellt wird.

Weiter bemerke ich aber auch, daß, wie auch der Herr Kollege Rickert ausführte, die Einfuhr ins Stromgebiet gegenwärtig gegen früher abzunehmen beginnt. Herr Rickert hat sich auf das Jahr 1879 bezogen. Der Herr Kommissar sagte, er könne ja nicht wissen, wie viel im Jahre 1879 eingeführt wird. Das ist ganz richtig, aber eine Vergleichung der ersten beiden Quartale von 1878 und 79 ist doch möglich, und wie mir wenigstens glaubhaft mitgetheilt worden ist, sind in dem ersten Quartal 1879 4 Millionen Zentner Holz weniger eingeführt worden als im Vorjahr in demselben Quartal. Also es beweist, daß die Einfuhr abnimmt. Weiter ist mir mitgetheilt worden, daß in den preußischen Forsten trotz der Abnahme der Erträgnisse aus den Forsten um 3 Millionen, der Ertrag immer noch höher gewesen ist als der Ertrag derselben im Jahre 1872, und es ist mir weiter glaubhaft mitgetheilt worden, daß für das Jahr 1879/80 bereits wieder der erhöhte Ertrag aus den Forsteinnahmen in das Budget gesetzt sein soll, also daß die 3 Millionen, die zuletzt weniger eingenommen worden sind, sich schon wieder ausgleichen. Ich bemerke — ich habe die Ziffer nicht zur Hand — daß ich hier nur relata refero und es den Herren, die erfahrener sind, überlasse, zu prüfen, ob das richtig ist.

Aber auf eins muß ich noch hinweisen. Auch bei unsern sächsischen Forsten, die, wie ich zugebe, sehr bedeutende Ausfälle gehabt haben, war in den Jahren 1873 und 74 dadurch eine enorme Preissteigerung eingetreten, daß, wie überall, die Nachfrage sich ganz bedeutend über das Angebot und die Produktionsfähigkeit der Forsten erhöht hatte. Ich bemerke aber, daß diese Preiserhöhung ruhig fortbestand, trotzdem daß, durch die Nachfrage angelockt, der Import an Holz, den wir von auswärts hatten, sehr bedeutend war. Diese Preiserhöhung ist namentlich auch noch dadurch herbeigeführt worden, daß gegen frühere Gewohnheit gegenwärtig und seit einer Reihe von Jahren in Sachsen die Holzerträgnisse der Staatsforsten in kleineren Posten öffentlich verauktionirt werden. Aus diesem Verfahren haben wir Erträgnisse erzielt, die die früheren Erträgnisse weitaus übertrafen. Natürlich aber haben dann, als die Nachfrage etwas zurückgegangen, die Holzauktionen viel schneller nicht mehr die Erträgnisse geliefert, weil die Art dieses Vergebens überhaupt den Nachtheil hat, daß die größeren Schneidewerksbesitzer und die größeren Konsumenten von Holz und Holzhändler auf größere fortlaufende Bezüge aus den Staatsforsten nicht rechnen konnten, da sie immer nur in kleinen Posten abgegeben bekamen, während sie bei großen Lieferungs- und Baukontrakten im voraus gewiß wissen mußten, welche Art und Dimensionen von Hölzern sie mit Sicherheit von dem einen oder anderen Produzenten erhalten konnten.

Meine Herren, ich bin zwar nicht selbst Holzbesitzer, aber ich glaube, Ihnen einen Beweis liefern zu können, daß nicht der Import des Holzes, wenigstens in Sachsen nicht, wovon ich ja spreche, an dem starken Preisniedergang der Hölzer, der bei uns größer als anderwärts zu sein scheint, schuld ist, sondern der allgemeine Rückgang der Geschäfte namentlich in unserem Bauwesen. Ich selbst habe längere Jahre einem größeren Sandsteingeschäft in Dresden als Vormund des minderjährigen Besitzers vorgestanden, und zwar in den Jahren 1875, 76 und 77. Es waren damals bei uns sowohl Sandsteinwaare wie Backsteine zu einer Höhe gestiegen, die im Verhältniß noch fast größer war, als die Steigerung des Holzpreises. Wir bekamen z. B., um eine Einheit von Sandsteinwaaren zu nennen, für ein sogenanntes Elbschock Sandsteine in Dresden über 6 Thaler bezahlt. Heute, meine Herren, kosten sie noch nicht 2 Thaler, also ist der Preis um 200 Prozent zurückgegangen und ist zurückgegangen, ohne daß wir den geringsten Import vom Auslande in diesen Arten von Baumaterialien haben. Ebenso ist es mit den Ziegelsteinen. Der Preisniedergang dieser Waaren ist ohne Zufuhr von auswärts parallel gegangen mit dem Preisniedergange für Holz, einfach um deswillen, weil die Nachfrage nach beiden Materialien gleichmäßig nachließ und durch die verminderte Nachfrage die Preise rückgängig geworden sind.

Meine Herren, es sind dies die allgemeinen Bemerkungen, die ich mir hier zu machen erlaube, um zu beweisen, daß man gegen diese ganze Vorlage, welche die Holzzölle wieder einführt, große Bedenken haben kann, und ich gestehe offen, daß es mir lieber gewesen wäre, wenn es bei dem Zustand geblieben wäre, wie er seit 1865 bestanden hat, welcher weitere Zollfreiheit gewährt als mein Antrag. Ich bin aber in meinem Antrage nicht so weit gegangen, ich habe mich gegenüber der Stimmung im Hause gewissermaßen auf den Boden der Vorlage gestellt, und will Ihnen wenigstens die Gründe anführen, die für mich besonders maßgebend sind, die Streichung der Zölle für Roh- und Rundhölzer zu wünschen. In Sachsen hat sich in Folge der nachbarlichen Beziehungen zu Böhmen und der großen Forstkultur, die auch in Böhmen ist, (es wird doch dort gewöhnlich nicht Raubbau getrieben, sondern die Forstbesitzer, welche größere Herrschaftsbesitzer sind, bewirthschaften die Forsten ganz ähnlich wie in Schlesien) hat sich nicht etwa in neuerer Zeit, sondern seit Jahrzehnten ein freundnachbarlicher Verkehr ausgebildet und der Zustand entwickelt, daß Sachsen als Zwischenhandelsplatz und namentlich auch als Veredlungsplatz für die österreichischen Hölzer gedient hat und dient. — Die Verbindung ist dergestalt verflochten, daß alle Schwankungen, die wir in den Holzpreisen erlebt haben, von den sächsischen Staats- und böhmischen Forsten in gleicher Weise empfunden worden sind, und sie werden auch noch jetzt gemeinschaftlich getragen, ohne unter sich Konkurrenz zu machen. So weit mir glaubhaft mitgetheilt ist (ich bin ja selbst nicht Forstmann) liegt der Grund hiervon darin, daß Böhmen bei seiner Forstwirthschaft bei weitem stärkere Dimensionen hat wie Sachsen. So ist mir z. B. mitgetheilt worden, daß bei dem Bau der großen Dresdener Kaserne es nicht möglich gewesen ist, aus den an Dresden anstoßenden großen Forsten, aus der sogenannten Dresdener Haide, diejenigen Hölzer zu beziehen, die nöthig gewesen sind, um als Balkenlage verwendet zu werden. Es ist auch der Fall eingetreten, der vorhin bezüglich Görlitz erwähnt ist, man hat die Balkenlagen aus österreichischen Holz schneiden müssen, weil man sie in der Nähe wenigstens nicht in genügender Menge gehabt hat, wogegen man die übrigen dünneren Hölzer aus den sächsischen Forsten genommen hat. Es haben sich auch weiter in dessen Folge bei den Konsumenten der geschnittenen Hölzer gewisse Gewohnheiten herausgestellt, in so fern als bei uns breitere Dimensionen für die Dielen 2c. üblich sind, als in anderen Gegenden Deutschlands und bei uns der Art nach fast nur Fichten- und Tannenholz, welches in Sachsen und Böhmen wächst, üblich, dagegen fast nie Kiefer verwendet wird. Dadurch ist es gekommen, daß in Sachsen namentlich in neuerer Zeit ganz bedeutende Schneidewerke namentlich an der Elbe und auch im Erzgebirge entstanden sind. Diese Schneidewerke verarbeiten gegenwärtig neben dem sächsischen Holz ungefähr genau ebenso viel Holz aus Böhmen, als die ganzen Forsten in Sachsen selbst in einem Jahre liefern können. Dieses Holz wird theils in Sachsen selbst, welches sein eigenes Bedürfniß nicht deckt, abgesetzt, theils geht es mit der natürlichen Wasserstraße der Elbe bis nach Hamburg. In dessen Folge ist in Sachsen eine Holzverarbeitungsindustrie entstanden, in der, wie mir mitgetheilt ist, entlang der Elbe zirka 3000 Arbeiter ihre Beschäftigung haben und zugleich über 2 Millionen Mark verdienen. Diese Industrie ist auch, wie mir gesagt worden ist, trotzdem daß sehr viel böhmische Rohhölzer zur Veredlung bezogen werden, für unsere Staatsforsten eine der besseren Abnehmer, es werden die Hölzer von diesen Schneidewerken abgenommen, werden mit den böhmischen Hölzern verarbeitet, und daraus bilden sich die Holzhändler die großen Sortiments, die es möglich machen, die großen Lieferungen zu Eisenbahn-, Staats- und Privatbaue, sowie an große nördliche Holzhändler zu übernehmen und der ausländischen Konkurrenz in Schnittwaaren zu begegnen. Diese Industrie ist nun in neuerer Zeit allerdings einer sehr schweren Konkurrenz begegnet, der Konkurrenz der geschnittenen Hölzer aus Galizien und Ungarn, welche für Sachsen nach Art der Hölzer viel schärfer auftritt, als für die Länder, welche Kiefernholz konsumiren; diese Konkurrenz mit geschnittenen Waaren ist allerdings sehr bedeutend und hat den Markt für die böhmischen wie für die sächsischen Hölzer sehr und viel mehr als für die Kiefernhölzer gedrückt, namentlich nachdem die Nachfrage, die früher bestanden hatte, in Folge schlechten Geschäftsganges allenthalben heruntergegangen ist. Es haben aber trotzdem die sächsische nHolzbearbeitungswerke, wenigstens die größeren, bis jetzt noch mit dieser Industrie gekämpft und sind im großen und ganzen zur Zeit noch mit der größten Anstrengung Herren auf dem Markte geblieben; es wird mir aber versichert, daß diese Konkurrenz mit der auswärtigen Schnittwaare ihre äußerste Grenze erreicht habe und daß, wenn, wie auch der Herr Abgeordnete Richter ausgeführt hat, die geschnittenen ungarischen und galizischen Hölzer auch einen etwas erhöhten Zoll haben sollen als die rohen zur Verarbeitung nach Sachsen kommenden böhmischen Hölzer, doch diese Zollerhöhung nicht ausgleicht die Differenz, die zum Nachtheil der sächsischen Holzbearbeitungswerke durch die Zolleinführung gegenüber der Konkurrenz der ungarischen und österreichischen Schnittwaare entsteht. Es ist ja schon gestern darauf hingewiesen worden, daß neben dem neuen Zollsatze die Kosten der Verzollung der Hölzer, die namentlich bei den auf den Flößen an uns herankommenden Rohhölzern ins Gewicht fallen, entstehen und die Waare vertheuern. Von der Regierungsbank haben wir die Erklärung bekommen, daß bei diesen Zollabfertigungen namentlich im kleinen Grenzverkehre die größte Coulanz, wenn ich mich so ausdrücken soll, gewährt werden solle. Wenn dies erfüllt wird, so bin ich der Regierung sehr dankbar, aber ich mache doch für unsere sächsischen Verhältnisse darauf aufmerksam, daß auch früher ein Holzzoll auf den Landtransport überhaupt nicht bestand, und daß dieser Landtransport, auch von Eisenbahnen abgesehen, sich nicht bloß auf den allernächsten Grenzverkehr bezieht, sondern daß derselbe etwas tiefer in das Land hineinreicht. Dies hat seinen

Grund darin, daß das sächsische Erzgebirge nach Sachsen hinein in überaus steilen Kämmen abfällt, die Wasserkräfte dort sehr wenig benutzbar sind und erst später, wenn sie weiter in das Land hineinkommen, in einer regulären Weise zum Betriebe der Werke benutzt werden könneu. Die Folge davon ist, daß die betreffenden Holzverarbeitungswerke nicht in dem unmittelbaren Grenzbereich liegen, sondern mitunter ziemlich entfernt landeinwärts, daß das Holz aber, wenn es bezogen werden soll, in gerader Linie aus Böhmen gefahren werden muß, und daß, wenn es über die Zollabfertigungsstellen gefahren werden soll, durch die Entfernung der Abfertigungsstellen von der Grenze eine Vertheuerung des Transportes entsteht, dem gegenüber der Zoll des Rohholzes verschwindend ist.

Es ist mir ferner mitgetheilt worden, daß nach früheren Erfahrungen bei der Zollabfertigung auf der Elbe, auch wenn man noch so coulant verfährt, doch ein nicht unerheblicher Zeitverlust sich ergibt, und daß dieser Zeitverlust bei den Flößen, bei denen jetzt schon die Transporte auf ein Minimum herabgedrückt sind, von kostspieliger Bedeutung ist, und zwar aus dem einfachen Grunde, weil die Flößereiarbeiter nach Tagelohn bezahlt werden, also jeder Tag, den die Flöße, die Brehmen, Traften, oder wie sie sonst heißen, länger durch die Verzollung brauchen, so viel Mehrkosten verursacht, als den Leuten auf dem Floße als Tagelohn zu bezahlen ist, wodurch eine nicht unbedeutende Vertheuerung des Holzes entsteht. Es ist mir auch gesagt worden, daß bezüglich des russischen Imports durch die Verzollung auch noch eine sehr große Gefahr für die Holzhändler dadurch entsteht, daß, wenn durch die Verzollung eine Verzögerung in erheblichem Maße eintritt, die Hölzer in dem Bromberger Kanal, in dem sehr häufig niedriger Wasserstand eintritt, aufgehalten und längere Zeit darin zu bleiben gezwungen werden und daß dadurch herbeigeführt werden kann, daß die Traften überhaupt, wenn etwa der Winter dazwischen kommt, nicht mehr rechtzeitig an den Ort ihrer Bestimmung, nach Bromberg gelangen.

Kurz und gut, ich behaupte, daß nach alledem die Verzollung auf Rundhölzer bei uns, wo, wie gesagt, die Konkurrenz mit geschnittenen Hölzern auf der scharfen Schneide steht, eine nachtheilige Folge haben wird, und zwar aus folgenden Gründen. Abgesehen davon, daß der Zoll die Waare etwas vertheuert, so wird durch die mit der Verzollung eintretenden Spesen diese Vertheurung, die ja bei dem Konsum vielleicht eine geringe ist, für den Großhandel aber eine ganz bedeutende Rolle spielt, noch vergrößert. Und da bei der Schärfe der jetzt eingetretenen Konkurrenz, sowohl der ungarischen und galizischen Waaren im Vereinslande, als der schwedischen Hölzer in Hamburg, die Preisgrenze nicht um das geringste mehr überschritten werden kann, ohne daß das ganze Geschäft als unrentabel aufgegeben werden muß, so werden auch die sächsischen Schneidewerke genöthigt werden, bei Vertheurung des böhmischen Rohmaterials ihren Betrieb einzuschränken oder gar aufzugeben. Es ist sehr möglich, daß die Schneidewerke, die jetzt in Sachsen sind, ihre Thätigkeit in Deutschland aufgeben und die Werke nach Böhmen verlegen, da in Ansehung der Elbe der Zustand besteht, daß Deutschland ganz außer Stande ist, auf der Elbe Durchgangszölle gegen Oesterreich zu erheben. In Oesterreich stehen ferner die Arbeitslöhne erfahrungsgemäß immer um so und so viel Prozent niedriger als in Sachsen, und wird es außerdem leichter sein, die Konkurrenz durch geschnittene Hölzer in Sachsen gegen die dort an den Markt gebrachten Schnittwaaren von Böhmen aus leichter aufzunehmen und noch zu verschärfen, weil das geschnittene Holz viel weniger Raum einnimmt, viel weniger Gewicht hat und deshalb viel weniger Fracht erfordert als das Roh- und Rundholz, und in dessen Folge auch die Preiserhöhung, die der Zoll verursacht, viel leichter durch die uns jeder Zeit gefährlichen Konfrontationen im Auslande ausgleichen werden, als dies bei rohen Hölzern, bei denen 50 Prozent todtes Material gefahren werden muß, möglich ist. Kurz und gut, alle diese Umstände haben in dem Kreise unserer Industriellen, die böhmische Hölzer verarbeiten, und namentlich derjenigen, die bessere Veredlungsprodukte daraus herstellen, eine große Befürchtung hervorgerufen, daß die Holzzölle der sächsischen Holzindustrie zum Schaden gereichen werden und daß durch die Zölle gleichmäßig unseren Holzverarbeitungswerken und unseren sächsischen Forsten dadurch gleicher Schaden zugefügt wird, daß die bedeutendsten Abnehmer und Kunden unserer Forsthölzer, die großen Schneidewerke, geradezu lahm gelegt werden. Dieselbe Idee hat übrigens der Herr Abgeordneter Richter (Meißen) schon ausgeführt, nur zu einem andern Resultate kommend als ich, indem er Erhöhung des Zolls auf Schnittwaaren, ich Beseitigung desselben auf Rohwaaren wünsche.

Ich wollte nur noch bemerken, daß trotz des Niedergangs der Preise in Sachsen und im übrigen Deutschland ich nicht weiß, wo die hunderttausende von Arbeitern, deren Arbeitslosigkeit ins Gefecht geführt wird, hungern. Ich habe gehört, daß, wenn auch die Forstintraden niedriger sind, doch die Forstwirthschaft nach wie vor ihren Gang geht, d. h. daß die schlagreifen Hölzer geschlagen werden u. s. w. und daß man nicht etwa, weil die Preise niedrig sind, Holz, was überständig ist, stehen läßt. Ich habe mich weiter erkundigt bei Kollegen aus diesem Hause, und da hat mir namentlich ein Kollege aus Thüringen gesagt, er könne bezeugen, daß in den thüringischen Staaten die Hölzer auch billiger geworden sind, aber zum großen Segen der dortigen Bewohner, weil dadurch dort minder bemittelte Leute, wozu sie bei den gesteigerten Holzpreisen nie in der Lage gewesen sind, jetzt in den Stand gesetzt sind, sich Häuser und Wohnungen zu bauen, die sie bedürften, aber bei den theuren Holzpreisen zu bauen absolut nicht im Stande waren. Es haben mir die Herren aus Thüringen ferner bestätigt, daß, so viel sie wissen, im ganzen dieselbe Anzahl Holzarbeiter — sie wollen zwar nicht bestreiten, daß einzelne Arbeiter unbeschäftigt sind — daß dieselbe Arbeiterzahl jetzt bei den niedrigen Preisen wie bei den hohen Holzpreisen beschäftigt sind. Es ist mir ferner seit der neulichen Rede des Herrn Regierungskommissars ein Blatt zur Hand gekommen, welches Aufschluß gibt über die Arbeitslosigkeit im Spessart, — mir selbst ist die Gegend ganz unbekannt, aber der „Fränkische Kurier", der einige Bekanntschaft mit den dortigen Verhältnissen haben kann, sagt:

> daß die zeitweilige Einstellung des Holzfällens in den ärarischen Forsten des Spessart geboten war in Folge früheren Raubbaues und kolossaler Windbrüche, sowie der außergewöhnlich großen Schneefälle wegen, daß also die Konkurrenz auswärtiger Händler damit nichts zu schaffen hat.

(Hört! hört!)

Meine Herren, es ist also nothwendig, daß man bei derartigen Angaben sich die Sache etwas genauer ansieht. Ich maße mir nicht im entferntesten an, über mir nicht bekannte Verhältnisse Behauptungen aufzustellen, und ich habe mich darum, soweit sie mir nicht bekannt sind, auf Gewährsmänner bezogen; aber eins muß ich dem Herrn Regierungskommissar doch erwidern. Es ist eine gewissermaßen auffällige Erscheinung, wenn der Herr Regierungskommissar sagt, die Massen der Holzarbeiter hungern, sie haben nichts zu thun und wenn man dann den preußischen Etat, wie ihn der Kollege Rickert vorgetragen, ins Auge faßt. Nach dem Etat für Preußen werden jetzt zirka 7 Millionen an Arbeitslöhnen ausgegeben. Wenn ich nun das Einkommen eines Holzarbeiters in den Forsten auf 400 Mark jährlich berechne — das sind 130 Thaler, wahrlich doch nicht zu viel und nicht so viel, um luxuriös davon leben zu können — dann erhalte ich die Durchschnittssumme von 17 500 Arbeitern, die in den ganzen preußischen Staatsforsten beschäftigt sind, und wenn ich die Privatforsten dazu nehme mit vielleicht noch einmal so viel Arbeitern, dann würden wir immer erst auf 40 000 Arbeiter kommen. Woher also die hunderttausende von Arbeiter kommen sollen und welche Beziehung auf deren Bestand die Preise haben sollen, ist mir ganz und gar unverständlich. Wenn man dagegen annimmt, daß die Beziehungen der Bauern zu den Forsten gemeint sind, die der letzte Herr Regierungskommissar, der Herr Oberforstmeister Bernhardt vorgeführt hat, daß also der kleine bäuerliche Waldbesitz gemeint ist, so hat schon der Herr Abgeordnete Richter (Meißen) ziemlich treffend, wie ich glaube, ausgeführt, daß der kleine Forstbesitz, der in bäuerlichen Händen ist, der so zu sagen von der Hand in dem Mund betrieben wird, an der Einführung von Holzzöllen ebensowenig interessirt ist wie der kleine Besitzer, der kein Getreide zu Markt bringt, an der Einführnng oder Erhöhung der Getreidezölle interessirt ist.

Ich behaupte weiter, wenn durch die Erhöhung der Holzpreise auch nur eine geringe Vertheurung des unseren Werken nöthigen Rohholzes eintritt, dies für unsere sächsischen Verhältnisse von unberechenbarem Nachtheil ist, daß aber diese Vertheurung bei uns kaum zu bezweifeln. Denn mit dem böhmischen Holz ist es nicht wie bei dem russischen, bei dem, wie der Herr Reichskanzler sagte, der Besitzer der Waldung im Preis von 50 000 Rubeln ohne weiteres auf 5000 heruntergeht, sondern die Holzpreise in Böhmen haben sich in einem Jahrzehnte langen geordneten legitimen Handel gebildet, und sich wie alle Preise nach Angebot und Nachfrage regulirt. Ich bemerke aber, wenn deshalb, wie zu erwarten ist und von unseren Interessenten gefürchtet wird, eine gewisse Vertheurung der Holzpreise der zur Verarbeitung nöthigen fremden Rohhölzer eintritt, daß gerade der gegenwärtige Zeitpunkt so ungeeignet als möglich ist, um zu dieser Zolleinführung und Preiserhöhung überzugehen. Unser Baugewerbe leidet schon jetzt so furchtbar, alle Arbeiter, die in demselben beschäftigt sind, klagen allgemein, daß kein Verdienst, wenig zu thun ist, vielen fehlt sogar Arbeit. Führen Sie nun eine Vertheurung des Baumaterials durch die Erhöhung der Holzpreise ein, so fürchte ich, daß die Bauthätigkeit noch mehr beschränkt wird und der Arbeitsmarkt auch für den gewöhnlichen Arbeiter noch empfindlicher beeinträchtigt werden wird. Ich gebe zu, daß dies nicht auf die Dauer stattfinden wird, aber momentan, meine Herren, ist es ganz gewiß und deshalb die Einführung des Holzzolls der ungeeignetste Zeitpunkt. Ich bin überzeugt, daß in der Nachfrageperiode von 1872—74 eine Holzpreiserhöhung durch Holzzoll von noch viel größerem Betrage gar nicht bemerkt wäre, weder vom Käufer noch vom Konsumenten, aber gegenwärtig, wo notorisch die ganze Arbeitsthätigkeit, der ganze Arbeitsmarkt auf das niedrigste Niveau gedrängt ist, möchte ich doch die Herren warnen, das Rohmaterial zu vertheuern, was bei uns dem legitimen Handel Gewinn und dadurch Tausenden von Arbeitern Nahrung gibt, wie ich überhaupt auf dem Grundsatz stehe, daß eine Nation nicht genug Rohmaterial einführen kann, wenn dieses hier im Inlande veredelt und zu nutzbaren Produkten verarbeitet wird. Ich beziehe mich aber für meinen Antrag auch auf die Angaben — ich weiß nicht, von welchem Redner sie gemacht sind —, daß gegenwärtig viel weniger Roh- und Rundholz vom Ausland eingeführt wird als früher, daß es wirklich schon vielfach verdrängt worden ist durch die ungarische und galizische Schnittwaare, daß also schon die Einführung der Schnittwaare lähmend auf unsere Veredelungsindustrie wirkt, und daß deshalb nicht gerechtfertigt ist, ihr neue Erschwerungen zu bereiten.

Weiter, meine Herren, besteht in Sachsen noch eine große Befürchtung der Schädigung der Industrie durch die Einführung des Rohzolls bei unseren Grubenbesitzern. Wie Sie wissen, haben wir bedeutende Kohlengruben und Bergwerke, die Tausenden von armen Gebirgsbewohnern Arbeit gewähren. Auch dieser Industriezweig liegt bedeutend darnieder und wird mit der äußersten Anstrengung betrieben; von Dividenden ist so gut wie gar nicht die Rede. Auch diese Werke sind genöthigt, weil Sachsen nicht die nöthigen Hölzer produzirt, ihr Rohholz theilweis aus Böhmen zu beziehen. Wenn der Rohholzzoll auch nur gering ist, aber wenn Sie die Masse der Konsumtion der Rohhölzer in den Gruben berücksichtigen und daß diese Hölzer in den Gruben vollständig als Handlungsunkosten absorbirt werden, ohne weiter verwendet zu werden, möchte ich bitten, auch dieser Industrie Berücksichtigung nicht zu versagen und ihr den Stand nicht noch schwieriger zu machen. Es ist ja, wie gesagt, möglich, daß durch diese Einführung des Zolls auf gewisse Holzkonsumenten, besonders bei den von feineren Holzwaaren, eine große Vertheurung nicht gelegt wird, aber davon bin ich nach den Eingaben und Mittheilungen, die mir geworden, überzeugt, daß wenigstens die sächsische Holzproduktion durch die zollfreie Einführung der böhmischen Rohhölzer nicht nur nicht geschädigt, sondern im Gegentheil dadurch bedeutend belebt wird und daß durch die zollfreie Einfuhr der böhmischen Rohhölzer unsere Werke in den Stand gesetzt werden, den Staatsforsten bessere Preise zu zahlen, als es der Fall ist, wenn diese Zufuhr nicht stattfände und namentlich die Verschneidungswerke einen Rückzug nach Böhmen nehmen müßten.

Ich möchte Sie daher bitten, meine Herren, den Antrag, den ich gestellt habe, nämlich die Roh- und Rundhölzer von dem Zoll frei zu lassen, anzunehmen, ich möchte Sie bitten, diese im Interesse unserer Industrie frei zu lassen und will demnach gegenüber dem Herrn Kommissar, welcher meinte, Handel und Industrie dürften nicht das Recht beanspruchen, allein den Nutzen, den sie früher hatten, fortzuerhalten, eine Bemerkung beifügen. Von diesem Standpunkt aus sehe ich Handel und Industrie nicht an. Wenn der Handel in Danzig u. s. w. früher großen Gewinn abgeworfen hat, so muß man doch berücksichtigen, daß der Kaufmann den Gewinn nicht allein einsteckte, sondern daß von diesem Gewinn viele hunderte von Millionen für Arbeiter u. s. w. ausgegeben wurden und daß der dem Unternehmer schließlich verbleibende Gewinn ja ein fast verschwindender kleiner Nutzen ist gegen die Summen, die die Arbeiter als Lohn rc. beziehen. Ich bin immer der Meinung gewesen, und bin es heute mehr denn je, daß je blühender Handel und Industrie sind, desto größer auch die innere Blüthe einer Nation ist, und daß es total verkehrt ist zu glauben, durch Lahmlegung unseres Handels eine größere Produktion im Inlande und größeres Wohlbefinden des Landes hervorzurufen. Ich bitte Sie, meinen Antrag anzunehmen.

(Bravo! links.)

Präsident: Der Herr Kommissar des Bundesraths Ministerialrath Mayr hat das Wort.

(Unruhe links.)

Kommissar des Bundesraths königlich bayerischer Ministerialrath Dr. **Mayr:** Meine Herren, der Herr Vorredner hat sich in den ersten Worten direkt gegen mich gewendet und hat versichert, ich hätte einen Appell an die Nation unterlassen sollen. Soviel ich mich überzeugt habe, hat er speziell gesagt: „es entspricht auch, soviel ich weiß, nicht dem Takt, nicht der Sitte des Hauses, daß ein Bundeskommissar den Abgeordneten einen derartigen Rath ertheilt."

(Sehr richtig! links. Heiterkeit. Unruhe.)

— Darf ich weiter fahren, meine Herren?

(Unruhe.)

Präsident: Meine Herren, ich muß bitten, den Herrn Kommissar nicht zu unterbrechen.

Kommissar des Bundesraths königlich bayerischer Ministerialrath Dr. **Mayr:** Meine Herren, gestatten Sie mir das Verhältniß der Thatsachen richtig zu stellen. Um was handelt es sich bei den von dem Herrn Vorredner angegriffenen Worten? Meine Herren, ich stellte zwei Anschauungen einander gegenüber, wie sie hier im Laufe der Diskussion geltend gemacht sind. Es handelte sich einfach darum, ob bei Abwägung aller wirthschaftlichen Vortheile und Nachtheile das Interesse größer sei, welches sich an das Wohl und Wehe einer gewissen Arbeitergruppe an der Ostsee knüpft, oder das Interesse, welches sich an das Wohl und Wehe von Hunderttausenden von Waldarbeitern und mit ihnen zusammenhängend anderweitig thätigen Personen auf dem ganzen deutschen Waldareal anknüpft. Meine Herren, von einem Rath an die Abgeordneten war meinerseits nicht die Rede, noch viel weniger von den Wählern. Die Wähler hat erst der Herr Vorredner in die Sache hineingetragen; am allerwenigsten war davon die Rede, daß ich — was entscheidend wäre, — etwa versucht hätte, den Herrn Abgeordneten Rickert in Gegensatz zu seinen Wählern zu bringen. Der stenographische Bericht wird ausweisen, daß ich nicht einen Appell an die Wählerschaft im Sinne gehabt habe. Dabei wird man aber festhalten müssen, daß die Kommissare des Bundesraths vollkommen berechtigt sind, bei ihren Erwägungen und Darlegungen auf das Interesse der ganzen Nation Rücksicht zu nehmen. Ich wüßte gar nicht, wie wir hier wirthschaftliche Fragen richtig besprechen sollten, wenn wir ausdrücklich nach parlamentarischer Sitte blind sein sollten gegen das Beste der ganzen Nation.

(Sehr richtig! rechts.)

Meine Herren, ich konstatire zu dieser Frage schließlich noch folgendes. Ich spreche hier im Namen und Auftrag der verbündeten Regierungen, folge der mir ertheilten Direktive, möchte aber den einzelnen Herren Abgeordneten nicht zugestehen, mir in dieser meiner Eigenschaft Schranken bezüglich der Art und Weise meiner Ausführungen ziehen zu wollen.

(Sehr wahr! rechts.)

Im übrigen, meine Herren, nur noch in aller Kürze in materieller Beziehung einige Worte gegenüber den Ausführungen des Herrn Vorredners.

Die Aeußerung über Handel und Industrie, die ich gemacht haben soll, habe ich in der Weise, wie der Herr Vorredner es anführte, nicht gemacht. Ich begnüge mich in dieser Beziehung mit dieser einfachen Konstatirung. Was die Holzeinfuhr in dem ersten Quartal von 1879 betrifft, welche mir gegenüber gehalten wird, im Vergleich mit dem ersten Quartal von 1878, so bemerke ich, es dürfte bei der Holzeinfuhr, insbesondere auf Flüssen, die bei dieser Einfuhr eine so große Rolle spielt, das erste Quartal des Jahres, in denen die Flüsse häufig zugefroren zu sein pflegen, nicht von großer Bedeutung sein.

Nun noch zur ganzen Frage in materieller Beziehung ein kurzes Schlußwort. Man hat, wenn man den Debatten folgt, wenn man dem Ankämpfer gegen die vorgeschlagenen so äußerst mäßigen Holzzölle in das Detail folgt, den Eindruck: wie müßte es nun beschaffen sein, wenn statt dieses ganz einfachen und bescheidenen, ganz mäßigen Zolles ein hoher Zoll eingeführt würde? Der Zoll auf rohes Bau- und Nutzholz stellt sich, wie die Diskussion gezeigt hat, im Verhältniß zum Werth etwa auf 2 Prozent. Bei einer so wesentlichen, so nothwendigen, so durch gar keine andere Art von Produktion ersetzbaren nationalen Produktion ist wirklich der Schutz von 2 Prozent ein so außerordentlich mäßiger, daß man meinen sollte, so gewaltige Einwendungen und Befürchtungen, wie sie von jener Seite gebracht wurden, seien wenig begründet. Meine Herren, wenn schon bei einem so mächtigen Zoll angeblich alles zu Grunde geht, was in gewissen Beziehungen mit dem Holzhandel zusammenhängt, wie sollte es denn stehen, wenn ein Zoll gewählt würde, wie er in so vielen anderen Positionen des Tarifs sich befindet, von 10 oder 20 Prozent. Ja, wenn wir solche Sätze vorgeschlagen hätten, dann würde ich einigermaßen das Ankämpfen gegen den vorgeschlagenen Zoll begreifen. Bei den vorgeschlagenen mäßigen Sätzen hat dasselbe wenig Begründung.

Präsident: Der Herr Abgeordnete Freiherr von Wendt hat das Wort.

Abgeordneter Freiherr **von Wendt:** Meine Herren, mit Rücksicht auf die Geschäftslage des Hauses und auf die vorgerückte Stunde will ich Sie nur wenige Minuten in Anspruch nehmen, indessen mit Rücksicht darauf, daß von meinen Freunden noch niemand zu dieser Sache das Wort ergriffen hat, bitte ich, mich anzuhören, obgleich ich leider nicht sagen kann, daß ich im Auftrag meiner Fraktion spreche, sondern lediglich meine eigenen Ansichten hier ausspreche.

Wir haben bei dieser Zolldebatte über das Nutzholz die Erscheinung wahrgenommen, daß der Krieg, wie ihn der Herr Abgeordnete Richter in einer früheren Sitzung, bei Gelegenheit des Militäretats, glaube ich, bezeichnet hatte, der Holzkrieg sich hier in einen Land- und einen Seekrieg gleichsam gespalten hat. Auf der einen Seite stehen die Interessen des platten Landes, des Binnenlandes, und denen gegenüber werden uns die Interessen der Seestädte vorgeführt. Es ist zweifelhaft, wer in einem solchen Kriege die Oberhand gewinnen wird, ob die See, ob das Land. Indessen ist es noch mehr eigenthümlich, daß uns nicht, wie man hätte erwarten sollen, allgemeine Interessen und allgemeine Gründe und Rücksichtnahmen entgegen gehalten werden. Wir haben vielmehr den Krieg lediglich, wenigstens von der einen Seite, mit lokalen Interessen führen und vertheidigen hören. Der ganze Zolltarif muß doch eigentlich als ein einheitliches Ganze betrachtet werden, wo die verschiedenen Interessen der Produzenten und Konsumenten gegen einander abgewogen, und der eine Produzent dem anderen etwas gewähren muß, was ihm selbst nicht gerade von Nutzen ist. Dahingegen bekommt er ja auf der anderen Seite durch den Tarif auch wieder seine Vortheile, und nur auf diese Weise, wenn man den Tarif als Ganzes betrachtet, welches die gesammten Interessen der Nation gegen einander abwägt, kommt man zu dem richtigen Resultat. Auf diese Weise hätte uns nachgewiesen werden sollen, daß das Holz aus diesem großen ganzen Tarif hätte ausscheiden müssen, daß das Holz kein geeigneter Gegenstand sei, um mit einem Zoll belegt zu werden. Das, meine Herren, ist nicht geschehen; wir haben nur gehört, daß spezielle Sonderinteressen, namentlich also die Seestädte und ihr Handel kein Interesse daran haben sollen, daß das Holz mit Zoll belegt werde. Meine Herren, daran zweifle ich gar nicht, daran zweifelt kein Mensch. Das ist gewiß, daß es den Holzhändlern angenehmer ist, wenn sie Holz billig oder gleichsam umsonst bekommen. Es ist das Holz an und für sich, wie wir aus des Herrn Reichskanzlers Munde gehört haben, aus den russischen Wäldern gar nicht bezahlt, sondern es sind nur die Unkosten, die darauf ruhen, wenigstens das Stückholz ist so wohlfeil, daß es nicht der Rede werth ist.

(Heiterkeit links.)

Meine Herren, dem gegenüber ist aber doch in Betracht zu ziehen, daß das Holz an und für sich als ein sehr geeigneter Gegenstand für einen Schutzzoll angesehen werden kann. Bei anderen Gegenständen haben wir oft gehört: tägliche Lebensbedürfnisse dürfen nicht verzollt werden. Das Holz ist nun kein tägliches Lebensbedürfniß, ohne Zweifel nicht, es ist Nutzholz, man braucht sich nicht jeden Tag einen neuen Tisch zu kaufen, man braucht sich nicht jeden Tag ein neues Haus zu bauen. Es hat gestern der Herr Abgeordnete Klügmann gesagt, das Holz darf nicht besteuert werden, weil es

— ich weiß im Augenblick nicht mehr, welchen Ausdruck er gebraucht hat — ein Fabrikationsgegenstand ist. Das ist allerdings ein allgemeiner Gesichtspunkt, aber, meine Herren, weshalb soll denn ein Produktionsgegenstand nicht besteuert werden? Es kommt nur darauf an, daß der Produktionsgegenstand an und für sich geeignet ist, den Zoll zu tragen.

Es ist dann auch erwähnt worden, im Inlande wäre nicht Holz genug. Meine Herren, wir haben aus dem Munde von Forstsachverständigen gehört, daß, obschon die Statistik in dieser Beziehung ziemlich mangelhaft sein soll, wie ebenfalls die Herren Sachverständigen erzählten, gegründete Aussicht vorhanden ist, daß die deutschen Wälder noch auf geraume Zeit im Stande sind, vollkommen allen Bedürfnissen zu genügen.

Andere Einwendungen allgemeiner Natur sind in der Holzdebatte nicht vorgeführt worden. Es sind nur einzelne Andeutungen gefallen, daß doch die Interessen der Großgrundbesitzer und der kleinen Grundbesitzer vollständig diametral einander entgegenstehen. Ich will nicht näher darauf eingehen, ich will nur kurz sagen, daß wenigstens da, wo ich die Verhältnisse genau kenne — ich spreche nicht von den Gegenden, wo ich rasch als Tourist durchgereist bin und mit dem Bauer in der Schenke gesprochen habe; ich spreche von den Gegenden, wo ich ganz genau Bescheid weiß, — da wissen die Grundbesitzer ganz genau, daß sie dieselben Interessen haben mit dem Großgrundbesitzer; und es wird immer vergebliche Mühe sein, wenn Sie den allerberedtesten Herrn hinstellen, um zu beweisen, daß da ganz andere Interessen obwalten.

(Sehr richtig!)

Und außerdem beweist die Statistik, daß die von der anderen Seite gemachten Anführungen nicht richtig sind. Ich habe hier das Jahrbuch für amtliche Statistik des preußischen Staats vom Jahre 1876. Da sehen Sie auf Seite 200, daß die Gemeindewaldungen, z. B. die Stiftswaldungen, einen ganz bedeutenden Prozentsatz einnehmen von dem gesammten Wald. Auch dieses Blatt, das ich hier habe, ist so beschaffen, daß ich Ihnen nicht zumuthen kann, den Inhalt ganz mit anzuhören, denn man hat sich nicht die Mühe gegeben, die Summen zu addiren,

(Heiterkeit)

hat auch z. B. Privat- und Interessentenwaldungen nicht auseinandergehalten, sondern dieselben sind in einer Kolumne rubrizirt und unaddirt geblieben. Die Staatswaldungen betragen 2 927 000 Hektar und die Privatwaldungen neben den Stadt-, Landgemeinde- und Stifts-, Privat- und Interessentenwaldungen 5 720 000 Hektar, d. i. also über $^2/_3$ der Staatsforsten. Auf die Privatforsten fällt im Verhältniß ein sehr geringer Theil, und es ist ganz ohne Zweifel, daß auch die Privatwaldungen und die Gemeindewaldungen ein erhebliches Interesse wachrufen selbst bei den kleinsten Bewohnern des flachen Landes. Es ist den Bewohnern der Dörfer gar nicht einerlei, wenn eine Stadtgemeinde ein Areal von mehreren tausend Morgen hat, ob das so viel einbringt, daß eine Kommunalsteuer bezahlt werden muß oder nicht, ob die Kommunalsteuer durch den Ertrag der Kommunalwaldungen um ein paar Prozent heruntergedrückt wird; da gibt es auf dem Lande absolut niemand, dem das einerlei wäre, und von diesem Gesichtspunkte sind die wirthschaftlichen Verhältnisse der großen und kleinen Grundbesitzer zu einander lediglich zu beurtheilen. Deshalb, meine Herren, glaube ich, daß die Einführung von Schutzzöllen auf Nutzholz im allgemeinen sehr wünschenswerth und finanziell und wirthschaftlich sehr richtig ist.

Aber verdient denn auch der Wald die Einführung solcher Schutzzölle, ist es wirthschaftlich geboten? Da verweise ich im allgemeinen nur auf die Ausführungen der Motive, die uns das im allgemeinen ziemlich klar darlegen. Es ist der Ertrag des Waldes im allgemeinen um ein Bedeutendes gefallen. Eine allgemeine Statistik steht uns in dieser Beziehung auch nicht zu Gebote; das haben wir ebenfalls aus dem Munde von Sachverständigen, namentlich aus dem Munde unseres verehrten Herrn Kollegen, den ich nicht nennen will, den wir aber gleichwohl bei seiner sonstigen Privatthätigkeit als Professor an der forstwirthschaftlichen Akademie in Tharandt und als eines derjenigen Mitglieder des Hauses bezeichnen können, die auf Autorität den größten Anspruch für sich machen können — also, meine Herren, die Statistik in der Beziehung ist leider unzuverlässig. Es ist in dieser Beziehung nämlich in Bezug auf die Statistik auch heute noch von dem Herrn Abgeordneten Rickert betont worden, daß von der einen Seite des Hauses der anderen Seite der Vorwurf gemacht würde, wenn die eine statistische Angaben bringt: oh, die ist nicht richtig! Die eine Seite ruft Beifall zu den statistischen Angaben des Bundesraths, während die andere sie perhorreszirt.

(Ruf: Immer dieselbe!)

— Ich sage, die eine Seite ruft Beifall, die andere nicht.

(Ruf: Immer dieselbe Seite!)

— Rufen Sie Beifall zum Bundesrath? Ich glaube nicht.

(Heiterkeit.)

Ich wollte das bloß erwähnen; aber, meine Herren, da liegt es weniger an dem Antagonismus der Parteien, als an der Statistik selbst, und was soll da ein Privatmann noch machen, wenn z. B. der Herr Abgeordnete Lasker vor einigen Tagen über die Angaben, die der Herr Reichskanzler in Bezug auf die Prägravation des Grundbesitzes machte, sich dahin äußerte, das wäre — ich weiß es nicht mehr genau — kurz und gut, er perhorreszirte diese Angaben, ich kann mich der Worte nicht mehr entsinnen, die der Herr Abgeordnete gebrauchte —, aber was soll da ein unglückseliger Privatmann oder Abgeordneter machen, wenn die amtlichen Angaben, die dem Reichskanzler zur Disposition gestellt werden, bezweifelt werden. Also in dieser Beziehung bin ich jetzt auf dem Punkte angekommen, daß ich aller Statistik vollkommen mißtraue.

(Heiterkeit. Ruf: Aber doch Schutzzölle!)

Um den weiteren Beweis zu liefern, muß ich Sie zurückführen auf das, was der Herr Abgeordnete Rickert gesagt hat. Ich bin fest überzeugt, daß der Herr Abgeordnete Rickert bona fide seine Angaben gemacht hat; trotzdem aber kann ich hier nach dem amtlichen statistischen Handbuch wieder nachweisen, daß sie nicht so beschaffen sind, daß man daraus richtige Schlußfolgerungen ziehen dürfte. Er hat uns ganz richtig angeführt, daß die Werbungs- und Transportkosten von Forstprodukten sich in Preußen auf 7 150 000 Mark belaufen. Nun, ich will über die einzelnen Summen nicht streiten, ich kann mich bloß auf das amtliche statistische Handbuch berufen, wenn ich ihm auch nicht vollständig traue. Auf Seite 104 sind zirka 7 Millionen angegeben für Werbungskosten; dann kommt aber in der 4. Kolonne: zur Forstkultur, zur Verbesserung der Forstgrundstücke, zum Bau und Unterhalt der Holzabfuhrwege, der Forstvermessung und der Betriebsregulirungskosten — das sind auch Arbeitslöhne eben so gut wie die Werbungskosten, — da stehen auch noch angeführt 3 670 000.

(Hört!)

Ja, meine Herren, das gehört doch unbedingt dazu, das tritt zu den 7 Millionen, und dann haben wir schon über 10 Millionen. Dann muß auch noch berechnet werden, daß die Staatsforsten, bei denen diese 10 Millionen an Lohnen verausgabt werden, — wenn diese Zahlen richtig sind — nicht einmal ein drittel der Gesammtheit der Forsten im preußischen Staat ausmachen. Hiernach bekommen wir an Tagelöhnen, die verausgabt werden, nicht, wie Herr Rickert uns vorgerechnet hat, 7 Millionen, sondern, wenn wir richtig rechnen, bekommen wir in ganz Preußen für die

Staats-, Kommunal- und Privatwaldungen zirka 30 Millionen, — das ist doch ein bedeutender Unterschied.

(Zuruf.)

— Ohne Zoll! — Das sind die Ausgaben.

Ferner hat der Abgeordnete Rickert uns noch angegeben, daß bis 1875 nach den Zusammenstellungen und nach dem Generalberichte, den der preußische Herr Finanzminister an Seine Majestät den König von Preußen erstattet hatte, der Ertrag pro Festmeter gestiegen wäre, was später eingetreten wäre, das, sagt Herr Rickert, wisse er nicht, und er erbitte sich darüber nähere Auskunft. Diesem Bericht des Herrn Finanzministers an Seine Majestät kann ich hier einen Generalbericht der Budgetkommission des Staatshaushalts pro 1878/79 aus dem Abgeordnetenhause entgegenstellen, dessen Verfasser der Herr Abgeordnete Rickert ist.

(Hört, hört!)

Da finden wir sehr interessante und schätzenswerthe Mittheilungen, und ich glaube nicht, daß der Herr Abgeordnete Rickert oder sonst jemand die Angaben dieser Zahlen bestreiten will, denn sie beruhen auf Wirklichkeit. Da sind im Jahr 1875 als Ueberschuß aus den Staatsforsten notirt 29 469 591 Mark, im Jahr 1877/78 dagegen nur 21 666 263 Mark.

(Hört! — Zuruf.)

— Ja, ich habe den Zuruf leider nicht genau gehört; aber wenn ich auch annehme, daß 29 Millionen zu 21 Millionen in einem wirthschaftlich richtigen Verhältniß sind, so kann ich doch unmöglich annehmen, daß dieses Sinken des Ueberschusses aus dem Ertrag in der Hauptsache einen anderen Grund haben sollte, als das Fallen der Holzpreise. Es können wohl hie und da einzelne Umstände lokaler Natur mitwirken, die den Holzpreis drücken, es kann Sturm, Schneebruch eintreten, aber im großen und ganzen in der Staatswirthschaft kann der genannte Rückgang des Ertrags nur auf dem Fallen des Holzpreises basiren; und so verschieden ist das Fallen der Holzpreise nach Gegenden, daß bei uns im Westen die Verhältnisse total anders liegen, als sie im Osten gelegen sind. Auch selbst im Westen ist zwischen Westfalen und der Rheinprovinz keine einheitliche Norm festzustellen. In den Gegenden, wo ich genau bekannt bin, z. B. ist das Fallen der Holzpreise für alle Holzsorten konstant. Das einzige Holz, das noch einigermaßen verwerthet werden kann, ist das eichene Grubenholz; aber auch das ist gegen die Periode von 1875 wenigstens um 50 Prozent gefallen. Der Verkauf dieses Grubenholzes namentlich in Gegenden mit schlechterem Boden, in Gegenden mit langsamerem Holzwachsthum, ist ein Verderben für die Holzkultur, denn es bedingt in verhältnißmäßig kurzer Umtriebszeit einen vollständigen Abtrieb des Bestandes eines jungen Eichenwaldes, der in seiner schönsten Jugend steht. Durch dieses Grubenholz werden wir noch dazu kommen, daß die deutsche Eiche nur mehr in Bildern lebt. Dann wird immer junges Knüppelholz geschlagen, und es ist nicht möglich — ich kann das nebenbei bemerken — daß man den Grubenholzbetrieb in der Weise handhabt, daß man ihn nur durch Forstung betreibt und die hohen Eichen stehen bleiben. Hierbei nämlich wäre wieder die Kontrole der Holzarbeiter und Holzhauer eine zu schwierige.

Ganz vollständig fallen jetzt aus dem Preiskurrant die Buchenstämme aus. Ein großer Theil des gebirgigen Westfalen ist mit Buchenholz bestanden. Das war früher ein sehr lohnender Waldbetrieb. In letzer Zeit aber, nachdem die Hochöfen in der Gegend ausgeblasen worden sind, nachdem keine Holzkohle mehr gebraucht wird, gibt es keinen Buchenschlag mehr. Es hat zwar neulich, als ich über Huf- und Dachnägel redete und einige Hochöfen namhaft machte, oder vielmehr erwähnte, ohne sie namhaft zu machen, der Herr Abgeordnete Richter gesagt, da müßte man untersuchen, ob die nicht ausgeblasen worden wären, weil die Holzpreise zu sehr gestiegen wären. Ja, meine Herren, alle Achtung vor den wirthschaftlichen Kenntnissen des Herrn Abgeordneten Richter, aber eine solche Frage hätte ich aus seinem Munde nicht erwartet; denn das muß man doch wissen, wenn man in Westfalen gewählt ist, wie es ungefähr mit den Holzpreisen aussieht. Jetzt sind also die Holzpreise für Buchenholz, für Holzkohlenholz im allgemeinen gleich null; es kann wohl hier und da eine Klafter verkauft werden für Backholz und dergleichen, aber daß der ganze Einschlag gemacht werden könnte, wie er für die dortigen Buchenwälder nothwendig ist, das ist absolut nicht möglich. Aus fiskalischen Forsten z. B. ist vor mehreren Jahren von Westfalen aus der Versuch gemacht worden, wegen gänzlichen Mangels an Konkurrenz bei Holzauktionen das Holz auf der bergisch-märkischen Eisenbahn nach Köln zu verfrachten, und dort auf den Festungsterrains gratis nieder zu legen und ein fiskalisches Holzlager zu bilden. Das ist wieder aufgegeben worden, weil es absolut keine Rente abwarf. Man wäre vielleicht zufrieden gewesen, wenn man 1 bis 2 Thaler pro Klafter gehabt hätte; aber auch das war nicht möglich, und man hat den Versuch wieder aufgegeben, weil man sich in Unkosten stürzte. Es ist nun aber hierbei sehr interessant, wenn man vernimmt, daß im Jahre 1862 bei der neuen Grundsteuerveranlagung im Kreise Brilon z. B., welcher der höchst gelegene Kreis Westfalens ist, dessen Höhen sich ungefähr auf dem Reut bis zu 3000 Fuß hoch erstrecken, der katastrale Reinertrag des Waldes abgeschätzt worden ist auf 11 Silbergroschen. In dem benachbarten Kreis Meschede, dessen Boden ebenso beschaffen ist, wie der im Kreise Brilon, dessen Höhen aber nicht so hoch hinaufreichen, wie die Höhen des Kreises Brilon, ist der katastrale Waldertrag nur zu 8 Silbergroschen veranschlagt worden. Das ist eine sehr auffallende Erscheinung, die sich aber großentheils dadurch erklärt, daß inmitten des Kreises Brilon 2 Hochöfen belegen waren, die sehr günstige und vortheilhafte Abfuhrgelegenheit hatten, und das Holz in ihrer unmittelbaren Nähe also höher bezahlen konnten, wie weiter hin. Die Existenz dieser beiden Hochofenwerke hat unbedingt dahin gewirkt, daß in zwei an und für sich klimatisch sehr ungünstig situirten Nachbarkreisen eine Differenz im katastralen Reinertrag von 3 Silbergroschen angenommen werden konnte. Jetzt sind diese Hochöfen ausgeblasen und der Kreis Brilon kann ebenso wenig sein Buchenholz verwenden, wie der Kreis Meschede, sie haben beide weniger von Buchenwäldern als vorher.

Dann hat der Herr Abgeordnete Richter auch bei einer früheren Gelegenheit gesagt, das Fallen der Holzpreise hätte seinen Grund namentlich in dem Aufhören der Baulust. Ich will das gar nicht bestreiten, ich bin fest davon überzeugt, daß das Aufhören der Baulust sehr dazu beigetragen hat, daß die Holzpreise fallen, ich gehe aber sogar weiter; ich sage, das wenige, was noch gebaut wird, wird nicht mehr wie früher allein von Holz gebaut, sondern größtentheils auch von Eisen. Sehen wir uns hier die großen Bahnhofshallen an, die Kaufläden u. s. w., überall Eisenbalkenschienen und weiß Gott, was alles von Eisen, was früher immer von Holz genommen werden mußte! Also diese Surrogate thun dem Holz auch ungeheuren Schaden.

Dann kommt noch dazu, daß man es bei den Staatsbauten, wie wir auch schon wiederholt gehört haben, in neuerer Zeit liebt, Versuche mit ausländischem Holz anzustellen, weil es an und für sich haltbarer wäre, als das inländische. Ja, meine Herren, ich will gar nicht bestreiten, daß der Pitch-Pinebaum haltbarer ist, als die märkische Kiefer; aber es gibt doch auch härteres Holz in Deutschland. Wenn die märkische Kiefer, die Fichte, nicht hart genug ist, warum nimmt man nicht Eichen? Es giebt Eichen genug dazu; warum nimmt man da amerikanische Pitchbäume?

Der Herr Abgeordnete Richter hat — ich muß darauf nochmals zurückkommen — bei einer früheren Gelegenheit gesagt, der preußische Staat hätte immer die Tradition gehabt, sparsam zu Werke zu gehen und alle Bezüge für den Staatshaushalt möglichst billig zu beschaffen. Das ist ja sehr lobenswerth, ich bin ein großer Freund der Sparsamkeit und wünsche, daß die Sparsamkeit ebenso im Reichshaushalt, wie im preußischen Haushalt nach allen Seiten vollständig gewahrt werde; aber trotzdem muß ich sagen, in der Beziehung neige ich doch viel eher zu der Befruchtungstheorie des Grafen von Roon über den Militäretat hin. Wenn z. B. im Inlande 6 Millionen verausgabt werden, halte ich es für viel rathsamer und sparsamer, als wenn 4 Millionen ins Ausland geschickt werden, sei es für Eisen, sei es für Pitsch-Pinebäume.

(Hört, hört! sehr richtig!)

Den verminderten Verbrauch von Holzkohle habe ich schon erwähnt, und dann kommt noch hinzu das Steigen der Lasten. Da sind die Kommunallasten, die schwer auf den Wald drücken, und ferner noch das Fallen des Geldwerthes. Die übrigen Lebensbedürfnisse sind in einem ganz anderen Prozentsatz gestiegen, wie die Waldprodukte. Diese sind meistens gefallen, wenn auch nicht absolut.

Ich will das aber jetzt nicht näher ausführen, weil ich sonst zu weit gehen müßte; ich will nur noch kurz erwähnen, daß der Schutzzoll für den Ertrag des Waldes nothwendig, daß er im allgemeinen in wirthschaftlicher Beziehung sehr wünschenswerth ist, und nicht bloß in finanzwirthschaftlicher, sondern auch in allgemein wirthschaftlicher Beziehung, indem dadurch das Nationalvermögen an Wald und Bäumen sehr gehoben und dadurch herbeigeführt wird, daß mit einem längeren Turnus gewirthschaftet werden kann, daß in späterer Zeit kein Mangel an stärkeren Hölzern eintritt.

Dann, meine Herren, möchte ich Sie zum Schluß noch darauf hinweisen, daß gerade die Seestädte, die sich am heftigsten gegen den Schutzzoll wehren, das Holz zu den einzigen Bauten gebrauchen, die eigentlich an und für sich selbst produktiv sind. Wo giebt es ein Bauwerk, was in sich eine solche Produktionskraft hat, wie ein Seeschiff? Womit wird mehr verdient?

Der Verdienst des Handels an und für sich ist ein so großer, und überall sehen wir, daß in keinem anderen Erwerbszweig ein so rasches Emporkommen möglich ist, wie im Handel. Der Handel ist so mobil, er kann sich vom einem Gegenstande auf den andern werfen. Ich bin weit entfernt davon, dem Handel irgendwie zu nahe treten zu wollen; ich bin weit entfernt davon, diese ganze Zollfrage als einen Krieg zwischen Handel und Produktion aufzufassen, im Gegentheil fasse ich es so auf, daß eine gleiche Vertheilung von Wind und Sonne zwischen Handel und Produktion eingeführt werden soll.

Bis jetzt hat der Handel das Größte für sich allein errungen; es ist ihm bereitwilligst gewährt worden. Die Etats der Einzelstaaten, namentlich Preußens, weisen nach, welche kolossale Summen verwendet worden sind im Interesse des Handels, für die Eisenbahnbauten. Durch die Eisenbahnbauten ist gesorgt für den Binnenhandel; und durch die Marine, meine Herren, und die kolossalen Kosten, die auf die Marinebauten verwendet sind, wofür ist denn da anders gesorgt, als für den Welthandel. Ja, das lautet sehr schön, wenn die Marine dazu da ist, um den Ruhm und die Ehre des deutschen Namens in den fernen Gewässern des Ostens zu verbreiten. Ja, meine Herren, ich bin sehr weit davon entfernt, dagegen etwas zu haben, aber wer hat von diesem Ruhm in entfernten Gewässern des Ostens den Vortheil? wer anders als der Handel? Nur der Handel, lediglich der Handel.

(Sehr richtig!)

Und, meine Herren, wenn wir alle diese Gesichtspunkte gleichmäßig in Betracht ziehen, dann steht es nach meiner Ueberzeugung fest, daß wir dem Handel kein Unrecht thun und nur den anderen Interessenten zu ihrem Rechte verhelfen, wenn wir auf das Holz einen Schutzzoll einführen.

(Lebhafter Beifall. — Zischen links.)

Präsident: Es sind mir von zwei Seiten Anträge auf Schluß der Debatte zugegangen, der eine vom Herrn Abgeordneten Grafen von Bethusy-Huc, der andere vom Herrn Abgeordneten von Waldow-Reitzenstein.

Ich bitte diejenigen Herren, welche die Schlußanträge unterstützen wollen, sich zu erheben.

(Geschieht.)

Die Unterstützung reicht aus.

Ich bitte, daß diejenigen Herren, welche den Antrag auf Schluß der Debatte annehmen wollen, sich erheben oder stehen bleiben.

(Geschieht.)

Das ist die Majorität; der Schluß ist angenommen.

Zu einer persönlichen Bemerkung hat sich gemeldet der Herr Abgeordnete Rickert (Danzig). Ich ertheile ihm das Wort.

Abgeordneter **Rickert** (Danzig): Meine Herren, wenn ich auf alle die Dinge, die die beiden Herren Regierungskommissare und auch der letzte Herr Redner gegen meine Ausführungen mißverständlich vorgebracht haben, eingehen wollte, so müßte ich wenigstens eine halbe Stunde Ihre Aufmerksamkeit in Anspruch nehmen. Ich werde das nicht thun, ich werde nur dem Herrn Regierungskommissär Bernhardt antworten, daß ich den Herrn Forstmeister Wagner allerdings als Autorität für mich angeführt habe, nicht aber in dem Sinne, wie er es ausgeführt hat, sondern in dem, daß — wie Herr Wagner sagt — die importirten „Nutzholzsorten sich in Deutschland fast lediglich in den Staats- und Kommunalwaldungen befinden." Es beschränken sich diejenigen Privatwaldflächen, welche derartige Nutzhölzer produziren, nach der Meinung des Herrn Wagner „auf wenige Prozente der Gesammtwaldfläche." Das ist ganz etwas anderes, als der Herr Regierungskommissar mir untergelegt hat.

Dem Herrn Abgeordneten Freiherrn von Wendt habe ich weiter nichts zu sagen, als daß ich die Vermuthung aussprechen muß, er sei nicht anwesend gewesen, als ich gesprochen habe; ich würde sonst bedauern, daß er einen großen Theil der Ausführungen gar nicht gehört hat, oder daß sie ihm wenigstens nicht zum Bewußtsein gekommen sind. Ich habe genau das ausgeführt, was der Herr Abgeordnete Freiherr von Wendt hier als eine gegentheilige Meinung mitgetheilt hat. Die amtliche Statistik, auf die ich mich berief, war der Etat der königlich preußischen Forstverwaltung pro 1879/80, den ich hier vor mir habe. Diese Statistik, meine Herren, werden Sie doch wohl noch gelten lassen! Und weshalb ich mich gerade auf den Titel 14 des Ausgabeetats berufen, — daß die nebenbei noch genannten übrigen Ausgabetitel existiren, weiß ich — habe ich ausgeführt. Es handelte sich darum, das für Hauer- und Rückerlohn gezahlte Geld den Beträgen gegenüberzustellen, die bei uns in Danzig, Memel u. s. w. für Arbeitslohn u. s. w. im Holzhandel ausgegeben wurden. Daß auf den anderen Titeln noch Arbeitslöhne stehen,

(Zuruf: Persönlich!)

— gewiß ist das persönlich, ich muß dem Herrn Redner, der mir etwas anderes, als ich gesagt habe, untergelegt hat, das bemerken, meine Herren, und werde abwarten, ob der Herr Präsident mich unterbricht.

Der Herr Kollege Freiherr von Wendt hat behauptet, daß ich die anderen Titel vergessen hätte, während ich gesagt habe, daß nur dieser Titel in Frage käme und weshalb. Er hat ferner sich berufen auf den von mir verfaßten Bericht der preußischen Budgetkommission von 1879 und hat mir den als Autorität entgegengehalten. Ja, meine Herren, ich berufe mich auf Ihr Gedächtniß. Ich habe aus diesem Berichte genau dieselben Zahlen verlesen, die der Herr Abgeordnete Freiherr von Wendt verlesen hat, allerdings ganz andere Schlüsse daraus gezogen.

Präsident: Wir kommen nun zur Abstimmung.

Die Herren werden sich erinnern, daß bei der Debatte die Lit. a und c der Nr. 13 zusammengefaßt worden sind, daß wir also über diese beiden Positionen und deren Inhalt abzustimmen haben. Lit. b wird dann später zur Debatte kommen.

Zu Lit. a, die ich zu verlesen bitte — —

Schriftführer Abgeordneter Graf **von Kleist-Schmenzin:**
Brennholz, Reisig, auch Besen von Reisig; Holzkohlen; Korkholz, auch in Platten und Scheiben; Lohkuchen (ausgelaugte Lohe als Brennmaterial); vegetabilische und animalische Schnitzstoffe, nicht besonders genannt: frei.

Präsident — — sind zwei Amendements eingegangen, über die zuerst abzustimmen ist für den Fall der Annahme der Lit. a, zunächst das Amendement des Herrn Abgeordneten Freiherrn von Lerchenfeld, welches lautet:

Der Reichstag wolle beschließen:
in Position 13 lit. a hinter „Besen von Reisig" einzusetzen:
Korbweiden ungeschält und geschält.

Das zweite von dem Herrn Abgeordneten Grafen von Galen Nr. 189, I 1, dahin lautend:

Der Reichstag wolle beschließen:
in der Position Nr. 13 a hinter „Korkholz" die Worte „auch in Platten und Scheiben" zu streichen.

Ich werde Ihnen vorschlagen, zuerst über das Amendement des Herrn Abgeordneten Freiherrn von Lerchenfeld und zwar für den Fall der Annahme der Vorlage abzustimmen. Ich bitte hiernach, daß diejenigen Herren, welche für den Fall der Annahme der Nr. 13 lit. a der Vorlage das Amendement des Herrn Abgeordneten Freiherrn von Lerchenfeld annehmen wollen, sich erheben.

(Geschieht.)

Das ist die Mehrheit des Hauses.

Wir kommen nun zur Abstimmung über das Amendement des Herrn Abgeordneten Grafen von Galen, Nr. 189 I 1. Dasselbe bezweckt, in lit. a die Worte „auch in Platten und Scheiben" zu streichen.

Ich werde in der Art abstimmen lassen, daß ich frage, ob entgegen dem Antrage des Herrn Abgeordneten Grafen von Galen die bezeichneten Worte in lit. a stehen bleiben sollen.

Wir kommen zur Abstimmung und ich bitte, daß diejenigen Herren, die die Worte, welche ich vorgetragen habe, stehen lassen wollen, sich erheben.

(Geschieht.)

Das ist die Majorität; das Amendement ist verworfen.

Nun bitte ich den Herrn Schriftführer, die Nr. 13a zu verlesen, wie sie nach dem eventuellen Beschluß des Hauses lautet.

Schriftführer Abgeordneter Graf **von Kleist-Schmenzin:**
Brennholz, Reisig, auch Besen von Reisig; Korbweiden ungeschält und geschält; Holzkohlen; Korkholz, auch in Platten und Scheiben; Lohkuchen (ausgelaugte Lohe als Brennmaterial); vegetabilische und animalische Schnitzstoffe, nicht besonders genannt: frei.

Präsident: Ich bitte, daß diejenigen Herren, welche Lit. a nach der eben verlesenen Fassung annehmen wollen, sich erheben.

(Geschieht.)

Das ist die große Mehrheit; die Position a ist angenommen.

Wir gehen nun über zu Nr. 13 Lit. c Nr. 1. Dazu liegt ein Antrag des Herrn Abgeordneten Eysoldt vor, der dahin geht, statt der Worte der Vorlage:

c) Bau und Nutzholz:
1. roh oder bloß mit der Axt vorgearbeitet: 100 Kilogramm $0_{,10}$ Mark oder 1 Festmeter $0_{,60}$ Mark,

zu setzen:

c) Bau und Nutzholz:
1. roh oder bloß mit der Axt vorgearbeitet: frei.

Gleichzeitig liegt ein gehörig unterstützter Antrag auf namentliche Abstimmung vom Herrn Abgeordneten Rickert (Danzig) vor. Ich schlage Ihnen vor, daß die namentliche Abstimmung über die Vorlage der verbündeten Regierungen erfolge, welche lautet:

c) Bau- und Nutzholz:
1. roh oder bloß mit der Axt vorgearbeitet: 100 Kilogramm $0_{,10}$ Mark oder 1 Festmeter $0_{,60}$ Mark.

Wird die Vorlage angenommen, so ist damit der Antrag des Herrn Abgeordneten Eysoldt abgelehnt; wird der Vorschlag der verbündeten Regierungen abgelehnt, so ist damit der Antrag Eysoldt angenommen.

Ich bitte, daß diejenigen Herren, welche für den Vorschlag der verbündeten Regierungen ad 13 c 1, den ich eben verlesen habe, stimmen, mit Ja, und diejenigen, welche dagegen stimmen, mit Nein antworten.

Ich bitte die Herren Schriftführer, den Namensaufruf vorzunehmen. Derselbe beginnt mit dem Buchstaben B.

(Der Namensaufruf wird vollzogen.)

Mit Ja antworten:	Mit Nein antworten:
Ackermann.	
von Alten-Linden.	
Freiherr von Aretin (Ingolstadt).	
Freiherr von Aretin (Illertissen).	
Graf von Arnim-Boitzenburg.	
Graf Ballestrem.	Dr. Bähr (Kassel).
von Batocki.	Baer (Offenburg).
Becker.	Dr. Bamberger.
Bender.	Dr. Baumgarten.
Berger.	von Benda.
Bernards.	Graf von Bernstorff.
von Bethmann-Hollweg (Ober-Barnim).	von Bernuth.
Graf Bethusy-Huc.	Dr. Beseler.
Graf von Bismarck.	Dr. Blum.
Dr. Graf von Bissingen-Nippenburg.	Bode.
Dr. Bock.	Dr. Böttcher (Waldeck).
von Bockum-Dolffs.	Bolza.
Freiherr von Bodman.	Dr. Braun (Glogau).
von Bönninghausen.	Brückl.
von Bötticher (Flensburg).	Büchner.
Braun (Hersfeld).	Büsing.
von Bredow.	Bürten.
Freiherr von und zu Brenken.	Dr. Buhl.
Freiherr von Buddenbrock.	
von Bühler (Oehringen).	
von Busse.	
Graf von Chamaré.	Carl Fürst zu Carolath.

Mit Ja antworten:	Mit Nein antworten:
von Colmar.	Clauswitz.
von Cranach.	Dr. von Cuny.
Freiherr von Dalwigk-Lichten-	Dr. Delbrück.
fels.	
von Dewitz.	ten Doornkaat-Koolman.
Dieden.	Dr. Dreyer.
Dietze.	
Graf zu Dohna-Finckenstein.	
Graf von Droste.	
	Eysoldt.
Fichtner.	Graf von Flemming.
Findeisen.	Fritzsche.
von Flottwell.	
von Forcade de Biair.	
Graf von Frankenberg.	
Franssen.	
Dr. Franz.	
Dr. Frege.	
Dr. Friedenthal.	
Freiherr von Fürth.	
Graf von Fugger-Kirchberg.	
Graf von Galen.	Dr. Gneist.
Gielen.	Dr. Groß.
von Gordon.	Dr. Günther (Nürnberg).
von Goßler.	
Grad.	
Dr. von Grävenitz.	
von Grand-Ry.	
Grütering.	
Grützner.	
Günther (Sachsen).	
Freiherr von Hafenbrädl.	Haerle.
Hamm.	Hall.
Dr. Hammacher.	Hermes.
Fürst von Hatzfeldt-Trachenberg.	Hoffmann.
Freiherr von Heereman.	Holtzmann.
von Heim.	
von Helldorff-Bebra.	
von Helldorff-Runstedt.	
Dr. Freiherr von Hertling.	
von Hölder.	
Fürst von Hohenlohe-Schillings-	
fürst.	
Graf von Holstein.	
Graf von Hompesch.	
Horn.	
von Jagow.	Jäger (Nordhausen).
Dr. von Jazdzewski.	Jordan.
von Kardorff.	Dr. Karsten.
Katz.	Klotz.
von Kehler.	Dr. Klügmann.
von Kesseler.	Knoch.
von Kleist-Retzow.	Kuntzen.
Graf von Kleist-Schmenzin.	
Kochann.	
von König.	
Kopfer.	
Dr. Kraetzer.	
Kreutz.	
Freiherr von Landsberg-Stein-	Landmann.
furt.	

Mit Ja antworten:	Mit Nein antworten:
Lender.	Laporte.
von Lenthe.	Dr. Lasker.
Freiherr von Lerchenfeld.	Lentz.
von Levetzow.	List.
Dr. Lieber.	Löwe (Berlin).
Dr. Löwe (Bochum).	Lüders.
Dr. Lucius.	
Dr. Majunke.	Freiherr von Maltzahn-Gültz.
Freiherr von Manteuffel.	Dr. Marquardsen.
Marcard.	Maurer.
Freiherr von Marschall.	Meier (Schaumburg-Lippe).
Dr. Mayer (Donauwörth).	Dr. Mendel.
Melbeck.	Möring.
Menken.	Müller (Gotha).
Merz.	Dr. Müller (Sangerhausen).
von Miller (Weilheim).	
Freiherr von Minnigerode.	
Freiherr von Mirbach.	
Graf von Moltke.	
Mosle.	
Dr. Moufang.	
Graf von Nayhauß-Cormons.	
von Neumann.	
Dr. von Ohlen.	
von der Osten.	
Freiherr von Ow (Landshut).	
Freiherr von Ow (Freuden-	
stadt).	
Dr. Perger.	Pabst.
Fürst von Pleß.	Dr. Peterssen.
Dr. Pohlmann.	Pfähler.
Graf von Praschma.	
Graf von Preysing.	
von Puttkamer (Fraustadt).	
von Puttkamer (Löwenberg).	
von Puttkamer (Lübben).	
von Puttkamer (Schlawe).	
Herzog von Ratibor.	von Reden (Lüneburg).
von Ravenstein.	Reinecke.
Reich.	Richter (Hagen).
Dr. Reichensperger (Krefeld).	Rickert (Danzig).
Reinhardt.	Römer (Hildesheim).
Dr. Rentzsch.	Dr. Roggemann.
Richter (Kattowitz).	
Richter (Meißen).	
Dr. Rudolphi.	
Ruppert.	
Saro.	Schlutow.
Graf von Saurma-Jeltsch.	Dr. Schulze-Delitzsch.
von Schalscha.	Dr. Sommer.
von Schenck-Flechtingen.	Sonnemann.
von Schenck-Kawenczyn.	Stellter.
Dr. von Schliekmann.	Streit.
von Schmid (Württemberg).	Struve.
Schmiedel.	
Graf von Schönborn-Wiesen-	
theid.	
von Schöning.	
Schröder (Lippstadt).	
Schwarz.	
Dr. von Schwarze.	
von Schwendler.	
Senestrey.	

Mit Ja antworten:	Mit Nein antworten:
von Seydewitz.	
Freiherr von Soden.	
Staelin.	
Staudy.	
Stötzel.	
Theodor Graf zu Stolberg-Wernigerode.	
Udo Graf zu Stolberg-Wernigerode.	
Strecker.	
Stumm.	
Süs.	
Freiherr von Tettau.	Trautmann.
Thilo.	Dr. von Treitschke.
Uhden.	Freiherr von Unruhe-Bomst.
Freiherr von Varnbüler.	
Dr. Völk.	
Vopel.	
Vowinckel.	
Freiherr von Wackerbarth.	Dr. Wachs.
Dr. von Waenker.	Dr. Weigel.
Graf von Waldburg-Zeil.	Werner (Liegnitz).
von Waldow-Reitzenstein.	Dr. Wiggers (Güstrow).
von Wedell-Malchow.	Wiggers (Parchim).
Freiherr von Wendt.	Dr. Witte (Mecklenburg).
von Werner (Eßlingen).	Witte (Schweidnitz).
Wichmann.	Wöllmer.
Windthorst.	Dr. Wolffson.
	Wulfshein.
Freiherr von Zu-Rhein.	Dr. Zimmermann.
	Dr. Zinn.

Krank sind: von Below. Bracke. Fürst von Czartoryski. Leonhard. von Lüderitz. Dr. Oetker. Römer (Württemberg). Freiherr von Schorlemer-Alst. Dr. Schröder (Friedberg). Freiherr Schenk von Stauffenberg. Dr. Stephani. Tölke. von Unruh (Magdeburg). von Woedtke.

Beurlaubt sind: Bebel. Graf von Behr-Behrenhoff. Bieler (Frankenhain). Freiherr von Ende. Feustel. Flügge. Dr. von Forckenbeck. Forkel. Freytag. von Gerlach. von Geß. Dr. Harnier. Hauck. Hilf. Fürst zu Hohenlohe-Langenburg. Dr. Jäger (Reuß). Kiefer. Klein. von Knapp. Krafft. Liebknecht. Dr. Lingens. Pfafferott. Freiherr von Pfetten. Prinz Radziwill (Beuthen). Graf von Rittberg. Dr. Rückert (Meiningen). von Saucken-Tarputschen. Schlieper. Schneegans. Servaes. von Simpson-Georgenburg. Stegemann. Dr. Thilenius. Wiemer.

Entschuldigt sind: Bauer. von Behr-Schmoldow. von Bennigsen. Dr. Boretius. Dr. Brüning. Dr. von Bunsen. Dr. Falk. Dr. von Feder. Freiherr zu Franckenstein. Dr. Gareis. Gerwig. Görz. Dr. Hänel. Oechelhäuser. Pflüger. Graf von Plessen. Rußwurm. Dr. Wehrenpfennig. Dr. Westermayer.

Ohne Entschuldigung fehlen: von Adelebsen. Arbinger. Baron von Arnswaldt. von Bethmann-Hollweg (Wirsitz). Bezanson. Borowski. von Brand. Dr. Brüel. von Czarlinski. Datzl. Dernburg. Dollfus. Freund. Germain. Graf von Grote. Guerber. Haanen. Hasselmann. Heckmann-Stintzy. Heilig. Freiherr von Horneck-Weinheim. Jaunez. Kablé. von Kalkstein. Kayser. Dr. von Komierowski. Krüger. von Kurnatowski. Graf von Kwilecki. Lang. Dr. Lindner. Lorette. von Ludwig. Graf von Luxburg. Magdzinski. Dr. Maier (Hohenzollern). Martin. Dr. Merkle. Dr. Meyer (Schleswig). Michalski. von Müller (Osnabrück). Müller (Pleß). Dr. von Niegolewski. North. Freiherr Nordeck zur Rabenau. Dr. Rack. Fürst Radziwill (Adelnau). von Reden (Celle). Reichensperger (Olpe). Reichert. Dr. von Schauß. Schenk (Köln). Schmidt (Zweibrücken). Schmitt-Batiston. von Sczaniecki. Graf von Sierakowski. Dr. Simonis. Dr. Stöckl. Graf zu Stolberg-Stolberg (Neustadt). Triller. von Turno. Vahlteich. Winterer. Graf von Zoltowski.

Präsident: Die Abstimmung ist geschlossen.

(Das Resultat wird ermittelt.)

Das Resultat der Abstimmung ist, daß im ganzen 260 Stimmen abgegeben worden sind; davon lauten 172 auf Ja und 88 auf Nein.

Die Vorlage der verbündeten Regierungen, ist hiernach angenommen, und der Antrag des Herrn Abgeordneten Eysoldt, wie ich konstatire, abgelehnt.

Wir gehen nun weiter zur Abstimmung über Nr. 2, zunächst über die Amendements, die dazu eingebracht sind.

Die Amendements, um die es sich handelt, sind: das vom Herrn Abgeordneten Freiherrn von Lerchenfeld 198 2, welches zuerst zur Abstimmung kommen wird. Dann ist der Antrag des Herrn Abgeordneten Richter (Meißen) Nr. 195 II zur Abstimmung zu bringen.

Die Herren Abgeordneten Dr. Delbrück und Dr. Roggemann, sowie Herr Graf Udo zu Stolberg haben, wenn ich recht verstanden habe, erklärt, daß sie für jetzt ihre Anträge zurückziehen.

Zur Geschäftsordnung hat das Wort der Herr Abgeordnete Dr. Delbrück.

Abgeordneter Dr. **Delbrück:** Da es mir in Folge des Schlusses der Diskussion nicht möglich geworden ist, das von Dr. Roggemann und mir gestellte Amendement zu begründen, so ziehe ich es, zugleich im Namen meines Herrn Mitantragstellers, zurück mit dem Vorbehalt, es bei der ersten passenden Gelegenheit wieder einzubringen.

Präsident: Der Herr Abgeordnete Graf zu Stolberg (Rastenburg) hat das Wort zur Geschäftsordnung.

Abgeordneter Graf **zu Stolberg** (Rastenburg): Ich ziehe das von mir gestellte Amendement, was denselben Gegenstand enthält, jetzt ebenfalls zurück.

Präsident: Der Herr Abgeordnete Dr. Bamberger hat das Wort zur Geschäftsordnung.

Abgeordneter Dr. **Bamberger:** Aus demselben Grund ziehe ich das von dem Herrn Abgeordneten Dr. Harnier und mir gestellte Amendement Nr. 201 II zurück.

Präsident: Es bleiben hiernach nur noch die Amendements Nr. 198 des Herrn Abgeordneten Freiherrn von Lerchenfeld, Nr. 193 des Herrn Abgeordneten Freiherrn von Fürth und der Antrag des Herrn Abgeordneten Richter (Meißen) für die Abstimmung übrig.

Ich schlage vor, zuerst abzustimmen über das Amendement des Herrn Abgeordneten Freiherrn von Lerchenfeld.

Ich bitte den Herrn Schriftführer dasselbe zu verlesen.

Schriftführer Abgeordneter Graf **von Kleist-Schmenzin:**

> Der Reichstag wolle beschließen:
>
> in Position 13 lit. c 2 hinter: „Faßdauben und ähnliche Säg- oder Schnittwaaren" hinzuzusetzen:
>
> geschälte Korbweiden, welche durch Hobeln oder Spalten vollständig für die Fabrikation fertig gestellt sind.

Präsident: Ich bitte, daß diejenigen Herren, welche für den Fall der Annahme der Nr. 2 der Vorlage dieses Amendement annehmen wollen, sich erheben.

(Geschieht.)

Das ist die Minderheit; das Amendement ist abgelehnt.

Meine Herren, nun würde ich in der Lage sein, den verwandten Antrag der Herren Abgeordneten Freiherr von Fürth und von Schalscha Nr. 193 1 zur Abstimmung zu bringen, den ich den Herrn Schriftführer zu verlesen bitte.

Schriftführer Abgeordneter Graf von Kleist-Schmenzin:
Der Reichstag wolle beschließen:
zu Nr. 13 lit. c 2 hinter dem Worte „Schnittwaaren" zuzusetzen die Worte:
auch ungeschälte Korbweiden und Reifenstäbe.

Präsident: Ich bitte diejenigen Herren, welche für den Fall der Annahme der Nr. 2 dieses Amendement annehmen wollen, sich zu erheben.

(Geschieht.)

Das Büreau ist zweifelhaft über das Resultat der Abstimmung, ich bitte deshalb um die Gegenprobe. Ich b diejenigen Herren, welche gegen den eben verlesenen Antrag stimmen wollen, sich zu erheben.

(Geschieht.)

Meine Herren, das Büreau ist jetzt nicht mehr darüber zweifelhaft, daß jetzt die Minderheit steht. Der Antrag der Herren Abgeordneten Freiherr von Fürth und von Schalscha ist also angenommen.

Wir kommen nunmehr zur Abstimmung über den Antrag des Herrn Abgeordneten Richter (Meißen) Nr. 195 II.

Ich ersuche den Herrn Schriftführer, ihn zu verlesen.

Schriftführer Abgeordneter Graf von Kleist-Schmenzin:
Der Reichstag wolle beschließen:
in Nr. 13 des Zolltarifentwurfs der Unterabtheilung c 2 den Zollsatz von
0,25 Mark für 100 Kilgramm oder von
1,50 Mark für das Festmeter
auf
0,30 Mark für 100 Kilogramm oder von
1,80 Mark für das Festmeter
zu erhöhen.

Präsident: Ich ersuche diejenigen Herren, die für den Fall der Annahme der Nr. 2 auch dieses Amendement annehmen wollen, sich zu erheben.

(Geschieht.)

Das Büreau ist zweifelhaft; ich bitte um die Gegenprobe und ersuche diejenigen Herren, welche gegen diesen Antrag stimmen wollen, sich zu erheben.

(Geschieht.)

Meine Herren, das Büreau ist nicht zweifelhaft darüber, daß jetzt die Majorität steht; der Antrag des Herrn Abgeordneten Richter (Meißen) auf Nr. 195 II ist demnach abgelehnt.

Ich bitte nun, die Nr. 2, wie sie nach den angenommenen Anträgen der Herren Abgeordneten Freiherr von Fürth und von Schalscha lautet, zu verlesen.

Schriftführer Abgeordneter Graf von Kleist-Schmenzin:
2. gesägt, oder auf anderem Wege verarbeitet oder zerkleinert Faßdauben und ähnliche Säg- oder Schnittwaaren; geschälte Korbweiden, welche durch Hobeln oder Spalten vollständig für die Fabrikation fertig gestellt sind: 100 Kilogramm 0,25 Mark oder ein Festmeter 1,50 Mark.

Präsident: Ich bitte diejenigen Herren, welche für die Nr. 2, wie sie hiernach lautet, stimmen wollen, sich zu erheben.

(Geschieht.)

Das ist die Mehrheit; die Nr. 2 ist mit dem Amendement der Herrn Abgeordneten Freiherr von Fürth und von Schalscha nunmehr angenommeu.

Meine Herren, wir haben nun noch abzustimmen über den Antrag der Herren Freiherr von Fürth und von Schalscha ad 139 2, der dahin geht, die geschälten Korbweiden, welche zur Fabrikation weiter nicht vorbereitet sind, mit einem Zoll von 2,50 Mark per 100 Kilo zu belegen. Diesem Antrage gemäß wäre als Nr. 3 hinter Nr. 2 eine besondere Nummer einzufügen.

Ich bitte den Herrn Schriftführer, den Antrag zu verlesen, damit über die Abstimmung kein Zweifel entsteht.

Schriftführer Abgeordneter Graf von Kleist-Schmenzin:
Der Reichstag wolle beschließen:
zu Nr. 13 Lit. c zuzusetzen:
Geschälte Korbweiden, welche zur Fabrikation weiter nicht vorbereitet sind: 100 Kilogramm 2,50 Mark.

Präsident: Ich bitte diejenigen Herren, die für dieses Amendement stimmen wollen, sich zu erheben.

(Geschieht.)

Das Büreau ist nicht zweifelhaft darüber, daß dies die Minderheit ist; das Amendement ist abgelehnt.

Meine Herren, es ist mir soeben ein Antrag auf Vertagung unserer Berathung überreicht worden von dem Herrn Abgeordneten Freiherrn von und zu Brenken.

Ich bitte diejenigen Herren, die diesen Antrag unterstützen wollen, sich zu erheben.

(Geschieht.)

Die Unterstützung reicht aus.

Ich ersuche diejenigen Herren, aufzustehen respektive stehen zu bleiben, welche den Vertagungsantrag annehmen wollen.

(Geschieht.)

Das ist die Mehrheit; die Vertagung ist hiernach beschlossen.

Meine Herren, ich schlage Ihnen vor, unsere Sitzungen im Hinblick auf das bevorstehende Pfingstfest, und um insbesondere denjenigen Kommissionen, die noch viele Aufgaben zu lösen haben, die nöthige Zeit zu lassen, von hent an zu vertagen, und zwar nach meinem ursprünglichen Wunsche bis Donnerstag in der Pfingstwoche; ich glaube aber, ich entspreche den ausgedrückten Wünschen der Mehrheit des Hauses besser, wenn ich den 9. Juni, das heißt Montag nach der Pfingstwoche, als Tag der nächsten Sitzung proponire. Ich schlage aber das nur in der Hoffnung vor, daß die geehrten Mitglieder der Kommissionen die Zeit der Vertagung, wenigstens einen Theil der laufenden und der Pfingstwoche, zu Kommissionsarbeiten verwenden, weil Ihnen allen daran liegen dürfte, die Daner unserer Session nicht allzuweit in den Sommer hinein verlängert zu sehen.

Ich frage, ob meinem Vorschlag in Bezug auf die Vertagung bis zum 9. Juni d. J. — den Vorschlag in Bezug auf Stunde und Tagesordnung für die nächste Sitzung behalte ich mir vor — widersprochen wird? Verlangt jemand das Wort hierüber?

(Pause.)

Ich konstatire, daß mein Vorschlag ohne Widerspruch genehmigt ist.

Dann schlage ich Ihnen weiter vor, am 9. Juni von Mittags 12 Uhr an die nächste Sitzung abzuhalten, und auf die Tagesordnung derselben zu stellen zunächst drei Berichte über Wahlprüfungen, nämlich:

1. Bericht der Wahlprüfungskommission über die Wahl im 4. Wahlkreis des Großherzogthums Mecklenburg-Schwerin (Nr. 166 der Drucksachen);
2. Bericht der Wahlprüfungskommission über die Wahl im 5. hannoverschen Wahlkreise (Nr. 228 der Drucksachen);
3. Bericht der Wahlprüfungskommission über die Wahl im 13. elsaß-lothringischen Wahlkreise (Nr. 229 der Drucksachen).

Ein weiterer Gegenstand der Tagesordnung würde nach meinem Vorschlage sein:

4. erste Berathung des Entwurfs eines Gesetzes, betreffend die Abänderung einiger Bestimmungen der Gewerbeordnung (Nr. 156 der Drucksachen);

ein fernerer Gegenstand:

5. erste Berathung des Gesetzentwurfs, betreffend die Statistik des auswärtigen Waarenverkehrs des deutschen Zollgebiets (Nr. 217 der Drucksachen).

und dann:

der Rest der heutigen Tagesordnung.

Darf ich annehmen, daß die Herren mit dieser von mir vorgeschlagenen Tagesordnung einverstanden sind?

Der Herr Abgeordnete Richter (Hagen) hat das Wort zur Geschäftsordnung.

Abgeordneter **Richter** (Hagen): Ich möchte den Wunsch aussprechen, daß in Bezug auf die erste Lesung des Gesetzes über die Waarenstatistik es doch möglich gemacht wird, daß die Fraktionen sich vor der ersten Lesung noch besprechen. Vielleicht ist der Herr Präsident so freundlich, diese Sache einen Tag zurückzulegen.

Präsident: Meine Herren, ich muß zugeben, daß vielleicht erst morgen die Vertheilung der Vorlage erfolgen kann, und mit Rücksicht darauf halte ich den von Herrn Abgeordneten Richter ausgesprochenen Wunsch für völlig gerechtfertigt und schlage Ihnen vor, daß statt dieses Gegenstandes die

Fortsetzung der zweiten Berathung des Entwurfs einer Gebührenordnung für Rechtsanwälte, auf Grund des mündlichen Berichts der 6. Kommission (Nr. 224 der Drucksachen),

auf die Tagesordnung gesetzt wird.

(Beifall.)

Sind die Herren damit einverstanden?

(Zustimmung.)

Ich wiederhole nunmehr:

die drei Wahlprüfungen,
die erste Berathung des Entwurfs eines Gesetzes, betreffend die Abänderung einiger Bestimmungen der Gewerbeordnung,
Fortsetzung der zweiten Berathung des Entwurfs einer Gebührenordnung für Rechtsanwälte rc.,

endlich:

der Rest der heutigen Tagesordnung

kommen auf die Tagesordnung der nächsten Sitzung.

Es steht, da kein Widerspruch erfolgt, hiernach die Tagesordnung für Montag den 9. Juni Mittags 12 Uhr fest.

Ich schließe die heutige Sitzung.

(Schluß der Sitzung 4 Uhr 55 Minuten.)

Berichtigungen

zum stenographischen Bericht der 53. Sitzung.

Seite 1478 Spalte 2 Zeile 22 von oben ist statt „12 065" zu lesen: „**102 065**".

Seite 1479 Spalte 2 Zeile 26 von unten ist statt „schwache" zu lesen: „**scharfe**".

Druck und Verlag der Buchdruckerei der Nordd. Allgem. Zeitung. Pindter.
Berlin, Wilhelmstraße 32.

56. Sitzung

am Montag den 9. Juni 1879.

Die Sitzung wird um 12 Uhr 40 Minuten durch den Präsidenten von Seydewitz eröffnet.

Präsident: Die Sitzung ist eröffnet.

Das Protokoll über die letzte Sitzung liegt auf dem Büreau zur Einsicht der Mitglieder aus.

Ich habe **Urlaub** kraft der mir zustehenden Befugniß ertheilt: dem Herrn Abgeordneten Dr. Schulze-Delitzsch bis zum 12. d. M., — dem Herrn Abgeordneten von Werner (Eßlingen) für sechs Tage, — dem Herrn Abgeordneten von Gordon für sechs Tage, — dem Herrn Abgeordneten Stegemann für acht Tage, — dem Herrn Abgeordneten List bis zum 15. d. M., — dem Herrn Abgeordneten von Alten-Linden bis zum 13. d. M., — dem Herrn Abgeordneten Römer (Württemberg) bis zum 14. d. M., — den Herren Abgeordneten Streit, Kein und Ravenstein für heute und morgen, — dem Herrn Abgeordneten von Hölder für fünf Tage, — den Herren Abgeordneten von Heim und Graf Praschma für acht Tage, — dem Herrn Abgeordneten Freiherrn von Mirbach bis zum 13. d. M., — sämmtlichen wegen dringender Berufsgeschäfte respektive Familien- und Privatangelegenheiten; — dem Herrn Abgeordneten von Cranach bis zum 16. d. M. wegen Erkrankung; — dem Herrn Abgeordneten Dr. Müller (Sangerhausen) für acht Tage aus demselben Grunde; — dem Herrn Abgeordneten von Geß bis zum 14. d. M. wegen eines Trauerfalls in der Familie; — dem Herrn Abgeordneten Kunzen für vier Tage, dem Herrn Abgeordneten Bode desgleichen, um verschiedene Referate in der Braunschweiger Landesversammlung zu erledigen.

Für längere Zeit haben um Urlaub gebeten: der Herr Abgeordnete von Unruh (Magdeburg) auf fernere vier bis fünf Wochen — ich nehme an, daß fünf Wochen der Zeitraum ist, für den der Urlaub erbeten ist; — der Herr Abgeordnete Freiherr Schenk von Stauffenberg für vier Wochen wegen schwerer Erkrankung; — der Herr Abgeordnete Freiherr Horneck von Weinheim auf vier Wochen, — der Herr Abgeordnete Werner (Liegnitz) für dreißig Tage, — der Herr Abgeordnete Günther (Sachsen) für vier Wochen, — der Herr Abgeordnete Tölke für fernere sechs Wochen, — der Herr Abgeordnete Dr. Schröder (Friedberg) bis zum 28. Juni, — der Herr Abgeordnete Flügge bis zum 20. dieses Monats, — sämmtlich wegen Krankheit. — Wenn niemand Widerspruch erhebt gegen diese Urlaubsgesuche, die ich eben verlesen habe, so nehme ich an, daß das Haus dieselben genehmigt. — Ich konstatire, daß das geschehen ist.

Es haben ferner um Urlaub nachgesucht: der Herr Abgeordnete Pabst für vierzehn Tage, — der Herr Abgeordnete Pflüger bis zum 21. d. M., — der Herr Abgeordnete Dr. Hänel für drei Wochen, — der Herr Abgeordnete Bebel für vierzehn Tage, — und der Herr Abgeordnete Dr. Sommer bis zum 26. d. M., — diese Herren wegen dringender Berufs- respektive Privatgeschäfte. Ich habe auch diese Urlaubsgesuche der Beschlußfassung des Hauses zu unterstellen und frage, ob Widerspruch gegen diese Urlaubsgesuche erhoben wird. — Ich konstatire, daß das nicht der Fall ist; diese Urlaubsgesuche sind genehmigt.

Entschuldigt sind für die heutige Sitzung: der Herr Abgeordnete Berger (Witten) und der Herr Abgeordnete Dr. Weigel, ferner der Herr Abgeordnete von Dewitz wegen Unwohlseins; — der Herr Abgeordnete Freiherr von Lerchenfeld für heute und morgen wegen dringender Geschäfte, — ebenso der Herr Abgeordnete Bernards wegen Unwohlseins und der Herr Abgeordnete von König für heute.

An **Vorlagen** sind neu eingegangen:

der Entwurf eines Gesetzes, betreffend die Verfassung und die Verwaltung Elsaß-Lothringens;

der Freundschaftsvertrag zwischen dem deutschen Reich und den Samoainseln;

der Entwurf eines Gesetzes, betreffend die §§ 25, 35 des Gesetzes vom 31. März 1873 über die Rechtsverhältnisse der Reichsbeamten;

die Uebersichten der Resultate des Ersatzgeschäftes in den Bezirken des 1. bis einschließlich 15. Armeekorps und in den Ersatzbezirken des Königreichs Bayern für das Jahr 1878.

Die Vorlagen sind sämmtlich gedruckt zur Vertheilung gebracht.

Als **Kommissarius des Bundesraths** wird der heutigen Sitzung bei Berathung des Gesetzentwurfs, betreffend die Abänderung einiger Bestimmungen der Gewerbeordnung beiwohnen:

der Herr Geheime Oberregierungsrath Nieberding.

An Stelle des durch Krankheit verhinderten Herrn Oberforstmeisters Bernhardt wird der preußische Oberforstmeister Herr Dankelmann an den weiteren Berathungen über die Holzzölle als Kommissarius theilnehmen.

Vor dem Eintritt in die Tagesordnung habe ich dem Reichstage noch mitzutheilen, daß im stenographischen Bericht über die letzte Sitzung ein Versehen seitens der Herren Stenographen insofern vorgekommen ist, als an Stelle des angenommenen Amendements Nr. 193 Ziffer 1 das Amendement Nr. 198 Ziffer 2 in dem stenographischen Bericht — Seite 1545 am Schluß der ersten Spalte — aufgenommen worden ist, und zu berichtigen ist.

Wir treten nunmehr in die **Tagesordnung** ein.

Nr. 1:

Bericht der Wahlprüfungskommission über die Wahl im 4. Wahlkreis des Großherzogthums Mecklenburg-Schwerin. (Nr. 166 der Drucksachen.)

Referent ist der Herr Abgeordnete Dr. Mendel. Ich ersuche ihn, seinen Platz einzunehmen.

Es ist zu dem im Bericht gestellten Antrag ein Amendement des Herrn Abgeordneten Wiggers eingegangen, das gedruckt und vertheilt ist, — Nr. 241 der Drucksachen. Dasselbe bedarf nach § 23 der Geschäftsordnung noch der Unterstützung von mindestens 30 Mitgliedern. Ich bitte den Herrn Schriftführer, es zu verlesen, und werde dann die Unterstützungsfrage stellen.

Schriftführer Abgeordneter Freiherr **von Soden**:

„Der Reichstag wolle beschließen:

dem Antrage der Kommission unter II 2 nachstehende, drei weitere Beschwerdefälle ergreifende Fassung zu geben:

2. gerichtliche Ermittelung eintreten zu lassen über die angeblichen Vorgänge bei der Wahl in Boek (Nr. IV des Protestes), in Jürgenstorf (Nr. VI des Protestes), in Varchentin (Nr. VIII des Protestes), in Vielist (Nr. XI des Protestes) und in Kalübbe (Nr. XVIII des Protestes).

Präsident: Ich ersuche diejenigen Herren, welche den eben verlesenen Antrag unterstützen wollen, sich zu erheben.

(Geschieht.)

Die Unterstützung reicht aus.

Ich ersuche jetzt den Herrn Referenten, seinen Vortrag zu erstatten.

Berichterstatter Dr. **Mendel**: Meine Herren, der Ihnen vorliegende Bericht ist die letzte Arbeit unseres zu früh dahingeschiedenen Kollegen Nieper, in dem auch die Wahlprüfungskommission eines seiner fleißigsten und treuesten Mitglieder verloren hat. Ich habe die traurige Pflicht, ihn heute hier zu vertreten und habe seinem Berichte nichts hinzuzufügen.

Präsident: Der Herr Abgeordnete Wiggers (Parchim) hat das Wort.

Abgeordneter **Wiggers** (Parchim): Meine Herren, nach dem Bericht der Wahlprüfungskommission sub 2 ist von derselben beantragt, gerichtliche Ermittelung eintreten zu lassen über die angeblichen Vorgänge in zwei Wahlbezirken. Mein Antrag bezweckt, diese gerichtlichen Ermittelungen noch auf die angeblichen Vorgänge in drei anderen Wahlbezirken auszudehnen.

Nach dem Proteste hat in dem Wahlbezirke Boek der Gutsbesitzer, welcher als Wahlvorsteher fungirte, beim Beginn der Wahl eine Ansprache an die Wähler gehalten, worin der Wunsch ausgedrückt wird, daß die übrigen Wähler, die den Herrn Graf von Plessen wählen wollten, zu dem Ende von den aufgelegten Stimmzetteln Gebrauch machen möchten, während diejenigen, die anders wählen wollten, zu Hause gehen könnten, um sich dort selbst Stimmzettel zu schreiben.

Die Wahlprüfungskommission hat selbst die gegen dieses Verfahren gerichtete Beschwerde für nicht unbegründet erklärt, und auch sich dahin ausgesprochen, daß die Ansprache eventuell um so mehr zu tadeln sei, als sie in Verbindung mit dem Umstande, daß die Stimmzettel für den proklamirten Kandidaten ausgelegen haben, das Resultat gefördert haben mag, wonach sämmtliche abgegebenen 45 Stimmen für den Grafen von Plessen abgegeben sind. Die Kommission hat aber doch Bedenken getragen, daraus einen Grund zur Vernichtung des Wahlaktes herzuleiten, indem die Ansprache sich lediglich auf einen Wunsch beschränkte und wenn in dem Verhältniß des Wahlvorstehers zur Mehrzahl der Wähler eine solche Ansprache eine besondere Bedeutung den Wählern gegenüber habe, so liege das eben in Umständen, die bei der allgemeinen Wahlberechtigung, zumal wenn der wirthschaftlich Stärkere zum Leiter der Wahlverhandlung ernannt ist, nicht zu ändern seien.

Meine Herren, ich sehe ganz davon ab, welchen Einfluß diese Vorgänge auf die Wahl selbst haben. Ich will dem Reichstage in keiner Weise präjudiziren, aber ich glaube doch hervorheben zu müssen, daß es sich hier um etwas anderes handelt, als um den Einfluß eines wirthschaftlich Stärkeren. Es handelt sich nämlich in diesem Falle, wo der Wahlvorsteher zu gleicher Zeit die Ortsobrigkeit ist, um den Einfluß der Ortsobrigkeiten auf die Wahl, und wenn die Wahlprüfungskommission gewußt hätte, daß in Mecklenburg noch die Gutsbesitzer zu gleicher Zeit die Ortsobrigkeit sind, so würde sie, glaube ich, dies in ihrem Berichte berücksichtigt haben. Es kommt aber ferner hinzu, daß in dem genannten Wahlbezirke eine Wahlansprache von dem Wahlvorsteher beim Beginn der Wahlhandlung gehalten ist, und das, meine Herren, ist entschieden wider den § 13 des Reichswahlreglements, worin es heißt:

„Während der Wahlhandlung dürfen im Wahllokale weder Diskussionen stattfinden noch Ansprachen gehalten, noch Beschlüsse gefaßt werden. Ausgenommen hiervon sind die Diskussionen und Beschlüsse des Wahlvorstandes, welche durch die Leitung des Wahlgeschäfts bedingt sind."

Es ist daher ganz ungehörig gewesen und wider das klare Gesetz, daß in diesem Wahlbezirk von dem Wahlvorsteher eine Ansprache an die sämmtlichen Wähler gehalten ist, um sie zu bestimmen, für einen bestimmten Kandidaten ihre Stimmen abzugeben.

Dann, meine Herren, liegt in dem ganzen Verfahren auch, daß man aus der geheimen Abstimmung eine öffentliche Abstimmung gemacht hat, indem man gesagt hat: ihr, die ihr für diesen Kandidaten, den Grafen von Plessen stimmen wollt, ihr findet die Wahlzettel in dem Wahllokale selbst; ihr übrigen, die ihr einen anderen wählen wollt, müßt nach Hause gehen und müßt die Stimmzettel euch selbst schreiben. Und das, meine Herren, ist eine Verletzung der durch die Verfassung garantirten, geheimen Wahlabstimmung, und insofern also auch in hohem Grade zu beklagen, als gerade von dem Wahlvorsteher dazu Veranlassung gegeben ist, wider das Gesetz zu handeln.

Es sind dann noch verschiedene Vorgänge ähnlicher Art in zwei anderen Bezirken, nämlich in dem im Protest sub XI genannten Wahlbezirk Vielist, wo der Kammerherr von Meyern bei dem Beginn der Wahl als Wahlvorsteher und als Besitzer des Gutes eine öffentliche Ansprache gehalten hat, in ähnlicher Weise, wie in dem früheren Falle, vorgekommen und dann noch in dem sub XVIII des Protestes erwähnten Wahlbezirk, wo nach Beginn des Wahlaktes, ich saget nach Beginn des Wahlaktes, von dem Wahlvorsteher, dem Gutsbesitzer Berlin auf Kalübbe eine ähnliche Ansprache zu Gunsten des Kandidaten Grafen von Plessen gehalten ist.

Meine Herren, ich hebe nochmals hervor, es fällt mir gar nicht ein, daß ich dem Reichstage in irgend einer Weise jetzt präjudiziren will, sondern wenn die gerichtlichen Ermittlungen eingetreten sind, so hat derselbe vollständige Freiheit, zu prüfen, wie er sich in der Frage entscheiden will. Aber ich meine doch, es ziemt sich nicht für den Reichstag, mit Stillschweigen solche Gesetzwidrigkeiten zu übergehen. Es könnte sonst am Ende das Verfahren, daß die Wahlvorsteher während des Wahlakts an die Wähler Ansprachen halten, epidemisch werden. Wenn ich diesen Antrag gestellt habe, so geschieht es nicht im Interesse meiner Partei, sondern im Interesse aller Parteien. Meine Herren, wir müssen es verhüten, daß die freie Wahl und die geheime Abstimmung gefährdet werden, wir müssen vielmehr durchaus darauf sehen, daß wir sie aufrecht erhalten. Ich ersuche Sie daher, im Interesse aller Parteien meinen Antrag anzunehmen.

Präsident: Der Herr Abgeordnete Freiherr von Maltzahn-Gültz hat das Wort.

Abgeordneter Freiherr **von Maltzahn-Gültz**: Meine Herren, die Wahlprüfungskommission schlägt uns vor, die Wahl, welche uns augenblicklich beschäftigt, zu beanstanden und über eine Reihe von Punkten aus den eingegangen Protesten Erhebungen und Ermittelungen anzustellen. Es ist nicht meine Absicht, diesem Antrag Ihrer Wahlprüfungskommission entgegenzutreten, ich bin vielmehr auch der Meinung, daß es in allen derartigen Fragen wünschenswerth ist, möglichste Klarheit zu schaffen, und ich werde deshalb, ebenso wie meine politischen Freunde, für den Antrag Ihrer Wahlprüfungskommission stimmen. Ausdrücklich möchte ich aber mir und meinen politischen Freunden die volle Freiheit der Entscheidung darüber vorbehalten, ob und in wie weit wir den im Protest behaupteten Thatsachen den Erfolg werden zuschreiben können, daß die davon getroffenen Stimmen ungiltig gemacht werden. Diese Frage wird uns im nächsten Jahre erst beschäftigen und ich habe mich nur verwahren wollen, daß durch die Beanstandung der Wahl der Entscheidung dieser Frage nicht präjudizirt werde. Weiter aber zu gehen, als Ihre Kommission gegangen ist, das, glaube ich, kann sich für den deutschen Reichstag nicht empfehlen. Die drei Fälle, welche der Vorredner angeführt hat und über welche er ebenfalls Ermittelungen angestellt wissen will, haben Ihrer Wahlprüfungskommission, wie der Bericht zeigt, vorgelegen. Die Wahlprüfungskommission hat erklärt, sie halte diese Punkte für nicht geeignet, weitere Ermittelungen eintreten zu lassen, und wenn der Reichstag, so viel ich weiß, bisher ausnahmslos auch da, wo es meiner Meinung nach nicht gerechtfertigt war, den Anträgen der Wahlprüfungskommission beigetreten ist, so meine ich, hat er auch bei dieser Gelegenheit keine Veranlassung, die Wahlprüfungskommission zu desavouiren, ich beantrage daher, den Antrag des Herrn Abgeordneten Wiggers abzulehnen.

Präsident: Der Herr Abgeordnete Wiggers (Parchim) hat das Wort.

Abgeordneter **Wiggers** (Parchim): Meine Herren, ich glaube doch, daß, wie ich schon angeführt habe, ein Novum vorliegt, welches die Wahlprüfungskommission nicht gekannt hat. Ich habe also hervorgehoben, daß in Mecklenburg noch die Besonderheit gilt, daß der Gutsbesitzer — und hier der Wahlvorsteher — als solcher die Ortsobrigkeit bildet, daß also doch ein Unterschied da vorliegt, ob ein gewöhnlicher Arbeitgeber einen Einfluß auf seine Arbeiter ausübt oder ob dies seitens einer Ortsobrigkeit geschieht. Und was den zweiten Punkt betrifft, so glaube ich, daß die Wahlprüfungskommission sich doch nicht vergegenwärtigt hat, welche schwere Rechtsverletzung es gewesen ist, daß die genannten drei Wahlvorsteher während der Wahlhandlung wider das ausdrückliche Gesetz Ansprachen gehalten und bestimmte Kandidaten empfohlen haben. Meine Herren, ich halte es für unmöglich, daß der Reichstag dies vollständig unberücksichtigt läßt; das würde gewissermaßen ja eine Aufforderung sein, daß die Sache weiter betrieben wird, und wir würden bei den nächsten Wahlen schon finden, daß von dieser Erlaubniß, die wider das Gesetz vom Reichstag gegeben wird, auch ein reichlicher Gebrauch gemacht werden wird. Ich sehe also nicht ein, warum Sie die von mir beantragten Ermittelungen nicht wollen, und dies um so weniger, als ich ja durch meinen Antrag meinem Kollegen von Maltzahn gar nicht präjudiziren will, weder ihm noch dem Reichstage überhaupt. Was nachher gerichtlich ermittelt wird, das unterliegt der freien Entscheidung des Reichstags. Derselbe hat sich in keiner Weise gebunden, wenn er diesen meinen Antrag annimmt, sondern im Gegentheil, er hat, wenn er ihn nicht annimmt, damit gesagt, daß es wider das Gesetz erlaubt ist, daß die Wahlvorsteher öffentliche Ansprachen während der Wahlhandlungen an die Wähler halten.

Präsident: Der Herr Abgeordnete Freiherr von Maltzahn-Gültz hat das Wort.

Abgeordneter Freiherr **von Maltzahn-Gültz:** Durch die letzte Ausführung des Herrn Vorredners, welche materiell die Entscheidung, die die Wahlprüfungskommission in ihrem Schoße getroffen hat, angreift, erachte ich meine Ausführung und diejenige des Berichts der Wahlprüfungskommission nicht widerlegt. Wenn aber der Herr Abgeordnete im Eingang seiner Worte darauf hingewiesen hat, daß er angeblich dem Reichstag eine dessen Mitgliedern und den Mitgliedern der Wahlkommission unbekannte Thatsache mitgetheilt habe, daß nämlich in Mecklenburg die Gutsobrigkeit bestehe, so möchte ich dem gegenüber hervorheben, daß die Kenntniß des deutschen öffentlichen Rechts bei den Mitgliedern dieses Hauses und speziell bei der Wahlprüfungskommission vorausgesetzt werden muß.

Präsident: Es verlangt Niemand mehr das Wort, ich schließe die Debatte und ertheile dem Herrn Referenten das Wort.

Berichterstatter Abgeordneter Dr. **Mendel:** Meine Herren, die Wahlprüfungskommission war einstimmig der Ansicht, daß die hier gerügten Vorgänge tadelnswerth und daß sie nicht zu rechtfertigen seien. Dagegen konnte die Majorität der Kommission nicht aus diesen Vorgängen ein Motiv herleiten, um eventuell, selbst wenn sie als wahr sich erweise, daraus eine Ungiltigkeit von Stimmen deduziren zu können. Unter diesen Umständen glaube ich bei dem Ihnen vorliegenden Antrage der Wahlprüfungskommission stehen bleiben zu müssen.

Was den hier angeregten Punkt in Betreff der Ortsobrigkeit betrifft, so, glaube ich, war derselbe der Wahlprüfungskommission allerdings bekannt, aber die Wahlprüfungskommission macht in dieser Beziehung einen Unterschied zwischen direkten Staatsbeamten und Kommunalbeamten, und sie würde auch nach dieser Richtung hin einen entscheidenden Werth auf die von der „Ortsobrigkeit" ausgehenden Versuche der Beeinflussung nicht gelegt haben.

Was nun die von dem Herrn Abgeordneten Freiherrn von Maltzahn-Gültz angeregte Frage betrifft, so möchte ich bemerken, daß die Wahlprüfungskommission selbst noch gar keine Entscheidung getroffen hat darüber, inwieweit die Stimmen für ungiltig erklärt werden sollen, wenn ein Nachweis der Wahrheit beigebracht ist, daß das also eine cura posterior sein würde. Ich bitte Sie, den Antrag der Wahlprüfungskommission anzunehmen.

Präsident: Wir kommen zur Abstimmung.

Sie finden auf Seite 7 der Vorlage in Nr. 166 die Anträge der Wahlprüfungskommission. Dieselbe beantragt:

Der Reichstag wolle beschließen:

I. die Wahl des Grafen von Plessen auf Ivenack im vierten Wahlkreise des Großherzogthums Mecklenburg-Schwerin zu beanstanden.

Ich bitte diejenigen Herren, die diesem Beschluß beitreten wollen, sich zu erheben.

(Geschieht.)

Das ist die Mehrheit; der Antrag ist angenommen.

II. Den Herrn Reichskanzler unter Mittheilung des Protestes und der Wahlakten zu ersuchen:

1. im Verwaltungswege ermitteln zu lassen:

a) . . . . . .

Sie gestatten mir wohl, daß ich die Litt. a bis f nicht nochmals verlese. Oder wird es verlangt?

(Nein!)

Es wird nicht verlangt, dann bitte ich diejenigen Herren, die die Nr. II 1 a bis f nach den Vorschlägen der Kommission annehmen wollen, sich zu erheben.

(Geschieht.)

Das ist die Mehrheit; der Antrag ist angenommen.

Wir kommen nun zu dem Antrage ad 2, den der Herr Abgeordnete Wiggers gestellt hat. Ich bitte den Herrn Schriftführer, denselben nochmals zu verlesen — oder verzichten die Herren auf die Verlesung?

(Ja!)

Das ist der Fall. Dann bitte ich, daß diejenigen Herren, welche für den Antrag des Herrn Abgeordneten Wiggers, der an die Stelle des Kommissionsvorschlages treten soll, stimmen wollen, sich erheben.

(Geschieht.)

Das ist die Minderheit; der Antrag ist abgelehnt.

Wir kommen nun zu dem Antrag der Kommission ad 2. Verlangen die Herren, daß er nochmals verlesen wird?

(Nein!)

Das ist nicht der Fall. Ich bitte, daß die Herren, die für den Antrag der Kommission stimmen wollen, sich erheben.

(Geschieht.)

Das ist die Mehrheit; der Antrag ist angenommen.

Wir kommen nun zu Nr. 3. Verlangen die Herren die Verlesung?

(Nein!)

Das ist nicht der Fall. Ich bitte, daß diejenigen Herren, die für die Nr. 3 der Kommissionsvorschläge stimmen wollen, sich erheben.

(Geschieht.)

Das ist die Mehrheit; ich konstatire, daß die Nr. 3 angenommen ist.

Damit ist der Gegenstand erledigt.

Wir gehen über zu Nr. 2:

Bericht der Wahlprüfungskommission über die Wahl im 5. hannoverschen Wahlkreis (Nr. 228 der Drucksachen).

Der Herr Referent verzichtet auf das Wort.

Der Herr Abgeordnete Windthorst hat das Wort.

Abgeordneter **Windthorst**: Meine Herren, was diese Wahl betrifft, so muß ich anerkennen, daß der Umstand, welcher in der Nr. 1 behandelt ist, in genauere Prüfung zu ziehen sein wird, ohne daß ich damit anerkenne die Konsequenzen, welche die Kommission ohne Weiteres gezogen hat.

Was den zweiten Punkt betrifft, so halte ich ihn für vollkommen irrelevant, will aber, um hier keine Diskussion zur Zeit schon zu veranlassen, eine Untersuchung dieses Punktes ruhig geschehen lassen. Unter diesem Vorbehalt, demnächst die Relevanz und Bedeutung der ermittelten Gegenstände zu prüfen und festzusetzen, will ich mich mit dem Antrage der Kommission einverstanden erklären.

Präsident: Es verlangt niemand weiter das Wort; ich schließe die Debatte. — Auch der Herr Referent hat nichts mehr zu bemerken.

Wir kommen zur Abstimmung. Sie finden auf Seite 3 der Nr. 228 die Vorschläge der Kommission. Verlangen die Herren, daß sie noch einmal verlesen werden? — Das ist nicht der Fall.

Zur Geschäftsordnung hat der Herr Abgeordnete Dr. Lasker das Wort.

Abgeordneter Dr. **Lasker**: Ich glaube, Herr Präsident, daß, wenn die Frage der Beanstandung zur Abstimmung kommt, die Nummer 1 und 2 gar nicht getrennt werden können; denn Nr. 2 ist nur eine Erläuterung, warum die Wahl beanstandet werden soll, und es ist nicht möglich, daß man Nr. 1 annimmt und Nr. 2 ablehnt. Deshalb ist es rathsam, daß über den Antrag ungetrennt abgestimmt werde.

Präsident: Der Herr Abgeordnete Dr. Lasker beantragt ungetrennte Abstimmung, womit ich einverstanden bin. Ich bitte diejenigen Herren, welche die Vorschläge der Kommission ad 1 und 2 annehmen wollen, sich zu erheben.

(Geschieht.)

Das ist die Mehrheit; ich konstatire, daß der Antrag der Kommission ad 1 und 2 angenommen ist.

Wir kommen zu Nr. 3 der Tagesordnung:

Bericht der Wahlprüfungskommission über die Wahl im 13. elsaß-lothringischen Wahlkreise (Nr. 229 der Drucksachen).

Referent ist der Herr Abgeordnete von Schöning. Derselbe verzichtet auf das Wort.

Der Herr Abgeordnete Winterer hat das Wort.

Abgeordneter **Winterer**: Meine Herren, der kurze Bericht der Wahlprüfungskommission hat Sie schon davon überzeugt, daß die vorliegende Wahl ein bedeutendes Interesse bietet. Die Wahlprüfungskommission beantragt, die Wahl für giltig zu erklären, ich meinerseits werde Sie bitten, die Giltigkeit der Wahl nicht auszusprechen. Ich empfinde das peinliche der Lage, in welcher ich bin, gegen eine Wahl, die sich in Elsaß-Lothringen vollzogen hat, auftreten zu müssen, allein, meine Herren, ich erachte es als Pflicht, für ein Recht, für eine Freiheit einzustehen, welches unserm Lande vor allem theuer ist und theuer sein muß. Es liegt ebenso im Interesse des Reichs, aus freien Wahlen in Elsaß-Lothringen die Lage zu kennen; ein anderes zuverlässiges Mittel, diese Lage zu kennen, besteht zur Zeit nicht.

Ich bitte Sie, bei dieser Wahl drei Momente ins Auge zu fassen. Erstens, meine Herren, liegt hier ein Wahlresultat vor, bei welchem nicht weniger als 11 580 Wahlenthaltungen vorkommen; zweitens hat der Gewählte nicht mehr als 29 Stimmen über die absolute Majorität, und drittens hat er nur 41 Stimmen mehr erhalten, als der Gegenkandidat. Schon diese bloße Charakteristik ist auffällig.

Vor allem, meine Herren, ist es nothwendig, die ganz ungewöhnliche Wahlenthaltung von mehr als 11 000 Wählern näher zu betrachten. Man würde meinen, in Elsaß-Lothringen ganz besonders, sollte eine derartige Wahlenthaltung nicht vorkommen. Meine Herren, die Hauptursache dieser ungewöhnlichen Wahlenthaltung kann ich mit einem Wort bezeichnen: diese Hauptursache ist die Wahlterrorisirung. Zu wiederholten malen ist hier im Hause Beschwerde geführt worden wegen des Drucks, der von seiten der öffentlichen Behörden in den letzten Wahlen ausgeübt worden ist. Ich behaupte, daß ein derartiger Druck, wie er in Elsaß-Lothringen vorgekommen ist, sonst nicht vorkommen konnte. Bei uns war die Abwehr schon von vornherein erschwert durch die Zustände, welche am besten bezeichnet werden durch den § 10, den Diktaturparagraphen, der seiner guten Dienste wegen nun auch wieder in der Konstitution soll, beibehalten werden, die uns hier so feierlich versprochen worden ist.

Die offizielle Kandidatur ist in Elsaß-Lothringen aufgestellt worden, wie wir es noch nicht erlebt haben. In welcher Weise die Verwaltung sich direkt an dem Wahlkampfe betheiligte, geht schon aus dem Umstande hervor, daß nicht weniger als fünf Kreisdirektoren in ihren Verwaltungskreisen als Kandidaten auftraten. Daß von Metz bis Altkirch und Thann alle Gendarmen, alle Polizeidiener, alle Grenzaufseher, alle Förster in ihrer Weise bei den Wahlen thätig waren, ist eine unleugbare Thatsache. In derselben Richtung ergingen Anweisungen an Angestellte der verschiedenen Verwaltungszweige, die Schullehrer nicht ausgenommen. Darin aber hat die Verwaltung alles bei uns bis jetzt in Wahlsachen Geschehene überboten, daß sie die Bürgermeister zu förmlichen Wahlagenten gemacht hat. Es ist vorgekommen, daß der Kreisdirektor die Bürgermeister zu einer geschlossenen Wahlversammlung versammelt und sie aufgefordert hat, einen Kandidaten zu bezeichnen nach dem Herzen der Verwaltung. Diese Aufforderung galt natürlich als Befehl; die Bürgermeister mußten dann einstehen für den bezeichneten Kandidaten, und für die Kosten sorgte die Verwaltung selber. Wo dieser Kandidat nicht auf diese Weise bezeichnet wurde, wo er sich auf eine andere Weise vorfand, da mußten die Bürgermeister sich auf alle mögliche Weise an seiner Wahl betheiligen, sie mußten ganz besonders für Austheilung seiner Stimmzettel Sorge tragen. Es ist nicht nöthig, daß ich erwähne, daß nicht alle Bürgermeister sich zu diesem Geschäfte hergaben.

Etwa auf die bezeichnete Weise, meine Herren, vollzog sich die Wahl in 13 elsaß-lothringischen Wahlkreisen. Daß der geehrte Herr Notar Lorette angenehm war und noch ist, hat sich in letzterer Zeit öffentlich genug gezeigt und kann auch daraus entnommen werden, daß er von dem unbedeutenden Notariat in Kedingen in das sehr bedeutende Notariat von Diedenhofen versetzt worden ist. An der Seite des Herrn Lorette standen im Wahlkampf der Kreisdirektor, die Polizeidiener, die Gensdarmen, die größere Zahl der Bürgermeister und Schullehrer. Wie die Polizei sich betheiligt hat, erhellt aus dem Umstande, daß man z. B. einen Mann, der die Stimmzettel des Gegenkandidaten ausgetheilt hat, einfach verhaftet hat, um ihn unschädlich zu machen. In anderen Ortschaften ist es vorgekommen, daß die Polizei die Wahlzettel, die schon ausgetheilten Stimmzettel des Herrn Abel, zurückgefordert hat. Wer von den Beamten eine Gunst zu erwarten hatte oder von ihrer Ungunst etwas zu befürchten hatte, der stimmte für den angenehmen Kandibaten oder er enthielt sich der Wahl. Dadurch und nur dadurch kann man die enormen Wahlenthaltungen von 11 000 Wählern erklären.

Meine Herren, mit keinem Worte will ich diese Wahlenthaltungen entschuldigen, aber es ist ja natürlich, daß in einem Lande das seit mehr als 8 Jahren unter dem Joche der Diktatur seufzet, die festen Charaktere sich nach und nach abnützen. Was alles verheißen worden ist, wenn man im Sinne der Regierung stimmen würde, und was für Drohungen vorkamen, das will ich nicht alles aufzählen; von den Drohungen sind viele in Erfüllung gegangen.

Meine Herren, wie es nun um die freie Wahl in 13 Elsaß-Lothringenschen Wahlkreisen steht, kann aus dem Gesagten schon geschlossen werden. Das Wahlergebniß liegt Ihnen vor; es ist kein glänzendes für den Gewählten; nur 29 Stimmen über die absolute Majorität und nur 41 Stimmen mehr als der Gegenkandidat, das ist allerdings kein herrlicher Sieg. Es kommt nun darauf an, ob diese unbedeutende Mehrheit von 29 Stimmen eine rechtsgiltige ist, und das ist die zweite Frage, die ich aufstellen muß.

Unmittelbar nach der Wahl kommen von allen Seiten her an die Vertreter von Lothringen Berichte jeder Art über Unregelmäßigkeiten, die vorgekommen wären. Die Wähler in Elsaß-Lothringen entschließen sich nur mit der größten Mühe — und zwar aus naheliegenden Gründen — der Verwaltung mißliebige Schriftstücke oder Proteste zu unterzeichnen. Meine Herren, vielleicht wird der Herr Kollege, der mir erwidern wird, mir Gelegenheit geben, das näher zu bezeichnen. Wir werden vielleicht sehen, daß Männer, welche Proteste schon unterschrieben hatten, wieder dazu konnten bewogen werden, diese Unterschriften wieder zurückzuziehen; wir werden die Ursache davon dann näher betrachten. Es liegen demnach eilf oder dreizehn unterzeichnete Proteste vor. Wären alle angegebenen und thatsächlich vorgekommenen Ungesetzlichkeiten zu Protokoll genommen worden, so wäre die Zahl der Proteste vielleicht eine dreifach größere.

Die vorliegenden Proteste sollen nun beweisen, daß die Mehrheit von 29 Stimmen nicht als eine regelmäßige, nicht als rechtsgiltig zu betrachten ist, und sie beweisen das zur Genüge.

Es liegt vor ein Protest aus Sierck. Dieser ist unterzeichnet von dem Bürgermeister — dieser Bürgermeister macht eine Ausnahme — und von 30 anderen Bürgern. Er bescheinigt, daß am 29. Juli, am Tage vor der Wahl, der Polizeikommissar dem Bürger Barthel, der die Stimmzettel, welche den Namen des Herrn Abel trugen, verbreitete, das verboten hat unter dem Vorwande, daß die Vertheilung der Stimmzettel nur am Tage der Wahl sollte gestattet werden; sogar der Friedensrichter billigte dieses Verfahren des Polizeikommissars. Die Stimmzettel des angenehmen Kandibaten waren schon 3 Tage früher vertheilt worden. Ein Protest aus der Gemeinde Fontoy mit 105 Unterschriften, ein Protest aus der Gemeinde Vitry mit 5 Unterschriften, ein Protest aus der Gemeinde Rosselingen mit 6 Unterschriften, ein Protest aus der Gemeinde Königsmacher mit 5 Unterschriften, ein Protest aus der Gemeinde Elzingen mit 3 Unterschriften, ein Protest aus der Gemeinde Inglingen mit 5 Unterschriften, ein Protest aus der Gemeinde Garsch mit 4 Unterschriften — also 7 gehörig unterzeichnete Proteste bescheinigen, daß in den genannten Gemeinden durch den Bannwart im Namen der Bürgermeisterei zugleich die Wahlkarten und ein Stimmzettel mit dem Namen des Herrn Lorette jedem Wähler übertragen worden sind. Das war eine Aufforderung im Namen der Bürgermeisterei, also eine offizielle Aufforderung, für den offiziellen Kandibaten zu stimmen. Ein Protest aus der Gemeinde Rottendorff bescheinigt, daß die Stimmzettel in ein offenes Gefäß, in eine Suppenschüssel, gelegt worden sind, daß also das gesetzliche gedeckte Gefäß nicht vorhanden war. Ein Protest aus der Gemeinde Reimeringen bescheinigt, daß der Bürgermeister, der Gemeindegelder an mehrere Wähler auszuzahlen hatte, die betreffenden einlud, am Tage der Wahl im Wahllokal ihre Gelder abzuholen; und es mußten die Wähler in eigener Person erscheinen. Einer von ihnen schickte seine Tochter: die wurde abgewiesen, der Vater mußte kommen. Unter den Augen des Bürgermeisters, der die Gelder auszahlte, mußte Jeder dort stimmen und natürlich stimmen nach dem Willen oder dem Wunsche des Bürgermeisters.

Endlich liegt vor ein Protest aus der Gemeinde Goblingen und diese bescheinigt, daß der Bannwart unter Drohung die Wähler aufgefordert hat im Wahllokale zu erscheinen, daß die Wähler dann im Wahllokale neben der Wahlurne die Stimmzettel mit dem Namen des Herrn Lorette vorgefunden, daß ein Wähler, der einen andern Stimmzettel mitgebracht, sah, wie ein Assessor des Wahlvorstandes diesen Stimmzettel eröffnet habe, um zu sehen, ob er für den angenehmen oder offiziellen Kandibaten stimmte. Ich bemerke noch, meine Herren, daß in einigen Gemeinden die Bürgermeister die Parteilichkeit so weit getrieben haben, daß sie ohne jedes Recht sich geweigert haben, die abgegebenen Unterschriften zu legalisiren, wozu das Gesetz sie doch verbindet.

Meine Herren, in 11 Ortschaften also — es sind 11 Proteste von mir angeführt worden — ist ein unregelmäßiges und ungesetzliches Verfahren bei der Wahl gehörig konstatirt. Man kann nicht in Abrede stellen, daß dieses unregelmäßige Verfahren vollständig geeignet war, die 29 Stimmen über die absolute Mehrheit und weit mehr Stimmen auf eine unrechtmäßige Weise zu erzwingen. Es scheint also, daß diese Wahl nicht als eine giltige sollte betrachtet werden.

Wie kommt nun die Wahlprüfungskommission dazu, die Giltigkeit der Wahl zu beantragen? Die Methode, welche die Wahlprüfungskommission bestimmt hat, ist die einfachste, die man sich nur denken kann. Die Kommission hat die Proteste einfach abgelehnt, sie hat dieselben gar nicht berücksichtigt, weil die Proteste in französischer Sprache abgefaßt sind.

> Was die Proteste anbelangt — sagt der Bericht — so sind dieselben in französischer Sprache abgefaßt. Die Geschäftssprache des deutschen Reichstages ist aber die deutsche und sind deshalb die in einer anderen Sprache abgefaßten, an den deutschen Reichstag gerichtete Schriftstücke zur Berücksichtigung nicht geeignet.

Meine Herren, wenn ich nicht irre, so liegt hier dem Reichstag eine äußerst wichtige Frage zur Entscheidung vor. Ein eigentlicher Präzedenzfall existirt meines Wissens nicht und kann nicht existiren, denn wie sich hier die Frage gestaltet, hat sie dem Reichstag bis jetzt noch nicht vorliegen können. Die Geschäftssprache des deutschen Reichstags ist die deutsche Sprache, und wir wissen ja das aus eigener Erfahrung. Am ersten Tage unseres Eintritts in dieses Haus haben wir erfahren müssen, daß unter keinen Umständen ein Mitglied des Reichstages an den Verhandlungen dieses Hauses in einer anderen Sprache theilnehmen kann. Aber, meine Herren, daraus schließen, daß alle Schriftstücke, die dem Reichstag zukommen und die nicht von Mitgliedern des Reichstages herrühren, ipso facto nicht berücksichtigt werden können, weil sie nicht in deutscher Sprache abgefaßt sind, das scheint mir doch zu weit zu gehen. Daß ein sonst regelmäßig nach den bestehenden Landesgesetzen ausgeführtes Aktenstück als gar nicht bestehend soll angesehen werden, sobald es über die Schwelle des Reichstags gekommen ist, das, erlauben Sie mir es zu sagen, scheint mir eine Enormität. Die Wahlprüfungskommission hat vielleicht den Umstand nicht berücksichtigt, daß die 11 Proteste aus einem Landestheile kommen, in welchem die französische Sprache ausschließlich gesprochen wird, in welchem der Gebrauch der französischen Sprache in Privaturkunden gesetzlich gestattet ist. Nicht etwa in einer tendenziösen Absicht, nicht um einer unnützen Demonstration willen sind die Proteste in französischer Sprache abgefaßt. Sie konnten nicht in deutscher Sprache abgefaßt werden. Diejenigen, welche sie unterschrieben, verstehen die deutsche Sprache ganz und gar nicht; wenn die Proteste in deutscher Sprache abgefaßt wären, würden sie nicht ganz zuverlässig sein. Man würde sagen können, die Leute haben etwas unterschrieben, was sie gar nicht verstanden. Und, wenn ich nicht irre, ist der Inhalt bei jedem Protest in deutscher Sprache angegeben worden. Meine Herren, es scheint mir unmöglich, daß die angeführten Proteste einfach abgewiesen werden können aus dem bezeichneten Grunde. Es scheint mir unmöglich, daß der Reichstag zu diesen Leuten, die nicht deutsch sprechen können, sage: sprechet deutsch, wenn etwas von euch in anderer Sprache zu uns kommt als in deutscher, können wir es nicht berücksichtigen. Ich hoffe, daß der Reichstag der lothringischen Bevölkerung das nicht sagen wird; das Gesetz sagt es nicht und der Reichstag wird es auch nicht sagen.

Dann, meine Herren, nach meiner Ansicht ist die Wahlprüfungskommission in Widerspruch mit sich selbst. Auf der zweiten Seite ihres Berichtes erklärt sie, daß Schriftstücke, die an den Reichstag gerichtet sind nnd die nicht in deutscher Sprache abgefaßt sind, zur Berücksichtigung sich nicht eignen; hingegen auf der ersten Seite konstatirt derselbe Bericht, daß der gewählte Herr Lorette die Annahme seiner Wahl in einem, in französischer Sprache abgefaßten Schreiben erklärt hat. Auch die Erklärung der Annahme der Wahl ist ein Wahldokument, über welches der Reichstag zu beschließen hat, und das folglich an den Reichstag gerichtet wird, und doch hat die Wahlprüfungskommission das in französischer Sprache verfaßte Schriftstück berücksichtigt.

Noch mehr, meine Herren, die Protokolle, wenn ich nicht irre, sind in französischer Sprache abgefaßt und auch die Protokolle sind an den Reichstag gerichtet. Wenn also die Proteste in französischer Sprache nicht berücksichtigt werden können, so könneu auch die Wahlprotokolle nicht berücksichtigt werden, so kann auch die Erklärung der Wahlannahme nicht berücksichtigt werden, und die Wahl ist absolut als eine ungiltige zu betrachten.

Man wird mir vielleicht entgegnen, daß die Erklärung der Wahlannahme und die Protokolle nicht an den Reichstag gerichtet worden sind; aber, meine Herren, der Reichstag muß doch endgiltig darüber beschließen. Die Protokolle werden ja nur einfach abgefaßt für den Reichstag, sie sind offenbar an den Reichstag gerichtet. Die Protokolle und die Erklärung der Wahlannahme sind da, um zu bezeugen, daß die Wahl richtig sich vollzogen hat, und die Proteste sind da, um zu beweisen, daß sie sich nicht richtig vollzogen hat. Es sind das Wahldokumente, die an den Reichstag gerichtet sind, die einen, wie das andere, und ich glaube, meine Herren, daß wir hier vor einem unabweisbaren Dilemma stehen: entweder wird die Bestimmung, daß die deutsche Sprache die Geschäftssprache des Reichstags ist, im Sinne der Kommission entschieden, und dann sind nicht nur die Proteste, sondern auch die Protokolle und die Erklärung der Wahlannahme vom Reichstag nicht zu berücksichtigen, und dann, meine Herren, muß die Wahl verworfen werden von vornherein; oder die bezeichnete Bestimmung wird nicht im Sinne der Wahlprüfungskommission aufgefaßt, und dann bestehen die Proteste zu Recht, und sie beweisen, daß Herr Notar Lorette eine rechtsgiltige Majorität nicht hat, und auch in diesem Fall kann die Wahl nicht aufrecht erhalten werden.

Meine Herren, ein letztes Argument will ich bloß angeben. Die französisch verfaßten Wahlproteste sind nun von mir in deutscher Sprache vorgetragen, und es kann in der gesetzlichen Geschäftssprache darüber verhandelt werden. Diese Proteste haben ihre hohe Bedeutung aus dem Umstande, daß einerseits die Majorität eine ganz verschwindende ist, und daß andererseits das Wahlresultat eine Wahlenthaltung von 11 000 Wählern aufführt. Bei einer Majorität von 29 oder 30 Stimmen, bei einer Wahlenthaltung von 11 000 Wählern, bei dem gewaltigen und unleugbaren Druck, den die öffentlichen Behörden ausgeübt haben, bei den feststehenden Ungesetzlichkeiten, die vorgekommen sind, kann nach meiner Ueberzeugung die Wahl des Herrn Notars Lorette nicht für giltig erklärt werden. In einigen Tagen, meine Herren, werden Sie berathen über die Konstitution von Elsaß-Lothringen, welche an der Stirn als Kennzeichen den § 10 trägt. Sagen Sie wenigstens den Wählern aus Elsaß-Lothringen, daß der Reichstag die Freiheit der Wahl werde zu jeder Zeit wahren; nehmen Sie den Antrag der Wahlprüfungskommission nicht an. Ich bitte Sie, zur weiteren Berathung die Angelegenheit der Wahl des Herrn Notar Lorette an die Wahlprüfungskommission zurück zu verweisen.

Präsident: Der Herr Abgeordnete Schneegans hat das Wort.

Abgeordneter **Schneegans**: Meine Herren, ich will nur mit einigen Worten den geehrten Herrn Vorredner antworten, und zwar zu Gunsten der Giltigkeitserklärung der Wahl des Herrn Abgeordneten Lorette. Der geehrte Herr Vorredner hat gegen die Giltigkeit dieser Wahl hervorgehoben, daß eigentlich in Elsaß-Lothringen keine Wahlfreiheit bestehe, oder wenigstens, daß dort ein großer Wahlterrorismus von seiten der Verwaltung auf die Wähler ausgeübt werde. Nun, wenn man aus den Vorgängen bei der Wahl des Herrn Lorette beweisen will, daß ein Wahlterrorismus von seiten der Verwaltung ausgeübt werde, so scheint mir gerade dieser Beweis schlecht gewählt; denn gerade in der Wahl des Herrn Abgeordneten Lorette liegen die Dinge so, daß von einem Wahlterrorismus von seiten der Verwaltung garnicht die Rede sein kann. Wie liegen die Dinge, meine Herren, in Lothringen? Die Partei, welche der geehrte Herr Vorredner hier vertreten hat, beherrscht in Lothringen die ganze Presse. Es bestehen in Lothringen drei Zeitungen: der „Moniteur de la Moselle“, der „Voeu National“ und der „Courier de la Moselle“, alle drei eingestanden sind für die Wahl des Kandidaten, der gegen Herrn Lorrette aufgetreten war, des Protestkandidaten. Herr Lorette aber hatte keine Zeitung in Lothringen, um seine Wahl zu unterstützen. Was nun die Verwaltung anbetrifft, so hat der Herr Vorredner mehrere Fälle vorgeführt, die auch in dem Protest vorliegen, welche beweisen sollen, daß die Verwaltung für Herrn Lorette eingetreten sei. Meine Herren, aber in den Gegenprotesten, von denen der geehrte Herr Vorredner nicht gesprochen hat, sind andere Fakta angeführt, welche doch auch zu beherzigen sein sollten, in welchen gerade das Gegentheil bewiesen wird. Der Herr Vorredner hat mehrere von diesen Protesten angeführt, ich werde mir erlauben, zwei andere Fälle vorzuführen, die das Gegentheil beweisen. Also, wenn irgendwo ein offizieller Kandidat aufgestellt wird, wie man das von Herrn Lorette sagt, so ist doch anzunehmen, daß die Verwaltung von oben bis unten für diesen offiziellen Kandidaten eintritt, daß alle Verwaltungszweige, alle Beamte für diesen Kandidaten wirken. Ich will hier einschalten, meine Herren, daß allerdings in Elsaß-Lothringen, mehrere solche offizielle Kandidaturen aufgestellt wurden, zu unserem großen Bedauern, es sind dies die Kandidaturen der Kreisdirektoren, die aber sämmtlich auch durchgefallen sind; aber, meine Herren, Herr Lorette ist kein solcher offizieller Kandidat gewesen, er ist auch nicht durchgefallen. Meine Herren, wie stand es nun in dem Kreise des Herrn Lorette? wie stand die Verwaltung der Kandidatur Lorettes gegenüber? Ich habe hier ein Schriftstück das folgendermaßen lautet:

> „Die Unterzeichneten bezeugen der Wahrheit gemäß, daß Ende Juli auf dem Perron des hiesigen Bahnhofs in öffentlicher Gesellschaft der Eisenbahnbaumeister Simons (also ein alt-deutscher Beamter) bei der Debatte über die Wahl sich geäußert hat, er würde die Lorettesche Kandidatur bekämpfen, und dem Kandidaten der Protestpartei 3000 Stimmen zuführen, welche Stimmen Lorette verlustig gehen würden. Diedenhofen, am 15. Oktober 1878, unterschrieben: Weinlich, Garnisonsinspektor, und Hollinger, Buchdruckereibesitzer. Die Richtigkeit der vorstehenden Unterschriften wird durch den Bürgermeister von Diedenhofen bescheinigt."

Meine Herren, nicht nur in der Eisenbahnverwaltung hat man sich auf diese Weise der Kandidatur Lorettes gegenüber gestellt, sondern auch der Herr Bezirkspräsident selbst, Baron von Reitzenstein, hat sich folgendermaßen ausgedrückt, in Folkenberg am 28. Juni 1878, also 48 Stunden vor der Wahl: er hat gesagt, daß Herr Abel gar nicht passe, daß es aber sehr regrettable (er sprach französisch) sei, daß nicht ein anderer Kandidat als Lorette aufgestellt worden sei, daß zwar Herr Lorette besser wäre als Herr Abel, aber daß die Verwaltung gewünscht hätte, einen weniger unabhängigen Kandidaten sich aufstellen zu sehen.

Meine Herren, auf diese Weise stellt sich also der Herr Bezirkspräsident der Kandidatur des Herrn Lorette gegenüber und dieser selbe Herr Bezirkspräsident hat auch später seine Art und Weise die Kandidatur oder besser die Wahl des Herrn Lorette anzusehen, bekräftigt. Vor wenigen Wochen ist ein Fall vorgekommen in Lothringen, der uns alle in Elsaß-Lothringen in großes Erstaunen gesetzt hat. Herr Lorette, der Reichstagsabgeordneter war, begibt sich einmal zu Herrn Baron von Reitzenstein, Bezirkspräsidenten von Lothringen, und spricht mit ihm über irgend eine Verwaltungsangelegenheit in ganz vertraulicher Weise. Zwei Tage nachher veröffentlicht der Herr Bezirkspräsident von Lothringen diese vertrauliche Unterredung — in welchem Blatte, meine Herren? In dem Blatte der Protestkandidaten, im „Moniteur de la Moselle" — und schiebt Herrn Lorette Gedanken unter, gegen welche Herr Lorette auf das Aeußerste protestirt hat und heute noch protestirt. Der Herr Bezirkspräsident sagt nämlich, Herr Lorette hätte ihm in dieser vertraulichen Unterredung mitgetheilt, man müsse von Art. 10, also dem Diktaturparagraphen, gegen den „Moniteur de la Moselle" Gebrauch machen und diese Zeitung unterdrücken. Herr Lorette hat öffentlich gegen diese Aeußerung, die ihm unterschoben worden, protestirt; er würde auch noch heute dagegen protestiren; er behauptet, es wäre dies Wort gar nicht gesprochen haben. Das habe er gar nicht gesagt. Meine Herren, die Unterredung ist französisch geführt worden und der Herr Bezirkspräsident mag wahrscheinlich die Worte des Herrn Lorette schlecht verstanden haben, aber was in der ganzen Angelegenheit zu bemerken ist, ist dies: warum hat der Herr Bezirkspräsident diese vertrauliche Unterredung in dem Protestblatt veröffentlicht? welches war denn seine Absicht? Wenn der Herr Bezirkspräsident diesen früheren Kandidaten und jetzigen Reichstagsabgeordneten so sehr im Herzen getragen hätte, so hätte er ihm doch nicht öffentlich eine Aeußerung unterschoben, welche diesen Mann in der öffentlichen Meinung von Elsaß-Lothringen zu Boden drücken sollte! Also, meine Herren, auf diese Weise stellte sich die Verwaltung diesem Kandidaten gegenüber, von einer offiziellen Kandidatur kann deshalb hier gar keine Rede sein.

Wenn der geehrte Herr Vorredner die Proteste angeführt hat, die gegen diese Wahlprüfungskommission gekommen sind, so hätte er auch die Gegenproteste anführen sollen. Meine Herren, diese Gegenproteste sind ein ganz hübsches Stück Arbeit, ich habe sie vor mir liegen. In diesen Gegenprotesten kommt fast auf jeden Fall, der in dem Protest angeführt wird, ein anderer Protest, fast überall von denselben Leuten unterzeichnet, welche die ersten Schriftstücke unterzeichnet hatten, die nun sagen: wir ziehen unseren Protest zurück, wir haben garnicht gewußt, was wir unterzeichnet hatten, wir haben es garnicht gelesen, man hat es uns unterschoben, und auch in manchen Fällen steht darin, wir haben ja unsere Unterschriften garnicht selbst abgegeben, es ist ein anderer, der für uns gezeichnet hat. Meine Herren, so liegen die Dinge, also bin ich berechtigt, für diese Wahl einzustehen und Sie zu bitten, mit der Wahlprüfungskommission zu beschließen, daß die Wahl des Herrn Lorette als gültig erklärt werde.

Präsident: Der Herr Abgeordnete Windthorst hat das Wort.

Abgeordneter **Windthorst**: Meine Herren, der Herr Abgeordnete Winterer und auch der Herr Abgeordnete Schneegans hat sich mit der materiellen Frage beschäftigt, ob die Wahl gültig sei oder nicht. Auf diese Erörterung gehe ich garnicht ein, denn es würde vorgreifen einem Urtheil der Wahlprüfungskommission, wenn wir auf diese vielleicht nach beiden Seiten hin einseitigen Darstellungen unser Urtheil abgeben wollten. Die Wahlprüfungskommission hat auch nicht, weil die Proteste unbegründet oder weil sie durch Gegenproteste aufgehoben werden, die Wahl für zutreffend, für giltig erklärt; sie hat gesagt, wir prüfen die Proteste und die Gegenproteste nicht; die Proteste wenigstens sind in französischer Sprache an uns gekommen, das ist nicht die Sprache des Reichstags, deshalb wollen wir sie nicht hören. Meine Herren, wir haben es hier zu thun mit einer Bevölkerung, die in der jetzigen Generation eine andere Sprache kaum versteht, die auch nach den Landesgesetzen berechtigt ist, diese Sprache zu gebrauchen, und wenn es allerdings richtig ist, daß der Reichstag deutsch spricht, so weiß ich doch keine Bestimmung, welche verlangt, daß, wenn ein Volkstheil eine andere Sprache spricht und in dieser Sprache uns etwas vorlegt, diese Vorlage ohne weiteres zurückgewiesen würde. Ich meine, es wären zwei Wege denkbar gewesen. Die Wahlprüfungskommission hätte veranlaßt, daß die Protesterheber — und, wenn die Gegenproteste auch in französischer Sprache geschrieben sind, was ich nicht weiß, die Gegenproteste in deutscher Uebersetzung auch eingereicht würden oder, was ich für außerordentlich viel einfacher gehalten hätte, daß man eine authentische Uebersetzung veranlaßt hätte, wenn die Mitglieder der Wahlprüfungskommission glaubten, daß das für sie und den Reichstag nothwendig sei; aber bloß aus dem Grunde, weil die Proteste in französischer Sprache abgefaßt sind, von einer französisch sprechenden Bevölkerung die Proteste ohne weiteres zurückzuweisen, das scheint mir denn doch in der That zu weit zu gehen, und es muß aus diesem Grunde der Antrag, der gestellt ist, die Sache an die Wahlprüfungskommission zurückgehen zu lassen, damit sie einen materiellen Bericht erstatte, sei es nach eingeholter oder selbst angefertigter Uebersetzung, zur Geltung kommen. Das ist das, was ich habe sagen wollen. Das Materielle, ich wiederhole es, ist zur Zeit zu prüfen hier kein Anlaß.

Präsident: Es ist inzwischen ein Antrag von den Herren Abgeordneten Winterer, Jannez und Genossen eingebracht, dahin gehend:

> Der Reichstag wolle beschließen:
> die Wahlangelegenheit des 13. elsaß-lothringenschen Wahlkreises an die Wahlprüfungskommission zurückzuweisen.

Ich bitte, daß die Herren, die diesen Antrag unterstützen wollen, — er bedarf der Unterstützung von 30 Mitgliedern, — sich erheben.

(Geschieht.)

Der Antrag ist hinreichend unterstützt und ist seinem Inhalt nach von dem letzten Redner schon befürwortet.

Der Herr Abgeordnete Guerber hat das Wort.

Abgeordneter **Guerber:** Meine Herren, ich beantrage die Zurückverweisung in die Kommission, weil ich aus verschiedenen Berichten aus Lothringen die Ueberzeugung gewonnen habe, daß, wenn die Wahl des Herrn Lorette angenommen würde und zwar deshalb, weil die dagegen erhobenen Proteste in französischer Sprache an den Reichstag zurückgewiesen würden, das im Lande einen sehr schlimmen Eindruck machen würde. Wenn durchaus diese Proteste nur in deutscher Sprache an den Reichstag gelangen sollen, dann würden wir, wenn die Sache zurückgewiesen wird in die Kommission der Wahlen, diese Proteste in die deutsche Sprache übertragen ad usum Delphini, d. h. zum Gebrauch der Kommissionsmitglieder, und da könnten sie sich dann auch durch unser Deutsch überzeugen, daß das Französische der Lothringer durchaus **reichstagskommissionsfähig** ist, die Proteste aber die Nichtigkeit der Wahl veranlassen müssen.

Ich hätte immer noch ein Wort beizufügen über das, was der Herr Kollege Schneegans gesagt hat, um nachzuweisen, daß die Kandidatur des Herrn Lorette keine offizielle war. Wenn dieselbe keine offizielle war, dann hat die Annahme außerordentlich Wahrscheinliches für sich, daß sie es war; denn dieser Herr wurde eben anläßlich dieser Wahl aus einem sehr gering honorirten Posten in einen sehr fett honorirten eingeführt, und das wurde er offenbar anläßlich dieser Wahl gerade um die Wahlzeit, entweder einige Zeit vorher oder einige Zeit nachher, ich glaube einige Tage vorher, und dadurch wurde er persönlich zur Kandidaturannahme ermuthigt, verpflichtet. Das wurde er aber jedenfalls auf Antrieb und unter Mitwirkung dieses Herrn Bezirkspräsidenten von Reitzenstein, der sich so ungünstig gegen diesen Herrn ausgesprochen haben soll, der sich aber gegen denselben erst dann ausgesprochen hat, als die Wahl schon längst vollzogen war.

Das, was der Kollege Schneegans, nicht mit vielem Glück, betont hat, jene Geschichte, die in den öffentlichen Blättern nicht zur Erbauung der Elsaß-Lothringer die Runde gemacht hat, aber erst nach der Wahl vorgefallen ist, so muß ich Sie bitten, meine Herren, auch meine Darstellung dieser Sache anzuhören.

Es geschah, daß Herr Lorette mit noch einem Kollegen seiner Geistesrichtung bei dem Herrn von Reitzenstein, dem Bezirkspräsidenten von Lothringen, klagend einkam. Er verlangte, daß man ein Blatt, in welchem in vier Zeilen eine höchst anodine unschuldige Anzeige gemacht worden war zu Gunsten derjenigen Mitglieder dieses Hauses, die in Lothringen meine Richtung vertreten, — ich sage, wegen dieses Artikels, dieser Anzeige forderte Lorette den Herrn Bezirkspräsidenten auf, er möge den Artikel 10 gebrauchen, um diese Zeitungsschreiber zu belangen respektive zu bestrafen, dessen Blatt, ich weiß nicht, ob zu suspendiren oder zu unterdrücken. Diese Forderung befremdete sogar den Bezirkspräsidenten. Daraus scheint eben zu erhellen, daß Herr von Lorette noch viel offizieller ist als sein Bezirkspräsident, und daß er an Dinge appellirte und Maßregelungen forderte, welche auch die Ehrenhaftigkeit des Bezirkspräsidenten als zu arg und ungeheuerlich zurückweisen mußte. Und daß das die Ueberzeugung des hohen Beamten war, davon hat er offen und in ehrenhaftester Weise vor dem ganzen Lande Zeugniß abgelegt. Aber alles dieses ist erst nach der Wahl vorgefallen und das erklärt hier auch, wenn er vor der Wahl sagte: Abel gefalle ihm garnicht, aber Lorette gefalle ihm auch nicht absolut; die Verwaltung konnte leider nicht wählerisch sein in ihren Kandidaten, aber Lorette war doch ihr Kandidat, denn er wurde durch ihre Blätter aufgestellt und angepriesen und dann waren alle Agenten, die in der Wahl des Herrn Lorette, zu dessen Gunsten und gegen Herrn Abel thätig waren, die Beamten der verschiedenen Verwaltungen, vor allem die vielen ehrsamen Bürgermeister.

Ferner hat Herr Schneegans daraus Kapital geschlagen, daß ein Eisenbahnbeamter sich erklärt habe gegen Lorette. Nun, eine Schwalbe macht doch noch keinen Sommer. Wenn auch der Terrorismus groß war und wenn auch die Standespflichten der Beamten gegenüber dem offiziellen Kandidaten weit gehen, so nehme ich doch an, daß noch so viel Unabhängigkeit unter den deutschen Beamten vorhanden sei, daß hier und da einer sich nicht in das fügen wird, was man ihm von oben herab kommandiren mag in betreff seines Wahlrechts. Daß das geschehen ist, habe ich in meinem eigenen Kreise erfahren und ist auch sonst wo, in Oberelsaß und in Unterelsaß, vorgekommen. Einige der Beamten, nur Deutsche, die eingewandert sind, gerade deshalb, weil der offizielle Druck so schwer war, stemmten sich gegen denselben und stimmten gegen den offiziellen Kandidaten.

Ich glaube, diese Handlungsweise gereicht zur Ehre des unabhängigen Charakters und Rechtsgefühls der betreffenden Beamten, denen ich gern von dieser Stelle aus mein bestes Zeugniß ausstelle.

Was aber die besonderen Verhältnisse dieses Herrn Simons betrifft, den Schneegans zitirt, so weiß man ja, daß er mit Herrn Lorette lang auf intimem Fuß stand, daß er mit einige Geldgeschäfte von Belang in Folge einer Expropriation für eine Eisenbahn abzuwickeln hatte, und daß solche Geschäfte gewöhnlich sehr intrikat sind und die dabei Betheiligten sich nicht immer im besten Verhältniß von einander trennen. So ist es ja leicht erklärlich, daß aus persönlichen Gründen dieser Herr sich mit Herrn Lorette abwerfen wollte und bekanntermaßen auch abgeworfen hat. Seine Abwendung von der Kandidatur Lorettes hat demnach nur sehr geringe Kraft, wenn sie das beweisen soll, was Kollege Schneegans beweisen will.

Das dritte aber, was er ins Feld geführt hat, ist das, daß einige der Protestationen, die französisch eingegeben worden sind, später wieder zurückgenommen worden sind. Es kam der Fall besonders vor in der Gemeinde Fontay. Was ist aber da vorgefallen? Etwas durchaus pikantes, was nur in Lothringen vorfallen kann. Da ist es vorgekommen, daß drei Herren, ein Gerichtsvollzieher und sein Schreiber und ein Wegemeister sich ausgaben oder gelten ließen in der öffentlichen Meinung als Abgesandte des Reichstags. Diese drei durchzogen keck verschiedene große Dörfer; der Gerichtsvollzieher ging in Fontay von einem der Wähler zum andern und erklärte ihnen: wenn ihr nicht euere Protestationen zurücknehmt, dann werdet ihr Wähler zum Lande hinausgewiesen und eure Frauen sind gewärtig ins Gefängniß zu kommen. Das wurde geglaubt, freilich nicht aus guten Gründen, aber es wurde geglaubt, so sehr wußten diese drei Herren in die Gemüther der ohnehin schon beängstigten Bevölkerung, blinden Schrecken zu säen, das war denn auch

Ursache, daß sie einige Tage später das Gegentheil von dem sagten, was sie vorher, nicht terrorisirt, frei in der Protestation unterschrieben hatten. Und wo wurden diese Gegenproteste verfaßt? Sie wurden verfaßt und unterzeichnet in dem Büreau des Herrn Lorette, in seiner Gegenwart. Was konnte nun diese Leute, die einige Tage vorher freiwillig und unbefangen die Protestation gegen die Wahl eingegeben hatten, — was konnte sie bestimmen, auf einmal umzuschlagen und das Gegentheil von dem zu sagen, was sie freiwillig ausgesagt hatten? Es bleibt da keine andere Erklärung übrig als jener Terrorismus, von dem soeben mein Kollege Winterer gesprochen hat. Eben aus den Umständen, die Herr Kollege Schneegans zu Gunsten der Wahl des Herrn Kollegen Lorette angeführt hat, schließe ich, daß diese Wahl unter drückender Beeinflussung der Verwaltung als offizielle Kandidatur in der That, wenn auch nicht dem Namen nach, ausgeführt worden und gleichsam mit Gewalt durchgedrückt worden ist.

Man muß ferner auch nicht jene offene Suppenschüssel vergessen, welche in Rothendorf als Wahlurne gedient hat, und doch galten nach dem Bericht der Wahlkommission die Zettel, die aus dieser geisterhaften Suppenschüssel hervorgegangen sind, und bringen wohl auch die Mehrheit von 29 Stimmen. Man muß nicht vergessen, daß in Sierk durch die Polizei das Vertheilen der Stimmzettel für Abel, den Gegenkandidaten, am Vorabend der Wahl verhindert worden ist. Der Kandidat Abel hat 53000 Wahlzettel drucken lassen und hatte dieselben vertheilen lassen theils durch die Post, theils durch besondere Agenten, und von den 53 000 kamen nur 3000 an den Mann, über 30 000 wurden auf verschiedene Weise so oder so nicht befördert oder unterschlagen. An einem Orte, den ich anführen könnte, nahm der Postbeamte, der Briefbote, sofort die Wahlzettel des Herrn Abel, warf sie in den Koth und trat mit Füßen darauf, ich denke ohne weitere Autorisirung, und so ging das durch das ganze Wahlgebiet. Wenn das keine offizielle Wahl ist und wenn da die Verwaltung nicht mit der ganzen Kraft ihrer Macht eingetreten ist, dann weiß ich nicht mehr, was man offizielle Wahl nennt. Man braucht sie nicht offizielle Wahl zu nennen, damit sie es sei. Wenn die Verwaltung alles thut, was sie kann, um eine Wahl durchzusetzen, dann ist sie eine offizielle, und die zu Diedenhofen war es im schlimmsten Sinne des Worts, besonders in Verbindung mit jenen anderen der Regierung genehmen Wahlen, in Verbindung damit, daß die ihrer 5 oder 6 Kreisdirektoren in ihrem eigenen Wahlkreis sich als Kandidaten aufstellten und durchzudrücken bemühten.

Meine Herren, es ist in Deutschland lange genug und bitter geklagt worden über die offiziellen Kandidaturen in Frankreich während des Kaiserreichs, vielleicht hat sogar der Herr Kollege Schneegans sich darüber unwillig geäußert und nicht ohne Grund, aber es ist nie in Frankreich vorgekommen, daß ein Beamter in seinem eigenen Amtskreise sich als Kandidat aufgestellt hat und die ganze Verwaltungsmaschine zur Unterstützung seiner Kandidatur und zur Unterdrückung der freien Wahl der Gegenpartei zur Geltung bringen konnte.

Verschlimmert wurde die Lage noch durch den Umstand, daß die Macht des Journalismus durchaus in der Hand der Regierungspartei liegt. Dadurch wird die Sache noch viel ärger. Herr Schneegans hat auch daraus den Beweis abgeleitet, daß die Lage des Kandidaten Lorette ungünstiger war, als die des Kandidaten Abel, weil es in Lothringen drei freie Blätter gebe. Im Elsaß, das wissen wir, haben diejenigen, die nicht offizielle Kandidaten sind, kein Organ; man nennt sie Protestler oder Ultramontane und damit sind sie verfehmt; sie hatten und haben also auch hier kein politisches Blatt. Ich glaube nicht, daß im ganzen deutschen Reich eine einzige Kandidatur unter so ungünstigen Umständen durchgesetzt werden mußte, als wie es bei uns im Elsaß der Fall war. Unsere Wahlaufrufe wurden in keiner Zeitung gedruckt, wir hatten kein einziges Blatt, unsere Sache bei unseren Wählern zu verfechten, die offiziellen Kandidaten hatten Blätter zur Genüge, sie hatten solche in Lothringen und im Elsaß, der Kollege Schneegans weiß besser wie ich, wie sehr das durch ihn redigirte Blatt, welches gewiß dem Herrn Lorette nicht ungünstig war, eben auch in jenen lothringischen Wahlkreisen verbreitet ist. Für Lorette trat ebenso die Presse wie die Verwaltung in die Schranken, und wenn er uns anführt, daß drei Lothringer Zeitungen in den Händen der Opposition sind, dann müßte er aber doch auch auf der anderen Seite berücksichtigen, daß diese armen Zeitungsmenschen kaum ein Wort der Opposition hauchen dürfen, daß fortwährend das Schwert des Art. 10 über ihnen schwebt und daß sie, um nicht ganz zu sterben, lieber nur seufzen und ächzen oder schweigen. Nicht eitel ist die Furcht vor Art. 10, das erhellt eben aus dem Umstande, daß der Kandidat Lorette den Art. 10 angerufen hat und anrufen konnte, um die Gegenstimmen der Presse, die gewiß allerzahmest waren, vollständig unterdrücken zu lassen.

Wenn dem so ist, meine Herren, dann ist wahrhaftig diese Kandidatur des Herrn Lorette eine durchaus offizielle gewesen, und dann sollten schon um dieses Umstands willen Proteste gegen die Wahl nicht aus einem zweifelhaften formalen Grund zurückgewiesen werden. Ich vertraue dem Rechtsgefühl dieses Hauses und zähle darauf, und auch im Interesse dieses meines Bruderlandes Lothringen. Es wird dort einen sehr guten Eindruck machen, wenn man erfährt, daß das alte französische Sprichwort noch ein wahres Wort ist: „il y a des juges à Berlin", — es wird einen guten Eindruck dort machen, wenn man dort erfährt, daß um einer Minderheit willen von 29 Stimmen, gegen die so viele Bedenken zu erheben sind, daß nicht um dieser Minderheit willen der Kandidat Abel nicht zurückgewiesen wird, ebensowenig als die Wahl des Herrn Lorette wegen einer Majorität von 29 Stimmen als Ausdruck des Volkswillens angenommen werden wird. Ich beantrage deshalb die Zurückverweisung an die Kommission und ich bin der Ueberzeugung, daß die besser informirte Kommission auf eine andere Weise sich aussprechen wird und dem Recht widerfahren lassen wird, dem Recht gebührt.

Präsident: Der Herr Abgeordnete von Puttkamer (Fraustadt) hat das Wort.

Abgeordneter **von Puttkamer** (Fraustadt): Meine Herren, ich werde mich wie der Herr Abgeordnete Windthorst beschränken auf den Fall, wie er nach dem Bericht der Kommission vorliegt, das heißt auf die Erörterung der Frage, ob Proteste in einer fremden im Reichstag nicht gestatteten Sprache zu berücksichtigen sind oder nicht. Nur nebenher, meine Herren, veranlassen mich die Ausführungen der Herren Vorredner, aus deren Inhalt mir zufälligerweise ein oder zwei Thatsachen bekannt sind, mit einigen Worten darauf einzugehen.

Der Abgeordnete Guerber stellte die Behauptung auf und suchte hierdurch zu beweisen, daß die Kandidatur Lorette eine offizielle gewesen sei, daß Herr Lorette wenige Tage vor oder nach der Wahl zur Belohnung dafür, daß er sich dazu hergegeben habe als offizieller Kandidat zu dienen, aus einer schlechten in eine sehr fette Stelle versetzt worden sei, also von Seiten der Regierung eine Beförderung erfahren habe. Diese Thatsache, so hingestellt, ist doch der Wahrheit durchaus nicht entsprechend. Es war bereits längere Zeit vor der Auflösung des Reichstags, welche die Neuwahlen veranlaßt hat, in der Nähe des Orts, wo Herr Lorette damals seinen Wohnsitz hatte, eine andere Notariatstelle vakant geworden, um welche sich Herr Lorette beworben hat und er war unter den verschiedenen Bewerbern der Anziennität nach der älteste, außerdem war der Konkurrent, der ihm gegenüberstand — ich weiß diese Dinge und ich glaube, daß ich ohne Indiskretion davon Gebrauch machen kann, — ein eingewanderter Beamter, von dem es zweifelhaft war, ob er für den überwiegend französischen Kreis — Diedenhofen — die genügende Fertigkeit in der französischen Sprache habe, um mit Erfolg amtiren zu können. Herr Lorette wurde also mit Rücksicht auf seine Anziennität und seine Kenntniß der französischen Sprache und mit Rücksicht darauf, daß er Eingeborner war gegenüber einem Eingewanderten, in die betreffende Stelle versetzt. Der Reichstag wird finden, daß dieser Vorgang einfach und korrekt ist und daß der Herr Abgeordnete Guerber keine Veranlassung hatte, aus demselben den Vorwurf gegen die Regierung zu erheben, daß sie dadurch gewissermaßen einen Kandidaten habe gewinnen wollen und den Vorwurf gegen einen Abgeordneten, daß er durch eine derartige Begünstigung sich habe gewinnen lassen.

Aus der Fülle anderer Thatsachen, die die Herren Redner hier erörtert haben — man kann unmöglich über alle diese Dinge informirt sein — will ich nur eine herausgreifen und über einen mir zufälligerweise zur Kenntniß gekommenen Fall sprechen, er betrifft den Vertrieb von Stimmzetteln für den Gegenkandidaten Herrn Abel in Sierck. Es ist richtig, daß aus einem, wie ich annehme, Versehen der Polizeikommissar in Sierck einen Augenblick den Vertrieb von Stimmzetteln für Abel inhibiren wollte, aber es haben sich diejenigen Agenten, die die Stimmzettel für Herrn Abel vertrieben, dadurch nicht hindern lassen, die Zettel dennoch zu vertheilen und zwar deshalb nicht, weil sie meines Wissens zu dem Friedensrichter gegangen waren, um bei ihm sich Rath zu erholen, und dieser ihnen gesagt hatte, das Verbot des Polizeikommissars müsse auf einem Irrthum beruhen, sie seien vollständig berechtigt, die Stimmzettel für Herrn Abel weiter zu vertreiben. So ist die Sache gegangen, und die Agenten, die die Stimmzettel für den Gegenkandidaten vertrieben, haben sich nicht bewegen lassen, diesen Vertrieb einzustellen, im Gegentheil, sie haben ihn fortgesetzt nach Anhörung des Friedensrichters.

Ich führe diese Fälle an, sie illustriren einigermaßen die Färbung, welche die geehrten Herren ihren Reden gegeben haben. Die beiden Vorgänge erklären sich hiernach, wie mir scheint, auf eine vollkommen einfache Weise und wenn die übrigen Dinge, die vorher im Reichstage vorgetragen sind, in gleicher Weise sich aufklären, wie ich annehme, daß sie sich aufklären werden, dann werden Sie einsehen, daß die Wahl zu Recht bestehen kann.

Ich gehe nun über auf die von der Kommission prinzipiell berührte Frage und glaube, daß der Reichstag Stellung nehmen muß zu der Frage, ob Wahlproteste in fremder Sprache — es handelt sich nicht bloß um die französische Sprache, sondern überhaupt um fremde Sprachen, die im Gebiet des deutschen Reichs gesprochen werden — zu berücksichtigen sind oder nicht. In gleicher Weise könnten ja polnische Proteste kommen, wendische, dänische u. s. w. und wir würden uns mit einer Fülle der verschiedenartigsten Sprachstudien zu beschäftigen haben. Nun haben die Abtheilungen und Kommissionen des Reichstags genau dieselbe Bedeutung für die Verhandlungen wie der Reichstag selbst und wie im Reichstagssaale es unzulässig ist, in einer fremden Sprache zu verhandeln, wie dies im Gegentheil in der Geschäftsordnung ausdrücklich verboten ist, ebensowenig ist es zulässig, in den Zimmern der Abtheilungen und Kommissionen statt der deutschen Sprache eine fremde Sprache zu gebrauchen. Wir haben den Fall hier im Reichstag gehabt, daß bei dem ersten Eintritt der Herren aus Elsaß-Lothringen einer derselben, Herr Teutsch, verlangte, in französischer Sprache hier eine Erklärung abzugeben, was von dem Herrn Präsidenten von Forckenbeck ohne Weiteres zurückgewiesen ist, wie es auch zweifellos nach der Geschäftsordnung geschehen mußte.

Ich glaube auch, daß aus der Thatsache, daß die französische Sprache in Landesangelegenheiten und den Bundesbehörden gegenüber in weitem Umfang gebraucht werden darf und noch in weiterem Umfang usuell gebraucht wird, als es gesetzlich zulässig ist, nichts hergeleitet werden kann für die Verhandlungen im Reichstag. Im elsaß-lothringischen Landesausschuß wird im großen und ganzen, ja fast ausschließlich französisch gesprochen; daraus wird nicht gefolgert werden können, daß, weil in einem Theile des Reichs die französische Sprache usuell in weitem Umfang gestattet ist, nun hier in gleicher Weise sie gestattet werden müßte.

Ich meine, es liegt hier ein Fall vor, wo es sich um ein Prinzip handelt, welches der Reichstag feststellen muß; wir müssen festhalten, daß, wer der deutschen Sprache nicht genügend mächtig ist, die Mittel gebraucht, welche die Geschäftsordnung ihm an die Hand giebt, daß er nämlich in seiner eigenen Sprache dasjenige ausarbeiten kann, was er vorzutragen hat, daß er sich dann dies übersetzen läßt und es nun entweder hier mündlich vorträgt oder die schriftliche Eingabe in der Uebersetzung vorlegt; das Original kann ja beigelegt werden.

Das ist der Gang, den die Geschäftsordnung vorschreibt für die Reden im Hause, und der Weg, der in analoger Weise für die Verhandlungen der Kommissionen und Abtheilungen angewendet werden muß: wer der deutschen Sprache nicht mächtig ist, hat sich seine Rede übersetzen zu lassen und im Hause die übersetzten Schriftstücke vorzulegen, die dann geprüft werden können.

Ich glaube, die Kommission war im vollen Recht, daß sie ein Prinzip aufgestellt hat, an dem man festhalten muß, wenn wir nicht Gefahr laufen wollen, daß das Haus nicht blos mit Schriftstücken in der uns wohl Allen ziemlich geläufigen französischen Sprache, sondern auch mit solchen in anderen Sprachen behelligt wird, die vielleicht keinem Mitgliede des Hauses geläufig sind. Wir müssen daran festhalten, daß die deutsche Sprache die allein zuläßige ist. Ich bitte Sie deshalb, dem Beschluß der Kommission zuzustimmen.

Präsident: Der Herr Abgeordnete Rickert (Danzig) hat das Wort.

Abgeordneter **Rickert** (Danzig): Meine Herren, ich glaube, daß der verehrte Herr Vorredner doch etwas zu weit geht. Man kann als richtigen Grundsatz anerkennen, daß wir hier nur deutsch zu verhandeln haben, ebenso in den Kommissionen, und doch anerkennen, daß Informationen, die uns oder den Kommissionen zugehen, in einer fremden Sprache gegeben werden dürfen. Ich bin eben hier darauf aufmerksam gemacht, daß die hohen Bundesregierungen uns ja auch den Zolltarif Frankreichs zur Information in französischer Sprache vorgelegt haben.

(Heiterkeit. — Oh! oh!)

— Ja, meine Herren, es handelt sich hier in der That doch nicht um offizielle Schriftstücke in dem Sinne, wie z. B. das betreffende preußische Gesetz davon spricht, es handelt sich hier darum, daß die Wahlprüfungskommission über Thatsachen entscheiden soll, die ihr zur Kenntnißnahme vorgelegt werden. Ich bin der Meinung, daß die Kommission, selbst wenn sie auf dem Standtpunkt des Herrn Vorredners steht, doch wenigstens so weit gehen konnte, daß sie nicht etwa von vornherein voraussetzte: es handele sich hier um eine Demonstration, sondern daß sie annahm, daß die Leute bona fide gehandelt haben, als sie die Eingabe in französischer Sprache vorlegten. Der Herr Abgeordnete Schneegans hat ja zugestanden, daß die Gegenpartei ebenfalls ihre Gegenproteste in französischer Sprache — wenigstens einen Theil derselben — vorgelegt hat.

(Hört! hört!)

Da wäre es nicht unbillig gewesen, daß man zurückgeschrieben und direkt oder durch Vermittelung des Herrn Präsidenten den Leuten klar gemacht hätte: Proteste in französischer Sprache können hier nicht angenommen werden, mindestens muß die Sache ins Deutsche übersetzt werden. Wenn dann trotzdem die Leute bei ihrem französischen Proteste geblieben wären, dann, meine Herren, hätte die Wahlprüfungskommission Recht gehabt.

Mindestens würde ich wünschen, und deshalb schließe ich mich dem Antrag des Herrn Kollegen Windthorst an, daß man den Einsendern sagt, es würde hier nicht französisch verhandelt, diese Proteste müßten in deutscher Sprache vorgelegt werden. Ich bin überzeugt, sie werden sie dann in deutscher Uebersetzung einbringen.

Zu welchen Konsequenzen können wir kommen, wenn wir das Votum der Kommission uneingeschränkt akzeptiren? Gesetzt, es handelte sich um die Wahl eines Abgeordneten, der, wie sich im Wege eines französisch geschriebenen Protestes herausstellt, nicht die verfassungsmäßige Qualifikation hat, glauben Sie, wenn aus diesem Protest in französischer Sprache der Referent beim Durchlesen ersieht, daß Jemand gewählt ist, der nicht die verfassungsmäßige Qualifikation hat, — glauben Sie, daß man auch dann einfach sagen kann: ich habe nicht nöthig französisch zu verstehen und erkläre diese Wahl für giltig. Ja, meine Herren, diese Konsequenz ist denkbar. Ich möchte annehmen, Sie haben die Verpflichtung, wenigstens zu versuchen, dahin zu wirken, daß die Einsender in deutscher Sprache Ihnen die Sache vorstellig machen. Ich bitte Sie, dem Antrage des Herrn Kollegen Windthorst zuzustimmen.

Präsident: Es ist ein Antrag auf Schluß der Debatte von dem Herrn Abgeordneten von Waldow gestellt.

Diejenigen Herren, welche den Antrag unterstützen wollen, bitte ich, sich zu erheben.

(Geschieht.)

Die Unterstützung reicht aus.

Ich bitte jetzt diejenigen, die den Antrag auf Schluß der Debatte annehmen wollen, sich zu erheben oder stehen zu bleiben.

(Geschieht.)

Das ist die Minderheit; der Antrag ist abgelehnt.

Das Wort hat der Herr Abgeordnete Winterer.

Abgeordneter **Winterer**: Meine Herren, nur ein Wort zu einer ganz kurzen Berichtigung. Der Herr Abgeordnete von Puttkamer (Fraustadt) hat soeben erklärt, der Friedensrichter von Sierck hätte das Verfahren des Polizeikommissars nicht gebilligt. Es liegt vor ein Protest von Sierck, worin der Bürgermeister und dreißig Bürger erklären, daß der Friedensrichter das Verfahren des Polizeikommissars vollkommen gebilligt habe.

Präsident: Der Herr Abgeordnete Dr. Marquardsen hat das Wort.

Abgeordneter Dr. **Marquardsen**: Meine Herren, ich habe mir das Wort erbeten, nicht um dem Herrn Referenten vorzugreifen, derselbe wird den Beschluß der Wahlprüfungskommission genügend vertheidigen, sondern um dagegen einen Einwand zu erheben, daß mein Freund und Kollege Rickert meint, es könne hier eine Demonstration in Frage gekommen sein. Das ist durchaus nicht der Fall. In der Wahlprüfungskommission hat niemand daran gedacht, daß in dem Gebrauch der französischen Sprache eine Demonstration liegen könnte. Wir haben uns einfach gefragt, was ist der rechtliche Zustand, nach dem wir uns zu verhalten haben, und anknüpfend an das, was der Herr Abgeordnete von Puttkamer ausgeführt hat, hat nach reiflicher Berathung die Wahlprüfungskommission gesagt, für sie gibt es auch nur die deutsche Sprache als Geschäftssprache, wie dies der Fall ist für den gesammten Reichstag. Wir haben, was die Opportunitätsgesichtspunkte anbelangt, die der Herr Abgeordnete Rickert angeführt hat, uns nicht verhehlt, daß es vollständig in der Möglichkeit für die betreffenden Einreicher der Proteste lag, sich der deutschen Sprache, wie der Herr Abgeordnete von Puttkamer ausgeführt hat, zu bedienen. Es steht allerdings hier eine prinzipielle Frage zur Entscheidung, eine Frage, die natürlich der souveränen Beurtheilung des Reichstages selber unterliegt, aber nach dem bisherigen Vorgang des Reichstages, und wie wir die vorhandenen Bestimmungen verstanden haben, konnten wir in der Wahlprüfungskommission nicht anders vorgehen, als wir es thaten. Eine Beurtheilung der verschiedenen materiellen Punkte, die zwischen den Herren aus dem Elsaß zur Sprache gekommen sind, hat bei uns nicht Platz greifen können.

Ich möchte auch noch bemerken, daß mir der Antrag des Herrn Abgeordneten Windthorst doch ein etwas sehr allgemeiner zu sein scheint, denn wenn er bloß uns die Wahlprüfungsakten wieder zurückgeben will, so möchte ich ihn gehorsamst bitten, uns zu sagen, was wir damit thun sollen, ob wir die französischen Proteste nehmen, ob wir die Uebersetzung selber beschaffen sollen u. s. w. In dieser Allgemeinheit scheint mir, kann der Antrag gar nicht angenommen werden.

Präsident: Es ist wiederum ein Antrag auf Schluß der Debatte, und zwar von dem Herrn Abgeordneten von Colmar eingegangen.

Ich bitte diejenigen Herren, welche den Schlußantrag unterstützen wollen, sich zu erheben.

(Geschieht.)

Die Unterstützung reicht aus.

Ich bitte diejenigen Herren, welche den Antrag auf Schluß der Debatte annehmen wollen, sich zu erheben oder stehen zu bleiben.

(Geschieht.)

Das ist die Majorität; der Schluß ist angenommen.

Zu einer persönlichen Bemerkung hat der Herr Abgeordnete Schneegans das Wort.

Abgeordneter **Schneegans**: Ich möchte nur eins in der Rede des Herrn Abgeordneten Guerber berichtigen, nämlich was eine Aeußerung, die ich gemacht habe, anbetrifft. Der Herr Abgeordnete Guerber hat gesagt, der Herr Abgeordnete Lorette hätte die Anwendung des Art. 10 begehrt. Ich habe im Gegentheil gesagt, er hat die Anwendung des Art. 10 nicht begehrt, und in einem offenen Brief, den Herr Lorette an den Bezirkspräsidenten geschrieben hat, ist auch ausdrücklich gesagt: „Allen Ihren (des Herrn Bezirkspräsidenten) Behauptungen über diesen Punkt setze ich das förmlichste Dementi entgegen."

Präsident: Zu einer persönlichen Bemerkung hat der Herr Abgeordnete Guerber das Wort.

Abgeordneter **Guerber**: Der Herr Kollege Schneegans meint, daß das Dementi des Herrn Lorette für mich maßgebend sein müßte. Wenn es mir gefällt, der förmlichen Behauptung des Herrn Bezirkspräsidenten von Reitzenstein mehr Gewicht beizulegen, als jenem Dementi, so wird mir das Recht dazu unbenommen bleiben.

Präsident: Der Herr Referent hat das Wort.

Berichterstatter Abgeordneter **von Schöning**: Meine Herren, ich kann nicht auf die speziellen Behauptungen eingehen, welche in den Protesten enthalten und von mehreren der Herren Redner hier erörtert worden sind. Ich kann darauf nicht eingehen, weil Ihre Kommission, nachdem der Beschluß gefaßt war, in der Weise, wie es geschehen ist, die in französischer Sprache eingereichten Proteste zu behandeln, das von dem Referenten in der Kommission gemachte Erbieten eventuell die Proteste speziell vorzutragen und zu erörtern ablehnte und nach Feststellung des Prinzips eine Erörterung der einzelnen Proteste nicht zulässig hielt; ich kann also auf die Proteste nicht eingehen, weil die Kommission über deren Inhalt keinen Beschluß gefaßt hat.

Dagegen halte ich mich verpflichtet, einen Punkt zu berühren, den der erste Herr Redner hier zur Sprache brachte. Er hat nämlich die Zahlen erwähnt, welche in den Berichten Ihrer Kommission enthalten sind. Es ist darin gesagt, daß in den Wahllisten des 13. elsaß-lothringischen Wahlkreises 26 168 Wähler verzeichnet wären, und daß von diesen 14 588 das Wahlrecht ausgeübt hätten. Der Herr Redner hat bemerkt, daß die Wahlbetheiligung eine ganz absonderlich geringe sei. Ich glaube erwähnen zu sollen, daß in Elsaß-Lothringen die Betheiligung an der Wahl zirka 63 Prozent der Wahlberechtigten betragen hat, daß in diesem 13. Wahlkreise die Wahlbetheiligung zirka 55 Prozent betragen hat, daß dagegen in anderen Wahlkreisen die Betheiligung eine sehr viel geringere gewesen ist. Ich erwähne beispielsweise nur die mir näher bekannte Provinz Pommern. Dort haben im Regierungsbezirk Stettin nur 49 Prozent, im Regierungsbezirk Cöslin 49 Prozent, im Regierungsbezirk Stralsund 36 Prozent der wahlberechtigten Personen an den Wahlen theilgenommen. Das Nähere enthält Nr. 4 der Drucksachen des Reichstags. Also die Behauptung, daß die Betheiligung an der Wahl in Elsaß-Lothringen eine außerordentlich geringe sei, ist nicht richtig.

Ich habe mich an den Bericht zu halten, wie er Ihnen hier vorliegt. Es ist in der Kommission zur Sprache gebracht worden, daß der Abgeordnete, welcher in dem 13. elsaß-lothringischen Wahlkreise gewählt ist, Herr Lorette, in französischer Sprache die Annahmeerklärung abgegeben hat, die Annahmeerklärung, welche an den Wahlkommissarius gerichtet ist. Es ist in der Kommission ferner zur Sprache gekommen, daß etwa die Hälfte der Wahlprotokolle in französischer Sprache abgefaßt sind. Die Abfassung dieser Schriftstücke in französischer Sprache ist für den Reichstag in Bezug auf den über den Protest zu fassenden Beschluß nicht bestimmend. Es handelt sich bei jenen um den Verkehr der Behörden im Reichslande, hier haben wir es zu thun mit Verhandlungen, die nicht im Reichslande, in Elsaß-Lothringen selbst, sondern im Reichstage stattfinden. Es war in der Kommission kein Zweifel darüber, daß der Geschäftsverkehr Elsaß-Lothringens mit Behörden außerhalb des Reichslandes anders zu beurtheilen sei, als mit Behörden innerhalb des Reichslandes.

Wollen Sie zulassen, daß französische Schriftstücke an den Reichstag eingereicht werden, so müssen Sie mit demselben Rechte und mit Rücksicht auf das Sprachengesetz für den preußischen Staat auch die polnische Sprache, die lithauische Sprache und die dänische Sprache zulassen. In diesen Gesetzen ist der Verkehr mit den Lokalbehörden geordnet. Es ist in der Kommission nicht zur Sprache gekommen, ob in einzelnen Bundesstaaten nicht noch andere ähnliche Bestimmungen existiren und andere Sprachen zugelassen sind. Es läßt sich nicht übersehen, ob eventuell nicht noch in anderen Sprachen abgefaßte Eingaben hier zugelassen werden müssen. Zweifellos würde doch beispielsweise das Reichsgericht Schriftstücke, die in einer anderen als der deutschen Sprache abgefaßt sind, nicht für zulässig erachten.

Der Reichstag steht aber noch anders. Es kommt bei ihm nicht die Behördenqualität in Betracht, sondern die Entscheidung über das hier zulässige Verfahren ist von ihm allein abhängig und, meine Herren, da war man in der Kommission der Meinung, daß wir nicht anders als in deutscher Sprache verhandeln können und dürfen und daß, wenn jemand sich an den Reichstag wendet, er sich der deutschen Sprache zu bedienen hat.

Ich empfehle Ihnen, daß Sie den Beschluß der Kommission, der einstimmig gefaßt ist, annehmen.

Präsident: Wir kommen zur Abstimmung.

Ich stelle zuerst zur Abstimmung den Antrag des Herrn Abgeordneten Winterer u. s. w., der dahin lautet:

> Der Reichstag wolle beschließen:
>
> die Wahlangelegenheit des 13. elsaß-lothringischen Wahlkreises an die Wahlkommission zurückzuverweisen.

Ich bitte diejenigen Herren, welche so beschließen wollen, sich zu erheben.

(Geschieht.)

Das Bureau ist zweifelhaft; ich bitte um die Gegenprobe und ersuche diejenigen Herren, welche **dagegen** stimmen wollen, sich zu erheben.

(Geschieht.)

Das Bureau ist darüber nicht mehr zweifelhaft, daß jetzt die Minderheit steht; der Antrag ist angenommen und damit der Gegenstand erledigt.

Wir gehen nun über zu Nr. 4 der Tagesordnung:

> **erste Berathung des Entwurfs eines Gesetzes, betreffend die Abänderung einiger Bestimmungen der Gewerbeordnung** (Nr. 156 der Drucksachen).

Ich eröffne die Generaldebatte und ertheile das Wort dem Herrn Abgeordneten Ackermann.

Abgeordneter **Ackermann:** Meine Herren, die Vorlage bezweckt, Abänderungen an der Gewerbeordnung da vorzunehmen, wo die Erfahrung gelehrt hat, daß mit den bestehenden Bestimmungen nicht auszukommen ist.

In der Hauptsache handelt es sich um Erweiterung der Konzessionsbefugnisse der Verwaltungsbehörden nach drei Richtungen hin. Man ist jetzt sehr geneigt, da und dort eine gewisse Vorliebe für Vielregiererei oder, wie man es anders ausdrückt, für Begründung und Kräftigung des Polizeistaats vorauszusetzen, und mich soll es nicht Wunder nehmen, wenn man auch diese Vorlage als ein Produkt solcher Vorliebe bezeichnet. Man setzt Polizeistaat und Rechtsstaat gegen einander, man glaubt, daß überall, wo es sich um Kräftigung der Verwaltung handelt, das Recht darunter leiden muß. Ich bin der Meinung, daß der Staat weder ein Polizeistaat allein, noch ein Rechtsstaat allein sein kann, daß es zwei Seiten des staatlichen Wesens gibt, daß zwei Erfordernisse die Form und den Inhalt des Staats bilden, die Gerechtigkeit und die öffentliche Wohlfahrt. Wenn die Gerechtigkeit die Rechte der Individuen schützt, so bedingt die öffentliche Wohlfahrt die Rechte der Gesammtheit. Die Regierungen sind aber verpflichtet, überall da, wo das Interesse des öffentlichen Wohls in Frage steht, die Verwaltung zu kräftigen, der Polizei diejenigen Befugnisse zu sichern, die sie nicht entbehren kann, wenn sie ihren Beruf erfüllen soll, der weniger im Bestrafen als im Fürsorgen besteht. Und was soll nun eigentlich heutzutage der Hinweis auf polizeiliche Willkür noch bedeuten, heute, wo in den meisten Staaten an den Entscheidungen über die Konzessionsgesuche in gewerblichen Fragen wenigstens in den höheren Instanzen selbstständige und unabhängige Männer theilnehmen, oder wo in anderen Staaten auf andere Weise Garantien für erhöhten Schutz der öffentlichen Rechte der Staatsangehörigen gegeben sind. Meine Freunde und ich werden daher jede Vorlage, die bezweckt, die Forderungen der öffentlichen Wohlfahrt zu befriedigen, die nationalen Interessen der Wirthschaft, der Bildung, der Gesittung zu fördern, mit Freuden begrüßen. Sie nehmen im großen und ganzen auch diese Vorlage an und um so lieber, als sie zum Theil wenigstens aus ihren eigenen Anträgen hervorgegangen ist.

Was die Einzelheiten des Gesetzes anlangt, so beschäftigt

sich der Art. 1 mit der Konzessionirung der Privatkranken-, Privatentbindungs- und Privatirrenanstalten. Die Motive weisen nach, daß eine große Vermehrung dieser Anstalten eingetreten ist, sie beziffert sich auf 67 bis 70 Prozent. Die Bedingungen, unter welchen solche Anstalten nach den jetzigen Bestimmungen der Gewerbeordnung konzessionirt werden müssen, sind unzureichend, und der Entwurf versucht zunächst den Begriff der Unzuverlässigkeit anders zu definiren, als es jetzt die Gewerbeordnung thut, und zwar durch die Ersetzung der Worte „in Beziehung auf den beabsichtigten Gewerbebetrieb", durch die Worte „in Beziehung auf die Leitung oder Verwaltung der Anstalt." Ob damit viel gewonnen wird, ob diese Definition erschöpfend ist, mag für jetzt dahin gestellt bleiben.

Der zweite Absatz unter b schreibt weiter und ganz neu vor, daß diejenigen, welche um die Erlaubniß der Anlegung einer solchen Anstalt sich bewerben, noch Beschreibungen und Pläne einreichen müssen, und daß aus diesen Plänen das Nähere über die baulichen und sonstigen technischen Einrichtungen der Anstalt in Betreff der gesundheitspolizeilichen Anforderungen hervorgehen müsse. Ich bin im Zweifel darüber, ob diese Bestimmung ausreichend ist, ob nicht die Essentialien für die Gewährung eines solchen Konzessionsgesuchs auch zu suchen sind in dem Nachweis des Vorhandenseins ausreichender ärztlicher Hilfe, ob nicht weiter zu verlangen ist, wie ärztlicherseits auch schon vielfach betont worden, die Einreichung eines Betriebsprogramms, die Sicherstellung dafür, daß der ganze beabsichtigte Betrieb den gesundheitspolizeilichen Anforderungen entspricht. Man wird bei der weiteren Behandlung der Sache zu überlegen haben, ob nach dieser Seite hin nicht noch Ergänzungen zu schaffen sind. Es wird sich auch fragen, ob bei Berathung über diesen Artikel nicht zuzukommen ist auf ein Gewerbe, das jetzt in der Gewerbeordnung gar nicht genannt wird, das aber mit dem hier behandelten Gewerbe verwandt ist, ich meine die Erziehung und Ernährung der sogenannten Haltekinder.

(Sehr richtig!)

Daß in Betreff dieser unglücklichen Kinder krasse Mißstände vorliegen, und daß die Regierung und die Volksvertretung verpflichtet sind die Sache einmal im Interesse der Humanität ernstlich zu prüfen, glaube ich, kann nicht in Zweifel gezogen werden, und mir scheint die Gelegenheit hierzu bietet sich hier dar.

Der Artikel 2 beschäftigt sich mit der Konzessionirung der Gastwirthschaften und Schankwirthschaften. Die Zahl dieser Wirthschaften hat, wie die Motive durch umfassende statistische Mittheilungen darthun, in einer wahrhaft erschreckenden Weise zugenommen. An vielen Orten des Reichs hat sich die Zahl der Wirthschaften verdoppelt, verdreifacht, vervierfacht, ja sie ist noch höher angestiegen. Ein Theil dieser Wirthschaften, das glaube ich, kann man behaupten, schädigt die Moral, gibt Gelegenheit zur Förderung der Trunksucht und Verschwendung, es werden die Familienbande durch das Uebermaß solcher Wirthschaften gelockert, es werden die Menschen mit ihrem Berufe, mit ihrem Loose unzufrieden gemacht und wir haben ernstlich zu prüfen, wie Einhalt zu thun, und wie das dem wirthschaftlichen Bedürfnisse entsprechende Maß herzustellen ist. Wir sind sehr damit einverstanden, daß die Landesregierungen für befugt erachtet werden sollen, den Nachweis des Bedürfnisses auch zum Betrieb der Gastwirthschaften oder des Ausschanks von Wein oder Bier (bei Branntwein konnte ja schon jetzt die Bedürfnißfrage gestellt werden), künftighin zu erfordern. Die Regierungen greifen nur zurück auf ein Mittel, das sie schon bei ihrem ersten Vorschlage der Gewerbeordnung anwenden wollten, mit dem sie aber im norddeutschen Reichstag nicht durchkamen. Wir hatten in Sachsen eine auf volle Gewerbefreiheit basirte Gewerbeordnung, die Bedürfnißfrage konnte aber trotzdem für Wirthschaften gestellt werden. Diese Bestimmung hat sich in Sachsen bewährt, und die große Vermehrung der Wirthschaften auch in Sachsen ist erst eingetreten von da ab, wo die sächsische Gewerbeordnung der deutschen weichen mußte. Die Vorlage macht einen Unterschied zwischen rößeren und kleineren Ortschaften, sie will bei Ortschaften, gdie mehr als 15 000 Einwohner haben, die Regulirung der Frage der Autonomie der Gemeinde überlassen. Die Gemeinde soll befugt sein, ortsstatutarisch den Nachweis des Bedürfnisses zu fordern. Wir akzeptiren auch diesen Vorschlag in der Hauptsache. Ich für meine Person bin, glaube ich, auch in dieser Beziehung in Einklang mit meinen politischen Freunden, ein Anhänger der Autonomie der Gemeinden, und ich denke, man kann namentlich großen Gemeinden vertrauensvoll die Regulirung dieser Frage überlassen. Ob die Einwohnerzahl in der Vorlage richtig gegriffen ist, mag dahingestellt sein, wir meinen, es sei besser gewesen, sie etwas höher zu nehmen. Die alte preußische Gewerbeordnung machte auch schon einen Unterschied zwischen größeren und kleineren Ortschaften und in Analogie anderer Bestimmungen der jetzt giltigen preußischen Gesetzgebung hätte es sich vielleicht empfohlen, die Zahl des Unterschieds in der Zahl von 25 000 Einwohnern zu suchen. Inzwischen das sind Dinge, die ja im weitern Verlaufe der Verhandlungen noch erörtert werden können.

Der Art. 3 führt strengere Bestimmungen ein bezüglich der Konzessionirung der Pfandleiher und Rückkaufshändler. Auch diese Geschäfte haben sich weit über das wirthschaftliche Bedürfniß vermehrt. Es wird mit vielen solcher Geschäfte — das darf man sagen — gewerbsmäßig ein Wucher getrieben, wie er sich toller kaum denken läßt. Pfandleiher beanspruchen einen Zins von 10 Prozent pro Monat und Rückkaufshändler arbeiten mit einem Gewinn von 60, 70 und 100 Prozent. Das ganze Gewerbe bietet Veranlassung zur Hehlerei, zur Unterstützung und Begünstigung des Vertriebs gestohlener und unterschlagener Sachen und bei dieser Gemeingefährlichkeit des Geschäftes läßt die jetzige Gewerbeordnung das ganze Gewerbe frei, sie bestimmt nur, es dürfe niemand konzessionirt werden, der schon bestraft sei wegen eines Vergehens aus Gewinnsucht oder wegen eines Verbrechens gegen das Eigenthum, ob der Mann im übrigen gut oder schlecht beleumundet ist, wie seine Vergangenheit war, darnach darf die Konzessionsbehörde nicht fragen, sie muß ihn konzessioniren. Wenn nun jetzt die Regierungen vorschlagen, daß Wandel geschaffen werden soll, daß auch hier die Konzession verweigert werden kann, wenn Thatsachen vorliegen, welche die Unzuverlässigkeit des Nachsuchenden in Bezug auf den beabsichtigten Gewerbebetrieb darthun, so sind wir den Regierungen dafür dankbar. Man kann ja darüber streiten, ob der Ausdruck „Unzuverlässigkeit in Bezug auf den beabsichtigten Gewerbebetrieb" der richtige ist, ich muß freilich sagen, für meine Person weiß ich zur Zeit auch keinen anderen vorzuschlagen, und da dieser Ausdruck bereits in der Gewerbeordnung mehrfach schon angewendet ist, so wird er wohl zu akzeptiren sein.

Die Regierungen gehen noch weiter, sie wollen auch der Landesregierung das Recht einräumen, zu bestimmeu, daß in Ortschaften, für welche dies durch Ortsstatut festgesetzt ist, die Erlaubniß von dem Nachweis des vorhandenen Bedürfnisses abhängig sein soll. Wir sind der Meinung, es wäre eigentlich das Richtigere gewesen, den Nachweis des Bedürfnisses überhaupt und ohne weiteres zu fordern und nicht erst abhängig zu machen von der ortsstatutarischen Bewilligung. Hier liegen die Dinge ganz anders wie bei dem Schankgeschäft. Hier läßt sich leichter auch bei großen Ortschaften das Bedürfniß fixiren, ich glaube, in großen Ortschaften wird meist das Bedürfniß viel geringer sein, weil dort durch öffentliche Pfandleihanstalten ohnehin schon gesorgt ist, daß jeder den Kredit durch Verpfändung seiner Sachen finden kann, den er gebraucht. Es wird sich also fragen, ob man nicht die Bedürfnißfrage anders zu reguliren habe, als in der Vorlage geschehen ist.

Daß die Vorlage das Rückkaufsgeschäft mit aufnimmt, ist sehr in der Ordnung, denn über den Rückkauf enthält die Gewerbeordnung jetzt gar keine Bestimmung. Die Pfandleiher standen in Preußen noch unter der Zinsbeschränkung und wandten sich nun vielmehr dem Rückkauf zu. So hat man in Preußen allerdings entgegengesetzte Erfahrungen wie in anderen Ländern, namentlich in Bayern, gemacht; die Rückkaufshändler haben sich ungeheuer vermehrt, und es war darum dringend geboten, nunmehr auch dieses Geschäft ins Auge zu fassen.

Man wird weiter fragen können, ob nicht bei der Konzessionirung auch ein Gewicht auf das Vorhandensein ausreichender Räumlichkeiten zu legen, ob nicht die Konzession davon abhängig zu machen sei, daß diejenigen, die ein solches Geschäft betreiben wollen, den Besitz der gehörigen Räumlichkeiten nachweisen müssen, damit die Gefahr fern gehalten wird, daß die Sachen, die die armen Leute hingeben, um einen kleinen Kredit sich zu eröffnen, nicht verderben, nicht zu Schaden kommen.

Der § 38 endlich erweitert die Befugnisse, die den Zentralbehörden zustehen. Während sie sich jetzt in der Hauptsache nur mit der Kontrole zu beschäftigen haben, ob die Buchführung eine richtige ist, sollen sie künftighin eine viel weitergehende Befugniß erhalten; sie sollen über den Umfang der Befugnisse und Verpflichtungen Vorschriften erlassen, sollen Normativbestimmungen aufstellen können; auch das ist bei der Ueberwucherung, die in diesen Geschäften stattgefunden hat und bei der Gemeingefährlichkeit der fraglichen Geschäfte, dringend geboten.

Ich wiederhole darum, daß wir im ganzen und vorbehaltlich der Prüfung der einzelnen Bestimmungen den Entwurf akzeptiren. Was die formelle Behandlung der Sache anbelangt, so wird es sich empfehlen, die Vorlage der Gewerbeordnungskommission zur Berichterstattung zu überweisen. Hierauf will ich ausdrücklich einen Antrag gestellt habe. Da der Reichstag eine Kommission schon eingesetzt hat, die sich mit der Frage, inwieweit Abänderungen an der Gewerbeordnung vorzunehmen sind, beschäftigt, und da die Fragen, die in diesem Entwurfe zur Entscheidung gebracht werden sollen, theilweis wenigstens auch von dem dieser Kommission schon überwiesenen Antrag von Seydewitz und Genossen ergriffen worden, so scheint es uns von selbst angezeigt zu sein, die bezeichnete Kommission zunächst mit der Berichterstattung zu beauftragen.

(Bravo! rechts.)

Präsident: Das Wort hat der Herr Abgeordnete Richter (Hagen).

Abgeordneter **Richter** (Hagen): Meine Herren, zu jeder richtigen Reaktion, — die Erfahrung haben wir in Preußen immer gemacht, — gehört auch die Maßregelung der Schankwirthe. Da wir uns nun in einer richtigen Reaktionsperiode wieder befinden, so hören wir ja auch von allen Seiten, wie man mit Polizeimaßregeln gegen die Schankwirthschaften auftritt, sei es durch Beschränkung der Tanzlustbarkeit, sei es durch Beschränkung der Polizeistunde und auf sonstige Weise, sei es durch Auflegung besonderer Steuern, und das alles zu einer Zeit, die nach den allgemeinen Erwerbsverhältnissen am wenigsten dazu auffordert, Verschwendungen und Völlerei sich hinzugeben.

Es kommt nun hinzu dieser Gesetzentwurf, der uns zurückführt selbst hinter eine Gesetzgebung, wie wir sie in Preußen früher gehabt haben. Ein derartiges Konzessionssystem für die Schankwirthschaften haben wir in Preußen weder vor der Gewerbeordnung von 1869 noch zu irgend einer anderen Zeit gehabt. Immer ist in Preußen bei Konzessionirung von Gastwirthschaften in Orten über 1500 Einwohner von einer Prüfung der sogenannten Bedürfnißfrage abgesehen worden.

Nun hat der Herr Vorredner wieder gesprochen von der erschreckenden Zunahme der Wirthschaften und hat gemeint, sie hätten sich an den einzelnen Orten verdreifacht, vervierfacht. Ja, er scheint durch die Motive irre geführt zu sein. In den Tabellen, die allerdings eigenthümlich gruppirt sind, ist besonders hervorgehoben die Vermehrung derjenigen Wirthschaften, welche nicht Branntwein, sondern nur Bier zu schänken berechtigt sind; die haben sich natürlich sehr vermehrt, weil diese Art beschränkter Wirthschaften überhaupt erst durch die Gesetzgebung eingeführt worden ist und sonst derartig beschränkte Wirthschaften mehr aus zufälligen Gründen bestanden.

Die Statistik ist überhaupt nicht ganz leicht zu verstehen. Wenn ich der Herr Reichskanzler wäre, würde ich vielleicht den Ausdruck politisch tendenziös auf die Statistik in den Motiven anwenden; soweit ich die Sache fasse, geht daraus nur hervor, daß, wenn man alle Debitstellen, alle Schankwirthschaften, alle Kleinhandlungen mit geistigen Getränken zusammennimmt und damit die vermehrte Einwohnerzahl vergleicht, vor 1869 auf 10 000 Einwohner 50 Stellen aller Art, in denen man geistige Getränke bekommen konnte, und jetzt 60 Stellen der Art vorhanden sind, daß also früher 1000 Seelen auf 5 derartige Debitstellen für geistige Getränke, Gastwirthschaften, Schankwirthschaften und Kleinhandlungen zusammengerechnet angewiesen waren und jetzt auf 6. Meine Herren, haben sich aber die Verhältnisse nicht auch seitdem geändert? Erwägen Sie doch nur das eine, daß gegenwärtig jährlich 100 Millionen Menschen mehr in Deutschland auf der Eisenbahn reisen als im Jahre 1869. Das bedingt schon eine weit gesteigerte Zahl von Wirthschaften. Erwägen Sie den bedeutend gesteigerten Marktverkehr, fassen Sie ins Auge, wie sich die Bevölkerung an einzelnen Orten vermehrt, verdoppelt hat, vielfach in industriellen Bezirken; ja der Zuwachs der Bevölkerung in solchen Fabrikgegenden besteht meist in jungen Leuten, zum Theil unverheirathete Leute, die noch kein eigenes Heim haben und daher in viel stärkerem Maße auf den Wirthshausverkehr angewiesen sind, als es sonst der Fall ist. Wir haben große Kriege geführt, und die Million Menschen, die in Frankreich gewesen, ist auch nicht mit größerer Liebe zur Einsamkeit und dem Stillleben wieder ins Vaterland zurückgekehrt. Erwägen Sie die veränderten Lohnverhältnisse: es liegt in der Natur der Sache, daß, wenn der Lohn plötzlich steigt, dies einen starken Anreiz gibt, einen größeren Theil des Erwerbs zu vermehrtem Konsum geistiger Getränke zu verwenden.

Meine Herren, ich will ja gar nicht bestreiten, daß über das vermehrte Bedürfniß hinaus in einzelnen Gegenden noch ein vermehrtes Angebot von Wirthschaften eingetreten ist; das sind aber Erscheinungen, die sehen wir bei allen Gewerbszweigen, die haben wir in allen den Jahren in vielen Gegenden wahrgenommen, daß die Zahl der gewerblichen Etablissements über die plötzlich gesteigerte Nachfrage noch hinaus sich vermehrt hat. Unleugbar ist jetzt, indem die Ursachen zurücktreten, welche eine solche Vermehrung hervorgerufen haben, bis zu einem gewissen Grade eine Verminderung auch bereits eingetreten. Es frappirt mich, daß die Statistik mit dem Januar 1877 abschließt. Nach den Wahrnehmungen, die man in kleineren Kreisen, z. B. auch in der Stadt Hagen, macht, erfolgt jetzt eine Verminderung der Wirthschaften schon von selbst, sie würde in noch viel stärkerem Maße vielleicht erfolgen, wenn nicht der Besitz der Konzession an sich dazu aufforderte, eine solche nicht gleich wieder aufzugeben, man mißt den Konzessionen als solchen einen gewissen Geldwerth bei und entschließt sich daher ungern, die Konzession, auch wenn der Absatz geringer geworden ist, aufzugeben, weil, wenn man sie einmal aufgegeben hat, man sie nicht wieder so leicht bekommen kann.

Meine Herren, im Uebrigen müssen wir die Sache doch nicht so darstellen, als ob die gegenwärtigen gesetzlichen Bestimmungen nicht Handhaben der zahlreichsten Art bieten, um in gewisser Weise einer Vermehrung der Schankwirthschaften entgegen zu wirken.

Ich habe dieser Tage den Bericht vom Kreise Teltow von 1876, also aus der Umgegend von Berlin in der Hand gehabt, da sehe ich zum Beispiel, daß von 11 Gastwirthschaftsgesuchen, die an den Kreisausschuß kamen, nur ein einziges genehmigt wurde; man hatte also auf Grund der gegenwärtig geltenden Bestimmungen schon in 10 Fällen das Mittel, solche Gesuche zurückzuweisen; von 26 Gesuchen, eine beschränkte Wirthschaft einzurichten, sind 25 nicht genehmigt worden. So weit geht es jetzt schon.

Ich habe hier eine Zirkularverfügung der Düsseldorfer Regierung vor mir vom 28. Juni 1875, die macht darauf aufmerksam, daß vom 1. Januar 1871 bis Ausgang 1874 an sie 546 Rekursgesuche gekommen sind wegen Verweigerung der Konzession zur Schankwirthschaft und von diesen 546 Gesuchen hat die Regierung nur 27 berücksichtigt, im übrigen die ablehnende Entscheidung der ersten Instanz bestätigt. Ich habe hier eine Verfügung des Landraths von Hagen, worin er sagt, daß auf Grund der gesetzlichen Bestimmung man der Umgehung unter dem Titel von Gastwirthschaften Branntweinschänken einzurichten, entgegenwirken werde. Wenn Jemand die Konzession zur Gastwirthschaft nachsucht, müssen mehrere Zimmer mit Betten vorhanden sein, ehe man eine Gastwirthschaftskonzession ertheilt. Jetzt kommt nun noch dazu die Bedürfnißfrage, das heißt, überhaupt die Frage von dem Boden bestimmter gesetzlicher Merkmale in die Willkür der Behörden stellen. Darüber täuschen wir uns nicht, die Bedürfnißfrage ist nur eine Redensart, das Bedürfniß läßt sich thatsächlich nicht feststellen in irgend einer Weise, sondern wie schon einmal der Abgeordnete Burchardt, der jetzige Generalsteuerdirektor im preußischen Abgeordnetenhause gesagt hat: täuschen wir uns doch nicht, die Bedürfnißfrage ist immer eine Machtfrage, je nachdem der Mann einen günstigen äußeren Schein hat, wird die Konzession ertheilt oder nicht ertheilt, bestimmte Kriterien lassen sich da nicht angeben zur Entscheidung der Bedürfnißfrage. Es wird hier also nach subjektivem Maßstab entschieden, vielfach nach Willkür, vielfach, das bringt ja eine derartige Sache mit sich, mischen sich alle möglichen Motive in die Entscheidung der Behörden ein. Der Herr Vorredner hat von den höheren Verwaltungsbehörden gesprochen. Ja, meine Herren, die Bedürfnißfrage, wenn sie einmal von der unteren Behörde entschieden ist, läßt sich von einer höheren Behörde kaum anders entscheiben, derartige Sachen können noch weniger in höherer Instanz als von der Lokalinstanz sachgemäß geprüft und entschieden werden.

Meine Herren, indem man die Bedürfnißfrage wieder einführt für Wirthschaften aller Art, bringt man die ganze Klasse der Schankwirthe in die unmittelbarste Abhängigkeit von den lokalen Polizeibehörden. Das ist politisch äußerst bedenklich zu einer Zeit, wo man schon, es haben ja alle Parteien das bei den Wahlen gemerkt, auch die nationalliberale bei den letzten Wahlen, schon angefangen hat, den Einfluß dahin zu äußern, daß die Wirthe gewissen Parteien bei den Wahlen zu ihren Versammlungen die Lokale nicht mehr hergeben. Es hat auch wirthschaftlich sein Bedenken; wenn man ordentliche Gastwirthe und Schankwirthe haben will, dann darf man sie nicht von vornherein der Willkür der Polizei anheimgeben. Gegenüber allen den Klagen über die Gastwirthe und Schankwirthe möchte ich doch eins hervorheben, daß nach meinen Wahrnehmungen sich der Stand der Wirthe seit der Gesetzgebung von 1869 sehr entschieden gehoben hat. Wenn Sie das bezweifeln, so bitte ich Sie, in näheren Betracht zu ziehen, die verschiedenen Gastwirthsvereine, die sich in Deutschland organisirt haben, die jährlichen Kongresse der Gastwirthe, die Ausstellungen, die stattfinden, die mannigfachen Einrichtungen dieser Gastwirthverbände, um solide Einrichtungen herbeizuführen, zur Hebung des Standes der Kellner, zur Hebung aller Einrichtungen, die mit dem Wirthschaftsbetrieb in Verbindung stehen.

Es ist in den Motiven, und das bedaure ich überaus, die Behauptung aufgestellt, daß die Trunksucht sich vermehre. Meine Herren, man sollte doch einen solchen beschämenden Charakter einem Volke nicht vorwerfen, ohne wenigstens den Versuch zu machen, ihn zu beweisen. Die Statistik ist in keiner Weise dafür anzuführen, daß das der Fall gewesen ist, man macht aber nicht einmal den Versuch, dies darzulegen. Ich bestreite es entschieden, daß die Trunksucht in Deutschland sich in den letzten Jahren vermehrt hat. Meine Herren, es hat eine Zeit gegeben, da gehörte es zum guten Ton, zu behaupten, daß jeder Deutsche schon an sich ein sehr edler und tugendhafter Mensch sei. Jetzt scheint es mehr Mode zu werden, daß man von vornherein, ohne es näher zu begründen, den deutschen Nationalcharakter schlechter erscheinen läßt, als er es verdient. Der Deutsche arbeitet billig und schlecht, so sagt man, er ist leichtsinnig, er neigt zur Trunkenheit, — ja, meine Herren, was soll man aus solchen Aeußerungen, wie sie jetzt gang und gäbe sind, für ein Bild bekommen, wohin unsere Nation in den letzten Jahren gekommen ist. Nein, meine Herren, es ist weiter nichts als dies reaktionäre System, das sich jetzt wieder einzubürgern sucht, was versucht, mit äußeren Polizeimaßregeln die Sittlichkeit des Volkes zu heben, etwas, was ich für durchaus verkehrt halte. Der frühere Minister Graf Schwerin äußerte, als mal ein ähnliches System am Rhein in Aufschwung kam:

> Die Verordnung, um die es sich handelt, gehört einem System von Maßregeln an, welches ich für unseren Staat für ein durchaus verderbliches halte, nämlich dem System, durch äußere Polizeimaßregeln die Sittlichkeit befördern zu wollen. Sie werden aber dadurch nichts erreichen, als daß Sie eine Nation von Kopfhängern erzielen und eine Erbitterung gegen die Regierung hervorrufen.

Meine Herren, heut zu Tage ist es ganz interessant, einmal in den Beschreibungen früherer Zeiten zu blättern. So finde ich z. B. in einem Aufsatze von Justus Möser in seinen patriotischen Phantasien, worin die Zustände des Landes geschildert werden; er schildert da, wie es in solchen Gegenden zugeht, in denen die Polizei nicht mit so strengen Maßregeln auftritt wie in anderen Landestheilen:

> In gewissen Ländern, besonders am Rhein, läßt der Pfarrer des Sonntags das Zeichen mit der Glocke geben, wenn der Fiedler in der Schanke auf die Tonne steigen darf; und nun fängt Alles an zu hüpfen. In der ganzen Woche aber findet man daselbst keinen Menschen in der Schanke.

Im Gegensatz hierzu schildert Möser Länder, wo alle Lustbarkeiten der Unterthanen soviel immer möglich unterdrückt sind:

> Die Leute trinken öfterer, arbeiten weniger fleißig. Ihre Wirthschaft geht bei allen Einschränkungen schlimmer, und der niedergeschlagene Mensch schafft mit seinen Händen dasjenige nicht, was der lustige schafft. Die Unterthanen sehen den Gesetzgeber wie die Kinder einen grämlichen Vater an; sie versammeln sich in Winkeln und thun mehr Böses, als sie bei mehrerer Freiheit gethan haben würden.

Meine Herren, wir haben solche Debatten, wie sie jetzt wieder hier nothwendig werden, in den fünfziger Jahren mehrfach gehabt. Damals hat sich die Zentrumspartei sehr verdient gemacht um die Bekämpfung aller derjenigen Beschränkungen und Maßnahmen gegen die Gewerbefreiheit durch polizeiliche Maßregeln,

(hört!)

und ich glaube, verschiedene Mitglieder der Zentrumspartei, die noch heute derselben zur Zierde gereichen, verdanken nicht zum geringsten Theil ihre Popularität der Beharrlichkeit, mit der sie den Kampf gegen die Reaktion auf diesem Gebiete damals geführt haben, heute aber fürchte ich fast, daß wir diese Herren auf dem Gebiete der polizeilichen Beschränkung der Gewerbefreiheit geneigt finden, mit Herrn von Kleist-Retzow Arm in Arm gehen zu sehen.

Nun, meine Herren, noch ein paar Bemerkungen über die anderen Punkte, die hier in Frage kommen. Ich will den Erörterungen über die Privatkrankenanstalten und Irrenanstalten in zweiter Berathung nicht vorgreifen; ich möchte nur das bemerken: hält man denn den Umstand, daß sich die Privatkranken- und Irrenanstalten vermehrt haben, für etwas schädliches? Meine Herren, die öffentlichen Krankenhäuser und Irrenanstalten haben sich seit 1869, das glaube ich, würde sich sehr leicht statistisch nachweisen lassen, in viel größerem Maßstab vermehrt. Die öffentlichen Anstalten kosten den Steuerzahlern Zuschüsse, die Privatanstalten bestehen für sich, ja, meine Herren, die Privatanstalten befriedigen ein Bedürfniß, das vielfach die öffentlichen gar nicht befriedigen können, weil die Privatanstalten viel mehr gewissen individuellen Bedürfnissen in vielen Fällen Rechnung tragen können. Mancher scheut sich einen Kranken, einen Irren in eine öffentliche Anstalt zu geben, aber er bringt ihn gerne in eine Privatanstalt und zwar mit Recht, denn das gereicht sowohl dem Kranken als auch der Familie desselben vielfach zum Vortheil. Man kann ja noch alle möglichen Anforderungen von gewissen ideellen, medizinalpolizeilichen Standpunkten aus an solche Anstalten stellen, aber, meine Herren, was ist die Folge davon? daß solche Anstalten dann so kostspielig werden, daß sie dann selbst einem noch viel kleineren Kreise zugängig werden, als sie jetzt schon sind, und dann ist die weitere Folge, daß die Kranken in der Familie bleiben, und dann fragt es sich, was ist besser für sie, für ihre Pflege und für ihre Familie, daß sie dort bleiben, anstatt daß sie zwar nicht ganz vollkommenen, aber doch immer im Verhältniß zur Familienpflege besseren Anstalten übergeben werden. Wenn man nun jetzt den Medizinalräthen freie Hand gibt, alle möglichen kostspieligen Anforderungen zu stellen an die Einrichtungen solcher Anstalten, dann kann man leicht dahin wirken, daß diese Anstalten sich vermindern und viel weniger leisten können, als sonst der Fall ist. Ich finde überhaupt, daß dieser Theil der Motive überaus dürftig begründet ist: ein paar Ziffern über die Vermehrung und im übrigen allgemeine Redewendungen! Meine Herren, wozu haben wir denn ein Reichsgesundheitsamt, wenn hier eine Aenderung in der Gesetzgebung vorgeschlagen wird und man nicht im Stande ist, die eingehendsten thatsächlichen Begründungen über die bei solchen Anstalten gemachten Erfahrungen zu geben, nichts als allgemeine Lehrsätze einzuführen, die man in jedem Handbuch ebenso finden kann, gegenüber anderen Lehrsätzen, die sich denselben gegenüberstellen.

Nun komme ich mit ein paar Worten auf die Pfandleiher und Rückkaufshändler. Diese Kategorie, die man zuletzt angehängt in dem Gesetz, nämlich die Rückkaufshändler, war im vorigen Jahre noch nicht in dem Gesetz enthalten. Es ist heute so viel gesprochen von der Ausbeutung des Publikums durch die Rückkaufshändler in Berlin. Meine Herren, wie verhält es sich damit in Wirklichkeit? Seitdem die Gewerbeordnung erschienen ist und gewisse Privilegien der öffentlichen Leihanstalten in Berlin aufgehört haben, vermögen die öffentlichen Leihanstalten in Berlin kaum mehr zu konkurriren mit den Pfandleihern und Rückkaufshändlern; in dem Bericht der königlichen Leihanstalten vom Jahre 1873 ist das ausdrücklich zugegeben. Die öffentlichen Anstalten vermögen nicht mal mehr vier Prozent Zinsen ihres Betriebskapitals zu erzielen. Woher kommt das? Weil die Privaten günstigere Bedingungen zu stellen im Stande sind, als die öffentlichen Leihanstalten. Daß sich also in Folge dessen die Rückkaufshändler vermehrt haben, ist ganz natürlich. Die Rückkaufshändler sind in Bezug auf die Realisirung des Gegenstandes nicht an die Schwierigkeiten und Formalitäten und Kostspieligkeiten geknüpft wie die Pfandleiher, sie können deshalb dem Publikum auch billigere Bedingungen stellen. Wenn man das nun einschränkt, so wird man diese Geschäfte dem Publikum nicht billiger machen, sondern umgekehrt nur eine Vertheuerung bewirken. Ich bin allerdings der Meinung, daß derartige Pfandleih- und Rückkaufsgeschäfte an und für sich keine Geschäfte sind, die man durch die Gesetzgebung irgendwie zu bevorzugen hat, das sind Geschäfte des konsumtiven Kredits, wenn ich mich so ausdrücken darf, die eine Förderung durch die Gesetzgebung nicht verdienen. Aber, meine Herren, man muß sich auch hüten von Seiten des Gesetzgebers, das Gegentheil von dem zu bewirken, was man eigentlich beabsichtigt. Was kann aus solchen Beschränkungen folgen? Man soll es nicht so darstellen, als ob derjenige, der Geld leihen will, immer ein edler Charakter ist, der durch unverschuldete Umstände in Noth gerathen ist, während der andere, der das Geld leihen soll, ein habsüchtiger Mensch ist, der den anderen auf jede Weise auszubeuten sucht. So, meine Herren, liegt die Sache nicht und man kann mit solchen Anschauungen nur dahin kommen, daß man gerade den Leichtsinn, der bei diesen Geschäften vielfach eine Rolle spielt, prämiirt, daß man zu Erpressungen auf der anderen Seite Veranlassung gibt. Wenn man die Pfandleihen und Rückkaufsgeschäfte einzuschränken sucht, was wird dann geschehen? Entweder die Leute suchen die Gegenstände ohne die Bedingung des Rückkaufs zu verkaufen, also zum Tröbler zu gehen — und ob sie sich dabei besser stehen als vorher, das bezweifle ich —, oder es tritt ein zweites ein, es hört die Kreditnahme auf Grund einer gewissen realen Sicherheit auf, und es entwickelt sich ein Kredit, der nur auf Personalsicherheit basirt ist. Wenn ich mir auf Rückkauf etwas leihe, so hat sich der Darleiher an nichts weiter zu halten als an den Gegenstand, ich entäußere mich des Besitzes des Gegenstandes in dem Augenblick, wo ich das Darlehn bekomme. Setzen Sie nun an diese Stelle die Wechselverbindlichkeit, so bin ich mit meiner ganzen Person, mit meinen übrigen Verhältnissen in Zukunft verhaftet. Ich kann im Augenblick vielleicht leichtsinnig derartige Verbindlichkeiten eingehen, weil ich im Augenblick nicht die üble Wirkung einer solchen Verbindlichkeit empfinde, aber in Zukunft kann mich ein solches Verhältniß viel eher ruiniren; denken Sie nur an die Ehrenscheine und alles, was damit zusammenhängt.

Nun könnten Sie sagen: wir machen ja im Augenblick in einer anderen Kommission einen Paragraphen, der auch dagegen vorgehen soll. Hüten Sie sich aber auch da, nicht das Gegentheil davon zu machen, was Sie wollen. In den Absichten stimmen wir ja alle überein, nur über die Tauglichkeit der Mittel streiten wir. Es wird dahin kommen, daß wenn man derartige Geschäfte, wie es jetzt beabsichtigt ist, dem diskretionären Ermessen des Strafrichters unterstellt, dann entweder diese Geschäfte Formen anzunehmen verstehen, in denen sie sich überhaupt der richterlichen Kognition entziehen, oder daß sich dann solchen Geschäften nur noch Personen widmen, die nach Gesetz und Richter und Strafe überhaupt nichts fragen; jedenfalls wird die Lage derjenigen, denen man helfen will, nicht verbessert, sondern eher verschlimmert. Das wird überall die Folge einer solchen Gesetzgebung sein, die wesentlich darauf ausgeht, auf Symptome loszukuriren. Sie sucht ein Symptom, das gewisse Uebelstände zeigt, zu unterdrücken, läuft aber Gefahr, daß dieselben Uebelstände an einer anderen Stelle desto schärfer hervortreten und dazu noch besondere Uebelstände, die jede derartige Polizeigesetzgebung noch besonders im Gefolge hat.

Präsident: Der Herr Präsident des Reichskanzleramts Staatsminister Hofmann hat das Wort.

Präsident des Reichskanzleramts Staatsminister **Hofmann**: Meine Herren, der Herr Vorredner hat sich Mühe gegeben, einer Sache, die einen prinzipiellen politischen Charakter nicht hat, einen solchen zu verleihen. Bei der Frage, ob die Konzession zum Schankgewerbe von dem Bedürfniß abhängig gemacht werden soll, handelt es sich nicht um ein politisches Prinzip. In dieser Vorlage Symptome einer politischen Reaktion zu sehen, das ist ein sehr passendes Mittel, um vom politischen Standpunkte aus Opposition gegen die Vorlage zu machen, allein ich glaube, die Mehrheit dieses hohen Hauses wird sich durch dieses Gespenst, das an die Wand gemalt wird, nicht abhalten lassen, die Frage vom rein sachlichem objektiven Standpunkt aus zu prüfen und danach die Entscheidung zu fällen.

Wenn die verbündeten Regierungen die politischen Konsequenzen ihrer Vorlage hätten ins Auge fassen wollen, so würden sie eher Anstand haben nehmen müssen, die Bedürfnißfrage als maßgebend für die Konzession für Schankwirthschaften einzuführen, denn, meine Herren, es ist für die Regierungen keine angenehme Aufgabe, über das Bedürfniß auf diesem Gebiet entscheiden zu müssen. Es ist ja ganz natürlich, und die Erfahrungen früherer Zeiten beweisen das, daß die Regierung hierbei ein großes Odium übernimmt und es ihren prinzipiellen Gegnern sehr leicht macht, Popularität dadurch zu erwerben, daß sie sich als die Anwälte derjenigen hinstellen, denen die Konzession verweigert ist und die selbstverständlich mit einer solchen Verweigerung sehr unzufrieden sind.

Der Herr Abgeordnete Richter hat selbst erwähnt, daß Mitglieder des Zentrums ihre Popularität dem Kampf gegen die Konzessionspflicht dieses Gewerbes zu verdanken hätten; es liegt ja sehr nahe, daß man sich nun der Sache bemächtigt, um in derselben Weise, wie es früher Mitglieder des Zentrums gethan haben sollen, als der Anwalt der Gewerbefreiheit auf diesem Gebiet sich Popularität zu erwerben.

Die verbündeten Regierungen wissen also sehr wohl, daß sie ihren Gegnern Waffen in die Hand geben, und wenn sie gleichwohl die Verantwortlichkeit übernehmen, so wollen sie es thun in der Ueberzeugung, daß es nothwendig ist, hier eine Schranke aufzurichten, wenn nicht in unserem Volksleben Schäden noch weiter fressen sollen, deren Vorhandensein man unmöglich leugnen kann.

Der Herr Abgeordnete Richter meint allerdings, die Statistik beweise nicht eine unverhältnißmäßige Zunahme der Schankwirthschaften, und er hat den Motiven den schweren Vorwurf gemacht, daß sie in tendenziöser Weise die Zahlen zusammenstellen. Meine Herren, ich weise diesen Vorwurf mit aller Entschiedenheit zurück. Es ist in den Motiven ganz klar und bestimmt auf Seite 9 u. ff. die Zahl der Gastwirthschaften, der Schankwirthschaften und beider Anlagen zusammen im Jahre 1869 bis 77 respektive 78 zusammengestellt, und es ist die Vermehrung in Prozenten ausgedrückt. Nun hat der Herr Abgeordnete Richter getadelt, daß man nicht zugleich die Vermehrung der Bevölkerung mit in Rechnung gezogen und danach das Resultat gezogen habe. Aber es ist doch jedem von Ihnen bekannt, daß die Bevölkerung sich nicht in dem Maße vermehrt hat seit dem Jahre 1869, wie es hiernach die Wirthschaften gethan haben; wenn also in Preußen die Gastwirthschaften um 44 Prozent, die Schankwirthschaften um 23 Prozent, wenn in anderen Staaten, wie beispielsweise in Baden, die Schankwirthschaften um 66 Prozent, in Mecklenburg-Schwerin um 95 Prozent, im Großherzogthum Sachsen um 126 Prozent und in den übrigen deutschen Bundesstaaten um 109 Prozent sich vermehrt haben, so weiß doch jeder von uns, daß die Bevölkerung nicht in diesem Maße gewachsen ist, daß die Bevölkerung sich ungefähr um 1 Prozent im Jahre vermehrt. Und wenn man nun, wie der Herr Abgeordnete Richter will, diese Bevölkerungszunahme mit in Rechnung zieht, so gelangt man nach dessen eigenen Angaben zu dem Resultat, daß auf 10 000 Einwohner im Jahre 1869 50 Wirthschaften kamen, und daß jetzt 60 Wirthschaften auf 10 000 Einwohner kommen, — so habe ich wenigstens den Herrn Vorredner verstanden, — also eine Vermehrung der Schankwirthschaften um 20 Prozent, während seit dem Jahre 1869 die Bevölkerung sich um 10 Prozent vermehrt hat, das ist doch der offenbarste und klarste Beweis, daß die Zunahme der Schankwirthschaften nicht im Verhältniß gestanden hat zur Zunahme der Bevölkerung, sondern sie weit überschritten hat.

Der Herr Abgeordnete Richter hat weiter getadelt, daß die Motive von der Gefahr einer Zunahme der Trunksucht sprechen und dieser Gefahr entgegen zu treten wünschen; er hat darin so zu sagen eine Verleumdung des deutschen Volks gesehen und er hat darauf hingewiesen, daß die heutigen Erwerbsverhältnisse am wenigsten geeignet seien, dem Trunk und der Trunksucht Vorschub zu leisten. Ja, meine Herren, schlechte Erwerbsverhältnisse im Volk sind, wie ich glaube, gerade geeignet, die Trunksucht zu befördern; denn wenn der Arbeiter so viel verdient, daß er einen geordneten Haushalt führen kann, dann ist er weniger in Versuchung, in das Wirthshaus zu gehen und sich durch den Genuß geistiger Getränke zu betäuben, um das Elend seiner Lage zu vergessen. Daß die Trunksucht in neuerer Zeit in der That zugenommen hat, dafür berufe ich mich auf das Zeugniß, welches mir hier in einer Petition vorliegt, die von dem Vorstande des niederrheinischen Vereins für öffentliche Gesundheitspflege ausgegangen ist. Die Eingabe datirt vom 28. Februar dieses Jahres; die Zustände wie sie hier geschildert werden, haben mithin noch in neuester Zeit bestanden und bestehen jetzt noch. Meine Herren, zu dem Vorstande des niederrheinischen Vereins für öffentliche Gesundheitspflege, welcher die Eingabe unterzeichnet hat, gehören die Bürgermeister folgender Städte: Köln, Düsseldorf, Remscheidt, Elberfeld, Bonn, Bochum, Barmen, Krefeld, Aachen und Duisburg. In dieser Petition ist ausgeführt, wie die Trunksucht in neuerer Zeit in einem Maße überhand genommen hat, daß die Gesetzgebung dringend aufgefordert sei, dagegen einzuschreiten. Es werden verschiedene Vorschläge gemacht, die ich nur so weit erwähnen will, als sie hier zur Sache gehören. Es wird die Bitte gestellt, daß bei Ertheilung von Konzessionen zur Gast- und Schankwirthschaft die Bedürfnißfrage in Zukunft maßgebend sein soll. Ich glaube, das Zeugniß von Männern wie die Bürgermeister der genannten Städte, muß doch einigermaßen ins Gewicht fallen. Ich glaube nicht, daß man annehmen darf, sie haben der Bevölkerung ihrer Städte ein schlechteres Zeugniß ausstellen wollen, als sie es verdient.

Wenn der Herr Abgeordnete Richter auch weiter noch angeführt hat, wie viele Gesuche um Schankkonzessionen im Kreise Teltow abgelehnt worden sind, so beweist mir das gerade, daß der Andrang zu diesem Gewerbebetrieb außerordentlich groß ist, und daß es um so mehr gerechtfertigt erscheint, wenn die Gesetzgebung hier einen Riegel vorschiebt. Ich glaube, daß, wenn man der Vorlage der verbündeten Regierungen einen Vorwurf machen wollte und könnte, er vielmehr darin bestehen müßte, daß sie nicht entschieden genug vorgeht, daß sie nicht direkt vorschreibt, das Bedürfniß muß geprüft werden, sondern daß sie es den Landesregierungen beziehungsweise dem Ortsstatut überläßt, diese Prüfung erst obligatorisch zu machen.

Der Herr Vorredner hat sodann auch getadelt — an den Motiven — daß die Statistik mit dem Jahre 1877 abschließt. Meine Herren, das erklärt sich aber einfach daraus, daß die Vorlage schon im vorigen Jahre gemacht war, und daß es nicht möglich gewesen ist, seit der letzten Session diese ganze Arbeit, die mit einer großen Belästigung der Behörden natürlich verbunden ist, nochmals von vorn anzufangen. Wir haben geglaubt, daß die Zahlen, welche die Vorlage im vorigen Jahr begründeten und naturgemäß nur bis zum Schluß des Jahrs

1877 gehen konnten, genügen würden, um die Vorlage auch jetzt noch zu rechtfertigen.

Wenn der Herr Vorredner weiter in den Motiven zum 1. Artikel der Vorlage die Ausführlichkeit vermißt hat, so kann ich ihn versichern, daß die Fälle, in denen die Regierung sich überzeugt, daß Privatheilanstalten in der Hand von ungenügend befähigten Personen sich befinden, zahllos sind. Es kommen an den Bundesrath oder an das Reichskanzleramt fast jeden Tag Petitionen von Leuten, die nicht orthographisch schreiben können, die sich aber dennoch als Inhaber von Heilanstalten geriren und sich bitter beschweren, daß die Polizei ihnen Hindernisse in den Weg legt. Man kann derartige Fälle hier nicht speziell aufführen, aber die Statistik ist, soweit es überhaupt möglich war, auch in dieser Beziehung auf Seite 6 der Motive enthalten.

Meine Herren, ich glaube damit schließen zu können; denn was den dritten Punkt noch anbelangt, die Pfandleihanstalten und das Rückkaufsgeschäft, so glaube ich, daß in dieser Beziehung die Motive so schlagend sind, daß ich mich lediglich darauf beziehen kann, ohne auf die Ausführungen des Herrn Vorredners weiter einzugehen.

(Bravo! rechts.)

Präsident: Der Herr Abgeordnete Windthorst hat das Wort.

Abgeordneter **Windthorst:** Meine Herren, der Herr Abgeordnete Richter hat geglaubt, an meine Freunde appelliren zu müssen in Bezug auf die Frage, ob und inwiefern sie geneigt sein würden, polizeiliche Beschränkungen zu befürworten. Ich kann dem verehrten Herrn antworten, daß meine Freunde und ich polizeiliche Maßregeln nur dann unterstützen werden, wenn sie als absolut geboten sich darstellen. Wir sind gar keine Freunde von polizeilichen Maßregeln, haben sie immer bekämpft und werden sie, soweit irgend möglich, auch ferner bekämpfen. Ich wünschte, daß der Herr Abgeordnete Richter und seine Freunde ebenso sehr bereit gewesen wären, polizeiliche Maßregeln in Bezug auf kirchliche Verhältnisse zu bekämpfen,

(sehr richtig! im Zentrum)

wie sie heute bemüht sind, für die Schankwirthe einzutreten.

(Heiterkeit.)

Aber das ist freilich etwas ganz anderes; die Kirche ist eine ganz bedenkliche Institution, und die muß an Händen und Füßen geknebelt werden; alles andere aber in der Welt muß laufen wie es laufen will.

Es ist nur zu bedauern, daß von diesem Gesichtspunkte auch andere Stellen auszugehen scheinen als der Herr Abgeordnete Richter und seine Freunde; denn auch von Seiten der Regierungen geschieht nichts, um die Polizeimaßregeln in Beziehung auf die Kirche zu vermindern.

(Hört, hört! links. — Sehr richtig! im Zentrum.)

Meine Herren, ich bin einverstanden mit dem Antrage des Herrn Kollegen Ackermann, daß diese Vorlage der von ihm bezeichneten Kommission überwiesen wird. Ich will aber der zweiten Berathung und den Beschlüssen der Kommission im Allgemeinen nicht vorgreifen, ich habe vielmehr nun einen Punkt zu erwähnen, welchen ich der Kommission besonders ans Herz legen muß. Denn wenn sie diesen Punkt nicht richtig zu lösen im Stande sein würde, würde es mir schwer fallen, für das einzutreten, was die Regierung beantragt hat. Ich beschränke mich in dieser Hinsicht lediglich auf die Schankwirthschaften. Wenn ich allein in der Welt zu bestimmen hätte, würde mein Gesetz einfach lauten, Branntwein darf nur aus der Apotheke auf Anordnung des Arztes verabreicht werden.

(Große andauernde Heiterkeit.)

— Ja, meine Herren, es ist mir sehr interessant, daß dieser Gedanke Ihre Heiterkeit erregt. Ich kann Ihnen sagen, er ist keineswegs neu; ich habe ihn schon vor 25 Jahren mit derselben Entschiedenheit vertreten und habe das auch damals nicht gelernt aus mir, sondern habe es von den Amerikanern gelernt, welche die Mäßigkeitsvereine gestiftet haben, und ich bekenne mich noch heute dazu. Ich weiß aber, daß ich mit diesem Gedanken nicht durchdringen kann, ich spreche ihn aus, um von vornherein klar zu stellen, mit welcher Entschiedenheit ich der Schankwirthschaft an sich, namentlich der Branntweinschankwirthschaft entgegenstehe. Dennoch kann ich die Befugniß, zu ermessen, ob und inwiefern eine Schankwirthschaft zu errichten, und die Erlaubniß zur Ertheilung der Konzession nicht allein der Polizeibehörde überlassen, ich bin der Meinung, daß bei der Beantwortung der Frage, ob die Erlaubniß zu ertheilen sei, oder nicht, andere Faktoren mitzuwirken haben, daß die Fragen des Bedürfnisses insbesondere wesentlich von den betreffenden Gemeindebehörden zu beantworten sein werden. Ich weiß wohl, daß in der Verwaltungsorganisation der alten Provinzen Preußens eine Milderung etwaiger Polizeiwillkür gegeben ist, und in dem dort geordneten Instanzengang, Mißbräuchen vorgebeugt werden kann. Diese Organisation besteht aber weder in Deutschland allgemein, noch besteht sie in der ganzen Monarchie Preußen, speziell nicht in den neuen Landestheilen Preußens, und in den Westprovinzen. Nun sage ich Ihnen ganz offen heraus, für Westfalen, Rheinland, Hannover, kann ich den Polizeibehörden die reine Willkürentscheidung nicht in die Hand geben.

(Sehr wahr!)

Ich habe dort keine Remedur, wie sie in den alten Provinzen in der vorhandenen Organisation liegt, und habe die Ueberzeugung — ich muß sie leider aussprechen — daß bei dem gegenwärtigen Zustande der Verwaltung und Stimmung in den Westprovinzen von dieser Befugniß ein Gebrauch gemacht werden würde, der nicht aus der Sache, sondern aus Nebenrücksichten hervorgeht.

(Sehr richtig! im Zentrum.)

Meine Herren, wir wissen in Westfalen und im Rheinlande und auch in anderen Theilen, die ich genannt habe, was dort — ich will nur auf Westfalen und das Rheinland kommen — der sogenannte deutsche Verein vermag. Ich weiß, welche Rücksicht genommen wird bei der polizeilichen Handhabung in Bezug auf konfessionelle Verhältnisse und auf Verhältnisse des Kulturkampfs, und ich sage Ihnen, niemals bekommen Sie von mir die Befugniß beliebig mit der Polizei dort einzuschreiten, und wenn nicht in der Kommission festgestellt werden kann, daß die Bedürfnißfrage allein von den Gemeindebehörden entschieden werden soll, dann kann ich nur sagen, ich bedaure, daß Ihre Kirchenpolitik mir nicht gestattet, auf diesem Weg vorzugehen.

(Sehr richtig! im Zentrum.)

Dann bin ich auch der Meinung, daß die Verwilderung, die eintritt, welche naturgemäß in die Wirthshäuser führt und dann allerdings aus den Wirthshäusern gestärkt hervorgeht, mit zusammenhängt mit Ihren kirchenpolitischen Grundsätzen und der Handhabung derselben; denn wenn Sie die Kirche unterbinden in ihrer Wirksamkeit, dann werden Sie solche Erscheinungen haben, wie sie im deutschen Volke liegen, leider liegen, aber seiner Natur doch nicht entsprechen.

Sehen Sie, so hängen alle Verhältnisse des öffentlichen Lebens mit dieser Frage des Kulturkampfs zusammen, und ich habe absichtlich die Gelegenheit nehmen wollen, das klar und bestimmt auszusprechen, damit man endlich zur Besinnung kommt und sich vergegenwärtigt, ob es rathsam sei, in Deutschland solche Kämpfe fortzuführen, die das Volksleben durchaus vergiften müssen. Ich hoffe übrigens, daß die Kommission auf den von mir bezeichneten Gedanken eingehen wird, denn ich muß anerkennen, daß allerdings die Trunksucht sich zu meinem Bedauern vermehrt hat, daß die Zahl der Schänken sich ins ungebührliche steigert, und ich bedarf dazu weiterer statistischer Nachrichten nicht; was ich mit eigenen Augen und Sinnen wahrnehme, lasse ich mir durch die Statistik nicht erst beweisen.

Ich wiederhole deshalb, daß ich den Antrag unterstütze, die Vorlage an die Kommission zu verweisen, und ich bitte die Kommission, die Gesichtspunkte besonders ins Auge zu fassen, welche ich darzulegen besonders bemüht gewesen bin.

Vizepräsident Freiherr **zu Franckenstein**: Der Herr Abgeordnete von Kleist-Retzow hat das Wort.

Abgeordneter **von Kleist-Retzow**: Meine Herren, der Herr Abgeordnete Richter (Hagen) ist verdrießlich darüber, wo sich irgend ein Punkt zeigt, bei welchem das Zentrum und die konservativen Parteien mit einander zusammengehen können, und er versucht dann ganz natürlich, soweit wie es möglich ist, irgend eine Spaltung hineinzuwerfen auch da, wo ein solches Zusammengehen sonst ganz natürlich ist. Wir natürlich stehen anders. Ich für meine Person, freue mich über jede Frage, bei welcher wir mit dem Zentrum zusammen gehen können. Ich weiß, wie wir gerade in dieser und anderen das innere Leben berührenden Fragen, bei denen, welche die Kirche, aber auch bei denen, welche die Sittlichkeit des Volkes berühren, denselben gemeinschaftlichen Grund und Boden haben. Da ist es doch geboten, da ergibt es sich ganz von selbst, daß wir Hand in Hand mit einander gehen. Freilich habe ich den Wunsch, daß sich dieses Gebiet immer weiter ausdehnt. Gewiß ist dies sehr schwer, wenn aus anderen neben den betreffenden speziellen Fragen liegenden uns allen bekannten Verhältnissen die Mitglieder jener Fraktion, wie eben der Herr Abgeordnete Windthorst, Schwierigkeiten in die Behandlung aller Fragen aus ihrer eigensten Natur erst hineintragen und zum Zweck ihrer Erledigung gewissermaßen die ganze Verwaltung hemmen oder auf den Kopf stellen wollen. Ich kann mir wohl denken, wie schwer es Ihnen wird, bei den vorliegenden Zuständen die bestehende Verwaltung unberührt fortarbeiten zu lassen; aber, meine Herren, das ist ganz selbstverständlich, jene Verhältnisse werden auf ihrem Gebiete erledigt, sie müssen erledigt werden; sie können nicht dahin führen, inzwischen die ganze Verwaltung zu irritiren oder sistiren. Polizei haben wir und werden wir haben müssen trotz des Kulturkampfes, auch der Herr Abgeordnete Windthorst will sie oder muß sie haben wollen. Es wäre ja erwünscht, wenn wir in jenen Provinzen, von welchen er sprach, für diese Zwecke schon Organe der Selbstverwaltung hätten, wie wir sie glücklicherweise in dieser Beziehung in den östlichen Provinzen besitzen, aber daß die Kommission nun aus dem Stegreife heraus solche Organe speziell für diesen Zweck finden und konstruiren sollte, welche hier an die Stelle unserer Selbstverwaltungsorgane gesetzt werden könnten, halte ich für schwer ausführbar. Lassen Sie doch jetzt die Konzessionirung der Schankwirthschaften zu allein durch die Polizei, wie können Sie nun mit einem Schein von Recht erklären, wenn Sie sehen, wie es sich herausgestellt hat, daß die Gastwirthschaften zu nichts anderem benutzt werden als zu Schankwirthschaften, und daß Wein- und Bierwirthschaften benutzt werden, um Branntwein zu vertreiben, wie wollen Sie mit einem Schein des Rechts behaupten, daß die Gastwirthschafts- und Bier- und Weinfrage von den Organen, welche die Branntweinschankfrage behandeln, nicht erledigt werden dürfe. Meine Herren, jene schwierigen Verhältnisse gehen auf einem anderen Gebiete ihren sicheren, festen, entschiedenen Weg. Freilich es gehört zunächst nicht hierher, aber lassen Sie mich es doch aussprechen, wenn jetzt Herr von Seydewitz Präsident und Freiherr zu Frankenstein erster Vizepräsident des Reichstags ist, so sind wir auf einen Standpunkt gekommen, bei welchem wir nicht mehr nöthig haben aus Rücksicht auf den Kulturkampf hineinzugreifen in alle Verwaltungsbeziehungen, —

(Hört!)

Diese Sachen werden auf dem Gebiete, wohin sie gehören, erledigt werden, wie ich hoffe, sehr bald erledigt werden. Meine Herren, ich bin nicht wie der Herr Minister Hofmann darüber unzufrieden, daß der Herr Abgeordnete Richter gewissermaßen identifizirt hat, die Interessen der liberalen Partei mit der Opposition gegen diesen Gesetzentwurf, der Opposition gegen die Verminderung der Schankwirthschaften, gegen die Verminderung der Trunksucht. Meine Herren, er hat, wie ich meine, seiner eigenen Partei einen schlechten Dienst im Lande erwiesen. Allerdings ist ja die Trunksucht im Lande weit verbreitet, ich werde darauf noch zurückkommen, mehr wie der Herr Abgeordnete Richter meint.

(Zuruf des Abgeordneten Richter (Hagen): „in Pommern!")

— Nein, Herr Richter. Gerade vom Rheine, von den Bürgermeistern der bedeutendsten Städte, sind die Petitionen gekommen, welche Ihnen vom Minister Hofmann mitgetheilt wurden. Im Gegentheil, man hat schon, als ich noch am Rheine war, dort stark Bier zu trinken angefangen, was man früher nicht kannte, und später ebenso Schnaps. Gerade am Rhein hat die Trunksucht in krasserer Weise zugenommen, wie verhältnißmäßig bei uns. Meine Herren, ich meine, wenn wir auch klagen müssen, und aufrichtig und wahrhaft klagen über die Zunahme derartiger Verhältnisse, so ist doch nicht das ganze Land ein Land der Trinker, die Leute, die nüchtern sind, sind zahlreicher als die Trinker, und wenn der Herr Abgeordnete Richter eintritt für die Vermehrung der Schankwirthschaften und sich dagegen erklärt, den vorhandenen allgemein anerkannten Mißständen abzuhelfen, so wird ihm das Land im großen Ganzen nicht Dank wissen, es wird umgekehrt sich auf unsere Seite stellen, und wird sagen, wir danken ihm das nicht, daß er aus Rücksichten einer abgetragenen Theorie keine Konzessionsbeschränkung eintreten lassen will. Wir fassen die Sache praktisch und nüchtern auf und fragen uns, wie den Uebelständen abzuhelfen ist, welche sich nach allgemeinen Klagen herausgestellt haben. Es ist eine falsche Auffassung des Abgeordneten Richter, wenn er sagt, Maßregeln gegen die Schankwirthe sind ohne weiteres die Folge von konservativ-reaktionären Ideen. Weiß der Abgeordnete nicht, daß in England die viel schärferen Bestimmungen, die gegen die Trunksucht und gegen die Schankwirthe dort bestehen, großentheils von liberalen Ministerien herrühren, und daß umgekehrt, das jetzige konservative Ministerium gewisse Milderungen hat eintreten lassen. Meine Herren, die Konservativen sind eben nicht Theoretiker, welche nach einer Schablone arbeiten, ohne Kenntniß der vorliegenden Verhältnisse, wie dies bei Herrn Richter nach seinen Mittheilungen der Fall ist. Weil sie die Verhältnisse kennen, wissen sie dieselben praktisch anzufassen, wo und so weit sich ein Bedürfniß dazu herausstellt. In England hat sich das Bedürfniß gezeigt, eine Erleichterung eintreten zu lassen, weil dort eine ganz außerordentliche Verschärfung der Gesetzgebung in sittlicher und religiöser Beziehung, wie z. B. bei der Sonntagsheiligung hervortritt. Bei uns dagegen zeigt sich das Bedürfniß auf das Dringendste Hilfe zu leisten gegen Entsittlichung, Verwirrung und Verwilderung, indem unsere frühere Gesetzgebung aus abstrakten Theorien heraus des sittlichen Ernstes entbehrt. Da sollten Sie einstimmig Hilfe leisten von allen Parteien, um dem deutschen Volke wieder aufzuhelfen, es zu bewahren vor dem Versinken in einen Abgrund, in welchen es versinken muß, wenn wir nicht die Hände dazu bieten. Der Abgeordnete Richter scheint nicht zu wissen, wenn er sagt, wir strichen das deutsche Volk so schwarz an, er scheint nicht zu wissen, daß von Anfang der Kenntniß die wir von ihm als Volk haben eine starke Neigung zum Trunk leider zu seinem Nationalcharakter gehört. Es sagt schon Tacitus in seiner Germania, daß sie durchaus keinen Durst leiden können, daß sie Tag und Nacht hindurch trinken ohne Vorwurf. Er sagt an einer andern Stelle seiner Germania, wenn du, so ungefähr wird es sein, wenn du den Trinkern durch die Finger siehst und wenn du ihnen zutragen läßt, so viel als sie zu trinken begehren, dann werden sie leicht, wie durch alle Laster, so auch durch die Waffen von ihren Feinden besiegt. Es ist, als ob Tacitus in seiner Germania unsere Schankwirthe gekannt hätte, diese sind es, die den Trinkern durch die Finger sehen, die ihnen zutragen, wie viel sie zu trinken begehren, und die damit den Erfolg erzielen, daß die Armen, die bei ihnen einkehren und trinken, in alle Laster verfallen und vom Feinde leicht besiegt werden. Er kannte nur das Bier, durch welches nur allmählich eine reduzirende Wirkung eintritt, der jetzt beliebte Branntwein versetzt die Trinker sehr schnell in Zustände der Bestialität. Meine Herren, man muß das Volk nicht kennen, wenn man nicht weiß, ich will nicht sagen, daß hervorstechend im öffentlichen Leben es sich geltend gemacht hat, aber daß der Besuch der Wirthshäuser das eigentliche Wirthshausleben in erschreckender Weise zugenommen hat. Kaum arbeitet jetzt ein Handwerker zusammenhängend Vormittags oder Nachmittags, sondern wenn er einige Stunden gearbeitet hat, geht er ins Wirthshaus und trinkt Bier oder Branntwein, und Nachmittags kommt er wieder, und Abends sitzt er wieder im Wirthshaus! Und, meine Herren, ich kenne die Rheinprovinz sehr genau und ich kann Ihnen sagen, daß das Wirthshausleben von je her in der Rheinprovinz ganz anders geherrscht hat wie in den anderen Provinzen; durch alle Stände, Herr Richter, hat das Wirthshausleben in der Rheinprovinz ganz anders geherrscht wie in andern Gegenden: — das haben wir erst von dem Westen bekommen, dieses regelmäßige Wirthshausleben, statt des alten gesitteten stillen Familienlebens. Dem entsprechend hat die Vermehrung der Schankstätten auf das erschreckendste seit Einführung der Gewerbeordnung zugenommen. Der Herr Minister Hofmann hat dem Herrn Abgeordneten Richter schon geantwortet, daß dies weit hinaus stattgefunden hat über die Vermehrung der Seelenzahl. Herr Richter meint, die angeführten hohen Prozentsätze rührten daher, daß darin die Bier und Weinwirthschaften mitbegriffen wären. Ja freilich, aber, meine Herren, es ist auch eine andere Zusammenstellung gegeben, wo das Zahlenverhältniß derjenigen Wirthschaften, die nicht Branntwein schenken, allein dargestellt wird und da zeigt sich die Zunahme erst ganz entsetzlich, da geht es weit über das vierfache, so z. B., lesen Sie auf Seite 11, daß in Schleswig-Holstein sich diese Wirthschaften um 1666 Prozent, das zwanzigfache vermehrt haben. Es hat kaum jemals dem deutschen Volke ein schlechterer Dienst erwiesen werden können durch die allerdings an sich gut gemeinte, aber durch und durch theoretische Auffassung, wonach in der Gewerbeordnung einmal die Gastwirthschaften ausgeschlossen sind von der Konzession und andererseits ausgeschlossen sind die Weinwirthschaften und Bierwirthschaften.

Meine Herren, nun kommen Sie und schreien nach Polizei. Dazu soll die Polizei da sein, nachdem Sie erst die Sache so verrückt und verwirrt haben, daß sich auch die Polizei da nicht herausfinden kann. In welches Labyrinth führen Sie die Polizei, wenn sie untersuchen soll, wie viel Prozent Schnaps in dem Getränk sind, das einem Manne gegeben wird, mag es Bier oder Wein genannt werden. Ich habe vor einiger Zeit hier in einem Gasthaus mit einem Herrn aus den Ostprovinzen zusammengesessen, der sagte mir, er wäre Administrator und hätte eine Brennerei, aber der ganze Ertrag dieser Brennerei würde hierher nach Berlin als Rothwein verkauft.

(Heiterkeit.)

Ja, meine Herren, als Rothwein wird er getrunken. Sollen die Polizeioffizianten nun untersuchen, ob das Rothwein ist oder Schnaps.

Ebenso ist es bei den Gastwirthschaften. Ich bin Amtsvorsteher mit der größten Liebe, die Zeit, welche der Reichstag oder sonstige öffentliche Geschäfte mir übrig lassen, gebe ich gern dazu hin, ich kann sagen mit großer Freude, denn da kann ich den Leuten dienen, ihnen rathen und helfen, die Streitenden vergleichen, sie schützen, aber auch wo es Noth thut ernst strafen. Bei uns sind es die Kreisausschüsse, die die Konzession zu ertheilen haben. Die Kreisausschüsse sind überaus streng, weil sie wissen, warum es sich handelt. Darum mehren sich die Konzessionen von Schankwirthschaften nicht mehr. Nun kommt ein wahrer Krieg zwischen ihnen und denen, welche das Gewerbe mit Umgehung des Gesetzes in der Form von Gastwirthschaften erlangen wollen. Was eigentlich entscheiden sollte, ist preisgegeben, die Hilfe sollen von den Regierungen gebotene formelle Vorschriften bieten über die Breite, Länge, Höhe der Räumlichkeiten. Sachverständige finden sich zugegen, der eine mißt einen Zoll mehr, der andere weniger, um den es sich gerade etwa handelt. Es ist eine wahre Jämmerlichkeit, wozu sich die Polizei hergeben muß, um durch Kleinigkeiten zu erreichen, was vorher mit vollen Händen fortgegeben ist. Und wenn der Kreisausschuß dem Leben näher stehend die Gastwirthschaft als verhüllte Schänke abschlägt, richtet der legalere Bezirksrath sie doch vielleicht her, obschon alle Welt weiß, daß in dem betreffenden Dorfe nie ein Gast zur Nacht bleiben wird, für welchen mehrere Logirstuben bereitwillig hergestellt werden, weil der Verdienst durch die Schankwirthschaft immer noch viel größer ist. Mir ist ein Fall bekannt, wo eine Gastwirthschaft die Konzession verlangte, weil das Bedürfniß zur zweiten Schänke abgeschlagen war. Ich wurde hingeschickt, weil der eigentliche Amtsvorsteher als dabei betheiligt angesehen würde. Bei der Vernehmung der Zeugen ergab sich, daß der Gastwirth dem bestehenden Schänker zugesprochen hatte, ihm keine Schwierigkeiten zu machen, sie beide wollten dann gemeinsam schon ausreichenden Verdienst herausschlagen.

Es ist eine ganz unwürdige Stellung, welche Sie der Polizei, welche Sie dem bestehenden Gesetze geben. Und solche Dinge muthen Sie der Polizei zu, und setzen sie solchen Trakasserien aus, während Sie voll sind von Mahnungen gegen Polizeiriecherei.

Meine Herren, es sind aber nicht bloß die Schankwirthschaften, die sich so vermehrt haben. Wie haben sich die Verbrechen vermehrt in unserem armen deutschen Vaterlande! Wenn Sie die Ermittelungen kennen, die angestellt sind theils von Staatsanwälten aus Schleswig-Holstein, theils von lieben tüchtigen Aerzten unserer Gefängnisse, die Ermittelungen, wie viel kommen von den Verbrechen auf die Trunksüchtigen, so stellt sich heraus, daß über die Hälfte aller Vergehen und Verbrechen von solchen verübt werden, die Trinker sind.

(Sehr richtig! rechts.)

Die Hälfte davon ungefähr wird verübt des Sonntags, — leider, meine Herren, deswegen, weil der Sonntagnachmittag nun einmal dazu dient, die Schänken zu besuchen. Die Hälfte der Vergehen und Verbrechen wird am Sonntag verübt, wo man im eigentlichen Sinne mit tiefster Betrübniß sagen muß: statt den Sonntag zu gebrauchen zu anständiger, fröhlicher Geselligkeit, zum Lob- und Dankopfer gegen Gott, opfern sie das, was sie am Sonntag opfern, den Teufeln!

(Sehr richtig! rechts.)

Nun, gegen diese Massenzunahme von Verbrechen, herrührend von der Zunahme der Schankwirthschaften, — weil, sowie sie bereu zwei in einem Orte haben, schon um der Konkurrenz willen, entweder solche Verträge geschlossen werden, wie ich Ihnen vorhin mittheilte, oder beide Wirthe alles aufbieten, die Leute anzulocken, — ist eins der praktischsten und nothwendigsten Mittel, die Konzessionsertheilung vom Bedürfniß abhängig zu machen. Nicht, daß wir meinen, daß die Sittlichkeit dadurch positiv gefördert werde; aber daß der Vorwitz der Menschen, die Unvernunft der Menschen, nicht dahin führen, daß was auf andere Weise durch Kirche, Schule, Elternhaus, Meister aufgebaut worden ist, wieder zerstört wird am Sonntag Nachmittag oder am Abend der Wochentage. Gegen diesen Vorwitz der Menschen wollen wir einschreiten, wollen die Zucht der Obrigkeit geltend machen. Wozu sie das Schwert in der Hand hat, das wollen wir ausgeführt wissen von der Obrigkeit. Auch wir wollen keine Polizeiwillkür einführen. Wollen Sie unser Volk behüten davor, wie Tacitus sagt, daß es nicht bloß durch Laster, sondern auch durch die Waffen der Feinde besiegt wird, so helfen Sie dazu auch durch solche verhältnißmäßig gegen die großen Ideen und Thaten der Kirche und Schule, der treuen Sitte des Elternhauses, der Zucht der Meister und Dienstherren immerhin kleinlichen Mittel. Wir haben in Treue und Glauben kein Mittel, auch das der obrigkeitlichen Zucht nicht zu verschmähen, sonst wird aus dem deutschen Volke doch ein Volk, welches nicht bloß seinen Lastern, sondern in nothwendiger Folge auch seinen äußeren Feinden unterliegt.

(Lebhaftes Bravo rechts.)

Vizepräsident Freiherr **zu Franckenstein**: Der Herr Abgeordnete Dr. Braun (Glogau) hat das Wort.

Abgeordneter Dr. **Braun** (Glogau): Meine Herren, ich glaube, daß der Herr Abgeordnete von Kleist-Retzow in einem Stücke recht hat, nämlich darin, daß sich das Verhältniß zwischen Staat und Kirche, der Kulturkampf und alles, was daran hängt, nicht besprechen und nicht erledigen läßt aus Anlaß dieser Novelle zur Gewerbeordnung. Er seinerseits hat freilich diese untergeordnete Gelegenheit auch benutzt, um eine feurige Apostrophe an das Zentrum zu richten, in der Absicht, dasselbe zu einem energischen Zusammengehen mit den Altkonservativen zu gewinnen. Ob und welchen Effekt diese Apostrophe haben wird, das wollen wir abwarten. Ich glaube, das Zentrum wird sich in der Beziehung nicht gerade einer douce violence zu unterwerfen geneigt sein.

Gefreut hat es mich auch, daß der Herr Abgeordnete von Kleist-Retzow das Lob der preußischen Selbstverwaltungsgesetze gesungen hat

(hört! hört! links)

und zwar mit einem anerkennenswerthen Enthusiasmus. Bei den letzten Wahlen sind diese Gesetze stets als das Teufelswerk der Liberalen hingestellt,

(hört! hört! sehr wahr! links)

und von der konservativen Partei, an vielen Orten auch von der Regierungspresse auf das entschiedenste verdammt worden.

(Hört! hört! links.)

Ich appellire also von jenen Aussprüchen an die Autorität des Herrn Abgeordneten von Kleist-Retzow, den ich für einen wirklichen Altkonservativen halte.

Der Herr Abgeordnete von Kleist-Retzow hat weiter gesagt, der Herr Abgeordnete Richter (Hagen) habe der liberalen Sache einen schlechten Dienst erwiesen, indem er sie identifizirt habe mit der Vermehrung der Schankkonzessionen oder der Gasthäuser, mit der Vermehrung des Branntweinkonsums u. s. w. Wie es mir scheint, hat er den Herrn Abgeordneten Richter, das alles ganz entschieden mißverstanden. Des Herrn Abgeordneten Richter (Hagen) Aeußerungen gingen nicht darauf aus, den Branntweinkonsum und die Wirthshäuser zu vermehren, sondern dahin, die Polizeiwillkür auszuschließen. Der Herr Abgeordnete Richter will nicht künstlich viel und auch nicht künstlich wenig solcher Anstalten machen, sondern er will dem natürlichen Lauf der Dinge seinen Gang lassen und er will vor allen Dingen . . .

(Lachen rechts.)

— Ja, meine Herren, das kommt Ihnen komisch vor; denn Sie glauben an die Allmacht der Polizei; und das glauben Sie und sagen es in demselben Augenblick, wo Ihr Führer, Herr von Kleist, mit so beredten Worten geschildert hat, daß es mit der Polizei nichts sei. Der Herr Abgeordnete Richter also will vor allen Dingen die Willkür ausschließen, und was ist denn die „Bedürfnißfrage" anders als Willkür? Herr von Kleist-Retzow hat Ihnen drastisch geschildert, wie das ausgehe mit dem Ausmessen mit dem Zollstabe u. s. w. Ja, meine Herren, die Bedürfnißfrage können Sie auch nicht mit dem Zollstabe ausmessen, dafür gibt es auch keine objektiv erkennbaren Kriterien, und schließlich betrachtet jeder diese Bedürfnißfrage von seinem subjektiven Standpunkte aus und sie wird in den verschiedenen Theilen des Landes in der verschiedensten Weise beurtheilt werden, irgend etwas Uebereinstimmendes und Zweckentsprechendes wird dabei schwerlich herauskommen.

Wenn Herr von Kleist-Retzow behauptet, am Rhein habe das Schnapstrinken zugenommen, oder herrsche dort, und der Osten habe seine üblen Gewohnheiten, soweit er deren besitze, aus dem Westen bezogen, so ist das ein großer Irrthum. Am Rhein hat allerdings das Biertrinken zugenommen in Folge einer Reihe schlechter Weinjahre. Wenn unser Herrgott wieder einmal ein paar gute Weinjahre schickt, so wird das Biertrinken auch wieder abnehmen, aber Schnaps trinken die Leute am Rhein bis zum heutigen Tage doch nicht.

(Oho! rechts.)

— Ich bitte Sie, mir die Orte zu benennen, man kann das ja dann widerlegen. Es ist ja sehr leicht so ins Blaue hineingesagt, am Rhein seien Schnapstrinker; ich verlange aber von dem, der das behauptet, den Beweis dafür.

Dann aber, meine Herren, warum ist denn der Branntwein über Nacht auf einmal ein solches Teufelswerk geworden, daß man ihn am Ende nicht anders soll beziehen dürfen als gegen ein ärztliches Rezept oder dergleichen. Deutschland ist nun einmal das vorzugsweise Branntwein produzirende Land und wir wollen doch dieses unser eigenes Produkt nicht so schlecht machen.

(Heiterkeit.)

Sie, meine Herren auf der Rechten, die Sie so gern vorzugsweise sich für Vertreter der „Landwirthschaft" — richtiger würde es sein für Vertreter des Großgrundeigenthums — ausgeben, sind ja vorzugsweise betheiligt gerade bei der Branntweinfrage, und wir haben Ihnen ja eifrigen Beistand geleistet, so weit es sich darum handelte, dem Branntwein den ausländischen Markt zu öffnen. Wir sind jederzeit bereit, das auch noch ferner zu thun, aber dafür sind wir dieser Substanz gegenüber, auch wenn wir sie persönlich nicht lieben, doch nicht solche Heuchler und Pharisäer, daß wir in demselben Augenblicke, wo wir sie unseren Nachbarn zuschicken wollen, sie bei uns unterdrücken und nur gegen ein ärztliches Rezept für statthaft erklären wollen. Das sind Widersprüche, die mir etwas unbegreiflich erscheinen.

Herr von Kleist-Retzow hat sich auch auf Tacitus berufen, und, es ist ja wahr, dieser edle Römer, der sein Buch „Germania" geschrieben hat, um das deutsche Volk zu verherrlichen und um es seinen entarteten Römern als ein Muster hinzustellen, hat, ohne daß er glaubte dadurch seinem Ideal etwas zu schaden, nebenbei auch angeführt, daß die Deutschen ordentlich zechen. Nun denken Sie aber, welche lange Zeit nun verflossen ist seit Tacitus bis zum heutigen Tage, und dann fragen Sie sich, ob Sie diesen Naturfehler, wenn er einer ist, durch ein solches Gesetz ändern können.

(Heiterkeit.)

Auch ich appellire an Tacitus, — an Tacitus, der die Deutschen lobt und der sie trotz ihrer Neigung zum Becher durchaus nicht als ein entartetes Volk von Säufern hinstellt. Es ist das nur der natürliche Gegensatz, — Tacitus, ein Italiener, die von Natur ganz anders zugeschnitten sind als wir, hat bei dem Besuch in Deutschland diesen Gegensatz markirt, weitere Schlußfolgerungen daraus herzuleiten, halte ich für unstatthaft.

Und nun soll das Wirthshausleben so schrecklich geworden sein. Meine Herren, ich bin doch auch schon ziemlich alt; ich kann mich erinnern, daß es in meiner Jugend viel schlimmer war, und daß man gerade in Deutschland mit jedem Jahrzehnt einen wesentlichen Kulturfortschritt in dieser Beziehung konstatiren kann. Ich habe in meiner Jugend aber außer den Wirthshausleben noch etwas anderes beobachtet, und das war der heimliche Trunk der Pharisäer und Sünder.

(Heiterkeit.)

Und wenn ich zwischen diesen beiden Lastern die Wahl habe, dann ziehe ich das Wirthshausleben vor, obgleich ich selbst nicht ins Wirthshaus gehe,

(Heiterkeit)

einfach aus dem Grunde, weil man da nicht immer sicher ist in Betreff der Stoffe, die man bekommt.

Nun sagt uns Herr von Kleist-Retzow, man schreit nach „Polizei“ und man will keine „Gesetze“ machen. Nun, meine Herren, erinnern Sie sich doch, daß wir eben erst das Nahrungs- und Genußmittelgesetz gemacht haben, das den Behörden den weitesten Spielraum einräumt. Wenn ich nun in den Motiven lese, es würde da ein Stoff verkauft, den man Wein nennt, der aber keiner wäre, sondern ein Mixtum von Sprit und anderen Dingen, — ja, dagegen haben wir ja der Reichsregierung jenes Nahrungs- und Genußmittelverfälschungsgesetz votirt, sie hat ja jetzt die Macht, dagegen einzuschreiten, aber statt davon nun energisch Gebrauch zu machen, kommt sie uns immer wieder mit neuen Gesetzen. Denken wir doch, und das hat auch Tacitus gesagt, wenn ich nicht irre, an den alten schönen Satz: „pessima respublica, plurimae leges.“ Glauben Sie doch nicht damit, daß, wenn Sie jeden Tag ein neues Gesetz auf irgend ein vermeintliches Loch setzen und auf den Flicken wieder einen andern Gesetzentwurf flicken, daß Sie damit irgend etwas Wesentliches an dem realen Stande der Dinge ändern können. Gerade die Ausführungen des Herrn von Kleist-Retzow haben uns ja bewiesen, wie imaginär solche Dinge sind, wie die Grenze zwischen Schank- und Gastwirthschaft schwer zu ziehen ist, wie das Ausmessen des Lokals u. s. w. wirklich beinah etwas Komisches an sich hat. In allen den Dingen stimme ich den Ausführungen des Herrn von Kleist-Retzow vollständig bei, aber ich ziehe andere Schlußfolgerungen daraus. Ich schließe daraus, daß man mit solchen künstlichen Behelfen überhaupt nichts Wesentliches auszurichten vermag.

Wenn man nun mit diesem Gegenstande auch die Vermehrung der Verbrechen in Zusammenhang gebracht hat, so vermisse ich eine Statistik, die den Kausalnexus zwischen den Schank- und Gasthäusern einerseits und den Verbrechern andererseits nachweist. Ich erinnere mich auch, daß der vormalige preußische Minister des Innern Graf Eulenburg, der ein sehr konservativer und ein sehr einsichtsvoller und kenntnißreicher Mann ist, bei einer Gelegenheit, wo diese Vermehrung der Verbrechen zur Sprache kam, ganz einfach sagte: ja, was wollen Sie, meine Herren, das ist eine Folge einer langen Periode von Kriegen, wir haben Krieg seit 1864 bis vor kurzem gehabt, und das ist eine schlimme Beigabe für jeden Krieg, er trägt mehr oder weniger zur Verwilderung der Sitten bei; daraus muß man vorzugsweise diese Zunahme erklären. Ich glaube, daß diese Erklärung gewiß eine viel rationellere ist als die, daß man die Vermehrung der Verbrechen aus der Vermehrung der Schankkonzessionen herleiten will.

Herr von Kleist-Retzow hat mit Recht darauf hingewiesen, daß es vorzugsweise die Aufgabe der Kirche, der Schule, der Familie sei, bessernd einzuschreiten, ich glaube, da liegt die wahre Möglichkeit der Heilung der Mißstände die zu Tage getreten sind; daß die Polizei hier heilen kann und daß sie heilen könnte mit Willkür, mit administrativer Willkür, das glaube ich nicht. Wenn nun der Herr Staatsminister Hofmann gesagt hat, der Herr Abgeordnete Richter habe dieser Sache, obgleich sie nicht den geringsten politischen Charakter habe, eine politische Seite abzugewinnen gesucht, er habe Gespenster heraufbeschworen u. s. w., so glaube ich, ich würde im Stande sein, dem Herrn Staatsminister Hofmann einige dieser Gespenster vollständig mit Fleisch und Blut ausgerüstet zu zeigen; ich hätte da nur nöthig, meine Akten über die letzten Reichstagswahlen aufzuschlagen, da waren ja die Gastwirthe vielfach in der Lage, das Abhalten liberaler Versammlungen zu verweigern und verweigern zu müssen. Es war ihnen nicht mit ausdrücklichen Worten verboten — so dumm ist ja die Obrigkeit nicht — aber es waren so allerhand halbe und doch deutliche Redensarten gefallen, wie: „ja, Tanzkonzessionen kann man nur einem ordentlichen Mann geben, man wolle sich auf sie verlassen können; man könne ihnen ja gefällig sein, man könne ihnen aber auch ungefällig sein“, kurz, alle diese Andeutungen genügen vollständig, um die Leute derart in Schrecken zu jagen, daß sie es nicht wagten, von ihren bürgerlichen und gewerblichen Rechten Gebrauch zu machen. Das sind also keine Gespenster, sondern Dinge von sehr großer Realität, die bei den Wahlen eine sehr große Rolle gespielt haben, wie dies ja auch in dem preußischen Abgeordnetenhause ausführlich erörtert worden ist. Vermehren Sie die Willkür, vermehren Sie das Entscheiden von Bedürfnißfragen, die nach objektiven Kriterien nicht entschieden werden können, so vergrößern Sie immer nur noch mehr diese Abhängigkeit der Leute von dem jeweiligen Willen der Beamten und der Verwaltungsbehörden, die ja auch der Herr Abgeordnete Windthorst, wie mir scheint, ganz mit Recht, schon als tadelnswerth bezeichnet hat. Ich bin der Meinung, eine jede Nation und eine jede Gegend und ein jeder Mensch hat dasjenige Gasthaus und diejenige Schänke, die er verdient. Wenn man die Leute, die Inhaber der Schänken und die Inhaber von Gasthäusern behandelt wie Parias oder Heloten, dann werden sie schlecht, und wenn sie schlecht werden, so ist das ein großer Schaden für den Kulturzustand der Nation; denn diese Stätten der öffentlichen Zusammenkünfte und der öffentlichen Vergnügungen sind in der Kulturbeziehung von der allergrößten Wichtigkeit, das heißt, ein guter Wirth kann sehr viel nützen und ein schlechter kann sehr viel schaden, und deshalb wäre ich dafür, daß man die Leute mit rechtlichen Bürgschaften umgibt, die sie schützen gegen Verwaltungswillkür; dadurch wird man sie viel eher besser machen als dadurch, daß man sie zu Heloten herabwürdigt.

(Zustimmung links.)

Herr von Kleist-Retzow hat sich sodann auf England berufen, daß es da ein Wigh-Ministerium gewesen sei, das Beschränkungen für die Schankkonzession eingeführt habe, während das Tory-Ministerium die Sache wieder etwas gemäßigt und gemildert habe. Die Thatsache ist vollkommen richtig; sie hat aber nur den Beweis geliefert, daß selbst für den soliden und konservativen Geschmack Alt-Englands die polizeilichen, kontinentalen Anschauungen entlehnten Verfügungen und Beschränkungen des Wigh-Ministerums doch zu stark waren. Es ist zum Theil gerade dadurch unterlegen, zum Theil sind gerade dadurch die Wahlen gegen es ausgefallen.

Nun hat man in keinem Lande der Welt sorgfältigere Erhebungen, umfassendere Enqueten über die Frage der Schankkonzession und des Konsums von Spirituosen, insbesondere über die Trunksucht gemacht als in England, und wenn Sie das englische Blaubuch zur Hand nehmen, so werden Sie das interessante Resultat finden, daß da, wo sehr viele Schenken sind, Branntweinschenken sage ich, am allerwenigsten getrunken wird, und daß die Trunksucht gerade da am furchtbarsten grassirt, wo die wenigsten Branntweinschenken sind; sie grassirt gerade da am meisten, wo diese wenigen aber großen gin-palaces, diese Branntweinpaläste sind, die eine wahre Pestbeule in dem Leben der englischen Nation darstellen.

Wenn nun deduzirt wird, daß sich die Zahl der Schenken und Gasthäuser vermehrt habe, so sage ich und berufe mich dabei auf die englische Statistik: das beweist für mich an sich gar nichts, denn diese Vermehrung der Zahl der Konzessionen und der Konsumanstalten, beweist ja an sich nichts für eine Vermehrung des Konsums. Nehmen Sie an, wir haben in einem Ort 10 Kaufleute, und es gibt da in kurzer Zeit statt 10 deren 20 — glauben Sie, daß die 20 Kaufleute doppelt so viel verkaufen wie vordem die 10? Nein, das vertheilt sich unter die Kaufleute. Deshalb müßte ich auch, wenn ich mich überzeugt halten sollte durch die Ausführungen der Regierung, nicht eine Statistik über die Zahl der Schank- und Gasthäuser haben, wie viele es dereu gab und gibt, sondern über den Konsum an Branntwein, der in diesen Etablissements stattfindet; dann erst könnten wir beurtheilen, ob wirklich die Gefahr so groß ist, ob wir wirklich eine Nation von Schnapssäufern sind oder nicht. Ich frage also nicht: wie viel Konsumstätten haben wir? sondern ich frage: wie groß ist der Konsum? ist er gefallen oder gestiegen? — Darüber geben die Motive keinerlei Auskunft.

(Zustimmung.)

Wenn ich diesen Maßstab zur Hand nehme — und das ist meines Erachtens der allein richtige Maßstab —, dann muß ich sagen: diese Ziffern allein, ohne Erläuterung, ohne Zuthat, ohne Angabe über die Größe des Konsums, über die Steigerung des Konsums, diese paar armen mageren Ziffern beweisen für mich gar nichts.

Wenn nun der Herr Staatsminister Hofmann sich darüber beschwert, der Herr Abgeordnete Richter (Hagen) habe der Zusammenstellung den Vorwurf — den „schweren Vorwurf", wie der Herr Minister sagte — einer „tendenziösen" Statistik gemacht, so habe ich den Herrn Abgeordneten Richter nicht so verstanden; er hat meines Erachtens nur gesagt: wenn er der Herr Reichskanzler wäre, dann würde er so etwas sagen. Jedenfalls muß aber der Vorwurf doch nicht so entsetzlich sein, denn der Herr Reichskanzler hat ja in der That der ganzen amtlichen preußischen Statistik diesen Vorwurf gemacht,

(hört, hört!)

er hat gesagt, die preußische Statistik sei tendenziös zugestutzt. Ja, meine Herren, wenn man das der ganzen preußischen Statistik nachsagen darf in den Augenblick, wo man neben sich zu sitzen hat den Chef der bayrischen Statistik, der also doch wahrscheinlich von diesem Vorwurf ausgenommen ist, so kann man doch eine Andeutung auf ein ähnliches Verhältniß gegenüber dieser Statistik nicht unterdrücken oder tadelnswerth finden.

Zum Schluß noch eine kurze Bemerkung, gerichtet an die Adresse des Herrn Abgeordneten Windthorst. Er hat uns da seine Apotheker- und Doktordoktrin vorgetragen, wonach der Branntwein nur als Arznei behandelt werden sollte, und er hat sich auf Amerika berufen. Meine Herren, die amerikanischen Verhältnisse passen für uns gar nicht. In Amerika gibt es in den untersten Klassen einen Pöbel, wie wir ihn, Gott sei Dank! in Deutschland nicht haben, das sind Irländer und sonstige Menschen, die mit den Gaben Gottes, sei es nun Wein oder Bier oder Schnaps, nicht umzuspringen wissen, d. h. die damit umgehen wie ein Stück Vieh, und gegen diese Leute ist die Temperenztendenz und die strenge Gesetzgebung vielleicht recht gut. Wir Deutsche aber sind, Gott sei Dank! nicht so weit und haben so desperate Mittel nicht nöthig. Machen wir uns doch nicht schlechter, als wir in der That sind.

(Beifall links.)

Vizepräsident Freiherr **zu Franckenstein**: Es ist der Schluß der Debatte beantragt von dem Herrn Abgeordneten von Batocki.

Ich stelle die Unterstützungsfrage und bitte diejenigen Herren, welche den Antrag unterstützen wollen, sich zu erheben.

(Geschieht.)

Die Unterstützung reicht aus.

Ich bitte nun diejenigen Herren aufzustehen, welche für den Schluß stimmen wollen.

(Geschieht.)

Das ist die Minderheit; der Schlußantrag ist abgelehnt.

Ich ertheile das Wort dem Herrn Abgeordneten Dr. Lasker.

Abgeordneter Dr. **Lasker**: Meine Herren, ich bin der Meinung, daß an diese Frage eine politische Diskussion sich nicht knüpfen läßt, der Gegenstand ist nicht tragfähig dafür, und mir ist um deshalb lieb, daß ich noch zu Worte gekommen bin, damit nicht die Meinung bestehe, als ob innerhalb der liberalen Partei über diese Angelegenheit die von Freunden vorgetragene Meinung einstimmig vorherrsche. Ich weiß wirklich nicht, wie man die Politik, wenn man es nicht gewaltsam thun will, wie es heute geschehen ist, mit in diese Frage hineinbringen kann, welche Mittel aufzuwenden seien, um dem Trunk zu steuern. Zu untersuchen ist, ob das eine oder das andere Mittel dafür passend sei; über das Ziel sind wir ja Alle einig. Einen politischen Beisatz hat diese Frage nur, sofern es sich darum handelt, ob die Ertheilung und Entziehung der Konzession der Verwaltung allein anheimgegeben, oder eine genügende Kontrole gewährt werden soll.

Nun habe ich erfreulicherweise jetzt von allen Seiten des Hauses gehört, daß man streben wolle, Verwaltungswillkür auszuschließen. Damit fällt die eine und politische Seite der Frage gänzlich fort. Was aber die Sache selbst anlangt, meine Herren, so glaube ich, daß Herr von Kleist-Retzow ein wenig zu lebhaft in seinen Schilderungen gewesen ist. Es ist ihm beispielsweise die Angabe entschlüpft, es hätte sich die Vermehrung der Schankwirthschaften nicht bloß um das Zehnfache, sondern sogar um das Hundertfache vollzogen und zum Beweis für diesen Satz hat er angeführt, daß in einem Theil der preußischen Monarchie die Zahl der Schankwirthschaften auf 1060 Prozent gekommen wäre. In der Lebendigkeit seiner Phantasie ist ihm entgangen, daß 1000 Prozent eben nur das Zehnfache bedeuten, nicht das Hundertfache. Sie sehen, wie behutsam man sein muß gegen rhetorische Illustrationen, wenn man hört, es habe das Branntweintrinken bis ins Hundertfache zugenommen, und zwar aus dem Munde einer so bedeutenden Autorität, wie des Herrn von Kleist-Retzow, der ja lange Verwaltungschef in einer bedeutenden Provinz Preußens gewesen ist. Auch in den meisten anderen Punkten hat Herr von Kleist, glaube ich, nach zu lebhaften Farben gegriffen.

Dagegen kann ich aus eigener Erfahrung sagen, daß in

den verschiedensten Theilen des deutschen Reichs von den unbefangeusten Personen Klage geführt wird, daß die Zahl der Wirthschaften sehr erheblich zugenommen hat und damit dem Trunk zu viele Gelegenheit gegeben wird. Ich muß dies als Zeuge bestätigen.

(Hört! hört! rechts.)

Ich muß ferner aus eigener Erfahrung bestätigen, daß der Mißbrauch, Gasthäuser zu errichten, lediglich zu dem Zwecke, um später Schankwirthschaft darin zu treiben, weit um sich gegriffen hat, und daß diesem Mißbrauch in jedem Fall ein Ende gemacht werden muß, weil er einer Verspottung des Gesetzes gleichkommt.

(Sehr gut! rechts.)

Deshalb, meine Herren, bin ich der Meinung, daß ohne Unterschied der Partei, ob man liberal oder konservativ ist oder sonst eine andere Bezeichnung hat, wir gemeinschaftlich dem Streben uns hingeben sollen, dem wirklich jetzt vorhandenen Mißbrauch zu steuern.

(Sehr richtig! Bravo! rechts.)

Meine Herren, ich will in diesem Augenblick mich nicht entscheiden, ob die Bedürfnißfrage der glücklichste Vorschlag sei, ich will aber sofort erklären, daß, so lange ich nichts Besseres an die Stelle zu setzen weiß, wir auch von diesem Remedium Gebrauch machen sollen, so sehr unzuverlässig es im ganzen auch ist. Die Entscheidung des Bedürfnisses — ich habe selbst in der Praxis damit zu thun — ist ungemein schwer und in vielen Fällen kaum objektiv festzustellen; Willkür wird sich immer einmischen und es ist gewiß nicht immer möglich, den Schein der Willkür ganz auszuschließen.

Aber, meine Herren, ich will auf eine andere bedenkliche Seite aufmerksam machen. Im Reichstag ist wiederholt erklärt worden, daß ein wirksames Mittel gegen das Ueberhandnehmen des Uebels eine erhebliche Besteuerung der Schankwirthschaften wäre, und diese Mahnung, die von unserer Seite gekommen ist und die doch gewiß genügenden Ernst beweist, Abhilfe zu leisten, ist leider nicht auf günstigen Boden gefallen, und zwar, meine Herren, warum? Man macht sich unpopulär, wenn man von Besteuerung der Schankwirthschaften spricht. Ich selbst habe eine Probe hiervon erlebt, als ich mit einem anderen Mitgliede dieses Hauses bei einem Schankwirth, der eine einflußreiche Persönlichkeit für Wahlagitationen war, zur Wahlzeit zufällig vorbeifuhr; als dieses Mitglied den Schankwirth frug, ob er wieder für die Wahl des liberalen Kandidaten eintreten würde, machte der Schankwirth die verlegene Einwendung: ja, obschon er uns Schankwirthen nicht gerade sehr hold ist, — denn der Kandidat hatte gleichfalls die stärkere Besteuerung des zum Trinken bestimmten Spiritus und der Schankstätten vorgeschlagen, und ich glaube einen Theil seines Unterliegens im Wahlkampf hatte der Kandidat diesem Vorschlage zuzuschreiben. Zu meinem Bedauern muß ich sagen, ich verschließe mich dem Verdachte nicht, daß die Regierungen auf diesen wirksamen Vorschlag noch nicht eingegangen sind, und in keiner Weise reagirt haben, weil es unpopulär ist, einen solchen Vorschlag zu machen, und weil in demselben Augenblick, in welchem man seine ganze Politik lediglich auf den Tagesstrom der Popularität stellt, man nicht einen Vorschlag machen kann, der einen Theil der gewonnenen Kunden wieder entzieht. Ich würde die konservative Partei einladen, auch diesem Umstand ihre volle Aufmerksamkeit zu schenken. Das in dem Gesetzentwurf der Regierung ausgedrückte Streben wird aus unserer Mitte die lebhafte Unterstützung finden, wenn auch nicht von allen, weil einige der Meinung sind, daß der vorgeschlagene Weg nicht zu dem gewünschten Ziele führt; viele andere aber werden selbst zu einem minder wirksamen Mittel hinneigen, bis ein anderes besseres Mittel gefunden ist. Aber andererseits lade ich die konservative Partei ein, daß sie ohne Rücksicht auf die populäre Wirkung auch von einer anderen Seite den Gegenstand in Betracht ziehe und den Vorschlag erwäge, der aus unserer Mitte hervorgegangen ist. Keine andere Maßregel wird so sehr zur Einschränkung der Schankwirthschaften beitragen können, als eine erhebliche Steuer, bei welcher jeder Einzelne zu prüfen hat, ob es lohnt, eine Schankwirthschaft zu eröffnen, oder fortzusetzen.

Mit Rücksicht hierauf bin ich gleichfalls dafür, daß wir der Kommission diesen Gesetzentwurf überweisen, und zwar wie ich glaube in dem gemeinsamen Wunsche, Mittel gegen das zunehmende Uebel durch die Gesetzgebung zu finden, aber nicht in der bloßen Absicht einer formellen Zustimmung zur Vorlage der Regierung, sondern zu prüfen, ob nicht andere und bessere Mittel sich darbieten.

Vizepräsident Freiherr **zu Franckenstein**: Es ist der Schluß der Diskussion beantragt von dem Herrn Abgeordneten von Bernuth. Ich stelle die Unterstützungsfrage. Ich bitte diejenigen Herren, welche den Schlußantrag unterstützen wollen, sich zu erheben.

(Geschieht.)

Die Unterstützung reicht aus.

Nunmehr ersuche ich diejenigen Herren, sich zu erheben, welche für den Schluß stimmen wollen.

(Geschieht.)

Das ist die Mehrheit; der Schluß der ersten Berathung ist angenommen.

Zu einer persönlichen Bemerkung hat das Wort der Herr Abgeordnete von Kleist-Retzow.

Abgeordneter **von Kleist-Retzow**: Nur die eine kurze Bemerkung auf eine Ausführung des Herru Lasker. Ich hatte das Blatt in der Hand, ich glaube darum auch gesagt zu haben, wie hier steht: in Schleswig-Holstein hätten sich diejenigen Schankstätten, die nicht zum Branntweinbetrieb berechtigt waren, um 1666 Prozent vermehrt. Sollte ich wirklich gesagt haben, um das tausendfache,

(Zuruf: hundertfache!)

— dann wäre es selbstverständlich ein lapsus linguae.

Vizepräsident Freiherr **zu Franckenstein**: Nach § 18 der Geschäftsordnung habe ich den Reichstag zu fragen, ob er die Vorlage zur Vorberathung an eine Kommission verweisen will. Der Herr Abgeordnete Ackermann hat beantragt, aber keinen schriftlichen Antrag eingereicht, die Vorlage an die zehnte Kommission zu verweisen, nämlich die Kommission, die über den Antrag des Herru von Seydewitz und Genossen zu berichten hat. Diejenigen Herren, welche die Vorlage an diese zehnte Kommission verweisen wollen, bitte ich, sich zu erheben.

(Geschieht.)

Das ist die große Mehrheit; die Vorlage ist an die zehnte Kommission zur Berichterstattung verwiesen.

(Präsident von Seydewitz übernimmt den Vorsitz.)

Präsident: Es ist inzwischen ein Vertagungsantrag eingegangen von dem Herrn Abgeordneten von Forcade.

Ich bitte diejenigen Herren, welche den Antrag unterstützen wollen, sich zu erheben.

(Geschieht.)

Die Unterstützung reicht aus.

Ich bitte diejenigen Herren, welche den Antrag annehmen wollen, sich zu erheben.

(Geschieht.)

Das ist die Mehrheit; der Antrag ist angenommen.

Meine Herren, ich schlage Ihnen vor, für die morgen abzuhaltende Sitzung die Stunde um 12 Uhr Mittags zu wählen, weil noch einige Kommissionen zu arbeiten haben, und auf die Tagesordnung zu stellen zunächst einen Gegenstand, der heute noch zur Erledigung kommen sollte:

1. Fortsetzung der zweiten Berathung des Entwurfs einer Gebührenordnung für Rechtsanwälte auf Grund des Nachtrags zum mündlichen Bericht der 6. Kommission (Nr. 224 der Drucksachen);

alsdann:

2. erste Berathung des Gesetzentwurfs betreffend die Statistik des auswärtigen Waarenverkehrs des deutschen Zollgebiets (Nr. 217 der Drucksachen);
3. erste und zweite Berathung des Gesetzentwurfs, betreffend die §§ 25, 35 des Gesetzes vom 31. März 1873 (Nr. 240 der Drucksachen):

und dann aus dem Tarifgesetz die Nummern, die heute auf der Tagesordnung standen, dazu die Nummern 16, 23, 24, 26, 28, 31, 32, 33, 34, 36, 37 und 39.

Ich frage, ob jemand Widerspruch erhebt erstens gegen die Tagesordnung, wie ich sie vorgeschlagen habe, — das ist nicht der Fall; — und zweitens gegen die Stunde, morgen um 12 Uhr, — auch dem wird nicht widersprochen. Ich stelle hiermit fest, daß die Tagesordnung für morgen und die Stunde, die ich Ihnen vorgeschlagen habe, von Ihnen genehmigt worden ist, und schließe die heutige Sitzung.

(Schluß der Sitzung 4 Uhr 20 Minuten.)

Berichtigungen

zum stenographischen Bericht der 55. Sitzung.

Seite 1525 Spalte 1 Zeile 31 ist vor „die Summe bewilligen" einzuschalten: „also überhaupt nicht".

Seite 1526 Spalte 2 Zeile 19 ist statt „1878" zu lesen: „1875".

Seite 1528 Spalte 1 Zeile 29 von unten ist statt „Volkswirthschaft" zu lesen: „Forstwirthschaft".

Druck und Verlag der Buchdruckerei der Nordd. Allgem. Zeitung. Pindter.
Berlin, Wilhelmstraße 32.

57. Sitzung

am Dienstag den 10. Juni 1879.

Die Sitzung wird um 12 Uhr 25 Minuten durch den Präsidenten von Seydewitz eröffnet.

Präsident: Die Sitzung ist eröffnet.

Das Protokoll über die letzte Sitzung liegt zur Einsicht für die Mitglieder auf dem Büreau aus.

Ich habe Urlaub ertheilt kraft der mir zustehenden Befugniß: dem Herrn Abgeordneten Dr. Zinn für drei Tage wegen dringender Geschäfte, — dem Herrn Abgeordneten Heilig für fünf Tage desgleichen, — dem Herrn Abgeordneten Katz für drei Tage desgleichen.

Für längere Zeit hat der Herr Abgeordnete Schmidt (Zweibrücken), und zwar für drei Wochen zum Gebrauch einer Badekur, Urlaub nachgesucht. Ich habe zu fragen, ob im hohen Hanse gegen die Bewilligung dieses Gesuchs Widerspruch erhoben wird. — Es ist nicht der Fall; ich konstatire, daß der Urlaub bewilligt ist.

Entschuldigt für die heutige Sitzung sind: der Herr Abgeordnete Dr. Rudolphi wegen dringender Geschäfte; — der Herr Abgeordnete Dr. Lieber wegen Unwohlseins, ebenso der Herr Abgeordnete Dr. von Bunsen; — der Herr Abgeordnete von Levetzow für heute wegen dringender Geschäfte, — und der Herr Abgeordnete von Puttkamer (Lübben) bis zum 13. d. M. ebenfalls wegen dringender Geschäfte.

Der Herr Abgeordnete Freiherr Schenk von Stauffenberg bittet in Folge seiner andauernden Krankheit, um Entlassung aus der Kommission für die Geschäftsordnung. Derselbe ist von der dritten Abtheilung gewählt worden. Ich nehme an, daß das hohe Haus dem Antrage willfahren will, und schlage daher vor, daß die Neuwahl in die Kommission für die Geschäftsordnung am Schluß der nächsten Sitzung erfolgt.

Als Bundesrathskommissarien werden der heutigen Sitzung beiwohnen:

1. bei der Berathung des Gesetzentwurfs, betreffend die Statistik des auswärtigen Waarenverkehrs des deutschen Zollgebiets,
   der Geheime Regierungsrath Herr Huber,
   der Direktor im kaiserlichen statistischen Amt Herr Becker,
   und
   der Oberzollrath Herr Boccius;
2. bei der Berathung des Gesetzentwurfs, betreffend die §§ 25, 35 des Gesetzes vom 31. März 1873,
   der Geheime Regierungsrath Herr Dr. Hagens.

Endlich habe ich noch anzuzeigen, daß der Entwurf eines Gesetzes, betreffend Abänderungen des Reichshaushaltsetats und des Landeshaushaltsetats von Elsaß-Lothringen für das Etatsjahr 1879/80, eingegangen ist.

Wir treten nunmehr in die Tagesordnung ein.

Nr. 1:

Fortsetzung der zweiten Berathung des Entwurfs einer Gebührenordnung für Rechtsanwälte, auf Grund des Nachtrags zum mündlichen Bericht der 6. Kommission (Nr. 224 der Drucksachen).

Ich würde damit die Debatte über die vorliegenden Amendements verbinden, über die ein Antrag des Herrn Abgeordneten Dr. Reichensperger (Krefeld), (Nr. 247 der Drucksachen), der sich in Ihren Händen befindet; — und über den soeben vom Herrn Abgeordneten Witte (Schweidnitz) eingebrachten Antrag, den ich zu verlesen bitte, und der demnächst zum Druck und zur Vertheilung kommen wird.

Schriftführer Abgeordneter Dr. **Blum**:

Abänderungsantrag zu dem Bericht der 6. Kommission über den Entwurf einer Gebührenordnung für Rechtsanwälte.

Der Reichstag wolle beschließen:

dem § 94a folgende Fassung zu geben:

Ist der Betrag der Vergütung nicht durch Vertrag festgesetzt, so kann der Rechtsanwalt neben der gesetzlich bestimmten Vergütung bei Mittheilung der Berechnung derselben (§ 85) eine außerordentliche Vergütung als solche fordern.

Ein Rechtsanspruch auf diese Vergütung steht dem Rechtsanwalt nicht zu.

Witte (Schweidnitz).

Präsident: Meine Herren, bei dem inneren Zusammenhang der drei Paragraphen, um die es sich handelt, nehme ich an, daß Sie damit einverstanden sind, daß die Debatte sich sogleich über alle drei Paragraphen erstreckt, nämlich §§ 93, 94a, 94b, — § 95 bleibt vorbehalten. — Wenn kein Widerspruch dagegen erhoben wird, nehme ich an, daß Sie meinem Vorschlage zustimmen, und ertheile zunächst dem Herrn Referenten das Wort.

Berichterstatter Abgeordneter **Laporte**: Meine Herren, durch Beschluß des hohen Hauses in der Sitzung vom 2. Mai dieses Jahres ist der Schlußtheil der Vorlage, welche betrifft die Gebührenordnung für Rechtsanwälte, vom Plenum in die Kommission verwiesen worden. Ich darf es dahin gestellt sein lassen, ob mehr sachliche Gründe oder die formelle Lage der Tagesordnung vom 2. Mai Veranlassung gewesen sind, eine erneute kommissarische Prüfung als angezeigt erscheinen zu lassen. Jedenfalls hat die Kommission, von dem Wunsche geleitet, einer wohl allseitig als unerquicklich empfundenen Debatte in thunlichst kurzer Weise ein Ende zu machen, sich der erneuten Prüfung des Gegenstandes unterzogen und dabei denjenigen Aeußerungen, welche zu diesem Gegenstande früher hier im Reichstage gemacht sind, eine eingehende Prüfung zugewandt. Es handelt sich, wie den Herren ja bekannt sein wird, wesentlich um folgendes. Neben der gesetzlichen Taxe, welche in § 9 des Entwurfs bereits festgestellt worden ist, hat der Regierungsentwurf für die Bestimmung der Höhe der Gebühren der Rechtsanwälte den Vertrag vorgesehen, welchen mit der Partei abzuschließen dem Anwalt innerhalb der Grenzen des Angemessenen jederzeit freistehen soll. Die Bestimmungen des Regierungsentwurfs sind von der Kommission, wie Sie sich überzeugt haben werden, im wesentlichen unverändert übernommen worden. Die Kommission hat nun geglaubt, neben dem Regierungsvorschlag über die Vertragsfreiheit noch eine weitere Vorschrift aufnehmen zu sollen, welche ursprünglich dahin ging, daß es dem Anwalt in außergewöhnlichen Fällen, wenn ein Vertrag nicht abgeschlossen sei, gestattet sein solle, von seiner Partei, der er nicht beigeordnet, auch nicht als Vertheidiger zugewiesen war, ein Extrahonorar, eine außerordentliche Vergütung neben der Taxe zu begehren. Dieses Begehren war nach der ursprünglichen Absicht der Kommission als klagbar gedacht unter den Kautelen, die die Klagbarkeit des Vertrags im Regierungsentwurf umgeben.

Ueber diesen Gegenstand, meine Herren, sind in der früheren Debatte wesentlich drei Stimmen laut geworden, die erste von dem Herru Abgeordneten Reichensperger (Krefeld), welcher sich gegen den Vertrag aussprach, dagegen wünschte, daß nach Art des im Rheinland bestehenden Rechts ein klagbares Extrahonorar der Anwaltschaft solle zugestanden werden.

Die zweite von dem Herru Abgeordneten Thilo, welcher ausführte, daß er die Vertragsfreiheit nach dem Regierungsentwurf akzeptiren könne, dagegen aber das von der Kommission daneben gestellte klagbare Extrahonorar bemängeln müsse. Und drittens eine in der Hauptsache unbedingte Anerkennung der Kommissionsvorschläge ging aus von dem Herrn Abgeordneten Windthorst.

Was zunächst den Standpunkt des Herrn Kollegen Reichensperger anlangt, so wurde in der Kommission und speziell von den in ihr sitzenden Anwälten mit aufrichtigem Dank anerkannt, daß derselbe von einem zweifellosen Wohlwollen für den Anwaltsstand erfüllt sei. Wenn trotzdem die Kommission sich den Anschauungen nicht geglaubt hat anschließen zu können, so beruht dies im wesentlichen auf folgenden Gründen. Man war der Meinung, daß die Anschauungen und Ausführungen des Herru Abgeordneten Reichensperger in dieser Frage doch zu sehr, wenn ich so sagen darf, die Lokalfarbe trügen, daß sie allzusehr und zu ausschließlich den Standpunkt der rheinischen Praxis vertreten und nicht oft den Anspruch erheben könnten, für ganz Deutschland die entscheidende Norm abzugeben; dabei wurde erwogen, daß die Gründe, welche auf Seite 22 der Motive für das Prinzip der Vertragsfreiheit vorgetragen oder unwiderlegt geblieben sind und werden, wie die Kommission glaubt, schwerlich überhaupt widerlegt werden. Warum sollte es auch der Anwaltschaft, die nach der neuen Ordnung der Dinge regelmäßig keine Verpflichtung hat, Prozesse zu führen, verwehrt sein, sich wegen des Honorars im gegebenen Fall frei mit der Partei zu benehmen; warum sollte sie verpflichtet sein, unter allen Umständen nur für den taxmäßigen Satz zu arbeiten und ihrerseits sich des Rechts zu begeben, welches Jeder hat, für eine freie Leistung den angemessnen Preis mit demjenigen, der sie begehrt, frei zu vereinbaren?

Dieser prinzipielle Standpunkt, meine Herren, ist von der Mehrheit der Kommission unbedingt gebilligt. Man war auch darüber einig, daß diejenigen Kautelen, welche regierungsseitig für einen solchen Vertragsschluß haben für nöthig erachtet werden wollen: die klare Form der Schriftlichkeit, die eigentliche selbstverständliche Grenze der Mäßigung und hierüber das entscheidende Urtheil der Gerichte auf Grund der Gutachten der Standesgenossen — von der Kommission nicht zu bemängeln seien, und zwar im wohlverstandenen Interesse der Anwaltschaft selbst.

Entgegen den Anschauungen und Befürchtungen des Herrn Kollegen Reichensperger wurde insbesondere auch darauf hingewiesen, daß thatsächlich in anderen Theilen des deutschen Vaterlandes ein gleiches Verfahren, ein gleicher Zustand bereits existirt und sich bewährt hat. Und in dieser Beziehung war ich speziell in der Lage, Zeugniß abzulegen für den durchaus befriedigenden Zustand, den die gleichen Verhältnisse in meiner Heimat Hannover, nach der hannoverschen Gesetzgebung von 1850 geschaffen haben, wo ja im wesentlichen das gerichtliche Verfahren, welches wir demnächst in ganz Deutschland haben werden, schon seit nahezu dreißig Jahren existirt und sich segensreich bewährt hat; es konnte von mir insbesondere zur vorliegenden Frage bezeugt werden, daß alle Befürchtungen über eine capitis deminutio gleichsam des Anwaltstandes, welche vom Gesichtspunkt einer anderartigen Gewöhnung aus nothwendig folgen soll aus der Honorarvertragsfreiheit der Anwaltschaft, nach den Erfahrungen, die wir in Hannover gemacht haben, gänzlich unbegründet sind. Im allgemeinen bekannte sich die Mehrheit der Kommission zu denjenigen Grundsätzen, welche im Jahr 1850 die hannöversche Regierung in den Motiven zu ihrem Taxgesetz ausgesprochen hat, wo es heißt, daß die Anwaltstaxe eine subsidiäre sei im Verhältniß zur eigenen Partei, und daß dieser Grundsatz im wohlverstandenen Interesse der Advokatur beschränkt werden dürfe durch die Hinzufügung der Schriftlichkeit der Verabredung und der ausnahmsweisen Reszission im Falle der Ueberschreitung der Grenzen der Mäßigung. Man schloß sich in der Kommission namentlich auch der in jenen Motiven ausgesprochenen Ansicht an, und das führt mich auf den weiteren gleich näher darzulegenden Gegenstand der kommissarischen Berathungen, daß Streitigkeiten zwischen den Parteien und ihren Rechtsbeiständen im Interesse der Advokatur gewiß sehr unerwünscht sind, und daß durch eine Nichtachtung der Regeln einer ehrenhaften Geschäftsführung von Seiten einzelner Mitglieder des Advokatenstands gerade bezüglich der pekuniären Verhältnisse das Ansehen des Stands selbst der höchsten Gefahr ausgesetzt wird. Diese Anschauungen, welche seitdem praktisch in Hannover geübt sind und sich bewährt haben, bedingten den Standpunkt der Wahrheit der Kommission, von dem aus sie glaubten dem Vorschlag der verbündeten Regierungen in Beziehung auf den Honorarvertrag unbedingt beistimmen zu sollen.

Gegen den Antrag des geehrten Kollegen Reichensperger, wie er Ihnen früher schon und jetzt von neuem vorgelegt ist, der da besagt, daß in Sachen von hervorragender Wichtigkeit nach dem Beschluß der Instanz dem Auwalt eine besondere Vergütung zustehen solle, und daß im Falle der Nichteinigung über diese Vergütung in erster Instanz der Vorstand der Anwaltskammer, in letzier das Oberlandesgericht entscheidet wurde noch im besonderen geltend gemacht, daß die Einführung einer ganz neuen Instanz, einer neuen Gerichtsbarkeit, nämlich in erster Instanz der Anwaltskammer, in zweiter Instanz des Oberlandesgerichts, auf Schwierigkeiten stoßen würde, von denen die Kommission glaubte, daß sie leicht als unüberwindliche sich darstellen könnten. So sympatisch im allgemeinen die Kommission durch den Gedanken einer derartigen Gerichtsbarkeit, die ja allerdings außerhalb des Rechnens der ganzen übrigen Gerichtsorganisation stehen würde, berührt wurde, so konnte sie sich doch nicht verhehlen, daß diejenigen Bedenken, welche in diese Frage hineinspielen, gerade bei einer solchen Gerichtsbarkeit durch den Stand selbst in erhöhter Bedeutung sich geltend machen müssen. Und deshalb hat man geglaubt, auch von diesem Gesichtspunkt aus dem Vorschlage des Kollegen Reichensperger nicht beitreten zu sollen.

Wenn ich mich jetzt zu dem Standpunkt des Herru Abgeordneten Thilo wende, so darf ich kurz resümiren. Herr Thilo, indem er den Vertrag der Regierungsvorlage akzeptirte, sprach sich aus gegen das klagbare Extrahonorar, wie es die Kommission in früherer Berathung in Aussicht genommen hatte. Er hob hervor, daß es wünschenswerth sei, für die Partei vorher die Prozeßkosten ihrerseits übersehen zu können, und daß es jedenfalls sehr unerwünscht sei, neue Prozesse über Honorarforderungen von Seiten der Auwaltschaft herbeizuführen. Ueber den letzieren Punkt konnte die Kommission mit dem Herrn Kollegen Thilo sich wesentlich einverstanden erklären an der Hand der von mir vorhin hier schon mitgetheilten Motive des hannoverschen Gesetzes. Es ist denn auch von der Kommission mit der Einführung eines klagbaren Extrahonorars die Schaffung einer neuen und vielleicht gar furchtbaren Mutter von Prozessen am wenigsten beabsichtigt gewesen. Ich kann behaupten, daß das der Kommission bei ihrem früheren Vorschlag sehr fern gelegen hat, wie ich ebenfalls überzeugt bin, daß in gleicher Weise die deutsche Anwaltschaft denken und eventuell, wenn die Vorschrift Gesetz wäre, entsprechend haudeln würde.

Um nun die verschiedenen Anschauungen thunlichst auszugleichen, welche hier im Hause hervorgetreten waren, glaubte die Kommission nachträglich auf den Boden sich stellen zu sollen, den Sie in der neuen Zusammenstellung der Kommissionsbeschlüsse — Nr. 224 der Drucksachen — ausgedrückt finden. Danach glaubte sie den „Trost des Vertrages", wie Herr Kollege Windthorst das früher bezeichnet hat, der Anwaltschaft unbedingt erhalten zu müssen. Was dagegen das Extrahonorar anlangt, so erwog man: dasselbe ganz fallen zu lassen, wie vielleicht der Kollege Thilo implizirte, aber doch mehr mit der Spitze gegen die Klagbarkeit des Extrahonorars hin ausgeführt hat, dazu konnte man sich nicht entschließen; man sagie sich, daß es Fälle gibt, wo das Extrahonorar, d. h. die nachträgliche Forderung eines Honorars über die gewöhnliche Taxe hinaus ohne Vertrag seine gute Berechtigung hat, der man vom Standpunkte der berechtigten Interessen der Anwaltschaft so wenig wie überhaupt der Billigkeit nicht entgegentreten] darf. So kann, um den Anschauungen des Herru Abgeordneten Reichensperger entgegenzukommen, die Anwaltschaft auf Grund einer hergebrachten lokalen Praxis durchaus abgeneigt sein, Verträge über das Honorar zu schließen, und würde, solchen Traditionen folgend, vielleicht außer Stande sich fühlen, von dem gesetzlichen Auskunftsmittel des Vertrags Gebrauch zu machen. Um hier einen modus vivendi zu schaffen und berechtigte Eigenthümlichkeiten zu schonen, scheint sich der Weg des Extrahonorars, passend darzubieten. Es gibt aber auch andere Fälle, die das Extrhaonorar nothwendig erscheinen lassen können. Wenn also für den Vertrag hauptsächlich der Fall in Aussicht genommen ist, daß eine Sache einem Auwalt übertragen wird, von der er von vornherein sieht, sie sei so zeitraubend, erfordere einen solchen Aufwand von Zeit und Mühe, daß nur durch eine besondere Belohnung eine Vergütung geschaffen werden könne, so gibt es doch auch andere Fälle, wo die Schwierigkeiten sich erst im Laufe des Prozesses selbst herausstellen. Es kann ja für den Anwalt des Klägers die Schwierigkeit der Sache sich anknüpfen an die Vertheidigung des Beklagten. Es kann ferner vorkommen, daß die Beweisinstanz mit ihren besonderen Manipulationen, sei es an besonders schwierigen Instruktionen, sei es an längeren Reisen das Aufsuchen entfernter Akten u. s. w., den Fall schwieriger erweist, als von vornherein anzunehmen war — in allen diesen Fällen wird, wenn man das Extrahonorar ohne Vertrag nicht zuläßt, der Anwalt, wenn er nicht mit Schaden arbeiten soll, in die Zwangslage gesetzt, entweder das Mandat zurückzugeben, oder aber nachträglich der Partei den Honorarvertrag anzusinnen. Nnn, meine Herren, daß hier Gefahr liegt für das Zartgefühl des Anwalts, die seine Eihaut, möchte ich sagen, die sein Standesbewußtsein stets umkleiden soll, und von der der Herr Abgeordnete Reichensperger gewiß zutreffend gesprochen hat, das, glaube ich, bedarf keiner weiteren Ausführung, zumal ja auch das Interesse, welches sich sachlich mit dem einmal begonnenen Prozesse für den Anwalt verknüpft, ihn mehr oder weniger hindern wird, seine eigenen berechtigten Interessen wahrzunehmen. Daß aber für außerordentliche Bemühungen der Anwaltschaft eine angemessene Belohnung zu Theil werden soll, daß diese nicht in der gewöhnlichen Taxe zu befinden ist, darüber wird, abgesehen von sehr vereinzelten Stimmen in diesem hohem Hanse, die die Mehrheit der Kommission in Uebereinstimmung mit der Vorlage der verbündeten Regierungen nicht für maßgebend hat halten können, wohl schwerlich ein Zweifel erhoben werden. Die Kommission hat nun geglaubt, unter Festhaltung ihres Standpunkts den Anschauungen entgegen kommen zu können, welche nicht wollten, daß neue Prozesse eingeführt würden zwischen Partei und Anwalt über solche Extrahonorare; sie hat die Zulässigkeit der letzteren ausdrücklich bejaht und nur die Klagbarkeit beseitigt. Es könnte nun, meine Herren, die Frage, aufgeworfen werden — und vielleicht werden wir sie hier noch aufwerfen hören — warum es nothwendig sei, im Gesetz eine ausdrückliche Bestimmung nach dieser Richtung aufzunehmen; es sei ja möglich und durchaus zulässig, daß in solchen Fällen ohne eine derartige Bestimmung der Anwalt eine solche Forderung stelle. In dieser Beziehung erwog die Kommission, daß es für keineswegs gleichgiltig zu erachten sei, ob eine derartige Bestimmung im Gesetz Aufnahme finde oder nicht. Denn es kann wohl schwerlich bezweifelt werden, daß die bezügliche Forderung des Anwalts, wenn sie sich auf eine ausdrückliche Bestimmung im Gesetz gründet, einen wesentlich anderen Charakter trägt, als wenn sie ohne einen derartigen gesetzlichen Rückhalt gestellt wird. Für das Standesbewußtsein und die Würde der Anwaltschaft ist nach dem Ermessen der Komissionen die Aufnahme der Bestimmung ins Gesetz nothwendig. Die Kommission hielt sich weiter gegenwärtig, daß hier eine Bestimmung des Strafgesetzbuchs in diesem Zusammenhange besonders berücksichtigt werden muß. Es ist der § 352 des Strafgesetzbuchs, welcher so lautet:

> Ein Beamter, Advokatanwalt oder sonstiger Rechtsbeistand, welcher Gebühren oder andere Vergütungen für amtliche Verrichtungen zu seinem Vortheil zu erheben hat, wird, wenn er Gebühren oder Vergütungen erhebt, von denen er weiß, daß der Zahlende sie überhaupt nicht oder nur im geringeren Betrage verschuldet, mit Geldstrafe bis zu 100 Thalern oder Gefängniß bis zu einem Jahr bestraft.
>
> Der Versuch ist strafbar.

Es wird also bestimmt, daß, wenn ein Anwalt Gebühren erhebt, zu welchen er kein Recht hat, er mit kriminellen Strafen belegt werden soll. Nun wird mir vielleicht entgegengehalten werden, daß diese Bestimmung nicht so schlimm gemeint sei, daß namentlich Geschenke an den Anwalt, freiwillige Honorarzuwendungen nicht haben verboten werden sollen, deßhalb die Forderung eines Extrahonorars auch ohne Gesetz immer statthaft sei. In dieser Beziehung darf ich hervorheben, daß die Auslegung des § 352 schon lange zu den streitigen gehört hat. Es bedarf nur eines Blickes in die Kommentare zum Strafgesetzbuch, welches sich mit dieser Bestimmung anschließt an das preußische Strafgesetz, um sich davon zu überzeugen, daß dieser Strafgesetzbuchparagraph mindestens zu Zweifeln Anlaß gibt und leicht als ein Schwert über dem Haupte der Rechtsanwaltschaft schweben möchte, wo es dann von der mehr oder weniger günstigen Auslegung, die vielleicht ein Staatsanwalt zu machen geneigt wäre, abhängen würde, ob die Anwaltschaft in verdrießliche und möglicherweise bedenkliche, strafrechtliche Prozeduren verwickelt wird oder nicht.

Ich erwähne noch speziell, die Thatsache ist, daß gerade für das Rheinland wegen des dort gesetzlich zulässigen Extrahonorars dieser Paragraph von der Praxis der Gerichte als ausgeschlossen betrachtet worden ist.

Wenn nun so die Sachen stehen und anzunehmen ist, daß eine solche Extrahonorarforderung einer Partei gegenüber von der Anwaltschaft regelmäßig nur dann wird gestellt werden, wenn sie ihrerseits die Ueberzeugung hat, daß sie einem Klienten gegenübersteht, der eine so begründete Forderung in Anerkennung der ihm gemachten Leistungen freiwillig und gern zahlt, so erscheint für das praktische Bedürfniß ein Rückgriff auf die Klagbarkeit um so weniger erforderlich, man kann sie getrost ausschließen, um denjenigen Bedenken gerecht zu werden, die hier gegen die Klagbarkeit und die daran sich anschließenden eventuellen weiteren gerichtlichen Prozeduren zwischen Anwalt und Partei geltend gemacht sind. Von einem so gestalteten

Verhältniß aber wird unbedenklich behauptet werden dürfen, daß irgend welcher Schaden, weder nach Seiten des Anwalts, noch der Partei mit Grund zu besorgen sei, und hat sie in all diesen Erwägungen geglaubt aufnehmen zu sollen.

Nach dem Gange, den die Verhandlungen hierüber in der Kommission genommen haben, und von denen ich konstatiren kann, daß sie Widerspruch von keiner Seite der Betheiligten gefunden haben, glaubte man annehmen zu dürfen, daß mit dem vorgeschlagenen Ausweg der verschiedenen in dieser Frage nach örtlichen und sachlichen Gründen hervorgetretenen Gesichtspunkte angemessen zu versöhnen seien, ohne dabei den Berechtigten und, wie ich versichern darf, schwer beunruhigten Interessen des deutschen Anwaltstandes zu nahe zu treten. In diesem Sinne, meine Herren, erlaube ich mir, Ihnen den neuen Vorschlag der Kommission zur geneigten Annahme zu empfehlen.

Präsident: Der Herr Abgeordnete Dr. Reichensperger (Krefeld) hat das Wort.

Abgeordneter Dr. **Reichensperger** (Krefeld): Meine Herren, nicht ohne ein gewisses inneres Widerstreben habe ich bei dieser Debatte den früher von mir gestellten, in der Kommission nicht beifällig aufgenommenen Antrag wiederholt. Ich gehe indeß von der Ueberzeugung aus, daß die Ehrenhaftigkeit des Anwaltstands, für welchen ich durch eine vieljährige Beschäftigung mit Justizangelegenheiten eine besondere Werthschätzung erlangt habe, — daß, sage ich, diese Ehrenhaftigkeit leicht gefährdet werden könnte, wenn Sie, sei es den Vorschlag der Regierung, sei es die nunmehrige Proposition Ihrer Kommission annehmen würden. Ich fühle mich indeß einigermaßen ermuthigt durch die so wohlwollende Aufnahme, welche der Herr Referent soeben wenigstens der meinem Antrag zu Grunde liegenden Absicht hat zu Theil werden lassen. Es wird mein Bemühen dahin gehen, früher von mir Gesagtes nicht zu wiederholen, sondern mich wesentlich an dasjenige anzuschließen, was ich soeben als Gegengründe gegen meinen Antrag aus dem Munde des Herrn Referenten vernommen habe.

Im wesentlichen richtet sich mein Antrag wie meine Ueberzeugung gegen die gesetzliche Sanktionirung eines Vertrags zwischen dem Rechtsuchenden und dem Anwalt in limine des Prozesses, gleich bei Einführung des Prozesses. Ich erwähne hier noch ganz kurz, was ich früher ausführlicher zu begründen versucht habe, daß es kaum möglich ist, wenigstens in sehr vielen Fällen nicht möglich ist, die Bedeutung, die Schwierigkeit, den Umfang eines erst einzuleitendes Prozesses, nach Anhörung der einen rechtsuchenden Partei, irgendwie zu ermessen, daß man also keine Grundlage für das Ermessen der Schwierigkeiten und damit auch desjenigen, was dem Anwalte als Entgelt für seine Mühe gebührt, haben kann. Diese Schwierigkeit, meine Herren, kann doch unmöglich von irgend jemanden verkannt werden, der nur einigermaßen mit der Prozeßführung offiziell, ja auch nur unoffiziell, zu thun gehabt hat. Es tritt uns da also sofort etwas durchaus Schwankendes, Unsicheres vor Augen, auf welches hin dennoch ein fester, bindender Vertrag zwischen der Partei und dem Anwalt begründet werden soll.

Seitens des Herrn Referenten ward mir nun entgegengehalten, meine Anschauung wurzle wesentlich in der französischen oder — ich will mich so ausdrücken — der rheinländischen Praxis, in demjenigen, was in sämmtlichen Ländern, in welchen die französische Prozeßordnung eingeführt — und Sie wissen, es ist das ein sehr ausgedehntes Territorium — Rechtens ist. Meine Herren, dort geht man noch viel weiter als ich in meinem Antrag gehe; dort ist es direkt verboten, irgendwie im voraus sich einen besonderen Vortheil von einer Partei zu bedingen; man ist also in jenen Ländern so weit davon entfernt, die Zulässigkeit eines Vertrags oder die Abschließung eines Vertrags der in Rede stehenden Art für angemessen zu erachten, daß man es sogar förmlich verboten hat, und zwar bei Disziplinarstrafe. Sollte es daher dennoch vorkommen, so geschieht es insgeheim; das Publikum wird davon keine Notiz nehmen; der Anwalt hat es dann lediglich mit seinem Gewissen auszumachen; daß ihn in solchem Falle das Gewissen drücken muß, liegt in der Natur der Sache, der Praxis und des Verbots. Dem ist nun hier entgegengesetzt worden, es sei das eine rheinländische Spezialanschauung, die in anderen Ländern nicht gelte, namentlich z. B. nicht in Hannover, wie wir soeben gehört haben. Ich habe früher vernommen, in Bayern sei auch der Vertrag zulässig; ich kenne die Praxis dieser Länder nicht näher und müßte mich auf Erkundigungen beschränken. Es ist mir nun von Kollegen, deren Sachkenntniß ich nicht in Zweifel ziehen kann, versichert worden, daß solche Vertragsabschließungen sowohl in Hannover wie in Bayern außerordentlich selten vorgekommen sind. Ich vermag das, wie gesagt, persönlich nicht zu beurtheilen, ich bin aber geneigt, es zu glauben, und zwar gerade weil so viel innere Gründe solcher Vertragsabschließung in limine litis entgegenstehen. Aber, meine Herren, wie dem auch immer sein mag, ich bin, und zwar erst ganz kürzlich, in die Lage gekommen, zu demjenigen, was ich Ihnen von der Rechtsüberzeugung in den westlichen Provinzen gesagt habe, auch noch einen Belag dafür hinzuzufügen, daß im östlichsten Theile der Monarchie ganz dieselbe Anschauung über die Angemessenheit oder Unangemessenheit eines vorläufigen Vertragsabschlusses zwischen der Partei und dem Anwalte herrschend ist. Ich bitte eben nur, mir zu gestatten, aus der gestern Abend uns mitgetheilten Position der Rechtsanwälte erster und zweiter Instanz zu Königsberg i/Pr. den betreffenden Passus vorzulesen. Es heißt da:

> Der deutsche Anwalt darf nicht ängstlich, nur um des Tages Nothdurft zu fristen, nach Beschäftigung umschauen; er muß entschieden besser dotirt werden als der weniger beschäftigte Richter. Nur in einem mehr als die Auskömmlichkeit sichernden Tarif, gegen welchen die bedenklich verklausulirte, unserem Standesgefühl widerstrebende Vereinbarungsfreiheit gar kein Korrektif bildet, kann ihm die Zuversicht gewährt sein, sich auch eine durch den Staatssäckel verbürgte Alterspension zu verschaffen.

Sie sehen also, diese Herren Rechtsanwälte in Königsberg sprechen ganz dasselbe aus, was ich aus der Ueberzeugung der rheinischen Rechtsanwälte heraus früher und jetzt Ihnen vorgetragen habe. Sie sagen ausdrücklich, es widerspricht ihrem Standesgefühl, derartige vorläufige Verträge zu machen, wie sie auch immer verklausulirt sein mögen, namentlich wie auch die Gesetzesvorlage sie gestalten mag. Ich glaube, meine Herren, daß eine solche Stimme bei Ihnen jedenfalls sehr schwer ins Gewicht fallen muß, und daß Sie mich von dem Verdachte freisprechen werden, daß ich einseitig von meinem rheinischen Standpunkte aus den übrigen Landestheilen etwas oktroyirt sehen möchte, was in denselben betreffenden Ortes kein Echo findet, wenigstens kein solches Echo, auf welches Gewicht zu legen wäre. Aber, meine Herren, es kommt unter den obwaltenden Umständen noch etwas anderes hinzu. Sie haben in unzweifelhafter Weise vernommen, daß die Rechtsanwälte, wenigstens in ihrer großen Majorität, unzufrieden sind mit der Gebührentaxe, wie sie vorläufig hier in diesem Hanse beschlossen worden ist. Diese Unzufriedenheit hat sich hier in dem Anwaltskongreß kundgegeben. Beiläufig kann ich nicht umhin, zu bemerken, wie ich es als einen glücklichen Gedanken nicht ansehen kann, daß die Anwälte des deutschen Reichs hier als Kongreß zusammengetreten sind. Es hatte wenigstens sehr den Anschein, als sollte der Reichstag — gestatten Sie mir den Ausdruck — durch diese imposante Kundgebung vergewaltigt werden. Es ist darauf denn auch gleich anderwärts ein Kongreß von Lehrern gefolgt, der ebenfalls geglaubt hat, den gesetzgebenden Versammlungen diktiren zu sollen, was ihnen, den Lehrern als ein paßendes Auskommen zugesprochen sei. Solchen Kundgebungen gegenüber, meine Herren, fühlt man sich um so mehr gedrungen die Sache des nicht in Kongressen versammelten Publikums, der Rechtsuchenden, wahrzunehmen. Auch ich befinde mich in der Lage, hier auch ein besonderes Gewicht auf das Interesse der Rechtsuchenden zu legen, welches gar zu leicht bei solchen Vorkommnissen aus den Augen gelassen wird. Ich bemerke also, daß die Anwälte, wie jener Kongreß ergeben hat und wie aus zahlreichen Petitionen zu ersehen ist, unzufrieden sind mit dem Tarif, wie er vorläufig festgesetzt ist. Die Anwälte werden jedenfalls darin leicht eine Art von moralischer Berechtigung finden, dem Tarif nachzuhelfen, und dazu bietet denn natürlich der Vertrag eine ganz vortreffliche, vom Gesetz ausdrücklich dargebotene Handhabe. Schon demzufolge, meine Herren, wird sich das Verhältniß thatsächlich ganz anders stellen, als es bisher in den Landestheilen der Fall war, in welchen Verträge dieser Art abgeschlossen werden konnten, vielleicht auch, wenngleich nicht häufig, abgeschlossen worden sind. Es ergibt sich schon von selbst, meine Herren, daß wir eine im wesentlichen vergebliche Arbeit thun, wenn wir einen Gebührentarif festsetzen, und zugleich es schlechtweg in die Hand der Anwälte legen, durch Vertrag in jedem einzelnen Fall diesen Tarif abzuändern. Nicht leicht wird dagegen eine Einwendung gemacht werden können. Wenn die Anwälte in der großen Mehrzahl, wie schon bemerkt, die Ueberzeugung in sich tragen, daß der Tarif ihren gerechten Ansprüchen nicht genüge, so wird Keiner der so drohenden sich geniren, nachzuhelfen und sich vertragsmäßig zu stipuliren, was der Tarif ihm nicht zuspricht. Aber nicht nur das wird er sich stipuliren, denn die betreffende Differenz ist durchweg zu unerheblich, um zum Zweck der Ausgleichung desselben einen Vertrag abzuschließen. Wenn selbst das Höchste, was die Kommission den Anwälten zugesprochen wissen wollte, als Grundlage angenommen würde, so wäre ein Vertrag über diese Differenz etwas so Kleinliches, daß ein Anwalt nicht leicht ein schriftliches Dokument sich zur Erlangung desselben anfertigen lassen wird. Es folgt daraus, wenn auch nicht gerade mit absoluter Nothwendigkeit, daß ein nicht unbedeutendes Mehr in der Regel Seitens der Anwälte gefordert werden würde, als deren höchster Anspruch nach Maßgabe eines Tarifs reicht.

So, meine Herren, also gefährden Sie durch eine Sanktionirung des Vertrags die gesetzliche Grundlage, welche wir dem Gebührenwesen durch den Tarif geben wollen, in hohem Maße. Aber, meine Herren, nun bitte ich doch auch noch die Lage in das Auge zu fassen, in welcher der Rechtsuchende sich befindet, namentlich, wenn, wie ich nach Lage der Verhältnisse voraussetzen zu können glaube, das Vertragabschließen allgemeiner Usus werden sollte. Der Rechtsuchende steht einem Anwalt gegenüber, der ihm einfach ein Formular vorlegt und anheim gibt, dasselbe zu unterschreiben oder ein Haus weiter zu gehen. In den meisten Fällen kann letzteres der Rechsuchende nicht thun, und zwar schon aus dem Grunde, weil er so zu sagen überzeugt sein kann, daß er entweder bei einem anderen eben so tüchtigen Anwalt derselben Forderung begegnet, oder daß er einen weniger tüchtigen etwas wohlfeiler bekommt; diese letztere Chance wird der Rechtsuchende wohl am wenigsten laufen wollen. Es liegt weiter auch sehr nahe, daß die Anwälte oder doch ein Theil derselben sich darüber einigen, was sie durchweg fordern wollen, damit nicht der Skandal entsteht, daß sie nach ganz verschiedenen Preisen arbeiten; sie werden möglichst prix fixes machen; jedenfalls werden die beschäftigteren Anwälte unter sich im großen und ganzen, soweit das nur immer möglich ist, gleichmäßige Sätze verabreden; und damit wären dann die Rechtsuchenden solchen Abkommen schlechthin preisgegeben.

Meine Herren, man hat noch gesagt, es bestehe ja keine Verpflichtung für den Anwalt, irgend einen Prozeß zu übernehmen, und so liege es denn in der Natur der Sache, daß er seine freiwillige Uebernahme eines Prozesses auch an Bedingungen knüpfen könne, wie er sie der Natur der Sachlage für angemessen erachte. Meine Herren, ich möchte meinerseits nicht wünschen, daß diese Anschauung eine allgemeine unter den Rechtsanwälten würde, die Ansicht, daß keine Verpflichtung vorliege, einen Prozeß zu übernehmen. Ich hege die Meinung, daß im großen und ganzen, mit seltenen Ausnahmen, die Anwälte mindestens eine moralische Verpflichtung haben, den Rechtsuchenden behülflich zu sein, ihre Prozesse zu übernehmen, daß sie in Zivilsachen nur dann eine Ausnahme hiervon machen sollen, wenn die Sache von vornherein als eine vor dem Rechte nicht bestehende zu erkennen ist. In diesem Falle kann der Anwalt unter Wahrung seiner vollen Ehrenhaftigkeit die Führung des Prozesses ablehnen; ja die Ehrenhaftigkeit erfordert es dann vielleicht sogar, der betreffenden Partei zu sagen, die Sache verspreche keinen Erfolg vor Gericht, er wolle daran nichts verdienen. Im allgemeinen soll ein Anwalt, so wenig wie ein Arzt einen Kranken, einen Rechtsuchenden zurückweisen, wenn es ihm überhaupt und nach dem Maße seiner Beschäftigung und nach seinen Verhältnissen möglich ist, dessen Prozesse anzunehmen. Das ist allerdings wieder vielleicht eine Privatanschauung von mir, die ich aus meiner langjährigen Praxis mir gebildet habe; ich glaube indeß, daß sich sehr viel Begründetes dagegen nicht anführen läßt.

Man hat dann weiter gesagt, meine Herren, in Folge meines Antrags würde eine neue Gerichtsbarkeit gebildet, welche sich schlecht in den Rahmen der Gerichtsordnung, wie sie nun einmal besteht, einfügen lasse. Meine Herren, ich lege auf diesen Instanzengang, beziehungsweise darauf, daß, wie es am Rhein und in allen Ländern des französischen Rechtes der Fall ist, zunächst die Anwaltskammer über die Angemessenheit eines Honorars zu Gericht sitzt, kein entscheidendes Gewicht. Ich würde etwa bei der dritten Lesung meinerseits keinen Widerspruch entgegensetzen, wenn man es angemessener finden sollte, die betreffende Streitfrage den gewöhnlichen Weg Rechtens gehen zu lassen. Mein Vorschlag ging lediglich aus der besonderen Achtung hervor, welche ich für den Advokatenstand hege. Zunächst verweise ich den Anwalt darum mit seinem Anspruche an Seinesgleichen, weiter sodann nicht vor das gewöhnliche Gericht, vor welchem er täglich plaidirt, in Betreff welches Beziehungen der verschiedensten Art, vielleicht störender Art, obwalten, sondern an das Oberlandesgericht. Meine Herren, es bestand dieser Instanzenzug, ja er besteht zur Zeit noch in der Rheinprovinz, und ich kann versichern, daß während meiner etwa 30jährigen Praxis am Rheinischen Appellationsgerichtshofe nur sehr wenige, vielleicht nicht einmal ein halbes Dutzend derartige Fälle zur Cognition des Gerichtshofs gekommen sind. In der Regel beruhigten sich die Parteien, wenn überhaupt einmal Honoraransprüche streitig wurden, bei den Aussprüchen der Anwaltskammern, die ihrerseits es sich angelegen sein ließen, die Rücksichten der Delikatesse und der Ehrenhaftigkeit nach Möglichkeit zu wehren. Wie gesagt, ich lege auf diesen Instanzenzug, obwohl ich ihn im Interesse des Advokatenstandes für sehr wünschenswerth halte, kein entscheidendes Gewicht, wohl aber auf die Frage, ob auf Grund des Gesetzes ein Vertrag geschlossen werden kann über ein Verhältniß, dessen Tragweite schlechterdings nicht zu übersehen ist. Meine Herren, ein solcher Vertrag muß doch nothwendig nicht bloß einfach, sondern doppelt ausgefertigt werden; nicht bloß der Anwalt, auch die Partei, muß ein Exemplar in die Hände bekommen; und nun denken Sie sich den Fall, daß dieser Vertrag, je nachdem der Prozeß günstig oder ungünstig abläuft im Publikum, in den Wirthshäusern zirkulirt, daß das dasjenige, was ein Anwalt neben der Taxe sich stipulirt hat, zum Gegenstand der Unterhaltung wird, daß man die verschiedenen Abkommen gegen einander abwägt

u. s. w. Ich glaube, meine Herren, das sind bedenkliche Folgen. Mögen Sie dieselben auch als in weiter Ferne liegend betrachten, ich meinerseits, wie ich das Leben kenne, glaube, daß die Parteien, welche unterlegen sind, und nach außen den gesetzlichen Gebühren ein vertragsmäßiges Entgeld für ihr Unglück bezahlen sollen, vielfach zarte Rücksichten nicht kennen, sondern ihrem Kummer, auch im Verhältniß zu ihren Anwälten, in jeder Weise Luft machen. Meine Herren, es könnte leicht nicht gar lange Zeit vergehen, zu welcher man von einer Wucherfreiheit des Advokatenstandes spricht. Meine Herren, bedenken Sie wohl den Eindruck, welchen so etwas auf das rechtsuchende Publikum im allgemeinen machen würde, wie es die Stellung der Anwälte herabdrücken würde in den Augen des Publikums; jedenfalls beherzigen Sie den allgemein bekannten Spruch: „Führe uns nicht in Versuchung." Es ist in der That eine schwere Versuchung, in welche Sie die Anwälte führen würden, wenn Sie die hier fragliche Vertragsfreiheit gestatteten, namentlich im Hinblick auf die Unzufriedenheit, welche fast in dem gesammten Advokatenstande, wie schon wiederholt von mir bemerkt worden ist, über die Tarifbestimmungen herrscht. — Was nun das nachträgliche Honorar betrifft, meine Herren, so bin ich der Ansicht, wie Sie aus meinem Antrag ersehen, daß in gewissen Fällen, die gewöhnlichen gesetzlichen Gebühren nicht ausreichen, daß dem Anwalt eine besondere Vergütung geleistet werden muß. Hier stimme ich wieder nicht mit der Kommission überein, die in solchen Fällen zwar auch ein besonderes Honorar gestattet, dieses Honorar aber nicht klagbar gemacht wissen will. Meine Herren, ich gestehe, daß mir das vorläufig wenigstens noch als eine Inkonsequenz Seitens der Kommission vorkommt. Wenn die Kommission, wie wir von dem Herrn Berichterstatter gehört haben, der Ansicht ist, daß in einzelnen Fällen die Gebührentaxe nicht ausreicht, warum sollten denn, falls die Anwälte gegenüber der Unmeßbarkeit des anzustrengenden Prozesses, oder aus „Standesgefühl" — um den Ausdruck der Königsberger Anwälte zu gebrauchen — es unterlassen haben, durch Vertrag sich ein weiteres zu sichern, warum sollen, frage ich, diese Anwälte nicht nach Beendigung des Prozesses auf ein Honorar klagen können, wenn ihnen solches Seitens der Partei versagt wird? „Ich kann dafür keinen Grund absehen. In vielen Fällen wird freilich vielleicht der Anwalt, wie es am Rhein nicht selten der Fall ist, lieber darauf verzichten, als einen derartigen Prozeß zu führen; aber, meine Herren, warum sollen wir den Anwälten solchen Verzicht von Gesetzes wegen auflegen? Dadurch bauen wir eigentlich nur unanständigen Parteien eine Brücke; eine solche Brücke möchte ich derartigen Parteien aber nicht gönnen. So, meine Herren, bin ich also der Ansicht, daß man den vorgängigen Vertrag wenigstens nicht gesetzlich proklamiren soll, daß man das Verhältniß dem ehrenhaften Ermessen des Anwaltstandes anheim zu geben habe. Ich bin überzeugt, daß der Anwaltstand im ganzen und großen ebenso denken wird, wie seine Repräsentanten in Königsberg, daß sie es verschmähen werden im voraus Verträge mit den Parteien abzuschließen. Dann aber ist es allerdings nöthig, daß schließlich ein Honorar gegeben werden kann; und es muß dieses Honorar klagbar werden. Es mag dann den Anwälten anheim gestellt bleiben, ob sie auf dem Wege Rechtens ihren Anspruch exekutorisch machen lassen wollen oder nicht.

Ich möchte noch etwas hervorheben, was sich auf einen Einwurf bezieht, welcher wohl gemacht werden könnte, einen Einwurf, hergenommen von dem Verhältniß des ex officio bestellten Anwaltes. Ich sehe nicht ein, warum der von Amtswegen bestellte Anwalt nicht ebenso gut ein Honorar am Schluße der Instanz fordern können soll, wie derjenige, welcher einen Prozeß freiwillig als Anwalt übernommen hat. Wenn der ex officio etwa einer armen Partei bestellte Anwalt einen Prozeß gewinnt, durch welchen seine Partei zu Vermögen kommt, warum soll der bestellte Anwalt nicht eben so sehr berechtigt sein, nachträglich ein Honorar zu fordern wie derjenige, der einen Prozeß für eine vermögend gewesene Partei übernommen hat? Im Gegentheil bin ich der Ansicht, daß ein Anwalt, der für eine arme Partei bestellt war, wenn er den Prozeß siegreich durchgeführt hat, eher noch einen Anspruch auf ein, natürlich dem Gegenstand des Prozeßes entsprechendes Honorar hat wie derjenige, der freiwillig als Anwalt eingetreten ist. Dieser Einwurf, der mir schon privatim gemacht worden ist, dürfte demnach meines Erachtens nicht stichhaltig sein. Wie gesagt, meine Herren, die verschiedenen Modalitäten in meinem Antrag gebe ich Ihrem Ermessen, namentlich aber dem Ermessen des Hauses bei der dritten Lesung schlechthin anheim; ich lege, wie schon gesagt, nur entscheidendes Gewicht darauf, daß nicht durch das Gesetz eine vorherige Vertragsabschließung zwischen dem Rechtsanwalt und der rechtsuchenden Partei sanktionirt wird. Ich hege die Befürchtung, ja ich darf wohl sagen, die entschiedene Ueberzeugung, daß Sie durch solche Sanktionirung die Ehrenhaftigkeit des Anwaltstandes, wenn nicht in der nächsten Gegenwart, so doch in der Zukunft auf eine äußerst bedenkliche Probe setzen, daß dies jedenfalls ein Glücksspiel wäre, welchem eine gesetzgebende Versammlung nicht die Hand bieten darf. Ich bitte Sie daher, nicht den Vorschlägen der Kommission zuzustimmen, sondern meinen Antrag anzunehmen, vorbehaltlich etwaiger Aenderungen in einzelnen Bestimmungen desselben. Ich wiederhole es, ich lege nur Gewicht darauf, daß nicht im Voraus, auf Grund gesetzlicher Anleitung, zwischen dem Anwalt und der Partei ein Vertrag abgeschlossen werden kann.

Präsident: Der Herr Abgeordnete Stellter hat das Wort.

Abgeordneter **Stellter:** Meine Herren, die Anwälte im Hause und die Anwälte in der Kommission hätten gewünscht, daß es nicht nothwendig gewesen wäre, daß einer von ihnen hier auf diesen Platz trete, indeß die Angriffe, welche der Herr Abgeordnete Dr. Bähr bei der letzten Debatte für gut befunden hat, gegen uns, die wir in der Kommission als Anwälte gewirkt haben, zu schleudern, diese Angriffe zwingen mich, hier das Wort zu ergreifen. Der Herr Dr. Bähr hat geradezu gesagt, daß von den Anwälten in der Kommission ihre große Zahl dazu benutzt wurde, die Beschlüsse dahin zu leiten, daß ihr Vortheil ausgebeutet werde. Wir Anwälte haben uns, nachdem dies geäußert worden ist, die Frage vorgelegt, ob wir nicht aus der Kommission austreten sollten; wir haben aber geglaubt, daß wir von unseren Wählern hierhergestellt worden sind mit dem Vertrauen, daß wir ganz ohne Ansehen auf unseren eigenen Vortheil das Wohl des Vaterlandes wahrnehmen sollten und daß wir von den Mitgliedern des Hauses in die Kommissionen gewählt worden sind mit dem Vertrauen, daß wir nicht unseren Vortheil wahrnehmen, sondern wissen würden, das Recht zu wahren sowohl der Parteien, wie der Anwälte,

(sehr wahr! rechts.)

und diesem uns ausgesprochenen Vertrauen gemäß haben wir gehandelt.

Die Regierung hat ein Pauschquantum als Gebühr angesetzt. Dieses Pauschquantum kann selbstredend nicht in allen Fällen die entsprechende Vergütung gewähren. Es ist nun über dieses Pauschquantum auch eine Prüfung angestellt von meinem Kollegen im Anwaltstage. Meine Herren, wenn uns zum Vorwurf gemacht worden ist und auch von dem Herrn Vorredner hervorgehoben wurde, daß während der Session des Reichstags ein Anwaltstag hier getagt hat, der es gleichsam versucht hat, einen Druck auf das Haus auszuüben, so möchte ich bemerken, daß die Anwälte, sowohl als die Anwaltsordnung als jetzt als die Gebührenordnung erschien, nicht in der Lage gewesen sind, in einer anderen Zeit [als zu derjenigen, wo das Haus versammelt war, ihr Gutachten abzugeben, und, meine Herren, ich glaube, daß, wenn es sich um die Existenz eines solchen Standes handelt, der doch wohl fähig ist, seine Angelegenheiten zu beurtheilen, daß dieser Stand wohl auch berechtigt und verpflichtet ist, die Verhältnisse, unter denen er fernerhin fortleben soll, zu prüfen und daß er auch berechtigt ist, an dieses hohe Haus die Resultate seiner Prüfungen zu bringen in einer unterthänigen Petition.

(Bravo! rechts.)

Das haben die Anwälte so wie in vielen anderen Fällen gethan, und daraus kann ihnen unmöglich ein Vorwurf gemacht werden.

(Sehr richtig!)

Wenn der Herr Minister uns damals bei der Anwaltsordnung und jetzt bei der Gebührenordnung schon vor dem Tagen des Reichstags in die Lage gesetzt hätte, darüber ein Gutachten zu geben, so hätten wir wohl nicht ermangelt es zu thun. Dieses Pauschquantum und überhaupt die Festsetzung der Gebühren für das ganze Reich ist in so fern auf große Schwierigkeiten gestoßen, weil die Erhebung der Gebühren in den verschiedenen Partikularstaaten auf verschiedenen Grundsätzen bisher beruht hat. In wesentlichen Theilen des Reichs, in Sachsen, Bayern und Hannover ist bis jetzt der Vertrag zulässig gewesen und in diesen Staaten ist durch den Vertrag, der den Anwalt zugelassen ist, durchaus kein Nachtheil eingetreten, und in folge dessen hat, wie die Motive der Regierungen es auch ausführen, die Regierung sich veranlaßt gesehen, diesen Vertrag beizubehalten.

Wenn von Seiten des Herrn Vorredners gesagt wurde, dieser Vertrag würde den Anwälten die Macht in die Hand geben, eine andere Gebührentaxe durch Vertrag einzuführen, als diejenige, welche das Gesetz bestimmt, so glaube ich im Namen meiner Kollegen hier versichern zu können, daß wir eben so gut wie jeder andere wissen, uns dem Gesetz zu beugen und daß wir, da wir berufen sind, das Recht zu vertreten, nicht damit hier auftreten werden und sagen, wir machen hier Opposition, benutzen diese Hinterthür und beugen das Gesetz dadurch, indem wir in jedem einzelnen Fall einen Vertrag abschließen. Von den alten Provinzen kann ich mit Bestimmtheit sagen, dieser Vertrag ist uns nicht sympathisch, das haben meine Kollegen aus Königsberg auch schon ausgesprochen, und wir werden ihn daher auch nicht benutzen. Wir wollen aber nicht, daß das Recht, was unsere anderen Kollegen in anderen Theilen des Reichs gehabt haben, ihnen verkümmert werde. Das hat die Regierung auch nicht verkümmern wollen, und ich trage daher darauf an, den § 93, sowie die Regierung ihn vorgelegt hat, anzunehmen. Wenn von Seiten der Kommission bei diesem Paragraphen noch ein Beisatz gemacht ist, so ist dieser Beisatz wohl ein solcher, der nur zum Vortheil der Parteien gereichen soll. Dieser Vertrag soll durch die Anwaltskammer respektive das Gericht revidirt und rektifizirt werden können, wenn er ein unangemessener ist. Auf der anderen Seite kann ich aber nur bitten, daß, wenn dieser Regierungsparagraph angenommen wird, dann auch der § 94a angenommen wird, sei es in der Fassung der Kommission, sei es in der Fassung, welche der Herr Abgeordnete Reichensperger vorgeschlagen hat, denn dieser § 94a und dieser 93 besagen dasselbe.

Meine Herren, ich muß aufrichtig gestehen, ich begreife es nicht, wie die Reichsregierung sich diesem widersetzen kann. Die Reichsregierung sagt: wir gestatten den Vertrag zu einer Zeit, wo der Anwalt noch gar nicht übersehen kann, was er zu thun hat, aber einen Vertrag über ein Honorar zu einer Zeit, wo er ganz genau weiß, was er gethan hat und ob er mehr verdient hat, als das Pauschquantum besagt, einen solchen Vertrag gestatten wir nicht. Mir ist diese Inkonsequenz unerklärlich.

Mein ergebenster Antrag geht also dahin, § 93 der Regierungsvorlage mit dem Zusatze, den die Kommission geschlossen hat, anzunehmen und fernerhin entweder § 94a oder den von Herrn Abgeordneten Reichensperger beantragten § 93 als Zusatz anzunehmen.

Präsident: Der Herr Abgeordnete Dr. Bähr (Kassel) hat das Wort.

Abgeordneter Dr. **Bähr** (Kassel): Meine Herren, der Herr Vorredner hat mir gesagt, ich hätte den Vorwurf gegen die Anwälte geschleudert, sie hätten ihren Einfluß in einer unberechtigten Weise bei diesem Gesetz geltend gemacht. Ich habe bei der früheren Berathung zunächst einfach bedauert, daß in der Kommission nicht auch das Laienelement vertreten gewesen wäre, daß die Kommission aus lauter Juristen bestanden habe und darunter die Hälfte Anwälte. Ich habe das sofort dahin berichtigt, daß unter 21 Mitgliedern allerdings nur 10 Anwälte gewesen wären, und habe dann weiter angeführt, daß diese Kommission nun solche Beschlüsse gefaßt habe, die zu Gunsten der Anwälte seien. Nun möchte ich den Herrn Abgeordneten Steller fragen: haben denn die 10 Anwälte zur Majorität oder zur Minorität der Kommission gehört? Denn es ist ja bekannt, daß in der Kommission eine ziemlich feste Majorität und eine ziemlich feste Minorität bestanden hat, welche letztere nicht auf die Beschlüsse der Majorität hat eingehen wollen. Soviel ich weiß, haben die Anwälte sämmtlich zur Majorität gehört; und wenn das der Fall, so ist auch dasjenige richtig, was ich behauptet habe, daß der Einfluß der Anwälte es bewirkt hat, daß die Vorlage so ausgefallen ist, wie sie uns vorgelegen hat. Daß ich damit irgend der Subjektivität dieser Herren hätte zu nahe treten wollen, hat mir ganz fern gelegen, konnte auch in meinen Worten nicht gefunden werden. Ob Anwälte in dieser Anzahl in die Kommission hätten gehen sollen, ist eine Geschäftssache; ich glaube, in eine andere Kommission, wo ähnliche pekuniäre Interessen eines Standes zu vertreten gewesen wären, würden nicht so viel unmittelbare Interessenten hineingekommen sein, aber ich nehme mir damit nicht das geringste Urtheil in dieser Frage heraus.

Meine Herren, was die Sache selbst betrifft, so bitte ich Sie, die beiden Bestimmungen, welche jetzt beantragt werden, sowohl über das Vertragshonorar, als über das auch ohne Vertrag zu erhebende Extrahonorar abzulehnen. Ich bin zunächst der Ansicht, daß sich Bestimmungen dieser Art nicht wohl vereinbaren lassen mit dem Prinzip des Anwaltszwangs. Wenn der Staat mich nöthigt, zur Wahrung meiner Rechte einen Anwalt anzugehen, so darf er mich nicht in die Lage bringen, vorher mit diesem Anwalte über das, was ich ihm bezahlen soll, feilschen zu müssen, auch mich nicht dem auszusetzen, daß der Anwalt mir nachträglich mehr abfordert, als ihm nach dem Gesetze gebührt. Ich bin ferner der Ansicht, daß es in richtig verstandenem Interesse der Anwälte selbst nicht liegen würde, solche Bestimmungen hier aufzunehmen und theile ganz in dieser Beziehung die Anschauung des Kollegen Reichensperger. Ich bin auch der Ansicht, daß nach den in Deutschland zur Zeit herrschenden Anschauungen und Sitten die Anwälte, jedenfalls der bessere Theil derselben kaum in der Lage sein dürften, von diesen Bestimmungen irgend einen erheblichen Gebrauch zu machen. Wissen und Anschauungen können sich aber, wenn das Gesetz keine Schranke dafür bietet, ändern durch unberechenbare Einflüsse und mit Rücksicht auf diese Eventualität bekämpfe ich schon jetzt diese Bestimmungen, weil sie einerseits für das rechtsuchende Publikum gefahrbringend sind, und weil ich andererseits ein Bedürfniß für dieselben auf Seiten des Anwaltstandes nicht anerkennen kann.

Was die Gefahren betrifft, so ist es ja äußerst

schmerzlich, über Dinge zu reden, die ein Theil des Anwaltstands sofort als persönliche Verletzung aufzufassen geneigt ist. Ich will nur ganz kurz über die Sache folgendes sagen. Meine Herren, es läßt sich ja nicht verkennen, daß der rechtserfahrene Anwalt der rechtsunerfahrenen Partei gegenüber, welche auf ihn mit mehr oder weniger Nothwendigkeit angewiesen ist, eine Machtstellung ausübt, die an sich des Mißbrauchs fähig ist. Nun erkenne ich im vollsten Maße an, daß die Ehrenhaftigkeit des Anwalts in der großen Mehrheit der Fälle dahin führt, daß er diese Machtstellung nicht mißbraucht. Aber, meine Herren, es gibt in Deutschland über 4000 Anwälte, und bei der Freigebung der Advokatur wird vielleicht die Zahl noch erheblich wachsen. Daß es nun unter dieser großen Zahl nicht auch einige geben soll, die ihren Eigennutz, der ja alle Menschen beherrscht, einen mehr als wünschenswerthen Einfluß üben lassen, ist ganz undenkbar und in dem Sinne sage ich, die Partei bedarf ihrem Anwalte gegenüber des gesetzlichen Schutzes, d. h. nicht jedem Anwalte gegenüber, wohl aber einem Theil der Anwälte gegenüber. Das erkennen auch die Bestimmungen des Entwurfs selbst an. Sie wollen Schutzmittel gegen die vorgeschlagenen neuen Berechtigungen der Anwälte für die Partei schaffen, aber völlig unzureichende und ungeeignete. Gegen den Mißbrauch des Vertragshonorars soll die Partei geschützt sein dadurch, daß ihr der Rechtsweg eröffnet ist, wenn der Anwalt „die Grenzen der Mäßigung überschritten“ hat. Meine Herren, wenn die Partei ihrem Anwalt gegenüber einen Prozeß führen soll, so ist sie von vorn herein in einer kläglichen Lage. Der Anwalt hat gut Prozesse führen, er bezahlt keine Kosten an sich selbst; die Partei aber muß in der Regel wieder einen Anwalt annehmen und bezahlen. Sie wird auch nicht ganz leicht einen Anwalt finden, der, zumal in einer solchen Frage, gegen einen Kollegen mit Entschiedenheit vorgeht. Und dann frage ich, was heißt da: „die Grenzen der Mäßigung überschritten?“ Das ist ja ein so vager Begriff, daß darauf hin gar kein Prozeß zu führen ist. Es wird ganz von der Individualität des Richters abhängen, der zu entscheiden hat. Ja, ich glaube sagen zu können, es gehört für einen Richter heutzutage ein nicht ganz gewöhnlicher Muth dazu in einer solchen Frage, einem Anwalt entgegenzutreten,

(Unruhe)

denn die Anwälte haben ja in Deutschland eine Machtstellung gewonnen, daß selbst weit höher Gestellte, als der einfache Richter, sich scheuen, ihren hochgespannten Ansprüchen Widerstand zu leisten. Deshalb haben die Mehrzahl der deutschen Gesetzgebungen auch nicht auf ein solches Mittel rekurrirt, sondern sie haben die Verträge über das Honorar ganz ausgeschlossen. Das ist das einzig wirksame Mittel. Wenn in einzelnen deutschen Ländern bisher schon ein solcher Vertrag nicht bestanden hat, wenn namentlich auf Hannover exemplifizirt ist, so kann das nichts beweisen. Denn eine gesetzliche Bestimmung nimmt eine ganz andere Bedeutung an, wenn sie für ganz Deutschland erlassen wird, als wenn sie für ein einzelnes Land besteht; ganz abgesehen davon, daß nach dem, was wir neulich von dem Herrn Regierungskommissar Kurlbaum über die Praxis der Anwälte in Hannover gehört haben, mir die Exemplifikationen auf Hannover überhaupt etwas bedenklich geworden sind.

Meine Herren, was das ohne Vertrag einzufordernde Extrahonorar betrifft, so will man jetzt den Schutz gegen Mißbrauch darin finden, daß ein Rechtsanspruch darauf nicht gegeben sein soll. Dann verstehe ich aber in der That nicht, weshalb man den Anwälten das Privilegium einer Geschäftsform geben will, die im ganzen übrigen bürgerlichen Leben nicht üblich ist: daß sie das Extrahonorar, welches sie nicht rechtlich sollen fordern dürfen, doch „in Rechnung bringen“ können.

Meine Herren, wenn Sie von Jemand eine Rechnung verlangen, so verlangen Sie doch von ihm, daß er in der Rechnung dasjenige verzeichnet, was er rechtlich zu beanspruchen hat; wenn nun der Anwalt in die Rechnnng das Extrahonorar aufnimmt, wird das nicht zu unzähligen Irrungen führen? Der Anwalt setzt zunächst seine Gebühren in die Rechnung; und dann schreibt er weiter: „Außerordentliche Vergütung“ oder auch Vergütung nach § 94a der Anwaltsgebührenordnung so und so viel. Wie viele Parteien, die eine solche Rechnung erhalten, verstehen denn das? Die Partei glaubt natürlich, daß auch diese außerordentliche Vergütung ein Anspruch sei, zu dessen Zahlung sie verpflichtet sei, und zahlt das Geld. Nachher erfährt sie zu ihrer Verwunderung, daß diese Vergütung die Natur eines Geschenkes für den Anwalt gehabt habe und daß sie einen Ersatz dafür von der zur Tragung der Kosten verurtheilten Gegenpartei nicht fordern kann. Das ist doch ein Geschäftsverkehr, der gewiß nicht wünschenswerth ist und auch nicht im Interesse der Anwaltschaft liegt. Glaubt der Anwalt einen Anspruch auf ein solches Ehrengeschenk zu haben, so mag er neben seiner Rechnung der Partei einen Brief schreiben, er erwarte von der Partei, daß sie in Anerkennung seiner Bemühung ihm noch ein besonderes Honorar, auf welches er allerdings einen Rechtsanspruch nicht habe, gewähre; dem steht nicht das mindeste entgegen.

(Zuruf: Strafgesetzbuch!)

— Der Paragraph des Strafgesetzbuchs kommt nur da in Betracht, wenn eine Vergütung begehrt wird, die vom Anwalt als berechtigte Forderung hingestellt wird; wenn aber der Anwalt der Partei klar macht, daß sie das, was sie ihm neben den gesetzlichen Gebühren gewährt, nur als ein Ehrengeschenk gibt, so kann doch von Anwendung des Strafgesetzes nicht die Rede sein. Sonst müßte ja das Strafgesetz auch Anwendung finden, wenn der Anwalt von der Partei freiwillig ein solches Ehrengeschenk bezahlt bekommt; und das ist doch niemals als etwas strafbares angesehen worden.

Meine Herren, ich halte also von diesem Gesichtspunkte aus die Sache für bedenklich; ich kann aber auch ein Bedürfniß für den Anwaltstand nicht anerkennen, daß hierdurch noch sein Einkommen erhöht und dadurch wieder mittelbar die Prozeßkosten für die Parteien gesteigert werden. Denn die regelmäßigen Gebühren für die Anwälte sind bereits in diesem Gesetz überreichlich bemessen. Meine Herren, die Anwalte stellen sich bei ihren Ansprüchen auf einen ganz eigenthümlichen Standpunkt. Sie akzeptiren die Prinzipien des Entwurfs, so weit sie ihnen günstig sind, wo aber das nämliche Prinzip zu ihren Ungunsten ausschlägt, da sagen sie, können wir uns dem Prinzip nicht unterwerfen; da müssen wir eine Ausnahmebestimmung haben. Das Prinzip der Pauschpreise hat ja gar nicht die Bedentung, daß dem Anwalt in jedem einzelnen Falle eine seiner Bemühung völlig adäquate Vergütung zugewiesen werden soll. Man hat von vornherein auf diesen Gedanken verzichtet, weil er praktisch gar nicht durchführbar ist. Vielmehr hat das Pauschquantum nur den Gedanken zur Unterlage, daß dadurch dem Anwalt im allgemeinen eine Vergütung gewährt werden soll, die seinen Bemühungen entspricht. Dabei ist aber gedacht, daß die geringere Bemühung des einen Falls mit der größeren des anderen sich ausgleicht. Nun gibt es unzweifelhaft eine Menge von Fällen, in welchen das Pauschquantum, im Vergleich zu der Bemühung, viel zu groß ist. Ich habe aber niemals gehört, daß die Anwälte für diesen Fall einen Theil der Gebühren nachlassen oder zurückgeben wollten. Nein, sie akzeptiren hier das System des Pauschquantums und nehmen dieselben unverkürzt an. Nun aber, sagen sie, gibt es Fälle, wo unsere Bemühungen so groß sind, daß die dafür uns zustehende Pauschsumme keine ausreichende Vergütung bildet und da müssen wir doch ein

Extrahonorar, sei es auf Grund eines Vertrags, sei es auch ohne einen solchen, einzufordern berechtigt seien. Meine Herren, ist denn das eine gerechte Betrachtungsweise? Es ist dies um so weniger berechtigt, als noch andere Vortheile, die den Anwalten erst in diesem Gesetz zugewiesen sind, jene vermeintliche Unbilligkeit auszugleichen geeignet sind. Meine Herren, es hat neulich der Herr Abgeordnete Windthorst gesagt, es könnte auch ein ganz geringfügiger Prozeß sehr schwierig sein und viele Mühe machen. Theoretisch kann man das ja zugeben, aber in der Praxis werden doch Prozesse über geringe Objekte ganz anders, viel einfacher behandelt, als solche über bedeutende Beträge, wie ja das in der Natur der Sache liegt; es ist der alte Satz, daß man nicht nach Spatzen mit Kanonen schießt. Deshalb werden aber auch die größeren Bemühungen des Anwalts in der Regel auf Prozesse mit größeren Objekten sich beziehen; und so lohnen sich auch die größeren Bemühungen des Anwalts in der Regel schon durch die höheren Gebühren, welche für die höheren Streitgegenstände bestimmt sind. In dieser Beziehung kommt aber noch sehr wesentlich in Betracht, daß, während bisher in Preußen die Gebührensätze in den einzelnen Instanzen mit einem gewissen Maximum bis zum Jahr 1875 mit 100 Thalern abschlossen, seitdem aber mit 125 Thalern, jetzt die Gebührensätze mit den höheren Summen bis ins Unendliche wachsen, so daß in einzelnen Prozessen der Anwalt vielleicht Tausende verdient. Damit ist für die große Mehrzahl der Fälle vollkommen gesorgt. Und wenn dennoch — vielleicht alle Jubeljahr einmal — ein Prozeß vorkommen sollte, der selbst dadurch noch nicht ausreichend belohnt würde, dann wird hinter diesem Prozeß in der Regel auch eine Partei stehen, welche so anständig ist, daß sie freiwillig dem Anwalt ein Extrahonorar zahlt. Deshalb aber, weil einmal ein solcher Prozeß vorkommen kann, allgemeine Bestimmungen, wie sie hier vorgeschlagen werden, zu treffen, ist nicht im geringsten gerechtfertigt. Meine Herren, ich möchte noch etwas hier aussprechen, was meines Wissens nach nicht bestimmt in der Debatte hervorgehoben ist. Für meine Person würde ich ja den Anwälten jeden möglichen Vortheil gönnen; aber ich halte es nicht einmal im öffentlichen Interesse für rathsam, die Anwälte in der übermäßigen Weise zu honoriren, wie dies durch die vorliegende Gesetzgebung geschieht, und zwar aus dem sehr nahe liegenden Grunde, weil dies einen übergroßen Anreiz für viele junge Leute von Talent bilden wird, in den Anwaltsberuf überzugehen und sich dem Richterberuf zu entziehen. Wir werden wahrscheinlich schon am 1. Oktober erleben, daß eine Menge junge Leute, die sich unter anderen Verhältnissen dem Richterberuf gewidmet hätten, in die jetzt so glanzvolle und gewinnreiche Laufbahn des Anwalts hineinbegeben. Wir haben aber gar keinen Ueberfluß an Juristen von Talent, und der Richterberuf wird diese Abschwächung schwer empfinden. Sie werden vielleicht sagen: Dann wird doch der Anwaltsstand um so besser. Meine Herren, ich kann diesen Trost nicht akzeptiren; denn wenn Sie den Anwaltsstand besser, den Richterstand aber schlechter machen, so wird am letztem Ende die Justiz nicht besser, sondern schlechter. Schließlich kommt alles auf den Werth der richterlichen Entscheidung an, während selbst das glänzendste Plaidoyer des Anwalts doch immer nur einen zweifelhaften Werth hat, zweifelhaft deswegen, weil es sowohl für die gerechte als für die ungerechte Sache eintreten kann; und wenn es für die ungerechte Sache eintritt, so ist es für die wahren Zwecke der Justiz nicht ein Vortheil, sondern ein Nachtheil, mindestens eine Gefahr; eine Gefahr, die in gleichem Maß wächst, als Schwächlinge auf der Richterbank sitzen.

Meine Herren, vielleicht kann man in diesen Fragen um so klarer sehen, wenn man ein konkretes Verhältniß betrachtet. Wie sich unter Umständen, ich sage durchaus nicht immer, die Verhältnisse unter dem Einfluß der Mündlichkeit entwickeln können, das zeigen uns die augenblicklich in Köln a. Rh. bestehenden Zustände. Beim Appellhof in Köln sind eine größere Anzahl Anwälte, 16 oder 18, die Praxis ist aber ausschließlich in den Händen von vier Anwälten, welche die ganze gerichtliche Thätigkeit beherrschen, ohne Zweifel deshalb, weil Jedermann glaubt, wenn er nicht einen von diesen bevorzugten Anwälten hätte, er seinen Prozeß nicht gewinnen könne. Meine Herren, ich halte schon das für einen schweren Nachtheil, wenn der Glaube im Volke besteht, daß es mehr auf die Güte des Anwalts als auf die Güte der Sache ankommt, aber es mag auch das Verdienst dieser Männer sein. Weil eben diese vier Anwälte trotz allen Fleißes und aller Tüchtigkeit gar nicht im Stande sind, fortwährend zu plaidiren, so hat im vorigen Jahre der Appellhof mit mehr als 1000 Rückständen abgeschlossen; auch gewiß kein erfreulicher Zustand. Nun denken Sie, die hier präsidirten Bestimmungen würden erlassen, ich weiß nicht, ob die Anwälte in Köln irgend welchen Gebrauch davon machen würden, ich glaube sogar nach den Aeußerungen des Herrn Reichensperger, sie werden es nicht thun. Wollten sie es aber, so würden sie es ohne Zweifel in überreichlichem Maße thun können.

Nun frage ich Sie, finden Sie wirklich ein Bedürfniß dafür, daß solchen Anwälten, deren Einkommen doch wahrscheinlich nicht nach Tausenden, sondern nach Zehntausenden sich berechnet, noch durch solche Extrahonorare die Stellung verbessert werde, und würde nicht, wenn die Anwälte in dieser Weise ihre Stellung benutzten, noch mehr der Glaube in unserem Volke entstehen, daß in der That die Justiz käuflich sei, künftig nicht in der Person des Richters, aber in der Person des Anwalts?

Meine Herren, ich halte, wie ich schon neulich gesagt habe, die Belastung des Prozesses mit diesen schweren Kosten für den härtesten Schlag, der die Rechtspflege treffen konnte; ich glaube sagen zu können, daß dadurch die Rechtspflege aus den gesunden, lebenskräftigen Institutionen unseres Staatslebens ausscheidet und als ein krankhafter Posten zur Seite geschoben wird. Ich glaube, daß wir dadurch annähernd in ähnliche Zustände gerathen werden, wie in England, wo auch nur der Reiche beim Richter Zutritt hat, der Arme aber thatsächlich davon ausgeschlossen ist. Ob das ein Glück für unser Volk sein wird, das möchte ich doch bezweifeln.

Ich würde es deshalb am liebsten sehen, wenn dieses ganze Gesetz nicht zu Stande käme und es einstweilen bei den früheren Gebührenordnungen der Einzelstaaten bliebe; dann würde man ja sehen können, ob wirklich eine solche Erhöhung der Gebühren, wie sie durch dieses Gesetz angebahnt wird, ein Bedürfniß sei. Wollen Sie aber dieses Gesetz annehmen, dann bitte ich Sie wenigstens, diese Bestimmungen abzulehnen, die in der That, ich möchte sagen, die Spitze des Gesetzes sind und in einer Weise entwicklungsfähig werden könnten, die wir zur Zeit kaum übersehen.

(Bravo!)

Präsident: Der Herr Bundesrathskommissar Geheimer Oberjustizrath Kurlbaum hat das Wort.

Kommissarius des Bundesraths königlich preußischer Geheimer Oberjustizrath **Kurlbaum** II: Meine Herren, es handelt sich in der That bei den vorliegenden Fragen um eine Ergänzung des Tarifs, wenn auch nicht in dem Sinne, wie es neulich hier ausgesprochen ist, daß die Regierungen nicht selbst an den Tarif glaubten, — im Gegentheil, ich glaube bei allen meinen Ausführungen zunächst davon ausgehen zu dürfen, daß regulär der Tarif richtig bemessen ist und ausreicht. Das hat ja das hohe Haus durch seine neuliche Abstimmung bestätigt. Es wird aber immer anerkannt und anzuerkennen sein, daß es außergewöhnliche Fälle gibt, in denen es nothwendig ist, eine Erhöhung des Tarifs eintreten zu lassen. Für die verbünbeten Regierungen aber wird diese Nothwendigkeit geradezu dadurch gegeben, daß, abweichend von dem im größten Theile Deutschlands bestehenden Recht, der Anwalt in Zukunft nicht verpflichtet ist, unter allen Umständen das ihm angetragene Mandat anzunehmen. Für dieses Recht, ein Mandat ohne jeden Grund abzulehnen, ist das nothwendige Korrelat auch die Vereinbarung der Gebühren, um eben den Anwalt allenfalls zur Annahme zu bestimmen.

Es wird seitens der verbündeten Regierungen durchaus nicht die Schwierigkeit verkannt, die sich für die Anwälte in der Handhabung dieses Mittels bietet; ich kann aber auch zugleich sagen, gerade diese Schwierigkeit empfiehlt dieses Mittel den verbündeten Regierungen. Es ist das nicht etwa ein Geheimniß, was Ihnen neulich in der letzten Verhandlung enthüllt worden wäre, sondern es ist dies seitens der Kommissarien der verbündeten Regierungen in Ihrer Kommission fortwährend ausdrücklich betont worden, denn es wird allerdings davon ausgegangen, daß das Mittel nur in ganz außergewöhnlichen Fällen angewandt werden soll, und es empfiehlt sich gerade deshalb dieses Mittel von allen anderen, die Ihnen von anderen Herren, auch von der Kommission, vorgeschlagen sind.

Die Vertragsfreiheit besteht ja in einem Theil von Deutschland; sie besteht in fast ganz derselben Weise, wie sie gegenwärtig im Entwurf der Regierungen vorgeschlagen worden ist, in der jetzigen Provinz Hannover, und sie besteht, in einer viel beschränkteren Weise allerdings, in den übrigen Provinzen Preußens mit Ausnahme der Rheinprovinz und der Stadt Frankfurt. In diesem Gebiete aber und ganz besonders in der Provinz Hannover, die dem gegenwärtigen Entwurf am meisten gleichsteht, ist allerdings von dieser Vertragsfreiheit ein ganz geringer Gebrauch gemacht worden, und in ganz ähnlicher Weise stellt sich die Sache in den alten Provinzen Preußens für die beschränktere Vertragsfreiheit, und gerade der Umstand, daß von diesen hiervon nicht viel Gebrauch gemacht worden ist und die verbündeten Regierungen die Ueberzeugung haben, daß der jetzt aufgestellte Tarif dem bisherigen in Berücksichtigung aller Umstände entspricht, gewährt uns die Aussicht, daß auch in Zukunft von diesem Mittel wenig Gebrauch gemacht werden wird, und das soll es auch.

Es fragt sich nun aber daneben, wenn also die Vertragsfreiheit gegeben wird, ob noch irgend ein anderes Mittel gewährt werden soll, und dafür wird ja zunächst geltend gemacht, abgesehen von der Schwierigkeit und Unannehmlichkeit des Anwalts, sich auf einen Vertrag einzulassen, die ich vollständig anerkenne, die angebliche Schwierigkeit, die besonderen Weitläufigkeiten, die ein Prozeß verursacht, im voraus zu überschlagen. Das ist in gewissem Maße auch zuzugestehen. Es gibt aber Fälle, und auf diese ist es gerade abgesehen in der Vertragsfreiheit, bei denen sich allerdings von vornherein übersehen läßt, der Anwalt wird eine große Mühe damit haben; ich verstehe darunter nicht solche Fälle, die von besonderer Rechtsschwierigkeit sind, denn für den Anwalt wie für die Gerichte existiren die rechtlichen Schwierigkeiten gar nicht objektiv, es sind immer nur persönliche, subjektive, — es gibt aber Fälle, in denen voraussichtlich der Prozeß großen Zeitaufwand erfordert, und diese sind es, in denen es wohl berechtigt ist, sich der Vertragsfreiheit zu bedienen, auf diese beschränkt sich in den altpreußischen Provinzen das Recht, den Vertrag abzuschließen. Tritt nun aber ein derartiger Fall, daß besondere Weitläufigkeiten und besonderer Zeitaufwand für den Anwalt entstehen, erst im Lanfe des Prozesses ein, dann bleiben verschiedene Wege, die nicht alle gleich gut sind. Der Herr Abgeordnete Reichensperger stellt davon einmal in Aussicht die Kündigung des Mandats oder das Paktiren über die Gebühren. Ich glaube, diese beiden Mittel können da, wo sie von vornherein hätten angewendet werden dürfen, auch dann noch angewendet werden, wenn ich eben davon ausgehe, daß es nur ganz außergewöhnliche Fälle sind. Im übrigen aber, glaube ich, würde es dem nobile officium der Anwälte, wenn sie sich geniren einen Vertrag zu beanspruchen von den Parteien, immer noch mehr entsprechen, für die gesetzlichen Gebühren den Prozeß ruhig fortzuführen. Das ist die Anschauung gewesen, die in den alten Provinzen Preußens — und das ist die Hälfte Deutschlands — bisher geltend gewesen ist: es ist in diesen Provinzen von der Vertragsfreiheit so gut wie gar kein Gebrauch gemacht worden, und der Anwaltsstand hat sich, indem er in dieser Weise das Gebührengesetz handhabte, der allergrößten Achtung seitens des Publikums zu erfreuen gehabt.

Es wird ein zweiter Grund für die Nothwendigkeit der Forderung eines Extrahonorars, sei es in der Weise, wie es in der Kommission beantragt worden ist, oder sei es in der Weise, wie es seitens des Herrn Abgeordneten Reichensperger beantragt ist, hergeleitet aus dem Strafgesetzbuch. Nun glaube ich nicht, daß das Strafgesetzbuch erhebliche Zweifel darüber übrig läßt, in welchem Sinne es gemeint ist, nämlich in dem Sinne, daß es nur da Anwendung findet, wo etwas als eine zustehende Gebühr beansprucht wird. Daß es nicht durchaus wörtlich verstanden werden kann und anwendbar ist darauf, daß der Anwalt etwas erhebt, wovon er weiß, daß es der Zahlende überhaupt nicht, oder nur in geringem Maße verschuldet, das zeigt ganz bestimmt der Zustand in denjenigen Ländern Deutschlands, in denen eine Gebührentaxe überhaupt nicht besteht, wo also immer eine Festsetzung nachfolgen müßte, mag die nun durch den Richter oder durch ein anderes Organ geschehen. Wenn in diesen Landestheilen der Anwalt irgend eine Gebühr liquidirt, dann weiß man immer, daß die Partei das nicht schuldet. Es kommt erst auf die Festsetzung an. Wenn nun aber hinzu kommt, daß dieses Gesetz ausdrücklich den Anwälten gestattet, mit ihrer Partei über die Gebühr eine vertragsmäßige Festsetzung abzuschließen, dann scheint es mir, daß die nachträgliche Beanspruchung eines Extrahonorars dem Anwalt ohne Verletzung des Strafgesetzbuchs zusteht; denn der Ausspruch der Meinung, daß dem Anwalt wohl ein höheres Honorar zustehe, und der Wunsch, das bezahlt zu bekommen, ist nichts weiter als die Aufforderung, einen Vertrag abzuschließen. Es kann nicht davon die Rede sein, daß dies strafbar wäre; sowie wir die Bestimmung über den Vertrag aufnehmen, ist die Anwendung des Strafgesetzbuchs auf diese Aufforderung von vornherein ausgeschlossen.

Es sind nun aber allerdings erhebliche Bedenken gegen das Extrahonorar in jeder Gestalt laut geworden, und die verbündeten Regierungen glauben deshalb entschieden an der Ansicht festhalten zu müssen, daß ein solches Extrahonorar neben der Vertragsfreiheit nicht bewilligt werden soll. Einmal, wenn es gefordert werden sollte in der Weise, wie es seitens Ihrer Kommission vorgeschlagen worden ist, so kann ich mich der Ansicht auch nur anschließen, daß dadurch in den Köpfen und Herzen der Betheiligten eine ganz gewaltige Verwirrung angerichtet würde. Der Anwalt soll allerdings das Extrahonorar fordern unter der Bezeichnung, daß es ein solches sei. Der Herr Abgeordnete Bähr, dem ich in diesem Punkte allerdings beistimme, wenn ich auch in vielen anderen Punkten völlig verschiedener Meinung bin, hat Ihnen bereits gesagt, wie eine solche Kostenrechnung aussehen kann; sie sagt, da das Gebührengesetz vorschreibt, der Anwalt soll liquidiren unter Anführung der gesetzlichen Bestimmungen: Gebühren nach § 12 so und so viel und Extragebühr nach § 94 so und so viel. Nun werden Sie zugeben, wenn man auch die Anforderung stellen kann, daß jedermann die Gesetze kennen soll, daß die Gebührensätze den Leuten nicht bekannt sind, und daß, wenn eine derartige Gebührenrechnung vorgelegt wird, die Leute der Meinung sein werden, daß das angegeben ist, was rechtens ist, wie ja alle Kostenrechnungen ohne weiteres bezahlt werden, wenigstens in Preußen, wo wir an feste Kostensätze seit langer Zeit gewöhnt sind.

Ich will weiter den Fall setzen, daß die Partei wirklich es erkennt und weiß, daß sie zu dieser Zahlung nicht verpflichtet sei. Wie steht dann die Partei dem Anwalt gegenüber? Ich meine, sie ist kaum im Stande, die Forderung abzulehnen. Wir haben nicht bloß in der Kommission, sondern auch heute schon das Wort von der „anständigen Partei" gehört; d. h. mit anderen Worten: derjenige, der das nicht bezahlt, was der Anwalt fordert, ist unanständig. In diese Lage setzen Sie die Parteien, und ich glaube, es folgt daraus nichts weiter, als daß, wenn der Anwalt geneigt ist, ein Extrahonorar zu fordern, auch verlangt wird, daß es bezahlt wird, und in der That heißt es ablehnen nichts weiter, als den Vorwurf der Unanständigkeit dem Anwalt zurückgeben. — Die Partei kann es nicht anders ablehnen, als wenn sie sich mit dem Anwalt überwirft. Nun gebe ich allerdings zu, daß in einzelnen deutschen Staaten die Gewohnheiten anders sind, und das beruht wesentlich darauf, daß die bestimmten Taxen von vornherein gar nicht darauf berechnet sind, dem Anwalt eine vollständige Vergütung für seine Bemühungen zu geben, sondern eigentlich nur darauf berechnet sind, den Anwalt in der anwaltlichen Thätigkeit zu honoriren, das Advokatenhonorar aber frei zu lassen; obgleich in der Rheinprovinz im Verhältniß zu dem Gegner eine gewisse Gebühr für die Advokatur besteht, so ist es doch von vornherein die Absicht gewesen, daß diese nur dem Gegner gegenüber gilt, dem Klienten gegenüber die völlige Freiheit der Honorarforderung nach billigem Ermessen stattfindet.

Noch mehr ist aber die von mir ausgeführte Ansicht in anderen Staaten, die uns vielfach als Exempel vorgeführt sind, richtig, namentlich in Hamburg, wo die Gebühren, die gesetzmäßig zustehen, im entferntesten nicht ausreichen und niemals als ausreichend betrachtet sind, den Anwälten eine ausreichende Vergütung zu geben, so daß da die Liquidation des Honorars immer stattfindet. Meine Herren, das ist ganz anders, wenn der Anwalt zu liquidiren hat für die advokatorische Thätigkeit nach einem gewissen Ermessen, oder wenn es ihm gestattet werden soll, ein Extrahonorar zu liquidiren. Auch das erstere bringt ihn in eine ganz üble Lage. Das liegt aber jetzt nicht vor, und ich brauche jetzt nicht auseinanderzusetzen, daß selbst dieses System so große Nachtheile hat, daß die verbündeten Regierungen sich auch darauf nicht einlassen können.

Nun glaube ich auch, der Anwalt selbst ist, wenn er ein Extrahonorar fordern soll, hinterher in einer sehr schlechten Lage, die fast noch schlimmer ist als die Lage, in der er sich vorher befand, wenn er zu seiner Partei sagen sollte, ich kann diese meine Zeit und Kräfte ganz übermäßig in Anspruch nehmende Arbeit nicht übernehmen, ohne daß ich mir eine höhere Vergütung ausbitte. Nachdem der Prozeß übernommen ist, natürlich auf Grundlage der gesetzlichen Taxe, die ihm gegeben ist, soll ihm das Recht zustehen, hinterher zu sagen: es wäre wohl gut, ich bekäme noch etwas mehr. Ja, ich weiß nicht, ob ich dafür den Ausdruck gebrauchen darf, der mir auf der Zunge liegt, — was heißt das, daß der Anwalt neben der akkordmäßigen, neben der gesetzlich bestimmten Summe noch hinterher sagt zu seiner Partei, sie möchte ihm noch etwas inlegen? Ich kann aber versichern, daß wenigstens außerhalb des Anwaltsstandes die Auffassung, daß dieses der Würde des Anwaltsstandes nicht vollkommen entspreche, keineswegs selten ist, und ich glaube, daß der Anwaltsstand bei der Frage, was seiner Würde entspricht, nicht bloß auf seine eigene Meinung sich berufen darf. Die ganze Frage der Ehrenhaftigkeit seines Standes ist so zart, daß wenn auch nur eine erhebliche Minorität vorhanden ist, die sagt, diese oder jene Handlung entspricht nicht der Würde des Standes, der Anwalt und der Stand in dem vorliegenden Falle sich dessen ganz und gar zu enthalten hat, wenn er nicht erheblich an seiner Würde leiden soll. Die verbündeten Regierungen können bei dem lebhaften Interesse, das sie selbst dafür haben und entschieden haben müssen, den Anwaltsstand so zu stellen, daß er die vollste Achtung genießt, die er als Anwaltsstand verdient, nicht ingeben, daß dem Anwaltsstand gestattet wird, sich derartigen Vorwürfen auszusetzen.

Ich glaube, meine Herren, diese meine Ausführungen werden durch das was der Herr Abgeordnete Reichensperger zur Unterstützung seines Antrags angeführt hat, noch wesentlich unterstützt, so daß die Ausführungen des Herrn Abgeordneten Reichensperger sich in entgegengesetzter Richtung bewegen, als er es gewollt hat. Herr Reichensperger sagt uns, daß die Anwälte, fast der gesammte Anwaltsstand, schon jetzt die Meinung haben, die bewilligten Gebühren seien zu gering; es werde sich das Bestreben geltend machen, sich über diese Taxen hinaus zu erheben. Ist dies wirklich der Fall, so müssen wir, glaube ich, um so vorsichtiger sein, meine Herren, einen solchen Weg zur Beseitigung der gesetzlichen Taxe, die von dem Reichstag und den verbündeten Regierungen als im allgemeinen genügend angesehen wird, zuzulassen. Es ist uns ja sogar in Aussicht gestellt eine Koalition der Anwälte selbst. Das hat der Herr Abgeordnete Reichensperger gesagt, daß die Anwälte überein kommen würden, wie hoch sie sich ihre Gebühren taxiren lassen würden. Es ist dieser Gedanke sogar schon in Wirklichkeit getreten, denn bei dem Anwaltstage, der vorher erwähnt worden ist, ist auch der Antrag laut geworden, daß man eine Kommission niedersetzen möchte, die einen anderen Tarif festsetzen möchte, der den Wünschen der Anwälte entspricht und der ihnen unter allen Umständen als angemessen erscheine. Wollen Sie denn angesichts solcher Erscheinungen wirklich auch nur dem Anwalt die Entscheidung überlassen, was die Partei zahlen soll, oder der Anwaltskammer?

Es ist dann die Rede gewesen von dem judicium parium. Meine Herren, es handelt sich nicht um ein Internum der Anwälte, bei dem man von einem judicium parium sprechen könnte, sondern es handelt sich überhaupt nur um die Geldinteressen der Anwälte gegenüber dem Publikum, und da kann ich der Anwaltskammer und den Anwälten überhaupt und auch in ihrer Gesammtheit kein maßgebendes Urtheil überlassen, und ich bitte bei der Abstimmung über den Antrag Reichensperger nicht auf die Möglichkeit zu reflektiren, daß er etwa noch in irgend einer Weise abgeändert werde, sondern sich nur an das zu halten, was vorliegt. Der Antrag würde die Partei, die nicht geneigt ist, sich dem Urtheil der Anwälte zu unterwerfen, noch in die Nothwendigkeit versetzen, die Entscheidung des Gerichts ihrerseits anzurufen. Dieses letztere wird allerdings in noch viel erhöhterem Maße der Fall sein, wenn Sie dem ursprünglichen Antrage Ihrer Kommission beistimmen wollten, wo allemal im Prozeßwege entschieden werden soll, die Parteien also regelmäßig in einen neuen Prozeß verwickelt werden würden. Zu Gunsten dieses Antrags hat sich aber niemand erhoben, ich glaube also, diesen Antrag vorläufig bei Seite lassen zu können.

Ich glaube mich dahin resumiren zu können: die verbündeten Regierungen halten aus den angeführten Gründen eine ausnahmsweise Beseitigung des Tarifs für zulässig, sie wählen die Vertragsform, weil diese nur schwer zu gebrauchen ist, und verwerfen das Extrahonorar, weil es das Publikum durch seinen leichten Gebrauch allzu sehr gefährdet. Ich bitte Sie, den Kommissionsantrag bei diesem Paragraphen abzulehnen, und es würde sich das einfach dadurch machen, daß der § 94a bei der Abstimmung gänzlich gestrichen würde. Es ergibt sich dann meines Erachtens lediglich noch eine redaktionelle Aenderung bei dem folgenden Paragraphen, in dem das Extrahonorar nur noch eine beiläufige Erwähnung gefunden hat.

Präsident: Der Herr Abgeordnete Windthorst hat das Wort.

Abgeordneter **Windthorst**: Meine Herren, ich bedaure, daß ich noch einmal in dieser Sache Sie behelligen muß; indeß der Stand, welcher hier in Frage ist, ist mir so wichtig für die ganze Entwickelung unseres Rechtslebens, insbesondere für die richtige Durchführung der neuen Gerichtsorganisation und der neuen Prozesse, daß ich beklagen würde, wenn gerade dieser wichtigste Faktor für die richtige Durchführung der einheitlichen Justizpflege Deutschlands mit tiefer Verstimmung an seine Arbeit gehen sollte, und mir scheint fast, als ob wir es bereits dahin gebracht hätten, daß durch die Diskussionen hier im Hause eine sehr große Mißstimmung eingetreten ist. Wenn mein verehrter Kollege Reichensperger dem Anwaltsstande einen Vorwurf daraus formulirt hat, daß derselbe sich in Frankfurt versammelt und seine Anschauungen dort niedergelegt hat, so kann ich diese Anklage in keiner Art für begründet erachten. Zunächst ist thatsächlich festzustellen, daß dieser Anwaltstag stattfand vor der ersten Berathung dieses Entwurfs, und ich finde doch gar nichts natürlicher, als daß die Anwälte, deren Interessen hier so wesentlich in Frage sind, sich versammeln, um ihrerseits die Anschauungen darzulegen, welche nach ihrer Ansicht maßgebend sein sollen. Irgend ein Imperativ lag ja weder in der Versammlung, noch in deren Beschlüssen, und kann ich darum nicht einsehen, wie man irgend einen Vorwurf diesen Herren daraus machen kann. Andere Standesvertretungen sehen wir ja täglich vor uns ihre Interessen diskutiren, und die Anwälte allein sollten davon ausgeschlossen, bei denen soll das etwas Unehrenhaftes sein? Ich kann das nicht einsehen.

Meine Herren, der Herr Abgeordnete Bähr ist noch einen Schritt weiter gegangen; er macht den Anwälten in unserer Mitte geradezu einen Vorwurf daraus, daß sie in die Kommission gegangen sind. Meine Herren, haben wir denn nicht überhaupt die Gewohnheit, aus unserer Mitte diejenigen in die Kommission zu deputiren, welche vorzugsweise mit der betreffenden Materie vertraut sind? haben wir denn anzunehmen, daß, wenn ein Mitglied aus dem Hause in eine Kommission geht, er sich dort befindet, um seine Privatinteressen wahrzunehmen? Ich muß sagen, daß eine derartige Aeußerung mich im höchsten Grade geschmerzt hat. Ich bin überhaupt des Dafürhaltens, daß sich in den Aeußerungen insbesondere des Herrn Abgeordneten Bähr ein Mißwollen gegen die Advokatur darlegt, was ich in keiner Weise begründet erachten kann,

(sehr richtig!)

und welches ich für die deutsche Advokatur auf das entschiedenste zurückweisen muß. Ich frage: haben denn in diesen Versammlungen und in anderen politischen Versammlungen Beamte, auch insbesondere Richter, irgend welchen Anstand gefunden, über ihre Gehalte zu debattiren und zu beschließen? und nun sollte man den Advokaten in unserer Mitte einen Vorwurf daraus machen, wenn sie in dieser Angelegenheit an der Berathung theilnehmen? Ich verstehe eine solche Inkonsequenz nicht. Meine Herren, der Normalzustand würde sein, ich habe das schon auch in einer früheren Berathung gesagt, wenn ohne Taxe freiwillig sich die Honorirungsverhältnisse ordnen ließen, oder wenn man wieder zu dem idyllischen Zustand zurückkehrte, wo die Advokaten im Stande waren, ohne Honorar zu arbeiten. Da das aber nicht möglich ist bei den Verhältnissen, wie sie liegen, so würde es, glaube ich, am richtigsten sein und alle Schwierigkeiten beseitigen, wenn man eine genügende Taxe feststellte, und alles dreht sich darum, ob die Taxe, welche in dem Tarif vorgelegt worden ist, eine genügende ist oder nicht. Die Regierung behauptet es als Regel, die Majorität des Reichstags hat auch bereits diesen Tarif als Regel angenommen, und der Abgeordnete Bähr will diese Regel als eine absolute gelten lassen. Ich meinestheils glaube, daß weder die Regierung noch die Anwaltschaft, noch wir hier im Reichstag heut mit voller Sicherheit sagen können, ob die gefundene Tarifirung eine genügende oder nicht.

(Sehr richtig!)

Erst die Erfahrung wird es zeigen. Ich habe für mich wesentlich eine Vergleichung mit den Gebührenverhältnissen des Landes, in welchem das Verfahren existirt, welches am meisten dem jetzt bevorstehenden in ganz Deutschland gleich ist, und wenn ich die Gebührenverhältnisse Hannovers vergleiche mit den jetzigen Gebühren, so habe ich die Meinung, daß die beschlossenen Gebühren zu geringe sind. Ich würde mir auch erlauben, bei der dritten Berathung auf die Kommissionsvorschläge zurückzukommen, und ich würde mich, wenn dieselben angenommen würden, vielleicht entschließen, den Wünschen des Herrn Abgeordneten Bähr nachzukommen und Vertrag und Ueberhonorar auszuschließen. Ich habe aber keine Hoffnung, bei der Stimmung, die augenblicklich herrscht, damit durchzubringen, und muß deshalb nothgedrungen auf den Weg mich begeben, auf den auch die Regierung sich begeben hat, nämlich einen Ausweg zu finden, welcher eine genügende Honorirung sichert, wenn die Taxe im besonderen Falle nicht genügend ist. Der Weg, dies zu erreichen, ist ein verschiedener. Die Regierung will einen Vertrag, eingestandenermaßen weil sie hofft, daß davon ein Gebrauch wenig oder gar nicht gemacht werden würde. Der Herr Abgeordnete Reichensperger, in Konformität mit den Anschauungen der Kommission in ihren ersten Vorschlägen, will den Vertrag ablehnen, dagegen nach beendigter Sache eine Uebertaxe gewähren, die rückklagbar sein soll. Der Herr Abgeordnete Reichensperger findet den Vertrag im höchsten Grade bedenklich für die Ehrenhaftigkeit des Advokatenstandes und hat eine ganze Reihe von Argumenten dafür angeführt. Ich muß meinem verehrten Kollegen erwidern, daß alle die Bedenken, die er gegen den Vertrag anführt, ohne Zweifel auch gegen seinen Vorschlag angeführt werden können, da in Wirklichkeit der Vertrag, den die Regierung vorschlägt, eine Festsetzung der Verhältnisse beim Beginn des Prozesses und sein Vorschlag eine vertragsmäßige Festsetzung nach dem Schlusse des Prozesses ist. Im ersten Fall ist vielleicht die Partei in einer gewissen Schwierigkeit, bei den Festsetzungen nach dem Prozeß ist es aber der Anwalt; und wenn man gesagt hat, wenn eine Partei sich da schwierig zeigt, so braucht ja der Advokat in einem ferneren Prozeß ihr nicht zu dienen, so ist das in der That eine ganz merkwürdige Auffassung. Der Advokat ist eben auf die Prozeßführung angewiesen, um sich einen Verdienst zu erwerben, und muß sich deshalb recht wohl bedenken, ob er Parteien zurückweist oder nicht, und ist dieses Auskunftsmittel daher ohne alle Bedeutung. Ich wiederhole deshalb, alle Bedenken, die man gegen den Vertrag anführen kann, kann man auch gegen den Vorschlag, die Vertragsfestsetzung nach beendigtem Prozesse auszuführen, geltend machen.

Ich zweifle nicht, daß die ganze Honorirungsfrage über die Taxe hinaus sich wesentlich richtet und richten soll nach den Gewohnheiten und Sitten, die in den betreffenden Landestheilen stattfinden; in einigen Landestheilen ist es die Vertragsform, in anderen Landestheilen ist es die nachträgliche Ueberhonorirung. Man hat am Rhein sich an diesen Gedanken des französischen Rechts gewöhnt, und deshalb sind die rheinischen Herren so sehr geneigt, den Vertrag abzulehnen. Anderswo hat man das Gegentheil gethan, hat den Vertrag gehabt und hat sich daran gewöhnt und würde sich schwer an diese Nachhonorirung gewöhnen. In Hannover ist allerdings diese Vertragsschließung nicht häufig vorgekommen, sie ist aber vorgekommen, und irgend welche generelle Klage darüber, daß das Publikum übervortheilt oder daß die Anwaltschaft dadurch verletzt worden sei in ihrer Würdigkeit, ist mir nie zu Ohren gekommen. In Sachsen gilt das Prinzip des Vertrages, und noch heute hat mir unser Kollege von Schwarze gesagt, daß die angesehensten Advokaten Sachsens gesagt hätten, sie nehmen theil an dieser Vertragsschließung und fänden darin durchaus nicht irgend welche Beeinträchtigung, und wenn der Herr Abgeordnete von Schwarze nach seiner amtlichen Stellung auch das nicht gefunden hat, dann, meine ich, könnten wir sehr ruhig auf eine solche Vertragseinrichtung uns einlassen.

Ich bin deshalb der Meinung, daß wir die Einrichtung so treffen, daß jeder Landestheil seine Sitte bewahren kann. Die Landestheile, in welchen der Vertrag ist, finden in den Vorschlägen der Regierung, so wie sie in der Kommission amendirt sind, ihre Befriedigung, und diejenigen, welche eine nach vollendetem Prozeß gemachte Honorirung gewohnt sind, könnten nach dem Vorschlage des Kollegen Reichensperger und des § 94a der früheren Kommissionsvorschläge ihre bisherige Uebung beibehalten, und ich stelle meinestheils, so weit es nöthig ist, ausdrücklich den Antrag, daß der frühere Vorschlag unserer Kommission § 94a wieder hergestellt, dagegen aber der Vorschlag, wie er jetzt von der Kommission gemacht wird, ebenso wie der Antrag Reichensperger abgelehnt werden möge.

Der Antrag des Herrn Abgeordneten Reichensperger stimmt mit dem früheren Kommissionsvorschlag überein in Beziehung auf den ersten Theil des Kommissionsvorschlags, ist vielleicht sogar besser redigirt, als jener. Der Unterschied liegt nur vor in Beziehung auf den Fall, wenn wegen Mangels an Mäßigung eine Remedur gesucht werden soll, und der Herr Regierungskommissär hat gerade seine Argumente gegen den Reichenspergerschen Antrag vorzugsweise auch hierher entnommen. Diese Einwendungen fallen bei dem Vorschlag der Kommission fort; denn da muß eben im Prozeß schließlich das Gericht die Sache entscheiden, und es ist alles gewahrt.

Den jetzigen Vorschlag der Kommission kann ich meinestheils nicht akzeptiren; ich kann mir die Rolle eines Advokaten nicht denken, der seiner Partei eine Rechnung überreicht, welche heißt: das sind die taxmäßigen Gebühren, ich rechne aber so viel dazu. In dem Falle ist nun zu erwarten, ob die Partei ja oder nein sagt. Sagt sie nein, so kann er seine Rechnung in die Tasche stecken und er hat gar keine Mittel, seine Rechnung zur Geltung zu bringen, — eine Situation, in die ich wirklich keinen Advokaten stellen kann.

(Sehr richtig! rechts.)

Wenn man einmal zugibt, daß eine solche Surtaxe nöthig ist und ich gebe das zu, dann muß das, was man gewährt, auch klar sein.

Die Regierung sagt, wenn ich die Aeußerungen des Herrn Geheimen Justizraths Kurlbaum richtig bringe: wir können uns auf diesen Vorschlag des Herrn Abgeordneten Reichensperger und der Kommission nicht einlassen, weil solche Fälle, wie darin vorgesehen, zu leicht vorkommen können. Ich antworte dem Herrn Regierungskommissar: entweder müssen Sie mit Wahrheit anerkennen, daß Ihre Taxe für außergewöhnliche Fälle nicht genügt, dann müssen Sie auch hiergegen keine Einwendungen machen, oder Sie müssen behaupten, sie genügt, so müssen Sie ihrer gar nicht erwähnen, und ich möchte meinestheils von den Aeußerungen des Herrn Regierungskommissärs, der gewohnt ist, die Anschauungen des Justizministeriums für Preußen zu vertreten, appelliren an die Herren im Reichsjustizamt, welche einen etwas weiteren Blick zu haben pflegen;

(Heiterkeit)

und ich möchte sie fragen, ob sie denn auch eine so kategorische Negation hier aufstellen. Ich hoffe, daß das nicht der Fall sein wird.

Wenn dann der Herr Abgeordnete Bähr geglaubt hat, er müsse einen bestimmten Schutzzoll haben, damit die talentvollen jungen Rechtsverständigen nicht in die Advokatur, sondern in die Richterkarriere gehen, und er diesen Schutzzoll darin findet, daß er den Rechtsanwälten den Brodkorb möglichst niedrig hängt ....

(Zuruf: hoch!)

nein, — ja, ja hoch ....

(große Heiterkeit)

so kann der Herr Abgeordnete sich vollkommen beruhigen. In Hannover ist eine ausreichende Taxe, und dennoch hat es an Andrang zum Richterstande von Seiten der Talentvollsten nicht gefehlt. Freilich haben sich auch Talentvolle in die Advokatur begeben, es hat sich eben ganz zweckmäßig vertheilt.

Der Herr Abgeordnete scheint aber auf die Thätigkeit des Anwalts bei Gericht keinen gar großen Werth zu legen; er scheint zu glauben, es hänge doch schließlich alles davon ab, daß der Richter das Richtige treffe, der Advokat plaidire einseitig, und es komme deshalb darauf so sehr nicht an, — so habe ich ihn verstanden. Nun, meine Herren, ist es denn wohl ganz gewiß, daß der Richter gar nicht einseitig sein kann? Ich habe auch recht einseitige Richter kennen gelernt bis in die neuesten Tage, bis in die letzten Stunden,

(Heiterkeit)

und mir will es scheinen, daß es ein Verkennen des öffentlich mündlichen Verfahrens ist, wenn man nicht von vornherein überzeugt ist, daß ohne eine recht tüchtige Vertretung durch tüchtige Anwälte den Richtern im öffentlich mündlichen Verfahren das Material in richtiger Weise nicht vorgeführt werden kann.

(Sehr richtig!)

Wenn jemals es auf die Advokatur bei der Prozeßführung angekommen ist, dann ist es gerade in diesen paar Jahren, und wenn die jungen Leute sich dann besonders zur Advokatur drängen, was sie nach meiner Ueberzeugung viel weniger thun werden, als ich es wünsche, so würde das nur ein Gewinn sein. Außerdem kann ich versichern, daß für die Erziehung für das öffentliche Leben der Durchgang durch die Advokatur ein außerordentlich heilsamer ist. Also auch in der Rücksicht brauchen Sie nicht Sorge zu haben, wenn Sie die Anträge votiren, wie ich sie gestellt habe. Ich bitte Sie dringend, da eine höhere Taxe nicht erreichbar ist, wenigstens diese Möglichkeit zu eröffnen. Es wird dadurch in gewisser Richtung wenigstens eine Versöhnung des Anwaltstandes eintreten, und ich wiederhole, ich würde es im höchsten Grade beklagen, wenn wir mit einem mißvergnügten Anwaltstande das neue Verfahren beginnen würden.

(Bravo!)

Präsident: Der Herr Kommissarius des Bundesraths Geheimer Oberregierungsrath Dr. Meyer hat das Wort.

Kommissarius des Bundesraths kaiserlicher Geheimer Oberregierungsrath Dr. **Meyer:** Meine Herren, ich verzichte darauf, alle einzelnen Anführungen des letzten Herrn Vorredners zu bekämpfen, denen ich zuzustimmen nicht in der Lage bin. Ich will nur auf sein Hauptargument antworten. Er sagte: entweder erkennen die verbündeten Regierungen den Tarif für genügend an, dann dürfen sie allerdings gegen den Antrag der Kommission Widerspruch erheben, weil eben kein Bedürfniß für denselben vorliegt, — oder aber, sie erkennen ihn nicht für genügend an, dann können sie auch gegen den Beschluß der Kommission keinen Widerspruch erheben. Diese Position halte ich nicht für zutreffend. Als Regel, meine Herren, erkennt die Vorlage den Tarif in der That für ausreichend an, aber sie will nicht verkennen, daß es Ausnahmefälle geben kann, in welchen er nicht ausreicht. Für diese Ausnahmefälle muß gesorgt werden, und ich bitte darum, meine Herren, daß Sie den Ausführungen der Herren Abgeordneten Bähr und Reichensperger, welche den Vertrag ausschließen wollen, nicht Ihre Billigung zu Theil werden lassen. Denn diese Aushilfe, diese Ausnahmemaßregel oder, wenn Sie wollen, dieses Sicherheitsventil ist im Vertrage gegeben, aber es ist im Vertrage auch ausreichend gegeben. Der Vertrag, meine Herren, hat, wie der Herr Kommissarius des Bundesraths, der vorhin sprach, schon ausführte, die Eigenthümlichkeit, daß der Anwalt in der Regel nicht von vornherein darauf eingehen wird, und ich darf hier wiederholen, was ich in der Kommission gesagt habe: ein Anwalt, welcher von dem Vertrage einen ungehörigen Gebrauch, z. B. einen zu häufigen Gebrauch machte, würde sich einer Disziplinirung unzweifelhaft aussetzen. Nehmen Sie z. B. einen Anwalt, welcher etwa seinen Mandanten sagte, er sei bereit, die Prozesse zehn Prozent unter der Taxe zu führen, der würde, obwohl er ja von dem Vertragsrecht Gebrauch macht, dennoch der Disziplinirung schwerlich entgehen. Aber der Vertrag reicht aus, um für die Ausnahmefälle zu sorgen. Die verbündeten Regierungen können nicht anerkennen, daß es noch eines zweiten Mittels bedürfe, um für diese Ausnahmefälle zu sorgen, nicht des zweiten Mittels, welches die Kommission jetzt in einer sehr milden Form, früher in einer rechtlich stringenteren Form, vorgeschlagen hat. Diesem Vorschlage kann eben deswegen widersprochen werden, weil, wenn ein Sicherheitsventil da ist, ein zweites entbehrlich erscheint.

Es handelt sich also im wesentlichen gegenüber dem Antrag Reichensperger darum, welches Sicherheitsventil Sie für besser halten, und da scheint mir ein Argument ganz schlagend zu sein, welches für den Vertrag und gegen das Extrahonorar spricht. Dieses Argument ist das: bei dem Vertrage weiß die Partei vorher, was sie zu bezahlen haben wird; sie kann das, was sie zu bezahlen haben wird, bei der Fassung ihres Beschlusses, ob der Prozeß anzustrengen sei oder nicht, mit in Rechnung ziehen. Im andern Falle weiß sie nicht, was sie zu bezahlen hat, d. h. sie unternimmt ein Rechtsgeschäft — der Prozeß ist ein solches —, dessen Unkosten sie nicht kennt. Dieses Argument, welches für den Vertrag und gegen das Extrahonorar spricht, ist meines Dafürhaltens unwiderleglich, ist auch, so viel ich habe folgen können, in der Debatte gar nicht widerlegt worden. Wenn also, meine Herren, das Argument für den einen Weg und gegen den anderen spricht, so bitte ich Sie, die Vorlage der verbündeten Regierungen anzunehmen, d. h. den Vertrag zu genehmigen, das Extrahonorar als entbehrlich abzulehnen. Dieser Auffassung, in welcher sich die preußische Regierung mit dem Reichsjustizamt durchaus begegnet, Ausdruck zu geben, habe ich gegenüber dem Appell des letzten Herrn Redners für meine Pflicht gehalten.

Präsident: Ich habe von zwei Seiten Schlußanträge bekommen und zwar von dem Herrn Abgeordneten Grafen von Frankenberg und von dem Herrn Abgeordneten von Waldow. Ich bitte diejenigen Herren, welche den Antrag auf Schluß der Debatte unterstützen wollen, sich zu erheben.

(Geschieht.)

Die Unterstützung reicht aus.

Ich ersuche diejenigen Herren, welche den Antrag auf Schluß genehmigen wollen, sich zu erheben oder stehen zu bleiben.

(Geschieht.)

Das ist die Minderheit; der Schlußantrag ist abgelehnt.

Das Wort hat der Herr Abgeordnete Dr. Wolffson.

Abgeordneter Dr. **Wolffson**: Meine Herren, der Vorschlag, den die Kommission Ihnen vorgelegt hat, ist ja sichtlich ein Kompromißvorschlag; ein Kompromißvorschlag, welcher von dem Gedanken ausgeht, Sie von dieser ganzen unerquicklichen Debatte zu befreien. Sie hatte guten Grund, das anzunehmen, denn es war bei der ersten Diskussion hier im Reichstag keine Stimme laut geworden, die sich überhaupt gegen dieses Sicherheitsventil, wie ich es bezeichnen will, erklärt hätte. — Ich will bemerken, daß selbst Kollege Bähr zu denjenigen gehört hat, die bei der ersten Diskussion durch Stellung eines Antrags sich für den Vertrag ausgesprochen haben, denn Sie werden sich erinnern, daß er in Gemeinschaft mit dem Herrn Abgeordneten Reichensperger (Olpe) einen Vermittlungsantrag zu § 94 empfohlen hat, den Vertrag nur in besonders schwierigen Fällen zuzulassen, so daß wir nicht annehmen konnten, von dieser Seite gegen den Vertrag Widerspruch zu hören. — Nun war der eine Theil für den Vertrag, wie die Regierung ihn vorschlägt, der andere Theil für das Extrahonorar, wie die Kommission es hineingebracht hat, und es war die größte Gefahr vorhanden, daß, wenn die beiden Meinungen mit einander sich nicht versöhnten, beide Vorschläge durchfallen würden, weil keiner sich entschließen wollte, der Ansicht des anderen nachzugeben. So haben wir in der Kommission versucht einen Vorschlag zu Stande zu bringen, der zwar nicht der Ansicht aller Einzelnen entspricht, von dem wir aber glauben, daß er den Ansichten Aller möglichst Rechnung tragen soll.

Meine Herren, es ist uns auch in der Kommission gelungen, einen fast einstimmigen Beschluß — es waren nur zwei Stimmen dagegen — herbeizuführen, und wir hatten die Freude, daß keiner der Vertreter der Regierung sich gegen unseren Vorschlag ausgesprochen hat. Die Herren haben, wiewohl ohne Verbindlichkeit, doch mit Wohlwollen die Vorschläge betrachtet, und wir haben es zu bedauern, daß die schwerwiegenden Bedenken, die heute von Seiten des Herrn Vertreters der preußischen Regierung und von Seiten des Vertreters des Reichsjustizamts ausgesprochen worden sind, nicht in der Kommission laut geworden sind, um dort vielleicht beseitigt zu werden, und ich bedaure das um so mehr, meine Herren, weil ein großer Theil des Vortheils der kommissarischen Berathung durch solche Unterlassung geradezu schwindet. Allerdings konnten wir glauben, daß in diesen Vorschlägen ein befriedigendes Kompromiß liegt. Es hat ja seine Richtigkeit, was der Herr Abgeordnete Bähr vorhin gesagt hat, daß das Pauschquantum die Bedeutung hat, schwierige und minder schwierige Fälle thunlichst auszugleichen. Ich will auf die Bedenken, die gegen diese Auffassung im allgemeinen vorhanden sind, nicht weiter zurückkommen, — ich habe in einem früheren Stadium schon einmal Gelegenheit gehabt, mich darüber auszusprechen; aber, meine Herren, das betrifft doch immer eine bestimmte Grenze, innerhalb deren der Durchschnitt gezogen wird. Bedeutende Sachen von ganz besonderer Schwierigkeit mit in die Berechnung des Pauschquantums hineinzuziehen, hieße, die leichteren Sachen in einer ganz unzulässigen Weise belasten, und es ist daher erforderlich und selbst die preußische Gebührenordnung hat es für erforderlich gehalten, irgend einen Ausweg zu haben für Sachen von besonderer Schwierigkeit, und um diese handelt es sich ja fast bei allen Vorschlägen. Einen solchen Ausweg erkennt die Regierung gleichfalls als nothwendig an, indem sie uns den Vertrag vorschlägt.

Die Gründe, die gegen den Vertrag geltend gemacht sind, sind zum größten Theil Gründe der Delikatesse, die aus den Verhältnissen des Anwalts entnommen sind, dem es im höchsten Grade peinlich ist, der ihm gegenübertretenden Partei, die ihm ihr Interesse anheimgeben will, sein eigenes Interesse in den Vordergrund zu stellen, ihr zu sagen: schreibe mir zunächst auf, was du mir zahlen willst. Ich erkenne diese Gründe der Delikatesse vollkommen an, sie sind aber noch keine Gründe des Rechts, die dazu führen müssen, die natürliche Vertragsfreiheit, die jeder Mensch hat, bei den freiwilligen Dienstleistungen das Aequivalent selbst zu bestimmen, gerade den Anwälten zu nehmen.

Wohl aber ist es von wesentlichem Interesse, den Gebrauch der Vertragsfreiheit nicht zur Gewohnheit werden zu lassen. Meine Herren, diese gute deutsche Eigenschaft der

Delikatesse bei allen liberalen Arbeiten, diese Scheu, die den Deutschen innewohnt, keineswegs auch allen andern Nationen in gleicher Weise, vor der Uebernahme von solchen Thätigkeiten zunächst über den Geldpunkt zu sprechen, diese Delikatesse wollen wir schonen, wir wollen diese gute Eigenschaft nicht aus dem Anwaltsstande herausbringen und wir wollen, daß der Vertrag selbst unter den Ausnahmefällen eine Ausnahme bleibe, — das zu ermöglichen, meine Herren, haben wir das Ventil dieser außerordentlichen Honorirung angebracht. Durch diese außerordentliche Honorirung wird es demjenigen, der seiner Partei gegenüber das Vertrauen hat, daß sie Rücksicht nehmen wird auf das größere Maß der Arbeit, möglich, den Vertrag zu umgehen, freilich nach dem jetzigen Vorschlag auf die Gefahr hin, daß die Partei sich dessen später weigert. Meine Herren, so wie der Vorschlag gemacht ist, hat der Anwalt, der einer Partei, die ihm die Sache überträgt, in dieser Beziehung kein Zutrauen schenkt, der glaubt, daß sie auf das größere Maß von Arbeit nicht Rücksicht nehmen wird, die Möglichkeit, einen Vertrag zu schließen; derjenige, der seiner Partei Vertrauen schenkt, hat das nicht nöthig, sondern wird in der Form einer außerordentlichen Vergütung seine Entschädigung in Anspruch nehmen. Nun sagt der Herr Vertreter der preußischen Regierung, es sei eine schwere Verletzung des Zartgefühls, wenn der Anwalt von seiner Partei fordert, was diese zu zahlen nicht verpflichtet ist. Aber, meine Herren, ist denn etwa die Vertragsform, wie die Regierung sie vorschlägt, ein zarteres Instrument, als diese außerordentliche Honorirung? Sei es, daß der Anwalt, ehe er die Sache übernimmt, der Partei mit der Erklärung entgegentritt: ehe ich deine Interessen wahre, unterschreibe einmal einen Vertrag, daß du bezahlst, — oder setzen Sie den Fall, den der Regierungsvorschlag offen läßt, daß der Anwalt am Schluß der Sache noch einen Vertrag mit der Partei macht über die Höhe des Honorars — noch nach Beendigung der Sache soll es dem Anwalt gestattet sein, mit der Partei über das Honorar zu paktiren — aber einer Partei zu sagen, das ist die angemessene Belohnung für meine Thätigkeit, ich muß es deinem Willen anheimstellen, ob du bezahlen willst oder nicht, — das soll eine Verletzung des Zartgefühls sein?! Meine Herren, der Herr Regierungskommissar hat uns auseinandergesetzt, daß, da einmal der Vertrag gestattet sei, der Paragraph des Strafgesetzbuchs gegen ein solches Extrahonorar nicht zur Anwendung gelangen könne. Er hat dabei vergessen, daß der Vertrag nur besteht oder rechtsverbindliche Kraft hat unter gewissen Formen und auf bestimmte Beträge, und daß es eine sehr zweifelhafte Frage ist, für deren Bejahung man vielleicht sogar analoge Entscheidungen des preußischen Obertribunals anführen könnte, ob der Anwalt, der, ohne einen schriftlichen Vertrag gemacht zu haben, nur die Abrede mit der Partei getroffen hat, daß er nach Maßgabe seiner Bemühungen bezahlt werden soll, nicht doch nach dem Strafgesetzbuch bestraft wird. Wenn das aber nicht der Fall ist, welches Interesse hat dann die Regierung, diese von ihr selbst für straffrei erklärte Handlung nicht durch den Ausspruch im Gesetz ausdrücklich zu gestatten und dem Anwalt Beruhigung in geben, daß, wenn er eine seiner Arbeit entsprechende Belohnung in Anspruch nimmt, in der Weise, wie er sie in Anspruch zu nehmen berechtigt ist, daß er dann straffrei sei? Weiter aber ist durch unseren Vorschlag nichts ausgesprochen: einerseits daß es nicht gegen die gute Sitte verstoßen soll, in solchen Fällen, welche eine außerordentliche Bemühung mit sich bringen, der Partei ein Extrahonorar zu berechnen, daß es also auch nicht strafbar sein soll, und daß es gewissermaßen eine naturalis obligatio der Partei sei, — selbstverständlich in dem angemessenen Verhältniß zur Arbeit.

Wenn der Herr Regierungskommissar es sehr bedenklich gefunden hat, daß hier der Ausdruck von einer „anständigen" Partei gefallen ist, so hat man darunter nicht diejenige zu verstehen, die alles bezahlt, was irgend ein unverschämter Anwalt von ihr fordert, sondern diejenige Partei, die bezahlt, was für die Extrabemühungen des Anwalts angemessen ist.

Alle Gründe, die hier geltend gemacht worden sind, um das Honorar auf diesem Wege zu beseitigen, die Gründe des Herrn Abgeordneten Bähr, die Gründe des Herrn Regierungsvertreters, sind doch am Ende nur Scheingründe; sowohl der Wunsch, die Anwälte zur Uebernahme von Richterstellen zu nöthigen, welchen uns der Herr Abgeordnete Bähr vorgetragen hat, wie die Gründe des Herrn Regierungsvertreters, die er dem Vorschlage irgend eines Anwalts aus dem Anwaltstage auf Vereinbarung einer konventionellen Taxe entlehnt hat.

Was sagt der Herr Regierungsvertreter? Ihr, die ganze deutsche Anwaltschaft, seid der Meinung, daß die Taxe, wie sie jetzt vom Reichstag beschlossen worden ist, nicht ausreicht für die Thätigkeit, die dem Anwalt zugemuthet wird, aber gerade, weil ihr dieser Meinung seid — die doch auch als eine Meinung von Sachverständigen zu berücksichtigen ist —, soll euch auch die Möglichkeit genommen werden, eine Ausgleichung herbeizuführen. Das ist ungefähr der Standpunkt, den der Herr Regierungsvertreter einnimmt.

Nun noch ein Wort gegenüber dem Herrn Abgeordneten Bähr. Ich kann ihm die Versicherung geben, aus meiner Person und aus der Person meines Spezialkollegen in der Kommission, daß wir uns bemüht haben, die beiderseitigen Rücksichten, die in Betracht kommen, die Rücksicht auf den Anwalt und die Rücksicht auf das Publikum, thunlichst mit einander zu vereinigen. Wir haben unsere Aufgabe aber nicht so aufgefaßt, wie der Herr Abgeordnete Bähr, der der Partei, nur um die vor der Gefahr zu bewahren, selbst mit dem Anwalt noch einen Prozeß zu führen, das Recht geben will, den Anwalt schlechter zu honoriren, als er es nach dem Maß seiner Arbeit zu fordern berechtigt ist. Im übrigen aber muß ich dem Herrn Abgeordneten Bähr erklären, daß ich den gemeinsamen Boden für eine Verständigung in unseren Anschauungen absolut nicht finden kann. Für mich ist der Anwalt der Gehilfe des Richters, der, mit gleicher Vorbildung und mit gleichen sozialen Ansprüchen wie der Richter, ihm beistehen soll in der Verwirklichung des Rechts,

(Beifall)

für mich ist er der Rechtsfreund seiner Partei, der ihr helfen soll in moralischen und wirthschaftlichen Schwierigkeiten; — für den Herrn Abgeordneten Bähr ist er im höchsten Falle ein nothwendiges Uebel, gegen dessen Gefahr vor allem man sich schützen muß ohne Rücksicht auf seine eigenen Interessen, als der Genosse einer Gesellschaft, in dereu Gegenwart man sich etwa die Taschen zuzuhalten hätte. Das ist ein Standpunkt, auf den ich nicht eingehen kann. Ich weiß nicht, wo der Herr Abgeordnete Bähr die Erfahrungen, die ihn zu diesen Anschauungen veranlassen, gesammelt hat; hier in Berlin in seiner Berufsstellung, wo er mit der Elite der preußischen Anwälte zusammenkommt, kann er sie nicht gesammelt haben. Aber das weiß ich: wenn diese Erfahrungen wirklich gemacht sind, dann ist es unsere Aufgabe, nicht den besseren Theil des Anwaltstandes herabzudrücken auf das Niveau derjenigen Leute, die Herrn Bähr vorschweben, sondern lieber diese Leute auf das Niveau der besseren Anwälte zu heben. Stellen Sie durch Ihre Beschlüsse den Anwaltstand so hin, als sei man genöthigt, von vornherein ihm gegenüber auf seiner Hut zu sein, so werden Sie die ehrenhaften Elemente aus dem Anwaltstande herausbringen, und welche Bedeutung das für die moralischen und wirthschaftlichen Interessen unserer Nation hat, das brauche ich Ihnen hier nicht auseinanderzusetzen.

(Bravo!)

Präsident: Es ist wieder ein Antrag auf Schluß der Debatte eingegangen, und zwar von dem Herrn Abgeordneten

Dr. Beseler. Ich ersuche diejenigen Herren, sich zu erheben, welche den Antrag unterstützen wollen.

(Geschieht.)

Die Unterstützung reicht aus.

Ich bitte diejenigen Herren, jetzt aufzustehen oder stehen zu bleiben, welche den Antrag auf Schluß der Debatte annehmen wollen.

(Geschieht.)

Das ist die Majorität; der Antrag auf Schluß der Debatte ist angenommen.

Zu einer persönlichen Bemerkung ertheile ich das Wort dem Herrn Abgeordneten Dr. Bähr (Kassel).

Abgeordneter Dr. **Bähr** (Kassel): Der Herr Abgeordnete Windthorst hat zunächst gesagt, ich habe es den Anwälten zum Vorwurf gemacht, daß sie in die Kommission zur Berathung dieses Gesetzes gegangen seien. Ich bitte den Herrn Abgeordneten Windthorst, mir nur ein einziges Wort nachzuweisen, durch welches ich einen solchen Vorwurf erhoben habe. Hier liegt das Stenogramm, ich habe es nochmals nachgelesen; ich habe ausdrücklich erklärt, ein Urtheil in dieser Beziehung nicht aussprechen zu wollen. Wenn aber in den Thatsachen, die ich angeführt habe, ein Vorwurf für die Anwälte liegt, so kann ich dafür nichts.

Er hat ferner gesagt, ich habe „ein Mißwollen gegen die Anwälte" an den Tag gelegt. Ich habe das nicht gethan; ich bin mir vollkommen bewußt, weder ein Mißwollen gegen die Anwälte zu hegen, noch ein solches geäußert zu haben. Meine Herren, wenn ich es wagte, diesem mächtigen Stande in seinen so lebhaft verfochtenen Interessen entgegenzutreten, so habe ich vorausgesehen, daß meine Worte außerhalb dieses Hauses angefeindet und in einer gehässigen Weise dargestellt werden würden; aber nicht habe ich erwartet, daß der Herr Abgeordnete Windthorst nun schon zum zweiten Male in dieser Angelegenheit dies thun würde.

Auch dem Herrn Abgeordneten Wolffson, mit dem ich ja sonst in freundlichen Beziehungen stehe, thut es mir leid erwidern zu müssen, daß die Vorwürfe, die er mir gemacht hat, „ich betrachte die Anwälte als nothwendige Uebel, gegen die man die Taschen zuknöpfen müsse", auf meine Worte sehr wenig zutreffend sind; solche Vorwürfe rühren meine kalten Kleider nicht an.

Präsident: Der Herr Abgeordnete Windthorst hat das Wort zu einer persönlichen Bemerkung.

Abgeordneter **Windthorst**: Der Herr Abgeordnete Bähr (Kassel) hat mir zwei Vorwürfe gemacht. Der erste Vorwurf ist: ich habe gesagt, daß er den Anwälten unseres Hauses, die in die Kommission gegangen, einen Vorwurf gemacht; er behauptet, das sei nicht der Fall. So weit ich ohne Einsicht in das Stenogramm aus dem Gedächtniß referiren kann, hat der verehrte Herr gesagt, daß es Gefühls- oder Geschmackssache sei, ob man in eine solche Kommission gehen wolle oder nicht, und die Verbindung, in welcher er dieses äußerte, machte es klar für jedermann, daß er es tadelte.

(Sehr richtig!)

Der zweite Vorwurf, den er mir macht, ist: ich hätte gesagt, er hätte ein Mißwollen. Meine Herren, ich verweise auf die Rede der früheren Sitzung und der heutigen und überlasse getrost jedermann die Entscheidung, ob das Wohlwollen war.

(Bravo!)

Präsident: Zu einer persönlichen Bemerkung ertheile ich das Wort dem Herrn Abgeordneten Dr. Reichensperger (Krefeld).

Abgeordneter Dr. **Reichensperger** (Krefeld): Meine Herren, ich bedaure es lebhaft, gegen eine Aeußerung des hochverehrten Herrn Kollegen Windthorst mich auch meinerseits verwahren zu müssen. Herr Windthorst hat nämlich in seiner Rede, wenn nicht ausdrücklich gesagt, so doch in unzweideutigster Weise zu verstehen gegeben, als ob ich in meiner Besprechung den hier stattgehabten Anwaltskongreß als etwas „unehrenhaftes" — dieser Ausdruck ist gebraucht worden — seitens der Anwalte bezeichnet habe. Meine Herren, so etwas habe ich weder gesagt, noch hat ein derartiger Gedanke mir auch nur im entferntesten vorgeschwebt. Ich habe ausdrücklich gesagt — der stenographische Bericht liegt vor mir —, es sei, meines Erachtens, kein glücklicher Gedanke seitens der Herrn Anwalte gewesen, hier in einem Kongresse sich zu versammeln, um über ihre Gebühren zu berathen. Ich bin überzeugt, wenn die deutschen Richter etwas ähnliches gethan hätten, dann würde der Herr Kollege Windthorst mit mir daran sehr wenig Gefallen gefunden haben; ich meinerseits stelle aber die Anwälte in dieser Beziehung den Richtern gleich.

Präsident: Zu einer persönlichen Bemerkung hat das Wort der Herr Abgeordnete Windthorst.

Abgeordneter **Windthorst**: Ich weiß nicht mehr genau, ob ich das Wort „glücklicher Gedanke" wiederholt habe, oder ob ich „unehrenhaft" gesagt habe. Wenn ich „unehrenhaft" gesagt habe, so ist ja durch die Darlegung meines verehrten Freundes festgesetzt, daß dieses Wort nicht gebraucht worden ist. Aber ich frage, was heißt in dem Zusammenhang „kein glücklicher Gedanke"?

Was dann die Bemerkung betrifft, daß ich es tadeln würde, wenn die Richter vorher sich besprochen hätten, so antworte ich: ich würde das nicht getadelt haben, und die Herren Richter haben sich sehr viel darüber unterhalten.

Präsident: Der Herr Referent hat das Schlußwort.

Berichterstatter Abgeordneter **Laporte**: Meine Herren, ich bitte um die Erlaubniß, ein paar kurze Bemerkungen hier machen zu dürfen, theils sachlicher theils persönlicher Art.

Was zunächst die sachlichen Bemerkungen anlangt in Beziehung auf die Extrahonorarfrage, so wollte ich dem Herrn Regierungsvertreter Kurlbaum nur erwidern, daß die Aufnahme dieser Bestimmung wesentlich mit veranlaßt ist von dem Wunsche der Kommission, die Anwaltschaft zu befreien von der Gefahr, die in § 352 des Strafgesetzbuchs liegt. Die Ausführungen des Herrn Vertreters der Regierungen haben, wie ich glaube, dem hohen Hause nur diejenigen Zweifel bestätigen können, die ich vorhin hier als mögliche wenigstens anzudeuten mir erlaubt habe. Der Herr Vertreter der verbündeten Regierungen hat hervorgehoben, daß durch das Vorhandensein der Vertragsfreiheit die Anwendung des § 352 von selbst ausgeschlossen wäre, die Forderung des Extrahonorars erscheine als Begehr eines nachträglichen Honorarvertragsschlusses. Nun kann ich bezeugen, meine Herren, daß wir in Hannover, wie Sie wissen, die Vertragsfreiheit in unserer Gebührentaxe hatten, und daß trotzdem, wenn auch nur in einem mir bekannt gewordenen Fall, es sich wenigstens um die Frage der Anwendung des § 352 des Strafgesetzbuches auf einen Anwalt gehandelt hat. Also Sie sehen, meine Herren, daß, wenn nicht erhebliche Bedenken vorgebracht werden können gegen das Extrahonorar, man dasselbe aus dem Grunde schon hier wird aufrechterhalten müssen.

Was die Ausstellung des Herrn Abgeordneten Reichensperger anlangt, so erlaube ich mir, indem ich wiederholt von dem Wohlwollen, welches auch heute wieder aus seinem Vortrag für die Anwaltschaft sehr im Gegensatz zu anderen Ausführungen hier hervorgetreten ist, Notiz nehme, doch darauf aufmerksam zu machen, daß der Herr Kollege Reichensperger, indem er gegen die Vertragsfreiheit plaidirt hat, sich dabei auf einen Standpunkt gestellt hat, der den Vertrag keineswegs prinzipiell ausschließt. Er hat gesagt, er wolle nur den Vertrag nicht gesetzlich sanktioniren, dagegen solle in das Ermessen des Anwaltstandes gestellt bleiben, ob Verträge einzugehen seien oder nicht. Daß das weit über die Kommission hinaus führen und damit große Bedenken hervorrufen würde, namentlich wenn man Kautelen im Sinne des Entwurfs hier für geboten hält, bedarf, glaube ich, keiner Ausführung.

Der Herr Abgeordnete Reichensperger hat sodann hingewiesen auf die Aeußerungen der Anwaltschaft in Königsberg gegen das Prinzip der Vertragsfreiheit. In dieser Beziehung darf ich mir wohl gestatten hinzuweisen theils auf dasjenige, was für den Vertrag heut von einem Königsberger Anwalt, wenn ich nicht irre, von dem Herru Kollegen Stellier, vorgetragen worden ist, der als klassischer und präsenter Gegenzeuge gelten muß. Es ist ferner zu erwähnen, daß beim hohen Hanse eine Petition unterm 28. Mai von einem Anwalt aus Hanau eingegangen ist, welcher sich wesentlich im Sinne der nachträglichen Vorschläge Ihrer Kommission erklärt, und daß endlich Stimmen aus der Anwaltschaft, unter anderem auch vom Rhein, aus Düsseldorf z. B., laut geworden sind, die sich mit der von der Kommission vorgeschlagenen Lösung der Extrahonorarfrage ausdrücklich einverstanden erklärt haben.

Also Sie sehen, meine Herren, höchstens sind die Meinungen verschieden, auch in dieser Sache.

Ich wollte mir jetzt, meine Herren, noch erlauben, ein paar Bemerkungen mehr persönlicher Art zu machen, die ich als Berichterstatter der Kommission nicht glaube umgehen zu können. Ich bin mir nur bewußt derjenigen Reserve, die ich mir aufzuerlegen habe, sowohl in meiner Eigenschaft als Referent Ihrer Kommission, wie auch in meiner Eigenschaft als Anwalt. Ich werde von diesen beiden Gesichtspunkten aus nur das nothwendigste, was mir eben von dieser Stelle zu erwähnen erforderlich erscheint, gegenüber demjenigen hervorheben, was der Herr Kollege Bähr hier vorzubringen für angemessen gehalten hat. Zunächst gebe ich meiner Genugthuung darüber Ausdruck, daß von Seiten des Herrn Vertreters der verbündeten Regierungen, der zuerst gesprochen hat, ausdrücklich hervorgehoben ist, daß er sich abscheide und nicht einverstanden erklären könne mit denjenigen weitgehenden Aeußerungen, die der Herr Abgeordnete Bähr — wie ich ihn auch nicht anders habe verstehen können — in direkter Richtung gegen den Anwaltsstand hier vorznbringen sich veranlaßt gesehen hat.

Der Herr Abgeordnete Bähr hat die Frage aufgeworfen (eine Frage, auf die er die Antwort sehr deutlich und verständlich durchblicken ließ): ob es angemessen sei, daß Anwälte in so großer Zahl in die Kommission eingetreten seien. Und er hat daran die Worte geknüpft: wie haben die Anwälte in dieser Kommission gestimmt? Auf diese Frage glaube ich als Berichterstatter dem Herrn Abgeordneten Bähr antworten zu sollen, daß ich mich nicht veranlaßt sehen kann, auf diese Frage, dereu Tendenz sehr klar ist, eine Antwort zu geben.

Wenn nun der Herr Abgeordnete Bähr gegen den Vertrag sowohl wie auch gegen das Extrahonorar Position genommen hat, bei dem Vertrag wiederum mit persönlicher Wendung bezugnehmend auf etwas, was bei der früheren Berathung vorgekommen ist, und eine Exemplifikation auf Hannover nach einer früheren Bemerkung des Vertreters der verbündeten Regierungen für ausgeschlossen hält, so möchte ich Ihnen an diesem Beispiel zeigen, wie in den Augen des Herrn Abgeordneten Bähr sich alles zuspitzt in einer Richtung, die ich hier nur als eine dem Anwaltsstande und deren Interessen sehr unfreundliche bezeichnen kann. Es hat der Herr Kommissar des Bundesraths Oberjustizrath Kurlbaum II. in der Sitzung vom 30. April folgendes gesagt:

> Es sei eine Vergleichung mit der hannoverschen Gebührenordnnng angezogen worden. Da stellte sich denn heraus, daß bei dieser Berechnung, die für die hannoversche Taxe ein höheres Resultat ergab, eine geradezu wundersame Entwicklung des Prozeßverfahrens zu Grunde gelegt war. Die Herren aus Hannover, welche die Berechnung stellten, legten als das normale einen Prozeß zu Grunde, bei dem acht Termine stattfanden und jeder fungirende Anwalt seinerseits fünf Schriftsätze vorlegte, also acht Termine und fünf Schriftsätze. Ich glaube nicht, daß wir das als das normale anzusehen haben, namentlich auch nicht nach dem zukünftigen Prozeß.

Diese Bemerkung ist nur dahin zu verstehen, daß der Herr Oberjustizrath Kurlbaum gesagt hat, das neue Verfahren werde sich in einer leichteren Weise gestalten, ohne einen solchen Apparat von Terminen und Schriftsätzen, wie sie vom alten hannoverschen Verfahren angeführt worden, nöthig zu machen. Ich kann nicht zugeben, daß hierin irgend welche Wendung gegen die ehrenwerthe hannoversche Anwaltschaft, der anzugehören ich stolz bin, etwa in der Richtung eines Sportulirens durch viele Termine und Schriftsätze, zu erblicken ist. Herr Abgeordneter Bähr kann also getrost auf die Verhältnisse der Anwaltschaft in Hannover exemplifiziren.

Es hat der Herr Abgeordnete Bähr, indem er sich jetzt gegen den Vertrag erklärt, weiter hervorgehoben, daß die Richter sich scheuen würden, den Anwälten entgegenzutreten und ihre Forderungen zu bemängeln. Ich kenne derartige Richter nicht. Der Herr Abgeordnete Bähr scheint zu den Richtern, die Scheu vor den Anwälten haben, nicht zu gehören.

Was das Extrahonorar anbelangt, ist von dem Herrn Abgeordneten Bähr der Gesichtspunkt betont, daß dadurch Irrungen im Publikum hervorgerufen werden würden. Ich kann darin wieder nur eine Wendung gegen die Anwaltschaft erblicken, die ich beklage. Der Wortlaut der Kommissionsbeschlüsse zeigt Ihnen ganz deutlich, daß beabsichtigt ist, neben der taxmäßigen Rechnung ein Surplus als solches hervortreten zu lassen. Es würde als grobe Pflichtwidrigkeit des Anwalts betrachtet werden müssen, wenn durch die Art der Aufstellung der Rechnung das Publikum darüber getäuscht würde, daß es die Extrahonorarforderung nicht zu zahlen braucht. Das betreffende Argument des Abgeordneten Bähr trifft weder die Sache und noch weniger die Anwaltschaft.

Meine Herren, ich habe zur Sache nichts weiter hinzuzufügen, ich glaube aber, daß, was die Würdigung des Anwaltsstandes anlangt und dessen berechtigte Interessen, Sie demjenigen, was der Herr Abgeordnete Wolffson soeben vorgetragen hat, mehr Beifall schenken werden, als der Auffassung des Herrn Abgeordneten Bähr. Es ist festzuhalten, daß Herr Kollege Bähr, wie ich wiederholt hervorheben darf, auf Grund von Berechnungen seine Einwendungen erhebt, die noch von keiner Seite verifizirt sind, auch vom Herrn Kollegen Bähr nicht haben verifizirt werden können, ebenso wenig wie von den Kasseler Petenten; es sind bloße Vermuthungen, mit denen hier als mit Thatsachen gekämpft wird. Niemand kann sagen, wie der Anwaltstand bei dem neuen Tarif, in dem neuen Verfahren stehen wird. Aber das dürfen wir uns gegenwärtig halten, und ein Blick auf sämmtliche Kulturländer zeigt es, daß die parlamentarischen Körperschaften immer mit besonderer Sympathie und dem nöthigen Entgegenkommen sich dem Anwaltstand als dem Träger hochwichtiger Interessen im Staat geneigt gezeigt haben und stets bereit gewesen sind, die berechtigten Interessen desselben zu schützen und zu wahren.

(Bravo!)

Präsident: Meine Herren, wir kommen zur Abstimmung. Ich schlage Ihnen vor, zunächst über den Antrag des Herrn Abgeordneten Reichensperger, der die drei Paragraphen

93, 94a und 94b umfaßt, abzustimmen. Wird derselbe abgelehnt, so schlage ich vor, zunächst über den § 93, wie er aus den nachträglichen Beschlüssen der Kommission hervorgegangen ist, abzustimmen, alsdann — und zwar eventuell — über das Amendement des Herrn Abgeordneten Witte zu § 94a, dann zuerst definitiv gemäß dem Antrag des Herrn Abgeordneten Windthorst über den § 94a, wie er aus den ursprünglichen Beschlüssen der Kommission hervorgegangen ist; wird der Antrag abgelehnt, dann erfolgt die Abstimmung über den eventuell schon festgestellten § 94a, wie er aus den nachträglichen Beschlüssen der Kommission hervorgegangen ist; schließlich über § 94b.

Zur Geschäftsordnung hat das Wort der Herr Abgeordnete Witte (Schweidnitz).

Abgeordneter **Witte** (Schweidnitz): Da ich durch den Schluß der Berathung verhindert worden bin, mein Amendement besonders zu motiviren, so ziehe ich für die zweite Lesung mein Amendement zu § 94a zurück, erlaube mir aber gleichzeitig den Antrag zu stellen:

über die Worte von „welcher" bis „in außergewöhnlichen Fällen" inklusive im § 94a der letzten Beschlüsse der Kommission besonders abzustimmen.

Der Antrag ist ja zulässig.

Präsident: Dieser Antrag stimmt ziemlich überein mit dem zurückgezogenen.

Abgeordneter **Witte** (Schweidnitz): Doch nicht ganz; es bleibt der Unterschied bestehen, daß statt des Wortes „fordern", welches in meinem Antrag steht, der Kommissionsantrag den Ausdruck „in Rechnung stellen" enthält. Ich ziehe also meinen besonderen Antrag zurück und erlaube mir den Antrag auf besondere Abstimmung über die bezeichneten Worte zu stellen.

Präsident: Ich werde hiernach verfahren. Sind die Herren einverstanden mit der Fragestellung, wie ich sie jetzt vorgeschlagen habe? —

Es widerspricht niemand; mein Vorschlag ist genehmigt.

Ich bitte, den Antrag des Herrn Abgeordneten Reichensperger zu verlesen.

Schriftführer Abgeordneter Dr. **Blum**:

Der Reichstag wolle beschließen:

statt der §§ 93 bis einschließlich 94b zu setzen:

§ 93.

In Sachen von ungewöhnlicher Schwierigkeit steht nach dem Schluß der Instanz dem Anwalt eine besondere Vergütung zu. Im Fall der Nichteinigung über diese Vergütung entscheidet in erster Instanz der Vorstand der Anwaltskammer, in letzter das Oberlandesgericht.

Präsident: Ich bitte diejenigen Herren, die so beschließen wollen, sich zu erheben.

(Geschieht.)

Das ist die Minderheit; der Antrag ist abgelehnt.

Wir kommen nunmehr zur Abstimmung über den § 93, wie er aus den nachträglichen Beschlüssen der Kommission hervorgegangen ist; derselbe stimmt überein mit den ursprünglichen Kommissionsbeschlüssen. Ich bitte den Herrn Schriftführer ihn zu verlesen, — oder verzichtet das Haus darauf?

Das Haus verzichtet darauf.

Ich bitte dann bei der Abstimmung diejenigen Herren, welche den § 93, wie er aus den ursprünglichen Beschlüssen der Kommission hervorgegangen ist, stimmen wollen, sich zu erheben.

(Geschieht.)

Das ist die Mehrheit; der Antrag ist angenommen.

Wir kommen nun zu der Abstimmung bezüglich des § 94a, wie er aus den nachträglichen Kommissionsbeschlüssen hervorgegangen ist. Zuerst erfolgt die Abstimmung über den zuletzt gestellten Antrag des Herrn Abgeordneten Witte (Schweidnitz). Ich bitte, daß die Herren, welche, entgegen dem Antrag des Herrn Abgeordneten Witte, im Falle der Annahme des § 94a auch die Worte:

„welcher nicht einer Partei zur Wahrung ihrer Rechte beigeordnet oder als Vertheidiger bestellt ist, in außergewöhnlichen Fällen"

aufrecht erhalten wollen, sich erheben.

(Geschieht.)

Das ist die Majorität. Es würde also bei der späteren definitiven Abstimmung § 94a ungeändert, so wie er aus den nachträglichen Beschlüssen der Kommission hervorgegangen ist, zur Abstimmung kommen.

Wir kommen gemäß dem Antrag des Herrn Abgeordneten Windthorst, zur definitiven Abstimmung über den Beschluß ad § 94a, wie er ursprünglich von der Kommission vorgeschlagen ist. Ich bitte, denselben zu verlesen, — wenn das Haus nicht auf die Verlesung verzichtet.

(Abgeordneter Windthorst bittet ihn verlesen zu lassen.)

Schriftführer Abgeordneter Dr. **Blum**:

§ 94a.

Ist der Betrag der Vergütung nicht durch Vertrag festgesetzt, so kann der Rechtsanwalt, welcher nicht einer Partei zur Wahrnehmung ihrer Rechte beigeordnet oder als Vertheidiger bestellt ist, in außergewöhnlichen Fällen neben der gesetzlich bestimmten Vergütung bei Mittheilung der Berechnung derselben (§ 85) eine außerordentliche Vergütung beanspruchen.

Ueber die Zulässigkeit und Höhe des Anspruchs wird im Prozeßwege, nach eingeholtem Gutachten des Vorstandes der Anwaltskammer, entschieden.

Präsident: Ich ersuche diejenigen Herren, welche den § 94a, wie er eben verlesen worden ist, annehmen wollen, sich zu erheben.

(Geschieht.)

Das ist die Minderheit; diese Fassung des § 94a ist hiernach abgelehnt.

Wir kommen nun zur Abstimmung über § 94a, wie er aus den nachträglichen Beschlüssen der Kommission hervorgegangen ist.

Ich ersuche den Herrn Schriftführer, ihn zu verlesen.

Schriftführer Abgeordneter Dr. **Blum**:

§ 94a.

Ist der Betrag der Vergütung nicht durch Vertrag festgesetzt, so kann der Rechtsanwalt, welcher nicht einer Partei zur Wahrnehmung ihrer Rechte beigeordnet oder als Vertheidiger bestellt ist, in außergewöhnlichen Fällen neben der gesetzlich bestimmten Vergütung bei Mittheilung der Berechnung derselben (§ 85) eine außerordentliche Vergütung als solche in Rechnung stellen. Ein Rechtsanspruch auf diese Vergütung steht dem Rechtsanwalt nicht zu.

Präsident: Ich ersuche diejenigen Herren, die so beschließen wollen, sich zu erheben.

(Geschieht.)

Das ist die Minderheit; auch diese Fassung ist abgelehnt.

Wir kommen nun zur Abstimmung über § 94b, und ich bemerke dazu, daß, nachdem § 94a abgelehnt worden ist, im § 94b alle Bezugnahme auf § 94a ausfallen muß; ich bitte aber, daß die Herren sich darüber aussprechen, ob das Ihrer Ansicht entspricht. Es würde meiner Ansicht nach der § 94 b nun lauten müssen:

Für das Verhältniß des Auftraggebers oder des Rechtsanwalts zu dem Erstattungspflichtigen kommt die vertragsmäßige Festsetzung der Vergütung (§ 93) nicht in Betracht.

Ich frage, ob die Herren mit dieser Fassung einverstanden sind. — Ich konstatire Ihr Einverständniß.

Wir kommen zur Abstimmung, und ich werde mir erlauben, den § 94b in der Fassung, die er nun erhalten würde, nochmals zu verlesen.

§ 94 b.

Für das Verhältniß des Auftraggebers oder des Rechtsanwalts zu dem Erstattungspflichtigen kommt die vertragsmäßige Festsetzung der Vergütung (§ 93) nicht in Betracht.

Ich bitte diejenigen Herren, welche so stimmen wollen, sich zu erheben.

(Geschieht.)

Das ist die Mehrheit; der Paragraph ist in der Fassung, wie ich ihn vorgelesen habe, angenommen.

Wir kommen zu § 95.

Ich ertheile dem Herrn Referenten das Wort darüber. — Er verzichtet.

Ich eröffne die Debatte über § 95. — Es verlangt niemand das Wort; ich schließe die Debatte.

Verlangen die Herren eine besondere Abstimmung über § 95? — Das ist nicht der Fall; die Annahme des § 95 ist also ohne Abstimmung erfolgt.

Wir kommen nun noch zu einem nachträglichen Beschluß. Es ist bei der Unterbrechung der zweiten Berathung in der früheren Sitzung über die Ueberschrift des 7. Abschnitts vor § 86 noch nicht beschlossen worden. Ich bitte daher diejenigen, welche darüber noch das Wort ergreifen wollen, es zu thun. — Es ergreift niemand das Wort.

Ich bitte diejenigen Herren, welche diese Ueberschrift annehmen wollen, sich zu erheben.

(Geschieht.)

Das ist die Mehrheit.

Ich habe nun, meine Herren, über Ueberschrift und Einleitung des Gesetzes die Debatte zu eröffnen. — Es verlangt niemand das Wort; ich schließe die Debatte und nehme an, wenn nicht eine besondere Abstimmung verlangt wird, daß Ueberschrift und Einleitung Ihrerseits genehmigt worden ist.

Damit ist dieser Gegenstand erledigt.

Ich mache Ihnen jetzt den Vorschlag, meine Herren, daß wir im Interesse der Zeitersparniß den dritten Gegenstand, der vielleicht keine lange Zeit in Anspruch nehmen wird, vor der Nummer 2 in Berathung nehmen und die Berathung der Nummer 2 erst dann folgen lassen. Ich bitte die Herren, welche dem widersprechen, das Wort zu ergreifen, weil ich im Fall des Widerspruchs bei der festgestellten Tagesordnung beharren müßte. — Es widerspricht niemand; ich konstatire, daß die Herren damit einverstanden sind, die Nr. 3,

erste und zweite Berathung des Gesetzentwurfs, betreffend die §§ 25, 35 des Gesetzes vom 31. März 1873 (R.-G.-Bl. S. 61) — (Nr. 240 der Drucksachen)

jetzt zur Berathung zu nehmen.

Ich eröffne die **Generaldebatte** über diesen Gesetzentwurf.

(Vizepräsident Dr. Lucius übernimmt den Vorsitz.)

Vizepräsident Dr. **Lucius**: Es nimmt niemand das Wort — der Herr Abgeordnete Richter (Hagen) hat das Wort.

Abgeordneter **Richter** (Hagen): Meine Herren, es wird uns hier eine Aenderung in der Organisation der Reichsbehörden vorgeschlagen unter der Motivirung, daß man dadurch die obersten Reichsbeamten selbstständiger machen wolle und unabhängiger in ihrer Stellung gegenüber dem Reichskanzler und persönlich mehr verantwortlich. Ich bestreite, daß das die Wirkung dieser Aenderung sein wird. Es ist uns freilich schon in der letzten Zeit eine Reihe von Organisationsveränderungen vorgeschlagen worden mit einer ähnlichen Motivirung und die Mehrheit des Hauses hat vertrauensvoll diese Organisationsänderungen angenommen, in der Wirksamkeit ist aber das Gegentheil erfolgt. Beispielsweise, welche große Vorstellung hat man von mehreren Seiten im vorigen Jahr nicht an das Stellvertretungsgesetz geknüpft, und was ist aus den Stellvertretungsgesetz geworden? Der Herr Reichskanzler hat sich niemals so wenig vertreten lassen, als seitdem er einen Stellvertreter hat, von dem Stellvertreter des Herrn Reichskanzlers hören und sehen wir wirklich blutwenig, die Stellung des Stellvertreters ist gewissermaßen dadurch, daß der Reichskanzler sich so wenig vertreten läßt, zu einer vollständigen Sinekure heruntergedrückt.

Meine Herren, im vorigen Jahr knüpfte der Herr Reichskanzler weitgehende Ideen an die Bildung des Reichsschatzamtes. Er hatte es so eilig, daß noch ein Nachtragsetat eingebracht wurde, um es zu ermöglichen, sofort diese Organisation ins Leben zu rufen. Das Etatsjahr ist abgelaufen, das Reichsschatzamt ist nicht ins Leben getreten und ich bedaure das auch gar nicht, denn wir haben jedenfalls das Gehalt so lange gespart; der Herr Reichskanzler selbst nimmt die Finanzverwaltung bis in das kleinste Detail der Holzzölle selbst wahr und ein Reichsschatzsekretär würde unter diesen Umständen eine gewisse gedrückte Figur hier ausmachen. Meine Herren, es hat die Selbstregierung des Kanzlers in jeder Beziehung sich so ausgedehnt, wie nie zuvor, der Kanzler vereinigt Befugnisse in sich, wie sonst niemals in einem Staat ein Beamter in einer Person vereinigt hat und er macht zugleich von seinen Befugnissen einen seinen individuellen, persönlichen Auffassungen entsprechenden besonderen Gebrauch, wie es auch sonst nie vorgekommen ist; selbst absolutistische Herrscher haben in früheren Zeiten sich mehr in vielen Fragen gebunden erachtet und haben mehr ihre persönliche Auffassung untergeordnet den Anschauungen von fachmännischen Ressortbeamten und Ressortchefs, als es jetzt der Fall ist. Wir sehen die ganze Verwaltung mehr und mehr im Kanzler konzentrirt, losgelöst von dem sachverständigen Gutachten der einzelnen Ressortbeamten und der einzelnen Fachmänner. Nun, meine Herren, ist auch ein so bedeutender Mann, wie der Herr Kanzler, doch nicht unfehlbar und sein Wissen und Können ist, wie bei jedem Menschen, zuletzt begrenzt; nothwendig knüpfen sich an dieses Uebermaß der Selbstregierung große Mißstände. Jemehr der Herr Reichskanzler selbst alles zu erledigen sich angelegen sein läßt, je größere Unsicherheit entsteht in dem Gange der Verwaltung. Mehr wie je ist unsere Verwaltung losgelöst von den festen Traditionen, in denen sie sich früher bewegte. Irrthum und Unsicherheit ist möglich, und dadurch leidet die Verwaltung in ihren Einzelheiten mindestens eben so sehr, als unter den gegenwärtig maßgebenden unrichtigen Verwaltungsgrundsätzen.

Ich meine nun, meine Herren, daß dieser Zustand auch durch dieses Gesetz hier in keiner Weise verbessert werden wird. Das Gesetz, — wir haben ja kaum Zeit gehabt es zu lesen, — hat einen deklaratorischen Theil, wenn ich mich so ausdrücken darf und einen anderen Theil, in dem es prinzipiell eine Aenderung herbeiführt. Der deklaratorische Theil besteht darin, daß der Inhalt von zwei Paragraphen des Reichsbeamtengesetzes von 1873 ausgedehnt wird anf diejenigen Reichsämter, die seitdem mit einer gewissen Selbstständigkeit geschaffen worden sind. Nun, meine Herren, ich glaube, daß auch in der Beziehung die Erwartungen, wie man sie an die Schaffung dieser Aemter geknüpft hat, sich nicht erfüllt haben. Jemehr man das Reichskanzleramt zersplittert, zerlegt, jeweniger selbstständig, jeweniger thatsächlich bedeutend ist die Stellung der Vorstände der einzelnen Aemter geworden, und ich glaube nicht fehl zu gehen, wenn ich behaupte — ich sehe ja von der Personenfrage ganz ab, — daß alle diese Vorstände der selbstständigen Reichsämter zusammengenommen thatsächlich nicht diejenige Bedeutung, Unabhängigkeit und Verantwortlichkeit haben, die früher der Präsident des vereinigten Reichskanzleramts doch wenigstens im gewissen Maße hatte.

Der eigentlich abändernde Theil des Gesetzes betrifft wesentlich die Stellung der Ministerialdirektoren, und da bitte ich etwas genauer ins Auge zu fassen, wie die Sache sich verhält. Bisher konnten alle Ministerialdirektoren zur Disposition gestellt werden, aus politischen Gründen aus ihrem Amt entfernt werden, weil sie nicht mehr in Uebereinstimmung sich befanden mit dem leitenden Chef. Da wird ja also nichts geändert, nur insoweit diese Dispositionsstellung aus der Initiative des Chefs ausgeht, in den finanziellen Wirkungen einer solchen Entfernung aus dem Amte tritt eine Aenderung ein. Nach der geltenden Gesetzgebung hatte diese Entfernung aus dem Amte finanziell für die betreffenden Beamten die Bedeutung, daß sie nun das Wartegeld bekamen. Jetzt sollen sie nach der Abänderung entweder auf Wartegeld gesetzt werden oder pensionirt werden, — die Auswahl würde ja in das Belieben des Chefs gestellt werden, — werden sie finanziell ganz anders dotirt. Nehmen wir ein Beispiel, z. B. ein Ministerialdirektor hat eine zwölfjährige Dienstzeit, — ich kenne einen solchen, aber der Name thut hier nichts zur Sache, es kommt hier bloß auf das Beispiel an — wird er nach dem geltenden Gesetz auf Wartegeld gesetzt, so bekommt er 3/4 seines Gehalts oder, da ein Maximum für das Wartegeld angesetzt ist von 3000 Thalern, so würde er als Ministerialdirektor das Wartegeld von 3000 Thaler bekommen. Nach der neuen Bestimmung würde er aber bei der Pensionirung aus politischen Gründen viel schlechter stehen; er würde bei zwölfjähriger Dienstzeit 22/80. seines Einkommens Pension bekommen, eines Einkommens von präter propter 5000 bis 6000 Thaler. — Die Gehälter sind ja verschieden dotirt. Das würde also nur 1500 bis 1600 Thaler ergeben, also bedeutend weniger, als das Wartegeld von 3000 Thalern. Der leitende Beamte bekommt es also in die Hand, die Entfernung aus dem Amt aus politischen Gründen finanziell ganz verschieden zu gestalten für den Betreffenden. Je nachdem er mehr oder weniger seine persönliche Verdienste anerkennt oder nicht anerkennt, kann er ihn mehr oder weniger finanziell ungünstig stellen. Das scheint mir, meine Herren, nicht zulässig, in der Weise die Befugnisse zu erweitern. Es kann umgekehrt auch bei dem Dienstalter kommen, daß das Wartegeld die verhältnißmäßig ungünstigere Versorgung wird. Bei den Ministern war ja jetzt schon die Befugniß vorhanden, man könnte sie pensioniren oder auf Wartegeld setzen. Da macht es aber finanziell keinen Unterschied, weil dieses Wartegeld immer nur ein Viertel des Ministerialgehalts war, die 3000 Thaler machen ein Viertel von dem Ministerialgehalt aus, stellen zugleich das Minimum der Pension dar, was ja auch ein Viertel des Gehalts beträgt.

Meine Herren, ich weiß auch Folgendes nicht, jedenfalls ist mir die Bestimmung nicht klar geworden. Ein Beamter, der noch nicht zwei Jahre gedient hat und in Folge dessen gar keinen Pensionsanspruch hat, könnte nach dem neuen Paragraphen formell auch im Pensionswege entlassen werden und würde dann gar keine Vergütung bekommen, während er jetzt, auch wenn er nur ein paar Monate gedient hat, immer Anspruch auf Wartegeld hat. So ändert sich das Verhältniß, insofern die Initiative zur Entfernung des Beamten vom Kanzler ausgeht — oder vom Vorgesetzten.

Nun besteht eine zweite Neuerung dieses Gesetzes darin, daß es den Ministerialdirektoren das Recht gibt, selbst die Initiative zu ergreifen, ihre Entlassung aus dem Amt aus politischen Gründen zu erhalten, wenn sie sich mit dem Chef nicht mehr in Uebereinstimmung befinden.

(Zwischenruf.)

Es ist ja möglich, daß ich mich irre — man hat ja so wenig Zeit gehabt, sich über das Gesetz zu besprechen, aber mir sind persönlich Bedenken aufgestoßen, und da sonst niemand in der Sache das Wort ergriff — ich habe absichtlich gewartet, bis vielleicht juristischere Kräfte das klarstellten — so fühlte ich mich gedrungen, meine Auffassung der Sache klarzulegen.

Ich habe nun bisher nicht gefunden, daß man ein Recht hat, weil man sich mit seinem Chef nicht mehr in Uebereinstimmung befindet, die Pensionirung zu verlangen, so lange man an und für sich diensttüchtig ist. Thatsächlich wird sich die Sache doch immer so stellen, daß, wenn der Vorgesetzte und der Untergebene sich nicht mehr in Uebereinstimmung befinden, der Vorgesetzte es immer dahin zu bringen wissen wird, daß der Untergebene aus der Stellung entfernt wird. Wenn nun der Untergebene die formelle Berechtigung bekommt, die Initiative zur Entlassung zu ergreifen, ja, meine Herren, so hat das für den Chef das Angenehme, daß dem Untergebenen dann die Verantwortung für die Maßregel zufällt. Bisher lag immer ein gewisses Odium auf den Vorgesetzten, wenn ein Beamter, der sonst Anerkennung findet und tüchtig ist, aus politischen Gründen aus dem Dienste scheidet. Wenn nun dem Beamten selbst das Recht gegeben wird, die Initiative zu ergreifen, so wird der Chef immer im Stande sein, den Beamten dahin zu bringen, daß er die Entlassung einreicht, gewissermaßen die seidene Schnur sich selbst umlegt. Meine Herren, daß das geeignet ist, wie es in den Motiven heißt, die Selbstständigkeit des Beamten, seine Unabhängigkeit zu erhöhen, das muß ich doch bezweifeln.

Wie ich die Sache auffasse, würde sich nun beispielsweise folgendes Verhältniß herausbilden. Gesetzt, ein Direktor in der Admiralität trägt vielleicht von seinem seemännischen Standpunkt aus seinem Chef etwas vor, was mit der Ansicht des Chefs nicht übereinstimmt, dann sagt der Chef einfach: Sie stehen mit mir nicht mehr in Uebereinstimmung, machen Sie doch Gebrauch von § 35, von der seidnen Schnur, Sie haben ja das Recht sich die umzulegen. Verbessert dergleichen etwa die Stellung des Untergebenen? Jetzt konnte man freilich auf den erschütterten Gesundheitszustand des Beamten hinweisen, aber die Konstatirung eines solchen erschütterten Gesundheitszustandes hat doch immer ihre Umständlichkeiten und das läßt sich nicht so leicht machen. Meiner Auffassung nach wird die Stellung des Ministerialdirektors durch die Neuerung nicht gehoben, sondern sie wird eher heruntergedrückt. Dann, meine Herren, weiß ich überhaupt nicht, ob es richtig ist für alle Ministerialdirektoren, selbst wenn man das Gesetz annimmt, solche Bestimmungen zu treffen. Ich kann die Ministerialdirektoren sämmtlich nicht als politische Beamte ansehen. Es gibt Stellungen, die wirklich politischer Natur sind, aber z. B. ein Ministerialdirektor, der die Telegraphie speziell unter dem Generalpostmeister leitet, oder ein Ministerialdirektor der Admiralität und dergleichen, — das sind meines Erachtens nicht solche Stellungen, die wir irgend Grund hätten beweglicher zu machen, als sie an sich sind. Im Gegentheil es gibt in meinen Angen Ministerialdirektorstellen, die wir ein Interesse haben zu befestigen, damit Männer in solcher Stellung eine gewisse fachgemäße Autorität in einem beschränkten Ressort mit Erfolg geltend machen können.

Dann meine ich überhaupt, man soll doch nicht für solche Bestimmungen die Analogie aus wirklich parlamentarischen Verhältnissen herleiten, aus dem parlamentarischen Regierungssystem. Wir befinden uns nicht im parlamentarischen Regierungssystem, wir befinden uns eher in einem Regierungssystem, das ein ganz entgegengesetztes ist. In dem parlamentarischen Regierungssystem, ja, da wird jemand Ministerialdirektor oder bekommt eine solche Stellung, weil er gewisse politische Ueberzeugungen vorher öffentlich im Parlament oder sonst wie vertreten hat; er nimmt die Stelle an, um seiner Ueberzeugung zu dienen, nicht aber der Stelle wegen. Es kann dagegen jetzt anderweitig vorkommen, daß man Beamte in solche Stellungen ruft, bloß weil sie eine gewisse glatte Form haben, eine gewisse formale Geschäftsgewandtheit; ihre politische Ueberzeugung bildet sich dann erst heraus oder kommt erst zur Erscheinung, wenn sie schon im Amte sind, und wenn auch die politische Ueberzeugung dann in Widerspruch tritt mit der Auffassung des Parlaments oder der Mehrheit, so ist das für die Beamten, wie wir vielfach aus Erfahrung wissen, gar kein Grund, die Stellung aufzugeben. Ja, mitunter finden sie auch kein Bedenken daran, wenn der Chef mal seine Ansichten wechselt, nun auch die entgegengesetzte Ansicht in ihrer angeblich politischen Stellung vor uns zu vertreten.

Meine Herren, ich bin daher der Meinung, da wir das Wesen einer parlamentarischen Regierung nicht haben, so haben wir keine Veranlassung, gewisse Formen nachzuahmen, die bei wirklich vorhandenen parlamentarischen Regierungen passen mögen. Ich glaube, das wird nur dazu führen, statt die Beamten unabhängiger und verantwortlich zu machen, sie abhängiger und weniger verantwortlich und unselbstständiger zu machen. Ich bin aber überhaupt der Meinung, daß unsere ganze Organisation — man kann ja über dieses Gesetz denken, wie man will — nicht durch derartige Flickarbeiten verbessert werden kann. Man hat das fortgesetzt versucht, aber die Organisation ist nicht besser, sondern immer schlechter geworden. Ich bin der Meinung, daß hier nur geholfen werden kann, wenn das Regierungssystem von Grund aus geändert wird; dann werden wir zu einer größeren Ruhe und zu besseren Zuständen im Lande kommen. Jedenfalls möchte ich bitten, die zweite Lesung heute nicht zu übereilen, sondern die wirkliche Entscheidung über die Sache hinauszuschieben, denn soviel werden Sie entnommen haben, daß die Sache nicht so einfach ist, wie sie auf den ersten Blick erscheint.

(Bravo! links.)

Vizepräsident Dr. **Lucius**: Der Herr Abgeordnete von Goßler hat das Wort.

Abgeordneter **von Goßler**: Meine Herren, der zuletzt geäußerten Auffassung, daß die Sache nicht so einfach ist, wie sie scheint, schließe ich mich an. Wir haben es hier mit einem Gesetzentwurf zu thun, welcher unter einer sehr unscheinbaren Form eine große Menge wichtiger staatsrechtlicher Fragen berührt, die man sich im Zusammenhang klar machen muß, um zu einem sicheren Endurtheil zu gelangen. Ich möchte nun entgegen der Anschauung des Herrn Vorredners versuchen, den Kreis unserer Betrachtungen möglichst abzugrenzen, und will mich bemühen, die berührten Streitfragen über die persönliche Regierung des Herrn Reichskanzlers und seine Stellvertretung, über die Organisation der Reichsämter, die Frage, ob wir eine parlamentarische Regierung haben oder nicht, bei Seite zu lassen. Ich will mich vollkommen auf den Boden des Gesetzes vom 31. März 1873 stellen und von diesem aus meinerseits versuchen, zu erörtern und zu einem Entschluß zu gelangen, ob wir diesen Gesetzentwurf annehmen können oder nicht. Der Herr Vorredner hat im Anschluß an die Motive des Entwurfs ganz richtig darauf hingewiesen, daß das Gesetz zweierlei Tendenzen verfolgt, einmal zu deklariren und zweitens abzuändern und zu erweitern. Es ist für mich und, ich glaube, auch für meine politischen Freunde klar, daß, soweit das Gesetz deklaratorische Absichten verfolgt, es nicht allein nützlich, sondern wohl auch nothwendig ist, daß, wenn der § 25 des Reichsbeamtengesetzes die Fälle bezeichnet, in denen bestimmt bezeichnete politische Beamte zur Disposition gestellt werden können, in Folge der Entwicklung unserer Reichsverfassung und unserer Reichsorganisation auch diejenigen Beamten unter denselben Paragraphen fallen müssen, welche aus den im Gesetz bezeichneten Kategorien hervorgegangen sind. Wir brauchen uns nur zu vergegenwärtigen, daß das Reichskanzleramt gleichsam wie die Mutter vieler Kinder jetzt zu betrachten ist; das Reichskanzleramt hat das Reichsjustizamt hervorgebracht, das Post- und Telegraphenamt, das Reichseisenbahnamt, das Reichskanzleramt für Elsaß-Lothringen, und noch mehrere andere Aemter stehen in Aussicht.

Was den § 35 anbelangt, so finde ich in seiner Ausdehnung allerdings Schwierigkeiten. Allerdings, und ich glaube auch in dieser Beziehung im Namen der Mehrheit meiner politischen Freunde sprechen zu können, nicht in der Richtung, daß, soweit die Vorstände der neu gebildeten und unter der unmittelbaren Verwaltung des Reichskanzlers stehenden Reichsämter unter den § 35 gezogen werden sollen. Kein Bedenken besteht meinerseits darüber, daß, wenn der Präsident des Reichskanzleramts als ein politischer Beamter unter den Voraussetzungen des § 35 auch bei Dienstfähigkeit in Ruhestand treten kann, sei es freiwillig, sei es gezwungen, man auch allen seinen Nachfolgern in den obengenannten Aemtern, dem Staatssekretär des Reichsjustizamts, dem Generalpostmeister, dem Präsidenten des Reichseisenbahnamts, dem Unterstaatssekretär des Reichskanzleramts für Elsaß-Lothringen und dem Staatssekretär des Reichsfinanzamts die gleichen Rechte und gleiche Pflichten auferlegen darf. Die Schwierigkeit finde ich, wie der Herr Vorredner, wesentlich in der Stellung der sogenannten Direktoren. Es ist vielleicht nicht leicht dasjenige, was man von einem Direktor erwartet, hofft und wünscht, was man sich unter einem Direktor vorstellt, klar auszudrücken. Diejenigen, welche den Verhandlungen des preußischen Abgeordnetenhauses, als es sich um die Erhaltung der Unterstaatssekretärstellen im Ministerium des Innern und im Handelsministerium handelte, gefolgt sind, werden sich entsinnen, daß damals von den leitenden Chefs dieser Zentralverwaltungen ganz verschiedene Gesichtspunkte aufgestellt wurden. Der eine wollte in dem Unterstaatssekretär, — und derselbe ist ja im Sinne des vorliegenden Gesetzentwurfs als ein Direktor anzusehen, weil er nicht Chef, nicht Vorstand eines Amtes ist, — einen politischen Vertreter des Chefs sehen, der andere dagegen wollte in dem Unterstaatssekretär einen Vertreter haben, in welchen sich die ganze administrative Vergangenheit der Zentralbehörde und die gesammte Technik des Ministeriums konzentriren sollte. Je nachdem man sich auf diesen oder jenen Boden stellt, kann man in der That zu verschiedenen Konsequenzen gelangen. Sieht man sich den Entwurf an, so möchte man glauben, daß der Entwurf in Anschauung des Direktors den Schwerpunkt nach der politischen Seite hin verlegt, insofern er darauf pointirt, daß der Direktor berufen ist, seinen Chef zu vertreten, und er in Folge dessen ebenso, wie dieser, ein politischer Vertrauensmann des leitenden Beamten sein muß. Die Schwierigkeit, die ich mir bei Ausdehnung des § 35 auf die Direktoren aufgeworfen habe, findet, wie der Herr Vorredner meines Erachtens ganz richtig angedeutet hat, ihren Ausdruck in den finanziellen Ergebnissen, welche die Pensionirung der Direktoren, sei es die freiwillige, sei es die unfreiwillige, auch wenn die Dienstunfähigkeit noch nicht eingetreten ist, zur Folge hat. Es ist in dem § 35 gesagt: die daselbst genannten Beamten können ihre Pensionirung fordern und auch erhalten, wenn und zwar, wie es wörtlich heißt:

Der Anspruch auf Pension beginnt, wenn der Ausgeschiedene mindestens zwei Jahre das betreffende Amt bekleidet hat. Der Mindestbetrag der Pension ist ein Viertel des etatsmäßigen Gehalts.

Für alle diejenigen, welche sich mit unseren Reichsbeamtenverhältnissen etwas eingehender beschäftigt haben, ist es wohl bekannt, daß die Zeilen, welche ich vorgelesen habe, eine ungemein schwierige Kontroverse in sich schließen. Das Reichsbeamtengesetz stellt in seinem § 34 das Prinzip auf, daß Beamte nur bei Dienstunfähigkeit die Pensionirung nachsuchen dürfen und daß ein dienstunfähiger Beamter nur eine Pension erhält, wenn er zehn Jahre im Reiche oder in einem Bundesstaate als Beamter gedient hat. Wir haben im § 35 nun den Fall vor uns, wo derjenige, welcher noch völlig dienstfähig ist, aus dem Dienste ausscheidet und eine Pension dann oder nur dann erhält, wenn er mindestens zwei Jahre das betreffende Amt bekleidet hat. Die eine Meinung, die meines Erachtens den Wortlaut des Gesetzes für sich hat, geht dahin, daß, wenn ein Beamter der im § 35 erwähnten Kategorien bei Dienstfähigkeit ausscheidet und noch nicht zwei Jahre die betreffende Stelle eines politischen Beamten, wenn ich so sagen darf, um mich allgemein auszudrücken, bekleidet hat, er keinen Pfennig bekommt, auch wenn er schon über zehn Jahre im Dienst des Reichs oder eines Bundesstaats angestellt gewesen ist. Das ist die eine Ansicht, die, um einen literarisch bedeutenden Namen anzuführen, von Kannegießer vertreten wird. Die andere ihm entgegenstehende Ansicht, die Thudichumsche Ansicht, geht dagegen dahin, daß in solchen Fällen, wo ein Beamter zwar noch nicht zwei Jahre die betreffende Stelle eingenommen hat, dagegen über zehn Jahre im Reichs- oder Staatsdienst gewesen ist, derselbe demnach einen Anspruch auf Pension entsprechend seiner Dienstzeit besitzt. Bei der Gegenüberstellung dieser beiden Ansichten verkennen Sie, meine Herren, nicht die eminente finanzielle Tragweite. Sie würden, wenn die Kannegießersche Ansicht die richtige ist, sehr leicht den Fall konstruiren, daß ein noch so lange und altgedienter Beamter, der noch nicht zwei Jahre die politisch wichtige Stelle bekleidet, bei seiner freiwilligen oder unfreiwilligen Pensionirung keinen Pfennig erhalten würde. Ueber diese Frage muß man, meines Erachtens, unter allen Umständen einen bestimmten Aufschluß erhalten, ehe man sich klar machen kann, ob es einem Direktor zuzumuthen ist, in eine Stellung einzutreten, aus welcher er trotz langer Dienstzeit innerhalb zweier Jahre entlassen werden kann, ohne einen Pfennig Pension zu erhalten? Ich möchte glauben, daß nicht allein für mich, sondern auch für eine große Anzahl von Mitgliedern dieses Hauses eine bestimmte Erklärung nach der angedeuteten Richtung hin von Seiten des Bundesrathstisches sehr erwünscht wäre. Findet die Ansicht Beifall, welche ich als die Thudichumsche bezeichnet habe, dann würde allerdings ein Ministerialdirektor immer noch ohne Pension aus seinem Amte scheiden können, wenn er einmal nicht zwei Jahre in seiner Stelle und zweitens weniger als zehn Jahre im Reichs- oder Staatsdienst gewesen ist. Das mag auch noch unerwünscht sein, aber über diese Lücke kann man sich eher hinweghelfen, weil es jedenfalls eine seltene Ausnahme sein wird, wenn ein Beamter, welcher nicht zehn Jahre im Dienst des Reichs oder eines Bundesstaates gestanden hat, in die Stelle eines Ministerialdirektors berufen wird.

Den Anführungen des Herrn Vorredners gegenüber möchte ich aber darauf Werth legen, daß, wenn wir überhaupt die Direktoren in den Rahmen des Reichsbeamtengesetzes bringen, diesen das Recht des selbstständigen Abgangs gewahrt werde. Ich will hier nicht zu weit greifen, aber das möchte ich doch betonen, daß die Entwickelung unseres Staatswesens meines Erachtens dahin drängt, daß zur Erhaltung der tüchtigen Charaktere in unserem Beamtenstande, welche niemals, bei keiner Entwickelung unseres Staats- und Reichslebens entbehrt werden können, es beiträgt, wenn man den Beamten in so hervorragender Stellung, wie die der Direktoren der obersten Reichsbehörden ist, das Recht giebt, aus einem Amte auszuscheiden, in welchem sie sich mit dem Leiter der Verwaltung nicht mehr eins fühlen. Staatsrechtlich ist das sogenannte Recht der Resignation eines Beamten ein überaus schwieriges und bestrittenes. Alle Herren, welche das preußische und das Reichsverwaltungsrecht nach dieser Richtung geprüft haben, werden mir zugeben, daß es ohne eine klare bestimmte gesetzliche Vorschrift sehr schwer ist, auf diesem Gebiete zu einem festen Ergebniß zu gelangen, und wir Preußen wissen alle, daß, wenn preußische Beamte resignirt hatten, vielfach auf ihre Resignation ein ablehnender Bescheid ihnen zu Theil geworden ist, und meines Erachtens de jure, mit vollem Rechte.

Ich möchte nun, um alle Schwierigkeiten, die ich in bester Absicht diesem Gesetzentwurf gegenüber hier entwickele, zu beseitigen, noch auf einen Punkt kommen. Meine jetzige Bemerkung betrifft die Frage, welcher Beamte als Vorstand und welcher Beamte als Direktor zu bezeichnen ist. Die Vorstände sind mit anderen Worten in den Motiven als Chefs bezeichnet. Darüber kann rechtlich kein Zweifel bestehen, daß die Bezeichnung „Vorstand" hier nicht einen amtlichen Titel bildet, mit welchem man bestimmte Beamten benennt, sondern die Funktionen andeutet, welche der betreffende Beamte bekleidet, mit anderen Worten, daß die fragliche Bezeichnung darauf hinweist, daß ein Beamter unter einer gewissen Verantwortlichkeit mit der relativ selbstständigen Leitung eines Verwaltungszweiges betraut ist. Wenn wir unsere jetzt bestehenden, dem Reichskanzler unmittelbar unterworfenen Reichsämter ansehen, so wissen wir, daß ganz unabhängig von den Titeln, welche die Chefs führen, als Vorstände zu bezeichnen sind: der Präsident des Reichskanzleramts, der Staatssekretär des auswärtigen Amts, der Staatssekretär des Reichs-Justizamts, der Präsident des Reichs-Finanzamts, der Unterstaatssekretär des Reichskanzleramts für Elsaß-Lothringen und der Generalpostmeister für die Post- und Telegraphenverwaltung.

Schwieriger, meine Herren, ist es in der That, sich klar zu werden, was unter einem „Direktor" verstanden werden soll. Bekannt ist, daß das Wort „Direktor" im allgemeinen einen amtlichen Titel bezeichnet und nicht bloß eine Funktion. Es entsteht nunmehr ein Zweifel darüber, ob, wenn jemand zwar die Funktion, nicht aber den Titel eines Direktors hat, er im Sinne dieses Gesetzes als ein Direktor anzusehen ist. Ich will gleich einen konkreten Fall anführen. Es ist zur Zeit nur ein Fall, der Zweifel gewährt; er betrifft den Unterstaatssekretär im Reichskanzleramt. Bei dem Reichskanzleramt haben wir einen Unterstaatssekretär und einen Direktor, bei den übrigen obersten Reichsämtern, namentlich bei der Post- und Telegraphenverwaltung, dagegen nur Direktoren. Es ist mir persönlich zwar nicht zweifelhaft, daß im Sinn dieses Gesetzentwurfs der Unterstaatssekretär im Reichskanzleramt ein Direktor ist, aber ich halte es doch für wichtig, diesen Gedanken hier auszusprechen; denn mit den einschlagenden Gesetzen haben die Gerichtsbehörden demnächst zu thun, und es ist bekannt, daß die gerichtlichen Entscheidungen ungemein schwierig zu fällen sind, wenn die Gesetze der wünschenswerthen Klarheit entbehren.

Ich möchte daher bitten, daß die Vertreter der Bundesregierungen über die angedeuteten Zweifel sich äußern, und ich würde von meinem Standpunkt aus, wenn die angeregten Zweifel nicht klar widerlegt werden, kein Bedenken haben, die zweite Lesung heute von der Tagesordnung abzusetzen.

(Pause.)

Vizepräsident Dr. **Lucius**: Der Herr Abgeordnete Dr. Lasker hat das Wort.

Abgeordneter Dr. **Lasker**: Mit Recht hat der Herr

Präsident auf die Regierungsbank hingesehen, ob nicht von Seiten der Regierungen irgend eine Erklärung kommen würde. Ich möchte doch an diese Verhandlung eine Bitte knüpfen, daß uns nicht ohne Noth wichtige Gesetze gegen den Schluß der Session vorgelegt werden mögen. Wenn der Herr Präsident die Wichtigkeit dieses Gesetzes gestern erkannt hätte, würde er sicher uns nicht vorgeschlagen haben, die erste und zweite Lesung auf die Tagesordnung zu setzen. Ich will aber unparteiisch dasselbe auch von mir sagen: wenn ich die Wichtigkeit des Gesetzes gekannt hätte, würde ich sicherlich dem Vorschlage widersprochen haben, dem kein Mitglied dieses Hauses zustimmen könnte bei genügender Kenntniß des Gesetzes. Ich gestehe offen, daß es mir folgendermaßen gegangen ist. Ich habe den Text des Gesetzes gelesen und habe angenommen, wie gewiß die Mehrheit derjenigen, die bloß den Text des Gesetzes gelesen haben, daß wir es lediglich mit einer rein technischen Frage zu thun haben; ich habe alsdann noch so viel Zeit gehabt, die erste Hälfte der Motive zu lesen, und bin immer bei dieser Meinung geblieben, bis ich auf Seite 6 gekommen bin und gesehen habe, daß wir es in Wahrheit mit einem bedeutenden Verwaltungsorganisationsgesetz zu thun haben, und zwar mit einem Lieblingsgedanken des Herrn Reichskanzlers, welchen derselbe schon in Preußen verfolgt hat, hier fortgesetzt verfolgt, und was nicht mit einem Mal sich erreichen läßt, soll stück- und bruchweise von uns gewährt werden.

Es ist ein Lieblingsgedanke des Herrn Reichskanzlers, für welchen er schon in Preußen lebhaft eingetreten ist, sämmtliche Ministerialbeamten nach seinem Belieben jederzeit entfernen zu können. Ich glaube sogar, dieser Gedanke ist uns befürwortet worden mit der konstitutionellen Praxis aus England, wie sehr Vieles, was bei uns zur Erschütterung unserer althergebrachten und guten Zustände etwa eingeführt werden soll, seine Begründung aus England bekommt, weil dort Aehnliches ist, — natürlich ohne genaue Kenntniß der englischen Verhältnisse. Nun ist gerade die englische Praxis — wenn wir überhaupt aus der parlamentarischen Regierungsweise unsere Muster entnehmen sollen, was diese Vorlage will, — in England hat jedes Ministerium zwei verschiedene Direktoren, einen parlamentarischen Direktor und einen zweiten, den technischen Verwaltungsdirektor, und man würde es wunderlich in England finden, wenn der technische Verwaltungsdirektor zu den beweglichen und entfernbaren Beamten gezählt werden sollte; dies liefe auf eine Desorganisation der Verwaltung hinaus. Der Herr Reichskanzler liebt die große Beweglichkeit in den Ministerien, er hat das öfter in seinen Ausführungen dargethan, und auch durch die That, indem er durch gelegentliche Aeußerungen in der Debatte, im Stande war, Minister zu entfernen. Auch gebe ich den Grundsatz bis zu einer gewissen Grenze zu; es ist unter den heutigen Umständen viel besser, wenn die Minister ihre veränderte Situation rechtzeitig erkennen und ihre Entlassung nehmen, ihren politischen Charakter retten, wie der Herr Abgeordnete von Goßler eben gesagt hat, als wenn sie sich schleppen lassen, so lange eine Möglichkeit vorhanden ist, in ihren Ministerien zu bleiben, und erst, wenn sie gewissermaßen den Avis bekommen, das Ministerium verlassen. Diesem Grundgedanken stimme ich bei, und ich gestehe für mich, daß ich immer mit einem Gefühl von Wehmuth erfüllt war, wenn ich Minister fortfunktioniren sah, die mit einem großen Vorrath von Selbstständigkeit und allem demjenigen, was einen politischen Mann geachtet macht, in die Ministerien eingetreten sind, während sie im Laufe der Jahre durch die Behandlung, die sie erfahren und die sie sich selber angedeihen ließen, viel gemindert in diesem Punkte aus ihrem Amte zurücktraten. Hält man aber hieran fest, so folgt hieraus auf der anderen Seite, daß irgend ein fester Punkt im Ministerium vorhanden sein muß, damit die Verwaltung nach dauernden Traditionen fortgeführt werden könne, daß nicht zugleich mit der Entlassung als Minister ein jugendlicher Beamter, der sich hervorthut, indem er sich den Gewohnheiten seines Chefs am meisten anbequemt,

(Heiterkeit)

zum technischen Direktor ernannt, und nicht bloß das politische Ministerium, sondern auch das technische Ressort seiner bisherigen Geschäftsleitung beraubt werde, und der neue Minister auch für die laufende Verwaltung sich neue Entwürfe mache, nach seinem eigenen Ideal. In diesen Strudel wollen wir die Verwaltung nicht hineinziehen lassen, sondern wir wollen, indem sich bei uns in den höheren Regierungsstellen alles noch durcheinander bewegt, wenigstens an einem Punkte festhalten, und zwar an dem Direktor. Außerdem bin ich der Meinung, daß eine Gesetzgebung in Bausch und Bogen namentlich in Organisationsangelegenheiten zu vermeiden ist. Dieses Gesetz, das sich wenigstens beim ersten Lesen des Textes so harmlos ausdrückt, als ob wir es bloß zu thun hätten mit einer Ausdehnung bestehender Bedürfnisse auf solche Posten, welche vermöge ihrer inneren Analogie bereits unter die Vorschriften des bestehenden Gesetzes fielen, hat nach seinem versteckten Inhalt die Bedeutung, daß in der Behandlung wichtiger Aemter eine grundsätzliche Umänderung eintreten soll, an denen wir jetzt noch glauben einen festen Halt zu haben. Alle Direktoren sollen einer generellen Regel der Absetzbarkeit und Zwangspensionirung unterworfen werden. Dagegen bin ich der Meinung, daß es rathsam ist, das Gesetz so umzugestalten, daß wir aus dem Gesetz genau die Posten herauslesen, welche davon betroffen werden sollen, daß wir aber kein allgemeines Organisationsgesetz für jetzige und zukünftige Aemter erlassen. Der Regierungsentwurf will nicht allein auf die gegenwärtigen Verhältnisse angewendet werden, sondern auch auf die zukünftigen. Nun bitte ich, daß mir Jemand im Hause sage, ob er schon eine bestimmte Vorstellung hat, wie in Zukunft die Organisation der Reichsämter stattfinden soll. Wenn wir heute meinen, ein ganz bestimmtes Bild zu haben, und morgen äußert sich der leitende Wille, so bekommt die ganze Organisation eine andere Bedeutung, aber der einmal gefaßte Gesetzeswortlaut bleibt. Der Herr Abgeordnete Richter hat in einem Punkte die Vorgänge nicht richtig geschildert als er sagte, es seien große Hoffnungen geknüpft worden an das Stellvertretungsgesetz.

(Ruf: Mir haben sie nicht vorgeschwebt!)

— Mir auch nicht! Ich habe in der Verhandlung über jenes Gesetz ausdrücklich erklärt, daß ich jedes Gesetz annehme, welches gewisse verfassungsmäßige Schwierigkeiten zu beseitigen vermag, um dereinst zu einer wirklichen Ministerialorganisation zu kommen, und gleichzeitig habe ich erklärt, ich machte mir keine Täuschung darüber, daß unter der Disposition des Herrn Reichskanzlers von dem Stellvertretungsgesetz, ich wenigstens, einen Fortschritt in Bezug auf die Organisation nicht erwartete. So ist es geschehen, das Stellvertretungsgesetz hat uns bis jetzt keine festere Organisation gebracht. Die Absichten des Herrn Reichskanzlers haben in den wesentlichsten Punkten in Beziehung auf das Verhältniß der Verwaltung der Reichsfinanzen und der Finanzen Preußens in ganz kurzer Zeit durchaus gewechselt, und nach dem bekannten System des Herrn Reichskanzlers mit großer Freimüthigkeit aufzugeben, was er jüngst als seine Absicht ausgesprochen hatte, kann kein Mensch die Bürgschaft übernehmen, ob seine heutige Anschauung auch noch in acht oder vierzehn Tagen giltig sein werde. Wie läßt sich bei solchen Zuständen ein Organisationsgesetz machen, welches für alle Zukunft feststellt, daß alle Beamten von einer bestimmter formalen Kategorie absetzbar sein sollen? Dem gegenüber ließe sich nur so verfahren, daß die dringenden Nothwendigkeiten versorgt werden; denn niemals können wir uns in eine derartig rein oppositionelle Stellung bringen, daß wir sagen, uns gefällt diese ganze Regierungsorganisation nicht, deswegen geben wir auch nicht das Nothwendige. Aber über das Nothwendige hinaus wollen wir nicht gehen und wollen insbesondere nicht einer zukünftigen Organisation eine Beweglichkeit anweisen, welche die Gefahr mit sich bringt, uns auch noch den letzten Rest von irgendwelcher Beständigkeit der Verwaltung und gleichmäßiger Handhabung derselben aufzulösen.

Ich bin bereit, darauf einzugehen, daß die Zahl der Beamten erweitert werde, die entfernt werden können. Der Herr Abgeordnete von Goßler hat den zutreffenden Grund angegeben, daß es in der heutigen Zeit besonders nothwendig sei, die Festigkeit der politischen Charaktere zu schützen. Ob diese Absicht allseitig getheilt wird, kann ich nicht feststellen, aber es ist ein gutes Ziel, und ich bin gewiß bereit, dieses Ziel zu befördern. Aber über diesen Gedanken darf die andere wesentliche Nothwendigkeit, eine gewisse Konstanz der Verwaltung zu erhalten, nicht gänzlich außer Augen gelassen werden. In einem großen Umfange werden die wichtigen Gesetze, über welche wir gegenwärtig verhandeln, von ganz neuen Personen vertheidigt, von Personen, welche zu dem Zweck herbeigerufen sind, den Regierungsstandpunkt zu vertreten. Erwünscht ist dieser Zustand uns nicht; vielleicht ist es auch der Majorität nicht erwünscht, daß ein solcher Wechsel täglich sich vollziehen kann. Ich sehe aber von dem ab, was gegenwärtig vorgeht, sondern ich sage objektiv: soll die Vollmacht allgemein ertheilt werden, daß sämmtliche Direktoren täglich gewechselt werden können, dann muß Fürsorge getroffen werden, daß bestimmte Personen wenigstens da sind, die in Hinsicht der Verwaltung die Kontinuität der Departements festhalten. Wenn Sie für jedes Departement zwei Direktoren ernennen, das englische System einführen wollen, einen politischen und einen technischen Direktor, dann erst würde es keine Bedenken haben, den politischen Direktor dieser Beweglichkeit zu unterwerfen. Nicht bloß die Folge für die Finanzen, nicht bloß die Rückwirkung auf die einzelnen Beamten ist für mich in erster Linie entscheidend, obschon ich gestehen muß, daß dieses Gesetz sehr eigenthümlich auf das Verhältniß der Aemter zurückwirken würde. Wer bisher Rath in einem Ministerium gewesen ist und Direktor werden soll, der geht ein gewagtes Geschäft ein; es kann dies eine Beförderung sein, um — ich will nicht sagen um, sondern mit der Folge, daß er in ganz kurzer Zeit einen erheblichen Theil seines Einkommens verliert. Ob dies eine günstige Handhabe ist, die Tüchtigsten und Brauchbarsten für die Stellung eines Direktors zu bekommen, bezweifle ich. Es wird vielmehr so kommen, daß minder Brauchbare bereit sein werden, die Direktorenposten anzunehmen, wenn sie in sich die Kapazität fühlen, jederzeit ihre Ansicht und ihr Benehmen konform zu halten mit dem Willen des Chefs, während derjenige, der in der altpreußischen Schule erzogen ist — und gewiß auch in der Schule anderer deutscher Staaten, als es noch nicht Mode war, die Beweglichkeit in die Aemter hineinzubringen, wie heute — welche fühlen, nicht im Stande zu sein, jeden politischen und Verwaltungswechsel mitzumachen bis in den innersten Kern der Verwaltung hinein, der wird sich hüten, unter den Bestimmungen dieses Gesetzentwurfs den Direktorposten anzunehmen, weil er bei jedem grundsätzlichen Wechsel ehrenhalber selber gezwungen sein wird, seine Entlassung zu nehmen, durch die Freiheit, die Sie ihm geben, daß er die Entlassung nehmen kann. Bis jetzt ist es in Preußen Brauch, wenn ein Ministerialrath aus politischen Gründen außer Aktivität gesetzt werden soll, daß man ihm ein anderes Dezernat gibt, welches minder gefährlich scheint in seinen Händen; so behielt der Ministerialrath wenigstens seine Stellung, und wenn die Zeiten sich wieder ändern, kann er wieder in das Dezernat eingesetzt werden, für welches er gute Erfahrung besitzt. So ist es in Preußen. Im Reiche geht dies zum Theil nicht, weil die Zentralverwaltungen über keinen so großen Bestand von Räthen zu verfügen haben. Aber so wie wir auch dem Direktor die Berechtigung einräumen, seine Entlassung zu nehmen, verliert er sogar den moralischen Anspruch darauf, daß ihm ein für seine Ueberzeugung passendes Dezernat gegeben werde, sondern sein Chef bestimmt nach seinem Ermessen das Dezernat und stellt dem Direktor anheim, seine Entlassung zu nehmen.

Dies ist die Tragweite des Gesetzes, das wenigstens mir sich so unschuldig eingeführt hat, daß ich glaubte, es wäre ein blos technisches Gesetz, so unschuldig wohl auch in den Augen des Präsidenten, daß derselbe glaubte, die erste und zweite Lesung unbedenklich verbinden zu können, das aber in Wahrheit, wie von den verschiedensten Parteien bezeugt wird, erhebliche Organisationsschwierigkeiten und Bedenken in sich birgt. Das folgt aus dem Umstand, daß die Geschäfte sich drängen, daß wir in der kürzesten Frist an die Berathung eingebrachter Gesetze gehen, und der Regierungstisch sich dispensirt von der Nothwendigkeit, die Gesetze mündlich einzuführen, weil bereits die Motive gedruckt seien und angeben, was die Regierung beabsichtige, während im Drange der Geschäfte die meisten Mitglieder des Hauses nicht im Stande sind, aus den blos schriftlichen Motiven sich zu informiren. Ich bin der Meinung, daß es sich verlohnen würde, dieses Gesetz an eine Kommission zu verweisen, indessen wird es vielleicht für hent schon Genüge thun, wenn dem Antrag Richter stattgegeben wird, das Gesetz von der heutigen Tagesordnung abgesetzt wird. In der zweiten Lesung kann alsdann die Geschäftsbehandlung näher geprüft werden.

Vizepräsident Dr. **Lucius**: Der Herr Bevollmächtigte zum Bundesrath Staatssekretär im Reichsjustizamt Dr. Friedberg hat das Wort.

Bevollmächtigter zum Bundesrath Staatssekretär im Reichsjustizamt Dr. **Friedberg**: Meine Herren, wenn die Regierung es unterlassen hat, dieses Gesetz mit einigen Worten einzuführen, so geschah es, weil sie aus dem Umstande, daß heute die erste und zweite Lesung anberaumt war, den Schluß zog, daß der Gesetzentwurf hier nicht diejenigen Anfechtungen erfahren möchte, die er denn doch erfahren hat. Ich würde, glaube ich, sehr unrecht thun, wenn ich den Ausführungen gegenüber, die von Rednern der verschiedensten politischen Seiten des Hauses hier vorgebracht worden sind, mit der Behauptung auftreten wollte, das Gesetz sei ein rein technisches Gesetz, was sehr wohl schon heute in zweiter Lesung angenommen werden könnte. Nein, meine Herren, ich gestehe ganz gern zu, der Gesetzentwurf in seinen wenigen Worten hat einen realen politischen Inhalt.

(Hört!)

Es ist insofern allerdings ein blos technisches Gesetz, als es gewisse Reichsbeamte, die in dem Reichsgesetze über die Beamten nicht als solche aufgeführt sind, die auch ohne Dienstunfähigkeit aus dem Amte scheiden können, mit jenen dort genannten Beamten gleichstellt, und gegen diese Ansicht ist, soweit ich die Berathungen verstanden habe, auch kein Widerspruch erhoben worden. Wohl aber richten sich Bedenken dagegen, daß außer jenen Beamten auch die „Direktoren" in Reichsämtern, wie sie einerseits ohne Dienstunfähigkeit sollen entlassen werden können, so auch andererseits ohne Dienstunfähigkeit sollen ihren Abschied verlangen können. Das ist allerdings eine tiefgreifende, und ich erkenne es gerne an, eine politische Aenderung unseres Beamtenorganismus in den Reichsbehörden. Der Gesetzentwurf hat aber geglaubt, daß er mit dieser Aenderung einen Weg betrete, der des Beifalls des Hauses sich würde erfreuen können, weil es ja immer als ein berechtigtes Postulat von Ihnen aufgestellt worden ist, daß die Beamten in den höheren politischen Stellungen nicht durch Rücksichten auf ihre wirthschaftliche Lage bestimmt werden möchten, ein Amt weiter zu führen, das sie nicht mehr im Einklange mit ihrer eigenen Ueberzeugung einer geänderten politischen Situation gegenüber würden führen können. Der Herr Abgeordnete Lasker hat allerdings ausgeführt, daß diese Auffassung doch nur für solche Beamte zutreffend sei, die wirklich ein politisches Amt mit politischer Verantwortlichkeit führten, daß wir aber Direktoren dieser Art augenblicklich nicht hätten, und daß selbst das parlamentarisch geschulte England darum immer zwei verschiedene Arten von Direktoren hätte, den einen als Träger der politischen Verantwortlichkeit, den anderen gewissermaßen nur als den Träger der technischen Kontinuität im Amt. Ja, meine Herren, hätten wir in unseren Reichsämtern zwei solche Funktionäre, dann bedürften wir das Gesetz für die zweite Kategorie von Direktoren allerdings nicht. Wir haben aber in den Reichsämtern nur Direktoren einer Art, und man mag da theoretisch so viel dagegen sagen, wie man will, ein Direktor ist mehr oder minder immer ein politischer Beamter; denn er hat die Vorstände der Reichsbehörden zu vertreten und hat mit ihnen die politische Verantwortlichkeit, so weit ihnen überhaupt politische Verantwortlichkeit obliegt, mit zu tragen.

Nun ist gefragt worden, und zwar von dem Herrn Abgeordneten von Goßler: wie steht es denn nun mit einem solchen Direktor, der innerhalb der zwei ersten Jahre entweder den Abschied verlangt, oder den Abschied ungebeten erhält, bekommt der dann irgend eine Pension oder muß er unter Umständen ohne irgend welchen Pensionsgehalt ausscheiden? Der Herr Abgeordnete von Goßler hat selbst bereits dargelegt, daß über die Auslegung des § 35 des Reichsbeamtengesetzes verschiedene theoretische Ansichten stattfinden und daß der eine Kommentator des Reichsbeamtengesetzes, der ja an der Bearbeitung desselben, als Referent, soviel ich mich erinnere, in der Kommission theilgenommen hat, davon ausgeht, ein solcher Beamter müsse ohne alles Wartegeld und ohne alle Pension ausscheiden. Die andere Meinung, wie sie von Thudichum, und wie ich glaube, überzeugend vertreten ist, geht dahin, wenn ein solcher Beamter überhaupt im Reichs- oder Partikularstaatsdienste 10 Jahre lang vorher angestellt gewesen ist, dann hat er einen Anspruch auf Pension, und ich glaube, Thudichum weist das ganz überzeugend aus der Geschichte dieses § 35 nach und es erscheint mir darum als ein Irrthum in der Kannegießerschen Auffassung, wenn er die andere Auslegung dem Paragraphen gibt.

Der Herr Abgeordnete von Goßler hat weiter gefragt: was versteht denn der Gesetzentwurf unter „Vorstand", und was versteht er unter „Direktoren?" Darauf erwidere ich: bei dem Ausdruck „Vorstand" hat sich der Gesetzentwurf dem § 2 des Gesetzes über die Stellvertretung des Reichskanzlers angeschlossen, in welchem es heißt:

> Es kann ein Stellvertreter allgemein . . . für den gesammten Umfang der Geschäfte ernannt, oder es können für diejenigen einzelnen Amtszweige, welche sich in der eigenen nnd unmittelbaren Verwaltung des Reiches befinden — die „Vorstände" der dem Reichskanzler untergeordneten obersten Reichsbehörden mit der Stellvertretung betraut werden.

Wir haben also in der Reichsgesetzgebung den Begriff „Vorstand" bereits vorgefunden und haben uns darum in dem neuen Gesetze der vorhandenen Terminologie angeschlossen.

Es ist weiter die Frage aufgeworfen worden, was versteht der Gesetzentwurf unter dem Ausdruck „Direktor?" und es wurde schon hinzugefügt, es könnte diese Frage eigentlich nur bei einer Stelle, der des Unterstaatssekretärs im Reichskanzleramt, zweifelhaft sein, weil virtuell diese Stellung die eines Direktors, und eben nur der Titel ein anderer sei. Ich darf diese Spezialfrage hier dahingestellt bleiben lassen, wohl aber möchte ich glauben, behaupten zu dürfen, daß der Vorwurf, wir hätten ein hochpolitisches Gesetz, wie der Herr Abgeordnete Lasker sich ausdrückte, unter ganz „unschuldigen" Formen eingeführt, nicht zutreffend ist. Denn, wenn man nicht bloß den Text des Gesetzes, sondern diesen mit seinen Motiven liest, so erhellt daraus ganz deutlich, daß der Inhalt des Entwurfs nicht bloß ein technischer sein soll, sondern daß er auch ein politisches Element enthält, und somit der Entwurf in diesem Sinn ein politisches Gesetz werden soll. Deshalb trifft der Vorwurf: es sei das, was man wolle, verhüllt worden, nicht zu. Als der Gesetzentwurf aufgestellt wurde, hatte man allerdings genau denselben Wunsch, den der Herr Abgeordnete Lasker vorhin ausgesprochen, nämlich die einzelnen Aemter im Gesetzentwurf nominatim zu bezeichnen. Es kam aber damit eine so geschmacklose Fassung heraus, daß man schon deshalb davon Abstand nahm; überdies war aber auch der Umstand bestimmend, daß die Organisation unserer Reichsbehörden, man mag dies tadeln, man mag dies loben, thatsächlich doch noch immerhin der Art im Fluß begriffen ist, daß, wenn Sie heute nominatim die Aemter aufführten, die Sie mit dem Gesetze treffen wollten, Sie in einem Vierteljahr vielleicht bereits der Gefahr ausgesetzt sein konnten, ein neues Amt vor sich zu haben, welches nicht durch das Gesetz getroffen würde.

(Hört!)

Meine Herren, ich darf, Sie wollen mir das vergeben, dabei auf meine eigene Person exemplifiziren. Als das Reichsbeamtengesetz geschaffen wurde, und darin in den §§ 25 und 35 aufgeführt wurde „der Reichskanzler", „der Chef der Admiralität", „der Präsident des Reichskanzleramts", „der Staatssekretär des auswärtigen Amts", da dachte noch kein Mensch daran, daß dereinst auch ein Reichsjustizamt mit einem Staatssekretär entstehen könnte. Es ist nun einmal da,

(Heiterkeit)

und doch hat das Beamtengesetz für ihn keine Bezeichnung. Darum meine ich auch jetzt noch, daß es immerhin richtiger sein wird, (und mit Ihrer Hilfe wird es ja vielleicht besser gelingen, als es bei der Aufstellung des Entwurfs gelungen sein mag) allgemeine Kriterien aufzustellen, in welche demnächst die einzelnen Kategorien von Personen und Aemter hineinpassen. Für heute wird das Gesagte ausreichen, namentlich wenn heute nur die erste Lesung stattfinden soll. Wenn auch unsere Meinungen heute noch auseinandergehen, wir werden uns, wie ich hoffe, schon in der zweiten Lesung, wenn wir an das Detail kommen, vereinigen.

(Bravo!)

Vizepräsident Dr. **Lucius**: Der Herr Abgeordnete Dr. Lasker hat einen handschriftlichen Antrag überreicht, dahin gehend,

> den Gesetzentwurf an eine Kommission von 14 Mitgliedern zu verweisen.

Ich werde den Antrag am Schluß der Diskussion zur Abstimmung bringen.

Der Herr Abgeordnete Windthorst hat das Wort.

Abgeordneter **Windthorst**: Meine Herren, den eben verlesenen Antrag auf kommissarische Prüfung unterstütze ich, und es kann in der That eine weitere Unterstützung kaum noch erforderlich sein, nachdem wir die Erkärungen des Herrn Staatssekretär aus dem Reichsjustizamte gehört haben. So bedeutend, wie die Sache gemacht werden will, ist sie doch nicht. Ich bin aber, ich leugne es nicht, den Ausführungen von hüben und drüben mit einem ungewöhnlichen Interesse gefolgt, weil sie ein Spiegelbild geben von den sehr veränderten Stimmungen und Situationen, in welchen wir uns befinden. Wenn früher irgend eine neue Organisation mit der reichlichsten Dotation in Antrag gebracht wurde, so hörten wir immer den entschiedensten Beifall, das war dann die „Weiterentwickelung" der Reichsinstitution, und es ist dann in der Regel mir das flebile beneficium zu Theil geworden, möglichst diesen raschen Lauf des Wagens zu hemmen. Ich habe es versucht, ich habe ihn nicht hemmen können, jetzt bekomme ich Hilfe,

(Heiterkeit)

und ich begrüße diese Hilfe.

Die Frage, das ist der Kernpunkt der Sache, ob auch die Ministerialdirektoren nach § 35 behandelt werden sollen, ist allerdings recht ernst, da wir sicher durch die leichte Beseitigung derselben eine gewisse Schwankung in den Geschäftsbetrieb bringen, und da außerdem die Sache für das Land oder für das Reich gar nicht gleichgiltig ist, weil, wenn viele solche Fälle eintreten, der Wartegeld- respektive Pensionsetat sehr hübsch anschwellen könnte, während wir alle Ursache haben, in dieser Hinsicht den Daumen auf den Beutel zu halten. Politisch aber hat es, nachdem eigentlich mit Hilfe derer, die jetzt Bedenken erheben, die Gesetze erlassen sind, keine so große Bedeutung mehr, denn es sind die Argumente, welche wir gehört haben, viel weniger entnommen aus der beabsichtigten Ausdehnung des § 25 und § 35, als aus den §§ 25 und 35 selbst, die bereits bestehen. Meine Herren, ist es denn für einen Reichskanzler nach der bestehenden Gesetzgebung irgendwie schwierig, einen Direktor, den er nicht will, loszuwerden? Gar nicht, er schickt ihm morgen ein Dekret, in welchem er auf Wartegeld gestellt wird auf Grund des § 25, und er ist fort. Als dieser Paragraph gemacht wurde, waren gar keine Bedenken, heute sind sie vorhanden, also auch diese Seite fällt weg. Auch der herangezogene Lieblingsgedanke des Herrn Reichskanzlers findet in den Motiven eine Bestätigung nicht. In den Motiven nämlich ist mit großer Schärfe hervorgehoben, daß die Gründe, welche die Ausdehnung des § 35 auf die Direktoren empfehlen, bei den anderen Beamten, also bei den Regierungsräthen und vortragenden Räthen der hier in Betracht kommenden Behörden nicht zutreffen, es ist also genau das Gegentheil von dem gesagt, was als der Lieblingsgedanke des Herrn Reichskanzlers hingestellt ist. Allerdings muß ich aber dem Herrn Kollegen Lasker zugeben, daß diese Motivirung im Widerstreit steht mit den Anschauungen, die der Herr Reichskanzler früher entwickelt hat, daß er wünschen könne und wünschte, daß die vortragenden Räthe des Ministerii gewechselt werden könnten. Das war aber nicht allein der Gedanke des Herrn Reichskanzlers, das ist ein Gedanke, der auch anderweit zur Geltung gekommen ist oder wenigstens von dem versucht worden ist, ihn zur Geltung zu bringen. Also diese politischen Motive scheinen mir hier nicht vorzuliegen, wenigstens aus dem, was geschrieben ist, folgen sie nicht. Dennoch ist die Sache von außerordentlich großer Wichtigkeit, denn die Wohlthat, die man den Direktoren erweisen will, sie aus dem Wartegeldzustand in den Pensionszustand zu setzen oder ihnen vielmehr die Möglichkeit zu geben, auch da hineinzukommen, kann für sie sehr verhängnißvoll werden. Es kann bei Uebelwollen ein Direktor mit einem Mal, wenn § 35 auf ihn angewendet wird, in Pensionszustand gesetzt werden, und also viel weniger bekommen, als das Wartegeld beträgt, wie der Herr Abgeordnete Richter richtig bereits hervorgehoben hat, und wenn wir die Ideen der §§ 25 und 35 zusammen weiter ausdehnen wollen, so kann das nach meiner Ansicht nur so geschehen, daß man dem Reichskanzler die Befugniß gibt, die Direktoren auf Wartegeld zu stellen, daß aber der betreffende Direktor, wenn er will, auch in Pension gesetzt werden kann, weil sonst in der That tüchtige Männer zu bekommen außerordentlich schwer halten würde; sie würden sich ja leicht verschlechtern können, besonders dann, wenn die Auslegung des § 35 eine solche wäre, wie der Herr Kannegießer sie gegeben hat. Was diese Auslegung betrifft, so kann man nicht verkennen, daß Kannegießer den Wortlaut des Gesetzes für sich hat. Thudichum demonstrirt aus der Entstehungsgeschichte. Ich bin geneigt, der Ansicht des Herrn Thudichum beizutreten, weniger aber aus den Momenten der Entstehungsgeschichte, als daraus, daß eine andere Auslegung geradezu eine Unbegreiflichkeit herbeiführen würde. Ein Mann, der in Württemberg 35 Jahre gedient hat, wird hierher gerufen als Vorstand oder Direktor, und geht nach einem Jahre ab. Infolge dieser Bestimmung würde er, wenn Kannegießer Recht hätte, gar nichts bekommen. Das kann ein verständiger Gesetzgeber unmöglich gewollt haben und weil ich bis zu dem Beweis des Gegentheils annehme, daß der Gesetzgeber vernünftig ist,

(Heiterkeit)

besonders so lange, als ich ein Partikelchen davon bin,

(Heiterkeit)

so kann ich die Auslegung des Herrn Kannegießer nicht akzeptiren, würde aber wohl glauben, daß es den Gerichten gegenüber nicht überflüssig sein würde, bei der Bearbeitung dieses Gesetzes deklarirend die Ansichten des Thudichum festzusetzen. Ob man nun, nachdem einmal festgesetzt worden ist, daß die Direktoren ohne weiteres in Wartegeld gesetzt werden können, in der Hinsicht eine Modifikation eintreten lassen will, das ist etwas, worüber man sehr streiten kann; das eine hat soviel für sich, wie das andere; aber ich muß sagen, daß ich glaube, daß die Stellung eines solchen Mannes unter gegebenen Umständen in der That eine unerträgliche werden kann, wenn er nicht selbst zu bewirken im Stande ist, aus der Stelle herauszukommen. Ich könnte ja da ganz frappante Beispiele konstruiren; aber ich unterlasse das, weil das in Persönlichkeiten hineingriffe und es mir in der That nur auf die Sache ankommt, darauf mache ich wiederholt aufmerksam: Die leichte Beseitigung der Direktoren, welche man heute bekämpft, ist bereits vorhanden. Ich bin geneigt, den Direktoren die Befugniß zu geben, ihrerseits die Pensionirung zu verlangen anstatt des Wartegeldes; aber ich bin nicht geneigt, dem Reichskanzler das Recht zu geben, die Direktoren in Pension zu setzen wider ihren Willen; wohl in Wartegeld, weil es das Gesetz verlangt, aber nicht in Pension wider ihren Willen, weil sie das finanziell ruiniren kann, und das kann man bei solchen Aemtern unmöglich die Absicht haben, wie überhaupt bei keinem Amte, am wenigsten aber bei solchen Aemtern; es würde ja dann unmöglich sein, daß sich tüchtige Leute zu diesen Stellen melden.

Das sind die Gesichtspunkte, die ich mir heute erlauben wollte hervorzuheben; ich glaube aber, daß die ganze Diskussion den Ernst der Sache dargelegt hat und ich möchte wiederholt den Antrag auf Kommission empfehlen.

Vizepräsident Dr. **Lucius**: Der Herr Abgeordnete Dr. Lasker hat das Wort.

Abgeordneter Dr. **Lasker**: Es ist nicht richtig, was der Herr Abgeordnete Windthorst sagt, daß die Absetzbarkeit der Direktoren, welche jetzt gefordert wird, im wesentlichen schon durch das Beamtengesetz bestimmt sei. Es ist nicht zulässig, bei Organisationen im Wege der Analogie gewisse Verwaltungsrechte herzuleiten, die nicht ausdrücklich beigelegt sind. Als wir das Beamtengesetz gaben, hatten wir, wenn ich mich richtig erinnere, nur den Reichskanzler, den Präsidenten des Reichskanzleramts und die Direktoren im Reichskanzleramt. Damals konnten wir leicht übersehen, daß alle in Frage kommenden Direktorenstellen einen überwiegend politischen Inhalt hatten. Der eine Direktor verwaltete Elsaß-Lothringen, was ganz unzweifelhaft an die Bedeutung eines Ministeriums heranreicht, der andere Direktor war der unmittelbare Vertreter des Präsidenten des Reichskanzleramts und mittelbar auch des Reichskanzlers. Als dann das Reichseisenbahnamt geschaffen wurde, hielt man es für nothwendig, im Gesetz ausdrücklich die Befugnisse des Beamtengesetzes auf den Präsidenten des Eisenbahnamts anzuwenden. Ich glaube in diesen meinen Angaben nicht zu irren. Damals also war man nicht darüber in Zweifel, daß eine bloße analoge Ausdehnung auf neu gestaltete Aemter unzulässig wäre, weil die neuen Aemter durch das Reichskanzleramt erzeugt seien, deswegen alle Bestimmungen über das Reichskanzlerant auf sie anwendbar zu machen, auch ohne ausdrückliches Gesetz, das hat man zur Zeit nicht für zulässig gehalten. Ich bin noch der Meinung, welche die Regierung damals getheilt hat, daß man auf diese Weise nicht Organisationsgesetze auslegen darf. Der Herr Abgeordnete Windthorst wird daraus erkennen, daß die heutige Sachlage eine ganz veränderte ist, und meine Forderung, wegen welcher ich die Kommission beantragt habe, besteht darin, daß die Beamtenposten einzeln untersucht werden, auf welche die Zurdispositionsstellung und die Vorschriften des Reichsbeamtengesetzes inhaltlich anwendbar sind, und daß das Gesetz diese Aemter ausdrücklich benenne. Daraus würde folgen, daß bei anderen Aemtern jenes Gesetz nicht anzuwenden.

Wenn der Herr Abgeordnete Windthorst ferner davon gesprochen hat, es habe sich die Situation verändert, ich glaube in Anspielung auf mich, er hat mich nicht genannt, daß ich früher jede Organisation als eine Erweiterung der Reichsgewalt unterstützt hätte und heute solchen Organisationen nicht mehr dieselbe Unterstützung angedeihen zu lassen scheine, so ist dies ein Irrthum. Ich habe z. B. im vorigen Jahr, wie ich heute bereits hervorgehoben, bei Gelegenheit des Stellvertretungsgesetzes, obschon ich dessen unmittelbare Folgen für mir nicht zusagend erklärte, bennoch diesem Gesetz meine Zustimmung gegeben, weil ein Kern zur Fortbildung des Reichsgedankens darin lag, und so wird mich der Herr Abgeordnete Windthorst jederzeit unverändert finden. Sollte er selbst unter den heutigen Verhältnissen Vorschläge, die von der Regierung kommen, um nützliche neue Organisationen zu schaffen, bekämpfen, so würde er auch in diesem nicht wahrscheinlichen Fall in mir einen Gegner finden, weil ich alle Organisationen, in denen ich einen produktiven Gedanken des Reichs erkenne, immer unterstützen werde, gleichviel welches die augenblicklichen Folgen sein mögen. Aber in diesem Gesetzentwurf, namentlich in der Allgemeinheit dieses Gesetzes, erkenne ich keinen produktiven Gedanken, und ich wünsche auszuscheiden, was technisch unabweisbar ist, das würde ich auch unter den heutigen Umständen gewähren, von dem, was nicht durch die technische Nothwendigkeit geboten ist, und was im Interesse einer kontinuirlichen Verwaltung nicht gewährt werden sollte. Für ganz unzulässig aber halte ich, die allgemeine Form zu wählen, welche der Entwurf vorschlägt. Wenn der Herr Präsident des Reichsjustizamts gegen die Spezialisirung der Aemter nichts mehr entgegenzustellen hatte, als die äußere Unschönheit des Gesetzes, — wenn ich zu wählen habe zwischen einem gefährlichen Inhalt und zwischen einem in der Gestalt unschönen Gesetz, so wähle ich das Unschöne. Wir müssen überhaupt bei Organisationsgesetzen, die es mit der Würdigung einzelner Aemtern zu thun haben, auf Entwicklung des Schönheitssinnes keinen Anspruch machen.

Ich würde deshalb bitten, wenn das Haus dem Antrag auf Kommission beitritt, daß die Kommission im wesentlichen ihre Arbeit darauf richten möge, die einzelnen Aemter zu untersuchen und die Befugnisse, welche der Regierung neu gewährt werden, auf die namentlich zu bezeichnenden Aemter zu richten, damit, wenn in Zukunft neue Organisationen ins Leben gerufen werden, wir immer in der Lage seien, zu untersuchen, ob gleiche Befugnisse auf das neue Amt auszudehnen seien.

Wenn der Kollege Windthorst nebenher erwähnt hat, es sei der Gedanke des Reichskanzlers, alle Ministerialbeamten beweglich zu machen, auch anderweitig in Preußen unterstützt worden, so kann ich freilich nicht mit Bestimmtheit sagen, welche Anspielung er dabei im Sinne hatte, denn er hat dieses Mal seine Anspielungen, wahrscheinlich weil ihm die Erinnerung nicht gegenwärtig war, nicht mit Namen verbunden. Ich kann ihm aber darin zur Hülfe kommen, daß der betreffende Vorschlag des Herrn Reichskanzlers von unserer Seite und auch von mir im preußischen Abgeordnetenhause auf das Lebhafteste bekämpft worden ist, und zwar aus demselben Grunde, den ich heute anführe, daß die technische Verwaltung nicht allzu sehr beweglich gemacht werde.

Vizepräsident Dr. **Lucius**: Es begehrt niemand mehr das Wort; ich schließe die erste Berathung und bringe zunächst zur Abstimmung den Antrag des Herrn Abgeordneten Dr. Lasker, den eben berathenen Gesetzentwurf an eine Kommission von 14 Mitgliedern zu überweisen. Wird der Antrag abgelehnt, so würde ich in jedem Falle konstatiren können, daß nach den übereinstimmenden Anträgen von verschiedenen Seiten die zweite Berathung heute nicht mehr stattfinden wird.

(Zustimmung.)

Ich bitte diejenigen Herren, die, entsprechend dem Antrage des Herrn Abgeordneten Dr. Lasker, den Gesetzentwurf an eine Kommission von 14 Mitgliedern überweisen wollen, sich zu erheben.

(Geschieht.)

Das ist die Majorität; der Antrag ist angenommen.

Ich würde nunmehr bei der vorgerückten Stunde selbst vorschlagen, die Sitzung zu vertagen

(Zustimmung)

und die nächste Sitzung abzuhalten am nächsten Freitag um 12 Uhr und auf die Tagesordnung zu setzen:

1) die erste und zweite Berathung des zwischen dem deutschen Reich und den Samoainseln abgeschlossenen Freundschaftsvertrags (Nr. 239 der Drucksachen);
2) die erste Berathung des Gesetzentwurfs, betreffend die Verfassung und Verwaltung von Elsaß-Lothringen (Nr. 238 der Drucksachen);
3) die erste Berathung des Gesetzentwurfs, betreffend die Statistik des auswärtigen Waarenverkehrs des deutschen Zollgebiets (Nr. 217 der Drucksachen) und
4) die Nummer 4 der heutigen Tagesordnung, d. i. die Fortsetzung der zweiten Berathung des Zolltarifs Nr. 132, wie dort aufgeführt ist.

Der Herr Abgeordnete Richter (Hagen) hat das Wort zur Tagesordnung.

Abgeordneter **Richter** (Hagen): Meine Herren, wäre es nicht zweckmäßiger, die Fortsetzung der Zolldebatte etwas mehr in den Vordergrund der Tagesordnung zu rücken? Ich meine, daß diese Gegenstände im allgemeinen nicht die große Eile haben, die doch für die große Majorität wahrscheinlich die Zolldebatte hat. Es muß doch auch diese Session schließlich einmal ihr Ende finden, und ich sehe gar nicht ab, daß, wenn wir die Zolldebatte jetzt zurückstellen, wir je damit zu Ende kommen. Denn ich kann doch nicht annehmen, daß Sie wollen, daß die Behandlung des Zolltarifs überstürzt werde. Es wäre vielleicht zweckmäßiger, wenn eine gewisse Abwechselung zwischen den Zolltarifdebatten und den anderen Gegenständen eingeführt würde. Ich fürchte, bei der jetzt vorgeschlagenen Tagesordnung wird auch am nächsten Freitag von einer Zolltarifdebatte wenig die Rede sein, und wir haben dann eine ganze Woche hingebracht, ohne die Zolltarifdebatte, die doch für den Schluß der Session entscheidend ist, zu fördern. Ich enthalte mich, selbst Vorschläge zu machen, da ja der Herr Präsident besser in der Lage ist, eine Tagesordnung zu konstruiren, die meinen Wünschen mehr entspricht.

Vizepräsident Dr. **Lucius**: Ich halte mich doch verpflichtet, meine Vorschläge aufrecht zu erhalten, weil es sich hier um die Berathung von Gesetzentwürfen handelt, die in jedem Falle in dieser Session auch noch zur Erledigung kommen müssen. Wie viel Zeit die Diskussion über die einzelnen Gesetzentwürfe einnehmen wird, das ist ja absolut unabhängig von der Einwirkung des Präsidenten; aber daß diese ersten Lesungen zuerst erledigt werden sollten, das glaube ich jedenfalls festhalten zu müssen. Es sind zunächst drei erste Lesungen proponirt, und nur bezüglich des ersten Gegenstandes, der wenigstens voraussichtlich zu keiner langen Diskussion Veranlassung geben dürfte, — des Vertrages mit den Samoainseln — ist auch die zweite Berathung zur Tagesordnung vorgeschlagen.

Der Herr Abgeordnete Richter (Hagen) hat das Wort zur Tagesordnung.

Abgeordneter **Richter** (Hagen): Ich möchte mir den Vorschlag erlauben, den Gesetzentwurf über die Waarenstatistik, der meines Erachtens doch nicht so nothwendig in dieser Session zur Erledigung kommen muß, — bei dem Vertrage liegt die Sache anders, — vorläufig zurückzustellen und statt dessen die Fortsetzung der Zolltarifsdebatte vorzunehmen.

Vizepräsident Dr. **Lucius**: Ich mache darauf aufmerksam, daß dieser Gesetzentwurf heute bereits als Nr. 2 auf der Tagesordnung gestanden hat, also auch vor der Zolltarifvorlage. Indessen ich werde eine Abstimmung darüber herbeiführen, wenn der Herr Abgeordnete Richter das wünscht.

Ich bitte die Herren, Platz zu nehmen, — und bitte diejenigen Herren, die entsprechend dem Antrage des Herrn Abgeordneten Richter den Gesetzentwurf, betreffend die Statistik des Waarenverkehrs, von der Tagesordnung der nächsten Plenarsitzung absetzen wollen, sich zu erheben.

(Geschieht.)

Das ist die Minderheit; ich darf konstatiren, daß mein Vorschlag angenommen ist. Es findet also die nächste Plenarsitzung mit der soeben festgestellten Tagesordnung am nächsten Freitag um 12 Uhr statt.

Ich schließe die heutige Sitzung.

(Schluß der Sitzung 4 Uhr 50 Minuten.)

Druck und Verlag der Buchdruckerei der Nordd. Allgem. Zeitung. Pindter.
Berlin, Wilhelmstraße 32.

58. Sitzung

am Freitag den 13. Juni 1879.

Die Sitzung wird um 12 Uhr 25 Minuten durch den Präsidenten von Seydewitz eröffnet.

Präsident: Die Sitzung ist eröffnet.

Das Protokoll über die letzte Sitzung liegt zur Einsicht für die Mitglieder auf dem Büreau aus.

Ich habe Urlaub ertheilt: dem Herrn Abgeordneten Dr. Zimmermann für zwei Tage wegen einer unaufschiebbaren Reise, — dem Herrn Abgeordneten Strecker für vier Tage wegen Krankheit in der Familie, — dem Herrn Abgeordneten Becker bis zum 17. des Monats wegen eines Todesfalls in der Familie.

Für längere Zeit haben um Urlaub nachgesucht: der Herr Abgeordnete von Behr-Behrenhoff für drei Wochen wegen dringender Amtsgeschäfte; — der Herr Abgeordnete Gerwich für drei Wochen zum Gebrauch einer Badekur, — und der Herr Abgeordnete Graf von Arnim-Boitzenburg desgleichen auf drei Wochen; — der Herr Abgeordnete Wiemer für drei Wochen wegen Krankheit in der Familie. — Diese Urlaubsgesuche bedürfen der Genehmigung des hohen Reichstages. Ich frage, ob Widerspruch dagegen erhoben wird? — Das ist nicht der Fall; ich konstatire, daß der Urlaub genehmigt ist.

Entschuldigt sind: für die heutige Sitzung der Herr Abgeordnete von Schöning; — für heute und morgen wegen dringender Familienangelegenheiten der Herr Abgeordnete Dr. Frege; — für heute und morgen wegen dringender Privatgeschäfte der Herr Abgeordnete Dr. von Bunsen; — für heute und die nächsten Tage wegen Unwohlseins der Herr Abgeordnete Graf von Bismarck.

Ich habe dem hohen Hanse anzuzeigen, daß der Herr Abgeordnete von Schöning aus Gesundheitsrücksichten bittet, ihn aus der Wahlprüfungskommission zu entlassen, — ebenso bittet der Herr Abgeordnete Müller (Gotha) um seine Entlassung aus der Gewerbekommission. — Der erste, Herr von Schöning, war von der 7. Abtheilung, der letztere von der 2. Abtheilung gewählt worden. — Endlich wünscht der Herr Abgeordnete Graf von Behr aus der Petitionskommission entlassen zu werden; derselbe ist von der 5. Abtheilung gewählt worden. — Das Haus genehmigt diese Anträge; ich ersuche demnach die Abtheilungen, morgen am Schlusse der Sitzung die Ergänzungswahlen zu vollziehen.

Als Kommissarien des Bundesraths werden der heutigen Sitzung beiwohnen:

bei der Berathung des zwischen dem deutschen Reich und den Samoainseln abgeschlossenen Freundschaftsvertrages:

der Herr Geheime Legationsrath von Kusserow;

bei der Berathung des Gesetzentwurfs, betreffend die Verfassung und die Verwaltung von Elsaß-Lothringen

der Herr Geheime Oberregierungsrath von Pommer Esche und

der Herr Geheime Regierungsrath Harff.

Ehe wir in die Tagesordnung eintreten, habe ich Ihnen, meine Herren, anzuzeigen, daß in Folge des Auftrags, den der hohe Reichstag seinem Vorstande ertheilt hat, derselbe namens des Reichstags Ihren kaiserlichen Majestäten bei der Feier des goldenen Ehejubiläums am vorgestrigen Tage die ehrfurchtsvollsten Glückwünsche des Reichstags dargebracht hat. Ihre kaiserlichen Majestäten haben dieselben huldreichst entgegen genommen und haben mir den Auftrag zu ertheilen geruht, dem Reichstage den Dank für die ausgesprochenen Glückwünsche und für die ausgedrückten Gesinnungen zu übermitteln. Seine Majestät der Kaiser haben ausdrücklich hinzugefügt, daß dieser Dank anch im Namen Ihrer Majestät der Kaiserin dem Reichstage ausgedrückt werden möchte. Ich entledige mich hierdurch des mir Allerhöchst gewordenen Auftrags.

Wir treten nunmehr in die Tagesordnung ein.

Nr. 1:

erste und zweite Berathung des zwischen dem deutschen Reich und den Samoainseln abgeschlossenen Freundschaftsvertrages (Nr. 239 der Drucksachen).

Ich eröffne die erste Berathung und ertheile das Wort dem Herrn Staatsminister von Bülow.

Bevollmächtigter zum Bundesrath Staatssekretär des auswärtigen Amts Staatsminister **von Bülow**: Meine Herren, indem ich die Ehre habe, Ihnen Namens der Reichsregierung den am 20. Januar d. J. abgeschlossenen, vom Bundesrath mit der verfassungsmäßigen Zustimmung versehenen Freundschaftsvertrag zwischen dem deutschen Reich und der Regierung der Samoainseln vorzulegen mit dem Antrage, Ihrerseits Ihre verfassungsmäßige Genehmigung diesem Vertrage ertheilen zu wollen, darf ich mich auf kurze und wenige Worte beschränken, aus dem Grunde einmal, daß bei der Spezialdiskussion sich Gelegenheit bieten wird, die eine oder andere der Fragen, sei es im allgemeinen, sei es hinsichtlich der Spezialpunkte, zu beantworten, namentlich aber deshalb, weil in der Ihnen vorgelegten Denkschrift und in den derselben beigefügten Anlagen alle Erläuterungen und weiteren Darlegungen, welche zur Beurtheilung der Sache nothwendig oder wünschenswerth sein könnten, enthalten sein dürften. Im Gegentheil ich weiß nicht, ob ich um Entschuldigung zu bitten habe für die Ausführlichkeit dieser Beilagen und die dadurch in Anspruch genommene Zeit des hohen Reichstags. Wir haben es aber für unsere Pflicht und der Sache nützlich gehalten, über den Hergang, die leitenden Grundsätze, die Zwischenfälle und den endlichen Erfolg dieser ganzen Verhandlungen keine Zweifel und Unklarheiten bestehen zu lassen, sondern vollständig alles das zu Ihrer Kenntniß zu bringen, was auf die Sache direkt oder indirekt Bezug hat, und ich möchte glauben, wenn anch der augenblickliche Erfolg nicht eintreten sollte, was ich doch lebhaft hoffe, oder wenn, was die Vorsehung verhüten möge, einmal der Weg zu diesen Inseln, der Kurs für die deutschen Steuerleute verloren ginge, wie seiner Zeit der Weg zu den glücklichen Inseln — und diese Inseln sind auch sehr glückliche — verloren gegangen ist, oder wenn dasjenige, was die deutsche Arbeit gesäet und gepflanzt, gepflegt und gefördert hat, wenn das, was ebenfalls die Vorsehung abwenden möge, von andern geerntet werden sollte, so ist doch immer der Inhalt dieser Ihnen vorliegenden ausführlichen Denkschrift, die Berichte unserer Herren Marineoffiziere in ihrer Klarheit, Vollständigkeit und Tüchtigkeit, die Darlegung über dasjenige, was dort bereits erreicht ist, die Verhältnisse des Handels in der Südsee, Zustände aus denen sich größeres entwickeln kann und für den Welthandel entwickeln wird, so gewiß als wie die Lage dieser Inseln zwischen dem mächtig wachsenden Westamerika, Australien, China, Japan eine Weltstellung ist, — genug, daß alle diese Gründe es dahin führen werden, daß diese Aktenstücke einen ehrenwerthen und vielleicht nicht uninteressanten Platz in den Archiven dieses hohen Hauses behaupten und behalten können, vielleicht anch in dem Schriftwechsel, der sich daran knüpft, auf den ich näher einzugehen noch Gelegenheit haben werde. Jedenfalls wird er das Zeugniß geben, daß die Reichsregierung in dieser Sache gethan hat, was sie vermochte, und was sie für ihre Pflicht gehalten hat, um die Interessen des Reichs in diesen fernen und vor nicht gar zn langen Jahren noch ziemlich unbekannten Gegenden zu vertreten und zu fördern.

Es sind ungefähr sechs Jahre her, daß diese Angelegenheit, die bis dahin in stiller nicht erfolgloser Arbeit gefördert war, amtlich an das Reich herantrat. Wir hatten von jenen Inseln noch nicht so viel gewußt, wie die Herren Kaufleute und Rheder in den Seeplätzen, indessen doch die allgemeine Kunde gehabt, daß einzelne Deutsche dort Niederlassungen gegründet hätten, wir haben dann von diesen Niederlassungen einzelne Berichte gehört, welche die Seefahrer brachten; amtlich wußten wir aber nichts von der Sache, bis uns Kenntniß kam, die ganze Entwickelung der Niederlassungen auf den Samoainseln sei um sehr viel größer geworden, als ursprünglich erwartet war, andererseits aber deren Bedeutung so viel klarer zur Kenntniß der Seefahrer und der handeltreibenden Nationen gekommen, daß die deutschen Niederlassungen durch die Bedeutung, die sie bekommen hätten, in Konkurrenz oder unter Mitentwickelung anderer seefahrenden Nationen kämen, so daß dort die idyllische Zeit ein Ende gefunden und mehr und mehr die Ruhe der Inseln gefährdet wäre. Die Reichsregierung hielt es für ihre Pflicht, als die Sache ihr näher trat, sich zunächst an die Admiralität zu wenden mit der Bitte, daß hinfort ein oder das andere der Kriegsschiffe, welche jährlich von der Westküste Amerikas durch den stillen Ozean an die Stationen Ostasiens nach Japan und China gehen, bei der Insel Samoa die Flagge zeigen möge, die anch dort der Ausdruck und die Bürgschaft der Theilnahme des Mutterlandes für die Angehörigen ihrer Nationalität geworden ist. Die Kommandanten der Kriegsschiffe haben jedesmal in erfreulicher und glücklicher Weise ihre Aufgabe gelöst. Wir hielten sodann es für Pflicht, den Besitzern der Plantagen gegenüber auszusprechen, das erste scheine uns zu sein, daß die Besitztitel für das deutsche Grundeigenthum, das sie dort von den Eingeborenen erworben, legaliter festgestellt würden und zweitens, daß sie den Gedanken festhalten und nicht davon abweichen mögen, daß wir die deutschen Anpflanzungen bei allem Interesse, das wir für die Niederlassungen hätten, bei allem Wunsch, sie zu schützen, nicht als Kolonien des Reichs betrachten könnten. Endlich, daß wir es als Pflicht ansehen, möglichst dahin zu wirken, dort legale Zustände zu erhalten oder wiederhergestellt zu sehen: also eine legale und soweit geordnete Regierung, daß man Zuversicht schöpfen könne, mit ihr Verträge abschließen zu können. Es würden aber diese Verträge auf nichts anderes hinauslaufen, als auf ein gleiches Recht für alle; wir wollten kein Monopol, keine Ausschließung anderer. Somit nähmen wir für diese Niederlassungen einfach das Recht in Anspruch, daß dasjenige, was durch die treue deutsche Arbeit, durch den ehrenwerthen tüchtigen Unternehmungsgeist dort gegründet und in erfreulicher Weise entwickelt sei, auch das Recht behalte, was es durch seinen Ursprung erworben und in der Stille entwickelt habe, nämlich das gleiche Recht mit Allen, Schutz gegen unberechtigte Konkurrenten, die zum Nachtheil des deutschen Handels und der deutschen Niederlassungen gereichten. Das ist in jedem der Schriftstücke, die hier abgedruckt und beigefügt sind, als leitender Gedanke mehr oder weniger zum Ausdruck gebracht, uns ist dies der leitende Gedanke geblieben.

Sie werden ferner aus dem Schriftwechsel, wie er vorliegt, ersehen, daß mancherlei Zwischenfälle eingetreten sind, welche die Sache erschwerten. Die Inseln haben zum Theil gar keine Regierung gehabt, zum Theil zu viel Regierung, meistens eine solche, mit der man diese Abmachungen über die Gleichberechtigung der Einfuhr, der Zölle, der Erwerbung des Landeigenthums, Sicherheit der Person, Gebäude, Niederlassungen u. s. w. nicht abschließen konnte. Es war daher die Aufgabe unseres tüchtigen und erfahrenen Konsuls nicht leicht, ist aber durch die Hilfe der Offiziere der kaiserlichen Marine schließlich so gut gelöst worden, daß wir aus diesen Zwischenfällen jetzt herausgekommen sind. Wir haben von allen Seiten, was noch schwerer wiegt, auch von denjenigen Seiten, welche an jenen Küsten mit uns konkurriren, die sehr erfreuliche Anerkennung gehabt, daß einmal die Verwaltung der deutschen Niederlassungen durch ihre Einrichtungen, die Werkführung sozusagen, Erfolge erzielt hat, die mustergiltig sind, nicht bloß Erfolge für den Handel, nicht bloß Erfolge der wachsenden Arbeit, der Pflanzungen, der ganzen Einrichtungen und was daran hängt, sondern anch durch die humane zweckmäßige Behandlung der Arbeiter. Die Frage der Kräfte und Arbeitsleistungen ist gerade — und das möchte ich ausdrücklich hervorheben — gerade in diesen deutschen Niederlassungen und Pflanzungen in der erfreulichsten, befriedigendsten Weise gelöst worden. Es ist keine Zwangsarbeit, es ist keine Einschränkung oder Zurückdrängung des Einzelnen oder seines Willens, sondern es ist die allmähliche Erzielung freier Arbeit, beruhend auf freien Verträgen und auf verständiger Fürsorge der maßgebenden Faktoren für diese Arbeit. Auch das ist anerkannt, z. B. von australischer Seite.

Was die andere Frage angeht, die Frage der Gleichberechtigung der Nationen, die wir auf unsere Fahne geschrieben haben und die unsere Flaggen vertreten, so hat es an Schwierigkeiten nicht gefehlt. Indem wir aber die Ehre haben, Ihnen diesen Vertrag vorzulegen, ist damit auch die Auflösung dieser Schwierigkeit gegeben, soweit sie gegenwärtig gegeben werden kann. Es war erfreulich, daß die Unruhen auf der Insel sich dahin erledigten, daß sich eine Körperschaft oder zwei Körperschaften — denn die Inseln, die jetzt eine Republik sind, werden von einem Senat und einem Abgeordnetenhause regiert — soweit zusammengefunden haben, daß sie endlich am 24. Januar diesen Vertrag unterzeichnet haben, der, aus freier Verhandlung hervorgegangen, entschieden dasjenige enthält, was wir nach Kenntniß der Sache, nach Würdigung der Verhältnisse der Südsee für den richtigen Weg halten und als die freie Bahn, die Rechtssicherheit zu gewähren, ohne die überhaupt an ein Gedeihen solcher Niederlassungen und des Handels in keiner Weise zu denken ist. Wir glauben daher anch, falls noch mehrere Verträge geschlossen werden sollten, denselben Weg gehen zu müssen. Ich betrachte es als ein glückliches Anzeichen für das Gelingen der sich daran knüpfenden Bestrebungen für die Aufrechterhaltung dieses Vertrages, daß wir gleichzeitig mit dem Abschluß desselben von Seiten der beiden großen befreundeten Seemächte, welche gleichfalls Interessen in Samoa haben und vertreten, die Anerkennung und freundliche Anerkennung bekommen haben, daß Verträge dieser Art der rechte Weg seien, um der Unsicherheit ein Ende zu machen. Ich bin überzeugt, daß gerade die freie Gleichberechtigung, die sich nicht weiter in die inneren Verhältnisse einmischt, als zur Aufrechterhaltung und Durchführung des Vertrags, zur Sicherstellung der erworbenen Privatrechte, der freien Ein- und Ausfuhr nöthig ist, der einzige Weg ist, die große Konkurrenz der Nationen, wie ich schon erwähnte, gerade an diesem Punkte der Südsee mehr und mehr friedlich auszugleichen. Die Bedeutung dieser Fragen wird wahrscheinlich für unsere Nachkommen zum Ausdruck ihrer größten Bedeutung kommen, weil der Welthandel diese Richtung nehmen wird. Wir Deutsche haben durch die stille Vorbereitung, durch die emsige und treue Arbeit, die geleistet worden ist und die, wie Sie aus der Tabelle sehen werden, zu recht bedeutenden Resultaten geführt hat, wir Deutsche haben dadurch in Gegenden, die uns früher so fremd und ferne waren, das Recht bekommen, auch die Früchte unserer Arbeit selbst zu ernten. Ein Weiteres ist nicht beabsichtigt. Wenn die dortigen Ländereien, die, nebenbei bemerkt, recht werthvoll sind, bepflanzt werden, wachsen und gedeihen, um soviel besser, wir wollen nur den sichern und freien Boden dafür, und nichts anderes.

So viel über diesen Vertrag, meine Herren. Was aber im übrigen die weiteren Entwürfe und Vorbereitungen zu Verträgen, oder wie man sie nennen will, mit den umliegenden kleinen Inseln angeht, die Sie in der sehr interessanten Rundfahrt des Herrn Kapitän von Werner beschrieben finden, so glaube ich, darauf verweisen zu dürfen, daß die Sache noch nicht abgeschlossen ist, daß aber dieselben Grundsätze, welche für diesen heutigen Vertrag leitend gewesen sind, auch da geltend bleiben: wir wollen keine Kolonien dort gründen, wir wollen kein Monopol gegen andere haben, wir wollen nur feststellen, soweit man es feststellen kann, daß deutsche Schifffahrt und Handel dort gutes Recht und gleiches Recht haben.

Meine Herren, Sie haben seiner Zeit den Vertrag mit dem König von Tonga gutgeheißen. Die Ergebnisse davon sind im wesentlichen befriedigend und werden es noch mehr werden. Indem ich nur noch bemerke, daß die Nachrichten vom 24., die wir aus Samoa haben, Bürgschaft dafür geben, daß manche Zeitungsgerüchte, die sich daran knüpften, nicht begründet waren, im Gegentheil dort die ruhige Entwicklung Fortschritte macht, wie sie bei den jetzigen Zuständen, und wenn nicht von Außen Unkraut in den Weizen gesäet wird, auch bleiben wird, — glaube ich, im Hinblick auf die große Bedeutung dieser Sache für den deutschen Handel, auf dasjenige, was wir den unternehmenden und tüchtigen Männern schuldig sind, die die Sache so weit geführt haben — ich kann sagen, in gerechter Anerkennung dessen, was die Beamten des Reichs dort geleistet haben, sowohl unsere Marineoffiziere als die Beamten des auswärtigen Amts, — Ihnen anheimgeben zu können, diesem Vertrage, wie er Ihnen heute vorliegt, Ihre Zustimmung und Genehmigung nicht vorenthalten zu wollen.

(Bravo!)

Präsident: Der Herr Abgeordnete Mosle hat das Wort.

Abgeordneter **Mosle**: Meine Herren, ich glaube annehmen zu dürfen, daß der uns vorgelegte Vertrag mit der Regierung der Samoainseln auf allen Bänken dieses Hauses nur Genugthuung findet und mit Freuden entgegengenommen werden wird. Sowohl was die darin vertretenen Prinzipien, wie was die Art und Weise betrifft, wie der Vertrag uns vorgelegt worden ist, kann ich wenigstens der Reichsregierung nur meine Freude darüber ausdrücken, daß und wie es geschehen ist, und ich kann auch die Entschuldigung, die der Herr Unterstaatssekretär für die auswärtigen Angelegenheiten eben ausgesprochen hat, wegen der Ausführlichkeit, nicht annehmen, im Gegentheil ich glaube, daß der Reichstag nur sehr zufrieden damit sein kann, daß ihm diese Denkschrift in der Ausführlichkeit und Gediegenheit vorgelegt ist, wie es der Fall gewesen.

Meine Herren, im März 1877 legte uns die Reichsregierung zwei ähnliche Abmachungen vor, nämlich den Vertrag mit den Tongainseln, welcher die Beziehungen zwischen Deutschland und diesen Inseln auf Grund der Meistbegünstigungsklausel sicherte und uns das Recht gab, für unsere Marine den besten Hafen daselbst zu einer Kohlenstation einzurichten, und außerdem eine Abmachung oder Stipulation mit Spanien über den Handelsverkehr im Suluarchipel ganz auf der anderen Seite des stillen Oceans. Durch diesen letzteren Vertrag wurden die Uebergriffe der spanischen Kolonialbehörden auf den Philippinen und auf das Sulureich, wozu auch die Nordostküste von Borneo gehört, ein Ende gemacht. Im Verein mit Großbritannien gelang es damals der deutschen Regierung, die unbedingte Freiheit des Handels- und Schifffahrtsverkehrs im Sulugebiet festzustellen. Der uns jetzt beschäftigende Vertrag enthält außer dem Freundschaftsvertrag mit den Samoainseln, wie der Herr Vertreter der Reichsregierung schon bemerkt hat, auch die Andeutung über eine ganze Reihe von abzuschließenden Uebereinkünften und Stipulationen mit anderen unabhängigen Inselgruppen der Südsee und den Hinweis, daß wir noch weitere Vorlagen in dieser Beziehung zu gewärtigen haben. Ich konstatire meinerseits aus diesem Vorgehen der Regierung mit großer Genugthuung und als Abgeordneter eines derjenigen Wahlkreise, die von solchem Vorgehen den allerunmittelbarsten Erfolg und Vortheil haben, mit großer Genugthuung konstatire ich, daß die Regierung entschlossen und erfolgreich auf diesem Wege vorgegangen und zum Schutze des deutschen Handels und der Schifffahrt wesentlich beigetragen hat, besonders in denjenigen Gebieten, welche noch nicht in den Kolonialbesitz anderer europäischer oder amerikanischer Mächte übergegangen sind. Meine Herren, wenn die Regierung dabei auch, wie die Vorlage es andeutet und wie der Herr Vertreter des Bundesraths es hier wiederholt hat, an der Aufrechterhaltung ihrer bisherigen Politik festhält und von der Erwerbung von Kolonien abgesehen hat, so hat sie doch die Ueberzeugung konstatirt, daß sie nicht verkennt, daß der deutsche Handel in unabhängigen Gebieten sich freier und erfolgreicher bewegen kann, als in denjenigen Gebieten, in denen bereits europäische Kolonialmächte Sitz gewonnen haben und deren Verkehr in allererster Linie für den Zollfiskus und für den Steuerfiskus dieser europäischen Mächte ausgebeutet wird. Ich bin ganz damit einverstanden, daß die deutsche Regierung in Polynesien kein Handelsmonopol sich zu erobern trachtet; sollte aber die Regierung es angemessen finden, in diesen Bestrebungen, sei es in Polynesien oder in irgend einem anderen Theile der Erde, von Freundschaftsverträgen zu Protektoratsverträgen, ja zum Erwerb oder gar zur Besitzergreifung von Ländern behufs Anlegung eigener Kolonien bei günstiger Gelegenheit zu schreiten, so werde ich das freudig begrüßen; ich stehe nicht an, die Reichsregierung zu solchem Vorgehen bei günstig scheinender Gelegenheit geradezu aufzumuntern; ich halte für eine gedeihliche Entwicklung des deutschen Reichs im allgemeinen, nicht allein für Handel, Industrie und Verkehr, sondern für alle Interessen des deutschen Reichs das Anlegen von Kolonien unter gewissen Bedingungen für höchst wünschenswerth, ja für eine nothwendige Maßregel. Die Behauptung dagegen, Kolonialpolitik sei für Deutschland unzuträglich, sei eine längst abgethane alte Scharteke, halte ich für höchst unbedacht und ganz unbegründet.

Ich will indeß diese Gesichtspunkte, meine Herren, nicht weiter ausführen, und mir nur erlauben, das hohe Haus aufmerksam zu machen auf zwei Schriftsteller, die sich in dieser Frage in der letzten Zeit sehr hervorgethan haben und meiner Ansicht nach sehr ersprießliches geleistet haben; es sind das Herr Fabri in Barmen und Herr Dr. Hübbe-

Schleiden in Hamburg. Die kürzlich von Fabri in Barmen erschienene Broschüre: „Bedarf Deutschland der Kolonien?“ ist außerordentlich lehrreich, und ohne daß ich alle Gesichtspunkte des Schriftstellers iheile, möchte ich doch den geehrten Mitgliedern des hohen Hauses empfehlen, sich diese Broschüre anzusehen, Sie werden es nicht bedauern und jedenfalls mauches lehrreiche daraus entnehmen; ja ich hätte den Wunsch, daß das Büreau des Reichstags diese Broschüre anschaffte und sie sämmtlichen Mitgliedern des Reichstags und des Bundesraths mittheilte.

Meine Herren, der Vertrag mit den Samoainseln sichert uns gegen die Nachtheile, unter welchen der deutsche Handel in fremden Kolonien und auf solchen Inseln zu leiden hat, welche durch ältere Verträge gehindert sind, uns das Recht der meist begünstigten Nation einzuräumen. Wie werthvoll dieses Recht ist, beweist der rasche Aufschwung auf den Tongainseln, über den ja in der umfangreichen Vorlage das Nähere berichtet ist. Der Handel, d. h. der spezifisch deutsche Handel, der unter deutscher Flagge betriebene Haudel hat in allen den Gegenden, wo eine Meistbegünstigungsklausel nicht zu erlangen war, wo sich schon fremder Einfluß geltend gemacht hatte, gelitten. Das ist der Fall gewesen sowohl auf den Hawaiinseln, wie auf der englischen Kolonie Neuseeland und auf den Fidschiinseln. Auf allen diesen Inseln, meine Herren, sind Deutsche in hervorragender Weise etablirt. Es ist nicht allein das Hamburger Haus „Godeffroy“, was hier auf den Samoainseln großartige Besitzungen, erst in Kleinem angelegt, dann weiter ausgedehnt hat, sondern auf Hawaii und auf den Fidschiinseln sind es hauptsächlich Bremer, die in ganz ähnlicher Weise und in fast ebenso hohem Grade da die deutsche Intelligenz zur Geltung gebracht haben, die Herren Hackfeld und Kompaguie in Honolulu und Gebrüder Hennings auf den Fidschiinseln treiben in sehr bedeutendem Maße Handel und Schifffahrt, haben aber darunter zu leiden, theils von Amerika inbetreff von Hawaii, theils von England inbetreff der Fidschiinseln, daß diese Läuder schon früher einen Vertrag mit den Inseln gemacht haben. Wenn ich recht unterrichtet bin, ist die Reichsregierung bemüht, mit Hawaii einen Vertrag zustande zu bringen. Es würde mich außerordentlich interessiren, wenn darüber schon etwas mitgetheilt werden könnte. Die deutschen Interessen, wenn sie nicht auf dem Fuße der Gleichbegünstigung vertreten werden, leiden überall, und das ist nicht allein Amerika und England gegenüber der Fall, sondern auch Frankreich gegenüber auf den Inseln Tahiti und Paumota, wo französischer Einfluß sich geltend gemacht hat. Es ist auch sehr wünschenswerth, daß die deutsche Regierung versucht, den deutschen Interessen da die gehörige Geltung zu verschaffen. Vor der Annexion der Fidschiinseln durch England hatten sich auf diesen Gebieten Deutsche angesiedelt und sie haben großartige Länderkomplexe akquirirt. Ein einziges deutsches Haus besitzt einen Länderkomplex im Werthe von über 2½ Millionen Mark. Bei der Annexion seitens Englands sind damals die Rechtstitel dieser deutschen Kaufleute nicht respektirt worden, sondern das ganze Land ist als Krongut in Anspruch genommen, nur eine Kommission ist niedergesetzt worden, welche die Rechtstitel untersuchen und dann zu Recht sprechen sollte. Seit Jahren ist das schon im Gange und, soweit ich unterrichtet bin, ist noch immer kein Recht in dieser Angelegenheit gesprochen. Ich möchte auch da die Reichsregierung fragen, ob diese Angelegenheit auf den Fidschiinseln weiter gediehen ist, und ob die Deutschen, besonders der Konsul Hennings und sein Haus Aussicht haben, zu ihrem Recht zu gelangen.

Zugleich möchte ich den Wunsch aussprechen, daß der consul missus, der Generalkonsul, der nach den Absichten der Regierungen nach den Samoainseln gesandt werden soll, auch die Befugniß bekommt, sein Amt auf die benachbarten Fidschiinseln mit auszudehnen. Ich glaube, daß das ganz außerordentlich wohlthätig für die großen deutschen Interessen sein würde, die auf den Fidschiinseln vertreten sind.

Bisher, meine Herren, fehlte auch in Samoa die Sicherheit des Besitzes; diese ist aber nun durch den vorliegenden Vertrag hergestellt. Nach Artikel 6 des Vertrags sind bei allen Ländereien, welche sich zur Zeit im Besitz von Deutschen befinden, alle weiteren Untersuchungen gegen den Willen der kaiserlichen Beamten und kaiserlichen Vertreter ausgeschlossen, und wird dadurch den Bestrebungen der Konkurrenten der Deutschen mit Hilfe der hier leicht zu überredenden Einwohner, auch gute Titel anzufechten, erfolgsam entgegengetreten. Dieser Vortheil der Rechtssicherheit wächst gegenüber den Bestrebungen der Engländer und Amerikaner, große Landkompapnien ins Leben zu rufen, um mit großen Kapitalien die jetzige deutsche Konkurrenz zu bekämpfen. Es heißt, meine Herren, in London sei neuerdings die Errichtung einer „Bank für Fidschi“ angeregt worden, eine Art Bodenkreditgesellschaft, welche ihre Thätigkeit von den Fidschi aus über die Nachbarinseln, also auch nach Samoa und Tonga hin erstrecken soll. Hoffentlich wird der deutsche Handel dieser Konkurrenz zu begegnen verstehen, obgleich, wie ich höre, auch die britische Regierung sich um das Zustandekommen dieses Instituts bemühen und bestreben soll.

Unsere Regierung spricht in der Denkschrift aus und der Herr Vertreter des Bundesraths hat es auch heute wieder gethan, er spricht das Vertrauen aus, welches sie der großbritannischen Regierung gegenüber beseelt. Wir sehen aber auch aus der Vorlage und wir wissen auch sonst recht gut, daß englische Beamte sich sehr gern Uebergriffe erlauben. Ich hoffe, unsere Regierung wird das Wort „trau, schau wem“ nicht außer Acht lassen, und ferner das ihrige thun, damit dem von Deutschland erworbenen Vertragsrechte nicht zu nahe getreten wird durch irgend welche Annexionsgelüste. Ich hoffe die Reichsregierung wird hierüber in London keinen Zweifel irgend welcher Art bestehen lassen, und es soll mir lieb sein, wenn ich hierüber eine Beruhigung bekommen kann. Wir Deutschen haben den großbritannischen Besitz immer respektirt und mit unseren persönlichen Leistungen unterstützt. Einen großen Theil der Blüthe und des Erfolges der englischen Kolonialbesitzungen verdankten die Engländer auch den vielen deutschen Kaufleuten, die früher dahin gegangen siud und noch dahin gehen, um die englischen Bestrebungen zu unterstützen. Zu diesen Kaufleuten habe auch ich lange gehört, und niemals ist in irgend einer Weise in diese Deutschen Eifersucht gegen die Engländer gefahren und der Versuch gemacht worden, England von dem Besitz abzudrängen. Ich hoffe und vertraue, daß unsere Vettern jenseits des Kanals, die uns so nahe blutsverwandt sind, auch ihrerseits diejenigen Rechte respektiren werden, welche Deutschland jetzt erwirbt, welche Deutschland erwerben mußte von dem Augenblicke an, wo es anfing, sich zu fühlen, von dem Augenblicke an, wo es anfing, ein mächtiges Reich zu sein.

Meine Herren, ich kann Ihnen die Annahme dieses Vertrages nur in jeder Hinsicht empfehlen und ich glaube auch nicht, daß viele Ausstellungen daran zu machen sind; ich möchte indeß noch einem Gedanken hier Raum geben. Es würde der Einfuhr von Kolonialartikeln, von Produkten der Samoa- und Tongainseln und im anderen Falle der Ausfuhr nach dort sehr großen Vorschub leisten, wenn die Reichsregierung sich entschließen könnte, die Einfuhr von solchen von Deutschen gewonnenen Produkten auf irgend eine Weise im Zolltarif zu bevorzugen. Ich kann nicht die Zollfreiheit verlangen, aber es wäre wünschenswerth, wenn eine Erleichterung der Verzollung für solche Güter eintreten könnte. Auf diese Weise haben auch andere Nationen ihre Kolonien unterstützt und groß gezogen und wir Deutsche werden es eben nicht anders machen können, wie diejenigen Völker, die auch vor uns schon Kolonialbesitz erstrebt haben und verstanden haben, ihn auszunutzen. In Folge unserer früheren staatlichen Impotenz sind auch im Welthandel der Seestädte und der deutschen Industriestädte Gewohnheiten eingerissen, welche ein selbstbewußtes Nationalgefühl nur schwer ertragen kann. Ich glaube nicht zu viel zu sagen, wenn ich behaupte, daß manche Deutsche, wenn sie einem Fremden eine Waare abkaufen, sich einbilden, sie bekommen sie billiger, als wenn sie von Deutschen kauften, daß mancher deutsche Industrielle, wenn er seine Baumwolle in Liverpool kauft, meint, einen besseren Kauf zu machen, als wenn er in Bremen oder Hamburg kauft. Das ist ein großer Irrthum. Die Fremden werden immer die Deutschen ausnützen, während wir von unseren eigenen Nationalen ganz sicher besser behandelt werden. Diese falsche Verehrung des Fremden und die bisherige wirthschaftliche Ausbürgerung der Hansestädte, die ohne ihre Schuld sich bisher so entwickelt hat, meiner Ansicht nach aber jetzt aufhören muß, müssen der neuen Aera weichen, welche zum Wohl des Ganzen und des Einzelnen sich jetzt heranbildet.

Meine Herren, wenn ich von solchen Unarten und Ueberschreitungen spreche, so muß ich auch Beweise darbringen. Es handelt sich hier um Polynesien. Z. B. führt Krefeld einen sehr bedeutenden Theil seiner Industrieprodukte nach Polynesien aus; es geht das aber alles durch die Vermittlung von englischen Kaufleuten, unter englischen Namen und über London, und wenn Sie die Statistik nachsehen, so finden Sie von deutschen Einfuhren gar nichts, während notorisch von Krefeld allein für 4 bis 5 ja 6 Millionen Mark per Jahr nach Polynesien oder eigentlich nach Australien exportirt wird; wenn ich hier von Polynesien spreche, so rechne ich auch das australische Festland mit dazu. Meine Herren, sehen Sie nur, welch eine Reihe von deutschen Handelshäusern allerersten Ranges in London, Liverpool, Amsterdam, Antwerpen und Rotterdam wohnen und leben, die ihre Geschäfte nur mit Deutschland und für Deutschland machen. Wenn wir eine Politik einschlagen, die den deutschen Handel und die deutsche Schifffahrt unterstützen, so werden nach und nach diese ausgewanderten Landsleute wieder zu uns zurückkommen, denn sie können gerade so gut von Deutschland aus ihre Geschäfte betreiben, wie sie das in England thun, wenigstens zum allergrößten Theile. Deshalb werde ich auch meinerseits, so lange wie ich es vermag, Maßregeln, die das Nationalgefühl im Handel und Verkehr haben, wozu ich auch die Einführung von Aufschlagszöllen gegen den indirekten Import rechne, unterstützen, und ich hege die Hoffnung, daß ich damit früher oder später bei dem einsichtigeren Theile der Nation zur Geltung komme.

Ich bin auch der Meinung, daß hier, was die Samoainseln anbetrifft, unsere Postverwaltung, die ja in sehr vielen Beziehungen die Bedürfnisse von Handel und Verkehr zu erkennen versteht, Schritte thun muß, um Dampfschiffverbindungen mit Polynesien und auch mit China und Japan einzuleiten, und daß sie nicht scheuen muß dabei auch Subventionen zu geben, die viel größer sind, wie diejenige minime Subvention, welche sie in letzter Zeit an eine Hamburger Linie für den merikanischen Postdampferdienst bewilligt hat. Nach so weiten Entfernungen, wie Australien, China und Japan müssen größere Dimensionen angelegt werden, muß man sich mit größeren Verhältnissen befreunden, und ohne eine große Subvention von Seiten der Regierung wird sich schwerlich ein deutsches Unternehmen finden, welches dafür die Post- und Passagierbeförderung die Vermittlung übernimmt. Ganz dasselbe ist stets die Erfahrung gewesen in England und Frankreich, und ich wüßte nicht, was unsere deutsche Dampfschifffahrt veranlassen könnte, etwas zu unternehmen, was die Franzosen und Engländer bis jetzt nicht gelöst haben, nämlich dergleichen Verbindungen ohne große Subvention möglich zu machen. Dieser Vertrag thut in der Richtung des Schutzes des deutschen Handels und der deutschen Schifffahrt im Auslande einen gewichtigen Schritt, und er beweist zu gleicher Zeit, daß der Vorwurf, welcher letzthin dem Herrn Reichskanzler gemacht ist, daß er sich den Bestrebungen des Handels und Verkehrs gegenüber im allgemeinen feindselig gestellt habe, vollständig unrichtig ist; der Vertrag gibt im Gegentheil einen neuen Beweis, daß der Herr Reichskanzler den deutschen Handel und die deutsche Schifffahrt zu würdigen weiß, und es überdies versteht, in ihren Rechten sie zu schützen, wie es in dem Maße und mit der Einsicht und mit dem Geschick bisher noch kein deutscher Staatsmann jemals gethan hat. Meine Herren, ich bitte Sie, diesem Vertrage Ihre Zustimmung zu geben.

Präsident: Der Herr Kommissar des Bundesraths Geheimer Legationsrath von Kusserow hat das Wort.

Kommissarius des Bundesraths kaiserlicher Geheimer Legationsrath **von Kusserow:** Meine Herren, der geehrte Herr Vorredner sagte zum Schluß, dieser Vertrag sei der erste Schritt in der von ihm gewünschten Richtung; ich glaube mehr an den Eingang seiner Rede anknüpfen zu sollen, in welchem er in wohlwollender Weise anerkannte, daß verschiedene frühere Kundgebungen der Reichsregierung in dieser Beziehung, der Abschluß des Vertrags mit Tonga, das Protokoll, welches den Schifffahrtsverkehr mit dem Suluarchipel regulirt, und der Vertrag und die Uebereinkunft, die heut dem hohen Reichstag vorliegt, der Ausdruck eines einheitlichen bewußten Systems sind, welches die kaiserliche Regierung seit einer Reihe von Jahren verfolgt, und dessen Wesen von dem Herrn Staatssekretär des auswärtigen Amtes vorhin dargelegt worden ist. Wenn der geehrte Herr Vorredner zuletzt einen Appell machte, daß es für die deutsche Rhederei und den deutschen Handel nützlich sein würde, direkte Dampfschiffslinien zu errichten, so glaube ich, daß den Behörden der Reichsregierung dieser Wunsch nur sympathisch sein wird. Derartige Wünsche sind wiederholt den betheiligten Kreisen gegenüber zum Ausdruck gelangt, sie haben aber leider nicht immer die günstige Aufnahme gefunden, wie es vielleicht im Interesse des Handels gelegen haben würde. Wenn der geehrte Herr Vorredner den Wunsch ausgesprochen hat, daß gewisse Vergünstigungen für die Einfuhr von Produkten der Südseeinseln verstattet werden möchten, so gehört die Behandlung dieses Stoffes nicht zu meiner Kompetenz, und ich darf dem geehrten Herrn Redner anheimstellen, in der Tarifkommission etwa einen derartigen Antrag zu stellen, wo er in gehöriger Weise geprüft werden würde.

Bevor ich einzelne andere Bemerkungen und Fragen des geehrten Herrn Vorredners behandele, will ich mir gestatten, an der Hand eines inzwischen eingegangenen neuesten Konsularberichts aus Samoa die statistische Tabelle auf pagina XXIII in Bezug auf das Jahr 1878 zu ergänzen. Ich bin in der Lage, dies in befriedigender Weise thun zu können. Es wird dadurch konstatirt, daß der Gesammtwerth der Ein- und Ausfuhr sich nicht unerheblich gesteigert hat, namentlich der Antheil Deutschlands in verhältnißmäßig großem Umfange. Ich will die anderen Ziffern hier nicht aufzählen, wir werden sie zu seiner Zeit im preußischen Handelsarchiv publizirt finden, ich will nur erwähnen, daß, während die Gesammtzahl der Schiffe zurückgegangen ist von 136 auf 120, die Anzahl der dabei betheiligten deutschen Schiffe von 65 auf 72 gestiegen ist. Betrachten Sie diese Anzahl der Schiffe im Jahr 1878 und vergleichen Sie dieselbe mit der Zahl des Jahres 1870, daß im ganzen 70 Schiffe und davon 28 deutsche waren, so werden Sie einsehen, daß der Handel in diesen acht Jahren in einer Weise sich vermehrt hat, wie sie vielleicht unerhört ist, und ich glaube deswegen, gerade den Gesichtspunkt nochmals betonen zu sollen, der an die Spitze der Ausführungen der Denkschrift gestellt ist, daß in der That der deutsche Handel sich da, wie auch der geehrte Herr Vorredner anerkannt hat, besser und freier entwickeln kann, wo er Gebiete berührt, welche noch nicht zur Machtsphäre anderer Kolonialstaaten gehören, oder welche nicht Bevorzugungsverträge mit anderen Staaten abgeschlossen haben, wie z. B. Hawaii mit Amerika.

Der geehrte Herr Vorredner hat, wohl im Interesse Bremens, die Frage an den Regierungstisch gerichtet, wie es mit der Vertragsangelegenheit zwischen dem Reich und Hawaii steht, denn Bremen ist in der That zumeist an dem Handel zwischen Deutschland und Hawaii betheiligt. Diese Vertragsangelegenheit liegt folgendermaßen: Im Jahre 1870 wurde ein Vertrag abgeschlossen und erlangte sogar diesseits die Allerhöchste Ratifikation, die Ratifikation wurde jedoch hawaiischerseits nicht ertheilt, weil inmittelst zwischen Hawaii und den Vereinigten Staaten von Amerika Verhandlungen über einen sogenannten Reziprozitätsvertrag angeknüpft wurden, in welchem amerikanischerseits Hawaii viele Vortheile geboten wurden, für welche Hawaii die Verpflichtung übernahm, gewisse Vorrechte in Bezug auf die zollfreie Einfuhr einer großen Anzahl von Gegenständen anderen Ländern nicht einzuräumen. Gleichzeitig mit der Nichtratifizirung war aber auch die Kündigung der bestehenden Verträge zwischen den Hansestädten und Hawaii erfolgt, so daß Deutschland nunmehr überhaupt kein Vertragsverhältniß zu Hawaii unterhielt. Dadurch kam Deutschland in großen Nachtheil gegenüber denjenigen Staaten, welche, abgesehen von Nordamerika, Verträge mit Hawaii hatten. Diesem Nachtheil abzuhelfen erklärte sich Hawaii vor einiger Zeit bereit. Die hawaiische Regierung hat im vorigen Jahr einen Gesandten zu Vertragsunterhandlungen hierher gesandt. Mit demselben wurde vorläufig ein Protokoll unterzeichnet. Dieses Protokoll hat anfangs dieses Jahres auch die Zustimmung des Bundesraths erhalten, und es sind auf Grund dieses Protokolls Vertragsinstrumente nach Hawaii zur Unterzeichnung und Ratifizirung gesandt worden. Wie aber bei so großen Entfernungen der Zufall manchmal mitspielt, ist, wie aus einem vor mehreren Tagen eingegangenen Bericht des Konsuls in Honolulu hervorgeht, zwar der Erlaß des auswärtigen Amts, welcher die zum Vertragsabschluß erforderlichen Anweisungen ertheilt, dort eingetroffen, die Vertragsinstrumente aber nicht, so daß also die Unterzeichnung und Ratifikation noch nicht hat erfolgen können. Es ist hiernach zweifelhaft geworden, ob unsere Hoffnung sich erfüllen wird, noch in dieser Session dem Reichstag den Vertrag vorlegen zu können. Die Reichsregierung ist aber bestrebt gewesen, für diese Eventualität den deutschen Handel sicher zu stellen, indem der Konsul angewiesen wurde, zu beantragen, daß die Bestimmungen des Protokolls, welche unverzüglich in Kraft getreten sind, und welche Deutschland das Recht der Meistbegünstigung einräumte mit alleiniger Ausnahme der Bevorzugungen, welche Amerika durch den Reziprozitätsvertrag erlangt hat, noch ein Jahr weiter in Kraft bestehen sollen, so daß materielle Nachtheile für uns nicht eintreten, wenn in diesem Jahre der Vertrag noch nicht perfekt wird.

Der geehrte Herr Vorredner hat von dem Schicksal der deutschen Niederlassungen auf Fidschi gesprochen und hierher die Frage gerichtet, ob die kaiserliche Regierung in der Lage gewesen ist, in London etwas zu thun, um die ruhenden Arbeiten der Landkommission in ein schnelleres Tempo zu bringen. Ich darf dem geehrten Herrn Vorredner die Mittheilung machen, daß die Anwesenheit des Gouverneurs der Fidschiinseln, Sir Arthur Gordon, in London diesseits benutzt worden ist, um der englischen Regierung den Wunsch auszusprechen, daß diese allerdings seit 3 bis 4 Jahren ruhenden Kommissionsarbeiten gefördert werden möchten, so daß hoffentlich bald die deutschen Ansiedler in die Lage kommen, ihre Ländereien wieder verwerthen zu können, was so lange erschwert ist, als die Untersuchung über die Rechtstitel schwebt.

Wenn der geehrte Herr Vorredner hinsichtlich Tongas sich einigermaßen besorgt gezeigt hat, ob der Erfolg unserer Abreden mit England etwa durch das eigenmächtige Vorgehen untergeordneter englischer Beamten beeinträchtigt werden möchte, so glaube ich versichern zu können, daß die bündige und loyale Art, in welcher nach Ausweis der vorgelegten Aktenstücke der englische Staatssekretär sich dem kaiserlichen Botschafter in London gegenüber, und der großbritannische Botschafter dem kaiserlichen Staatssekretär gegenüber, stets über alle diese Fragen geäußert haben, uns zu dem vollen Vertrauen berechtigt, daß die englische Regierung ein die Gemeinschaft mit Deutschland beeinträchtigendes Verfahren ihrer Organe nicht billigen würde, so daß eine Gefahr für die bestehenden Vertragsrechte Deutschlands in der That nicht vorhanden ist. Die Bereitwilligkeit Englands, in dieser wie in anderen Fragen von transozeanischem Interesse mit uns zusammenzugehen und gemeinsame Interessen gemeinschaftlich zu vertreten, sichert uns gegen jede Befürchtung nach dieser Richtung. Ich glaube daher, daß auch unter diesem Gesichtspunkte irgend ein Bedenken gegen den praktischen Nutzen, welchen wir uns von diesen Verträgen für Deutschland versprechen, nicht vorliegt, und ich kann meinestheils nur die Bitte wiederholen, daß der hohe Reichstag die Vorlage in wohlwollender Weise prüfen und annehmen möge.

Präsident: Der Herr Abgeordnete Freiherr von Schorlemer-Alst hat das Wort.

Abgeordneter Freiherr **von Schorlemer-Alst:** Meine Herren, indem ich, durch längere Krankheit verhindert, an den wichtigen Verhandlungen des hohen Reichstags theil zu nehmen, zum ersten mal das Wort ergreife, werden Sie es erklärlich finden, daß ich mit einem Satze dem Gefühl des Erstaunens Ausdruck gebe über die Veränderung der Physiognomie des hohen Hauses. Ich möchte sagen, man hat das Gefühl, sich nicht ganz so wie früher in denselben wieder auszukennen.

Was den uns vorliegenden Vertrag betrifft, so muß ich denselben mit dem Herrn Abgeordneten Mosle als erfreulich bezeichnen, wesentlich aus den Gründen, die er schon vorgeführt hat. Ich glaube, daß die deutsche Regierung in richtiger Weise dort die deutschen Interessen wahrgenommen hat, ich glaube aber auch sagen zu müssen, daß wir den Beamten und namentlich auch unseren braven Seeoffizieren für die geschickte und energische Weise, mit der sie deutsche Interessen dort vertreten haben, zu Dank verpflichtet sind.

(Bravo!)

Der Vertrag hat ja manches Interessante. Zunächst ist hervorzuheben, daß er die erste vollständige Veröffentlichung der diplomatischen Aktenstücke über einen politischen Vorgang ist. Man kann nicht sagen, daß das Aktenstück ein Blaubuch oder ein Grünbuch ist, vielmehr ein Weißbuch nach seiner äußeren Ausstattung.

(Heiterkeit.)

Ich will auch das Sprichwort: „aller Anfang ist schwer," nicht mit dem Zusatz des Ambos auf die Veröffentlichung dieses Vertrages anwenden; aber der Band, der uns überreicht wurde, ist doch ein außerordentlich vollständiger und schwerwiegender, und ich kann nicht sagen, daß ich die äußere Form gerade für eine sehr handliche und bequeme halte. Das wird jeder empfunden haben, der das Aktenstück in die Hand genommen hat. Ich darf nur darauf hinweisen, daß mein verehrter Freund der Herr Abgeordnete Reichensperger (Krefeld) schon früher, zu drei Malen, verlangt hat, daß die diplomatischen Aktenstücke über bedeutsame politische Vorgänge in Form eines Blaubuchs oder Grünbuchs, wie man es nennen will, dem Reichstage zur Kenntniß gebracht würden. Damals hat dem, glaube ich, zuerst der Kollege Lasker widersprochen, später der Herr Abgeordnete Graf von Frankenberg, wenn ich recht unterrichtet bin; und am Bundesrathstisch hat man stets dazu geschwiegen. Jetzt sieht man doch, daß es mit der Veröffentlichung solcher diplomatischen Aktenstücke im vollsten Umfange geht; denn ich glaube, in dieser fehlt nichts, was irgendwie vorgekommen ist.

Ich möchte aber doch auch meinen Freund Reichensperger und viele andere vor der Hoffnung warnen, daß nun in Zukunft etwa in ähnlicher Weise verfahren würde. Meine Herren, über eine so hochwichtige staatspolitische Angelegenheit, wie ein Freundschaftsvertrag mit Samoa, uns alles mitzutheilen, das ging schon an und ergab sich aus diesem hochwichtigen Ereigniß, — während kleinere politische Angelegenheiten, ich will einmal sagen, die früheren Kriege von 1866 und 1870/71 oder die orientalische Frage doch viel zu unbedeutend sind, als daß uns darüber in ähnlicher Weise oder analog in Zukunft solche ausführliche Bände zugehen würden. Aus dem Vertrage habe ich ferner mit einigem Interesse ersehen, daß die samoischen Beamten und höheren Funktionäre, — sie werden auch gerade wie unsere Wirklichen Geheimräthe „Exzellenzen" genannt

(Heiterkeit)

außerordentlich frei sind von dem mindesten Grade bureaukratischen Vorurtheils. Man sieht nämlich im Vertrage, daß die höheren Funktionäre, selbst ein König, wie der König Jacopo von Fanafatti ihre Namensunterschrift durch Unterkreuzung bewirkt haben. Am interessantesten sind mir aber — das will ich nicht leugnen — die Artikel 3 und 6 dieses Vertrags gewesen. In dem Art. 3 heißt es:

> Die Deutschen, welche sich in Samoa, und die Samoaner, welche sich in Deutschland aufhalten, genießen vollständige Kultus- und Gewissensfreiheit und sollen dieselben in keiner Weise wegen ihres religiösen Glaubens oder wegen der Ausübung ihres Gottesdienstes in ihren Häusern oder Kirchen belästigt, beunruhigt oder gestört werden.

(Hört, hört! im Zentrum.)

Meine Herren, das wird den Samoanern zugesagt in einem Augenblicke, wo wir deutschen Landeskinder katholischer Religion auf das schwerste bedrückt sind, namentlich die deutschen Katholiken, die in Preußen wohnen. Als ich diese Artikel 3 und 6 las, habe ich zunächst gedacht: O, die glücklichen Samoaner,

(Heiterkeit)

sie genießen vollständige Religionsfreiheit in Ausübung ihrer Religion in Häusern und Kirchen, während wir das nicht haben, sondern aufs äußerste durch Gendarmen und Polizisten daran behindert werden; sie dürfen nach diesem Vertrage die Funktionäre ihrer Religion in Deutschland frei wirken lassen, während unsere Geistlichen bestraft werden, wenn sie einem Sterbenden die letzten Heilsmittel der Religion spenden, wenn sie vielleicht nur eine heilige Messe gelesen haben oder wenn sie einem aus der Kirche Ausgestoßenen den Empfang des Sakramentes verweigern. Es ist ja sogar so weit gekommen, daß eine Brochüre, die von einem ausgewiesenen Erzbischof zur Unterweisung über den Empfang des Altarsakraments geschrieben ist, konfiszirt wurde, weil sie von diesem hochwürdigen Herrn geschrieben war. Zahllose Geistliche sitzen Monate, Jahre lang mit Verbrechern im Gefängniß, weil sie ihre Pflicht als Seelsorger erfüllt haben. Und während man den Samoanern in dieser Weise die freie Religionsübung verspricht und gewährleistet, finden wir bei uns auch zur Zeit noch nicht das mindeste Zeichen des Wohlwollens gegen die katholische Kirche oder gegen die Opfer des Kulturkampfs, während vielleicht Verbrecher begnadigt werden.

Den Samoanern ist ferner in diesem Artikel 3 des Vertrages zugesichert worden, daß sie, die Bewohner der Samoainseln, wenn sie nach Deutschland kommen, und umgekehrt an Orten, welche sie zu dem Zwecke erworben und eingerichtet haben, ihre Todten bestatten können, und sollen sie in den ihren kirchlichen Gebräuchen entsprechenden Begräbnißfeierlichkeiten in keiner Weise gestört werden. Das ist ebenfalls wieder ein Vorzug, den die Samoaner vor uns voraus haben, denn uns werden nicht blos die Kirchhöfe, die wir auch mit unseren eigenen Mitteln erworben haben, abgenommen, sondern auch die Kirchen dazu und den Altkatholiken übergeben.

In Verbindung des Art. 3 mit Art. 6 ergibt sich dann auch für die Samoaner das Recht, daß sogar Mitglieder religiöser Orden, ich will einmal sagen, daß die Samoaner Katholiken sind oder Jesuiten würden, nach Deutschland kommen könnten und sich dort frei aufhalten. Wenigstens würden die Samoaner das Recht haben, wenn sie in Deutschland wohnten, sich Hospitäler einzurichten und dort ihre Kranken durch barmherzige Schwestern verpflegen zu lassen. Das ist für uns, bei Neueinrichtung von Hospitälern auch nicht mehr zulässig; denn wir haben solche Fälle gehabt, und da wurde gesagt, es ginge nicht an, denn das wäre eine neue Ordensniederlassung.

Meine Herrn, wir finden, daß gerade in neuerer Zeit, — und das ist ja besonders frappant, wenn man solche Vergünstigungen gegen Bewohner Polynesiens sieht — von Seiten des preußischen Kultusministeriums und seiner Organe der Kulturkampf in der allerdrückendsten und empfindlichsten Weise geführt wird. Und dann ist doch zu beachten, daß diese Samoaner oder ein Theil ihrer Nachbarn vielfach noch Heiden sind, und ich glaube, daß sie auch die fatale Angewohnheit haben, ihren Appetit womöglich an den Nebenmenschen zunächst zu befriedigen, und das kann man doch wenigstens von uns nicht behaupten.

(Heiterkeit.)

Den Samoanern ist die freieste Religionsübung und Lehre ausdrücklich gewährleistet, während bei uns das nicht mehr der Fall ist, denn man hat durch das Mittel der Simultanschule die wichtigsten Lehrsätze der katholischen Religion beseitigt. Ich verweise auf den horrenden Fall, der in Krefeld vorgekommen ist, und daß sogar ein Schulinspektor einen katholischen Katechismus nach seinen Ansichten umgearbeitet hat. Ich kann also nur wiederholen, die Samoaner sind entschieden viel besser gestellt als wir Katholiken, die in Deutschland, respektive vor allem die in Preußen wohnen. In Samoa ist endlich nach dem uns vorliegenden Vertrage und Berichte auch ausdrücklich den Missionären, namentlich auch den Missionären katholischer Konfession eine große Einwirkung auf die Einwohner gesichert und es ist ausdrücklich hervorgehoben, ich glaube auf pag. 202 des Berichts, — (wo die Thätigkeit der Missionäre rühmend erwähnt wird), daß deshalb die Samoaner nicht so viel von deren Unterricht profitirten, weil sie beschränkten Verstandes wären. Es hat mich dieses Anerkenntniß, daß ein guter Verstand auch für die katholische Religion nothwendig ist, um so mehr erfreut, als man bisher bemüht war, diese Religion als die der Dummen und des dummen Volkes hinzustellen.

Nun wird man mir entgegenhalten, es sei in dem zweiten Absatz des Artikel 3 und des Artikel 6 bestimmt, die Samoaner müßten sich den Gesetzen und den Verordnungen des Landes unterwerfen, wenn sie nach Deutschland kommen; das kann sich natürlich höchstens auf Deutschland beziehen und auf die für Deutschland geltenden Gesetze; denn wenn Sie mir sagen wollten, sie müßten sich auch den Gesetzen, die für Preußen gelten, unterwerfen, so ist das nach dem Wortlaut des Vertrages ausgeschlossen. Wenn Sie es aber dennoch wollten gelten lassen, dann haben Sie den Samoanern in dem ersten Absatz des Artikel 3 etwas versprochen, worum sie durch den zweiten Absatz vollständig gebracht werden. Denn die Samoaner haben natürlich keine Ahnung davon, daß solche schauderhafte Gesetze, wie die Maigesetze, in Preußen gelten.

(Heiterkeit.)

Sie sehen aus allen diesem, daß der Vertrag in sehr vielen Beziehungen recht interessant und belehrend ist, und ich will nur hoffen, daß er gerade betreffend die Art. 3 und 6 besser gehalten wird, als die Zusicherungen, die uns Katholiken betreffs der freien Religionsübung in hundertjährigen Verträgen und durch Verfassungsartikel feierlich gegeben und die nicht gehalten worden sind.

Meine Herren, wenn man diese beiden Artikel liest, so muß ich in der That sagen, daß mit Beziehung auf die hier gesicherten Rechte man einigermaßen den Wunsch hegen möchte, als deutscher Katholik lieber das samoanische Indigenat zu erwerben, um von daher seine Religion in Deutschland frei ausüben zu können.

(Sehr gut! im Zentrum.)

Aber ich will zum Schluß hinzufügen, wenn Sie diese Art. 3 und 6 lesen und die Rechte, die dort den Samoanern zugesichert sind, und dann an den Kulturkampf und an die traurigen, kirchlichen Verhältnisse in Deutschland denken, daß Einem dann allerdings die Schamröthe ins Gesicht steigt.

(Bravo! im Zentrum, Zischen links.)

Präsident: Der Herr Abgeordnete Dr. Bamberger hat das Wort.

Abgeordneter Dr. **Bamberger:** Meine Herren, der Vorredner hat mit der Betrachtung begonnen, daß er die Physiognomie des Hauses zu seinem großen Erstaunen seit seinem Wiedererscheinen ganz verändert finde. Ich habe das auch geglaubt, ehe der Herr Abgeordnete sprach,

(sehr gut! links)

aber als ich seine Rede hörte, fand ich wieder, daß die Physiognomie mit Ausnahme der Erscheinung unseres verehrten Herrn Präsidenten nicht verändert sei.

(Heiterkeit.)

Wo ist nun Wahrheit? Wo ist Veränderung? Wo ist Gleichbleiben? In dieser Alternative werden wir jetzt täglich, wenn nicht stündlich hin und hergeworfen, und so ist es mir auch ergangen mit diesem ganzen Freundschaftsvertrage, von dem ich nicht weiß, entspricht er dem gegenwärtigen Standpunkt der Regierung, oder entspricht er einem Regierungsstandpunkt, den ich jetzt für einen veralteten halte, den ich verlege in die Zeit, lange ehe der Herr Abgeordnete von Schorlemer zu unserem Bedauern krank wurde. Meine Herren, ich möchte glauben, daß auch hier ganz bedeutende Ursache sei, die Vermuthung aufzustellen, daß eine Veränderung wohl vorgegangen ist, obgleich wir von dem verehrten Vertreter der verbündeten Regierungen heute im Einklang mit dieser meines Erachtens im Geiste veralteten Vorlage hier referiren hörten. Wir haben in der Rede des Herrn Abgeordneten für Bremen dagegen eine Schattirung einfließen hören, die sich nicht ganz deckt mit der Auffassung der verbündeten Regierungen. Wenn ich namentlich hervorheben soll, was in diesem so interessanten Aktenstück am stärksten unsere Aufmerksamkeit auf sich zu ziehen verdient, so ist es der mehrmals wiederholte Ausspruch, daß das auswärtige Amt des deutschen Reichs bei allen Verhandlungen und allen Bemühungen dieser Art von dem Grundgedanken ausgehe: wir wollen nicht kolonisiren. Ich stimme natürlich, wie ich schon früher geäußert habe, denn ich hatte ja die Ehre, ohne Namensnennung heute wieder von dem Herr Abgeordneten für Bremen zitirt zu werden, ich stimme allerdings dem auswärtigen Amte hierin vollständig bei, welche aber die Meinung des auswärtigen Amtes avant la lettre sein muß. Es hat sich wie so vieles und wie z. B. auch in den Ansichten des Herrn Abgeordneten für Bremen, vielleicht auch in der vorliegenden Frage die Ansicht des Herrn Reichskanzlers in der letzten Zeit geändert. Bestimmt weiß ich es nicht, ich fühle mich nur veranlaßt, dem Standpunkt beizustimmen, den die Vertretung der Regierung heute mündlich wie in den gedruckt vorliegenden Aktenstücken ausgesprochen hat. Allerdings muß ich annehmen, daß der Herr Abgeordnete für Bremen mit seinen Anschauungen dem heutigen Standpunkt namentlich des Herrn Reichskanzlers viel näher steht, da ja äußere persönliche Gründe vorliegen, anzunehmen, daß er der wahre Dolmetscher der Ansichten des Reichskanzlers vielleicht mehr ist, als der offizielle heutige Vertreter der Bundesregierungen.

(Heiterkeit.)

Die ganze Anschauung, die hier in dem Aktenstück vertreten ist, steht ja in nacktem Widerspruch mit sehr vielem, was wir seit Monaten gehört haben. Vor allen Dingen, meine Herren, wenn ich diesen Vertrag seiner allgemeinen Bedeutung nach charakterisiren soll, so paßt auf ihn, wenn auf irgend etwas in der Welt, die Bezeichnung, daß er „kosmopolitischer" Natur ist. Wenn ein Vertrag, der die Verbindung mit Polynesien herstellen soll, nicht kosmopolitischer Natur ist, so wüßte ich nicht, welcher es wäre. Nun haben wir aber immer den Kosmopolitanismus als eine Beschwerde, einen Mangel, als eine tadelnswerthe Eigenschaft des Handels überhaupt hier mehrfach charakterisiren hören. Außerdem, meine Herren, dient ein solcher Vertrag, wie der hier geschlossene, dazu, die Handelsbeziehungen zu befördern, namentlich also auch den Export und Import zu beleben, und wir haben auch verschiedentlich und auch von sehr maßgebender Stelle aus erklären hören, daß der Export ein sehr zweifelhaftes Geschäft wäre, weil er ja abhängig mache von den Konjunkturen des Auslandes; daß der Import schädige, ist beinahe zu einem Axiom geworden. Es ist nun diesem Aktenstück aber noch der Beleg beigegeben worden, der, wenn ich den Standpunkt der verbündeten Regierungen von heute mir aneignen sollte, ganz gemacht wäre, mich mit Schrecken zu erfüllen. Es ist nämlich mit Ziffern nachgewiesen, daß der Import nach Deutschland von diesen Inseln viel bedeutender ist, als der Export dahin und wenn ich mir die Methode meines geehrten Herrn Gegners, des Herrn von Kardorff, aneigne, der jeden Export für Gewinn und jeden Import für Verlust rechnet, so ist mir jedenfalls hier ein Vertrag vorgelegt, der rein nur zur Schädigung des deutschen Reichs führen muß.

(Sehr gut! Heiterkeit.)

Ja, meine Herren, ich muß zu Ihrem Schrecken sogar mittheilen, daß sogar von Holz in dem Vertrage mit diesen Inseln die Rede ist,

(Heiterkeit)

daß dort ein sehr bedeutender Holzschlag stattfindet, und das drängt mich zu der Frage: ist es ein Vergehen, ist es ein Verstoß gegen das Nationalinteresse, wenn ein Mann auf den Samoainseln Holz schlagen läßt und es vielleicht heimführt, denn, wohlgemerkt, es ist auch die Rede davon, daß dieses Holz sich auch zur Möbeltischlerei eignet. Ist es ein Vergehen, wenn man dieses Holz auf den Samoainseln schlagen läßt, oder ist es kein Vergehen? Wieso entsteht ein Vergehen dadurch, daß man in Galizien Holz schlagen läßt? Und wenn es auch eine höchst anerkennenswerthe Eigenschaft dieser deutschen Kaufleute ist, daß sie Holz und Oelstoffe von den Samoainseln in solchen Massen herbeiführen, daß es sie sehr wenig kostet, weil dort noch Urwälder sind, wie kommt es, daß dieselben Verhältnisse in verjüngtem Maßstabe, wenn sie nach Polen oder Galizien verlegt werden, zum größten Unheil des deutschen Reichs führen sollen? Ich möchte, daß in einer künftigen Auseinandersetzung der deutschen Regierung erklärt werde, wie weit von Deutschland sich jemand entfernen muß, um ohne Schaden für das Mutterland noch Holz und andere Waaren von dort ohne Strafe zu uns einführen zu dürfen.

(Heiterkeit.)

Im übrigen, meine Herren, kann ich Ihnen nur empfehlen, sich trotz des Volumens dieses Aktenstücks nicht von seiner Lektüre abhalten zu lassen. Hätten wir die Zeit, uns länger mit diesen Dingen abzugeben, so wäre wirklich sehr vieles daraus zu lernen, und das kann ich Ihnen ganz bestimmt zusichern, ein amüsanteres Aktenstück wie dieses, ist, seitdem ich im Reichstag bin, von Seiten der verbündeten Regierungen noch nicht vorgelegt worden, und wenn ich glauben könnte, daß die übrigen Aktenstücke, die der Abgeordnete von Schorlemer als Rothbuch verlangt, ebenso amüsant wären, so würde ich mich seinem Petitum anschließen, daß ein solches uns in Zukunft mitgetheilt werden soll.

Um Ihnen nur ein kleines Pröbchen von dem zu geben, was wir aus den Verhältnissen dieser Insel lernen können, erlauben Sie mir, Ihnen die Schilderung eines Königs mitzutheilen. Es heißt dort:

> Die Ordnung auf der Insel kann gar nicht besser gewünscht werden. Der König ist hier absoluter Herrscher, hält strenge Ordnung. Den eingeborenen Missionaren hat er vorläufig verboten, seine Leute das Lesen und Schreiben zu lehren, indem er sagt, daß von seinen Unterthanen keiner mehr wissen dürfe, wie er selbst; —

(Heiterkeit.)

— Meine Herren, ich will nicht sagen, daß sich das für unser Vaterland wörtlich übertragen läßt, denn die Dynastien stehen schon außerhalb unserer Diskussion; vielleicht aber andere hochgestellte Personen möchten hier wohl etwas Empfehlenswerthes erkennen. — Dann heißt es weiter:

> deshalb wolle er selbst zuvor lesen und schreiben lernen, und wenn dies geschehen, nicht früher, könne sein Volk darin unterrichtet werden.

An einer anderen Stelle wird uns mitgetheilt, daß die Bewohner einer anderen Insel — ich glaube, das gute Königreich hat 156 Bewohner — daß die zwar Menschenfresser seien, aber sehr fleißige und brave Leute im übrigen.

(Heiterkeit.)

Von einer Stelle wundert es mich ganz entschieden, daß sie dem Herrn Abgeordneten von Schorlemer entgangen ist. Sie beleuchtet nämlich, wie mir scheint, in einer etwas humoristischen Weise das Missionarwesen. Es wird von der Insel Taritari gesagt:

> An Land fanden wir die ganze Bevölkerung gruppenweise unter den Kokosnußbäumen bei der Ginflasche sitzen und den größten Theil von ihnen total betrunken. Ob dies die Sonntagsvormittagsfeier sein sollte, wurde uns nicht ganz klar.

(Heiterkeit.)

> Missionare sind auf der Insel anwesend.

Damit schließt diese Stelle des Berichtes.

Aber, meine Herren, ich muß noch einmal ernstlich auf die Sache zurückkommen, das Endziel dieses ganzen Vertragsverhältnisses geht offenbar darauf hinaus, daß Deutschland bemüht ist, sich dagegen zu wehren, daß andere Staaten diese Territorien, auf welchen deutscher Fleiß und deutsche Geschicklichkeit seit 30 Jahren mit Erfolg gearbeitet haben, sich einverleiben und ich kann diesem Bestreben nur meine vollständige Zustimmung ertheilen. Auch ich glaube, daß wir ein hervorstechendes Interesse daran haben, zu verhüten, daß Amerika oder England sich hier als Kolonialmächte festsetzen und, wie das natürlich ist, die Deutschen dann schädigen möchten. Eben deswegen kann ich nicht umhin, auch darauf einen Seitenblick zu werfen, daß in einem Theil dieser Berichte darüber geklagt ist, daß der deutsche Kaufmann in den englischen Kolonien, namentlich in Australien, sehr über die Achsel angesehen werde, im Gegensatz zu den Kaufleuten anderer Länder und trotz seiner persönlichen Tüchtigkeit. Das würde mich gewundert haben, wenn ich nicht aus den letzten Zeiten selbst erlebt hätte, daß man die Kaufleute bei uns nicht viel günstiger beurtheilt, und ich glaube, daß eins der besten Mittel, unsere Kaufleute in Achtung im Auslande zu setzen, darin besteht, daß auch im Namen der deutschen Regierungen mit etwas mehr Respekt in Zukunft von ihnen gesprochen würde, als in letzter Zeit leider sehr häufig geschehen ist.

(Sehr richtig! links.)

Im übrigen, meine Herren, kann der deutschen Kaufmannschaft und namentlich den vielgeschmähten Seestädten, besonders Hamburg, welches als die verhärtetste unter den Seestädten hingestellt wird, von der Regierung kein glänzenderes Zeugniß ausgestellt werden, als in diesem Aktenstück geschehen ist, und man muß in der That erstaunen, daß jetzt noch das Wort ergriffen werden kann, um Regierungsinterventionen in Form von Kolonialpolitik zu befürworten, wenn man sieht, was ungeschoren von Regierungseinmischung die deutschen Kaufleute in jenen entfernten Gegenden durchzusetzen im Stande gewesen sind, wie das Haus Godeffroy & Co. und einige andere; es ist darunter zufälligerweise ein Landsmann von mir, ein Herr Hernsheim, der durch einen Zufall vor Jahren in jenen Regionen eine Robinsonade erlebte, durch Sturm hinverschlagen, auf einer einsamen Insel, ich glaube, auf einer der Marschallinseln, sechs Monate zugebracht, seine Erlebnisse in einer leider wenig bekannten Broschüre in anziehender Weise geschildert und dort große Ansiedelungen mit Beziehung zu Hamburg angelegt hat.

Die kaufmännischen Vertreter Deutschlands haben also eine ganz segensreiche Thätigkeit entwickelt, die sowohl dem Mutterlande als dem dortigen Lande zum großen Nutzen gereicht. Daß man ihnen jetzt beispringt, daß die deutsche Regierung, seitdem sie über eine Marine gebietet, sie unterstützt in der Art, wie hier geschehen ist, das wollen wir auf alle Weise befürworten. Ob wir aber uns Kolonien zulegen sollen, darüber werden wir uns wahrscheinlich noch sehr lange streiten müssen, ehe wir uns dazu entschließen. Meine Herren, Kolonien macht man zum Zweck der Bereicherung von Handel und Industrie, das ist gar keine Frage; so ist die Sache früher angesehen worden in der Zeit, in der man die Kolonialpolitik als eine Art der Monopolpolitik betrieb; man verbot den Kolonialbewohnern, mit einem anderen Lande als dem Mutterlande Handel zu treiben, man unterwarf sie sogar den allerstrengsten Einschränkungen und beutete sie gewissermaßen als eine Art Leibeigener des Mutterlandes aus. Zu der Zeit mochte vielleicht auch ein Vortheil für Handel und Gewerbe aus solcher Kolonialpolitik entstehen; in neueren Zeiten hat sich die Sache vollständig gewendet; die Vortheile einer solchen Politik sind schon deshalb verloren, weil man Kolonien nicht mehr auf diese Weise behandeln kann, weil alle Kolonialländer dazu übergegangen sind, ihre Kolonien mehr oder weniger unabhängig und selbstständig zu machen und weil die Entwickelung der Zukunft darauf hindeutet, daß die Selbstständigkeit und Unabhängigkeit immer mehr zunehmen wird. Sie wissen, daß das größte Kolonialland, England, immer mehr zu diesem Ziel seit 30 Jahren vorwärts gegangen ist. Während man auf der einen Seite also diese schlimmen Vortheile — will ich sie einmal nennen — preisgibt, hat man auf der anderen Seite von der Entwickelung von Handel und Verkehr, wenn man sie mit einer Kriegsmarine vertritt, nur die Nachtheile, man kommt bei dem lebhaften Verkehr in den entferntesten Welttheilen sehr leicht in Verwicklungen, welche die Ehre einer Nation engagiren, und wenn eine Nation so groß dasteht, wie die deutsche Nation jetzt, so kann sie sich beispielsweise nicht mehr gefallen lassen, was sie sich vor einem Jahrzehnt oder vor 1½ Jahrzehnt gefallen ließ, daß sie von Riffpiraten mißhandelt wurde und das ruhig einsteckte, das können wir heut nicht thun; wäre einmal der Ehrenpunkt angeregt, dann wäre hier im Reichstag mit keinem Wort davon zu reden, ob man seine Fahne aufrecht erhalten und vertheidigen muß, möge es kosten was es wolle; aber wenn man einer Handelspolitik zu Liebe sich in eine Lage bringen soll, bei der man vielleicht am folgenden Tage bedauern müßte, daß man nicht wie England oder Amerika eine großartige Marine bereit hat, so glaube ich doch, daß bei der klugen Taktik, die bei aller Kühnheit unser Reichskanzler in Sachen Deutschlands dem Ausland gegenüber zu handhaben weiß, es vorerst auch für ihn noch nicht angezeigt ist, von wirklicher Kolonialpolitik zu reden. Haben wir einst eine Marine, wie sie nöthig wäre, um in allen Weltmeeren, für jeden Kampf sofort gewachsen zu sein, dann wollen wir weiter davon reden, der Herr Abgeordnete für Bremen wird dann vielleicht noch hier sein, ich ganz gewiß nicht.

Nun ist noch ein zweiter Punkt, auf den die Aufmerksamkeit des hohen Hauses und der Reichsregierung einen Augenblick zurückzuführen ich mich veranlaßt fühle, weil er hier so zwischen den Zeilen steht und doch eine nicht unbedeutende Rolle spielt, das ist die Frage der Arbeiter. Es ist schon bei früheren Gelegenheiten, bei anderen Kolonialangelegenheiten, von den polynesischen Arbeitern die Rede gewesen; es ist erwähnt worden, daß sie wie die Kulis manchmal zu einer Art von Sklavenhandel Veranlassung geben. Ich habe die Aktenstücke sorgsam durchgelesen, ich habe aber keine Spur davon entdeckt, daß wir solche Befürchtungen im Augenblick zu hegen hätten; ich glaube auch, daß die Aufmerksamkeit der deutschen Regierung, des auswärtigen Amtes und unserer Marinekapitäne, deren rühmende Erwähnung ich mit großem Vergnügen aus dem Munde des Herrn von Schorlemer-Alst gehört habe, nach deren Aeußerungen zu urtheilen zu solchen Befürchtungen keinen Anhaltspunkt geben. Es wird vielmehr an verschiedenen Stellen ganz deutlich betont, daß es außerordentlich wünschenswerth sei, hier nichts aufkommen zu lassen, was irgendwie an diesen niederträchtigen Handel, der zu dem Sklavenhandel eine gewisse Analogie zeigt, zu erinnern.

Ich muß hier noch ein Zitat anbringen: auf Seite 170 begegnet mir eine Aeußerung, die auch wieder so angenehm für mich klingt, als hätte sie ein Freihändler gegenüber einem Schutzzöllner gethan, wie ich überhaupt die Freude habe zu sehen, daß unsere Marine und unser auswärtiges Amt vor einem Jahre noch ganz auf meinem Standpunkt gestanden haben; hier heißt es, wo man sich gegen den Verdacht vertheidigt, daß man hier eine Art Menschenhandel treibe, weil die Arbeiter von einer Insel nach der anderen übergeführt werden — nämlich auf der glücklichsten der Hauptinseln scheint ein solcher Ueberfluß zu sein, daß die Leute nicht arbeiten wollen und man deshalb genöthigt ist, Leute von weniger glücklichen Inseln überzuführen; nun heißt es, daß diese Zuführung von Arbeitern oft in bösem Licht dargestellt werde und dagegen wird geltend gemacht:

> Zwecks Erregung des öffentlichen Mitgefühls ist oft auch in rührender Weise darauf hingewiesen worden, welcher paradiesischen Heimath und welchen glückseligen Verhältnissen diese armen Insulaner von den ruchlosen Mammonsdienern durch List und Gewalt entrissen werden.

Der Ausdruck „Mammon", der hier ironisch angewendet wird, wird sofort widerlegt, es wird gesagt:

> Es ist zweifelhaft, ob in solchen Fällen Unkenntniß oder Bosheit spricht.

Ich möchte mir diesen wackeren Seemann manchmal im deutschen Reichstage zur Unterstützung wünschen, wenn hier von Mammonismus geredet wird.

Ich glaube schließlich, wir haben die Bestrebungen der Regierung, wie sie hier schon zu Tage treten, zu unterstützen und uns damit einverstanden zu erklären, daß sie, was immer bei uns zu Hause geschehen möge, wenigstens unseren Handel, wo er sich im Ausland zeigt, förderte, daß sie für unsere Kaufleute, wenn dieselben zu Hause auch nicht mehr oder wenig respektirt werden, den Respekt des Auslandes aufrecht zu halten sucht und im übrigen auch alle Fragen der Humanität so vertrete, wie es dort in Polynesien geschieht, obgleich zu Hause in letzter Zeit die Humanität in Strafsachen manchmals als ein Zeichen der Verwilderung dargestellt worden ist.

(Bravo!)

Präsident: Der Herr Staatsminister von Bülow hat das Wort.

Bevollmächtigter zum Bundesrath Staatssekretär des auswärtigen Amts Staatsminister **von Bülow:** Ich habe nur zwei kurze Bemerkungen zu machen in Bezug auf die beiden Herren Vorredner. Ich möchte dem letzten Herrn Redner erwidern, daß, wenn er, was mich sehr freut, Vertrauen, theilweise auch Anerkennung für dasjenige hat, was zur Ordnung dieser und anderer Handelsfragen, die sich daran knüpfen, für die Samoainseln vom auswärtigen Amt geleitet oder geleistet ist, er dasselbe Vertrauen auch auf dasjenige, was in anderen Verhältnissen von derselben Stelle geschieht, übertragen möge. Beides kommt aus derselben Quelle und Richtung; beides ist aus demjenigen hervorgegangen, was ja zum Wohle der ganzen und der speziell vorliegenden Verhältnisse für nothwendig und nützlich erachtet ist. Ich glaube, das ist in Samoa zugetroffen, und wird in anderen ganz verschiedenen Verhältnissen getroffen und erreicht werden.

Eine ganz kleine Einschiebung möchte ich machen mit Rücksicht auf den Exkurs über die samoanischen Exportverhältnisse, namentlich des Holzes. Ich habe die verschiedenen Aktenstücke durchgelesen und ich glaube nicht, daß irgendwo davon die Rede ist, daß die Koprabäume gefällt werden, weil sie nur über eine gewisse Zeit dauern; das mag das Holz sein, was dort wächst. Im übrigen wird das Holz dort eingeführt und nicht ausgeführt; die Häuser werden aus St. Franzisko, glaube ich, hingebracht.

Was der Export der Samoainseln, wie aller solcher Niederlassungen betrifft, so treffen darauf die Bemerkungen des Herrn Vorredners schwerlich zu. Der Export von dort nach Deutschland wird eine direkte Bereicherung des deutschen Handels und der Schifffahrt, des deutschen Inlandes, der deutschen Häfen sein.

Dem ersten Herrn Redner möchte ich, ohne auf die Sache weiter einzugehen, nur kurz bemerken, daß die einzelnen Artikel des Entwurfs, des vorliegenden Vertrags hinsichtlich der Samoaner, die nach Deutschland kommen sollten, — zahlreich werden sie wohl nicht sein, da sie eben nicht reiselustig sind — die einfache Bestimmung enthalten ist, daß dieselben alle Rechte hier genießen, sobald sie den Gesetzen und Verordnungen des deutschen Reichs respektive Preußens folgen.

(Hört!)

Präsident: Es ist ein Antrag auf Schluß der Diskussion eingegangen

(Abgeordneter Prinz Radziwill [Beuthen] bittet ums Wort)

von dem Herrn Abgeordneten von Gerlach. Ich bitte diejenigen Herren, welche den Antrag unterstützen wollen, sich zu erheben.

(Geschieht.)

Die Unterstützung reicht aus. Nunmehr ersuche ich diejenigen Herren, die den Schlußantrag annehmen wollen, sich zu erheben oder stehen zu bleiben.

(Geschieht.)

Das ist die Mehrheit; der Schluß ist angenommen.

Zu einer persönlichen Bemerkung hat der Herr Abgeordnete Graf von Frankenberg das Wort.

Abgeordneter Graf von Frankenberg: Der Herr Abgeordnete von Schorlemer hat mich vorhin als denjenigen genannt, welcher gegen die Vorlegung von Blaubüchern bei früheren Gelegenheiten gesprochen habe. Er hat darin ganz Recht gehabt. Ich möchte dem verehrten Herrn Abgeordneten heute aber sagen, daß die Ausführungen, welche er uns heut zu hören gegeben hat, mich in der Meinung nicht bestärkt haben, daß die Vorlegung von Blaubüchern von Nutzen für die Debatten dieses hohen Hauses seien.

(Zuruf: Persönlich! — Unruhe.)

Dieselben Bemerkungen lassen sich, wie wir vorgestern gehört haben, ebensogut an eine Debatte über Schankgerechtigkeit anknüpfen.

Präsident: Zu einer persönlichen Bemerkung hat der Herr Abgeordnete Dr. Bamberger das Wort.

Abgeordneter Dr. Bamberger: Ich möchte dem Herrn Vertreter des auswärtigen Amts darauf, daß er mich beschuldigt hat, ich hätte mit Unrecht zitirt, daß Nutzholz geschlagen werden könne, die Seite 211 des Berichts anführen, wo es heißt:

> Samoa ist reich an Baumarten, die zum Theil werthvolles Holz für Schiffsbau, Möbeltischlerei u. s. w. liefern.

(Staatssekretär von Bülow: Dann deprezire ich, das habe ich übersehen.)

Präsident: Der Herr Abgeordnete Freiherr von Schorlemer-Alst hat das Wort zu einer persönlichen Bemerkung.

Abgeordneter von Schorlemer-Alst: Dem Herrn Abgeordneten von Frankenberg habe ich auf seine sehr geschickt gefaßte persönliche Bemerkung nichts zu erwidern.

Dem Herrn Staatsminister von Bülow möchte ich bemerken, da er mir gewissermaßen den Vorwurf gemacht, ich hätte den Text des Vertrags nicht richtig oder nicht ganz gelesen, daß in dem Vertrage von den Gesetzen des Landes und zwar nur Deutschlands die Rede ist, dagegen von den Gesetzen der deutschen Einzelstaaten oder gar Preußens kein Wort dort steht.

(Oh, oh! rechts.)

— Sehen Sie doch nach, Sie haben den Vertrag wahrscheinlich gar nicht gelesen.

Dem Herrn Abgeordneten Dr. Bamberger, der mir den Vorwurf gemacht hat — gewissermaßen muß ich diese Absicht doch vermuthen — etwas in Betreff der Missionen unerwähnt gelassen zu haben, muß ich erwidern, daß ich alles das gelesen habe, aber gerade diesen Punkt deshalb nicht zitirt, einmal um dem Herrn Abgeordneten Dr. Bamberger den Scherz zu lassen, den er gern haben wollte, zweitens aber auch wesentlich — und das war der bestimmende Grund für mich — weil es sich hier um Missionen der Methodisten handelt, und ich wollte von meinem katholischen Standpunkt eine andere Konfession nicht verletzen.

(Bravo!)

Präsident: Der Herr Abgeordnete Windthorst hat das Wort zu einer persönlichen Bemerkung.

Abgeordneter Windthorst: Der Herr Abgeordnete Graf Frankenberg hat nothwendig gefunden, nachträglich eine Kritik über das zu bringen, was ich bei Gelegenheit der Schankwirthschaftsfrage hier vorgebracht habe. Ich muß dem Herrn Abgeordneten Graf Frankenberg sagen, daß das, was ich damals vorgetragen, durchaus und direkt zur Sache gehört hat, wenn er freilich es nicht finden mag auf seinem Standpunkt. Jedenfalls wäre die Kritik damals an der Stelle gewesen, heute ist sie es nicht.

Präsident: Meine Herren, ich habe jetzt zu fragen, ob Sie gemäß § 18 unserer Geschäftsordnung die Vorlage einer Kommission zur Vorberathung überweisen wollen. Ein diesfälliger Antrag ist bis jetzt nicht gestellt. Wenn er auch jetzt nicht gestellt wird, dann nehme ich an, daß Sie in die zweite Berathung eintreten wollen. — Das geschieht hiermit.

Ich eröffne die Debatte in der zweiten Berathung über den Art. I der Vorlage. Es verlangt niemand das Wort. Verlangen die Herren eine Abstimmung über Art. I? — Es ist auch das nicht der Fall. Ich erkläre Art. I für genehmigt.

Art. II.

Zu Art. II, worüber ich jetzt die Debatte eröffne, ertheile ich das Wort dem Herrn Abgeordneten Dr. Gareis.

Abgeordneter Dr. Gareis: Meine Herren, ich habe mir deshalb zu Art. 2 das Wort erbeten, weil in diesem Artikel einerseits ein Ausdruck vorkommt, welcher völkerrechtlich verschieden aufgefaßt werden kann, und andererseits weil auch außerdem dieser Art. 2 sehr leicht zu Mißverständnissen Veranlassung geben kann. Es heißt nämlich zu Schluß dieses Art. 2, daß die Deutschen in Samoa von einer Okkupation ihrer Häuser, Ländereien und Pflanzungen durch kriegführende Parteien befreit seien. Zunächst ist der Ausdruck „kriegführende Partei“ deshalb hier von Bedeutung, weil aus dem Aktenmaterial, welches uns die Regierung in splendider Weise hier geboten hat, zu entnehmen ist, daß derartige Parteien in der That auf den Samoainseln mächtig vorhanden sind. Es heißt z. B. auf Seite 162, daß die Taimua und Faipule überhaupt im Lande keine rechte Anerkennung finden und keinerlei Autorität besitzen. An diese Thatsache möchte ich zunächst die Frage anreihen: Ist denn hinreichend Garantie angesichts dieses Aktenstücks dafür vorhanden, daß der völkerrechtliche Vertrag auch wirklich mit den richtigen Kontrahenten abgeschlossen worden? Der Korvettenkapitän von Werner berichtet am 17. Januar d. J., daß die Taimua keine Autorität besitze und 7 Tage später ist der Vertrag mit ihr abgeschlossen. Er ist vom 24. Januar abgeschlossen mit einer Versammlung, deren Autorität noch 8 Tage vorher seitens des Regierungsvertreters selbst bezweifelt wird. Angesichts dieser Thatsache wird sich nun sicherlich die Frage nicht als überflüssig ergeben, ob denn die kriegführenden Parteien überhaupt nicht so stark in jenen Ländern sind, daß es sehr schwierig sein wird für die Partei, mit welcher wir den Vertrag abgeschlossen haben — denn mir scheint der Vertrag doch nur mit einer Partei abgeschlossen zu sein — die Durchführung dieses Art. 2 durchzusetzen, ohne sofort eine direkte Einmischung in die Angelegenheiten zu fordern. Die Einmischung in die Angelegenheiten eines fremden Landes ist unzweifelhaft dann gegeben, wenn die Rechte der Staatsangehörigen des Einmischenden in einer völkerrechtswidrigen Weise verletzt sind. Eine solche Verletzung ist unzweifelhaft vorhanden, wenn etwa seitens der Regierung selbst die Gebäude, Plantagen u. s. w. der Angehörigen eines fremden Staates nicht bloß nicht geschützt, sondern selber verletzt werden. Wenn eine staatliche Repression gegen eine Verletzung, die von der anderen Seite geschehen ist, nicht sofort durchgesetzt werden kann, so liegt eine völkerrechtliche Verletzung nicht vor, so wenig der regierenden Partei man zumuthen kann, daß sie jede Rechtsverletzung von vornherein verhindere. Es dürfte demnach ein Vertragsbruch nicht vorliegen und ein casus belli nicht gegeben sein; wenn die Verletzung durch revoltirende Banden oder Räuberbanden und dergleichen geschehen, oder die Okkupation von Gebäuden u. s. w. durch eine kriegführende Partei im Sinne einer „kriegführenden Macht“, die nicht die Regierung ist, vollzogen wurde.

Dann ist es zweifelhaft, was unter diesen Gebäuden u. s. w. zu verstehen sei. Wir haben bis jetzt von allen Seiten wiederholen hören, und ich stehe nicht an, es abermals zu wiederholen, daß wir nicht wünschen, daß sofort staatliche Kolonialpolitik getrieben werde. Es ist nicht bloß die noch nicht genügende Entwicklung unserer deutschen Marine ein Hinderungsgrund, es sind deren noch viel mehr. Ich möchte z. B. auch auf unsere Wehrverfassung aufmerksam machen. Ein Land mit ausgedehnter Kolonialpolitik kann kaum mit dem System der allgemeinen Wehrpflicht durchdringen, es müßte damit ein anderes Wehrsystem verbinden. Aber die Einrichtung von wirklichen Kolonien ist, wie es scheint, in der That noch nicht seitens der Reichsregierung wirklich beabsichtigt, doch sind uns in den amtlichen Mittheilungen bereits einige Anhaltspunkte dafür gegeben, daß man nahe daran ist, diese Politik wirklich einzuführen. Es sind seitens der kaiserlichen Regierung auf verschiedenen Inseln Grunderwerbungen gemacht worden, es sind die Häfen von Makada und Mioko käuflich erworben, es ist auf Jaluit eine Kohlenstation gekauft worden. Ich frage nun: sollen die Grundstücke, welche das deutsche Reich an den verschiedenen Stellen gekauft hat, stets als Grundstücke des fremden Staats in Bezug auf das staatliche Territorialhoheitsrecht aufgefaßt werden? Dann würde keine Kolonialpolitik darin zu sehen sein. Soll aber dieses Gebiet als ein Stück des deutschen Reichs betrachtet werden, dann wäre selbstverständlich Kolonialpolitik vorhanden. Nun lassen die Ausdrücke, welche gebraucht sind, wenn es sich um den Schutz deutschen Gebiets, deutschen Besitzes u. s. w. haudelt, durchaus zweifelhaft, ob privatrechtliches Eigenthum des deutschen Reichsfiskus, oder ob deutsches Territorium gemeint sei, ein staatliches Territorium, welches unter deutscher Staatshoheit steht. Der Erwerb eines Hafens als solcher ist nicht wohl Gegenstand des Privatrechts, und ich kann mir nicht wohl denken, daß eine Rhede oder ein Seehafen auf Grund eines Privatrechtstitels erworben wird. Wenn von einem Kauf eines Hafens die Rede ist, so ist damit, glaube ich, die Grenze des privatrechtlichen Erwerbes bereits überschritten.

Meine Herren, ich habe an diese Betrachtungen keinen positiven Antrag zu knüpfen, ich bin auch weit davon entfernt, hier das Bessere den Feind des Guten sein zu lassen. Der Vertrag verdient unzweifelhaft unsere Genehmigung, aber ich wollte die Gelegenheit doch nicht vorübergehen lassen, um darauf aufmerksam zu machen, daß einerseits in der Durchführung des Art. 2 wegen des Ausdruckes „der kriegführenden Parteien“ eine große Gefahr des Mißverständnisses gelegen scheint, und ebenso, daß die daselbst genannten deutschen Besitzungen einer verschiedenen Interpretation und verschiedenen Auffassung fähig wären.

Ich will nicht schließen, ohne das Vertrauen auszusprechen, daß die Bedenken, welche ich an die Fassung des Artikels anknüpfte, durch eine Ausführung des Vertrags beseitigt werden, die dem Sinne des Vertrags entspricht, welcher heute von allen Rednern des Hauses hervorgehoben worden, und wie ich glaube, auch seitens der Herren Vertreter der Reichsregierung.

Präsident: Der Herr Kommissarius des Bundesraths Geheimer Legationsrath von Kusserow hat das Wort.

Kommissarius des Bundesraths kaiserlicher Geheimer Legationsrath **von Kusserow:** Meine Herren, der geehrte Herr Vorredner hat einen Zweifel darüber angeregt, ob der Paziszent, mit dem Vertrag abgeschlossen worden, der richtige gewesen ist. In der Denkschrift ist ausgeführt, daß, während in Tonga man sich in wenig Tagen über einen Vertrag hat einigen können, die Verhandlungen über einen Vertrag mit Samoa Jahre gedauert haben; gerade weil es schwierig war einen Paziszenten zu finden, der von ganz Samoa als die Regierung des Landes anerkannt wurde. Es geht aus der Denkschrift hervor, daß die beiden streitenden Parteien die Puletua und die Taimua nach vergeblichen Vermittelungen in Krieg gerathen sind, daß die Puletua überwunden, und die Taimua als Landesregierung anerkannt wurde, und zwar zunächst von Amerika. Das Reich hatte keinen Grund, seinerseits die Rechtmäßigkeit und Rechtsbeständigkeit dieser Regierung anzuzweifeln, nachdem die Regierung der Vereinigten Staaten mit dem Abschluß eines Vertrags vorangegangen war. Wenn es ferner bedenklich erscheinen möchte, ob der Vertrag später noch als zu Kraft bestehend und rechtsgültig werde angesehen werden, wenn in Samoa eine andere Partei ans Ruder kommen sollte, so muß man den kaiserlichen Vertretern das Zeugniß geben, daß sie mit großer Voraussicht gehandelt haben, indem sie am 3., beziehentlich 5. Juli 1877 Abmachungen mit beiden streitenden Parteien geschlossen haben, die dahin gingen, daß die zur Herrschaft gelangende Partei verpflichtet sein solle, Deutschland dieselben Rechte einzuräumen, wie jeder anderen Macht. Wenn daher ein neuer Bürgerkrieg ausbräche und die Taimua besiegt würde, so würde schon die Abmachung mit der Puletua vom 5. Juli 1877 uns dieser Partei gegenüber gegen Nichtanerkennung unserer Vertragsrechte sichern. Der von dem geehrten Herrn Vorredner im zweiten Artikel zum Gegenstand einer Kritik gemachte Passus „die Okkupation der Landeshäuser u. s. w. durch die kriegführenden Parteien“ hat die Bedeutung, daß er die Neutralität der im deutschen Eigenthum befindlichen Häuser und Ländereien vertragsmäßig sichert, während die Sicherung der Neutralität dieser Gegenstände früher der Gegenstand nur vorübergehender Abmachungen bildete, wie z. B. derjenige vom 6. Juni 1876, und der vom 3. respektive 5. Juli 1877. Also dieser Passus bedeutet weiter nichts, als daß, wenn wieder einmal ein Bürgerkrieg ausbrechen sollte, die streitenden Partein sich verpflichten, für Beschädigung deutschen Eigenthums aufzukommen. Diese Bestimmung bildet also das Fundament für etwa hieraus entstehende Reklamationen.

Präsident: Es verlangt niemand mehr das Wort; ich schließe die Debatte über Art. II und frage, ob Sie eine Abstimmung darüber verlangen. — Weder Vorlesung noch Abstimmung wird verlangt, ich konstatire, daß Art. II nach der Vorlage der verbündeten Regierungen angenommen ist.

Wir kommen zu Art. III. Ich eröffne die Debatte. Das Wort ertheile ich dem Herrn Abgeordneten Prinzen Radziwill (Benthen).

Abgeordneter Prinz **Radziwill** (Benthen): Meine Herren, fürchten Sie nicht, daß ich beim dritten Artikel eine Fortsetzung der Rede des Herrn Abgeordneten von Schorlemer zu geben beabsichtige; ich habe vor 2 Jahren in Bezug auf den Vertrag mit Tonga zu Art. 3 ziemlich dasselbe sagen wollen, was heute vom Herrn Abgeordneten von Schorlemer bemerkt worden ist, habe aber dabei so schlechte Erfahrungen gemacht, daß ich es hent kaum wagen möchte, dasselbe Gebiet zu betreten. Außerdem verdient es gewiß große Dankbarkeit, daß Sie die Bemerkungen des Herrn Abgeordneten von Schorlemer mit so großer Ruhe und Aufmerksamkeit angehört haben. Meine Bemerkungen sollen nur eine kurze Anfrage an die verbündeten Regierungen motiviren. Der Herr Staatssekretär von Bülow hat in seiner Einleitung zu dieser Vorlage sich gleichsam entschuldigt, daß er dem Reichstag trotz dessen so sehr in Anspruch genommene Zeit einen so ausführlichen Bericht vorgelegt habe. In dieser Beziehung muß ich mich den Dankesworten der bisherigen Redner anschließen und meinerseits sagen, daß ich lange kein so interessantes und belehrendes Schriftstück gelesen habe, wie die von seiten der kaiserlichen Marineoffiziere, des Konsuls, sowie der anderen diplomatischen Vertreter uns vorgelegten Berichte. Nur ein Mangel hat mich in Erstaunen gesetzt, und wenn es nicht unbescheiden wäre, hätte ich vielleicht den Anspruch zu erheben, noch etwas mehr zu erfahren, als was in diesem Schriftstück gegeben ist. Es ist uns mitgetheilt der Wortlaut der Verträge zwischen Samoa und England und zwischen Samoa und Amerika, dagegen ist der Vertrag, der, wenn ich nicht irre, schon 1873 oder 1874 zwischen Tonga und Frankreich abgeschlossen worden ist, nicht mitgetheilt worden, er findet sogar in den vorliegenden amtlichen Aktenstücken keine Erwähnung; ich erinnere mich aber aus dem Vertrage mit Tonga, daß damals ein von Frankreich abgeschlossener Vertrag als Präzedenzfall angeführt wurde. Ich weiß es nicht genau — ist es in den vorliegenden Aktenstücken oder bei dem Vertrage mit Tonga, wo ausdrücklich auf diesen französischen Vertrag mit der Bemerkung hingewiesen wurde, gesagt, daß Art. 3 dem Art. 3 oder einer anderen Nummer des französischen Vertrags entspreche, in welchem gleichfalls eine Garantie für die Vertreter der katholischen Religion in Samoa gefordert wird. Von diesem Vertrage wissen wir nichts, er ist hier nicht abgedruckt, ich habe ihn mir selbst nicht verschaffen können und ich würde, sollte eine ähnliche Vorlage an das hohe Haus kommen, sehr wünschen, daß er wenigstens der Vollständigkeit wegen, mit vorgelegt würde, schon aus dem Grunde, weil in Bezug auf Art. 3, betreffend die Wahrung der religiösen Interessen, das deutsche Reich allein mit Frankreich sich in Uebereinstimmung befindet, während diese Frage in dem englischen und amerikanischen Vertrage fehlt. Ich finde das um so mehr anerkennenswerth, als wahrscheinlich die kaiserliche Regierung sich hat selbst sagen müssen, daß gerade diese Bestimmung nothwendiger Weise zu den Bemerkungen hat führen müssen, die wir so eben von dem Herrn Abgeordneten von Schorlemer gehört haben.

Hiermit verbinde ich eine andere Bitte an die kaiserliche Admiralität. Es ist mir bei Lektüre der Berichte der kaiserlichen Marineoffiziere allgemein aufgefallen, daß die Missionsverhältnisse, wie sie auf den Inseln des polynesischen Archipels bestehen, kaum oberflächlich erwähnt sind, und doch meine ich, daß sowohl die Handelsinteressen als auch die Konsularinteressen der Inseln in nothwendigem Kontakt und in enger Verbindung mit den Missionsinteressen stehen. Es ist ja bekannt, daß die deutschen Kaufleute auf den Inseln ihre Arbeiter nur von jenen Inseln beziehen, daß sich also ein gegenseitiges Verhältniß zwischen Arbeitgeber und Arbeitnehmer bildet. Ein unmittelbarer Einfluß der Kaufleute auf die Insulaner in zivilisatorischer Beziehung findet kaum statt, dagegen ist uns sicher, daß die Missionäre, sowohl die Methodisten, als die katholischen auf Samoa, einen bedeutenden Einfluß in zivilisatorischer Beziehung auf das Volk haben dadurch, daß sie der samoanischen Sprache durchaus mächtig sind. Nun fällt es mir auf, daß, während in den Berichten an die kaiserliche Admiralität von methodistischen Missionären nebenbei — und zwar in meist wenig vortheilhafter Weise — gesprochen wird, mit keinem Worte erwähnt ist, daß im Jahre 1877, aus welchem die meisten dieser Berichte stammen, der französische Bischof Elloy, welcher zweimal auf Seite 34 und 36 bei der Verhandlung des englischen Kommandore Hoskius mit der Taimua in Anwesenheit des deutschen Konsuls Weber als Dolmetscher erwähnt wird, auf einem französischen Schiffe eine Rundreise durch die Inseln des polynesischen Archipels gemacht und im Jahre 1878 über diese Reise einen ausführlichen und in kulturhistorischer Beziehung höchst interessanten Bericht geschrieben hat, welcher mir hier vorliegt. Ich werde mir erlauben, bei der Generaldebatte der dritten Lesung einiges daraus mitzutheilen, weil ich fürchte, Ihre Geduld zu sehr in Anspruch zu nehmen, wenn ich es bei diesem Artikel thue. Es ist aber in der That auffallend, daß die Existenz dieser katholischen Mission, die Rundreise dieses Bischofs, welcher ja den deutschen Beamten in Samoa bekannt sein muß, weil er den Verhandlungen in Anwesenheit des deutschen Konsuls Weber am 30. Mai 1876 als Dolmetscher beiwohnte, mit keiner Silbe erwähnt ist. Der Bericht des französischen Bischofs Elloy enthält so interessante Aufschlüsse über die Zivilisation jener Völker, über die Art und Weise, wie die Jugend in Religion, Lesen und Schreiben unterrichtet wird, daß ich mir vorbehalten muß, bei der Generaldebatte der dritten Lesung dem Herrn Abgeordneten Bamberger zu antworten, somit für die Ehre jener höchst bildungsfähigen Bevölkerung einzutreten.

Was die Redaktion des Art. 3 betrifft, so ist mir ein Widerspruch aufgefallen. Während es in der Denkschrift der kaiserlichen Regierung Seite XX. heißt:

> Die Artikel I., II. und III. entsprechen im Wesentlichen denselben Artikeln unseres Vertrages mit Tonga, —

sagt der Konsul Weber in seinen Bemerkungen zum vorliegenden Vertrage Seite 187:

> der ganze Artikel ist von geringer praktischer Wichtigkeit, fand aber doch in einer im Vergleich zu dem korrespondirenden Artikel des Tongavertrages abgekürzten Weise Aufnahme, weil hierin die Gleichstellung der Samoaner mit deutschen Staatsangehörigen unbedenklich war.

Was die „Gleichstellung" betrifft, so hat bereits der Herr Abgeordnete von Schorlemer-Alst darauf geantwortet, aber der Herr Konsul Weber irrt sich, wenn er meint, daß hier eine Verkürzung Art. 3 des Tongavertrags vorliege, nein, es ist im Gegentheil eine Erweiterung. In Art. 3 des Tongavertrages heißt es einfach nach den Worten, welche in beiden Verträgen identisch sind:

> unter Beobachtung der kirchlichen Schicklichkeit und angemessenen Achtung der Landesgesetze, der Sitten und Gebräuche u. s. w.

Dagegen heißt es in dem Art. 3 des Samoavertrags, Alinea 2 in erweiterter Form:

> In allen diesen Fällen haben die Samoaner in Deutschland sich den Gesetzen und Verordnungen des Landes

— ich lasse dahingestellt, ob hier unter „Land" nur Deutschland als Reich oder auch die Einzelstaaten mit ihren Verordnungen zu verstehen sind —

> zu unterwerfen und sich nach den betreffenden Sitten und Gebräuchen zu richten, sowie die kirchliche Schicklichkeit zu beobachten.

Ich darf annehmen, meine Herren, daß die kaiserliche Regierung dem Herrn Konsul Weber alle Verhandlungen, welche in diesem Hause über den Tongavertrag gehalten worden sind, zugeschickt hat, und ich darf mich vielleicht in Folge der Bemerkungen, die ich über Art. 3 des Tongavertrags am 20. April 1877 gemacht habe, als den intellektuellen Urheber dieser Erweiterung, die sich auf bekannte in Preußen bestehende Gesetze bezieht, betrachten, was freilich mir zur Ehre, den Samoanern dagegen weniger zum Vortheil gereichen würde. Ich habe diesen Bemerkungen nichts weiter hinzuzufügen; aber diesen Widerspruch mit der Auffassung des Konsuls Weber glaubte ich erwähnen zu sollen.

Präsident: Es verlangt niemand weiter das Wort über den Art. III; ich schließe die Debatte.

Der Herr Geheimrath von Kusserow hat das Wort.

Kommissarius des Bundesraths kaiserlicher Geheimer Legationsrath **von Kusserow:** Ich erlaube mir, noch verschiedene hierher gerichtete Fragen zu beantworten. Auf die letzte Frage, ob die Reichstagsverhandlungen über den Tongavertrag dem Herrn Konsul Weber zugesandt worden seien, kann ich bejahend antworten. Wir waren es dem Konsul Weber umsomehr schuldig, ihm die stenographischen Berichte mitzutheilen, als die Berichte über die dritte Lesung für ihn die Beruhigung enthielten, daß die Kritik, welche bei der ersten Lesung hier und da in redaktioneller Beziehung ausgeübt worden, gewissermaßen ausgeglichen wurde durch die unbedingte Anerkennung, die dem Inhalt des Vertrags namentlich in dritter Lesung gezollt wurde. Wenn der geehrte Herr Vorredner unter dem vielen Material, welches dem Reichstag vorgelegt worden ist, den Vertrag zwischen Frankreich und Tonga vermißt, so liegt dies einfach darin, daß dieser Vertrag für uns nicht in Betracht kommt. Wir haben den Vertrag zwischen Samoa und Amerika und den Vertragsentwurf zwischen Samoa und England mitgetheilt, weil diese Verträge neben unserem Vertrage mit Tonga zu den Grundlagen gehörten, auf welche dieser Samoavertrag aufgebaut worden ist. Der geehrte Herr Vorredner thut aber dem auswärtigen Amte Unrecht, wenn er sagt, daß dieser französisch-samoanische Vertrag dem Reichstag gegenüber nie erwähnt worden sei. In der Denkschrift des Tongavertrags heißt es:

> Art. 3 sichert die unbedingte Freiheit des Kultus und die ungehinderte Ausübung religiöser Gebräuche bei Begräbnißfeierlichkeiten. Diese Bestimmung ist gerade gegenüber einem erst jüngst zum Christenthume bekehrten Volke nicht zu unterschätzen. Auch Frankreich hat deshalb einen Vertrag mit Tonga zur Sicherung der freien Ausübung des katholischen Kultus abgeschlossen (bis jetzt der einzige Staatsvertrag Tongas mit fremden Mächten.

Jedenfalls trifft die entschuldigende Einleitung des Herrn Staatssekretärs wegen des großen Umfangs des dem Reichstag mitgetheilten Materials gegenüber dem Herrn Vorredner nicht zu. Wir haben angesichts der Masse der uns vorliegenden Aktenstücke, bei der Auswahl der zur Beurtheilung nothwendigsten gewissermaßen zu kämpfen gehabt. Ich kann übrigens versichern, daß die Verdienste der katholischen Mission dem auswärtigen Amte durchaus nicht unbekannt sind, und daß, wenn dies irgendwie zur Erläuterung der Sache dienlich gewesen wäre, auch alles hierauf bezügliche und etwa dem auswärtigen Amte zugänglich gemachte Material mitgetheilt worden sein würde. —

Präsident: Nachdem ein Vertreter des Bundesraths gesprochen hat, ist die Debatte wieder eröffnet. Ich ertheile dem Herrn Abgeordneten Prinzen Radziwill das Wort.

Abgeordneter **Prinz Radziwill** (Beuthen): Persönlich möchte ich nur bemerken, daß der Herr Vertreter der Bundesregierungen mich wohl überhört haben muß. Ich habe ausdrücklich gesagt, daß die Stelle, die er hier verlesen hat aus dem im Jahre 1877 abgeschlossenen Vertrag mit Tonga, mir bekannt sei. Aus dieser Quelle habe ich auch nur allein Kenntniß davon bekommen, daß überhaupt Frankreich einen Vertrag mit Tonga abgeschlossen hat.

Was die Sache selbst betrifft, so enthalte ich mich aus sehr einleuchtenden Gründen irgend einer Antwort darauf, da die Vertreter der Regierungen ja ihre Gründe haben können, um bestimmte Dinge aus den Aktenstücken über die Verträge auszulassen, und ich mich nicht für berechtigt halten kann, nach den Gründen zu fragen; aber den Wunsch habe ich immer noch.

Präsident: Es verlangt niemand mehr das Wort; ich schließe die Debatte abermals. Wir kommen zur Abstimmung über Art. III.

Verlangen die Herren, daß er nochmals verlesen wird? — Das ist nicht der Fall, verlangen die Herren eine besondere Abstimmung? — Es ist auch das nicht der Fall. Ich darf annehmen und konstatire, daß Art. III in zweiter Lesung genehmigt worden ist.

Ich eröffne die Debatte über Art. IV. — Es verlangt niemand das Wort; ich schließe die Debatte und konstatire, wenn niemand eine besondere Abstimmung verlangt, auch nicht das Verlesen verlangt wird, daß Art. IV in zweiter Lesung angenommen ist.

Art. V. — Der Herr Abgeordnete Haerle hat das Wort.

Abgeordneter **Haerle:** Meine Herren, die Bestimmungen des § 5 scheinen mir doch nicht ganz vollständig im Einklange mit denjenigen Erklärungen, welche der Herr Staatsminister von Bülow heute wiederholt gegeben hat, zu stehen; der Herr Staatsminister von Bülow hat gesagt, daß wir bei Abschließung dieses Vertrags, kein Monopol zu erreichen, uns bemüht hätten. Nun enthält aber dieser Artikel 5 faktisch ein Monopol, welches der deutschen Regierung dort in Samoa eingeräumt werden soll. Es heißt nämlich in Betreff des Hafens von Saluafata:

> Jedoch darf die Regierung von Samoa in Bezug auf diesen Hafen und seine Ufer keiner anderen Nation gleiche Rechte, wie die der deutschen Regierung gewährten, bewilligen.

Meine Herren, ich möchte fürchten, daß dieses Vorrecht, welches wir da erlangt haben, und welches vielleicht nach den lokalen Verhältnissen ein recht nützliches sein kann, gerade zu solchen Verwicklungen, wie sie der Herr Abgeordnete Bamberger schon bezeichnet hat, führen möchte. Wenn es irgend einem anderen seefahrenden Staate, zum Beispiel Amerika, welches ja vorzugsweise dort in jenen Gegenden mit uns konkurrirt, gefallen würde, in demselben Hafen auch ein Kohlendepot anzulegen, so würden wir wahrscheinlich, um dies zu verhindern, bloß auf uns selbst angewiesen sein, wir würden von der so außerordentlich schwachen Regierung von Samoa nicht erlangen können, daß sie ein solches Vorgehen der amerikanischen Regierung hemmen und ihm entgegentreten würde; wir werden in die Lage versetzt werden, daß wir mit eigenen Mitteln ein solches Vorgehen verhindern müßten. Ich möchte nun aber glauben, daß eine derartige Verwicklung wegen eines solchen kleinen Nutzens keineswegs im Interesse des deutschen Reichs stehen könnte. Ich möchte mir erlauben, an den Herrn Staatsminister die Frage zu richten, ob denn diese Vertragsbestimmung Aussicht hat, von den anderen seefahrenden Staaten anerkannt zu werden.

Präsident: Der Herr Staatsminister von Bülow hat das Wort.

Bevollmächtigter zum Bundesrath Staatssekretär des auswärtigen Amts Staatsminister **von Bülow:** Ich erlaube mir darauf ganz einfach zu antworten, daß die ausschließende Bestimmung, die sich hier am Schlusse des zweiten Absatzes findet, ganz einfach die Einräumung des Benutzungsrechts ist: man hat den und den Platz für so und so viel Gebäude, Anlagen u. s. w. Es ist durchaus keine Kolonial- oder Monopolisirungspolitik, sondern bloß der einfache Grundsatz: wo ich meinen Fuß hingestellt habe, soll so lange kein Anderer ihn hinstellen dürfen. Uebrigens ist es nicht verfänglich, schon aus dem Grunde, weil die amerikanische Regierung, uns vorangehend, den Hafen Palu Palu erworben hat, um für die amerikanischen Schiffe einen solchen Ankerplatz zu haben. Ich glaube, es ist daher im Einverständniß mit allen Betheiligten und der praktischen Entwicklun der Dinge angemessen, daß dieser Hafen für die Benutzung der deutschen Kriegsschiffe reservirt ist. Ein Schritt auf dem Wege der Kolonisationspolitik oder Ausschließung anderer ist darin in keiner Weise enthalten. Die Inseln sind groß und haben sehr viel schöne Häfen, und daß die eine oder andere Nation sich einen Hafen sichert, damit ihre

Schiffe einlaufen, hat meines Wissens und meiner Erfahrung nach von keiner Seite Anstoß erregt und erregen können.

(Der Abgeordnete Haerle meldet sich zum Wort.)

Präsident: Es ist ein Antrag auf Schluß der Debatte eingereicht von dem Herrn Abgeordneten von Gerlach. Ich bitte, daß diejenigen Herren, welche den Antrag auf Schluß der Debatte unterstützen wollen, sich erheben.

(Geschieht).

Die Unterstützung reicht aus.

Ich bitte nun diejenigen Herren, welche den Antrag annehmen wollen, sich zu erheben oder stehen zu bleiben.

(Geschieht).

Das ist die Mehrheit; der Schluß ist angenommen.

Wir kommen zur Abstimmung über Art. V. Die Verlesung wird nicht verlangt. Ich bitte, daß diejenigen Herren, welche den Art. V in zweiter Lesung nach der Vorlage annehmen wollen, sich erheben.

(Geschieht).

Das ist die Mehrheit, der Art. V ist angenommen.

Ich eröffne die Debatte über Art. VI der Vorlage. — Es nimmt niemand das Wort; ich schließe sie. Eine Abstimmung wird auch hier nicht verlangt; ich konstatire die Annahme.

Art. VII — desgleichen.

Art. VIII — desgleichen.

Ich eröffne die Debatte über Art. IX und ertheile das Wort dem Herrn Abgeordneten Prinzen Radziwill (Benthen).

Abgeordneter **Prinz Radziwill** (Benthen): Meine Herren, der Art. 9 des Vertrages lautet:

> Außer den in den vorstehenden Artikeln gedachten verschiedenen Vereinbarungen bleibt auch die Regelung der Zivilstands- und anderer noch nicht berührter Verhältnisse der Angehörigen und Schutzgenossen des einen Staates während des Aufenthalts in dem Gebiete des anderen Theils, wie auch die Feststellung der Rechte, Befugnisse und Verpflichtungen der gegenseitigen Konsularvertretung und der in Bezug auf den Handel noch unerledigten Punkte, einer Vereinbarung der beiderseitigen Regierungen vorbehalten.

Die Regelung der Zivilstandsverhältnisse, welche ja hier nach dem Wortlaut des Art. 9 sich nur auf die Angehörigen der deutschen Nationalität bezieht, hat doch eine größere Bedeutung. In dem Bericht wird erwähnt, daß zwei Deutsche, welche auf zwei entlegenen Inseln leben, mit eingeborenen Samoanerinnen verheiratet sind. Es kommen also auch Heiraten von Europäern mit dortigen Eingeborenen vor, und deshalb sind die Zivilstandsverhältnisse der Letzteren nach dem geltenden samoanischen Rechte für die deutsche Regierung nicht ganz ohne Interesse. Nun möchte ich mir die Frage erlauben, ob die einschläglichen Verhältnisse in Bezug auf die Ehe nach samoanischem Rechte der deutschen Regierung in irgend einer Weise bekannt sind. Der Herr Vertreter der Regierung sagte soeben, daß, wenn die Missionsverhältnisse in irgend einer Weise von bedeutendem Interesse für die vorliegende Sache gewesen wären, sie auch Aufnahme in dem Artikel würden gefunden haben. Ich erlaube mir zu bemerken, daß ich meinerseits kaum glaube, daß solche Berichte über die Missionsverhältnisse von der kaiserlichen Marine eingegangen sind, ohne daß sie Aufnahme gefunden hätten. Ich glaube das daraus schließen zu können, daß in den vorliegenden Berichten gerade die Angelegenheiten der Mission kaum oberflächlich berührt werden. Auf der anderen Seite aber sind mir Berichte von Missionären bekannt, die mir hier im beglaubigten Abdruck vorliegen, und die ich gern den Herren zur Verfügung stellen würde, in welchen sich höchst interessante Aufschlüsse über die dortigen Verhältnisse befinden. Nach meiner Auffassung, so weit ich nämlich unterrichtet bin, haben wir hier in kulturhistorischer Beziehung ein ganz unvollkommenes Bild der dortigen Verhältnisse, ohne daß ich dadurch einen Vorwurf aussprechen will. Nach den Berichten, die mir vorliegen, besteht ein sehr merkbarer Unterschied in Bezug auf die Eheverhältnisse der Eingeborenen zwischen der Tongagruppe und einigen anderen Inseln, welche unter der Leitung katholischer Missionäre stehen, z. B. der kleinen Insel Uëa oder Wallis nordwestlich von Samoa.

In dem bereits erwähnten Berichte des französischen Bischofs Elloy heißt es in Bezug auf diesen Punkt, nach einigen allgemeinen Klagen über die dortigen traurigen religiösen Verhältnisse:

> Um nur einen Punkt anzuführen, hat die Ehescheidung bei den methodistischen Tonganern die alte Vielweiberei ersetzt. Die Unlöslichkeit der Ehe, welche das Evangelium so stark betont, wird von den methodistischen Predigern verworfen. Die Ehe wird auf Tonga mit unglaublicher Leichtigkeit gelöst; es genügt, daß der Theil, welcher eine Trennung wünscht, sich zum Prediger begebe; daher gibt es denn auch in einem einzigen Jahre auf Tonga mehr als 200 Ehescheidungen. Dieser abscheuliche Mißbrauch beginnt selbst den Eingeborenen aufzufallen.

Wenn nun diese Darstellung richtig ist, worüber der Konsul der Inseln Aufschluß zu geben am besten in der Lage ist, so bietet sich uns hier ein so trauriges Bild der dortigen Verhältnisse, daß es wohl berechtigt erscheint, die Aufmerksamkeit der hohen Regierungen und ihrer Vertreter in Samoa auf diesen Punkt zu lenken, besonders wenn man in Betracht zieht, daß auch Europäer mit Samoanerinnen verheiratet sind. Auf der Insel Wallis dagegen, — die in den Konsular- und Marineberichten gar nicht erwähnt ist — sind die Verhältnisse ganz anders; die Bevölkerung vermehrt sich schnell, ist in einem friedlichen und guten Zustande, während auf den Samoainseln ein fortwährender Kriegszustand herrscht. Ich glaube daher, daß es die Aufgabe der Regierung sei, ihre Aufmerksamkeit auf diese Zustände zu richten und ihre Behörden respektive die Admiralität zu veranlassen, zuverlässige Berichte darüber herbeizuführen, und namentlich auch eine Aufklärung darüber zu geben, worin wohl der von mir hervorgehobene Unterschied seine Erklärung finde.

Ueber die von mir erwähnten Thatsachen habe ich anderweite Berichte nicht erlangen können, und ich muß bis zum Beweise des Gegentheils annehmen, daß die hohe Regierung auch über diese Zustände nicht besser unterrichtet sei, denn ich habe weder in unserer Bibliothek noch sonstwo Näheres über diese Verhältnisse gefunden und in der königlichen Bibliothek habe ich umsonst schon vor zwei Jahren nach den ausgezeichneten „Annales de la propagation de la foi“ aus Lyon gefragt, welche unter dem Titel „Jahrbücher zur Verbreitung des Glaubens“ auch in deutscher Sprache erscheinen und welche ein massenhaftes Material von höchstem kulturhistorischem und religiösem Interesse enthalten.

Präsident: Der Herr Abgeordnete Dr. Lingens hat das Wort.

Abgeordneter Dr. **Lingens**: Ueber den letzten Punkt bin ich in der Lage eine Aufklärung zu geben. Darum gestatte ich mir, überhaupt das Wort zu nehmen. Die betreffende Insel Wallis, die eben der Prinz Radziwill erwähnt hat, ist ganz katholisch; dort herrscht eine Königin, die bekehrt ist. Ueberhaupt sind bereits mehrere unter den Tongainseln, deren Bevölkerung das Licht des Glaubens angenommen haben, auf welchen ganz geordnete Verhältnisse bestehen. Deshalb besteht dort keine Ehescheidung, vielmehr ist alles auf der Insel Wallis in bester Ordnung.

Ich möchte bei diesem Anlaß hinweisen auf eine Anführung, die ich mit besonderem Interesse gelesen habe in der allgemeinen Mittheilung zu dem betreffenden Vertrage, wenn ich nicht irre, auf Seite 212, bezüglich Auswanderung. Dort wird hervorgehoben — das scheint mir ein Punkt zu sein, der die Aufmerksamkeit des hohen Hauses durchaus verdient:

> daß die Samoainseln im Staude seien, eine sehr große Bevölkerung zu ernähren, und daher die beste Gelegenheit geboten sei für eine ehrliche Einwanderung, von Kapital unterstützt, welches durchaus nothwendig sei, um die nöthigen Handwerkszeuge zu beschaffen und neue Industrien hervorzurufen.

Nach den Mittheilungen, wie sie sich ergaben aus den Anlagen des Vertrags, ist die Inselgruppe von Samoa zur Zeit bewohnt von ungefähr 35 000 bis 40 000 Menschen, sie soll indeß früher 100 000 ganz wohl ernährt haben. Weiter wird angeführt — alle Herren, die einen Blick in dieses voluminöse Aktenstück hineingeworfen haben, werden dies gefunden haben —: es besteht dort ein außerordentlich günstiges Klima, eine Beschaffenheit des Bodens, die für die Europäer ganz besonders günstig sei. Ich möchte also die Aufmerksamkeit der hohen Bundesregierungen insbesondere des Reichskanzleramts darauf hinlenken, nicht um eine Kolonisation zu empfehlen, in der Beziehung stehe ich auf dem Boden des Herrn Abgeordneten Bamberger — und bin durchaus der Ansicht, daß nur mit großer Vorsicht verfahren werden darf. Da wir aber sehen, daß fortwährend ein großer Strom der Auswanderung aus verschiedenen Theilen Deutschlands abfließt, es wäre meines Erachtens den allgemeinen Interessen entsprechend, wenn solche Winke, wie sie sich hier finden, zur öffentlichen Kenntniß gebracht und in geeigneter Weise ausgenützt würden. Ich möchte also, daß speziell der Herr Reichskommissar in Hamburg und Bremen, der diese Angelegenheit zu besorgen hat, zu Rathe gezogen würde, zumal er durch das Hamburger Haus Godeffroy, was vorzüglich die Kolonisation, wenigstens mehrere Pflanzungen angelegt hat, die besten Rathschläge erlangen könnte. Es ist dann in den Mittheilungen, die eben von dem Herrn Bischof Elloy, den ich persönlich kennen zu lernen Gelegenheit gehabt habe, und der ein überaus einsichtiger Mann ist, ausgehen, angeführt ein Schreiben der Königin einer dieser Inseln. Dieses Schreiben zeigt, wie auf einzelnen Inseln jetzt schon eine große Kultur besteht, eine solche, wie wir sogar für das Deutsche Reich, ja für jedes Land, sie nur wünschen können. Es wird ausdrücklich in dem betreffenden Schreiben ausgesprochen, daß kein Volk gedeihen kann, welches nicht in der christlichen und religiösen Grundlage das Fundament seiner Gesetze erkennt, ein Ausspruch, der wahrlich eine große Weisheit zeigt, eine solche, wie ich glaube, daß sie für alle Länder, auch für das Deutsche Reich wohl zu beherzigen sein dürfte.

Präsident: Ich schließe die Debatte über Art. IX. Verlangen die Herren eine Verlesung desselben? — Das geschieht nicht. Verlangen Sie eine besondere Abstimmung? — Ich konstatire, daß eine besondere Abstimmung nicht verlangt wird und, darnach Art. IX angenommen ist.

Wir gehen über zu Art. X. — Es verlangt niemand das Wort. Da auch keine Verlesung verlangt wird, konstatire ich Annahme des Art. X.

Art. XI. — Desgleichen.

Artikel XII. — Desgleichen.

Artikel XIII. — Desgleichen.

Ich eröffne die Debatte über Ueberschrift und Einleitung des Vertrags. — Es verlangt niemand das Wort. Ich konstatire die Genehmigung desselben.

Ich eröffne die Debatte über das dem Vertrage anhängende Protokoll. — Es verlangt niemand das Wort, es verlangt auch niemand eine besondere Abstimmung darüber; ich konstatire auch hier die Genehmigung.

Damit ist der Gegenstand erledigt und wir treten nunmehr in die Nr. 2 der Tagesordnung ein:

> **erste Berathung des Gesetzentwurfs, betreffend die Verfassung und die Verwaltung Elsaß-Lothringens** (Nr. 238 der Drucksachen).

Ich ertheile das Wort dem Herrn Bevollmächtigten zum Bundesrath Unterstaatssekretär Herzog.

Bevollmächtigter zum Bundesrath Unterstaatssekretär **Herzog:** Meine Herren, die allgemeinen Diskussionen über die Grundsätze der Vorlage, auf welche nach Ihrer Geschäftsordnung die erste Berathung sich beschränkt, hat in der Hauptsache schon bei der Verhandlung stattgefunden, welche über den Antrag Schneegans und Genossen geführt worden ist. Der vorliegende Gesetzentwurf entspricht dem Programm über die Ausgestaltung der politischen und Verwaltungsverhältnisse des Reichslandes, welches der Herr Reichskanzler bei jener Verhandlung in allgemeinen Umrissen gezeichnet, und welchem der Reichstag beinahe einmüthig zugestimmt hat. Wenn ich bei dieser Sachlage mir das Wort erbeten habe, um den Gesetzentwurf einzuführen, so kann es nicht meine Aufgabe sein, nochmals die Gründe speziell darzulegen, aus welchen die Regierung sich bereit gefunden hat, den von den elsaß-lothringischen Abgeordneten ausgesprochenen Wünschen entgegenzukommen, ebenso wenig die Begrenzung zu motiviren, innerhalb deren, gegenüber weitergehenden Bestrebungen, dies Entgegenkommen im Hinblick auf die Interessen des Reichs sich zu halten genöthigt war.

Ich wünsche zunächst nur über die formale Behandlung der Vorlage eine Erläuterung zu geben, die in den gedruckten Motiven eine Erwähnung nicht gefunden hat, und deren Mangel möglicherweise zu einer Mißdeutung Anlaß geben könnte. Sie betrifft die unmittelbare Vorlegung des Gesetzentwurfs an den Reichstag ohne vorgängige Befassung des Landesausschusses mit demselben. Der Gesetzentwurf verdankt seine Entstehung zum großen Theil den Anregungen, welche im Landesausschusse wiederholt gegeben worden sind. Er ist bestimmt, die im Lande laut gewordenen Wünsche auf eine Umgestaltung seiner Verfassung zu erfüllen. Es hätte unter diesen Umständen anscheinend nahe gelegen, ihn mit dem Landesausschuß zu vereinbaren und durch die Zustimmung der Landesvertretung ihm eine festere und gedeihliche Wirksamkeit sicherer verbürgender Basis zu geben, als möglicherweise für ihn gewonnen wird, wenn die Reform lediglich im Wege der Reichsgesetzgebung festgestellt und so dem Lande ohne Mitwirkung seiner engeren Vertretung gleichsam aufgenöthigt wird.

Es ist gleichwohl davon abgesehen worden, weil der Entwurf Aenderungen von Gesetzen herbeiführen soll, welche als Reichsgesetze erlassen worden sind. Es gilt dies von dem Gesetz über die Vereinigung von Elsaß-Lothringen mit dem Reich, vom 9. Juni des Jahres 1871, dessen Bestimmungen über die ministerielle Stellung des Reichskanzlers eine Modifikation erfahren. Es gilt ferner von den Bestimmungen des Gesetzes vom 2. Mai 1877, betreffend die Landesgesetzgebung, in welches der den Landesausschuß einsetzende kaiserliche Erlaß vom Oktober 1874 aufgenommen worden ist, und welches bezüglich der Zusammensetzung des Landesausschusses und der Erweiterung seiner Befugnisse in erheblichem Umfang abgeändert werden soll. Der Bestimmung dieses letzterwähnten Gesetzes gemäß können elsaß-lothringische Landesgesetze, welche im Wege der Reichsgesetzgebung entstanden sind, auch nur im Wege der Reichsgesetzgebung aufgehoben oder abgeändert werden, eine Vorschrift, die zweifellos auch auf den Inhalt dieses Gesetzes selbst bereits Anwendung zu finden hat.

Aus diesem zwingenden formalen Grunde ist von der Einbringung des Gesetzentwurfs beim Landesausschuß abgesehen worden. Es ist dies übrigens mit der beruhigenden Ueberzeugung geschehen, daß auch der Landesausschuß im Hinblick auf die bezeichnete Gesetzeslage eine andere Behandlung der Angelegenheit nicht erwartet hat.

Was nun den Inhalt des Gesetzentwurfs anlangt, so ist er gleichsam die Ausführung in Farben der im Umriß gezeichneten Skizze, welche der Herr Reichskanzler entworfen hat, und mit dereu Hauptzügen die verbündeten Regierungen sich einverstanden erklärt haben. Danach bleibt das rechtliche Verhältniß des Reichslands zum Reich im wesentlichen unverändert. Die Souveränetät, welche nach dem Friedensvertrage und nach dem Vereinigungsgesetz beim Reich beruht, wird demselben erhalten; die Staatsgewalt, welche der Kaiser im Namen des Reichs auszuüben hat, verbleibt ihm; sie wird weder in dem Titel, aus welchem sie abgeleitet ist, verändert, noch in ihrem Umfang erweitert oder vermindert. Auch bezüglich der gesetzgebenden Gewalt des Reichs, in dereu Mitwirkung an der Landesgesetzgebung der Charakter des Reichslandes sich am bedeutsamsten manifestirt, tritt eine Aenderung nicht ein; nach wie vor bleibt der Bundesrath ständig Faktor der Landesgesetzgebung und der Reichstag tritt als solcher Faktor ein, wenn die Regierung mangels einer Verständigung mit dem Landesausschuß seine Mitwirkung in Anspruch nimmt; nach wie vor kann der Weg der Reichsgesetzgebung beschritten werden, er muß eingeschlagen werden, wenn es sich um Aenderung von solchen Landesgesetzen handelt, die ihm ihre Entstehung verdanken.

Nur in einem Punkte erfährt das Verhältniß des Reichslandes zum Reich eine Modifikation, darin nämlich, daß das Amt des verantwortlichen Ministers für Elsaß-Lothringen, welches nach § 4 des Gesetzes vom 9. Juni 1871 mit dem Amt des Reichskanzlers verbunden ist, von diesem gelöst und einem besonderen Träger, dem Statthalter, anvertraut werden soll. Aber auch hier bleibt die rechtliche Lage in dem entscheidenden Punkte unberührt, daß die konstitutionelle Verantwortlichkeit selbst dem Reich und dessen Gewalten gegenüber bestehen bleibt und von ihnen nach wie vor geltend gemacht werden kann.

Die Trennung der ministeriellen Funktion von dem Amte des Kanzlers löst allerdings eine mächtige Klammer, welche das Reichsland an das Reich bindet; sie vermindert die Sicherheit dafür, daß bei der Verwaltung des Reichslandes das Reichsinteresse überall und stetig gewahrt werde, eine Sicherheit, die, theoretisch betrachtet, in der Vereinigung der Aemter in derselben Person am meisten verbürgt wird und die möglicherweise verringert wird, weil durch die Entfernung des Statthalters vom Sitz der Reichsgerierung die rechtzeitige Würdigung und Erkenntniß des Reichsinteresses unter Umständen erschwert werden kann; allein diese Trennung ist unumgänglich nöthig, wenn das andere hochwichtige Ziel erreicht werden soll, daß die zentrale Leitung der Verwaltung in das Land selbst verlegt wird, unumgänglich, weil unter dieser Voraussetzung der Reichskanzler, der seinen Amtssitz von der Residenz des Kaisers und der Reichsgewalt zu trennen nicht vermag, die Verantwortung für die Verwaltung zu übernehmen nicht im Stande sein würde.

Damit ist das Gebiet bezeichnet, auf welchem der Gesetzentwurf wesentliche und werthvolle Fortschritte bringt, nämlich das Gebiet der inneren Verfassung und der Einrichtung der Verwaltung. Auf diesem Gebiet gewährt der Gesetzentwurf die Verlegung der Zentralverwaltung in das Land selbst, er bringt eine Vermehrung der Mitglieder des Landesausschusses und eine Erweiterung seiner Befugnisse durch Einräumung des Rechts der Initiative, er sichert endlich die unter den obwaltenden Umständen mögliche Vertretung der Interessen des Reichslands im Bundesrath.

Die Verlegung der zentralen Verwaltung von Berlin nach Straßburg entspricht jedenfalls einem der Begehren, die in solchen Kreisen der Bevölkerung, welche die durch den Frieden geschaffene Lage annehmen und sich in sie einzuleben wünschen, am häufigsten und dringendsten ausgesprochen sind. Es mag sein, daß das Verlangen danach zum Theil in einer etwas übertriebenen Vorstellung von der Unselbstständigkeit und Abhängigkeit der im Lande bestehenden Verwaltung von der Zentralstelle beruht; andererseits wird es aber von der gewiß richtigen Erwägung diktirt, daß die höchste Regierungsgewalt von der Landesvertretung auf die Dauer räumlich nicht getrennt werden darf, wenn sie nicht die für eine ersprießliche Geschäftsführung durchaus nothwendige Fühlung mit der Bevölkerung verlieren soll.

Die Ausführung ist nun so gedacht, daß das Amt des Reichskanzlers fortan in Straßburg geübt werden soll, derart, daß in ihm die sämmtlichen ministeriellen Funktionen, von denen ein wesentlicher Theil bisher dem Oberpräsidenten übertragen war, sich wieder vereinigen. Die Stellung des Statthalters soll überdies dadurch erweitert und gehoben werden, daß gewisse landesherrliche Befugnisse ihm vom Kaiser übertragen werden. Welche Befugnisse vornehmlich dabei ins Auge gefaßt werden, darüber enthalten die Motive ausführliche Angaben. Wenn es beim ersten Anblick ungewöhnlich scheinen mag, daß Befugnisse des Staatsoberhauptes und die Funktionen eines verantwortlichen Ministers in derselben Person vereinigt werden, so verliert diese Verbindung das Befremdliche, wenn man jene Befugnisse nach Art und Umfang näher prüft; es ergibt sich dabei, daß es sich im wesentlichen um solche Akte der Regierungsgewalt handeln wird, welche dem administrativen Gebiet angehören und in das Bereich jener Spezialdekrete fallen, in dessen Ausbildung das französische Staatsrecht außerordentlich weit geht. Auch gegenwärtig würde übrigens der Kaiser schon ermächtigt sein, auf Grund des Gesetzes über die Einrichtung der Verwaltung derartige Befugnisse an Zentral- und Bezirksbehörden dauernd zu übertragen, nicht bloß widerruflich und zeitweise zu delegiren.

Das Ministerium, welches nach dem Vorschlag des Entwurfs dem Statthalter zur Seite treten soll, wird in sich die Funktionen vereinigen, die zur Zeit das Reichskanzleramt für Elsaß-Lothringen und das Reichsjustizamt übt, und welche von dem Oberpräsidenten wahrgenommen werden. Auf seine Einrichtung soll die Einrichtung des Reichskanzleramts übertragen werden, wonach der Vorstand des letzteren als Stellvertreter des Reichskanzlers handelt, mit der Maßgabe jedoch, daß diese Vertretung nach dem Entwurf eine dauernde sein soll und durch das Gesetz selbst mit dem Amt des Staatssekretärs verbunden ist. Diese Uebertragung schließt aus, daß die Verfassung des Ministeriums eine kollegiale sei; sie knüpft die Entscheidungen und die Verantwortung dafür an die Person des Vorstandes.

Was nun den Landesausschuß anlangt, so entspricht eine Vermehrung der Zahl seiner Mitglieder einem dringenden Bedürfniß nach Verstärkung der Arbeitskräfte, sie hat aber auch die ungleich wichtigere Bedeutung, daß weitere Kreise der Bevölkerung als bisher durch gewählte Vertreter an der politischen Thätigkeit sich betheiligen und an der Pflege des Gemeinwohls ihres Landes mitarbeiten können. Für diese Thätigkeit öffnet sich ein um vieles weiteres Feld durch die Einräumung des Rechts zur Initiative. Vermöge dieses Rechts wird der Landesausschuß aus einer mehr rezeptiven zu einer produktiven Stellung gelangen. Bestrebungen und Ansichten, die sich nur gelegentlich in Form von Wünschen äußern konnten, können fortan ausführlich berathen und in Form von Beschlüssen zur Kenntniß der Regierung gebracht werden.

Ich beschränke mich auf diesen Ueberblick und versage es mir, einzelne Bestimmungen des Entwurfs näher zu begründen, um nicht der Spezialdiskussion vorzugreifen. Ich sehe auch davon ab, die finanzielle Durchführbarkeit des Planes und die Wirkungen, die er in dieser Richtung äußern wird, näher darzulegen, weil ein besonderer Gesetzentwurf, der diese Seite der Sache ordnet, dem Reichstag bereits zur Beschlußfassung zugegangen ist.

Daß der Gesetzentwurf nicht alle Wünsche, die laut geworden sind, erfüllen wird, ist klar. Ob er die Hoffnungen erfüllen wird, die sich an ihn knüpfen, hängt nicht allein von der Regierung, es hängt vornehmlich von den Elsaß-Lothringern selbst ab und von der Art, wie sie die Reform aufnehmen. Wenn dies im Sinne der Regierung geschieht, wenn vornehmlich die Erkenntniß mehr und mehr sich Bahn bricht, daß das Interesse des Reichslandes mit dem des Reichs unlöslich verbunden sei, dann wird dieser Versuch — denn auch dieser Schritt ist ein Versuch — glücken. Ich darf die Hoffnung aussprechen, daß der Reichstag den Maßnahmen, welche die Regierung für diesen Zweck dienlich und zulässig erachtet, grundsätzlich seine Zustimmung nicht versagen wird.

(Bravo!)

Vizepräsident Freiherr zu **Franckenstein**: Der Herr Abgeordnete Guerber hat das Wort.

Abgeordneter **Guerber**: Meine Herren, ich bin mir bewußt, daß ein feierlicher Augenblick in der Geschichte meines Vaterlandes jetzt da ist, ein Augenblick in dem dessen Schicksale auf eine Zeit auf längere vielleicht sich entscheiden werden. Es ergeht deshalb an mich die Aufforderung, die Sache der Statthalterei, die in Vorschlag gebracht worden ist, mit allem Ernst zu prüfen und die guten und schlimmen Seiten, welche die Gesetzesvorlage in sich enthalten mag, auseinanderzuhalten, gerecht zu werden demjenigen, was als gut uns erscheint, zu kritisiren, was uns als ungenügend oder verwerflich vorkommt, und dadurch in die Diskussion Licht zu bringen über die Stellung, welche das Elsaß zu den Vorschlägen der Regierung nimmt.

Als vor einigen Monaten in den öffentlichen Blättern kund geworden war, daß eine, was man damals nannte neue Konstitution für Elsaß-Lothringen ausgegeben werden solle, da entstand nicht bloß im Reichslande, sondern auch im Reiche allgemein eine recht freudige Aufregung. Mir kam es vor, als wie ein frischer Luftzug bei schwüler drückender Atmosphäre, und wo ich Deutschen begegnete, sagten sie mit Genugthuung: nun wird Elsaß-Lothringen frei. Dieses Programm erschien uns als gar zu rosig-gefärbt. Wir, die wir seit manchen Jahren von manchen harten Schicksalsschlägen erreicht worden, wir siud nicht sehr geneigt, an schöne Glückstage zu glauben, und erwarten zuerst Thaten, bevor wir in den Jubel einschlagen, der vielleicht in Klagen austönen könnte.

Nun kommt die Vorlage. Wenn man derselben näher auf den Grund sieht, dürfte die Stellung, die wir damals einnahmen, als von Seite unserer Kollegen, die sich von der Autonomie nennen, zu dieser Vorlage angeregt wurde, die warnende, ich möchte sagen, kühle Stellung, die wir einnahmen, dürfte durch die Vorlage, die uns unterbreitet worden, diese Stellung durchaus gerechtfertigt erscheinen.

Welches sind nun — wenn wir näher auf die Vorlage eingehen — die guten und die schlimmen Seiten, die an derselben hervorzuheben sind? Aber bevor ich auf diese Frage antworte, möchte ich eine Anmerkung hier anbringen. Der Herr Vertreter der Regierung glaubte, diese Frage aufstellen zu müssen: Warum denn nicht, bevor diese Vorlage im Plenum eingebracht wurde, zuerst von Elsaß-Lothringern im Lande berathen oder begutachtet wurde. Auch mir scheint die Frage wichtig. Ich glaube, in einer so wichtigen Angelegenheit, wo es vor allem darauf ankommt, die Stimmung des Landes und die Forderungen des Landes, die allerdings schon einigermaßen bekannt geworden waren, näher und präzis zu kennen gegenüber den Ansichten der Regierung, wäre es wohl gerathen gewesen, die Organe des Landes über diese Vorlage zu befragen, d. h. dort nachzusehen, inwiefern die Vorlage ihren Wünschen, mehr noch ihren Forderungen und ihrem Recht entspricht. Da das nicht geschehen ist, so mußte diese Vorlage im Büreau des Reichskanzleramts, so viel mir davon bekannt ist, fertig gestellt werden; meine Herren, das ist nach meiner Ansicht ein Nachtheil, weil, wenn das Büreau allein die Dinge mache, dann kennt es vor allem seine Interessen, sein vermeintliches Recht. Wenn es die Theilung macht zwischen Regierungsrecht und Volksrecht, dann ist zu befürchten, daß es sich den Löwenantheil zuschreibe. Wir werden sehen, wenn wir näher auf die einzelnen Bestimmungen der Vorlage eingehen, daß diejenigen, welche sie vorbereitet haben, viel mehr durchdrungen waren von dem Gedanken, die Rechte der Regierung mehr als die Forderungen und Rechte des Landes in Betracht zu ziehen. Es war aber dies verhängnißvoll, denn wenn so die Rechte, die billigen Forderungen unseres Volkes einseitig durch diejenigen zurechtgelegt werden, welche von dem Büreau aus dessen Geschicke lenken, dann ist zu befürchten, daß der edle, schöne, große Gedanke, der in das Büreau eingetragen wird, unter dessen meisternder und modelnder Hand verkümmere. Ich möchte nicht gerade behaupten, daß aus dem Berg unserer schönen Hoffnungen die Maus der Fabel hervorgekommen sei, aber ich muß doch sagen, daß ich hier wenigstens in seinen Hauptzügen den homunculus erkenne, welchem der Vertreter der Regierungen vor etwa zwei Jahren in einer öffentlichen Debatte, ich denke, in treuer Erfüllung seiner Thatenpflicht, den richtigen Namen beigelegt hat.

Was Anerkennung findet in dieser Vorlage, ist das, daß der erste Theil des Stichwortes, unter welchem angeregt wurde zu dieser Neugestaltung, daß der erste Theil durch diese Vorlage in der That erledigt erscheint. Welches war das Stichwort, welches im Landesausschuß und auch in der Presse des Landes allgemein umgegeben war? Es hieß: wir verlangen die Regierung im Lande und durch das Land. Nun wird durch diese Vorlage in der That der Schwerpunkt der Regierung oder wenigstens der Verwaltung in das Land verlegt, und das ist ein sehr glücklicher Gedanke, die Vollziehung eines Wunsches, den wir lange gehegt haben, den wir oft hier ausgesprochen haben, und dem auch in Straßburg Landesausschuß und Presse vielfach beigetreten sind. Ich wünsche nur, daß diejenigen Beamten, welche dort zu Straßburg die Dinge in der Nähe sich ansehen werden, mit vorurtheilsfreiem Blicke und ohne alle Voreingenommenheit ans Werk gehen möchten,. Man hat uns einige Namen solcher genannt, welche diesem wichtigen Amt in unserem Lande warten sollen. Nun, die Vergangenheit der Herren, die man uns genannt hat, verbürgt uns, daß sie mit einem tiefen Gefühl der Gerechtigkeit und Billigkeit ins Land kommen werden, und wir hoffen, daß sich dieses Gefühl anch stets und kräftig bethätigen wird. Allein dazu ist eines erforderlich, daß bei Ausführung dieser Vorlage, wenn sie je durch das Haus zum Gesetz erhoben werden sollte, anders verfahren werden möge, als verfahren worden bei Ausarbeitung derselben. Da bei der Abfassung dieser Vorlage selber die Organe des Landes nicht befragt wurden, so mußte man nothwendigerweise doch in diesem und dort sich von Zuträgern aus dem Lande belehren lassen. Wenn man sich aber an solche wendet und hält, dann hört man nicht die Stimme des Landes, man hört höchstens die Stimme einer Partei, und diese Partei dürfte anch nicht die Hauptpartei im Lande sein, und vielleicht ist sie nicht einmal die Stimme einer Partei, sondern die Stimme einer Person, und manchmal wird sie sein die Stimme einer Person nicht nach der edelsten Seite ihres Wesens hin, sondern nach der niedrigen hin, dem persönlichen Interesse.

An der Stirn des Gesetzes steht ein Wort, das ich mit einigem Mißtrauen aufgefaßt habe. Da heißt es: „der Kaiser kann“. Ueber dieses Wortes Sinn haben sich nun die Juristen herumgestritten; diese Herren haben ja den Brauch, über Zwirnfäden zu stolpern, und sie haben sofort einen Zwirnfaden erkannt, denn sie bemerken, da steht das kann, es steht da, als Unterlage desjenigen, in dessen Hände die größte Gewalt im Lande gelegt werden soll. Man hätte, so meinen sie, setzen sollen: „es wird," denn es heißt auch später: „der Statthalter wird vom Kaiser ernannt, er wird vom Kaiser abberufen", es heißt auch: „der Staatsrath wird, der Minister wird . . .". Warum wird denn eben da der Statthalter auf ein hinfälliges kann hingestellt, so daß er, der das Fundament des Ganzen bilden soll, von einem Können, einem zufälligen, hinfälligen Können abhängen soll? Er erscheint hier als etwas, das man heute aufstellt und morgen wieder umwerfen kann. Allerdings wollen wir nicht zu sehr diesen Ausdruck bemängeln; aber er hat großen Anstoß erregt, weil Manche daraus schließen, die Statthalterschaft sei als etwas provisorisches, auf einen wechselvollen Willen gestelltes, je nach Umständen zu änderndes, die Stellung des Statthalters sei etwas prekäres und er selber nicht so ganz die Regierung des Landes im Lande. Dann auch wird sofort hinzugefügt, „daß die Ausdehnung der Gewalten des Statthalters einer späteren kaiserlichen Verordnung vorbehalten sei," so daß eben seine Stellung, welche den Zentralpunkt bilden soll des Ganzen, und eine unentschiedene und am wenigsten festgestellte Erscheinung bildet, da hingegen die anderen Dinge, welche durch das Gesetz geschaffen werden sollen, wie das Ministerium des Staatsraths u. s. w. im Gesetze fest und klar stehen. Es will aber scheinen, meine Herren, daß eben den Dingen in Elsaß-Lothringen durch einen festgestellten Statthalter die Bestimmtheit und die Festigkeit verliehen werden sollte, die nothwendig ist, und die man bisher vermißte. Jedes zweite Jahr ward gemeistert und herumgemodelt an unseren Institutionen. Als wir vor zwei Jahren, als die Debatte über den Landesausschuß stattfand, etwas festes, abgerundetes für den Landesausschuß verlangten, als wir denselben auf die Basis der allgemeinen Volksabstimmung versetzt wissen wollten, als wir verlangten, daß demselben die parlamentarische Initiative gegeben werde, entscheidende Stimme und Oeffentlichkeit der Berathungen, wurde das als zuviel und verfrüht zurückgewiesen. Jetzt sucht man etwas davon zu gewähren, und so werden wir seit 10 Jahren von Wechsel zu Wechsel immer mehr rathlos, weil uns der feste dauerhafte, der gründlich ausgebaute Boden fehlt. Das ist ein großes Uebel, denn wir mehr als irgend ein anderer Theil des Reichs, wir bedürfen eben fester, ständiger Institutionen und Personen, die nicht von einem Termin zum anderen stets neuem Wechsel unterworfen seien. Wenn je in Ausübung seiner Gewalten eine bittere Stunde an ihn herantreten sollte, und über den Himmel seiner Verwaltung sich drohende Wolken ansammeln sollten, dann könnten wir, da wir selber so viel Wechsel durchgemacht haben und noch nicht zur Ruhe gelangt sind, die aus fertigen Zuständen erwächst, tröstend an ihn herantreten und sagen: „Exzellenz, trösten Sie sich mit uns, seit 10 Jahren ergeht es uns nicht besser." Bedenklich wird die Lage dadurch, daß alle Institutionen, die in der Gesetzesvorlage enthalten sind, an dem Statthalter hängen. Minister und Staatsrath, der hauptsächlich aus den höheren Beamten besteht, kurz alles, was den festen Bau dieser neuen Konstitution, so will ich es einmal nennen, ausmacht, das Alles hängt an dem Statthalter, und dieser selber ist eine Person, die kann diese oder jene Prärogative erlangen, die aber ebenso schnell wieder zurückgezogen werden kann, so daß der Charakter des Prekären vom Statthalter aus auch über die übrigen Institutionen, welche das Gesetz schafft, übergeht. Das nenne ich ein großes Uebel, denn es erzeugt bei einem Volke das Gefühl der Unsicherheit. Wir habea ja schon eine so unsichere, verworrene Lage in Bezug auf das Recht, die französische Gesetzgebung, die deutsche Gesetzgebung. Die bilden zusammen ein dunkles, buntes Wirrsal, aus welchem selbst der Jurist sich nicht herauszufinden versteht. Das Volk, das da unsicher steht, allerlei oft sich widersprechende Entscheide über sich ergehen lassen muß in Bezug auf Rechtsfragen, ist rathlos, es glaubt sich rechtlos. Das erklärt Ihnen, wie es neulich in der Debatte über die Wahl in Lothringen vorkam, daß die ganze Bevölkerung eines Dorfes, die einen sehr zahmen Protest unterzeichnet hatte, durch einen Gerichtsvollzieher sich zur Zurücknahme desselben bewegen lassen konnte, weil den Leuten vorgelogen wurde, wegen des Protestes werde man die Wähler aus dem Lande verweisen und ihre Frauen ins Gefängniß stecken. Das setzt voraus eine vollkommene Rathlosigkeit und vollkommene Unsicherheit in den Rechtsbegriffen, und das ist vom Uebel; jedes Volk, das zur Ruhe kommen will und kommen soll und gedeihen soll, bedarf der Klarheit und Sicherheit, die ihm sowohl durch die Institutionen als durch die Personen der Staatsgewalt wird. Nicht ein Zelt soll über unser Haupt gespannt werden, das man morgen zusammenlegen mag, sondern einen Bau mit sicherem Dach und festem Fundament, in dem wir ruhig wohnen mögen, das verlangen wir.

Wohl zur Entschädigung für diese Schwäche wird sofort der Statthalter ausgerüstet mit einer außerordentlichen Gewalt, gegen welche schon seit 10 Jahren große und schwere Klagen erhoben worden sind. Es ist nicht genug, daß er dort an den Rhein kommt mit dem Marschallsstab, man gürtet ihm auch noch das Schwert der Diktatur um. Mir scheint es, der Stab hätte genügt, und das Schwert sei entweder eine überflüssige Zuthat oder ein Schreckmittel, das man uns gegenüber nicht mehr gebrauchen soll. So lange Artikel 10 in der Hand unserer Regierung liegt, so lange dieses Palladium als Sicherheitsmittel der öffentlichen Ordnung und Reichstreue über unserem Staatsbau flattert, so lange wird kein ruhiger fester Bestand in unserer Lage in den Gemüthern geschaffen werden können, denn so lange sind wir mehr oder minder der Willkür desjenigen überantwortet, welcher die Diktaturgewalt in seiner Hand hält. Es steht freilich im Gesetze, „nur zur Zeit der Gefahr" sei von dieser Gewalt Gebrauch zu machen. Man kann ja mit einigem guten Willen Gefahr überall wittern, und wenn auch ein Marschall eine solche nicht ahnt, der Mann im Bureau, der so scharfsinnig ist und so feinfühlig, wird immer Gefahren wittern, wo etwas herantritt, was nicht zu seinen Zirkeln paßt, oder was die Omnipotenz des Bureaus zu bedrohen scheint. Man hat z. B. bei Anwendung dieses Diktaturparagraphen entdeckt, es wäre eine Gefahr für die öffentliche Ordnung und für die Ruhe des Landes — ich denke eine materielle, denn das mußte sie sein, wenn der Artikel in Anwendung kam, wenn mein Kollege Winterer ein Blatt herausgeben würde, aber man hat keine Gefahr für die öffentliche Ordnung darin erblickt, daß 200 Kommunards im Lande wohnten und zwei derselben ein Blatt redigirten. Sie sehen, daß in der Interpretation des Diktaturparagraphen ja sonderbare Dinge vorkommen können, und daß derjenige, der diese Gewalt in Händen hat, der Gefahr ausgesetzt ist, die klarsten Volksrechte zu verletzen durch den Gebrauch derselben. Wie nun, wenn er mit diesem Recht ständig betraut ist? Die Diktatur, wie sie ihre Gewalten aus dem französischen Gesetze über den Belagerungszustand schöpft, ist dort als etwas vorübergehendes, infolge materieller Ruhestörungen begründetes und hervorgerufenes eingeführt worden und unter Kontrole der Nationalversammlung gestellt. Ich fordere aber die Vertreter der Regierung, die seit 8 Jahren im Lande waren, auf, zu bezengen, ob auch nur in einem Falle eine That im Reichslande vorgefallen ist, das heißt eine materielle That, welche den Gebrauch des Diktaturrechts gerechtfertigt hätte. Es ist keine Provinz im ganzen Reiche so ruhig, so friedlich gewesen während dieser Zeit, als Elsaß-Lothringen, und wenn man die Aufrechthaltung der Diktatur dadurch entschuldigt, daß man vorgibt: „ja, man bringt ja sie gar nicht in Anwendung", dann füge ich hinzu:

„also stände sie blos wie ein Schreckmittel da". Meine Herren, ich glaube, man sollte uns nicht wie kleine Kuaben behandeln, denen man Schreckbilder vorhalten muß, damit sie sich nicht Dinge erlauben, die ihnen nicht ziemen. Wir sind zu alt und zu erfahren, ich möchte auch sagen, zu gebildet, als daß man uns so behaudeln sollte, daß man uns mit Schreckbildern in die Schranken der Ordnung weisen müßte. Elsaß-Lothringen war von jeher ein ruhiges, friedliches Land, ein geordnetes Land, und es ist es auch heute noch; es war das auch mitten in der Aufregung des Krieges und der Annexion und es wird es bleiben. Deshalb sehe ich in der Diktatur nichts Gerechtfertigtes, wenn es aber nicht gerechtfertigt ist, warum denn immer dieselbe als Popanz aus einer Gesetzesvorlage in die andere hinüberschleppen? Eben dieses Diktaturgesetz unterhält das Gefühl der Unsicherheit, von dem wir so eben gesprochen haben; denn der Elsaß-Lothringer sagt sich immer: die Verwaltung kann alles thun! In manchen Fällen, wo es galt, sein einfachstes Bürgerrecht zu vertreten, traten besonders die französisch sprechenden Bauern Elsaß-Lothringens zurück und sagten: wir thun nichts, denn wir wissen nicht, ob man uns nicht vermittelst Artikel 10 aus dem Lande verweisen wird. Man weiß, daß die Regierung, ich will nicht sagen alles, aber unendlich viel vermag, und dann glaubt man am Ende, man habe kein Recht. Wer sich aber keines Rechtes bewußt ist, meine Herren, der wird zaghaft, wer sich keines Rechtes bewußt ist, der übernimmt auch keine Verantwortlichkeit, und wenn dann die Dinge ins Schwanken gerathen oder schlecht ausfallen, dann sieht er mit hämischer Freude zu. Man erlebt ja das in Rußland. Da werden die abscheulichsten Verbrechen verübt, die sich mehren von Tag zu Tag; da sieht ein großer Theil des Volkes, die ganze Bürgerklasse, gleichgiltig oder mit hämischem Lächeln zu, wie die abscheulichen Mordthaten und Brandstiftungen verübt werden. Sie denken: „Die Regierung hat allein die Macht; sie mag die Verantwortlichkeit für alles tragen, uns geht es nichts an." Das ist ein falsches Raisonnement, es wird aber dann gemacht, wenn das Gefühl der Rechtlosigkeit, ich sage nicht die Rechtlosigkeit selbst, sich im Volk festgesetzt hat.

Nebst der Unsicherheit der Stellung des Statthalters und der Aufrechthaltung der Diktatur hätte ich dann drittens an der Vorlage das auszusetzen, daß sie an Autonomie dem Lande nur sehr weniges gewährt. Die ganze Bewegung, aus welcher diese unsere Neugestaltung erwächst, soll ausgegangen sein von der Idèe und aus dem Verlangen, eine Autonomie für das Land zu gewinnen, nämlich den anderen Theil des Stichworts zu vollziehen: die Regierung im Lande und durch das Land. Nnn ist die Frage: wie wird durch die Vorlage diesem Wunsch des Laudes entgegengekommen? Was wir hier zu wiederholten Malen ausgesprochen haben, das, meine Herren, ist Ihnen bekannt, und ich komme nicht mehr darauf zurück. Aber dieses Jahr, am 7. März, sprach sich der Alterspräsident Kempf des Landesausschusses mit folgenden Worten charakterisirend über die Lage aus, die durch das Gesetz über den Landesausschuß vor zwei Jahren Ihnen geschaffen wurde, er nannte das im französischen Ausdruck: cette situation découra, géante et énervante. So sprechen die Herren, die aus jener Gesetzesvorlage hervorgegangen sind im Landesausschuß, die innerhalb der Einschränkung dieses Gesetzes gesucht haben zu wirken, mit dem besten Willen — das Zeugniß wird ihueu jeder geben — mit dem besten Willen für das Wohl des Landes — sie selber bekennen nach gemachter Erfahrung, daß die Lage, die ihuen geschaffen worden sei, entnervend und entmuthigend ist, wodurch? Eben deshalb, weil zu enge Schranken ihrer Thätigkeit und ihrer Initiative gezogen worden waren. Sie verlangten ausdrücklich, was auch hier schon manchmal ausgesprochen worden ist, sie verlangten ausdrücklich, daß dem Lande eine repräsentative Verfassung gegeben werde, so daß der Landesausschuß zur gesetzgebenden Versammlung für Elsaß-Lothringen sich hätte auswachsen mögen. Nun aber kommt die Vorlage und sie bringt dem Landesausschuß blos eine der Grundrechte parlamentarischer Körperschaften: parlamentarische Initiative. Das ist offenbar etwas und etwas Rechtes, aber etwas Unvollständiges. Sie bringt ferner noch das Recht, die Petitionen zu berücksichtigen, resp. sie der Beachtung der Regierung anzuempfehlen. Das ist alles, was durch die Gesetzesvorlage dem Lande gegeben wird. Zur Erfüllung jenes anderen Theils des Programms: die Regierung im Lande durch das Land. Ob das genügend sei, ich glaube, es genügt nicht, und darum hätte ich so sehr gewünscht, daß die Konzessionen, die dem Landesausschusse gemacht werden, weiter hätten ausgedehnt werden mögen, daß eine entscheidende Stimme seinen Berathungen verliehen worden wäre. Ich weiß nicht, wenn die Herren Kollegen, welche man bisher Autonomisten genannt hat, über das Maß, was man nun dem Landesausschusse an Freiheiten und Rechten zugesteht, dieselbe recht prüfen, ob sie mit diesem Maße zufrieden sein werden. Man antwortete uns freilich: ja, wir müssen schrittweise vorangehen. Durch dieses fortwährende schrittweise Vorangehen wird eben nichts festes geschaffen, es muß immer wieder anfs neue an dem Bau gerüttelt und frisch gemacht werden, und das ganze gibt ein Flickwerk, aus welchem man nie herauskommt, in welchem sich der Landesausschuß eben so unsicher fühlt als das Volk.

Es knüpfen sich endlich — und das wird der Schluß meiner Ausführungen sein — an die Ausführung der Gesetzesvorlage einige Mißstände. Der erste Mißstand ist, daß gegen Beamtenwillkür oder Machtüberschreitungen in Elsaß-Lothringen eine zu schwache Garantie geboten wird. Man schafft da freilich einen Staatsrath; dieser Staatsrath aber, der als höchste Instanz für kontentiöse Fälle gelten sollte, an welche man sich wenden müsse, nicht bloß in der Vorbereitung der Gesetze, sondern wie es in Frankreich im Conseil d'Etat vorkommt, auch in Dingen, welche die Machtüberschreitungen betrifft, — der Staatsrath müßte aus ganz unabhängigen Männern, die der Verwaltung nicht zu nahe stünden, bestehen. So aber, wie er zusammengesetzt ist, besteht er hauptsächlich aus den höchsten Beamten des Landes. Freilich werden demselben noch einige Glieder beigegeben werden, aber wiederum durch die Regierung, und daß da nur drei Mitglieder der Anempfehlung des Landesausschusses überwiesen sind, das scheint uns doch ein gar geringes Maß der Berechtigung des Landes zu sein in der Kontrole seiner Beamten, und ich nenne es eine allzu schwache Garantie gegen Ueberschreitungen und Willkür.

Das andere, was wir auszusetzen haben, ist das verwickelte Wahlsystem, welches eingeführt wird, um den Landesausschuß vollzählig zu machen. Ein Theil desselben wird durch zweiklassige Wahlen hergestellt, der andere Theil soll durch dreiklassige Wahlen hergestellt werden und so zwar, daß in dieser Beziehung eine wahre Konfusion unter dem Volke eintreten wird, welches über die Bedeutung alles dessen, was da enthalten ist, noch gar nicht im Klaren ist und welches zu den Wahlen berufen werden wird, ehe es recht weiß, worum es sich eigentlich handelt.

Endlich ist der Kostenpunkt nicht zu übersehen. Es ist Ihnen gestern eine Drucksache zugekommen, in welcher die Mehrkosten der neuen Organisation berechnet sind zu 529 000 Mk. Diese Summe scheint nun nicht sehr bedeutend, aber die Finanzen des Reichslandes stehen nicht so glänzend, wie man glauben dürfte. Es ist ein Defizit in der Kasse eingetreten, und dieses Jahr mußten, wie man mir versicherte, für eine halbe Million Schatzanweisungen ausgegeben werden, um dieses Defizit zu decken. Eine Vergrößerung der Ausgaben wird deshalb auch eine Erhöhung der Belastung herbeirufen. Und wenn man dann noch hinzufügt, daß die Unterbringung der Ministerien kostspielige Gebäulichkeiten hervorrufen wird, so könnten wir wohl jährlich zu einer Mehrbelastung von einer Million gelangen. Freilich, wenn damit die freie Bewegung des Landes, die Regierung des Landes durch das Land bezahlt werden könnte, dann würden wir gern die Million hergeben, dann, aber nur dann, würden wir dieselbe mit Freuden hergeben.

Meine Herren, dieses Gesetz, wie alle Konstitutionen, ist ein Mechanismus; er kann mehr oder weniger vollkommen sein, er kann mehr oder weniger ausgesprochene Rechte für das Volk oder Beschränkungen denselben bieten, daß ist nicht entscheidend. Entscheidend wird sein in der Zukunft *der Geist, der diesem Mechanismus* eingehaucht werden wird, entscheidend wird es sein, mit welchen *Ideen* und mit welchen *Vorstellungen* diejenigen, welche diesen Mechanismus in Bewegung setzen werden, in das Reichsland eintreten werden. Es müßte vor allem nicht mehr die Idee vorherrschen, daß die Reichsländer auf dem geistigen Gebiete ganz und gar bevormundet werden müßten. Es darf ferner nicht die Schule als Monopol des Staates angesehen, die Presse unterdrückt werden und unter der Diktatur stehen, es darf auch nicht mehr länger, wie es ja vielfach geschehen ist, die Ausübung der religiösen Pflichten und das Bestehen religiöser Institute so scheelsüchtig behandelt, ja behindert werden, wie es bisher geschehen ist. Die höchsten Güter eines Volkes sind nicht die materiellen Güter. Vor einigen Jahren bei einer diesbezüglichen Diskussion sagte man uns: Wir bahnen euch Wege, wir bauen euch Eisenbahnen, wir graben euch Kanäle, so viel ihr braucht; das geistige Gebiet aber behalten wir in unserer Hand! Materielle Verbesserungen sind gut, aber der Mensch lebt nicht bloß von Brode. Wir würden glauben, daß wir ein verkommenes Volk geworden wären, wenn wir uns um nichts mehr bekümmerten, als um das materielle Wohl. Der große Denker Donoso Cortez hat gesagt: „Ein Volk, das sich nur noch um materielle Interessen kümmert und sein geistiges Streben darangibt, verdient nicht mehr zu leben, neigt sich zum Untergange" uud da kommt man uns und sagt: „Ja, eure materiellen Interessen wollen wir wahren, wollen wir auch pflegen lassen, aber die geistigen Güter nehmen wir in Kuratel, die werden wir verwalten nach unserem Gutdünken in unserer souveränen Unfehlbarkeit". Völker, die sich damit bescheiden oder begnügen müssen, meine Herren, gehen zu Grunde. Als in Rom es dahin kam, daß es nur noch nach Brod und Spielen verlangte, da war Rom reif für die Knechtung und derselben würdig. Die Barbaren kamen, um dieses unwürdige Volk zu zertreten. Als vor einigen Jahren — diese Lehre der Neuzeit darf nicht vergessen werden — ein gewaltiger Monarch in Europa Parole ausgab: „Wir wollen vorläufig nur für die materiellen Interessen des Volkes sorgen," da konnte man voraussagen, daß diesem Monarchen und dieser Regierung kein gutes Ende bevorstehen würde.

Wir verlangen deshalb, daß eben auf diesem Gebiete ein neuer Geist in unser Land komme, und daß die Verwaltung, die nun auftreten wird — denn ich glaube wohl, daß das Gesetz angenommen werden wird — und daß die Verwaltung, die in das Land treten wird, mit diesem Geist, d. h. mit dem Geist der christlichen Freiheit, mit Achtung nicht Knebelung der kirchlichen Rechte, mit dem festen Entschluß, dem Familienvater und dem Gewissen keinen Vormünder zu stellen, dann kann sie Dauerhaftes schaffen. Geschieht das nicht bei einem Volke, werden seine Rechte ihm fort und fort vorenthalten, dann sinkt es in sich selber zusammen, um hier und da sich zu trösten ob seiner Erniedrigung greift es zum *Fusel*, und der Fusel hat schon große Ausbreitung gewonnen in Elsaß-Lothringen.

Vizepräsident Freiherr **von Franckenstein**: Der Herr Abgeordnete Fürst zu Hohenlohe-Langenburg hat das Wort.

Abgeordneter Fürst **zu Hohenlohe-Langenburg**: Meine Herren, der Herr Unterstaatssekretär Herzog leitete seinen Vortrag damit ein, daß er uns sagte, der Gesetzentwurf entspreche den Wünschen, die aus der Mitte des Hauses in der Sitzung vom 21. und 27. März gestellt worden seien. Ich freue mich, daß in so weitgehendem Maße den Wünschen Rechnung getragen worden ist, die damals gestellt wurden, und war sehr erstaunt, zu hören, daß der verehrte Herr Vorredner diesen Gesetzentwurf einen homunculus nannte; nach meiner Ansicht ist es ein sehr anständiger homo, der uns hier vorgestellt worden ist. Meine Herren, der Herr Unterstaatssekretär hat hervorgehoben, daß die Zeichnung, die der Herr Reichskanzler in der Sitzung vom 21. März gegeben, mit Farben uns hier wieder überreicht worden sei; ich freue mich, daß die Farben so brillant ausgefallen sind, und daß sie haben so brillant ausfallen können. Der Herr Vorredner hat der Reichsregierung eben den Vorwurf gemacht, und auch in der Sitzung vom 21. März wurde dem Herrn Reichskanzler der Vorwurf gemacht, daß man nicht früher schon eine Vorlage in diesem Sinne gemacht habe. Der Herr Reichskanzler hat mit Recht diesen Vorwurf damit zurückgewiesen, daß er sagte, er habe erwarten müssen, aus der Mitte des Landes die Autonomie verlangt zu hören, und ehe dies nicht geschehen, sei er nicht in der Lage gewesen, in dieser Richtung vorzugehen. Er habe lange darauf gewartet, sie sei zwar spät gekommen, aber trotzdem sei sie ihm persönlich willkommen. Meine Herren, in der denkwürdigen Rede, die der Herr Reichskanzler am 21. über diese Frage gehalten hat, schloß er mit den Worten, er habe noch heute Vertrauen zu dem deutschen Keim, der ungestört, wenn auch überwuchert von dem glänzenden Firniß der französischen hundertjährigen Angehörigkeit, vorhanden ist, und glaube, daß die früher französisch gezogene, von uns frisch gestützte deutsche Eiche kräftig wieder ausschlagen wird, wenn wir *Ruhe und Geduld* haben. Meine Herren, dieser schöne Satz weht nach meiner Ansicht durch den ganzen Gesetzesentwurf und gibt uns die Direktive, wie wir diesen Gesetzesentwurf auffassen sollen. In den Auslassungen des Herrn Reichskanzlers war durchaus nicht *eine optimistische Stimmung über die gegenwärtigen Zustände in Elsaß-Lothringen enthalten*. Er hat es nicht unterlassen, scharf hinzuweisen auf die Gefahren, die entstehen könnten, wenn die Autonomie mißbraucht würde, und auch hier im Hause ist von den meisten Rednern zur Vorsicht gemahnt worden, falls man den Reichslanden eine selbstständige Verfassung geben wolle. Trotzdem war aber die große Mehrzahl des Hauses darin übereinstimmend, daß der Moment gekommen sei, einen so weitgehenden Schritt zu thun, um dem Lande zu zeigen, daß man aufrichtig gewillt sei, ihm die Selbstverwaltung einzuräumen. Meine Herren, die verbündeten Regierungen erweisen Elsaß-Lothringen durch den hier vorliegenden Gesetzentwurf einen hohen Beweis von Vertrauen, und ich bin überzeugt und hoffe, daß die Angehörigen des Landes diese Verfassung benutzen werden, um die Interessen ihres Landes zu berücksichtigen, auszubauen und zu verbessern und nicht, um die Interessen des Reiches zu gleicher Zeit damit zu schädigen. Meine Herren, bei den Verhandlungen am 27. März wurde von gegnerischer Seite hervorgehoben, man sei stiefmütterlich mit den Reichslanden bisher verfahren. Der Herr Abgeordnete von Puttkamer hat Ihnen eine ganze Reihe von — ich will nicht sagen Wohlthaten, aber Beweise des Entgegenkommens genannt, welche das deutsche Reich in reichem Maße bis jetzt dem Reichslande gewährt hat. Ich glaube nicht, daß irgend ein deutsches Bundesland jemals in seinen Wünschen, wenn sie berechtigt waren, so weit berücksichtigt worden ist, wie dies Elsaß-Lothringen gegenüber der Fall war. Ich gebe ja zu, daß bei der Verwaltung des Landes Fehler gemacht worden sind; und wer wird es bestreiten, daß Fehler gemacht werden könnten in einem so schwierigen Augenblick, wo wir eine ganz neue Organisation in einem uns einzuverleibendem Lande einzurichten hatten.

Der Herr Reichskanzler selbst hat durchaus nicht verhehlt, daß er diese Fehler erkannt habe. Allein, wenn von Seite der Elsaß-Lothringer darauf hingewiesen wird, wie dies auch von dem Herrn Vorredner geschehen ist, daß ja bis jetzt nirgends ein Konflikt in Elsaß-Lothringen zwischen der Regierung und der Bevölkerung entstanden sei, und darauf die Berechtigung gründet, eine sehr weitgehende Autonomie verlangen zu dürfen, so möchte ich dem auf der anderen Seite entgegenhalten, daß der Beweis für die Tüchtigkeit unserer Verwaltung und unserer Regierung auf der gleichen Thatsache beruht, welche die Elsaß-Lothringer für sich in Anspruch nehmen. Wenn ein Volk, das erst seit 8 Jahren einer neuen Nation zugetheilt worden ist und das naturnotwendig in einer gewissen Aufregung sich hierüber befinden muß, in der Lage ist, sich den Gesetzen, die ihm von dem neuen Lande zugetheilt worden sind, zu unterwerfen, ohne daß irgend eine wesentliche Störung entsteht, so muß ich gestehen, ist das einer der schönsten Beweise für die Zweckmäßigkeit der Gesetze, welche dem Lande gegeben worden sind.

Meine Herren, der Herr Reichskanzler hat am 21. März hervorgehoben, er habe das beste Vertrauen zu dem gesunden Sinne des elsaß-lothringer Volkes, daß es eine Verfassung vertragen könne und sie zu seinem Nutzen anwenden werde. Dieses Vertrauen drückt sich in der Vorlage aus; wir dürfen es daher freudig begrüßen, daß der Herr Reichskanzler so rasch sich entschlossen hat, den Wünschen, die an ihn gerichtet worden sind, Rechnung getragen zu haben.

Der Herr Vorredner hat als einen Tadel gegenüber der Vorlage ausgesprochen, daß der Landesausschuß nicht zuvor darüber gehört worden sei, auch der Herr Unterstaatssekretär Herzog hat diesen Punkt entschuldigend hervorgehoben, aber mit Recht, glaube ich, darauf hingewiesen, daß es jedenfalls eine größere Wohlthat für ein Land sei, wenn ihm die gewünschte Verfassung bald zu Theil wird, als wenn wir lange damit zugewartet hätten.

Der Herr Vorredner hat sich darüber beklagt, daß in dieser Verfassung wieder nicht ein Ganzes geschaffen sei, sondern nur stückweise Elsaß-Lothringen diejenigen gesetzlichen Maßnahmen gegeben werden, die nach und nach zum Ausbau seiner Verfassung notwendig sind. Ja, meine Herren, welches Haus wird auf einmal gebaut? Der Herr Vorredner will jetzt nach den 8 Jahren Elsaß-Lothringen vollständig unter Dach und Fach haben! Ich glaube, es wird gar keiner Regierung der Welt möglich sein, in kürzerer Zeit, als wir es gethan haben, einem neuerworbenen Lande eine doch gewiß einigermaßen behagliche Wohnung einzurichten.

Meine Herren, ich gestehe offen, daß der Gesetzentwurf so, wie er uns vorliegt, mir ebenfalls als ein noch nicht ganz fertiger erscheint, allein die Zustände in Elsaß-Lothringen sind eben noch nicht fertig, und ich kann mir gar nicht denken, wie wir eine Verfassung für Elsaß-Lothringen heute geben sollten, die als ein abgeschlossenes Ganze zu betrachten ist.

Aus den Ausführungen des Herrn Reichskanzlers am 21. März war zu hören, daß er von der Ansicht ausgeht, daß, wenn die Verfassung in günstiger Weise auf die Entwicklung und Verwaltung des Reichslands einwirkt, dann weitere Schritte geschehen könnten. Ich bin überzeugt, daß, wenn Elsaß-Lothringen die in der neuen Verfassung enthaltenen, nach meiner Ansicht sehr freien Bestimmungen richtig zu benutzen versteht, es sehr leicht sein wird, in Vereinbarung mit den Elsaß-Lothringern diejenige Feile an die Verfassung zu legen, die notwendig ist, die da oder dort hervortretende Schäden zu beseitigen.

Als Hauptgravamen gegen die Verfassung hat der Herr Vorredner die Beibehaltung der sogenannten Diktaturparagraphen hervorgehoben. Im § 21 der Vorlage im zweiten Absatz ist allerdings deutlich ausgesprochen, daß diese Bestimmungen nicht zu entbehren sind, und ich meinestheils freue mich, daß sie in ihrem vollen Umfange aufgenommen worden sind. Ich will damit durchaus kein Mißtrauen gegen das Land aussprechen, allein, meine Herren, Elsaß-Lothringen ist doch die westliche Grenzmark Deutschlands, und vor den Interessen Elsaß-Lothringens geht nach meiner Ansicht die Sicherheit des deutschen Reiches; so lange wir nicht vollständig sicher sind, daß die Elsaß-Lothringer sich ganz und gar als Deutsche fühlen, können wir diese Handhabe nicht entbehren. In der Hand der Elsaß-Lothringer wird es liegen, daß § 10 nie angewendet werden wird. Meines Wissens hat der größte Theil der Bevölkerung keine Ahnung von dem Paragraphen, sehr drückend kann er daher bis jetzt nicht gewirkt haben.

Ich hätte gewünscht, daß es möglich gewesen wäre, in dem vorliegenden Gesetzentwurf den staatlichen Charakter, wenn ich mich so ausdrücken darf, des Landes näher zu präzisiren. Der Herr Unterstaatssekretär Herzog hat darauf hingewiesen, daß der gegenwärtige Gesetzentwurf das rechtliche Verhältniß, in welchem Elsaß-Lothringen zum deutschen Reich steht, vollständig unberührt gelassen hat. In den §§ 1 und 2 wird die Verantwortlichkeit des Herrn Reichskanzlers für Elsaß-Lothringen losgelöst und auf den Statthalter und den verantwortlichen Staatssekretär überwiesen. Wenn hierdurch auch der staatsrechtlichen Stellung des Landes ein wesentlich anderer Charakter gegeben wird, so erhält sie doch nicht diejenige Ausdehnung, welche wünschenswerth erscheinen dürfte. Ich glaube nicht, daß der Zeitpunkt schon gekommen ist, zu weit auf diese Fragen einzugehen, mir scheint aber die Mehrheit des Hauses von der Ansicht durchdrungen, es wäre wünschenswerth, wenn der staatliche Charakter von Elsaß-Lothringen einer gewissen Vereinfachung unterzogen werden könnte. Ich will hier nur den Gedanken der Vielköpfigkeit in der obersten Regierung streifen, glaube übrigens, daß die Zustände sehr bald dahin drängen werden, diese Vielköpfigkeit zu beseitigen. Im Interesse des Landes selbst hätte ich gewünscht, dem Herrn Reichskanzler wäre es möglich gewesen, eine gewisse verantwortliche Stellung dem Reichslande gegenüber noch ferner einzunehmen, und bedaure, daß das Uebermaß von Geschäften ihn zwingt, von der Stellung zurückzutreten, die er gegenwärtig Elsaß-Lothringen gegenüber einnimmt. Wenn Schwierigkeiten im Reichslande entstehen, so bin ich überzeugt, daß niemand, auch der geschickteste Statthalter nicht im Stande sein wird, mit der Leichtigkeit die Hindernisse zu beseitigen, wie der Herr Reichskanzler selbst. Im Interesse des Landes selbst hätte ich es daher gewünscht, daß eine gewisse verantwortliche Verbindung zwischen Reichskanzler und Statthalter noch fortbestehe.

§ 7, der davon handelt, Kommissäre von Seiten des Statthalters in den Bundesrath zu entsenden, gibt übrigens eine Handhabe für eine Vermittlungsstellung des Herrn Reichskanzlers gegenüber dem Reichslande. Sie haben aus den Ausführungen des Herrn Unterstaatssekretärs Herzog entnehmen können, daß die engere Verbindung zwischen der Gesetzgebung des Reichlands und der Behandlung der Gesetzesvorlagen im Bundesrath nicht gelöst werden soll. Das ist nach meiner Ansicht der Punkt, wo es dem Reichskanzler möglich sein wird, jederzeit für die Verwaltung in dem Reichslande wieder einzutreten. Wenn der Statthalter Kommissäre in den Bundesrath entsendet, welche beauftragt werden, in konsultativer Weise an den Berathungen des Bundesraths über elsaß-lothringische Angelegenheiten theilzunehmen, so wird das meistens doch nur geschehen, wenn wirklich sehr schwierige Fragen vorliegen; das ist aber der Moment, wo der Reichskanzler mit seinem ganzen Gewicht für die Reichslande einzutreten vermag.

In § 5, der die Organisation des Ministeriums behandelt, ist wohl mit Recht nichts darüber enthalten, ob die obersten Beamtenstellen aus dem Reichsland zu besetzen sind. Es scheint mir vollständig richtig, daß man hierüber keine Bestimmung getroffen hat. Ich wurde zu dieser Bemerkung durch die Rede veranlaßt, die Herr Abgeordneter Freiherr von Stauffenberg am 27. März gehalten hat, worin er ausdrücklich hervorhob, wie wünschenswerth es sei, daß in die oberste Verwaltung von Elsaß-Lothringen Angehörige des Landes ernannt würden. Der Herr Abgeordnete Löwe hat damals ganz richtig darauf hingewiesen, wie gefährlich es sei, jetzt schon einen derartigen Anspruch zu erheben. Es würde den meisten Angehörigen des Landes, welche befähigt für eine derartige Stellung sind, unendlich schwer fallen, jetzt schon, ich möchte sagen, mit beiden Füßen in eine deutsche Verwaltung hineinzuspringen. Ehe diese Verfassung vollständig in Fleisch und Blut übergegangen ist, wird ein Angehöriger des Landes wohl schwerlich eine angemessene Stellung in der obersten Verwaltung finden. Der Moment dürfte daher noch nicht gekommen sein, überhaupt daran zu denken, in diese verantwortlichen Stellen Angehörige des Landes zu setzen. Ich bin weit entfernt, damit irgend einen Vorwurf dem Charakter der Elsaß-Lothringer machen zu wollen; im Gegentheil, ich finde darin einen gewissen konservativen Zug, der erst sehen will, wohin die neuen Veränderungen führen, ehe man sich an die Regierung wendet, um an der obersten Verwaltung des Landes theilzunehmen. Meine Herren, stellen wir uns vor, die Zeiten werden diesseits oder jenseits der Vogesen derart, daß der Wunsch eines Anschlusses an Frankreich wieder mehr in Elsaß-Lothringen in den Vordergrund tritt, so ist es doch ganz undenkbar für einen Elsaß-Lothringer, der eine höhere Beamtenstelle inne hat, daß er in der Lage ist, energisch wie ein deutscher Beamter Front zu machen gegen derartige Bestrebungen. Ich würde einen solchen Beamten in seiner schwierigen Lage auf das tiefste bedauern; die Reichsregierung unternähme gewiß einen sehr gewagten Schritt selbst gegenüber den besten und festesten Charakteren in Elsaß-Lothringen, wenn sie sie jetzt schon auffordern wollte, in die obersten Verwaltungsstellen einzutreten.

Meine Herren, § 7, der von Kommissaren handelt, welche in den Bundesrath vom Statthalter zu entsenden sind, hat eine Fassung erhalten, die meiner Ansicht nach in keiner Weise das Stimmenverhältniß im Bundesrath gefährdet. Der Herr Abgeordnete Windthorst hat bei der vorigen Verhandlung darauf hingewiesen, wie gefährlich es für das Stimmenverhältniß sei, wenn man der Reichsregierung das Recht zugestehe, von Elsaß-Lothringen Vertreter zu den Verhandlungen im Bundesrath zu entsenden. Die hier vorgeschlagenen Kommissare sollen aber nur rein konsultative Stimmen bekommen, sollen sich nur betheiligen an den Verhandlungen, wenn elsaß-lothringische Angelegenheiten verhandelt werden; es kann daher nicht davon die Rede sein, diese Kommissare als Vermehrung der preußischen Stimmen im Bundesrath künftig anzusehen.

Meine Herren, daß der Gesetzentwurf im § 9 einen Staatsrath einsetzt, scheint mir vollständig entsprechend den Interessen, welche hinsichtlich der Gesetzgebungsarbeiten obwalten. Ich erblicke in diesem Staatsrath mehr den Beginn einer oberen Kammer, — die ganze Zusammensetzung des Staatsraths trägt diesen Charakter. Ob die vom Kaiser zu ernennenden fnuf Mitglieder aus dem Lande zu entnehmen sind, wird hier nicht gesagt, die drei vom Landesausschuß vorzuschlagenden werden jedenfalls Angehörige des Reichslandes sein. Ich würde kein Bedenken tragen, daß von Seiten des Kaisers Angehörige des Landes in den Staatsrath entsendet werden, da sie weniger eine verantwortliche Stellung inne haben, sondern mehr eine konsultative bei den Verhandlungen über die zu machenden Gesetzesvorlagen.

Zweifelhaft scheint es mir, ob es nothwendig ist, den kaiserlichen Rath, wie er in § 11 vorgesehen ist, noch ferner beizubehalten. Der Wortlaut des Paragraphen deutet schon an, daß er wahrscheinlich nur vorübergehender Natur sein wird, wenn es dort heißt:

> die Mitglieder des kaiserlichen Raths in Elsaß-Lothringen werden bis auf weiteres in der Zahl von zehn durch kaiserliche Verordnung ernannt.

In den Motiven wird ausgeführt, man beabsichtige, einen obersten Verwaltungsgerichtshof einzuführen, während der kaiserliche Rath bisher mehr den Charakter eines Verwaltungsgerichtshofes zweiter Klasse hatte. Besteht aber ein verantwortliches Ministerium mit dem Staatsrath, und wird aus diesem Staatsrath ein oberster Verwaltungsgerichtshof noch kreirt, so dürfte der kaiserliche Rath überflüssig sein.

Meine Herren, wenn ich bei der Erhöhung der Mitgliederzahl des Landesausschusses noch einen Augenblick weile, so möchte ich hierbei auf die Aeußerung des Herrn Vorredners hinweisen, der die Vermehrung des Landesausschusses als eine nicht hinreichende Konzession für das Land erachtete; ich begreife aber nicht, was er augenblicklich weiter fordern will. Dem Landesausschuß ist die volle Initiative zugestanden; er erhält ja dadurch vollständig den Charakter eines gesetzgebenden Körpers, dem alle diejenigen Funktionen übergeben sind, welche meiner Ansicht nach zur Selbstverwaltung des Landes nothwendig sind.

Was den Wahlmodus betrifft, so gebe ich zu, daß derselbe eine sehr komplizirte Maschinerie ist; allein die Erfahrung hat gelehrt, daß die Zusammensetzung des gegenwärtigen Landesausschusses ihre Schuldigkeit gethan und günstig gewirkt hat. Wir sollten vielmehr der Regierung Dank wissen, daß sie sich an die bestehenden Verhältnisse hält und nicht neue Einrichtungen trifft, die bloß des Prinzips halber als nothwendig erachtet werden können.

Noch auf einen Punkt möchte ich hierbei aufmerksam machen. Ich hätte gewünscht, der Entwurf würde statt der dreijährigen eine fünfjährige Wahlperiode vorgeschlagen haben. Das häufige Wählen in einem Lande, das noch so wenig fertig und konsolidirt ist, halte ich entschieden für schädlich. Bei Berathung der uns vorliegenden Verfassung in zweiter Lesung sollte versucht werden, einer fünfjährigen Wahlperiode Aufnahme zu verschaffen.

Meine Herren, ich glaube, daß wir im großen und ganzen alle Ursache haben können, zufrieden zu sein mit dem, was uns hier geboten wird; ich bin auch überzeugt, trotz der Rede des Herrn Vorredners, daß der ruhigere Theil der Bevölkerung sich freuen wird, eine Verfassung zu erhalten, die ihr künftig die Möglichkeit gibt, eine Selbstverwaltung im erweiterten Maße im eigenen Lande einzurichten. Meine Herren, mit Vertrauen kommt das deutsche Reich dem Reichslande mit dieser Vorlage entgegen; ich bin überzeugt, dieses Vertrauen wird nicht getäuscht werden, und wünsche, die Verfassung möge zum Heil und zum Segen des schönen Landes dienen.

Ich möchte vorschlagen, den Gesetzentwurf nicht an eine Kommission zu verweisen, sondern in zweiter Lesung im Hause zu berathen.

Vizepräsident Freiherr **zu Franckenstein**: Der Herr Abgeordnete North hat das Wort.

Abgeordneter **North**: Meine Herren, in der Sitzung vom 27. März letzthin hat mein Freund Schneegans die Motive auseinandergesetzt, welche uns veranlaßt haben, eine Aenderung in der Verwaltung Elsaß-Lothringens zu beantragen. Ich will nicht auf diese Diskussion zurückkommen, und ich begnüge mich, zu konstatiren, daß die gegenwärtige Gesetzesvorlage unseren Wünschen Rechnung trägt, soweit die Bedenken, welche von verschiedenen Seiten dieses Hauses ausgesprochen wurden, es erlaubten. Die Vorlage geht im juristischen Standpunkte nicht so weit, als wir es gewünscht hätten, sie gibt aber in der praktischen Ausführung die Möglichkeit, allen unseren Wünschen Rechnung zu tragen, und deshalb geben meine politischen Freunde und ich der Gesetzesvorlage unsere vollkommene Zustimmung. Das Gesetz bewirkt den bedeutendsten Fortschritt, welcher bisher in unserer Verwaltung geschehen ist, die Verwaltung ist in das Land selbst verlegt, der Kaiser kann einen Statthalter ernennen. Meine Herren, eine andere Fassung war gar nicht möglich, es ist nicht möglich, dem Kaiser durch Gesetz vorzuschreiben, von welchen Vollmachten er sich entbinden soll; dem Statthalter können — und ich hoffe, es werden ihm nach und nach vollständige Vollmachten über unsere innere Verwaltung übertragen werden. - Die Präkarität, die man hervorgehoben hat, kann sich nur auf den Kaiser allein beziehen, sie geht nicht auf das andere Verwaltungssystem über, welches definitiv festgestellt ist. Der Staatssekretär, d. h. der verantwortliche Minister, und die Unterstaatssekretäre haben ihren Sitz zu Straßburg in der Hauptstadt des Landes. Das Ministerium befindet sich in unserer Mitte im täglichen Koutakt mit den Vertretern des Volks; es ist in der Lage, an Ort und Stelle jeden Tag von den Bedürfnissen der Bevölkerung Kenntniß zu nehmen. Ist es nicht schon ein bedeutender Fortschritt, die Verwaltung im Lande selbst zu haben? Neben dem Ministerium wird ein Staatsrath gebildet. Ich glaube dies als eine glückliche Innovation bezeichnen zu können. Der Staatsrath aus den höchsten Verwaltungsbeamten gebildet, aus Personen aus dem Lande, welche durch das höchste Zutrauen des Kaisers einberufen sind, der Staatsrath ist mit den Bedürfnissen und der Gesetzgebung des Landes vertraut, und obschon er nur eine konsultative Stimme hat, wird doch in der Praxis seine Meinung sowohl für die Landesverwaltung als für den Bundesrath immer maßgebend sein. Der kaiserliche Rath, welcher als Verwaltungsgericht fungirt, wird nur einen provisorischen Charakter erhalten. Es ist zweckmäßig, daß in dieser Hinsicht sobald als möglich eine Veränderung vorgenommen werde. Der kaiserliche Rath besteht aus hohen Verwaltungsbeamten, welche in vielen Fällen berufen werden, als Richter zu urtheilen in Angelegenheiten, in welchen sie als Beamte betheiligt waren. Der Richter muß eine unabhängige Stellung haben, es liegt im öffentlichen Interesse, daß das Publikum keinen Argwohn habe über die Unparteilichkeit der Richter. Es scheint mir deswegen wünschenswerth, daß so bald als möglich ein unabhängiges oberstes Verwaltungsgericht gebildet werde aus Personen, welche in den verschiedenen Branchen der Verwaltung erprobt sind. Dieses Verwaltungsgericht könnte meiner Ansicht nach auch als oberster Disziplinarhof fuugiren, als welcher der Conseil d'Etat in Frankreich auch fungirt hat. Dieser oberste Gerichtshof soll auch für die Vorberathung und Ausarbeitung der Gesetze in Anspruch genommen werden. Es ist dies die einzige Möglichkeit, bei den verschiedenen geltenden Gesetzen, zu einer neuen rationellen Gesetzgebung zu gelangen. Ob es zweckmäßig sei, dieses Landesverwaltungsgericht als permanente Abtheilung dem Staatsrath beizugeben, das ist eine Frage, die später erörtert werden kann, die ich heute aber nicht erörtern will. Die Vertretung im Bundesrath ist ebenfalls von großem Interesse für das Land. Es gibt uns die Möglichkeit, unsere Interessen dem Bundesrathe auseinanderzusetzen, und wenn schon Elsaß-Lothringen bei der Beschlußfassung keine Stimme abzugeben hat, so hege ich doch die Hoffnung, daß unsere Interessen nicht unberücksichtigt bleiben; jedenfalls ist der Bundesrath in die Lage gesetzt, sich darüber aussprechen zu müssen.

So lange der Bundesrath noch über unsere innere Gesetzgebung zu beschließen hat, hätte ich es auch für nothwendig gehalten, daß vom Landesausschuß ein direkter Delegirter bei dieser Versammlung bestellt wäre, welcher ihr die Motive auseinanderzusetzen hätte, die den Landesausschuß veranlaßt hätten, Abänderungen an der Regierungsvorlage vorzunehmen. Allein da der Bundesrath sich dagegen ausgesprochen hat, und es auch nicht von der größten Wichtigkeit ist, will ich von diesem Punkte Abstand nehmen. Der wichtigste Punkt des Gesetzes ist, meiner Ansicht nach, die Erweiterung der Kompetenz des Landesausschusses und die Vermehrung der Anzahl seiner Mitglieder. Der homunculus, von dem gesprochen worden ist, meine Herren, hat sich als Mann herausgebildet, und der beste Beweis dafür ist, daß der Abgeordnete Guerber jetzt nicht mehr vom Landesausschuß gesprochen hat, wie er noch vor etlichen Jahren von ihm sprach.

Meine Herren, ich resümire mich. Das Gesetz bezweckt meiner Ansicht nach einen bedeutenden Fortschritt in unserer Organisation. Dieser Fortschritt wird der Bevölkerung je nach der Ausführung des Gesetzes fühlbar werden. Geht die Verwaltung Hand in Hand mit der Vertretung des Landes, trägt sie den Interessen des Landes Rechnung, bemüht sie sich, die bestehenden Mißstände zu beseitigen, so werden wir zur Ruhe und zum Gedeihen gelangen. Wird im Gegentheil, was wir nicht hoffen, die Verwaltung der Bevölkerung fremd gegenüber bleiben, wie ein geschlossenes Regiment, dann werden die Wohlthaten dieses Gesetzes verloren gehen.

Der Herr Abgeordnete Guerber hat sich, meine Herren, über die Uebertragung des Diktaturparagraphen auf den künftigen Statthalter ausgesprochen. Meine politischen Freunde und ich sind auch keine Liebhaber von Ausnahmegesetzen. Wir begehren nicht nur, daß dieser Diktaturparagraph verschwinde, sondern auch jedes andere Ausnahmegesetz, das heißt besonders das Dekret vom 8. Dezember 1851, und das Gesetz vom 7. Februar 1858, die sogenannte Loi de sûreté générale, welche in Frankreich im Oktober 1870 aufgehoben worden, welche aber bei uns noch bestehen.

Meine Herren, diese letzten Gesetze haben sehr viele Opfer in Frankreich gekostet, es sind tausende von Menschen in Cayenne und in Lambessa gestorben, die Opfer aber, die der § 10 gekostet hat, die sind noch alle beim Leben. Wenn Herr Guerber und seine Partei einen Antrag stellen wollen, um diese Ausnahmegesetze zu beseitigen, so werden wir ihnen beistehen; jedoch glauben wir, daß wir dieses Ziel nicht eher erlangen können, als wenn wir ein gewisses Mißtrauen oder vielmehr ein fehlendes Zutrauen, welches in den verschiedenen Regierungskreisen gegen Elsaß-Lothringen besteht, beseitigt haben. Meine politischen Freunde und ich bestreben uns seit Jahren, dies Mißtrauen zu beseitigen. Wenn der Herr Abgeordnete Guerber und seine Mitgenossen uns ihrerseits in dieser Hinsicht die Hand bieten, so werden wir auch zu einem baldigen Resultate kommen, und alle Ausnahmegesetze werden verschwinden.

Der Herr Abgeordnete Guerber hat auch gesprochen von dem Wahlsystem. Ja, meine Herren, es gibt hier verschiedene Meinungen: das allgemeine Stimmrecht hat seine Anhänger, es hat auch seine Gegner; es hat seine Vortheile, es hat aber auch seine Nachtheile. In Frankreich selbst, das ein republikanischer Staat ist, ist der Senat nicht aus dem direkten Wahlsystem hervorgegangen, sondern vielmehr aus einem diesem unsrigen ähnlichen Wahlsystem. Meine Herren, für uns, die wir seit mehreren Jahren gearbeitet haben und mehr Werth darauf legen, ein praktisches Ziel zu erreichen, als eine Agitation hervorzurufen, ist die Vorlage ein sehr bedeutender Fortschritt. Wenn man kein Resultat erreichen will, so ist leicht zu sagen: „Alles oder nichts." Will man aber zu einem Resultat gelangen, so muß man Schritt vor Schritt vorangehen, um das Zutrauen zu gewinnen; man kann die Sache nicht nach seinem eigenen Kopfe zu Ende führen, sondern man muß auch denen Rechnung tragen, die ein Wort mitzusprechen haben.

(Bravo!)

Das haben wir immer gethan, und so sind wir Schritt für Schritt weiter gekommen. Wir hoffen auch, daß wir immer weiter kommen werden, und daß schließlich Elsaß-Lothringen jedem deutschen Staat gleich gestellt werde. Deshalb bitten wir Sie, meine Herren, daß Sie dieser Gesetzesvorlage Ihre Zustimmung geben, und ich glaube auch, daß es unnöthig sein wird, das Gesetz an eine Kommission zu verweisen.

(Lebhaftes Bravo.)

Vizepräsident Freiherr **zu Franckenstein**: Es ist die Vertagung beantragt vom Herrn Abgeordneten von der Osten.

Ich stelle die Unterstützungsfrage. Diejenigen Herren, welche den Vertagungsantrag unterstützen wollen, ersuche ich, sich zu erheben.

(Geschieht.)

Die Unterstützung reicht aus.

Ich ersuche diejenigen Herren, sich zu erheben respektive stehen zu bleiben, welche für die Vertagung stimmen wollen.

(Geschieht.)

Das ist die große Mehrheit; die Vertagung ist beschlossen.

(Präsident von Seydewitz übernimmt den Vorsitz.)

Präsident: Meine Herren, ich schlage Ihnen vor, morgen 12 Uhr die nächste Sitzung abzuhalten und auf die Tagesordnung derselben zu stellen:

den Rest der heutigen Tagesordnung.

Sind die Herren damit einverstanden?

(Pause.)

Ich konstatire, daß dies der Fall ist, und daß demnach morgen 12 Uhr mit dem Rest der heutigen Tagesordnung die nächste Sitzung stattfindet, — und schließe die heutige Sitzung.

(Schluß der Sitzung 4 Uhr 20 Minuten.)

Druck und Verlag der Buchdruckerei der Nordd. Allgem. Zeitung. Pindter.
Berlin, Wilhelmstraße 32.

59. Sitzung

am Sonnabend den 14. Juni 1879.

Die Sitzung wird um 12 Uhr 25 Minuten durch den Präsidenten von Seydewitz eröffnet.

Präsident: Die Sitzung ist eröffnet.

Das Protokoll über die letzte Sitzung liegt zur Einsicht auf dem Büreau aus.

Ich habe Urlaub ertheilt: dem Herrn Abgeordneten Dr. Stephani für heute und Montag wegen Unwohlseins, — dem Herrn Abgeordneten Dr. Jäger (Reuß) für 8 Tage wegen dringender Geschäfte, — dem Herrn Abgeordneten von Levetzow bis zum 17. dieses Monats desgleichen.

Entschuldigt sind für die heutige Sitzung wegen dringender Geschäfte: der Herr Abgeordnete von Jagow, der Herr Abgeordnete Freiherr von Manteuffel, der Herr Abgeordnete Freiherr von Maltzahn, der Herr Abgeordnete von der Osten, der Herr Abgeordnete von Böttcher (Flensburg), der Herr Abgeordnete von Simpson-Georgenburg.

Die Wahl für die Kommission zur Vorberathung des Gesetzentwurfs, betreffend die §§ 25, 35 des Gesetzes vom 31. März 1873, ist erfolgt. Ich bitte den Herrn Schriftführer, das Resultat derselben verlesen zu wollen.

Schriftführer Abgeordneter Dr. **Weigel**: Es sind gewählt worden:

von der 1. Abtheilung die Abgeordneten Kiefer, Dr. Klügmann;
von der 2. Abtheilung die Abgeordneten Dr. Marquardsen, von Reden;
von der 3. Abtheilung die Abgeordneten Freiherr von Pfetten, Dr. Bock;
von der 4. Abtheilung die Abgeordneten Dr. Lieber, Dr. Perger;
von der 5. Abtheilung die Abgeordneten Dr. von Schwarze, von Knapp;
von der 6. Abtheilung die Abgeordneten von König, Freund;
von der 7. Abtheilung die Abgeordneten Freiherr von Minnigerode, von Goßler.

Die Kommission hat sich konstituirt und gewählt:

zum Vorsitzenden den Abgeordneten Dr. von Schwarze,
zu dessen Stellvertreter den Abgeordneten Freiherr von Pfetten,
zum Schriftführer den Abgeordneten Dr. Klügmann,
zu dessen Stellvertreter den Abgeordneten Freund.

Präsident: Ich habe ferner anzuzeigen, daß in die Kommission für die Geschäftsordnung an Stelle des aus derselben geschiedenen Herrn Abgeordneten Freiherr Schenk von Stauffenberg von der dritten Abtheilung der Herr Abgeordnete Dr. Wolffson — ferner in die Kommission für die Petitionen an Stelle des aus derselben geschiedenen Herrn Abgeordneten Grafen von Behr-Behrenhoff von der fünften Abtheilung der Herr Abgeordnete Stellter gewählt worden ist.

Ich habe weiter anzuzeigen, daß der

Entwurf eines Gesetzes, betreffend die Kontrole des Reichshaushalts für das Etatsjahr 1878/79 und des Landeshaushalts von Elsaß-Lothringen für die Rechnungsperiode vom 1. Januar 1878 bis 31. März 1879,

eingegangen ist.

Diese Vorlage ist gedruckt und unter die geehrten Mitglieder vertheilt worden.

Wir treten nunmehr in die Tagesordnung ein.

Nr. 1:

Fortsetzung der ersten Berathung des Gesetzentwurfs, betreffend die Verfassung und die Verwaltung Elsaß-Lothringens (Nr. 238 der Drucksachen).

Ich ertheile das Wort, indem ich die Diskussion wieder eröffne, dem Herrn Abgeordneten von Puttkamer (Löwenberg).

Abgeordneter **von Puttkamer** (Löwenberg): Meine Herren, ich bin dem hohen Hause sehr dankbar, daß es mich durch die gestrige Vertagung der Nothwendigkeit überhoben hat, in verspäteter Stunde und vor ermüdetem Hause diejenigen Bemerkungen über unsere Vorlage vorzutragen, zu welchen die Ausführungen der Redner mir noch Raum gelassen haben, wenn schon es auch nicht sehr angenehm ist, vor einem lückenhaft besetzten Hause zu reden. Ich werde mich indeß bemühen, mein Bestes zu thun.

Zunächst möchte ich meine besondere Befriedigung aussprechen über die letzte Rede, welche wir gestern gehört haben, die des Herrn Abgeordneten North. In der That, meine Herren, muß die besonnene und ruhige Haltung, welche aus dieser Rede sprach, für die Entwickelung der elsaß-lothringischen Angelegenheiten von Nutzen sein und ich habe die feste Hoffnung, daß, wenn diejenige Auffassung der Verhältnisse, welche so mit den Thatsachen zu rechnen versteht, wie der Herr Abgeordnete North es thut, indem er sich vornimmt, Schritt vor Schritt — ich hätte gewünscht, er hätte hinzugefügt, Hand in Hand mit der Regierung — den Dingen in Elsaß-Lothringen weiter nachzugehen, wenn diese Erwartung die Majorität der Landesvertretung und die gesammte Stimmung des Landes findet, dann können wir mit einiger Zuversicht der weiteren Entwickelung der Dinge entgegensehen. Indessen, meine Herren, das ist doch nur eine Hoffnung, die ich ausspreche; neben der Rede des Herrn Abgeordneten North steht für mich als warnendes Bild die Rede des Herrn Abgeordneten Guerber. der Herr Abgeordnete hat allerdings, und ich erkenne das an, sich einer sachlichen Besprechung der Vorlage nicht entzogen; inzwischen hat er ihr doch durch seine Ausführungen eine sehr erhebliche und, wie ich glaube, nicht gerechtfertigte, nicht in der Sache liegende Werthsverminderung angedeihen lassen. Meine Herren, wenn in einem Augenblick, wo das Reich — das erkennen wir doch alle an — im Begriff steht, der Bevölkerung von Elsaß-Lothringen ein Vertrauensvotum im großartigsten Maßstabe zu ertheilen, wenn in dem Augenblick, wo die ganzen Verhältnisse des Landes in dem mit den

Thatsachen in Widerspruch stehenden Lichte dargestellt werden, als wenn das Land regiert würde durch Zuckerbrod und Peitsche, als wenn die ganze Bevölkerung, auch mit den notorischen Thatsachen in Widerspruch stehend, als unter dem Schrecken des Belagerungszustandes zitternd dargestellt wird, und wenn ich mir vergegenwärtige, daß diese Auffassung auch künftig ihren Ausdruck in der Landesvertretung finden wird, dann sehe ich darin den sprechendsten Beweis für die Nothwendigkeit einer gewissen Vorsicht, in den Dingen weiter zu gehen, und zugleich die beste Motivirung für die Vorsicht, welche die Regierung in der Vorlage angewendet hat. Ich komme auf die Ausführungen des Herrn Guerber im Lanfe meiner Bemerkungen noch zurück.

Nun, meine Herren, wenn ich mir erlauben darf, diejenige Auffassung von der Vorlage Ihnen vorzuführen, welche meine politischen Freunde und mich leiten, so habe ich ja schon die Ehre gehabt, die Gesichtspunkte, unter welchen auf unserer Seite des Hauses die Möglichkeit der Einsetzung einer selbstständigen und in dem Lande selbst befindlichen Regierung für Elsaß-Lothringen betrachtet wird, und die Voraussetzungen, unter denen wir unsererseits unser Einverständniß zu einer solchen Entwicklung aussprechen könnten, in der Sitzung vom 27. März im Auftrage meiner politischen Freunde darzulegen in meinen Ausführungen über den Antrag des Abgeordneten Schneegans. Dieser Staudpunkt läßt sich kurz dahin zusammenfassen, daß wir bereit waren und fiud, mitzuwirken an einer Gesetzgebung, welche, den Wünschen des Landes entgegenkommend, die politische Weiterentwickelung der Verfassung und Verwaltung des Laudes der Landesvertretung möglich macht und welche gleichzeitig die nöthige Vorsicht und Kautelen vorbehält, die die Interessen des Reiches uns auflegen. Meine Herren, wir freuen uns auf dieser Seite des Hauses diesen unseren Standpunkt im wesentlichen in der Vorlage wiederzufinden. Wir finden in ihr dasjenige Maß von Entgegenkommen für die Wünsche des Landes, welches nöthig ist, um eine gesunde Weiterentwicklung zu verbürgen; wir vermissen aber auch in ihr nicht dasjenige Maß von Vorsicht, ohne welches eine ins Ungemessene gehende Rücksichtnahme auf Wünsche des Landes die Interessen des Reichs und damit mittelbar auch diejenigen des Landes nothwendig entschieden leiden müßten.

Meine Herren, die Organisation, welche uns nun vorgelegt wird, hat also an ihrer Spitze die Einrichtung eines Statthalters. Wäre die Frage einer neuen Organisation der elsaß-lothringischen Verwaltung aufzufassen gewesen vom rein technisch-administrativen Standpunkt, so glaube ich, hätte die neue Organisation einfach und weniger komplizirt ausfallen können. Ich will hier nicht erörtern, in welchem Maßstabe das wünschenswerth gewesen wäre; ich glaube, es läßt sich aber konstatiren, es hätte sehr füglich der Herr Reichskanzler oberster Chef der elsaß-lothringischen Landesverwaltung bleiben können und es hätte ein Stellvertreter, welcher etwa die Funktionen zugetheilt erhalten hätte, die nach dem Gesetz von 1878 den selbstständigen Stellvertretern des Reichskanzlers in anderen Ressorts zustehen, und seine Residenz im Lande hätte, die oberste Verwaltung leiten können. Im übrigen würde alles unverändert geblieben sein. Es wäre vielleicht an die Stelle der drei Oberregierungsräthe, welche jetzt die einzelnen Ressorts im Oberpräsidium bearbeiten, eine gleiche Zahl von Ministerialdirektoren einzusetzen gewesen. Ich muß sagen, meine Herren, — und ich habe das in meiner damaligen Rede ausgeführt — ich würde dem Bedürfnisse hierdurch genügt gehalten haben; ich glaube, daß man die bisherige Stellung des Oberpräsidenten von Elsaß-Lothringen einigermaßen in einem etwas heruntergedrückten Sinne zu betrachten geneigt gewesen ist durch die Aehnlichkeit der äußeren Bezeichnung dieser Stellung mit der gleichnamigen preußischen Institution; man muß aber in der That sich hierdurch nicht irre führen lassen. Die preußischen Oberpräsidenten sind ja lediglich kontrolirende Beamte, es sind ihueu nur vereinzelte Geschäftszweige zur eigenen Bearbeitung zugewiesen. Wie wäre es auch sonst möglich, daß ein Operpräsident an der Spitze der Verwaltung einer Provinz von 4 Millionen Einwohnern stehen könnte nur mit zwei Räthen?

Der Oberpräsident von Elsaß-Lothringen ist aber in der That Gesammtminister, was sich sehr leicht aus seinen einzelnen Funktionen würde nachweisen lassen, er hat nicht nur die oberste Leitung der ganzen politischen Verwaltung, die Disziplin über den ganzen Beamtenstand, vor allen Dingen hat er die Aufstellung des Landeshaushaltsetats und dessen Ausführung, er hat in den Grenzen dieses Etats mit wenigen Ausnahmen über die Mittel desselben zu verfügen. Ich kann mir sehr wohl einen Zustand denken, in welchem die Funktionen des Oberpräsidenten im wesentlichen aufrechterhalten, die Stellung desselben dadurch politisch gestärkt würde, daß er zum wirklichen Stellvertreter des Herrn Reichskanzlers erhoben würde, und daß, wenn man den Bezirkspräsidenten eine etwas größere Selbstständigkeit zumäße, die Verwaltung sehr wohl in einem geordneten und den Interessen des Landes entsprechenden Gange würde erhalten werden können.

Indessen, meine Herren, ich erkenne auch an, — und damit kehre ich zu dem Statthalter zurück —, wenn man einmal eine große und den Wünschen des Landes nach einer selbstständigen Regierung entsprechende Veränderung vornehmen will, daß man dann die oberste Spitze im Lande mit einer größeren autoritativen Stellung ausrüsten muß, wie das bei einem bloßen obersten Beamten, heiße er Minister oder Oberpräsident, der Fall sein kann. Ich glaube auch, daß namentlich der künftigen Stellung der Landesvertretung gegenüber, welche wir mit eigener Initiative ausstatten wollen, welche wir numerisch erheblich erweitern wollen, es nothwendig sein wird, dieser Landesvertretung eine wirklich ministeriell ausgeglieberte Verwaltung mit parlamentarisch geschulten und geübten Beamten an die Seite zu stellen.

Ich glaube, das ist, wie die Sachen jetzt einmal stehen, eine berechtigte und nicht abzuweisende Forderung des Landes. Der Statthalter wird also nach dem Eingangsparagraphen des Gesetzes, wenn ich mich so ausdrücken darf, der alter ego Seiner Majestät des Kaisers im Lande sein, er wird mit annähernd fürstlicher Gewalt im Lande residiren und an der Spitze der Verwaltung stehen, und er wird der politische und soziale Mittelpunkt des gesammten öffentlichen Lebens im Lande werden. Ich begrüße das mit Freuden, weil gerade unsere neuen Landsleute in Elsaß-Lothringen nach meinen Erfahrungen zugänglich sind für persönliche Berührung mit bedeutenden Persönlichkeiten, die ihnen in amtlicher Eigenschaft entgegentreten, und ich glaube, je höher wir den Mann stellen, welchem diese Funktion znfällt, desto besser wird es im Interesse des Landes sein.

Gleichzeitig wird der Statthalter nun aber auch oberster Minister des Landes, indem er nach § 2 in die Stelle des Herrn Reichskanzlers in Bezug auf sämmtliche demselben bisher in elsaß-lothringischen Angelegenheiten zustehende Obliegenheiten tritt. Ich will hierbei einschalten, meine Herren, daß, was ich allerdings bedaure, der Herr Reichskanzler so gut wie gänzlich aus dem Bereich der elsaß-lothringischen Dinge ausscheidet. Allerdings in einigen Beziehungen doch nicht, er wird verantwortlich bleiben für den Rath, welchen er Seiner Majestät dem Kaiser ertheilt in Bezug auf die Ernennung und eventuell auch Abberufung des Statthalters, — eine sehr wichtige Funktion. Er wird ferner der dem Reichstage verantwortliche kaiserliche Minister bleiben in allen Fällen, wo es nöthig sein wird, die Reichsgesetzgebung, was ja nach wie vor möglich sein soll, in elsaß-lothringischen Angelegenheiten in Anwendung zu setzen.

Der Herr Abgeordnete Guerber hat nun allerdings in seinen gestrigen Ausführungen namentlich zum § 1 die ganze Stellung des Statthalters in einem Lichte betrachtet, welche, glaube ich, doch der Bedeutung dieser Stelle und der ganzen politischen Stellung, die damit verbunden sein soll, nicht entspricht, er sagte: weil in dem § 1 das Wort steht „der Kaiser kann landesherrliche Befugnisse übertragen", und nicht „der Kaiser wird landesherrliche Befugnisse an den Statthalter übertragen", so bekäme die ganze Einrichtung von vornherein den Charakter des absolut Prekären, Provisorischen, und ein Mann in solcher Stellung könnte eigentlich nicht viel für das Wohl des Landes bewirken.

Meine Herren, etwas richtiges ist in diesen Ausführungen. Es ist richtig, daß der künftige Statthalter keine Institution werden soll, welche von vornherein als durch die Reichsgesetzbung geschaffen und auch nur auf dem Wege der Reichsgesetzgebung beseitigt werden kann. Die Motive sagen ausdrücklich, und wie mir scheint mit vollem Recht, daß diese ganze Institution die Bedeutung eines gewiß sehr ernst gemeinten, aber doch nur eines Versuches hat, und daß, wenn sie sich nicht bewährt, Seine Majestät der Kaiser das Recht haben wird, das Mandat wieder an sich zu nehmen, welches er dem betreffenden Manne anvertraut hat, und daß damit, wie ich annehme, eventuell dieses ganze Gesetz dann der Geschichte angehören würde. Ich bitte die Herren aus Elsaß-Lothringen dies immer fest und unverrückt im Auge zu behalten.

Im übrigen aber, meine Herren, folgt aus den weiteren Bestimmungen des Gesetzes, daß die Statthalterschaft mit allen denjenigen Befugnissen ausgerüstet sein wird, welche die hohe Mission, die ihr in dem Lande zufallen wird, erfordert, und der Herr Abgeordnete Guerber kann, glaube ich, in der Beziehung völlig beruhigt sein. Ich wiederhole, der Statthalter ist nach meiner Auffassung einerseits in Vertretung Seiner Majestät des Kaisers in quasi landesherrlicher Stellung, andererseits ist er oberster Chef der Landesverwaltung und des Ministeriums, und letzteres steht zu ihm in demselben Verhältniß der Unterordnung, wie bisher das Reichskanzleramt und der Oberpräsident sich befanden dem Reichskanzler gegenüber, es wird an seine Weisungen gebunden sein, wenn auch der Staatssekretär natürlich Minister mit einer selbstständigen ministeriellen Verantwortlichkeit sein wird. Man könnte über diese Doppelstellung des künftigen Statthalters als stellvertretender Landesherr und als oberster Minister in der Stellung, die er haben wird, man könnte über diese Formation der ganzen Sache ganze Bücher schreiben; das sind Dinge, die für einen Staatsrechtslehrer eine wahre Wonne wären, um sich in die Fundgrube der Kontroversen zu vertiefen, die daraus hervorgehen könnten. Ich halte mich an die einfache praktische Wahrheit, die das Gesetz enthält, daß der Statthalter der oberste Träger der staatlichen Gewalt im Lande sein wird.

Ich will noch eines einschalten, das der Herr Abgeordnete Guerber auch sehr stark in den Vordergrund schob, das ist, daß man den Statthalter von vornherein gewissermaßen mit dem Schwert in der Hand in das Land hereinschickt, weil man ihm den § 10 des Verwaltungsgesetzes und die in demselben enthaltenen außerordentlichen Befugnisse mit auf den Weg gibt. Der Herr Abgeordnete North hat in Bezug hierauf dem Herrn Abgeordneten Guerber bereits in so treffender Weise geantwortet, daß ich in dieser Beziehung keine Silbe hinzuzufügen habe. Der Herr Abgeordnete Guerber sagte unter anderem — und das ist mir persönlich interessant, weil ich speziell in dem Landestheil gelebt habe — die französisch redenden Bauern wagten nicht mehr ein Wort zu sagen, weil sie glaubten, dann würden sie gleich zum Arrest geführt. Meine Herren, ich habe zwei Jahr lang in Lothringen gelebt gerade in den ländlichen Kreisen; ich versichere Sie, meine Herren, in Lothringen gibt es nicht 1000 Menschen, die von dem § 10 irgend eine Ahnung haben. So war es bis heute, so wird es künftig auch bleiben. Ich bin aber ferner der Meinung, meine Herren, daß man, da diese außerordentlichen Befugnisse einmal jetzt in den Händen des obersten Beamten liegen, den Statthalter nicht ohne diese Befugnisse in das Land schicken darf. Ich hoffe zu Gott, daß er selten oder nie in der Lage sein wird, sie anzuwenden. Aber man muß es ihm überlassen, durch die Erfahrung sich zu überzeugen, daß er sie entbehren kann, und dann wird er sehr glücklich sein, wenn er eines Tages in der Lage sein wird, zu sagen: ich lasse den § 10 fallen. Aber das muß ein Geschenk des freien Wohlwollens des Statthalters sein, nachdem er in der Lage war, die Verhältnisse des Landes zu prüfen und sie kennen zu lernen.

Ich komme nun, meine Herren, zu der Organisation des Ministeriums, welches der § 3 einsetzt, an dessen Spitze ein Staatssekretär als verantwortlicher Minister stehen wird. Allerdings hat die uns jetzt speziell beschäftigende Vorlage über die Organisation des Ministeriums alle weiteren Verfügungen vorbehalten, indessen die Motive, wie auch das uns inzwischen zugegangene Finanzgesetz, Nr. 244 der Drucksachen, lassen uns doch schon deutlich erblicken, wie dieses Ministerium organisirt sein wird. Zunächst nehme ich an, und das wird auch durch die Motive bestätigt, obgleich es im Gesetz nicht ausdrücklich ausgesprochen ist, daß das Ministerium kein Kollegium sein wird, sondern daß der Staatssekretär der verantwortliche Träger dieses Ministeriums sein wird, und daß die Unterstaatssekretäre das sein werden, was ihr Name ausspricht, d. h. hohe Ministerialbeamte, welche zwar unter thatsächlicher persönlicher, aber unter politischer Verantwortlichkeit des Staatssekretärs die ihnen zugewiesenen Angelegenheiten bearbeiten werden.

Was nun die beabsichtigte Gliederung des Ministeriums betrifft, meine Herren, so muß ich mir erlauben, hieran einige Bemerkungen zu knüpfen. Die Motive unserer Vorlage und das schon von mir vorher erwähnte, unserer Berathung heute noch nicht formell vorliegende Gesetz beabsichtigen die Eintheilung des Ministeriums in drei Abtheilungen, Inneres und Unterricht, Justiz und Kultus, Finanz und Forsten. Zunächst ist auffallend, daß nach dieser Organisation der Staatssekretär, wie es scheint, kein eigenes Ressort haben, sondern daß er gewissermaßen Ministerpräsident ohne Portefeuille werden soll. Meine Herren, ich bedauere das; nach den Erfahrungen, die in meinem politischen Gesichtskreise liegen, hat es sich nicht bewährt, daß an der Spitze eines Ministeriums ein Mann steht, der nur die Oberleitung hat, ohne ein eigenes speziell seiner dauernden Fürsorge unterliegendes Ressort zu besitzen. Ich würde wünschen, daß der künftige Staatssekretär eines der hier genannten Ressorts, und dann natürlich das wichtigste, nämlich das des Innern übernähme. Ich halte ferner die Trennung in der Ministerialinstanz von Unterricht und Kultus für einen Fehler.

(Sehr richtig! rechts.)

Ich weiß sehr wohl, daß man ja sich berufen kann — und das ist gerade in einem Lande wie Elsaß-Lothringen, welches auf ganz französische Verwaltungsgesetzgebung noch jetzt beruht, gewiß sehr naheliegend — daß man sich berufen kann auf Frankreich, wo seit der Revolution, soviel ich weiß diese Trennung besteht, wo also die Verwaltung des Kultus dem Justizminister gleichzeitig übertragen ist. Ich weiß sehr wohl, meine Herren, daß in gewissen politischen Kreisen, und zwar von der allerverschiedensten Auffassung ausgehenden, diese Anschauung populär ist. Es haben Solche, denen das Interesse der Kirche in unserem Reich am Herzen liegt, die Unterordnung der Kultusverwaltung unter das Justizministerium verlangt, andererseits die Anschauung, welcher mehr die rein juristische Frage bei dem Verhältniß zwischen Staat und Kirche vom Interesse ist. Ich glaube, nach den gesammten deutschen Erfahrungen — und von denen sind wir doch verpflichtet auszugehen — liegt das Richtige hier in der Mitte. Ich gehe von folgender Auffassung aus: Staat und Kirche haben ein gleich gemeinsames dringendes Interesse an der Pflege der Schule, der Staat kann zu einer dauernden sittlichreligiösen Volkserziehung der mächtigen und wirksamen Hilfe der Kirche nicht entbehren;

(sehr richtig! rechts)

die Kirche ihrerseits kann die ihr obliegende hohe Heilsaufgabe für die Menschheit nur halb erfüllen, wenn sie aus der Schule verdrängt wird,

(sehr richtig! rechts)

oder, wenn sie sich schmollend von ihr zurückzieht. Und das letztere, meine Herren, muß ich doch sagen, ist in einem gewissen Grade in Elsaß-Lothringen der Fall gewesen. Meine Herren, wir haben dem elsaß-lothringischen Klerus gegenüber — dem katholischen meine ich — bis zum jetzigen Augenblick eine sehr eigenthümliche Stellung in Beziehung auf die Schule gehabt. Wir sind genöthigt gewesen, in manchen und vielleicht für ihn sehr wichtigen Beziehungen ihn des allmächtigen Einflusses zu entkleiden, welche er bis dahin in Beziehung auf die Schule inne hatte, obgleich das doch nicht in dem Maße geschehen ist, wie es häufig dargestellt wurde. Ich erinnere daran, daß die Beaufsichtigung des Religionsunterrichts in der Volksschule noch heute jedem Pfarrgeistlichen zusteht und leider die Herren nur nicht von dem ihnen zustehenden Rechte den in meinem Sinn erwünschten Gebrauch davon machen. Nun, meine Herren, hat in Folge dieses und auch anderer Umstände sich allerdings eines sehr großen und vielleicht eines übergroßen Theiles der elsaß-lothringischen Geistlichkeit eine Art von Pessimismus unseren Zuständen gegenüber bemächtigt. Ich bin auch überzeugt davon, daß ein großer Theil des uns von dieser Seite entgegengesetzten Widerstandes auf nationaler Antipathie beruht. Ein nicht minder großer Theil, meine Herren, beruht auf einer sehr kühlen und verstandesmäßigen Abwägung der Interessen und gerade aus diesem Standpunkt möchte ich doch einige Hoffnung in Bezug auf die Besserung in der Zukunft schöpfen. So lange in unserem westlichen Nachbarlande die Interessen des Klerus wie das bisher der Fall war, in vorderster Linie in allen politischen Erwägungen auch von Seite der Regierung standen, war es sehr begreiflich, daß die Augen der katholischen Geistlichkeit im Reichslande dauernd nach jener Seite gerichtet waren. Wenn nicht alle Anzeichen trügen, wird darin in der nächsten Zukunft eine sehr bedeutende Veränderung zu Ungunsten der Interessen des Klerus in Frankreich sich vollziehen, und ich bin deshalb doch nicht ohne Hoffnung, daß, wenn die Herren, an deren Mitwirkung uns gewiß in Beziehung auf die Schule viel liegt, sich überzeugen werden, daß ihre wahren Interessen denn doch da liegen, wo die deutsche Regierung waltet, wir uns doch in nicht allzu ferner Zeit der Hoffnung hingeben dürfen, ich will nicht sagen, in der katholischen Geistlichkeit Alliirte zu finden, aber bei ihr doch eine unsere Bestrebungen mehr würdigende Auffassung der Dinge sich befestigen zu sehen, als das leider bisher geschehen ist.

Meine Herren, wenn das nun richtig ist, dann folgt für mich aus allen diesen Dingen die Zweckmäßigkeit, die Unterrichts- und Kultusverwaltung vereint zu lassen, sei es als selbstständige Ministerialabtheilung, sei es unter der obersten Verwaltung des Staatssekretärs mit der Verwaltung des Innern verknüpft.

Ferner vermisse ich eine eigene Abtheilung für Handel, Verkehr und öffentliche Bauten. Ich glaube, es würde nicht unmöglich sein, sie einzurichten, ohne den Etat mehr als wie das neue Gesetz voraussetzt, zu belasten. Ich enthalte mich hier, zu schildern, wie ich mir das denken würde; es würde sich das ja in einem späteren Stadium der Berathung machen lassen.

Nun komme ich zu der Einrichtung des Staatsraths, von welchem im § 9 die Rede ist. Ich habe diesen Gedanken in dem Entwurfe mit großer Freude begrüßt und zwar anlehnend an die Erfahrung meines engeren Heimathlandes Preußen. Preußen hat einen solchen Staatsrath ganz ähnlich, wie er hier gedacht ist, besessen, und, meine Herren, wer die Geschichte der Entwicklung der preußischen Gesetzgebung kennt, und sie genauer studirt hat, der wird mit mir die Ueberzeugung theilen, daß Preußen mit der thatsächlichen Abschaffung des Staatsraths — denn gesetzlich besteht er noch — kein glückliches Geschäft gemacht hat.

(Sehr richtig!)

Ob und in welchem Maße es möglich sein wird, bei der inzwischen eingetretenen parlamentarischen Verfassung des preußischen Staates den Staatsrath vielleicht in reorganisirter Gestalt wieder einzuführen, das lasse ich dahingestellt, das liegt zu weit ab von dem Thema; aber daß wir dessen dringend bedürfen in Preußen, darüber ist bei mir kein Zweifel vorhanden. Worin besteht, meine Herren, der Werth eines Kollegiums, wie der hier im § 9 erwähnte Staatsrath es ist? Nach zwei Richtungen ist eine solche Einrichtung von hohem Werthe: erstens, schon was die rein technische, redaktionelle Feststellung der Gesetzentwürfe betrifft. Ich muß ganz offen, und ich sage zu meiner Beschämung, als Preuße bestätigen: die Redaktion unserer Gesetzentwürfe hat, seitdem der Staatsrath nicht mehr an derselben betheiligt ist, auf das allerwesentlichste gelitten.

(Sehr richtig.)

Unsere Gesetzessprache ist im Verfall. Ich sage das ganz offen und messe die Schuld daran hauptsächlich dem Umstande zu, daß der Staatsrath mit seinen weisen und über die Gesammtheit der Verwaltung instruirten Mitgliedern nicht mehr diese Redaktion vorbereitet. Aber, das ist nicht einmal die Hauptsache. Der hauptsächliche Werth des Staatsraths besteht darin, daß in ihm eine Anzahl erleuchteter, ich will nicht sagen, über den politischen Parteien stehender, aber von dem politischen Parteitreiben unabhängiger Männer sitzt, welche lediglich die Sache im Auge haben, welche gleichzeitig die gesammten Interessen der Gesetzgebung und nicht bloß die des einzelnen Ressorts zu vertreten haben. Meine Herren, wir haben in Preußen gerade in der letzten Zeit eine große Anzahl von Gesetzen namentlich auf dem Gebiete der landwirthschaftlichen Polizei, der allgemeinen Landespolizei, welche nur allzu sehr das Gepräge einer einseitigen Ressortpolitik an der Stirne tragen,

(sehr richtig!)

und das ist ein ganz entschiedener Nachtheil. Meines Erachtens sollte ein jedes Gesetz, — und wir haben kein Gesetz ohne politischen Inhalt, wir haben kein Gesetz, welches nicht in organischem Zusammenhange steht mit der Gesammtheit des Staatswesens — also es sollte bei der Vorbereitung jedes Gesetzes dafür gesorgt werden, daß jeder Entwurf, bevor er in das parlamentarische Stadium der Berathung kommt, vom Standpunkte des Gesammten focus, möchte ich sagen, der allgemeinen Staatsinteressen gründlich erwogen und durchberathen wurde. Ein solches Organ wird dem Lande Elsaß-Lothringen jetzt geschaffen, und ich wünsche ihm von Herzen Glück dazu.

Was die Zusammensetzung des Staatsraths betrifft, meine Herren, so will ich mich darüber jetzt nicht verbreiten. Ich will nur das eine sagen, ich vermisse zu meinem Bedauern den kommandirenden General des XV. Armeekorps. Wenn man in der preußischen Gesetzgebung sich die Namen Grollman und Boyen in Erinnerung bringt, wird man finden welch hohen Werth die Bethätigung eines erlauchteten hohen Militärs bei gesetzgeberischen Vorarbeiten hat.

Ich komme nun zu einer anderen Frage, die sich an die Kreirung des Staatsraths knüpft. Der Herr Fürst von Hohenlohe-Langenburg hat gestern einige Erwartungen noch in Bezug auf die weitere Entwickelung des Staatsraths ausgesprochen, er seinerseits meinte, es läge in ihm ein Keim für eine künftige erste Kammer. Ich muß gestehen, so lange der Bundesrath die Stelle der ersten Kammer für die elsaß-lothringischen Angelegenheiten ausfüllt, wird, glaube ich, für eine Entwickelung in dem von dem Herrn Fürsten zu Hohenlohe gewünschten Sinne kein rechter Platz sein. Eher wäre nach meiner Ansicht möglich, daß sich der Staatsrath allmählich zu einem obersten Verwaltungs- respektive Gerichtshof des Landes herausbilde, und damit an die Stelle des jetzigen kaiserlichen Raths trete.

Der zweite Theil des Gesetzes beschäftigt sich mit der Landesvertretung sowohl in numerischer Hinsicht, als auch bezüglich der Erweiterung ihrer Kompetenz. Der Herr Abgeordnete Guerber hat in seiner gestrigen Rede diese Kompetenzerweiterung einer abfälligen Kritik unterzogen, er sagte, ja der Landesausschuß soll bloß die Initiative bekommen, ja, meine Herren, was ist die Initiative, es ist ja gerade der Kern der Sache, wenn der Landesausschuß nicht bloß das zu berathen hat, was ihm von der Regierung unterbreitet wird, sondern wenn er das Recht selbstständiger Gesetzvorschläge hat, denn damit tritt er vollständig ebenbürtig in die Reihe gesetzgeberischer Versammlungen ein. Ich weiß nicht was der Herr Abgeordnete Guerber in dieser Beziehung noch mehr verlangen will. Ich will mich zuerst beschäftigen mit der numerischen Vermehrung. Der Landesausschuß soll also künftig nicht wie bisher aus 30 Mitgliedern, sondern aus 58 bestehen. Einstweilen werden es wohl nur 57 bleiben, da zwar die Gemeinderäthe von Straßburg, Metz, Colmar und Mülhausen je einen Abgeordneten wählen sollen, dieses Recht aber für Straßburg so lange ruhen wird, als es dort noch bei der Auflösung des Gemeinderaths verbleibt. Es wäre zu wünschen, daß die Entwickelung der Verhältnisse es bald gestattete, daß diese Lücke bald ausgefüllt wird. Nun soll die Zahl derjenigen, welche von den Bezirkstagen gewählt werden, 34 betragen, 30 sind es schon jetzt, die 4 übrigen werden durch Nachwahl dazu kommen. Das interessanteste ist der andere Theil, die neuen Mitglieder, weil damit ein ganz neues politisches Element in das bestehende Wahlsystem eingeführt wird. Es sollen nämlich zunächst aus der Mitte der Gemeinderäthe der 4 großen Städte je ein Mitglied gewählt werden, und ferner sollen die 20 Kreistage je einen Abgeordneten wählen, und zwar vermöge indirekter Wahlen, — indem die Gemeinderäthe aus ihrer Mitte die Wahlmänner wählen; in Gemeinden mit weniger als 1000 Einwohner je einen, in Gemeinden von mehr als 1000 Einwohnern für die fernere Vollzahl von 1000 einen mehr; es ist also ein System indirekter Wahlen, basirt auf korporative Verbände. Ich bin, als ich mir zuerst die Frage vorlegte, in welcher Weise am zweckmäßigsten die veränderte Zusammensetzung des Landesausschusses gedacht werden könnte, zunächst auf den Gedanken gekommen, ob es nicht das einfachste wäre, die 3 Bezirkstage mit ihren 90 Mitgliedern als Landesausschuß zu konstituiren. Das wäre ja ein sehr einfaches Verfahren gewesen, etwas Aehnliches wie es in Preußen geschah, als man im Jahre 1847 den vereinigten Landtag berief, durch Zusammenziehung der Provinziallandtage. Aber eine kurze Erwägung hat mich davon überzeugt, daß die Regierung sehr weise daran gethan hat, diesen Vorschlag nicht zu machen. Was würde diese einfache Zusammenziehung der drei Bezirkstage zum Landesausschuß bedeuten? Nichts anderes, als die direkte Wahl der Landesvertretung durch die gesammte Bevölkerung, und das ist dasjenige System, was in Elsaß-Lothringen am allerwenigsten zu brauchen wäre, wovor wir uns am sorgfältigsten hüten müßten. Wir dürfen auf dem Gebiet der politischen Wahlen keine Einrichtung treffen, welche die populäre Leidenschaft allzusehr in den Vordergrund bringt. Und ferner: Die Bezirkstage sind jetzt wesentlich lokalen oder ich will sagen provinziellen Interessen dienende Körperschaften und liegen in dieser Eigenschaft ihren Funktionen zur vollen Zufriedenheit der Regierung und ihrer Mandatgeber ob; man lasse sie dabei, man stelle sie nicht in deteriorem conditionem, indem man sie etwa des Rechtes der Wahl eines Theils der Mitglieder des Landesausschusses entkleide; aber sie andererseits gewissermaßen als direkte Landesvertretung hinzustellen, würde ich sehr beklagenswerth finden und ich schließe mich daher vollständig dem politischen Gedanken der Regierung an. Allerdings könnte man ja auch noch einen anderen korporativen Verband hinstellen als Wahlkörper für die neuen Abgeordneten, z. B. die Kreistage. Auch das wäre meines Erachtens nicht praktisch, denn die Kreistage stehen bis jetzt zu wenig im Vordergrunde des öffentlichen Lebens im Reichslande, um ihnen ein so wichtiges politisches Mandat wie die Wahl der Landesvertretung zu übertragen; ich kann nur beiläufig hierbei das wiederholte Bedauern darüber aussprechen, daß es dem Landesausschuß nicht gefallen hat, die von der Regierung vorgelegte Kreisordnung in ernste Erwägung zu ziehen, sonst würden die Kreistage bereits eine viel größere Bedeutung gewonnen haben, als bisher der Fall, denn jetzt haben sie nichts zu thun, als einige kleinere Wahlen vorzunehmen und das Steuerkontingent auf die Gemeinden zu vertheilen — kein angenehmes Geschäft. Ich erblicke also in der Vorschrift, daß die Gemeinderäthe die Wahlmänner, und diese Wahlmänner kreisweise den Abgeordneten wählen sollen, ein durchaus konservatives Element und freue mich deshalb als Konservativer dieser Bestimmung.

Aber nun, meine Herren, von ganz besonderem Interesse wird es sein, einen Blick zu thun in die Zukunft, wie nämlich diese ihre Stellung und Aufgabe auffassen werden, denn das ist schließlich die Hauptsache. Die Zusammensetzung ist wichtig, aber noch wichtiger ist das gegenseitige Verhältniß, welches sich entwickeln wird zwischen der Regierung und der Landesvertretung, und da möchte ich an diejenigen Mitglieder dieses Hauses, welche der autonomistisch-elsaß-lothringischen Richtung angehören, doch eine Bitte richten. Ich will sie hier nicht zu einer Erklärung provoziren, das fällt mir nicht ein, das würde ihnen nur eine überflüssige Verlegenheit bereiten, aber ich möchte sie bitten, den Blick in die Zukunft zu richten und sich zu vergegenwärtigen in welcher Stellung sie sich das Land und die Landesvertretung der künftigen Regierung gegenüber denken. Ich zweifle gar nicht daran, daß, wenn die neuen Wahlen jetzt vollzogen sein werden, daß die überwiegende Majorität des Landesausschusses Ihrer Richtung angehören wird, aber darüber meine Herren, wollen Sie sich keiner Illusion hingeben, sie werden vielleicht numerisch nicht sehr starke, aber durch Talent und Charakter bedeutende Elemente der grundsätzlichen Opposition in ihre Mitte aufnehmen müssen und mit dieser veränderten Stellung werden Sie zu rechnen haben. Nun bitte ich die Herren dringend, lassen Sie sich von diesen Elementen nicht debordiren — ich bitte um Entschuldigung, es fällt mir in diesem Augenblick kein deutscher Ausdruck ein, die Herren werden es wohl verstehen — schließen Sie sich, so weit Sie es mit Ihren Ueberzeugungen und mit Ihrem Patriotismus vereinbar finden, so enge wie möglich an die Regierung an. Nur auf diesem Wege wird es möglich sein, zu einer gedeihlichen Weiterentwicklung des Landes zu kommen.

Ich habe noch zurückzukehren auf einen Punkt, der allerdings in der Reihenfolge vorher hätte kommen sollen, auf den § 7, die Vertretung des Landes im Bundesrath. Ich freue mich sehr darüber, daß der § 7 diese Frage ihrer politischen Bedeutung und Schwierigkeit ganz entkleidet hat. Es rief ja die Rede des Herrn Abgeordneten Schneegans ins Gedächtniß zurück, daß der Wunsch des Landes ist, schon jetzt im Bundesrath vertreten zu sein durch vom Landesausschuß selbstständig zu wählende Delegirte. Ich glaube, es wird gut sein, diese Frage der Zukunft vorzubehalten und die Herren werden gewiß sich dahin bescheiden, daß es vor der Hand genügen muß, wenn der Bundesrath in der Lage ist, Kommissare des Statthalters über elsaß-lothringensche Angelegenheiten, die ja dauernd in seinem Schoße werden verhandelt werden, zu hören.

Es drängt sich nun am Schluß, meine Herren, noch die eine Frage auf, ob es möglich und zweckmäßig sein wird, auf die Länge — ich will noch kein Urtheil aussprechen — bei der veränderten Organisation die Bezirkspräsidien und folgeweise auch die Theilung des Landes in drei Bezirke bestehen zu lassen. Ich will diese Frage einstweilen hier nur anregen, ohne sie zu entscheiden. Es werden manche Gründe für und manche dawider ins Feld geführt werden können. Eins ist in meinen Augen allerdings klar, in Metz wird ein höherer Verwaltungsbeamter dauernd nicht entbehrt werden können, eines Theils wegen der Besonderheit und größeren Schwierigkeiten der lothringenschen Verhältnisse, sodann wegen des Parallelismus mit den militärischen Autoritäten, und endlich um die Möglichkeit einer Verhandlung von Mund zu Mund mit dem dort residirenden Bischof zu gewähren; das scheint sogar eine Sache der einfachen Courtoisie einem so hohen kirchlichen Würdenträger gegenüber zu sein, daß man an demselben Orte mit ihm einen höheren Verwaltungsbeamten beläßt, welcher sich jederzeit mit ihm, wie es bisher der Fall gewesen ist, vernehmen kann.

Wenn wir nun noch den § 21 erwägen, welcher ausdrücklich im zweiten Absatz bestimmt, daß das Verhältniß des Bundesraths zur Landesgesetzgebung unverändert bleibt, daß ferner die Möglichkeit unverändert bleibt, die Reichsregierung in elsaß-lothringenschen Angelegenheiten anzurufen, und wenn ich dazu nehme die uns vorliegende, Autorität und richtige Popularität zugleich verbürgende, Organisation der Verwaltung, so bin ich allerdings der Meinung, daß wir mit ruhigem Blicke in die fernere Entwickelung des Landes schauen dürfen.

Die Hauptsache wird ja die Personenfrage sein, die richtige Auswahl desjenigen Mannes, den das Vertrauen Seiner Majestät des Kaisers an die Spitze dieses Laubes rufen wird, wird er, wie wir zu der Weisheit Seiner Majestät vertrauen dürfen, ein Mann ersten Ranges sein, wird er sich dauernd auf der vollen Höhe der ihm anvertrauten Mission halten. Dann ist der Erfolg diesem letzteren von vornherein verbürgt.

Meine Herren, dem künftigen Statthalter von Elsaß-Lothringen fällt eine Aufgabe zu so hoch und so bedeutsam, wie sie keinem deutschen Mann, der nicht von vornherein durch die Geburt auf die höchste Höhe der Menschheit gestellt ist, wohl jemals beschieden war. Er soll dieses herrliche Land, welches von der Natur so überaus reich ausgestattet, welches sich eines so großen Verkehrs und gewerblichen Entwickelung erfreut, von einem so tüchtigen und hoch zivilisirten Volksstamm bewohnt wird, das soll er durch eine weise und humane Regierung, durch eine sparsame und gerechte Verwaltung und durch eine eifrige Pflege seiner moralischen, geistigen und materiellen Interessen zu einem lebendigen Gliede des deutschen Reiches machen. Eine höhere Aufgabe, meine Herren, hat, glaube ich, ein deutscher Mann kaum bisher zu erfüllen gehabt, und ich darf wohl wenigstens in meinem und meiner Freunde Namen sagen, daß das volle Vertrauen der Nation diesen Mann zu seiner neuen Mission zu begleiten hat. Jedenfalls aber meine Herren, erwartet die Nation von ihm, daß er das deutsche Banner hoch in den Lüften flattern lassen wird und daß, wenn innere Stürme — und sie werden nicht ausbleiben — an diesem Banner rütteln sollten, er dann mannhaft dafür sorgen möge, daß aus seinen Falten stets die Devise herausleuchtet: „für Kaiser und Reich“,

(Bravo!)

denn in dieser Devise und nur in ihr ist zugleich das wahre Wohl Elsaß-Lothringens begründet.

(Bravo!)

Präsident: Das Wort hat der Herr Abgeordnete Windthorst.

Abgeordneter **Windthorst:** Meine verehrten Herren, der Herr Vertreter der Bundesregierungen hat mit Recht gesagt, daß die eigentliche Diskussion, so weit sie die Generaldiskussion betrifft zu diesem Gesetze, bereits stattgefunden habe bei dem Antrag Schneegans, und wir haben in der Vorlage, die uns beschäftigt, im Grunde nur die Formulirung der Gedanken, über welche damals der Herr Reichskanzler nicht ohne Zustimmung des Reichstags sich geäußert hat. Wenn ich nun im allgemeinen auf die damalige Diskussion und auch auf dasjenige mich beziehe, was ich zu derselben beizutragen versucht habe, so erübrigt mir doch, einiges zu der vorliegenden Formulirung zu sagen.

Es ist ein hochwichtiger und ein hochernster Schritt, der in Beziehung auf die Konstituirung des Reichslandes geschieht, und die Richtung, in welcher dies geschieht, hat meine volle Billigung. Schon im Jahre 1871, als wir damals über die Verhältnisse Elsaß-Lothringens uns unterhielten, haben meine Freunde und ich auf den Weg, der jetzt weiter hier verfolgt wird, hingewiesen. Wir haben schon damals verlangt, daß für Elsaß-Lothringen eine konstitutionelle Verfassung gegeben werde, haben auch die Linien gezogen, nach welchen dieses System dort aufgerichtet werden müßte, wenn unsere Anschauungen Geltung gewinnen würden. Wir sind damals nicht gehört worden, jetzt kommt man dem Gedauken näher, und daß uns das mit Befriedigung erfüllt, werden Sie begreifen. Wenn das der allgemeine Eindruck ist, so hindert nuch das nicht, rücksichtlich einzelner Partieen Bedeuken zu haben.

Der Herr Vorredner hat gesagt, daß der Statthalter, welcher hier aufgestellt werden soll, eine große und mächtige Aufgabe habe, so groß, wie sie kaum ein anderer habe, der nicht zum Throne geboren sei. Ich unterschätze die Bedeutung der Stellung nicht, so hoch aber kann ich sie nicht stellen. Man hätte wohl einen Statthalter in dieser Höhe ernennen können, man hätte seine Stellung also definiren können, aber, meine Herren, es ist in der That nicht geschehen. In den Motiven siud diejenigen landesherrlichen Funktionen, welche der Statthalter wahrzunehmen haben soll, im wesentlichen skizzirt und diese Funktionen haben in meinen Augen diese Bedeutung nicht, welche der Herr Vorredner ihnen beilegt. Sie sind zum großen Theil foiche Funktionen, welche nach dem französischen Staatsrecht dem Monarchen angelegt sind, welche aber nach den deutschen Auffassungen nicht Gegenstände der Thätigkeit des Monarchen, sondern der Ministerien sind. Und wenn man weitere Befugnisse dem Statthalter nicht beilegen wollte, so hätte er sich sehr wohl fragen können, ob man denn nicht besser gethan hätte, die französische Gesetzgebung zu reformiren, und dann ein reiues Verhältniß aufzustellen, das Verhältniß eines geordneten Ministerii mit einem Präsidenten, der möglicherweise besondere Befugnisse hätte haben können. Diejenigen Rechte, welche man als landesherrliche dem Statthalter beilegen will, rechtfertigen nach meinem Dafürhalten die Stellung nicht. Ich glaube, daß viel eher man ein Modell hätte nehmen können aus denjenigen Institutionen, die stattfanden, als Hannover noch von Königen regiert wurde, die in England residirten. Da hatte man ein Ministerium, das besondere Befugnisse hatte, und einen Minister, der bei der Person des Königs verweilte, aber nicht aus sich heraus allein handelte, sondern im Einverständniß mit den daheim gelassenen Räthen, wie der Ausdruck war, und die unmittelbare Vorträge und Kontrasignaturen gab, mit seinen Kollegen. Es ist richtig, daß bei besonderen Verhältnissen auch ein Generalgouverneur ernannt war. Das war ein Mitglied der königlichen Familie, welches dann besondere Befugnisse hatte, aber viel anders gestellt war, als der Statthalter hier gestellt ist. Es ist mir die Stellung des Statthalters deshalb nicht sehr sympathisch, weil mir diese Vermischung von Handlungen, wofür er nicht verantwortlich ist, und von Handlungen, wofür er verantwortlich ist, im höchsten Grade bedenklich erscheint, und ich muß sagen, daß ich für eine solche Art Stellung vergebens nach einer Analogie irgendwo gesucht habe. Als Träger einzelner landesherrlicher Befugnisse, die ich nicht sehr wichtig erachte, ist der Herr unverantwortlich, — natürlich verantwortlich dem Auftraggeber, das versteht sich von selbst, und vor Gott und dem Gewissen, von dieser Verantwortlichkeit rede ich nicht; — aber konstitutionell verantwortlich ist er nicht für diese Handlungen, während er verantwortlich wird für alle die Funktionen, die er als Reichskanzler wahrnimmt. Denn das Hauptgewicht seiner Thätigkeit, der Hauptumfang seiner Arbeit beruht in denjenigen Funktionen, welche er als Reichskanzler für Elsaß-Lothringen wahrnimmt, und diese nimmt er wahr, weit entfernt von dem Sitze des Regenten, der immer auf alle Ministerialaktionen einen Einfluß übt und einen größeren, als man dies vielleicht auswärts meint, diese Funktionen nimmt er wahr, losgelöst von dem Reichstage, der durch seine Autorität wesentlich Einfluß übt auf die Haltung und den Gang eines Reichskanzlers, daß der Statthalter in dieser seiner Eigenschaft als Reichskanzler hier aufzutreten hätte, in irgend welchen Kontakt mit dem Reichstage kommen könnte, ist entschieden nirgends festgestellt, und mir bleibt es noch recht fraglich, in wie weit nun der Statthalter dem Landesausschuß gegenüber in dieser seiner Eigenschaft als Reichskanzler eine dieser Korporation verantwortliche Persönlichkeit ist. Das Verhältniß scheint mir nicht klar zu sein und es würde mir sehr angenehm erscheinen, wenn der Vertreter der Bundesregierung mir darüber etwa Auskunft geben wollte.

Der Reichskanzler, wie er jetzt ist, ist für diese Handlungen uns verantwortlich, muß uns Rede und Antwort stehen; — daß der Reichskanzler, der jetzt in Elsaß-Lothringen residirt, uns verantwortlich werden solle, davon steht nirgends etwas, und wie weit er verantwortlich sein werde als Reichskanzler dem Landesausschuß, ist wiederum sehr zweifelhaft. Er bedarf zu den Handlungen, die er als Reichskanzler vornimmt, merkwürdiger Weise einer Kontrasignatur des sogenannten Ministerii nicht. Das ist eine Dunkelheit, meine Herren, die sich sehr schwer rächen kann.

Dann ist sehr bedeutend eine Stellung, von der in der ganzen Vorlage kein Wort steht. Meine Herren, ich frage, wer hat die Vermittelung derjenigen Angelegenheiten, in welchen Seiner Majestät dem Kaiser die Entschließung vorbehalten bleibt? Wer hat dem Kaiser die Maßregeln vorzulegen, welche man im Elsaß zu treffen beabsichtigt? Wer hat es zu vermitteln, daß der Kaiser in dauernder Kenntniß erhalten bleibt? Denn das ist im allgemeinen nothwendig und besonders nothwendig, nachdem dem Kaiser unmittelbar die wichtigsten Befugnisse allein vorbehalten sind. Davon schweigt die Vorlage. Wir sehen aus den Motiven, daß die Ernennung dieses Reichskanzlers für Elsaß-Lothringen und auch eventuell die Abberufung kontrasignirt werden soll von dem Reichskanzler dahier; ebenso wird auch die kaiserliche Verordnung von dem Reichskanzler dahin kontrasignirt, welche die Verhältnisse regelt, die in § 1 einer kaiserlichen Verordnung zugewiesen worden sind. Ich frage: wird der Reichskanzler dahier diejenige Persönlichkeit sein, welche dem Kaiser dasjenige vorlegt, was dem Kaiser aus diesen Landesangelegenheiten vorgelegt werden muß? oder wird man dazu andere Persönlichkeiten und eventuell welche ernennen? Als wir über den Antrag Schneegans sprachen, hat der Herr Reichskanzler angedeutet, daß er vielleicht in die Lage kommen könnte, diese Angelegenheiten so gleichsam als Adjutant oder wie sonst der Ausdruck war, wahrnehmen zu müssen, und daß er dazu auch bereit sei. Meine Herren, ich glaube, daß es nothwendig ist, daß die Vertretung der verbündeten Regierungen uns über diese Frage etwas näheren Aufschluß gäbe, denn es tangirt diese Frage ganz entschieden die Verantwortlichkeitsfrage der Regierung gegenüber uns und gegenüber Elsaß-Lothringen, und je nach dem Ausfall der Auskunft, die gegeben wird, werde ich mir erlauben, weitere Bemerkungen vorzutragen.

Dann ist gesagt worden, daß der Umfang der dem Statthalter zu übertragenden landesherrlichen Befugnisse durch kaiserliche Verordnung bestimmt werde. Daß sie durch kaiserliche Verordnung bestimmt werden muß, ist unzweifelhaft; ein Gesetz würde ich aus den in den Motiven angegebenen Gründen an dieser Stelle nicht rathen. Dagegen wäre ich der Meinung, daß es dem förderativen Charakter des Reichs, bei welchem die Souveränetät über Elsaß-Lothringen ruht, entspräche, wenn diese kaiserliche Verordnung nicht ohne Mitwirkung des Bundesraths erlassen wird, und es würde mir interessant sein, zu wissen, ob in dem Schoße des Bundesraths diese Frage erörtert ist und wie. Ich würde, wenn ich irgend einen Einzelstaat zu vertreten hätte, ganz unzweifelhaft ein großes Gewicht darauf gelegt haben, daß bei diesen Festsetzungen die Mitwirkung des Bundesraths nicht fehlte, denn es kann ja niemand im Zweifel darüber sein, daß es von der eminentesten Bedeutung ist, was in dieser Verordnung regulirt werden wird.

Ueber die Doppelstellung des Statthalters als des Trägers einiger wenig wesentlichen landesherrlichen Rechte, als Reichskanzler für Elsaß-Lothringen, habe ich mich vorhin geäußert, und ich kann nicht umhin, auf das da Gesagte mich zu beziehen. Aber besonders muß ich darauf aufmerksam machen, daß die außerordentlichen Befugnisse des § 10, also des Diktaturparagraphen, auf ihn als Reichskanzler übergehen. Dasjenige, was er als landesherrlicher Vertreter thut, bedarf der Kontrasignatur des Staatssekretärs, eventuell des Ministers im Elsaß; was er hier thut als Reichskanzler, dafür ist keine Kontrasignatur nach dem Gesetz nothwendig, und doch glaube ich, daß man keine Funktion dem Statthalter übertragen hat, bedeutsamer als gerade diese Handhabung des § 10, und wenn irgendwo eine Kontrasignatur nothwendig gewesen wäre, so wäre sie es hier. Man wird sagen; da er Reichskanzler ist, hat er ja Verantwortlichkeit dafür, und deshalb ist eine Kontrasignatur nicht nöthig. Ich habe darauf zu erwidern, daß ich nicht recht weiß, ich habe es bereits dargelegt, wo und wie der Reichskanzler für Elsaß — so nenne ich ihn hier — in der Verantwortlichkeit zu fassen ist, ob er uns, ob er dem Landesausschuß, in welcher Hinsicht und inwieweit und nach welcher Methode er verantwortlich bleibt. Viel lieber wäre es mir gewesen, wenn man die Handhabung des § 10 hingestellt hätte als eine der Funktionen, die als Vertreter des Landesherrn wahrzunehmen ist, es wäre dann die Frage in Beziehung auf die Verantwortlichkeit geregelt.

Ich gehe absichtlich auf die Frage, ob man überhaupt den § 10 noch beibehalten will, in diesem Augenblick nicht ein, um den Gedankengang meines Vortrags nicht zu stören, aber ich werde darauf zurückkommen. Soviel wiederhole ich, diese bedeutsame Funktion bekommt der Statthalter, ohne daß man die Verantwortlichkeitsfrage geregelt hat. Man wird sagen: ja, jetzt hat der Oberpräsident das. Nun wohl, der Oberpräsident hatte das und war als Beamter verantwortlich dem vorgesetzten Reichskanzler, und mit dem Reichskanzler hatten wir hier zu sprechen. Quaeritur, wie weit wird das in der Folge der Fall sein?

Dann ist im § 5 ein Ministerium geordnet worden. Meine Herren, das ist ein großes Wort für eine ganz kleine Institution. Wir haben es hier in Wirklichkeit mit einem Ministerium gar nicht zu thun, wir haben es hier zu thun mit dem Statthalter, der auch in dieses Ministerium hinüberspielt, wir haben es zu thun vor allem mit einem Staatssekretär, und die Herren, die ihm hier als Minister beigegeben werden, sind in Wirklichkeit nichts anderes, als vortragende Räthe, im besten Fall als Abtheilungsdirigenten in dem Reichskanzleramt für Elsaß-Lothringen. Ich muß darauf aufmerksam machen, daß wir hier gar nicht gegenüberstehen irgend einer kollegialischen Behörde, sondern einer rein büreaukratischen Einrichtung, wo der Staatssekretär an der Spitze steht; und wenn Sie den ganzen Entwurf studiren, so werden Sie sehen, mit welcher Sorgfalt man den Staatssekretär gleichsam allmächtig zu machen gewußt hat.

Diese Bildung halte ich für eine verfehlte; ich würde glauben, daß, wenn man in der höheren Verwaltung Elsaß-Lothringens wirklich etwas Ersprießliches machen wollte, man ein vollständig kollegialisch besetztes Ministerium einzurichten hätte mit einem Minister an der Spitze, der den Vorsitz im Ministerrath hat, aber an die kollegialische Behandlung aller wichtigen Dinge gebunden wäre. Das hat an sich eine ungeheure Bedeutung und wirkt auch ein auf die Gehaltsverhältnisse, denn wenn die Herren diesen großen Namen „Minister" führen, dann sollen auch die Gehalte danach bemessen werden. Dies ist ein Punkt, von dem ich glaube, daß er sehr fest ins Auge zu fassen ist.

Nun kommt die Institution des Staatsraths. Diese Institution hat meinen ganz besonderen Beifall; über die Komposition desselben kann man streiten. Ich will nicht gerade vorschlagen, daß Aenderungen gemacht werden, aber ich bin allerdings der Meinung, daß dabei nicht genug Rücksicht genommen ist auf die Sicherung des Umstandes, daß die genügende Zahl eingeborner Elsaß-Lothringer darin ihren Platz finden. Ob es gelingen kann, in der Richtung einige Modifikationen zu machen, will ich dahin gestellt sein lassen. Der Segen des Staatsraths, das Vertrauen erweckende wird nur erreicht sein, wenn man eine größere Zahl der Eingebornen in diese Behörde bringt. Uebrigens wiederhole ich, daß der Gedanke gewiß ein zutreffender ist, und ich wünschte meinestheils, wir hätten für das Reich auch einen Staatsrath mit ähnlichen Funktionen, ich glaube, es würde dann mancher Fehler in der Gesetzgebung nicht vorgekommen sein und vorkommen, über den wir jetzt zu klagen haben.

Dem kaiserlichen Rath kann ich nur eine ephemere Bedeutung zuschreiben, der wird demnächst in irgend welcher anderen Form zu ersetzen sein, in diesem Augenblick ist es aber wenigstens unschädlich, ihn noch bestehen zu lassen.

Für Elsaß-Lothringen ist unzweifelhaft einer der wichtigsten Punkte die Erweiterung der Landesvertretung sowohl der Zahl nach, als auch der Befugnisse wegen, welche derselben jetzt beigelegt werden, und ich meine, daß man in Elsaß-Lothringen für diese bessere Vertretung und größere Ausstattung der Vertretung mit Befugnissen alle Ursache hätte recht dankbar zu sein.

(Sehr wahr!)

Ich bin nicht zweifelhaft, daß der Wahlmodus, den man für diese Vertretung gibt, vielfacher Kritik unterliegen kann und unterliegen muß; ich glaube, daß man im Elsaß ein größeres Vertrauen haben würde, wenn dieser Landesausschuß aus direkten Wahlen hervorginge. Ich würde mich auch einem solchen Gedanken gar nicht widersetzen. Inzwischen ist es politisch weise, Unmögliches nicht zu erstreben, und unmöglich ist dasjenige, was diejenigen, welche das Recht der Gewährung haben, nicht gewähren wollen, und die, die das Recht der Gewährung haben, haben in den Motiven gesagt, daß es ein Fehler wäre, eine Vertretung auf direkten Wahlen zu gründen. Warum es ein Fehler wäre, haben Sie nicht gesagt,

(sehr richtig!)

und ich habe gefunden, daß, wenn solche Behauptungen ohne Gründe aufgeführt werden, man in der Regel am sichersten und entschiedensten bei diesen Behauptungen beharrt. Entschlüsse ohne Gründe sind in der Regel diejenigen, welche am festesten gehalten werden.

(Heiterkeit.)

Wie gesagt, ich glaube, daß dieser Wahlmodus sehr der Kritik unterliegt, will auch deshalb nicht gerade auf die direkten Wahlen übergehen, aber das hätte ich geglaubt, daß man die Vertretung wenigstens nach einem System gemacht hätte. Die Vertretung ganz aus den Bezirksräthen hervorgehen zu lassen, würde gewiß ein Fehler sein, aber ich weiß nicht, warum man sie nicht aus demselben Gremien hervorgehen lassen kann, aus welchen die hinzukommenden neuen 24 gewählt werden sollen. Ich halte, wenn man die direkten Wahlen nicht will, dieses System der Wahl der 24 für ein zutreffendes, und weil ich das thue, würde ich sehr geneigt sein, die ganze Vertretung auf dieser Basis wählen zu lassen, und ich meine, wir hätten ernsthaft zu erwägen, ob das nicht zweckmäßig wäre, besonders auch deshalb zweckmäßig wäre, weil ich nicht gern das Schicksal der Bezirksräthe von dem etwaigen Auflösen des Landesausschusses abhängig machen möchte. Ich möchte dieselben nebeneinander gestellt sehen. Bezirksräthe sind doch mehr oder minder wesentlich Verwaltungskörper, während die Wahlen zum Landesausschuß ohne Zweifel doch eine politische Nyancirung haben würden, und ich nicht wünsche, daß die Bezirksräthe mit Rücksicht auf politische Erwägungen gewählt werden. Das wird die Wirksamkeit der Bezirksräthe in hohem Grade beeinträchtigen. Wenn die Körper unserer Selbstverwaltung aus politischen Motiven gewählt würden, so würden die Selbstverwaltungskörper nicht den Eingang gefunden haben, den sie jetzt gefunden haben, und sie würden das Vertrauen nicht genießen, was sie heute genießen. — Diese Erwägungen, die ich nur kurz andeuten kann, sind es wesentlich, welche mich zu dem Wunsche bestimmen, daß der Wahlmodus der 24 auf die ganze Gesellschaft ausgedehnt wird.

Die übrigen Bestimmungen der Vorlage sind ja wesentlich nur die Ausführung dieser Hauptgedanken, und will ich deshalb bei der Generaldiskussion darauf nicht kommen. Aber ich halte jetzt mein Wort und spreche noch einmal über den § 10. Mein verehrter Herr Vorredner hat gemeint, die lothringischen Bauern verständen von dem Vorhandensein des § 10 nichts. Ich bin nie in Lothringen gewesen, habe mich also mit den Bauern nicht unterhalten können, aber ich glaube doch, daß dasjenige, was auf Grund dieses Paragraphen geschehen ist und was so oft und laut Gegenstand der Beschwerde hier war, nicht ganz unbekannt geblieben sein dürfte in Elsaß-Lothringen. Ich glaube, auch in Lothringen in der ländlichen Bevölkerung wird man es schmerzlich empfinden, daß möglicherweise man ausgewiesen werden kann, daß die Presse sich in einem Zustande befindet, der gar nicht tolerabel erscheint, daß wir in Bezug auf Kirchen und Schule recht unangenehme Erfahrungen gemacht haben, und daß diese Erfahrungen zum Theil auch auf diesen § 10 sich zurückführen lassen. Wenn man diesen Schritt, der in dieser Vorlage liegt, den ich begrüße, thun will, dann meine ich, hätte man Ursache gehabt, zu sagen, daß der § 10 ferner nicht angewendet werden soll, und daß die Verhältnisse eines geordneten Staatswesens eintreten. Zu diesen geordneten Verhältnissen gehört der Belagerungszustand nicht. Das wäre ein Akt des Vertrauens, von dem ich wünschte, daß künftig der Statthalter ihn bei seinem Eintritt in Straßburg verkündigen könnte. Er könnte sich eine bessere Aufnahme nicht sichern, als er dadurch sie sichern wird. Weiter will ich dieses Thema nicht erörtern, weil es uns in Beschwerden zurückführte, die wir ja so oft hier erörtern mußten. Ich habe diese kurze Andeutung nur gemacht, um, wenn man demnächst in den Fall kommt, über den § 10 zu votiren, man damit nicht die früheren Beschwerden für aufgehoben betrachtet. Ob in der ferneren Berathung die Beschränkung oder Aufhebung des § 10 eintreten kann, wird ja der Diskussion im einzelnen überlassen bleiben.

Dann ist eine Frage, die mich besonders interessirt, nicht in der Vorlage, sondern in den Motiven gegeben. Man hat nach den Motiven die Absicht, die geistlichen Angelegenheiten an den Justizminister und die Unterrichtsangelegenheiten an den Minister des Innern zu geben. Dieser Gedanke würde berechtigt sein, wenn man in einem Staatswesen sich befände, in welchem die Kirche vom Staate getrennt ist; denn wo das der Fall, hat die Kirche zum Staate nur die Beziehung des Rechts, und diese Beziehung wird am richtigsten vom Justizminister wahrgenommen. In einem solchen Staatswesen sind wir aber in Elsaß-Lothringen nicht, wir sind weit davon entfernt, und ich meine, daß, so lange der Zustand dort dauert, es richtiger sein würde, Unterricht und die kirchlichen Angelegenheiten zusammenzufassen. Meine Herren, das führt mich auf einen Punkt, von dem ich allerdings fürchten muß, daß recht Viele meiner Ansicht nicht sind. Indeß ich muß ihn doch aussprechen. In Preußen und in allen Staaten überwiegend protestantischer Bevölkerung sind die Angelegenheiten der Kirche und des Unterrichts in den Händen protestantischer Minister, und man würde es in Preußen für eine moralische Unmöglichkeit erachten, daß ein Katholik Kultusminister wäre. Ich bin nun der Meinung, wenn in einem Lande von überwiegend protestantischer Bevölkerung, wie es Preußen ist, auch nach meiner Ansicht, so lange man nur einen Kultusminister hat, nur ein Protestant Kultusminister sein kann, so bin ich auch hier der Meinung, daß in Elsaß-Lothringen der Kultus und die Unterrichtsangelegenheiten in den Händen eines katholischen Ministers sein müssen. Es ist das nichts anderes, als die Konsequenz dessen, was man anderswo als selbstverständlich ansieht, und ich glaube, daß man in Elsaß-Lothringen ein Recht darauf hat, dieses zu verlangen, und gerade weil dieses der Fall ist, habe ich den sehr dringenden Wunsch, daß für Unterricht und Kultus eine besondere Abtheilung gemacht wird, und daß ein Katholik an die Spitze gestellt wird. Das sind die Gegenstände, die ich in der Generaldiskussion berühren wollte, die gleichsam uns und die Regierung betreffen.

Ich habe aber noch die Gelegenheit wahrzunehmen, bei meinem großen Interesse für dieses neue Reichsland, den Bewohnern für Elsaß-Lothringen ein freundliches Wort zuzurufen. Viele von ihnen haben ihr Land verlassen und sind nach Frankreich gegangen. Ich halte das für eine sehr betrübende Erscheinung. Die Herren haben ja gewiß geglaubt, daß ihr Land in einer unglücklichen Lage sich befinde und sind deshalb fortgegangen. Das Verhältniß zum Vaterlande ist das Verhältniß zu den Eltern, und ich frage, was soll man von Kindern sagen, die fortgehen, wenn die Eltern ihrer Ansicht nach sich in einer Nothlage befinden? Ich muß deshalb den Schritt dieser, die aus freier Wahl nach Frankreich gegangen sind, ganz entschieden mißbilligen, und ich möchte alle, die es können, dringend bitten, in das Elternhaus zurückzukehren.

(Bravo!)

Dann, meine Herren, ist es unzweifelhaft, daß durch diesen Schritt Deutschland dem Elsaß ein großes Vertrauen entgegenbringt. Ich glaube, daß Elsaß dieses Vertrauen in allem Maße verdient, daß es in allem Maße gerechtfertigt ist, ihm freiere Bewegung zu geben, nach meinem Dafürhalten viel freiere, als in dieser Vorlage enthalten ist. Das ist ein Zeitpunkt, den diejenigen, die bisher von den Geschäften sich fern gehalten haben, ergreifen sollten, um nun vollständig und ganz an den öffentlichen Arbeiten theilzunehmen und im Interesse ihres Vaterlandes thätig zu sein,

(Bravo!)

und die Elsaß-Lothringer, die hier sind, und die draußen, mögen wohl bedenken, daß man niemals nützlich wirken kann, wenn man sich an die Seite stellt. Das Schmollen im Winkel kann einem subjektiven Gefühle genügen, es genügt aber nie für die Interessen des Landes, dem man angehört,

(Bravo!)

und ich habe den dringenden Wunsch, daß an dem Tage, wo die Landesvertretung neugewählt wird, denn ich wünschte, daß man sie sobald als möglich ganz neu wählte, kein Elsässer an der Wahlurne fehlen möchte, daß jeder Wahlberechtigte und Wahlbefähigte sein Recht und seine Fähigkeit anwendete, und daß alle gemeinsam arbeiten möchten, um endlich ihrem Vaterlande das zu sein, was jeder Sohn seinem Vaterlande schuldet. Das, glaube ich, ist zweckmäßig, hier zu sagen, zumal wenn man schließen will mit einem Appell an die Regierung: Geben Sie den Elsässern mehr Freiheit, als in dieser Vorlage enthalten ist, und gewinnen Sie sie durch Vertrauen, Sie werden sie dadurch dauernder gewinnen, als durch eine zu große Vorsicht und allerlei Apparate militärischer und polizeilicher Zucht.

(Bravo!)

Präsident: Ich ertheile das Wort dem Herrn Abgeordneten von Puttkamer (Fraustadt).

Abgeordneter **von Puttkamer** (Fraustadt): Meine Herren, der Platz, der mir in der Diskussion angewiesen ist, versetzt mich in die angenehme Lage, als Resultat der Reden, die von Vertretern fast aller Parteien des Hauses über diese Frage bisher gehalten worden sind, die Ansicht aussprechen zu können, daß dieser Gesetzentwurf, der seinem Inhalt nach ja nichts anderes ist, als die artikelweise Ausarbeitung des Vortrages, den der Herr Reichskanzler bei Gelegenheit der Berathung des Antrags Schneegans gehalten hat, im großen und ganzen die Billigung dieses Hauses in vollem Umfange findet, und daß es deshalb, wie ich glaube, in keiner Weise indizirt sein wird, denselben zur weiteren Vorberathung des Details einer Kommission zu überweisen, vielmehr zweckmäßig, ihn im Hause der zweiten Lesung zu unterziehen. Diese Ansicht, meine Herren, diese Zuversicht, die ich daraus schöpfe für die Wirkung dieses Gesetzes auf die Konsolodirung der Zustände in Elsaß-Lothringen, die weitere Beruhigung der Bevölkerung, und die innigere Theilnahme derselben an den neuen Verhältnissen und der neuen Regierung, die entnehme ich insbesondere auch aus den Bemerkungen des letzten Herrn Redners, und aus dem Vortrage, den der Herr Abgeordnete Guerber gestern gehalten hat. Die im allgemeinen wohlwollende Kritik, welche der Herr Abgeordnete Windthorst an den verschiedenen Paragraphen des Gesetzes geübt hat, und noch mehr die der Zahl nach sehr geringen Ausstellungen, welche der Herr Abgeordnete Guerber gestern vorgetragen hat, haben mich überzeugt, daß auch diese Herren mit dem Gesetze zufrieden sein werden, wenn es so hervorgehen wird aus der Berathung und Beschlußfassung dieses Hauses, wie es von den verbündeten Regierungen vorgeschlagen ist. Aus den ganzen Ausführungen des Herrn Abgeordneten Guerber vom gestrigen Tage habe ich mir nur zwei Punkte als solche notirt, die von einiger Erheblichkeit erscheinen. Das ist die Fassung des § 1 des Gesetzes, wonach die Institution der Statthalterschaft als eine fakultative, nicht als obligatorisch gedacht ist und die Bemerkungen, die der Herr Abgeordnete bezüglich der Beibehaltung des bekannten sogenannten Diktaturartikels 10 gemacht hat, und die in umfassenderer Weise vom Herrn Abgeordneten Windthorst vorhin wieder aufgenommen worden sind. Was den ersten Punkt betrifft, die fakultative Fassung des § 1, so möchte ich bemerken, daß diese Fassung meiner Auffassung nach die nothwendige Konsequenz des Gedankens ist, daß der Statthalter nicht die volle Souveränetät des Kaisers im Lande repräsentiren soll. Es ist nicht die Meinung, daß, wie es z. B. im Großherzogthum Luxemburg der Fall ist, die gesammte Souveränetät des Kaisers übertragen werden soll an einen im Lande residirenden Stellvertreter. Wäre es anders, so hätte man eine solche Institution als eine obligatorische hinstellen können, obwohl, wie ich beiläufig bemerken will, auch in der luxemburgischen Verfassung nur diese fakultative Norm gewählt ist, allein ich glaube, daß in dieser Beziehung der Regierungsentwurf übereinstimmt mit den Anschauungen, die über diese Frage im Lande gehegt werden, mit den Wünschen, die dahin gehen, in der engen Beziehung zur Person Seiner Majestät des Kaisers zu verbleiben, als dem Inhaber der Souveränetät über das Land. Wenn ich nun darauf aufmerksam mache, daß nur ein Theil dieser Souveränetät auf den Statthalter übertragen werden soll, so folgt nach meiner Auffassung die fakultative Fassung des § 1 mit Nothwendigkeit. Es kommt hinzu, daß Zeitumstände eintreten können, die es dem Kaiser geboten erscheinen lassen, von der gesetzlich ihm übertragenen Befugniß keinen Gebrauch zu machen. Es können Situationen sich ergeben, die man nicht voraussehen kann, wo aber der Statthalter, der ja nicht als eine militärische, sondern wesentlich als eine politisch-administrative Persönlichkeit gedacht wird, möglicherweise nicht am rechten Platze sein würde gegenüber solchen Maßregeln, die alsdann aus politisch-militärischen Rücksichten zu treffen wären; es könnte dann unter Umständen indizirt sein, ihn von seiner Stelle abzuberufen, und anderweite Einrichtungen zu treffen, die sich als nothwendig ergeben würden, sobald zum Beispiel in Elsaß-Lothringen wegen eines Krieges der Kriegs- und Belagerungszustand proklamirt werden müßte. Ich glaube deshalb, daß die Fassung des § 1 der Vorlage zweckmäßig ist, und daß dieselbe übrigens auch gerechtfertigt ist aus dem allgemeinen Gesichtspunkt, den der Herr Abgeordnete für Löwenberg von vornherein an die Spitze seiner Rede gestellt hat und der sich auch gleichwie ein rother Faden durch die Diskussion des Hauses hindurchgezogen hat bei Gelegenheit der Berathung des Antrages Schneegans, daß man nämlich in der Gewährung neuer Einrichtungen an das Land mit aller Vorsicht zu handeln verpflichtet sei. Es gehört diese Seite in der Fassung des § 1 zu denjenigen Bestimmungen, die in dieses Gebiet hineinschlagen, gleichwie die Beibehaltung der Appellation von der Landesgesetzgebung an die Reichsgesetzgebung, gleichwie auch die temporäre Beibehaltung des Art. 10.

Des weiteren meine ich, daß die Kritik, welche Herr Guerber an die Erweiterung der parlamentarischen Befugniß des Landesausschusses knüpfte, durchaus nicht zutrifft. Der geehrte Herr sagte, man sehe dem Gesetz an, daß es im Büreau ausgearbeitet sei, die Büreaus hätten den Löwenantheil für sich behalten, die Rechte der Regierung seien verstärkt worden und dem Landesausschuß sei nur ein kleiner Theil zugefallen, denn eine wirkliche Erweiterung der Autonomie des Landes liege in dem Gesetze nicht. Ich glaube, daß hierbei der geehrte Herr Abgeordnete diejenigen Rechte, welche der Art. 21 des Gesetzes dem Landesausschuß verleiht, weit unterschätzt. Ist gegenwärtig diese Körperschaft eine solche, welche beschränkt ist auf die Berathung und Beschlußfassung über diejenigen Vorlagen, welche von der Regierung vorgelegt werden, ist sie eingeschnürt in diese enge Grenze, über die sie aus eigener Initiative, aus eigenem Willen nicht hinauskommen kann, so wird sie durch Gewährung des Initiativrechtes in Wahrheit zu einer parlamentarisch-politischen Körperschaft, zu einer Versammlung, die aus eigenem Rechte jede Frage vor ihr Forum ziehen kann, wie es eben ein Theil der Versammlung oder auch nur ein einzelnes Mitglied mit Zustimmung der Mehrheit für zweckmäßig erachtet, zu einer Versammlung, welche Beschlüsse fassen kann über jedes beliebige Gebiet der Staatsverwaltung und über jede Aktion der Regierung, so wird sie dadurch in Wahrheit ausgestattet mit dem wesentlichsten Attribut aller politischen und parlamentarischen Körper. Indem daher der Art. 21 des Gesetzentwurfs das Initiativrecht dem Landesausschuß gewährt, so gibt man ihm das Wesentlichste, um die Schranken zu beseitigen, die bisher seiner weitern freieren Entfaltung hemmend entgegengewirkt haben, und erhebt ihn auf die gleiche Stufe, auf der die anderen Volksvertretungen des deutschen Reiches stehen. Ich meine hiernach, daß der Herr Abgeordnete Guerber in der That die wesentliche Bedeutung dieser Bestimmung unterschätzt hat. Derselbe sagte auch nicht, was er denn eigentlich noch vermisse, und ich denke einerseits, daß er bei genauer Ueberlegung noch dahin kommen wird, zu sagen: es fehlt eigentlich gar nicht mehr viel an dem, womit der Landesausschuß ausgestattet sein muß, um ihn wirklich zu einem Landtage zu machen, wenn man nämlich dieses Gesetz zusammenhält mit demjenigen, was bereits in früheren Gesetzen dieser Körperschaft verliehen worden ist.

Meine Herren, ich möchte hierbei, obwohl, glaube ich, in der Diskussion dies nicht zur Sprache gekommen ist, noch ein Wort sagen über die Oeffentlichkeit der Verhandlungen des Landesausschusses. Gibt dieses Gesetz noch nicht die volle Oeffentlichkeit, d. h., werden die Tribünen im Saale, in dem diese Körperschaft ihre Sitzungen hält, noch nicht dem Publikum erschlossen, so ist damit doch nicht im mindesten gesagt, daß die Verhandlungen nicht im weitesten Umfange und zwar in außerordentlich umfassender Weise zur Kenntniß des Publikums gelangen. Es besteht in Elsaß-Lothringen eine Einrichtung, die, glaube ich, aus Frankreich hergenommen und die in der That sehr zweckmäßig ist. Es wird, da Stenographie nicht zugelassen, und stenographische Berichte nicht vertheilt werden, — dieselben werden, wie unsere Erfahrungen beweisen, auch nicht sehr viel im Publikum gelesen — ein Sitzungsbericht von Redaktoren angefertigt, der in kurzer Frist nach Ablauf der Sitzung vorliegt und der vertheilt wird nach Belieben der Abnehmer, in französischer oder deutscher Sprache als Beilage nicht bloß aller Zeitungen, die ihn haben wollen, sondern vor allen Dingen als Beilage der offiziellen Gemeindezeitung, mit welcher er überall hinkommt, auch in die kleinste Gemeinde des Landes. Es existirt kein Ort, wo man nicht in der Lage wäre, diese Sitzungsberichte, die ganz umfassend gehalten sind, einzusehen, und dadurch in kürzester Frist und sehr genau von dem ganzen Gange der Verhandlungen des Landesausschusses unterrichtet zu sein. Ich möchte mir zum Erweise des Gesagten gestatten, aus derjenigen Verhandlung, die im Landesausschuß stattgefunden hat über das nämliche Thema, welches wir jetzt besprechen, einen kurzen Passus zu verlesen aus der Rede eines Mitgliedes. Es wird dies den Herren am besten zeigen, daß es sich hier nicht um die trockene Herzählung dessen, was geschehen ist, handelt, etwa in der Form, wie unsere Herren Schriftführer die auf dem Tische des Hauses niederzulegenden Protokolle anfertigen, die amtlich beurkunden, was hier beschlossen worden ist, sondern in der That um ein anschauliches Bild der ganzen Verhandlung. Wenn der Herr Präsident gestattet, erlaube ich mir die paar Zeilen zu verlesen. Der Redner, der gegen die Motive sprach, äußerte sich folgendermaßen:

> Uebrigens bin ich auch der festen Ueberzeugung, daß diejenigen, welche einen deutschen Prinzen in Elsaß-Lothringen wohnen zu sehen wünschen, sich über die Folgen ihrer Bemühungen einer Täuschung hingeben. Wer immer die auserschene hohe Persönlichkeit sein möchte, dieselbe muß ebenso gut wie wir über die öffentliche Meinung in Elsaß-Lothringen unterrichtet sein. Niemals wird der Betreffende Auslassungen, gleich denen, welche mir zu Ohren gekommen sind, und deren einfaches Echo ich im Augenblick bin, herausfordern wollen. Man mache den Versuch! Ich müßte mich sehr irren, oder jeder derartige Vorschlag dürfte einer entschiedenen Ablehnung begegnen!
>
> Aber — wird man mir sagen — man spricht von einem Prinzen; wer hat denn einen solchen verlangt? Ich sehe die Einwendung vorher . . . .
>
> Mitglied North: wie so?
>
> Mitglied Fuller: An Ihrer ganzen Haltung, am Ausdruck Ihrer Physiognomie . . . . .

Mitglied Zorn von Bulach: Sie haben sehr gute Augen!

Mitglied Fulter: Ja, mein Herr, vortreffliche, um derartiges zu erkennen!

Ich sage, Ihr Mienen- und Geberdenspiel, Ihr Lächeln, ihre absichtlich halblaute Unterhaltung lassen nur eine Deutung zu Gnt! Wenn denn niemals von der Berufung eines Prinzen die Rede gewesen ist, was sollen die seit langen als ballons d'essai in die Welt geschickten Zeitungsartikel heißen? Was bedeuten alle diese im Flüsterton gemachten Mittheilungen? u. s. w.

Sie sehen, es ist nicht stenographirt, aber Sie werden zugeben, daß das ein Bild der Verhandlungen gibt, so genau, daß es das Publikum mit großem Interesse liest, und wenn in dieser Form überall in das Land hinein die Verhandlungen bringen, so wird man mir nicht sagen können, die Verhandlungen des Landesausschusses finden geheim statt, wenn in denselben auch die Tribünen für das Publikum noch nicht geöffnet worden sind.

Ich behaupte weiter, daß auch das Wahlsystem, auf dem diese Körperschaft beruht, doch besser bestehen kann gegenüber der Kritik, als die Herren Abgeordneten Windthorst und Guerber es meinen. Der verehrte Herr Abgeordnete Windthorst sagte, weshalb richtet man nicht direkte Wahlen ein? Gründe dafür würden nicht gegeben, er wenigstens habe keine gefunden. Ich kann nun nicht wissen, welche Gründe die Regierung bei diesem Punkte gehabt hat, wenn, was ich im Augenblick nicht übersehen kann, in den Motiven darüber nichts gesagt ist. Was mich persönlich betrifft, so antworte ich ganz einfach: in einem Lande, in dem notorisch ein großer Theil der Bevölkerung, ich will nicht gerade sagen feindlich, aber mindestens wenig freundlich der Staatszugehörigkeit und den neuen Einrichtungen gegenübersteht, in einem solchen Lande würde es meiner Ueberzeugung nach unverantwortlich sein, wenn man kompromittiren wollte die ruhige und stetige Entwicklung der Verhältnisse durch ein Wahlsystem, welches nothwendigerweise direkt den neuen Zuständen feindliche Elemente in größerer Zahl in den Landesausschuß führen müßte.

Ich kann auch nicht anerkennen, daß es richtig wäre, gegenwärtig bereits den Schritt zu thun, den Herr Windthorst weiter vorschlug, und den Landesausschuß lediglich hervorgehen zu lassen aus dem Wahlsystem, welches für die neu hinzutretenden Mitglieder vorgeschlagen ist. Der jetzige Landesausschuß hat sich als eine wahre und gute Repräsentation des Landes so vortrefflich bewährt, er ist so durchdrungen von dem Pflichtgefühl in der Erledigung der ihm gestellten Aufgaben und der Erfassung der sehr schwierigen Stellung, die er im Lande gehabt hat und noch hat, er hat auch ein solches Maß von Selbstständigkeit und Entschiedenheit bewiesen der Regierung gegenüber in Ablehnung von Gesetzen, die ihm nicht geeignet erschienen, wie Sie entnehmen können aus den Bemerkungen, die der Herr Abgeordnete für Löwenberg gemacht hat bezüglich der Kreisordnung, daß ich glaube, es wäre nicht gerechtfertigt gewesen, eine Körperschaft, die in so hohem Maß das Vertrauen des Landes verdient und sich erworben hat und die auch in diesem Hause mit gleichem gerechtfertigten Vertrauen angesehen wird, eine solche Körperschaft aufzulösen und an ihre Stelle etwas ganz neues zu setzen; der richtigere Gedanke vielmehr ist der, sie zu konserviren, es ist dies auch in der That der konservativere Gedanke — wenn der Herr Abgeordnete Windthorst vielleicht dieser Erwägung mehr zugänglich sein sollte — und nur diejenigen Mitglieder, welche neu hinzuzutreten haben, nach einem zweckentsprechenden neuen Wahlsystem zu wählen. Uebrigens ist dieses verschiedene Wahlsystem für Mitglieder derselben Körperschaft gar nicht eine Erfindung dieses Gesetzes. Der Herr Abgeordnete North, wenn ich nicht irre, hat gestern bereits darauf aufmerksam gemacht, daß der französische Senat, also ein gewählter Körper eines republikanischen Landes, dem man gewiß den Vorwurf nicht machen wird, daß es in besonders tendenziöser Weise darin vorgegangen sei, auf einem analogen Wahlsystem beruht. Der Senat geht, abgesehen von Gruppen, die ich bei Seite lassen kann, hervor theils aus den Wahlen der Generalräthe, hier der Bezirkstage, theils aus den Wahlen von Wahlmännern, die ihrerseits gewählt werden von den Munizipalräthen, den Gemeinderäthen des Landes. Nur füge ich die Bemerkung hinzu, daß dieses hier vorgeschlagene System ein freieres ist, wie das französische, indem das französische System jeder Gemeinde des Landes, der größten wie der kleinsten nur einen Wahlmann gibt, während hier nach Maßgabe der Bevölkerungsziffer die Zahl der Wahlmänner verschieden festgesetzt und damit der überwiegende Einfluß, den nach dem französischen System die kleinen ländlichen Gemeinden gegenüber den Städten haben, gebrochen wird. Es ist in der That eine Anomalie, Städten wie Lyon und Bordeaux nur einen Wahlmann zu geben, wenn einen solchen jede kleine Gemeinde hat, und diese Anomalie würde hier wiederkehren, wenn nicht der Regierungsvorschlag dies verbessert hätte.

Ich glaube nach diesen Ausführungen, die Kritik, die Herr Guerber an diejenigen Seiten des Entwurfs knüpfte, welche theils die künftigen Wahlen zum Landesausschuß, theils dessen Befugnisse betreffen, war nicht gerechtfertigt. Und im übrigen, wenn derselbe meinte, daß eine Verstärkung der Regierungsrechte stattgefunden habe, daß die Büreaus, wie er sagte, den Löwenantheil an der Sache bekämen, so weiß ich in der That nicht, aus welchen Paragraphen des Gesetzes er dies nachweisen will. Der ganze Theil des Entwurfs, welcher diese Materie behandelt, beschäftigt sich lediglich damit, dem ausgesprochenen Wunsche des Landes entsprechend, die Regierung von Berlin nach Straßburg zu übertragen. Liegt in dieser Thatsache allein, in der größeren Konzentration der Regierungsgewalten, eine Stärkung derselben, so ist dies eine Stärkung, die dem ausgesprochenen Willen des Landes und des Landesausschusses entspricht. Aber vergebens werden Sie nach Artikeln suchen, die nach dieser Richtung etwas weiteres enthielten.

Meine Herren, ich will nur ganz kurz noch auf einige Bemerkungen des Herrn Abgeordneten Windthorst eingehen, obwohl ich ja selbstverständlich nicht in der Lage bin, hier etwas anderes als meine persönliche Ansicht auszusprechen, die vielleicht nicht in Uebereinstimmung steht mit den wirklichen Intentionen des Gesetzes und der Regierungen. Der Herr Abgeordnete Windthorst sprach gleichwie der Herr Abgeordnete für Löwenberg von der Vertheilung der Ressorts. Ich möchte bemerklich machen, daß, was in dieser Beziehung von dem verehrten Herrn gesagt wurde, in dem er es für unzweckmäßig hielt, die Kultusverwaltung mit der Justizverwaltung zu vereinigen und von der Verwaltung des Schulwesens zu trennen, — eine Frage der Zweckmäßigkeit, die wohl nicht mit allzu großem Gewichte zu behandeln ist, — daß diese Ausführungen nicht ganz stimmten mit dem Eingange seiner Rede, wo er sagte, die gesammte Regierungsgewalt liege nach dem Entwurf in der Person des einen Staatssekretärs und die verschiedenen Unterstaatssekretäre seien in Wahrheit nur hochgestellte vortragende Räthe. Ist dies richtig, ist wenigstens soviel richtig an diesem Satze, daß in der Person des Staatssekretärs die gesammte politische Verantwortlichkeit für die Leitung der Geschäfte des Landes vereinigt ist, so liegt auch in dieser Person, in dieser Spitze, diejenige Einheit der Kultus- und der Schulverwaltung, welche der Herr Abgeordnete Windthorst zu vermissen schien, in Uebereinstimmung mit dem Herrn Abgeordneten für Löwenberg. Es findet dann ja nicht ein Auseinanderreißen der gedachten Fächer statt, wie es allerdings in gewissem Umfange der Fall sein würde, wenn das Ministerium kollegialisch formirt wäre, sondern es greift die Vereinigung nur Platz in einer höheren Spitze, nämlich in der Spitze des Ministerpräsidenten oder Staatssekretärs. Ich glaube deshalb, daß der Einwand nicht ganz zutreffend war.

Der Herr Abgeordnete sprach dann von der Frage, wer den Verkehr zwischen dem Kaiser und dem Ministerium zu vermitteln habe und wie die Verantwortlichkeit gegenüber dem Reichstage zu konstatiren sei. Was die erstere Frage betrifft, so wüßte ich nicht, daß beispielsweise in Preußen, abgesehen von dem geheimen Zivilkabinet Seiner Majestät des Königs, zwischen dem Ministerium und dem Monarchen noch eine besondere Behörde, noch etwas anderes dazwischen stände, und ich sehe an und für sich keinen Grund ein, weshalb zwischen dem Statthalter und dem Ministerium, welches in Straßburg residiren und der Person des in Berlin befindlichen Monarchen ein weiteres Mittelglied nothwendig sein sollte, ein anderes als das Kabinet Seiner Majestät des Kaisers. Ich glaube, wenn der Herr Abgeordnete Windthorst auf eine anderweite Institution oder eine in die Behördenorganisation eingreifende Einrichtung anspielen wollte, und diese vermißte, so ist die Nothwendigkeit einer solchen in keiner Weise dargethan. Denn die Thatsache, daß Straßburg in weiterer Entfernung von dem Palais Seiner Majestät gelegen ist als die Wilhelmsstraße, ist an und für sich noch kein Motiv, um hier etwas neues zu schaffen.

Was die Verantwortlichkeit des Statthalters gegenüber dem Reichstag angeht, auch insbesondere in Betreff der Anwendung des Art. 10, so scheint es mir, als ob der Herr Abgeordnete Windthorst nicht genügend den zweiten Absatz des § 4 des Gesetzes gewürdigt hat, in dem hier vorgeschrieben ist, daß der Staatssekretär zu dem Statthalter genau in dasselbe Verhältniß — auch rücksichtlich der Deckung der Verantwortlichkeit — tritt, wie die Chefs der einzelnen Reichsämter sie gegenüber dem Reichskanzler nach dem Stellvertretungsgesetz haben. Und wie die Chefs der einzelnen Reichsämter dem Reichstag gegenüber verantwortlich sind für diejenigen Geschäfte, welche sie in Vertretung des Reichskanzlers ausgeübt haben, so wird hiernach der Staatssekretär es sein, der neben dem Statthalter die nothwendige Verantwortlichkeit gegenüber dem Reichstage hat. Selbstverständlich ist die Stelle, wo die Verantwortlichkeit geltend zu machen ist, hier im Reichstage zu suchen; das folgt aus der Beibehaltung der Appellation an die Reichsgesetzgebung gegenüber den Handlungen der Landesvertretung.

Meine Herren, ich will bei dem Umstande, daß die Zeit vorgerückt ist, und daß ich glaube, da dieses Gesetz so wenige Anfechtungen erfahren hat, daß wir der zweiten Lesung im Plenum mit Vertrauen entgegen sehen können, mich enthalten, noch auf weitere Details einzugehen. Ich hielt mich hauptsächlich für verpflichtet, die Ausstellungen des Herrn Abgeordneten Guerber, da sie aus dem Elsaß kommen, zurückzuweisen, in der Absicht, daß doch vielleicht dieser Herr und seine näheren Freunde sich erfüllen mit dem Gedanken, daß dieses Gesetz der Boden werden kann, auf den sie nach dem Appell, den der Herr Abgeordnete Windthorst an sie soeben gerichtet hat, sich stellen können, um in aktiverer Theilnahme an den Geschäften des Landes mitzuwirken, freilich, wie ich hinzusetze und dabei voraussetze, in freundlicherer Theilnahme, als wie das bisher gegenüber den Maßregeln der Regierung geschehen ist.

Man kann, meine Herren, diesem Gesetzentwurf gegenüber das Vertrauen haben, daß er geeignet ist, in weitem Umfange das gute Verhältniß zwischen den organisirten Staatsgewalten und der Landesvertretung zu fördern. Ich glaube auch, daß die ja mehrfach gelobte Institution des Staatsraths von einer nicht unerheblichen Bedeutung hierfür sein wird. Auch denke ich, daß der Herr Abgeordnete Windthorst nicht recht thut, ohne weiteres anzunehmen, als ob die vom Kaiser zu ernennenden Mitglieder des Staatsraths nicht auch aus dem Lande genommen werden könnten. Das kann ja zweifellos der Fall sein; keine Bestimmung des Gesetzes steht entgegen, und wenn es sich also handelt um die Vereinigung von hohen Staatsbeamten und von Vertrauensmännern, gewählt von dem Landtage, die gemeinschaftlich berathen über die Wohlfahrt des Landes, so glaube ich, daß damit der Anfang gemacht ist zu einer organischen Institution, zu einer organischen Verknüpfung der Regierung mit den Vertrauensmännern des Parlaments, die nur von segensreichen Folgen begleitet sein kann. Wäre es, so bemerke ich dem Herrn Abgeordneten für Löwenberg, in Preußen gelungen, oder hätte man in Preußen auch nur den Versuch gemacht, den Staatsrath, der ja allmählich abgestorben ist, bei der Begründung der Verfassung in einen organischen Zusammenhang mit dem Landtag, dem Herrenhause und dem Abgeordnetenhause zu bringen, wäre dies gelungen, so würde vielleicht, ja voraussichtlich, der Staatsrath in in Preußen heute noch eine lebenskräftige Einrichtung sein. Es ist dies nicht geschehen und ob es heute noch nachzuholen ist, das ist eine Frage, mit der ich mich nicht zu beschäftigen habe; ich glaube aber, der Versuch, der hier gemacht wird, ist gut und wird sich bewähren.

Meine Herren, ich möchte Sie hiernach bitten, dieses Gesetz zu votiren als einen weiteren Schritt in dem ganzen Gange der Entwickelung, den bisher die Regierung von Elsaß-Lothringen genommen hat, einem Gange, der genau aus dem Gedanken hervorgeht, dem im Jahre 1871 der Herr Reichskanzler im Reichstag Ausdruck gegeben hat, als er sagte, man müsse zunächst versuchen, das elsässische Land und seine Bevölkerung sich selbst zurückzugeben, um demnächst dahin zu kommen, es dem deutschen Mutterlande näher zu führen und dem Reiche auch innerlich einzuverleiben. Auf diesem Wege befinden wir uns und verfolgen ihn schrittweise seit 8 Jahren. Sie können es verfolgen, — ich glaube auch, der Herr Unterstaatssekretär Herzog hat einmal darauf aufmerksam gemacht — wie die verschiedenen Momente in der Regierung des Landes aus demselben Gedanken hervorgegangen sind, zunächst nach 1871 die Organisation der Verwaltung, daß sie in ein regelmäßiges Geleise kam; alsdann sobald es möglich war, die Berufung der Bezirkstage, der alten Generalräthe, d. h. der konstituirten Körperschaften für die Vertretung der Departements, dann weiter die Gründung des Landesausschusses als einer zunächst nur konsultativen Landesvertretung, dann weiter im Jahre 1877, nachdem die Einrichtung sich bewährt hat, die Erweiterung der Befugnisse desselben zu einem legislativen Faktor; jetzt endlich der größte Schritt, der bisher gemacht wurde, indem nunmehr diese Körperschaft in der That zu einem politisch-parlamentarischen Landtage erhoben wird, ein Entgegenkommen der Regierung gegen den ausgesprochenen Wunsch der Bevölkerung, zugleich den Sitz der Regierung nach Straßburg verlegend.

Fassen Sie so diesen Gesetzentwurf auf als das Resultat einer organischen Entwickelung im Rahmen der bisherigen Regierungsmethode, als einen weiteren Schritt auf dem Wege, der dem politischen Gedanken entspricht, welcher im Jahre 1871 als der leitende angeführt worden ist für die Verwaltung des Landes, so glaube ich, es werden auch diejenigen mit Zuversicht dies Gesetz votiren können, die anfänglich gemeint haben, es sei in demselben vielleicht augenblicklich etwas zu weit gegangen. Meine Ueberzeugung ist dies nicht; ich bin der Meinung, wir können auf diesem Wege ruhig weitergehen und wir werden alsdann gleiche Erfolge haben, wie die, welche bisher zu verzeichnen waren. Ich möchte deshalb das Haus bitten, dies Gesetz ohne weitere Vorberathung in einer Kommission im Plenum des Hauses zu votiren.

(Bravo!)

Präsident: Der Herr Bevollmächtigte zum Bundesrath Unterstaatssekretär Herzog hat das Wort.

Bevollmächtigter zum Bundesrath Unterstaatssekretär **Herzog**: Ich wünsche nur auf eine Frage zu antworten, welche der Herr Abgeordnete für Meppen bei Besprechung des § 2 direkt an den Vertreter der Regierung gerichtet hat, nämlich auf die Frage, ob der Statthalter nach der Absicht des Gesetzentwurfs dem Reichstage verantwortlich sein werde. Ich glaube diese Frage bejahen zu können, wie ich es bereits gestern in der einleitenden Rede gethan habe, mit der ich die Gesetzesvorlage empfahl. Ich habe ausgesprochen, daß zwar das Amt des verantwortlichen Ministers für Elsaß-Lothringen von demjenigen des Reichskanzlers, mit dem es bisher verbunden sei, getrennt werde, daß aber diese Trennung die rechtliche Lage der Sache in dem entscheidenden Punkte unberührt lasse, daß die konstitutionelle Verantwortlichkeit gegenüber dem Reich und dessen Gewalten unverändert bleibe und von diesen Gewalten nach wie vor geltend gemacht werden könne. Es beruhte diese meine Aeußerung auf der Erwägung, daß in § 2 des Gesetzentwurfes der Uebergang aller Obliegenheiten des Reichskanzlers in Elsaß-Lothringen auf den Statthalter ausgesprochen ist und daß zu diesen Obliegenheiten auch die konstitutionelle Verantwortlichkeit gehört. Auf Seite 11 der Motive wird der Herr Abgeordnete für Meppen diese Auffassung bestätigt finden, es wird dort in Absatz 3 bekräftigt, was ich eben angeführt habe.

Präsident: Es sind zwei Anträge auf Schluß der Debatte eingegangen, einer von dem Herrn Abgeordneten Herzog von Ratibor, der andere von dem Herrn Abgeordneten Dr. von Schliecmann. Ich bitte diejenigen Herren, welche den Antrag unterstützen wollen, sich zu erheben.

(Geschieht.)

Die Unterstützung reicht aus.

Ich bitte diejenigen, welche den Schluß der Debatte annehmen wollen, sich zu erheben oder stehen zu bleiben.

(Geschieht.)

Das Büreau ist nicht in Zweifel darüber, daß die Majorität den Schluß angenommen hat.

Ich habe nach § 18 der Geschäftsordnung zu fragen, ob das Haus den Entwurf einer Kommission zur Vorberathung überweisen will?

Der Herr Abgeordnete Windthorst hat das Wort zur Geschäftsordnung.

Abgeordneter **Windthorst**: Ich beantrage die Verweisung an eine Kommission von 14 Mitgliedern.

Präsident: Es ist der Antrag vom Herrn Abgeordneten Windthorst gestellt worden, die Vorlage einer Kommission von 14 Mitgliedern zu überweisen. Ich ersuche diejenigen Herren, die diesem Antrage zustimmen wollen, sich zu erheben.

(Geschieht.)

Das ist die Minderheit; der Antrag ist abgelehnt. Die zweite Berathung wird demnach ebenfalls im Plenum stattfinden.

Wir gehen über zu Nr. 2 der Tagesordnung:

erste Berathung des Gesetzentwurfs, betreffend die Statistik des auswärtigen Waarenverkehrs des deutschen Zollgebiets (Nr. 21 der Drucksachen).

Ich eröffne die Generaldiskussion und gebe zuerst das Wort dem Herrn Abgeordneten Dr. Klügmann.

Abgeordneter Dr. **Klügmann**: Meine Herren, die Bemühungen, für die statistische Ermittelung des Waarenverkehrs mit dem Auslande sichere Grundlagen zu gewinnen, begegnen vor Allem der Schwierigkeit, daß die Abgrenzung der wirthschaftlichen Gebiete nicht mit den Landesgrenzen zusammenfällt. Ein solches Verhältniß kann immer nur künstlich in bestimmten Richtungen, insbesondere bei der Einfuhr durch Zölle hergestellt werden. Soweit aber eine solche Abscheidung aus höherstehenden Rücksichten gesetzlich stattfindet, widerspricht es dem Gesammtinteresse, eine künstliche Unterbindung natürlicher Verkehrsbeziehungen eintreten zu lassen. Die statistische Ermittelung des Verkehrs an der Grenzlinie kann nun aber nicht ohne jede Störung und Belästigung der Verkehrsbeziehungen stattfinden. Eine gerechte und verständige Abwägung der hiernach einander nothwendig entgegenstehenden Interessen wird aber in diesem Falle immer dahin führen müssen, das Interesse der Ermittelung dem Interesse des zu ermittelnden Gegenstandes nachzustellen. Die Verhältnisse liegen hier anders, als auch z. B. bei der Vivisektion, weil die Kenntniß eines unterbundenen Verkehrs auch für andere Fälle überhaupt keinen Werth mehr hat.

Zugleich mit der statistischen Wißbegier und Erforschungslust ist aber auch die Sensibilität des Verkehrs außerordentlich gesteigert in Folge der Entwickelung der modernen Verkehrsmittel. Dieses Verhältniß bedarf gerade in Bezug auf Deutschland besonderer Berücksichtigung. Denn die von der Natur uns durch die geographische Lage gebotenen Vorzüge sind doch eben in Folge der Entwickelung der Verkehrsmittel nicht mehr so überwiegend, daß sie nicht durch künstliche Hemmnisse leicht überboten werden könnten. Sehen wir doch jetzt schon rings um unsere Grenzen unsere Nachbarn bemüht, uns solche Verkehrsbeziehungen zu entwinden, welche eine richtige Politik uns erhalten sollte.

Auch derjenige, welcher der Ermittelung des Verkehrs mit dem Auslande eine sehr erhebliche Bedeutung beilegt, wird doch hierfür ernstere Opfer nur dann dem Einzelnen zumuthen können, wenn der ins Auge gefaßte Zweck dadurch auch vollständig erreicht wird. Nun sind aber die Motive der Vorlage mit Recht weit davon entfernt, uns eine solche Zusage für die Folge zu machen. — Nicht einmal hinsichtlich der Waarenmenge, noch weniger bezüglich der Beschaffenheit der Waaren, am wenigsten über den Werth werden uns ganz zuverlässige Ermittelungen für die Folge in Aussicht gestellt, selbst für den Fall, daß die Vorlage unverändert angenommen würde. Um so gewissenhafter wird die Erwägung sich dahin richten müssen, ob mit einem so begrenzten und beschränkten Ziel auch die für nothwendig erachteten Mittel im richtigen Verhältniß stehen.

Einer erreichbaren Verbesserung der statistischen Ermittelung des Waarenverkehrs mit dem Auslande zu widerstreben, liegt mir gewiß fern. Im Gegentheil wird dies jeder für wünschenswerth halten müssen, um die irrthümlichen Vorstellungen, die, ohne daß irgend jemanden ein Vorwurf treffen könnte, durch die gegenwärtigen Darstellungen in weiten Kreisen des Publikums, ja auch in diesem Hause verbreitet sind, für die Folge wenigstens zu ermäßigen, wenn auch nicht ganz zu beseitigen.

Es ist zuzugeben, daß die Aufstellung einer Anmeldungspflicht für die Verbesserung der Statistik in der That unumgänglich scheint. Die Vorlage aber begnügt sich nicht damit, eine solche Pflicht durch ein staatliches Gebot auszusprechen und mit der nöthigen Strafsanktion zu versehen, sondern sie fügt noch außerdem ein System von Kontrolen hinzu, und es wird sogar eine eigene Abgabe für nöthig erachtet, um die Verletzung einfacher Ordnungsvorschriften als Defraudation öffentlicher Gefälle erscheinen zu lassen. Sie soll zwar nicht als solche bestraft werden, aber die Vorlage rechnet doch mit dem psychologischen Eindruck einer solchen Vorstellung. Meiner Ansicht nach ist dies in der That ein bedenkliches Vorgehen. Wenn einmal öffentliche Abgaben festgesetzt sind, so soll auch ihre Nichtentrichtung in einzelnen Fällen ernst genommen werden. Anderenfalls wird eine Verwirrung in die Auffassungen gebracht, die von unberechenbarer Rückwirkung auf das Publikum und auch auf die Beamten sein kann. Wer im übrigen die Kontrolvorschriften näher prüft, wird sehr bald erkennen, daß der Zweck der Vorlage doch nur dann wirklich zu erreichen ist, wenn es gelingt, den guten Willen der Handeltreibenden für die Sache zu gewinnen.

Den Beamten der Transportanstalten und denjenigen Personen, welche Güter gewerbsmäßig befördern, sind im § 6 Verpflichtungen auferlegt und Befugnisse zugesprochen, die mit den von ihnen zunächst berufsmäßig wahrzunehmenden Transportinteressen in direktem Widerspruch stehen. Ich gebe Ihrer Erwägung hiernach anheim, welche Bedeutung solche Kontrolen haben.

Wer den den Schiffsführern überwiesenen Kontrolen einen erheblichen Werth beilegt, übersieht, daß die Schiffsführer vielfach auswärtigen Nationen angehören und im übrigen oft mit den Abladern in einem Verhältniß stehen, mit welchem eine kontrolirende Stellung in der That nicht zu vereinigen ist.

Es bleibt dann noch die Kontrole durch die Grenzzollbeamten. Auf diese möchte auf den ersten Blick die Erwägung Anwendung zu finden scheinen, welche in den Motiven in Bezug auf die Lehrlinge in den Handlungshäusern bezogen ist, daß ihnen nämlich die Bedeutung und der Werth der Sache erst dann klar ersichtlich werden, wenn mit der Anmeldung auch eine Abgabenerhebung verbunden wird. Aber wenn die Abgabe im wesentlichen gleichmäßig bestimmt wird, so fällt aus dem Gesichtspunkt des Steuerbeamten jedes Interesse der Unterscheidung fort. Das fiskalische Interesse konsumirt sich mit der richtigen Abgabenerhebung. Den hierauf geschulten Unterbeamten wird das ganz anders geartete Interesse der Differenzirung der der Abgabe unterliegenden Waaren um so weniger einleuchten, je gleichmäßiger die Abgabe bestimmt ist.

Ist es nun nicht unter solchen Umständen richtiger und wenigstens des Versuches werth, daß man offen und mit größerem Vertrauen, als es in der Vorlage geschieht, sich an die Intelligenz und an das Entgegenkommen der Handeltreibenden, oder des mit dem Ausland in Verkehr stehende Publikums wendet, und dabei die Mithilfe der bestehenden Handelskorporationen in Anspruch nimmt, die doch schon vielfach eine werthvolle Lokalstatistik über die Waarenbewegung herstellen. Eine solche Politik würde allerdings bedingen, daß sie mit den den Kaufleuten zunächst liegenden gerechtfertigten und beachtenswerthen Anforderungen eines geregelten Waarenverkehrs sich nicht in Widerspruch setze. Jede vexatorische Maßnahme müßte vermieden werden. Wer ohne Ersatz für nothwendige Verwendungen von Geldmitteln, Zeitaufwand und Arbeitslast geschäftliche Leistungen von Kaufleuten verlangt, sollte nicht vergessen, daß die an den Kaufmann durch die Konkurrenz unerbittlich gestellten Anforderungen für ihn immer das erste Gebot, ja Existenzbedingungen bilden, denen er jedenfalls nachkommen muß.

Es ist in der That eine unrichtige Vorstellung, daß die Erfüllung der statistischen Aufgabe allein den Lehrlingen in den kaufmännischen Geschäften anheimfällt. Dies mag bei einfachen Import- und Exportgeschäften der Fall sein, bei Kommissions- und Speditionsgeschäften wird eine Kenntniß des Tarifs beziehungsweise des statistischen Waarenverzeichnisses und andererseits eine Waarenkunde erfordert, die von einfachen Lehrlingen nicht verlangt werden kann, sondern geschulte Kräfte voraussetzt. Fielen aber die statistischen Anmeldungen den Lehrlingen in der That allein anheim, so würden wir Angaben erhalten, welche die Wahrheit nur entstellt wiedergeben.

Es ist gewiß nicht zu verkennen, daß die gegenwärtig entgegengebrachte Vorlage schon sehr erhebliche Verbesserungen im Gegensatz zu derjenigen enthält, die uns in der vorigen Session vorgelegt worden ist. Ich beziehe dies namentlich auf die Bestimmungen des § 2, den Absatz 2 des § 6, den § 8 und den § 9. Ich kann es auch nur als zweckmäßig bezeichnen, daß dem Bundesrath die Berechtigung ertheilt ist zur Erleichterung in besonders gearteten Verhältnissen. Es liegen die Verhältnisse in den einzelnen Häfen und in Beziehung auf besondere Verkehrsarten so verschiedenartig, daß sie unmöglich vollständig in einem Gesetz erfaßt werden können. Es ist nun stets die Voraussetzung festzuhalten, daß der Bundesrath bei dem leitenden Gesichtspunkte verbleibt, der Verkehr dürfe nicht unterbunden werden zu Gunsten seiner Ermittlung. In dieser Beziehung ließe sich wohl noch eine präzisere Fassung der einzelnen Bestimmungen des Entwurfs erreichen.

Meine Bedenken richten sich im übrigen wesentlich gegen die statistische Gebühr. Es ist zunächst auffallend, daß der statistischen Gebühr in dem allgemeinen Theil der Motive der Vorlage gar nicht erwähnt ist. Es wird dadurch der Anschein sehr lebhaft erweckt, daß die Gebühr überhaupt erst später in den Entwurf eingefügt worden ist. Die Motivirung trägt einen ganz supplementären Charakter. Es soll die Gebühr dadurch gerechtfertigt sein, daß durch die Einführung der gesetzlichen Bestimmungen ein größerer Kostenaufwand erfordert werde. Ueber den Umfang der Mehrbelastung des Budgets fehlen aber alle näheren Angaben. Der Etat für 1878/79 setzt für statistische Zwecke die Summe von 248 110 Mark aus, darunter sind aber alle Zweige der Reichsstatistik begriffen. Wenn wir nun annehmen, daß die Kosten der Waarenstatistik sich auf das Doppelte des bisherigen budgetmäßigen Antrages stellen, so würde immerhin nur eine Summe von 500 000 Mark entstehen; Berechnungen aber, welche auf Grund der bisherigen Waarenbewegung einerseits und der Gebührenansätze des Entwurfs andererseits aufgestellt worden sind, berechnen den Eingang auf weit über 1 Million Mark, also weit über das Doppelte dessen, was ich angenommen habe als die Kostenvermehrung der Statistik. Und um den Betrag von 500 000 Mark aufzubringen, soll der ganze Verkehr Deutschlands, eines Landes, welches doch seiner geographischen Lage wegen mehr als irgend ein anderes europäisches Land auf die Vermittlung des Verkehrs unter den übrigen europäischen Ländern angewiesen ist, ein neues Zollsystem eingeführt werden mit Ein- und Ausfuhrzöllen neben dem schon bestehenden Zollsystem; es soll eine Steuer eingeführt werden, wie sie lästiger und durch die Gleichheit des Satzes in der That ungleichmäßiger kaum gedacht werden kann. Da die Einfuhr schon durch den neuen Zolltarif in erheblich größerem Umfange belastet wird und mithin der statistischen Abgabe entfällt, stellt sich die statistische Abgabe wesentlich als eine Belastung der Ausfuhr dar, wofür doch ein nationales Interesse gewiß nicht angeführt werden kann. Einzelne Geschäftsbetriebe werden dadurch recht erheblich belastet. Ich erinnere namentlich an die vielen Mühlen, die an der ganzen Meeresküste errichtet sind, und die durch den Entwurf ganz außerordentlich belastet werden würden. Es ist auch nicht richtig, daß die Statistik des auswärtigen Waarenverkehrs wesentlich und in erster Linie nur den Handel berührt und interessirt. Die Industrie ist bei der Ermittelung des gesammten Verkehrs des Reiches mindestens eben so sehr interessirt, und der praktische Kaufmann findet sein Interesse weit mehr in der lokalen Statistik der einzelnen Handelsplätze, als in der allgemeinen Statistik des Reichs.

Es wird ein ferneres Motiv noch entnommen aus einer angeblich vielfach aus den Kreisen des Handels- und Gewerbestandes gekommenen Ansicht, wonach über Gattung und Mengen der Waaren eine zutreffende Angabe nicht ohne gleichzeitige Erhebung zu erlangen sein würde. Woher diese Ansichten stammen, darüber haben die Motive nichts näheres angeführt. Stammen sie etwa von den Chefs größerer Handlungshäuser, denen die Kontrole ihres eigenen Personals zu unbequem ist, und die deshalb ihren kleineren Konkurrenten die Entrichtung einer Abgabe zumuthen, welche diese Chefs der Handlungshäuser ihren Kommittenten natürlich wieder in Rechnung zu stellen versuchen werden?

Es ist aber doch auch in Wirklichkeit die Annahme unhaltbar, daß das Aufkleben einer und derselben Stempelmarke die Genauigkeit in der Unterscheidung bei den Anmeldungen irgendwie sicher stellen soll. Die Motive nehmen dies auch nur an bezüglich der Unterscheidung des Waarenverkehrs vom Inland durch das Ausland in das Inland und der Durchfuhr im Gegensatz zur Ein- und Ausfuhr. Aber der § 1 der Vorlage erfordert schon die speziellen Angaben des Herkunfts- und Bestimmungslandes bei jeder Anmeldung. Hierfür würde also doch die Entrichtung oder vielmehr die Befreiung von der Entrichtung der statistischen Abgabe nicht mehr erforderlich sein. Und wie will man sich der Erwägung entziehen, daß gelegentlich gerade die Erhebung der statistischen Abgaben in einem ganz entgegengesetzten Sinne wirken kann, als die Motive der Vorlage es annehmen?

Auf die Empfehlung zur Nachahmung des französischen Beispiels glaube ich in der That kaum weiter eingehen zu sollen. In Frankreich bestreitet man trotz der statistischen Abgabe die Richtigkeit der Handelsausweise ebensowohl wie in anderen Ländern, wenn ihre Ergebnisse dem Interesse nicht entsprechen. Welche Bedeutung aber die Einführung des droit de statistique in Frankreich durch das Gesetz vom 22. Januar 1872 in Wirklichkeit hatte, ergibt sich schon daraus, daß die Einführungsbestimmung lediglich einen Paragraphen des Gesetzes ausmachte, durch welches gleichzeitig eine sehr erhebliche Erhöhung der Zuckersteuer und eine Besteuerung der Zündhölzchen eingeführt wurde. Das droit de statistique wird als eine Art des enregistrement in Frankreich betrachtet. Es steht demnach zum französischen Steuersystem in einem ganz anderen Verhältniß, als die statistische Abgabe bei der deutschen Besteuerung einnehmen würde. Ihr Ertrag wurde in Frankreich geschätzt auf 6 Millionen Franks, die Abgabe wurde also ohne Zweifel wesentlich als Finanzmaßregel eingeführt, die veranlaßt war durch die Bedürfnisse in Folge des Krieges. Andere Beispiele haben die Motive nicht angegeben. Sie haben es unterlassen anzuführen, daß die statistische Abgabe, welche in Italien bestand, kürzlich wieder aufgehoben worden ist. Es wird doch auch hierauf gewiß ebensowohl Rücksicht genommen werden müssen bei der Erwägung, ob eine solche neue Steuer jetzt für Deutschland einzuführen sei.

Ich glaube, auf die technischen Einzelheiten der Vorlage nicht weiter eingehen zu sollen, auch nicht auf die Fassung der einzelnen Bestimmungen, die ohne Studium der Motive kaum verständlich sind, während das Gesetz sich doch an die unmittelbare Kenntnißnahme eines großen Theils der Bevölkerung wendet. Ich darf annehmen, daß die Verweisung der Vorlage an eine Kommission auch auf jener Seite des Hauses keinen Widerstand finden dürfte und beantrage, die Vorlage an eine Kommission von 14 Mitgliedern zur Vorberathung verweisen zu wollen.

Vizepräsident Freiherr zu **Franckenstein**: Der Herr Abgeordete Freiherr von Minnigerode hat das Wort.

Abgeordneter Freiherr **von Minnigerode**: In diesem Stadium der Berathung beschränke ich mich auf wenige nothwendige Bemerkungen. Ich habe zunächst im Namen meiner Freunde auszusprechen, daß wir den größten Werth darauf legen, in dieser Session noch den vorliegenden Entwurf zum Gesetz erhoben zu sehen; und zwar wenn wir uns auch nicht verhehlen können, daß selbst nach Einführung eines solchen Gesetzes es kaum möglich sein wird bis auf das Einzelnste die Einfuhr, Ausfuhr und Durchfuhr zu kontroliren, so kann man sich doch andererseits der Thatsache nicht verschließen, daß mit diesem Gesetzentwurf ein wesentlicher Fortschritt gemacht werden würde. Auch mein geehrter Herr Vorredner, welcher sich bemüht hat mannichfache Mängel, die dem Gesetzentwurfe im Einzelnen anhängen, hervorzuheben und zugleich zu beweisen, daß trotz des Gesetzes doch keine durchaus normale Erhebung möglich sein würde, wird dennoch dem Gedanken beipflichten müssen, daß mit der Annahme dieses Entwurfes unsere bisherigen Verhältnisse wesentlich gebessert sind, daß empfindliche Lücken ausgefüllt sein werden, und daß gerade in dem Augenblicke, wo wir im Begriffe stehen einen neuen Zolltarif, der so viele Freunde auf der einen Seite und so viele Gegner auf der anderen hat, zu beschließen, daß wir da doppelte Veranlassung haben nach Kräften das Material zu beschaffen, an der Hand welches wir für die Zukunft im Stande sind einigermaßen kritisch an das heran zu treten was wir jetzt ins Leben rufen. Mag man dem Zolltarif freundlich oder feindlich gegenüberstehen, so ist es bei dem entscheidenden Schritte, welcher gethan werden, der im ganzen Verkehrs- und Wirthschaftsleben der Nation platzgreifen soll, um so mehr eine dringende Veranlassung, gleichzeitig einen statistischen Fortschritt im Sinn des Entwurfs zu machen.

Ich habe außerdem zu erklären, daß, wenn wir auch nicht ganz auf die Erhebung der in Aussicht genommenen statistischen Gebühr verzichten wollen und können, wir doch auf die finanzielle Seite derselben keinen besonderen Werth legen. Im Gegentheil, wir würden es für einen Fehler halten, wenn man in Gestalt dieser statistischen Gebühr eine wesentliche neue Einnahme dem Reich zuweisen wollte, und um so mehr für einen Fehler halten, wenn dadurch das Ganze des Gesetzes in seinem Zustandekommen gefährdet werden könnte. Andererseits halte ich es aber nicht minder für durchaus billig, wenn in Form der statistischen Gebühr einigermaßen die entstehenden Kosten zu kompensiren versucht wird und zugleich sehe ich in der Erhebung der Gebühr selbst eine gewisse Garantie mehr für die prompte Anmeldung und glatte Durchführung der Bestimmungen des Entwurfs.

Wenn man den Entwurf, wie er jetzt Ihnen vorliegt, vergleicht mit dem Entwurf, wie er, glaube ich, in der vorigen Session geplant war, so — und das ergaben auch die Motive — hat der jetzige Entwurf eine wesentliche Erweiterung mannigfach im einzelnen erfahren; ich möchte aber bezweifeln, daß dieses im technischen Sinne Verbesserungen sind. Die Begründung hebt ausdrücklich hervor, daß man sich auf Grund der Bedenken und Wünsche, die aus betheiligten Kreisen laut geworden sind, bewogen gefühlt hat, eine theilweise Umarbeitung herbeizuführen und zugleich wird anerkannt, daß man sich bei dieser Umarbeitung veranlaßt gesehen hat, einzelne ursprünglich für die Ausführungsverordnung bestimmte Vorschriften jetzt in das Gesetz selbst aufzunehmen. Prinzipiell bedauere ich das. Denn es liegt auf der Hand, daß, je allgemeiner man die Vorschriften eines solchen Entwurfs faßt, man um so eher im Stande ist, später den Einzelheiten gerecht zu werden. Gerade in dieser Beziehung ist für die Ausführungsbestimmungen eine gewisse freie Bewegung durchaus geboten, nicht bloß, um den augenblicklichen Verhältnissen möglichst ausgiebig, sondern auch um den sich später entwickelnden laufend gerecht zu werden.

Ich glaube also, daß sowohl die Frage der Höhe der statistischen Gebühr und ihre Abwägung im einzelnen, und nicht minder die zweite Frage, in wie weit man an generellen Bestimmungen im Gesetz sich genügen lassen soll, und alles weitere den Ausführungsbestimmungen und der freien Entwicklung im einzelnen für die Zukunft überlassen bleiben muß, daß diese Fragen darauf drängen, ganz in dem Sinne, wie der Herr Vorredner schon einen in derselben Richtung sich bewegenden Vorschlag ausgesprochen hat, die Plenarberathung nach dem Schluß der ersten Lesung zu unterbrechen und den Entwurf zu möglichst schneller Erledigung an eine Kommission zu verweisen, um so mehr, als ich glaube, daß bei der Geschäftslage, der wir uns gegenüber befinden, wir hoffen können, dann etwas einigermaßen

Fertiges aus der Kommission zu erhalten und so einen Wunsch zur Verwirklichung zu bringen, der auf dieser Seite des Hauses lebhaft empfunden und der, wie ich glaube, auch auf anderen Seiten viele Anhänger finden wird, der Wunsch, den Entwurf thatsächlich noch in dieser Session zum Gesetz werden zu sehen.

Vizepräsident Freiherr **zu Franckenstein**: Der Herr Abgeordnete Stumm hat das Wort.

Abgeordneter **Stumm**: Meine Herren, was den zuletzt geäußerten Wunsch anlangt, so kann ich mich ihm nur anschließen. Auch ich bitte Sie, den Gesetzentwurf an eine besondere Kommission von 14 Mitgliedern zu verweisen. Denn darin stimme ich mit den beiden Herren Vorrednern überein, daß dem Gesetzentwurfe, der auf an sich durchaus richtigen Prinzipien beruht, und der von uns allen, auf welchem wirthschaftlichen Standpunkte wir auch sonst stehen mögen, auf das dankbarste begrüßt werden sollte, daß diesem Entwurfe verschiedene Mängel anhaften, die in der Kommission verschwinden müssen, wenn wir ein nach allen Richtungen hin billiges und brauchbares Gesetz daraus hervorgehen lassen wollen. Aber ich unterscheide mich hauptsächlich von dem ersten Herrn Redner dadurch, daß ich diese Mängel lediglich in § 11 sehe, d. h. in der Höhe der Sätze und der Vertheilung der Sätze für die statistische Gebühr auf die einzelnen Gegenstände. Die übrigen Bedenken, glaube ich, die der erste Herr Redner vorgebracht hat, erledigen sich dadurch, daß ein wirklich vollkommenes Gesetz, d. h. ein Gesetz, welches nach jeder Richtung die Statistik als eine außerhalb der subjektiven Beeinflussung und Diskussion stehende Wissenschaft hinstellen will, nicht zu erreichen ist. Meine Herren, ebenso wenig ist zu erreichen, daß diese Ermittelungen stattfinden können ohne jede Belästigung des Verkehrs. Darauf muß man von vornherein verzichten, wenn man einen Fortschritt auf diesem Gebiete machen will. Ich habe eine große Anzahl von Zuschriften aus allen Theilen der Verkehrsinteressen bekommen, und habe da überall gefunden, daß die Bedenken lediglich sich beziehen auf den Punkt, den ich bereits hervorgehoben habe, daß aber alle Interessenten zugeben, daß eine gewisse Verkehrserschwerung an sich, namentlich aber das Prinzip, wonach der Verkehr die statistische Gebühr selbst bezahlen müsse, daß das unanfechtbare Grundlagen sind, wenn wir überhaupt vorwärts kommen wollen. Also die Bedenken richten sich nur gegen die Höhe der Sätze.

Was das Prinzip anlangt, daß die Verkehrsinteressenten selbst die statistische Gebühr aufbringen sollen, so kann ich mich da allerdings nicht auf den Standpunkt der Regierungsmotive stellen, die sagen, daß der Handel nur dann den richtigen Werth auf die Sache lege, wenn er etwas dafür bezahten muß. Ich halte diese Auffassung nicht für richtig; aber ich komme aus anderen Motiven zu demselben Resultat. Sobald eine statistische Abgabe neben der Deklaration bezahlt werden muß, wird sich jede unrichtige Angabe in derselben als Betrug darstellen, als ein Betrug, vor dem sich der Kaufmannstand nicht bloß deshalb hüten wird, weil er sonst demüthigend bestraft wird, sondern vor allem aus moralischen Gründen, während eine einfache Deklaration, die stattfindet ohne Werthsangabe, ich meine, ohne daß auf Grund derselben eine Gebühr bezahlt werden muß, wenn sie falsch ist, als eine einfache Fahrlässigkeit erscheint, die man viel eher riskiren kann, indem man die Sache untergeordneten Leuten überläßt. Auf der anderen Seite glaube ich, daß gerade die Exportinteressenten das meiste Interesse an einer richtigen Waarenstatistik haben, und wenn der Herr Abgeordnete Klügmann gemeint hat, daß die Exportindustrie mindestens dasselbe Interesse hätte, wie der Exporthandel, so gebe ich das zu; ich bin aber überzeugt, daß der Exporthandel sehr wohl den Betrag der Gebühr auf die Industrie überwälzen kann und muß, darin stimme ich dem Herrn Klügmann vollständig bei, daß unter keinen Umständen aus der statistischen Gebühr eine Finanzquelle gemacht werden darf, und daß die Einnahmen aus der statistischen Gebühr in maximo den Betrag darstellen dürfen, den die Mehrkosten für die verbesserte Waarenstatistik ausmachen. Denn, meine Herren, ich bin der Ansicht, daß der Zolltarif, den wir berathen und der hoffentlich bald zu einem glücklichen Ende gebracht werden wird, gewisse Theile des Exporthandels bis zu einem gewissen Grade, wenn auch nicht in dem Maße wie von jener Seite behauptet wird, allerdings schädigen wird. Man sollte deshalb umsoweniger bei einer Gelegenheit, wo das allgemeine Wohl es nicht erfordert, eine größere Belastung für die Exportindustrie einführen als absolut geboten ist und ich bin der Ansicht, daß der Hinweis auf Frankreich in den Motiven nach dieser Richtung nicht zutrifft. Auch darin gebe ich dem Abgeordneten Klügmann recht, daß jedermann wußte, als das französische Gesetz 1872 erlassen wurde, daß es sich hier um ein Finanzgesetz handele, d. h. um ein Gesetz, wie viele andere, die damals erlassen worden sind, welche den darniederliegenden Staatsfinanzen aufhelfen sollten. Ich bin so sehr wie irgend einer von Ihnen der Ansicht, daß wir der Regierung die von ihr vorgeschlagenen Finanzzölle in der ausgiebigsten Weise bewilligen sollten, um die Reform des direkten Steuersystems in den Einzelstaaten zu ermöglichen, aber ich glaube, daß die statistische Abgabe am allerwenigsten dazu geeignet ist, diese Finanzeinnahmen zu schaffen. Nach meiner Rechnung kommt es darauf hinaus, daß auf Grund des Entwurfs die Einnahmen aus der statistischen Gebühr etwa eine Million Mark, die Mehrausgaben aber nur 3—4 Hunderttausend betragen würden. Ich garantire allerdings nicht für die Richtigkeit dieser Rechnung, die Motive geben gar keinen Anhalt dafür. Die Kommission wird die Sache eingehend erörtern müssen, und ich glaube, daß sie sehr wohl in der Lage sein wird, die statistische Gebühr im großen und ganzen auf die Hälfte des vorgeschlagenen Satzes herabsetzen zu können.

Nun, meine Herren, gebe ich zu, die statistische Gebühr, wie sie vorgeschlagen ist, bleibt in ihrem finanziellen Ertrage hinter den französischen Sätzen weit zurück; ich kann das aber eigentlich nur zugeben für alle einer Zollpflicht unterliegenden Gegenstände, und die Transitgüter, endlich für gewisse minderwerthige Massengüter, welche in Frankreich 10 Centime pro Tonne bezahlen, während sie bei uns 10 Pfennige pro 5000 Kilo bezahlen sollen. Bei allen anderen Gegenständen ist die Ermäßigung nur eine scheinbare, bei der Hauptposition bei der Abgabe pro metrische Tonne, wird sogar eine Erhöhung gegen das französische System vorgeschlagen, indem 10 Pfennige, statt wie in Frankreich, 10 Centime gezahlt werden sollen. Für verpackte Waare sollen bei uns 5 Pfennige pro Kollo gezahlt werden, während in Frankreich 10 Centime erhoben werden, aber diese Ermäßigung ist, wie gesagt, nur eine scheinbare, weil in Frankreich zwar nach dem Wortlaut des Gesetzes jedes verpackte Kollo mit 10 Centimen belastet ist, durch Verwaltungsverordnung aber der Kreis derjenigen Gegenstände, die auch im verpackten Zustande die Abgabe pro Tonne bezahlen, so groß ist, daß man sagen kann, alle irgend erheblichen minderwerthen Gegenstände bezahlen, auch wenn sie verpackt sind, nur die Gebühr pro Tonne. Es liegt mir ein quasiamtliches französisches Waarenverzeichniß vor, aus dem hervorgeht, daß beispielsweise für Zucker, Cement, Getreide und eine große Anzahl anderer Gegenstände auch in verpacktem Zustande die Erhebung der Gebühr pro Tonne stattfindet. Nun hat die Regierung uns ein ähnliches Verfahren vorgeschlagen, so daß für verpackte Gegenstände, wenn sie gleichartig und in ganzen Wagenladungen verschickt werden, statt der Erhebung pro Kollo, der ermäßigte Satz pro Tonne eintritt; man hat aber, ich halte das für keinen glücklichen Gedanken, die Beschränkung daran geknüpft, daß diese Gegenstände im Einzelgewicht nicht mehr als 5 Kilogramm pro Packet wiegen dürfen. Ich halte das nicht für logisch, weil unzweifelhaft, wenn ein Waggon aus 10 000 Packeten von 1 Kilo das Stück besteht, die Abfertigung schwieriger ist, als wenn er 100 Kolli enthält, die je 1 Zentner wiegen; im ersten Falle soll eben der Waggon mit nur einer Mark abgefertigt werden, während im zweiten dafür 10 Mark zu zahlen sein würden und doch im ersten Falle die Zollabfertigung viel schwieriger ist. Das scheint mir eine logische Inkonsequenz, die nicht bloß theoretischer, sondern sehr praktischer Natur ist. Ich darf Ihnen wohl zwei Fälle als Beispiele dafür anführen. In der Eisenenquete bei Gelegenheit des Exports von Drahtstiften wurde hervorgehoben, daß die Stifte immer in Packeten exportirt werden, welche theilweise 5 Kilo, theilweise 45 Kilo Gewicht haben. Nun, meine Herren, bei den Sorten von Stiften, welche in Packeten von 5 Kilo versandt werden, soll an statistischer Gebühr gezahlt werden 10 Pfennig pro Tonne, respektive 1 Mark pro Waggon, ich meine den gewöhnlichen Waggon von 200 Zentnern; während wenn dasselbe Quantum Stifte in Packeten von 45 Kilo versandt wird, so beträgt dies 1/10 Pfennig pro Tonne oder 11 Mark pro Waggon, also das Elffache. Noch erheblicher ist der Uebelstand beim Zement. Die Zementfabrikanten Deutschlands haben eine Petition an den Bundesrath gerichtet, die mir in Abschrift mitgetheilt worden ist und in welcher sie die statistische Gebühr, wie sie vorgeschlagen wird, geradezu als einen Ausfuhrzoll von 2½ Prozent des Werthes darstellen. Der Zement wird danach verschickt entweder in Fässern zu 180 Kilo oder in Säcken von 60 Kilo, im letzteren Falle beträgt die statistische Gebühr 83 Pfennige pro Tonne, respektive 8,33 Mark pro Waggon. Daß das bei der gedrückten Lage der Zementfabrikation, die unter den erschwerendsten Verhältnissen einen lebhaften Export unterhält nach Frankreich, Belgien, Holland u. s. w., schwer auf die Konkurrenzfähigkeit einwirkt, wird niemand bestreiten können. Ganz ähnlich liegen die Verhältnisse beim Zucker, Getreide und einer Menge anderer Gegenstände, die im verpackten Zustande versandt werden. Am meisten scheint mir überhaupt die Landwirthschaft zu kurz gekommen zu sein und zwar auch dadurch, daß man das Prinzip, wonach gewisse Gegenstände, die in großen Massen in einheitlicher Weise versandt werden, einem ermäßigten Satze unterliegen, daß man das beim lebenden Vieh nicht in Anwendung gebracht hat. Wenn ich mir denke, daß eine Schafheerde von 200 Stück eingetrieben wird und pro Kopf 5 Pf. bezahlt werden müssen, also im Ganzen 10 Mark, so scheint mir, daß dieser Betrag mit der Schwierigkeit der Abfertigung in keinem Verhältnisse steht.

Ich meine, die Kommission, die unzweifelhaft eingesetzt werden wird, wird neben erheblicher Abminderung der Sätze hauptsächlich drei Dinge ins Auge fassen müssen. Zunächst wird sie das Prinzip, wonach bei Sendungen von verpackten gleichmäßigen Gegenständen in Wagenladungen die Erhebung der Gebühr pro Tonne eintritt, auf sämmtliche Waaren ohne Unterschied des Gewichtes pro Kollo ausdehnen müssen. Sie wird ferner, wie ich glaube, die Anzahl von Massengütern, für welche der Satz pro 5000 Kilo erhoben wird, wesentlich erweitern und jedenfalls Getreide und Zement darin aufnehmen müssen, und sie wird drittens das Prinzip, wonach das Zusammenfassen einer größeren Anzahl von Gegenständen einen ermäßigten Satz zur Folge hat, auch anwenden müssen auf das lebende Vieh. Meine Herren, wenn in dieser Weise seitens der Kommission mit Zustimmung der Regierung verfahren wird, und das Haus dann dem in dieser Weise zu Stande gekommenen Gesetz auch seinerseits zustimmt, so ist, wie ich glaube, damit ein sehr erheblicher Schritt gethan, um auf dem viel bestrittenen Gebiete der Statistik vorwärts zu kommen, und alle Theile des Hauses können sich zu diesem Werke getrost vereinigen. Nur diejenigen werden sich mit Recht dagegen wehren können, die ein Interesse daran haben, auf diesem Gebiete nach schlechten Argumenten im Trüben zu fischen, aber solche Elemente sind hier im Hanse sicherlich nicht vertreten und ich hoffe deshalb, daß wir alle darin übereinstimmen werden, dieses nützliche Gesetz möglichst bald zur Perfektion zu bringen.

Vizepräsident Freiherr **zu Franckenstein**: Der Herr Präsident des Reichskanzleramts Staatsminister Hofmann hat das Wort.

Präsident des Reichskanzleramts Staatsminister **Hofmann**: Meine Herren, ich werde Ihre kostbare Zeit nicht länger in Anspruch nehmen, als es durchaus nothwendig ist. Ich will nur erklären: die verbündeten Regierungen sind von der festen Ueberzeugung ausgegangen, daß ohne Einführung einer Anmeldepflicht, wie sie durch dieses Gesetz beabsichtigt ist, eine für die Zwecke der Handelspolitik brauchbare ausreichende Handelsstatistik nicht zu beschaffen ist. Ich möchte daher dringend bitten, daß die Commission, an die ohne Zweifel der Entwurf verwiesen wird, daran festhält, daß die Anmeldepflicht in dem Umfange, wie es der Entwurf vorsieht, eingeführt werde.

Was die statistische Gebühr betrifft, so erkläre ich, daß es den verbündeten Regierungen fern liegt, einen finanziellen Zweck damit zu verfolgen, sie soll nur die Kosten decken, die durch Einführung der Anmeldepflicht entstehen und nebenbei allerdings auch die Wirkung haben, daß die Anmeldung sicherer, daß sie richtiger und für gewisse statistische Zwecke brauchbarer wird. In letzterer Hinsicht kommt namentlich in Betracht, daß die Durchfuhr und der Verkehr vom Inland über das Ausland zum Inland von der statistischen Gebühr frei bleiben sollen. Hierdurch wird die Ausscheidung der genannten beiden Verkehrsrichtungen, welche bisher nicht mit Sicherheit stattfinden konnte, wesentlich gefördert. Ich möchte nur bitten und das ist auch hauptsächlich der Grund, der Grund, weshalb ich um das Wort gebeten habe, die Kosten, die durch Gesetz entstehen werden, nicht zu gering anzuschlagen. Ich glaube, daß der Herr Vorredner dieselben mit 3 bis 400 000 Mark zu gering veranschlagt hat; denn es handelt sich nicht allein um die Mehrkosten, die entstehen bei dem statistischen Amt und den vorhandenen Zoll- und Steuerstellen, sondern es haudelt sich auch um Vergütungen, welche an solche Annahmestellen gegeben werden müssen, die jetzt noch überhaupt nicht existiren. Es werden in einer Reihe von Grenzorten, wo jetzt keine Zoll- oder Steuerstellen sich befinden, Anmeldestellen zu errichten sein, um den Verkehr so wenig wie möglich zu beschränken. Je weiter wir hierin gehen wollen, um so größer werden die Kosten werden. Ich möchte also an die Kommission im voraus das Ersuchen richten, die Kosten, die durch das Gesetz entstehen werden, nicht zu gering zu veranschlagen.

Vizepräsident Freiherr **zu Franckenstein**: Der Herr Abgeordnete Freiherr von Schorlemer-Alst hat das Wort.

Abgeordneter Freiherr **von Schorlemer-Alst**: Meine Herren, als ich im preußischen Abgeordnetenhause einige Bedenken über die amtliche Statistik machte, nämlich gegen die damals publizirte Anbaustatistik, welche übrigens auch in einer Broschüre der Freihändler, — (ich glaube, sie nennen sich aber jetzt Freizöllner, —)

(O nein! links)

— ich habe den Ausdruck häufig gelesen in der liberalen Presse,

(Widerspruch, links)

— dann will ich, bei dem Worte Freihändler bleiben, — also obgleich in einer Broschüre der Freihändler über Getreidezölle mein Tadel einigermaßen anerkannt wurde, stieß ich doch damals auf vielfachen Widerspruch. Seitdem allerdings der Herr Reichskanzler betreffs der Statistik auf meine Seite getreten ist, hat sich ja die Situation insofern für mich verbessert.

Ich bin nun der Ansicht, daß wir auch betreffs des Waarenverkehrs eine richtige Statistik haben müssen und daß deshalb dieses Gesetz nothwendig ist, wenn ich auch nicht verkenne, daß dadurch allerdings Störungen und Hemmungen für den Handelsverkehr eintreten.

Ich muß zunächst sagen, daß der Gesammteindruck, den ich von der Vorlage habe, der ist, daß sie nicht ganz besonders gut gearbeitet ist, mir scheint sie etwas übereilt. Ich verweise auf den § 12, ich weiß nicht, ob es anderen Herren auch so ergangen ist, man muß ihn mehrmals lesen, um zu verstehen, was damit gemeint ist; ich glaube aber, es ist immer ein großer Uebelstand, wenn die Fassung eines Gesetzes nicht so klar ist, daß sie gleich für jeden beim ersten Lesen verständlich wird.

Ich bin dann der Ansicht der Herren Vorredner, daß die statistische Gebühr so niedrig gegriffen sein muß, daß daraus unter keinen Umstäuden eine Einnahme für das Reich entsteht. Wenn schon durch die Erhebung der Verkehr erschwert wird, darf er nicht noch extra eine Vertheuerung erleiden, und ich glaube daß höchstens die Unkosten gedeckt werden dürfen. Ich würde es sogar vorziehen, daß ein Zuschuß seitens des Reiches geleistet würde, statt einer Mehreinnahme für das Reich aus dieser Gebühr. Ich kann mich andererseits aber nicht dafür aussprechen, daß auch eine Werthdeklaration stattfinden soll. Ich weiß nicht, wer sie machen soll? Ich glaube, richtig wird sie nicht sein, wenn sie von den Absendern ausgeht und noch viel weniger richtig kann sie werden, wenn sie von den Zollbeamten gemacht wird. Es würde aber auch, wenn das letztere eintreten sollte, damit noch eine weitere erhebliche Störung des Verkehrs stattfinden.

Der schon von dem Herrn Abgeordneten Stumm gerügte § 11 gibt mir auch noch zu einer Bemerkung Veranlassung, inbetreff der Gebühr für die Kollis, und ich möchte darauf hinweisen, um Ihnen ein schlagendes Beispiel anzuführen, welche Härte dadurch entstehen kann, daß z. B. von Koblenz aus im Jahre 1877 23 563 Körbchen mit Obst per Dampfboot ins Ausland versendet wurden und ebenso 35,980 Kisten mit Wein. Wenn darauf die in diesem Gesetz angesetzte Erhebungsgebühr Anwendung findet, so würde beim Obst der Werth der Sendung mit 1 Prozent und bei der Weinversendung, — ich will Sie mit einzelnen Zahlen nicht aufhalten, mit ½ Prozent des Werths bei den geringeren Weinsorten getroffen werden. Sie sehen schon daraus, wie es unmöglich ist, daß diese Erhebungsgebühr für die Kollis bleiben kann.

Dann möchte ich aber auch darauf Ihre Aufmerksamkeit richten, wie ungünstig mit der Nr. 4 dieses § 11 die Landwirthschaft behandelt wird. Es betrifft die Erhebungsgebühr für Pferde, Maulthiere, Esel, Rindvieh, jedes Stück mit 10 Pfennig — ich will dabei gleich bemerken, wie mir nicht bekannt ist, daß wir Maulthiere ausführen, und nur die angeführten würden in diesem Falle unter die Erhebungsgebühr fallen — während unter Nr. 5 bei Schweinen, Schafen und Ziegen für jedes Stück 5 Pfennig erhoben werden. Meine Herren, das Resultat dieser Ansätze ist, daß 5 Pferde 10 Ziegenböcken gleichstehen und 5 Kälber gleich 5 fetten Ochsen oder gleich 10 Schweinen oder Schafen, also Kälber und fette Ochsen ganz gleich. Das ist entschieden ein Durcheinanderwerfen von Werth und von Stück. Eine Vergünstigung, wenn z. B. ein ganzer Waggon Thiere transportirt wird, tritt natürlich für das Gesammtgewicht nicht ein.

In dem Zusatze, der sich hinter der Nr. 5 des § 11 befindet, ist dann noch bestimmt:

> Von anderen nicht in Umschließungen verwahrten lebenden Thieren wird eine Gebühr nicht erhoben.

Der Satz ist an sich sehr unklar. Ich würde darnach annehmen, daß von einem Löwen, der also regelmäßig in Umschließungen transportirt wird, eine Gebühr erhoben wird, während ein Bärenführer mit einem zahmen Bären oder derjenige, der einen Affen mit sich führt, eine Erhebungsgebühr nicht zu leisten hat.

Meine Herren, das sind Kleinigkeiten aber sie zeigen, mit wie wenig Vorsicht und Umsicht das Gesetz gearbeitet ist. Ich glaube daher, um so mehr, daß es nothwendig ist, auch aus den anderen angeführten, wesentlicheren Gründen, das Gesetz an eine Kommission zu verweisen und ich schließe mich dem Antrage auf eine Kommission von 14 Mitgliedern an.

Vizepräsident Freiherr **zu Franckenstein**: Der Herr Abgeordnete Dr. Karsten hat das Wort.

Abgeordneter Dr. **Karsten**: Bei der großen Uebereinstimmung, die in der Empfehlung zur Bildung einer Kommission sich kund gegeben hat, kann ich mich sehr kurz fassen. Ich will nur auf einige Punkte noch hinweisen.

Wenn ich den Herrn von Minningerode recht verstanden habe, so hat er es bedauert, daß in dieses Gesetz Ausführungsbestimmungen hineingekommen seien. Ich kann das nicht bedauern, sondern ich finde das sogar sehr gut, weil sich daraus ergibt, welche bedeutende Schwierigkeiten die praktische Ausführung dieses Gesetzes haben würde. Wenn ich die einzelnen Paragraphen des Gesetzes in Beziehung darauf ansehe, wie sie in der praktischen Handhabung sich gestalten, so finde ich eine so große Zahl von Schwierigkeiten, daß meiner Meinung nach schon aus diesem Grunde das Gesetz in der jetzigen Gestalt unmöglich angenommen werden kann. Ich will das nicht sehr weitläuftig ausführen, sondern ich möchte Sie nur bitten, beispielsweise den § 8 anzusehen:

> Die Anmeldestellen sind zur Revision der Waaren durch äußere Besichtigung befugt. Ihnen liegt ob, ohne Verzng die Anmeldescheine zu prüfen, deren Angaben mit den Frachtpapieren und dem Waarenbefund zu vergleichen.

Das ist nun eine Bestimmung, die praktisch ganz und gar unausführbar ist. Ich möchte wohl wissen, wie ohne Verzögerung eines ganzen Frachtgeschäftes die Zollbeamten in die Lage versetzt werden sollen, eine Schiffsladung, wie sie schleunigst zusammengebracht wird, mit dem Frachtbriefe zu vergleichen auch nur in der alleräußerlichsten Weise. Solche Bestimmungen finden sich im Gesetz mehrere, die praktisch gar nicht ausführbar sind. Es kommt außerdem hinzu, daß eine Reihe von Paragraphen, wie mir wenigstens scheint, so unklar gefaßt sind, daß Widersprüche sich ergeben. Ich mache in dieser Beziehung aufmerksam auf die Bestimmungen des § 4 im Gegensatze zu den Bestimmungen in den §§ 12 und 13, wo man vollkommen unsicher bleibt, in welchen Fällen eine Anmeldung, schriftlich oder mündlich, freibleiben soll oder nicht freibleiben soll. Der § 9, der von Herrn Dr. Klügmann als ein verbesserter anerkannt wird, ist in dieser Fassung ebenfalls gar nicht zu benutzen. Es soll dort der Bundesrath befugt sein, den Postverkehr zu regeln, aber es ist gar nicht gesagt, wie man sich nun hier den Mechanismus denkt. Ob der Postverkehr, der ja gerade mit einer so großen Zahl von Gegenständen kleineren Umfangs zu thun hat, etwa in Beziehung zu treten hat, zu deu Zollbehörden — wie man die Ausführungen der Bestimmung sich deukt, ist absolut nicht erfindlich. Ich halte es deshalb für ganz gut, daß wenigstens allgemeinere Prinzipien, wie sie für die Ausführung des Gesetzes ganz nothwendig sind, auch bereits in dem Gesetz stehen, und habe bei früheren Gelegenheiten gerade die Bedeutung der Einführung solcher Prinzipien in die Gesetze vermißt.

Was nun den einen Punkt betrifft, der vielfach ja schon heute bemängelt worden ist, der § 11, so möchte ich mir hierzu noch eine kleine Ausführung erlauben, die nur an einzelnen Beispielen illustrirt, was von den verschiedenen Herren Rednern bereits allgemeiner gesagt ist. Vielleicht ist die Form, in der ich es vorzubringen beabsichtige, mehr geeignet, über den Umfang der Gebühren eine klare Vorstellung zu geben, als wie es durch eine generelle Berechnung geschehen ist. Ich bin nämlich der Meinung, daß bei der Tarifirung, wie sie jetzt gegeben ist, eine viel größere Summe aufkommen würde als eine Million Mark, eine ganz unvergleichlich viel höhere Summe. Ich führe zwei mir vorliegende konkrete Fälle an. Es gehe eine Schiffsladung, die aus dem Freihandelsgebiet transitirt, von Hamburg, wie ich annehme, nach Kiel, von Kiel nach Stettin, — so würde ja für diesen Verkehr aus dem Inlande — die See wird, wie ich vermuthe, als Ausland betrachtet — über See nach dem Inland keine Gebühr erhoben, wohl aber für die Einführung aus dem Freihandelsgebiet nach dem Verschiffungsort Kiel. Also einmal wird die Gebühr erhoben. Eine solche Schiffsladung enthielt beispielsweise — ich habe eine wirkliche Faktura zur Hand — 22 637 Kolli, außerdem eine Ladung von 1 298 740 Kilo, erstere zu 5 Pfennig, letztere zu 10 Pfennig pro 1000 Kilo, macht eine statistische Gebühr von 1261,65 Mark. Dasselbe Schiff kommt zurück von Stettin und bringt die Ladung. Es hat bei dieser zweiten Fahrt nur 19 259 Kolli gehabt, dagegen eine Massenladung von 3381579 Kilo, macht eine statistische Gebühr von 1030,95 Mark. Das Schiff hat bei einer Fahrt hin und rückwärts eine statistische Gebühr von 2292,80 Mark zu zahlen.

(Hört!)

Wenn das eine gerechte Abgabe sein soll, so ist meine Vorstellung von dem, wie die Statistik ausgeführt werden soll, allerdings eine ganz falsche. Meiner Meinung nach kann die statistische Gebühr überhaupt nur so erhoben werden, daß der Abfertigung absolut keine Schwierigkeiten entgegengesetzt werden; sowie dies geschieht, ist die Belästigung, nicht etwa die persönliche Bemühung zu hoch berechnet, sondern der Schaden, der dem Handel aus diesem gehinderten Verkehr erwächst.

Ich will aber ein zweites Beispiel anführen, damit nicht etwa wieder nur von dem Seeverkehr die Rede ist. Ich habe hier eine andere Notiz über die Art des Verkehrs einer Pulverfabrik, die im Jahre eine Million Kilo Pulver fabrizirte und davon 9/10 exportirt, namentlich nach Afrika, Südamerika und China. Diese Versendung muß erfolgen der Sicherheit wegen, geschieht aber ohnehin aus praktischen Rücksichten in lauter kleinen Kollis. Bisher sind jährlich versendet worden 22 000 Kolli in Blechdosen. Wenn dies nach der statistischen Gebühr berechnet wird, so hätte diese eine Fabrik für ihren Export 11 000 Mark statistische Gebühr zu zahlen, sie würde also täglich mit etwa 35—40 Mark statistischer Gebühr belastet. Nun meint man vielleicht, dies könne sie vermeiden, indem sie die Blechdosen in Kisten zusammenpackt. Ja, das ist richtig, das kann auch der Spediteur und können Handelsgeschäfte theilweise vielleicht auch machen, die transitirend vom Ausland durch das Inland senden, aber dadurch wird wiederum eine Erschwerung des Handels gebildet, welche gar nicht gering anzuschlagen ist. Diese Kolli sind an eine bestimmte Adresse gerichtet beim Schießpulver, aber es muß auch so bleiben bei anderen Sendungen, ich kann auch nicht einsehen, was es für die statistische Gebühr für ein Interesse hat zu wissen, ob 100 Kilo Waaren etwa in 20 Packeten oder ob 100 Kilo Waare in einem Packet verschickt worden sind; es kommt doch nur darauf an, die Mengen kennen zu lernen; die ganze Absicht muß sich darauf richten, die Quantitäten des Exportes resp. des Importes festzustellen und hierin kann ich der Ansicht des Herrn Abgeordneten Klügmann nur vollkommen beistimmen. Man wird hauptsächlich in dieser ganzen Sache rekurriren müssen auf die gute Gesinnung des Handelsstandes und des Gewerbestandes, welche bei dieser Maßregel betheiligt sind. Es liegt wesentlich in deren Interesse, alle Vorstellungen, die über die Mangelhaftigkeit der Statistik verbreitet sind und die meiner Meinung nach weit über das Ziel hinausschießen, zu bestätigen. Das wird man aber nicht machen können, wenn man neben der Mühe, die man dem Handelsstand auferlegt, ihm auch noch eine so kolossale Gebühr auferlegt; ich würde vielmehr dem Herrn Abgeordneten von Schorlemer beistimmen, daß gar keine Gebühr erhoben werden müsse; denn es ist dies eine Abgabe, die wesentlich zunächst entrichtet wird als eine Ergänzung unseres ganzen neuen Zollsystems, es müßte dies nicht eine neue besondere Abgabe sein, sondern sie müßte wesentlich durch den jetzt erhöhten Zolltarif bestritten werden, denn das, was der einzelne Kaufmann bereits jetzt schon übernimmt durch dieses Gesetz, ganz abgesehen von der Gebühr, ist ganz enorm. Ich habe Ihnen ja nur einen einzelnen Fall einer Schiffsexpedition hin und rückwärts vorgelegt, nun nehmen Sie an, was hätte der Mann allein für ein Personal anzuwenden, um eine statistische Liste auszufüllen, beim Abgange von 22 637 Kolli der mannichfaltigsten Waaren durcheinander, der Mann muß ein großes Bureaupersonal allein für die statistische Gebühr anschaffen, so daß ihm viel Kosten ohnehin auch ohne die Gebühr auferlegt werden. Damit hängt zusammen, daß binnen einer 8tägigen Frist diese großen Listen ausgeführt werden sollen, wozu ein ganz enormes Personal nothwendig ist, hierüber ist aber im § 6 keine genügende Bestimmung getroffen, denn man wird ganz andere Fristen gerade für solche Dinge feststellen müssen. Ich werde mich im ganzen den bisher gemachten Vorschlägen also anschließen, daß dies Gesetz in einer Kommission berathen werden muß, daselbst wird es aber sehr erheblichen Umgestaltungen unterliegen müssen.

Vizepräsident Freiherr **zu Franckenstein**: Der Herr Abgeordnete Dr. Bamberger hat das Wort.

Abgeordneter Dr. **Bamberger**: Meine Herren, es herrscht eine so schöne Harmonie über die Grundgedanken, die bei diesem Gesetze empfohlen werden, daß Einem die Lust vergehen müßte, zu widersprechen, wenn man sie auch gehabt hätte. Glücklicherweise verhalte ich mich auch im ganzen bejahend zu den Vorschlägen, besonders aber unterschreibe ich alle Verbesserungsanträge, die von den verschiedenen Rednern signalisirt worden sind. In der Hauptsache jedoch, gerade gegenüber der großen Harmonie, die auf allen Seiten herrscht, möchte ich an der Schwelle des Gesetzentwurfs davor warnen, daß man sich nicht zu vielen Erwartungen darüber hingebe. Meine Herren, wie die Statistik auch beschaffen sei, nicht bloß wird man stets an ihr mäkeln, wie vorhin gesagt worden ist, ihre Resultate mit gewissen Desiderien in Widerspruch stehen, sondern sie wird sogar objektiv immer höchst ungenügend ausfallen müssen. In Deutschland und speziell in Preußen obliegt man ja diesen statistischen Nachforschungen schon seit lange; die ersten Veranlagungen gehen bis auf den großen Kurfürsten zurück, namentlich was die Populationsstatistik betrifft und unter Friedrich dem Großen hat man die Statistik außerordentlich gepflegt. Wir haben hervorragende Statistiker seit 1809 gehabt in Krug, Hoffmann, Dieterici, an die sich Engel anschließt, der meiner Ansicht nach mit Unrecht in der letzten Zeit angegriffen worden ist, denn, wenn man ihm auch manchmal vorgeworfen hat, daß er tendenziös verfahren sei, so gebe ich das nur in der Weise zu, wie man das von jedem Menschen sagen kann, der bei einer wissenschaftlichen Arbeit sich von gewissen persönlichen Ueberzeugungen nicht loslösen kann; daß eine absichtliche Tendenz vorwalte, muß ich aufs entschiedenste bei diesem berühmten in ganz Europa anerkannten Mann in Abrede stellen. Aber, meine Herren, die Aufgabe unserer Statistik wird in unbefriedigender Weise gelöst werden, schon aus einem ganz besonderen Grund. Die Statistik wird für die nächste Zukunft viele Lücken offen lassen müssen, weil wir eben jetzt eine neue Aera beginnen, eine neue Aera für die Statistik und eine neue Aera für die Zollabfertigung. Vergleichende Daten für die Vergangenheit, die hinter uns liegt, mit der Zukunft, die wir jetzt beginnen, werden sich mit Hilfe dieser Statistik noch weniger als sonst herausziehen lassen, und wir müssen uns von vornherein bescheiden, daß alles, was wir demonstriren wollen, wenn wir die Ergebnisse der künftigen Statistik mit den Thatsachen der Vergangenheit zusammenstellen, durchaus unstichhaltig sein wird. Der Abgeordnete von Schorlemer-Alst hat den verbündeten Regierungen den Vorwurf gemacht, daß die Vorlage wohl etwas übereilt zu Stande gekommen sei. Ich muß zur Steuer der Gerechtigkeit die verbündeten Regierungen von diesem Vorwurf lossprechen; im Gegentheil, diese Vorlage ist schon sehr lange in Vorbereitung und hat sehr viele Stadien durchlaufen. Die erste ausgearbeitete Vorlage, die dem Bundesrath gegeben wurde, ist schon aus dem Februar 1877 und sie selbst war nur zu Stande gekommen auf Grund von Untersuchungen, die nach Anhöhrung einer Zahl von Betheiligten aus verschiedenen dabei betheiligten Plätzen vorgenommen wurden. Es ist ja diese ganze Gesetzgebung meiner Ansicht nach viel eher das Ueberbleibsel, wenn ich mich so ausdrücken darf, einer früheren Schöpfungsperiode unserer Gesetzgebung als der gegenwärtigen Situation; denn wenn ich recht verstehe, so war der Grundgedanke, der im Jahre 1877 hier den Entwurf einer veränderten Statistik ins Leben rief, von zweierlei Art. Von der einen Seite glaube ich nicht sehr fehl zu gehen, wenn ich sage, daß diejenigen, welche etwas nach der Richtung einer allgemeinen Eingangsabgabe planten, glaubten, damit den Stab so leise mit dem dünnen Ende einschieben zu können. Und auf der anderen Seite waren viele freihändlerisch Gesinnte, die glaubten, ihre Ansichten dadurch stützen zu können, daß sie mittelst einer besseren Statistik zeigten, wie viel Vorwürfe ungerechtfertigt wären, die man unseren jetzigen Zuständen machte. So kam man sich von beiden Seiten entgegen, nm diese statistischen Absichten zu fördern aus den verschiedensten Gesichtspunkten herans. Eigentlich, meine Herren, hat es ja, wenn ich vorsichtig mich ausdrücken soll, keinen sehr zutreffenden Sinn, jetzt eine verbesserte Statistik machen zu sollen, nachdem wir uns in der Hauptsache für ein neues Zollsystem bereits entschieden haben und die Majorität doch gewiß nicht der Ansicht ist, daß es nur für eine kurze Zeit gemacht werden soll; und umsoweniger kann man glauben, daß zur Erzielung praktischer Resultate diese Statistik jetzt entworfen wird. Wenn man täglich die Argumente hört, auf die man sich zur Begründung der neuen Zollgesetzgebung beruft und die meiner Ansicht nach mit der Statistik nichts zu thun haben, denn ich habe ebenso oft beweisen hören, daß man einen Zoll auflegen müsse, weil exportirt wird, als weil nicht exportirt wird, und daß man einen Zoll auflegen müsse, weil importirt wird und einen Zoll auflegen müsse, weil nicht importirt wird! — Was um Gotteswillen soll die Statistik zur Beleuchtung einer so motivirten Zollgesetzgebung helfen? ich weiß es nicht, aber man will einmal Statistik haben. Ich stimme dem auch bei, sie wird uns immerhin ein weniges lehren, wenn anch nicht viel. Gegenüber diesen schwachen Resultaten, die bevorstehen, muß ich anch, wie die vorangegangenen Redner empfehlen, doch nicht den Handel, der offenbar durch die neue Zollgesetzgebung mehr belästigt wird als früher, noch zum Gegenstand einer besonderen Belästigung, mehr als nothwendig ist, bei der statistischen Abgabe zu machen. Hier möchte ich hauptsächlich auf einen Punkt hinweisen, in dem ich sogar mit meinem verehrten Freunde Klügmann nicht ganz einig bin. Er war damit einverstanden, daß der § 5 letztes Alinea so ungefähr gefaßt bleibe, wie es hier steht, wobei für die Ausfuhr zur See ausnahmsweise — er hat wohl auf diesen Punkt keinen Nachdruck gelegt, aber es steht doch hier so — ausnahmsweise unter Vergütung des Bundesraths, Verstattung einer achttägigen Frist für die Deklaration gewährt werden wird. Ich möchte die Mitglieder der einzusetzenden Kommission ersuchen, diese Bestimmung viel mehr zu verallgemeinern, nicht aber auf eine bloße Ausnahme und auf eine bloße Gewährung des Bundesraths zu stellen. Ich glaube, es muß die Gestattung der achttägen Frist im allgemeinen besonders für die Ausfuhr zur See festgehalten werden. Es kommen Fälle vor, wo man die Ausnahmsvergütung gar nicht erst verlangen kann, wo es noch weniger möglich ist, erst an den Bundesrath zu rekurriren. Denken Sie, am Sonnabend kommt ein Kapitän, der unerwartet schnell fertig laden könnte, zu seinem Rheder oder zu dem Befrachtenden und sagt: heute Abend kann ich noch abreisen, wenn Sie mich befördern; er gestattet es, es ist aber nun die Deklarationsformalität zu erfüllen, und er muß bis Montag früh liegen bleiben, weil die Beamten nicht mehr da sind. Ich glaube, wir müssen diese Regel ganz allgemein stellen und nicht etwas ohne Noth von der Vergünstigung des Bundesraths abhängen lassen. Der Bundesrath ist eine ganz objektiv urtheilende, kompetente, wohlwollende Behörde, so lange sich niemand in seine Entscheidungen mischt, der ein anderes Interesse hat und eine besondere Pression durch übermächtige Einflüsse auszuüben Lust hat. Tritt aber dieser Fall ein, so machen, wie wir durch die Erfahrung belehrt werden, diese Einflüsse sich sehr stark geltend. Ich glaube, wir sollen nicht dahin arbeiten, daß die Hälfte von Deutschland in Zukunft bald aus dem einen, bald aus dem anderen Grunde antichambriren muß, um durch jenen besondereu Einfluß beim Bundesrath etwas durchzusetzen.

Was nun die statistische Gebühr betrifft, so ist sie auch eigentlich nach allen hier gefallenen Aussprüchen schon so ziemlich verurtheilt. Den Grund kann ich am allerwenigsten angeben, daß der Handelsstand sie zu tragen hätte, weil er gewissermaßen die Wohlthaten der Statistik genieße, im Gegentheil, er hat die Plage davon, und während ihm die Quälerei bleibt, soll er noch dafür bezahlen! Es wird zum allgemeinen Wohl diese Statistik verbessert, sie wird aber verbessert durch die Leistungen des Handelsstandes, warum er nun noch eine Gebühr zahlen soll, von der anerkannt ist, daß sie in keinem Konnex steht mit den Deklarationen, deren Inhalt zu kennen wichtig ist, das vermag ich nicht einzusehen. Es wird in keinem Lande der Welt die Gebühr zu diesem Zwecke erhoben. In Italien hat man die statistische Gebühr abgeschafft, in England ebenfalls, nachdem sie in den Jahren 1860 bis 63 bestanden hatte, ausdrücklich, wie der Minister im Parlament erklärte, weil man sie zu lästig befunden habe. Was Frankreich betrifft, so ist sie nicht blos, wie alle Redner anerkannt haben, ein reines Finanzobjekt, sondern sie hat mit den eigentlich statistischen Erhebungen gar nichts zu thun, sie ist eine bloße fiskalische Abgabe. Ich habe mich in Frankreich informirt und gebeten, mir von amtlicher Stelle Auskunft über den Zusammenhang der Dinge zu verschaffen, und man hat mir geantwortet, daß die statistische Abgabe eine Einnahme für das Budget gäbe, ohne irgend welche direkte Beziehung zu der Bildung der statistischen Erhebungen. Es ist also eine reine Steuer, die dem Budget in den letzten Jahren regelmäßig 5 bis 6 Millionen verschafft hat.

Unter diesen Umständen glaube ich also, daß wir wohl der Kommission die Empfehlung mit auf den Weg geben sollen, von der statistischen Gebühr ganz abzusehen und sich zur Regel zu nehmen: vor allem so deutlich wie möglich alle einzelnen Vorschriften zu formuliren, die dem Kaufmannsstande gegeben werden und die Anmeldestellen möglichst zu spezialisiren, die Pflichten genau zu definiren — ich glaube, in dem Punkt der Verantwortlichkeit für die Waarenführer wird hier anch noch manches zu verbessern sein —, ferner aber die Sache so einzurichten, daß so wenig Belästigungen wie möglich, namentlich für die Ausfuhr, in Folge der statistischen Deklarationspflicht stattfinden können.

Vizepräsident Freiherr **zu Franckenstein**: Der Herr Abgeordnete Mosle hat das Wort.

Abgeordneter **Mosle**: Meine Herren, anch ich begrüße diesen Gesetzentwurf insofern, als derselbe konstatirt, daß die Reichsregierung bemüht ist, den großen Mängeln, welche sich bisher bei der Waarenstatistik herausgestellt haben, abzuhelfen. Ich kann auch nur bestätigen, daß diese Gesetzesvorlage eine sehr lange Vorgeschichte hat. Wenn ich nicht sehr irre, datiren die Bestrebungen für bessere Waarenstatistik schon aus dem Jahre 1869. Schon im Jahre 1869 oder gar 1868 hat der Bundesrath Veranlassung genommen, eine Kommission zu berufen, um zu einer besseren Basis der Handelsstatistik zu kommen. Die jetzige Vorlage scheint mir aber doch einige sehr große prinzipielle Mängel zu haben. Wenn ich trotz alledem nicht dagegen auftreten will, daß das Gesetz näher besehen und soweit thunlich verbessert wird, so thue ich dies, weil ich die Ueberzeugung habe, daß die prinzipiellen Mängel in diesem Augenblick nicht abzustellen sind. Ich kann aber nicht unterlassen, dieselben namhaft zu machen.

Einer der größten Mängel ist der, daß es sich hier nicht um eine Reichshandelsstatistik handelt, sondern um eine Statistik des auswärtigen Waarenverkehrs *des Zollvereins*; eine wirklich werthvolle Uebersicht des Waarenverkehrs im deutschen Reiche kann man aber nur gewinnen, wenn auch der Verkehr in den Hauptseestädten des Reiches mit herangezogen wird. Das ist für den Augenblick nicht möglich, weil Hamburg und Bremen noch außerhalb des Zollgebiets sind; ich hoffe, daß es mit der Zeit möglich werden wird, erst dann aber wird die Statistik einen hervorragenden Werth bekommen, weil sie erst dann den ganzen deutschen Handel umfaßt. —

In der Ueberschrift wird gesprochen von dem *auswärtigen* Waarenverkehr. Was ist der „auswärtige“ Waarenverkehr? Aus dem Gesetzentwurf geht hervor, daß sowohl die Ausfuhr betroffen werden soll wie die Einfuhr von allen Waaren, die zollfrei sind. Was nun auswärtiger Waarenverkehr ist, ist schwer zu erklären, wenn es nicht eben ein zolltechnischer Ausdruck ist, und ich glaube, daß die zolltechnischen Ausdrücke und die Zolltechnik sehr viel beigetragen hat zu denjenigen Unverständlichkeiten und Unschönheiten, die im Gesetz vorkommen und schon von anderer Seite gerügt sind. Leider ist es nämlich nach einem meines Erachtens ebenfalls unrichtigen Prinzip die Absicht der Reichsregierung, anch fernerhin die Waarenstatistik nicht durch das statistische Amt bearbeiten zu lassen, sondern die ersten und großen Vorarbeiten, die dabei nöthig sind, durch die Zollbehörde vornehmen zu lassen. Dadurch bekommt die ganze Maßregel dem Handel und Verkehr gegenüber einen chikanösen Anstrich, den zu beseitigen sehr wünschenswerth wäre, aber ich sehe ein, daß unter den augenblicklichen Verhältnissen das schwer möglich sein wird, und ich kann hier jetzt nur hoffen, daß es in der Kommission gelingen möge, diese Härten darans zu entfernen.

Was den § 5 anbetrifft, und die Frist von 8 Tagen, so bin ich der Ansicht, daß diese Frist zu kurz ist, daß sie nicht allein für den Schiffsverkehr, sondern überhaupt für jede Deklaration auf 14 Tage stipulirt werden könnte. Es kann eine ganze Menge von Fällen geben, in denen der Absender der Waaren, der zur Deklarationspflicht herangezogen wird, nicht in der Lage ist, die Deklaration so rasch zu geben, und den statistischen Zwecken gegenüber kann es ziemlich einerlei sein, ob diese Deklaration sofort oder einige Zeit nachher abgegeben wird, wenn nur das statistische Amt in der Lage ist, kraft des Gesetzes eventuell durch Strafen den Deklarationspflichtigen heranzuziehen. Meiner Ansicht nach sollte die Deklarationspflicht, welche bei diesem Gesetz nicht zu entbehren ist, anch nicht auf den Absender gelegt sein, sondern auf den Empfänger der Waaren, das ist aber auch wieder in dem jetzigen Stadium schwierig, weil eben die Sache mit den Zollverhältnissen zusammengeworfen wird; aber es ist so durchschlagend unrichtig, die Deklarationspflicht dem Absender aufzulegen, daß ich meine feste Ueberzeugung dahin aussprechen muß, daß wir niemals zu einer richtigen brauchbaren Statistik gelangen werden, ehe nicht das Prinzip aufgestellt wird, daß der *Empfänger* die Deklaration zu machen hat und daß neben der Deklaration der Kollizahl und des Gewichts auch die *Werth*deklaration angegeben wird. Es ist nämlich unrichtig, wenn man glaubt, daß unsere Statistik auf die Konstatirung des Werthes gar keinen Werth legt; der Werth wird jetzt von den Beamten des statistischen Büreaus oder den Zollbeamten geschätzt, und daß ein solcher geschätzter Werth gar keinen Werth hat unter Umständen, das können Sie ganz deutlich sehen, wenn Sie die Vorlage ansehen, welche uns, wenn mich nicht irre, von freihändlerischer Seite übergeben ist, wo die Prozentage berechnet ist, mit welcher im neuen Zolltarif die verschiedenen Waaren belastet werden. Beim Kaffee ist darin der Unterschied zwischen Java- und Brasilkaffee ein so enormer, daß er auf den ersten Blick vollständig unrichtig erscheinen muß. Er ist aber nach den offiziellen statistischen Zahlen angegeben und die Unrichtigkeit besteht darin, daß die Manier, nach der die Statistik taxirt hat, grundfalsch ist, wodurch dann auch alles andere grundfalsch werden muß.

Es ist vielfach hervorgehoben, daß Handel nnd Verkehr durch den Deklarationszwang und noch mehr durch den Werthdeklarationszwang gestört werden würden. Das ist die reine Einbildung. Wenn nicht chikanöse Maßregeln dabei beliebt werden, so werden Handel und Verkehr keineswegs dadurch gestört. Als Beweis dafür führe ich an, daß in meiner Vaterstadt, wo dergleichen Gesetze niemals gemacht werden, ohne daß die Vertreter von Handel und Verkehr gefragt werden, gerade von den Vertretern der Handels- und Verkehrsinteressen beantragt ist, daß neben dem Deklarationszwang auch eine Abgabe *vom Werth* gegeben werden sollte, und daß alle möglichen Deklarationen gemacht werden, nicht allein die Kollizahl, nicht allein die Gewichtszahl, nicht allein der Werth, sondern auch die Gattung der Waare, woher sie kommt und wohin sie geht, ist ganz genau vorgeschrieben, und das Gesetz ist weit entfernt, in irgend einer Weise Handel und Verkehr zu schaden. Diese Schädigung wird aber nur dann vermieden, wenn die Behörden, die das Gesetz zu handhaben berufen sind, nun auch auf Handel und Verkehr die Rücksicht nehmen, die nothwendig genommen werden muß, und da ich nicht der Meinung bin, daß dieses im Zollverein immer der Fall ist, so wünsche ich sehr, daß in der Kommission nach Kautelen gesucht wird, die Handel und Verkehr vor unnützen Chikanen und Belästigungen in Folge des Gesetzes schützen.

Die Abgabe *nach Gewicht* kann nun und nimmer befürwortet werden, und wenn ich gefragt würde, würde ich ganz entschieden jede Abgabe zurückweisen, sobald von einer Abgabe nach Gewicht die Rede ist. Nothwendigerweise muß solche Abgabe nach Gewicht unwerthige schwere Artikel in außerordentlich ungerechter Weise treffen, und das ist auch hier der Fall. Wir merken schon, daß bei Kohlen, Zement und anderen schweren Artikeln, dereu Ausfuhr wir doch befürworten wollen, diese statistische Gebühr so stark drückt, daß sie ein sehr wesentliches Hinderniß im Handel mit diesen Artikeln werden wird. Ich meine deshalb, so lange nicht die Abgabe nach dem Werth erhoben wird, sollte sie überhaupt nicht erhoben werden, oder wenn doch eine Gebühr erhoben werden soll, so darf es nur eine generelle, alle Waaren gleichmäßig treffende kleine sein, z. B. ein bestimmter Betrag per Deklaration von 10 Pfennigen oder dergleichen.

Ich glaube, in der Kommission werden sich alle diese Fragen näher erörtern lassen, und will wünschen, daß das Gesetz aus der Kommission so hervorgeht, daß wirksam damit zu arbeiten ist. Große Hoffnung habe ich aber nicht dafür. Ich meinerseits würde mich sehr gern an den Arbeiten dieser Kommission betheiligen; da ich aber augenblicklich ohne Fraktion bin, werde ich schwerlich dazu kommen, mein jetziger freiherrlicher Zustand wird mich wohl daran verhindern.

Präsident: Es hat sich niemand weiter zum Wort gemeldet; ich schließe die Debatte.

Es ist der Antrag gestellt worden, die Vorlage einer Kommission von 14 Mitgliedern zu überweisen. Ich bitte, daß diejenigen Herren, die diesen Antrag annehmen wollen, sich erheben.

(Geschieht.)

Das ist die Mehrheit; der Antrag auf Ueberweisung an eine Kommission von 14 Mitgliedern ist demnach angenommen, und es wird hiernächst die Wahl erfolgen.

Es ist von den Herren Abgeordneten Schlutow und von Bernuth der Antrag gestellt worden, nunmehr unsere Sitzung zu vertagen. Ich bitte, daß diejenigen Herren, welche den Antrag unterstützen wollen, sich erheben.

(Geschieht.)

Die Unterstützung reicht aus.

Ich bitte, daß diejenigen Herren, welche den Antrg auf Vertagung annehmen wollen, sich erheben oder stehen bleiben.

(Geschieht. Pause.)

Das Büreau ist jetzt nicht mehr darüber zweifelhaft, daß jetzt die Majorität steht; die Vertagung ist angenommen.

Ich schlage vor, die nächste Sitzung Montag den 16. d. Mts. um 12 Uhr Mittags abzuhalten, und schlage als Tagesordnung vor:

1) dritte Berathung des zwischen dem deutschen Reich und den Samoainseln abgeschlossenen Freundschaftsvertrages (Nr. 239 der Drucksachen);
2) erste und zweite Berathung des Entwurfs eines Gesetzes, betreffend die Kontrole des Reichshaushalts für das Etatsjahr 1878/79 und des Landeshaushalts von Elsaß-Lothringen für die Rechnungsperiode vom 1. Januar 1878 bis 31. März 1879. (Nr. 251 der Drucksachen);
3) Fortsetzung der zweiten Berathung des Zolltarifs. (Nr. 132 der Drucksachen).

Sind die Herren mit der Tagesordnung einverstanden?

Es erfolgt kein Widerspruch; ich konstatire, daß die Herren damit einverstanden sind, und ich nehme an, wenn kein Widerspruch erfolgt, daß Sie auch mit der Stunde Mittags 12 Uhr am Montag, den 16, einverstanden sind.

Ich schließe die heutige Sitzung.

(Schluß der Sitzung 4 Uhr.)

Druck und Verlag der Buchdruckerei der Nordd. Allgem. Zeitung. Pindter. Berlin, Wilhelmstraße 32.

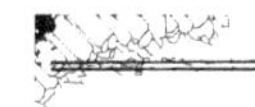

60. Sitzung

am Montag den 16. Juni 1879.

Die Sitzung wird um 12 Uhr 25 Minuten durch den Präsidenten von Seydewitz eröffnet.

Präsident: Die Sitzung ist eröffnet.

Das Protokoll über die letzte Sitzung liegt zur Einsicht für die Mitglieder auf dem Büreau aus.

Ich habe Urlaub ertheilt: dem Herrn Abgeordneten von Waldow-Reitzenstein für heute und morgen, — dem Herrn Abgeordneten Uhden bis zum 19. d. M., — dem Herrn Abgeordneten von Batocki für sechs Tage, — dem Herrn Abgeordneten Struve bis zum 22. d. M. wegen dringender Geschäfte, — dem Herrn Abgeordneten von Cranach für weitere acht Tage, — dem Herrn Abgeordneten Dr. Müller (Sangerhausen) für weitere sechs Tage wegen andauernder Krankheit, — dem Herrn Freiherrn von Hafenbrädl für fünf Tage wegen Unwohlseins.

Für längere Zeit haben um Urlaub gebeten der Abgeordnete Vopel für vierzehn Tage wegen bringender Geschäfte. Ich habe das Haus zu fragen, ob Widerspruch gegen das Urlaubsgesuch erhoben wird? — Ich konstatire, daß das nicht der Fall ist; das Urlaubsgesuch ist genehmigt. Ferner hat um Urlaub gebeten der Herr Abgeordnete von Werner (Eßlingen) für drei Wochen zur Theilnahme an den Verhandlungen verschiedener ständischer Kommissionen und demnächst des württembergischen Landtags. Ich habe zu fragen, ob Widerspruch gegen dieses Gesuch erhoben wird? — Ich konstatire, daß das nicht der Fall ist; das Urlaubsgesuch ist genehmigt.

Entschuldigt sind für die heutige Sitzung wegen dringender Geschäfte die Herren Abgeordneten Dietze, Reich, Stellter, Dr. Wolffson — und der Herr Abgeordnete Freiherr von Unruhe-Bomst für den ersten Theil der heutigen Sitzung.

Der Herr Abgeordnete von König bittet seine Abwesenheit in heutiger Sitzung wegen Behinderung in Kreisangelegenheiten zu entschuldigen.

Wir treten in die Tagesordnung ein.

Nr. 1 derselben ist die

dritte Berathung des zwischen dem deutschen Reiche und den Samoainseln abgeschlossenen Freundschaftsvertrages, auf Grund der in zweiter Berathung unverändert angenommenen Vorlage (Nr. 239 der Drucksachen).

Ich eröffne die Generaldiskussion und ertheile das Wort dem Herrn Abgeordneten Prinzen Radziwill (Beuthen).

Abgeordneter Prinz **Radziwill** (Beuthen): Gestatten Sie zunächst eine allgemeine Bemerkung. Sie werden aus meiner Theilnahme an den Verhandlungen über den Vertrag des deutschen Reichs mit Tonga sowohl als mit Samoa den Eindruck gewonnen haben, daß ich hier nicht so sehr im Interesse des deutschen Handels das Wort ergriffen habe, als vielmehr im Interesse der Eingeborenen jener fernen Inseln. Dennoch glaube ich damit nicht die Befugnisse überschritten zu haben, welche mir als Abgeordneten dieses hohen Hauses zustehen, und zwar aus einem doppelten Grunde. Erstens haben wir es mit einer Bevölkerung zu thun, welche wohl nicht ganz im Stande sein dürfte, die Tragweite seiner Zugeständnisse in Allem zu bemessen. Hätten wir es mit einem Vertrage mit Frankreich oder England zu thun, würde es wohl einem Reichstagsabgeordneten nicht zustehen, die Interessen der entgegengesetzten Partei zu vertreten; wo es sich aber um diese noch in einem niederen Kulturzustande befindlichen Völker handelt, glaube ich wohl, daß es die Aufgabe eines Reichstagsabgeordneten ist, auch darüber zu wachen, daß dem Kulturinteresse und den Rechten jener Eingeborenen nicht zu nahe getreten wird. Ich bin weit entfernt, zu behaupten, daß dies im vorliegenden Vertrage geschehen, aber ich leite aus dieser Rücksicht mein Recht ab, auch in der bezeichneten Richtung das Wort zu ergreifen.

Es leitet mich dabei auch noch eine zweite Rücksicht. Es wird nicht geleugnet werden können, daß der Vertrag zunächst nur den deutschen Kaufleuten in Samoa zu gute kommt und daß die Interessen Deutschlands selbst erst in zweiter Linie berührt werden. Wenn nun von Seiten des deutschen Reichs so ausgedehnte Befugnisse, ein so großer und nutzbringender Schutz den deutschen Ansiedlern und Kaufleuten auf jenen entfernten Inseln gewährt wird, so ist es auch die Aufgabe der Abgeordneten des Reichs, genügende Garantien dafür zu fordern, daß die Kaufleute ihre eingeborenen Arbeiter so behandeln, wie es von ihnen erwartet werden kann.

Nun sagt in Bezug auf die Herbeischaffung der Arbeiter von den polynesischen Inseln der Konsul Weber auf Seite 172:

> „Obgleich nun als ein Argument in dieser Sache nicht angeführt werden soll, daß die Pflanzer ihre Arbeiter aus allgemeinen humanen und philantropischen Gründen heranziehen, wenn auch gewiß viele derselben allen bezüglichen Rücksichten volle Rechnung tragen, so läßt sich bei unparteiischer Beurtheilung doch die Thatsache nicht leugnen, daß dieselben dadurch jedenfalls, wenn auch unabsichtlich, eine zivilisatorische Mission erfüllen."

Dieser Bemerkung des Konsuls Weber erlaube ich mir eine Mittheilung des Herrn Kapitäns zur See Freiherrn von Schleinitz aus dem Berichte vom 15. Januar 1876 auf Seite 20 der Dokumente hier anzuschließen.

Herr von Schleinitz sagt in Bezug auf die Beschäftigung der Arbeiter folgendes:

> Es wird darauf gehalten, daß neben Männern und eventuell ihren Familien immer eine Anzahl unverheiratheter Frauen oder Mädchen engagirt werden, welche durchschnittlich denselben Lohn erhalten, wie die Männer, obgleich ihre Arbeitsleistung natürlich eine weit geringere ist. Der Grund hier-

> für ist, weil diese Frauen einen Anziehungspunkt für die ledigen Männer bilden und, wenn sie in genügender Zahl vorhanden sind, Unfrieden und Streit verhindern.

Meine Herren, Sie werden nicht verkennen, daß hierin eine gewisse Anerkennung der Kultur in Samoa liegt, wenn der Einfluß der Frauen ein so großer ist, daß durch sie Streit und Unfriede verhindert werden; in Europa soll öfters das umgekehrte Verhältniß obwalten. Aber, meine Herren, eine bloß unbewußte Zivilisation, von welcher Herr Konsul Weber spricht, und ein Verfahren mit den Arbeitern, welches doch wohl leicht zu einer gewissen Lockerung der sittlichen Disziplin oder zu einer Lockerung der christlichen Eheverhältnisse führen kann, diese Zivilisation genügt mir doch nicht. Ich will voraussetzen, daß Seitens der Arbeitgeber, von welchen hier Herr von Schleinitz spricht, alle Garantien gegeben sind, daß nicht Mißbräuche sich einschleichen, welche die sittliche Disziplin und die Heiligkeit der Ehe, welche auch von jenen zum Christenthum bekehrten Völkern heilig gehalten werden muß, verletzen. Aber ich glaube doch, daß hier eine gewisse Gefahr vorliegt, und wir alle Ursache haben, die hohe Regierung zu bitten, darüber zu wachen, daß jene Garantien geboten werden, welche die Heiligkeit der christlichen Ehe auch unter diesen Völkern, welche zum Christenthum, sei es von katholischen, sei es von methodistischen Missionären bekehrt worden sind, aufrecht zu erhalten geeignet sind.

Nun ist es aber nicht zu verkennen, daß aus einigen beiläufigen Bemerkungen des Herrn Konsuls Weber und Anderer eine gewisse Animosität gegen die christliche Mission und ihre Bestrebungen hervorgeht. Herr Abgeordneter Bamberger hat bereits am Freitag uns eine Stelle verlesen, welche eine gewisse Gereiztheit gegenüber den Prätentionen der Missionspartei, wie er sie nennt, erkennen läßt. Ich kann nicht erkennen, worauf Herr Weber gleichsam diese Replik gründet, weil mir die Behauptungen und Ansprüche der Missionspartei, welche er im Auge hat, nicht bekannt sind. Aber aus den Dokumenten selbst erhalten wir ein Bild der Missionsthätigkeit auf den Samoainseln, das gerade nicht zum Vortheil der Mission gereicht; denn was hören wir? Herr von Schleinitz sagt zunächst in seinem Bericht vom 15. Januar 1876 auf Seite 16 der Dokumente, daß die methodistischen Missionare sehr viel gethan haben um die Produktivität des Landes und die Arbeitsamkeit der Bevölkerung zu heben, er erwähnt auch, daß es ihm gelungen sei, einen großen Besitzantheil zu erwerben und sich eine selbstständige und einflußreiche Stellung zu sichern, über die Fortschritte aber der sittlichen und geistigen Bildung des Individuums, über die Hebung der Kultur in den einzelnen Familien der Eingeborenen berichtet wenigstens das Konsulat nichts. Herr Kapitän zur See von Werner schreibt unter dem 19. November 1878 Seite 150 der Dokumente, daß auf der Insel Ebon zur Saluitgruppe gehörig, sich die Häuptlinge „wahrscheinlich, wie er sagt, unter dem Einfluß der hier residirenden amerikanischen Missionare" von der Oberhoheit des Königs Lebons lossagen wollten, — während er gerade es war, der es im deutschen Interesse fand, daß König Lebon unterstützt würde, und er ihm in Folge dessen alle möglichen Ehren erwies. Auf Seite 149 schreibt er:

> Es ist unzweifelhaft, daß die von mir in Saluit gethanen Schritte von nachhaltiger Wirkung auf die ganze Inselgruppe sein und das Ansehen Lebons in hohem Maße kräftigen werden.

Er erwähnt zugleich, daß jene noch wilden Völkerschaften das Verbot des Verkaufs von Spirituosen hätten umstoßen wollen, er habe es aber selbst aufrecht erhalten. Seite 148 der Dokumente findet er, was der Herr Abgeordnete Dr. Bamberger bereits hervorgehoben hat, die ganze Bevölkerung größtentheils betrunken und fügt noch bei: „Missionare sind auf der Insel anwesend"; — gewiß kein günstiges Urtheil für diese letzteren. Auf Apamama (S. 148), wie ebenfalls Herr Abgeordneter Bamberger bereits erwähnt hat, wird von dem dortigen König erzählt, er habe den Missionaren ausdrücklich verboten, seinen Leuten das Lesen und Schreiben zu lehren, bis er selbst es nicht würde erlernt haben.

Das ist ungefähr Alles, was wir von der Missionsthätigkeit auf jenen Inseln erfahren, und ich glaube konstatiren zu müssen, daß, wenn wir uns allein auf die vorliegenden Berichte stützen, wir ein höchst unvollkommenes Bild von den dortigen Kulturverhältnissen erhalten und gerade kein günstiges Urtheil über die dortigen Missionare denselben entnehmen. Ich bemerke noch, daß die zitirten Urtheile sich allein auf die methodistischen Missionare zu beziehen scheinen, daß es mir aber durchaus fern liegt, in irgend welcher konfessionellen Hinsicht ein abfälliges Urtheil über die Missionare fällen zu wollen. Denn welcher Kulturzustand im Einzelnen herrscht, wie weit die Eingeborenen kultivirungsfähig sind, das ist eben aus diesen Berichten nicht zu ersehen.

Anders liegt aber die Sache, wenn wir den Reisebericht des französischen Bischofs Elloy ins Auge fassen, welchen ich am Freitag erwähnte. Derselbe erzählt, daß auf der Insel Wallis drei Pfarreien bestehen, die St. Peter- und Paulspfarrei zu Hihifo, die Marienpfarrei zu Matautu und im Süden die St. Josephspfarrei zu Mua. Außerdem besteht dort ein Kollegium zu Lano, begonnen 1874 und geleitet vom Pater Bouzigue; es unterrichtet 150 Knaben und ist auch unter Leitung von Schwestern für die Erziehung der Mädchen eingerichtet; er schreibt über die Anstalt folgendes:

> Die Anstalt des Pater Bouzigue zählt gegen 150 Knaben, welchen er den vollen Elementarunterricht ertheilt. Das Hauptgewicht legt er natürlich auf den Religionsunterricht. Der hierbei eingeführte von Mgr. Battaillon verfaßte Katechismus umfaßt nicht weniger als 300 Seiten, diese 300 Seiten haben fast alle Zöglinge völlig im Gedächtniß. Auch Gesang und Musik bildet einen Unterrichtsgegenstand, freilich nur insofern sie die Erhöhung der kirchlichen Feierlichkeiten bezwecken. Die Fortschritte der Schulen in dieser Beziehung werden durch die eine Thatsache bewiesen, daß eine gute Zahl unter ihnen im Stande ist, einen Introitus oder ein Graduale vom Blatt weg zu singen. Die talentvollsten unter den Knaben sind zu einer lateinischen Schule, einer Art von kleinem Seminar ausgewählt worden. Schon sind 15 unter ihnen mit den in der 2. Klasse üblichen lateinischen Auctoren beschäftigt. Das sind die ersten Ansätze zu einem einheimischen Clerus.

Er sagt ferner:

> Eine jede Pfarrerei hat ihre Schule und jedes Kind ist zum Besuch derselben verpflichtet. Der obersten Behörde sind sogar Aufseher beigegeben, welche den Schulbesuch zu kontroliren und nöthigenfalls saumselige Eltern zu bestrafen haben. Wir haben also hier den Schulzwang, aber einen vernünftigen.

Sie sehen also, meine Herren, es ist sogar in Samoa von seiten der katholischen Missionare der Schulzwang eingeführt. Davon erfahren wir aus den Berichten gar nichts.

Herr Bischof Elloy berichtet ferner:

> Der Götzendienst und die Menschenfresserei entvölkerten ehemals alle diese Inseln, welche sich jetzt unter dem Einfluß der katholischen Religion wieder bevölkern. Ich sage mit Absicht unter dem Einfluß der katholischen Religion, denn jeder Reisende kann die Wahrnehmung machen, daß bloß die Bevölkerung der ganz katholischen Inseln im Wachsthum begriffen ist.

Ich wiederhole hierbei, daß es mir absolut fern liegt, in

irgend einer Weise die Verdienste der katholischen Missionare auf Kosten der Methodisten hervorheben zu wollen, ich wiederhole nochmals, daß diese Berichte des katholischen Bischofs Elloy eben die einzigen sind, die mir neben den Dokumenten, welche uns hier vorliegen, zugänglich gewesen sind. Ich kann also über die etwaigen Erfolge der methodistischen Missionare aus eigener Kenntniß nichts beibringen.

Von den Fidschiinseln berichtet der Bischof Elloy Folgendes:

> Der englische Gouverneur, Sir Arthur Gordon, — derselbe, welcher zahlreiche Aktenstücke, die uns in den Dokumenten vorliegen, unterzeichnet hat —
>
> lud mich während meiner kurzen Anwesenheit mehrmals zu Tische, und weil er meinte, daß die Inseln meiner Jurisdiktion unterständen, drang er zu wiederholten Malen recht sehr in mich, daß ich doch Brüder und Schwestern für die Schulen schicke. Obgleich er Protestant sei, wisse er recht gut die Dienste zu schätzen, welche die katholischen Lehrer und Lehrerinnen der Kindheit und der Jugend leisten, und ich konnte nicht umhin, mir zu gestehen, daß leider sehr viele Katholiken nicht so richtige Ideen in Bezug auf die christliche Jugenderziehung hegen, wie dieser protestantische Gouverneur.

Nun, meine Herren, Sie werden gestehen, daß diese Schilderung doch einen etwas anderen Eindruck macht, als die Schilderung der Missionsverhältnisse, wie sie uns aus den Dokumenten entgegentritt.

Was speziell die Samoainseln betrifft, gibt Bischof Elloy folgende Mittheilung: Auf der Insel Upolu besitzt die katholische Mission sieben Niederlassungen, auf Sawaii drei, auf Tutuilfa und Manono je eine. Sie besitzt im ganzen fünfzehn Kirchen aus Stein, zehn Nothkirchen aus Holz und fünf Steinkirchen sind im Bau begriffen. Desservirt werden die Kirchen durch fünfzehn Priester.

Auch in anderer Beziehung waren die Bemühungen des Bischofs Elloy dem Interesse der deutschen Ansiedelung günstig. Er erzählt uns, daß er auf Tutuila, einer Insel, welche zum Samoaarchipel gehört, einen Häuptling Mauga traf, — vielleicht ist dieser Häuptling Mauga identisch mit dem auf Seite 68 der Dokumente mit unterschriebenen Masua — ich kann das natürlich nicht unterscheiden — er berichtet also, daß dieser Häuptling Mauga in voller Empörung gegen den König Malietoa, welchen die deutsche Konsularvertretung später als rechtmäßigen König anerkannt hat, begriffen gewesen sei. Er habe aber allen seinen Einfluß geltend gemacht, um diesen Häuptling vom Beginn der Feindseligkeiten fernzuhalten; es sei ihm dies leider nicht gelungen, Mauga habe dann eine Niederlage erlitten und sei von dem Wiederbeginn der Feindseligkeiten durch den Einfluß eines anderen Missionars, Namens P. Vidal, abgehalten worden. Er fügt dieser Mittheilung folgende Worte hinzu:

> In diesem unglücklichen Lande sind es stets europäische Spekulanten, welche Zwietracht erregen, damit sie Gelegenheit haben, den Eingeborenen die Ländereien gegen Flinten und Kanonen abzukaufen. Auf diese Weise kommen die armen Insulaner um ihren Besitz.

Auch hier will ich mit Zitirung dieser Worte durchaus keinen Vorwurf gegen die deutschen Kolonisten aussprechen. Aber, meine Herren, daß die Kolonialinteressen und die Handelsinteressen auf jenen überseeischen Ländern den Missionsinteressen vielfach widerstreiten wird niemand leugnen wollen. Daß wenigstens in früherer Zeit die Handelsniederlassungen in den überseeischen Ländern vielfach ein großes Hinderniß für die Missionsverbreitung gewesen sind, das glaube ich wohl als Thatsache konstatiren zu können, und ich glaube, diese Thatsache hat eine sehr deutliche Illustration dadurch erhalten, daß, wie neulich Zeitungen berichteten, der englische Gouverneur Kolonel Warren in Südafrika den deutschen Missionar Burne mit Gewalt überfallen und expropriirt hat, ein Verfahren, das jetzt Rektifikation durch diplomatischen Einfluß auf England erhalten soll. Ich wiederhole nochmals, ich bin weit entfernt zu behaupten, daß ein solcher schädlicher Einfluß direkt von deutschen Kolonisten ausgegangen sei, aber ich glaube doch diese Thatsachen der Behauptung des Herrn Konsul Weber entgegenstellen zu sollen, daß nämlich die von ihm so genannte Missionspartei „gleichsam in rührender Weise zur Erlangung des allgemeinen Mitgefühls" Behauptungen und Forderungen aufstelle, welche absolut unbegründet seien.

Nun berichtet der Bischof Elloy weiter:

> Zunächst haben wir zu Apia eine Anstalt für die weibliche Jugend unter Leitung der Schwestern Unserer Lieben Frau von Ozeanien. Sie zählt gegen 80 Pensionärinnen und ungefähr 50 Auswärtige; die ersteren kommen von allen Punkten des Archipel und werden mit Sorgfalt ausgewählt, indem man sowohl die Tugend als das Talent berücksichtigt, ... Noch andere endlich, die tugendhaftesten und muthigsten, werden, wenn Gott sie ruft, dem Rufe Folge leisten und sich durch die Gelübde ganz seinem Dienste weihen. Bereits ist in dieser Beziehung ein glücklicher Anfang gemacht, mehrere der jungen Samoanerinnen haben schon den Schleier genommen und erwarten mit Ungeduld den Augenblick, um ihre letzten Verpflichtungen einzugehen. Sie verstehen Französisch, spielen das Harmonium und haben alle Fähigkeiten, die nöthig sind, um andere zu lehren, was sie selbst gelernt haben.

Außer dieser Anstalt besteht noch ein Katechisten-Kolleg in Vaea, in welchem 150 junge Leute ausgebildet werden.

Ganz besonders interessant aber ist das, was Herr Bischof Elloy von den nördlich Samoa gelegenen Tokelaninseln berichtet. Im Jahre 1868 wurden dorthin von Samoa zwei weltliche, eingeborene Katecheten gesandt. Erst 4 Jahre später, also 1872, wurde es ihm möglich, jene Inseln zu besuchen, und siehe da, er fand die Jugend vollständig vorbereitet zum Empfang der heiligen Sakramente und im Lesen wohl unterrichtet. Es entspann sich nun folgende Szene auf der Insel Nukunonu:

> Eines Tags warf ich einen Katechismus unter eine Gruppe Kinder, indem ich sagte: „Wer ihn bekommt und lesen kann, kann ihn für sich behalten." Alle stürzten sich darüber und das erste Kind, welches ihn aufgriff, öffnete ihn aufs Gerathewohl und las ohne Anstoß. Ich warf einen anderen Katechismus unter sie und der glückliche Besitzer kam, um ebenso gut wie der erste etwas vorzulesen. Ich machte das Experiment zum dritten Mal mit ebenso glücklichem Erfolg. „Bischof," sagte mir dann der Katechist, „hast Du noch viele Bücher? Schau und zähle! Wenn Du allen, die lesen können, ein Buch geben willst, mußt Du so viel vertheilen, als Kinder hier sind."

Ich glaube doch, daß diese Mittheilungen von einigem Gewicht sind, wenn Sie sich erinnern an die Stelle, welche der Herr Abgeordnete Dr. Bamberger uns am Freitag von jenem König vorgelesen hat, welcher den Missionären verbot, seine Unterthanen lesen zu lehren. Sind diese Thatsachen der kaiserlichen Regierung bekannt gewesen, dann wundere ich mich, daß sie in dem Bericht nicht Aufnahme gefunden haben; hat aber sowohl der Herr Konsul Weber, als die Marineoffiziere über diese Thatsachen nichts berichtet, dann liegt hier ein Fall vor, in welchem das, was von katholischer Seite geschehen ist, vollständig mit Stillschweigen übergangen wird, wie das auch vielfach in Europa geschieht. Es ist eine weitverbreitete Ansicht, daß man am allerentschiedensten der Wirksamkeit der katholischen Kirche dadurch begegnet, daß man alle Erfolge, welche sie aufzuweisen hat, einfach *in der Presse und in wissenschaftlichen Büchern vollständig todtschweigt.* Wenn also dieser merkwürdige Aufschwung ideeller Kultur dem kaiserlichen Konsul in Apia bekannt geworden ist, warum hat er nicht darüber berichtet? Hat er aber darüber berichtet, warum sind uns nicht wenigstens *einige Thatsachen* davon im Berichte vorgelegt worden, so daß wir *ein vollständiges Bild* über die dortige Kultur erlangen und nicht ein so unvollständiges, wie es uns der Herr Abgeordnete Bamberger am Freitag an der Hand der offiziellen Berichte gezeichnet hat?

Aber auch jene entfernten Inseln, von welchen der Herr Abgeordnete Dr. Bamberger sprach, die Marchall- und Gilbert-Inseln bergen durchaus nicht nur eine so durchaus rohe und unkultivirte Bevölkerung, daß ihre Bekehrung nicht etwa möglich wäre; im Gegentheil, schreibt Bischof Elloy weiter von diesen der Kultur noch durchaus entrückten Inseln folgendes:

> Mein Herz will brechen, wenn ich sehe, daß ich ihnen das Heil, das sie verlangen, nicht bringen kann. Aber die kleine Zahl meiner Missionäre erlaubt es nicht, diese Eroberung der Gnade zu unternehmen. Ich muß mich darauf beschränken, den Herrn des Ackers zu bitten, daß er mehr Arbeiter sende, die reife Ernte einzuheimsen. O, kämen doch diese so ersehnten und opferwilligen Arbeiter! Sie würden eine kräftige und opferwillige Hilfe an den Katechisten finden, welche wir zu Vaea ausbilden, und welche die Achtung aller Mitglieder der Glaubensverbreitung verdienen.

Sie sehen, meine Herren, daß auch diese Inseln, auf welchen theilweise wirklich noch Menschenfresser wohnen oder jedenfalls ganz der Kultur entrückte Menschen, der Bildung durchaus fähig sind, wenn sich Leute finden, welche bereit sind, diese Inseln zu bereisen und mit Aufopferung ihrer Person das Missionswerk zu unternehmen. Es scheint aber nach den vorliegenden Berichten, daß die methodistischen Missionäre, welche schon seit Jahrzehnten auf diesen Inseln einheimisch sind, jenen Einfluß und jene Erfolge der Kultur noch nicht erlangt haben, welche vom Bischof Elloy als thatsächlich von seinen Missionären erlangt, verzeichnet sind.

Wenn ich mir nun erlaube, die Aufmerksamkeit der hohen kaiserlichen Regierung auf dieses Faktum zu richten, so geschieht es, um es zum dritten Mal zu wiederholen, nicht um die katholischen Missionäre auf Kosten der methodistischen herauszustreichen; außerdem werden die Herren anerkennen, daß ihre Konfession doch wohl mit der der Methodisten aus Amerika im Ganzen sehr wenig gemein hat und daß ihre Bestrebungen durchaus nicht identisch sind. Im übrigen scheinen gerade die Intriguen der Amerikaner in Samoa wohl den Gedanken nahe zu legen, daß manchmal die Missionsthätigkeit jener methodistischen Amerikaner nicht ganz im rein religiösen Interesse geleitet worden ist, sondern vielfach zur Unterstützung politischer Intriguen gedient hat, von denen die Berichte ganz voll sind. Ich erwähne namentlich den Vertreter Amerikas, den Konsul Chriffin, der es so weit getrieben hat, daß er von der eigenen Regierung auf Anregung der deutschen Vertreter in Samoa hat desavouirt werden müssen. Wenn ich nun diese Verhältnisse hier berühre, meine Herren, so geschieht es aus dem Grunde, um einen meiner Ansicht nach höchst traurigen Zustand zu konstatiren, den nämlich, daß es unter den Verhältnissen, wie sie heute in Preußen bestehen, fast unmöglich scheint, der kaiserlichen Regierung den Rath zu ertheilen, welcher nach den angeführten Thatsachen der allergeeignetste sein würde. Meine Herren, man hat im Jahre 1872 die *Jesuiten* aus den Grenzen des deutschen Reichs ausgewiesen. Es wird Ihnen bekannt sein, daß gerade diese Priester der Gesellschaft Jesu ein ganz besonderes Verdienst um die Mission, um die Verbreitung des Glaubens in den überseeischen Ländern sich erworben haben, ebenso aber auch um die *Wissenschaft.* Ich brauche nur auf einen Namen zu verweisen, den des Pater Kolberg, welcher früher in Deutschland ansässig war, in Folge des Jesuitengesetzes von 1872 aber Deutschland verlassen mußte und nach Ecuador übersiedelte. Ich glaube voraussetzen zu können, daß alle die Herren, welche sich für die überseeischen Länder interessiren, das Buch des Pater Kolberg, welches den Titel „Nach Ecuador" führt, kennen. Es ist ein Buch von so wissenschaftlichem Geiste durchdrungen, enthält so werthvolle naturhistorische Beobachtungen und Ergebnisse, daß eine wissenschaftliche *nichtkatholische* Zeitschrift in Deutschland keinen Anstand genommen hat, jenes Buch zu bezeichnen als die bedeutendste Leistung, welche auf diesem Gebiete seit Humboldt in Deutschland erschienen sei. Solcher gelehrter Jesuiten hat es viele gegeben in Deutschland und es giebt ihrer viele in Amerika. Sie sind an der Spitze der Lyzeen und Universitäten in Quito und Ecuador, und in anderen überseeischen Ländern. Ich bin überzeugt, würde sich ein freundschaftlicheres Verhältniß zwischen der katholischen Kirche und Preußen herausstellen, in der jetzigen Zeit, oder wäre dies Verhältniß niemals getrübt worden, so würde die kaiserliche Regierung niemals bessere Pioniere für ihre eigene Kultur- und Merkantilinteressen gefunden haben, als in jenen Missionen der Gesellschaft Jesu. Hätte die Regierung, ich will nicht einmal sagen, die Kosten der Mission übernommen, sondern den Missionären nur einige Unterstützung gewährt, und ihnen *volle Freiheit* auf den Inseln überlassen, ich glaube, sie würde mehr Resultate in Bezug auf die Kultivirung dieser Völker, in Bezug auf die Kultivirung des *Individuums* erzielt haben, als dies bisher der Fall gewesen ist. Ich gebe zu bedenken, daß bisher jene Bemühungen in Bezug auf die Hebung der Kultur des Einzelnen von französischen Geistlichen ausgegangen ist, daß die Stellung jener Geistlichen dem deutschen Konsul und den deutschen Kaufleuten gegenüber ein ziemlich entfremdetes sein muß, daß also die kaiserliche Regierung nicht in der Lage ist, diese Missionäre für ihre eigenen Kulturinteressen in Anspruch zu nehmen. Würden aber die deutschen Jesuiten, und seien es auch Jesuiten, auf jenen Inseln die Missionen leiten, so bin ich überzeugt, daß es möglich sein würde, ein freundliches und gutes Verhältniß zwischen jenen Pionieren der religiösen Kultur und den Vertretern der merkantilen Interessen herzustellen, und in gleichmüthiger Uebereinstimmung viel größere Resultate zu erzielen, als bisher erlangt worden sind.

Ich komme zum Schlusse, ich glaube mit den Bemerkungen, welche ich heute gemacht habe, nicht die Befugnisse überschritten zu haben, welche mir als Abgeordneten des Reichstags zustehen, denn, meine Herren, sollte es nicht im Lande einen merkwürdigen Eindruck machen, wenn der ganze Vertrag, den jetzt Deutschland mit Samoa abgeschlossen hat, lediglich unter dem Gesichtspunkte *der bloßen merkantilen Interessen* sollte besprochen werden, hat wirklich Deutschland, wie es sich selbst nennt, das Land der Denker, auf jenem überseeischen Archipel, auf welchem eine niedrige Kultur herrscht, keine anderen Interessen zu vertreten, als nur die Interessen der deutschen Kaufleute und des Handels?

Sollte Deutschland vergessen haben, daß auf jenen Inseln schon zu Anfang dieses Jahrhunderts Alexander von Humboldt wissenschaftliche Untersuchungen angestellt hat? Sollte vielen der Herren unbekannt sein, daß Wilhelm von Humboldt ein ganz ausgezeichnetes wissenschaftliches Werk, welches die Tonga- und Samoasprache behandelt, geschrieben hat, das auf der hiesigen königlichen Bibliothek einzusehen und von großem kulturhistorischen Interesse ist. Nun, meine Herren, von allen diesen höheren Kulturrücksichten, seien es wissenschaftliche, seien es religiöse, haben wir bisher im Reichstag noch wenig gehört, in den Berichten der kaiserlichen Regierung ist diese Seite der Frage kaum berührt, ich glaube aber doch, daß wir hohes Interesse haben, auch auf diesen Gesichtspunkt unser Auge zu richten, und bitte ich deshalb, wenn es nicht unbescheiden erscheinen sollte oder ich falsch berichtet bin und deswegen Unnöthiges begehre, daß auch von Seiten der kaiserlichen Regierung an ihre Vertreter in jenem Archipel der Auftrag gegeben werde, daß auch in Bezug auf die kulturhistorischen Fragen, welche hier in Betracht kommen, und die wissenschaftlichen Beobachtungen, welche bei jenen Reichen gemacht werden, wenigstens einige Mittheilungen gemacht werden. Wie gesagt, über die kulturhistorische Bildung jener Völker haben wir nach den Bemerkungen, welche ich mir zu machen erlaubt habe, ein unvollständiges Bild, aber auch, ob die wissenschaftliche Seite genügende Berücksichtigung gefunden, geht aus jenem Berichte nicht hervor. Ich glaube kaum fehl zu gehen, wenn ich annehme, daß auf jenen vielfachen Reisen, welche deutsche Schiffe nach jenem Archipel unternehmen, auch Vertreter der Natur- und Völkerkunde anwesend sind, welche von jener selten sich bietenden Gelegenheit Nutzen ziehen, und auch für die Wissenschaft Resultate erzielen. Berichtet ist uns darüber nichts, und ich möchte deshalb diesen Gesichtspunkt hier hervorheben, um, falls diese Rücksicht nicht obgewaltet haben sollte, die Aufmerksamkeit der kaiserlichen Regierung darauf zu lenken. Es ist ja unmöglich, daß ein Gelehrter eine solche Reise auf eigene Faust unternimmt, er kann sich nur der Expedition eines Kriegsschiffes oder größeren Kauffartheischiffes aufschließen und ich glaube wohl berechtigt zu sein, die Hoffnung auszusprechen, daß jedesmal, wenn ein deutsches Kriegsschiff eine Expedition durch den Archipel des stillen Ozeans macht, auch jene Kräfte auf dem Schiffe vertreten sein werden, welche die Reise auch in wissenschaftlicher Beziehung zu einer nutzbringenden machen können.

Nun, meine Herren, komme ich zum Schlusse. Ich kann ja über den Vertrag selbst und die Vorlage der Dokumente eine gewisse Genugthuung aussprechen, denn als ich vor 2 Jahren die Ehre hatte, von diesem Platze über den Vertrag mit Tonga einige Worte zu sprechen, hatte ich meine Rede mit den Worten geschlossen:

> Ich nehme aber von dieser Resolution (die ich mir vorzulegen erlauben wollte) Abstand und richte die einfache Bitte an die Regierungen, ob sie wohl geneigt wären, uns einige nähere Aufschlüsse in einer Denkschrift über die dortigen sozialen Zustände zu geben, eine Auskunft, zu welcher der Herr Konsul Weber, der ja ein so bedeutendes Talent sein soll, gern die Hand bieten wird und sollte es auch 2 Jahre dauern.

Nun, meine Herren, diese meine bescheidene Bitte ist in einer mir ungeahnten Weise in Erfüllung gegangen, wenn ich auch weit entfernt bin, die Vorlegung der Dokumente jener Bitte zuzuschreiben. Aber nachdem die erste Bitte in Erfüllung gegangen, habe ich auch den Muth, die zweite an die Regierung zu richten: sollte noch ein ähnlicher Bericht an das Haus gelangen, möchten dann auch die kulturhistorischen und wissenschaftlichen Interessen eine größere Berücksichtigung finden.

Präsident: Das Wort hat der Herr Kommissarius des Bundesraths Geheimer Legationsrath von Kusserow:

Kommissarius des Bundesraths kaiserlicher Geheimer Legationsrath von Kusserow: Meine Herren, gestatten Sie mir nur wenige Worte zur Erwiderung auf die Rede des geehrten Herrn Vorredners. Wenn derselbe am Schlusse den Wunsch ausgesprochen hat, daß die Instruktionen an die betreffenden Schiffskommandanten dahin eventuell ergänzt werden möchten, daß sie auch allgemein wissenschaftliche Berichte geben möchten, so darf ich erwidern, daß auch derartige Berichte nicht fehlen, ebensowenig wie auch mancherlei Berichte über die Missionsverhältnisse. Da wir es aber hier nur mit deutscher Handelspolitik zu thun haben,

(sehr richtig!)

sind wir nicht veranlaßt gewesen, die große Anzahl Aktenstücke, die wir schon vorgelegt haben, noch durch solche zu vermehren, die nicht direkt im Zusammenhang mit unseren Handelsverträgen stehen. Die allgemeine zivilisatorische Thätigkeit der Missionäre ist uns nicht unbekannt; leider sind unter diesen Missionären nur sehr wenige, vielleicht gar keine deutschen von Belang; wir sind aber billig genug, um von den Missionären anderer Nationen nicht zu verlangen, daß sie speziell deutsche Handelspolitik treiben.

Wenn der geehrte Herr Vorredner im Verlauf seiner Rede gesagt hat, daß mitunter anscheinend die Handelsinteressen im Widerspruch ständen mit der Zivilisation, wie sie durch die Missionäre verbreitet werde, so erlaube ich mir nur darauf hinzuweisen, daß eine große Anzahl dieser Missionäre selbst Kaufleute und Pflanzer sind. Wenn schließlich der Herr Vorredner am Eingang seiner Rede sich gewissermaßen als Anwalt der Interessen der weniger gebildeten Samoaner hingestellt hat, allerdings mit dem Hinzufügen, daß es nicht in seiner Absicht liege, darüber einen Zweifel auszusprechen, ob sich in den Instruktionen unserer Vertreter ausreichende Garantiebestimmungen zum Besten der Insulaner befänden, so halte ich mich für verpflichtet, einen Passus aus einer Instruktion vorzulesen, der jeden Zweifel hierüber beseitigen muß. Es heißt dort:

> Bei dem Werth, welcher meinerseits auf Bestimmungen zur vertragsmäßigen Sicherung wohl erworbener Rechte auf Landbesitz zu legen ist, kommt es andererseits mit Rücksicht auf die übliche Anwerbung und Einführung von Eingeborenen auch dritter Inseln zum Anbau der zu den deutschen Faktoreien gehörigen Ländereien darauf an, daß allen begründeten Klagen über Mißbräuche auf Seiten von Reichsangehörigen, hinsichtlich der Verwendung von Eingeborenen, vorgebeugt werde. Es liegt zwar kein Grund vor, den sogenannten Labor-Trade überhaupt zu untersagen. Die kaiserliche Regierung ist jedoch nicht in der Lage, die sich hieran betheiligenden Reichsangehörigen in Schutz zu nehmen, wenn dieselben sich nicht innerhalb derjenigen Grenzen halten, welche durch die Humanität und durch die Prinzipien des modernen Völkerrechts gezogen sind, und deren Ueberschreitung zurückzuweisen die Regierungen aller gesitteten Staaten den Beruf haben. Es ist um so unerläßlicher, jedem Mißbrauch in dieser Beziehung von vornherein entgegenzutreten, als auch die Reichsgesetzgebung mit Regelung dieser Frage für die Angehörigen des Reichs und die unter deutscher Flagge fahrenden Schiffe bereits befaßt war, und die Absicht besteht, die Betheiligung an dem unerlaubten Labor-Trade unter Strafe zu stellen, sowie die Aufsicht über Erfüllung der von reichswegen zu erlassenden gesetzlichen Vorschriften in erster Linie den kaiserlichen Konsulaten in der Südsee unter Mitwirkung der kaiserlichen Marine zu übertragen.

Eine der wesentlichsten Aufgaben des neu ernannten kaiserlichen Generalkonsuls wird es sein, auch nach dieser Seite hin die strengste Aufsicht auszuüben.

Präsident: Es ist ein Antrag auf Schluß der Generaldiskussion bei mir eingegangen von dem Herrn Abgeordneten von Behr. Ich bitte die Herren, die diesen Antrag unterstützen wollen, sich zu erheben.

(Geschieht.)

Die Unterstützung reicht aus.

Die Herren, die den Antrag auf Schluß annehmen wollen, bitte ich stehen zu bleiben oder sich zu erheben.

(Geschieht.)

Das ist die Mehrheit; der Antrag ist angenommen.

Zu einer persönlichen Bemerkung ertheile ich das Wort dem Herrn Abgeordneten Prinzen Radziwill.

Abgeordneter Prinz **Radziwill** (Beuthen): Ich wollte nur auf die Bemerkung des Herrn Regierungskommissars antworten, daß gerade die Missionare, welche Kolonisten und Pflanzer sind, nicht dem Begriff von Mission entsprechen, deren Interesse ich besonders vertreten habe.

Präsident: Wir treten in die Spezialberathung ein.

Ich eröffne die Debatte über Art. I. des Vertrags, — Art. II; — da niemand das Wort verlangt, gehe ich weiter zu Art. III, — Art. IV, — Art. V. —

Die Art. I bis V erkläre ich für angenommen.

Zu Art. VI ertheile ich das Wort dem Herrn Abgeordneten Dr. Löwe (Bochum).

Abgeordneter Dr. **Löwe** (Bochum): Meine Herren, im Anschluß an die Arbeiterfrage, die soeben von dem Herrn Regierungskommissar nochmals erörtert ist, möchte ich die Regierung darauf aufmerksam machen, daß sie ernste Verpflichtungen in diesem Artikel in der dortigen Arbeitersache übernimmt. Diese Verpflichtungen scheint sie mir bis jetzt richtig ausgeführt zu haben; und das wird auch in Zukunft keine besonderen Schwierigkeiten haben, so lange es sich um Arbeitskräfte handelt, die aus Polynesien selbst gewonnen werden. Wenn aber auf Grund dieses Vertrages die deutschen Faktoreien sich ausdehnen und konsolidiren, so werden neue Arbeitskräfte dort auftreten. Es wird sich in Samoa zeigen, was sich an vielen anderen Punkten des westlichen Ozeans schon gezeigt hat, daß der Mongole kommt, der Mongole als Chinese oder an seiner Stelle der Kuli. Die Regierung wird dann die schon schwierigere Aufgabe in den Häfen haben, in denen sie ja nothwendigerweise die Hafenpolizei üben muß, die sie besitzt, darüber zu wachen, daß die Einführung der Kulis mit den Gesetzen der Menschlichkeit, die ja die Regierung als maßgebend hier schon anerkannt hat, in Uebereinstimmung vollzogen wird. Sie muß nach meiner Meinung auch darüber wachen, daß, wenn die Leute nicht regelmäßig angesiedelt werden, man sie auch wieder los werden wird. Der Chinese, der eben aus Kalifornien ausgetrieben wird, wird sich vielleicht sehr bald schon einstellen, denn er wird nicht bloß kommen, nachdem er angeworben ist, sondern wird ungerufen kommen. Die Geographen und Ethnographen sagen ja, daß der Mongole nach und nach ganz Polynesien in Besitz nehmen wird, ebenso wie einen großen Theil der Westküste von Südamerika; das liegt aber jedenfalls noch fern. Der deutschen Reichsregierung liegt es aber nach meiner Meinung schon jetzt ob, die Frage, wie sie sich den Kulis und Chinesen gegenüberstellen wird, wenn dieselben in diese Kreise eingeführt werden, bestimmt ins Auge zu fassen.

Nach den Aeußerungen, die ich in den Motiven und den Anlagen gefunden habe, habe ich keinen Zweifel, daß sie auch den neuen Verhältnissen gegenüber, in demselben humanen Geist vorzugehen gesonnen ist, den sie bisher in dieser Angelegenheit gezeigt hatte. Aber ich hielt es nach gewissen Nachrichten, die ich über diese Völkerbewegung erhalten habe, für meine Pflicht, nochmals besonders auf dieselbe aufmerksam zu machen.

Präsident: Es verlangt niemand mehr das Wort; ich schließe die Debatte über Art. VI. — Da keine Abstimmung verlangt wird, so erkläre ich den Art. VI für genehmigt.

Art. VII — desgleichen; — Art. VIII — desgleichen; — Art. IX, — Art. X, — Art. XI, — Art. XII, — Art. XIII, — Ueberschrift und Einleitung des Vertrags. — Es verlangt niemand das Wort; ich konstatire die Annahme. Ebenso die Annahme des Protokolls vom 24. Januar 1879.

Ich konstatire, daß der Vertrag in allen seinen einzelnen Artikeln mit dem Protokoll angenommen worden ist. Ich stelle jetzt, da eine Aenderung gegen die in zweiter Lesung angenommene Vorlage nicht beschlossen ist, die ganze Vorlage zur Abstimmung. Ich ersuche diejenigen Herren, welche den Vertrag und das dazu gehörige Protokoll annehmen wollen, sich zu erheben.

(Geschieht.)

Das ist die große Mehrheit; der Vertrag ist angenommen.

Wir gehen nunmehr zu Nr. 2 der Tagesordnung über:

erste und zweite Berathung des Entwurfs eines Gesetzes, betreffend die Kontrole des Reichshaushalts für das Etatsjahr 1878/79 und des Landeshaushalts von Elsaß-Lothringen für die Rechnungsperiode vom 1. Januar 1878 bis 31. März 1879 (Nr. 251 der Drucksachen).

Ich eröffne die Generaldebatte. — Es hat sich niemand zum Wort gemeldet. Wir treten in die zweite Lesung ein. Ich eröffne die Debatte über den einzigen Artikel des Entwurfs eines Gesetzes, betreffend die Kontrole des Reichshaushalts u. s. w. — Es hat sich auch jetzt niemand zum Wort gemeldet; ich schließe die Debatte. Ich bitte diejenigen Herren, die die Vorlage, — deren Verlesung Sie mir wohl ersparen, — so wie sie lautet, annehmen wollen, sich zu erheben.

(Geschieht.)

Das ist die Mehrheit; ich konstatire, daß die Vorlage unverändert in zweiter Lesung angenommen worden ist.

Wir gehen nunmehr über zu Nr. 3 der Tagesordnung:

Fortsetzung der zweiten Berathung des Zolltarifs (Nr. 132 der Drucksachen).

Wir waren bei Nr. 13 ad b stehen geblieben:

Holzborke und Gerberlohe: 100 Kilo 0,50 Mark.

Zum Wort hat sich zunächst gemeldet der Herr Kommissarius des Bundesraths Oberforstmeister Danckelmann. Ich ertheile ihm das Wort.

Kommissarius des Bundesraths, königlich preußischer Oberforstmeister **Danckelmann:** Meine Herren, nachdem der viel begehrte und viel bekämpfte Holzzoll die Zustimmung des hohen Hauses erhalten hat, darf wohl mit einiger Zuversicht die Hoffnung gehegt werden, daß sich bezüglich des Rindenzolls kein ablehnendes Votum zwischen Holz und Borke stellen werde. Für den Rindenzoll sprechen gewichtigere Gründe, gegen denselben geringere Bedenken, so daß vielleicht auch solche Mitglieder des hohen Hauses, welche dem Holzzoll ihre Zustimmung versagt haben, sich mit dem Rindenzoll einverstanden erklären können. Die finanzielle Bedeutung des Rindenzolls, meine Herren, ist nur eine untergeordnete. Wenn der im Jahre 1877 erreichte höchste Betrag der Rindeneinfuhr sich auch in Zukunft behaupten sollte — er betrug 2 058 177 Zentner — so würde die jährliche Bruttoeinnahme durch den Rindenzoll rund eine Million Mark betragen. Die vorherrschende Tendenz dieses Zolls liegt auf einem anderen Gebiet. Sie besteht darin, eine seit Jahrhunderten bestehende Waldbetriebsart in Deutschland, den Eichenschälwaldbetrieb zu erhalten, zu heben, zu erweitern behufs Förderung der nationalen Produktionen, zum Vortheile des bäuerlichen Waldbesitzes, im Interesse der Waldarbeiter. In diesen Gesichtspunkten liegt ganz wesentlich das Schwergewicht der Gründe für den Rindenzoll. Lassen Sie mich dabei einen Augenblick verweilen.

Der Rindenzoll soll zunächst die inländische Produktion

fördern, durch Hebung und Erweiterung des Eichenschälwaldes. Meine Herren, es ist eine Thatsache, daß Deutschland seinen Rindenbedarf nur zum Theile produzirt, daß jährlich gegen 12 bis 14 Millionen Mark für Rinde und zwar ganz überwiegend für Eichenjungrinde, sogenannte Spiegelrinde oder Glanzrinde in das Ausland gehen. Seit vielen Jahren haben die deutschen Gerber mit der ihnen eigenen Zähigkeit und Rührigkeit, die allerdings mit der Bereitwilligkeit, angemessene Rindenpreise zu zahlen, nicht immer gleichen Schritt gehalten hat, die Forderung an die deutschen Regierungen gestellt, daß die inländische Rindenproduktion vermehrt werden möge. Diese Forderung ist eine berechtigte und eine erfüllbare. Die deutsche Rinde vom Rhein, von der Mosel, der Saar, der Nahe und dem Neckar steht keiner ausländischen Rinde nach. In Deutschland, dem Mutter- und Musterlande der Forstwirthschaft, sind auch die Musterwirthschaften für den Schälwaldbetrieb zu finden; nicht in Frankreich, nicht in Belgien, noch viel weniger in Ungarn, deren Rinden, zur Zeit unterstützt durch günstigere Produktionsverhältnisse und durch Eisenbahnausnahmetarife, die deutschen Rinden vom einheimischen Markte verdrängen. In den deutschen Wäldern ist Raum und Gelegenheit genug, theils durch Verbesserung des Betriebs der bestehenden Schälwaldungen, theils durch Anlage von neuen Schälwaldungen, den gesammten Rindenbedarf für Deutschland zu decken. Bei den in den letzten Jahren bei der Forstakademie Eberswalde angestellten Untersuchungen von etwa sechzig Eichenrinden aus den verschiedensten Gegenden von Deutschland hat sich ergeben, daß nicht nur in Süd- und Westdeutschland, nicht nur in niederen Lagen, sondern daß auch in Norddeutschland, in Hannover, in der Provinz Sachsen, ja sogar in Posen, daß ferner im rheinischen Gebirgslande bis zu 500 Meter Meereshöhe Rinden produzirt werden, die an Gerbstoffgehalt den besten Mosel- und Rheinrinden nahe stehen. Ich meine, meine Herren, es müsse eine lohnende Aufgabe der Wirthschaftspolitik sein, den deutschen Rindenmarkt für die deutsche Rindenproduktion ganz und voll zu erobern, und wenn dazu der Rindenzoll helfen könnte, indem er der inländischen Produktion aufhilft, dann könne es nicht schwer sein, den Rindenzoll zu billigen und zu bewilligen.

Wem, meine Herren, würde eine derartige Zollpolitik zu Gute kommen? Nicht dem Forstfiskus, der nur einen ganz geringen Bruchtheil, in Preußen nur etwa 5 Prozent von sämmtlichen Eichenschälwaldungen besitzt, auch nicht dem Großgrundbesitze, dessen Wälder zum bei weitem größten Theil in Hochwaldungen bestehen. Es sind vielmehr die ländlichen Gemeinden, die Waldgenossenschaften, es sind die im Walde mitarbeitenden kleinen Waldbesitzer, die ganz überwiegend den Vortheil von diesem Zoll haben würden. Die Eichenschälwirthschaft, meine Herren, ist abgesehen von Weidenhegern die forstliche Betriebsart der kleinsten Fläche; sie ist wegen der Einfachheit und Sicherheit ihres Betriebs, wegen ihrer beinahe kostenlosen Selbstverjüngung, wegen der Benutzung der Schläge zum Errichtbau im Hack- oder Haubergs-Schälwalde, wegen der Versorgung des Haushalts und der Haushaltskasse mit Nutz- und Brennholz, mit Korn und Geld, wie keine andere Betriebsart geschaffen für den bäuerlichen Waldbesitzer, der seine Schläge eben so gut bewirthschaften kann, wie der studirte Forstmann.

Meine Herren, noch eine andere Klasse zieht von den Eichenschälwaldungen Nutzen und Verdienst, ein Stand, der gerade in unserer Zeit die Sorge und Fürsorge des Staates lebhaft für sich in Anspruch nimmt, der Stand der Arbeiter, der Waldarbeiter. Der Eichenschälwaldbetrieb ist, wiederum abgesehen von dem Weidenhegerbetriebe, auch die Betriebsart der größten Arbeitsrente. Im allgemeinen liefert ja der Wald bekanntermaßen nur eine geringe Arbeitsrente. Für den ganzen Umfang der preußischen Staatsforsten stellt sich beispielsweise die jährliche Arbeitsrente an gemeiner Handarbeit pro Hektar auf nur ungefähr 5 Mark; in den Eichenschälwäldern wird das doppelte, das dreifache, in Hackschälwaldungen vielleicht noch mehr an gemeiner Handarbeit verdient. Die in Deutschland vorhandenen Eichenschälwaldungen mit ungefähr 400 000 Hektar liefern mäßig berechnet einen jährlichen Arbeitsverdienst von 5 000 000 Mark, der bei Betriebsverbesserung und Erweiterung der Schälwaldungen vielleicht auf das doppelte gebracht werden kann. Es sind also nicht nur die bäuerlichen Grundbesitzer, sondern auch ganz wesentlich die Waldarbeiter, deren Wohl und Wehe durch die wirthschaftliche Tendenz des Rindenzolles berührt wird.

Wenn demnach, meine Herren, diese Tendenz gut geheißen werden sollte, so würde weiter die Frage entstehen, ob der Rindenzoll für den beabsichtigten Zweck nothwendig und wirksam ist, ob er auch wirklich erfüllt, was er verheißt? Diese Frage, meine Herren, ist leichter gestellt, als beantwortet. Es fehlt nicht an Momenten, welche darauf hindeuten, eine verneinende Antwort zu ertheilen. Man könnte etwa folgendermaßen argumentiren: Deutschland produzire seinen vollen Rindenbedarf nicht; der Absatz seiner hochwerthigen Rinden müsse daher doch wohl zu guten Preisen gesichert, die Anlage von neuen Eichenschälwaldungen doch wohl ein vortheilhaftes Geschäft sein. Ueberdies sei ja der Eichenschälwald nach allgemeiner Meinung eine recht rentable Betriebsart, die nicht erst durch Zoll künstlich geschützt und gestützt zu werden brauche. Ja, meine Herren, so war es, so könnte es sein, aber so ist es heute nicht mehr, weil die deutsche Rinde auf den deutschen Märkten in den letzten Jahren verdrängt und weil die Rindenpreise nicht unerheblich zurückgegangen sind. Einige Zahlen mögen dies beweisen. Noch in den Jahren 1862—1864, meine Herren, war die Rindeneinfuhr des deutschen Zollgebiets eine kaum nennenswerthe. Es betrug damals der Ueberschuß der Einfuhr über die Ausfuhr im jährlichen Durchschnitt 60 269 Zentner. In den drei Jahren 1873—1875 ist diese Mehreinfuhr auf jährlich 1 125 785 Zentner, also im Verhältniß von 100 : 1800 gestiegen, in den letzten drei Jahren, 1876—1878 ist die Mehreinfuhr gewachsen auf durchschnittlich jährlich 1 355 455 Zentner, folglich im Verhältniß von 100 : 2200. Ich nenne absichtlich die durchschnittlichen, nicht die höchsten in den letzten Jahren erreichten Ziffern, damit mir der Vorwurf erspart bleibe, die Zahlen für meine Zwecke gruppirt zu haben. Daß der Hinzutritt von Elsaß-Lothringen keine genügende Erklärung für diese ganz außerordentliche Mehreinfuhr liefert, liegt auf der Hand. Beiläufig sei bemerkt, daß Oesterreich-Ungarn etwa mit 46, die westlichen Nachbarländer von Deutschland, überwiegend Frankreich und Belgien, mit etwa 52 Prozent an dieser Mehreinfuhr betheiligt sind.

Wie stellt sich nun gegenüber dieser Einfuhrbewegung die Bewegung der Rindenpreise? Bis zum Jahre 1876, meine Herren, haben sich die Rindenpreise ungeachtet der sehr bedeutend gesteigerten Einfuhr ziemlich auf derselben Höhe gehalten; vereinzelt im Jahre 1877, überall aber in den Jahren 1878 und 1879 ist ein erheblicher Preisrückgang eingetreten. Ich will auch hierüber einzelne Beispiele geben, die sich einmal auf die großen Rindenmärkte, andererseits, worauf ich das Hauptgewicht lege, auf den Verkauf unmittelbar im Walde beziehen, weil dieser vorzugsweise das Verhältniß des kleinen Waldbesitzers, auf welches ich mir vorhin hinzuweisen erlaubte, trifft.

In Kreuznach, meine Herren, einem der größten deutschen Rindenmarkte, mit etwa 45 000 Zentner jährlichen Rindenumsatz, betrugen die Rindenpreise für 100 Kilo im Durchschnitt in den Jahren 1875 bis 1877 — es sind nicht die höchsten Preise, sondern die durchschnittlichen Preise — 15,8 Mark, 1878 12,4 Mark, mithin der Preisrückschlag 22 Prozent; in Hirschhorn am Neckar mit einem Rindenumsatz von jährlich 33 000 Zentner, betrugen die Preise 1870 bis 1877 16,6 Mark, 1878 14,8 Mark, also hier der verhältnißmäßig geringe Preisrückschlag

11 Prozent; in Siegen die Rindenpreise 1874 bis 1876 16,4 Prozent — immer pro 100 Kilo — 1877 15 Mark, 1878 13 Mark, der Preisrückschlag 21 Prozent. Gestatten Sie mir, an diese Mittheilungen die Ziffern für die Rindenpreise unmittelbar aus dem Walde zu knüpfen. Im Regierungsbezirk Magdeburg sind in diesem Frühjahr bei einem Versteigerungstermin für etwa 1500 Zentner Rinden gar keine Bieter erschienen.

(Hört, hört!)

Als die früheren Abnehmer nach dem Grunde gefragt wurden, erklärten sie, das Angebot übersteige die Nachfrage und sie könnten ihre Rinden aus Ungarn billiger und besser beziehen. In Eschwege an der Werra, einer Stadt, die durch ihre bedeutenden Gerbereien und den dortigen, ganz eigenartigen alten Schälwaldbetrieb bekannt ist, waren bis zum Jahre 1875 die Preise für die einheimischen und auswärtigen Rinden nicht unterschieden. Im Jahre 1876 — dies Beispiel ist besonders interessant — wurden zuerst 2000 Zentner Rinden aus Ungarn eingeführt, im Jahre 1877 schon 21 000 Zentner, 1878 24 000 Zentner, und in diesem Jahre hat bereits ein Theil der Lohschläge nicht mehr gehauen werden können. Im Regierungsbezirk Wiesbaden sind im Jahre 1878 23 Lohschläge wegen mangelnden Absatzes gar nicht gehauen worden. In diesem Jahre hat nur ein Theil der besten Lohschläge für mäßige Preise abgesetzt werden können. Im Regierungsbezirke Koblenz haben im vorigen Jahre mehrere Gemeinden ihre Lohschläge ohne Rindennutzung gehauen, weil sie die Holznutzung nicht entbehren wollten. Was das zu bedeuten hat, wird vielleicht dadurch deutlich werden, daß die Kosten der Rindennutzung ungefähr dem Holze gleichwerthig sind; man giebt das Holz hin für die Entrindungskosten. — In Trier sind 1878 meistentheils in Gemeindeforsten 2531 Zentner Rinde selbst zu den geringsten Preisen nicht abzusetzen gewesen, und in diesem Jahre, wo allerdings zahlenmäßige Angaben fehlen, sollen die Verhältnisse noch ungünstiger liegen.

Ich meine, meine Herren, diese Zahlen seien sehr deutlich und eben nicht ermuthigend, um neue Eichenschälwaldungen anzulegen, zu denen noch vor wenigen Jahren in den preußischen Staatsforsten 10,000 Hektare bestimmt worden sind. Der Schälwald ist in der That in den letzten Jahren ein Sorgenkind der Waldwirthschaft geworden.

Nun ist es ja im hohen Grade wahrscheinlich, daß die Ungunst der allgemeinen wirthschaftlichen Lage, daß namentlich die gedrückte Lage des Gewerbebetriebes, vor Allem der Sohllebergerberei, herbeigeführt durch den massenhaften Import des Hemlock- und Valdivialeders, den Schälwald in Mitleidenschaft gezogen haben. Allein nicht minder wahrscheinlich ist es, daß die massenhaft gesteigerte Einfuhr von ausländischer Rinde einen großen Theil der Mitschuld an dem Rückgang der Preise getragen hat, worauf bis dahin die Rentabilität des Eichenschälwaldes beruhte. Auf diese Wahrscheinlichkeit stützte sich die Erwartung, daß der Rindenzoll seine wirthschaftliche Tendenz erfüllen und die von ihm gehoffte Wirkung äußern werde.

Gestatten Sie mir noch, meine Herren, in aller Kürze einige Bedenken zu berühren, welche in Petitionen und Flugschriften gegen den Rindenzoll geltend gemacht worden sind, wenn dieselben auch mit dem forstwirthschaftlichen Gesichtskreise nicht so nahe zusammenhängen, wie dasjenige, was ich mir bisher vorzutragen erlaubte.

Es wird darauf hingewiesen, daß Deutschland wegen der unzureichenden eigenen Rindenproduktion die Rindeneinfuhr nicht entbehren könne, und daß es deshalb nicht wohlgethan sei, der Rindeneinfuhr Hindernisse zu bereiten. Meine Herren, die Einfuhr fremder Rinden wird der sehr mäßige, nach der Ihnen vorliegenden Petition der rheingauischen Gemeinden allzu mäßige Zoll von 50 Pfennigen auf 100 Kilogramm nicht hindern; aber er wird hoffentlich in Verbindung mit der Aufhebung der Eisenbahndifferentialtarife dahin führen, daß die einheimischen Rinden bei dem Verkauf die Vorhand haben und daß die inländischen Rinden nicht mehr, wie in den letzten Jahren, unverkauft bleiben.

Es wird ferner hervorgehoben, meine Herren, daß die Zollabfertigung der Rinde mit mancherlei Schwierigkeiten, mit Verzögerungen, unter Umständen sogar mit Vermögensbeschädigungen durch Beregnen der Rinde verbunden sei. Einige Schwierigkeiten und Unzuträglichkeiten bringt die Zollbehandlung der Rinde allerdings mit sich, allein die Schwierigkeiten sind nicht unüberwindlich, sie lassen sich jedenfalls leichter überwinden, wie diejenigen bei der Zollabfertigung des Flößeholzes. Sodann kann mit Grund angenommen werden, daß die Zollverwaltung jede mit der Zollkontrole irgendwie vereinbare Erleichterung und Vereinfachung der Zollabfertigung eintreten lassen wird.

Gegen den Rindenzoll wird endlich noch die Vertheuerung der Lederproduktionskosten und die darin beruhende Benachtheiligung der Gerber und der Lederkonsumenten angeführt. Meine Herren, der Rindenzoll beträgt auf 100 Kilo Sohlleder, zu deren Gerbung 500 Kilo Rinde erforderlich sind, 2,5 Mark, er bewirkt für die etwa 120 Mark betragenden Gerberkosten eine Erhöhung von 2 Prozent, für die etwa 360 Mark pro 100 Kilo betragenden Gesammtproduktionskosten eine Erhöhung um etwa $^{8}/_{10}$ Prozent. Daß die Gerber diesen Zoll tragen können, geht aus einer Resolution hervor, welche die Versammlung deutscher Gerber am 13. Februar dieses Jahres in Berlin gefaßt hat, worin mit bedeutender Mehrheit die Erklärung abgegeben ist, daß sich die Gerber im Interesse der Forstwirthschaft mit einem Rindenzoll allerdings nur von 40 Pfennigen pro 100 Kilogramm einverstanden erklären könnten. Im Uebrigen wird der Rindenzoll reichlich ausgeglichen durch die Erhöhung des Schutzzolls auf Leder, die in der Zolltarifsvorlage mit 12 Mark auf 100 Kilogramm angesetzt worden ist, während nach den Kommissionsbeschlüssen noch einige Aenderungen eintreten sollen.

Meine Herren, es liegen zu der Zolltarifvorlage Nr. 13 b drei Abänderungsanträge materieller Art vor: der von Jäger, Nr. 246 der Drucksachen, welcher Eichen- und Fichtenrinden und Lohe überall freilassen will; ferner der Antrag Bezanson und Genossen, Nr. 189 der Drucksachen, welcher Holzborke mit dem Satze von 50 Pfennigen pro 100 Kilogramm besteuern, dagegen Gerberlohe überall freilassen will; endlich der Antrag Windthorst und Genossen, Nr. 233 der Drucksachen, welcher Gerberlohe bei dem Eingange über die Grenzstrecke von Herbesthal bis Ulflingen, d. h. für den Bezirk Malmedy, freilassen will.

Meine Herren, ich kann Ihnen Annahme der Abänderungsanträge nicht empfehlen, behalte mir aber etwaige weitere Erklärungen darüber vor, bis die Anträge begründet sind. An die letzten beiden geehrten Herrn Antragsteller möchte ich das Ersuchen richten, sich geneigtest darüber äußern zu wollen, was sie unter Gerberlohe verstehen, ob darunter entsprechend dem gewöhnlichen Sprachgebrauch und der Fassung der Zolltarifvorlage nur die zerkleinerte Rinde oder aber, ob darunter Gerberrinde überhaupt, gleichviel ob in zerkleinertem oder unzerkleinertem Zustande, verstanden werden soll.

Meine Herren, der Rindenzoll soll sein ein Erziehungszoll für den Eichenschälwald zum besten der inländischen Produktion, des Bauern, des Waldarbeiters. Versagen Sie dem Niederwalde, dem kleinen Mann nicht, was Sie dem Hoch- und Baumwalde, dem forstlichen Großbetriebe durch den Holzzoll bereitwillig gewährt haben.

(Bravo! rechts.)

Präsident: Ich schlage dem hohen Hause vor, zunächst das Amendement des Herrn Abgeordneten von Bühler (Oehringen) zur Diskussion und Beschlußfassung zu bringen, das dahin geht:

die Position 13 b, Holzborke und Gerberlohe, als in engster Verbindung mit der Position 21, Leder, stehend, an die betreffende Tarifkommission zu überweisen.

Ich ertheile hierüber das Wort dem Herrn Abgeordneten von Bühler.

Abgeordneter von Bühler (Oehringen): Zwischen Gerberlohe und Lederfabrikation besteht eine so untrennbare Wechselwirkung, daß es mir unpraktisch erscheint, für beide Positionen eine getrennte Berathung eintreten zu lassen, und ich fürchte, daß wir in solchem Falle eine doppelte Berathung über diese beiden ein und dasselbe Interesse betreffenden Gegenstände haben werden. Das Haus hat wohl alle Ursache mit seiner Zeit zu geizen, und zur Umgehung einer solchen, sonst unvermeidlichen doppelten Debatte möchte ich bitten, die Position „Holzborke und Gerberlohe" an die Tarifkommission zu verweisen oder jedenfalls an demselben Tage zu berathen, wo der Lederzoll berathen wird.

Präsident: Ich schließe die Debatte über das Amendement des Herrn Abgeordneten von Bühler und bitte diejenigen Herren, welche dieses Amendement annehmen wollen, sich zu erheben.

(Geschieht.)

Es ist die Minderheit; das Amendement ist abgelehnt.

Ich eröffne die Spezialdebatte über die Vorlage Litt. b und über das Amendement der Herren Abgeordneten Windthorst-Franssen — Nr. 233 der Drucksachen — sowie über das Amendement des Herrn Abgeordneten Dr. Jäger (Neuß) — Nr. 246 der Drucksachen.

Ich ertheile das Wort dem Herrn Abgeordneten Oechelhäuser.

Abgeordneter Oechelhäuser: Meine Herren, der Annahme der Getreidezölle und Holzzölle folgt der Antrag auf Besteuerung der Gerberlohe als ein Nachspiel, in welchem die flagrante Verletzung der Prinzipien von 1818 vielleicht noch schroffer hervortritt, als bei jenen großen Zollmaßregeln selbst. Diese Verletzung ist zweierlei Art. Zuerst kannte thatsächlich das Gesetz von 1818 keinen verallgemeinerten Schutzzoll; es kannte den Schutzzoll nur als Ausnahme. Der Schutzzoll hatte nach dem Gesetz von 1818 im wesentlichen die Bedeutung, daß er für die besonderen Mühen, Kosten, Risikos, die mit der Einführung von neuen Industrien verbunden waren, für gewisse Zeiten eine Entschädigung gewähren sollte, und es lag ganz besonders in der Tendenz des gewerblichen Schutzzolls, daß er ein vorübergehender sein solle und die Möglichkeit gewähren müsse, durch rasche Einführung die innere Konkurrenz zu entwickeln und so die Preise möglichst bald auf das Niveau des Auslandes herabzudrücken.

Von alledem, meine Herren, sind die Getreide- und Holzzölle, und auch dieser vorgeschlagene Zoll auf Gerberlohe, das genaue Gegentheil. Hierbei ist keine Aehnlichkeit mit einem Schutz, wie er für die Industrie eingeführt wurde; eben so wenig ein Gedanke davon, daß ein solcher Zoll jemals im Wege der inneren Konkurrenz, wenigstens in absehbarer Zeit, wieder abgeschafft werden könne. Ich empfehle Ihnen über diesen Gegenstand ganz besonders die Abhandlung des hochbedeutenden Nationalökonomen Professor Roscher, welcher ausgeführt hat, wie bei land- und forstwirthschaftlichen Zöllen niemals im Laufe der inneren natürlichen Entwickelung, falls nicht etwa ein Umschlag in der Handelspolitik einträte, eine Aufhebung wieder eintreten könne.

Die zweite Verletzung der Prinzipien von 1818 finde ich darin, daß es sich hier darum handelt, einen wichtigen Rohstoff der Großindustrie zu besteuern. Diese Rücksicht ist in dem Gesetz von 1818 und ist sogar auch in dem jetzigen Tarifentwurf im Uebrigen festgehalten. Denn sogar im gegenwärtigen Tarifentwurf ist der Zoll auf die Gerberlohe und auf die Borke eine Anomalie. Die Lohe ist nicht bloß als ein Hilfsstoff, sondern als ein Rohstoff der Lederfabrikation zu betrachten, indem sie mit einem Theil ihres Gewichts in die rohe Haut übergeht und hierdurch das Leder bildet. Nun sind die Häute selbst als Rohstoff zollfrei; Brennholz, von dem die Borke gleichsam ein Nebenprodukt ist, geht ebenfalls zollfrei ein. Auf dem Gebiete aller übrigen Industrien sind alle Roh- und Hilfsstoffe, welche mit der Lohe verglichen werden können, frei; auch die Steinkohle, welche in dem gleichen Verhältnisse zum Eisenstein steht, wie die Borke zu der rohen Haut, wird nicht besteuert; eben so wenig Eisenstein, Flachs, Hanf, Wolle, — lauter Rohstoffe, wobei ebenfalls die ausländische Mitbewerbung in Frage kommt, so daß selbst von dem Standpunkt dieses neuen schutzzöllnerischen Tarifs aus, der Zoll auf Borke und Lohe ganz entschieden eine Anomalie darstellt.

Indem ich diesen theoretischen Standpunkt verlasse, und nunmehr der Deduktion des ausgezeichneten Sachverständigen, der eben gesprochen, des Vertreters der verbündeten Regierungen, folge, so befinde ich mich mit ihm wenig im Widerspruch, gelange jedoch, wenn ich auch von den gleichen Grundanschauungen ausgehe, zu anderen Folgerungen. Es ist zunächst gesagt, es wäre im höchsten Grade wünschenswerth — und niemand widerspricht dem weniger als ich — daß die Eichenschälwaldungen eine fernere Ausdehnung, bis zur Deckung des inneren Bedarfs, finden möchten. Aber bemerken Sie, meine Herren, mit welcher Reserve sich gerade der Herr Regierungskommissar darüber ausgesprochen hat, ob durch die vorgeschlagene Maßregel auch wirklich jenes Ziel erreicht werden könne. Er hat gesagt, wenn durch diese Maßregel das Resultat der wünschenswerthen Ausdehnung des Eichenschälwaldes erreicht werden könnte, dann möge man dem Walde und den kleinen Besitzern diesen Schutz nicht versagen. Ja, meine Herren, wenn ich davon überzeugt wäre, wenn ich nur einigermaßen die Möglichkeit oder Wahrscheinlichkeit vor Augen sähe, daß diese Aussicht in Erfüllung gehen könnte, dann möchte ich wohl, im Interesse der vielen kleinen Haubergbesitzer in der Lage sein, von den Grundsätzen abzusehen und einen mäßigen Zoll bewilligen. Aber ich bin fest überzeugt, meine Herren, und darauf gründet sich mein Widerspruch, daß auch nicht die entfernteste Möglichkeit ist, durch diese vorgeschlagene Zollbelastung irgendwie auf die Ausdehnung des Eichenschälwaldes einwirken zu können. Meine Herren, es ist eine Aufgabe der Forstkultur, nicht der Handelspolitik, den Schälwaldbetrieb auszudehnen, und ich wünsche dieser Aufgabe das höchste Gedeihen. Dieselbe lösen zu wollen durch Zölle, das scheint mir außer dem Bereich aller Möglichkeit zu liegen. Wir hören im Hause und in den Kommissionen viel von der wunderbaren Wirkung der Schutzzölle. Wenn nur irgend eine Einfuhr abgeschnitten oder vertheuert wird, so prognostizirt man, daß sich sofort das nöthige Geld und die nöthigen Kräfte und die nöthige Intelligenz und die nöthige Lust dazu und auch die nöthige Ausdehnung, um das Geschäft in erfolgreichem Umfang betreiben zu können, finden würden. Meine Herren, ich gebe zu, daß solches unter Umständen in der eigentlichen Industrie möglich ist; ich gebe zu, daß, wenn Sie einen neuen Schutzzoll auf gewisse Fabrikate oder Halbfabrikate legen, neue Fabriken entstehen mögen, auch die gesteigerte inländische Konkurrenz den zuerst um den Zollbetrag gestiegenen Preis wieder herabdrücken mag. Aber beim Eichenschälwald, meine Herren, ist solches eine absolute Unmöglichkeit. Ich glaube nicht, — Sie mögen so viel Vertrauen in das Fortbauern der gegenwärtigen Strömung haben, als Sie wollen, — daß der Haubergbesitzer, der kleine Mann, der sich an der Ausdehnung des Schälwalds betheiligen soll, an die Fortdauer dieser Strömung durch Dezennien hindurch glaubt. Wenn Sie aber den Schälwald vergrößern und neue Kulturen anlegen, so haben Sie erst in 16 bis 20 Jahren ein Resultat zu erwarten. Wir haben hier nicht, wie bei dem Industrieschutzzoll, die Möglichkeit vor Augen, daß schon nach einer kurzen Frist eine Ausdehnung der geschützten Industrie eintreten kann. Wir haben nur die Aussicht, Dezennien hindurch Opfer zu bringen, um möglicherweise ein Ziel zu erreichen, das nur im Wege der Forstkultur, nicht durch handelspolitische Maßregeln erstrebt werden sollte. Denn es kommt hier meiner Ansicht nach ganz besonders zur Sprache, daß der vorgeschlagene Zoll, wenn er auf Ausdehnung des Schälwaldbetriebs wirken soll, viel zu gering gegriffen wäre. Nehmen Sie die Preisschwankungen an, die fortwährend seit Jahrzehnten bei der Lohe stattgefunden haben, und nehmen Sie dann an, das Niveau dieser Schwankungen werde um durchschnittlich 50 Pfennige erhöht, so wird keiner, der Schälwaldungen besitzt, sagen wollen, daß eine so fernliegende Aussicht, nach vielleicht 20 Jahren die Borke von diesen neu angelegten Kulturen um etwa 50 Pfennigen per 100 Kilo höher zu verwerthen, jemanden, der sich nicht aus anderen Gründen dazu versucht fühlt, veranlassen können, die Schälwaldungen zu erweitern.

Ich gehe nun über, meine Herren, zu den Motiven der Tarifvorlage und kann dabei nur aussprechen, wie sehr wünschenswerth es gewesen wäre, wenn die Motive mit solcher Ausführlichkeit und Gründlichkeit abgefaßt, und mit so reichem Material, wie es der Herr Vertreter der verbündeten Regierungen geboten hat, ausgestattet worden wären. Ich werde nachweisen, daß die Motive jeder Gründlichkeit entbehren. Wir begegnen in ihnen zunächst der Statistik der Ein- und Ausfuhr von Lohe und Rinde. Vorher heißt es:

> Mit Rücksicht auf diesen Sachverhalt, fordern die seit Aufhebnng des Zolles auf Gerberlohe gemachten Erfahrungen dringend zur Wiedereinführung der Zollbelegung auf.

Meine Herren, ich begreife diesen Passus nicht. Wenn man spricht von „Wiedereinführung“, so muß doch erst ein Zoll bestanden haben. Jeder, der nicht die Frage speziell studirt hat, muß sich bei jenem Passus denken, daß vielleicht vor dem bösen Jahr 1865, in dem ja alles Elend uns gekommen sein soll, ein hoher Zoll für die Einfuhr von Lohe bestanden habe, daß er damals abgeschafft worden, daß seitdem eine „Ueberschwemmung“ durch ausländische Lohe — dieses Wort fehlt natürlich auch nicht — hereingebrochen sei, und jetzt allerseits dringend die Wiedereinführung des Zolls gefordert werde. Nein, meine Herren, das alles ist unrichtig; ein solcher Zoll hat niemals bestanden. Seit dem Jahre 1821 bereits, in welchem die beiden Tarifsysteme für die östliche und westliche Hälfte von Preußen zusammengeworfen wurden, sind Holzborke und Gerberlohe stets zollfrei eingegangen. Ja, es hat sogar im Gegentheil von jener Zeit her ein Ausfuhrzoll auf Lohe bestanden, in derselben Höhe, wie der Einfuhrzoll jetzt eingeführt werden soll, und dieser Ausfuhrzoll ist erst im Jahre 1865 aufgehoben worden. Es ist also die Tendenz der früheren Tarifgesetzgebung bezüglich der Lohe genau die entgegengesetzte gewesen, welche jetzt obwaltet. Man hat sogar früher durch künstliche Mittel, die auch ich nicht billige, — mit Aufhebung der Einfuhrzölle bin ich im höchsten Grade einverstanden —, den Preis der Lohe und Borke herunterdrücken wollen; jetzt will man ihn durch solche künstliche Mittel steigern. Wie sich mit diesen Thatsachen der vorgelesene Passus der Motive vereinigen läßt, dies geht über meine Logik.

Ich komme nun zu den Einfuhrverhältnissen. Ich werde da durchaus der Darstellung des Herrn Vertreters der verbündeten Regierungen nicht widersprechen, glaube aber auf Eines aufmerksam machen zu sollen. Wenn Sie den Blick auf die Statistik der Einfuhr werfen, so werden Sie einen außerordentlichen Sprung von 1871 auf 1872 wahrnehmen, einen Sprung, wodurch die frühere Einfuhr auf das fünf- bis sechsfache kam. Was aber die Einfuhren seit 1872 betrifft, so ist von einer immer steigernden Einfuhr, wie die Motive sagen, nicht die Rede; im Gegentheil, diese höchste Einfuhr im Jahre 1872 ist nur einmal seit dieser Zeit und zwar im Jahre 1877 wieder erreicht worden. In den Zwischenjahren hat die Mehreinfuhr fortwährend zwischen 800 000 und 1 800 000 Zentnern geschwankt und ganz speziell im Jahre 1878 hat eine bedeutende Verminderung der Mehreinfuhr, wie auch schon der Herr Regierungskommissar erwähnte, stattgefunden, nämlich von 1 800 000 auf etwa 1 200 000 Zentner. Einen von den Gründen, weshalb im Jahr 1872 mit einem Mal eine so bedeutende Mehreinfuhr stattfand, hat schon der Herr Regierungskommissar angeführt, — es ist der Zutritt von Elsaß-Lothringen. Ein zweiter Grund, meine Herren, mag darin liegen, daß gerade in jener Zeit in größerem Maßstabe von der Verwendung der Fichtenrinde zur Verwendung der Eichenrinde übergegangen wurde, und weil man das Plus von Eichenrinde im Inlande nicht fand und zugleich die Eisenbahnen sich immer mehr in das Innere von Ungarn ausdehnten, so war der Ersatz der Fichtenrinde durch ausländische Eichenrinde etwas ganz natürliches. Nun aber liegt der dritte Hauptgrund für jene außerordentliche Steigerung der Rindeneinfuhr in der außerordentlich erfreulichen Thatsache, daß sich die deutsche Lederindustrie gerade seit jener Zeit so glänzend entwickelt hat. Wie konnte aber diese Entwickelung der Lederindustrie, die wir von allen Seiten gewiß mit Freude begrüßen, stattfinden, wenn man nicht die ausländische Borke zu Hilfe nahm, weil der inländische Schälwaldbetrieb die Lederindustrie nicht ausreichend versorgen konnte! Ja meine Herren, wenn mit der gesteigerten Einfuhr ausländischer Rinden verbunden gewesen wäre ein Zurückgehen der inländischen Loheproduktion, dann läge die Sache ganz anders. Solches war aber nicht der Fall; der Eichenschälwaldbetrieb ist seit 1872 nicht nur nicht zurückgegangen, sondern stetig fortgeschritten, nur nicht in dem Verhältniß, wie es die in noch weit stärkerem Maßstabe fortschreitende Lederindustrie bedurfte.

So liegen die Verhältnisse in Bezug auf die Steigerung der Rindeneinfuhr und die damit zusammenhängende Entwickelung der Lederindustrie. Nun kommen aber die Motive mit ihrer gewöhnlichen Logik, und wollen die gesteigerte Rindeneinfuhr seit 1871 unmittelbar als Ursache der Preisabschläge, folglich als Ursache des jetzigen Nothstands des Schälwaldbetriebs darstellen. Es heißt hier wörtlich:

> In Folge dieses Masseneingangs auswärtiger Lohrinde ist der deutsche Eichenschälwaldbetrieb in eine sehr mißliche Lage versetzt.

Ich leugne dies auf das positivste. Zunächst ist es durchaus unzulässig von dem Verhältniß der Ein- und Ausfuhr unmittelbar und ohne speziellen Nachweis der besonderen Verhältnisse, welche auf die Preisbildungen eingewirkt haben, auf die gedrückte Lage eines Gewerbzweiges und überhaupt auf Preisveränderungen zu schließen. Wenn man glaubt, daß gesteigerte Einfuhr stets ein Herabgehen der Preise, und eine verminderte Einfuhr ein Heraufgehen der Preise im Gefolge haben muß, so ist nichts einfacher als aus der täglichen Erfahrung das Gegentheil zu beweisen.

Nehmen wir z. B. die Eisenindustrie im Jahre 1873, wo die kolossale Mehreinfuhr stattfand, müßte die Eisenindustrie sich, den Grundsätzen der „Motive“ zufolge, in der allerschlechtesten Lage befunden haben. 1873 aber haben wie bekannt die höchsten Preise stattgefunden. Im Jahre 1878 finden wir dagegen in der Eisenindustrie keine Mehreinfuhr mehr, sondern eine bedeutende Mehrausfuhr; es müßte daher nach der Logik der Motive die Eisenindustrie im Jahre 1878 in einer sehr glänzenden Entwickelung begriffen sein, während im Gegentheil die Preise auf das niedrigste Niveau zurückgingen. Meine Herren, so ist es genau hier mit den Preisen der Lohe. Das außerordentliche Heraufspringen der Einfuhren seit 1871 hat nicht unmittelbar ungünstig eingewirkt, sondern erst seit $1\frac{1}{2}$ bis 2 Jahren ist die Erscheinung des außerordentlichen Fallens der Lohepreise hervorgetreten. Die Motive erwähnen hier, es wären von Jahr zu Jahr die Preise erheblich zurückgegangen; ja, meine Herren, wenn man sagt „von Jahr zu

Jahr", so sollte man meinen, daß es ein bedeutender Zeitraum wäre, durch welchen dieses Fallen anhielte, das ist aber nicht der Fall; im Gegentheil waren die Preise von 1873 bis 1876 fortwährend gestiegen, und der Preis von 1876 von 9 Mark pro Zentner Lohrinde, der in den Motiven angeführt wird, bildet überhaupt die oberste Grenze der Schwankungen, denen die Lohrinde seit längerer Zeit unterlegen hat, Schwankungen zwischen 6 bis 9 Mark fanden auch in der Vergangenheit statt, und es sind die Preisabschläge, die von 1876 bis 1878 stattfanden, durchaus keine außergewöhnlichen Erscheinungen. Nach einer Preisnotirung, die ich vor mir habe, aus dem Schälwaldbezirk von Siegen, ist beispielsweise der Durchschnitt der Jahre 1871 bis 1875 ungefähr gerade so hoch, als der Lohepreis pro 1878 in den Motiven angegeben wird. Seit 1878 ist der Preis allerdings noch mehr gewichen. Ich hege nicht den mindesten Zweifel, daß ein Nothstand, wie ihn der Vertreter der verbündeten Regierungen schildert, in Wirklichkeit beim Schälwaldbetrieb stattfindet. Aber, meine Herren, ist es denn etwas außergewöhnliches in dieser Zeit der allgemeinen Noth, wenn Preisherabsetzungen von 11 bis 22 Prozent in den letzten Jahren stattfinden? In welcher Industrie, auf welchem Gebiete, sei es im Ackerbau, sei es in der Industrie, haben nicht gleiche oder stärkere Preisabschläge stattgefunden? Ja, wenn man mit dem Zauberwort „Schutzzoll" alle diese Noth beseitigen könnte, so wäre das ganz wundervoll; aber in Wirklichkeit liegt die Sache so, daß man durch Zölle die Noth nur von der einen Seite wegschafft und in gleicher Intensität nach der anderen Seite schiebt.

Außerdem liegen aber auch die Preisverhältnisse der Rinden nicht in allen Theilen Deutschlands so, wie die Motive sie schildern. Sie sehen z. B. aus den Petitionen der Gerber, die aus Schlesien eingegangen sind, daß dort seit den letzten 4 Jahren die Preise der Eichenrinde fortwährend im Steigen seien und auf der Versammlung im Februar d. J. in Breslau, wo die schlesischen Großgrundbesitzer und Waldbesitzer sich für die Durchsetzung der Holzzölle vereinigt haben, die ihnen ja glücklich gelungen ist, hat gerade der sachverständige Referent der Kommission, Herr Forstmeister Elias, der sich für die Holzzölle erklärte, gegen den Zoll auf Gerberlohe gesprochen. So liegt die Sache, wir haben es hier, wie überall, mit einer allgemeinen Kalamität zu thun, die mit einem Nothstand, der nach keiner Richtung hin stärkere Intensität hat, als wir auf dem ganzen Gebiet der Volkswirthschaft antreffen.

Die Motive sagen nun weiter:

> Theilweise beruht diese ungünstige Lage der deutschen Produktion von Lohrinde allerdings auf der Begünstigung, welche bisher den ausländischen Produkten durch die Differential- und Ausnahmetarife der Eisenbahnen, sowie durch die Refaktien zu Theil wurde.

Das gebe ich vollkommen zu; auch ich bin der Ansicht, daß die Eisenbahntarifirung eine Reform erleiden muß und namentlich alles dasjenige, was in dieser Beziehung der inländischen Produktion zu Schaden gereicht und als Vortheil der ausländischen gebeutet werden kann, beseitigt werden muß. Wenn die Motive aber weiter fortfahren und sagen:

> Theilweise aber ist auch in der Zollfreiheit der fremden, unter anderen Produktionsbedingungen und insbesondere unter viel geringerer Belastung des Betriebes durch Grundsteuern und Zuschläge erzeugten Gerberlohe die Ursache der angegebenen Mißstände zu suchen,

so stelle ich das auf das entschiedenste in Abrede. Hier kommen im wesentlichen die Länder Frankreich und Oesterreich-Ungarn in Betracht. In Frankreich beträgt die Grundsteuer einschließlich der Décimes additionelles, 5 bis 7 Prozent vom Reinertrag, und zwar nicht vom Katastralreinertrag, sondern vom wirklichen Reinertrag. In Ungarn aber, das hauptsächlich betheiligt ist an dieser starken Konkurrenz, beträgt die Grundsteuer $31{,}_{24}$ Prozent von dem Katastralreinertrag. Nun steht der Katastralreinertrag dort in einem ähnlichen, vielleicht stärkeren Verhältnisse über den wirklichen Reinertrag als bei uns; aber wer die Verhältnisse in Oesterreich-Ungarn kennt, und ich kenne sie genau, der wird zugeben, daß dort die ferneren Zuschläge für Staat, Bezirk und Gemeinde so enorm hoch sind, daß in Wirklichkeit die meisten ungarischen Grund- und Waldbesitzer $^1/_3$ des wirklichen Reinertrages an Staat, Bezirk, Gemeinde u. s. w. bezahlen. In dieser Beziehung also, ist eine Ausgleichung der in- und ausländischen Besteuerung nicht nothwendig; wir stehen im Gegentheil Frankreich und Ungarn gegenüber, eher vortheilhafter, als ungünstiger.

Damit, meine Herren, sind die Motive zu Ende und man fragt sich ganz erstaunt, wo denn der besondere Nachweis über den Grund, über die handgreifliche Ursache der jetzigen Kalamität des Eichenschälwaldes geliefert sei. Diese handgreifliche Ursache liegt einfach in der mißlichen und schlechten Lage, in dem schlechten Gang unserer Gerbereien, nicht in der vermehrten Einfuhr an sich; denn die vermehrte Einfuhr war unbedingt nothwendig, um die Gerberei zu heben und in den blühenden Zustand zu versetzen, welcher bis vor wenigen Jahren obwaltete. Seit anderthalb oder zwei Jahren — nicht länger — hat ein außerordentlicher Rückgang in den Preisen des Leders stattgefunden, verursacht theilweise durch ungünstige Konjunkturen in den Preisen der Häute, noch mehr aber durch die übergroße und kritische Konkurrenz des amerikanischen Leders. Hierdurch ist in der That die Lederindustrie in eine solche mißliche Lage versetzt, daß sie nicht bloß in ihrem Umfang hat eingeschränkt werden müssen, sondern daß sie gar nicht mehr in der Lage war, solche Preise wie früher für die Lohe zu bezahlen, daß sie sich gezwungen sah, die Lohe überall her zu beziehen, wo sie nur etwas billiger zu haben war. Das ist der eigentliche Grund und der Hauptgrund der mißlichen Lage des Schälwaldbetriebs seit 1877, gegen den alle übrigen Gründe verschwinden.

Es fragt sich nun, wie ist eigentlich dieser Vorschlag zur Auflegung eines Zolls auf Lohe entstanden? Der Herr Regierungskommissarius hat ein Wort gesagt, das mir ganz aus der Seele gesprochen ist; er sagt, „was wir dem Großen nicht versagt haben, — dem Großgrundbesitzer und dem Staat in Bezug auf die Holzzölle, — das sollen wir auch dem Kleinen nicht versagen." Ja, meine Herren, nun frage ich aber, wo ist der Kleine, der das verlangt? Wenn Sie die Petitionen, die sich auf Gerberlohe und Rinden beziehen, durchgehen, dann finden Sie allerdings von den schlesischen „Großen", und zwar gegen den Rath ihres eigenen Sachverständigen, Petitionen auf Einführung eines Zolls für Lohe und Borke vorliegen. Selbst diese Herren haben aber nur 30 Pfennige vorgeschlagen für eichene Spiegelrinde, erste Sorte, und für die übrigen Rindensorten nur 10 Pfennige. Also sogar diese hohen Petenten beanspruchen durchschnittlich nur $^2/_5$ der Zölle, welche die Regierung jetzt in Vorschlag bringt.

Wo sind nun aber die anderen kleinen Petenten? Ich habe alle Petitionen, die an den Reichstag gelangt sind, durchgegangen und finde nur eine einzige, von vier nassauischen Gemeinden, worin die mißliche Lage des Schälwaldes auf Grund der ausländischen Konkurrenz geschildert und worin auch um Zoll auf Gerberlohe neben dem Zoll auf Leder gebeten wird. Alle die anderen zahlreichen Petitionen, die uns vorliegen, — ich habe hier ein Exemplar zur Hand, wie sie in einer großen Anzahl aus den Schälwaldbezirken von Westfalen, Rheinland, Nassau u. s. w. eingelaufen sind, — alle diese Petitionen schreiben gar kein Wort von einem Zoll auf Lohe. Diese Eichschälwaldbesitzer also fassen ihre Lage ganz anders, und, wie mir scheint, viel richtiger auf. Sie sagen, „der größte Theil ihres Vermögens bestehe aus Schälwaldungen, welche bis vor wenigen Jahren gute und regelmäßige Erträge für die Besitzer ergeben hätten.“ Sie sehen zunächst hieraus, daß es sich bezüglich dieser Nothlage nur um einige Jahre handelt, nicht um eine dauernde Verschiebung der internationalen Konkurrenzverhältnisse gegen früher, sondern nur um eine augenblickliche schlechte Konjunktur der letzten Jahre. Sie finden in diesen Petitionen gar kein Wort über die ausländische Konkurrenz, sondern es heißt nur ganz einfach, „daß der Zoll, der von dem Bundesrath für Leder in Aussicht gestellt wäre, nämlich von 24 Mark per 100 Kilo Leder, bei weitem nicht ausreichend sei, um die deutsche Gerberei gegenüber der amerikanischen Konkurrenz zu schützen,“ und ihr Petitum geht dahin, „daß sie die hohe Versammlung ergebenst bitten, den Eingangszoll auf amerikanisches Leder so zu erhöhen, daß unsere deutschen Gerber fortzuarbeiten im Stande sind.“ Meine Herren, so lauten die Petitionen der kleinen Eichschälwaldbesitzer und ich glaube, sie haben ihr Interesse ganz richtig aufzufassen gewußt. Ebensowenig, wie wir Petitionen vor uns haben von Eisensteingrubenbesitzern um Zoll auf Eisenstein, weil durch den Roheisenzoll die Eisensteingewinnung mitgeschützt wird, ebensowenig fordern diese Haubergbesitzer Zölle für die deutsche Schälwaldung, weil sie mitgeschützt wird durch den Zoll auf Leder, weil sie vollständig abhängt von dem Gang der Lederindustrie.

Es ist hier ja, leider möchte ich sagen, zum Grundsatz geworden, daß man denjenigen, welche für Erhöhung der Zölle petitioniren, einen höheren Grad Intelligenz und Erkenntniß ihrer eigenen Interessen zutraut, als denjenigen, die keine Erhöhungen beantragen oder sogar dagegen protestiren. Ich bin gern bereit, durch Ausscheidung und höhere Besteuerung des amerikanischen Leders die starke Konkurrenz für unsere Gerbereien zu mildern. Wenn wir das aber gethan haben, so haben wir gethan, worum die „kleinen“ Schälwaldbesitzer bitten, und ich glaube, daß wir ihnen sehr gut-zutrauen können, daß sie ihre eigenen Interessen zu beurtheilen gewußt haben.

Ich bin im übrigen der Ansicht, daß überhaupt die Lage des Waldes eine gedrückte ist und in mancher Beziehung der Aufhilfe bedarf. Ich habe vorhin schon erwähnt, wie ich in Bezug auf die Revision der Eisenbahntarife nicht bloß mit den Tendenzen des Fürsten Reichskanzlers übereinstimme, sondern ich gehe, aufrichtig gesagt, noch einen Schritt weiter. Mein dringendster Wunsch wäre, daß es sobald als möglich zu einem Staatsbahn- oder zu einem Reichseisenbahnsystem kommen, daß die Tarifgesetzgebung voll und ganz in die Hand der Reichsregierung und dieser hohen Versammlung gelegt werden möge. — Ich bin ferner der Meinung, daß die Grundsteuern bei uns zu hoch bemessen sind, wenn auch die Berechnungen, die wir darüber vielfach gehört haben, doch wohl nur eine relative Richtigkeit haben. Denn, meine Herren, alle jene Berechnungen über die außerordentlich starke Belastung der Grundbesitzer, namentlich des Rheinlands und Westfalens, fußen darauf, daß die Einkommensteuer mit 3 Prozent des wirklichen Einkommens eingeschätzt sei. Wer die Verhältnisse aber kennt und selbst Vorsitzender von Einschätzungskommissionen gewesen ist, wird wissen, daß das eine Fiktion ist. Gerade dies ist der Grund, weshalb ich im wesentlichen ein Anhänger der Ausdehnung der indirekten Besteuerung und der Einschränkung der direkten Besteuerung geworden bin; denn meine Erfahrungen lehren mich, daß die Einschätzung auf Größen, die man nicht kennt, zu reiner Fiktion führt. Ich bin überzeugt, daß im Durchschnitt, namentlich in den höheren Einnahmestufen in Preußen, statt 3 Prozent der wirklichen Einnahme vielleicht nur 1½ Prozent, im höchsten Falle, in dem Kreise vielleicht, der den allerfiskalischsten Landrath hat, 2 Prozent eingeschätzt werden, und in diesem Verhältniß müssen die Berechnungen reduzirt werden, wonach sich Belastungen von 20 bis 27 Prozent des Einkommens ergeben.

Im übrigen, meine Herren, wäre es sehr zu wünschen gewesen, wenn diejenigen Herren von der Rechten, die jetzt für den Rinden- wie für den Holzzoll stimmen, sich bemüht hätten, ihren früheren Grundsätzen getreu, mit uns dagegen zu arbeiten, daß diese übergroße Sündflut von Schutzzöllen über uns hereinbreche. Dann brauchten sie nicht die Belastungen hieraus wieder geltend zu machen, als Begründung für eigene Schutzzollansprüche.

Was nun schließlich die verschiedenen über diesen Gegenstand vorliegenden Anträge betrifft, meine Herren, so glaube ich, daß der erste Antrag von Herrn Bezanson, welcher die Borke besteuern und das Fabrikat daraus, die Lohe, freilassen will, ebensowenig schutzzöllnerischen wie freihändlerischen Grundsätzen entspricht, ich glaube, derselbe empfiehlt sich nach keiner Richtung zur Annahme; noch weniger aber der Antrag Windthorst und Genossen. Es ist gar kein Zweifel, daß in den Kreisen Malmedy und Trier der Schaden für die Lederindustrie ein außerordentlich großer werden würde, wenn man die luxemburgische, belgische uud französische Lohe besteuerte. Meiner Ansicht nach begründet dies aber nach keiner Richtung hin einen Anspruch auf exzeptionelle Behandlung; denn ganz in derselben Lage sind, wenn Sie die vielfachen Petitionen der Gerber nachlesen wollen, die Gerber in Oberfranken, die Gerber in Baden, in Schlesien, die Gerber z. B. auch in dem Bezirk, den ich vertrete, in Anhalt; alle diese sind ebenfalls in demselben oder in einem ähnlichen Prozentsatze gezwungen, zur Aufrechterhaltung ihrer Existenz — die ganze Basis vieler Gerbereien ruht sogar ausschließlich auf dem Bezug ausländischer Lohrinde — fremde Rinden einzuführen. Ich bitte also diejenigen Herren, die den Antrag Windthorst unterzeichnet haben, sowie ihre Gesinnungsgenossen, sich dem allgemeinen Antrag auf Verweigerung eines Zolls auf Borke und Gerberlohe anschließen zu wollen. Ich bitte Sie, meine Herren, geben Sie diesem Zollansinnen nicht nach, besteuern Sie nicht einen der wichtigsten Roh- und Hilfsstoffe der Industrie, im Gegensatz zu den Prinzipien von 1818, im Widerspruch selbst mit den sonstigen Grundsätzen des jetzigen Tarifentwurfs.

Präsident: Der Herr Abgeordnete von Kardorff hat das Wort.

Abgeordneter **von Kardorff:** Meine Herren, die ganze Physiognomie des Hauses scheint mir nicht einladend dazu zu sein, eine so weitläufige Ausführung dem Herrn Vorredner gegenüber zu stellen, wie er sie selbst für diesen Zoll auf Gerberlohe für gut befunden hat. Er mag es daher entschuldigen, wenn ich es vermeide, mich hier nicht gleich ihm mit den großen Prinzipien des Jahres 1818 herumzutummeln. Ich gehöre nicht zu denjenigen Leuten, zu denen der Herr Vorredner in gewissem Maße zu gehören scheint, die wie St. Just einst sagen: mögen die Kolonien zu Grunde gehen, wenn nur das Prinzip bestehen bleibt.

Ebensowenig will ich darauf weiter eingehen, daß in dem Zolltarif hier eine Anomalie enthalten sei, wenn hier in dem Lohezoll ein Rohstoff, ein Hilfsstoff besteuert würde, der im übrigen im ganzen Zolltarif vom Zoll freigeblieben sei. Ich stelle mich auf den praktischen Standpunkt, daß es sich hier um ein großes und gewaltiges Landeskulturinteresse handelt, ein Landeskulturinteresse, dessen Bedeutung man wohl nach den beredten Worten des Herrn Vertreters der Regierung in seinem ganzen Umfange zu würdigen vermag.

Meine Herren, die Lage der Eichenschälwaldungen — ich bemerke dabei, daß ich nicht Eichenschälwaldbesitzer bin, um von vornherein das persönliche Interesse dabei auszuschließen, was ja gewöhnlich suppeditirt zu werden pflegt — die Lage der Eichenschälwaldungen ist jetzt eine solche, daß nach vielen mir zugegangenen Zuschriften, Gemeinden am Rhein und in Süddeutschland lebhaft daran denken, ihre Eichenschälwaldungen aufzugeben und zu einem sehr wenig lohnenden Frucht- und Getreidebau auf dem betreffenden unfruchtbaren Boden überzugehen. Meine Herren, das hat ein sehr weitgehendes Interesse. Zum Theil ist eine derartige Entwaldung schon früher in Süddeutschland erfolgt, und das Resultat ist das gewesen, daß in den betreffenden Flußthälern Ueberschwemmungen in weit reicherem Maße eingetreten sind und weit häufiger sind, als dies früher der Fall gewesen ist. So lange der Wald bestand, vermochte er die Feuchtigkeit aufzusaugen und langsam von sich zu geben; wenn aber jetzt im Frühjahr der Schnee schnell abthaut, so kommen die reißenden Gewässer, die Schaden und Verheerungen genug anrichten.

Die große Bedeutung des Eichenschälwaldes für die Arbeit ist von dem Herrn Vertreter der Reichsregierung schon so hervorgehoben, daß ich auf sie nicht nochmals hinzuweisen brauche, und das ganze Plaidoyer des Herrn Vorredners geht doch eigentlich, wenn ich es in seinen logischen Konsequenzen verfolge, dahin, daß dieser Zoll viel zu niedrig normirt ist. Er hat selbst wiederholt ausgeführt, der Zoll ist so niedrig normirt, daß er den Interessen der Waldbesitzer überhaupt nicht helfen kann. Ich stimme nun darin nicht ganz mit ihm überein; der Zoll ist immerhin sehr niedrig, daß er aber gar nicht zu helfen vermag, ist nicht richtig. Er hat selbst aufmerksam gemacht auf die Differentialtarife und sich zu meiner Freude als einen lebhaften Gegner desjenigen Systems der Differentialtarife kundgegeben, welches dem ausländischen Produkt eine Art von Importprämie gewährt. Gegen diese Art der Differentialtarife bildet dieser Zoll immerhin einen geringen Schutz. Wenn wir einmal dahin gekommen sein werden — und darin sind wir ja der Unterstützung des Herrn Vorredners gewiß nach seinen Aeußerungen, daß wir unser Eisenbahntarifwesen rationell werden regeln können durch eine Verstaatlichung der Eisenbahnen, oder auf irgend einem anderen Wege, wenn wir dahin gekommen sein werden, uns von der Grundsteuer mehr zu entlasten durch eine Steigerung der indirekten Steuern, dann, meine Herren, will ich mit dem Herrn Vorredner weiter mich in Verhandlungen setzen, ob dann ein Zeitpunkt sein wird, wo wir den Zoll wieder vielleicht aufheben können, den wir jetzt einführen. Im Augenblick gibt aber dieser Zoll in der That einen, wenn auch geringen Schutz für den Waldbesitzer ab.

Der Herr Vorredner hat darauf hingewiesen, daß alle Waldbesitzer ihre Interessen auch weit besser verständen, wie die Regierungsvorlage und die Motive derselben. Die Petitionen beschäftigten sich meist damit zu fordern, daß das amerikanische Leder von unseren Märkten mehr ausgeschlossen würde durch einen höheren Zoll, daß überhaupt die Lederindustrie in höherem Maße geschützt würde. Ich gebe zu, daß dies der Sinn der Petitionen ist, — aber wie ist denn der Herr Vorredner diesem Verlangen der Lederindustriellen nachgekommen? Er hat seinerzeit eine Herabsetzung der ersten Position für Leder in der Kommission beantragt und durchgesetzt; er ist also gewiß nicht derjenige gewesen, der den Wünschen der Lederindustriellen in dieser Richtung nachgekommen ist. Uebrigens will ich aber doch bemerken, daß die Lederzölle in der Kommission in ihrer gegenwärtigen Gestaltung bei einem großen Theil der Mitglieder doch die ganz bestimmte Voraussetzung gehabt haben, daß der Lohezoll hier im Plenum, wie ich auch allerdings hoffe und erwarte, angenommen werden würde. Wenn der Herr Vorredner von der glänzenden Entwickelung der Lederindustrie gesprochen hat, so ist ja zuzugeben, daß im Jahre 1871 eine sehr lebhafte Entwickelung der Lederindustrie gewesen ist, aus einem sehr natürlichen Grunde, nämlich in Folge des Krieges. Der Krieg hatte so gewaltige Ledervorräthe aufgezehrt, daß eine große Nachfrage nach Leder stattfand und eine augenblickliche glänzende Lage der Lederindustrie hervorgerufen wurde, die allmählich bei den friedlichen Zeiten wieder zurückgegangen ist, namentlich auch unter der Einfuhr amerikanischen Leders. Bezüglich dieses amerikanischen Leders will ich doch nicht verschweigen, daß, während die amerikanische Staatsverwaltung verboten hat, für ihre Armee Hemlockleder zu verwenden, wird aus einer ganz unverfänglichen Quelle, nämlich von dem Fürsten Carolath soeben die Mittheilung gemacht wird, daß bei einzelnen Submissionen für die deutsche Armee ausdrücklich Hemlockleder verlangt worden ist. Ich freue mich, dies hier einmal so öffentlich zur Sprache bringen zu können, weil neulich, als es sich um die Verwendung amerikanischen Holzes bei unserer Armeeverwaltung handelte, dieselbe hier so that, als ob sie von einer Bevorzugung fremdländischer Produkte sehr weit entfernt sei.

Wenn der Herr Vorredner unter den vielen Anführungen, die er gemacht hat, auch die gemacht hat, in Schlesien befänden sich beispielsweise die und die Eichenschälwälder in verhältnißmäßig günstiger Lage, so kann ich dem aus eigenem Augenschein direkt widersprechen, ich weiß, daß Nachbarn von mir, die Eichenschälwälder besitzen, nicht in der Lage gewesen sind, ihre Eichenrinde überhaupt abzusetzen zu können und es vorgezogen haben, den Eichenwald so einzuschlagen, um nur den Schällohn zu sparen. Was also der Herr Vorredner in dieser Hinsicht angeführt hat, beruht, wie ich annehme, zum größten Theil auf Irrthum.

Ich möchte bitten, daß wir bei dem wirklich großen Landeskulturinteresse, um das es sich hier handelt, den Zoll auf Gerberlohe jetzt hier annehmen und wiederhole auch, daß, wenn es uns gelingt, in dem Eisenbahnwesen rationelle Aenderungen herbeizuführen, wenn es uns gelingt, unsere Waldkultur zu fördern, vielleicht auch durch Erleichterung der Grundsteuer, daß ich dann gern mit mir reden lassen und gern bereit sein will, in Verhandlungen zu treten, um diesen Zoll, den wir meiner Meinung nach im Augenblicke nothwendig brauchen, wieder aufzuheben. Ich bitte Sie, vorläufig den Zoll anzunehmen und die Anträge, die auf theilweise Freilassung der Gerberlohe an einzelnen Grenzstrecken gerichtet sind, abzulehnen.

(Bravo! rechts.)

Präsident: Ich ertheile das Wort dem Herrn Abgeordneten Franssen.

Abgeordneter **Franssen:** Meine Herren, ich habe mir erlaubt, mit dem Herrn Abgeordneten Windthorst für den Kreis Malmedy die freie Einfuhr der Lohe zu beantragen. Meine Herren, der Kreis Malmedy ist in seiner geographischen Lage eine völlige Ausnahme, ich möchte wohl sagen von allen Kreisen Deutschlands; erstens in seiner Sprache ist er schon von uns getrennt, indem der Kreis Malmedy noch bis heute die wallonische Sprache spricht, dann aber, meine Herren, ist dieser Kreis nach Deutschland zu durch das hohe Vehngebirge getrennt. Es ist dieses Gebirge ein so unwirthbares, daß nicht einmal eine Straße aus Deutschland durch dasselbe bis heute existirt; die Staatsstraße von Eupen führt über belgisches Gebiet, weshalb dieses zu einem neutralen erklärt worden ist. Meine Herren, Sie können sich deshalb wohl leicht denken, wie schwer es für den Kreis und die Stadt Malmedy ist, deren Bewohner hauptsächlich das Gerbereigewerbe betreiben, die Lohe aus Deutschland zu beziehen, es ist faktisch eine Unmöglichkeit für die Gerbereibesitzer in Malmedy, ihre Lohe aus Deutschland zu holen, nur 6 Prozent ihres Bedarfs wächst im Kreise Malmedy, die 94 Prozent sind sie gezwungen meistens aus den Ardennen und aus Frankreich zu beziehen.

Meine Herren, die Gerberei von Malmedy ist eine so großartige, daß sie allein 1500 Waggons Eichenlohe bedarf, und wenn Sie sich das vergegenwärtigen, den Transport dieser 1500 Waggons durch das unwirthbare Gebirge nach Malmedy zu bewerkstelligen, so werden Sie sich doch selbst gestehen, daß mein Antrag ein ganz gerechtfertigter ist, denn die Steuer, die den Bürgern von Malmedy durch diesen Zoll erwächst, beträgt allein 37 500 Mark und, meine Herren, ich glaube, das ist doch eine Härte für eine solche kleine Stadt, wie eben Malmedy ist. Gestatten Sie mir, meine Herren, das offizielle Organ der Stadt Malmedy, den Bürgermeister, welcher mir ein Schreiben zugeschickt hat, anzuführen, worin er mich bittet, dieses dem hohen Reichstag zur Kenntnißnahme zu unterbreiten. Es heißt hier folgendermaßen

Sitzung vom 4. April 1879, — und er schreibt also:

> Die anwesenden Stadtverordneten bitten Herrn Bürgermeister Andres an Herrn Abgeordneten Franssen die Bitte zu richten, den im neuen Zolltarifentwurf projektirten Zoll von 0,50 Mark auf 100 Kilo Gerberlohn als die Existenz der hiesigen Lederindustrie geradezu bedrohend darzustellen, daß im Fall der projektirte Zoll auf Gerberlohe wirklich eingeführt würde, die hiesigen Fabrikanten materiell gezwungen wären, ihre Gerbereien zu schließen, da der beabsichtigte neue Zolltarif, bei den sonstigen äußerst ungünstigen Konjunkturen für die hiesigen Gerber eine neue Abgabe von 57 500 Mark bilden würde, indem jährlich 1500 Waggons fremde Eichenlohe in Malmedy eingeführt werden, daß außerdem die Einführung des neuen Systems der Verzollung der fremden Waare den hiesigen Industriellen äußerst störende und unangenehme Weitläufigkeiten schaffen würde, weil die hiesige Stadt von der nächsten auf belgischem Gebiet gelegenen Eisenbahnstation zwölf Kilometer entfernt liegt und die Waare mithin auf diesen Strecken per Axe transportirt werden muß. Diese Schwierigkeit tritt besonders in den Monaten Juni und Juli hervor, zumal die Eisenbahnverwaltung nur acht Stunden Frist zur Abholung gewährt.

Meine Herren, wenn Sie dieses Schreiben erwägen, so glaube ich, dem nur noch wenig hinzusetzen zu brauchen. Es ist mir gesagt worden, es könnte durch meinen Antrag der Schmuggel an Lohe befördert werden. Ebensowenig wie die Einfuhr nach dem Kreise Malmedy möglich ist, ebensowenig ist auch eine Ausfuhr aus dem Kreise möglich, und bei dem Zolle von 25 Pfennigen pro Zentner würde der Schmuggel sehr wenig verlockend sein, daß er dadurch wahrlich nicht möglich werden wird.

Es ist mir dann weiter gesagt worden, es sei die Grenze etwas zu weit gezogen, es müßte von Herbesthal bis nach Ulflingen die Grenze enger gezogen werden. Meine Herren, dem würde ich mich gewiß nicht widersetzen, wenn z. B. die Grenze an der belgisch-luxemburgischen Station Stavelot oder Franco-champ bestimmt würde. Meine Herren, es sind diese Grenzorte darum etwas weiter genommen worden, weil eben die ganzen Lohetransporte in den Monaten Juni und Juli bezogen werden, und ich möchte gern von dem Herrn Regierungskommissar erfahren, wie er es sich denkt, diese 1500 Waggons in den beiden Monaten versteuern zu können. Glauben Sie nicht, meine Herren, daß die Bürger von Malmedy durch eben die Zollformalitäten in ihrem Vermögen beschädigt werden können? Wenn z. B. ein Gewitterregen die Lohe total verdirbt, und das ist der Fall, wenn die Lohe im trockenen Zustande transportirt wird, und z. B. wie am vorigen Donnerstag ein so schweres Gewitter die Fuhren überraschte, dann werden nicht allein die Gerber in ihrem Vermögen geschädigt, sondern sie werden sich genöthigt sehen, durch einen Prozeß ihr Hab und Gut wieder zurückzuverlangen. Die Regierung setzt sich durch diesen Zoll vielen Kalamitäten aus, sie wird Prozesse auf Prozesse bekommen, wenn die Formalitäten des Zolls die Schuld tragen, was bei einem Transport nach Malmedy sehr leicht möglich ist, und man kann es den Beschädigten nicht verübeln, wenn sie dadurch sich genöthigt finden, gegen den Fiskus vorzugehen.

Meine Herren, ich möchte nur noch auf Eines hinweisen. Der Herr Regierungskommissar hat in seinen Ausführungen, die gewiß für die Eichenschälwaldkultur sehr interessant waren, auf einen Umstand zu wenig Gewicht gelegt. Er hat nämlich gesagt, daß der jetzige Wenigerkonsum von Lohe durch die Mehreinfuhr von außen bedingt würde; nein, meine Herren, es ist schon eben von dem Herru Vorredner, dem Herrn von Kardorff, hingewiesen worden auf die unendliche Masse von Hemlockleder, welches aus Amerika die deutsche Gerberindustrie total zu Grunde gerichtet hat. In einer einzigen rheinischen Stadt sind in letzter Zeit durch die Konkurrenz der Einfuhr von Amerika 12 oder 14 Gerbereien bankerott erklärt worden, und wenn Sie die Ziffern hören wollen, welche die Amerikaner uns zugeführt haben, so betrug die Einfuhr im Jahr 1864 4226 Zeutner, während sie im Jahr 1874 schon 111 867 Zentner betragen hat. Meine Herren, das ist der Grund, warum weniger Lohe gebraucht worden ist, die Gerber waren in ihrem Konsum beschränkt, weil sie eben durch diese ungeheuere Zufuhr nicht mehr im Staude waren, das zu produziren, was sie in guten Jahren immer abgesetzt haben. Darauf sollte die Regierung ein größeres Gewicht legen, und ich freue mich, daß unsere Kommission den Zoll auf Sohlleder so bedeutend erhöht hat, daß dadurch den Amerikanern in etwas der deutsche Markt verschlossen ist.

Wie leicht die Herren Amerikaner es hatten, sehen Sie daraus, wenn wir den Zollunterschied betrachten, nämlich während Amerika in Deutschlaud 6 Mark pro Zentner zu zahlen hat, haben wir Deutsche, wenn wir nach Amerika unser Leder exportiren wollen, 35 Mark zu zahlen; Sie sehen hieraus, wie die Regierung hätte längst einschreiten müssen, um unser gutes deutsches Ledergewerbe in der Höhe zu erhalten, auf der es bis jetzt gestanden. Die deutsche Schälwaldung allein thut es nicht, diese kann nur gehoben werden, wenn die Gerberei gehoben wird, und ich weiß wirklich nicht, wie der Herr Regierungskommissar uns sagen kann, daß die deutsche Eichenschälwirthschaft so lohnend sei, wenn sie nicht zugleich die Gerberindustrie heben will. In unserer Rheinprovinz scheint das dann nicht der Fall zu sein; da haben wir in den letzten Jahren in zwei Regierungsbezirken zirka 60 000 Morgen Nadelholz aufgeforstet bekommen, und was haben wir dadurch erreicht? Die Wildschweine sind dadurch vermehrt, und zu einer solchen Kalamität geworden, die wir früher nicht gekannt haben. Also ich glaube, in dieser Beziehung hätte der Herr Regierungskommissar uns doch beweisen müssen, daß die Eichenschälwaldung mehr kultivirt würde, aber dabei nicht aus den Zöllen der Gerber, sondern durch ihre eigenen Mittel. Das wäre meines Erachtens viel besser gewesen.

Meine Herren, ich muß Sie wirklich bitten, trotz der eben gehörten Abmachungen: schließen Sie den Kreis Malmedy von dem Zoll auf Lohe aus, er verdient es wirklich, es ist eine loyale Bevölkerung und sie würde erkennen, daß sie von uns Deutschen gerecht behandelt wird. Sie dürfen es gewiß nicht verlangen, daß ein Kreis, der von Deutschland in solcher Weise ausgeschlossen wird — die Bewohner der Kreise Malmedy wie auch Montjoie haben bereits seit mehr als 20 Jahren petitionirt, um eine Eisenbahn zu erhalten, um endlich mit Deutschland verbunden zu werden, aber alle ihre Hoffnungen und Petitionen sind bis jetzt vergebens gewesen; legen wir ihnen nun nicht als Dank noch diesen Zoll auf. Ich bitte Sie, nehmen Sie den Antrag Windthorst-Franssen an.

Präsident: Es ist ein Antrag auf Schluß der Debatte gestellt vom Herru Abgeordneten Grafen zu Stolberg (Rastenburg).

Ich bitte diejenigen Herren sich zu erheben, welche den Antrag unterstützen wollen.

(Geschieht.)

Die Unterstützung reicht aus.

Ich bitte nun diejenigen Herren, welche den Schlußantrag annehmen wollen, stehen zu bleiben oder sich zu erheben.

(Geschieht.)

Das ist die Mehrheit; der Schluß ist angenommen.

Zu einer persönlichen Bemerkung hat das Wort der Herr Abgeordnete Oechelhäuser.

Abgeordneter Oechelhäuser: Meine Herren, der Herr Abgeordnete von Kardorff hat für gut befunden, heute aus einer meiner Abstimmungen in der Tarifkommission, die Behauptung herzuleiten, daß ich durch diese Abstimmung in Widerspruch getreten sei mit Behauptungen, die ich eben auf der Tribüne ausgesprochen habe, nämlich, daß ich durch die Erhöhung des Lederzolls den Wünschen auch der Haubergsinteressenten entsprechen wolle. Er hat behauptet, gerade ich hätte umgekehrt die Herabsetzung des Lederzolls auf 18 Mark durchgesetzt. Ich muß zunächst hierauf bemerken, daß diese 18 Mark keine Herabsetzung, sondern eine Erhöhung des bisherigen Zolls um 50 Prozent darstellen, und ich bemerke ferner, daß Herrn von Kardorffs Gedächtniß sehr kurz sein muß, indem gerade er als Referent und ich als Korreferent gemeinsam die Ausscheidung und höhere Besteuerung des amerikanischen Leders beantragt haben. Ich selbst habe für den Satz von 40 Mark gestimmt. Ich muß dem Herrn Abgeordneten von Kardorff aber noch ferner sagen, daß sein Gedächtniß noch kürzer zu sein scheint in Beziehung auf das, was ich erst eben von der Tribüne ausgesprochen habe. Herr von Kardorff sagt, ich hätte den Schälwaldbetrieb als in einer glücklichen Lage befindlich dargestellt. Ich habe umgekehrt hervorgehoben, daß der Schälwaldbetrieb gegenwärtig in der traurigsten und mißlichsten Lage sei, aber in einer Lage, die er leider mit allen übrigen Industrien und der Forstkultur im allgemeinen theile.

Präsident: Bevor wir zur Abstimmung schreiten, habe ich anzuzeigen, daß vom Herrn Abgeordneten Wiggers (Parchim) ein Antrag auf namentliche Abstimmung über 13b, der von mehr als 50 Mitgliedern unterstützt ist, eingegangen ist. Ich bemerke dazu, daß der Antrag sich auch auf den Antrag Bezanson bezieht, der aber zurückgezogen ist, er erstreckt sich daher nur noch auf die Position selbst.

Meine Herren, ich schlage Ihnen vor, jetzt abzustimmen über den Antrag des Herrn Abgeordneten Dr. Jäger, der beantragt für den Fall der Annahme der litera b hinzuzusetzen:

> Eichenrinde, Eichenlohe, Fichtenrinde und Fichtenrindelohe ist frei,

dann abzustimmen über die von Herrn Abgeordneten Windthorst und Genossen beantragte Anmerkung zu 13b, die dahin lautet:

> Gerberlohe bei dem Eingange über die Grenzstrecke von Herbesthal bis Ulflingen frei.

Je nach dem Ausfall der Abstimmung hierüber folgt zuletzt die namentliche Abstimmung über die Position Holz litera b: Borke und Gerberlohe

Sind die Herren mit der Reihenfolge der Abstimmung einverstanden? — Das ist der Fall: ich konstatire das.

Ich bitte, daß diejenigen Herren, welche für den Antrag des Herrn Abgeordneten Dr. Jäger, der so lautet:

> Der Reichstag wolle beschließen:
> Eichenrinde, Eichenlohe, Fichtenrinde und Fichtenrindenlohe ist frei —

stimmen wollen, sich zu erheben.

(Geschieht.)

Das Büreau ist nicht zweifelhaft darüber, daß dies die Minorität ist; der Antrag ist abgelehnt.

Wir kommen nun zur Abstimmung über das Amendement des Herrn Abgeordneten Windthorst und Genossen, so lautend:

> Gerberlohe bei dem Eingange über die Grenzstrecke von Herbesthal bis Ulflingen: frei.

Diejenigen Herren, die so beschließen wollen, bitte ich, sich zu erheben.

(Geschieht.)

Meine Herren, auch das ist die Minderheit.

Es bleibt nur die Vorlage zur Abstimmung übrig:

> litera b, Holzborke und Gerberlohe: 100 Kilogramm 50 Pfennige.

Die Abstimmung ist eine namentliche. Ich ersuche diejenigen Herren, welche für die Position stimmen wollen, mit Ja zu antworten, und die dagegen stimmen wollen, mit Nein. Die Herren Schriftführer ersuche ich, den Namensaufruf zu beginnen.

Der Namensaufruf beginnt mit dem Buchstaben W.

(Der Namensaufruf wird vollzogen.)

Mit Ja antworten:	Mit Nein antworten:
Ackermann.	
Arbinger.	
Freiherr von Aretin (Ingolstadt).	
Freiherr von Aretin (Illertissen).	
Graf Ballestrem.	Dr. Bähr (Kassel).
Bender.	Dr. Bamberger.
Berger.	Dr. Baumgarten.
Bernards.	von Behr-Schmoldow.
von Bethmann-Hollweg (Ober-Barnim).	von Benda.
	von Bernuth.
Bezanson.	Dr. Beseler.
Dr. Graf von Bissingen-Nippenburg.	Dr. Blum.
	Bode.
Dr. Bock.	Dr. Böttcher (Waldeck).
von Bockum-Dolffs.	Dr. Boretius.
Freiherr von Bodman.	Dr. Braun (Glogau).
von Bötticher (Flensburg).	Dr. Brüning.
von Bredow.	Büchner.
von Busse.	von Bühler (Oehringen).
	Bürten.
	Dr. Buhl.
	Dr. von Bunsen.
von Colmar.	Carl Fürst zu Carolath.
	Dr. von Cuny.
Dieden.	Dr. Delbrück.
Graf zu Dohna-Finckenstein.	Dernburg.
Dr. Dreyer.	ten Doornkaat-Koolman.
Graf von Droste.	
	Eysoldt.
Dr. Falk.	Feustel.
Fichtner.	Graf von Flemming.
von Flottwell.	Forkel.
von Forcade de Biaix.	Franssen.
Freiherr zu Franckenstein.	Freund.
Graf von Frankenberg.	
Dr. Franz.	
Dr. Frege.	
Dr. Friedenthal.	
Freiherr von Fürth.	
Graf von Fugger-Kirchberg.	
Graf von Galen.	Dr. Gareis.
von Gerlach.	von Geß.
Gielen.	Görz.

Mit Ja antworten:	Mit Nein antworten:
von Gordon.	Dr. Groß.
Grad.	Dr. Günther (Nürnberg).
Dr. von Gravenitz.	
Grütering.	
Grützner.	
Haanen.	Haerle.
Hamm.	Dr. Harnier.
Fürst von Hatzfeldt-Trachenberg.	Heilig.
Freiherr von Heereman.	Hermes.
von Helldorff-Runstedt.	von Hölder.
Dr. Freiherr von Hertling.	Hoffmann.
Fürst zu Hohenlohe-Langenburg.	Holtzmann.
Horn.	
von Jagow.	Jäger (Nordhausen).
	Jordan.
von Kardorff.	Kablé.
Katz.	Dr. Karsten.
Klein.	Kiefer.
von Kleist-Retzow.	Klotz.
Graf von Kleist-Schmenzin.	Dr. Klügmann.
von Knapp.	Knoch.
Kochann.	Dr. Kraetzer.
Kreutz.	Krafft.
	Kuntzen.
Lender.	Landmann.
Freiherr von Lerchenfeld.	Laporte.
Dr. Lieber.	Dr. Lasker.
Dr. Lingens.	Lentz.
Dr. Löwe (Bochum).	Löwe (Berlin).
Dr. Lucius.	Lüders.
von Lüderitz.	
Dr. Majunke.	Dr. Marquardsen.
Freiherr von Maltzahn-Gültz.	Meier (Schaumburg-Lippe).
Freiherr von Manteuffel.	Dr. Mendel.
Marcard.	Möring.
Freiherr von Marschall.	Müller (Gotha).
Dr. Mayer (Donauwörth).	
Melbeck.	
von Miller (Weilheim).	
Freiherr von Minnigerode.	
Freiherr von Mirbach.	
Mosle.	
Dr. Moufang.	
Müller (Pleß).	
von Neumann.	
von der Osten.	Oechelhäuser.
Freiherr von Ow (Freudenstadt).	
Dr. Perger.	Pfähler.
Freiherr von Pfetten.	
Fürst von Pleß.	
Graf von Plessen.	
Graf von Praschma.	
von Puttkamer (Fraustadt).	
von Puttkamer (Löwenberg).	
von Puttkamer (Lübben).	
Prinz Radziwill (Beuthen).	Freiherr Nordeck zur Rabenau.
Herzog von Ratibor.	Richter (Hagen).
von Ravenstein.	Rickert (Danzig).
von Reden (Celle).	Römer (Württemberg).

Mit Ja antworten:	Mit Nein antworten:
Dr. Reichensperger (Krefeld).	Dr. Rückert (Meiningen).
Reichert.	
Reinecke.	
Dr. Rentzsch.	
Richter (Kattowitz).	
Dr. Rudolphi.	
Ruppert.	
Rußwurm.	
Saro.	Schlieper.
von Schalscha.	Schlutow.
Dr. von Schauß.	Schneegans.
von Schenck-Flechtingen.	Schwarz.
von Schenck-Kawenczyn.	Graf von Sierakowski.
von Schmid (Württemberg).	Sonnemann.
Schmiedel.	Streit.
Graf von Schönborn-Wiesentheid.	
von Schöning.	
Freiherr von Schorlemer-Alst.	
Schröder (Lippstadt).	
Dr. von Schwarze.	
von Schwendler.	
Senestrey.	
von Seydewitz.	
Dr. Simonis.	
Freiherr von Soden.	
Staelin.	
Staudy.	
Stötzel.	
Graf zu Stolberg-Stolberg (Neustadt).	
Theodor Graf zu Stolberg-Wernigerode.	
Udo Graf zu Stolberg-Wernigerode.	
Stumm.	
Süs.	
Freiherr von Tettau.	Trautmann.
Thilo.	
	Freiherr von Unruhe-Bomst.
Freiherr von Varnbüler.	
Dr. Völk.	
Vowinckel.	
Freiherr von Wackerbarth.	Dr. Weigel.
Graf von Waldburg-Zeil.	Dr. Wiggers (Güstrow).
von Wedell-Malchow.	Wiggers (Parchim).
Dr. Westermayer.	Dr. Witte (Mecklenburg).
Wichmann.	Wöllmer.
Windthorst.	Wulfshein.
Winterer.	
Witte (Schweidnitz).	
Freiherr von Zu-Rhein.	Dr. Zimmermann.

Krank sind: von Below. Graf von Bismarck. Bracke. von Cranach. Fürst von Czartoryski. von Dewitz. Flügge. Dr. von Forckenbeck. Günther (Sachsen). Freiherr von Hafenbrädl. Freiherr von Horneck-Weinheim. Dr. Müller (Sangerhausen). Dr. Oetker. Dr. Schröder (Friedberg). Freiherr Schenk von Stauffenberg. Dr. Stephani. Tölke. von Unruh (Magdeburg). Werner (Liegnitz).

Beurlaubt sind: von Alten-Linden. Graf von Arnim-Boitzenburg. Baer (Offenburg). von Batocki. Bebel. Becker. Graf von Behr-Behrenhoff. Freytag. Gerwig. Dr. Hänel.

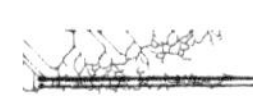

Hauck. von Heim. Dr. Jäger (Neuß). von Levetzow. Pabst. Pflüger. Schmidt (Zweibrücken). Dr. Sommer. Stegemann. Struve. Uhden. Vopel. von Waldow-Reitzenstein. von Werner (Eßlingen). Wiemer. von Woedtke.

Entschuldigt sind: Bauer. von Bennigsen. Graf Bethusy-Huc. Dietze. Freiherr von Ende. Dr. Gneist. von Goßler. Dr. Hammacher. von Helldorff-Bedra. Fürst von Hohenlohe-Schillingsfürst. von König. Graf von Moltke. Reich. Graf von Saurma-Jeltsch. Dr. von Schliekmann. von Simpson-Georgenburg. Stellter. Dr. Wachs. Dr. Wehrenpfennig. Dr. Wolffson. Dr. Zinn.

Ohne Entschuldigung fehlen: von Adelebsen. Baron von Arnswaldt. Graf von Bernstorff. von Bethmann-Hollweg (Wirsitz). Bieler (Frankenhain). von Bönninghausen. Bolza. Borowski. von Brand. Braun (Hersfeld). Freiherr von und zu Brenken. Brückl. Dr. Brüel. Freiherr von Buddenbrock. Büsing. Graf von Chamaré. Clauswitz. von Czarlinski. Freiherr von Dalwigk-Lichtenfels. Dahl. Dollfus. Dr. von Feder. Findeisen. Fritzsche. Germain. von Grand-Ry. Graf von Grote. Guerber. Hall. Hasselmann. Heckmann-Stintzy. Hilf. Graf von Holstein. Graf von Hompesch. Jaunez. Dr. von Jazdzewski. von Kalkstein. Kayser. von Kehler. von Kesseler. Dr. von Komierowski. Kopfer. Krüger. von Kurnatowski. Graf von Kwilecki. Freiherr von Landsberg-Steinfurt. Lang. von Lenthe. Leonhard. Liebknecht. Dr. Lindner. List. Lorette. von Ludwig. Graf von Luxburg. Magdzinski. Dr. Maier (Hohenzollern). Martin. Maurer. Menken. Dr. Merkle. Merz. Dr. Meyer (Schleswig). Michalski. von Müller (Osnabrück). Graf von Nayhauß-Cormons. Dr. von Niegolewski. Noth. Freiherr von Ow (Landshut). Dr. von Ohlen. Dr. Peterssen. Pfafferott. Dr. Pohlmann. Graf von Preysing. von Puttkamer (Schlawe). Dr. Rack. Fürst Radziwill (Adelnau). von Reden (Lüneburg). Reichensperger (Olpe). Reinhardt. Richter (Meißen). Graf von Rittberg. Römer (Hildesheim). Dr. Roggemann. von Saucken-Tarputschen. Schenk (Köln). Schmitt-Batiston. Dr. Schulze-Delitzsch. von Sczaniecki. Servaes. Dr. Stöckl. Strecker. Dr. Thilenius. Dr. von Treitschke. Triller. von Turno. Vahlteich. Dr. von Waenker. Freiherr von Wendt. Graf von Zoltowski.

Präsident: Die Abstimmung ist geschlossen.

(Das Resultat wird ermittelt.)

Das Resultat der Abstimmung ist, daß im ganzen abgegeben sind 226 Stimmen; davon haben mit Ja geantwortet 140 und mit Nein 86. Die Position b ist also nach der Regierungsvorlage angenommen.

Wir gehen weiter zu Nr. 13 d. Ich eröffne die Debatte hierüber und ertheile das Wort dem Herrn Abgeordneten Rickert (Danzig).

Abgeordneter **Rickert** (Danzig): Meine Herren, ich wollte mir nur erlauben, an die Vertreter der Bundesregierungen eine Anfrage zu richten. Unter d sind u. a. auch aufgeführt: „bloß gehobelte Holzwaaren." Ein Brief von einem Interessenten, der mir vorgelegt worden ist, spricht die Befürchtung aus, als ob unter diese gehobelten Holzwaaren auch zu setzen seien die maschinenbehobelten Bretter und Dielen, welche als Bauholz verwendet werden. Der betreffende Interessent erhebt für diesen Fall sehr lebhaften Protest gegen den hohen Zoll von 3 Mark. Dieser Protest ist meiner Ansicht nach auch gerechtfertigt. Es würde nämlich unter der Voraussetzung, daß die Annahme des Interessenten richtig wäre, ein Zoll von 25 bis 30 Prozent vom Werth des Artikels erhoben werden.

Ich halte jedoch die Annahme des Interessenten für nicht zutreffend. Ich bin der Meinung und hoffe, auch die Majorität dieses Hauses, daß die behobelten Bretter nicht als gehobelte Holzwaaren zu bezeichnen sind, sondern zu rubriziren sind unter Nr. c, 2, über die wir bereits Beschluß gefaßt haben und welche verzollt werden mit einem Satze von 0,25 Mark für 100 Kilogramm. Ich wollte mir nun, da derartige Befürchtungen ausgesprochen sind, die Anfrage an die Herren Vertreter der Bundesregierungen zu stellen erlauben, ob sie die Annahme, die ich ausgesprochen, theilen oder nicht, also, ob sie der Ansicht sind, daß unter „bloß gehobelter Holzwaare" auch diese maschinenbehobelten Bretter zu verstehen wären.

Präsident: Der Herr Kommissarius des Bundesraths Ministerialrath Mayr hat das Wort.

Kommissarius des Bundesraths königlich bayerischer Ministerialrath **Mayr**: Meine Herren, auf die Anfrage des geehrten Herrn Vorredners erlaube ich mir folgendes zu bemerken. Die Anschauungen der Interessenten über diese Frage scheinen allerdings verschiedenartig zu sein; gegenüber demjenigen Interessenten, dessen Aeußerungen uns der geehrte Herr Vorredner vorgetragen hat, habe ich hier beispielsweise eine Petition der Baugewerkvereine von Duisburg vor mir, welche von einer großen Anzahl von Interessenten unterzeichnet ist. Diese sind der Ansicht, daß gehobelte Bretter der Position 13 d. zuzurechnen seien. Diese sehr zahlreichen Interessenten wären also der entgegengesetzten Anschauung, als derjenige Interessent, über dessen Anschauung der Herr Vorredner uns Mittheilung gemacht hat. Zur Sache selbst möchte ich auf folgendes aufmerksam machen: Es ist bei den Holzwaaren durch die Vorlage des neuen Tarifs eine Klassifikationsverschiebung gegenüber dem dermaligen Waarenverzeichnisse eingetreten, so daß wir nicht ohne weiteres, so wie dies bei vielen anderen Positionen allerdings möglich ist aus dem dermaligen Waarenverzeichnisse ganz entschieden auf die zukünftige Zollbehandlung der Waaren schließen können. Es wird wegen der Klassifikationsverschiebungen, die hier vorgeschlagen sind, falls dieselben vom hohen Hause angenommen werden, nothwendig werden, daß dieser Theil des Waarenverzeichnisses einer vollkommen neuen Redaktion unterworfen wird, und das ist, wie den verehrten Herren bekannt ist, Sache des Bundesraths. Wie die Einreichung einer einzelnen hier speziell herausgegriffenen Waare definitiv zu erfolgen haben wird, wird schließlich die Sache des Bundesraths sein. Ich bin deshalb, wenn derartige Fälle berührt werden, zunächst nur in der Lage, meine persönliche Anschauung in der Sache vorzutragen. In dieser Richtung komme ich allerdings zu dem Resultate, daß die gehobelten Bretter unter einer Voraussetzung, die ich sofort bezeichnen werde, der Position 13 d und nicht der Position 13 c zuzuweisen seien. Ich stütze dieses auf die Fassung des vorliegenden Tarifentwurfs. Unter die Position c sollen nur solche Holzartikel gerechnet werden, die roh oder bloß mit der Axt vorgearbeitet sind. Unter der Voraussetzung also, daß in den gehobelten Brettern eine finalisirte Waare vorliegt und daß das Hobeln nicht eine bloße Vorarbeitung darstellt, bin ich allerdings der Ansicht, daß die gehobelten und zur Verwendung definitiv fertiggestellten Bretter der Position 13 d zuzuweisen seien.

Präsident: Der Herr Abgeordnete Dr. Delbrück hat das Wort.

Abgeordneter Dr. **Delbrück**: Meine Herren, ich bin mit Rücksicht auf die prinzipielle Erörterung, welche in der Tarifkommission über die fernere Anwendbarkeit des bestehenden amtlichen Waarenverzeichnisses auf den neuen Tarif stattgefunden hat, von der Unterstellung ausgegangen, daß wie gegenwärtig, so auch in Zukunft die Bretter, um die es sich hier handelt, unter Position c 2 fallen würden, nicht unter

Position c 1, da gehören sie ganz entschieden nicht hin, sondern unter die Position: gesägtes oder auf andere Weise vorgearbeitetes Bau- und Nutzholz. Nach meiner Ansicht gehören Bretter unzweifelhaft in diese Kategorie, sie gehören zum Bauholz und sie sind gesägt oder auf andere Weise vorgearbeitet. Wenn aus der eben vernommenen Erklärung des Herrn Kommissarius der verbündeten Regierungen sich in dieser Beziehung ein Zweifel ergeben sollte, so wird nichts anderes übrig bleiben, als bei der dritten Lesung, da ich im Augenblick nicht im Stande bin, einen formulirten Antrag hier einzubringen, die Sache klar zu stellen. Nach dem System des bestehenden Waarenverzeichnisses und Tarifs würden diese Bretter unzweifelhaft unter Position c 2 gehören.

Präsident: Der Herr Kommissarius des Bundesraths Ministerialrath Mayr hat das Wort.

Kommissarius des Bundesraths königlich bayerischer Ministerialrath **Mayr:** Ich möchte mir nur erlauben, in aller Kürze hervorzuheben, daß es nach der gegenwärtigen Einrichtung des Tarifs vollkommen gleichgiltig war, ob man die Bretter zur Position Nutzhölzer oder zur Position der bearbeiteten Holzwaaren rechnete, da beide Waarengattungen zollfrei waren. Da nun hier eine Klassifikationsänderung eintritt, so bin ich allerdings der Ansicht, daß aus der im gegenwärtigen Waarenverzeichniß für Bretter aller Art enthaltenen Verweisung zunächst keine Schlußfolgerung auf die künftige Gestaltung der Tariflage gezogen werden kann.

In materieller Beziehung möchte ich noch darauf aufmerksam machen, daß es eine ganz außerordentliche Prämiirung der Veredlung im Ausland sein würde, wenn man gehobelte und ungehobelte Bretter zu denselben Zollsätzen eingehen lassen wollte.

Präsident: Der Herr Abgeordnete Dr. Delbrück hat das Wort.

Abgeordneter Dr. **Delbrück:** Meine Herren, ich erkenne an, daß es bei der jetzigen Lage des Tarifs, die in Rede stehenden Waaren zollfrei waren, ziemlich indifferent war, auf welche Kategorie das Waarenverzeichniß sie verwies. Der Tarif hat indessen die Kategorien beibehalten, die der frühere Tarif, als noch Holzzölle bestanden, hatte und das Waarenverzeichniß ist dieser früheren Gestaltung des Tarifs gefolgt, indem es die in Rede stehenden Bretter in der positio des Bau- und Nutzholzes beließ.

Präsident: Der Herr Abgeordnete Rickert (Danzig) hat das Wort.

Abgeordneter **Rickert** (Danzig): Meine Herren, wir sind hier bei einer prinzipiell wichtigen Frage. Der Herr Regierungskommissar löst sie sehr einfach, er sagt: beschließt nur den Tarif, — was unter die einzelnen Rubriken zu subsumiren ist, darüber beschließt der Bundesrath. Ja, meine Herren, man mag stehen auf welchem Standpunkt man will, ich glaube, Sie werden alle ein solches Vorgehen nicht für richtig halten können. Der Reichstag will wissen, was er beschließt und ich glaube, er hat darauf ein Recht. Wenn ich die Frage stelle, ob maschinengehobelte Bretter, die als Bauholz gebraucht werden, zu subsumiren sind unter Position c 2 oder d, dann glaube ich, können wir auch eine klare und bindige Antwort vom Regierungstisch verlangen, da dies heute nicht möglich ist, da aber gerade aus den Erkärungen des Herrn Regierungsvertreters hervorgeht, daß auf der Bank der Regierung mehr die Meinung herrscht, die Position unter d zu bringen, und das wäre wirklich eine ganz außergewöhnliche Vertheuerung des Baumaterials. Der Brief, den ich vor mir habe und den ich schon erwähnte, ist aus der Provinz Schleswig-Holstein, und er schildert, wie unentbehrlich die maschinengehobelten Bretter zu den Bauten dort sind. Da wir hier eventuell einer Vertheuerung bis auf 24—30 Prozent vom Werth gegenüberstehen, so erlaube ich mir, den Antrag zu stellen, die Position d an die Tarifkommission zu überweisen, um dort auf Grund einer Erklärung der Bundesregierungen festzustellen, ob die maschinengehobelten Bretter in dieselbe gehören oder nicht. Die Kommission wird meiner Ansicht nach Veranlassung nehmen, eventuell einen Antrag zu stellen, daß diese maschinengehobelten Bretter unter c 2 zu setzen wären. Ich beantrage also, die Position d und zwar dieselbe allein an die Tarifkommission zur Berichterstattung zu überweisen.

Präsident: Der Herr Abgeordnete Graf zu Stolberg (Rastenburg) hat das Wort.

Abgeordneter Graf **zu Stolberg** (Rastenburg): Zunächst möchte ich dringend bitten, dem Antrag des Herrn Abgeordneten Rickert nicht Folge zu geben und diese Position nicht an die Tarifkommission zu verweisen, sondern die Frage hier im Plenum zum Austrag zu bringen. Ich muß bekennen, daß, als ich den Tarif gelesen habe, es mir ganz unzweifelhaft gewesen ist, daß gehobelte Bretter unter Position d fallen. Es heißt hier ausdrücklich: bloß gehobelte Holzwaaren.

Ja, meine Herren, wenn das gehobelte Brett keine bloße gehobelte Holzwaare ist, dann weiß ich überhaupt nicht, was die deutsche Sprache zu bedeuten hat, mir ist unerklärlich, wie da irgend ein Mißverständniß hat entstehen können.

Präsident: Der Herr Abgeordnete Berger hat das Wort.

Abgeordneter **Berger:** Meine Herren, ich schließe mich den Ausführungen des Herrn Kollegen Grafen Stolberg an und bin in Uebereinstimmung mit ihm auch der Meinung, daß wir die vorliegende wichtige Frage jetzt im Plenum erledigen sollten und daß keine Gründe obwalten, um die ohnehin mit Arbeiten überhäufte Tarifkommission auch noch mit dieser Angelegenheit zu beschweren.

Die Frage, um die es sich hier handelt, ist, wie gesagt, von großer Bedeutung und zwar für eines der wichtigsten, zahlreiche Hände beschäftigenden Gewerbe unseres Landes, für das Schreinerhandwerk. In früheren Jahren beschäftigten sich die sogenannten Bauschreiner im Winter, wo sie wenig zu thun haben, damit, die Bretter zu behobeln, die im Sommer bei den auszuführenden Bauten zur Verwendung gelangen. Im letzten Jahrzehnt aber sind ganz bedeutende Mengen von maschinell gehobelten Brettern namentlich aus Norwegen und Schweden nach Deutschland gekommen, und es leidet jener Gewerbzweig schwer unter diesem Import.

Es könnte nun möglicherweise zweifelhaft erscheinen, wohin im Zolltarif derartige gehobelte Bretter zu rechnen seien; aber wie schon Herr Graf Stolberg Ihnen auseinandergesetzt hat, kann ich den Wortlaut der Position d nur so verstehen, daß auch gehobelte Bretter darunter zu subsumiren sind. Es heißt dort nämlich wörtlich: „bloß gehobelte Holzwaaren und Wagnerarbeiten." Unter Position c 2 dagegen ist nur vom gesägtem Bau- und Nutzholz sowie von Faßdauben und ähnlichen Säg- oder Schnittwaaren die Rede; ich finde aber unter c 2 nirgendwo, daß dort die klare technische Bezeichnung „gehobelt" angewendet oder sonstwie darauf hingedeutet sei. Im Zweifelsfalle würden also in Uebereinstimmung mit dem Herrn Regierungskommissar „gehobelte Bretter" nach Pos. d zu verzollen sein. Der Herr Regierungskommissar hat ferner — freilich nur vorübergehend — bemerkt, daß, wenn gehobelte Bretter unter Pos. c 2 gebracht, also mit 25 Pfennigen besteuert würden, dies in der That eine vollständige Importprämie für diesen Artikel darstellen würde.

Meine Herren, es ist Ihnen vielleicht nicht bekannt, daß gehobeltes Holz zur See wesentlich billiger transportirt wird, als rohes Holz; es ist das auch natürlich, da gehobelte Hölzer sich in der Regel viel leichter manipuliren lassen, als wie die ungehobelten Balken. Ferner ist gehobeltes Holz um ein Siebentel im Volumen geringer als rohes Holz. Wenn also unsere deutschen Bauhandwerker und Fabrikanten rohes Holz behufs Verarbeitung zu Brettern einführen wollten, so würden sie im Vergleich zu gehobelten ausländischen Brettern mehr zu bezahlen haben: 8 bis 10 Prozent der Seefracht, dazu $1/7$ der Seefracht für Volumendifferenz zwischen rohem und gehobeltem Holz und endlich noch den Zoll! Es fiele da wahrlich keinem Menschen mehr in Deutschland ein, falls gehobelte Bretter nur mit 25 Pfennigen versteuert werden sollten, überhaupt noch rohes Holz für Bretter vom Ausland hereinkommen zu lassen, um es hier durch Hobeln zu bearbeiten. Es würden nur fertig gehobelte Bretter importirt werden und also für ein bedeutendes Quantum Arbeit, die früher bei uns im Lande geleistet wurde, durch den Import von gehobelten Brettern ganz unmöglich werden und der entsprechende Geldbetrag für Arbeitslohn dem Lande für immer verloren gehen.

Ich kann also unter Hinweis auf dieses Faktum ebenfalls nur dringend bitten, die Frage heute und hier zu entscheiden, nicht aber nach dem Antrage des Abgeordneten Rickert dieselbe noch der Tarifkommission zu überweisen.

Präsident: Es ist ein Antrag von dem Herrn Abgeordneten Dr. Harnier eingebracht, der so lautet:

unter Nr. 13 d hinter den Worten: „Wagnerarbeiten, mit Ausnahme" einzuschalten:

der Bretter aller Art (vgl. c 2).

Der Herr Abgeordnete Rickert (Danzig) hat das Wort.

Abgeordneter **Rickert** (Danzig): Meine Herren, ich lege auf den Antrag, die Sache an die Kommission zu bringen nicht einen so entscheidenden Werth, daß ich für den Fall, daß Sie heute schon in unserem Sinne die Sache erledigen, oder wenn es nicht anders sein kann, in Ihrem Sinne, viel dagegen einzuwenden hätte, ich möchte nur Verwahrung dagegen einlegen, als ob die Sache so einfach liege, wie die Herren Abgeordneten Graf Stolberg und Berger es hingestellt haben. Ich behaupte, daß früher, als die Holzzölle bestanden, die Praxis derart gewesen ist, daß man diese Bretter unter Bau- und Nutzholz rechnete und mit dem Zoll von c 2 belegte, und daß man nicht daran dachte, sie in die Rubrik d zu bringen.

Meine Herren, dieser Praxis gegenüber kann man nicht davon sprechen, daß es unzweifelhaft sei, hobelte Bretter gehörten zu d. Herr Kollege Berger hat die Nummer c wohl nicht recht gelesen. Es steht dort ausdrücklich: „Bau- und Nutzholz, gesägt oder auf anderem Wege vorgearbeitet oder zerkleinert." Nun, meine Herren, das trifft eben unseren Fall, diese Bretter sind Bau- und Nutzholz, welches auf anderem Wege vorgearbeitet, nämlich gehobelt ist. Es gibt auch Faßdauben, welche gehobelt werden, trotzdem stehen sie unter c 2 — sie werden vielleicht sogar alle gehobelt, wie mir hier eben zugerufen wird. Es folgt aus der Nomenklatur des Tarifs, was wir hier deduziren, und ich glaube mich in dieser Beziehung auf die Autorität des Herrn Dr. Delbrück berufen zu können. Ich glaube, es würde eine Inkonsequenz und einen Verstoß gegen die frühere Praxis ergeben, wenn Sie die behobelten Bretter nicht unter c 2 bringen wollten.

Präsident: Der Herr Abgeordnete Dr. Harnier hat das Wort.

Abgeordneter Dr. **Harnier**: Meine Herren, im Einverständniß mit dem Herrn Abgeordneten Rickert bin ich der Meinung, daß die Sache in der That mindestens nicht unzweifelhaft ist. Ich glaube, daß man grammatisch und sprachgebräuchlich das Wort „Holzwaaren" nicht auf einfache Bretter beziehen kann. Ich glaube, daß es der deutschen Sprache Gewalt anthun heißt, wenn man das behaupten wollte. Das Argument des Herrn Berger trifft schlechterdings nicht zu, welches er aus den Frachtverhältnissen hergeleitet hat. Herr Berger hat übersehen, daß die unter 13 c 2 erwähnten gesägten Bretter jedenfalls die Frachtdifferenz haben sollen; demnach kann daraus kein Argument entnommen werden, um für diejenigen Bretter, welche nicht nur gesägt, sondern auch gehobelt sind, einen höheren Schutz zu begründen. Ich bin also der Meinung, daß es eine richtige Argumentation sein würde, diese Bretter aller Art unter die Ziffer c 2 zu subsumiren, da die Sache aber zweifelhaft geworden ist, halte ich einen Zusatz für nöthig und aus diesem Grunde habe ich meinen Antrag gestellt. Ich habe dabei noch zugesetzt, „(Vergleiche c 2)" um dem mir gemachten Einwande zu begegnen, als könne der Antrag dahin mißverstanden werden, als ob die Bretter ganz frei bleiben sollen. Meine Herren, das wird nicht der Erfolg sein, wie mir scheint, auch wenn man diese Verweisung auf c 2 nicht mit aufnimmt. Der Deutlichkeit wegen habe ich vorläufig diese Verweisung dem in der Noth und dem Drange der Verhältnisse entworfenen Zusatzantrag mit aufgenommen. Ich bitte Sie, diesen Zusatzantrag zu genehmigen.

Präsident: Der Herr Kommissarius des Bundesraths Ministerialrath Mayr hat das Wort.

Kommissarius des Bundesraths königlich bayerischer Ministerialrath **Mayr**: Meine Herren, ich kann nur unter Bezugnahme auf den Wortausdruck hier hervorheben, daß gerade die Fassung der Position 13 c. ganz entschieden für die Annahme sprechen dürfte, daß gehobelte Bretter nicht darunter gehören. Es handelt sich eventuell um den Grad der Bearbeitung und es liegt hier entschieden das Schwergewicht auf „vorgearbeitete"; dazu gehören nicht Bretter, die vollständig fertig zum Gebrauch gehobelt sind, solche wird man also nicht unter die Position Bau- und Nutzholz rechnen. Ich habe mich mit Rücksicht hierauf und auf das, was ich vorhin äußerte, gegen den Antrag Harnier auszusprechen.

Präsident: Der Herr Abgeordnete von Kardorff hat das Wort.

Abgeordneter **von Kardorff**: Meine Herren, ich möchte vorschlagen, daß wir uns zur dritten Lesung vorbehalten, das klar zu stellen. Die Bezugnahme auf die Aeußerungen des Herrn Dr. Delbrück, betreffend die Zeit, in welcher Holzzölle bestanden haben, kann nicht maßgebend sein, denn in jener Zeit sind maschinengehobelte Bretter wahrscheinlich überhaupt noch nicht eingeführt worden. Ich dächte, wir können uns darüber verständigen, daß wir uns für die dritte Lesung vorbehalten, diese Position klarzustellen; — ich meinestheils glaube allerdings, daß diese Klarstellung nach der entgegengesetzten Richtung erfolgen wird.

Präsident: Der Herr Abgeordnete Schröder (Lippstadt) hat das Wort.

Abgeordneter **Schröder** (Lippstadt): Wenn es wirklich zweifelhaft gewesen wäre, wohin die gehobelten Bretter gehören, so ist es doch in diesem Augenblick nicht mehr zweifelhaft. Die Regierung sagt uns, wir haben es unter 13 d gerechnet und in diesem Sinne will ich also über die Bretter abgestimmt haben. Ich bin aber auch der Meinung, daß die Fassung eine vollständig genügende ist, sie geht ganz systematisch vor. Es heißt in c, Bau- und Nutzholz: 1. roh oder blos mit der Axt vorgearbeitet. 2. gesägt oder auf anderem Wege vorgearbeitet oder zerkleinert. Bis dahin ist es Bau- und Nutzholz; nun kommt unter d. Holzwaaren, und die Fassung stellt ganz klar, daß alles, was auch nur gehobelt ist, schon Holzwaare ist, allerdings sehr roh und unvollkommen, aber es sind Holzwaaren, das scheint mir ganz unzweifelhaft zu sein.

Ich bitte deshalb, für heute wenigstens sowohl von dem Antrag Rickert als von dem Antrag Harnier abzusehen und in dem Sinne zu stimmen, in welchem uns die Frage klar vorgelegt wird. Es könnte vielleicht, wenn es von der anderen Seite gewünscht wird, zur dritten Lesung vorbehalten bleiben, eine genauere Fassung eintreten zu lassen.

Präsident: Der Herr Abgeordnete Rickert (Danzig) hat das Wort.

Abgeordneter **Rickert** (Danzig): Ich will nur noch mit einem Wort darauf hinweisen, daß nicht die Bundesregierungen, wie der Herr Abgeordnete Schröder annimmt, sondern nur der Herr Regierungskommissarius, wie er das hier ausdrücklich hervorgehoben hat, seine persönliche Meinung dahin festgestellt hat, daß gehobelte Bretter unter d zu setzen wären.

Präsident: Der Herr Kommissarius des Bundesraths Ministerialrath Mayr hat das Wort.

Kommissarius des Bundesraths königlich bayerischer Ministerialrath **Mayr**: Gegenüber der Aeußerung des Herrn Abgeordneten Rickert darf ich folgendes konstatiren. Thatsache ist, daß die gehobelten Bretter als eine spezielle Waare hier im Tarif selbst nicht benannt sind; die Verweisung der speziell im Tarif nicht benannten Waaren unter die Position des Tarifs ist die Aufgabe des Waarenverzeichnisses. Ich erkläre aber, daß mir — und in dem Sinne habe ich mich allerdings persönlich geäußert — kein Zweifel darüber zu bestehen scheint, daß nach dem System des Tarifs, das heißt nach dem, was die verbündeten Regierungen Ihnen vorschlagen, die gehobelten Bretter, die eine finalisirte Waare darstellen, unter die Position 13 d fallen und vom Bundesrath durch das Waarenverzeichniß demnächst wohl ausdrücklich dahin werden verwiesen werden.

Präsident: Es verlangt niemand weiter das Wort; ich schließe die Diskussion.

Zu d liegen, nachdem das Amendement Karsten zurückgezogen ist, noch vor: das vorhin mitgetheilte Amendement des Herrn Abgeordneten Dr. Harnier und das Amendement des Herrn Abgeordneten Dr. Delbrück Nr. 214 III 1, welches dahin geht:

> Der Reichstag wolle beschließen, im Falle der Annahme der Position 13 litera d derselben hinzuzufügen:
> Fischbein in Stäben, und diese Worte in littera f zu streichen.

Ich werde zuerst abstimmen lassen über das Amendement des Herrn Abgeordneten Dr. Harnier und dann über das Amendement des Herrn Abgeordneten Dr. Delbrück.

Zur Geschäftsordnung hat der Herr Abgeordnete Rickert das Wort.

Abgeordneter **Rickert** (Danzig): Der Herr Präsident scheint der Meinung zu sein, daß ich den Antrag auf Verweisung der Position d an die Kommission zurückgezogen habe. Das habe ich nicht gethan, ich würde daher bitten, zuerst über diesen Antrag abstimmen zu lassen.

Präsident: Ich habe allerdings nach der Information, die ich bekommen, angenommen, daß der Antrag zurückgezogen sei. Ich werde nun aber, da er aufrecht erhalten wird, zuerst diesen Antrag zur Abstimmung bringen, der dahin geht, die ganze Position d zur Berichterstattung an die Kommission zu verweisen.

Ich bitte diejenigen Herren, welche diesen Antrag annehmen wollen, sich zu erheben.

(Geschieht.)

Das ist die Minderheit.

Wir kommen nun zu der Abstimmung über den Antrag des Herrn Abgeordneten Dr. Harnier, welcher dahin lautet:

> daß für den Fall der Annahme der Lit. d hinter den Worten „Wagnerarbeiten, mit Ausnahme" — eingeschaltet werden soll:
> der Bretter aller Art.

Ich bitte diejenigen Herren, welche diesen Antrag des Herrn Abgeordneten Dr. Harnier annehmen wollen, sich zu erheben.

(Geschieht.)

Das Büreau ist nicht zweifelhaft darüber, daß das ebenfalls die Minderheit ist.

Wir kommen nun zur Abstimmung über den Antrag des Herrn Abgeordneten Dr. Delbrück:

> im Falle der Annahme der Position 13 Lit. d derselben hinzuzufügen:
> Fischbein in Stäben.

Ich bitte diejenigen Herren, welche diesen Antrag annehmen wollen, sich zu erheben.

(Geschieht.)

Das ist ebenfalls die Minderheit.

Es ist sonach die Vorlage der verbündeten Regierungen unverändert geblieben, und ich bitte, daß diejenigen Herren, welche die Lit. d nach der Vorlage der verbündeten Regierungen annehmen wollen, sich erheben.

(Geschieht.)

Das ist die Mehrheit; Lit. d ist nach der Vorlage der verbündeten Regierungen angenommen.

Wir kommen nun zur Lit. e:

> Holz in geschnittenen Fournieren; unverleimte, ungebeizte Parquetbodentheile.

Dazu liegen zwei Amendements vor, das eine von dem Herrn Abgeordneten Freiherrn von Mirbach Nr. 214 II, das andere von dem Herrn Abgeordneten Möring Nr. 253.

Das Wort hat der Herr Abgeordnete Freiherr von Mirbach.

Abgeordneter Freiherr **von Mirbach**: Meine Herren, eine freie Vereinigung von Mitgliedern dieses Hauses hat den Beschluß gefaßt, die Erhöhung dieser Position eintreten zu lassen, welche Ihnen gedruckt vorliegt, wonach also Parquetbodentheile und Fourniere statt mit einem Zoll von 4 Mark mit einem solchen von 6 Mark belegt werden sollen. Es bedarf wohl nur weniger Worte, um diese Position zu motiviren.

Zunächst bemerke ich, bestand bis zum Jahre 1860 die Zollhöhe, die ich Ihnen vorzuschlagen mir erlaubte. Es ist also gar nichts neues, was ich Ihnen bringe, sondern etwas, was hier gar keinen ungünstigen, vielmehr einen günstigen Effekt gehabt hat. Ich kann dann hinzufügen, daß wohl nicht von den Fournieren und Parqueten des armen Mannes gesprochen werden wird und daß dieses Motiv sich glücklicherweise hier nicht anziehen läßt. Ich bemerke weiter, daß sehr bedeutende Parquetfabriken in Oesterreich-Ungarn bestehen, die mit den unsrigen konkurriren. Es ist Ihnen bekannt, daß österreich-ungarische Parquetbödentheile durch Deutschland, Frankreich und speziell nach Paris gehen. Ich kann aus eigener Erfahrung mittheilen, daß österreich-ungarisches Parquetholz selbst in Ostpreußen sehr häufig Verwendung gefunden hat.

Meine Herren, was nun die Qualität dieser Parquetböden von Oesterreich-Ungarn anbetrifft, so ist das ungarische

Eichenholz, das dazu verwendet wird, sehr schlecht, außerordentlich weich, sehr schnell gewachsen und hat dennoch eine geringe Haltbarkeit. Demnach ist es für den Konsumenten nicht sehr vortheilhaft.

Meine Herren, bei dieser Gelegenheit möchte ich auf eine kurze Bemerkung des Herrn Kollegen Rickert zurückkommen, die derselbe in der Sitzung vom 28. Mai gemacht hat. Herr Rickert sprach damals sein Bedauern aus über den bedeutenden Import von Luxusartikeln aus Paris und hielt ihm gegenüber den Import fremden Holzes, der eine Menge Arbeiter beschäftigte; er sagte wörtlich:

> Wie steht es denn mit den Pariser Möbeln in vielen großen Salons? Ist das etwa deutsche Arbeit? Hat denn Paris schon aufgehört, von der glücklich situirten Minderheit bevorzugt zu werden? Sehen Sie sich einmal in ihren Kellern und auf ihren Tafeln um, meine Herren, ob da etwa nicht das Ausland zu Ehren gekommen ist?

Meine Herren, ich trete diesen Ausführungen des Kollegen Rickert vollkommen bei und hoffe, daß durch meinen Vorschlag gerade mit Bezug auf diesen Punkt etwas erreicht wird, also eine Besteuerung ausländischer Luxusartikel. Ich zweifle danach nun nicht, daß Herr Rickert speziell für meinen Antrag stimmen wird, und hoffe auch dasselbe von einigen seiner Gesinnungsgenossen.

Ich will Sie nicht lange inkommodiren, Sie haben also hier von mir den Vorschlag zu einem Versuch einer kleinen Luxussteuer, die früher schon bestanden hat. Der arme Mann braucht keine Parquets und Fourniere, diese sind wie gesagt, Gegenstände eines erheblichen Luxus.

Ich beschränke mich auf diese kurzen Ausführungen und empfehle Ihnen meinen Antrag.

Präsident: Der Herr Abgeordnete Möring hat das Wort.

Abgeordneter **Möring:** Meine Herren, der Herr Abgeordnete von Mirbach hat Ihnen soeben vorgeschlagen, die ganze Position zu erhöhen. Für einen Theil der Position, was die Parquetbodentheile anbetrifft, hat er Ihnen das theilweise damit gerechtfertigt, daß er sagt, das von Oesterreich eingeführte Holz sei weich, schlecht, es sei für den Konsumenten nachtheilig, dergleichen Parquetbodentheile zu verwenden; man müsse ihn dagegen schützen durch einen höheren Zoll. Ja, meine Herren, das ist wieder ein Ausspruch, der die ganze jetzige Strömung kennzeichnet. Man will jetzt für den **Konsumenten** eine Art Vorsehung spielen. Der Konsument weiß außerordentlich gut, sich selbst zu schützen; wo er es vortheilhaft findet, dergleichen zu diesem oder jenem Zollsatze zu verwenden, thut er es; findet er es nicht vortheilhaft, dann läßt er es hübsch bleiben. Und ob nun die Parquetfußbodentheile mit 4 Mark oder mit 6 Mark geschützt werden, ist in Bezug hierauf ganz gleich. Ich habe mir nur erlaubt, hier dieses wieder anzuführen, um nochmals hervorzuheben, wie es in diesen Räumen schon bei früheren Gelegenheiten häufig geschehen ist: man bildet sich jetzt ein, man müsse eine Art Vorsehung spielen!

Ich gehe jetzt über zu meinem Antrag, und zwar bin ich zu der Stellung dieses Antrags, der sich auf die Fourniere bezieht, deswegen gekommen, weil uns eine Petition vorliegt, eingereicht von 71 Firmen, von Holz- und Fournierhandlungen, Sägemühlen und Möbelfabrikanten in Berlin und fünfzehn anderen Orten. Außerdem bin ich von einem der Unterzeichner der Petition gebeten worden, mich der Sache hier im Reichstag anzunehmen und ich habe dem mit dem allergrößten Vergnügen entsprochen.

In der Petition wird ausgeführt, daß zweifellos der Tarifkommission, als sie sich mit dieser Position beschäftigt hat, es vollständig unbekannt gewesen sei, daß seit einer kurzen Reihe von Jahren eine neue Sorte von Fournieren in den Handel eingeführt worden ist. Früher kannte man nur die sogenannten Sägefourniere; jetzt, seit ungefähr zehn Jahren, kennt man auch die Messerschnittfourniere, und es existirt zwischen diesen beiden Sorten von Fournieren ein großer Unterschied, und zwar besteht der darin: Sägeschnittfourniere werden nur von werthvollen Hölzern gemacht, Messerschnittfourniere von minderwerthigen; außerdem sind die Messerschnittfourniere meistentheils außerordentlich viel dicker als die Sägeschnittfourniere. Eine einzige Ausnahme hiervon bilden die Nußbaummaserholzfourniere, und deswegen schlage ich Ihnen auch vor in meinem Amendement, die Nußbaummasermesserschnittfourniere den mit der Säge geschnittenen Fournieren gleichzustellen.

Abgesehen von dem, was ich mir erlaubte Ihnen soeben zu sagen, existirt ein fernerer Unterschied, indem bei Anfertigung der Sägeschnittfourniere gerabezu 50 Prozent des Holzes verloren gehen dadurch, daß die Säge durch das Holz durchgeht und an Sägespänen gerade immer eine Dicke der Fourniere verloren geht, während bei der Herstellung von Messerschnittfournieren von dem gesammten Quantum des Holzes absolut nichts verloren geht. Daraus resultirt meiner Ueberzeugung nach unzweideutig klar, daß, wenn ich aus demselben Holz Messerschnitt- und Sägefourniere mache, ich aus den Sägefournieren ein gerade doppelwerthiges Produkt erziele wie aus den Messerschnittfournieren. Wenn ich nun hinzurechne, daß Messerschnittfourniren außerdem meistentheils bis auf die einzelne genannte Ausnahme immer nur von minderwerthigem Holz gemacht werden, so glaube ich mit Recht sagen zu dürfen, daß man nur den dritten Theil des Zolles auf Messerschnittfourniere legen sollte, den man auf Sägeschnittfourniere legt.

Ich bin überhaupt der Meinung, daß man bei dieser Position auch etwas Rücksicht nehmen sollte auf die Exportarbeit und zwar unsere Möbelexportfabrikation. Unsere Möbelfabrikation hat sich in Deutschland, besonders in Berlin zu einer ganz bedeutenden Höhe aufgeschwungen — ich bemerke in Parenthese dabei, daß bis zu diesem Augenblick Möbelfourniere frei sind, also mit jeder Vertheuerung hier wiederum ein Exportzweig und ein recht erheblicher, meiner Meinung nach, geschädigt wird. Wenn ich Ihnen nicht vorgeschlagen habe, den Artikel frei zu lassen so wie er jetzt ist, so ist das einzig und allein aus dem Grunde geschehen, weil ich bei der jetzigen Strömung, die da herrscht, wohl mit Recht annehmen darf, daß ein solcher Antrag von Ihnen verworfen werden würde; aber eine gelinde Herabminderung glaube ich doch von Ihnen erreichen zu dürfen und deswegen habe ich vorgeschlagen, statt der beantragten 4 Mark im allgemeinen für Sägefourniere zu setzen 3 Mark und Messerschnittfourniere 1 Mark. Nun könnte von der Regierungsbank entgegengehalten werden, da existirt eine ganz bedeutende technische Schwierigkeit bei der Abfertigung dieser verschiedenen Fourniere, wie soll man die überwinden? Meine Herren, ich habe hier die beiden Sorten und ich werde sie auf den Tisch des Hauses niederlegen, damit jeder, der ein Bedürfniß findet, sich davon zu überzeugen, sich praktisch davon überzeugen kann, daß es unmöglich ist, diese beide Sorten Fourniere mit einander zu verwechseln; man braucht nur einen Blick darauf zu werfen oder mit dem Fingernagel darüber zu streichen, und der Unterschied ist klar. Ich wüßte nicht, was also in dieser Richtung für die Abfertigung für eine Schwierigkeit entstehen könnte, und wenn die Herren hier im Hause nicht ganz und gar meiner Ansicht abgeneigt sind, bitte ich, Sie mögen meinem Antrage zustimmen.

Präsident: Der Herr Kommissarius des Bundesraths Ministerialrath Mayr hat das Wort.

Kommissarius des Bundesraths königlich bayerischer Ministerialrath **Mayr:** Meine Herren, bezüglich des Zolles auf Parquetbödentheile scheint ein Bedenken nicht zu bestehen; bezüglich des Zolls auf Fourniere habe ich zuzugestehen, daß die Muster, die der Herr Vorredner in der Hand hält, und von denen ich wohl annehmen darf, daß sie dieselben sind, die er die Güte hatte mir zu zeigen, allerdings wohl von einander unterschieden werden können, sofern es sich auf der einen Seite um geschnittene, auf der andern Seite um gesägte Fourniere handelt. Ich zweifle aber sehr, ob diese leicht erkennbare Unterscheidbarkeit auch noch verblieben würde, wenn wir sehr verschiedenartige Zölle hätten. Ich zweifle nicht, daß es gelingen würde, ohne weiteres den gesägten Fournieren das Ansehen der geschnittenen zu verleihen, so daß der höhere Zoll für die gesägten Fourniere illusorisch würde und diese nur den niedrigeren Zoll tragen müßten, der für die geschnittenen eingesetzt ist. Meine Herren, ich will auch zugeben, daß jetzt thatsächlich zunächst minderwerthige Holzsorten in Form der geschnittenen Fourniere auftreten. Aber, meine Herren, wer bürgt uns denn dafür, daß, sobald wir einen niedrigeren Zoll für die geschnittenen Fourniere festsetzen, in Zukunft die von außen eingehenden geschnittenen Fourniere nicht aus edleren Hölzern bestehen. Meine Herren, daß dies möglich ist, das bekundet der Herr Antragsteller durch seinen Antrag selbst, indem er in demselben die geschnittenen Nußbaumfourniere ausdrücklich vom niederen Zollsatz ausnimmt. Ich fürchte, daß man so gut, wie man das Nußbaumholz hierzu benutzt hat, ebenso auch andere edle Hölzer behandeln kann. So würden wir es in Zukunft dahin bringen, daß thatsächlich nur der ganz niedrige Zoll für alle Fourniere verbleiben würde. Meine Herren, wie das vereinbar sein sollte mit dem hohen Grade der Verfeinerung, welchen die Holzwaaren in Form von Fournieren erfahren, das vermag ich mir doch nicht zu erklären. Ich bitte Sie nur, Bezug zu nehmen auf den Beschluß, welchen Sie so eben gefaßt haben. Wenn Sie grobe Holzwaaren mit 3 Mark Zoll belegen per Doppelzentner, so werden Sie numöglich in der Lage sein, die Fourniere, seien sie in irgend welcher Weise hergestellt, mit einem Zoll von nur 1 Mark zu belegen. Ich möchte annehmen, daß die Vorlage der verbündeten Regierungen vollkommen dem entspricht, was unter allen Umständen mit Rücksicht auf die vorher genehmigten Zollsätze nöthig ist. Zugleich möchte der Umstand, daß ein Antrag auf höhere Belegung der Fourniere vorliegt, dafür sprechen, daß hier jedenfalls mit dem Vorschlage der verbündeten Regierungen keineswegs exzessiv verfahren worden ist.

Präsident: Es ist ein Antrag auf Schluß der Debatte eingegangen von dem Herrn Abgeordneten von Behr-Schmoldow. Ich ersuche die Herren, welche diesen Antrag unterstützen wollen, sich zu erheben.

(Geschieht.)

Die Unterstützung reicht aus.

Ich ersuche diejenigen Herren, welche den Antrag annehmen wollen, stehen zu bleiben oder sich zu erheben.

(Geschieht.)

Das ist die Mehrheit; der Antrag auf Schluß der Debatte ist angenommen.

Wir kommen zur Abstimmung.

Ich schlage Ihnen vor, zunächst über den Antrag des Herrn Freiherrn von Mirbach abzustimmen, der dahin geht:

für den Fall der Annahme der Position e den Zollsatz von 4 auf 6 Mark zu erhöhen.

Wird der Antrag angenommen, so ist die Regierungsvorlage und auch der Antrag des Herrn Abgeordneten Möring damit erledigt, wird er abgelehnt, so kommt der Antrag des Herrn Abgeordneten Möring Nr. 253, und zwar im Ganzen zur Abstimmung, der dahin geht:

Nr. 13 e wie folgt zu fassen:

unverleimte, ungebeizte Parquetbodentheile: 100 Kilo . . . . 4 Mark;

Holz in geschnittenen Fournieren:

mit der Säge geschnitten und Nußbaumvmasermesserschnitt: 100 Kilo 3 Mark;

mit dem Messer geschnitten (mit Ausnahme von Nußbaummaser): 100 Kilo . . . . 1 Mark.

Sind die Herren mit dem Abstimmungsmodus einverstanden? — Das ist der Fall. Wir kommen zur Abstimmung.

Verlangen die Herren, daß ich den Antrag des Herrn Abgeordneten Freiherrn von Mirbach noch einmal verlesen lasse? — Das ist nicht der Fall.

Ich ersuche die Herren, welche den Antrag des Herrn Abgeordneten Freiherrn von Mirbach für den Fall der Annahme der lit. e annehmen wollen, sich zu erheben.

(Geschieht.)

Das Büreau ist zweifelhaft; ich bitte um die Gegenprobe. Ich bitte, daß diejenigen Herren, welche gegen den Antrag des Herrn Abgeordneten Freiherrn von Mirbach stimmen wollen, sich erheben wollen.

(Geschieht.)

Meine Herren, das Büreau bleibt zweifelhaft; wir kommen zur Zählung.

Ich bitte, daß diejenigen Herren, welche für den Antrag des Herrn Abgeordneten Freiherrn von Mirbach stimmen wollen, durch die mit „Ja" bezeichnete Thüre, rechts von mir, eintreten wollen, — und die Herren, welche dagegen stimmen wollen, durch die Thüre links, die mit „Nein" bezeichnet ist.

Ich ersuche die Herren, den Saal zu verlassen, und werde nachher die Schließung der übrigen Thüren veranlassen.

Ich ersuche die Herren Schriftführer Bernards und Graf von Kleist, rechts, — und die Herren Schriftführer Thilo und Dr. Weigel, an der Thür links die Zählung zu übernehmen.

(Die Mitglieder verlassen den Saal.)

Ich weise die Saaldiener an, die sämmtlichen Thüren des Saals mit Ausnahme der beiden Abstimmungsthüren zu schließen.

(Geschieht. — Die Zählung erfolgt.)

Ich bitte, daß das Büreau seine Stimmen abgibt.

Schriftführer Abgeordneter Dr. **Weigel:** Nein!

Schriftführer Abgeordneter **Thilo:** Nein!

Schriftführer Abgeordneter **Bernards:** Ja!

Schriftführer Abgeordneter Graf **von Kleist-Schmenzin:** Ja!

Präsident: Ja!

Die Abstimmung ist geschlossen. Die Thüren sind wieder zu öffnen.

(Geschieht.)

Das Resultat der Abstimmung ist, daß mit Ja geantwortet haben 105, und mit Nein 102; der Antrag des Herrn Abgeordneten Freiherrn von Mirbach ist hiernach angenommen und damit die Vorlage und das Amendement des Herrn Abgeordneten Möring erledigt.

Meine Herren, wir fahren in der Tagesordnung fort, mit lit. f:

hölzerne Möbel und Möbelbestandtheile 2c.

Dazu sind Amendements eingegangen: von dem Herrn Abgeordneten Dr. Perger und Genossen, Nr. 210 der Drucksachen, von dem Herrn Abgeordneten Grafen von Galen, Nr. 189 I 2, von dem Herrn Abgeordneten Ackermann Nr. 223, und an Stelle des zurückgezogenen Antrags des Herrn Abgeordneten Freiherrn von Fürth Nr. 193 3 ist von demselben Herrn Abgeordneten ein Antrag unter Nr. 254 eingebracht worden. Außerdem ist ein schriftliches Amendement eingegangen vom Herrn Abgeordneten Dr. Buhl, das dahin geht:

in lit. f, hinter den Worten „Böttcherwaaren" einzuschalten:

hölzerne Maßstäbe.

Ich eröffne die Debatte über lit. f und die dazu gehörigen Amendements.

Ich ertheile das Wort dem Herrn Abgeordneten Dr. Delbrück.

Abgeordneter Dr. **Delbrück**: Mein Antrag betrifft zwei verschiedene Gegenstände. Einmal will ich in der Pos. 13 lit. g die Worte „Elfenbein, Perlmutter, Bernstein, Gagat und Jet" gestrichen wissen. Diesen Theil meines Antrags ziehe ich zurück; der Gegenstand ist, seitdem ich den Antrag gestellt habe, in der Tarifkommission verhandelt worden, hat da eine meinem Antrage nicht entsprechende Erledigung gefunden, und ich halte es für überflüssig, die Diskussion hier im Hause über diesen Gegenstand wieder zu eröffnen. Dagegen halte ich aufrecht meinen Antrag Nr. 3, der Zollsatz auf 24 statt auf 30 Mark festzusetzen. Es leiten mich dabei folgende Gesichtspunkte. Die hier bezeichneten Holzwaaren sollen einen Zoll von 30 Mark auch dann unterliegen, weil sie mit anderen Materialien verbunden sind, soweit sie nicht durch ihre Verbindung unter die kurzen Waaren fallen. Es sind also beispielsweise die Verbindungen von Borsten und mit Eisen unter einem Zollsatz von 30 Mark gebracht. Bei der Berathung der Position: Bürstenbinderwaaren und Eisenwaaren haben wir für Waaren aus Borsten in Verbindung unter andern mit Holz und für Waaren aus Eisen auch unter andern mit Holz einen Zollsatz von 24 Mark angenommen. Durch die Annahme eines Zollsatzes von 30 Mark bei dieser Position werden nach meiner Ansicht die unerwünschtesten Zweifel und Schwierigkeiten bei der Zollabfertigung entstehen. Stellen Sie sich vor ein Papierschneidemesser, dessen Griff aus Holz geschnitzt ist, welches also, so weit es Holz ist, unter die Position zu 30 Mark fallen würde, so weit es Eisen oder Stahl ist, unter die Position zu 24 Mark, so liegt der Zweifel vor, ist dieses Messer eine Eisenwaare oder eine Holzwaare, zahlt es 30 Mark oder zahlt es 24 Mark? Nehmen Sie den Fall an, eine Bürste, deren Griff ebenfalls mit Holzschnitzwerk versehen ist, so entsteht die Frage, ist die Bürste mit 24 Mark zu verzollen oder als Holzwaare mit 30 Mark? Ich könnte diese Beispiele noch sehr erheblich vervielfältigen, ich will mich aber auf die hier angeführten und so naheliegenden beschränken, um darzuthun, daß man in die unangenehmsten Verwicklungen bei der Abfertigung gerathen wird, wenn man für diese Holzwaaren in Verbindung mit andern Materialien einen andern Zollsatz annimmt, als denjenigen, der für die Mehrzahl der in Verbindung mit Holz vorkommenden Materialien festgesetzt ist. Die Zolldifferenz von 30 zu 24 Mark ist nach meiner Ansicht, nicht von der Erheblichkeit, daß —

Präsident: Darf ich vielleicht den geehrten Herrn Redner unterbrechen. — Ich glaube, es ist die lit. g, zu der der Herr Redner spricht, während wir bei lit. f sind.

Abgeordneter Dr. **Delbrück**: Ich muß bekennen, daß der Herr Präsident vollständig Recht hat. Ich hatte mich zu g zum Worte gemeldet und bin, da mir das Wort ertheilt wurde, augenblicklich in dem Irrthum gewesen, es handle sich um die lit. g.

Präsident: Der Herr Abgeordnete von Schalscha hat das Wort.

Abgeordneter **von Schalscha**: Meine Herren, ich hatte mir erlaubt, mit Herrn von Fürth zusammen einen Antrag zu stellen, daß im Anschluß an zwei andere Anträge, die das Haus schon beschäftigt haben, die geschälten oder gehobelten Korbruthen im Zolltarif berücksichtigt werden sollten. Da nämlich bei Behandlung dieser geschälten und dann gehobelten Korbruthen eine bedeutende Einbuße an Rohmaterial stattfindet, glaube ich, daß diese gehobelten Korbruthen gewissermaßen als ein Halbfabrikat behandelt werden müssen und nicht einfach mit den unbehandelten gleich tarirt werden dürfen.

Es handelt sich hier bei den ganzen Anträgen, die wir hier gestellt haben um den Schutz eines sehr wichtigen landwirthschaftlichen Erwerbszweiges, der aber unmittelbar auch in das Handwerk hineinspielt insofern als durch dessen Anbau im allgemeinen in ganz elenden armen Gegenden der Bevölkerung in einer Weise zum Wohlstand verholfen worden ist, wie man es auf eine andere Weise kaum hätte möglich machen können. Die Gegend, von der ich hier besonders spreche, ist die Gegend von Heinsberg, nördlich von Achen, wo ganz untragbare Ländereien vollständig ertragsfähig geworden sind, in sehr erfreulicher Weise lohnen und wo der Anbau der Korbruthe nicht nur betrieben wird, sondern die Korbruthe auch gleich zu den allerfeinsten Korbmacherwaaren bearbeitet wird.

Dem Anbau der Korbruthe droht eine große Konkurrenz von Frankreich und Belgien und wie zu befürchten steht, wird diese Konkurrenz noch weit bedrohlicher, als jetzt Oesterreich daran ist, in Ungarn und Slavonien ungeheure Korbruthenplantagen anzulegen. Es ist durchaus wichtig, daß der Anbau der Korbruthe, sowie auch die Behandlung der Korbruthe ganz besonders dem Inlande erhalten bleibt. Der Anbau und die Behandlung der Korbruthe hat die große Korbrutheninduſtrie hervorgerufen, und es wäre ein unabsehbarer Nachtheil für die Gegenden, die besonders betroffen sind, wenn die Industrie wieder zurückgehen sollte. Aber nicht nur wegen der Industrie ist der Anbau der Korbruthe wichtig, sondern auch darum, weil die Behandlung der Ruthe, ehe sie für den Korbmacher handlich wird, eine ungeheure Menge Menschen beschäftigt, und wenn ich Ihnen sage, daß ein Werthobjekt von 10 oder 12 Mark wenigstens eine Arbeitskraft erheischt von 5 bis 6 Mark, so werden Sie mir recht geben, daß es ein großer Schaden wäre für diejenigen Gegenden, wo eine Korbruthenzucht blüht, wenn den armen Leuten, die sich damit beschäftigen, — und dazu gehören Leute, die sich in anderer Weise gar nicht beschäftigen können, ganz alte Leute und ganz kleine Kinder, die noch nicht einmal die Schule besuchen, wenn diesen Leuten der Verdienst an der Manipulation der Korbruthe verloren gehen möchte.

Es ist zwar hier früher schon in diesem hohen Hause ausgesprochen worden, daß die deutsche Korbruthenzucht nicht allen Anforderungen der Korbmacherei gerecht würde, dem ist aber durchaus nicht so. Zwar produzirt Frankreich eine Weide, die bei uns nicht gedeiht. Dieselbe ist aber zu den feinen Arbeiten durchaus nicht unumgänglich nothwendig, wie die Fabrikation in Heinsberg nachweist, wo die feinsten Sachen gearbeitet werden, und ich meine, wenn auch irgendwo noch besseres Material produzirt wird als bei uns, so ist das noch gar kein Grund, das weniger werthe Material, — wenn es weniger werth sein sollte, — darum in seinem Anbau zu vernachlässigen. Es handelt sich weiter darum, daß der Import der Korbweide bei uns unter Bedingungen stattfindet, denen Deutschlaub absolut nicht gewachsen ist. Die Weide hat eine Menge Feinde. Besonders die späten Fröste, die in Deutschland so vielfach soweit in das Jahr hinein herrschen, zerstören die jungen Triebe und schädigen also dadurch die Produktion ungeheuer, während das mildere französische Klima diese Nachtheile durchaus nicht kennt. Ich meine, daß der Zoll auf Korbruthen lediglich in Betracht kommt in seinen Nachtheilen, wenn von solchen die Rede sein sollte, den Korbmachern gegenüber. Da die aber in ihren Fabrikaten ganz ausreichend geschützt sind, so glaube ich wohl, daß sie den kleinen Zoll, der ihnen hier zugemuthet werden soll, auch tragen können, und in der That handelt es sich ja blos um $4\frac{1}{2}$ Pfennig auf das Pfund feine Korbwaaren und, meine Herren, wie viele feine Körbchen, die ebenso wie Parquet zu den Luxusartikeln gehören, kann man aus einem Pfunde machen!

Ich möchte wirklich bitten, daß die Herren, welche bei dem Antrage des Herrn von Mirbach mit Nein gestimmt haben, sich doch diesmal mit dem Gedanken befreunden möchten, der Luxussteuer hier Platz geben zu wollen.

Präsident: Der Herr Kommissarius des Bundesraths Ministerialrath Mayr hat das Wort.

Kommissarius des Bundesraths königlich bayerischer Ministerialrath **Mayr**: Meine Herren, ich möchte mit Rücksicht darauf, daß bei dieser Position verschiedene Gegenstände zur Verhandlung kommen, der Ansicht sein, daß es zweckmäßig ist, wenn seitens des Regierungstisches sofort an die einzelnen Anträge angeknüpft wird.

Gegen den Herrn Vorredner möchte ich zunächst betonen, daß es auf Seiten der verbündeten Regierungen an dem vollen Interesse für die Weidenkultur ganz gewiß nicht fehlt, möchte aber doch annehmen, daß im wesentlichen dieses Interesse genügend gewahrt sei durch das System des hier vorgeschlagenen Tarifs und daß es genügen würde, die „Korbweiden, welche geschält und zur Fabrikation gehobelt und fertig gestellt sind", die den Gegenstand des Antrags des Herrn Vorredners bilden, dahin fallen zu lassen, wohin sie nach dem System der Vorlage fallen müssen. Es scheint mir, daß diese derartig vorbereitete Korbweide zu Position 13 d gehörte nach Analogie des gebeizten und gespaltenen Stuhlrohrs. Sie würde allerdings nicht mit einem Zoll von 9 Mark, wie der Herr Vorredner beantragt, sondern mit einem Zoll von 3 Mark getroffen werden. Die verbündeten Regierungen gehen wohl von der Ansicht aus, daß dieser Zollsatz von 3 Mark, wenn er auf diesen Artikel angewendet wird, eine Versöhnung der Interessen der Korbflechterei und der Weidenkultur darstellt. Es ist nicht zu verkennen, daß die Korbflechterei vielfach gerade als Hausindustrie in ausgedehnter Weise arbeitet und daß sie ein Gewicht darauf legt, das von auswärts kommende Material, welches sie, wie sie behauptet, nicht vollständig entbehren kann, nicht zu sehr vertheuert zu erhalten. Jedenfalls mache ich darauf aufmerksam, daß der Zollsatz von 9 Mark doch im Verhältniß stehen müßte zu dem Zollsatz für grobe Korbflechterwaaren, die weder geschält, gebeizt noch gefirnißt sind. Meine Herren, diese Waaren sind nur mit 3 Mark belegt; es möchte also nicht wohl angehen, geschälte Korbweiden, zu denen immerhin doch auch diese groben Korbflechtereien verwendet werden, die das Material darstellen aus denen die Waare hergestellt wird, mit 9 Mark zu belegen.

Diese Bedenken glaubte ich hier aussprechen zu müssen.

Präsident: Ich ertheile das Wort dem Herrn Abgeordneten Grafen von Galen.

Abgeordneter Graf **von Galen**: Meine Herren, so weit mein Antrag sich auf die Position 13 f bezieht, ist er rein redaktioneller Natur. Ich möchte Sie nämlich bitten, hinter grobe Korkwaaren zur näheren Bezeichnung in Klammer hinzuzufügen „Streifen, Würfel und Rindenspunde". Hierdurch würden Halbfabrikate bezeichnet sein, die mit einer Steuer von 10 Mark auf 100 Kilo hinreichend geschützt wären. Als mir diese Position zuerst begegnete, glaubte ich, im Gegensatz zu groben Korkwaaren müßten sich auch feine Korkwaaren im Tarif finden und zweifelte nicht daran, diese in der Position g als unter d, e, f und h nicht begriffene Waaren aus vegetabilischen Schnitzstoffen suchen zu dürfen, wodurch ihnen ein der Industrie entsprechender Schutz von 30 Mark pro 100 Kilo würde zu Theil geworden sein. Ich habe mich hierin geirrt, indem mich ein Erlaß des Sachsen-Meiningenschen Staatsministeriums der Finanzen dahin belehrt, daß dieser Tarif nur grobe Korkwaaren überhaupt kennt. Es würden mithin alle Fabrikate dieser Industrie unter Position f fallen. Dieser geringe Schutz aber würde nach meiner Meinung nur entsprechen den vorhin bezeichneten Halbfabrikaten, die feineren Korkwaaren verlangen, soll die Industrie lebensfähig bleiben, entschieden eine Einreihung unter den Fabrikaten der Position g. Dieses näher zu begründen muß ich mir vorbehalten bei der Diskussion dieser Position und muß mich für jetzt bescheiden, Sie, meine Herren, zu bitten, in der Position f hinter „grobe Korkwaaren" in Klammern einzuschalten „Streifen, Würfel und Rindenspunde".

Präsident: Der Herr Abgeordnete Sonnemann hat das Wort.

Abgeordneter **Sonnemann**: Meine Herren, der Antrag ist nur scheinbar redaktioneller Natur; in Wirklichkeit bezweckt der Antrag nichts weiter, als den wichtigen Artikel Korkpfropfen von der Stufe zu 10 Mark in diejenige zu 30 Mark zu setzen. Das ist der Zweck des Antrages. Wenn der Herr Antragsteller soeben sagt, daß er nur redaktioneller Natur ist, so habe ich, und viele Mitglieder des Hauses, ihn nicht so auffassen können. In dieser Frage liegen nun zwei verschiedene Ansichten vor, und es scheint mir, als ob der Herr Antragsteller sich bloß nach der einen Seite informirt hat. Es liegen uns zwei Petitionen vor, die eine ist von 30 Korkstopfenfabrikanten ausgehend, die andere von zirka 500 Firmen von Mineralwasserfabrikanten, Weinhändlern u. s. w., überhaupt von Konsumenten vom Korkstopfen. Die erste Petition, die eine Erhöhung des Zollsatzes über 10 Mark hinaus beansprucht, geht davon aus, daß sich eine sehr bedeutende Korkindustrie in Deutschland entwickelt habe, welche plötzlich seit zwei Jahren in Stocken gerathen sei. Mir scheint, daß diese Industrie, die sich unter dem System der Zollfreiheit entwickelt hat und bis zu einer so bedeutenden Ausdehnung gediehen ist, früher auf einen Schutzzoll, namentlich auf einen so hohen Schutzzoll nicht rechnen konnte. Der wahre Grund, weshalb die betreffende Industrie in den letzten zwei Jahren vielleicht nicht so gedeiht, scheint mir in einer Art von Ueberproduktion zu liegen. Dann ist in der Petition darauf hingewiesen, daß in anderen Ländern ein so hoher Zoll auf Korkprodukte besteht. Unter diesen anderen Ländern befindet sich Frankreich, welches in seinen eigenen Kolonien, in Algier, eine sehr bedeutende Produktion von Korkholz hat und es nicht aus fremden Ländern zu beziehen braucht. Frankreich ist neben Deutschland dasjenige Land, welches am meisten Korkholz und Korkstopfen konsumirt. Frankreich ist also an sich in einer bevorzugten Lage.

Wenn nun die Herren verlangen, die Korkstopfen unter die Position „feine Holzwaaren" zu rubriziren, so wird zugegeben werden müssen, daß ein Korkstopfen doch schwerlich zu den feinen Holzwaaren gerechnet werden kann. Die andere Petition stützt sich auf folgende Punkte. Es besteht ein großer Unterschied zwischen den Korkstopfen; die eingeführten sind katalonische Korkstopfen; die katalonischen sind die besten, dieselben können in Deutschland deshalb nicht gemacht werden, weil in Katalonien ein großer Ausfuhrzoll hierfür besteht, nach einer Petition sogar ein vollständiges Verbot; deshalb können sie nicht in Deutschland gemacht werden, müssen also eingeführt werden. Diese Korkstopfen sind ausschließlich nothwendig für die Weine und die feineren Mineralwasser; so z. B. braucht der preußische Staat 7 Millionen Stück per Jahr von den katalonischen Korkstopfen; andere kann er nicht verwenden. Wenn man einen außerordentlich hohen Schutzzoll auf ein solches Fabrikat legen würde, welches von deutschen Fabriken nur in geringerer Qualität hergestellt wird, so würde das nur zur Folge haben, daß schlechtere Waare für bessere verkauft wird. Der Zoll von 10 Mark, der hier neu eingeführt wird, enthält einen ganz erheblichen Schutz, der wenigstens 5—6 Prozent des Werths beträgt. Da diese Industrie bis jetzt ohne Schutzzoll bestanden hat und zu einer so bedeutenden Entwickelung gekommen ist, so wird sie auch mit einem Schutzzoll von 10 Mark pro 100 Kilo sehr gut bestehen können. Es ist noch hervorzuheben, daß der Zoll von 10 Mark ein sehr erhebliches finanzielles Ergebniß liefern wird, während anderseits der Zoll von 30 Mark ein großes finanzielles Ergebniß wahrscheinlich nicht geben würde. Diese katalonische Korke sind ein wichtiges Material für eine bedeutende Industrie, nämlich für die Mineralwasserindustrie und für den Mineralwasserexport, für Weinhändler, also für eine Masse von Industrien. Ich bitte Sie, diese Industrien nicht allzusehr zu belasten.

Ich hatte mir vorgenommen, gegenüber dem Antrag der Regierungsvorlage einen Gegenantrag zu stellen, diesen Zoll von 10 auf 5 Mark herabzusetzen; nachdem aber mehrere Abstimmungen, namentlich auch die letzte konstatirt haben, wie die Stimmung des Hauses ist, will ich davon abstehen, und bitte Sie einfach den Satz der Vorlage anzunehmen, aber den höheren Satz von 30 Mark, und damit auch die Anträge der Abgeordneten von Galen und Genossen, abzulehnen.

Präsident: Der Herr Kommissarius des Bundesraths hat das Wort.

Kommissarius des Bundesraths königlich bayerischer Ministerialrath **Mayr**: Meine Herren, formell ist es ja ganz richtig, daß das gegenwärtig giltige Waarenverzeichniß sämmtliche „Korkwaaren“, in so fern sie nicht anderswo besonders vorgetragen sind und soweit sie nicht unter Nr. 20 fallen, der jetzigen Pos. 13 f, also der Position der feinen Holzwaaren zuweist. Es findet sich aber dabei im Waarenverzeichniß die Bemerkung

Siehe Korkplatten, Korksohlen und Korkstopfen.

Die Sache liegt so, daß bisher die Korkstopfen und -Sohlen nicht als „Korkwaaren“ im Sinne des Waarenverzeichnisses betrachtet werden. Nach der jetzigen Vorlage des Tarifs werden die Korksohlen und Korkstopfen fernerhin als Korkwaaren und zwar als grobe Korkwaaren behandelt werden. Das ist nun nach Ansicht der Interessenten zu wenig; diese wünschen einen höheren Schutz der Korkindustrie und namentlich der Fabrikation der Korkstopfen.

Es ist nicht zu verkennen, daß die betreffenden Arbeitskreise, welche mit der Korkindustrie beschäftigt sind, volle Berücksichtigung verdienen; ich möchte mir aber erlauben darauf hinzuweisen, daß immerhin diese Korkstopfen und Korksohlen, welche in dem bisherigen Tarif speziell als zollfrei aufgeführt sind, und auch nach dem bisherigen älteren System überhaupt noch ungünstiger behandelt sind als die groben Holzwaaren, immerhin schon einen sehr ansehnlichen Schritt in der Zollerhöhung machen, indem sie über die Etappe der 3 Mark für grobe rohe Böttcher-, Tischlerwaaren u. s. w. weg bis zu dem Satz von 10 Mark kommen. Ich glaube, daß der Vorschlag der verbündeten Regierungen ungefähr die richtige Mitte darstellt, und daher möchte ich Sie ersuchen, denselben anzunehmen.

Präsident: Das Wort hat der Herr Abgeordnete Ackermann.

Abgeordneter **Ackermann**: Meine Herren, bis zum Jahre 1870 war Deutschland in Bezug der Möbel aus gebogenem Holz ausschließlich auf Oesterreich angewiesen, dort hat man billiges Holz, Pester Holzhändler können in Latten geschnittenes Holz zu zwei Drittel des Preises liefern, den der deutsche Möbelfabrikant anlegen muß, wenn er das Holz aus seinem deutschen Walde entnimmt. Die billigen Arbeitslöhne und die Valutenverhältnisse begünstigten gleichfalls die Fabrikation in Oesterreich. Diese Industrie ist eine sehr bedeutende. Wir sehen jetzt überall an öffentlichen Orten, in allen Restaurants Möbel aus gebogenem Holz; der wichtigste Theil sind die gebogenen Rohrstühle; wir sehen diese Möbel aber auch in Privathäusern vielfach eingeführt. Jetzt liefert Oesterreich etwa 90 Prozent des Bedürfnisses, welches in solchen Möbeln für Deutschland sich herausgestellt hat. Es sind in Oesterreich meines Wissens elf sehr große Fabriken. Zwei davon beschäftigen allein ungefähr 8000 Arbeiter. Wie steht es nun dieser hochentwickelten österreichischen Industrie gegenüber mit der rheinischen Industrie? Sie hat Ansätze gemacht seit 1870, sie kränkelt aber, es sind bereits solche Fabriken wieder eingegangen, ich weise auf Kassel, auf Oderberg hin, andere sind aus dem chronischen Nothstande noch nicht herausgekommen. Nun unterliegt es doch gar keinem Zweifel, daß solche Fabrikation des Schutzes dringend bedürftig ist. Sie beschäftigt Personen, die sonst seltener Gelegenheit, sich etwas zu verdienen, finden, denn es werden auch Frauen und Mädchen bei dieser Fabrikation beschäftigt. Es wird ferner, wenn die Fabrikation mehr geschützt wird, für die deutschen Buchenwaldungen ein größerer Absatz erzielt und das ist für alle die Staaten von der höchsten Wichtigkeit, die viele Buchenwaldungen in sich schließen, vorzugsweise für Bayern. Es ist mir gesagt worden, daß jetzt an den langgezogenen bayerischen Grenzen, wo viele und ausgedehnte Buchenwaldungen sich befinden, 90 Prozent des schönsten Buchenholzes verwendet werden als Brennholz, während, wenn man die Verwendung zur Möbelfabrikation ermöglichte, das Holz als Nutzholz viel höher zu verwerthen wäre. Nun hat zwar diese Fabrikation nach der Vorlage der Regierung einen etwas höheren Zoll gefunden, seither genoß sie einen Zollschutz von 6 Mark pro 100 Kilogramm und sie ist jetzt eingestellt mit 10 Mark pro 100 Kilogramm, das entspricht etwa einem Werthzoll von 5—7 Prozent. Frankreich und Holland erheben einen Werthzoll von 10 Prozent, Spanien sogar von 15 Prozent, obschon die fragliche Industrie in jenen Ländern nicht wesentlich entwickelt ist. Ich meine nun, daß es angezeigt ist, den Zollsatz etwas höher zu greifen und beantrage statt 10 Mark 15 Mark pro 100 Kilogramm. Mit 10 Mark allein ist der Industrie um so weniger ausreichend geholfen, als sie seither freie Einfuhr hatte von gespaltenem Stuhlrohr, welches sie vom Auslande bezieht. Dieses Stuhlrohr muß sie aber in sehr ausgedehnter Weise verwenden. Das Stuhlrohr, was die in Frage stehende Industrie seither frei hatte, muß sie künftighin bezahlen mit 3 Mark pro 100 Kilo. Wenn also auf der einen Seite für die Fabrikation 4 Mark zugelegt ist und auf der anderen Seite für gespaltenes Stuhlrohr 3 Mark künftig zu zahlen sind, so hat die Industrie einen sehr geringen oder so gut wie gar keinen Vortheil von dem neuen Tarif. Ich glaube, aus diesen Gründen empfiehlt es sich, aus 10 Mark 15 Mark zu machen; das ist dann etwa derselbe Werthzoll, wie er in Frankreich für diese Fabrikate erhoben wird. Sollte mein Antrag die Zustimmung des Hauses finden, so würde freilich ein anderer uns vorliegender Antrag, der auf Einsetzung der Holzschuhe, gefärbte und nicht gefärbte, gerichtet ist, an einer anderen Stelle zur Erledigung gebracht werden müssen, denn meine Absicht geht durchaus nicht dahin, für die Holzschuhe einen höheren Satz als 10 Mark zu beantragen; ich plaidire nur für höheren Schutzzoll zu Gunsten der Möbel aus gebogenem Holz.

Präsident: Es ist ein Antrag auf Schluß der Debatte gestellt worden von den Herren Abgeordneten von Behr-Schmoldow und Freiherr von Lerchenfeld. Ich bitte diejenigen Herren, welche den Antrag unterstützen wollen, sich zu erheben.

(Geschieht.)

Die Unterstützung reicht aus.

Ich ersuche diejenigen Herren, welche den Antrag auf Schluß annehmen wollen, stehen zu bleiben oder sich zu erheben.

(Geschieht.)

Das ist die Mehrheit; der Antrag ist angenommen.

Wir kommen nunmehr zur Abstimmung.

Ich schlage Ihnen vor, meine Herren, zunächst abzustimmen über den Antrag des Herrn Abgeordneten Ackermann, der sich am weitesten von der Regierungsvorlage entfernt, alsdann über die übrigen Amendements, die zum zweiten Theil der Vorlage gestellt sind — Amendement Dr. Perger, Amendement Dr. Buhl, Amendement Graf von Galen —, und schließlich über das Ganze, wie es sich nach diesen Vorabstimmungen herausstellt. Wenn dann lit. f erledigt ist, wird noch als ein besonderer Zusatz zu dieser Litera der Antrag der Herren Abgeordneten Freiherr von Fürth und von Schalscha zur Abstimmung kommen. — Sind die Herren damit einverstanden?

(Zustimmung.)

Wir stimmen also zunächst über den Antrag des Herrn Abgeordneten Ackermann ab. Verlangen die Herren, daß er vorgelesen wird? — Sie verzichten.

Ich bitte, daß diejenigen Herren, welche für den Fall der Annahme der lit. f den Antrag des Herrn Abgeordneten Ackermann annehmen wollen, sich erheben.

(Geschieht.)

Das ist die Minderheit; der Antrag ist abgelehnt.

Wir kommen nun zur Abstimmung über den Antrag des Herrn Abgeordneten Dr. Perger, Nr. 210, welcher dahin geht:

> Der Reichstag wolle beschließen:
> in Nr. 13 der Tarifvorlage in der Unterabtheilung f vor den Worten „hölzerne Möbel" einzusetzen:
> Holzschuhe, gefärbt und nicht gefärbt.

Ich bitte diejenigen Herren, welche für den Fall der Annahme der lit. f diesen Zusatz annehmen wollen, sich zu erheben.

(Geschieht.)

Das ist die Minderheit; der Antrag ist abgelehnt.

Wir kommen dann zur Abstimmung über den Antrag Buhl, der dahin geht,

> hinter den Worten „Drechsler- und Böttcherwaaren" einzuschalten:
> hölzerne Maßstäbe.

Ich bitte diejenigen, welche für den Fall der Annahme der lit. f so stimmen wollen, sich zu erheben.

(Geschieht.)

Das ist ebenfalls die Minderheit.

Wir kommen nun zu dem Antrage des Herrn Abgeordneten Grafen von Galen, Nr. 189, den ich zu verlesen bitte.

Schriftführer Abgeordneter **Thilo:**

> Der Reichstag wolle beschließen:
> in der Position Nr. 13 f nach den Worten „grobe Korkwaaren", zur näheren Bezeichnung, in Klammer hinzuzufügen:
> (Streifen, Würfel und Rindenspunde).

Präsident: Ich bitte diejenigen Herren, die so beschließen wollen, sich zu erheben.

(Geschieht.)

Das ist ebenfalls die Minderheit; der Antrag ist abgelehnt.

Zur Geschäftsordnung hat der Herr Abgeordnete Freiherr von Fürth das Wort.

Abgeordneter Freiherr **von Fürth:** In meinem Antrag ist ein Fehler: es heißt dort „durch Spalten und Hobeln", es muß heißen „durch Spalten oder Hobeln". Ich bitte den Antrag in dieser Form zur Abstimmung zu bringen.

Präsident: Der Antrag lautet demnach wie folgt:

> Korbweiden, welche geschält und zur Fabrikation durch Spalten oder Hobeln fertiggestellt sind: pro 100 Kilogramm 9 Mark.

Der Herr Abgeordnete Richter (Hagen) hat das Wort zur Geschäftsordnung.

Abgeordneter **Richter** (Hagen): Ich bin während der Diskussion nicht im Klaren darüber gewesen, was der Antrag eigentlich besagt, und der Antrag kann doch nicht nachträglich, nachdem er abgelehnt ist, anders redigirt noch einmal zur Abstimmung kommen.

Präsident: Er ist noch nicht zur Abstimmung gelangt. Ich bemerkte ausdrücklich, daß dieser Antrag ein besonderer Zusatz zu lit. f sei, der außerhalb des eigentlichen Tenors der lit. f steht; es ist eine besondere Unterposition zu lit. f und enthält einen anderen Zolltarifsatz.

Wir kommen jetzt zunächst zur Abstimmung über lit. f nach der Vorlage der verbündeten Regierungen. Verlangen die Herren eine Verlesung? — Das ist nicht der Fall. Ich ersuche diejenigen Herren, welche die lit. f, die nach Ablehnung der dazu gestellten Amendements unverändert geblieben ist, annehmen wollen, sich zu erheben.

(Geschieht.)

Das ist die Mehrheit; lit. f ist damit angenommen.

Nun folgt noch die Abstimmung über die besondere Position nach dem Antrage des Herrn Abgeordneten Freiherrn von Fürth, der dahin lautet:

> der Nr. 13 eine Position zuzusetzen, also lautend:
> Korbweiden, welche geschält und zur Fabrikation durch Spalten oder Hobeln fertiggestellt sind: pro 100 Kilogramm 9 Mark.

Ich bitte diejenigen Herren, die so beschließen wollen, sich zu erheben.

(Geschieht.)

Das Büreau ist nicht zweifelhaft, daß das die Minderheit ist; der Antrag ist abgelehnt.

Es liegen jetzt drei Vertagungsanträge vor, und zwar von den Herren Abgeordneten Graf Ballestrem, Forkel und von Miller (Weilheim).

Diejenigen Herren, die den Antrag unterstützen wollen, bitte ich, sich zu erheben.

(Geschieht.)

Die Unterstützung reicht aus.

Diejenigen Herren, welche die Vertagung beschließen wollen, bitte ich, sich zu erheben oder stehen zu bleiben.

(Geschieht.)

Das ist die Mehrheit.

Ich habe noch dem hohen Hause anzuzeigen, daß in die X. Kommission zur Vorberathung des von mir eingebrachten Antrags, betreffend die Abänderung der Gewerbeordnung, an Stelle des aus derselben geschiedenen Herrn Abgeordneten Müller (Gotha) von der 2. Abtheilung der Herr Abgeordnete Dr. Mendel gewählt worden ist, — und in die Kommission für Wahlprüfungen an Stelle des aus derselben geschiedenen Herrn Abgeordneten von Schöning von der 7. Abtheilung der Herr Abgeordnete Saro.

Ich schlage vor, die nächste Sitzung morgen Mittag 12 Uhr zu halten und auf die Tagesordnung zu setzen:

1. dritte Berathung des Entwurfs einer Gebührenordnung für Rechtsanwälte, auf Grund der Zusammenstellung der in zweiter Lesung gefaßten Beschlüsse (Nr. 249 der Drucksachen);
2. dritte Berathung des Gesetzentwurfs, betreffend die Kontrole des Reichshaushalts für das Etatsjahr 1878/79 und des Landeshaushalts von Elsaß-Lothringen für die Rechnungsperiode vom 1. Januar 1878 bis 31. März 1879, auf Grund der in zweiter Lesung unverändert angenommenen Vorlage (Nr. 251 der Drucksachen);

endlich:

3. den Rest der heutigen Tagesordnung.

Der Herr Abgeordnete Dr. Lasker hat das Wort zur Geschäftsordnung.

Abgeordneter Dr. **Lasker**: Meine Herren, wir sind nun acht Tage nach Pfingsten zusammen und haben eine Position des Tarifs erledigt. Ich glaube, daß es viel rathsamer sein würde, wenn wir nicht immer um 12 Uhr anfangen, was thatsächlich die Bedeutung hat: wir fangen gegen ³/₄1 Uhr an und schließen die Sitzungen gegen 4 oder ¹/₂5. Die Folge davon ist, daß nach meiner Meinung wir kaum halbe Tagarbeit machen, und außerdem, daß der Tarif ungemein verzögert wird, obschon die Herren drüben ihn anfangs sehr eilig genommen haben und der Tarif in der That den Hauptgegenstand dieser Session bildet. Wenn es weiter auf diesem Wege fortgeht, so steht in Aussicht, daß wir entweder, sobald wir zu den wichtigsten Positionen kommen, diese mit übermäßiger Eile berathen müssen, oder daß wir bis zu einem Tage sitzen werden, an welchem es uns allen nicht mehr angenehm ist. Ich glaube deswegen die Bitte aussprechen zu müssen, daß wir die Sitzungen früher anfangen. Sonst war es so, daß, wenn wir in den späteren Theil der Session eintraten, wir statt der üblichen elften Stunde um 10 Uhr zu sitzen anfingen. Die zwei Stunden oder jede Stunde Vormittags sind von doppeltem Werth. Ich verbinde damit die Bitte, daß auch die Einrichtungen der Kommission anders getroffen werden mögen. Daß die Kommission des Morgens vor der Sitzung etwa zwei Stunden arbeitet, das kann unmöglich ihre Arbeit so fruchtbar machen, als wenn sie volle Tage zu Gebote hat und eine Theilung zwischen dem Plenum und den Kommissionen auf eine zuträgliche Weise eintritt.

Ich erlaube mir deshalb die Anregung, daß wir erstens früher beginnen mögen, und zweitens, daß wir nicht weitläufige Gesetze vorher noch auf die Tagesordnung setzen. Ich sehe voraus, daß dann der morgige Tag wiederum für den Tarif verloren geht. Ich würde deshalb anheimstellen, morgen mit dem Tarif zu beginnen für den Fall, daß die Zeit von 12 Uhr festgehalten wird. In erster Linie aber möchte ich den Herrn Präsidenten bitten, die Sitzung früher anzuberaumen; ich würde 10 Uhr vorschlagen, im ungünstigsten Falle 11 Uhr.

Präsident: Der Herr Abgeordnete Freiherr zu Franckenstein hat das Wort.

Abgeordneter Freiherr **zu Franckenstein**: Ich würde bitten, es bei der von dem Herrn Präsidenten vorgeschlagenen Stunde zu belassen. Es ist absolut nothwendig und im Interesse des Hauses, daß die Tarifkommission ihre Arbeiten so schnell als möglich erledigt. Bisher hat die Tarifkommission vor der Sitzung und Abends gesessen. Die Herren haben wirklich mit einer großen Aufopferung die Arbeiten gefördert. Wenn diese zwei Stunden Vormittags wegfallen, würde die Arbeit weniger gefördert werden.

(Sehr richtig!)

Ich bitte, es bei 12 Uhr zu belassen.

Präsident: Der Herr Abgeordnete Rickert (Danzig) hat das Wort.

Abgeordneter **Rickert** (Danzig): Meine Herren, ich glaube, es wird wohl nichts übrig bleiben, als sich dem einmal beschlossenen Arrangement zu fügen. Ich höre, daß es verabredet ist,

(Zuruf aus dem Zentrum)

für den Mittwoch eine Sitzung nicht in Aussicht zu nehmen. — Ich hoffe, der Herr Präsident wird das nachher bestätigen, und deshalb möchte ich den Herrn Abgeordneten Dr. Lasker bitten, daß er für morgen von seinem Vorschlage Abstand nimmt. Dagegen hat der Herr Abgeordnete Dr. Lasker entschieden recht, wenn er meint, daß die Plenarsitzungen unter der bisherigen späten Anberaumung leiden. Wenn wir um 10 Uhr anfangen, können wir bis 5 Uhr ein erhebliches Pensum erledigen. Bei 12 Uhr Anfang ist das nicht möglich. Ich glaube, auch die Arbeiten der Tarifkommission werden ganz anders gefördert werden, wenn uns ganze Tage für die Tarifkommission zur Disposition gestellt werden, und meine Bitte geht dahin, daß der Herr Präsident, von dem ich glaube, daß er uns den Mittwoch für die Tarifkommission schenken wird, auch in Zukunft der Tarifkommission ganze Tage für ihre Arbeiten zur Disposition stellen möge.

Präsident: Der Herr Abgeordnete von Kardorff hat das Wort.

(Abgeordneter von Kardorff: Ich verzichte!)

Derselbe verzichtet.

Der Herr Abgeordnete Freiherr zu Franckenstein hat das Wort.

Abgeordneter Freiherr **zu Franckenstein**: Der Herr Abgeordnete Rickert hat von einem Arrangement gesprochen, von dem mir nichts bekannt ist. Die Sitzungen der Kommission werden immer durch die Kommission selbst beschlossen, und die morgige Sitzung wird erst heut Abend angesetzt.

Präsident: Der Herr Abgeordnete Richter (Hagen) hat das Wort.

Abgeordneter **Richter** (Hagen): Ich möchte bloß von den Vorschlägen des Herrn Abgeordneten Dr. Lasker den aufrecht erhalten, die Gebührenordnung, die bereits bis zur dritten Lesung gediehen ist, zurückzustellen und mit dem Tarif zu beginnen.

Im übrigen theile ich die Ansicht des Herrn Abgeordneten Freiherrn zu Franckenstein, daß es richtiger wäre, die Kommissionsarbeiten in die Zeit vor 12 Uhr zu legen. Denn jetzt in dieser Zeit den Schwerpunkt der Kommissionsberathungen in die Abendsitzungen zu verlegen, hieße, das bischen, was man überhaupt jetzt noch vom Leben hat, einem auch noch nehmen.

(Heiterkeit.)

Präsident: Es ist meine Absicht, Ihnen morgen am Schluß der Sitzung vorzuschlagen, den nächstkommenden Tag,

Mittwoch, für Kommissionsberathungen freizulassen. Mit Rücksicht auf die Kommissionsarbeiten habe ich geglaubt, morgen die Stunde Mittags 12 Uhr für Beginn der Sitzung festhalten zu sollen. Ich bin damit ganz einverstanden, und glaube den Sympathien des gesammten Hauses zu begegnen, wenn ich Ihnen später vorschlage, womöglich bereits um 10 Uhr die Sitzung zu beginnen.

Was die Tagesordnung für morgen anlangt, so würde ich kein Bedenken haben, morgen bloß die Tarifvorlage weiter zu berathen und die anderen Gegenstände einer späteren Sitzung vorzubehalten, wenn das Haus so beschließt.

Der Herr Abgeordnete von Kardorff hat das Wort.

Abgeordneter **von Kardorff**: Ich möchte den Herrn Präsidenten bitten, bei seinem ersten Vorschlage zu beharren und morgen die Gebührenordnung auf der Tagesordnung stehen zu lassen. Wir haben, meine Herren, im Plenum jetzt von dem ganzen Tarif gar nicht mehr so viel Positionen übrig.

(Widerspruch links.)

— Nein, meine Herrn, die wesentlichen Positionen sind noch in der Tarifkommission. Es handelt sich mehr darum, daß die Tarifkommission erst in ihren Arbeiten möglichst gefördert werde, und ich glaube, die Herren werden anerkennen, daß es für die Herren in der Tarifkommission ein gewisses Interesse hat, wenn sie nicht fortwährend den ganzen Tag mit denselben Gegenständen beschäftigt sind; sie möchten sich auch mal etwas ausruhen, wenigstens in ihren Gedanken, und bei der Gebührenordnung sind sie doch nicht in dem Maße engagirt. Ich möchte daher den Herrn Präsidenten bitten, bei seinem ersten Vorschlage es zu belassen.

Präsident: Der Herr Abgeordnete Dr. Lasker hat das Wort.

Abgeordneter Dr. **Lasker**: Mit Rücksicht auf die Erklärung, welche der Herr Präsident in Bezug auf seine Absichten für die Zukunft gegeben hat, wünsche ich eine Abstimmung über die morgige Tageszeit nicht herbeizuführen; ich würde nur bitten, wenn der Herr Präsident es angemessen hält, über die Gegenstände abstimmen zu lassen.

Präsident: Der Herr Abgeordnete Windthorst hat das Wort.

Abgeordneter **Windthorst**: Ich bitte den Herrn Präsidenten — gerade so wie der Herr Abgeordnete von Kardorff —, es bei seinem ursprünglichen Vorschlag zu belassen, und das um so mehr, als in der That die Anwaltsordnung nur eine ganz kurze Zeit wird in Anspruch nehmen können.

(Zustimmung.)

Präsident: Zur Geschäftsordnung hat das Wort der Herr Abgeordnete von Bühler (Oehringen).

Abgeordneter **von Bühler** (Oehringen): Meine Herren, ich möchte mir den Vorschlag und Antrag erlauben, zur Beschleunigung unserer Geschäfte, daß jeder der Herren Redner sich befleißigt, künftig nur eine Viertelstunde zu sprechen.

(Stürmische Heiterkeit. — Bravo!)

Würden Sie Ihre akademischen Vorträge abkürzen und sich lediglich auf das Sachliche beschränken, so würde es uns nicht so sehr an Zeit für die wichtigeren Angelegenheiten mangeln. Ich hatte dem Präsidium einen förmlichen Antrag auf 15 Minuten Sprechzeit eingereicht, wurde aber nicht unterstützt, und muß also annehmen, daß das Haus mit der unerträglichen Vielrednerei zufrieden ist.

Präsident: Meine Herren, ich darf annehmen, daß Sie mit mir darüber einig sind, daß morgen Mittag 12 Uhr unsere Sitzung beginnt.

Abzustimmen haben wir nur darüber, ob meinem ursprünglichen Vorschlag gemäß zuerst die dritte Lesung der Gebührenordnung, dann die dritte Lesung des Entwurfs, betreffend die Kontrole des Reichshaushalts und dann erst der Zolltarif auf die Tagesordnung kommen soll.

Ich bitte, daß die Herren Platz nehmen. Wir kommen zur Abstimmung.

Ich bitte, daß diejenigen Herren, die für meinen ursprünglichen Vorschlag stimmen, diese drei eben bezeichneten Gegenstände auf die Tagesordnung von morgen zu nehmen, sich erheben.

(Geschieht.)

Das ist die Mehrheit; die Tagesordnung ist hiernach festgestellt, wie ich proklamirt habe, und die Sitzung beginnt um 12 Uhr.

Ich schließe die heutige Sitzung.

(Schluß der Sitzung 4 Uhr 45 Minuten.)

Druck und Verlag der Buchdruckerei der Nordd. Allgem. Zeitung. Pindter.
Berlin, Wilhelmstraße 32.

Lightning Source UK Ltd.
Milton Keynes UK
UKHW010649210219
337573UK00006B/1503/P